Mexique

ÉDITION ÉCRITE ET ACTUALISÉE PAR

Brendan Sainsbury, Kate Armstrong, Ray Bartlett, Celeste Brash, Stuart Butler, Steve Fallon, John Hecht, Anna Kaminski, Tom Masters, Liza Prado, Phillip Tang

PRÉPARER SON VOYAGE

SUR LA ROUTE

Sommaire

PARROQUIA DE SAN MIGUEL ARCÁNGEL P. 700

SUR LA ROUTE

CHAPEAUX SOMBREROS TRADITIONNELS

Sommaire

COMPRENDRE LE MEXIQUE

MEXIQUE PRATIQUE

COUPS DE PROJECTEUR

Bienvenue au Mexique

Plages de sable blanc, cuisine épicée, pyramides aztèques, architecture coloniale, tableaux de Frida Kahlo, musique des mariachis : le Mexique évoque un tourbillon de couleurs et de sons. Mais la réalité de ce pays nous emmène bien au-delà des clichés.

Des activités de plein air

Jungles brumeuses, volcans actifs, déserts hérissés de cactus, le tout bordé par plus de 10 000 km de côte aux plages de sable fin et aux lagons à la riche faune marine : l'aventure est sans limite au Mexique. Surfez sur les vagues du Pacifique, contemplez avec masque et tuba les fonds splendides de la mer des Caraïbes ou descendez en rafting des rivières aux eaux tumultueuses. Sur la terre ferme, vous pourrez randonner dans les forêts de nuages des montagnes de Oaxaca, gravir des volcans endormis ou admirer la migration de millions de papillons monarques.

La nourriture de l'esprit

Les civilisations préhispaniques nous ont légué des monuments parmi les plus impressionnants au monde, des pyramides de Teotihuacán aux temples mayas de Palenque. De l'époque coloniale subsistent des villes magnifiques dotées de places ombragées et de demeures de pierres richement sculptées, tandis que le Mexique moderne est marqué par l'essor de grands artistes comme Diego Rivera et Frida Kahlo. Le patrimoine et la verve créatrice du pays se découvrent au gré de ses excellents musées et galeries d'art. La culture populaire est tout aussi vibrante, et s'épanouit aussi bien dans l'artisanat indien que dans les discothèques branchées et le street art de la ville de Mexico.

Des saveurs variées

Le répertoire gastronomique du Mexique est aussi divers que sa population et sa topographie. Manger dehors constitue une véritable aventure gustative, qu'il s'agisse des spécialités régionales, comme la *cochinita pibil* (porc mariné cuit à la braise dans un trou creusé à même la terre) du Yucatán ou la vaste gamme des *moles* (sauces élaborées aux recettes jalousement gardées) de Oaxaca et de Puebla, ou des créations culinaires des grands chefs de Mexico. C'est parfois dans de simples *palapas* (paillotes) de bord de mer servant du poisson ultrafrais et dans les modestes *taquerías* présentes partout qu'on se régale le plus.

Los Mexicanos

Si elle brille par sa diversité, tant urbaine que rurale, la population mexicaine partage un amour commun de la fête. Pour ces philosophes en puissance, les horaires, s'ils méritent d'être respectés, valent moins que la *simpatía* (amitié). Enracinés dans les valeurs familiales, les Mexicains mettent un point d'honneur à faire plaisir à leurs invités. Et, si leur gouvernement est pour eux une source de déception sans cesse renouvelée, ils sont extrêmement fiers de leur patrie dans toute sa diversité, faite de solidarité familiale, de villes à la fois sublimes et décrépies, de traditions bien ancrées… tout cela sublimé par de rafraîchissants alcools d'agave, à découvrir absolument !

Pourquoi j'aime le Mexique

Par Anna Kaminski, auteure

J'ai mis les pieds au Mexique pour la première fois quand j'étais adolescente, j'ai été fascinée par ses antiques civilisations à l'université et j'ai désormais passé la moitié de ma vie à arpenter le pays au cours de nombreux voyages. Après avoir exploré villes, côtes, montagnes et ruines, avoir dormi sur les canapés d'innombrables Mexicains et expatriés de tous horizons – du gangster de Tijuana au peintre vétéran de la guerre du Vietnam installé à San Miguel de Allende – et goûté l'incroyable cuisine locale, du *mondongo* (ragoût de tripes) aux repas de restaurants étoilés, je reste profondément amoureuse du Mexique, de sa formidable diversité et de ses habitants.

Pour en savoir plus sur nos auteurs, voir p. 959

Ci-dessus : *cenote* X'Kekén y Samulá (p. 352)

Mexique

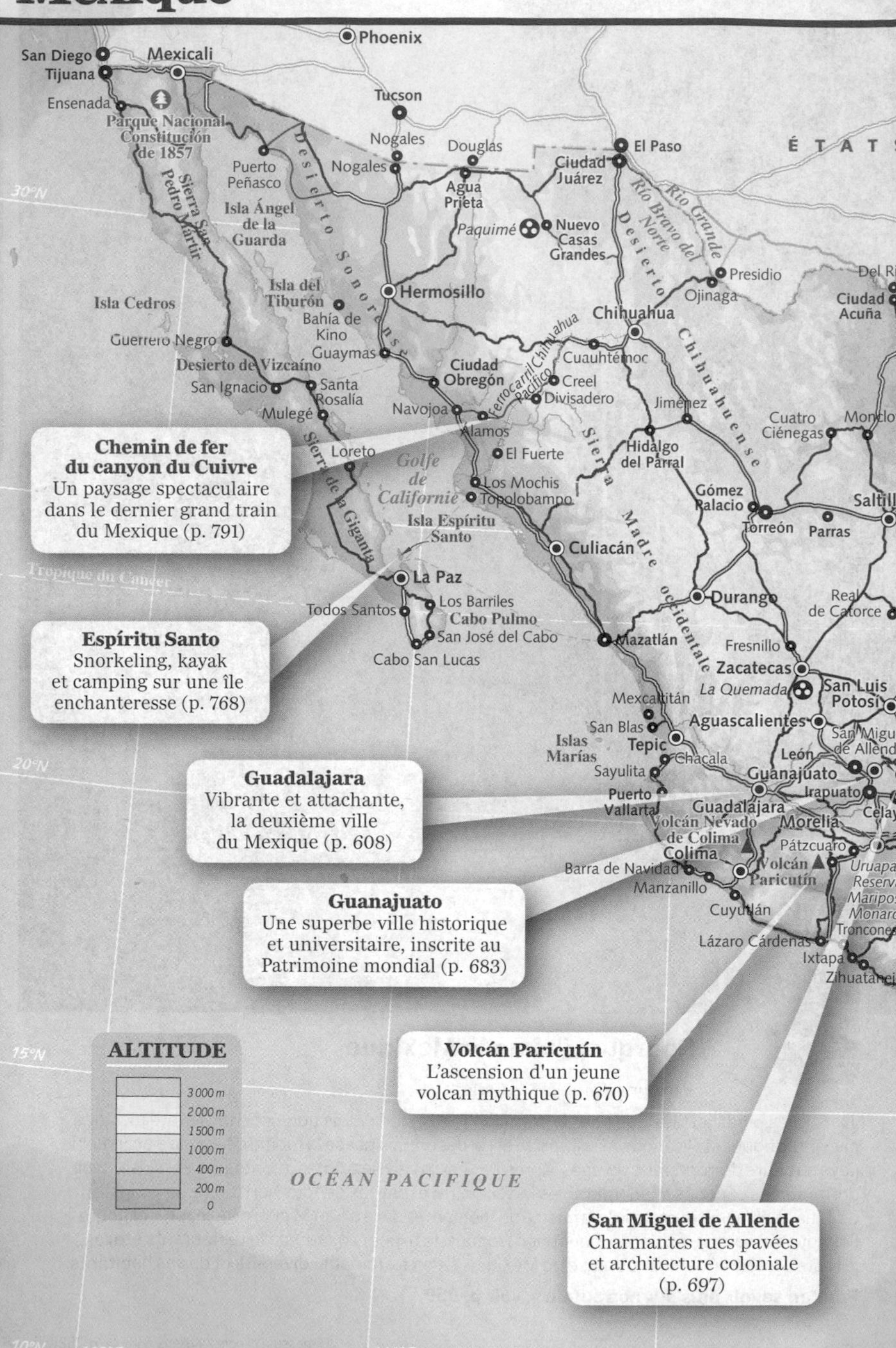

Chemin de fer du canyon du Cuivre
Un paysage spectaculaire dans le dernier grand train du Mexique (p. 791)
Espíritu Santo
Snorkeling, kayak et camping sur une île enchanteresse (p. 768)
Guadalajara
Vibrante et attachante, la deuxième ville du Mexique (p. 608)
Guanajuato
Une superbe ville historique et universitaire, inscrite au Patrimoine mondial (p. 683)
Volcán Paricutín
L'ascension d'un jeune volcan mythique (p. 670)
San Miguel de Allende
Charmantes rues pavées et architecture coloniale (p. 697)
ALTITUDE
3 000 m
2 000 m
1 500 m
1 000 m
400 m
200 m
0
OCÉAN PACIFIQUE
Golfe de Californie
Phoenix
San Diego
Tijuana
Mexicali
Ensenada
Tucson
Parque Nacional Constitución de 1857
Nogales
Douglas
El Paso
Ciudad Juárez
Agua Prieta
Puerto Peñasco
Sierra San Pedro Mártir
Isla Ángel de la Guarda
Desierto Sonorense
Paquimé
Nuevo Casas Grandes
Río Bravo del Norte
Río Grande
Desierto Chihuahuense
Presidio
Ojinaga
Isla Cedros
Isla del Tiburón
Bahía de Kino
Hermosillo
Chihuahua
Ciudad Acuña
Guerrero Negro
Guaymas
Desierto de Vizcaíno
Ciudad Obregón
Ferrocarril Chihuahua Pacífico
Cuauhtémoc
Creel
Divisadero
San Ignacio
Santa Rosalía
Mulegé
Navojoa
Álamos
Jiménez
Cuatro Ciénegas
Loreto
El Fuerte
Hidalgo del Parral
Los Mochis
Topolobampo
Sierra de la Giganta
Sierra Madre occidentale
Gómez Palacio
Torreón
Parras
Isla Espíritu Santo
Culiacán
Tropique du Cancer
La Paz
Durango
Los Barriles
Todos Santos
Cabo Pulmo
San José del Cabo
Cabo San Lucas
Mazatlán
Fresnillo
Zacatecas
La Quemada
San Luis Potosí
Real de Catorce
Mexcaltitán
San Blas
Aguascalientes
Islas Marías
Tepic
Chacala
León
Sayulita
Guanajuato
Irapuato
Puerto Vallarta
Guadalajara
Volcán Nevado de Colima
Morelia
Colima
Pátzcuaro
Barra de Navidad
Volcán Paricutín
Manzanillo
Cuyutlán
Lázaro Cárdenas
Ixtapa
30°N
20°N
15°N
10°N
115°O
110°O
105°O

0
300 km
Fort Worth
Dallas
Jackson
Montgomery
Mississippi
UNIS
Tallahassee
Baton Rouge
Austin
San Antonio
Houston
Mexico
Immense et fascinante, la capitale mexicaine vit une renaissance culturelle (p. 62)
Eagle Pass
Piedras Negras
Laredo
Chichén Itzá
Un célèbre site maya tout simplement unique (p. 345)
Teotihuacán
Impressionnantes pyramides du Soleil et de la Lune (p. 154)
Padre Island
McAllen
Brownsville
Matamoros
Reynosa
25°N
Golfe du Mexique
Mérida
Dynamique cité coloniale et carrefour culturel du Yucatán (p. 322)
Tropique du Cancer
Ciudad Victoria
Reserva de la Biosfera El Cielo
Tampico
San Cristóbal de las Casas
Splendeur d'une ville coloniale et culture indienne traditionnelle (p. 385)
Ek'Balam
Parque Nacional Isla Contoy
Río Lagartos
Isla Mujeres
Progreso
Izamal
Tizimín
Cancún
Puerto Morelos
Playa del Carmen
Mérida
Valladolid
Isla Cozumel
20°N
Chichén Itzá
Tulum
Uxmal
Tuxpan
Poza Rica
Papantla
El Tajín
Pachuca
Teotihuacán
Xalapa
Tlaxcala
Pico de Orizaba
Cardel
Tlacotalpan
Veracruz
Puebla
Córdoba
Orizaba
Tehuacán
Santiago Tuxtla
Coatzacoalcos
Catemaco
Taxco
Cuautla
Popocatépetl
Acayucan
Chilpancingo
Oaxaca
Istmo de Tehuantepec
Monte Albán
Juchitán
Acapulco
Pochutla
Tehuantepec
Pie de laCuesta
Puerto Escondido
Puerto Ángel
Bahías de Huatulco
Felipe Carrillo Puerto
Campeche
Reserva de la Biosfera Calakmul
Reserva de la Biosfera Sian Ka'an
Ciudad del Carmen
Escárcega
Xpujil
Chetumal
Río Usumacinta
Villahermosa
Palenque
Ocosingo
Calakmul
Belize City
BELIZE
Yaxchilán
Palenque
Majestueux temples mayas au cœur d'une jungle foisonnante (p. 404)
Tuxtla Gutiérrez
San Cristóbal de las Casas
Comitán
GUATEMALA
Tonalá
Reserva de la Biosfera La Encrucijada
Volcán Tacaná (4 110 m)
Tapachula
GUATEMALA CIUDAD
HONDURAS
TEGUCIGALPA
SAN SALVADOR
EL SALVADOR
NICARAGUA
Reserva Mariposa Monarca
Des papillons monarques par millions (p. 655)
Côte du Oaxaca
Un paradis pour les amateurs de farniente sur la plage (p. 481)
Oaxaca
Merveille d'architecture coloniale, artisanat créatif et cuisine savoureuse (p. 445)
100°O
95°O
90°O

24 façons de voir le Mexique

1

Incomparable Palenque

1 Bienvenue dans l'exquise Palenque (p. 404), un ancien monde maya où des pyramides spectaculaires se dressent au-dessus de la cime couleur émeraude des arbres, et où les singes passent furtivement en poussant des cris suraigus. Prenez le temps d'admirer les bas-reliefs, cherchez le tombeau abritant le sarcophage de la mystérieuse Reine rouge et flânez dans le dédale du palais à la tour emblématique, avant de découvrir le temple des Inscriptions, le mausolée de Pakal, souverain le plus puissant de la cité-État.

Cabo Pulmo

2 Redécouvrez la magie de l'ancienne Baja en explorant sa côte est. Cabo Pulmo (p. 775) recèle un site de plongée où subsiste le plus ancien des trois récifs de corail que compte toute la côte ouest d'Amérique du Nord. D'une surface de 7,1 ha, c'est l'une des plus grandes et des plus riches réserves marines au monde. Vous pourrez y observer des coraux noirs (antipathaires), des balistes, des thons jaunes et des vivaneaux. Selon la saison et les courants, vous aurez peut-être aussi la chance d'apercevoir requins-marteaux, raies mantas et requins-baleines.

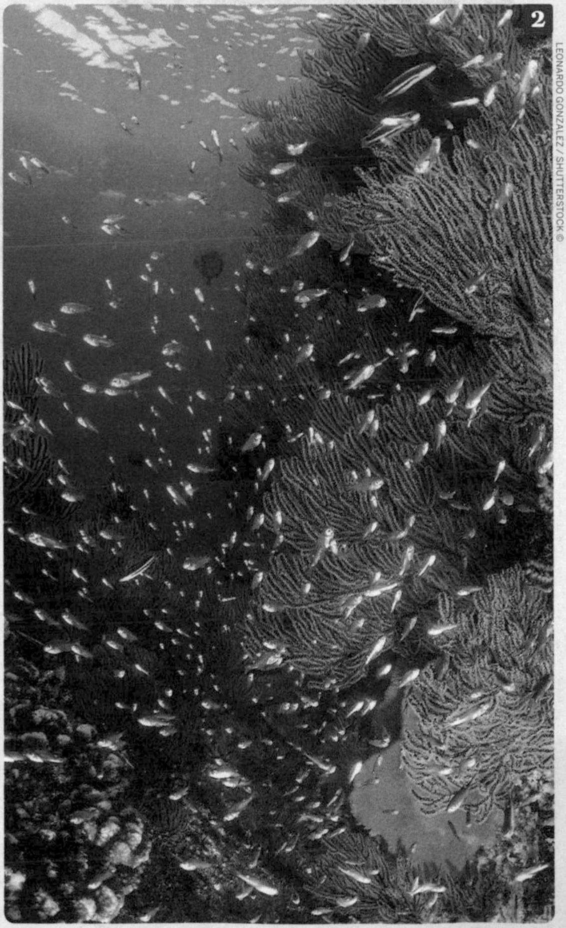

2

3

ABERUGO / GETTYIMAGES ©

4

5

Mexico, capitale culturelle

3 Capitale politique de la nation depuis des siècles, Mexico (p. 62) occupe aussi le devant de la scène culturelle. Les grands muralistes du pays y ont réalisé leurs œuvres les plus emblématiques – Diego Rivera au Palacio Nacional (photo ; p. 72) et José Clemente Orozco au Palacio de Bellas Artes, par exemple. Beaux-arts, musique, danse et théâtre sont omniprésents – même une promenade en barque à Xochimilco ne serait pas tout à fait réussie sans la ferveur de la musique des mariachis.

Le dernier train du Mexique

4 Le Ferrocarril Chihuahua Pacífico (train du canyon du Cuivre ; p. 791) demeure l'un des plus beaux parcours ferroviaires d'Amérique latine. Les trains partent de Los Mochis vers les hautes plaines arides du Chihuahua et traversent les sensationnels paysages rocheux du canyon du Cuivre. On voit défiler forêts alpines, vallées subtropicales, villages tarahumaras et de profonds canyons. Faites une pause photo au bord du précipice ou restez plusieurs jours pour découvrir un décor naturel à couper le souffle.

Pyramides de Teotihuacán

5 Jadis l'une des plus grandes cités de Méso-Amérique, Teotihuacán (p. 154) est à seulement une heure de Mexico. La Pirámide del Sol (pyramide du Soleil) et la Pirámide de la Luna (pyramide de la Lune ; photo) dominent les vestiges de l'ancienne métropole, qui, même après sa chute au VIIIe siècle, demeura longtemps un lieu de pèlerinage pour la royauté aztèque. Aujourd'hui, il attire une foule désireuse de s'imprégner des énergies mystiques censées y converger.

Oaxaca, la ville

6 Cette ville (p. 445), baignée de la lumière des hautes terres, séduit d'emblée le visiteur : cuisine mexicaine créative, magnifique artisanat, fêtes colorées, architecture coloniale, scène artistique en plein essor et mezcals légendaires distillés dans les villages alentour. Monte Albán, ancienne capitale zapotèque, n'est pas bien loin, tout comme les villages d'artisans indiens, ainsi que les collines boisées de la Sierra Norte, paradis des randonneurs et des amateurs de VTT.
Célébration du Día de Nuestra Señora de Guadalupe (p. 109)

Mérida la merveilleuse

7 Capitale culturelle du Yucatán, cette grande ville à taille humaine (p. 322) comporte un centre colonial superbement préservé. Elle est sillonnée d'étroites rues pavées, les musées et galeries d'art y sont nombreux et elle compte d'excellentes tables. Proches de la ville se trouvent des réserves naturelles, de gracieuses haciendas (domaines) et des *cenotes* (puits naturels) cachés dans la jungle. Plus loin, les sites mayas peu visités qui jalonnent la Ruta Puuc permettent de remonter le temps sans être bousculé par la cohue des touristes.

JESS KRAFT / SHUTTERSTOCK ©

Artisanat

8 Extraordinairement variée, l'*artesanía* (artisanat) d'aujourd'hui n'a rien à envier aux superbes costumes de la noblesse préhispanique, aux céramiques raffinées de même qu'aux objets du quotidien (vêtements, paniers, récipients) de ses humbles sujets. Où que l'on aille – boutiques, marchés ou ateliers d'artisan – pour acheter textiles, bijoux, sculptures en bois-de-fer ou masques incrustés de perles, le talent et la créativité des potiers, tisserands, orfèvres, sculpteurs et travailleurs du cuir sont un régal pour les yeux. À vos porte-monnaie !

Magie de San Cristóbal de las Casas

9 San Cristóbal de las Casas (p. 385), ville coloniale haut perchée au cœur du Chiapas indien, est sillonnée de ruelles pavées où il fait bon se balader. Mariant modernité et tradition maya à travers ses cafés cosmopolites et sa culture ancestrale, elle sert aussi de tremplin pour l'exploration des merveilles naturelles du Chiapas et la découverte des villages tzotziles et tzeltales. Visitez les églises et les marchés, montez à cheval dans d'odorantes forêts de pins, et passez les soirées au coin du feu dans un bar douillet.

Chichén Itzá

10 Si ce site maya (p. 345) est le plus touristique du Mexique, c'est qu'il est réellement extraordinaire. De l'imposante silhouette monolithique de la pyramide d'El Castillo (où l'ombre du dieu serpent à plumes Kukulcán semble monter les marches lors des équinoxes de printemps et d'automne) au *cenote* sacré en passant par l'architecture insolite d'El Caracol, l'héritage laissé par les astronomes mayas éblouit le visiteur. Admirez la plateforme de Crânes et les bas-reliefs du temple de Guerriers, ou revenez le soir pour assister au spectacle son et lumière.

Détente sur la côte de Oaxaca

11 Après quelques jours sur ce littoral de 550 km donnant sur le Pacifique (p. 481), vous n'aurez plus envie de partir. Mettez le cap sur Puerto Escondido, port de pêche et paradis du surf, sur les paisibles stations balnéaires des Bahías de Huatulco ou optez pour l'atmosphère décontractée de Zipolite, San Agustinillo ou Mazunte. Au programme : soleil, gastronomie, bars de plage, baignade, surf, snorkeling, sorties en bateau pour apercevoir tortues, dauphins, baleines, crocodiles ou oiseaux. Playa Carrizalillo (p. 483), Puerto Escondido

Plaisirs culinaires

12 La cuisine mexicaine possède une identité très marquée, et chaque région a ses propres spécialités saisonnières, concoctées avec des produits frais du marché. Pour faire voyager vos papilles, goûtez aux spécialités locales dans les restaurants, les marchés et aux étals de rue. Un tourbillon de saveurs aussi inédites que délicieuses vous attend. À l'heure du dîner, il ne reste plus qu'à choisir parmi les nombreux chefs qui font des merveilles en mariant recettes traditionnelles et ingrédients innovants. Quesadillas

Huasteca Potosina, San Luis Potosí

13 Sous-région de San Luis Potosí, la luxuriante Huasteca Potosina (p. 725) propose sites archéologiques, grottes, cascades et rivières permettant de plonger, canoter ou juste lézarder. Le turquoise et les nuances de vert dessinent un paysage naturel somptueux. La région conserve une culture huastèque très vivace (goûtez au *zacahuil*, version locale XXL du *tamal*) et abrite l'étonnant jardin de Las Pozas, dont les gigantesques constructions d'inspiration surréaliste rappellent celles de Dalí. Cascada de Tamul (p. 726)

11

JAKUB ZAJIC / SHUTTERSTOCK ©

12

FITOPARDO.COM/GETTYIMAGES ©

13

MAHAUX PHOTOGRAPHY / GETTYIMAGES ©

Volcán Paricutín

14 Situé dans l'État du Michoacán, le Paricutín (p. 670) est sorti de terre en 1943 au milieu d'un champ de maïs. Ce volcan, l'un des plus jeunes de la planète, est aussi l'un des rares dont on a étudié le cycle de vie. Son cratère endormi de 410 m de haut est facile d'accès : certains arpentent ses flancs à travers les champs de lave, d'autres parcourent son sable noir à cheval, et terminent les derniers mètres à pied sur les éboulis volcaniques. Quelle que soit la façon d'arriver au sommet, cette merveille géologique procure une sensation inoubliable.

Pico de Orizaba

15 Le pic d'Orizaba (p. 250), sommet enneigé de 5 611 m d'altitude, est le point culminant du pays. L'épuisante ascension de ce volcan n'a rien à voir avec une promenade de santé : il vous faudra impérativement être accompagné d'un guide local aguerri, porter des vêtements adaptés au froid et posséder un grand sens de l'aventure... Si l'expérience vous semble un peu trop redoutable, des randonnées moins difficiles sont également organisées sur les versants inférieurs.

14

15

NORADOA / SHUTTERSTOCK ©

UROSR / GETTY IMAGES ©

San Miguel de Allende

16 Cette beauté coloniale a tout pour plaire : climat printanier, lumière exceptionnelle, architecture, artisanat et tradition culinaire. Elle possède en outre un riche calendrier festif, avec musique, défilés et feux d'artifice. Choisie par de nombreux étrangers pour passer leur retraite, San Miguel (p. 697) est cependant bien davantage qu'un repaire d'expatriés et mérite que l'on s'y attarde.

Danseurs lors du festival du court-métrage Expresión en Corto (p. 704)

Des papillons par millions

17 Chaque année, un époustouflant phénomène naturel se produit dans la Reserva de la Biósfera Santuario Mariposa Monarca (réserve des papillons monarques ; p. 655) : des nuées de papillons aux tons dorés et orangés recouvrent les forêts et les collines de la réserve. Entre fin octobre et mars, lorsqu'ils migrent pour échapper au froid glacial de la région des Grands Lacs, ces papillons viennent se poser ici, alourdissant les branches des sapins et transformant le paysage en un coucher du soleil permanent. À ne pas manquer.

Costa Maya

18 Profitez de cette région peu connue pendant qu'il en est encore temps. Contrairement à Cancún et à la Riviera Maya, surexploitées, la Costa Maya a choisi la voie du développement durable. Elle compte encore de paisibles villages de pêcheurs, tels que Mahahual (p. 314) et Xcalak, où on trouve de formidables sites de plongée. Les terres de l'intérieur sont tout aussi belles, avec la Laguna Bacalar, réputée pour ses paysages hypnotiques, son *cenote* et son ancienne forteresse espagnole.

Laguna Bacalar (p. 316)

Côte pacifique

19 Îles désertes, criques verdoyantes sur fond de montagnes et de forêts tropicales, vastes étendues de sable fin et lagunes peuplées d'une multitude d'oiseaux, la côte pacifique du Mexique (p. 516) donne à voir une nature splendide. Il y a aussi des stations balnéaires animées – Mazatlán, Puerto Vallarta, Manzanillo, Ixtapa, Zihuatanejo et Acapulco –, avec çà et là des spots de surf de classe internationale, comme Barra de Nexpa, Boca de Pascuales, Troncones et Puerto Escondido.

Guadalajara la festive

20 La deuxième ville du Mexique (p. 608) tient davantage d'un ensemble hétéroclite de *pueblos* que d'une belle métropole. Ses bâtiments coloniaux, ses églises, ses marchés, ses espaces publics et son artisanat que l'on peut acheter dans les faubourgs bohèmes de Tlaquepaque et de Tonalá donnent tout son charme à la capitale du Jalisco. La jeunesse et la classe moyenne festoient des week-ends entiers dans les bars et discothèques et c'est le meilleur endroit pour se régaler de bons petits plats dans tout l'ouest du pays.
Cathédrale de Guadalajara (p. 609)

Espíritu Santo

21 Le vent et les vagues ont sculpté la côte de grès rose de cette île spectaculaire (p. 768), dessinant de longs doigts entre lesquels se cachent des criques paradisiaques. Au cœur d'une réserve de biosphère protégée par l'Unesco, c'est un terrain somptueux où plonger en compagnie d'inoffensifs requins-baleines, explorer des récifs multicolores, camper sous un magnifique ciel étoilé, observer une colonie de lions de mer ou glisser en kayak le long d'une myriade de baies azurées.
Otarie de Californie

19

JAVIER GARCIA / SHUTTERSTOCK ©

20

21

22

CHRIS HOWEY / SHUTTERSTOCK ©

23

GABLE DENIMS / 500PX ©

24

Tulum

22 Avec ses ruines mayas mondialement célèbres surplombant une plage caribéenne de sable blanc bordée d'eaux turquoise, Tulum (p. 304) séduit les touristes à juste titre. L'hébergement, des cabanes de plage aux hôtels haut de gamme, s'adresse à toutes les bourses, et les excellents bars et restaurants ne manquent pas. Les environs regorgent de curiosités, parmi lesquelles des *cenotes* (puits naturels creusés dans le calcaire) et d'autres sites mayas. Attention, vous pourriez bien y rester plus longtemps que prévu.

Puerto Vallarta

23 Les visiteurs tombent sous le charme de l'accueillante Puerto Vallarta (p. 545), plus authentique et vivante que la plupart des grandes stations balnéaires du Mexique. Au bord d'une longue baie émaillée de jolies plages, elle offre une vie nocturne digne d'une grande ville, une scène LGBT légendaire et des possibilités d'escapade. Au-delà de l'agréable promenade en planches du front de mer, les gastronomes peuvent profiter d'une cuisine de rue de qualité et d'un choix de restaurants fusion raffinés. Architecture traditionnelle mexicaine, Puerto Vallarta

Guanajuato

24 Classée au Patrimoine mondial, Guanajuato (p. 683), ancienne cité minière devenue ville universitaire, s'enorgueillit de jolies places, de musées originaux, de riches demeures coloniales et de maisons aux tons pastel. Suivez les ruelles piétonnes du centre historique, laissez-vous séduire par ses orchestres de mariachis (photo), découvrez ses *estudiantinas* (fêtes de rue traditionnelles) et ses bars étudiants. Les tunnels creusés sous la ville – principales voies d'accès pour se déplacer – ajoutent encore à son cachet insolite.

L'essentiel

Pour plus de détails, voir la rubrique *Mexique pratique* (p. 899)

Monnaie

Peso ($M)

Langue

L'espagnol et environ 68 langues vernaculaires (l'anglais est parlé dans les sites touristiques).

Visas

Permis touristique délivré à l'arrivée. Pas de visa demandé pour les citoyens de l'UE, de Suisse et du Canada.

Argent

Les paiements en espèces restent majoritaires au Mexique. DAB et bureaux de change un peu partout. Cartes bancaires acceptées dans de nombreux hôtels, restaurants et magasins.

Téléphones portables

On peut utiliser les cartes SIM mexicaines dans des téléphones débloqués.

Heure locale

La plupart des États sont à GMT - 6 heures (6 États du Nord et de l'Ouest sont à GMT - 7 ou 8 heures et un État de l'Est est à GMT - 5 heures).

Quand partir

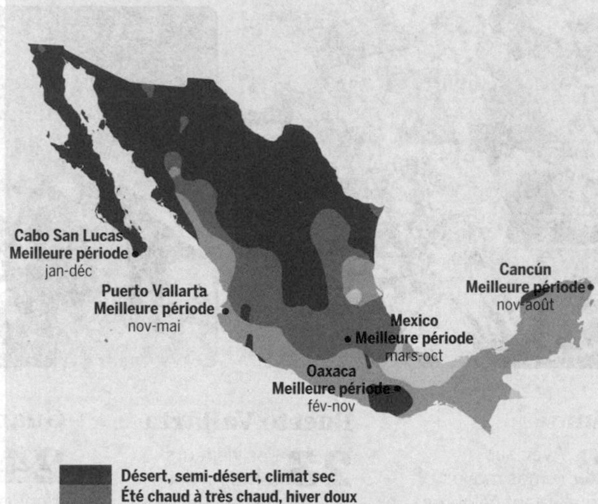

Haute saison (décembre-avril)

- La plupart des touristes nord-américains ou européens viennent de décembre à avril, les mois les plus secs dans la majeure partie du Mexique.
- À Pâques et à Noël, transports et hôtels sont pris d'assaut.

Saison intermédiaire (juillet-août)

- Période de vacances pour beaucoup de Mexicains et d'étrangers. Il fait chaud presque partout, et très humide sur la côte pacifique. Le prix des hébergements s'envole dans les sites les plus visités.

Basse saison (mai-juin, septembre-novembre)

- En mai et juin, les températures grimpent dans de nombreuses régions.
- Septembre est la saison des ouragans. Même sans tempête, il pleut beaucoup dans le golfe et sur la côte pacifique.

Sites Internet

México (beta.visitmexico.com). Site officiel du tourisme mexicain, en français.

Mexique-fr (mexique-fr.com). Infos touristiques et culturelles.

Voyage Mexico (www.voyagemexico.com). Un blog de voyageur, très intéressant.

Lonely Planet (www.lonelyplanet.fr). Forum, informations et liens vers des sites utiles.

Numéros utiles

Indicatif du pays	☎52
Urgences	☎911
Indicatif international	☎52
Assistance touristique (incluant les urgences)	☎088

Taux de change

Belize	1 $BZ	9,76 $M
Canada	1 $C	14,99 $M
États-Unis	1 $US	19,62 $M
Guatemala	1 Q	2,55 $M
Suisse	1 FS	19,61 $M
Zone euro	1 €	22,34 $M

Pour les derniers taux de change, consultez www.xe.com.

Budget quotidien

Petits budgets : moins de 800 $M

➡ Dortoir en auberge de jeunesse : 200 $M ; chambre double dans un hôtel bon marché : 370-620 $M

➡ *Comida corrida* (menu à prix fixe) dans un restaurant à petit budget : 60-90 $M

➡ Trajet en bus de 250 km : 230 $M

Catégorie moyenne : 800-2 300 $M

➡ Chambre double dans un hôtel de catégorie moyenne : 630-1 500 $M

➡ Bon dîner, vin compris : 250-350 $M

➡ Entrée au musée : 10-70 $M

➡ Course en taxi : 35-65 $M

➡ Sortie à la journée (randonnée/rafting/VTT) : 900-2 000 $M

Catégorie supérieure : plus de 2 300 $M

➡ Chambre double dans un hôtel de catégorie supérieure : 1 600-5 000 $M

➡ Repas raffiné, vin compris : 360-500 $M

➡ Excursion sur mesure d'une journée : 1 500-2 000 $M

➡ Balade à cheval de 2 heures : 1 000 $M

Heures d'ouverture

Lorsque les horaires varient significativement selon la saison, nous donnons ceux de la haute saison. Dans certains cas, l'amplitude horaire pourra être moindre le reste de l'année. Les horaires les plus courants sont indiqués ci-dessous.

Banques 9h-16h lundi-vendredi, 9h-13h samedi

Restaurants 9h-23h

Cafés 8h-22h

Bars et clubs 13h-minuit

Magasins 9h-20h lundi-samedi (supermarchés et grands magasins 9h-22h tlj)

Arriver au Mexique

Aéroport de Mexico (p. 140). Les taxis officiels (avec guichets dans l'aéroport) facturent 250 $M pour le centre-ville. Les bus Metrobús (30 M$, plus 10 M$ pour l'achat de la carte, en vente aux distributeurs à l'intérieur de l'aéroport) desservent les quartiers du centre. Le métro (5 $M) fonctionne de 5h (6h sam, 7h dim) à minuit ; la station Terminal Aérea est à 200 m du terminal 1.

Aéroport de Cancún (p. 282). La navette entre l'aéroport et le centre-ville, ou le quartier des hôtels, coûte environ 160 $M par personne. Comptez jusqu'à 500 $M pour un taxi. Les bus ADO vont jusqu'au centre de Cancún (72 $M, fréquents), à Playa del Carmen (178 $M, 1 heure 15, fréquents) et Mérida (368 $M, 4 heures, 4/jour).

Comment circuler

Bus Efficaces, confortables et à prix raisonnable, les bus interurbains constituent dans la plupart des cas la meilleure solution pour se déplacer. Dessertes fréquentes sur les principaux itinéraires.

Avion Une solution à envisager pour les longs trajets interurbains. Plus de 60 villes sont desservies par des vols intérieurs. Les tarifs sont très variables, en fonction de la compagnie choisie et de la date de réservation du billet (il vaut mieux réserver tôt).

Voiture Solution commode pour une indépendance maximale. Les routes ne posent pas de problème particulier. La vitesse maximale autorisée est généralement moindre que dans le reste de l'Amérique du Nord ou en Europe. Les tarifs de location démarrent à 650 $M la journée, assurance de base comprise.

Train Le réseau ferroviaire se résume à une ligne panoramique très spectaculaire dans le nord du pays.

Pour plus de détails sur **comment circuler**, voir p. 923

Pour un premier séjour

Pour plus d'informations, voir la rubrique *Mexique pratique* (p. 899)

Avant de partir

➡ Les passeports doivent être valides au moins 6 mois après la date de votre retour.

➡ Faites vos vaccins suffisamment à l'avance.

➡ Consultez le site du ministère des Affaires étrangères de votre pays pour des informations sur la sécurité (voir p. 905).

➡ Prenez une assurance voyage.

➡ Faites vos réservations (hôtels, transports, restaurants).

➡ Informez votre banque de votre voyage.

➡ Vérifiez la possibilité d'utilisation de votre portable.

À emporter

➡ Adaptateur électrique universel

➡ Maillot de bain et serviette

➡ Lampe-torche

➡ Chapeau et lunettes de soleil, crème solaire

➡ Vêtement imperméable

➡ Bonne paire de chaussures

➡ Vêtements chauds

➡ Pastilles de charbon végétal en cas de tourista

➡ Masque de plongée et tuba

➡ Guide de conversation espagnol mexicain

Nos conseils

➡ Ne partez pas angoissé. Les agressions liées au trafic de drogue, très médiatisées, sont limitées à quelques localités, surtout dans les zones frontalières. Très peu de touristes en sont victimes et les régions les plus visitées ne sont guère affectées par la violence. Toutefois, la guerre de la drogue étant un phénomène mouvant, tenez-vous au courant des zones à éviter, gardez un œil sur les médias locaux et demandez conseil sur place lors de vos déplacements.

➡ Pour découvrir un aspect de la vie mexicaine authentique, séjournez dans les petites villes et les villages de campagne.

➡ Petit coup de blues ? Arrêtez-vous dans un endroit où vous vous sentez à l'aise et n'oubliez pas : on trouve de la cuisine internationale dans presque toutes les villes.

➡ Privilégiez une région qui vous intéresse particulièrement.

Tenues vestimentaires

Dans les villes balnéaires, prévoyez chemises à manches longues, pantalons ou jupes longues pour vous protéger du soleil et des moustiques et pour sortir le soir. Une tenue correcte s'impose dans les églises. Emportez un pull ou une veste pour l'intérieur des terres, plus frais. Un chapeau est nécessaire : on en trouve sur place, de qualité et à petit prix.

Réserver une chambre

Toutes les catégories d'hébergements sont représentées. Dans les lieux touristiques, réservez quelques mois à l'avance pour un séjour en haute saison (Noël, Pâques et juillet-août).

Auberges de jeunesse Bon marché, souvent tenues par des globe-trotteurs, dans les destinations prisées des voyageurs à petit budget.

Hôtels De l'établissement quelconque à l'édifice historique restauré.

Pensions Généralement familiales et d'un bon rapport qualité/prix, elles offrent un aperçu de la vie locale.

Cabañas Cabanes et huttes en bord de mer, rustiques à très luxueuses.

Camping et hamac En bord de mer, on peut généralement dormir dans un hamac ou planter sa tente pour une poignée de pesos.

Argent

Les achats se règlent en pesos, rarement en dollars américains. Il est facile de retirer des pesos aux DAB avec une carte bancaire où les principales cartes sont acceptées. Ces dernières sont aussi acceptées dans la majorité des restaurants de catégorie supérieure ou moyenne, magasins et hôtels.

Pour plus d'informations, voir p. 901.

Marchandage

Dans les hébergements, demandez si vous pouvez avoir un rabais (basse saison ou séjour de plus de 2 nuits). Sur les marchés, les prix se négocient. Les chauffeurs de taxi sans compteur pourront généralement vous accorder une remise.

Pourboire

Sachez que certains employés ne vivent que grâce aux pourboires.

Restaurants On donne 10 à 15% de l'addition, si le service n'est pas compris.

Hôtels Un pourboire de 5 à 10% sera apprécié par les femmes de ménage – mais il n'y a pas d'obligation.

Taxis Aucun pourboire n'est attendu, à moins d'un service exceptionnel.

Porteurs à l'aéroport et à l'hôtel De 50 à 100 $M.

Employés de station-service et de parking Donnez entre 5 et 10 $M.

Langue

La langue officielle du Mexique est l'espagnol ; si vous ne le parlez pas, sachez que nombre de Mexicains maîtrisent les bases de l'anglais. Pour autant, il est très utile de connaître quelques mots d'espagnol. Les Mexicains apprécient beaucoup qu'on les salue en disant "*Buenos días*", même s'ils se mettent ensuite à parler couramment l'anglais.

1 Où peut-on acheter de l'artisanat ?
¿Dónde se puede comprar artesanías?
don·dé sé *poué*·dé kom·*prar* ar·té·sa·*ni*·as

L'artisanat – créé notamment par les populations indiennes – est incontournable. On en trouve dans tout le Mexique.

2 Quels *antojitos* avez-vous ?
¿Qué antojitos tiene? ké an·to·*khi* ·tos *tyé*·né

Ces "petites envies" (en-cas) pourront composer un repas entier, une entrée ou une collation à manger dans la rue.

3 Pas trop pimenté, s'il vous plaît.
No muy picoso, por favor. no moui pi ·*ko*·so por fa·*vor*

La cuisine mexicaine n'est pas toujours très relevée, mais restez sur vos gardes : certains plats sont vraiment pimentés.

4 Où y a-t-il une *cantina* près d'ici ?
¿Dónde hay una cantina cerca de aquí?
don·dé aï *ou*·na kan·*ti*·na *ser*·ka dé a·*ki*

Demandez aux habitants de vous indiquer une *cantina*, où l'on s'attarde volontiers autour d'en-cas. On y danse même parfois !

5 Comment dit-on ... dans votre langue?
¿Cómo se dice ... en su lengua?
ko·mo sé *di*·sé ... en su *len*·gwa

Un grand nombre de langues indiennes sont parlées au Mexique, notamment le maya et le *nahuatl*. Les habitants apprécieront si vous essayez de vous exprimer dans leur langue.

Courtoisie

D'un naturel chaleureux et ouvert, les Mexicains ne sont pas à cheval sur la bienséance.

Salutations "*Mucho gusto*" (se traduit à peu près par "enchanté") est la formule de politesse usuelle lorsque l'on est présenté à quelqu'un. Il est d'usage de donner une poignée de main – en cas de rencontre homme-femme, la femme tend la main la première.

Bienveillance envers les Mexicains Ceux-ci adorent s'entendre dire que les voyageurs apprécient leur pays. Guère portés sur la critique ou la franche dispute, ils préfèrent exprimer leur désaccord par la nuance plutôt que par la contradiction.

En visite chez les Mexicains Les invités sont toujours traités avec beaucoup d'attention. Pensez à apporter un petit présent, par exemple des fleurs ou un cadeau pour les enfants. La politesse veut que les hôtes arrivent avec au moins 30 minutes de retard.

Quoi de neuf ?

Templo Mayor

Le nouvel accès du célèbre site aztèque de Mexico donne à voir le produit de 4 années de fouilles : des objets funéraires, un arbre pétrifié et des vestiges architecturaux préhispaniques. Une tour composée de plus de 650 crânes humains devrait également être exposée. (p. 71)

Nourriture végétalienne

Les plats sans viande, végétariens et, surtout, végétaliens deviennent de plus en plus courants à Mexico. L'étiquette *comida vegana* est désormais synonyme de branchitude dans les marchés, les rayons d'alimentation, les restaurants et les bars.

Bière artisanale

Les brasseries artisanales du nord de la Basse-Californie produisent sans cesse de nouvelles bières, notamment à Ensenada, à Mexicali et, avant tout, à Tijuana.

Vieille ville de Mazatlán

Depuis un ambitieux projet de rénovation, les rues et espaces publics du centre historique de Mazatlán n'ont jamais eu aussi belle allure. (p. 518)

Cenotes

Deux *cenotes* récemment découverts, X-Batún et Dzonbakal, sont ouverts aux baigneurs et aux plongeurs. (p. 341)

Tyrolienne

Sur le Lago de Pátzcuaro, une tyrolienne de 1 200 m relie maintenant la petite Isla Janitzio à la minuscule Isla Tecuéna. L'aller coûte 250 $M et un bateau vous ramènera à Janitzio. (p. 664)

Museo Francisco Villa

Hébergé dans une demeure coloniale aux superbes peintures murales, ce nouveau musée bien conçu rend hommage à Pancho Villa, héros de la révolution mexicaine et enfant de Durango. (p. 831)

Hotel Casa La Ola

La paisible localité balnéaire de San Agustinillo est montée en gamme avec l'ouverture d'un élégant boutique-hôtel surplombant la plage et d'un restaurant en contrebas. (p. 499)

Parque Nacional Revillagigedo

Cette vaste réserve créée en 2017 protège l'archipel de Revillagigedo, les "Galapagos d'Amérique du Nord", où vivent des centaines d'espèces marines. (p. 894)

Tren Turístico Puebla-Cholula

La pyramide et la zone archéologique de Cholula se trouvent désormais à 40 agréables minutes de tram du centre de Puebla. (p. 169)

Envie de...

Stations balnéaires

Puerto Vallarta Une station balnéaire du Pacifique et capitale LGBT aux plages sublimes, restaurants tendance et vie nocturne animée. (p. 545)

Playa del Carmen La station la plus chic des Caraïbes. (p. 294)

Zihuatanejo Une ambiance de vraie ville, avec un centre plein de charme, des plages et un littoral de toute beauté. (p. 578)

Cancún Au nord des mégacomplexes, vous serez agréablement surpris par la quiétude d'Isla Blanca. (p. 271)

Cabo San Lucas Trois grandes plages familiales, de bons équipements, une multitude de bars et restaurants, et des sports nautiques. (p. 779)

Mazatlán Un centre colonial joliment rénové, une promenade des années 1950 et une enfilade de *resorts*. (p. 518)

San Carlos Les plus belles étendues de sable du Nord, sur fond de montagnes. (p. 768)

Escapades sur les plages

Playa Zicatela Ces 3 km de sable doré et de rouleaux à Puerto Escondido constituent le paradis de surfeurs. (p. 482)

Xcalak Une merveilleuse barrière de corail – la côte caribéenne dans toute sa splendeur. (p. 315)

Playa Maruata Village de pêcheurs tranquille et peu cher du Michoacán, apprécié des jeunes... et des tortues de mer. (p. 573)

Barra de Potosí Du sable blanc bordé de palmiers, des eaux calmes et une lagune peuplée d'oiseaux. (p. 588)

Isla Holbox Loin de la Riviera Maya, baladez-vous tranquillement sur les routes sablonneuses de cette île bordée de palmiers au large de la côte du Golfe. (p. 289)

Espíritu Santo Plages de sable vierges, eaux peu profondes et excursions en bateau. (p. 768)

Reserva de la Biosfera Los Tuxtlas Des plages adossées à la montagne, parfaites pour se détendre dans le golfe du Mexique. (p. 266)

Playa Escondida Un croissant de sable préservé dans le sud de Veracruz, desservi par une mauvaise route. (p. 267)

Spas et hôtels de luxe

Casa Oaxaca Boutique-hôtel *arty*, avec des chambres de style contemporain et un splendide patio colonial. (p. 460)

Banyan Tree Cabo Marqués Une retraite aux influences asiatiques sur la côte, près d'Acapulco. (p. 597)

Posada La Poza Havre divin au bord du Pacifique, à Todos Santos, avec piscine d'eau de mer, Jacuzzi, jardins luxuriants et excellent restaurant. (p. 784)

Rosewood San Miguel de Allende Au bord de la piscine, mêlez-vous à la clientèle aisée qui vient passer le week-end dans ce somptueux édifice colonial. (p. 704)

Pueblo Lindo La jolie piscine sur le toit surplombe les maisons blanches de Taxco disséminées sur les collines. (p. 205)

Siete Lunas Depuis la ville branchée de Sayulita, on pénètre dans la jungle jusqu'à cette retraite romantique en haut d'une falaise. (p. 243)

Hotel Museo Palacio de San Agustín Cet hôtel au décor élaboré renferme une belle collection d'antiquités. (p. 720)

Hacienda de los Santos Une hacienda trois fois centenaire convertie en hôtel dans la ville coloniale d'Álamos. (p. 819)

Amuleto Perchée au-dessus de Zihuatanejo, cette adresse pleine de charme est l'antidote parfait au stress. (p. 584)

Le Blanc Un spa ultramoderne du plus grand chic, réservé aux adultes, à deux pas de la mer des Caraïbes. (p. 279)

Temples et pyramides

Palenque D'exquis temples mayas sur fond de collines recouvertes de jungle. (p. 404)

Chichén Itzá Vaste ensemble de temples mayas, dont la pyramide à degrés témoigne des connaissances exceptionnelles des Mayas en astronomie. (p. 345)

Uxmal Dans le secteur vallonné de Puuc, vaste site maya aux riches ornements en pierre sculptée. (p. 334)

Yaxchilán Des temples impressionnants dans la jungle du Chiapas, accessible uniquement par bateau. (p. 420)

Monte Albán L'ancienne capitale zapotèque trône de façon spectaculaire au sommet d'une colline proche de Oaxaca. (p. 468)

Tulum Des temples et pyramides mayas perchés sur une falaise de la côte caribéenne. (p. 304)

Calakmul De hautes pyramides dans une ville maya reculée, encore largement dissimulée par la forêt humide. (p. 366)

Teotihuacán La plus grande ville précolombienne du Mexique, avec ses célèbres pyramides du Soleil et de la Lune, et ses palais parés de fresques. (p. 154)

Tzintzuntzan Un superbe site archéologique tarasque avec une belle vue sur le lac Pátzcuaro – peu de visiteurs et d'étonnants temples semi-circulaires. (p. 666)

Edzná De splendides bas-reliefs ornent le Templo de Mascarones (temple des Masques). (p. 365)

Villes coloniales

Guanajuato Ville universitaire, aux opulentes demeures et aux rues étroites et sinueuses, nichée entre les flancs d'une vallée. (p. 683)

En haut : détente dans un hôtel tropical de Puerto Vallarta, haut lieu LGBT (p. 545)

En bas : la pyramide de Kukulcán (p. 345), dite El Castillo, à Chichén Itzá

San Miguel de Allende Jolie ville aux rues pavées et à la gracieuse architecture de pierre, accueillant nombre d'expatriés (surtout américains). (p. 697)

Oaxaca Magnifique ville du Sud, marquée par la culture *indígena* et offrant un art et un artisanat fascinants. (p. 445)

Zacatecas La splendide cathédrale de cette ancienne ville argentifère est l'illustration ultime du baroque colonial. (p. 730)

Mérida Même si l'architecture ne vous passionne pas, vous serez impressionné par les magnifiques demeures de la ville. (p. 322)

Álamos La perle coloniale du nord du Mexique, nichée dans les contreforts verdoyants de la Sierra Madre. (p. 817)

Todos Santos Les rues de cette ancienne ville sucrière sont bordées de belles haciendas faites de briques et d'adobe, datant du XIXe siècle. (p. 784)

Puebla Un concentré d'églises et de demeures coloniales restaurées, aux étincelants azulejos (carreaux de faïence peints). (p. 160)

Morelia Classée au patrimoine mondial de l'Unesco depuis 1991, Morelia compte sans doute l'une des cathédrales les plus spectaculaires du pays. (p. 645)

San Cristóbal de las Casas Une ville de l'intérieur des terres, où vivent de nombreux Indiens, avec des rues pavées tortueuses et une myriade d'églises anciennes. (p. 385)

Souvenirs

Mexico Magasins d'artisanat, boutiques, mode, marchés aux puces ou produits frais, on y trouve de tout. (p. 135)

San Miguel de Allende De nombreuses boutiques vendent de l'artisanat de tout le Mexique. (p. 708)

Guadalajara Dans les faubourgs artisanaux de Tlaquepaque et Tonalá, on trouve de la céramique de grande qualité et des objets en verre. (p. 629)

Tepotzotlán Têtes de jaguars et autres animaux en perles colorées fabriqués par les Huicholes. (p. 150)

Taxco L'un des meilleurs endroits du Mexique pour acheter des objets en argent, surtout des bijoux. (p. 207)

Oaxaca Ses poteries en terre noire sont très prisées. (p. 465)

Puebla Réputée pour ses céramiques de Talavera colorées. (p. 167)

San Cristóbal de las Casas Lainages et textiles bigarrés. (p. 385)

León La capitale du cuir, idéale pour acheter chaussures, ceintures et sacs. (p. 694)

Mérida Réputée pour ses hamacs, *guayaberas* (chemises d'homme), *huipiles* (tuniques de femme, longues et sans manches) et son artisanat. (p. 330)

Art culinaire

Mexico Des restaurants fusion de *nueva cocina mexicana* aux meilleurs tacos du monde : le pays entier est à Mexico. (p. 116)

Produits de la mer Tacos de poisson de Basse-Californie, *huachinanago a la veracruzana* à Veracruz et ceviche à Barra de Navidad. (p. 563)

Oaxaca La terre des 7 *moles* (sauces pimentées) et des restaurants contemporains parmi les meilleurs du pays. (p. 460)

Puebla Les spécialités – *mole poblano*, *chiles en nogada*, *tacos al pastor* et *escamoles* (larves de fourmi) – sont célébrées lors de fêtes. (p. 165)

Antojitos Omniprésentes, ces "petites envies" (tacos, quesadillas, enchiladas, *tamales*, etc.) sont préparées à partir de *masa* (pâte de farine de maïs). (p. 884)

Guadalajara La deuxième ville du Mexique revisite les classiques comme la *birria* (viande de chèvre pimentée ou ragoût d'agneau). (p. 623)

Baja Med Métissage mexicain-méditerranéen à Tijuana (p. 745) et dans toute la Basse-Californie. (p. 739)

San Miguel de Allende L'une des meilleures scènes gastronomiques du pays, mêlant tradition mexicaine et cuisine fusion. (p. 705)

Péninsule du Yucatán De savoureuses saveurs mayas, tel le *cochinita pibil* (porc mariné et rôti lentement). (p. 270)

Coatepec Le berceau du café mexicain. (p. 238)

Musées et galeries

Museo Nacional de Antropología À Mexico, le musée national d'Anthropologie présente de remarquables objets préhispaniques. (p. 86)

Museo Frida Kahlo L'émouvante maison de l'artiste à Mexico. (p. 99)

Museo Nacional de la Muerte La mort sous toutes ses formes dans ce musée d'Aguascalientes, le macabre en moins. (p. 712)

Museo de Antropología Ce musée de Xalapa très bien conçu renferme la deuxième collection archéologique du pays après Mexico. (p. 231)

Exploration du *cenote* Azul (p. 317), Laguna Bacalar

Museo de las Culturas de Oaxaca À Oaxaca, un excellent musée situé dans un ancien monastère, détaillant les liens entre culture préhispanique et contemporaine. (p. 445)

Museo Jumex L'une des grandes collections latino-américaines d'art contemporain exposée dans ce musée de Mexico. (p. 91)

Horno3 Un musée de la métallurgie exceptionnel, aménagé dans un ancien haut-fourneau, dans le nouveau parc urbain de Monterrey. (p. 843)

Gran Museo del Mundo Maya À Mérida, ce musée d'envergure internationale présente plus de 1 100 objets mayas bien conservés. (p. 322)

Museo de la Ballena Excellent musée de La Paz consacré à la baleine grise de Californie et aux programmes de conservation de ce doux géant. (p. 769)

Palacio de Gobierno Remarquable musée multimédia sur l'histoire du Jalisco et de Guadalajar, avec en prime 2 impressionnantes peintures murales d'Orozco. (p. 177)

Plongée et snorkeling

Péninsule du Yucatán La deuxième plus grande barrière de corail du monde, peuplée de poissons et de coraux. (p. 270)

Banco Chinchorro Un atoll corallien truffé d'épaves, au sud de la côte caribéenne. (p. 314)

Isla Cozumel Les 65 récifs entourant l'île offrent des sites de plongée et de snorkeling pour tous niveaux. (p. 301)

Bahías de Huatulco Ce splendide chapelet de baies du Pacifique abrite plusieurs plaques de corail et plus de 100 sites de plongée. (p. 507)

Xel-Há Un écoparc sur la Riviera Maya doté d'un bel aquarium naturel où s'essayer au snorkeling. (p. 293)

Laguna de la Media Luna Grotte sous-marine pour plongeurs expérimentés. (p. 726)

Cabo Pulmo Un magnifique récif corallien qui procure des sensations extraordinaires (plongée et snorkeling). (p. 776)

Espíritu Santo Nagez parmi les requins-baleines, le plus gros poisson du monde. (p. 768)

Veracruz Épaves et superbes récifs autour de l'Isla de Sacrificios. (p. 223)

Surf

Puerto Escondido Le Pipeline est un break de renommée mondiale, mais on trouve des vagues plus douces à Escondido. (p. 483)

Troncones Un *point break* gauche de classe mondiale, long et puissant, et plusieurs très bons *beach breaks*. (p. 475)

Sayulita Des vagues fiables, de taille moyenne, parfaites pour s'entraîner ou apprendre, et une ambiance festive. (p. 542)

Ensenada Un merveilleux *point break* à San Miguel. (p. 752)

Barra de Nexpa L'un des spots, sur la côte du Michoacán, avec de bonnes vagues. (p. 572)

San Blas Convient aux intermédiaires et aux débutants, avec des *beach* et *point breaks*, et l'une des vagues les plus longues au monde. (p. 533)

Todos Santos Les plages près de la ville offrent quelques-unes des meilleures houles de Baja. (p. 784)

Zipolite Une plage avec option nudisme et grosses vagues sur la côte de Oaxaca. (p. 495)

Randonnée, balade à cheval et VTT

Canyon du Cuivre Les paysages saisissants se prêtent à l'exploration à pied, à cheval ou à VTT. (p. 791)

Pueblos Mancomunados Villages isolés des hauts plateaux de l'État de Oaxaca, reliés par un sentier panoramique. (p. 479)

Rancho El Charro Sorties à cheval dans la jungle montagneuse au-delà de Puerto Vallarta. (p. 548)

Bici-Burro Inoubliables excursions à VTT à partir de San Miguel de Allende. (p. 703)

Real de Catorce À pied, à VTT ou à cheval, découvrez les hauts plateaux désertiques autour de cette ancienne cité argentifère. (p. 722)

Parque Marino Nacional Bahía de Loreto Un parc national splendide, à la renommée internationale, offrant une vaste palette d'activités. (p. 765)

Pico de Orizaba Le point culminant du pays, et aussi les randonnées les plus éprouvantes. (p. 250)

Cañón del Sumidero Parcourez à vélo les 86 km qui séparent San Cristóbal de cette merveille du Chiapas. (p. 382)

Faune

Baleines De décembre à mars, observez les baleines des lagunes de Basse-Californie (au large de Mazatlán), de Puerto Vallarta ou Puerto Escondido. (p. 30)

Tortues Les plages de Cuyutlán, Playa Colola, Playa Escobilla, Tecolutla et Xcacel-Xcacelito sont des hauts lieux de reproduction des tortues de mer.

Oiseaux Les forêts et lagunes côtières font le bonheur des ornithologues amateurs. Admirez les nuages de flamants roses à Río Lagartos ou Celestún.

Requins-baleines Vous pourrez faire du snorkeling avec ces géants inoffensifs près de La Paz (Basse-Californie) ou de l'Isla Contoy (Quintana Roo). (p. 32)

Parque Nacional Sierra San Pedro Mártir Levez la tête pour apercevoir un condor de Californie tournoyer dans le ciel. Au sol, guettez les lynx, cerfs et mouflons. (p. 753)

Reserva de la Biosfera Los Tuxtlas Cette réserve d'une fabuleuse diversité abrite la forêt humide la plus septentrionale d'Amérique. (p. 266)

Reserva de la Biosfera Santuario Mariposa Monarca En hiver, des millions de papillons monarques couvrent de orange les sapins de la réserve. (p. 655)

Reserva de la Biosfera El Pinacate y Gran Desierto de Altar Guettez pumas et antilopes d'Amérique au milieu de lave pétrifiée et de dunes. (p. 812)

Kayak et rafting

Basse-Californie Îles et estuaires de la côte est sont le paradis des kayakistes. (p. 739)

Puerto Vallarta Les lagunes et îles du Pacifique se prêtent parfaitement au kayak. (p. 545)

Veracruz Descendez les rapides des rivières venues de la Sierra Madre orientale, depuis Jalcomulco ou Tlapacoyan. (p. 218)

Oaxaca Les rivières proches de Bahías de Huatulco conviennent à tous les niveaux, des débutants aux confirmés. (p. 445)

Mulegé Découvrez le Río Mulegé et ses rives de mangroves et de palmiers en kayak ou en rafting. (p. 763)

Lagos de Montebello Pagayez sur les lacs turquoise du Chiapas dans un *cayuco* (canoë) traditionnel en bois. (p. 427)

Tequila et mezcal

Oaxaca Dans la capitale du mezcal, des bars pleins de caractère : du café branché au repaire de connaisseurs. (p. 445)

Bósforo Une petite adresse de Mexico où goûter les meilleurs mezcals en ville. (p. 127)

Tequila Au Jalisco, visitez les distilleries de la ville qui a donné son nom à la boisson. (p. 634)

Expo Tequila Le meilleur endroit à Tijuana pour goûter et comparer des tequilas de tout le Mexique. (p. 743)

La Fundación Mezcalería À Mérida, un bar à mezcals bio et des concerts le soir. (p. 330)

Mois par mois

LE TOP 5

Día de Muertos, novembre

Carnaval, février

Día de la Independencia, septembre

Saison des papillons monarques, fin octobre à mars

Guelaguetza, juillet

Janvier

Il fait chaud sur la côte et les plaines, frais dans les montagnes et sec partout ; c'est la haute saison touristique. La première semaine est une période de fêtes – les transports et les hébergements balnéaires sont bondés.

Día de los Santos Reyes

C'est le 6 janvier (jour des Rois ou Épiphanie), plus qu'à Noël, que les petits Mexicains reçoivent leurs cadeaux, pour commémorer les présents des Rois mages à Jésus. À cette occasion, on mange de la *rosca de reyes*, une brioche en forme de couronne parsemée de fruits confits.

Festival de Mérida

Du 5 au 28 janvier, Mérida célèbre sa diversité culturelle à travers des représentations de danse, musique, théâtre, art et acrobatie, entre autres manifestations. (p. 327)

Festival Alfonso Ortíz Tirado

Fin janvier, ce festival rassemble des dizaines de milliers de participants dans la petite ville d'Alamos pour plusieurs jours de musique classique ou de chambre, de blues, de bossa-nova et de *trova* (musique de style troubadour) jouées par des musiciens du monde entier. (p. 818)

Oiseaux migrateurs

Les espèces migratrices se donnent rendez-vous sur la côte pacifique. La Laguna Manialtepec et les Lagunas de Chacahua regorgent d'oiseaux. Festival des oiseaux migrateurs à San Blas. (p. 534)

Février

Les températures augmentent légèrement, mais le temps reste sec, ce qui en fait le mois idéal pour visiter le Mexique, même s'il peut faire froid dans le Nord et en altitude.

Día de la Candelaría

La Chandeleur (2 février), commémorant la présentation de l'Enfant Jésus au temple, est largement célébrée. Parmi les nombreuses festivités à Tlacotalpan : courses de taureaux dans les rues et flottille de bateaux accompagnant la représentation de la Vierge sur le Río Papaloapan. (p. 260)

Carnaval

Grande fête précédant le Carême, le Carnaval a lieu la semaine avant le mercredi des Cendres (6 mars 2019 ; 26 février 2020). Les fêtes les plus endiablées se déroulent à Veracruz, La Paz et Mazatlán, avec des défilés, de la musique, des libations, des danses, des feux d'artifice et autres réjouissances.

Observation des baleines

Des baleines grises mettent bas dans les baies et les lagunes de Basse-Californie de mi-décembre à mi-avril. On peut en apercevoir tout le long de la côte pacifique. Les meilleurs mois pour les observer à Baja sont février et mars.

Mars

Le Mexique se réchauffe de plus en plus, mais reste sec, et les voyageurs continuent d'y affluer.

Festival artistique et musical de Chacala

La petite ville de Chacala sur la côte pacifique célèbre la culture sous toutes ses formes, de la musique à la danse en passant par la cuisine régionale et l'art local, dans divers lieux balnéaires. (p. 539)

Festival Internacional del Cine

Le plus important festival de cinéma attire acteurs et réalisateurs à Guadalajara pendant une semaine en mars. Plus de 100 000 spectateurs assistent à la projection de 250 films. (p. 619)

Festival de México

Musique, théâtre, danse et événements littéraires réunissent des talents mexicains et étrangers dans le centre historique de Mexico – la plus grande manifestation culturelle de l'année. (p. 109)

Spring Break

Pendant la semaine de vacances des étudiants américains, fin février ou en mars, nombre d'entre eux prennent la direction des stations balnéaires de Cancún, Puerto Vallarta ou Cabo San Lucas pour des fêtes débridées.

Équinoxe de printemps

Les voyageurs viennent à Chichén Itzá pour les équinoxes de printemps (20-21 mars) et d'automne (21-22 septembre), quand ombres et lumières évoquent un ophidien (reptile) gravissant ou descendant la pyramide El Castillo. Un phénomène très ressemblant se produit une semaine avant et après chaque équinoxe. (p. 345)

Ultra Caballo Blanco

Créé par le coureur américain Micah True, ce long marathon de 82 km près d'Urique emprunte des sentiers d'altitude difficiles mais splendides, au bord de canyons. La course rend hommage aux *indígenas* Tarahumara, pour qui la course de longue distance est une pratique ancestrale, et dont le nom signifie "le peuple qui court". (p. 797)

Avril

Les températures sont en hausse, mais le temps reste sec. Pendant la Semana Santa (Pâques), hébergements et transports sont pris d'assaut.

Semana Santa

La Semaine sainte précède le dimanche de Pâques (21 avril 2019 ; 12 avril 2020). Le Vendredi saint, des processions solennelles sont organisées et une foule immense assiste à la reconstitution de la Crucifixion à Iztapalapa, Mexico. (p. 109)

Tianguis Artesanal de Uruapan

La Semana Santa débute par un grand concours d'artisanat, puis la place centrale d'Uruapan est investie pour l'exposition et la vente d'artisanat du Michoacán pendant les deux semaines suivantes. (p. 668)

Mai

Les températures atteignent leur maximum à Mérida (35°C), Guadalajara (31°C), Oaxaca (30°C) et Mexico (26°C). C'est la basse saison : beaucoup d'hôtels baissent leurs prix.

Cinco de Mayo

Pour célébrer la bataille du 5 mai 1862, lors de laquelle les forces mexicaines défirent les troupes françaises à Puebla, les rues de la ville sont envahies par un immense défilé de chars allégoriques. Militaires, artistes et danseurs divertissent plus de 20 000 spectateurs. D'autres manifestations ont lieu durant les deux semaines suivantes. (p. 163)

Expo Artesanal

Au Centro Cultural Tijuana, ce splendide festival de l'artisanat (du 20 au 24 mai) permet de se procurer des objets provenant de tout le Mexique.

Feria de Corpus Christi

La grande fête de Papantla comprend d'incroyables spectacles de *voladores* (où des hommes suspendus par les chevilles tournoient autour d'un mât) et de danses indiennes, ainsi que des *charreadas* (rodéos mexicains) et des parades. (p. 253)

Feria de Morelia

Trois semaines de festivités avec des spectacles de danses régionales, de tauromachie, des expositions artisanales et agricoles, beaucoup de fêtes et, pour conclure, un feu d'artifice dans la capitale du Michoacán. (p. 650)

Juin

C'est la saison des pluies : le Sud-Est, la côte pacifique (à certains endroits) et les plaines centrales reçoivent de fortes précipitations. Le tourisme reste modéré, tout comme le prix des hôtels.

Festival del Mole Poblano

Début juin, Puebla célèbre sa spécialité culinaire, une sauce au cacao appelée *mole poblano*. (p. 163)

Surf

De nombreux spots de la côte pacifique (Puerto Escondido et son légendaire Pipeline) déroulent de superbes vagues d'avril/mai à octobre/novembre. De juin à août, les vagues sont les plus grosses. Les débutants peuvent se lancer presque toute l'année.

Juillet

Le Sud-Est reste pluvieux, tout comme les plaines centrales et la côte pacifique. Cette période de congés estivaux est marquée par l'affluence touristique et l'augmentation des prix.

Guelaguetza

On se bouscule à Oaxaca pour assister à ce festival de danses régionales haut en couleur les deux premiers lundis suivant le 16 juillet. Maints autres événements festifs sont organisés. (p. 456)

La Feria de las Flores

Ce festival floral dure toute une semaine à Mexico, avec exposition de multiples espèces végétales, activités familiales, spectacles, peintures et sculptures à thème botanique. Le festival prend ses racines à l'époque préhispanique, quand les fidèles de Xiuhtecuhtli, le dieu des Fleurs, déposaient des offrandes de fleurs dans l'espoir de récoltes fructueuses. (p. 109)

Requins-baleines

De grands requins-baleines se rassemblent pour se nourrir de plancton au large de l'Isla Contoy, au nord de Cancún entre mi-mai et mi-septembre. La meilleure période pour se baigner avec ces paisibles géants s'étale de mi-juin à juillet. (p. 276)

Fiesta de Santa Magdalena

Pendant la majeure partie du mois de juillet, Xico, dans l'État de Veracruz, s'anime au rythme des défilés de danseurs et personnages aux costumes sophistiqués, en hommage au saint patron de la ville. Des lâchers de taureaux dans les rues ont lieu le 22 juillet et lors des grands défilés entre le 19 et le 25 juillet. (p. 241)

Août

Les vacances d'été se poursuivent et la pluie est toujours présente, mais les précipitations perdent en intensité dans certaines régions. De juin à août, il fait extrêmement chaud dans le Nord.

Feria de Huamantla

Pendant quelques jours à la mi-août, Huamantla, à l'est de Mexico, voit la fête battre son plein jour et nuit. Le 14, les rues sont parsemées de fleurs et de sciure colorée, avant le lâcher des taureaux. (p. 182)

La Morisma

Zacatecas organise une spectaculaire bataille reconstituée avec plus de 10 000 participants, commémorant le triomphe des chrétiens sur les Maures en Espagne, généralement le dernier week-end d'août. (p. 734)

Feria de la Uva

Tous les ans au mois d'août, la ville de Parras dans l'État de Coahuila célèbre la fête du vin : défilés, concerts, événements sportifs, cérémonies religieuses, et des milliers de verres de vin. La fête atteint son apogée lors d'une soirée dansante à la Casa Madero, le plus ancien domaine viticole des Amériques. (p. 839)

Septembre

C'est la pleine saison des ouragans au Yucatán et sur le littoral mexicain. Il pleut presque partout, et la visibilité est médiocre pour les plongeurs des Caraïbes.

Día de la Independencia

Le jour de l'Indépendance (16 septembre) commémore l'appel au soulèvement contre l'Espagne lancé en 1810 par Miguel Hidalgo. La veille, le 15, le Grito de Dolores (le Cri) retentit devant chaque mairie, suivi par des feux d'artifice. Les plus grandes célébrations ont lieu à Mexico. (p. 696)

Octobre

Le tourisme reste modéré, la saison des ouragans se poursuit, mais les pluies cessent, sauf dans la péninsule du Yucatán.

Canyon du Cuivre

Octobre, avec novembre et mars, est l'un des mois à privilégier pour visiter les spectaculaires canyons du nord-ouest du Mexique : la température n'est pas trop élevée au fond des vastes canyons, ni trop fraîche au sommet.

Festival Internacional Cervantino

Le festival artistique de Guanajuato, dédié à Cervantès, dure de 2 à 3 semaines et est l'un des plus grands événements culturels d'Amérique latine : spectacles de groupes musicaux, danseurs et comédiens du monde entier. (p. 689)

Novembre

Il fait sec et les températures baissent. La neige coiffe les hauts sommets de la ceinture volcanique centrale.

Día de Muertos

(jour des Morts ; 2 novembre). Les familles gagnent les cimetières pour y décorer la tombe de leurs défunts et communier avec eux, parfois toute la nuit. Des autels spéciaux sont dressés dans les foyers et les bâtiments publics. Les festivités commencent parfois quelques jours avant, notamment à Pátzcuaro, Uruapan, Mexico et Oaxaca.

Festival Internacional de Música

À Morelia, ce festival de musique classique paraît parfaitement adapté à une ville qui abrite le plus ancien conservatoire des Amériques. Les concerts investissent places, églises et théâtres à travers la ville. (p. 650)

Festival de las Animas

Tradition récente à Mérida, cc festival de 7 jours précédant le Día de Muertos connaît son apogée avec le Paseo de Animas (le sentier des Âmes) – une procession entre le cimetière et le Parque San Juan, où les participants sont vêtus de tenues traditionnelles du Yucatán et maquillés avec des têtes de mort sur le visage. (p. 326)

Festival Gourmet International

Des chefs cuisiniers de tout le pays et du monde entier se rassemblent sur la côte pacifique à Puerto Vallarta pour ces 10 jours de festival des arts culinaires. (p. 550)

Décembre

Il fait sec presque partout, et les températures descendent à leur minimum. Le tourisme international prend son rythme de croisière, et la période de Noël et du Nouvel An correspond à des congés pour les Mexicains. Les hôtels sont pleins et les prix élevés.

Noël

Traditionnellement, on célèbre Noël aux premières heures du 25 décembre, juste après la messe de minuit. Avant ou après Noël, on assiste à des *pastorelas* (nativités), comme à Tepotzotlán et Pátzcuaro, et à des *posadas* (processions aux chandelles), comme on peut en voir à Taxco.

Día de Nuestra Señora de Guadalupe

Plusieurs jours de fête dans tout le Mexique annoncent la fête de la patronne du pays – le jour de Notre-Dame de Guadalupe (12 décembre). Des millions de pèlerins convergent vers la Basílica de Guadalupe à Mexico. (p. 109)

Saison des papillons monarques

De fin octobre à mars, des millions de grands monarques viennent passer l'hiver dans les forêts de la Reserva de la Biosfera Santuario Mariposa Monarca, qui prennent une couleur orange. Le meilleur moment pour les observer : un chaud après-midi ensoleillé de février. (p. 655)

Préparer son voyage
Itinéraires

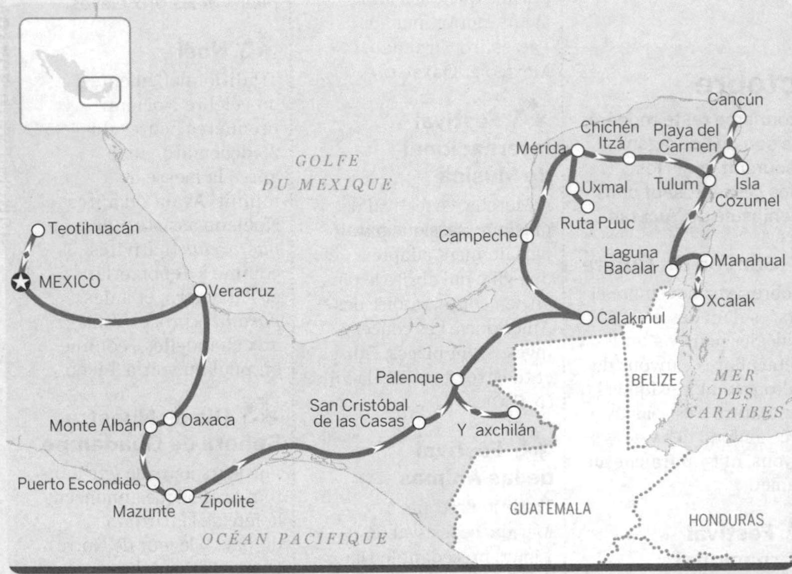

Plages, villes et temples du sud du Mexique

En partant du cœur du pays, dirigez-vous vers le sud, puis poursuivez vers les plages de la mer des Caraïbes. Ce grand classique offre un superbe aperçu des ruines, de la jungle, des villes et des plages.

Commencez par **Mexico**, fascinante mégapole essentielle à la compréhension du pays. Passez une journée autour des immenses pyramides de **Teotihuacán**, la capitale du plus vaste empire préhispanique du Mexique. Partez ensuite vers l'est pour rejoindre **Veracruz**, cité portuaire festive, avant de franchir les montagnes au sud jusqu'à **Oaxaca**. Cette ville coloniale pleine de charme, qui produit le plus bel artisanat du pays, est au cœur d'une région à l'importante population indienne. Passez un jour à **Monte Albán**, ancienne capitale zapotèque, toute proche.

Rejoignez l'une des stations de la côte, comme **Puerto Escondido**, **Mazunte** ou **Zipolite**, pour quelques jours de soleil, de surf et de plage. Poursuivez vers l'est et **San Cristóbal de las Casas**, une sublime ville des hauts plateaux entourés de villages indiens. Continuez

Pirámide del Sol (pyramide du Soleil ; p. 154), Teotihuacán

jusqu'à **Palenque**, la plus étonnante des anciennes cités mayas, sur fond de jungle, et **Yaxchilán**, autre cité maya d'exception, accessible par voie fluviale.

Mettez le cap vers le nord-est et la jolie **Campeche**, cité coloniale et ville moderne animée, avec un petit détour par l'ancienne et reculée ville maya de **Calakmul**. Il vous faudra 3 jours – un pour vous y rendre, un pour en faire la visite et un pour revenir –, mais chaque kilomètre parcouru en vaut la peine. Capitale culturelle de la péninsule du Yucatán, **Mérida** est le point de chute idéal pour découvrir les superbes sites d'**Uxmal** et de la **Ruta Puuc**. L'étape suivante est **Chichén Itzá**, le plus réputé des sites mayas du Yucatán. À **Tulum**, sur une magnifique plage de la côte caribéenne, s'élèvent d'autres vestiges archéologiques mayas. Si l'endroit est trop fréquenté, optez pour la **Laguna Bacalar**, et pour pratiquer la plongée, rejoignez la côte et séjournez à **Mahahual** ou à **Xcalak**, plus isolée. Remontez vers le nord le long de la Riviera Maya jusqu'à **Playa del Carmen**, en passant par l'**Isla Cozumel**, excellents sites pour le snorkeling et la plongée. Le voyage s'achève dans la station balnéaire la plus populaire et la plus débridée du Mexique, **Cancún**.

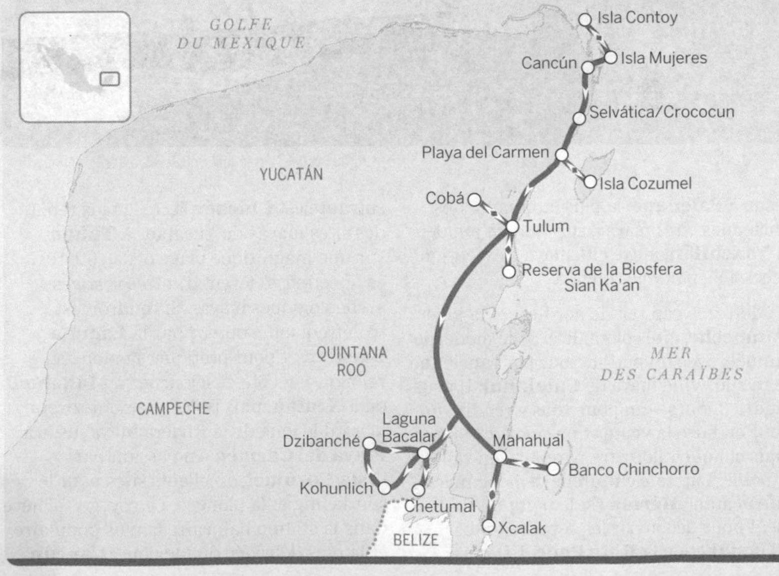
GOLFE
DU MEXIQUE
Isla Contoy
Cancún
Isla Mujeres
Selvática/Crococun
Playa del Carmen
Isla Cozumel
YUCATÁN
Cobá
Tulum
Reserva de la Biosfera
Sian Ka'an
QUINTANA
ROO
MER
DES CARAÏBES
CAMPECHE
Laguna
Bacalar
Dzibanché
Mahahual
Banco Chinchorro
Kohunlich
Chetumal
Xcalak
BELIZE

LEONARDO GONZALEZ / SHUTTERSTOCK ©

EMMA SHAW / LONELY PLANET ©

En haut : plongeur au large de l'Isla Cozumel (p. 299)
En bas : tortue marine

12 JOURS Riviera Maya et Costa Maya

Cet itinéraire offre le meilleur de la côte caribéenne – plages et scène nocturne en effervescence de la Riviera Maya au charme des villages assoupis qui bordent la Costa Maya. Fabuleux spots de plongée et de snorkeling, grottes et ruines mayas ajouteront du piment à vos vacances.

De Cancún, dirigez-vous vers l'**Isla Mujeres**, idéale pour le snorkeling. Faites un saut à l'**Isla Contoy**, un parc national où l'on peut observer une multitude d'oiseaux et, de juin à septembre, nager avec les requins-baleines qui se rassemblent non loin.

Playa del Carmen est une station balnéaire à la vie nocturne trépidante, dotée de jolies plages où l'on pratique des activités aquatiques. "Playa" permet d'accéder aux sites de plongée de l'**Isla Cozumel**. Si vous venez avec des enfants, passez une journée à la ferme des tortues de l'Isla Mujeres ou dans l'un des écoparcs voisins, tel **Selvática**, avec ses 12 tyroliennes au-dessus de la jungle, ou **Crococun**, à Puerto Morelos, un zoo interactif hébergeant des crocodiles et des singes. Prochaine destination : **Tulum**, qui jouit d'une sublime plage et d'un exceptionnel site maya. Non loin, s'élèvent les pyramides et les temples de **Cobá**, et s'étend la Reserva de la Biosfera Sian Ka'an. Au sud, la "Costa Maya" est moins développée et moins touristique que la "Riviera Maya". Poussez l'exploration jusqu'au village de **Mahahual**, posé face à l'atoll de corail du **Banco Chinchorro** (excellents spots de plongée et de snorkeling), ou à **Xcalak**, un minuscule village de pêcheurs et une bonne base pour pratiquer des sports aquatiques.

Après 3 jours de détente dans ces villes, rebroussez chemin vers l'extrémité nord de la baie de Chetumal, puis allez vous détendre dans la **Laguna Bacalar**, plus au sud. Vous pourrez bronzer et vous baigner dans l'eau claire des étonnants *cenotes* aux teintes surnaturelles. Pénétrez ensuite dans la jungle à la recherche des vestiges de **Kohunlich** et **Dzibanché**, où vous serez sans doute le seul visiteur.

Finissez par **Chetumal**, modeste ville décontractée, d'où vous pourrez poursuivre vers le Belize ou revenir sur vos pas. Si les sirènes de la vie nocturne de **Cancún** persistent à vous appeler, passez-y une dernière nuit de folie.

18 JOURS La Basse-Californie du nord au sud

La deuxième plus longue péninsule du monde semble faite pour les *road trips*, avec 1 200 km de route serpentant à travers des villages pittoresques et longeant des côtes et des canyons spectaculaires. Jolies villes coloniales, sites de plongée de classe internationale et délicieux tacos de poisson ajoutent encore à l'attrait de "*Baja*".

Après une journée dans les rues de **Tijuana**, partez vers le sud par la route des vins du **Valle de Guadalupe**, en vous arrêtant pour goûter au délicieux nectar. Dégustez des tacos de poisson à **Ensenada** et baladez-vous dans ses rues commerçantes avant de poursuivre vers le sud par la Carretera Transpeninsular et ses paysages surréalistes. En saison (de décembre à avril), allez observer les baleines à **Guerrero Negro**, ou continuez vers le sud par la **Sierra de San Francisco** pour admirer les pétroglyphes des grottes des environs.

Plus au sud, passez par San Ignacio pour voir la plus belle église coloniale de Baja (ci-contre), et arrêtez-vous à **Mulegé** pour une balade en paddle dans les eaux azur du **golfe de Californie**. La route longe la côte jusqu'à **Loreto**, dont l'architecture, en particulier la mission du XVIIe siècle, les boutiques d'artisans et les restaurants valent bien un ou deux jours d'arrêt. La route repart vers le sud, longe des plages sublimes, puis s'éloigne de la côte. Faites un détour par **Puerto San Carlos** pour voir les baleines lors de la saison de reproduction et rejoignez **La Paz** au charme intemporel. Faites une journée de kayak et de snorkeling au large de l'île d'**Espíritu Santo** ou partez nager avec les requins-baleines (d'octobre à mars).

Arrêtez-vous à **Todos Santos**, une jolie ville connue pour ses galeries d'art, ses édifices anciens et pour abriter des sites de reproduction des tortues. Ralliez l'exubérante **Cabo San Lucas** et faites de la bouée tractée ou du parachute ascensionnel, avant d'attaquer la tournée des bars, et n'oubliez pas de prendre un bateau pour **Finisterra** (pointe de la péninsule), marquée par une arche rocheuse, vraiment magique. Besoin de repos ? Rendez-vous à **San José del Cabo**, avec son église coloniale, ses galeries d'art et ses bons restaurants. Ou préférez la visite sous-marine du récif corallien de **Cabo Pulmo**.

En haut : El Arco, arche rocheuse à l'extrémité de la péninsule (p. 780)

En bas : Misión San Ignacio de Kadakaamán (p. 760), San Ignacio

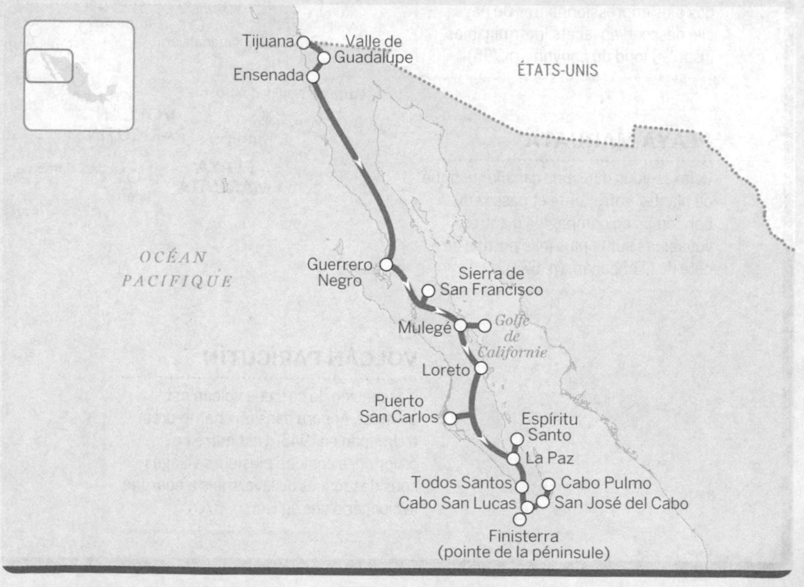
Tijuana
Valle de Guadalupe
Ensenada
ÉTATS-UNIS
OCÉAN PACIFIQUE
Guerrero Negro
Sierra de San Francisco
Mulegé
Golfe de Californie
Loreto
Puerto San Carlos
Espíritu Santo
La Paz
Todos Santos
Cabo Pulmo
Cabo San Lucas
San José del Cabo
Finisterra (pointe de la péninsule)

Le Mexique hors des sentiers battus

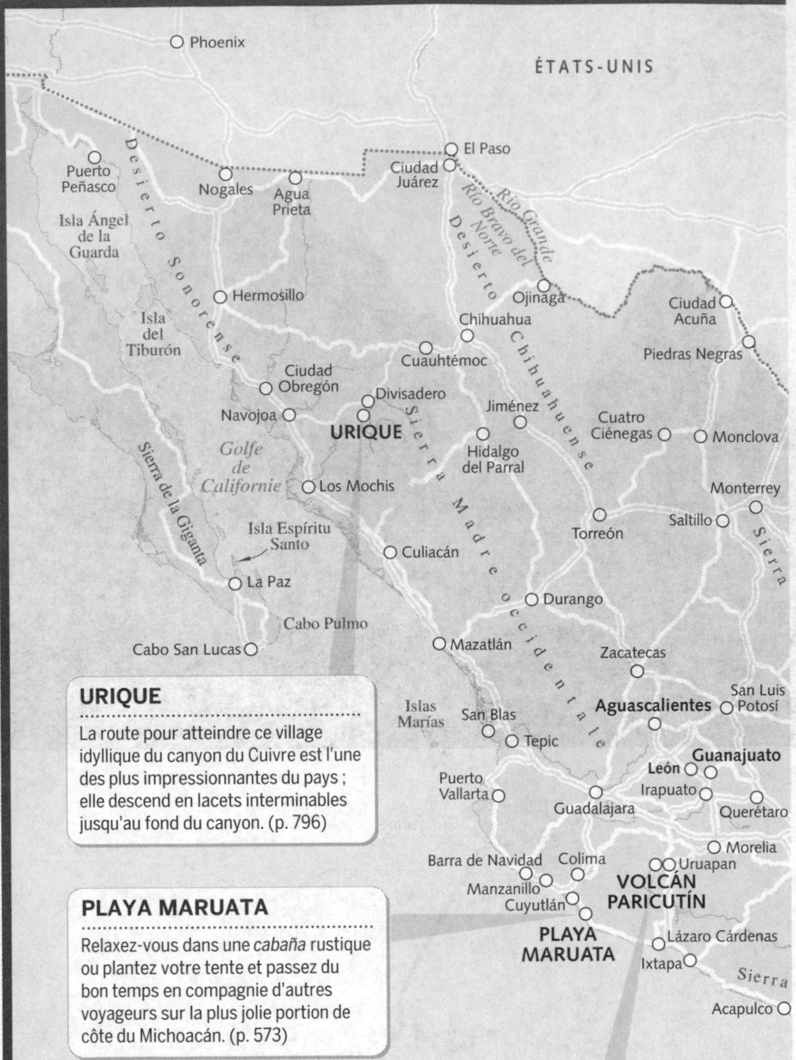

URIQUE

La route pour atteindre ce village idyllique du canyon du Cuivre est l'une des plus impressionnantes du pays ; elle descend en lacets interminables jusqu'au fond du canyon. (p. 796)

PLAYA MARUATA

Relaxez-vous dans une *cabaña* rustique ou plantez votre tente et passez du bon temps en compagnie d'autres voyageurs sur la plus jolie portion de côte du Michoacán. (p. 573)

VOLCÁN PARICUTÍN

L'ascension de ce jeune volcan est un must. Apparu dans un champ près d'Uruapan en 1943, il est entré en éruption, a englouti plusieurs villages sous des tonnes de lave, mais a épargné le clocher d'une église. (p. 670)

SIERRA GORDA

Cette réserve de biosphère du Querétaro abrite des forêts d'altitude, des semi-déserts, des forêts tropicales, d'anciennes missions jésuites, des villages reculés, des cascades, des grottes et une faune exotique. Explorez-la accompagné de guides locaux et logez dans des écolodges communautaires. (p. 683)

MINERAL DEL CHICO

Vous retiendrez votre souffle sur la route abrupte qui mène à cet ancien village minier, mais la vue sur les montagnes, la pureté de l'air et les excellentes possibilités de randonnée valent le déplacement. (p. 158)

RUTA PUUC

Pendant que les groupes de touristes courent d'un site archéologique à l'autre plus loin vers le nord, ne manquez pas ces remarquables ruines mayas au sud de Mérida ; il y a de fortes chances que vous les ayez pour vous seul. (p. 338)

LACHATAO

Ce minuscule village de montagne préservé a quelque chose de magique : les Zapotèques y ont construit un mystérieux centre cérémoniel. Excellent programme local d'écotourisme, avec logement dans des *cabañas* et repas. (p. 479)

LAGUNA MIRAMAR

Une journée de voyage à travers la dense forêt lacandone sur une route boueuse ou en bateau fluvial vous mènera à ce lac bleu azur entouré d'ancien pétroglyphes, où résonnent les cris des singes hurleurs. (p. 422)

Chiles en nogac

Préparer son voyage

À table !

La cuisine mexicaine est bien plus goûteuse, variée et créative que ne l'imagine la plupart des voyageurs. Du modeste étal de tacos installé dans la rue à l'élégant restaurant fusion, aventurez-vous au cœur des saveurs du Mexique. Nul doute que les plaisirs de la table compteront parmi les temps forts de votre voyage.

Les plats qu'il faut goûter

Voilà des plats traditionnels qui ont le vrai goût du Mexique :

Chiles en nogada

Les *chiles en nogada*, aux couleurs du drapeau mexicain, contiennent des ingrédients verts, blancs et rouges : piments *poblanos* farçis de viande hachée et d'épices, arrosés d'une sauce à la crème et aux noix, saupoudrés de graines de grenade.

Tacos al pastor

Un des plats les plus appréciés du pays, les *tacos al pastor* (tacos à la mode du berger) sont des tortillas de maïs garnies de porc émincé cuit à la broche, servies avec de l'oignon et du *cilantro* (coriandre).

Mole negro

Spécialité de Oaxaca à la recette soigneusement gardée, cette sauce noire et épaisse nécessite beaucoup de temps et de talents. Elle a le goût de chocolat, d'épices et... vous découvrirez le reste par vous-même !

Scène culinaire

Repas mémorables

Quintonil, Mexico (p. 123). Bijou contemporain mettant en valeur les produits mexicains, présentés en plats multiples.

Pujol, Mexico (p. 122). Cuisine mexicaine contemporaine à découvrir dans un fabuleux menu dégustation. Réservez plusieurs semaines à l'avance.

Alcalde, Guadalajara (p. 624). Le nouvel établissement du chef renommé Francisco Ruano s'impose comme un incontournable de la scène gastronomique locale.

Taco Fish La Paz, La Paz (p. 772). Économique, simple, pas de vue, mais les meilleurs tacos de poisson de Baja – et de loin.

Nohoch Kay, Mahahual (p. 315). Cadre superbe en bord de plage et délicieux produits de la mer.

Casa Oaxaca, Oaxaca (p. 460). Remarquables combinaisons de saveurs de Oaxaca et d'ailleurs, originales et savoureuses.

Áperi, San Miguel de Allende (p. 707). Expériences d'avant-garde, à déguster à la table de la cuisine.

El Presidio, Mazatlan (p. 526). Viandes et plats exceptionnels, servis dans une cour du XIXe siècle magnifiquement restaurée.

Ku'uk, Mérida (p. 329). Approche moderne de la cuisine du Yucatan, joliment servie sur des ardoises, des feuilles et des coquillages.

Sur le pouce

La cuisine de rue mexicaine est l'une des plus savoureuses. Dans tout le pays, étals de rue, marchés et gargotes proposent à toute heure du jour et de la nuit une infinie variété d'en-cas et de repas légers. Les établissements les plus fréquentés offrent un maximum de fraîcheur et de qualité.

Les *antojitos* (littéralement "caprices" ou "petites envies") sont faits à partir d'une pâte à base de maïs, la *masa*. L'*antojito* par excellence est le taco – une tortilla (galette de farine de blé ou de maïs, omniprésente dans la cuisine mexicaine) farcie de viande, poisson ou légumes. Parmi les spécialités figurent les *tacos al pastor* (au porc cuit à la broche), les *tacos de carne asada* (au bœuf grillé) et les *tacos de pescado* (au poisson). Mais il existe quantité d'autres *antojitos*. Parmi les plus connus :

Quesadillas Tortillas pliées en deux et garnies de fromage et/ou d'autres ingrédients.

Enchiladas Tortillas légèrement frites, fourrées de garniture et couvertes de sauce au piment.

Tamales Papillotes préparées avec de la *masa* mélangée à du saindoux, et fourrées de viande, poisson ou légumes mijotés, puis cuites à la vapeur dans des feuilles de maïs ou de bananier.

Autres en-cas très courants :

Tortas Sandwichs (chauds ou froids) préparés dans un petit pain blanc.

Elotes Épis de maïs frais cuits à la vapeur ou à la braise, généralement nappés de mayonnaise et souvent assaisonnés de piment en poudre.

L'aventure est dans l'assiette

Sauterelles (*chapulines*). Passées à la friture avec du piment en poudre et de l'ail, voici un délicieux et croustillant en-cas pour accompagner un verre de mezcal. On en trouve beaucoup dans le Oaxaca.

Champignon du maïs (*huitlacoche*). La moisissure noire à la texture de truffe qui se développe sur certains épis de maïs est considérée comme un mets de choix depuis la période préhispanique. On en trouve à la saison des pluies (juin-juillet) au Mercado San Juan de Mexico (p. 136). Vous pourrez en déguster dans des sauces ou dans des farces, par exemple au restaurant **Axitla** (carte p. 187 ; ☎739-395-05-19 ; Av Tepozteco ; petit-déj 65-110 M$, plats 85-195 M$; ⏲10h-19h mer-dim ; ✎), Tepoztlán.

Tacos aux yeux de bœuf (*tacos de ojos*). Des yeux de bœuf émincés dans un taco ! Plutôt mou, mais pas très goûteux et un peu gras. On en trouve aux étals de tacos dans tout le pays, ainsi qu'au restaurant Los Cocuyos (p. 116), à Mexico.

Larves et vers Larves de fourmis (*escamoles*) et vers d'agave (*maguey ; gusanos de maguey*) sont des plats de saison de mars à juin environ dans la région de Puebla-Tlaxcala. À l'Onix (p. 653) de Morelia, vous pourrez croquer des scorpions.

Vente de piments au *mercado* (marché

Spécialités locales

Centre du Mexique

Guadalajara est réputée pour sa *birria* (ragoût épicé de chèvre ou d'agneau, accompagné de tortillas, d'oignons marinés, de coriandre et de sauce) et ses *tortas ahogadas* (*tortas* noyées) – sandwichs garnis d'émincé de porc sauté, baignant dans une sauce épicée. Tequila est la localité qui a donné au Mexique son fameux alcool. On peut y visiter des distilleries et monter à bord de l'un des trains touristiques qui partent de Guadalajara. La ville de Puebla est fière de sa riche identité culinaire et de son fameux *mole poblano*, une sauce onctueuse à base de piments, de fruits, de noix, d'épices et de chocolat, nappant le plus souvent du poulet.

COURS DE CUISINE

Estela Silva's Mexican Home Cooking School (p. 179). Près de Tlaxcala, cette école établie de longue date propose des stages de cuisine régionale.

La Casa de los Sabores (p. 455). Apprentissage des spécialités locales, et d'autres régions du Mexique, dans l'une des meilleures écoles de Oaxaca.

La Villa Bonita (p. 186). La célèbre cheffe Ana García organise des stages de plusieurs jours, avec hébergement.

Little Mexican Cooking School (p. 292). Sur la Riviera Maya, découverte de plats de 7 régions mexicaines.

Patio Mexica Cooking School (p. 582). Une école de très bonne réputation pour apprendre à concocter des spécialités locales et nationales.

Los Dos (p. 326). École réputée à Mérida, spécialisée dans les plats du Yucatán.

État de cuisine de rue

Mexico

Toutes les traditions culinaires du Mexique fusionnent dans la capitale, où la cuisine de rue est omniprésente : sur les marchés, dans les gargotes à tacos et dans les étals, on se régale d'*antojitos*. À l'autre extrémité de l'éventail culinaire, des chefs renommés élaborent des plats fusion, mêlant techniques de la haute cuisine et ingrédients traditionnels. Excellentes tables dans Condesa, Roma et Polanco.

Oaxaca

La cuisine de cet État du Sud est renommée dans tout le pays, surtout pour ses *moles* – des sauces onctueuses, à base de piments, d'épices, de noix et souvent de tomates. Le Oaxaca est également la capitale mondiale du mezcal, un alcool puissant obtenu à partir de l'agave, dont l'engouement ne cesse de croître. Les *tlayudas* (tortillas grillées et croustillantes garnies de fromage, de salade et de haricots frits) sont aussi appelées "pizzas mexicaines". Quant aux *chapulines* (sauterelles), ce sont une spécialité locale bien plus savoureuse qu'il n'y paraît.

Péninsule du Yucatán

La cuisine du Sud-Est est marquée par les saveurs caribéennes et les traditions mayas. La *cochinita pibil* est un cochon de lait mariné dans du jus d'agrumes et d'*achiote* (fruit du roucou) et rôti dans un trou creusé à même la terre. On utilise aussi le *chile habanero*, un piment fort – la sauce *habanera* accompagne parfaitement les *papadzules* (tacos garnis d'œufs durs et d'une sauce aux graines de courge). Goûtez la *sopa de lima*, une soupe à base de dinde, de citron vert et de morceaux de tortilla.

Veracruz

La cuisine de Veracruz est façonnée par deux facteurs : sa proximité avec l'océan (et l'abondance de produits de la mer) et des siècles d'influences espagnole et afro-caribéenne. Parmi les plats les plus remarquables : le *huachinango a la veracruzana* (vivaneau rouge et sauce tomate épicée), l'*arroz a la tumbada* (un genre de paëlla), les *camarones enchipotlados* (crevettes en sauce aux piments *chipotle*) et le *pollo encacahuatado* (poulet et sauce aux cacahuètes).

MARK READ/LONELY PLANET ©

En haut : *Tacos al pastor* (garnis de porc cuit à la broche)

En bas : desserts de Oaxaca

En pratique

Les repas

Desayuno (petit-déjeuner). Servi en principe de 8h30 à 11h, et généralement consistant, avec des œufs et parfois de copieuses assiettes de viande.

Comida (déjeuner). Principal repas de la journée, servi en principe entre 14h et 16h30. Il se compose d'une soupe ou d'une entrée, d'un plat de résistance (viande, poisson ou fruits de mer) et d'un dessert léger. Dans les restaurants, la *comida corrida*, ou *menú del día*, correspond au menu du jour, une formule bon marché à prix fixe.

Cena (dîner). Les Mexicains dînent léger et souvent à partir de 21h. La quasi-totalité des restaurants qui servent à dîner ouvrent toutefois à 19h et proposent une carte variée.

En-cas On peut se faire servir pratiquement à toute heure du jour un *antojito* ou une *torta* dans un café ou à un étal de rue ou de marché. Certains cafés préparent aussi des sandwichs toastés.

Mercado (marché) typiquement mexicain

Les établissements

En général, les *restaurantes* proposent une carte complète avec de nombreux plats, ainsi que tout un éventail de boissons pour accompagner le repas. Cafés et *cafeterías* affichent une carte plus réduite, avec des plats légers, des en-cas et des boissons de type café, thé et rafraîchissements sans alcool. Autres types d'établissements :

Comedor Littéralement "salle à manger" : généralement un restaurant bon marché servant des repas basiques et sans prétention.

Fonda Petit restaurant, souvent tenu en famille. Beaucoup proposent des *comidas corridas*.

Mercado (marché). De nombreux marchés mexicains ont une section *comedor*, où l'on avale assis sur un banc des plats familiaux bon marché cuisinés sur place.

Taquería Étal ou petit restaurant spécialisé dans les tacos.

Lexique culinaire

Voici quelques plats figurant aux menus mexicains et quelques produits de base.

a la parrilla grillé au barbecue

a la plancha grillé sur une plaque de métal

al carbón cuit sur du charbon de bois

aves volailles

bebidas boissons

carnes viandes

empanizado pané

ensalada salade

entradas entrées

filete bifteck

frito frit

huevos œufs

jugo jus

legumbres légumes secs

mariscos fruits de mer

menú de degustación menu dégustation

mole sauce onctueuse et épaisse à base de piments, d'épices, de noix, souvent de tomates et parfois de chocolat, nappant les viandes

pescado poisson

plato fuerte plat principal

postre dessert

salsa sauce

sopa soupe

verduras légumes

El Castillo (ou pyramide de Kukulcán ; p. 345), Chichén I

Préparer son voyage
Sites archéologiques

Les civilisations anciennes du Mexique ont été les plus puissantes et les plus développées d'Amérique du Nord et d'Amérique centrale. Ces sociétés n'ont pas seulement construit de hautes pyramides et sculpté de magnifiques temples, elles savaient aussi déchiffrer le ciel, possédaient une science des mathématiques complexe et avaient inventé différents systèmes d'écriture.

Le top 10 des sites archéologiques et les meilleurs moments pour y aller

La plupart des sites préhispaniques majeurs du Mexique sont disséminés dans le centre, le sud et le sud-est du pays. Voici notre top 10, avec une indication de la meilleure période de visite. Ces sites sont généralement ouverts tous les jours de 9h à 17h (certains sont fermés le lundi). En arrivant tôt, vous vous préserverez à la fois de la chaleur et de la foule.

Teotihuacán, centre du Mexique Toute l'année

Chichén Itzá, Yucatán Septembre à novembre

Uxmal, Yucatán Septembre à novembre

Palenque, Chiapas Octobre à mai

Monte Albán, Oaxaca Octobre à mai

Yaxchilán, Chiapas Octobre à mai

Calakmul, Yucatán Novembre à mai

Tulum, Yucatán Novembre à juin

El Tajín, Veracruz Octobre à mai

Templo Mayor, Mexico Toute l'année

Les civilisations anciennes du Mexique

Depuis le XIXe siècle, les archéologues multiplient les découvertes. Nombre de sites ont été restaurés et ouverts au public. D'autres ont été fouillés en partie, tandis que des milliers dorment encore ensevelis sous la terre ou cachés dans des forêts. Les grandes civilisations du Mexique :

Olmèque La "culture mère" se concentrait autour du golfe du Mexique entre 1200 et 400 av. J.-C. On lui doit les célèbres "têtes olmèques", de monumentales sculptures en pierre.

Teotihuacán À 50 km de Mexico, dans une ville aux colossales pyramides, la civilisation de Teotihuacán s'est épanouie durant les 7 premiers siècles de notre ère. Le site était le cœur du plus grand des empires préhispaniques du pays.

Maya La brillante civilisation maya s'est développée dans de nombreuses villes-États, dans le sud-est du Mexique, au Guatemala et au Belize, entre 250 et 900. Ses temples et ses sculptures en pierre sont réputés. La culture maya imprègne encore les populations indiennes de ces régions.

Toltèque Ce nom recouvre la culture de plusieurs villes-États du centre du Mexique, entre 750 et 1150. Les sculptures de Tula, figurant des guerriers, en sont les monuments les plus emblématiques.

Aztèque S'appuyant sur leur capitale Tenochtitlán (l'actuelle Mexico) de 1325 à 1521, les Aztèques dominèrent la majeure partie du centre du pays, du golfe du Mexique jusqu'au Pacifique. Le Templo Mayor, à Mexico, est le site aztèque le plus connu.

Les sites archéologiques en pratique

➡ Les sites les plus réputés sont souvent pris d'assaut par les touristes (arrivez de bonne heure). D'autres sont perdus au sommet de collines ou dans la jungle épaisse – plus gratifiants pour le visiteur aventureux !

➡ L'entrée dans certains sites est gratuite mais peut aller jusqu'à 250 $M – dans la pratique, seuls quelques sites de l'État du Yucatán coûtent plus de 90 $M.

➡ Munissez-vous de crème solaire et de lotion antimoustique.

➡ Les grands sites disposent de cafés/restaurants, librairies, boutiques de souvenirs, audioguides et guides autorisés (sans tarif fixe).

➡ Les sites les moins visités ne proposent pas toujours d'espaces de restauration, et sont parfois difficiles d'accès.

➡ Des visites guidées sont souvent proposées à partir des villes voisines, dans lesquelles se trouvent aussi les transports publics pour atteindre les sites.

➡ Les sites les plus importants sont généralement accessibles aux personnes à mobilité réduite.

➡ Les panneaux explicatifs sont en espagnol et/ou en anglais, et parfois dans une langue indienne locale.

ANTON_IVANOV / SHUTTERSTOCK ©

Museo Nacional de Antropología (p. 86)

Pour en savoir plus

Colecciones Especiales Street View (www.inah.gob.mx/es/inah/322-colecciones-especiales-street-view). Visite virtuelle de 27 sites avec Google Street View.

Instituto Nacional de Antropología e Historia (INAH ; www.inah.gob.mx). L'Institut national d'anthropologie et d'histoire gère 187 sites archéologiques et 120 musées.

Mesoweb (www.mesoweb.com). Excellente source d'information sur le Mexique précolombien, en particulier la civilisation maya.

Le Mexique : voyage au cœur des vestiges préhispaniques (Caterina Magni, éd. Errance, 2016). Étude d'une dizaine de sites emblématiques.

Le top des musées

Certains sites possèdent leur propre musée, mais beaucoup de pièces préhispaniques d'intérêt majeur sont conservées dans divers musées régionaux et municipaux.

Museo Nacional de Antropología (p. 86). Le superbe musée national d'Anthropologie de Mexico comporte des salles consacrées aux grandes civilisations préhispaniques. À noter, la fameuse pierre du Soleil et une réplique du fabuleux tombeau du roi Pakal de Palenque.

Museo de Antropología (p. 231). Essentiellement consacré aux cultures du golfe du Mexique, cet excellent musée situé à Xalapa compte notamment 7 têtes olmèques parmi les 25 000 pièces de sa collection.

Parque-Museo La Venta (p. 439). Le musée/zoo en plein air de Villahermosa conserve plusieurs têtes olmèques et d'autres remarquables sculptures du site de La Venta, transférées ici dans les années 1950, lorsque La Venta était menacée par la prospection pétrolière.

Museo Maya de Cancún (p. 271). L'une des collections d'objets mayas les plus importantes du Mexique. Les pièces viennent de sites de la péninsule du Yucatán.

NOMBRES PRÉHISPANIQUES

Les Mexicains de l'ère préhispanique aimaient beaucoup les chiffres. Nous aussi :

8 km de tunnels creusés par les archéologues sous la pyramide Tepanapa de Cholula

70 m – la hauteur de la pyramide du Soleil de Teotihuacán

100 km – la longueur du *sacbé* (chaussée) entre Cobá et Yaxuna

120 murs couverts de peintures murales dans le palais de Tetitla, à Teotihuacán

300 masques de Chac, le dieu de la Pluie, au palais des Masques de Kabah

15 000 terrains de jeu de balle rituels découverts au Mexique (à ce jour)

20 000 cœurs humains arrachés pour l'inauguration du grand temple de Tenochtitlán en 1487

25 millions – estimation de la population mexicaine lors de la conquête espagnole

Sites archéologiques du Mexique

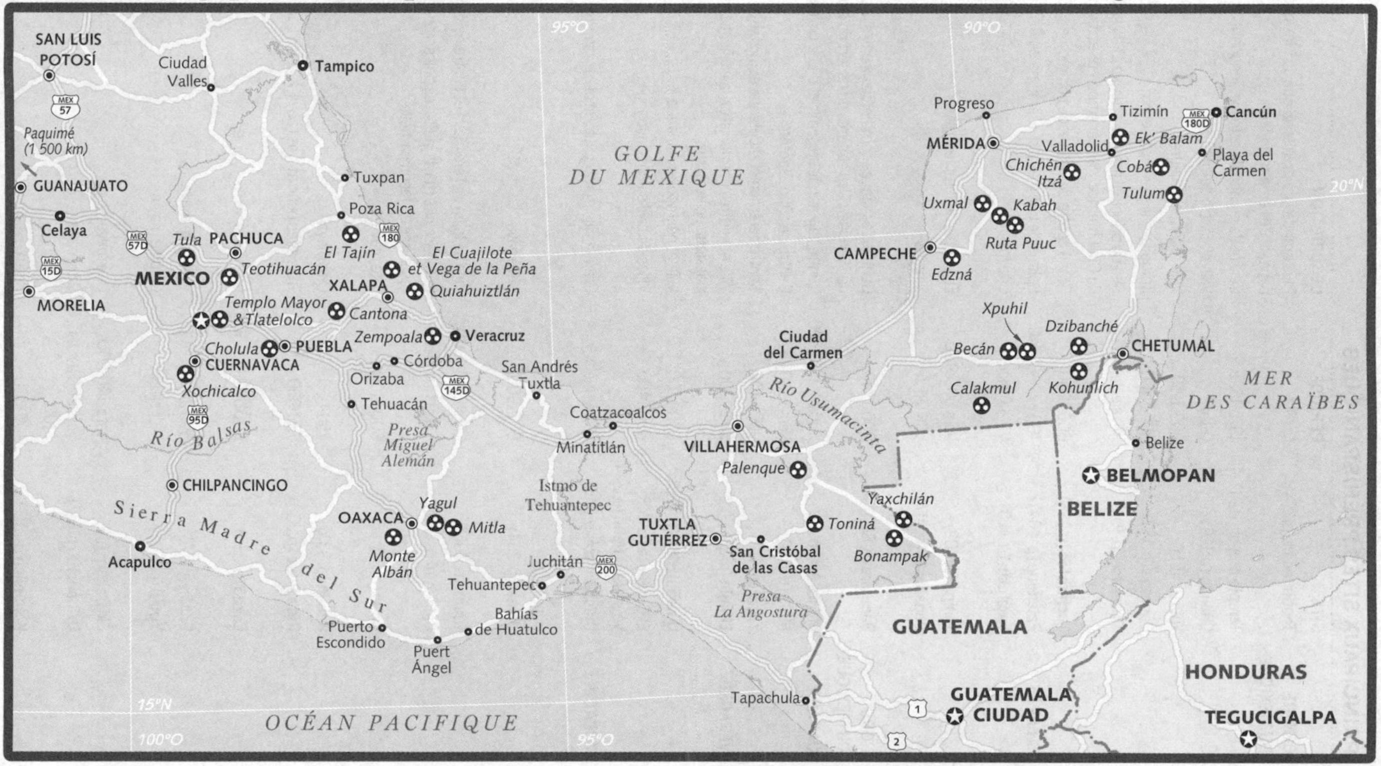

PRINCIPAUX SITES PRÉHISPANIQUES

	SITE	PÉRIODE	DESCRIPTION
CENTRE DU MEXIQUE	**Teotihuacán** (p. 154)	0-700	Plus grande cité préhispanique du Mexique, capitale de l'empire de Teotihuacán
	Templo Mayor (p. 71)	1375-1521	Centre de la capitale aztèque, Tenochtitlán
	Cholula (p. 169)	0-1521	Ville et centre de culte
	Tula (p. 151)	900-1150	Ville toltèque majeure
	Cantona (p. 182)	600-1000	Immense ville, bien préservée
	Tlatelolco (p. 103)	XIIe siècle-1521	Site du principal marché aztèque et de la défaite de Cuauhtémoc, dernier empereur aztèque
	Xochicalco (p. 198)	600-1200	Grand centre de culte et de commerce
CHIAPAS	**Palenque** (p. 404)	100 av. J.-C.-740	Splendide cité maya, d'intérêt majeur
	Yaxchilán (p. 420)	VIIe-IXe siècle	Cité maya
	Toniná (p. 402)	Vers 600-900	Ensemble de temples mayas
	Bonampak (p. 417)	VIIIe siècle	Site maya
NORD DU MEXIQUE	**Paquimé** (p. 830)	900-1340	Centre d'échanges commerciaux entre le centre du Mexique et les cultures du désert du Nord
OAXACA	**Monte Albán**	500 av. J.-C.-900	Centre zapotèque au sommet d'une colline
	Mitla (p. 474)	Vers 1300-1520	Centre de culte zapotèque
	Yagul (p. 472)	900-1400	Centre cérémoniel zapotèque et mixtèque
VERACRUZ	**El Tajín** (p. 255)	600-1200	Ville et centre cérémoniel de la civilisation classique de Veracruz
	Quiahuiztlán (p. 229)	600-1300	Ville et nécropole totonaque
	El Cuajilote (p. 243), **Vega de la Peña** (p. 244)	600-1400	Villes de civilisations inconnues
YUCATÁN	**Chichén Itzá** (p. 345)	IIe-XIVe siècle	Grande ville maya/toltèque bien restaurée
	Uxmal (p. 334)	600-900	Cité maya
	Tulum (p. 305)	Vers 1200-1600	Ville de la fin de l'ère maya et centre cérémoniel
	Calakmul (p. 367)	Vers Ier-IXe siècle	Immense cité maya, jadis très puissante mais restaurée de façon partielle
	Cobá (p. 311)	600-1100	Cité maya
	Kabah (p. 337)	750-950	Cité maya
	Ruta Puuc (p. 338)	750-950	Trois sites puuc mayas (Sayil, Xlapak, Labná)
	Edzná (p. 365)	600 av. J.-C.-1500	Cité maya
	Becán (p. 370)	550 av. J.-C.-1000	Vaste site maya
	Xpujil (p. 371)	VIIIe siècle	Colonie maya
	Ek' Balam (p. 355)	Vers 600-800	Cité maya
	Dzibanché (p. 317)	Vers 200 av. J.-C.-1200	Cité maya
	Kohunlich (p. 317)	100-600	Cité maya

À VOIR	EMPLACEMENT/TRANSPORTS
Pyramides du Soleil et de la Lune, chaussée des Morts, peintures murales du palais	À 50 km au nord-est de Mexico ; bus réguliers
Pyramide cérémonielle	Centre de Mexico
Plus grande pyramide du monde	À 8 km à l'ouest de Puebla ; bus réguliers
Statues de guerriers sculptées dans la pierre	À 80 km au nord de Mexico ; 1 km à pied/taxi de la gare de Tula
24 terrains de jeu de balle, réseau de rues unique	À 90 km au nord-est de Puebla ; taxi/*colectivo* d'Oriental
Temple-pyramide aztèque	Nord de Mexico ; tramway ou métro
Pyramide de Quetzalcóatl	À 35 km au sud-ouest de Cuernavaca ; bus
Temples pleins de charme dans la jungle	À 7 km à l'ouest de Palenque ; combis réguliers
Temples et autres édifices au bord de la rivière, dans la jungle	Au bord du Río Usumacinta, à 15 km au nord-ouest de Frontera Corozal ; bateau de Frontera Corozal
Temples et pyramides perchés sur une colline	À 14 km à l'est d'Ocosingo ; combis au départ d'Ocosingo
Fresques un peu défraîchies mais superbes	À 150 km au sud-est de Palenque ; minibus ou bus pour San Javier (140 km), puis taxi et minibus
Murs et bâtiments en adobe, cages à aras en argile, poteries aux motifs géométriques	Casas Grandes ; bus ou taxi au départ de Nuevo Casas Grandes, à 7 km au nord
Pyramides, observatoire, panoramas	À 6 km à l'ouest de Oaxaca ; bus
Mosaïques en pierre uniques	À 46 km au sud-est de Oaxaca ; bus ou *colectivo*
Grand terrain de jeu de balle, rocher "forteresse"	À 35 km au sud-est de Oaxaca ; bus/*colectivo*, 1,5 km à pied
Emblématique pyramide des Niches, 17 terrains de jeu de balle, *voladores* (hommes volants)	À 6 km à l'ouest de Papantla ; bus ou taxi
Tombes aux allures de temples, vue dégagé	À 3 km en remontant de la route 180, face au village de Villa Rica
Site reculé dans la jungle	À 17 km au sud de Tlapacoyan ; *colectivo* ou taxi, puis marche
"Temple calendaire" d'El Castillo, plus grand jeu de balle du pays, observatoire El Caracol, plateforme des Crânes	À 117 km à l'est de Mérida, 2 km à l'est de Pisté ; bus de Mérida, Pisté et Valladolid
Pyramides, palais, sculpture exubérante ornée de masques de Chac, dieu de la Pluie	À 80 km au sud de Mérida ; bus au départ de Mérida
Temples et tours sur la côte caribéenne	À 130 km au sud de Cancún ; taxi/marche/vélo depuis Tulum
Hautes pyramides avec vue sur la forêt tropicale	À 60 km au sud de la route Escárcega-Chetumal ; voiture de Xpujil, Campeche ou Chicanná/taxi depuis Xpujil ou Escárcega
Majestueuses pyramides dans la jungle	À 50 km au nord-ouest de Tulum ; bus ou *colectivo* à partir de Tulum et bus depuis Valladolid
Palais des Masques, 300 masques du dieu Chac	À 104 km au sud de Mérida ; voiture, bus ou circuit depuis Mérida
Palais ornés de colonnes et de sculptures ouvragées, incluant des masques du dieu Chac	À environ 120 km au sud de Mérida ; voiture, bus ou circuit depuis Mérida
Pyramide-palais sur 5 niveaux, temple des Masques	À 53 km au sud-est de Campeche ; minibus/navettes depuis Campeche
Temples à tours jumelles	À 8 km à l'ouest de Xpujil ; taxi, circuit ou voiture
Ancien "gratte-ciel" à 3 tours	Xpujil, à 123 km à l'ouest de Chetumal ; bus depuis Campeche et Escárcega, bus et *colectivos* au départ de Chetumal
Acropole et pyramide ornée de sculptures	À 23 km au nord de Valladolid en taxi ou en *colectivo*
Site semi-sauvage comprenant palais et pyramides	À 68 km à l'ouest de Chetumal ; voiture, taxi ou circuit au départ de Chetumal ou de Xpujil
Temple des Masques	À 56 km à l'ouest de Chetumal ; voiture, taxi, bus et 9 km à pied

Préparer son voyage

Voyager avec des enfants

Le spectacle, les sons et les couleurs du Mexique plaisent aux petits ; en outre, les Mexicains adorent les enfants, qui font partie intégrante de presque tous les moments de leur vie. De nombreux sites et activités sont adaptés aux enfants de tous âges. Rares sont les hébergements, les cafés et les restaurants où les petits ne sont pas les bienvenus.

Les meilleures régions avec des enfants

Péninsule du Yucatán

Cancún, la Riviera Maya et les îles voisines sont faites pour le plaisir des vacanciers. Cette région s'enorgueillit de plages splendides où l'on pratique toutes sortes d'activités nautiques, d'hôtels conçus pour le farniente, et de curiosités et d'attractions très diverses – des tyroliennes en pleine jungle aux *cenotes* (cavités souterraines remplies d'eau douce). D'autres coins de la péninsule se prêtent idéalement à l'exploration d'anciens sites mayas.

Côte pacifique centrale

La côte pacifique offre mille occasions de s'amuser, dans, sur et sous l'eau, entre océan et lagunes. Sur la terre ferme, les lieux où séjourner abondent, du raffinement de Puerto Vallarta à la décontraction de Zihuatanejo en passant par d'innombrables endroits moins connus.

Mexico

La capitale a tout pour plaire aux enfants : un aquarium spectaculaire, des musées interactifs, un superbe zoo, des distractions et des activités conçues à leur intention, ainsi que des parcs et des places où s'ébattre en toute liberté.

Le Mexique avec des enfants

Se restaurer

Les en-cas typiques comme les quesadillas, burritos et tacos – ou encore les épis de maïs fumants que l'on achète aux étals de rue – permettent de se familiariser avec les saveurs locales. Sinon, quantité d'établissements mexicains servent des plats internationaux (œufs, steaks, pain, riz et fromage), ainsi que beaucoup de fruits frais, sans compter les nombreux restaurants italiens. Le personnel est habitué à servir des enfants et peut fournir des chaises hautes ou une assiette supplémentaire pour un plat à partager. Il est également possible de faire préparer un plat spécial, même s'il ne figure pas au menu.

Se loger

La variété des hébergements enchantera les enfants. Les *cabañas* (bungalows) rustiques donnent l'impression de vivre une grande aventure (mais prenez-en une équipée de moustiquaires !). Nombre d'hôtels sont pourvus de cours intérieures, de piscines ou de grands jardins. Les hôtels des plages de tout le littoral du pays sont conçus pour recevoir des familles.

Les chambres familiales et les logements équipés de cuisine sont très répandus, et beaucoup d'établissements acceptent d'ajouter un ou deux lits dans une chambre, moyennant un petit supplément. Les hébergements petits budgets n'ont pas forcément de lits pour bébé. La plupart des établissements disposent désormais d'un accès Wi-Fi et vous trouverez une TV avec une ou plusieurs chaînes.

Comment circuler

Essayez de fractionner vos déplacements en trajets de quelques heures. Dans la plupart des bus mexicains, des films (en espagnol) adaptés à un public familial sont diffusés en continu. Si vous avez un bébé ou un enfant en bas âge, vous avez tout intérêt à débourser davantage pour un bus "deluxe" où vous aurez plus d'espace et de confort.

Vous pouvez aussi louer une voiture ou bien, pour certains trajets, prendre l'avion ; pour obtenir un véhicule équipé d'un siège auto, mieux vaut s'adresser aux agences de location internationales.

Dans le nord du pays, les enfants adoreront monter à bord du "Chepe" (Ferrocarril Chihuahua Pacífico, ou chemin de fer du canyon du Cuivre).

Les incontournables

Sur et dans l'eau

Initiation au surf Dès l'âge de 5 ans, les enfants peuvent prendre des cours dans de nombreux spots de la côte pacifique où les vagues ne sont pas trop puissantes, notamment à Mazatlán, Sayulita, Ixtapa, Puerto Escondido et San Agustinillo.

Observer tortues, dauphins et baleines Des excursions en bateau sont proposées en maints endroits le long de la côte pacifique et du golfe de Californie.

Pratiquer le snorkeling Les eaux calmes de nombreuses plages de la côte caraïbe et de ses îles, et quelques-unes du Pacifique, se prêtent à l'observation de la vie marine pour les débutants.

Se promener sur une barque Pour une croisière sur les anciens canaux aztèques de Xochimilco, à Mexico (p. 95).

Uyo Ochel Maya (p. 307). Naviguez sur des canaux bâtis par les Mayas il y a plusieurs siècles, au milieu de mangroves remplies de fleurs et de poissons tropicaux.

Multiactivités

Parque de Aventura Barrancas del Cobre (p. 801). Les enfants adorent les 7 tyroliennes vertigineuses du parc d'aventures du canyon du Cuivre, qui partent à 2 400 m, et vous emmènent à mi-chemin du fond du canyon. Également : descente en rappel, escalade et téléphérique.

Selvática (p. 293). Circuit primé de tyroliennes dans la jungle près de Puerto Morelos, avec son propre *cenote* pour la baignade.

Boca del Puma (998-577-42-83 ; www.bocadelpuma.com ; Ruta de los Cenotes Km 16 ; adulte/enfant 5-14 ans 12/7 $US ; 9h-17h ;). Tyroliennes, balades à cheval et *cenote* pour piquer une tête, près de Puerto Morelos.

Cobá (p. 311). Un ancien site maya dans la jungle près de Tulum, avec des pyramides, une tyrolienne et des vélos pour parcourir le réseau de sentiers.

Cuajimoloyas (p. 479). Balade à cheval, VTT, randonnée et sensations fortes sur une tyrolienne de 1 km, dans les montagnes proches de Oaxaca.

Huana Coa Canopy (plan p. 520 ; 669-990-11-00 ; www.facebook.com/huanacoacanopy ; Av del Mar 1111 ; 75 $US/pers ; 9h-13h et 15h30-18h lun-ven, 9h-13h sam ; Sábalo-Centro). Ensemble de tyroliennes très appréciées, dans les collines boisées proches de Mazatlán.

Teleférico de Orizaba (p. 247). Une aire de jeux au sommet de la montagne que l'on atteint grâce au deuxième téléphérique le plus haut du Mexique.

Animaux

Acuario Inbursa (p. 94). L'immense aquarium de Mexico éblouira les enfants avec ses raies mantas, ses piranhas et ses crocodiles, tandis que les musées Soumaya et Jumex, juste en face, intéresseront les parents.

Baleines de Basse-Californie (p. 761). Des baleines grises et leurs petits croisent au large des côtes de la péninsule. Pour les rejoindre, il faut généralement faire plusieurs heures de bateau : une activité à réserver, donc, aux plus grands.

Zoomat (p. 377). Abrite 180 espèces, toutes issues de l'État du Chiapas, dont plusieurs spécimens de grands félins.

Playa Escobilla (p. 489). Une plage du Oaxaca où des milliers de tortues sortent de l'océan en une seule nuit pour pondre leurs œufs dans le sable.

Crococun (p. 292). Zoo interactif de Puerto Morelos – crocodiles et singes en liberté.

SANTÉ ET SÉCURITÉ

Les enfants risquent davantage que les adultes d'être affectés par la chaleur, les changements d'altitude, une nourriture différente ou un rythme de sommeil perturbé. Ils ne devront jamais boire l'eau du robinet. Faites également attention aux coups de soleil, couvrez-les pour leur éviter les piqûres d'insectes et, en cas de diarrhée, veillez à bien les réhydrater.

N'hésitez pas à consulter un médecin en cas de doute. En général, l'offre de soins est meilleure dans les hôpitaux et cliniques privés que dans les établissements publics. Enfin, assurez-vous que votre assurance voyage prend en charge les frais médicaux engagés dans les services médicaux privés.

Musées

Museo Nacional de Antropología (p. 86). Les gravures, statues et crânes de ce musée, le meilleur du Mexique, connaissent un franc succès auprès des enfants.

Papalote Museo del Niño Cet amusant musée interactif pour enfants a un site à Mexico (p. 91) et l'autre à Cuernavaca (p. 195). Parfait pour les enfants jusqu'à 11 ans.

Museo Interactivo de Xalapa (p. 234). Salles thématiques sur la science, l'écologie et l'art ; cinéma IMAX.

La Esquina: Museo del Juguete Popular Mexicano (p. 699). Formidable musée de San Miguel de Allende où les enfants peuvent découvrir des jouets datant d'avant la révolution numérique !

Museo de Historia Natural (carte p. 646 ; ☎443-312-00-44 ; Ventura Puente 23 ; ⏲9h-16h lun-ven, 11h-18h sam-dim). GRATUIT Ce petit musée de Morelia, pensé pour les enfants, présente une collection éclectique allant des fossiles (dont une défense de mammouth) aux animaux disséqués, en passant par le jardin de cactus.

Spectacles

Voladores Au cours de ce rituel totonaque, des hommes (hommes volants) grimpent au sommet d'un mât haut de 30 m, puis s'élancent dos au vide, attachés uniquement par des cordes aux pieds. On peut en voir fréquemment à El Tajín (p. 257) et au Museo Nacional de Antropología de Mexico (p. 86).

Spectacle de pirates (p. 360). Campeche fait revivre le temps des pirates dans un spectacle truffé d'effets visuels.

Danse folklorique. Le Ballet Folklórico de México (p. 131), à Mexico, ainsi que des troupes de Guelaguetza à Oaxaca (p. 456) et sur la Plaza Grande de Mérida (p. 322) donnent des spectacles hauts en couleur très divertissants.

Préparatifs

➡ N'oubliez pas que les enfants apprécient de faire régulièrement des haltes en voyage – ils préfèrent souvent s'arrêter dans un endroit pour quelque temps, se faire des amis et pratiquer les activités qu'ils aiment faire habituellement chez eux.

➡ Consultez un médecin pour ce qui concerne les vaccinations, au moins un mois – deux de préférence – avant le départ.

➡ Mieux vaut réserver l'hébergement pour les deux ou trois premières nuits, au minimum.

➡ On trouve partout des couches jetables et de l'écran solaire. C'est moins vrai pour les lingettes, d'autres types de crèmes, l'alimentation pour bébé et les médicaments courants en dehors des grandes villes et des destinations touristiques.

➡ Pour des informations et conseils d'ordre général, consultez le guide Lonely Planet *Voyager avec ses enfants*.

Formalités pour les voyageurs de moins de 18 ans

La loi mexicaine exige que les moins de 18 ans – Mexicains (y compris ceux qui ont la double nationalité) ou étrangers résidant au Mexique – disposent d'une autorisation officielle de sortie du territoire s'ils quittent le pays sans l'un de leurs parents ou tuteur légal. On a rapporté certains cas où des mineurs ont dû produire ce type d'autorisation, surtout s'ils quittaient le Mexique par la route. L'ambassade américaine au Mexique recommande donc à tous les mineurs voyageant sans leurs deux parents de se munir d'une autorisation de sortie du territoire. Renseignez-vous longtemps à l'avance auprès d'un consulat mexicain à l'étranger sur les formalités requises.

Les régions en un clin d'œil

Mexico

Musées
Fêtes
Cuisine

Des musées en tout genre

Art contemporain d'avant-garde, objets de l'époque préhispanique, jouets anciens… Il y a des musées pour tous les goûts. Ne manquez pas le Museo Nacional de Antropología et la fameuse Maison bleue de Frida Kahlo.

Le monde de la nuit

À Mexico, capitale festive du pays, les traditionnelles *cantinas* se changent la nuit en bars branchés ou en cabarets transformistes. Prenez un cours de salsa sur une *plaza* en journée, sirotez un excellent mezcal dans un bar chic sur un toit-terrasse au crépuscule, puis dansez jusqu'à l'aube sur la piste d'une discothèque.

Un melting-pot culinaire

La capitale offre de bons restaurants de toutes sortes, et les spécialités régionales tiennent le haut de l'affiche. Chacun a son adresse préférée pour le meilleur *pozole* (soupe consistante à base de semoule de maïs, viande et légumes) de l'État du Guerrero ou une savoureuse *cochinita pibil* (porc mariné et rôti) du Yucatán.

p. 62

Environs de Mexico

Vestiges
Petites villes
Cuisine

Architecture ancienne

Certaines des ruines les plus impressionnantes du pays ne sont qu'à quelques heures de route de la capitale. Teotihuacán, avec ses extraordinaires pyramides de la Lune et du Soleil, est le site le plus connu. Tout aussi remarquables, Cacaxtla, Xochitécatl, Xochicalco et Cantona peuvent être explorés dans une quasi-solitude.

Pueblos Mágicos

Avec leurs places ombragées et leurs édifices coloniaux, les "villages magiques" particulièrement bien préservés de Cuetzalan, Real del Monte, Malinalco ou Valle de Bravo permettent d'échapper à la pollution et à la foule de la capitale.

Spécialités régionales

Beaucoup de villes ont leurs spécialités, tels les petits pâtés que l'on trouve dans les villages miniers au-dessus de Pachuca ou le célèbre *mole* de Puebla.

p. 147

État de Veracruz

Archéologie
Cuisine
Activités de plein air

Cultures anciennes

Les côtes du golfe du Mexique abritèrent de brillantes civilisations précolombiennes. Visitez le site classique d'El Tajín et son étonnante pyramide des "Niches", contemplez la splendeur de la ville totonaque de Zempoala et découvrez le génie des anciens sculpteurs de la région au Museo de Antropología de Xalapa.

Divins poissons

Les 690 km de côtes de l'État de Veracruz permettent de mettre les produits de la mer à l'honneur, notamment le *huachinango a la veracruzana*, un plat trèsépicé. Juste après viennent les *moles* de Xico et le café de Coatepec.

Rivières encaissées et hauts sommets

Plus haute montagne du Mexique, le volcan Orizaba domine l'État de Veracruz et offre le trek le plus ardu du pays. Dans les vallées, les eaux vives du Río Antigua et du Río Filobobos attirent les plus intrépides.

p. 216

Péninsule du Yucatán

Plages
Plongée
Ruines mayas

Un jour à la plage

Débordements festifs de Cancún ou rivages solitaires de la Costa Maya, comme à Xcalak, le choix est vaste. Ne manquez pas le sable blanc et les eaux chaudes de la péninsule.

La grande bleue

Avec ses centaines de kilomètres de côte caribéenne et la deuxième plus grande barrière de corail du monde, la région est le paradis des amateurs de plongée et de snorkeling. Banco Chinchorro et l'Isla Cozumel tiennent la vedette, et le jardin de sculptures sous-marines de Cancún n'a pas d'équivalent.

Splendeurs préhispaniques

De Chichén Itzá, renommée dans le monde entier, aux sites quasi inconnus comme Ek' Balam, le Yucatán recèle des temples et pyramides époustouflants. Ils sont souvent empreints d'une atmosphère particulière, que même la foule de touristes ne parvient pas à gâcher.

p. 270

Chiapas et Tabasco

Nature
Activités de plein air
Culture indienne

Vie sauvage

Tortues venues pondre sur les rivages, singes hurleurs et oiseaux au plumage flamboyant sont monnaie courante dans les jungles et les montagnes ceintes de brume du Chiapas, mais aussi sur les plages de cette région abritant une foule d'animaux rares et menacés d'extinction.

De l'action

Que vous descendiez en rappel dans les profondeurs d'un gouffre en pleine jungle, rebondissiez sur des rapides en rafting ou gravissiez les 4 000 m d'un volcan, le Chiapas n'est pas avare de sensations fortes.

Temples et tradition

Le monde maya est omniprésent, depuis les temples de la civilisation classique à la persistance de rites précolombiens en passant par les textiles tissés à la main et les costumes traditionnels que beaucoup d'Indiens portent encore.

p. 373

État de Oaxaca

Plages
Activités de plein air
Culture

Une côte de rêve

Avec 550 km de plages bordant le Pacifique, la côte de Oaxaca a tout pour plaire : vagues de Puerto Escondido, ambiance cosmopolite de Zipolite et Mazunte, et plaisirs balnéaires de Bahías de Huatulco.

Plein air

Randonnez dans les forêts montagneuses de la Sierra Norte ; surfez sur les rouleaux du Pacifique ; descendez des rivières en rafting, des montagnes jusqu'à la mer ; plongez avec un masque ou une bouteille dans les eaux des baies idylliques de Huatulco et observez les baleines, dauphins et tortues de la côte pacifique.

Traditions et avant-garde

L'État de Oaxaca est un haut lieu culturel à bien des égards, de la scène artistique animée de la ville de Oaxaca à l'infinie créativité artisanale des populations indigènes locales. Le tout témoigne d'une identité régionale unique.

p. 444

Côte pacifique centrale

Activités de plein air
Cuisine
Plages

Sensations fortes

Traversez la lagune en kayak à l'aube, chevauchez dans la Sierra Madre, nagez entouré de papillons dans une rivière jonchée de rochers, assistez aux spectacles des pélicans et des baleines ou scrutez le sable à la nuit tombée pour découvrir, en restant à distance raisonnable, des tortues venues pondre.

Paradis des produits de la mer

Attablez-vous au crépuscule et dégustez votre assiette de *pescado zarandeado* (poisson grillé), de *tiritas* (lamelles de poisson cru marinées au citron et chili), de crevettes et de vivaneau cru accommodé de mille et une (délicieuses) façons.

Surf et plage

C'est ici que vous trouverez la plage de vos rêves, qu'il s'agisse de lézarder, margarita à la main, ou de dompter des vagues en tout point parfaites.

p. 516

Ouest du plateau central

Culture
Cuisine
Paysages

Artisanat

L'ouest du plateau central est réputé pour sa culture indienne, notamment celle des Purépechas, dont l'artisanat est vendu autour de Pátzcuaro et Uruapan. Vous trouverez de magnifiques galeries d'art et boutiques à Guadalajara et ses banlieues– Tlaquepaque et Tonalá.

Bonheur culinaire

Lorsque l'Unesco a classé la cuisine mexicaine au Patrimoine culturel immatériel mondial en 2010, le Michoacán, dont la cuisine rappelle un peu celle du sud des États-Unis, fut mis à l'honneur. Ajoutez-y la *birria* (ragoût de chèvre ou d'agneau épicé) de Jalisco, arrosée de tequila locale, et vous aurez un véritable festin.

Volcans spectaculaires

Les volcans jumeaux du petit État de Colima révèlent un paysage enchanteur. Ne manquez pas le petit dernier, le Volcán Paricutín, au Michoacán.

p. 605

Nord du plateau central

Musées
Activités de plein air
Villes coloniales

Histoire et modernité

Berceau de fascinantes cultures indigènes et source de la majorité des mines d'argent exploitées à l'époque coloniale, c'est dans cette région qu'émergea l'indépendance mexicaine. Les collections de ses excellents musées présentent héros historiques et art contemporain.

Terrain de jeu naturel

La région offre de plus en plus d'activités de plein air : descentes de gouffres en rappel, snorkeling dans les lacs de Huasteca Potosina, balades à pied ou à cheval dans les déserts qui entourent Real de Catorce ou recherche d'aras dans les grottes de la Sierra Gorda.

Paradis à pied

Les rues pavées, bordées de superbes demeures coloniales en pierre et de nombreuses églises, sont un fascinant terrain à explorer à pied. On s'y perd, au gré d'étroits *callejones* (ruelles) ou d'escaliers abrupts, avant de rejoindre une jolie place à l'ombre des lauriers.

p. 672

Péninsule de Basse-Californie

Paysages
Vin
Sports nautiques

Montagnes et paradis tropical

Peu d'endroits au monde offrent des déserts à quelques pas de lagons turquoise et à 2 heures à peine en voiture de hautes montagnes couvertes de pins… de sublimes panoramas tout droit sortis d'un livre d'images.

Ruta del Vino

Le Valle de Guadalupe produit sans doute le meilleur vin du Mexique, et ce "Napa Sur" est promis à un succès international. La Route du Vin se prête idéalement à un ou deux jours d'excursion.

Surf et plongée

La péninsule de Basse-Californie est idéale pour les surfeurs de tous niveaux, avec des *beach breaks*, *point breaks* et *reef breaks* sur une bonne partie de la côte pacifique. Les plongeurs peuvent s'inscrire pour deux plongées consécutives dans le Pacifique et arriver à temps au fabuleux golfe de Californie pour une nouvelle plongée nocturne.

p. 739

Canyon du Cuivre et nord du Mexique

Villes coloniales
Musées
Aventures de plein air

Le charme perpétuel

Les superbes vieilles villes d'Álamos (dotée d'hôtels et de restaurants hors pair), Durango (avec sa multitude de *plazas* et ses musées), et Parras (bastion de la viticulture) séduisent les visiteurs par la richesse de leur histoire.

Du sarape à l'acier

Le Parque Fundidora de Monterrey renferme des sites d'intérêt culturel, comme le Horno3, consacré à la production de l'acier. À Saltillo, les collections des musées portent sur l'environnement désertique, le *sarape* (sorte de poncho) et les oiseaux. Quant à Durango et Chihuahua, elles offrent bien des attraits, en particulier des musées consacrés à Pancho Villa.

Plein air

Une côte merveilleuse, de vastes déserts et des canyons bénéficiant de climats variés – de l'alpin au subtropical – abritent une faune abondante. La région est parcourue de pistes cyclables et de sentiers pédestres.

p. 787

Sur la route

Péninsule de Basse-Californie p. 739

Canyon du Cuivre et nord du Mexique p. 787

Nord du plateau central p. 672

Côte pacifique centrale p. 516

Environs de Mexico p. 147

Ouest du plateau central p. 605

Mexico p. 62

État de Veracruz p. 216

Péninsule du Yucatán p. 270

État de Oaxaca p. 444

Chiapas et Tabasco p. 373

Mexico

☎55 / 8,85 MILLIONS D'HABITANTS / ALTITUDE : 2 240 M

Dans ce chapitre ➡

Le top des restaurants

- ➡ Pujol (p. 122)
- ➡ Contramar (p. 122)
- ➡ El Hidalguense (p. 121)
- ➡ Quintonil (p. 123)
- ➡ El Lugar Sin Nombre (p. 118)
- ➡ Hostería de Santo Domingo (p. 116)

Le top des hébergements

- ➡ Red Tree House (p. 113)
- ➡ Casa San Ildefonso (p. 109)
- ➡ Villa Condesa (p. 113)
- ➡ Casa Comtesse (p. 113)
- ➡ Gran Hotel Ciudad de México (p. 110)
- ➡ Chalet del Carmen (p. 115)

Pourquoi y aller

L'ancienne capitale aztèque incarne, depuis toujours, le centre du système solaire mexicain. Boudée par le passé, la ville de Mexico est en train de se racheter une conduite. Ses espaces publics rénovés retrouvent une seconde vie, la scène culinaire est en plein essor, et la ville vit une renaissance culturelle. Pour couronner le tout, comme elle a réussi à se tenir à l'écart de la guerre de la drogue, la capitale tend à apparaître comme une mégalopole relativement sûre. Loin de faire fuir les visiteurs, les séismes de 2017 ont au contraire révélé une jeune société dont la solidarité force l'admiration.

Une promenade dans les rues animées de la capitale suffit à mesurer la richesse de son histoire. Cette ville tentaculaire permet au visiteur d'échapper le temps d'une pause à son rythme trépidant, qu'il s'agisse de *cantinas* à l'ancienne, de bons musées, de dîners d'exception ou d'antiques canaux de navigation. Parions que, envoûté par ses mille facettes, vous renoncerez à vos projets de farniente à la plage.

Quand partir

Mexico

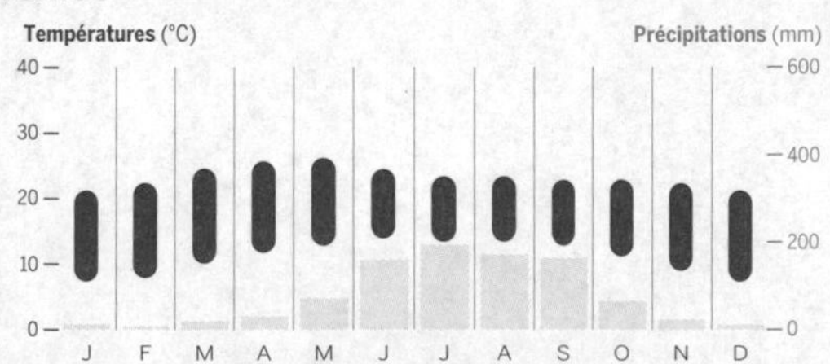

Mars-avril Le départ des *chilangos* pour Pâques laisse la ville extrêmement calme.

Mai Profitez des derniers jours chauds et secs avant le début de la saison des pluies.

Novembre Fin de la saison des pluies ; le mois commence par les festivités du Día de Muertos.

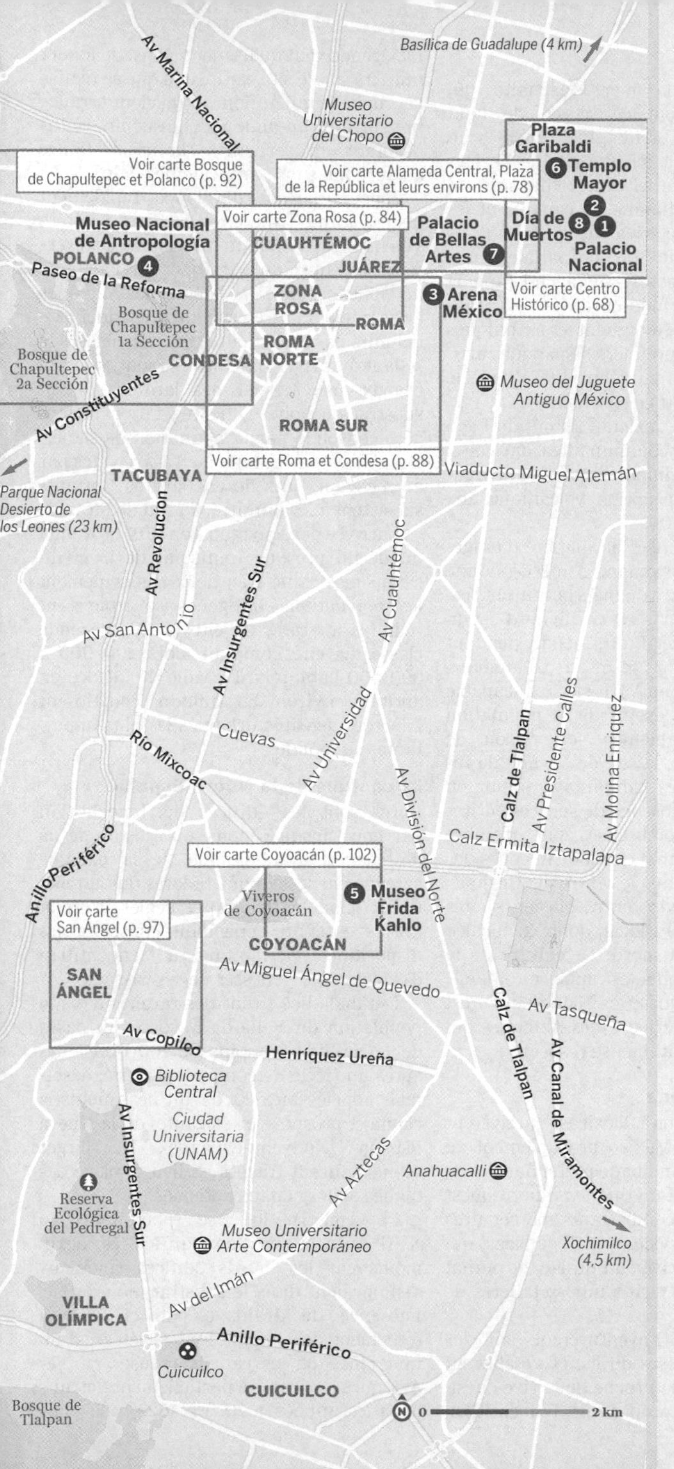

À ne pas manquer

❶ L'histoire mexicaine vue par Diego Rivera au **Palacio Nacional** (p. 72)

❷ Le **Templo Mayor** (p. 71), remarquable site aztèque au cœur du centre-ville

❸ Les clameurs des combats de *lucha libre* (catch mexicain) de l'**Arena México** (p. 135)

❹ Le soleil aztèque en pierre et les autres merveilleux vestiges précolombiens exposés au **Museo Nacional de Antropología** (p. 86)

❺ La maison natale de Frida Kahlo, la Casa Azul à Coyoacán, désormais **Museo Frida Kahlo** (p. 99)

❻ La pittoresque **Plaza Garibaldi** (p. 74) et ses groupes de mariachis

❼ Les fresques murales aux couleurs vives et les spectacles de danse folklorique du **Palacio de Bellas Artes** (p. 77)

❽ La danse de squelettes géants vers le Zócalo lors du **Día de Muertos** (p. 131), en hommage aux défunts

Histoire

En parcourant la mer d'asphalte qui recouvre à présent ce bassin de haut plateau, difficile d'imaginer qu'il y a 5 siècles s'étendait ici une chaîne de lacs de montagne. L'actuel centre-ville se trouvait sur un îlot sillonné de canaux, et les communautés qui vivaient là et sur les berges du Lago de Texcoco parlaient une mosaïque de dialectes sans aucun rapport avec les langues indo-européennes. D'ailleurs, ainsi qu'en témoignent les chroniques hispaniques, les premiers Espagnols arrivés dans la région au début du XVIe siècle furent médusés par ce spectacle.

Vers 200 av. J.-C. existait autour du Lago un ensemble de communautés agricoles. Le village le plus important, Cuicuilco, fut détruit par une éruption volcanique aux alentours de l'an 100.

Les progrès réalisés en matière d'irrigation et le développement d'une économie fondée sur la culture du maïs permirent l'essor de Teotihuacán, à 40 km au nord-est du lac. L'empire de cet État s'étendit pendant des siècles, allant jusqu'au Guatemala, mais il s'effondra au VIIIe siècle, incapable de subvenir aux besoins de sa population croissante. Probablement en raison de divisions internes, le site de la capitale fut abandonné par ses habitants et tomba en ruine. Cela dit, l'absence de sources écrites projette de très nombreuses zones d'ombre sur cette période mal connue. Au cours des siècles suivants, dans le centre du Mexique, le pouvoir fut divisé entre plusieurs cités majeures au niveau local, dont Xochicalco au sud et Tula au nord. La culture de la région à cette époque est appelée toltèque. Le nom de Toltèques (les "Bâtisseurs") est une invention ultérieure des Aztèques qui leur portaient un immense respect.

Le Mexico aztèque

Les Aztèques, ou Mexicas, arrivèrent dans le Valle de México probablement au XIIIe siècle. Tribu nomade prétendant venir de l'Aztlán, région mythique au nord-ouest du Mexique, ces combattants mercenaires offrirent leurs services aux Tepanecas, qui résidaient sur la rive sud du lac, et purent s'installer sur les terres inhospitalières de Chapultepec.

Les Aztèques s'aventurèrent sur les berges marécageuses du lac et s'établirent en 1325 sur une île proche de la rive ouest, pour y fonder leur propre ville, Tenochtitlán. La légende veut qu'ils aient choisi de fonder une cité sur ce site car c'est là que se réalisa la prophétie qui annonçait que leur errance prenait fin : un aigle perché sur un cactus dévorant un serpent – la scène figure aujourd'hui sur le drapeau mexicain.

Tenochtitlán se développa rapidement jusqu'à former une cité-État dont l'empire s'étendait, au début du XVIe siècle, à travers tout le centre du Mexique, du Pacifique au Golfe, et loin vers le sud. Les Aztèques érigèrent leur cité en suivant un quadrillage délimité par des canaux et des chaussées la reliant à la rive. Dans les faubourgs marécageux, ils créèrent des jardins sur un substrat de boue et de végétation mélangées consolidé par la plantation de saules. Ces *chinampas* donnaient 3 à 4 récoltes par an. Quelques-uns de ces jardins flottants subsistent à Xochimilco, au sud de Mexico.

L'arrivée des Espagnols en 1519 provoqua un déclin presque immédiat de la civilisation mexicaine : en deux ans seulement les populations indigènes se trouvèrent réduites au rang de citoyens de seconde classe. La cité comptait alors 200 000 à 300 000 habitants. Le Valle de México en abritait environ 1,5 million, constituant l'une des densités urbaines les plus importantes au monde.

La capitale de la Nueva España

Rares sont les édifices de Tenochtitlán parvenus jusqu'à nous en raison de la destruction systématique de la capitale aztèque par les conquistadores qui la rebâtirent selon leurs propres règles. Hernán Cortés entendit cependant conserver les dispositions permettant à Tenochtitlán d'exploiter les richesses de ses vassaux.

Les maladies firent des ravages dans la population du Valle de México, qui passa de 1,5 million à moins de 100 000 âmes après un siècle de conquête. La cité, désormais appelée Mexico, devint néanmoins la capitale, prospère et élégante, de la Nueva España (Nouvelle-Espagne). De larges avenues furent tracées en lieu et place des digues et des canaux aztèques.

La construction se poursuivit au XVIIe siècle, avec des difficultés néanmoins car les lourds édifices coloniaux s'enfonçaient dans le substrat mou du lac. L'absence de drainage naturel favorisa également des inondations répétées, d'autant plus que les canaux creusés par les Aztèques avaient été partiellement détruits dans les années 1520. En 1629, une pluie torrentielle laissa même la ville sous l'eau 5 années durant !

Les choses s'améliorèrent au XVIIIe siècle avec la construction de places et le tracé d'avenues, complétées par un système de tout-à-l'égout et de collecte des ordures. Ce fut l'âge d'or de Mexico.

L'indépendance

Le 30 octobre 1810, 80 000 rebelles indépendantistes, galvanisés par leur victoire à Guanajuato, écrasèrent les loyalistes espagnols à l'ouest de la capitale. Leur piètre équipement ne leur permit pas cependant de tirer parti de cette victoire, et leur chef, Miguel Hidalgo, renonça à marcher sur la ville. Cette décision allait prolonger de 11 années la lutte pour l'indépendance.

En vertu des lois de réforme instituées par le président Benito Juárez, le gouvernement s'appropria en 1859 les églises et les monastères, qui furent revendus, morcelés ou destinés à d'autres usages. Sous le bref règne de l'empereur Maximilien (1864-1867) fut édifiée la Calzada del Emperador (l'actuel Paseo de la Reforma), afin de relier le Bosque de Chapultepec au centre-ville.

Mexico entra dans la modernité sous la férule de Porfirio Díaz, qui gouverna le Mexique quasi sans interruption de 1876 à 1911. Díaz favorisa un boom immobilier sans précédent grâce à la construction d'hôtels particuliers et de théâtres pour l'élite urbaine, tandis que les habitants les plus fortunés quittaient le centre-ville pour s'établir dans de tout nouveaux quartiers résidentiels, à l'ouest. La capitale se dota de lignes électriques de tramway couvrant près de 150 km, l'industrie prit son essor et, en 1910, Mexico comptait plus d'un demi-million d'habitants. Un canal et un tunnel de drainage permirent enfin d'assécher une grande partie du Lago de Texcoco, ce qui favorisa l'extension de la cité.

La mégalopole moderne

Après la chute de Porfirio Díaz en 1911, la Révolution apporta la guerre, la famine et la maladie à Mexico. L'industrialisation qui suivit la Grande Dépression attira de plus en plus de capitaux et de main-d'œuvre. Les usines et les gratte-ciel se multiplièrent dans les décennies qui suivirent, sans que le logement, l'emploi et les services ne suivent le rythme.

Mexico a continué de s'étendre dans les années 1970 du fait de l'exode des paysans les plus pauvres attirés par ses industries prospères. La population de l'agglomération passant de 8,7 à 14,5 millions d'habitants,

MEXICO EN...

Deux jours

Entamez votre première journée par le **zócalo** (p. 71), le cœur de l'univers aztèque. Explorez les fondations préhispaniques de Mexico au **Templo Mayor** (p. 71) avant d'admirer les œuvres de Diego Rivera au **Palacio Nacional** (p. 72). Le lendemain, plongez dans l'histoire de Mexico au **Museo Nacional de Antropología** (p. 86) et au **Castillo de Chapultepec** (p. 87). Le soir, prenez une tequila sur la **Plaza Garibaldi** (p. 74) en écoutant les mariachis.

Trois jours

Commencez votre troisième journée par une balade parmi les fontaines et les arbres de l'**Alameda Central** (p. 79). Prenez le temps d'admirer la splendeur Art déco du **Palacio de Bellas Artes** (p. 77) et la fresque signée Diego Rivera. Dirigez-vous ensuite vers **La Ciudadela** (p. 81) pour dénicher quelques *artesanías* (objets artisanaux). Si c'est un samedi, consacrez le reste de l'après-midi à vous initier à la danse sur la **Plaza de Danzón** (p. 107) voisine.

Une semaine

Ajoutez le secteur sud à votre moisson de souvenirs en visitant le **Museo Frida Kahlo** (p. 99) de Coyoacán, puis offrez-vous un dîner et une dégustation de mezcal dans le ravissant **Jardín Centenario** (p. 99), à moins d'acheter de l'artisanat de qualité au **Bazar Sábado** (p. 137) de San Ángel. Passez un jour plus au sud à Xochimilco et profitez de l'après-midi pour naviguer sur les anciens **canaux** (p. 95) en *trajinera* (barque). Réservez un mercredi ou un dimanche soir pour assister à une représentation du **Ballet Folklórico de México** (p. 131).

Mexico a eu tôt fait de déborder les limites du Distrito Federal (district fédéral, DF) pour absorber cette masse de nouveaux arrivants, et elle s'est étendue progressivement dans l'État de México voisin. De cette croissance anarchique résulte une progression du trafic automobile et de la pollution, en partie enrayée par l'ouverture du métro en 1969 et les tentatives de limitation de la circulation dans les années 1990. L'agglomération comptait 22 millions d'habitants au dernier recensement.

Géré directement par le gouvernement fédéral pendant 70 ans – les présidents nommant des "régents" à la tête d'administrations notoirement corrompues –, le DF a acquis son autonomie politique en 1997. Élu *mayor* (chef du gouvernement) du DF en l'an 2000, Andrés Manuel López Obrador, membre du parti de centre gauche PRD (Parti de la révolution démocratique), a été largement plébiscité par les *capitalinos*. C'est à l'initiative de celui qu'on appelle couramment "AMLO" qu'ont été entrepris

MEXICO AVEC DES ENFANTS

Comme dans tout le pays, les enfants seront choyés à Mexico. Les musées organisent souvent des activités en direction du jeune public. Le **Museo de la Secretaría de Hacienda y Crédito Público** (p. 74) propose régulièrement des spectacles de marionnettes le dimanche. Le Museo de Arte Popular (p. 80), avec toutes ses couleurs, laisse rarement les plus jeunes insensibles. Autre excellente adresse : le Museo del Juguete Antiguo México (p. 75), fascinant musée du Jouet dont la collection se monte à plus de 60 000 pièces.

Mexico ne manque pas de parcs et de places résonnant de cris d'enfants. Les parents les emmènent au Bosque de Chapultepec (p. 85), mais également au Papalote Museo del Niño (p. 91), à La Feria (p. 91), ou encore sur les lacs, comme le Lago de Chapultepec, pour faire du bateau. Le quartier de Polanco abrite l'Acuario Inbursa (p. 94), un aquarium de renommée mondiale. Le dimanche, les familles convergent vers le Parque México, à Condesa, où l'on peut louer des vélos. À Coyoacán, il règne sur la Plaza Hidalgo (p. 99) une véritable atmosphère de foire.

Nombreux sont les théâtres qui, comme le **Centro Cultural del Bosque** (carte p. 92 ; 55-5283-4600, poste 4408 ; www.ccb.bellasartes.gob.mx ; Campo Marte, angle Paseo de la Reforma ; guichet 12h-15h et 17h-19h lun-ven et avant les spectacles ; ; M Auditorio), le **Centro Cultural Helénico** (carte p. 97 ; 55-4155-0919 ; www.helenico.gob.mx ; Av Revolución 1500, Colonia Guadalupe Inn ; guichet 10h-20h30 ; ; Altavista) et le Foro Shakespeare (p. 131), proposent des pièces pour un jeune public et des spectacles de marionnettes le week-end et pendant les vacances scolaires. Les dessins animés figurent au programme de tous les cinémas. Notez que les films pour enfants sont généralement doublés en espagnol.

À Xochimilco (p. 95), les enfants adorent filer en barque sur les canaux. On trouve aussi dans cette partie de la ville le Museo Dolores Olmedo (p. 95), où des chiens mexicains d'origine préhispanique et des paons animent les jardins, et où des spectacles pour jeune public sont donnés dans le patio les samedis et dimanches à 13h. Le musée compte aussi des ateliers pour les enfants.

Fin octobre, ne manquez pas la parade et l'exposition d'*alebrijes* (sculptures en bois peint) géants, ni le défilé du Día de Muertos (p. 108), tous deux sur Reforma.

Vous trouverez d'autres informations sur les activités pour les plus jeunes sous l'onglet "Infantiles" du site Internet du Conaculta (www.mexicoescultura.com), ainsi que sous la rubrique "En famille" de l'onglet "Attractions" du site de CDMX Travel (www.cdmxtravel.com/fr).

La plupart des stations et trains du métro sont trop bondés et trop chauds pour y voyager en poussette, sans compter l'absence d'ascenseur. La majorité des musées offrent une pièce pour changer les bébés, de même que les grands restaurants. Même sans enfants, il peut être fatigant de marcher dans la foule du *centro histórico*. À l'inverse, les quartiers de Roma, Condesa et Coyoacán possèdent des centres arborés et compacts avec une plus grande liberté de mouvement, qui ne nécessitent pas constamment de tenir la main des petits.

le réaménagement ambitieux du *centro histórico* et la construction d'un autopont pour le périphérique.

Certes López Obrador a été battu, de peu, à l'élection présidentielle de 2006 (résultat qu'il a vigoureusement contesté, sur la base d'allégations de fraudes), mais son ancien chef de la police, Marcelo Ebrard, a remporté une victoire écrasante à Mexico, consolidant l'emprise du PRD sur la gestion de la ville. Ayant également pris le pouvoir au sein de l'assemblée législative du district fédéral, le PRD a fait voter toute une série de lois progressistes, en faveur de la reconnaissance des mariages homosexuels, ainsi que de la légalisation de l'avortement et de l'euthanasie. Marcelo Ebrard a passé la main en 2012 à son ancien procureur général, Miguel Ángel Mancera, vainqueur de l'élection avec plus de 60% des suffrages. En 2015, le gouvernement Mancera a annoncé un projet de transformation majeure pour l'Avenida Chapultepec avec la création de nouveaux espaces piétons et commerciaux (ces derniers suscitant la controverse), signe que Mexico n'a pas fini de se réinventer. L'ancien "DF" est d'ailleurs devenu officiellement depuis 2016 la "CDMX". Fin 2017, Miguel Ángel Mancera a promis un financement de plusieurs millions de pesos pour la reconstruction des quartiers de la ville touchés par le séisme du 19 septembre 2017. Beaucoup ont jugé cette mesure trop tardive, trop limitée et révélatrice du fait que le véritable changement, dans cette mégalopole, est surtout le fait des habitants, des quartiers et de l'esprit communautaire.

À voir

L'exploration des innombrables richesses de Mexico demanderait plusieurs mois, tant cette ville offre de musées, monuments, places, édifices coloniaux, monastères, fresques et vestiges archéologiques. En effet, la capitale mexicaine est l'une des villes comptant le plus de musées au monde.

Notez que beaucoup de musées sont fermés le lundi et bondés le dimanche (nombre d'entre eux étant gratuits ce jour-là pour les habitants).

La CDMX se compose de 16 *delegaciones* (arrondissements) subdivisées en quelque 1 800 *colonias* (quartiers). La taille de la ville peut être intimidante, mais les principaux quartiers d'intérêt touristique sont relativement bien identifiables et faciles à parcourir, pour la plupart dans les *colonias* de Roma, Condesa, Polanco, El Centro, Coyoacán et San Ángel.

Certaines artères, comme l'Avenida Insurgentes, portent le même nom sur plusieurs kilomètres, mais beaucoup de rues moins importantes changent d'appellation (et de numérotation) tous les 10 pâtés de maisons environ.

Le meilleur moyen de s'orienter consiste à se faire indiquer la station de métro la plus proche.

Outre leur nom ordinaire, beaucoup de grandes artères sont désignées par le terme "*eje*" (axe). Le système des *ejes* établit un quadrillage d'axes prioritaires couvrant la ville.

Centro histórico

Abritant des édifices superbes et de passionnants musées, le *centro histórico* couvre 668 pâtés de maisons. C'est le meilleur endroit pour commencer la visite. Plus de 1 500 bâtiments sont classés monuments historiques ou artistiques, et le *centro* lui-même est inscrit au Patrimoine mondial. C'est un lieu de séjour à la fois commode, animé et moderne.

Depuis l'an 2000, de grosses sommes ont été investies pour améliorer le *centro*. Les rues ont été refaites, les bâtiments rénovés, l'éclairage public et la circulation améliorés, et la sécurité renforcée. De nouveaux musées, restaurants et clubs occupent les édifices restaurés, et les animations culturelles engendrent une renaissance permanente du centre-ville.

Au cœur de l'ensemble, l'immense *zócalo* (place principale) semble concentrer la riche histoire de la capitale, avec ses ruines préhispaniques, ses imposants édifices coloniaux et ses fresques surdimensionnées.

Résolument tournés vers l'avenir à l'instar des habitants de la capitale, le *zócalo*, la Plaza Tolsá et le Gran Hotel ont fait récemment une apparition remarquée sur la scène internationale en servant de décor au film de James Bond, *007 Spectre*.

La station de métro Zócalo est idéalement située au cœur du *centro*, mais on peut aussi s'approcher du quartier depuis le métro Allende à l'ouest, ou même depuis le métro Bellas Artes si l'on ne craint pas de prendre un bain de foule dans la Calle Madero. À la limite sud du *centro*, la station de métro Isabel La Católica est à proximité des bars branchés de la Calle Regina et ses alentours.

Centro histórico

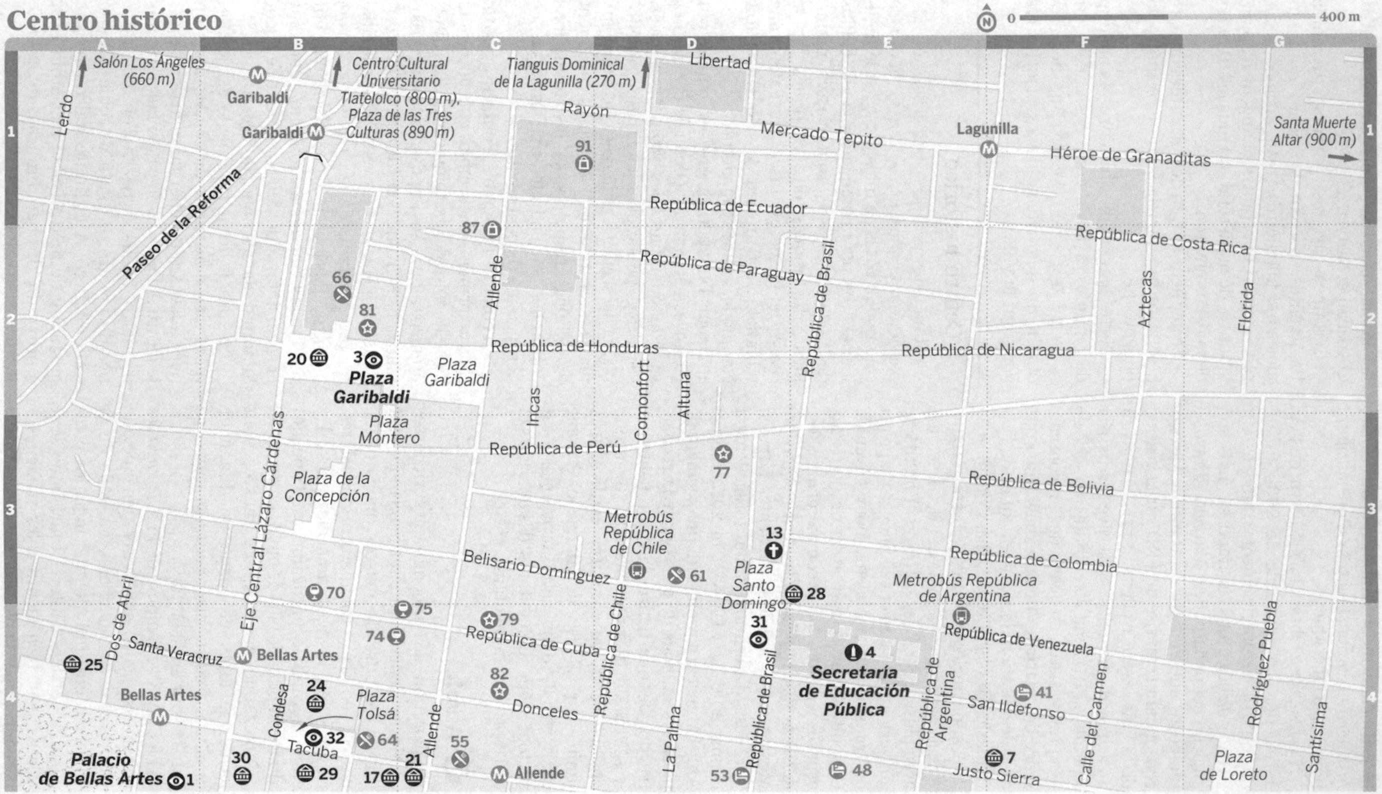

0 400 m

A B C D E F G
1 2 3 4

Salón Los Ángeles (660 m)
Garibaldi
Garibaldi
Centro Cultural Universitario Tlatelolco (800 m), Plaza de las Tres Culturas (890 m)
Tianguis Dominical de la Lagunilla (270 m)
Libertad
Rayón
Mercado Tepito
Lagunilla
Héroe de Granaditas
Santa Muerte Altar (900 m)
Lerdo
91
Paseo de la Reforma
República de Ecuador
87
República de Costa Rica
República de Paraguay
República de Brasil
66
81
Allende
Aztecas
Florida
República de Honduras
República de Nicaragua
20
3 Plaza Garibaldi
Plaza Garibaldi
Incas
Comonfort
Altuna
Plaza Montero
República de Perú
77
Eje Central Lázaro Cárdenas
Plaza de la Concepción
República de Bolivia
Metrobús República de Chile
13
República de Colombia
Belisario Domínguez
61
Plaza Santo Domingo
28
Metrobús República de Argentina
Dos de Abril
70
75
79
31
República de Chile
República de Venezuela
74
República de Cuba
4 Secretaría de Educación Pública
25
Santa Veracruz
Bellas Artes
24
82
41
Bellas Artes
Condesa
Plaza Tolsá
Allende
Donceles
República de Brasil
República de Argentina
San Ildefonso
Calle del Carmen
Rodríguez Puebla
Santísima
32
64
55
La Palma
Palacio de Bellas Artes 1
30
Tacuba
29
17
21
Allende
53
48
7
Justo Sierra
Plaza de Loreto

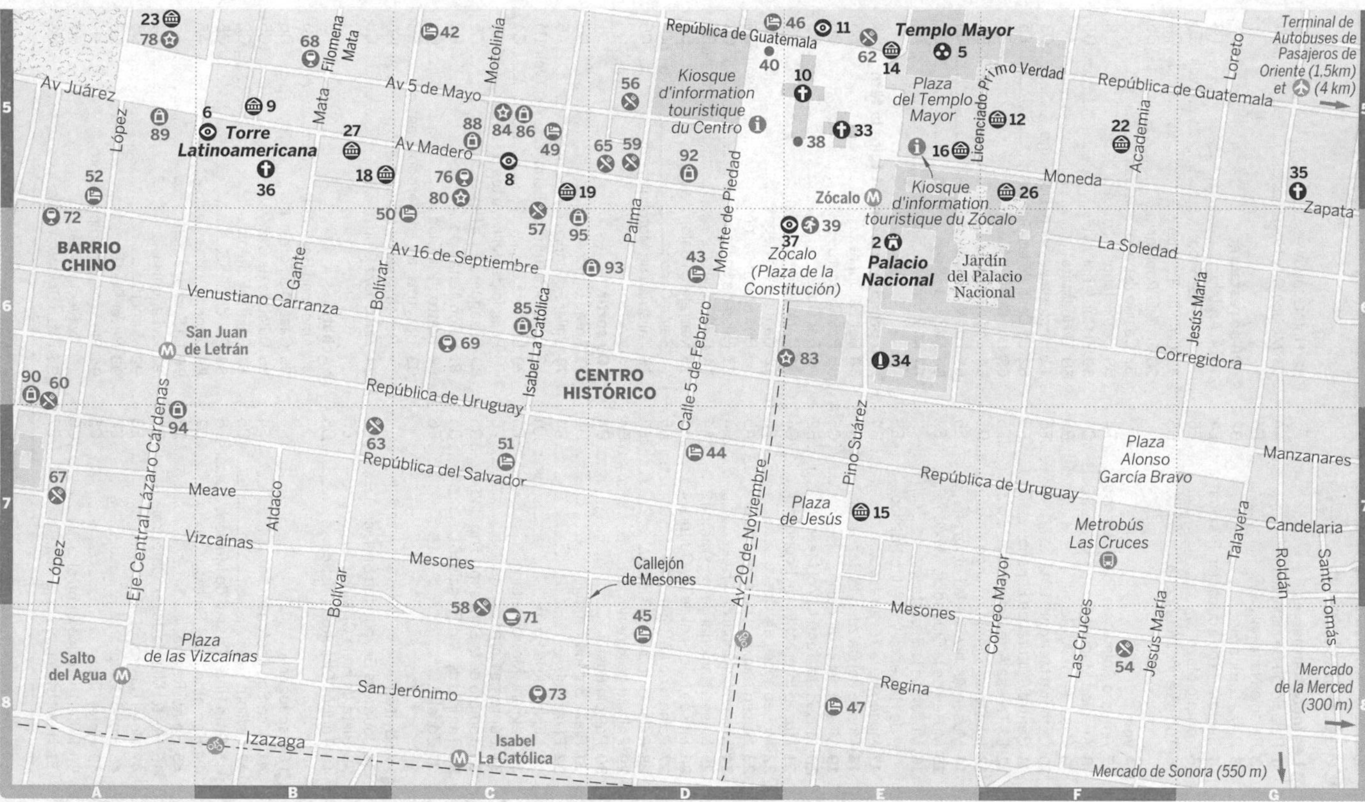
Terminal de Autobuses de Pasajeros de Oriente (1,5km) et (4 km)
Loreto
República de Guatemala
Templo Mayor
Plaza del Templo Mayor
Licenciado Primo Verdad
Kiosque d'information touristique du Centro
Kiosque d'information touristique du Zócalo
Academia
Moneda
Zapata
Av Juárez
Av 5 de Mayo
Av Madero
Motolinía
Filomena Mata
Mata
Torre Latinoamericana
López
BARRIO CHINO
Gante
Bolívar
Av 16 de Septiembre
Palma
Monte de Piedad
Zócalo
Zócalo (Plaza de la Constitución)
Palacio Nacional
Jardín del Palacio Nacional
La Soledad
Jesús María
Venustiano Carranza
San Juan de Letrán
Isabel La Católica
CENTRO HISTÓRICO
Calle 5 de Febrero
Corregidora
República de Uruguay
Eje Central Lázaro Cárdenas
República del Salvador
Pino Suárez
Plaza Alonso García Bravo
Manzanares
Plaza de Jesús
Av 20 de Noviembre
Meave
Aldaco
Vizcaínas
Mesones
Callejón de Mesones
Metrobús Las Cruces
Talavera
Candelaria
Roldán
Santo Tomás
Correo Mayor
Las Cruces
Plaza de las Vizcaínas
Salto del Agua
San Jerónimo
Regina
Mercado de la Merced (300 m)
Izazaga
Isabel La Católica
Mercado de Sonora (550 m)

Centro histórico

Les incontournables
1 Palacio de Bellas Artes ... A4
2 Palacio Nacional ... E6
3 Plaza Garibaldi ... B2
4 Secretaría de Educación Pública ... E4
5 Templo Mayor ... E5
6 Torre Latinoamericana ... B5

À voir
7 Antiguo Colegio de San Ildefonso ... F4
8 Avenida Madero ... C5
9 Casa de los Azulejos ... B5
10 Catedral Metropolitana ... E5
11 Centro Cultural de España ... E5
12 Ex Teresa Arte Actual ... F5
13 Iglesia de Santo Domingo ... D3
14 Museo Archivo de la Fotografía ... E5
15 Museo de la Ciudad de México ... E7
16 Museo de la Secretaría de Hacienda y Crédito Público ... E5
17 Museo de la Tortura ... B4
18 Museo del Calzado El Borceguí ... B5
19 Museo del Estanquillo ... C5
20 Museo del Tequila y el Mezcal ... B2
21 Museo Interactivo de Economía ... C4
22 Museo José Luis Cuevas ... F5
23 Museo Nacional de Arquitectura ... A5
24 Museo Nacional de Arte ... B4
25 Museo Nacional de la Estampa ... A4
26 Museo Nacional de las Culturas ... F5
27 Palacio de Iturbide ... B5
28 Palacio de la Inquisición ... E3
29 Palacio de Minería ... B4
30 Palacio Postal ... B4
31 Plaza Santo Domingo ... D4
32 Plaza Tolsá ... B4
Musée de la Poste ... (voir 30)
33 Sagrario Metropolitano ... E5
34 Suprema Corte de Justicia ... E6
35 Templo de la Santísima Trinidad ... G5
36 Templo de San Francisco ... B5
37 Zócalo ... E6

Activités
38 Journeys Beyond the Surface ... E5
39 Pista de Hielo CDMX ... E6
40 Turibús Circuito Turístico ... D5

Où se loger
41 Casa San Ildefonso ... F4
42 Chillout Flat ... C5
43 Gran Hotel Ciudad de México ... D6
44 Hampton Inn & Suites ... D7
45 Hostal Regina ... D8
46 Hostel Mundo Joven Catedral ... D5
47 Hotel Castropol ... E8
48 Hotel Catedral ... E4
49 Hotel Gillow ... C5
50 Hotel Historico Central ... C6
51 Hotel Isabel ... C7
52 Hotel Marlowe ... A5
53 Mexico City Hostel ... D4

Où se restaurer
54 Al Andalus ... F8
Azul Histórico ... (voir 95)
55 Café de Tacuba ... C4
56 Café El Popular ... D5
57 Casino Español ... C6
58 Coox Hanal ... C8
59 El Cardenal ... D5
60 El Huequito ... A6
61 Hostería de Santo Domingo ... D3
62 La Casa de las Sirenas ... E5
63 Los Cocuyos ... B7
64 Los Girasoles ... B4
65 Los Vegetarianos ... D5
66 Mercado San Camilito ... B2
67 Mi Fonda ... A7

Où prendre un verre et faire la fête
68 Bar La Ópera ... B5
69 Bar Mancera ... C6
70 Bar Oasis ... B3
71 Café Jekemir ... C8
72 Cantina Tío Pepe ... A6
Downtown Mexico ... (voir 95)
73 Hostería La Bota ... C8
74 La Purísima ... B4
75 Marrakech Salón ... C4
Salón Corona ... (voir 50)
76 Talismán de Motolinía ... C5

Où sortir
77 Arena Coliseo ... D3
78 Ballet Folklórico de México ... A5
Centro Cultural de España ... (voir 11)
79 La Perla ... C4
Palacio de Bellas Artes ... (voir 1)
80 Pasagüero + La Bipo ... C5
81 Salón Tenampa ... B2
82 Teatro de la Ciudad ... C4
83 Ticketmaster – Liverpool Centro ... E6
Ticketmaster – Mixup Centro ... (voir 19)
84 Zinco Jazz Club ... C5

Achats
American Bookstore ... (voir 18)
85 Casasola Fotografía ... C6
86 Dulcería de Celaya ... C5
87 Galería Eugenio ... C2
88 Gandhi ... C5
89 Gandhi ... A5
90 La Europea ... A6
91 La Lagunilla ... C1
92 Mumedi ... D5
93 Never Die Gang ... D6
94 Plaza de la Computación y Electrónica ... A7
95 Plaza Downtown Mexico ... C6

Zócalo PLACE
(Carte p. 68 ; Plaza de la Constitución, Colonia Centro ; Ⓜ Zócalo). Cœur de Mexico, la Plaza de la Constitución est plus communément appelée *zócalo*. Cela signifie "socle" en espagnol et s'explique par l'inachèvement au XIXe siècle du monument à l'indépendance initialement prévu. Seul le *zócalo* fut réalisé ! Cette place presque carrée de 220 m (nord-sud) sur 240 m (est-ouest) est l'une des plus grandes au monde.

Le centre cérémoniel de la cité aztèque de Tenochtitlán, appelé Teocalli, se trouve au nord-est du *zócalo*. Dans les années 1520, Cortés fit paver la place de pierres provenant des ruines du site. Au XVIIIe siècle, le *zócalo* fut abandonné à un labyrinthe d'étals jusqu'à ce que le général Santa Anna le démantèle et y installe le monument inachevé qui se dresse en son centre.

Aujourd'hui, le *zócalo* constitue le siège du pouvoir temporel et spirituel : à l'est, le Palacio Nacional (palais présidentiel), au nord, la Catedral Metropolitana, et au sud, les bureaux du gouvernement de la ville. Des bijouteries et des hôtels de luxe bordent l'arcade appelée Portal de Mercaderes, à l'ouest de la place. Vous êtes à peine sorti de la station de métro Zócalo et arrivé sur la vaste place centrale que le son des tambours, en provenance de la cathédrale, vous interpelle. Vêtus de pagnes en peau de serpent, la tête coiffée de plumes et ornés aux chevilles de bracelets en coquillages, les danseurs aztèques évoluent en cercle tout en chantant en nahuatl. Au centre, pris dans un nuage odorant de fumée de copal, des percussionnistes jouent du *huehuetl* (tambour indien ressemblant aux congas) et du *teponaztli* (tambour fendu en forme de tonneau).

Ce rituel, appelé Danzantes Aztecas, Danza Chichimeca ou Concheros, a lieu tous les jours sur la place et se poursuit souvent sans interruption pendant des heures. II rappelle le *mitote* aztèque, cérémonie préhispanique qui se déroulait au moment des récoltes. Rien n'atteste cependant que les mouvements des danseurs actuels ressemblent à ceux de leurs ancêtres.

Cette place a toujours servi pour de multiples usages : lieu de rassemblement de grandes manifestations, concerts, échiquier humain grandeur nature, exposition d'autels pour le Día de Muertos (jour des Morts) et patinoire.

Le drapeau du pays flottant au centre du *zócalo* est hissé chaque matin à 8h par des soldats de l'armée mexicaine, et baissé à 18h.

♥ **Templo Mayor** SITE ARCHÉOLOGIQUE
(Carte p. 68 ; ☎ 55-4040-5600 ; www.templomayor.inah.gob.mx ; Seminario 8 ; 70 $M ; ⏲ 9h-17h mar-dim ; Ⓜ Zócalo). Avant d'être détruit par les Espagnols dans les années 1520, le Teocalli de Tenochtitlán se dressait à l'emplacement de la cathédrale et des maisons situées au nord et à l'est. Ce n'est qu'en 1978, après la découverte fortuite d'un disque de pierre de 8 tonnes représentant la déesse lunaire Coyolxauhqui, que l'on décida de détruire les bâtiments coloniaux pour mettre au jour le Templo Mayor.

Ce sanctuaire aurait été bâti à l'endroit exact où les Aztèques virent un aigle perché sur un cactus, un serpent dans le bec (le centre de l'univers dans la cosmogonie aztèque), comme leur avait annoncé une prophétie.

À l'instar de nombreux autres édifices sacrés de Tenochtitlán, le temple fut agrandi à plusieurs reprises, chaque nouvelle construction, édifiée au-dessus de la précédente, s'accompagnant d'un sacrifice de prisonniers. Ce que l'on peut voir aujourd'hui sont des parties des 7 différentes phases de l'édification du temple. Au centre se tient une plateforme bâtie vers 1400. Sur sa moitié sud se dresse une pierre sacrificielle, devant un sanctuaire dédié à Huitzilopochtli, le dieu tribal aztèque, tandis que, sur sa moitié nord, un *chac-mool* (statue maya allongée) fait face au temple consacré à Tláloc, le dieu de la Pluie et de l'Eau. À l'arrivée des Espagnols s'élevait à cet endroit une pyramide double de 40 m de haut, avec d'abrupts escaliers jumeaux menant aux sanctuaires des deux divinités.

On accède au temple et au musée à l'est de la cathédrale, de l'autre côté de la **Plaza del Templo Mayor**. Des guides accrédités (munis d'une carte Sectur) proposent leurs services à l'entrée.

Outre une maquette de Tenochtitlán et des objets découverts sur place, le **Museo del Templo Mayor** (entrée incluse dans celle du site) offre un bon aperçu de la civilisation aztèque (ou mexica). La pièce maîtresse est la grande pierre votive circulaire de Coyolxauhqui ("la déesse aux grelots sur le visage"), que l'on découvre dans toute sa splendeur depuis l'étage supérieur. La divinité est présentée décapitée par son frère Huitzilopochtli, qui la tua et mit en fuite ses 400 frères, les étoiles.

Les fouilles permettent de mettre au jour d'autres œuvres majeures. En octobre 2006, on a découvert juste à l'ouest du temple un monolithe gravé de l'image de Tlaltecuhtli, déesse de la Terre. La pièce occupe aujourd'hui une place de choix au rez-de-chaussée du musée.

Autre découverte majeure : la plateforme cérémonielle datant de 1469, exhumée en 2011. S'appuyant sur des documents historiques, les archéologues estiment que cette construction haute de 15 m servait à la crémation des dirigeants aztèques. Tout récemment encore, on a identifié un site funéraire au pied du temple, où l'on a mis au jour ce qui, selon les spécialistes, serait le tronc d'un arbre sacré. Puis, en 2017, une pile de 6 mètres de diamètre formée de plus de 650 crânes humains fut découverte à proximité ; il s'agirait du Huey Tzompantli, mentionné par les conquistadores espagnols mais demeuré introuvable jusqu'alors. D'après les ossements, il y aurait eu des femmes et des enfants parmi les sacrifiés.

Un nouveau hall d'entrée ouvert au public montre des objets exhumés au cours des 4 années de fouilles – objets funéraires, ossements, belles porcelaines de l'époque coloniale et éléments préhispaniques du Cuauhxicalco ("le lieu du vaisseau de l'aigle") –, qui rendent le Templo Mayor toujours intéressant, même pour les visiteurs qui y sont déjà venus.

♥ Palacio Nacional PALAIS

(Palais national ; carte p. 68 ; ☎55-3688-1255 ; www.historia.palacionacional.info ; Plaza de la Constitución ; ⏲9h-17h mar-dim ; Ⓜ Zócalo). GRATUIT On peut admirer à l'intérieur de ce somptueux palais colonial des fresques réalisées par Diego Rivera entre 1929 et 1951 sur le thème de l'histoire de la civilisation mexicaine, de l'arrivée de Quetzalcóatl (le dieu serpent à plumes aztèque) jusqu'à la période postrévolutionnaire. Les 9 fresques qui couvrent les murs nord et est du 1er étage au-dessus du patio évoquent la vie avant la conquête espagnole.

Le Palacio Nacional est également le siège de la présidence et du Trésor fédéral.

Le premier palais érigé à cet endroit fut édifié par l'empereur aztèque Moctezuma II, au début du XVIe siècle. Cortés le fit détruire en 1521 pour le reconstruire autour de 3 cours intérieures. En 1562, la Couronne espagnole racheta le bâtiment à la famille Cortés pour y loger les vice-rois de Nouvelle-Espagne, fonction qui fut conservée jusqu'à l'indépendance du pays.

Quand on fait face au palais, on aperçoit haut perchée au-dessus de la porte centrale la **Campana de Dolores**, la cloche que fit sonner Miguel Hidalgo dans la ville de Dolores Hidalgo, en 1810, pour donner le signal de la guerre d'Indépendance. C'est du balcon situé en dessous que le président, le soir du 16 septembre de chaque année, lance le *grito* (cri) *¡Viva México!*

Catedral Metropolitana CATHÉDRALE

(Cathédrale métropolitaine ; carte p. 68 ; ☎55-5510-0440 ; catedralmetropolitanacdmx.org ; Plaza de la Constitución ; clocher 20 $M ; ⏲cathédrale 8h-20h, clocher 10h40-18h ; Ⓜ Zócalo). Emblématique de Mexico, c'est un édifice monumental de 109 m de long sur 59 m de large et 65 m de haut. Commencée en 1573, sa construction se poursuivit durant toute la période coloniale. On distingue ainsi divers styles architecturaux, les générations successives de bâtisseurs s'étant employées à intégrer les innovations de leur temps. Les conquistadores avaient ordonné la construction de la cathédrale par-dessus le Templo Mayor et, comme une démonstration supplémentaire de leur domination, utilisèrent principalement des pierres aztèques pour le nouvel édifice.

Claudio Arciniega, son architecte d'origine, l'avait conçue sur le modèle de la cathédrale à 7 nefs de Séville, mais après avoir buté sur des difficultés liées au terrain, il opta pour une structure plus simple de 5 nefs, dont les voûtes reposent sur des arcs en plein cintre. Construits au XVIIe siècle dans le style baroque, les grands portails donnant sur le *zócalo* comportent 2 niveaux de colonnes et de bas-reliefs en marbre. Le panneau central montre l'Assomption de la Vierge, à laquelle la cathédrale est consacrée. Les parties supérieures des tours, couronnées d'un toit en forme de cloche, sont une addition architecturale de la fin du XVIIIe siècle. L'extérieur de l'édifice ne fut achevé qu'en 1813, lorsque l'architecte Manuel Tolsá réalisa la tour de l'horloge, surmontée des statues de la Foi, de l'Espérance et de la Charité, ainsi que le superbe dôme central.

La première chose que remarque le visiteur en pénétrant dans l'édifice depuis le *zócalo* est l'**Altar del Perdón** (autel du Pardon), richement sculpté et doré à la feuille. Les fidèles défilent inlassablement au pied du **Señor del Veneno** (Seigneur du Poison), le Christ à la peau mate sur la droite. La légende raconte que la statue a pris cette couleur en absorbant miraculeusement le poison destiné à tuer un prêtre qui allait poser ses lèvres sur les pieds du Christ.

Œuvre maîtresse et joyau artistique de la cathédrale, l'**Altar de los Reyes** (autel des Rois, XVIIIe siècle), tout en dorures, se trouve derrière le maître-autel. Quatorze chapelles richement ornementées bordent les deux bas-côtés, tandis que les stalles en bois du chœur, minutieusement sculptées par Juan de Rojas à la fin du XVIIe siècle, occupent la nef centrale. D'immenses panneaux peints par les maîtres de l'époque coloniale, Juan Correa et Cristóbal de Villalpando, couvrent les murs de la sacristie, par laquelle a commencé la construction de la cathédrale.

L'entrée est libre, mais il est demandé de ne pas déambuler dans la cathédrale lors des offices. Il faut faire un don pour pénétrer dans la sacristie ou le chœur, où des guides qualifiés fournissent des explications. On peut aussi monter jusqu'au **clocher**. L'archevêque de Mexico célèbre la messe tous les dimanches à midi.

Sagrario Metropolitano ÉGLISE

(Carte p. 68 ; Plaza de la Constitución s/n ; 8h-18h30 ; M Zócalo). Édifié au XVIIIe siècle sur le flanc est de la cathédrale pour abriter les archives et les vêtements sacerdotaux de l'archevêque, le Sagrario Metropolitano sert aujourd'hui de principale église paroissiale à la ville. L'entrée centrale et le portail oriental représentent à merveille l'emphase du style churrigueresque.

Centro Cultural de España CENTRE CULTUREL

(Centre culturel espagnol ; carte p. 68 ; 55-6592-9926 ; www.ccemx.org ; República de Guatemala 18 ; 11h-21h mar-ven, 10h-18h sam, 10h-16h dim ; M Zócalo). GRATUIT Le Centro Cultural de España a toujours des expositions d'avant-garde. Au sous-sol a été aménagé l'intéressant **Museo de Sitio**, où l'on peut découvrir les vestiges d'"El Calmécac", une école construite entre 1486 et 1502, dans laquelle les enfants de la noblesse aztèque recevaient un enseignement religieux et militaire sous le règne des empereurs Ahuízotl et Moctezuma II.

Le musée abrite par ailleurs une collection d'objets mis au jour lors des travaux d'extension du centre culturel, entre 2006 et 2008, notamment plusieurs *almenas* (pièces décoratives en forme de spirale) préhispaniques de 2,40 m de haut, des objets en céramique de la période coloniale et un pistolet du XXe siècle usé par le temps.

Magnifiquement restauré, l'édifice du centre culturel (un cadeau du conquistador Hernán Cortés à son valet) renferme un agréable bar en terrasse (p. 132) où musiciens et DJ se produisent.

Museo Archivo de la Fotografía MUSÉE

(Musée des Archives photographiques ; carte p. 68 ; 55-2616-7057 ; www.cultura.cdmx.gov.mx/recintos/maf ; República de Guatemala 34 ; 10h-18h mar-dim ; M Zócalo). GRATUIT Installé dans un édifice colonial du XVIe siècle, le musée photographique de la ville organise des expositions temporaires sur des thèmes très divers, mais toujours liés à Mexico. Il conserve un vaste fonds de clichés de la capitale constitué depuis un siècle.

Plaza Tolsá PLACE

(Carte p. 68 ; M Bellas Artes). Située quelques rues à l'ouest du *zócalo*, cette charmante place porte le nom de Manuel Tolsá (1757-1816), sculpteur et architecte qui acheva la construction de la Catedral Metropolitana. Tolsá est aussi l'auteur de la statue équestre de Charles IV (r. 1788-1808), qui trône depuis 1979 au milieu de la place, devant le Museo Nacional de Arte, après avoir occupé le *zócalo*.

Museo Nacional de Arte MUSÉE

(Musée national d'Art ; carte p. 68 ; 55-5130-3400 ; www.munal.gob.mx ; Tacuba 8 ; 60 $M, gratuit dim, appareil photo 5 $M ; 10h-17h30 mar-dim ; M Bellas Artes). Construit vers 1900 sur le modèle des palais Renaissance italiens, ce musée présente des collections couvrant tous les styles et écoles de l'art mexicain jusqu'au début du XXe siècle. Les œuvres de José María Velasco retraçant la vie dans le Valle de México à la fin du XIXe siècle comptent parmi les plus intéressantes.

Antiguo Colegio de San Ildefonso MUSÉE

(Carte p. 68 ; 55-5702-2834 ; www.sanildefonso.org.mx ; Justo Sierra 16 ; adulte/- 12 ans 50 $M/gratuit, gratuit mar ; 10h-20h mar, 10h-18h mer-dim ; M Zócalo). Dans les années 1920, Diego Rivera, José Clemente Orozco et David Siqueiros ont peint des fresques dans cet ancien collège jésuite du XVIe siècle. La plupart des panneaux du patio principal sont dus à Orozco – remarquez en particulier, sous la montée d'escalier, le portrait de Hernán Cortés et de La Malinche, sa maîtresse. L'amphithéâtre, près du vestibule, renferme la première fresque de Rivera, *La Creación*, entreprise à son retour d'Europe, en 1923. San Ildefonso accueille désormais d'intéressantes expositions temporaires d'art.

Palacio de Minería ÉDIFICE HISTORIQUE

(Palais des Mines ; carte p. 68 ; ☎55-5623-2982 ; www.palaciomineria.unam.mx ; Tacuba 5 ; visites 30 $M ; ⏲visites 11h et 13h sam-dim ; Ⓜ Bellas Artes). Le Palacio de Minería a accueilli au XIXe siècle les futurs ingénieurs des mines. Ce chef-d'œuvre d'architecture néoclassique dû à Tolsá a vu le jour entre 1797 et 1813. Il héberge aujourd'hui une partie du département d'ingénierie de l'université nationale. Visites guidées uniquement.

Depuis 1893, le palais expose 4 météorites restaurées tombées dans le nord du Mexique il y a 50 000 ans, dont l'une pèse plus de 14 tonnes. Il y a aussi un petit musée consacré à la vie et à l'œuvre de Tolsá.

Palacio Postal ÉDIFICE HISTORIQUE

(Correo Mayor ; carte p. 68 ; ☎55-5510-2999 ; www.palaciopostal.gob.mx ; Tacuba 1 ; ⏲9h-18h lun-ven, 9h-15h30 sam-dim ; 👪 ; Ⓜ Bellas Artes). GRATUIT Conçu au début du XXe siècle par Adamo Boari, l'architecte du Palacio de Bellas Artes, ce palais de style italianisant est bien plus que la simple poste centrale de Mexico. Sa façade en pierre s'orne de colonnes baroques, et de fines dentelles de pierre sculptée entourent les fenêtres. Les rampes en bronze du monumental escalier intérieur ont été coulées à Florence.

Dans le petit **musée de la Poste** (carte p. 68 ; ⏲9h-18h mar-ven, 9h-15h sam-dim) GRATUIT, installé à l'étage, les philatélistes pourront admirer le premier timbre émis au Mexique.

Museo Interactivo de Economía MUSÉE

(MIDE, musée interactif de l'Économie ; carte p. 68 ; ☎55-5130-4600 ; www.mide.org.mx ; Tacuba 17 ; tarif plein/étudiant 95/75 $M ; ⏲9h-18h mar-dim ; Ⓜ Allende). Installé depuis 2006 dans l'ancien hôpital de l'ordre des frères de Bethléem, ce musée propose quantité de dispositifs interactifs destinés à mieux faire comprendre les concepts de l'économie. Les numismates apprécieront la collection du Banco de México.

Museo de la Secretaría de Hacienda y Crédito Público MUSÉE

(Carte p. 68 ; ☎55-3668-1657 ; Moneda 4 ; ⏲10h-17h mar-dim ; Ⓜ Zócalo). GRATUIT Le nom, musée du ministère des Finances et de la Dette publique, peut sembler rebutant. Et pourtant, l'endroit se révèle très intéressant, avec ses pièces choisies parmi une collection de plus de 30 000 œuvres d'art mexicain – en grande partie des contributions de peintres et de sculpteurs qui se sont ainsi acquittés de leur impôt. L'ancien palais épiscopal, du XVIe siècle, accueille aussi de nombreuses manifestations culturelles (généralement gratuites), du spectacle de marionnettes au récital de musique de chambre.

L'édifice a été construit au-dessus du Templo de Tezcatlipoca, dédié à un dieu aztèque souvent associé à la nuit, à la mort et au conflit. Les marches du temple se trouvent en bordure du patio principal, rénové.

♥ **Plaza Garibaldi** PLACE

(Carte p. 68 ; Eje Central Lázaro Cárdenas, angle República de Honduras ; morceau 130-150 $M ; Ⓟ ; Ⓜ Garibaldi). Tous les soirs, les orchestres de mariachis de la ville se rassemblent sur cette place. Vêtus de leurs costumes d'apparat, ils attendent que quelqu'un les paie pour jouer un de leurs airs. Sur cette place se produisent des groupes de *son jarocho* originaires du Veracruz et tout de blanc vêtus, ainsi que des groupes *norteños* qui entonnent des airs folkloriques du nord du pays. Notoirement mal famée, la place Garibaldi a été restaurée, et la sécurité renforcée, mais on est encore loin d'une atmosphère paisible.

La dernière nouveauté de la place, le **Museo del Tequila y el Mezcal** (carte p. 68 ; www.mutemgaribaldi.mx ; 70 $M ; ⏲11h-22h dim-mer, 13h-minuit jeu-sam) retrace l'origine et les procédés de fabrication des deux alcools d'agave du Mexique.

Avenida Madero AVENUE

(Carte p. 68). Cette grandiose avenue à l'ouest du *zócalo* est une sorte de musée à ciel ouvert des différents styles architecturaux de Mexico. Familles, adolescents et touristes y composent une foule dense, à laquelle se joignent des vendeurs de rue les week-ends et, parfois, des pickpockets.

Occupant un ravissant édifice néoclassique à deux pâtés de maisons de la place, le **Museo del Estanquillo** (carte p. 68 ; ☎55-5521-3052 ; www.museodelestanquillo.com ;

À NE PAS MANQUER

MEXICO INSOLITE

Musée Mucho Mundo Chocolate (carte p. 84 ; www.mucho.org.mx ; Milán 45, Colonia Juárez ; adulte/enfant 70/45 $M ; 11h-17h ; Reforma). Ce musée/boutique à la gloire des délices chocolatés occupe un bâtiment de 1909 magnifiquement restauré. L'exposition permanente compte une pièce dont les 4 murs sont entièrement recouverts de 2 981 disques de chocolat, ainsi que diverses sculptures… en chocolat. *Xico*, un chien mexicain sans poils, œuvre d'un artiste de Mexico, monte la garde dans la cour du musée.

Museo del Calzado El Borceguí (musée de la Chaussure El Borceguí ; carte p. 68 ; 55-5510-0627 ; www.elborcegui.com.mx/museo.htm ; Bolívar 27 ; 10h-14h et 15h-18h lun-ven, 10h-18h sam ; M Zócalo). Ce musée – qui est aussi le plus vieux chausseur du pays (depuis 1865) – expose plus de 2 000 paires. Parmi les célèbres pieds qui ont les honneurs des lieux, citons ceux des auteurs mexicains Carlos Fuentes et Elena Poniatowska, ou encore ceux de Louis XIV et de la reine Elizabeth II. Les grandes pointures ne sont pas oubliées, avec le 49 de la star du basket Magic Johnson ou les bottes portées par Neil Armstrong sur la Lune. La collection peut faire aussi dans la simplicité, comme en témoignent des sandales japonaises en paille de riz. Fashionistas et fétichistes apprécieront le classement des styles par décennie.

Museo del Juguete Antiguo México (musée du Jouet ancien ; 55-5588-2100 ; www.museodeljuguete.mx ; Dr Olvera 15, angle Eje Central Lázaro Cárdenas ; 75 $M ; 9h-18h lun-ven, 9h-16h sam, 10h-16h dim ; P ; M Obrera). Le collectionneur japonais Roberto Shimizu, né au Mexique, a réuni plus d'un million de jouets au cours de sa vie. Ce musée en expose environ 60 000, allant des robots grandeur nature à de minuscules figurines. Shimizu a lui-même conçu nombre des vitrines d'exposition fabriquées avec des objets recyclés.

Autel de la Santa Muerte (Alfarería, nord de Mineros ; prière du Rosaire 17h, 1er jour du mois ; M Tepito). Vêtue d'une longue robe blanche à paillettes et coiffée d'une sombre perruque, une faux au creux de sa main osseuse, la Santa Muerte (la Sainte Mort) est l'objet d'une vénération de plus en plus marquée au Mexique, particulièrement dans le quartier de Tepito, que ronge la criminalité et où ce culte a rapidement pris le pas sur la religion catholique. Avant de vous aventurer dans ce quartier réputé dangereux, sachez que la prière du Rosaire, autrefois relativement sûre, n'est plus célébrée depuis une fusillade en 2016. Situé à trois pâtés de maisons au nord du métro Tepito.

Museo de la Tortura (musée de la Torture ; carte p. 68 ; 55-5521-4651 ; Tacuba 15 ; tarif plein/étudiant 60/45 $M ; 10h-18h lun-ven, 10h-19h sam-dim ; M Allende). Un fond de curiosité malsaine vous poussera peut-être vers ce lieu où sont présentés des instruments de torture européens du XIVe au XIXe siècle. On y découvre par exemple une chaise d'interrogatoire hérissée de pointes de métal, ainsi qu'une effroyable hache de bourreau.

Isabel La Católica 26 ; 10h-18h mer-lun ; M Allende) GRATUIT renferme des objets réunis par l'essayiste et collectionneur Carlos Monsivais, originaire du DF. Reflets de la culture populaire, ces photos, peintures, affiches de films, BD, etc., méticuleusement amassées, illustrent les différentes phases du développement de la capitale.

Le **Palacio de Iturbide** (Palacio de Cultura Banamex ; carte p. 68 ; 55-1226-0091 ; www.fomentoculturalbanamex.org ; Av Madero 17 ; 10h-19h ; M Allende) GRATUIT, palais à la façade baroque de la fin du XVIIIe siècle, est à quelques pâtés de maisons à l'ouest. Construit pour la noblesse coloniale, il devint en 1821 la résidence du général Agustín de Iturbide, héros de l'indépendance mexicaine, devenu empereur dans ces lieux mêmes en 1822 (il abdiqua moins d'un an plus tard, après la proclamation de la République par le général Santa Anna). Le palais sert aujourd'hui d'écrin à l'immense collection d'art appartenant à la banque Banamex.

Un demi-pâté de maisons après l'artère piétonnière Gante se dresse la superbe **Casa de los Azulejos** (maison des Azulejos ; carte p. 68 ; ☎55-5512-1331 ; Av Madero 4 ; ⏲7h-1h ; Ⓜ Allende). Elle fut édifiée en 1596 pour les comtes (*condes*) du Valle de Orizaba. L'essentiel des carreaux de faïence des murs extérieurs a été fabriqué en Chine et acheminé au Mexique par les *naos* de Manille (galions espagnols utilisés jusqu'au début du XIXe siècle). Un restaurant Sanborns occupe la cour agrémentée d'une fontaine maure. Une fresque d'Orozco (1925) orne l'escalier.

En face, le **Templo de San Francisco** (carte p. 68 ; Av Madero 7 ; ⏲8h-20h , Ⓜ Allende) est un vestige du monastère franciscain érigé au XVIe siècle sur le site du zoo personnel de Moctezuma. À son apogée, le monastère s'étendait sur deux pâtés de maisons au sud et à l'est. Démantelé après l'indépendance en vertu des lois de la Réforme, il fut rendu en 1949 aux franciscains, mais dut être restauré. Richement sculpté, l'encadrement de la porte illustre magnifiquement l'art baroque au XVIIIe siècle. Des expositions en plein air sont organisées dans le patio adjacent.

La **Torre Latinoamericana** (tour latino-américaine ; carte p. 68 ; ☎55-5518-7423 ; www.miradorlatino.com ; Eje Central Lázaro Cárdenas 2 ; adulte/enfant 100/70 $M ; ⏲9h-22h ; Ⓜ Bellas Artes), le long du monastère, fut à sa construction, en 1956, le plus haut gratte-ciel d'Amérique latine. Bien arrimée au sol grâce à des pylônes creusés en profondeur, elle a résisté à plusieurs tremblements de terre. Pour en savoir davantage sur sa construction et le développement du centre-ville, allez admirer la collection permanente de photos du musée du 38e étage. Enfin, la vue depuis le bar-salon du 41e étage et la plateforme d'observation du 44e étage sont spectaculaires. Entrée libre si vous n'allez qu'au bar.

Ex Teresa Arte Actual MUSÉE

(Carte p. 68 ; ☎55-222-721 ; www.exteresa.bellasartes.gob.mx ; Licenciado Primo Verdad 8, Colonia Centro ; ⏲10h-18h ; Ⓜ Zócalo). GRATUIT Bâtie dans le lit boueux d'un lac, Mexico s'enfonce peu à peu dans le sol. On en prend pleinement conscience dans cet ancien couvent, un bâtiment du XVIIe siècle à l'aspect très... penché. Il accueille expositions d'art contemporain, performances, concerts et projections de films. Ne manquez pas de lever les yeux vers la double coupole.

Museo Nacional de las Culturas MUSÉE

(Musée national des Cultures ; carte p. 68 ; ☎55-5512-7452 ; www.museodelasculturas.mx ; Moneda 13 ; ⏲10h-17h mar-dim ; Ⓜ Zócalo). GRATUIT Érigé en 1567 pour servir d'hôtel de la Monnaie, ce musée rénové réunit des collections d'œuvres d'art, de costumes et d'objets artisanaux provenant de diverses régions du monde. Explications en espagnol seulement.

Templo de la Santísima Trinidad ÉDIFICE RELIGIEUX

(Carte p. 68 ; angle Santísima et Zapata ; Ⓜ Zócalo). La façade de l'église de la Sainte-Trinité présente une impressionnante série de sculptures ornementales, dont les bustes des 12 apôtres, d'allure spectrale, et une représentation céleste du Christ. La plupart ont été réalisées entre 1755 et 1783 par Lorenzo Rodríguez. L'église se dresse à 5 patés de maisons à l'est du *zócalo* (prenez la Calle Moneda).

Suprema Corte de Justicia ART PUBLIC

(Cour suprême ; carte p. 68 ; ☎55-4113-1000 ; Pino Suárez 2 ; ⏲9h-17h lun-ven ; Ⓜ Zócalo). GRATUIT Le muraliste José Clemente Orozco a réalisé, en 1940, quatre panneaux au deuxième niveau de l'escalier central de la Cour suprême, dont deux sur le thème de la justice. Sur le même sujet, *La historia de la justicia en México* (*L'Histoire de la justice au Mexique*), une œuvre plus contemporaine due à Rafael Cauduro, couvre 3 niveaux de l'escalier sud-ouest du bâtiment.

Exécutée dans le style hyperréaliste cher à Cauduro, cette série (également appelée *Les Sept Pires Crimes*) dresse le catalogue des crimes perpétrés par l'État contre les citoyens, et notamment la pratique persistante de la torture pour obtenir des "aveux". À l'angle sud-est du bâtiment, *La búsqueda de la justicia* (*La Quête de justice*), d'Ismael Ramos Huitrón, pose un regard sur le combat incessant des Mexicains pour que la justice fasse son travail. L'artiste mexicano-japonais Luis Nishizawa a fait de même avec *La justicia* (*La Justice*), œuvre empreinte de réalisme social qui orne l'escalier nord-ouest. L'Américain George Biddle a peint pour sa part *La guerra y la paz* (*La Guerre et la Paix*) au 1er niveau de l'escalier principal, peu après la fin de la Seconde Guerre mondiale. Entrée sur présentation d'une pièce d'identité avec photo.

Museo de la Ciudad de México MUSÉE
(Musée de Mexico ; carte p. 68 ; ☎55-5522-9936 ; www.cultura.cdmx.gob.mx/recintos/mcm ; Pino Suárez 30 ; tarif plein/étudiant 29/15 $M, gratuit dim ; 10h-18h mar-dim ; Ⓜ Pino Suárez). GRATUIT Autrefois palais des comtes de Santiago de Calimaya, cet édifice baroque du XVIIIe siècle devenu musée accueille des expositions sur l'histoire et la culture de Mexico. À l'étage, se trouve l'ancien atelier du peintre Joaquín Clausell (1866-1935), considéré comme le chef de file impressionniste du Mexique. Les murs de cette pièce ont servi de carnet de croquis à l'artiste durant les 30 années où il y travailla, jusqu'à sa mort.

Plaza Santo Domingo PLACE
(Carte p. 68 ; angle República de Venezuela et República de Brasil ; República de Argentina). Plus petite que le *zócalo* voisin, cette place est de longue date le fief des écrivains publics et des imprimeurs. Descendants des secrétaires qui rédigeaient les lettres des marchands avant que ceux-ci se rendent au bâtiment des douanes (actuel ministère de la Culture), de l'autre côté de la place, ils officient sur le flanc ouest, sous le **Portales de Santo Domingo**, dit aussi Portales de Evangelistas, comme il est d'usage pour cette profession depuis le XVIIIe siècle.

Aujourd'hui la Plaza Santo Domingo est aussi réputée pour ses imprimeries modernes – et ses peu scrupuleux vendeurs de fausses pièces d'identité. Chaque année depuis 2016, la place est aussi le lieu de la Megaofrenda de l'UNAM (Université nationale autonome du Mexique), à l'occasion du Día de Muertos.

Au nord de la place, l'**Iglesia de Santo Domingo** (carte p. 68 ; Belizario Dominguez ; Ⓜ Allende), baroque de couleur bordeaux, datant de 1736, attire l'œil. À l'est de l'église, le **Palacio de la Inquisición** (ancien siège de l'Inquisition espagnole ; carte p. 68), érigé au XVIIIe siècle, a abrité la "Sainte" Inquisition du Mexique jusqu'à sa suppression de fait en Espagne, en 1820.

♥ **Secretaría de Educación Pública** ART PUBLIC
(Ministère de l'Éducation ; carte p. 68 ; ☎55-3601-1000 ; República de Brasil 31 ; 9h-15h lun-ven ; República de Argentina). GRATUIT Dans les deux cours avant, vous pourrez admirer 120 fresques réalisées dans les années 1920 par Rivera. Toutes ces œuvres forment un tableau de la "vraie vie des gens". Chaque cour illustre un thème différent : celle de l'extrémité est traite du travail, de l'industrie et de l'agriculture, la cour intérieure des traditions et des fêtes. À l'étage supérieur, d'autres scènes évoquent la révolution prolétarienne et agraire, sous une bannière rouge où est inscrit un *corrido* (rengaine populaire). On notera la présence de Frida Kahlo sur le premier panneau, représentée sous les traits d'une ouvrière. Pièce d'identité exigée à l'entrée.

Museo José Luis Cuevas MUSÉE
(Carte p. 68 ; ☎55-5522-0156 ; www.museojoseluiscuevas.com.mx ; Academia 13 ; 20 $M, gratuit dim ; 10h-18h mar-dim ; Ⓜ Zócalo). Chef de file du mouvement Ruptura (qui, dans les années 1950, voulut en finir avec l'art politique du régime postrévolutionnaire), Cuevas est à l'honneur dans ce musée où l'on remarque notamment, dans le patio central, *La Giganta*, un bronze de 8 m de haut représentant un personnage féminin doté de quelques traits masculins.

Alameda Central et ses environs

Emblématique de la renaissance du centre-ville, le rectangle de verdure s'étendant au nord-ouest du *centro histórico* joue un rôle essentiel dans la vie culturelle de Mexico. Entourée d'édifices historiques, l'Alameda Central concentre depuis dix ans toutes les ambitions de réhabilitation du quartier. Les immenses tours de la Plaza Juárez et les nouveaux restaurants adjacents ont remodelé la zone au sud du parc, dont une grande partie avait été détruite par le séisme de 1985. Les stations de métro Bellas Artes et Hidalgo sont respectivement situées sur les côtés est et ouest de l'Alameda. L'axe nord-sud, l'Eje Central Lázaro Cárdenas, passe juste à l'est du parc.

♥ **Palacio de Bellas Artes** CENTRE ARTISTIQUE
(Palais des Beaux-Arts ; carte p. 68 ; ☎55-4040-5300 ; www.palacio.bellasartes.gob.mx ; angle Av Juárez et Eje Central Lázaro Cárdenas ; musée 60 $M, gratuit dim ; 10h-18h mar-dim ; P ; Ⓜ Bellas Artes). Salle de concert et centre artistique, ce palais construit à la demande de Porfirio Díaz abrite dans ses étages supérieurs d'immenses fresques réalisées par des artistes mexicains de renom. Le chantier de l'édifice débuta en 1905 sous la direction de l'architecte italien Adamo Boari, qui mit à l'honneur les styles

Alameda Central, Plaza de la República et leurs environs

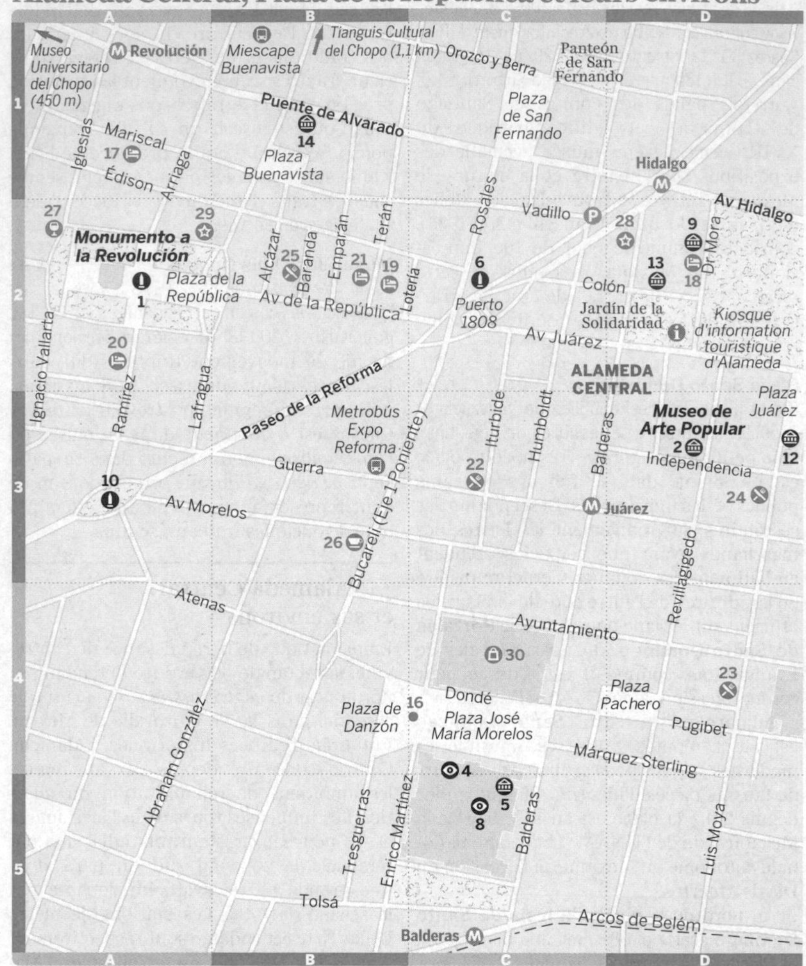

néoclassique et Art nouveau. Les choses se compliquèrent lorsque le lourd édifice de marbre commença à s'enfoncer dans le sol meuble, puis la Révolution interrompit les travaux. Dans les années 1930, l'architecte Federico Mariscal développa à l'intérieur un style Art déco pour achever la décoration.

Au 1er niveau, vous découvrirez deux œuvres remarquables de Rufino Tamayo, datant du début des années 1950 : *México de Hoy* (*Mexique d'aujourd'hui*) et *Nacimiento de la Nacionalidad* (*Naissance de la nationalité*), représentation symbolique de l'apparition de l'identité *mestiza* (métisse).

À l'extrémité ouest du 2e niveau, se trouve la fresque de Diego Rivera *El Hombre En El Cruce de Caminos* (*L'Homme à la croisée des chemins*), commandée à l'origine pour le Rockefeller Center de New York. La famille Rockefeller fit détruire la première version de l'œuvre au motif de ses scènes anticapitalistes, mais Rivera la recréa en 1934.

Le triptyque de David Alfaro Siqueiros, *La Nueva Democracía* (*La Nouvelle Démocratie*), et l'œuvre en 4 panneaux de Rivera, *Carnaval de la Vida Mexicana* (*Carnaval de la vie mexicaine*) sont visibles dans la

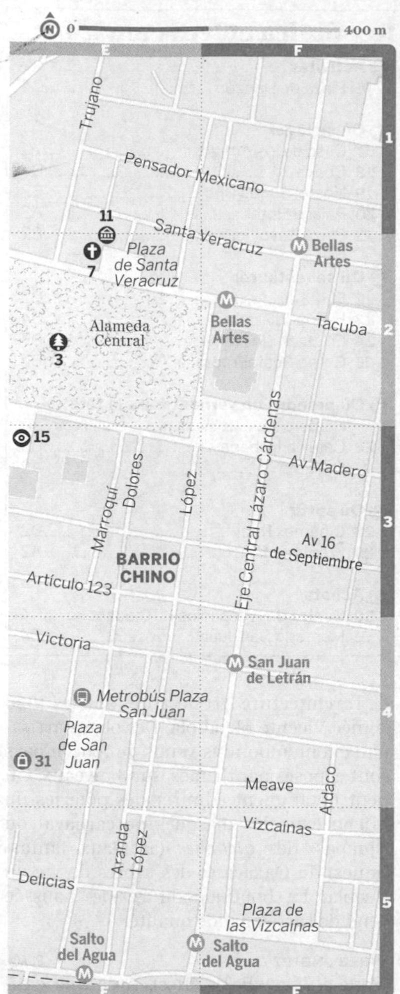

partie nord du 2e niveau. À l'extrémité est, *La Katharsis* de José Clemente Orozco illustre le conflit entre les deux composantes contradictoires de l'homme, le naturel et le social.

Au 3e niveau, le **Museo Nacional de Arquitectura** (MUNARQ ; carte p. 68 ; ☎55-8647-5360 ; www.inba.gob.mx/recinto/74/museo-nacional-de-arquitectura ; Av Juárez s/n ; 45 $M, gratuit dim ; ⏲10h-18h mar-dim ; Ⓜ Bellas Artes) organise des expositions sur l'architecture contemporaine. Le palais accueille, d'autre part, de remarquables expositions d'art.

Le théâtre Bellas Artes (p. 131), rénové, est un joyau architectural (ouvert seulement lors des représentations) : pour réaliser le rideau de verre représentant le Valle de México que dessina le peintre mexicain Gerardo Murillo (alias "Dr Atl"), les ateliers du bijoutier Tiffany de New York assemblèrent près d'un million de morceaux de verre coloré.

Le théâtre accueille des opéras, des concerts symphoniques et les spectacles du Ballet Folklórico de México (p. 131). La terrasse du café du bâtiment Sears de l'autre côté de la rue offre une vue imprenable sur le Palacio.

Alameda Central PARC

(Carte p. 78 ; Av Juárez ; 🚸 ; Ⓜ Bellas Artes). Dessinée à la fin du XVIe siècle sur ordre du vice-roi Luis de Velasco, l'Alameda doit son nom aux *álamos* (peupliers) plantés sur son terrain rectangulaire. À la fin du XIXe siècle, le parc fut agrémenté de statues de style européen et de lampadaires à gaz. C'était alors un lieu incontournable pour l'élite de la capitale. Aujourd'hui, on s'y réfugie pour fuir la circulation, les familles viennent s'y promener le dimanche et les amoureux flirtent sur ses bancs.

Avec des fontaines dansantes, des jardins impeccables plantés de lavande et le Wi-Fi gratuit, le parc est agréable et relativement sûr, même les soirs de week-ends. N'espérez pas y trouver des stands de cuisine de rue : ils y sont interdits.

Museo Mural Diego Rivera MUSÉE

(Musée de la Fresque de Diego Rivera ; carte p. 78 ; ☎55-5512-0754 ; www.museomuraldiegorivera.bellasartes.gob.mx ; angle Balderas et Colón ; tarif plein/étudiant 30/15 $M, gratuit dim, appareil photo 5 $M ; ⏲10h-18h mar-dim ; Ⓜ Hidalgo). On peut voir ici l'une des plus célèbres fresques de Rivera, le *Sueño de una tarde dominical en la Alameda Central* (*Songe d'un dimanche après-midi dans l'Alameda Central*), peint en 1947 sur 15 m de longueur. Les principales figures historiques du Mexique depuis l'époque coloniale, parmi lesquelles Hernán Cortés, Benito Juárez, Porfirio Díaz et Francisco Madero, sont toutes regroupées autour d'une *catrina* (squelette vêtu d'atours féminins prérévolutionnaires). À côté du squelette, on aperçoit Rivera (sous les traits de l'enfant au visage écrasé) et Frida Kahlo. Le musée a été construit en 1986 pour

Alameda Central, Plaza de la República et leurs environs

Les incontournables
1 Monumento a la Revolución ... A2
2 Museo de Arte Popular ... D3

À voir
3 Alameda Central ... E2
4 Biblioteca de México ... C4
5 Centro de la Imagen ... C5
6 El Caballito ... C2
7 Iglesia de la Santa Veracruz ... E2
8 La Ciudadela ... C5
9 Laboratorio de Arte Alameda ... D2
10 Monumento a Cristóbal Colón ... A3
Terrasse d'observation du Monumento a la Revolución ... (voir 1)
Monumento a la Revolución Paseo Cimentación ... (voir 1)
Paseo Linternilla du Monumento a la Revolución .. (voir 1)
11 Museo Franz Mayer ... E2
12 Museo Memoria y Tolerancia ... D3
13 Museo Mural Diego Rivera ... D2
Museo Nacional de la Revolución ... (voir 1)
14 Museo Nacional de San Carlos ... B1
15 Plaza Juárez ... E3

Activités
16 Plaza de Danzón ... C4

Où se loger
17 Casa de los Amigos ... A1
18 Chaya ... D2
19 Hostel Suites DF ... B2
20 Palace Hotel ... A2
21 Plaza Revolución Hotel ... B2

Où se restaurer
22 El 123 ... C3
23 El Cuadrilátero ... D4
24 El Lugar Sin Nombre ... D3
25 Gotan Restaurante ... B2

Où prendre un verre et faire la fête
Bósforo ... (voir 24)
26 Café La Habana ... B3
27 Crisanta ... A2

Où sortir
28 Cinemex Real ... D2
29 Frontón México ... A2

Achats
30 Centro de Artesanías La Ciudadela ... C4
31 Mercado San Juan ... E4

abriter cette fresque, qui se trouvait dans l'Hotel del Prado avant sa destruction au cours du séisme de 1985.

Laboratorio de Arte Alameda MUSÉE
(Laboratoire d'Art de l'Alameda ; carte p. 78 ; ☎55-5510-2793 ; www.artealameda.bellasartes.gob.mx ; Dr Mora 7 ; 30 $M, gratuit dim ; ⏲9h-17h mar-dim ; Ⓜ Hidalgo). Comme c'est souvent le cas avec les musées du *centro histórico,* l'ancien couvent du XVIIe siècle qui héberge le Laboratorio de Arte Alameda est au moins aussi intéressant que le musée lui-même. Les installations d'artistes contemporains mexicains et étrangers mettent l'accent sur l'électronique et les médias interactifs.

♥ **Museo de Arte Popular** MUSÉE
(Musée des Arts populaires ; carte p. 78 ; ☎55-5510-2201 ; www.map.df.gob.mx ; Revillagigedo 11, angle Independencia ; tarif plein 60 $M, gratuit enfant, étudiant et dim ; ⏲10h-18h mar et jeu-dim, 10h-21h mer ; 👪 ; Ⓜ Juárez). Lieu incontournable pour les amateurs d'art folklorique, ce musée coloré séduit même les enfants. Il possède une importante collection d'arts traditionnels dans ce qui fut une caserne des pompiers, illustration de l'architecture Art déco des années 1920 signée Vicente Mendiola. Des objets artisanaux contemporains venus de tout le pays sont exposés par thèmes, sur 3 niveaux. On peut notamment admirer des poteries du Michoacán, des masques de carnaval du Chiapas, des *alebrijes* (animaux fantastiques) du Oaxaca et des arbres de vie du Puebla. La boutique du rez-de-chaussée vend de l'artisanat de qualité.

Plaza Juárez PLACE
(Carte p. 78 ; Ⓜ Bellas Artes). Avec une enfilade de restaurants de chaîne, de bars, de boutiques et un hôtel de luxe face au parc, le quartier d'Alameda prend ici désormais des allures de centre commercial en plein air. Contrastant avec l'ensemble, l'élégant **Museo Memoria y Tolerancia** (musée du Souvenir et de la Tolérance ; carte p. 78 ; ☎55-5130-5555 ; www.myt.org.mx ; Plaza Juárez 12 ; entrée 75 $M, expositions temporaires 30 $M ; ⏲9h-18h mar-ven, 10h-19h sam-dim), semblable à un labyrinthe, est consacré au souvenir des victimes de génocide. Bars et discothèques attirant une clientèle d'étudiants, les soirées des week-ends sont très bruyantes. Les autres soirs, la place est presque déserte et plutôt mal famée.

Derrière le **Templo de Corpus Christi**, qui a été entièrement restauré et renferme désormais les archives de la CDMX, l'œuvre maîtresse de la place est un ensemble de deux tours conçu par Ricardo Legorreta, actuel chef de file de l'architecture mexicaine. Elles abritent le bâtiment du **ministère des Affaires étrangères** – 23 étages – et celui des **Tribunales** – 22 étages. Face à ces monolithes, on trouve quelques œuvres d'art intéressantes, notamment un groupe de 1 034 pyramides rouges installé dans un vaste bassin, fruit d'une collaboration entre Legorreta et l'artiste espagnol Vicente Rojo.

Museo Franz Mayer MUSÉE
(Carte p. 78 ; ☎55-5518-2266 ; www.franzmayer.org.mx ; Av Hidalgo 45 ; 50 $M, gratuit mar ; ⏲10h-17h mar-ven, 10h-19h sam-dim ; Ⓜ Bellas Artes). Ce musée représente le fruit des efforts de Franz Mayer, d'origine allemande. Devenu un financier prospère dans son pays d'adoption, il a rassemblé la collection d'argenterie, de céramiques, de tissus et de meubles mexicains aujourd'hui exposée. Les salles ouvrent sur un somptueux patio de style colonial qui abrite une excellente *cafetería*.

L'exposition annuelle World Press Photo (www.worldpressphoto.org), qui se tient au musée de fin juillet à fin septembre, mérite d'être vue.

Iglesia de la Santa Veracruz ÉGLISE
(Carte p. 78 ; Plaza de Santa Veracruz, Av Hidalgo ; Ⓜ Bellas Artes). Édifiée à l'origine en 1586, cette église fut reconstruite au XVIIIe siècle et abrite désormais le Museo Franz Mayer. Remarquez ses deux portes de style baroque mexicain.

Museo Nacional de la Estampa MUSÉE
(MUNAE ; carte p. 68 ; ☎55-5521-2244 ; www.museonacionaldelaestampa.bellasartes.gob.mx ; Av Hidalgo 39 ; 45 $M ; ⏲10h-18h mar-dim ; Ⓜ Bellas Artes). Ce musée consacré aux arts graphiques rassemble dans des salles thématiques des pièces choisies dans sa collection de plus de 12 000 œuvres. Il propose aussi d'intéressantes expositions temporaires d'œuvres venues du Mexique et d'ailleurs.

La Ciudadela CENTRE CULTUREL
(Carte p. 78 ; Balderas, Colonia Centro ; Ⓜ Balderas). Le formidable ensemble appelé "la Citadelle" était une manufacture de tabac à la fin du XVIIIe siècle, mais ce fut avant tout le théâtre de la Decena Trágica (la Décade tragique), coup d'État qui fit tomber le gouvernement Madero, en 1913. Aujourd'hui, la **Biblioteca de México** (bibliothèque nationale ; carte p. 78 ; ☎55-4155-0836 ; www.bibliotecademexico.gob.mx ; Plaza de La Ciudadela 4 ; ⏲8h30-19h30) GRATUIT occupe ses murs.

Le **Centro de la Imagen** (carte p. 78 ; ☎55-4155-0850 ; centrodelaimagen.cultura.gob.mx ; Plaza de La Ciudadela 2, Colonia Centro ; ⏲10h-19h mer-dim) GRATUIT, le musée de la photographie de la ville, se trouve à l'entrée qui donne sur la Calle Balderas. De l'autre côté de la place, le Centro de Artesanías La Ciudadela (p. 135) réunit un large éventail d'objets artisanaux élaborés à travers tout le Mexique.

Plaza de la República et ses environs

♥ Monumento a la Revolución MONUMENT
(Carte p. 78 ; www.mrm.mx ; Plaza de la República ; adulte/enfant accès complet 80/60 $M, plateforme d'observation seulement 50 $M ; ⏲12h-20h lun-jeu, 12h-22h ven-sam, 10h-20h dim ; 👪 ; 🚌 Plaza de la República). La Révolution vint interrompre la construction de ce bâtiment destiné à l'origine à être la chambre des députés. Il fut un temps question de le détruire, mais on choisit finalement de le modifier et de lui donner une nouvelle fonction. Inauguré en 1938, il contient les sépultures des grandes figures révolutionnaires et postrévolutionnaires Pancho Villa, Francisco Madero, Venustiano Carranza, Plutarco Elías Calles et Lázaro Cárdenas. Le monument et la Plaza de la República ont fait l'objet d'une vaste rénovation en 2010, à l'occasion du centenaire de la Révolution. Les enfants adorent batifoler sous les jets d'eau des fontaines, et, la nuit, des lumières colorées viennent souligner les détails architecturaux de l'édifice réhabilité.

Ce monument se distingue surtout par son **paseo linternilla** (carte p. 78 ; accès complet adulte/enfant 80/60 $M) qui culmine à 65 m de hauteur. Un ascenseur vitré donne accès à un escalier en spirale qui monte vers une terrasse circulaire offrant une vue panoramique sur la ville. Juste en dessous, la **terrasse d'observation à**

360° (carte p. 78 ; 55-5592-2038 ; www.mrm.mx ; adulte/enfant 50 $M ; 12h-20h lun-jeu, 12h-22h ven-sam, 10h-20h dim), moins haute mais tout aussi spectaculaire, est le niveau le plus élevé que l'on peut visiter sans le pass d'accès complet.

Vous pouvez aussi découvrir le squelette de l'édifice dans les **1910 Structure Galleries**, et visiter, en sous-sol, l'intéressant **Paseo Cimentación** (carte p. 78 ; 55-5592-2038 ; accès complet adulte/enfant 80/60 $M ; 12h-20h lun-jeu, 12h-22h ven-sam, 10h-20h dim), une galerie où des expositions temporaires sont installées au cœur d'un labyrinthe d'immenses poutres d'acier soutenant l'édifice.

Aménagé sous la place et le monument, le **Museo Nacional de la Revolución** (musée national de la Révolution ; carte p. 78 ; 55-5546-2115 ; www.cultura.cdmx.gob.mx/recintos/mnr ; 30 $M, gratuit dim ; 9h-17h mar-ven, 9h-18h30 sam-dim) couvre 63 ans d'histoire, de la mise en œuvre de la Constitution garantissant le respect des droits de l'homme en 1857 à l'installation du gouvernement postrévolutionnaire en 1920. Explications en espagnol uniquement.

Museo Universitario del Chopo MUSÉE

(55-5546-5484 ; www.chopo.unam.mx ; Enrique González Martínez 10 ; 30 $M, gratuit mer ; 11h-19h mar-dim ; M San Cosme). Impossible de manquer les hautes flèches de ce musée géré par l'université. Faites de métal forgé à Düsseldorf, certaines parties de l'édifice ont été apportées en pièces détachées et assemblées à Mexico au tournant du XXe siècle. L'ensemble offre de vastes espaces ouverts, avec des rampes utilisées comme lieu d'exposition et de très hauts plafonds créant de superbes volumes pour l'art contemporain. Le musée accueille par ailleurs des spectacles de danse moderne et des projections de films d'art et d'essai mexicains et étrangers.

Museo Nacional de San Carlos MUSÉE

(Carte p. 78 ; 55-5566-8342 ; www.mnsancarlos.com ; Puente de Alvarado 50 ; adulte/- 3 ans 45 $M/gratuit, gratuit dim ; 10h-18h mar-dim ; M Revolución). Ce musée conserve une belle collection d'art européen du XIVe au XXe siècle, dont des œuvres de Rubens et de Goya. Le bâtiment original en forme de rotonde a été dessiné par Manuel Tolsá à la fin du XVIIIe siècle.

Paseo de la Reforma

Partant de Tlatelolco, la principale artère de Mexico, communément appelée "Reforma", fend la ville en direction du Bosque de Chapultepec au sud-ouest, contournant l'Alameda Central et la Zona Rosa avant de filer tout droit vers l'ouest à travers le Bosque de Chapultepec. L'empereur Maximilien de Habsbourg aurait créé cet axe pour relier son château, sur la colline de Chapultepec, à la vieille ville. Après l'exécution de Maximilien, le boulevard fut rebaptisé en hommage aux lois de réforme mises en place par le président Juárez. Sous l'administration López Obrador, l'avenue a été restaurée avec goût pour que ses larges terre-pleins centraux, ornés de statues, puissent accueillir des foires aux livres et des expositions. Aujourd'hui, la fièvre immobilière ne semble pas devoir s'apaiser, tours de bureaux et nouveaux hôtels continuant de surgir le long de l'artère.

La Reforma est ponctuée d'immenses *glorietas* (ronds-points). Deux à trois rues à l'ouest de l'Alameda Central, **El Caballito** (carte p. 78 ; M Hidalgo), tête de cheval due au sculpteur Sebastián, rappelle qu'une statue équestre (p. 73) trôna ici, 127 ans avant d'être transférée au Museo Nacional de Arte. À quelques pâtés de maisons au sud-ouest, le **Monumento a Cristóbal Colón** (carte p. 78), réalisé par le sculpteur français Charles Cordier (1877), représente Christophe Colomb le bras tendu vers l'horizon.

L'intersection avec l'Avenida Insurgentes se reconnaît à son **Monumento a Cuauhtémoc** (carte p. 84 ; M Reforma), dernier empereur aztèque. Deux rues au nord-ouest, le **Jardín del Arte** accueille, le dimanche, un marché d'art.

À l'extrémité sud de la Colonia Cuauhtémoc, le **Centro Bursátil** (carte p. 84 ; M Insurgentes), tour angulaire doublée d'un complexe coiffé d'un dôme de miroirs, est le siège de la Bourse mexicaine (*Bolsa*). Vers l'ouest, après l'ambassade des États-Unis, se détache le symbole de Mexico : le **Monumento a la Independencia** (carte p. 84 ; M Insurgentes), GRATUIT plus connu sous le nom d'El Ángel (L'Ange). Toute d'or vêtue, cette Victoire ailée fut dressée sur un piédestal de 45 m de hauteur pour le centenaire de l'indépendance (1910). Le monument sert de mausolée à Miguel Hidalgo, José María Morelos, Ignacio Allende, ainsi qu'à

9 autres figures de la lutte pour l'indépendance. C'est le lieu de ralliement de la foule lorsque l'équipe nationale a gagné un match de football, et de grands concerts gratuits y sont parfois organisés.

À l'angle de Reforma et de Sevilla s'élève un monument surnommé **La Diana Cazadora** (Diane chasseresse ; carte p. 84 ; angle Reforma et Sevilla), un bronze de 1942 qui faisait partie d'un programme d'embellissement de la ville sous la présidence d'Ávila Camacho. La Ligue pour la vertu obligea cependant le sculpteur à cacher les formes généreuses de la déesse sous un pagne de bronze, qui ne fut retiré qu'en 1966.

Depuis 2003, la ligne d'horizon de Mexico est marquée par la **Torre Mayor** (carte p. 84 ; ☎55-5283-8000 ; www.torremayor.com.mx ; Paseo de la Reforma 505 ; Ⓜ Chapultepec). Telle une sentinelle à l'entrée du Bosque de Chapultepec, cette tour de verre s'élève à 225 m au-dessus de la capitale. Conçue pour résister aux séismes, elle est arrimée au sol par 98 amortisseurs d'ondes de choc. La plateforme d'observation n'est jamais ouverte.

En face de la Torre Mayor se dresse depuis 2015 ce qui fut, brièvement, le plus haut édifice de Mexico : la **Torre BBVA Bancomer** (tour Bancomer ; carte p. 84 ; Paseo de la Reforma s/n ; Ⓜ Chapultepec), une banque de 50 étages comportant des jardins suspendus tous les 9 étages. Celle-ci fut, en effet, surpassée en 2016 par l'anguleuse **Torre Reforma** (carte p. 84 ; Reforma 483 ; Ⓜ Chapultepec) érigée de l'autre côté de la rue, désormais bâtiment le plus haut de la ville. Non loin, l'**Estela de Luz** (faisceau de Lumière ; carte p. 84 ; Paseo de la Reforma s/n ; Ⓜ Chapultepec), haute de 104 m, a été érigée à l'occasion du bicentenaire du Mexique, en 2010. Du fait de retards dans le chantier et du très large dépassement du budget initial, cette tour aux panneaux de quartz blanc ne fut toutefois inaugurée qu'en 2012. L'arrestation en 2013 de 8 anciens fonctionnaires pour détournement de fonds publics lui vaut désormais le surnom de "tour de la corruption". Au sous-sol est aménagé le **Centro de Cultura Digital** (carte p. 84 ; ☎55-1000-2637 ; www.centroculturadigital.mx ; Estela de Luz ; Paseo de Reforma s/n ; ⏲11h-19h mar-dim ; Ⓜ Chapultepec) GRATUIT, un centre culturel consacré aux technologies numériques, d'intérêt inégal.

La station de métro Hidalgo débouche sur le Paseo de la Reforma au bout de l'Alameda. Les stations Insurgentes et Sevilla offrent le meilleur accès à la Zona Rosa. Sur le parcours du *metrobús* d'Insurgentes, les arrêts "Reforma" et "Hamburgo" marquent respectivement le nord et le sud de l'artère. Le long même du Paseo de la Reforma, n'importe quel bus "Auditorio" en direction de l'ouest traverse le Bosque de Chapultepec – les bus "Chapultepec" s'arrêtent à l'extrémité est du parc, à la **gare routière de Chapultepec** (carte p. 84). Dans la direction inverse, les bus "I Verdes" et "La Villa" remontent Reforma jusqu'à l'Alameda Central et au-delà.

Zona Rosa

Nichée entre le Paseo de la Reforma et l'Avenida Chapultepec, la "Zone rose" jouissait d'un réel panache cosmopolite dans les années 1950, d'où son statut de quartier dédié au shopping. Mais, peu à peu, la Zona Rosa a perdu du terrain, laissant les quartiers plus branchés tels que Condesa et Roma prendre le pas. C'est désormais un enchevêtrement de boutiques pour touristes, d'hôtels de luxe, de discothèques et de fast-foods, même si d'importants travaux en 2017 ont laissé des rues plus larges, plus propres et plus adaptées aux piétons. La *glorieta* animée près des stations de métro et de métrobus Insurgentes a, par ailleurs, été embellie par des fontaines lumineuses et un "CDMX" photogénique.

Si l'on observe le ballet de la rue depuis l'une des terrasses de cafés, on remarque une diversité plus grande qu'ailleurs. La Zona Rosa est, en effet, l'un des principaux quartiers gay et lesbien de la ville, et une oasis pour les expatriés – les Coréens en particulier y sont nombreux, et les restaurants asiatiques (coréens, japonais et chinois) y éclipsent Chinatown. Côté Reforma, la zone piétonne de la Calle Génova, endommagée par un séisme, est fermée au public jusqu'à la démolition d'un bâtiment prévue en 2018. À l'extrémité sud, en revanche, l'éclosion de nouveaux restaurants tendance, de boutiques de produits de beauté et de magasins de gadgets, contribue à remettre un peu le rose à l'honneur.

Museo del Objeto del Objeto MUSÉE
(Musée de l'Objet de l'objet ; carte p. 88 ; www.elmodo.mx ; Colima 145 ; tarif plein/étudiant/- 12 ans 50/25 $M/gratuit ; ⏲10h-18h mar-dim ; 🚌 Durango). Organisé sur 2 niveaux, ce

Zona Rosa

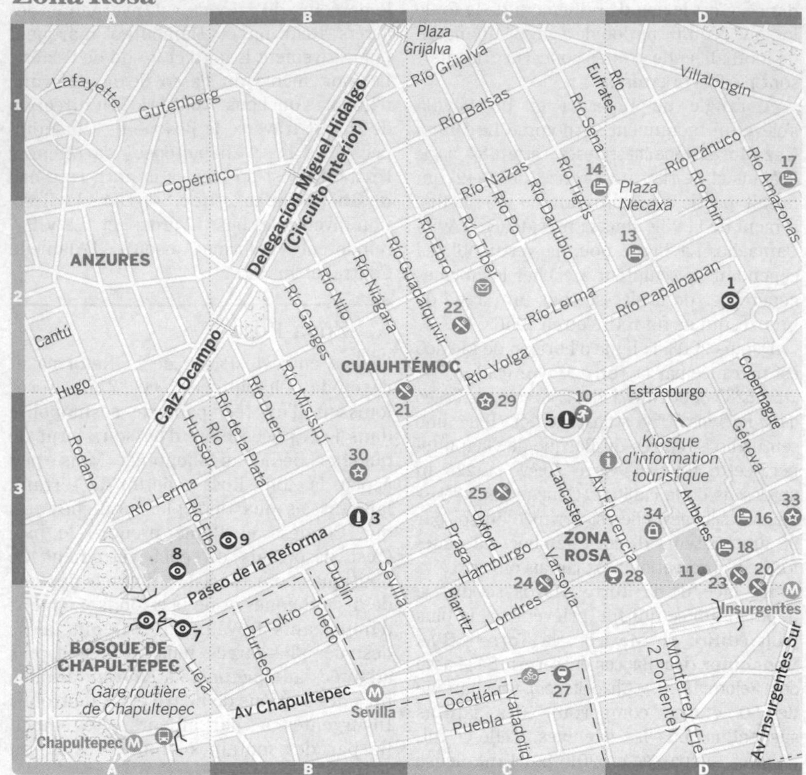

musée du design offre une vision originale de l'histoire mexicaine grâce à des expositions thématiques ("Le football au Mexique", par exemple) montées à partir d'une collection unique de près de 100 000 pièces – certaines remontant à la guerre d'Indépendance (1810). La collection permanente rassemble des objets tels des boîtes d'allumettes, des tampons encreurs et toutes sortes de récipients en aluminium (pour le tabac, le cirage ou les aiguilles à gramophone). Nombre de ces objets sont visibles sur le site Internet.

Centro de Cultura Casa Lamm CENTRE ARTISTIQUE
(Carte p. 88 ; 55-5525-1332 ; www.galeriacasalamm.com.mx ; Álvaro Obregón 99, Colonia Roma ; 10h-19h lun-sam, 10h-17h dim ; Álvaro Obregón). GRATUIT Une galerie de peintures et de photographies mexicaines contemporaines, ainsi qu'une excellente bibliothèque d'art sont installées dans ce centre culturel.

MUCA Roma MUSÉE
(Carte p. 88 ; 55-5511-0925 ; www.mucaroma.unam.mx ; Tonalá 51 ; 10h-19h mar-dim ; Durango). GRATUIT Ce petit musée financé par l'Universidad Nacional Autónoma de México (UNAM) présente des œuvres d'art contemporain ayant un lien avec la science ou les nouvelles technologies, du Mexique et de l'étranger.

Condesa

L'architecture de la Colonia Condesa, tout comme ses esplanades plantées de palmiers et ses parcs, replonge le visiteur dans une atmosphère Belle Époque, quand, au début du siècle dernier, le quartier était le repaire de la nouvelle élite mexicaine. Pour la plupart des gens aujourd'hui, le nom de "La Condesa" évoque plutôt une zone en vogue, connue pour ses restaurants décontractés, ses boutiques tendance et ses lieux de

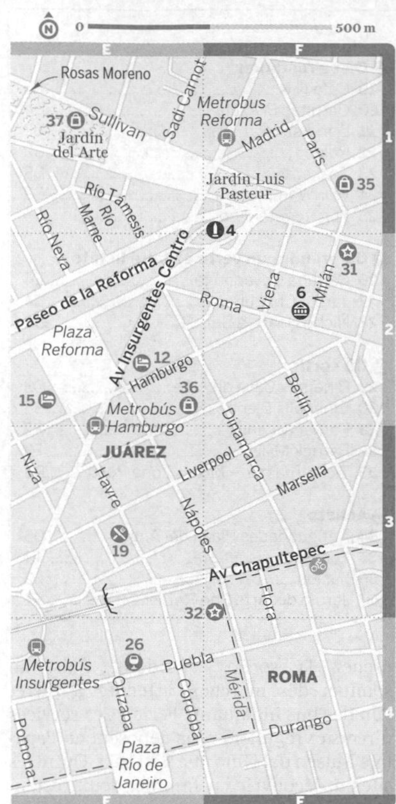

sortie. Heureusement, le quartier dans son ensemble a conservé son charme d'antan, surtout hors des zones où officient les voituriers. Flânez sur les terre-pleins centraux d'Ámsterdam, de l'Avenida Tamaulipas ou de l'Avenida Mazatlán pour contempler le style Art déco ou colonial californien des édifices qui les bordent. Ne manquez pas le **Parque México**, dont la forme ovale rappelle qu'il fut à l'origine un hippodrome. Deux rues plus au nord-ouest, le **Parque España** possède une aire de jeux.

Roma

Au nord-est de Condesa, Roma est une enclave bohème en voie de gentrification rapide. Autrefois peuplé d'artistes et d'écrivains, le quartier attire désormais marques de créateur et restaurants internationaux, tandis que ses ruelles conservent une atmosphère plus tranquille. C'est là que William Burroughs et Jack Kerouac, de la Beat Generation, se retrouvèrent durant leur séjour à Mexico, dans les années 1950. Construit au tournant du XXe siècle, ce quartier est la vitrine de l'architecture à la parisienne mise en avant par le régime de Porfirio Díaz. Les exemples les plus frappants de ce style haussmannien se trouvent dans Colima et Tabasco. À Roma, il fait bon s'attarder dans un café, découvrir quelques galeries d'art et pousser la porte des boutiques de spécialités qui bordent Colima. En descendant Orizaba, vous déboucherez sur deux charmantes places : Río de Janeiro, avec sa réplique du David de Michel-Ange, et Luis Cabrera, agrémentée de fontaines (des écrivains de la Beat Generation ont pris la pose ici). Le week-end, explorez le **Bazar de Cuauhtémoc** (Tianguis de Antigüedades ; carte p. 88 ; Jardín Dr Chávez, Colonia Doctores ; 10h-17h sam-dim ; Jardín Pushkin), un marché d'antiquités installé dans un petit parc. Pour vous y rendre, longez Álvaro Obregón, la rue principale de Roma, jusqu'à son extrémité est, puis poursuivez sur un bloc vers le nord le long de l'Avenida Cuauhtémoc.

De petites galeries d'art indépendantes et des musées sont installés ici et là dans le quartier. La liste des galeries est disponible sous l'onglet "Roma" du site Internet CDMX Travel (cdmxtravel.com).

Bosque de Chapultepec

Chapultepec (qui signifie "colline des sauterelles" en nahuatl) servit de refuge aux Aztèques au cours de leurs pérégrinations, avant de devenir la résidence d'été des membres de la noblesse. C'était la réserve d'eau douce la plus proche de Tenochtitlán. Au XVe siècle, Nezahualcóyotl, qui régnait sur le Texcoco voisin, supervisa la construction d'un aqueduc pour acheminer ses eaux par-dessus le Lago de Texcoco jusqu'à la capitale préhispanique.

Plus grand parc de Mexico avec plus de 4 km² de superficie, le Bosque de Chapultepec possède des lacs, un zoo et d'excellents musées. Il est resté la résidence des puissants puisque s'y trouvent l'actuel palais présidentiel, **Los Pinos** (carte p. 92 ; 55-5093-53-00 ; Parque Lira s/n ; 8h-22h lun-ven ; Constituyentes), et l'ancien palais impérial, le Castillo de Chapultepec.

Le Bosque est très animé le dimanche : les allées se remplissent d'étals et les familles viennent pique-niquer, canoter

Zona Rosa

À voir

1 Centro Bursátil ... D2
2 Centro de Cultura Digital ... A4
Estela de Luz ... (voir 2)
3 La Diana Cazadora ... B3
4 Monumento a Cuauhtémoc ... F1
5 Monumento a la Independencia ... C3
6 Musée Mucho Mundo Chocolate ... F2
7 Torre BBVA Bancomer ... A4
8 Torre Mayor ... A3
9 Torre Reforma ... B3

Activités

10 Bicitekas ... C3
11 Capital Bus ... D3

Où se loger

12 Capsule Hostel ... E2
13 Casa González ... D2
14 Hotel Bristol ... C1
15 Hotel Cityexpress EBC Reforma ... E2
16 Hotel Geneve ... D3
17 Hotel María Cristina ... D1
18 Hotel Suites Amberes ... D3

Où se restaurer

19 Café NiN ... E3
20 Carnitas El Azul ... D4
21 Don Asado ... B2
22 Rokai ... C2
23 Tezka ... D3
24 WanWan Sakaba ... C3
25 Yug Vegetariano ... C3

Où prendre un verre et faire la fête

26 Cantina Covadonga ... E4
27 Jardín Chapultepec ... C4
28 Nicho Bears & Bar ... D3

Où sortir

29 Cinemex Casa de Arte ... C3
30 Cinépolis Diana ... B3
31 Parker & Lenox ... F2
32 Patrick Miller ... F3
33 Ticketmaster – Mixup Zona Rosa ... D3

Achats

34 Antigüedades Plaza del Ángel ... D3
35 Fonart ... F1
36 Fusión ... E2
37 Jardín del Arte San Rafael ... E1

sur les lacs et visiter les musées. La plupart des sites d'intérêt sont regroupés dans ou près de la **1ra Sección** (1re section ; carte p. 92 ; www.chapultepec.org.mx ; Bosque de Chapultepec ; 5h-18h mar-dim ; Ⓜ Chapultepec), à l'est, tandis qu'un grand parc de loisirs et un musée pour enfants occupent la 2da Sección.

Un couple de lions en bronze surmonte la porte principale au croisement du Paseo de la Reforma et de Lieja. On peut aussi accéder au parc en face des Museo Tamyo et Museo Nacional de Antropología, ou par le métro Chapultepec. Des collections de photographies sont exposées à la **Galería Abierta de las Rejas de Chapultepec** (carte p. 92 ; Paseo de la Reforma ; 24h/24) GRATUIT, une galerie extérieure.

La station de métro Chapultepec se trouve à l'extrémité est du Bosque, près du Monumento a los Niños Héroes et du Castillo. La station Auditorio se situe du côté nord du parc, soit à 500 m à l'ouest du Museo Nacional de Antropología. Les bus indiqués "Auditorio" roulent le long du Paseo de la Reforma.

La 2da Sección du Bosque de Chapultepec se situe à l'ouest du Periférico. Pour rejoindre la section et le parc d'attractions La Feria depuis le métro Chapultepec, prenez la sortie "Paradero" puis, au sommet des marches, attendez à l'arrêt l'un des bus indiquant "Feria". Ces services directs et réguliers vous déposent au Papalote Museo del Niño et à La Feria. Outre les sites à découvrir en famille, deux restaurants haut de gamme donnent sur les lacs Mayor et Minor.

♥ Museo Nacional de Antropología MUSÉE

(Musée national d'Anthropologie ; carte p. 92 ; ☎ 55-4040-5300 ; www.mna.inah.gob.mx ; angle Paseo de la Reforma et Calz Gandhi ; adulte/- 13 ans 70 $M/gratuit ; 9h-19h mar-dim ; P ; Ⓜ Auditorio). Cet excellent musée se situe dans une extension du Bosque de Chapultepec. Sa cour rectangulaire est flanquée sur 3 côtés de salles d'exposition réparties sur 2 niveaux. Les 12 salles du rez-de-chaussée sont dédiées au Mexique préhispanique ; à l'étage, les collections portent sur le mode de vie actuel des Indiens du Mexique, chaque culture contemporaine étant située juste au-dessus de la culture préhispanique dont elle descend. Sachez qu'il est téméraire de vouloir parcourir l'ensemble de ce vaste musée en une seule visite.

Tous les objets sont bien mis en valeur. Le point de départ des visites guidées gratuites d'une heure (4/jour sauf dimanche, de 10h30 à 17h, réservation recommandée) se situe à l'entrée, en français, anglais ou italien. Elles sont fort précieuses pour comprendre l'histoire complexe du Mexique.

Le mieux est de commencer la visite par l'Introducción a la Antropología, puis de progresser dans le sens contraire des aiguilles d'une montre. Les premières salles présentent une introduction générale à l'anthropologie et passent de l'arrivée des premiers habitants à la transition entre une existence nomade de chasseurs-cueilleurs et une vie agricole plus sédentaire dans le plateau central du Mexique.

De nombreux visiteurs pressés passent directement à la salle Teotihuacán où sont exposés des maquettes et des objets du premier grand État puissant d'Amérique. La visite se poursuit ensuite vers Los Toltecas et son atlante de basalte en provenance du temple de Tlahuizcalpantecuhtli, à Tula.

La salle suivante est consacrée aux Mexicas, ou Aztèques. On peut y voir la célèbre pierre du Soleil, mise au jour sous le *zócalo* en 1790, et d'autres statues de divinités du panthéon aztèque.

Les prochaines salles montrent le remarquable patrimoine des civilisations du Oaxaca et du golfe du Mexique, notamment deux têtes olmèques pesant près de 20 tonnes.

Si vous parcourez rapidement les collections mayas du Mexique, du Guatemala, du Belize et du Honduras, ne manquez pas la saisissante maquette grandeur nature du tombeau du roi Pakal, découverte au Templo de las Inscripciones, à Palenque.

Dans la cour, l'immense colonne-fontaine, surnommée *el paraguas* (le parapluie), rappelle le lien avec la nature. Chaque côté présente une sculpture différente : à l'est, l'intégration du Mexique, à l'ouest, le Mexique regardant vers l'horizon, au nord et au sud, la lutte pour la liberté dans les villages mexicains.

Dans un espace situé à 100 m en face de l'entrée du musée, des Indiens totonaques interprètent leurs danses de *voladores* : accrochés à un mât de 20 m de haut, ils "s'envolent" toutes les demi-heures.

Castillo de Chapultepec CHÂTEAU

(Château de Chapultepec ; carte p. 92 ; www.castillodechapultepec.inah.gob.mx ; Bosque de Chapultepec ; 51 $M, gratuit dim ; 9h-17h mar-dim ; M Chapultepec). Vestige de l'aristocratie mexicaine d'antan, le "château" qui coiffe la colline de Chapultepec, commencé en 1785, ne fut achevé qu'après l'indépendance, époque à laquelle il devint l'Académie militaire nationale. L'empereur Maximilien et l'impératrice Carlota (Charlotte de Belgique) en firent leur demeure, dès leur arrivée en 1864, et le rénovèrent. L'extrémité est du château de Chapultepec abrite leurs appartements impériaux, dont les salons richement meublés s'ouvrent sur une terrasse offrant une vue éblouissante sur Mexico.

Le château servit de résidence aux présidents du Mexique jusqu'en 1939, date à laquelle Lázaro Cárdenas le transforma en **Museo Nacional de Historia** (musée national d'Histoire ; carte p. 92 ; 55-4040-5215 ; www.mnh.inah.gob.mx ; Parque de Chapultepec ; adulte/-13 ans 70 $M/gratuit ; 9h-17h mar-dim).

Les somptueux appartements à l'étage sont ceux de Porfirio Díaz, premier président à utiliser le château comme résidence à la fin du XIXe siècle. Au centre se trouve un patio, où une tour marque le sommet de la colline de Chapultepec, à 45 m au-dessus de la rue.

Pour accéder au château, suivez la route qui gravit la colline derrière le Monumento a los Niños Héroes, ou empruntez le petit train (15 $M aller-retour ; toutes les 15 min pendant les heures d'ouverture). Des audioguides sont disponibles pour 65 $M.

Galerie Kurimanzutto GALERIE

(Carte p. 92 ; www.kurimanzutto.com ; Gobernador Rafael Rebollar 94, Colonia San Miguel Chapultepec ; 11h-18h mar-jeu, 11h-16h ven-sam ; M Constituyentes). GRATUIT Cette galerie d'art contemporain, l'une des plus avant-gardistes de la ville, présente des expositions temporaires d'artistes émergents, mexicains et internationaux. Parmi plus d'une trentaine d'artistes représentés par la galerie, Gabriel Orozco, artiste mexicain renommé, a aidé à établir le concept de Kurimanzutto avec les cofondateurs Jose Kuri et Monica Manzutto. Ancienne pâtisserie industrielle restaurée, l'agréable bâtiment de 1949 se distingue par ses poutres apparentes et sa belle luminosité.

Museo de Arte Moderno MUSÉE

(Musée d'Art moderne ; carte p. 92 ; 55-5211-8331 ; www.museoartemoderno.com ; angle Paseo de la Reforma et Calz Gandhi ; tarif plein/étudiant 60 $M/gratuit, gratuit dim ; 10h15-17h30 mar-dim ; P ; M Chapultepec). La petite collection de ce musée permet de découvrir les œuvres des plus célèbres artistes mexicains des XXe et XXIe siècles. On remarquera

Roma et Condesa

0 500 m
JUÁREZ
ROMA
Marsella
Génova
Amberes
Liverpool
Insurgentes
Metrobús Insurgentes
Cuauhtémoc
Av Chapultepec
Metrobús Cuauhtémoc
62
Dr Lavista
Flora
Guaymas
Puebla
Plaza Romita
Av Oaxaca
Av Insurgentes Sur
Jalapa
Orizaba
Córdoba
Mérida
Fontera
Morelia
Dr Liceaga
Durango
72
74
79
Jardín Dr Chávez
Pomona
Plaza Río de Janeiro
Dr Lucio
Jardín Pushkin
Metrobús Jardín Pushkin
3
Metrobús Durango
36
61
Tabasco
Dr Velasco
54
69
58
Colima
13
2
39
42
Álvaro Obregón
53
1
52
Chihuahua
Parque Juan Rulfo
12
63
Av Cuauhtémoc
55
18
Guanajuato
Barba Azul (1 km)
Metrobús Álvaro Obregón
Plaza Luis Cabrera
8
Miescape Roma
Zacatecas
Monterrey
Tonalá
27
29
Dr Olvera
19
Querétaro
33
Av Yucatán
Museo del Juguete Antiguo México (750 m)
Dr Balmis
San Luis Potosí
50
24
71
San Luis Potosí
Chiapas
28
Hospital General
Chiapas
Tapachula
Coahuila
Mercado Medellín
Campeche
Jalapa
23
Jardín Ramón López Vélarde
Aguascalientes
65
Tlaxcala
Centro Médico
Los Tolucos (1 km)
Centro Médico
Av Baja California
Monterrey
Tonalá
Viaducto Miguel Alemán
E
F
G
H
1
2
3
4
5
6
7
MEXICO À VOIR

Roma et Condesa

À voir
1 Centro de Cultura Casa Lamm F3
2 MUCA Roma E3
3 Museo del Objeto del Objeto F2

Activités
4 Ecobici D5
5 Escuela de Gastronomía Mexicana D5
6 Mexico Soul & Essence D5

Où se loger
7 Casa Comtesse B7
8 Casa de la Condesa F3
9 Gael C6
10 Hostel 333 ....D3
11 Hostel Home D3
12 Hotel Milán F3
13 Hotel Stanza G3
14 La Casona C3
15 Red Tree House C6
16 Stayinn Barefoot Hostel A3
17 Villa Condesa B3

Où se restaurer
18 Bawa Bawa G3
19 Broka Bistrot F4
20 Café La Gloria B5
21 Contramar D3
22 Doña Blanca C4
23 El Hidalguense E5
24 El Parnita E4
25 El Pescadito B4
26 Fonda Fina D3
27 Galanga Thai Kitchen E4
28 Helado Obscuro G4
La Capital ....(voir 30)
29 Lalo! E4
30 Lampuga B6
31 Lardo B3
32 Los Loosers B3
33 Maximo Bistrot Local E4
34 Ojo de Agua C6
35 Orígenes Orgánicos D4
36 Panadería Rosetta F2
37 Parián Condesa B5
Pasillo de Humo ....(voir 37)
38 Por Siempre Vegana Taquería D5
39 Yuban E3

Où prendre un verre et faire la fête
40 Alipús Condesa B6
41 Black Horse B6
42 Casa Franca G3
43 Chiquitito B6
44 Condesa df C4
45 El Centenario B5
46 Enhorabuena Café B4
47 Felina B7
48 Flora Lounge C5
49 La Bodeguita del Medio C3
50 La Chicha F4
51 La Clandestina C4
52 Los Bisquets Obregón G3
53 Maison Francaise de Thé Caravanserai F3
54 Mano Santa Mezcal E3
55 Pan y Circo E3
56 Pastelería Maque C5
57 PataNegra Condesa C4
58 Pulquería Los Insurgentes E3
Quentin Café ....(voir 52)
59 Salón Malafama B5
60 Tom's Leather Bar D5
61 Traspatio F2

Où sortir
62 Arena México H1
63 Cafebrería El Péndulo F3
64 Caradura C5
65 Cine Tonalá F6
66 El Bataclán D4
67 El Imperial Club D3
68 El Plaza Condesa C4
69 El Under E3
70 Foro Shakespeare A3
71 Mama Rumba E4
72 Multiforo Alicia H2
73 Ruta 61 ....C7

Achats
74 Bazar de Cuauhtémoc H2
75 El Hijo del Santo A6
76 La Naval D5
77 Libreria Rosario Castellanos A6
78 Under the Volcano Books D4
79 Vértigo G2

notamment les toiles de Dr Atl, Rivera, Siqueiros, Orozco, Tamayo, O'Gorman, ainsi que *Las Dos Fridas* (*Les Deux Fridas*) de Frida Kahlo, le plus connu de ses tableaux. Également des expositions temporaires.

♥ Museo Tamayo MUSÉE

(Carte p. 92 ; www.museotamayo.org ; Paseo de la Reforma 51 ; 60 $M, gratuit dim ; 10h-18h mar-dim ; P ; M Auditorio). Cet édifice à plusieurs niveaux a été conçu pour abriter la collection d'art moderne offerte en donation par le peintre Rufino Tamayo, originaire de Oaxaca, aux habitants de Mexico. Le musée expose des œuvres d'avant-garde venues du monde entier alternant avec des expositions thématiques de pièces de la collection Tamayo. Donnant sur le parc, le tout nouveau restaurant rustique-chic est parfait pour prendre un petit-déjeuner avant d'aller visiter les sites du quartier.

Jardín Botánico JARDIN

(Jardin botanique ; carte p. 92 ; ☎55-5553-8114 ; Paseo de la Reforma ; ⏲10h-17h30 mar-ven, 10h-16h sam-dim ; Ⓜ Chapultepec). GRATUIT Mettant en valeur la grande diversité de la flore mexicaine, ce jardin de 4 ha est partagé en sections qui reflètent chacune des zones climatiques du Mexique. Les cactus et les agaves ont la part belle, et les enfants apprécieront sûrement les statues d'insectes en paille. Belle serre aux orchidées rares également.

Monumento a los Niños Héroes MONUMENT

(Carte p. 92 ; Bosque de Chapultepec ; ⏲mar-dim ; Ⓜ Chapultepec). Les 6 colonnes en marbre du monument aux Enfants-Héros marquent l'entrée orientale du parc de Chapultepec. Proches du métro Chapultepec, elles honorent la mémoire de 6 jeunes cadets de l'Académie militaire nationale qui occupait alors le Castillo de Chapultepec. Face à l'assaut de plus de 8 000 soldats américains le 13 septembre 1847, les cadets, âgés de 13 à 20 ans, défendirent leur école en dépit de l'ordre de repli donné par le général Santa Anna. Plutôt que de se rendre, le cadet Juan Escutia se serait enroulé dans un drapeau mexicain avant de se jeter dans le vide.

Papalote Museo del Niño MUSÉE

(Carte p. 92 ; ☎55-5237-1773 ; www.papalote.org.mx ; Bosque de Chapultepec ; musée/planétarium 199/99 $M, forfait famille 4 pers 849 $M ; ⏲9h-18h lun-mer et ven, 9h-23h jeu, 10h-19h sam-dim ; P 🚻 ; Ⓜ Constituyentes). Vos enfants ne voudront plus partir de ce musée interactif très innovant, où ils pourront laisser s'exprimer le scientifique qui est en eux, monter une émission de radio, participer à des fouilles archéologiques et essayer toutes sortes de jeux et de gadgets technologiques. Les plus jeunes aussi apprécieront le planétarium et le cinéma IMAX. Le parking coûte 20 $M/heure.

La Feria PARC D'ATTRACTIONS

(Carte p. 92 ; ☎55-5230-2121 ; www.laferia.com.mx ; Bosque de Chapultepec ; 200 $M ; ⏲11h-18h mar-ven, 10h-20h sam-dim ; P 🚻 ; Ⓜ Constituyentes). Cette foire à l'ancienne offre plusieurs attractions époustouflantes. Le pass "Platino" donne accès à tout le parc, y compris aux meilleures montagnes russes de La Feria. Les horaires étant variables, consultez le site Internet avant de vous déplacer.

Museo Jardín del Agua ART PUBLIC

(Water Garden Museum ; carte p. 92 ; ☎55-5281-5382 ; Bosque de Chapultepec ; 24 $M ; ⏲9h-18h mar-dim ; Ⓜ Constituyentes). Diego Rivera a réalisé une série de fresques pour l'inauguration du Cárcamo de Dolores, un ensemble de dispositifs hydrauliques construit dans les années 1940. L'artiste a expérimenté des matières résistantes à l'eau sur le réservoir, le fond du bassin et une partie du canal amenant l'eau, où il a représenté différents êtres amphibies, ainsi que des ouvriers ayant travaillé au projet.

Devant le bâtiment, l'œil est attiré par une autre œuvre extraordinaire de Rivera, la **Fuente de Tláloc**, bassin ovale qui accueille une immense sculpture couverte de mosaïques représentant le dieu aztèque de l'Eau, de la Pluie et de la Fertilité. À 150 m environ au nord, la belle Fuente de Xochipilli, dédiée au "prince des fleurs" aztèque, se compose de plusieurs fontaines en escalier entourant une pyramide de style *talud-tablero*, caractéristique de Teotihuacán. Le billet d'entrée donne également accès au Muséum d'histoire naturelle voisin (Museo de Historia Natural ; p. 56).

Fuente de Xochipilli FONTAINE

(Carte p. 92). Inauguré en 1964 et récemment rénové, cet ensemble de fontaines s'inspire d'une architecture de style Tenochca (ou Tenochtitlan), avec des têtes de guerriers-aigles et des murs inclinés.

Polanco

L'opulent quartier de Polanco, au nord du Bosque de Chapultepec, s'est transformé dans les années 1940 en quartier résidentiel pour la classe moyenne naissante pressée de quitter le *centro* surpeuplé. La station de métro Polanco est dans le centre du quartier, celle d'Auditorio se trouve à sa lisière sud.

Ancienne enclave juive, Polanco est aujourd'hui réputé pour ses hôtels de luxe, ses restaurants gastronomiques et ses boutiques de designers le long de l'Avenida Presidente Masaryk. Certains des musées et galeries d'art les plus prestigieux de la ville se trouvent dans ce quartier ou à proximité, dans le Bosque de Chapultepec (p. 85).

Museo Jumex MUSÉE

(Carte p. 92 ; www.fundacionjumex.org ; Blvd Miguel de Cervantes Saavedra 303, Colonia Ampliación Granada ; tarif plein/étudiant et enfant 50 $M/gratuit, gratuit dim ; ⏲11h-20h mar-dim ;

Bosque de Chapultepec et Polanco

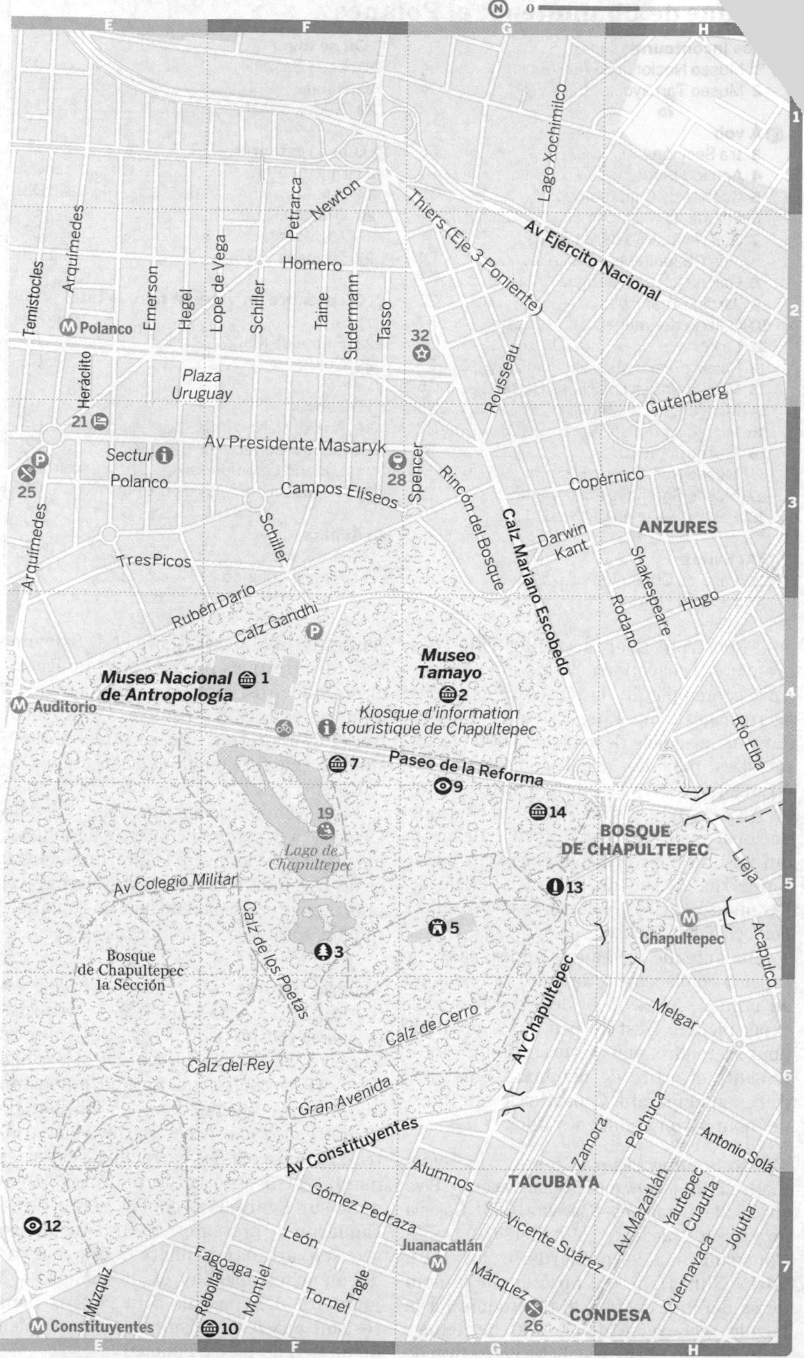
Museo Nacional de Antropología 1
Museo Tamayo 2
Kiosque d'information touristique de Chapultepec
Paseo de la Reforma
Av Ejército Nacional
Thiers (Eje 3 Poniente)
Calz Mariano Escobedo
Av Presidente Masaryk
Campos Elíseos
Rubén Darío
Calz Gandhi
Plaza Uruguay
Sectur
Polanco
Auditorio
Constituyentes
Chapultepec
Juanacatlán
ANZURES
BOSQUE DE CHAPULTEPEC
TACUBAYA
CONDESA
Lago de Chapultepec
Bosque de Chapultepec la Sección
Av Colegio Militar
Calz de los Poetas
Calz de Cerro
Calz del Rey
Gran Avenida
Av Constituyentes
Av Chapultepec
Temistocles
Arquímedes
Emerson
Hegel
Lope de Vega
Schiller
Petrarca
Newton
Homero
Taine
Sudermann
Tasso
Heráclito
Tres Picos
Spencer
Rincón del Bosque
Rousseau
Lago Xochimilco
Gutenberg
Copérnico
Darwin
Kant
Shakespeare
Rodano
Hugo
Río Elba
Lieja
Acapulco
Melgar
Pachuca
Zamora
Antonio Solá
Alumnos
Gómez Pedraza
León
Vicente Suárez
Av Mazatlán
Yautepec
Cuautla
Jojutla
Cuernavaca
Márquez
Fagoaga
Rebollar
Montiel
Tornel
Tagle
Múzquiz

Chapultepec et Polanco

nables

ıal de Antropología F4

o G4

ion F5

Acuario Inbursa B1

5 Castillo de Chapultepec G5
6 Fuente de Xochipilli C7
7 Galería Abierta de las Rejas de Chapultepec F4
8 Galeria López Quiroga D2
9 Jardín Botánico G5
10 Galerie Kurimanzutto F7
11 La Feria D6
12 Palais présidentiel Los Pinos E7
13 Monumento a Los Niños Héroes G5
14 Museo de Arte Moderno G5
15 Museo Jardín del Agua C7
16 Museo Jumex B1
Museo Nacional de Historia .... (voir 5)
17 Museo Soumaya Plaza Carso B1
18 Papalote Museo del Niño D7

Activités

19 Lago de Chapultepec F5

Où se loger

20 Casa Castelar D3
21 Hábita Hotel E3
22 W Mexico City D4

Où se restaurer

23 Dulce Patria C3
24 Pujol D2
25 Quintonil E3
26 Taj Mahal G7
27 Taquería El Turix C3

Où prendre un verre et faire la fête

Área .... (voir 21)
28 Fiebre de Malta F3
29 Guilt C2

Où sortir

30 Auditorio Nacional D4
31 Centro Cultural del Bosque D5
Lunario del Auditorio .... (voir 30)
32 Ticketmaster – Liverpool Polanco G2

Achats

33 Antara B1
34 Pasaje Polanco D3

P). Construit pour accueillir l'une des premières collections latino-américaines d'art contemporain, le musée propose des accrochages temporaires d'œuvres puisées dans un ensemble de quelque 2 600 pièces, réalisées par des artistes mexicains et étrangers réputés – Gabriel Orozco, Francis Alys et Andy Warhol pour n'en citer que quelques-uns. Le bus "Ejército Defensa" qui part du métro Chapultepec vous laisse à une rue au sud du musée, à l'angle de l'Avenida Ejército Nacional et de l'Avenida Ferrocarril de Cuernavaca.

Une antenne du Museo Jumex, située à l'ancien emplacement du musée à Ecatepec au nord de Mexico, est dédiée à l'art plus expérimental. C'est un peu une expédition pour s'y rendre, mais cette section est intéressante et attire de nombreux amateurs d'art contemporain. Consultez le site Internet pour savoir comment y aller.

Museo Soumaya Plaza Carso MUSÉE

(Carte p. 92 ; www.museosoumaya.org ; Blvd Miguel de Cervantes Saavedra 303, Colonia Ampliación Granada ; 10h30-18h30). GRATUIT Construit par le milliardaire mexicain Carlos Slim Helú, qui lui a donné le nom de sa défunte épouse, le mastodonte à la façade recouverte de 16 000 hexagones d'aluminium abrite une belle collection de sculptures d'Auguste Rodin et de Salvador Dalí, des fresques intéressantes de Rivera et de Siqueiros, ainsi que quelques toiles d'impressionnistes français. On peut toutefois regretter une certaine propension au remplissage dans les 6 étages du bâtiment.

Pour venir, prenez un bus "Ejército Defensa" à la station de métro Chapultepec jusqu'à l'angle de l'Avenida Ejército Nacional et de l'Avenida Ferrocarril de Cuernavaca, puis remontez un pâté de maisons en direction du nord.

Acuario Inbursa AQUARIUM

(Carte p. 92 ; 55-5395-4586 ; www.acuarioinbursa.com.mx ; Av Miguel de Cervantes Saavedra 386, Colonia Polanco ; 195 $M ; 10h-18h ; M Polanco). Le plus grand aquarium du Mexique abrite, dans 1,6 million de litres d'eau, 280 espèces marines bien traitées, notamment des barracudas, des raies mantas et 5 espèces de requins. S'étendant sur 5 niveaux, dont 4 souterrains, l'aquarium présente au rez-de-chaussée son attraction phare : une colonie de manchots papous et de manchots à jugulaire. Les bassins sont conçus pour résister aux forts séismes. À 2 km à pied ou en taxi du métro Polanco.

Galeria López Quiroga GALERIE
(Carte p. 92 ; www.lopezquiroga.com ; Aristóteles 169, Colonia Polanco ; 10h-19h lun-ven, 10h-14h sam ; M Polanco). GRATUIT Spécialisée dans les sculptures, peintures et photographies d'artistes contemporains mexicains et latino-américains, cette galerie expose, entre autres, des œuvres de Francisco Toledo, Rufino Tamayo et José Luis Cuevas.

Xochimilco et ses environs

Presque à la périphérie sud de la CDMX, ce réseau de canaux bordés de jardins ravive le souvenir de la cité préhispanique. Xochimilco ("lieu où poussent les fleurs" en nahuatl) fut l'un des premiers endroits soumis à l'hégémonie des Aztèques, probablement attirés par le génie agricole de ses habitants. Les Xochimilcas avaient en effet empilé des végétaux et de la boue dans les eaux profondes du Lago de Xochimilco, ramification sud du Lago de Texcoco, pour en faire des jardins fertiles, les *chinampas*, lesquels devinrent le fondement économique de l'Empire aztèque. Le lac fut transformé en un réseau de canaux dont 180 km restent navigables aujourd'hui. Les *chinampas* sont encore cultivées, notamment avec des plantes et des fleurs comme les poinsettias et les soucis. En raison de son importance culturelle et historique, Xochimilco a été classé au patrimoine mondial de l'Unesco en 1987.

Naviguer sur les canaux à bord d'une *trajinera* (barque) vivement colorée est une expérience à la fois paisible et festive. Le week-end, une ambiance de fiesta s'empare des canaux, couverts de bateaux transportant familles et groupes d'amis. Marchands et musiciens déambulent, proposant nourriture et boissons. Mieux vaut venir ici en semaine si vous aspirez à une relative tranquillité.

Outre ses canaux si célèbres, le village de Xochimilco compte d'autres centres d'intérêt. À l'est du **Jardín Juárez** (place principale du *centro*), la **Parroquia de San Bernardino de Siena**, du XVIe siècle, devant laquelle s'étend une esplanade verdoyante, abrite de beaux *retablos* en bois doré. Au sud de la place, le très vivant **Mercado de Xochimilco** investit deux vastes bâtiments : le plus proche du Jardín Juárez est consacré aux produits frais, et possède un coin restauration qui propose des *tamales* (pâte de maïs fourrée de viande, de poisson ou de légumes) et d'autres plats préparés, tandis que l'autre vend des fleurs, des *chapulines* (sauterelles), des douceurs et de l'excellente *barbacoa* (viande marinée et cuite à couvert).

Xochimilco compte aussi plusieurs *pulquerías* (bars à pulque) réservant un bon accueil aux touristes, et, à environ 3 km à l'ouest du Jardín Juárez, le **Museo Dolores Olmedo** (55-5555-1221 ; www.museodoloresolmedo.org.mx ; Av México 5843 ; 100 $M, entrée libre mar ; 10h-18h mar-dim ; La Noria), qui présente l'une des plus belles collections de l'œuvre de Diego Rivera, ainsi que des peintures de Frida Kahlo.

Pour rejoindre Xochimilco, prenez la ligne 2 du métro et descendez à la station Tasqueña. Dans la station, suivez les panneaux jusqu'à la correspondance avec le *tren ligero* (métro léger) qui dessert les quartiers inaccessibles en métro. Une fois arrivé au terminus Xochimilco, tournez à gauche (vers le nord) et longez l'Avenida Morelos jusqu'au marché, au Jardín Juárez et à l'église. Sinon, des vélos-taxis vont aux *embarcaderos* (embarcadères) pour 30 $M.

Canaux de Xochimilco SITE HISTORIQUE
(Xochimilco ; bateaux 500 $M/heure, bateaux-taxis 30 $M/pers aller simple ; P ; Xochimilco). Des centaines de *trajineras* colorées attendent les visiteurs aux 10 *embarcaderos* du village pour les emmener à la rame sur les cours d'eau au milieu des oiseaux et des haies d'arbres clairsemés. Cette paisible escapade en ville est seulement troublée par de rares bateaux loués pour faire la fête ou par les vendeurs de nourriture ou de boisson qui accostent les embarcations – mais tout cela fait partie du tableau. Les embarcadères les plus proches du centre sont Belem, Salitre et Cristóbal, à 400 m environ à l'est de la plaza, ainsi que Fernando Celada, à 400 m à l'ouest (par l'Avenida Guadalupe Ramírez).

Les samedis et dimanches, des *lanchas colectivas* (bateaux-taxis) pour 60 personnes naviguent sur 1,4 km vers le sud-est, sur le canal entre l'embarcadère de Salitre et celui de Nativitas (près de l'angle de l'Av Hermenegildo Galeana et de la Calle del Mercado).

Les bateaux peuvent accueillir entre 1 et 20 passagers. Si vous constituez un groupe important, la croisière ne vous reviendra donc pas très cher. Si l'idée d'un pique-nique sur les canaux vous tente, vous pouvez acheter bière, soda et en-cas aux vendeurs ambulants postés à l'embarcadère avant de monter à bord.

Le tarif horaire officiel s'applique par heure et par bateau, et non par personne, ainsi faites attention aux majorations.

San Ángel

À 12 km au sud-ouest du centre-ville, le village de San Ángel fut peuplé par des dominicains aussitôt après la conquête espagnole. Bien qu'étant désormais encerclé par la métropole, il a conservé sa splendeur coloniale, et on l'associe souvent au grand marché artisanal (p. 137) qui a lieu le samedi sur la Plaza San Jacinto. Si l'arrivée par l'Avenida Insurgentes tient du chaos habituel, il suffit de flâner en direction de l'ouest pour retrouver l'âme authentique du vieux village aux rues pavées : atmosphère paisible, demeures coloniales aux imposantes portes de bois, géraniums en pot sur les rebords de fenêtre et cascades de bougainvillées sur les murs de pierre.

L'arrêt La Bombilla du *metrobús* de l'Avenida Insurgentes se trouve à 500 m à l'est de la Plaza San Jacinto. Vous pouvez aussi prendre un bus à la station de métro Miguel Ángel de Quevedo, à 1 km à l'est, ou à la station Barranca del Muerto, à 1,5 km au nord dans l'Avenida Revolución.

Plaza San Jacinto PLACE

(Carte p. 97 ; San Ángel Centro ; La Bombilla). Chaque samedi, le Bazar Sábado (p. 137) coloré attire les foules sur cette place de San Ángel, située à 500 m à l'ouest de l'Avenida Insurgentes. Le **Museo Casa del Risco** (carte p. 97 ; 55-5550-9286 ; www.museocasadelrisco.org.mx ; Plaza San Jacinto 15 ; 10h-17h mar-dim) GRATUIT, au milieu du flanc nord de la place, comporte une cour surmontée d'une fontaine très ornementée, en mosaïque de Talavera et porcelaine de Chine. Le musée est réputé pour sa riche collection d'art baroque mexicain et de peintures médiévales européennes à l'étage.

À 50 m à l'ouest de la place, le **Parroquia de San Jacinto** (carte p. 97 ; 55-5616-2059 ; Plaza San Jacinto 18-Bis, Colonia San Ángel ; 8h-20h) datant du XVIe siècle se niche au cœur de paisibles jardins.

♥ Museo Casa Estudio Diego Rivera y Frida Kahlo MUSÉE

(Atelier-maison-musée Diego Rivera et Frida Kahlo ; carte p. 97 ; 55-5550-1518 ; www.estudiodiegorivera.bellasartes.gob.mx ; angle Av Altavista et Diego Rivera ; tarif plein/étudiant 30 $M/gratuit, gratuit dim, appareil photo 30 $M ; 10h-17h30 mar-dim ; La Bombilla). Ceux qui ont vu le film *Frida* reconnaîtront ce lieu conçu par l'architecte et peintre Juan O'Gorman, un ami de Frida Kahlo et Diego Rivera. Les deux artistes vécurent ici de 1934 à 1940. Frida, Diego et O'Gorman y avait chacun leur propre espace : celui de Diego Rivera a conservé l'atelier, à l'étage, ceux de Frida Kahlo (la maison bleue) et de Juan O'Gorman ont été transformés pour accueillir des expositions temporaires.

De l'autre côté de la rue se dresse une ancienne hacienda à pulque où se tient aujourd'hui un restaurant haut de gamme, le San Ángel Inn (p. 123). C'est là que Pancho Villa et Emiliano Zapata se partagèrent le contrôle du pays en 1914. Le musée se situe à 2 km de l'arrêt de *metrobús* La Bombilla (venez à pied ou en taxi).

Museo de El Carmen MUSÉE

(Carte p. 97 ; 55-5550-4896 ; elcarmen.inah.gob.mx ; Av Revolución 4 ; adulte/- 13 ans 55 $M/gratuit, gratuit dim ; 10h-17h mar-dim ; La Bombilla). Cette véritable malle aux trésors d'art sacré occupe une ancienne école tenue par des carmélites. La collection compte notamment des peintures du maître mexicain Cristóbal Villalpando. Mais le clou de la visite est la collection de momies de la crypte. Il s'agirait des dépouilles de bienfaiteurs de l'ordre au XVIIe siècle, découvertes pendant la Révolution par des zapatistes en quête de trésors cachés…

Museo de Arte Carrillo Gil MUSÉE

(Carte p. 97 ; 55-5550-6289 ; www.museodeartecarrillogil.com ; Av Revolución 1608, angle Pabellón Altavista ; 45 $M, gratuit dim ; 10h-18h mar-dim ; P ; Altavista). Fondé par un homme d'affaires du Yucatán, Álvaro Carrillo Gil, pour abriter sa vaste collection, ce musée fut l'un des premiers espaces dédiés à l'art contemporain de la capitale. De longues rampes donnent accès à des expositions temporaires à la pointe de l'art. En outre, sont exposées en permanence des œuvres mineures de Diego Rivera, José Clemente Orozco et David Alfaro Siqueiros.

Jardín de la Bombilla PARC

(Carte p. 97 ; entre Av de la Paz et Josefina Prior, Colonia San Ángel ; La Bombilla). Ce parc à l'abondante végétation tropicale élaguée s'étend à l'est de l'Avenida Insurgentes. Ses allées encerclent le **Monumento a Álvaro Obregón**, sanctuaire monolithique à la gloire du général révolutionnaire qui avait

San Ángel

San Ángel

Les incontournables
1 Museo Casa Estudio Diego Rivera y Frida Kahlo A1

À voir
2 Jardín de la Bombilla C2
3 Monumento a Álvaro Obregón C2
4 Museo Casa del Risco B3
5 Museo de Arte Carrillo Gil B2
6 Museo de El Carmen B2
7 Parroquia de San Jacinto B3
8 Plaza San Jacinto B3

Où se restaurer
9 Barbacoa de Santiago B3
10 Cluny B2
11 El Cardenal San Ángel C2
12 Montejo Sureste C2
13 San Ángel Inn A2
14 Taberna del León A4

Où prendre un verre et faire la fête
15 La Camelia B3

Où sortir
16 Centro Cultural Helénico B1

Achats
17 Bazar Sábado B3
18 Gandhi D2
19 Jardín del Arte El Carmen B2
20 Jardín del Arte San Ángel B3
21 Plaza Loreto B4

perdu un bras à la bataille de Celaya en 1915 et fut président de la République de 1920 à 1924. Conservé ici, son bras a été incinéré en 1989.

"La Bombilla" était le nom du restaurant où Obregón fut assassiné en 1928. Son meurtrier, José de León Toral, avait participé à la rébellion des Cristeros contre les mesures anticléricales du gouvernement. En juillet, le parc offre une débauche de couleurs à l'occasion de La Feria de las Flores (p. 109), grande fête des fleurs.

Ciudad Universitaria

À 2 km au sud de San Ángel, la **Ciudad Universitaria** (Cité universitaire ; www.unam.mx ; Centro Cultural Universitario) est le campus principal de l'Universidad Nacional Autónoma de México (UNAM). Ses quelque 330 000 étudiants et 38 000 enseignants font d'elle la plus grande université d'Amérique latine. Elle compte 5 anciens présidents mexicains parmi ses anciens élèves, ainsi que Carlos Slim, deuxième fortune mondiale en 2015, et Alfonso Cuarón, le premier réalisateur latino-américain récompensé par un Oscar (pour le film *Gravity*).

Fondée en 1551 sous le nom d'université papale et royale du Mexique, l'UNAM est la deuxième plus ancienne université des Amériques. Elle occupait plusieurs édifices du centre-ville jusqu'aux années 1950. Université publique ouverte à tous, l'UNAM demeure néanmoins "autonome", au sens où le gouvernement n'intervient pas dans ses choix pédagogiques. Ce centre prééminent de la recherche au Mexique a longtemps été un vivier de l'opposition politique.

Chef-d'œuvre architectural, l'UNAM a été classée au patrimoine mondial de l'Unesco en 2007. La plupart des locaux de l'université sont répartis à la lisière septentrionale du campus. En entrant par l'Avenida Insurgentes, on localise sans difficulté la **Biblioteca Central**, bâtiment de 9 étages quasi aveugle et revêtu de mosaïques signées Juan O'Gorman. Surmonté de deux roues du zodiaque en relief, le mur sud évoque l'époque coloniale. Le thème du mur nord s'inspire, quant à lui, de la culture aztèque. La paroi sud du bâtiment administratif de **La Rectoría**, à la lisière ouest du vaste jardin central, s'orne d'une mosaïque très expressive de Siqueiros, où l'on peut voir des étudiants exhortés par le peuple.

De l'autre côté de l'Avenida Insurgentes, l'**Estadio Olímpico** (55-5325-9000 ; Av Insurgentes Sur 3000, Citudad Unversitaria ; CU) a été construit en roche volcanique pour les Jeux olympiques de 1968. D'une capacité de 72 000 places, c'est aujourd'hui le stade de l'équipe de football de l'UNAM, les Pumas, qui joue au niveau national dans la Primera División. L'entrée principale est surmontée d'une fresque en relief de Diego Rivera sur le thème du sport dans l'histoire mexicaine.

À l'est de l'esplanade principale, la **Facultad de Medicina** possède une assez étonnante mosaïque murale sur le thème du *mestizaje* (métissage) mexicain, traité par Francisco Eppens.

À 2 km au sud, une autre partie du campus héberge le **Centro Cultural Universitario** (55-5622-7003 ; www.cultura.unam.mx ; Av Insurgentes Sur 3000 ; Centro Cultural Universitario), un centre culturel doté de 5 théâtres, 2 cinémas, 2 musées très intéressants et un restaurant fort plaisant, l'Azul y Oro. Pour rejoindre la cité universitaire, prenez la ligne 1 du *metrobús* jusqu'à la station Centro Cultural Universitario (CCU). Sinon, allez à la station de métro Universidad et montez dans le "Pumabús", navette gratuite circulant sur le campus. Le Pumabús assure un service restreint le week-end et pendant les vacances.

Museo Universitario Arte Contemporáneo MUSÉE

(MUAC ; 55-5622-6972 ; www.muac.unam.mx ; Av Insurgentes Sur 3000, Centro Cultural Universitario ; tarif plein/étudiant 40/20 $M ; 10h-18h mer, ven et dim, 10h-20h jeu et sam ; P ; Centro Cultural Universitario). Dessiné par un architecte chevronné, Teodoro González de León, ce musée d'art contemporain présente une façade pentue en verre de style minimaliste, qui contraste nettement avec les bâtiments des années 1970 du campus. À l'intérieur, 9 salles spacieuses offrent à des expositions temporaires une superbe luminosité et une impressionnante hauteur sous plafond. La collection se compose de peintures, installations audios, sculptures et œuvres multimédias d'artistes mexicains et étrangers.

Museo Universitario de Ciencias MUSÉE

(Universum ; 55-5424-0694 ; www.universum.unam.mx ; Circuito Cultural de Ciudad Universitaria s/n ; adulte/enfant 70/60 $M ; 9h-18h lun-ven, 10h-18h sam-dim ; ; Centro Cultural Universitario). Cet énorme musée dédié à la science possède un planétarium, entre autres attractions pour les enfants, et un parcours permanent qui s'attache à la biodiversité, au cerveau humain et à bien d'autres thèmes. Non loin, dans le **jardin de sculptures** de l'université, un chemin traversant des terrains volcaniques serpente au milieu d'une dizaine d'œuvres novatrices. La plus imposante est un énorme anneau de béton réalisé par le sculpteur Mathias Goeritz.

Coyoacán

À environ 10 km au sud du centre-ville, Coyoacán ("lieu des coyotes" en nahuatl) servit de base à Cortés après la chute de Tenochtitlán. C'est seulement ces dernières décennies que l'expansion urbaine a absorbé ce village. Aussi, Coyoacán conserve-t-il son identité, ses rues étroites de l'époque coloniale, ses cafés et son ambiance animée. L'ancien fief de Léon Trotski et de Frida Kahlo (dont les maisons sont devenues de passionnants musées) est aussi le lieu de la contre-culture, surtout le week-end, lorsque musiciens, mimes et artisans attirent sur ses places une foule bon enfant.

Les stations de métro les plus proches de Coyoacán (1,5 à 2 km) sont Viveros, Coyoacán et General Anaya. Si vous n'avez pas envie de marcher, vous pouvez emprunter un *colectivo* (taxi collectif), appelé *pesero* dans la ville de Mexico. Descendez du métro à Viveros, allez vers le sud jusqu'à l'Avenida Progreso et prenez un *pesero* "Metro Gral Anaya" (direction est) jusqu'au marché. Au retour, les *peseros* "Metro Viveros" vont vers l'ouest dans Malintzin. Les *peseros* "Metro Coyoacán" et "Metro Gral Anaya" partent du côté ouest de la Plaza Hidalgo.

Les *peseros* et bus pour San Ángel longent l'Avenida Miguel Ángel de Quevedo en direction de l'ouest, à 5 pâtés de maisons au sud de la Plaza Hidalgo.

♥ Museo Frida Kahlo MUSÉE

(Carte p. 102 ; ☎ 55-5554-5999 ; www.museofridakahlo.org.mx ; Londres 247 ; tarif plein lun-ven 200 $M, sam-dim 220 $M, étudiant 40 $M, vidéoguide 80 $M, appareil photo 30 $M ; ⌚10h-17h45 mar et jeu-dim, 11h-17h45 mer ; Ⓜ Coyoacán). La célèbre artiste mexicaine Frida Kahlo naquit, vécut et mourut dans cette Casa Azul (Maison bleue) devenue musée. Rares sont les visiteurs à Mexico qui ne fassent le pèlerinage jusqu'ici pour mieux comprendre l'œuvre de cette artiste. Venez tôt pour éviter la cohue, surtout le week-end.

Construite par le père de Frida, Guillermo, 3 ans avant sa naissance, la maison abonde en souvenirs et effets personnels évoquant sa longue relation, parfois houleuse, avec son mari Diego Rivera et le cercle d'intellectuels de gauche qu'ils recevaient. Objets de la vie quotidienne, bijoux, vêtements et photos de l'artiste se mêlent à ses œuvres, à des objets préhispaniques et d'artisanat mexicain. La collection s'est enrichie en 2007 par la découverte, dans le grenier, d'un petit coin secret qui recelait bien d'autres souvenirs.

L'art de Frida Kahlo exprime son angoisse existentielle, ainsi que son intérêt pour les figures du communisme : des portraits de Lénine et de Mao sont accrochés près de son lit. Le *Retrato de la Familia* (*Portrait de famille*) illustre les origines mixtes, allemande et *oaxaqueña* de l'artiste.

Plaza Hidalgo et Jardín Centenario PLACE

(Carte p. 102). Toute l'animation de Coyoacán se concentre sur sa place centrale – en réalité, deux places contiguës : le **Jardín Centenario**, avec, au centre, sa fontaine ornée des coyotes emblématiques du village, et la **Plaza Hidalgo**, pavée et plus grande, sur laquelle s'élève la statue du héros de l'indépendance. Les week-ends y sont festifs, quand habitants et visiteurs prennent d'assaut les bancs, et les bars et restaurants des alentours.

Au nord de la plaza, la **Casa de Cortés** (Antiguo Palacio del Ayuntamiento de Coyoacán ; carte p. 102 ; ☎ 55-5484-4500 ; Jardín Hidalgo 1, Colonia Coyoacán ; ⌚8h-19h ; Ⓜ Coyoacán) fut le siège du premier gouvernement municipal du Mexique pendant le siège de Tenochtitlán. Le côté sud est dominé par la **Parroquia de San Juan Bautista** (carte p. 102 ; Plaza Hidalgo ; ⌚8h-19h ; Ⓜ Coyoacán) et son ancien monastère attenant.

Museo Nacional de Culturas Populares MUSÉE

(Carte p. 102 ; ☎ 55-4155-0920 ; museoculturaspopulares.gob.mx ; Av Hidalgo 289 ; 13 $M , gratuit dim ; ⌚10h-18h mar-jeu, 10h-20h ven-dim ; Ⓜ Coyoacán). Le Museo Nacional de Culturas Populares met en scène de façon originale les traditions, les fêtes et l'artisanat indiens au fil de diverses cours et galeries.

♥ Museo Casa de León Trotsky MUSÉE

(Carte p. 102 ; ☎ 55-5658-8732 ; www.museocasadeleontrotsky.blogspot.mx ; Av Río Churubusco 410 ; tarif plein/étudiant 40/20 $M ; ⌚10h-17h mar-dim ; Ⓜ Coyoacán). Transformée en musée, la maison de Trotski n'a presque pas changé depuis le jour où un agent stalinien, un Catalan du nom de Ramón Mercader (il mourra à La Havane en 1978), finit par atteindre le révolutionnaire, le

FRIDA KAHLO ET DIEGO RIVERA

Plus d'un siècle après la naissance de Frida Kahlo (1907-1954) et plus de 50 ans après la mort de Diego Rivera (1886-1957), la célébrité du couple est plus vivace que jamais. En 2007, la rétrospective des œuvres de Frida Kahlo au Palacio de Bellas Artes a attiré plus de 440 000 visiteurs. Si la fréquentation de l'exposition consacrée à Diego Rivera qui a suivi n'a pas été aussi importante, elle a rappelé aux visiteurs qu'en son temps le muraliste avait été un artiste de renommée internationale.

Diego Rivera rencontra Frida Kahlo, de 21 ans sa cadette, au début des années 1920 : il travaillait alors à la fresque de la prestigieuse Escuela Nacional Preparatoria, où elle suivait des cours. Socialiste convaincu, Rivera occupait déjà le devant de la scène de l'art mexicain. La commande réalisée dans cette école fut la première des nombreuses fresques engagées qu'il exécuta sur des bâtiments publics au cours des 30 années qui suivirent. L'artiste avait déjà eu des enfants de deux femmes russes, en Europe, puis deux autres au Mexique de son épouse "Lupe" Marín, dont il se sépara en 1928.

Née à Coyoacán en 1907, d'un père allemand et d'une mère *oaxaqueña*, Frida Kahlo contracta à 6 ans une poliomyélite qui lui laissa une atrophie de la jambe droite. En 1925, elle fut victime d'un terrible accident de bus qui lui causa d'importantes blessures et de multiples fractures de la jambe et du pied droits, du bassin, des côtes et de la colonne vertébrale. Elle survécut miraculeusement, mais au prix d'une souffrance intense. C'est pendant sa convalescence qu'elle commença à peindre. La douleur, à la fois physique et psychique, allait devenir le thème dominant de ses œuvres.

Évoluant tous deux dans les milieux artistiques de gauche, Kahlo et Rivera se croisèrent à nouveau en 1928 et se marièrent l'année suivante. Aux yeux de sa belle-mère, Rivera était trop vieux, trop gros, trop communiste et trop athée pour sa fille. Leur liaison, qu'elle décrivait comme l'union d'un éléphant et d'une colombe, fut en tout état de cause une histoire passionnelle. Rivera écrit : "Si jamais j'ai aimé une femme, plus je l'ai aimée et plus j'ai eu envie de lui faire du mal. Frida n'a été que la victime la plus évidente de ce trait de caractère répugnant."

En 1934, après un séjour aux États-Unis, le couple emménagea dans une nouvelle demeure à San Ángel, aujourd'hui le Museo Casa Estudio Diego Rivera Y Frida Kahlo (p. 96), composée de deux maisons reliées par une passerelle. Après que Frida Kahlo eut découvert que Rivera avait entretenu une liaison avec sa sœur Cristina, elle divorça en 1939, mais le couple se remaria l'année suivante. Frida Kahlo s'installa alors dans la maison de son enfance, la Casa Azul (Maison bleue) à Coyoacán, et Diego Rivera resta à San Ángel – ils vécurent ainsi jusqu'à la mort de Frida, leur relation traversant des périodes houleuses.

Si une véritable "fridamania" est née en 2002 après la sortie de sa biographie filmée *Frida*, il n'en reste pas moins que Frida Kahlo n'a pu exposer qu'une seule fois au Mexique de son vivant, en 1953. Elle dut être transportée au vernissage sur un brancard. De cette exposition, Rivera dit : "Quiconque y a assisté n'a pu que s'émerveiller de la grandeur de son talent." Elle mourut dans la Maison bleue l'année suivante. Rivera dit du jour de sa mort : "[Ce fut] le jour le plus tragique de ma vie... J'ai compris – trop tard – que la plus merveilleuse partie de ma vie avait été mon amour pour Frida."

Pour en savoir plus sur la vie des deux peintres, lisez l'ouvrage de J.-M. G. Le Clézio, *Diego et Frida* (Folio, 1994), fascinant récit sur le couple Rivera-Kahlo.

tuant d'un coup de piolet dans le crâne. Dans le patio, la tombe gravée de la faucille et du marteau renferme les cendres de Trotski. Les dépendances proches du patio présentent souvenirs et documents biographiques.

Devancé dans la course au pouvoir en Union soviétique, Trotski fut expulsé de son pays en 1929. Condamné à mort par contumace, il trouva refuge au Mexique en 1937. Après avoir occupé la Maison bleue de Frida Kahlo avec son épouse Natalia, il déménagea quelques rues plus loin au nord-est lorsqu'il se fâcha avec le couple Rivera-Kahlo.

On peut voir des impacts de balle dans sa chambre, traces d'une tentative d'assassinat.

L'entrée se situe à l'arrière de l'ancienne maison, face à l'Avenida Río Churubusco. Visites guidées gratuites en français, anglais et espagnol.

Anahuacalli MUSÉE

(Musée Diego Rivera Anahuacalli ; ☎55-5617-4310 ; www.museoanahuacalli.org.mx ; Calle Museo 150, Colonia Coyoacán ; adulte/- 16 ans 90/15 $M ; 11h-17h30 mer-dim ; P ; Xotepingo). Diego Rivera a dessiné cet édifice de pierre volcanique aux allures de temple pour y placer sa collection d'art préhispanique. La "maison d'Anáhuac" (le nom aztèque du Valle de México) abrite aussi l'un des ateliers de l'artiste, ainsi que plusieurs de ses œuvres, dont une étude pour *L'Homme à la croisée des chemins*, dont la fresque originale fut commandée et détruite par le Rockefeller Center en 1934.

Le jour de la fête des Morts, en novembre, on vient déposer des offrandes en hommage au peintre. D'avril à début décembre, le musée organise le dimanche à 13h des concerts gratuits – musique classique, musique traditionnelle régionale et autres.

L'Anahuacalli se trouve à 3,5 km au sud de Coyoacán. Le billet d'entrée inclut l'accès au Museo Frida Kahlo (p. 99). Pour 130 $M, il comprend également le transfert aller-retour depuis la Casa Azul (le week-end seulement).

Vous pouvez aussi prendre le *tren ligero* du métro Tasqueña jusqu'à la station Xotepingo. Sortez sur le côté ouest et poursuivez à pied sur 200 m, traversez División del Norte et continuez dans la Calle Museo sur 600 m.

Ex-Convento de Churubusco ÉDIFICE HISTORIQUE

(☎55-5604-0699 ; 20 de Agosto s/n, Colonia San Diego Churubusco ; messe 7h30 lun-ven, 8h30-19h dim ; M General Anaya). Le 20 août 1847, cet ancien couvent fut le théâtre de la défaite militaire héroïque des soldats mexicains qui le défendaient contre l'avancée des troupes américaines venues de Veracruz dans le cadre des mouvements lancés pour l'annexion du Texas. L'invasion des États-Unis s'inscrit parmi de nombreuses interventions étrangères au Mexique, un aspect de l'histoire remarquablement mis en lumière par le **Museo Nacional de las Intervenciones** (musée national des Interventions ; 52 $M, gratuit dim ; 9h-18h mar-dim ; M General Anaya) de Churubusco. L'intérieur de l'église est seulement accessible pendant la messe. À 500 m à l'ouest du métro General Anaya.

Plaza Santa Catarina PLACE

(Carte p. 102 ; M Viveros). Une rue au sud des pépinières de Coyoacán, la Plaza Santa Catarina porte le nom de la modeste église jaune qui s'y dresse. De l'autre côté de la rue, le **Centro Cultural Jesús Reyes Heroles** (carte p. 102 ; ☎55-5554-5324 ; Av Francisco Sosa 202, Colonia Coyoacán ; 8h-20h ; M Viveros), aménagé dans une demeure coloniale, est doté d'un agréable café et d'un joli jardin bien fourni en yuccas et en jacarandas.

Viveros de Coyoacán PARC

(Carte p. 102 ; ☎55-5484-3524 ; www.viveroscoyoacan.gob.mx ; Av Progreso 1 ; 6h-18h ; M Viveros). GRATUIT Principales pépinières des parcs et jardins de Mexico, les Viveros de Coyoacán permettent de rejoindre les places centrales de Coyoacán, en faisant une agréable balade dans la verdure. Cet espace vert de 39 ha est un lieu de promenade et de jogging apprécié pour sa verdure luxuriante (attention toutefois aux écureuils agressifs), situé seulement à 1 km à l'ouest du centre de Coyoacán.

Au départ de la station de métro Viveros, il suffit de longer l'Avenida Universidad vers le sud, puis de prendre la première rue à gauche, l'Avenida Progreso.

Cuicuilco

Parmi les plus importants et plus anciens vestiges d'implantations humaines préhispaniques de la CDMX, Cuicuilco témoigne d'une civilisation installée sur les rives du Lago de Xochimilco quelque 800 ans av. J.-C. À son âge d'or – le IIe siècle av. J.-C. –, ce "lieu des chants et de la danse" comptait quelque 40 000 habitants, alors que Teotihuacán commençait juste à prendre de l'importance. L'éruption du volcan Xitle ayant enseveli sous la lave la plus grande partie de la communauté, le site fut abandonné un ou deux siècles plus tard.

Les fouilles archéologiques en cours continuent de mettre au jour de nouvelles sections. De grandes portions du site sont envahies d'herbe, donnant aux lieux une

Coyoacán

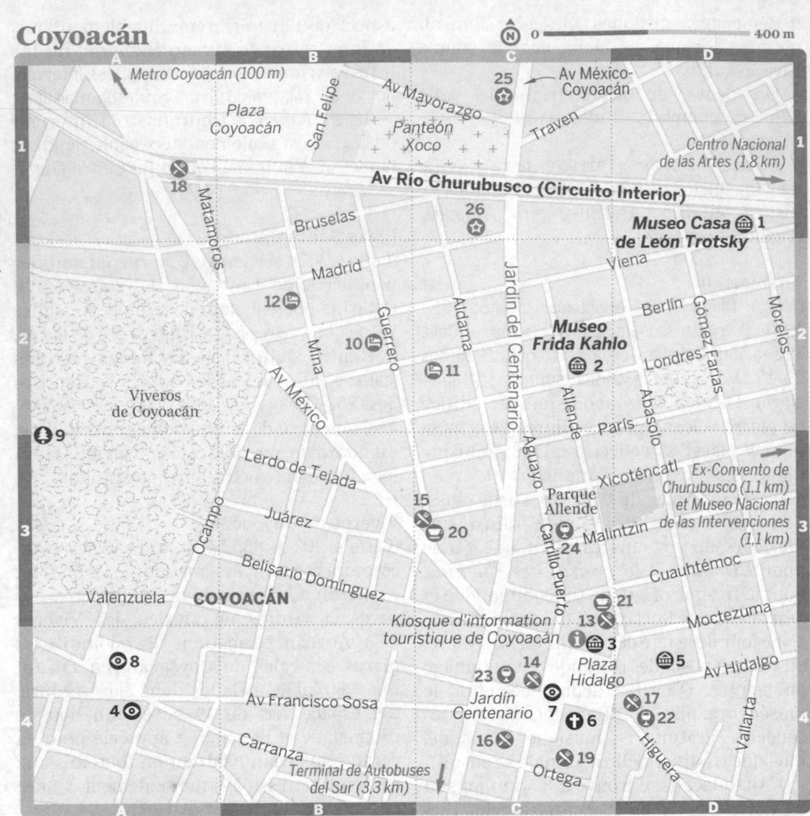

ambiance de découverte. Le clou de la visite est un monticule circulaire de 23 m de haut ressemblant à une pyramide.

Zona Arqueológica Cuicuilco SITE ARCHÉOLOGIQUE
(www.inah.gob.mx ; Av Insurgentes Sur s/n ; 9h-17h ; P ; Villa Olímpica). GRATUIT L'édifice principal est une immense plateforme circulaire sur 4 niveaux, revêtue de blocs de pierre volcanique, qui servait selon toute probabilité de centre cérémoniel. Elle se tient dans un parc et offre une belle vue sur les alentours, où les cactus et les arbres procurent une ombre bienvenue aux amateurs de pique-nique. Un petit musée présente des crânes et des objets mis au jour lors des fouilles.

Tlalpan

Le Tlalpan actuel est "ce qu'était Coyoacán", un village isolé à l'ambiance bohème et à l'impressionnante architecture coloniale. Siège municipal de la plus grande *delegación* de la ville de Mexico, Tlalpan s'étend au pied de la chaîne sud d'Ajusco, jouissant d'un climat plus frais et humide. Quelques bons restaurants bordent les arcades de la charmante place. Pour venir ici prenez le *metrobús* (ligne 1) jusqu'à Fuentes Brotantes. La place se trouve à 4 rues à l'est de la station.

Museo de Historia de Tlalpan MUSÉE
(55-5485-9048 ; Plaza de la Constitución 10 ; 14h-20h lun-ven, 12h-20h sam ; Fuentes Brotantes). GRATUIT À un demi-pâté de maisons de la place, ce musée comporte d'intéressantes collections d'art contemporain et d'histoire exposées dans des galeries baignées de lumière, à côté de la cour.

Casa Frisaac CENTRE CULTUREL
(55-5485-3266 ; Plaza de la Constitución 1 ; 8h-20h ; Fuentes Brotantes). GRATUIT Cette

Coyoacán

Les incontournables
1 Museo Casa de León Trotsky D1
2 Museo Frida Kahlo C2

À voir
3 Casa de Cortés C4
4 Centro Cultural Jesús Reyes Heroles A4
5 Museo Nacional de Culturas Populares D4
6 Parroquia de San Juan Bautista C4
7 Plaza Hidalgo et Jardín Centenario C4
8 Plaza Santa Catarina A4
9 Viveros de Coyoacán A3

Où se loger
10 Chalet del Carmen B2
11 Hostal Cuija Coyoacán C2
12 Hostal Frida B2

Où se restaurer
13 Churrería de Coyoacán C3
Corazón de Maguey .... (voir 23)
14 El Kiosko de Coyoacán C4
15 La Casa del Pan Papalotl C3
16 Los Danzantes C4
17 Mercado de Antojitos D4
18 Super Tacos Chupacabras A1
19 Tamales Chiapanecos María Geraldine C4

Où prendre un verre et faire la fête
20 Café El Jarocho C3
21 Café El Jarocho C3
22 Cantina La Coyoacana D4
23 El Hijo del Cuervo C4
24 La Bipo C3

Où sortir
25 Cineteca Nacional C1
26 Teatro Bar El Vicio C1

propriété du XIXe siècle, qui appartint un temps au président Adolfo López Mateos, abrite une galerie d'art qui organise des expositions temporaires, ainsi qu'un petit auditorium où sont donnés des concerts et des spectacles de danse.

Capilla de las Capuchinas Sacramentarias ÉDIFICE RELIGIEUX
(☎55-5573-2395 ; Av Hidalgo 43, Colonia Tlalpan ; 200 $M ; ⏰visites 10h-12h et 16h-18h lun-jeu ; 🚌Fuentes Brotantes). Cette chapelle d'un couvent de capucines, dessinée par l'architecte moderniste Luis Barragán en 1952, est sublime de simplicité. Dépourvu de l'iconographie habituelle, l'autel se compose de trois simples panneaux dorés. Le matin, la lumière du jour illumine les vitraux de l'artiste germano-mexicain Mathias Goeritz. Visites uniquement sur rendez-vous.

Tlatelolco et Guadalupe

Plaza de las Tres Culturas SITE HISTORIQUE
(Place des Trois-Cultures ; ☎55-5583-0295 ; www.tlatelolco.inah.gob.mx ; Eje Central Lázaro Cárdenas, angle Flores Magón ; ⏰8h-18h ; P ; M Tlatelolco). Symbole de la fusion des racines précolombiennes et espagnoles au sein de l'identité *mestiza*, la place des Trois-Cultures réunit l'héritage architectural des 3 cultures représentées par les pyramides aztèques de Tlatelolco, le Templo de Santiago, église espagnole du XVIIe siècle, et, au sud de la place, la tour moderne qui accueille désormais le Centro Cultural Universitario.

De récentes découvertes archéologiques ont ébranlé un certain nombre des certitudes qu'on avait sur l'histoire de la ville de Tlatelolco, notamment la date de sa fondation au XIVe siècle par un groupe aztèque sur une île séparée du Lago de Texcoco avant son annexion par Tenochtitlán. En fait, la découverte sur le site, fin 2007, d'une pyramide antérieure d'au moins 200 ans remet en cause toute la chronologie aztèque. Un fait avéré néanmoins : Tlatelolco accueillait le plus grand marché du Valle de México, relié par une chaussée au centre cérémoniel de Tenochtitlán.

Lors du siège de la capitale aztèque, les Espagnols, conduits par Cortés, écrasèrent les défenseurs de Tlatelolco et leur chef Cuauhtémoc. Une inscription sur la place évoque ces événements en ces termes : "Ce qui s'est passé ne fut ni une victoire ni une défaite, mais la douloureuse naissance du peuple *mestizo*, incarnation du Mexique d'aujourd'hui."

Un sentier permet de faire le tour des ruines de la grande pyramide et des autres bâtiments aztèques. Tout comme le Templo Mayor de Tenochtitlán, le principal édifice de Tlatelolco fut construit par étapes, chacun des 7 temples étant posé au sommet du précédent. La double pyramide apparente, l'une des premières étapes, possède des escaliers jumeaux qui devaient permettre de monter jusqu'aux

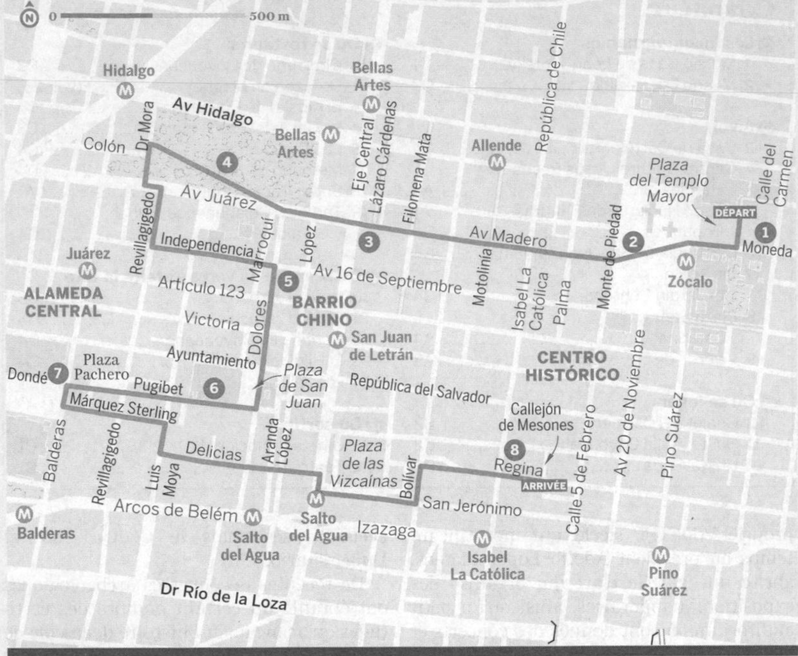

Promenade à pied
Le centre historique

DÉPART EX TERESA ARTE ACTUAL
ARRIVÉE REGINA
DISTANCE 5 KM ; 3 HEURES

Rien ne vaut une promenade à pied pour apprécier pleinement la richesse du *centro histórico*.

Démarrez à 1 **Ex Teresa Arte Actual** (p. 76), édifice incliné du XVIIe siècle, où l'on prend toute la mesure du phénomène d'enfoncement progressif de la ville.

En traversant le 2 **zócalo** (p. 71), l'une des plus vastes places au monde, observez les édifices construits sur des temples aztèques. Vous noterez aussi que certains de ces imposants bâtiments coloniaux ont été édifiés avec des matériaux prélevés dans les ruines préhispaniques.

Poursuivez vers l'ouest par l'Avenida Madero, très animée, qui conduit à la 3 **Torre Latinoamericana** (p. 76). Montez sur la plateforme de ce gratte-ciel pour admirer la vue panoramique et la vallée de Mexico, qui se déploie à perte de vue.

Prenez ensuite le temps de musarder dans l' 4 **Alameda Central** (p. 77), parc citadin où l'on peut voir des fontaines et une fresque de Diego Rivera (partie ouest).

Traversez l'Avenida Juárez pour rejoindre la Calle Dolores et prenez une bière ou une tequila dans l'une des plus anciennes *cantinas* de la ville, 5 **El Tío Pepe**.

Poursuivez vers le sud dans Dolores, jusqu'au 6 **Mercado San Juan** (p. 136), un marché créé il y a 60 ans. Au **Gastrónomico San Juan**, vous dégusterez de délicieux plats (verre de vin offert).

Sortez par la Calle Pugibet et allez vers l'ouest jusqu'au croisement de Balderas, où se trouve le 7 **Centro de Artesanías La Ciudadela** (p. 135), grand marché d'artisanat à prix raisonnables.

Piquez vers l'est pour regagner le cœur de la ville et la 8 **Calle Regina**, rue piétonne animée. Asseyez-vous à la terrasse de l'une des *mezcalerías* ou dans le petit bar à pulque, à l'angle de Mesones et du Callejón de Mesones, qui sert ce breuvage depuis plus d'un siècle. *¡Salud!*

temples dédiés à Tláloc et à Huitzilopochtli. Les murs extérieurs sont ornés de glyphes calendaires sculptés.

Conscients de la signification du lieu, les Espagnols y ont érigé en 1609 le **Templo de Santiago** avec des pierres provenant des édifices aztèques. En entrant par le portail principal de l'église, on aperçoit les **fonts baptismaux de Juan Diego**.

Tlatelolco symbolise aussi une tragédie plus récente. Le 2 octobre 1968, veille de l'ouverture des Jeux olympiques, des centaines d'étudiants y furent massacrés par les troupes gouvernementales lors d'une manifestation. Les semaines précédentes s'était élevée une vague de manifestations contre la corruption politique et l'autoritarisme, que le président Gustavo Díaz Ordaz, soucieux de présenter une image de stabilité au reste du monde, décida de faire taire par la force.

En ce jour d'octobre 1968, les hélicoptères ont survolé la Plaza de las Tres Culturas et de nombreux policiers ont mis en place un cordon de sécurité autour de la zone de manifestation. Des tirs ont résonné tout à coup, venant en apparence du balcon servant de tribune aux orateurs. La police a ensuite ouvert le feu sur les manifestants et le chaos a suivi. Alors que les chiffres officiels font état de 20 morts, les observateurs et la presse considèrent que la réalité se situe davantage autour du chiffre de 300 victimes.

La théorie généralement acceptée est que le gouvernement a organisé le massacre en postant des tireurs isolés sur le balcon. Aujourd'hui encore, une marche de protestation a lieu de Tlatelolco au *zócalo* chaque 2 octobre, en mémoire aux victimes.

Des trolleybus remontent l'Eje Central Lázaro Cárdenas vers le nord et longent la Plaza de las Tres Culturas.

Centro Cultural Universitario Tlatelolco MUSÉE

(☎ext 49646, 55-5117-2818 ; www.tlatelolco.unam.mx ; Flores Magón 1 ; tarif plein/étudiant 30/15 $M, gratuit dim ; ⏲10h-18h mar-dim ; Ⓜ Tlatelolco). Les événements liés au massacre perpétré en 1968 sur la Plaza de la Tres Culturas sont retracés dans le Memorial del 68, un passionnant parcours multimédia aménagé dans le Centro Cultural Universitario Tlatelolco. Le centre culturel propose deux autres expositions permanentes très intéressantes dans le Museo de Sitio.

L'étincelant **Museo de Sitio** présente plus de 400 objets découverts sur le site archéologique, notamment des offrandes préhispaniques et des objets en céramique. Au 2e niveau du bâtiment situé en face, le parcours interactif se poursuit avec des éléments sur le Tlatelolco de l'époque coloniale, et sur la flore et la faune de la région. Au 3e niveau, on découvre l'extraordinaire Colección Stavenhagen, qui rassemble plus de 500 sculptures préhispaniques en argile et en pierre, avec notamment de drôles de petits animaux et des représentations phalliques.

Basílica de Guadalupe SANCTUAIRE

(www.virgendeguadalupe.org.mx ; Plaza de las Américas 1, Colonia Villa de Guadalupe ; ⏲6h-21h ; Ⓜ La Villa-Basílica). GRATUIT En décembre 1531, un Indien converti au christianisme, Juan Diego, raconta que la Vierge Marie lui était apparue sur le Cerro del Tepeyac. Après plusieurs autres apparitions, l'image de la Vierge se serait miraculeusement imprimée sur le manteau de Juan. Convaincu de la réalité de ces visions, un évêque fit construire un sanctuaire en l'honneur de Marie. La *basílica* demeure encore aujourd'hui un lieu de pèlerinage et de dévotion.

Au cours des siècles, Nuestra Señora de Guadalupe (Notre-Dame de Guadalupe) fut créditée de toutes sortes de miracles, ce qui contribua largement à l'évangélisation des Indiens. Les protestations de certains membres du clergé, qui considéraient ce culte comme une forme d'idolâtrie où la Vierge devenait une version christianisée de la déesse aztèque Tonantzin, n'y firent rien : en 1737, elle fut officiellement déclarée patronne du Mexique après avoir mis fin à une épidémie de peste frappant la capitale. Deux siècles plus tard, elle fut nommée patronne céleste de toute l'Amérique latine et, consécration ultime, le pape Jean-Paul II a canonisé Juan Diego en 2002. Les sanctuaires de la Vierge qui entourent le Cerro del Tepeyac (qui fut autrefois un lieu saint aztèque) sont aujourd'hui les plus vénérés du pays : ils attirent chaque jour des milliers de pèlerins, voire des centaines de milliers les jours précédant la fête de Notre-Dame de Guadalupe, le 12 décembre. Certains pèlerins franchissent à genoux les derniers mètres qui les séparent de l'autel.

Au début du XVIIIe siècle, une Basílica de Guadalupe fut érigée sur le site de l'ancien sanctuaire pour accueillir les pèlerins de plus en plus nombreux. Mais l'édifice à 4 tours coiffé d'un dôme jaune (appelé à présent Antigua Basílica) finit par ne plus pouvoir remplir son office. Aussi décida-t-on, dans les années 1970, de lui adjoindre une nouvelle Basílica de Nuestra Señora de Guadalupe. Dessiné par l'architecte Pedro Ramírez Vázquez, ce vaste bâtiment rond et ouvert peut accueillir plus de 40 000 fidèles. L'image de la Vierge, vêtue d'un manteau vert et or, est suspendue derrière l'autel principal. Des tapis roulants amènent les visiteurs aussi près que possible. Il y a une messe toutes les heures.

L'arrière de l'Antigua Basílica abrite désormais le **Museo de la Basílica de Guadalupe** (☎55-5577-6022 ; Plaza Hidalgo, Colonia Villa de Guadalupe ; adulte/- 12 ans 5 $M/gratuit ; ⏲10h-17h30 mar-dim ; Ⓜ La Villa-Basílica) et sa belle collection d'ex-voto et d'art religieux colonial.

Des marches à l'arrière de l'Antigua Basílica mènent quelque 100 m plus haut à la **Capilla del Cerrito** (chapelle de la Colline) construite sur le lieu où Juan Diego eut sa vision, puis descendent le long du flanc est de la colline vers le Parque de la Ofrenda, où des jardins et des chutes d'eau encadrent une sculpture représentant l'apparition. Poursuivez plus bas jusqu'au **Templo del Pocito**, édifice baroque circulaire aux 3 dômes ornés de mosaïques, bâti en 1787 pour commémorer l'apparition miraculeuse d'un ruisseau à l'endroit même où était apparue la Vierge de Guadalupe. De là, un sentier permet de rejoindre la place principale, au niveau de l'**Antigua Parroquia de Indios** (paroisse des Indiens, XVIIe siècle).

Pour atteindre la Basílica de Guadalupe, prenez le métro jusqu'à la station La Villa-Basílica, puis longez la Calzada de Guadalupe sur deux pâtés de maisons en direction du nord. Sinon, prenez l'un des bus "Metro Hidalgo-La Villa" circulant vers le nord-est dans le Paseo de la Reforma qui conduisent au même endroit. Pour revenir au centre-ville, marchez jusqu'à la Calzada de los Misterios, une rue à l'ouest de la Calzada de Guadalupe, puis empruntez un bus "Auditorio" ou "Zócalo" vers le sud.

Activités

Bateau

Isla de las Muñecas BATEAU
(Île aux Poupées ; Embarcadero Cuemanco, Xochimilco ; bateau 500 $M/heure). Pour faire une expérience assez surréaliste, gagnez Xochimilco et louez une *trajinera* (barque) jusqu'à l'île aux Poupées : des milliers de poupées, partiellement décomposées ou mutilées, sont accrochées aux arbres. Cette installation est la création d'un habitant de l'île qui repêchait les jouets dans les canaux afin d'apaiser l'esprit d'une fillette qui s'y était noyée.

Le meilleur point de départ pour le circuit de 4 heures aller-retour est l'*embarcadero* de Cuemanco. Prenez le métro jusqu'à la station General Anaya, sortez sur la Calzada de Tlalpan (côté est) et faites 50 m à pied en direction du nord pour trouver un *pesero* "Tláhuac Paradero". Descendez à l'entrée de l'Embarcadero Cuemanco.

Vélo

Le dimanche matin, le Paseo de la Reforma est fermé à la circulation automobile, du Bosque de Chapultepec jusqu'à l'Alameda Central. Des légions de promeneurs en profitent pour y faire du roller ou du vélo.

Bicitekas VÉLO
(Carte p. 84 ; www.bicitekas.org ; Monumento a la Independencia ; ⏲21h30 mer). GRATUIT Ces circuits urbains à vélo (les *Paseo Nocturno*) organisés le mercredi soir au départ du Monumento a la Independencia rassemblent jusqu'à 200 cyclistes, pour des itinéraires en direction par exemple de Coyoacán ou de Ciudad Satélite, dans le nord-ouest de l'agglomération. Les participants doivent pouvoir pédaler une quarantaine de kilomètres. Casque, gilet réfléchissant et feu arrière recommandés.

Kayak

Michmani KAYAK
(☎55-5676-6971 ; Embarcadero Cuemanco, Xochimilco, près de l'Anillo Periférico Sur ; 50 $M/heure). Quel plaisir de profiter des coins tranquilles de Xochimilco lors d'une balade en kayak qui offre l'occasion d'observer des oiseaux à l'intérieur du parc écotouristique ! Canards, aigrettes et hérons, entre autres espèces migratoires et endémiques, sont au rendez-vous, et l'on peut aussi visiter les élevages installés sur les berges. Allez jusqu'au métro General Anaya, prenez la sortie sur la Calzada de Tlalpan (côté est)

PISTES CYCLABLES

La *ciclovía* est une grande piste cyclable qui suit l'ancien tracé de la voie de chemin de fer de Cuernavaca jusqu'à la limite de Morelos. Elle part de l'Avenida Ejército Nacional à Polanco, traverse le Bosque de Chapultepec et contourne le Periférico, de La Feria à l'Avenida San Antonio. Plusieurs ponts à la pente assez raide permettent de traverser les voies.

Une autre piste cyclable longe l'Avenida Chapultepec, menant du Bosque de Chapultepec au *centro histórico*. Une troisième piste cyclable suit le Paseo de la Reforma, depuis l'Auditorio Nacional jusqu'au centre-ville.

L'application et le site Internet **Ecobici** (carte p. 88 ; 55-5005-2424 ; www.ecobici.cdmx.gob.mx ; Campeche 175 ; location 1/3/7 jours 94/188/312 $M ; 9h-18h lun-ven, 10h-14h sam ; Campeche), créés par la ville, sont pratiques pour établir vos itinéraires à vélo, même si vous n'êtes pas utilisateur d'Ecobici.

Tous les dimanches, le Paseo de la Reforma et plusieurs autres grandes rues du centre-ville sont fermés à la circulation de 8h à 14h et les cyclistes jouissent d'une piste "*ciclotón*" de 26 km entre l'Auditorio Nacional et la Basílica de Guadalupe.

et faites 50 m en direction du nord pour attraper un *pesero* "Tláhuac Paradero". Descendez à l'entrée de l'Embarcadero Cuemanco et poursuivez à pied sur 1 km environ – Michmani se trouve juste après l'*embarcadero*.

Lago de Chapultepec CANOTAGE
(Lac de Chapultepec ; carte p. 92 ; www.chapultepec.com.mx ; kayaks 2 places/pédalos/barques 60/50/60 $M l'heure ; 9h-16h30 mar-dim ; Auditorio). Kayak, pédalo ou barque : vous avez le choix pour faire un petit tour au milieu des canards sur le lac Chapultepec.

Patin à glace

Pista de Hielo CDMX PATIN À GLACE
(Carte p. 68 ; www.cdmx.gob.mx/vive-cdmx/post/pista-de-hielo-cdmx). Au titre de la campagne lancée par le gouvernement pour offrir des loisirs aux habitants les plus modestes, une immense patinoire est installée sur le *zócalo* pendant les vacances de Noël. On peut vous prêter gracieusement des patins (jusqu'à 1 heure d'attente).

Cours

Plaza de Danzón DANSE
(Carte p. 78 ; cours 20-50 $M ; 10h-14h30 et 16h30-18h sam ; Balderas). Venez apprendre quelques pas de danse à la Plaza de Danzón, au nord-ouest de La Ciudadela, près du métro Balderas. Des couples y viennent le samedi après-midi s'adonner au *danzón*, une danse cubaine élégante introduite au Mexique au XIXe siècle. Cours de *danzón* et d'autres danses dispensés.

Escuela de Gastronomía Mexicana CUISINE
(Carte p. 88 ; 55-5264-2484 ; www.esgamex.com ; Coahuila 207 ; cours de 3 heures, ingrédients compris 900-1 500 $M ; Campeche). Des chefs parlant espagnol et anglais vous enseignent la façon de préparer quelques spécialités mexicaines. À vous de choisir entre le *pozole* (potée épicée à base de maïs, viande et légumes), le *mole poblano* (poulet dans une sauce au piment et chocolat) et les *tamales*.

Centro de Enseñanza Para Extranjeros LANGUE
(Centre d'enseignement pour les étrangers ; 55-5622-2470 ; www.cepe.unam.mx ; Av Universidad 3002, Ciudad Universitaria ; 6 semaines de cours 12 000 $M ; Ciudad Universitaria). L'université nationale propose des cours de langue intensifs de 6 semaines (3 heures/jour, lun-ven). Les étudiants parlant déjà espagnol peuvent prendre des cours de culture et d'art mexicains.

Circuits organisés

Capital Bus EN BUS
(https://capitalbus.mx ; Liverpool 155, Zona Rosa ; pass journée 160-180 $M, circuit journée 650 $M ; billetterie 8h30-18h30 ; Insurgentes). Faites une excursion vers les pyramides de Teotihuacán et la Basílica de Guadalupe, ou visitez Mexico grâce à votre billet journalier avec montée et descente à volonté (les adresses des billetteries sont indiquées sur le site Internet). Capital Bus propose aussi des excursions vers les villes coloniales voisines, comme Taxco, spécialisée dans l'orfèvrerie, et Puebla, la capitale gastronomique.

VAUT LE DÉTOUR

PARQUE NACIONAL DESIERTO DE LOS LEONES

Sur les collines bordant le Valle de México, à 23 km au sud-ouest de Mexico, les pinèdes odorantes et les chênaies de ce **parc national** (55-5814-1171 ; www.desiertodelosleones.mx ; 10,50 $M ; 6h-17h mar-dim) couvrent quelque 20 km². À cette altitude (800 m au-dessus de la capitale), on oublie le béton et la pollution.

Le parc tire son nom ("désert des lions") d'un couvent de carmélites du XVIIe siècle, l'**Ex-Convento Santo Desierto del Carmen** (ancien Conventio del Desierto de los Leones ; 55-5814-1172 ; Camino al Desierto de los Leones ; 13 $M ; 10h-17h mar-dim). Les carmélites appelaient "déserts" leurs couvents isolés, en référence à la retraite d'Élie près du mont Carmel. Les "Leones" renvoient probablement à José et Manuel de León, qui s'occupèrent des finances du couvent.

Le monastère restauré abrite des salles d'exposition et un restaurant. Le week-end, des guides en soutane font visiter les patios, les jardins entourant les bâtiments et des passages souterrains.

De multiples sentiers de promenade sillonnent le parc – évitez, cependant, de vous éloigner des chemins principaux et surveillez vos affaires. Un escalier prenant juste à côté du restaurant El León Dorado descend jusqu'à une ravissante aire de pique-nique, agrémentée d'une mare aux canards et de plusieurs petites cascades.

La plupart des visiteurs viennent en voiture, mais des *camiones* verts desservent l'*ex-convento* toutes les heures depuis le métro Viveros (face au 7-Eleven), ou depuis le **Paradero las Palmas** (carte p. 97) à San Ángel, le samedi et le dimanche de 8h à 15h30. Du lundi au vendredi, seuls quelques bus circulent (7h30 depuis Vievros, 7h30, 12h et 15h30 depuis le Paradero las Palmas) et s'arrêtent à Santa Rosa, une localité d'où il faut ensuite poursuivre en taxi.

Turibús Circuito Turístico EN BUS

(Carte p. 69 ; 55-5141-1360 ; www.turibus.com.mx ; adulte/4-12 ans 140/70 $M, itinéraires thématiques 100-900 $M ; 9h-21h ;). Des bus rouges à impériale parcourent 4 *circuitos* (itinéraires) dans Mexico : Centro (centre), Sur (sud, y compris le musée Frida Kahlo), Hipodromo (Polanco et Chapultepec) et Basílica (nord). Le billet permet de monter et descendre autant de fois que l'on veut, à n'importe quel arrêt du parcours (15 minutes à 1 heure entre chaque passage). Le terminus des 4 lignes se situe sur le côté ouest de la cathédrale.

Les billets-bracelets sont vendus à bord ou aux principaux arrêts. Tarifs un peu plus élevés le samedi et le dimanche.

Turibús propose également des circuits à thème (*cantinas, lucha libre,* palais, musées ou dégustations de mets). Consultez le site Internet pour les horaires.

Journeys Beyond the Surface À PIED

(portable 55-1745-2380 ; www.travelmexicocity.com.mx ; circuits 180-270 $US/pers). Promenades guidées de 8 heures dans Mexico, souvent à contre-pied des visites classiques, sur différents thèmes de la ville – fresques, graffitis et art de rue, par exemple. Les guides sont de fins connaisseurs d'histoire et d'archéologie, une aubaine pour ceux qui veulent découvrir les sites préhispaniques et ceux de l'époque coloniale.

Mexico Soul & Essence GASTRONOMIE

(Carte p. 88 ; portable 55-29175408 ; www.ruthincondechi.com ; circuits guidés 100-175 $US, cours de cuisine 300 $US). Excursions culinaires/culturelles sur mesure conduites par Ruth Alegría, l'une des spécialistes de la scène culinaire les plus en vue de la ville. Elle peut organiser des dîners au restaurant, des visites des marchés ou des excursions à thème. Elle anime aussi un cours de cuisine mexicaine très divertissant.

Fêtes et festivals

♥ Día de Muertos CULTUREL

(Jour des Morts ; nov). Les jours précédant la fête des Morts (les 1er et 2 novembre), de magnifiques *ofrendas* (autels) apparaissent en tous lieux. L'immense défilé annuel dans les rues, le Desfile de Día de Muertos, est organisé depuis 2016 (initialement en réponse à la fausse parade dans le film *Spectre* de James Bond), avec plus d'un millier de danseurs et artistes costumés qui accompagnent les marionnettes géantes de *calavera* (squelettes) le long de Reforma jusqu'au *zócalo*.

Certaines des plus belles *ofrendas* sont visibles à Anahuacalli (p. 101), au Museo Dolores Olmedo (p. 95), au *zócalo* (p. 71), sur la Plaza Santo Domingo dans le Centro (au lieu de la Ciudad Universitaria depuis 2016), et dans le quartier de San Andrés Mixquic à l'extrême sud-est du Distrito Federal.

La Feria de las Flores FERIA

(Jardín de la Bombilla ; juil ;). GRATUIT Ce grand festival floral emplit de couleurs le Jardín de la Bombilla. Durant toute une semaine, les festivités comprennent l'exposition et la vente d'une multitude de plantes, des activités familiales, des spectacles, de la sculpture et de la peinture sur le thème de la botanique. Ce festival prend ses racines dans la période préhispanique, quand les fidèles de Xiuhtecuhtli (le dieu des Fleurs) déposaient des fleurs en offrande, dans l'espoir de récoltes abondantes.

Grito de la Independencia FEU D'ARTIFICE

(Palacio Nacional ; 15 sept ; M Zócalo). Le 15 septembre, la veille du jour de l'Indépendance, des milliers de personnes se rassemblent sur le *zócalo* pour entendre le président du Mexique pousser à 23h, depuis le balcon central du palais national, le *Grito de Dolores* (cri de Dolores, célèbre appel à la rébellion contre les Espagnols lancé par Miguel Hidalgo, en 1810). La soirée se termine par un feu d'artifice.

Festival del Centro Histórico de CDMX CULTURE

(www.festival.org.mx ; mars/avr). Musique, théâtre, danse et cuisine réunissent les talents mexicains et étrangers pendant deux semaines. La plus grande fête culturelle de l'année dans la capitale.

Día de Nuestra Señora de Guadalupe FÊTE RELIGIEUSE

(Jour de Notre-Dame de Guadalupe ; Basílica de Guadalupe ; déc ; M La Villa-Basílica). La Basílica de Guadalupe est le théâtre de 10 jours de festivités en l'honneur de la sainte patronne du Mexique. Le nombre de pèlerins atteint des millions vers le 12 décembre, lorsque danseurs et musiciens indiens se produisent sans interruption sur le grand parvis de la basilique.

Foundation of Tenochtitlán DANSE

(Plaza de las Tres Culturas ; 13 août ; M Tlatelolco). Grande manifestation rassemblant, le 13 août, les *concheros* (danseurs aztèques) sur la Plaza de las Tres Culturas à Tlatelolco, pour commémorer la fondation de la capitale mexicaine.

Semana Santa FÊTE RELIGIEUSE

(mars/avril). Les manifestations les plus évocatrices de la Semaine sainte se déroulent dans le quartier d'Iztapalapa, à 9 km au sud-est du *zócalo*, où se tient le Vendredi saint une Passion du Christ cruellement réaliste.

Où se loger

Destination prisée, la CDMX compte quantité d'hébergements. En général, les meilleures chambres bon marché se trouvent dans le *centro histórico*. Les établissements de catégorie moyenne sont légion aux alentours de l'Alameda et de la Plaza de la República – ils sacrifient toutefois souvent le caractère au confort moderne aseptisé. Les adresses des quartiers branchés de Roma et Condesa sont pour l'essentiel des boutique-hôtels chics, avec toutefois une poignée d'auberges de jeunesse bon marché. Coyoacán offre une escapade paisible dans une ambiance culturelle. Les hôtels plus luxueux, dont ceux des chaînes internationales, se concentrent à Polanco, dans la Zona Rosa et le long de Reforma.

Notez que les établissements dont l'enseigne comporte le mot "garage" ou qui affichent un tarif horaire accueillent généralement des clients pour de "brefs" séjours.

Centro histórico

La constante rénovation des infrastructures du *centro histórico* et la réhabilitation de nombre de ses édifices historiques en font un quartier très attrayant et qui reste, malgré tout, parmi les plus abordables.

♥ **Casa San Ildefonso** AUBERGE DE JEUNESSE $

(Carte p. 68 ; 55-5789-1999 ; www.casasanildefonso.com ; San Ildefonso 38 ; dort/d 300/800 $M, s/d sans sdb 520/690 $M, avec petit-déj ; @ ; M Zócalo). Cette auberge de jeunesse avenante, toute proche d'une rue piétonne, a été aménagée dans un édifice du XIXe siècle utilisé tout récemment encore comme espace de stockage pour les vendeurs de rue. Contrairement à la plupart des autres auberges du centre, les dortoirs, chambres particulières et espaces communs bénéficient d'une belle hauteur sous plafond et de la lumière du soleil. On prend le petit-déjeuner dans un patio tranquille orné d'une fontaine, au milieu des canaris et près de la mascotte de l'établissement, Delfina. Minuscule chambre simple à 330 $M.

Hostal Regina AUBERGE DE JEUNESSE $

(Carte p. 68 ; ☎55-5434-5817 ; www.hostalreginacentrohistorico.com ; Calle 5 de Febrero 53 ; d/qua sans sdb 450/1 050 $M, ste 1 300 $M, avec petit-déj ; Ⓜ Isabel La Católica). Cette demeure du XVIIIe siècle qui donne sur une rue piétonne animée est une excellente base pour découvrir le centre de Mexico. Elle dispose de chambres particulières avec parquet au sol, plafond haut et salle de bains commune, et d'une "suite" sur 2 niveaux où on loge confortablement à quatre. Il y a aussi un bar sur le toit-terrasse.

Mexico City Hostel AUBERGE DE JEUNESSE $

(Carte p. 68 ; ☎55-5512-3666 ; www.mexicocityhostel.com ; República de Brasil 8 ; dort/lits jum avec petit-déj 190/600 $M, lits jum sans sdb 480 $M ; Ⓜ Zócalo). À deux pas du *zócalo*, cet édifice colonial a été restauré avec goût. Poutres d'origine et murs en pierre servent d'écrin à des équipements modernes à basse consommation d'énergie. Spacieux et revêtus de tomettes au sol, les dortoirs comptent 4 à 6 lits superposés. Les salles de bains impeccables, décorées d'azulejos, suffisent à satisfaire la centaine d'occupants.

Hotel Castropol HÔTEL D'AFFAIRES $

(Carte p. 68 ; ☎55-5522-1920 ; www.hotelcastropol.com ; Av Pino Suárez 58 ; s/lits jum/tr 500/550/600 $M ; Ⓜ Pino Suárez). Trouver des chambres minimalistes, spacieuses et économiques quand le *zócalo* est visible au bout de la rue relève de la gageure ! C'est pourtant le cas ici. Ajoutez à cela une propreté impeccable, ce qu'il faut de marbre, des TV à écran plat et un restaurant bon marché sur place. Sans oublier les bars de Regina, à deux pas.

Hotel Isabel HÔTEL $

(Carte p. 68 ; ☎55-5518-1213 ; www.hotel-isabel.com.mx ; Isabel La Católica 63 ; s/d/tr 420/570/800 $M, ch sans sdb 280-400 $M ; República del Salvador). Hôtel réputé de longue date auprès des voyageurs à petit budget. Grandes chambres nettes avec du mobilier ancien, de hauts plafonds et de superbes (et bruyants) balcons. Ambiance sympathique. Les chambres rénovées coûtent un peu plus cher. Les chambres simples avec salle de bains commune sont d'un excellent rapport qualité/prix pour le secteur.

Hostel Mundo Joven Catedral AUBERGE DE JEUNESSE $

(Carte p. 68 ; ☎55-5518-1726 ; mundojovenhostels.com ; República de Guatemala 4 ; dort 230 $M, d avec/sans sdb 640/550 $M, avec petit-déj ; Ⓜ Zócalo). Affiliée HI, cette auberge de jeunesse on ne peut plus centrale attire des jeunes voyageurs du monde entier. Les dortoirs sont soignés et la clientèle plébiscite le bar sur le toit-terrasse. Notez que ce n'est pas l'auberge la plus calme qui soit. Parmi les bonus : un massage de 10 minutes offert !

Chillout Flat B&B $$

(Carte p. 68 ; ☎55-5510-2665 ; www.chilloutflat.com.mx ; Bolívar 8, app 102 ; ch avec petit-déj 1 140-2 000 $M ; Ⓜ Allende). Dans un bel immeuble des années 1940, voici 2 appartements pleins de couleurs et joliment aménagés en chambres d'hôtes, avec parquet. Celles qui donnent sur la rue ont été récemment équipées de double vitrage. Réservation impérative.

Hotel Catedral HÔTEL D'AFFAIRES $$

(Carte p. 68 ; ☎55-5518-5232 ; www.hotelcatedral.com ; Donceles 95 ; ch avec petit-déj à partir de 1 140-2 000 $M ; Ⓜ Zócalo). Un hébergement confortable et superbement situé, en plein cœur du *centro histórico*. Dans les chambres bien entretenues : TV à écran plat, bureau, mobilier en bois sombre et matelas ferme. Belle vue sur la ville en sirotant un verre depuis le toit-terrasse.

Hotel Gillow HÔTEL $$

(Carte p. 68 ; ☎55-5518-1440 ; www.hotelgillow.com ; Isabel La Católica 17 ; s/d/lits jum/ste à partir de 840/900/1 080/1 140 $M ; Ⓜ Allende). Un édifice ancien aux chambres rénovées (sol aspect bois, TV à écran plat). Demandez une double avec terrasse privée si possible. Service à l'ancienne sympathique.

♥ Gran Hotel Ciudad de México HÔTEL $$$

(Carte p. 68 ; ☎55-1083-7700 ; www.granhoteldelaciudaddemexico.com.mx ; Av 16 de Septiembre 82 ; ch/ste avec petit-déj à partir de 2 275/3 420 $M ; P ; M Zócalo). Le Gran Hotel est de style Art nouveau. Couronné par une verrière de vitraux réalisée par Tiffany en 1908, l'atrium est une fantaisie fin de siècle aux balcons courbes, aux ascenseurs en fer forgé et aux immenses volières où pépient des oiseaux. Les chambres ne déparent pas. Le week-end, on sert le brunch (250 $M) sur la terrasse qui domine le *zócalo*.

Forfaits promotionnels disponibles sur le site Internet.

Hampton Inn & Suites HÔTEL **$$$**
(Carte p. 68 ; 55-8000-5000 ; www.hamptonmexicocity.com ; Calle 5 de Febrero 24 ; ch/ste à partir de 120/140 $US, avec petit-déj ; ; Isabel La Católica). Ce joyau historique préservé a fait l'objet d'une rénovation bien pensée qui a permis de conserver la façade et les murs ornés de céramique de Talavera. Les chambres contemporaines équipées entourent un atrium de 5 étages surmonté d'une verrière en vitraux. Bon restaurant de produits de la mer sur place.

Hotel Historico Central HÔTEL **$$$**
(Carte p. 68 ; 55-5130-5138 ; www.centralhoteles.com ; Bolívar 28 ; d avec petit-déj 2 916 $M ; P ; M Allende). Dans un bâtiment restauré du XVIIIe siècle, cet hôtel de style colonial est à la hauteur de ses tarifs. Toutes les chambres, bien équipées, comprennent le petit-déjeuner gratuit, ainsi que des sandwichs et du café, également offerts, au café de l'établissement ouvert 24h/24. Appartenant aux mêmes propriétaires, le Zocalo Central, situé à proximité, offre des chambres plus abordables, mais sans collations gratuites.

Alameda Central et ses environs

Les adresses de charme continuent à fleurir à distance de marche du parc et de Bellas Artes, concurrençant les quelques hôtels de chaînes internationales installés dans les artères revitalisées. En journée, ce quartier commerçant est particulièrement animé, mais les soirs de semaine, l'atmosphère des rues secondaires y est très calme, voire un peu trop.

Hotel Marlowe HÔTEL **$$**
(Carte p. 68 ; 55-5521-9540 ; www.hotelmarlowe.com.mx ; Independencia 17 ; s/d/lits jum/ste 900/1 050/1 130/1 400 $M ; P ; M San Juan de Letrán). Cet hôtel moderne se dresse face à l'entrée en forme de pagode de Chinatown. Le hall joue la carte de la modernité, mais les chambres étroites et basses de plafond ont un charme rétro avec moquette marron et salle de bains en marbre. Prenez une suite si possible : vous bénéficierez de plus de lumière et d'espace, ainsi que d'un petit balcon. Salle de sport avec vue.

Chaya BOUTIQUE-HÔTEL **$$$**
(Carte p. 78 ; 55-5512-9074 ; www.chayabnb.com ; Dr Mora 9, 2e ét. ; d/lits jum/ste 130/155/225 $US ; ; M Hidalgo). Ce petit établissement se cache au dernier étage d'un magnifique édifice Art déco à l'extrémité d'Alameda Central. Les chambres à la décoration épurée, tout en gris, bois et crème, respirent le chic fonctionnel. Les lits généreux et les succulents petits-déjeuners mexicains contribuent également à procurer une sensation d'évasion en pleine ville. En raison de l'emplacement, le parc et le bar situés juste en dessous peuvent être bruyants le week-end.

Plaza de la República et ses environs

Plus loin du *zócalo*, dans le quartier du Monumento a la Revolución, on trouve quantité d'hôtels, surtout d'affaires, à côté de quelques établissements bas de gamme. Cette zone semi-résidentielle permet d'avoir un aperçu de la vie de quartier.

Hostel Suites DF AUBERGE DE JEUNESSE **$**
(Carte p. 78 ; 55-5535-8117 ; www.facebook.com/hostelsuitesdf ; Terán 38 ; dort 240 $M, d 620-720 $M, avec petit-déj ; ; Plaza de la República). Cette petite auberge HI offre d'agréables espaces communs. Installée non loin du Monumento a la Revolución, elle est idéalement située pour découvrir le centre à pied. Les lits des dortoirs ne sont pas fermés par des rideaux, mais ont chacun une prise de courant, et les salles de bains sont propres et spacieuses.

Casa de los Amigos PENSION **$**
(Carte p. 78 ; 55-7095-7413 ; www.casadelosamigos.org ; Mariscal 132 ; dort/s/d sans sdb 150/300/400 $M ; ; M Revolución). Tenue par des quakers, la Casa loge principalement des employés d'ONG, des militants et des chercheurs, mais tout le monde est bienvenu. Propose un petit-déjeuner (35 $M) et des cours de yoga ou des leçons d'espagnol, gratuits, le mardi et le jeudi. Il

est interdit de fumer et de boire de l'alcool dans les locaux.

Plaza Revolución Hotel HÔTEL $$

(Carte p. 78 ; 55-5234-1910 ; www.hotelplazarevolucion.com ; Terán 35 ; d/ste 920/1 100 $M ; P @ ; Plaza de la República). Adresse élégante dans un secteur où les hôtels modestes sont plutôt la norme, cet établissement étincelant installé dans une rue tranquille à 4 blocs à l'est de la Plaza de la República et du Monumento a la Revolución loue des chambres modernes et impeccablement tenues, avec parquet au sol et déco dans les tons neutres.

Palace Hotel HÔTEL $$

(Carte p. 78 ; 55-5566-2400 ; www.palace-hotel.com.mx ; Ramírez 7 ; s/d/lits jum 600/670/730 $M ; P @ ; Plaza de la República). Géré par de chaleureux Asturiens, le Palace dispose de grandes chambres bien tenues. Certaines sont pourvues d'un large balcon donnant sur Ramírez, bordée de palmiers, et sur le Monumento a la Revolución. Les chambres sur rue sont plus claires que les autres.

El Patio 77 B&B $$$

(55-5592-8452 ; www.elpatio77.com ; Garcia Icazbalceta 77, Colonia San Rafael ; ste avec petit-déj à partir de 140 $US ; @ ; M San Cosme). Séjournez dans une demeure du XIXe siècle, aménagée en 8 chambres pleines de charme, chacune décorée avec de l'artisanat d'un État mexicain – les clients peuvent acheter à peu près tout ce qui n'est pas fixé au mur. Le petit-déjeuner, différent chaque jour, est servi dans l'agréable patio de ce B&B soucieux de l'environnement.

Zona Rosa et ses environs

Hommes d'affaires et touristes étrangers descendent dans les hôtels haut de gamme de ce quartier cosmopolite où se concentrent commerces et lieux de sortie nocturnes. Des établissements moins onéreux jalonnent les rues plus calmes de la Colonia Cuauhtémoc, au nord de Reforma, et de Juárez, à l'est d'Insurgentes.

♥ **Capsule Hostel** AUBERGE DE JEUNESSE $

(Carte p. 84 ; 55-5207-7903 ; www.capsulehotel.com.mx ; Hamburgo 41 ; dort/d sans sdb 225/545 $M ; ; Hamburgo). Cette auberge de jeunesse chic s'apparente moins à un hôtel capsule japonais qu'à un service d'hôpital de luxe (avec le même niveau de propreté). Les larges lits des dortoirs sont séparés par des rideaux. Le mobilier moderne et les chambres étonnamment calmes (demandez celles qui ne donnent pas sur la rue) en font une excellente adresse bon marché près du secteur des ambassades et de l'animation de la Zona Rosa.

♥ **Casa González** PENSION $$

(Carte p. 84 ; 55-5514-3302 ; hotelcasagonzalez.com ; Río Sena 69 ; d/lits jum/ste 1 095/1 695/1 395 $M ; P @ ; Reforma). Quasi centenaire, cette pension familiale a de longue date la faveur des voyageurs qui apprécient le calme de ses patios fleuris et de ses terrasses semi-privatives. Portraits et paysages – œuvres d'un client offertes sans doute en paiement de son séjour – ornent certaines chambres.

Hotel María Cristina HÔTEL $$

(Carte p. 84 ; 55-5703-1212 ; www.hotelmariacristina.com.mx ; Río Lerma 31 ; d/ste à partir de 995/1 375 $M ; P @ ; Reforma). Datant des années 1930, cette réplique de demeure andalouse est un lieu de retraite plaisant, notamment grâce à son bar dans le patio. Globalement lumineuses et confortables, les chambres n'ont pas la splendeur de style colonial de la réception. Quartier tranquille, près du centre commercial Reforma 222.

Hotel Bristol HÔTEL D'AFFAIRES $$

(Carte p. 84 ; 55-5533-6060 ; www.hotelbristol.com.mx ; Plaza Necaxa 17 ; d/ste 1 260/1 670 $M ; P @ ; Reforma). D'un bon rapport qualité/prix, cet hôtel du quartier agréable et central de Cuauhtémoc est essentiellement fréquenté par une clientèle d'affaires. Moquette et tons sobres pour la décoration, restaurant au-dessus de la moyenne.

Hotel Geneve HÔTEL $$$

(Carte p. 84 ; 55-5080-0800 ; www.hotelgeneve.com.mx ; Londres 130 ; d/ste avec petit-déj à partir de 3 600/3 980 $M ; P @ ; M Insurgentes). Cette institution de la Zona Rosa maintient avec ferveur l'ambiance Belle Époque au milieu des constructions sans cachet alentour. Le salon, avec ses boiseries sombres, tableaux aux murs et bibliothèques, est très élégant. Les chambres de la partie ancienne (à l'arrière), et notamment les "Suites de Época", s'inscrivent plus que les autres dans le style colonial.

Hotel Cityexpress EBC Reforma HÔTEL D'AFFAIRES $$$
(Carte p. 84 ; 55-1102-0280 ; www.cityexpress.com.mx ; Havre 21 ; d/lits jum avec petit-déj 1 800/1 925 $M ; Hamburgo). Le Cityexpress privilégie la fonctionnalité, avec dans chaque chambre un lit confortable, un bureau, un coffre-fort et des rideaux occultants, ainsi qu'une salle de sport au sein de l'hôtel. Sa décoration et son éclairage chaleureux surpassent l'allure neutre et moderne caractéristique de la plupart des hôtels de cette gamme de prix. Bien situé près d'un centre commercial, des bars de la Zona Rosa et des ambassades de Reforma.

Hotel Suites Amberes SUITES $$$
(Carte p. 84 ; 55-5533-1306 ; www.suitesamberes.com ; Amberes 64 ; d/tr/qua 1 800/2 250/2 610 $M ; Insurgentes). Idéales pour ceux qui voyagent en famille ou à plusieurs, ces suites spacieuses sont en fait des appartements de 1 ou 2 chambres disposant d'une cuisine équipée, d'une salle à manger et d'un canapé-lit. Celles qui donnent sur la rue bénéficient en outre d'un balcon. Terrasse, salle de gym et sauna à l'étage supérieur.

Condesa

Grâce à l'apparition récente de plusieurs hébergements de qualité, ce quartier au sud du Bosque de Chapultepec, réputé pour ses nombreux restaurants, bars et cafés ouverts tard le soir, constitue un lieu de séjour intéressant.

Gael AUBERGE DE JEUNESSE $
(Carte p. 88 ; 55-5919-1437 ; www.gaelcondesa.com ; Nuevo León 179, Colonia Condesa ; dort avec petit-déj 270-290 $M ; Chilpancingo). Dans le quartier branché de Condesa, les hébergements économiques de cette qualité sont plutôt rares. Le personnel, serviable, vous montrera rapidement l'espace de cotravail pour les voyageurs connectés, ainsi que la terrasse sur le toit. Les dortoirs, petits et bien tenus, sont compartimentés par des rideaux. L'auberge est située dans une zone sûre près du métro et de nombreux restaurants.

Stayinn Barefoot Hostel AUBERGE DE JEUNESSE $
(Carte p. 88 ; 55-6286-3000 ; www.facebook.com/stayinnbarefoot ; Juan Escutia 125 ; dort/d avec petit-déj à partir de 340/990 $M ; Chapultepec). À la limite du quartier, cette auberge de jeunesse au design soigné est une bouffée d'air frais dans un secteur qui manque d'hébergements bon marché. La pétillante réception combine mobilier rétro et sol revêtu de céramiques colorées. Les chambres de l'étage ont accès à un toit-terrasse. Et cerise sur le gâteau : un accueillant bar à mezcal.

Red Tree House B&B $$$
(Carte p. 88 ; 55-5584-3829 ; www.theredtreehouse.com ; Culiacán 6 ; s/d/ste avec petit-déj à partir de 115/140/175 $US ; Campeche). Le premier B&B de Condesa est décoré avec un goût exquis. Chacune des 17 chambres et suites sont différentes, et le vaste appartement au dernier étage possède son propre patio. Au rez-de-chaussée, salon douillet et ravissant jardin à l'arrière, domaine du sympathique chien Abril. Les 5 chambres aménagées dans une maison, à un demi-pâté de maisons dans Citlaltépetl, viennent compléter l'offre.

Villa Condesa BOUTIQUE-HÔTEL $$$
(Carte p. 88 ; 55-5211-4892 ; www.villacondesa.com.mx ; Colima 428 ; ch avec petit-déj à partir de 208 $US ; Chapultepec). On dit *adiós* à la frénésie de Mexico dès l'instant où l'on pénètre dans la réception verdoyante de cet hôtel. Les 14 chambres de ce bel édifice historique marient le classicisme et les équipements modernes. Réservation obligatoire – les enfants de moins de 12 ans ne sont pas admis. Vélos à la disposition des hôtes.

Casa Comtesse B&B $$$
(Carte p. 88 ; 55-5277-5418 ; www.casacomtesse.com ; Benjamín Franklin 197 ; ch avec petit-déj à partir de 1 245 $M ; Escandón). Tenue par Thomas, l'aimable propriétaire français, cette maison historique des années 1940 compte 8 chambres aménagées avec goût et une salle à manger parquetée où les visiteurs se retrouvent autour d'un petit-déjeuner succulent, avec fruits et viennoiseries. L'équipe se met en quatre pour les clients, en aidant à organiser leur itinéraire ou une visite guidée à prix raisonnable du site archéologique de Teotihuacán, ou encore en proposant des dégustations de mezcal au petit bar.

Sur place, une galerie d'art graphique expose des artistes mexicains intéressants.

Roma

À Roma, la plupart des établissements profitent d'un emplacement au cœur de l'action, permettant de rejoindre à pied une foule de galeries, et de cafés et bars avec terrasse. La proximité de Condesa, fief des noctambules et des fêtards, présente un avantage supplémentaire pour ceux qui rentrent tard.

♥ Hostel Home AUBERGE DE JEUNESSE **$**
(Carte p. 88 ; 55-5511-1683 ; www.hostelhome.com.mx ; Tabasco 303 ; dort avec petit-déj 250 $M, ch sans sdb 600 $M ; Durango). À l'entrée du quartier de Roma, cette adresse de l'étroite Calle Tabasco est une auberge de 20 lits occupant un beau bâtiment du *Porfiriato*. Le personnel est sympathique.

Hostel 333 AUBERGE DE JEUNESSE **$**
(Carte p. 88 ; 55-6840-6483 ; www.hostel333.com ; Colima 333 ; dort avec petit-déj 220-250 $M ; Durango). L'agréable patio sur le toit de cette auberge de jeunesse rénovée est un lieu de fêtes, de barbecues et parfois de concerts. Au choix, lits en dortoirs soignés ou chambres individuelles avec salle de bains commune. Les hôtes partagent une cuisine propre, et le personnel sociable vous indiquera les meilleurs bars et restaurants de tacos – peut-être même se joindront-ils à vous.

Hotel Milán HÔTEL **$$**
(Carte p. 88 ; 55-5584-0222 ; www.hotelmilan.com.mx ; Álvaro Obregón 94 ; s/d 685/715 $M ; Álvaro Obregón). Installé sur l'artère principale de la Roma bohème, le Milán présente une décoration minimaliste et des œuvres d'art contemporain dans la réception. Les petites chambres bien tenues sont dotées de lits de qualité et de salles de bains lumineuses. L'un des meilleurs rapports qualité/prix parmi les adresses modernes du quartier.

Hotel Stanza HÔTEL D'AFFAIRES **$$$**
(Carte p. 88 ; 55-5208-0052 ; www.stanzahotel.com ; Álvaro Obregón 13 ; ch/ste à partir de 1 690/2 140 $M ; Jardín Pushkin). À l'extrémité est d'Álvaro Obregón, le Stanza possède son propre restaurant et sa salle de sport. Une adresse confortable à proximité des bars et restaurants chics de Roma.

Casa de la Condesa APPARTEMENTS **$$$**
(Carte p. 88 ; 55-5584-3089 ; www.casadelacondesa.net ; Plaza Luis Cabrera 16 ; ste avec petit-déj à partir de 1 400 $M ; Álvaro Obregón). Idéale pour les longs séjours, cette adresse de la coquette Plaza Luis Cabrera loue des "suites" qui sont plutôt des studios avec cuisine. Si les meubles colorés et les peintures familiales vous rappellent un peu trop la maison de votre grand-mère, optez pour le penthouse au chic minimaliste. Appelez pour connaître les tarifs à la semaine.

La Casona BOUTIQUE-HÔTEL **$$$**
(Carte p. 88 ; 55-5286-3001 ; www.hotellacasona.com.mx ; Durango 280 ; ch avec petit-déj 150 $US ; Sevilla). Restaurée, cette somptueuse demeure a retrouvé sa splendeur du début du XXe siècle pour devenir l'un des plus beaux boutique-hôtels de la capitale. Chacune des 29 chambres possède une décoration unique jouant la carte du charme européen, avec un élégant papier peint, des meubles sophistiqués, des instruments de musique décoratifs et des œuvres d'art.

Polanco

Au nord du Bosque de Chapultepec, Polanco compte d'excellents hôtels d'affaires et hébergements raffinés, mais très peu d'établissements petits budgets.

Casa Castelar APPARTEMENT **$$$**
(Carte p. 92 ; 55-5281-4990 ; www.casacastelar.com ; Av Castelar 34 ; ste avec petit-déj à partir de 184 $US ; Auditorio). Abordables pour le quartier, ces grandes suites confortables à l'ameublement minimaliste de créateurs et aux lits somptueux sont d'un excellent rapport qualité/prix. Bien tenue, la Casa Castelar ne dispose pas d'espaces communs, mais le petit-déjeuner est servi à votre porte. Les principales curiosités du parc de Chapultepec sont accessibles à pied.

Hábita Hotel BOUTIQUE-HÔTEL **$$$**
(Carte p. 92 ; 55-5282-3100 ; www.hotelhabita.com ; Av Presidente Masaryk 201 ; d avec petit-déj à partir de 280 $US ; Polanco). L'architecte Enrique Norten a transformé cet immeuble d'habitation en un élégant boutique-hôtel. Les 36 chambres, très vastes (les plus petites font 20 m²), affichent une déco minimaliste. Le bar Área (p. 129), haut lieu de la vie nocturne, se situe sur le toit-terrasse.

W Mexico City HÔTEL DESIGN $$$
(Carte p. 92 ; ☎55-9138-1800 ; www.wmexico-city.com ; Campos Elíseos 252 ; ch 230-570 $US ; P ⊖ ❄ @ ≋ ; M Auditorio). L'une des quatre sentinelles qui font face à l'Auditorio Nacional n'est autre que cet hôtel d'affaires design de 25 étages. Il se distingue de ses voisins : les chambres, dans les tons cerise et ébène, sont équipées de hamacs en soie accrochés dans la salle de bains. Tarifs très avantageux les vendredis et samedis.

Xochimilco

Michmani CAMPING $
(☎55-5489-7773, portable 55-5591 4775 ; www.facebook.com/parqueecoturisticomichmani ; Embarcadero Cuemanco, près de l'Anillo Periférico Sur ; empl/pers tente comprise 150 $M, bungalows 650 $M ; P). À Xochimilco, le centre d'écotourisme Michmani offre de séjourner au camping **La Llorona Cihuacoatl**, installé sur une magnifique *chinampa*. On peut louer des tentes au centre, mais pas de sac de couchage, ou dormir dans un minuscule bungalow rustique à 2 lits. Barbecues et *temascales* (bains de vapeur ; 250 $M) à disposition.

Pour venir, sortez de la station de métro General Anaya du côté est de la Calzada de Tlalpan, puis marchez 50 m vers le nord pour prendre un *pesero* "Tláhuac Paradero". Descendez à l'entrée de l'Embarcadero Cuemanco, puis marchez sur 1 km jusqu'à Michmani, juste après l'*embarcadero*. De là, un bateau vous conduira à La Llorona.

Coyoacán et Ciudad Universitaria

Ces quartiers, au sud de l'agglomération, comptent plusieurs jolies pensions, mais peu d'options petits budgets. Renseignez-vous auprès de l'office du tourisme (p. 139) pour des adresses chez l'habitant.

Hostal Cuija Coyoacán AUBERGE DE JEUNESSE $
(Carte p. 102 ; ☎55-5659-9310 ; www.hostalcuija-coyoacan.com ; Berlín 268 ; dort/d avec petit-déj 260/900 $M ; ⊖ @ ≋ ; M Coyoacán). Cette auberge HI constitue un point de chute propre et abordable pour explorer Coyoacán. La maison à l'emblème du lézard (et au jardin peuplé de ces petites créatures) possède d'agréables espaces communs, mais des chambres et des dortoirs assez exigus.

El Cenote Azul AUBERGE DE JEUNESSE $
(☎55-5554-8730 ; Alfonso Pruneda 24, Colonia Copilco el Alto ; dort 250 $M ; ⊖ ≋ ; M Copilco). Proche du campus de l'UNAM, cet établissement décontracté offre 6 chambres (4 ou 2 lits) bien tenues, qui se partagent 3 salles de bains décorées de carreaux de Talavera. Possibilité de location au mois (2 500 $M). Le bar du même nom au rez-de-chaussée est populaire auprès des étudiants de l'université voisine. Situé en retrait de Privada Ezequiel Ordoñes. Forfaits mensuels possibles.

♥ **Chalet del Carmen** PENSION $$
(Carte p. 102 ; ☎55-5554-9572 ; www.chalet-delcarmen.com ; Guerrero 94 ; s/d/ste à partir de 875/1 175/1 475 $M ; ⊖ ≋ ; M Coyoacán). Tenue par un sympathique Mexicain et son épouse suisse, cette belle maison écologique allie les styles mexicain et européen. Les 5 chambres et 2 suites sont aménagées avec des meubles anciens et bénéficient d'une belle lumière naturelle. Cuisine et vélos à disposition. Réservation impérative.

Hostal Frida PENSION $$
(Carte p. 102 ; ☎55-5659-7005 ; www.hostalfri-dabyb.com ; Mina 54 ; d/tr 650/870 $M ; ⊖ ≋ ; M Coyoacán). Cet établissement familial aux chambres bien équipées tient plus de la maison d'hôtes que du petit hôtel (*hostal*). Chacune des 6 doubles parquetées occupe un étage dans des édifices attenants. Trois disposent d'une cuisine. Wi-Fi rapide. Tarifs possibles au mois.

Aéroport

Hotel Aeropuerto HÔTEL $$
(☎55-5785-5318 ; www.hotelaeropuerto.com.mx ; Blvd Puerto Aéreo 388 ; d/lits jum 1 000/1 200 $M ; P ⊖ ❄ ≋ ; M Terminal Aérea). Des hôtels haut de gamme sont reliés aux terminaux, mais cette option abordable de l'autre côté de la rue fera l'affaire pour les voyageurs épuisés. Le seul hôtel indépendant du coin accueille ses hôtes dans des chambres modernes et sans grand caractère, dont certaines (avec double vitrage) donnent sur la piste d'atterrissage. Le personnel de la réception est très serviable. Prenez à gauche en sortant du terminal des vols intérieurs. Après le métro, tournez à gauche dans le Blvd Puerto Aéreo et traversez par la passerelle piétonnière.

Où se restaurer

Du taco réconfortant au dîner raffiné, on trouve toujours son bonheur à Mexico, et ce dans toutes les gammes de prix. La plupart des grands restaurants de cuisine nouvelle se concentrent à Roma, Polanco et Condesa. Si les restaurants situés dans le périmètre immédiat de l'Alameda s'adressent aux touristes, en descendant Luis Moya ou Ayuntamiento, au sud de l'Alameda, on découvre çà et là des coins plus authentiques, où se côtoient stands de *tortas* (sandwichs) et vendeurs de soupe au poulet. Le petit Barrio Chino (Chinatown) de Mexico se résume à la Calle Dolores, reconnaissable à ses lanternes en papier, située à un pâté de maisons au sud du parc. Mieux vaut toutefois éviter ses restaurants, plutôt médiocres.

Aussi nombreux que soient les restaurants et les bars de la Zona Rosa, l'offre culinaire, à quelques exceptions près, est décevante, car il s'agit surtout d'établissements "internationaux" et de fast-foods, même si d'excellentes enseignes coréennes et japonaises font désormais leur apparition. De nouveaux restaurants, cafés et bars surgissent sans cesse dans la Colonia Cuauhtémoc, au nord du Paseo de la Reforma.

Des dizaines de petits bistrots et de cafés, beaucoup avec terrasse, se livrent une concurrence acharnée le long des artères principales de Condesa. Côté restaurants, le cœur de l'action se situe au croisement de Michoacán, Vicente Suárez et Tamaulipas. Il y a aussi beaucoup de bons établissements en bordure du Parque México.

Centro histórico

♥ Los Cocuyos TACOS $

(Carte p. 68 ; Bolívar 54 ; tacos 12-18 $M ; 10h-6h ; M San Juan de Letrán). La capitale mexicaine ne manque pas d'endroits où l'on prépare des tacos au *suadero* (bœuf), mais aucun n'égale les Cocuyos. Laissez votre nez vous guider jusqu'aux marmites où mijote la viande et cédez à la tentation d'un *campechano (*taco au bœuf et à la saucisse). Les plus audacieux se lanceront dans les *tacos de ojo* (à l'œil...) ou *de lengua* (à la langue) ; les *nopales* sont parfaits pour les végétariens.

Café El Popular CAFÉ $

(Carte p. 68 ; 55-5518-6081 ; Av 5 de Mayo 52 ; petit-déj 43-68 $M ; 24h/24 ; ; M Allende). Ce café mouchoir de poche ouvert en continu vient d'ouvrir une annexe plus vaste, juste à côté. Au menu : pâtisseries fraîches, *café con leche* et bons petits-déjeuners complets.

Los Vegetarianos VÉGÉTARIEN $

(Carte p. 68 ; 55-5521-6880 ; www.facebook.com/losvegetarianosdemadero ; Av Madero 56 ; menu déj 75-95 $M ; 8h-20h ; ; M Zócalo). L'entrée austère cache un restaurant animé en étage, où un pianiste joue de vieux airs connus. La carte végétarienne propose des variations de plats mexicains classiques comme les *chiles en nogada* (piments verts doux farcis) à la "viande" de soja. Plats végétaliens également.

Mercado San Camilito MARCHÉ $

(Carte p. 68 ; Plaza Garibaldi ; pozoles 65-80 $M ; 24h/24 ; P ; M Garibaldi). L'édifice qui occupe tout un pâté de maisons renferme plus de 70 gargotes servant, entre autres, du *pozole* (une potée originaire du Jalisco préparée avec du maïs et du porc), que l'on déguste accompagnée de radis et d'origan notamment. Si les oreilles et le groin de cochon ne vous tentent pas, précisez "*maciza*" (viande)...

♥ Hostería de Santo Domingo MEXICAIN $$

(Carte p. 68 ; 55-5526-5276 ; hosteriasantodomingo.mx ; Belisario Domínguez 72 ; chiles en nogada 220 $M, plats 90-230 $M ; 9h-22h30 lun-sam, 9h-21h dim ; ; República de Chile). Le doyen des restaurants de la ville sert les classiques de la cuisine mexicaine depuis 1860, dans une atmosphère festive animée par un pianiste. La carte comporte de nombreuses spécialités, mais tout le monde vient ici pour les *chiles en nogada* (piments doux *poblano* farcis de viande hachée et de fruits secs, servis dans une onctueuse sauce aux noix). Pour couronner le tout, l'*hostería* a la réputation d'être hantée !

Al Andalus MOYEN-ORIENTAL $$

(Carte p. 68 ; 55-5522-2528 ; m_andalus171@yahoo.com.mx ; Mesones 171 ; plats 80-220 $M ; 9h-18h ; M Pino Suárez). C'est le rendez-vous de l'importante communauté libanaise qui vient se régaler de shawarmas, falafels et autre baba ganousch dans une belle demeure coloniale du quartier du textile de la Merced.

Café de Tacuba MEXICAIN $$

(Carte p. 68 ; 55-5521-2048 ; www.cafedetacuba.com.mx ; Tacuba 28 ; plats 100-280 $M, menu déj 4 plats 275 $M ; 8h-23h30 ; ; M Allende). Bien avant le groupe de rock

TOUTE LA CUISINE DU MEXIQUE

Pasillo de Humo (carte p. 88 ; www.facebook.com/pasillodehumo ; Av Nuevo León 107, Colonia Condesa ; entrées 76-128 $M, plats 102-258 $M ; 9h-19h ; ; Campeche). Si vous ne pouvez visiter Oaxaca, la capitale gastronomique du Mexique, ce restaurant permet de goûter à l'authentique cuisine traditionnelle de la région. Commandez la *sopa oaxaqueña* (délicieuse soupe aux haricots), les *molotes istemeños* (boulettes de plantain et sauce *mole*) ou les *tlayudas* (grandes tortillas garnies de fromage, de haricots et d'aromates). La jolie salle de restaurant est baignée de lumière. Situé à l'étage de l'élégant marché alimentaire Parián Condesa (p. 120).

Coox Hanal (carte p. 68 ; 55-5709-3613 ; Isabel La Católica 83, 1er ét. ; plats 65-135 $M ; 10h30-18h30 ; P ; M Isabel La Católica). Ouvert en 1953 par le boxeur Raúl Salazar, cet établissement concocte de délicieuses spécialités du Yucátan, comme on les fait à Merida, la ville natale de Don Raúl. La *sopa de lima* (soupe de poulet au citron vert), les *papadzules* (tacos garnis d'œuf dur émietté et accompagnés d'une sauce aux graines de courge) et la *cochinita pibil* (porc cuit dans un four creusé dans le sol) sont un régal. L'incontournable sauce piquante *habanero* trône sur toutes les tables.

Los Tolucos (55-5440-3318 ; Hernández y Dávalos 40, angle Bolívar, Colonia Algarín ; pozoles 65-80 $M ; 10h-21h ; P ; M Lázaro Cárdenas). Selon les habitants, le *pozole* (ragoût de porc et de maïs) figurerait parmi les meilleurs de Mexico. Le *pozole* vert typique du Guerrero, servi ici, attire les gourmets de très loin depuis plus de 40 ans. Le restaurant est à 3 pâtés de maisons à l'est de la station de métro Lázaro Cárdenas.

Yuban (carte p. 88 ; www.yuban.mx ; Colima 268 ; entrées 80-120 $M, plats 180-270 $M ; 13h30-23h lun-jeu, 13h30-minuit ven-sam, 13h30-18h dim ; ; Durango). On vient ici découvrir les saveurs raffinées de la cuisine du Oaxaca – notamment de bons *moles*, d'exquises *tlayudas* (grandes tortillas repliées sur du chorizo et du fromage) et des tacos *chapulin* –, sans oublier de fameux mezcals. Jouxtant le restaurant, une salle accueille représentations théâtrales et projections de films mexicains indépendants.

La Polar (55-5546-5066 ; www.lapolar.mx ; Guillermo Prieto 129, Colonia San Rafael ; birria 130 $M ; 7h-2h ; P ; M Normal). Tenue par une famille d'Ocotlán, dans le Jalisco, cette brasserie sert une bonne *birria* – ragoût épicé de viande de chèvre. La Polar est réputé comme la meilleure adresse en ville pour déguster ce plat emblématique de Guadalajara. Mariachis et groupes de musique *norteña* mettent l'ambiance dans la demi-douzaine de salles.

Tamales Chiapanecos María Geraldine (carte p. 102 ; 55-5608-8993 ; Plaza Hidalgo, Coyoacán ; tamales 35 $M ; 10h-22h sam-dim ; M Coyoacán). Dans le passage proche du transept voûté de l'église de San Juan Bautista, Doña María Geraldine, native du Chiapas, prépare d'excellents *tamales* garnis d'olives, de pruneaux ou d'amandes, qu'elle enveloppe dans des feuilles de bananier et sert avec des sauces exquises. Un véritable repas !

mexicain Café Tacvba, il y avait ce restaurant aux mosaïques colorées, avec ses lampes en cuivre et ses tableaux, réputé depuis 1912 pour ses *antojitos* (tacos et autres en-cas, comme les *sopes* – tortillas de maïs farcies de haricots, fromage et autres ingrédients). Du mercredi au samedi, concerts d'*estudiantinas* (groupes musicaux d'étudiants).

Casino Español ESPAGNOL **$$**

(Carte p. 68 ; 55-5521-8894 ; www.cassatt.mx ; Isabel La Católica 29 ; menu déj 4 plats 165 $M, plats 134-295 $M ; mesón 13h-18h lun-ven, restaurant 8h-12h et 13h-18h tlj ; ; M Zócalo). L'ancien centre social espagnol, installé dans un magnifique bâtiment datant du *Porfiriato*, abrite dans ses murs une sorte de *cantina* (*mesón*) au rez-de-chaussée, où les plats défilent, et une table élégante à l'étage proposant des classiques de la cuisine ibérique comme la *paella valenciana*.

♥ **El Cardenal** MEXICAIN **$$$**

(Carte p. 68 ; 55-5521-8815 ; www.restauranteelcardenal.com ; Palma 23 ; petit-déj 75-95 $M, déj et dîner 130-250 $M ; 8h-18h30 lun-sam, 8h30-18h30 dim ; P ; M Zócalo).

Installé dans un hôtel particulier, ce restaurant sur 3 étages est sans doute le meilleur endroit de Mexico pour goûter à une cuisine traditionnelle raffinée sur fond de piano feutré. Le petit-déjeuner – viennoiseries sortant du four et pichet de chocolat mousseux – est un must. Le midi, spécialité de *pecho de ternera* (poitrine de veau rôtie).

Une autre enseigne, **El Cardenal San Ángel** (carte p. 97 ; 55-5550-0293 ; Av de la Paz 32 ; petit-déj 75-95 $M, déj et dîner 130-250 $M ; 8h-20h lun-sam, 8h30-18h30 dim ; P ; La Bombilla), est ouverte dans le sud de la ville.

Azul Histórico MEXICAIN $$$
(Carte p. 68 ; 55-5510-1316 ; www.azul.rest ; Isabel La Católica 30 ; plats 160-330 $M ; 9h-23h30 ; P ; M Zócalo). Le chef Ricardo Muñoz revisite les recettes mexicaines traditionnelles comme le *pescado tikin xic* (plat du Yucatán à base de mérou, de bananes plantains et de lanières de tortilla). On dîne au cœur d'un bel ensemble de bâtiments rénovés, dans une cour intérieure fermée par des arches de pierre, parmi les arbres et les lumières romantiques.

Los Girasoles MEXICAIN $$$
(Carte p. 68 ; 55-5510-0630 ; www.restaurantelosgirasoles.mx ; Tacuba 7, Plaza Tolsá ; plats 175-239 $M ; 8h30-22h30 mar-sam, 8h30-21h dim-lun ; P ; M Allende). Cette table élégante donnant sur la splendide Plaza Tolsá sert un choix immense de plats mexicains, des larves de fourmis et sauterelles à la mode préhispanique à des déclinaisons contemporaines comme le vivaneau rouge en croûte de fleurs de *huanzontle*.

La Casa de las Sirenas MEXICAIN $$$
(Carte p. 68 ; 55-5704-3345 ; www.lacasadelassirenas.com.mx ; República de Guatemala 32 ; plats 240-310 $M ; 11h-23h lun-sam, 11h-19h dim ; ; M Zócalo). Dans son écrin du XVIIe siècle, ce restaurant dispose au dernier étage d'une terrasse donnant sur le *zócalo*, au-delà de la Plaza del Templo Mayor : le perchoir idéal pour savourer des plats régionaux agrémentés d'une touche de modernité, comme le poulet nappé de *mole* aux graines de courge.

Alameda Central et ses environs

El Huequito TACOS $
(Carte p. 68 ; www.elhuequito.com.mx ; Ayuntamiento 21 ; tacos al pastor 17 $M ; 8h-22h ; Plaza San Juan). Ces grands professionnels préparent de délicieux *tacos al pastor* (porc mariné et rôti à la broche) depuis 1959, ce qui explique les tarifs plus élevés que la moyenne. Plusieurs succursales ont ouvert, avec de grandes salles où l'on peut s'asseoir mais, allez savoir pourquoi, les tacos semblent meilleurs dans le mouchoir de poche d'origine.

El Cuadrilátero SANDWICHS $
(Carte p. 78 ; 55-5510-2856 ; Luis Moya 73 ; tortas 72-95 $M ; 7h-20h lun-sam ; Plaza San Juan). Sanctuaire de la *lucha libre* (catch mexicain) orné de masques, cette cafétéria, propriété du lutteur Super Astro, vend des *tortas*. Repas gratuit pour le héros qui parvient à avaler la Torta Gladiador de 1,3 kg (œuf, saucisse, bacon, bœuf, poulet et hot dog) en 15 minutes – seules 99 personnes ont réussi cet exploit en plus de deux décennies ! Si vous succombez à la *torta*, il vous en coûtera 255 $M.

Mi Fonda ESPAGNOL $
(Carte p. 68 ; 55-5521-0002 ; López 101 ; paella 75 $M ; 11h-17h mar-dim ; ; Plaza San Juan). Les ouvriers du coin viennent ici se régaler de *paella valenciana*, préparée tous les jours et servie à la clientèle par des serveuses coiffées de bonnets blancs, sous le regard de Jesús, originaire de Cantabrie.

♥ **El 123** ASIATIQUE $$
(Carte p. 78 ; 55-5512-1772 ; www.123comidatienda.com ; Artículo 123 ; plats 110-220 $M ; 9h-23h lun-sam, 9h-21h dim ; ; M Juárez). L'un des rares établissements asiatiques du *centro* à servir une excellente cuisine thaïlandaise. Si ce café-restaurant-boutique de souvenirs aux allures d'antiquaire rappelle l'ambiance du restaurant Mog Bistro à Roma, c'est parce que les propriétaires ont créé le El 123 ensemble. Aujourd'hui, Delphine et Arnaud y servent de délicieux currys verts et *mochi* (gâteaux de riz gluant) glacés au thé vert. Espèces uniquement.

♥ **El Lugar Sin Nombre** MEXICAIN $$$
(Carte p. 78 ; Luis Moya 31 ; plats 175-200 $M ; 19h-minuit mar-sam). Ce "restaurant sans nom", près de la *mezcalaría* Bósfaro, mérite le détour. Il sert, dans des assiettes en terre cuite, des plats mexicains maison d'inspiration "Slow Food", comme le *conejo encacahuatado* (lapin élevé en biodynamie, accompagné de patates douces et de sauce piquante aux cacahuètes) et le *pulpo*

en morita (calmar grillé et piments fumés et fruités). Les ingrédients sélectionnés proviennent du Mexique et l'atmosphère industrielle chic séduit autant que les plats. Faites passer le mot. Pas de site Internet, ni de numéro de téléphone, ni de réservation.

Plaza de la República et ses environs

Gotan Restaurante ARGENTIN **$$**

(Carte p. 78 ; 55-5535-2136 ; www.gotan.com.mx ; Baranda 17, Colonia Tabacalera ; plats 70-220 $M ; 10h-20h30 lun-ven ; ; Plaza de la República). Tenu par une sympathique native de Buenos Aires et son mari mexicain, ce restaurant est l'une des meilleures et des plus authentiques tables argentines de Mexico. Ici, le pain est frais du jour, et la viande et les autres produits de base sont importés d'Argentine. Goûtez impérativement le délicieux *postre de la nonna*, une sorte de crème au caramel.

Zona Rosa et environs

Café NiN FRANÇAIS **$**

(Carte p. 84 ; 55-5207-7605 ; www.rosetta.com.mx ; Havre 73, Colonia Zona Rosa ; en-cas/plats à partir de 10/130 $M ; 7h-23h lun-sam, 7h30-17h dim ; ; Insurgentes). Ce café-restaurant doré, qui semble tout droit sorti du Paris de la Belle Époque, sert en journée les succulentes pâtisseries et viennoiseries de la Panadería Rosetta. Le bar est parfait pour prendre un café, un sandwich ou un brunch en solo. La nouvelle carte propose des plats européens fusion, comme la poitrine de porc aux plantains et à la coriandre, ou le curry vert au mérou. Gardez de la place pour la panna cotta au pamplemousse.

Yug Vegetariano VÉGÉTARIEN **$**

(Carte p. 84 ; 55-5333-3296 ; www.lovegetariano.com ; Varsovia 3 ; buffet déj 105-120 $M, plats 67-80 $M ; 7h30-21h lun-ven, 8h30-20h sam-dim ; ; Sevilla). Les végétariens seront comblés par cette carte, principalement mexicaine, qui est suffisamment variée pour séduire la plupart des carnivores. Choisissez des spécialités comme les crêpes aux fleurs de courgette, ou gagnez l'étage pour le buffet-déjeuner (13h-17h) à volonté, avec plats simples, salades, soupes et boissons sans sucre. Décoration surannée et clientèle sans prétention.

Carnitas El Azul MEXICAIN **$**

(El Capote ; carte p. 84 ; www.facebook.com/tacoselazul ; Av Chapultepec 317, entre Genova et Amberes, Colonia Juárez ; tacos 7-12 $M, tortas 18 $M ; 9h-17h lun-sam, 9h-16h dim ; Insurgentes). Ce restaurant de *carnitas* se fait discret dans le paysage. El Azul (de son vrai nom Rubén) prépare des *tacos de carnitas* (porc revenu dans du saindoux) depuis plus de 35 ans, s'attirant l'approbation de certains des meilleurs chefs de Mexico. Goûtez aux tacos *costilla* (aux côtelettes).

WanWan Sakaba JAPONAIS **$$**

(Carte p. 84 ; 55-5514-4324 ; www.facebook.com/wanwansakaba ; Londres 209 ; déj du jour 130-190 $M, plats 95-290 $M ; 13h-23h lun-sam ; ; Insurgentes). L'*izakaya* (pub-restaurant) le plus japonais de la ville est assez décontracté pour y manger des ramen au bar (en l'absence de tables) aux côtés des autres convives principalement japonais. Le menu déjeuner comprend un saumon tout simple, cuit à la perfection, tandis que les gyozas (raviolis de porc) et le sake sont aussi bons qu'à Tokyo.

Rokai JAPONAIS **$$$**

(Carte p. 84 ; 55-5207-7543 ; www.edokobayashi.com ; Río Ebro 87, Colonia Cuauhtémoc ; menu dégustation 1 200/1 800 $M ; 13h30-16h30 et 19h-22h30 lun-sam, 13h-17h30 dim ; ; Insurgentes). La cuisine japonaise prend une nouvelle dimension à Mexico grâce à cet établissement. Optez pour l'"omakase", un menu-dégustation qui se compose de spécialités – sushis et sashimis frais entre autres – méticuleusement préparées. Chaque plat (jusqu'à 9 maximum) donne envie de se resservir. Les mêmes propriétaires tiennent le restaurant voisin Rokai Ramen-Ya, si votre budget est limité (ramen 185 $M). Réservez.

Tezka INTERNATIONAL **$$$**

(Carte p. 84 ; 55-9149-3000 ; www.tezka.com.mx ; Amberes 78 ; plats 155-420 $M, menu dégustation 560 $M ; 13h-17h et 20h-23h lun-ven, 13h-18h sam-dim ; ; Insurgentes). Spécialiste de la cuisine basque contemporaine, le Tezka mise sur l'élégance et la décontraction style bistrot, se hissant parmi les meilleurs restaurants de Mexico. La carte, souvent renouvelée, propose des plats sophistiqués, comme l'agneau laqué au café accompagné de pommes de terre et sauce vanille, ou encore le feuilleté au canard et aux framboises. On peut aussi opter pour le menu dégustation (4 plats : 2 entrées, plat principal et dessert).

Don Asado GRILL $$$

(Carte p. 84 ; www.donasado.mx ; Río Lerma 210 ; plats 160-280 $M ; 13h-23h mar-sam, 13h-19h30 dim ; ; M Sevilla). L'un des restaurants de viande les plus réputés et les plus abordables de Mexico. Tenu par un Uruguayen, le Don Asado possède un grand gril au feu de bois où grésillent des morceaux de viande saignante, destinés à des plats comme le fameux *vacio con piel* (bavette tendre ourlée d'une couche de graisse croustillante) ou le *bife de chorizo* (entrecôte). Quelques plats végétariens, comme les pâtes maison et les *empanadas* (chaussons farcis).

Condesa

El Pescadito PRODUITS DE LA MER $

(Carte p. 88 ; www.facebook.com/elpescadito-condesadf, Atlixco 38 ; tacos 35 $M ; 11h-18h lun-ven, 10h-18h sam-dim ; Campeche). Impossible de manquer cette gargote à tacos jaune vif et sa file d'attente. Les 9 garnitures au poisson/à la crevette sont presque toutes panées à la mode du Sonora pour des tacos à la fois croustillants et juteux. Succulente spécialité maison : le *quesotote* (taco de poivron farci aux crevettes et au fromage).

Doña Blanca MEXICAIN $

(Carte p. 88 ; 55-5553-2076 ; www.fondadonablanca.com ; Av Veracruz 107 ; 8h-17h lun-ven, 8h-16h sam, 8h-14h dim ; petit-déj 55-65 $M ; M Chapultepec). Vêtus de tenues de sport immaculées, les habitants de Condesa se donnent rendez-vous ici à l'heure du petit-déjeuner. Le menu, encyclopédique, comprend aussi bien des omelettes diététiques aux blancs d'œufs et aux épinards, que des *huevos Yucatán,* des œufs au plat sur toast et un plantureux *pico de gallo.* L'endroit peut sembler guindé, mais le petit-déjeuner y est d'un excellent rapport qualité/prix.

Parián Condesa INTERNATIONAL $

(Carte p. 88 ; www.facebook.com/pariancondesa ; Av Nuevo León 107, Colonia Condesa ; plats 95-220 $M ; 9h-23h lun-sam, 9h-19h dim ; ; Campeche). Envie de quelque chose de spécial, mais vous n'arrivez pas à choisir ? Parcourez les stands de ce marché gourmet : spécialités tendance véganes et japonaises, classiques mexicains, currys, pizzas, grillades de viandes et de produits de la mer, fromages... Sans oublier les glaces et les boissons. Vous pourrez être servi à table dans la petite cour.

Lardo FUSION $$

(Carte p. 88 ; www.lardo.mx ; Agustín Melgar 6, angle Mazatlán ; 115-345 $M ; 7h-22h45 lun-sam, 8h-17h dim ;). Ce bistrot convivial et lumineux cultive les saveurs mexicaines relevées de touches européennes d'une grande fraîcheur. Filiale de la chaîne de pâtisserie Rosetta, Lardo se surpasse avec des plats savamment équilibrés, comme les petites pizzas aux courgettes et à la menthe verte, ou le vivaneau rouge sauce pepita.

Ojo de Agua CUISINE SANTÉ $$

(Carte p. 88 ; 55-6395-8000 ; grupoojodeagua.com.mx ; Calle Citlaltépetl 23 ; salades et sandwichs 95-155 $M ; 8h-22h lun-jeu, 8h-21h ven-dim ; ; M Chilpancingo). Envie de verdure ? Choisissez une succulente salade avec une darne de saumon ou une pomme grillée accompagnée de dinde dans ce café-épicerie bio. On y sert des jus originaux. Emplacement agréable près d'une place avec fontaine.

Orígenes Orgánicos CAFÉ $$

(Carte p. 88 ; 55-5208-6678 ; www.origenesorganicos.com ; Plaza Popocatépetl 41A ; plats 115-180 $M ; 8h30-21h30 lun-ven, 9h-12h30 sam-dim ; ; Sonora). Lait de soja et produits bio sont en vente dans ce café-boutique, qui propose également sandwichs, burgers, crêpes, salades et plats savoureux aux ingrédients bio et de saison, comme le saumon au riz complet et sa sauce crémeuse aux noix et aux canneberges. Végétariens et végans auront l'embarras du choix. Donne sur l'une des plus jolies places de Condesa.

Taj Mahal INDIEN $$

(Carte p. 92 ; www.tajmahaldf.com ; Francisco Márquez 134, Colonia Condesa ; plats 120-190 $M ; 13h-22h dim-mer, 13h-23h jeu-sam ; ; M Juancatlán). Nombreux plats goûteux pour les végétariens, notamment des naans à l'ail, un biryani de légumes et des lassis parfumés.

Café La Gloria FRANÇAIS $$

(Carte p. 88 ; 55-5211-4185 ; Vicente Suárez 41, Colonia Condesa ; plats 95-190 $M ; 12h-minuit lun-jeu, 12h-1h ven-dim ; ; Campeche). Art décalé, bonnes salades et pâtes épicées drainent une clientèle nombreuse dans ce bistrot tendance en plein cœur de Condesa.

Lampuga PRODUITS DE LA MER $$$

(Carte p. 88 ; 55-5286-1525 ; www.lampuga.com.mx ; Ometusco 1, angle Av Nuevo León ; plats

162-297 $M ; 13h30-23h lun-mer, 13h30-23h30 jeu-sam, 13h30-18h dim ; ; Chilpancingo). Ce séduisant bistrot fait la part belle aux produits de la mer bien frais. Essayez d'abord les *tostadas* au thon ou le carpaccio de marlin fumé, puis commandez la prise du jour grillée sur la braise.

La Capital MEXICAIN **$$$**

(Carte p. 88 ; 55-5256-5159 ; lacapitalrestaurante.com ; Av Nuevo León 137 ; plats 115-195 $M ; 13h30-minuit lun-mer, 13h30-1h jeu-sam, 13h30-18h dim ; ; Chilpancingo). Ce grand bistrot ne ressemble plus guère à une *cantina*, si ce n'est par les élégants uniformes et les matchs sportifs à la télévision. Dans une atmosphère chic mais décontractée, on déguste d'excellents plats traditionnels mexicains relevés d'une touche gastronomique. Essayez les remarquables tartines d'*atún fresca* ou les enchiladas au canard, accompagnées d'une margarita Capital dosée à la perfection.

Roma

El Parnita MEXICAIN **$**

(Carte p. 88 ; 55-5264-7551 ; www.elparnita.com ; Av Yucatán 84 ; tacos 25-38 $M, tortas 44-62 $M ; 13h30-18h mar-jeu et dim, 13h30-19h ven-sam ; ; Sonora). Ce qui n'était au départ qu'un petit étal de rue est aujourd'hui un incontournable de la scène culinaire de Roma. Ouvert uniquement au déjeuner, il joue l'atout de la simplicité et propose une carte réduite de recettes familiales, telles que la *carmelita* (tacos aux crevettes avec tortillas maison) et le taco *viajero* (à la viande de porc longuement mijotée). Réservez le samedi et le dimanche.

Panadería Rosetta BOULANGERIE **$**

(Carte p. 88 ; 55-5207-2976 ; www.rosetta.com.mx/panaderia ; Colima 179 ; pain 20-50 $M, sandwichs 52-115 $M ; 7h-20h lun-sam, 7h-18h dim ; ; Durango). De sublimes pains, croissants et sandwichs sortent tout frais chaque jour de cette petite boulangerie gérée par la cheffe Elena Reygadas, sœur du cinéaste mexicain Carlos Reygadas. Un comptoir permet de déguster sur place avec un café. Si la file d'attente vous décourage, essayez le Café NiN (p. 119), jolie filiale de la Zona Rosa.

Por Siempre Vegana Taquería VÉGAN **$**

(Carte p. 88 ; 55-3923-7976 ; www.facebook.com/porsiempreveganataqueria ; angle Manzanillo et Chiapas ; tacos 15 $M ; 13h-minuit lun-sam ; ; Sonora). Les végans ont droit à la cuisine de rue ! Ici, les tacos *al pastor*, *longaniza* et chorizo sont en version soja et gluten, que l'on garnit soi-même de pommes de terre, *nopales* (pousses de cactus), haricots et sauce. En dessert : gâteaux et crèmes glacées de Oaxaca sans produits laitiers.

Helado Obscuro GLACES **$**

(Carte p. 88 ; 55-5564-8945 ; www.heladoobscuro.com ; Córdoba 203 ; crème glacée 20-30 $M ; 11h-21h lun-mar, 11h-22h mer-sam, 11h-19h dim ; ; Dr Márquez). Certains se laisseront tenter par le “côté obscur” des crèmes glacées alcoolisées aux noms évocateurs, comme la “Mariachi en Bikini” au lait de coco, corrosol et mezcal, ou encore par des recettes à la tequila, au vin, au saké ou à la crème de whisky... Les plus raisonnables opteront pour les sages versions sans alcool. L'enseigne a ouvert une succursale dans le Mercado Roma.

♥ **El Hidalguense** MEXICAIN **$$**

(Carte p. 88 ; 55-5564-0538 ; Campeche 155 ; plats 90-240 $M ; 7h-18h ven-dim ; ; Campeche). Cette adresse familiale sert une délicieuse *barbacoa* (viande marinée) cuite lentement sur du bois de chêne dans une fosse creusée dans le sol, comme on le prépare dans le Hidalgo. Savourez un riche consommé ou du *queso asado* (fromage grillé aux herbes) en entrée, avant de commander des tacos. À arroser de pulque aux différentes saveurs. Paiement en espèces.

♥ **Broka Bistrot** FUSION **$$**

(Carte p. 88 ; www.brokabistrot.com ; Zacatecas 126 ; menu déj 165 $M, plats 155-255 $M ; 14h-minuit lun-sam, 13h30-18h dim ; ; Álvaro Obregón). Aménagé dans un joli patio caché, le Broka sert de succulents plats fusion euro-mexicains, comme l'assortiment de poisson et *nopal* aux tortillas de maïs bleu. Le menu du midi en semaine est si photogénique que les clients le relaient tous les jours sur Tweeter ; consultez le site Internet.

Bawa Bawa BARBECUE **$$**

(Carte p. 88 ; www.facebook.com/bawabawabbq ; Córdoba 128 ; plats 150-190 $M ; 12h-22h lun-mer, 12h-23h jeu-sam, 10h-19h dim ; ; Álvaro Obregón). Le barbecue est une institution à Mexico, et les plats façon texane du Bawa Bawa sont parmi les meilleurs de la capitale. Poitrine de porc et entrecôte tiennent le haut du pavé et peuvent être accompagnées de poitrine de bœuf, côtes de porc, poulet et garnitures. Les bières artisanales mexicaines en bouteille se marient parfaitement avec les viandes.

Lalo! PETIT-DÉJEUNER $$

(Carte p. 88 ; www.eat-lalo.com ; Zacatecas 173, Colonia Roma ; petit-déj 100-210 $M, déj et dîner 170-250 $M ; 8h-18h mar-dim ; ; Álvaro Obregón). Adresse appréciée pour le petit-déjeuner dans le quartier branché de Roma, Lalo fait référence au surnom du propriétaire et chef du Maximo Bistrot Local (ci-dessous), Eduardo Garcia. Les plats favoris comprennent les *huevos con chorizo* (œufs et saucisse mexicaine faite maison) et les œufs Bénédicte. Les joyeux dessins colorés qui couvrent les murs sont l'œuvre du graffeur belge Bue the Warrior.

♥ **Maximo Bistrot Local** EUROPÉEN $$$

(Carte p. 88 ; 55-5264-4291 ; www.maximo-bistrot.com.mx ; Tonalá 133 ; plats 350-900 $M ; 13h-17h et 19h-23h mar-sam, 13h30-16h dim ; Álvaro Obregón). Emblématique de la nouvelle scène gastronomique de Mexico, le Maximo Bistrot présente une carte toujours renouvelée affichant des compositions européennes et quelques recettes mexicaines. Les ingrédients frais et de saison sont à l'honneur, comme en témoignent les fleurs de courgette farcies au crabe, et la simplicité fait un retour remarqué avec les haricots blancs saupoudrés de parmesan. Le chef et propriétaire, Eduardo García, s'est formé au Pujol (ci-contre) sous la houlette du fameux Enrique Olvera. Réservation impérative.

♥ **Galanga Thai Kitchen** THAÏLANDAIS $$$

(Carte p. 88 ; 55-6550-4492 ; www.galanga-thaikitchen.com ; Guanajuato 202, Colonia Roma ; entrées 80-180 $M, plats 170-250 $M ; 13h-22h30 mar-sam, 13h-18h dim ; ; Álvaro Obregón). Sert des classiques comme le *tom yum* (soupe épicée et aigre), le gai *satay* (brochettes de poulet en sauce aux cacahuètes) et le pad thaï (nouilles et sauce au tamarin). Le Galanga concocte la cuisine thaïlandaise la plus authentique de Mexico. Réservez, car ce petit restaurant affiche vite complet. Tous les plats sont préparés à la demande par les propriétaires, un couple thaïlando-mexicain.

♥ **Contramar** PRODUITS DE LA MER $$$

(Carte p. 88 ; 55-5514-9217 ; www.contramar.com.mx ; Durango 200 ; hors-d'œuvre 85-229 $M, plats 179-327 $M ; 12h30-18h30 dim-jeu, 12h30-20h ven-sam ; P ; Durango). On se croirait vraiment en bord de mer dans cet élégant restaurant où le filet de thon maison – trempé dans une sauce au piment rouge et persil, et grillé à la perfection – n'a pas son pareil. La *tostada* au thon crémeux et tranches d'avocat fait aussi fureur. Réservation conseillée.

♥ **Los Loosers** VÉGAN $$$

(Carte p. 88 ; losloosers.com ; Sinaloa 236, Colonia Roma ; plats 140-200 $M ; 13h-21h mar-ven, 12h-21h sam, 12h-18h dim ; ; M Chapultepec). Cet excellent restaurant végan est une petite pépite à Mexico. Mariana Blanco, ancienne reporter devenue cheffe, fait légèrement évoluer la carte chaque jour avec des recettes conjuguant influences mexicaines et asiatiques, comme les ramen *chilaquiles* (nouilles japonaises dans une sauce relevée aux piments). Livraison gratuite à votre chambre d'hôtel via Facebook. Espèces uniquement.

Fonda Fina MEXICAIN $$$

(Carte p. 88 ; 55-5208-3925 ; www.fondafina.com.mx ; Medellín 79, Colonia Roma ; entrées 75-120 $M, plats 130-260 $M ; 13h-23h lun-mer, 13h-minuit jeu-sam, 13h-19h dim ; ; Álvaro Obregón). Dans cette "*fonda*", on ne choisit pas 3 plats sur un menu fixe. Le choix porte sur l'entrée que l'on accompagne d'une sauce et d'un plat. Parmi les entrées et plats les plus demandés, citons les *peneques rellenos de queso* (tortillas à la ricotta et à la sauce *mole* aux pépins de courge) et le *fideo seco con chilaquiles* (tranches de tortillas épicées sur lit de pâtes).

Bosque de Chapultepec et Polanco

Taquería El Turix YUCATÁN $

(Carte p. 92 ; Av Castelar 212 ; tacos 15 $M, tortas et panuchos 26 $M ; 11h-22h ; M Polanco). Cette *taquería* traditionnelle est une aubaine dans ce quartier réputé pour ses restaurants onéreux. Spécialité de la famille depuis 45 ans : la *cochinita pibil* (porc mariné). Garnissez votre taco ou votre *torta* (sandwich) avec des oignons marinés et une sauce piquante *habanero*, comme il est d'usage dans le Yucatán. Situé à 1,5 km au sud-ouest du métro Polanco.

♥ **Pujol** MEXICAIN $$$

(Carte p. 92 ; 55-5545-4111 ; www.pujol.com.mx ; Tennyson 133 ; menú degustación 1 840 $M ;

⏲13h30-22h30 lun-jeu, 13h30-23h ven-sam ; P ; M Polanco). Sans doute le meilleur restaurant gastronomique du Mexique. Le chef Enrique Olvera, très réputé, revisite à la manière contemporaine les classiques de la cuisine mexicaine dans cette élégante salle à la décoration moderne. La carte, régulièrement renouvelée, comporte un sensationnel *menú degustación*. Parmi les délices, citons le tamal grillé aux aubergines, l'*infladita langosta* (soufflé de maïs à la langouste) et l'ananas rôti à la cassonnade et à la coriandre.

Les réservations s'effectuent plusieurs semaines à l'avance.

♥ Quintonil MEXICAIN **$$$**

(Carte p. 92 ; ☎55-5280-1660 ; www.quintonil.com ; Newton 55 ; plats 390-650 $M, menú degustación 1 950 $M ; ⏲13h-16h30 et 18h30-22h lun-sam ; Wi-Fi ; M Polanco). Cet établissement moderne et novateur, inscrit sur la liste des 50 meilleurs restaurants du monde en 2015, 2016 et 2017, concocte des plats traditionnels mexicains repensés. Le chef Jorge Vallejo fait la part belle aux produits locaux et bio, particulièrement mis en valeur lorsqu'il fait fusionner bœuf Wagyu, pulque et piments séchés ou qu'il réalise de sublimes *tostadas* fumées au crabe. Réservation des semaines à l'avance.

Dulce Patria MEXICAIN **$$$**

(Carte p. 92 ; ☎55-3300-3999 ; www.dulcepatriamexico.com ; Anatole France 100, Colonia Polanco ; plats 300-450 $M ; ⏲13h30-23h30 lun-sam, 13h30-17h30 dim ; P Wi-Fi ; M Polanco). Ce restaurant lancé il y a quelques années par l'auteure de livres de cuisine Martha Ortiz est à la hauteur des ambitions de sa créatrice – ses classiques de la cuisine mexicaine réinventés sont délicieux : goûtez par exemple les enchiladas au *mole* garnies de bananes plantains.

San Ángel

Barbacoa de Santiago MEXICAIN **$**

(Carte p. 102 ; ☎55-5616-5983 ; Plaza San Jacinto 23, Colonia San Ángel ; tacos et flautas 30 $M ; ⏲9h-18h lun-ven, 9h-19h sam-dim ; 🚌La Bombilla). Une *taquería* sur la place pour manger rapidement à petit prix. L'endroit réussit de très bons *barbacoa* et *flautas ahogadas* (tacos frits que l'on trempe dans une sauce au piment et au pulque). Mini-succursale au Mercado Roma.

Cluny FRANÇAIS **$$**

(Carte p. 97 ; ☎55-5550-7350 ; www.cluny.com.mx ; Av de la Paz 57 ; plats 143-297 $M, menu 270 $M ; ⏲12h30-minuit lun-sam, 12h30-23h dim ; P Wi-Fi ; 🚌La Bombilla). Cuisine française sans prétention dans ce bistrot de galerie marchande en plein air : quiches, salades, crêpes. Desserts fameux et belles portions.

Taberna del León MEXICAIN **$$$**

(Carte p. 97 ; ☎55-5616-2110 ; www.tabernadelleon.rest ; Altamirano 46, Colonia San Ángel ; plats 240-495 $M ; ⏲13h30-23h30 lun-mer, 13h30-minuit jeu-sam, 13h30-18h dim ; P Wi-Fi ; 🚌Dr Gálvez). Monica Patiño fait partie de la nouvelle génération de femmes cheffes qui apportent une touche novatrice à la cuisine traditionnelle. Elle propose ici des spécialités de la mer, comme le *robalo a los tres chiles* (bar aux 3 piments) et le saumon norvégien avec son blini de maïs.

San Ángel Inn MEXICAIN **$$$**

(Carte p. 97 ; ☎55-5616-1402 ; www.sanangelinn.com ; Diego Rivera 50 ; petit-déj 90-160 $M, déj et dîner 205-395 $M ; ⏲7h-1h lun-ven, 8h-1h sam, 8h-22h dim ; P Wi-Fi 👪 ; 🚌Altavista). À côté du Museo Casa Estudio Diego Rivera y Frida Kahlo, on déguste dans les élégantes salles de cette belle hacienda historique une cuisine mexicaine classique. Les samedis et dimanches matin, des activités sont organisées pour les enfants dans le jardin à l'arrière – l'occasion pour les parents de siroter une margarita en toute quiétude.

Montejo Sureste YUCATÁN **$$$**

(Carte p. 97 ; ☎55-5550-1366 ; Av de la Paz 16, Colonia San Ángel ; plats 155-275 $M ; ⏲13h-minuit lun-sam, 13h-19h dim ; P Wi-Fi ; 🚌La Bombilla). Dans une rue pavée bordée de restaurants, cette discrète table du Yucatán sert des spécialités régionales comme la *sopa de lima* (soupe au citron vert), la *cochinita pibil* (porc mariné) ou encore les *papadzules* (tortillas farcies d'œufs durs coupés baignant dans une sauce aux graines de courge).

Ciudad Universitaria

Azul y Oro MEXICAIN **$$$**

(☎55-5622-7135 ; www.azul.rest ; Centro Cultural Universitario ; plats 160-330 $M ; ⏲10h-18h lun-mar, 10h-20h mer-sam, 9h-19h dim ; P Wi-Fi ; 🚌Centro Cultural Universitario). Ricardo Muñoz sillonne le Mexique à la recherche de recettes traditionnelles qu'il revisite à la perfection, tels ces chaussons farcis au canard servis nappés de *mole negro* et ce *pescado tikin xic* (mérou préparé avec des bananes plantains et des lanières de tortilla). Le chef a ouvert une autre enseigne dans le centre (p. 118).

Coyoacán

Super Tacos Chupacabras TACOS $
(Carte p. 102 ; angle Av Río Churubusco et México ; tacos 12 $M ; 24h/24 ; Coyoacán). Le "suceur de chèvres", créature mythique de la culture mexicaine, du genre vampire, a donné son nom à cette célèbre *taquería* installée sous un toboggan routier. Les tacos au bœuf et à la saucisse sont fameux, et la spécialité maison est le *chupa*, garni de plusieurs sortes de viandes et comportant, selon la légende, pas moins de 127 ingrédients (gardés secrets). Servez-vous d'oignons grillés, de *nopales*, de haricots et d'autres savoureuses garnitures.

Churrería de Coyoacán DESSERTS $
(Carte p. 102 ; Allende 38 ; sachet de 4 churros à partir de 10 $M ; 9h-23h lun-sam ; Coyoacán). Les meilleurs beignets de Coyoacán. Joignez-vous à la file d'attente pour acheter des churros, nature ou au chocolat, puis offrez-vous un café au Café El Jarocho (juste à côté ; p. 129).

La Casa del Pan Papalotl VÉGÉTARIEN $
(Carte p. 102 ; 55-3095-1767 ; www.casadelpan.com ; Av México 25 ; petit-déj 95 $M, déj et dîner 60-95 $M ; 8h-22h lun-ven ; ; Coyoacán). Ce restaurant végétarien très prisé attire une foule de fidèles au petit-déjeuner avec ses plats bio à base d'œufs, son *chilaquiles* (lanières de tortilla servies avec une sauce) et son pain frais. Au déjeuner, les lasagnes aux fleurs de courgettes, champignons et piment *poblano* font fureur.

Mercado de Antojitos MARCHÉ $
(Carte p. 102 ; Higuera 6 ; pozoles 70 $M ; 10h-23h ; Coyoacán). Près de la place principale de Coyoacán, on peut se régaler de toutes sortes d'en-cas : quesadillas frites, *pozoles* et *esquites* (épis de maïs bouillis avec de la mayonnaise). Repérez le stand "Pozole Estilo Michoacán".

El Kiosko de Coyoacán GLACES $
(Carte p. 102 ; Plaza Hidalgo 6 ; 25 $M la boule ; 9h-minuit ; ; Coyoacán). L'incontournable halte du week-end pour ses crèmes glacées et sorbets maison aux multiples saveurs, de la mangue pimentée au *maracuya* (fruit de la passion).

Corazón de Maguey MEXICAIN $$$
(Carte p. 102 ; 55-5659-3165 ; www.corazondemaguey.com ; Jardín Centenario 9A ; plats 175-330 $M ; 12h30-1h lun-jeu, 12h30-2h ven, 9h-2h sam, 9h-minuit dim ; ; Coyoacán). Ce joli restaurant propose des spécialités des régions productrices du fameux breuvage, par exemple des poivrons farcis du Querétaro (*chile ancho*), des *tlayudas* (grandes tortillas repliées sur divers ingrédients) du Oaxaca et de la langue de bœuf au *mole* rouge, un plat du Puebla. C'est aussi un excellent endroit pour déguster de bons mezcals.

Los Danzantes MEXICAIN $$$
(Carte p. 102 ; 55-5554-1213 ; www.losdanzantes.com ; Jardín Centenario 12 ; plats 195-370 $M ; 12h30-23h lun-jeu, 9h-1h ven-sam, 9h-22h dim ; ; Coyoacán). Une cuisine traditionnelle mexicaine pimentée de touches contemporaines avec des plats comme les raviolis au *huitlacoche* (champignon poussant sur le maïs) accompagnés d'une sauce *poblana*, le poulet bio au *mole* noir ou la *hoja santa* (le "poivre mexicain", une plante aromatique) garnie de fromage et de piments *chipotle*. À déguster aussi : le mezcal produit par la fameuse distillerie du restaurant. Nouvelle option végétarienne tous les lundis.

Tlalpan

La Voragine ITALIEN $$
(55-2976-0313 ; Madero 107, Colonia Tlalpan ; plats 80-120 $M, pizzas 135-245 $M ; 13h-2h mar-sam, 13h-minuit dim ; ; Fuentes Brotantes). Tenue par un sympathique couple, cette pizzeria/bar décorée de fresques murales sert de savoureux *manicotti*, pizzas, et *fungi trifolati* (champignons flambés en sauce au vin blanc). On peut aussi simplement s'arrêter pour boire une bière artisanale mexicaine dans le patio ensoleillé à l'étage. À un demi-pâté de maisons au nord de la place principale de Tlalpan.

Colonia del Valle et ses environs

El Rey de las Ahogadas MEXICAIN $
(www.elreydelasahogadas.com ; Av Coyoacán 360, Colonia del Valle ; flautas 17-19 $M ; 11h-minuit lun-jeu, 11h-1h ven-sam, 11h-23h dim ; Poliforum). Garniture au choix pour les *flautas*, des tacos roulés et frits : haricots frits, fromage, bœuf

effiloché, poulet, pommes de terre ou porc mariné. Le tout complété de fromage râpé et d'oignon émincé et servi avec une portion de *salsa verde* relevée. Les *flautas* sont un en-cas incontournable à Mexico, mais peu sont aussi délicieusement croustillantes et épicées que celles d'El Rey (le Roi).

Fonda Margarita MEXICAIN $

(☎55-5559-6358 ; www.fondamargarita.com ; Adolfo Prieto 1354, Colonia Tlacoquemécatl del Valle ; plats 43-61 $M ; ⌚5h30-12h mar-dim ; 📶 ; 🚌Parque Hundido). Un lieu idéal pour se remettre de soirées trop arrosées – cet humble établissement au toit de tôle propose de bons plats roboratifs comme la *longaniza en salsa verde* (saucisse en sauce verte) et des *frijoles con huevo* (haricots avec un œuf). La *fonda* est à côté de la Plaza Tlacoquemécatl, à 6 pâtés de maisons à l'est de l'Avenida Insurgentes. Il y a souvent la queue, mais on avance vite.

Où prendre un verre et faire la fête

Cafés, bars et *cantinas* font partie intégrante du paysage de la capitale. Les *cantinas* sont de petits bistrots traditionnels aux tables toutes simples, équipés d'un long bar, où officient des serveurs de la vieille école.

Centro histórico

♥ Hostería La Bota BAR

(Carte p. 68 ; ☎55-5709-9016 ; www.facebook.com/labotacultubar ; San Jerónimo 40 ; ⌚13h30-minuit dim-mar, 13h30-2h mer-jeu, 12h-3h ven-sam ; 📶 ; Ⓜ Isabel La Católica). *Cerveza*, cocktails de mezcal, pizzas goûteuses et tapas sont servis au milieu d'un incroyable bric-à-brac de souvenirs en lien avec la corrida et d'objets recyclés. Un pourcentage de votre addition sert à financer des projets artistiques locaux.

Cantina Tío Pepe BAR

(Carte p. 68 ; Independencia 26 ; ⌚12h-23h lun-sam ; Ⓜ San Juan de Letrán). Une adresse incontournable si vous faites la tournée des *cantinas* du centre-ville, le Tio Pepe est l'un des bars les plus anciens et les plus traditionnels dc la ville. Au cours de quelque 140 ans d'histoire mouvementée, d'influents politiciens et de célèbres artistes y ont bu des bières et de la tequila. On dit que c'est la "*cantina* bon marché" qui apparaît dans le *Junky* de William Burroughs.

Talismán de Motolinía BAR

(Carte p. 68 ; www.facebook.com/talisman-demotolinia ; Motolinía 31, Colonia Centro ; ⌚13h-minuit dim-mer, 13h-2h jeu-sam ; 📶 ; Ⓜ Allende). Dans cette *mezcalería* du centre-ville, on sert un puissant mezcal depuis le magnifique bar aux allures de talisman. Musique live tous les soirs, avec des groupes, des DJ ou des sessions micro ouvert. Des dégustations de mezcal animées par un expert ont généralement lieu le mercredi à 20h, et des en-cas bon marché du Oaxaca sont toujours disponibles pour les petites faims.

Salón Corona BRASSERIE

(Carte p. 68 ; ☎55-5512-5725 ; www.saloncorona.com.mx ; Bolívar 24 ; ⌚10h30-2h ; Ⓜ Allende). Fort affables, les serveurs apportent des *tarros* (pintes) de *cerveza de barril* (pression) blonde ou brune, dans cette grande brasserie animée. L'endroit rêvé pour vibrer aux côtés des Mexicains devant un match de football à la télé.

Bar La Ópera BAR

(Carte p. 68 ; ☎55-5512-8959 ; www.barlaopera.com ; Av 5 de Mayo 10 ; ⌚13h-minuit lun-sam, 13h-18h dim ; Ⓜ Allende). Avec ses box en noyer et son plafond cuivré (transpercé, dit-on, par une balle tirée par Pancho Villa), ce bar de la fin du XIXe siècle demeure un bastion de la tradition. Restauration un peu chère.

Bar Mancera BAR

(Carte p. 68 ; ☎55-5521-9755 ; Venustiano Carranza 49 ; ⌚14h-23h lun-jeu, 14h-2h30 ven-dim ; 🚌 República del Salvador). Avec ses boiseries sculptées et ses tables à dominos patinées, cet ancien club plus que centenaire a conservé tout son caractère. Les habitués savent ce qu'il y a de meilleur : le mezcal et la tequila, ainsi que les classiques tels le gin tonic ou le Campari-orange.

Downtown Mexico BAR

(Carte p. 68 ; ☎55-5282-2199 ; www.downtownmexico.com ; Isabel La Católica 30 ; ⌚10h-23h dim-jeu, 10h-2h ven-sam ; 📶 ; Ⓜ Zócalo). Le bar lounge du toit-terrasse du boutique-hôtel Downtown Mexico est un endroit très prisé pour prendre un verre. Le soir, des fêtes sont parfois organisées autour de la piscine, avec open bar et DJ.

Café Jekemir CAFÉ

(Carte p. 68 ; ☎55-5709-7086 ; www.cafejekemir.com ; Isabel La Católica 88 ; ⌚8h-21h lun-sam ; 📶 ; Ⓜ Isabel La Católica). Tenue par une famille de négociants en café d'Orizaba, cette ancienne boutique est devenue un établissement très apprécié, qui sert de bons cafés de Veracruz et d'excellents en-cas libanais.

Zona Rosa et ses environs

Jardín Chapultepec BEER GARDEN
(Carte p. 84 ; www.facebook.com/jardinchapultepecmx ; Av Chapultepec 398, Colonia Roma ; 13h-22h mar-jeu, 13h-23h ven, 11h-23h sam, 11h-22h dim ; ; M Insurgentes). Le *beer garden* le plus fréquenté de Mexico sert des bières artisanales mexicaines houblonnées et des burgers délicieusement grillés. Peut-être devrez-vous partager une table de pique-nique dans le jardin toujours bondé, mais l'instant n'en est que plus convivial. C'est l'un des rares établissements où fumer est encore autorisé.

Crisanta BAR
(Carte p. 78 ; 55-5535-6372 ; www.crisantamx.com ; Av Plaza de la República 51 ; 13h-22h lun-mer, 13h-2h jeu-ven, 10h-2h sam, 11h-19h dim ; ; Plaza de la República). Dans un pays où deux brasseries contrôlent environ 98% du marché, Crisanta se démarque en fabriquant sa propre *porter* et sert des bières artisanales mexicaines et étrangères. Des groupes de jazz se produisent un vendredi et un samedi sur deux, et la salle du fond accueille des expositions. Mobilier ancien et grandes tables en bois.

Café La Habana CAFÉ
(Carte p. 78 ; 55-5535-2620 ; Av Morelos 62 ; 7h-23h dim-jeu, 7h-1h ven-sam ; ; Expo Reforma). Ce café est le rendez-vous des écrivains et des journalistes, qui s'attardent des heures devant un *café americano*. Fidel Castro et Che Guevara y auraient échafaudé des plans pour la révolution cubaine, et c'est aussi là que Gabriel García Márquez aurait écrit une partie de *Cent ans de solitude*.

Condesa

Chiquitito CAFÉ
(Carte p. 88 ; 55-5211-6123 ; www.chiquititocafe.com ; Alfonso Reyes 232 ; 7h30-19h30 lun-sam, 9h-17h dim ; ; M Chilpancingo). Les cafés ne manquent pas dans Condesa, mais bien peu savent tirer la quintessence du divin breuvage. Petit par la taille, le Chiquitito, lui, est le prince des arômes du café de Veracruz !

Felina BAR À COCKTAILS
(Carte p. 88 ; 55-5277-1917 ; Ometusco 87 ; 18h-2h mar-sam ; ; M Chilpancingo). Ce bar établi de longue date, avec son papier peint psychédélique et ses fauteuils vintage, a atteint une certaine maturité. Aujourd'hui, le fond sonore n'est pas trop envahissant, les cocktails sont fabriqués avec des ingrédients naturels – façon baies de genévrier dans le gin – et la clientèle, éprise de soirées lounge, sait travailler son look tout en décontraction.

Pastelería Maque CAFÉ
(Carte p. 88 ; 55-2454-4662 ; Ozuluama 4 ; 8h-22h lun-sam, 8h-21h dim ; Campeche). Un café-boulangerie de style parisien proche du Parque México, où la faune huppée de Condesa se donne rendez-vous pour un café le matin, et pour un Irish coffee le soir. Les serveurs passent avec des plateaux de croissants chauds et de *conchas* (viennoiseries rondes saupoudrées de sucre).

Condesa df BAR
(Carte p. 88 ; 55-5241-2600 ; www.condesadf.com ; Veracruz 102 ; 14h-23h dim-mer, 14h-1h jeu-sam ; ; M Chapultepec). Le bar de cet hôtel tendance est devenu un incontournable du quartier de Condesa. Sur le toit-terrasse, les clients se prélassent dans de grands canapés en rotin en profitant de la vue sur le Parque España.

Enhorabuena Café CAFÉ
(Carte p. 88 ; www.enhorabuenacafe.com ; Atlixco 13 ; café 30-58 $M ; 8h-20h lun-sam ; ; Sonora). Le Mexique est un grand producteur de café, pourtant, peu de baristas maîtrisent leur art comme ceux de l'Enhorabuena. Bien sûr, le cappuccino est un peu plus cher, mais il s'agit ici de café de grand cru du plateau de Veracruz. Gâteaux et sandwichs à la hauteur.

Flora Lounge BAR
(Carte p. 88 ; Michoacán 54, angle Av Nuevo León ; 9h-minuit lun-mer, 9h-1h jeu et sam, 9h-2h ven ; Campeche). Les bars ne manquent pas à Condesa, mais le Flora Lounge trouve le bon équilibre entre cocktails et boissons de qualité à prix raisonnable, et une agréable ambiance de bistrot décontracté. Excellente sélection de plats mexicains et internationaux.

Salón Malafama BAR
(Carte p. 88 ; www.salonmalafama.com.mx ; Av Michoacán 78 ; table de billard 100 $M/

À NE PAS MANQUER

LA RENAISSANCE DU MEZCAL ET DU PULQUE

Longtemps considéré comme un parent pauvre rustique de la tequila, cet alcool élaboré à partir de différentes variétés d'agave a fini par gagner ses lettres de noblesse au cours des dernières années. De nombreux bars de la capitale servent aujourd'hui du mezcal à une clientèle d'amateurs éclairés.

La *pulquería* est un débit de boissons plus modeste, ancré dans l'ancienne tradition mexicaine. On y boit du pulque (un alcool préhispanique fermenté). Ces établissements connaissent un regain d'intérêt auprès des jeunes *chilangos* qui redécouvrent le plaisir de partager un pichet de ce breuvage laiteux.

Mezcalerías

Mano Santa Mezcal (carte p. 88 ; 55-6585-4354 ; Av Insurgentes Sur 219 ; 18h-2h mar-mer, 16h-2h jeu-sam, 18h-minuit dim ; Durango). L'ambiance décontractée façon école d'art, et surtout le mezcal, bon marché et de qualité, attirent une foule de clients jeunes et branchés le week-end.

Alipús (www.alipus.com ; Guadalupe Victoria 15, Colonia Tlalpan ; 12h30-23h lun-mar, 12h30-minuit mer, 12h30-1h jeu, 9h-1h ven-sam, 9h-23h dim ; Fuentes Brotantes). Créés par les fabricants de deux marques de mezcal bien connues du Oaxaca, Alipús et Los Danzantes, ce charmant bar de Tlalpan et sa succursale chic, Condesa (55-5211-6845 ; www.alipus.com/alipuscondesa ; Aguascalientes 232 ; 13h-23h30 lun-jeu, 13h-1h ven-sam, 14h-20h dim ; M Chilpancingo), proposent l'un des meilleurs mezcals de tout le pays (le Danzantes Pechuga Roja), ainsi que d'excellents *antojitos* (en-cas).

La Clandestina (carte p. 88 ; Álvaro Obregón 298, Colonia Roma ; 18h-minuit lun-sam ; Álvaro Obregón). Conçue sur le modèle d'une petite échoppe familiale de campagne, la Clandestina propose une carte détaillant le procédé de fabrication des mezcals disposés dans des jarres sur de hauts rayonnages. Fidèle à son nom, elle ne possède qu'une petite enseigne extérieure, seulement connue des initiés.

Bósforo (carte p. 78 ; Luis Moya 31, angle Independencia ; 18h-minuit mar-sam ; M Juárez). Derrière la devanture quelconque de la plus sympathique *mezcalería* de la ville vous attendent des mezcals de premier choix, une cuisine de bar délicieuse, le tout à déguster sur fond de musiques éclectiques dans un cadre sombre et décontracée.

Pulquerías

Pulquería Los Insurgentes (carte p. 88 ; www.facebook.com/pulqueriainsurgentes ; Av Insurgentes Sur 226 ; 14h-1h lun-mer, 13h-3h jeu-sam ; Durango). Témoignant de la renaissance du pulque dans la capitale, cette maison à 3 étages datant du Porfiriat ne plaira peut-être pas aux puristes. Au programme : concerts, sets de DJ et boissons alcoolisées autres que le pulque.

Pulquería La Botijona (Av Morelos 109 ; 10h-22h ; Xochimilco). Cette institution – un grand bâtiment vert près de la gare ferroviaire – est tenue par une famille accueillante. De grands récipients à pulque en plastique sont alignés sur les étagères.

Pulquería El Templo de Diana (55-5653-4657 ; Madero 17, angle Calle 5 de Mayo ; 10h-21h ; Xochimilco). Une clientèle de tous âges franchit la porte de cette *pulquería* rustique, à un pâté de maisons à l'est du marché principal, le Mercado de Xochimilco, pour siroter de grandes pintes. Le pulque y arrive tous les jours de l'État de Hidalgo, pour être mélangé avec art à des parfums tels que nescafé, *pistachio* (pistache) et *piñon* (pignons).

heure ; 13h-minuit dim-lun, 13h-1h mar-mer, 13h-2h jeu-sam ; ; Campeche). L'élégante salle de billard de Condesa fait aussi office de bar et de galerie de photos d'art. Les jeux de plateau, les plats de *diner* américain et les réductions sur les boissons et le billard lors de l'happy hour attirent des groupes d'amis. Experts et novices se côtoient autour des tables. Espèces uniquement.

El Centenario CANTINA

(Carte p. 88 ; 55-5553-5451 ; Vicente Suárez 42 ; 12h-1h lun-mer, 12h-2h jeu-sam ; ; Campeche). Décorée en hommage à la tauromachie, cette sombre *cantina* au carrelage usé et aux arches en briques préserve la tradition dans ce quartier de bars et de restaurants modernes. On vient ici, en toute décontraction, pour entamer la soirée en profitant de la bière, du mezcal, de la tequila et du rhum à prix raisonnables.

Black Horse PUB

(Carte p. 88 ; 55-5211-8740 ; www.caballonegro.com ; Mexicali 85 ; 18h-2h30 mar-sam ; ; Patriotismo). Excellent endroit pour assister aux matchs de football retransmis à la TV, ce pub anglais, où se retrouve une clientèle internationale, programme de bons groupes de funk, de jazz et de rock indé. Consultez les événements sur le site Internet.

Pata Negra Condesa BAR

(Carte p. 88 ; 55-5211-5563 ; www.patanegra.com.mx ; Av Tamaulipas 30 ; 13h30-2h ; ; Campeche). Bar à tapas tout en longueur apprécié d'une jeune et sympathique clientèle de Mexicains et d'expatriés. Le samedi des groupes jouent du *son jarocho*, une musique originaire de Veracruz. En semaine, on entend généralement du jazz, de la salsa et du funk.

Roma

Casa Franca BAR À COCKTAILS

(Carte p. 88 ; 55-5533-8754 ; www.facebook.com/lacasamerida109 ; Mérida 109 ; 17h-1h mar-mer, 17h-2h jeu-sam ; ; Jardín Pushkin). Situé à l'étage, ce bar très sympathique aux allures de labyrinthe a plus d'un tour dans son sac : concerts de jazz dans un salon intimiste, balcon dominant les lumières scintillantes d'Álvaro Obregón et recoins tamisés pour siroter des cocktails dans une sympathique ambiance lounge.

Traspatio BEER GARDEN

(Carte p. 88 ; www.faceook.com/traspatiomx ; angle Córdoba et Colima ; 13h30-minuit mar-mer, 13h20-2h jeu-sam, 13h-22h dim ; ; Durango). Si un barbecue dans une arrière-cour en pleine ville vous tente, installez-vous dans ce *beer garden*, où il fait bon discuter avec des amis devant une bière ou un mezcal en grignotant un *choripán* (saucisse grillée servie dans un morceau de pain), une darne de thon ou un burger au champignon portobello.

Quentin Café CAFÉ

(Carte p. 88 ; 55-7096-9968 ; www.facebook.com/quentincafemx ; Álvaro Obregón 64 ; 8h-22h dim-mer, 8h-23h jeu-sam ; ; Jardín Pushkin). Les baristas décontractés du Quentin prennent le café au sérieux, qu'il soit filtré, allongé ou serré. Les grains viennent du Mexique et du monde entier. Cet établissement compte parmi les meilleurs de la capitale pour le café, et si l'endroit est minuscule, vous pourrez quand même y caser votre ordinateur portable.

Pan y Circo BAR

(Carte p. 88 ; 55-6086-4291 ; www.facebook.com/panycircomxdf ; Álavaro Obregón 160, Colonia Roma ; 13h-2h lun-sam, 13h-minuit dim ; ; Álavaro Obregón). Adresse de la nuit du quartier tendance de Roma, ce bar sur 3 niveaux est parfait pour se détendre autour d'un verre de mezcal ou d'un cocktail, surtout en semaine quand la foule est moins dense. Le 2e niveau accueille des concerts les jeudis soir dans le patio, tandis que le dernier étage offre un bar en *terraza* apprécié des fumeurs. Consultez la page Facebook pour connaître l'agenda de la semaine.

La Chicha BAR

(Carte p. 88 ; 55-5574-6625 ; Orizaba 171 ; 11h-minuit lun-mer, 13h-2h jeu-sam ; ; Hospital General). Avec son bon dosage de décor mexicain vintage, d'ambiance rock, d'en-cas (avec options végétariennes), le tout arrosé de mezcal et de bière, ce bar fait le plein, mais conserve un volume sonore modéré. Une adresse, parmi d'autres de plus en plus nombreuses, qui joue la carte de la décontraction branchée dans l'enclave huppée d'Álvaro Obregón – dommage que le personnel soit un peu trop attentif à prendre la pose...

Cantina Covadonga CANTINA

(Carte p. 84 ; www.banquetescovadonga.com.mx ; Puebla 121 ; 13h-3h lun-ven, 14h-3h sam ; Insurgentes). Résonnant du claquement des dominos, ce vieil établissement asturien est par tradition le fief des hommes, mais la jeunesse branchée des deux sexes commence à fréquenter cette chasse gardée.

La Bodeguita del Medio BAR
(Carte p. 88 ; ☎55-5553-0246 ; www.labodeguitadelmedio.com.mx ; Cozumel 37 ; ⏲13h30-2h lun-sam, 13h30-0h30 dim ; Ⓜ Sevilla). Antenne animée du célèbre bar de La Havane, aux murs couverts de messages. Commandez un mojito, et profitez des excellents groupes de *son cubano*.

Maison Française de Thé Caravanseraï MAISON DE THÉ
(Carte p. 88 ; ☎55-2803-1170 ; www.caravanserai.com.mx ; Orizaba 101 ; ⏲11h-21h ; 📶 ; 🚌 Álvaro Obregón). Ce salon de thé à la française, teinté d'orientalisme, affiche plus de 170 mélanges savoureux. Les clients se détendent sur de confortables canapés pour déguster leur breuvage, servi sur des plateaux en argent.

Los Bisquets Obregón CAFÉ
(Carte p. 88 ; ☎55-5584-2802 ; bisquetsobregon.com ; Álvaro Obregón 60 ; ⏲7h-22h30 dim-jeu, 7h-23h ven-sam ; 📶 ; 🚌 Álvaro Obregón). Les familles mexicaines accourent dans ce café pittoresque pour le *pan dulce* (pain au lait) et le *café con leche*, servi dans deux pichets, à la mode de Veracruz.

Polanco

Fiebre de Malta BAR À BIÈRES
(Carte p. 92 ; ☎55-5531-6826 ; www.fiebredemalta.com ; Av Presidente Masaryk 48, Colonia Polanco ; ⏲10h-1h dim-mar et jeu, 10h-2h mer, ven et sam ; 📶 ; Ⓜ Polanco). Précurseur de l'engouement pour la bière artisanale à Mexico, le Fiebre de Malta offre plus de 30 bières pression, des IPA houblonnées aux Hefeweizen à l'allemande. La carte détaille le caractère de chaque bière, y compris son origine et ses arômes. Ce grand bar à bières sert aussi des plats de brasserie.

Área BAR À COCKTAILS
(Carte p. 92 ; ☎55-5282-3100 ; www.hotelhabita.com ; Av Presidente Masaryk 201 ; ⏲19h-2h ; 📶 ; Ⓜ Polanco). Sur le toit de l'Hábita Hotel, ce lounge en plein air sert des cocktails exotiques à déguster en admirant la vue sur la ville, ou en regardant les vidéos projetées sur le mur du bâtiment voisin.

San Ángel

La Camelia BAR
(Carte p. 97 ; ☎55-5615-5643 ; www.facebook.com/lacamelia.cantabar ; Madero 3 ; ⏲12h-20h dim-jeu, 12h-2h ven-sam ; 🚌 La Bombilla). Ce restaurant-*cantina* draine une foule de célébrités mexicaines depuis 1931, comme l'attestent les multiples photos aux murs. Les vendredis et samedis, profitez des soirées karaoké… en puisant, si besoin, votre courage dans un verre de tequila ou de *cerveza mexicana*.

Coyoacán

♥ **La Bipo** BAR
(Carte p. 102 ; ☎55-5484-8230 ; Malintzin 155 ; ⏲12h-minuit dim-mar, 12h-2h ven-sam ; 📶 ; Ⓜ Coyoacán). Cette *cantina* très courue joue la carte kitsch de la culture populaire mexicaine, avec panneaux muraux façonnés à partir de cageots en plastique et de seaux en fer-blanc pour abat-jour. Les en-cas mexicains de la carte sont de qualité variable. Des DJ officient à l'étage du mercredi au samedi.

Cantina La Coyoacana CANTINA
(Carte p. 102 ; lacoyoacana.com ; Higuera 14 ; ⏲13h-minuit dim-mer, 13h-1h45 jeu-sam ; 📶 ; Ⓜ Coyoacán). Passé les portes battantes type saloon de cet établissement traditionnel, dirigez-vous vers le patio où des mariachis jouent leur sérénade.

El Hijo del Cuervo BAR
(Carte p. 102 ; ☎55-5658-7824 ; www.elhijodelcuervo.com.mx ; Jardín Centenario 17 ; ⏲15h-minuit lun, 13h-0h30 mar-sam, 12h-minuit dim ; Ⓜ Coyoacán). Institution de Coyoacán, ce bar aux murs de pierre du Jardín Centenario est un rendez-vous de la scène culturelle locale. Groupes de rock et de jazz les mardis, mercredis et jeudis soir.

Café El Jarocho CAFÉ
(Carte p. 102 ; ☎55-5658-5029 ; www.cafeeljarocho.com.mx ; Cuauhtémoc 134 ; ⏲6h30-1h dim-jeu, 6h30-2h ven-sam ; Ⓜ Coyoacán). Cet établissement très populaire prépare mille et un cafés venus de Veracruz, à siroter debout dans la rue ou assis sur les bancs métalliques du trottoir. Une seconde **enseigne** (carte p. 102 ; Av México 25C ; ⏲6h-23h ; Ⓜ Coyoacán), située à quelques pâtés de maisons au nord-ouest du Jardín Centenario, dispose de sièges.

Tlalpan

La Jalisciense BAR
(☎55-5573-5586 ; Plaza de la Constitución 7 ; ⏲12h-23h30 lun-sam ; 🚌 Fuentes Brotantes). Ouverte en 1870, La Jalisciense est la plus

ancienne *cantina* de Mexico : une bonne raison d'entrer pour goûter l'une des nombreuses tequilas. Les petites *tortas* valent le détour.

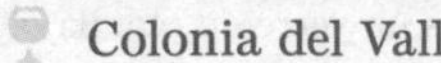

Colonia del Valle

Passmar CAFÉ

(55-5669-1994 ; cafepassmar.com ; Adolfo Prieto s/n, local 237, angle Av Coyoacán ; 7h-19h30 ; ; Amores). Au Passmar, le café est une chose sérieuse. La preuve ? Regardez comment on présente le cappuccino ici. Situé dans le Mercado Lázaro Cárdenas, à un bloc et demi au sud-ouest de la station de *metrobús* Amores.

☆ Où sortir

Il se passe tant de choses chaque soir à Mexico qu'il est impossible de se tenir informé de tout.

Cinéma

Mexico est un paradis pour les amateurs de cinéma, avec des séances en plein air, des festivals, des salles d'art et d'essai, des films à gros budget… et une industrie nationale florissante. Le prix du billet tourne autour de 60 $M dans les salles commerciales (tarif réduit dans de nombreux cinémas le mercredi). À l'exception de ceux destinés au jeune public, les films sont généralement projetés en version originale sous-titrée en espagnol. Vous trouverez les programmes quotidiens dans *El Universal* et *La Jornada*.

Cineteca Nacional CINÉMA

(Carte p. 102 ; 55-4155-1200 ; www.cinetecanacional.net ; Av México-Coyoacán 389, Colonia Xoco ; ; M Coyoacán). Hôte chaque année en novembre de la Muestra Internacional de Cine, ce complexe à l'architecture intéressante offre 10 écrans pour la projection de films d'art et d'essai mexicains et étrangers. D'octobre à mars, des séances en plein air gratuites sont organisées dans le jardin herbeux à l'arrière, à la tombée de la nuit.

À l'intérieur, La Galería de la Cineteca Nacional, dédiée au cinéma mexicain, propose des expositions sur le cinéma international.

Cine Tonalá CINÉMA

(Carte p. 88 ; www.cinetonala.com ; Tonalá 261 ; ; Campeche). Ce petit lieu branché accueille cinéma indépendant, spectacles comiques et concerts.

Cinemex Casa de Arte CINÉMA

(Cinemex Reforma ; carte p. 84 ; 55-5257-6969 ; www.cinemex.com ; Río Guadalquivir 104 ; M Insurgentes). Films d'art et d'essai.

Cinemex Real CINÉMA

(Carte p. 78 ; 55-5257-6969 ; www.cinemex.com ; Colón 17 ; M Hidalgo). Cette succursale du Cinemex projette des productions hollywoodiennes et, de temps à autre, les films mexicains à succès.

Cinépolis Diana CINÉMA

(Carte p. 84 ; 55-5511-3236 ; www.cinepolis.com.mx ; Paseo de la Reforma 423 ; M Sevilla). Films commerciaux ou présentés lors de festivals internationaux, souvent en langue originale avec sous-titres en espagnol.

Filmoteca de la UNAM CINÉMA

(55-5704-6338 ; www.filmoteca.unam.mx ; Av Insurgentes Sur 3000 ; Centro Cultural Universitario). Deux cinémas du Centro Cultural Universitario qui passent des films tirés d'une collection de plus de 43 000 titres.

Danse, musique classique et théâtre

Nombreuses, les scènes de Mexico donnent de multiples représentations (spectacles souvent gratuits) : concerts, opéra, danse classique et contemporaine, théâtre, y compris dans les musées comme le Museo de la Secretaría de Hacienda y Crédito Público (p. 66) et le Museo de la Ciudad de México (p. 77). Le Conseil national des arts (www.mexicoescultura.com) propose un récapitulatif des manifestations sur son site Internet.

Si vous comprenez l'espagnol, vous pourrez assister à l'une des nombreuses représentations théâtrales. Consultez le site de **Mejor Teatro** (www.mejorteatro.com) pour la programmation des principaux théâtres.

♥ **Patrick Miller** DANSE

(carte p. 84 ; 55-5511-5406 ; www.facebook.com/PatrickMillerMX ; Mérida 17 ; 30 $M ; 22h-3h ven ; M Insurgentes). Fondée par le légendaire DJ de Mexico Patrick Miller, cette discothèque attire des oiseaux de nuit assez extraordinaires, des nostalgiques des années 1980 aux travestis dans de folles tenues colorées. Le vendredi, la scène devient électrique lorsque la piste se remplit et que les habitués viennent improviser après le travail des danses dignes de *La Fièvre du samedi soir* !

Salón Los Ángeles DANSE
(☎55-5597-5181 ; www.salonlosangeles.mx ; Lerdo 206, Colonia Guerrero ; ⏲18h-23h mar et 17h-23h dim ; Ⓜ Tlatelolco). Les amateurs de musique et de danse pourront écouter d'excellents orchestres et regarder les évolutions gracieuses des danseurs dans l'immense salle. Le dimanche, on joue de la salsa et de la *cumbia* (musique venue de Colombie). Le mardi, le swing et le *danzón* rassemblent une assistance un peu plus âgée. Le dancing se situe dans la Colonia Guerrero, un quartier un peu sinistre – prenez un taxi autorisé.

Des cours de danse de 2 heures sont dispensés le lundi à 18h et le mardi à 16h.

Palacio de Bellas Artes ARTS DE LA SCÈNE
(Carte p. 68 ; www.inba.gob.mx ; Av Hidalgo 1 ; ⏲guichet 11h-19h ; Ⓜ Bellas Artes). L'Orquesta Sinfónica Nacional ainsi que de prestigieuses troupes d'opéra se produisent sur la scène du somptueux théâtre du Palacio de Bellas Artes, tandis que ses petites salles accueillent récitals et orchestres de musique de chambre. Toutefois, il doit avant tout sa renommée au **Ballet Folklórico de México** (carte p. 68 ; www.balletfolkloricodemexico.com.mx ; billets à partir de 365 $M ; ⏲spectacles 20h30 mer, 9h30 et 20h20 dim), véritable festival de costumes, de musique et de danse de toutes les régions du pays (durée : 2 heures). On achète généralement les billets le jour de la représentation, ou auprès de Ticketmaster.

Foro Shakespeare THÉÂTRE
(Carte p. 88 ; ☎55-5553-4642 ; www.foroshakespeare.com ; Zamora 7 ; 👪 ; Ⓜ Chapultepec). Programmation éclectique (spectacles de flamenco, d'humour, représentations pour enfants...) pour ce petit théâtre indépendant de Condesa. Des groupes de jazz se produisent au bar-restaurant.

Mama Rumba DANSE
(Carte p. 88 ; ☎55-5564-6920 ; www.mamarumba.com.mx ; Querétaro 230 ; 110 $M ; ⏲21h-3h mer-sam ; 🚌 Sonora). Originaire de La Havane, le gérant programme de la salsa contemporaine, jouée par le big band maison. Des cours de danse (gratuits en dehors du droit d'entrée) sont dispensés les mercredis et jeudis à 21h. Autre enseigne plus grande à San Ángel, au niveau de la Plaza Loreto.

Centro Nacional de las Artes ARTS DE LA SCÈNE
(CAN ; ☎55-4155-0000 ; www.cenart.gob.mx ; Av Río Churubusco 79, Colonia Country Club ; 📶 ; Ⓜ General Anaya). Cet immense institut culturel proche de Coyoacán donne de nombreux spectacles gratuits dans toutes les disciplines artistiques. Sortez du métro General Anaya (ligne 2) du côté est de la Calzada de Tlalpan, puis marchez vers le nord jusqu'à l'angle et tournez à droite.

BILLETS

Ticketmaster vend des billets pour tous les grands événements, soit en ligne, soit en points de vente :

Liverpool Centro (carte p. 68 ; Venustiano Carranza 92 ; ⏲11h-19h ; Ⓜ Zócalo)

Liverpool Polanco (carte p. 92 ; Mariano Escobedo 425 ; ⏲11h-20h ; Ⓜ Polanco)

Mixup Centro (carte p. 68 ; Av Madero 51 ; ⏲10h-21h lun-sam, 11h-20h dim ; Ⓜ Zócalo)

Mixup Zona Rosa (carte p. 84 ; Génova 76 ; ⏲11h-20h ; Ⓜ Insurgentes)

Teatro de la Ciudad ARTS DE LA SCÈNE
(Carte p. 68 ; ☎55-5130-5740, ext 2006 ; teatros.cultura.df.gob.mx ; Donceles 36 ; ⏲billetterie 10h-15h et 16h-19h ; Ⓜ Allende). Construit en 1918 sur le modèle de la Scala de Milan, ce théâtre de 1 300 places somptueusement restauré accueille concerts, spectacles de danse et pièces de théâtre de grande qualité.

Concerts

En la matière, la diversité est stupéfiante à Mexico : musique mexicaine traditionnelle ou cubaine, jazz, électro, garage punk, etc. figurent parmi les genres à l'honneur chaque soir. La musique est partout, dans les salles de concert, les bars, les musées et même les transports en commun. Des concerts gratuits ont souvent lieu sur le *zócalo* et au Monumento a la Revolución, et sur la Plaza Garibaldi, de nombreux groupes de mariachis s'installent vers 20h et jouent jusqu'à 3h. Les rubriques "conciertos" de Tiempo Libre (www.tiempolibre.com.mx) et de Ticketmaster (www.ticketmaster.com.mx) listent ces manifestations.

Le samedi après-midi, de jeunes groupes de punk et de metal investissent une scène située à l'extrémité nord du marché Tianguis Cultural del Chopo (p. 137).

♥ Salón Tenampa MARIACHIS
(Carte p. 68 ; ☎55-5526-6176 ; Plaza Garibaldi 12 ; ⏲13h-1h dim-jeu, 13h-2h ven-sam ; 📶 ; Ⓜ Garibaldi). Murs tapissés d'affiches de stars mexicaines de la chanson, longue carte de tequilas et de mezcal, et orchestre maison pour cette joyeuse *cantina* au nord de la Plaza Garibaldi. Si la sérénade jouée aux autres tables ne vous suffit pas, demandez une chanson (pour 50 à 100 pesos) aux mariachis, qui voyagent dans tout le pays. Une étape incontournable.

♥ Centro Cultural de España CONCERTS
(Carte p. 68 ; ☎55-5521-1925 ; www.ccemx.org ; República de Guatemala 18 ; ⏲22h-2h mer-sam ; Ⓜ Zócalo). Les jeunes branchés affluent chaque week-end sur le toit-terrasse pour d'excellents concerts et sessions de DJ. Situé juste derrière la cathédrale, l'ancien édifice colonial restauré commence à s'animer vers minuit.

Parker & Lenox CONCERTS
(Carte p. 84 ; ☎55-5546-6979 ; www.facebook.com/parkerandlenox ; Milán 14 ; ⏲13h-1h mar, 13h-2h mer-sam ; 📶 ; 🚌 Reforma). Faisant référence au célèbre saxophoniste Charlie Parker et au fameux club de jazz Lenox Lounge de Harlem, le Parker & Lenox est à la fois un *diner* à l'américaine (spécialiste des hamburgers, 140-180 $M) et une petite salle de concert accueillant des groupes de jazz, de blues, de funk et de swing.

Pasagüero + La Bipo CONCERTS
(Carte p. 68 ; ☎55-5512-6624 ; www.facebook.com/pasaguero ; Motolinía 33 ; ⏲22h-3h30 jeu-sam ; 📶 ; Ⓜ Allende). Des architectes ont remodelé le rez-de-chaussée de ce vénérable bâtiment en pierre en un bar-restaurant plein de vie, qui accueille diverses manifestations, en particulier des concerts de rock et de musique électro.

Cafebrería El Péndulo CONCERTS
(Carte p. 88 ; www.forodeltejedor.com ; Álvaro Obregón 86 ; 📶 ; 🚌 Álvaro Obregón). Des artistes mexicains de premier plan viennent jouer sur le toit-terrasse de ce café-librairie. La programmation est très variée et il fait bon s'attarder ensuite au bar extérieur.

El Under CONCERTS
(Carte p. 88 ; ☎55-5511-5475 ; www.theunder.org ; Monterrey 80, à partir de 50 $M ; ⏲21h-5h ven-sam ; 🚌 Durango). Club incontournable de la scène underground, où des jeunes vêtus de noir dansent au son des chansons de Morrissey au rez-de-chaussée de la vieille demeure abritant la discothèque. À l'étage, se produisent des groupes locaux de garage punk, de rockabilly ou encore de death metal.

Auditorio Nacional CONCERTS
(Carte p. 92 ; ☎55-9138-1350 ; www.auditorio.com.mx ; Paseo de la Reforma 50 ; ⏲guichet 10h-19h lun-sam, 11h-18h dim ; Ⓜ Auditorio). Dans cet auditorium de 10 000 places, se produisent les grands du rock et de la pop mexicaine et étrangère. Le **Lunario del Auditorio** (carte p. 92 ; www.lunario.com.mx) adjacent est un grand club où ont essentiellement lieu des concerts de jazz et de folk.

Barba Azul CONCERTS
(www.facebook.com/barba.azul.cabaret ; Gutiérrez Nájera 231, Colonia Obrera ; ⏲20h-3h mar-sam ; Ⓜ Obrera). Entrez dans la fournaise. La lumière rouge et les tableaux colorés qui représentent des danseurs entourés de flammes plantent l'atmosphère de cette discothèque style cabaret. On y voit encore quelques *ficheras* (femmes qui dansent avec les hommes) au travail. Depuis les années 1950, c'est au Barba Azul qu'ont lieu certaines des meilleures soirées salsa, merengue et *son* (musique traditionnelle) de la ville. Appelez un taxi pour rentrer en toute sécurité.

Multiforo Alicia CONCERTS
(Carte p. 88 ; ☎55-5511-2100 ; Av Cuauhtémoc 91A ; 🚌 Jardín Pushkin). Derrière cette façade couverte de graffitis, se cache le meilleur club de rock de Mexico. Dans cet espace enfumé et sans sièges, vous découvrirez principalement les nouveaux talents du punk, du surf et du ska, qui jouent dans la boutique du rez-de-chaussée. Horaires des concerts sur la page Facebook.

Zinco Jazz Club JAZZ
(Carte p. 68 ; ☎55-5512-3369 ; www.zincojazz.com ; Motolinía 20 ; ⏲21h-2h mer-sam ; 📶 ; Ⓜ Allende). Élément central de la renaissance du *centro*, ce club programme des artistes locaux de jazz et de funk, ainsi que des artistes étrangers en tournée. La petite salle se remplit vite quand des pointures viennent y jouer.

El Bataclán CABARET
(Carte p. 88 ; ☎55-5511-7390 ; www.labodega.com.mx ; Popocatépetl 25 ; ⏲21h-minuit mar-mer,

MEXICO GAY

Depuis que Mexico a adopté une loi reconnaissant les unions homosexuelles, la capitale est perçue comme un bastion de la tolérance, dans un pays par ailleurs conservateur. Son maire, Miguel Ángel Mancera, a même qualifié Mexico de "ville amie des LGBT". La Zona Rosa est de longue date *le* quartier gay, en particulier la Calle Amberes. Pourtant, de nombreux oiseaux de nuit préfèrent aujourd'hui la scène "alternative", plus centrale, le long de República de Cuba. Vous trouverez sur GayCities (mexicocity.gaycities.com) des informations utiles sur les hôtels, les bars et les clubs gay-friendly. La Marcha del Orgullo Gay (Gay Pride) se déroule au mois de juin sur Reforma, entre El Ángel et le Zócalo.

La **Clinica Condesa** (☎55-5515-8311 ; www.condesadf.mx ; Gral Benjamín Hill 24 ; ⌚7h-19h lun-ven ; 🚌De La Salle) est un centre de pointe, spécialisé en santé sexuelle, notamment (mais pas seulement) en direction de la communauté LGBT, avec des tests rapides pour le VIH et autres MST, des traitements et de la prévention, comme des médicaments de prophylaxie après une exposition au virus. Tout est gratuit, même pour les étrangers.

La Purísima (carte p. 68 ; República de Cuba 17, Colonia Centro ; ⌚19h-2h30 jeu-sam ; Ⓜ Bellas Artes). Deux bars en un : en bas, une discothèque avec foule, sueur et tubes de musique dance, en haut, un endroit pour boire un mezcal ou un pulque et écouter, au second degré, de la musique de plus ou moins bonne qualité. Les consommations sont à bas prix, et l'endroit est vite bondé.

Nicho Bears & Bar (carte p. 84 ; www.bearmex.com ; Londres 182 ; ⌚20h-2h30 jeu-sam ; Ⓜ Insurgentes). Une clientèle de bears trentenaires se retrouve dans cette tanière un peu plus raffinée que la plupart des bars gay qui bordent la Calle Amberes, toute proche.

Marrakech Salón (carte p. 68 ; República de Cuba 18 ; entrée 50 $M ; ⌚18h-2h30 jeu-sam ; Ⓜ Allende). Un bar gay avec barmen torse nu, boissons à petit prix, spectacles de drag-queen sur le bar et musique allant de la pop des années 1980 aux *cumbias* donnant envie de se déhancher. L'endroit est facilement bondé et surchauffé, mais personne ne semble s'en plaindre.

Tom's Leather Bar (carte p. 88 ; ☎55-5564-0728 ; www.toms-mexico.com ; Av Insurgentes Sur 357 ; ⌚21h-3h mar-dim ; 📶 ; 🚌Campeche). L'établissement organise des soirées à thème dans un cadre tamisé jouant sur les codes du donjon médiéval décadent. Les bears d'un certain âge et leurs jeunes amis constituent l'essentiel de la clientèle, à l'exception des mardis, où l'assistance est plus bigarrée.

Guilt (carte p. 92 ; ☎55-3500-5634 ; www.facebook.com/guiltpolanco ; Anatole France 120, Colonia Polanco ; entrée 300 $M ; ⌚22h30-4h30 sam ; Ⓜ Polanco). Discothèque gay et lesbienne, située dans le quartier branché de Polanco et fréquentée, comme il se doit, par les *beautiful people* (et ceux qui aimeraient en faire partie). Le code vestimentaire privilégie le T-shirt et blazer, pour danser au son de la pop et de l'électro et siroter des boissons hors de prix. N'espérez pas entrer si vous portez un short, des manches courtes ou une casquette.

Bar Oasis (carte p. 68 ; ☎55-5521-9740 ; República de Cuba 2G, Colonia Centro ; ⌚17h-1h ; Ⓜ Bellas Artes). Clientèle plus âgée pour cette discothèque, où, toutes classes confondues, cow-boys et hommes d'affaires se déhanchent dans un décor de paysage urbain aux couleurs vives. Du vendredi au dimanche, après minuit, spectacles de play-back donnés par des travestis.

21h-2h jeu-sam ; 🚌Álvaro Obregón). Ce cabaret classique installé dans un club (La Bodega) programme des artistes mexicains très originaux. Après le spectacle, poursuivez la soirée devant un mojito en écoutant d'excellents groupes de *son* cubain.

Caradura CONCERTS

(Carte p. 88 ; ☎55-5211-8035, www.caradura.mx ; Av Nuevo León 73, 1er ét. ; ⌚21h-2h30 mar-sam ; 🚌Campeche). L'un des meilleurs endroits de la ville pour plonger dans la furie du garage, du rockabilly et du post-punk.

El Imperial Club CONCERTS
(Carte p. 88 ; ☎55-5525-1115 ; www.elimperial.tv ; Álvaro Obregón 293 ; ⏲22h-2h30 mar-mer, 22h-4h jeu-sam ; Ⓜ Sevilla). Les groupes de rock indé mexicains, et parfois étrangers, investissent cette maison à 2 étages de Roma, dans un cadre de meubles anciens et d'objets d'époque.

Ruta 61 BLUES
(Carte p. 88 ; ☎55-5211-7602 ; www.facebook.com/El61BluesClub ; Av Baja California 281 ; ⏲19h-1h jeu-sam ; Ⓜ Chilpancingo). Cette salle à plusieurs niveaux accueille des artistes de blues s'inspirant de Buddy Guy ou de Howlin' Wolf. Environ une fois par mois, un groupe arrivant tout droit de Chicago vient y jouer, mais vous entendrez plus probablement un groupe local jouant des reprises.

El Plaza Condesa CONCERTS
(Carte p. 88 ; ☎55-5256-5381 ; www.elplaza.mx ; Juan Escutia 4 ; 🚌 Campeche). Au cœur de la scène nocturne de Condesa, cet ancien cinéma lève désormais le rideau sur des groupes de pop et de rock mexicains et étrangers.

El Breve Espacio Mezcalería CONCERTS
(☎55-5781-9356 ; www.elbreveespacio.mx ; Arequipa 734, angle Montevideo ; 100-150 $M ; ⏲19h-minuit mer, 19h-2h jeu-sam ; 📶 ; Ⓜ Deportivo 18 de Marzo). Des chanteurs folkloriques dans la veine de Silvio Rodríguez se produisent sur la scène de ce temple de la *trova* (ballades traditionnelles de troubadours) à Lindavista.

Cabaret

La Perla CABARET
(Carte p. 68 ; ☎55-3916-2699 ; www.facebook.com/cabaret.laperla ; República de Cuba 44 ; ⏲spectacles 23h et 1h ven-sam ; 🚌 República de Chile). Ancienne maison close, ce cabaret s'est offert une nouvelle vie sous le signe du kitsch, avec des spectacles hilarants de drag-queens imitant des chanteuses mexicaines traditionnelles. Les billets se vendent vite ; réservation possible par messagerie instantanée en ligne.

Teatro Bar El Vicio CABARET
(Carte p. 102 ; ☎55-5659-1139 ; www.elvicio.com.mx ; Madrid 13, Colonia del Carmen ; ⏲21h30-2h jeu-dim ; Ⓜ Coyoacán). Humoristes politiquement (et sexuellement) incorrects, et spectacles musicaux transcendant les genres pour ce cabaret alternatif, situé dans l'ancien quartier de Frida Kahlo.

Sports

Presque tous les week-ends, la capitale accueille des matchs de *fútbol* de la Primera División nationale. Mexico compte 3 équipes : América, surnommée Las Águilas (les Aigles), Las Pumas (équipe de l'UNAM), et Cruz Azul. L'année se décline en deux saisons : janvier-juin et juillet-décembre, chacune s'achevant sur des matchs éliminatoires opposant 8 équipes, et une finale avec match aller et retour qui couronne l'équipe championne. Le match le plus important, El Clásico, oppose l'América aux joueurs de Guadalajara. Plus de 100 000 supporteurs emplissent alors l'**Estadio Azteca** (☎55-5487-3309 ; www.estadioazteca.com.mx ; Calz de Tlalpan 3665 ; 🚌 Estadio Azteca). C'est la rencontre de l'année ; réservez votre place.

Les billets (90-650 $M pour les matchs ordinaires de la saison) sont en vente à l'entrée du stade, ou auprès de Ticketmaster. Plusieurs stades accueillent des matchs, comme l'**Estadio Azul** (☎55-5563-9040 ; cruzazulfc.com.mx ; Indiana 255, Colonia Nápoles ; 🚌 Ciudad de los Deportes) pour les matchs du Cruz Azul et l'Estadio Olímpico (p. 98) pour ceux des Pumas, l'équipe universitaire.

Mexico a une équipe de *béisbol* (baseball), les Diablos Rojos, qui joue en Liga Mexicana de Béisbol. Pendant le championnat (avril à juillet), des matchs ont lieu une semaine sur deux au **Foro Sol** (www.diablos.com.mx ; angle Av Río Churubusco et Av Viaducto Río de la Piedad, Colonia Granjas México ; Ⓜ Ciudad Deportiva), à 5 minutes à pied du métro. Horaires sur le site Internet des Diablos (www.diablos.com.mx).

La plupart des journaux quotidiens ont une section sportive où sont détaillés les lieux des matchs et les équipes engagées. Les vrais amateurs de sport peuvent lire *La Afición* (www.laaficion.com), un quotidien consacré au sport.

Frontón México PELOTE BASQUE
(Jai Alai ; carte p. 78 ; www.frontonmexico.com.mx ; De la República 17, Colonia Tabacalera ; billets 160-270 $M ; ⏲billetterie 10h-18h lun-mer, 10h-21h jeu-dim ; Ⓜ Revolución). Fermé pendant 20 ans, le remarquable édifice Art déco du Frontón México a rouvert ses portes pour des matchs professionnels de pelote basque, l'un des sports de balle les plus rapides au monde. Si vous n'avez jamais vu un vrai match, vous ne serez pas déçu. La saison s'étend généralement de mars à juin, mais

vérifiez les dates sur le site Internet. Le Frontón México est aussi un casino.

Arena México CATCH MEXICAIN

(Carte p. 88 ; ☎55-5588-0266 ; Dr Lavista 197, Colonia Doctores ; billets 40-210 $M ; ⌚19h30 mar, 20h30 ven, 17h dim ; Cuauhtémoc). Une atmosphère de cirque s'installe 2 soirs par semaine dans l'Arena México (capacité de 17 000 spectateurs), l'une des deux salles de catch (*lucha libre*) de la ville. De flamboyants *luchadores* (Místico et Sam Adonis sont très appréciés) s'affrontent individuellement ou par équipe. Trois ou 4 combats précèdent la confrontation entre les têtes d'affiche. Des combats sont aussi organisés à l'**Arena Coliseo** (carte p. 68 ; ☎55-5526-1687 ; República de Perú 77 ; billets 40-210 $M ; ⌚19h30 sam ; República de Chile), plus petite.

Billets en vente à l'entrée. Réservez si vous voulez de bonnes places le vendredi.

Achats

Marchés, vendeurs d'*artesanías* (artisanat) ou boutiques insolites... rien n'est plus plaisant que de faire du shopping à Mexico.

Centro histórico et ses environs

♥ Mercado de la Merced MARCHÉ

(Angle Anillo de Circunvalación et General Anaya ; ⌚5h-19h lun-sam, 6h-17h dim ; M Merced). Cet immense marché, le plus grand de Mexico, occupe 4 pâtés de maisons, où l'on trouve tout ce qu'il faut pour le quotidien. Aux côtés des stands photogéniques d'épices et de piments, tous les aliments mexicains de première fraîcheur sont en vente, des larves de fourmis aux fruits confits. Dans l'aire de restauration évocatrice, on peut déguster une belle variété de tacos, moles et *tlacoyos*.

♥ Centro de Artesanías La Ciudadela ART ET ARTISANAT

(Carte p. 78 ; ☎55-5510-8609 ; laciudadela.com.mx ; angle Balderas et Dondé ; ⌚10h-19h lun-sam, 10h-18h dim ; M Balderas). Réputé pour l'artisanat de qualité et produit en série, en provenance de tout le Mexique. On y trouve notamment des *alebrijes* (animaux en bois peint) du Oaxaca, des guitares de Paracho, et des articles en perles huicholes. Prix généralement corrects, sans avoir à marchander.

Mumedi CADEAUX ET SOUVENIRS

(Musée mexicain du Design ; carte p. 68 ; ☎55-5510-8609 ; www.mumedi.org ; Av Madero 74 ; ⌚boutique 11h30-21h lun, 8h-21h mar-dim ; ; M Zócalo). La boutique du musée vend d'intéressants objets de la culture populaire, des sacs et des bijoux dessinés, pour la plupart, par des créateurs locaux. Faites une pause au joli café, entre deux achats.

Galería Eugenio ART ET ARTISANAT

(Carte p. 68 ; ☎55-5529-2849 ; Allende 84 ; ⌚11h-17h30 lun-sam ; M Garibaldi). Plus de 4 000 masques de tout le pays sont réunis dans cette boutique du quartier où se trouve le marché de La Lagunilla.

La Europea ALCOOL

(Carte p. 68 ; ☎55-5512-6005 ; www.laeuropea.com.mx ; Ayuntamiento 21 ; ⌚9h-20h lun-sam ; Plaza San Juan). Ce magasin de spiritueux bien approvisionné offre un choix intéressant de tequilas, mezcals et vins à prix raisonnables. Plusieurs filiales en ville.

Dulcería de Celaya ALIMENTATION

(Carte p. 68 ; ☎55-5521-1787 ; www.dulceriadecelaya.com ; Av 5 de Mayo 39 ; ⌚10h30-19h30 ; M Allende). En activité depuis 1874, cette confiserie mérite le détour ne serait-ce que pour en admirer la splendide façade. Les fruits confits et les citrons garnis à la noix de coco figurent parmi l'assortiment de douceurs.

Plaza Downtown Mexico CENTRE COMMERCIAL

(Carte p. 68 ; www.facebook.com/TheShopsDT ; Isabel La Católica 30 ; ⌚11h-20h lun-sam, 11h-18h dim ; M Zócalo). Les boutiques qui entourent le patio central de cet édifice colonial du XVIIIe siècle joliment restauré vendent de l'artisanat haut de gamme, des céramiques, du chocolat et des vêtements.

Mercado de Sonora MARCHÉ

(mercadosonora.com.mx ; angle Fray Servando et Rosales, Colonia Merced Balbuena ; ⌚9h-19h lun-sam, 9h-17h dim ; M Merced). La sorcellerie mexicaine est ici à l'honneur. Les allées abritent d'innombrables étals remplis de potions, d'amulettes, de poupées vaudoues et autres. C'est là aussi que l'on peut procéder à une *limpia* (nettoyage spirituel), rituel impliquant encens et herbes. Malheureusement, certains marchands perpétuent le trafic d'animaux en voie d'extinction. Le marché est à 2 pâtés de maisons au sud de la station de métro Merced.

Gandhi LIVRES

(Carte p. 68 ; ☎55-2625-0606 ; www.gandhi.com.mx, Av Madero 32 ; ⌚10h-21h lun-sam, 11h-20h dim ; M Zócalo). Chaîne implantée dans toute la ville et proposant un grand choix d'ouvrages sur le Mexique et Mexico. Enseignes dans Bellas Artes (carte p. 68 ; 55-2625-0606 ; www.gandhi.com.mx ; Av Juárez 4 ; 10h-21h lun-sam, 11h-21h dim ; M Bellas Artes) et à San Ángel (carte p. 97 ; 55-2625-0606 ; www.gandhi.com.mx ; Av Miguel Ángel de Quevedo 121 ; 9h-22h lun-ven, à partir de 10h sam-dim ; M Miguel Ángel de Quevedo), où il y a 2 boutiques dans le même pâté de maisons.

Mercado San Juan MARCHÉ

(Carte p. 78 ; www.mercadosanjuan.galeon.com ; Pugibet 21 ; 8h-17h lun-sam, 8h-16h dim ; Plaza San Juan). Marché spécialisé en produits d'épicerie fine, comme le *cuitlacoche* (charbon de maïs), insectes, crocodile, autruche, chevreuil et fruits rares. Chefs et gourmets de la capitale viennent s'approvisionner ici en ingrédients difficiles à trouver ailleurs.

Plaza de la Computación y Electrónica ÉLECTRONIQUE

(Carte p. 68 ; www.plazadelatecnologia.com ; Eje Central Lázaro Cárdenas 38 ; 10h-20h ; M San Juan de Letrán). Au sud d'Uruguay, la Plaza de la Computación y Electrónica abrite des centaines de stands d'électronique. C'est ici que vous aurez le plus grand choix et les meilleurs prix en ville pour les ordinateurs portables, téléphones portables, chargeurs en tout genre, étuis et réparations.

Tianguis Dominical de la Lagunilla MARCHÉ

(Angle González Bocanegra et Paseo de la Reforma ; 10h-18h dim ; M Garibaldi). Parmi des vieilleries et tout un bric-à-brac, vous dénicherez de beaux objets anciens. On chine livres et magazines le long de La Lagunilla.

Never Die Gang MODE ET ACCESSOIRES

(Carte p. 68 ; 55-5512-2183 ; www.neverdie.mx ; Av 16 de Septiembre 70, 1er ét. ; 12h-20h ; M Zócalo). Si vous souhaitez plonger dans la culture rap et hip-hop de Mexico, le "Gang" vend sa propre ligne de vêtements, accessoires et musique. La boutique, tenue par un groupe de musiciens locaux, fait aussi office de billetterie pour les concerts de rap.

American Bookstore LIVRES

(Carte p. 68 ; 55-5512-0306 ; Bolívar 23 ; 10h-19h lun-ven, jusqu'à 18h sam ; M Allende). Romans et ouvrages sur le Mexique en anglais, et guides Lonely Planet.

La Lagunilla MARCHÉ

(Carte p. 68 ; angle Rayón et Allende ; 10h-18h30 ; M Garibaldi). Un marché énorme, qui s'étend sur 3 bâtiments : le n°1 vend tissus et vêtements, le n°2 l'alimentation et le n°3 l'ameublement. Attention aux pickpockets, et évitez de déambuler dans le secteur de Tepito, au nord-est, réputé pour être dangereux.

Casasola Fotografía CADEAUX ET SOUVENIRS

(Carte p. 68 ; www.casasolafoto.com ; Isabel La Católica 45, Bureau 201, 1er ét. ; 10h30-19h lun-ven, 10h-15h sam ; República del Salvador). Vous avez sans doute déjà vu les célèbres clichés sépia de ce studio, datant de l'époque révolutionnaire. Vous trouverez ici photos encadrées, calendriers, T-shirts et cartes postales. Une pièce d'identité avec photo est demandée à l'entrée du bâtiment.

Zona Rosa et ses environs

♥ Fonart ART ET ARTISANAT

(Carte p. 84 ; 55-5546-7163 ; Paseo de la Reforma 116 ; 10h-19h lun-ven, 10h-16h sam-dim ; Reforma). Ce magasin d'État vend de l'artisanat mexicain de bonne qualité – boîtes laquées d'Olinalá et poteries noires du Oaxaca par exemple. Également installé à **Mixcoac** (Patriotismo 691 ; 10h-18h lun-ven, 10h-19h sam ; M Mixcoac). Les prix sont fixes.

Fusión DESIGN

(Carte p. 84 ; casafusion.com.mx ; Londres 37 ; 12h-20h mar-sam, 11h-19h dim ; Hamburgo). Cette maison rénovée abrite une dizaine de boutiques haut de gamme de vêtements, meubles et vaisselle, la plupart jouant la carte mexicaine. Du vendredi au dimanche, un marché se tient dans la cour. Chaque semaine, on y trouve des produits et aliments d'une région particulière, comme le Michoacán. Un café sert des en-cas gourmets, telle la pizza aux sauterelles (ou simplement aux aubergines).

Antigüedades Plaza del Ángel PUCES

(Carte p. 84 ; www.antiguedadesplazadelangel.mx ; Londres 161, entre Amberes et Av Florencia ; marché 9h-16h sam-dim, magasins 10h30-19h tlj ; M Insurgentes). Un marché aux puces situé au cœur d'une sorte de village d'antiquaires, proposant bijoux, peintures, objets décoratifs et meubles.

Condesa et Roma

Vértigo ART ET ARTISANAT
(Carte p. 88 ; www.vertigogaleria.com ; Colima 23 ; 10h-18h lun-mar, 12h-20h mer-ven, 10h-17h sam ; Jardín Pushkin). La boutique de cette galerie d'art vend des paravents en soie, des T-shirts aux logos graphiques et des eaux-fortes de l'illustrateur argentin Jorge Alderete. Le Vertigo accueille des expositions "grand public" et, de temps à autre, des concerts de musique acoustique.

Libreria Rosario Castellanos LIVRES
(Carte p. 88 ; 55-5276-7110 ; www.fondodeculturaeconomica.com ; Av Tamaulipas 202, angle Benjamín Hill ; 9h-23h ; ; Patriotismo). Dans l'impressionnant cadre Art déco du Centro Cultural Bella Época, voici l'une des plus grandes librairies d'Amérique latine où vous passerez aisément plusieurs heures à feuilleter des ouvrages sans être interrompu. Livres, CD et DVD.

La Naval BOISSONS
(Carte p. 88 ; 55-5584-3500 ; www.lanaval.com.mx ; Av Insurgentes Sur 373 ; 9h-21h lun-sam, 11h-19h dim ; Campeche). Choix tentant de mezcals, tequilas et cigares cubains.

Under the Volcano Books LIVRES
(Carte p. 88 ; www.underthevolcanobooks.com ; Celaya 25 ; 11h-18h lun-sam ; Sonora). Achat et vente de livres en anglais. Excellent fonds et prix attractifs.

El Hijo del Santo CADEAUX ET SOUVENIRS
(Carte p. 88 ; 55-5512-2186 ; www.elhijodelsanto.com.mx ; Av Tamaulipas 219 ; 10h-21h lun-sam ; Patriotismo). La petite boutique du lutteur El Hijo del Santo, devenu une légende de la *lucha libre* dans les années 1980, vend tout ce qui le représente : portraits kitsch, sacs à main branchés et le fameux masque argenté de Santo, entre autres.

Polanco

Antara CENTRE COMMERCIAL
(Carte p. 92 ; www.antara.com.mx ; Av Ejército Nacional 843B ; 11h-23h ; Polanco). En partie en plein air, cet ensemble de boutiques haut de gamme et de magasins de chaîne attire les amateurs de design dans le quartier à la mode de Polanco.

Pasaje Polanco CENTRE COMMERCIAL
(Carte p. 92 ; 55-5280-7976 ; Av Presidente Masaryk 360, angle Oscar Wilde, Colonia Polanco ; 9h-22h ; Polanco). Ce complexe chic rassemble des boutiques élégantes, des enseignes spécialisées et un grand magasin d'artisanat où l'on trouve sacs à main, masques de catch et objets populaires liés à la célébration du jour des Morts.

San Ángel

Bazar Sábado ART ET ARTISANAT
(Carte p. 97 ; 55-5616-0082 ; Plaza San Jacinto 11 ; 10h-19h sam ; La Bombilla). Ce bazar du samedi sert de vitrine à certaines des plus belles créations artisanales du Mexique : bijoux, objets en bois, céramiques et tissus. Artistes et artisans montrent aussi leur travail sur la Plaza San Jacinto et sur la Plaza Tenanitla voisine.

Jardín del Arte San Ángel ART
(Carte p. 97 ; www.jardindelarte.mx ; Plaza San Jacinto ; 10h-16h sam ; La Bombilla). Des artistes s'installent du côté ouest de la Plaza San Jacinto à San Ángel pour vendre leurs œuvres, tandis que des colporteurs proposent du matériel artistique. Autres sites au nord-est à El Carmen (carte p. 97 ; www.jardindelarte.mx ; 10h-16h sam ; La Bombilla) et à la Colonia San Rafael (carte p. 84 ; entre Sullivan et Villalongín, Colonia San Rafael ; 10h-18h dim ; Reforma).

Plaza Loreto CENTRE COMMERCIAL
(Carte p. 97 ; www.centrocomercialloreto.com.mx ; Altamirano 46, angle Av Revolución ; 11h-20h ; ; Dr Gálvez). Centre commercial attrayant aménagé dans une ancienne fabrique de papier, où les bâtiments en brique alternent avec des patios et des cours. On ne vient pas ici que pour le shopping, mais aussi pour les concerts gratuits et les spectacles de marionnettes au petit théâtre, pour le cinéma d'art et d'essai, le musée d'art ou encore la Taberna del León (p 123), l'un des meilleurs restaurants de la ville.

Autres quartiers

♥ **Tianguis Cultural del Chopo** MUSIQUE
(Calle Aldama s/n ; 11h-16h sam ; Buenavista). Lieu de rassemblement pour les diverses sous-cultures de la jeunesse de Mexico – principalement gothique, métal et punk –, avec de nombreux stands de rue vendant des vêtements ou des DVD, ou proposant des tatouages, des piercings et des colorations de cheveux. De nouveaux talents du rock se produisent sur la scène à l'extrémité nord du marché. Entrée principale à une rue à l'est du métro Buenavista.

Mercado de Jamaica MARCHÉ
(mercadodejamaica.com ; angle Guillermo Prieto et Congreso de la Unión, Colonia Jamaica ; 24h/24 ; Ⓜ Jamaica). Un vaste marché aux fleurs à un pâté de maisons au sud de la station de métro Jamaica.

Renseignements

AGENCES DE VOYAGES

Beaucoup d'hôtels et d'auberges de jeunesse comptent une *agencia de viajes* ou peuvent vous en recommander une.

Mundo Joven à l'aéroport (55-2599-0155 ; www.mundojoven.com ; Sala E1, arrivées internationales, Terminal 1 ; 9h-20h lun-ven, 10h-17h sam, 10h-14h dim ; Ⓜ Terminal Aérea). Spécialiste du voyage pour étudiants et enseignants. Tarifs aériens au départ de Mexico. Délivre des cartes ISIC, ITIC, IYTC et HI. Autres enseignes à **Polanco** (55-5250-7191 ; www.mundojoven.co ; Eugenio Sue 342, angle Homero ; 10h-19h lun-ven, 10h-14h sam ; Ⓜ Polanco) et au **Zócalo** (55-5518-1755 ; www.mundohoven.com ; República de Guatemala 4, Zócalo ; 10h-19h lun-ven, 10h-14h sam ; Ⓜ Zócalo).

Turismo Zócalo (55-8596-9649 ; www.turismozocalo.com ; Palma 34, 1er ét., Colonia Centro ; 10h-19h lun-ven, 10h-13h sam ; Ⓜ Zócalo). Dans le centre commercial Gran Plaza Ciudad de México. Point de vente Miescape pour les réservations de bus.

ARGENT

La plupart des banques et des *casas de cambio* (bureaux de change) acceptent les chèques de voyage (y compris ceux libellés en euros). Les taux varient légèrement d'un bureau à l'autre ; renseignez-vous dans plusieurs endroits. Mexico est l'une des rares villes au monde dont les bureaux de change à l'aéroport proposent des taux corrects. Parmi les bureaux de change en ville, citons **CCSole** (www.ccsole.com.mx ; Niza 11, Zona Rosa ; 9h-18h lun-ven ; Hamburgo) et le **Centro de Cambios y Divisas** (55-5705-5656 ; www.ccd.com.mx ; Paseo de la Reforma 87F ; 8h-21h lun-ven, 8h-22h sam, 10h-17h dim ; Reforma).

Les banques, les distributeurs automatiques de billets (DAB) et les *casas de cambio* sont nombreux sur le Paseo de la Reforma, entre le Monumento a Cristóbal Colón et le Monumento a la Independencia.

DÉSAGRÉMENTS ET DANGERS

Si le taux de criminalité reste élevé dans la capitale, quelques précautions élémentaires suffisent à réduire les risques de façon significative et les visiteurs qui s'y aventurent pour la première fois sont souvent surpris de découvrir une capitale où l'on se sent plutôt en sécurité. La plupart des violences liées au narcotrafic dont les journaux étrangers se font régulièrement l'écho se produisent dans les États du Nord et de la côte pacifique, loin de Mexico.

Agression

Bien que le risque soit moins important que dans les années 1990, il arrive encore de se faire agresser par des chauffeurs de taxi. On ne compte plus les victimes attaquées ou dévalisées par des complices armés du chauffeur, après avoir simplement hélé un taxi dans la rue. Méfiez-vous en particulier des véhicules garés devant les discothèques et les restaurants, à moins qu'ils ne vous aient été désignés par le personnel de l'établissement. Plutôt que d'arrêter un taxi en maraude, cherchez une station (*sitio*), ou appelez un service de radio-taxi ou Uber.

Tremblements de terre

Le risque de tremblements de terre est ténu, mais réel. Le 19 septembre 2017, Mexico a été secouée par un fort séisme qui a détruit et endommagé des immeubles, forçant l'évacuation de centaines d'habitants. Même si on a dû déplorer plus de 200 morts, il fut bien moins dévastateur que le tremblement de terre de 1985. Cela s'explique en partie par les grands travaux d'amélioration apportés aux bâtiments et à leur capacité à résister aux séismes.

L'*alerta sísmica* (sirène d'alerte en cas de séisme), désormais reliée à l'application gouvernementale 911 CDMX, peut donner quelques secondes d'avance pour évacuer un bâtiment.

Bien que la prévision des séismes soit compliquée, des sites Internet comme France Diplomatie (www.diplomatie.gouv.fr/fr/conseils-aux-voyageurs/conseils-par-pays-destination/mexique) dispensent des conseils actualisés aux voyageurs. Voir aussi p. 905.

Vol

C'est dans les endroits les plus fréquentés par les étrangers, notamment la Plaza Garibaldi, la Zona Rosa et Condesa, tard les nuits de week-end, que les vols sont les plus courants. Soyez sur vos gardes à l'aéroport et dans les gares routières. Aux heures d'affluence, les rames de métro et les bus sont le terrain de chasse des pickpockets. En cas d'agression, n'opposez pas de résistance, pour ne pas risquer un mauvais coup, voire pire.

INTERNET (ACCÈS)

Le Wi-Fi est disponible gratuitement dans presque tous les hébergements et cafés, ainsi que dans de nombreux parcs publics et places. On peut se connecter à Internet partout (tarifs de l'ordre de 10-30 $M/heure).

OFFICES DU TOURISME

Le personnel du **Sectur** (carte p. 92 ; ✆55-5250-0151 ; www.gob.mx/sectur ; Av Presidente Masaryk 172, Bosque de Chapultepec ; ⏲9h-17h lun-ven ; Ⓜ Polanco), bureau du ministère national du Tourisme, distribue des brochures sur Mexico et le reste du pays.

Les kiosques touristiques du **ministère du Tourisme de Mexico** (✆800-008-90-90 ; www.mexicocity.gob.mx) donnent souvent de meilleures informations. Ils se situent dans les secteurs les plus fréquentés, ainsi qu'à l'aéroport et dans les gares routières. Leur personnel pourra vous fournir à titre gracieux une carte et un guide pratique. Sauf mention contraire, les kiosques ci-dessous ouvrent tous les jours de 9h à 18h.

Alameda (carte p. 78 ; angle Av Juárez et Dr Mora, Colonia Centro ; Ⓜ Hidalgo)

Basílica (✆55-5748-2085 ; Plaza de las Américas 1, Basílica de Guadalupe ; ⏲9h-15h lun-mar, 9h-18h mer-dim ; Ⓜ La Villa-Basílica). Sur le côté sud de la place.

Centro (carte p. 68 ; ✆55-5518-1003 ; Monte de Piedad ; Ⓜ Zócalo). À l'ouest de la Catedral Metropolitana.

Chapultepec (carte p. 92 ; Paseo de la Reforma ; ⏲9h-18h mer-dim ; Ⓜ Auditorio). Près du Museo Nacional de Antropología.

Coyoacán (carte p. 102 ; ✆55-5658-0221 ; Jardín Hidalgo 1, Coyoacán ; ⏲10h-20h ; Ⓜ Coyoacán). Dans la Casa de Cortés.

Nativitas (✆55-5653-5209 ; Xochimilco ; ⏲9h-16h lun-ven, 9h-17h sam-dim ; Xochimilco). À l'embarcadère de Nativitas.

Xochimilco (✆55-5676-0810 ; www.xochimilco.df.gob.mx/turismo ; Pino 36 ; ⏲8h-19h lun-ven, 9h-18h sam-dim ; Ⓜ Xochimilco). À côté du Jardín Juárez.

Zócalo (carte p. 68 ; Templo Mayor ; Ⓜ Zócalo). À l'est de la Catedral Metropolitana.

Zona Rosa (carte p. 84 ; ✆55-5208-1030 ; angle Paseo de la Reforma et Av Florencia ; ⏲9h-18h mer-dim ; Ⓜ Insurgentes). Au Monumento a la Independencia, côté Zona Rosa.

POSTE

Le site Internet de la poste mexicaine (www.correosdemexico.com.mx) recense tous les bureaux de l'agglomération. Pour les objets de valeur, mieux vaut utiliser un transporteur privé, plus fiable.

Palacio Postal (p. 74). Le guichet des timbres (*estampillas*) de la poste principale possède des horaires plus larges que les autres. Même si vous n'avez besoin de rien, entrez pour admirer le bâtiment.

Cuauhtémoc (carte p. 84 ; ✆55-5207-7666 ; Río Tiber 87 ; ⏲8h-19h lun-ven, 8h-15h sam-dim ; Ⓜ Insurgentes)

Roma Norte (carte p. 88 ; Coahuila 5 ; ⏲8h-18h30 lun-ven, 9h-14h30 sam ; Ⓜ Hospital General)

SERVICES MÉDICAUX

Pour obtenir l'adresse d'un médecin, d'un dentiste ou d'un hôpital, contactez votre ambassade ou appelez **Sectur**, le ministère du Tourisme. Vous trouverez la liste des hôpitaux par quartiers et des médecins (avec leur qualification) sur le site Internet de l'ambassade des États-Unis (p. 901). En cabinet, la consultation médicale coûte généralement de 500 à 1 200 $M. En cas d'urgence médicale, contactez la Cruz Roja (Croix Rouge) au 911.

Les pharmacies des grands magasins Sanborns figurent parmi les meilleures.

Farmacia París (✆55-5709-5000 ; www.farmaciaparis.com ; República del Salvador 97, Colonia Centro ; ⏲8h-23h lun-sam, 9h-21h dim ; Isabel La Católica)

Farmacia San Pablo (✆55-5354-9000 ; www.farmaciasanpablo.com.mx ; angle Av Insurgentes Sur et Chihuahua, Colonia Roma ; ⏲24h/24 ; Álvaro Obregón). Service de livraison 24h/24.

Hospital Ángeles Clínica Londres (✆55-5229-8400, urgences 55-5229-8445 ; Durango 50, Colonia Roma ; Ⓜ Cuauhtémoc). Clinique privée.

Hospital Centro Médico ABC (American British Cowdray Hospital ; ✆55-5230-8000, urgences 55-5230-8161 ; www.abchospital.com ; Sur 136 n°116, Colonia Las Américas ; Ⓜ Observatorio). Personnel anglophone et bonne qualité de prise en charge.

Médicor (✆55-5512-0431 ; www.medicor.com.mx ; Independencia 66, Colonia Centro ; ⏲9h-21h lun-sam, 9h-19h dim ; Ⓜ Juárez). Médicaments homéopathiques.

SITES INTERNET

CDMX Travel (www.cdmxtravel.com/fr). Site officiel des transports municipaux, avec des explications sur les quartiers, les curiosités, les circuits et les événements.

Lonely Planet (www.lonelyplanet.fr/destinations/amerique/mexique/mexico). Renseignements sur la destination, forum de voyageurs, etc.

Mexico es Cultura (www.mexicoescultura.com). Site gouvernemental pour la promotion de la culture à Mexico (et dans tout le pays).

Secretaría de Cultura del Distrito Federal (www.cartelera.cdmx.gob.mx). Recense les festivals, les musées et les manifestations culturelles.

Sistema de Información Cultural (sic.gob.mx). Liste des festivals, musées et manifestations en ville.

TOILETTES

L'utilisation des toilettes des grands magasins Sanborns est gratuite pour certains ou coûte 5 $M. La plupart des halles de marchés et des petites boutiques à proximité des stations de métro ont des toilettes publiques, indiquées par un panneau "WC". Les niveaux d'hygiène varient. Le papier est distribué par le personnel à la demande.

URGENCES

Police (☎911)
Pompiers (☎911)

VISAS

Instituto Nacional de Migración (Institut national de l'Immigration ; carte p. 92 ; ☎55-2581-0100 ; www.inm.gob.mx ; Av Ejército Nacional 862 ; ⏲9h-13h lun-ven). C'est ici qu'il faut faire prolonger un visa touristique, le remplacer si vous l'avez perdu, ou régler d'autres procédures. Prenez le bus "Ejército" au métro Sevilla, qui vous déposera à 2 pâtés de maisons à l'est des bureaux.

Depuis/vers Mexico

AVION

Aeropuerto Internacional Benito Juárez (☎55-2482-2424 ; www.aicm.com.mx ; Capitán Carlos León s/n, Colonia Peñón de los Baños ; ; Ⓜ Terminal Aérea). C'est le seul aéroport de Mexico, et le plus important d'Amérique latine, avec une capacité annuelle de 32 millions de passagers. Il dispose de deux terminaux, le n°1 étant le plus grand. Distant de 3 km, le terminal 2 est utilisé par les compagnies Aeromar, Aeroméxico, Copa Airlines, Delta et Lan. Toutes les autres compagnies partent du terminal 1. Les deux terminaux sont reliés par des bus rouges (12,50 $M, payables dans le bus), qui s'arrêtent à la *puerta* 7 (porte 7) du n°1 et à la *puerta* 3 du n°2, ainsi que par l'*aerotrén*, service de monorail gratuit accessible seulement aux personnes munies d'un billet, entre la *puerta* 6 du terminal 1 et la *puerta* 4 du terminal 2.

Dans un terminal comme dans l'autre, des *casas de cambio* sont à votre disposition, ainsi que des DAB pour retirer des pesos. La *sala A* (salle A) et la *sala* E2 du terminal 1 accueillent plusieurs agences de location de voitures et des consignes à bagages.

Plus de 20 compagnies aériennes internationales desservent Mexico. Il existe des vols directs au départ de plus de 30 villes nord-américaines et canadiennes, également au départ de l'Europe, de l'Amérique du Sud et centrale, et des Caraïbes (une demi-douzaine de villes dans chaque cas), ainsi qu'au départ de Tokyo. Sept compagnies aériennes relient la capitale à une cinquantaine de villes mexicaines.

BUS

Mexico dispose de 4 gares routières longue distance, chacune dédiée à un point cardinal : Terminal Norte (nord), Terminal Oriente (appelé TAPO, est), Terminal Poniente (Observatorio, ouest) et Terminal Sur (sud). Toutes disposent de consignes à bagages ou de casiers, ainsi que de kiosques d'informations touristiques, de kiosques à journaux, de téléphones à carte, d'accès Internet, de distributeurs de billets et de snack-bars. Au départ de l'aéroport, des bus desservent également les villes proches de Mexico. Pour un voyage ne dépassant pas 5 heures, on peut prendre son billet à la gare routière juste avant d'embarquer, mais pour les longs trajets, mieux vaut réserver sa place car la plupart des bus partent le soir et affichent complet.

On peut acheter son billet dans les supérettes Oxxo de la ville, ainsi que dans les agences **Miescape** (☎55-5784-4652 ; www.miescape.mx), qui s'occupent d'une dizaine de lignes au départ des 4 gares. Une commission de 10% est facturée, dans la limite de 50 $M. On peut aussi acheter par téléphone auprès de Miescape/Ticketbus, en réglant au moyen d'une carte Visa ou MasterCard. Des agences Miescape se situent à **Buenavista** (Ticketbus ; carte p. 78 ; ☎55-5566-1573 ; www.miescape.mx ; Buenavista 9, angle Orozco et Berra ; ⏲9h-14h30 et 15h30-19h lun-ven, 9h-15h sam ; Ⓜ Revolución) et à **Roma Norte** (Ticketbus ; carte p. 88 ; ☎55-5564-6783 ; www.miescape.mx ; Mérida 156, angle Zacatecas ; ⏲9h-14h30 et 15h30-18h45 lun-ven, 9h-14h45 sam ; Ⓜ Hospital General).

Lignes

Reportez-vous au site Internet des compagnies pour les horaires.

ADO Group (☎55-5784-4652 ; www.ado.com.mx). L'une des compagnies les plus importantes et les plus fiables, avec des lignes dans tout le pays. Services ADO Platino (deluxe), ADO GL (*ejecutivos*), OCC (1re classe), ADO (1re classe) et AU (2e classe).

Autobuses Teotihuacán (☎55-5587-0501 ; www.autobusesteotihuacan.com.mx). Lignes vers le site archéologique de Teotihuacán toutes les 30 minutes. Vérifiez que votre bus se rend bien aux *ruinas* et à non la ville voisine de San Juan Teotihuacán.

Autovías (☎800-622-22-22 ; www.autovias.com.mx). Spécialisée dans les lignes de première classe vers l'État de Mexico et le Michoacán.

Estrella Blanca Group (☎800-507-55-00, 55-5729-0807 ; www.estrellablanca.com.mx). L'une des compagnies les plus importantes et les plus fiables, avec des lignes dans tous le pays. Compagnies Futura, Costa Line et Elite (1re classe).

Estrella de Oro (☎55-5549-8520, 800-900-01-05 ; www.estrelladeoro.com.mx). Lignes vers Cuernavaca et des villes de l'État de Guerrero, comme Taxco et Acapulco. Bus *ejecutivos* et 1re classe.

Estrella Roja (☎800-712-22-84, 55-5130-1800 ; www.estrellaroja.com.mx). Lignes de 1re classe entre Puebla et l'aéroport de Mexico.

ETN (☎800-800-03-86, 55-5089-9200 ; www.etn.com.mx). Bus luxueux desservant des destinations dans tout le pays. Compagnies ETN (deluxe) et Turistar (*ejecutivos* et deluxe).

Ómnibus de México (☎800-765-66-36, 55-5141-4300 ; www.odm.com.mx). Les lignes les plus fréquentées depuis Mexico desservent Monterrey et San Luis Potosí, et même Houston et Dallas aux États-Unis. Bus 1re classe.

Primera Plus (☎800-375-75-87 ; www.primeraplus.com.mx). Dessert de nombreuses destinations, notamment dans les États du Jalisco, Michoacán, Guanajuato et Querétaro. Deluxe et 1re classe.

Pullman de Morelos (☎55-5445-0100, 800-022-80-00 ; www.pullman.mx). Lignes vers Cuernavaca. *Ejecutivos*, deluxe et 1re classe.

Gares routières

Terminal de Autobuses del Norte (☎55-5587-1552 ; www.centraldelnorte.com.mx ; Eje Central Lázaro Cárdenas 4907, Colonia Magdalena de las Salinas ; Ⓜ Autobuses del Norte). La plus grande des quatre gares routières dessert les villes au nord de la capitale (dont certaines à la frontière américaine), ainsi que quelques destinations à l'ouest (Guadalajara, Puerto Vallarta), à l'est (Puebla) et au sud (Acapulco, Oaxaca). Les guichets des services deluxe et de 1re classe sont localisés dans la partie sud de la gare. Les consignes à bagages se trouvent à l'extrémité sud et dans le hall central. C'est le point de départ des bus vers Teotihuacán. Correspondance avec le métro Autobuses del Norte sur la Línea 5 (jaune).

Terminal de Autobuses de Pasajeros de Oriente (TAPO ; ☎55-5522-9381 ; Calz Zaragoza 200, Colonia Diez de Mayo ; Ⓜ San Lázaro). Communément appelé TAPO, il dessert l'Est et le Sud-Est, notamment le Puebla, le Veracruz, le Yucatán, le Oaxaca et le Chiapas. Les comptoirs des compagnies de bus entourent une rotonde abritant un espace de restauration, des terminaux Internet et des DAB. Consignes à bagages dans le "Túnel 1". Relié au métro San Lázaro par la Línea 1 (rose) et la Línea B (vert foncé).

Terminal de Autobuses del Poniente (Observatorio ; ☎55-5271-0149 ; Av Sur 122, Colonia Real del Monte ; Ⓜ Observatorio). Il accueille les bus pour l'État du Michoacán et un service de navettes vers la ville voisine de Toluca. ETN assure en outre une liaison jusqu'à Guadalajara. Communément appelé Observatorio, d'après la station de métro toute proche, à l'extrémité ouest de la Línea 1 (rose).

Terminal de Autobuses del Sur (Tasqueña ; ☎55-5689-9745 ; Av Tasqueña 1320, Colonia Campestre Churubusco ; Ⓜ Tasqueña). Il dessert Tepoztlán, Cuernavaca, Taxco, Acapulco et d'autres destinations du Sud, ainsi que Oaxaca, Huatulco et Ixtapa-Zihuatanejo. Les guichets Estrella de Oro (Acapulco, Taxco) et Pullman de Morelos (Cuernavaca) se trouvent sur la droite du bâtiment, tandis qu'OCC, Estrella Roja (Tepoztlán), ETN et Futura en occupent la partie gauche. La *sala* 2 abrite une consigne et des DAB. Relié à la station de métro voisine Tasqueña à l'extrémité sud de la Línea 2 (bleue).

Aeropuerto Internacional Benito Juárez (p. 140). Les destinations desservies depuis l'aéroport de Mexico comprennent Cuernavaca, Pachuca, Puebla, Querétaro, Toluca, Córdoba, San Juan del Rio, Orizaba et Celaya. Les bus partent des quais attenants à la *sala* E dans le terminal 1 et depuis la *sala* D dans le terminal 2. Dans le terminal 1, les billetteries sont à l'étage, à l'écart de l'aire de restauration. Un pont pour piétons relie la *sala* B à la gare routière ADO, avec des lignes vers Acapulco et Veracruz. Le site Internet de l'aéroport indique les horaires, destinations et tarifs actualisés des bus.

VOITURE ET MOTO

Location

Les agences de location ont une antenne à l'aéroport, dans les gares routières et dans la Zona Rosa. La location revient environ à 600 $M/jour. Vous paierez moins cher en réservant par Internet. Pour connaître la liste des agences de location, consultez le site du ministère du Tourisme de Mexico (www.mexicocity.gob.mx).

Dépannage

Si vous sortez de la ville, les **Ángeles Verdes** (Anges verts ; ☎078 ; av.sectur.gob.mx) proposent un service d'assistance autoroutière pour les touristes 24h/24 : composez le ☎078 et indiquez votre emplacement.

Depuis/vers la capitale

Quelle que soit votre route d'accès, vous pénétrerez, une fois passée la dernière *caseta* (poste de péage), dans un enchevêtrement de rues mal signalisées où la circulation se fait soudainement plus dense et plus désordonnée. Les *casetas* délimitent également le périmètre de la "Hoy No Circula" (p. 146).

➡ **Vers Puebla** (est). Prenez le Viaducto Alemán (Río de la Piedad) direction est. Depuis Roma et la Zona Rosa, le plus simple est de le rallier via l'Avenida Cuauhtémoc (Eje 1 Poniente). Juste après avoir traversé le Viaducto tournez à gauche au niveau du grand magasin Liverpool pour rejoindre la bretelle d'accès. Depuis le *zócalo*, empruntez le Viaducto Tlalpan pour rejoindre le Viaducto Alemán puis suivez les panneaux pour Calzada Zaragoza. Vous arriverez sur la route qui mène à Puebla. Pour l'aéroport de Puebla, poursuivez au nord le long du Blvd Puerto Aéreo.

➡ **Vers Oaxaca ou Veracruz** Empruntez également le Viaducto Alemán direction Calzada Zaragoza, puis suivez les panneaux indiquant Oaxaca jusqu'à la jonction avec la route de Puebla Hwy.

➡ **Vers Querétaro** (nord). Longez Reforma depuis le rond-point Diana jusqu'à ce que vous atteigniez l'Estela de Luz. Tournez à droite sur Calz Gral Mariano Escobedo. Restez à droite et cherchez les panneaux indiquant la bretelle d'accès pour Querétaro. Passez le péage à Tepotzotlán, continuez pendant 200 km et prenez

BUS AU DÉPART DE MEXICO

DESTINATION	TERMINAL À MEXICO	COMPAGNIES DE BUS	PRIX ($M)	DURÉE (H)	FRÉQUENCE
Acapulco	Sur	Costa Line, Estrella de Oro	535-705	5	16/jour
	Norte	Futura, Costa Line	535	5 ½-6	9/jour
Bahías de Huatulco	Sur	OCC, Turistar, AltaMar	800-1 110	15-15 ½	3/jour
	Norte	AltaMar	1 100	16	1/jour à 16h45
Campeche	Oriente (TAPO)	ADO, ADO GL	905-1 742	16-18	6/jour
	Norte	ADO	905	17-18	2/jour
Cancún	Oriente (TAPO)	ADO, ADO GL	1 120-2 160	24-27	5/jour
Chetumal	Oriente (TAPO)	ADO	1 093-1 556	19 ½-20	2/jour
Chihuahua	Norte	Estrella Blanca, Ómnibus de México	1 560-1 640	18-19	7/jour
Cuernavaca	Sur	Estrella Blanca, Estrella de Oro, ETN, Pullman de Morelos	111-140	1 ¼	fréquents
Guadalajara	Norte	Estrella Blanca, ETN, Ómnibus de México, Primera Plus	657-850	6-7	fréquents
	Poniente	ETN	806	6 ¼-7 ¾	4/jour
Guanajuato	Norte	ETN, Primera Plus	513-680	5-5 ½	14/jour
Matamoros	Norte	ETN, Futura	1 203-1 350	12 ½-13 ½	3/jour
Mazatlán	Norte	Elite, ETN, Pacífico	1 055-1 420	13-16	13/jour
Mérida	Oriente (TAPO)	ADO, ADO GL	898-1 882	19-20 ½	5/jour
Monterrey	Norte	ETN, Ómnibus de México	1 130-1 205	11-13	18/jour
Morelia	Poniente	Autovías, ETN, Pegasso	327-486	4-4 ¼	fréquents
Nuevo Laredo	Norte	ETN, Futura, Turistar	1 335-1 510	15-15 ½	8/jour
Oaxaca	Oriente (TAPO)	ADO, ADO GL, ADO Platino	470-945	6-6 ½	fréquents
	Sur	ADO GL, OCC	650-700	6 ½	5/jour
Palenque	Oriente (TAPO)	ADO	1 096	12 ¾	1/jour à 18h10
Papantla	Norte	ADO	382	5-6	7/jour
Pátzcuaro	Norte	Primera Plus	482	5	7/jour
	Poniente	Autovías	480	5	11/jour
Puebla	Aéroport	Estrella Roja	290	2	ttes les 40 min
	Oriente (TAPO)	ADO, ADO GL, AU, Pullman de Morelos	141-200	2-2 ¼	fréquents
Puerto Escondido	Sur	ETN, OCC, Turistar	1 082-1 180	12-17 ½	2/jour

la sortie direction Centro depuis la Carretera México-Querétaro.

➡ **Vers Pachuca, Hidalgo et le nord de Veracruz** (nord). Prenez l'Avenida Insurgentes vers le nord (également l'itinéraire pour Teotihuacán), qui débouche sur la route fédérale.

➡ **Vers Cuernavaca** (sud). Tournez à droite (sud) au niveau du *zócalo* dans Pino Suárez, qui devient Calzadade Tlalpan. À environ 20 km au sud, des panneaux indiquent une sortie sur la gauche pour la *cuota* (route à péage) en direction de Cuernavaca.

➡ **Vers Toluca** (ouest). Dirigez-vous vers la sortie de la ville par le Paseo de la Reforma, qui débouche sur la *cuota* pour Toluca, en longeant les hauts immeubles de Santa Fe.

DESTINATION	TERMINAL À MEXICO	COMPAGNIES DE BUS	PRIX ($M)	DURÉE (H)	FRÉQUENCE
Puerto Vallarta	Norte	ETN, Futura Primera Plus	984-1 365	12-13 ½	5/jour
Querétaro	Norte	Estrella Blanca, ETN, Primera Plus	265-345	2 ¾-3	fréquents
	Aéroport	Primera Plus	385	3	fréquents
	Poniente	Primera Plus	311	3 ½-4	17/jour
San Cristóbal de las Casas	Oriente (TAPO)	ADO GL, OCC	801-1 522	13-14	7/jour
	Norte	OCC	1 256	14-14 ½	4/jour
San Luis Potosí	Norte	ETN, Primera Plus, Turistar	491-655	4 ½-5 ½	fréquents
San Miguel de Allende	Norte	FTN, Primera Plus	388-510	3 ¼-4	7/jour
Tapachula	Oriente (TAPO)	ADO GL, ADO Platino, OCC	830-1 834	16 ½-19 ½	11/jour
Taxco	Sur	ADO, Costaline, Estrella de Oro, Pullman de Morelos	209-275	2 ½	4/jour
Teotihuacán	Norte	Autobuses Teotihuacán	50	1	ttes les heures de 6h à 21h
Tepoztlán	Sur	OCC	126	1	fréquents
Tijuana	Norte	Elite	1 998	4	12/jour
Toluca	Aéroport	TMT Caminante	190	1 ¾	ttes les heures
	Poniente	ETN, Flecha Roja	65-90	1	fréquents
Tuxtla Gutiérrez	Oriente (TAPO)	ADO, ADO GL, ADO Platino, OCC	893-1 670	11 ¾-12 ½	14/jour
Uruapan	Poniente	Autovías, ETN	562-670	5 ¼-6	17/jour
Veracruz	Oriente (TAPO)	ADO, ADO GL, ADO Platino, AU	580-720	5 ½-7 ¼	fréquents
	Sur	ADO, ADO GL	664-748	5 ½-6 ¼	6/jour
Villahermosa	Oriente (TAPO)	ADO, ADO GL, ADO Platino, AU	1 022-1 272	10-12 ¼	24/jour
Xalapa	Oriente (TAPO)	ADO, ADO GL, ADO Platino, AU	184-682	4 ½-5	fréquents
Zacatecas	Norte	ETN, Ómnibus de México	865-1 120	8-9	14/jour
Zihuatanejo	Sur	ADO, Costa Line, Estrella de Oro, Futura	723-900	9	4/jour
	Poniente	Autovías	650	9	3/jour

Comment circuler

DEPUIS/VERS L'AÉROPORT

L'aéroport est accessible par le métro (pour un prix modique), mais il n'est pas toujours facile de se frayer un chemin avec des bagages aux heures de pointe. Les taxis agréés constituent donc une bonne solution, en outre relativement peu chère, tout comme le *metrobús* si vous allez au *centro*.

Métro

La station qui dessert l'aéroport est Terminal Aérea, sur la Línea 5 (ligne 5 ; jaune) ; elle est à 200 m du terminal 1. Quittez le terminal par la sortie au fond de la *sala* A (arrivée des vols intérieurs) et poursuivez dans la même direction pour atteindre la station de métro située après l'arrêt des taxis.

Pour rejoindre le centre-ville, prenez la "Dirección Politécnico", puis changez à La Raza (7 stations), où vous prendrez la "Dirección Universidad" sur la Línea 3 (verte). En descendant 3 stations plus au sud, à Hidalgo, vous vous retrouverez à l'extrémité ouest de l'Alameda. La Línea 2 (bleue) passant par la station Hidalgo, vous pouvez changer une seconde fois pour rejoindre le *zócalo*.

Pour gagner la Zona Rosa depuis l'aéroport, empruntez la Línea 5 jusqu'au terminus de Pantitlán, où vous changerez pour la Línea 1 (rose) jusqu'au métro Insurgentes.

Il n'existe pas de liaison pratique en métro pour rejoindre le terminal 2, en revanche la Línea 4 du *metrobús* permet de gagner la gare routière TAPO, près du métro San Lázaro. Les bus rouges qui attendent à l'entrée du terminal 2 rejoignent aussi le métro Hangares (Línea 5).

Metrobús

Le *metrobús* de la ligne 4 dispose de casiers à bagages et de caméras de sécurité, ce qui en fait une option plus confortable que le métro.

Les arrêts se situent à la *puerta* 7 du terminal 1 et à la *puerta* 3 du terminal 2. Il faut acheter une carte (valide pour tous les trajets en *metrobús* ; 10 $M) à l'une des machines des terminaux, et la créditer. Le trajet coûte 30 $M. Comptez 45 minutes environ pour rejoindre le *zócalo* depuis le terminal 1.

Le trajet emprunte República de Venezuela, 5 rues au nord du *zócalo*, puis pique vers l'ouest dans l'Avenida Hidalgo, au niveau du métro du même nom. Pour vous rendre à l'aéroport depuis le centre, prenez le *metrobús* dans Ayuntamiento ou dans República del Salvador. Plus d'information sur www.metrobus.cdmx.gob.mx.

Taxi

Sûrs et fiables, les *taxis autorizados* (agréés) fonctionnent selon un système de ticket à tarif fixe. Achetez votre ticket aux guichets situés dans la *sala* E1 (arrivée des vols internationaux), en sortant de la douane, et près de la sortie de la *sala* A (arrivée des vols intérieurs).

Les tarifs dépendent des zones. La course pour le *zócalo*, Roma, Condesa ou la Zona Rosa coûte 235 $M. Un ticket permet la prise en charge de 4 passagers au maximum. Les taxis Sitio 300 sont les meilleurs. Si vous avez un téléphone avec une connexion Internet, un Uber coûte environ 170 $M pour les mêmes destinations et permet de sélectionner votre *puerta* (porte) de départ.

Des porteurs proposent leur aide pour l'achat des tickets et le transport des bagages sur les quelques mètres (et marches) séparant le terminal de l'arrêt des taxis : ne leur remettez en aucun cas votre ticket, que vous donnerez en main propre au chauffeur.

DEPUIS/VERS LES GARES ROUTIÈRES

Le métro est le moyen le plus rapide et économique pour aller ou venir des gares routières à condition de ne pas être chargé de bagages et de pouvoir se faufiler dans la foule, surtout aux heures de pointe. Si vous avez des bagages, mieux vaut donc opter pour la formule des *taxis autorizados*, dont les tarifs sont fixés par zone (supplément de 20 $M de 21h à 6h) et les billets vendus aux comptoirs taxis des gares routières. Un agent posté à la sortie de la gare vous désignera le véhicule.

Terminal Norte La station de métro Autobuses del Norte de la Línea 5 (jaune) se trouve juste devant la gare routière. Pour le centre-ville, suivez la "Dirección Pantitlán", puis changez à La Raza où vous prendrez la Línea 3 (verte), "Dirección Universidad". Pour prendre une correspondance à La Raza, il faut traverser l'interminable "tunnel de la Science" (6 min à pied, en marchant bien). Le comptoir des taxis se trouve dans le passage central. La course (pour 4 personnes maximum) revient à environ 135 $M pour le *zócalo*, Roma ou Condesa.

Terminal Oriente (TAPO) Cette gare routière est proche de la station de métro San Lázaro. Pour le centre ou la Zona Rosa, prenez la Línea 1 (rose) dans la "Dirección Observatorio". Le guichet des *taxis autorizados* se trouve au bout du hall principal qui part de la rotonde (du côté du métro). La course coûte 85 $M pour le *zócalo* et 110 $M pour la Zona Rosa, Roma ou Condesa.

Terminal Poniente La station de métro Observatorio, terminus est de la Línea 1 (rose), n'est qu'à quelques minutes à pied dans une rue animée. Comptez 110 $M le ticket de taxi agréé pour rejoindre Roma, 85 $M pour Condesa et 135 $M pour le *zócalo*.

Terminal Sur Il suffit de 2 minutes à pied pour gagner la station de métro Tasqueña, terminus sud de la Línea 2, qui dessert le *zócalo*. Si vous allez dans la Zona Rosa, changez à Pino Suárez et prenez la Línea 1 jusqu'à Insurgentes (Dirección Observatorio). Dans le sens inverse, on sortira de la station de métro par la sortie "Autobuses del Sur", qui conduit à une passerelle avant d'emprunter la dernière volée de marches sur la gauche pour traverser le marché de rue et atteindre la gare routière. La course en taxi agréé revient à 150 $M pour le *centro histórico*, 165 $M pour Condesa et Roma. Achetez votre ticket de taxi au guichet proche de la sortie principale ou à celui de la *sala* 3.

MÉTRO

Le métro (www.metro.cdmx.gob.mx) est le moyen le plus rapide de se déplacer dans Mexico. Le réseau de 195 stations, 12 lignes et plus de 226 km de voies est emprunté par 4,4 millions de personnes en moyenne un jour de semaine. Les rames passent toutes les 2 à 3 minutes aux heures de pointe. Le prix du trajet (5 $M) en fait aussi l'un des métros les moins chers du monde.

Toutes les lignes fonctionnent de 5h à minuit en semaine, de 6h à minuit le samedi et de 7h à minuit le dimanche et les jours fériés. Les quais et les voitures sont dangereusement surpeuplés aux heures de pointe (environ 7h30-10h et 15h-20h), pendant lesquelles les wagons à l'avant de la rame sont réservés aux femmes et aux enfants, qui y accèdent par les portes indiquant "Sólo Mujeres y Niños". Le métro est aussi bondé quand il pleut. Dans de telles conditions, il n'est pas étonnant que les pickpockets sévissent !

Il est facile de se repérer dans le métro dont les lignes répondent à un code couleur. Les panneaux "Dirección Pantitlán", "Dirección Universidad", etc., indiquent le nom des stations en fin de ligne. Achetez une carte rechargeable (10 $M) dans n'importe quelle station et créditez-la du montant souhaité (elle fonctionne aussi sur tout le réseau *metrobús*). Vous pouvez également acheter un *boleto* (billet) à la *taquilla* (guichet). Passez-le dans le tourniquet et en route ! Quand vous changez de ligne, repérez les panneaux "Correspondencia".

PESERO, METROBÚS, TROLEBÚS ET MÉTRO LÉGER

Des bus et des *peseros* sillonnent tous les jours Mexico de 5h du matin environ jusqu'à 22h. Quant aux trolleybus électriques, ils fonctionnent jusqu'à 23h30. Parmi les itinéraires fonctionnant la nuit, citons ceux le long du Paseo de la Reforma. S'il est possible, en journée, de se rendre aux quatre coins de la ville par les transports publics, il s'avère souvent nécessaire de prendre un taxi en soirée.

Pesero

Minibus vert et gris gérés par des entreprises privées, les *peseros* (aussi appelés *microbús* ou *combis*) parcourent des itinéraires fixes le plus souvent entre deux stations de métro, avec arrêt pratiquement à chaque coin de rue. L'itinéraire est parfois indiqué sur une pancarte fixée sur le pare-brise. Le tarif s'élève à 5 $M pour un trajet jusqu'à 5 km et à 5,50 $M pour 5 à 12 km. Comptez 20% de plus entre 23h et 6h. Les mêmes trajets à bord des bus privés vert et jaune coûtent 6 $M et 7 $M. Le site Internet de ViaDF (www.viadf.mx) est utile pour planifier votre itinéraire dans les innombrables *peseros*.

Voici quelques lignes utiles :

➡ **Metro Sevilla-Presidente Masaryk** (*pesero*) : de la Colonia Roma à Polanco via Álvaro Obregón et Avenida Presidente Masaryk (arrêts : métro Niños Héroes ; Avenida Insurgentes ; métro Sevilla et Leibnitz).

➡ **Metro Tacubaya-Balderas-Escandón** (*pesero*) : entre le *centro histórico* et Condesa, par Puebla dans le sens ouest et par Durango dans le sens est (arrêts : Plaza San Juan ; métro Balderas ; métro Insurgentes ; Parque España et Avenida Michoacán).

Metrobús

Le *metrobús* est un véhicule Volvo accessible aux personnes en fauteuil roulant, qui marque l'arrêt dans des stations dédiées, au milieu de la chaussée, tous les 3 ou 4 pâtés de maisons. L'accès se fait avec une carte rechargeable (10 $M la carte, 6 $M le trajet, utilisable aussi dans le métro), disponible aux distributeurs situés à l'entrée des quais. Pour accéder aux quais on valide la carte sur un lecteur optique. Aux heures de pointe, le *metrobús* est un terrain de prédilection pour les pickpockets. À moins qu'il ne soit presque vide, l'avant du bus, délimité par des sièges roses, est réservé aux femmes et aux enfants. La plupart des lignes de *metrobús* fonctionnent de 5h à minuit.

Línea 1 La seule assurant un service 24h/24. Elle longe l'Avenida Insurgentes sur une voie réservée depuis le métro Indios Verdes, dans le nord de Mexico, jusqu'à Tlalpan, dans le Sud.

Línea 2 Circule d'ouest en est le long d'Eje 4 Sur entre les stations de métro Tacubaya et Tepalcates. Relie la Línea 1 à la station Nuevo León.

Línea 3 Circule sur un itinéraire nord-sud de la station de métro Tenayuca jusqu'à Ethiopia, où l'on peut prendre la correspondance de la Línea 2.

Línea 4 Part du métro Buenavista et traverse le *centro histórico* jusqu'au métro San Lázaro. Elle se prolonge par un bus "aeropuerto", qui circule depuis/vers les terminaux aériens (30 $M).

Trolebús

Les *trolebuses* (trolleybus) municipaux et les grands bus crème et orange (signalés par les lettres RTP) n'embarquent et ne déposent les passagers qu'aux arrêts de bus. Le tarif est de 2 $M (4 $M pour l'express) quelle que soit la distance parcourue. Les trolleybus suivent un certain nombre d'*ejes* (axes) clés dans le reste de la ville. Ils circulent généralement jusqu'à 23h30. Les itinéraires des lignes sont indiqués sur le site Internet du trolleybus (ste.cdmx.gob.mx). Parmi les lignes utiles, citons :

➡ **Autobuses del Sur** et **Autobuses del Norte** : Eje Central Lázaro Cardenas entre les gares routières nord et sud (arrêts : Plaza de las Tres Culturas ; Plaza Garibaldi ; Bellas Artes/Alameda et métro Hidalgo)

TAXI

Il existe plusieurs classes de taxis. Les moins chers sont les taxis blanc et rose (ou, plus rarement, rouge et or) en maraude, qu'il vaut mieux éviter. Si vous n'avez pas d'autre choix, vérifiez s'il y a des plaques d'immatriculation sur le véhicule : le numéro est précédé par la lettre A ou B. Ce numéro doit correspondre à celui peint sur la carrosserie. Demandez à voir la *carta de identificación* (ou *tarjetón*), grande carte d'identité qui doit figurer bien en vue à l'intérieur du véhicule, et vérifiez que la photo est celle du chauffeur. Au moindre doute, trouvez un autre taxi.

Un taxi *libre* doit disposer d'un *taxímetro* indiquant le montant de la course, qui débute en principe vers 9 $M. Comptez 30-40 $M pour un trajet de 3 km (du *zócalo* à la Zona Rosa par exemple), auxquels il faut ajouter 20% de 23h à 6h.

Une course en radio-taxi (les couleurs varient) coûte deux à trois fois plus cher qu'en taxi ordinaire, mais elle offre des garanties de sécurité. Lorsque vous en réservez un, le standard vous précise le type du véhicule et son numéro d'immatriculation. Si vous avez un smartphone, vous pouvez commander un taxi avec les applications Easy Taxi et Uber.

Voici quelques-unes des compagnies de radio-taxis dignes de confiance, 24h/24.

Sitio de Taxis Parque México (carte p. 88 ; ☎55-5286-7164, 55-5286-7129 ; Michoacán s/n)

Taximex (carte p. 88 ; ☎55-9171-8888 ; www.taximex.com.mx)

Taxis Radio Unión (carte p. 88 ; ☎55-5514-8074, 55-5514-7861 ; www.taxisradiounion.com.mx ; Frontera 100)

VÉLO

Le vélo est un bon moyen pour se déplacer en ville. Si l'imprudence des conducteurs et les nids-de-poule en font un peu un sport extrême dans le centre, il est néanmoins envisageable de se promener à vélo en ville, à condition de rester vigilant et d'éviter les grands axes. En outre, la municipalité souhaite favoriser ce mode de transport, et les voies réservées aux cyclistes sont plus nombreuses.

Des vélos sont mis gratuitement à disposition dans des kiosques situés sur le côté ouest de la Catedral Metropolitana. Il en existe aussi sur la Plaza Villa de Madrid, dans Roma, au croisement de Mazatlán et de Michoacán, dans Condesa, à plusieurs points du Paseo de la Reforma, près du Monumento a la Independencia et près de l'Auditorio Nacional. Il faut laisser son passeport ou son permis de conduire et l'on peut circuler durant 3 heures. Les kiosques fonctionnent de 10h30 à 18h du lundi au samedi et de 9h30 à 16h30 le dimanche.

VOITURE ET MOTO

Il est déconseillé de rouler en voiture dans Mexico. Encore plus qu'ailleurs dans le pays, on ne tient pas compte des panneaux, les feux rouges sont ignorés et les clignotants rarement utilisés. Il arrive parfois d'écoper d'une amende pas toujours méritée.

Plan "Aujourd'hui, on ne circule pas"

Afin de lutter contre la pollution, Mexico applique le plan "Hoy No Circula" (Aujourd'hui, on ne circule pas ; www.hoy-no-circula.com.mx), lequel interdit aux véhicules de circuler dans la capitale un jour de la semaine entre 5h et 22h. En outre, les véhicules de 9 ans et plus sont interdits de circulation un samedi par mois. Les principales exceptions concernent les voitures de location et les modèles munis d'une *calcomanía de verificación* (autocollant prouvant que le véhicule a été contrôlé).

Pour les véhicules sans autocollant (y compris ceux immatriculés à l'étranger), le dernier chiffre de la plaque minéralogique détermine le jour de la semaine où il leur est interdit de circuler. Consultez le site Internet pour plus d'informations.

JOUR	DERNIERS CHIFFRES INTERDITS
Lundi	5 et 6
Mardi	7 et 8
Mercredi	3 et 4
Jeudi	1 et 2
Vendredi	9 et 0

Parking

Évitez de vous garer dans la rue, la plupart des hôtels et des restaurants des catégories moyenne et supérieure disposant de parking. Lorsqu'ils existent (dans les quartiers de Cuauhtémoc, Roma et Polanco, notamment), utilisez les parcmètres – mettez de l'argent dans les bornes vertes, situées en général au milieu du bloc, sinon votre véhicule sera enlevé.

Environs de Mexico

Dans ce chapitre ➡

Le top des restaurants

- ➡ Las Ranas (p. 165)
- ➡ La Sibarita (p. 189)
- ➡ El Mural de los Poblanos (p. 166)
- ➡ La Hostería del Convento de Tepotzotlán (p. 151)
- ➡ El Ciruelo (p. 189)

Le top des hébergements

- ➡ Hotel Los Arcos (p. 204)
- ➡ Hotel San Sebastian (p. 212)
- ➡ Hotel Hacienda de Cortés (p. 197)
- ➡ Posada del Tepozteco (p. 188)

Pourquoi y aller

S'échapper de la gigantesque mégalopole de Mexico peut sembler un défi. Pourtant, même si vous ne passez qu'une semaine dans la capitale, ne manquez pas les remarquables sites préhispaniques, les *pueblos mágicos* (villages magiques) et les splendides paysages montagneux alentour.

Si les visiteurs prévoient une journée d'excursion à Teotihuacán, la "Cité où les dieux sont nés", la région a bien plus à offrir – des fascinantes villes coloniales de Taxco, Puebla et Cuernavaca, aux petites cités insolites de Valle de Bravo et Tepoztlán. Découvrez les *pueblitos* (petits villages) tels Cuetzalan et Real del Monte, les géants volcaniques que sont le Popocatépetl et l'Iztaccíhuatl, et les sites archéologiques de Xochicalco (et sa pyramide du Serpent à plumes) et de Cantona (plus grand centre urbain de Méso-Amérique), tous deux impressionnants et peu connus.

Quand partir

Puebla

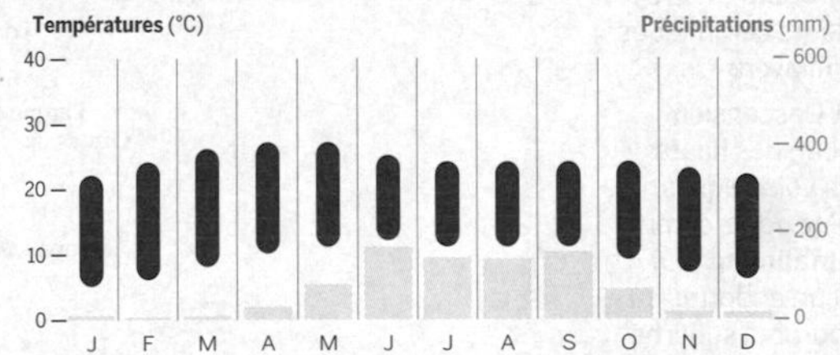

Mai-octobre
Saison des pluies. L'après-midi, les averses assainissent l'air et font pousser les champignons en forêt.

Septembre
Avant la fête de l'Indépendance, on se régale de *chiles en nogada*, une spécialité saisonnière.

Novembre-avril
Les mois les plus secs sont souvent plus frais – parfaits pour visiter les villes et faire une randonnée.

À ne pas manquer

1 Le petit *zócalo* de **Cuetzalan** (p. 183), où prendre un verre au coucher du soleil en admirant la Sierra Madre orientale au loin

2 Les spectaculaires pyramides de **Teotihuacán** (p. 154), l'un des plus fameux sites précolombiens du pays, et la découverte de sites moins connus à Xochicalco (p. 198) et Cantona (p. 182)

3 Les rues pavées et pentues de **Taxco** (p. 201), et ses fameuses boutiques d'orfèvrerie

4 Une expérience spirituelle sur les hauteurs de **Tepoztlán** (p. 186), avec sa pyramide perchée dédiée au dieu aztèque du pulque

5 Le village de **Mineral del Chico** (p. 158), enveloppé dans les brumes d'altitude

6 Les incroyables églises historiques de **Puebla** (p. 160) et leurs céramiques de Talavera

7 L'ascension de l'un des hauts pics volcaniques du Mexique, comme **La Malinche** (p. 170), volcan endormi, au panorama superbe

8 Une escapade à **Cuernavaca** (p. 192), pour vivre un printemps éternel en compagnie des artistes et de la haute société de Mexico

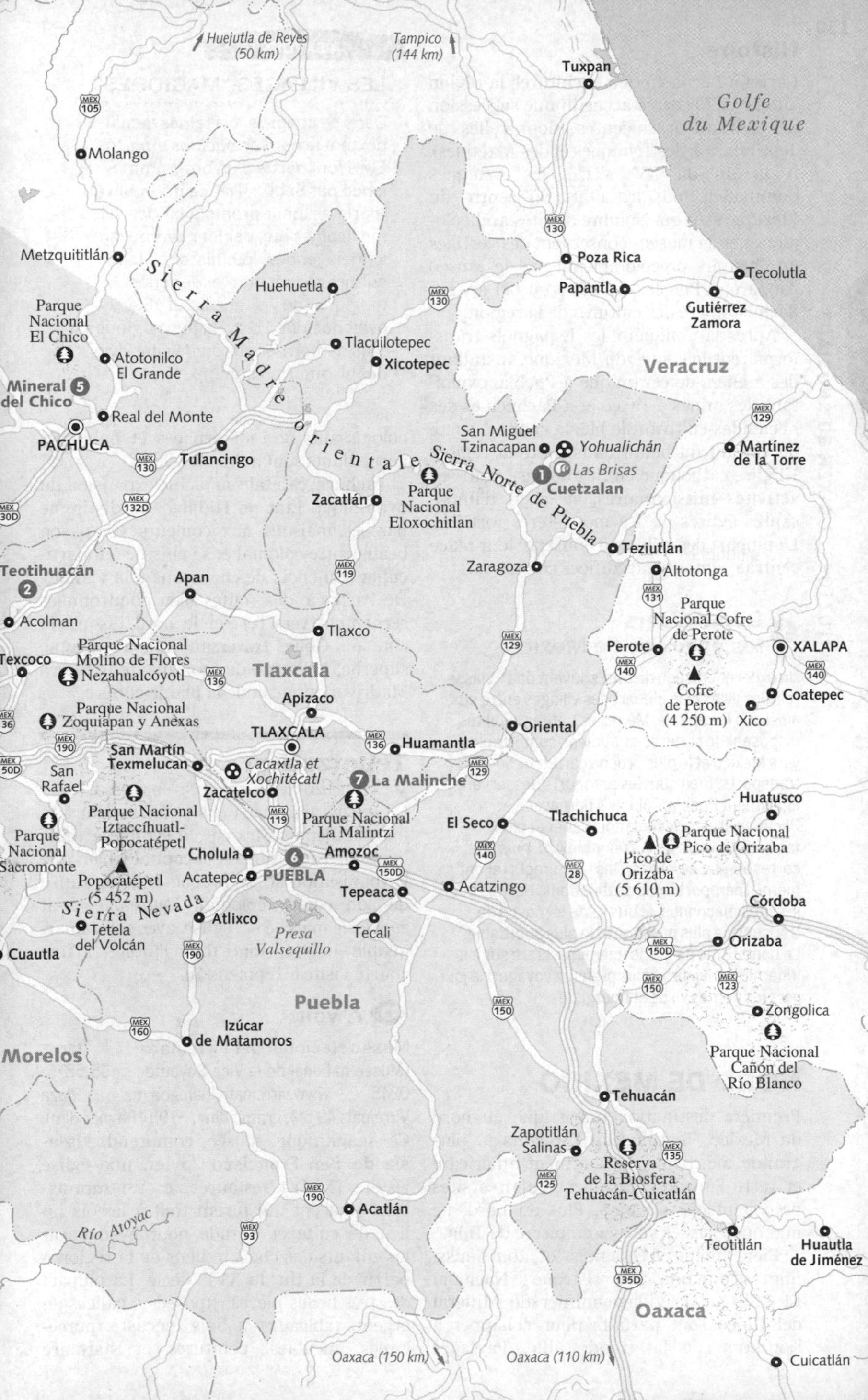
Huejutla de Reyes
(50 km)
Tampico
(144 km)
Tuxpan
Golfe
du Mexique
Molango
Metzquititlán
Sierra Madre orientale
Huehuetla
Poza Rica
Papantla
Tecolutla
Gutiérrez
Zamora
Parque
Nacional
El Chico
Atotonilco
El Grande
Tlacuilotepec
Xicotepec
Mineral
del Chico
5
Veracruz
Real del Monte
PACHUCA
Tulancingo
San Miguel
Tzinacapan
Yohualichán
Las Brisas
1
Cuetzalan
Martínez
de la Torre
Sierra Norte de Puebla
Zacatlán
Parque
Nacional
Eloxochitlan
Teotihuacán
2
Apan
Zaragoza
Teziutlán
Altotonga
Acolman
Tlaxco
Parque
Nacional Cofre
de Perote
Parque Nacional
Molino de Flores
Nezahualcóyotl
Texcoco
Tlaxcala
Perote
XALAPA
Cofre
de Perote
(4 250 m)
Coatepec
Xico
Parque Nacional
Zoquiapan y Anexas
Apizaco
TLAXCALA
Huamantla
Oriental
San Martín
Texmelucan
San
Rafael
Cacaxtla et
Xochitécatl
7
La Malinche
Zacatelco
Parque Nacional
Iztaccíhuatl-
Popocatépetl
Parque Nacional
La Malintzi
El Seco
Tlachichuca
Huatusco
Parque Nacional
Pico de Orizaba
Parque
Nacional
Sacromonte
Cholula
6
Amozoc
Pico de
Orizaba
(5 610 m)
Popocatépetl
(5 452 m)
Acatepec
PUEBLA
Tepeaca
Acatzingo
Córdoba
Sierra Nevada
Atlixco
Tetela
del Volcán
Tecali
Presa
Valsequillo
Orizaba
Cuautla
Puebla
Zongolica
Izúcar
de Matamoros
Morelos
Parque Nacional
Cañon del
Río Blanco
Tehuacán
Zapotitlán
Salinas
Reserva
de la Biosfera
Tehuacán-Cuicatlán
Acatlán
Río Atoyac
Teotitlán
Huautla
de Jiménez
Oaxaca
Oaxaca (150 km)
Oaxaca (110 km)
Cuicatlán

Histoire

Carrefour économique et culturel, la région autour de Mexico a accueilli une succession de civilisations majeures (dont celles de Teotihuacán, des Toltèques et des Aztèques). À la fin du XVe siècle, les Aztèques dominaient tous les États du centre du Mexique sauf un. Nombre de sites archéologiques et de musées conservent des vestiges de l'histoire précolombienne, tel le Museo Amparo, à Puebla, qui offre un bel aperçu de l'histoire et des cultures de la région.

Après la Conquête, les Espagnols transformèrent le centre du Mexique, installant des ateliers de céramique à Puebla, exploitant des mines à Taxco et à Pachuca et des haciendas cultivant le blé, la canne à sucre ou élevant du bétail dans toute la région. L'Église catholique en fit une base pour ses activités missionnaires, et laissa d'imposantes églises et des monastères fortifiés. La plupart des villes ont conservé leur place centrale, entourée d'édifices coloniaux.

Depuis/vers les environs de Mexico

Un excellent réseau de bus, souvent de 1re classe, relie les villes et la plupart des villages entre eux, ainsi que la capitale. Même les petites localités disposent de services quotidiens confortables vers Mexico et le plus proche carrefour de transports. Bien que des aéroports desservent également Puebla, Toluca, Cuernavaca et Pachuca, il est souvent moins cher et plus facile de prendre un vol pour Mexico, puis une correspondance là-bas. Des bus directs relient même l'aéroport à ces destinations. Hormis pour les sites méconnus, le bus reste le moyen de transport le plus pratique et le plus abordable. Le banditisme de grand chemin est rare sur les itinéraires majeurs, mais préférez voyager de jour vers les petites villes et bourgades.

NORD DE MEXICO

Première destination touristique au nord de Mexico, Teotihuacán fut jadis la plus grande métropole du continent américain et reste l'un des plus spectaculaires sites précolombiens du pays. Plus au nord, ne manquez pas les statues en pierre de Tula.

Bien moins fréquentés et tout aussi impressionnants, le Parque Nacional El Chico et le village minier de Mineral del Chico sont parfaits pour échapper à l'agitation de la grande ville. Paysages éblouissants, grands espaces et habitants accueillants sont au rendez-vous.

Pachuca, capitale en pleine expansion du dynamique État de Hidalgo, se distingue par ses maisons aux couleurs vives, son beau centre colonial et sa cuisine (en particulier son choix de chaussons à la viande). De Pachuca, des routes bien goudronnées serpentent vers l'est et le nord jusqu'à la côte du Golfe, traversant une campagne superbe, à l'image des confins de la Sierra Madre orientale et de la plaine côtière.

À SAVOIR

LES VILLAGES "MAGIQUES"

Dans ce chapitre, certaines localités portent le nom de *pueblos mágicos*. Elles font partie d'un programme lancé par Sectur, l'office mexicain du tourisme, pour promouvoir des villes mexicaines qui, par leur symbolisme, leurs légendes, leur histoire ou leur culture offrent une "expérience magique" au visiteur. En 2018, il y avait quelque 111 "villages magiques". Plus d'informations sur le site www.pueblosmexico.com.mx.

Tepotzotlán

☎55 / 38 120 HABITANTS / ALTITUDE : 2 300 M

Ce *pueblo mágico* se visite facilement à la journée depuis Mexico ; il semble à mille lieues de l'agitation de la capitale, bien que l'urbanisation se rapproche chaque année de son centre colonial. L'agréable petit *zócalo*, le marché et l'église, avec son remarquable musée, font tout l'intérêt d'une courte visite à Tepotzotlán.

À voir

Museo Nacional del Virreinato MUSÉE

(Musée national de la Vice-Royauté ; ☎55-5876-0245 ; www.virreinato.inah.gob.mx ; Plaza Virreinal ; 49 $M, gratuit dim ; 9h-18h mar-dim). Ce magnifique musée comprend l'**Iglesia de San Francisco Javier**, une église jésuite (XVIIe) restaurée, et un **monastère** adjacent qui furent tout à la fois un lieu de culte et d'étude pour évangéliser les enfants des chefs indiens de la région à partir de la fin du XVIe siècle. La plupart des très belles pièces exposées – calices en argent, tableaux en bois incrusté, porcelaines, meubles, peintures et statuaire religieuses – proviennent de l'importante collection de la cathédrale de Mexico. C'est l'une des plus belles collections d'art liturgique colonial d'Amérique latine.

Fondé en tant que collège de langues indigènes par la Compagnie de Jésus, cet ensemble monastique date de 1606. Divers ajouts au cours des 150 années suivantes en font une vitrine de l'évolution des styles architecturaux de la Nouvelle-Espagne.

Le retable churrigueresque du maître-autel de la **Capilla Doméstica** semble miroiter à l'infini. La façade est un fantastique cortège de statues de saints, d'anges, de plantes et de personnages, tandis que les murs intérieurs et la Camarín del Virgen, qui jouxte l'autel, sont recouverts de dorures exubérantes.

Fêtes et festivals

Pastorelas FÊTE RELIGIEUSE

(Scènes de la Nativité). Les *pastorelas* de Tepotzotlán sont jouées dans l'ancien monastère les semaines précédant Noël. Les billets, qui incluent le repas de Noël et une *piñata,* peuvent s'acheter à La Hostería del Convento de Tepotzotlán après le 1er novembre ou via Ticketmaster.

Où se loger

Hotel Posada San José HÔTEL $

(☎55-5876-0835 ; Plaza Virreinal 13 ; ch à partir de 450 $M ; 🛜). Cet hôtel central et bon marché occupe un bel édifice de l'ère coloniale du côté sud du *zócalo.* Il y a 12 petites chambres ; celles qui sont proches de la pompe à eau ou qui donnent sur la place sont économiques, mais bruyantes.

Hotel Posada del Virrey HÔTEL $

(☎55-5876-1864 ; Av Insurgentes 13 ; ch avec/sans Jacuzzi 600/400 $M ; P🛜). À courte distance du *zócalo*, cette *posada* (auberge) moderne, de style motel, est très fréquentée le week-end. Un peu sombres, les chambres (avec TV) sont propres et calmes.

Où se restaurer et prendre un verre

Mieux vaut éviter les restaurants pour touristes du *zócalo*, qui proposent une cuisine médiocre et chère. Préférez les stands de restauration du marché, derrière le Palacio Municipal, qui servent un riche *pozole* (potée épicée), des *gorditas* (ronds de pâte à tortilla frits et fourrés) et des jus de fruits frais toute la journée.

Mesón Vegetariano Atzin VÉGÉTARIEN $

(☎55-5876-232 ; Plaza Tepotzotlán, Local A ; comida corrida 60 $M ; ⏲12h-18h ; 🖉). Ambiance paisible et tons clairs dans le patio de ce restaurant végétarien tenu par une professeure de yoga. Au menu le jour de notre passage : salade, soupe de maïs, jus de goyave et yaourt maison aux graines de tournesol. De savoureux plats imitent des spécialités de poisson ou de viande, par exemple le "poisson" style Veracruz (des champignons en fait) ou la *milanesa* (escalope panée) de gluten.

♥ **La Hostería del Convento de Tepotzotlán** MEXICAIN $$

(☎55-5876-0243 ; www.hosteriadelconvento.mx ; Plaza Virreinal 1 ; plats 125-180 $M ; ⏲10h-17h). Dans la cour plantée de bougainvillées du monastère, La Hostería sert à une clientèle bien mise des plats traditionnels pour le brunch et le déjeuner : *chiles tolucos* (spécialité de Tepotzotlán à base de piments *poblanos* farcis au chorizo et au fromage) et *cecina adobada* (porc mariné dans le piment à la mode de Oaxaca).

Los Molcajetes PUB

(Los Molca ; Pensador Mexicano s/n ; ⏲18h-tard mar-dim). Murs jaunes et joyeux fatras de peintures : le Los Molca, comme on l'appelle ici, est un établissement sans prétention parfait pour commencer la soirée avec une *cucaracha* ("cafard"), fameux shot associant tequila et Kahlua. Beaucoup de monde le week-end, quand étudiants et couples se mettent parfois à danser au son de la pop et de tubes mexicains.

Depuis/vers Tepotzotlán

Tepotzotlán (à ne pas confondre avec Tepoztlán, au sud de Mexico) se situe sur l'axe routier Mexico-Querétaro, à environ 40 km de Mexico.

Depuis la gare routière Terminal Poniente (Observatorio) de Mexico, des bus Primera Plus (98 $M, 1 heure 30, 1/heure) permettent de rejoindre aisément le centre même de Tepotzotlán. Les bus retournant à Mexico repartent de la même gare.

Du Terminal Norte de Mexico, des bus 2e classe Autotransportes Valle del Mezquital (AVM) à destination de Tula s'arrêtent à la gare routière de Tepotzotlán toutes les 20 minutes (41 $M, 40 min). Des bus 1re classe (*directo*) passent toutes les 40 minutes. Les bus Pegasso (www.pegasso.mx) suivent un itinéraire semblable (40 min, 1/heure). De la gare routière, prenez un *combi* (7,50 $M) ou un taxi (35 $M) pour rejoindre le *zócalo* (Plaza Virreinal).

Tula

773 / 29 560 HABITANTS / ALTITUDE : 2 060 M

Cité majeure de l'ancienne culture toltèque du centre du Mexique, Tula est connue pour ses imposantes statues de guerriers en pierre, hautes de 4,50 m. Moins spectaculaire que Teotihuacán, Tula reste une ville fascinante et mérite une excursion d'une journée ou deux si l'histoire de l'ancien Mexique vous intéresse.

Le *zócalo* et la Calle Quetzalcóatl, une rue piétonne qui s'étend du nord du *zócalo* jusqu'à une passerelle sur la rivière Tula, sont les endroits les plus agréables à explorer.

Histoire

Tollan (probablement Tula) fut une cité assez importante entre 900 et 1150, avec une population de quelque 35 000 âmes à son apogée. Selon les chroniques aztèques, un roi nommé Topiltzin, qui avait la peau claire, une barbe noire et de longs cheveux, fonda une capitale toltèque au Xe siècle, qui pourrait être Tula.

Bâtisseurs d'empire, les Toltèques impressionnaient les Aztèques, qui les considéraient comme des ancêtres royaux. Topiltzin aurait été un prêtre-roi, qui observait le culte pacifique de Quetzalcóatl, le dieu serpent à plumes (les Toltèques ne sacrifiaient que des animaux). Cependant, Tollan comptait aussi des adeptes de Tezcatlipoca (Miroir fumant), dieu des Guerriers, de la Sorcellerie, de la Vie et de la Mort, qui exigeait des sacrifices humains. Selon la légende, Tezcatlipoca prit différentes formes pour provoquer Topiltzin. Sous l'apparence d'un vendeur de piments nu, il suscita la convoitise de la fille du roi, qu'il finit par épouser. En tant que vieil homme, il fit boire jusqu'à l'ivresse le souverain habituellement sobre.

Humilié, Topiltzin partit pour la côte du Golfe, d'où il navigua vers l'est sur un radeau de serpents, jurant de revenir pour récupérer son trône. C'est ce mythe qui causa la méprise de l'empereur aztèque Moctezuma lors de l'arrivée de Hernán Cortés sur la côte du Golfe en 1519.

À l'apogée de Tula, les paysans cultivaient le cacao sur les terres fertiles et les artisans étaient renommés pour le travail de l'obsidienne (roche volcanique). Mise à sac en 1170, envahie par des tribus voisines, la ville entama une période de déclin avant d'être détruite par les Aztèques.

À voir

Zona Arqueológica — SITE ARCHÉOLOGIQUE

(773-100-36-54 ; www.centrohidalgo.inah.gob.mx ; Carretera Tula-Iturbe Km 2 ; 65 $M, caméra 65 $M ; 9h-17h). Les vestiges du principal site cérémoniel se dressent sur une colline, à 2 km au nord du centre de Tula. En haut de la principale pyramide, on se retrouve quasiment face à face avec les fameux atlantes, ces statues de guerriers célestes toltèques de près de 5 m de haut, tout en bénéficiant d'une vue imprenable sur la campagne (et la zone industrielle non loin). Des panneaux explicatifs en espagnol, en anglais et en nahuatl jalonnent le site (presque sans ombre). L'accès aux 2 musées sur place est inclus dans le prix du billet. Le week-end, des stands de souvenirs s'installent près du musée principal et de l'entrée.

Le **musée du site**, qui présente des céramiques, des objets en métal, des bijoux et de grandes sculptures, se situe près de l'entrée, au nord de la *zona* en venant du centre-ville par la Calle Tollan. À l'extérieur du musée s'étend un petit jardin de cactus (étiquetage en espagnol).

En venant du musée, la première grande structure est le **Juego de Pelota n°1** (jeu de balle n°1). D'après les archéologues, ses murs étaient décorés de panneaux sculptés, qui furent retirés sous le règne aztèque.

Au sommet de la **Pirámide B**, aussi appelée temple de Quetzalcóatl ou Tlahuizcalpantecuhtli (Étoile du Matin), on peut voir de près les impressionnants vestiges de 3 colonnes qui représentaient jadis des serpents à plumes, avec la tête sur le sol et la queue tendue vers le ciel. Les 4 atlantes en basalte et les 4 piliers à l'arrière soutenaient le toit du temple. Portant des coiffes, des pectoraux en forme de papillon et des pagnes maintenus par des disques solaires, les guerriers tenaient une lance dans la main droite, un couteau et de l'encens dans la gauche. L'atlante de gauche est une copie de l'original, conservé au Museo Nacional de Antropología de Mexico. Les piliers derrière les atlantes s'ornent de têtes de crocodiles (symbole de la Terre), de guerriers, de symboles des ordres guerriers, d'armes et de la tête de Quetzalcóatl.

Le mur nord de la pyramide conserve certaines des sculptures qui entouraient l'édifice. Elles figurent les symboles des ordres guerriers : jaguars, coyotes, aigles dévorant des cœurs, et ce qui pourrait être une tête humaine dans la gueule de Quetzalcóatl.

Le **Gran Vestíbulo** (Grand Vestibule), aujourd'hui sans toit, longe la pyramide, face à la place. Le banc de pierre sculpté de guerriers, où s'asseyaient peut-être les prêtres et les nobles lors des cérémonies, courait à l'origine sur toute la longueur du vestibule. Au nord de la Pirámide B, le **Coatepantli** (mur du Serpent), long de 40 m et haut de 2,25 m, est sculpté de motifs géométriques et d'une rangée de serpents dévorant des squelettes humains. Il comporte des traces des couleurs vives qui couvraient la plupart des monuments.

Le **Palacio Quemado** (Palais incendié), juste à l'ouest de la Pirámide B, se compose d'une série de salles et de cours ornées de bancs et de reliefs, dont l'un décrit une procession de nobles. Il servait probablement pour des réunions ou des cérémonies.

De l'autre côté de la place, un chemin conduit à la **Sala de Orientación Guadalupe Mastache**, un petit musée qui porte le nom de l'une des premières archéologues à avoir fouillé le site, Alba Guadalupe Mastache (1942-2004). Il renferme de grands objets découverts sur place, dont de gigantesques pieds de cariatides, ainsi qu'une représentation du site originel.

Catedral de San José CATHÉDRALE
(☎773-732-00-33 ; angle Zaragoza et Calle 5 de Mayo). Près du *zócalo*, la cathédrale de Tula, semblable à une forteresse, faisait partie du monastère de San José datant du XVIe siècle. À l'intérieur, les nervures des voûtes sont couvertes d'or.

Où se loger et se restaurer

Hotel Real Catedral HÔTEL $$
(☎773-732-08-13 ; realhoteles.com/real_catedral ; Av Zaragoza 106 ; d 700 $M, avec petit-déj 800 $M ; P ❄ Wi-Fi). Dans une rue derrière la place, cet hôtel se distingue par quelques petits plus – cafetière, sèche-cheveux et coffre-fort dans les chambres, ainsi qu'une petite salle de sport. Si certaines chambres sont sombres, les suites ont un balcon donnant sur la rue. De jolies photos en noir et blanc de Tula ornent la réception.

Hotel Casablanca HÔTEL D'AFFAIRES $
(☎773-732-11-86 ; casablancatula.com ; Pasaje Hidalgo 11 ; d/tr 450/550 $M ; P Wi-Fi). Un hôtel d'affaires confortable et pratique au cœur de Tula, à l'extrémité d'une ruelle piétonne (repérez le panneau "Milano"). Il dispose de 36 chambres avec TV câblée, salle de bains et un bon réseau Wi-Fi. On accède au parking par l'Avenida Zaragoza, sur l'arrière.

Hotel Cuellar HÔTEL D'AFFAIRES $$
(☎773-732-29-20 ; www.hotelcuellar.com ; Calle 5 de Mayo 23 ; s/d/tr avec petit-déj 715/1 005/1 300 $M ; P Wi-Fi piscine). Piscine, plafonds bas, literie à volants, décoration pastel détonante, palmiers et grand parking : le décor donne davantage l'impression d'être dans un motel de Los Angeles que près du *zócalo* ! Des lits propres et confortables sont néanmoins un atout.

Best Western Tula HÔTEL D'AFFAIRES $$
(☎773-732-45-75 ; www.bestwesterntula.com ; Av Zaragoza s/n ; ch à partir de 970 $M ; P ❄ Wi-Fi). Suffisamment petit et accueillant pour couper au caractère impersonnel d'une chaîne hôtelière, ce Best Western aux 18 chambres cosy fait sérieusement concurrence aux autres établissements milieu de gamme à Tula.

Cocina Económica Las Cazuelas MEXICAIN $
(☎773-732-28-59 ; Pasaje Hidalgo 129 ; menú del día 50 $M ; ⏲8h-18h ; Wi-Fi). L'excellent *menú del día* comprend une soupe au choix, un plat – tels les *chiles rellenos* (piments farcis au fromage) ou la *milanesa* (escalope panée) – et l'*agua* (eau parfumée aux fruits frais). Le balcon à l'étage, éloigné de la cuisine, est plus frais que l'étouffante salle principale.

Restaurant Casablanca MEXICAIN $
(☎773-732-22-74 ; www.casablancatula.com ; Hidalgo 114 ; plats 50-130 $M ; ⏲7h-21h). Plutôt aseptisé, le Casablanca sert la plupart des standards de la cuisine mexicaine, ainsi qu'un bon buffet (de 13h à 18h). Jouxtant le *zócalo*, c'est l'un des rares établissements du centre-ville où l'on peut s'asseoir, ce qui attire autant les hommes et les femmes d'affaires que les voyageurs. Accès au Wi-Fi.

Mana VÉGÉTARIEN $
(☎773-100-31-33 ; Pasaje Hidalgo 13 ; menú del día/buffet 50/70 $M ; ⏲8h-17h dim-ven ; 🖉). Modeste restaurant végétarien réputé pour son généreux *menú del día* avec pain complet, soupe de légumes et pichet de lait d'avoine. Également : burgers végétariens, *taquitos*, quesadillas, soupes et salades. Tout est frais, copieux et fait maison.

Depuis/vers Tula

La **gare routière de Tula** (Central de Autobuses Tula ; Xicoténcatl 14) se situe à 3 rues en aval de la cathédrale. Des bus 1re classe **Ovnibus**

(☎800-839-21-30 ; www.ovnibus.com.mx) circulent depuis/vers le Terminal Norte de Mexico (135 $M, 1 heure 45, toutes les 40 min) et directement depuis/vers Pachuca (126 $M, 1 heure 15, toutes les 40 min). Une liaison avec Querétaro est assurée par Primera Plus (234 $M, 2 heures 15, 8/jour).

Comment circuler

Si vous arrivez à Tula en bus, sachez que la marche est le meilleur moyen de vous déplacer. Pour rejoindre le *zócalo* (appelé localement "El Jardín") depuis la gare routière, tournez à droite dans Xicoténcatl, puis tout de suite à gauche dans Rojo del Río et parcourez 2 pâtés de maisons jusqu'à Hidalgo. Tournez à droite dans Hidalgo, qui débouche sur la Plaza de la Constitución et le Jardín de Tula, la place principale de Tula.

Pour atteindre la Zona Arqueológica, continuez à droite sur 200 m le long de la Calle Zaragoza jusqu'au pont sur la rivière, puis prenez un *taxi colectivo* (8,50 $M, 10 min) jusqu'au magasin Oxxo qui se trouve devant la zone. Pour le retour, les taxis partent également de cet endroit. L'entrée secondaire du site, au sud, est fermée.

Sachez enfin qu'il n'y a pas d'*empaque* (consigne) à la gare routière.

Teotihuacán

☎594 / ALTITUDE : 2 300 M

La majestueuse "Cité où les dieux sont nés" est le plus grand site archéologique de toute la Méso-Amérique – et le plus visité de la région. Son urbanisme parfait témoigne de l'étonnante sophistication de la civilisation de Teotihuacán, qui fut un temps la plus vaste cité du Mexique et la capitale du plus grand empire précolombien.

Située dans un cirque montagneux du Valle de México, à 50 km au nord-est de la capitale, **Teotihuacán** (☎594-956-02-76 ; www.teotihuacan.inah.gob.mx ; entrée/parking 70/45 $M ; 9h-17h ; P ; direction Los Pirámides depuis le Terminal Norte de Mexico) est connue pour ses imposantes Pirámides del Sol y de la Luna (pyramides du Soleil et de la Lune) qui surplombent les vestiges de l'ancienne métropole.

Si l'ancienne Teotihuacán couvrait plus de 20 km², la plupart des vestiges bordent la Calzada de los Muertos, une longue chaussée pavée, sur environ 2 km.

Histoire

L'importance majeure de Teotihuacán dans le Mexique préhispanique en fit un puissant pôle d'attraction pour les différentes tribus du Sud. Leur installation aboutit à une division de la ville en quartiers fondés sur des critères de ségrégation.

Le plan en damier de la cité fut conçu au début du Ier siècle, et la Pirámide del Sol, construite sur une ancienne grotte-sanctuaire, fut achevée en 150. Le reste de la cité fut édifié entre 250 et 600. Des facteurs sociaux (des études génétiques menées en 2015 ont montré que des tensions existaient entre les différentes cultures et les classes sociales qui composaient la cité), environnementaux et économiques précipitèrent son déclin, puis sa chute au VIIIe siècle.

Teotihuacán était divisée en quartiers par deux grandes avenues qui se croisaient près de La Ciudadela (la Citadelle). L'axe nord-sud est la fameuse Calzada de los Muertos (chaussée des Morts), ainsi appelée par les Aztèques qui croyaient que les grands édifices qui la bordaient étaient des tombeaux édifiés par des géants pour les premiers souverains. Les édifices les plus importants sont caractérisés par un style *talud-tablero*, avec une succession de sections inclinées (*talud*) et verticales (*tablero*) sur les plans ascendants des constructions en gradins. Ils étaient souvent chaulés et peints de couleurs vives. La majeure partie de la ville se composait de domaines résidentiels, dont certains ornés d'élégantes fresques.

Plusieurs siècles après sa chute, Teotihuacán demeura un lieu de pèlerinage pour les souverains aztèques, qui croyaient que tous les dieux s'étaient sacrifiés à cet endroit pour que la course du Soleil puisse se poursuivre au début du "Cinquième Monde", habité par les Aztèques. Le site est toujours un important lieu de pèlerinage : des milliers d'adeptes du New Age affluent chaque année pour célébrer l'équinoxe de printemps (19-21 mars) et pour s'imprégner des énergies mystiques censées y converger.

À voir

Pirámide del Sol SITE ARCHÉOLOGIQUE
(Pyramide du Soleil). Avec 70 m de haut et 222 m de côté, la pyramide du Soleil est la troisième plus grande au monde après celle de Kheops en Égypte (qui est également un tombeau, contrairement aux temples de Teotihuacán), et celle de Cholula. Construite vers 100 avec 3 millions de tonnes de pierres sans outils métalliques, animaux de trait ni roue, elle se dresse du côté est de la Calzada de los Muertos.

Teotihuacán

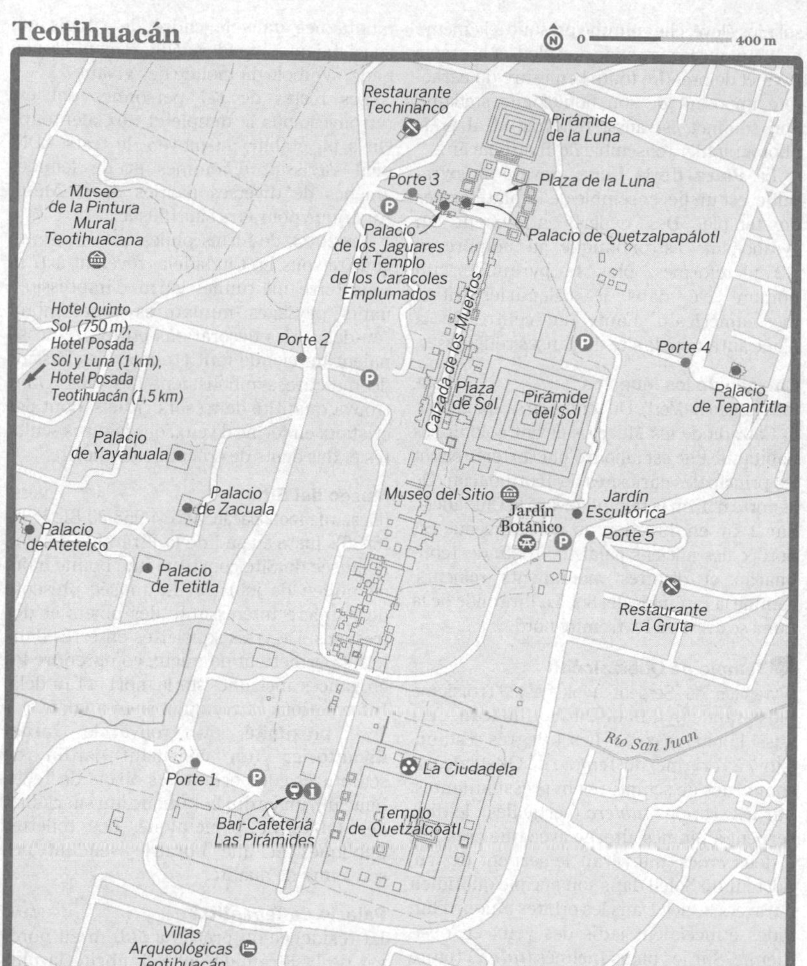

Les Aztèques croyaient qu'elle était dédiée au dieu du Soleil, ce qui se vérifia en 1971 avec la découverte d'un tunnel de 100 m menant d'un point proche du côté ouest de la pyramide à une grotte sous son centre, où furent trouvés des objets religieux. Les experts estiment que le Soleil était vénéré à cet endroit avant la construction de la pyramide et que les habitants considéraient cette grotte comme le lieu de l'origine de la vie.

À l'apogée de Teotihuacán, le plâtre recouvrant la pyramide était peint en rouge vif, ce qui devait lui donner un aspect saisissant au coucher du soleil. Du haut des 248 marches (à escalader prudemment à la corde), la vue englobe toute l'ancienne cité.

Pour l'ascension de la Pirámide del Sol, les gros sacs à dos ne sont pas autorisés et les enfants doivent être accompagnés d'un adulte.

♥ **Pirámide de la Luna** SITE ARCHÉOLOGIQUE
(Pyramide de la Lune). La pyramide de la Lune, implantée à l'extrémité nord de la Calzada de los Muertos, est moins imposante, mais plus gracieuse que la pyramide du Soleil. Elle fut achevée vers l'an 300. Bâtie sur un

sol plus élevé, elle culmine presque à la même hauteur que la pyramide du Soleil, et la gravir permet de prendre toute la mesure du caractère imposant de son homologue stellaire. Son sommet est aussi l'endroit idéal pour photographier l'ensemble de Teotihuacán.

La **Plaza de la Luna**, devant la pyramide, est un bel ensemble de 12 plateformes de temple. Des experts attribuent un symbolisme astronomique au nombre 13 (12 plateformes, plus la pyramide), un nombre clé dans le calendrier rituel méso-américain. L'autel au centre de la place aurait été le site de danses religieuses.

Calzada de los Muertos SITE

(Chaussée de la Mort). Du temps de sa splendeur, la Calzada de los Muertos devait éblouir ses habitants. Elle est aujourd'hui l'artère reliant les principales curiosités de Teotihuacán. De la porte n°1, on la rejoint devant la Ciudadela. Sur 2 km en direction du nord, l'avenue est bordée des anciens palais de l'élite de Teotihuacán et d'autres monuments majeurs, comme la Pirámide del Sol. La Pirámide de la Luna se dresse à l'extrémité nord.

♥ **Templo de Quetzalcóatl** SITE

(Pyramide du Serpent à plumes). Troisième plus grande pyramide de Teotihuacán, c'est aussi la plus décorée. Les 4 degrés restants (sur 7 à l'origine) du Templo de Quetzalcóatl sont ornés de sculptures impressionnantes. Sur les sections *tablero* (verticales), le dieu serpent à plumes alterne avec une créature à deux crocs, qui serait le serpent de feu, porteur du Soleil dans son périple quotidien à travers le ciel. Dans les orbites aujourd'hui vides étincelaient jadis des yeux en obsidienne. Sur les plans inclinés (*talud*) figure le serpent à plumes de profil.

Le terrible serpent à plumes est un prédécesseur du dieu aztèque ultérieur Quetzalcóatl. Certains experts voient dans les sculptures du temple une représentation de la guerre, d'autres les interprètent comme étant l'image de la création du temps.

La Ciudadela SITE

(Citadelle). On pense que ce vaste ensemble de forme carrée était la résidence du chef suprême de la ville, et que ses salles étaient le centre administratif de la cité. Quatre murs épais surmontés de 15 pyramides entourent une immense esplanade dont le monument principal, à l'est, est le Templo de Quetzalcóatl, une pyramide édifiée vers 250. Ces pyramides représentaient des montagnes dans le cadre de rituels qui consistaient à inonder délibérément l'esplanade, symbole du monde des vivants.

Les restes de 137 personnes ont été retrouvés sous le temple et aux alentours. On a pu établir, au moyen de tests ADN, qu'il s'agissait d'hommes et de femmes amenés de diverses parties de la Méso-Amérique pour être sacrifiés ici.

En 2003, de fortes pluies ont creusé un gouffre sous La Ciudadela, révélant à 17 m sous terre un tunnel garni d'impressionnants paysages miniatures représentant l'au-delà : des décorations en pyrite dessinaient un ciel de nuit étoilé et des bassins de mercure symbolisaient des lacs. On y trouva quantité de trésors rituels, dont des cristaux en forme d'yeux, des jaguars sculptés et des dents de crocodile en diorite.

Museo del Sitio MUSÉE

(Museo de Teotihuacán ; ☎ 594-958-20-81 ; ⊙ 9h-16h30). Juste au sud de la Pirámide del Sol, le musée du Site constitue une bonne halte en milieu de journée. Le musée présente de manière intéressante des objets et des fresques. De vrais squelettes enterrés dans le sol permettent de mieux comprendre les croyances anciennes sur la mort et l'au-delà. Informations en espagnol et en anglais.

À proximité, on trouve le **Jardín Escultórica** (un charmant jardin de sculptures comportant des objets de Teotihuacán), un jardin botanique, un snack-bar, des tables de pique-nique, des toilettes publiques et une librairie vendant des souvenirs de qualité.

Palacio de Tepantitla PALAIS

La résidence du prêtre, à 500 m au nord-est de la Pirámide del Sol, abrite la plus célèbre fresque de Teotihuacán, le **Paradis de Tláloc**. Le dieu de la Pluie Tláloc est représenté accompagné de prêtres, avec d'autres personnes et des animaux, notamment des poissons, à proximité. Au-dessus se trouve le sinistre portrait de la **Grande Déesse de Teotihuacán**, une divinité de l'Obscurité et de la Guerre, pense-t-on, souvent représentée en compagnie de jaguars, de chouettes et d'araignées – des animaux de l'Inframonde. Observez son nez crochu et ses boucliers décorés de toiles d'araignée.

Museo de la Pintura Mural Teotihuacana MUSÉE

(☎ 594-958-20-81 ; inclus dans le billet pour le site de Teotihuacán ; ⊙ 9h-16h30). Ce beau musée présente des peintures murales de Teotihuacán, ainsi que des reconstitutions de celles que l'on découvre dans les ruines.

Palacio de Quetzalpapálotl PALAIS

Près du coin sud-ouest de la Plaza de la Luna, le palais du Quetzal Papillon aurait été la demeure d'un grand prêtre. Des restes d'ours, de tatous et d'autres espèces exotiques, utilisés dans la cuisine ou pour les rites, ont été retrouvés ici, signe que le lieu était fréquenté par les membres de la haute société, seuls susceptibles de consommer pareils animaux.

Le **Palacio de los Jaguares** (palais des Jaguars) et le **Templo de los Caracoles Emplumados** (temple des Escargots à plumes) se situent derrière et en contrebas du Palacio de Quetzalpapálotl. Les murs inférieurs de plusieurs salles autour du patio du Palacio de los Jaguares conservent des fragments de peintures figurant le dieu Jaguar soufflant dans des conques et priant le dieu de la Pluie Tláloc. Des fresques plus complètes sont conservées au Museo del Sitio.

Le patio du Palacio de los Jaguares donne accès au Templo de los Caracoles Emplumados, un édifice désormais souterrain du IIe ou IIIe siècle. Les sculptures sur sa façade représentent de grands coquillages, servant peut-être d'instruments de musique.

Palacio de Tetitla et Palacio de Atetelco PALAIS

Un groupe de palais se situe à l'ouest du secteur principal de Teotihuacán, à plusieurs centaines de mètres au nord-ouest de la Porte n°1. Nombre des peintures murales, découvertes dans les années 1940, sont bien conservées ou restaurées, et parfaitement compréhensibles. Dans le vaste **Palacio de Tetitla**, 120 murs comportent des peintures murales représentant notamment Tláloc, des jaguars, des serpents et des aigles. À 400 m à l'ouest, le **Palacio de Atetelco** possède d'expressives peintures murales de jaguars ou de coyotes (originales ou restaurées) dans le Patio Blanco, à l'angle nord-ouest.

À 100 m au nord-est, le **Palacio de Zacuala** et le **Palacio de Yayahuala**, deux énormes enceintes, servaient sans doute de quartiers d'habitation. Séparés par les allées d'origine, ils comprennent de nombreux patios et pièces, mais peu d'entrées.

Fêtes et festivals

♥ Experiencia Nocturna SON ET LUMIÈRE

(Expérience nocturne ; www.ticketmaster.com.mx ; site de Teotihuacán ; 390 $M ; 18h30 lun, ven et sam jan-juin, nov et déc). Un spectacle nocturne impressionnant où lumières et vidéos colorées dansent au rythme d'une bande-son sur les pyramides du Soleil et de la Lune, à Teotihuacán. Bien que d'un goût un peu douteux, cette "expérience nocturne" de 45 minutes donne un aperçu remarquable de la flamboyante splendeur originelle des pyramides. Les séances sont sporadiques et les billets s'écoulent rapidement. Mieux vaut donc se renseigner sur le site Internet régulièrement, et plusieurs mois à l'avance.

Où se loger et restaurer

La ville de San Juan Teotihuacán, à 2 km du site archéologique, compte quelques bons hébergements, pratiques pour visiter les ruines avant l'arrivée de la foule.

Se restaurer à proximité des ruines est généralement assez coûteux et décevant. Mieux vaut emporter un pique-nique, même si quelques restaurants sont corrects.

Hotel Posada Sol y Luna HÔTEL $

(594-956-23-71, 594-956-23-68 ; www.posadasolyluna.com ; Cantú 13, San Juan Teotihuacán ; d/lits jum/ste 540/680/820 $M ; P). À l'extrémité est de la ville sur le chemin des pyramides, cet hôtel bien tenu offre 16 chambres moquettées (avec TV et salle de bains), sans caractère mais très correctes. Les suites juniors, dotées de Jacuzzis vieillissants, ne valent pas le supplément.

Hotel Quinto Sol HÔTEL $$

(594-956-18-81 ; www.facebook.com/hotelquintosolteotihuacan ; Av Hidalgo 26, San Juan Teotihuacán ; s/d/tr 955/1 390/1 570 $M ; P @). De bons équipements, dont une piscine de taille correcte, de grandes chambres bien aménagées avec coffre-fort, un bon restaurant et un service en chambre font du Quinto Sol l'hôtel le plus prisé par les groupes de touristes.

Villas Arqueológicas Teotihuacán HÔTEL $$

(55-5836-9020 ; villasarqueologicas.com.mx ; Periférico Sur s/n, Zona Arqueológica ; d/ste dim-jeu 845/1 461 $M, ven-sam 1 095/1 711 $M ; P @). Au sud de la Zona Arqueológica, cet hôtel élégant dispose d'une petite salle de gym, d'une piscine extérieure chauffée, d'un court de tennis éclairé, d'une aire de jeux, d'un spa avec *temascal* (bain de vapeur) et d'un restaurant mexicain raffiné. Wi-Fi à la réception seulement.

♥ **Restaurante Techinanco** MEXICAIN $$
(☎594-958-23-06 ; rocade de la Zona Arqueológica ; plats 100-140 $M ; ⏲11h-17h). À courte distance de la Porte n°3, derrière la Pirámide de la Luna, ce restaurant accueillant propose une excellente cuisine maison à des prix assez raisonnables. À la courte carte de classiques mexicains : des enchiladas et des *moles* (plats avec une sauce à base de piment) faits maison, entre autres. Possibilité de massage thérapeutique (à partir de 600 $M) et de *temascal* (sur réservation).

Renseignements

Kiosque d'information (☎594-956-02-76, réservations 594-958-20-81 ; www.teotihuacan.inah.gob.mx ; ⏲7h-18h). Près de l'entrée sud-ouest (porte n°1).

Depuis/vers Teotihuacán

Des bus Autobuses México-San Juan Teotihuacán partent toutes les heures de 7h à 18h du Terminal Norte de Mexico pour le site archéologique (44 $M, 1 heure). Pour acheter vos billets, tournez à gauche vers la porte n°8 en entrant dans le Terminal Norte, mais pensez à demander de quelle porte part votre bus. Vérifiez que ce dernier dessert bien "Los Pirámides" et non pas la ville voisine de San Juan Teotihuacán (à moins que vous ne rejoigniez un hôtel à San Juan). Ces bus sont parfois le théâtre de vols à main armée ; consultez les conseils aux voyageurs du site du ministère des Affaires étrangères (voir p. 905) pour avoir des informations actualisées.

Sur le site archéologique, les bus arrivent et partent près de la porte n°1. Ils marquent aussi un arrêt aux portes n°2 et n°3 via la rocade qui fait le tour du site. Les billets donnent accès aux 5 entrées pendant une journée. Le musée du site est juste après l'entrée principale est (porte n°5).

En sens inverse, les bus sont plus fréquents après 13h. Le dernier bus pour Mexico part à 18h – si certains ne vont pas plus loin que la station de métro Indios Verdes, la plupart continuent jusqu'au Terminal Norte.

Autre possibilité, les visites guidées du site archéologique sont nombreuses, et plus avantageuses que les services d'un guide pour une personne seule. Les circuits partent commodément de l'arrêt de métro Zócalo à Mexico, ou de votre lieu d'hébergement.
Capital Bus (carte p. 84 ; www.capitalbus.mx ; Liverpool 155, Zona Rosa ; circuit 1 jour droits d'entrée inclus 650 $M ; ⏲départ à Zona Rosa 8h30, Zócalo 9h) propose tous les jours des circuits en minibus avec un guide bilingue et une visite à la Basílica de Guadalupe.

Comment circuler

Pour rejoindre les pyramides depuis San Juan Teotihuacán, prenez un taxi (60 $M) ou n'importe quel *combi* "San Martín" (14 $M) dans l'Avenida Hidalgo, à côté de la place centrale. Au retour, les *combis* s'arrêtent le long de la route principale, aux portes nos 1, 2 et 3.

Mineral del Chico

☎771 / 481 HABITANTS

Charmant vieux village minier, Mineral del Chico est l'un des nouveaux *pueblos mágicos*, et il fait de l'ombre à Pachuca, pourtant bien plus grande. De Pachuca, une plaisante excursion d'une journée ou bien d'un week-end conduit aux 3 000 ha du **Parque Nacional El Chico** (www.parqueelchico.gob.mx), réserve fondée en 1898.

La vue est splendide, l'air est frais et les montagnes permettent de belles randonnées parmi de spectaculaires formations rocheuses et de superbes cascades. Les Mexicains qui viennent ici le week-end se cantonnent généralement à la charmante rue principale d'El Chico (à laquelle le village se résume quasiment). Il est vrai que l'on y est très bien accueilli, par des gens qui se montrent à la hauteur de la devise du village : *Pueblo chico, gente grande* ("Petit par sa taille, grand par ses habitants").

À voir

Mirador de Peña del Cuervo PANORAMA
GRATUIT. Ce mirador juché sur un sommet à 2 770 m d'altitude offre un superbe panorama sur les montagnes verdoyantes du parc national El Chico. Ce poste d'observation naturel est connu des visiteurs depuis les années 1920. On appelle les imposantes silhouettes de pierre qui se dessinent au loin *Las Monjas* (Les Moniales) en raison de leur forme. Encore plus loin, on découvre d'autres rochers au nom religieux : *Los Frailes* (Les Frères).

Depuis Mineral del Chico, des *colectivos* marqués "Carboneras" (10 $M) vous déposeront au début du sentier qui mène au mirador. De là, comptez environ 25 minutes d'ascension via un escalier pavé à l'abandon, muni d'un garde-fou. Prenez garde aux nombreuses pierres qui s'en détachent après la pluie.

À NE PAS MANQUER

REAL DEL MONTE

Ancienne cité minière qui a désormais rang de *pueblo mágico* (village magique), cette ravissante petite ville de montagne est composée d'un entrelacs de maisons, de restaurants et de magasins de *pastes* (sorte de chaussons à la viande), disséminés sur le versant d'un mont couvert de pins à quelque 2 700 m d'altitude. Si l'air se fait plus rare ici (ne vous étonnez pas si vous souffrez d'un léger mal des montagnes), il est aussi très pur et si frais que le temps peut soudainement devenir froid et venteux (pensez à emporter un pull, voire une veste).

À 2 km après la bifurcation de la route 105 vers le Parque Nacional El Chico, Real del Monte (appelée officiellement Mineral del Monte) fut le théâtre d'une grève de mineurs en 1776, considérée comme la première grève des Amériques. La majeure partie de la localité fut construite au XIXe siècle, quand une compagnie britannique dirigeait alors les mines. De nombreuses rues pavées et pentues sont bordées de cottages qui rappellent la Cornouailles.

Où se loger et se restaurer

Hotel El Paraíso LODGE **$$**
(771-715-56-54 ; www.hotelesecoturisticos.com.mx ; Carretera Pachuca s/n ; ch 1 050-1 250 $M ; P Wi-Fi). Niché dans un grand domaine bien entretenu au pied de la montagne, avec un torrent à proximité, le Paradis porte bien son nom. Les grandes chambres modernes sont très confortables. Possibilité de pension complète.

Restaurante y Cabañas San Diego PRODUITS DE LA MER **$$**
(771-209-33-63 ; Carretera Pachuca s/n ; plats 100-120 $M ; 11h-16h ; P). En retrait de la route en direction du village (repérez les panneaux à l'embranchement vers El Paraíso), le San Diego est une retraite de montagne à côté d'un torrent. La mère du propriétaire prépare d'excellents plats à base de truite. La recette *a la mexicana* (le poisson est farci de fromage de Oaxaca, tomates, ail et piments) est fameuse. Petit-déjeuner et dîner sur réservation.

Côté hébergement, on peut y louer 2 *cabañas* confortables mais rustiques, l'une (avec lit double, de 650 à 750 $M) étant plus petite que l'autre (jusqu'à 10 pers, 200 $M/pers).

Depuis/vers Mineral del Chico

De Pachuca, des *colectivos* bleu et blanc partent, toutes les 20 minutes entre 8h et 18h, de l'extérieur de l'Iglesia de la Asunción (l'église rose de la Plaza de la Constitución) pour emprunter la route sinueuse menant à Mineral del Chico (15 $M, 40 min). Dans le sens inverse, le dernier *colectivo* part du village à 19h.

Aucun service direct ne part de Real del Monte. Pour éviter de retourner à Pachuca afin de changer de *colectivo*, vous pouvez louer un taxi pour environ 150 $M.

EST DE MEXICO

À l'est de la capitale, le paysage devient de plus en plus spectaculaire avec les sommets enneigés des volcans Popocatépetl, Iztaccíhuatl, La Malinche et Pico Orizaba, le point culminant du pays. Cette Cordillera Neovolcánica est propice à toutes sortes d'activités, des promenades revigorantes aux ascensions pour grimpeurs expérimentés. Imprévisible, le Popocatépetl est interdit en raison de son activité volcanique.

Cinquième plus grande ville du Mexique, la superbe cité coloniale de Puebla est le principal centre régional, un carrefour de transports et une destination touristique incontournable pour ses églises et ses édifices ornés de faïences, ses riches traditions culinaires, son histoire fascinante et ses excellents musées. L'État de Puebla, essentiellement rural, est habité par quelque 500 000 Indiens, dont l'artisanat foisonnant regroupe aussi bien la poterie et la gravure sur onyx que la broderie textile.

L'attirante Cholula est désormais reliée à Puebla par un train touristique, rendant l'accès à ses bars jeunes et à ses restaurants chics plus facile que jamais.

Quant à Tlaxcala, la capitale du petit État du même nom, elle est devenue très attrayante avec un éventail de nouveaux restaurants, musées et boutique-hôtels. Plus éloignée, la bourgade de Cuetzalan, au cœur d'un paysage luxuriant, semble oubliée par le temps.

Puebla

222 / 1,5 MILLION D'HABITANTS / ALTITUDE : 2 160 M

Jadis bastion du conservatisme et du catholicisme, Puebla s'est aujourd'hui libérée de son passé colonial. La ville possède un centre ancien superbement conservé, une magnifique cathédrale et une myriade de belles églises, tandis que les jeunes Poblanos profitent d'une scène artistique et d'une vie nocturne dynamiques.

La "ville aux cent clochers" mérite assurément la visite, avec 70 églises dans le seul centre historique (classé au patrimoine mondial en 1987), une centaine d'édifices coloniaux ornés des céramiques de Talavera qui ont fait sa réputation, et de magnifiques monuments baroques, en plus d'une longue histoire culinaire – à découvrir dans les restaurants et au gré des stands de rue. Pour une ville de cette taille, Puebla est bien plus détendue et moins embouteillée que l'on pourrait s'y attendre.

Histoire

Fondée en 1531 par des colons espagnols qui la baptisèrent Ciudad de los Ángeles (Cité des Anges), afin de supplanter le centre religieux précolombien voisin de Cholula, la ville prit le nom de Puebla de los Ángeles ("La Angelópolis") 8 ans plus tard et devint rapidement un important foyer catholique. Depuis longtemps, de belles poteries étaient fabriquées avec l'argile de la région et, après l'introduction de nouvelles techniques et de matériaux par les colons, la poterie de Puebla se transforma en art et en industrie. À la fin du XVIIIe siècle, le verre et les textiles comptaient parmi les productions les plus importantes de la cité. Avec 50 000 habitants en 1811, Puebla demeura la deuxième ville du Mexique jusqu'à ce que Guadalajara la supplante à la fin du XIXe siècle.

En 1862, le général Ignacio de Zaragoza fortifia le Cerro de Guadalupe contre les envahisseurs français et, le 5 mai de la même année, ses 2 000 hommes repoussèrent l'attaque frontale de 6 000 Français, dont beaucoup souffraient de diarrhée. Ce succès militaire, l'un des rares du Mexique, donne lieu à des célébrations annuelles, plus importantes aux États-Unis qu'au Mexique, et des centaines de rues sont appelées Cinco de Mayo. Personne ne semble se souvenir que, l'année suivante, les Français revinrent en nombre, prirent Puebla et l'occupèrent jusqu'en 1867 !

À voir

Catedral de Puebla CATHÉDRALE
(angle Av 3 Oriente et 16 de Septiembre ; 9h-13h et 16h-20h). GRATUIT Notre-Dame-de-l'Immaculée-Conception, l'impressionnante cathédrale de Puebla (représentée sur les billets de 500 $M), occupe tout le côté sud du *zócalo*. Son architecture mêle un austère style Renaissance-herreresque et un style baroque précoce. Commencée en 1550, sa construction se poursuivit principalement dans les années 1640, sous l'égide de l'évêque Juan de Palafox. Ses tours sont les plus hautes du pays (69 m). L'intérieur somptueux, les fresques et les chapelles latérales finement décorés sont magnifiques – la plupart comportent des panneaux bilingues qui expliquent leur histoire et leur signification.

Museo Amparo MUSÉE
(222-229-38-50 ; museoamparo.com ; Calle 2 Sur 708 ; tarif plein/étudiant 35/25 $M, gratuit - 12 ans et dim-lun ; 10h-18h mer-lun, 10h-21h sam ;). Ce superbe musée privé occupe 2 bâtiments coloniaux (un palais et un ancien hôpital) reliés entre eux, datant des XVIe et XVIIe siècles, et déborde d'objets préhispaniques (explications en espagnol et en anglais). Laissez-vous surprendre par l'élégance contemporaine de son intérieur, et remarquez la continuité thématique du dessin mexicain : les mêmes motifs apparaissant sur des dizaines de pièces. Ainsi, la collection de crânes précolombiens réservés au culte ressemble étrangement aux crânes en sucre qui sont vendus aujourd'hui pour le Día de Muertos.

Chaque vendredi de 20h à 21h, son joli café en terrasse accueille des concerts gratuits. Des ateliers d'art pour les enfants, gratuits également, ont lieu le samedi et le dimanche.

Iglesia de la Compañía ÉDIFICE RELIGIEUX
(angle Av Palafox y Mendoza et Calle 4 Sur ; messe à 19h). Cette église jésuite, à la façade churrigueresque datant de 1767, est également appelée Espíritu Santo. La tombe sous l'autel serait celle d'une princesse asiatique du XVIIe siècle, vendue comme esclave au Mexique, puis affranchie. Elle aurait inspiré le pittoresque costume *china poblana* – un châle, une blouse à jabot, une jupe brodée, des ornements en or et argent – qui devint un attribut du "chic paysan" au XIXe siècle. Cependant, *china* signifie également "servante", et ce style provient peut-être des tenues des paysannes espagnoles.

Templo de Santo Domingo ÉDIFICE RELIGIEUX
(angle Av 5 de Mayo et 4 Poniente). Cette belle église dominicaine est surtout notable pour sa splendide Capilla del Rosario (chapelle du Rosaire) au sud du maître-autel. Construite entre 1650 et 1690, elle est ornée d'une profusion de plâtre doré et de pierres sculptées, avec des anges et des chérubins derrière chaque feuille. Tentez de repérer l'orchestre céleste.

À l'extérieur, la Zona de Monumentos accueille de fréquentes expositions de sculptures.

Museo del Ferrocarril MUSÉE
(www.museoferrocarrilesmexicanos.gob.mx ; Calle 11 Norte 1005 ; adulte/enfant 12 $M/gratuit, gratuit dim ; 9h-17h mar-dim ;). Cet excellent musée du rail est installé dans l'ancienne gare ferroviaire de Puebla et sur le vaste terrain qui l'entoure. Il contient d'anciennes locomotives à vapeur et des wagons de passagers relativement récents, pour beaucoup ouverts au public. L'un des wagons renferme une collection de photos sur les divers déraillements et autres catastrophes dans les années 1920 et 1930. Des activités sont proposées aux enfants.

Museo Casa del Alfeñique MUSÉE
(222-232-42-96 ; Av 4 Oriente 416 ; tarif plein/étudiant 25/20 $M, gratuit dim ; 10h-18h mar-dim). Cette maison coloniale restaurée est un remarquable exemple du style décoratif *alfeñique* du XVIIIe siècle, caractérisé par des décors en stuc très élaborés, et qui doit son nom à une confiserie composée de sucre et de blancs d'œufs (à l'origine de l'actuel massepain de Puebla). Au 1er niveau est retracée la conquête espagnole, avec aussi des récits indiens sous forme de dessins et de peintures murales. Au 2e niveau on peut voir une collection de tableaux historiques et religieux, des meubles et des ustensiles ménagers locaux. Commentaires en espagnol.

Casa de la Cultura ÉDIFICE REMARQUABLE
(222-232-12-27 ; Av 5 Oriente 5 ; 8h-20h lun-ven, 21h-13h sam). Face au côté sud de la cathédrale, l'ancien palais épiscopal est un édifice classique en brique et faïence du XVIIe siècle. Y sont installés aujourd'hui des administrations, l'office du tourisme de l'État et la Casa de la Cultura, qui comprend des galeries d'art, une librairie et un cinéma, ainsi qu'un agréable café dans la cour. Ne manquez pas, à l'étage, la Biblioteca Palafoxiana.

Biblioteca Palafoxiana BIBLIOTHÈQUE
(222-777-25-81 ; www.bpm.gob.mx ; Av 5 Oriente 5 ; 25 $M, dim gratuit ; 10h-18h mar-dim). Installée au-dessus de la Casa de la Cultura et fondée en 1646 par l'évêque Juan de Palafox, la Biblioteca Palafoxiana, trésor historique et culturel, fut la première bibliothèque publique des Amériques. Pour cette raison, elle figure au registre Mémoire du monde de l'Unesco. Sur les étagères de cèdre et de pin blanc sculptés de ce splendide établissement, se bousculent des titres rares par milliers, dont l'un des premiers dictionnaires du Nouveau Monde et *La Chronique de Nuremberg* de 1493, habillée de plus de 2 000 gravures.

Zócalo PLACE
Avant qu'elle ne soit transformée en jardin en 1854, la place centrale de Puebla accueillait un marché et servait pour les corridas, les représentations théâtrales et les pendaisons. Les arcades qui l'entourent datent du XVIe siècle. Le week-end en soirée, la place s'emplit d'une foule divertissante de clowns, de marchands de ballons et de stands de restauration, et nombreux sont ceux qui viennent y profiter du Wi-Fi gratuit.

Museo San Pedro de Arte MUSÉE
(222-246-58-58 ; Calle 4 Norte 203 ; tarif plein/étudiant 25/20 $M, dim gratuit ; 10h-18h mar-dim). Ouvert en 1999 en tant que Museo Poblano de Arte Virreinal, ce musée de haut vol a été rebaptisé en hommage à l'Hospital de San Pedro, bâtiment du XVIe siècle qu'il occupe. Ses galeries présentent d'excellentes expositions d'art contemporain, ainsi qu'une captivante collection permanente sur l'histoire de l'hôpital.

Paseo Bravo PLACE
(entre Reforma et 11 Poniente sur Constitución de 1917). Ce parc étroit et tout en longueur est une alternative séduisante au *zocálo* du *centro histórico* (centre historique). Festif et animé l'après-midi, lorsque des écoliers en uniforme, des employés de bureau en pause déjeuner et des apprentis guitaristes se retrouvent pour manger, jouer et se détendre sous des arbres venus du monde entier (espèce et origine sont indiquées). À l'extrémité, côté Reforma du parc, vous ne pourrez manquer la petite église **Sanitatario de Nuestra Señora de Guadalupe**, chargée en faïences de Talavera.

Puebla

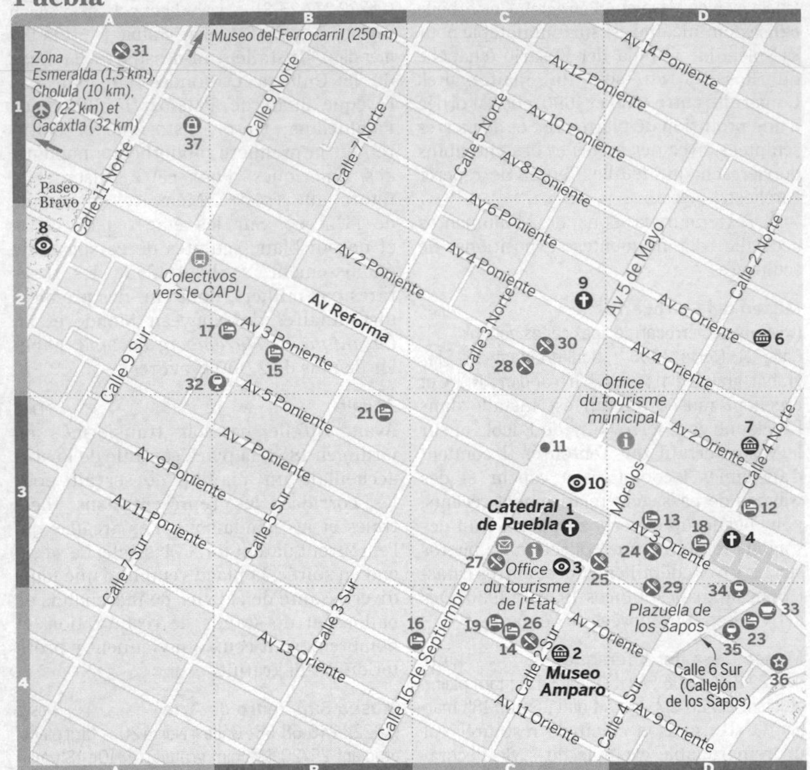

Museo de la Revolución

MUSÉE

(CasaDeLosHermanosSerdan; 222-242-10-76; Av 6 Oriente 206 ; tarif plein/étudiant 25/20 $M, gratuit dim ; 10h-17h mar-dim). Cette demeure du XIXe siècle restaurée fut le théâtre de la première bataille de la révolution de 1910. Sa façade est d'ailleurs toujours criblée de traces de balles. Y sont conservés quelques souvenirs de la révolution ; une salle est consacrée aux femmes insurgées.

Trahie 2 jours seulement avant la date prévue du soulèvement contre la dictature de Porfirio Díaz, la famille Serdán (Aquiles, Máximo, Carmen et Natalia) et 17 autres personnes luttèrent contre 500 soldats jusqu'à ce que seuls survivent Aquiles, le chef, et Carmen. Caché sous le plancher, Aquiles aurait pu en réchapper si l'humidité ne l'avait fait tousser : tous deux furent exécutés.

Circuits organisés

Turibus

BUS

(222-231-52-17 ; turibus.com.mx ; visite du centro histórico de Puebla adulte/enfant 110/65 $M, visite de Cholula 160/90 $M ; départ pour Cholula à 13h et ttes les 40 min pour le centro histórico de 9h à 19h). Géré par la compagnie de bus ADO, ce circuit de 4 heures fait le tour de la ville voisine de Cholula et de sa pyramide (entrée en sus). Des bus à impériale rouges (montée et descente libre) font également le tour du *centro histórico* de Puebla, et sont plus avantageux que le circuit simple de 1 heure 30, légèrement moins cher. Les deux partent du côté ouest du *zócalo*. Billets vendus à bord.

Fêtes et festivals

Día de Muertos

CULTURE

(oct). Fin octobre, un programme culturel de 15 jours consacré au jour des Morts

se déroule dans toute la ville, avec notamment des visites nocturnes de musées et la présentation d'*ofrendas* (autels).

Festival del Chile en Nogada ART CULINAIRE ET BOISSON
(août). Les restaurateurs astucieux de la ville vantent la "recette patriote" du pays, les *chiles en nogada* : des piments verts farcis au *picadillo* (un mélange de viande hachée et de fruits) et nappés d'une savoureuse sauce crémeuse aux noix.

Festival del Mole Poblano ART CULINAIRE ET BOISSON
(juin). Début juin, la ville célèbre sa plus fameuse contribution aux arts culinaires : le *mole poblano*, une sauce épaisse de piments, fruits, noix, épices et chocolat.

Cinco de Mayo DÉFILÉ
(5 mai). Les célébrations du 5 mai rappellent la victoire de l'armée mexicaine contre les Français, en 1862. Un défilé commémore l'événement, et les festivités se poursuivent pendant 15 jours. Si la fête du Cinco de Mayo est généralement bien moins importante au Mexique qu'aux États-Unis, ce n'est pas le cas à Puebla, où elle continue à grandir.

Feria de Puebla MUSIQUE
(avr-mai). De fin avril à fin mai, cette fête célèbre les exploits de l'État avec des événements culturels et musicaux.

Où se loger

Les hôtels de Puebla sont compétitifs, avec une vaste gamme d'établissements pour tous les budgets, et des boutique-hôtels 3 ou 4 étoiles de haut niveau. L'office du tourisme municipal (p. 168), sur le *zócalo*, dispose de prospectus avec les prix des hébergements bon marché. En ligne, les tarifs de dernière minute peuvent être une bonne affaire.

Beaucoup d'hôtels se repèrent au signe "H" qui surmonte l'entrée. Dans la plupart des bâtiments coloniaux, il y a deux types de chambres, intérieures (souvent dépourvues de fenêtres) et extérieures (donnant sur des rues bruyantes).

Hostal Casona Poblana AUBERGE DE JEUNESSE $
(222-246-03-83 ; www.casonapoblana.com ; Calle 16 de Septiembre 905 ; dort/d/tr 150/500/650 $M ;). Dans cette auberge de jeunesse moderne, les chambres sont toutes agencées autour d'une cour couverte, ce qui facilite les rencontres sans que l'endroit soit pour autant un lieu de fête. Du fait de l'agencement cependant, difficile d'échapper au bruit et aux courants d'air. Wi-Fi aléatoire, mais toit-terrasse et petite cuisine. Repérez la grande enseigne "Hostal".

Hotel Teresita HÔTEL $
(Hotel Teresa ; 222-232-70-72 ; www.hotelteresita.com.mx ; Av 3 Poniente 309 ; s/d/tr 290/320/470 $M ;). Cet hôtel se distingue parmi les mornes *posadas* proches du *zócalo*. Malgré leur petite taille, les TV à l'ancienne et la vue sur cour (parfois bruyante), les chambres sont plutôt modernes, dotées de lits confortables, de draps impeccables et d'une salle de bains. Une bonne affaire.

Hostel Gente de Más AUBERGE DE JEUNESSE $
(222-232-31-36 ; gentedemashostel.com ; Av 3 Poniente 713 ; dort/d/lits jum 180/500/700 $M ;). Cette auberge de jeunesse

Puebla

récente mêle, dans un esprit plutôt chic, des notes artistiques et rustiques. Les salles de bains sont minuscules et les longs couloirs, bruyants, mais les chambres sont propres et confortables.

Gran Hotel San Agustín HÔTEL **$**
(☎222-232-50-89 ; Av 3 Poniente 531 ; s/lits jum/tr/qua avec petit-déj 320/430/500/560 $M ; P 🛜). Un hôtel standard, proche du *centro histórico*, aux chambres sombres mais propres, et doublé d'une cour verdoyante agrémentée d'une fontaine. C'est une bonne base pour visiter la ville sans se ruiner. Petit-déjeuner très basique.

Hotel Colonial HÔTEL **$$**
(☎222-246-46-12, 800-013-00-00 ; colonial.com.mx ; Calle 4 Sur 105 ; s/d/tr 800/900/1 000 $M ; P 🛜). L'histoire est omniprésente dans cet hôtel créé au milieu du XIXe siècle dans un ancien couvent jésuite du XVIIe. Les chambres sont superbement aménagées (la moitié dans le style colonial, les autres de façon contemporaine), et il y a un bon restaurant (ainsi qu'un fabuleux ascenseur de 1890 tout en dorures). Une atmosphère unique et un bel emplacement – un peu bruyant parfois à cause de la rue et de la musique.

Hotel Nube HÔTEL **$$**
(☎222-503-77-20 ; www.hotelnube.com.mx ; Av 4 Oriente 407 ; d à partir de 1 140 $; 🚭 ❄ 🛜). Gravitant près du *zócalo* (le bruit en moins), cet hôtel relativement design loue des chambres fraîches avec lits propres et salles de bains modernes. Terrasse sur le toit avec vue. Atouts : la mini-salle de gym et la prévenance du personnel (qui ne parle pas anglais).

Hotel Mesón de San Sebastián BOUTIQUE-HÔTEL **$$**
(☎222-242-65-23 ; mesonsansebastian.com ; Av 9 Oriente 6 ; d/lits jum/ste avec petit-déj 990/1 170/1 345 $M ; 🛜). Cet élégant boutique-hôtel profite d'une jolie cour et on y accueille volontiers les familles. Les 17 chambres (TV, téléphone, minibar, coffre-fort), avec meubles anciens, portent un nom de saint et sont toutes décorées de manière différente. Le personnel est avenant. Les tarifs peuvent baisser en période creuse.

♥ **La Purificadora** BOUTIQUE-HÔTEL **$$$**
(☎222-309-19-20 ; www.lapurificadora.com ; Callejón de la 10 Norte 802 ; d/ste à partir de 130/200 $US ; P 🛜 🏊). Ouverte par le groupe hôtelier tendance qui possède la Condesa df, hôtel chic de Mexico, La Purificadora (une

ancienne usine de purification d'eau pour la production de glaçons au XIXe siècle) jouit d'une conception exceptionnelle, toute en angles droits saisissants, et d'une splendide piscine à débordement sur le toit. Tout comme sa jumelle de la capitale, la Purificadora est devenue le rendez-vous branché de l'élite *poblana*. Les prix sont très variables et augmentent du vendredi au dimanche. Offres de dernière minute fréquentes sur le site Internet.

El Hotel Boutique Puebla de Antaño BOUTIQUE-HÔTEL **$$$**
(☎222-246-24-03 ; www.hotelpuebladeantano.com ; Av 3 Oriente 206 ; ste 1 765-2 120 $M ; P ❄ 📶 ≋). Lavabos en marbre, moulures de couronnement, cheminées et Jacuzzis dans les chambres, ainsi que photographies vintage aux murs. Le rez-de-chaussée accueille la Casa de los Espejos, l'un des restaurants d'influence française les plus raffinés de Puebla, tandis que, sur le toit, le bar Las Chismes de Puebla est d'un chic presque excessif.

Mesón Sacristía de la Compañía BOUTIQUE-HÔTEL **$$$**
(☎222-242-45-13 ; www.mesones-sacristia.com ; Calle 6 Sur 304 ; ste avec petit-déj 1 670-2 050 $M ; P 📶). Avec 8 chambres réparties autour d'une cour rose vif, cette auberge, dans une jolie demeure coloniale, ressemble à la maison d'une aïeule excentrique. Si les suites "junior" ne sont pas plus grandes que des chambres standards, les deux suites "master" offrent plus d'espace. Au rez-de-chaussée, le restaurant sert de savoureux petits-déjeuners à l'américaine et une fine cuisine *poblana*.

El Sueño Hotel & Spa BOUTIQUE-HÔTEL **$$$**
(☎222-232-64-89, 222-232-64-23 ; elsueno-hotel.com ; Av 9 Oriente 12 ; ste avec petit-déj 2 205-4 180 $M ; P ❄ 📶). Oasis de chic minimaliste dans l'effervescence de la vieille ville coloniale, le El Sueño comprend 20 chambres hautes de plafond (TV à écran plasma), chacune décorée sur le thème d'une artiste mexicaine. Jacuzzi, sauna et bar à cocktails dans le hall. Tarifs promotionnels le dimanche.

Casona de la China Poblana HÔTEL DE LUXE **$$$**
(☎222-242-56-21 ; casonadelachinapoblana.com ; angle Calle 4 Norte et Av Palafox y Mendoza ; d 2 530 $M, ste 2 880-4 025 $M ; P). Cet établissement au charme sophistiqué s'autoproclame "hôtel le plus raffiné de Puebla". Il possède de vastes suites somptueuses, décorées de styles divers, une cour ravissante, et le restaurant La Cocina de la China Poblana.

Où se restaurer

Le patrimoine culinaire de Puebla peut se découvrir dans de multiples établissements, des humbles stands de rue aux élégants restaurants de style colonial. Toutefois, en dépit de sa réputation gastronomique, la ville compte peu d'excellentes tables haut de gamme.

♥ **La Zanahoria** VÉGÉTARIEN **$**
(☎222-232-48-13 ; Av 5 Oriente 206 ; plats 22-62 $M, menus 76 $M, buffet du jour adulte 88-120 $M, enfant 53-72 $M ; ⏲7h-20h30 ; 📶 🖊 👪). Situé à un jet de pierre du *zócalo*, ce restaurant végétarien est une excellente adresse pour déjeuner. Particulièrement apprécié, le buffet du jour (servi de 13h à 18h dans le grand patio colonial intérieur) compte plus de 20 plats, salades et desserts – lasagnes à la viande de soja, *chilaquiles* et taboulé, par exemple.

On peut aussi choisir parmi les nombreuses spécialités de la carte – *hamburguesas* végétariens, *nopales rellenos* (feuilles de cactus farcies) et bien d'autres. Un espace sur l'avant est réservé au service rapide, avec notamment un bar à jus et une boutique d'en-cas à base d'aliments naturels.

♥ **Las Ranas** TACOS **$**
(☎222-242-47-34 ; Av 2 Poniente 102 ; tacos et tortas 8-27 $M ; ⏲12h-21h15 lun-sam, 14h-20h30 dim). Institution locale que ce Las Ranas, qui est l'endroit idéal pour se régaler d'une spécialité de Puebla, le taco *árabe* ; marinée puis rôtie à la broche, la viande de porc *al pastor*, d'un moelleux incomparable, est enroulée dans un pain plat. Le restaurant principal et son annexe, **El Patio de Las Ranas** (Av 2 Poniente 205), de l'autre côté de la rue, ne désemplissent pas, mais la cuisine et les prix justifient l'attente.

Antigua Churreria de Catedral CAFÉ **$**
(☎222-232-13-24 ; angle Calle 5 Oriente et Calle 2 Sur ; churros 3-6 $M ; ⏲9h-minuit). Les délicieux churros (beignets frits allongés) préparés ici sont à l'origine de la file d'attente qui se forme quotidiennement devant l'établissement. Pour passer le temps, observez leur préparation à travers la vitre.

LES DÉLICES DE SAISON DE PUEBLA

Renommée, à juste titre, pour sa cuisine d'exception, Puebla s'enorgueillit également de mets saisonniers qui enchanteront les gastronomes les plus curieux.

Escamoles (mars à juin). Des larves de fourmis, semblables à du riz et habituellement servies revenues dans du beurre.

Gusanos de maguey (avril à mai). Ces vers qui vivent dans le *maguey* (agave) sont frits dans une sauce de piment et de pulque (alcool d'agave).

Huitlacoche (juin à octobre). Des champignons d'un noir d'encre, à la délicieuse saveur de terre. Parfois écrit *cuitlacoche*.

Chiles en nogada (juillet à septembre). Ces piments verts farcis de *picadillo* (viande hachée et fruits secs) sont nappés d'une sauce crémeuse aux noix et parsemés de grains de grenade.

Chapulines (octobre à novembre). Des sauterelles "vidées" puis séchées sont fumées ou frites dans du citron vert et du piment en poudre.

Mercado de Sabores Poblanos MARCHÉ **$**
(Av 4 Poniente entre Calle 11 et Calle 13 Norte ; 7h-19h). D'une superficie de 6 570 m², le Mercado de Sabores Poblanos est un fabuleux ajout à la scène culinaire locale. Dans cet espace de restauration rutilant, quelque 130 stands servent des spécialités locales comme les *cemitas* (burgers typiques de Puebla), le *pipiánverde* (sauce de graines de courge verte) et des tacos *árabes* (tacos arabes).

♥ **El Mural de los Poblanos** MEXICAIN **$$**
(222-242-05-03 ; www.elmuraldelospoblanos.com ; Av 16 de Septiembre 506 ; plats 170-295 $M ; 8h-23h dim-jeu, 8h-23h30 ven-sam ;). À l'écart de la rue dans une cour coloniale verdoyante, ce restaurant est réputé pour ses plats *poblanos* traditionnels. Cinq sortes de *mole* constituent la spécialité maison. Parmi les autres choix, citons le *chile ancho relleno* (piment *poblano* séché, farci de fromage de chèvre fumé) et la trilogie de *cemitas* (un genre de sandwich/burger propre à Puebla). Cocktails et autres boissons également excellents. Service exceptionnel. Réservation conseillée les vendredis et samedis soir, et les jours fériés.

♥ **Augurio** MEXICAIN **$$**
(222-290-23-78 ; www.augurio.mx ; Av 9 Oriente 16 ; plats 180-250 $M ; 9h-23h lun-sam, jusqu'à 18h dim). Le chef *poblano* Ángel Vázquez misait déjà sur les saveurs internationales dans d'autres établissements à Puebla, mais dans ce lieu intime, il concocte des voyages gastronomiques à base de plats locaux, comme les *camarones en costra de chicharrón* (crevettes à la chapelure de couenne de porc) en hors-d'œuvre, et 10 types de *mole*, dont la truite à la *pepita mole* rouge, avec *escamoles* (larves de fourmis) au beurre.

♥ **Restaurante Sacristía** MEXICAIN **$$**
(222-242-45-13 ; Calle 6 Sur 304 ; plats 120-195 $M ; 13h-23h lun-sam, 9h-18h dim). Dans le charmant patio colonial de l'hôtel Mesón Sacristía de la Compañía, cet élégant restaurant est idéal pour déguster un authentique *mole* et d'autres plats *poblanos* délicieusement revisités. Vous pouvez aussi vous contenter d'un cocktail ou d'un café dans le Confesionario, le bar intimiste. Un pianiste et un violoniste jouent presque chaque soir à partir de 21h. Cours de cuisine en petits groupes également.

Amalfi Pizzeria PIZZERIA **$$**
(222-403-77-97 ; Av 3 Oriente 207B ; pizzas 150-190 $M ; 13h-21h45 dim-jeu, 13h-23h ven-sam). Avec un éclairage tamisé, des murs en terre cuite, des poutres apparentes et un four à bois, cette pizzeria est appréciée pour les dîners romantiques. Outre un large choix de pizzas à pâte fine, il y a un choix de plats italiens classiques comme la salade *caprese* et les pâtes, ainsi que des vins corrects. Réservation conseillée.

La Purificadora INTERNATIONAL **$$$**
(222-309-19-20 ; www.lapurificadora.com ; Callejón de la 10 Norte 802, Paseo San Francisco, Barrio El Alto ; plats 160-350 $M ; 7h-23h dim-jeu, 7h-minuit ven-sam ; P). Le restaurant de La Purificadora, l'un des boutiques-hôtels les plus chics de Puebla, est aménagé dans un espace de style loft avec de longues et

étroites tables en bois. La carte est plutôt orientée vers des plats originaux et recherchés, comme le loup de mer mariné dans la tequila, ou le *mole* au poulet avec polenta de cacahuète. Carte des boissons bien fournie.

Où prendre un verre et faire la fête

Dans la journée, des étudiants occupent les terrasses de la partie piétonne de l'Avenida 3 Oriente, près de l'université. Le soir, des mariachis déambulent dans le Callejón de los Sapos (Calle 6 Sur, entre l'Avenida 3 et l'Avenida 7 Oriente), mais ne peuvent entrer dans les bars bondés de la proche Plazuela de los Sapos – qui sont pris d'assaut le week-end, quand nombre d'entre eux proposent des concerts.

La Pasita BAR

(222-232-44-22 ; Av 5 Oriente 602 ; shots à partir de 25 $M ; 12h30-17h30 mer-lun). Ce bar minuscule, émergeant parmi les magasins anciens de la Plazuela de los Sapos, sert des shots de liqueur depuis plus d'un siècle ! Essayez la *pasita* (raisin sec), forte et sucrée, le *rompope* (lait de poule), l'*almendra* (amande) ou le romanesque "sang d'artiste", au coing et à l'abricot. À elles seules, la décoration kitsch et hétéroclite et l'ambiance de bistrot valent le détour.

La Berenjena BIÈRE ARTISANALE

(222-688-47-54 ; www.laberenjenapizza.com ; Calle 3 Oriente 407 ; 14h-23h lun-sam, jusqu'à 19h dim ;). Si "L'Aubergine" se vante, à raison, d'avoir pour spécialité d'excellentes pizzas *artesanales*, sa longue liste de bières artisanales et de mezcals est tout aussi remarquable. On peut également y partager vin, cocktails (partant pour un mojito au mezcal ?) et en-cas originaux tels que fromage de chèvre rôti au miel et *baba ganoush* (sauce d'aubergines).

Café Milagros CAFÉ

(www.facebook.com/cafemilagros ; Calle 6 Sur 4 ; frappé 35 $M, en-cas 30-70 $M ; 9h-22h dim-mer, jusqu'à minuit jeu-sam). Le Milagros est tout ce que l'on pourrait attendre d'un café mexicain dans un dessin animé : autels dédiés à Frida Kahlo, bibelots du jour des Morts, tableaux de *lucha libre* (lutte mexicaine), masques de diables et tables en bois colorées. C'est un décor apprécié pour engloutir quelques tacos entre amis ou siroter un frappé en solo en tapotant sur son smartphone.

Barra Beer BAR SPORTIF

(222-298-05-54 ; Av 5 Poniente 705C ; 12h-23h30 lun-mer, jusqu'à 1h30 jeu-sam, 13h-21h dim). Avec son impressionnant assortiment de bières, ce Barra Beer est un hommage à *las cervezas del mundo* (aux bières du monde). Vous y trouverez des boissons des 4 coins du monde, dont 21 types de bières allemandes et des breuvages de Chine, d'Espagne, de Belgique ou d'Irlande. À moins de ne pas pouvoir vous passer des céréales du Vieux Continent, faites votre choix parmi une bonne liste de bières artisanales mexicaines.

Où sortir

Celia's Cafe CONCERTS

(222-242-36-63 ; Av 5 Oriente 608 ; 9h-22h30 mer-ven, 9h-23h30 sam, 10h-18h dim). La musique live ajoute un charme à l'ancienne à la décoration *poblana* de cet immense bar-restaurant. Dînez au son de la *trova* (musique folklorique inspirée par les troubadours ; de 20h à 22h le jeudi), du piano (de 20h à 22h le vendredi, ainsi qu'au petit-déjeuner et au déjeuner le samedi et le dimanche) ou de la *bohemia* (chansons d'amour ; de 19h à 21h le samedi).

Le *mole poblano*, le café et la tequila sont servis dans de la vaisselle en Talavera tout droit sortie de l'atelier de Celia – on peut faire ses emplettes sur place.

Achats

Talavera Uriarte CÉRAMIQUES

(222-232-15-98 ; uriartetalavera.com.mx ; Av 4 Poniente 911 ; 10h-19h lun-ven, 10h-18h sam, 10h-17h dim). Contrairement à la plupart des boutiques de Talavera de Puebla, Uriarte fabrique ses poteries sur place. La salle d'exposition est remplie d'une superbe sélection de pièces de qualité supérieure, aux peintures élaborées. Fondée en 1824, la société appartient désormais à un expatrié canadien. La fabrique peut se visiter de 10h à 13h du lundi au vendredi.

Renseignements

Des DAB sont à disposition un peu partout en ville, mais surtout dans l'Avenida Reforma, près du *zócalo*, où les banques changent les espèces. Les files d'attente sont longues les vendredis après-midi.

Le Wi-Fi est accessible gratuitement dans la plupart des hébergements et des cafés, et par endroits sur le *zócalo*. Plusieurs établissements

100% LOCAL

SHOPPING À PUEBLA

La Zona Esmeralda, à 2 km à l'ouest du *zócalo*, est la portion de l'Avenida Juárez bordée de boutiques et de restaurants haut de gamme, ainsi que de discothèques branchées.

Antiquités

Le Callejón de los Sapos, vers l'angle de l'Avenida 5 Oriente et de la Calle 6 Sur, est le domaine des magasins d'antiquités originaux. Les boutiques ouvrent généralement de 10h à 19h sans interruption. Un marché d'objets anciens, très animé, s'installe ici et sur la Plazuela de los Sapos le samedi et le dimanche (de 11h à 17h).

Sucreries

Plusieurs magasins sur l'Avenida 6 Oriente, à l'est de l'Avenida 5 de Mayo, vendent des sucreries traditionnelles comme les *camotes* (bâtonnets de patate douce confite) et les *jamoncillos* (pâte de graines de citrouille en barre).

Talavera

Vous trouverez quantité de boutiques où acheter des Talavera, ces céramiques colorées peintes à la main, typiques de Puebla, et notamment des magasins de qualité sur la Plazuela de los Sapos et aux alentours. Les motifs révèlent des influences maures, asiatiques et *indígenas*. Les grosses pièces sont chères, fragiles et difficiles à transporter.

proposent aussi un accès à Internet le long de Calle 2 Sur, pour 5 à 10 $M de l'heure en général.

Kiosque touristique CAPU (CAPU ; ⏲10h-18h jeu-lun). Personnel anglophone, brochures et informations sur les transports au sein de la gare routière.

Hôpital UPAEP (☎222-229-81-34, ext 6035 ; www.christusmuguerza.com.mx ; Av 5 Poniente 715). Bien équipé pour les urgences, avec peu d'attente, bien que l'on n'y parle qu'un anglais rudimentaire.

Office du tourisme de l'État (Oficina de Turismo del Estado ; ☎222-246-20-44 ; Av 5 Oriente 3 ; ⏲8h-20h lun-sam, 9h-14h dim). Informations sur d'autres localités que Puebla. Dans le bâtiment de la Casa de Cultura, face à la cathédrale.

Office du tourisme municipal (☎01-800-326-86-56 ; Portal Hidalgo 14 ; ⏲9h30-20h). Plans gratuits, ordinateurs avec accès Internet, informations à jour et personnel francophone. Derrière les arcades au nord du *zócalo*.

Poste principale (☎222-232-64-48 ; Av 16 de Septiembre s/n, angle Av 5 Oriente ; ⏲8h-18h lun-ven, 10h-15h sam)

ℹ Depuis/vers Puebla

AVION

L'**Aeropuerto Hermanos Serdán** (☎222-232-00-32 ; www.aeropuerto-puebla.es.tl), à 22 km au nord-est de Puebla, près de la route 190, est desservi par des vols Aeroméxico, Volaris et MexicanaLink quasi quotidiens depuis/vers Guadalajara, Tijuana, Monterrey, Cancún et Hermosillo. Continental assure un vol international quotidien depuis/vers Houston, et American Eagle en opère un autre depuis/vers Dallas.

Les liaisons peuvent être irrégulières et l'aéroport ferme en cas de présence de cendres volcaniques dans l'air. Mieux vaut sans doute tabler sur l'aéroport de Toluca (p. 210).

BUS

Le **Central de Autobuses de Puebla** (CAPU ; ☎222-249-72-11 ; capu.com.mx ; Blvd Norte 4222) se tient à 4 km au nord du *zócalo* et à 1,5 km de l'autoroute. On l'appelle plus couramment CAPU.

Au départ de Mexico et des villes situées à l'ouest, la plupart des bus depuis/vers Puebla utilisent le terminal TAPO dans la capitale, et certains le Terminal Norte ou le Terminal Sur (métro Tasqueña). Le trajet dure environ 2 heures.

Les compagnies ADO (www.ado.com.mx) et Estrella Roja (www.estrellaroja.com.mx) assurent de fréquentes liaisons entre les deux villes, avec des bus 1re classe et deluxe dotés de l'accès Wi-Fi. Ils ont notamment des services depuis/vers le quartier de Condesa à Mexico (5/jour du lundi au vendredi, 2/jour le samedi et le dimanche), pratiques si vous logez dans le secteur.

BUS AU DÉPART DE PUEBLA

DESTINATION	PRIX ($M)	DURÉE (H)	FRÉQUENCE
Cuetzalan	210	3 ½	14/jour
Mexico (TAPO ou Tasqueña)	150-200	2-2 ½	75/jour
Oaxaca	347-780	4-4 ½	14/jour
Veracruz	242-580	3 ½	29/jour

Du CAPU, au moins un bus par jour dessert la plupart des destinations au sud et à l'est. Le site Internet de la gare routière propose une liste bien utile de la plupart des destinations et des compagnies de bus.

Des *colectivos* pour Cholula (7,50 $M, 40 min) partent à intervalles fréquents de l'Avenida 6 Poniente, près de l'angle avec la Calle 13 Norte.

TRAIN

Confortable, le **train touristique Puebla-Cholula** (Tren Turístico Puebla-Cholula ; www.trenturisticopuebla.com ; Calle 11 Norte, à l'angle de l'Av 18 Poniente ; aller simple adulte 60 $M, gratuit - 5 ans ; ⏲départ à Puebla 7h, 8h30, 16h50 lun-ven, ainsi que 15h20 sam-dim) relie le centre de Puebla à la pyramide de Cholula en 40 minutes, sur un itinéraire de 17,4 km. La gare de Puebla se situe au nord-ouest du *zócalo*.

VOITURE ET MOTO

Puebla se trouve à 123 km à l'est de Mexico par la route 150D. À l'est de Puebla, la 150D continue vers Orizaba (avec une descente sinueuse et brumeuse de 22 km à partir de Cumbres de Maltrata à 2 385 m), Córdoba et Veracruz.

ℹ Comment circuler

La plupart des hôtels et des sites sont accessibles à pied du *zócalo*.

Dans la gare routière CAPU, achetez un billet au kiosque pour un taxi officiel jusqu'au centre-ville (environ 74 $M). Sinon, suivez les panneaux indiquant "Autobuses Urbanos" et prenez le *combi* n°51 (6 $M) jusqu'à l'angle de l'Avenida 4 et du Blvd 5 de Mayo, à 3 rues à l'est du *zócalo*. Le trajet dure 15-20 minutes.

Pour rejoindre la gare routière depuis le centre-ville, prenez n'importe quel *colectivo* marqué "CAPU" pour le nord au même angle ou n'importe où ailleurs sur le Blvd 5 de Mayo, ou encore dans la Calle 9 Sur. Les bus les plus directs pour le CAPU sont blanc cassé et affichent "Boulevard CU" sur le côté. Tous les bus et *colectivos* de la ville coûtent 6 $M.

Appelez **Radio Taxi** (☎222-243-70-59) ou prenez un Uber pour un trajet dans un taxi fiable, en particulier si vous êtes seul ou le soir.

Cholula

☎222 / 120 000 HABITANTS / ALTITUDE : 2 170 M

La métamorphose de cette ville-satellite de Puebla haute en couleur, en véritable escapade citadine huppée, a été accélérée par l'introduction d'un train touristique. Cholula reste (pour le moment) très différente de Puebla, du fait de son histoire et de son atmosphère décontractée en journée. Forte d'une importante communauté étudiante, la ville est connue pour sa vie nocturne étonnamment remuante, ainsi que son éventail croissant de restaurants chics et d'hébergements à deux pas de l'immense *zócalo*.

Bien que Cholula se targue de posséder la plus grande pyramide jamais construite, la Pirámide Tepanapa, ses ruines restent largement méconnues, contrairement à celles de Teotihuacán et de Tula. Laissée à l'abandon pendant des siècles, la pyramide de Cholula, couverte d'arbustes, a fini par se fondre dans la végétation.

Histoire

Au cours des 6 premiers siècles de notre ère, Cholula devint un important centre religieux, tandis que prospérait la puissante Teotihuacán à 100 km au nord-ouest. Vers 600, Cholula tomba aux mains des Olmèques-Xicallanca, qui construisirent la proche Cacaxtla. Puis, entre 900 et 1300, elle passa sous la domination des Toltèques et/ou des Chichimèques, avant que les Aztèques ne les supplantent. On note aussi une influence artistique des Mixtèques, venus du Sud.

En 1519, Cholula comptait 100 000 habitants, et la Pirámide Tepanapa était déjà envahie par la végétation. Cortés, qui s'était allié aux Tlaxcaltèques, y vint à la demande du roi aztèque Moctezuma. Il s'agissait d'un piège tendu par les guerriers aztèques, mais Cortés, prévenu par les Tlaxcaltèques, frappa le premier. Les Espagnols massacrèrent 6 000 habitants en une journée,

VAUT LE DÉTOUR

LE VOLCAN DE LA MALINCHE

Haut de 4 460 m et baptisé en hommage à l'interprète et amante *indígena* si souvent vilipendée de Cortés, ce volcan endormi aux longues pentes impressionnantes domine l'horizon au nord-est de Puebla, d'où on peut l'apercevoir par temps clair. La Malinche, 5e plus haut sommet du Mexique, n'est enneigé que quelques semaines chaque année, généralement en mai. On y randonne surtout en famille le week-end.

Le **Centro Vacacional IMSS Malintzi** (☎55-5238-2701 ; centrosvacacionales.imss.gob.mx ; empl tente 60 $M, bungalow jusqu'à 6 pers 865-1 278 $M, jusqu'à 9 pers 1 360 $M ; P), géré par l'Institut mexicain de sécurité sociale, possède 50 bungalows rustiques et "de luxe", à une altitude frisquette de 3 333 m, et constitue le point de départ de la plupart des randonnées. Situé au cœur d'un domaine boisé, avec de belles vues sur le sommet, ce centre de vacances est très apprécié des familles – calme en semaine, il est bondé le week-end. Les bungalows rénovés sont basiques, mais comprennent TV, cheminée, eau chaude et cuisine avec réfrigérateur. Les prix augmentent d'environ 100 $M le week-end et pendant les vacances. Les non-résidents peuvent utiliser le parking (40 $M).

Au-delà du centre de vacances, la route devient impraticable en voiture. Un sentier d'environ 1 km de long mène à une crête, d'où une marche pénible conduit au sommet (5 heures aller-retour). Prenez des précautions contre le mal d'altitude.

Le principal itinéraire jusqu'au volcan est la route 136 : tournez vers le sud-ouest au panneau "Centro Vacacional Malintzi". Avant d'atteindre le centre, vous devrez vous enregistrer à l'entrée du Parque Nacional La Malintzi. Certains *colectivos* rejoignant l'entrée partent à 8h20 de la ville d'Apizaco (20 $M, 40 min), à l'angle de l'Avenida Hidalgo et de l'Avenida Serdan. Départ du trajet retour à 13h, 15h (du vendredi au dimanche) et 17h.

avant que les Tlaxcaltèques mettent la cité à sac. Cortés fit le vœu d'y construire une église pour chaque jour de l'année ou sur chaque temple païen, selon les diverses légendes. Cholula compte aujourd'hui 39 églises, un nombre déjà impressionnant pour une ville de cette taille.

Les Espagnols favorisèrent le développement de Puebla afin d'éclipser l'ancien centre païen et Cholula ne retrouva jamais son importance, surtout après l'épidémie de peste qui décima la population indienne dans les années 1540.

À voir

Zona Arqueológica SITE ARCHÉOLOGIQUE
(☎222-247-90-81 ; Calzada San Andres ; 70 $M ; guide hispanophone/anglophone 90/120 $; 9h-18h). À deux pâtés de maisons au sud-est de la place centrale de Cholula, la **Pirámide Tepanapa** ressemble plus à une colline qu'à une pyramide. Coiffée d'une église à coupole, elle se repère facilement. Des kilomètres de tunnels sillonnent l'intérieur de la pyramide et la Zona Arqueológica comprend les tunnels et les secteurs fouillés autour du monument.

La parcelle entourant l'église mérite l'excursion à elle seule pour son panorama magnifique sur Cholula, les volcans et Puebla.

Entrez par le tunnel du côté nord, qui rejoint le centre de la pyramide. Plusieurs pyramides furent bâties au-dessus d'une autre au fil des reconstructions, et les archéologues ont creusé plus de 8 km de tunnels, dont 800 m sont accessibles au public, pour atteindre chaque niveau. Le tunnel d'accès, long de quelques centaines de mètres, permet de découvrir les premières strates de l'édifice.

Il émerge du côté est de la pyramide, où un chemin mène au **Patio de los Altares** du côté sud. Cette place, entourée de plateformes et d'escaliers en diagonale, constituait la principale approche de la pyramide. Sur ses côtés est, nord et ouest, 3 grandes stèles en pierre sont gravées de motifs imbriqués, de style Veracruz. À son extrémité sud, un autel de style aztèque dans une fosse date de peu de temps avant la conquête espagnole. Sur le versant ouest de la butte se tient une section reconstruite de la dernière pyramide, avec 2 niveaux apparents plus anciens.

Au lieu de suivre le sentier vers le sud, vous pouvez grimper directement les marches qui mènent au **Santuario de Nuestra Señora de los Remedios** (8h-19h) GRATUIT. Richement décorée, l'église surmonte la Pirámide Tepanapa et donne sur le Patio de los Altares. Il semble possible que les Espagnols aient construit l'église avant de savoir que la colline recelait un temple païen. Vous pouvez grimper gratuitement jusqu'à l'église par un chemin qui part près du coin nord-ouest de la pyramide.

Le petit **Museo de Sitio de Cholula** (Calz San Andrés ; inclus dans le billet pour la Zona Arqueológica ; 9h-17h), en face de la **billetterie** et en bas de quelques marches, donne une excellente introduction au site, avec une maquette en coupe de la pyramide, montrant les structures superposées.

Capilla Real de Naturales ÉGLISE
(Zócalo ; 9h30-13h et 16h-18h lun et mer-sam, 9h-15h et 17h-19h dim, fermé mar). La Capilla Real (chapelle royale ; connue aussi sous le nom de chapelle des Indiens), avec ses 49 dômes de style mauresque, date de 1540. Inspirée des mosquées (de la mosquée cathédrale de Cordoue dit-on), la conception de cette chapelle est unique au Mexique, les arches de ses coupoles dessinant de ravissants motifs à l'intérieur. Elle fait partie de l'Ex-Convento de San Gabriel. Ses horaires d'ouverture sont élargis (de 9h à 20h) le 25 de chaque mois.

Parroquia de San Pedro ÉGLISE
(Av 5 de Mayo 401 ; 7h-19h). Cette église baroque au jaune caractéristique possède la plus haute tour de Cholula, et elle est devenue un emblème de la ville souvent photographié, en tout cas depuis le niveau du sol. L'église fut érigée en 1640, et son dôme reconstruit en 1782.

Ex-Convento de San Gabriel SITE CHRÉTIEN
(Plaza de la Concordia ; Zócalo ; 9h-19h). L'Ex-Convento de San Gabriel (également appelé Plaza de la Concordia), qui fait face au côté est de l'immense *zócalo* de Cholula, comprend une intéressante bibliothèque franciscaine et 3 belles églises – la **Capilla de la Tercera Orden** (9h-13h et 16h30-18h), la Capilla Real et le **Templo de San Gabriel** (9h-19h) – qui séduiront les férus de livres anciens et d'histoire religieuse.

Museo de la Ciudad de Cholula MUSÉE
(Casa del Caballero Águila ; angle Av 5 de Mayo et Calle 4 Oriente ; 20 $M, gratuit dim ; 9h-15h jeu-mar). Cet excellent musée occupe un bâtiment colonial superbement restauré sur le *zócalo*. La petite collection comprend des bijoux et des céramiques provenant de la Pirámide Tepanapa, ainsi que des peintures et des sculptures coloniales. À travers une paroi vitrée, vous pourrez voir des équipes du musée restaurer des céramiques ou des bijoux.

Zócalo PLACE
(Plaza de la Concordia). Le *zócalo* de Cholula (à San Pedro Cholula, à ne pas confondre avec le *zócalo* de San Andrés, à l'est) est si vaste et découvert que la plupart des gens préfèrent se réunir à l'ombre de ses arches, sur les terrasses des cafés et des restaurants, ou du côté est, plus arboré, près de la Capilla de la Tercera Orden (p. 171), qui date du XIXe siècle. Face à cette étendue plus verte se dressent l'Ex-Convento de San Gabriel et la Capilla Real, de style arabe. Au centre trône le Templo de San Gabriel (p. 171), fondé en 1530 sur le site d'une pyramide.

Fêtes et festivals

Festival de la Virgen de los Remedios DANSE
(sept). Sans doute la fête la plus importante de Cholula, elle a lieu la première semaine de septembre, avec des danses traditionnelles tous les jours au sommet de la Pirámide Tepanapa. Elle s'inscrit dans le cadre de la feria régionale de Cholula, qui a lieu durant les premières semaines de septembre.

Carnaval de Huejotzingo HISTORIQUE
(fév). À l'occasion du Mardi gras, à Huejotzingo, à 14 km au nord-ouest de Cholula près de la route 190, des danseurs masqués du carnaval rejouent une bataille entre les armées française et mexicaine.

Rituel de Quetzalcóatl CULTURE
Aux équinoxes de printemps (fin mars) et d'automne (fin septembre), ce rituel précolombien est de nouveau célébré à grand renfort de poésies, de danses, de feux d'artifice et de musique jouée avec des instruments traditionnels, le tout au pied des pyramides.

Où se loger

Avec un nombre grandissant d'hôtels au bon rapport qualité/prix, quelques adresses de prestige et même une auberge de jeunesse, Cholula séduit ceux qui cherchent

Cholula

Cholula

Les incontournables

1 Capilla Real de Naturales B2
2 Pirámide Tepanapa C3
3 Santuario de Nuestra Señora de los Remedios C4
4 Zona Arqueológica C4

À voir

5 Capilla de la Tercera Orden B2
6 Ex-Convento de San Gabriel B2
7 Museo de la Ciudad de Cholula B2
8 Museo de Sitio de Cholula C3
9 Parroquia de San Pedro B2
10 Patio de los Altares C4
11 Templo de San Gabriel B2
12 Zócalo B2

Où se loger

13 Casa Calli A2
14 Estrella de Belem B3
15 Hostal de San Pedro C2
16 Hotel La Quinta Luna A3
17 Hotel Real de Naturales B2

Où se restaurer

18 Güero's A2
19 La Casa de Frida A2

Où prendre un verre et faire la fête

20 Bar Reforma B3
21 Container City D4
22 La Lunita B3

une alternative plus décontractée à Puebla pour se loger. Si vous séjournez près de la pyramide, dans le secteur connu sous le nom de San Pedro Cholula, vous aurez accès aux églises, aux musées et au *zócalo*.

Hostal de San Pedro AUBERGE DE JEUNESSE $
(☎ 222-178-04-95 ; hostaldesanpedro.com ; Calle 6 Norte 1203 ; dort/d/lits jum/tr avec petit-déj 200/500/600/700 $M ; P ⊖ @ ≋). Lits propres et confortables pour la seule

véritable auberge de jeunesse de Cholula, qui jouit d'un emplacement calme tout en étant à courte distance du *zócalo*. Les chambres à l'étage sont agencées autour d'une terrasse où l'on pourrait lézarder des heures. Forfaits incluant l'utilisation de la laverie pour les séjours plus longs. L'alcool est interdit dans l'auberge de jeunesse.

Hotel Real de Naturales HÔTEL D'AFFAIRES **$**
(222-247-60-70 ; www.hotelrealdenaturales.com ; Calle 6 Oriente 7 ; d/lits jum/tr/ste 650/750/850/1 050 $M ; P). Cet hôtel de 45 chambres a été construit dans le style colonial pour s'intégrer à son environnement. Les cours ombragées, les salles de bains carrelées, d'élégantes arcades, de belles photos en noir et blanc et un emplacement central en font une excellente adresse.

Casa Calli BOUTIQUE-HÔTEL **$**
(222-261-56-07 ; hotelcasacalli.com ; Portal Guerrero 11 ; d/lits jum/tr 650/850/1 000 $M ; P). Sur le *zócalo*, cet hôtel de 40 chambres de style minimaliste est agrémenté d'une jolie piscine et d'un bar-restaurant italien. Les tarifs baissent légèrement durant les périodes calmes (du dimanche au jeudi). Formules avec spa disponibles le week-end.

♥ **Estrella de Belem** HÔTEL DE LUXE **$$$**
(222-261-19-25 ; estrelladebelem.com.mx ; Calle 2 Oriente 410 ; ch avec petit-déj 2 005-2 540 $M ; P). Superbe hôtel qui compte 6 chambres seulement, chacune parfaitement aménagée (chauffage au sol, fenêtres à double vitrage, baignoire, TV LCD). Les suites, dotées d'une cheminée et d'un Jacuzzi, sont très luxueuses. Une charmante cour verdoyante et une piscine sur le toit avec vue sur la ville font partie des espaces communs. Les enfants de moins de 12 ans ne sont pas admis.

Hotel La Quinta Luna HÔTEL DE LUXE **$$$**
(222-247-89-15 ; laquintaluna.com ; Av 3 Sur 702 ; ch avec petit-déj 1 820 $M, ste 2 230-3 705 $M ; P). Prisé d'une clientèle aisée qui vient le week-end, cet hôtel occupe une demeure du XVIIe siècle aux murs épais. Entourant un joli jardin, les 7 chambres (lits de luxe, TV à écran plat) mêlent à la perfection meubles anciens et art contemporain. Des rencontres sont organisées avec les artistes *poblanos* exposés. Bibliothèque et excellent restaurant ouvert aux non-résidents (sur réservation).

Où se restaurer et prendre un verre

La Casa de Frida MEXICAIN **$$**
(222-178-23-03 ; www.facebook.com/lacasadefrida ; Miguel Hidalgo 109 ; plats 90-295 $M, buffet week-end 115 $M ; 9h30-18h lun-jeu, 9h30-22h ven-sam, 9h30-19h dim ;). Ce vaste restaurant adresse un clin d'œil réussi à Frida Kahlo et à sa demeure de Mexico : artisanat exposé dans toute la cour (en plus des œuvres du propriétaire, lui aussi artiste), musiciens mexicains mettant de l'ambiance d'un côté tandis que de succulents steaks grillent de l'autre, salle de jeux pour les enfants et exceptionnel *pipián verde* (poulet dans une sauce épicée aux graines de courge). Service à la hauteur.

En vogue, le buffet du week-end (9h-13h) permet de découvrir toutes les saveurs des classiques de la cuisine mexicaine proposés.

Güero's MEXICAIN **$$**
(222 247-21-888 ; Av Hidalgo 101 ; plats 55-130 $M ; 7h30-23h lun-sam, jusqu'à 22h dim ;). Agrémenté de photos anciennes de Cholula, ce lieu vivant et familial est une institution depuis 1955. En plus des pizzas, pâtes et burgers, on y sert des plats mexicains copieux tels que le *pozole*, les *cemitas* et les quesadillas, tous servis avec une délicieuse *salsa roja* (sauce rouge).

Container City BAR
(containercity.com.mx ; angle Calle 12 Oriente et Av 2 Sur ; 11h-2h mar-sam). La nuit, cet ensemble de bars, restaurants, boîtes de nuit et magasins tendance entre en effervescence. Installé dans des containers réaménagés et empilés dans l'est de Cholula, c'est le rendez-vous favori des étudiants branchés et de quelques fashionistas de la ville.

Bar Reforma CANTINA
(222-247-01-49 ; angle Av 4 Sur et Norte ; 18h-0h30 lun-sam, 12h-18h dim). Attenant à l'Hotel Reforma, le plus ancien bar de Cholula est une *cantina* classique avec des portes battantes et des fleurs en plastique. Spécialisée dans les margaritas sans glace et les sangrias fraîchement préparées, elle se remplit d'étudiants après 21h.

La Lunita CANTINA
(222-247-00-11 ; angle Av Morelos et 6 Norte 419 ; 8h-23h). À l'ombre de la pyramide, ce bar bruyant, tenu par une famille, existe depuis 1939. Peint de couleurs vives et décoré d'anciennes affiches publicitaires,

il ressemble à un décor de cinéma. Les habitants l'apprécient pour sa longue carte (plats 80-180 $M), les concerts, les retransmissions de matchs de football et les nombreuses boissons.

Depuis/vers Cholula

Indispensable et confortable, le **train touristique Puebla-Cholula** (Tren Turístico Puebla-Cholula ; Av Morelos, angle 6 Norte ; aller simple adulte/ - 5 ans 60 $M/gratuit ; départ de Cholula 7h45, 12h20 et 17h40 lun-ven, 7h50, 9h30, 16h10 et 17h50 sam-dim) est entré en service en 2017. Il relie le centre de Puebla à la pyramide de Cholula en 40 minutes, sur un itinéraire de 17,4 km. Dans la même gamme de prix, un taxi pour deux revient à 150 $M, une alternative potentiellement attrayante au train du petit matin.

Pour vous rendre à Puebla en compagnie de ses habitants et selon un trajet bien plus venteux, prenez un des nombreux **colectivos** (7,50 $M, toutes les 20 min) depuis l'intersection entre la Calle 5 Poniente et l'Avenida 3 Sur, ou un **directo** (8 $M, toutes les 30 min), plus grand, depuis l'intersection entre la Calle 2 Norte et la Calle 12 Oriente. Bus et *colectivos* font halte à 2 ou 3 pâtés de maisons au nord du *zócalo*. Le trajet dure 20 à 40 minutes, selon le nombre d'arrêts intermédiaires.

Depuis la gare routière TAPO de Mexico, 4 bus directs Estrella Roja rejoignent Cholula tous les jours (130 $M environ). Les bus repartent pour Mexico depuis ce même arrêt.

Cacaxtla et Xochitécatl

Ces deux sites, situés à 20 km au sud-ouest de Tlaxcala et à 32 km au nord-ouest de Puebla, comptent parmi les plus singuliers du pays.

Les ruines de Cacaxtla sont très impressionnantes avec leurs nombreuses peintures de couleurs vives décrivant des scènes de la vie quotidienne. Plutôt qu'être reléguées dans un musée, ces œuvres – dont la représentation d'une bataille entre guerriers jaguars et oiseaux presque grandeur nature – sont conservées sur le site. Découverts en 1975, ces vestiges sont au sommet d'une colline broussailleuse qui offre un panorama sur la campagne environnante.

Bien plus anciennes, les ruines de Xochitécatl comprennent une pyramide d'une largeur exceptionnelle et une autre circulaire. Un archéologue allemand dirigea les premières fouilles en 1969, mais le site n'a été ouvert au public qu'en 1994. Xochitécatl est à 2 km de Cacaxtla, et accessible à pied.

Histoire

Cacaxtla était la capitale d'un groupe d'Olmèques-Xicallanca, ou Mayas Putún, qui arrivèrent dans le Mexique central dès 450. Après le déclin de Cholula vers 600 (auquel ils contribuèrent sans doute), ils devinrent la puissance dominante du sud de Tlaxcala et de la vallée de Puebla. Cacaxtla connut son apogée entre 650 et 950, puis fut abandonnée vers l'an 1000, peut-être en raison de la venue des Chichimèques.

Les ruines de Xochitécatl (1000 av. J.-C.) s'étendent au sommet d'une colline plus élevée. Si les opinions divergent sur l'identité des premiers occupants, les experts s'entendent pour affirmer que Cacaxtla servait principalement de résidence pour la classe dirigeante, tandis que Xochitécatl était essentiellement utilisée pour les sanglantes cérémonies du mois de Quecholli en l'honneur de Mixcoatl, le dieu de la Chasse. Des cérémonies semblables se déroulaient également à Cacaxtla, comme en atteste la découverte de centaines de squelettes mutilés d'enfants.

À voir

Cacaxtla SITE ARCHÉOLOGIQUE

(246-416-00-00 ; Circuito Perimetral s/n, San Miguel del Milagro ; entrée combinée Xochitécatl et musées 65 $M ; 9h-17h30 ; P). Étonnamment, les grandes peintures murales de Cacaxtla n'ont pas été déplacées dans un musée. Observables parmi les ruines, elles plongent le visiteur au cœur de l'histoire et méritent d'être vues avant qu'elles ne finissent par s'effacer. La principale curiosité, une plateforme naturelle de 200 m de long et 25 m de haut appelée **Gran Basamento** (Grande Base), est aujourd'hui protégée par un grand toit en métal. Les édifices civils et religieux majeurs de Cacaxtla, ainsi que les résidences des prêtres qui formaient la classe dirigeante se trouvaient à cet endroit.

Du parking en face de l'entrée, vous devrez parcourir 200 m à pied jusqu'à la billetterie, le musée et le restaurant. De la billetterie, il faut descendre la colline sur 600 m jusqu'au Gran Basamento situé sur la **Plaza Norte**.

De là, le chemin fait le tour des ruines dans le sens des aiguilles d'une montre jusqu'aux peintures murales, dont beaucoup révèlent des influences mayas parmi les symboles des hauts plateaux mexicains. Cette combinaison de styles dans une peinture murale est unique à Cacaxtla.

Avant d'atteindre la première peinture, on arrive à un petit patio avec un **autel** derrière une fosse carrée, dans laquelle furent découverts de nombreux restes humains. Derrière l'autel, le **Templo de Venus** contient deux figures anthropomorphiques bleues – un homme et une femme – portant des jupes en peau de jaguar. Le nom du temple provient des nombreuses demi-étoiles autour du personnage féminin, associées à la planète Vénus.

De l'autre côté du chemin par rapport à la Plaza Norte, le **Templo Rojo** renferme quatre peintures murales, dont une seule est visible : très colorée, elle est dominée par une rangée d'épis de maïs et de fèves de cacao dont les cosses contiennent des têtes humaines.

Face au côté nord de la Plaza Norte, le long **Mural de la Batalla** (fresque de la Bataille), antérieur à 700, représente deux groupes de guerriers, l'un portant des peaux de jaguar et l'autre des plumes d'oiseaux, se livrant un combat féroce. Les Olmèques-Xicallanca (les guerriers jaguars aux boucliers ronds) repoussent des envahisseurs huastèques (les guerriers oiseaux aux parures de jade et au crâne déformé).

Après le Mural de la Batalla, tournez à gauche et grimpez les marches pour voir le second groupe majeur de **peintures murales**, derrière une clôture sur la droite. Les deux fresques principales (vers 750) représentent un personnage costumé en jaguar et un autre peint en noir, en costume d'oiseau (peut-être un prêtre-gouverneur olmèque-xicallanca), debout sur un serpent à plumes.

Xochitécatl SITE ARCHÉOLOGIQUE

(☎246-416-00-00 ; Circuito Perimetral s/n, San Miguel del Milagro ; entrée combinée Cacaxtla et musées 65 $M ; ⏲9h-17h30 ; 🅿). À environ 2 km de Cacaxtla, les ruines bien plus anciennes de Xochitécatl (so-tchi-*tè*-catl) comportent une large pyramide consacrée à une divinité de la fertilité, ainsi qu'une autre, circulaire. En raison de sa forme circulaire et des matériaux utilisés, les archéologues pensent que la **Pirámide de la Espiral** fut édifiée entre 1000 et 800 av. J.-C. Son plan et son emplacement au sommet d'une colline laissent supposer qu'il s'agissait d'un observatoire astronomique ou d'un temple d'Ehécatl, le dieu du Vent. De là, le chemin conduit à trois autres pyramides.

Le **Basamento de los Volcanes**, seul vestige de la première pyramide, constitue la base de la Pirámide de los Volcanes et comporte des matériaux de deux périodes : des pierres taillées carrées furent posées sur celles d'origine, encore visibles à certains endroits, puis recouvertes de stuc. Les pierres de couleur utilisées pour construire le Palacio Municipal de Tlaxcala proviennent de ce site.

La **Pirámide de la Serpiente** doit son nom à une grande pierre sculptée, avec une tête de serpent à une extrémité. L'élément le plus intéressant est l'immense cuve découverte au centre, creusée dans un seul rocher transporté d'une autre région, qui servait sans doute à conserver de l'eau.

La découverte de plusieurs sculptures et des restes de 30 bébés sacrifiés suggèrent que des rituels dédiés au dieu de la Fertilité se déroulaient dans la **Pirámide de las Flores**. Les enfants étaient sans doute lavés avant le sacrifice dans le vaste bassin creusé dans un rocher au pied de la pyramide.

ℹ Depuis/vers Cacaxtla et Xochitécatl

Malgré la proximité de la zone archéologique avec Mexico, Tlaxcala et Puebla – elle se situe environ à équidistance des 3 villes –, rejoindre Cacaxtla-Xochitécatl en transports publics est long et peu pratique.

Cacaxtla se trouve à 1,5 km en amont d'une petite route entre San Martín Texmelucan (près de la route 150D) et la route 119, la route secondaire entre Tlaxcala et Puebla. Pour rejoindre le site depuis Tlaxcala, prenez un *colectivo* "San Miguel del Milagro" (9 $M, 40 min) au coin d'Escalona et de Sánchez Piedras : il vous déposera à 500 m de Cacaxtla.

À Puebla, des bus Flecha Azul relient directement la gare routière CAPU et la ville de Nativitas, à 3 km à l'est de Cacaxtla : de là, prenez un *colectivo* "Zona Arqueológica" jusqu'au site.

Des taxis circulent le week-end entre Cacaxtla et Xochitécatl (60 $M) – vous pouvez aussi parcourir à pied les 2 km (environ 25 min).

Popocatépetl et Iztaccíhuatl

Deuxième et troisième plus hauts pics du pays, les volcans Popocatépetl (5 452 m) et Iztaccíhuatl (iss-ta-*si*-wat-l ; 5 220 m) forment la bordure est du Valle de México, à environ 40 km à l'ouest de Puebla et 70 km au sud-est de Mexico. Si l'Iztaccíhuatl, dépourvu de cratère, est un volcan endormi, le Popocatépetl ("Montagne fumante" en nahuatl, également appelé Don Goyo ou Popo) est très actif et son sommet est interdit depuis 1996.

Selon la légende, l'Iztaccíhuatl ("Femme blanche") représente une femme morte de chagrin par amour pour Popocatépetl, lequel, à son retour de la guerre, laissa éclater sa colère de l'avoir perdue – une colère qui explose encore de nos jours. Entre 1994 et 2001, les principaux pics d'activité du volcan ont provoqué l'évacuation de 16 villages et la mise en garde de 30 millions de personnes qui vivent à proximité du cratère. En 2013, 2015 et 2016, des explosions ont catapulté des cendres dans le ciel, perturbant les vols mexicains et américains depuis/vers les aéroports de Mexico et de Toluca.

Le **Centro Nacional de Prevención de Desastres** (Centre national de prévention des catastrophes ; ✆24h/24 55-5205-1036 ; cenapred.gob.mx) surveille l'activité volcanique à travers les variations des émissions de gaz et de l'intensité sismique. Presque entièrement en espagnol, le site publie des photos prises chaque jour par webcam et des informations actualisées. Le Popo est relativement paisible, avec plus d'activité en hiver quand la glace se dilate et fend la lave solidifiée autour du bord du cratère. La dernière éruption majeure a eu lieu il y a plus de mille ans, et les volcanologues évaluent à 10% le risque d'une explosion similaire dans les années à venir. Le seul problème pour les visiteurs ces dernières années est la qualité de l'air, très pollué en cas d'activité volcanique. Il est conseillé aux personnes souffrant d'asthme ou d'autres affections respiratoires de s'enquérir du niveau de pollution avant d'entreprendre une activité en plein air dans ce secteur, et de boire de l'eau en grande quantité.

Le sommet de l'Iztaccíhuatl, à 20 km au nord à vol d'oiseau du Popocatépetl, reste accessible aux grimpeurs. Depuis ce poste d'observation, le panorama se déploie jusqu'au Popo, à travers le plateau et les glaciers.

Activités

Randonnée et escalade

El Pecho (5 220 m) est le plus haut pic de l'Izta. Tous les itinéraires requièrent une nuit en montagne – un refuge se situe entre La Joya, le début de la principale voie sud, et Las Rodillas, l'un des pics les moins élevés de l'Izta. Comptez au moins 5 heures de La Joya au refuge, puis 6 heures jusqu'à El Pecho et 6 heures pour redescendre.

Avant l'ascension, les grimpeurs doivent s'enregistrer et payer l'entrée du parc au bureau du **Parque Nacional Iztaccíhuatl-Popocatépetl** (✆597-978-38-29 ; www.iztapopo.conanp.gob.mx ; Plaza de la Constitución 9B, Amecameca ; 30,50 $M par pers et par jour ; ⏲7h-21h) sur le côté sud-est du *zócalo* d'Amecameca. Le site Internet du parc fournit d'excellentes cartes téléchargeables.

À 24 km au-dessus d'Amecameca, des sentiers de moindre altitude traversent des forêts de pins et des prairies verdoyantes près du Paso de Cortés, le début d'un chemin qui offre des vues époustouflantes sur les pics proches. La Joya est à 4 km de là.

Le Refugio de Altzomoni, environ à mi-chemin entre le Paso de Cortés et La Joya, est un hébergement sommaire (avec électricité). On doit réserver au bureau du parc.

Climat et conditions météo

Le vent peut se lever et la température descendre sous zéro en toute saison sur les versants supérieurs de l'Izta, et il y gèle presque chaque nuit aux abords du sommet, toujours couvert de glace et de neige ; la neige est présente à partir de 4 200 m. La meilleure période pour l'ascension s'étend d'octobre à février, quand la neige est suffisamment dense pour les crampons. La saison des pluies (avril-octobre) apporte brouillards blancs, orages et avalanches.

Guides

Seuls les alpinistes expérimentés doivent tenter l'ascension de l'Iztaccíhuatl. En raison des crevasses cachées sous la glace dans les hauteurs, la présence d'un guide est conseillée. Le personnel du bureau du parc peut vous recommander des guides en plus de ceux mentionnés ci-après.

Livingston Monteverde (www.tierradentro.com ; à partir de 290 $US/pers, 2 pers minimum), fort de 25 ans d'expérience, est l'un des membres fondateurs de l'Association mexicaine des guides de montagne. Il parle couramment anglais et un peu français. Il est basé à Tlaxcala.

Mario Andrade (✆port 55-18262146 ; mountainup@hotmail.com) est un guide officiel qui parle anglais et a conduit de nombreuses ascensions de l'Izta. Il demande 350 $US/pers, moins par personne en groupe. Ce prix inclut le transport aller-retour de Mexico, l'hébergement, des repas frugaux et les cordages. Basé à Mexico.

Où se loger

Refugio de Altzomoni LODGE $

(Refuge d'Altzomoni ; dort 30,50 $M/pers). Ce *lodge* propose un refuge sommaire situé près d'un relais hertzien, à peu près à mi-chemin entre Paso de Cortés et La Joya. Superbe vue sur le Popo. Chacune des 3 chambres possède l'électricité et 4 lits superposés. Demandez les clés à Paso de Cortés avant de vous mettre en route, et emportez draps, vêtements chauds et eau potable.

Le prix de la nuit s'ajoute au tarif d'entrée au parc national, qui est le même. Mieux vaut réserver, surtout de novembre à mars, auprès du bureau du Parque Nacional Iztaccíhuatl-Popocatépetl, à Amecameca.

Depuis/vers le Popocatépetl et l'Iztaccíhuatl

Pour gravir l'Iztaccíhuatl, la solution la plus recommandée est d'engager un guide (transport depuis Mexico ou Puebla inclus). Sinon, les *colectivos* au départ du *zócalo* d'Amecameca et à destination de Paso de Cortés coûtent 80 $M. Depuis le **bureau du parc national**, des taxis conduisent les groupes à La Joya (40 min) pour 300 $M, à négocier.

Tlaxcala

246 / 90 000 HABITANTS / ALTITUDE : 2 250 M

Capitale du plus petit État du Mexique, Tlaxcala (ou "la Terre du Maïs") est une ville tranquille et sans prétention. Son petit centre colonial se caractérise par de beaux bâtiments gouvernementaux, d'imposantes églises et une superbe place centrale. Malgré sa taille modeste, Tlaxcala se targue d'une vie culturelle très dynamique grâce à une importante population estudiantine, de bons bars et restaurants, ainsi que d'excellents musées. Dépourvue de monument majeur, la ville reste encore en dehors des circuits touristiques, bien qu'à moins de 2 heures de route de Mexico.

Deux grandes places convergent à l'angle de l'Avenida Independencia et de l'Avenida Muñoz. Celle qui est située au nord, entourée d'édifices coloniaux, forme le *zócalo* (ou Plaza de la Constitución). La Plaza Xicohténcatl est celle qui se trouve au sud.

Histoire

Durant les siècles qui précédèrent la conquête espagnole, une multitude de petits royaumes guerriers (*señoríos*) apparurent à Tlaxcala et aux alentours. Certains d'entre eux se regroupèrent en une fédération souple, qui réussit à conserver son indépendance lorsque l'Empire aztèque s'empara au XVe siècle du Valle de México. Le plus important de ces royaumes fut sans doute celui de Tizatlán, aujourd'hui en ruine à la lisière nord-est de Tlaxcala.

Après avoir opposé en 1519 une résistance farouche aux Espagnols, les Tlaxcaltèques devinrent les plus fidèles alliés de Cortés contre les Aztèques – à l'exception d'un chef appelé Xicohténcatl le Jeune, aujourd'hui considéré comme un héros mexicain, qui incita son peuple à se soulever contre les Espagnols. En 1527, Tlaxcala devint le siège du premier épiscopat de la Nueva España, mais une épidémie de peste décima sa population dans les années 1540, et elle ne retrouva plus jamais sa splendeur passée.

À voir

Museo de Arte de Tlaxcala MUSÉE

(MAT ; 246-462-15-10 ; Plaza de la Constitución 21 ; tarif plein/étudiant 25/12,50 $M, gratuit - 12 ans et dim ; 10h-18h mar-dim). Ce remarquable musée d'art contemporain renferme des œuvres précoces de Frida Kahlo, rendues après des années de prêt dans divers musées du monde. Le bâtiment principal, sur le *zócalo*, et son **annexe** (tarif plein/étudiant 30/15 $M, gratuit - 12 ans et dim ; 9h-18h mar-dim) accueillent tous deux d'intéressantes expositions temporaires et présentent une belle collection permanente d'art mexicain moderne.

Palacio de Gobierno PALAIS

(Plaza de la Constitución ; 10h-18h sam-jeu, 16h-21h ven). GRATUIT À l'intérieur de ce palais, les peintures murales hautes en couleur de Desiderio Hernández Xochitiotzin racontent l'histoire de Tlaxcala. Les détails et le réalisme saisissant de son style évoquent les romans graphiques modernes. Les 500 m² de peintures qui tapissent les murs de l'édifice sont les dernières œuvres à grande échelle du mouvement muraliste mexicain, et font le bonheur des amateurs de ce style. Guides anglophones et hispanophones disponibles (200 $M).

Santuario de la Virgen de Ocotlán ÉDIFICE RELIGIEUX

(Hidalgo 1, Ocotlán ; 8h-19h). GRATUIT Cette église (qui a rang de basilique), parmi

Tlaxcala

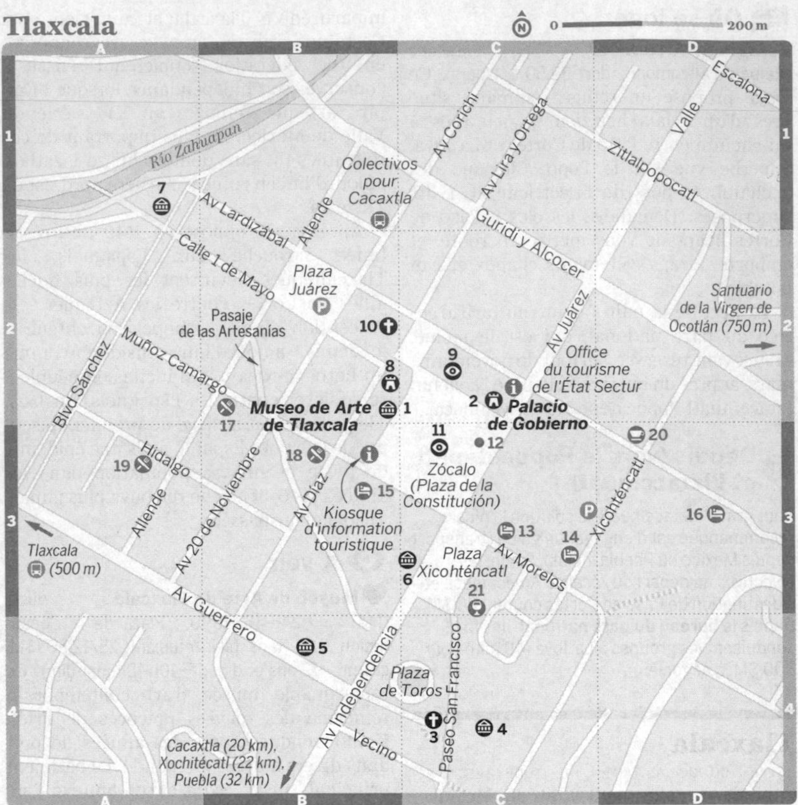

Tlaxcala

Les incontournables
1 Museo de Arte de Tlaxcala B2
2 Palacio de Gobierno C2

À voir
3 Capilla Abierta C4
Casa de Artesanías .... (voir 7)
4 Ex-Convento Franciscano de la Asunción C4
5 Museo de Arte de Tlaxcala B4
6 Museo de la Memoria C3
Museo Regional de Tlaxcala .... (voir 4)
7 Museo Vivo de Artes y Tradiciones Populares A1
8 Palacio de Justicia B2
9 Palacio Municipal C2
10 Parroquia de San José B2
11 Zócalo C3

Activités
12 Tranvía El Tlaxcalteca C3

Où se loger
13 Hostería de Xicohténcatl C3
14 Hotel Minatzín C3
15 Hotel Posada San Francisco B3
16 Posada La Casona de Cortés D3

Où se restaurer
17 Desayunos Lupita B2
18 Jaque's B3
19 La Granada A3

Où prendre un verre et faire la fête
20 11:11 Cafe Boutique D3
21 Pulquería Tía Yola C3

les plus spectaculaires du pays, est un important lieu de pèlerinage. La vierge serait apparue à un Indien au XVIe siècle, à l'endroit où s'élevait un sanctuaire dédié à la déesse Xochiquetzal, mère des déesses pour les Indiens de la région de Tlaxcala. Son portrait trône sur le maître-autel. La façade churrigueresque classique comporte des ornements en stuc blanc qui contrastent avec ses deux niveaux d'arcades en céramiques rouges de part et d'autre et la base rouge de ses deux grands clochers. Au XVIIIe siècle, l'artiste indien Francisco Miguel passa 25 ans à décorer les retables et la chapelle jouxtant le maître-autel.

Notre-Dame d'Ocatlan est au centre du festival le plus connu de Tlaxcala, la Bajada de la Virgen de Ocotlán. Visible de presque partout en ville, l'église se dresse sur une colline à 1 km au nord-est du *zócalo*. De ce dernier, suivez l'Avenida Juárez/Avenida Independencía vers le nord sur 3 pâtés de maisons, puis tournez à droite dans Zitlalpopocatl. Les *colectivos* "Ocotlán" suivent le même itinéraire.

Zócalo PLACE
(Plaza de la Constitución). On peut facilement passer un après-midi à lire ou regarder les passants sur le vaste *zócalo* ombragé de Tlaxcala. Le **Palacio Municipal** (⌚10h-18h sam-jeu, 16h-21h ven), un ancien entrepôt de céréales du XVIe siècle, et le Palacio de Gobierno occupent la majeure partie de son côté nord. Près du coin nord-ouest du *zócalo* se dresse la **Parroquia de San José**, en carreaux bleus et stuc orange. Comme ailleurs dans le *centro histórico*, des panneaux bilingues fournissent des explications sur l'église et ses nombreuses fontaines. Le bâtiment du XVIe siècle qui se trouve du côté nord-ouest est le **Palacio de Justicia**.

Ex-Convento Franciscano de la Asunción ÉDIFICE HISTORIQUE
(Paseo San Francisco ; ⌚7h-15h et 16h-20h). GRATUIT Construit entre 1537 et 1540, ce fut l'un des premiers monastères du pays. Son église, la cathédrale de la ville, possède un superbe plafond en bois de style mauresque. Elle se situe au bout d'un chemin qui part de l'angle sud-est de la Plaza Xicohténcatl.

Juste en dessous du monastère, à côté de la Plaza de Toros (arène) du XIXe siècle, une **capilla abierta** (chapelle ouverte ; ⌚24h/24) comporte 3 arches de style mauresque. L'une des entrées est fermée, mais les autres permettent d'accéder à la *capilla*.

Le **Museo Regional de Tlaxcala** (✆246-462-0262 ; ⌚10h-18h), GRATUIT installé dans le monastère, possède une collection de peintures et de sculptures religieuses, et quelques objets précolombiens provenant de sites archéologiques des environs.

Museo Vivo de Artes y Tradiciones Populares MUSÉE
(✆246-462-23-37 ; Blvd Sánchez 1 ; 15 $M ; ⌚10h-18h mar-dim). Ce petit musée des Arts et Traditions populaires donne à voir des expositions sur la vie d'un village tlaxcaltèque, l'agave, le tissage et la fabrication du pulque, parfois avec démonstrations. Des artisans font office de guides et fournissent des explications sur les quelque 3 000 pièces présentées. Le café et les objets d'artisanats de la **Casa de Artesanías** (✆246-462-23-37 ; www.artesanias.tlaxcala.gob.mx ; Blvd Sánchez 1B ; 20 $M, mar gratuit ; ⌚9h-18h), établissement affilié, valent également le coup d'œil.

Museo de la Memoria MUSÉE
(✆246-466-07-92 ; Av Independencia 3 ; tarif plein/étudiant 20/10 $M, gratuit dim ; ⌚10h-17h). Ce musée d'histoire est notable pour son approche multimédia du folklore, dans un esprit moderne, et ses collections bien agencées sur les royaumes indiens, l'agriculture et les fêtes contemporaines (explications uniquement en espagnol).

Cours

Estela Silva's Mexican Home Cooking School CUISINE
(✆246-468-09-78 ; mexicanhomecooking.com). Apprenez à préparer la cuisine *poblana* avec la *señora* Estela Silva. Secondée par son mari, Jon Jarvis, elle propose des cours dans sa cuisine carrelée de céramiques en Talavera, à Tlacochcalco, à 10 km au sud de Tlaxcala. Les cours bilingues espagnol-anglais comprennent tous les repas et l'hébergement dans des chambres avec cheminée (le transport depuis/vers l'école peut être organisé). Le forfait standard est un stage tout compris de 6 nuits/5 jours (1 798 $US), mais on peut aussi opter pour des séjours plus brefs.

Circuits organisés

Tranvía El Tlaxcalteca TROLLEYBUS
(✆246-458-53-24 ; Plaza de la Constitución, Portal Hidalgo 6 ; adulte/enfant lun-ven 100/90 $M, sam-dim 75/65 $M ; ⌚départ toutes les heures 12h-18h). Ce tramway à moteur permet d'admirer 33 curiosités du centre-ville avec un guide hispanophone à bord, pendant

45 minutes les samedis et dimanches. En semaine, le circuit dure 2 heures et inclut la visite à pied de l'intérieur et de l'extérieur de la Basílica de Ocotlán. Inutile de réserver. Départs sur le côté est du *zócalo*.

Fêtes et festivals

Bajada de la Virgen de Ocotlán FÊTE RELIGIEUSE
(mai). Le troisième lundi de mai, le portrait de la Virgen de Ocotlán est transporté du Santuario de La Virgen de Ocotlán jusqu'aux églises des alentours, attirant curieux et fidèles. Tout au long du mois, des processions à travers les rues décorées de fleurs fraîches commémorent l'apparition miraculeuse de la Vierge à un indien au XVIe siècle et attirent des pèlerins venus de tout le pays.

Gran Feria de Tlaxcala CULTURE
(oct-nov). Également connue sous le nom de Fiesta de Todos los Santos de Tlaxcala. La foule vient des quatre coins de l'État pour 3 semaines de festivités entre fin octobre et mi-novembre, où *charrería* (tradition équestre) et autres apparats inspirés par le rodéo tiennent la vedette. C'est aussi l'occasion d'événements liés au Día de Muertos.

Où se loger

Hostería de Xicohténcatl PENSION $
(246-466-33-22 ; Portal Hidalgo 10 ; s/d/tr 460/510/600 $M, ste 720-1 300 $M ; P). D'une propreté irréprochable, cette *hostería* bénéficie d'un emplacement privilégié sur la Plaza Xicohténcatl. Elle compte 16 chambres dont la moitié sont des suites spacieuses avec cuisine, très intéressantes pour les familles, les groupes ou pour y faire un séjour prolongé.

♥ **Posada La Casona de Cortés** BOUTIQUE-HÔTEL $$
(246-462-20-42 ; lacasonadecortes.com.mx ; Av Lardizábal 6 ; d/lits jum/tr à partir de 795/850/1 385 $M ; P). Aménagé autour d'une cour verdoyante dotée d'arbres fruitiers et d'une fontaine, ce boutique-hôtel aux tarifs abordables est idéal. Les chambres (lits fermes, sols carrelés, douches à jet puissant) sont décorées d'artisanat mexicain. Le bar-restaurant comporte un jukebox des années 1950 en état de marche, et la terrasse sur le toit offre la vue sur les flèches de l'église et les volcans.

Hotel Minatzín BOUTIQUE-HÔTEL $$
(246-462-04-40 ; Xicohténcatl 6 ; s/d/ste à partir de 650/750/950 $M ; P). Cette maison coloniale au carrelage de pierre, lumineuse et aérée, semble tout à fait à sa place, à deux pas du *zócalo*. Les 5 chambres spacieuses (avec TV 3D) sont confortables et plutôt luxueuses. La suite peut accueillir 4 personnes.

♥ **Hotel Posada San Francisco** HÔTEL DE LUXE $$$
(246-144-55-55 ; www.posadasanfranciscotlaxcala.mx ; Plaza de la Constitución 17 ; d/ste avec petit-déj 1 250/2 460 $M ; P). Le bar sur le thème de la tauromachie de cet hôtel est le genre d'endroit où l'on pourrait s'attendre à rencontrer un auteur célèbre éclusant une bonne tequila… Jetez un coup d'œil au vitrail qui orne la verrière du hall, à la piscine et au restaurant installé dans un vaste patio.

Où se restaurer et prendre un verre

Pour une petite ville, Tlaxcala compte un nombre étonnant de bons restaurants très divers. Des cafés avec terrasse sont installés du côté est du *zócalo*, et il y en a d'autres plus plaisants du côté sud et sur la Plaza Xicohténcatl. Le marché Emilio Sánchez Piedras mérite vraiment une visite. Pour vous y rendre depuis la Parroquia de San José, longez l'Avenida Lira y Ortega jusqu'à Escalona.

La Granada ESPAGNOL
(246-462-77-72 ; Ignacio Allende 41 ; plats 80-140 $M ; 8h-20h ;). Paella aux fruits de mer, tortillas de pomme de terre et tapas comptent parmi les plats de prédilection dans ce petit restaurant soigné façon bistrot. La sangria apporte une touche mexicaine aux autres boissons.

Jaque's MEXICAIN $
(246-466-09-53 ; Muñoz Camargo 2 ; menú del día 80 $M, plats 45-85 $M ; 8h-18h30 ;). À deux pas du *zócalo*, ce restaurant, avec nappes blanches et baies vitrées de rigueur, propose une cuisine mexicaine bien meilleure que ses homologues de la place principale. La *pechuga a la diabla* (escalope de poulet farcie au fromage panela dans une sauce tomate épicée) est à se damner.

Desayunos Lupita MEXICAIN $
(246-462-64-53 ; Muñoz Camargo 14 ; formules petit-déj 50 $M ; 8h30-16h lun-ven, jusqu'à

13h30 sam-dim). Cuisine éminemment *tlaxcalteca*, ultrapopulaire au petit-déjeuner et au déjeuner : *huaraches* (galettes ovales de maïs frit avec divers nappages), *tamales*, *atoles* (boissons chaudes et sucrées à base de maïs) et quesadillas aux garnitures variées allant du *huitlacoche* (champignon du maïs) à la fleur de courgette. Cuisine de rue fameuse et de haute qualité, idéale si vous appréciez les spécialités du centre du Mexique, mais que les *food-trucks* et les étals ne vous tentent pas. Les formules petit-déjeuner incluent plat principal au choix, jus de fruits pressés frais, salade de fruits et *café de olla*.

11:11 Cafe Boutique CAFÉ

(☎246-144-01-81 ; www.facebook.com/11.11cafe ; Xicohténcatl 19 ; ⊙10h30-22h lun-sam ; 📶). On ne s'attend pas à trouver ce café distingué dans cette rue tranquille, au grand bonheur des jeunes couples et des ados branchés qui viennent s'y réfugier pour siroter un frappé ou un bon café.

Pulquería Tía Yola PULQUERÍA

(☎246-462-73-09 ; Plaza Xicohténcatl 7 ; ⊙11h-21h). La Tía Yola propose une bonne dizaine de pulques maison, à déguster dans un patio en pierre décoré de figurines du jour des Morts et de mosaïques représentant des divinités aztèques, ou bien en terrasse – idéale pour observer l'animation sur la place le week-end. Bonne cuisine mexicaine.

ℹ Renseignements

Plusieurs banques sur l'Avenida Juárez, près de l'office du tourisme, changent les dollars US et disposent de DAB. La gare routière abrite aussi un distributeur.

Farmacia Cristo Rey (Av Lardizábal 15 ; ⊙24h/24)

Hospital General (☎246-462-35-55 ; Corregidora s/n ; ⊙24h/24). Services d'urgence.

Office du tourisme de l'État Sectur (☎246-465-09-60 ; angle Av Juárez et Lardizábal ; ⊙8h-17h lun-ven). Bonnes cartes donnant une vue d'ensemble et brochures à disposition. Un **kiosque d'information touristique** (Plaza de la Constitución ; ⊙10h-17h) sur le côté ouest du *zócalo* en distribue aussi.

ℹ Depuis/vers Tlaxcala

La **gare routière de Tlaxcala** (angle Castelar et Calle 1 Bis) se situe sur une colline à 1 km à l'ouest de la place centrale. **ATAH** (☎246-466-00-87) propose des bus (vaguement) 1re classe toutes les 30 minutes pour le terminal TAPO à Mexico (150 $M, 2 heures). De fréquents bus 2e classe Verde desservent Puebla (29 $M).

Pour Cacaxtla, prenez un *colectivo* (9 $M, 40 min) marqué "San Miguel del Milagro" à l'angle de Escalona et Sánchez Piedras.

ℹ Comment circuler

La plupart des *colectivos* (6,50 $M) qui passent par la gare routière rallient le centre-ville. Sinon, le trajet à pied ne prend que 10 minutes. Sortez de la gare, prenez à droite et descendez jusqu'à l'Avenida Guerrero, puis tournez à droite après Escalinata de Héroes, aux marches très raides. Pour rejoindre la gare routière depuis le centre, prenez un *colectivo* bleu et blanc sur le côté est du Blvd Sánchez. De la gare routière au centre-ville, comptez 35 $M en taxi.

Huamantla

☎247 / 52 000 HABITANTS / ALTITUDE : 2 500 M

Ville panachée, Huamantla a beaucoup investi dans son centre-ville colonial. La municipalité lui a refait une beauté, et a donné un coup de fouet à son charmant *zócalo* par l'ajout de lettres géantes épelant le nom de la ville (une tendance partout dans le monde). La nouveauté la plus séduisante réside dans les *Sábados Mágicos* (samedis magiques), une fois par mois, lors desquels un tapis de sciure multicolore et de fleurs éclatantes vient recouvrir une petite rue... Un avant-goût des corsos qui ont lieu pendant la grande feria annuelle de Huamantla, en août.

Avec La Malinche qui surplombe la ville, elle constitue une base plaisante pour explorer la campagne alentour, une fois franchis ses faubourgs tentaculaires. La plupart de ceux qui fuient Puebla se contenteront de visiter la ville et de contempler les peintures sensationnelles de son église, la Parroquia de San Luis Obispo.

À voir

♥ **Museo Nacional del Títere** MUSÉE

(☎247-472-10-33 ; Parque Juárez 15 ; tarif plein/étudiant et senior/enfant 20/10/5 $M, gratuit dim ; ⊙10h-18h mar-sam, 10h-15h dim ; 👪). Amusant pour les enfants de tout âge, le musée national des Marionnettes présente des poupées et des marionnettes du monde entier dans un superbe bâtiment rénové sur le *zócalo*.

HORS DES SENTIERS BATTUS

LA CITÉ PRÉCOLOMBIENNE DE CANTONA

Isolée et loin de toute ville notable, la vaste cité précolombienne de **Cantona** (41 $M ; ⏲9h-19h), superbement préservée, reste quasi inconnue des voyageurs. Depuis la découverte de 24 terrains de jeu de balle, on estime qu'il s'agit du plus grand centre urbain de Méso-Amérique. La cité s'étend sur plus de 12 km² dans un paysage surnaturel de lave solidifiée parsemé de cactus et de yuccas, avec des panoramas époustouflants sur le Pico de Orizaba, au sud.

Le site, habité de l'an 600 à 1000 environ, présente un intérêt pour deux raisons : contrairement à la plupart des autres cités méso-américaines, aucun mortier ne fut utilisé pour sa construction, et les pierres tiennent en place grâce à leur poids. Son plan complexe est également unique : toutes les parties de la cité précolombienne sont reliées par un vaste réseau de voies surélevées desservant quelque 3 000 habitations. Plusieurs petites pyramides et une acropole élaborée sont situées au centre de la cité.

Bénéficiant d'une route d'accès et de panneaux d'information en anglais, Cantona (qui signifie la "maison du Soleil") est désormais promue comme site touristique. Moderne et bien conçu, le **Museo de Sitio de Cantona** (☎276-596-53-07 ; tarif plein/étudiant 45 $M/gratuit ; ⏲9h-17h mar-dim) mérite une visite (surtout si vous lisez l'espagnol). Y sont notamment décrits les rites funéraires et les pratiques rituelles, ainsi que l'histoire de la cité et de ses habitants, et quelque 600 objets préhispaniques trouvés lors des fouilles du site y sont exposés.

D'Oriental, la ville la plus proche, des *colectivos* Grupo Salazar partent pour Cantona (35 $M, 45 min) toutes les 20 minutes à l'angle de la Carretera Federal Puebla-Teziutlan et de 8 Poniente – ces pick-up sont signalés "Tepeyahualco" sur leur pare-brise. Indiquez votre destination au chauffeur.

En taxi, comptez 150 $M ou plus pour l'aller-retour jusqu'à la cité précolombienne. Si vous disposez d'un véhicule, Cantona constitue un détour plaisant sur la route de Cuetzalan.

Fêtes et festivals

♥ Feria Huamantla FERIA

(⏲août). Durant 2 semaines de fête en août, les cyclistes défilent, les bougies brillent, et les habitants recouvrent les rues de la ville de tapis de fleurs et de sciure colorée. C'est aussi à cette période qu'a lieu *La Noche Que Nadie Duerme* ("La Nuit où personne ne dort"). Des taureaux sont lâchés dans les rues, comme à Pampelune en Espagne, mais arrivent des deux côtés !

♥ Sábados Mágicos ART

(www.facebook.com/turismoenhuamantla; Pasaje Margarita Maza de Juárez ; ⏲11h-16h 3e sam du mois). Si vous manquez la Feria Huamantla, vous aurez un aperçu de ce que vous avez raté en assistant aux "samedis magiques", le 3e samedi de chaque mois. À ces occasions, une ruelle près du Presidencia Municipio est recouverte d'*aserrín* (sciure) colorée et de fleurs. Plus tard dans l'après-midi, des danseurs s'y produisent et des pétards y sont lancés.

Lorsque le temps le permet, le *tapete* (tapis) chamarré demeure sur place jusqu'au lendemain pour que l'on puisse l'admirer. Renseignez-vous au préalable pour savoir si la confection du *tapete* aura bien lieu, car ce n'est pas toujours le cas.

Où se loger et se restaurer

Hotel Centenario HÔTEL $

(☎247-472-05-87 ; Juárez Norte 209 ; ch 380-550 $M, ste 700 $M ; P @). À courte distance du *zócalo*, le Centenario compte 33 grandes chambres (connexion Wi-Fi) dans les tons rose saumon, aux salles de bains rénovées. Agréable café dans la partie de réception. Personnel serviable.

♥ Hacienda Soltepec HÔTEL HISTORIQUE $$$

(☎247-472-14-66 ; www.haciendasoltepec.com ; Carretera Huamantla-Puebla Km 3 ; d/lits jum/ste à partir de 1 605/1 780/2 850 $M ; P). À 4,5 km en voiture au sud de la ville, cette somptueuse hacienda restaurée fait partie d'un ancien décor de cinéma (María Félix (1914-2002), star du cinéma mexicain, y a séjourné des mois pendant le tournage de l'un de ses films). Elle comprend des écuries, des courts de tennis et un excellent restaurant – vue sur La Malinche en prime. Ses chambres lumineuses ont de hauts plafonds et des parquets cirés. La fabrique de pulque de l'hacienda peut se visiter le samedi et le dimanche.

La Casa de los Magueyes MEXICAIN $$
(☎247-472-28-63 ; Reforma Sur 202 ; plats 90-170 $M ; ⏲9h-22h lun-sam, 9h-18h dim). Ce magnifique restaurant d'inspiration artisanale, directement au sud-est du *zócalo*, est réputé pour ses plats régionaux de saison, tels que pousses de *maguey* (agave d'Amérique), champignons sauvages ou encore *escamoles* (œufs de fourmis à l'agave).

Depuis/vers Huamantla

Surianos (www.autobusesoro.com.mx) propose une liaison depuis/vers le CAPU de Puebla (39 $M, 2 heures) toutes les 15 à 30 minutes. Des bus ATAH partent de la principale gare routière de Tlaxcala toutes les 7 minutes (38 $M). Les bus ne s'arrêtent pas toujours dans une gare routière, aussi, précisez au chauffeur que vous allez à Huamantla *centro* pour ne pas manquer la ville. Il n'y a pas de liaison directe depuis Cuetzalan : vous devrez d'abord vous rendre à Puebla.

Des bus Supra relient directement la gare routière TAPO de Mexico (175 $M, 3 heures, toutes les heures), à Huamantla.

Cuetzalan

☎233 / 6 000 HABITANTS / ALTITUDE : 980 M

Le superbe trajet jusqu'à Cuetzalan est déjà une aventure en soi. Après le carrefour de Zaragoza, la route devient spectaculaire, grimpe en lacets dans les montagnes et offre des vues époustouflantes jusqu'à Cuetzalan ("lieu des quetzals"). Cette bourgade isolée et particulièrement humide, construite sur un versant escarpé, est renommée pour ses fêtes exubérantes, ses cérémonies de *voladores* ("hommes volants") le week-end et son *tianguis* (marché) dominical, qui attire de nombreux Indiens en costume traditionnel. Par temps clair, le regard porte jusqu'à la côte du Golfe, à 70 km.

À voir

Trois bâtiments dominent la ligne d'horizon : la tour de l'horloge, sur la place, la flèche gothique de la Parroquia de San Francisco et, à l'ouest, la tour du Santuario de Guadalupe, de style gothique français, avec ses inhabituelles rangées de *jarritos* (vases en argile) décoratifs.

Casa de la Cultura Museum MUSÉE
(Alvarado 18 ; ⏲9h-16h). GRATUIT Ce petit musée jouxtant l'office du tourisme présente des costumes traditionnels régionaux de tous les jours, de l'artisanat et des pièces archéologiques de Yohualichán, non loin. Les admirateurs de *voladores* découvriront une chronologie récapitulative de cette pratique, ainsi que d'autres danses et cérémonies rituelles.

Cascada Las Brisas et Cascada del Salto CHUTES D'EAU
À 5 km au sud-est de la ville, ces deux jolies cascades ont des bassins naturels qui se prêtent à la baignade. Des tricycles motorisés vous déposeront au début du sentier et vous attendront pour le retour. De là, comptez 15 minutes de marche facile pour rejoindre les chutes.

Fêtes et festivals

Feria del Café y del Huipil CULTURE
(Plaza Celestino Gasca s/n ; ⏲oct). Durant plusieurs jours autour du 4 octobre, Cuetzalan célèbre à la fois son saint patron, saint François d'Assise, et le début de la récolte du café avec la fête du Café et des Huipiles. Les festivités s'accompagnent de libations, de danses traditionnelles et de démonstrations de *voladores* ("hommes volants"), un rituel totonaque au cours duquel des hommes, attachés par les chevilles, tournent autour d'un haut mât.

Où se loger

Posada Jaqueline PENSION $
(☎233-331-03-54 ; Calle 2 de Abril 2 ; s/d 200/250 $M ; 📶). D'un excellent rapport qualité/prix, ces 20 chambres, spartiates mais assez propres (avec TV par satellite et eau chaude 24h/24), donnent du côté colline du *zócalo*. Quelques-unes à l'étage partagent un balcon et ont vue sur la ville.

Posada Quinto Palermo HÔTEL $$
(☎233-331-04-52 ; Calle 2 de Abril 2 ; ch 750 $M ; 📶). Cet hôtel basique est le mieux situé de la ville, et son toit-terrasse donne sur les palmiers et les flèches qui s'élèvent du ravissant *zócalo* de Cuetzalan. Le choix des couleurs et les œuvres d'art de ses 15 chambres sont d'un kitsch presque comique. Demandez une chambre avec

fenêtres sur la façade de l'hôtel, car celle-ci surplombe l'esplanade. Les prix chutent considérablement en basse saison. Possibilité de réserver une place de parking non loin (30 $M), à l'enregistrement.

Tosepan Kali LODGE **$$**
(☎233-331-09-25 ; tosepankali.com ; Carretera Cuetzalan Km 1,5, San Miguel Tzinacapan ; dort/ch/bungalows avec petit-déj 250/350/450 $M par pers ; P 📶 🏊). 🍃 Haut perché sur une colline entre Cuetzalan et la localité voisine de San Miguel Tzinacapan au nord, le Tosepan Kali ressemble à une maison dans les arbres, nichée dans une épaisse végétation. Chambres soignées, majoritairement en bambou et en pierre, et grande piscine avec vue sur la vallée. Joli bien qu'un peu vieillot, cet éco-hôtel dont le nom signifie "notre maison" en nahuatl est l'œuvre d'une coopérative *indígena* locale qui recueille l'eau de pluie.

Hotel Posada Cuetzalan HÔTEL **$$**
(☎233-331-01-54 ; posadacuetzalan.com ; Zaragoza 12 ; s/d/tr/qua 655/913/1 085/1 220 $M ; P 📶 🏊). Ce bel hôtel, à 100 m au-dessus du *zócalo* et à deux pas de la gare routière, possède 3 grandes cours peuplées d'oiseaux, une piscine et un bon restaurant où goûter des liqueurs de fruits locaux. Il y a 36 chambres aux couleurs tropicales, avec sols carrelés, boiseries claires et TV. Celles en façade proches du bureau bénéficient de l'accès Wi-Fi.

Hotel La Casa de la Piedra BOUTIQUE-HÔTEL **$$**
(☎233-331-00-30 ; lacasadepiedra.com ; Carlos García 11 ; d/lits jum/ste à partir de 960/1 580/1 680 $M ; P 📶 🏊). Dans une ancienne fabrique de café rénovée, tout en gardant son look rustique, les 16 chambres ont toutes de grandes fenêtres et de beaux parquets. À l'étage, les suites sur 2 niveaux peuvent accueillir 4 personnes et bénéficient d'une vue dégagée sur la vallée. Les chambres du rez-de-chaussée disposent de salles de bains carrelées, de murs en pierre et d'un ou deux lits.

Où se restaurer

Parmi les spécialités régionales vendues sur de nombreux étals en bord de route, citons les vins de fruits et les viandes fumées. Essayez le *xoco atol* (boisson au riz fermenté), le *yolixpan* (liqueur de café) et le *dulce de tejocote* (fruit d'aubépine du Mexique dans du sirop d'anis). Goûtez le *café de la sierra* (café régional) tant que c'est encore possible, car ces dernières décennies, les dérèglements climatiques ont décimé les récoltes.

Sazón Jarocho PRODUITS DE LA MER **$**
(☎233-119-18-83 ; Zaragoza 13 ; comida corrida 50 $M, plats 50-120 $M ; ⏲9h-22h mar-dim). Vu l'ambiance tropicale et humide qui règne à Cuetzalan, se passer de *mariscos* est impensable. Heureusement, cette adresse simple propose de délicieux plats de la mer allant du poisson à la mode de Veracruz aux *caracoles* (escargots de mer), en passant par le crabe, le poulpe et les crevettes, préparés selon votre préférence. Spécialités de la maison, la noix de coco et l'ananas farcis aux fruits de mer sont excellents.

Restaurante Yoloxóchitl MEXICAIN **$**
(☎233-331-03-35 ; Calle 2 de Abril n°1 ; plats 50-75 $M ; 📶). Joliment décoré de plantes, d'antiquités et d'anciens jukebox, ce restaurant (avec vue superbe sur la cathédrale) propose une sélection de salades, d'*antojitos* (en-cas à base de tortilla) et de plats de viande, ainsi que des champignons sauvages marinés dans du piment *chipotle*.

La Terraza PRODUITS DE LA MER **$$**
(☎233-331-04-16 ; Hidalgo 33 ; petit-déj 58 $M, plats 58-162 $M ; ⏲8h30-21h). À l'ouest du

HORS DES SENTIERS BATTUS

SITE ARCHÉOLOGIQUE DE YOHUALICHÁN

Situé à 8 km au nord-est de Cuetzalan, au bout d'une route pavée escarpée de 2 km, ce **site** (40 $M ; ⏲9h-17h) cérémoniel préhispanique habité par les Totonaques (*los Totonacas*) comporte des "pyramides" à niches semblables à celles d'El Tajín (Veracruz), en divers états de délabrement. Ce lieu impressionnant, dont le nom signifie "lieu de la nuit" ou "maison des ténèbres" en langue nahuatl, vaut largement le détour, ne serait-ce que pour la superbe vue de ce côté de la vallée. Pour vous y rendre, renseignez-vous à l'office du tourisme (p. 185) sur les *camiónes* qui passent par les pyramides. L'entrée jouxte l'église de Yohualichán et la place de la ville.

zócalo, un restaurant tenu par une famille, et décoré de photos des fêtes annuelles. Les habitants le plébiscitent pour son choix de petits-déjeuners, de *mariscos* (fruits de mer), de quesadillas, de *platillos de la región* et d'écrevisses (en saison).

Où sortir

Los Voladores ARTS DU SPECTACLE
(Parroquía de San Francisco de Asís, Plaza Celestino Gasca s/n ; don apprécié ; à partir de 16h sam, à partir de 12h dim). Lors de la *danza de los voladores* (danse des "hommes volants"), des acrobates se balancent autour d'un haut mât de 30 m, retenus par une corde attachée aux chevilles, tout en jouant de la flûte. Le week-end, les *voladores* tourbillonnent plusieurs fois par jour au-dessus du *zócalo,* près de l'église, pour les touristes (et pour l'argent qu'ils récoltent). Spectacle remarquable à ne pas manquer, ce rituel méso-américain a été inscrit au patrimoine culturel immatériel de l'Unesco en 2009.

Quatre des "danseurs" représentent les points cardinaux, et le cinquième le soleil. Ils exécutent 13 rotations, nombre obtenu en divisant 52 (la durée d'un siècle préhispanique en années) par 4 (le nombre de cordes utilisées), afin de symboliser l'aube d'un soleil nouveau. On estime que ce rituel tire son origine de la période préclassique (de 1 000 av. J.-C. à l'an 250) à Veracruz. La cérémonie n'a pas lieu lorsque la pluie ou le vent sont trop violents.

Achats

Mercado de Artesanías Matachiuj ART ET ARTISANAT
(Hidalgo 917 ; 9h-19h mer-lun). Situé quelques rues à l'est du *zócalo*, ce marché de commerce équitable vend des tissages et d'autres objets artisanaux de qualité, et il donne la possibilité de rencontrer les artisans qui travaillent sur place. On y trouve aussi des étals alimentaires et des guides touristiques.

Renseignements

L'**office du tourisme** (Casa de la Cultura de Cuetzalan ; 233-331-05-27 ; Av Miguel Alvarado 18 ; 9h-17h lun-ven, jusqu'à 21h sam-dim) est hébergé dans la Casa de la Cultura, deux rues à l'ouest du *zócalo*. Vous y trouverez des plans de la ville et des renseignements particulièrement bienvenus sur les hébergements, mais on n'y parle pas anglais. Un DAB Santander se situe à côté.

Depuis/vers Cuetzalan

Des bus Vía circulent entre Puebla et Cuetzalan (210 $M, 3 heures 30, toutes les heures), au départ de Puebla à 6h45 et 20h, et de Cuetzalan à 5h et 18h. À la saison des pluies, il est judicieux de vérifier la praticabilité des routes et d'acheter ses billets retour au préalable. Tous les jours entre 9h et 22h, au moins 6 bus AU partent de la gare routière TAPO à Mexico pour Cuetzalan (360 $M, 6 heures), d'où ils repartent entre 4h30 et 14h30. ADO assure des liaisons supplémentaires du vendredi au dimanche.

Comment circuler

Des tricycles motorisés (à partir de 25 $M ou environ 100 $M l'heure) sillonnent les rues escarpées de la ville. Des pick-up couverts desservent les *pueblitos* des alentours (8 $M).

SUD DE MEXICO

Au sud de la capitale, le voyageur n'aura que l'embarras du choix en matière de destinations, parmi lesquelles la mystique Tepoztlán, la magnifique ancienne ville argentifère de Taxco et les Grutas de Cacahuamilpa, aux formations rocheuses extraordinaires. Cuernavaca, la "ville du printemps éternel", est depuis longtemps une escapade populaire depuis la capitale, et fait office de deuxième patrie pour beaucoup de Nord-Américains et de *chilangos* (les habitants de Mexico) qui y possèdent des résidences secondaires.

L'État du Morelos, qui englobe Tepoztlán et Cuernavaca, est l'un des plus petits et plus peuplés du Mexique. Malheureusement, il a été lourdement endommagé par le séisme du 19 septembre 2017, et beaucoup de sites touristiques ont dû fermer (au moins temporairement) pour des travaux de restauration. Ses vallées, situées à différentes altitudes, jouissent de microclimats qui ont permis à ses habitants d'y cultiver, depuis l'ère préhispanique, quantité de fruits, de céréales et de légumes. Les sites archéologiques de Cuernavaca, Tepoztlán et Xochicalco témoignent de l'orientation agricole des Tlahuicas, puis des Aztèques qui les supplantèrent. Pendant la période coloniale, la majeure partie de l'État du Morelos était aux mains de quelques familles, parmi lesquelles des descendants de Cortés. Vous pourrez visiter leurs palais et leurs haciendas, ainsi que des églises et des monastères du XVIe siècle. Les *campesinos* (paysans) du Morelos furent de fervents partisans de la révolution mexicaine et Emiliano Zapata est le héros de l'État. Ceux qui s'intéressent au leader paysan révolutionnaire feront route vers Cuautla, première localité conquise par Zapata, et Anenecuilco, à 6 km au sud, sa ville natale.

L'État montagneux du Guerrero recèle de véritables joyaux, notamment la ville argentifère de Taxco, l'une des cités coloniales les mieux préservées du Mexique.

Tepoztlán

☎739 / 14 000 HABITANTS / ALTITUDE : 1 700 M

Un week-end à Tepoztlán déçoit rarement. Entourée de hautes falaises déchiquetées, cette petite ville au centre historique bien conservé se situe à 80 km au sud de Mexico. Lieu de naissance légendaire il y a plus de 1 200 ans de Quetzalcóatl, le dieu serpent tout-puissant des Aztèques, Tepoztlán est un centre nahuatl majeur et une base idéale pour les adeptes du New Age, qui croient en l'énergie créatrice de la région.

Connu notamment pour sa pyramide, ce *pueblo mágico* possède en outre un excellent marché d'artisanat, et de charmants hôtels et restaurants. Il conserve aussi des traditions indiennes, avec quelques anciens qui parlent toujours le nahuatl et des jeunes qui l'apprennent à l'école – une exception parmi les localités qui entourent la capitale.

À voir

Tepoztlán se visite facilement à pied, hormis l'impressionnante Pirámide de Tepozteco, perchée sur une falaise à 2,5 km de la ville.

♥ Pirámide de Tepozteco SITE ARCHÉOLOGIQUE

(47 $M, gratuit dim ; 9h-17h). Haute de 10 m, cette pyramide est perchée au bout d'un chemin pavé très raide qui part de l'extrémité de l'Avenida Tepozteco. Construite en l'honneur de Tepoztécatl, le dieu aztèque de la Moisson, de la Fertilité et du Pulque, elle impressionne plus par son emplacement que par sa taille. On est récompensé de ses efforts par le paysage serein et le panorama sur la vallée – lorsqu'il n'y a pas trop de brume. On peut parfois aussi apercevoir des coatis (sorte de raton-laveur).

La pyramide de Tepozteco est juchée sur une falaise, à 400 m au-dessus de la ville. Enfilez de bonnes chaussures et partez tôt pour éviter la chaleur sur ce rude parcours de 2,5 km, déconseillé si vous n'êtes pas en bonne condition physique. La boutique au sommet vend des boissons fraîches, mais pensez néanmoins à prendre de l'eau. Il faut payer 47 $M pour utiliser une caméra. La montée jusqu'au site est gratuite, mais vous devrez acheter un billet pour vous approcher de la pyramide (et profiter du point de vue).

Ex-Convento Domínico de la Natividad SITE CHRÉTIEN

Ce monastère, situé à l'est du *zócalo*, et l'église adjacente furent construits par des prêtres dominicains entre 1560 et 1588. La façade plateresque de l'église comporte des sceaux dominicains intercalés de symboles indiens, de motifs floraux et de diverses représentations : animaux, anges, étoiles, la Vierge, le Soleil et la Lune. À l'étage, dans des cellules, on peut découvrir une librairie, des galeries et un intéressant musée d'Histoire régionale.

L'entrée voûtée du monastère s'orne d'une fresque élaborée, réalisée avec 60 variétés de graines, sur l'histoire et le symbolisme précolombiens. La première semaine de septembre, des artistes locaux créent une nouvelle composition murale.

Lors de la rédaction de ce guide, le monastère était fermé pour évaluation de dégâts sismiques. Seule l'entrée sud, sur la pente, permettait l'accès à l'enceinte. Renseignez-vous au préalable pour vous assurer qu'il a complètement rouvert.

Museo de Arte Prehispánico Carlos Pellicer MUSÉE

(☎739-395-10-98 ; Pablo González 2 ; 15 $M ; 10h-18h mar-dim). Derrière l'église dominicaine, ce musée archéologique possède une collection intéressante d'objets provenant de tout le pays, offerts par le poète Carlos Pellicer Cámara (1897-1977). Les figurines qui représentent des humains et des animaux sont fascinantes. Les fragments d'une pierre décrivant un couple de lapins – le symbole d'Ometochtli, le dieu de l'Ivresse – ont été découverts sur le site de la pyramide de Tepozteco.

Cours

La Villa Bonita CUISINE

(☎739-395-15-15 ; www.lavillabonita.com ; Aniceto Villamar 150, Colonia Tierra Blanca ; cours week-end avec 2 nuitées 450-925 $US). À flanc de colline au-dessus de la ville, cette école de cuisine a été fondée par Ana García, l'une des chefs les plus réputées du pays, dont les cours suscitent toujours des commentaires

Tepoztlán

À voir
1 Ex-Convento Domínico de la Natividad B3
2 Museo de Arte Prehispánico Carlos Pellicer B3

Activités
3 La Villa Bonita D1

Où se loger
4 Hotel Posada Ali B2
5 Posada del Tepozteco A3
6 Posada Nican Mo Calli B2

Où se restaurer
7 Axitla B1
8 El Brujo B3
9 El Ciruelo B3
10 El Mango Biergarten-Restaurante C3
11 El Tlecuil B3
12 La Luna Mextli B3
La Sibarita .... (voir 5)
13 La Sombra del Sabino C4
14 Los Buenos Tiempos B3
15 Los Colorines B2

Où prendre un verre et faire la fête
16 La Terraza Yecapixtla B3

élogieux. La villa comporte 6 chambres dont les portes-fenêtres ouvrent sur un ravissant patio avec vue sur la vallée de Tepoztlán, et une piscine creusée dans la roche volcanique. Consultez le site Internet pour connaître les forfaits pour des séjours plus longs.

Fêtes et festivals

Tepoztlán est une ville où fêtes chrétiennes et célébrations païennes se superposent souvent. Avec 8 *barrios* (quartiers) et un nombre équivalent de saints patrons, il y a toujours une bonne raison pour tirer des feux d'artifice !

Fiesta del Templo FÊTE RELIGIEUSE
(⏲7 sept). Le 7 septembre, une célébration dure toute la nuit sur la colline de Tepozteco près de la pyramide, avec force libations de pulque en l'honneur de Tepoztécatl. Le lendemain, la Fiesta del Templo, une fête catholique, comprend des représentations théâtrales en nahuatl. Elle devait à l'origine coïncider avec la fête païenne, et peut-être la supplanter, mais les buveurs de pulque en profitent pour commencer la nuit précédente.

Carnaval DANSE
Durant les 5 jours qui précèdent le mercredi des Cendres (46 jours avant Pâques), le carnaval s'accompagne de danses de Huehuenches et de Chinelos portant des coiffes en plumes et des costumes brodés.

Où se loger

Il y a un bon choix d'hébergements à Tepoztlán, même s'il peut être difficile de trouver une chambre pendant les fêtes ou le week-end. Si les hôtels affichent complet, repérez les chambres chez l'habitant, signalées par un panneau *hospedaje económico.*

♥ **Posada Nican Mo Calli** HÔTEL $$
(☎739-395-31-52 ; hotelnican.com ; Netzahualcóyotl 4A ; d 1 400 $M, ste 1 500-2 200 $M ; P ☰ ≋). Avec des parties communes peintes de couleurs vives, une piscine chauffée, des chambres élégantes (certaines avec balcon et vue sur les montagnes) et des animaux en liberté, le Nican Mo Calli est l'un des meilleurs hôtels de la ville, parfait pour un week-end romantique. Réductions du dimanche au jeudi.

Hotel Posada Ali PENSION $$
(☎739-395-19-71 ; www.facebook.com/hotelposadaalitepoztlan ; Netzahualcóyotl 2C ; d à partir de 1 150 $M ; P ☰ ≋). Les 20 chambres de cette pension sont confortables. Celles des étages inférieurs, moins chères, sont plus petites et plus sombres que celles situées au-dessus. Il y a aussi un fronton de pelote (*jaï alaï*), une petite piscine près de laquelle on peut prendre un verre et un toit-terrasse avec des chaises longues pour contempler paisiblement la vue sur la montagne. Attention, si vous avez le sommeil léger, la cloche de l'église sonne les heures toute la nuit.

Posada del Valle RESORT $$
(☎739-395-05-21 ; posadadelvalle.com.mx ; Camino a Mextitla 5 ; ch à partir de 1 650 $M, forfait spa 4 220-5 220 $M ; P ≋). Cet hôtel-spa possède des chambres calmes et plaisantes et un bon restaurant argentin. Des forfaits spa comprennent une ou deux nuits d'hébergement, le petit-déjeuner, des massages et une visite au *temascal* (bain de vapeur). L'hôtel se situe à 2 km à l'est de la ville en longeant l'Avenida Revolución 1910 : suivez les panneaux sur les 100 derniers mètres. Les enfants de moins de 16 ans ne sont pas admis.

♥ **Posada del Tepozteco** HÔTEL DE LUXE $$$
(☎739-395-00-10 ; posadadeltepozteco.com ; Paraíso 3 ; ste 3 295- 3 660 $M ; P @ ☰ ≋). Occupant un palais des années 1930, cet hôtel raffiné compte 20 chambres spacieuses bénéficiant pour la plupart d'une vue superbe sur la ville. On comprend que l'ensemble, aménagé dans un merveilleux jardin avec une belle piscine, ait séduit un certain nombre de célébrités. Rabais jusqu'à 40% en semaine.

Où se restaurer

Ce gros bourg s'anime le week-end, quand les visiteurs remplissent les cafés et les bars. Nombre des meilleures adresses n'ouvrent que du vendredi au dimanche.

El Tlecuil VÉGÉTALIEN $
(www.facebook.com/eltlecuiltepoztlan ; Mercado Municipal de Tepotzlán s/n ; en-cas 40 $M ; ⏲9h-18h ; ✎). Le chaos du marché dissimule un étal de nourriture préhispanique végane. On y vend principalement des croquettes pleines de saveurs, enveloppées à la manière des tacos, ou accompagnées de riz et de sauce *mole*. Un vrai délice, notamment celles aux *siete semillas* (mélange de 7 graines dont tournesol et citrouille) et au hachis de pommes.

El Brujo BOULANGERIE $
(Av 5 de Mayo ; petit-déj 60-95 $M ; ⏲9h-21h ; ✎). Cette boulangerie-restaurant, dans l'artère principale, est une excellente adresse pour un petit-déjeuner (avec des omelettes succulentes et des classiques mexicains comme les *chilaquiles* – bandes de tortilla frites en sauce). On y sert aussi un très bon café et des desserts fameux.

Los Buenos Tiempos BOULANGERIE $
(☎739-395-05-19 ; Av Revolución 1910 n°14B ; pâtisseries 8-35 $M ; ⏲8h30-22h30 ; ☰ ✎). La bonne odeur qui flotte sur le *zócalo* vous guidera jusqu'à cette boulangerie, réputée pour ses pâtisseries, son café et son ambiance joyeuse.

Los Colorines MEXICAIN **$$**
(☎739-395-08-90 ; www.facebook.com/loscolorinesoficial ; Av Tepozteco 13 ; plats 75-165 $M ; ⏲9h-21h ;). Derrière la façade rose, on découvre un restaurant animé axé sur une cuisine locale traditionnelle mijotée dans des *cazuelas* (marmites en terre) – essayez les *chiles rellenos* ou les *huauzontles* (plantes à l'aspect de brocoli). Plus que dans la nourriture, le plaisir réside ici dans les *piñatas*, la terrasse avec vue, le sentiment d'espace et celui de participer à une fiesta dans un ranch haut en couleur. Espèces uniquement.

El Mango Biergarten-Restaurante INTERNATIONAL, BIÈRES **$$**
(☎739-395-22-53 ; www.elmangotepoztlan.com ; Campesinos 7 ; plats 70-165 $M ; ⏲14h-23h ven-sam, 12h-20h dim ;). En contrebas du *zócalo*, ce Beer Garden tenu par un Allemand propose notamment des spécialités germaniques, ainsi que des bières européennes et mexicaines. Jazz et blues live le week-end – programme sur le site Internet.

La Sombra del Sabino CAFÉ **$$**
(☎739-395-03-69 ; lasombradelsabino.com.mx ; Av Revolución 1910 n°45 ; plats 150-165 $M ; ⏲10h-19h mer-dim ;). Un "café littéraire" et librairie où prendre un café, du thé, un verre de vin, une bière et des en-cas – pâtisseries, sandwichs et salades – dans un jardin tranquille. Il accueille également des lectures et autres événements culturels.

La Luna Mextli INTERNATIONAL **$$**
(☎739-395-11-14 ; www.facebook.com/lalunamextli ; Av Revolución 1910 n°16 ; plats 85-220 $M ; ⏲12h-21h lun-ven, 9h-22h sam-dim). La Luna Mextli dispose de sa propre galerie, qui déborde d'œuvres d'art locales. La nourriture est également excellente, avec des standards de la cuisine mexicaine, ainsi que toute une liste de biftecks argentins et de *parrillada* (assortiment de grillades).

♥ **La Sibarita** MEXICAIN **$$$**
(☎777-101-16-00 ; posadadeltepozteco.com.mx ; Posada del Tepozteco, Paraíso 3 ; plats 200-300 $M ; ⏲8h30-22h dim-jeu, 8h30-23h ven-sam ; P). Perché sur une colline dominant la ville, le restaurant de la Posada del Tepozteco jouit d'une vue splendide sur la vallée. Les falaises et la pyramide qui le surplombent composent un cadre fabuleux pour un fameux repas – laissez-vous tenter par le blanc de poulet farci au fromage de chèvre ou le carpaccio de *róbalo* (brochet) en vinaigrette, avant de conclure par un *nieve* (sorbet) aux pétales de rose, le tout accompagné d'excellents vins d'importation.

♥ **El Ciruelo** MEXICAIN **$$$**
(☎777-219-37-20 ; www.elciruelo.com.mx ; Zaragoza 17 ; plats 193-369 $M ; ⏲13h-18h30 dim-jeu, 13h-22h30 ven-sam ;). Installée dans une cour avec une vue saisissante sur les falaises et la pyramide, cette adresse populaire de longue date est appréciée pour sa carte haut de gamme avec des plats comme la *pechuga con plátano macho* (poulet à la banane plantain dans du *mole*), le *salmón chileno a la mantequilla* (saumon chilien avec sauce au beurre), de bonnes salades ou encore des soupes mexicaines. Le paysage fait toutefois augmenter les prix. Des aires de jeux pour enfants sont ouvertes les samedis et dimanches.

Où prendre un verre et faire la fête

La Terraza Yecapixtla BAR SUR LE TOIT
(☎735-172-85-85 ; Av Tepozteco ; ⏲9h-23h ;). Si ce bar à ciel ouvert ne paie pas de mine depuis la rue, on découvre une fois les escaliers gravis une belle vue sur le flanc de la falaise et la végétation. Barbecue et en-cas mexicains accompagnent bière, cocktails et spiritueux. À un volume faible, la musique est plutôt de style *ranchera*.

Achats

Un très joli **marché** s'installe tous les jours sur le *zócalo*. Il prend toute son importance le mercredi et le dimanche. Outre les primeurs, les vêtements et les ustensiles, des stands font la part belle à l'artisanat le samedi et le dimanche.

Depuis/vers Tepoztlán

Attention à ne pas confondre Tepoztlán (dans le Morelos) et Tepotzotlán, ville située au nord de Mexico.

ADO/OCC (ado.com.mx ; Av 5 de Mayo 35) fait circuler des bus 1re classe depuis/vers le Terminal Sur de Mexico (126 $M, 1 heure, toutes les 20-30 min de 5h à 20h) mais aussi vers le Terminal Norte (130 $M, 2 heures 15, 2/jour) et des bus directs depuis/vers l'aéroport de la capitale (184 $M, 1 heure 30, 4/jour), et vers Cuautla (24 $M, 45 min, toutes les 30 min). À Tepotzlán, les bus ADO/OCC arrivent à la gare ADO "Terminal Tepoztlán-Gasolinera", près d'une station-service. Au départ de là, un *micro* blanc (8 $M, 5 min, fréquent) peut vous conduire au *zócalo*, à 1,5 km.

Des bus directs **Ometochtli** rejoignent Cuernavaca (24 $M, 40 min, toutes les 20 min de 6h à 21h). Ils démarrent en face de l'Auditorio (aux murs ornés d'une mosaïque de *chinelos*). Achetez vos billets sous le parasol bleu et blanc avant de monter à bord. L'itinéraire direct étant moins risqué, ne prenez que les bus où il est écrit "*directo*" à l'avant. À Cuernavaca, la descente se fait à *La Fuente*, une église dans la Calle Chamilpa 1B, d'où il est agréable de rejoindre le *zócalo* à pied, au sud. Un taxi sûr pour Cuernavaca revient à 230 $M environ.

Cuautla

☎735 / 154 360 HABITANTS / ALTITUDE : 1 300 M

Si Cuautla ne possède ni la beauté naturelle de Tepoztlán ni la richesse architecturale de Cuernavaca, ses sources soufrées attirent des visiteurs depuis des siècles et son histoire révolutionnaire intéresse les passionnés d'histoire.

Cuautla servit de base à José María Morelos y Pavón, l'un des premiers chefs de la lutte pour l'indépendance, jusqu'à ce qu'il soit obligé de partir quand l'armée royale assiégea la ville en 1812. Un siècle plus tard, Cuautla devint l'un des bastions de l'armée d'Emiliano Zapata. Cependant, si l'histoire mexicaine et les *balnearios* (bains) ne vous passionnent pas vraiment, vous n'aurez pas grand-chose à voir dans la ville moderne, au demeurant très agréable.

À voir

La Plaza Fuerte de Galeana, plus souvent appelée l'Alameda (repaire de mariachis le week-end), et le *zócalo* sont les deux places principales.

Ex-Convento de San Diego ÉDIFICE HISTORIQUE
(Batalla 19 de Febrero s/n). En 1911, le candidat à la présidentielle Francisco Madero étreignit Emiliano Zapata dans l'ancienne gare ferroviaire de la ville (installée dans l'Ex-Convento de San Diego). Le samedi, l'unique train à vapeur du pays effectue de courts trajets de 16h à 21h. L'édifice est aujourd'hui le siège de l'**office du tourisme** (☎735-352-52-21 ; 🕘9h-20h).

Museo Histórico del Oriente MUSÉE
(☎735-352-83-31 ; Callejón del Castigo 3 ; 39 $M, gratuit dim ; 🕘10h-17h mar-dim). Ce musée occupe l'ancienne résidence de José María Morelos. Chaque salle est consacrée à une période historique spécifique : la collection réunit des poteries précolombiennes, de bonnes cartes et des photos anciennes de Cuautla et d'Emiliano Zapata. La dépouille du leader rebelle de la révolution mexicaine repose sous l'imposant monument à Zapata, au centre de la Plazuela Revolución del Sur.

Où se loger et se restaurer

Hotel Defensa del Agua HÔTEL $
(☎735-352-16-79 ; Defensa del Agua 34 ; d 340-440 $M, tr 410-515 $M, qua 475-590 $M ; P 📶 🏊). Un hôtel moderne de style motel, bien tenu, apprécié pour sa petite piscine et ses chambres spacieuses (TV, téléphone et ventilateur) ; évitez toutefois celles donnant sur la rue bruyante. Sur place, une antenne de l'Italian Coffee Company est pratique pour le petit-déjeuner.

À NE PAS MANQUER

LES BALNEARIOS DE CUAUTLA

Balneario (centre thermal) le plus connu de Cuautla, l'**Agua Hedionda** (Eau puante ; ☎735-352-00-44 ; www.balnearioaguahedionda.com ; au bout de l'Av Progreso, angle Emiliano Zapata ; adulte/enfant lun-ven 50/30 $M, sam-dim 75/40 $M, avant 9h lun-ven 25 $M ; 🕘6h30-17h30 lun-ven, jusqu'à 18h sam-dim ; 👨‍👧) est situé en bord de rivière. Alimentés par des cascades, ses 2 bassins d'eau tiède aussi grands que des lacs dégagent une odeur de soufre. Prenez un bus "Agua Hedionda" (7 $M) depuis la Plazuela Revolución del Sur. Le jeudi, l'établissement propose 2 entrées pour le prix d'une. Renseignez-vous sur le site Internet avant de vous y rendre, car lors de la rédaction de ce guide, les dégâts causés par un tremblement de terre avaient forcé l'Agua Hedionda à fermer temporairement.

Parmi les autres *balnearios* notables, citons **El Almeal** (Hernández ; adulte/enfant 80/50 $M ; 🕘9h-18h) et **Los Limones** (Gabriel Teppa 14 ; adulte 65-75 $M, enfant 50 $M ; 🕘8h30-18h). Alimentés par la même source (non soufrée), ils possèdent de vastes aires de pique-nique ombragées. Tarifs réduits du lundi au vendredi, et gratuit pour les moins de 3 ans. Rendez-vous sur Balnearios Morelos (www.balneariosenmorelos.com.mx) pour connaître la liste complète des centres thermaux des environs.

¡QUE VIVA ZAPATA!

Emiliano Zapata (1879-1919), leader paysan de l'État du Morelos, faisait partie des révolutionnaires les plus radicaux du Mexique, combattant pour la restitution des terres des haciendas aux paysans. Le mouvement zapatiste s'opposait aussi bien aux conservateurs de l'ancien régime qu'à leurs opposants libéraux. En novembre 1911, Zapata fit circuler son *Plan de Ayala*, prônant une profonde réforme agraire. Après avoir remporté de nombreuses batailles contre les troupes gouvernementales dans le centre du Mexique (parfois avec Pancho Villa), il tomba dans une embuscade et fut tué en 1919.

Ruta de Zapata

À Anenecuilco, à 6 km au sud de Cuautla, ce qui reste de la maison en adobe où naquit Zapata le 8 août 1879 abrite désormais le **Museo de la Lucha para la Tierra** (Museo y Casa de Emiliano Zapata ; ☎735-308-89-01 ; Ayuntamiento 33, angle Av Zapata et Ayuntamiento ; 35 $M ; ⏲10h-17h). On peut y voir une saisissante peinture murale sur la vie du révolutionnaire.

À 20 km au sud se tient l'**Ex-Hacienda de San Juan Chinameca** (☎735-170-00-83 ; Cárdenas s/n ; 30 $M, gratuit dim ; ⏲9h-17h mar-dim), à Chinameca, où, en 1919, Zapata fut attiré dans un piège fatal par le colonel Jesús Guajardo, suivant les ordres du président Carranza, désireux de se débarrasser du rebelle. Prétendant vouloir rejoindre les forces révolutionnaires, Guajardo organisa une rencontre avec Zapata, qui arriva à Chinameca avec une escorte de guérilleros. Les hommes de Guajardo abattirent le général avant qu'il ne franchisse le seuil de l'hacienda abandonnée.

L'hacienda possède un petit musée très mal entretenu, doté d'une maigre collection de photographies et de reproductions de journaux. Une statue équestre de Zapata se dresse à l'entrée, où l'on peut voir les impacts de balles à l'endroit de son assassinat. Des rassemblements ont lieu chaque année en mémoire du héros.

De Chinameca, parcourez 20 km au nord-ouest jusqu'à Tlaltizapán, site du **Cuartel General de Zapata** (Museo de la Revolución del Sur ; ☎734-341-51-26 ; Guerrero 2 ; ⏲10h-17h mar-dim), GRATUIT le quartier général des forces révolutionnaires. Vous y verrez le fusil de Zapata, le lit où il dormait et le costume qu'il portait lors de sa mort (criblé de trous des balles et de taches de sang).

Bien qu'il soit possible d'effectuer cet itinéraire en *colectivo* (des *combis* jaunes "Chinameca" à destination d'Anenecuilco et de Chinameca partent toutes les 10 minutes à l'angle de Garduño et de Matamoros à Cuautla), cela pourrait représenter une rude épreuve d'une journée. L'office du tourisme (p. 200) de l'État du Morelos, à Cuernavaca, propose des circuits organisés.

Hotel & Spa Villasor RESORT $$

(☎735-303-55-03 ; www.hotelvillasor.com.mx ; Av Progreso ; s/d/ste 540/700/1 150 $M ; P ❄ 📶 🏊). En dehors de la ville, en face des bains de l'Agua Hedionda, un établissement moderne sur deux niveaux, tout en arcades au rez-de-chaussée, entourant une grande piscine. Avec ses chambres confortables (TV) et son spa, le Villasor est idéal pour se détendre, mais peu pratique si l'on n'est pas motorisé.

Así Es Mi Tierra MEXICAIN $

(☎735-398-47-54 ; Reforma 113 ; plats 90-240 $M ; ⏲13h-21h lun-ven, 8h-minuit sam, 8h-22h dim ; 👪). Abritée sous un genre d'ample chapiteau de cirque, la Tierra fait son show avec une farandole de biftecks, grillades et plats mexicains, tels que *chiles en nogada* (piments verts farcis au *picadillo*, nappés de sauce aux noix crémeuse et parsemés de graines rouges de grenade) et épais tacos au poulet, accompagnés des traditionnels riz, salade et guacamole. Groupes et familles apprécient le buffet pour le brunch le samedi et le dimanche.

Las Golondrinas MEXICAIN $$

(☎735-354-13-50 ; restaurantelasgolondrinas.com ; Catalán 19A ; plats 85-190 $M ; ⏲8h-22h). Dans un édifice datant du XVIIe siècle, agrémenté de belles plantes et de bassins à carpes, ce restaurant se distingue par son ambiance plaisante et son service professionnel. Parmi les spécialités de la maison figurent divers *molcajetes* (ragoûts épicés cuits dans un grand mortier en pierre). Les petits-déjeuners sont notamment composés d'omelettes aux blancs d'œuf.

Depuis/vers Cuautla

Des bus 1re classe **OCC** (800-702-80-00 ; www.ado.com.mx ; Calle 2 de Mayo 97) desservent le Terminal Sur de Mexico (140 $M, 2 heures, toutes les 15-30 min) et Tepoztlán (24 $M, 50 min, toutes les 15 à 40 min).

Cuernavaca

777 / 339 000 HABITANTS / ALTITUDE : 1 480 M

Un parfum de glamour flotte depuis des lustres dans la capitale de l'État de Morelos. Comme en attestent ses vastes haciendas entourées de hauts murs et ses immenses propriétés, la ville du "printemps éternel" a toujours attiré la classe aisée, des personnalités royales, ainsi que des artistes et des intellectuels par son architecture, son air pur et la douceur de son climat. La tradition perdure, même si l'expansion urbaine a pollué l'air et que des vacanciers nord-américains et des lycéens venus apprendre l'espagnol ont remplacé les personnages célèbres dans les rues de la cité.

Cuernavaca est l'occasion d'une escale agréable depuis Mexico, avec son centre-ville que l'on arpente à pied, ses quelques bons restaurants, ainsi que ses œuvres de Diego Rivera et Frida Kahlo. C'est aussi un bon point de départ pour le site archéologique bien entretenu de Xochicalco, non loin.

Histoire

Les premiers habitants des vallées de l'actuel Morelos seraient arrivés 1 500 ans av. J.-C. Entre les années 200 et 900 se développa une société agricole fortement productive qui édifia Xochicalco et d'autres grandes constructions dans la région. Plus tard, les Mexicas (Aztèques) dominants les surnommèrent Tlahuicas, ou "peuple qui travaille la terre". En 1379, un seigneur mexica prit le contrôle de Cuauhnáhuac, soumit les Tlahuicas et exigea d'eux un tribut annuel comprenant 16 000 feuilles d'*amate* (papier d'écorce) et 20 000 boisseaux de maïs. Les tributs versés par les États vassaux étaient inscrits dans un registre que les Espagnols appelèrent le *Códice Mendocino* (codex Mendoza) – Cuauhnáhuac y était représentée par un arbre à 3 branches, un symbole qui figure aujourd'hui sur les armes de la ville.

Le successeur du seigneur mexica épousa la fille du chef de Cuauhnáhuac, et de cette union naquit Moctezuma Ier Ihuicamina. Ce souverain aztèque du XVe siècle précéda Moctezuma II Xocoyotzin, que rencontra Cortés. Sous la domination aztèque, les Tlahuicas développèrent le commerce et prospérèrent. Leur cité était un centre religieux et d'enseignement, et les vestiges archéologiques suggèrent une connaissance approfondie de l'astronomie.

Lors de l'arrivée des Espagnols, les Tlahuicas restèrent de farouches alliés des Aztèques. Ils furent défaits en avril 1521 et Cortés incendia la ville, qui fut peu après appelée Cuernavaca, un nom plus facile à prononcer pour les Espagnols.

En 1529, la couronne d'Espagne récompensa Cortés en le faisant Marqués del Valle de Oaxaca et en lui attribuant un territoire peuplé de 23 000 Indiens, qui englobait 22 villes, dont Cuernavaca. Cortés introduisit la culture de la canne à sucre et de nouvelles techniques agricoles, faisant de Cuernavaca un centre agricole espagnol, comme elle l'avait été pour les Aztèques. Les descendants de Cortés allaient dominer la région pendant près de trois siècles.

Un climat sain, un cadre rural et une élite coloniale firent de Cuernavaca une villégiature pour les riches et les puissants aux XVIIIe et XIXe siècles, tel José de la Borda, un baron de l'argent de Taxco (XVIIIe siècle), dont la somptueuse demeure servit plus tard de retraite à l'empereur Maximilien et son épouse Charlotte. Cuernavaca attira aussi nombre d'artistes et acquit une gloire littéraire en servant de cadre au roman de Malcolm Lowry *Au-dessous du volcan* (1947).

À voir

Museo Robert Brady MUSÉE

(777-316-85-54 ; Netzahualcóyotl 4 ; 45 $M ; 10h-18h mar-dim). Robert Brady (1928-1986), artiste et collectionneur américain, vécut 24 ans à Cuernavaca après un séjour à Venise, et n'eut jamais ni épouse ni enfants. Au cours de ses voyages en Papouasie-Nouvelle-Guinée, de l'Inde à Haïti et en Amérique du Sud, il réunit les collections d'art présentées dans son ancienne demeure, la Casa de la Torre, aujourd'hui devenue musée.

Faisant partie à l'origine du monastère du Recinto de la Catedral, la maison est le testament d'un homme passionné. Chaque pièce, y compris les deux somptueuses salles de bains et la cuisine, est décorée de peintures, de sculptures, de textiles, d'antiquités et d'art populaire des quatre coins de la planète. Parmi les trésors figurent des œuvres d'artistes mexicains renommés, tels Rivera, Tamayo, Kahlo et Covarrubias, ainsi que des tableaux de Brady lui-même (remarquez le portrait de son amie Peggy Guggenheim). Une chambre est consacrée à son amie Joséphine Baker, l'actrice franco-américaine et activiste pour les droits civiques des Noirs. Les deux jardins sont ravissants, avec une piscine dans l'un (interdite d'accès) et un café dans l'autre.

Tous les mercredis à 16h et 18h, des films classiques et contemporains sont projetés en version originale, avec sous-titres en espagnol, dans la cour du musée (30 $M).

Du mardi au samedi de 10h à 18h, des visites guidées (300 $M) sont organisées sur réservation pour les groupes jusqu'à 20 personnes.

MMAPO MUSÉE

(Museo Morelense de Arte Popular ; ☎777-318-62-00 ; Hidalgo 239 ; ⌚10h-17h mar-dim). GRATUIT Addition récente à Cuernavaca, cet excellent musée met l'accent sur l'artisanat du Morelos, dont des *chinelos* (danseurs costumés à la barbe retroussée) grandeur nature. La plupart des objets sont exposés en plein air, ce qui permet de les admirer au plus près. La boutique attenante vend des articles de meilleure qualité que ceux que vous trouverez dans la plupart des marchés artisanaux.

Catedral de Cuernavaca ÉGLISE

(catedraldecuernavaca.org ; Hidalgo 17 ; ⌚7h30-20h). GRATUIT Cachée derrière les hauts murs d'un *recinto* (enceinte), la cathédrale de Cuernavaca a des allures de forteresse – un style destiné à intimider les Indiens et à s'en protéger. Les Franciscains entamèrent les travaux de ce qui fut l'une des premières missions chrétiennes du pays en 1526, utilisant la main-d'œuvre locale et les pierres des décombres de Cuauhnáhuac. La première construction fut la **Capilla Abierta de San José**, une chapelle ouverte du côté ouest de la cathédrale. L'accès à l'enceinte se fait par Hidalgo.

La cathédrale elle-même, le **Templo de la Asunción de María**, est simple et massive, avec une façade austère. L'entrée latérale s'orne de motifs indiens et européens – le crâne et les os croisés, au-dessus de la porte, sont un symbole de l'ordre franciscain. À l'intérieur, des fresques découvertes au début du XXe siècle auraient été réalisées au XVIIe siècle par un Japonais converti au christianisme et représenteraient les persécutions des missionnaires chrétiens au Japon.

Il y a aussi deux églises plus petites à l'intérieur de l'enceinte. À droite en entrant, le **Templo de la Tercera Orden de San Francisco** possède une façade sculptée par des artisans indiens dans le style baroque du XVIIIe siècle et un intérieur orné de dorures. À gauche, la **Capilla del Carmen**, du XIXe siècle, accueille les fidèles venus prier pour la guérison d'une maladie.

La cathédrale a été endommagée par le séisme du 19 septembre 2017. Lors de la rédaction de ce guide, il était prévu qu'elle reste encore fermée un certain temps. Assurez-vous qu'elle a rouvert avant d'y aller.

Palacio de Cortés ÉDIFICE HISTORIQUE

(☎777-312-81-71 ; 55 $M, gratuit dim ; ⌚8h-18h mar-dim). L'imposante forteresse de style médiéval de Cortés fait face à l'extrémité sud-est de la Plaza de Armas. Ce palais en pierre sur 2 niveaux fut édifié en 1535 sur la base de la pyramide que Cortés détruisit après la prise de Cuauhnáhuac. La base reste visible en divers endroits du rez-de-chaussée. Le palais sert de cadre, depuis 1974, à l'excellent **Museo Regional Cuauhnáhuac** (Leyva 100 ; 55 $M, gratuit dim ; ⌚9h-18h mar-dim, dernière entrée 17h30), consacré à l'histoire et aux cultures mexicaines. Une superbe peinture murale de Diego Rivera, *Historia del Estado de Morelos*, orne le balcon à l'étage.

L'œuvre fut commandée au milieu des années 1920 par Dwight Morrow, alors ambassadeur des États-Unis au Mexique. Elle dépeint de droite à gauche la cruauté, l'oppression et la violence qui marquèrent l'histoire mexicaine de la Conquête à la révolution de 1910.

Au rez-de-chaussée, les collections se rapportent aux cultures précolombiennes, et notamment à la culture tlahuica et ses relations avec l'Empire aztèque, tandis qu'à l'étage sont retracés les principaux événements depuis la conquête espagnole. Explications en espagnol, avec de rares traductions.

Cortés vécut ici jusqu'à son retour en Espagne en 1541, et le palais resta dans sa famille pendant la majeure partie du

Cuernavaca

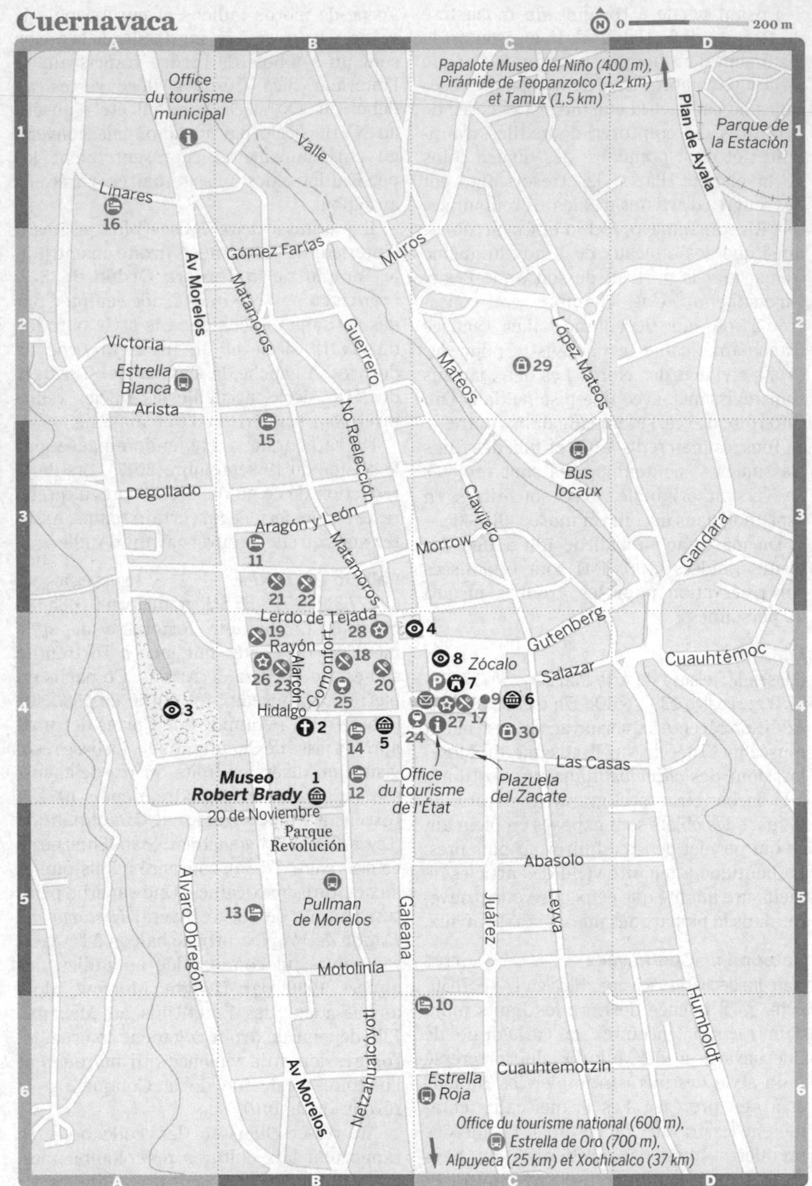

XVIIe siècle. Au siècle suivant, il servit de prison, puis accueillit des bureaux administratifs durant la présidence de Porfirio Díaz.

Le 19 septembre 2017, un puissant séisme a secoué la région et endommagé l'horloge de l'édifice, qui en a depuis été retirée. À l'heure où nous écrivons, il est prévu que le Palacio reste fermé au public pendant au moins un an, pour permettre l'évaluation et la réparation des dégâts. Renseignez-vous pour savoir s'il a rouvert, ou contentez-vous simplement d'admirer sa façade.

Cuernavaca

Les incontournables
1 Museo Robert Brady B4

À voir
2 Catedral de Cuernavaca B4
3 Jardín Borda A4
4 Jardín Juárez C4
5 MMAPO B4
Museo Regional Cuauhnáhuac ..... (voir 6)
6 Palacio de Cortés C4
7 Palacio de Gobierno C4
8 Plaza de Armas C4

Activités
9 Cuernabús C4

Où se loger
10 Hotel Antigua Posada C6
11 Hotel Colonial B3
12 Hotel Juárez B4
13 Hotel Laam B5
14 Hotel Las Hortensias B4
15 La Casa Azul B3
16 Las Mañanitas A1

Où se restaurer
17 Casa Hidalgo C4
18 Emiliano's B4
19 Iguana Green's B4
20 La Cueva B4
21 La India Bonita B3
22 La Maga Café B3
23 L'arrosoir d'Arthur B4
Restaurant Las Mañanitas .... (voir 16)

Où prendre un verre et faire la fête
24 House Cafe + Lounge C4
25 Mercado Comonfort B4

Où sortir
26 Cine Teatro Morelos B4
27 Los Arcos C4
28 Teatro Ocampo B4

Achats
29 Mercado Adolfo López Mateos C2
30 Mercado de Artesanías y Plata C4

Jardín Juárez JARDIN
(Guerrero). GRATUIT Le Jardín Juárez jouxte l'angle nord-ouest de la Plaza de Armas. Le belvédère central, dessiné par Gustave Eiffel, abrite des stands de jus de fruits et de sandwichs – des musiciens s'y produisent les jeudis et dimanches à partir de 18h. Des marchands ambulants vendent ballons, glaces et épis de maïs sous les arbres, qui se remplissent d'oiseaux au crépuscule.

On y entend aussi des trios de guitaristes qui viennent ici se chauffer la voix et accorder leurs instruments avant d'aller donner l'aubade aux clients des cafés de l'autre côté de la rue. Vous pouvez leur demander de pousser la chansonnette pour vous (80 $M).

Papalote Museo del Niño MUSÉE
(www.papalotecuernavaca.org.mx ; Av Vicente Guerrero 205 ; adulte/- 15 ans 50/60 $M, groupe de 4 pers 185 $M ; 9h-18h lun-ven, 10h-18h sam-dim ; P). Construit dans le cadre d'une opération foncière avec la municipalité, cet excellent musée de l'Enfant est bizarrement installé dans un centre commercial à côté d'un Costco, à 4 km au nord du centre-ville. Si vous voyagez avec des enfants, il mérite amplement le détour. Privilégiant l'éducation, la technologie et le jeu, il comporte une grande exposition de Lego, des éléments musicaux et des couleurs vives. Un cinéma IMAX existe dans le même complexe. Réductions pour les familles et les groupes.

Situé à 500 m au sud de la gare routière Pullman de Morelos "Casino de la Selva".

Pirámide de Teopanzolco SITE ARCHÉOLOGIQUE
(777-314-12-84 ; angle Río Balsas et Ixcateopan ; 50 $M, dim gratuit ; 9h30-17h30). Ce tout petit site archéologique, situé à 1 km au nord-est du centre-ville, comprend en réalité deux pyramides, l'une à l'intérieur de l'autre. En gravissant la base extérieure, vous apercevrez la pyramide intérieure, plus ancienne, ainsi qu'un double escalier montant jusqu'aux vestiges de deux temples. Les Tlahuicas érigèrent la première pyramide il y a plus de 800 ans, tandis que la construction de son pendant extérieur fut entamée par les Aztèques lors de l'arrivée de Cortés, et jamais achevée. Teopanzolco signifie "place de l'ancien temple".

Quelques panneaux en anglais vous renseigneront sur le site. Ce dernier a été endommagé par le séisme du 19 septembre 2017. Lors de la rédaction de ce guide, il était fermé pour restauration. Assurez-vous avant de vous y rendre qu'il a totalement rouvert.

Jardín Borda JARDINS, MUSÉE
(777-318-82-50 ; Av Morelos 271 ; adulte/enfant 30/15 $M, gratuit dim ; 10h-17h30

mar-dim). À côté de la Parroquia de Guadalupe (1784), cette extravagante propriété, inspirée de Versailles, se caractérise par ses jardins structurés en terrasses, avec des chemins, des escaliers, des bassins et des fontaines. Ils comprenaient à l'origine une collection botanique de centaines de plantes ornementales et d'arbres fruitiers. (En raison de la pénurie d'eau, les fontaines de style baroque ne fonctionnent désormais que le week-end.) Visiter la demeure donne une idée de la vie de l'aristocratie mexicaine au XIXe siècle. De style colonial classique, les bâtiments sont agencés autour de patios. Dans une aile, le **Museo de Sitio** est dévolu à des collections sur la vie quotidienne durant l'empire et à des documents originaux signés par Morelos, Juárez et Maximilien.

Le domaine fut conçu en 1783 par Manuel de la Borda, prêtre passionné de botanique, afin de compléter la majestueuse demeure de son père José de la Borda (nom hispanisé de Joseph Gouaux de Laborde, né à Oloron en 1699 dans la province française du Béarn, qui fit fortune dans les mines d'argent de Taxco). En 1866, la propriété devint la résidence d'été de l'empereur Maximilien et de l'impératrice Charlotte, qui y recevaient la cour.

Plusieurs tableaux romantiques dans la **Sala Manuel M. Ponce**, une salle de concert proche de l'entrée de la maison, dépeignent des scènes de l'époque de Maximilien. L'un des plus fameux montre l'empereur dans le jardin avec la India Bonita, la "jolie Indienne" qui devint plus tard sa maîtresse.

Plaza de Armas PLACE

(Zócalo ; Gutenberg). Le *zócalo*, ou Plaza de Armas, est bordé à l'est par le Palacio de Cortés, à l'ouest par le **Palacio de Gobierno** et, au nord-ouest et au sud, par une collection de restaurants. Notez qu'il s'agit de la seule place principale du Mexique sans édifice religieux.

Cours

Centre bien établi pour l'enseignement de l'espagnol, Cuernavaca compte des dizaines d'écoles de langue aux prix compétitifs (240-310 $US/semaine, plus droits d'inscription, prix des fournitures et hébergement). Les meilleures proposent des cours de tous niveaux, en petits groupes, avec 4 ou 5 heures par jour d'enseignement intensif et quelques heures de conversation. Les sessions débutent le lundi et la plupart des écoles préconisent un minimum de 4 semaines.

Renseignez-vous bien avant de faire votre choix. L'office du tourisme (777-329-44-04 ; www.cuernavaca.gob.mx/turismo ; Av Morelos 278 ; 9h-18h) possède une liste exhaustive des écoles.

Fêtes et festivals

Feria de la Primavera CULTURE

(mars-avr). De fin mars à début avril, la foire du Printemps comprend des événements culturels et artistiques, des concerts et une superbe exposition florale.

Carnaval DÉFILÉ DE CARNAVAL

(fév/mars). Durant les 5 jours qui précèdent le mercredi des Cendres, le pittoresque carnaval de Cuernavaca s'accompagne de défilés, d'expositions d'art et de spectacles de rue par des danseurs *chinelos* de Tepoztlán.

Où se loger

Destination de week-end pour les habitants de la capitale, Cuernavaca compte certains des meilleurs boutiques-hôtels du pays. Les hôtels bon marché sont souvent spartiates, et ceux de catégorie moyenne, peu nombreux. Pendant les week-ends et les vacances, les visiteurs affluent et les prix augmentent significativement. Les voyageurs au sommeil léger préféreront se tenir bien à l'écart de la Plazuela del Zacate, tapageuse en fin de semaine.

Hotel Colonial HÔTEL $

(777-318-64-14 ; Aragón y León 19 ; s/d/lits jum/tr avec petit-déj 350/455/500/590 $M ;). Confort simple, ambiance décontractée et excellent rapport qualité/prix dans cet hôtel pour les voyageurs au budget serré. Les chambres, avec de jolis sols, se répartissent autour d'un jardin central. Celles de l'étage, avec balcon et plafond haut, sont les plus agréables. Une fontaine à eau est à disposition.

Hotel Las Hortensias HÔTEL $

(777-318-52-65 ; hotelhortensias.com ; Hidalgo 13 ; s/d/lits jum/tr 390/440/510/660 $M ;). Hôtel central et bon marché, aux petites chambres spartiates, doublé d'un jardin luxuriant. Les chambres sur rue sont bruyantes et celles qui donnent sur l'intérieur, plus sombres. Le personnel veille à la propreté des lieux.

Hotel Juárez HÔTEL $
(777-314-02-19 ; Netzahualcóyotl 19 ; ch 300-400 $M, sans sdb 250-350 $M ; P). Hôtel bien situé, aux spacieuses chambres aérées ; les lits sont en revanche fatigués. Pour compenser, il y a une jolie piscine, une terrasse plaisante qui surplombe une grande cour verdoyante – vue sur les toits de Cuernavaca. Rien d'extravagant, mais une bonne adresse pour petit budget (la piscine est un atout).

Hotel Laam HÔTEL D'AFFAIRES $$
(777-314-44-11 ; www.laamhotel.com.mx ; Av Morelos 239 ; d/lits jum 960/1 520 $M ; P). D'un bon rapport qualité/prix, cet hôtel loue des chambres de style motel, chics et confortables, mais sans grand caractère, avec une terrasse pour certaines. À l'écart de la route, il ne souffre pas du bruit et possède une petite piscine chauffée dans un jardin soigné.

Hotel Antigua Posada HÔTEL $$
(777-310-21-79 ; Galeana 69 ; ch 850-1 000 $M, ste 1 150-1 300 $M, avec petit-déj ; P). Ce refuge sélect, à courte distance du centre-ville, ne compte que 11 chambres, splendides, avec poutres et touches rustiques, et une cour charmante derrière une façade plutôt quelconque. Service impeccable.

♥ **Hotel Hacienda de Cortés** HÔTEL HISTORIQUE $$$
(777-315-88-44, 800-220-76-97 ; hotelhaciendadecortes.com.mx ; Plaza Kennedy 90 ; d/ste à partir de 2 135/2 990 $M ; P). Fondée au XVIe siècle par Martín Cortés, qui devint Marqués del Valle de Oaxaca après Hernán Cortés, cette ancienne raffinerie de sucre a été rénovée en 1980. Elle comprend 23 chambres plus ou moins luxueuses, chacune dotée d'une terrasse et d'un jardin privatifs, une piscine construite autour d'anciennes colonnes, une salle de gym et un excellent restaurant. À 4 km environ au sud-est du centre. Promotions intéressantes sur le site Internet.

Las Mañanitas HÔTEL DE LUXE $$$
(777-362-00-00 ; www.lasmananitas.com.mx ; Linares 107 ; ste avec petit-déj 2 950-5 885 $M ; P). Pour impressionner la personne qui vous accompagne, prenez une chambre dans ce superbe hôtel intimiste – une fois sur place vous n'aurez plus envie de bouger ! Les chambres, vastes et d'une belle sobriété, possèdent pour beaucoup une terrasse donnant sur le jardin, où des paons se promènent. Piscine chauffée. Tarifs minorés en milieu de semaine.

La Casa Azul BOUTIQUE-HÔTEL $$$
(777-314-21-41, 777-314-36-34 ; www.hotelcasaazul.com.mx ; Arista 17 ; ch 2 915-3 330 $M ; P). Un boutique-hôtel de 24 chambres, plein de charme, à courte distance à pied du centre-ville. Rattaché à l'origine au couvent de Guadalupe, il comporte des fontaines apaisantes, deux piscines, une salle de sport et est agrémenté d'une riche collection d'artisanat local.

Où se restaurer

Cuernavaca compte d'excellents restaurants haut de gamme et de bons cafés, mais peu d'établissements de catégorie moyenne valables.

Emiliano's MEXICAIN $
(Rayon 5 ; menú del día 43-70 $M, plats 30-85 $M ; 8h-19h). Un excellent restaurant, au toit de chaume, plébiscité par les habitants. On peut s'y régaler de subtils *moles* et d'autres classiques de la cuisine mexicaine comme les piments farcis. Le tout est accompagné de tortillas (préparation maison). On y sert aussi le petit-déjeuner.

Iguana Green's MEXICAIN $
(Rayón 190 ; menú del día 45 $M, plats 40-90 $M ; 8h-18h30). Avec une cuisine si bonne et si abordable, l'Iguana aurait pu rester un simple *fonda* (restaurant familial) parmi tant d'autres et malgré tout attirer la foule. Toutefois, la sympathique famille qui le tient est à l'évidence fière de l'espace de fête qu'elle a créé – avec des chaises et des tables aux couleurs vives –, et des éloges à leurs plats mexicains traditionnels griffonnés sur les murs.

La Cueva CAFÉ $
(Galeana ; plats 40-90 $M ; 8h-22h). Ce bar en pente, qui donne dans la Calle Galeana et sa foule agitée, est réputé pour ses *pozole* (viande effilochée et *hominy* dans un bouillon de porc), ainsi que d'autres en-cas et plats délicieux, tel le *conejo* (lapin) mijoté. Adresse épatante pour se mêler aux habitants et manger avec le même budget qu'eux. Bons petits-déjeuners à partir de 35 $M.

♥ **La India Bonita** MEXICAIN $$
(777-312-50-21 ; www.laindiabonita.com ; Morrow 115 ; plats 150-240 $M ; 8h-22h dim-jeu, 8h-23h ven-sam). Situé dans une cour verdoyante, le plus ancien restaurant

VAUT LE DÉTOUR

XOCHICALCO

Au sommet d'un plateau désolé où la vue s'étend sur des kilomètres, **Xochicalco** (☎737-374-30-92 ; www.turismo.morelos.gob.mx/zona-arqueologica-de-xochicalco ; 70 $M, permis de filmer 35 $M ; ⏲9h-17h30, dernière entrée 17h) constitue une excursion à la journée, relativement facile depuis Cuernavaca. Ce site exceptionnel, assez vaste pour justifier le détour et encore peu connu des touristes, est l'un des plus impressionnants de la région.

Classé au patrimoine mondial de l'Unesco en 1999, Xochicalco (so-tchi-*cal*-co), "lieu de la maison des fleurs" en nahuatl, est l'un des sites archéologiques les plus importants du centre du pays. Les ruines de pierres blanches, dont beaucoup n'ont pas encore été fouillées, couvrent environ 10 km². Elles représentent les diverses cultures – tlahuica, toltèque, olmèque, zapotèque, mixtèque et aztèque – qui firent de Xochicalco un centre politique, marchand, culturel et religieux. Quand Teotihuacán commença à décliner vers 650-700, Xochicalco prit de l'importance et atteignit son apogée entre 650 et 900. Vers 650, des chefs spirituels zapotèques, mayas et de la côte du Golfe s'y réunirent pour harmoniser leurs calendriers respectifs. Xochicalco conserva son importance jusque vers 1200, quand une croissance excessive provoqua son déclin à l'instar de Teotihuacán.

Le monument le plus connu du site est la **Pirámide de Quetzalcóatl**, la fameuse pyramide dite au serpent à plumes. Les archéologues supposent, d'après ses bas-reliefs bien conservés, que des prêtres astronomes s'y rencontraient au début et à la fin de chacun des cycles de 52 ans du calendrier précolombien. Le site comporte des panneaux en anglais et en espagnol – en espagnol seulement dans l'excellent **musée** (⏲9h-17h), à 200 m des ruines.

D'octobre à mai, un beau **spectacle de lumières** (☎réservation 737-374-30-90 ; xochicalco.mor@inah.gob.mx ; 7 $M ; ⏲oct-mai) est parfois donné les vendredis et samedis soir. Renseignez-vous auparavant car il n'a pas lieu toutes les semaines.

Depuis le marché de Cuernavaca, des *colectivos* signalés "Xochi" partent toutes les 30 minutes à destination de l'entrée du site (14 $M). Les samedis et dimanches, des bus plus grands effectuent, directement, le même trajet depuis le terminal de Pullman de Morelos. À l'arrivée, vous devez vous rendre au musée pour acheter votre billet. Au retour, le dernier bus part vers 18h. Vous pouvez aussi prendre un taxi (25 $M) du site jusqu'à la ville voisine d'Alpuyeca, d'où de fréquents *colectivos* rallient Cuernavaca.

de Cuernavaca sert certaines des meilleures recettes mexicaines traditionnelles, de la *brocheta al mezcal* (brochette de viande marinée dans le mezcal) au *chile en nogada* (piment *poblano* dans une sauce aux noix). Possède un bon café-boulangerie à côté.

♥ La Maga Café — MEXICAIN $$

(www.lamagacafe.com ; Morrow 9 ; buffet 103 $M ; ⏲13h-17h lun-sam ; 📶🌱). L'appétissant buffet de La Maga se compose d'une multitude de récipients en céramique colorée emplis de salades, pâtes, fruits, légumes et plats du jour – *pollo en adobo* (poulet mariné au piment et aux herbes) et *tortas de elote* (croquettes de maïs au fromage), par exemple. On peut aussi se laisser tenter par des plats végétariens, délicieux. Ambiance conviviale avec, parfois, des concerts. Venez tôt pour avoir une table près de la fenêtre.

♥ L'arrosoir d'Arthur — FRANÇAIS $$

(☎777-243-70-86 ; Calle Juan Ruiz de Alarcón 13 ; menú del día 110 $M, plats 140-180 $M ; ⏲13h-minuit lun-mer, 10h-minuit mar et jeu-dim ; 📶). Tenu par un Français, cet établissement, aménagé dans un loft du centre-ville, est aussi agréable pour prendre un verre dans la journée ou en soirée que pour manger. Au programme : une excellente cuisine à prix abordables (crêpes, cassolettes, poulet à la moutarde), ainsi que de bons vins et cocktails. Le week-end, l'ambiance (assez calme) monte d'un cran, au gré des manifestations organisées : concerts, théâtre, danse et poésie.

Restaurante Hacienda de Cortés INTERNATIONAL $$$

(800-220-76-97, 777-315-88-44 ; hotelhaciendadecortes.com.mx ; Plaza Kennedy 90 ; plats 105-385 $M ; 7h-23h ;). Restaurant d'une élégante simplicité situé sur le paisible domaine de l'Hotel Hacienda de Cortés, à 15 minutes en voiture au sud-est du centre de Cuernavaca. On y propose une belle sélection de salades et de savoureux plats internationaux, dont des lasagnes végétariennes, du thon en sauce aux amandes avec risotto et des steaks bien préparés. La salle est superbe, avec des murs couverts de vigne vierge et des lustres en fer forgé.

Restaurant Las Mañanitas FRANÇAIS $$$

(777-362-00-00 ; www.lasmananitas.com.mx ; Linares 107 ; petit-déj 110-285 $M, plats 265-490 $M ; 8h-22h30). Ouvert aux non-résidents, le bar-restaurant de l'hôtel le plus réputé de Cuernavaca a tout de luxueux. Sa longue carte privilégie la gastronomie française, avec des plats comme l'entrecôte bourguignonne et de somptueux desserts. Parmi les mets traditionnels, on trouve les vers du *maguey*. Réservez dans la salle ou sur la terrasse, face au jardin émaillé de sculptures modernes.

Tamuz INTERNATIONAL $$$

(www.tamuz.mx ; Reforma 501 ; plats 160-270 $M ; 8h-18h mar-mer, jusqu'à 22h jeu, jusqu'à 23h ven-sam, jusqu'à 18h dim). Le chef israélien du Tamuz a élaboré une carte éclectique, avec des plats tels que poulet au marsala à la mode de Tel-Aviv, *pita* à la sauce saumon fumée ou polenta. Situé dans un quartier plutôt huppé de Cuernavaca, l'établissement rappelle Los Angeles par sa conception (moderne, dépouillé et générique), et dispose d'une ravissante arrière-cour.

Casa Hidalgo MEXICAIN $$$

(777-312-27-49 ; casahidalgo.com ; Jardín de los Héroes 6 ; menú del día 230 $M, plats 155-295 $M ; 8h-23h dim-jeu, 8h-minuit ven-sam). En face du Palacio de Cortés, avec une belle terrasse et un balcon à l'étage, cette table réputée séduit une clientèle aisée. La carte éclectique comprend, entre autres, une soupe froide de mangue-agave et jicama (pois patate), du blanc de poulet *tlaxcalteca* farci de fromage, et des piments *poblanos* grillés aux 3 *salsas* : fleur de courgette, épinards et *chipotle*. Formules petit-déjeuner et déjeuner.

Où prendre un verre et faire la fête

Qui dit communauté étudiante dit vie nocturne effervescente, surtout dans les boîtes et les bars remuants de la Plazuela del Zacate et de la ruelle adjacente, Las Casas (dont les clubs jouent une house et une techno entêtantes, trahies par l'accordéon mexicain de la musique *norteña*). Tous ferment au départ des derniers clients, c'est-à-dire généralement à l'aube le week-end. Si vous cherchez quelque chose de plus raffiné, les meilleures adresses sont L'arrosoir d'Arthur, les cafés en face de la cathédrale ou le Mercado Comonfort.

Mercado Comonfort BEER GARDEN

(www.facebook.com/mercadocomonfort ; Comonfort 4 ; 12h-23h ou plus tard). Nouveauté bienvenue à Cuernavaca, loin du chahut de La Plazuela, ce "marché" est une cour intérieure isolée, dotée de pubs et de petites terrasses de bars d'où l'on peut voir les gens branchés du coin siroter des cocktails ou des cafés au lait. On peut accompagner la bière et le vin de pizzas, tapas, repas végétariens ou encore de mets du Yucatán et de Oaxaca. Certains bars restent ouverts bien après minuit le week-end.

House Cafe + Lounge LOUNGE

(777-318-37-82 ; www.lascasasbb.com ; Las Casas 110 ; 8h-23h dim-mer, jusqu'à 0h30 jeu-sam ;). Niché dans un boutique-hôtel, le House propose une cuisine et des cocktails excellents, mais ce qui attire véritablement le beau monde, c'est d'être vu en train de paresser autour de sa piscine la nuit, dans un cadre plus tranquille que celui des boîtes de nuit de cette rue.

Où sortir

Flâner sur les places centrales est une activité très appréciée, surtout le dimanche soir quand sont organisés des concerts en plein air. Le Jardín Borda (p. 195) sert souvent de cadre à des récitals le jeudi soir.

Si vous comprenez l'espagnol, cela vaut la peine de découvrir les théâtres de Cuernavaca.

Los Arcos DANSE

(777-312-15-10 ; Jardín de los Héroes 4 ; dépense minimum 60 $M ; salsa 21h30-23h30 jeu, ven et dim). On vient ici pour danser la salsa, pas sur une scène, mais entre les tables en terrasse, où des familles s'installent pour le dîner. On entend l'orchestre depuis l'autre bout de la place.

Cine Teatro Morelos CINÉMA
(☎777-318-10-50 ; www.cinemorelos.com ; Av Morelos 188 ; à partir de 30 $M ; ♿). Le théâtre de l'État du Morelos accueille des festivals de cinéma, des représentations théâtrales et des spectacles de danse de qualité – la programmation est affichée à l'entrée. Un café et une librairie sont installés à l'intérieur.

Teatro Ocampo THÉÂTRE
(☎777-318-63-85 ; www.cartelera.morelos.gob.mx/tags/teatro-ocampo ; Jardín Juárez 2). Situé près du Jardín Juárez, ce théâtre présente des pièces contemporaines (programme à l'entrée).

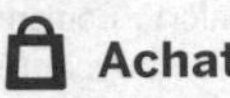

Achats

Pour des souvenirs chics, ainsi que des *guayaberas* (chemises d'homme imprimées) et des *huipiles* (tuniques longues et sans manche) de bonne qualité, direction la place devant la cathédrale et la rue qui la longe.

Mercado de Artesanías y Plata ART ET ARTISANAT
(Marché d'artisanat et d'objets en argent ; Juárez, angle Hidalgo ; ⏲8h-21h). Un marché agréable et ombragé, où l'on peut acheter à prix raisonnable de l'artisanat mexicain classique (lampes en noix de coco et céramiques peintes par exemple). Vous pourrez également y dénicher des kyrielles de *chinelos*, ces poupées fabriquées à la main dont le visage arbore une barbe retroussée, typiques de l'État de Morelos. L'immense statue de José María Morelos, à l'entrée du bâtiment, permet de repérer le marché.

Mercado Adolfo López Mateos MARCHÉ
(☎777-417-68-59 ; Adolfo López Mateos ; ⏲6h-20h). Fruits, fleurs, viandes et piments fumés explosent en un festival de couleurs dans cet immense marché semi-couvert dédié aux produits frais et autres articles.

ℹ Renseignements

Les gares routières Futura et Estrella Blanca disposent de l'accès à Internet et il y a des cybercafés partout en ville.

Un kiosque d'information (⏲9h-18h tlj) est installé à l'extrémité nord du *zócalo* et vous en trouverez d'autres disséminés dans la ville, notamment dans la plupart des gares routières. N'hésitez pas à demander des plans.

Cruz Roja (Croix-Rouge ; ☎777-315-35-15 ; Rio Pánuco, angle Leñeros ; ⏲24h/24). À 20 minutes en voiture à l'est du centre de Cuernavaca, la Croix-Rouge propose des consultations médicales professionnelles à moins de 100 $M.

Office du tourisme de l'État (☎777-314-38-81, 800-987-82-24 ; morelosturistico.com ; Av Morelos Sur 187 ; ⏲9h-18h). Cet excellent office du tourisme met à disposition quantité de brochures, plans et autres renseignements. Il y a aussi un bureau dans le centre-ville (☎777-314-39-20 ; morelosturistico.com ; Hidalgo 5 ; ⏲9h-18h).

Office du tourisme municipal (p. 196). Abrite aussi un bureau de la police touristique.

Police touristique (☎800-903-92-00)

Poste principale (Plaza de Armas ; ⏲8h-17h lun-ven, 10h-14h sam)

ℹ Depuis/vers Cuernavaca

La route 95D (la route à péage Mexico-Acapulco) contourne le côté est de la ville. Si vous arrivez du nord en voiture, prenez la sortie Cuernavaca et rejoignez la route 95 (où vous verrez une statue équestre de Zapata). La route devient en ville le Blvd Zapata, puis l'Avenida Morelos plus au sud. De l'Avenida Matamoros (en se dirigeant vers le sud), l'Avenida Morelos est en sens unique en direction du nord. Pour atteindre le centre, obliquez à gauche sur Matamoros.

BUS

Les compagnies de bus de Cuernavaca utilisent les gares routières mentionnées ci-dessous.

Estrella de Oro (EDO ; ☎777-312-30-55 ; estrelladeoro.com.mx ; Av Morelos Sur 812). Départs pour Taxco (91 $M, 1 heure 15, 1 ou 2/jour) et le Terminal Sur de Mexico (132 $M, 1 heure 30, 7/jour). Les bus Pluss partent également de cette gare.

Estrella Roja (ER ; ☎777-318-59-34 ; www.estrellaroja.com.mx ; angle Galeana et Cuauhtemotzin). Minuscule gare routière qui permet de rallier Tepoztlán et Cuautla.

Estrella Blanca (☎777-312-26-26 ; www.estrellablanca.com.mx ; Av Morelos 503, entre Arista et Victoria). Les bus Futura, Costa Line et les bus classe affaires ETN de Turistar rejoignent Toluca (235 $M, 3 heures, 2/jour) au départ de cette gare. Départs pour Puebla (270 $M, 3 heures, 3 à 4/jour), Taxco, Tepoztlán, Tepotzotlán, ainsi que le Terminal Norte (2 heures) et le Terminal Sur de Mexico.

Pullman de Morelos (PDM ; ☎777-318-09-07 ; pullman.mx ; angle Calle Abasolo et Calle Netzahualcóyotl). Gare routière la mieux située. Bus confortables pour l'aéroport et le Terminal Sur de Mexico.

BUS AU DÉPART DE CUERNAVACA

DESTINATION	PRIX ($M)	DURÉE (H)	FRÉQUENCE
Cuautla	64	1½	28/jour
Mexico	100-140	1½	40/jour
Aéroport de Mexico	250	2	24/jour
Taxco	90	1¾	13/jour
Tepoztlán	24	45 min	28/jour

VOITURE ET MOTO

Cuernavaca se situe à 89 km au sud de Mexico, à 1 heure 30 en voiture par la route 95 ou 1 heure via la 95D. Les deux routes continuent au sud jusqu'à Acapulco. La route 95 passe par Taxco, tandis que la 95D est plus directe et plus rapide.

Comment circuler

La plupart des sites du centre de Cuernavaca peuvent se découvrir à pied. La destination des bus locaux (6,50 $M) est affichée sur leur pare-brise. Beaucoup d'entre eux, ainsi que ceux qui desservent les villes voisines, partent du coin sud de l'immense Mercado Adolfo López Mateos. Faites preuve de prudence car des vols ont été signalés dans les bus locaux. Comptez environ 35 $M en taxi pour la plupart des courses en ville.

Toutes les gares des compagnies de bus sont accessibles à pied depuis le *zócalo*, à l'exception du terminal d'Estrella de Oro, situé à 1 km au sud du centre (dans le sens de la descente). Prenez les bus Ruta 17 ou 20 pour rejoindre la gare. Dans l'autre sens, prenez n'importe quel bus qui remonte l'Avenida Morelos. Les bus Ruta 17 et 20 remontent l'Avenida Morelos et s'arrêtent à une rue de la gare routière Pullman de Morelos à Casino de la Selva.

Le **Cuernabús** (Hidalgo, angle Juárez ; 100 $M/pers ; ⏲ départ zócalo 11h, 13h et 15h sam-dim) est un bus touristique à impériale dont le circuit totalise 22 km. Au départ du *zócalo*, il comprend des parcs tels que le Jardín Borda et des sites tels que la Catedral de Cuernavaca et surtout la Pirámide de Teopanzolco. Le guide ne parle qu'espagnol.

Taxco

☎762 / 53 000 HABITANTS / ALTITUDE : 1 800 M

Apercevoir pour la première fois au loin les édifices blancs de Taxco (*tass*-ko) qui constellent le flanc abrupt de la vallée suffit à vous couper le souffle. Encerclée de hautes montagnes, la ville s'enorgueillit d'une architecture coloniale parfaitement conservée, que dominent les deux clochers du Templo de Santa Prisca, son chef-d'œuvre baroque.

Taxco, à 160 km au sud-ouest de Mexico, a connu des épisodes de prospérité associés à la découverte d'importants gisements d'argent dès le XVIe siècle et ce jusqu'au début du XXe siècle. Les mines étant aujourd'hui presque épuisées, Taxco prospère grâce au tourisme. C'est à ce titre l'un des rares exemples de développement centré sur la préservation au Mexique. Contrairement à de nombreuses cités de l'époque coloniale, Taxco n'est pas entourée de banlieues industrielles. Son statut de monument historique national signifie que toute nouvelle construction doit ressembler aux anciennes en taille, style et matériaux. Cela permet à la ville de conserver des dimensions remarquablement modestes, et en fait l'un des meilleurs endroits où partir en week-end depuis la capitale.

Histoire

Taxco fut appelée Tlachco (lieu où l'on joue à la balle) par les Aztèques, qui dominèrent la région de 1440 à l'arrivée des Espagnols. La cité coloniale fut fondée en 1529 par Rodrigo de Castañeda, mandaté par Hernán Cortés. Figurant parmi les premiers colons espagnols, 3 mineurs, Juan de Cabra, Juan Salcedo et Diego de Navan, et le charpentier Pedro Muriel établirent la première mine espagnole d'Amérique du Nord en 1531.

Les Espagnols cherchaient de l'étain, dont ils trouvèrent de petites quantités, puis découvrirent en 1534 de fabuleux filons d'argent. Cette même année, la Hacienda El Chorrillo fut bâtie, avec une roue à eau, une fonderie et un aqueduc – les vestiges de ce dernier (Los Arcos) enjambent la route 95 à l'extrémité nord de la ville.

Les prospecteurs épuisèrent vite les premières veines d'argent et quittèrent Taxco. De nouveaux filons importants ne furent découverts qu'en 1743. Don José de la Borda (de son vrai nom Joseph Gouaux de Laborde), arrivé du royaume de France en 1716 à l'âge de 17 ans pour travailler avec son frère mineur, trouva par accident l'une des veines les plus riches de la région. Selon la légende, il se promenait à cheval près du site de l'actuel Templo de Santa Prisca quand sa monture trébucha, déplaça une pierre et mit au jour le métal précieux.

Borda, qui fut par la suite surnommé le "roi de l'argent", introduisit de nouvelles techniques de drainage et de réparation des mines, et avait la réputation de mieux traiter ses ouvriers indiens que les autres propriétaires de mine. Bienfaiteur de l'église et mécène, il offrit le Templo de Santa Prisca à Taxco. Son succès attira de nombreux prospecteurs, qui découvrirent de nouveaux filons et les épuisèrent. Taxco devint alors une ville paisible à la population et à l'économie déclinantes.

En 1929, William (Guillermo) Spratling, professeur et architecte américain, s'installa à Taxco et, sur les conseils de l'ambassadeur américain Dwight Morrow, créa un atelier d'orfèvrerie afin de relancer l'économie de la ville. L'atelier devint une usine, et les apprentis de Spratling ouvrirent par la suite leurs propres magasins. Taxco compte aujourd'hui des centaines d'ateliers, dont beaucoup travaillent pour l'exportation.

À voir

Templo de Santa Prisca ÉDIFICE RELIGIEUX
(Plaza Borda 1). Emblème de Taxco, Santa Prisca est l'un des plus beaux joyaux de l'architecture baroque mexicaine. Son élément le plus frappant (qui se distingue mieux sur la face latérale) est le contraste entre les clochers, aux façades churrigueresques élaborées, et la nef bien plus simple et élégante. La pierre rose de la façade prend une teinte sublime au soleil – remarquez le bas-relief ovale représentant le baptême du Christ au-dessus du portail. À l'intérieur, les retables finement sculptés et couverts d'or constituent d'autres beaux exemples churrigueresques.

Santa Prisca est un témoignage d'amour de José de la Borda. Le clergé local autorisa le magnat de l'argent à donner cette église à la ville à condition qu'il hypothèque ses biens pour en garantir l'achèvement. Si ce projet faillit le ruiner, il n'en constitue pas moins un magnifique héritage posthume. Conçue par les architectes espagnols Diego Durán et Juan Caballero, l'église fut édifiée entre 1751 et 1758. Il est dit que le fils de José de la Borda, Manuel, en fut le premier prêtre.

Museo Guillermo Spratling MUSÉE
(762-622-16-60 ; Delgado 1 ; 40 $M ; 9h-17h lun-sam, 9h-15h dim). Très bien agencé, ce musée d'histoire et d'archéologie sur 3 niveaux se situe dans une ruelle derrière le Templo de Santa Prisca. Y sont rassemblés bijoux, œuvres d'art, poteries et sculptures précolombiens provenant de la collection privée de l'orfèvre William Spratling. Les objets se rapportant au culte phallique sont particulièrement curieux. Au rez-de-chaussée sont présentés des dessins de Spratling inspirés de motifs précolombiens. L'étage supérieur accueille parfois des expositions temporaires.

Museo de Arte Virreinal MUSÉE
(762-622-55-01 ; Ruiz de Alarcón 12 ; 50 $M ; 10h-18h mar-dim). Ce charmant musée d'art sacré, un brin disparate, occupe une superbe maison ancienne. Il possède une collection d'art, restreinte mais bien présentée, avec des légendes en espagnol et en anglais. Une exposition intéressante décrit la restauration de Santa Prisca, durant laquelle des merveilles furent découvertes dans le sous-sol (tapisseries, retables en bois, tissus d'apparat, etc.). Une autre est consacrée aux galions de Manille, les premiers navires marchands entre les Amériques et l'Extrême-Orient.

Ce musée est souvent appelé Casa Humboldt, bien que le célèbre explorateur et naturaliste allemand Alexander Von Humboldt n'y ait passé qu'une nuit en 1803.

Casa Borda ÉDIFICE REMARQUABLE
(762-622-66-34 ; Centro Cultural Taxco, Plaza Borda ; 10h-18h mar-dim). GRATUIT Construite par José de la Borda en 1759, la Casa Borda abrite désormais un centre culturel. Outre un théâtre expérimental, y est exposée une collection de sculptures, de peintures et de photographies d'artistes contemporains de l'État du Guerrero. L'édifice lui-même est une curiosité. En raison de la déclivité du terrain, l'entrée se situe au rez-de-chaussée, mais la fenêtre arrière est à hauteur d'un 4e niveau.

Activités

Teleférico TÉLÉPHÉRIQUE
(www.montetaxco.mx ; aller/aller-retour adulte 65/95 $M, enfant 45/65 $M ; 7h45-19h dim-jeu, 7h45-22h ven-sam). Un téléphérique fabriqué en Suisse part de l'extrémité nord de Taxco

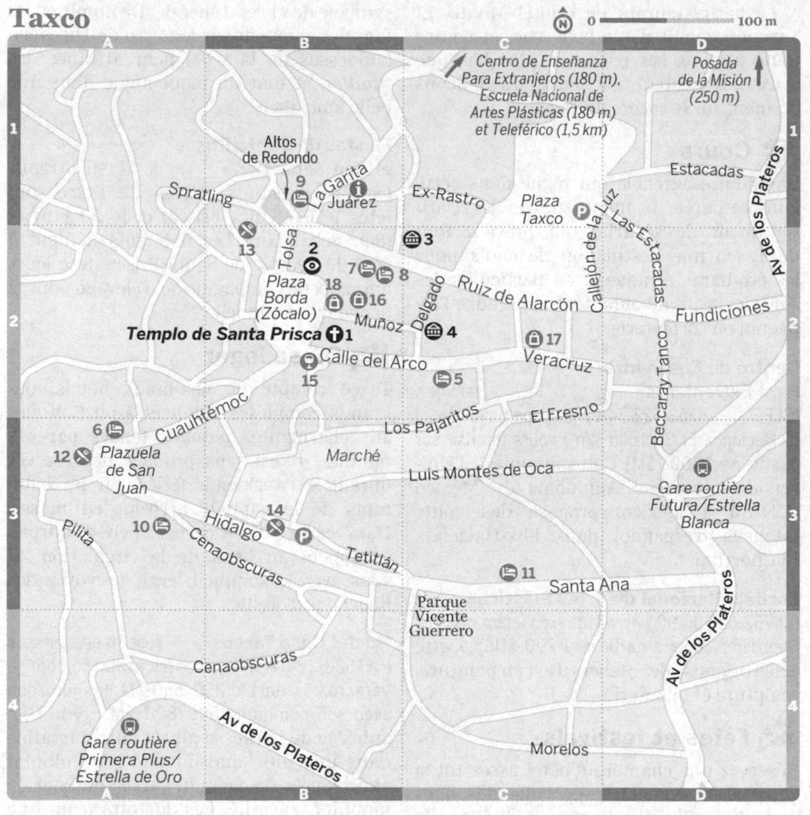

Taxco

Les incontournables
1 Templo de Santa Prisca B2

À voir
2 Casa Borda B2
3 Museo de Arte Virreinal C2
4 Museo Guillermo Spratling C2

Où se loger
5 Hostel Casa Taxco C2
6 Hotel Casa Grande A3
7 Hotel Emilia B2
8 Hotel Los Arcos B2
9 Hotel Mi Casita B1
10 Hotel Santa Prisca A3
11 Pueblo Lindo C3

Où se restaurer
12 Hostería Bar El Adobe A3
13 La Hacienda de Taxco B2
La Sushería .... (voir 7)
14 Restaurante Santa Fe B3

Où prendre un verre et faire la fête
15 Bar Berta B2

Achats
16 EBA Elena Ballesteros B2
17 Nuestro México Artesanías C2
18 Patio de las Artesanías B2

et rejoint l'Hotel Monte Taxco, 173 m plus haut, offrant une vue splendide sur Taxco et les montagnes alentour. Depuis la piscine de l'hôtel (demandez l'itinéraire à l'accueil), la vue est encore plus fantastique.

Des *combis* marqués "Arcos/Zócalo" (6,50 $M) s'arrêtent en aval de l'entrée du téléphérique. Remontez depuis le sud de Los Arcos, puis franchissez le portail de l'Escuela Nacional de Artes Plásticas sur la droite.

Le bar-restaurant de l'Hotel Monte, El Taxqueño, jouit d'une belle vue, et contre toute attente, ses prix sont plus bas que ceux des restaurants dont les balcons donnent sur le *zócalo* de Taxco.

Cours

L'ambiance agréable qui règne dans cette ville entourée de montagnes et le relatif sentiment de sécurité qui prévaut font de Taxco une destination de choix pour les étudiants étrangers, en particulier les Américains, qui souhaitent apprendre l'espagnol ou l'orfèvrerie.

Centro de Enseñanza Para Extranjeros ESPAGNOL
(CEPE ; ☎762-622-34-10 ; cepe.unam.mx ; Ex-Hacienda El Chorrillo s/n ; cours intensif sur 6 semaines 12 000 $M). Cette antenne de l'Universidad Nacional Autónoma de México (UNAM à Mexico) propose des cours intensifs d'espagnol dans l'Ex-Hacienda El Chorrillo.

Escuela Nacional de Artes Plásticas ART
(☎762-622-36-90 ; www.fad.taxco.unam.mx ; Del Chorrillo ; cours à partir de 1 200 $US). Cette école organise des ateliers d'art en peinture, sculpture et bijouterie.

Fêtes et festivals

Réservez une chambre d'hôtel assez tôt si votre visite coïncide avec l'une des fêtes annuelles. Renseignez-vous à l'office du tourisme sur les dates, variables, des fêtes (p. 207).

Feria de la Plata ARTISANAT
(nov/déc). La foire nationale de l'argent dure une semaine fin novembre ou début décembre. Elle donne lieu à des concours d'artisanat, avec présentation de superbes objets en argent. Rodéos, courses de *burros* (ânes), concerts et danses font partie des festivités.

Las Posadas CULTURE
(déc). Du 16 au 24 décembre, des processions aux flambeaux sillonnent tous les soirs les rues de Taxco, et l'on chante un peu partout. Les enfants, costumés en personnages bibliques, attaquent les *piñatas* au matin.

Día del Jumil ART CULINAIRE ET BOISSON
(nov). Le lundi suivant le Día de Muertos (jour des Morts, 2 novembre), les habitants célèbrent le *jumil*, un insecte comestible, symbole de vie et d'énergie. De nombreuses familles campent sur le Cerro de Huixteco (au-dessus de la ville) pour attraper des *jumiles*, et font un pique-nique dans une belle ambiance.

Fiestas de Santa Prisca et San Sebastián FÊTE RELIGIEUSE
(jan). Les saints patrons de Taxco sont fêtés le 18 (Santa Prisca) et le 20 janvier (San Sebastián). Les habitants défilent à côté du Templo de Santa Prisca avec leurs animaux de compagnie ou d'élevage pour la bénédiction annuelle.

Où se loger

Taxco compte de nombreux hôtels, des grands complexes hôteliers 4 ou 5 étoiles aux charmantes *posadas* tenues par des familles. Il est plus prudent de réserver durant les week-ends fériés, car les habitants de la capitale arrivent en masse. Dans cette ville escarpée, peu d'endroits échappent au bruit de la circulation. Si vous avez le sommeil léger, prévoyez des bouchons d'oreille.

Hostel Casa Taxco AUBERGE DE JEUNESSE $
(☎762-622-70-37 ; hostelcasataxco.com ; Veracruz 5 ; dort/d 250/550 $M, lits jum/qua avec sdb commune 500/800 $M ;). Une auberge de jeunesse plutôt chic, installée dans une jolie maison de style colonial agrémentée de carreaux artisanaux et de mobilier travaillé. Les dortoirs n'ont que 2 ou 4 lits, et l'atmosphère est paisible. La cuisine ouverte et le toit-terrasse donnant sur la cathédrale ajoutent au charme de l'endroit.

Hotel Casa Grande HÔTEL $
(☎762-622-09-69 ; hotelcasagrandetaxco.com.mx ; Plazuela de San Juan 7 ; avec/sans sdb s 330/220 $M, lits jum 515/330 $M, tr 600/420 $M ;). Son emplacement privilégié et une superbe terrasse qui surplombe la place font du Casa Grande une adresse sympathique pour les voyageurs à petit budget. Prévoyez néanmoins des bouchons d'oreille, car la musique du bar-restaurant La Concha Nostra résonne jusque tard dans la nuit, surtout le week-end. Les chambres sont exiguës, mais ont des draps de coton frais.

♥ **Hotel Los Arcos** HÔTEL HISTORIQUE $$
(☎762-622-18-36 ; www.hotellosarcosdetaxco.com ; Juan Ruiz de Alarcón 4 ; d 1 080 $M ;). Avec ses multiples terrasses débordant de plantes, ses arrière-cours, ses toits

aménagés et ses espaces confort chic où l'on peut se prélasser, ce superbe hôtel ancien pourrait faire l'objet d'un voyage à lui seul. Grandes chambres rustiques, lits confortables et touches de décoration mexicaine. Sa proximité avec le *zócalo* est commode, bien que les chambres côté rue souffrent relativement du bruit.

♥ Hotel Mi Casita B&B **$$**
(☎762-627-17-77 ; hotelmicasita.com ; Altos de Redondo 1 ; ch avec petit-déj à partir de 1 020 $M ;). À quelques pas du *zócalo*, cette élégante demeure coloniale est tenue par une famille de créateurs de bijoux. On profite d'une vue magique sur la cathédrale depuis ses 12 chambres, confortables et joliment aménagées, avec ventilateur, et certaines se doublent d'une terrasse particulière. Les salles de bains sont ornées de carreaux peints à la main – trois disposent même d'une baignoire en Talavera.

Hotel Emilia HÔTEL **$$**
(☎762-622-13-90 ; hotelemilia.com.mx ; Ruiz de Alarcón 7 ; d/tr 850/950 $M ;). Propriété d'une famille d'orfèvres renommée, cet hôtel intime déborde de charme colonial. Il comprend 14 chambres impeccables, dotées de salles de bains joliment carrelées. Préférez les chambres à l'arrière car la rue est très bruyante, mais ne manquez pas la vue depuis le toit-terrasse. Les hôtes peuvent profiter des piscines de l'Hotel Agua Escondida, non loin.

Hotel Santa Prisca HÔTEL **$$**
(☎762-622-00-80 ; www.facebook.com/santaprisca.hotel ; Cenaobscuras 1 ; ch 585-770 $M, ste/fam 860/1 100 $M ;). Bien situé au cœur de l'animation, l'Hotel Santa Prisca présente un agréable patio verdoyant et une décoration mexicaine traditionnelle. Les 31 chambres, certes un peu petites, possèdent toutes 2 lits et, pour la plupart, un balcon privatif. Les plus récentes, plus lumineuses, sont un peu plus chères. Un tunnel donne accès au parking.

Pueblo Lindo HÔTEL **$$$**
(☎762-622-34-81 ; pueblolindo.com.mx ; Hidalgo 30 ; ch et ste avec petit-déj à partir de 1 290-2 990 $M ;). Cet hôtel de luxe a adopté une esthétique d'inspiration mexicaine (couleurs vives, meubles en bois) de style moderne. Il y a un bar lounge et le service est irréprochable. La piscine sur le toit offre une vue splendide sur la ville, à l'instar de bien des chambres.

Posada de la Misión HÔTEL DE LUXE **$$$**
(☎800-008-29-20, 762-622-00-63 ; www.posadamision.com ; Cerro de la Misión 32 ; ch avec petit-déj 2 145-5 355 $M ;). S'étendant sur une colline escarpée surplombant la ville, le domaine de la Misión permet d'échapper avec faste à l'agitation de Taxco. Chambres spacieuses, lumineuses et aérées. Beaucoup ont un balcon avec vue extraordinaire. Il y a également une splendide piscine avec Jacuzzi, surmontée d'une mosaïque représentant Cuauhtémoc, ainsi qu'un excellent restaurant.

Où se restaurer

À Taxco, les *jumiles* (qui ressemblent à des punaises) sont un mets délicat, apprécié en particulier lors de la fête du Día del Jumil (page ci-contre). Sur le marché, on les vend enveloppés dans des *cucuruchos* (cônes en papier). Consommés traditionnellement vivants, à l'intérieur d'une tortilla, on les trouve plus souvent broyés dans une sauce.

Côté cuisine de rue, essayez l'excellent taco de porc au barbecue sur la Plazuela de San Juan, le soir.

La Sushería JAPONAIS **$**
(www.facebook.com/lasusheriataxco ; Ruiz de Alarcón 7 ; sushi 70-105 $M ; ⏲13h-23h ;). Une bonne adresse, emblématique de la Taxco moderne, au rez-de-chaussée de l'Hotel Emilia. Pour couronner un repas de sushis, d'une irréprochable fraîcheur, cédez à la tentation de la glace au thé vert – un délice. Les box et le mobilier design font très chics, mais l'ambiance n'est pas guindée.

Restaurante Santa Fe MEXICAIN **$**
(☎762-622-11-70 ; Hidalgo 2 ; plats 70-115 $M ; ⏲8h-20h). Établi depuis plus de 50 ans, le Santa Fe est prisé des habitants pour ses plats traditionnels à prix corrects, comme le *conejo en chile ajo* (lapin au piment et à l'ail). Les murs sont couverts de photos de clients et de photos en noir et blanc du Taxco d'antan. Un *menú de hoy* de 3 plats est proposé au déjeuner, et parfois plus tard, pour 87 $M.

♥ El Sotavento MEXICAIN **$$**
(☎762-627-12-17 ; Alarcón 4 ; plats 90-185 $M ; ⏲9h-23h jeu-mar). Il est facile de se laisser charmer par les arcades en brique baignées de lumière chaude de cette arrière-cour tranquille. Les classiques de

la cuisine mexicaine de l'El Sotavento, tels qu'enchiladas et *mole* au poulet, comptent parmi les meilleurs de la ville. Cocktails et plats européens étonnamment réussis également. Le petit-déjeuner buffet du dimanche (130 $M) est une folie délicieuse.

La Hacienda de Taxco MEXICAIN **$$**

(☎762-622-11-66 ; Plaza Borda 4 ; plats 80-175 $M ; ⏲7h30-22h30 ;) On vient ici pour la longue carte de plats mexicains traditionnels (dont de la confiture maison le matin et un *mole* maison constitué de 20 ingrédients l'après-midi), mais aussi pour de petits plus appréciables, comme les portions pour enfant ou les plats végétariens.

Hostería Bar El Adobe MEXICAIN **$$**

(☎762-622-14-16 ; Plazuela de San Juan 13 ; plats 65-225 $M ; ⏲8h-23h). Pas de vue sur le *zócalo* ici, mais un cadre charmant avec des photos en noir et blanc de personnes célèbres – Pancho Villa, Elvis et bien d'autres. Pour un supplément d'intimité, demandez une table sur le ravissant balcon. Bons plats simples tels que poulet frit à la poêle ou poisson à la sauce piquante avec riz et légumes. *Pozole* (65 $M) le jeudi, groupes de musique *trova* le samedi et buffet (125 $M) le dimanche.

Où prendre un verre et faire la fête

Bar Berta CANTINA

(☎762-107-55-90 ; www.facebook.com/barbertataxco ; Cuauhtémoc ; ⏲12h-22h mer-lun). S'il y avait une justice, le Berta serait inondé de touristes à l'air égaré. Pourtant, sa clientèle se compose de gens du coin renfrognés, sirotant des alcools forts en regardant le *fútbol*. Une minuscule terrasse à l'étage permet de regarder passer le monde sur le *zócalo*. Goûtez la Berta (tequila, miel, citron vert et eau minérale), spécialité de la maison.

VAUT LE DÉTOUR

LES GROTTES DE CACAHUAMILPA

Les **grottes de Cacahuamilpa** (Grutas de Cacahuamilpa ; ☎721-104-01-55 ; www.cacahuamilpa.conanp.gob.mx ; adulte/enfant avec guide 80/70 $M ; ⏲10h-17h ; P) comptent parmi les plus étonnantes merveilles naturelles du centre du Mexique. Elles constituent une étape obligée pour quiconque visite Taxco ou Cuernavaca. Les grottes sont gigantesques, avec d'immenses salles pouvant atteindre 82 m de hauteur, remplies de stalactites et stalagmites, qui s'enfoncent sur 1,2 km sous la montagne.

Malheureusement, l'accès au chemin (parfaitement sûr) qui traverse les grottes est interdit en indépendant. Les visiteurs doivent être accompagnés d'un guide qui conduit de grands groupes (départs toutes les heures), avec de fréquents arrêts pour reconnaître des formes présumées (le Père Noël, un enfant agenouillé, un gorille...) dans les rochers. À la fin de la visite d'une heure, vous pouvez retourner à l'entrée à votre rythme, si vous n'avez pas peur de l'obscurité.

De la sortie des grottes, un chemin abrupt conduit en 15 minutes au tumultueux **Río Dos Bocas**. La vue est spectaculaire toute l'année et des bassins plus tranquilles permettent de faire trempette durant la saison sèche. Surtout n'oubliez pas d'emporter un antimoustique.

Venez plutôt en semaine car les grottes sont souvent bondées le week-end, avec de longues files d'attente. Restaurants, stands d'en-cas et boutiques de souvenirs sont installés près de l'entrée. On peut filer à travers les arbres pour rejoindre les grottes grâce à une petite tyrolienne (70 $M) située après l'entrée – ou simplement faire le tour à pied (150 m).

Pour rejoindre les grottes, prenez un bus Estrella Roja "Grutas" à la gare routière Futura de Taxco (40 $M, 40 min, toutes les 40 min) ou un taxi (180 $M). Le bus vous déposera au carrefour où la route bifurque vers Cuernavaca. De là, descendez à pied vers le centre des visiteurs, 350 m plus bas. Revenez à la fourche pour trouver un bus vous ramenant en ville (toutes les 40 min, dernier bus à 18h30). Pullman de Morelos assure une liaison directe de Cuernavaca Centro (70 $M, 2 heures, toutes les 2 heures jusqu'à 19h43) aux grottes ; dernier départ des grottes à 18h.

Achats

Nuestro México Artesanías ART ET ARTISANAT
(☎762-622-09-76 ; Veracruz 8 ; ⊙10h-18h). Les chercheurs de trésors se régaleront dans cet entrepôt empli d'artisanat fabriqué dans tout le Mexique. Masques en noix de coco, diables en papier mâché, chérubins, carillons aux clochettes en forme de poisson et, bien sûr, bijoux en argent : tout, ou presque, est là – les prix affichés sont à peu près identiques à ceux que vous trouverez dans la rue.

Patio de las Artesanías BIJOUX
(Plaza Borda ; ⊙9h-18h mar-dim). Plusieurs boutiques du Patio de las Artesanías vendent des objets en argent.

EBA Elena Ballesteros BIJOUX
(☎762-622-37-67 ; ebaplata.com ; Muñoz 4 ; ⊙9h30-19h lun-sam, 10h-18h dim). Créations en argent originales et soignées.

Renseignements

Plusieurs banques avec DAB sont installées sur les places principales et dans les gares routières.

Hospital General (☎762-622-93-00 ; Los Jales 120)

Office du tourisme (angle Juárez et Plazuela del Exconvento ; ⊙9h-20h). Près du bureau de poste – plans et renseignements utiles. Le kiosque touristique de la place principale sert surtout à distribuer des brochures et à vendre des circuits organisés.

Depuis/vers Taxco

La gare routière commune **Futura/Estrella Blanca** (Avenida de los Plateros) possède une consigne. La gare routière **Primera Plus/Estrella de Oro (EDO)** est située à l'extrémité sud de la ville. Des bus Futura partent à peu près toutes les heures pour Mexico.

Pour des liaisons en bus plus fréquentes vers la côte, prenez un taxi collectif (24 $M) devant la gare routière jusqu'à la ville voisine d'Iguala, à environ 30 minutes.

Depuis les gares routières EDO et Futura, des bus desservent Acapulco (300 $M, 4-5 heures, 7/jour), Cuernavaca (depuis EDO, 100 $M, 2 heures, 5/jour ; depuis Futura, 90 $M, 1 heure 30, 12/jour) et le Terminal Sur de Mexico (209 $M, 2 heures 30, 4-6/jour depuis EDO, 8/jour depuis Futura).

Comment circuler

L'un des plaisirs de Taxco est de se perdre en flânant dans son labyrinthe de rues tortueuses, où l'on retrouve toutefois facilement son chemin. Les deux clochers de Santa Prisca, sur la Plaza Borda, constituent le meilleur point de repère.

Presque toutes les rues sont à sens unique – l'Avenida de los Plateros, l'artère principale, est la seule grande voie à double sens. Les deux gares routières sont situées sur cette avenue, par laquelle on entre ou on sort de la ville. L'itinéraire classique des *colectivos* décrit une boucle dans le sens inverse des aiguilles d'une montre, en direction du nord par l'Avenida de los Plateros, puis au sud en traversant le centre-ville.

À part la marche, les *combis* et les taxis sont les meilleurs moyens de se déplacer dans les rues tortueuses et escarpées de Taxco.

Les *combis* (minibus Volkswagen blancs ; 6,50 $M), fréquents, circulent de 7h à 20h. Les *combis* "Zócalo" partent de la Plaza Borda, suivent Cuauhtémoc jusqu'à la Plazuela de San Juan, puis descendent la colline par Hidalgo. Ils tournent à droite dans Morelos, puis à gauche dans l'Avenida de los Plateros, et roulent vers le nord, en passant par la gare routière Futura, jusqu'à La Garita, où ils tournent à gauche et rejoignent le *zócalo*. Les *combis* "Arcos/Zócalo" suivent le même itinéraire, mais continuent après La Garita jusqu'à Los Arcos, où ils font demi-tour pour revenir à La Garita. Les *combis* "PM" (pour Pedro Martín) se dirigent jusqu'à l'extrémité sud de la ville à partir de la Plaza Borda, en passant par la gare routière Estrella de Oro. Les taxis vous demanderont de 25 à 35 $M pour une course en ville.

OUEST DE MEXICO

La région à l'ouest de Mexico entre dans la sphère d'influence de la grande ville industrielle et le carrefour des transports qu'est Toluca, capitale de l'État de Mexico. Bien qu'agréable, Toluca n'a guère d'intérêt pour les voyageurs qui, généralement, l'ignorent et rejoignent directement les deux joyaux coloniaux de la région : Malinalco, une bourgade somnolente et isolée au pied de fascinants vestiges précolombiens, et Valle de Bravo, petite ville cosmopolite située sur les rives d'un grand lac artificiel, à 2 heures de route (spectaculaire) à l'ouest de Toluca. La campagne autour de Toluca se caractérise par des forêts de pins, des rivières et un gigantesque volcan éteint, le Nevado de Toluca.

Toluca

☎722 / 490 000 HABITANTS / ALTITUDE : 2 660 M

Comme dans nombre de cités coloniales mexicaines, le développement de Toluca a créé un large anneau de constructions urbaines autour d'une vieille ville pittoresque. Les problèmes de circulation peuvent suffire à rebuter les visiteurs. Pourtant, ceux qui prendront le temps de la visiter profiteront d'une ville animée, où l'on passe volontiers une journée à la découverte de ses jolies places, de ses commerces, de ses galeries d'art et de ses musées.

Communauté indienne au moins depuis le XIIIe siècle, Toluca était habitée par des Aztèques et des Matlazincas à l'arrivée des Espagnols. Après les avoir vaincus, les conquistadores fondèrent la cité moderne au XVIe siècle et celle-ci fit partie du vaste territoire de Hernán Cortés, en tant que Marquesado del Valle de Oaxaca. Depuis 1830, Toluca est la capitale de l'État de Mexico, qui entoure le Distrito Federal sur 3 côtés, comme un "U" à l'envers.

La vaste Plaza de los Mártires, où trônent la cathédrale et le Palacio de Gobierno, forme le centre de la ville. L'essentiel de l'animation se concentre toutefois à un pâté de maisons au sud, dans le quartier piétonnier, ceinturé par *los arcos* (arcades). Le Parque Alameda, ombragé, s'étend à 3 rues à l'ouest, le long de Hidalgo.

À voir

Le **Portal Madero** (XIXe siècle), qui s'étend sur 250 m le long de l'Avenida Hidalgo, est un lieu plein de vie, tout comme la galerie marchande qui borde la rue piétonne à l'est, où se retrouvent de nombreux mariachis après 21h. À un pâté de maisons au nord, la grande **Plaza de los Mártires** est entourée de beaux édifices administratifs anciens ; la **cathédrale**, qui date du XIXe siècle, et le **Templo de la Santa Veracruz**, qui remonte au XVIIIe siècle, sont situés du côté sud. Le **Templo del Carmen** (XVIIIe siècle), quant à lui, fait la fierté de la Plaza Garibay (côté nord).

♥ Cosmovitral Jardín Botánico JARDINS

(Jardin botanique du Vitrail cosmique ; ☎722-214-67-85 ; angle Juárez et Lerdo de Tejada ; adulte/enfant 10/5 $M ; ⏲9h-18h mar-dim). À l'extrémité nord-est de la Plaza Garibay, ce splendide jardin botanique occupe une impressionnante structure Art nouveau qui fut construite pour servir de marché en 1909. L'édifice abrite aujourd'hui 3 500 m² de jolis jardins, mis en lumière par 48 vitraux réalisés par l'artiste local Leopoldo Flores, avec l'aide de 60 artisans. Ils se composent de 500 000 morceaux de verre de 28 couleurs différentes, venus de 7 pays, dont le Japon, la Belgique et l'Italie.

♥ Museo de Culturas Populares MUSÉE

(Musée des Cultures populaires ; ☎722-274-54-58 ; Blvd Reyes Heroles 302 ; adulte/enfant 10/5 $M ; ⏲10h-18h lun-sam). Ce musée possède une collection très variée d'art et d'artisanat, dont de superbes arbres de vie de Metepec, des figurines du jour des Morts, de beaux équipements de *charros* (cow-boys), ainsi que des mosaïques et des tapis. Boutique de souvenirs également.

Museo de Arte Moderno MUSÉE

(Musée d'Art moderne ; ☎722-274-12-00 ; Blvd Reyes Heroles 302 ; 10 $M, gratuit dim ; ⏲9h-18h lun-sam, 9h-15h dim). Le Museo de Arte Moderno décrit l'évolution de l'art mexicain, de l'Academia de San Carlos à la fin du XIXe siècle à la Nueva Plástica, avec des œuvres de Tamayo, d'Orozco et de nombreux autres artistes. Une impressionnante peinture murale sphérique représentant des populations luttant contre l'esclavage fait partie du bâtiment, où sont également exposées des œuvres d'art plus récentes.

Museo de Antropología e História MUSÉE

(Musée d'Anthropologie et d'Histoire ; ☎722-274-12-00 ; Blvd Reyes Heroles 302 ; 10 $M, gratuit dim ; ⏲9h-18h lun-sam, 9h-15h dim). Ce remarquable musée d'Anthropologie et d'Histoire retrace le passé de l'État de la préhistoire au XXe siècle, avec notamment une belle collection d'objets précolombiens. On découvre les influences culturelles précolombiennes toujours présentes dans les outils, les vêtements, les textiles et la religion.

Museo Luis Nishizawa MUSÉE

(☎722-215-74-65 ; Bravo Norte 305 ; adulte/enfant 10/5 $M ; ⏲10h-18h mar-sam, jusqu'à 15h dim). Ce musée est consacré aux œuvres du peintre mexicano-japonais Luis Nishizawa Flores (1918-2014), renommé pour ses paysages et ses peintures et céramiques murales. Né dans l'État de Mexico et ayant étudié les styles mexicain et japonais, il laissait transparaître les deux dans ses fresques murales réalisées avec des céramiques. Il est connu pour ses sculptures mélangeant les techniques, ainsi que ses portraits et paysages à l'encre, aux couleurs vibrantes. Son œuvre figure dans des musées du monde entier, dont le MOMAK de Kyoto.

Centro Cultural Mexiquense MUSÉE
(Centre culturel de l'État de Mexico ; ☎722-274-12-22 ; Blvd Reyes Heroles 302 ; ⏲10h-18h lun-sam, 10h-15h dim). GRATUIT Ce grand centre culturel, à 4,5 km à l'ouest du centre-ville, comprend 3 beaux musées (mêmes horaires). L'endroit plaira à ceux qui s'intéressent à l'archéologie, à l'art et à l'artisanat locaux.

Du centre-ville, un taxi revient à 40 $M, mais le plus simple est de prendre l'un des nombreux *colectivos* signalés "Centro Cultural" devant le Mercado Juárez – le trajet dure 20 minutes. Descendez au rond-point près du campus de l'université Monterrey de Toluca, puis traversez – le centre se trouve dans la rue en descendant.

Museo de Bellas Artes de Toluca MUSÉE
(Musée des Beaux-Arts ; ☎722-215-53-29 ; Degollado 102 ; adulte/enfant 10/5 $M ; ⏲10h-18h mar-dim). Les bâtiments de l'ancien couvent qui jouxte le Templo del Carmen, du côté nord de la Plaza Garibay, abritent le musée des Beaux-Arts, à la riche collection de peintures de la période coloniale au début du XXe siècle.

Circuits organisés

Tranvía TROLLEYBUS
(☎722-330-50-52 ; www.turismotolucalabella.com ; Independencia, angle Bravo ; adulte/enfant 60/30 $M ; ⏲départs toutes les heures 11h-17h ven-dim). Ce tramway à moteur permet de visiter plus d'une vingtaine de sites touristiques de la ville en 1 heure, avec un guide exclusivement hispanophone. La majeure partie de l'année, les circuits nocturnes *leyendas* (adulte/enfant 90/70 $M, entre 18h30 et 23h du vendredi au dimanche, 1 heure 30, toutes les 1 heure 30) couvrent 12 curiosités en compagnie d'un guide qui raconte les "légendes" associées à chaque édifice.

Où se loger

♥ **Hotel Colonial** AUBERGE $
(☎722-215-97-00 ; Hidalgo Oriente 103 ; s/d/tr 400/500/650 $M ; P 📶). Cet hôtel bien géré, d'un excellent rapport qualité/prix, possède une impressionnante réception. Les chambres qui donnent sur l'artère principale sont les plus belles, et les plus bruyantes. Le personnel est sympathique. Parking gratuit à proximité, dans Juárez. L'auberge est prisée des groupes : mieux vaut téléphoner avant.

Hotel Maya HÔTEL $
(☎722-214-48-00 ; Hidalgo 413 ; ch avec/sans sdb 400/300 $M ; 📶). Très centrale, cette *posada* économique, tenue par une grand-mère, constitue un pied-à-terre pratique pour une visite rapide des curiosités de Toluca. Si le bruit de la rue vous dérange, demandez une chambre donnant sur la cour intérieure (plus sombre).

Hotel Don Simón HÔTEL D'AFFAIRES $$
(☎722-213-26-96 ; www.hoteldonsimon.com ; Matamoros 202 ; d/tr 1 200/1 400 $M ; P @ 📶). Les chambres du Don Simón sont lumineuses et d'une irréprochable propreté. Certes le mobilier rétro dans les tons marron – que l'on retrouve aussi au restaurant – paraît un peu démodé. Toutefois, compte tenu de sa situation centrale et de la proximité du Cosmovitral, du calme de la rue et de la gentillesse du personnel, cet hôtel est d'un très bon rapport qualité/prix.

Fiesta Inn Toluca Centro HÔTEL D'AFFAIRES $$$
(☎722-167-89-00 ; fiestainn.com ; Allende Sur 124 ; ch/ste 1 685/2 570 $M ; P @ 📶). Moderne et chic, le Fiesta Inn compte 85 chambres spacieuses et confortables, une petite salle de sport et un café-bar-restaurant dans le hall. Un autre Fiesta Inn est installé près de l'aéroport.

Où se restaurer

Les Toluqueños apprécient en-cas et douceurs, qu'ils grignotent sous les arcades de la Plaza Fray Andrés de Castro. D'autres échoppes vendent fruits confits, *jamoncillos* (barres de pâte de graines de citrouille) et *mostachones* (friandises confectionnées avec du lait caramélisé). La plupart des restaurants du centre ouvrent de 8h à 21h.

♥ **La Gloria Chocolatería y Pan 1876** CAFÉ $
(Quintana Roo ; en-cas 10-35 $M ; ⏲9h-23h30). Peu d'étrangers fréquentent ce café épatant, tenu par une famille accueillante. La carte affiche des spécialités locales, des tacos *al pastor* (tacos au porc épicé) aux délicieux *sermones* (sandwichs) farcis de porc rôti ou de poulet émincé, nappé de *mole poblano*.

La Vaquita Negra del Portal SANDWICHS $

(☎722-167-13-77 ; Portal Reforma 124B ; sandwichs 24-34 $M ; ⏰8h30-20h). Du côté nord-ouest des arcades, les jambons fumés et les énormes saucisses vertes et rouges suspendues au-dessus des vitrines de ce charcutier indiquent la présence de *tortas* de premier choix. Dégustez une *toluqueña* (saucisse de porc rouge et épicée, fromage frais, crème, tomate et *salsa verde*) bien riche, et n'oubliez pas de garnir votre sandwich déjà bien rempli de piments et d'oignons épicés au vinaigre.

Hostería Las Ramblas MEXICAIN $$

(☎722-215-54-88 ; Calle 20 de Noviembre 107D ; plats 110-180 $M ; ⏰9h-20h lun-sam, 9h-19h dim ; 🖉). Dans une rue piétonne, ce restaurant plein de cachet rappelle les années 1950, avec ses nappes blanches et son décor rétro. Un personnel attentif sert des petits-déjeuners complets, dont d'excellentes options végétariennes comme l'*omelette campesina* – fromage *panela*, *rajas* (piment *poblano*) et courgettes –, et divers plats au déjeuner et au dîner, tels le *mole verde* ou le *conejo al ajillo* (lapin à l'ail).

Achats

♥ Casart ART ET ARTISANAT

(Casa de Artesanía ; ☎722-217-52-63 ; Aldama 102 ; ⏰10h30-19h lun-sam, 10h30-17h dim). Dans le centre-ville, cette adresse de Casart (l'organisme d'État qui promeut l'artisanat local) occupe une superbe maison, aménagée autour d'une cour, et propose une excellente sélection d'art et d'artisanat de qualité. Les prix sont fixes et plus élevés que ce que vous pourriez négocier sur les marchés pour un article de moindre qualité (pour de meilleurs prix, achetez directement aux artisans).

Renseignements

Des banques avec DAB sont installées près du Portal Madero.

Kiosque d'information touristique (www.turismotolucalabella.com ; Palacio Municipal ; ⏰9h-18h lun-ven, 10h-19h sam-dim). Plan gratuit de la ville.

Office du tourisme de l'État (☎722-212-59-98 ; edomexico.gob.mx ; Urawa 100, angle Paseo Tollocan ; ⏰9h-18h lun-ven). Mal situé à 2 km au sud-est du centre, on y trouve néanmoins de bons plans de la ville.

Office du tourisme municipal (☎722-384-11-00, poste 104 ; www.toluca.gob.mx/turismo ; Plaza Fray Andrés de Castro, Edificio B, Local 6, Planta Baja ; ⏰9h-18h lun-ven, 10h-19h sam-dim). Le personnel anglophone fournit des plans gratuits de la ville et peut vous aider à réserver un hôtel.

Depuis/vers Toluca

AVION

Moderne et bien organisé, l'**Aeropuerto Internacional de Toluca** (TOL ; ☎722-279-28-00 ; Blvd Miguel Alemán Valdez) est une excellente alternative à l'immense aéroport de Mexico. Bien situé près de la route 15, à environ 10 km du centre-ville, il jouxte la zone industrielle et un groupe d'hôtels de chaînes.

Toluca est la plateforme de la compagnie aérienne low cost Interjet (interjet.com.mx), qui dessert tout le pays (et Las Vegas).

Spirit Airlines (☎800-772-7117 ; spirit.com) et **Volaris** (☎800-122-80-00 ; volaris.com.mx) proposent aussi des vols internationaux. Ces compagnies relient Toluca à plusieurs villes nord-américaines, dont Los Angeles, Chicago, Las Vegas, Houston, San Francisco, Seattle, Newark, Miami, New York et Atlanta.

Europcar, Dollar et Alamo disposent toutes d'agences de location de voitures à l'aéroport.

BUS

Des bus navettes Caminante relient fréquemment l'aéroport de Toluca à la gare routière Observatorio de Mexico (202 $M) tous les jours jusqu'à 19h ou 20h, ainsi qu'à

BUS AU DÉPART DE TOLUCA

DESTINATION	PRIX ($M)	DURÉE (H)	FRÉQUENCE
Cuernavaca	71-235	2	24/jour
Mexico (Poniente)	50-90	1	55/jour
Morelia	258-332	2	16/jour
Taxco	189	3	7/jour
Valle de Bravo	77	2 ¼	10/jour
Zihuatanejo	643	9	1/jour

l'Aeropuerto Internacional de la capitale (200 $M, 5/jour). Comptez entre 1 et 2 heures de trajet, selon la circulation. Des navettes Interjet rallient également Cuernavaca (255 $M). La course en taxi agréé de l'aéroport jusqu'au centre de Toluca revient à 35 $M environ (20-30 min).

La **gare routière** (Terminal Toluca ; www.terminaltoluca.com.mx ; Berriozábal 101) de Toluca est à 2 km au sud-est du centre. Les billetteries pour nombre de destinations sont situées sur les quais ou aux portes d'accès – il peut être difficile de se repérer. Cherchez les écrans au niveau des portes d'entrée, qui indiquent vers quelles portes acheter vos billets, en fonction de votre destination.

Comment circuler

La route principale en provenance de Mexico devient le Paseo Tollocan à la lisière est de Toluca, avant de s'orienter vers le sud-ouest pour contourner le centre-ville par le sud. La gare routière et l'immense Mercado Juárez se situent à 2 km au sud-est du centre, près du Paseo Tollocan.

Devant la gare routière de Toluca, de grands bus "Centro" suivent Lerdo de Tejada en passant par la Plaza de los Mártires jusqu'au centre-ville (10 $M, 20 min). De Juárez dans le centre, des bus "Terminal" rallient la gare routière. La course en taxi de la gare routière au centre-ville revient à environ 45 $M.

Partant de devant la gare routière de Toluca, de grands bus "Centro" suivent Lerdo de Tejada en passant par la Plaza de los Mártires jusqu'au centre-ville (10 $M, 20 min). De Juárez dans le centre, des bus "Terminal" rallient la gare routière. La course en taxi de la gare routière au centre-ville revient à environ 45 $M.

Nevado de Toluca

Magnifique volcan, éteint depuis longtemps, le Nevado de Toluca (également appelé Xinantécatl) est le quatrième sommet du pays et l'un des plus hauts de la région. Les deux pics qui bordent son cratère se prêtent chacun à la randonnée et offrent une vue magnifique sur ses deux lacs entourés de neige : El Sol et La Luna. Le plus bas, le Pico del Águila (4 620 m), est le plus proche du parking et constitue la principale randonnée à la journée. Le plus haut, le Pico del Fraile (4 704 m), nécessite 3 à 4 heures supplémentaires de marche.

En 2013, le gouvernement mexicain a modifié l'appellation du secteur, désigné désormais comme *zona protegida* (zone protégée). Cette initiative est venue légitimer de fait l'exploitation minière sauvage constatée sur le terrain. La plupart des habitants continuent néanmoins de l'appeler "parc national".

Activités

Mario Andrade ALPINISME

(☎55-1826-2146 ; mountainup@hotmail.com ; transport, un repas et entrée au parc inclus 200 $US). Mario Andrade maîtrise l'anglais et organise des journées d'alpinisme privées sur le Nevado de Toluca, et guide également les grimpeurs qui font l'ascension de l'Izta.

Où se loger

Posada Familiar REFUGE DE MONTAGNE $

(☎722-214-37-86 ; empl tente/dort 85/150 $M). Seul lieu d'hébergement du Parque de los Venados, situé juste derrière son entrée, la Posada Familiar est un refuge ouvert de longue date, avec des chambres basiques, douches chaudes partagées, cuisine (sans ustensiles) et espace commun agrémenté d'une cheminée. Apportez des couvertures supplémentaires. Mieux vaut réserver 2 semaines à l'avance.

Depuis/vers Nevado de Toluca

Le meilleur moyen de se rendre au volcan est d'engager un guide ou de participer à un circuit.

De Toluca, des taxis vous conduiront au début de la piste pour plus de 250 $M, ou 600 $M aller-retour (négociable), attente comprise. Assurez-vous de bien prendre un taxi récent (la route pour monter est très cahoteuse et poussiéreuse) depuis une station officielle, et que la photo du chauffeur est visible à l'intérieur du véhicule. La plupart des compagnies internationales de location de voitures ont une agence à Toluca.

De l'entrée du parc, une route serpente sur 3,5 km jusqu'à l'entrée principale (Carretera Temascaltpec Km 18, San Antonio Acahualco ; 20 $M/véhicule, 40 $M/camioneta ; ⏲10h-17h, dernière entrée 15h). De là, une piste mène au cratère, à 17 km. Habillez-vous chaudement – il fait froid au sommet.

Valle de Bravo

☎726 / 28 000 HABITANTS / ALTITUDE : 1 800 M

Avec l'un des plus charmants centres coloniaux de la région, le *pueblo mágico* de Valle de Bravo constitue une merveilleuse escapade de la capitale. Le cadre rappelle les lacs du nord de l'Italie : montagnes boisées drapées de brume et toits en tuiles rouges. Valle, comme on surnomme la ville, est une retraite prisée des habitants aisés de Mexico.

Si la vue sur le Lago Avándaro – un lac artificiel résultant de la construction d'une centrale hydroélectrique – est splendide, le centre colonial de Valle de Bravo, majoritairement intact, est sans doute son atout majeur.

Les balades en bateau sur le lac, de même que la randonnée et le camping dans les montagnes alentour, font partie des activités phares. Valle a de quoi bien accueillir ses visiteurs, sans pour autant sacrifier son caractère authentique.

Activités

Canoter sur l'agréable lac est ici l'activité principale, et des opérateurs vous aborderont dès que vous approcherez de l'eau. Un tour en *lancha* (petit bateau) avec son capitaine coûte environ 400/700 $M pour 30 minutes/1 heure. Quantité d'entre eux incluent la visite d'une cascade. Vérifiez que votre bateau possède des *chalecos salva vidas* (gilets de sauvetage), en taille enfant si nécessaire.

Côté randonnées, il est possible de rejoindre des haciendas, des fermes de papillons, des cascades et même un temple bouddhique, avec des tour-opérateurs ou en solo ("La Pena" est le sentier le plus populaire pour sa vue qui domine le lac). Renseignez-vous au kiosque d'information touristique situé sur le *zócalo*. Le parapente et le parachute ascensionnel sont également prisés.

Fêtes et festivals

Festival de las Almas CULTUREL

(oct/nov). Durant une semaine fin octobre ou début novembre, le Festival de las Almas, une rencontre internationale d'art et de culture, attire des musiciens et des danseurs d'Europe et de toute l'Amérique latine.

Où se loger

Il y a à Valle de Bravo un bon choix de *posadas* bon marché et d'hôtels de catégorie moyenne. Les hébergements les plus abordables (et basiques) sont situés non loin de la gare routière. Il est aussi possible de camper et de loger dans des huttes ; le kiosque d'information touristique du *zócalo* vous renseignera.

♥ Hotel San José HÔTEL $

(726-262-09-72 ; Callejón San José 103 ; d/lits jum/tr 600/700/1 350 $M ;). On est surpris de dénicher au fond d'une allée paisible, à un pâté de maisons seulement du *zócalo*, cet hôtel aux allures de ranch, dont le petit jardin donne sur les montagnes. Les grandes chambres bénéficient de lits très confortables et de salles de bains lumineuses. La plupart possèdent une kitchenette. La meilleure affaire de Valle.

♥ Hotel San Sebastian BOUTIQUE-HÔTEL $$

(726-688-50-15 ; hotel_sansebastian@outlook.es ; San Sebastian 101, angle Callejon Machinhuepa ; d/tr/app-terrasse 1 000/1 200/4 000 $M ;). Depuis les balcons des petites chambres de cet hôtel pimpant, on jouit de l'une des meilleures vues sur le lac et les toits de tuiles en terre cuite de Valle. Des salles de bains modernes impeccables et des lits très confortables : une délicieuse retraite romantique, même pour les voyageurs en solo. Le restaurant adjacent propose aussi un service en chambre. Il est également possible de louer un appartement-terrasse, qui peut loger 6 personnes et dispose d'une cuisine.

Hotel Casanueva BOUTIQUE-HÔTEL $$

(726-262-17-66 ; Villagrán 100 ; d/lits jum/ste 1000/1300/1700 $M ;). Sur le côté ouest du *zócalo*, le Casanueva possède des chambres toutes différentes, décorées d'art et d'artisanat. Certaines ont un balcon donnant sur la place. Très jolie suite, pouvant accueillir 4 personnes.

El Santuario COMPLEXE HÔTELIER $$$

(726-262-91-00 ; www.elsantuario.com ; Carretera Colorines, San Gaspar ; ch à partir de 5 570 $M ; P). À 20 minutes au nord-ouest de la ville, ce superbe hôtel à flanc de colline comporte piscine à débordement, fontaines et spa, à côté de chambres avec vue imprenable sur le lac et mini-piscines privées. Également un terrain de golf, des écuries et un port de plaisance – location de voiliers.

Où se restaurer et prendre un verre

Une ribambelle de cafés et de restaurants sont installés le long du quai et sur le *zócalo* – beaucoup n'ouvrent que du vendredi au dimanche. Si vous n'avez pas encore goûté l'*esquite* (salade de maïs au piment et au citron vert, servie dans une tasse), c'est l'endroit où en acheter à un vendeur de rue.

Des étals de nourriture très propres sont situés dans Villagrán, à l'ouest du *zócalo*. La *trucha* (truite) figurant sur la plupart des cartes des restaurants est élevée dans les montagnes et non dans le lac.

La Michoacana MEXICAIN **$$**

(Calle de la Cruz 100 ; plats 100-205 $M ; 8h-23h ;). Grand restaurant à l'intérieur coloré, doublé d'une agréable terrasse d'où profiter d'un vaste panorama sur la ville et le lac. On peut se régaler ici de plats mexicains comme le *mole*, le *salmón en salsa de almendra* (saumon sauce aux amandes), et divers en-cas et boissons à savourer en prenant son temps. Les serveurs sont désireux de pratiquer leur anglais.

Soleado FUSION **$$**

(726-262-58-31 ; Pagaza 314 ; plats 135-265 $M ; 13h-22h sam-jeu, 13h-minuit ven, fermé lun ;). Le Soleado s'autoproclame restaurant de *cocina del mundo* (cuisine du monde) et de fait, avec des plats et des desserts des quatre coins de la planète, c'est bien le cas. Qu'il s'agisse de curry indien ou de lasagnes italiennes, tous sont agrémentés d'une (délicieuse) touche mexicaine. Lumières tamisées, belle vue et mets pour tous les goûts. Idéal pour les groupes.

Petits-déjeuners avec œufs bio et menu enfant.

Restaurante Paraíso POISSON **$$**

(726-262-47-31 ; Fray Gregorio Jiménez de la Cuenca s/n ; plats 75-160 $M, formule déj 140 $M ; 8h-22h). Une longue carte de plats de poisson, dont une truite excellente, cuisinée de manière créative, et une vue somptueuse sur le lac. Arrivez tôt pour voir le coucher du soleil depuis le toit-terrasse. La formule déjeuner, avec poisson au choix, est d'un bon rapport qualité/prix.

LocaL CAFÉ

(726-262-51-74 ; www.facebook.com/local.valledebravo ; Calle 5 de Mayo 107 ; 9h-18h30 ;). Le LocaL se veut polyvalent : café, espace de coworking avec service d'impression gratuit, bibliothèque thématique sur le design et l'architecture, terrasse sur le toit avec crèche, petite boulangerie proposant des produits végans... Mais son plus grand exploit est d'être le lieu le plus branché de Valle de Bravo.

Renseignements

Valle dispose d'un kiosque d'information touristique sur le quai, et tous les services essentiels, dont des DAB et des cybercafés, se trouvent sur la place principale, à 10 minutes de marche en montant de la rive.

Kiosque d'information touristique
(Bocanegra, angle Independencia ; 9h-17h). Le personnel de ce kiosque situé sur le *zócalo* parle un peu anglais. Renseignements, plans et brochures touristiques gratuits.

Depuis/vers Valle de Bravo

Par rapport à l'afflux de touristes chaque week-end, les possibilités de transport sont restreintes. La plupart des visiteurs sont des Mexicains aisés, qui viennent en voiture.

La compagnie Zina-bus (www.autobuseszinacantepec.com.mx) propose des *directos* 1re classe toutes les heures, du début de la matinée à la fin de l'après-midi, entre le Terminal Poniente de Mexico et la petite gare routière de Valle de Bravo, dans la Calle 16 de Septiembre (238 $M, 2 heures 15, toutes les 1-2 heures). Pour un trajet panoramique, préférez l'itinéraire sud "Los Saucos", qui suit la route 134 et traverse un parc national. Si vous conduisez, empruntez cet itinéraire.

Il n'y a pas de bus direct entre Malinalco et Valle de Bravo. Vous devrez prendre un bus 2e classe passant par Toluca (77 $M, fréquent) ou passer par Mexico.

Malinalco

714 / 7 000 HABITANTS / ALTITUDE : 1 740 M

Situé dans une vallée entourée de falaises et de sites archéologiques, ce *pueblo mágico* continue de se muer en un nouveau Tepoztlán. Des visiteurs affluent le week-end, mais restent encore bien moins nombreux que dans d'autres localités plus faciles d'accès. La route jusqu'à Malinalco est l'une des plus plaisantes de la région, avec un paysage spectaculaire au sud de Toluca.

La bourgade compte quelques boutiques de style "hippie", des restaurants internationaux et un nombre surprenant de boutiques-hôtels. Cependant, elle reste peu développée et somnole en semaine – il devient alors difficile de trouver un restaurant correct en dehors du *zócalo*.

Malinalco possède un charmant centre colonial autour d'un couvent bien conservé et de deux places adjacentes.

À voir

Temples aztèques SITE ARCHÉOLOGIQUE

(Zona Arqueológica Cuauhtinchan ; 722-215-85-69 ; Av Progreso s/n ; 55 $M ; 10h-17h mar-dim, dernière entrée 16h). Une courte grimpée assez sportive (358 marches à flanc de montagne au-dessus de Malinalco) conduit à l'un des quelques temples aztèques relativement bien conservés (ayant même survécu aux séismes récents) du pays, d'où la vue est superbe sur la vallée et au-delà. Ce site fascinant comprend *El paraíso de los guerreros*, une peinture murale (qui couvrait jadis un mur entier) représentant des guerriers devenus divinités. De la place principale, suivez les panneaux qui indiquent la *zona arqueológica* : ils vous mèneront à flanc de colline sur un chemin bien entretenu et balisé.

Les Aztèques conquirent la région en 1476 et édifièrent un centre cérémoniel à cet endroit à l'arrivée des Espagnols. **El Cuauhcalli**, le temple de l'Aigle et du Cavalier Jaguar – où les fils des nobles aztèques étaient initiés au combat – survécut parce qu'il était taillé dans le flanc même de la montagne. L'entrée est sculptée en forme de serpent doté de crochets.

Le **temple IV**, de l'autre côté du site, reste une énigme pour les archéologues. La salle étant orientée pour recevoir les premiers rayons du soleil, ce sanctuaire pouvait servir au culte mexica du Soleil, de calendrier solaire ou de lieu de rencontre pour les nobles – ou une combinaison de ces hypothèses.

Près de l'entrée du site, le joli **Museo Universitario Dr Luis Mario Schneider** explore l'histoire, la culture et l'archéologie de la région à travers diverses collections et objets présentés dans un bel espace moderne.

Couvent augustinien ÉDIFICE RELIGIEUX
(Convento Agustino de Malinalco ; Morelos s/n, angle Hidalgo ; 9h-18h). Précédé d'une cour paisible bordée d'arbres, ce couvent du XVIe siècle, bien restauré, fait face à la place centrale. De magnifiques fresques, peintes avec des pigments extraits de plantes, ornent son cloître.

Circuits organisés

Tour Gastronómico Prehispánico ART CULINAIRE ET BOISSON
(portable 55-55091411 ; www.gastrotourprehispanicomalinalco.weebly.com ; circuits 1 200 $M/pers). Ce circuit gastronomique précolombien comprend une visite du marché, un cours de cuisine avec ustensiles et méthodes traditionnels, et un repas de 3 plats. Réductions pour les groupes de plus de 5 personnes.

Où se loger et se restaurer

Cette petite bourgade compte un nombre surprenant de chambres d'hôtel, mais mieux vaut réserver. Les visiteurs viennent principalement pour le week-end, on trouve donc facilement une chambre du dimanche au jeudi (réduction souvent négociable). Toutefois, certains des meilleurs hôtels refusent les voyageurs arrivant à l'improviste en semaine ou bien ils ne sont ouverts que le week-end.

Malinalco se targue également de quelques très bons restaurants (sur l'Avenida Hidalgo et autour du *zócalo*) qui, pour la plupart, n'ouvrent que du jeudi au dimanche. Il y a un petit supermarché bien approvisionné du côté nord-est du *zócalo*.

El Asoleadero HÔTEL $
(714-147-01-84 ; Aldama, angle Comercio ; s/d 600/700 $M, ch avec cuisine 800 $M ; P). Juste au-dessus de l'artère principale de Malinalco, l'El Asoleadero est apprécié pour ses grandes chambres, modernes et lumineuses, qui bénéficient d'une belle vue sur le *pueblito* et les falaises alentour. Un panorama superbe à contempler aussi au bord de la petite piscine en sirotant une bière bien fraîche. Réductions de 100 $M du dimanche au jeudi.

Casa Navacoyan BOUTIQUE-HÔTEL $$$
(714-147-04-11 ; casanavacoyan.mx ; Prolangación Calle Pirul 62 ; s/d/ste avec petit-déj à partir de 2 500/2 700/3 200 $M ; P). Un bel hôtel en lisière de la ville, au cœur d'une propriété magnifique agrémentée de palmiers et d'une piscine chauffée – vue imprenable sur les montagnes et les falaises. Les 7 chambres sont décorées dans un style maison de campagne haut de gamme.

Casa Limón BOUTIQUE-HÔTEL $$$
(714-147-02-56 ; www.casalimon.com ; Río Lerma 103 ; ch/ste avec petit-déj à partir de 2 700/3 100 $M ; P). Entouré d'un paysage désertique désolé, cet hôtel très chic est un havre de calme et de verdure, qui comprend une jolie piscine, un bar intérieur/extérieur charmant, ainsi qu'un restaurant façon cabane dans les arbres (plats 300 $M, d'inspiration internationale classique, allant du coq au vin à la truite aux amandes ; belle carte des vins). Les 12 chambres et suites, avec ventilateur, sont lumineuses et pleines

de charme. Le Limón peut se révéler affreusement difficile à trouver parmi les ruelles mal indiquées.

Los Placeres INTERNATIONAL $$
(714-147-08-55 ; www.losplaceresmalinalco.com ; Plaza Principal s/n ; plats 85-190 $M ; 14h-19h jeu, 14h-22h ven, 10h-22h sam-dim ;). Sur le *zócalo*, un restaurant à l'agréable ambiance artistique (expositions, concerts), avec des tables dans un jardin. Le chef, David Ochoa, adepte de la culture *"Slow Food"*, propose des plats internationaux (de la salade niçoise au curry de poulet), à côté de versions inventives de plats mexicains – comme les omelettes accompagnées d'une sauce *poblano*, la truite aux piments *anchos* ou la fondue *al tequila*. Peintures murales, plateaux de table en carreaux de mosaïques et blues en fond sonore.

Mari Mali MEXICAIN $$
(714-147-14-86 ; Av Juárez 4 ; menú del día 80 $M, plats 90-165 $M ; 10h-18h dim-jeu, 10h-21h ven-sam ;). Le seul restaurant de Malinalco élégant et décontracté à servir des petits-déjeuners et déjeuners en milieu de semaine. À la carte : des classiques de la cuisine mexicaine tels qu'enchiladas et *pozole*, ainsi que des plats à base de *trucha* (truite) accompagnée de salade et de riz. Des étals colorés de fruits sont installés à l'extérieur.

El Puente de Má-Li INTERNATIONAL $$
(714-147-01-29 ; Hidalgo 22 ; plats 140-250 $M ; 13h-18h dim-mar et jeu, 13h-23h ven-sam). En partant du *zócalo* vers le site archéologique, juste après le petit pont, ce restaurant plein de cachet comporte une salle coloniale et un beau jardin à l'arrière. Faites votre choix parmi les *antojitos*, les plats de pâtes, les soupes et les grillades.

Renseignements

Kiosque d'information touristique (714-147-21-08 ; www.malinalco.net ; 9h-16h lun-ven, jusqu'à 17h sam-dim). À l'extrémité nord du *zócalo*. Brochures touristiques, plan gratuit et assistance pour trouver un hébergement.

Depuis/vers Malinalco

Águila (800-224-84-52 ; www.autobusesaguila.com) propose 2 bus directs par jour (16h20 et 18h20, départ supp sam et dim à 8h30) pour Malinalco à partir du terminal Poniente de Mexico (110 $M, 2 heures 30). Si vous êtres pressé, des bus Águila circulent toutes les 20 minutes entre le Terminal Poniente et Chalma (115 $M, 2 heures 30), d'où vous pourrez prendre un taxi (15 $M, 15 min) pour Malinalco, non loin.

Le bus direct Águila qui part de Malinalco (à l'extérieur de la banque Santander sur Hidalgo) pour le Terminal Poniente ne démarre qu'à 3h50 et 5h15 du lundi au vendredi, et seulement à 17h les samedis et dimanches. Pour ne pas voyager de nuit, retournez en taxi (15 $M, 15 min) jusqu'à Chalma afin d'attraper un bus Águila pour le Terminal Poniente à Mexico (115 $M, 2 heures 30, toutes les 20 min). Les bus Águila n'ont pas de toilettes à bord.

Depuis la gare routière de Toluca, porte 6, prenez un bus Flecha Roja pour Tenango (44 $M, 1 heure 30, toutes les 10 min), puis, devant la boutique Elektra, empruntez un *colectivo* pour Malinalco (22 $M, 50 min).

Bien que les distances soient courtes, voyager de Malinalco à Cuernavaca peut prendre des heures. Il est toutefois possible de louer un taxi (175 $M, environ 1 heure) et d'emprunter le superbe itinéraire via Puente Caporal-Palpan-Miacatlán jusqu'à la ville d'Alpuyeca, près des ruines de Xochicalco. De là, vous hélerez facilement les bus, fréquents, qui circulent sur la route 95 pour continuer en direction du nord (vers Cuernavaca et Mexico) ou du sud (vers Taxco et la côte).

État de Veracruz

Dans ce chapitre ➡

Le top des restaurants

- ➡ El Brou (p. 236)
- ➡ Villa Rica Mocambo (p. 225)
- ➡ Marrón Cocina Galería (p. 249)
- ➡ El Cebichero (p. 249)
- ➡ La Barra (p. 269)
- ➡ Taquería Los Nuevos 4 Vientos (p. 252)

Le top des hébergements

- ➡ Mesón del Alférez Xalapa (p. 235)
- ➡ Casa Real del Café (p. 239)
- ➡ Hotel Tres79 (p. 249)
- ➡ Rodaventa Natural (p. 243)
- ➡ Posada Bugambilias (p. 264)
- ➡ Las Magdalenas (p. 241)

Pourquoi y aller

L'État de Veracruz s'étire sur une bonne partie du golfe du Mexique et englobe l'Orizaba, le plus haut pic du pays. Berceau de la civilisation classique d'El Tajín, cette région fut la première terre où abordèrent les Espagnols et d'où partit leur conquête du royaume aztèque.

Les voyageurs ont tendance à bouder l'État de Veracruz, et c'est bien dommage. Certes, les plages ne sont pas aussi belles que celles du Yucatán et les villes coloniales impressionnent moins que celles du plateau central et de l'ouest du pays, mais la région ne manque pas d'attraits : la cité coloniale de Tlacotalpan, classée au Patrimoine mondial, la remarquable réserve de biosphère de Los Tuxtlas, sans oublier les *pueblos mágicos* ("villages magiques"), tels Papantla, tout en relief, Coscomatepec, haut lieu de la culture du café, ou Xico, plus petit mais tout aussi séduisant.

Quand partir

Veracruz

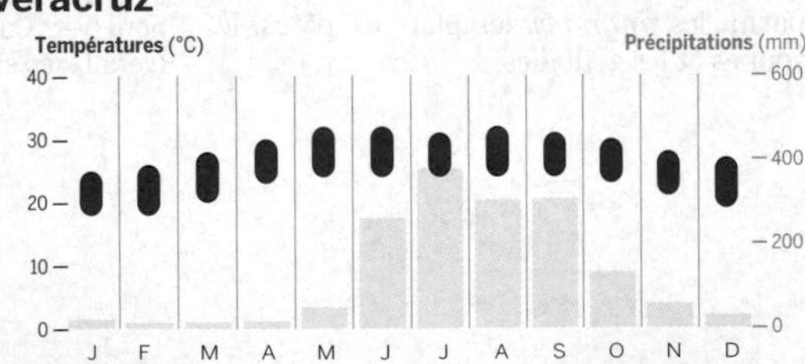

Juillet Kyrielle de processions et de danses des masques à Xico, en l'honneur de la sainte patronne de la ville.

Février-mars Le Carnaval de Veracruz donne le coup d'envoi des festivités sur la côte est.

Novembre-février La haute saison pour les touristes étrangers ; moins de pluie et des températures idéales.

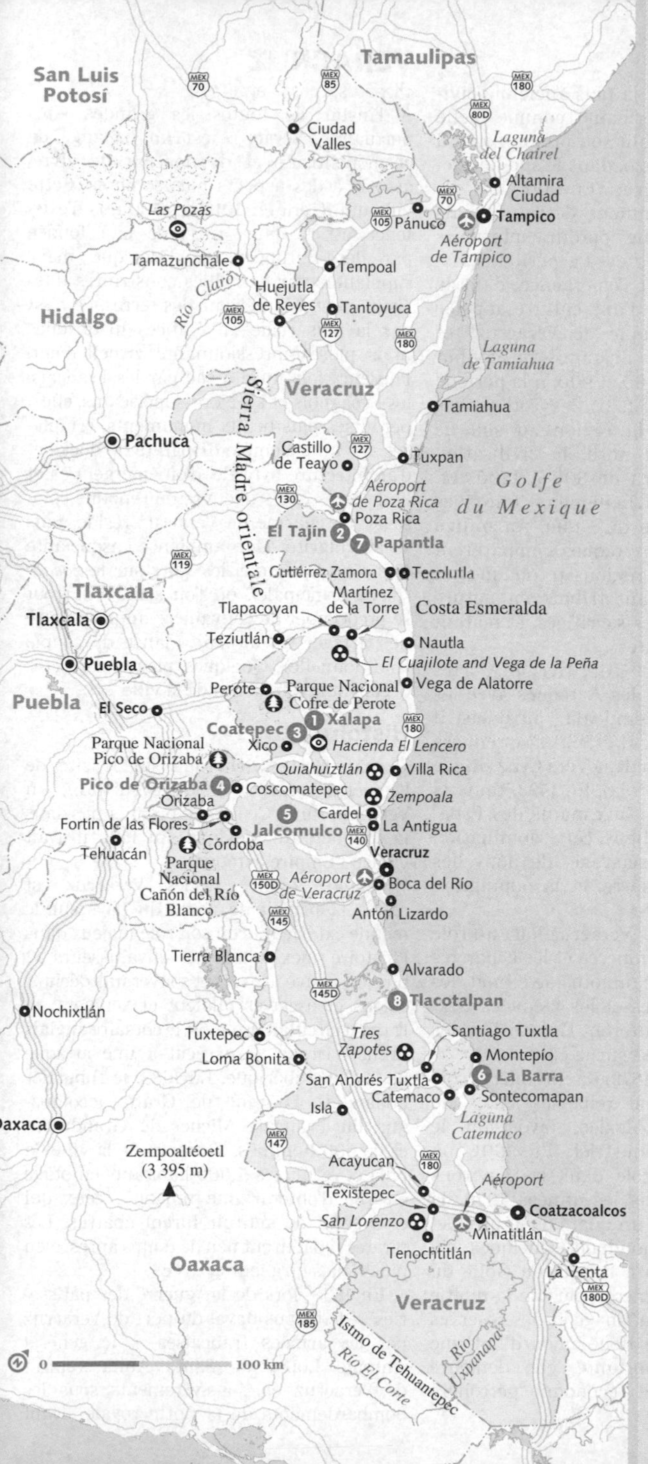

À ne pas manquer

1. Trois cultures méso-américaines à découvrir au **Museo de Antropología** (p. 231) de Xalapa, à l'architecture magnifique
2. Les ruines immenses d'**El Tajín** (p. 255), évocatrices d'un passé de splendeur
3. La dégustation de cafés gastronomiques à **Coatepec** (p. 238), ville de montagne dans un écrin de forêt
4. La vue à couper le souffle du **Pico de Orizaba** (p. 250), plus haut sommet du Mexique
5. La descente en rafting sur des eaux vives de **Jalcomulco** (p. 242), parmi les meilleures du Mexique, suivie d'une séance de détente dans un *temascal* (bain de vapeur traditionnel aux plantes)
6. La traversée en bateau de la Laguna de Sontecomapan pour aller déguster du poisson frais sur la plage de **La Barra** (p. 267)
7. Les cérémonies des *voladores* à **Papantla** (p. 253), au cours desquelles on voit tournoyer des hommes dans le ciel
8. La ville coloniale, assoupie et colorée de **Tlacotalpan** (p. 259), peut-être le moins connu des sites mexicains inscrits au Patrimoine mondial

Histoire

Vers 1200 av. J.-C., la plus ancienne civilisation méso-américaine connue, celle des Olmèques, établit son premier grand centre à San Lorenzo, dans le sud de l'actuel État de Veracruz. En 900 av. J.-C., la cité fut violemment détruite, mais la culture olmèque perdura plusieurs siècles à Tres Zapotes. La période classique (250-900) vit l'émergence, dans le golfe du Mexique, d'une culture appelée "civilisation classique de Veracruz" et ayant pour centre El Tajín, qui connut son apogée entre 600 et 900. À la période postclassique (900-1521), les Totonaques s'établirent dans la région au sud de Tuxpan ; plus au nord, la civilisation huastèque prospéra de 800 à 1200. Et, parallèlement, les belliqueux Toltèques occupèrent la côte du Golfe. Au milieu du XVe siècle, les Aztèques s'emparèrent de la plupart des régions totonaques et huastèques, exigeant tributs en nature et victimes pour les sacrifices, et matant durement les révoltes.

À son arrivée en 1519, Hernán Cortés fit alliance contre les Aztèques avec les Totonaques de Zempoala, auxquels il promit protection. Il établit sa première colonie à Villa Rica de la Vera Cruz (Riche Ville de la Vraie Croix). En 1523, toute la côte du Golfe était aux mains des Espagnols. Pour les Indiens, cette domination fut synonyme d'esclavage, de nouvelles maladies et de guerre, et la population s'en trouva décimée.

Port stratégique, Veracruz joua un rôle crucial dans le commerce et les échanges avec l'Espagne. Néanmoins, le climat, les maladies tropicales et les menaces d'attaques pirates limitèrent l'expansion des colonies espagnoles sur la côte.

Inaugurée en 1872, la première voie ferrée du Mexique relia les villes de Veracruz et de Mexico, favorisant le développement industriel. En 1901, on découvrit du pétrole dans les environs de Tampico ; dans les années 1920, la région fournissait un quart de la production pétrolière mondiale. Quelques six décennies plus tard, la côte du Golfe du Mexique recelait encore plus de la moitié des capacités de raffinage et des réserves nationales. Si elle tient aujourd'hui une place moins importante, elle demeure un élément clé de l'économie pétrolière du pays.

VERACRUZ

☎229 / 892 000 HABITANTS

À l'instar de toutes les grandes cités portuaires, Veracruz est un mélange de cosmopolitisme et de douceur de vivre, associé à des aspects plus sombres. Cette ville qui fêtera en 2019 ses 500 ans d'existence est la plus ancienne cité fondée par des Européens au Mexique mais, supplantée par des villes construites ultérieurement à l'intérieur des terres, ce n'est pas la plus riche en édifices historiques ni la plus impressionnante visuellement. Plusieurs fois mise à sac par les Français, les Espagnols et les Nord-Américains, elle a perdu ses plus beaux monuments, remplacés par un ensemble disparate de docks et d'architecture hybride, d'où émergent çà et là de rares chefs-d'œuvre de l'époque coloniale. Le charme de Veracruz réside dans sa singularité. Une ambiance insouciante règne presque tous les soirs sur le *zócalo* (place principale), où l'on semble surtout se préoccuper de convaincre un partenaire de partager un *danzón* (danse de couple traditionnelle). Quelques plages correctes occupent la partie sud de la ville.

Histoire

Hernán Cortés débarqua sur le site de l'actuelle Veracruz le 21 avril 1519, un Vendredi saint. Ce fut son premier pas dans la conquête du Mexique. En 1521, il avait vaincu l'Empire aztèque.

Pendant quatre siècles, Veracruz est restée la principale porte du pays sur le monde extérieur, d'où son rôle majeur dans l'histoire mexicaine. Là, envahisseurs et pirates, nouveaux rois et souverains déchus, colons et esclaves allaient et venaient, et l'argent circulait. En 1569, le corsaire anglais Francis Drake y survécut à une attaque de la flotte ibérique. En 1683, le flibustier hollandais Laurent de Graff, accompagné du Français Michel de Grandmont et de 600 hommes, s'empara de la ville, la pilla et retint ses 5 000 habitants en otage en vue d'obtenir une rançon ; ceux qui essayèrent de s'enfuir furent abattus. Les pirates repartirent peu de temps après, bien plus riches qu'à leur arrivée...

En 1838, lors de la "guerre des pâtisseries" – le blocus naval du port de Veracruz par les armées françaises –, le général Antonio López de Santa Anna s'enfuit de Veracruz en sous-vêtements sous les bombardements de la flotte royale, avant

LES TROIS INCARNATIONS DE VERACRUZ

Une curieuse opacité entoure toujours la première colonie espagnole du continent américain au nord de Panama.

Si la légende populaire affirme que Hernán Cortés fut le premier Européen à débarquer dans la région de Veracruz, son compatriote Juan de Grijalva le précéda en réalité de 6 mois. Ce dernier accosta fin 1518 sur l'Isla de Sacrificios (à quelques encablures de Veracruz), où il découvrit des preuves de sacrifices humains et passa 10 jours à commercer avec les Indiens.

Progressant le long de la côte du Yucatán, la flottille de Cortés parvint à Veracruz l'année suivante, installant un campement provisoire sur une plage en face de l'île de San Juan de Ulúa, soit sur le site de l'actuelle Veracruz. Il fallut cependant attendre 80 ans pour qu'une véritable cité soit construite. Abandonnant rapidement ce site infecté par le paludisme, Cortés et ses hommes marchèrent jusqu'à la cité totonaque de Zempoala, à 40 km au nord. C'est là qu'ils firent alliance contre les Aztèques avec l'imposant chef des Totonaques, Xicomecoatl, lequel envoya la suite de Cortés accompagnée de 400 porteurs jusqu'à la cité de Quiahuiztlán, à 30 km plus au nord, où l'expédition fut accueillie par 15 000 habitants curieux. Désireux de s'émanciper de la tutelle du gouverneur de Cuba, Diego Velázquez de Cuéllar, et disposant de vaisseaux ancrés sur la côte voisine, Cortés décida de fonder à proximité de Quiahuiztlán une ville dont il se proclama *adelantado* (gouverneur) légal. Appelée Villa Rica de la Vera Cruz (Veracruz I), cette cité ne comprenait guère plus qu'un fort, une chapelle et des casernements ; toutefois, elle n'en constitua pas moins la première colonie fondée par des Européens en Amérique du Nord. Afin de développer l'activité portuaire, elle fut déplacée en 1524 au sud, à La Antigua (Veracruz II), dans l'arrière-pays au bord du Río Antigua, où les petits bateaux pouvaient accoster. Mais l'Empire espagnol gagnant du terrain et le site de La Antigua n'étant pas accessible aux gros navires – les marchandises devant être transportées par voie terrestre jusqu'à San Juan de Ulúa, où elles étaient souvent dérobées par des contrebandiers –, il fut décidé aux alentours de 1599 de regagner le site du campement initial (alors rebaptisé Veracruz III), en face de San Juan de Ulúa.

de parvenir à repousser héroïquement les envahisseurs. Lorsque l'armée de Winfield Scott attaqua Veracruz au cours de la guerre américano-mexicaine, plus d'un millier de Mexicains périrent avant la reddition de la ville.

En 1861, Benito Juárez annonça que le Mexique ne pourrait pas honorer sa dette extérieure envers l'Espagne, la France et la Grande-Bretagne. Prévoyant uniquement de s'emparer du bureau des douanes de Veracruz, Britanniques et Espagnols se retirèrent dès qu'ils comprirent que l'empereur Napoléon III avait pour projet de conquérir le Mexique. L'intervention française dura 5 ans, après lesquels Veracruz prospéra de nouveau. La première voie ferrée du pays fut inaugurée entre Veracruz et Mexico en 1872 et les investissements étrangers affluèrent.

En 1914, les troupes américaines occupèrent la cité portuaire pour empêcher une livraison d'armes allemandes au dictateur Victoriano Huerta. Plus tard, durant la Révolution, Veracruz devint brièvement la capitale de la faction réformiste constitutionnaliste conduite par Venustiano Carranza.

Important port en eau profonde, la ville joue aujourd'hui un rôle majeur dans le secteur des exportations, ainsi que des industries manufacturière et pétrochimique. Le tourisme, essentiellement national, constitue une source de revenus notable.

À voir

Zócalo PLACE

Toute visite de Veracruz doit commencer par le *zócalo* (également appelé Plaza de Armas et Plaza Lerdo), la "scène" en plein air de la cité, qui accueille chaque jour événements organisés et improvisations. Particulièrement animée, cette jolie place est bordée par des *portales* (arcades), le **Palacio Municipal** (Zamora s/n) du XVIIe siècle et une **cathédrale** (8h-19h) du XVIIIe siècle. L'effervescence croît au

Veracruz

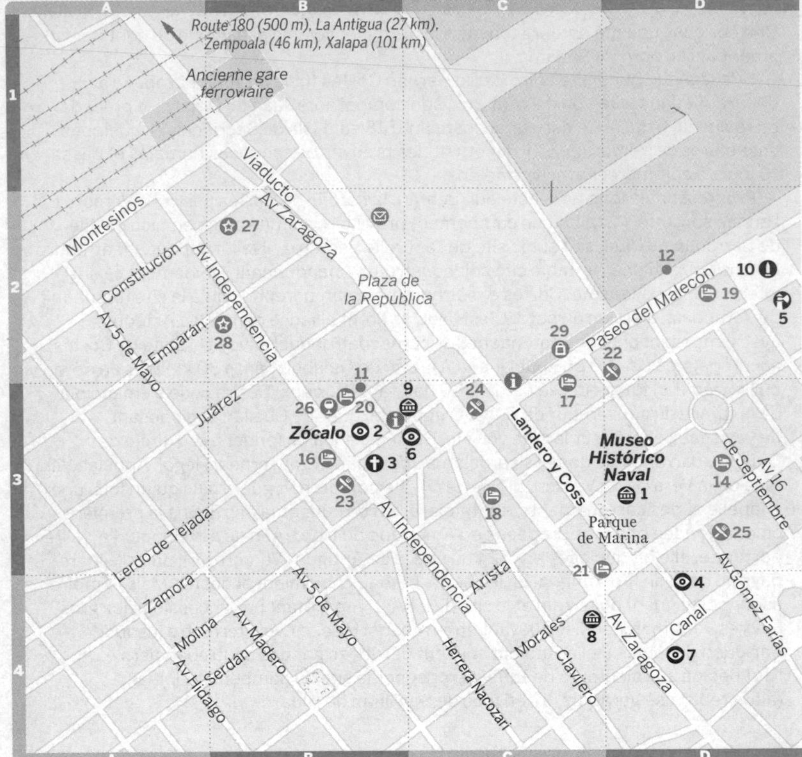

fil de la journée et atteint son apogée le soir, quand s'y pressent artistes de rue et badauds.

Museo Histórico Naval MUSÉE
(☎229-931-40-78 ; Arista 418 ; tarif plein/étudiant 45/30 $M, gratuit - 6 ans ; ⊙10h-17h mar-dim). Installé dans une ancienne école navale, ce musée high-tech propose un voyage titanesque dans le passé maritime mexicain à travers de nombreux dispositifs interactifs, dans un magnifique agencement intérieur. Les expositions couvrent aussi bien la navigation précolombienne et la découverte du Nouveau Monde par Colomb que le commerce avec l'Asie, l'essor de Veracruz et le rôle de la marine actuelle. D'autres parties du musée sont consacrées à l'attaque de Veracruz par les États-Unis en 1847 et en 1914, à un simulateur de navigation et à de nombreuses armes de toutes les époques.

Et, pour se remettre de toutes ces émotions, il existe un café. Gros inconvénient pour les non-hispanophones, la plupart des explications sont uniquement en espagnol.

Centro Cultural La Atarazana CENTRE CULTUREL
(☎229-932-89-21 ; Montero s/n ; ⊙10h-19h mar-ven, 10h-14h et 15h-19h sam-dim). GRATUIT Magnifiquement converti en espace d'exposition, cet entrepôt de l'époque coloniale accueille régulièrement d'intéressantes expositions : céramique d'art ou installations d'artistes contemporains, par exemple.

Instituto Veracruzano de Cultura CENTRE CULTUREL
(☎229-932-89-21 ; www.ivec.gob.mx ; angle Av Zaragoza et Canal ; ⊙10h-20h mar-dim). GRATUIT Cette église et ce cloître reconvertis accueillent d'excellentes expositions temporaires : œuvres de Diego Rivera ou

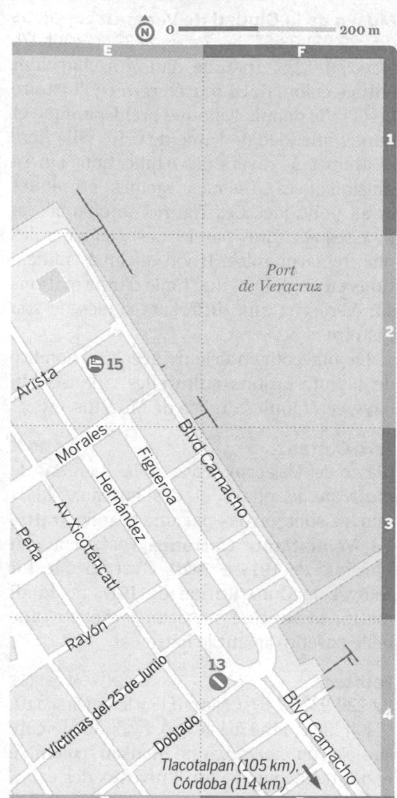

Veracruz

Les incontournables

1 Museo Histórico Naval D3
2 Zócalo B3

À voir

3 Catedral de la Virgen de la Asunción B3
4 Centro Cultural La Atarazana D4
5 Faro Carranza D2
6 Fototeca C3
7 Instituto Veracruzano de Cultura D4
8 Museo de la Ciudad de Veracruz C4
9 Palacio Municipal C3
10 Statue de Venustiano Carranza D2

Activités

11 Amphibian B3
12 Harbor Tours D2
13 Scubaver F4

Où se loger

14 El Faro D3
15 Fiesta Inn E2
16 Gran Hotel Diligencias B3
17 Hawaii Hotel C3
18 Hotel Amparo C3
19 Hotel Emporio D2
20 Hotel Imperial B3
21 Mesón del Mar C3

Où se restaurer

22 Gran Café de la Parroquia D2
23 Gran Café del Portal B3
Los Canarios .... (voir 19)
24 Nieves del Malecón C3
25 Tacos David D3

Où prendre un verre et faire la fête

Bar El Estribo .... (voir 16)
26 Bar Prendes B3

Où sortir

27 Las Barricas B2
28 Teatro Principal Francisco Javier Clavijero B2

Achats

Libros y Arte Fototeca .... (voir 6)
29 Mercado de Artesanías C2

d'artistes mexicains contemporains, entre autres.

San Juan de Ulúa FORTERESSE

(☎229-938-51-51 ; tarif plein/étudiant ou enfant 60 $M/gratuit ; ⏲9h-16h30 mar-dim). Presque engloutie par le port moderne, la forteresse coloniale se distingue difficilement parmi les porte-conteneurs et les grues. Sa partie centrale servit de prison, notoirement sinistre sous le régime de Porfirio Díaz. En cours de rénovation, San Juan de Ulúa forme actuellement un ensemble en ruine de couloirs, de remparts, de ponts et d'escaliers. Pour vous y rendre, prenez un taxi (55 $M) ou une *lancha* (bateau-taxi ; 40 $M) sur le *malecón* (jetée).

Construite initialement sur une île, mais aujourd'hui reliée au continent par une chaussée, la forteresse permit en 1569 de résister aux attaques du corsaire Francis Drake qui l'assaillit violemment. Les premières fortifications datent de 1565. Durant la période coloniale, l'île devint le principal point d'entrée au Mexique pour les Espagnols.

Des visites guidées sont proposées en espagnol et assez souvent en anglais. Entrée libre le dimanche.

Acuario de Veracruz AQUARIUM

(☎229-931-10-20 ; www.acuariodeveracruz.com ; Blvd Camacho s/n ; adulte/enfant 130/75 $M, nourrissage des requins 440/240 $M ; ⏲10h-19h lun-jeu, 10h-19h30 ven-dim). Cet aquarium, une des attractions majeures de Veracruz et soi-disant le plus grand du genre en Amérique latine, met bien en valeur la faune du golfe du Mexique, ainsi que des curiosités comme l'arapaima et le pangasius albinos. Situé en bord de mer à 2 km au sud du centre, il a pour pièce maîtresse un grand bassin en forme d'anneau rempli de requins-tigres, requins de récifs, requins-nourrices, barracudas et raies-léopards évoluant autour des visiteurs. On peut participer au nourrissage des requins.

L'aquarium propose aussi un spectacle de dauphins et dispose d'un bassin plein de lamantins. Même si la direction de l'aquarium affirme ainsi contribuer à la recherche et à la protection de ces animaux, leur captivité reste largement décriée par certains spécialistes.

Museo Agustín Lara MUSÉE
(☎229-937-02-09 ; Ruíz Cortines s/n, Boca del Río ; tarif plein/étudiant 30/15 $M ; ⏲10h-14h30 et 16h-18h mar-ven, 10h-16h sam-dim). L'ancienne maison d'Agustín Lara (1897-1970), l'un des plus célèbres compositeurs et chanteurs mexicains, rappelle à travers souvenirs, meubles et effets personnels autant de titres interprétés par Franck Sinatra, Plácido Domingo ou Luz Casal, entre autres. Près du Blvd Camacho, à 4 km au sud du centre-ville.

Museo de la Ciudad de Veracruz MUSÉE
(☎229-931-63-55 ; Av Zaragoza 397 ; ⏲10h-17h mar-dim). GRATUIT Installé dans un charmant édifice colonial, ce musée retrace l'histoire de la ville depuis l'époque préhispanique et donne une idée de l'âme de cette ville fière et animée à travers des explications sur sa musique, ses diverses racines ethniques et sa politique. Les figures totonaques et huastèques font partie des éléments les plus remarquables. Il y a quelques indications en anglais et une foule d'informations sur Veracruz aux différents stades de son histoire.

La jolie cour intérieure accueille nombre de manifestations culturelles : danses du pays, cérémonies du Día de Muertos, etc.

Faro Carranza PHARE
(Paseo del Malecón). Face à la mer sur le *malecón*, le phare et des bureaux de la marine sont gardés par une grande **statue de Venustiano Carranza**, président du Mexique de 1915 à 1920. C'est ici que fut rédigée la Constitution de 1917. Le lundi matin, la marine mexicaine exécute une belle parade devant le bâtiment.

Fototeca CENTRE ARTISTIQUE
(☎229-932-87-67 ; Callejón El Portal de Miranda 9 ; ⏲10h-13h et 14h-17h lun-ven). GRATUIT Sur le côté sud-est du *zócalo*, une maison coloniale restaurée accueille sur 3 niveaux des expositions temporaires de photographie et d'art

PLAGES ET LAGUNES DE VERACRUZ

La plage tient une place de choix dans la vie des Jarochos ou Veracruzanos. Il en est de très plaisantes jusqu'à Boca del Río. Si les habitants les fréquentent toutes, les plus agréables sont cependant les plages les plus éloignées des plateformes pétrolières !

À côté de l'aquarium, vous pouvez embarquer à bord de *lanchas* (lun-jeu 110 $M, ven-dim 150 $M) pour gagner, au large, le banc de sable de **Cancuncito** – la plus belle plage de Veracruz – sable fin et eau limpide. D'autres *lanchas* desservent l'**Isla de Sacrificios**, lieu de sacrifices humains à l'époque totonaque, puis léproserie et désormais partie intégrante du parc maritime national **Parque Marino Nacional Sistema Arrecifal Veracruzano**. Quand les touristes se font rares, il arrive que l'on ne puisse pas trouver de *lancha*, mais les bateaux qui assurent la visite du port font parfois halte sur l'île.

À 11 km du centre-ville, les tables de **Boca del Río** ont bonne réputation, tant pour leurs plats aux saveurs océaniques que pour leur vue sur l'embouchure du fleuve, le long du Blvd Camacho. De là partent des *lanchas* qui font découvrir la mangrove. Après le pont, la route côtière continue sur 8 km jusqu'à **Mandinga**, réputée pour ses produits de la mer, et notamment pour les *langostinos bicolores* (grosses crevettes). Vous pourrez également y louer un bateau (dans la *zona de restaurantes*) et observer de près toute la vie sauvage qui peuple les lagunes de la mangrove.

vidéo. Parfois, seul le rez-de-chaussée est ouvert au public.

Activités

Plongée et snorkeling

Malgré la proximité des plateformes pétrolières, Veracruz offre de bonnes possibilités de plongée (avec au moins une épave) ou de snorkeling sur les récifs proches des îles. La visibilité est optimale en mai.

♥ Scubaver PLONGÉE
(☎229-932-39-94 ; www.scubaver.net ; Hernández y Hernández 563 ; 2 plongées 900 $M). Une agence centrale et accueillante, habituée à traiter avec des étrangers. Cours PADI et large éventail de plongées.

Mundo Submarino PLONGÉE
(☎229-980-63-74 ; www.mundosubmarino.com.mx ; Blvd Camacho 3549 ; plongée débutants à partir de 1 000 $M). Plongées de jour et de nuit, cours PADI et excursions. Un club recommandé.

Circuits organisés

Amphibian AVENTURE
(☎229-931-09-97 ; www.amphibianveracruz.com ; Lerdo 117, Hotel Colonial lobby ; ⏲9h-17h). Cet organisme propose des visites de Veracruz, des expéditions rafting et escalade à Jalcomulco, des circuits dans la région du café avec visite de Xico et de Xalapa et des circuits historiques dans les ruines de Zempoala et de Quiahuiztlán.

Aventura Extrema AVENTURE
(☎229-150-83-16 ; www.aventuraextrema.com ; Sánchez Tagle 973 ; ⏲11h-18h lun-ven). Descentes en rappel, balades à cheval, rafting et randonnées dans les environs de Veracruz, principalement dans le secteur de Jalcomulco.

Harbor Tours BATEAU
(☎229-935-94-17 ; www.asdic.com.mx ; adulte/enfant à partir de 100/55 $M ; ⏲9h-18h). Les bateaux partent du *malecón* pour des promenades de 45 minutes dans le port et toute une gamme d'autres excursions.

Fêtes et festivals

♥ Carnaval TRADITIONS
Veracruz s'enflamme durant 9 journées de fête avant le mercredi des Cendres, en février ou en mars. Tous les jours, de flamboyants défilés sillonnent la ville – les festivités commencent avec le "bûcher de la mauvaise humeur" et s'achèvent par les "funérailles de Juan Carnaval". Feux d'artifice, danses, artisanat, spectacles folkloriques... Programme à l'office du tourisme (p. 227).

Où se loger

Les prix peuvent grimper de 10 à 40% aux périodes de pointe (mi-juillet à mi-septembre, Carnaval, Semaine sainte, Noël et Nouvel An). Vous trouverez des hôtels historiques du côté du *zócalo* et des établissements bon marché dans tout le centre ; les auberges de jeunesse se trouvent plus au sud, près de l'aquarium. Les hôtels d'affaires et les *resorts* abondent à Boca del Río et dans les environs.

♥ Oyster Hostel AUBERGE DE JEUNESSE $
(☎229-931-06-76 ; www.facebook.com/oysterhostelveracruz ; Xicotencatl 1076, Flores Magon ; dort/d/qua avec petit-déj 129/302/431 $M ; ❄ 📶). Clair, élégant et bien tenu, voici le meilleur établissement pour voyageurs sac au dos. La clientèle aime s'amuser, les gérants sont branchés, la situation idéale tant pour gagner le front de mer, tout proche, que les principaux sites accessibles à pied. Le petit-déjeuner buffet est étonnamment bon pour cette gamme de prix. Dortoirs de 6 lits au maximum.

Hotel Amparo HÔTEL $
(☎229-932-27-38 ; www.hotelamparo.com.mx ; Serdan 482 ; s/d/tr 250/450/550 $M ; P ❄ 📶). À quelques pâtés de maisons du *zócalo*, cet hôtel tenu en famille à la façade ornée de mosaïque offre le meilleur rapport qualité/prix du centre historique, voire de la ville. Les chambres sont propres et douillettes, équipées de ventilateurs, dotées de salles de bains individuelles, et se trouvent à deux pas de la plupart des endroits intéressants de Veracruz.

El Faro HÔTEL $
(☎229-931-65-38 ; www.facebook.com/HotelElFaroVeracruz ; Av 16 de Septiembre 223 ; ch/qua 399/699 $M ; P ❄ 📶). Assez proche du front de mer, propre, sûre et sans chichis, une enseigne pour les voyageurs à petit budget ; réception anglophone. Les tarifs dépendent de la taille de la chambre et du nombre de lits, les moins chères ne bénéficiant pas de la lumière naturelle.

Nû Hotel HÔTEL $
(☎229-937-09-17 ; www.nuhotel.com.mx ; Av Lafragua 1066 ; s/d 600/650 $M ; P 🚭 ❄ 📶).

Au milieu des masures qui entourent la gare routière, le Nû pratique des tarifs imbattables pour des chambres propres, au style épuré, et abrite en bas un café clair et agréable. Le seul inconvénient : sa situation à 3 km au sud du *zócalo* nécessite de prendre le bus. Personnel jeune et décontracté.

Mesón del Mar BOUTIQUE-HÔTEL **$$**
(229-932-50-43 ; www.mesondelmar.com.mx ; Morales 543 ; ch/ste à partir de 950/1 293 $M ;). Cet hôtel au charme colonial dispose d'un personnel accueillant et de chambres bien tenues avec hauts plafonds (beaucoup ont une mezzanine avec espace de couchage) auxquels viennent s'ajouter balcons, belles salles de bains carrelées, ventilateurs au plafond et mobilier en bois. Si les chambres donnant sur l'Avenida Zaragoza sont parfois bruyantes quand on ouvre les fenêtres, c'est un des hôtels de catégorie moyenne les plus pittoresques de Veracruz.

Balajú Hotel & Suites HÔTEL **$$**
(229-201-08-08 ; www.balaju.com ; Blvd Camacho 1371 ; ch à partir de 870 $M ;). La décoration des chambres suit une recette éprouvée – sol carrelé et palette neutre –, mais cet hôtel élégant et agréable surplombe la mer (les chambres d'angle ont la meilleure vue) et le personnel est efficace et accueillant. Proche de l'aquarium et du centre-ville.

Hotel Imperial HÔTEL HISTORIQUE **$$**
(229-816-15-30 ; www.facebook.com/imperialveracruzhotel ; Lerdo 153 ; ch/ste à partir de 1 200/2 000 $M ;). Cet hôtel ouvert en 1794 se targue d'être le plus ancien du continent américain ! Les suites et les espaces communs offrent le raffinement décoratif attendu (visez l'ascenseur de 1904 avec vitraux !) ; elles charmeront certainement les amateurs d'histoire coloniale et la situation de l'hôtel est incomparable. Les chambres standards sont fades, en revanche.

Hawaii Hotel HÔTEL **$$**
(229-989-88-88 ; Paseo del Malecón 458 ; s/d/tr 700/800/1 000 $M ;). Le marbre et le blanc dominent dans cet établissement de 30 chambres reconnaissable entre tous à sa forme en proue de bateau. C'est le plus avantageux du *malecón*, sur lequel donnent certaines des plus grandes chambres, baignées de lumière et avec une vue splendide. Des petits plus (sèche-cheveux, réfrigérateur...) ajoutent au confort.

Hotel Emporio HÔTEL DE LUXE **$$$**
(229-989-33-00 ; www.hotelesemporio.com/hoteles/emporio-veracruz ; Paseo del Malecón 244 ; ch à partir de 2 567 $M ;). C'est, de loin, le meilleur établissement de Veracruz. Les vastes chambres lumineuses ont une belle salle de bains et un grand balcon ; celles avec vue sur la mer valent le surcoût. Aux jolies touches artistiques du décor s'ajoutent 3 piscines, une salle de sport, un bar à cocktails et un emplacement sur la partie la plus pittoresque du *malecón*.

Réductions hors saison pouvant aller jusqu'à 40%.

Fiesta Inn HÔTEL D'AFFAIRES **$$$**
(229-923-15-00 ; www.fiestainn.com ; Figueroa 68 ; ch à partir de 1 591 $M ;). À un pâté de maisons du *malecón*, cet hôtel d'affaires massif donnant sur la mer dispose de chambres spacieuses avec mobilier en bois blond, comme ses camarades de la chaîne. Bon restaurant, piscine, salle de sport, personnel bilingue et serviable, proximité des attractions de la ville et situation calme ajoutent à son charme.

Gran Hotel Diligencias HÔTEL DE LUXE **$$$**
(229-923-02-80, 800-505-55-95 ; www.granhoteldiligencias.com ; Av Independencia 1115 ; ch/ste à partir de 3 000/3 800 $M ;). Dans l'hôtel le plus chic du *zócalo*, le hall hume bon les fleurs fraîches et les grooms officient en livrée. Aux étages, les immenses chambres offrent une belle élégance à l'ancienne et des petits plus comme la TV câblée et les machines à café. Piscine extérieure, spa et salle de sport sont quelques-uns des bonus. Au rez-de-chaussée, le **Bar El Estribo** (229-923-02-80 ; 9h-tard ;) et le restaurant de produits de la mer Villa Rica ont plus de cachet.

Où se restaurer

D'excellents produits de la mer se taillent une belle part sur la carte de la plupart des restaurants, qu'il s'agisse des quelques *palapas* (paillotes) installées sur le *malecón* juste au sud de l'aquarium ou des restaurants de la mer de Boca del Río. Des établissements de cuisine fusion ou internationale sont répartis dans toute la ville et certaines des adresses les moins chères, dont les stands de rue, se trouvent dans le centre historique.

♥ Tacos David CUISINE DE RUE $

(angle Morales et Farías ; tacos 10 $M ; ⌚10h-16h lun-sam). En fin de matinée et à l'heure du déjeuner, les Mexicains se réunissent autour des tables toutes simples de ce stand de tacos prisé servant une unique spécialité : les tacos à la *cochinita pibil* (porc cuit lentement), cuite dans un bouillon parfumé et modérément épicé. Quatre tacos constituent une belle portion et l'on peut demander un supplément de *chile* (piment).

Antojitos Emily MEXICAIN $

(☎229-955-09-36 ; Zapata 436 ; plats à partir de 10 $M ; ⌚9h-14h30). Tables en plastique rouge, ventilateurs tournant mollement au plafond et aspect discret dissimulent le fait que les *gordas* (chaussons), *pellizcadas con chicharrón* (petits nids à la farine de maïs garnis de couennes grillées), *antojitos con chorizo* (tortillas à la sauce tomate, au chorizo et au fromage) et autres en-cas servis dans ce petit restaurant de quartier sont parmi les meilleurs. Grosse affluence à l'heure du déjeuner.

Mercado Hidalgo CUISINE DE RUE, MARCHÉ $

(Av Hidalgo ; plats 30-70 $M ; ⌚8h-15h lun-ven). Joignez-vous aux Jarochos dans ce marché labyrinthique où des stands proposent des spécialités locales délicieuses et bon marché. Tampico Mariscos est une bonne adresse pour déguster le copieux cocktail de fruits de mer baptisé *vuelvealavida* ("reviens à la vie" – remède contre la gueule de bois), tandis que Los Michoacanos sert toutes sortes de tacos à la viande, tout comme la Taquería Rosita.

Nieves del Malecón GLACIER $

(☎229-931-70-99 ; www.nievesdelmalecon.com ; Av Zaragoza 286 ; coupes à partir de 25 $M ; ⌚8h-minuit). Les Jarochos préfèrent les *nieves* (sorbets) aux crèmes glacées. Cette adresse, entre le *malecón* et le *zócalo*, compte parmi leurs favorites. Goûtez le délicieux parfum *mamey* (sapote) ou la vanille, spécialité de Veracruz.

♥ Gran Café de la Parroquia CAFÉ $$

(☎229-932-25-84 ; laparroquiadeveracruz.com ; Gómez Farías 34 ; plats 70-200 $M ; ⌚6h-minuit). Dire que l'endroit le plus remarquable de Veracruz est un café peut sembler une insulte à la réputation de cette ville portuaire, mais entrez dans ce café deux fois centenaire et vous comprendrez. La boisson de rigueur est le *lechero*, un café lacté qu'on vous apporte sous forme d'un petit noir au fond d'un verre. Faites tinter votre cuillère sur le verre et, aussitôt, un serveur en veste blanche et nœud pap' apparaît pour achever la préparation du *lechero* en y versant du lait chaud à l'aide d'un pichet qu'il tient très haut en l'air.

Si La Parroquia a fait ces dernières années des émules (au point d'avoir une enseigne voisine que les visiteurs confondent avec l'établissement historique), aucun n'égale l'esprit et l'atmosphère de cette institution du Paseo del Malecón. Adresse recommandée pour le petit-déjeuner également, avec une bonne dizaine de recettes à base d'œufs.

Bistro Marti FRANÇAIS $$

(☎229-213-95-73 ; www.facebook.com/bistromartiveracruz ; Calle Magallanes 213 ; plats 120-230 $M ; ⌚13h-23h30 mar-ven, 17h-minuit sam, 13h-19h dim ; 📶). Ce restaurant français très bien noté, affichant un soupçon d'accent italien, propose un menu variant selon les saisons : des saint-jacques joliment présentées, des moules marinières ou des plats originaux comme la soupe au fromage. Le décor se révèle à la fois romantique, moderne et douillet.

Los Canarios ESPAGNOL, MEXICAIN $$

(☎229-989-33-00 ; www.loscanarios.com.mx/emporio-veracruz ; Paseo del Malecón 224 ; plats 140-290 $M ; ⌚13h-23h ; 📶). Difficile de résister à l'attrait de la table du luxueux Hotel Emporio, restaurant chic pourvu de vastes baies vitrées donnant sur le *malecón*. Vous y découvrirez la cuisine espagnole rehaussée de touches mexicaines. L'*arroz negro* à la catalane (riz aux calmars et à l'encre de seiche) est excellent, le vin rouge est servi glacé et le service ne traîne pas.

Les gros mangeurs choisiront le buffet de produits de la mer (280 $M), servi toute la journée du vendredi au dimanche.

Gran Café del Portal INTERNATIONAL $$

(☎229-931-27-59 ; Av Independencia 1187 ; plats 70-200 $M ; ⌚7h-minuit ; 📶). Dans ce vaste café haut de gamme, le service, assuré par des employés très professionnels, peut aussi être très détendu. Repas complets, café au lait et douceurs à déguster dans un décor choisi. En retrait du *zócalo*.

♥ Villa Rica Mocambo PRODUITS DE LA MER $$$

(☎229-922-21-13 ; www.villaricamocambo.com.mx ; Calz Mocambo 527, Boca del Río ; plats 120-325 $M ; ⌚11h-22h dim-mer, 11h-minuit jeu-sam ; 📶👪). La cuisine – et ce restaurant en particulier – est une raison suffisante pour faire le pèlerinage à Boca del Río. Le poisson est un ingrédient omniprésent, qu'il s'agisse des *camarones enchipotlados* (crevettes en sauce au piment fumé) ou du loup de mer farci, et le service en bord de mer est attentif. Bien des gens prétendent qu'on y sert les meilleurs produits de la mer de Veracruz et c'est aussi notre avis.

Une succursale est installée au Gran Hotel Diligencias, sur le *zócalo*.

Mardel ARGENTIN **$$$**
(☎229-937-56-42 ; www.mardel.com.mx ; Blvd Camacho 2632 ; plats 160-380 $M ; ⏲7h-23h lun-sam, 8h-23h dim ; 📶). Délicieusement installé sur le front de mer, ce restaurant tenu par un ancien footballeur argentin se spécialise dans les pièces de bœuf grillées, auxquelles se cantonnent les habitués. Longue carte aux influences mexicaines et espagnoles. Retransmission d'événements sportifs.

Où prendre un verre et faire la fête

Si les cafés des *portales* (arcades) du *zócalo* restent les endroits favoris de ceux qui veulent prendre un verre, la plupart des lieux de divertissement nocturnes sont regroupés un peu plus au sud, le long du *malecón*, sur le boulevard Camancho.

Bar Prendes BAR
(☎229-922-21-13 ; Lerdo ; ⏲9h-tard). C'est l'adresse idéale pour profiter de l'animation nocturne du *zócalo*. La terrasse aux meubles modernes du Prendes occupe un emplacement privilégié sous les *portales*. Girafes à bière pour les groupes.

Velitas BAR
(angle Blvd Camacho et Militar ; ⏲17h-fermeture). Ce *palapa* apprécié du bord de mer offre une ambiance romantique, un éclairage aux torches et un cadre décontracté pour prendre un cocktail tout en regardant l'océan et les gens qui se baladent sur le boulevard. Musique live le week-end.

Où sortir

Groupes de marimbas et mariachis se succèdent en permanence sur le *zócalo*. Le boulevard longeant le littoral est appelé *la barra más grande del mundo* (la plus grande barre/le plus grand bar du monde), *barra* se référant à la fois au banc de sable et à la succession des bars. La ville compte aussi un théâtre et quelques salles de concert.

Las Barricas CONCERTS
(Constitución 72 ; sam et concerts 50 $M ; ⏲14h-4h lun-sam). Recommandé par les Jarochos, ce club-discothèque propose des rythmes variés : *reggaetón*, salsa, pop, rock, etc. La salle, plutôt petite, attire une clientèle nombreuse, bruyante et joyeuse, surtout le week-end.

Teatro Principal Francisco Javier Clavijero THÉÂTRE
(☎229-200-22-47 ; Emparán 166 ; ⏲horaires variables). Ce théâtre a pris de nombreuses formes au fil de sa riche histoire. Il a emménagé ici en 1819 et son architecture actuelle (néoclassique français avec de superbes mosaïques), bien qu'un peu dégradée, date de 1902. Au programme : pièces de théâtre, comédies musicales et concerts classiques.

La Casona de la Condesa CONCERTS
(www.facebook.com/casona.condesa ; Blvd Camacho 1520 ; ven-sam 50-80 $M ; ⏲22h-5h mar-dim). Bons concerts le soir et expositions artistiques attirent ici une clientèle adulte. Près du front de mer, à 5 km au sud du centre-ville, sur le boulevard Camacho.

Achats

L'Avenida Independencia est la principale artère commerçante de la ville. Pour des souvenirs, notamment des flacons de vanille et du bon café, rendez-vous au **Mercado de Artesanías** (Paseo del Malecón ; ⏲9h-19h). On y trouve aussi à des prix raisonnables des bijoux en argent, parfois ornés de motifs mayas ou aztèques.

Libros y Arte Fototeca LIVRES
(☎229-934-22-33 ; Callejón El Portal de Miranda 9 ; ⏲10h-13h et 14h-17h lun-ven). Dans le bâtiment de la Fototeca, au coin du *zócalo*, cette librairie réunit une bonne sélection d'ouvrages, régionaux ou publiés à l'étranger.

Renseignements

La plupart des banques changent les dollars US. Certaines prennent aussi les euros. Les banques avec DAB ne manquent pas en ville ; quelques-unes sont regroupées à un pâté de maisons au nord du *zócalo*, dont :

Banco Santander (entre Av Independencia et Juárez ; ⏲24h/24)

LE DANZÓN, LE PETIT BONHEUR DES JAROCHOS

Difficile de se promener dans Veracruz sans tomber sur une place où des couples de Jarochos (habitants de Veracruz) s'adonnent au passe-temps favori de la cité : le *danzón*, élégante danse de salon tropicale où se conjuguent contredanse française et rythmes africains.

Originaire de Cuba comme la plupart des danses latino-américaines, le *danzón* est attribué au musicien Miguel Failde qui joua en 1879 un morceau entraînant de sa composition, *Las Alturas de Simpson*, dans la ville portuaire de Matanzas. Purement instrumental au début, le *danzón* scandalisa la bonne société de l'époque car il se dansait en couple et non en groupe. Lorsqu'il arriva au Mexique, importé par des immigrants cubains dans les années 1890, le son était devenu plus complexe ; il était caractérisé par un rythme syncopé particulier, tandis que des instruments supplémentaires, comme les congas, étaient employés pour former une *orquesta típica*.

Si sa popularité déclina à Cuba dans les années 1940 et 1950 avec l'arrivée du mambo et du cha-cha-cha, elle resta forte au Mexique – comme en témoigne le film mexicain de Maria Novaro, *Danzón* (1991), qui décrit la vie d'une femme organisée autour de trois centres d'intérêt : son travail, sa fille et le *danzón*. Depuis les années 1990, le *danzón* a fait un retour en force à Veracruz, en particulier parmi les citadins d'âge mûr. Le bastion de cette danse est le *zócalo*, le vendredi et le samedi soir. Si vous restez assez longtemps sur la place, on viendra sans doute vous prendre par la main pour vous faire entrer dans la danse.

HSBC (entre Av Independencia et Juárez ; 24h/24)

Hospital Beneficencia Española de Veracruz (229-931-40-00 ; www.heveracruz.mx ; Av 16 de Septiembre 955 ; 24h/24). Meilleur hôpital de la ville ; médecine générale.

Hospital Regional (229-932-11-71 ; Av 20 de Noviembre 1074 ; 24h/24). Hôpital général.

Kiosque d'information touristique (angle Paseo del Malecón et Landero y Cos ; 9h-21h). Installé à l'extrémité ouest du Mercado de Artesanías.

Office du tourisme (229-922-95-33 ; www.veracruz.mx ; Palacio Municipal ; 8h-15h). Nombreuses cartes et brochures ; personnel compétent.

Poste (Plaza de la República 213 ; 9h-16h lun-ven, 9h-13h sam). À 5 minutes de marche au nord du *zócalo*.

Depuis/vers Veracruz

AVION

L'**Aeropuerto Internacional de Veracruz** (VER ; www.asur.com.mx) ou Aeropuerto Internacional General Heriberto Jara se trouve à 18 km au sud-ouest du centre, près de la route 140. VivaAerobus (www.vivaaerobus.com) dessert Cancún, Guadalajara et Monterrey, TAR Aerolíneas (www.tarmexico.com) dessert Cuidad del Carmen, Támpico et Mérida, Aeromar (www.aeromar.com.mx) et MAYAir (www.mayair.com.mx) desservent Villahermosa, et Aeroméxico (www.aeromexico.com), Aeromar, Interjet (www.interjet.com.mx) et certaines compagnies internationales proposent des vols fréquents pour Mexico. Volaris (www.volaris.com) et Interjet desservent aussi Guadalajara. United (www.united.com) propose des vols directs depuis/vers Houston (États-Unis).

BUS

Important carrefour de transports, Veracruz offre de bonnes liaisons le long de la côte et dans l'arrière-pays, dans le corridor Córdoba-Puebla-Mexico. Pendant les vacances et les jours fériés, il est parfois difficile de trouver une place depuis/vers Mexico.

La **gare routière** (229-937-04-58 ; Av Díaz Mirón, entre Tuero Molina et Orizaba), située à 3 km au sud du *zócalo*, abrite des DAB. Le secteur réservé aux bus de 1re classe/deluxe se trouve dans la partie la plus proche d'Orizaba. Celui des bus de 2e classe (plus fréquents, un peu moins chers et plus lents) est de l'autre côté, accessible par l'Avenida Lafragua. La consigne fonctionne 24h/24.

VOITURE ET MOTO

Des compagnies locales et internationales de location de voitures, comme Hertz (www.hertz.com) and Dollar (www.dollar.com) disposent d'un comptoir à l'aéroport de Veracruz. D'autres agences sont installées en ville. Comptez un minimum de 400 $M/jour.

BUS AU DÉPART DE VERACRUZ

Quelques bus ADO 1re classe partent quotidiennement de Veracruz :

DESTINATION	PRIX ($M)	DURÉE (H)	FRÉQUENCE
Campeche	1 170	11 ½	22h
Cancún	1 102	20-22 ¾	4/jour
Catemaco	91-132	3 ¾	10/jour
Chetumal	814	17 ¼	16h45
Córdoba	146-164	1 ¾-2 ¼	fréquents
Mérida	896-1 071	15 ¼-18 ¼	4/jour
Mexico	228-686	5 ½-7 ¼	fréquents
Oaxaca	235-371	6 ¾-8 ½	5/jour
Orizaba	79-186	2 ½	fréquents
Papantla	306	3 ½-4 ¼	7/jour
Puebla	176-384	3 ¾-5 ¼	fréquents
San Andrés Tuxtla	196	3 ¼	12/jour
San Cristóbal de las Casas	521-1 160	8 ¾-10	3/jour
Santiago Tuxtla	192	2 ¾	10/jour
Tuxpan	394-446	5 ½-6	fréquents
Villahermosa	610	6 ½-8 ¾	fréquents
Xalapa	134-384	1 ½-2 ¼	fréquents

ℹ Comment circuler

Petit, moderne et bien organisé, l'aéroport international de Veracruz comporte un café et plusieurs boutiques. Aucun bus n'assure la navette entre Veracruz et son aéroport. Avec un taxi officiel, comptez 280 $M jusqu'au *zócalo*. Pour éviter les escroqueries, achetez un billet à l'avance à un guichet du terminal des arrivées. Dans l'autre sens, le prix normal est de 160 $M, mais vérifiez avant de monter.

Pour rejoindre le centre-ville depuis la gare routière des bus 1re classe, prenez un bus indiquant "Díaz Mirón y Madero" (10 $M). Il passe par le Parque Zamora, puis remonte l'Av Madero. Pour le *zócalo*, descendez au coin de l'Av Madero et de Lerdo, et tournez à droite. Pour retourner à la gare routière, prenez le même bus en direction du sud sur l'Av 5 de Mayo. Vous trouverez aux terminaux des bus de 1re et 2e classes des kiosques vendant des billets de taxi pour le centre (quartier du *zócalo*, 45-50 $M). Certains hôtels, comme le Gran Hotel Diligencias (p. 224), vous remettront une grille tarifaire officielle des taxis, utile pour éviter la surfacturation réservée aux touristes.

Les bus affichant "Mocambo-Boca del Río" (10 $M pour Boca del Río) partent régulièrement du coin de l'Av Zaragoza et d'Arista, près du *zócalo* ; ils desservent le Parque Zamora et le Blvd Camacho avant de rejoindre la Playa Mocambo (20 min), puis Boca del Río (30 min). Des bus AU rejoignent ces mêmes destinations depuis la gare routière des bus de 2e classe.

CENTRE DE L'ÉTAT DE VERACRUZ

Depuis Veracruz, la route fédérale 180 serpente le long du littoral et de ses plages de sable noir pour rejoindre Cardel, important centre de transport où la 140 bifurque vers l'ouest et Xalapa, capitale de l'État, entourée de villages de montagne où l'on cultive le café et où se situe l'un des meilleurs musées du pays. Tlapacoyan et Jalcomulco, deux des meilleurs sites de rafting en eau vive, se trouvent respectivement au nord et au sud de Xalapa. Au sud de Veracruz, la 150D court au sud-ouest vers Córdoba, Fortín de las Flores et Orizaba, à la lisière de la Sierra Madre. Orizaba est une ville particulièrement charmante au-delà de laquelle se dresse le plus haut sommet du pays.

Entre Nautla et Veracruz, le littoral est particulièrement sauvage et inexploré malgré sa grande valeur historique. Le village assoupi d'Antigua constitue une agréable étape, tandis que la ville de Zempoala recèle un important site archéologique du même nom. Si les sites archéologiques peu visités vous enchantent, vous serez emballé par Quiahuiztlán, plus loin sur la côte.

La Antigua

☎296 / 988 HABITANTS

La Antigua est la réincarnation du village de Veracruz (1525-1599) et la deuxième plus ancienne ville espagnole du Mexique. Son identité passée transparaît quelque peu dans le languissant quadrillage de ses rues pavées endormies et de ses ruines couvertes de mousse. C'est aujourd'hui un village agréable, tranquille et apaisant, qui vaut le détour pour son histoire et ses produits de la mer.

Cortés aurait amarré ses navires au gigantesque **ceiba** noueux qui est toujours debout. Parfois appelé à tort la "**Casa de Cortés**", le pittoresque édifice en ruine, à demi étranglé par les racines de l'arbre et des lianes, est en réalité un bureau de douane du XVIe siècle. La petite église **Ermita del Rosario** (8h-18h), qui daterait de 1523, est considérée comme la plus ancienne des Amériques.

Des *lanchas* effectuent des promenades sur le plaisant Río Antigua moyennant environ 100 $M/personne, en fonction du nombre de passagers.

Où se restaurer

Las Delicias Marinas PRODUITS DE LA MER **$$**

(☎296-971-60-38 ; www.lasdeliciasmarinas.com ; berge Río Huitzilapan ; plats 130-255 $M ; 10h-19h). En bord de mer, tout près d'un pont suspendu réservé aux piétons, ce célèbre restaurant sert des produits de la mer dignes de rivaliser avec ceux de Veracruz. L'assortiment de fruits de mer cuit à la braise et les *camarones enchipotlados* (crevettes dans une sauce au piment fumé) sont incroyablement bons. Le week-end, vous pourrez assister ici à des sessions de musique et de danse.

Depuis/vers La Antigua

Les taxis *colectivos* demandent environ 10 $M le trajet (1 km) du village à la route fédérale, où des bus à destination de Veracruz et de Cardel passent toutes les 15 minutes environ. Hélez un taxi juste au nord du péage ou rejoignez le village à pied (20 min).

Villa Rica

☎296

Ce petit village de pêcheurs sans grand cachet, à 69 km au nord de Veracruz, réunit quelques maisons, des hébergements et deux restaurants rustiques. Si ce n'étaient les fondations couvertes de mauvaises herbes d'une poignée de bâtiments construits par Cortés et ses hommes peu après leur arrivée, comment croire que la première colonie européenne du continent américain au nord de Panama vit le jour ici ? Fondée en 1519 sous le nom de Villa Rica de la Vera Cruz, la ville fut transférée sur le site de l'actuelle La Antigua en 1524. Une jolie petite plage conduit, via des dunes et un isthme, au Cerro de la Cantera, un promontoire rocheux réputé pour ses *quebraditas* (ravins) à pic. Villa Rica se trouve à 1 km à l'est de la route 180. Sur la ligne Cardel-Nautla, vous pourrez demander à un chauffeur de bus de vous déposer à l'embranchement menant aux ruines de Quiahuiztlán. De là, vous rejoindrez aisément le village à pied. Des habitants de Veracruz viennent s'y promener le week-end.

À voir

Quiahuiztlán SITE ARCHÉOLOGIQUE

(Près de la route 180 ; 40 $M ; 9h-16h30). Perchée sur un plateau au pied d'une montagne en forme de corne (le Cerro de Metates) tel un Machu Picchu miniature, Quiahuiztlán ("le lieu des pluies") est une ancienne cité et nécropole totonaque, qui comptait 15 000 habitants à l'arrivée de Cortés en 1519. Avant cette date, son histoire demeure méconnue, même si l'on sait qu'une localité existait déjà à cet endroit en 800. Le site, d'où se dévoile un panorama dégagé sur le golfe du Mexique, compte 2 pyramides, plus de 70 tombeaux et quelques monuments sculptés.

Les habitants de Quiahuiztlán furent les seuls précolombiens à enterrer leurs morts dans des tombeaux aux allures de temples miniatures. Un bref sentier monte du plateau principal, qui surplombe l'océan, jusqu'à un site plus élevé regroupant 4 tombeaux. Un autre sentier part de là : partiellement envahi par la végétation, il oblige à crapahuter presque à la verticale dans les rochers (20 minutes dans chaque sens) et monte pratiquement jusqu'au sommet de la montagne, où vous serez récompensé de vos efforts par une vue plongeante sur les ruines et un panorama incomparable sur le littoral et les vallées verdoyantes, sous le regard des buses qui tournoient dans le ciel.

À NE PAS MANQUER

ZEMPOALA

Alors que Hernán Cortés s'avançait vers la ville totonaque de Zempoala en 1520, l'un de ses éclaireurs rapporta que les édifices étaient en argent ; il s'agissait en fait de peinture blanche qui étincelait au soleil. Le chef de Zempoala, un homme corpulent surnommé *el cacique gordo* (le gros chef) par les Espagnols, s'allia à Cortés pour qu'il le protège des Aztèques. Son hospitalité n'empêcha pas les Espagnols de détruire les statues des dieux et de prêcher à la population les vertus du christianisme. En 1520, Cortés vainquit à Zempoala l'expédition envoyée par le gouverneur espagnol de Cuba. Une épidémie de variole décima la population de la ville entre 1575 et 1577, et la plupart des survivants partirent à Xalapa.

Les **vestiges archéologiques** (Morelos Oriente s/n ; 50 $M ; ⏲9h-18h) de cette ville totonaque de quelque 30 000 âmes datent environ de l'an 1200 ; ils occupent la périphérie de l'actuelle Zempoala et sont desservis par des bus fréquents au départ de Cardel (20 $M). Les temples et autres édifices de ce site tranquille et enherbé ont subi d'importantes rénovations ; ils sont pour la plupart émaillés de galets de rivières lisses, mais beaucoup étaient enduits et peints. Zempoala possédait des remparts, des canalisations d'eau et d'évacuation souterraines, et des sacrifices humains avaient lieu dans les temples.

En l'absence d'indications sur le site, faites préalablement un tour au **musée** adjacent. Outre d'intéressantes figurines en argile, des assiettes polychromes, des obsidiennes taillées et des céramiques utilisées lors des cérémonies, vous y trouverez des photos et des descriptions (en espagnol) de tous les édifices importants. Admirez la statue en argile de Xipe Totec – divinité en l'honneur de laquelle on sacrifiait et écorchait des esclaves et des prisonniers, avant d'appliquer leur peau sur des malades pour les guérir.

Il est parfois possible de trouver un guide pour vous orienter sur le site moyennant un pourboire. Roberto del Moral Moreno est le seul à parler un peu l'anglais. Il demande environ 120 $M pour une visite. S'il n'est pas là, demandez au gardien de l'appeler.

Près de l'entrée, le **Templo del Muerte** (temple du Mort) contenait jadis le tombeau de Mixtecachihuatl, déesse des femmes décédées. Découvert en 1972, le **Templo Mayor** (temple principal) est une pyramide de 11 m de haut, pourvue d'un large escalier qui grimpe jusqu'aux vestiges d'un sanctuaire. À leur arrivée à Zempoala, Cortés et ses hommes logèrent dans le **Templo de las Chimeneas**, surmonté de créneaux (*almenas*) qu'ils prirent pour des cheminées – d'où le nom. Dans le **Círculo de los Guerreros**, un cercle de pierres au milieu du site, des soldats capturés combattaient seuls des groupes de guerriers locaux. Rares étaient ceux qui en ressortaient victorieux !

Du côté ouest s'élèvent deux grands édifices. Le premier, appelé **Templo del Sol**, possède deux escaliers en façade, un élément typique du style aztèque influencé par les Toltèques. Des sacrifices étaient offerts au dieu du Soleil Tonatiun sur la **Piedra de Sacrificios**. Xicomecoatl, le "gros chef", s'asseyait sur le grand autel, face au macabre spectacle. Au nord, le **Templo de la Luna** s'apparente aux temples aztèques dédiés au dieu du Vent, Ehécatl. À l'est du Templo de las Chimeneas se tient l'édifice de **Las Caritas** (Petites Têtes) : il doit son nom aux niches qui abritaient des crânes en céramique désormais exposées dans le musée.

Autre grand temple dédié au dieu du Vent, le **Templo del Dios del Aire** est situé dans la ville même – regagnez la voie d'accès au sud, traversez la route principale, puis tournez à droite. Le temple, d'une forme circulaire caractéristique, jouxte une intersection.

Les bus qui font la navette sur la fédérale 180 vous déposent à l'embranchement pour Quiahuiztlán.

On accède au site, à 3 km de là, via une agréable balade sur une route goudronnée sinueuse qui part de la 180. Malgré son altitude, le village fut assujetti par les Toltèques entre 800 et 900, puis par les Aztèques vers l'an 1200. Vous pourrez méditer sur son histoire en pleine nature et dans une solitude totale, car vous risquez fort d'avoir l'endroit pour vous seul.

Activités

EcoGuías La Mancha PLEIN AIR
(296-100-11-63 ; www.ecoturismolamancha.com ; La Mancha-Actopan, Carretera Federal Cardel-Nautla Km 31 ; empl sans/avec tente prêtée 60/100 $M, cabañas 1 200 $M ou 150 $M/pers). Tous félicitent cette association d'avoir développé un centre d'éducation populaire à l'environnement. L'installation située à 1 km de la plage propose des sentiers d'interprétation, des excursions ornithologiques, des balades à cheval et des excursions en kayak permettant de découvrir les mangroves et les animaux sauvages, le tout pour 150 $M par personne. Suivez les panneaux "El Mangal" à partir de l'embranchement pour La Mancha qui bifurque vers l'est depuis la 180, sur 1 km. Apportez du répulsif.

Le logement est rustique (bungalows à toit de chaume pour 8 pers ou tentes), mais c'est une belle adresse hors des sentiers battus qui vient en aide à la communauté locale.

Où se loger et se restaurer

Villas Arcon HÔTEL $$
(296-964-91-72 ; www.villasarcon.com ; Villa Rica ; s/d 900/1 150 $M ; P). À l'entrée nord de Villa Rica, ce complexe hôtelier orange vif composé de bâtiments peu élevés occupe un parc impeccable qu'ombragent des arbres et des bouquets de bambou. Des chambres spartiates, assez propres mais sans charme, entourent deux piscines et une courte traversée du village permet de rejoindre la plage. Le restaurant de l'hôtel sert des plats de poisson et de fruits de mer, notamment d'excellents *camarones encipotlados* (crevettes au piment fumé).

Restaurant Miriam PRODUITS DE LA MER $
(Villa Rica ; plats 60-130 $M ; 10h-19h). La sympathique Miriam et sa grande famille servent de délicieux plats marins sur commande, dans ce qui ressemble à une extension de leur salon. Attention, le plat *picantísimo* est vraiment très piquant !

Depuis/vers Villa Rica

Villa Rica se trouve à 1 km à l'est de la route 180. Sur la ligne Cardel-Nautla, vous pourrez demander à un chauffeur de bus de vous déposer à l'embranchement menant aux ruines de Quiahuiztlán. De là, vous rejoindrez aisément le village à pied.

Xalapa

228 / 719 591 HABITANTS / ALTITUDE : 1 417 M

Connu pour le piment vert extrafort du même nom, Xalapa (parfois écrit Jalapa) doit à son altitude un climat tempéré et souvent nuageux. Sa population estudiantine lui assure des soirées animées et une riche vie culturelle – avec, notamment, le Hay Festival of Literature & the Arts, un festival littéraire et artistique.

Cette ville engorgée par la circulation automobile possède un centre attrayant, rempli de parcs bien tenus, de rues piétonnes animées et d'édifices coloniaux. Si de nombreux visiteurs viennent pour son superbe musée anthropologique, vous pourrez profiter aussi de bars branchés, d'excellentes librairies et de nombreux cafés qui font de la ville l'un des centres urbains les plus agréables du pays.

Histoire

Fondée par les Totonaques au début du XIIIe siècle, Xalapa faisait partie de l'Empire aztèque lorsque Hernán Cortés et ses hommes la traversèrent en 1519. En raison de son climat et de son emplacement stratégique, l'Espagne décida d'y construire un monastère afin de convertir la population indienne. Au XVIIe siècle, Xalapa devint un carrefour de commerce et d'échanges. Aujourd'hui, elle demeure un centre de négoce pour le café, le tabac et les fleurs.

À voir

Museo de Antropología MUSÉE
(228-815-09-20 ; www.uv.mx/max ; Av Xalapa s/n ; tarif plein/étudiant 55/30 $M, audioguide 50 $M ; 9h-17h mar-dim). Sis dans un vaste parc près de l'Avenida Xalapa, à 4 km au nord-ouest du centre, ce remarquable musée (il renferme la deuxième collection archéologique du pays) est une œuvre d'art à lui seul. Il est tourné vers les principales civilisations préhispaniques du golfe du Mexique, les Olmèques, les Totonaques, les Huastèques et la civilisation classique de Veracruz. Les objets sont joliment présentés dans l'ordre chronologique, dans des galeries reliées entre elles sur le versant d'une colline luxuriante.

L'ampleur des collections est en rapport avec le plan élaboré du musée. Les pièces maîtresses sont notamment la plus grande collection mondiale de têtes olmèques géantes, une reconstitution du

Xalapa

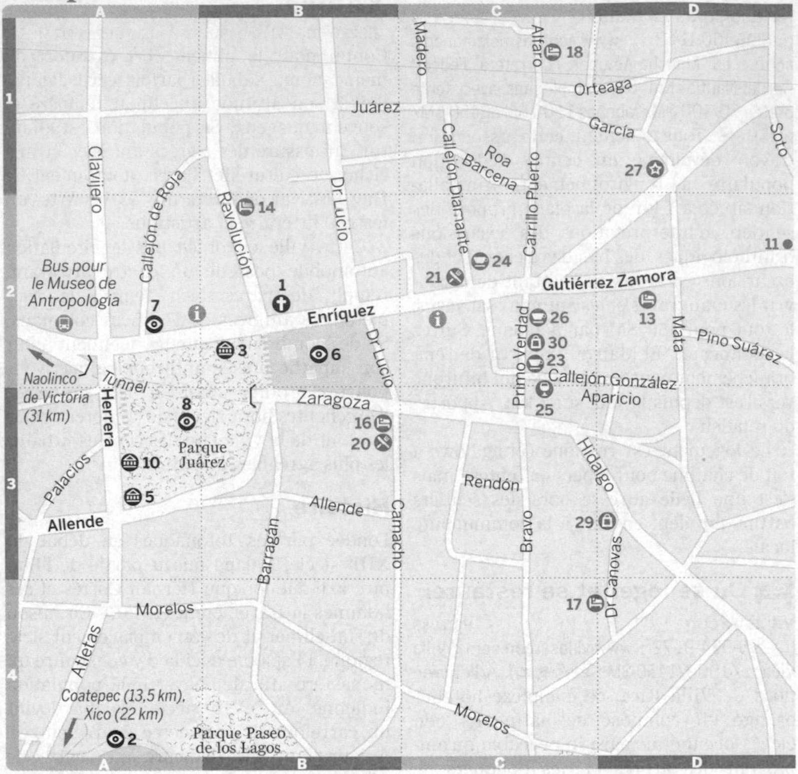

temple de Las Higueras, des masques en jade et la vedette du musée, *El señor de las Limas,* une statue olmèque en jade issue du sud de l'État de Veracruz. Il y a aussi de spectaculaires représentations en pierre des principales divinités précolombiennes : Quetzalcoal (le serpent à plumes), dieu de la Création et du Savoir ; Tláloc, dieu de la Pluie et de la Fertilité, muni de lunettes ; Tlazolteotl ("la mangeuse d'immondices"), patronne des adultères et déesse du Désir charnel ; et Xipe Totec, dieu de la Vie, de la Mort et du Renouveau, que l'on honorait en tuant et en écorchant un esclave dont le prêtre revêtait ensuite la peau. On y trouve aussi tout un assortiment d'œuvres liées au jeu de balle précolombien.

Un petit café est situé à l'étage, la librairie est excellente et la balade qui permet de remonter la colline à travers des jardins magnifiques est un régal.

Le supplément pour l'audioguide (ayez une pièce d'identité à laisser en caution) vaut vraiment le coup, mais on peut aussi télécharger l'application du musée.

Si vous y allez par les transports en commun, sautez à bord d'un **bus** (Av Camancho ; 10 $M) affichant "Camacho-Tesorería" sur Enríquez, près du Parque Juárez. Au retour, prenez un bus indiquant "Centro". La course en taxi coûte 30 $M.

Parque Juárez PLACE

La grand-place centrale évoque une vaste terrasse. Côté sud, elle surplombe en effet la vallée et permet de contempler au loin le Pico de Orizaba coiffé de neige. Plus verte et mieux entretenue que la plupart des places mexicaines, elle est plantée d'araucarias du Chili et de haies bien taillées, parmi lesquelles évoluent cireurs de chaussures, vendeurs de ballons et musiciens ambulants.

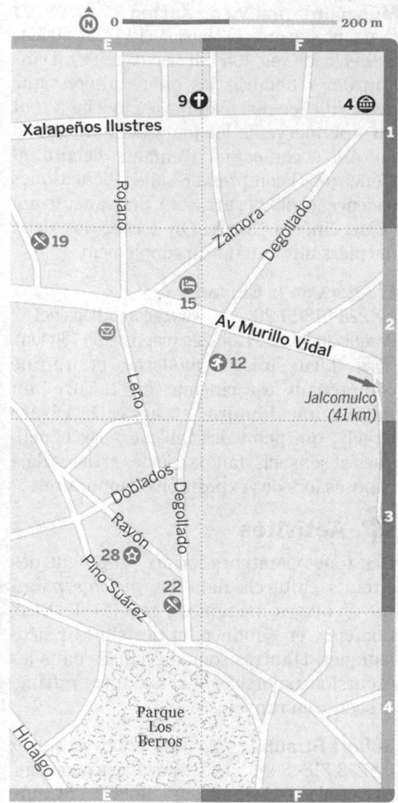

Xalapa

À voir

1	Catedral Metropolitana	B2
2	Centro Cultural Los Lagos	A4
3	El Ágora de la Ciudad	B2
4	Galería de Arte Contemporáneo	F1
5	Museo Casa de Xalapa	A3
6	Palacio de Gobierno	B2
7	Palacio Municipal	A2
8	Parque Juárez	A3
9	Parroquia de San José	E1
10	Pinacoteca Diego Rivera	A3

Activités

11	Escuela para Estudiantes Extranjeros	D2
12	Veraventuras	F2

Où se loger

13	Hostal de la Niebla	D2
14	Hotel Limón	B2
15	Majova Inn	E2
16	Mesón del Alférez Xalapa	B3
17	Posada del Cafeto	C4
18	Posada La Mariquinta	C1

Où se restaurer

19	El Brou	E2
20	La Candela	B3
21	La Fonda	C2
	Postodoro	(voir 30)
22	Verde Raiz	E3

Où prendre un verre et faire la fête

23	Angelo Casa de Té	C2
24	Café Cali	C2
25	Cubanías	C3
26	Espresso 58	C2

Où sortir

27	Centro Recreativo Xalapeño	D1
28	Tierra Luna	E3

Achats

29	360 by Negro Distaster	D3
30	Café Colón	C2

Dominée côté nord par un palais de style néoclassique construit en 1855, le **Palacio Municipal** (Av Enríquez), elle abrite côté est le siège du gouvernement de l'État de Veracruz, le **Palacio de Gobierno** (Parque Juárez). Au-dessus de l'escalier proche de l'entrée est, qui se trouve sur Enríquez, on remarquera une belle peinture murale de Mario Orozco Rivera illustrant l'histoire de la justice.

Catedral Metropolitana ÉDIFICE RELIGIEUX
(Angle Enríquez et Revolución ; 8h-18h). Restée inachevée, la cathédrale de Xalapa a été privée de la seconde tour initialement prévue. Elle n'en est pas moins impressionnante, tant par ses dimensions que par sa majesté. Dès le porche franchi, l'usage de la verticalité, destinée à accroître les sentiments d'admiration et de respect, conduit à lever la tête pour voir l'autel et le crucifix géant. Mélange de néogothique et de baroque, le monument recèle la dépouille de l'évêque Rafael Guízar y Valencia, béatifié en 1995 par Jean-Paul II, puis canonisé en 2006 par Benoît XVI.

Parque Paseo de los Lagos PARC
(Zona Universitaria). Juste au sud du Parque Juárez, ce joli parc, sillonné par 3 km de sentiers en bord de lac, attire les habitants de Xalapa, qui viennent fuir la circulation chaotique et s'adonner au jogging. À son extrémité nord, le **Centro Cultural Los Lagos** (228-812-12-99 ; Paseo de los Lagos s/n ; 8h-17h) propose des cours

de danse et de yoga, et programme des manifestations culturelles (consultez le tableau d'affichage pour en savoir plus).

Pinacoteca Diego Rivera MUSÉE
(☎228-818-18-19 ; www.facebook.com/PinacotecaDiegoRivera.IVEC ; Herrera 5 ; ⏲10h-19h mar-sam). GRATUIT Niché sous le flanc ouest de la place, ce petit musée renferme une modeste collection d'œuvres de Rivera et expose parfois des œuvres d'autres peintres mexicains, comme José García Ocejo.

Parque Ecológico Macuiltépetl PARC
(Près de García Barna ; ⏲5h-19h). Sur une colline au nord de la ville, ce parc de 40 ha couvre le sommet densément boisé d'un volcan éteint. Appréciés des nombreux joggeurs de Xalapa, ses sentiers serpentent jusqu'au point le plus haut, offrant une vue dégagée sur la ville et ses alentours.

Museo Casa de Xalapa MUSÉE
(☎228-841-98-02 ; Herrera 7 ; ⏲10h-19h mar-dim). GRATUIT Pour un rapide exposé de l'histoire de Xalapa, rendez-vous dans ce musée aménagé dans une vieille maison coloniale, non loin du Parque Juárez. Les collections (en espagnol) couvrent toutes les époques, de la préhistoire à la croissance et à l'urbanisation de Xalapa, mais aussi la culture et le commerce, et il y a la reconstitution d'une cuisine *xalapeña*.

Galería de Arte Contemporáneo MUSÉE
(☎228-817-03-86 ; Xalapeños Ilustres 135 ; ⏲9h-18h mar-dim). GRATUIT Ce musée d'art contemporain occupe un bâtiment colonial rénové à 1 km à l'est du centre. Il propose un éventail intéressant d'expositions temporaires, des céramiques abstraites de Gloria Carasco par exemple. Il comprend aussi une petite salle de cinéma où sont projetés des films d'art et d'essai, gratuitement la plupart du temps.

Parroquia de San José ÉDIFICE RELIGIEUX
(angle Xalapeños Ilustres et Arieta ; ⏲8h-18h). Dans le beau quartier de San José, cette église de 1770 confirme le penchant de Xalapa pour les édifices religieux asymétriques, à une seule tour. Son architecture dévoile une combinaison inhabituelle des styles baroque et mudéjar – remarquez les arcs outrepassés. Juste derrière, le **Mercado Alcalde y García** est un marché couvert doté d'agréables cafés-restaurants aux niveaux inférieurs.

Museo Interactivo de Xalapa MUSÉE
(www.mix.org.mx ; Av Murillo Vidal 1735 ; 50 $M ; ⏲9h-17h lun-ven, 10h-19h sam-dim ; 👪). Dans l'un des faubourgs les moins intéressants de la ville, ce nouveau musée touche-à-tout est une merveille les jours de pluie quand on est accompagné d'enfants débordant d'énergie. Il comprend 6 salles thématiques (science, écologie, art, etc.), un planétarium et un cinéma IMAX. On accède aux deux derniers moyennant un supplément.

El Ágora de la Ciudad MUSÉE
(☎228-818-57-30 ; www.agora.xalapa.net ; Parque Juárez ; ⏲10h-22h mar-dim, 9h-18h lun). GRATUIT Lieu animé, moderne et raffiné comprenant un cinéma, un théâtre, un musée, une librairie et un café. Lázaro Gracia, qui peint des tableaux psychédéliques et sensuels, fait partie des artistes déjà exposés lors des expositions temporaires.

Activités

Des tour-opérateurs locaux proposent des circuits culturels dans les *pueblos mágicos* ("villages magiques") reculés de Xico, Coatepec et Naolinco, et des sites archéologiques. D'autres sont spécialisés dans les excursions sportives – randonnée, rafting, descente en rappel…

Robert Straub OBSERVATION DES OISEAUX
(☎228-818-18-94 ; http://wildsidenaturetours.com/leaders/robert-straub). Robert Straub, guide ornithologue et membre du COAX (un club de protection et d'observation des oiseaux), organise des sorties dans la région. S'il n'est pas disponible, il vous mettra en relation avec des collègues expérimentés. Robert est l'auteur d'un guide ornithologique du Veracruz intitulé *Guía de Sitios*, dont les droits sont reversés à l'ONG environnementale Pronatura.

Veraventuras SPORTS D'AVENTURE
(☎228-818-97-79 ; www.veraventuras.com ; Degollado 81 ; ⏲9h-17h lun-sam). Rafting, camping et nombreuses autres activités (excursions aux sources chaudes voisines, etc.).

Cours

Escuela para Estudiantes Extranjeros ESPAGNOL
(☎228-817-86-87 ; www.uv.mx/eee ; Gutiérrez Zamora 25 ; cours de 6 semaines à partir de 390 $US, plus frais d'inscription 100 $US). Cette école pour étudiants étrangers de l'Universidad Veracruzana propose différentes

sessions de courte durée : espagnol, nahuatl ou culture mexicaine et histoire. La plupart des étudiants choisissent les hébergements chez l'habitant proposés par l'université.

Circuits organisés

Aventura en Veracruz CULTUREL
(228-979-26-16 ; www.facebook.com/aventuraver). Guide expérimenté, Armando Lobato organise des excursions dans les environs de Xalapa, allant de la sortie culturelle à Naolinco de Victoria jusqu'aux circuits de dégustation dans les *fincas* productrices de café de Coatepec ou au rafting à Jalcomulco.

Où se loger

Xalapa est heureusement dotée d'hébergements charmants, notamment de plusieurs hôtels centraux aménagés dans des demeures coloniales vieilles de plusieurs siècles. Il y a également une bonne auberge de jeunesse. Les tarifs sont raisonnables.

♥ **Mesón del Alférez Xalapa** HÔTEL HISTORIQUE $$
(228-818-01-13 ; www.pradodelrio.com ; Sebastián Camacho 2 ; ch 669 $M, ste à partir de 839 $M avec petit-déj ;). Ce superbe établissement en plein centre de Xalapa réalise un sans-faute. Élégant et paisible hôtel particulier colonial du XIXe siècle, il vous délivre des rugissements automobiles de la rue et dispose de belles chambres sur deux niveaux (lits en haut, séjour en bas), de grosses poutres en bois, d'espaces fleuris et d'un restaurant raffiné, La Candela, qui sert le meilleur petit-déjeuner de Xalapa. Une affaire.

♥ **Posada La Mariquinta** PENSION $
(228-818-11-58 ; www.lamariquinta.xalapa.net ; Alfaro 12 ; s/d/ste 580/720/1 150 $M ;). Aménagée dans une demeure coloniale du XVIIIe siècle, cette pension est bâtie comme une forteresse. À l'intérieur règne la tranquillité. Les chambres, aérées et toutes différentes, entourent un jardin tranquille rempli de bougainvillées. Tout l'établissement est calme, accueillant et bourré d'œuvres d'art, d'antiquités et de curiosités, à l'image de la bibliothèque-salle de réception, avec ses livres et son mobilier anciens.

Majova Inn HÔTEL D'AFFAIRES $
(228-818-18-66 ; www.hotelmajovainn.com ; Gutiérrez Zamora 80 ; s/d à partir de 550/650 $M ;). Hôtel moderne et bien pensé, dans les tons crème et marron avec des touches de couleur opportunes. Les chambres, carrelées, sont impeccables et toutes équipées de la TV câblée et de salles de bains contemporaines. Elles sont un peu aseptisées, mais l'hôtel est confortable, propre, central et doté d'un parking – une aubaine pour les voyageurs motorisés.

Posada del Cafeto HÔTEL HISTORIQUE $
(228-817-00-23 ; www.pradodelrio.com ; Dr Canovas 8 ; s/d/ste 590/690/890 $M ;). À l'abri d'une petite rue latérale au calme, cet établissement jaune miel plein de charme est très central. Les deux patios, avec leurs escaliers et leurs arches finement sculptés, ont des allures de jardins secrets. Chambres spacieuses et confortables, toutes décorées différemment. Le petit-déjeuner est servi dans un joli café, sur place.

Hostal de la Niebla AUBERGE DE JEUNESSE $
(228-817-21-74 ; www.facebook.com/hostal.delaniebla ; Gutiérrez Zamora 24 ; dort/s/d avec petit-déj 150/360/360 $M ;). Une auberge de jeunesse moderne de style scandinave ! Impeccable et bien conçue, elle propose de grandes chambres avec solarium et terrasse. Casiers et cuisine commune. L'hébergement se fait en dortoirs de 6 lits ou en grandes chambres privatives.

Hotel Limón HÔTEL $
(228-817-22-04 ; Revolución 8 ; s/d 200/230 $M ;). Les chambres du rez-de-chaussée, avec hauts plafonds et ventilateurs, mais sans fenêtres et mal ventilées, sentent un peu le renfermé. La cour aux carreaux bleus témoigne d'une époque plus faste. Une adresse centrale à prix doux.

Colombe Hotel Boutique BOUTIQUE-HÔTEL $$
(228-818-89-89 ; www.colombehotel.com ; Calle Vista Hermosa 16 ; s/d à partir de 997/1 077 $M, ste 2 380 $M ;). À quelques pas du centre, ce petit hôtel offre 13 chambres toutes différentes. Son bar à narguilé douillet, son restaurant, sa belle piscine et son personnel serviable font partie de ses atouts. Vu le prix, c'est une occasion en or.

Où se restaurer

Les cafés et restaurants chics abondent ; beaucoup proposent des menus régionaux et des plats végétariens. Si certains sont situés au centre, il faut prendre le taxi pour en rejoindre d'autres. Dans le Callejón González Aparicio, une ruelle entre Primo Verdad et Mata, d'élégantes tables proposent une cuisine internationale. Côté saveurs locales, ne manquez pas les *chiles rellenos* (poivrons farcis), entre autres spécialités qui émoustillent les papilles.

Verde Raiz VÉGAN $

(☎228-200-16-31 ; www.facebook.com/verderaizxalapa ; Leño 28 ; plats 50-65 $M ; ⌚8h30-19h lun-sam ; 📶). Le cru et les tacos au tofu sont arrivés à Xalapa et font un malheur auprès de la population estudiantine. Arrivez de bonne heure pour avoir l'une des 3 petites tables et attaquez un bol de muesli, des *chilaquiles* (morceaux de tortillas en sauce saupoudrés de fromage frais) ou les célèbres smoothies et jus de la maison.

Postodoro ITALIEN $

(☎228-841-20-00 ; www.postodoro.com ; Primo Verdad 11 ; plats 39-98 $M ; ⌚9h-minuit ; 📶). Ses murs d'un jaune pimpant, ses tables disposées dans un beau jardin éclairé par des lumignons et ses alcôves confortables capitonnées de cuir font beaucoup d'inconditionnels. Excepté le fait qu'on y confond *malfatti* et tagliatelles, les pâtes y sont bien préparées, les portions sont copieuses et le vin et la sangria, pas chers, coulent à flots.

La Fonda MEXICAIN $

(☎228-818-72-82 ; Callejón Diamante 1 ; plats 50-100 $M ; ⌚8h-17h30). Passez devant la *señorita* qui confectionne des tortillas à l'entrée et grimpez à l'étage, où la salle ornée de peintures murales ouvre sur un étroit balcon garni de plantes qui surplombe la rue principale. Sur la carte, se côtoient un formidable *mole* et un *chileatole de pollo* (soupe au poulet où flottent des épis de maïs), mais la qualité a un peu baissé.

Mercado de la Rotonda MARCHÉ $

(Revolución s/n ; ⌚7h-18h). À l'extrémité nord de Revolución, ce marché ignoré des touristes réunit quelques échoppes rudimentaires où l'on concocte une cuisine régionale à prix doux.

♥ **El Brou** MÉDITERRANÉEN $$

(☎228-165-49-94 ; Soto 13 ; plats 98-248 $M ; ⌚9h-17h ; 📶🍸). Dans un ravissant salon colonial haut de plafond et un cadre traditionnel agrémenté de touches modernes et élégantes, El Brou propose une carte variée et *arty* constituée de délicieuses spécialités méditerranéennes, orientales et mexicaines. Attablez-vous devant un inoubliable repas composé de tartare de thon, de taboulé ou de moussaka.

♥ **La Candela** MEXICAIN $$

(☎228-818-01-13 ; www.pradodelrio.com ; Sebastián Camacho 2 ; plats 75-160 $M ; ⌚8h-15h30 ; 📶). Niché en bas des marches de la Mesón del Alférez Xalapa, cet établissement a su fidéliser les gourmands par sa cuisine mexicaine inventive et de très bons steaks le midi. Les petits-déjeuners, célébrés par le tout-Xalapa, seraient les meilleurs de la ville.

♥ **Vinissimo Xalapa** INTERNATIONAL $$$

(☎228-812-91-13 ; www.vinissimo.com.mx ; Av Araucarias 501 ; plats 130-280 $M ; ⌚14h-minuit lun-sam ; 📶). Élégant mais sans chichis, le Vinissimo met l'accent sur les produits frais pour concocter une fantastique *"alta cocina"*, sans cesse renouvelée. Les risottos et pâtes viennent d'Italie, les produits de la mer de la côte galicienne espagnole. Belle carte des vins et cocktails. Personnel attentionné. À 10 minutes en taxi à l'est du centre.

Où prendre un verre et faire la fête

Xalapa compte de nombreuses adresses servant du café qui a poussé en altitude à Coatepec, non loin de là. Ville universitaire, Xalapa possède une vie nocturne animée. L'effervescence bat son plein dans les cafés branchés du Callejón González Aparicio, une ruelle couverte proche de Primo Verdad.

♥ **Café Cali** CAFÉ

(☎228-818-13-39 ; www.cafecali.com.mx ; Callejón Diamante 23A ; petit-déj 170 $M ; ⌚9h-22h lun-sam, 10h-19h dim). L'odeur alléchante du café qu'on torréfie flotte dans l'allée et semble envelopper tout le pâté de maisons du délicieux Café Cali. L'intérieur du café offre un décor bohème classique et les crus proposés sont un vrai bonheur.

Espresso 58 CAFÉ

(Primo Verdad 7 ; café 13-25 $M ; ⌚7h-22h30 lun-sam ; 📶). Un café élégant où les étudiants viennent débattre ou restent simplement collés à leur smartphone. Le café Mahal, produit localement, est délicieux. Les baristas sont charmants !

Cubanías BAR

(www.facebook.com/BarCubanias ; Callejón González Aparicio ; ⌚17h-1h30 ; 📶). Ce bar turbulent qui garde l'entrée du Callejón

VAUT LE DÉTOUR

EX-HACIENDA EL LENCERO

Presque aussi vieille que la Nouvelle-Espagne, cette ancienne **posada** (228-820-02-70 ; près de Carretera Xalapa-Veracruz Km 10 ; adulte/enfant 40/30 $M ; 10h-17h mar-dim) fut fondée en 1525 par Juan Lencero, un soldat loyal à Hernán Cortés, pour accueillir les voyageurs entre Mexico et la côte. Le musée qu'elle abrite aujourd'hui comprend une maison magnifiquement restaurée et meublée d'antiquités, ainsi qu'un parc ravissant doté d'un lac et d'un figuier vieux de 500 ans. À Xalapa, on trouve régulièrement des bus "Miradores" (12 $M) au départ du centre commercial Plaza Cristal.

Pour rejoindre le domaine depuis Xalapa en voiture, parcourez 12 km vers le sud-est sur la route de Veracruz, puis obliquez à droite (vous verrez un panneau) et continuez sur 1 ou 2 km.

trahit des influences cubaines. Mojitos, bière, roboratifs sandwichs cubains et concerts en soirée.

Angelo Casa de Té SALON DE THÉ
(228-841-08-39 ; Primo Verdad 21A ; thé à partir de 15 $M ; 8h-21h). Un mignon petit établissement aux murs couverts de boîtes à thé et de photos de plantations de thé du monde entier. Outre la multiplicité des variétés de thé, on peut aussi y boire un bon chocolat et grignoter des cookies maison.

Où sortir

La vie culturelle est animée à Xalapa, où l'on peut aussi bien écouter de la poésie qu'aller au théâtre.

Centro Recreativo Xalapeño CENTRE CULTUREL
(228-195-82-24 ; Xalapeños Ilustres 31 ; 9h-20h). Dans un beau bâtiment colonial du XIXe siècle doté d'une cour, ce centre culturel accueille diverses manifestations artistiques : jam-sessions, cours de tango, expositions, concours de sculpture, séances de cinéma français... Consultez le tableau d'affichage ou la page Facebook (www.facebook.com/xalaparecreativa) pour connaître la programmation.

Tierra Luna ARTS DE LA SCÈNE
(228-812-13-01 ; www.tierraluna.com.mx ; Rayón 18 ; 9h-22h lun-jeu, 9h-2h ven-sam ;). Rendez-vous du public bohème de Xalapa, ce café-concert programme lectures de poésie, pièces de théâtre et concerts. Dans un espace haut sous plafond, cette institution sert aussi une restauration très correcte, notamment au petit-déjeuner, et des boissons alcoolisées. Petite librairie et boutique d'artisanat sur place.

Teatro del Estado Ignacio de la Llave THÉÂTRE
(228-818-43-52 ; angle Llave et Av Ávila Camacho ; à partir de 20h). L'imposant théâtre de l'État héberge l'Orquesta Sinfónica de Xalapa et le Ballet Folklórico de l'Universidad Veracruzana. À 1,5 km au nord-ouest du Parque Juárez, dans l'Avenida Ávila Camacho.

Achats

Épicentre de la culture alternative, le Callejón Diamante est jalonné de boutiques et de stands qui vendent des bijoux bon marché, de l'encens et toutes sortes de babioles. Des librairies bordent Xalapeños Ilustres.

360 by Negro Distaster MODE ET ACCESSOIRES
(228-284-35-28 ; Hidalgo 48 ; 11h-21h lun-sam, 11h-15h dim). Venez dans cette boutique d'une marque branchée de Mexico faire provision de T-shirts de créateurs et de tops ornés de têtes de mort, etc.

Café Colón CAFÉ
(228-817-60-97 ; Primo Verdad 15 ; 9h-20h lun-sam, 10h-13h dim). Ce torréfacteur à l'ancienne moud sous vos yeux les meilleurs cafés de Coatepec (environ 180 $M/kg).

Renseignements

Des banques avec DAB (24h/24) jalonnent Enríquez et Gutiérrez Zamora.

Bureau d'information (www.xalapa.gob.mx ; Enriquez s/n, Palacio Municipal ; 10h-15h lun-ven). Situé à l'intérieur du Palacio Municipal, on y trouve des infos utiles et des plans.

Bureau d'information (Enríquez ; 9h-20h). À côté de la Banco Santander.

Poste (angle Gutiérrez Zamora et Diego Leño ; 9h-17h lun-ven, 9h-14h sam)

BUS AU DÉPART DE XALAPA

Les bus ADO listés ci-dessous partent du CAXA. ADO dessert aussi Acayucan, Campeche, Cancún, Catemaco, et Mérida.

DESTINATION	PRIX ($M)	DURÉE (H)	FRÉQUENCE
Cardel	98	1	18/jour
Córdoba	120-181	3	11/jour
Mexico (TAPO)	334	5	12/jour
Orizaba	129-260	3 ¾	11/jour
Papantla	314	4 ¼	8/jour
Puebla	239-341	2 ½-3	fréquents
Veracruz	79-384	2	fréquents
Villahermosa	547-802	8 ½	8/jour

Centro de Especialidades Médicas (☎228-814-45-00 ; www.cemev.gob.mx ; Ruíz Cortines 2903). Soins médicaux ; ouvert 24h/24, 7j/7.

Xalapa Mio (www.xalapamio.com). Site de l'office du tourisme.

Xalapa Tourist Network (www.xalapa.net). Site de renseignements touristiques sur les choses à voir et à faire, à Xalapa et dans les environs.

Depuis/vers Xalapa

Carrefour de transports, Xalapa offre d'excellentes liaisons à l'intérieur de l'État et au-delà.

BUS

À 2 km à l'est du centre, le **Central de Autobuses de Xalapa** (CAXA ; ☎228-842-25-00 ; Av 20 de Noviembre) est une gare routière moderne et bien organisée. On y trouve un DAB, des cafés et des cabines téléphoniques. Des bus de 2e classe pour Xico et Coatepec partent régulièrement du Mercado Los Sauces, à 1 km à l'ouest du centre dans Circuito Presidentes. La compagnie ADO propose des bus de 1re classe, tandis que AU assure de bons services de 2e classe.

Les bus pour Jalcomulco partent de la **gare routière Azteca** (☎228-818-74-56 ; Niños Héroes 85), à 2 km au nord du centre.

VOITURE ET MOTO

Conduire dans Xalapa, réputée pour ses rues engorgées, peut relever du défi. Faute de signalisation correcte, il est déjà difficile de se repérer dans les immenses faubourgs pour trouver le centre-ville.

En direction de Puebla, la route 140 est étroite et tortueuse jusqu'à Perote. En revanche, la route Xalapa-Veracruz est excellente. Pour atteindre la partie septentrionale de la côte du Golfe, il est plus rapide de rejoindre Cardel, puis d'emprunter la route 180 vers le nord. Nombreux parkings au centre-ville (15-17 $M/heure).

Comment circuler

Si l'on arrive à la gare routière CAXA et que l'on souhaite rejoindre le centre-ville par le bus, il suffit de gagner la station de taxis (fléchée), puis de descendre jusqu'à l'Avenida 20 de Noviembre : l'arrêt de bus se trouve sur la droite. N'importe quel bus affichant "Centro" vous déposera à une ou deux rues du Parque Juárez (10 $M). Pour prendre un taxi jusqu'au centre, vous devez acheter un billet dans la gare routière (35-45 $M). Pour gagner la gare routière, prenez un bus "Camacho-CAXA-SEC" sur l'Avenida Ávila Camacho ou Hidalgo. Une traversée de Xalapa en taxi coûte 20-40 $M, selon la distance.

Coatepec

☎228 / 52 621 HABITANTS / ALTITUDE : 1 200 M

Nichée dans les contreforts de la Sierra Madre, la production de café a longtemps été la raison d'être de Coatepec – votre sens olfactif vous le rappellera dès la descente du bus. Depuis sa fondation en 1701, des caféiers sont cultivés alentour et leurs précieux grains ont apporté son opulence à Coatepec. Sise à 15 km à peine au sud de Xalapa, cette localité à la riche architecture coloniale a été classée en 2006 *pueblo mágico* ("village magique") par l'État mexicain. Elle offre une alternative décontractée à Xalapa, sa voisine.

L'ambiance bat son plein fin septembre, lorsque Coatepec célèbre joyeusement son saint patron, San Jerónimo.

À voir

Museo El Cafétal Apan MUSÉE
(☎228-816-61-85 ; www.elcafe-tal.com ; Carretera Coatepec-Las Trancas Km 4 ; 40 $M ; ⊙9h-17h). Pour en savoir plus sur l'histoire du café dans la région, visitez cet intéressant musée où sont exposés de vieux ustensiles pour faire le café, ainsi que des machines modernes. Des démonstrations interactives font découvrir la manière dont il est cultivé, nettoyé, trié et torréfié, et il y a des dégustations. Achetez ici votre café en grains ou moulu, votre sauce *chipotle* et autres mets caféinés. Musée en dehors de Coatepec : comptez environ 45 $M de course en taxi.

Cascada Bola de Oro CASCADE
(Camino a Chopantla s/n). GRATUIT La cascade la plus proche avoisine une *finca* (plantation) de café bien connue. Des sentiers ont été aménagés alentour, et on trouve aussi une piscine naturelle. Suivez la Calle 5 de Mayo vers le nord jusqu'à un pont, poursuivez votre chemin dans la même direction le long de la Calle Prieto, puis tournez à gauche dans la Calle Altamirano. Après la dernière boutique, bifurquez à droite, franchissez le pont et empruntez le sentier sur la gauche. L'office du tourisme distribue des cartes très pratiques !

Museo de la Orquídea JARDINS
(☎228-231-05-58 ; www.facebook.com/MuseodelaOrquidea ; Aldama 20 ; 30 $M ; ⊙10h-17h mar-dim). GRATUIT Fruit de 40 ans de labeur et d'amour du botaniste mexicain Isaías Contreras Juárez, ce jardin d'orchidées regroupe plus de 5 000 variétés originaires de toute la planète, dont la totalité des 1 200 espèces indigènes du Mexique – certaines sont si minuscules qu'il faut une loupe pour en apprécier toute la beauté. Une brève visite guidée met en valeur quelques-unes de ces merveilles.

Cerro de las Culebras POINT DE VUE
(Près d'Independencia ; ⊙24h/24). La "colline du Serpent" (*coatepec* en nahuatl) est facilement accessible depuis le centre. Un chemin pavé grimpe jusqu'à un belvédère, surmonté d'une statue toute blanche du Christ. Le panorama sur Coatepec et les montagnes est splendide (mieux vaut y aller le matin). De la place principale, suivez Lerdo vers l'ouest sur 3 pâtés de maisons, puis remontez Independencia vers le nord.

Parque Miguel Hidalgo PLACE
Relativement épargnée par la circulation automobile, la grand-place verdoyante de Coatepec a pour centre une belle *glorieta* (kiosque à musique) qui fait aussi office de café. Côté est, l'église baroque en retrait de la rue, la Parroquia de San Jerónimo, est dédiée au saint patron de la ville.

Où se loger et se restaurer

Casa Real del Café HÔTEL HISTORIQUE $$
(☎228-816-63-17 ; www.casarealdelcafe.com ; Gutiérrez Zamora 58 ; ch avec petit-déj 1 110-1500 $M ; P ⊖ ᯤ). Cet hôtel de style colonial appartient à des planteurs dont l'aromatique production est servie sur place, au café Antiguo Beneficio. Les chambres sur 2 niveaux, empreintes de luxe historique, arborent bois sombres, agrandissements photographiques en rapport avec la culture du café, miroirs décorés de grains de café et superbes salles de bains carrelées avec douche de pluie. La cour commune offre chaises longues, spa et salle de lecture.

Hotel Boutique Casabella BOUTIQUE-HÔTEL $$
(☎228-979-07-18 ; www.hotelcasabellacoatepec.com.mx ; Calle 16 de Septiembre 33 ; ch 980 $M ; P ᯤ). Outre ses chambres sur deux niveaux entourant deux jardins luxuriants, cet hôtel historique ne manque pas de détails charmants : vrai puits dans le jardin central, grosses poutres en bois et pressoirs à café anciens un peu partout. Le tout se marie harmonieusement avec des équipements orientés vers votre confort : bonne literie, TV câblée et douches de pluie.

Hotel Mesón del Alférez Coatepec BOUTIQUE-HÔTEL $$
(☎228-816-67-44 ; www.pradodelrio.com ; Jiménez del Campillo 47 ; d/ste avec petit-déj 853/1 026 $M ; P ⊖ ❄ ᯤ). Derrière les murs jaune d'or de cette maison de ville historique se cache une cour intérieure verdoyante et rafraîchie par la fontaine centrale. Elle est entourée par des chambres sur deux niveaux disposées en fer à cheval, avec lourd mobilier en bois, sols carrelés, plafonds avec poutres apparentes et détails datant de l'époque coloniale. Superbe endroit, mais il faut recourir à la clim. Personnel serviable. Petit-déjeuner (excellent) inclus.

Posada de Coatepec HÔTEL HISTORIQUE $$$
(☎228-816-05-44 ; www.posadacoatepec.com.mx ; Hidalgo 9 ; d/ste avec petit-déj 1 700/2 000 $M ; P ⊖ ᯤ ≋). Le grand hôtel de Coatepec

occupe un superbe édifice colonial à cour centrale. Une profusion de fleurs entoure la fontaine au centre. Un peu sombres mais vastes et toutes dans un style différent, ses chambres sentent l'ancien comme dans toutes les vieilles demeures. Piscine et jardin paisible. Exposition des œuvres d'artistes locaux.

Café Santa Cruz MEXICAIN $$
(228-200-40-59 ; Zamora 24 ; plats 110-175 $M ; 13h-22h). De l'extérieur, ce bâtiment ocre rouge ressemble à une ferme campagnarde, mais sa petite salle à manger (il n'y a que quelques tables) est très claire, moderne et confortable. On y sert d'inoubliables plats gastronomiques mexicains, comme le lapin à la sauce carotte et noix de macadamia, ou le saumon aux pommes glacé au miel.

Finca Andrade MEXICAIN $$
(228-816-48-87 ; www.fincaandrade.com ; Lerdo 5 ; plats 106-184 $M ; 7h30-21h ;). Ce vaste restaurant coloré est réputé pour la saveur de son *chilpachole de camarón* (soupe de crevettes au piment fumé), ainsi que pour son poulet, accompagné d'un *mole* dont la recette est un secret maison, et pour ses divers *antojitos* (amuse-bouche).

Où prendre un verre et faire la fête

El Café de Avelino CAFÉ
(www.facebook.com/elcafedeavelino ; Rebolledo 21 ; 13h-20h ven-mer). L'un des meilleurs cafés de Coatepec provient de cette minuscule adresse (2 tables et 4 chaises). Le patron, Avelino Hernández, que les habitants de la ville surnomment à juste titre le *Poeta del Café*, prépare de délicieux breuvages à partir de variétés de Coatepec, Cosailton, Xico et Teocelo. Vente de café en grains (200 $M/kg).

El Cafésitio CAFÉ
(228-202-27-31 ; www.facebook.com/cafesitiocoatepec ; Rebolledo ; 10h30-20h30 ;). Ce café pas plus grand qu'un mouchoir de poche est d'abord un endroit où l'on vient acheter du café de qualité cultivé localement (160-325 $M/kg), mais le comptoir est équipé de 3 tabourets sur lesquels on peut s'installer pour goûter les produits. Ils sont servis sous forme de *cortado,* de cappuccino, de macchiato, d'espresso, de *lágrima* (une larme de café dans une tasse de lait) ou de *coatepecano* (version locale de l'*americano*).

Casú CAFÉ
(La Casa del Café ; 228-816-57-11 ; www.facebook.com/cafecasucoatepec ; Calle 5 de Mayo ; 9h-21h ;). Ce charmant café est tenu par une sympathique équipe de torréfacteurs servant leurs délicieux produits (cafés épatants et pâtisseries alléchantes) dans une ravissante arrière-cour non loin de la place principale.

Achats

Enriqueta CAFÉ
(228-816-86-59 ; www.facebook.com/enriquetamx ; Rebolledo 11 ; 9h-20h). Chez ce torréfacteur parmi les meilleurs de la ville, on peut acheter son café en grains ou moulu (mouture fine, extrafine ou grossière). Comptez environ 90 $M les 500 g.

Renseignements

Office du tourisme (228-816-04-34 ; www.somoscoatepec.com ; angle Rebolledo et Arteaga, Palacio Municipal s/n ; 9h-14h et 16h-19h lun-ven, 9h30-18h30 sam-dim). Office du tourisme utile dans le Palacio Municipal, devant le Parque Hidalgo.

Depuis/vers Coatepec

On trouve à la gare routière CAXA et Los Sauces de Xalapa des bus réguliers pour Coatepec (15 $M). En taxi, comptez 100 $M environ.

À Coatepec, les bus pour Xico (15 $M) partent de Constitución, entre Aldama et Juárez. À la **gare routière ADO** (228-816-96-19 ; Río Sordo s/n), on trouve des liaisons pour Puebla et Mexico.

Xico

228 / 18 652 HABITANTS / ALTITUDE : 1 297 M

Cette petite ville de montagne, tranquille mais captivante, a rejoint en 2011 les rangs des *pueblos mágicos*, label décerné par le gouvernement mexicain. À 8 km de Coatepec, Xico attire davantage les amateurs de *mole* (sauce aux piments, fruits secs, noix, épices et chocolat) et d'artisanat, que les inconditionnels du café. Ses rues pavées et son architecture coloniale variée en font une retraite privilégiée le temps d'un week-end. Les nombreuses fêtes de la ville comprennent souvent d'exubérantes danses masquées et costumées et la ville est surtout connue dans le pays pour la Fiesta de Santa Magdalena, qui a lieu chaque année en juillet, et son lâcher de taureaux à la mode de Pampelune.

À voir

L'office du tourisme devrait pouvoir organiser la visite d'une plantation de café.

Cascada de Texolo CASCADE
(Près du Camino a la Cascada ; 24h/24). GRATUIT Au départ de Xico, une agréable promenade (indiquée) de 3 km (on peut aussi y aller en voiture via une route jalonnée de nids-de-poule) passe devant une ancienne hacienda pour rejoindre la spectaculaire Cascada de Texolo (80 m à pic). Depuis le point de vue, franchissez le pont. La **Cascada de la Monja**, qui cache la pierre précieuse dans le film dans *À la poursuite du diamant vert* (1984), n'est qu'à 5 minutes de marche. Le sentier principal conduit ensuite à un restaurant avec vue ; descendez l'abrupt Sendero de Ocelot (10 $M) pour aller voir de près la Cascada de Texolo.

Si certains Mexicains se baignent dans la Cascada de la Monja, comme Kathleen Turner et Michael Douglas, sachez que le courant est fort et prenez vos précautions.

Museo del Danzante Xiqueño MUSÉE
(228-129-66-97 ; Av Hidalgo 76, Casa de Cultura ; 10h-18h mar-ven). GRATUIT Situé dans la Casa de Cultura, cet intéressant musée coloré vous entraîne à travers l'histoire séculaire des danses costumées de Xico, qui occupent une place de choix dans les fêtes dédiées à la patronne de la ville. On y explique aussi la tradition des masques sculptés et le rôle de chaque personnage masqué – taureau, clown, *negro separado* – dans chaque danse.

Café Gourmet Pepe PLANTATION
(228-855-09-70 ; Carretera Xico-Coatepec Km 1 ; visite 60 $M ; 10h-17h). Cette plantation produit un café presque bio qui pousse à l'ombre. Elle propose des visites (prévenez) et vend café et liqueurs. Descendez au premier arrêt de bus à Xico et rebroussez chemin sur 150 m, jusqu'aux flèches, sur votre droite.

Casa Museo Totomoxtle MUSÉE
(Angle Aldama et Juárez ; 16h-19h). GRATUIT Un petit musée consacré aux figurines réalisées avec des feuilles de maïs (*hojas de maiz*), un artisanat spécifique à Xico. Les heures d'ouverture peuvent varier.

Fêtes et festivals

Fiesta de Santa Magdalena FÊTE RELIGIEUSE
(15-24 juil). Fête majeure comprenant d'exubérantes danses costumées, des processions, etc. Pendant un mois, la statue de la sainte, conservée dans la Parroquia de Santa María Magdalena, au bout de l'Avenida Hidalgo, est revêtue chaque jour d'une robe différente. Des taureaux sont lâchés dans les rues le 22 juillet.

D'immenses arches de fleurs sont dressées et les rues de Xico sont recouvertes de tapis de sciure colorée pour la procession.

Où se loger et se restaurer

Hotel Paraje Coyopolan HÔTEL $
(228-813-12-66 ; www.coyopolan.com ; Venustiano Carranza Sur s/n ; s/d avec petit-déj à partir de 550/685 $M ; P). Ambiance et couleurs mexicaines au rendez-vous dans ce formidable établissement au bord de la rivière, à la sortie de la ville ! À noter : l'hôtel organise des randonnées, du canyoning et du rappel dans les montagnes et les canyons des environs. Certaines chambres sont aveugles mais leur porte donne sur un balcon.

Posada los Naranjos HÔTEL $
(228-153-54-54 ; Av Hidalgo 193 ; ch à partir de 400 $M ; P). Cet établissement petit budget et sans chichis de 9 chambres en plein cœur de la ville convient pour une nuit. Les chambres ont de hauts plafonds mais, bien que propres, sont aveugles et sentent le renfermé. L'hôtel est dans la rue principale à quelques pas de l'église dont le carillon des cloches est un plaisir ou une plaie, selon les points de vue.

Las Magdalenas BOUTIQUE-HÔTEL $$
(228-813-03-14 ; www.lasmagdalenas.com.mx ; Hidalgo 123 ; ch avec petit-déj à partir de 1 590 $M ; P). Transformée en un ravissant boutique-hôtel, cette maison coloniale au jardin très fleuri réunit des parties communes avec miroirs au cadre doré et des chambres sur 2 niveaux étonnamment claires et modernes dans un cadre aussi ancien. Le restaurant de l'hôtel a du charme, mais la cuisine est médiocre.

Los Portales Texolo MEXICAIN $
(228-129-81-43 ; Av Hidalgo 109 ; plats 60-120 $M ; 9h-20h mar-dim). À quelques pas de l'église sur l'Avenida Hidalgo, on découvre une petite place où les oiseaux aiment

chanter au coucher du soleil. C'est là qu'est installé ce sympathique restaurant local servant de délicieuses spécialités *xiqueñas* comme les *chiles en nogada* (poivrons farcis à la viande et aux noix) et le *mole*, servies dehors, dans le splendide décor colonial de Xico.

♥ **Restaurante Mesón Xiqueño** MEXICAIN **$$**
(☎228-813-07-81 ; Av Hidalgo 148 ; plats 55-350 $M ; ⏲9h-21h). Le restaurant le plus connu de Xico se trouve près du croisement avec la Calle Carranza. Dans la charmante cour intérieure, goûtez le fameux *mole* (sauce aux piments, fruits secs, noix, épices et chocolat) servi sous différentes formes, ainsi que les *jalapeños* farcis, la soupe parfumée au *xonequi* (plante aromatique indigène), etc.

Achats

Casa Doria ART ET ARTISANAT
(☎228-044-22-81 ; Av Hidalgo 193 ; ⏲11h-19h). Bonne adresse pour l'artisanat, notamment les masques typiques en bois peint que portent les danseurs pendant les nombreuses fêtes locales.

La Casa de Lilu ALIMENTATION
(Av Hidalgo 150 ; ⏲9h-19h). Vous trouverez ici le plus fameux *mole* de Xico et du café bio.

Renseignements

Office du tourisme (☎228-813-16-18 ; Av Hidalgo 76 ; ⏲9h-18h). Dans la Casa de la Cultura ; une bonne source de renseignements sur la région.

Depuis/vers Xico

Des bus fréquents partent de la **gare routière** (☎228-813-03-91 ; Nava s/n) pour rejoindre celle de Los Sauces, à Xalapa (18 $M), et Coatepec (12 $M).

Jalcomulco

☎279 / 4 690 HABITANTS / ALTITUDE : 350 M

Située dans une vallée luxuriante à 30 km au sud-est de Xalapa, cette petite ville accolée au Río Antigua (dont cette portion est appelée Río Pescados) est entourée de collines recouvertes par la jungle. Le secteur regorge de grottes et de superbes coins de baignade mais il est surtout connu pour ses rapides – des eaux vives parmi les meilleures du Mexique – qui accueillent aussi bien les débutants que les rafteurs plus chevronnés.

De nombreuses agences proposent des forfaits de plusieurs jours tout compris, où le rafting est généralement couplé à un autre sport d'aventure comme l'escalade, la randonnée à cheval, le VTT, le canyoning ou le trekking.

De nombreux amateurs affluent le week-end mais, le reste du temps, Jalcomulco demeure une bourgade assoupie parmi les plantations de manguiers et les champs de canne à sucre.

À faire

♥ **Jalco Expediciones** RAFTING
(☎279-832-36-87 ; www.jalcoexpediciones.com.mx ; Calle 20 de Noviembre 17 ; forfait journée 780 $M ; ⏲9h-18h). Cet organisme très professionnel équipé de bon matériel propose des forfaits rafting/escalade/tyrolienne avec, en bonus, des pizzas cuites au feu de bois au retour. Forfaits journée et excursions de plusieurs jours.

♥ **Expediciones México Verde** SPORTS NAUTIQUES
(☎800-362-88-00 ; www.mexicoverde.com ; Carretera Tuzamapan-Jalcomulco Km 6 ; sortie rafting 5 heures 790 $M, kayak 890 $M ; ⏲9h-17h). La liste des activités aquatiques, intenses et riches en sensations fortes proposées ici touchera même le cœur des plus téméraires. Cet opérateur parmi les plus anciens de Jalcomulco propose un hébergement de luxe dans de spacieuses tentes safari éparpillées dans un cadre tropical et dispose d'un restaurant, d'un spa et d'un *temascal* (bain de vapeur parfumé par des plantes médicinales). Situé à quelque 6 km au nord de la ville.

Armonía Rafting RAFTING
(☎279-832-35-80 ; www.armoniarafting.com ; Zaragoza 56 ; excursion rafting journée 850 $M ; ⏲9h-18h lun-ven, 9h-15h sam, 9h-13h dim). Cette agence de rafting, l'une des meilleures de Jalcomulco, propose des forfaits 3 jours-2 nuits avec hébergement (camping/auberge de jeunesse/hôtel 2 390/2 590/2 790 $M par pers), deux sorties en rafting, escalade, tyrolienne, repas, transport, guide et une séance de *temascal* (bain de vapeur traditionnel parfumé aux plantes médicinales). Également des activités à la journée.

Où se loger et se restaurer

Posada del Río HÔTEL **$**
(☎279-832-35-27 ; angle Zaragoza et Madero ; ch 680 $M ; ❄📶🏊). Ce petit hôtel central couleur ocre dispose de 14 chambres compactes regroupées autour d'une cour pleine de plantes et d'une piscine. Il y règne l'ambiance d'une demeure rustique, le restaurant propose de délicieux plats locaux et le personnel est serviable et sympathique.

Aldea Ecoturismo CAMP DE TENTES **$$**
(☎279-832-37-51 ; www.aldeajalcomulco.com.mx ; Carretera Tuzamapan-Jalcomulco Km 3 ; tente par pers 555 $M, s/d bungalow à partir de 647/1200 $M ; 📶). À quelque 3 km de Jalcomulco, cette propriété verdoyante permet de s'immerger dans la jungle en campant parmi les lianes enchevêtrées où en logeant dans une maison perchée dans les arbres (il y en a aussi sur la terre ferme). Rafting, escalade et autres activités riches en sensations fortes vous attendent, après quoi vous pourrez détendre vos muscles endoloris dans un *temascal* traditionnel.

♥ **Rodaventa Natural** RESORT **$$$**
(☎279-822-35-97 ; www.rodaventonatural.com ; Constitución s/n ; bungalow 3/4 pers 1 638/1 810 $M, tente safari 2 155 $M ; ❄📶🏊). Juste au sud de la rivière, d'adorables bungalows en bambou coiffés de chaume (avec de très grands lits) et de luxueuses et grandes tentes safari entourent une piscine et un restaurant de style *palapa* (paillote), au milieu d'un jardin luxuriant. La décoration intérieure est tonique, agrémentée de touches de couleur ; il y a aussi un spa luxueux et un *temascal* traditionnel pour la détente.

Cet hôtel est spécialisé dans les forfaits de plusieurs jours avec notamment rafting, escalade, kayak en eau vive, canyoning et tyrolienne.

♥ **Restaurante Nachita** PRODUITS DE LA MER **$$**
(☎228-832-35-19 ; Madero 4 ; plats 95-320 $M ; 🕗8h-21h ; 📶). Assis sur la terrasse dominant la rivière, commandez une des spécialités de la maison comme les *manuelitos* (langoustes locales) en sauce verte ou au *chipotle*, une *torta de mariscos* (tourte aux fruits de mer) ou une *cazuela* (cassolette) de fruits de mer, servies avec des sauces maison et accompagnées de verres d'*agua de jamaica* (infusion d'hibiscus glacée) grands comme des bocaux. Fréquenté par des groupes.

Depuis/vers Jalcomulco

Des bus rejoignant la gare routière Azteca de Xalapa (40 $M, 1 heure 30, 6/jour) et Coatepec (30 $M, 45 min, ttes les heures) partent de la place principale. Les agences de sports d'aventure de Veracruz et d'ailleurs incluent souvent les transferts à Jalcomulco dans leurs forfaits rafting.

Tlapacoyan

☎225 / 35 338 HABITANTS

À l'embouchure du Río Filobobos (appelé Río Bobos et célèbre pour ses rapides), prenez la route 129 depuis Nautla pour remonter vers l'intérieur des terres sur 60 km et vous trouverez Tlapacoyan, où sont basées quelques agences de rafting et où la Cascada El Encanto constitue un superbe lieu de baignade. Tlapacoyan est une ville agricole peu excitante, entourée de bananeraies et de vergers d'agrumes, qui mérite néanmoins une halte d'une nuit ne serait-ce que pour visiter les deux fascinants sites archéologiques découverts récemment à proximité, El Cuajilote et la Vega de la Peña, désignés globalement sous le nom de Filobobos.

À voir

♥ **El Cuajilote** SITE ARCHÉOLOGIQUE
(55 $M ; 🕗9h-17h). Composé de temples, de plateformes et de tombeaux partiellement débarrassés de la végétation qui les recouvrait et disposés autour d'une longue place rectangulaire, ce site date de 600-900 de notre ère. Le paysage environnant vaut à lui seul le déplacement et vous risquez fort d'être les uniques visiteurs.

Suivez les indications "Filobobos" au sud de Tlapacoyan, le long d'une route asphaltée – sauf le dernier kilomètre, très cahoteux. Les taxis pour Rancho Grande peuvent vous déposer à l'embranchement où débute ce dernier tronçon.

En arrivant sur le site, les deux premiers édifices sur la droite sont un terrain pour jeu de balle. Juste en face a été dégagé le **Templo Mayor**, une impressionnante pyramide à degrés. Des deux côtés de la place, on distingue les silhouettes d'autres temples et plateformes sous la végétation luxuriante. Un ruisseau sépare le Templo Mayor des vestiges d'autels situés au milieu de la place. Les fouilles archéologiques sont en cours et on n'a pas encore découvert d'où venaient les habitants d'El Cuajilote. Plus de 1 500 figurines phalliques, symboles de fertilité, ont été découvertes dans le **sanctuaire A4**, laissant supposer l'influence d'un culte de la fertilité huastèque, tandis que les édifices les plus anciens du site (datant peut-être de 1000 av. J.-C.) semblent de style olmèque et que certaines sculptures en pierre sont de style totonaque. Les archéologues pensent aussi que les deux sites composant Filobobos pourraient avoir été fondés par une civilisation méso-américaine inconnue à ce jour.

Vega de la Peña SITE ARCHÉOLOGIQUE
(55 $M ; ⊙9h-17h). Ce site de 8 km² récemment découvert n'est accessible qu'à pied et reste peu visité. Il s'agit d'une ville précolombienne qui n'a encore été que partiellement mise au jour. Elle présente des influences olmèques, huastèques, totonaques et toltèques et son histoire s'étend sur plus de 1 500 ans, de 100 av. J.-C. à l'an 1500, bien qu'elle semble avoir connu son âge d'or entre 1200 et 1500. Elle est à 2,5 km du site d'El Cuajilote, où elle est indiquée.

Ce site, qui comprend un petit terrain de jeu de balle et quelques habitations, est moins spectaculaire que le précédent mais c'est ce qu'il sous-tend qui impressionne : il est possible que les ruines non encore mises au jour soient beaucoup plus nombreuses qu'on ne le pense actuellement et que la civilisation complexe qui prospéra ici ait joué un rôle commercial et exercé une influence beaucoup plus prépondérants qu'on ne l'a cru jusqu'à présent.

Activités

♥ Aventurec RAFTING
(☎225-315-43-00 ; www.aventurec.com ; près de la route 129, El Encanto ; journée rafting tout compris à partir de 800 $M). Cette agence très réputée propose 3 types de sorties rafting sur le Río Filobobos, dont une combinant rafting et halte près des deux sites de Filobobos. Les forfaits de plusieurs jours avec kayak, tyrolienne et autres activités riches en sensations fortes sont chaudement recommandés et l'on peut choisir de dormir sous la tente, dans un dortoir ou dans une *cabaña*.

Où se loger et se restaurer

Hotel Posada Oliver HÔTEL HISTORIQUE $
(☎225-315-42-12 ; Av Cuauhtemoc 400 ; ch 500 $M ; ❄📶). Meilleur hôtel de Tlapacoyan (la concurrence est maigre, il est vrai), la Posada Oliver est juste à côté de la place principale. Ses arcades en pierre et sa cour emplie de verdure lui confèrent heureusement un peu de caractère ; les chambres, simples mais confortables, disposent de la TV câblée et de la clim.

Las Acamallas MEXICAIN $
(☎225-315-02-91 ; Heroes de Tlapacoyan s/n ; plats 60-130 $M ; ⊙8h-22h). Juste à côté de la place principale, ce restaurant sur 2 niveaux est une valeur sûre pour les envies d'enchiladas, de poulet cuisiné de mille façons et d'immenses verres de *horchata* (boisson à base de lait de riz).

Depuis/vers Tlapacoyan

De la **gare routière** (Zaragoza s/n) partent des bus ADO pour Mexico (395 $M, 5 heures 30, 9/jour), Puebla (250 $M, 3 heures 30, 7/jour) et Xalapa (134 $M, 2 heures 30, 10/jour). Pour vous rendre à Veracruz ou Papantla, il faut prendre un bus 2e classe jusqu'à Martínez de la Torre, à 22 km à l'est, d'où partent des correspondances.

Córdoba

☎271 / 142 500 HABITANTS / ALTITUDE : 817 M

De fait, Córdoba peut s'enorgueillir d'une histoire illustre : c'est ici que fut signé, en 1821, le traité qui scella l'indépendance du Mexique.

La ville fut fondée en 1618 pour servir de relais entre Mexico et la côte, afin de protéger les intérêts de la Couronne espagnole face à la rébellion des esclaves menée par Gaspar Yanga.

Comme halte pour la nuit, Córdoba est moins jolie qu'Orizaba, toute proche, mais plus vivante grâce à sa grand-place, animée de jour comme de nuit, où des noctambules en tenue de soirée côtoient de vieux Mexicanos jouant du marimba au clair de lune. Une imposante cathédrale baroque, de loin la plus spectaculaire de l'État, domine l'ensemble.

À voir

La plupart des sites entourent la place principale, le Parque de 21 de Mayo, qui mérite à elle seule le détour.

Catedral de la Inmaculada Concepción ÉDIFICE RELIGIEUX
(Parque de 21 de Mayo ; ⊙horaires variables). Flanquée de clochers jumeaux, la façade

bleu clair de cette cathédrale (1688) vouée à la Vierge (dont elle porte les couleurs) porte un décor manifestement baroque. L'intérieur, somptueux, conjugue marbre au sol et dorures à la feuille. La chapelle abrite des autels et des statues éclairées par des cierges, dont un Christ sanguinolent et une Virgen de la Soledad (Vierge de la Solitude) désespérée. Le mélange d'opulence et d'horreur, fréquent dans les églises d'Amérique latine, est une métaphore visuelle de la dérangeante dichotomie historique entre la richesse des conquistadores et les souffrances qu'ils ont infligées aux populations indiennes.

Ex-Hotel Zevallos ÉDIFICE HISTORIQUE
(Parque de 21 de Mayo). Édifiée en 1687, cette ancienne demeure des *condes* (comtes) de Zevallos se dresse du côté nord-est du Parque de 21 de Mayo, derrière les *portales*. Dans la cour, des stèles rappellent que Juan O'Donojú et Agustín de Iturbide s'y rencontrèrent le 24 août 1821 et convinrent de l'indépendance du Mexique. Les deux hommes s'entendirent aussi pour nommer un Mexicain à la tête du pays. Aujourd'hui l'édifice abrite différents cafés et restaurants.

Parque de 21 de Mayo PLACE
La grand-place de Córdoba n'est pas un site "à voir" mais "à vivre". Elle rivalise avec celle de la ville de Veracruz en termes d'ambiance et d'animation. Bien plus vaste que celle de la ville portuaire, elle accueille d'innombrables musiciens qui réchauffent l'atmosphère. Face à la cathédrale, sur le côté ouest de la place, le splendide **Palacio Municipal** recèle en ses murs une remarquable peinture murale de Diego Rivera.

Parque Ecológico Paso Coyol PARC
(Angle Calle 6 et Av 19, Bella Vista ; 10 $M ; 7h-18h). De 4 ha de terrain vague voués jadis à la délinquance, on a fait ce beau parc écologique, où les Cordobeses viennent courir et se promener sur des sentiers sinueux, ponctués d'équipements destinés à l'exercice physique. Le modeste droit d'entrée permet de rémunérer les *campesinos* (paysans) et les naturalistes qui veillent sur le parc. De la grand-place, filez vers le sud sur 1,5 km le long de la Calle 3, laquelle change de nom plusieurs fois et traverse un faubourg.

Museo de la Ciudad MUSÉE
(271-712-09-67 ; Calle 3, entre les Av 3 et 5 ; 9h-17h lun-ven). GRATUIT Inclus dans l'université de Córdoba, ce musée conserve d'intéressantes collections, dont un beau marqueur de jeu de balle aztèque et des figurines olmèques. Y est également exposée une copie de la splendide statue d'*El señor de las Limas*, conservée au Museo de Antropología de Xalapa (p. 231). Un peu en retrait de la grand-place, face au Centro Cultural Municipal.

Circuits organisés

Cecila Rábago CULTUREL
(271-120-20-30 ; cecirabago@hotmail.com ; Fortín de las Flores ; 1-4 pers à partir de 1 400 $M/jour). Guide bilingue (anglais/espagnol) et femme de caractère, Cecilia connaît parfaitement l'histoire et les sites de la région de Fortín-Córdoba-Orizaba. Elle organise des visites de la ville et de plantations de café bio, des randonnées d'une journée hors des sentiers battus et bien d'autres activités. Contactez-la à l'avance.

Fêtes et festivals

Vendredi saint FÊTE RELIGIEUSE
Le soir du Vendredi saint, Córdoba commémore la crucifixion de Jésus par une procession silencieuse. Des milliers d'habitants avancent dans les rues un cierge à la main derrière une statue de la Vierge, tandis que les cloches des églises restent muettes.

Où se loger

Hotel Los Reyes HÔTEL $
(271-712-25-38 ; www.losreyeshotel.com ; angle Calle 3 et Av 2 ; s/d 250/299 $M ;). À un demi-pâté de maisons de la grand-place, cet hôtel économique se distingue par son service sympathique et son souci du détail. Les chambres, équipées de ventilateurs, disposent d'une bonne literie et de linge de lit de qualité (brodé au nom de l'hôtel). La moitié d'entre elles donne sur l'intérieur de l'hôtel ; parmi celles tournées sur l'extérieur, les chambres 203 à 206 sont les meilleures car elles donnent sur la Calle 3, plus calme que l'avenue.

Hotel Bello HÔTEL $
(271-712-81-22 ; www.hotelbello.com/cordoba ; angle Av 2 et Calle 5 ; s/d/tr 635/696/720 $M ; P @). Non loin de la grand-place principale, cet hôtel moderne jaune vif et

impeccable est bien situé. Ses chambres sont fraîches, dotées de balcons, et certaines dévoilent un beau panorama sur le Pico de Orizaba. Service agréable. Préférez les chambres avec balcon du dernier étage. L'hôtel donne sur une rue animée, ce qui procure du bruit.

Hotel Layfer HÔTEL **$$**
(271-714-05-05 ; www.hoteleslayfer.com ; Av 5 n°908, s/d 810/1 000 $M ;). L'adresse la plus chic de Córdoba, ce qui ne veut pas dire la meilleure ! Ses chambres plutôt modernes, mais sans attrait particulier, sont agencées autour d'une piscine. Nombreux extras : produits de soin pour le corps, bar, salle de sport, restaurant et salle de jeux.

Hotel Mansur HÔTEL **$$$**
(271-712-60-00 ; www.hotelmansur.com.mx ; Av 1 n°301 ; ch 1 642-2 552 $M ;). Du haut de ses 5 étages, le Mansur domine la grand-place. Les larges balcons et leurs sièges en bois invitent à observer le va-et-vient en bas. L'hôtel a été entièrement redécoré, troquant glamour d'antan contre art contemporain. Les chambres sont luxueuses, comme il se doit, et certaines disposent d'une terrasse individuelle.

Si vous privilégiez la vue et le spectacle de la rue, optez pour une chambre en façade, pas plus chère que celles sur cour, plus calmes.

Où se restaurer

En matière de restauration, vous aurez l'embarras du choix à Córdoba ! Les adresses sont nombreuses sur la place ou à un ou deux pâtés de maisons. Quelques tables haut de gamme sont regroupées à l'intersection de l'Avenida 9 et des Calles 22 et 20.

El Patio de la Abuela MEXICAIN **$**
(271-712-06-06 ; Calle 1 n°208 ; plats 35-120 $M ; 8h-minuit ;). Ce restaurant informel et sympathique sert des tacos, *picaditas* (tortillas épaisses couvertes de diverses garnitures) et *tamales* variés, ainsi qu'un roboratif *pozole* (ragoût épicé au porc et au maïs concassé), *mondongo* (soupe aux tripes, remède contre la gueule de bois) et des portions de viande grillée. Comme le faisait la *abuela* (grand-mère).

Calufe Café CAFÉ **$**
(Calle 3 n°212 ; café à partir de 25 $M ; 8h-21h dim-mer, 8h-minuit jeu-sam ;). Le Calufe occupe une demeure coloniale gentiment décrépie, avec toutes sortes de recoins aménagés autour d'une cour verdoyante. Des duos de chanteur-guitariste bercent les soirées. Café issu d'un assemblage de grains de la maison, succulent gâteau au café et autres alléchants en-cas.

Roof Garden Restaurant FUSION **$$**
(271-716-41-42 ; Av 9 bis, entre les Calles 26 et 28 ; plats 75-240 $M ; 9h30-23h). Dans ce charmant petit restaurant envahi de plantes, le chef ajoute quelques touches ensoleillées (version Méditerranée) à une cuisine mexicaine inventive. Outre des classiques mexicains revisités, vous trouverez différentes sortes de carpaccios, de pâtes et de burgers, du bon café et de la citronnade maison. En lisière ouest de la ville. Un des meilleurs restaurants de Córdoba.

El Balcón del Zevallos MEXICAIN **$$$**
(271-714-66-99 ; Av 1 n°101 ; plats 130-420 $M ; 17h-1h lun-jeu, 14h-1h ven-dim ;). Au dernier étage de l'hôtel Zevallos, ce restaurant, doté d'une belle salle et d'un balcon surplombant la place, se réclame être la meilleure table de Córdoba. La carte des vins est longue (avec quelques rouges mexicains corrects) et l'on y sert de bons plats (un peu chers) de viande et de produits de la mer cuits *a la parrilla* (au barbecue) sur votre table. Service peu zélé.

Où prendre un verre et faire la fête

♥ **Hêrmann Thômas Coffee Masters** CAFÉ
(271-712-50-71 ; www.hermann-thomas.com ; Calle 2 n°104, entre les Av 1 et 3 ; 7h45-22h ;). Pourvue d'un intérieur raffiné décoré de livres sur l'art, le design et l'histoire, la plus jolie boutique de café de la région propose des cafés sélectionnés avec soin dans des *fincas* (fermes) des régions mexicaines productrices de café. On peut déguster son café de mille manières, notamment glacé à la vietnamienne, et en acheter au détail. On y sert aussi du thé et des cocktails de jus de fruit.

Renseignements

Sur la Plaza de Armas, les banques disposent de DAB accessibles 24h/24.

Hospital Covadonga (271-714-55-20 ; www.corporativodehospitales.com.mx ; Av 7 n°1610 ; 24h/24). Soins d'urgence à toute heure.

BUS AU DÉPART DE CÓRDOBA

Quelques destinations desservies par les bus deluxe et 1re classe au départ de Córdoba :

DESTINATION	PRIX ($M)	DURÉE	FRÉQUENCE
Fortín	20	30 min	fréquents
Mexico (TAPO)	434	5 ½	fréquents
Oaxaca	278-400	5 ¼-7	4/jour
Orizaba	40	45 min-1	fréquents
Puebla	169	3 ¼	fréquents
Veracruz	70-164	1 ¾-2 ¼	fréquents
Xalapa	108-242	3	11/jour

Office du tourisme (☎271-712-43-44 ; Centro Cultural Municipal, angle Av 3 et Calle 3 ; ⏰8h30-16h et 18h-19h30 lun-ven, 10h-14h sam-dim). Informations et cartes. Des bénévoles proposent parfois une visite de la ville.

Depuis/vers Córdoba

BUS

À 2,5 km au sud-est de la place, la **gare routière** (Blvd Agustín Millán) de Córdoba est desservie par des bus deluxe, ainsi que de 1re et 2e classes. Pour rejoindre le centre-ville, prenez un bus local affichant "Centro" ou achetez un ticket de taxi (40 $M). Pour gagner Orizaba, mieux vaut prendre un bus local au coin de l'Avenida 11 et de la Calle 3 que de partir de la gare routière.

VOITURE ET MOTO

Córdoba, Fortín de las Flores et Orizaba sont reliées par la route à péage 150D qu'empruntent la plupart des bus, et par la route 150, beaucoup moins rapide. Une route secondaire pittoresque traverse les montagnes de Fortín à Xalapa, via Huatusco.

Orizaba

☎272 / 124 000 HABITANTS / ALTITUDE : 1 219 M

Orizaba est l'une des villes les plus intéressantes de l'État de Veracruz. Sous son air de simple ville moyenne se cachent bien des surprises : des sites remarquables, un vieux centre colonial plein de charme, de beaux parcs et une superbe promenade le long de la rivière. En outre, elle est toute proche du point culminant du Mexique, le Pico de Orizaba (5 640 m), un volcan endormi plus accessible que jamais grâce au vertigineux téléphérique. Sa principale curiosité est le Palacio de Hierro, pavillon de fer et d'acier traditionnellement attribué à Gustave Eiffel. Quant à son excellent musée d'Art, il réunit la deuxième plus grande collection d'œuvres de Diego Rivera au Mexique. Ajoutez-y des restaurants variés et le parfum du café torréfié qui s'échappe de nombreuses boutiques, et vous risquez de vous y attarder plus longtemps que prévu.

À voir

♥ Teleférico de Orizaba TÉLÉPHÉRIQUE

(☎278-114-72-82 ; Sur 4 entre Calles Poniente 3 et Poniente 5 ; 50 $M ; ⏰9h-19h lun-ven, 9h-19h sam-dim et jours fériés). Le téléphérique porte en 5 minutes à peine ses passagers depuis le bord de la rivière, en face du Palacio Municipal, jusqu'au sommet de la colline du Cerro del Borrego (1 240 m). Un parcours de 1 km qui nécessite d'avoir le cœur bien accroché quand la cabine se balance pour grimper de 320 m. Tout au long du trajet, la vue sur la ville est superbe.

Une fois arrivé au sommet du Cerro del Borrego, vous trouverez des sentiers balisés et un "écoparc", avec des espaces pour pique-niquer, un petit musée militaire, des aires de jeux et, de 13h à 18h le week-end, la reconstitution d'une bataille militaire qui a eu lieu ici à la fin du XIXe siècle.

♥ Palacio de Hierro MUSÉE

(☎272-728-91-36 ; Parque Castillo ; ⏰9h-19h). GRATUIT Le "Palais de fer" incarne à la fois l'influence de l'Art nouveau outre-Atlantique et la volonté de faire appel aux nouveaux matériaux qu'étaient alors le fer et l'acier. Ce pavillon dessiné en Europe pour l'Exposition universelle de 1889 fut acheté en 1892 à la Belgique par le maire d'Orizaba pour en faire l'hôtel de ville. Démonté et acheminé par bateau, il fut remonté ici.

Une demi-douzaine de petits musées ont été aménagés à l'intérieur. Les meilleurs sont le Museo de la Cerveza, qui vous fera découvrir les bières d'Orizaba, le Museo de Fútbol (football), le Museo de Presidentes y Banderas consacré à *tous* les présidents mexicains, au beau milieu de quantité de drapeaux, et le Museo Interactivo, qui comprend un petit planétarium et des présentations consacrées aux sciences (un lit de clous destiné à s'allonger vous attend !).

On y trouve aussi le Museo de Geográfico de Orizaba (géographie de la région d'Orizaba) et le Museo de las Raíces de Orizaba (objets archéologiques).

Museo de Arte del Estado MUSÉE
(Musée d'Art de l'État de Veracruz ; ☎272-724-32-00 ; angle Av Oriente 4 et Sur 25 ; 20 $M ; ⏲10h-19h mar-dim). Un édifice colonial de 1776 superbement restauré, accolé à une église, abrite cet intéressant musée d'art qui possède la deuxième plus importante collection d'œuvres de Diego Rivera, soit 33 originaux, et aussi des œuvres contemporaines d'artistes de la région. Visites guidées gratuites en espagnol. À 2 km à l'est du Parque Castillo.

Parque Alameda PARC
(Av Poniente 2 et Sur 10 ; ⏲24h/24 ; 👪). À environ 1 km à l'ouest du centre, le Parque Alameda peut se décrire comme une vaste place ou un petit parc. Très animé, il réunit les habituelles statues de héros défunts, un terrain de sport, un kiosque à musique, des stands de restauration et une aire de jeux pour les enfants. Presque toute la ville s'y promène le dimanche (après la messe).

Parque Castillo PLACE
(Av Colón Oriente ; ⏲24h/24). Plus petit que les habituelles places centrales mexicaines, le Parque Castillo est dominé par le Palacio de Hierro et la Catedral de San Miguel Arcángel (XVIIe siècle). Du côté sud du parc, le Teatro Ignacio de la Llave (1875), de style néoclassique, programme des opéras, des ballets et des concerts classiques. Contrairement à la coutume, le Palacio Municipal (hôtel de ville) ne s'élève pas sur la place, mais dans l'Avenida Colón Poniente, à plusieurs pâtés de maisons de là.

Activités

Paseo del Río PROMENADE AMÉNAGÉE
Cette belle promenade de 3 km longe la rivière qui porte le nom de la ville. L'extrémité sud, après le téléphérique, est décorée de fresques et de sculptures abstraites. Treize ponts jalonnent l'itinéraire, dont un pont suspendu et le Puente de La Borda (1776). L'Avenida Poniente 8, à 600 m au nord-ouest du Palacio de Hierro, est un bon point de départ.

De l'Avenida Poniente 8, on peut partir vers le nord et le Puente Tlachichilico, ou vers l'extrémité sud de la promenade, couronnée d'une tour Eiffel miniature, juste après le pont du chemin de fer. Si, en vous promenant, vous entendez le feulement sourd d'un félin, ne fuyez pas. Bordant la promenade, il existe une série de cages comportant des singes, des perroquets, des crocodiles, des lamas et, oui, même un tigre. On ne peut pas relâcher dans la nature ces animaux, tous nés en captivité.

Circuits organisés

Alberto Gochicoa PLEIN AIR
(☎portable 272-1037344). Guide recommandé pouvant vous aider à organiser diverses activités de plein air dans les montagnes et canyons des environs, notamment l'escalade partielle du Pico de Orizaba. Le Cañón de la Carbonera, près de Nogales, et la Cascada de Popócatl, près de Tequila, font partie des plus beaux sites.

Erick Carrera PLEIN AIR
(☎portable 272-1345571). Guide recommandé pour les circuits dans les environs d'Orizaba.

Où se loger

Il y a des hébergements pour tous les budgets à Orizaba, des hôtels haut de gamme de l'Avenida Oriente 6 et des environs du Parque Alameda jusqu'aux hôtels petits budgets du centre et des quartiers proches.

Hotel del Río HÔTEL $
(☎272-726-66-25 ; hoteldelrio.tripod.com ; Av Poniente 8 n°315, s/d à partir de 360/380 $M ; P ❄ 📶). Un endroit très agréable à un prix exceptionnel : on ne peut faire mieux, avec une situation idéale au bord du Río Orizaba, des chambres simples mais modernes décorées d'œuvres d'art kitsch dans un bâtiment ancien, et un sympathique propriétaire bilingue. L'hôtel est peut-être moins fleuri et raffiné que certains autres de l'État, mais il offre l'un des meilleurs rapports qualité/prix.

Hotel Plaza Palacio HÔTEL $
(☎272-725-99-23 ; Av Poniente 2 2-Bis ; s/d/tr 305/390/450 $M ; 📶). On ne peut plus

central (il donne sur le Palacio de Hierro), cet hôtel à l'architecture quelconque loue des chambres nettes, équipées de TV câblée et de ventilateur, mais sans grand cachet. Cependant, la ville et ses richesses seront à votre porte !

Orizaba Inn HÔTEL **$$**
(☎272-725-06-26 ; www.hotelorizabainn.com.mx ; Av Oriente 2 n°117 ; ch/ste à partir de 690/890 $M ;). Les chambres chaulées et lumineuses de cet hôtel frais et funky arborent des détails turquoise, des salles de bains ultramodernes et tout le confort moderne. Certaines ont un balcon ; visitez-en éventuellement quelques-unes avant de choisir. Un personnel sympathique et un bon petit-déjeuner.

Hotel Misión Orizaba BOUTIQUE-HÔTEL **$$**
(☎272-106-92-94 ; www.hotelesmision.com.mx ; Av Oriente 6 n°64, s/d à partir de 1 008/1 313 $M ; P). Rénové, cet établissement passe pour le plus élégant de la ville. Disposées autour d'une cour et d'une petite piscine, ses chambres sans chichis respirent le confort. Fleurs fraîches, bureaux et machines à café sont des attentions appréciées. Personnel très attentionné.

♥ **Hotel Tres79** BOUTIQUE-HÔTEL **$$$**
(☎272-725-23-79 ; www.tres79hotelboutique.com ; Av Colón Poniente 379 ; ch à partir de 1 918 $M ; P). Très au-dessus de ce qu'on trouve dans l'État de Veracruz, cet établissement impeccable dispose de 14 chambres toutes décorées différemment en hommage à un artiste mexicain (nous aimons particulièrement celle dédiée au chanteur Agustín Lara), avec du mobilier coloré et un grand souci du confort (linge de lit hypoallergénique, douches de pluie). Un jardin vertical et une fontaine carrelée décorent la cour et le restaurant sert une bonne cuisine internationale.

Où se restaurer

Dans cette ville paisible, bien des restaurants ferment de bonne heure, mais ils sont de qualité. Vous trouverez notamment de la cuisine fusion, des grills, des restaurants de la mer et des cafés de charme. Sur la place, vous goûterez à de remarquables en-cas typiques d'Orizaba, comme les *garnachas* (tortillas garnies de poulet, d'oignon et de sauce tomate), et les meilleurs tacos sont à chercher sur l'Avenida Oriente 4.

Taco T CUISINE DE RUE **$**
(☎272-106-10-49 ; Av Oriente 4 n°1247 ; tacos à partir de 10 $M ; ⌚13h-minuit). Joignez-vous aux Mexicains dans la salle à manger grouillante de la *taquería* la plus courue de l'Avenida Oriente 4, et regardez les cuisiniers découper d'une main experte la viande qui grésille sur les broches. On peut aussi emporter ses tacos pour aller les déguster au calme sur la place verdoyante, de l'autre côté de la rue.

Metlapilli MEXICAIN **$**
(☎272-705-24-82 ; Madero 350 ; plats à partir de 10 $M ; ⌚8h-14h mar-dim ;). Tenu par un sympathique tandem mère-fille, ce petit restaurant ne compte que 4 tables prises d'assaut au petit-déjeuner ou à midi par des clients qui se bousculent pour les tacos à la *flor de calabaza* (fleurs de courge) ou aux champignons, et des *picaditas* aux garnitures assorties. La plupart des plats sont végétariens. Accompagnez-les d'un jus de fruits frais ou d'un *licuado* (milk-shake).

♥ **El Cebichero** PRODUITS DE LA MER **$$**
(☎272-106-33-22 ; Av Oriente 4 n°855 ; plats 65-250 $M ; ⌚11h-22h lun-sam ;). Repérez cette minuscule *cevichería* à l'enseigne en forme de poisson-globe pendue à l'extérieur et aux filets de pêche accrochés au plafond. Le jeune chef Toni Serrano (qui a étudié l'anglais à Bournemouth, au Royaume-Uni) prépare des délices comme le ceviche de saint-jacques aux piments tabaqueros et habaneros. Il propose aussi des steaks grillés, l'établissement faisant aussi *parrilla*. Avant de partir, laissez un message sur un billet de 20 $M.

♥ **Marrón Cocina Galería** FUSION **$$**
(☎272-724-01-39,www.facebook.com/marroncocinagaleria ; Av Oriente 4 n°1265 ; plats 80-169 $M ; ⌚14h-23h mar-jeu et dim, 14h-minuit ven-sam ;). Avec ses seaux servant d'abat-jour, ses tournesols sur les tables et son mobilier légèrement croulant, cet excellent restaurant fusion offre une ambiance décontractée, informelle et conviviale. Des plats italo-mexicains comme les merveilleuses *lasagnas de mi suegra* (lasagnes de ma belle-mère) épicées comptent parmi les meilleurs plats proposés. Les pizzas fines et croustillantes sont aussi un régal.

BUS AU DÉPART D'ORIZABA

Quelques bus 1re classe circulant quotidiennement :

DESTINATION	PRIX ($M)	DURÉE (H)	FRÉQUENCE
Córdoba	40	45 min	fréquents
Fortín de las Flores	34	30 min	fréquents
Mexico (TAPO)	364	4 ½	fréquents
Mexico (Terminal Norte)	366-414	4 ½-5 ½	4/jour
Oaxaca	374	5 ¼-6	6/jour
Puebla	212-250	2 ¼	fréquents
Veracruz	176	2-3 ¼	fréquents
Xalapa	260	3 ¼-4	12/jour

Où prendre un verre et faire la fête

♥ Gran Café de Orizaba CAFÉ
(☎272-724-44-75 ; www.grancafedeorizaba.com ; angle Av Poniente 2 et Madero ; Palacio de Hierro ; en-cas 40-80 $M ; ⏱8h-22h30 ; 📶). Ce café aménagé dans un ancien pavillon de l'Exposition universelle de 1889 offre une décoration exquise et un service impeccable. L'endroit rêvé pour un café et un petit gâteau ! Belle sélection de sandwichs, de crêpes et de pâtisseries.

Cafino CAFÉ
(☎272-100-57-36 ; www.facebook.com/cafino.orizaba ; Oriente 4 n°327 ; ⏱10h-21h lun-sam). Ce café grand comme un mouchoir de poche peut accueillir confortablement deux clients et demi. Il vaut le détour pour prendre un café car il n'utilise que de l'arabica de grande qualité poussant en haute altitude dans la région des cafés.

El Interior CAFÉ
(☎272-726-45-31 ; angle Av Oriente 4 et Sur 9 ; ⏱9h-20h30 ; 📶). Livres, bon café et œuvres d'art : un petit café littéraire comme on les aime ! Idéalement situé entre le Parque Castillo et le Museo Arte del Estado, le lieu est rattaché à une boutique d'artisanat-librairie.

Renseignements

Il y a des banques avec DAB sur l'Avenida Oriente 2, à un pâté de maisons au sud de la place.

Hospital Covadonga (☎272-725-50-19 ; www.corporativodehospitales.com.mx ; Sur 5 n°398)

Orizaba Pueblo Mágico N'hésitez pas à télécharger cette application, qui offre un guide complet des attractions d'Orizaba.

Office du tourisme (☎272-728-91-36 ; www.orizaba.travel ; Palacio de Hierro ; ⏱9h-19h). Nombreuses brochures et personnel enthousiaste.

Depuis/vers Orizaba

BUS

Les **bus locaux en provenance de Fortín et de Córdoba** (angle Av Oriente 9 et Norte 14) font halte à 4 rues au nord et à 6 rues à l'est du centre-ville. La **gare AU des bus 2e classe** (Poniente 8, n°425) est au nord-ouest du centre.

Tous les bus ADO et ADO GL, ainsi que les bus deluxe UNO, circulent depuis/vers la **gare routière** moderne des bus de 1re classe (☎222-107-22-55 ; angle Av Oriente 6 et Sur 13).

VOITURE ET MOTO

La route à péage 150D, qui contourne le centre d'Orizaba, part à l'est vers Córdoba et à l'ouest vers Puebla (160 km), via une montée spectaculaire. La route 150 (pas de péage) file à l'est vers Córdoba et Veracruz (150 km), et au sud-ouest vers Tehuacán (65 km), après les vertigineuses Cumbres de Acultzingo.

Pico de Orizaba

Le sommet enneigé de cet imposant volcan dominant la région jette un défi à ceux qui ne peuvent résister à l'appel des sommets invaincus.

Activités

♥ Pico de Orizaba TREKKING
La tête dans les nuages du haut de ses 5 640 m, le Pico de Orizaba est le plus haut sommet du Mexique (et le troisième d'Amérique du Nord après le Mount Denali, aux États-Unis, et le Mount Logan, au Canada)

et ses neiges éternelles sont visibles à des kilomètres à la ronde. Son ascension est une entreprise de 6 jours réservée aux trekkeurs ayant l'expérience de la haute altitude, préparés pour le grand froid et le mal des montagnes.

Appelé Citlaltépetl (montagne de l'étoile) en nahuatl, le sommet de cet énorme volcan endormi offre une vue sur les monts Popocatépetl, Iztaccíhuatl et La Malinche à l'ouest et sur le golfe du Mexique à l'est. Si l'idée d'escalader ce monstre fait sûrement rêver des touristes du bout du monde, les candidats sont relativement rares car il faut disposer d'au moins deux semaines et être prêt à suivre une petite formation technique pour traverser les champs de glace, la dernière partie de l'ascension étant particulièrement exigeante.

Le gravir requiert un bon équipement et l'assistance d'un guide, à moins d'être très expérimenté. La seule compagnie de guides locale fiable est Servimont, pilotée par un alpiniste qui a repris l'affaire de la famille Reyes. Ne tentez pas de faire l'ascension trop rapidement car le mal des montagnes, qui peut être mortel à cette altitude, est un problème sérieux. Au moindre symptôme, redescendez immédiatement.

La meilleure période pour l'ascension s'étend d'octobre à mars (pic de fréquentation : décembre et janvier).

♥ Servimont TREKKING

(☎245-451-50-19, portable 222-6275406 ; www.servimont.com.mx ; Ortega 1A, Tlachichuca). Cette agence d'alpinisme est dans la famille Reyes depuis les années 1930. La plus vieille agence de la région est installée dans la bourgade de Tlachichuca (2 600 m), point de départ habituel des expéditions. L'agence sert aussi d'antenne de secours de la Croix-Rouge. C'est le seul opérateur mexicain proposant des ascensions du Pico de Orizaba.

Réservez votre ascension auprès de Servimont 2 à 4 mois à l'avance, et prévoyez de 4 à 7 jours pour l'acclimatation, l'ascension et le retour. L'agence propose des ascensions plus courtes et moins exigeantes : celles des volcans Iztaccíhuatl, La Malinche et Nevado de Toluca.

Depuis/vers Pico de Orizaba

Autobuses Valles (Av Hidalgo 13A) propose des bus de 2e classe pour Ciudad Serdán (20 $M, 1 heure), où l'on peut prendre un autre bus pour Orizaba (60 $M, 2 heures).

NORD DE L'ÉTAT DE VERACRUZ

La moitié nord de l'État de Veracruz, entre le littoral et les contreforts sud de la Sierra Madre orientale, est en grande partie couverte de pâturages vallonnés. La Laguna de Tamiahua est la plus grande zone humide de la région et la Costa Esmeralda, sur le golfe du Mexique, offre de belles plages isolées (mais parfois polluées), prisées des vacanciers mexicains. La principale attraction locale est le site archéologique d'El Tajín, agréablement peu fréquenté par les touristes comparés à d'autres sites mexicains plus renommés ; on y accède depuis la ville historique de Papantla. Juste au nord de Papantla s'étend Poza Rica, ville animée mais sans charme qui peut s'avérer utile pour une pause. Tecolutla est une station balnéaire mexicaine typique, avec du sable noir et d'excellents produits de la mer. Quant à Tuxpan, c'est une bonne halte si vous allez dans le Nord, à Tampico et au-delà.

Tuxpan

☎783 / 89 800 HABITANTS

Ville de pêcheurs et petit port pétrolier où règne une chaleur moite, Tuxpan (ou Túxpam) se trouve à 300 km au nord de Veracruz et à 190 km au sud de Tampico. Vous vous y régalerez de saveurs de la mer et pourrez traverser le large Río Tuxpan pour visiter un petit musée consacré à l'amitié mexicano-cubaine ou bien rejoindre les vacanciers mexicains à la Playa Norte qui s'étire 12 km à l'est. La ville elle-même n'est pas très belle mais possède tout ce qu'il faut pour passer la nuit si l'on se rend à Tampico.

À voir

Museo de la Amistad México-Cuba MUSÉE

(Musée de l'Amitié mexicano-cubaine ; Obregón s/n ; 9h-17h). GRATUIT Hommage à l'histoire coloniale du Mexique et de Cuba et au rôle qu'a joué le pays dans le soulèvement manqué de Fidel Castro en 1956, ce musée contient de nombreuses photos de Che Guevara et de Castro, une maquette du *Granma*, le yacht de la Révolution, etc. On atteint le musée en traversant le fleuve en bateau (5 $M) depuis le quai proche de la gare routière ADO ; il suffit ensuite de marcher vers le sud le long de plusieurs pâtés de maisons pour atteindre Obregón que vous prendrez sur la droitc jusqu'à son extrémité ouest où se trouve le musée au bord de l'eau.

Le 25 novembre 1956, Fidel Castro et 82 hommes mal équipés quittèrent Tuxpan à bord du bateau *Granma* pour rejoindre Cuba et tenter de lancer un soulèvement. Cette équipée fut rendue possible grâce à une rencontre à Mexico entre Castro et le marchand d'armes Antonio del Conde Pontones (alias "El Cuate"). Pour faciliter l'opération, Pontones acheta cette maison sur la rive sud du Río Tuxpan, où il amarra une embarcation et permit à Castro d'organiser des rencontres secrètes. C'est cette maison qui abrite aujourd'hui le musée.

Circuits organisés

Paseos Turísticos Negretti SORTIES EN MER, PLONGÉE
(783-835-45-64 ; Recreo s/n). Cette agence locale organise des plongées (2 500 $M/groupe de 8 pers, hors équipement), des sorties de pêche (450 $M par heure et par bateau), des excursions en bateau dans les mangroves voisines (600 $M les 2 heures), du kayak (120 $M/pers) et du ski nautique (320 $M les 30 min). Elle possède un bureau sur la rive sud du Río Tuxpan, où accoste le ferry.

Où se loger et se restaurer

Hotel Reforma HÔTEL $$
(783-834-11-46 ; www.hotel-reforma.com.mx ; Av Juárez 25 ; s/d/ste 835/950/1 200 $M ; P ❄ wifi). L'opulente façade du Reforma mène à un petit atrium agrémenté d'une fontaine. Les 98 chambres sont confortables et fonctionnelles, avec écran plat et moquette marron. Restaurant chic au rez-de-chaussée.

♥ Taquería Los Nuevos 4 Vientos CUISINE DE RUE $
(783-134-48-76 ; Morelos s/n ; tacos 10 $M ; 9h30-minuit). Des 4 *taquerías* (stands de tacos) installées côte à côte, celle-ci remporte notre adhésion pour son vaste choix de *salsas* fraîches et ses 6 sortes de viandes (*asado*, tripes, *pastor*, etc.) adroitement cuites avant d'être glissées dans les tacos. L'affluence des Mexicains aux heures des repas indique clairement qu'ils partagent notre enthousiasme.

Restaurante Mora PRODUITS DE LA MER $$
(783-837-09-93 ; Ribera del Pescador s/n ; plats 100-160 $M ; 12h-21h). Premier d'une longue série de restaurants de la mer tout simples bordant la Laguna de Tampamachoco, le Mora propose des crabes farcis, des *camarones enchipotlados* (crevettes au *chipotle*), des huîtres et la pêche du jour, grillée, frite, farcie aux crevettes ou encore *a la diabla* (très piquant !).

Renseignements

Kiosque touristique (783-110-28-11 ; www.tuxpan.com.mx ; Juárez 25, Palacio Municipal ; 9h-19h lun-ven, 10h-14h sam). Les employés sont pleins d'enthousiasme. Vous repartirez les bras chargés de plans et de brochures.

Depuis/vers Tuxpan

La plupart des bus de 1re classe ne faisant que transiter par Tuxpan, il est préférable de réserver sa place. Il existe plusieurs gares routières dans la ville, la plus proche du centre étant la **gare routière** (783-834-01-02 ; angle Rodríguez et Av Juárez) des bus 1re classe ADO.

Pour 5 $M, vous pourrez traverser le fleuve en ferry en divers points entre Guerrero et le Parque Reforma.

BUS AU DÉPART DE TUXPAN

Quelques bus 1re classe partent de la gare routière ADO :

DESTINATION	PRIX ($M)	DURÉE (H)	FRÉQUENCE
Mexico (Terminal Norte)	396	4 ¼	13/jour
Papantla	92	2	12/jour
Tampico	294	3 ¼	fréquents
Veracruz	394	6	11/jour
Villahermosa	771	13	4/jour
Xalapa	398	6 ½	9/jour

Papantla

784 / 53 546 HABITANTS / ALTITUDE : 180 M

Couvrant plusieurs collines boisées, Papantla frappe par son attachement à ses racines indiennes. La ville a une histoire, une allure et une ambiance totalement imprégnées de son passé préhispanique, plus précisément de la grandeur totonaque. Antérieure à la conquête espagnole, Papantla fut fondée vers 1230. Point de départ traditionnel pour explorer le site d'El Tajín, elle s'est récemment imposée, en promouvant son héritage préhispanique et son emplacement central dans la première région productrice de vanille au monde. Vous croiserez ici des Totonaques en costume traditionnel : les hommes vêtus de larges chemises et pantalons blancs, et les femmes portant des blouses et des *quechquémitl* (capes) brodées. Papantla est également un bon endroit pour assister à une cérémonie de *voladores* ou pour acheter de l'artisanat local en vente sur la jolie grand-place.

À voir

Iglesia de Nuestra Señora de la Asunción ÉDIFICE RELIGIEUX

(Zócalo ; 8h-19h). Juchée sur une haute plateforme au-dessus du *zócalo*, cette église édifiée dès 1570 par les Franciscains fut agrandie au fil des siècles. Son clocher ne fut achevé qu'en 1875. Elle se distingue par ses grandes portes en cèdre et par les quatre toiles d'un artiste du Jalisco qu'elle renferme.

Devant, se dresse un mât de 30 m de hauteur, d'où des *voladores* s'élancent dans les airs. Des séances rituelles ont généralement lieu toutes les 2 heures, entre 11h et 19h, du lundi au samedi. En basse saison (d'octobre à avril), elles se déroulent à 9h, 12h, 16h et 19h, du vendredi au dimanche.

Zócalo PLACE

Officiellement appelé Parque Téllez, le *zócalo* est construit en terrasses à flanc de colline, en dessous de l'Iglesia de la Asunción. Au pied de l'église, le bas-relief réalisé en 1979 par l'artiste local Teodoro Cano retrace, sur une bande de 50 m, l'histoire des Totonaques et du Veracruz. Un serpent, qui s'étire tout du long, relie étrangement un sculpteur précolombien, la Pirámide de los Nichos d'El Tajín et un puits de pétrole.

Museo de la Ciudad Teodoro Cano MUSÉE

(784-842-47-51 ; Curti 101 ; 50 $M ; 10h-18h mar-dim). Originaire de Papanta, Teodoro Cano (né en 1932) a été l'élève de Diego Rivera. Ce musée réunit quelques-unes des peintures du grand artiste, dont les scènes, tragiques ou exubérantes, sont presque exclusivement inspirées de la culture totonaque. On retrouve cette même influence sur bien d'autres objets du musée, sur des photos et dans une collection de costumes traditionnels. Des événements culturels sont régulièrement organisés dans l'auditorium moderne.

Monument du Volador MONUMENT

(Callejón Centenario s/n). Perché sur une colline, le monument du Volador est une statue réalisée en 1988 par Teodoro Cano qui représente un musicien jouant de la flûte, avant que 4 voltigeurs ne s'élancent dans le vide. Depuis le coin sud-ouest de l'Iglesia de Nuestra Señora de la Asunción, grimpez la Calle Centenario, puis tournez à gauche pour gravir la pente raide du Callejón Centenario. Belle vue sur la ville depuis le sommet.

Circuits organisés

Gaudencio Simbrón VISITES GUIDÉES

(783-842-01-21, 784-121-96-54 ; 450 $M/jour). Le guide Gaudencio Simbrón, surnommé *el de la ropa típica* ("l'homme en costume traditionnel") parce qu'il porte le costume totonaque, travaille avec l'Hotel Tajín (p. 254). Il pourra vous faire visiter El Tajín, ainsi que Papantla et ses environs.

Fêtes et festivals

Feria de Corpus Christi FÊTE RELIGIEUSE, TRADITIONS

(fin mai-déb juin). L'extraordinaire Feria de Corpus Christi (Fête-Dieu) est la grande fête annuelle de la ville. Outre les habituels défilés, corridas et *charreadas* (rodéos), Papantla honore son patrimoine totonaque par des danses spectaculaires. Le premier dimanche, lors de la grande procession, on assiste plusieurs fois dans la journée aux rites complexes des *voladores*.

Festival de Vainilla GASTRONOMIE

(18 juin). Autre événement important, la fête de la Vanille s'accompagne de danses traditionnelles. Des stands vendent alors des délices gastronomiques et quantité de produits à base de vanille.

Où se loger

Les établissements petits budgets et de catégorie moyenne sont décidément peu nombreux et peu attirants. Mais les prix sont bas et les chambres plus ou moins propres.

Hotel Tajín HÔTEL **$**
(☎784-842-01-21 ; http://hoteltajin.mx ; Núñez y Domínguez 104 ; s/d/tr 690/770/940 $M, ste à partir de 1 200 $M ; P ❄ 📶 🏊). Malgré son intérieur un peu daté, le Tajín réunit 3 atouts : sa proximité du *zócalo* (face à l'église, suivez la route en contrebas sur la gauche), sa piscine bordée d'arches en pierre et son restaurant. Ce n'est pas le grand luxe, mais l'ensemble ne manque pas de charme – côté hébergement, les chambres vont du confortable au très moyen.

Hotel Hostal del Moncayo PENSION **$$**
(☎784-842-04-98 ; www.hotelpapantla.webcindario.com ; Zaragoza 108 ; s/d à partir de 595/797 $M ; P ❄ 📶). Cette pension tranquille tenue en famille dispose de chambres agréables et spacieuses, mais les carrelages pimpants ornant les murs ne parviennent pas à faire oublier l'odeur de renfermé dans la pièce du rez-de-chaussée. L'hôtel dispose de quelques places de parking.

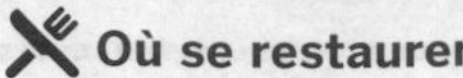

Où se restaurer

Sur le *zócalo*, restaurants et cafés offrent l'embarras du choix. Dans le Mercado Juárez, au coin sud-ouest de la place en face de l'église, des échoppes proposent une cuisine régionale fraîche et bon marché. Deux très bons restaurants éloignés du centre-ville méritent le détour.

Café Catedral CAFÉ **$**
(☎784-842-53-17 ; angle Núñez y Domínguez et Curato ; gâteaux à partir de 30 $M ; ⏲8h-20h). Le meilleur café de la ville, aux dires des habitants, se double d'une boulangerie. Choisissez un gâteau, un beignet ou un *pan dulce* (brioche), attablez-vous et attendez que l'on vienne remplir votre tasse avec une cafetière à l'ancienne. Tout le monde semble se connaître et les bavardages vont bon train.

Naku Restaurante Papanteco MEXICAIN **$$**
(☎784-842-31-12 ; www.kinkachikin.com ; Colegio Militar s/n ; plats 70-200 $M ; ⏲8h-20h ; 📶). À 2 km au nord-est de Papantla, des serveurs en costume traditionnel vous apportent des plats dits totonaques (on soupçonne néanmoins que les ingrédients les moins ragoûtants ont été éliminés de la recette…). Le jardin est joli, la cuisine très goûteuse, et le pain cuit dans un grand four en terre.

À NE PAS MANQUER

LES VOLADORES, PIONNIERS DU SAUT À L'ÉLASTIQUE ?

L'idée de se jeter tête la première dans le vide d'une hauteur impressionnante avec une simple corde attachée aux chevilles est généralement attribuée à des Néo-Zélandais, qui auraient inventé le saut à l'élastique dans les années 1980. En réalité, depuis des siècles, les *voladores* (hommes volants) totonaques de Papantla s'élancent dans les airs du haut de mâts en bois de 30 m (et ce, sans aucun équipement de sécurité). Cette étrange pratique rituelle remonte à une époque si lointaine que personne ne sait avec certitude quand et comment elle est née.

Le rite commence par l'ascension du mât par 5 hommes en costume de cérémonie. Quatre d'entre eux s'assoient au bord d'une petite plateforme et la font tourner pour enrouler les cordes autour du mât. Le cinquième danse sur la plateforme en jouant du *chirimía*, une sorte de petit tambour attaché à une flûte. Lorsqu'il s'arrête, les autres se jettent aussitôt en arrière. Les bras tendus, ils tournent gracieusement autour du mât et descendent ainsi jusqu'au sol la tête en bas, à mesure que les cordes se déroulent.

Certains pensent qu'il s'agit d'un rite de fertilité et que les voltigeurs invoquent les quatre points cardinaux de l'Univers. Chacun tourne 13 fois autour du mât, soit un total de 52 révolutions. Ce nombre, qui équivaut aux semaines de l'année moderne, était aussi important dans le Mexique précolombien, qui possédait deux calendriers, l'un pour l'année solaire de 365 jours, l'autre pour l'année rituelle de 260 jours. Ces calendriers coïncidaient toutes avec les 52 années solaires.

El Tajín, Papantla (devant la cathédrale) et, dans une moindre mesure, Zempoala sont les meilleurs endroits pour assister à des cérémonies de *voladores*.

BUS AU DÉPART DE PAPANTLA

Quelques destinations desservies par les bus ADO 1re classe :

DESTINATION	PRIX ($M)	DURÉE (H)	FRÉQUENCE
Mexico (Terminal Norte)	200-296	4-5	7/jour
Tuxpan	92	2	8/jour
Veracruz	224	4 ¼	4/jour
Xalapa	314	4 ¼	7/jour

Plaza Pardo MEXICAIN **$$**
(☎784-842-00-59 ; www.facebook.com/RestaurantePlazaPardo ; Enríquez 105, 1er ét. ; plats 85-170 $M ; ⏱7h30-23h30 ; 📶). Il n'est pas de meilleur endroit pour s'imprégner de l'ambiance de Papantla que ce délicieux balcon du Plaza Pardo donnant sur le *zócalo* – l'intérieur, très agréable, est moins romantique. La carte comprend un large choix d'*antojitos*, de poisson et de viande, le tout bien préparé, mais sans plus.

Restaurante la Parroquia INTERNATIONAL **$$**
(☎784-842-01-21 ; www.hoteltajin.mx/restaurantes ; Núñez y Domínguez 104, Hotel Tajín ; plats 75-140 $M ; ⏱8h-22h ; ❄📶). Des arcades en pierre confèrent beaucoup de caractère à cet hôtel-bar-restaurant (surtout à la terrasse bordant la piscine). La longue carte internationale va des *antojitos* et enchiladas aux burgers. On y sert aussi des cocktails à base d'extrait de vanille de production locale.

♥ **Ágora Alta Cocina** FUSION **$$$**
(☎784-842-75-64 ; www.facebook.com/agorapapantla ; Libertad 301, 3e ét. ; plats 295-1250 $M ; ❄📶). Belle surprise dans un quartier calme et résidentiel. L'adjectif *Alta* peut s'appliquer non seulement à la cuisine, mais aussi à l'altitude. Plats fusion bien préparés : saumon fumé aux poires, au chèvre et aux asperges, délicate soupe asiatique aux nouilles et aux crevettes riche en herbes, ou encore steak saisi. Service jeune et attentif, bons desserts.

Achats

Centre mexicain de la vanille, Papantla est un bon endroit pour acheter de l'extrait et des gousses de qualité, ainsi que des *figuras* (gousses tressées en forme de fleurs, d'insectes ou de crucifix). Une belle boutique d'artisanat se tient au coin sud-ouest du *zócalo*. Vous trouverez aussi des costumes totonaques traditionnels et de la vannerie.

Renseignements

Office du tourisme (Reforma 100 ; ⏱8h-17h lun-ven). Ce kiosque à l'intérieur de l'Ayuntamiento, près du *zócalo*, dispose de plans du centre-ville et des environs.

Depuis/vers Papantla

Quelques bus longue distance partent de la **gare routière ADO** (☎784-101-35-01 ; angle Juárez et Venustiano Carranza) de Papantla, à laquelle on accède par une courte montée depuis le centre. En taxi, comptez 25 $M de la gare ADO jusqu'au centre. Vous pourrez réserver vos billets de bus sur Internet (www.ado.com.mx) ou à la **billetterie** (Juan Enríquez s/n ; ⏱9h-17h) à l'est de la place. Au départ du **Terminal Transportes Papantla** (angle 20 de Noviembre et Olivo), près de la place à côté de la station-service Pemex, la compagnie Transportes Papantla (TP) dessert les villes côtières et offre des bus un peu moins chers pour Poza Rica et Tuxpan.

El Tajín

Cette cité antique, peu visitée, a été "redécouverte" fortuitement en 1785 par un Espagnol zélé à la recherche de plantations de tabac illégales. Les pyramides et les temples de cette ville précolombienne, une des plus importantes et des mieux conservées de Méso-Amérique, se dressent aujourd'hui sur une plaine entourée de petites collines verdoyantes, à 7 km à l'ouest de Papantla. Ce grand ensemble de ruines est le plus impressionnant vestige de la civilisation classique de Veracruz. Essayez, si possible, de venir en toute fin de journée, juste avant la fermeture, lorsque le ciel rougeoie, les nuages moutonnent et le calme retombe sur le site, invitant à la méditation.

Une des caractéristiques d'El Tajín sont ces niches carrées superposées sur les côtés des bâtiments. S'y ajoutent nombre de terrains de jeu de balle et des

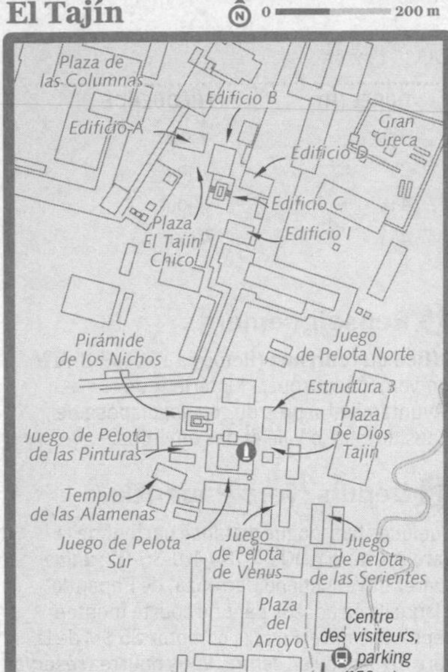

sculptures représentant des sacrifices humains liés à ce jeu. Selon l'archéologue José García Payón (1896-1977), les niches et les mosaïques en pierre symboliseraient le jour et la nuit, la lumière et l'obscurité, la vie et la mort dans un univers fait de dualité.

Histoire

On a d'abord cru qu'El Tajín ("tonnerre", "éclair" ou "ouragan" en totonaque) avait connu trois phases de peuplement entre 100 av. J.-C. et 1200, mais les recherches les plus récentes semblent indiquer qu'elle aurait atteint son apogée en tant que ville et centre cérémoniel entre 800 et 900. Elle fut abandonnée vers 1200, peut-être à la suite d'un incendie et d'attaques par des Chichimèques. Rapidement englouti par la jungle, le site resta ignoré des Espagnols jusqu'en 1785.

À voir

Le site d'**El Tajín** (près de la route 127 ; 70 $M ; 9h-17h) couvre quelque 10 km². Pour tout voir, vous devrez parcourir plusieurs kilomètres (comptez un minimum de 2 à 3 heures). Mieux vaut venir tôt ou tard, car l'ombre est rare et la chaleur peut être suffocante. La plupart des édifices et des sculptures bénéficient d'explication en anglais et en espagnol, mais la présence d'un guide aide grandement à la compréhension du site.

♥ Pirámide de los Nichos — SITE ARCHÉOLOGIQUE

Édifice le plus emblématique d'El Tajín, la pyramide des Niches, parfaitement proportionnée, se dresse près de la Plaza Menor. Les 6 niveaux inférieurs, chacun creusé de rangées de petites niches carrées, atteignent 18 m de hauteur. Des archéologues pensent que la pyramide comptait initialement 365 niches et servait peut-être de calendrier. À son âge d'or, les niches étaient peintes en rouge et noir.

Museo El Tajín — MUSÉE

(9h-17h). Ne manquez pas de faire un tour au musée situé à l'entrée du site (inclus dans le prix d'entrée) pour admirer la maquette du site. Il y a aussi une collection de statues, de céramiques, de délicats bas-reliefs et une partie d'un site funéraire.

Juego de Pelota de las Pinturas — SITE ARCHÉOLOGIQUE

Le Juego de Pelota de las Pinturas (littéralement jeu de balle des Peintures), sur l'un des côtés de la Pirámide de los Nichos, doit son nom aux deux frises géométriques rouge et bleu très bien préservées sur sa face nord.

El Tajín Chico — SITE ARCHÉOLOGIQUE

El Tajín Chico était le quartier administratif où vivaient les membres de l'élite dirigeante. Nombre d'édifices y présentent un décor de frise grecque créé par une mosaïque de pierres.

Le sentier qui part vers le nord en direction de la Plaza El Tajín Chico passe par le **Juego de Pelota Norte** (jeu de balle Nord), plus petit et plus ancien que celui du sud, et dont les sculptures ont été davantage effacées.

La promenade surélevée en planches offre une excellente vue de la partie inférieure du site.

L'**Edificio I**, sans doute un ancien palais, est orné de splendides décors gravés et de peintures bleues, jaunes et rouges magnifiquement conservées. L'**Edificio C**, du côté est, comprend 3 niveaux et un escalier face à la place ; jadis peint en bleu, il est orné d'inhabituels décors en volutes. L'**Edificio A**, du côté nord de la place, possède une voûte en encorbellement (ou fausse voûte) typique de l'architecture maya. Sa présence ici est une autre bizarrerie dans le puzzle déroutant des cultures précolombiennes.

Au nord-ouest de la Plaza El Tajín Chico, la Plaza de las Columnas (place des Colonnes), qui n'a pas été reconstruite, est l'une des structures majeures du site. Elle comportait à l'origine un patio ouvert et des bâtiments adjacents édifiés à flanc de colline. Le musée abrite quelques reconstitutions de superbes colonnes sculptées.

Juego de Pelota Sur SITE ARCHÉOLOGIQUE
(Jeu de balle Sud). Pas moins de 17 terrains de jeu de balle ont été découverts à El Tajín. Connu par les 6 reliefs qui ornent ses murs et décrivent divers aspects du jeu rituel, le Juego de Pelota Sur date d'environ 1150.

Le relief le plus facile à déchiffrer est celui de l'angle nord-est. Au centre, 3 joueurs procèdent à un sacrifice rituel sous le regard des dieux de la Mort et d'un personnage important : un joueur s'apprête à plonger un couteau dans la poitrine du sacrifié, tandis que le troisième lui tient les bras. Les autres panneaux décrivent diverses scènes de libation cérémonielle de pulque (alcool d'agave).

Plaza Menor PLACE
Au sud du site, passé la Plaza del Arroyo, la Plaza Menor (place Mineure), flanquée de pyramides sur ses quatre côtés, faisait partie du principal centre cérémoniel. On pense qu'elle accueillait des marchés ; une plateforme plus basse en marque le centre. Toutes les structures de la place étaient probablement surmontées par de petits temples, pour certains peints en rouge ou en bleu (des traces subsistent).

Fêtes et festivals

Cérémonies de voladores CULTUREL
Un mât de *voladores* se dresse sur 30 m de haut devant l'entrée du site. Des Totonaques exécutent le rite des *voladores* (autrefois effectué une fois l'an) trois fois par jour, à côté du centre des visiteurs. Avant de commencer, un Totonaque en costume traditionnel demande une participation au public (20 $M/pers devraient suffire).

Renseignements

Le **centre d'accueil des visiteurs** (près de la route fédérale 127 ; 9h-17h) dispose d'une consigne à bagages et d'un bureau de renseignements. Pour de plus amples informations, procurez-vous l'ouvrage intitulé *El Tajín: Misterio e Belleza*, de Leonardo Zaleta, parfois disponible dans les boutiques en différentes langues.

On peut louer les services d'un guide polyglotte pour un groupe de 1 à 6 personnes moyennant 300 $M de l'heure.

Depuis/vers El Tajín

Les liaisons routières sont fréquentes entre Poza Rica et El Tajín. De Papantla, des bus affichant "Pirámides Tajín" (20 $M) partent environ toutes les 20 minutes de la Calle 16 de Septiembre, derrière l'Hotel Tajín. Le site se trouve à 300 m de la route fédérale ; les bus marquent un arrêt près du marché, avant l'entrée de Tajín. En taxi, comptez 80 $M depuis/vers Papantla ; habituellement, un ou deux taxis stationnent devant les ruines.

Tecolutla

766 / 4 591 HABITANTS

Avec son agréable plage, ses nombreux restaurants de poisson et ses hôtels bon marché, cette paisible cité balnéaire est l'antithèse de Cancún et l'une des plus plaisantes de l'État de Veracruz. Assoupie en semaine, elle s'anime les week-ends d'été et durant la Semaine sainte. On y trouve des banques et des DAB.

À voir et à faire

Playa Tecolutla PLAGE
Cette plage de sable noir qui s'étire sur des kilomètres est extrêmement prisée des vacanciers mexicains. Le week-end et les jours fériés, elle se remplit de familles pique-niquant sur des chaises en plastique au bord de l'eau, achetant des en-cas aux vendeurs ambulants ou chevauchant des bananes gonflables et se jetant dans les vagues. En semaine, en revanche, vous risquez d'avoir la plage pour vous seul.

Grupo Ecologista Vida Milenaria BÉNÉVOLAT
(766-846-04-67 ; www.vidamilenaria. mx ; Niños Héroes 1 ; don à l'entrée ; 7h-21h mai-nov). Surnommé "Papá Tortuga", Fernando Manzano Cervantes gère ce petit site de protection des tortues (sur la plage au bout de Niños Héroes). Depuis plus de 35 ans, Fernando protège et relâche des tortues vertes et de Kemp, tout en informant les visiteurs. Ces derniers

affluent en masse pour assister aux lâchers de juvéniles, qui ont lieu presque tous les matins en saison.

La vente de souvenirs contribue à financer ce centre totalement dépendant de fonds privés. Les volontaires y sont indispensables en avril-mai, lorsqu'il faut surveiller les plages (35 km de long) et protéger les œufs (laissés dans la mesure du possible sur leur lieu de ponte, mais parfois réenterrés en un lieu plus sûr). Ce travail s'effectue essentiellement la nuit, entre 22h et 6h. Les bénévoles ont accès gratuitement aux emplacements de camping, aux sanitaires et à la cuisine.

La majorité des tortues sont libérées en juin. Fin octobre, vous pourrez aussi vous joindre aux habitants pour célébrer le lâcher des petits dans l'océan, à l'occasion du Festival de Las Tortugas.

Circuits organisés

Excursions en bateau SORTIES EN MER

(Près de Ribera del Río ; 400-500 $M/groupe). Suivez Emilio Carranza en direction du Río Tecolutla pour rejoindre l'*embarcadero* d'où partent des bateaux de pêche ou de promenade dans l'épaisse mangrove riche en faune (on y voit notamment des pélicans !).

Où se loger et se restaurer

Les hôtels petits budgets et de catégorie moyenne ne manquent pas dans cette ville qui vit du tourisme. Les plus chics ont élu domicile en dehors de la ville, les moins chers près de la place. Il en est aussi de fort agréables au bord de l'océan.

Aqua Inn Hotel HÔTEL $

(766-846-03-58 ; www.tecolutla.com.mx/aquainn ; angle Aldama et Av Obregón ; ch à partir de 700 $M ; P). Au cœur de la ville mais proche du rivage, cet établissement moderne loue des chambres propres et fonctionnelles, toutes avec la TV câblée. Vous profiterez de la petite piscine sur le toit, du sympathique café et du restaurant. Tarifs revus à la baisse hors saison – une véritable affaire !

Hotel Azúcar HÔTEL DESIGN $$$

(232-321-06-78 ; www.hotelazucar.com ; Carretera Federal Nautla-Poza Rica Km 83,5 ; ch avec petit-déj à partir de 283 $US ; P). À quelque 45 km au sud de Tecolutla, cet impressionnant hôtel design au bord de la plage joue la carte de la simplicité. Ses chambres sont d'un blanc éclatant, avec un décor rustique chic. Les belles parties communes, passées à la chaux, ont un toit de chaume. La piscine est somptueuse, le spa est épatant et le restaurant est très décontracté.

El Camarón Desvelado PRODUITS DE LA MER $

(766-846-02-35 ; Aldama s/n ; plats 50-120 $M ; 8h-21h). La Crevette réveillée (ou révélée ?) est le restaurant de la mer le plus fréquenté de Tecolutla ; le service est enlevé et l'on y sert notamment de l'*arroz a la tumbada* (sorte de risotto aux fruits de mer et à la tomate), des crevettes à l'ail, du poulpe à l'encre et du poisson farci aux fruits de mer.

Taquería Los Jairos CUISINE DE RUE $

(Angle Obregón et Hidalgo ; tacos 60 $M ; 9h-22h). Installé devant une des tables en plastique de cette *taquería* fréquentée, commandez une assiette de tacos *al pastor* (porc cuit façon shawarma), *cabeza* (avec du pâté de tête) ou *suadero* (poitrine de bœuf), arrosez de sauce et accompagnez-le d'une *michelada* (bière assaisonnée de jus de citron vert, d'épices, dans un verre festonné de sel). La perfection.

Où prendre un verre et faire la fête

Porteño Café CAFÉ

(Angle Aldama et Av Obregón ; 8h-22h). Ce café central sert toute une gamme de *lecheros* (cafés au lait), d'espressos, de cafés crème et de cappuccinos, ainsi que des cafés frappés et des cafés glacés pour les chaudes journées à la plage. On y vient pour le café, mais il y a aussi des *bocadillos* (sandwichs).

Depuis/vers Tecolutla

Tecolutla se trouve à 41 km à l'est de Papantla. Les bus de 2e classe Transportes Papantla relient avec régularité Tecolutla et Papantla (50 $M). Ils arrivent et partent devant l'église, dans l'Avenida Obregón, à un pâté de maisons à l'ouest de la grand-place. À quelques rues de là, on trouve une jolie petite **gare routière ADO** de bus de 1re classe (angle Abasolo et Ahumada). De nombreux bus depuis/vers Tecolutla impliquent une correspondance à Gutiérrez Zamora. ADO dessert quelques grandes villes, dont Mexico (Terminal Norte, 404 $M, 5 heures 15, 7/jour) et assure des services fréquents pour Papantla (68 $M, 1 heure, 8/jour).

SUD DE L'ÉTAT DE VERACRUZ

Le tourisme n'est pas encore très développé dans le Sud-Est, qui est pourtant la plus belle partie de l'État de Veracruz. On y trouve des terres marécageuses, des forêts pluviales tachetées de volcans, des lacs à couper le souffle, quelques belles plages sur la Costa de Oro, peu visitée, et la superbe Reserva de la Biosfera Los Tuxtlas, une réserve bien gérée propre à séduire ceux qui souhaitent sortir des sentiers battus. La partie volcanique, la plus sauvage, est accessible par San Andrés Tuxtla, tandis que la partie de la Laguna Catemaco, réputée pour l'observation des oiseaux, est plus proche de la ville de Catemaco. Autrefois au cœur de la culture olmèque, la région compte un grand nombre de sites archéologiques, dont Tlacotalpan, un lieu inscrit au Patrimoine mondial. Si vous vous rendez dans le Tabasco, au Sud, la ville d'Acayucan, commerçante mais sans charme, est une assez bonne halte.

Tlacotalpan

288 / 7 600 HABITANTS

Jadis port fluvial important, celle ville inscrite au Patrimoine mondial a peu changé depuis les années 1820. Elle offre une palette de couleurs extraordinaire : les lumineux couchers de soleil sur le Río Papaloapan ajoutent des orangés et des jaunes subtils à l'arc-en-ciel que déclinent les maisons coloniales de plain-pied – on pense à La Havane, en plus somnolent.

En septembre 2010, la ville a subi des inondations dévastatrices, qui ont envahi 500 monuments historiques et exigé l'évacuation de 8 500 habitants. Heureusement, la cité s'en est remarquablement bien remise, et seule une marque sur un mur de la Calle Alegre rappelle l'ampleur de la catastrophe.

Mis à part quelques musées (très moyens), c'est le genre de ville où l'activité la plus agréable consiste à se balader dans la rue en s'imprégnant de l'ambiance. Tlacotalpan compte deux belles places contiguës, le Parque Hidalgo et la Plaza Zaragoza. Ne manquez pas d'aller vous balader au bord de la rivière et dans la rue (*calle*) Cházaro.

À voir

Capilla de la Candelaria ÉGLISE

(Parque Hidalgo ; 8h-18h). Cette chapelle rose saumon d'aspect extérieur un peu délabré date de 1779 ; l'intérieur est décoré en calcaire corallien local.

Parroquia San Cristobal ÉGLISE

(Plaza Zaragoza ; 8h-18h). Vedette de la Plaza Zaragoza, l'extérieur de cette église néoclassique commencée en 1812 est joliment peint en bleu et blanc.

Villin Montalio GALERIE

(5 de Mayo 53 ; 9h-18h lun-sam). Tlacotalpan est réputée pour ses meubles en cèdre, notamment ses chaises à bascule, qui ont été très demandés après les inondations de 2010. Passez à ce bureau/atelier pour voir l'artisan à l'œuvre et admirer les produits finis.

Casa Cultural de Agustín Lara MUSÉE

(angle Carranza et Noël ; 10 $M ; 10h-18h lun-sam). Ce musée renferme de vieilles photos de Tlacotalpan et du tlacotalpeño Agustín Lara (1897-1970) – musicien, compositeur et séducteur légendaire – ainsi qu'un monstrueux mannequin censé représenter l'artiste, assis près d'un piano. Il séduira peut-être plus les Mexicains que les touristes étrangers.

Museo Salvador Ferrando MUSÉE

(Alegre 6 ; 20 $M ; 11h-18h mar-sam, 12h30-19h dim). Ce musée baptisé du nom d'un artiste local est le meilleur de tous les mini-musées de Tlacotalpan. Il consiste en un curieux assortiment de vieux canons, anciennes machines à coudre Singer, vieux mousquets et portraits des notables locaux, à l'intérieur d'une ravissante demeure coloniale.

Activités

Bici Cletando VÉLO

(288-100-46-86 ; Parque Hidalgo ; 30 min/1 heure/2 heures 25/40/70 $M ; 9h-18h). Merveilleusement plate, Tlacotalpan est idéale pour le vélo. On peut louer un vélo auprès de Bici Cletando, qui a un stand de location près de la Capilla de La Candelaria, sur la Plaza Zaragoza.

Circuits organisés

Circuits en bateau PROMENADE FLUVIALE

(350 $M/heure). Si vous longez le *malecón* près des restaurants, on vous proposera sans doute une promenade d'une heure en

À NE PAS MANQUER

TRES ZAPOTES

Cette ville olmèque de l'époque tardive située à quelque 21 km à l'ouest de Santiago Tuxtla est l'un des sites archéologiques majeurs de l'État de Veracruz. Elle fut habitée pendant plus de 2 000 ans, vers 1200 av. J.-C. jusqu'à l'an 1000. Son peuplement débuta probablement alors que la grande ville olmèque de La Venta (Tabasco) était encore florissante. Après la destruction de La Venta (vers 400 av. J.-C.), la cité perdura et c'est de cette époque dite "épi-olmèque" – période de déclin de la culture olmèque au profit d'autres cultures, celles des Izapas et des Mayas – que datent la plupart des objets et structures mis au jour.

Tres Zapotes se résume aujourd'hui à quelques monticules dans les champs de maïs, mais le **musée archéologique** (☎294-947-01-96 ; www.inah.gob.mx/es/red-de-museos/226-museo-de-sitio-de-tres-zapotes ; Estela Nuñez, Tres Zapotes ; 40 $M ; ⌚9h-17h mar-dim) du même nom renferme d'importantes trouvailles faites sur le site. L'objet le plus imposant est la stèle A, qui représente 3 personnages humains dans la gueule d'un jaguar. Vous remarquerez aussi la sculpture d'un captif, les mains liées dans le dos, ainsi que le visage renversé d'une femme sculpté sur un trône ou un autel. Les Olmèques, qui précédèrent les autres grandes civilisations mexicaines, se distinguent par leurs sculptures de têtes humaines géantes, dont un exemplaire de 1,5 m de hauteur qui date de 100 av. J.-C. occupe la place d'honneur du musée. Le gardien du musée, qui répond volontiers aux questions, pourra vous servir de guide (pourboire apprécié).

Depuis Santiago Tuxtla, prenez un bus 2e classe (35 $M) ou un taxi (40/140 $M *colectivo*/particulier). Si vous êtes motorisé, la route de Tres Zapotes part de Santiago Tuxtla vers le sud-ouest ; un panneau "Zona Arqueológica" indique la direction sur la route 180. Après 8 km, prenez à droite le tronçon pavé qui conduit au village de Tres Zapotes (13 km). Il débouche sur un croisement en T. Vous devrez tourner 2 fois à gauche pour rejoindre le musée.

aval du fleuve jusqu'à une lagune voisine – une agréable manière d'occuper une fin d'après-midi.

Fêtes et festivals

Día de la Candelaria FÊTE RELIGIEUSE

(⌚jan et fév). Fin janvier et début février, l'immense fête de la Candelaria s'accompagne d'un lâcher de taureaux dans les rues. Une statue de la Vierge est menée en procession sur le fleuve, suivie par une flottille de petits bateaux.

Où se loger

On trouve une poignée de pensions, surtout de catégorie moyenne, aménagées dans de beaux édifices coloniaux. Pendant la Candelaria, les prix triplent ou quadruplent, et il faut absolument réserver plusieurs semaines à l'avance.

♥ **Hotel Doña Juana** PENSION $

(☎288-884-34-80 ; Juan Enríquez 32 ; ch 600-730 $M ; ❄📶). Un hôtel moderne sur plusieurs étages avec des chambres petites mais très bien tenues. Ses couleurs ocre et l'art aux murs le placent un cran au-dessus des établissements dans la même gamme de prix. Personnel serviable et souriant. Évitez la chambre simple, sombre, avec vue partielle sur la cour intérieure.

Hostal El Patio PENSION $

(☎288-884-31-97 ; www.hostalelpatio.com.mx ; Alvarado 52 ; ch 550-650 $M ; P @ 📶). Cette pension allie coloris chauds, chambres spacieuses et bien aménagées (douches de pluie) et cour verdoyante. Le petit chien (un schnauzer) de la maison vous prodigue son affection.

Hotel Posada Doña Lala HÔTEL HISTORIQUE $

(☎288-884-24-55 ; www.hoteldonalala.mx ; Av Carranza 11 ; s/d/ste 650/750/1 000 $M ; P ❄📶). Face à la rivière, ce superbe hôtel de style colonial à la façade rose délavée par le soleil dispose de chambres spacieuses et élégantes à hauts plafonds. Demandez-en une donnant sur la place pour avoir une belle vue – la moitié des chambres sont sombres et tournées sur le patio. Il y a un bon restaurant au rez-de-chaussée et même une piscine.

BUS AU DÉPART DE TLACOTALPAN

DESTINATION	PRIX ($M)	DURÉE (H)	FRÉQUENCE
Mexico (TAPO)	676	8½-11	2/jour
Puebla	285	6½	22h
San Andrés Tuxtla	108	2	4/jour
Xalapa	292	3	6h20

Hotel Casa del Río HÔTEL $$
(288-884-29-47 ; www.casadelrio.com.mx ; Cházaro 39 ; ch/ste 850/1 100 $M ;). Neuf grandes chambres modernes, d'une élégante simplicité, aménagées dans une demeure coloniale dont le principal atout est la terrasse donnant sur le fleuve... Et son petit-déjeuner : un régal ! Wi-Fi uniquement dans le hall.

Où se restaurer et prendre un verre

Le long du fleuve, des restaurants ouvrent de l'heure du déjeuner au crépuscule pour servir la pêche du jour. Repérez le plus fréquenté et joignez-vous aux Mexicains. On trouve aussi quelques restaurants sur la Plaza Zaragoza et à proximité.

Restaurant Doña Lala MEXICAIN $$
(Av Carranza 11 ; plats 80-180 $M ; 7h-22h ;). Les sympathiques employés du restaurant le plus chic de la ville, aménagé dans l'hôtel du même nom, accueillent une foule d'habitants qui rivalisent pour obtenir les meilleures places en terrasse. Vaste choix de plats mexicains, et succulents produits de la mer en direct de l'océan.

Rokala MEXICAIN $$
(288-884-22-92 ; Plaza Zaragoza ; plats 100-190 $M ; 18h-minuit ;). Idéalement situé sous les arcades coloniales de la Plaza Zaragoza, ce restaurant accueillant doté d'une terrasse est animé toute l'année. Son offre est variée : poisson et crevettes fraîchement pêchés, grillades, *antojitos* (en-cas)... L'atmosphère est très plaisante, mais la cuisine en elle-même est moyenne. Un répulsif antimoustique est le bienvenu en soirée.

El K-Fecito CAFÉ
(www.facebook.com/elkfe ; Plaza Zaragoza ; 17h-2h). À la jonction des deux grandes places, ce café semble idéal : on y sert du bon café, des pâtisseries et quelques en-cas simples et variés. Il est noir de monde en fin de soirée. Apportez de l'antimoustique.

Où sortir

Teatro Netzahualcoyotl THÉÂTRE
(Av Carranza ; horaires variables). Ce superbe théâtre de style français construit en 1891 accueille des manifestations intellectuelles.

Renseignements

Office du tourisme (288-884-33-05 ; www.tlacotalpan-turismo.gob.mx ; Plaza Zaragoza, Ayuntamiento ; 9h-15h lun-ven). En plein sur la Plaza Zaragoza ; on y trouve plans et renseignements utiles.

Depuis/vers Tlacotalpan

De Tlacotalpan, la route 175 remonte la vallée de Papaloapan jusqu'à Tuxtepec, puis franchit les montagnes pour rejoindre Oaxaca (320 km). La **gare routière ADO** (288-884-21-25 ; Cházaro 37) est en bord de rivière, près du Mercado Municipal, à trois pâtés de maisons à l'est du centre.

Santiago Tuxtla

294 / 15 500 HABITANTS / ALTITUDE : 300 M

La vie de cette ville fondée en 1525 s'organise autour d'une remarquable et ravissante place, rendez-vous des flâneurs, des amoureux et des cireurs de chaussures, qui résonne du chant des quiscales à longue queue. La ville est entourée des contreforts vallonnés de la Sierra de los Tuxtlas, une chaîne volcanique. Le musée de la ville et la tête olmèque géante justifient à eux seuls le détour.

À voir

Tête olmèque MONUMENT
(Plaza Olmeca). Dominant la place principale, cette gigantesque "Tête de Cobata" porte le nom du domaine où elle a été découverte. Ce monolithe de pierre est certainement une œuvre très tardive. C'est la plus grosse tête olmèque connue (40 tonnes) et la seule à représenter un personnage aux yeux fermés.

BUS AU DÉPART DE SANTIAGO TUXTLA

Quelques destinations desservies par les bus 1re classe :

DESTINATION	PRIX ($M)	DURÉE (H)	FRÉQUENCE
Córdoba	304	4	3/jour
Mexico	334-744	9 ½	6/jour
Puebla	438-588	6 ¾-7 ½	4/jour
San Andrés Tuxtla	52	20 min	18/jour
Tlacotalpan	90	1½	3/jour
Veracruz	93-192	2 ¾	9/jour
Villahermosa	322	5 ¾	20h50
Xalapa	234	4 ¾	3/jour

Museo Tuxteco MUSÉE
(☎294-947-10-76 ; Plaza Olmeca ; 50 $M ; ⊙9h-17h mar-dim). Situé sur la grand-place, ce musée dédié aux peuples précolombiens qui habitèrent la région de 1600 av. J.-C. jusqu'à l'an 1200 environ porte une attention particulière aux Olmèques, première grande civilisation mexicaine. Parmi les objets anciens, on remarque l'effigie totonaque d'une femme morte en couches, des assiettes en céramique utilisées lors des sacrifices humains sur l'Isla de Sacrificios, des sculptures olmèques en pierre (dont une tête colossale), une hache ornée d'une tête de singe avec des yeux d'obsidienne et la réplique d'un autel de Tres Zapotes.

Où se loger et se restaurer

♥ Mesón de Santiago HÔTEL $
(☎294-947-16-70 ; Calle 5 de Mayo n°8 ; d 760 $M ; P ❄ ☎ ≋). Dotée d'une façade coloniale bien conservée et d'une cour tranquille où poussent d'énormes arbres couverts de lianes, cette adresse superbe située sur la grand-place surprend dans une ville aussi calme et peu visitée. Les chambres, décorées avec goût, disposent de mobilier en bois noirci par le temps, de belles salles de bains carrelées et d'escaliers couronnés de coupoles. La petite piscine semblait un peu négligée lors de notre passage.

La Joya MEXICAIN $
(☎294-947-01-77 ; angle Juárez et Comonfort ; plats 50-80 $M ; ⊙7h-23h). Nappes en plastique, tables en terrasse uniquement et cuisine rustique ouverte font redouter le pire, mais n'ayez crainte : on y sert de bons plats mexicains aromatiques. À l'angle de la grand-place, d'un côté de la tête olmèque.

Depuis/vers Santiago Tuxtla

La plupart des bus arrivent et partent de la **gare routière**, près de la jonction entre Morelos et la route fédérale. Des bus ADO s'arrêtent sur cette route, à l'angle de Guerrero. Pour aller dans le centre, descendez Morelos, puis tournez à droite dans Ayuntamiento, qui conduit à la grand-place, à quelques pâtés de maisons.

Les nombreux bus locaux ou régionaux et taxis *colectivos* pour San Andrés Tuxtla marquent un arrêt au carrefour de Morales et de la route 180. Un taxi privé entre les deux villes revient à 80 $M. Des bus de 2e classe desservent fréquemment Catemaco, Veracruz, Acayucan et Tlacotalpan.

Les **taxis pour Tres Zapotes** (Zaragoza) partent du Sitio Puente Real, de l'autre côté du pont piétonnier au bout de Zaragoza (la rue qui descend à côté du musée de Santiago Tuxtla).

San Andrés Tuxtla

☎294 / 63 800 HABITANTS / ALTITUDE : 360 M

Comme dans de nombreuses villes modernes, la fonctionnalité l'emporte sur l'esthétique à San Andrés. Centre administratif de la région de Los Tuxtlas, la ville dispose d'un bon réseau de bus permettant de gagner des destinations plus attrayantes aux alentours – un volcan et une immense cascade notamment. San Andrés est par ailleurs la capitale mexicaine du cigare. Dans le centre-ville ordonné, une haute église orange et crème se dresse sur la grand-place.

À voir

♥ Salto de Eyipantla CASCADE
(Salto de Eyipantla ; 10 $M ; ⊙8h-18h). À 12 km au sud-est de San Andrés, dans une bourgade du même nom, un escalier de 250 marches descend jusqu'au

BUS AU DÉPART DE SAN ANDRÉS TUXTLA

Destinations desservies au départ de la gare routière ADO :

DESTINATION	PRIX ($M)	DURÉE (H)	FRÉQUENCE
Córdoba	314	4 ½	3/jour
Mexico	642-744	9-10 ½	5/jour
Puebla	414-596	7 ½-8 ¼	4/jour
Santiago Tuxtla	52	30 min	17/jour
Tlacotalpan	108	2	3/jour
Veracruz	196	3	15/jour
Xalapa	317	5	6/jour

spectaculaire Salto de Eyipantla, dont l'eau tombe en cascade sur 50 m de haut et 40 m de large. Pour éviter l'escalier et la "douche", vous pouvez admirer le site depuis un *mirador*. Suivez la route 180 vers l'est sur 4 km jusqu'à Sihuapan, puis tournez à droite pour rejoindre Eyipantla. Des bus TLT (15 $M) et des taxis collectifs (30 $M) font souvent le trajet depuis San Andrés ; ils partent à l'angle de Cabada et de 5 de Mayo, près du marché. Une partie du film *Apocalypto* (2006), de Mel Gibson, a été tournée ici.

Où se loger et se restaurer

Hotel Posada San Martín HÔTEL **$**

(294-942-10-36 ; Av Juárez 304 ; s/d/tr 490/575/660 $M ; P). À mi-chemin entre la route principale et la grand-place, cette *posada* aux allures d'hacienda est aussi inattendue qu'avantageuse. Sa piscine a été aménagée dans un jardin paisible et divers meubles anciens ornent les espaces communs. Spacieuses et soignées, ses chambres ont des lavabos ornés de jolis carreaux de céramique.

Mr Taco Segovia CUISINE DE RUE **$**

(www.facebook.com/Mr.TacoSegovia ; angle Madero et Allende ; tacos 8 $M ; 18h-2h). Ce stand qui calme les petites faims nocturnes depuis plus de 20 ans est la preuve que tout est bon dans le bœuf au Mexique. Les cuisiniers font cuire les tortillas et les garnissent de *suadero* (poitrine de bœuf), *tripita* (tripes), *seso* (cervelle), entre autres, et pimentent le tout de *salsa* maison.

Renseignements

Office du tourisme (Madero 1 ; 8h30-15h30). Ce petit bureau à l'intérieur du Palacio Municipal dispose de renseignements à jour sur la Reserva de la Biosfera Los Tuxtlas.

Depuis/vers San Andrés de Tuxtla

San Andrés est le nœud des transports de la région de Los Tuxtlas : on y trouve des bus partant dans toutes les directions. Les bus de 1re classe ADO et les bus de 2e classe AU circulent depuis les **terminus** (294-942-08-71 ; angle Juárez et Blvd 5 de Febrero) de ces deux compagnies situés dans Juárez, près de la route Santiago Tuxla-Catemaco et à 10 minutes de marche du centre.

Des **colectivos** (5 de Mayo s/n) fréquents pour Catemaco et Santiago partent du marché. S'ils constituent le moyen de transport le plus rapide vers les destinations environnantes, ils coûtent légèrement plus cher que les bus TLT 2e classe branlants, qui partent également à un pâté de maisons au nord du marché et qui longent le flanc nord de la ville en empruntant le Blvd 5 de Febrero (route 180).

Catemaco

294 / 29 000 HABITANTS / ALTITUDE : 340 M

La ville endormie de Catemaco est une base idéale pour explorer la Reserva de la Biosfera Los Tuxtlas. Petite ville un peu à l'abandon, elle fut dans les années 1980 une destination prisée des baroudeurs. Riche d'une longue tradition de sorcellerie – et de shamans qui vous débarrassent des mauvais esprits –, d'une belle situation en bord de lac et proche d'endroits propices à l'observation des oiseaux, de trous d'eau et de plages isolées et intactes, Catemaco est une bonne base pour visiter la région.

À voir

Basílica del Carmen ÉDIFICE RELIGIEUX

(Zócalo ; 8h-18h). Le riche décor intérieur et les vitraux de la principale église de Catemaco contrastent avec sa modernité. Le monument actuel, qui date de 1953, semble avoir

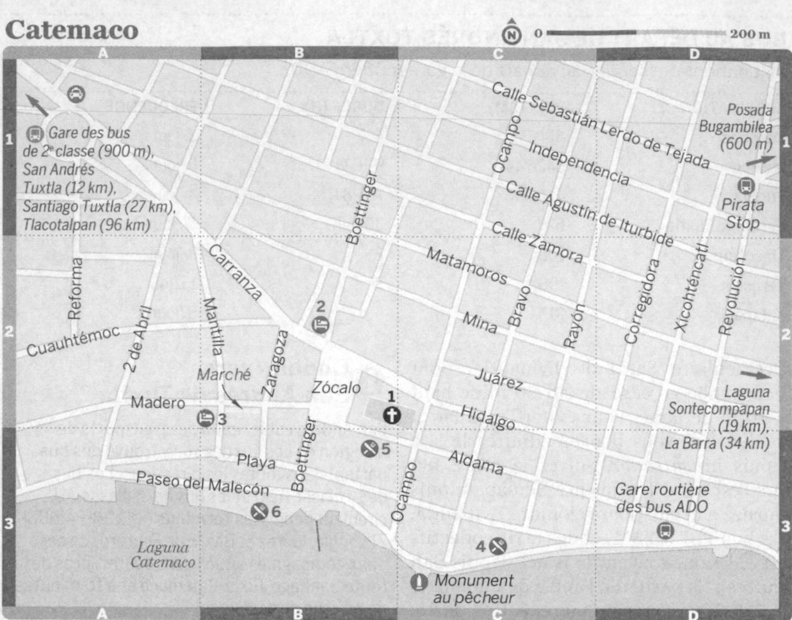

Catemaco

À voir

1 Basílica del Carmen....B2

Où se loger

2 Hotel Acuario....B2
3 Hotel Los Arcos....B2

Où se restaurer

4 Il Fiorentino....C3
5 La Casa de Los Tesoros....B3
6 La Ola....B3

au moins un siècle de plus. Il a été consacré basilique en 1961, en tant que site de pèlerinage dédié à la Virgen del Carmen apparue à un pêcheur dans une grotte de Laguna Catemaco en 1664, pendant une éruption volcanique. Le 16 juillet, jour de Notre-Dame du Carmel, la statue de la Vierge qui demeure dans l'église est honorée dignement.

Où se loger et se restaurer

Posada Bugambilias PENSION $

(294-110-01-80 ; 20 de Octubre nº 5 ; s/d 300/450 $M). En lisière de la ville, ensevelie sous les bougainvillées en fleurs, cette pension jaune est tenue par la plus jolie propriétaire de la ville, qui vous couvre de conseils et d'attentions. Des chatons jouent dans le patio, et les chambres, spacieuses et aérées, bénéficient d'un calme introuvable au centre-ville. Des hamacs prennent la brise sur la terrasse à l'étage.

Hotel Los Arcos HÔTEL $

(294-943-00-03 ; www.arcoshotel.com.mx ; Madero 7 ; ch/qua à partir de 720/766 $M ; P). Dans la ville même, c'est l'une des meilleures options. Cette adresse centrale, accueillante et bien tenue dispose de petites chambres et d'un Wi-Fi relativement stable. Chaque chambre possède un espace semi-privé à l'extérieur et un séjour. Il y a même une minuscule piscine. Mais l'endroit est mal isolé phoniquement et l'on a parfois l'impression de partager son lit avec les voisins.

Hotel Acuario HÔTEL $

(294-943-04-18 ; angle Boettinger et Carranza ; ch/tr à partir de 593/759 $M ; P). Cet accueillant hôtel petit budget regroupe 25 chambres propres tout près du *zócalo*. Il est bien tenu, quoique ordinaire et seulement équipé de ventilateurs. Certaines chambres ont un balcon avec vue – essayez d'en obtenir une car celles situées à l'arrière manquent de lumière. TV câblée.

LE JOUR DES SORCIERS

Chaque année, le premier vendredi de mars, des centaines de *brujos* (sorciers) et de guérisseurs arrivent de tout le Mexique à Catemaco et se réunissent sur le Cerro Mono Blanco, légèrement au nord de la ville : c'est le jour d'une grande cérémonie de purification destinée à les débarrasser des énergies négatives de l'année écoulée. Depuis quelques années, l'événement est devenu bien plus commercial que spirituel. Les Mexicains affluent alors par centaines pour venir les consulter en ville ou pour obtenir une *limpia* (purification), mais aussi pour festoyer dans une curieuse ambiance, entre ferveur et hédonisme.

Les traditions de sorcellerie dans cette région du Veracruz sont séculaires. Elles mêlent d'anciennes croyances indiennes, des traditions médiévales espagnoles et des rites vaudous d'Afrique de l'Ouest. De nombreux *brujos* sont aussi guérisseurs (ils emploient des plantes traditionnelles et des médicaments modernes), et psychologues ou magiciens (ils peuvent jeter un sort à vos ennemis !). Catemaco est réputé pour sa confrérie de 13 grands *brujos* (Los Hermanos), considérés comme les grands prêtres de la profession. Avant de prendre rendez-vous, renseignez-vous auprès des habitants pour savoir quels services sont proposés pendant les rituels et combien on vous demandera, mais aussi pour éviter les escrocs.

La Casa de Los Tesoros CAFÉ **$**
(☎294-943-29-10 ; Aldama 4 ; plats 50-120 $M ; ⏲10h-22h lun-jeu, 9h-22h ven-dim ; 📶). Cette adresse très prisée de style hippie est à la fois un café-restaurant, une librairie (on y trouve de vieux guides Lonely Planet), une galerie et une boutique de cadeaux où l'on vend des articles d'artisanat local. Elle est réputée pour ses petits-déjeuners (omelettes à composer soi-même) en particulier, mais sert aussi des burgers, des boissons à base de plantes agrémentées de crème glacée, etc. On y trouve aussi une belle variété d'infusions.

La Ola PRODUITS DE LA MER **$$**
(Paseo del Malecón s/n ; plats 80-175 $M ; ⏲11h-21h ; 📶). Ce vaste restaurant sur le *malecón* sert au bord de l'eau tous les produits de la mer que vous désirez, dont un raisonnable *pargo* (dorade), des crevettes grillées, etc.

Il Fiorentino ITALIEN **$$**
(☎294-943-27-97 ; Paseo del Malecón 11 ; plats 100-160 $M ; ⏲18h30-23h ; 📶). Un peu plus chic que la moyenne des restaurants italiens à l'étranger, Il Fiorentino sert des pâtes artisanales, du vin du Piémont, des cappuccinos et d'excellentes pâtisseries. Il est situé sur le *malecón* et tenu par un Italien, naturellement.

ℹ Depuis/vers Catemaco

Des bus ADO et AU partent d'une **gare routière** (angle Paseo del Malecón et Revolución) au bord du lac. Les **bus locaux TLT de 2e classe** (Route 180), un peu moins chers et plus fréquents que ceux de 1re classe, utilisent une gare routière située à 700 m à l'ouest de la place, près du carrefour de la route fédérale. Des taxis *colectivos* circulent depuis/vers **El Cerrito** (Carranza s/n), une petite colline à 400 m à l'ouest de la place, dans Carranza.

BUS AU DÉPART DE CATEMACO

Quelques destinations desservies par les bus 1re classe ADO :

DESTINATION	PRIX ($M)	DURÉE (H)	FRÉQUENCE
Mexico	342-463	10-11	6/jour
Puebla	330-468	8-8 ¾	4/jour
San Andrés Tuxtla	38	30 min	16/jour
Santiago Tuxtla	52	1	14/jour
Veracruz	92-204	3 ½-4	11/jour
Xalapa	198	5 ½	4/jour

Pour rejoindre les villages qui entourent le lac ou la côte, prenez les *piratas* (*colectivos* pick-up) bon marché qui stationnent à 5 pâtés de maisons au nord de la gare routière, au coin de Lerdo de Tejada et de Revolución.

Reserva de la Biosfera Los Tuxtlas

Les différentes réserves naturelles autour de San Andrés Tuxtla et de Catemaco ont été réunies en 2006 dans cette réserve de biosphère inscrite au patrimoine mondial de l'Unesco. Région volcanique unique, La Reserva de la Biosfera Los Tuxtlas s'élève à 1 680 m au-dessus des plaines côtières du sud du Veracruz et s'étend à 160 km à l'est de la Cordillera Neovolcánica – ce qui en fait une sorte d'anomalie écologique. Sa végétation complexe forme la limite septentrionale de la forêt tropicale humide sur le continent américain. Cette réserve naturelle englobe la Laguna Catemaco et ses environs et son cœur est occupé par le Volcán San Martín, au bas duquel s'étend le village de Ruíz Cortines. Malgré ses nombreux charmes, la région accueille peu de visiteurs étrangers et ses infrastructures touristiques sont restreintes. Mais tout cela fait un bel endroit à explorer pour ceux qui aiment la nature et l'originalité. Obtenez les dernières infos sur Ruíz Cortines à l'office du tourisme de San Andrés (p. 263) et amenez un guide mexicain avec vous, car les habitants se méfient des étrangers.

À voir

Laguna Encantada LAC

(Près de Valencia). La "lagune enchantée" est un petit lac de cratère à 3,5 km au nord-est de San Andrés, sis dans ce qui ressemble à de la jungle. On y accède par une piste de terre qu'aucun bus n'emprunte. Il est déconseillé par les habitants de se promener seul autour du lac, en raison d'agressions passées. Renseignez-vous auprès des guides du Yambigapan.

Cerro de Venado RÉSERVE NATURELLE

(Près de Valencia ; 10 $M ; 8h-18h). Sur la route de Ruíz Cortines, à 2,5 km de la Laguna Encantada, des milliers d'arbres ont été plantés dès 2009 pour constituer cette réserve de 23 ha. Quelque 500 marches mènent au faîte d'une colline de 650 m, d'où se dévoile un panorama splendide sur San Andrés Tuxtla, le lac et les montagnes.

Los Tuxtlas

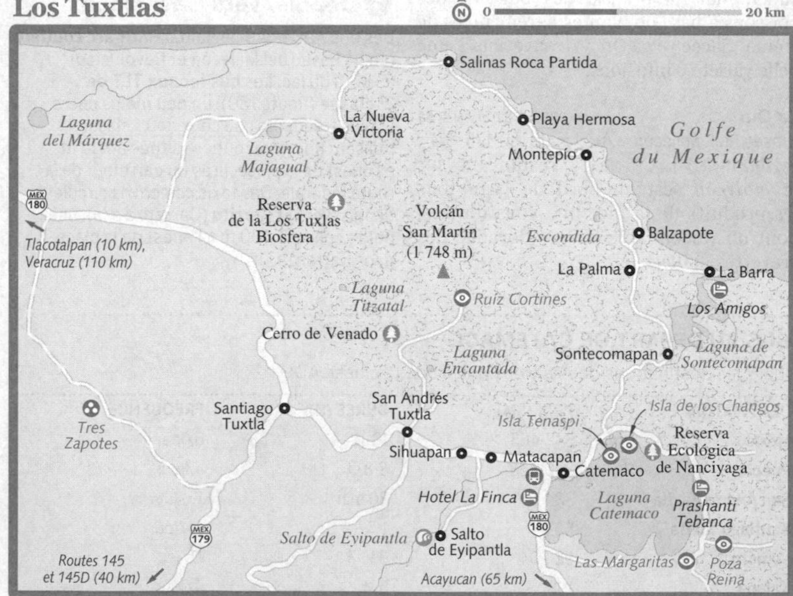

Activités

Ruíz Cortines RANDONNÉE

(☎portable 294-1005035 ; Ejido Ruíz Cortines ; empl/cabañas 70/450 $M). Niché au pied d'un volcan à une heure de route au nord de San Andrés Tuxtla, ce petit village s'est doté de *cabañas* rustiques et propose des randonnées à cheval ou des balades à pied jusqu'à des grottes. Il a pour attrait principal l'ascension du Volcán San Martín (1 748 m), dans un paysage à couper le souffle. Depuis San Andrés Tuxtla, comptez 120 $M en taxi et 30 $M en *pirata* (pick-up).

Où se loger et se restaurer

Yambigapan Estancia Rural CAMPING $

(☎294-115-76-34 ; www.facebook.com/RestaurantYambigapan ; Camino a Arroyo Seco Km 3,5 ; camping 35 $M/pers, s/d 350/450 $M ; P). À environ 3 km de San Andrés Tuxtla, cette pension rurale tenue en famille dispose de deux *cabañas* très rustiques avec une vue splendide. Ne manquez pas les cours de cuisine d'Amelia, la maîtresse de maison, qui enseigne la cuisine mexicaine traditionnelle, ainsi que son histoire (en espagnol), dans son accueillante cuisine (250 $M). Le taxi (45 $M) est le moyen le plus simple de s'y rendre.

L'établissement compte un excellent restaurant et l'on peut se baigner dans l'Arroyo Seco, la rivière toute proche, faire des randonnées guidées ou partir la journée pour faire l'ascension du Volcán San Martín. Pour économiser vos pesos, demandez à un *pirata* (pick-up) allant à Ruíz Cortines de vous déposer à l'embranchement, puis suivez les panneaux "Yambigapan" qui vous conduiront à une longue allée en terre battue. Comptez environ 10 $M.

Yambigapan MEXICAIN $

(☎294-115-76-34 ; www.facebook.com/RestaurantYambigapan ; Camino a Arroyo Seco Km 3,5 ; plats 70-100 $M ; ⌚9h-17h sam-dim ; 📶). Ce petit restaurant douillet (ouvert seulement le week-end) propose des plats locaux extrêmement goûteux et intéressants, concoctés par la talentueuse *doña* Amelia ; il se trouve dans le camping du même nom sur les berges de la Laguna Encantada, à seulement 3 km de San Andrés.

Depuis/vers la Reserva de la Biosfera Los Tuxtlas

De San Andrés Tuxtla partent des *piratas* (pick-up) et des *colectivos* (taxis collectifs) pour Ruíz Cortines ; ils passent près de la Laguna Encantada. Depuis Catemaco, des *piratas* et des *colectivos* parcourent la route qui longe la Laguna Catemaco.

Costa de Oro

☎294

Après Catemaco, une route majoritairement asphaltée de 92 km rejoint le littoral en traversant la "Suisse mexicaine" (ainsi nommée en raison de ses collines verdoyantes et de ses vaches) avant d'atteindre, au bord de la lagune, la ville de Sontecomapan, réputée pour ses excursions en bateau dans les mangroves. Plus au nord sur le littoral, la route longe les villages de pêcheurs de La Barra et de Montepío, réputés pour leurs produits de la mer, ainsi que quelques belles plages intactes, dont celles des bien nommés villages de Playa Hermosa et de Costa de Oro, avant de bifurquer à nouveau vers l'intérieur des terres pour rejoindre la route 180, à quelque 22 km au nord de Santiago Tuxtla. Prévoyez un jour ou deux pour visiter tranquillement ces coins de littoral parmi les moins visités et les plus beaux de l'État de Veracruz.

À voir

Playa Escondida PLAGE

En vous dirigeant vers le nord, quittez la route principale en prenant une piste, à droite, juste avant le village de Balzapote. Suivez cette superbe route en déroute pendant 10 minutes, jusqu'à un vieil hôtel croulant. Là, vous trouverez un sentier conduisant à un escalier délabré qui descend à la Playa Escondida, qui mérite son nom de "plage cachée" : en semaine, pendant la basse saison, vous risquez fort d'avoir cette plage de sable blond et ses eaux turquoise pour vous tout seul.

Ce fut une plage nudiste dans les années 1970 et 1980. À notre avis, c'est probablement la plus belle plage de tout l'État de Veracruz.

La Barra VILLAGE

Ce petit village de pêcheurs doté d'une agréable plage donnant sur la Laguna Sontecomapan est accessible en *lancha* depuis Sontecomapan (650 $M, avec visite de la mangrove en chemin), ou via une petite route cahoteuse partant à l'est de La Palma, à 8 km au nord de Sontecomapan. Ne manquez pas la pêche du jour servie dans les *palapas*.

Activités

Laguna de Sontecomapan BATEAU

Dans la ville de Sontecomapan, à 15 km au nord de Catemaco, certains restaurants de la lagune louent des bateaux (jusqu'à 6 passagers) pour partir une heure à la découverte de la mangrove (450 $M) ou en excursion à La Barra (650 $M le bateau ou 100 $M/pers). À Catemaco, on peut prendre un taxi (70 $M) ou un *pirata* (20 $M) pour Sontecomapan.

Pozo de los Enanos BAIGNADE

(Sontecomapan). L'idyllique "Puits des nains", un trou d'eau dans lequel les jeunes du coin sautent d'une liane, comme Tarzan, est à 5 minutes de marche de là où accostent les bateaux à Sontecomapan.

Où se loger et se restaurer

Rancho Los Amigos ÉCOLODGE $

(☎294-107-46-99, 294-100-78-87 ; www.losamigos.com.mx ; Sontecomapan ; dort 270 $M, cabañas 2 pers 580-900 $M, cabañas 6 pers 1 200-1 700 $M avec petit-déj ;). Cette paisible retraite, proche de l'embouchure de la Laguna Sontecomapan, déploie sur le versant d'une colline de jolies *cabañas* aux balcons agrémentés de hamacs et profitant d'une vue spectaculaire sur la baie. Des sentiers conduisent à un magnifique point de vue et un restaurant sert des produits de la mer. Depuis Sontecomapan, il faut compter environ 20 minutes en bateau.

Entre autres activités pour s'évader, on peut s'aventurer en kayak dans la mangrove, pratiquer le yoga ou se détendre dans un bain de vapeur traditionnel parfumé aux plantes médicinales (*temascal*).

À NE PAS MANQUER

LAGUNA CATEMACO

Le long du *malecón* de Catemaco, des *lancheros* proposent des balades en bateau pour explorer la Laguna Catemaco. Vous pourrez opter pour un bateau *colectivo* (vous payez votre place) ou louer l'embarcation en entier (jusqu'à 6 pers). Pour une promenade d'une heure, comptez 120 $M en *colectivo* (en période d'affluence uniquement) ou 650 $M pour une *lancha* privée. Plusieurs îles du lac se visitent. Des sculptures olmèques ont été découvertes sur la plus grande, l'**Isla Tenaspi**. Des singes à face rouge originaires de Thaïlande vivent sur l'**Isla de los Changos** (île des Singes) sous l'attention des chercheurs de l'université de Veracruz qui étudient leur comportement.

Sur la rive nord-est du lac, à quelque 8 km de Catemaco, la **Reserva Ecológica de Nanciyaga** (☎294-943-01-99 ; www.nanciyaga.com ; Carretera Catemaco-Coyame ; réservation cabañas 9h-14h et 16h-18h lun-ven, 9h-14h sam ; P) protège une poche de forêt tropicale. Elle comprend un *temascal* (bain de vapeur traditionnel avec plantes médicinales) et un planétarium monolithique ; le cadre est décoré sur le thème olmèque. On peut aussi venir seulement pour la journée. La nuitée (1 780 $M pour 2 pers, repas inclus) dans une *cabaña* rustique alimentée à l'énergie solaire comprend un bain de boue, un massage, une randonnée guidée et la possibilité de faire du kayak. On peut s'enthousiasmer ou non à l'idée de devoir rejoindre les toilettes communes la nuit à la lumière des torches, mais c'est une superbe expérience dans une nature foisonnante. On s'y rend depuis Catemaco, en *pirata* (12 $M), en taxi (90 $M) ou en bateau (environ 60 $M/pers).

Toujours en longeant la rive est du lac, au terme d'une route battant tous les records de nids-de-poule, vous atteindrez 8 km plus loin le **Prashanti Tebanca** (☎294-115-88-86 ; www.prashanti.com.mx ; Camino Laguna Catemaco Km 17 ; ch 750-2 000 $M ; P) un complexe rustique-chic (comprenez un peu délabré) légèrement plus luxueux que Nanciyaga (salle de bains dans les chambres, par exemple) ; comme il est au milieu de nulle part, mieux vaut réserver les repas et les activités (kayak, balades en bateau, etc.).

La Barra PRODUITS DE LA MER $
(plats 70-120 $M ; ⏲10h-21h). Les pieds dans le sable, goûtez un poisson tellement frais qu'il semble avoir sauté directement dans votre assiette. Grillé ou cuit *al mojo de ajo* (à l'ail), servi avec de la sauce maison, du plantain frit, du riz et une bière glacée, on frise littéralement la perfection.

Toutes les *palapas* servent une cuisine de qualité comparable, mais nous avons particulièrement aimé celle située tout au bout de la route pour sa vue sur l'estuaire.

Depuis/vers la Costa de Oro

Des *piratas* (pick-up) relient assez souvent Catemaco à Montepío (40 $M) via Sontecomapan (15 $M). Pour rejoindre La Barra, mieux vaut prendre un bateau à Sontecomapan si vous n'êtes pas motorisé. Au-delà de Montepío, les *piratas* sont peu fréquents ; il est donc préférable d'être motorisé pour parcourir toute la Costa de Oro.

La route est en majeure partie goudronnée, mais les nids-de-poule sont assez nombreux et l'on roule très lentement sur le tronçon recouvert de pavés géants près de l'embranchement pour Playa Escondida et Balzapote.

Péninsule du Yucatán

Dans ce chapitre ➡

Le top des restaurants

- ➡ Ku'uk (p. 329)
- ➡ Apoala (p. 329)
- ➡ Harry's (p. 280)
- ➡ Posada Margherita (p. 310)
- ➡ Hartwood (p. 310)

Le top des hébergements

- ➡ Luz en Yucatán (p. 327)
- ➡ Hacienda Hotel Santo Domingo (p. 344)
- ➡ Río Bec Dreams (p. 367)
- ➡ Hacienda Puerta Campeche (p. 362)
- ➡ Mezcal Hostel (p. 277)

Pourquoi y aller

Peu de destinations mexicaines peuvent rivaliser avec la péninsule du Yucatán où se côtoient vestiges mayas, villes coloniales et eaux azurées des Caraïbes ou du golfe du Mexique. La péninsule comprend des parties du Belize et du Guatemala, ainsi que trois États mexicains : le Yucatán, le Quintana Roo et le Campeche. Elle réserve au voyageur de magnifiques surprises rapidement accessibles. L'État de Quintana Roo est connu mondialement pour ses centres touristiques (Cancún, Tulum et Playa del Carmen), où des millions de vacanciers affluent chaque année vers les plages et piscines à débordement. En roulant 2 ou 3 heures vers l'ouest, vous arriverez à Mérida, capitale du Yucatán, dont les vestiges coloniaux, les nombreux *cenotes* (sources d'eau douce) et les restaurants contemporains permettent un appréciable changement de paysage. L'État voisin de Campeche abrite, lui, d'innombrables vestiges mayas.

Quand partir

Playa del Carmen

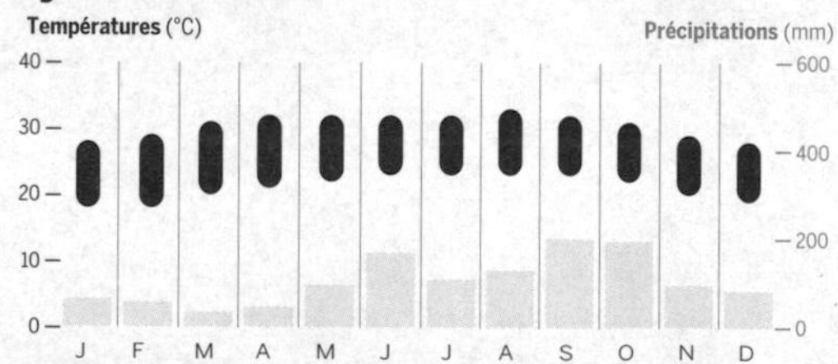

Décembre-avril Fête de Mérida en janvier ; il fait beaucoup plus frais.

Juillet-août Temps chaud et humide dans toute la péninsule ; le prix des hébergements monte. Début de la saison des ouragans.

Septembre-novembre Le temps se rafraîchit : baisse des tarifs hôteliers et sites archéologiques moins fréquentés.

QUINTANA ROO

Cancún

998 / 628 000 HABITANTS

Cancún a deux visages. D'un côté, il y a la clinquante zone hôtelière, avec ses plages de sable blanc, ses fêtes débridées et ses restaurants de produits de la mer. Et puis il y a la ville, plus authentique avec ses petites cantines à tacos et ses plages sauvages.

Si le vacarme des discothèques de la zone hôtelière vous lasse, trouvez refuge dans un club de salsa du centre-ville. Et pour changer des séances de bronzage au bord de votre piscine à Ciudad Cancún, prenez un bus pour les eaux turquoise de la zone hôtelière.

Ou mieux encore : partez à la découverte de l'État de Quintana Roo. À une journée de Cancún, le parc national d'Isla Contoy donne à voir une extraordinaire variété d'espèces d'oiseaux et de plantes. Cobá, ses vestiges mayas, sa jungle et sa lagune infestée de crocodiles, vous fera entrer dans un tout autre monde. Encore plus au sud, la lagune de Bacalar arbore des camaïeux de bleu, de vert et un sable d'une allure irréelle.

À voir

Museo Maya de Cancún MUSÉE

(Musée maya de Cancún ; carte p. 274 ; www.inah.gob.mx ; Blvd Kukulcán Km 16,5 ; 70 $M ; 9h-18h mar-dim ; R-1). Ce musée moderne abrite l'une des plus importantes collections d'objets mayas du Yucatán : une belle surprise dans une ville surtout connue pour ses fêtes. Quelque 400 objets exposés (bijoux, céramiques, sculptures, etc.) ont été mis au jour sur des sites majeurs de la péninsule et alentour. L'une des 3 salles accueille des expositions temporaires sur les Mayas.

Le premier musée anthropologique de Cancún a fermé en 2006 en raison des dégâts consécutifs aux ouragans. Le nouveau bâtiment a donc été construit avec du verre renforcé. Le droit d'entrée inclut l'accès au site archéologique attenant de San Miguelito.

All Ritmo PARC DE LOISIRS

(Carte p. 274 ; 998-881-79-00 ; www.allritmocancun.com/en/waterpark ; route Puerto Juárez-Punta Sam Km 1,5 ; adulte 320-350 $M, 5-12 ans 270-290 $M ; 10h-17h mer-lun). Les petits pourront s'en donner à cœur joie dans ce parc aquatique, où l'on trouve aussi un mini-golf et un jeu de palets. Les *colectivos* "Punta Sam" qui passent dans l'Avenida Tulum (face à la gare routière) vous déposeront à l'embranchement, à 2 km au nord du terminal des ferrys Ultramar. De là, il vous restera à parcourir une courte distance à pied.

Zona Arqueológica El Rey SITE ARCHÉOLOGIQUE

(Carte p. 274 ; Blvd Kukulcán Km 18 ; 50 $M ; 8h-16h30 ; R-1, R-2). Dans la Zona Arqueológica El Rey, côté ouest du Blvd Kukulcán, se dressent un petit temple et plusieurs plateformes cérémonielles. Le site tient son nom d'une sculpture trouvée sur place représentant une figure d'autorité, probablement un roi (*rey*), arborant une coiffe sophistiquée. El Rey, qui prospéra de 1200 à 1500, et le site voisin de San Miguelito, étaient des communautés qui vivaient du négoce maritime et de la pêche.

Plages

En partant de Ciudad Cancún au nord-ouest, toutes les plages de l'Isla Cancún se trouvent à gauche de la route (le lagon – infesté de crocodiles, n'y nagez pas ! – est sur la droite). Les premières plages sont celles de Las Perlas, Juventud, Linda, Langosta, Tortugas et Caracol. À l'exception de Playa Caracol, ces plages sont les plus adaptées à la baignade à Cancún.

Après Punta Cancún, l'eau est plus agitée (mais on peut tout de même y nager). Les plages deviennent de plus en plus belles au fur et à mesure que le sable blanc se mêle au bleu turquoise des Caraïbes, entre Playa Gaviota Azul et Punta Nizuc (Km 24).

Playa Las Perlas PLAGE

(Carte p. 274 ; Km 2,5). Petite plage dotée d'une excellente aire de jeux, de toilettes et de tables gratuites sous des *palapas*. Parking gratuit. Accès au nord de l'Holiday Inn.

Playa Langosta PLAGE

(Carte p. 274 ; Km 5). Cette plage située face à la Bahía de Mujeres, au milieu de l'extrémité nord de la Zona Hotelera, est le paradis des baigneurs. Son sable corallien est typique de Cancún et son eau peu profonde, idéale pour le snorkeling. Les restaurants et bars de plage y sont légion.

Playa Caracol PLAGE

(Carte p. 274 ; Km 8,7). À côté du quai des ferrys pour l'Isla Mujeres, cette minuscule plage est sans doute la moins attrayante, mais en tournant à gauche, on accède à la

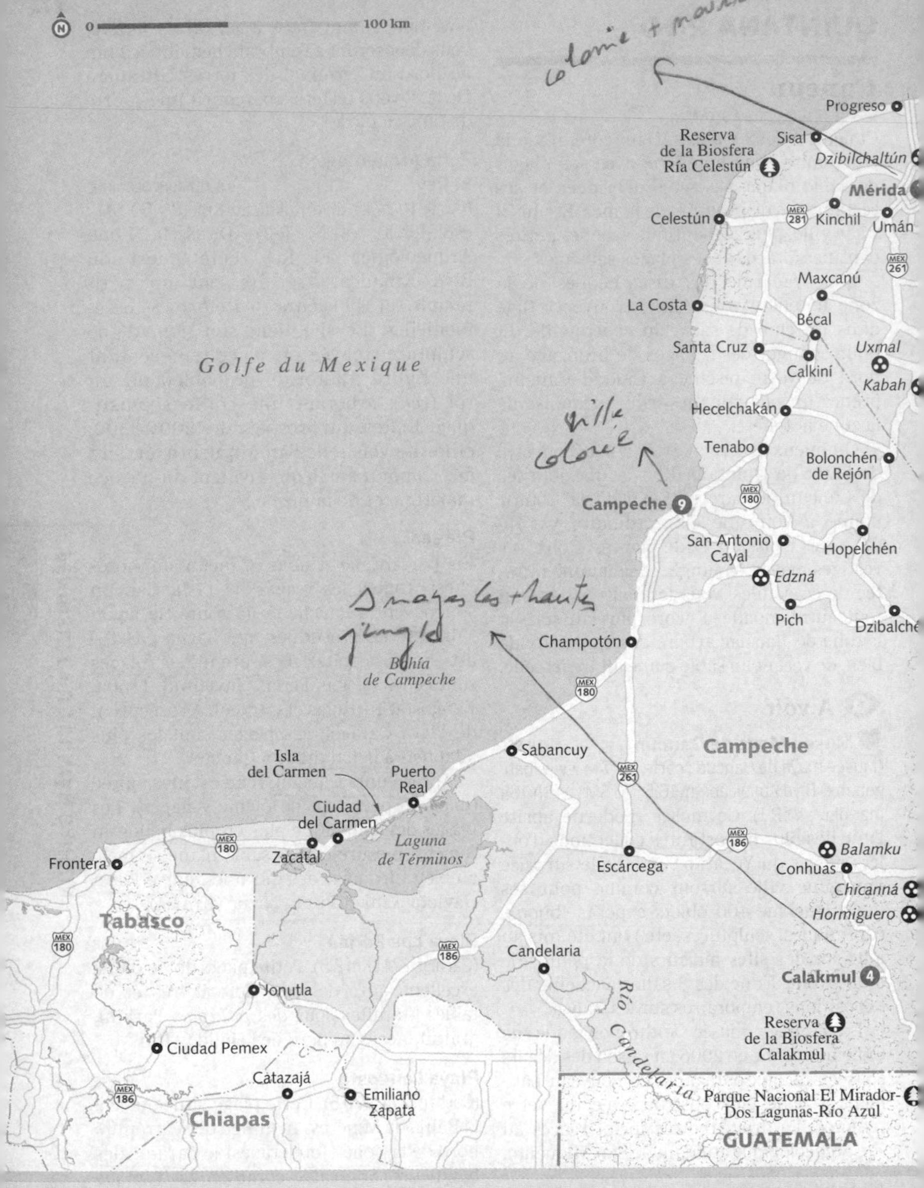

0 100 km

Golfe du Mexique

Progreso
Reserva de la Biosfera Ría Celestún
Sisal
Dzibilchaltún
Mérida
Celestún
MEX 281
Kinchil
Umán
MEX 261
Maxcanú
La Costa
Bécal
Santa Cruz
Calkiní
Uxmal
Kabah
Hecelchakán
Tenabo
Bolonchén de Rejón
Campeche 9
MEX 180
San Antonio Cayal
Hopelchén
Edzná
Pich
Dzibalché
Champotón
Bahía de Campeche
MEX 180
Campeche
Sabancuy
Isla del Carmen
Puerto Real
MEX 261
Ciudad del Carmen
Laguna de Términos
MEX 180
MEX 186
Balamku
Frontera
Zacatal
Escárcega
Conhuas
Chicanná
Tabasco
Hormiguero
MEX 180
MEX 186
Candelaria
Calakmul 4
Jonutla
Río Candelaria
Reserva de la Biosfera Calakmul
Ciudad Pemex
Catazajá
MEX 186
Emiliano Zapata
Parque Nacional El Mirador-Dos Lagunas-Río Azul
Chiapas
GUATEMALA

À ne pas manquer

1 Les splendeurs coloniales et les délices culinaires de **Mérida** (p. 322).

2 Le formidable réseau de grottes sous-marines du **Parque Dos Ojos** (p. 305).

3 Une plongée avec les requins-baleines de 15 tonnes au large de l'**Isla Holbox** (p. 289) et l'observation d'espèces d'oiseaux rares sur les îles alentour.

4 Les pyramides mayas de **Calakmul** (p. 366), parmi les plus hautes, avec une vue époustouflante sur la jungle.

5 L'éblouissante pyramide d'El Castillo à **Chichén Itzá**

(p. 345) et la découverte de la culture maya.

6 Le *cenote* Azul, d'une profondeur de 90 m, à **Laguna Bacalar** (p. 316) et son lac aux sept couleurs.

7 La lumière du matin dans la canopée de **Cobá** (p. 311), lorsque la jungle s'éveille.

8 Une plongée dans l'une des plus belles destinations sous-marines au monde, à **Isla Cozumel** (p. 299) au milieu des récifs coralliens.

9 Les rues colorées et la place principale de **Campeche** (p. 357), capitale délicieusement paisible.

Cancún

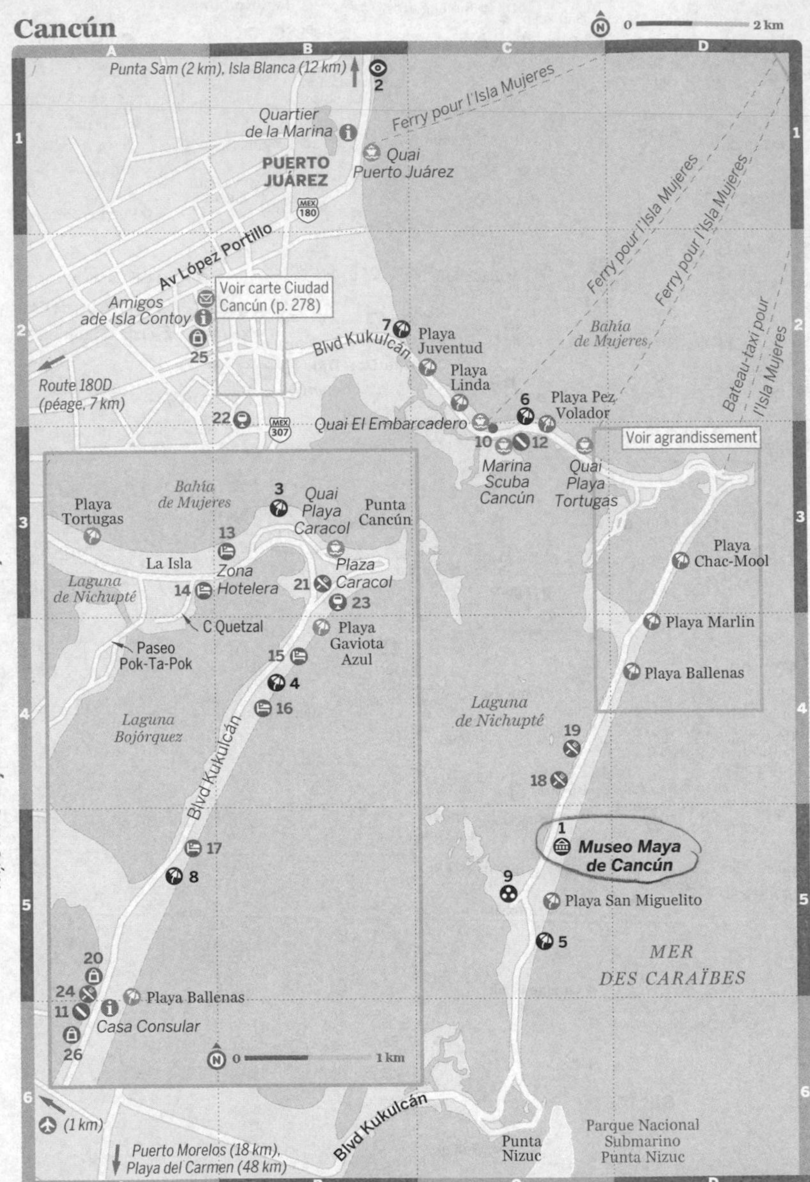

charmante bande de sable "appartenant" à l'Hotel Riu. Pas de parking.

Playa Chac-Mool PLAGE

(Carte p. 274 ; Km 9,5). L'une des plages les plus tranquilles, sans parking, avec maîtres-nageurs. Rien à manger sur place, mais il y a des boutiques et des restaurants près de l'accès à la plage, en face du Señor Frogs.

Playa Marlin PLAGE

(Carte p. 274 ; Km 12,5). Longue et charmante plage surveillée, avec transats, parasols

Cancún

Les incontournables
1 Museo Maya de Cancún ... C5

À voir
2 All Ritmo ... B1
3 Playa Caracol ... B3
4 Playa Chac-Mool ... B4
5 Playa Delfines ... C5
6 Playa Langosta ... C2
7 Playa Las Perlas ... B2
8 Playa Marlin ... A5
9 Zona Arqueológica El Rey ... C5

Activités
Asterix ... (voir 12)
10 Captain Hook ... C3
11 Museo Subacuático de Arte ... A6
12 Scuba Cancún ... C3

Où se loger
13 Beachscape Kin Ha Villas & Suites ... B3
14 Grand Royal Lagoon ... A3
15 Hostel Natura ... B4
16 Le Blanc ... B4
17 Me by Melia ... A5

Où se restaurer
18 Crab House ... C4
19 Harry's ... C4
20 La Habichuela Sunset ... A5
21 Taco Factory ... B3

Où prendre un verre et faire la fête
22 Marakame Café ... B2
23 The City ... B3

Achats
24 La Europea ... A5
25 Mercado 28 ... A2
26 Plaza Kukulcán ... A6

et tables à louer. Si vous souhaitez vous restaurer, un Oxxo vous attend sur le Blvd Kukulcán, au nord de la Kukulcán Plaza, d'où l'on accède à la plage.

Playa Delfines PLAGE
(Carte p. 274 ; Km 17,5 ; P). L'une des rares plages avec parking public, mais son sable est plus sombre et moins fin que celui de ses homologues plus au nord. Ses atouts : une très belle vue, la proximité de ruines mayas et une affluence moindre, car c'est la dernière plage du boulevard. Jetez un œil aux panneaux indiquant les conditions de baignade : les contre-courants sont fréquents.

Activités

Plongée et snorkeling

Museo Subacuático de Arte PLONGÉE, SNORKELING
(Musée subaquatique MUSA ; carte p. 274 ; 998-206-01-82 ; www.musacancun.com ; sortie snorkeling 41,50 $US, plongée simple 64,50 $US ; 9h-17h). Conçu par le sculpteur d'origine britannique Jason deCaires Taylor pour empêcher les plongeurs de détériorer les récifs coralliens, ce musée aquatique, unique en son genre, abrite plus de 500 sculptures grandeur nature immergées dans les eaux de Cancún et Isla Mujeres. Les récifs artificiels, installés à 4 m et 8 m de profondeur, sont parfaits pour les adeptes de snorkeling et pour les plongeurs débutants. Organisez vos plongées via les clubs spécialisés tels que Scuba Cancún.

Scuba Cancún PLONGÉE, SPORTS NAUTIQUES
(Carte p. 274 ; 998-849-52-25 ; www.scubacancun.com.mx ; Blvd Kukulcán Km 5,2 ; plongée simple/double 62/77 $US, location de matériel en plus). Ce club familial certifié PADI fut le premier à ouvrir à Cancún. Il propose des sorties de pêche, de snorkeling et de plongée (y compris dans des *cenotes* et de nuit) ainsi que des expéditions de plongée et de snorkeling au MUSA, le musée de sculptures sous-marines.

Circuits organisés

Captain Hook CROISIÈRE
(Carte p. 274 ; 998-849-49-31 ; www.capitanhook.com ; Blvd Kukulcán Km 5, Marina Capitán Hook ; adulte 84-109 $US, - 13 ans 5 $US ; croisière 19h-22h30). Croisière (3 heures 30) avec reconstitution de combats à l'épée et de batailles de canons à bord d'une réplique de galion espagnol. Dîner inclus, mais préparez-vous à sortir vos *escudos* pour le menu steak et langouste (95 $US).

Asterix CIRCUITS ORGANISÉS
(Carte p. 274 ; 998-886-42-70 ; www.contoytours.com ; Blvd Kukulcán Km 5,2 ; adulte/5-12 ans 99/54 $US ; circuits 9h-18h mar-dim). Circuits vers l'Isla Contoy au départ de la **Marina Scuba Cancún** (carte p. 274) comprenant guide, petit-déjeuner, déjeuner, open-bar et matériel de

VAUT LE DÉTOUR

PARQUE NACIONAL ISLA CONTOY

La superbe **Isla Contoy** (998-234-99-05 ; contoy@conanp.gob.mx), parc national et réserve ornithologique, est idéale pour une escapade d'une journée depuis Cancún ou depuis l'Isla Mujeres. Large de 800 m et longue de 8,5 km, cette île est tapissée d'une végétation dense où évoluent plus d'une centaine d'espèces d'oiseaux, parmi lesquelles le pélican brun, le cormoran olive, le dindon sauvage, le fou brun et la frégate, ainsi que des flamants roses, des aigrettes neigeuses et des hérons blancs.

On aperçoit souvent des requins-baleines au nord de Contoy entre juin et septembre. Pour conserver intactes les zones naturelles du parc, seuls 200 visiteurs y ont accès chaque jour. Apportez des jumelles, un antimoustique et de l'écran solaire.

Les excursions vers l'Isla Contoy permettent de visiter librement l'île pendant plusieurs heures en empruntant les sentiers avec panneaux explicatifs, d'escalader une tour d'observation haute de 27 m et de s'adonner au snorkeling.

Pour plus de renseignements sur l'île et son environnement, consultez le site Internet d'**Amigos de Isla Contoy** (p. 282).

Des agences de Cancún et de l'Isla Mujeres proposent des circuits vers Contoy.

snorkeling. Possibilité de transfert depuis/vers votre hôtel (10 $US/pers).

Où se loger

La ville offre une large gamme d'hébergements. La quasi-totalité des hôtels affiche des tarifs réduits en basse saison, mais la plupart comprennent jusqu'à 5 périodes tarifaires : Noël et le Nouvel An sont toujours classés en haute saison et les tarifs restent élevés de fin février à début mars (période du fameux *spring break* américain), à Pâques, ainsi qu'en juillet et août (vacances d'été locales). De nombreux établissements proposent d'importantes promotions en ligne.

Hostel Mundo Joven AUBERGE DE JEUNESSE $
(Carte p. 278 ; 998-898-21-03 ; www.facebook.com/mundojovenhostelcancun ; Av Uxmal 25 ; dort/d avec petit-déj à partir de 11/37 $US ; ; R-1). D'autres auberges de jeunesse fournissent de meilleurs services dans le quartier : on choisit surtout Mundo Joven, affiliée à HI, pour sa proximité avec la gare routière. Dortoirs propres (climatisation en supplément), bar sur le toit et Jacuzzi (qui semble constamment en travaux).

Grand Royal Lagoon HÔTEL $$
(Carte p. 274 ; 998-883-27-49, 800-552-46-66 ; www.gr-lagoon.com ; Quetzal 8A ; ch 1 100 $M ; P ; R-1). Un endroit aéré et relativement abordable pour la Zona Hotelera avec petite piscine, TV par câble et coffres-forts. La plupart des chambres sont équipées de 2 lits doubles, certaines de lits *king size* et balcons avec vue sur la lagune. À 100 m du Blvd Kukulcán Km 7,5. Wi-Fi dans le hall d'entrée uniquement.

Hotel Antillano HÔTEL $$
(Carte p. 278 ; 998-884-11-32 ; www.hotelantillano.com.mx/eng ; Claveles 1 ; s/d avec petit-déj 1 120/1 270 $M ; P ; R-1). Juste à côté de l'Avenida Tulum, cet établissement tranquille dispose d'un agréable hall d'entrée, d'une belle piscine, d'une climatisation efficace et de la TV par câble. Les chambres donnant sur l'Avenida sont plus bruyantes. Les tarifs baissent considérablement en basse saison.

Hotel Plaza Caribe HÔTEL $$
(Carte p. 278 ; 998-884-13-77 ; www.hotelplazacaribe.com ; Pino s/n ; ch 1 295 $M ; P ; R-1). Installé en face de la gare routière, cet hôtel propose chambres confortables, piscine, restaurant et jardin où évoluent des paons en liberté. Les chambres *executives* offrent un cadre plus contemporain que les standards.

Hotel Colonial Cancún HÔTEL $$
(Carte p. 278 ; 998-884-15-35 ; www.hotelcolonialcancun.com ; Tulipanes 22 ; d 850 $M ; ; R-1). Les chambres n'ont rien de colonial, mais elles sont plutôt agréables et donnent sur une cour centrale verdoyante, agrémentée d'une fontaine. Petite piscine.

Hotel Bonampak HÔTEL $$
(Carte p. 278 ; 998-884-02-80 ; www.hotelbonampak.com ; Av Bonampak 225 ; ch avec petit-déj

1 220 $M ; P ; R-1, R-2). D'un bon rapport qualité/prix pour Cancún, les chambres de cet établissement type hôtel d'affaires sont équipées d'une literie confortable, de mobilier en bois rustique et de téléviseurs à écran plat. Demandez une vue sur la piscine ensoleillée.

Ciudad Cancún

Le qualificatif "économique" est tout relatif à Cancún, où les tarifs sont systématiquement plus élevés qu'ailleurs au Mexique. On trouve un large choix d'hébergements abordables à proximité de la gare routière, située au nord-ouest sur l'avenue Uxmal. La zone autour du Parque de las Palapas compte de nombreuses auberges de jeunesse et adresses pour budgets serrés.

Dans les environs de Ciudad Cancún, les établissements de milieu de gamme sont nettement moins onéreux que dans la Zona Hotelera et à seulement quelques minutes en bus des plages de la Zona.

Hostel Ka'beh AUBERGE DE JEUNESSE **$**

(Carte p. 278 ; 988-892-79-02, 998-168-80-27 ; www.cancunhostel.hostel.com ; Alcatraces 45 ; dort/ch avec petit-déj 380/880 $M ; ; R-1). Bonne adresse centrale tout près de l'animation du Parque de las Palapas. Cette petite auberge de jeunesse décontractée donne l'impression d'être habitée à l'année. Nombreuses activités pour sociabiliser en soirée, principalement organisées autour d'alcool et de nourriture. Des minibus partent pour la plage le matin et pour la Zona Hotelera après dîner.

♥ **Mezcal Hostel** AUBERGE DE JEUNESSE **$$**

(Carte p. 278 ; 998-125-95-02, 998-255-28-44 ; www.mezcalhostel.com ; Mero 12 ; dort/ch avec petit-déj 20/64 $US ; ; R-1). Si l'omelette préparée sur commande le matin ne suffit pas à vous convaincre, peut-être que la piscine, le bar, les nombreuses activités et les virées en discothèque y parviendront. L'établissement occupe une belle maison sur 2 niveaux dans un quartier résidentiel calme. Les barbecues du dimanche sont accompagnés de délicieux mezcals. La fumée de cigarette envahit parfois les espaces communs, mais les dortoirs sont non-fumeurs.

Cancún International Suites HÔTEL **$$**

(Carte p. 278 ; 998-884-17-71 ; www.cancuninternationalsuites.com ; Gladiolas 11, angle Alcatraces ; ch/ste 1 100/2 000 $M ; ; R-1). Les chambres et suites de style colonial de cet hôtel réaménagé sont confortables et calmes. Emplacement idéal, juste à côté du Parque de las Palapas, à proximité des restaurants et bars du centre-ville.

Soberanis Hotel HÔTEL **$$**

(Carte p. 278 ; 998-884-45-64 ; www.hotelsoberanis.com ; Av Cobá 5 s/n ; d avec petit-déj 1 300 $M ; ; R-1). Jouissant d'un fantastique emplacement, juste à côté d'un supermarché, le Soberanis est desservi par les bus en route pour la Zona Hotelera. Chambres dotées de lits confortables et propres, et de meubles en bois. L'absence d'ascenseur peut s'avérer rédhibitoire si vous avez beaucoup de bagages.

Náder Hotel & Suites HÔTEL **$$**

(Carte p. 278 ; 998-884-15-84 ; www.suitesnadercancun.com ; Av Náder 5 ; d/ste avec petit-déj 54/75 $US ; ; R-1). Destiné à une clientèle d'affaires, cet hôtel plaît aussi aux familles pour ses chambres très spacieuses, y compris dans la catégorie "standard", et ses suites avec cuisine et vastes parties communes.

♥ **Hotel El Rey del Caribe** HÔTEL **$$$**

(Carte p. 278 ; 998-884-20-28 ; www.elreydelcaribe.com ; Av Uxmal 24 ; ch avec petit-déj 3 400 $M ; ; R-1). Cet éco-hôtel recycle, tire parti de l'énergie solaire, arrose son jardin grâce à son système de traitement des eaux et dispose de toilettes sèches dans certaines chambres. La piscine et le Jacuzzi sont aménagés dans une cour luxuriante, où un petit groupe de *tlacuaches* (opossums) a élu domicile. Les chambres disposent de kitchenettes équipées, de lits confortables et de réfrigérateurs. Offres intéressantes en ligne.

Zona Hotelera

À quelques exceptions près, le boulevard Kukulcán est bordé d'hôtels haut de gamme. Plusieurs proposent des forfaits tout compris, souvent à des tarifs raisonnables pour qui accepte de se restaurer sur place exclusivement. Les forfaits avion/hôtel sont souvent plus avantageux.

Hostel Natura AUBERGE DE JEUNESSE **$$**

(Carte p. 274 ; 998-883-08-87 ; www.facebook.com/HostelCancunNatura ; Blvd Kukulcán Km 9,5 ; dort/ch 30/65 $US, ch 60 $US ; ; R-1). Aménagée au-dessus du restaurant diététique du même nom, à quelques

Ciudad Cancún

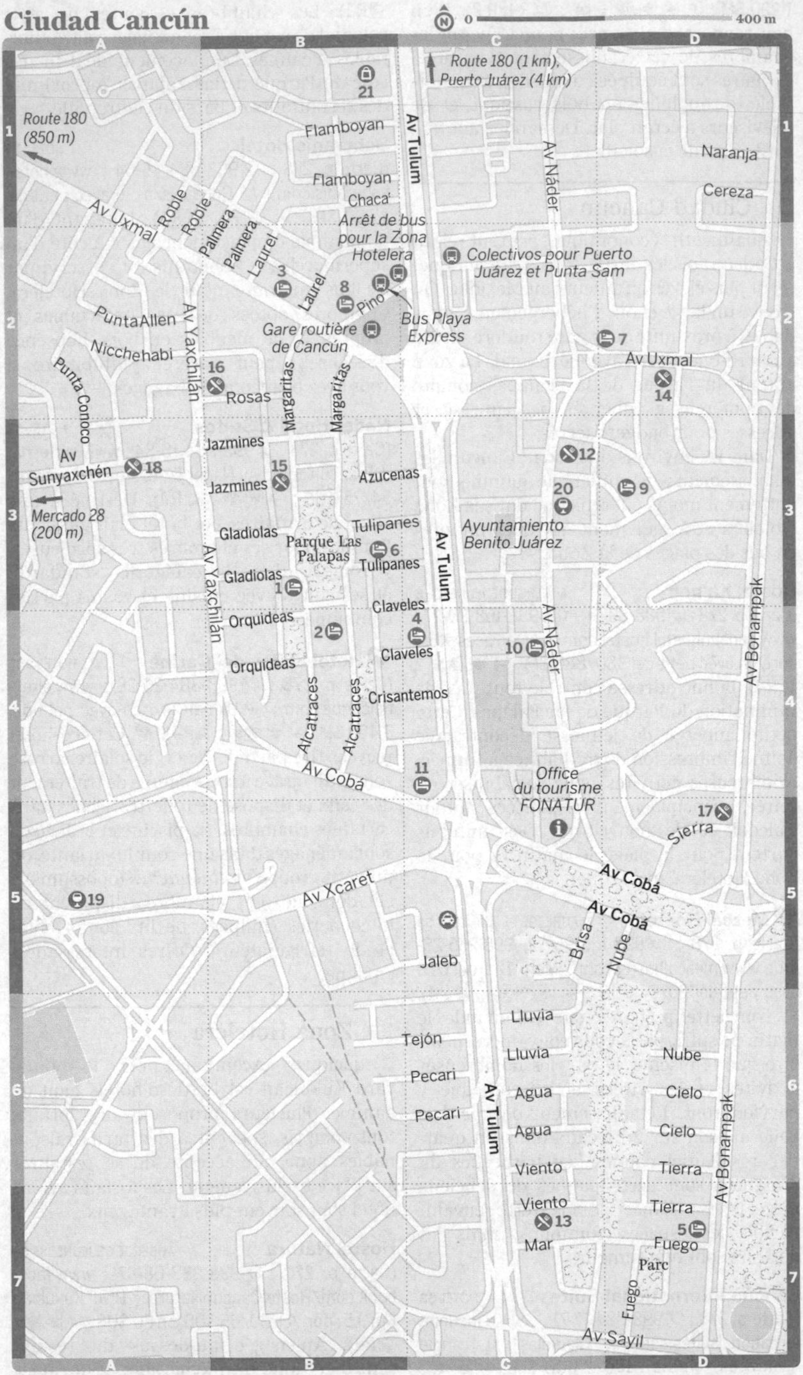

0 — 400 m

A B C D
1 2 3 4 5 6 7

Route 180 (1 km), Puerto Juárez (4 km)

Route 180 (850 m)

Mercado 28 (200 m)

Av Tulum
Av Náder
Av Uxmal
Av Yaxchilán
Av Sunyaxchén
Av Cobá
Av Xcaret
Av Bonampak
Av Sayil

Flamboyan
Chaca'
Roble
Palmera
Laurel
Pino
Punta Allen
Nicchehabi
Punta Conoco
Rosas
Margaritas
Jazmines
Azucenas
Gladiolas
Tulipanes
Orquideas
Claveles
Alcatraces
Crisantemos
Naranja
Cereza
Sierra
Brisa
Nube
Jaleb
Lluvia
Tejón
Pecari
Agua
Cielo
Viento
Tierra
Mar
Fuego
Parc

Arrêt de bus pour la Zona Hotelera

Colectivos pour Puerto Juárez et Punta Sam

Gare routière de Cancún

Bus Playa Express

Parque Las Palapas

Ayuntamiento Benito Juárez

Office du tourisme FONATUR

1 2 3 4 5 6 7 8 9 10 11 12 13 14 15 16 17 18 19 20 21

Ciudad Cancún

Où se loger

1 Cancún International Suites ... B3
2 Hostel Ka'beh ... B4
3 Hostel Mundo Joven ... B2
4 Hotel Antillano ... C4
5 Hotel Bonampak ... D7
6 Hotel Colonial Cancún ... B3
7 Hotel El Rey del Caribe ... D2
8 Hotel Plaza Caribe ... B2
9 Mezcal Hostel ... D3
10 Náder Hotel & Suites ... C4
11 Soberanis Hotel ... C4

Où se restaurer

12 El Tigre y El Toro ... C3
13 Irori ... C7
14 La Fonda del Zancudo ... D2
15 La Habichuela ... B3
16 La Parrilla ... B2
17 Peter's Restaurante ... D5
18 Rooster Café Sunyaxchen ... A3

Où prendre un verre et faire la fête

19 Mambocafé ... A5
20 Nomads Cocina & Barra ... C3

Achats

21 Mercado 23 ... B1

pas du quartier festif, cette auberge de jeunesse animée loue des chambres individuelles avec vue sur la lagune et des dortoirs un peu exigus. Le manque d'espace est compensé par le toit-terrasse aéré et la cuisine commune. Personnel sympathique et serviable.

♥ Le Blanc RESORT **$$$**
(Carte p. 274 ; ☎800-272-02-15, 998-881-47-48, États-Unis 877-883-3696 ; www.leblancspareresort.com ; Blvd Kukulcán, Km 10 ; d/ste pension complète 766/806 $US ; P ; R-1, R-2). La façade de cet hôtel bien nommé, d'un blanc éclatant, est inratable. Ce complexe, sans doute le plus raffiné de Cancún, offre calme (enfants non admis) et prestations luxueuses habituelles : magnifique piscine à débordement, boisson offerte à l'arrivée, serviettes parfumées à la noix de coco – et même un majordome si la vie à Cancún venait à vous paraître trop éreintante. Réductions pour les séjours de plusieurs nuits.

♥ Beachscape Kin Ha Villas & Suites HÔTEL **$$$**
(Carte p. 274 ; ☎998-891-54-00 ; beachscapekinhavillas.com ; Blvd Kukulcán Km 8,5 ; ch à partir de 108 $US ; P @ ; R-1). Bonne adresse familiale, le Beachscape propose service de baby-sitting, aire de jeux pour enfants et plage aux eaux calmes, propice à la baignade. Vous trouverez sur place bars, marchés, agences de voyages et bien d'autres prestataires. Toutes les chambres comportent un balcon et 2 lits doubles ou un très grand lit.

Les prix indiqués s'entendent pour la chambre seule, mais les séjours en pension complète sont possibles.

Me by Melia HÔTEL D'EXCEPTION **$$$**
(Carte p. 274 ; ☎998-881-25-00 ; www.mebymelia.com ; Blvd Kukulcán Km 12 ; d pension complète à partir de 320 $US ; P ; R-1, R-2). L'établissement, qui vient de rouvrir après une importante rénovation, est ultramoderne et d'inspiration expressionniste. Un écran digne de Times Square surplombe la réception, tandis que des hamacs mi-futuristes mi-rustiques n'attendent que vous à l'extérieur. L'hôtel ne séduira pas tout le monde, mais il est idéal si vous recherchez un style plus épuré que le baroque habituel des hôtels de Cancún. La moitié des chambres seulement offre une vue sur l'océan, faites-en la demande.

Où se restaurer

La Zona Hotelera et le centre-ville offrent une gamme de prix variée pour se restaurer, mais les tarifs sont globalement plus élevés dans la Zona Hotelera.

Rooster Café Sunyaxchen CAFÉ **$**
(Carte p. 278 ; ☎998-310-46-92 ; Av Sunyaxchen, Supermanzana 24, au niveau de la Plaza Sunyaxchen ; plats 60-120 $M ; ⏲7h-23h). Apprécié des habitants à la recherche d'un endroit où écrire, travailler et se détendre, ce café branché bénéficie d'un emplacement central, près du Marché 28. Au petit-déjeuner, goûtez les gaufres Monte Cristo et les pains maison ; l'après-midi, commandez dessert, salade, burger ou panini.

Taco Factory MEXICAIN **$**
(Carte p. 274 ; ☎998-883-48-64 ; www.facebook.com/taco.factory.cancun ; Blvd Kukulcán Km 9 ; tacos 20-37 $M ; ⏲11h30-7h lun et mer-dim, 13h-4h mar ; R-1). Cet agréable restaurant en plein air prépare les tacos mexicains les plus authentiques de la Zona Hotelera. Son emplacement central, juste à côté de la rue des discothèques,

en fait l'adresse idéale pour satisfaire une fringale nocturne. Ne ratez pas leurs succulents *tacos al pastor*.

♥ El Tigre y El Toro ITALIEN **$$**

(Carte p. 278 ; ☎998-898-00-41 ; Av Náder 64 ; plats 140-170 $M ; ⏲18h-minuit ; 📶🖊 ; 🚌R-1, R-2). Les propriétaires, surnommés le "tigre" et le "taureau", servent des pizzas gastronomiques à pâte fine et des pâtes maison dans un jardin au sol de galets éclairé de bougies. Pour bien des habitants, c'est la pizzeria *numero uno* de Cancún.

La Parrilla MEXICAIN **$$**

(Carte p. 278 ; ☎998-287-8118 ; www.laparrilla.com.mx ; 51 Av Yaxchilán ; plats 130-550 $M ; ⏲12h-2h). Un cadre haut en couleur, un imposant taureau à l'extérieur et les sons d'un groupe de mariachis vous accueillent à La Parrilla sur l'Avenida Yaxchilán, artère du centre-ville connue pour ses bars décontractés et ses restaurants de cuisine mexicaine traditionnelle. Ouvert depuis 1975, l'établissement séduit habitués et touristes avec ses savoureux *tacos al pastor* (184 $M) et sa longue carte de plats mexicains authentiques.

La Fonda del Zancudo INTERNATIONAL **$$**

(Carte p. 278 ; ☎998-884-1741 ; www.facebook.com/lafondadelzancudo ; 23 Av Uxmal ; plats 95-225 $M ; ⏲19h-minuit lun-sam ; 🚌R-1). Éclairé par des lanternes, ce charmant petit restaurant est installé dans un patio enchanteur de l'Avenida Uxmal, en centre-ville. La carte principale propose des créations artisanales élaborées, principalement à base de produits bio locaux, tandis que le menu au mur liste plats du jour surprenants et cocktails inventifs.

Irori JAPONAIS **$$**

(Carte p. 278 ; ☎998-892-30-72 ; www.iroricancun.com.mx ; Av Tulum 226 ; plats 85-220 $M ; ⏲13h-22h30 lun-sam, 13h-21h30 dim ; 📶👪 ; 🚌R-27). Ce restaurant au cadre intime, tenu par des Japonais, permet d'assister à l'élaboration des sushis et à de nombreux autres plats. Menu enfants et salle de jeux pour les familles. L'entrée se trouve Calle Viento. Attention, l'établissement ferme tôt les jours de faible fréquentation.

♥ Harry's STEAK **$$$**

(Carte p. 274 ; ☎998-840-65-50 ; www.harrys.com.mx ; Blvd Kukulcán Km 14,2 ; plats 470-1 500 $M ; ⏲13h-1h ; 🚌R-1, R-2). Cet établissement réputé sert des steaks maturés sur place, des poissons ultrafrais, mais aussi une délicieuse barbe à papa. Service impeccable et cadre impressionnant : cascades intérieures, terrasses surplombant la lagune et bars intérieur et extérieur. Prenez place dans le salon rappelant une jungle ou dans la nouvelle discothèque à l'étage et jetez un coup d'œil à la collection de mezcal.

♥ La Habichuela FUSION **$$$**

(Carte p. 278 ; ☎998-884-31-58 ; www.lahabichuela.com ; Margaritas 25 ; plats 190-345 $M ; ⏲13h-minuit ; 🅿📶 ; 🚌R-1). Les tables de cet élégant restaurant tout près du Parque de las Palapas sont dressées dans une cour ravissante. Sa spécialité est la *cocobichuela* (crevettes et langouste sauce curry, servies dans une noix de coco avec des fruits exotiques), mais pratiquement toute la carte est délicieuse (jetez un coup d'œil à son dictionnaire anglais-maya). **La Habichuela Sunset** (carte p. 274 ; ☎998-840-62-80 ; www.lahabichuela.com ; Blvd Kukulcán Km 12,6 ; plats 250-400 $M ; ⏲12h-minuit ; 📶 ; 🚌R-1, R-2), annexe un peu plus onéreuse installée dans la Zona Hotelera, a l'atout d'une vue splendide sur la lagune.

Crab House PRODUITS DE LA MER **$$$**

(Carte p. 274 ; ☎998-193-03-50 ; www.crabhousecancun.com ; Blvd Kukulcán Km 14,7 ; plats 450-1 250 $M ; ⏲12h-23h30 ; 🅿📶 ; 🚌R-1). Fort d'une superbe vue sur la lagune, cet excellent restaurant à la carte bien fournie se vante de ne jamais prendre de vacances, pas même lors des ouragans ! Le crabe d'Amérique (la spécialité) est facturé à la livre. Comme les langoustes, il attend dans des réservoirs d'une transparence irréprochable.

Peter's Restaurante INTERNATIONAL **$$$**

(Carte p. 278 ; ☎998-251-93-10 ; petersestaurante.restaurantwebexperts.com ; Avenida Bonampak, entre Calles Sierra et Robalo ; dîner 400-1 200 $M ; ⏲18h-22h mar-sam). Situé sur l'une des avenues les plus animées du centre-ville, ce restaurant chaleureux est l'un des meilleurs de Cancún. Peter Houben, chef néerlandais, fusionne cuisine européenne, mexicaine et internationale, pour concocter des plats magnifiquement élaborés tels que raviolis aux champignons ou filet de saumon frais sauce citron relevée d'une pointe de *chile de àrbol* (piment sec mexicain, fort).

Où prendre un verre et faire la fête

La plupart des bars et restaurants restent ouverts une grande partie de la journée. On trouve peu d'établissements LGBT à l'exception de quelques clubs en centre-ville.

Mambocafé CLUB
(Carte p. 278 ; ☎998-884-45-36 ; www.mambocafe.com.mx ; Plaza Hong Kong, angle Av Xcaret et Av Tankah ; entrée 200 $M ; 22h30-5h mer-sam ; R-2). Essayez-vous aux danses latines sur la grande piste de ce club branché : des groupes y jouent de la salsa cubaine et autres musiques tropicales.

Nomads Cocina & Barra BAR À COCKTAILS
(Carte p. 278 ; ☎998-898-31-92 ; nomadscancun.com ; angle Av Náder et Mero ; 15h-2h, 15h-3h ven et sam ; R-1). Dans une ambiance *arty* où les faïences à motifs géométriques côtoient le béton et la brique, ce bar attire la jeunesse branchée de Cancún avec ses grands classiques de la cuisine mexicaine, ses plats et ses cocktails créatifs. L'espace intérieur est idéal pour un dîner tardif (plats 110-280 $M), tandis que l'espace à l'arrière, sans place assise, favorise les rencontres au bar, sous les étoiles.

The City CLUB
(Carte p. 274 ; ☎998-883-33-33 ; thecitycancun.com ; Blvd Kukulcán Km 9 ; à partir de 65 $US boissons comprises ; 22h30-5h ven ; R-1). La plus grande boîte de nuit d'Amérique latine fait le plein tous les vendredis soir. Accueillant fréquemment DJ et musiciens de renommée mondiale, elle organise des soirées de folie, que l'on soit sur la piste centrale ou dans les étages latéraux, semblables à des gradins de stade. En raison de la foule et de l'ambiance festive, sachez que les soirées sont parfois franchement débridées.

Marakame Café BAR
(Carte p. 274 ; ☎998-887-10-10 ; www.marakamecafe.com ; Av Circuito Copán 19, près d'Av Nichupté ; 8h-1h lun-ven, 9h-2h sam, 9h-minuit dim ; wifi). Excellent choix pour un petit-déjeuner ou un déjeuner en plein air, le lieu se transforme en bar populaire avec musique live le soir. Les barmen, ou mixologues si vous préférez, préparent de savoureux breuvages (mojitos saveur kiwi, margaritas mélangeant *chaya* – épinard mexicain –, concombre et citron vert, etc.). Rapidement accessible en taxi depuis le centre-ville.

Achats

Les adeptes du shopping apprécieront les marchés colorés de la ville. Les habitants fréquentent surtout le **Mercado 28** (Mercado Veintiocho ; carte p. 274 ; angle Av Xel-Há et Av Sunyaxchén ; 6h-19h) et le **Mercado 23** (carte p. 278 ; Av Tulum s/n ; 6h-19h ; R-1) pour les vêtements, chaussures, étals de nourriture bon marché et articles de quincaillerie. Le Mercado 23, idéal pour dénicher un souvenir plus authentique, est le moins touristique des deux. Cancún ne manque pas non plus de centres commerciaux modernes.

La Europea BOISSONS
(Carte p. 274 ; ☎998-176-82-02 ; www.laeuropea.com.mx ; Blvd Kukulcán Km 12,5 ; 10h-21h lun-sam, 11h-19h dim ; R-1). Boutique de spiritueux haut de gamme, tenue par des connaisseurs. On y trouve à prix raisonnables le meilleur choix d'alcool de la ville, dont des tequilas et mezcals de qualité supérieure. Vérifiez la quantité d'alcool que vous pouvez rapporter dans vos bagages en soute (voir la rubrique *Douane*, p. 906).

Plaza Kukulcán CENTRE COMMERCIAL
(Carte p. 274 ; www.kukulcanplaza.mx ; Blvd Kukulcán Km 13 ; 10h-22h ; wifi ; R-1). Le plus vaste centre commercial intérieur de la ville se distingue par ses expositions temporaires d'art, ses nombreux magasins d'argenterie et la boutique La Ruta de las Indias (maquettes de galions espagnols en bois et répliques d'armes et d'armures des conquistadores).

Renseignements

ARGENT

On trouve plusieurs banques et DAB dans la Zona Hotelera et en centre-ville, sur l'Avenida Tulum. Des DAB et bureaux de change sont également disponibles à l'aéroport de Cancún.

Scotiabank (La Isla Shopping Village, Zona Hotelera ; 24h/24). L'une des nombreuses banques présentes.

IMMIGRATION

Instituto Nacional de Migración (bureau de l'immigration ; ☎998-881-35-60 ; www.gob.

mx/inm ; angle Av Náder et Uxmal ; ⏲9h-13h lun-ven). Possibilité de remplacement des documents d'immigration perdus.

OFFICES DU TOURISME

Amigos de Isla Contoy (carte p. 274 ; ☎998-884-74-83 ; www.islacontoy.org ; centre commercial Plaza Bonita ; ⏲9h30-17h lun-ven). L'association, qui œuvre à la préservation de l'Isla Contoy, propose des renseignements utiles sur l'île.

Bureau des visiteurs de Cancún (www.cancun.travel). Site Internet intéressant, mais sans office du tourisme.

Casa Consular (carte p. 274 ; ☎998-840-60-82 ; www.casaconsular.org ; Kukulcán Km 13 ; ⏲10h-14h lun-ven). Si le personnel de Casa Consular ne propose pas directement d'assistance consulaire, il trouvera l'information dont vous avez besoin et saura vous orienter, même si vous n'avez pas d'ambassade ou de consulat sur place. Situé dans l'enceinte du bâtiment de la police et des pompiers.

Office du tourisme de la ville FONATUR (carte p. 278 ; ☎998-887-33-79, 555-090-42-00 ; www.fonatur.gob.mx ; angle Av Cobá et Av Náder ; ⏲9h-16h lun-ven). Office du tourisme de la ville avec nombreux dépliants et brochures à disposition. Personnel efficace.

Bureaux de la Marina (carte p. 274 ; ☎998-880-13-63, 998-234-99-05 ; contoy@conanp.gob.mx ; Capitanía Regional de Puerto Juárez)

POSTE

La Zona Hotelera ne compte aucun bureau de poste, mais on peut timbrer et expédier ses courriers depuis la plupart des réceptions d'hôtels.

Poste principale (carte p. 274 ; angle Av Xel-Há et Av Sunyaxchén ; ⏲8h-16h lun-ven, 9h-12h30 sam). En centre-ville, à côté du Mercado 28. Vous pouvez poster votre courrier dans les boîtes rouges disséminées dans toute la ville.

SERVICES MÉDICAUX

Hospital Playa Med (☎998-140-52-58 ; www.hospitalplayamed.com ; Av Náder 13, angle Av Uxmal ; ⏲24h/24 ; 🚌R-1). Hôpital moderne recevant les patients 24h/24.

URGENCES

Cruz Roja (Croix-Rouge)	☎911, ☎065
Pompiers	☎911, ☎998-884-12-02
Police	☎911, ☎066
Police touristique	☎911, ☎066, ☎998-885-22-77

ℹ Depuis/vers Cancún

AVION

L'**aeropuerto Internacional de Cancún** (☎998-848-72-00 ; www.asur.com.mx ; route 307 Km 22) est l'aéroport le plus fréquenté du sud-est du Mexique et propose tous les services habituels : DAB, bureau de change et location de véhicules. Il est desservi par de nombreux vols directs internationaux ou avec correspondance à Mexico. Les compagnies mexicaines low cost VivaAerobus, Interjet et Volaris opèrent des vols depuis Mexico.

Des vols relient Cancún à Guatemala City et Flores (Guatemala), La Havane (Cuba), Panama City (Panama) et São Paulo (Brésil). Les vols La Havane-Cancún continuent pour certains jusqu'à Mérida.

La liste complète des compagnies desservant Cancún est consultable sur le site Internet de l'aéroport. Parmi les compagnies mexicaines, citons :

Aeroméxico (☎998-193-18-68 ; www.aeromexico.com ; Av Cobá 80 ; ⏲9h-18h30 lun-ven, 9h-18h sam ; 🚌R-1). Vols directs depuis Mexico et New York. Bureau à l'ouest de l'Avenida Bonampak.

Interjet (☎998-892-02-78 ; www.interjet.com ; Av Xcaret 35, Plaza Hollywood). Vols directs pour Miami et La Havane.

Magnicharters (☎800-201-14-04, 998-884-06-00 ; www.magnicharters.com.mx ; Av Náder 94, angle Av Cobá ; 🚌R-1). À destination de Mexico.

VivaAerobus (☎81-8215-0150 ; www.vivaaerobus.com ; route 307 Km 22, aéroport de Cancún). Vols directs pour Houston.

Volaris (☎551-102-80-00 ; www.volaris.com ; route 307 Km 22, aéroport de Cancún). Dessert Mexico et d'autres villes mexicaines.

BATEAU

La traversée vers l'Isla Mujeres peut se faire au départ de plusieurs embarcadères : **El Embarcadero** (carte p. 274), **Playa Caracol** (carte p. 274) et **Playa Tortugas** (carte p. 274), notamment. Depuis **Puerto Juárez** (carte p. 274), comptez 160 $M contre 14 $US depuis la Zona Hotelera. Si vous êtes motorisé, vous devrez passer par **Punta Sam**, 8 km au nord de Ciudad Cancún (tarifs de base 292-511 $M par voiture, chauffeur compris). Consultez les horaires et points de départ sur www.ultramarferry.com.

Les bateaux à destination de l'Isla Contoy partent de Marina Scuba Cancún (p. 275).

BUS

La **gare routière** (carte p. 278 ; www.ado.com.mx ; angle Av Uxmal et Tulum) moderne

BUS AU DÉPART DE CANCÚN

DESTINATION	PRIX ($M)	DURÉE (H)	FRÉQUENCE
Bacalar	360-400	4-5	fréquents
Chetumal	404-518	5 ½-6	fréquents
Chichén Itzá	151-298	3-4	14/jour
Chiquilá	128-230	3-3 ½	3/jour (Mayab)
Felipe Carrillo Puerto	168-210	3 ½-4	6/jour
Mérida	412-498	4-4 ½	fréquents
Mexico	2 074	27	1/jour Terminal Norte ; 18h30
Mexico (TAPO)	2 074	24 ½-28	2/jour ; 6h30 et 20h
Palenque	1 326	13-13 ½	1/jour ; 17h45
Playa del Carmen	38-106	1-1 ½	fréquents ADO et Playa Express
Puerto Morelos	28	30-45 min	fréquents ADO et Playa Express
Ticul	288	8 ½	fréquents
Tizimín	133	3	3/jour
Tulum	116-206	2 ½	fréquents
Valladolid	117-216	2-2 ¼	8/jour
Villahermosa	1 086-1 286	12 ¾-14 ½	fréquents

de Cancún se trouve au croisement de l'Avenida Uxmal et de l'Avenida Tulum. Le lieu est relativement sûr, mais gardez un œil sur vos bagages et méfiez-vous des propositions d'aide gratuite. Avant de monter dans un véhicule, convenez d'un prix avec son chauffeur.

Vous trouverez en face de la gare routière, de l'autre côté de la Calle Pino et à quelques pas de l'Avenida Tulum, la billetterie et la station de **Playa Express** (carte p. 278 ; Calle Pino), compagnie qui propose des bus climatisés à destination de Playa del Carmen sur la côte (départ toutes les 10 min jusqu'en début de soirée), via un certain nombre de villes et de sites touristiques. La compagnie **ADO** (☎800-009-90-90 ; www.ado.com.mx) et ses bus 1re classe assurent les mêmes liaisons et d'autres plus lointaines.

La compagnie Mayab propose un confort intermédiaire avec souvent davantage d'arrêts que les lignes ADO.

VOITURE ET MOTO

La circulation est parfois dense à Cancún et il n'est pas forcément judicieux de se déplacer en voiture à l'intérieur de la ville, même si cela reste possible. Faites attention à ne stationner que le long des trottoirs blancs, à moins qu'on vous ait précisé que les trottoirs jaunes étaient autorisés. Les trottoirs rouges, verts et d'autres couleurs que blanc sont interdits ou réservés. Attention, l'autoroute 180D, la *cuota* (route à péage) qui relie Cancún à Mérida, coûte 450 $M. Une voiture de location économique avec assurance responsabilité civile revient à environ 600 $M par jour.

Alamo (☎998-886-01-00 ; www.alamo.com.mx ; aéroport, Terminal 2)
Avis (☎800-288-88-88, 998-176-80-30 ; www.avis.com.mx ; Blvd Kukulcán Km 12,5, Centro Comercial La Isla)
Hertz (☎800-709-50-00 ; www.hertz.com ; aéroport de Cancún)
National (☎998-881-8760 ; www.nationalcar.com ; aéroport de Cancún)

Comment circuler

DEPUIS/VERS L'AÉROPORT

Les bus ADO se rendent fréquemment à Ciudad Cancún (72 $M) entre 8h20 et 12h30. Ils partent d'arrêts situés devant les terminaux. Une fois en ville, ils remontent l'Avenida Tulum jusqu'à la gare routière à l'angle de l'Avenida Uxmal. En allant de Ciudad Cancún à l'aéroport, ces mêmes navettes d'aéroport ADO (Aeropuerto Centro) partent régulièrement de la gare routière. ADO propose aussi une liaison de l'aéroport à Playa del Carmen et Mérida.

Les navettes d'aéroport Green Line et Super Shuttle circulent entre Ciudad Cancún et la Zona Hotelera moyennant quelque 50 $US/pers.

Yellow Transfers (☎998-193-17-42, 800-021-8087 ; www.yellowtransfers.com) propose des transferts entre l'aéroport et de nombreux hôtels.

Les **colectivos** (carte p. 278) permettent de rallier l'aéroport à moindre coût. En taxi, comptez jusqu'à 650 $M (4 pers maximum) vers le centre-ville ou la Zona Hotelera. Pour le retour vers l'aéroport, comptez environ 370 $M en taxi depuis la ville.

BUS

Pour vous rendre de Ciudad Cancún à la Zona Hotelera, prenez un **bus** (carte p. 278) R-1 indiqué "Hoteles" ou "Zona Hotelera". Ils empruntent l'Avenida Tulum, puis se dirigent vers l'est par l'Avenida Cobá. Au sud de l'Avenida Cobá, sur l'Avenida Tulum, vous pourrez aussi prendre un bus R-27 en direction de la Zona Hotelera.

Pour rejoindre les ferrys à destination de Puerto Juárez et de l'Isla Mujeres, on peut, au choix, prendre un **colectivo** (carte p. 278) indiqué "Punta Sam" ou "Puerto Juárez" en direction du nord à un arrêt de bus de l'Avenida Tulum (en face de la gare routière ADO), ou attendre sur l'Avenida Tulum un bus R-1 indiqué "Puerto Juárez".

TAXI

Les taxis de Cancún ne sont pas équipés de compteurs. Si les tarifs sont fixes, il reste préférable de convenir d'un prix avant de monter, au risque de devoir payer pour un "malentendu". De Ciudad Cancún à Punta Cancún, il faut généralement compter 100-130 $M, et 50-70 $M vers Puerto Juárez. Une course à l'intérieur de la Zona Hotelera ou du centre-ville revient à 50 $M. Les tarifs à l'heure et à la journée coûtent, en général, respectivement 240 et 2 000 $M.

Isla Mujeres

998 / 12 600 HABITANTS

Souvent visitée dans le cadre d'une excursion à la journée, l'Isla Mujeres est pourtant une destination à part entière, plus calme et abordable que l'autre côté de la baie.

Bien sûr, on y trouve des boutiques clinquantes pour touristes, mais les habitants continuent de s'y déplacer en voiturette de golf, et les plages de sable de corail bordées d'eaux turquoise sont idylliques.

Entre snorkeling, plongée, visite d'une ferme de tortues ou farniente au soleil, il y a de quoi s'occuper. En soirée, le choix est large en matière de restauration et la vie nocturne se déroule tranquillement, à un rythme tout insulaire.

À voir

Ferme aux tortues de l'Isla Mujeres ÉLEVAGE

(Isla Mujeres Tortugranja ; 998-888-07-05 ; Carretera Sac Bajo Km 5 ; 30 $M ; 9h-17h ;).

Espèce menacée, les tortues marines continuent pourtant d'être tuées dans toute l'Amérique latine pour leurs œufs et leur chair. Dans les années 1980, grâce aux efforts d'un pêcheur local, cette *tortugranja* (ferme de tortues) fut créée à 5 km au sud de la ville, pour protéger leur zone de ponte.

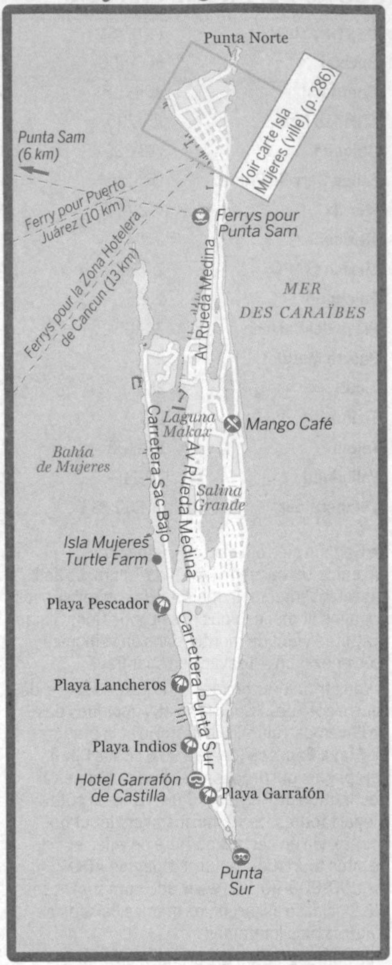

Facilement accessible en taxi (80 $M depuis la ville) ou en voiturette de golf, l'endroit est petit mais il accueille des tortues de différentes espèces (caouannes, imbriquées et vertes) dont le poids varie de 150 g à plus de 300 kg. Les petits sont libérés immédiatement. Les tortues qui quittent cette plage sécurisée reviennent chaque année, leur progéniture bénéficiant à leur tour de la même protection. Si le sanctuaire

Isla Mujeres

0 — 1 km

Punta Norte
Voir carte Isla Mujeres (ville) (p. 286)
Punta Sam (6 km)
Ferry pour Puerto Juárez (10 km)
Ferrys pour la Zona Hotelera de Cancún (13 km)
Ferrys pour Punta Sam
MER DES CARAÏBES
Av Rueda Medina
Laguna Makax
Mango Café
Bahía de Mujeres
Carretera Sac Bajo
Salina Grande
Isla Mujeres Turtle Farm
Playa Pescador
Carretera Punta Sur
Playa Lancheros
Playa Indios
Hotel Garrafón de Castilla
Playa Garrafón
Punta Sur

libère environ 125 000 tortues chaque année, seule 1 sur 1 000 a une chance de survivre.

Le public n'est pas toujours autorisé à assister au lâcher (renseignez-vous), mais celui-ci se tient habituellement vers 19h de juillet à novembre. Le spectacle de ces frêles créatures se précipitant dans l'immensité de la mer est inoubliable.

Également un petit aquarium, des expositions sur la vie marine et un enclos où évoluent de grands requins-nourrices. Visites guidées (espagnol et anglais).

Punta Sur POINT DE VUE, JARDINS
(Ruines 30 $M). En rejoignant l'extrémité sud de Punta Sur, vous découvrirez un phare, un jardin de sculptures et les vestiges d'un temple dédié à Ixchel, déesse maya de la Lune et de la Fertilité. Les ruines ont été frappées par les ouragans au fil des ans et il ne reste guère à voir que le jardin de sculptures, la mer et... Cancún à l'horizon. Un taxi depuis la bourgade coûte environ 150 $M.

Plages

♥ Playa Garrafón PLAGE
Une plage idéale pour la plongée avec tuba, à 6,5 km du centre touristique. En taxi, comptez 120 $M.

Playa Norte PLAGE
Une fois arrivé sur Playa Norte, la principale plage de l'île, vous ne voudrez plus en bouger. Avec ses eaux émeraude transparentes et son sable parsemé d'éclats de corail, c'est la plus belle de toutes. Contrairement à la majeure partie de la côte est de l'île, Playa Norte est sûre pour la baignade et on y a pied, même loin du rivage.

Playa Secreto PLAGE
(👪). La lagune, qui sépare un grand complexe hôtelier du reste de l'île, possède un point peu profond, idéal pour les enfants. De jolis poissons à la recherche de friandises y tournent autour des nageurs.

Activités

Plongée et snorkeling

De beaux sites de plongée se trouvent à quelques minutes de bateau de l'île, notamment **La Bandera**, **Arrecife Manchones** et **Ultrafreeze** (El Frío), où l'on découvre à 30 m de profondeur la coque intacte d'un cargo de 60 m, qui aurait été volontairement coulé. On y côtoie également tortues de mer, raies et autres barracudas, au milieu d'une variété de coraux durs et mous.

On peut pratiquer le snorkeling à proximité de **Playa Garrafón** et du **récif de Yunque**. Comme à l'accoutumée, faites attention aux bateaux.

Le snorkeling avec les requins-baleines est aussi une activité prisée, proposée par la plupart des centres de plongée, en particulier de mi-juin à août. En raison de l'affluence, un seul requin-baleine se retrouve parfois entouré d'une dizaine de bateaux, mais le nombre de personnes à l'eau reste limité à trois (dont un guide).

♥ Hotel Garrafón de Castilla SNORKELING
(☎998-877-01-07 ; Carretera Punta Sur Km 6 ; 70 $M, location matériel de snorkeling 80 $M ; ⏲10h-18h). Pour une journée de snorkeling, préférez ce club de plage au Playa Garrafón Reef Park, assez onéreux.

Aqua Adventures Eco Divers PLONGÉE
(☎998-251-74-23, portable 998-3228109 ; www.diveislamujeres.com ; Juárez 1, angle Morelos ; 2 plongées consécutives avec matériel à partir de 75 $US, circuit d'observation des requins-baleines 125 $US ; ⏲9h-19h lun-sam, 10h-18h dim). Excellente adresse pour le snorkeling avec les requins-baleines. L'agence a accès à 15 sites de plongée en récifs.

Mundaca Divers PLONGÉE
(☎998-877-06-07, portable 998-1212228 ; www.mundacadiversisla.com ; Madero s/n ; 2 plongées consécutives 90 $US, snorkeling 47 $US, pêche dans la baie 450 $US ; ⏲8h-20h). Multiples activités : plongées en cage au milieu des requins, pêche, sortie snorkeling et découverte du MUSA (p. 275), un musée sous-marin d'art contemporain.

Où se loger

♥ Poc-Na Hostel AUBERGE DE JEUNESSE $
(☎998-877-00-90 ; www.pocna.com ; Matamoros 15 ; dort/ch avec petit-déj à partir de 300/600 $M ; 🚭❄📶). On ne fait pas mieux que les espaces communs de cette auberge de jeunesse ouverte sur une jolie plage ombragée de palmiers, où se trouve l'un des clubs de plage les plus branchés de la ville en soirée. Possibilité de planter sa tente (à apporter soi-même). Les clients peuvent se détendre au bar-réception aménagé sous une *palapa* : on y sert le petit-déjeuner et des groupes locaux jouent tous les soirs.

Isla Mujeres (ville)

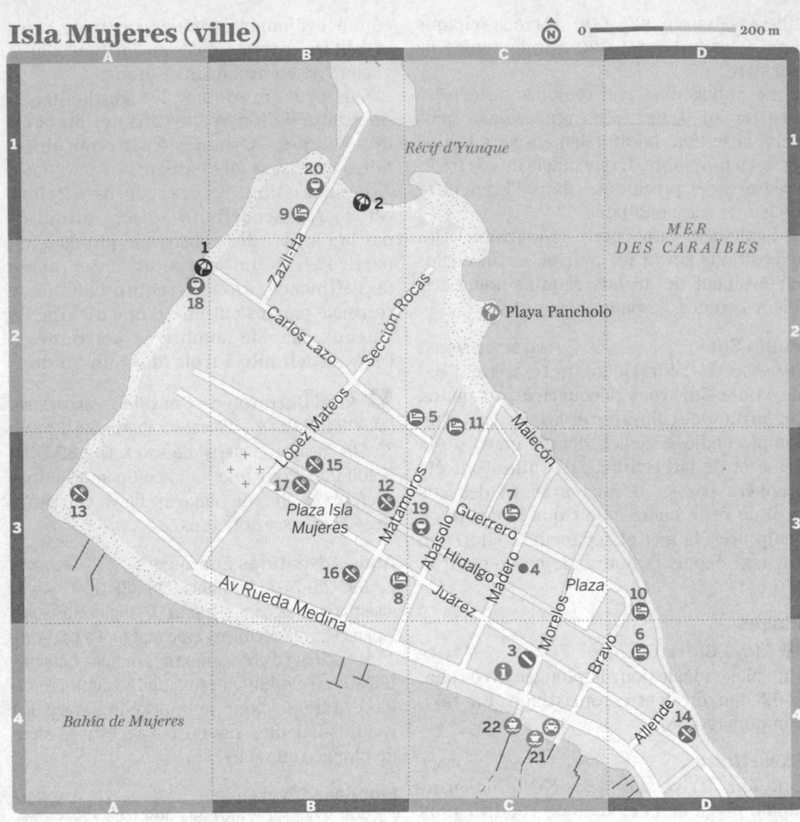

Isla Mujeres (ville)

À voir
1 Playa Norte A2
2 Playa Secreto B1

Activités
3 Aqua Adventures Eco Divers C4
4 Mundaca Divers C3

Où se loger
5 Apartments Trinchan C2
6 Casa El Pío D4
7 Hotel Francis Arlene C3
8 Hotel Kinich B3
9 Hotel Na Balam B1
10 Hotel Rocamar D3
11 Poc-Na Hostel C2

Où se restaurer
12 Aluxes Coffee Shop B3
13 Café del Mar A3
14 La Lomita D4
15 Lola Valentina B3
16 Olivia B3
17 Rooster Café B3

Où prendre un verre et faire la fête
18 Buho's A2
19 El Patio C3
20 Fenix Lounge B1

Transports
21 Ferrys pour la Zona Hotelera et Cancún .. C4
22 Ferry pour Puerto Juárez C4

Si, d'aventure, tout ce repos finissait par vous ennuyer, l'établissement propose des activités (salsa, cours d'espagnol, snorkeling, etc.). Location de vélos (180 $M/jour).

Apartments Trinchan APPARTEMENTS $$
(portable 998-1666967 ; atrinchan@prodigy.net.mx ; Carlos Lazo 46 ; ch avec ventil/clim 700/800 $M ;). Parmi les meilleurs établissements petits budgets de la bourgade,

tout proche de la plage. Optez pour l'un des vastes appartements avec cuisine équipée.

Hotel Francis Arlene HÔTEL $$
(998-877-03-10 ; www.francisarlene.com ; Guerrero 7 ; ch avec ventil/clim à partir de 1 200/ 1 500 $M ;). Cet établissement offre des chambres confortables et spacieuses (réfrigérateur, ventilateur ou climatisation). La plupart sont équipées d'un grand lit ou de 2 lits doubles, et d'un balcon avec vue partielle sur la mer. Jolies sculptures de grenouilles. Tarifs compétitifs en basse saison.

Hotel Na Balam BOUTIQUE-HÔTEL $$$
(998-881-47-70 ; www.nabalam.com ; Zazil-Ha 118 ; ch/ste avec petit-déj à partir de 196/ 283 $US ;). Des iguanes se promènent dans les magnifiques jardins d'hibiscus et de palmiers de cet hôtel de bord de mer, sur Playa Norte. Élégantes et sobres, les chambres sont équipées de coffres-forts, hamacs, balcons privés ou patios, et certaines de TV. Cours de yoga et de méditation, massages et piscine.

Hotel Kinich BOUTIQUE-HÔTEL $$$
(998-888-09-09 ; www.islamujereskinich.com ; Juárez 20 ; s/d avec petit-déj 1 500/1 800/ 2 500 $M ;). Cet hôtel de charme se révèle d'un excellent rapport qualité/ prix hors saison, quand les tarifs baissent d'environ 40%. Même en haute saison, ses immenses chambres avec balcon restent une très bonne affaire, en particulier les suites, parfaitement adaptées aux familles. Wi-Fi dans l'entrée seulement.

Casa El Pío BOUTIQUE-HÔTEL $$$
(www.casaelpio.com ; Hidalgo 3 ; ch 95-113 $US ;). Réservez bien à l'avance (en ligne uniquement) pour loger dans ce petit mais ravissant hôtel. L'une des 5 chambres a vue sur l'océan, tout comme le toit-terrasse, et toutes s'agrémentent de touches design. La piscine permet davantage de se rafraîchir que de nager, ce qui importe peu puisque la plage est au bout de la rue !

Hotel Rocamar HÔTEL $$$
(998-877-01-01 ; www.rocamar-hotel.com ; angle Bravo et Guerrero ; ch 2 261-3 094 $M, bungalows 6 664 $M ;). Des chambres modernes (certaines salles de bains entièrement vitrées peuvent ne pas convenir aux plus pudiques) dotées de balcons privés avec vue mer. Belle vue depuis la piscine également. Les bungalows sont équipés d'une cuisine complète. Fortes réductions en basse saison. Wi-Fi dans le hall uniquement.

Où se restaurer

Aluxes Coffee Shop CAFÉ $
(Matamoros 11 ; plats 30-210 $M ; 8h-21h mer-lun ;). Cet établissement, l'un des plus accueillants de la ville, sert bagels, baguettes et délicieux pains à la banane (25 $M).

Mango Café PETIT-DÉJEUNER $$
(998-274-01-18 ; Payo Obispo 101, Colonia Meterológico ; plats 85-125 $M ; 7h-15h et 16h-21h ;). Si vous explorez la partie sud de la ville, marquez l'arrêt ici pour un café en libre-service et un copieux petit-déjeuner d'inspiration caribéenne. On y propose notamment du pain perdu à la noix de coco (100 $M) et des œufs Bénédicte sauce curry (125 $M). À environ 3 km au sud du terminal des ferrys, facilement accessible à vélo ou en taxi.

Rooster Café CAFÉ $$
(998-274-01-52 ; Hidalgo 26 ; petit-déj 85-195 $M ; 7h-18h ;). Roi incontesté du petit-déjeuner sur l'île, ce charmant petit café dispose de 2 tables en terrasse et d'une redoutable climatisation à l'intérieur. La carte propose des classiques et quelques plats inventifs, le tout accompagné d'un bon café. Personnel attentionné.

La Lomita MEXICAIN $$
(998-179-94-31 ; Juárez Sur 25 ; plats 120-200 $M ; 9h-22h). Cette "Petite Colline" sert une cuisine mexicaine savoureuse et bon marché (produits de la mer et poulet essentiellement) dans un cadre coloré. Essayez leur délicieuse soupe aux haricots et avocats, ou leur ceviche. Murs joliment peints et petite salle à manger en extérieur avec parasols.

Lola Valentina FUSION $$$
(998-315-94-79 ; Av Hidalgo s/n ; plats 175-345 $M ; 8h-23h ;). Surplombant la partie nord, plus calme, de la rue des restaurants, cet établissement concocte une excellente cuisine mexicaine fusion, avec des plats tels que tacos aux crevettes à la thaïlandaise (175 $M). Au menu également, plusieurs plats végétaliens et sans gluten, mais aussi le très prisé (et pas du tout végétalien !) Surf n' Turf (375 $M) version latino,

mêlant produits de la mer et viande rouge. Nouveaux sièges balançoires au bar et carte des cocktails très réussie.

Olivia MÉDITERRANÉEN $$$
(998-877-17-65 ; www.olivia-isla-mujeres.com ; Matamoros ; plats 170-250 $M ; 17h-21h45 lun-sam ;). Tout est fait maison dans cet adorable restaurant tenu par des Israéliens, du poisson à la marocaine (servi sur du couscous) au chawarma de poulet dans des pitas fraîches. Demandez une table éclairée à la bougie dans le jardin à l'arrière, où la propriétaire, Olivia, passera peut-être vous saluer, et laissez un peu de place pour la glace à la cerise maison. Réservation recommandée. Fermé de mi-septembre à mi-octobre.

Café del Mar INTERNATIONAL $$$
(998-848-8470, poste 806 ; Av Rueda Medina ; plats 198-290 $M ; 8h-23h). L'établissement le plus cosy et le plus branché de l'île est aussi l'une de ses meilleures tables, avec sa carte fusion restreinte mais créative qui met à l'honneur salades, fruits de mer et pâtes. Les chaises longues et lits de plage permettent de terminer confortablement votre daïquiri (voire en commander un autre), à l'ombre des *palapas*. Musique live tous les jours.

Où prendre un verre et faire la fête

Buho's BAR
(998-877-03-01 ; Carlos Lazo 1, Playa Norte ; 9h-23h ;). Ça balance pas mal au Buho's... et pour cause, le bar est entouré de balançoires. L'établissement propose aussi des cours de yoga en matinée et l'après-midi. Impossible d'être plus près de l'eau.

Fenix Lounge BAR
(998-274-00-73 ; www.fenixisla.com ; Zazil-Ha 118 ; 11h-22h lun-sam, 11h30-20h dim ;). Bar à toit de *palapa* sur le front de mer, d'où l'on peut piquer une tête dans des eaux calmes, siroter d'excellents cocktails (margarita à la mangue épicée, 130 $M) et se déhancher au son d'une musique live le week-end.

El Patio BAR
(Av Hidalgo 17 ; 16h-minuit ;). Autoproclamé "maison de la musique", ce bar avec patio en plein air et terrasse sur le toit accueille des groupes de blues ou de jazz mais aussi, si vous êtes moins chanceux, des groupes jouant des reprises médiocres des années 1980. Happy hour de 17h à 19h (plat du jour et boisson à prix réduit).

Renseignements

Plusieurs banques se trouvent directement en face de l'embarcadère des ferrys, avec DAB et bureau de change pour la plupart.

Chambre hyperbare (998-877-17-92 ; Morelos s/n). À côté de l'Hospital Integral Isla Mujeres. Souvent fermée, renseignez-vous à l'hôpital.

Hospital Integral Isla Mujeres (998-877-17-92 ; Guerrero, entre Madero et Morelos). Médecins 24h/24 et 7j/7.

HSBC (angle Av Rueda Medina et Morelos ; 9h-17h lun-ven, 9h-15h sam)

Office du tourisme (998-877-03-07 ; direcciondeturismo@hotmail.com ; Av Rueda Medina 130, entre Madero et Morelos ; 9h-16h lun-ven). Propose toutes sortes de brochures. Certains membres de l'équipe parlent anglais.

Depuis/vers l'Isla Mujeres

On peut rejoindre l'Isla Mujeres depuis plusieurs points d'embarquement à Cancún. La plupart des visiteurs empruntent un ferry Ultramar. Le bus R-1 "Puerto Juárez" à Cancún dessert tous les points de départ de la Zona Hotelera et Puerto Juárez, à Ciudad Cancún. Si vous arrivez en voiture, le stationnement quotidien dans et autour des terminaux coûte entre 130 et 200 $M, contre seulement 50 $M en s'éloignant un peu.

Les tarifs des ferrys au départ de la Zona Hotelera sont en dollars US. Si votre budget est serré, partez de Puerto Juárez. Les ferrys (www.granpuerto.com.mx) partent des embarcadères suivants :

El Embarcadero (Blvd Kukulcán Km 4). 6 départs quotidiens ; aller simple 14 $US.

Playa Caracol (Blvd Kukulcán Km 9,5). 6 départs quotidiens ; aller simple 14 $US.

Playa Tortugas (Blvd Kukulcán Km 6,5). 8 départs quotidiens ; aller simple 14 $US.

Puerto Juárez (4 km au nord de Ciudad Cancún). Départ toutes les 30 min ; aller simple 160 $M.

Punta Sam, 8 km au nord de Ciudad Cancún, propose le seul ferry transportant véhicules et vélos. Voici les tarifs depuis Punta Sam (aller simple, conducteur compris) : voiture (292 $M), moto (99 $M) et vélo (93 $M) ; comptez 40 $M par passager supplémentaire. Arrivez une heure à l'avance si vous faites passer votre véhicule. Horaires sur www.maritimaislamujeres.com. Pour rejoindre Punta Sam, prenez un taxi ou un *colectivo* "Punta Sam" en direction du nord, sur l'Avenida Tulum. Les ferrys à destination de **Punta Sam** et de la **Zona Hotelera** partent de différents embarcadères, de même que le ferry desservant **Puerto Juárez**.

Comment circuler

MOTO ET VOITURETTE DE GOLF

Inspectez soigneusement tout scooter avant de le louer. Les coûts peuvent flamber en haute saison, mais débutent généralement aux alentours de 380 $M/jour (9h à 17h).

Nombreux sont ceux qui optent pour une voiturette de golf lors de leurs déplacements sur l'île, ce qui explique leurs files ininterrompues sur les routes. Comptez en moyenne 700 $M/jour (9h à 17h).

Gomar (☎ 998-877-16-86 ; Av Rueda Medina, angle Bravo ; 700 $M/jour). Location de voiturettes de golf à prix raisonnables.

Mega Ciro's (☎ 998-857-52-66 ; www.facebook.com/CirosGolfCartRentals ; Av Guerrero 11 ; scooter/voiturette 350/55 $M/jour ; ⏲ 9h-17h). Location de scooters et de voiturettes de golf.

VÉLO

Le vélo est un excellent moyen de se déplacer dans les rues étroites de l'île et de découvrir les quartiers périphériques.

Rentadora Fiesta (Av Rueda Medina s/n, entre Morelos et Bravo ; 100/250 $M par heure/jour ; ⏲ 8h-17h). Loue des VTT et des *beach cruisers* (vélos de plage).

TAXI

Le prix des courses en taxi, fixé par les autorités municipales, est affiché à la station de taxis, immédiatement au sud du quai des ferrys de passagers. Comptez un minimum de 25 $M. Une **station de taxis** (Av Rueda Medina) est située à proximité des ferrys.

Isla Holbox

☎ 984 / 1 500 HABITANTS

Les rues d'Isla Holbox (prononcez holboch), où les chiens paressent au soleil, sont recouvertes de sable si fin que sa texture en est presque argileuse. Ses bâtiments colorés sont typiques des Caraïbes et ses eaux tirant sur le vert prennent une couleur unique due au mélange des courants océaniques. Les touristes y côtoient les habitants de l'île en espérant échapper au brouhaha de Cancún.

Il s'agit pourtant là d'un vœu pieux... car malgré l'absence de boîtes de nuit tapageuses et la beauté des lieux, l'île n'est pas franchement paisible, comme en témoignent la foule et le vrombissement constant des voiturettes de golf à essence. Avec un bateau ou une voiturette de golf, il reste cependant possible de s'éloigner vraiment de l'agitation et de goûter au calme des plages les plus reculées.

L'endroit vaut aussi pour sa faune exceptionnelle. Située au sein de la réserve Yum Balam, Holbox abrite plus de 150 espèces d'oiseaux (spatules rosées, pélicans, hérons, ibis, flamants, etc.). En été, les requins-baleines affluent à proximité de l'île.

À voir

Connue pour son sable fin, l'île compte également de belles lagunes, une forêt à faible couvert forestier et de nombreux animaux sauvages, tandis que des requins-baleines et des tortues marines sillonnent ses eaux.

♥ Punta Mosquito PLAGE

Située à l'est de l'île, Punta Mosquito est à environ 2,5 km à l'est du centre-ville. Cette grande étendue de sable est un endroit privilégié pour l'observation des flamants roses.

Circuits organisés

♥ VIP Holbox Experience CROISIÈRES

(☎ 984-875-21-07 ; www.vipholbox.com ; observation des requins-baleines 125 $US/pers). Ce prestataire prend soin de rappeler à ses clients qu'ils pénètrent dans un écosystème fragile : lors des circuits d'observation des requins-baleines, des directives strictes sont appliquées pour leur protection et un écran solaire biodégradable est mis à disposition. Le forfait comprend un délicieux ceviche et une pause snorkeling. L'agence propose aussi des visites de l'île, des sorties en kayak et même des excursions en 4x4 dans la jungle.

Où se loger

Sans surprise, la plage est jalonnée de *cabañas* (chalets) et de bungalows. Les établissements les plus huppés se trouvent principalement à l'est de la ville, sur le rivage nord de l'île que les habitants surnomment Zona Hotelera. Les hôtels économiques et de catégorie moyenne sont regroupés autour de la place.

Hostel Tribu AUBERGE DE JEUNESSE $

(☎ 984-875-25-07 ; www.tribuhostel.com ; Av Pedro Joaquín Coldwell ; dort/ch à partir de 280/800 $M ; ⊖❄📶). L'établissement propose 6 dortoirs et des chambres privées, tous

NAGER AVEC LES REQUINS-BALEINES

De mi-mai à fin août, des requins-baleines se rassemblent autour de l'Isla Holbox pour se nourrir de plancton. Longs de 15 m de la gueule à la queue et pouvant peser jusqu'à 15 tonnes, ce sont les plus gros poissons au monde. Les habitants les surnomment "dominos" en raison de leur peau mouchetée.

La meilleure période pour nager parmi ces placides géants court du mois de juillet au mois d'août. Il se trouve que c'est aussi la saison touristique, moment où il y a parfois jusqu'à une bonne vingtaine de bateaux autour d'un seul individu. La situation étant aussi désagréable pour les requins-baleines que pour les nageurs, réfléchissez à deux fois avant de vous inscrire à un circuit à cette période de l'année. La solution alternative consiste à tenter votre chance au mois de juin, où vous risquez de n'apercevoir aucun de ces animaux.

Le World Wildlife Fund travaille en collaboration avec la communauté locale depuis 2003 pour développer les pratiques responsables au sein des circuits découverte des requins-baleines, s'efforçant d'établir un équilibre entre l'aubaine économique qu'ils représentent et la nécessité environnementale de protéger cette espèce menacée.

Seuls 3 nageurs à la fois (guide compris) sont autorisés à rentrer dans l'eau avec les requins-baleines. Il est interdit de les toucher, et il faut obligatoirement porter un gilet de sauvetage ou une combinaison afin de ne pas risquer de plonger sous le squale.

propres et colorés, ainsi qu'une myriade d'activités (salsa, yoga, kayak...), une bourse d'échange de livres et un bar où s'improvisent des concerts chaque semaine. À un pâté de maisons au nord de la place, puis deux à l'ouest.

♥ Casa Takywara HÔTEL $$$
(☎984-875-22-55 ; www.casatakywara.com ; Paseo Carey s/n ; d/bungalow avec petit-déj 3 230/3 990 $US ;). Ce bel hôtel construit en bord de plage se distingue par son architecture et ses chambres décorées avec goût, dotées de kitchenettes et de balcons donnant sur la mer. La parcelle de zone humide protégée juste à côté résonne du chant des cigales. Les prix baissent considérablement hors saison. À la lisière de la localité, à 1 km à l'ouest de l'Avenida Tiburón Ballena.

Hotel Casa Barbara HÔTEL $$$
(☎984-875-23-02 ; www.hotelcasabarbara.mx ; Av Tiburón Ballena s/n ; ch avec petit-déj 2 600 $M ;). Hôtel très confortable, dont la piscine est entourée d'un jardin verdoyant. Chambres avec mobilier rustique et lits moelleux. La plupart ont une véranda donnant sur le jardin. À mi-chemin entre le quai des ferrys et la plage.

Hotel La Palapa HÔTEL $$$
(☎984-875-21-21 ; www.hotellapalapa.com ; Morelos ; ch 250 $US ;). Cet hôtel offre des chambres confortables au bord de l'eau, certaines avec balcon donnant sur la mer. La zone de plage comprend un bar extérieur qui sert de délicieux plats internationaux. Superbe vue sur l'océan depuis le toit-terrasse. À 100 m à l'est de l'Avenida Tiburón Ballena, le long de la plage.

Où se restaurer

♥ Le Jardin FRANÇAIS $
(☎984-115-81-97; www.facebook.com/LeJardinPanaderia ; pain 25-30 $M, café 40-65 $M ; 8h30-12h30 mer-dim ;). Délicieuses pâtisseries françaises, choix de petits-déjeuners matinaux... idéal pour changer du petit-déjeuner mexicain ! L'excellent café, la *plumeria* et la *palapa* aérée envahie de papillons en font un endroit confortable pour s'asseoir et discuter avec d'autres convives. Nombreux jouets pour occuper les enfants pendant le repas des adultes.

♥ Limoncito PETIT-DÉJEUNER $
(☎984-875-23-40 ; Av Damero s/n ; petit-déj 80-110 $M ; 8h-21h30 jeu-mar ;). Ce petit restaurant bigarré au toit de *palapa*, donnant sur la place, sert toute la journée d'excellents petits-déjeuners mexicains. Les *motuleños* (œufs en sauce tomate servis avec de la banane plantain frite, du jambon et des petits pois) figurent parmi les plats favoris des habitants, tout comme les enchiladas.

Las Panchas MEXICAIN **$$**
(☎984-875-2413 ; Morelos s/n, entre Av Damero et Av Pedro Joaquín Coldwell ; antojitos 25-36 $M, plats 95-170 $M ; ⏲8h-11h30 et 13h-18h). Demandez à n'importe quel habitant une adresse où bien manger pour pas cher, et l'on vous indiquera probablement Las Panchas. Ici sont servis de délicieux *antojitos* (en-cas) du Yucatán, comme les *tamales* au *chaya* (manioc bâtard), les *panuchos* et les *salbutes* (tortillas frites accompagnées de savoureuses garnitures).

Edelyn Pizzería & Restaurant PIZZA **$$**
(☎984-875-20-24 ; Plaza Principal ; pizzas à partir de 100 $M ; ⏲12h-23h30). Nous manquerions à notre devoir si nous omettions de mentionner l'établissement qui créa la fameuse pizza à la langouste de Holbox (300 $M). Toutefois, selon les gens du coin, on en trouve de meilleures ailleurs en ville (par exemple, de l'autre côté de la place).

♥ **El Chapulím** MEXICAIN **$$$**
(☎984-137-60-69 ; Tiburón Ballena s/n ; plats à partir de 350 $M ; ⏲à partir de 18h lun-sam). Sans réservations ni carte, la cuisine ferme quand il n'y a plus de nourriture (généralement avant 22h). Ici, les plats sont excellents et le chef Erik vient en personne à votre table, avec 4 choix de repas, comprenant habituellement un plat créatif de poisson ou de fruits de mer. Les végétariens devront se signaler 24 heures à l'avance. Espèces uniquement.

Raices PRODUITS DE LA MER **$$$**
(☎984-136-00-17 ; front de mer ; plats 200-420 $M ; ⏲11h-20h). Ne vous laissez pas décourager par le cadre modeste de ce restaurant de bord de mer : c'est l'un des meilleurs établissements de produits de la mer de la ville. Le homard à la noix de coco ou le poisson au beurre et à l'ail raviront vos papilles, tandis que le plateau de fruits de mer pour deux pourrait nourrir un régiment.

La cuisine ferme rapidement et le restaurant n'est généralement pas disposé à rester ouvert pour les arrivées tardives.

Où prendre un verre et faire la fête

Carioca's BAR
(☎984-234-23-32 ; ⏲20h-2h). Sur la plage, au nord-est du centre-ville, ce petit bar avec *palapa* est idéal pour un moment de détente. L'établissement se transforme en discothèque du vendredi à minuit au dimanche, et ce jusqu'au petit matin tant que quelqu'un est là pour en profiter.

Renseignements

Il n'y a aucune banque sur Holbox. On trouve un DAB sur la place au-dessus du commissariat de police, mais il est souvent à court de liquidités : prévoyez des espèces en quantité suffisante.

Comment s'y rendre et circuler

Des ferrys se rendent à Holbox au départ de la ville portuaire de Chiquilá, généralement de 5h30 à 21h30 (90 $M aller, environ 25 min). Plus petits, rapides et rafraîchissants (vous ne craignez pas l'eau ?), des *lanchas* (bateaux à moteur) font la traversée en soirée (1 250 $M).

Les bus au départ de la gare routière de Cancún (86 $M, 3 heures 30) partent pour Chiquilá à 7h50, 10h10 et 12h50. Autre solution : prendre un taxi depuis Cancún, moyennant environ 100 $US.

Pour les petits groupes, les vols charters **Flights Holbox** (☎984-136-88-52 ; www.flights-holbox.com ; aéroport de Holbox) s'avèrent étonnamment économiques. Depuis/vers Cancún, comptez 470 $US (5 passagers maximum). Sont également desservies Playa (560 $US), Tulum (675 $US), Cozumel (631 $US) et Mérida (1 290 $US).

Si vous conduisez, votre véhicule sera en sûreté dans le parking de Chiquilá (50 $M les 24 heures). Vous ne serez pas autorisé à arriver sur l'île en voiture privée. En théorie, un ferry transporte les véhicules jusqu'à Holbox, mais on ne vous laissera pas monter à bord.

Bonne nouvelle toutefois, vous n'aurez pas besoin d'une voiture sur place. Les rues de sable de Holbox sont étroites et pleines d'ornières, et les voiturettes de golf sont omniprésentes. Vous pourrez en louer une assez facilement, mais nous vous conseillons de privilégier la marche. Les voiturettes de golf-taxi coûtent 30 $M en ville et 80 $M jusqu'à Punta Coco.

Rentadora El Brother (☎984-875-20-18 ; Av Tiburón Ballena s/n ; voiturette 200/1 000 $M par heure/jour ; ⏲9h-17h). Loue des voiturettes de golf.

Puerto Morelos

☎998 / 9 200 HABITANTS

À mi-chemin entre Cancún et Playa del Carmen, Puerto Morelos a conservé son atmosphère de bourgade alanguie, malgré le boom immobilier récent au nord et au sud de la localité. Outre ses nombreux restaurants et bars qui s'animent au crépuscule, ce sont surtout ses eaux cristallines qui attirent les visiteurs. Des bandes contrastées de vert vif et de bleu foncé séparent le rivage du récif corallien – fascinant spectacle pour les plongeurs et les amateurs de snorkeling –, tandis qu'à l'intérieur des terres, de beaux *cenotes* invitent à l'aventure. Un joli marché se tient au sud de la place avec un large choix d'articles d'artisanat et de hamacs faits main, d'une qualité bien supérieure à ceux que vous trouverez à Cancún ou Playa.

À voir

Crococun Zoo ZOO
(998-850-37-19 ; www.crococunzoo.com ; route 307 Km 31 ; adulte/enfant 6-12 ans 32/22 $US ; 9h-17h). À environ 23 km au sud de l'aéroport de Cancún, cette ancienne ferme de crocodiles se décrit désormais comme un zoo conservationniste chargé de protéger certaines espèces menacées de la région. L'entrée comprend une visite guidée, pendant laquelle les visiteurs sont autorisés à interagir avec certains animaux (cerfs de Virginie, boas constrictors, aras, crocodiles, singes-araignées, etc.).

Jardín Botánico Dr Alfredo Barrera Marín JARDINS
(Jardín Botánico Yaax Che ; 998-206-92-33 ; www.jardinbotanico.com ; route 307 Km 320 ; adulte/3-10 ans 120/50 $M ; 8h-16h lun-sam ;). Cette réserve de 65 ha, l'un des plus grands jardins botaniques du Mexique, est sillonnée de près de 2 km de sentiers et sections dédiés aux épiphytes (orchidées et broméliacées), palmiers, fougères, succulents (cactus et plantes grasses), ainsi qu'aux plantes médicinales mayas traditionnelles. Le jardin abrite aussi de nombreux animaux, notamment les seuls groupes d'atèles du littoral encore installés de la région.

Activités

Le récif corallien qui longe la plus grande partie de la côte de Quintana Roo n'est qu'à 600 m au large, permettant aux plongeurs et aux amateurs de snorkeling d'observer tortues de mer, requins, raies, murènes, homards et poissons tropicaux colorés. Plusieurs navires coulés servent de cadre à de formidables plongées sur épave ; les centres de plongée proposent également des sorties en *cenote*.

Aquanauts PLONGÉE
(998-206-93-65 ; www.aquanautsdiveadventures.com ; Av Melgar s/n ; plongée sur récif simple/double 70/90 $US, snorkeling 30-80 $US ; 8h-16h lun-sam). À un pâté de maisons au sud de la place, dans l'Hotel Hacienda Morelos, cette agence organise de nombreux circuits (plongée dérivante, plongée en *cenote* et sur épave, chasse aux rascasses volantes, etc.).

Cours

Little Mexican Cooking School CUISINE
(998-251-80-60 ; www.thelittlemexicancookingschool.com ; Av Rojo Gómez 768, angle Lázaro Cárdenas ; 128 $US/cours ; 10h-15h30 mar et jeu). Vous souhaitez apprendre à cuisiner des délices régionaux ? Un cours de 6 heures vous donnera à découvrir les ingrédients de la cuisine mexicaine et les secrets d'au moins 7 plats typiques. Consultez le site Internet pour réserver un cours ; les jours peuvent varier.

Où se loger et se restaurer

Casitas Kinsol PENSION $$
(998-206-91-52 ; www.casitas-kinsol.com ; Av Zetina Gazca Lote 18 ; ch 49 $US ;). Une adresse parfaite, et paisible, pour qui souhaite découvrir la vie de l'autre côté de la grand-route. Cette pension loue 8 huttes de style *palapa* agrémentées de jolis éléments décoratifs, comme des vasques de Talavera et du mobilier artisanal. La tortue de la maison se promène librement dans le jardin. À 3 km à l'ouest de la ville.

Posada Amor HÔTEL $$
(998-871-00-33 ; Av Rojo Gómez s/n ; d 800 $M ;). À environ 100 m au sud-ouest de la place, cet hôtel, en activité depuis de nombreuses années, offre des chambres simples aux murs blancs avec quelques touches créatives. On trouve à l'arrière une zone ombragée avec des tables et d'innombrables plantes. Le restaurant prépare de bons repas et le bar d'expatriés est sympathique.

Posada El Moro HÔTEL $$$
(998-871-01-59 ; www.hotelelmoro.mx ; Av Rojo Gómez s/n ; ch avec petit-déj 92 $US, ste 125 $US ; P). Le hall et la cour de ce domaine bien géré sont fleuris de géraniums. Certaines chambres ont une kitchenette, toutes disposent de canapés-

LES PARCS D'ATTRACTIONS DE LA RIVIERA

Les parcs d'attractions de Cancún et Tulum sont souvent installés dans des cadres exceptionnels (sublimes lagons, *cenotes* et espaces naturels sur la côte). Bien sûr, certains les trouveront ringards, mais les enfants ne seront pas de cet avis.

Signalons que quelques parcs proposent la possibilité de nager avec des dauphins. L'idée semble séduisante, mais selon les organismes de défense des animaux, les interactions avec les dauphins et autres créatures marines en captivité sont une source de stress pour ces animaux.

Voici une sélection de parcs très appréciés :

Aktun Chen (800-099-07-58, 984-806-49-62 ; www.aktun-chen.com ; route 307 Km 107 ; circuit complet avec déj adulte/enfant 128/102 $US ; 9h30-17h30 ;). À 40 km au sud de Playa del Carmen, ce petit parc se compose d'une grotte de 585 m de long, d'un *cenote* de 12 m de profondeur, de 10 tyroliennes et d'un petit zoo.

Xplor (984-803-44-03 ; www.xplor.travel ; entrée tout compris tarif plein/5-11 ans 119/59,50 $US ; 9h-17h ;). À 6 km au sud de Playa del Carmen, un parc où l'on peut faire de la tyrolienne, du raft, conduire des Jeeps amphibies, nager dans une rivière souterraine et marcher dans des grottes.

Xel-Há (998-883-05-24, 984-803-44-03, 855-326-26-96 ; www.xelha.com ; route Chetumal-Puerto Juárez Km 240 ; tarif plein/5-11 ans à partir de 89/44,50 $US ; 9h-18h ;). Cet "aquarium naturel en plein air" est construit autour d'une crique, à 13 km au nord de Tulum. Nombreuses activités aquatiques sur place, dont une balade sur rivière et du snorkeling.

Xcaret (984-206-00-38 ; www.xcaret.com ; route Chetumal-Puerto Juárez Km 282 ; adulte/5-12 ans à partir de 188/94 $US ; 8h30-22h30 ;). L'un des premiers écoparcs ouverts dans la région. Myriade d'activités liées à la nature et, pour les plus grands, une cave à vins mexicains et un spa. À 6 km au sud de Playa del Carmen.

Selvática (800-365-7446, 998-881-30-30 ; www.selvatica.com.mx ; Ruta de los Cenotes Km 19 ; tarif plein/8-11 ans 199/99 $US ; circuits 9h, 10h30, 12h et 13h30 ;). À l'intérieur des terres par rapport à Puerto Morelos, cette agence de sports d'aventure ne propose que des circuits organisés à l'avance. On vient donc se donner le frisson avec des tyroliennes, se baigner dans un *cenote* et bien d'autres choses. Informez-vous des limitations d'âge pour chaque activité sur le site Internet.

lits. Petite piscine dans un jardin tropical. Prix nettement plus bas hors saison et sur le site Internet. Au nord-ouest de la place.

Casa Caribe B&B $$$

(998-251-80-60 ; www.casacaribepuertomorelos.com ; Av Rojo Gómez 768 ; ch avec petit-déj 185 $M ;). Laissez-vous guider par les délicieuses effluves de la Little Mexican Cooking School pour rejoindre la Casa Caribe : les 2 établissements se partagent un ravissant domaine. Élégamment décoré, le B&B loue 5 chambres avec vue panoramique sur la plage depuis un balcon privatif. Si une seule est climatisée, toutes sont rafraîchies par la brise marine. Savoureux petit-déjeuner élaboré par les élèves de l'école de cuisine. Séjour de 3 nuits minimum.

El Nicho PETIT-DÉJEUNER $$

(www.elnicho.com.mx ; angle Av Tulum et Av Rojo Gómez ; petit-déj 65-125 $M, déj 90-190 $M ; 7h-14h ven-mer ;). La meilleure adresse de Puerto Morelos – et la plus populaire – pour le petit-déjeuner, El Nicho sert des plats aux œufs bio, des œufs Bénédicte, des *chilaquiles* (lanières de tortilla frite en sauce) au poulet, et du café bio du Chiapas. Bon choix de plats végétariens.

♥ **John Gray's Kitchen** INTERNATIONAL $$$

(998-871-06-65 ; www.facebook.com/johngrayskitchen ; Av Niños Héroes 6 ; petit-déj 65-100 $M, dîner 270-450 $M ; 8h-22h mar-sam, à partir de 17h lun). Un pâté de maisons à l'ouest et deux pâtés de maisons au nord de la place, cette "cuisine" est absolument fabuleuse. Bien qu'elle ne figure pas sur la carte qui change régulièrement, la spécialité du chef est le canard sauce *chipotle*, tequila et miel. Ouvert aussi pour le petit-déjeuner.

♥ Al Chimichurri VIANDE **$$$**
(☎998-241-82-20 ; alchimichurri.restaurantwebx.com ; Av Rojo Gómez s/n ; plats 155-340 $M ; ⏲17h-minuit mar-dim). Impossible de se tromper en optant pour les pâtes fraîches et les pizzas au feu de bois de ce grill uruguayen, même s'il est surtout réputé pour sa viande (énorme faux-filet, tendre bavette et filet mignon au jus maison). Immédiatement au sud de la place.

Achats

♥ Marché d'artisanat ARTISANAT
(Av Rojo Gómez s/n ; ⏲9h-20h). Les hamacs vendus ici sont uniques : une famille locale les fabrique depuis des décennies (demandez Mauricio !). Vous pourrez aussi acheter attrape-rêves, *alebrijes* (animaux en bois de San Martín Tilcajete, colorés et sculptés à la main), sacs à main, masques, bijoux, etc.

Depuis/vers Puerto Morelos

Les bus Playa Express et ADO circulant entre Cancún et Playa del Carmen vous déposeront sur la grand-route. Les bus et les minibus Playa Express en provenance de la gare routière ADO de Cancún coûtent 28 $M. À l'aéroport de Cancún, vous trouverez des bus en partance pour Puerto Morelos (104 $M, départs fréquents tous les jours de 7h à 22h). L'aller pour Cancún ou Playa revient à 28 $M.

Les taxis attendent généralement à l'embranchement pour vous conduire en ville. Ceux qui sont stationnés près de la place vous ramèneront à la grand-route. Certains conducteurs prétendront que le tarif indiqué s'entend par personne ou chercheront à vous facturer un supplément ; fixez-vous un total de 30 $M pour une course de 2 km, et ce pour autant de personnes que vous pourrez faire monter dans le véhicule.

Playa del Carmen

☎984 / 150 000 HABITANTS

Playa del Carmen, aujourd'hui troisième plus grande ville de Quintana Roo, est avec Tulum l'une des villes les plus branchées de la côte. Protégées des vents par Cozumel, les plages de la ville sont prises d'assaut par des Européens aux corps ciselés. Les eaux ne sont pas aussi claires que celles de Cancún ou de Cozumel, et le sable n'est pas aussi fin qu'au nord, mais Playa (comme on l'appelle localement) ne cesse de se développer.

Proche de l'aéroport international de Cancún, tout en étant suffisamment au sud pour permettre un accès facile à Cozumel, Tulum, Cobá et d'autres destinations de premier plan, la ville est idéalement située. Les récifs sont magnifiques et permettent de pratiquer plongée et snorkeling. Vous croiserez ainsi raies, murènes, tortues marines et une grande variété de coraux. Les gorgones couleur lavande offrent des panoramas pittoresques.

Fréquentée par les croisiéristes, Playa peut paraître bondée, mais la foule est généralement cantonnée au quartier des hôtels.

À voir et à faire

Playa del Carmen est essentiellement réputée pour ses plages et son ambiance festive, mais quelques activités sont également possibles par mauvais temps.

Aquarium AQUARIUM
(El Acuario de Playa del Carmen ; ☎998-287-53-13, 984-873-38-59 ; www.elacuariodeplaya.com ; Calle 14 Norte 148 ; 233 $M ; ⏲11h-19h). Cet aquarium impressionnant propose une multitude d'activités, expositions et informations. Une bonne option pour les jours où vous n'allez pas à la plage.

Plages

Vous ne serez pas déçu par les belles plages de sable blanc, beaucoup plus facilement accessibles que celles de Cancún. Une multitude de restaurants est installée face à la plage dans la zone touristique et de nombreux hôtels de la région offrent un large éventail d'activités nautiques.

Si la foule vous rebute, allez au nord de la Calle 38, où quelques maigres palmiers vous abriteront du soleil. Ici, la plage déserte s'étend sur des kilomètres ; on peut y camper agréablement, mais soyez attentif à vos effets personnels, les vols ne sont pas rares.

Certaines femmes pratiquent le topless à Playa (peu fréquent dans la majeure partie du Mexique, et généralement mal vu par la population locale). La **plage de Mamita**, au nord de la Calle 28, est considérée comme la plus agréable.

À environ 3 km au sud de l'embarcadère des ferrys, après un ensemble de *resorts* tout compris, vous trouverez une plage tranquille et relativement peu fréquentée. Continuez plus au nord pour encore plus d'isolement.

Plongée et snorkeling

Outre d'excellentes sorties de plongée en pleine mer, la plupart des clubs proposent aussi des plongées en *cenote*. Les prix sont souvent comparables d'un prestataire à l'autre : 2 plongées consécutives (85 $US), plongée en *cenote* (175 $US), snorkeling (30 $US), circuits d'observation des requins-baleines (350 $US) et brevet Open Water (450 $US).

Phocea Mexico PLONGÉE
(☎984-873-12-10 ; www.phocea-mexico.com ; Calle 10 s/n ; 2 plongées consécutives 89 $US ; ⊙8h-18h). Phocea Mexico organise des plongées avec les requins-taureaux (90 $US) de novembre à mars. Certains membres de l'équipe parlent français.

Cours et circuits organisés

International House ESPAGNOL
(☎984-803-33-88 ; www.ihrivieramaya.com ; Calle 14 n°141 ; 230 $US/sem). Propose des cours d'espagnol de 20 heures hebdomadaires. Possibilité de loger dans les chambres du petit campus (36 $US), même si l'on ne prend pas de cours. Le meilleur moyen d'apprendre l'espagnol reste toutefois de séjourner dans des familles d'accueil mexicaines travaillant avec l'école (33-39 $US, avec le petit-déjeuner).

Río Secreto SPORTS EXTRÊMES
(☎998-113-19-05 ; www.riosecreto.com ; Carretera 307 Km 283,5 ; adulte/6-11 ans 79/40 $US ; ⊙9h-18h). Traversez à pied et à la nage cette grotte souterraine longue de 600 m, à 5 km au sud de Playa del Carmen. Si le site peut paraître surfait par endroits, il n'en est pas moins exceptionnel.

Où se loger

Enjoy Playa Hostel AUBERGE DE JEUNESSE $
(☎984-147-77-76 ; www.enjoyplayahostel.com ; Calle 4, entre Av 15 et 20 ; dort 250-300 $M, d 1 200 $M ;). Un établissement accueillant très proche de la plage, de la gare routière et de la zone touristique. Les dortoirs, un peu sombres, sont équipés de prises pour recharger les téléphones et de casiers. Le toit-terrasse et le hall d'entrée sont parfaits pour sociabiliser.

Hostel Playa By The Spot AUBERGE DE JEUNESSE $
(☎984-803-32-77 ; hostelplaya.jimdo.com ; Calle 8 s/n ; dort/d/tr 200/490/735 $M avec petit-déj ;). Temporairement fermé lors de notre visite (il a rouvert depuis), cet établissement est conçu pour faciliter les rencontres avec un espace commun central, un jardin plein de fraîcheur et un toit-terrasse. Dans une ville où les auberges de jeunesse ouvrent et ferment du jour au lendemain, celle-ci est là depuis 2002.

♥ **Hotel Playa del Karma** BOUTIQUE-HÔTEL $$
(☎984-803-02-72 ; www.hotelplayadelkarma.com ; 15 Av, entre Calles 12 et 14 ; ch 1 050-1250 $M ;). Un petit goût de jungle au cœur de la ville : les chambres donnent sur une cour à la végétation luxuriante pourvue d'une petite piscine. Toutes ont la climatisation et la TV, et certaines disposent d'une kitchenette, d'un salon et d'adorables petites vérandas avec hamac. L'hôtel organise des circuits vers les sites archéologiques et spots de plongée voisins.

Grand Velas RESORT $$$
(☎322-226-86-89, 800-831-11-65 ; www.rivieramaya.grandvelas.com ; route 307 Km 62 ; d en pension complète à partir de 894 $US ;). Premier *resort* en bord de mer, l'immense Grand Velas propose l'un des meilleurs spas de la côte, une piscine à débordement originale, des chambres au sol en marbre à faire pâlir d'autres hébergements prétendument de luxe et une foule d'activités pour enfants et adultes. À 6 km au nord de Playa del Carmen.

Petit Lafitte RESORT $$$
(☎984-877-40-00 ; www.petitlafitte.com ; Carretera Cancún-Chetumal Km 296 ; d/bungalow en demi-pension à partir de 294/357 $US, enfant 3-11 ans supplément 60 $US ;). Installé sur Playa Xcalacoco, 6 km au nord de Playa del Carmen, ce complexe est parfait pour des vacances en famille. On séjourne dans une chambre ou un "bungalow" (cabane en bois meublée avec goût, pouvant accueillir jusqu'à 5 personnes pour certaines). Les enfants apprécieront la grande piscine, le petit enclos pour animaux, la salle de jeux et les diverses activités aquatiques. Consultez le site Internet pour savoir comment vous y rendre.

Où se restaurer

Pour un repas bon marché, éloignez-vous du quartier touristique ou essayez le petit **marché** (Av 10 s/n, entre Calles 6 et 8 ; plats 30-80 $M ; ⊙7h30-23h) qui sert une cuisine régionale et familiale.

Playa del Carmen

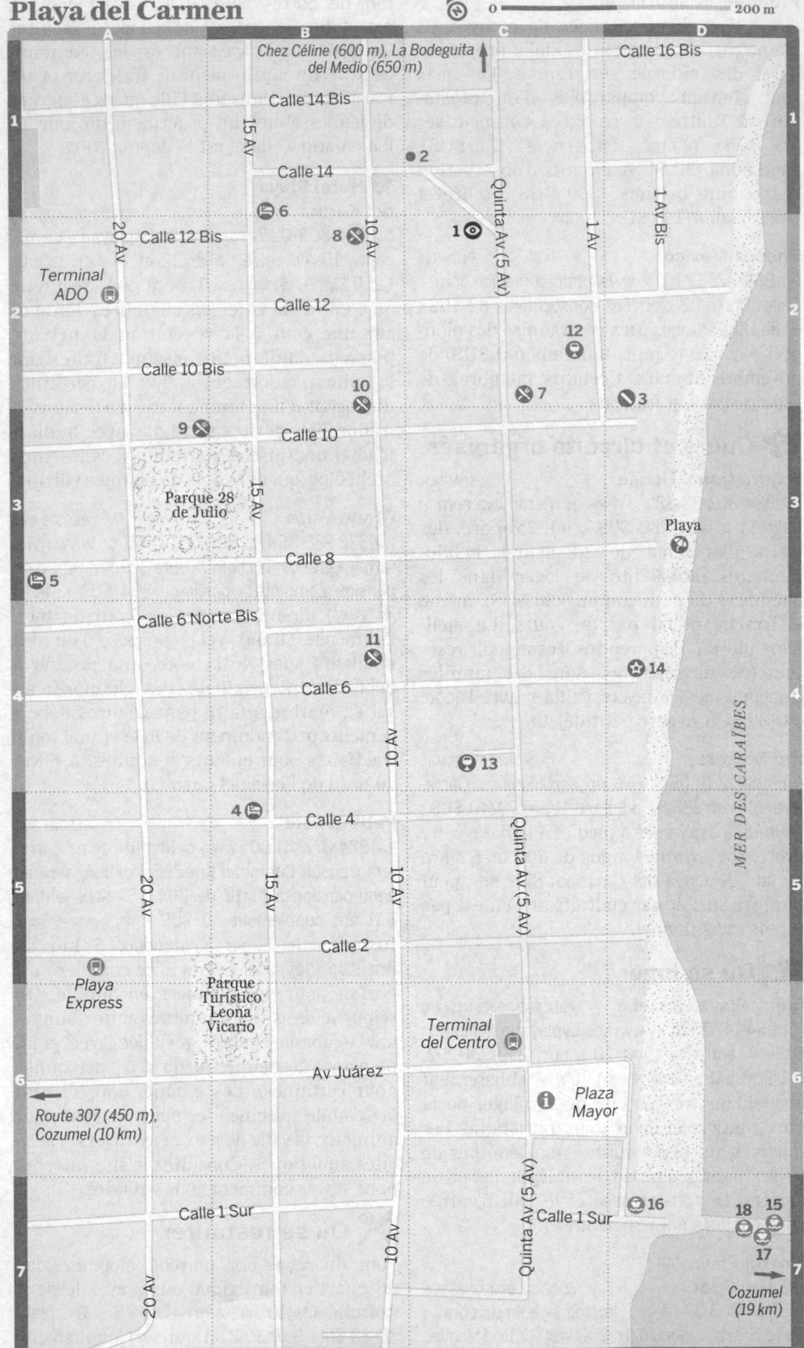

Playa del Carmen

À voir
1 Aquarium C2

Activités
2 International House C1
3 Phocea Mexico D2

Où se loger
4 Enjoy Playa Hostel B5
5 Hostel Playa A3
6 Hotel Playa del Karma B1

Où se restaurer
7 100% Natural C2
8 Don Sirloin B2
9 Kaxapa Factory A3
10 La Famiglia B2
11 Marché B4

Où prendre un verre et faire la fête
12 Dirty Martini Lounge C2
13 Playa 69 .... C4

Où sortir
14 Fusion D4

Transports
15 Barcos Caribe D7
16 Billetterie des ferrys pour Cozumel D7
17 Mexico Waterjets D7
18 Ultramar D7

Kaxapa Factory SUD-AMÉRICAIN $
(984-803-50-23 ; www.kaxapafactory.com ; Calle 10 s/n ; plats 65-125 $M ; 10h-22h mar-dim ;). Ce restaurant vénézuélien a pour spécialité les *arepas*, délicieuses galettes de maïs garnies de bœuf émincé, de poulet ou de haricots et de bananes plantains. Nombreuses options végétariennes et sans gluten. Les jus de fruits frais se marient à merveille avec tous les plats de la carte.

Don Sirloin MEXICAIN $
(984-148-04-24 ; www.donsirloin.com ; 10 Av s/n ; tacos 14-65 $M ; 14h-6h ;). *Al pastor* (porc mariné) et surlonge de bœuf sont découpés directement sur la broche dans ce restaurant de tacos prisé ouvert toute la nuit. Trois adresses à Playa.

Chez Céline PETIT-DÉJEUNER $
(984-803-3480 ; angle 5 Av et Calle 34 ; petit-déj 66-109 $M ; 7h30-23h ;). De bons petits-déjeuners équilibrés et un large choix de viennoiseries appétissantes font le succès de ce café tenu par des Français.

100% Natural VÉGÉTARIEN $$
(Cien Por Ciento Natural ; 984-873-22-42 ; www.100natural.com ; Quinta Av s/n, angle Calle 10 ; plats 86-286 $M ; 7h-23h ;). Les repas dans cette chaîne en pleine expansion - jus de fruits et de légumes, salades, plats de légumes et de poulet et autres aliments sains - sont délicieux et copieux. La branche de la Zona Hotelera arbore un décor tropical.

La Famiglia ITALIEN $$$
(984-803-53-50 ; www.facebook.com/lafamiglia-pdc ; 10 Av s/n, angle Calle 10 ; plats 130-390 $M ; 15h-23h mar-sam, 17h-23h dim ;). Rendez visite à “la famille” et régalez-vous de délicieuses pizzas au feu de bois ou de pâtes, raviolis et gnocchis maison. Playa compte maints restaurants italiens, mais celui-ci se classe parmi les meilleurs.

Où prendre un verre et faire la fête

Vous trouverez toutes les ambiances à Playa, depuis les bars lounge jusqu'aux discothèques de plage. La fête démarre habituellement dans Quinta Avenida, puis s'étend vers la plage sur Calle 12.

Dirty Martini Lounge BAR
(www.facebook.com/dirtymartinilounge ; 12h-2h dim-jeu, 12h-3h ven-sam). Ici, pas de machine à mousse ou de taureau mécanique et peu de nudité – une bouffée d'air dans la folie de Playa. Le cadre n'est pas sans rappeler l'Ouest américain, avec des sièges en cuir de vachette et des panneaux de lambris. Vous pourrez y siroter une boisson savoureuse et vous entendre parler.

La Bodeguita del Medio DANSE
(984-803-39-51 ; www.labodeguitadelmedio.com.mx ; Quinta Av s/n ; 12h30-2h ;). Il y a des graffitis sur les murs, les abat-jour et à peu près partout dans ce bar-restaurant cubain. Après quelques *mojitos*, vous danserez toute la nuit sur de la musique *cubana* live. Venez à 19h30 pour des cours de salsa gratuits.

Playa 69 CLUB GAY
(www.facebook.com/sesentaynueveplaya ; allée en retrait de Quinta Av, entre Calles 4 et 6 ; entrée après 23h 60 $M ; 21h-5h mer-dim). Cette

discothèque gay très fréquentée accueille des strip-teaseurs venus du Brésil ou même d'Australie, et propose des spectacles de drag-queens le week-end. Ouvert parfois le mardi pendant les vacances. Au bout d'une petite allée.

☆ Où sortir

♥ Fusion MUSIQUE LIVE

(☎984-803-54-77 ; Calle 6 s/n ; ⊙7h-1h). Ce bar-grill sur la plage programme des spectacles toujours réussis du type danse du ventre ou danse du feu. Horaires variables, mais toujours en deuxième partie de soirée (vers 23h). En début de soirée, c'est un bel endroit pour prendre une bière ou un cocktail en écoutant le bruit des vagues.

Renseignements

Kiosque d'informations touristiques (Plaza Mayor ; ⊙9h-17h). Renseignements touristiques, plans et cartes.

Depuis/vers Playa del Carmen

BATEAU

Des ferrys partent fréquemment pour Cozumel de la Calle 1 Sur, où vous trouverez les **billetteries** de 3 compagnies. Barcos Caribe est la plus économique du lot. Tarifs susceptibles d'évoluer. Transcaribe, au sud de Playa, assure des liaisons en car-ferry avec Cozumel.

Barcos Caribe (☎987-869-20-79 ; www.barcoscaribe.com ; aller simple adulte/5-12 ans 135/70 $M ; ⊙6h45-23h)

Mexico Waterjets (☎984-879-31-12 ; www.mexicowaterjets.com ; aller simple adulte/6-11 ans 162/96 $M ; ⊙9h-21h). Des promotions permettent parfois à tous de voyager pour 69 $M.

Transcaribe (☎987-872-76-71 ; www.transcaribe.net ; route 307 Km 282, Calica-Punta Venado ; aller simple 1 000 $M). Liaisons quotidiennes en ferry pour ceux qui envisagent la traversée pour Cozumel avec leur véhicule. Le tarif de l'aller simple comprend les passagers. Embarcadère à 7 km au sud de Playa del Carmen.

Ultramar (☎984-803-55-81, 998-293-90-92 ; www.ultramarferry.com/en ; aller simple adulte/6-11 ans 163/97 $M ; ⊙6h45-23h). Le plus moderne des ferrys affirme être le mieux armé contre le mal de mer grâce à des stabilisateurs supplémentaires. Option 1re classe : salon et sièges en cuir, plus d'espace et un embarquement prioritaire.

BUS

Playa compte deux gares routières qui vendent chacune des billets et peuvent vous renseigner sur au moins quelques lignes de l'autre gare. Les billets 2e classe sont plus économiques, mais gardez à l'esprit que les bus concernés marquent généralement tous les arrêts. En taxi, comptez environ 30 $M depuis le terminal ADO jusqu'à la Plaza Mayor.

Les navettes Playa Express permettent de circuler beaucoup plus rapidement dans la Riviera Maya ou vers Cancún.

Terminal ADO (www.ado.com.mx ; 20 Av s/n, angle Calle 12). La plupart des bus 1re classe arrivent et partent du terminal ADO.

Terminal del Centro (Quinta Av s/n, angle Av Juárez). Tous les bus de 2e classe (y compris les bus Mayab) passent par le Terminal del Centro, la vieille gare routière.

Playa Express (Calle 2 Norte). Liaisons fréquentes et rapides vers Puerto Morelos pour 25 $M, et vers le centre-ville de Cancún pour 38 $M.

BUS AU DÉPART DE PLAYA DEL CARMEN

DESTINATION	PRIX ($M)	DURÉE	FRÉQUENCE
Cancún	38-68	1¼	fréquents
Aéroport international de Cancún	178	1	fréquents
Chetumal	250-346	4¼-5	fréquents
Chichén Itzá	155-314	4	7h30 (2e classe), 8h (1re classe), 14h30 (2e classe)
Cobá	92-142	2	11/jour (1re et 2e classes)
Mérida	258-464	4¼-5¾	fréquents
Palenque	634-934	11½-12	3/jour
San Cristóbal de las Casas	836-1 158	17-17½	3/jour
Tulum	45-74	1	fréquents
Valladolid	132-216	2¾	6/jour

COLECTIVOS

Les **colectivos** (Calle 2, angle 20 Av ; ⏲4h-minuit) permettent de regagner à moindre coût Tulum et Cancún, au nord. Ils partent une fois complets (environ toutes les 15 min) et s'arrêtent à la demande le long de la route entre Playa et Tulum (minimum de 45 $M). L'espace pour les bagages est un peu limité, mais c'est parfait pour une excursion à la journée. Du même endroit, vous pourrez prendre un *colectivo* à destination de Cancún (38 $M).

Isla Cozumel

☎987 / 100 000 HABITANTS

À première vue, Cozumel semble être une destination sans grand intérêt, prisée des croisiéristes, mais si vous vous éloignez un peu du quartier des hôtels, vous découvrirez une île où règnent le calme, la fraîcheur et l'authenticité. Les garages y ont encore des autels dédiés à la Vierge, l'énergie y est toute caribéenne et, bien sûr, les activités de vacances ne manquent pas – vous pourrez explorer en plongée ou en snorkeling certains des plus beaux récifs du monde.

La place principale est un endroit agréable où passer l'après-midi. Les parties les moins visitées de l'île se découvrent en scooter et en Coccinelle décapotable. Une promenade sur la route côtière vous fera croiser de petits vestiges mayas, un parc marin et un fascinant paysage balayé par les vents. Et même si la vie nocturne de l'île ne saurait rivaliser avec Playa ou Cancún, il reste beaucoup à faire après le coucher du soleil.

À voir

Punta Molas SITE ARCHÉOLOGIQUE

(Carte p. 300 ; ⏲24h/24). GRATUIT Embarquez dans un 4x4 pour la pointe nord-est de l'île (la route est difficile à parcourir), direction le phare abandonné de Punta Molas. Faites le plein et soyez paré à toute éventualité : l'endroit est plutôt désert et il ne sera pas aisé de trouver de l'aide en cas de problème. Dans le secteur, vous découvrirez des plages assez agréables et quelques sites archéologiques mineurs. Pour camper, optez pour l'adorable Playa Bonita.

El Cedral SITE ARCHÉOLOGIQUE

(Carte p. 300 ; ⏲24h/24). GRATUIT De la taille d'une petite maison, ce temple de la Fertilité, sans ornementation particulière, est le plus ancien vestige de Cozumel. El Cedral était sûrement un site cérémoniel notable ; la modeste église qui se dresse aujourd'hui à côté des ruines témoigne de l'importance religieuse qu'il revêt encore aux yeux des habitants.

Le village d'El Cedral est situé à 3 km à l'ouest de Carretera Costera Sur. L'embranchement se trouve près du Km 17, en face du panneau indiquant le restaurant Alberto's. Cherchez l'arche rouge et blanche.

Museo de la Isla de Cozumel MUSÉE

(Carte p. 302 ; ☎987-872-14-34 ; Av Melgar s/n ; 72 $M ; ⏲9h-16h lun-sam). Cet intéressant musée donne un aperçu de la flore, de la faune, de la géologie et de l'histoire maya de l'île, le tout accompagné de notes explicatives en anglais et en espagnol. Idéal pour se renseigner sur les coraux avant de plonger.

Plages

L'accès à plusieurs des meilleures plages de Cozumel est devenu limité. Les *resorts* et le développement résidentiel avec la création de rues fermées en sont la principale raison. Les clubs de plage privés monopolisent d'autres endroits privilégiés, mais vous pouvez toujours vous garer, les traverser et profiter librement des parties adjacentes de la plage. Pour utiliser leurs parasols ou leurs installations, vous devrez cependant vous acquitter d'un droit d'entrée ou d'une consommation minimale de nourriture et de boissons, voire les deux à certains endroits (la règle n'est pas toujours appliquée strictement, surtout quand les affaires tournent au ralenti).

Playa Palancar PLAGE

(Carte p. 300 ; Carretera Costera Sur Km 19 ; location de matériel de snorkeling 130 $M). À 17 km au sud de la ville, Playa Palancar est agréable en semaine, lorsque les foules se dispersent. Le club de plage loue du matériel de snorkeling, et un restaurant est disponible sur place. Près de la plage, l'Arrecife Palancar (récif de Palancar) est un bon spot de plongée (connu sous le nom de jardins de Palancar) et de snorkeling (hauts-fonds de Palancar).

Activités

Cozumel et ses récifs figurent parmi les destinations de plongée les plus populaires au monde.

Les sites jouissent toute l'année d'une excellente visibilité (souvent 30 m au moins) et d'une faune marine d'une

Isla Cozumel

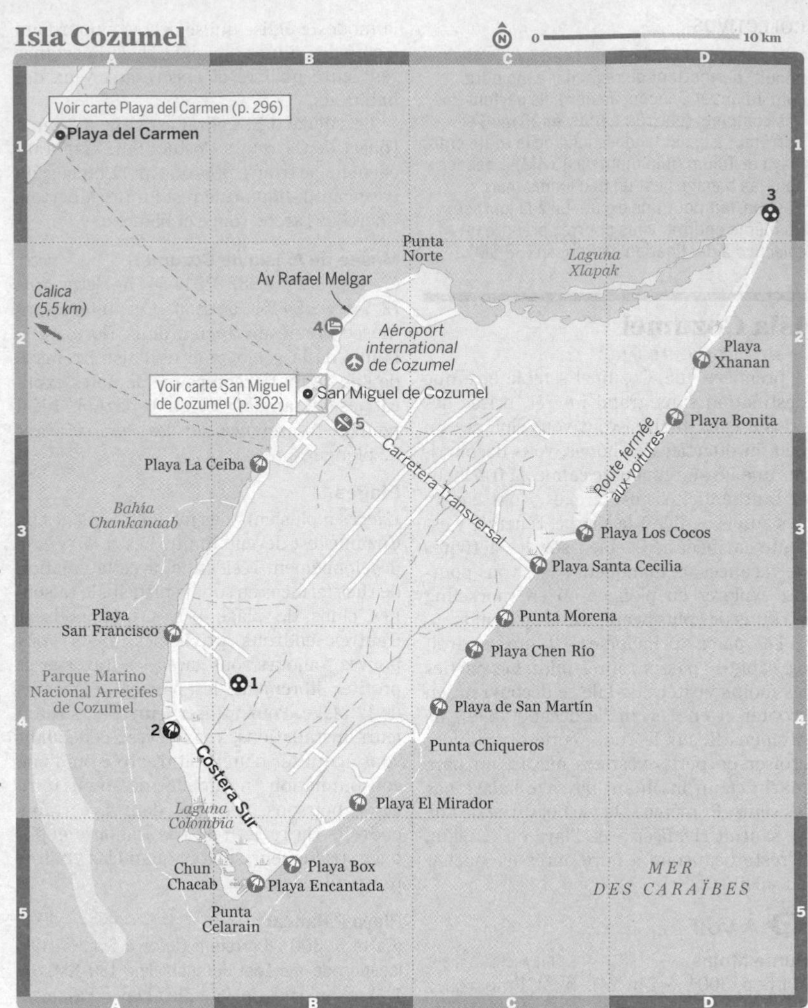

Isla Cozumel

À voir

1 El Cedral B4
2 Playa Palancar A4
3 Punta Molas D1

Où se loger

4 Hotel B Cozumel B2

Où se restaurer

5 Camarón Dorado B2

impressionnante variété : raies léopards, murènes, mérous, barracudas, tortues, requins, corail-cerveau et énormes éponges. L'île peut être traversée par de forts courants (parfois jusqu'à 3 nœuds) ; ainsi, la plongée dérivante est la norme, surtout le long des nombreux murs. Même si vous pratiquez la plongée ou le snorkeling depuis la plage, il est conseillé d'évaluer au préalable les conditions et de planifier votre itinéraire en sélectionnant un point de sortie à courant descendant, puis en restant attentif aux changements de courant. Gardez toujours l'œil (et les deux oreilles) sur le passage des bateaux. Il est préférable de ne pas pratiquer le snorkeling seul loin de la plage.

Les prix sont généralement indiqués en dollars américains. Comptez entre 80 et 100 $US les 2 plongées consécutives (matériel inclus) ou le cours d'initiation. Le brevet PADI Open Water coûte de 350 à 420 $US. Les forfaits comprenant plusieurs plongées et les réductions accordées aux groupes permettent de faire baisser les prix significativement.

En cas d'urgence liée à une décompression, rendez-vous sans attendre à la chambre hyperbare de la **Cozumel International Clinic** (987-872-14-30 ; Calle 5 Sur, entre les Av Melgar et 5 Sur ; 24h/24).

Cozumel compte des dizaines de centres de plongée. Tous limitent les groupes à 6 ou 8 participants et les plus sérieux prennent la peine de les organiser par niveaux. Certains proposent des excursions snorkeling et pêche en haute mer en plus des cours de plongée.

Deep Blue PLONGÉE
(Carte p. 302 ; 987-872-56-53 ; www.deepbluecozumel.com ; Calle Salas 200 ; 2 plongées consécutives matériel inclus 100 $US, snorkeling matériel inclus 60 $US ; 7h-21h). Ce club PADI et NAUI (National Association of Underwater Instructors) est géré par un personnel fiable. Son matériel dernier cri et ses bateaux rapides permettent d'effectuer plusieurs plongées en une journée. La sortie de snorkeling passe par 3 sites.

Où se loger

Amigo's Hostel AUBERGE DE JEUNESSE $
(Carte p. 302 ; 987-872-38-68, portable 987-1199664 ; www.cozumelhostel.com ; Calle 7 Sur 571, entre les Av 25 Sur et 30 Sur ; dort/ch 12/45 $US ;). Dans cet établissement pour petit budget, vous profiterez d'un grand jardin arboré parcouru par une vigne, d'une belle piscine et d'un agréable coin salon où vous trouverez de quoi lire. Certains jugeront l'auberge trop éloignée du centre touristique, mais cela peut aussi être un avantage. Location d'équipement de snorkeling (100 $M/jour). Climatisé de mai à octobre (22h-8h).

Sun Suites Cozumel HÔTEL $$
(Carte p. 302 ; 987-872-29-28 ; www.sunsuitesczm.com ; Av 10 Norte 19 ; s/d 800/900 $M). Les chambres avec sol carrelé sont impeccables, et il y a une petite piscine à l'arrière. Outre les équipements habituels (réfrigérateur, clim, TV), plusieurs instruments de musique sont à disposition des clients, notamment une guitare et un saxophone.

Hotel B Cozumel BOUTIQUE-HÔTEL $$$
(Carte p. 300 ; 987-872-03-00 ; www.hotelbcozumel.com ; Carretera Playa San Juan Km 2,5 ; ch/ste à partir de 85/185 $US ;). Ce très bel hôtel tendance sur le rivage nord ne donne peut-être pas sur la plage de sable dont vous rêviez, mais un seul regard à la piscine à débordement et au Jacuzzi face à l'océan devrait vous consoler. Les chambres sont décorées d'objets recyclés, et des vélos sont à disposition pour se rendre en ville. Les prix indiqués concernent les chambres avec vue sur la jungle ; vous paierez un supplément pour la vue sur l'océan. À 3 km au nord du terminal des ferrys.

Casa Mexicana HÔTEL $$$
(Carte p. 302 ; 987-872-9090 ; www.casamexicanacozumel.com ; Av Melgar 457 ; d avec petit-déj à partir de 159 $US ;). Le hall d'entrée à ciel ouvert avec piscine et vue sur l'océan est impressionnant. Les chambres sont standards pour la plupart, mais l'hôtel reste une bonne affaire au vu de sa situation privilégiée et du petit-déjeuner buffet compris. Petit supplément pour les chambres avec vue sur l'océan.

Hotel Flamingo BOUTIQUE-HÔTEL $$$
(Carte p. 302 ; 987-872-12-64, États-Unis 800-806-1601 ; www.hotelflamingo.com ; Calle 6 Norte 81 ; ch avec petit-déj à partir de 101 $US ;). Cet hôtel coloré est joliment décoré et offre des chambres spacieuses parfaitement équipées, ainsi qu'un grand appartement avec terrasse (298 $US). Les espaces communs comprennent une cour verdoyante, une salle de billard, un bar prisé et un solarium avec Jacuzzi sur le toit. L'hôtel peut organiser diverses activités (vélo, équitation, planche à voile, pêche...).

Où se restaurer

Taquería El Sitio TACOS $
(Carte p. 302 ; Calle 2 Norte ; tacos et tortas 14-35 $M ; 7h30-12h30). Pour un repas sur le pouce, abordable et savoureux, direction ce restaurant de tacos : crevettes panées, tacos de poisson ou *huevo con chaya torta* (sandwich aux œufs et *chaya*). Les chaises pliantes et le sol en béton n'ont rien d'exceptionnel, mais on mange bien.

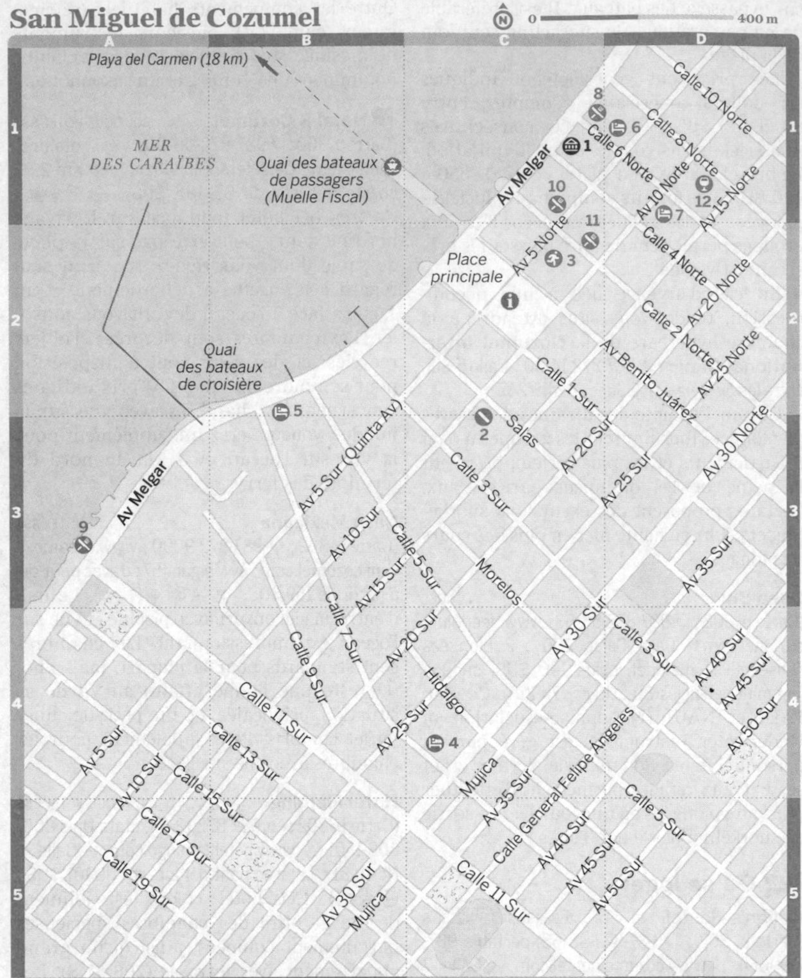

Camarón Dorado PRODUITS DE LA MER **$**

(Carte p. 300 ; ✆987-872-72-87, portable 987-1121281 ; camarondoradoczm@hotmail.com ; angle Av Juárez et Calle 105 Sur ; tortas 38 $M, tacos 17-28 $M ; ⏲7h-13h30 mar-dim ;). Si vous visitez le côté venteux de l'île ou si vous voulez simplement voir un aspect différent de Cozumel, allez manger en début de journée au Camarón Dorado. Attention : plats hautement addictifs ! À 2,5 km au sud-est de l'embarcadère des ferrys.

Jeanie's MEXICAIN **$$**

(Carte p. 302 ; ✆987-878-46-47 ; www.jeaniescozumel.com ; Av Melgar 790 ; petit-déj 79-125 $M, plats 110-230 $M ; ⏲7h-22h ;). Cet établissement sert gaufres, pommes de terre rissolées, œufs, sandwichs et autres plats tels que des fajitas végétariennes. Les cafés glacés sont agréables à midi. Superbe vue sur l'eau depuis le patio et happy hour de 17h à 19h.

♥ **Guido's Restaurant** ITALIEN **$$$**

(Carte p. 302 ; www.guidoscozumel.com ; Av Melgar 23 ; plats 205-305 $M, pizza 180-225 $M ; ⏲11h-23h lun-sam, 15h-23h dim ;). S'inspirant des recettes de son père Guido, Yvonne Villiger a élaboré un

San Miguel de Cozumel

menu comprenant pizzas au feu de bois, pâtes maison et noix de Saint-Jacques au prosciutto. Pour accompagner le repas, commandez une sangria, spécialité de la maison. La carte des cocktails est tout aussi impressionnante ; un sirop tonique maison est même proposé pour votre gin tonic.

Kinta MEXICAIN $$$

(Carte p. 302 ; 987-869-05-44 ; www.kintarestaurante.com ; Av 5 Norte s/n ; plats 260-340 $M ; 17h-23h ;). Les classiques mexicains, rehaussés d'une touche gastronomique, ont fait la réputation de ce bistrot chic, parmi les meilleures tables de l'île. Les Midnight Pork Ribs (340 $M) sont particulièrement appréciées et un tout nouveau four à bois mitonne un succulent poisson (320 $M). Au dessert, faites-vous plaisir avec un *budín de la abuelita* (pudding de grand-maman).

Où prendre un verre et faire la fête

La Cocay BAR

(Carte p. 302 ; 987-872-55-33 ; www.lacocay.com ; Calle 8 Norte 208 ; 17h30-23h ;). Endroit idéal pour un digestif, La Cocay propose une agréable carte des vins et des bières artisanales mexicaines. Contrairement à la plupart des établissements du Yucatán, le personnel sait ce qu'est un Negroni !

Renseignements

Office du tourisme (carte p. 302 ; 987-869-02-11 ; 1er ét., Av 5 Sur s/n, Plaza del Sol ; 8h-15h lun-ven). Plans et brochures touristiques.

Depuis/vers l'Isla Cozumel

AVION

Le petit **aéroport** de Cozumel (carte p. 300 ; 987-872-20-81 ; www.asur.com.mx ; Blvd Aeropuerto Cozumel s/n) est à quelque 3 km au nord-est du terminal des ferrys ; suivez les panneaux dans l'Avenida Melgar. Certaines compagnies assurent des vols directs depuis les États-Unis ; les vols européens passent souvent par les États-Unis ou Mexico. Les compagnies intérieures Interjet et MayAir desservent Cozumel.

Interjet (800-011-23-45 ; www.interjet.com). Vols directs pour Mexico.

MayAir (987-872-36-09 ; www.mayair.com.mx). Liaison pour Cancún avec vol poursuivant jusqu'à Mérida.

BATEAU

Les ferrys des compagnies México Waterjets (www.mexicowaterjets.com) et Ultramar (www.granpuerto.com.mx) assurent la liaison vers Cozumel depuis Playa del Carmen toutes les heures de 6h à 21h (aller simple 165 $M), au départ et à l'arrivée de l'**embarcadère des ferrys** (carte p. 302).

Pour faire transporter votre véhicule jusqu'à Cozumel, passez par le terminal des ferrys de Calica (Terminal Marítima Punta Venado), à environ 7 km au sud de Playa del Carmen (4 traversées quotidiennes, 2 le dimanche). Horaires consultables sur www.transcaribe.net. Il faut se présenter à l'embarquement au moins 1 heure à l'avance, 2 heures en haute saison. Comptez au moins 1 000 $M (passagers compris), tarif variable selon la taille du véhicule.

Comment circuler

DEPUIS/VERS L'AÉROPORT

Des navettes collectives circulent régulièrement entre l'aéroport et la ville (57 $M), les hôtels de la pointe nord de l'île (96 $M) et les hôtels de la partie sud (97-140 $M). Pour regagner l'aéroport en taxi, comptez environ 85 $M au départ de la ville.

VÉLO ET SCOOTER

Faire le tour de l'île seul en scooter est un plaisir, à condition d'en avoir déjà conduit au Mexique. Circuler à deux est plus problématique, car la suspension des machines suffit à peine pour une personne seule. Les deux-roues sont souvent impliqués dans des accidents : portez toujours un casque et restez vigilant. L'assurance collision n'est généralement pas disponible pour les locations de scooters : on casse, on paie. Avant de partir, ne manquez pas d'inspecter soigneusement l'engin pour vous assurer qu'il n'a pas été endommagé, sans quoi on pourrait vous facturer sa réparation.

Pour louer, il vous faudra un permis de conduire valide et laisser un bordereau de carte de crédit ou déposer une caution en espèces. Le port du casque est obligatoire (la loi est rigoureusement appliquée sur ce point).

Pour la location, vous pourrez faire confiance à **Rentadora Isis**. **Shark Rider** (carte p. 302 ; ☎987-120-02-31 ; Av 5 Norte s/n, entre Av Juárez et Calle 2 Norte ; vélo/scooter 10/20 $US par jour ; ⏲8h-19h) loue également des vélos.

TAXI

Comme dans d'autres villes de la péninsule du Yucatán, le syndicat des taxis de Cozumel est assez puissant. Comptez environ 35 $M (en ville), 100 $M (jusqu'à la Zona Hotelera) et 2 000 $M pour une excursion d'une journée dans l'île. Les prix sont affichés à l'extérieur du terminal des ferrys.

VOITURE

Une voiture est le meilleur moyen de traverser l'île, et les offres de location ne manquent pas. Assurez-vous que votre contrat de location inclut une assurance responsabilité civile (*daños a terceros*) et vérifiez que le tarif indiqué est toutes taxes comprises : ce n'est pas toujours le cas. L'assurance collision coûte environ 150 $M supplémentaires, avec une franchise de 5 000 $M pour les véhicules les moins chers.

Les tarifs de location commencent aux alentours de 500 $M tout compris, avec une majoration de fin décembre à fin janvier. On trouve de nombreuses agences autour de la place principale, mais les tarifs sont environ 50% plus bas, du quai jusqu'aux abords de la zone touristique : on peut parfois y dénicher une vieille guimbarde pour environ 30 $US.

Lorsque vous louez, vérifiez si votre hôtel a un accord avec des agences : vous pourrez peut-être obtenir une réduction. Certaines agences déduisent de votre caution les dommages aux pneus (réparation ou remplacement), même si ceux-ci sont vieux et usés. Soyez particulièrement vigilant si vous louez un 4x4 pour une utilisation sur des routes non goudronnées ; étudiez chaque détail avant la signature du contrat. Enfin, vérifiez toujours les freins de votre voiture avant de prendre la route.

Si vous louez, respectez la loi sur l'occupation des véhicules : en principe, seuls 5 passagers sont autorisés à bord d'un véhicule. Au-delà, vous serez verbalisé. Vous devrez rendre votre véhicule avec la même quantité d'essence qu'au départ ou payer un supplément. Une **station-service** se trouve sur l'avenue Juárez, à 5 pâtés de maisons à l'est de la place principale ; il y en a plusieurs près du centre-ville.

Rentadora Isis (☎984-879-31-11, 987-872-33-67 ; www.rentadoraisis.com.mx ; Av 5 Norte 181 ; à partir de 20 $US/jour ; ⏲8h-18h30) est un établissement plutôt sérieux, avec des véhicules en très bon état et d'autres dans une forme nettement plus discutable ; cette agence loue des Golfs et Coccinelles VW décapotables, ainsi que des scooters, et les tarifs changent peu au cours de l'année.

Tulum

☎984 / 18 200 HABITANTS

Avec ses plages de sable blanc, ses eaux d'un vert de jade et sa brise légère, Tulum est l'une des grandes destinations balnéaires du Mexique. Cerise sur le gâteau : son cadre spectaculaire sert d'écrin à des vestiges mayas. La ville offre aussi d'excellentes occasions de pratiquer la plongée-spéléo, de se baigner dans les *cenotes* et de profiter d'un large choix d'hôtels et de restaurants.

Certains pourraient se laisser rebuter par le fait que le centre-ville, où sont regroupés tous les hébergements et restaurants bon marché, est situé en bordure de route, ressemblant ainsi plus à un relais routier qu'à un paradis tropical. Rien n'empêche toutefois de gagner la côte pour dénicher le paisible bungalow sur la plage dont vous rêvez.

La découverte des environs de Tulum ne manque pas non plus d'intérêt, de l'immense Reserva de la Biosfera Sian Ka'an au village de pêcheurs isolé de Punta Allen en passant par les ruines de Cobá.

Histoire

La plupart des archéologues pensent que Tulum date de la fin de la période postclassique tardive (1200-1521) et fut, à son apogée, une importante cité portuaire. Les Mayas en sillonnèrent la côte du nord au sud, y conservant des accès commerciaux jusqu'au Belize. L'Espagnol Juan de Grijalva, dont l'expédition passa au large en 1518, resta fasciné par cette cité fortifiée aux maisons peintes de couleurs vives (rouge, bleu et jaune), et par sa tour de guet, dressée sur le rivage, au sommet de laquelle brûlait un feu rituel.

Les remparts, qui entourent Tulum sur trois côtés (le quatrième donne sur la mer), ne laissent aucun doute sur son rôle

À NE PAS MANQUER

PARQUE DOS OJOS

À environ 4 km au sud de Xcacel-Xcacelito – 1 km au sud du parc d'attractions de Xel-Há –, se trouve l'embranchement pour ce gigantesque réseau de grottes. Géré par la communauté maya locale en tant que projet d'écotourisme, le Parque Dos Ojos propose des circuits guidés **snorkeling et plongée** (984-160-09-06 ; www.parquedosojos.com ; Route 307 Km 124 ; 1/3 plongées guide et matériel compris 475/1 900 $M ; 9h-17h) dans d'extraordinaires grottes sous-marines, où l'on évolue dans un univers irréel de stalactites et de stalagmites illuminées.

Sur environ 83 km et comprenant 30 *cenotes*, ce réseau sous-marin est l'un des plus vastes au monde. Le Pit, l'un des sites les plus appréciés des plongeurs aguerris, est un *cenote* d'une profondeur de 110 m, où l'on peut encore voir d'antiques restes humains et d'animaux. Si vous ne disposez d'aucun diplôme de plongée, vous pouvez simplement payer le prix d'entrée et aller nager ou faire du snorkeling.

stratégique. Ces murailles de plusieurs mètres d'épaisseur et de 3 à 5 m de hauteur protégèrent la ville durant les conflits qui opposèrent les cités-États mayas. Toutefois, la plupart des habitants résidaient à l'extérieur des remparts. À l'intérieur, les édifices utilisés pour les rites civiques et les palais logeaient sans doute la classe dirigeante.

La ville fut abandonnée relativement tard, environ 75 ans après la conquête espagnole. La plupart des autres cités antiques avaient été désertées bien avant l'arrivée des conquistadores. Les pèlerins mayas continuèrent à y venir, et des *indígenas* fuyant la guerre des Castes y trouvèrent parfois refuge.

Tulum signifie "mur" en maya, mais les anciens habitants appelaient la cité "Zama" ("l'aube"). On doit probablement l'appellation de "Tulum" aux explorateurs du début du XXe siècle.

De nos jours, Tulum connaît une croissance rapide : depuis 2006, la population a plus que doublé et continue d'augmenter.

À voir

Ruines de Tulum SITE ARCHÉOLOGIQUE

(www.inah.gob.mx ; route 307 Km 230 ; 70 $M, parking 100 $M, visites à partir de 700 $M ; 8h-17h ; P). L'emblématique site archéologique de Tulum surplombe une côte découpée, une plage scintillante bordée de palmiers et des eaux turquoise. La taille modeste des édifices, leur architecture postclassique et les ornements ne sauraient rivaliser avec d'autres constructions plus anciennes et plus ambitieuses, mais l'emplacement est à couper le souffle.

Les ruines sont une destination privilégiée des circuits en bus. Pour éviter la foule, visitez le site tôt le matin ou en fin de journée. Un train (20 $M) fait la navette entre les 500 m qui séparent la billetterie et l'entrée. Vous pouvez aussi les parcourir à pied. Le parking immédiatement à l'est du parking principal, le long de l'ancienne route d'accès, est meilleur marché. Depuis la route de la plage, vous pourrez emprunter une entrée piétonne moins fréquentée.

Visite du site archéologique

Les visiteurs doivent suivre un trajet préétabli. De la billetterie, partez vers le nord et longez l'immense **enceinte** – qui mesure 380 m du sud au nord et 170 m sur les côtés – jusqu'à la moitié environ. À l'angle, la **tour**, longtemps identifiée comme un poste de guet, serait peut-être une sorte de sanctuaire. On pénètre dans le site par une brèche dans le mur nord.

Une fois à l'intérieur, dirigez-vous à l'est vers la **Casa del Cenote**, qui doit son nom au petit bassin à sa pointe sud, où l'on aperçoit parfois des poissons argentés qui tournent dans l'eau trouble. Une petite tombe a été découverte dans le bâtiment. Plus au sud, on atteint le **Templo del Dios del Viento** (temple du Dieu du Vent), dont la plateforme donne accès à la plus belle vue sur El Castillo, avec la mer en arrière-plan.

Derrière ce temple s'étend une jolie petite **plage** (interdite au public lors de notre passage). Un peu plus à l'ouest, on parvient à l'**Estructura 25**, avec ses intéressants vestiges de colonnes trônant sur une plateforme. Côté sud, une figure en stuc orne le portique principal. Elle représente le "dieu descendant", dit également "dieu plongeant", en référence à sa position pieds en l'air et mains vers le sol. On retrouve cette divinité ailleurs à Tulum, ainsi que sur plusieurs sites de la côte est et à Cobá.

Site archéologique de Tulum

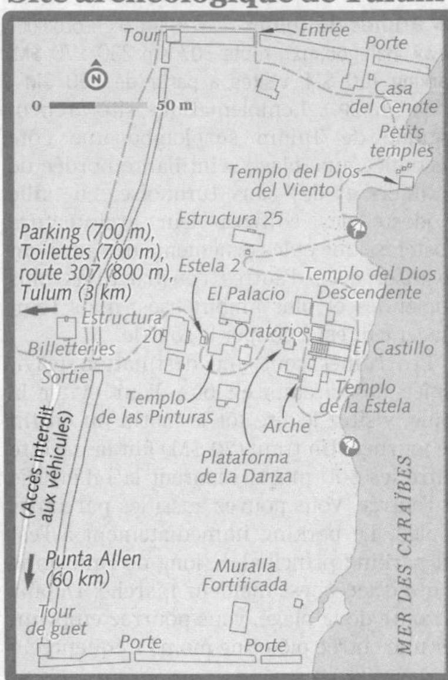

Il est possible qu'elle soit liée à la révérence que les Mayas vouaient aux abeilles (et, par extension, au miel). Sa posture évoquerait alors l'insecte aspirant le nectar d'une fleur.

Au sud de l'Estructura 25 se dresse **El Palacio**, remarquablement décoré, qui arbore des motifs en X au-dessus de ses avant-toits. De là, repartez à l'est vers la mer et longez l'extérieur de l'unité centrale du temple (sur votre droite). Au fond, vous profiterez d'une belle vue sur la mer. En revenant dans les terres côté sud, vous pénétrerez dans le site par une arcade à encorbellement après le **Templo de la Estela** (temple de la Stèle), qui a été restauré. Le nom de ce dernier, également appelé temple de la Série initiale, fait référence à la stèle 1, une pierre trouvée sur les lieux et aujourd'hui conservée au British Museum de Londres. Elle porte une inscription en glyphes mayas, dont la série initiale (qui permet de dater une inscription) correspond à l'année 564. Cette découverte a d'abord dérouté les archéologues, qui pensaient que la construction de Tulum était postérieure à cette date de plusieurs centaines d'années. On suppose aujourd'hui que la stèle 1 a été transportée à Tulum depuis Tankah, fondée durant la période classique à 4 km au nord.

Au cœur du site s'élève son plus haut bâtiment, une tour de guet baptisée **El Castillo** (le château) par les Espagnols. Notez la présence du dieu descendant au centre de la façade, ainsi que les "Kukulcánes" (serpents à plumes) de style toltèque aux angles, rappelant ceux de Chichén Itzá. Au nord du Castillo, le petit **Templo del Dio Descendente** doit son nom au bas-relief surmontant la porte, lequel représente une silhouette à moitié humaine en train de plonger. Au sud du Castillo, des marches descendent vers une plage (généralement bondée) où vous pourrez nager.

En vous dirigeant vers la sortie, à l'ouest, vous verrez le **Templo de las Pinturas**, formé de deux temples emboîtés. Ceux-ci furent construits en plusieurs étapes entre 1400 et 1450. Le décor du monument, qui figure parmi les plus élaborés de Tulum, est notamment constitué de masques en relief et de fresques en partie restaurées. Ces dernières restent toutefois très difficiles à distinguer. Le temple pourrait bien être le dernier monument édifié par les Mayas avant la conquête espagnole. Avec ses colonnes, ses sculptures et sa construction sur 2 niveaux, c'est sans doute l'édifice le plus intéressant du site.

Sur le chemin, vous verrez probablement des iguanes, des frégates en plein vol et, si vous avez de la chance, un *agouti* furtif (rongeur endémique de la région, de la taille d'un lapin).

Activités

Zacil-Ha BAIGNADE

(☎984-218-90-29 ; route 109 s/n ; 80 $M, matériel de snorkeling 30 $M, tyrolienne 10 $M ; ⏲10h-18h). Dans ce *cenote*, on peut enchaîner baignade, snorkeling et tyrolienne... puis finir au bar ! À 8 km à l'ouest de l'Avenida Tulum, sur la route de Cobá.

Xibalba Dive Center PLONGÉE

(☎984-871-29-53 ; www.xibalbadivecenter.com ; Andromeda 7, entre Libra Sur et Geminis Sur ; plongée simple/double 100/150 $US). Ce club de plongée, l'un des plus réputés de Tulum, est très attentif à la sécurité. Spécialisé dans la plongée-spéléo, il organise également des plongées en pleine mer. Faisant par ailleurs office d'hôtel (chambres à partir de 1 500 $M), il propose des formules qui combinent logement, plongée et cours de plongée-spéléo.

Tulum

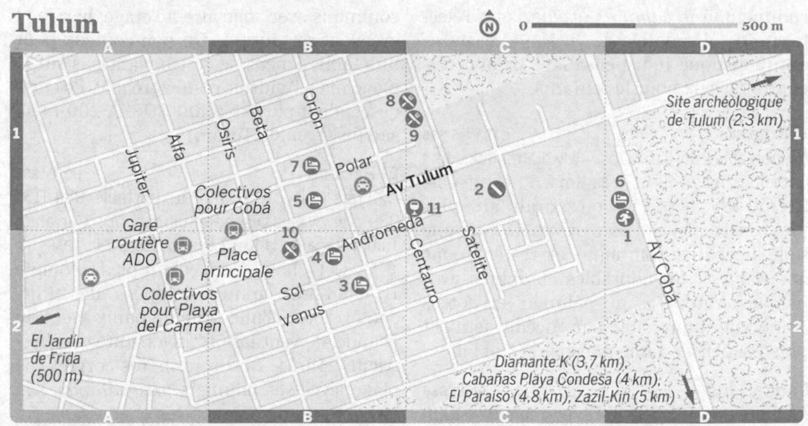

Tulum

Activités

1	I Bike Tulum	D1
2	Xibalba Dive Center	C1

Où se loger

3	Hotel Kin-Ha	B2
4	Hotel Latino	B2
5	L'Hotelito	B1
6	Teetotum	D1
7	Weary Traveler	B1

Où se restaurer

8	Azafran	C1
9	El Asadero	C1
10	La Gloria de Don Pepe	B2

Où prendre un verre et faire la fête

11	Batey	C1

Circuits organisés

Uyo Ochel Maya CIRCUITS

(983-124-80-01 ; adulte/enfant 700/350 $M, parking 50 $M ; 8h-16h). Visitez les lagunes de Chunyaxche et de Muyil avant de revêtir un gilet de sauvetage et de descendre un canal maya vieux de plusieurs siècles. Une belle façon de découvrir la deuxième plus grande lagune de Quintana Roo. Les mangroves abritent des orchidées, des saprophytes et d'innombrables oiseaux.

Où se loger

Le choix de votre logement dépendra de l'objectif de votre visite : les activités de la journée se concentrent essentiellement autour de la plage ou des ruines, tandis qu'en soirée l'action se passe dans les restaurants et les bars de la ville.

On trouve de meilleures offres en ville, où les auberges de jeunesse et les établissements de milieu de gamme abondent.

Weary Traveler AUBERGE DE JEUNESSE $

(984-106-71-92 ; www.wearytravelerhostel.com ; Polar s/n, Tulum Pueblo, entre Orión Norte et Beta Norte ; dort/ch 250/800 $M ;). Lorsque Tulum n'était qu'un petit village isolé, le Weary Traveler était son unique auberge de jeunesse. Elle est désormais concurrencée par de nombreux établissements du centre-ville. Le petit-déjeuner, qui inclut des omelettes faites à la demande, est gratuit ; les hôtes peuvent également préparer leurs repas dans la cuisine. Les espaces communs font d'excellents lieux de rencontres.

Hotel Latino HÔTEL $$

(984-871-26-74 ; www.hotellatinotulum.com ; Andromeda Oriente 2013 ; ch/ste à partir de 850/980 $M ;). Les minuscules télévisions et la petite piscine feraient-elles partie du concept minimaliste ? Demandez l'une des chambres à l'étage avec balcon et hamac.

Zazil-Kin CABAÑAS $$

(984-124-00-82 ; Carretera Tulum-Boca Paila Km 0,47 ; cabañas avec/sans sdb 1 880 $M, 1 372 $M, ch à partir de 3 346 $M ;). À 10 minutes à pied des ruines, cette adresse très appréciée ressemble à un village de Schtroumpfs avec ses nombreuses *cabañas* peintes. Les chambres doubles, plus chères, sont climatisées. Si vous optez pour les très rudimentaires *cabañas*, sachez que l'électricité est disponible de 7h à 19h. Répulsif antimoustique indispensable ! Balançoires et aire de jeux pour les enfants.

Diamante K CABAÑAS $$$

(portable 984-8762115 ; www.diamantek.com ; Carretera Tulum-Boca Paila Km 2,5 ; cabaña/ste 92/250 $US ;). On ne saurait faire plus près de la plage. Les 9 *cabañas* ont une salle de bains commune et restent donc abordables ; les adorables chambres avec hamacs, entourées de palmiers et dotées d'une vue imprenable sur l'océan, feraient presque penser à une maison de Hobbit.

Tankah Inn HÔTEL $$$

(États-Unis 918-582-3743, portable 984-1000 703 ; www.tankah.com ; Tankah 3, Lote 16 ; d avec petit-déj 149 $US ; P). Cet établissement dispose de 5 confortables chambres aux sols carrelés avec terrasses privées, bonne literie et agréable ventilation traversante. La vue est splendide depuis la grande cuisine à l'étage, la salle à manger et l'espace commun. Nombreuses activités proposées (plongée, pêche, kayak, etc.). À moins de 2 km à l'est de la grand-route.

Cabañas Playa Condesa CABAÑAS $$$

(984-234-14-13 ; Carretera Tulum-Boca Paila Km 3, Zona Hotelera ; d avec/sans sdb 2 500/ 1 500 $M ;). À environ 1 km au nord du croisement en T, cet ensemble de *cabañas* aux toits de chaume est l'une des adresses les moins chères du quartier des hôtels. Si vous louez une chambre de base – plutôt propre – on vous fournira une moustiquaire (vous en aurez besoin). La côte est rocheuse par ici, mais une plage de sable se trouve à 100 m.

Casa Cenote HÔTEL $$$

(États-Unis 646-634-7206, portable 984-1156 996 ; www.casacenote.com ; ch avec petit-déj 180 $US ; P). En face d'un *cenote*, ces bungalows de plage ont été aménagés avec amour dans un style maya ; chacun possède une porte vitrée coulissante menant à une petite terrasse privative. Possibilité de louer également des *cabañas* rustiques. Restaurant sur place. Prenez vers l'est à hauteur du panneau "Casa Cenote", puis continuez sur environ 2 km.

Teetotum BOUTIQUE-HÔTEL $$$

(984-143-89-56 ; www.hotelteetotum.com ; Av Cobá Sur 2 ; ch avec petit-déj 161 $US ;). Ce boutique-hôtel contemporain ne compte que 4 chambres élégantes. Espaces communs avec solarium à l'étage, bassin et excellent restaurant. Un peu coûteux pour un établissement ne se trouvant pas sur la plage mais l'endroit reste agréable. Les prix descendent parfois à 100 $US. À 200 m au sud de l'Avenida Tulum.

El Paraíso HÔTEL $$$

(États-Unis 310-295-9491, portable 984-1137 089 ; www.elparaisohoteltulum.com ; Carretera Tulum-Boca Paila Km 1,5 ; ch 318 $US ; P). Cet hôtel de plain-pied compte 11 chambres, toutes équipées de 2 lits confortables, d'une salle de bains avec eau chaude, de ventilation traversante et d'électricité 24h/24. Restaurant très correct ; la plage, avec ses palmiers, ses *palapas*, son bar entouré de balançoires et son sable fin se classe parmi les plus belles de la Riviera Maya. Location de vélos possible.

Tulum Pueblo

El Jardín de Frida AUBERGE DE JEUNESSE $

(984-871-28-16 ; www.fridastulum.com ; Av Tulum s/n, Tulum Pueblo, entre Av Kukulcán et Chemuyil ; dort/ch/ste avec petit-déj 800/ 1 100 $M ; P). La maison principale, les dortoirs mixtes et propres et les chambres individuelles de cette auberge de jeunesse écologique arborent des couleurs vives, typiques du pop art mexicain. La plupart des chambres sont dotées d'un ventilateur ; les suites ont la climatisation en option. Personnel très sympathique et serviable.

Hotel Kin-Ha HÔTEL $$

(984-871-23-21 ; www.hotelkinha.com ; Orión Sur s/n, entre Sol et Venus ; d avec ventil/clim 75/ 95 $US ; P). Petit hôtel de gérance italienne, dont les chambres plaisantes entourent une petite cour où sont installés des hamacs. L'arrêt des *colectivos* qui vont à la plage et aux sites archéologiques se trouve au coin de la rue. Les clients peuvent utiliser les infrastructures de l'établissement parent du Kin-Ha (sur la plage).

L'Hotelito HÔTEL $$$

(984-160-02-29 ; www.hotelitotulum.com ; Av Tulum s/n ; d avec petit-déj 120 $US ; @). Des promenades en bois et en briques traversent un patio latéral pour rejoindre les chambres bien dimensionnées de cet hôtel plein de cachet, géré par des Italiens. Le restaurant attenant sert de bons petits-déjeuners. Deux chambres à l'étage disposent de grands balcons, mais

VAUT LE DÉTOUR

GRAN CENOTE

À environ 4 km à l'ouest de Tulum sur la route du site archéologique de Cobá, arrêtez-vous au **Gran Cenote** (Route 109 s/n ; 10 $US, matériel de snorkeling 80 $M, plongée 200 $M ; ⏲8h10-16h45), surtout s'il fait chaud. Vous pourrez pratiquer le snorkeling au milieu de petits poissons et découvrir des formations rocheuses sous-marines si vous apportez votre propre matériel. L'aller simple en taxi depuis Tulum coûte entre 80 et 100 $M (à vérifier avec le chauffeur pour éviter toute déconvenue).

elles sont plus exposées au bruit de la rue. Serviettes pliées en forme de lapin ou de cygne. Possibles réductions en ligne.

Zona Hotelera

Cenote Encantado CAMPING **$**

(☎ portable 984-1425930 ; www.cenoteencantado.com ; Carretera Tulum-Boca Paila Km 10,5 ; tentes 500 $M/pers ; ⊖). Rare adresse bon marché à proximité de la plage, ce camping tendance New Age tient son nom d'un ravissant *cenote* situé dans son arrière-cour. Les clients logent dans de grandes tentes équipées de lits, de tapis et de tables de chevet. Le camping ne donne pas directement sur la plage, mais on peut y aller à pied ou à vélo. Kayaks à disposition prochainement et salle de yoga/méditation.

Il est possible de se baigner ou de faire du snorkeling dans le *cenote*, mais attention aux (légendaires) crocodiles ! À 6,5 km au sud du croisement en T, près de l'entrée de la Reserva de la Biosfera Sian Ka'an.

♥ **Hotel**

La Posada Del Sol BOUTIQUE-HÔTEL **$$$**

(☎ portable 984-1348874 ; www.laposadadelsol.com ; Carretera Tulum-Boca Paila Km 3,5 ; ch avec petit-déj 250-350 $US ; ⊖ 📶). La Posada Del Sol se distingue par sa splendide architecture, rehaussée d'objets récupérés sur le domaine après un ouragan. Alimenté en énergie solaire et éolienne, l'hôtel n'a pas la climatisation, mais les chambres sont rafraîchies par la brise marine. Le jardin, ponctué d'incroyables éléments design, rappelle une jungle. La plage voisine est, elle aussi, particulièrement belle.

Pas de télévision dans les chambres. L'hôtel travaille en collaboration avec des associations de protection des tortues. Juste avant l'hôtel Marina del Sol, nettement plus grand.

Posada Margherita HÔTEL **$$$**

(☎ Whatsapp 984-8018493 ; www.posadamargherita.com ; Carretera Tulum-Boca Paila Km 7 ; ch à partir de 380 $M ; ⏲12h-21h30). Un lieu magnifique au cœur de la Zona Hotelera, à quelques pas de la plage. Les chambres sont équipées de bons antimoustiques, d'électricité 24h/24 et d'une terrasse ou d'un balcon, parfois avec hamacs. Bon restaurant sur place (p. 310). Paiement en espèces.

Attention, le numéro de téléphone n'est valable que sur WhatsApp, la zone n'étant pas couverte par le réseau de téléphonie mobile.

Où se restaurer

On trouve de tout à Tulum, de la nourriture bon marché pour touristes à la cuisine gastronomique. Sachez que de nombreux restaurants de la Zona Hotelera sont situés hors réseau et ne peuvent donc pas prendre les cartes bancaires. La plupart des restaurants d'hôtel sont ouverts à tous.

♥ **Azafran** PETIT-DÉJEUNER **$$**

(☎ 984-129-61-30 ; www.azafrantulum.com ; Av Satélite s/n, angle Calle 2 ; plats 65-170 $M ; ⏲8h-15h mer-lun ; 📶). Ce petit établissement tenu par des Allemands sert des petits-déjeuners dans un jardin ombragé, notamment un "spécial gueule de bois" (généreuses tranches de saucisse maison, purée de pommes de terre, œufs, toasts de seigle et bacon – vous pourrez même apercevoir un peu de salade verte !). Plus légers, les bagels tout juste sortis du four sont garnis de saumon saumuré.

La Gloria de Don Pepe TAPAS **$$**

(☎ 984-152-44-71 ; Orion Sur ; tapas 60-160 $M ; ⏲13h-22h30 mer-dim). Accueillant ses clients par un panneau clamant "Un repas sans vin s'appelle un petit-déjeuner", ce restaurant propose de délicieuses assiettes de tapas et autres amuse-bouche, avec – vous l'aurez compris – du vin. Un endroit parfait pour bavarder des heures dans le calme. Tables en extérieur disponibles.

♥ **El Asadero** STEAK **$$$**

(☎ 984-157-89-98 ; Satélite 23 ; plats 195-480 $M ; ⏲16h30-23h ; 📶). Cet établissement vaut son prix, notamment pour son *arrachera* (steak de flanc de bœuf) grillé, accompagné de pommes de terre, de *nopal* (pagaie de cactus) et de saucisse, à arroser d'une bière artisanale mexicaine. Le thon grillé ne déçoit pas non plus.

Hartwood FUSION **$$$**
(www.hartwoodtulum.com ; Carretera Tulum-Boca Paila Km 7,5 ; menu 500 $M ; 18h-22h mer-dim). En supposant que vous puissiez y dîner (impossible sans réservation), vous serez conquis par ce restaurant servant une cuisine nouvelle sur la route de la plage. Les produits sont frais et locaux, les saveurs et techniques internationales. La carte change chaque jour. Les délicieux plats sont préparés dans une cuisine alimentée à l'énergie solaire, équipée d'un four à bois. À environ 4,5 km au sud du croisement en T.

Posada Margherita ITALIEN **$$$**
(Whatsapp 984-8018493 ; www.posadamargherita.com ; Carretera Tulum-Boca Paila Km 7 ; plats 295-520 $M ; 7h30-21h30). Idéal pour un dîner romantique, le restaurant de plage de cet hôtel, éclairé aux chandelles, propose une excellente cuisine (pâtes, notamment) à base de produits bio et frais ; délicieux vins et mezcal maison. À 3 km au sud du croisement en T. Paiement en espèces uniquement.

Où prendre un verre et faire la fête

Batey BAR
(Centauro Sur s/n, entre Av Tulum et Andrómeda ; 8h-2h lun-sam, 16h-1h dim). Un bar cubain fréquenté, réputé pour ses mojitos au sucre de canne fraîchement pressé et ses sympathiques concerts dans le jardin. La foule déborde souvent jusque dans la rue pour discuter de l'emblématique Coccinelle VW à l'intérieur du bar ou participer au concours de presse de canne à sucre.

Depuis/vers Tulum

Ouverte 24h/24, la gare routière, modeste mais fonctionnelle, est équipée de quelques sièges. Si vous partez à Valladolid, assurez-vous que votre bus passe par la route de Chemax et non par celle de Cancún, plus longue. Les *colectivos* desservant **Playa del Carmen** (45 $M, 45 min) partent de l'Avenida Tulum. Ceux pour **Felipe Carrillo Puerto** (Av Tulum s/n ; 75 $M, 1 heure) partent du pâté de maisons au sud de la **gare routière ADO** (www.ado.com.mx ; Av Tulum s/n, entre Calles Alfa et Júpiter ; 24h/24). D'autres assurent la liaison avec Cobá.

Comment circuler

Les **colectivos** desservant la plage (30 $M) partent toutes les heures environ (de 6h à 19h30) d'un arrêt situé à l'angle de Venus et Orión. Les *colectivos* qui mènent aux sites archéologiques partent aussi de là. Au retour, il vous suffira de leur faire signe.

Il peut être judicieux de circuler à vélo ou à scooter entre le centre-ville et la plage. De nombreux hôtels mettent des vélos à disposition de leurs hôtes. On trouve aussi un bon choix de vélos et scooters à louer chez **I Bike Tulum** (984-802-55-18 ; www.ibiketulum.com ; Av Cobá Sur s/n, angle Venus ; vélo 140-190 $M/jour, scooter assurance comprise 650 $M/jour ; 8h30-17h30 lun-sam).

Les tarifs des taxis sont fixes et Tulum Pueblo compte deux stations : l'**une** (Av Tulum s/n) au sud de la **gare routière ADO**, où les tarifs sont affichés ; l'**autre** (Av Tulum s/n), quatre pâtés de maisons plus au nord. Comptez 100 $M pour rejoindre les sites archéologiques et 100-150 $M entre le centre-ville et la Zona Hotelera, variable selon la distance à parcourir.

BUS AU DÉPART DE TULUM

DESTINATION	PRIX ($M)	DURÉE (H)	FRÉQUENCE
Cancún	152	2	fréquents
Chetumal	308	3¼-4	fréquents
Chichén Itzá	220	2½-2¾	9h et 14h45
Cobá	80	1	10h10
Felipe Carrillo Puerto	64	1¼	fréquents, ou prendre un *colectivo*
Laguna Bacalar	210-224	3	fréquents
Mahahual	278	2½	8h55, 12h30 et 18h40
Mérida	338	4-5	fréquents
Playa del Carmen	74	1	fréquents
Valladolid	126	2	fréquents

Cobá

☎984 / 1 300 HABITANTS

Atout majeur de la ville, les ruines de Cobá sont fantastiques : vous découvrirez notamment la pyramide la plus haute de l'État et un beau terrain de jeu de balle au cours d'une distrayante visite de quelques heures. Le bourg est calme et plutôt joli, avec un lagon rempli de crocodiles, une poignée de curiosités, quelques hôtels et restaurants..., mais les visiteurs viennent pour les ruines. En nombre. Par bus entiers. Et c'est bien là le plus gros problème : arrivez après 11h et vous ferez face à des centaines d'autres touristes arrivés de Cancún, Playa et Tulum.

Pour pratiquer un tourisme responsable, il est positif de passer la nuit dans une petite communauté comme Cobá, mais n'espérez pas vous coucher tard !

Histoire

Érigée avant ses voisines Chichén Itzá et Tulum, la cité de Cobá connut son apogée entre les IXe et XIe siècles. Les archéologues pensent qu'elle couvrait 70 km² et comptait quelque 40 000 habitants.

Son architecture reste un mystère, car ses pyramides et ses stèles sont d'une facture qui rappelle davantage celle de Tikal (Guatemala), à 700 km de là, que celle de Chichén Itzá et des autres sites du nord du Yucatán.

Les archéologues ont désormais la certitude qu'entre l'an 200 et l'an 600, lorsque Cobá contrôlait un vaste territoire de la péninsule, des alliances militaires et matrimoniales furent passées avec les habitants de Tikal afin de faciliter les échanges commerciaux entre les Mayas du Guatemala et ceux du Yucatán. Sur certaines stèles, les souveraines de Tikal sont représentées brandissant un sceptre de cérémonie et se tenant debout sur leurs prisonniers pour montrer leur pouvoir. Mariées aux rois de Cobá, ces reines amenèrent sans doute de Tikal architectes et artisans.

La présence d'un immense réseau de *sacbeob* (chemins cérémoniels de calcaire reliant les principales cités mayas) dans la région, avec Cobá comme centre névralgique, étonne également les spécialistes. La plus longue de ces chaussées mesure près de 100 km. Elle part de la grande pyramide de Cobá, Nohoch Mul, et rejoint le village maya de Yaxuna. Ce réseau d'une quarantaine de *sacbeob* faisait vraisemblablement partie de la gigantesque "horloge" astronomique que l'on retrouve dans chaque cité maya.

La première fouille de Cobá fut menée par l'archéologue autrichien Teobert Maler en 1891. Il y eut peu d'autres chantiers jusqu'en 1926, année où le Carnegie Institute finança la première des 2 expéditions dirigées par Sir J. Eric S. Thompson et Harry Pollock. Après leur expédition de 1930, les explorations furent interrompues jusqu'en 1973, lorsque le gouvernement mexicain décida de financer de nouvelles fouilles. Les archéologues pensent que Cobá compte plus de 6 500 sites, dont seuls quelques-uns ont été mis au jour et restaurés ; les travaux se poursuivent donc.

À voir

Ruines de Cobá SITE ARCHÉOLOGIQUE

(www.inah.gob.mx ; 70 $M, guide 600-650 $M ; 8h-17h ; P). Le site archéologique de Cobá comprend la plus haute pyramide de Quintana Roo (deuxième plus haute du Yucatán), érigée dans un environnement de jungle dense qui vous donnera l'impression de faire partie d'une aventure d'Indiana Jones. De nombreux vestiges, de mystérieuses ruines empilées et recouvertes par les racines et la vigne, sont encore à explorer. Marchez le long d'anciens *sacbeob*, grimpez sur d'antiques monticules et montez jusqu'au sommet de Nohoch Mul pour une vue spectaculaire sur la jungle environnante.

Juego de Pelota SITE ARCHÉOLOGIQUE

(Ruines de Cobá). Impressionnant terrain de jeu de balle, parmi d'autres sur le site. Ne ratez pas le bas-relief d'un jaguar et la sculpture rappelant un crâne au centre du terrain.

Templo 10 SITE ARCHÉOLOGIQUE

(Ruines de Cobá). Une stèle joliment sculptée datant de 730 représente un souverain toisant impérieusement deux prisonniers.

Visite des sites archéologiques

Grupo Cobá SITE ARCHÉOLOGIQUE

(Ruines de Cobá). La structure la plus éminente du Grupo Cobá est **La Iglesia** (l'Église). Si vous étiez autorisé à escalader cette énorme pyramide, vous pourriez voir les lacs alentour (magnifiques par temps clair) et la pyramide de Nohoch Mul. Pour la rejoindre, parcourez une centaine de mètres à peine sur le chemin principal qui part de l'entrée et prenez à droite.

Accordez-vous le temps d'explorer le Grupo Cobá et de traverser ses deux passages aux voûtes en encorbellement. Près de sa lisière nord, en revenant vers le sentier principal (et la location de vélos), vous découvrirez un *juego de pelota* (terrain de jeu de balle) bien restauré.

Grupo Macanxoc SITE ARCHÉOLOGIQUE
(Ruines de Cobá). Ce site est remarquable pour ses nombreuses stèles restaurées, dont certains des bas-reliefs représenteraient des femmes de sang royal venues de Tikal. Beaucoup sont usées par l'érosion, mais un certain nombre restent en bon état et valent le détour.

Grupo de las Pinturas SITE ARCHÉOLOGIQUE
(Ruines de Cobá). Le Grupo de las Pinturas (groupe des peintures) a conservé, au-dessus de la porte, des traces facilement reconnaissables de glyphes et de fresques et, à l'intérieur, des vestiges d'un enduit de plâtre très coloré. Au nord-ouest (vous êtes arrivé au temple par le sud-ouest), en face des marches, un sentier mène après 20 m à une première stèle située sous une *palapa*. Elle représente une figure royale en surmontant deux autres, l'une d'elles agenouillée les mains liées derrière le dos. À la base, des prisonniers destinés au sacrifice sont allongés aux pieds d'un chef.

Vous devrez faire travailler votre imagination car cette stèle, comme beaucoup d'autres, est très érodée. Continuez sur le chemin, dépassez une autre stèle très abîmée par les éléments, ainsi qu'un petit temple, et vous rejoindrez un sentier menant au groupe suivant.

Grupo Nohoch Mul SITE ARCHÉOLOGIQUE
(Ruines de Cobá). Nohoch Mul (Grand Tertre) est aussi appelé la Grande Pyramide – ce qui sonne plus impressionnant. Il culmine à 42 m, s'affichant ainsi comme la deuxième plus haute structure maya du Yucatán, derrière l'Estructura II de Calakmul (45 m). L'ascension des vieilles marches peut en effrayer certains. Deux dieux plongeants, semblables aux sculptures de Tulum, sont représentés au-dessus de l'entrée du temple, dans sa partie supérieure (construite pendant la période postclassique, 1100-1450). D'en haut, vous verrez des kilomètres carrés de forêt de broussailles et un petit bout de lac.

Xaibé SITE ARCHÉOLOGIQUE
(Ruines de Cobá). Ce bâtiment en escalier semi-circulaire, presque entièrement restauré, porte un nom signifiant "carrefour", puisqu'il marque le point de jonction de quatre *sacbeob*.

Activités

Cenotes Choo-Ha, Tamcach-Ha et Multún-Ha BAIGNADE
(55 $M/cenote, gratuit - 10 ans ; ⊙8h-18h). À 6 km au sud de la ville de Cobá, sur la route de Chan Chen, vous trouverez un groupe de *cenotes* gérés par les habitants : Choo-Ha, Tamcach-Ha et Multún-Ha. Semblables à des grottes, ils sont parfaits pour se détendre et se rafraîchir en piquant une tête, ou en faisant du snorkeling si l'on a son matériel.

Où se loger et se restaurer

♥ Hacienda Cobá HÔTEL $$$
(☎portable 998-2270168 ; www.haciendacoba.com ; Av 1 Principal Lote 114 ; d avec petit-déj 87 $US ; P ⊖ ☎). Chambres charmantes mais simples, de style hacienda avec mobilier rustique, dans un écrin de jungle où l'on entend le gazouillis des oiseaux, et où l'on aperçoit parfois des atèles. À 200 m au sud de l'embranchement de la route 109 menant à Cobá, et à 2,5 km des ruines : pour rejoindre la ville, vous aurez besoin de votre propre véhicule, d'être disposé à marcher ou de prendre un taxi.

Chile Picante MEXICAIN $$
(Plats 85-180 $M ; ⊙7h-23h). Situé dans l'hôtel Sac-Be, ce restaurant propose un large choix de plats, tels les omelettes végétariennes au *chaya*, les assiettes de fruits frais et les *panuchos* (tortilla maison frite avec haricots et garnitures).

Restaurant La Pirámide MEXICAIN $$
(☎984-206-71-75, 984-206-70-18 ; plats 80-150 $M ; ⊙8h-17h ; ☎). Assez touristique, ce restaurant sert une cuisine yucatèque correcte, par exemple de la *cochinita* et du *pollo pibil* (poulet ou porc aromatisé au roucou). Son emplacement à ciel ouvert garantit une jolie vue. Au bout de l'artère principale du bourg, à côté du lac.

ℹ Depuis/vers Cobá

La plupart des bus pour Cobá font un détour par les sites archéologiques où ils déposent les passagers à un petit arrêt ; vous pourrez également descendre en ville. Quelque 5 liaisons quotidiennes sont assurées entre Tulum et

Cobá (50-80 $M, 45 min) et Playa del Carmen (91-142 $M, 2 heures). Il y a également 7 départs quotidiens pour Valladolid (52 $M, 1 heure) et Chichén Itzá (75-82 $M, 1 heure 30), et jusqu'à Mérida (115 $M, 3 heures).

On peut rejoindre Cobá depuis Tulum en prenant les **colectivos** (110 $M) qui partent de l'Avenida Tulum et de la Calle Osiris.

Si vous poursuivez vers Valladolid ou Chichén Itzá avec votre propre véhicule, prenez la route de Chemax, toute droite et en bon état.

Punta Allen

984 / 470 HABITANTS

Le minuscule village de Javier Rojo Gómez, tout au bout de la route, est plus connu sous le nom de la pointe située 2 km au sud, Punta Allen. Son ambiance décontractée rappelle les cayes du Bélize. Un récif en bon état, à 400 m du rivage, garantit de très belles sessions de plongée et de snorkeling. Pour y arriver, il faut emprunter l'incroyable réserve de biosphère de Sian Ka'an, vaste étendue de mangroves, lagunes, plages et jungles qui abrite diverses espèces endémiques telles que l'insaisissable jaguar.

Le village est principalement connu pour la pêche sportive des poissons bonefish, tarpon et loubine. Dans le bourg, des coopératives proposent des parties de pêche, des circuits d'observation des dauphins et des expéditions de snorkeling.

Pratiquement détruit par l'ouragan Gilbert en 1988 et endommagé par l'ouragan Dean en 2007, le village de Punta Allen est toujours là.

À voir

Reserva de la Biosfera Sian Ka'an RÉSERVE NATURELLE

(Réserve de biosphère Sian Ka'an ; 37 $M ; aube-crépuscule). Sian Ka'an ("Là où commence le ciel") abrite une petite population d'atèles et de singes hurleurs, des crocodiles américains, des tapirs d'Amérique centrale, 4 espèces de tortues, des crabes de cocotier géants, plus de 330 espèces d'oiseaux (dont des spatules rosées et quelques flamants), des lamantins, près de 400 espèces de poissons et une large variété de plantes.

Vous trouverez l'une des portes de la réserve environ 10 km au sud de Tulum. Au niveau de la porte, un petit sentier mène à un *cenote* (Ben Ha) assez ordinaire. Le sentier est court, alors n'hésitez pas à vous y aventurer.

Un modeste centre d'accueil des visiteurs se situe à 10 km au sud de l'entrée de la réserve. On peut y admirer la lagune depuis une tour de guet.

La route peut se révéler très accidentée entre deux nivellements, surtout lorsque les trous sont inondés par une pluie récente : il est alors difficile d'en estimer la profondeur. La partie de la route au sud du pont situé après Boca Paila est la plus difficile – pour ne pas finir embourbé, vous devrez parfois laisser le volant à un conducteur habitué de la conduite hors route. L'itinéraire est faisable sans 4x4, mais munissez-vous tout de même d'une pelle et de planches au cas où (vous pourrez toujours mettre des feuilles de palmiers sous les roues pour gagner en adhérence) et attendez-vous à rendre votre véhicule de location avec un volant nettement plus souple...

Aucun sentier de randonnée ne mène au cœur de la réserve. Les services d'un guide professionnel sont donc bienvenus. Community Tours Sian Ka'an (siankaantours.org), géré par des Mayas, organise plusieurs expéditions dans la vaste réserve de biosphère.

Si vous envisagez de camper sur la côte isolée, préparez-vous à l'aventure en apportant tente, hamacs, large réserve d'eau, moustiquaires et nourriture. À environ 30 km de la porte d'entrée, vous trouverez un excellent emplacement entre la lagune et l'océan bleu azur.

Où se loger et se restaurer

Grand Slam Fishing Lodge HÔTEL $$$

(998-800-10-47 ; www.grandslamfishinglodge.com ; ch 375 $US ; P). Si vous ne regardez pas à la dépense, ce lodge haut de gamme à l'entrée de la ville propose 12 chambres face à l'océan avec Jacuzzi, grand balcon et électricité 24h/24 (véritable luxe à Punta Allen). Les amateurs de pêche à la mouche peuvent demander un hébergement en pension complète avec forfait de pêche inclus.

Muelle Viejo PRODUITS DE LA MER $$

(Plats 90-160 $M ; 12h30-21h mar-dim ; P). Le service est parfois aussi lent que les frégates qui tournent dans le ciel, mais voyez-le comme une opportunité de vous détendre et de profiter du moment. Dans cette maison pimpante, dominant un quai où les pêcheurs rapportent leur butin du jour, on sert des cocktails de fruits de mer très frais, des plats de poisson frit corrects et de la langouste en saison.

Depuis/vers Punta Allen

La meilleure façon d'atteindre Punta Allen est de louer une voiture ou un scooter, mais préparez-vous à progresser très lentement et à rouler sur des bosses qui pourraient bien venir à bout de la transmission de votre véhicule. Le trajet peut durer de 3 à 4 heures ou 2 heures seulement, selon l'état de la route. Faites attention aux nombreux iguanes, serpents et autres animaux sauvages.

Mahahual

983 / 920 HABITANTS

Mahahual a changé pour toujours depuis la construction d'un quai de paquebots de croisière. Pourtant, malgré les bateaux remplis de touristes, le lieu a conservé cette ambiance caribéenne typique que l'on ne retrouve pas plus au nord, et c'est le seul endroit de la Costa Maya suffisamment grand pour offrir une diversité d'hébergements et de restauration à proximité immédiate de la plage. À l'inverse, Xcalak est minuscule (et entend le rester) et Bacalar se trouve à l'intérieur des terres, à côté d'une lagune plutôt que de la mer.

Avec le développement du tourisme, quelques boutiques et bars criards destinés à une clientèle nord-américaine se sont installés au nord de la ville. Si cette ambiance ne vous attire pas, dirigez-vous vers le sud en direction de Xcalak (p. 315) où vous trouverez facilement une plage de sable blanc déserte.

Mahahual offre également d'excellentes possibilités de plongée sous-marine et de snorkeling, et le *malecón* (promenade du front de mer) a juste ce qu'il faut pour vous divertir en soirée.

Activités

Banco Chinchorro SITE DE PLONGÉE ET DE SNORKELING

Les plongeurs se délecteront des merveilles sous-marines du Banco Chinchorro, le plus grand atoll corallien de l'hémisphère Nord (45 km de long, 14 km de large). Son extrémité ouest se trouve à 30 km de la côte et des dizaines de bateaux ont été victimes de son anneau de corail à peine immergé.

L'atoll et les eaux environnantes ont été classés réserve de biosphère (Reserva de la Biosfera Banco Chinchorro) afin de les protéger de la déprédation. Toutefois, par manque de personnel et d'équipement, de nombreuses infractions restent impunies.

La plupart des plongées s'effectuent à une profondeur maximale de 30 m, car il n'y a aucun caisson hyperbare à proximité. Avec la récente levée de l'interdiction des plongées sur épave, vous pourrez explorer une multitude de sites d'intérêt et nager au milieu des murs de corail et des canyons. Vous côtoierez raies, tortues, éponges géantes, mérous, acanthuridés, anguilles, voire à certains endroits requins de récif, requins-tigres et requins-marteaux.

Le snorkeling donne aussi lieu à de belles expériences, notamment la découverte du *40 cañones*, un navire de bois autrefois équipé de 40 canons et gisant par 5-6 m de fond. Les pilleurs n'ont laissé que 25 canons, et l'épave ne se visite que lorsque les conditions sont idéales.

Mahahual Dive Centre PLONGÉE

(983-102-09-92, portable 983-1367693 ; www.mahahualdivecentre.com ; Malecón Km 1 ; 2/3 plongées consécutives 80/110 $US, snorkeling 25 $US ; 9h-17h). Désormais basé sur le *malecón*, ce prestataire propose des plongées sur des sites proches, ainsi que des excursions au village de pêcheurs de Punta Herrero.

Doctor Dive PLONGÉE

(portable 983-1036013 ; www.doctordive.com ; Av Mahahual s/n, angle Coronado ; 2 plongées consécutives 95 $US, snorkeling matériel compris 25 $US ; 8h-21h). Sorties snorkeling et plongée, mais aussi cours pour différents niveaux.

Où se loger et se restaurer

Hostal Jardín Mahahual HÔTEL $

(983-834-57-22 ; www.facebook.com/hostal.jardin ; Sardina s/n, angle Rubia ; dort/ch 220/650 $M ;). Un petit établissement étonnamment chic pour son prix, avec 5 chambres individuelles impeccables et un dortoir mixte de 8 places, de loin le meilleur du bourg. À deux pâtés de maisons de la plage, près de la Calle Rubia.

Posada Pachamama HÔTEL $$

(983-834-57-62 ; www.posadapachamama.net ; Huachinango s/n ; d/qua 1 000/1 500 $M ; P). Les chambres de la pension Pachamama ("Terre-Mère" en inca) vont de la petite chambre basique à la double avec vue sur l'océan, en passant par des chambres plus spacieuses pour 4 personnes. Le personnel fournit de bonnes informations sur les activités locales.

Quinto Sole Hotel BOUTIQUE-HÔTEL $$$
(☎983-834-59-42 ; Carretera Mahahual-Xcalak Km 0,35 ; ch/ste 3 775/5 775 $M ; P ⊖ ❄ 📶). Dans cet hôtel, l'un des plus luxueux de la bourgade, les chambres spacieuses sont équipées de lits délicieusement douillets et de balcons privatifs (certains avec Jacuzzi). L'hôtel occupe une plage tranquille au nord de la promenade, et à 350 m au sud du phare, à l'entrée du bourg. Restaurant sur place. Les tarifs sont indiqués pour une chambre avec vue sur la jungle (vue sur mer en supplément).

♥ **Nohoch Kay** PRODUITS DE LA MER $$
(Big Fish ; ☎983-733-60-68 ; angle Malecón et Cazón ; plats 190-235 $M ; ⏲13h-21h30 lun-sam, 13h-20h dim ; 📶). Nohoch Kay ("gros poisson" en maya) fait tout à fait honneur à son nom. Dans ce restaurant mexicain de bord de mer, on sert un succulent poisson entier, cuisiné dans une sauce au vin blanc et à l'ail, mais aussi un plateau terre/mer pour 2 personnes (670 $M), avec notamment langouste, viande rouge, poulpe et crevette.

Luna de Plata ITALIEN $$
(☎983-119-22-73 ; www.lunadeplata.info ; Av Mahahual Km 2 ; plats 100-360 $M ; ⏲8h-22h ; 📶). Tenu par des Italiens, le "ristorante" de cet hôtel sert pâtes fraîches, pain maison, pizzas, plats de poisson et fruits de mer. Essayez les fabuleux raviolis à la langouste sauce crevettes.

Depuis/vers Mahahual

Mahahual est située à 127 km au sud de Felipe Carrillo Puerto, et à environ 100 km au nord-est de Bacalar.

Il n'y a pas de gare routière officielle. Lors de notre dernière visite, la boutique de spiritueux **Solo Chelas** (au croisement des Calles Huachinango et Cherna) vendait les billets pour le bus ADO quotidien en direction du nord, qui part de Mahahual à 17h30 pour Tulum (278 $M, 3 heures), Playa del Carmen (350 $M, 4 heures) et Cancún (426 $M, 4 heures). Un bus Caribe à destination de Xcalak (58 $M, 40 min) traverse la ville sur Calle Huachinango, généralement à 6h30. Vers le sud, les bus desservant Bacalar (78 $M, 2 heures) et Chetumal (80 $M, 2 heures 30) démarrent toutes les 2 heures environ, de 5h30 à 19h30.

Des navettes partent toutes les heures entre 5h20 et 20h20 pour Chetumal (80 $M, 2 heures 30), Laguna Bacalar (75 $M, 2 heures) et Limones (50 $M, 1 heure), où l'on peut prendre l'un des bus fréquents en direction du nord. Le terminal se trouve à l'angle des Calles Sardina et Cherna, au nord du terrain de football.

Vous trouverez une station-service Pemex à Mahahual si vous devez faire le plein. L'embranchement pour Xcalak est à environ 100 m à l'ouest de la station-service.

Xcalak

☎983 / 380 HABITANTS

Avec ses maisons de bois, bateaux de pêche sur la plage et placides pélicans, ce village semblant surgi de nulle part a tout d'un havre de paix. Son isolement et la présence de la barrière de corail Chinchorro lui permettront peut-être d'échapper à un développement trop rapide.

Promenez-vous dans les rues poussiéreuses une boisson fraîche à la main, admirez l'envol des frégates au-dessus des lagunes d'un vert limpide, partez à la découverte de la mangrove en kayak, ou pratiquez le farniente dans un hamac. Xcalak compte quelques bons restaurants où se mêlent voyageurs et habitants.

La mangrove qui s'étend vers l'intérieur des terres depuis la route côtière abrite quelques grandes lagunes et forme des tunnels à explorer en kayak. Comme dans la forêt sèche, la faune y est d'une exceptionnelle richesse : outre les habituels hérons, aigrettes et autres oiseaux aquatiques, on peut observer agoutis, jabirus (cigognes), iguanes, javelines (pécaris), perruches, martins-pêcheurs et alligators.

Activités

XTC Dive Center PLONGÉE
(www.xtcdivecenter.com ; route côtière Km 0,3 ; 2 plongées consécutives 275 $US, sorties de snorkeling 50-75 $ US ; ⏲9h-17h). XTC organise des sorties de plongée et de snorkeling sur la splendide barrière de corail, et au Banco Chinchorro. Le club loue aussi du matériel de plongée, délivre le brevet PADI Open Water (600 $US), et propose des sorties de pêche et d'observation des oiseaux.

Ce prestataire loue 3 jolies chambres abordables (50-70 $US), et dispose d'un bon bar-restaurant. À 300 m au nord du village.

Où se loger et se restaurer

Ici, même les plus agréables hébergements restent modestes. Le paiement par carte bancaire n'est généralement pas possible sans arrangement préalable et il vaut mieux prendre contact avec les établissements par

Internet. Les restaurants de produits de la mer ciblent essentiellement une clientèle touristique, mais peuvent être très bons.

Casa Paraiso HÔTEL $$$
(983-158-7008, Whatsapp 678-446-9817 ; casaparaisoxcalak.com ; route côtière Km 2,5 ; ch avec petit-déj 130 $US ;). D'un jaune pimpant, Casa Paraiso compte 4 chambres avec grands balcons équipés de hamacs, face à la mer, lit *king size*, cuisine, réfrigérateur, et superbe salle de bains ornée de céramiques de Talavera. Kayaks, équipement de snorkeling et vélos fournis gracieusement.

Hotel Tierra Maya HÔTEL $$$
(États-Unis +1-330-735-3072 ; www.tierramaya.net ; route côtière Km 2 ; ch à partir de 107 $US, ste 179 $US ;). Un hôtel moderne en bord de mer, avec 6 chambres charmantes (dont 3 assez grandes) agencées avec goût. Le balcon donne sur la mer et les chambres les plus vastes ont de petits réfrigérateurs. Repérez la grande fresque maya sur la façade du bâtiment.

Costa de Cocos INTERNATIONAL $$
(www.costadecocos.com ; route côtière Km 1 ; petit-déj 5 $US, déj et dîner 26 $US ; 7h-20h30 ;). Le bar-restaurant de ce lodge de pêche est l'une des meilleures adresses du village pour se restaurer. Il sert des petits-déjeuners américains et mexicains, et des tacos au poisson au déjeuner et au dîner. Le bar élabore son propre whisky suivant des méthodes artisanales, et propose de la bière ambrée à la pression.

Toby's PRODUITS DE LA MER $$
(983-107-5426 ; plats 85-155 $M ; 11h-20h30 lun-sam). Sur l'artère principale, sa convivialité et ses produits de la mer bien préparés font de ce restaurant un lieu prisé des expatriés. Goûtez les crevettes à la noix de coco ou le poisson-lion et vous comprendrez pourquoi. Ouvre parfois le dimanche.

Depuis/vers Xcalak

Les bus à destination de Chetumal (130 $M) et de Limones (où vous pourrez prendre une correspondance vers le nord) partent à 5h30 et 14h ; l'arrêt se trouve sur la route côtière, derrière le phare. Depuis Chetumal, les départs ont lieu à 6h et 16h.

Un trajet en taxi depuis Limones sur la route 307 coûte environ 700 $M (notamment vers les hôtels au nord). Depuis Felipe Carillo Puerto, comptez environ 1 000 $M.

En voiture depuis Limones, prenez à droite (direction sud) après 55 km, puis suivez les panneaux indiquant Xcalak sur 60 km. Restez vigilant : les animaux vivant dans la forêt et la mangrove peuvent surgir à tout moment sur la route, notamment les crabes de terre géants, les serpents et les tortues.

Une route côtière cahoteuse relie Xcalak à Mahahual, mais elle est souvent fermée pendant la saison des pluies. Le pont semble fréquemment inondé : renseignez-vous avant de prendre la route pour éviter toute mauvaise surprise.

Laguna Bacalar

983 / 11 000 HABITANTS

Laguna Bacalar, la plus grande lagune de la péninsule, surprend dans cette région de jungle broussailleuse. Long de plus de 60 km avec un fond de sable intensément blanc, ce lac cristallin offre de multiples possibilités : camping, baignade, kayak et farniente, le tout au milieu d'une palette de couleurs bleues, vertes et blanches presque irréelles. Certains décrivent le lieu comme la "nouvelle Tulum".

Petite et paisible, mais suffisamment développée pour proposer activités et restaurants, la ville se trouve à l'est de la grand-route, à 125 km au sud de Felipe Carrillo Puerto. En dehors de la visite de la vieille forteresse espagnole et des *balnerios* (zones de baignade), il n'y a pas grand-chose à faire, mais c'est justement pour ça qu'on aime l'endroit. Autour de la place centrale, vous trouverez un DAB, une petite épicerie, une station de taxis et un office du tourisme.

À voir et à faire

Forteresse ÉDIFICE HISTORIQUE
(983-834-28-86 ; angle Av 3 et Calle 22 ; 73 $M ; 11h-19h mar-dim). Édifié pour protéger les habitants des pirates et des *indígenas*, le fort qui surplombe la lagune servit d'avant-poste aux Blancs pendant la guerre des Castes. En 1859, des rebelles mayas s'en emparèrent et le conservèrent jusqu'à la conquête du Quintana Roo par les troupes mexicaines en 1901.

Avec ses canons sur les remparts, la forteresse transformée en musée impressionne toujours. Du matériel de guerre et des uniformes des XVIIe et XVIIIe siècles y sont exposés.

Balneario BAIGNADE
(Av Costera s/n, angle Calle 14 ; 9h-17h). GRATUIT Ce superbe lieu de baignade public se situe à plusieurs pâtés de maisons au sud de la forteresse, au bord de l'Avenida Costera. L'entrée est gratuite, mais le stationnement coûte 10 $M.

Cenote Azul BAIGNADE
(983-834-24-60 ; route 307 Km 34 ; adulte/-10 ans 25 $M/gratuit ; 10h-18h). À la pointe sud de la *costera* (route côtière), à environ 3 km au sud du centre-ville de Bacalar, ce bassin naturel d'une profondeur de 90 m est servi par un bar-restaurant. À 200 m à l'est de la route 307 ; de nombreux bus le desservent.

Où se loger et se restaurer

Yak Lake House Hostel AUBERGE DE JEUNESSE $
(983-834-31-75 ; www.facebook.com/theyaklakehouse ; Av 1, entre Calles 24 et 26 ; dort 300-350 $M, ch 1 200 $M ; P). Si vous rêvez de vous prélasser toute la journée en bikini, cette auberge de jeunesse est faite pour vous. À quelques pas de Laguna Bacalar, l'établissement offre suffisamment de chaises longues en terrasse pour profiter amplement du soleil. Petit-déjeuner inclus, personnel sympathique, chambres propres, casiers pratiques : un endroit parfait pour se reposer quelques jours. Lors de nos recherches, l'établissement n'était indiqué par aucun panneau. Repérez la grande façade marron et blanche avec une porte massive en bois.

Hotel Laguna Bacalar HÔTEL $$
(983-834-22-05; www.hotellagunabacalar.com; Av Costera 479 ; d avec ventil/clim 1 360/1 500 $M, bungalow à partir de 2 100 $M ; P). Cet établissement aéré possède une petite piscine, un restaurant et une très belle vue sur la lagune, à explorer en kayak ou lors d'une croisière. À 2 km au sud de Bacalar et 150 m à l'est de la route 307 ; les voyageurs arrivant en bus peuvent demander au chauffeur de les laisser à l'embranchement.

Rancho Encantado CABAÑAS $$$
(998-884-20-71 ; www.encantado.com ; route 307 Km 24 ; d/ste avec petit-déj à partir de 2 480/4 600 $M ; P). Envie de célébrer la beauté de Laguna Bacalar en séjournant dans l'un des établissements les plus saisissants de la côte ? Ici, vous aurez droit à un réveil dans une confortable *cabaña* au toit de chaume, un petit-déjeuner avec vue sur le lagon et du snorkeling dans des eaux cristallines (excursions non comprises dans le tarif). À 3 km au nord de Bacalar.

HORS DES SENTIERS BATTUS

CORREDOR ARQUEOLÓGICO

Le Corredor Arqueológico englobe les sites archéologiques de Dzibanché et de Kohunlich, deux sites mayas peu fréquentés malgré leur intérêt ; accessibles à la journée depuis Chetumal.

Dzibanché (55 $M ; 8h-17h). Son accès n'est pas des plus simples, mais ce site vaut absolument la peine pour son cadre reculé et semi-sauvage. Dzibanché ("écriture sur bois") était une ville majeure qui s'étendait sur plus de 40 km², avec de nombreux palais et pyramides (le site n'est toutefois pas entièrement déterré). L'accès se fait par une belle route de campagne.

L'embranchement pour Dzibanché depuis la route 186 est à environ 44 km à l'ouest de Chetumal, sur la droite après le panneau indiquant Zona Arqueológico. De là, il faut continuer 24 km en direction du nord sur une route étroite. Environ 2 km après la bourgade de Morocoy, prenez à nouveau à droite. Soyez attentif, le panneau passe facilement inaperçu.

Kohunlich (près de la Hwy 186 ; tarif plein/-13 ans 65 $M/gratuit ; 8h-17h). Ce site archéologique planté sur un tapis de verdure date de la fin de la période préclassique (100-200) et du début de la période classique (300-600). Il est connu pour le grand **Templo de los Mascarones** (temple des Masques), un édifice pyramidal à l'escalier central flanqué de masques de 3 m de hauteur représentant le dieu Soleil.

L'embranchement pour Kohunlich est à 3 km à l'ouest sur la route 186 à partir de l'embranchement pour Dzibanché ; le site est situé au bout des 9 km de route droite.

Mango y Chile VÉGÉTALIEN $$

(☎983-688-20-00 ; www.facebook.com/mangoychile ; Av 3, entre Calles 22 et 24 ; plats 90-130 $M ; ⏲13h-21h mer-lun). Le premier (et unique) restaurant entièrement végétalien de Bacalar dispose d'une grande terrasse donnant sur le fort et le lagon. Délicieux burgers, mais les plats sont plutôt salés. Personnel sympathique.

La Playita PRODUITS DE LA MER $$

(☎983-834-30-68 ; www.laplayitabacalar.com ; Av Costera 765, angle Calle 26 ; plats 137-351 $M ; ⏲12h-23h ; 📶). À l'extérieur, un panneau résume l'esprit du lieu : "Mangez, buvez et baignez-vous". Les plats de poissons et de fruits de mer sont savoureux, quoiqu'un peu légers, mais le mezcal Alipús compensera largement cet inconvénient. Le grand hévéa qui ombrage le jardin jonché de galets a pratiquement été déraciné en 2007 par l'ouragan Dean.

☆ Où sortir

Galeón Pirata Espacio Cultural MUSIQUE LIVE

(☎983-157-75-58 ; www.facebook.com/GaleonPirataBacalar ; Av Costera s/n, entre Calles 30 et 32 ; ⏲16h-23h mar-jeu, 19h-3h ven et sam). Ce centre culturel indépendant programme concerts, expositions d'art, projections de films et pièces de théâtre tout en faisant office de bar-restaurant. Horaires assez irréguliers.

ℹ Depuis/vers la Laguna Bacalar

Les bus n'entrent pas dans la ville, mais la plupart des taxis et *combis* vous déposeront sur la place centrale. Les bus s'arrêtent au terminal ADO sur la route 307. De là, marchez environ 10 pâtés de maisons vers le sud-est pour rejoindre la place centrale ou prenez un taxi pour 18 $M.

Depuis la **gare routière ADO** (☎983-833-31-63 ; route 307), des bus desservent Chetumal (38-62 $M), Cancún (262-400 $M), Mahahual (78 $M), Xcalak (94 $M) et Tulum (166-224 $M), parmi bien d'autres destinations.

Si vous arrivez du nord en voiture et souhaitez rejoindre la ville et la forteresse, prenez la première sortie pour Bacalar et dépassez plusieurs pâtés de maisons avant de tourner à gauche (vers l'est) en bas de la colline. Depuis Chetumal, dirigez-vous vers l'ouest pour rattraper la route 307 au nord. Au bout de 25 km, vous verrez le panneau indiquant Cenote Azul et Avenida Costera (ou Avenida 1).

Chetumal

☎983 / 151 200 HABITANTS

Capitale du Quintana Roo, Chetumal est une ville relativement paisible, proche de vestiges mayas, d'une jungle luxuriante et des portes du Belize. L'esplanade de la baie accueille un carnaval et d'autres événements, tandis que le musée maya moderne est visuellement impressionnant, malgré une collection limitée. Les sites d'intérêt sont rares (aucun circuit touristique n'est organisé), mais l'on voit parfois des lamantins dans les eaux boueuses de la baie ou dans les mangroves voisines. Il est interdit de nager dans le lagon en raison de la présence possible de crocodiles. Les locaux aiment prétendre qu'il n'y en a qu'un (dénommé Harry) et qu'il est tranquille, mais ils cherchent peut-être ainsi à se débarrasser des touristes, alors mieux vaut privilégier la piscine de l'hôtel !

Histoire

Avant la conquête espagnole, Chetumal était un port maya utilisé pour le commerce de l'or, des plumes, du cacao et du cuivre avec le nord de la péninsule du Yucatán. Le site ne fut colonisé qu'en 1898, lorsque le gouvernement mexicain y fonda une ville pour couper court au commerce des armes et du bois des descendants des Mayas, combattants dans la guerre des Castes. Anciennement Payo Obispo, la ville prit le nom de Chetumal en 1936. En 1955, elle fut pratiquement anéantie par l'ouragan Janet, et les infrastructures furent à nouveau endommagées par l'ouragan Dean, en 2007.

👁 À voir

Museo de la Cultura Maya MUSÉE

(☎983-832-68-38 ; Av de los Héroes 68, angle Av Gandhi ; 73 $M ; ⏲9h-19h mar-dim). Le musée de la Culture maya, bijou architectural audacieux dont les collections sont malheureusement peu fournies, fait la fierté de la ville. Ses 3 niveaux reflètent la cosmologie maya. Au milieu, le monde réel, en haut, le paradis, et en bas Xibalbá, les enfers. Tout le Mayab (les terres des Mayas) y est représenté.

Des maquettes reproduisent de grands bâtiments mayas. Un ensemble de temples est notamment exposé sous un sol en Plexiglas. Bien que les pièces originales soient

Chetumal

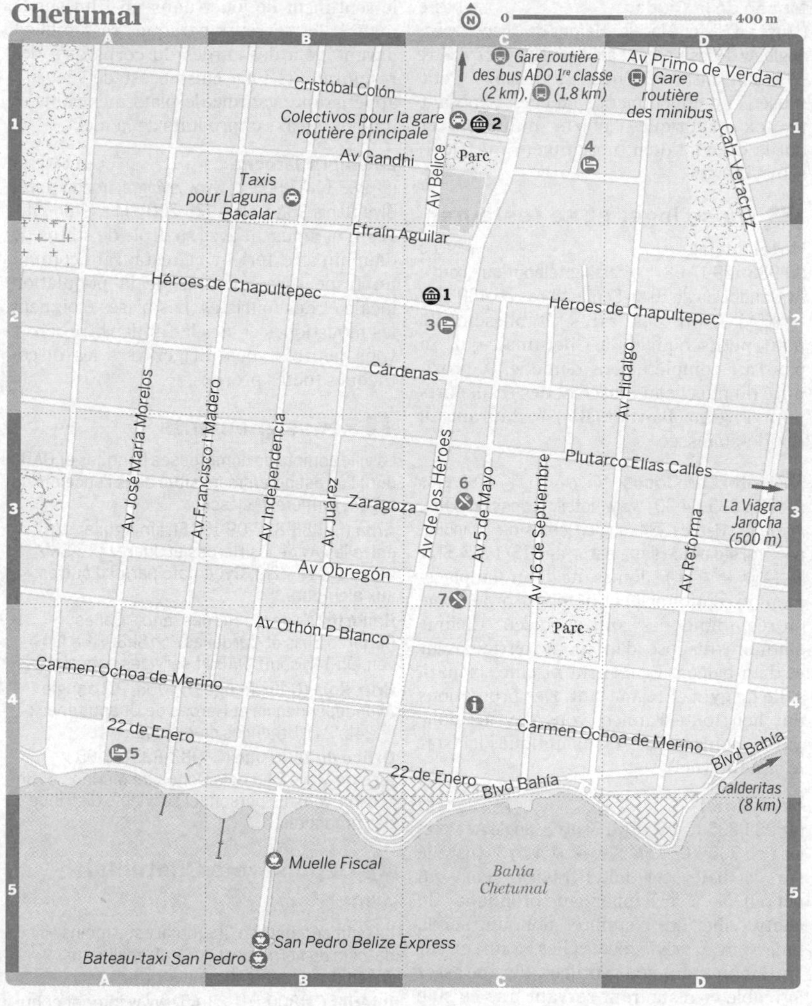

Chetumal

À voir

1 Museo de la Ciudad C2
2 Museo de la Cultura Maya C1

Où se loger

3 Hotel Los Cocos C2
4 Hotel Xcalak C1
5 Noor Hotel A4

Où se restaurer

6 Café Los Milagros C3
7 Sergio's Pizzas C3

rares, on peut admirer des répliques de plusieurs stèles et d'une chambre funéraire de Copán au Honduras, ainsi que des reproductions de peintures murales trouvées dans la salle 1 de Bonampak. Les expositions mécaniques et informatiques illustrent bien les systèmes calendriculaires, numériques et alphabétiques complexes des Mayas.

La cour du musée, en accès libre, est équipée d'espaces pour les expositions d'art moderne. Au centre de la cour, une *na* (cabane au toit de chaume) expose des articles de la vie quotidienne des Mayas (gourdes, meules à aiguiser, etc.).

Museo de la Ciudad MUSÉE
(Musée d'Histoire locale ; Héroes de Chapultepec, angle Av de los Héroes ; adulte/- 11 ans 27/8 $M ; ⌚9h-19h mar-ven, 9h-19h sam-dim). Petit musée intelligemment agencé, exposant photos historiques, objets militaires et outils du quotidien (notamment un téléviseur vintage).

Où se loger et se restaurer

Hotel Xcalak HÔTEL $
(☎983-129-17-08 ; xcalakhotelboutique.com ; Av Gandhi, angle 16 de Septiembre ; ch 450 $M ;). L'un des rares établissements pour petits budgets à Chetumal, qui n'a pas l'air complètement démodé. À proximité du plus beau musée et des transports pour Laguna Bacalar. Bon restaurant au rez-de-chaussée.

♥ **Hotel Los Cocos** HÔTEL $$
(☎983-835-04-30 ; www.hotelloscocos.com.mx ; Av de los Héroes 134, angle Héroes de Chapultepec ; d/ste avec clim à partir de 912/1 824 $M ; P @). Jouissant d'un emplacement exceptionnel, cet hôtel est orné d'une entrée digne des années disco. Chaque chambre dispose d'un petit réfrigérateur et d'un balcon. Également piscine, Jacuzzi, salle de gym et restaurant. Des promotions ont lieu toute l'année, vous devriez donc payer moins que les tarifs indiqués ici (voir le site Internet).

Noor Hotel HÔTEL $$
(☎983-835-13-00 ; Blvd Bahía 3, angle Av Morelos ; ch 900-1 020 $M ; P). Installé sur la baie, cet hôtel ravira ceux qui cherchent à échapper au brouhaha du centre-ville. Les chambres donnant sur la baie sont à privilégier, celles donnant sur l'intérieur étant peu ventilées. Piscine assez agréable et restaurant servant une cuisine internationale. La promenade en bois est agréable à parcourir l'après-midi.

Café Los Milagros CAFÉ $
(☎983-832-44-33 ; Zaragoza s/n ; petit-déj 84-130 $M, déj 28-95 $M ; ⌚7h-16h lun-ven ;). Un endroit simple et décontracté pour un excellent repas et expresso. Très apprécié des étudiants et des intellectuels de Chetumal, c'est le lieu idéal pour discuter avec les habitants ou faire une partie de dominos.

♥ **Sergio's Pizzas** PIZZAS $$
(☎983-832-29-91 ; Av Obregón 182, angle Av 5 de Mayo ; plats 86-300 $M ; ⌚7h-minuit ;). En pénétrant dans cette pizzeria, vous aurez le sentiment de jouer dans un film sur la mafia : les serveurs baraqués ressemblent davantage à des gardes du corps qu'à des restaurateurs ! La cuisine est délicieuse : appétissante gamme de plats mexicains et italiens, steaks et produits de la mer.

La Viagra Jarocha MEXICAIN $$
(☎983-144-39-05 ; www.laviagrajarocha.com ; Blvd Bahía 98A ; plats 135-200 $M ; ⌚8h-21h). Festif et amusant avec sa drôle de statue de dauphin à l'extérieur, ce restaurant connaît un franc succès auprès de la population locale et des touristes. Les brises éloignent les moustiques et, dès la fin de votre repas, vous pourrez vous diriger vers les discothèques toutes proches.

Renseignements

La ville compte de nombreuses banques et DAB, dont l'un est notamment situé dans l'enceinte de la gare routière 1re classe.

Arba (☎983-832-09-15 ; Efraín Aguilar s/n, entre les Av de los Héroes et Juárez ; 13 $M/heure ; ⌚7h-22h). Cybercafé parmi d'autres aux alentours.

Banorte (Av de los Héroes, entre Calles Plutarco Elías et Cárdenas ; ⌚8h30-16h lun-ven, 9h-14h sam). DAB et services bancaires.

Cruz Roja (Croix-Rouge ; ☎065, 911 ; angle Av Independencia et Héroes de Chapultepec ; ⌚24h/24). Urgences médicales.

Office du tourisme (☎983-833-24-65 ; Av 5 de Mayo 21, angle Ochoa de Merino ; ⌚8h-17h lun-ven). Le personnel serviable distribue des brochures.

Depuis/vers Chetumal

AVION

Le petit aéroport de Chetumal est à moins de 2 km du nord-ouest du centre-ville, sur l'Avenida Obregón.

Interjet (☎800-011-23-45 ; www.interjet.com) assure des liaisons directes avec Mexico.

BATEAU

Les ferrys à destination du Belize partent du **Muelle Fiscal** (embarcadère ; Blvd Bahía). Une taxe de sortie du territoire (500 $M) s'ajoute au prix du billet.

San Pedro Belize Express (☎983-832-16-48 ; www.belizewatertaxi.com ; Blvd Bahía s/n, Muelle Fiscal ; aller simple 55 $US ; ⌚9h-15h30). Transport par bateau jusqu'à la ville du Belize, Caye Caulker et San Pedro.

San Pedro Water Taxi (belizewatertaxiexpress.com ; Blvd Bahía s/n, Muelle Fiscal ; aller simple 50 $US ; ⌚9h-15h30). Bateaux-taxis pour San Pedro et Caye Caulker, au Belize.

BUS AU DÉPART DE CHETUMAL

Sauf mention contraire, les bus suivants partent du **terminal 1re classe ADO**.

DESTINATION	PRIX ($M)	DURÉE (H)	FRÉQUENCE
Bacalar	45-62	45 min	fréquents
Belize, Belize	300	4-4 ½	fréquents ; départ Terminal de Chetumal
Campeche	498	6-7	3/jour
Cancún	404-518	5 ½-6 ½	fréquents
Corozal, Belize	50	1	fréquents ; départ Terminal de Chetumal
Escárcega	316	4	fréquents
Felipe Carrillo Puerto	116	2 ½-3	5/jour
Flores, Guatemala (pour Tikal)	700	7 ½-8	7h ; départ de l'ancien Terminal de Chetumal
Mahahual	85-110	2 ½-3 ½	3/jour
Mérida	446	5 ½-6	4/jour
Orange Walk, Belize	100	2 ¼	fréquents ; départ de l'ancien Terminal de Chetumal
Palenque	584-694	6 ½-7 ½	5/jour
Tulum	308	3 ¼-4	11/jour
Valladolid	228	5 ½	3/jour
Veracruz	1 206	17	1/jour ; 18h30
Villahermosa	662-762	8 ¼-9	7/jour
Xcalak	130	4-4 ½	2/jour ; 5h40 et 16h10
Xpujil	164	2-3	5/jour

BUS

Prenez soin de bien vérifier les détails de votre bus, les lieux de départ pouvant prêter à confusion et changer régulièrement. Au moment où nous écrivons, les renseignements disponibles sont les suivants :

Gare routière 1re classe ADO (☎ 983-832-51-10 ; www.ado.com.mx ; Salvador Novo 179, près de l'Av Insurgentes). À 2 km au nord du centre-ville, liaisons vers Cancún, Campeche, Mérida, Valladolid, Xcalak, notamment.

Ancienne gare routière de Chetumal (Salvador Novo s/n ; ⏲ 6h-22h). N'est plus utilisée que pour les lignes Corozal, Belize City et Orange Walk, ainsi que pour le Guatemala.

Gare routière des minibus (angle Av Primo de Verdad et Av Hidalgo). Minibus à destination de Laguna Bacalar (62 $M), départs de 8h à 14h.

VOITURE ET TAXI

En ville, les taxis facturent environ 25 $M pour un court trajet, mais demandez toujours le prix avant de monter. Les taxis de l'Av Independencia (entre Efraín Aguilar et Av Gandhi) facturent 180 $M/pers pour rejoindre Laguna Bacalar. Supplément pour les voyages de nuit.

Gibson's Tours & Transfers (☎ 501-6002 605 ; basé à Corozal, Belize ; comptez au moins 100 $US pour 4 pers maximum). Liaisons entre Mexico et Corozal ; possibilité d'obtenir les permis de passage à la frontière avec la location du véhicule ; plusieurs excursions possibles au Belize.

ℹ Comment circuler

La plupart des sites de la zone touristique de Chetumal sont à courte distance à pied les uns des autres. Pour rejoindre la gare routière principale depuis le centre, prenez un **colectivo** à l'angle des Avenidas Belice et Cristóbal Colón, devant la gare routière des bus de 2e classe. Demandez à être déposé au niveau de la *glorieta* (rond-point) sur l'Avenida Insurgentes. La gare routière est à gauche (à l'ouest).

Des bus Calderitas partent du même croisement.

ÉTAT DU YUCATÁN ET CŒUR DU PAYS MAYA

Occupant une large portion de la pointe nord de la péninsule, l'État du Yucatán est moins orienté vers le tourisme de masse que le Quintana Roo, son clinquant voisin. De fait, il se prête davantage à la découverte de la culture mexicaine : on trouve quelques belles étendues de sable à Celestún et Progreso, mais on vient surtout dans la région pour visiter les sites mayas, comme ceux de la Ruta Puuc qui donnent l'occasion d'explorer 4 à 5 sites archéologiques en une seule journée.

Les voyageurs aiment également se plonger dans l'histoire du pays en découvrant des cités coloniales et des haciendas de *henequén* (vastes domaines qui produisent des fibres d'agave servant à la confection des cordes), affectées par les outrages du temps ou restaurées avec soin, mais toujours marquées de l'énergie subtile de ce pan authentique du sud-est du Mexique. Le site www.yucatan.travel vous fournira des informations pour préparer votre séjour.

Mérida

☎999 / 800 000 HABITANTS

Depuis la conquête espagnole, l'ancienne cité maya de T'hó est en même temps la capitale administrative de l'État du Yucatán et le carrefour culturel de toute la péninsule. À la fois provincial et "*muy cosmopolitano*", le lieu est marqué par l'histoire coloniale et sert de base pour la découverte de l'État du Yucatán. On y trouve un excellent choix d'hébergements et de restaurants, des marchés très fréquentés et des manifestations tous les soirs ou presque.

Ville touristique mais pas attrape-touristes, Mérida séduit depuis longtemps les voyageurs qui souhaitent échapper aux *resorts* du Quintana Roo, avec ses ruelles étroites, agréables à explorer, ses vastes places et les meilleurs musées de la région.

Histoire

Après avoir fondé une colonie espagnole à Campeche en 1540, à 160 km au sud-ouest, Francisco de Montejo le Jeune parvint à tirer profit des dissensions politiques entre les Mayas et à conquérir T'hó (aujourd'hui Mérida), en 1542. En 1550, la plus grande partie du Yucatán était passée sous domination espagnole.

Lorsque les conquistadores de Montejo prirent T'hó, ils découvrirent une importante cité maya bâtie en pierre cimentée au mortier de chaux, qui leur rappela l'architecture romaine de Mérida, en Espagne. Ils renommèrent la ville et l'aménagèrent pour en faire la capitale régionale. Les constructions mayas furent démantelées et leurs matériaux utilisés pour ériger une cathédrale et d'autres édifices imposants. Mérida recevait alors ses ordres directement d'Espagne plutôt que de Mexico. Depuis cette époque, le Yucatán a conservé une identité culturelle et politique distincte de celle des autres régions du Mexique.

Pendant la guerre des Castes, seules Mérida et Campeche réussirent à résister aux forces rebelles. Proches de la reddition, les dirigeants de Mérida furent sauvés par des renforts envoyés du centre du pays. En échange, ils s'engagèrent à obéir aux ordres de Mexico.

Mérida est désormais le cœur commercial de la péninsule, une ville en pleine expansion depuis que les *maquiladoras* (usines de produits destinés à l'export rémunérant faiblement leur main-d'œuvre) ont fait leur apparition dans les années 1980 et 1990, et depuis le boom de l'industrie du tourisme des dernières décennies. La croissance a attiré des travailleurs venus de tout le pays et la ville abrite une large communauté libanaise.

À voir

♥ Gran Museo del Mundo Maya MUSÉE

(www.granmuseodelmundomaya.com.mx ; Calle 60 Norte 299E ; 150 $M ; ⌚8h-17h mer-lun ; Ⓟ). D'envergure mondiale, ce musée célébrant la culture maya abrite une collection permanente de plus de 1 100 pièces remarquablement préservées, dont une sculpture *chac-mool* de Chichén Itzá et une figurine des enfers exhumée à Ek' Balam (ne manquez pas sa ceinture de crânes et sa coiffure en forme de reptile). Si vous prévoyez de visiter les sites archéologiques de la région, passez d'abord par le musée pour vous familiariser avec l'histoire maya et voir de près certaines des fascinantes pièces découvertes sur les sites.

La structure de cet édifice contemporain, inauguré en 2012, est inspirée d'un ceiba, arbre sacré que les Mayas pensaient relié au monde des morts, dans les entrailles de la Terre, et au Ciel. Un spectacle son et lumière gratuit est donné chaque soir sur l'un des murs extérieurs.

À 12 km au nord du centre-ville, sur la route de Progreso. Les transports en commun qui passent dans la Calle 60 vous déposeront à l'entrée.

♥ Palacio Cantón MUSÉE

(Musée régional d'Anthropologie ; ☎999-923-05-57 ; www.palaciocanton.inah.gob.mx ; Paseo de Montejo 485 ; adulte/- 13 ans 52 $M/gratuit ; ⏲8h-17h mar-dim). Cette imposante demeure fut construite entre 1909 et 1911, mais son premier propriétaire, le général Francisco Cantón Rosado (1833-1917), n'y vécut que les six dernières années de sa vie. La splendeur et la prétention du Palacio en font un symbole des grandes aspirations de l'élite de Mérida pendant les dernières années du *Porfiriato* – période de 1876 à 1911 pendant laquelle Porfirio Díaz gouvernait le Mexique sans partage. Le musée accueille des expositions temporaires (tarif variable).

♥ Casa de Montejo MUSÉE

(Museo Casa Montejo ; www.casasdeculturabanamex.com/museocasamontejo ; Calle 63 n°506, Palacio de Montejo ; ⏲10h-19h mar-sam, 10h-14h dim). GRATUIT La Casa de Montejo, sur le côté sud de la Plaza Grande, date de 1549. Destiné à loger des soldats, l'édifice fut converti en hôtel particulier par la famille Montejo, qui l'occupa jusqu'au XIXe siècle. Aujourd'hui, il abrite une banque et un musée exposant une collection de meubles restaurés, victoriens, néorococo et néo-Renaissance.

La façade, typique de la statuaire coloniale, représente des conquistadores armés de hallebardes, foulant aux pieds la tête des vaincus, beaucoup plus petits qu'eux. Dans le même style, nombre d'églises de la région montrent des prêtres gigantesques toisant des petits *indígenas*. Des bustes du conquistador Montejo le Vieux, de son épouse et de sa fille ornent aussi la façade.

♥ Parque Santa Lucía PARC

(Angle Calles 60 et 55). Le joli petit Parque Santa Lucía est bordé d'arcades sur ses flancs nord et ouest. C'est là que les voyageurs montaient ou descendaient des diligences qui reliaient villes et bourgades à la capitale provinciale. Aujourd'hui, les arcades abritent des restaurants très fréquentés et une salle où se tiennent les **Serenatas Yucatecas** (sérénades yucatèques), concert hebdomadaire gratuit donné le mardi à 21h.

Museo Fernando García Ponce-Macay MUSÉE

(Museo de Arte Contemporáneo ; ☎999-928-32-36 ; www.macay.org ; Pasaje de la Revolución s/n, entre Calles 58 et 60 ; ⏲10h-17h15 mer-lun). GRATUIT Installé dans l'ancien palais de l'archevêché, le musée présente des expositions permanentes de Fernando Castro Pacheco, Fernando García Ponce et Gabriel Ramírez Aznar, 3 des peintres les plus célèbres du Yucatán (courants du réalisme et de la rupture), ainsi que des expositions itinérantes d'art contemporain mexicain et étranger.

Paseo de Montejo ARCHITECTURE

Avec le Paseo de Montejo, parallèle aux Calles 56 et 58, les urbanistes du XIXe siècle cherchèrent à créer un grand boulevard à l'image du Paseo de la Reforma à Mexico ou des Champs-Élysées à Paris. Bien que plus modeste que ses modèles, le Paseo de Montejo est un bel espace verdoyant et relativement ouvert dans un environnement urbain bétonné. Expositions occasionnelles de sculptures le long du *paseo* (promenade).

Plaza Grande PLACE

GRATUIT L'une des plus jolies places du Mexique, bordée d'édifices remarquables, dont les contre-allées sont ombragées par d'immenses lauriers. Cœur social et religieux de l'ancienne T'ho, elle fut transformée par les Espagnols en Plaza de Armas, conçue par Francisco de Montejo (le Jeune).

On y lève et on y baisse le drapeau mexicain chaque jour ; marché d'artisanat le dimanche ; danse ou musique live quasiment tous les soirs.

Catedral de San Ildefonso ÉDIFICE RELIGIEUX

(Calle 60 s/n ; ⏲6h-12h et 16h30-20h). Sur le côté est de la place, l'imposante cathédrale de Mérida fut édifiée entre 1561 et 1598 sur le site d'un ancien temple maya, dont une partie des pierres fut réutilisée pour la construction. Derrière l'autel se dresse le **Cristo de la Unidad** (Christ de l'Unité), un crucifix massif symbolisant la réconciliation entre les peuples espagnol et maya.

À droite, au-dessus du portail sud, on découvre un tableau représentant Tutul Xiú, cacique de la ville de Maní, présentant ses hommages à son allié, Francisco de Montejo (les deux hommes avaient vaincu ensemble les Cocoms ; le Maya Xiú se convertit au christianisme et ses descendants vivent encore à Mérida).

La petite chapelle à gauche de l'autel renferme la pièce religieuse la plus célèbre de Mérida, la statue du **Cristo de las Ampollas** (Christ des Ampoules). On raconte qu'elle fut sculptée dans un arbre qui, frappé par la foudre, avait brûlé toute une nuit sans se consumer. Placée dans l'église de la ville d'Ichmul, elle aurait été

Mérida

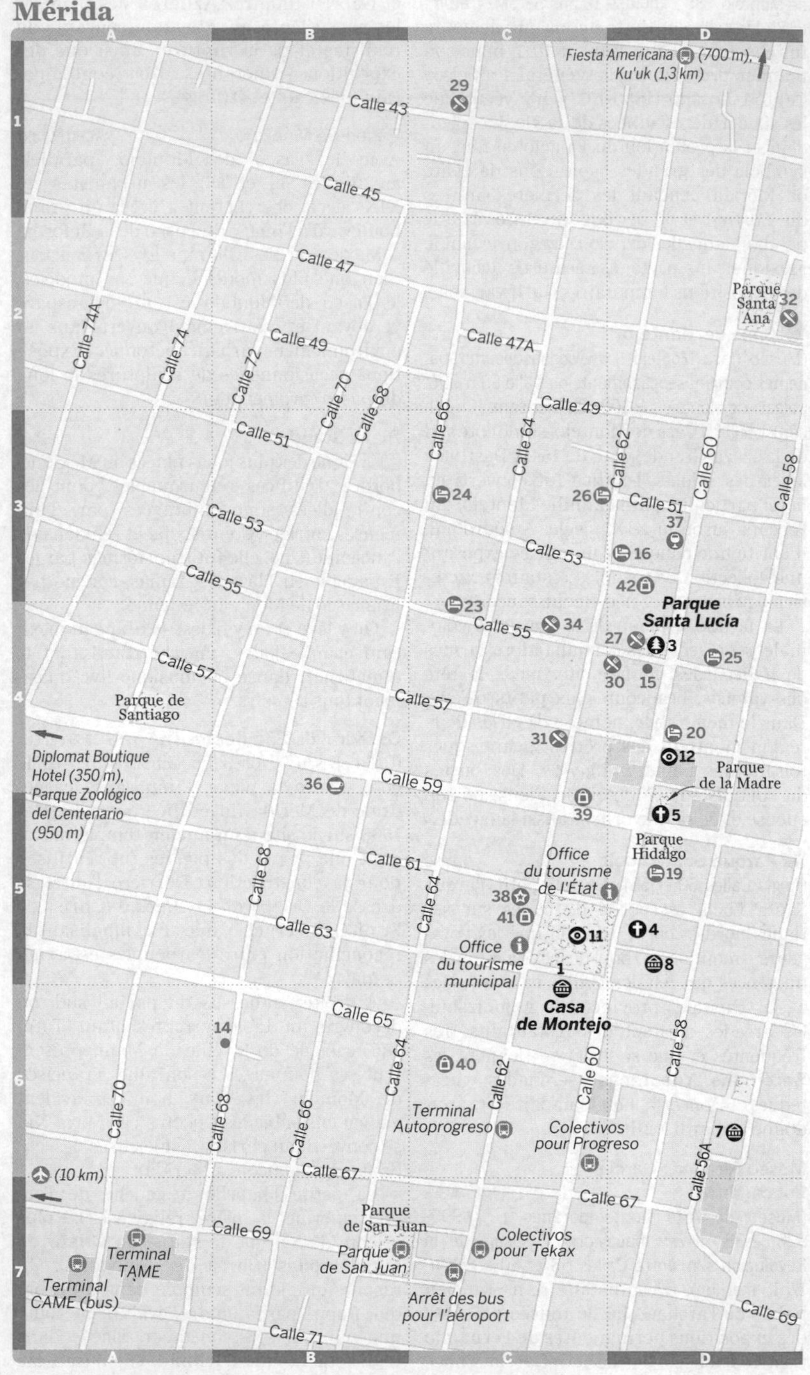
A
B
C
D
1
2
3
4
5
6
7
Fiesta Americana (700 m), Ku'uk (1,3 km)
29
Calle 43
Calle 45
Calle 47
Parque Santa Ana
32
Calle 74A
Calle 74
Calle 72
Calle 49
Calle 47A
Calle 70
Calle 68
Calle 66
Calle 64
Calle 49
Calle 62
Calle 60
Calle 58
Calle 51
24
26
Calle 51
37
Calle 53
Calle 53
16
42
Calle 55
23
34
Calle 55
Parque Santa Lucía
27
3
25
30
15
Calle 57
Calle 57
Parque de Santiago
20
31
Diplomat Boutique Hotel (350 m), Parque Zoológico del Centenario (950 m)
12
Parque de la Madre
36
Calle 59
39
5
Parque Hidalgo
Calle 61
Office du tourisme de l'État
19
Calle 68
Calle 64
38
41
Calle 63
11
4
Office du tourisme municipal
8
1
Casa de Montejo
Calle 65
14
Calle 58
40
Calle 64
Calle 62
Calle 60
Calle 70
Calle 68
Calle 66
Terminal Autoprogreso
Colectivos pour Progreso
7
Calle 56A
(10 km)
Calle 67
Calle 67
Parque de San Juan
Calle 69
Colectivos pour Tekax
Terminal TAME
Parque de San Juan
Terminal CAME (bus)
Arrêt des bus pour l'aéroport
Calle 69
Calle 71
PÉNINSULE DU YUCATÁN MÉRIDA

Mérida

Les incontournables
1 Casa de Montejo C6
2 Palacio Cantón E1
3 Parque Santa Lucía D4

À voir
4 Catedral de San Ildefonso D5
5 Iglesia de Jesús D5
6 Museo de Arte Popular de Yucatán F5
7 Museo de la Ciudad D6
8 Museo Fernando García Ponce-Macay D5
9 Parque de la Mejorada F5
10 Paseo de Montejo E1
11 Plaza Grande C5
12 Teatro Peón Contreras D4

Activités
13 Instituto Benjamín Franklin E5
14 Los Dos B6
Nómadas Hostel .... (voir 26)
15 Turitransmérida D4

Où se loger
16 62 St Guesthouse D3
17 Casa Ana B&B F4
18 Casa Lecanda E2
19 Gran Hotel D5
20 Hotel Casa del Balam D4
21 Hotel Julamis E4
22 Hotel La Piazzetta F5
23 Hotel Medio Mundo C4
24 Los Arcos Bed & Breakfast C3
25 Luz en Yucatán D4
26 Nómadas Hostel C3

Où se restaurer
27 Apoala D4
28 Bar de Café Sukra E2
29 Bistro Cultural C1
30 La Chaya Maya D4
31 La Chaya Maya C4
32 La Socorrito D2
Lo Que Hay .... (voir 23)
33 Oliva Enoteca F3
34 Pola C4

Où prendre un verre et faire la fête
35 La Fundación Mezcalería E4
36 Manifesto B4
37 Mercado 60 .... D3

Où sortir
38 Centro Cultural Olimpo C5

Achats
39 Guayaberas Jack C5
40 Hamacas Mérida C6
41 Librería Dante C5
42 Tejón Rojo D3

le seul objet à réchapper à l'incendie qui détruisit l'édifice. On la transporta à la cathédrale de Mérida en 1645.

Hormis ces objets, l'intérieur de la cathédrale est sobre, ses riches ornements ayant été pillés par des paysans en colère, pris par la fièvre anticléricale de la révolution mexicaine.

Museo de Arte Popular de Yucatán MUSÉE

(Musée d'Art populaire du Yucatán ; Calle 50A n°487 ; 10h-17h mar-sam, 10h-15h dim). GRATUIT Aménagé dans un bâtiment de 1906, ce musée présente, au rez-de-chaussée, un florilège régulièrement renouvelé d'œuvres d'art populaire mexicain. L'exposition permanente à l'étage offre un aperçu des techniques utilisées pour la broderie des *huipiles* (longues tuniques blanches tissées sans manches, ornées de broderies colorées) et la fabrication des céramiques traditionnelles.

Museo de la Ciudad MUSÉE

(Musée de la Ville ; 999-924-42-64 ; Calle 56 n°529A, entre Calles 65 et 65A ; 9h-18h mar-ven, 9h-14h sam et dim). GRATUIT Installé dans l'ancien bureau de poste, ce musée est un havre de paix face à l'agitation du quartier du marché. Des expositions retracent l'histoire de la ville depuis l'époque d'avant la Conquête jusqu'au XXe siècle en passant par la belle époque, lorsque le *henequén* (sisal) fit la richesse de la région.

Iglesia de Jesús ÉGLISE

(Iglesia de la Tercera Orden ; Calle 60 s/n). L'Iglesia de Jesús (XVIIe siècle) est le seul édifice restant d'un ensemble construit par les Jésuites en 1618. L'église fut bâtie avec les pierres d'un temple maya qui se dressait naguère au même emplacement. Regardez de près le mur ouest qui fait face au Parque Hidalgo et vous distinguerez deux pierres portant des reliefs sculptés mayas.

Teatro Peón Contreras THÉÂTRE

(www.sinfonicadeyucatan.com.mx ; angle Calles 60 et 57 ; à partir de 150 $M). Le gigantesque Teatro Peón Contreras fut construit entre 1900 et 1908, à l'âge d'or du *henequén* de Mérida. On y découvre un grand escalier en marbre de Carrare et une coupole ornée de fresques d'artistes italiens. L'**orchestre symphonique du Yucatán** s'y produit le vendredi à 21h et le dimanche à 12h en saison (voir le site Internet).

Cours

Los Dos CUISINE

(www.los-dos.com ; Calle 68 No 517 ; cours et visites guidées 1 jour 185-210 $US). Autrefois gérée par le regretté chef américain David Sterling, cette école de cuisine offre des cours axés sur les saveurs du Yucatán, sous la direction du chef Mario Canul, qui collabora avec Sterling pendant de nombreuses années.

Instituto Benjamín Franklin ESPAGNOL

(999-928-00-97 ; www.benjaminfranklin.com.mx ; Calle 57 n°474A ; cours 1 heure 12 $US). Organisme à but non lucratif proposant des cours intensifs d'espagnol.

Circuits organisés

Turitransmérida CIRCUITS

(999-924-11-99 ; www.turitransmerida.com.mx ; Calle 55, entre Calles 60 et 62 ; 8h-19h lun-ven, 8h-13h sam, 8h-10h dim). Ce prestataire organise d'agréables circuits à la journée autour de Mérida, notamment à Celestún (56 $US/pers), Chichén Itzá (49 $US), Uxmal et Kabah (49 $US), Izamal (42 $US) et sur la Ruta Puuc. Possibilité de réserver un guide francophone. Un nombre de participants minimum est requis (parfois 2 personnes seulement).

Nómadas Hostel CIRCUITS

(999-924-52-23 ; www.nomadastravel.com ; Calle 62 n°433 ; circuit à partir de 600 $M). L'auberge de jeunesse Nómadas propose plusieurs excursions avec transport et guide vers la réserve écologique de Celestún (850 $M) et les sites archéologiques mayas de Chichén Itzá (600 $M), ainsi qu'Uxmal et Kabah (600 $M). Elle fournit également des fiches informatives (conseils de transport, coût des activités, etc.) pour plus d'une dizaine de destinations dans la région.

Fêtes et festivals

Paseo de Ánimas PARADE

(Festival des âmes ; vers le 31 oct). Des centaines d'habitants de la région déguisés en squelettes défilent dans les rues bordées d'autels le jour des Morts. Musique, performances artistiques et stands de nourriture locale s'ajoutent aux festivités.

Festival des oiseaux Toh FESTIVAL

(Festival de las Aves Toh ; www.festivalavesyucatan.com ; fév-nov). Diverses manifestations

VÉLO À MÉRIDA

Afin de faire une plus large place aux cyclistes, Mérida ferme des tronçons du Paseo de Montejo et de la Calle 60 à la circulation le dimanche matin. Pour les excursions en soirée, le groupe de cyclistes **Ciclo Turixes** (www.cicloturixes.org) se réunit au Parque Santa Ana le mercredi vers 20h30. Horaires disponibles sur le blog.

pendant l'année, avec pour point d'orgue une compétition de comptage d'oiseaux fin novembre.

Otoño Cultural CULTURE
(www.culturayucatan.com ; ⏲ sept et oct). Festival automnal de 3 semaines, généralement en septembre et octobre, proposant plus d'une centaine de spectacles (musique, danse, arts visuels et théâtre).

Mérida Fest CULTURE
(www.merida.gob.mx/festival ; ⏲ jan). Cette manifestation culturelle qui se déroule sur presque tout le mois de janvier célèbre la fondation de la ville (expositions d'art, concerts, pièces de théâtre et présentations de livres) dans divers lieux.

Où se loger

♥ **Nómadas Hostel** AUBERGE DE JEUNESSE $
(☎ 999-924-52-23 ; www.nomadastravel.com ; Calle 62 n°433 ; dort à partir de 200 $M, d 690 $M, sans sdb 450 $M ; P ❄ @ ᯤ ≋). La meilleure auberge de jeunesse de Mérida, avec dortoirs pour femmes, dortoirs mixtes et chambres privées. Le propriétaire, Señor Raul, fut l'un des premiers à ouvrir une auberge de jeunesse "contemporaine" au Mexique. À disposition : cuisine tout équipée avec réfrigérateur, douches, splendide piscine à l'arrière, et de quoi faire votre lessive à la main. L'établissement propose aussi des cours gratuits de salsa, yoga et cuisine, ainsi que divers circuits payants (voir page ci-contre).

♥ **Luz en Yucatán** HÔTEL $$
(☎ 999-924-00-35 ; www.luzenyucatan.com ; Calle 55 n°499 ; ch 58-100 $US ; P ⊖ ❄ ᯤ ≋). Un véritable hôtel de charme dont chaque chambre est superbement décorée. Magnifiques espaces communs, et beau patio avec piscine à l'arrière. Tom et Donard, les propriétaires enthousiastes, connaissent bien la région. Secondés par leur personnel serviable et anglophone, ils s'efforceront de répondre à tous vos besoins (visites guidées, etc.).

Formidables suites/appartements avec kitchenette à l'avant. La maison à louer en face (jusqu'à 7 pers), équipée d'un Jacuzzi, est encore mieux.

Hotel La Piazzetta HÔTEL $$
(☎ 999-923-39-09 ; www.hotellapiazzettamerida.com ; Calle 50A n°493, entre Calles 57 et 59 ; d avec petit-déj 750-1 100 $M ; ⊖ ❄ ᯤ). Aux abords d'une petite rue donnant sur le **Parque de la Mejorada**, cette agréable pension-hôtel offre une belle vue sur le parc ou le joli patio de l'établissement. Chambres très bien équipées dans un esprit campagnard chic (tables en bois patiné, serviettes joliment disposées dans des paniers suspendus, etc.). L'entrée est occupée par un agréable café. Prêt de vélos.

Casa Ana B&B B&B $$
(☎ 999-924-00-05 ; www.casaana.com ; Calle 52 n°469 ; ch avec petit-déj 50 $US ; ⊖ ❄ ᯤ ≋). Ce refuge intimiste est l'une des meilleures affaires de la ville avec sa petite piscine lovée dans un écrin de verdure et son jardin envahi de végétation. Les chambres impeccables sont équipées de hamacs mexicains et de fenêtres avec moustiquaire. Ana, la chaleureuse propriétaire cubaine, vit sur place.

Hotel Julamis BOUTIQUE-HÔTEL $$
(☎ 999-924-18-18, portable 998-1885508 ; www.hoteljulamis.com ; Calle 53 n°475B ; ch avec petit-déj 69-99 $US ; ❄ ᯤ). Principal attrait de ce B&B, le petit-déjeuner préparé par le talentueux propriétaire, Alex. Les chambres sont très agréables (avec un caractère propre à chacune grâce aux peintures murales colorées et aux carrelages d'origine), quoiqu'un peu datées, et équipées de réfrigérateurs avec boissons offertes. Les dégustations de tequila de 18h et la qualité du service agrémentent le séjour.

Gran Hotel HÔTEL $$
(☎ 999-923-69-63 ; www.granhoteldemerida.com ; Calle 60 n°496 ; d 730-790 $M, ste 1 400-1 600 $M ; P ⊖ ❄ ᯤ). C'était en effet un grand hôtel lors de sa construction en 1901, mais la plupart des pièces mériteraient aujourd'hui un rafraîchissement. Certaines sont un peu plus modernes, d'autres ont conservé le mobilier d'antan et les tapis

usés. Le hall d'entrée conserve cependant de nombreux ornements élégants. Véritable plus : l'emplacement central.

62 St Guesthouse PENSION **$$**
(☎999-924-30-60 ; www.casaalvarezguesthouse.com ; Calle 62 n°448, entre Calles 51 et 53 ; d 750 $M ; P ⊖ ❄ ≋). Impeccable et très calme, cette pension à l'ancienne offre une ambiance conviviale et familiale. La maison est décorée d'objets anciens, notamment d'un gramophone à cylindre. Jolies douches, salles de bains irréprochables et réfrigérateurs dans les chambres. Les clients peuvent utiliser la cuisine et la petite piscine à l'arrière. Hôtes charmants.

♥ **Casa Lecanda** BOUTIQUE-HÔTEL **$$$**
(☎999-928-01-12 ; www.casalecanda.com ; Calle 47 n°471, entre Calles 54 et 56 ; d avec petit-déj à partir de 325 $US ; ❄ ≋). Malgré la sobriété de sa façade, cet établissement est sans conteste le meilleur hôtel haut de gamme de Mérida, grâce à l'attention portée aux détails, tant dans la conception que dans le service à la clientèle. Restauré avec le plus grand soin, ce manoir du XIXe siècle ne compte que 7 chambres, chacune décorée dans des styles traditionnels, mais dispose de tous les équipements modernes et de luxueuses salles de bains.

La petite piscine du jardin arboré est appréciable, tout comme la possibilité de choisir le parfum de votre chambre à votre arrivée. Petit-déjeuner copieux servi dans une salle à manger de style colonial et large choix de tequilas et vins mexicains au bar.

Diplomat Boutique Hotel B&B **$$$**
(☎999-117-29-72 ; www.thediplomatmerida.com ; Calle 78 n°493A, entre Calles 59 et 59A ; ch 275 $US ; ❄ ≋). Cette belle oasis, au sud-ouest du centre historique, dans un quartier local de Santiago, ne manque ni de cachet ni de charme. Les 4 chambres de style minimaliste sont agrémentées de touches de verdure et d'ornementation de bon goût. Les sympathiques hôtes canadiens proposent un savoureux petit-déjeuner servi dans le patio, des douceurs au bord de la piscine et d'excellentes suggestions pour les repas comme pour les visites.

Après une journée passée en ville (si vous aviez réussi à vous éloigner de la douceur du lieu), prélassez-vous dans un hamac ou près de la piscine. Tarifs haute saison assez élevés ; les tarifs basse saison assurent un meilleur rapport qualité/prix.

Los Arcos Bed & Breakfast B&B **$$$**
(☎999-928-02-14 ; www.losarcosmerida.com ; Calle 66 n°448B ; d avec petit-déj 85-95 $US ; P ⊖ ❄ ≋). Adeptes du minimalisme, fuyez : ici, on trouve des toiles sur tous les murs et des bibelots dans les moindres recoins. Néanmoins charmant, ce B&B compte 2 chambres d'hôtes au bout d'un jardin avec piscine ; excellentes literies et salles de bains.

Hotel Casa del Balam HÔTEL **$$$**
(☎999-924-88-44 ; www.casadelbalam.com ; Calle 60 n°488, entre Calles 55 et 57 ; d/ste à partir de 1 200/1 800 $M ; P ⊖ ❄ @ ≋). Situé en centre-ville, cet hôtel propose une agréable piscine et de grandes chambres calmes de style colonial (carrelage rutilant, matelas extrafermes, têtes de lit en fer forgé). Souvent un excellent rapport qualité/prix pendant les périodes calmes.

Où se restaurer

Ne manquez pas "Mérida en Domingo", un marché d'artisanat et d'alimentation organisé tous les dimanches sur la place principale. Vous pourrez y goûter une large gamme de plats régionaux à prix doux.

♥ **Pola** GLACE **$**
(www.polagelato.com ; Calle 55 s/n, entre Calles 62 et 64 ; à partir de 30 $M). Même sur la banquise, impossible de résister à ces *gelati* sans additifs et aux parfums originaux : le lundi, jour traditionnel du porc et des haricots dans le Yucatán, vous pourrez choisir une glace avec ces saveurs ! Ne manquez pas pour autant la plus conventionnelle glace au chocolat. *¡Muy rico!* (Délicieux !)

♥ **Wayan'e** TACOS **$**
(Angle Calles 59 et 46 ; tacos 12-17 $M, tortas 20-32 $M ; ⏲7h-14h30 lun-sam). Prisé pour sa *castakan* (poitrine de porc croquante), le Wayan'e ("le voici" en maya) est l'une des meilleures adresses de Mérida pour le petit-déjeuner. Les végétariens ne sont pas oubliés avec par exemple le taco au *huevo con xkatic* (œuf au piment) et les jus de fruits frais. Si vous aimez la viande, testez la fameuse *torta de castakan* (sandwich).

Bistro Cultural FRANÇAIS **$**
(Calle 66 377c, entre Calles 41 et 43 ; plats petit-déj 45-60 $M, plats déj 65-80 $M ; ⏲8h30-17h30 lun-ven, 8h30-16h30 sam et dim). Éloignez-vous du centre touristique pour profiter de ce joli petit café tenu par des Français. Après avoir

admiré les œuvres d'art locales du petit salon, vous pourrez déguster un en-cas ou un véritable repas dans le charmant jardin. La cuisine est française, mais l'influence du Yucatán est bien présente, et des produits bio locaux sont utilisés dans la mesure du possible.

La petite carte comprend notamment des *croques-chaya* (adaptation de notre croque-monsieur) et de délicieuses pâtisseries françaises (12-17 $M). L'établissement devrait ouvrir du jeudi au samedi soir entre octobre et avril.

Bar de Café Sukra CAFÉ **$**
(www.facebook.com/sukracafe ; Paseo de Montejo 496, entre Calles 43 et 45 ; plats 60-90 $M ; ⏲9h-18h lun-sam, 9h-14h dim). Un endroit décontracté, au début du Paseo de Montejo, encadré de jolies plantes : le mélange éclectique de tables et de chaises évoque davantage la maison d'une grand-tante qu'un restaurant de la rue la plus huppée de la ville. Savourez le temps qui passe en dégustant un excellent sandwich ou une salade.

La Socorrito YUCATÈQUE **$**
(Calle 47, entre Calles 58 et 60 ; tortas 20 $M ; ⏲7h-16h). Voilà plus de 60 ans que ces vétérans du quartier mitonnent un *cochito* dans le four creusé dans la terre de ce charmant petit restaurant. Du côté du Mercado de Santa Ana donnant sur la place.

♥ **Oliva Enoteca** ITALIEN **$$**
(☎999-923-30-81 ; www.olivamerida.com ; Calle 47, angle Calle 54 ; plats 180-320 $M ; ⏲13h-17h et 19h-minuit lun-sam). Ce restaurant contemporain avec sols en carrelage noir et blanc, ampoules Edison, chaises design et cuisine ouverte attire une clientèle branchée qui se délecte de l'excellente cuisine italienne.

Nectar YUCATÁN **$$**
(☎999-938-08-38 ; nectarmerida.mx ; Av A García Lavín 32 ; plats 220-500 $M ; ⏲13h30-17h et 19h-0h30 mar-jeu, 13h30-1h ven et sam, 13h30-17h dim ; ❄). Une délicieuse cuisine traditionnelle du Yucatán, de l'inventivité, un cadre digne d'un magazine de décoration, et un personnel fort sympathique : tel est le cocktail réussite de ce restaurant du nord de Mérida (prenez un taxi). Les *cebollas negras* (oignons noirs ; 150 $M) peuvent rebuter au premier regard, mais leur saveur séduit rapidement ; les plats principaux de viande et de poisson ne vous décevront pas.

Les cocktails imaginatifs sont un excellent moyen de commencer le repas, qui s'achèvera par un dessert original.

Lo Que Hay VÉGÉTALIEN **$$**
(www.hotelmediomundo.com ; Calle 55 n°53 ; plats 80-150 $M, dîner 3 plats 280 $M ; ⏲19h-22h mar-sam ; 📶🌿). Même les non-végétaliens plébiscitent ce restaurant pour profiter d'un dîner à 3 plats servi dans une cour tranquille. Plats mexicains, libanais, mais aussi végétaliens-crudivores. Installé dans l'**hôtel Medio Mundo** (☎999-924-54-72 ; d avec petit-déj 80-90 $US ; 🚭❄📶🏊).

La Chaya Maya MEXICAIN **$$**
(www.lachayamaya.com ; Calle 55 n°510 ; plats 65-200 $M ; ⏲13h-22h lun-sam, 8h-23h dim). Prisé des locaux et des touristes, ce restaurant a ouvert une nouvelle antenne dans un charmant édifice colonial. C'est l'endroit idéal pour goûter des spécialités yucatèques, comme le *relleno negro* (ragoût de dinde noire) ou le *cochinita pibil* (porc mijoté). Le **restaurant d'origine** (www.lachayamaya.com ; angle Calles 62 et 57 ; plats 65-200 $M ; ⏲7h-23h) ouvre au petit-déjeuner.

♥ **Ku'uk** INTERNATIONAL **$$$**
(☎999-944-33-77 ; www.kuukrestaurant.com ; Av Rómulo Rozo n°488, angle Calle 27 ; plats 220-500 $M, menu dégustation 1 350 $M). L'entrée de cette superbe demeure historique, au bout du Paseo Montejo, donne le ton : un repas gastronomique de haut vol vous attend, plaçant la barre de la cuisine mexicaine au plus haut. Dans l'une des élégantes salles minimalistes, vous dégusterez des plats du Yucatán révisités à la mode contemporaine. Offrez-vous le menu dégustation (1 350 $M, avec vins assortis 2 200 $M).

♥ **Apoala** MEXICAIN **$$$**
(☎999-923-19-79 ; www.apoala.mx ; Calle 60 n°471, Parque Santa Lucía ; plats 155-300 $M ; 📶). S'inspirant des plats du Oaxaca, réputé comme le Yucatán pour son extraordinaire cuisine régionale, l'Apoala réinvente les spécialités populaires comme les *enmoladas* (tortillas farcies dans une onctueuse sauce *mole*) et les *tlayudas* (grande tortilla pliée avec du bœuf émincé, des haricots noirs et du fromage du Oaxaca). Le cadre est exquis, dans le Parque Santa Lucia (p. 323), à proximité d'autres grands restaurants locaux.

Eureka ITALIEN $$$

(☎ 999-926-26-94 ; www.facebook.com/eureka-cucinaitaliana ; Av Rotary Internacional 117, angle Calle 52 ; plats 130-260 $M ; ⏲13h-23h mar-ven, 13h-18h sam ; P 📶 🍷). Une table italienne de caractère, bien classée parmi les autres excellents établissements de *cucina italiana* de Mérida. Le plat emblématique du chef Fabrizio Di Stazio, les *riccioli eureka,* consiste en des pâtes fraîches à la sauce blanche *ragu* avec des champignons et une touche de truffe, pour l'arôme. À l'est de Paseo Montejo, rapidement accessible en taxi.

Où prendre un verre et faire la fête

♥ **Mercado 60** BAR À COCKTAILS

(www.mercado60.com ; Calle 60, entre Calles 51 et 53 ; ⏲18h-tard). Pour une soirée divertissante, direction ce marché culinaire authentique et animé, où les margaritas (et vins fins) vous feront danser la salsa aux côtés des locaux branchés sur de la musique live. Ce concept moderne entre bar à cocktails et bar à bières réunit plusieurs établissements.

La cuisine internationale – des tacos mexicains aux nouilles *ramen* – et plutôt abordable est servie dans de petits kiosques. Les plats, bien que savoureux, pourraient être meilleurs, mais absorbent l'alcool efficacement...

♥ **Manifesto** CAFÉ

(manifesto.mx ; café à partir de 30 $M ; ⏲8h-21h lun-ven, 8h-18h sam). Ici, pas de café *latte* aromatisé à la citrouille ou aux épices. L'établissement, créé par un trio originaire de Calabre, propose un manifeste des plus simples : un café pour les amateurs de café. Vous pourrez déguster des cappuccinos, expressos et autres *flat whites* préparés par des baristas expérimentés. L'aménagement est tout simplement génial – minimaliste et funky à la fois.

Les grains sont torréfiés sur place et l'on peut acheter du café de Veracruz et du Chiapas, notamment. Fermé le dimanche, malheureusement.

La Fundación Mezcalería BAR

(www.facebook.com/lafundacionmezcaleriamerida ; Calle 56 n°465, entre 53 et 55 ; ⏲20h-2h30 mer-dim ; 📶). Rendez-vous prisé des cyclistes, surtout le mercredi, ce bar animé de style rétro où des musiciens se produisent chaque soir propose un excellent choix de mezcals bio, dans une ambiance conviviale. Après quelques verres, attention à la descente...

☆ Où sortir

Mérida organise de nombreuses manifestations folkloriques et musicales dans les parcs et bâtiments historiques, animées par de talentueux artistes locaux (entrée libre la plupart du temps). La publication touristique *Yucatán Today* propose un bon résumé des événements hebdomadaires.

Centro Cultural Olimpo SALLE DE CONCERT

(☎ 999-924-00-00, poste 80152 ; www.merida.gob.mx/capitalcultural ; angle Calles 62 et 61). Programmation riche : films, concerts, expos...

Achats

Guayaberas Jack PRÊT-À-PORTER

(www.guayaberasjack.com.mx ; Calle 59 n°507A ; ⏲10h-20h30 lun-sam, 10h-14h30 dim). La *guayabera* (chemise brodée) est un souvenir classique de Mérida. Cette boutique célèbre vous aidera à choisir les plus élégantes.

Hamacas Mérida ARTISANAT

(☎ 999-924-04-40 ; www.hamacasmerida.com.mx ; Calle 65 n°510, entre Calles 62 et 64 ; ⏲9h-19h lun-ven, 9h-14h sam). Hamacs (et chaises) de toutes tailles, formes et couleurs, livrables dans le monde entier.

Tejón Rojo SOUVENIRS

(www.tejonrojo.com ; Calle 53 n°503 ; ⏲12h-21h lun-sam, 13h-18h dim). T-shirts à logo graphique très tendance et choix de souvenirs inspirés de la pop culture mexicaine (mugs, bijoux, sacs à main, masques de lutteur...).

Librería Dante LIBRAIRIE

(www.libreriadante.com.mx ; angle Calles 61 et 62, Plaza Grande ; ⏲8h-22h30). Sélection de livres d'archéologie et d'histoire régionale en anglais et bons livres de cuisine du Yucatán. Plusieurs librairies en ville.

ℹ Renseignements

ARGENT

On trouve des banques et des DAB un peu partout en ville. Plusieurs sont regroupés sur la Calle 65, entre les Calles 60 et 62, un pâté de maisons au sud de la Plaza Grande. Les *casas de cambio* (bureaux de change) proposent un service rapide et des horaires d'ouverture élargis, mais des taux moins favorables.

HORS DES SENTIERS BATTUS

DZIBILCHALTÚN

À 17 km au nord de Mérida, **Dzibilchaltún** (lieu des pierres plates gravées ; adulte 132 $M, parking 20 $M ; site 8h-17h, musée 9h-16h mar-dim ; P), le centre administratif et religieux maya, fut habité de la période classique jusqu'à la conquête espagnole, dans les années 1540 – un record de longévité. À son apogée, la cité s'étendait sur 15 km². Dans les années 1960, les archéologues ont cartographié quelque 8 400 édifices, mais peu ont fait l'objet de fouilles. Outre les ruines, le site comprend un charmant *cenote*, où l'on peut se baigner, et un musée maya.

Le site peut laisser de marbre quand on en a déjà visité de plus grands, comme Chichén Itzá ou Uxmal. Pourtant, deux fois par an, Dzibilchaltún brille de mille feux. À son lever, lors des équinoxes (approximativement les 20 mars et 22 septembre), le soleil apparaît directement dans l'alignement de la porte principale du **Templo de las Siete Muñecas** (temple des Sept Poupées), lequel doit son nom à 7 poupées à l'expression grotesque découvertes lors des fouilles. À mesure que le soleil monte dans le ciel, les portes du temple s'illuminent, puis s'embrasent littéralement lorsque l'astre diurne passe derrière elles. Un rayon de soleil carré est projeté sur le mur en ruines situé à l'arrière. Nombreux sont ceux qui, après avoir vu les deux, affirment que le lever du soleil est ici plus spectaculaire que le fameux serpent de Chichén Itzá, et qu'il vaut la peine de se lever à l'aube pour y assister.

On pénètre sur le site par un sentier de nature, lequel aboutit au **Museo del Pueblo Maya**, musée moderne climatisé renfermant des objets en provenance de toutes les régions mayas du Mexique, notamment de superbes sculptures religieuses de l'époque coloniale. Les expositions traitant de la vie quotidienne maya, passée et actuelle, sont légendées en espagnol et en anglais. Au-delà du musée, un chemin conduit à la place centrale, où vous attend une chapelle ouverte datant du début de l'époque espagnole (1590-1600).

À l'intérieur du site, le **cenote Xlacah**, d'une profondeur de plus de 40 m, est parfait pour piquer une tête après la visite du site. En 1958, le fond de ce puits fut exploré à l'occasion d'une expédition de plongée conduite par la National Geographic Society ; 30 000 objets mayas, rituels pour la plupart, y furent découverts. Les plus intéressants sont présentés dans le petit musée aménagé sur le site. Au sud du *cenote*, l'**Estructura 44** s'étire sur 130 m : c'est l'un des plus longs édifices mayas à avoir été conservé.

Les *colectivos* à destination de Chablekal partent régulièrement de la Calle 58 (entre les Calles 57 et 59), à Mérida. Ils vous déposeront à 300 m de l'entrée du site.

INTERNET

Le Wi-Fi public gratuit est disponible sur plusieurs grandes places et dans de nombreux cafés.

Chandler's Internet (Calle 61 s/n, entre Calles 60 et 62 ; 15 $M/heure ; 9h-22h). À proximité immédiate de la Plaza Grande.

OFFICES DU TOURISME

L'aéroport compte plusieurs kiosques d'information touristique. En centre-ville, deux offices du tourisme mettent à disposition brochures et plans.

Office du tourisme municipal (999-942-00-00, poste 80119 ; www.merida.gob.mx/turismo ; Calle 62, Plaza Grande ; 8h-20h). Sur la place principale, tenu par un personnel serviable et anglophone. Vous pourrez vous inscrire aux visites guidées gratuites de la ville (départ tous les jours à 9h30).

Office du tourisme de l'État (999-930-31-01 ; www.yucatan.travel ; Calle 61 s/n, Plaza Grande ; 8h-20h). Dans l'entrée du Palacio de Gobierno. En général, quelqu'un parle anglais.

POSTE

Poste (999-928-54-04 ; Calle 53 n°469, entre Calles 52 et 54 ; 8h-19h lun-ven, 8h-15h sam). Bureau de poste central.

SERVICES MÉDICAUX

Yucatán Today (www.yucatantoday.com/en/topics/healthcare-merida-yucatan) fournit une liste de docteurs et d'hôpitaux.

Clínica de Mérida (999-942-18-00 ; www.clinicademerida.com.mx ; Av Itzáes 242, angle Calle 25 ; 24h/24 ; R-49). Bonne clinique privée dotée d'un laboratoire d'analyses et d'un service d'urgences ouvert 24h/24.

Hospital O'Horán (999-930-33-20 ; Av de los Itzáes, angle Av Jacinto Canek). Hôpital public du centre-ville, à réserver aux urgences. Pour les cas moins urgents (consultations, renouvellement d'ordonnance, etc.), préférez une clinique privée.

 Depuis/vers Mérida

AVION

Aeropuerto Internacional de Mérida (aéroport international de Mérida ; 999-940-60-90 ; www.asur.com.mx ; route 180 Km 4,5 ; R-79). L'aéroport de Mérida est situé à 10 km (20 min de route) au sud-ouest de la Plaza Grande, près de la route 180 (Avenida de los Itzáes). Vous trouverez sur place des comptoirs de location de voitures, un DAB, un bureau de change et des informations touristiques.

La plupart des vols internationaux à destination de Mérida font escale à Mexico. Les vols internationaux sans escale sont assurés par Aeroméxico et United Airlines.

Aeroméxico (800-021-40-00 ; www.aeromexico.com). Vols directs en provenance de Miami.

Interjet (800-011-23-45 ; www.interjet.com). Dessert Mexico, où l'on peut prendre des correspondances pour New York, Miami et Houston.

Mayair (800-962-92-47 ; www.mayair.com.mx). Avions à hélices à destination de Cancún et Cozumel.

VivaAerobus (818-215-01-50 ; www.vivaaerobus.com). Dessert Mexico et Monterrey.

Volaris (Mexico 55-1102-8000 ; www.volaris.com). Vols directs pour Mexico et Monterrey.

BUS

Mérida est la plaque tournante du réseau de bus de la péninsule du Yucatán. Surveillez vos affaires dans les bus de nuit et dans ceux qui desservent les destinations touristiques (en particulier les bus de 2e classe) : des vols ont été rapportés sur certains itinéraires.

La ville compte plusieurs gares routières, et certaines lignes circulent à partir de (et s'arrêtent à) plus d'une gare. Les billets pour un départ depuis une gare peuvent souvent être achetés dans une autre gare, et les destinations sont desservies par plusieurs lignes de bus. Renseignements sur certaines lignes sur www.ado.com.mx.

Terminal CAME (Terminal de Primera Clase ; 999-920-44-44 ; Calle 70 s/n, entre Calles 69 et 71). La principale gare routière de Mérida accueille surtout des bus de 1re classe – notamment ADO, OCC et ADO GL – desservant des destinations de la péninsule du Yucatán, et d'autres plus lointaines, comme Mexico.

Terminal Fiesta Americana (999-924-83-91 ; angle Calle 60 et Av Colón ; R-2). Petite gare routière de 1re classe à l'ouest de la zone hôtelière de la Fiesta Americana, destinée entre autres aux clients des hôtels de luxe de l'Avenida Colón, au nord du centre-ville. Les bus ADO circulent entre cette gare et Cancún, Playa del Carmen, Villahermosa et Ciudad del Carmen.

Terminal Noreste (Autobuses del Noreste y Autobuses Luz ; 999-924-63-55 ; Calle 50, angle Calles 67). Gare routière des lignes Noreste et Luz. Les bus desservent de nombreuses petites villes du nord-est de la péninsule, notamment Tizimín et Río Lagartos, Cancún et d'autres destinations entre les deux, et de petites villes au sud et à l'ouest de Mérida, comme Celestún, Ticul, Oxkutzcab et les Ruinas de Mayapán. Certains bus Oriente partent du Terminal de Segunda Clase et s'arrêtent ici.

Parque de San Juan (Calle 69, entre Calles 62 et 64). Partout autour de la place et de l'église, des *combis* démarrent à destination de Muna, Oxkutzcab, Tekax et Ticul, entre autres.

Terminal Autoprogreso (Terminal de Progreso ; 999-928-39-65 ; www.autoprogreso.com ; Calle 62 n°524). Terminal dédié aux bus qui rallient la station balnéaire septentrionale de Progreso.

Terminal TAME (Terminal de Segunda Clase ; 999-924-08-30 ; Calle 69, entre Calles 68 et 70). Cette gare routière est à deux pas de la gare routière CAME. ADO, Mayab, Oriente, Sur, TRT et ATS proposent des bus essentiellement de 2e classe vers diverses destinations dans l'État et sur la péninsule, notamment Felipe Carrillo Puerto et Ticul.

Colectivo vers Tekax

Colectivo vers Progreso (Calle 60)

VOITURE ET MOTO

Se déplacer dans une voiture de location est le moyen le plus simple de visiter les nombreux sites archéologiques des environs de Mérida. Comptez de 500 à 550 $M par jour (taxe et assurance incluses) pour une location à court terme ou un véhicule économique. En revanche, mieux vaut parcourir à pied ou en bus le vaste réseau de rues à sens unique de Mérida.

Plusieurs agences possèdent des antennes à l'aéroport, ainsi que dans la Calle 60 entre les Calles 55 et 57. Les offres en ligne sont meilleures.

Une route à péage, onéreux (450 $M), relie Mérida et Cancún.

Easy Way (999-930-95-00 ; www.easywayrentacar-yucatan.com ; Calle 60 n°484, entre Calles 55 et 57 ; 7h-23h)

BUS AU DÉPART DE MÉRIDA

DESTINATION	PRIX ($M)	DURÉE (H)	FRÉQUENCE
Campeche	226	2½-3	fréquents
Cancún	210-4 412	4½-6½	fréquents ; Terminal CAME et Terminal TAME
Celestún	56	2½	fréquents ; Terminal Noreste
Chetumal	446	5½-6	3-4/jour ; Terminal TAME
Chichén Itzá	91-144	1½-2	fréquents ; Terminal CAME ; Terminal Noreste
Escárcega	288	4-4½	4/jour ; Terminal TAME
Felipe Carrillo Puerto	218	6	fréquents ; Terminal TAME
Izamal	28	1½	fréquents ; Terminal Noreste
Mayapán	25	1½	toutes les heures ; Terminal Noreste
Mexico	1 792-1 882	20	7/jour ; Terminal CAME et Segunda Clase
Palenque	628-638	7½-10	4/jour ; Terminal CAME et Segunda Clase
Playa del Carmen	464	4-6	fréquents ; Terminal CAME et Segunda Clase
Progreso	20	1	fréquents ; Terminal Autoprogreso
Río Lagartos/San Felipe	160-225	3½	3/jour ; Terminal Noreste
Ruta Puuc (aller-retour ; 30 min sur chaque site)	179	8-8½	8h, dim ; Terminal TAME
Ticul	55	1¾	fréquents ; Terminal TAME
Tizimín	105-170	1	fréquents ; Terminal Noreste
Tulum	190-338	4-4½	5/jour ; Terminal CAME et Segunda Clase
Uxmal	63	1½	5/jour ; Terminal TAME
Valladolid	204	2½-3	fréquents ; Terminal CAME et Terminal TAME

National (☎999-923-24-93 ; www.nationalcar.com ; Calle 60 n°486F, entre Calles 55 et 57 ; ⏲8h-13h et 16h-20h)

ℹ Comment circuler

DEPUIS/VERS L'AÉROPORT

Les compagnies de taxis **Transporte Terrestre** (☎999-946-15-29 ; www.transporteterrestredemerida.com) et **ADO** (☎999-946-03-68) assurent des liaisons rapides entre l'aéroport et le centre-ville pour 200-220 $M par voiture (idem pour le transfert depuis/vers l'hôtel). Les taxis indépendants facturent 100-120 $M du centre-ville à l'aéroport. Si vous souhaitez obtenir le même tarif depuis l'aéroport, il vous faudra marcher jusqu'à la rue principale pour héler un taxi.

Un bus municipal "Aviación 79" (8 $M) circule entre la route principale à l'entrée de l'aéroport (le bus n'entre pas dans l'enceinte de l'aéroport) et le centre-ville toutes les 15 à 30 minutes jusqu'à 21h (moins souvent jusqu'à 23h). Le meilleur endroit pour prendre le même bus à destination de l'aéroport est le Parque San Juan, face à l'angle des Calles 62 et 69.

BUS

Les bus municipaux sont bon marché (8 $M), mais les itinéraires peuvent être déroutants. Certains partent des quartiers périphériques, longent le centre-ville et terminent leur course dans une autre banlieue. Transpublico.com (merida.transpublico.com) fournit des plans détaillés de tous les itinéraires.

Pour circuler entre la Plaza Grande et les quartiers cossus au nord, le long du Paseo

Sud de Mérida

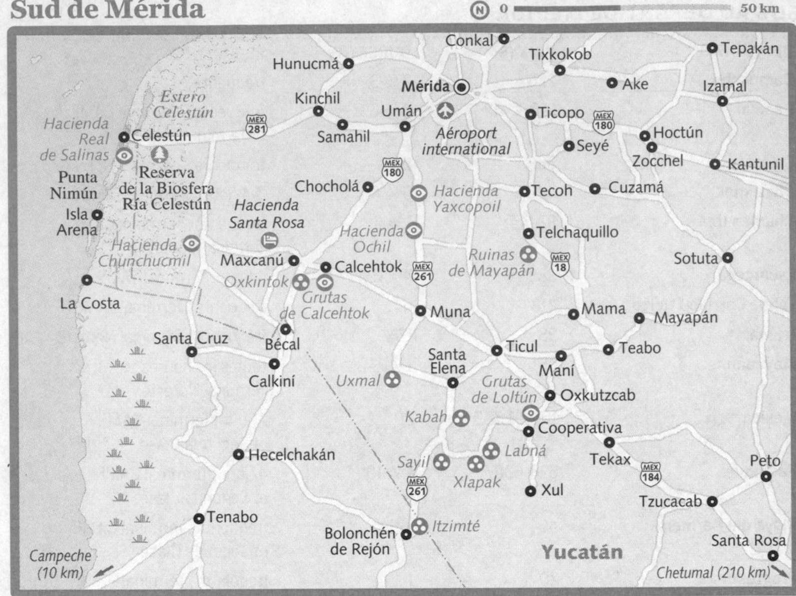

de Montejo, prenez le R-2 "Hyatt" ou la ligne "Tecnológico" dans la Calle 60. Pour revenir au centre-ville, montez dans n'importe quel bus allant vers le sud sur le Paseo de Montejo avec le même nom qu'à l'aller et/ou "Centro".

TAXI

De plus en plus de taxis en ville utilisent des compteurs. Si vous prenez un taxi sans compteur, accordez-vous sur un prix avec le chauffeur avant de monter à bord. Pour une course en centre-ville ou à destination des gares routières, visez entre 30 et 50 $M. Des stands de taxis se trouvent dans la plupart des parcs du *barrio* (supplément possible en cas de réservation téléphonique).

Radio Taxímetro del Volante (☎999-928-30-35). Radio-taxis 24h/24.

Uxmal

Malheureusement pris d'assaut par les visiteurs, l'impressionnant site archéologique d'Uxmal (prononcez *ouchmal*) fait sans conteste partie des sites mayas les plus remarquables du pays, du fait du nombre et de l'état de préservation de ses vestiges richement décorés. Il est situé près de la région de Puuc, une zone vallonnée qui a donné son nom à l'architecture spécifique de l'endroit. *Puuc* signifie "collines" et celles-ci, d'une centaine de mètres de hauteur, sont les seuls reliefs des parties nord et ouest, par ailleurs plates, de la péninsule.

Chaque soir, Uxmal organise un spectacle de son et lumière (payant).

Pour changer radicalement d'univers, le musée **Choco-Story** (www.choco-storymexico.com ; route 261 Km 78, près de l'hôtel Hacienda Uxmal ; adulte/6-12 ans 120/90 $M ; ⌚9h-19h30), à la sortie du site archéologique, retrace l'histoire du chocolat.

À voir

Visiter les sites archéologiques

Casa del Adivino SITE ARCHÉOLOGIQUE

(Pirámide del Adivino). En approchant d'Uxmal, vous apercevrez la maison du Devin, un temple de 35 m de hauteur à la forme ovale inhabituelle, auquel on accède en gravissant la côte menant aux ruines. Bâtie en pierres rondes maintenues avec du ciment, elle paraît grossière. En réalité, ce que l'on voit aujourd'hui est le fruit de la restauration de la 5e version du bâtiment, réalisée par les Mayas et recouvrant les quatre précédentes.

Seule la haute porte côté ouest date de la période précédente. Finement décorée dans un style Chenes (venu d'une région plus au sud), elle représente la gueule d'un gigantesque masque Chac.

Cuadrángulo de las Monjas SITE ARCHÉOLOGIQUE
Le vaste quadrilatère des Nonnes s'étend à l'ouest de la Casa del Adivino. Les archéologues sont partagés sur le rôle de cet édifice de 74 pièces : académie militaire, école royale ou palais ? Le visage au long nez de Chac apparaît à de nombreuses reprises sur les façades des 4 temples formant le quadrilatère. Celui du nord, le plus majestueux, fut construit en premier suivi, dans l'ordre, de ceux du sud, de l'est et de l'ouest.

Plusieurs éléments décoratifs des exubérantes façades montrent des signes d'influence mexicaine, peut-être Totonaque, notamment le serpent à plumes (Quetzalcóatl, ou en maya, Kukulcán) le long du sommet de la façade ouest du temple. Notez également les représentations stylisées de *na* (hutte de chaume traditionnelle maya) au-dessus de certaines portes des bâtiments nord et sud.

En passant par l'arche en encorbellement au centre du bâtiment sud du quadrilatère et en longeant la pente, on traverse le **Juego de Pelota** (terrain de jeu de balle). De là, vous pouvez tourner à gauche et monter la pente raide et les escaliers qui mènent à la grande terrasse. Si vous avez le temps, tournez à droite pour découvrir le **Grupo del Cementerio** occidental (qui, bien que peu restauré, comprend au centre de sa place d'intéressants blocs carrés ornés de sculptures de crânes), puis dirigez-vous vers les escaliers et la terrasse.

Casa de las Tortugas SITE ARCHÉOLOGIQUE
La maison des Tortues, au sud du Juego de Pelota, tient son nom des chéloniens sculptés sur sa corniche. Selon un mythe maya, les tortues souffraient autant que les humains de la sécheresse et priaient avec eux pour que le dieu Chac fasse venir la pluie.

Sous la corniche court une frise de petites colonnes (ou "nattes enroulées"), caractéristiques du style Puuc.

Sur le flanc ouest du bâtiment, une voûte s'est effondrée, offrant une vue sur l'arche en encorbellement qui la soutenait.

Palacio del Gobernador SITE ARCHÉOLOGIQUE
Le palais du Gouverneur, avec sa magnifique façade longue de près de 100 m, est sans conteste la plus impressionnante construction d'Uxmal. Les murs sont remplis de pierres (blocaille), recouvertes de ciment et d'un fin placage de dalles de calcaire. La partie inférieure de la façade est lisse, tandis que la partie supérieure est festonnée de figures stylisées de Chac et de motifs géométriques – beaucoup évoquent un treillage.

Les corniches décorées, les rangées de demi-colonnes (comme dans la Casa de las Tortugas) et les colonnes rondes dans les entrées (comme dans le palais de Sayil) sont d'autres éléments caractéristiques du style Puuc.

Des chercheurs ont récemment découvert que quelque 150 espèces de plantes médicinales poussaient du côté est du palais. On pense que cette concentration est le reliquat de plantations réalisées par les Mayas à des fins pharmaceutiques.

Gran Pirámide SITE ARCHÉOLOGIQUE
Cette pyramide haute de 30 m qui s'élève sur 9 étages n'a été restaurée que sur sa face nord. Le quadrilatère du sommet aurait été en grande partie détruit pour qu'une autre pyramide soit érigée par-dessus. Pour une raison inconnue, ces travaux ne furent jamais achevés. Tout en haut, remarquez les sculptures en stuc du dieu Chac, d'oiseaux et de fleurs.

El Palomar SITE ARCHÉOLOGIQUE
À l'ouest de la Gran Pirámide se dresse un édifice dont la crête à claires-voies rappelle les pigeonniers (*palomar* en espagnol) maures construits dans les murs en Espagne et en Afrique du Nord. Les "beffrois" triangulaires et alvéolés coiffent la construction, qui faisait autrefois partie d'un quadrilatère.

Casa de la Vieja SITE ARCHÉOLOGIQUE
(Maison de la Vieille). Au sud-est du Palacio del Gobernador, on découvre un petit édifice en ruine. Devant, une petite *palapa* (abri au toit de chaume) abrite plusieurs grands phallus taillés dans la pierre.

Où se loger

On ne trouve que quelques hôtels à Uxmal, aucun bon marché. Cependant, Santa Elena, 16 km au sud-est, et Ticul, 30 km à l'est, comptent un assez bon choix d'hébergements de milieu de gamme.

Hotel Hacienda Uxmal HÔTEL HISTORIQUE **$$$**
(800-719-54-65 ; www.mayaland.com ; route 261 Km 78 ; ch à partir de 136 $US ; P). C'est ici, à 500 m du site

Uxmal

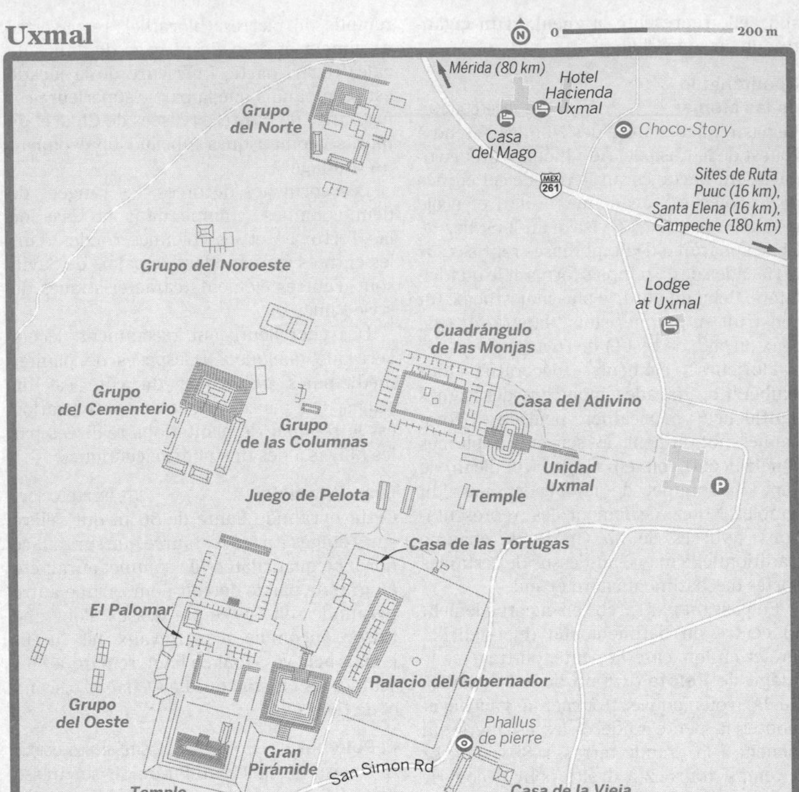

archéologique, que séjournaient les archéologues en charge de l'exploration et de la restauration d'Uxmal. Carreaux grand format au sol, omniprésence du fer forgé, bonne hauteur sous plafonds, superbes salles de bains, belle piscine, et même des chaises à bascule pour se détendre après une journée de visite !

Pour les budgets serrés, la **Casa del Mago** (☎800-832-60-60, au Canada 1-866-953-40-91 ; www.casadelmago.com ; d à partir de 48 $US), voisine, semble plus abordable, mais elle était fermée lors de nos recherches (elle a rouvert depuis).

Lodge at Uxmal HÔTEL DE LUXE **$$$**
(☎800-719-54-65 ; www.mayaland.com ; route 261 Km 78 ; ch à partir de 235 $US ; P ❄ 📶 🏊). Les chambres ne valent pas leur prix, mais l'établissement offre un accès privilégié aux ruines, et la piscine ajoute à son charme. Jacuzzi dans certaines des chambres les plus chères.

ℹ Depuis/vers Uxmal

Uxmal est à 80 km de Mérida. Les bus de la ligne Sur (environ 70 $M, 1 heure 30, 4/jour) partent du Terminal TAME (p. 332) de Mérida. Attention : en direction de Mérida, les bus peuvent être complets. Si vous êtes coincé, la course en taxi jusqu'à Santa Elena coûte de 150 à 200 $M.

Les circuits organisés par la Nómadas Hostel (p. 327) de Mérida sont toujours une bonne option, mais vous pourrez aussi louer une voiture pour visiter d'autres sites archéologiques du secteur.

Santa Elena

997 / 3 500 HABITANTS

Appelée à l'origine Nohcacab, la ville que l'on connaît aujourd'hui sous le nom de Santa Elena a été presque rasée en 1847 pendant la guerre des Castes. *Ele-na* signifie "maisons incendiées" en maya. Le gouvernement mexicain l'a renommée Santa Elena pour effacer ce lourd souvenir.

Si vous souhaitez organiser votre propre aventure, poussez jusqu'à la pyramide mulchic, à 4 km de la ville ; les habitants vous renseigneront.

Santa Elena fait une excellente base pour explorer les sites archéologiques voisins d'Uxmal, Kabah, et ceux le long de la Ruta Puuc.

À voir

Musée Santa Elena MUSÉE

(10 $M ; 9h-18h). Seules (et très bonnes) raisons d'aller jusqu'à ce petit musée : sa vue (le bâtiment est perché sur une colline) et le soutien que vous apporterez à la population locale. L'exposition "momies d'enfants du XVIIIe siècle" ne consiste en réalité qu'en quatre corps relativement bien conservés, retrouvés sous la cathédrale voisine.

Où se loger

Pickled Onion B&B $$

(portable 997-1117922 ; www.thepickledonionyucatan.com ; route 261, Santa Elena ; ch avec petit-déj à partir de 40 $US ; P). Ce B&B loue des bungalows modernes, avec murs en adobe, joli sol carrelé et salle de bains. Les chambres, bien entretenues, toutes équipées de cafetières et de moustiquaires, conservent la fraîcheur grâce à leur toit de *palapa*. Nous avons particulièrement apprécié la piscine, le jardin paysager luxuriant qui l'entoure et l'excellent **restaurant** (plats 110-120 $M ; 7h30-20h30 ; P), qui vend des plats à emporter pour un pique-nique dans les ruines.

À l'extrémité sud de la ville, près de la route 261.

Nueva Altia B&B $$

(portable 998-2190176 ; route 261 Km 159 ; d avec petit-déj 66 $US ; P). L'adresse rêvée pour qui aspire au calme. Conçus pour être rafraîchis par la brise, ces bungalows en spirale sont inspirés de l'architecture maya ancienne. Des ruines mayas déterrées surgissent du joli terrain boisé.

Flycatcher Inn B&B $$

(997-978-53-50 ; www.flycatcherinn.com ; près de la route 261 ; d avec petit-déj à partir de 1 200-1 800 $M ; mi-oct à août ; P). Cet établissement propose 7 chambres d'une propreté irréprochable, avec belles terrasses couvertes, hamacs, moustiquaires efficaces et superbes salles de bains. Le lieu est entouré d'un jardin agréable, où plusieurs espèces d'oiseaux et d'animaux peuvent être observées, notamment les moucherolles, qui ont donné leur nom à l'endroit.

Entrée du B&B à moins de 100 m au nord de la pointe sud de Santa Elena, près du **restaurant El Chac-Mool** (997-978-51-17 ; www.facebook.com/chacmooluxmal ; Calle 18 n° 211B ; plats 110-120 $M ; 7h-22h ; P).

Depuis/vers Santa Elena

Il est préférable d'être motorisé, surtout si vous avez l'intention de visiter le site archéologique d'Uxmal et de parcourir la Ruta Puuc. Les bus de 2e classe Sur Mayab qui relient Mérida à Campeche s'arrêtent à Uxmal et Santa Elena (plus Oxcutzcab, 5/jour, comptez 70 $M).

Kabah

Kabah SITE ARCHÉOLOGIQUE

(Route 261 ; 50 $M, guide 500 $M ; 8h-17h). En entrant, marchez tout droit pour gravir les marches d'**El Palacio de los Mascarones** (palais des Masques). Devant, se dresse l'Altar de los Glifos, dont les alentours immédiats sont émaillés de nombreuses pierres sculptées de glyphes. On ne peut qu'être saisi en contemplant la façade du palais, couverte de près de 300 masques de Chac, le dieu de la Pluie (ou serpent céleste). La plupart des énormes nez sont brisés, mais vous en verrez un intact, à l'extrémité sud de l'édifice. Ces appendices ont peut-être donné au palais son nom maya moderne, Codz Poop (Natte enroulée). Cette partie a été récemment restaurée.

Après avoir admiré les nez, mettez cap au nord et passez derrière le Poop pour voir les deux **atlantes** (du mot *atlas* – statues d'homme utilisées comme colonnes de soutien) restaurés. Ils sont d'autant plus intéressants que les représentations humaines en 3 dimensions sont très rares sur les sites mayas. L'un d'entre eux n'a pas de tête, l'autre porte un masque de jaguar sur le crâne.

Descendez les marches près des atlantes et tournez à gauche, en longeant la petite **Pirámide de los Mascarones**, pour rejoindre la place où se trouve **El Palacio**. La vaste façade du palais comporte plusieurs embrasures de portes, dont deux sont pourvues d'une colonne en leur centre. Ces embrasures à colonnes et les ensembles de *columnillas* (petites colonnes) décoratives sur la partie supérieure de la façade sont caractéristiques de l'architecture Puuc.

Les marches du côté de la place d'El Palacio aboutissent à un chemin qui traverse la jungle sur environ 200 m et rejoint le **Templo de las Columnas**. Lui aussi est équipé de plusieurs rangées de colonnes décoratives sur la partie supérieure de sa façade. Lors de notre dernière visite, le temple était fermé pour restauration.

À l'ouest d'El Palacio, de l'autre côté de la route, un sentier en montée passe au sud d'un haut tertre de pierres qui était jadis la **Gran Pirámide** (Grande Pyramide). Décrivant une courbe à droite, le sentier débouche sur une grande **arche monumentale** restaurée. Il semble que le *sacbe*, la route cérémonielle pavée et surélevée qui part de là, traverse la jungle pour rejoindre Uxmal, où elle s'achève par une arche plus petite. Dans l'autre direction, le *sacbe* mène à Labná. Toute la péninsule du Yucatán était autrefois sillonnée de ces remarquables "routes blanches" de calcaire brut.

Aujourd'hui, on ne voit plus rien du *sacbe*, et le reste du domaine, situé à l'ouest de la route, se compose d'un dédale de chemins non balisés, envahis par la végétation, qui conduisent dans la jungle.

La billetterie-boutique de souvenirs vend en-cas et boissons fraîches. C'est à Santa Elena (p. 337) qu'on trouve les meilleurs hébergements, environ 8 km au nord de Kabah.

Kabah est à 104 km de Mérida. Il est plus simple d'arriver en voiture, mais vous pouvez aussi prendre un bus Sur depuis Mérida (5/jour).

Turitransmérida (p. 326) organise des excursions sur la Ruta Puuc assez régulièrement et Nómadas Hostel (p. 326) propose des circuits à Kabah.

Ruta Puuc

La route Puuc permet de découvrir des sites remarquables sur le plan architectural et de mieux connaître la civilisation Puuc maya. Elle traverse des collines ondoyantes émaillées de sites archéologiques mayas rarement visités, nichés au cœur d'épaisses forêts. Une route bifurque à l'est (à 5 km au sud de Kabah) et serpente à travers les vestiges de Sayil, Xlapak et Labná, pour aboutir aux Grutas de Loltún.

À voir

Labná SITE ARCHÉOLOGIQUE

(Ruta Puuc ; 50 $M ; 8h-17h ; P). C'est *le* site incontournable de la Ruta Puuc. On estime que près de 3 000 Mayas vivaient ici pendant une partie du IXe siècle. Pour subvenir aux besoins de la population sur ces monts arides, l'eau était recueillie dans des *chultunes* (citernes). Près de 60 *chultunes* parsemaient la ville et ses environs ; plusieurs sont encore visibles. **El Palacio** est le premier monument que l'on rencontre. Cet édifice, l'un des plus longs de la région de Puuc, présente d'intéressantes sculptures décoratives, pour la plupart en bon état.

Sur la façade du bâtiment principal, à l'angle ouest, juste en face du grand arbre situé près du centre de l'ensemble architectural, un serpent tient une tête humaine entre ses mâchoires (le symbole de la planète Vénus). En regardant vers la colline, on découvre un impressionnant masque de Chac et, non loin de là, le bas du corps d'un personnage humain, peut-être un joueur de balle, portant pagne et guêtres.

La partie inférieure arbore d'autres masques de Chac bien conservés. Du niveau supérieur, où un grand *chultun* contient encore de l'eau, le panorama du site et des monts en toile de fond est superbe.

Labná est surtout connu pour **El Arco**, une magnifique arche autrefois intégrée à un édifice situé entre deux cours qui sert aujourd'hui de porte entre deux petites places. Bien conservée, la construction en encorbellement fait 3 m de largeur sur 6 m de hauteur. Les reliefs en mosaïque qui ornent sa partie supérieure sont caractéristiques du style Puuc.

Le côté ouest de l'arche est flanqué de *na* sculptés, avec des toits à plusieurs niveaux. Sur ces mêmes murs, vestiges de l'édifice qui jouxtait l'arche, apparaissent des motifs en treillage au-dessus de figures serpentines. Les archéologues pensent qu'une haute structure surplombait autrefois l'arche et les salles adjacentes.

De l'autre côté de l'*arco*, séparée de celui-ci par le *sacbe*, se dresse une pyramide surmontée d'un temple, **El Mirador**. De la pyramide, il ne reste pratiquement que des tas de pierres. Le temple, avec sa crête de 5 m de hauteur, ressemble à une tour de guet.

Labná est à 14 km à l'est du croisement entre la Ruta Puuc et la route 261.

Sayil SITE ARCHÉOLOGIQUE
(Ruta Puuc ; 50 $M ; ⌚8h-17h). Sayil est surtout connu pour **El Palacio**, un imposant édifice sur 3 niveaux, dont la façade de 85 m de longueur rappelle les palais minoens de Crète. Les colonnes caractéristiques de l'architecture Puuc y abondent : elles servent de supports aux linteaux, d'ornements entre les portes et de frises surmontant celles-ci, en alternance avec d'énormes masques stylisés de Chac et de "dieux descendants".

Xlapak SITE ARCHÉOLOGIQUE
(Ruta Puuc ; ⌚8h-17h). GRATUIT Le palais richement décoré de Xlapak (orthographié aussi Xlapac) est plus petit que ceux de Kabah et de Sayil : il fait seulement 20 m de longueur. Légèrement incliné, il est décoré de masques de Chac, de colonnes et de colonnes engagées, ainsi que de motifs géométriques typiques du style Puuc.

ℹ Depuis/vers la Ruta Puuc

Turitransmérida (p. 326) propose des excursions sur la Ruta Puuc, au même titre que certaines auberges de jeunesse et autres hébergements.

Le dimanche, un bus ATS part du Terminal de Segunda Clase à 8h (176 $M). Le retour s'effectue entre 15h et 16h, pour une visite express des 3 sites archéologiques, ainsi que Kabah et Uxmal.

Ruinas de Mayapán

Ruinas de Mayapán SITE ARCHÉOLOGIQUE
(50 $M ; ⌚8h-17h). Bien que nettement moins impressionnant que d'autres sites archéologiques mayas, Mayapán est important historiquement : la dynastie Mayapán, l'une des dernières grandes lignées de la région, s'établit comme le centre de la civilisation maya de 1200 à 1440. Les édifices intéressants sont concentrés dans un périmètre restreint et peu visité. C'est l'un des rares sites où l'on peut grimper jusqu'au sommet de la pyramide.

La vaste cité de Mayapán comptait une population estimée à environ 12 000 âmes. Elle s'étendait sur 4 km² et était entièrement entourée d'une grande muraille défensive. Plus de 3 500 édifices, 20 *cenotes*, ainsi que les traces du mur d'enceinte ont été cartographiés par les archéologues qui ont travaillé sur le site dans les années 1950 et en 1962. La qualité du travail, qui date de la fin de la période postclassique, est inférieure à celle de la grande époque de l'art maya.

On peut gravir le **Castillo de Kukulcán**, une pyramide dont la base est ornée de fresques et, à l'arrière, de frises représentant des guerriers décapités. Sa couleur rouge est encore visible par endroits. Le **Templo Redondo** (Temple rond) rappelle un peu El Caracol de Chichén Itzá.

Ne confondez pas les ruines de Mayapán avec le village maya éponyme, à 40 km au sud-est du site archéologique, après la ville de Teabo.

Les ruines de Mayapán se trouvent à la sortie de la route 184, quelques kilomètres au sud-ouest de la ville de Telchaquillo et environ 50 km au sud-est de Mérida. Certains bus de 2e classe desservent Telchaquillo (50 $M, 1 heure 30, toutes les heures), mais mieux vaut louer une voiture.

Celestún

☎988 / 6 800 HABITANTS

À l'ouest de Mérida, Celestún est un village de pêcheurs assoupi, écrasé par un soleil de plomb. Si la petite place centrale et les plages ne manquent pas de charme, on vient surtout ici pour la Reserva de la Biosfera Ría Celestún, peuplée de nombreux oiseaux aquatiques.

L'endroit est idéal pour se détendre pendant un jour ou deux. Des bateaux de pêche jalonnent la belle plage de sable blanc qui s'étend vers le nord sur des kilomètres, et la brise de l'après-midi rafraîchit la ville la plupart du temps. Celestún est à l'abri de la courbe sud de la péninsule, ce qui favorise une abondante vie marine et rend la mer moins agitée pendant la saison des *nortes* (vents et pluies venant du nord).

À voir

Hacienda Real de Salinas ÉDIFICE HISTORIQUE

Cette hacienda abandonnée, à quelques kilomètres au sud-est de la ville et à 5 km de l'embouchure de l'estuaire, produisait autrefois du bois teinté et du sel, en même temps qu'elle servait de maison d'été à une famille de Campeche. Dans la *ría* (estuaire), le cairn marquant un *ojo de agua dulce* (source d'eau douce) qui alimentait autrefois l'hacienda est toujours là.

La décrépitude des bâtiments ne manque pas de charme : on peut voir des coquillages mélangés aux matériaux de construction dans le mur, ainsi que des morceaux de tuiles françaises qui servirent de ballast aux navires en provenance d'Europe. De nombreuses tuiles intactes sont encore visibles avec le nom et l'emplacement de la fabrique (Marseille) dans ce qui reste des toits.

N'hésitez pas à venir à vélo depuis la ville. En venant vers le sud sur la Calle 4, prenez à gauche à l'embranchement en Y (une route de terre qui longe Puerto Abrigo), puis tournez à droite pour atteindre El Lastre (le Ballast), une péninsule entre l'estuaire et son bras ouest. On y voit parfois flamants roses, pélicans blancs et autres oiseaux. Si l'eau est assez haute et que vous participez à un circuit d'observation des flamants roses, demandez au capitaine de s'arrêter ici au retour. Locations de vélos sur la place du village.

Reserva de la Biosfera Ría Celestún RÉSERVE NATURELLE

Cette réserve de biosphère de 591 km² abrite une faune diversifiée, notamment avicole, qui comprend une vaste colonie de flamants roses. On peut voir les flamants (lors de sorties en bateau) toute l'année à Celestún, mais ils sont généralement plus nombreux de novembre à mi-mars.

Circuits organisés

Les circuits d'observation des flamants roses sont la principale curiosité de Celestún. Les sorties au départ de la plage (2 heures 30) commencent par un trajet de plusieurs kilomètres le long de la côte au cours duquel on peut apercevoir aigrettes, hérons, cormorans, bécasses et bien d'autres espèces d'oiseaux. Le bateau s'engouffre ensuite dans l'embouchure de la *ría* (estuaire).

En remontant la *ría*, on passe sous le pont autoroutier où d'autres circuits en bateau (1 heure 30) démarrent, et au-delà duquel se trouvent les flamants roses. En fonction de la marée, de l'heure de la journée, de la saison et de la météo, on peut voir des centaines, voire des milliers d'oiseaux. Ne demandez pas au capitaine de les approcher de trop près ; un envol précipité du groupe peut causer des blessures voire des décès parmi les oiseaux. En plus de vous emmener voir les flamants roses, le bateau se faufilera à travers un tunnel de mangrove de 200 m et vous conduira jusqu'aux sources d'eau douce qui se déversent dans l'estuaire saumâtre. À cet endroit, vous pourrez vous rafraîchir en piquant une tête.

Louer un bateau sur la plage peut s'avérer long et compliqué. Les prestataires ont tendance à regrouper un maximum de personnes, ce qui entraîne parfois beaucoup d'attente. Les prix sont souvent calculés sur la base de 6 passagers, mais les tarifs augmentent si ce nombre n'est pas atteint. Évitez ce problème en formant vous-même un groupe de 6 personnes (250 $M par passager plus 15 $M pour l'entrée à la réserve de biosphère).

Partir du pont ou de la plage ne vous garantira pas que votre capitaine parle anglais.

Manglares de Dzinitún ÉCOTOURISME

(portable 999-6454310 ; dzinitun@gmail.com ; circuit 90 min canoë et kayak 2 pers à partir de 800 $M). Excursions en kayak double (vous menez l'embarcation) ou en canoë (vous laissez le guide pagayer) à travers un passage réhabilité dans la mangrove et des sites d'observation des oiseaux. Embarcations silencieuses et guides compétents (certains parlent un anglais rudimentaire). Environ 1 km à l'intérieur des terres après le pont (suivez les panneaux "Paseos: canoas y kayak"). Depuis la plage, tournez à droite sur la rue après la deuxième tour de transmission. À environ 300 m, tout droit.

Où se loger et se restaurer

La plupart des hôtels de Celestún sont installés Calle 12, à courte distance les uns des autres. Réservation indispensable pour une chambre avec vue sur la mer.

Hotel Flamingo Plaza HÔTEL $

(988-916-21-33 ; drivan2011@hotmail.com ; Calle 12 n°67C ; ch 700 $M ; P). Cet hôtel familial sur la plage dispose d'une

HORS DES SENTIERS BATTUS

ROUTES SECONDAIRES AU SUD DE MÉRIDA

Hacienda Yaxcopoil (☎portable 999-9001193 ; www.yaxcopoil.com ; route 261 Km 186 ; adulte/- 12 ans 100 $M/gratuit ; ⊙8h-18h lun-sam, 9h-15h dim ; P ♿). Si vous ne devez visiter qu'une hacienda, optez pour celle-ci. Autrefois, ce vaste domaine faisait pousser et transformait le *henequén* (sisal) ; plusieurs de ses bâtiments de style Renaissance française ont bénéficié d'une superbe restauration. L'intérieur de l'édifice principal est remarquable. Vous pourrez entrer dans les hangars pour voir les râpes géantes qui servaient à la transformation des feuilles en fibres. Le gardien a, en son temps, travaillé sur le site et pourra vous raconter quelques anecdotes (si vous comprenez l'espagnol ; pourboire apprécié).

Hacienda San Pedro Ochil (☎999-924-74-65 ; www.haciendaochil.com ; route 261, Mérida-Muna, Km 175 ; 30 $M ; ⊙10h-18h ; P ♿). Sans hébergement (ou vieille maison), l'endroit permet de découvrir comment le sisal était cultivé et transformé. À partir du parking, suivez les pistes utilisées autrefois par les petits chariots pour transporter les matériaux depuis ou vers l'usine. Vous passerez devant des ateliers de chanvre et de filigrane. Un petit musée propose des expositions temporaires. La *casa de maquinas* (salle des machines) et la cheminée sont toujours là.

Grutas de Calcehtok (Grutas de X'Pukil ; ☎portable 999-2627292 ; près de la route 184 ; visite 1 heure/2 heures 100/130 $M ; ⊙8h-17h ; P ♿). Les grottes de Calcehtok constitueraient le plus long réseau de grottes sèches de la péninsule du Yucatán. Plus de 4 km ont été explorés jusqu'à présent, et 2 des 25 voûtes dépassent les 100 m de diamètre (avec une coupole de 30 m de hauteur, pour l'une d'entre elles). Les grottes abritent de nombreuses et impressionnantes formations naturelles ; toutefois, si vous êtes claustrophobe, si vous avez peur du noir ou si vous n'aimez pas vous salir, le lieu n'est certainement pas pour vous.

Oxkintok (www.inah.gob.mx ; 50 $M, guide 600 $M environ ; ⊙8h-17h ; P). Voilà des années que les archéologues se passionnent pour les vestiges d'Oxkintok. Parmi les inscriptions retrouvées, figurent les dates les plus anciennes du Yucatán : elles prouvent que la cité fut habitée de l'ère préclassique à l'ère postclassique (soit de 300 av. J.-C. à 1500 de notre ère), atteignant son apogée entre 475 et 860.

Cenotes X-Batún et Dzonbakal (☎portable 999-2565508 ; San Antonio Mulix ; 50 $M ; ⊙9h30-18h15). Certains nous accuseront de divulguer un secret bien gardé, mais tant pis ! Une coopérative du petit village de San Antonio Mulix gère ce magnifique site méconnu, composé de deux *cenotes*, situés à 800 m l'un de l'autre. Payez au Centro Comunitario, puis roulez 2 km le long d'une route non goudronnée. Au bout de la route, tournez à droite vers X-Batún ou à gauche vers Dzonbakal.

X-Batún, bien que modeste par sa taille, est l'un des plus jolis gouffres des alentours, avec ses eaux aquamarines à ciel ouvert.

À l'entrée de l'étendue de 2 km, la communauté gère un restaurant (plats 40-95 $M) et vous pourrez même passer la nuit dans de modestes *cabañas* mayas, équipées de ventilateurs et de moustiquaires (600 $M pour 4 pers).

piscine ouverte sur la côte. Les lavabos et les douches auraient besoin d'être refaits, les chambres sont humides, mais l'établissement est propre. À 800 m au nord de la Calle 11.

Hotel Manglares HÔTEL **$$**
(☎988-916-21-04 ; hotelmanglares@hotmail.com ; Calle 12 n°63 ; d/cabaña 1 100/1 600 $M ; P ⊜ ❄ ≋ ≅). Outre une architecture moderne qui détone un peu dans cette ville décontractée, cet établissement de milieu de gamme offre 24 chambres avec vue sur mer et balcon privatif. Face à la plage, les *cabañas* sont équipées de kitchenette, de Jacuzzi et d'un petit espace commun.

♥ **Casa de Celeste Vida** PENSION **$$$**
(☎988-916-25-36 ; www.hotelcelestevida.com ; Calle 12 n°49E ; ch/app 95/130 $US ; P ⊜ ≋ 🐾). Cet établissement accueillant au pied de la plage, tenu par des Canadiens, loue des

VAUT LE DÉTOUR

GRUTAS DE LOLTÚN

Les **Grutas de Loltún** (tarif plein/- 13 ans 127 $M/gratuit, parking 22 $M ; visites 9h30, 11h, 12h30, 14h, 15h et 16h ;), l'un des plus vastes ensembles de grottes asséchées de la péninsule du Yucatán, ont été une véritable malle aux trésors pour les archéologues. Leur nom signifie "fleur de pierre" en maya. La datation au carbone 14 d'objets découverts sur place atteste d'une présence humaine remontant à quelque 2 200 ans. Des fresques comprenant des représentations de mains, de visages et d'animaux, ainsi que des motifs géométriques, étaient apparentes à hauteur d'homme il y a encore 25 ans. Hélas, les visiteurs les ont tant touchées qu'il en reste à peine les traces, même si quelques empreintes de main ont été restaurées.

Quelques pots sont exposés dans une niche, et un impressionnant bas-relief, **El Guerrero**, monte la garde à l'entrée. Cela mis à part, on voit essentiellement des formations calcaires illuminées.

Pour explorer le labyrinthe, il faut suivre une visite guidée (à heure fixe), généralement en espagnol, parfois en anglais si le groupe le demande. Les services des guides sont inclus dans le droit d'entrée, mais ils attendent un pourboire à la fin (au moins 50 $M/pers). Les visites durent environ 1 heure 20, avec de nombreux et longs arrêts. Les commentaires de certains guides sont riches en légendes et remarques humoristiques, mais pauvres en renseignements géologiques et historiques. Le panneau indique une distance de 2 km ; dans les faits, la route ne fait que 1,1 km. Elle est illuminée par des lumières colorées.

Les *colectivos* pour Oxkutzcab (*otch-koutz-kahb* ; 60 $M, 1 heure 30, fréquents) partent de la Calle 67A à Mérida, à côté du Parque San Juan. Loltún est à 7 km au sud-ouest d'Oxkutzcab, où l'on peut prendre des *colectivos* (17 $M) pour les grottes dans la Calle 51 (devant le marché). En taxi, comptez environ 120 $M.

Le meilleur moyen de rejoindre les Grutas reste la location de voiture ; après avoir quitté Mérida, la route est en bon état.

chambres confortables avec kitchenette (grille-pain et cafetière compris) et un appartement pour 4 personnes. Tous ont vue sur la mer. Kayak et vélos gratuits. Les hôtes organisent des circuits d'observation des flamants roses et une balade nocturne à la rencontre des crocodiles.

Grande cuisine commune pour faire sa propre cuisine et panier petit-déjeuner à 10 $US pour 2 personnes. Ouvert toute l'année. À 1,5 km au nord de la Calle 11.

Dolphin PETIT-DÉJEUNER **$$**
(Calle 12 n°104, angle Calle 13 ; plats 55-110 $M ; 8h30-13h mer-dim ;). Sans prétention avec ses chaises en plastique, cet endroit, parfait pour le petit-déjeuner (café, jus de fruits, pain frais maison, marmelade et très bonnes spécialités aux œufs), donne l'impression de pique-niquer sur le sol sablonneux. Dans l'hôtel Gutiérrez.

La Playita PRODUITS DE LA MER **$$**
(Calle 12 n°99 ; plats 70-150 $M ; 10h-18h). De tous les établissements avec tables, chaises en plastique et sol sablonneux, celui-ci, situé sur la plage, fait l'unanimité. Excellentes spécialités de fruits de mer frais et ceviches.

La Palapa PRODUITS DE LA MER **$$**
(998-916-20-63 ; restaurant-lapalapa@hotmail.com ; Calle 12 n°105 ; plats 120-215 $M ; 11h-19h). Cet excellent restaurant sert de savoureux produits de la mer dans une vaste salle à manger surplombant la mer. Leur plat star : les crevettes au coco, servies dans une coque de noix de coco.

Renseignements

La ville ne possède aucune banque. Vous trouverez un DAB au Super Willy's sur la place. Essayez d'arriver avec des espèces, au cas où le DAB ne serait pas alimenté (ce qui est courant).

Depuis/vers Celestún

Arrivant par l'ouest depuis Mérida, la Calle 11 traverse la ville jusqu'à la Calle 12, la route qui longe la plage.

Des bus se rendent fréquemment à Celestún (60 $M, 2 heures 30) au départ de la gare routière Noreste de Mérida. Ils arrivent sur la place de Celestún, à une rue de la Calle 12, vers l'intérieur des terres.

Il y a aussi des *colectivos* sur la place qui vous emmèneront dans le centre-ville de Mérida (environ 60 $M).

Pour venir de Mérida en voiture, le mieux est de passer par la nouvelle route d'Umán.

Progreso

969 / 39 000 HABITANTS

Si la chaleur de Mérida vous fait rêver de plage, ou si vous souhaitez voir le plus long quai du Mexique (6,5 km), mettez le cap sur la décontractée Progreso (ou Puerto Progreso). Tout comme sa plage, le *malecón* est souvent envahi par des habitants et des touristes rougis par le soleil, attablés pour un verre ou un repas. La plage est très longue et, comme pour les autres plages du golfe, son eau reste trouble même par temps calme. Le vent peut souffler en rafales l'après-midi et le soir, surtout de décembre à mars lorsque *los nortes* (les vents du nord) se lèvent.

Les Méridanos (habitants de Mérida) affluent le week-end, en particulier en juillet et août. Il peut alors être difficile de dénicher une chambre avec vue et les déchets se multiplient sur la plage. Une à deux fois par semaine, les rues sont envahies de touristes débarquant de leurs bateaux de croisière, mais la ville peut sembler déserte en soirée le reste du temps.

Activités

El Corchito BAIGNADE

(999-158-51-55 ; route 27 s/n, angle Calle 46 ; 35 $M ; 9h-16h). Piquez une tête dans l'un des 3 bassins naturels d'eau douce, entourés de mangrove, de la réserve naturelle d'El Corchito. Des vedettes font traverser un canal aux visiteurs pour les conduire jusqu'à la réserve peuplée d'iguanes, de boas constrictors, de petits crocodiles, de ratons laveurs et d'une troupe de coatis. Ratons laveurs et coatis sont d'habiles chapardeurs : prenez garde si vous apportez un pique-nique.

El Corchito est très visitée, surtout les week-ends : arrivez tôt pour une baignade au calme.

Les bus Tecnológico au départ des Calles 82 et 29 vous laisseront à un pâté de maisons et demi d'El Corchito. Si vous êtes motorisé, prenez la Calle 46 vers le sud jusqu'à la route 27.

Où se loger et se restaurer

Hotel Yaxactún HÔTEL $$

(969-103-93-26 ; yaxactun@outlook.com ; Calle 66 n°129, entre Calles 25 et 27 ; ch à partir de 650-750 $M ;). Cet hôtel peut se vanter d'être l'un des plus modernes de la ville. Marron et crème, il offre des chambres sur la rue bénéficiant d'une bonne lumière naturelle et de balcons. Petit restaurant sur place spécialisé dans la cuisine du Yucatán et piscine avec espace enfants. À 3 pâtés de maisons de la plage, peu arboré et très bétonné.

El Naranjo YUCATÁN $

(Calle 27 s/n, entre Calles 78 et 80 ; tacos/tortas 10/18 $M ; 6h-12h). L'un des meilleurs stands – impeccablement tenu – du marché pour un *cochito* (porc cuit à petit feu).

Milk Bar CAFÉ $$

(Malecón s/n, entre Calles 72 et 74 ; plats 69-180 $M ; 8h-minuit). Vous voici devant l'énorme "vache dans un bateau à rames" de ce café décontracté, tenu par des Texans. Malgré son nom, l'établissement n'est pas spécialisé dans les boissons lactées, mais parfait pour de gros sandwichs, burgers et salades. C'est aussi un lieu de rencontre prisé des expatriés, qui apprécient la décoration éclectique et le service irréprochable. Petit-déjeuner tout indiqué pour les gueules de bois.

Crabster PRODUITS DE LA MER $$$

(969-103-65-22 ; www.crabster.mx ; 135-320 $M ; 8h-11h et 12h-20h). L'adresse la plus en vue de la rue, avec ses chaises en bois blond, sa décoration toute de velours rose et son éclairage design, pourrait rivaliser avec un hôtel international. Directement sur la plage, cet établissement huppé attire le visiteur aisé pour, vous l'aviez deviné, ses fruits de mer (mais aussi pour être vu). Un dernier atout ? Le service, impeccable.

Depuis/vers Progreso

Progreso est à 33 km au nord de Mérida, sur la grande quatre-voies qui prolonge le Paseo de Montejo.

Pour rejoindre Progreso au départ de Mérida, rendez-vous au Terminal de Progreso (p. 332) ou prenez un *colectivo* à un pâté de maisons à l'est de la gare routière dans la Calle 60.

À destination de Mérida, des bus fréquents (20 $M) partent de la gare routière de Progreso (Calle 29 n°151, entre Calles 80 et 82).

Izamal

☎988 / 16 000 HABITANTS

Izamal était autrefois une cité prospère et un important centre religieux dont les temples étaient dédiés au culte d'Itzamná, dieu suprême des Mayas, et au dieu Soleil, Kinich-Kakmó. Une dizaine de pyramides étaient consacrées à ces dieux ou à d'autres. Nul doute que ces expressions audacieuses de la spiritualité maya ont incité les colons espagnols à choisir Izamal pour la construction d'un impressionnant monastère franciscain, qui se trouve toujours au cœur de cette ville située à environ 70 km à l'est de Mérida.

Izamal est désormais une paisible ville provinciale, surnommée La Ciudad Amarilla (Ville Jaune) en raison des bâtiments traditionnels jaune d'or qui se sont construits en spirale à partir du centre, telle une marguerite qui s'ouvre. La ville se visite facilement à pied, et l'on y croise de charmantes carrioles.

À voir

Centro Cultural y Artesanal MUSÉE

(www.centroculturalizamal.org.mx ; Calle 31 n° 201 ; 25 $M ; 10h-tard). Juste en face de la place du monastère, ce centre culturel et musée est dédié à l'art populaire mexicain, avec d'intéressantes cartes explicatives en anglais. Une belle boutique vend des produits certifiés équitables, fabriqués par des artisans issus de 12 communautés indiennes : tout achat revient directement à ces familles rurales.

Kinich-Kakmó SITE ARCHÉOLOGIQUE

(Calle 27 s/n, entre Calles 26B et 28 ; 8h-17h). GRATUIT Parmi les 12 pyramides mayas que comptait la ville, 3 ont été en partie restaurées. La plus imposante (la 3e plus grande du Yucatán ; 34 m de haut), Kinich-Kakmó, se dresse 3 rues au nord du *convento*. Selon la légende, une divinité qui prenait la forme d'un ara macao éclatant descendait du ciel pour recueillir les offrandes laissées ici.

Convento de San Antonio de Padua MONASTÈRE

(Calle 31 s/n ; musée 5 $M ; 6h-20h, spectacle son et lumière 20h30 jeu-sam, musée 7h-20h). Lorsque les Espagnols conquirent Izamal, ils commencèrent par détruire la pyramide de Ppapp-Hol-Chac, puis utilisèrent les pierres pour ériger l'un des premiers monastères de l'hémisphère Ouest. Commencée en 1533, l'édification du Convento de San Antonio de Padua fut achevée en 1561. Sous les arcades, vous remarquerez des pierres dont les gravures représentent des labyrinthes et qui proviennent indéniablement de l'ancien temple maya. Un spectacle **son et lumière** y est donné 3 fois par semaine.

Où se loger et se restaurer

Plusieurs *loncherías* sont installées sur le marché, du côté sud-ouest de San Antonio de Padua.

Hotel Casa Colonial HÔTEL $

(☎988-954-02-72 ; hotelcasacolonializamal@hotmail.com ; Calle 31 n°331, angle Calle 36 ; s/d 500/600 $M ; P). Adresse propre et spacieuse par rapport à d'autres hôtels pour petits budgets de la ville, plus défraîchis et exigus. Toutes les chambres ont une table de cuisine, un four à micro-ondes et un mini-réfrigérateur.

Hacienda Hotel Santo Domingo HÔTEL $$

(☎portable 988-9676136 ; www.izamalhotel.com ; Calle 18, entre Calles 33 et 35 ; ch 900-1 590 $M, ste à partir de 1 690 $M ; P). Sur une luxuriante propriété de 13 ha, avec sentiers pédestres, piscine et restaurant *palapa*, ce tranquille hôtel haut de gamme et particulièrement bien tenu (propriétaire sur place) séduira les amoureux de la nature et des établissements de caractère. Les chambres sont toutes très belles, certaines avec lavabo en pierre naturelle et douches intérieures/extérieures. Fantastique piscine et petit bar. Les repas peuvent être précommandés et le petit-déjeuner – pris autour de la piscine – est à la carte. Ceux qui ont laissé à regret leur animal de compagnie pourront caresser les chiens de la propriété. Situé à 5 pâtés de maisons du monastère.

Kinich MEXICAIN $$

(www.restaurantekinich.com ; Calle 27 n°299, entre Calles 28 et 30 ; plats 75-230 $M ; 10h-20h ;). Tout touristique que puisse être l'endroit, sa cuisine yucatèque maison n'en est pas moins fraîche et de qualité. Les *papadzules kinich* (tortillas roulées, farcies à l'œuf et surmontées d'une sauce aux graines de citrouille et de saucisse fumée) sont une spécialité savoureuse. Kinich est également réputé pour son *dzic de venado* un plat de venaison émincée (230 $M).

Installé dans une impressionnante *palapa* ; les serveurs portent des *huipiles* (longues tuniques traditionnelles sans manches).

BUS AU DÉPART D'IZAMAL

DESTINATION	PRIX ($M)	DURÉE (H)	FRÉQUENCE
Cancún	182	5	fréquents
Mérida	40	1½	fréquents ; Terminal Autobuses Centro
Tizimín	85	2½	3 ; Oriente
Valladolid	66	2	fréquents ; Terminal Autobuses Centro

Comment circuler

Des bus partent fréquemment de la **gare routière Oriente** (portable 988-9540107 ; Calle 32 s/n, angle Calle 31A) d'Izamal et du **Terminal de Autobuses Centro** (988-967-66-15 ; www.autobusescentro.com ; Calle 33 n°302, angle Calle 30), voisin.

En taxi, comptez 25 $M la course en ville ; une station se trouve au niveau des Calles 32 et 31A.

Trajet en carriole pour 250 $M/heure.

Chichén Itzá

985 / 5 500 HABITANTS (PISTÉ)

Site maya le plus célèbre et le mieux restauré de la péninsule du Yucatán, **Chichén Itzá** (La bouche du puits des Itzá ; chichenitza.inah.gob.mx ; en retrait de la route 180, Pisté ; tarif plein/- 13 ans 242/70 $M, visites guidées espagnol/anglais 800/900 $M ; 8h-16h ; P), bien que très fréquenté, impressionne toujours. Le déchiffrage de ses "temples du temps" a permis d'élucider de nombreux mystères du calendrier maya. Il est interdit de monter sur les édifices, sauf au niveau de quelques passages d'intérêt mineur.

La chaleur, l'humidité et la foule peuvent finir par gêner, tout comme la concurrence entre les vendeurs d'artisanat (sans parler les constants applaudissements des visiteurs testant l'acoustique de la pyramide). Vous éviterez ces désagréments en arrivant tôt le matin ou en fin d'après-midi.

Le spectacle son et lumière en soirée plaira à certains, moins à d'autres.

Histoire

La plupart des archéologues estiment que la première population établie à Chichén Itzá, à la fin de la période classique, était purement maya. Aux environs du IXe siècle, la ville fut pratiquement abandonnée, pour des raisons inconnues.

Elle fut à nouveau habitée vers la fin du Xe siècle, puis sans doute envahie peu de temps après par les Toltèques, arrivés de Tula, leur capitale des hautes terres centrales, au nord de Mexico.

Les Toltèques mêlèrent leur culture guerrière à celle des Mayas et introduisirent le culte de Quetzalcóatl (le serpent à plumes, Kukulcán en maya). Des représentations de Chac-Mool, le dieu maya de la Pluie, et de Queztalcóatl se côtoient dans toute la cité.

La fusion entre le style architectural Puuc et celui du plateau central confère à Chichén Itzá sa spécificité parmi les ruines du Yucatán. Le fabuleux Castillo et la Plataforma de Venus, édifiés à l'apogée de la présence toltèque, sont remarquables.

Les envahisseurs sanguinaires n'apportèrent pas que leur style architectural aux Mayas. De nombreuses sculptures évoquant les sacrifices humains témoignent de leur pratique de ces rites sanglants.

Lorsqu'un chef maya décida de transférer la capitale politique à Mayapán, tout en préservant la fonction de centre religieux de Chichén Itzá, le déclin de ce dernier s'amorça. La cité fut définitivement abandonnée au XIVe siècle, mais demeura longtemps un lieu de pèlerinage maya.

À voir

El Castillo SITE ARCHÉOLOGIQUE

Lorsque vous entrez sur le site de Chichén Itzá, El Castillo (aussi appelé pyramide de Kukulcán) se dresse face à vous dans toute sa splendeur. Haut de 25 m, l'édifice actuel a été construit sur le temple d'origine bâti vers 800, avant l'invasion toltèque. Une sculpture du serpent à plumes longe les escaliers ; des représentations de guerriers toltèques ornent la porte du sommet. Vous ne les verrez toutefois pas car l'ascension de la pyramide est interdite depuis qu'une femme a fait une chute mortelle en 2006.

La structure est en fait une représentation gigantesque, en pierre, du calendrier maya. Chacun des 9 niveaux d'El Castillo est divisé en deux par un escalier : les 18 terrasses ainsi formées symbolisent les 18 mois de 20 jours de l'"année vague" maya. Les 4 escaliers comptent chacun 91 marches. Si l'on ajoute la plateforme au sommet, on obtient 365 marches, soit

Chichén Itzá

EXCURSION D'UNE JOURNÉE

On comprend vite pourquoi le site maya de Chichén Itzá figure sur tous les itinéraires touristiques du Mexique. À peine entré, le visiteur est ébloui par l'impressionnante pyramide d'**El Castillo** ❶ ("le château"), premier d'une longue série d'émerveillements.

Une journée suffit pour visiter le site. Non loin d'El Castillo s'étend le plus grand **jeu de balle** ❷ du monde maya, à côté de sinistres sculptures de crânes et d'aigles dévoreurs de cœurs ornant le temple des Jaguars et la plateforme des Crânes. De l'autre côté (à l'est) se dresse le **groupe des Mille Colonnes** ❸, très ornementé, ainsi que le **temple des Guerriers** ❹. Tout près, au nord d'El Castillo, le profond **cenote sacré** ❺ était un important site de pèlerinage. De l'autre côté d'El Castillo, d'immenses serpents de pierre veillent sur le tombeau du Grand Prêtre, El Osario. Plus au sud se trouvent l'**Observatoire** ❻, à la coupole en spirale, l'imposant édifice des Nonnes et, enfin, l'Akab-Dzib, qui figurent parmi les vestiges les plus anciens.

Ce site de 47 ha couvrait, à son apogée, une surface de 30 km², où vivaient quelque 90 000 âmes ; vous ne déambulez donc que dans une infime partie de ce qui fut une grande cité maya.

INFORMATIONS PRATIQUES

- Arrivez dès 8h pour profiter tranquillement du site pendant 3 bonnes heures, avant que les bus ne commencent à déverser leurs flots de visiteurs. En étant très matinal, vous échapperez aussi aux marchands.
- Souvenez-vous que Chichén Itzá est le nom du site ; la ville actuelle s'appelle Pisté.

El Caracol
Observatoire
Les prêtres mayas se tenaient dans la coupole de l'observatoire circulaire pour annoncer les rituels et les célébrations à venir.

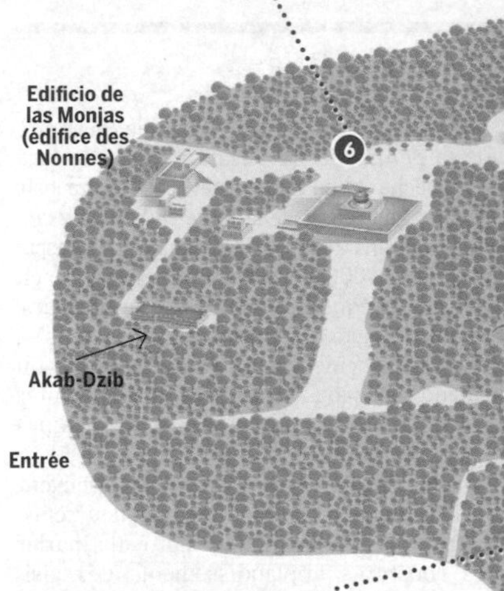

Grupo de las Mil Columnas
Groupe des Mille Colonnes
Les piliers autour du temple sont ornés de sculptures de divinités, de dignitaires et de guerriers émérites.

YIMING CHEN/GETTY IMAGES ©

El Castillo
"Le château"
Aussi imposante soit-elle, cette pyramide ne pourrait supporter le passage d'un million de visiteurs chaque année. Il est donc interdit de la gravir, mais la vue d'en bas est déjà spectaculaire en soi.

IRINA KLYUCHNIKOVA/SHUTTERSTOCK ©

Gran Juego de Pelota
Grand jeu de balle
Comment peut-on entendre quelqu'un parler d'un bout à l'autre de cette grande aire de jeu ? Encore aujourd'hui, son acoustique reste un mystère.

Entrée

Parking

Centre des visiteurs

Templo de los Jaguares (temple des Jaguars)

Tumba del Gran Sacerdote (tombe du Grand Prêtre)

1

2

Plataforma de los Cráneos (plateforme des Crânes)

5

3

4

Cenote Sagrado
Cenote sacré
Des expéditions de plongée ont permis de découvrir des centaines d'objets précieux qui reposaient au fond du *cenote* (puits naturel creusé dans le calcaire), ainsi que les ossements de victimes sacrificielles obligées de sauter dans cet au-delà souterrain.

Templo de los Guerreros
Temple des Guerriers
Comme l'illustrent les frises des temples, les Mayas associaient les guerriers aux aigles et aux jaguars. Le jaguar, qui faisait l'objet d'une véritable vénération, était symbole de force et d'agilité.

MATYAS REHAK/SHUTTERSTOCK ©

le nombre de jours dans une année. Sur chaque face de la pyramide, 52 panneaux rappellent les 52 années du cycle calendaire.

Lors des équinoxes de printemps et d'automne, l'ombre et la lumière forment une série de triangles sur le côté de l'escalier nord, qui évoquent la progression d'un serpent (remarquez aussi les têtes de serpent gravées au pied de l'escalier).

À l'intérieur d'El Castillo, la pyramide la plus ancienne abrite un *chac-mool* (pierre sacrificielle maya gravée) et un trône en forme de jaguar rouge, aux taches et aux yeux de jade. L'entrée d'**El Túnel**, le passage menant au trône, se trouve au pied du flanc nord d'El Castillo. Il n'est pas accessible.

En 2015, des chercheurs ont découvert que la pyramide se dresse très probablement au-dessus d'un *cenote* de 20 m de profondeur, ce qui accroît considérablement les risques qu'elle s'effondre.

Gran Juego de Pelota — SITE ARCHÉOLOGIQUE

Le grand terrain de jeu de balle, le plus vaste et le plus impressionnant du Mexique, n'est que l'un des 8 terrains de la cité. Situé à gauche du centre d'accueil des visiteurs, il est flanqué de temples à chacune de ses extrémités, et délimité par d'imposants murs parallèles comprenant des anneaux de pierre placés en hauteur. Certains des bas-reliefs sur les murs représentent des scènes de décapitation de joueurs.

Plusieurs traces révèlent que les règles du jeu ont changé au fil du temps. Des bas-reliefs montrent ainsi des joueurs portant des protections aux coudes et aux genoux : on pense qu'ils jouaient à un jeu semblable au football avec un ballon en caoutchouc dur, sans pouvoir user de leurs mains. D'autres gravures représentent des joueurs tenant une batte. Il semble que si un joueur parvenait à frapper la balle pour la faire passer à travers l'un des anneaux en pierre, son équipe remportait la partie. On pense également qu'à l'époque toltèque, on sacrifiait le capitaine de l'équipe vaincue, et peut-être aussi ses coéquipiers.

L'acoustique est étonnante : une conversation peut s'entendre d'un bout à l'autre du terrain, soit à 135 m de distance, et un simple clac produit un écho sonore et prolongé.

Templo del Barbado — SITE ARCHÉOLOGIQUE

L'édifice situé au nord du grand terrain de jeu de balle, appelé temple du Barbu en hommage à un bas-relief présent à l'intérieur de celui-ci, est doté de piliers finement sculptés de fleurs, d'oiseaux et d'arbres.

Plataforma de los Cráneos — SITE ARCHÉOLOGIQUE

La plateforme des Crânes (*tzompantli* en nahuatl, un dialecte maya) se trouve entre le **Templo de los Jaguares y Escudos** et El Castillo. Les côtés de cette plateforme en T sont décorés d'une large frise montrant plusieurs rangs de crânes. C'est sur cette palissade qu'étaient exhibées les têtes des victimes.

Plataforma de las Águilas y los Jaguares — SITE ARCHÉOLOGIQUE

Jouxtant la plateforme des Crânes, les sculptures de la plateforme des Aigles et des Jaguars représentent ces animaux occupés à s'emparer de cœurs humains au moyen de leurs serres et de leurs griffes. La plateforme faisait probablement partie d'un temple consacré aux ordres militaires chargés de capturer des victimes pour les sacrifices.

Cenote Sagrado — SITE ARCHÉOLOGIQUE

De la plateforme des Crânes (ci-dessus), un *sacbe* (route cérémonielle pavée) de 400 m partant vers le nord permet d'atteindre (en 5 minutes à pied) l'immense puits qui a donné son nom à la ville. Il s'agit d'un impressionnant bassin naturel de 60 m de diamètre et de 35 m de profondeur, dont les parois sont couvertes de végétation. Il subsiste des vestiges d'un petit bain à vapeur à côté du *cenote*.

Grupo de las Mil Columnas — SITE ARCHÉOLOGIQUE

Ce groupe situé derrière le Castillo (p. 345) doit son nom ("groupe des Mille Colonnes") aux multiples piliers qui ornent les façades au sud et à l'est. Principale curiosité du site, le **Templo de los Guerreros** (temple des Guerriers) est orné de sculptures de divinités animales en stuc et en pierre. En haut des marches se trouve une sculpture typique des représentations de Chac-Mool allongé, mais l'ascension n'est plus autorisée.

Des figures de guerriers sont sculptées sur de nombreuses colonnes à l'avant du temple. En 1926, les archéologues ont découvert un temple de Chac-Mool situé sous le temple des Guerriers.

On peut rejoindre à pied les colonnes au sud jusqu'à la **Columnata Noreste**,

Chichén Itzá

remarquable par ses masques du "dieu au gros nez" sculptés en façade. Certains ont été réassemblés au sol autour de la statue. Juste au sud se trouvent les vestiges du **Baño de Vapor** (bain de vapeur) avec son four souterrain et ses canalisations. Les maisons de sudation (deux sur le site) étaient régulièrement utilisées pour la purification rituelle.

El Osario SITE ARCHÉOLOGIQUE

Cette pyramide en ruine, également appelée maison des Ossements ou Tumba del Gran Sacerdote (tombe du Grand Prêtre), est connue pour ses têtes de serpent au pied de son escalier. Son architecture, comme celle de la plupart des édifices de la partie sud du site, est plus Puuc que toltèque.

Une structure carrée à son sommet mène à une grotte qui servait de chambre funéraire – 7 tombeaux recelant des ossements y ont été découverts.

El Caracol SITE ARCHÉOLOGIQUE

Surnommé El Caracol (l'escargot) par les Espagnols à cause de son escalier en colimaçon, cet observatoire au sud de l'Osario est l'un des édifices les plus importants et les plus fascinants de Chichén Itzá (hélas, on ne peut pas y pénétrer). Sa forme circulaire évoque certaines structures du plateau central – mais étonnamment pas celles de la toltèque Tula.

Des masques du dieu de la Pluie Chac surmontent les 4 portes extérieures orientées selon les points cardinaux. La position des fenêtres de la coupole de l'observatoire correspond à l'apparition de certaines étoiles à des dates précises. Les prêtres déterminaient ainsi la date appropriée aux rituels, aux célébrations, et aux semailles et récoltes du maïs.

Edificio de las Monjas SITE ARCHÉOLOGIQUE

On pense que l'édifice des Nonnes, avec sa myriade de pièces, était un palais de la royauté maya. Les conquistadores le comparèrent à un couvent, d'où son nom. Ses dimensions sont imposantes : sa base mesure 60 m de longueur, 3 m de largeur et 20 m de hauteur. Le style architectural est plus maya que toltèque, malgré la présence d'une pierre sacrificielle toltèque devant l'édifice. Un petit temple accolé à la face est, **La Iglesia**, est presque entièrement couvert de sculptures.

Akab-Dzib SITE ARCHÉOLOGIQUE

À l'est de l'édifice des Nonnes, l'Akab-Dzib, de style Puuc, serait, selon certains archéologues, la plus ancienne construction mise au jour à Chichén. Les salles centrales datent du IIe siècle. Akab-Dzib signifie "écriture obscure" en maya ; ce nom évoque la porte sud, dont le linteau montre un prêtre tenant un vase gravé des glyphes qui, à ce jour, n'ont pas encore pu être traduits.

Où se loger et se restaurer

La plupart des hôtels, des restaurants et des autres enseignes de Chichén Itzá s'alignent sur 1 km de route dans la ville de Pisté, du côté ouest du site (Mérida). Il y a environ 1,5 km entre l'entrée principale (ouest) du site archéologique et l'hôtel le plus proche, à Pisté, et 2,5 km jusqu'à la place principale de Pisté. N'hésitez pas à négocier votre hébergement en basse saison (de mai à juin et d'août à début décembre).

La route (Calle 15) qui traverse Pisté est jalonnée de dizaines de restaurants, plus ou moins grands. Les moins chers sont regroupés dans un marché en bord de route, Los Portales, à l'ouest de la ville.

Pirámide Inn HÔTEL $

(985-851-01-15 ; www.piramideinn.com ; Calle 15 n°30 ; empl tente 100 $M, ch sans/avec clim 500/600 $M ; P). Les campeurs pourront planter une tente, profiter de la piscine et avoir accès aux douches d'eau tiède de ce vieil hôtel. Les chambres, spacieuses, ont des salles de bains correctes et deux immenses lits doubles.

Situé sur la rue principale de Pisté, c'est l'établissement pour petits budgets le plus proche de Chichén Itzá (p. 345), bien qu'il soit à 1,5 km environ. Animaux acceptés.

Hotel Chichén Itzá HÔTEL $$

(985-851-00-22 ; www.mayaland.com ; Calle 15 n°45 ; ch/ste 1 310/1 750 $M ; P). À l'ouest de Pisté, cet hôtel compte 42 chambres agréables aux sols carrelés. Les meilleures font face à la piscine et au jardin paysager, et toutes disposent de lits fermes et de minibars. Jusqu'à 2 enfants de moins de 12 ans peuvent loger gratuitement ! Le complexe appartient à la chaîne Mayaland, importante dans la région.

♥ Hacienda Chichén RESORT $$$

(999-920-84-07, aux États-Unis 877-631-00-45 ; www.haciendachichen.com ; Zona Hotelera Km 120 ; d à partir de 224 $US ; P). À 300 m de l'entrée de Chichén Itzá (p. 345), cet hôtel se trouve sur le domaine soigné d'une hacienda du XVIe siècle où se dressent un élégant corps de ferme et de majestueux *ceibas*. Les archéologues qui ont fouillé Chichén dans les années 1920 séjournaient dans les bungalows – de nouveaux ont depuis été ajoutés. Parmi les activités mensuelles proposées figurent des cours de cuisine maya et l'observation des oiseaux.

Un bémol toutefois pour les tarifs exorbitants du restaurant.

Hotel Mayaland HÔTEL $$$

(998-887-24-95, aux États-Unis 877-240-5864 ; www.mayaland.com ; Zona Hotelera, Km 120 ; d/ste à partir de 2 100/3 500 $M ; P). Les dignitaires du monde entier ont séjourné au Mayaland, semble-t-il. Ce bel endroit dans un joli jardin se trouve à moins de 100 m de Chichén Itzá et dispose d'une entrée "privée". Les chambres, les bungalows et les piscines sont particulièrement agréables, mais depuis l'observatoire, El Caracol, vous verrez que l'hôtel a déboisé une bande de jungle.

Outre les restaurants et tous les services habituels, l'hôtel propose également des

BUS AU DÉPART DE CHICHÉN ITZÁ

DESTINATION	PRIX ($M)	DURÉE	FRÉQUENCE
Cancún	151-298	3-4 ½	9/jour
Cobá	69	2	7h30
Mérida	91-168	1 ¾-2 ½	fréquents
Playa del Carmen	155-314	3 ½-4	3/jour
Tulum	104-220	2 ½-3	3/jour
Valladolid	31-100	1	fréquents

programmes culturels, notamment l'activité très prisée "Be Maya", où l'on cuisine des plats mayas avant de visiter une réplique de l'"observatoire", tout en découvrant la culture maya. Le Mayaland Lodge à proximité propose d'élégants bungalows dans un cadre beaucoup plus intimiste.

Cocina Económica Fabiola MEXICAIN **$**
(Calle 15 s/n ; plats 45-70 $M ; ⏲7h-22h). Cet établissement sans prétention sert des repas honnêtes et bon marché, tout au bout de la rangée de restaurants, face à l'église. L'établissement prépare depuis 25 ans une *sopa de lima* (soupe au citron vert) et un *pollo yucateco* (poulet du Yucatán).

Las Mestizas MEXICAIN **$$**
(☎985-851-0069 ; Calle 15 s/n ; plats 70-110 $M ; ⏲9h-22h ; ❄📶). L'adresse incontournable pour se régaler de spécialités yucatèques (les photos de chaque plat vous aident à choisir). Tables à l'intérieur et à l'extérieur – selon l'heure de la journée, celles de l'extérieur vous exposeront peut-être aux fumées des pots d'échappement des bus touristiques (et à leurs files de visiteurs)... de quoi gâcher votre *poc chuk* (porc à l'ail mariné dans du jus d'orange, puis grillé).

ℹ Depuis/vers Chichén Itzá

Des guichets de la compagnie Oriente sont installés près des parties est et ouest de Pisté. Les bus de 2e classe qui traversent le village marquent de nombreux arrêts.

De nombreux bus 1re classe arrivent et repartent des ruines exclusivement. Ils desservent également Mérida et Valladolid, ainsi que des destinations sur la côte de Quintana Roo : Playa del Carmen, Tulum et Cancún. Si vous prévoyez de visiter Chichén Itzá, puis de partir directement vers une autre ville par un bus 1re classe, achetez votre billet de bus au centre des visiteurs avant de rejoindre le site archéologique. Vous serez de cette façon sûr d'avoir une place.

Les *colectivos* à destination de Valladolid (35 $M, 40 min) entrent dans le parking.

ℹ Comment circuler

Les bus pour Pisté s'arrêtent généralement sur la place ; on peut faire l'aller-retour à pied vers les ruines (dans une chaleur torride) en 20 à 30 minutes. Les bus 1re classe s'arrêtent au site archéologique ; pour les autres, renseignez-vous auprès du chauffeur. Des bus 2e classe vont aussi au *cenote* Ik Kil et aux Grutas de Balankanché.

Il y a une station de taxis du côté de l'extrémité ouest de la ville : comptez entre 40 et 50 $M à destination du site archéologique, 80 $M jusqu'au *cenote* Ik Kil et 150 $M jusqu'aux Grutas de Balankanché.

Valladolid

☎985 / 52 000 HABITANTS

Aussi connue comme la Sultane de l'Est, la troisième ville du Yucatán est réputée pour sa douceur de vivre et ses bâtiments coloniaux baignés de soleil. C'est une excellente base pour visiter Río Lagartos, Chichén Itzá, Ek' Balam et une pléiade de *cenotes* dans les environs. Les activités ne manquent pas, la ville reste à taille humaine et les tarifs sont raisonnables.

Histoire

Valladolid est marquée par un passé assez tumultueux. Fondée en 1543 près de la lagune Chouac-Ha, à 50 km de la côte, elle fut jugée trop étouffante et envahie de moustiques par Francisco de Montejo (neveu de Montejo le Vieux) et sa bande de conquistadores. Ces derniers décidèrent donc de la rebâtir sur le centre de cérémonie maya de Zací, où ils se heurtèrent à la résistance farouche des Mayas. Toutefois, le fils de Montejo le Vieux, dit Montejo le Jeune, finit par s'emparer de la ville. Elle fut alors mise à sac avant d'être reconstruite suivant un tracé obéissant au plan colonial classique.

Pendant une grande partie de l'époque coloniale, Valladolid, isolée de l'administration royale grâce à son éloignement de Mérida, conserva une relative autonomie. Les Mayas de la région furent soumis à une exploitation brutale, qui se poursuivit après l'indépendance. Exclus de nombreux quartiers, ils firent de Valladolid l'une de leurs premières cibles lorsqu'ils déclenchèrent la guerre des Castes en 1847, à Tepich. À l'issue d'un siège de deux mois, les occupants de la ville furent vaincus. Beaucoup fuirent vers Mérida ; les autres furent massacrés.

Valladolid est désormais un centre de commerce agricole prospère, complété par quelques industries légères et un tourisme en pleine expansion.

À voir

Casa de los Venados MUSÉE
(985-856-22-89 ; www.casadelosvenados.com ; Calle 40 n°204, entre Calles 41 et 43 ; don demandé ; visites 10h ou sur rdv). Cette collection privée présente plus de 3 000 objets d'art populaire mexicains de grande qualité – en situation, et non dans des vitrines. La visite (en anglais et en espagnol) aborde l'origine des pièces les plus remarquables et l'histoire de la demeure coloniale qui les abrite.

Catedral de San Servasio CATHÉDRALE
(San Gervasio). L'édifice original fut construit sur le site de la pyramide principale en 1545, puis démoli et reconstruit au début des années 1700. C'est la seule église dont l'entrée est orientée au nord dans le Yucatán (toutes les autres sont orientées à l'est), une façon de s'imposer aux locaux récalcitrants.

Activités

Hacienda San Lorenzo Oxman BAIGNADE
(Près de Calle 54 ; cenote 70 $M, cenote et piscine 100 $M ; 9h-18h). Jadis plantation de *henequén* et refuge des insurgés de la guerre des Castes au milieu du XIXe siècle, l'hacienda a pour principal atout un agréable *cenote*, beaucoup moins fréquenté que d'autres bassins naturels de Valladolid et des environs, surtout entre le lundi et le jeudi. En achetant une entrée combinée, vous pourrez bénéficier d'un crédit de 60 $M pour vos consommations au café.

Pour venir à vélo ou en voiture, empruntez la Calle 41A (Calzada de los Frailes) après le Templo de San Bernardino le long de la Calle 54A, tournez à droite dans l'Avenida de los Frailes, puis à gauche dans la Calle 54 et parcourez 3 km vers le sud-ouest. La course en taxi jusqu'à l'hacienda coûte de 80 à 100 $M.

Cenote X'Kekén y Samulá BAIGNADE
(Cenote Dzitnup et Samula ; 1/2 cenotes 60/90 $M ; 8h30-17h20). L'un des deux *cenotes* de Dzitnup (ou "X'Kekén Jungle Park"), prisé des tour-opérateurs. C'est une gigantesque formation calcaire composée de stalactites. Le bassin, artificiellement éclairé, se prête bien à la baignade. On peut aussi nager dans le *cenote* Samulá, joli bassin dans une grotte où les racines d'un *álamo* descendent sur plusieurs mètres.

À vélo, depuis le centre-ville de Pisté, comptez environ 20 minutes jusqu'aux *cenotes*. Empruntez la Calle 41A (Calzada de los Frailes), une rue bordée d'édifices coloniaux. Après le **Templo de San Bernardino** (Convento de Sisal ; angle Calles 49 et 51 ; lun-sam 30 $M, dim gratuit ; 9h-19h), longez la Calle 54A sur un pâté de maisons, puis tournez à droite dans la Calle 49, qui devient ensuite l'Avenida de los Frailes et rejoint l'ancienne grand-route. Suivez la *ciclopista* (piste cyclable) parallèle à la route en direction de Mérida sur 3 km, tournez à gauche à hauteur du panneau indiquant Dzitnup et continuez sur un peu moins de 2 km. Des *colectivos* partent également pour Dzitnup.

Cenote Zací BAIGNADE
(985-856-0818 ; Calle 36 s/n, entre Calles 37 et 39 ; adulte 30 $M, enfant 3-11 ans 15 $M ; cenote 8h30-17h30, restaurant 9h-18h). Le *cenote* Zací, l'un des rares *cenotes* du centre-ville, est idéal pour se rafraîchir. Ne vous attendez cependant pas à des eaux limpides. On peut parfois voir des poissons-chats ou, en levant les yeux, une colonie de chauves-souris. Le parc abrite également des petits stands de souvenirs, ainsi qu'un agréable restaurant sous une grande *palapa* (plats 85-140 $M).

Circuits organisés

Yucatán Jay Expeditions & Tours ORNITHOLOGIE, CULTURE
(portable 985-1118000 ou 985-1034918 ; www.yucatanjay.com ; 8h-20h). Située à 14 km au sud de Valladolid, cette coopérative, dirigée par 5 membres de la communauté de Xocén, bien informés et enthousiastes, propose un formidable éventail de

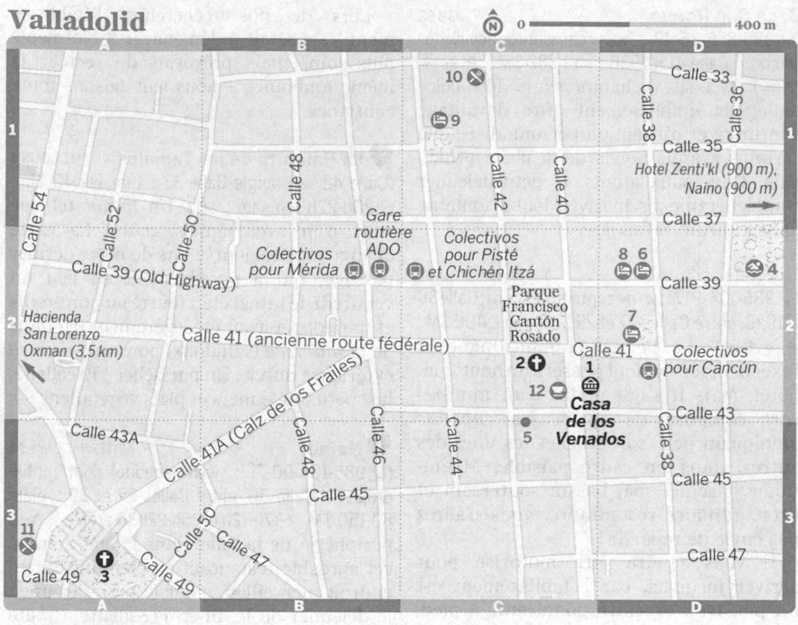

Valladolid

Les incontournables
1 Casa de los Venados C2

À voir
2 Catedral de San Servasio C2
3 Templo de San Bernardino A3

Activités
4 Cenote Zací D2
5 MexiGo Tours C3

Où se loger
6 Casa Marlene D2
7 Casa San Roque D2
8 Casa Tía Micha D2
9 Hostel La Candelaria C1

Où se restaurer
10 La Palapita de los Tamales C1
11 Yerba Buena del Sisal A3

Où prendre un verre et faire la fête
12 Coffee Bike Station C2

circuits, de l'observation des oiseaux aux circuits sur la culture et la gastronomie mayas. Vous pourrez rejoindre des *cenotes* et d'autres endroits, pour un intéressant aperçu culturel.

Les adeptes d'ornithologie seront généralement ravis des fruits de leurs observations (les guides ont accès à des zones de la flore et de la faune normalement inaccessibles). Possibilité de prendre le petit-déjeuner dans la communauté.

Où se loger et se restaurer

♥ **Hostel La Candelaria** AUBERGE DE JEUNESSE $
(☎985-856-22-67 ; www.hostelvalladolidyucatan.com ; Calle 35 n°201F ; dort/ch avec petit-déj à partir de 230/500 $M ; @). Ce sympathique établissement installé sur une petite place tranquille est parfois pris d'assaut et il y fait souvent très chaud (mais certains dortoirs sont climatisés). Sa cuisine, son magnifique jardin en longueur avec des hamacs, un dortoir réservé aux filles, de vastes espaces détente, un service de blanchisserie, des dîners organisés... en font l'une des meilleures auberges de la ville. Location de vélos (20 $M/heure).

C'est aussi l'une des auberges de jeunesse les mieux organisées, avec des listes d'idées et d'activités classées pour vous donner envie de rester plusieurs jours. Tania, l'adorable propriétaire, sait ce qu'elle fait !

Casa San Roque B&B **$$**
(☎985-856-26-42 ; www.casasanroquevalladolid.com ; Calle 41 n°193B ; ch 1 582 $M ; P ⊖ ❄ ≋ ≈). Avec ses 6 chambres à la déco coloniale, cet établissement offre davantage d'intimité et d'attention personnalisée que certains grands hôtels de la place principale. Principaux atouts, le petit-déjeuner complet et une piscine avec double fontaine dans le jardin, à l'arrière.

Hotel Zenti'k BOUTIQUE-HÔTEL **$$$**
(☎985-104-9171 ; www.zentikhotel.com ; Calle 30 n°192C, entre Calles 27 et 29 ; cabaña 2 400 $M ; P ❄ ≋ ≈). Le personnel multilingue et l'excellent service font penser à un boutique-hôtel, mais il s'agit plutôt d'un mini-*resort* composé de spacieuses *cabañas* (quoiqu'un peu trop proches les unes des autres) dans un cadre paisible. Magnifiques piscine, spa, bassin souterrain et extraordinaire restaurant... vous n'aurez pas envie de repartir !

Il vous faudra être motorisé pour arriver jusqu'ici, car l'établissement est un peu trop excentré pour venir à pied, surtout la nuit. Le rapport qualité/prix est bien meilleur en dehors de la haute saison. Plusieurs murs sont recouverts d'impressionnantes fresques signées d'artistes contemporains.

Casa Tía Micha BOUTIQUE-HÔTEL **$$$**
(☎985-856-04-99 ; www.casatiamicha.com ; Calle 39 n°197 ; ch avec petit-déj à partir de 1 700-2 100 $US ; P ⊖ ❄ ≋ ≈). Le couloir et le jardin arrière sont superbement éclairés le soir dans cet hôtel de charme tenu par une famille, juste à côté de la place. Certaines des chambres, décorées avec goût dans un style colonial, sont ornées de lits immenses, et les suites de l'étage possèdent un Jacuzzi. Si l'hôtel affiche complet, rejoignez l'établissement parent **Casa Marlene** (ch avec petit-déj 1 700-2 100 $M ; P ❄ ≋ ≈), situé dans le même pâté de maisons.

♥ **Yerba Buena del Sisal** MEXICAIN **$**
(☎985-856-14-06 ; www.yerbabuenadelsisal.com ; Calle 54A n°217 ; plats 80-120 $M ; ⊙8h-17h mar-dim ; ≋ ✎). Les plats sains et savoureux sont servis dans un paisible jardin. Des chips tortillas et 3 succulentes sauces sont offerts aux clients en entrée. La carte comporte de nombreux plats végétariens et essentiellement bio, tels les divins *tacos maculum* (avec des tortillas de maïs maison, des haricots, du fromage et de l'odorant poivre mexicain).

Lors de nos recherches, l'établissement s'apprêtait à déménager 3 bâtiments plus loin, mais prévoyait de recréer la même ambiance – nous leur faisons toute confiance.

♥ **La Palapita de los Tamales** MEXICAIN **$**
(Calle 42 s/n, angle Calle 33 ; tamales 40 $M ; ⊙20h-22h lun-sam ; ✎). Un *tamal* tel que vous n'en avez jamais goûté. La carte change tous les jours : lors de notre dernier passage, qui a possiblement eu lieu un vendredi, le tamal était fourré au porc, œufs et haricots et avait été légèrement frit dans de la *manteca* (saindoux) pour une texture extérieure durcie. Un pur délice ! Excellents jus, petits-déjeuners et plats végétaliens.

♥ **Naino** INTERNATIONAL **$$**
(☎985-104-90-71 ; www.facebook.com/zentikproject ; Calle 30, entre Calles 27 et 29 ; plats 80-150 $M ; ⊙7h-12h et 15h-22h30 ; P ≋). À la périphérie de la ville, dans l'hôtel Zenti'k, cet agréable restaurant en plein air est un endroit merveilleux pour le petit-déjeuner, le déjeuner ou le dîner. Fréquenté à toute heure de la journée par une clientèle aisée, l'établissement sert une bonne cuisine internationale.

Où prendre un verre et faire la fête

♥ **Coffee Bike Station** CAFÉ
(☎985-122-24-39 ; www.facebook.com/coffeebikestation2016 ; Calle 40 n°203, entre Calles 41 et 43 ; en-cas à partir de 40 $M ; ⊙8h30-13h30 et 18h-22h lun-ven). Nouveau venu à Valladolid, ce petit café funky possède vraiment une machine à expresso et, oui, le propriétaire (Enrique) sait vraiment comment faire un excellent café. Attention aux horaires peu conventionnels : entrez dès que vous voyez l'établissement ouvert, car Enrique organise aussi des circuits à vélo. Location de vélos possible (160 $M/jour).

Depuis/vers Valladolid

BUS

La principale gare routière de Valladolid est la **gare des bus ADO** (www.ado.com.mx ; angle Calles 39 et 46). Les principales lignes de bus 1re classe sont gérées par ADO, ADO GL et OCC ; Oriente et Mayab proposent, elles, des bus 2e classe. Les bus à destination de Chichén Itzá/Pisté s'arrêtent près du site archéologique lorsque celui-ci est ouvert (vérifiez tout de même).

BUS AU DÉPART DE VALLADOLID

DESTINATION	PRIX ($M)	DURÉE (H)	FRÉQUENCE
Cancún	117-261	2 ½-3 ½	fréquents
Chichén Itzá/Pisté	31-28	45 min	fréquents
Chiquilá (pour l'Isla Holbox)	115-170	4	1/jour
Cobá	49	1	fréquents
Izamal	66	2 ½	12h50
Mérida	117-204	2-3 ½	fréquents
Playa del Carmen	132-216	2 ½-3	fréquents
Tizimín	30	1	fréquents
Tulum	92-126	1 ½-2	fréquents

COLECTIVOS

Souvent plus rapides que les bus 2e classe, les *colectivos* partent dès qu'ils sont pleins, généralement entre 7h et 19h.

Les *colectivos* directs vont à **Mérida** (Calle 39 ; près de la gare routière ADO ; 180 $M, 2 heures) et **Cancún** (Calle 41, angle Calle 38 ; 200 $M, 2 heures) ; faites-vous confirmer qu'ils ne marquent pas d'arrêt. Les *colectivos* pour **Pisté et Chichén Itzá** (Calle 39 ; 35 $M, 1 heure) partent au nord de la gare routière ADO. Pour **Ek' Balam** (Calle 44, entre Calles 35 et 37 ; 50 $M), prenez un *colectivo* indiqué "Santa Rita" dans la Calle 44, entre les Calles 35 et 37.

La plupart des *cenotes* sont desservis. Les *colectivos* partent de divers points du centre-ville ; renseignez-vous sur place. Attention, ils circulent essentiellement le matin.

Comment circuler

L'ancienne route traverse le centre-ville, mais nombre de panneaux incitent les automobilistes à emprunter la route à péage qui passe au nord de la ville. Pour aller vers l'est via l'ancienne route, suivez la Calle 41 ; pour l'ouest, suivez la Calle 39.

Le vélo est tout indiqué pour visiter la ville et rejoindre les *cenotes*. Vous pourrez en louer à l'auberge de jeunesse La Candelaria (p. 353) ou chez **MexiGo Tours** (☎985-856-07-77 ; www.mexigotours.com ; Calle 43 n°204C, entre Calles 40 et 42 ; ⏲16h-19h) pour environ 20 $M de l'heure.

Ek' Balam

Faites un tour à Ek' Balam pour voir à quoi ressemble un village maya traditionnel. Il n'y a pas grand-chose ici, à l'exception de quelques stands d'artisanat sur la place principale (qui sert aussi de terrain de football municipal) et un hébergement correct.

À voir

Ek' Balam SITE ARCHÉOLOGIQUE
(Adulte 205 $M, guide 600 $M ; ⏲8h-16h). La fascinante cité d'Ek' Balam atteignit son apogée au VIIIe siècle avant d'être soudainement abandonnée. Le site archéologique est recouvert par la végétation, mais bien entretenu et plein de charme. Les vestiges intéressants comprennent une construction aux allures de ziggourat près de l'entrée, une arche magnifique et un terrain de jeu de balle.

Très impressionnante, l'**Acropolís** est une gigantesque pyramide, dont la base bien restaurée de 160 m de longueur abrite une enfilade de pièces. Surmontant la base, la **pyramide principale** d'Ek' Balam, d'une hauteur de 32 m, est ornée d'une gueule béante de jaguar, sous laquelle sont alignés des crânes en stuc, et sur laquelle repose, sur la droite, un personnage particulièrement expressif. Également du côté droit, d'étonnants personnages ailés ont parfois été qualifiés d'anges mayas – mais il s'agit plus probablement de chamanes ou de médecins.

L'embranchement menant au site archéologique est à 17 km au nord de Valladolid ; les ruines sont 6 km plus loin, en allant vers l'est.

Depuis l'entrée d'Ek' Balam, on peut se rendre à pied au **Cenote X'Canché** (☎portable 985-1009915 ; www.ekbalam.com.mx/cenote-xcanche ; 50 $M ; ⏲8h-17h), qui aurait servi de site cérémoniel.

Où se loger

♥ **Genesis Eco-Oasis** PENSION **$$**
(☎portable 985-1010277 ; www.genesisretreat.com ; Ek' Balam pueblo ; d 65-79 $US ;). Cet établissement offre l'intimité d'un B&B

dans un cadre calme et décontracté, respectueux de l'environnement. Le lieu se veut écologique : les eaux usées sont utilisées pour l'entretien paysager, l'architecture (toit de chaume incliné) favorise la climatisation naturelle, et il y a quelques toilettes sèches. Piscine rafraîchissante, *temascal* (bain de vapeur préhispanique) et délicieux repas végétariens faits maison.

Depuis/vers Ek' Balam

Les *colectivos* (50 $M) pour Ek' Balam partent de la Calle 44, entre les Calles 35 et 37, à Valladolid.

Río Lagartos

☎986 / 3 000 HABITANTS

Sur la venteuse rive nord de la péninsule, le tranquille village de pêcheurs de Río Lagartos (rivière Alligator) possède la plus forte concentration de flamants roses du Mexique (2 ou 3 individus par Mexicain, selon les chiffres fournis). Situé dans la **Reserva de la Biosfera Ría Lagartos**, cet estuaire bordé de mangroves abrite différentes espèces d'oiseaux (aigrettes blanches, aigrettes rouges, hérons tigres et ibis blancs, notamment), sans oublier les crocodiles, qui ont donné son nom à la ville. C'est une belle région où, à la bonne période de l'année, on peut observer la faune aviaire sans même sortir de son véhicule.

Les habitants ignorent souvent le nom des rues et les panneaux sont rares. On accède à la ville par la Calle 10 nord-sud, interrompue par le *malecón*, en front de mer.

Apportez suffisamment d'espèces : il n'y a ni banques ni DAB en ville et la plupart des établissements refusent le paiement par carte bancaire.

Circuits organisés

♥ **Río Lagartos Adventures** BATEAU
(☎portable 986-1008390 ; www.riolagartosadventures.com ; Calle 19 n°134 ; 2 heures, à partir de 110 $US/bateau, pêche à la mouche 195 $US/bateau). Cette agence dirigée par Diego Núñez Martinez, un guide naturaliste certifié parlant couramment anglais, propose diverses expéditions, sur l'eau comme sur la terre ferme : observation des flamants roses et des crocodiles, snorkeling à l'Isla Cerritos, parties de pêche à la mouche ou excursions spéciales pour amateurs de photographie. Diego connaît très bien la faune (forte de quelque 400 espèces d'oiseaux) et la flore.

Il organise les circuits du **Ría Maya Restaurante** (www.riolagartosadventures.com ; Calle 19 n°134, angle Calle 14 ; plats 150-300 $M, langouste 250-500 $M ; 9h-21h) et forme les guides locaux.

Flamingo Tours ORNITHOLOGIE
Les flamants de couleur rouge-orangé embrasent l'horizon en s'envolant. Selon votre degré de chance, vous en verrez des centaines ou des milliers, la meilleure période étant de juin à août. Les 4 sites principaux, du plus proche au plus éloigné de la ville, sont Punta Garza, Yoluk, Necopal et Nahochín (tous les sites d'alimentation des flamants roses portent les noms de parcelles de mangrove voisines).

Où se loger et se restaurer

Restaurant y Posada Macumba PENSION $
(☎986-862-00-92 ; www.restaurantmacumba.com ; d 650-850 $M, app 900-1 200 $M). Installé en front de mer, l'un des meilleurs hébergements du village comprend 6 chambres petites mais très confortables, dans une ambiance caribéenne funky impulsée par des propriétaires créatifs. Sa belle vue panoramique rend l'appartement attractif.

El Perico Marinero HÔTEL $$
(☎986-862-00-58 ; www.elpericomarinero.com ; Calle 9, près de Calle 19 ; d avec petit-déj 600-700 $M ;). Le meilleur hôtel de Río Lagarto, loue 14 chambres agréables, certaines avec vue sur l'estuaire et mobilier en bois artisanal, toutes avec d'excellents lits.

Restaurant y Posada Macumba PRODUITS DE LA MER $$
(☎986-862-00-92 ; www.restaurantmacumba.com ; Calle 16 n°102, angle Calle 11 ; plats 85-135 $M ; 8h-21h ;). On pourrait se croire arrivé dans l'antre d'une sirène, tant les propriétaires ont su développer une ambiance originale. Outre les créations artisanales de coquillages qui tapissent les murs et les luminaires originaux, le restaurant prépare d'excellents plats de la mer. La carte est impressionnante, mais les photos (type restaurant chinois) vous aideront à choisir.

Depuis/vers Río Lagartos

Plusieurs bus Noreste circulent chaque jour entre Río Lagartos et Tizimín (45 $M, 1 heure 15).

Mérida (210 $M, 3-4 heures) et San Felipe (20 $M, 20 min). La compagnie Noreste dessert Valladolid et Cancún, mais il faut faire une correspondance à Tizimín. Si vous partez pour Valladolid, assurez-vous de prendre le bus de Río Lagartos à 16h ; le bus de 17h n'assure pas la correspondance à Tizimín.

La gare routière est située sur la Calle 19, entre les Calles 8 et 10.

ÉTAT DE CAMPECHE

Niché au sud-ouest de la péninsule du Yucatán, l'État de Campeche est ponctué de villages discrets, de vastes étendues de jungle enchevêtrées, de mangroves, de lagunes parsemées d'oiseaux, et de certains des sites archéologiques mayas les plus imposants de la région – mais peu fréquentés. Sur les plages désertes, les tortues menacées d'extinction pondent leurs œufs, tandis que les dauphins s'ébattent dans les vagues. La capitale fortifiée de Campeche est l'épicentre culturel et rural de la région, point de départ idéal pour votre périple dans cet arrière-pays hors du temps.

État du Yucatán le moins visité, Campeche est parsemé de routes secondaires désertes et peut se targuer d'une population accueillante, de côtes tranquilles et d'un charme provincial d'antan : un changement bienvenu après les hordes de touristes agglutinés dans les sites les plus populaires de la péninsule. Ici, vous trouverez calme, curiosités surprenantes et authenticité.

Campeche

981 / 250 000 HABITANTS

Campeche est une merveilleuse ville coloniale dotée d'un centre fortifié formant une petite enclave d'édifices pastel, de ruelles pavées, de remparts et de demeures préservées. Inscrite au Patrimoine mondial en 1999, la capitale d'État manque quelque peu de vie, son centre historique étant peu habité. En dehors du centre, vous découvrirez une authentique capitale provinciale mexicaine avec un marché animé, un paisible *malecón* et un vieux port de pêche.

Outre les nombreuses demeures bâties par les riches Espagnols pendant l'âge d'or de la ville, aux XVIIIe et XIXe siècles, Campeche a conservé 7 des *baluartes* (bastions) qui jalonnaient les remparts. Deux forts coloniaux bien préservés gardent les abords de la ville, l'un d'entre eux abritant le Museo de la Arquitectura Maya, musée archéologique de tout premier plan.

Campeche est le point de départ idéal pour des excursions à la journée vers Edzná, les sites Chenes et les plages des alentours.

Histoire

Ancien village commercial maya appelé Ah Kim Pech, Campeche a brièvement intéressé les Espagnols en 1517. La résistance des Mayas empêcha ces derniers de conquérir la région pendant près d'un quart de siècle ; un avant-poste espagnol fut fondé en 1531, mais bien vite abandonné en raison de l'hostilité des Mayas. En 1540, toutefois, les conquistadores avaient alors acquis un contrôle suffisant sur le territoire pour créer une colonie permanente, sous la férule de Francisco de Montejo le Jeune. Ils la baptisèrent Villa de San Francisco de Campeche.

La ville prospéra et devint rapidement le principal port de la péninsule du Yucatán, ce qui attira la convoitise des pirates. En 1663, après une attaque très violente qui laissa la cité en ruine (p. 365), le roi d'Espagne ordonna la construction des fameux bastions de Campeche, qui mirent fin aux saccages à répétition. De nos jours, le tourisme contribue pour l'essentiel à la prospérité de l'économie locale.

À voir

Museo Arqueológico de Campeche & Fuerte de San Miguel MUSÉE, FORT

(Av Escénica s/n ; 55 $M ; 8h30-17h mar-dim ; P). Le plus grand fort colonial de Campeche fait face au golfe du Mexique, à environ 4 km au sud-ouest du centre-ville. Il abrite aujourd'hui le plus important des musées mayas, l'incontournable Museo Arqueológico de Campeche, qui réunit des trésors des sites de Calakmul et Edzná, ainsi que de l'Isla de Jaina, une île au nord de la ville qui servait de site funéraire à l'aristocratie maya.

D'impressionnants bijoux de jade et des vases raffinés sont disposés par thème dans 10 salles d'exposition, dont les pièces phares sont les masques funéraires en jade de Calakmul. On trouve aussi des stèles,

Campeche

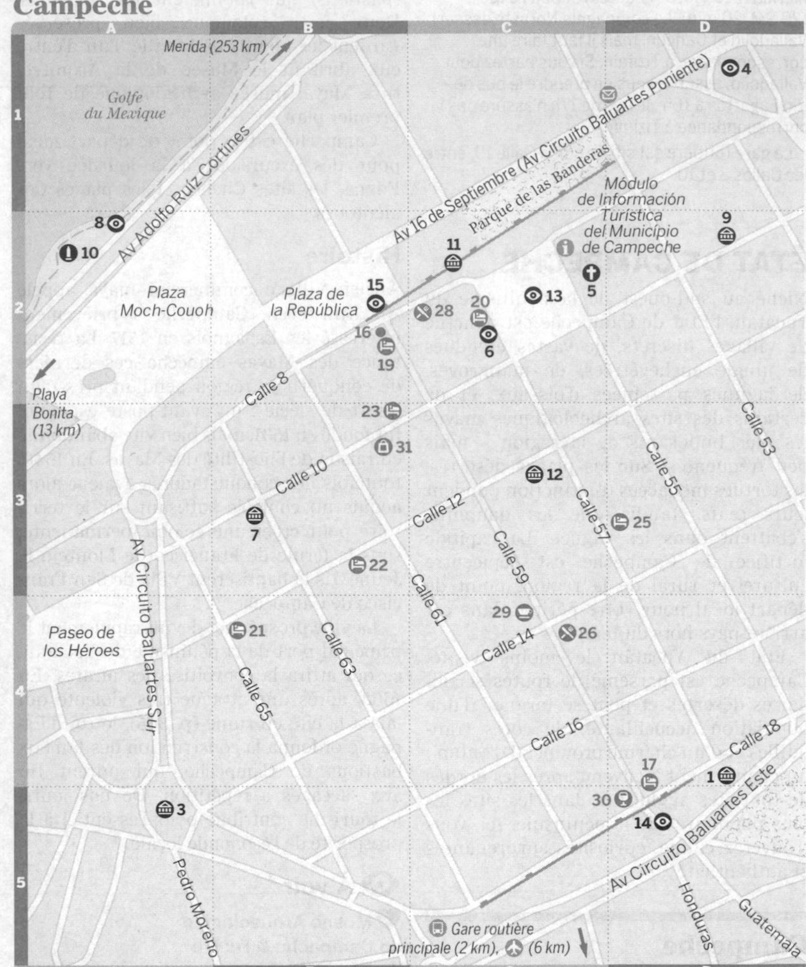

des colliers en coquillage et des figurines en argile.

Le fort, entouré de douves sèches et pourvu d'un pont-levis en état de fonctionnement, est magnifique. Du toit, bordé de 20 canons, on a une belle vue sur le port.

Pour accéder au musée, empruntez un bus ou un *combi* (indiquant "Lerma") au marché. Demandez au chauffeur de vous déposer à la route d'accès (dites simplement "Fuerte de San Miguel"), d'où il vous restera à gravir une côte de 300 m. Un taxi coûte environ de 40 à 50 $M.

Plaza Principal PLACE

À l'ombre des caroubiers, la modeste place principale de Campeche est traversée par des allées qui rayonnent depuis un kiosque en son centre. C'est ici que se dressa le premier camp militaire en 1531. Au fil du temps, ce lieu devint le centre névralgique des affaires administratives, politiques et religieuses. Aujourd'hui encore, la place est au cœur de la vie locale. Les habitants viennent y retrouver leurs amis, leurs amours, faire cirer leurs chaussures ou se rafraîchir une glace à la main après la chaleur de la journée.

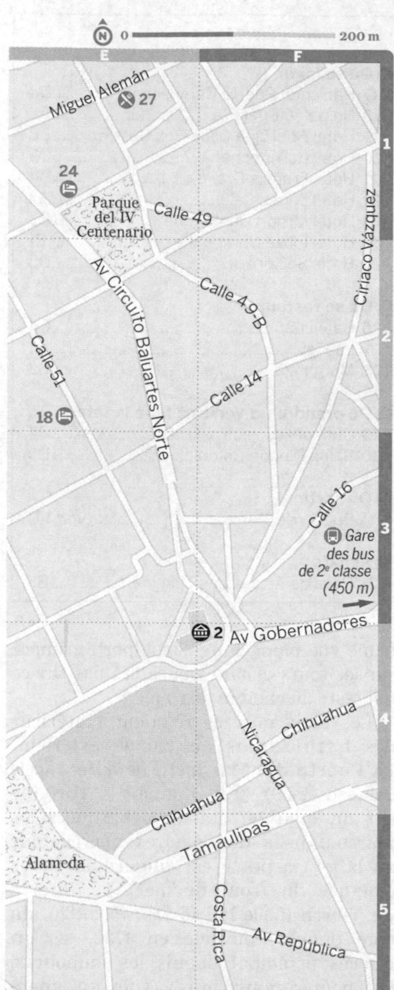

Malecón BORD DE MER

La promenade du bord de mer (7 km) est le lieu où les habitants viennent courir, faire du vélo ou retrouver des amis. Idéal pour une balade au coucher de soleil ou une découverte à vélo.

Mansión Carvajal ÉDIFICE HISTORIQUE

(Calle 10, entre Calles 51 et 53 ; 8h-14h45 lun-ven). GRATUIT Ce manoir ayant appartenu au fortuné Fernando Carvajal abrite aujourd'hui les bureaux de l'État. Les visiteurs peuvent y entrer et jeter un coup d'œil à l'intérieur : carrelage noir et blanc, colonnes doriques, arcades élaborées et spectaculaire escalier en marbre et fer forgé. Remarquez la plaque historique.

Monument aux portes de la ville MONUMENT

À côté de la Plaza Moch-Couoh, ce monument fut érigé en l'honneur des 4 portes de la ville (la terre, la mer, San Román et Guadalupe), à l'origine partie des remparts. Les deux premières portes sont toujours debout.

Museo del Archivo General de Estado MUSÉE

(981-816-09-39 ; Calle 12 n°159 ; 8h-15h lun-ven). GRATUIT Ce petit musée retrace la naissance de Campeche. Gratuit et climatisé, il permet de consulter de vieux documents et cartes, et de regarder une vidéo (en espagnol ou en anglais) sur l'histoire de l'État.

Catedral de Nuestra Señora de la Purísima Concepción ÉDIFICE RELIGIEUX

(Calle 55 ; 6h30-21h). GRATUIT Les deux tours de la cathédrale s'élèvent à l'est de la Plaza Principal. Construit en pierre calcaire il y a plus de 3 siècles, l'édifice attire une foule de fidèles pour la messe dominicale. Vous remarquerez les statues de saint Pierre et de saint Paul dans les niches de la façade baroque. L'intérieur sobre, à une seule nef, est orné de peintures de l'époque coloniale. Le soir, les illuminations diaphanes de l'église et d'autres points de repère centraux créent une atmosphère magique.

Centro Cultural Casa Número 6 CENTRE CULTUREL

(Calle 57 n°6 ; 20 $M, audioguide 15 $M ; 8h-21h lun-ven, 9h-21h sam-dim). Pendant la période prérévolutionnaire, lorsque la demeure était habitée par une riche famille *campechana*, Número 6 était une adresse prestigieuse. La visite donne un bon aperçu du mode de vie de la bonne société d'alors, au fil du salon, au mobilier de style cubain, des espaces d'exposition et de l'agréable patio. Boutique de souvenirs sur place.

Ex-Templo de San José et Bazar Artesanal ÉDIFICE HISTORIQUE

(Angles Calles 10 et 63 ; 10h-20h). La superbe ancienne église de San José, à la façade recouverte d'éclatantes céramiques bleu et jaune, fut construite au XVIIIe siècle par les Jésuites qui y dispensèrent leur enseignement jusqu'en 1767, date de leur expulsion des possessions espagnoles. En haut de la tour de droite, vous remarquerez le phare surmonté d'une girouette. L'édifice sert

Campeche

À voir
1 Baluarte de San Francisco et Baluarte de San Juan D4
2 Baluarte de San Pedro F4
3 Baluarte de Santa Rosa A5
4 Baluarte de Santiago et Jardín Botánico Xmuch Haltún D1
5 Catedral de Nuestra Señora de la Purísima Concepción C2
6 Centro Cultural Casa Número 6 .... C2
7 Ex-Templo de San José et Bazar Artesanal B3
8 Malecón A2
9 Mansión Carvajal D2
10 Monument aux portes de la ville A2
11 Museo de la Arquitectura Maya C2
12 Museo del Archivo General de Estado C3
13 Plaza Principal C2
14 Puerta de Tierra D5
15 Puerta del Mar B2

Activités
16 Kankabi' Ok B2

Où se loger
17 Hacienda Puerta Campeche D4
18 Hostal Viatger E2
19 Hotel Boutique Casa Don Gustavo B2
20 Hotel Campeche C2
21 Hotel Francis Drake B4
22 Hotel López B3
23 Hotel Misión Campeche B3
24 Hotel Plaza Campeche E1
25 Hotel Socaire D3

Où se restaurer
26 Cafe Luan C4
27 La Pigua E1
28 Marganzo C2

Où prendre un verre et faire la fête
29 Chocol-Ha C4
30 Salón Rincón Colonial D5

Où sortir
Puerta de Tierra .... (voir 14)

Achats
31 Casa de Artesanías Tukulná B3

désormais de lieu d'exposition temporaire pour le Bazar Artesanal : l'artisanat régional y est à l'honneur, du moins pendant les travaux du marché des artisans, près du centre des Congrès.

Museo de la Arquitectura Maya MUSÉE
(Calle 8 ; 40 $M ; 8h30-17h30 mar-dim). Aménagé dans le Baluarte de Nuestra Señora de la Soledad, une fortification conçue pour protéger la Puerta del Mar, ce musée, très intéressant, donne un excellent aperçu des nombreux sites de l'État de Campeche et de leurs principaux styles architecturaux. Dans 5 salles sont exposées des stèles provenant de divers sites, accompagnées de représentations graphiques de leurs inscriptions gravées, avec de brefs commentaires en anglais.

Baluartes

La construction des fortifications fut entreprise après un massacre perpétré par des pirates en 1663. Ce chantier de titan, qui dura 50 ans, fut réalisé avec la pierre calcaire extraite des carrières locales – essentiellement par des *indígenas*. Long de plus 2,5 km et haut de 8 m, le mur hexagonal qui ceignait la vieille ville était jalonné de 8 bastions. Les 7 restants renferment une véritable malle au trésor d'objets anciens d'intérêt variable. Pour profiter d'une vue plongeante sur le port, grimpez sur les tours et faites quelques pas sur ce qui reste du chemin de ronde.

Les deux entrées reliaient l'intérieur des fortifications au monde extérieur. La **Puerta del Mar** (porte de la Mer ; angle Calles 8 et 59) GRATUIT donnait à l'origine sur un quai où étaient débarquées les marchandises des navires ancrés plus au large (la porte est aujourd'hui assez éloignée du front de mer). La **Puerta de Tierra** (Calle 18 ; 15 $M ; 9h-18h), du côté opposé, ouverte en 1732, servait d'accès principal depuis les faubourgs. On peut aujourd'hui y voir un **spectacle de son et lumière** (tarif plein/4-10 ans 60/30 $M ; 20h jeu-dim).

Baluarte de San Francisco et Baluarte de San Juan ÉDIFICE HISTORIQUE
(Calle 18 ; 25 $M ; 8h-21h lun-mer, 8h-18h jeu-ven, 9h-18h sam-dim). GRATUIT Ce qui fut autrefois le principal bastion défensif de la Puerta de la Tierra abrite aujourd'hui une exposition sur les pirates (en anglais et en espagnol). C'est aussi ici qu'on peut parcourir le Baluarte de San Juan, le plus petit des 7 remparts et voir la cloche qui alertait la population en cas de danger (les cloches autour de la ville avaient des sons et significations différentes).

Baluarte de Santa Rosa ÉDIFICE HISTORIQUE
(Angle Calle 14 et Av Circuito Baluartes Sur ; 8h-20h). GRATUIT Le Baluarte de Santa Rosa comprend une galerie qui accueille des expositions temporaires.

Baluarte de San Pedro ÉDIFICE HISTORIQUE
(Angle Av Circuito Baluartes Este et Av Circuito Baluartes Norte). GRATUIT Juste derrière l'Iglesia de San Juan de Dios, le Baluarte de San Pedro servit de poste de défense contre les pirates en 1824, lorsqu'il permit de repousser un raid punitif venu de Mérida. Au-dessus de l'entrée, gravé dans la pierre, figure le fameux blason de saint Pierre : les deux clés du paradis et la tiare papale. Actuellement fermé aux visiteurs.

Baluarte de Santiago et Jardín Botánico Xmuch Haltún JARDIN, ÉDIFICE HISTORIQUE
(Angle Calles 8 et 49 ; 15 $M ; 8h-21h lun-ven, 9h-21h sam et dim). Achevé en 1704, le Baluarte de Santiago fut le dernier rempart construit. Il abrite le **Jardín Botánico Xmuch Haltún**, un jardin botanique riche de nombreuses plantes endémiques et de quelques plantes introduites. L'endroit n'est pas immense, mais c'est un havre de verdure lorsque le soleil tape particulièrement fort.

Circuits organisés

Kankabi' Ok CIRCUITS
(981-811-27-92 ; Calle 59 n°3 ; 9h-13h et 17h-21h lun-sam). Ce prestataire sérieux propose des visites guidées de la ville (4 heures, 2 pers minimum, 905 $M), des excursions vers les sites archéologiques, notamment Edzná (environ 930 $M), Chenes (environ 1 733 $M) et la Ruta Puuc (environ 2 272 $M). Il pourra vous emmener jusqu'au Cenote Miguel Colorado (1 463 $M) et Calakmul (2 500 $M). Également : location de vélos, écotourisme et sorties plage.

Où se loger

Hostal Viatger AUBERGE DE JEUNESSE $
(981-811-4500 ; Calle 51 n°28, entre Calles 12 et 14 ; dort/d/tr avec petit-déj 250/790/830 $M ; P). Parmi la pléthore d'auberges de jeunesse qui a poussé en ville ces dernières années, nous apprécions celle-ci pour son emplacement dans le centre historique (mais à l'écart de la foule) et son ambiance conviviale. Les dortoirs sont un peu humides, mais les femmes peuvent profiter d'un espace dédié ; chambres doubles et triples privées.

Hotel Campeche HÔTEL $
(981-816-51-83 ; hotelcampeche@hotmail.com ; Calle 57, entre Calles 8 et 10 ; s/d avec ventil 285/380 $M, ch avec clim 448 $M ;). Un hôtel sans prétention, aménagé dans un bâtiment délabré. Toutefois, son emplacement, à côté de la place, et ses grandes chambres en font sans doute la meilleure affaire de la ville pour les voyageurs à petit budget. Deux chambres ont un petit balcon donnant sur la place.

♥ **Hotel López** HÔTEL $$
(981-816-33-44 ; www.hotellopezcampeche.com.mx ; Calle 12 n°189 ; s/d/ste 950/1 080/1 250 $M ;). Cet hôtel est de loin l'une des meilleures adresses de catégorie moyenne de Campeche. Il possède des petites chambres modernes et confortables, ouvertes sur des balcons Art déco qui dominent des cours ovales dotées de plantes. Jolie piscine à l'arrière. Tarifs considérablement réduits hors saison.

Hotel Misión Campeche HÔTEL $$
(981-816-45-88 ; www.hotelmision.com.mx ; Calle 10 n°252 ; ch 1 162 $M ; P @). Ce grand hôtel central appartenant à une chaîne mexicaine est un bon choix de milieu de gamme. Jolie cour coloniale, 42 chambres propres et couloirs à arcades. Les chambres variant fortement en taille comme en *feng shui* (comprenez taille des fenêtres, orientation, etc.), demandez à en voir plusieurs.

Hotel Socaire BOUTIQUE-HÔTEL $$
(981-811-21-30 ; www.hotelsocaire.com ; Calle 56 n°17 ; ch à partir de 82 $US ;). Un charmant bâtiment colonial réhabilité (la zone de réception) mène à une variété de chambres spacieuses, installées à l'arrière. Lors de notre passage, certaines présentaient de légers signes d'humidité. Belle piscine. Les photos en ligne sont un peu trompeuses, mais l'emplacement est central et le rapport qualité/prix excellent.

Hotel Francis Drake HÔTEL $$
(981-811-56-26 ; www.hotelfrancisdrake.com ; Calle 12 n°207 ; s/d 890/990 $M, ste à partir de 1 120 $M, avec petit-déj ;). Un hall vaguement baroque conduit à de grandes chambres fraîches (ailleurs, on les qualifierait de suites) et décorées avec goût, avec

lits *king size* et coins salons séparés. Minuscules salles de bains et balcons.

Hacienda Puerta Campeche BOUTIQUE-HÔTEL $$$
(981-816-75-08 ; www.luxurycollection.com ; Calle 59 n°71 ; ch à partir de 210 $US ;). Ce superbe boutique-hôtel comporte 15 suites aux plafonds hauts, dotées de salons séparés. Le jardin soigné offre un cadre paisible, et des hamacs invitent à se détendre au bord de la piscine. L'hôtel gère aussi une hacienda de luxe à 26 km de la ville, sur la route des ruines d'Edzná.

Hotel Boutique Casa Don Gustavo BOUTIQUE-HÔTEL $$$
(981-816-80-90 ; www.casadongustavo.com ; Calle 59 n°4 ; ch/ste à partir de 4 250/5 000 $M ;). Seulement 10 chambres décorées de mobilier ancien (avec d'immenses salles de bains) dans un hôtel de charme parfaitement aménagé. Près de la petite piscine sont tendus des hamacs, et un Jacuzzi trône sur le toit-terrasse. Des couloirs aux carrelages colorés bordent la cour à ciel ouvert. Restaurant sur place. Téléphonez ou consultez le site Internet pour profiter des promotions.

Où se restaurer

Vous pourrez découvrir une bonne cuisine locale à Campeche, en particulier les fruits de mer et le *cochinita pibil* (cochon de lait rôti). L'un des deux établissements haut de gamme domine la scène locale par la qualité de sa cuisine ; les autres offrent des menus assez simples, en particulier ceux du centre historique. L'authenticité et le service à l'ancienne compensent les cartes plus insipides. Certains établissements agrémentent le repas d'animations musicales.

Cafe Luan CAFÉ $
(Calle 14 n°132 ; 8h-14h ;). Cet endroit convivial et lumineux sert d'excellents en-cas légers pour le déjeuner et le dîner (œufs à votre goût, gâteaux sortis du four, sandwichs fraîchement préparés, etc.). Café correct et excellents smoothies en font un lieu idéal pour échapper à la chaleur.

Marganzo MEXICAIN $$
(981-811-38-98 ; www.marganzo.com ; Calle 8 n°267 ; plats 160-250 $M ; 7h-23h ;). Cet établissement est apprécié à juste titre des touristes et des habitants : cuisine appétissante, assiettes généreuses et nombreux amuse-bouche offerts. La carte est très variée : cuisine internationale et spécialités régionales (*cochinita pibil*, notamment). Divertissement assuré par des musiciens de passage. Le jeudi, réduction de 50% pour les femmes sur les petits-déjeuners.

La Pigua PRODUITS DE LA MER $$$
(981-811-33-65 ; Miguel Alemán 179A ; plats 230-300 $M ; 13h-21h). Ce restaurant haut de gamme est la meilleure table de Campeche. À l'extérieur des remparts et derrière l'**hôtel Plaza** (981-811-99-00 ; www.hotelplazacampeche.com ; angle Calle 10 et Av Circuito Baluartes ; ch/ste 1 667/1 851 $M ;). Le service est attentif et les spécialités comprennent des plats de produits de la mer – *camarones al coco* (crevettes au coco), poisson entier sauce coriandre et calmars grillés avec amandes moules et paprika.

Où prendre un verre et faire la fête

Chocol-Ha CAFÉ
(981-811-78-93 ; Calle 59 n°30 ; boissons 25-55 $M, en-cas 55-80 $M ; 8h-13h et 17h-23h lun-sam). Si une envie de chocolat vous prend, direction ce joli petit café avec patio à l'avant et cour herbeuse à l'arrière. Parmi les boissons, chocolat chaud doux-amer au thé vert ou piment et chocolat frappé. Les sucreries ne vous décevront pas : gâteaux, crêpes et même des *tamales* tout chocolat (eh oui !).

Salón Rincón Colonial BAR
(Calle 59 n°60 ; 10h-21h). Avec ses ventilateurs au plafond, sa salle aérée et son bar en bois massif où le rhum coule à flots, cet établissement de style cubain a servi de lieu de tournage au film *Péché originel* (*Original Sin*) en 2001 avec Antonio Banderas et Angelina Jolie (l'histoire se déroule à La Havane). Les *botanas* (en-cas) sont exceptionnellement fins et se marient bien avec une bière locale.

Achats

Casa de Artesanías Tukulná ARTISANAT
(981-816-21-88 ; Calle 10 n°33 ; 9h-21h). Ce magasin central vend toute une gamme d'articles de qualité (textiles, vêtements, chapeaux, hamacs, chaises en bois, bonbons...), fabriqués dans l'État de Campeche.

Renseignements

Il existe de nombreuses banques avec DAB.

En cas d'urgence, composez le 911.

Hospital General De Especialidades (981-127-39-80 ; Las Flores)

Hospital Dr Manuel Campos (981-811-17-09 ; Av Circuito Baluartes Norte, entre Calles 14 et 16)

HSBC Bank (Calle 10, entre Calles 53 et 55 ; 9h-17h lun-ven, 9h-14h sam). Ouvre le samedi.

Módulo de Información Turística del Municipio de Campeche (981-811-39-89 ; Plaza Central ; 8h-21h lun-ven, 9h-21h sam et dim). Renseignements de base sur la ville de Campeche.

Poste centrale (angle Av 16 de Septiembre et Calle 53 ; 8h30-16h lun-ven)

Secretaría de Turismo (981-127-33-00 ; www.campeche.travel). Peu utile à l'exception de son site Internet consacré à l'État de Campeche.

Depuis/vers Campeche

AVION

Le petit aéroport de Campeche se trouve à 6 km au sud-est du centre-ville. Il comprend des agences de location de véhicules et un petit snack-bar. **Aeroméxico** (Mexico 55-51-33-4000 ; www.aeromexico.com) le dessert.

BUS

La **gare routière principale** (981-811-99-10 ; Av Patricio Trueba 237) de Campeche, également appelée terminal des bus ADO ou de 1re classe, est à environ 2,5 km au sud de la Plaza Principal via l'Av Central. Les bus 1re classe desservent plusieurs destinations dans le pays, et les lignes 2e classe ont des services pour Sabancuy (36 $M, 2 heures), Hecelchakán (45 $M, 1 heure) et Candelaria (199 $M, 4 heures).

Le **Terminal 2e classe** (Terminal Sur ; 981-816-34-45 ; Av Gobernadores 479), souvent appelé ancienne gare ADO ou Autobuses del Sur, se trouve à 600 m à l'est du Mercado Principal. À destination notamment de Hopelchén (68 $M, 1 heure 30), Xpujil (220 $M, 4 heures) et Bécal (60 $M, 1 heure 45).

Transportes Crígar (Calle 10 n°329) vend des billets de bus ADO (1re classe). Vous en trouverez dans d'autres agences de voyages de la ville.

Pour vous rendre à la principale gare routière, prenez n'importe quel microbus Las Flores, Solidaridad ou Casa de Justicia au niveau du bureau de poste. Pour rejoindre le Terminal 2e classe, prenez un bus Terminal Sur du même endroit. En taxi, comptez environ 40 $M.

VOITURE ET MOTO

Si vous arrivez à Campeche depuis le sud, via la *cuota* (route à péage), tournez à gauche au rond-point indiquant *universidad*, suivez cette route tout droit jusqu'à la côte, puis prenez vers le nord.

Si vous vous dirigez vers Edzná, ou vers la longue route pour Mérida ou la route rapide à péage en direction du sud, prenez Calle 61 jusqu'à l'Av Central, suivez les panneaux indiquant l'aéroport, puis Edzná ou la *cuota*. Pour la route gratuite vers le sud, descendez le *malecón*. Enfin, si vous optez pour l'itinéraire court à destination de Mérida, longez le *malecón* en direction du nord.

Outre ceux de l'aéroport, vous trouverez des loueurs de voitures en centre-ville, incluant **Avis** (981-811-07-85 ; www.avis.mx ; Calle 10, entre Calles 57 et 59 ; 8h-14h et 16h-18h). Premier prix 700 $M/jour, selon la saison.

Comment circuler

La course en taxi de l'aéroport au centre-ville coûte 160 $M (70 $M/pers en taxi partagé) ; les billets sont en vente au stand de taxi à

BUS AU DÉPART DE CAMPECHE

DESTINATION	PRIX ($M)	DURÉE (H)	FRÉQUENCE
Cancún	652	7	7/jour
Chetumal	305-498	6½	1/jour
Ciudad del Carmen	250	3	ttes les heures
Mérida	226	2½	ttes les heures
Mérida (via Uxmal)	157	4½	5/jour du terminal de 2e classe
Mexico	1646	18	3/jour
Palenque	440	5	5/jour
San Cristóbal de las Casas	630	10	2/jour
Villahermosa	283-524	6	fréquents
Xpujil	220-362	5	14h

l'intérieur du terminal. Pour rejoindre l'aéroport, les taxis indépendants (pas de réservation possible depuis l'hôtel) vous demanderont 120-150 $M ; les petits budgets pourront prendre le bus à destination de Chiná (village près de Campeche ; 15 $M environ, départ toutes les heures) au marché, et descendre à l'entrée de l'aéroport, avant de marcher 500 m jusqu'aux portes du terminal.

Comptez 30-60 $M pour une course en taxi à l'intérieur de la ville de Campeche ; supplément de 10% après 22h et de 20% entre minuit et 5h.

La plupart des bus du réseau urbain (7 $M environ) s'arrêtent à proximité du Mercado Principal.

Pour parcourir le *malecón*, pensez au vélo, que vous pourrez louer chez Kankabi' Ok (p. 361).

Conducteur, attention : les rues de nombre pair du *centro histórico* ont la priorité, roulez lentement tant que vous n'êtes pas habitué.

Nord de Campeche

Cette région offre un fascinant mélange d'éléments coloniaux et mayas, de tradition séculaire et de nature luxuriante : vous ne regretterez pas de lui consacrer un peu de temps. Rencontrez les habitants des petites villes sur une place coloniale, promenez-vous dans le séduisant complexe d'Edzná (l'un des plus beaux sites archéologiques de la région) ou admirez l'architecture unique des sites Chenes. Concluez le tout en achetant l'un des chapeaux panama traditionnels du Yucatán. Dernier atout, la plupart de ces visites se font à la journée depuis Campeche.

Sites Chenes

Le nord-est de l'État de Campeche compte plus de 30 sites construits dans le style distinct des Chenes, reconnaissable par ses représentations de monstres autour des portes, au centre de longs bâtiments bas en 3 parties, et par les temples au sommet de bases pyramidales. Toute l'année ou presque, vous pourrez visiter ces sites seul. Les 3 petits sites d'El Tabasqueño, Hochob et Dzibilnocac sont accessibles à la journée depuis Campeche si vous êtes motorisé ; autrement, vous pourrez participer à une excursion depuis Campeche avec Kankabi' Ok Tours (p. 361) – lors de nos recherches, ils allaient à Hochob, Tohcok et Dzibilnocac.

À voir

Dzibilnocac SITE ARCHÉOLOGIQUE

(40 $M ; 8h-17h). GRATUIT Malgré son unique bâtiment significatif, la majesté de Dzibilnocac mérite une visite. Contrairement aux nombreux sites de collines choisis pour les constructions Chenes, Dzibilnocac (qu'on pourrait traduire par "grande tortue peinte") est une plaine semblable à un grand parc ouvert. Comme Stephens et Catherwood l'ont observé en 1842, les nombreux monticules de la zone, qui n'ont pas encore été fouillés à ce jour, témoignent de l'ancienne présence d'une grande ville.

L'unique structure clairement visible est A1, un complexe palatial érigé sur une plateforme de 76 m comprenant 3 temples surélevés au sommet de bases pyramidales arrondies. Le mieux préservé des 3, à l'extrémité est, présente des bas-reliefs de masques de monstres finement travaillés sur chacun de ses 4 côtés, ainsi que des masques Chac typiquement empilés sur 3 côtés.

Dzibilnocac est situé à côté du village d'Iturbide (aussi appelé Vicente Guerrero), 20 km au nord-est de Dzilbalchén. Depuis le Terminal de 2e classe de Campeche, plusieurs bus quotidiens desservent Iturbide via Hopelchén (108 $M, 3 heures). Aucun hébergement n'est disponible sur place, vous devrez donc retourner à Hopelchén en début de soirée.

Hochob SITE ARCHÉOLOGIQUE

(40 $M ; 8h-17h). À 60 km environ au sud de Hopelchén, Hochob, "l'endroit où l'on récolte le maïs", compte parmi les plus beaux et les plus terrifiants des sites de style Chenes. Le Palacio Principal (Estructura 2, bien qu'il soit indiqué Estructura 1) se trouve sur le côté nord de la place principale, face à une porte élaborée représentant Itzamná, créateur des anciens Mayas, représenté en serpent à sonnettes aux mâchoires ouvertes.

Face à la place, Estructura 5 possède deux temples surélevés à chaque extrémité d'une longue succession de pièces ; le temple oriental, mieux préservé, a gardé une partie de sa crête faîtière perforée.

Pour rejoindre Hochob, parcourez 5 km au sud d'El Tabasqueño, puis tournez à droite juste avant la station Pemex à Dzilbalchén. Continuez 7,5 km jusqu'au panneau indiquant Chencoh, tournez

LES INFÂMES PIRATES DE CAMPECHE

Au milieu du XVIe siècle, Campeche, alors un port prospère où s'échangeaient le bois teinté et la *chiclé* (gomme), était la ville la plus riche des alentours.

Les pirates (ou "corsaires" comme certains préféraient être appelés) y ont semé la terreur pendant deux siècles. Le port fut envahi à maintes reprises, les navires saccagés, les citoyens cambriolés et les bâtiments brûlés. Sur la liste des féroces flibustiers qui laissèrent leur marque figurent John Hawkins, Francis Drake, Henry Morgan, mais aussi "Jambe-de-Bois" lui-même. Pour leur assaut le plus effroyable, au début de 1663, des hordes de pirates mirent de côté leurs rivalités et convergèrent comme un seul homme sur la ville, massacrant les habitants sur leur passage.

Cette tragédie incita la monarchie espagnole à prendre des mesures préventives, mais il fallut attendre encore 5 ans avant la construction de remparts de 3,5 m d'épaisseur. En 1686, la ville était enfin protégée par un hexagone de 2,5 km comprenant 8 bastions stratégiquement placés. Une partie des remparts s'étendait jusqu'à la mer, de sorte que les navires devaient littéralement naviguer dans une forteresse pour accéder à la ville. Campeche était devenue presque imprenable et les pirates se tournèrent vers d'autres ports et navires. En 1717, le brillant stratège naval Felipe de Aranda lança une campagne contre les boucaniers et finit par éradiquer la piraterie de la région. Bien sûr, toute la richesse provenant de la *chiclé* et du bois étant liée au sort d'esclaves indiens, elle pousse à s'interroger sur la cruauté des uns et des autres.

Pour vous prendre pour des pirates, offrez-vous une croisière de 50 minutes sur le bateau *Lorencillo*. Il part du mardi au dimanche à 12h et 17h (12h et 18h en saison chaude), si les conditions le permettent. Renseignez-vous à un kiosque près de celui de la *tranvía*, sur la Plaza Principal. Le navire était en cours d'entretien lors de nos recherches.

à gauche, puis, 400 m plus loin, tournez encore à gauche. Continuez 3,5 km jusqu'à Hochob.

El Tabasqueño SITE ARCHÉOLOGIQUE

(⊙8h-17h). GRATUIT Ce site, qui devrait son nom à un propriétaire de Tabasco, accueille un temple-palais (Estructura 1) avec une porte en forme de bouche de monstre, flanquée de 8 masques Chac aux museaux crochus empilés. L'Estructura 2 est une solide tour autoportante, curiosité dans l'architecture maya.

Pour rejoindre El Tabasqueño, parcourez 30 km au sud de Hopelchén. Juste après le village de Pakchén, un panneau (qu'on rate facilement) signale une sortie sur la droite ; suivez cette route de pierre et de gravier sur 2 km jusqu'au site.

Depuis/vers les sites Chenes

Si vous n'êtes pas motorisé, participez à une excursion à la journée depuis Campeche avec Kankabi' Ok Tours (p. 361). Aucun transport public pratique ne dessert les sites Chenes.

Edzná

Si vous n'avez pas le temps ou l'envie de visiter plus d'un site archéologique du nord de Campeche, choisissez celui-ci. À environ 60 km au sud-est de Campeche.

À voir

♥ Edzná SITE ARCHÉOLOGIQUE

(55 $M ; ⊙8h-17h). Les imposants complexes d'Edzná, qui couvraient autrefois plus de 17 km², furent érigés par une société hautement hiérarchisée qui prospéra d'environ 600 av. J.-C. jusqu'au XVe siècle. Pendant cette période, les habitants d'Edzná construisirent plus de 20 complexes dans plusieurs styles architecturaux et installèrent un ingénieux réseau de collecte d'eau et d'irrigation. Bien qu'Edzná soit éloigné des sites des monts Puuc, comme Uxmal et Kabah, son architecture comporte des éléments de style Puuc.

La plupart des sculptures visibles datent de 550 à 810 de notre ère.

Les causes du déclin et de l'abandon progressif d'Edzná restent mystérieuses ;

le site tomba dans l'oubli jusqu'à sa redécouverte par des *campesinos* en 1906.

Edzná signifie "Maison des Itzáes", référence à un clan dominant d'origine maya Chontal. Les dirigeants d'Edzná ont gardé la trace des événements marquants sur des stèles de pierre, dont une trentaine a été découverte et orne les principaux temples du site ; certaines sont exposées sous un *palapa* juste après la billetterie.

Un chemin au départ du *palapa* traverse environ 400 m de végétation ; suivez le panneau indiquant Gran Acropolis. Peu après, vous trouverez sur votre gauche la **Plataforma de los Cuchillos** (plateforme des Couteaux), un complexe résidentiel mis en valeur par l'architecture Puuc. Le nom provient d'un ensemble de couteaux en silice trouvé à l'intérieur.
En traversant un *sacbe* (un chemin herbeux entouré de pierres), vous arriverez à la partie la plus intéressante du site, la **Plaza Principal**, longue de 160 m sur 100 m de large, et entourée de temples. À droite, on découvre la Nohochná (Grande Demeure), un édifice massif surmonté de 4 grandes salles ayant probablement servi aux tâches administratives (collecte de l'impôt, exercice de la justice, etc.).

De l'autre côté de la place se dresse la **Gran Acrópolis**, une vaste plateforme surélevée comportant plusieurs constructions, dont le principal temple d'Edzná, l'Edificio de los Cinco Pisos (temple aux Cinq Étages), haut de 31 m et comportant de nombreuses salles voûtées. Le temple que l'on voit aujourd'hui, fruit de plusieurs remaniements, était initialement de style Puuc.

Au sud de la Plaza Principal, le **Templo de los Mascarones** (temple des Masques), avec sa paire de masques en stuc rougeâtre, est protégé sous une *palapa*. Personnalisant les dieux du soleil levant et couchant, ces visages extraordinairement bien conservés présentent des mutilations dentaires, des yeux qui louchent et d'énormes boucles d'oreilles, caractéristiques associées à l'aristocratie maya.

Depuis/vers Edzná

Les **combis** (environ 50 $M, 1 heure) partent lorsqu'ils sont pleins de Calle Chihuahua, près du Mercado Principal de Campeche. La plupart vous laisseront à 200 m de l'entrée du site, sauf si le chauffeur est d'humeur serviable. Le dernier *combi* repart en milieu d'après-midi (certains disent 14h, d'autres 15h, mieux vaut donc se renseigner auprès du chauffeur à l'aller !).

Kankabi' Ok (p. 361), à Campeche, propose des visites guidées d'Edzná (transport compris) moyennant environ 930 $M/pers.

Sud-est de Campeche

Cette région du sud de la péninsule, allant d'Escárcega à Xpujil et bordant l'actuel Guatemala, fut le premier territoire peuplé par les Mayas, le plus durablement habité et le plus densément peuplé. Vous y verrez les sites archéologiques mayas les plus élaborés de toute la péninsule.

Parmi ceux-ci, le style architectural Río Bec domine. Il s'agit en fait d'un hybride de styles fusionnant des éléments de la région des Chenes au Nord et de Petén au Sud. Les constructions Río Bec sont caractérisées par de longs bâtiments bas divisés en 3 sections, chacune dotée d'une porte en forme d'énorme gueule de monstre. Les façades sont décorées de masques plus petits et de motifs géométriques. Aux angles des bâtiments se dressent des tours hautes et massives flanquées d'escaliers extrêmement étroits et raides, impraticables et couronnés de petits temples factices.

Le plus important site maya est le spectaculaire Calakmul, situé au cœur de la **Reserva de la Biosfera Calakmul**, écologiquement diversifiée et luxuriante.

Calakmul

Le site maya le plus reculé, Calakmul, vaut largement le déplacement. C'est une visite inoubliable, appuyée sur l'histoire de cette ville devenue phare à partir de 250 de notre ère. De nombreux bâtiments subsistent et laissent entrevoir la puissance des lieux.

Cependant, l'intérêt de Calakmul n'est pas seulement historique, c'est aussi une expérience écologique. Au cœur de la Reserva de la Biosfera Calakmul (qui couvre près de 15% du territoire total de l'État), les ruines sont entourées par une forêt tropicale dense qui semble ne jamais s'arrêter. Vous verrez sans doute des dindons sauvages, des perroquets et des toucans – environ 350 espèces d'oiseaux résident ou passent par ici –, ou encore des singes-araignées, mais il est beaucoup moins probable que vous aperceviez un jaguar, l'une des 5 espèces de félins sauvages de la région.

À voir

Calakmul SITE ARCHÉOLOGIQUE
(184 $M ; 8h-17h). Calakmul, l'un des plus grands sites mayas, fut découverte en 1931 par le botaniste américain Cyrus Lundell. Le site est comparable en taille et en importance historique à sa voisine guatémaltèque, Tikal, sa principale rivale, à l'époque maya classique, pour l'hégémonie sur les basses terres du Sud. Elle possède la plus grande et la plus haute pyramide connue du Yucatán, et accueillait autrefois plus de 50 000 personnes.

Une partie centrale de ses 72 km^2 a été restaurée, mais les quelque 6 000 constructions de la ville restent pour beaucoup recouvertes par la jungle. En 2004, des fresques murales étonnamment bien conservées furent découvertes à l'acropole Chiik Naab d'Estructura I, représentant ce que l'on n'avait jamais pu observer jusque-là : les activités quotidiennes de la population maya (par opposition aux habituels thèmes politiques, cérémoniels ou religieux). Quelques années auparavant, une importante frise de stuc de 20 m de long et 4 m de haut avait été découverte à Estructura II. Ses caractéristiques semblaient marquer une transition entre l'architecture olmèque et l'architecture maya.

Malheureusement, les peintures murales et les frises ne sont pas ouvertes au public, mais leurs reproductions peuvent être vues dans les locaux modernes du **Museo de Naturaleza y Arqueología** (7h-15h) GRATUIT, au Km 20 de la route secondaire de 60 km menant à Calakmul. Ce musée intéressant propose aussi des expositions géologiques, archéologiques et d'histoire naturelle.

Lors de notre visite, il fallait s'acquitter de 3 droits d'entrée : à la communauté (50 $M), à la biosphère (64 $M) et au site (70 $M). Cette combinaison pourrait être amenée à changer.

Circuits organisés

Au départ de Campeche, Kankabi' Ok (p. 361) organise des circuits vers Calakmul. Depuis Xpujil, **Ka'an Expeditions** (983-871-60-00 ; www.kaanexpeditions.com ; Av Calakmul s/n ; 75 $US/pers ; 12h-20h mar-dim) propose un circuit pratique, quoiqu'un peu "industriel", et **Calakmul Adventures** s'adresse aux anglophones (portable 983-1841313 ; www.calakmuladventures.com ; environ 1 300 $M). À l'ouest de Xpujil, **Río Bec Dreams** (www.riobecdreams.com ; route 186 Km 142, Becán ; cabaña 1 050-1 350 $M, cabaña 3 pers 1 400-1 550 $M, cabaña 4 pers 1 750 $M ; P) programme des circuits avec guides anglophones, accessibles aux seuls clients de ses hébergements.

Si vous devez organiser une visite au dernier moment, des guides certifiés attendent à la sortie de la route 186 (à l'entrée des 20 km de terres appartenant à la communauté locale des Conhuas). Il vous en coûtera environ 600 $M pour une visite de plusieurs heures, mais vous aurez besoin de votre propre moyen de transport. La plupart des guides ne parlent qu'espagnol.

Si vous préférez vous débrouiller seul, vous pourrez louer un taxi depuis Escárgeca ou Xpujil (environ 1 400 $M aller-retour avec 3 heures sur place).

Où se loger

Campamento Yaax' Che CAMPING $
(Servidores Turísticos Calakmul ; portable 983-1348818 ; www.ecoturismocalakmul.com ; sans/avec location tente 6/19 $US). Le terrain de camping le plus proche du site de Calakmul, au plus près du campement dans la jungle, est situé plusieurs kilomètres après la sortie de la route 186 de Calakmul, puis 700 m sur une route accidentée. Ce camping décontracté de style sauvage met à disposition des emplacements pour tentes (fournies ou non).

Le terrain peut être boueux lorsqu'il pleut. Il y a des toilettes sèches, des douches "naturelles" et une *palapa* communale. Possibilité de commander des repas. Les propriétaires Fernando et Leticia proposent également des visites guidées (à partir de 900 $M/pers environ pour un circuit de 3 heures dans la jungle ; à partir de 1 200 $M pour les sites archéologiques ; nombre de personnes minimum requis).

Depuis/vers Calakmul

Calakmul se trouve à 60 km au sud de la route 186, au bout d'une route goudronnée en bon état (embranchement à 56 km à l'ouest de Xpujil).

1

MATTEO COLOMBO / GETTY IMAGES ©

2

4

1. Cenotes, Valladolid (p. 352)
Il est possible de nager dans plusieurs sublimes *cenotes* (bassins naturels), facilement accessibles depuis cette ville pleine de charme.

2. Becán (p. 370), Campeche
L'un des sites archéologiques mayas les plus vastes et les plus élaborés, dans un écrin de forêt luxuriante.

3. Laguna Bacalar (p. 316)
D'une beauté exceptionnelle, Laguna Bacalar s'étend sur 60 km. C'est la plus vaste lagune de toute la péninsule et un bel endroit où se ressourcer.

4. Mérida (p. 322)
La superbe Mérida, capitale culturelle de la péninsule du Yucatán, compte d'innombrables ruelles pavées et places agrémentées de magnifiques bâtiments de l'époque coloniale.

Chicanná et Becán

Ces deux sites intéressants facilement accessibles depuis la route 186 sont situés respectivement à 10 km et 8 km à l'ouest de Xpujil. Ce sont d'excellents exemples des styles architecturaux Chenes et Río Bec.

À voir

Chicanná SITE ARCHÉOLOGIQUE

(50 $M ; 8h-17h). Nommé à juste titre "maison des mâchoires de serpent", ce site maya est connu pour sa porte remarquablement bien préservée, ornée d'une tête de monstre à la mâchoire terrifiante. Situé à 11 km à l'ouest de Xpujil et à 400 m au sud de la 186, au cœur de la jungle, Chicanná allie les styles architecturaux Chenes et Río Bec. À son apogée, à la fin de la période classique, de 550 à 700 av. J.-C., la cité avait en quelque sorte rang de "banlieue chic" de Becán.

Après le pavillon d'entrée, suivez le chemin pavé à travers la jungle jusqu'à l'**Estructura XX**, qui possède 2 portes en forme de gueules de monstres, l'une au-dessus de l'autre. La structure supérieure est impressionnante, flanquée de masques Chac au nez crochu empilés.

Suivez pendant 5 minutes le chemin dans la jungle jusqu'à l'**Estructura XI**, avec ce qui reste de certains des bâtiments les plus anciens. Continuez le long du sentier principal sur environ 120 m direction nord-est pour atteindre la **place principale**. Du côté est se dresse la célèbre **Estructura II** de Chicanná, avec sa gigantesque porte en forme de gueule de monstre de style Chenes, représentant les mâchoires du dieu Itzamná – seigneur des Cieux et créateur de toutes choses. Remarquez les glyphes peints à droite du masque. Un chemin partant de l'angle droit de l'**Estructura II** conduit à l'**Estructura VI**, ornée d'une crête faîtière bien conservée et de quelques beaux masques de profils en façade. Faites le tour par l'arrière et remarquez les blocs de l'aile ouest peints en rouge, puis tournez à droite pour retourner à l'entrée principale.

Becán SITE ARCHÉOLOGIQUE

(55 $M ; 8h-17h). Cet incontournable site maya est entouré d'un fossé (*becàn* en maya) de 2 km. De l'autre côté des douves, 7 chaussées permettent l'accès au site de 12 ha, à l'intérieur duquel se trouvent les vestiges de 3 complexes architecturaux distincts. Carrefour stratégique entre les civilisations Petenes au sud et Chenes au nord, Becán présente des éléments architecturaux des deux. Le composite qui en résulte est dénommé style Río Bec.

Les défenses élaborées qui entourent le site rappellent la fonction militaire de la ville qui fut une capitale régionale englobant Xpujil et Chicanná de 600 à 1000 après J.-C.

Entrez par la chaussée ouest, avec la Plaza del Este sur votre gauche. Passez par un passage voûté de 66 m de long et vous émergerez sur la **Plaza Central**, entourée de 3 structures monumentales. Du côté nord de la place, la formidable **Estructura IX** de 32 m est le bâtiment le plus haut de Becán – un panneau signale qu'il est interdit de le gravir, mais une corde est pourtant prévue ! L'**Estructura VIII** est l'immense temple sur votre droite, dont la façade à colonnades au sommet est flanquée de deux tours. Le lieu offre un superbe point de vue sur la région ; avec des jumelles, vous pourrez voir le site archéologique de Xpujil à l'est. En face de la place VIII, se trouve l'**Estructura X**, dont les fragments d'un masque de monstre terrestre sont encore visibles autour de la porte centrale. De l'autre côté de l'Estructura X s'ouvre la place ouest et son terrain de **jeu de balle** rituel. En contournant l'Estructura X par le sud, remarquez le masque de stuc encastré.

Suivez le côté droit du masque jusqu'à un autre édifice massif, l'**Estructura I**, qui occupe un côté de la place est. Son splendide mur sud est flanqué d'une paire de tours Río Bec de 15 m de haut. Montez sur la construction par le côté droit et suivez la terrasse le long d'une série de salles voûtées jusqu'à l'autre extrémité, où un passage vous mènera à la **Plaza del Este**. La construction majeure est l'**Estructura IV**, de l'autre côté de la place ; les experts supposent qu'elle faisait office de résidence pour l'aristocratie de Becán. Un escalier mène à une cour à l'étage, entourée de 7 pièces avec des motifs de croix de chaque côté des portes. Faites le tour de l'Estructura IV pour achever votre boucle. Becán se trouve à 8 km à l'ouest de Xpujil, 500 m au nord de la route.

HORS DES SENTIERS BATTUS

HORMIGUERO

Les bâtiments de **Hormiguero** (⏲8h-17h) remontent à l'an 50 ; la cité (dont le nom espagnol signifie "fourmilière") a prospéré à la fin de la période classique. Jusqu'à une époque récente, le site n'était pas facile d'accès ; la route, bien qu'envahie par la végétation, est en grande partie goudronnée. Hormiguero possède deux bâtiments exceptionnels dans un cadre magnifique et luxuriant qui valent la peine d'être visités. Vous pourriez bien avoir le privilège de vous y retrouver seul.

En entrant, vous verrez l'**Estructura II**, longue de 50 m. Principale caractéristique de sa façade, la porte prend la forme d'une gueule de monstre menaçant de style Chene, mâchoires grandes ouvertes, en retrait entre deux tours en gradins de style Río Bec classique. Vers l'arrière se trouvent une pierre façonnée maya intacte et les restes de plusieurs colonnes. Suivez les flèches à 60 m au nord pour atteindre l'**Estructura V**, avec un temple représentant également des mâchoires ouvertes, nettement plus petit mais tout aussi élaboré, au sommet d'une base pyramidale. Grimpez du côté droit pour voir de plus près les incroyables détails de la pierre travaillée, en particulier le long des colonnes d'angle de chaque côté de la porte.

Rejoignez le site en parcourant 14 km au sud du feu de circulation de Xpujil, puis en tournant à droite ; continuez ensuite pendant 8 km vers l'ouest sur une route goudronnée (les 2 derniers kilomètres sont sur une route accidentée en terre battue).

ℹ Depuis/vers Chicanná et Becán

Vous aurez besoin de votre propre véhicule ou de prendre un taxi depuis Xpujil (500 $M environ, avec 1 heure d'attente sur chacun des deux sites).

Xpujil

☎983 / 4 000 HABITANTS

Plutôt ordinaire, la petite ville de Xjupil connaît depuis quelques années une croissance exceptionnelle, notamment grâce à sa proximité avec de nombreux sites archéologiques. C'est donc une base toute trouvée pour les visiter, avec quelques hôtels et restaurants, plusieurs DAB (notamment dans le supermarché Willy's), un bureau de change (Elektra Dinero sur Calle Chicanna, près de Xnantun) et une gare routière. La plupart des services sont regroupés sur 7 pâtés de maisons dans la rue principale, Av Calakmul (ou "route 186"), ainsi que sur une rue vers l'intérieur des terres. La ville compte également 3 stations-service.

À voir

Xpuhil SITE ARCHÉOLOGIQUE

(50 $M ; ⏲8h-17h). Les ruines de Xpuhil constituent un exemple remarquable du style Río Bec. Les 3 pyramides (au lieu des deux habituelles) de l'Estructura I s'élèvent au-dessus d'une dizaine de salles voûtées. La pyramide centrale (53 m), la mieux préservée, laisse imaginer ce que pouvait être l'ensemble à son apogée, au VIIIe siècle. Un escalier impraticable mène à un temple où l'on aperçoit encore les traces d'un masque zoomorphe. Une tête de jaguar est gravée dans le mur derrière le temple.

Le site se trouve à la pointe ouest de la ville de Xpujil ; comptez environ 1 km à pied jusqu'à l'entrée des ruines, plantées dans un bel environnement.

Où se loger et se restaurer

Les hébergements de Xpujil sont regroupés sur la route principale, qui peut s'avérer bruyante. Les établissements les moins chers se trouvent à proximité de la gare routière, à la pointe est de la ville, les plus chics sont à l'opposé. Les meilleurs sont pour beaucoup installés près de Becán, à environ 12 km à l'ouest de Xpujil.

Outre les restaurants d'hôtels, on sert une cuisine abordable (et grasse) dans divers petits établissements proches de la gare routière, ainsi que des *taquerías* (stands de tacos) sur le chemin du site archéologique de Xpuhil. Un petit supermarché est implanté près de la gare routière. Excellent **restaurant** (riobecdreams.com ; route 186 Km 142 ; plats 120-220 $M ; ⌚7h30-21h ; 🅿), près de Becán, environ 12 km à l'ouest de Xpujil.

Hotel maya Balam HÔTEL **$$**
(Calle Xpujil s/n, entre les Av Calakmul et Silvituc ; d 490-690 $M, tr 590 $M ; 🅿❄📶). Parmi d'autres établissements assez rudimentaires, celui-ci, moderne et bien tenu, fait figure de bon élève. À l'exception de la vue (les chambres à l'arrière donnent sur le parking), vous y passerez une nuit agréable.

Sazon Veracruzano MEXICAIN **$$**
(Av Calakmul 92 ; plats 130-170 $M ; ⌚7h-23h lun-sam). Ce restaurant semble très décontracté, avec sa façade orange et ses nappes en plastique encore plus vives, mais vous ne trouverez pas plus chic à Xpujul. Longue carte de plats mexicains (en particulier de Veracruz, ville d'origine des propriétaires), parmi lesquels *fajita la arrachera* (lamelles de bœuf ; 170 $M) et filet de poisson frit.

ℹ Depuis/vers Xpujil

La **gare routière** (☎983-871-65-11) est à côté du feu de circulation de Xpujil, à l'est, près de l'hôtel Victoria. Les lignes assurent la liaison depuis/vers Campeche (260-370 $M, 1/jour, 4 heures 30 ; via Champotón), et Chetumal.

Des *colectivos* desservent également Chetumal (120 $M/pers, 1 heure 30) ; près du rond-point, en face de la gare routière.

Chiapas et Tabasco

Dans ce chapitre ➡

Le top des restaurants

- ➡ Santo Nahual (p. 396)
- ➡ Restaurante LUM (p. 395)
- ➡ Restaurant Los Geranios (p. 426)
- ➡ Ta Bonitio (p. 425)
- ➡ Cocina Chontal (p. 443)

Le top des hébergements

- ➡ Hostal Tres Central (p. 378)
- ➡ La Joya Hotel (p. 394)
- ➡ Puerta Vieja Hostel (p. 393)
- ➡ Las Guacamayas (p. 423)
- ➡ Parador-Museo Santa María (p. 426)

Pourquoi y aller

Les fraîches pinèdes d'altitude, la jungle étouffante et les jolies villes coloniales se côtoient dans l'État le plus méridional du Mexique, une région marquée par l'empreinte espagnole et jalonnée des vestiges de la civilisation maya. Si les ruines de Palenque et de Yaxchilán évoquent la splendeur passée des Mayas, ceux-ci restent aujourd'hui encore les gardiens d'une histoire jamais interrompue. Au fil de la route, les centres coloniaux de San Cristóbal de las Casas et de Chiapa de Corzo cèdent la place aux plages de sable et aux fertiles plantations de café et de cacao du Soconusco. Pour les activités de plein air, les excursions vers la Laguna Miramar et le Cañón del Sumidero sont incontournables.

Au nord, l'État du Tabasco possède plus d'eau que de terre, avec des lacs, des rivières et des marais. Loin des axes touristiques, il recèle une vaste réserve de biosphère, mais aussi quelques vestiges mayas.

Quand partir

San Cristóbal de las Casas

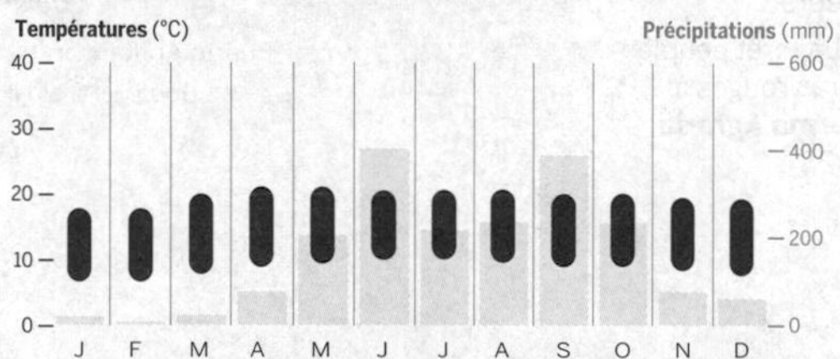

Janvier Fiesta Grande de Enero à Chiapa de Corzo, et passation des charges (*cargos*) à San Juan Chamula.

Juin-novembre Saison de nidification des tortues sur la côte pacifique. Fortes pluies dans le Tabasco.

Novembre-avril Mois les plus secs, avec des soirées fraîches entre novembre et février à San Cristóbal.

À ne pas manquer

1. La jungle vallonnée et les temples mayas majestueux de **Palenque** (p. 404)
2. Une promenade en altitude dans les rues pavées de **San Cristóbal de las Casas** (p. 385)
3. Les cours d'eau et les falaises abruptes du **Cañón del Sumidero** (p. 382)
4. L'alternance entre randonnée et farniente dans le splendide cadre montagneux de la **Laguna Miramar** (p. 422)
5. L'exploration de la haute mangrove et l'observation de la nidification des tortues à **El Madresal** (p. 433)
6. Les **Lagos de Montebello** (p. 427) et leurs eaux bleu azur et émeraude
7. Une promenade au bord du fleuve parmi les ruines mayas de **Yaxchilán** (p. 420), au milieu des cris des singes hurleurs
8. La forêt peuplée de aras rouges à **Reforma Agraria** (p. 423).

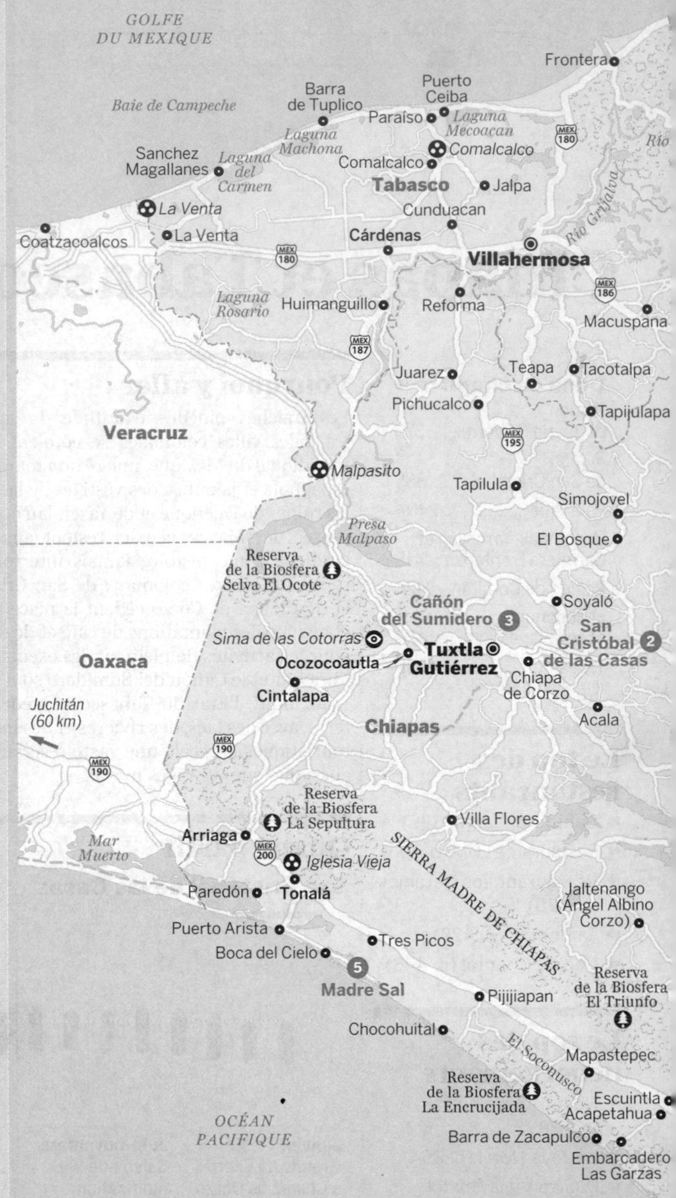

Escárcega
Ciudad del Carmen
Laguna de Términos
Campeche
Reserva de la Biosfera Pantanos de Centla
Candelaria
Usumacinta
Jonuta
Río Candelaria
Chable
Balancan
Ciudad Pemex
Emiliano Zapata
Río San Pedro
Catazajá
Salto de Agua
Palenque
Tenosique
Cascada Wejlib-Ja
La Palma
Palenque 1
Misol-Ha
Chancalá
El Ceibo
Tila
Agua Azul
Carretera Fronteriza
PiedrasNegras
Parque Nacional de la Sierra del Lacandón
Metzabok
Flores
Bachajon
Nahá
Yaxchilán 7
Nueva Palestina
San Javier
Frontera Corozal
Bethel
La Libertad
Ocosingo
Toniná
Cascadas de las Golondrinas
Lacanjá Chansayab
Crucero Corozal
Bonampak
Altamirano
Benemérito de las Américas
Chanal
Reserva de la Biosfera Montes Azules
Forêt lacandone
Reserva de la Biosfera Lacan-tun
Pipiles
Amatenango del Valle
San Quintín
4 Laguna Miramar
Pico de Oro
Las Margaritas
La Realidad
Emiliano Zapata
8 Reforma Agraria
Venustiano Carranza
Comitán
Chinkultic
Las Nubes
El Chiflón
Lagos de Montebello 6
Chajul
Tenam Puente
La Trinitaria
Ixcán
Presa La Angostura
San Jose del Arco
Parque Nacional Lagunas de Montebello
Nuevo Mexico
Ciudad Cuauhtémoc
Chicomucelo
GUATEMALA
La Mesilla
Cobán
Sacapulas
Huehuetenango
Motozintla
Volcán Tacaná (4 100 m)
Huixtla
Unión Juárez
Santo Domingo
Talismán
San José el Hueyate
Izapa
El Carmen
Tapachula
Quetzaltenango
GUATEMALA CIUDAD
Mazatán
Lago de Atitlán
Puerto Chiapas
Ciudad Hidalgo
Ciudad Tecún Umán
MEX 180
MEX 186
MEX 307
MEX 199
MEX 190
MEX 200

CHIAPAS

Histoire

Certaines des plus puissantes cités-États des Mayas sont apparues au cours de la période classique (vers 250-900) dans les basses terres couvertes de jungle de l'est du Chiapas : parmi elles, citons Palenque, Yaxchilán et Toniná, qui représentaient des centres du pouvoir. Des dizaines de puissances de moindre envergure, comme Bonampak, Comalcalco et Chinkultic, prospérèrent à cette période dans le Chiapas oriental et le Tabasco, tandis que la culture maya atteignait son apogée artistique et culturel. Les ancêtres des groupes indiens actuels des hauts plateaux du Chiapas ont sans doute émigré depuis les basses terres à la suite de l'effondrement, vers 900, de la culture maya classique.

L'expédition de Diego de Mazariegos, en 1528, permit aux Espagnols de s'emparer du centre du Chiapas. Les zones environnantes furent conquises dans les années 1530-1540, bien que la forêt lacandone soit demeurée un foyer de résistance aux envahisseurs. Les Espagnols apportèrent de nouvelles maladies et l'épidémie de 1544 décima la moitié de la population indienne du Chiapas. Durant la période coloniale, la région fut administrée de manière inefficace depuis le Guatemala. Les colonisateurs commirent de nombreux excès à l'encontre des populations locales, même si certains hommes d'Église, comme Bartolomé de Las Casas (1474-1566), le premier évêque du Chiapas, luttèrent en faveur des droits des Indiens.

En 1822, le Mexique indépendant chercha sans succès à annexer les anciennes provinces espagnoles d'Amérique centrale (notamment le Chiapas). Mais, deux ans plus tard, le Chiapas décida par référendum de rejoindre le Mexique plutôt que les Provinces unies d'Amérique centrale. Une succession de gouverneurs nommés par Mexico et de propriétaires terriens locaux maintinrent un contrôle quasi féodal sur la région.

Épisodiquement, des révoltes ont manifesté le mécontentement de la population, mais il a fallu attendre le 1er janvier 1994 et l'occupation par les rebelles zapatistes de San Cristóbal de las Casas et de certains villages voisins pour que le monde tourne son regard vers la région et ses difficultés. Résolument soutenu par les populations locales du Chiapas oriental, le mouvement zapatiste s'est rapidement replié vers des bases cachées dans la forêt pour militer en faveur d'un changement démocratique et d'une reconnaissance des droits des Indiens. Mais les zapatistes n'ont toujours pas obtenu de concession significative de la part du gouvernement fédéral, même si celui-ci consacre davantage de fonds à la région, ce qui a permis d'améliorer de manière notable les infrastructures, de développer le tourisme et de favoriser l'émergence d'une classe moyenne urbaine.

En septembre 2017, un tremblement de terre de magnitude 8,2 dont l'épicentre se trouvait à 87 km au large de la côte du Chiapas, a tué 98 personnes ; 40 000 maisons ont été endommagées. Les dégâts auraient toutefois pu être beaucoup plus graves si le séisme s'était produit à une moindre profondeur. Fin octobre de la même année, les travaux de reconstruction étaient déjà bien avancés et la plupart des traces de la catastrophe avaient disparu.

Depuis/vers le Chiapas

Les liaisons routières dans la région et avec les autres États sont bonnes. Pour les trajets sur des routes régionales, les minibus, *combis* et *colectivos* sont peut-être moins spacieux, mais plus rapides.

Les loueurs de voitures sont assez rares dans le Chiapas. Seule Tuxtla Gutiérrez compte de nombreuses agences (à l'aéroport et en ville). Une compagnie est installée à San Cristóbal et deux à Tapachula. La seule autre ville pratique pour louer un véhicule est Villahermosa, dans le Tabasco.

Région de Tuxtla Gutiérrez

De la ville chaude et trépidante de Tuxtla Gutiérrez aux étendues de jungle arrosées de cascades où vivent des perroquets, la région a de quoi retenir les visiteurs. Hélas, la plupart d'entre eux se contentent de la traverser pour rejoindre directement San Cristóbal de las Casas.

Tuxtla Gutiérrez

961 / 550 000 HABITANTS / ALTITUDE : 530 M

Grande ville animée et moderne, Tuxtla Gutiérrez reste d'un intérêt limité en dépit de ses équipements et d'une riche vie nocturne. Elle offre néanmoins un lieu d'étape sympathique pour un jour ou deux.

À quelques rues à l'ouest du Jardín de la Marimba, l'Avenida Central devient le Boulevard Dr Belisario Domínguez, le long duquel sont regroupés les meilleurs hôtels et restaurants de Tuxtla, ainsi que les grandes surfaces.

À voir

Jardín de la Marimba PLACE

Cette place verdoyante à 8 rues à l'ouest de la Plaza Cívica est idéale pour faire votre *paseo* (promenade) en compagnie des habitants. Le soir (de 18h à 21h), les concerts de marimba gratuits attirent les foules, surtout le week-end. Des couples de tous âges dansent autour du kiosque central. Les bars de la place - ouverts jusqu'à 22h ou 23h - servent un excellent café.

Zoológico Miguel Álvarez del Toro ZOO

(Zoomat ; 961-639-28-56 ; www.zoomat.chiapas.gob.mx ; Calz Cerro Hueco s/n ; adulte/enfant 60/20 $M, tarif plein avant 10h mer-dim 30 $M, gratuit mar ; 8h30-16h30 mar-dim). La grande diversité de ses écosystèmes permet au Chiapas de se prévaloir de la plus importante concentration d'espèces animales d'Amérique du Nord, parmi lesquelles plusieurs espèces de félins, 1 200 de papillons et plus de 600 d'oiseaux. Environ 180 de ces espèces, dont beaucoup en voie d'extinction, vivent dans les vastes enclos boisés de l'excellent zoo de Tuxtla, qui recréent leur environnement naturel. Parmi les animaux que vous verrez ici, mentionnons l'ocelot, le jaguar, le puma, le tapir, l'ara rouge, le toucan, 3 espèces de crocodiles, des serpents et le singe-araignée. Les panneaux et autres dispositifs à l'attention du public sont en majorité bilingues (espagnol-anglais).

Pour vous rendre au zoo, prenez un *colectivo* Ruta 60 "Zoológico" (8 $M, 20 min), à l'angle de la Calle Oriente Sur et de la 7a Avenida Sur Oriente. La course en taxi depuis le centre revient à 55 $M environ.

Parque Madero PARC

Dans ce parc se dresse un édifice moderne plutôt imposant, le **Museo Regional de Chiapas** (961-225-08-81 ; Calz de los Hombres Ilustres ; 55 $M ; 9h-18h mar-dim), qui conserve nombre de trouvailles archéologiques faites au Chiapas. Plus passionnante encore, la section historique couvre la période allant de la Conquête à la Révolution.

Le Parque Madero englobe aussi la luxuriante oasis du **Jardín Botánico** (9h-16h) GRATUIT, plus un **parc pour enfants** (entrée gratuite, manèges 10-18 $M ; 11h-20h mar-dim), assez tranquille. Pour y venir, prenez un *colectivo* Ruta 3 ou 20 sur la 6a Avenida Norte Poniente.

Museo de la Marimba MUSÉE

(961-600-01-74 ; 9a Calle Poniente Norte ; 10 $M, gratuit dim ; 10h-21h). Dans le Jardín de la Marimba, ce petit musée retrace, sur un siècle, l'histoire de cet instrument à percussions omniprésent. Des modèles récents et anciens y côtoient une exposition photo sur les grands joueurs de marimba.

Museo del Café de Chiapas MUSÉE

(961-611-14-78 ; www.facebook.com/museodelcafedechiapas ; 2a Calle Oriente Norte 236 ; 25 $M ; 9h-17h lun-sam). Géré par l'État du Chiapas, ce petit musée installé dans un beau bâtiment colonial illustre la culture et la production du café. Les explications figurent en espagnol, mais il y a des guides anglophones. Les salles sont agréablement climatisées et les visiteurs se voient offrir en fin de parcours une tasse de café à déguster dans la jolie cour.

Plaza Cívica PLACE

Très animée, la vaste grand-place de Tuxtla couvre deux pâtés de maisons bordés de bâtiments commerciaux et administratifs en béton fort disparates. À son extrémité sud, de l'autre côté de l'Avenida Central, se dresse la façade moderne, blanchie à la chaux, de la **Catedral de San Marcos** (Av Central) d'où l'on jouit d'une belle vue. Toutes les heures, son carillon joue un air pour accompagner la ronde des apôtres assez kitsch au niveau du clocher.

Circuits organisés

Transporte Panorámico Cañón del Sumidero EXCURSIONS EN BUS

(portable 961-1663740). Des circuits en bus partent chaque jour du Jardín de la Marimba à 9h30 et 13h (minimum 5 participants). Il en existe 3 sortes : la découverte du canyon du haut de 5 *miradores* (150 $M, 2 heures 30), une sortie en *lancha* (bateau à moteur), incluant le transport du retour (390 $M, 4 heures 30), ou une excursion d'une journée combinant les deux (450 $M, départ le matin). Appelez un jour à l'avance pour réserver et avoir confirmation des départs. L'organisation de circuits

Tuxtla Gutiérrez

individuels à la demande est également proposé.

Où se loger

De bons hôtels économiques sont regroupés dans le centre-ville, tandis que les établissements de catégories moyenne et supérieure – essentiellement des chaînes internationales – jalonnent l'Avenida Central Poniente et le Blvd Dr Belisario Domínguez à l'ouest du centre. Les grands hôtels pratiquent d'importantes réductions pour un séjour le week-end ou une réservation en ligne.

Hostal Tres Central AUBERGE DE JEUNESSE **$**
(961-611-36-74 ; www.facebook.com/TresCentral ; Central Norte 393 ; dort 134 $M, ch avec/sans sdb 521/350 $M ;). Cette auberge de jeunesse, la seule de Tuxtla, est l'une des meilleures du Mexique. Elle présente un cadre de style Ikéa, des lits douillets équipent les dortoirs accueillant 4 personnes et les chambres privées sont spacieuses (celles avec salle de bains commune ont une douche et un lavabo à l'intérieur). Vue imbattable sur les montagnes environnantes depuis le toit-terrasse. Pas de cuisine, mais un café-bar sur place.

Holiday Inn Express HÔTEL D'AFFAIRES **$**
(800-907-458 ; www.ihg.com ; Ave Central Pte 1254 ; ch à partir de 686 $M ;). Même si vous n'aimez pas trop les enseignes de chaînes, difficile de trouver meilleur rapport qualité/prix en ville que celle-ci. Bien située à deux pâtés de maisons du Jardín de la Marimba, elle se distingue par un service élégant et sympathique, une palette de couleurs reposante, des chambres bien équipées et un impressionnant buffet au petit-déjeuner.

Hotel Casablanca HÔTEL **$**
(961-611-03-05 ; 2a Av Norte Oriente 251 ; s avec ventil à partir de 219 $M, s avec clim

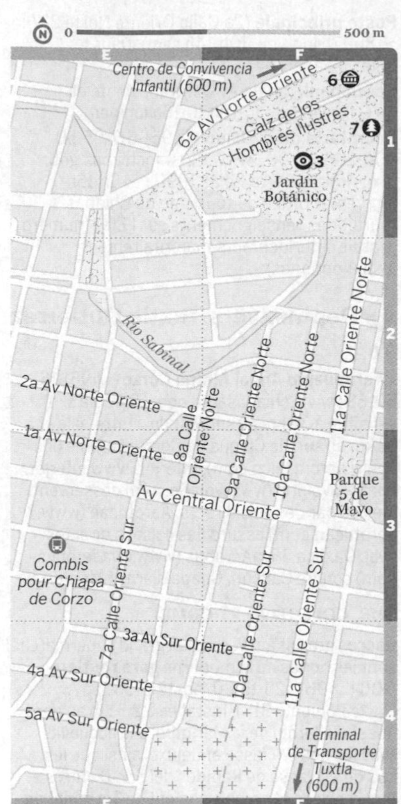

Tuxtla Gutiérrez

Les incontournables
1 Jardín de la Marimba........A2

À voir
2 Catedral de San Marcos........D3
3 Jardín Botánico........F1
4 Museo de la Marimba........A2
5 Museo del Café........D2
6 Museo Regional de Chiapas........F1
7 Parque Madero........F1
8 Plaza Cívica........D2

Activités
9 Transporte Panorámico Cañón del Sumidero........A2

Où se loger
10 Holiday Inn Express........A2
11 Hostal Tres Central........D2
12 Hotel Casablanca........D2
13 Hotel Catedral........D2
14 Hotel del Carmen........A3

Où se restaurer
15 Florentina Pizza........A2
16 Restaurante La Casona........C3

Renseignements
Office du tourisme municipal......(voir 4)

415 $M, d avec ventil/clim 285/415 $M ;). Un petit établissement en plein cœur de la ville, avec une cour foisonnante de végétation. Si elles datent un peu, les chambres sont très bien entretenues et comportent un bureau. Personnel très serviable et accueillant.

Hotel del Carmen HÔTEL **$$**
(961-612-03-05, 800-841-31-91 ; www.hoteldel-carmen.net ; 2a Av Sur Poniente 826 ; ch à partir de 466 $M ;). Une option vraiment intéressante, bien placée entre les parties ancienne et nouvelle de la ville. Grandes chambres d'une charmante simplicité, dotées de meubles en bois sombre et de draps blancs amidonnés. Bon restaurant dans la cour couverte et fleurie.

Hotel Catedral HÔTEL **$**
(961-613-08-24 ; www.hotel-catedral.net ; 1a Av Norte Oriente 367 ; s/d 350/400 $M, avec clim 450/500 $M ; P). Une adresse familiale pour les petits budgets. Les chambres sont impeccables, avec mobilier en bois et ventilateur au plafond, café du matin et eau gracieusement offerts. Si les divans de la réception sont confortables, évitez en revanche les chambres situées à ce niveau, trop proches de l'agitation.

Hilton Garden Inn HÔTEL **$$**
(961-617-18-00 ; hiltongardeninn3.hilton.com ; angle Blvds Dr Belisario Domínguez et Los Castillos ; ch/ste à partir de 1 050/1 350 $M ; P @). Ce luxueux établissement de 167 chambres se trouve dans une zone commerciale, 2,5 km à l'ouest du Jardín de la Marimba. Les technophiles apprécieront le lecteur MP3/réveil, le matelas à plateau-coussin inclinable et la TV connectée ; les fans de design seront séduits par les fauteuils Herman Miller.

Où se restaurer

De nombreuses tables haut de gamme et chaînes internationales jalonnent le Blvd Dr Belisario Domínguez, à l'ouest du centre-ville. Sinon, les abords du Jardín de la Marimba regroupent maints cafés plaisants.

Taquitos Casa Blanca TACOS $
(angle 16 Poniente et 3a Norte 428 ; tacos/pozole 10/13 $M ; 7h30-15h30). L'une des nombreuses gargotes du quartier, qui s'est fait un nom en servant des tacos savoureux et nourrissants à prix doux, ainsi qu'un *pozole* (sorte de ragoût au maïs et à la viande) au cacao. Les gens qui travaillent dans le coin s'y pressent à l'heure du déjeuner. Bref, une institution.

Restaurante La Casona MEXICAIN $
(961-612-75-34 ; 1a Av Sur Poniente 134 ; petit-déj 40-70 $M, plats 60-95 $M ; 7h-23h ; P). Passé l'imposante porte en bois sculpté, la remarquable salle à manger aménagée dans ce bâtiment centenaire impose le respect avec sa belle hauteur sous plafond et ses arches. Parmi les spécialités régionales : le *pollo juchi* (poulet rôti accompagné de légumes marinés et de pommes de terre) ou le *tasajo en salsa de chirmol* (émincé de bœuf à la sauce tomate). Concerts de marimba de 14h à 18h.

Florentina Pizza PIZZAS $$
(961-613-91-91 ; 12a Poniente Norte 174 ; pizzas à partir de 110 $M ; 17h-minuit mar-ven, 14h30-0h30 sam, 14h30-22h30 dim ;). Si vous rêvez d'une pizza à pâte fine cuite dans un four à bois et d'une bière artisanale, nombre d'habitants vous recommanderont cette table. Bonne ambiance, couleurs chatoyantes, prix raisonnables et musique live à l'occasion.

La Mansión MEXICAIN $$$
(961-617-77-33 ; www.lamansion.com.mx ; Sur Poniente 105 ; plats 120-250 $M ; 13h-minuit lun et mar, jusqu'à 1h mer-sam, jusqu'à 21h dim ; P). Alliant élégance classique et éclairage bleu et rouge de discothèque, cette table haut de gamme de l'hôtel Marriott revisite la cuisine mexicaine d'une façon moderne et créative. Au menu : tacos multicolores, exquises viandes rouges accompagnées de légumes légèrement grillés, poissons, hamburgers et desserts.

Renseignements

Il y a un DAB à l'aéroport, situé au niveau des départs.

Banorte (Av Central Oriente, entre 2a Calle Oriente Sur et 3a Calle Oriente Sur ; 9h-17h lun-ven, 9h-14h sam). Change les dollars.

Office du tourisme municipal (9a Calle Poniente Norte ; 9h-14h et 16h-20h). Dans le Museo de la Marimba.

Poste principale (2a Calle Oriente Norte 227 ; 8h-17h lun-ven, 10h-14h sam). Dans le Palacio Federal.

Scotiabank (angle Av Central Oriente et 4a Calle Oriente ; 8h30-16h lun-ven)

Secretaría de Turismo (961-617-05-50, 800-280-35-00 ; www.turismochiapas.gob.mx ; Andrés Serra Rojas 1090 ; 8h-16h lun-ven). L'office du tourisme du Chiapas fournit des renseignements sur l'État (numéro gratuit, interlocuteurs majoritairement hispanophones).

Depuis/vers Tuxtla Gutiérrez

AVION

L'**Aeropuerto Ángel Albino Corzo** (961-153-60-68 ; www.chiapasaero.com ; Sarabia s/n) est situé à 35 km au sud-est du centre-ville et à 18 km au sud de Chiapa de Corzo. Aeroméxico (www.aeromexico.com), Interjet (www.interjet.com) et Volaris (www.volaris.com) desservent Mexico par des vols directs. Aerotucán (www.aerotucan.com) assure des liaisons directes avec Oaxaca. VivaAerobus (www.vivaaerobus.com) couvre Cancún, Guadalajara et Monterrey.

BUS, COLECTIVO ET COMBI

L'accès gratuit au Wi-Fi et un grand supermarché sont les bonus de la moderne **gare routière OCC** (961-125-15-80, poste 2433 ; 5a Av Norte Poniente 318). Installée à 2,5 km au nord-ouest du Jardín de la Marimba, elle accueille tous les bus 1re classe et deluxe, ainsi que les bus de 2e classe de Rápidos del Sur. D'autres bus 2e classe et *combis* partent du **Terminal de Transporte Tuxtla** (angle 9a Av Sur Oriente et 13a Calle Oriente Sur), les destinations les plus fréquentes étant San Cristóbal, Ocosingo et Ocozocoautla.

Départs fréquents de *combis* pour Chiapa de Corzo (14 $M, 45 min) entre 5h et 22h30 au départ de la 1a Avenida Sur Oriente.

Vers San Cristóbal

Pour rejoindre San Cristóbal de las Casas (50 $M, 1 heure), les minibus se révèlent plus rapides et plus fréquents (toutes les 10 min) que les bus.

Corazón de María (961-600-12-12 ; 13a Calle Oriente Sur). Les minibus stationnent devant la vitrine près de l'Avenida Central Oriente et circulent de 4h à 21h.

Ómnibus de Chiapas (961-611-26-56 ; angle 7a Calle Oriente Sur et 1a Av Sur Poniente). Minibus confortables (surnommés "sprinters") circulant de 5h à 22h.

VOITURE ET MOTO

Outre les agences de location présentes à l'aéroport, la ville compte quelques loueurs dont **Alamo** (961-153-61-23 ; www.alamo.com ;

BUS AU DÉPART DE TUXTLA GUTIÉRREZ

DESTINATION	TARIF ($M)	DURÉE (H)	FRÉQUENCE
Cancún	859-1 055	17-20	5/jour
Comitán	112-132	3	fréquents
Mérida	1 006-1 342	13-14	5/jour
Mexico (TAPO et Norte)	898-1 570	11 ½-12	11/jour
Oaxaca	380-589	10	4/jour
Palenque	268-364	6-6 ½	fréquents
Puerto Escondido	541-666	11-12	2/jour
San Cristóbal de las Casas	56-76	1 ¼	fréquents
Tapachula	446-504	4 ½-6	fréquents
Tonalá	168-202	2-2 ½	fréquents
Villahermosa	384-412	4 -5	12/jour

5a Av Norte Poniente 2260 ; 7h-22h), à côté de la gare routière OCC, et **Europcar** (961-121-49-22 ; www.europcar.com ; Blvd Belisario Domínguez 2075 ; 8h-23h lun-ven, 8h-16h sam-dim).

Comment circuler

DEPUIS/VERS L'AÉROPORT

De l'aéroport, des taxis prépayés (1-3 passagers) en correspondance avec les avions desservent le centre de Tuxtla (230 $M, 40 min), Chiapa de Corzo (300 $M, 30 min) et San Cristóbal (individuel 1 100 $M, collectif 300 $M, 1 heure). Des bus OCC relient directement le terminal à San Cristóbal (240 $M) environ toutes les 1 ou 2 heures entre 8h et 10h, puis entre 13h et 23h.

BUS

Un bus fonctionnant au biodiesel, le **ConejoBus** (5h-23h), parcourt Belisario Domínguez-Avenida Central ; il faut une carte prépayée (5,50 $M, à acheter ou recharger auprès du Palacio de Gobierno dans le Parque Central) pour l'emprunter. Pour connaître les lignes de *combis* locales, consultez le site www.tuxmapa.com.mx. Une course en taxi en ville est facturée 40 à 50 $M.

Ouest de Tuxtla Gutiérrez

Sima de las Cotorras CENOTE

(Abysse des Perroquets ; www.simaecoturismo.com ; adulte/+ 9 ans 30/15 $M). Ce spectaculaire *cenote* forme une sorte d'entonnoir de 160 m de diamètre et 140 m de profondeur, avec un cratère rempli de dense forêt tropicale. Au lever du soleil, un nuage vert de perroquets tapageurs s'en échappe et y revient au crépuscule. Muni de jumelles, vous apercevrez une série d'empreintes de mains peintes préhispaniques d'un côté de la falaise. Il est possible de randonner et de descendre en rappel à l'intérieur du gouffre. Les aspirants ornithologues ne doivent pas manquer cette occasion.

Un **hébergement en dur** (portable 968-1178081 ; www.simaecoturismo.com ; empl tente 100 $M, location tente et sac de couchage 250-300 $M, d/qua 400/600 $M, cabañas 6 pers 800 $M ; P) est disponible (les spacieuses *cabañas* de 2 chambres pour 6 personnes justifient la dépense supplémentaire). Un **restaurant** (plats à partir de 85 $M ; 8h-18h) sert de délicieux *tamales* et des tortillas maison.

Au dernier arrêt de bus à Ocozocoautla (Coita), sur la route 190, au niveau du panneau de l'embranchement vers la Sima, prenez un taxi (environ 300 $M, 50 min). Trois *colectivos* Piedra Parada quotidiens (14 $M) partent du même arrêt, mais vous déposeront quelque 4 km avant la Sima. Si vous venez en voiture depuis Tuxtla, l'itinéraire est bien indiqué. Traversez Ocozocoautla, tournez à droite à la gare des minibus (un panneau bleu indique l'embranchement, mais on ne le voit pas en venant de cette direction) et roulez vers le nord sur 3,5 km, puis sur 12 km sur une route de terre en bon état.

El Aguacero CASCADE

(www.cascadaelaguacero.com ; 32 $M ; 7h-17h). L'eau de cette somptueuse cascade dégringole en escalier pour plonger dans le canyon à pic du Río La Venta. Pendant les mois les plus secs (généralement de décembre à mai), on peut longer le fleuve sur des plages de sable jusqu'à la cascade. Quand l'eau est haute, comptez 30 minutes à pied sur un sentier de jungle ombragé.

De décembre à mai inclus, on peut aussi explorer une rivière souterraine coulant dans la **grotte d'El Encanto**, longue de 200 m. Le circuit de 1 heure coûte 200 $M, avec tout l'équipement (casque, lampe frontale...) inclus.

Auparavant, on rejoignait la cascade par 724 marches bien faites. Lors de notre passage, l'accès était temporairement bloqué, mais on pouvait la contempler depuis deux miradors.

Un **camping** (empl 65 $M/pers, empl et équipement pour 4 pers 300 $M) avec une aire pour hamacs et des douches jouxte le site. Un petit *comedor* propose habituellement des quesadillas (20 $M).

Depuis Ocozocoautla (Coita), des *colectivos* pour El Gavilán/Las Cruces (12 $M) peuvent vous déposer à l'embranchement sur la route fédérale, à 3 km de l'entrée. En voiture, repérez le panneau de l'embranchement situé à quelque 15 km à l'ouest d'Ocozocoautla.

Chiapa de Corzo

☎961 / 45 000 HABITANTS / ALTITUDE : 450 M

Cette jolie bourgade à l'architecture coloniale se situe à 12 km à l'est de Tuxtla Gutiérrez en allant vers San Cristóbal. Située sur la rive nord du Río Grijalva, Chiapa de Corzo est le principal point de départ pour des excursions dans le Cañón del Sumidero.

Le site a été occupé de manière ininterrompue depuis environ 1 200 ans av. J.-C. Avant l'invasion espagnole, la tribu guerrière Chiapa avait sa capitale, Nandalumí, à quelques kilomètres de là, sur la rive opposée du Grijalva. Quand Diego de Mazariegos se rendit maître de la région en 1528, les Chiapas se seraient donné la mort par centaines en se jetant dans le canyon pour éviter de se rendre.

Mazariegos fonda un bourg appelé Chiapa de Los Indios sur ce site, mais transféra rapidement ses quartiers à San Cristóbal de las Casas, où il trouvait le climat plus agréable et les habitants plus conciliants.

À voir

L'*embarcadero* pour des excursions en bateau dans le Cañón del Sumidero se situe à deux pâtés de maisons au sud de la place centrale, en descendant la Calle 5 de Febrero. Repérez la route jalonnée de marchands.

♥ Cañón del Sumidero CANYON

Traversé par le Río Grijalva, ce canyon dessine une faille impressionnante, au nord de Tuxtla Gutiérrez. Avec l'achèvement du barrage hydroélectrique de Chicoasén (1981) à son extrémité nord, le canyon s'est transformé en un réservoir encaissé de 25 km de long. Entre Tuxtla et Chiapa de Corzo, la route traverse le Grijalva, au sud de l'entrée du canyon.

La manière la plus spectaculaire de découvrir le canyon est de prendre l'une des **lanchas** (aller-retour 215 $M ; ⏲8h-16h) qui filent entre les falaises abruptes. On embarque pour cette virée en vedette d'environ 2 heures à Chiapa de Corzo ou à l'Embarcadero Cahuaré, à 5 km au nord de Chiapa, sur la route de Tuxtla. Il est rare d'attendre plus d'une demi-heure qu'un bateau se remplisse. Prévoir des boissons, une protection solaire et des vêtements chauds et imperméables.

Environ 35 km séparent le barrage de Chiapa de Corzo. Peu après qu'on soit passé sous la route 190, les falaises du canyon s'élèvent à 800 m au-dessus du niveau de l'eau. Sur le trajet, vous apercevrez de nombreux oiseaux (hérons, cormorans, vautours et martins-pêcheurs) et probablement un ou deux crocodiles. Le guide sur le bateau vous indiquera quelques étranges formations rocheuses et végétales, notamment une falaise érodée par une chute d'eau recouverte d'une mousse épaisse qui la fait ressembler à un gigantesque sapin de Noël. Les *lanchas* doivent parfois se frayer un chemin parmi les débris lorsque les ordures dérivent de Tuxtla Gutiérrez à la saison des pluies.

Plaza PLACE

De belles arcades bordent la place sur trois côtés, et un arbre massif, **La Pochota**, déforme le trottoir de ses racines multicentenaires. Vénéré par les Indiens fondateurs de la ville, c'est le plus vieux fromager de la région du Río Grijalva. Vous pourrez surtout admirer **La Pila** (ou la Fuente Colonial) achevée en 1562, fontaine de style mudéjar qui, pour certains, évoque par son plan, ses arches et son toit bombé la couronne espagnole.

Chiapa de Corzo SITE ARCHÉOLOGIQUE

(Av Hidalgo, Barrio Benito Juárez ; ⏲9h-17h). GRATUIT Situé sur une voie commerciale entre le Pacifique et le golfe du Mexique, le vaste site de Chiapa de Corzo a entretenu des liens étroits avec ses voisins mayas et olmèques. Il compta à son apogée quelque 200 structures, mais fut abandonné vers l'an 500. Après des années de fouilles, 3 pyramides zoques sont désormais visibles. Construites entre le IIIe et le Ve siècle, elles recouvrent des tumulus qui remontent, eux, jusqu'à 750 av. J.-C. On en a récemment découvert un (fermé au public) qui recouvrait la plus ancienne tombe sous pyramide connue à ce jour en Méso-Amérique et de nouveaux indices suggèrent des liens avec des centres olmèques tels que La Venta.

L'entrée se trouve à 1,5 km à l'est de la place principale, près de l'usine Nestlé et de l'ancienne route (sur la route de La Topada de la Flor), mais le site n'est pas indiqué depuis la route. Les taxis demandent environ 150 $M aller-retour depuis la place, 1 heure d'attente comprise. Sinon, on peut s'y rendre à pied en 20 minutes.

Templo de Santo Domingo de Guzmán ÉDIFICE RELIGIEUX

(Mexicanidad Chiapaneca 10 ; ⌚8h-17h). On doit aux Dominicains cette vaste église édifiée à la fin du XVIe siècle, à un pâté de

LES PEUPLES INDIENS DU CHIAPAS

Sur les 4,8 millions d'habitants du Chiapas, on recense environ 1,25 million d'Indiens formant 8 groupes ethniques qui se différencient essentiellement par la langue, mais aussi par les croyances et les coutumes. Cette grande diversité culturelle est l'un des aspects les plus saisissants de cet État.

Les communautés avec lesquelles les voyageurs sont le plus à même d'entrer en contact autour de San Cristóbal de las Casas sont les Tzotziles et les Tzeltales, pour la plupart catholiques, mais dont le culte présente des survivances de traditions précolombiennes. Ces Indiens habitent généralement les collines à l'extérieur des villages, dans lesquels ils se rendent pour le marché et les cérémonies religieuses.

Les vêtements des Tzotziles et des Tzeltales sont parmi les plus variés et les plus élaborés que l'on puisse trouver au Mexique. Ils marquent à la fois l'appartenance à un village et l'héritage des traditions mayas. À première vue, les multiples motifs qui les décorent semblent abstraits, mais ce sont en fait des figures stylisées de serpents, grenouilles, papillons, oiseaux, saints... Certains ont une fonction à la fois magique et religieuse : le scorpion, par exemple, peut symboliser la demande de pluie, cet animal étant censé attirer l'éclair.

Jusque dans les années 1950, les Lacandon, qui vivaient dans les profondeurs de la forêt, évitaient tout contact avec le monde extérieur. Aujourd'hui moins d'un millier, ils se sont regroupés dans trois villages de la même région (Lacanjá Chansayab, Metzabok et Nahá) et vivent principalement d'un tourisme modéré. Leurs tuniques blanches et leurs longs cheveux noirs coupés en frange permettent de les identifier facilement. La majorité d'entre eux ont abandonné leur religion animiste au profit de l'évangélisme et du presbytérianisme.

Traités depuis toujours comme des citoyens de seconde zone, tant sur le plan politique qu'économique, les Indiens vivent, pour la plupart, sur les terres les moins productives de l'État et les moins bien équipées. Bien des communautés vivent en autosubsistance, sans eau ni électricité. C'est donc en grande partie d'une volonté de changer cette situation qu'est née la révolution zapatiste, dont le cri de ralliement était *¡Ya basta!* (Maintenant, ça suffit !).

De nos jours, les anciens modes de vie indiens sont concurrencés à la fois par l'évangélisme – qui veut contrer les pratiques traditionnelles animistes-catholiques et l'abus d'alcool dans les rituels – et par le zapatisme, qui s'oppose au système traditionnel des *cargos* (charges occupées par les chefs de la communauté), tout en encourageant l'émancipation des femmes. De nombreux Indiens ont aujourd'hui migré dans la forêt lacandone pour défricher de nouveaux territoires, ou bien en ville, ou encore aux États-Unis pour trouver un emploi.

En dépit de tous ces problèmes, les identités des communautés et la fière indianité survivent. Ces populations restent méfiantes envers les étrangers, dont elles n'apprécient pas les intrusions, en particulier dans leurs pratiques religieuses. Toutefois, si vous affichez le respect qui leur est dû, vous serez bien accueilli.

maisons au sud de la place. Le couvent attenant a été transformé en **Centro Cultural** (997-616-00-55 ; www.facebook.com/CentroculturalExconvento ; 10h-17h mar-dim), GRATUIT où sont présentées les œuvres du talentueux artistc originaire du Chiapas Franco Lázaro Gómez (1922-1949). Vous pourrez aussi y voir le **Museo de la Laca**, où sont exposés des objets d'artisanat en laque (les plus anciens datent de 1606).

Fêtes et festivals

Fiesta Grande de Enero TRADITIONS
(jan). Cette fête, l'une des plus extraordinaires et des plus animées du Mexique, dure une semaine à la mi-janvier. Vous y verrez notamment Las Chuntá, un groupe de jeunes hommes déguisés en femmes qui dansent la nuit. Les femmes arborent la *chiapaneca*, une magnifique robe brodée. Des *parachicos* (danseurs) masqués défilent plusieurs jours de suite. Une bataille de canoës et des feux d'artifice marquent la fin des réjouissances.

Où se loger et se restaurer

Des restaurants aux menus similaires et aux prix gonflés bordent l'*embarcadero*. La vue sur le fleuve est plaisante, mais les joueurs de marimba haussent le niveau sonore. Le marché, au sud-est de la place, constitue le meilleur endroit pour un repas économique. Le *tascalate* (boisson froide et sucrée à base de cacao, pignons, maïs grillé, cannelle et roucou) figure sur la plupart des cartes, et de nombreuses boutiques en vendent.

Posada Rocio HÔTEL $
(961-616-02-04 ; Zaragoza 347 ; d/tr à partir de 300/310 $M ;). En retrait de la grand-place, cette modeste pension de couleur orange a tout ce qu'il faut pour satisfaire les petits budgets : emplacement de choix, chambres propres de bonne taille et direction avenante.

Hotel La Ceiba HÔTEL $$
(961-616-03-89 ; www.laceibahotel.com ; Av Domingo Ruíz 300 ; ch 745 $M ;). À deux rues à l'ouest de la grand-place, l'hébergement le plus haut de gamme de Chiapa réunit un vrai spa, un restaurant, une piscine engageante, un jardin luxuriant et 87 chambres simples et bien tenues avec climatisation dans un bâtiment de style colonial à coupole et arcades.

Hotel Santiago HÔTEL $$
(portable 961-1531049 ; www.hoteldesantiago.com ; López s/n ; ch à partir de 434 $M ;). Le bâtiment de cet hôtel proche du port conserve de nombreux éléments de style colonial, ce qui n'est guère le cas de l'intérieur. Simples et confortables, ses grandes chambres s'organisent autour d'un patio/puits de lumière. En dépit de l'emplacement central, le calme règne (sauf durant la Festa Grande). En basse saison, n'hésitez pas à demander un rabais.

Los Sabores de San Jacinto MEXICAIN $
(961-218-46-88 ; Calle 5 de Febrero 144 ; plats 80-120 $M ; 13h-minuit mer-mar). Cette adresse sans fioritures – une poignée de tables dans une salle à manger orange et quelques autres en terrasse sur rue – sert avec diligence des plats du sud du Mexique à la fois simples, savoureux et substantiels. Il s'agit par ailleurs d'un des rares restaurants ouverts le soir.

Restaurant Jardines de Chiapa MEXICAIN $$
(961-616-01-98 ; www.facebook.com/pages/ResTaurant-Jardines-de-Chiapa/175714012497773; Madero 395 ; plats 95-180 $M ; 9h-19h). Non loin de la grand-place, ce vaste établissement répartit les convives autour d'un patio arboré aux belles colonnes en brique. Des groupes de touristes en circuit organisé prenant souvent d'assaut le buffet du déjeuner (279 $M), mieux s'en tenir à la carte, bien fournie. Celle-ci affiche notamment un savoureux *cochinito al horno* (porc cuit au four), spécialité de la maison.

D'Avellino ITALIEN $$
(961-153-07-33 ; www.davellino.com.mx ; Calz Grajales 1103 ; plats 55-130 $M, pizzas 99-155 $M ; 13h-1h lun-sam, jusqu'à minuit dim). Un charmant établissement doté d'une salle à manger rustique à l'ancienne et d'un patio, où l'on déguste des pâtes fraîches et de bonnes pizzas dans une atmosphère chaleureuse et conviviale. À 5-10 minutes de marche de la grand-place par la principale route qui mène à Tuxtla.

Renseignements

Office du tourisme de l'État (961-616-10-13 ; Calle 5 de Febrero s/n ; 8h-16h lun-ven, 9h-13h sam). Dans un bâtiment municipal devant la grand-place.

Depuis/vers Chiapa de Corzo

Fréquents entre 5h et 22h30, les *combis* au départ de Tuxtla Gutiérrez (14 $M, 45 min) stationnent sur la 1a Avenida Sur Oriente (entre les Calles 5a et 7a Oriente Sur). Ils arrivent (et repartent pour Tuxtla) sur le côté nord de la place.

Il n'existe pas de liaisons directes entre San Cristóbal et le centre de Chiapa de Corzo. De San Cristóbal, prenez un *combi* vers Tuxtla et descendez à l'arrêt Chiapa de Corzo sur la route fédérale (35 $M, 30 min), puis hélez de l'autre côté de la route un *combi* (7 $M) à destination de la grand-place de Chiapa. Dans le sens inverse, pratiquez de même mais bien sûr à l'envers. Dans un sens comme dans l'autre, l'attente pour la correspondance n'excède guère quelques minutes.

À NE PAS MANQUER

DEUX POINTS DE VUE

Pour profiter de la plus belle vue de San Cristobal, il faut fournir un certain effort car, à cette altitude, les escaliers à flanc de colline sont redoutables. Le **Cerro de San Cristóbal** (près de Hermanos Dominguez) et le **Cerro de Guadalupe** (près de Real de Guadalupe) dominent la ville respectivement à l'ouest et à l'est. Les deux points de vue sont couronnés d'églises, notamment l'Iglesia de Guadalupe, devenue un lieu de rencontre pour les fidèles à l'occasion du **Día de la Virgen de Guadalupe**. Ces endroits ne sont pas sûrs la nuit.

Région de San Cristóbal

Tous les axes touristiques du Chiapas mènent tôt ou tard aux rues pavées et aux maisons pastel de San Cristóbal de las Casas. Outre son patrimoine architectural, cette jolie ville de montagne attire surtout les visiteurs pour sa lumière, son animation locale et la possibilité de rencontrer des populations d'ascendance maya ayant conservé leurs traditions culturelles et leurs croyances ancestrales.

Autour de San Cristóbal, les marchés villageois – souvent dominicaux – qui battent leur plein de l'aube à l'heure du déjeuner offrent un aperçu intéressant de la vie des habitants, de même que les fêtes, tout aussi vivantes et bigarrées.

San Cristóbal de las Casas

967 / 185 000 HABITANTS / ALTITUDE : 1 940 M

Nichée au creux du Valle de Jovel, une vallée au climat tempéré tapissée de pins, la ville coloniale de San Cristóbal est une destination prisée depuis des décennies. Auréolée de la belle lumière des hauts plateaux, elle offre au regard ses maisons séculaires, ses rues pavées et ses marchés pittoresques entourés de pâtures et de champs de maïs.

Entourée de nombreux villages tzotziles et tzeltales, où perdure une culture traditionnelle mâtinée de quelques touches modernes, San Cristóbal se situe au cœur de l'une des régions du Mexique les plus marquées par l'identité indienne. C'est une excellente base pour explorer la région.

Si certains édifices ont souffert du séisme qui a secoué le Chiapas en septembre 2017, San Cristóbal dans son ensemble n'a pas subi de dommages importants.

Histoire

Diego de Mazariegos fonda San Cristóbal en 1528 pour en faire la place forte espagnole de la région. Les Espagnols y firent fortune avec le blé, aux dépens des Indiens dont ils avaient confisqué les terres et qui endurèrent impôts, travail forcé et maladies. L'Église protégea, dans une certaine mesure, les Indiens des excès des colons. Des moines dominicains s'installèrent au Chiapas en 1545, faisant de San Cristóbal leur quartier général. La ville porte d'ailleurs le nom d'un des leurs, Bartolomé de Las Casas, nommé évêque du Chiapas. À l'ère coloniale, ce fut le plus ardent défenseur espagnol des peuples indiens. Plus près de nous, l'évêque Samuel Ruiz, décédé en 2011 après un long sacerdoce, a suivi la voie de Las Casas, s'attirant les foudres des classes dirigeantes pour sa défense des Indiens opprimés du Chiapas.

Capitale de l'État du Chiapas de 1824 à 1892, San Cristóbal resta relativement isolée jusque dans les années 1970, époque à laquelle l'activité touristique commença à influer sur l'économie locale. Au cours des dernières décennies, des villageois indiens ont afflué dans le "Cinturón de Miseria" (la ceinture de misère), un ensemble de bidonvilles gangrenés par la violence et la misère qui entourent le *periférico*. Ces réfugiés viennent souvent de Chamula

San Cristóbal de las Casas

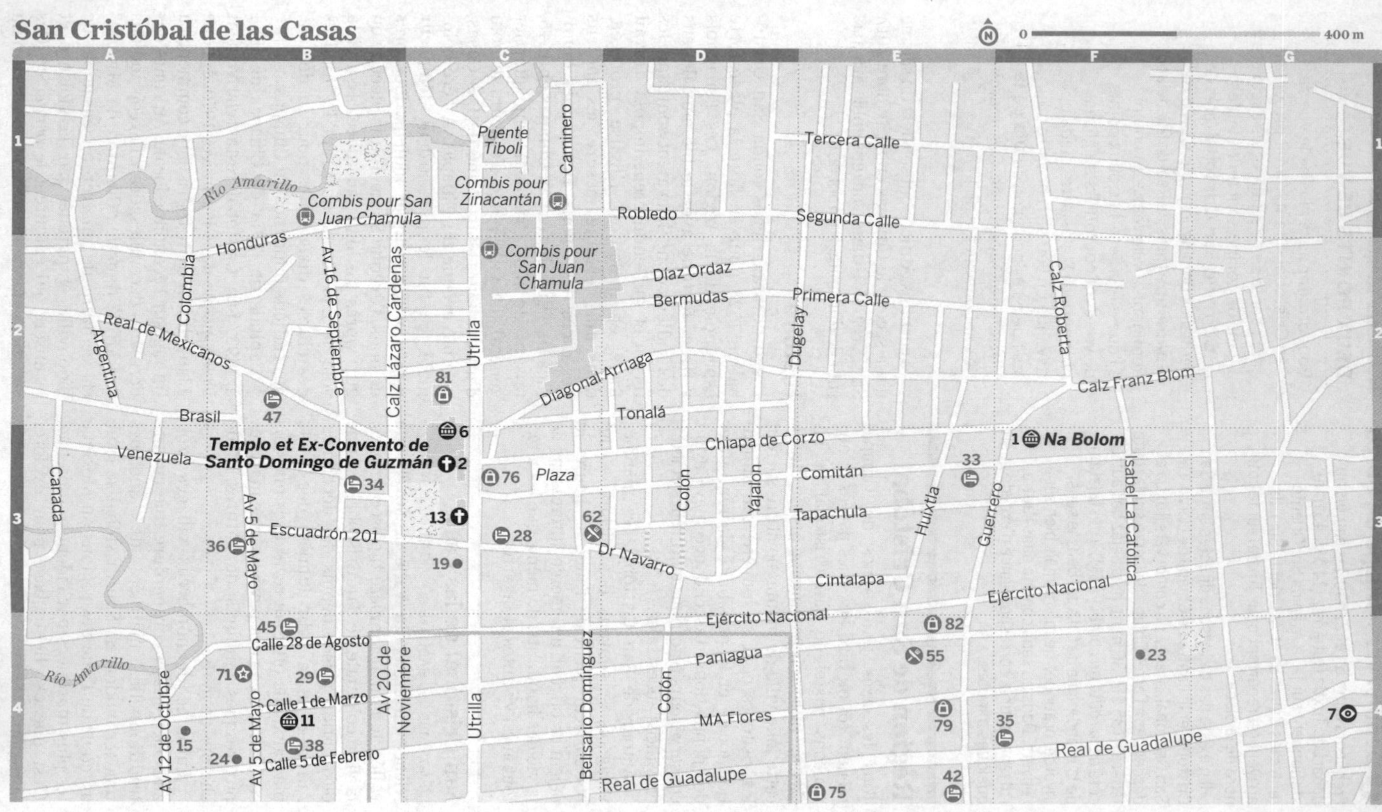

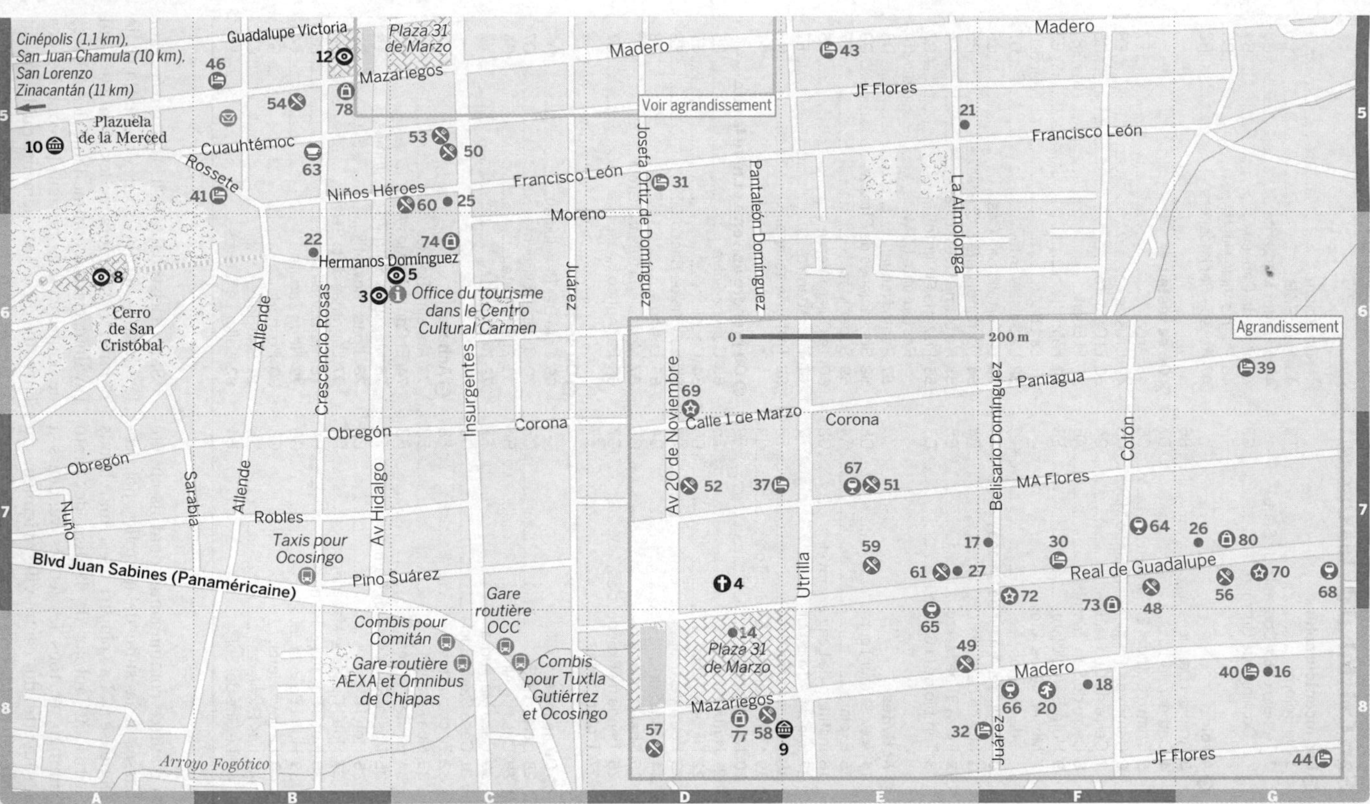

Cinépolis (1,1 km), San Juan Chamula (10 km), San Lorenzo Zinacantán (11 km)
Guadalupe Victoria
Plaza 31 de Marzo
Mazariegos
Madero
JF Flores
Voir agrandissement
Plazuela de la Merced
Cuauhtémoc
Rossete
Francisco León
Niños Héroes
Moreno
Josefa Ortiz de Domínguez
Pantaleón Domínguez
La Almolonga
Hermanos Domínguez
Office du tourisme dans le Centro Cultural Carmen
Juárez
Cerro de San Cristóbal
Allende
Crescencio Rosas
Insurgentes
Corona
Obregón
Sarabia
Av Hidalgo
Nuño
Robles
Taxis pour Ocosingo
Blvd Juan Sabines (Panaméricaine)
Pino Suárez
Gare routière OCC
Combis pour Comitán
Gare routière AEXA et Ómnibus de Chiapas
Combis pour Tuxtla Gutiérrez et Ocosingo
Arroyo Fogótico
Agrandissement
200 m
Av 20 de Noviembre
Calle 1 de Marzo
Paniagua
Belisario Domínguez
Colón
MA Flores
Utrilla
Real de Guadalupe
Plaza 31 de Marzo
Madero
Mazariegos
Juárez
JF Flores

San Cristóbal de las Casas

Les incontournables
1 Na Bolom ... F3
2 Templo et Ex-Convento de Santo Domingo de Guzmán ... C3

À voir
3 Arco del Carmen ... B6
4 Cathédrale ... D7
5 Centro Cultural El Carmen ... C6
6 Centro de Textiles del Mundo Maya ... C3
7 Cerro de Guadalupe ... G4
8 Cerro de San Cristóbal ... A6
9 Hotel Santa Clara ... E8
Museo de los Altos de Chiapas ... (voir 2)
10 Museo del Ámbar de Chiapas ... A5
11 Museo del Cacao ... B4
12 Plaza 31 de Marzo ... B5
13 Templo de la Caridad ... C3

Activités
14 Alex & Raúl Tours ... D8
15 Explora ... A4
16 Instituto de Lenguas Jovel ... G8
17 Jaguar Adventours ... F7
18 La Casa en el Árbol ... F8
19 Marcosapata o En Bici Tours ... C3
20 Natatė ... F8
21 Natutours ... E5
22 Nichim Tours ... B6
23 Petra Vertical ... F4
24 SendaSur ... B4
25 Shaktipat Yoga ... C5
26 Tienda de Experiencias ... G7
27 Trotamundos ... E7

Où se loger
28 Bela's B&B ... C3
29 Casa de Alma ... B4
30 Casa Margarita ... F7
31 Casa Santa Lucía ... D5
32 Docecuartos ... F8
33 Guayaba Inn ... E3
34 Hostal Akumal ... B3
35 Hostal Rincón de los Camellos ... F4
36 Hotel b¨o ... B3
37 Hotel Diego de Mazariegos ... D7
38 Hotel Posada El Paraíso ... B4
39 Hotel Posada Jovel ... G6
40 La Joya Hotel ... G8
41 Las Escaleras ... B5
42 Le Gite del Sol ... E4
Na Bolom ... (voir 1)
43 Nuik B&B ... E5
44 Parador Margarita ... G8
45 Posada Ganesha ... B4
46 Puerta Vieja Hostel ... B5
47 Rossco Backpackers ... B2

Où se restaurer
48 Arez ... F7
49 Crustaceos ... E8
50 El Caldero ... C5
El Eden ... (voir 38)
51 Falafel ... E7
La Lupe ... (voir 30)
52 La Salsa Verde ... D7
53 La Tertulia San Cris ... C5
54 Namandí Café & Crepas ... B5
55 No Name Quesadillas ... E4
56 Pizzería El Punto ... G7
Restaurante LUM ... (voir 36)
57 Santo Nahual ... D8
58 Sensaciones de Chiapas ... D8
59 Super Más ... E7
60 Te Quiero Verde ... C5
61 TierrAdentro ... E7
62 Trattoria Italiana ... C3

Où prendre un verre et faire la fête
63 Café La Selva ... B5
64 Cocoliche ... F7
65 La Viña de Bacco ... E8
66 Latino's ... F8
67 Mezcalería Gusana Grela ... E7
68 Panóptico ... G7

Où sortir
69 Cafe Bar Revolución ... D6
70 Cinema El Puente ... G7
71 El Paliacate ... B4
72 Kinoki ... F7

Achats
73 Abuelita Books ... F7
74 El Camino de los Altos ... C6
75 Magasins de fruits et légumes ... E4
76 J'pas Joloviletik ... C3
77 Lágrimas de la Selva ... D8
78 Meltzanel ... B5
79 Nemi Zapata ... E4
80 Poshería ... G7
81 Sna Jolobil ... C2
82 Taller Leñateros ... E4

ou d'autres communautés dont ils ont été chassés à la suite de querelles politico-religieuses. La plupart des marchands d'artisanat autour de l'église de Santo Domingo, et tous les jeunes vendeurs à la sauvette du centre-ville, viennent du Cinturón de Miseria.

San Cristóbal s'est retrouvée sur le devant de la scène médiatique le 1er janvier 1994, lorsque les zapatistes, qui l'avaient choisie comme l'une des 4 bases de leur révolte, prirent le contrôle des bureaux du gouvernement, qu'ils mirent à sac avant d'être repoussés par l'armée.

La ville reste le foyer des sympathisants du mouvement (et de certains opposants) et des organisations qui œuvrent en faveur des populations indigènes du Chiapas. Des tensions persistent, mais sa prospérité semble néanmoins assurée par le tourisme en plein essor, le boom immobilier et l'enrichissement progressif de la classe moyenne.

À voir

Avec ses rues rectilignes qui montent en pente douce, San Cristóbal se découvre facilement à pied. À l'est de la Plaza 31 de Marzo, la Calle Real de Guadalupe, en partie piétonne, rassemble hôtels et restaurants. Une longue voie piétonne, l'Andador Turístico, remonte les avenues Hidalgo et 20 de Noviembre.

Na Bolom ÉDIFICE HISTORIQUE

(967-678-14-18 ; www.na-bolom.org ; Guerrero 33 ; 40 $M, avec la visite guidée 50 $M ; 9h-19h). Ce centre de recherche-musée fut pendant de nombreuses années la résidence de l'anthropologue et photographe suisse Gertrude Duby Blom (dite Trudy, 1901-1993) et de son époux, l'archéologue danois Frans Blom (1893-1963). Na Bolom, jeu de mots formé à partir du patronyme des anciens propriétaires, signifie la "maison du jaguar" en langue tzotzil. Cette maison est remplie de photographies, de vestiges archéologiques et anthropologiques, ainsi que de livres. La visite guidée donne un bon aperçu de la vie qu'y menèrent les Blom et de la région du Chiapas telle qu'elle était il y a un siècle, même si l'image transmise des Lacandon relève davantage de leur passé que de leur vie aujourd'hui.

Tandis que Frans explorait des sites mayas du Chiapas (Palenque, Toniná et Chinkultic notamment), Trudy consacrait sa vie à l'étude, à la photographie et à la protection de la jungle et des Indiens Lacandon. À sa mort, Na Bolom est devenu un musée et un Institut d'étude et de préservation des cultures indiennes du Chiapas. La maison est gérée par un conseil d'administration qui poursuit l'œuvre des Blom par des programmes communautaires et environnementaux dans les zones indiennes. La bibliothèque conserve plus de 9 000 ouvrages et documents, une véritable mine d'informations sur les Mayas.

Na Bolom loue également des chambres d'hôtes (p. 394) et sert des repas préparés avec les légumes bio du potager.

Templo et Ex-Convento de Santo Domingo de Guzmán ÉDIFICE RELIGIEUX

(Utrilla ; 6h30-14h et 16h-20h). GRATUIT Au nord du centre-ville, le Templo de Santo Domingo, la plus belle église de San Cristóbal (XVIe siècle), et sa riche façade à quadruple registre de colonnes resplendissent au couchant. La façade baroque a été ornée au XVIIe siècle d'une profusion de stucs où l'on remarquera l'aigle à deux têtes des Habsbourg, symbole de la monarchie espagnole de l'époque. Les ors intérieurs soulignent un beau décor sculpté, dont une chaire en chêne étonnante sous son baldaquin.

Du côté ouest, l'ancien monastère attenant renferme un musée régional et l'excellent **Centro de Textiles del Mundo Maya** (fomentoculturalbanamex.org/ctmm ; Calz Lázaro Cárdenas ; 55 $M ; 9h-17h45 mar-dim). Autour de l'église et du **Templo de la Caridad** (1712) voisin se tient un marché quotidien où des femmes chamula et des babas cool mexicains vendent de l'artisanat coloré. La boutique de la coopérative de tisserandes Sna Jolobil (p. 398) occupe désormais un bâtiment lumineux dans la partie nord-ouest.

Plaza 31 de Marzo PLACE

Verdoyante, la grand-place de San Cristóbal est très représentative de l'atmosphère détendue des hauts plateaux. Cireurs de chaussures, vendeurs de journaux et *ambulantes* (marchands ambulants) s'y pressent.

L'**Hotel Santa Clara**, à l'angle sud-est de la place, a été construit pour Diego de Mazariegos, le *conquistador* espagnol, dont on remarquera le blason au-dessus de la porte principale. Cette demeure est l'un des rares exemples mexicains de style plateresque non religieux.

Cathédrale ÉDIFICE RELIGIEUX

(Plaza 31 de Marzo). La construction de cette cathédrale colorée, sur le côté nord de la place, débuta en 1528 et s'acheva en 1815, après plusieurs catastrophes naturelles. Les tremblements de terre de 1816 et 1847 causèrent ensuite maints dégâts, mais l'édifice fut à nouveau restauré en 1920-1922. L'intérieur renferme 5 retables dorés à la feuille arborant des peintures de l'artiste zapotèque Miguel Cabrera (1695-1768).

Museo de los Altos de Chiapas MUSÉE
(967-678-14-09, Calz Lázaro Cárdenas s/n ; 55 $M ; 9h-17h30 mar-dim). C'est l'un des deux musées aménagés dans l'Ex-Convento de Santo Domingo, du côté ouest du Templo de Santo Domingo. Vous y verrez plusieurs vestiges archéologiques impressionnants, dont des stèles de Chincultik. D'autres salles sont consacrées à la conquête espagnole et à l'évangélisation de la région. Entrée couplée avec celle du Centro de Textiles del Mundo Maya.

Museo del Ámbar de Chiapas MUSÉE
(967-674-58-99 ; www.museodelambar.com ; Plazuela de la Merced ; 25 $M ; 10h-14h et 16h-20h mar-dim). L'ambre du Chiapas – de la résine de pin fossilisée, datant d'environ 30 millions d'années – est renommé pour sa clarté et la richesse de ses couleurs. Il est en grande partie extrait aux alentours de Simojovel, au nord de San Cristóbal. Ce petit musée vous en apprendra davantage sur le sujet (explications également en français). Des loupes permettent d'admirer les détails des plus belles pièces exposées et l'on peut visionner plusieurs films. Après la visite, faites un tour à la boutique, où sont vendus des objets finement sculptés ou renfermant des insectes fossilisés.

Nombre de bijouteries du voisinage se sont approprié son nom, mais le musée est le seul qui soit hébergé dans un ancien couvent.

Arco del Carmen PORTE
L'Arco del Carmen, à l'extrémité sud de l'Andador Turístico, sur Hidalgo, date de la fin du XVIIe siècle. Il s'agissait autrefois de la porte de la cité.

Centro Cultural El Carmen ÉDIFICE REMARQUABLE
(Hermanos Domínguez s/n ; 9h-14h et 16h-20h lun-ven). GRATUIT À l'est de l'ancienne porte, un magnifique bâtiment colonial, agrémenté d'un grand jardin paisible, accueille aujourd'hui le Centro Cultural El Carmen, où ont lieu des expositions d'art et de photographie, ainsi que des concerts.

Museo del Cacao MUSÉE
(967-631-79-95 ; www.kakaw.org ; 1ro de Marzo 16 ; 30 $M ; 10h-19h lun-sam, 11h-16h dim). Ce musée doublé d'un café en terrasse à l'étage traite de l'histoire du chocolat, de son utilisation chez les Mayas et de son procédé de fabrication. Il expose aussi de la vaisselle et des ustensiles modernes en lien avec le produit. Dégustation gratuite en prime.

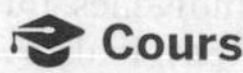

Cours

À San Cristóbal, plusieurs écoles de langue sérieuses dispensent des cours d'espagnol de différents niveaux à des horaires variés. Les tarifs à la semaine incluent généralement 3 heures de cours par jour, 5 jours par semaine, mais il existe des variantes (cours individuels, tarifs à l'heure, logement chez l'habitant...).

La Casa en el Árbol LANGUE
(967-674-52-72 ; www.lacasaenelarbol.org ; Madero 29 ; cours individuel 1/10/20 heures 150/1 350/2 400 $M, hébergement et repas 7 jours 1 700 $M). Dans cette école engagée socialement, on enseigne le tzeltal et le tzotzil. Autres activités et programmes de bénévolat ; cours de cuisine.

Instituto de Lenguas Jovel LANGUE
(967-678-40-69 ; www.institutojovel.com ; Madero 45 ; cours individuel/collectif à partir de 215/140 $US la semaine, hébergement 7 jours à partir de 140 $US). Professionnel et accueillant, cet institut joliment situé jouit d'une bonne réputation auprès des étudiants. Il dispense surtout des cours individuels. Également : cours de culture indienne du Chiapas (110 $US), cuisine mexicaine (26-34 $US), histoire (110 $US) et salsa (6 $US).

Shaktipat Yoga SANTÉ ET BIEN-ÊTRE
(portable 967-1025053 ; shaktipatyoga.com.mx ; Niños Héroes 2 ; séance 65 $M). Cours de yoga vinyasa, ashtanga et hatha dans ce studio situé dans le centre de bien-être de Casa Luz. Tarifs dégressifs pour plusieurs séances.

Circuits organisés

Les agences de San Cristóbal (8h-21h environ) proposent plusieurs types de circuits, souvent avec des guides parlant français, anglais ou italien. Certaines n'assurent toutefois que le transport. Nous indiquons ci-dessous des exemples de prix par personne (sur la base minimale de 4 pers en général) : Chiapa de Corzo et Cañón del Sumidero (à partir de 400 $M, 6-7 heures) ; Lagos de Montebello et cascades El Chiflón (450 $M, 9-10 heures) ; Palenque, Agua Azul et Misol-Ha (550 $M, 14 heures).

LES ZAPATISTES

Le 1er janvier 1994, jour de l'entrée en vigueur de l'Aléna (Accord de libre-échange nord-américain), un groupe de rebelles armés jusqu'alors inconnu, l'Ejército Zapatista de Liberación Nacional (EZLN ou Armée zapatiste de libération nationale), quitte son refuge dans la forêt et occupe San Cristóbal de las Casas et d'autres villes du Chiapas. Tenant un discours antimondialiste et reprenant des slogans de la révolution mexicaine, ce mouvement de gauche affirme vouloir briser la mainmise séculaire d'une minorité de nantis sur la Terre, les ressources et le pouvoir, et améliorer les conditions de vie des Indiens.

L'armée mexicaine rétablit l'ordre en quelques jours, et les insurgés se replient dans la forêt lacandone, d'où ils lancent une guerre de propagande. Le leader charismatique des zapatistes, le Subcomandante Marcos (ancien professeur d'université, de son vrai nom Rafael Guillén), devient dès lors un personnage culte, et des sympathisants affluent du monde entier au quartier général zapatiste de La Realidad. Les paysans zapatistes s'emparent de centaines de fermes et de ranchs du Chiapas.

Bénéficiant du soutien de nombreux intellectuels du monde entier (Régis Debray ou Alain Touraine en France ou encore Noam Chomsky aux États-Unis), les zapatistes obtiennent du gouvernement mexicain la négociation d'accords sur les droits des Indiens et l'autonomie de la région. Mais ces derniers ne seront jamais ratifiés, entraînant dans les années 1990 une escalade des tensions et des massacres au Chiapas. Selon Amnesty International, les groupes paramilitaires responsables de la tuerie d'Acteal en 1997 auraient été armés par les autorités. On estime à 21 000 le nombre de villageois ayant fui leur maison en 1999 à la suite de manœuvres d'intimidation.

Après une campagne médiatique de grande ampleur – La Otra Campaña (l'autre campagne) – lors des élections présidentielles de 2006, l'EZLN est pratiquement resté en sommeil, hormis quelques conférences et mobilisations occasionnelles, et n'a exercé qu'une faible influence politique en dehors des secteurs qu'elle contrôle. Si le mouvement conserve toujours 5 *Juntas de Buen Gobierno* (Comités de bon gouvernement) régionales et de nombreuses communautés autonomes, certains de ses anciens partisans, désabusés, l'ont quitté.

En 2016, les Zapatistes ont présenté un candidat aux élections présidentielles de 2018, rompant ainsi avec vingt ans de rejet du système politique mexicain.

Pour en apprendre davantage sur le sujet, lisez par exemple *La Rébellion zapatiste. Insurrection indienne et résistance planétaire* (Flammarion, 2005), de Jérôme Baschet ou *Chiapas : Insurrection zapatiste au Mexique* (Acte Sud, 2015), de Jérôme Baschet et le sous-commandant Marcos.

Alex & Raúl Tours CIRCUITS CULTURELS
(☎ 967-678-91-41 ; www.alexyraultours.wordpress.com ; 250 $M/pers). Intéressants circuits en minibus (français, anglais ou espagnol). Rendez-vous quotidien devant la cathédrale de San Cristóbal entre 8h45 et 9h30 pour aller à San Juan Chamula et à Zinacantán. Possibilité d'excursions à Tenejapa, San Andrés Larraínzar ou Amatenango del Valle pour 4 personnes minimum.

Jaguar Adventours VÉLO
(☎ 967-631-50-62 ; www.adventours.mx ; Belisario Domínguez 8A ; location vélo 50/250 $M par heure/jour ; ⏲ 9h-14h30 et 15h30-20h lun-sam, 9h-14h30 dim). Excursions à vélo à Chamula et à Zincantán (650 $M), de même que des circuits plus longs, à partir de 450 $M par personne. Location de VTT de qualité avec casque et antivol.

Marcosapata o En Bici Tours VÉLO, RANDONNÉE
(☎ 967-141-72-16 ; marcosapata1.wordpress.com). Des randonnées pédestres à la carte (250 $M) et cyclotouristiques englobant San Lorenzo Zinacantán, San Juan Chamula, Rancho Nuevo ou le Cañon del Sumidero. Les circuits coûtent entre 440 et 700 $M. Français parlé. Demandez Marco Antonio Morales à la boutique de vêtements située au n°18 d'Utrilla.

Petra Vertical AVENTURE
(☎ 967-631-51-73 ; www.petravertical.com ; Isabel La Católica 9B). Escalade, descente en

rappel et rafting sur des sites de la région tels que la Sima de las Cotorras, El Aguacero, le Cañon de la Venta et le réseau de cascades et de grottes de Chorreadero, près de Chiapa de Corzo. Également organisées : des excursions à pied de San Cristóbal jusqu'à El Arcotete et la réserve Huitepec.

Nichim Tours AVENTURE
(☎967-631-63-40 ; www.nichimtours.com.mx ; Hermanos Domínguez 15). Toutes les prestations d'une agence de voyages, dont des circuits aventure dans la Selva El Ocote, ainsi que des excursions d'une journée aux mines et ateliers d'ambre ou sur les marchés indiens. Guides polyglottes.

Natutours PLEIN AIR, ÉCOTOURISME
(☎967-674-63-52 ; www.natutours.com.mx ; Civente Guerrero 20 ; ⏲9h-16h lun-sam). Ce spécialiste de l'écotourisme propose escalade d'arbres, treks dans la jungle et circuits culturels. Il organise par ailleurs des ateliers pour la promotion du recyclage et l'utilisation durable des ressources de la région.

Tienda de Experiencias CIRCUITS, EXCURSIONS EN BUS
(☎800-841-66-09 ; www.facebook.com/TiendadeExperiencias ; Real de Guadalupe 40A). Pour visiter en petits groupes des coopératives d'artisans, faire des sorties de plongée/snuba dans des *cenotes*, entre autres expériences variées. Le bus Jungle Connection, d'où l'on peut monter et descendre à sa guise, fait le tour de la forêt lacandone.

SendaSur ÉCOTOURISME
(☎967-678-39-09 ; www.sendasur.com.mx ; Calle 5 de Febrero 29 ; ⏲9h-14h et 16h-19h lun-ven, 9h-12h sam). Réseau d'écotourisme basé sur le partenariat au Chiapas, SendaSur vous assiste dans l'organisation de séjours indépendants et la réservation d'excursions dans les forêts lacandone et El Ocote.

Explora AVENTURE
(☎967-631-74-98 ; www.ecochiapas.com ; Calle 1 de Marzo 30 ; ⏲9h30-14h et 16h-20h lun-ven, 9h30-14h sam). Séjours aventure dans la forêt lacandone avec kayak et rafting.

Trotamundos CIRCUITS
(☎967-678-70-21 ; www.facebook.com/trotamundosagencia ; Real de Guadalupe 26C). Transports dans la région, transferts depuis/vers l'aéroport de Tuxtla et excursion à la Laguna Miramar.

Fêtes et festivals

Semana Santa FÊTE RELIGIEUSE
Le Vendredi saint a lieu une reconstitution de la Crucifixion dans le Barrio de Mexicanos, au nord-ouest de la ville.

Feria de la Primavera y de la Paz TRADITIONS
Le dimanche de Pâques marque le début de la fête du Printemps et de la Paix qui dure une semaine (défilés, concerts, corridas...).

Festival Cervantino Barroco ARTS
(Festival Cervantes ; ⏲oct/nov). Une semaine d'événements culturels gratuits sur le thème de l'art baroque (musique, danse, théâtre...).

Festival Internacional Cervantino Barroco ARTS
(www.conecultachiapas.gob.mx ; ⏲fin oct). GRATUIT Une semaine d'événements culturels gratuits (musique, danse, théâtre).

Où se loger

L'offre hôtelière bon marché est large à San Cristóbal, mais il existe aussi nombre de charmants établissements de catégorie moyenne, souvent installés dans des demeures d'époque coloniale ou du XIXe siècle. On trouve également quelques hôtels de luxe. La Semana Santa et la semaine qui suit, les mois de juillet-août, le Día de Muertos et les vacances de Noël et du jour de l'An constituent la haute saison. Hors saison, la plupart des prix chutent d'environ 20% par rapport aux prix indiqués ici.

Real de Guadalupe

Le Gite del Sol HÔTEL $
(☎967-631-60-12 ; www.legitedelsol.com ; Madero 82 ; s/d 250/320 $M, d sans sdb 220 $M ; @📶). Des chambres basiques au sol jaune tournesol dotées d'une minuscule salle de bains et d'autres, agréables, avec salle de bains commune dans une nouvelle aile de l'autre côté de la rue. Petit-déjeuner généreux et cuisine à disposition. Français et anglais parlés.

Hostal Rincón de los Camellos AUBERGE DE JEUNESSE $
(☎967-116-00-97 ; www.loscamellos.over-blog.com ; Real de Guadalupe 110 ; dort 100 $M, s/d/qua sans sdb 200/280/400 $M ; 🚭📶). Un petit point de chute propre et tranquille, tenu par un accueillant duo franco-mexicain. Les chambres peintes de couleurs vives

s'organisent autour de deux patios et un jardinet planté d'herbe s'étend derrière. Une kitchenette fournit gratuitement eau potable et café.

Casa Margarita HÔTEL $$
(☎967-678-09-57 ; www.hotelcasamargarita.mx ; Real de Guadalupe 34 ; d avec petit-déj à partir de 920 $M ; P ⊖ ᯤ). Une adresse bien gérée, appréciée des voyageurs pour ses chambres nickel, quoique plutôt sombres, et sa situation centrale.

Ouest de la Plaza 31 de Marzo

♥ **Puerta Vieja Hostel** AUBERGE DE JEUNESSE $
(☎967-631-43-35 ; www.puertaviejahostel.com ; Mazariegos 23 ; dort avec petit-déj 140 $M, ch avec/sans sdb 390/320 $M ; ⊖ ᯤ). Cette auberge spacieuse et moderne, dans un bâtiment colonial haut de plafond, bénéficie d'un grand jardin avec des hamacs (accueillant des concerts à l'occasion), d'une cour intérieure abritée, d'une cuisine et d'un *temascal* (bain de vapeur préhispanique). Les dortoirs (dont un réservé aux femmes) sont de bonne taille et ceux du toit-terrasse ont une vue splendide. Les chambres individuelles disposent d'un grand lit double et de deux lits superposés.

Hostal Akumal AUBERGE DE JEUNESSE $
(☎portable 967-1161120 ; Calle 16 de Septiembre 33 ; dort/d avec petit-déj 130/400 $M ; ᯤ). Les sympathiques propriétaires résidant sur place et le copieux petit-déjeuner, renouvelé tous les jours, constituent les points forts de cette adresse centrale. Un feu de cheminée crépite dans le salon les soirs frisquets et la cour invite à la détente. Chambres et dortoirs corrects, sans plus.

Hotel Posada El Paraíso HÔTEL $$
(☎967-678-00-85 ; Calle 5 de Febrero 19 ; s/d 755/900 $M ; ⊖ ᯤ). Ce bel hôtel de style colonial possède un patio ocre et bleu vif aux piliers en bois et un superbe espace détente dans le jardin luxuriant. Les chambres sont assez petites, mais claires et hautes de plafond. Plusieurs disposent d'une mezzanine avec lit supplémentaire. Le restaurant de l'hôtel, L'Eden, est excellent.

♥ **Casa de Alma** BOUTIQUE-HÔTEL $$$
(☎967-674-77-84 ; Av 16 de Septiembre 24 ; ste avec petit-déj à partir de 3 215 $M ; P ⊖ ᯤ). Un hôtel-spa hypercentral qui a tout pour éblouir. Entre charme colonial et confort moderne, les chambres agrémentées de grandes peintures murales et de têtes de lits originales d'inspiration maya comportent de splendides salles de bains et des terrasses ou balcons privatifs avec vue sur les toits de tuiles. Parmi les espaces communs figurent une élégante réception et un bon restaurant dans une cour couverte remplie de plantes. Service de premier ordre. Parking sûr en sous-sol.

Hotel b¨o BOUTIQUE-HÔTEL $$$
(☎967-678-15-15 ; www.hotelbo.mx ; Av 5 de Mayo 38 ; ch à partir de 4 390 $M ; P ⊖ @ ᯤ). San Crístobal rencontre Miami Beach dans ce boutique-hôtel au design ultramoderne et tendance, qui rompt avec l'architecture coloniale traditionnelle. Les chambres et suites de vastes dimensions, avec leur belle salle de bains carrelée, brillent par leur élégance. Le jardin fleuri s'agrémente de jolis bassins. Un peu trop cher toutefois comparé à la concurrence.

Las Escaleras BOUTIQUE-HÔTEL $$$
(☎967-678-81-81 ; www.lasescalerashotel.com ; Isauro Rossette 4 ; ch à partir de 3 000 $M ; ᯤ). Il faut certes des mollets musclés pour gravir le long escalier qui conduit au sommet de la colline, mais cet hôtel raffiné plein de cachet remporte la palme du style.

Sud de la Plaza 31 de Marzo

Parador Margarita HÔTEL $
(☎967-116-01-64 ; www.hotelparadormargarita.mx ; JF Flores 39 ; s/d/tr avec petit-déj 650/785/1 230 $M ; P ᯤ). Cet établissement de 3 étages renferme des chambres de taille moyenne comportant des radiateurs, un lit *king size* ou deux lits en 160 de large et, parfois, une cheminée, des vitraux et des lucarnes dans les salles de bains. Agréable terrasse à l'arrière, donnant sur une grande pelouse.

Docecuartos HÔTEL $$
(☎967-678-10-53 ; www.docecuartos.com ; Benito Juárez 1 ; ch à partir de 912 $M ; ᯤ). Il n'y a ici que 12 chambres, disposées autour d'une cour ravissante, ce qui ajoute au cadre intimiste. Vous y trouverez une atmosphère coloniale, des couleurs indiennes et des équipements modernes. La situation en plein centre est la cerise sur le gâteau.

Nuik B&B B&B $$
(☎967-631-71-54 ; nuikbb.com ; Madero 69 ; ch avec petit-déj à partir de 1 000 $M ; ⊖ ᯤ). Toujours souriante et d'humeur à discuter,

la pétillante Claudia est l'âme de ce B&B de 6 chambres au cachet authentique, décoré d'artisanat indien et de touches bohèmes.

♥ **La Joya Hotel** B&B $$$
(☎ 967-631-48-32 ; www.lajoyahotelsancristobal.com ; Madero 43A ; ch avec petit-déj 170-220 $US ; P ⊖ @ ᯤ). Ces 5 chambres tout droit sorties des pages d'un magazine de décoration sont un régal pour les yeux, avec de superbes éléments en bois, des salles de bains immenses, des objets anciens et un coin cheminée (mais aussi des radiateurs !). Vue sur les collines depuis le toit-terrasse. Le service attentif inclut des en-cas l'après-midi, une infusion à l'heure du coucher et un dîner léger préparé spécialement pour les clients qui arrivent tard. Réservation indispensable et séjour de 2 nuits minimum.

Casa Santa Lucía BOUTIQUE-HÔTEL $$$
(☎ 967-631-55-45 ; www.hotelcasasantalucia.mx ; Av Josefa Ortíz de Domínguez 13 ; ch 1 600-2 000 $M, ste 2 500-3 000 $M ; P ⊖ ᯤ). Ce discret boutique-hôtel est l'œuvre d'un artiste. Des lampes marocaines pendent des plafonds aux poutres apparentes, des géraniums ajoutent une touche de rose et des crânes de la fête des Morts sourient dans les recoins. Outre des chambres décorées de textiles indiens et de vieux meubles en bois sculpté, les hôtes profitent d'un accueil chaleureux et d'un délicieux petit-déjeuner. Sans oublier le service de blanchisserie gratuit et les petits gâteaux offerts.

Nord de la Plaza 31 de Marzo

Rossco Backpackers AUBERGE DE JEUNESSE $
(☎ 967-674-05-25 ; www.backpackershostel.com.mx ; Real de Mexicanos 16 ; dort à partir de 110 $M, d avec/sans sdb 530/400 $M ; P ⊖ @ ᯤ). Accueillante, conviviale et bien tenue, une auberge aux dortoirs agréables (dont un réservé aux femmes), plus des chambres à l'étage éclairées par de jolies lucarnes. Cuisine, jardin et salle de projection ne gâtent rien. Ceux qui arrivent à vélo ou à moto bénéficient d'une nuitée gratuite.

Hotel Posada Jovel HÔTEL $$
(☎ 967-678-17-34 ; www.hoteljovel.com ; Paniagua 28 ; s/d à partir de 650/850 $M ; P ❄ ᯤ). Récemment rénové, cet hôtel de style colonial constitue désormais l'une des meilleures affaires en ville. Les chambres lumineuses et colorées affichent un caractère très mexicain. On peut prendre le petit-déjeuner dans un jardin enjolivé de fleurs tropicales et de fontaines.

Na Bolom HÔTEL $$
(☎ 967-678-14-18 ; www.nabolom.org ; Guerrero 33 ; ch avec petit-déj à partir de 1 110 $M ; P ⊖ ᯤ). Sans être nécessairement luxueuses, les 16 chambres aménagées dans ce célèbre musée-institut (p. 389), à environ 1 km de la grand-place, ne manquent pas de cachet. Toutes, à l'exception de deux, ont une cheminée. Les repas se prennent dans la majestueuse salle à manger de la demeure et l'on peut visiter le musée gratuitement.

Guayaba Inn HÔTEL $$$
(☎ 967-674-76-99 ; www.guayabainn.com ; Comitán 55 ; ch avec petit-déj à partir de 2 200 $M ; ᯤ). Dans ce superbe hôtel de charme évoquant une vieille auberge rustique, le souci du détail artistique se manifeste partout, des paisibles espaces verts aux chambres claires et spacieuses. Décorées avec raffinement, ces dernières ont toutes une cheminée, une grande baignoire séparée de la douche et un minibar. Sauna et massages.

Bela's B&B B&B $$$
(☎ 967-678-92-92 ; www.belasbandb.com ; Dr Navarro 2 ; s 40-80 $US, d 60-95 $US, avec petit-déj ; P ⊖ ᯤ 🐾). Oasis en plein centre-ville, ce B&B tenu par des Américains a de quoi séduire avec son jardin luxuriant, ses couvertures chauffantes, ses sèche-serviettes et ses massages prodigués sur place. Ses 5 chambres confortables habillées de tissus traditionnels régionaux bénéficient, pour certaines, d'une belle vue sur les montagnes. Trois nuits minimum. Les propriétaires possèdent 4 chiens.

Hotel Diego de Mazariegos HÔTEL $$$
(☎ 967-678-08-33 ; www.diegodemazariegos.com ; Calle 5 de Febrero 1 ; ch 1 600 $M, ste 1 900-2 500 $M ; P ᯤ). Cet hôtel occupe de longue date deux demeures du XVIIIe siècle bâties autour de vastes et belles cours. Les 76 chambres au confort moderne (TV câblée) sont spacieuses et décorées de tissus traditionnels. Certaines possèdent des cheminées, et les suites une baignoire balnéo.

Où se restaurer

San Cristóbal est *la* ville gastronomique du Chiapas. On y déguste des plats du monde entier, et les végétariens ne sont pas oubliés. *¡Provecho!* (Bon appétit !)

Quartier Real de Guadalupe

Dans le centre, on peut s'approvisionner au **Super Más** (Real de Guadalupe 22 ; 8h-22h) et auprès des marchands de fruits et légumes de la rue Dugelay, là où se termine la zone piétonne de Real de Guadalupe.

TierrAdentro MEXICAIN $
(967-674-67-66 ; Real de Guadalupe 24 ; menus 55-130 $M ; 8h-23h ;). On vient ici pour parler politique, prendre un café ou, comme les habitants, s'installer devant son ordinateur portable. Ce vaste café-restaurant-pizzeria aménagé dans un patio est un lieu douillet tenu par des zapatistes, qui organisent régulièrement des événements culturels et des conférences.

Arez MOYEN-ORIENTAL $
(967-678-63-08 ; Real de Guadalupe 29 ; wraps 25-45 $M, plats 60-100 $M ; 12h-23h). L'endroit où manger du *shawarma* de mouton et autres savoureuses spécialités moyen-orientales sur fond de peintures représentant la côte libanaise. Mention spéciale pour l'assortiment de grillades Arez (bœuf, poulet, oignons et poivrons).

La Lupe MEXICAIN $$
(967-678-12-22 ; Real de Guadalupe 23 ; plats 70-120 $M, petit-déj 83 $M ; 7h-minuit). Très populaire, ce café au décor rustique prépare de bons et authentiques plats campagnards, copieusement servis dans des pots en terre cuite ou sur des planches. Il est réputé au petit-déjeuner pour ses *huevos mexicanos* (œufs à la tomate relevés) roboratifs et ses jus de fruits.

Pizzería El Punto PIZZAS $$
(921-110-31-63 ; Real de Guadalupe 47 ; pizzas 100-160 $M ; 12h-23h30 ;). Les pizzas craquantes de l'enseigne centrale de cette excellente pizzeria sont les meilleures de la ville. La salle avec bar et décor rouge et noir s'ouvre sur un charmant balcon donnant sur Real de Guadalupe.

Crustaceos POISSON, FRUITS DE MER $$
(967-116-05-24 ; Madero 22 ; plats 100-150 $M ; 12h-19h ;). Poissons et fruits de mer sont vraiment savoureux, tels les classiques ceviche et crevettes à l'ail. Très décontractée, l'atmosphère peut devenir un peu chahuteuse, surtout quand s'applique la formule "deux bières pour le prix d'une".

Ouest de la Plaza 31 de Marzo

Namandí Café & Crepas CRÊPERIE, CAFÉ $
(967-678-80-54 ; Mazariegos 16C ; crêpes 71-99 $M ; 8h-23h lun-sam, 8h30-22h30 dim ;). Surtout connu pour ses crêpes – goûtez en particulier la *crepa azteca* (poulet, maïs et poivrons arrosés de *salsa poblana*) –, ce grand établissement moderne au personnel élégant propose aussi des sandwichs à la baguette, des pâtes et du bon café. Les bambins adorent l'espace de jeu vitré et sont gardés gratuitement pendant que leurs parents se restaurent (le baby-sitting payant est possible).

♥ **Restaurante LUM** MEXICAIN $$
(967-678-15-15 ; Hotel b¨o, Av 5 de Mayo 38 ; plats 150-250 $M ; 7h-23h). Dans le premier hôtel design de San Cristóbal, ce restaurant sélect partiellement en plein air prépare des spécialités du Chiapas, du Veracruz et du Yucatán teintées d'influences du monde entier. Les luminaires conçus sur mesure, les bassins réfléchissants et les murs en bois empilé de façon géométrique dessinent un cadre contemporain très tendance. Nous avons succombé aux plaisirs du poulpe et du bœuf aux lentilles.

El Eden MEXICAIN, INTERNATIONAL $$
(967-678-00-85 ; Hotel El Paraíso, Calle 5 de Febrero 19 ; plats 85-180 $M ; 7h-23h ;). Dans ce restaurant lumineux et coloré à la carte mexicano-européenne, on vous servira une authentique fondue suisse comme une *sopa azteca* (tortilla, piment, oignon, poulet émincé, fromage frais, citron vert, avocat et coriandre) ou de délicieux plats de viande, à savourer au coin du feu ou dans la cour verdoyante. Longue carte des vins.

Sud de la Plaza 31 de Marzo

Te Quiero Verde VÉGÉTARIEN $
(Niños Heroes 4 ; plats à partir de 60 $M ; 12h-21h mer-lun ;). Les soupes et les salades ne sont pas mal, mais le burger et les frites maison séduisent même les plus sceptiques. Très bon burger végétarien.

La Tertulia San Cris CAFÉ $
(967-116-11-45 ; Cuathémoc 2 ; plats 40-80 $M ; 8h-23h mar-dim, 8h-17h lun). Un petit café au cadre bobo où les super petits-déjeuners, les salades appétissantes et les pizzas correctes se démarquent par leur présentation très colorée. Une échoppe sur place vend produits locaux et souvenirs.

El Caldero MEXICAIN $
(☎967-116-01-21 ; Av Insurgentes 5 ; soupes à partir de 68 $M ; ⏲11h-22h). Ce petit établissement convivial, parfait les jours de fraîcheur, a pour spécialité des soupes mexicaines aussi délicieuses que nourrissantes telles que *pozole* (bouillon au porc et au maïs blanc), *sopa de mondongo* (aux tripes) ou *caldo* (bouillon), accompagnées de tranches d'avocat, de tortillas et de diverses sauces. Il y a même une option végétarienne.

♥ **Santo Nahual** FUSION $$
(☎967-678-15-47 ; www.santonahual.com ; Hidalgo 3 ; plats 130-240 $M ; ⏲9h-minuit ; wi-fi). Ce nouveau venu impressionne d'emblée par sa formidable cour à verrière dont le décor combine bois vieilli, pierres apparentes, végétation exubérante et piano fluo. Quand à sa cuisine mexicaine fusion, elle vous surprendra aussi par sa créativité. Goûtez la coquille Saint-Jacques à la tomate et au pesto ou le poulet thaïlandais, suivi d'une pavlova aux fruits des bois.

Sensaciones de Chiapas MEXICAIN $$
(☎967-674-55-06 ; Plaza 31 de Marzo 10A ; plats 80-130 $M ; ⏲8h-minuit). Le restaurant de l'Hotel Ciudad Real sert une cuisine du Chiapas authentique : soupe de *chipilín*, *quesadilla de cochinita*, plats au *mole* et cuisses de poulet farcies de fromage et de jambon, spécialité de la maison. Un groupe de marimba anime le repas à l'occasion.

Nord de la Plaza 31 de Marzo

♥ **No Name Quesadillas** MEXICAIN $
(Paniagua 49B ; quesadillas 40 $M ; ⏲8h-23h jeu-mar ; végétarien). Une adresse sans enseigne dotée d'une cour romantique, où un gentil couple vend des quesadillas et des *atoles* (boisson chaude sucrée à base de maïs). La carte varie au fil de la semaine : végétarienne du dimanche au mardi, poisson ou fruits de mer le jeudi, viande le vendredi et diverses spécialités le samedi, avec toujours au moins 6 variations disponibles.

Arrivez tôt avant la rupture du stock et goûtez aux champignons sauvages, aux *escamoles* (larves de fourmis) croustillantes (en saison), aux fleurs de courge ou au chorizo épicé.

Falafel FALAFELS $
(MA Flores 4 ; plats 45-90 $M ; ⏲13h-21h lun-sam ; végétarien). Des falafels dignes du Moyen-Orient, servis dans un pain plat tout juste sorti du four et avec une assiette de houmous crémeux, vous attendent dans ce petit endroit gai, orné d'une peinture murale représentant un soleil moustachu. Bourses aux livres, notamment en hébreu.

La Salsa Verde TACOS $$
(☎967-678-72-80 ; Av 20 de Noviembre 7 ; 5 tacos 60-120 $M ; ⏲8h-23h30 ; wi-fi). Cette institution du *taco* (plus de 30 ans d'activité) vit au son du crépitement de la viande sur le gril en plein air et de la TV à fort volume. Familles et fêtards s'attablent dans les deux grandes et bruyantes salles à manger.

Trattoria Italiana ITALIEN $$
(☎967-678-58-95 ; Dr Navarro 10 ; plats 135-180 $M ; ⏲13h30-22h mer-lun). Dans un bâtiment colonial pastel complété par quelques tables sous les arbres, ce restaurant italien tenu par une mère et sa fille a un petit air de Toscane. La maison a comme marque de fabrique les raviolis : bar-aubergine, fromage-noix-roquette, lapin-romarin-olives, etc. Parmi les sauces, succulentes, l'association mangue, *chipotle* et gorgonzola sort du lot.

Où prendre un verre et faire la fête

L'arôme du café des hauts plateaux embaume les rues de San Cristóbal, et vous n'aurez aucun mal à trouver du bon café.

Cocoliche BAR À COCKTAILS
(☎967-631-46-21 ; Colón 3 ; plats 75-120 $M ; ⏲13h-minuit ; wi-fi). Ce restaurant bohème à tendance asiatique devient le soir un lieu de rencontre entre amis autour de *licuados* (smoothies) alcoolisés. Les lanternes chinoises dépareillées et le mur d'affiches colorées plantent le décor. Quand il fait frisquet, frayez-vous un chemin jusqu'aux canapés près de la cheminée. Soirées *latin jazz* et salsa et, parfois, théâtre à 21h.

Café La Selva CAFÉ
(www.cafelaselva.com ; Crescencio Rosas 9 ; café 15-25 $M ; ⏲8h30-23h ; wi-fi). L'un des premiers cafés de San Cristóbal et toujours le meilleur, dans une jolie bâtisse ancienne arborant des peintures murales aux couleurs éclatantes. Les clients ont le choix entre 10 variétés, torréfiées sur place, dont les arômes embaument l'air.

Panóptico BAR
(Real de Guadalupe 63A ; ⏲12h-minuit). Une petite adresse plus locale que la plupart des

bars du centre-ville, où siroter une bonne sélection de bières artisanales et un mojito très réussi en grignotant des tapas. Jeux de plateaux à disposition.

Mezcalería

Gusana Grela MEZCALERÍA

(MA Flores 2 ; ⏲19h-3h lun-sam). Ce petit local dispose de quelques tables où l'on peut goûter 12 mezcals artisanaux (40-60 $M) de Oaxaca, dont beaucoup composés de fruits macérés.

La Viña de Bacco BAR À VINS

(☎967-119-19-85 ; Real de Guadalupe 7 ; ⏲14h-minuit lun-sam). La clientèle du premier bar à vins de San Cristóbal bavarde jusque dans la rue, une section piétonne de l'artère principale. Ce lieu convivial dispose d'un large choix de vins mexicains, à partir de 20 $M le verre. Un en-cas est offert pour chaque verre commandé.

Latino's CLUB

(☎967-678-99-27 ; Madero 23 ; ven-sam 50 $M ; ⏲20h-3h lun-sam). Ce restaurant coloré est le rendez-vous des *salseros* de San Cristóbal. Orchestre de salsa, merengue, *cumbia* et *bachata* à partir de 23h du jeudi au samedi.

☆ Où sortir

La plupart des salles de concert sont en accès libre. Les discothèques sont généralement non-fumeurs.

San Cristóbal est un bon endroit pour découvrir le cinéma mexicain et latino-américain, les documentaires politiques et les films d'art et d'essai. À l'ouest du centre-ville, le multiplexe **Cinépolis** (www.cinepolis.com ; billets 60 $M) programme des avant-premières.

♥ Cafe Bar Revolución CONCERTS

(☎967-678-66-64 ; www.facebook.com/elrevomx/?rf=188216234571717 ; Calle 1 de Marzo 11 ; ⏲11h-3h). Concerts tous les jours entre 21h et 23h et bande-son éclectique : salsa, rock, blues, jazz et reggae. On peut se lancer sur la piste de danse au rez-de-chaussée ou commander un cocktail et bavarder au calme dans le *tapanco* (salle mansardée) à l'étage.

El Paliacate CENTRE ARTISTIQUE

(☎967-125-37-39 ; Av 5 de Mayo 20 ; ⏲18h-23h mar-sam). Un espace culturel alternatif doublé d'un petit restaurant et d'un bar où l'on peut consommer vin, bière et mezcal artisanal. La scène principale accueille des concerts, notamment des groupes de rock tzotzile, de *son jarocho* (musique folklorique) et de musique expérimentale. On peut aussi y voir à l'occasion des films documentaires et des représentations théâtrales. Parking à vélos intérieur et coins détente à l'étage.

HORS DES SENTIERS BATTUS

AMATENANGO DEL VALLE

Les femmes de ce village tzeltale situé à 37 km au sud-est de San Cristóbal sont des potières réputées. La poterie d'Amatenango est encore cuite suivant la méthode précolombienne consistant à entretenir un feu de bois autour des pièces plutôt que de les mettre dans un four. Les enfants du village fabriquent pour les touristes des *animalitos* (petites poteries figurant des animaux) bon marché, mais fragiles. De San Cristóbal, prenez un bus ou un *combi* à destination de Comitán.

Cinema El Puente CINÉMA

(☎967-678-37-23 ; Centro Cultural El Puente, Real de Guadalupe 55 ; billets 30 $M ; ⏲lun-sam). Séances à 18h et à 20h.

Kinoki CINÉMA

(☎967-678-50-46 ; forokinoki.blogspot.com ; Belisario Domínguez 5A ; billets 30 $M ; ⏲12h30-minuit ; 📶). Cette galerie d'art et salon de thé dotée d'un bel espace avec terrasse projette chaque jour des films à 18h30 et à 20h30. Des salles sont disponibles pour des projections privées (plus de 3 500 titres).

🛍 Achats

La majorité des boutiques d'artisanat de qualité sont regroupées le long de Real de Guadalupe et à l'Andador Turístico, mais vous trouverez aussi une belle variété d'articles à des prix abordables sur les marchés d'artisanat qui se tiennent tous les jours aux environs des églises de Santo Domingo et de La Caridad. Outre divers textiles, l'ambre, autre spécialité artisanale de la région, est en vente dans de nombreuses boutiques. Attention aux imitations en plastique : l'ambre véritable n'est jamais froid ni lourd, il doit dégager de l'électricité statique et une odeur de résine lorsqu'on le frotte.

Poshería BOISSONS
(Real de Guadalupe 46A ; 10h-21h). On trouve ici des bouteilles de *pox* (prononcé "poch", un alcool de canne à sucre) au miel, au chocolat ou aux fruits comme le *nanche* (petit fruit rond et jaune). Cette liqueur n'est pas une boisson très courante : il faut débourser 50 à 200 $M pour une bouteille à 14°.

Sna Jolobil ART ET ARTISANAT
(967-678-26-46 ; www.facebook.com/SnaJolobil ; Calz Lázaro Cárdenas s/n ; 9h-14h et 16h-19h lun-sam). À côté du Templo de Santo Domingo, Sna Jolobil ("la maison de la tisseuse" en tzotzil) expose quelques-uns des plus beaux *huipiles* (longues tuniques sans manches), corsages, jupes, tapis et autres articles tissés. Le prix peut aller de quelques dollars pour un petit souvenir, à plusieurs milliers pour les *huipiles* les plus remarquables, fruit de plusieurs mois de travail.

Cette coopérative de 800 tisserandes originaires des hauts plateaux du Chiapas est née dans les années 1970 pour perpétuer le métier à bras fréquemment utilisé dans l'art indien. Beaucoup de techniques et de styles en voie de disparition ont ainsi été réhabilités.

Abuelita Books LIVRES
(Colón 2 ; 12h-20h30 jeu-lun ;). Un endroit fort agréable pour bouquiner devant des brownies maison et un café ou un thé fumant. Excellente sélection de livres neufs et d'occasion en diverses langues. Projections gratuites de films anglophones le jeudi soir.

Magasins de fruits et légumes ALIMENTATION
(Santiago ; 8h-20h). Vous pourrez acheter ici de quoi pique-niquer.

Taller Leñateros ART ET ARTISANAT
(967-678-51-74 ; www.tallerlenateros.com ; Paniagua 54 ; 9h-17h lun-ven, 9h-14h sam). Collectif d'artistes mayas, cet "Atelier de bûcherons" fabrique de beaux livres, affiches et estampes à partir de papier fait main et mélangé à des plantes de la région. Les motifs s'inspirent de l'art traditionnel. On peut observer les artistes à l'œuvre.

Lágrimas de la Selva BIJOUX
(Plaza 31 de Marzo ; 10h-21h lun-sam, 12h-21h dim). Une charmante bijouterie où l'on voit les orfèvres façonner l'ambre.

El Camino de los Altos TISSAGE
(www.facebook.com/elcaminodelosaltosAC ; Av Insurgentes 19 ; 12h-22h mer-lun). L'association de créateurs français et de 130 tisserandes mayas est à l'origine de superbes tissus d'ameublement et autres.

J'pas Joloviletik TISSAGE
(Utrilla 43 ; 9h-14h et 16h-19h lun-ven). Cette coopérative en activité depuis 30 ans, dont le nom signifie "celles qui tissent" en tzotzil, est composée de près de 200 femmes issues de 12 communautés. Leur grande boutique à l'est du Templo de Santo Domingo suit des horaires très fluctuants et ouvre parfois le week-end.

Meltzanel VÊTEMENTS
(Diego de Mazariegos 8 ; 9h-14h et 16h-20h lun-ven, 10h-20h sam). Des modèles actuels inspirés de vêtements mayas traditionnels.

Nemi Zapata ART ET ARTISANAT
(www.nemizapata.com ; MA Flores 57 ; 9h-19h lun-ven, 9h30-15h30 sam). Cette boutique de commerce équitable commercialise la production de communautés zapatistes : tissus, broderies, café, miel, cartes de l'Ejército Zapatista de Libéracion Nacional (EZLN, Armée zapatiste de libération nationale), affiches et livres.

Renseignements

La plupart des banques vous demanderont votre passeport pour changer de l'argent, ce qui n'est possible que du lundi au vendredi. Des DAB sont disponibles à la gare routière OCC et au sud de la Plaza 31 de Marzo.

Banamex (Av Insurgentes, entre Niños Héroes et Cuauhtémoc ; 9h-16h lun-sam). Change les devises et possède un DAB.

Banco Azteca (Plaza 31 de Marzo ; 9h-20h). Au fond du magasin d'ameublement Elektra. Change les devises.

Dr Luis José Sevilla (967-678-16-26, portable 967-1061028 ; Calle del Sol 12 ; 6h-22h). Parle anglais et italien et se déplace à domicile. Il exerce à l'ouest du centre, près du *periférico*.

Hospital de la Mujer (967-678-38-34 ; Av Insurgentes 24 ; 24h/24). Hôpital généraliste doté d'un service d'urgences.

Lacantún Money Exchange (Real de Guadalupe 12A ; 9h-21h lun-sam, 9h-14h et 16h-19h dim). Ouvert en dehors des horaires habituels des banques, mais pratique des taux élevés.

Poste principale (Allende 3 ; 8h-16h lun-ven, 8h-14h sam)

La ville compte deux offices du tourisme au personnel compétent.

Office du tourisme dans le Centro Cultural Carmen (Av Hidalgo 15 ; ⌚9h-20h)

Office du tourisme du théâtre Zebadua (☎967-678-06-65 ; Calle 1 de Marzo 11 ; ⌚9h-20h). Le personnel (anglophone) renseigne bien sur la région.

ℹ Depuis/vers San Cristóbal de las Casas

Une autoroute à péage (56 $M pour les voitures) permet de gagner rapidement San Cristóbal depuis Chiapa de Corzo ; suivez les panneaux marqués "*cuota*" (péage).

Lors de notre venue, les bus ne desservaient pas Palenque via Ocosingo pour des raisons de sécurité. La plupart faisaient plutôt un long détour par Villahermosa. Si vous prenez le premier itinéraire, voyagez de jour et mettez vos objets de valeur dans le coffre car des braquages se produisent parfois.

AVION

Aucun vol commercial régulier ne dessert l'aéroport de San Cristóbal. Le principal aéroport reste celui de Tuxtla Gutiérrez (Aeropuerto Ángel Albino Corzo). Dix minibus OCC (242 $M) font chaque jour l'aller-retour direct entre ce dernier et la gare routière (Terminal) principale de San Cristóbal. Consultez les horaires sur www.ado.com.mx et pensez à réserver en direction de l'aéroport.

Plusieurs agences de voyages proposent un service de navette jusqu'à l'aéroport de Tuxtla (280-300 $M/pers). Un taxi depuis l'aéroport coûte au moins 600 $M.

BUS ET COLECTIVO

La Panaméricaine (Pan-American ou route 190, Blvd Juan Sabines, "El Bulevar") traverse tout le sud de la ville, et c'est là, ou à proximité, que la plupart des compagnies de transport ont leur siège. De la gare routière OCC, il faut remonter Insurgentes vers le nord sur 6 pâtés de maisons pour atteindre la place centrale, Plaza 31 de Marzo.

La principale **gare routière OCC** (Terminal ; ☎967-678-02-91 ; angle Panaméricaine et Insurgentes) pour les bus 1re classe est aussi utilisée par les bus 1re classe et deluxe des compagnies ADO et UNO, ainsi que par quelques bus 2e classe. Billets en vente sur place et auprès de **Ticketbus** (☎967-678-85-03 ; Real de Guadalupe 16 ; ⌚7h30-22h) en centre-ville. Les bus AEXA et les minibus Ómnibus de Chiapas font gare commune de l'autre côté de la rue par rapport à la gare routière OCC.

Tous les minibus *colectivos* et les taxis ont des dépôts sur la Panaméricaine, à environ un pâté de maisons de la gare routière OCC. Ils circulent d'ordinaire de 5h à 21h et partent lorsqu'ils sont pleins, notamment pour Comitán, Tuxtla Gutiérrez et Ocosingo. Les *combis* à destination de Zinacantán et San Juan Chamula (Utrilla) démarrent plus au nord (Honduras). Des taxis *colectivos* vers Tuxtla, Comitán et Ocosingo partent 24h/24 ; si vous ne voulez pas attendre qu'ils se remplissent, vous devrez payer pour les sièges vides.

Pour Tuxtla Gutiérrez, les confortables minibus "sprinters" d'Ómnibus de Chiapas (50 $M, toutes les 10 min) constituent la meilleure option.

BUS AU DÉPART DE SAN CRISTÓBAL DE LAS CASAS

DESTINATION	TARIF ($M)	DURÉE (H)	FRÉQUENCE
Aéroport de Tuxtla Gutiérrez (Ángel Albino Corzo)	242	1½	10/jour
Campeche	630	10	2 OCC/jour
Cancún	1 362-1 422	18-19	3 OCC/jour, 1 AEXA
Ciudad Cuauhtémoc (frontière avec le Guatemala)	156	3¼	3/jour
Comitán	78-90	1¾	OCC et *colectivos* fréquents
Mérida	934	12¾	18h20
Mexico (TAPO et Norte)	1 390-1 684	13-14	10/jour
Oaxaca	428-672	11-12	4/jour
Palenque	306	5	fréquents
Pochutla	672	11-12	2/jour
Puerto Escondido	740	12½-13	2/jour
Tuxtla Gutiérrez	62	1-1¼	OCC fréquents, 4 AEXA/jour
Villahermosa	466	5½-7	5/jour

VAUT LE DÉTOUR

GRUTAS DE SAN CRISTÓBAL

L'entrée de ces profondes **grottes** (20 $M, parking 10 $M ; ⏲8h-18h) se situe dans la pinède, à 9 km au sud-est de San Cristóbal et à 5 minutes à pied au sud de la Panaméricaine. Les 350 premiers mètres sont éclairés et ouverts au public. Une passerelle en ciment traverse un gouffre impressionnant, hérissé de stalactites et de stalagmites. Au-delà, il est possible de parcourir quelques centaines de mètres dans l'obscurité totale moyennant 30 $M supplémentaires, lampe torche comprise. Des promenades à cheval partent du parking, où sont installés des *comedores* (stands de nourriture).

Pour vous y rendre, prenez un *combi* à destination de Teopisca sur la Panaméricaine, à environ 150 m au sud-est de la gare routière OCC de San Cristóbal. Demandez à descendre à "Las Grutas" (20 $M).

Pour le Guatemala, la plupart des agences proposent un service quotidien de camionnettes vers Quetzaltenango (350 $M, 8 heures), Panajachel (350 $M, 10 heures) et Antigua (450 $M, 12 heures). Viajes Chincultik est un peu moins cher, et dessert aussi Guatemala Ciudad et Chichicastenango. Sinon, rejoignez Ciudad Cuauhtémoc pour trouver une correspondance.

VOITURE ET MOTO

Seul loueur de la ville, **Optima** (☎967-674-54-09 ; optimacar1@hotmail.com ; Mazariegos 39 ; ⏲9h-19h dim-ven, 9h-14h et 16h-19h sam) propose des voitures à prix très variables selon la saison et la demande. Réductions pour les voyageurs réglant en espèces. Les conducteurs doivent être âgés de 25 ans au moins et avoir une carte bancaire.

Comment circuler

Depuis la Panaméricaine, les combis (8 $M) remontent Crescencio Rosas jusqu'au centre-ville. Les taxis facturent 30/34 $M la course en ville de jour/nuit.

Jaguar Adventours (p. 391) loue des VTT de bonne qualité.

Croozy Scooters (☎portable 967-6832223 ; Belisario Domínguez 7 ; scooter 3 heures/journée 300/450 $M, moto 400/540 $M ; ⏲10h-19h) fournit des scooters Italika CS de 125 cm³ et des motos de 150 cm³. Le prix comprend plein d'essence, cartes, antivol et casque. Il faut laisser son passeport et une caution de 500 $M.

San Juan Chamula

☎967 / 3 300 HABITANTS / ALTITUDE : 2 200 M

Les Chamula forment un groupe de l'ethnie tzotzile farouchement indépendant. Leur principale agglomération, San Juan Chamula, qui s'étend à 10 km au nord-ouest de San Cristóbal, est le centre de pratiques religieuses uniques, mais il importe de respecter les sensibilités locales si vous souhaitez les découvrir.

Les hommes chamula se vêtent d'amples tuniques de laine blanche (par temps froid, de laine noire plus épaisse). Les responsables religieux ou cérémoniels portent une tunique noire sans manches et un foulard blanc autour de la tête. Les femmes s'habillent de jupes en laine, de blouses blanches ou bleues assez simples et/ou de châles.

Le dimanche, dès l'aube, les habitants des collines convergent vers la ville pour se rendre au marché et à l'église – les bus de touristes aussi, de sorte que vous préférerez peut-être venir un autre jour (évitez toutefois le mercredi : ce jour-là, l'église est presque déserte en raison de superstitions).

À voir

Templo de San Juan ÉGLISE

(70 $M). Haute façade blanche scandée de vert émeraude, la grande église de Chamula, le Templo de San Juan, se distingue par son portail vert et bleu. À l'intérieur, les innombrables bougies, les nuages d'encens, les fidèles à genoux, le visage touchant presque le sol recouvert d'aiguilles de pin, forment un tableau saisissant.

Les *curanderos* (guérisseurs) psalmodient, frottant le corps de leurs patients avec des œufs ou des os. Les fidèles boivent souvent des sodas (car les rots sont censés évacuer les mauvais esprits) ou du *pox* en grande quantité. Les statues des saints, richement parées, portent des miroirs. Les habitants de San Juan Chamula vénèrent San Juan Bautista (saint Jean-Baptiste) davantage que le Christ, et son effigie occupe une place de choix.

Environs de San Cristóbal de las Casas

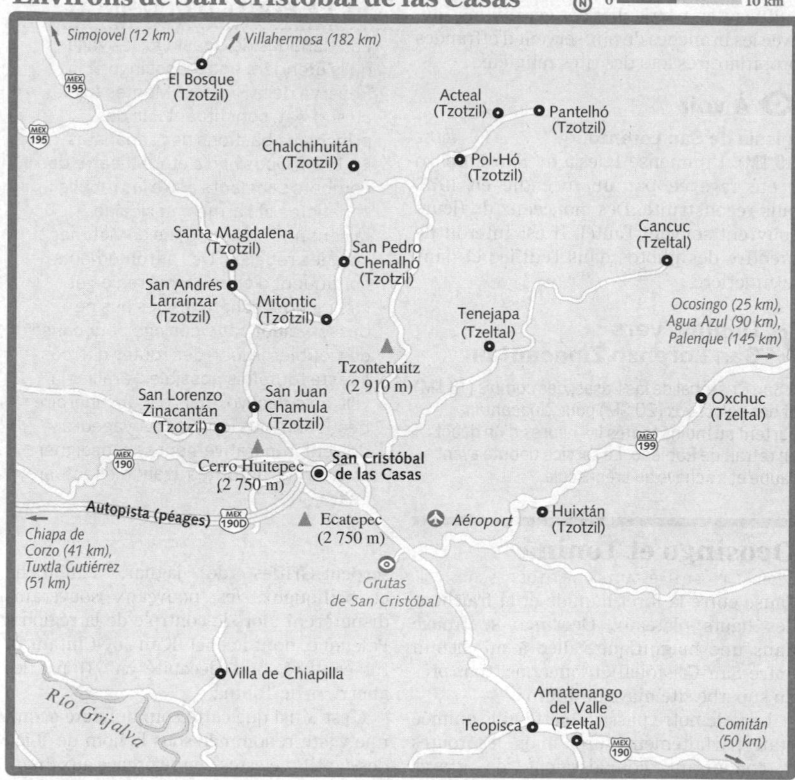

Avant de pénétrer dans l'église, il faut retirer un billet (70 $M) à l'**office du tourisme** (⏲7h-18h), à côté de la place.

Non loin, le **cimetière** du village entoure les vestiges d'une église plus ancienne : jadis les croix noires indiquaient les tombes des personnes décédées à un âge avancé, les blanches celles des plus jeunes, les bleues pour les autres.

Fêtes et festivals

Carnaval TRADITIONS

(⏲fév-mars). À cette occasion, des groupes de musiciens coiffés de hauts chapeaux pointus aux longs rubans multicolores sillonnent les rues en grattant leur guitare et en chantant. On y boit beaucoup de *pox*, un alcool à base de canne à sucre. Le carnaval marque aussi les 5 jours "perdus" de l'ancien calendrier maya, qui comportait des mois de 20 jours (il y en avait 18, soit 360 jours, plus 5 jours pour obtenir une année complète).

Depuis/vers San Juan Chamula

À San Cristóbal, des *combis* fréquents pour San Juan Chamula (18 $M) partent des rues Honduras et Utrilla. Mieux vaut y aller avec un guide.

San Lorenzo Zinacantán

☎967 / 3 900 HABITANTS / ALTITUDE : 2 558 M

Le village bien ordonné de San Lorenzo Zinacantán, à environ 11 km au nord-ouest de San Cristóbal, est la principale localité de la municipalité de Zinacantán (36 000 habitants). Comme les Chamula, les habitants de Zinacantán sont des Tzotziles aux vêtements caractéristiques : les hommes vêtus d'une tunique rose brodée de motifs floraux portent parfois un petit chapeau blanc aplati orné de rubans ; les femmes jettent un châle rose ou violet sur leurs épaules, par-dessus une blouse richement brodée.

Horticulteurs hors pair, les Zinacantecos cultivent en particulier des géraniums, qui, avec les branches de pin, servent d'offrandes propitiatoires lors des rites religieux.

À voir

Iglesia de San Lorenzo ÉGLISE

(15 $M). L'immense Iglesia de San Lorenzo a été ravagée par un incendie en 1975, puis reconstruite. Des monceaux de fleurs couvrent souvent l'autel. Il est interdit de prendre des photos dans l'édifice et dans le cimetière.

Depuis/vers San Lorenzo Zinacantán

À San Cristóbal de las Casas, des *combis* (18 $M) et des *colectivos* (20 $M) pour Zinacantán partent au moins toutes les heures d'un dépôt en retrait de Robledo. Le service débute avant l'aube et s'achève au crépuscule.

LA ROUTE D'OCOSINGO

Las Cañadas de Ocosingo, les vallées qui s'étendent entre Ocosingo et la Reserva de la Biosfera Montes Azules au sud-est, constituent l'un des principaux bastions des zapatistes. En 1994, Ocosingo a été le théâtre de combats sanglants entre les rebelles zapatistes et l'armée mexicaine, faisant une cinquantaine de victimes chez les rebelles. Des affrontements continuent d'embraser la région et, lors de nos recherches, les bus ne desservaient pas Ocosingo pour cause de troubles le long des routes d'accès. Il reste toutefois possible de rallier la ville en *colectivo*, mais par un itinéraire beaucoup plus long. Les voyageurs doivent impérativement se renseigner auprès des autorités avant d'effectuer ce trajet.

Ocosingo et Toniná

919 / 42 000 HABITANTS / ALTITUDE : 900 M

Pause entre la forêt humide et la fraîcheur des hauts plateaux, Ocosingo se trouve dans une magnifique vallée à mi-chemin entre San Cristóbal et Palenque, tout près du superbe site maya de Toniná.

Lors de notre passage, cette ville animée était parfaitement sûre, mais les routes y conduisant connaissaient de graves problèmes de sécurité. Renseignez-vous sur la situation avant de vous y rendre.

Ocosingo s'étend à l'est de la route 199. L'Avenida Central descend de la route principale vers la charmante place centrale, où se dresse à l'est le Templo de San Jacinto. Plusieurs hôtels, restaurants et prestataires de services sont regroupés aux alentours de la Calle Central Norte, au nord de la grand-place.

À voir

Toniná SITE ARCHÉOLOGIQUE

(919-108-22-39 ; 46 $M ; 8h-17h). GRATUIT À 14 km à l'est d'Ocosingo, le centre cérémoniel de Toniná perché sur une colline artificielle domine une vallée pastorale. Ces vestiges archéologiques, parmi les plus spectaculaires du Chiapas, sont ceux de la cité qui vint à bout de la puissante Palenque. Pour autant, le site demeure peu visité.

L'année 688 correspond à l'arrivée au pouvoir de la dynastie des Crânes de serpent-Griffes de jaguar. Ambitieux et belliqueux, les nouveaux souverains disputèrent alors le contrôle de la région à Palenque, dont le chef, K'an Joy Chitam II, fut capturé, puis décapité en 711 par les guerriers de Toniná.

C'est ainsi que cette communauté acquit une vaste renommée sous le nom de "Lieu des captifs célestes", en référence aux dignitaires de Palenque et d'autres cités mayas qui y furent détenus pour être échangés contre de fortes rançons, voire exécutés. On voit d'ailleurs sur le site diverses scènes sculptées représentant des prisonniers aux mains liées qui sont projetés au sol avant leur décapitation.

Pour accéder au site, suivez la route après l'entrée et le **musée du site** (mar-dim) GRATUIT, où est détaillée l'histoire de Toniná illustrée par d'intéressants objets. La route se transforme en un sentier, traverse un cours d'eau et remonte jusqu'à la vaste **Gran Plaza**. À l'extrémité sud de cette dernière se dresse le **Templo de la Guerra Cósmica** (temple de la Guerre cosmique), précédé de 5 autels. D'un côté de la place, un **jeu de balle** fut inauguré en 780 sous le règne de la régente nommée Miroir fumant, à proximité de l'autel des décapitations. En 2011, des archéologues ont découvert deux sculptures en pierre grandeur nature figurant des prisonniers de guerre originaires de Copán (Honduras) si l'on en croit l'inscription, ce qui confirme l'alliance nouée par ce royaume maya avec Palenque.

Au nord, s'élève le centre cérémoniel de Toniná aménagé en plusieurs terrasses successives culminant à 80 m au-dessus de la Gran Plaza. L'entrée d'un **labyrinthe rituel** s'ouvre à l'extrémité droite des marches reliant les deux premiers niveaux.

Plus haut sur la droite, le **Palacio de las Grecas y de la Guerra** (palais des Grecques et de la Guerre) doit son nom aux frises à motif géométrique en X et en zigzag (dites "grecques") qui représentent peut-être Quetzalcóatl. À droite, on pense que le dédale de chambres, de passages et d'escaliers correspondait au **quartier général** administratif de Toniná.

Au pied de la sixième terrasse a été exhumé le décor en stuc le plus remarquable de Toniná souvent désigné sous le nom de codex, le **Mural de las Cuatro Eras** (fresque des Quatre Ères). Réalisé entre 790 et 840, ce relief en stuc composé de 4 panneaux (le premier en partant de la gauche a disparu) décrit le cycle des 4 soleils, c'est-à-dire les 4 ères de l'histoire de l'humanité. Les habitants de Toniná pensaient qu'ils vivaient à l'époque du Quatrième Soleil, celui de l'hiver, des miroirs, du Nord et de la fin de l'humanité. Une tête décapitée est représentée dans une position renversée au centre de chaque panneau. Le sang qui jaillit du cou de ces prisonniers décapités forme à la fois un cercle de plumes et un soleil. Sur l'un des panneaux, un squelette danse en brandissant une tête décapitée. À gauche de la tête, un seigneur du monde souterrain est représenté sous la forme d'un énorme rongeur.

Un nouvel escalier mène au septième niveau où s'étendent les vestiges de 4 temples. Derrière le deuxième, en partant de la gauche, des marches descendent jusqu'à la très étroite **Tumba de Treinta Metros** (tombe de Trente Mètres), fortement déconseillée aux claustrophobes !

L'**acropole**, siège du pouvoir de la cité, domine l'ensemble de ses 8 temples principaux répartis sur 2 niveaux (4 par étage). Au niveau inférieur, le **Templo del monstruo de la Tierra** (temple du Monstre de la Terre, édifié vers 713), le plus à droite, possède la crête de toit la mieux conservée de Toniná.

Au dernier niveau, le temple le plus élevé, le **Templo del Espejo Humeante** (temple du Miroir fumant), a été édifié par Zots-Choj, qui prit le pouvoir en 842. Sous cette ère du Nord et du Quatrième Soleil, le souverain se devait en effet d'ériger en direction du nord un temple dépassant tous les autres ; pour ce faire, il fut nécessaire d'élargir la colline vers le nord-est.

Des *combis* pour Toniná (16 $M) partent toutes les 30 minutes de l'arrêt couvert situé juste derrière le Tianguis Campesino (marché) d'Ocosingo. Le dernier revient vers 17h30. Le trajet en taxi coûte environ 130 $M. Aucun problème de sécurité n'est actuellement à signaler.

Où se loger et se restaurer

Hotel Central HÔTEL **$**

(919-673-00-24 ; angle Av Central 5 ; ch 500 $M ;). Ce confortable établissement face à la place loue des chambres assez petites avec ventilateur et TV câblée. Préférez celles du haut, surtout la 12 qui fait l'angle, lumineuse et aérée. Terrasse avec vue.

Restaurant Los Rosales MEXICAIN **$**

(919-673-12-15 ; Hotel Margarita, Calle Central Norte 19 ; petit-déj 60-80 $M, plats 80-130 $M ; 7h-23h ;). Jouissant d'un beau panorama sur les toits et au-delà sur les montagnes vertes à perte de vue, cette table, qui fait partie d'un hôtel, est un endroit agréable où planifier sa journée.

Achats

Fábrica de Quesos Santa Rosa ALIMENTATION

(919-673-00-09 ; 1a Calle Oriente Norte 11 ; 8h-14h, 16h-20h lun-sam, 8h-14h dim). Le *queso amarillo* (fromage jaune) a fait la réputation d'Ocosingo. Cette fromagerie en propose 9 variétés, dont le "*de bola*" : une boule de 1 kg à la croûte de cire comestible et à l'intérieur friable et crémeux. Visites gratuites des lieux.

Tianguis Campesino MARCHÉ

(Marché des paysans ; angle Av 2 Sur Oriente et Calle 5 Sur Oriente ; 6h-17h). Le Tianguis Campesino permet aux producteurs locaux d'écouler directement leurs marchandises. Seules les femmes ont le droit d'y commercer et elles portent souvent le costume traditionnel.

Renseignements

L'**office du tourisme municipal** (8h-16h lun-ven) possède un kiosque sur la place, en face du Palacio Municipal. Il distribue des cartes de la ville et de la région, mais glanez plutôt des renseignements auprès des hôtels.

Depuis/vers Ocosingo et Toniná

La **gare routière OCC** (Terminal ; 919-673-04-31) d'Ocosingo se situe sur la route 199, quelque 600 m à l'ouest de la grand-place. La **gare routière AEXA** des bus 1re classe (portable 919-1140679 ; www.autobusesaexa.com.mx) se tient de l'autre côté de la route. La principale gare de *colectivos* fait face à la gare AEXA. Pour des raisons de sécurité, aucun bus ne circulait depuis/vers Ocosingo lors de nos recherches. Des *colectivos* desservaient la ville, mais souvent avec de nombreux détours pour éviter les barrages routiers ou les zones troublées.

Des camions à destination de Nahá (50 $M, 2 heures 30, départs 11h et 12h) et de la Laguna Miramar partent aussi d'un parking fermé derrière le marché.

Palenque

916 / 43 000 HABITANTS / ALTITUDE : 80 M

Au milieu d'une jungle peuplée de singes hurleurs et de perroquets, les temples imposants de Palenque constituent une destination phare du Chiapas et l'un des plus beaux exemples d'architecture maya au Mexique. En comparaison, la ville moderne, à quelques kilomètres à l'est, moite et banale, n'offre guère d'intérêt, mais elle fait une excellente base pour visiter le site archéologique. Nombreux sont ceux qui préfèrent séjourner dans l'un des établissements installés dans la forêt à proximité de la route, entre la ville et le site, notamment à El Panchán, un rendez-vous apprécié des voyageurs.

Histoire

Le nom espagnol de Palenque, qui signifie "enceinte", n'a aucun rapport avec celui de l'ancienne ville, qui était peut-être Lakamha (Grande Eau). Peuplée pour la première fois vers 100 av. J.-C., Palenque a prospéré entre 630 et 740 environ. La cité joua un rôle capital sous le règne de Pakal (615-683). Représenté par les glyphes du soleil et du bouclier, qui symbolisent son nom, ce souverain vécut jusqu'à l'âge de 80 ans, une rareté pour l'époque.

Sous son règne furent bâtis à Palenque de nombreux édifices et places, dont le superbe Templo de las Inscripciones (le mausolée de Pakal). De fausses voûtes en encorbellement et de très beaux bas-reliefs en stuc caractérisent l'architecture de cette époque.

Le fils de Pakal, Kan B'alam II (684-702), représenté par les glyphes du jaguar et du serpent, et appelé Jaguar-Serpent II, contribua lui aussi à l'expansion et au développement artistique de Palenque. Il supervisa la construction des temples du Grupo de las Cruces, dans lesquels il fit placer de monumentales stèles de pierre.

Sous son règne, Palenque étendit sa zone d'influence jusqu'au Río Usumacinta, avant d'être défiée par la ville maya rivale de Toniná, à 65 km au sud. Capturé par les guerriers de Toniná en 711, le frère et successeur de Kan B'alam, K'an Joy Chitam II (Pécari précieux), fut probablement exécuté. Palenque connut cependant une autre période de gloire, entre 722 et 736, sous le règne d'Ahkal Mo' Nahb' III, à qui l'on doit la construction de nombreux autres édifices.

Après 900, Palenque fut pratiquement livrée à l'abandon. Situées dans une des régions du Mexique où les précipitations sont les plus abondantes, les ruines furent rapidement recouvertes par la végétation. La ville resta inconnue du monde occidental jusqu'en 1746, date à laquelle des chasseurs mayas révélèrent au prêtre espagnol Antonio de Solís la présence d'un palais dans la jungle. Plus tard, des explorateurs prétendirent que Palenque était la capitale d'une sorte d'Atlantide. En 1832 arrive sur le site l'artiste et explorateur français Jean-Frédéric Waldeck, ancien de la campagne d'Égypte. La soixantaine passée, il passe ici plus d'un an à dessiner et peindre dans les ruines et publiera à son retour en Europe un *Voyage pittoresque dans la province de Yucatán*, illustré de ses travaux.

Il faudra attendre 1837 et l'expédition du New-Yorkais John Lloyd Stephens, archéologue amateur accompagné de l'artiste Frederick Catherwood, pour que le site soit exploré de façon minutieuse et scientifique. Ce n'est qu'un siècle plus tard, en 1952, qu'Alberto Ruz Lhuillier (1906-1979), un archéologue français naturalisé mexicain, découvrira la crypte secrète de Pakal. Le site continue aujourd'hui de dévoiler de merveilleux secrets. Très récemment encore, un ensemble de fresques et de sculptures, qui a contribué à enrichir notre connaissance de l'histoire de Palenque, a été mis au jour dans la zone de l'Acrópolis del Sur.

À voir

La route 199 croise la rue principale de Palenque, l'Avenida Juárez, à hauteur de la **Glorieta de la Cabeza Maya** (carte p. 408), un rond-point gardé par une tête de dignitaire maya à l'extrémité ouest de la ville. La gare routière ADO se trouve à ce carrefour, d'où Juárez rejoint la grand-place, **El Parque** (carte p. 408).

À une centaine de mètres au sud de la tête maya, une route bifurque vers l'ouest depuis la route 199, menant, 7,5 km plus loin, aux ruines de Palenque. Elle passe devant le musée du site, à 6,5 km environ, puis serpente pendant 1 km dans la colline jusqu'à l'**entrée principale du site** (carte p. 406).

Museo de Sitio MUSÉE

(Carte p. 406 ; Carretera Palenque-Ruinas Km 7 ; gratuit avec billet du site ; 9h-16h30 mar-dim). Le musée du site réunit les objets exhumés à Palenque tout en informant sur l'histoire du lieu. Y figure notamment une réplique du couvercle du sarcophage de Pakal (illustrant sa résurrection en dieu du Maïs, encerclé de serpents, de monstres mythologiques et de glyphes racontant son règne), ainsi que le résultat des fouilles dans le Templo XXI. Entrée dans la salle des sarcophages toutes les 30 minutes.

El Panchán QUARTIER

(Carretera Palenque-Ruinas Km 4,5). En retrait de la route qui mène aux ruines, El Panchán est un rendez-vous de voyageurs, installé au beau milieu d'une épaisse forêt tropicale. C'est l'épicentre de la scène alternative de Palenque, où se mêle une population bohème de résidents et de globe-trotteurs.

Autrefois occupée par une ferme, la zone a été reboisée par la famille Morales, dont certains membres dirigent des fouilles à Palenque. Aujourd'hui, El Panchán compte différents types d'hébergements plutôt rustiques et deux restaurants. Un ensemble de cours d'eau sinueux traversent la propriété, où se trouvent un temple de méditation, un *temascal* (bain thermal préhispanique) et un flot constant de visiteurs venus du monde entier.

Visite des ruines

L'ancienne **Palenque** (carte p. 406 ; 48 $M, plus 22 $M pour l'entrée au parc national ; 8h-17h, dernière entrée 16h30) se dresse à l'endroit précis où la plaine côtière cède la place aux premières collines. La jungle luxuriante qui recouvre ce paysage vallonné forme un écrin entourant la magnifique architecture maya du site. Sur plus de 15 km² s'étendent des centaines d'édifices en ruine, dont seuls quelques-uns ont été mis au jour, principalement dans la zone centrale. Tout ce que l'on peut voir ici a été construit sans outils métalliques, sans animaux de trait et sans roue.

Lors de l'exploration des vestiges, essayez de vous représenter les édifices de pierre grise tels qu'ils étaient à l'apogée de la ville : peints en rouge vif et ornés de reliefs en stuc jaune et bleu. Dans la forêt qui entoure ces temples évoluent toujours des singes hurleurs, des toucans et des ocelots. L'ensemble des ruines et de la forêt environnante constitue le Parque Nacional Palenque, pour lequel vous devrez vous acquitter d'un droit d'entrée au Km 4,5 sur la route menant aux vestiges.

En moyenne, plus d'un millier de personnes visitent le site chaque jour. Pendant les vacances d'été, la fréquentation augmente significativement. L'heure d'ouverture est l'un des meilleurs moments pour la visite : il fait frais, la foule n'a pas encore envahi le site et les temples sont parfois enveloppés d'un halo de brume féerique. Vous trouverez des rafraîchissements, des chapeaux et des souvenirs à côté de l'entrée principale. Sinon, des vendeurs ambulants sont postés sur la plupart des sentiers sillonnant les ruines.

Les guides officiels du site se tiennent près de l'entrée et de la billetterie. Deux associations de guides mayas proposent aussi des visites instructives de 2 heures en groupes de 7 personnes maximum, qui coûtent 880 $M en espagnol, 1 050 $M en français, anglais, allemand ou italien (les non-anglophones risquent d'attendre leur tour un peu plus longtemps).

La plupart des touristes prennent un *combi* ou un taxi jusqu'à l'entrée principale (en haut), visitent les principaux édifices, puis descendent au musée, passant en chemin devant des ruines de moindre importance.

Des *combis* desservent le site (24 $M l'aller simple) environ toutes les 10 minutes en journée. En ville, repérez ceux affichant "Ruinas" le long de Juárez, à l'ouest d'Allende. On peut également monter ou descendre n'importe où sur la route reliant la ville au site.

Ruines de Palenque

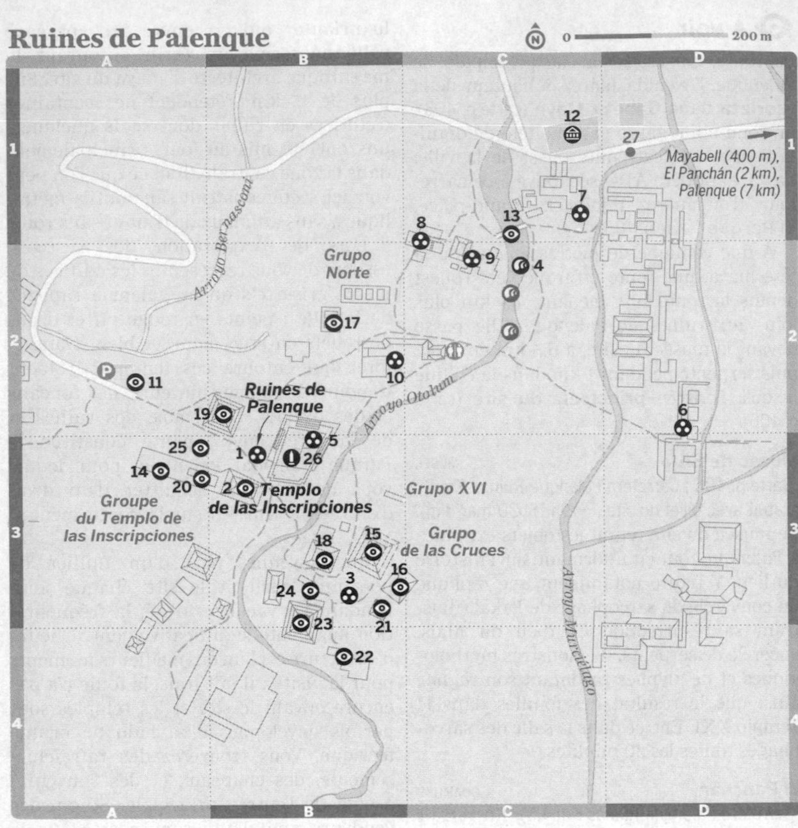

Ruines de Palenque

Les incontournables

1 Ruines de Palenque B3
2 Templo de las Inscripciones B3

À voir

3 Acrópolis Sur B3
4 Baño de la Reina C2
5 El Palacio B3
6 Grupo C D2
7 Grupo de los Murciélagos C1
8 Grupo I C1
9 Grupo II C2
10 Juego de Pelota B2
11 Entrée principale A2
12 Museo de Sitio C1
13 Puente de los Murciélagos C1
14 Templo de la Calavera A3
15 Templo de la Cruz B3
16 Templo de la Cruz Foliada B3
17 Templo del Conde B2
18 Templo del Sol B3
19 Templo XI B2
20 Templo XIII A3
21 Templo XVII B3
22 Templo XIX B4
23 Templo XX B3
24 Templo XXI B3
25 Tombe d'Alberto Ruz Lhuillier A3
26 Tour B3

Activités

27 Guides de Palenque D1

Attention : sachez que les champignons vendus par les habitants de la région le long de la route, de mai à novembre environ, sont hallucinogènes.

Groupe du Templo de las Inscripciones

Après l'entrée, la végétation laisse soudainement place à une superbe vue sur les plus beaux monuments de Palenque. Une rangée de temples s'élève face à la jungle sur votre droite, dominée par le Templo de las Inscripciones à une centaine de mètres plus loin. El Palacio, avec sa tour caractéristique, se dresse à gauche du Templo de las Inscripciones. Au loin, le Grupo de las Cruce se détache sur un arrière-plan de jungle épaisse.

Le premier temple sur votre droite est le Templo XII, appelé **Templo de la Calavera** (temple du Crâne) en raison de la sculpture en relief d'un crâne de lapin ou de cervidé figurant à la base de l'un de ses piliers. Le deuxième temple, le **Templo XI**, n'a guère d'intérêt. Le troisième, le **Templo XIII**, renferme une tombe dans laquelle fut découvert, en 1994, un squelette féminin rouge (après un traitement au cinabre). Il est possible d'accéder à cette **Tumba de la Reina Roja** (tombe de la Reine rouge) pour en admirer le sarcophage. Lors de la découverte du squelette, les archéologues mirent également au jour un masque de malachite et un millier de pièces de jade. Étant donné le résultat des tests ADN et la similitude entre cette sépulture et celle voisine de Pakal, certains supposent que la "Reine rouge" devait être son épouse Tz'ak-b'u Ajaw. En face du Templo XIII, on remarquera sous les arbres la **tombe d'Alberto Ruz Lhuillier**, qui a découvert la tombe de Pakal en 1952 et a été enterré sur le site en 1979.

Le **Templo de las Inscripciones** (temple des Inscriptions) est sans doute le monument funéraire le plus célèbre des Amériques. Il s'agit en tout cas de l'édifice le plus vaste et le plus imposant de Palenque. Construit sur 8 niveaux, le temple possède un escalier central de 25 m menant à un ensemble de petites salles. La crête faîtière qui couronnait cette construction a depuis longtemps disparu. Les panneaux de stuc entre les portes de devant sont ornés de figures de nobles. Sur le mur arrière, à l'intérieur, 3 panneaux sont couverts d'une longue inscription maya, racontant l'histoire de Palenque et de l'édifice (d'où le nom attribué au temple par Alberto Ruz Lhuillier). Du sommet, un escalier intérieur permet de descendre dans la **tombe de Pakal** (désormais fermée aux touristes pour éviter que les fresques ne soient abîmées par l'humidité dégagée). Le squelette de Pakal, croulant sous les bijoux, et son masque mortuaire en mosaïque de jade ont été transférés au Museo Nacional de Antropología de Mexico, où l'on peut voir une reconstitution de sa tombe. Le masque, d'une valeur inestimable, a été volé en 1985 puis retrouvé quelques années plus tard, mais le fabuleux couvercle de pierre sculpté du sarcophage est resté dans la tombe close (on peut en admirer une réplique au musée du site).

El Palacio

Diagonalement opposé au Templo de las Inscripciones, **El Palacio** (carte p. 406) est un chef-d'œuvre divisé en 4 cours principales et renfermant un dédale de chambres et de couloirs. Entreprise au Ve siècle, sa construction s'est étalée sur plus de 4 siècles, ce qui peut laisser penser qu'il s'agit du palais des souverains de Palenque.

Construite au VIIIe siècle par Ahkal Mo'Nahb' III, la **tour** a été restaurée en 1955, mais reste fermée au public. On y remarque les vestiges de beaux reliefs en stuc. Les archéologues pensent qu'elle devait permettre aux rois et aux prêtres mayas d'observer le soleil lorsqu'il donnait directement dans le temple des Inscriptions pendant le solstice d'hiver.

La cour nord-est, le **Patio de los Cautivos** (patio des Prisonniers), renferme une série de sculptures en relief disproportionnées par rapport au lieu. Il s'agirait de représentations des dirigeants étrangers rapportées des terres conquises.

Dans la partie sud, les immenses salles de bains souterraines abritaient 6 toilettes et 2 bains de vapeur.

Grupo de las Cruces

Le fils de Pakal, Kan B'alam II, fut un grand bâtisseur. Peu après la mort de son père, il entreprit la réalisation des temples du Grupo de las Cruces (groupe des Croix). Ses trois édifices principaux, en forme de pyramides, bordent une place au sud-est du Templo de las Inscripciones. Ils furent tout trois consacrés en 692 et dédiés à la triade de divinités protectrices de Palenque.

Le magnifique **Templo del Sol** (temple du Soleil), sur le côté occidental de l'esplanade, possède le toit le mieux conservé du site. À l'intérieur, des reliefs célébrant la naissance de Kan B'alam en 635 et son accession au pouvoir en 684 le représentent face à son père.

Des marches abruptes grimpent au **Templo de la Cruz** (temple de la Croix), le plus grand et le plus harmonieusement proportionné du groupe. Sur une plaque de

Palenque

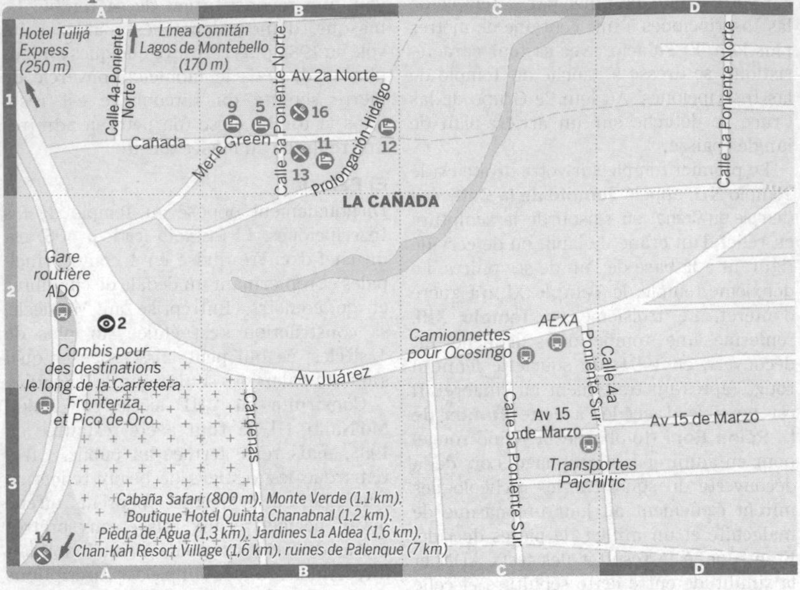

Palenque

À voir

1 El Parque H2
2 Glorieta de la Cabeza Maya A2

Activités

3 Transportador Turística Scherrer & Barb F1

Où se loger

4 Hostal San Miguel E1
5 Hotel Chablis Palenque B1
6 Hotel Lacandonia E1
7 Hotel Lacroix H1
8 Hotel Maya Rue F2
9 Hotel Maya Tulipanes B1
10 Hotel Palenque H2
11 Hotel Xibalba B1
12 Yaxkin B1

Où se restaurer

Café Jade .... (voir 12)
13 El Huachinango Feliz B1
14 La Selva A3
15 Restaurant Las Tinajas F2
16 Restaurant Maya Cañada B1

Où prendre un verre et faire la fête

17 Italian Coffee Company H1

pierre à l'intérieur du sanctuaire central, on distingue à droite le seigneur des Enfers fumant du tabac, à gauche Kan B'alam dans ses atours royaux. Derrière, on peut voir la reproduction d'un panneau montrant l'avènement du souverain.

Les arches du **Templo de la Cruz Foliada** (temple de la Croix feuillue) sont parfaitement visibles, ce qui permet de comprendre comment les architectes mayas concevaient ces monuments. Sur une plaque gravée, très bien conservée, on distingue un roi (sans doute Pakal) avec un bouclier en forme de soleil sur la poitrine, du maïs poussant sur les épaules et un quetzal, oiseau sacré, perché sur la tête.

Les sculptures en "croix" sur certains bâtiments symbolisent le *ceiba*, l'arbre qui, selon la croyance maya, soutenait l'univers.

Acrópolis Sur

L'**acropole sud** (carte p. 406) se dresse dans la jungle, au sud du Grupo de las Cruces. Des archéologues y ont fait des découvertes extraordinaires lors de fouilles récentes (une partie de ce secteur sera peut-être encore interdite au public lors de votre visite). Il semble que l'acropole sud fut

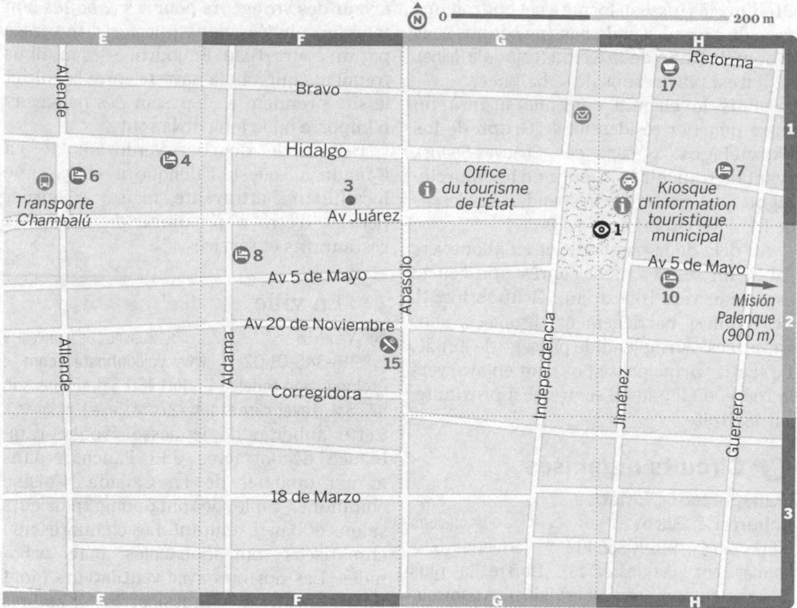

conçue comme une extension du Grupo de las Cruces, les deux ensembles étant séparés par un grand espace à ciel ouvert.

Le **Templo XVII** entre le Grupo de las Cruces et l'Acrópolis Sur, renferme la reproduction d'un panneau gravé représentant Kan B'alam, armé d'une lance, devant un prisonnier attaché et agenouillé (l'original se trouve dans le musée du site).

En 1999, les archéologues ont fait dans le **Templo XIX** la découverte la plus importante de ces dernières décennies à Palenque : une grande plateforme en calcaire, datant du VIIIe siècle, où sont sculptées des figures assises, accompagnées d'un long texte en glyphes retraçant les origines de Palenque. On en voit la reproduction dans le Templo XIX : le personnage central sur la partie sud de la plateforme est Ahkal Mo' Nahb' III, le souverain à qui l'on doit plusieurs bâtiments de l'Acrópolis Sur – tout comme le Grupo de las Cruces fut l'œuvre de Kan B'alam II. Trône également ici la superbe reproduction d'un grand bas-relief en stuc coloré représentant U Pakal, le fils d'Ahkal Mo' Nahb'.

Également mis au jour en 1999, le **Templo XX** contient une tombe ornée de fresques rouges datant de 540. C'est actuellement le chantier de fouilles le plus actif de Palenque. Les archéologues, qui ont entamé les travaux de restauration de la sépulture en 2012, pensent désormais qu'il pourrait s'agir de la dernière demeure de K'uk B'alam Ier, un ancêtre de Pakal.

En 2002, une autre découverte importante a été faite dans le **Templo XXI** : un trône décoré de fines sculptures représentant Ahkal Mo' Nahb', ainsi que son ancêtre, le grand Pakal, et son fils U Pakal.

Grupo Norte

Au nord d'El Palacio s'étendent un **Juego de Pelota** (jeu de balle ; carte p. 406) et le **Templo del Conde** (temple du Comte – à savoir Jean-Frédéric Waldeck qui vécut là), construit en 647.

Groupes du nord-est de Palenque

À l'est du Grupo Norte, le sentier principal traverse l'Arroyo Otolum. Quelque 70 m au-delà du cours d'eau, un embranchement sur la droite mène au **Grupo C** (carte p. 406), un ensemble de monuments et d'esplanades recouverts de végétation, qui auraient été habités vers 750-800.

En poursuivant sur le sentier principal, on descend un escalier raide jusqu'à un groupe d'édifices bas et allongés, utilisés probablement comme résidences entre 770 et 850. Le chemin longe ensuite l'Arroyo

Otolum : le ruisseau forme à cet endroit une série de cascades et de bassins connus sous le nom de **Baño de la Reina** (bain de la Reine), où il n'est plus permis de se baigner.

Puis le chemin continue jusqu'à un autre quartier résidentiel, le **Grupo de los Murciélagos** (groupe des Chauves-Souris), avant de franchir le **Puente de los Murciélagos**, une passerelle suspendue au-dessus de l'Arroyo Otolum.

Au-delà de la passerelle et en allant vers l'aval, un sentier mène, après une courte ascension vers l'ouest, aux **Grupos I et II**. Ces ruines, partiellement dégagées, sont entourées d'un splendide paysage de jungle. Le sentier principal se poursuit en aval vers la route, où le musée se dresse à proximité, sur la droite.

Circuits organisés

Transportador Turística Scherrer & Barb CIRCUITS

(☎ portable 916-1033649 ; fermerida_69@hotmail.com ; Av Juárez 13). L'offre la plus diversifiée, comprenant la visite des communautés lacandones reculées de Metzabok et Nahá (1 400/2 500 $M pour 1 jour/2 jours), le site archéologique guatémaltèque de Piedras Negras (2 500 $M) et des excursions d'une journée près de la Carretera Fronteriza, comme à la Cascada de las Golondrinas, à la Cascada Welib-já et dans différents lieux propices à l'observation des oiseaux et à la pratique du kayak. Les circuits nécessitent un minimum de 4 participants. Anglais et italien parlés.

Guides de Palenque CIRCUITS

(Carte p. 406 ; circuit 2 heures jusqu'à 7 pers en anglais/espagnol 1 050/880 $M). Si un guide compétent fait revivre les ruines, un mauvais guide peut vous gâcher la visite. Sur le sentier qui mène au site, des dizaines de personnes, dont des enfants, proposent leurs services aux touristes. Mieux vaut toutefois attendre d'arriver à l'entrée et engager un professionnel agréé. Notez que les tarifs sont assez flexibles !

Où se loger

La localité de Palenque abrite transports et commerces, le secteur qui la sépare des ruines mayas offre par endroits un cadre naturel beaucoup plus plaisant : on y entend les singes hurleurs dans la canopée et le gazouillis nocturne d'autres créatures. Le domaine d'El Panchán (p. 405) a la faveur des voyageurs pour ses *cabañas* bon marché, nichées dans une forêt traversée par un cours d'eau. En journée, les minibus fréquents qui font la navette entre la ville et le site prennent et déposent des passagers n'importe où le long de la route.

Hormis le quartier verdoyant de La Cañada à l'ouest, Palenque n'est pas une localité très attrayante, mais y séjourner permet d'être à proximité de nombreux restaurants et services.

En ville

♥ **Yaxkin** AUBERGE DE JEUNESSE $

(☎ 916-345-01-02 ; www.yaxkinhostels.com ; Prolongación Hidalgo 1 ; dort 180 $M, d sans sdb 472 $M, d avec clim et sdb 727 $M ; P ⊖ ❄ @ ≈). Cette auberge de jeunesse évoque l'ambiance décontractée d'El Panchán dans le joli quartier de La Cañada. Cuisine commune, table de ping-pong, plusieurs salons et bar-restaurant. Les chambres non climatisées sont monacales, mais originales. Les dortoirs avec ventilateurs (dont un réservé aux femmes) et les chambres avec climatisation sont plus agréables et confortables. Les chauffe-eau solaires, le recyclage et la non-utilisation du plastique, entre autres, témoignent d'une sensibilité écologique.

Hostal San Miguel HÔTEL $

(☎ 916-345-01-52 ; hostalmiguel1@hotmail.com ; Hidalgo 43 ; dort 150 $M, s/d avec ventil 250/400 $M, avec clim 400/550 $M ; ⊖ ❄ ≈). Un établissement sans fioritures mais propre et calme. Belle vue depuis les chambres lumineuses des étages supérieurs. Les dortoirs de 2 et 4 lits, sombres, n'ont ni eau chaude ni climatisation. Toutes les chambres climatisées comptent deux grands lits.

Hotel Lacandonia HÔTEL $

(☎ 916-345-00-57 ; Allende 77 ; ch 500 $M ; P ❄ ≈). Un hôtel moderne au bon goût, les chambres ont des lits en fer forgé, des lampes de chevet et la TV câblée. Celles sur rue, les plus lumineuses, s'agrémentent d'un ravissant balcon.

Hotel Xibalba HÔTEL $$

(☎ 916-175-08-60 ; www.hotelxibalba.com ; Merle Green 9, La Cañada ; ch à partir de 551 $M ; P ❄ @ ≈). Dans le quartier tranquille de La Cañada, cet hôtel-restaurant de catégorie moyenne compte parmi les meilleures options en ville. Il loue 35 chambres nettes et agréables, souvent enjolivées de peintures murales et de couvre-lits avec des oiseaux. Les détails architecturaux en pierre apparente, les couleurs pastel et la réplique du couvercle du sarcophage de Pakal composent un cadre d'inspiration maya dans les zones collectives. Restaurant sur place.

Hotel Chablis Palenque HÔTEL **$$**
(916-345-08-70 ; www.hotelchablis.com ; Merle Green 7 ; ch 1 000-1 280 $M ;). Doté d'une ravissante cour-jardin autour d'une piscine, d'un honnête restaurant et de chambres avec literie haut de gamme et petite salle de bains soigneusement carrelée, cet hôtel aux couleurs chaudes a peu de rivaux en ville. Situé dans le centre, mais en retrait de la route, il jouit d'une atmosphère paisible. Dommage que les prix soient un peu trop élevés.

Hotel Maya Rue HÔTEL **$$**
(916-345-07-43 ; www.hotelmayaruepalenque.com ; Aldama s/n ; ch 600-900 $M ;). Des colonnes en tronc d'arbre, un éclairage étudié et des photos en noir et blanc confèrent une classe inattendue aux 12 chambres spacieuses combinant matériaux traditionnels et chic industriel. Toutes ont la TV câblée et certaines un balcon ombragé. Café sur place.

Hotel Tulijá Express HÔTEL **$$**
(916-345-01-04 ; www.tulijahotelpalenque.com ; Blvd Aeropuerto Km 0,5 ; ch avec petit-déj à partir de 880 $M ;). À défaut d'avoir du cachet, cette adresse de catégorie moyenne constitue une valeur sûre, agrémentée d'un bon restaurant et d'une belle piscine. En lisière de la ville, mais facilement accessible à pied.

Hotel Lacroix HÔTEL **$$**
(916-345-15-35 ; lacroixhotel.wordpress.com ; Hidalgo 10 ; ch 700-800 $M ;). Près d'El Parque, cet établissement bien tenu et adapté aux familles compte 16 chambres couleur pêche arrangées avec goût ; celles du haut disposent d'un petit balcon. Des peintures murales représentent les ruines mayas. Grande piscine couverte d'un toit transparent, restaurant décontracté et service avenant. Excellent rapport qualité/prix.

Hotel Palenque HÔTEL **$$**
(916-345-00-39 ; www.hotelpalenque.com.mx ; Av 5 de Mayo 15 ; d avec petit-déj 850-950 $M ;). Impeccables, les 28 chambres sans prétention disposent pour la plupart de 2 grands lits. Celles situées à l'étage – le long d'une large coursive aérée – jouissent d'une vue splendide sur les collines. Le jardin planté d'arbres fruitiers, le charmant bar en terrasse au bord de la piscine et le restaurant invitent à la détente. Eau chaude capricieuse.

Hotel Maya Tulipanes HÔTEL **$$**
(916-345-02-01 ; www.mayatulipanes.com.mx ; Cañada 6, La Cañada ; ch 935-1 232 $M ;). Cet hôtel de La Cañada, dont la réception est ornée de peintures murales, loue des chambres climatisées un peu coûteuses mais spacieuses et douillettes, à la décoration minimaliste et avec lits doubles en fer forgé. Beau jardin avec petite piscine et restaurant.

Misión Palenque HÔTEL **$$**
(916-345-02-41 ; www.hotelmisionpalenque.com ; Periférico Oriente s/n ; ch à partir de 1 035 $M ;). Sur un vaste terrain luxuriant à l'est du centre, ce géant de 207 chambres présente tout le standing attendu : chambres douillettes rehaussées de touches vert citron, jardin et piscine splendides, bon restaurant et personnel attentif.

Environs de Palenque

Margarita & Ed's Cabañas PENSION **$**
(916-348-69-90 ; www.margaritaandedcabanas.blogspot.com ; Carreterra Palenque-Ruinas Km 4,5, El Panchán ; cabañas 285 $M, ch avec ventil 320-410 $M, s/d avec clim 480/570 $M ;). Margarita accueille chaleureusement les clients depuis plus de 10 ans en pleine forêt. Chambres nettes et lumineuses, dotées de moustiquaires, et *cabañas* plus rustiques mais bien tenues, avec moustiquaires aux fenêtres, liseuses et salle de bains privative. Le nouveau bâtiment, très joli, renferme de vastes chambres. Eau fraîche à disposition, échange de livres. Beaucoup plus sûr que d'autres adresses aux environs d'El Panchán.

Cabaña Safari CABAÑAS **$$**
(916-345-00-26 ; www.hotelcabanasafari.com ; Carretera Palenque-Ruinas Km 1 ; empl avec/sans équipement 170/120 $M/pers, ch avec petit-déj 711 $M ;). Le confort n'a pas été sacrifié dans les *cabañas* de jungle au toit en *palapa* avec terrasse, climatisation et TV à écran plat. Pierres apparentes, branches d'arbre et peintures murales

confèrent du cachet aux chambres climatisées, spacieuses et, pour certaines, sur 2 niveaux. Une piscine, un *temascal* et un vrai restaurant complètent les installations. La musique provenant du restaurant peut être un peu forte le soir.

El Jaguar CABAÑAS **$**
(portable 916-1192829 ; El Panchán ; empl tente 40 $M/pers, dort/s/d 100/170/300 $M ; P). L'ex-Rakshita se caractérise par un délire psychédélique de peintures murales et de constructions bricolées sans superflu. Les moustiquaires des dortoirs et la sécurité des chambres au rez-de-chaussée laissent à désirer, mais les bungalows sur 2 niveaux sont plutôt sympas. Eau chaude et ventilateurs partout.

Jardines La Aldea HÔTEL **$$**
(916-345-16-93 ; www.hotellaaldea.net ; Carretera Palenque-Ruinas Km 2,8 ; ch à partir de 1 050 $M ; P). Ce quatre-étoiles compte 33 belles chambres lumineuses de bonnes dimensions au toit en *palapa*, au cœur d'une jolie propriété. Chacune d'elles dispose d'une terrasse avec hamac, et l'absence de télévision aide à se déconnecter du monde. Avec son paisible restaurant en haut d'une colline et son magnifique coin piscine, l'endroit ne manque pas de style.

Maya Bell HÔTEL **$$**
(916-341-69-77 ; www.mayabell.mx ; Carretera Palenque-Ruinas Km 6 ; cabaña avec sdb commune 350 $M, ch avec ventil/clim 820/1 100 $M ; P). Pourvu d'une grande piscine en lisière de la jungle fréquentée par des singes hurleurs très sonores, ce vaste domaine herbeux abrite de nombreux logements propres et confortables, ainsi qu'un restaurant très moyen. Les chambres climatisées sont accueillantes et douillettes, celles avec ventilateur plus basiques, tout comme les salles de bains communes. Il s'agit de l'hébergement le plus proche des ruines, à 400 m du musée du site, dans le parc national (les voyageurs qui arrivent entre 7h et 20h doivent payer le droit d'entrée).

Hotel Paraiso Inn PENSION **$$**
(916-348-08-28 ; Carretera Palenque-El Naranjo Km 1 ; d/ste 847/1 250 $M ;). À une courte marche des autres zones hôtelières, l'endroit a l'avantage du calme, mais s'avère moins pratique pour rejoindre les restaurants le soir et en revenir. Les grandes chambres modernes au sol carrelé profitent d'une vue sur la forêt. Mieux vaut toutefois partager la sienne avec une personne proche car les douches ont une porte vitrée face aux lits !

Chan-Kah Resort Village RESORT **$$**
(916-345-11-34 ; www.chan-kah.com.mx ; Carretera Palenque-Ruinas Km 3 ; ch/ste 1 580/4 100 $M ; P). Cet hôtel de qualité, sur la route des ruines, convient idéalement aux familles. Il comprend d'esthétiques maisonnettes en bois et en pierre bien espacées, avec grande salle de bains, climatisation, ventilateur au plafond et terrasse. Magnifique piscine de 70 m, bordée de murets en pierre, dans des jardins luxuriants.

♥ **Boutique Hotel Quinta Chanabnal** BOUTIQUE-HÔTEL **$$$**
(916-345-53-20 ; www.quintachanabnal.com ; Carretera Palenque-Ruinas Km 2,2 ; ch 150-350 $US ; P). L'architecture d'inspiration maya et le service parfait de ce somptueux hôtel de charme vous séduiront à coup sûr. Des portes en bois sculptées par des artisans locaux ouvrent sur de vastes suites décorées d'art mexicain, où les lits à baldaquin sont majestueusement drapés de tentures et les salles de bains immenses. Également : ruisseau, petite lagune et piscine avec bassins étagés en pierre naturelle.

Des massages, un *temascal* et un bon restaurant contribuent au bien-être des hôtes. Le propriétaire, un Italien féru de culture maya, parle notamment le français.

Piedra de Agua BOUTIQUE-HÔTEL **$$$**
(916-345-08-42 ; www.palenque.piedradeagua.com ; Carretera Palenque-Ruinas Km 2,5 ; ch avec petit-déj 1 920 $M ; P). Dans un cadre minimaliste, élégant et romantique où dominent le blanc cassé et le bois, cet ensemble de bungalows bichonne sa clientèle. Toutes les chambres possèdent un bain à remous sur la terrasse et un hamac à l'extérieur, sans oublier les nombreux produits de toilette. Piscine, Jacuzzi et massages délassent après la visite des ruines.

Où se restaurer

Palenque n'est vraiment pas la capitale gastronomique du Mexique. Le choix de restaurants reste néanmoins convenable, même si les prix sont parfois exagérés. Les stands et petits lieux de restauration bon marché abondent toutefois aux abords de la gare routière AEXA et du côté est d'El Parque, devant l'église.

♥ **Café Jade** MEXICAIN, CHIAPANECO **$**
(☎916-345-48-15 ; Prolongación Hidalgo 1 ; petit-déj 50-100 $M, plats 60-120 $M ; ⊙7h-23h ;). Ce sympathique bâtiment en bambou semi-ouvert fait partie des tables les plus populaires de Palenque. Son succès croissant n'a pas affecté la qualité des petits-déjeuners, des spécialités du Chiapas, des burgers et autres classiques de la cuisine internationale figurant au menu. À noter aussi un choix correct de plats végétariens et de délicieux jus de fruits frais.

Don Mucho's MEXICAIN, INTERNATIONAL **$**
(☎916-112-83-38 ; Carretera Palenque-Ruinas Km 4,5, El Panchán ; plats 60-150 $M ; ⊙7h-23h). Incontournable d'El Panchán, le très prisé Don Mucho offre un bon rapport qualité/prix dans un cadre luxuriant, éclairé le soir aux chandelles. Au menu : pâtes, poisson, viande, *antojitos* (amuse-gueule) variés et pizzas cuites au feu de bois dans un four à l'italienne.

♥ **El Huachinango Feliz** POISSON, FRUITS DE MER **$$**
(☎916-345-46-42 ; Hidalgo s/n ; plats 90-160 $M ; ⊙9h-23h). Dans le quartier verdoyant de La Cañada, ce restaurant populaire, pittoresque et très fréquenté possède une jolie terrasse avec des parasols à l'avant et une autre couverte à l'étage. Au menu : soupe et cocktails de fruits de mer, poisson grillé et crevettes accommodées de 10 façons différentes. Le service traîne en longueur, mais le jeu en vaut la chandelle.

Monte Verde ITALIEN **$$**
(☎916-119-17-87 ; plats 100-180 $M ; ⊙13h-23h). Ce restaurant isolé dans la forêt propose une cuisine aux accents méditerranéens. Si la plupart des gens viennent pour les pizzas à pâte fine, les viandes et les pâtes méritent aussi l'attention. Goûtez les tagliatelles aux fruits de mer, riches en crevettes, et vous sortirez comblé. Des musiciens y jouent souvent le soir.

Restaurant Las Tinajas MEXICAIN **$$**
(Angle Av 20 de Noviembre et Abasolo ; plats 85-130 $M ; ⊙7h-23h). Le succès des lieux tient à l'excellente cuisine familiale aux portions gargantuesques. Le *pollo a la veracruzana* (poulet à la sauce tomate, aux olives et aux oignons) et les *camarones al guajillo* (crevettes aux piments modérément forts) sont délicieux, tout comme la *salsa* maison.

La Selva MEXICAIN **$$**
(☎916-345-03-63 ; route 199 ; plats 85-220 $M ; ⊙11h30-22h30). Une adresse supérieure un peu formelle, du moins pour Palenque. Au menu : bons steaks, produits de la mer, salades et *antojitos* à déguster sous un grand toit en *palapa*. Des panneaux vitrés évoquant la jungle égayent l'un des murs. D'excellentes *piguas* (langoustes fraîches) sont parfois servies en automne.

Restaurant Maya Cañada MEXICAIN **$$**
(☎916-345-02-16 ; Merle Green s/n ; petit-déj 85-110 $M, plats 85-200 $M ; ⊙7h-23h ;). Une table assez haut de gamme dans le quartier arboré de La Cañada, gérée d'une main de maître, où l'on déguste de bons steaks, des spécialités régionales et de succulentes brochettes de poisson, toujours bien présentés. Ouvert sur l'extérieur et agréable terrasse à l'étage.

♥ **Restaurante Bajlum** MEXICAIN **$$$**
(☎916-107-85-18 ; www.facebook.com/Restaurante-Bajlum-276562802519284 ; plats 150-250 $M ; ⊙14h-22h). La carte de ce restaurant sélect fort séduisant décline une cuisine maya fusion à la fois moderne, créative et remarquablement présentée. Le lapin aux "herbes de la jungle" et le canard à l'orange font partie des savoureuses spécialités de la maison. La plupart des produits utilisés sont de provenance locale et le patron prend la peine d'expliquer aux clients l'histoire de chaque plat. Carte de cocktails impressionnante. À l'écart dans une ruelle, sur la gauche un peu avant les ruines.

Où prendre un verre et faire la fête

La vie nocturne de Palenque n'est pas spécialement trépidante. Les noctambules que vous croiserez seront pour la plupart des voyageurs qui attendent leur bus de nuit. Quelques endroits sur la route du site archéologique et un ou deux autres en ville accueillent des musiciens. Les bars du centre sont le plus souvent à éviter.

Italian Coffee Company CAFÉ
(www.italiancoffee.com ; angle Jiménez et Reforma ; café 20-40 $M ; ⊙8h-23h ;). Les voyageurs épuisés apprécient ce petit paradis climatisé offrant un large choix de cafés et des jeux de plateau.

Renseignements

Quelle que soit votre provenance, mieux vaut voyager de jour pour rejoindre Palenque car des braquages à main armée se produisent parfois sur les routes. Actuellement, nous vous conseillons d'éviter l'axe direct entre Ocosingo et Palenque. Lors de nos recherches, la plupart des transports empruntaient des itinéraires alternatifs, beaucoup plus longs mais plus sûrs. Des cas de vols à bord du bus de nuit au départ de Mérida ont aussi été signalés récemment. Si vous empruntez cette ligne, placez vos objets de valeur dans le compartiment à bagages.

Ces deux banques changent des euros et des dollars (avec photocopie de votre passeport).

Banco Azteca (Av Juárez, entre Allende et Aldama ; ⏲9h-21h)

Bancomer (Av Juárez 96 ; ⏲8h30-16h lun-ven). Dispose d'un DAB.

Clínica Palenque (Velasco Suárez 33 ; ⏲8h30-13h30 et 17h-21h). Clinique anglophone.

Kiosque d'information touristique municipal (El Parque ; ⏲9h-14h et 18h-21h lun-ven)

Poste (Independencia s/n ; ⏲8h-20h30 lun-ven, 8h-12h sam)

Office du tourisme de l'État (angle Av Juárez et Abasolo ; ⏲9h-20h lun-sam, 9h-13h dim). Fournit des renseignements sur la ville, la région et les transports, ainsi que des cartes. Cependant, les réceptionnistes des hôtels donnent généralement des informations plus précises.

Depuis/vers Palenque

AVION

Depuis 2014, l'**aéroport de Palenque** (☎916-345-16-92), longtemps déserté, accueille à nouveau des vols commerciaux. Interjet dessert Mexico 2 fois par semaine. Sinon, le grand aéroport le plus proche est celui de Villahermosa, desservi par des minibus ADO directs et confortables (330 $M).

BUS

Derrière la statue de tête maya, la nouvelle gare routière **ADO** (☎916-345-13-44) dotée d'un DAB et d'une consigne constitue la principale gare routière, d'où partent des bus deluxe et 1re classe ; la compagnie OCC (1re classe) l'utilise aussi. Il est préférable d'acheter son billet la veille du départ. Pour des raisons de sécurité, les bus à destination d'Ocosingo ne suivent plus actuellement l'itinéraire direct et passent le plus souvent par Villahermosa.

Les bus **AEXA** (☎916-345-26-30 ; www.autobusesaexa.com.mx ; Av Juárez 159, 1re classe) et Cardesa (2e classe) partent à 300 m à l'est de l'Avenida Juárez.

Línea Comitán Lagos de Montebello (☎916-345-12-60 ; Velasco Suárez entre Calle 6a et Calle 7a Poniente Norte), à l'ouest du marché de Palenque, assure toutes les heures des minibus pour Benemérito de las Américas (130 $M, 10/jour 3h30-14h45), dont la plupart continuent par la Carretera Fronteriza jusqu'aux Lagos de Montebello (300 $M, 7 heures pour Tziscao) et Comitán (350 $M, 8 heures).

COLECTIVO

Des **camionnettes pour Ocosingo** (76 $M) démarrent, une fois remplies, de la Calle 5a Poniente Sur. Au vu des problèmes de sécurité, les minibus n'empruntent pas toujours la route directe. Comptez avec des services supprimés ou de nombreux détours.

De nombreux **combis** desservant des destinations le long de la Carretera Fronteriza (dont Lacanjá Chansayab, Bonampak, Yaxchilán et Benemérito de las Américas), ainsi que Pico de Oro, partent d'une gare routière pour *colectivos* extérieure juste au sud de la nouvelle gare routière ADO.

BUS AU DÉPART DE PALENQUE

DESTINATION	TARIF ($M)	DURÉE (H)	FRÉQUENCE
Aéroport de Villahermosa	330	2 ¼	5 ADO/jour
Campeche	440	5-5 ½	4 ADO/jour
Cancún	722-994	12-13 ½	4 ADO/jour
Mérida	628	8	4 ADO/jour
Mexico (1 TAPO et 1 Norte)	1 096	13 ½	2 ADO/jour
Oaxaca	946	15	ADO à 17h30
San Cristóbal de las Casas	306-354	8-9	6 ADO/jour, 4 AEXA/jour
Tulum	576-645	10-11	4 ADO/jour
Tuxtla Gutiérrez	268-364	6 ½	11 ADO/jour, 5 AEXA/jour
Villahermosa	140-204	2 ½	fréquents ADO et AEXA

Des minibus **Transportes Pajchiltic** (Av 15 de Marzo) se rendent à Metzabok (55 $M, 3 heures) et à Nahá (60 $M, 4 heures). Il faut toutefois attendre qu'ils se remplissent (vous aurez plus de chance le matin). En sens inverse, les véhicules partent souvent au milieu de la nuit.

Comment circuler

Le trajet en taxi coûte 55 $M (jusqu'à 70 $M de nuit) pour El Panchán ou Maya Bell, et 60 $M jusqu'au site archéologique. Du centre-ville, des *combis* gérés par **Transporte Chambalú** (916-345-28-49 ; Hidalgo ; 25 $M) sillonnent la route des ruines jusqu'à la tombée du jour. **Radio Taxis Santo Domingo** (916-345-01-26) possède un central d'appels. Une station de **taxis** se trouve sur El Parque.

Agua Azul et Misol-Ha

Deux petits détours sur la route entre Ocosingo et Palenque mènent aux cascades grondantes d'Agua Azul et aux chutes de Misol-Ha (35 m), deux sites superbes en pleine jungle. Notez qu'ils perdent en partie leur charme pendant la saison des pluies car les eaux sont envasées, même si la puissance des cascades peut en être magnifiée.

Pour les visiter, le plus simple est de se joindre à une excursion sur la journée organisée depuis Palenque.

À voir

Agua Azul CASCADES

(40 $M). Des masses d'eau d'une blancheur éclatante se déversent dans des bassins turquoise (sauf en saison des pluies) entourés de jungle. Ce site époustouflant et tranquille est bondé pendant les vacances et le week-end. La tentation est grande de se baigner, mais la plus extrême prudence reste de mise : le courant est rapide, la puissance des chutes évidente, et de nombreux rochers et souches se dissimulent sous l'eau.

Si votre condition physique vous le permet, montez plus haut car il y a moins de monde.

L'embranchement pour ces cascades se situe à mi-chemin entre Ocosingo et Palenque (à quelque 60 km de chacun de ces deux bourgs). Une route goudronnée descend sur 4,5 km jusqu'à Agua Azul, depuis la 199. Un sentier bien conçu, fait de marches de pierre et de béton, longe les chutes sur 700 m depuis le parking, bordé de stands d'alimentation et de souvenirs. Des hébergements modestes sont proposés. Malheureusement, des vols sont régulièrement signalés. Gardez l'œil sur vos affaires et restez sur le principal sentier goudronné.

Misol-Ha CASCADES

(Accès 35 $M). À 20 km seulement au sud de Palenque, les cascades spectaculaires de Misol-Ha se jettent sur quelque 35 m de haut dans un large et superbe bassin entouré de végétation tropicale. C'est un endroit sublime pour se baigner (parfois, la saison des pluies ne le permet pas). Derrière la cascade principale, un sentier débouche sur une grotte qui permet de mesurer la puissance des chutes. Misol-Ha est situé à 1,5 km de la route 199 où l'embranchement est indiqué. Vous devrez payer pour traverser deux différents *ejidos* (propriétés agricoles collectives).

Où se loger

Centro Turístico Ejidal Cascada de Misol-Ha CABAÑAS $

(916-345-12-10 ; www.misol-ha.com ; cabañas 290 $M ; restaurant 7h-19h, 7h-22h haute saison ; P). Vous trouverez ici 21 superbes *cabañas* en bois avec ventilateur, salle de bains (eau chaude) et moustiquaires, ainsi qu'un bon restaurant en plein air (plats 80-160 $M). Les baignades nocturnes font rêver.

Depuis/vers Agua Azul et Misol-Ha

Presque toutes les agences de voyages de Palenque proposent des excursions d'une journée à Misol-Ha et Agua Azul. Ces circuits sont facturés environ 350 $M (ticket d'entrée compris) et durent en tout 6 à 7 heures, avec un arrêt de 30 à 60 minutes à Misol-Ha et de 2 à 3 heures à Agua Azul. Il est possible de partir de Palenque et de finir la journée à San Cristóbal pour 120 $M de plus. Des *colectivos* (40 $M) relient Palenque à l'embranchement pour Misol-Ha, d'où l'on rejoint les cascades en 20-30 minutes de marche.

Pour des questions de sécurité, il est actuellement déconseillé de voyager entre Agua Azul et Ocosingo.

Bonampak, Yaxchilán et la Carretera Fronteriza

Près de la frontière du Guatemala, les petites cités mayas méconnues de Bonampak et Yaxchilán se distinguent par leur côté sauvage et pittoresque. Au milieu de la forêt lacandone peuplée de singes et d'oiseaux, les ruines se transforment la nuit en tableau féerique scintillant de lucioles sous le ciel étoilé. Bonampak, célèbre pour ses fresques, se situe à 152 km de Palenque par la route. Un peu plus grande, Yaxchilán, dans un décor de jungle incomparable au bord du large et rapide Río Usumacinta, est à 173 km par voie terrestre et 22 km en bateau.

On rejoint les deux sites via la Carretera Fronteriza, qui dessert aussi plusieurs projets d'écotourisme, des cascades, des villages lacandons et des ruines archéologiques mineures.

Circuits organisés

Le recours à des circuits organisés peut être pratique si vous disposez d'un temps limité et ne conduisez pas. Vérifiez toujours soigneusement quelles sont les prestations comprises ou en sus. Voici les formules standards, incluant les droits d'entrée et certains repas, que proposent les agences de voyages de Palenque :

Bonampak et Yaxchilán Excursions d'un jour (1 750-2 500 $M par pers) en minibus climatisé, comprenant en général 2 repas – une formule qui économise temps et argent en regroupant ces 2 destinations assez éloignées de Palenque –, ou bien de 2 jours (3 000-4 000 $M par pers), avec nuit à Lacanjá Chansayab.

Excursions à Flores, au Guatemala Excursions (environ 1 300 $M, 10-11 heures) combinant le transport en minibus jusqu'à Frontera Corozal, puis la traversée en bateau sur l'Usumacinta jusqu'à Bethel (Guatemala), et enfin le bus public jusqu'à Flores. Il est tout aussi simple d'organiser ce circuit soi-même en utilisant les transports publics.

Flores via Bonampak et Yaxchilán Excursions de 2 jours (environ 3 100 $M) avec nuit à Lacanjá Chansayab.

À Palenque, Transportador Turística Scherrer & Barb (p. 410) organise des circuits sortant davantage des sentiers battus, notamment dans les villages lacandons de Nahá et de Metzabok et jusqu'aux cascades de la région. SendaSur (p. 392), basé à San Cristóbal de las Casas, peut s'occuper des réservations pour les voyageurs indépendants.

Renseignements

DÉSAGRÉMENTS ET DANGERS

Le trafic de drogue et le passage d'immigrés illégaux sont endémiques dans cette région frontalière. Par ailleurs, la Carretera Fronteriza entoure plus ou moins la principale zone acquise aux rebelles zapatistes. Il ne faut pas s'étonner de rencontrer de nombreux postes de contrôle militaires le long de cette route, mais mieux vaut ne pas tenter le diable et ne pas laisser d'argent ou d'objets de valeur sans surveillance durant les haltes. Pour votre sécurité, nous vous conseillons de ne pas emprunter la Carretera Fronteriza de nuit. D'ailleurs, les transports publics ne circulent plus après le coucher du soleil. Pour la même raison, ne passez les postes-frontières avec le Guatemala que tôt dans la journée.

Durant les mois pluvieux de septembre et d'octobre, les rivières sont habituellement en crue et la baignade est risquée.

N'oubliez pas de vous protéger contre les insectes.

Depuis/vers Bonampak, Yaxchilán et la Carretera Fronteriza

La Carretera Fronteriza (route 307) bien asphaltée longe la frontière guatémaltèque de Palenque jusqu'aux Lagos de Montebello. De Palenque, des minibus Autotransporte Chamoán rallient Frontera Corozal (145 $M, 2 heures 30-3 heures, toutes les 40 min, 4h-17h) au départ d'une petite gare routière de *colectivos* proche de la grande tête maya, au sud de la gare routière. Empruntez-les pour visiter Bonampak et Lacanjá Chansayab ; si vous leur demandez, les chauffeurs font halte à l'embranchement le plus proche des ruines, le Crucero Bonampak (95 $M, 2 heures), au lieu de l'arrêt de San Javier sur la route fédérale.

Línea Comitán Lagos de Montebello (p. 414) affrète 10 bus par jour pour Benemérito de las Américas (125 $M, 3h30-14h45). Ils stationnent deux rues à l'ouest du marché de Palenque. La plupart continuent leur route sur la Carretera Fronteriza jusqu'aux Lagos de Montebello (310 $M, 7 heures jusqu'à Tziscao) et jusqu'à Comitán (368 $M, 8 heures).

Les bus de ces 2 compagnies font halte à San Javier (85 $M, 2 heures) – soit à 140 km de Palenque, au niveau de la bifurcation pour Lacanjá Chansayab et Bonampak – ainsi qu'à Crucero Corozal (100 $M, 2 heures 30) – à hauteur de l'embranchement menant à Frontera Corozal. Pour la Cascada Welib-Já et Nueva Palestina, prenez à Palenque n'importe quel *combi* partant de Palenque et suivant la Carretera Fronteriza.

Il y a peu de stations-service sur la Carretera Fronteriza. Entre Palenque et Comitán (via le raccourci de Chajul), vous n'en trouverez qu'à Chancalá et Benemérito, mais les pancartes "*Se vende gasolina*" signalent la vente d'essence à prix correct par des habitants entreprenants qui vous la serviront à partir de grands jerricans en plastique. Si vous conduisez, ne roulez pas après la nuit tombée.

De Palenque à Bonampak

Cascada de las Golondrinas CASCADES

(Nueva Palestina ; 25 $M, empl tente 60 $M ; ⏲restaurant 9h-16h). À 10 km de la route, deux rivières tombent de 35 m de haut en cascades impressionnantes, et l'on peut se baigner dans des eaux bleues limpides à la saison sèche. Une passerelle en bois franchit les cataractes. Au crépuscule, des centaines d'hirondelles se réfugient pour la nuit dans une grotte sous les chutes et en ressortent à l'aube.

Les campeurs bénéficient de jolis emplacements à l'ombre et de sanitaires basiques. De Palenque, prenez un *combi* jusqu'à l'embranchement pour Nueva Palestina (55 $M, 2 heures), d'où un taxi vous conduira au site moyennant 130 $M l'aller (arrangez-vous avec lui pour qu'il vienne vous rechercher). En voiture, roulez 9 km en direction de Nueva Palestina jusqu'à l'embranchement signalé ; les chutes se situent 1 km plus loin.

Cascada Welib-Já CASCADE

(25 $M ; ⏲8h-19h). À 30 km de Palenque, cette chute de 25 m de haut n'est pas la plus spectaculaire du secteur, mais ses bassins d'eau turquoise font d'excellents lieux de baignade et il y a peu de monde en général. Une tyrolienne traverse la rivière (50 $M) et l'on trouve sur place un restaurant sans prétention. De Palenque, prenez un *combi* jusqu'à l'entrée bien indiquée sur la route (40 $M, 30 min), puis parcourez 700 m à pied.

Plan de Ayutla SITE ARCHÉOLOGIQUE

(Près de Nueva Palestina ; 50 $M ; ⏲8h-17h). Les vestiges mayas isolés de Plan de Ayutla s'inscrivent dans un site évocateur envahi par la végétation. Du parking en terre à l'ombre d'arbres touffus, suivez le chemin sinueux qui monte à l'**acropole nord**, l'une des trois construites au sommet de buttes naturelles. Le visiteur peut ainsi explorer le dédale de pièces formé par l'ancien complexe palatial réparti sur 4 niveaux.

Édifice majeur de cette acropole, l'étonnante **Structure 13** pyramidale arbore des motifs extérieurs en forme d'escaliers uniques en leur genre. C'est ici que les archéologues ont récemment mis au jour un **observatoire astronomique** dont les deux pièces supérieures renferment un système canalisant la lumière pour permettre de visualiser le solstice d'hiver et le zénith solaire.

Habitée de 150 av. J.-C. à l'an 1000, Plan de Ayutla fut probablement le siège du pouvoir régional entre 250 av. J.-C. et 700 de notre ère. Au vu de sa taille et de ses caractéristiques architecturales, notamment le plus grand jeu de balle (65 m de long) de l'Alto Río Usumacinta, les archéologues formulent deux hypothèses historiques : Plan de Ayutla serait soit la cité de Sak T'zi' (Chien blanc), qui combattit Toniná, Yaxchilán et Piedras Negras, et dont la défaite face à Bonampak figurerait sur les célèbres peintures murales de cette dernière ; soit elle serait l'antique Ak'e' (Tortue), ville d'origine de la famille royale de Bonampak.

En voiture depuis la route fédérale, parcourez 11 km jusqu'à Nueva Palestina, puis, à l'endroit où la route goudronnée tourne à gauche près d'un groupe de panneaux indiquant des hébergements, continuez tout droit sur une route gravillonneuse. Au bout de 4,5 km, prenez l'embranchement à gauche (celui de droite mène au village de Plan de Ayutla, pas aux ruines) qui atteint le site 3 km plus loin. S'ils sont sur place, les représentants de l'*ejido* (coopérative paysanne) vous feront peut-être payer un modeste droit d'entrée. En arrivant en *combi* à l'embranchement pour Nueva Palestina, vous pourrez négocier un aller-retour en taxi comprenant l'attente du chauffeur pendant la visite.

Bonampak

Enfoui dans une épaisse forêt, le remarquable **site de Bonampak** (65 $M ; ⏲8h-17h) resta caché du monde jusqu'en 1946. Il doit sa réputation à ses fresques de couleurs vives qui ressuscitent l'univers des Mayas. Cela vaut la peine de s'y rendre, même si l'entreprise est un peu compliquée. Les ruines s'étendent sur 2,4 km², mais les principaux vestiges entourent la Gran Plaza rectangulaire.

Le site jouxte la Reserva de la Biosfera Montes Azules à la flore et la faune exceptionnelles. Ouvrez l'œil pour repérer singes et aras.

À voir

Les principaux monuments ayant résisté au temps remontent au règne de Chan Muwan II, un neveu d'Itzamnaaj B'alam II, seigneur de Yaxchilán, ayant accédé au trône de Bonampak en 776. Haute de 6 m, la **stèle 1** sur la **Gran Plaza** représente précisément Chan Muwan II à son apogée. Exhumées sur l'**acropole** qui s'élève à l'extrémité sud de l'esplanade, les **stèles 2 et 3** portent aussi la figure du roi.

Bonampak doit sa réputation et son nom aux remarquables **fresques** conservées à l'intérieur du **Templo de las Pinturas (Edificio 1)**, d'apparence pourtant modeste. Bonampak signifie d'ailleurs "murs peints" en maya du Yucatán. Certains archéologues pensent que ces peintures illustrent une bataille l'opposant à la cité de Sak T'zi', qui ne serait autre que l'actuelle Plan de Ayutla.

Les diagrammes à l'extérieur du temple aident à interpréter ces fresques, qui restent les plus belles que nous connaissions de l'Amérique précolombienne, bien qu'elles aient été gravement altérées (les premiers visiteurs les ont même arrosées de kérosène pour tenter d'en raviver les couleurs).

Dans la **salle 1** (sur la gauche lorsqu'on est face au temple), on découvre le sacre du fils nouveau-né de Chan Muwan II dans les bras d'un personnage, en haut à droite du mur du fond. Quatorze nobles portant des ornements en jade assistent à la cérémonie. La **salle 2**, au centre, montre des scènes de bataille sur les parois sud et est, ainsi que sur la voûte. La paroi nord illustre la torture (l'arrachage des ongles) et le sacrifice de prisonniers, auxquels préside Chan Muwan II, revêtu d'une tenue de combat en peau de jaguar. Une tête tranchée repose au-dessous de lui, près du pied d'un captif vivant. Dans la **salle 3**, fraîchement restaurée et resplendissante de couleurs, des seigneurs aux imposantes coiffes exécutent une danse cérémonielle sur l'escalier de l'acropole. Sur le mur est, 3 personnages en robe blanche se percent la langue lors d'une saignée rituelle.

On pense que ces 3 scènes faisaient partie des cérémonies organisées lors de la venue du nouvel héritier. En fait, ce prince ne régna probablement jamais. La cité fut abandonnée avant l'achèvement des fresques, lorsque s'éteignit la civilisation maya classique. En pénétrant dans les **Edificios 1** et **6**, levez les yeux pour admirer les linteaux finement sculptés.

Bonampak

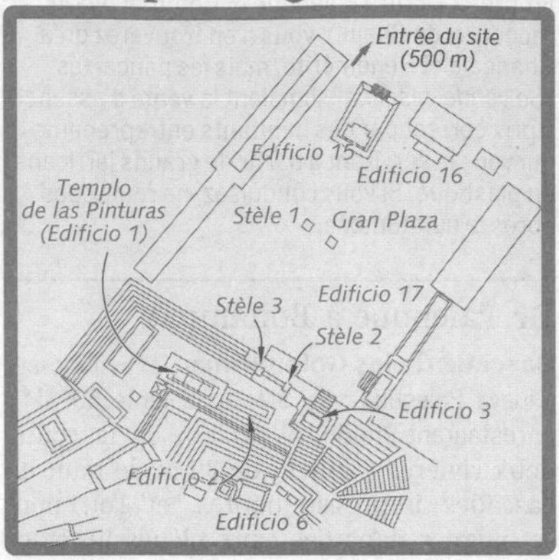

Depuis/vers Bonampak

Bonampak se trouve à 12 km de San Javier, sur la Carretera Fronteriza. Si l'on vous dépose à ce croisement et non au Crucero Bonampak, 8 km plus loin, le trajet en taxi vous coûtera 30 $M.

Prévoyez également la somme de 30 $M par personne versée à la communauté pour pénétrer dans le village de Lacanjá Chansayab. Les moyens de transport privés sont par ailleurs interdits au-delà du Crucero Bonampak, où les chauffeurs de minibus facturent la somme exorbitante de 250 $M par véhicule pour l'aller-retour jusqu'aux ruines.

Lacanjá Chansayab

380 HABITANTS / ALTITUDE : 320 M

Lacanjá Chansayab, le plus grand village maya lacandon, se trouve à 6 km de San Javier sur la Carretera Fronteriza et à 12 km du site de Bonampak. Les familles qui le composent sont dispersées sur un vaste espace. Leurs terres verdoyantes donnent souvent sur des criques, voire sur le Río Lacanjá. Le tourisme constituant une source importante de revenus, de nombreuses familles gèrent désormais des *campamentos* réunissant chambres, camping et espace pour suspendre des hamacs. Sur la route qui mène au village, vous traverserez un pont enjambant le Río Lacanjá, d'où vous ne serez plus qu'à 700 m environ du carrefour central dont les routes partent vers la gauche (sud), la droite (nord) et en face (ouest).

Activités

Sendero Ya Toch Kusam RANDONNÉE

Ce sentier pédestre de 2,5 km débute à 200 m à l'ouest du carrefour central.

Où se loger et se restaurer

Campamento Río Lacanjá CABAÑAS $$
(www.ecochiapas.com/lacanja ; ch sans sdb 645 $M ; P). Confortables, ces bungalows en bois semi-ouverts et équipés de moustiquaires sont à deux pas du Río Lacanjá, au plus près de la forêt et du fleuve. Un peu plus loin, de plus grandes chambres (tr/qua 750/850 $M) comportent 2 lits doubles en bois massif, sol carrelé, ventilateurs et salle de bains avec eau chaude.

Si vous constituez un groupe de 4 personnes (minimum), on vous y propose des randonnées guidées et des sorties rafting sur le Río Lacanjá (pas de rapides, mais des cascades hautes de 2,5 m). Une demi-journée jusqu'aux ruines de Lacanjá et à la Cascada Ya Toch Kusam (accessibles à pied depuis la rivière) est facturée 600 $M par groupe de 10 personnes maximum. Pour une virée de 2 jours avec rafting, camping et visite des ruines de Bonampak, comptez environ 1 400 $M par personne. Menu dîner à 100 $M et petit-déjeuner à 85 $M.

Campamento Topche CABAÑAS $$
(www.sendasur.com.mx ; ch sans/avec sdb 733/1294 $M ; P). À environ 550 m à l'ouest du carrefour central, ce *campamento* récemment rénové offre différents choix, dont de confortables chambres au sol en terre cuite et au toit en *palapa* à l'épreuve des moustiques. D'autres occupent des bungalows en bois avec salle de bains commune, moustiquaires et cloisons plus basses que le plafond. Enfin, des *cabañas* indépendantes sont installées près de la rivière. Eau chaude partout.

Restaurant Chankin MEXICAIN $
(Repas autour de 90 $M ; 7h-21h). Dans un paisible jardin dont les fleurs odorantes attirent de nombreux colibris, ce restaurant sert une robuste cuisine campagnarde.

Depuis/vers Lacanjá Chansayab

À Palenque, les *combis* pour Lacanjá Chansayab (140 $M) et autres destinations sur la Carretera Fronteriza partent d'une station de *colectivos* à ciel ouvert juste au sud de la gare routière ADO. La communauté locale demande 30 $M par personne à l'entrée du village. Si vous venez de Yaxchilán, le trajet en *combi* entre le Crucero Corozal et San Javier revient à 53 $M.

Frontera Corozal

5 200 HABITANTS / ALTITUDE : 200 M

Située sur la route principale qui relie le Chiapas à la région du Petén (Guatemala), cette ville frontalière au bord du fleuve – à 16 km par la route depuis l'embranchement pour Crucero Corozal sur la Carretera Fronteriza – est une étape essentielle pour la visite des superbes vestiges de Yaxchilán. Autrefois nommée Frontera Echeverría, elle est en majorité habitée par des Mayas Chol, qui s'y sont installés dans les années 1970. Le Río Usumacinta, dont le cours rapide traverse la forêt, forme à cet endroit la frontière avec le Guatemala.

De longues *lanchas* à moteur vont et viennent depuis l'*embarcadero* du fleuve. Vous trouverez presque tout ce dont vous avez besoin dans la grand-rue goudronnée menant à l'intérieur des terres – notamment le **bureau de l'immigration** (8h-18h), à 400 m de l'embarcadère, où vous devrez présenter ou obtenir un permis touristique pour aller au Guatemala ou en revenir.

À voir

Museo de la Cuenca del Usumacinta MUSÉE
(Musée du Bassin de l'Usumacinta ; 26 $M ; 9h-17h). Face au bureau de l'immigration, ce musée permet à la fois de contempler de beaux exemplaires de robes chol et de se renseigner sur l'histoire de la région depuis la Conquête. Mais son attrait principal réside dans deux superbes stèles finement gravées découvertes sur le site voisin de Dos Caobas. Si vous trouvez porte close, renseignez-vous au Restaurante Imperio Maya voisin.

Où se loger et se restaurer

Nueva Alianza CABAÑAS $$
(Guatemala 502-463-824 ; www.hotelnuevaalianza.org ; ch avec/sans sdb 600/300 $M ; P). Nichée au milieu des arbres, à 150 m du musée le long d'une petite route, cette adresse sympathique loue de petites chambres toutes simples et gaies avec des cloisons en bois qui n'atteignent pas le plafond. Les nouvelles ont des salles de bains privatives. Ventilateur, eau chaude et joli mobilier en bois dans toutes les chambres. Sur place, un bon restaurant (plats à partir de 80 $M) et le seul accès Internet de la ville.

Escudo Jaguar CABAÑAS **$$**
(☎Guatemala 502-5353-56-37 ; www.escudojaguar.com ; empl tente 150 $M/pers, s/d 580/680 $M ; P ❄). Cet établissement en surplomb du fleuve à 300 m de l'*embarcadero* est apprécié des tour-opérateurs. Ses *cabañas* au toit de chaume, solides et nettes, sont équipées de ventilateurs et de moustiquaires. Les meilleures, immenses, ont l'eau chaude dans les douches et une terrasse avec hamac. Spécialités mexicaines de bonne tenue au restaurant (plats à partir de 65 $M, petit-déj 40-75 $M).

Restaurante Imperio Maya MEXICAIN **$**
(Plats 75-110 $M ; ⏲7h30-15h). Rattaché au musée, ce vaste restaurant coiffé de *palapa* décline un large choix de classiques mexicains et s'adresse aux touristes qui se rendent à Yaxchilán.

Depuis/vers Frontera Corozal

Si vous ne trouvez ni bus ni *combi* direct pour Frontera Corozal, prenez-en un pour Crucero. Corozal, à 16 km au sud-est de San Javier, sur la Carretera Fronteriza. De là, des taxis *colectivos* (40 $M/pers) rallient Frontera Corozal. L'*ejido* (communauté) réclame aux touristes une taxe (40 $M/pers) pour entrer dans Frontera Corozal ou en sortir. Gardez votre ticket pour le retour, sauf si vous allez au Guatemala.

Des minibus Autotransporte Chamoán quittent toutes les heures l'embarcadère de Frontera Corozal à destination de Palenque (90 $M, 2 heures 30-3 heures). Dernier départ à 16h quand le minibus est plein.

Des compagnies de *lanchas* ont leur bureau dans un bâtiment au toit de chaume près de l'*embarcadero*, et pratiquent des prix similaires à destination de **Bethel, au Guatemala** (bateau pour 1-3 pers 450 $M, 4 pers 530 $M, 5-7 pers 650 $M, 8-10 pers 800 $M), un trajet de 40 minutes en amont.

De Bethel, des bus rallient Flores (4 heures 30) toutes les heures de 8h à 16h. Assurez-vous que le bus s'arrête au bureau de l'immigration à Bethel.

Yaxchilán

Yaxchilán (70 $M ; ⏲8h-17h, dernière entrée 16h) se dresse dans un cadre spectaculaire au milieu de la forêt, en surplomb d'une boucle du Río Usumacinta. Les singes hurleurs (*saraguates*) se nourrissent dans les arbres alentour. Il est possible d'apercevoir des singes-araignées et des aras rouges.

Sa situation et l'aptitude au commerce de ses habitants permirent à la cité de prospérer à l'époque maya classique. Sur le plan archéologique, Yaxchilán est réputée pour ses monuments aux façades et aux crêtes faîtières ouvragées, ainsi que pour ses linteaux de pierre sculptés de scènes rituelles et guerrières. Une lampe de poche est utile pour visiter certains endroits.

Histoire

Yaxchilán connut son âge d'or entre 681 et 800, sous les règnes d'Itzamnaaj B'alam II (Jaguar-Bouclier II, 681-742), de Pájaro Jaguar IV (Oiseau-Jaguar IV, 752-768) et d'Itzamnaaj B'alam III (Jaguar-Bouclier III, 769-800). La cité fut abandonnée vers l'an 810. Les inscriptions visibles aujourd'hui en disent davantage sur la dynastie "Jaguar" que sur tout autre clan maya ayant pu occuper le pouvoir. Les symboles du jaguar et du bouclier apparaissent sur nombre de bâtiments et de stèles de Yaxchilán. Pájaro Jaguar IV est représenté par un glyphe figurant un petit félin au dos recouvert de plumes, un oiseau superposé sur la tête.

Les principaux monuments comportent des panneaux explicatifs en 3 langues, dont l'anglais.

À voir

En marchant vers les ruines, on remarque un sentier (signalé par un panneau) montant à droite jusqu'à la **Pequeña Acrópolis**, ensemble de ruines juché sur une petite colline que nous vous conseillons de visiter à la fin du circuit. En continuant sur le sentier principal, on atteint **El Laberinto (Edificio 19)**, dédale construit entre 742 et 752, entre le règne d'Itzamnaaj B'alam II et celui de Pájaro Jaguar IV. Des chauves-souris ont pris possession des lieux. On ressort de ce bâtiment complexe sur deux niveaux à l'extrémité nord-ouest de la **Gran Plaza**.

L'**Edificio 17** aurait abrité un bain de vapeur. Au milieu de l'esplanade, la stèle 1, flanquée de sculptures altérées d'un crocodile et d'un jaguar à plumes, représente Pájaro Jaguar IV au cours d'une cérémonie qui eut lieu en 761. L'**Edificio 20** date du règne d'Itzamnaaj B'alam III et constitue la dernière grande construction de Yaxchilán. Ses linteaux ont été transférés à Mexico. La **stèle 11**, au coin nord-est de la Gran Plaza, fut découverte devant l'Edificio 40. La plus

Yaxchilán

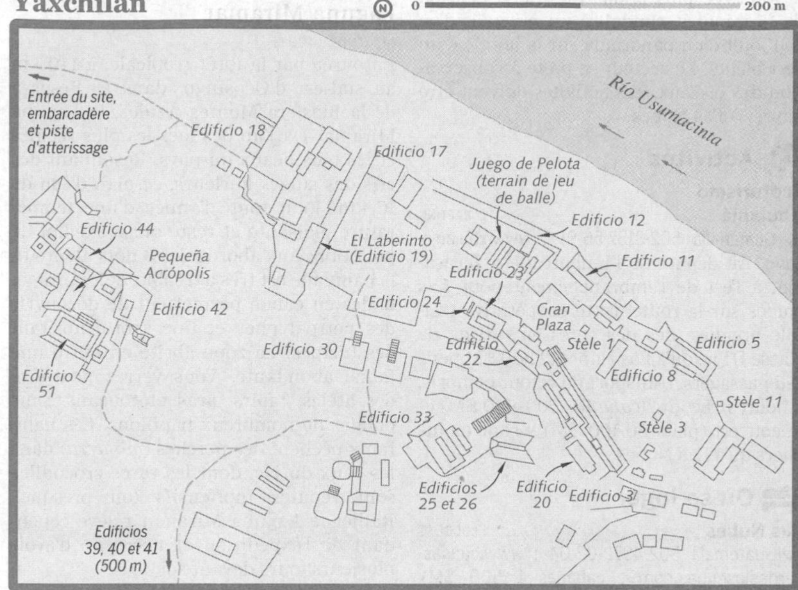

grande des deux effigies que l'on peut y voir représente Pájaro Jaguar IV.

Un escalier imposant mène de la stèle 1 à l'**Edificio 33**, le temple le mieux préservé de Yaxchilán, dont la crête faîtière est à moitié intacte. Des sculptures sur la dernière marche devant l'édifice montrent des scènes de jeu de balle et de magnifiques reliefs embellissent le dessous des linteaux. À l'intérieur se dresse une statue acéphale de Pájaro Jaguar IV : sa tête fut volée au XIXe siècle par des bûcherons en quête de trésors.

Un sentier partant de la clairière derrière l'Edificio 33 mène au milieu des arbres. À une vingtaine de mètres, prenez à gauche vers le sommet, puis encore à gauche environ 80 m plus loin. Au bout de 10 minutes de montée, vous atteindrez 3 monuments, les **Edificios 39**, **40** et **41**.

Depuis/vers Yaxchilán

De Frontera Corozal, les *lanchas* mettent 40 minutes pour descendre le fleuve (1 heure en sens inverse). Les différentes compagnies de bateaux, dont les bureaux se trouvent dans des bâtiments de chaume près de l'*embarcadero* de Frontera Corozal, pratiquent à peu près les mêmes tarifs (aller-retour avec halte de 2 heures 30 sur le site pour 1-3 personnes 800 $M, 4 personnes 1 050 $M, 5-7 personnes 1 450 $M ou 8-10 personnes 1 800 $M). Nombreux départs de *lanchas* jusqu'à 13h30 environ. Joignez-vous à d'autres voyageurs ou à un groupe pour partager les frais.

Las Nubes

À Las Nubes, les eaux turquoise du Río Santo Domingo coulent sur des rochers granitiques et forment d'impressionnantes cascades cernées par la forêt tropicale. Il s'agit d'un lieu délicieusement décontracté pour nager, marcher, faire de la tyrolienne, pratiquer la descente en rappel ou autres sports d'aventure pendant quelques jours.

À voir

Río Santo Domingo RIVIÈRE

Une succession de cascades et de rapides jalonnent le fleuve. Certains bassins sont parfaits pour piquer une tête (si vous ne séjournez pas sur place, il faut payer 20 $M/pers). Un pont pivotant enjambe le *río* au niveau d'un canyon escarpé, d'où la vue sur les cascades est spectaculaire. Une tyrolienne (150 $M) assez impressionnante traverse le site. On peut aussi faire de la spéléo et du rappel de février à juin.

Il existe également des itinéraires de marche plaisants sur les berges et dans la forêt. Le plus populaire, une ascension de 15 minutes, conduit à un *mirador* d'où l'on jouit d'un panorama sur la jungle d'un vert bleuté. Le secteur se prête à l'observation des oiseaux. Les activités doivent être payées à Las Nubes.

Activités

Ecoturismo

Xbulanjá RAFTING

(Guatemala 502-3137-56-91 ; www.xbulanja.com). Au départ de l'Embarcadero Jerusalén, à l'est de l'embranchement pour Las Nubes sur la route, cette coopérative tzeltale organise des descentes en rafting de classe III jusqu'à Las Nubes (2 200 $M pour 2-6 passagers, transport du retour compris, 3 heures). Le gîte (*cabañas* 600-800 $M) et le couvert (plats 60-100 $M) y sont moins chers qu'à Las Nubes.

Où se loger

Las Nubes LODGE $$

(Guatemala 502-4972-02-04 ; www.causasverdeslasnubes.com ; cabañas 1 500 $M). Superbement situé près des cascades principales, ce complexe paysager particulièrement paisible comprend 15 *cabañas* bien construites avec eau chaude et terrasse agréable, ainsi qu'un restaurant au bord de l'eau (plats autour de 90 $M) qui ne sert pas d'alcool (on peut apporter le sien). Exagérés, les tarifs chutent toutefois de 25% en basse saison.

Depuis/vers Las Nubes

Las Nubes se trouve à 12 km de la Carretera Fronteriza, à 55 km de Tziscao. De Comitán, 4 à 6 *combis* (95 $M, 3 heures 30-4 heures) quotidiens s'y rendent entre 7h30 et 16h30.

RACCOURCI DE LAS NUBES À LA LAGUNA MIRAMAR

Si vous visitez ces deux sites par les transports publics, un raccourci vous évitera de rebrousser chemin sur la route. Il suffit de couvrir à pied la distance entre Las Nubes et Loma Bonita, une ville à mi-parcours de la route qui mène aux *lanchas* pour la Laguna Miramar, puis de poursuivre en *combi*. Comptez environ 5 km de marche (40 min), avec quelques dénivelés, depuis le pont suspendu de Las Nubes.

Laguna Miramar

ALTITUDE : 400 M

Entourée par la forêt tropicale, à 140 km au sud-est d'Ocosingo, dans la Reserva de la Biosfera Montes Azules, la Laguna Miramar est l'un des lacs les plus reculés et les plus beaux du pays. Résonnant des cris des singes hurleurs, ce plan d'eau de 16 km² jouit toute l'année d'une température plaisante et reste quasi exempt de pollution. Aux abords des 3 îlots alentour, la baignade est très agréable, et les promenades en canoë permettent de découvrir des pétroglyphes et une grotte abritant des tortues. La zone abrite en outre une faune abondante. Vous verrez peut-être des atèles, tapirs, aras et toucans, sans oublier de nombreux papillons. Les habitants pêchent des perches (*mojarra*) dans les eaux du lac, dont les rares crocodiles sont réputés inoffensifs (ou presque). Rallier la Laguna Miramar relève cependant de l'expédition et nécessite d'avoir plusieurs jours devant soi.

À voir

Emiliano Zapata VILLAGE

(téléphone municipal 200-124-88-80/81/82). La Laguna Miramar est accessible grâce au projet d'écotourisme mené avec succès par la communauté du village d'Emiliano Zapata. Si vous arrivez par vos propres moyens, demandez à voir le Comité de Turismo ou El Presidente.

Où se loger

Sur les rives du lac, on peut accrocher son hamac ou camper (40 $M/pers) à l'abri d'une *palapa*. Mais si vous arrivez après 12h, vous devrez loger à Emiliano Zapata car les guides tiennent à rentrer avant la nuit. On y loue de simples *cabañas* (150 $M/pers) avec vue sur le fleuve, toutes dotées d'un petit lit et d'un grand lit, d'un ventilateur, et partageant une salle de bains.

Depuis/vers la Laguna Miramar

BATEAU

Prenez un *combi* de Comitán à La Democracia (en face d'Amatitlán, de l'autre côté du pont) ou à Plan de Río Azul, puis louez une *lancha* (1 400 $M l'aller, 8 passagers maximum, 2 heures) pour gagner Emiliano Zapata en remontant le Río Jatate. La plupart des *lanchas* partent de Plan de Río Azul (1 400-2 600 $M/

VAUT LE DÉTOUR

REFORMA AGRARIA

Reforma Agraria accueille un impressionnant programme communautaire visant à protéger l'ara rouge (*guacamaya*) menacé. Ce grand perroquet aux couleurs flamboyantes, qui peuplait jadis une zone s'étendant au nord jusqu'au Veracruz, a vu son territoire, au Mexique, se réduire à l'extrême est du Chiapas. Depuis qu'une réserve de 14,5 km², destinée à sa préservation, a été ouverte en 1991, le nombre de couples d'aras rouges a doublé, passant à plus de 110. Des guides conduisent les visiteurs à leur rencontre, mais sachez que les oiseaux entrent et sortent de la zone protégée pour trouver leur nourriture saisonnière ; la période de décembre à juin, quand ils nichent, est la plus propice pour les observer. Demandez sur place à voir la volière où grandissent les oisillons et renseignez-vous sur la possibilité d'accompagner l'équipe qui surveille les nids.

Las Guacamayas (☎ au Guatemala 502-5157-96-10 ; www.ecoturismoaramacao.com ; Ejido Reforma Agraria ; dort 330 $M, cabañas 1 635-1 965 $M, ste 2 070-2 260 $M ; P ⊖ ≋), bel écogîte très accueillant, se situe en bordure du large Río Lacantún, un des principaux affluents de l'Usumacinta, sur la rive opposée de la Reserva de la Biosfera Montes Azules. Les *cabañas* à toit de chaume, grandes et confortables, avec moustiquaires et vérandas, et dotées de grandes salles de bains avec douche chaude, sont disséminées dans le vaste domaine et reliées par des passerelles en bois. Les dortoirs sont en fait des chambres de 2 lits avec salle de bains commune.

bateau, en fonction de la taille du bateau et de votre capacité à négocier), à la demande, jusqu'aux alentours de 15h. La Democracia et Plan de Río Azul se situent respectivement à 16 km et à 20 km de la Carretera Fronteriza ; la première moitié de la route est asphaltée.

BUS ET COLECTIVO

Depuis Comitán

Au départ de Comitán, **Transportes Las Margaritas** (6a Calle Sur Oriente 51, entre 4a et 5a Av Oriente Sur) affrète de fréquents *combis* pour Las Margaritas (20 $M, 25 min). De Las Margaritas, des *collectivos* très inconfortables rallient San Quintín (100 $M, 4 heures 30-6 heures) tous les jours entre 5h et 12h. Ils ont tendance à partir toutes les heures, mais cela dépend de l'offre et de la demande. Retours entre 2h et midi.

Depuis Ocosingo

Les camions à destination de San Quintín (100-120 $M, 5-6 heures en saison sèche) démarrent d'un grand parking clos derrière le marché. Ils circulent environ toutes les 2 heures de 8h à 14h, à condition qu'il y ait assez de passagers. Venez tôt et préparez-vous à attendre.

Metzabok et Nahá

Dans la jungle lacandone, entre Ocosingo et la bourgade de Chancalá sur la Carretera Fronteriza, les villages isolés de Metzabok et de Nahá sont à cheval sur un réseau de rivières souterraines, au cœur d'une zone protégée pour sa biodiversité où vivent jaguars, ocelots, tapirs et singes hurleurs. Ici, les habitants ont conservé nombre de leurs traditions et coutumes ancestrales.

Activités

À Metzabok, les villageois proposent des excursions en *lancha* (jusqu'à 800 $M) sur la Laguna Tzibana cernée de forêt ; vous verrez une paroi calcaire moussue portant des pictogrammes préhistoriques d'un rouge intense et marcherez jusqu'à un point de vue au-dessus de la canopée.

À Nahá, on peut engager un guide (1/2 heures 400/700 $M) pour rejoindre à pied ou en canoë les différentes lagunes et apprendre à connaître la faune et la flore.

Où se loger

Centro Ecoturístico Nahá CABAÑAS $$
(☎ au Guatemala 555-150-59-53 ; www.nahaecoturismo.com ; s/d 750/850 $M, sans sdb 300/450 $M). Une adresse accueillante est composée de simples paillotes avec moustiquaires et de *cabañas* étonnamment luxueuses dont les salles de bains ont l'eau chaude.

Depuis/vers Metzabok et Nahá

De Palenque, des minibus Transportes Pajchiltic (carte p. 415) partent pour Metzabok (55 $M, 3 heures) et Nahá (60 $M, 4 heures) s'ils sont pleins (en matinée généralement).

Dans l'autre sens, les départs ont souvent lieu au milieu de la nuit. Notez que la desserte de Metzabok est incertaine dans les deux directions ; le minibus ne s'arrête qu'à l'embranchement situé à 6 km de Metzabok si le chauffeur estime le nombre de passagers insuffisant pour faire le détour jusqu'au village. Au départ d'Ocosingo, des camions pour Nahá (65 $M, 2 heures 30) partent depuis un parking fermé, derrière le marché, s'il y a assez de passagers.

Région de Comitán

Mêlant merveilles naturelles, villes à architecture coloniale et sites archéologiques impressionnants, cette région a tout pour plaire et l'on s'étonne qu'elle ne soit pas plus touristique. Pour les voyageurs bien informés, il s'agit en effet d'une des parties les plus intéressantes du Chiapas. Comitán, sa sympathique et jolie capitale, reste très couleur locale.

Comitán

☎963 / 98 000 HABITANTS / ALTITUDE : 1 560 M

Avec sa jolie place ornée de sculptures modernes, son église impressionnante et ses arbres vénérables soigneusement entretenus où, dès le soir venu, gazouillent des volées d'oiseaux, la ville de Comitán aux accents coloniaux, perchée sur un haut plateau à 90 km au sud-est de San Cristóbal, dégage une atmosphère bohème. Les hôtels et les restaurants sont de qualité, les musées intéressants, et la campagne alentour abrite de beaux sites archéologiques et naturels.

À voir

♥ Museo Arqueológico de Comitán MUSÉE
(☎963-632-57-60 ; 1a Calle Sur Oriente ; ⊙9h-18h mar-dim). GRATUIT Malgré sa très petite taille, ce musée regorge de trésors provenant des nombreux sites archéologiques du secteur (indications uniquement en espagnol). Les crânes précolombiens déformés – en réalité "embellis" à l'aide de planches qui enserraient la tête des nouveau-nés – laissent songeur.

Iglesia de Santo Domingo ÉDIFICE RELIGIEUX
(⊙7h-14h et 16h-20h). Sur la **place**, la magnifique Iglesia de Santo Domingo (XVIe-XVIIe siècles) a pour particularité sa tour-clocher à arcatures aveugles. Dans le monastère converti en **Centro Cultural Rosario Castellanos** (☎963-632-06-24 ; www.facebook.com/CentroCulturalRosarioCastellanos ; 1a Av Oriente ; ⊙9h-21h) GRATUIT, le joli patio aux piliers de bois abrite une fresque illustrant l'histoire locale.

Casa Museo Dr Belisario Domínguez MUSÉE
(☎963-632-13-00 ; Av Central Sur 35 ; ⊙10h-18h mar-sam, 9h-12h45 dim). GRATUIT Juste au sud de la grand-place, le domicile et cabinet d'un héros de la ville, le Dr Domínguez, médecin et homme politique, est devenu une maison-musée qui a récemment été rénovée. Outre un aperçu des pratiques médicales et de la vie de la classe moyenne de Comitán au début du XXe siècle, on y découvre la carrière politique de ce médecin assassiné en 1913 sur l'ordre du président Huerta dont il contestait les méthodes dictatoriales.

Où se loger

♥ Hotel Nak'am Secreto HÔTEL $$
(☎963-636-73-85 ; www.nakan.mx ; 1a Av Oriente Norte 29 ; ch avec petit-déj à partir de 947 $M ; ❄📶). La meilleure affaire de Comitán allie grandes chambres modernes et belles parties communes. Le super service, l'emplacement hypercentral, les grosses plantes feuillues dans des pots en terre cuite et le jardin sur le toit avec vue ajoutent à l'attrait du lieu.

Hotel Lagos de Montebello HÔTEL $$
(☎963-632-10-92 ; www.hotelloslagosdemontebello.com ; Blvd Belisario Dominguez Norte 14 ; d 832 $M ; 🅿📶🏊). La forme et la fonctionnalité priment dans ce grand hôtel bien tenu à la limite du centre-ville. Les chambres de bonne taille sont bien équipées, notamment d'un bureau et d'une TV à écran plat. Le calme règne le soir. La piscine dans la cour couverte constitue un atout majeur et il y a aussi un restaurant attenant.

La Casa Del Marques de Comillas BOUTIQUE-HÔTEL $$
(☎612-175-08-60 ; www.lacasadelmarquesdecomillas.com ; Av Central Sur 24 ; ch à partir de 816 $M ; 🅿❄📶🏊). Nous avons adoré la cour-jardin et la piscine ensoleillée de cet hôtel prisé d'un intéressant rapport qualité/prix. Les chambres un peu vieillottes ont été rajeunies par des couleurs contrastées et des touches artistiques égaient l'ensemble. Certains employés parlent anglais.

Comitán

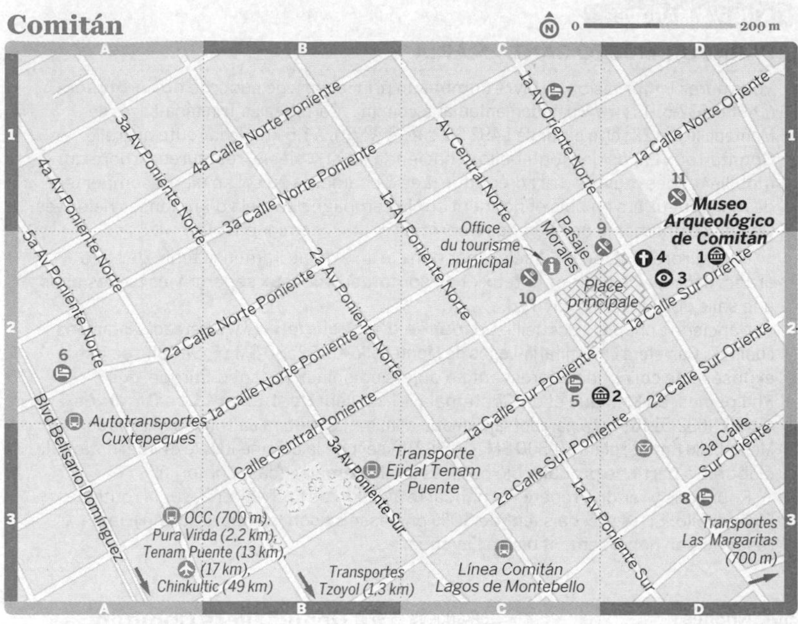

Comitán

Les incontournables
1 Museo Arqueológico de Comitán D2

À voir
2 Casa Museo Dr Belisario Domínguez D2
3 Centro Cultural Rosario Castellanos D2
4 Iglesia de Santo Domingo D2

Où se loger
5 Hotel Casa Delina C2
6 Hotel Lagos de Montebello A2
7 Hotel Nak'am Secreto C1
8 La Casa Del Marques de Comillas D3

Où se restaurer
9 500 Noches D2
10 Ta Bonitio C2
11 Yuli Moni Comedor D1

Hotel Casa Delina BOUTIQUE-HÔTEL $$$
(963-101-47-93 ; www.hotelcasadelina.com ; 1a Calle Sur Poniente 6 ; ch à partir de 1 300 $M ; P). Un groupe d'artistes contemporains mexicains et étrangers a laissé libre cours à son imagination pour décorer cette demeure vieille de 250 ans magnifiquement restaurée. Le résultat sort de l'ordinaire : des luminaires originaux pendent sous les arcades en bois autour du jardin tropical, tandis que des chevaux galopants et des bouches pulpeuses ornent les murs des 8 chambres au style industriel chic. Le café sur place sert d'excellents cafés bio du Chiapas.

Où se restaurer et prendre un verre

De bons restaurants ont pignon sur rue à l'ouest de la grand-place.

Yuli Moni Comedor MEXICAIN $
(Mercado ; quesadillas 20-30 $M ; 8h-17h ;). Pour grignoter à moindres frais, optez pour ce *comedor* du marché concoctant des quesadillas aussi savoureuses que généreuses. Les *nopales* (cactus) et les champignons plairont aux végétariens.

Ta Bonitio MEXICAIN $$
(963-565-95-06 ; www.facebook.com/tabonitio.mx ; Ave Central Norte 5 ; plats 80-120 $M ; 8h-23h). Que diriez-vous d'un burger aux tentacules de poulpe ? Une cuisine du Chiapas très créative figure au menu de ce restaurant décontracté, qui utilise autant que possible des produits du cru. Outre des plats de résistance inattendus et du mezcal de qualité, l'endroit est réputé pour ses grands buffets variés au petit-déjeuner.

À NE PAS MANQUER

PARADOR-MUSEO SANTA MARÍA

Vous aurez l'impression de vivre comme un prince dans ce superbe **hôtel-musée** (☎963-632-51-16 ; www.paradorsantamaria.com.mx ; Carretera La Trinitaria-Lagos de Montebello Km 22 ; ch à partir de 1 492 $M ; P ⊜ ≋ ≋), à 1,5 km de la route qui relie Comitán aux Lagos de Montebello. L'hacienda du XIXe siècle, restaurée, arbore du mobilier et des œuvres d'art d'époque. Les 8 chambres au sol en pierre comportent de majestueux lits en bois et donnent sur la campagne au-delà d'immenses pelouses. Certaines ont même une baignoire carrelée et une cheminée.

Plus surprenant, on peut séjourner dans le luxe d'une immense tente de style arabe, décorée de tapis orientaux et de somptueux rideaux séparant les pièces, plus une salle de bains avec Jacuzzi.

L'ancienne chapelle accueille un **musée d'art religieux** (www.paradorsantamaria.com.mx ; Carretera La Trinitaria-Lagos de Montebello Km 22 ; 30 $M ; ⊙9h-18h), où est exposée une collection intéressante d'objets coloniaux venant d'Europe, des Philippines, du Mexique et du Guatemala. L'excellent **Restaurant Los Geranios** (☎963-632-51-16 ; www.paradorsantamaria.com.mx ; Carretera La Trinitaria-Lagos de Montebello Km 22 ; plats 50-300 $M ; ⊙8h-21h) sert de la cuisine locale et internationale, élaborée à partir de produits bio cultivés sur le domaine (café compris).

Pour vous y rendre, repérez la pancarte à 22 km de La Trinitaria, sur la route de Montebello. Si les prix baissent de 30% en basse saison, en haute saison il faut réserver son hébergement bien à l'avance.

500 Noches ESPAGNOL $$
(☎963-101-38-11 ; Calle Central, place principale ; plats 120-170 $M ; ⊙11h-23h ; ≋). Ce vaste bar-restaurant haut de plafond met à l'honneur la fondue, les tapas, le vin (plus de 80 étiquettes) et la bière artisanale. Même si vous n'avez pas l'intention de dîner ici, venez au moins prendre un verre ou un dessert pour profiter du concert de *trova* qui débute chaque soir à 19h. Salle pleine de recoins romantiques et terrasse sur la place.

Pura Vida BEER GARDEN
(www.facebook.com/PuraVidaBeerStation ; De Abasolo ; bières 25-60 $M ; ⊙14h-23h mar-dim). À l'ouest du centre-ville, ce *beer garden* sans prétention à l'ambiance cool décline une longue liste de bières locales et étrangères, souvent accompagnées de musiciens et de feux de joie.

ℹ Renseignements

BBVA Bancomer (angle 1a Av Oriente Sur et 1a Calle Sur Oriente ; ⊙8h30-16h lun-ven). Change les euros et les dollars du lundi au vendredi. Possède un DAB.

Office du tourisme municipal (visitcomitan.com ; Av Central Norte ; ⊙8h-20h lun-mer, 8h-21h jeu-dim)

Poste (Av Central Sur 45 ; ⊙8h30-16h30 lun-ven, 8h30-12h sam)

ℹ Depuis/vers Comitán

La route 190 (Panaméricaine), appelée ici Blvd Belisario Domínguez ou tout simplement "El Bulevar", traverse l'ouest de la ville. Des **motos-taxis** (8 $M/pers) assurent des courses rapides en ville.

La **gare routière OCC** (☎963-632-09-80 ; Blvd Belisario Domínguez Sur 43) de Comitán se trouve sur la Panaméricaine. Des bus desservent, entre autres, Mexico, Villahermosa, Playa del Carmen et Cancún. En face de la gare routière OCC, les *combis* affichant "centro" (8 $M) mènent à la grand-place. Comptez 35 $M en taxi.

De nombreux *colectivos* partent de la route 190, entre les Calles 1a et 2a Sur Poniente, à environ 500 m de la gare routière OCC, dès qu'ils sont pleins. Pour San Cristóbal, départs de minibus (55 $M) et de taxis *colectivos* (60 $M) jusqu'à 21h. D'autres minibus partent pour Ciudad Cuauhtémoc (couramment appelé "Comalapa", 47 $M, jusqu'à 20h) et Tuxtla Gutiérrez (95 $M, jusqu'à 18h).

Línea Comitán Lagos de Montebello (☎963-632-08-75 ; 2a Av Poniente Sur 23) assure une liaison par minibus jusqu'aux Lagos de Montebello via la Carretera Fronteriza, avec des départs toutes les 20-30 minutes (3h-17h) pour Laguna Bosque Azul (45 $M, 1 heure) et Tziscao (50 $M, 1 heure 15). Pour Reforma Agraria (160 $M, 4 heures 30), il existe 10 bus/jour, partant entre 3h et 14h. Pour Palenque (350 $M, 8 heures), comptez sur 8 bus/jour entre 3h30 et 11h. L'heure d'été ne s'applique pas.

BUS AU DÉPART DE COMITÁN

DESTINATION	TARIF ($M)	DURÉE (H)	FRÉQUENCE
Ciudad Cuauhtémoc	120	1½	3/jour
Palenque	368	10	1/jour
San Cristóbal de las Casas	78	2	fréquents
Tapachula via Motozintla	300	6	6/jour
Tuxtla Gutiérrez	102-112	3	fréquents

Transportes Tzoyol (☎963-632-77-39 ; angle 4a Av Poniente Sur 1 039 et 13a Calle Sur Poniente) dessert en minibus Reforma Agraria (145 $M, 8/jour, de 2h30 à 15h), ainsi qu'Amatitlán et Plan de Río Azul (100 $M, 3 heures 30, 4/jour, 4h30-14h). L'heure d'été ne s'applique pas.

Autotransportes Cuxtepeques (Blvd Belisario Domínguez Sur, entre les Calles 1a et 2a Norte Poniente) assure un service de minibus et de bus jusqu'à la bifurcation de la cascade d'El Chiflón sur la route 226 (30 $M, 35-45 min), toutes les heures de 16h à 20h.

DEPUIS/VERS LE GUATEMALA

Des *colectivos* très fréquents (50 $M) et quelques bus (65 $M) relient Ciudad Cuauhtémoc à Comitán (1 heure 30). Au départ de Ciudad Cuauhtémoc, entre 11h et 22h, il existe 3 bus OCC quotidiens pour San Cristóbal de las Casas (156 $M, 3 heures 30) et au-delà, mais il est généralement plus facile d'aller à Comitán pour prendre une correspondance. De rares bus desservent aussi Palenque, Cancún et Tapachula.

Le **bureau de l'immigration mexicain** (Ciudad Cuauhtémoc ; ⌚8h-22h) fait face à la gare routière OCC ; c'est là que vous déposeront généralement les *colectivos*. Le poste-frontière guatémaltèque est à 4 km au sud, à La Mesilla. Des *combis* "Línea" (8 $M) et des taxis (*colectivos* 15 $M, individuel 50 $M) font la navette entre les deux côtés de la frontière, où vous trouverez des banques et des bureaux de change. La frontière est fermée à la circulation automobile entre 21h et 6h.

De La Mesilla, des **motos-taxis** (8 $M/3 Q) peuvent vous laisser au dépôt des bus 2e classe. Sur place, départs très fréquents entre 6h et 18h pour Huehuetenango (2 heures) et Quetzaltenango (4 heures), où vous trouverez des correspondances pour Guatemala Ciudad. Environ 1 km au-delà du poste-frontière (juste après le virage de la route), les bus 1re classe Línea Dorada (www.lineadorada.info) assurent chaque jour des liaisons directes avec Guatemala Ciudad (8 heures).

En ville, un **consulat du Guatemala** (☎963-110-68-16 ; www.minex.gob.gt ; 1a Calle Sur Poniente 35, Int 3 4e ét., Comitán ; ⌚9h-13h et 14h-17h lun-ven) délivre des visas touristiques.

Lagos de Montebello

Une cinquantaine de petits lacs, les Lagos (ou Lagunas) de Montebello, émaillent la forêt tempérée qui longe la frontière guatémaltèque à l'est de Chinkultic. Après la moiteur de la jungle voisine, cette région tranquille et pittoresque constitue un havre de fraîcheur. Si la plupart des gens se contentent d'une excursion à la journée depuis Comitán, l'endroit se prête idéalement à un séjour de quelques jours pour randonner.

À voir

Lagunas de Colores

De l'entrée du parc, la route se dirige au nord vers les Lagunas de Colores, 5 lacs allant du turquoise au vert profond : **Laguna Agua Tinta**, **Laguna Esmeralda**, **Laguna Encantada**, **Laguna Ensueño** et, le plus grand, **Laguna Bosque Azul**, sur la gauche, là où se termine la route asphaltée.

Laguna Pojoj et Laguna Tziscao

À environ 1 km sur la route de Tziscao, une autre petite route mène à 1 km au nord à un lac d'un bleu profond, la Laguna Pojoj dont l'île centrale est accessible en radeau. La Laguna Tziscao, à la frontière guatémaltèque, apparaît 1 km après la bifurcation pour la Laguna Pojoj. Le carrefour pour **Tziscao**, une jolie localité s'étirant jusqu'aux rives du lac, est un peu plus loin.

Circuits organisés

Sur le parking de la Laguna Ensueño (et parfois de Bosque Azul), on trouve des *camiones* pour une visite collective des lacs (environ 600 $M/véhicule, 3-5 heures),

Lagos de Montebello

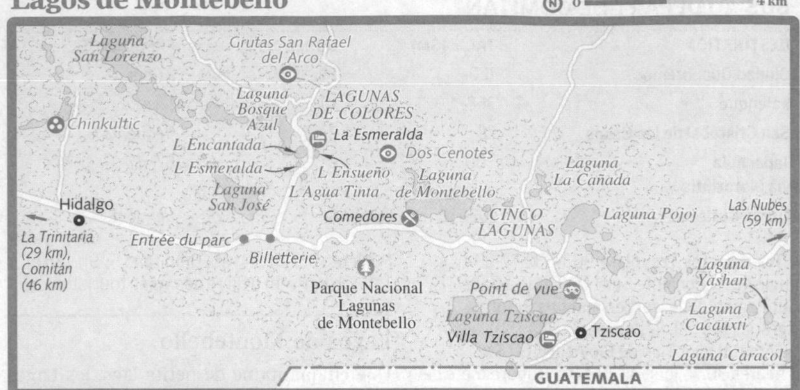

mais former un groupe en semaine peut parfois se révéler difficile. Sinon, des jeunes gens conduisent des randonnées à cheval vers les lacs en passant par les **Dos Cenotes** (200 $M, 2-3 heures), deux cavités en entonnoir dans la forêt, ou vers la **Laguna de Montebello** (environ 1 heure de trajet). À la Laguna de Montebello, on vous proposera également des balades équestres jusqu'aux Dos Cenotes.

Où se loger et se restaurer

La Esmeralda BUNGALOW $
(portable 963-1094329 ; bungalows 665 $M ; P). À 500 m à l'est de la route, entre Laguna Ensueño et Laguna Encantada, ces bungalows en bois bien conçus sur 2 niveaux, avec eau chaude et 5 couchages, font penser à une sympathique colonie de vacances. Ils bénéficient d'un emplacement de premier ordre, mais sont un peu trop proches les uns des autres. Un restaurant sert une cuisine mexicaine de base (plats 60-85 $M).

Comedores MEXICAIN $
(Plats à partir de 45 $M ; 7h-15h). À côté du parking de la Laguna Bosque Azul, plusieurs *comedores* sommaires servent boissons, *carne asada* (viande grillée) et quesadillas. La plupart des autres lacs comptent aussi des lieux de restauration.

Depuis/vers les Lagos de Montebello

La route goudronnée qui mène à Montebello part vers l'est depuis la route 190, juste au nord de La Trinitaria, à 16 km au sud de Comitán. Elle laisse Chinkultic sur sa gauche 32 km plus loin, puis entre dans le Parque Nacional Lagunas de Montebello 5 km après. À 800 m se trouve un guichet (entrée du parc 25 $M). C'est là que la route se divise en deux : vers le nord et les Lagunas de Colores (2-3 km), vers l'est et le village de Tziscao (9 km), au-delà duquel vous retrouverez la Carretera Fronteriza, qui continue jusqu'à Ixcán et Palenque. De Comitán, les transports publics permettent d'effectuer l'excursion dans la journée. Les minibus allant jusqu'au bout de la route de Laguna Bosque Azul et à Tziscao vous déposeront aux embranchements pour le Museo Parador Santa María, Chinkultic et les autres lacs. Les dernières navettes pour Comitán quittent Tziscao et Laguna Bosque Azul en fin d'après-midi.

À San Cristóbal de las Casas, des agences organisent des circuits englobant les lacs et une visite à El Chiflón, avec retour pour le dîner.

El Soconusco et ses plages

Cette plaine côtière fertile du Chiapas s'étire sur 15 à 35 km de large. Elle doit son nom à la lointaine province aztèque de Xoconochco (XVe siècle). Il y fait chaud et humide toute l'année, et des pluies abondantes l'arrosent de mi-mai à mi-octobre. La luxuriante Sierra Madre de Chiapas, qui se dresse au-dessus de la plaine, est propice à la production de café et de bananes, entre autres cultures. Sur la côte, les tortues olivâtres et vertes (ainsi que quelques tortues luths) qui viennent nicher entre juin et novembre font l'objet d'attention grâce à différents programmes de préservation mis en place à Puerto Arista, Boca del Cielo, La Encrucijada et Chocohuital/Costa Azul.

L'immense plage et l'océan tranchent avec les clichés tropicaux habituels par leur aspect sauvage. Il importe d'être prudent en choisissant son emplacement : les vagues sont souvent fortes et les contre-courants (*canales*) peuvent vite vous entraîner vers le large. Prévoyez du répulsif à insectes si vous logez ici : les mouches des sables sont virulentes entre mai et octobre.

Tonalá

☎966 / 35 000 HABITANTS

Cette localité moite sur la route 200 est le point de départ pour les plages de la partie nord d'El Soconusco. Sans grand intérêt, elle ne justifie pas d'y passer la nuit, à moins d'arriver tard.

Des transports fréquents desservent les villes plus importantes de l'arrière-pays. Pensez à retirer du liquide avant de rejoindre les plages voisines comme Puerto Arista (p. 431), car elles n'ont pas de DAB.

À voir

Iglesia Vieja SITE ARCHÉOLOGIQUE

(8h-17h). GRATUIT Considérée comme la capitale régionale des Zoques à la période classique, ce site fut habité de 250 à 400 de notre ère. Il se distingue en premier lieu par une architecture composée d'énormes blocs de granit et doit son nom à sa construction la plus impressionnante, l'Iglesia Vieja ("vieille église"), une pyramide de 95 m sur 65 m, dont chaque pierre dépasse la tonne. On accède au sommet par une rampe – remarquez au passage le pétroglyphe en forme de croix du côté sud de la base.

Autre trait caractéristique, la présence de nombreuses structures anthropomorphes et zoomorphes. Les plus connues sont l'autel **El Sapodrilo**, hybride de crapaud (*sapo*) et de crocodile (*cocodrilo*), et l'**Altar de las Cuatras Caras** (autel aux Quatre Visages).

LA FORÊT LACANDONE

Les nombreuses ressources naturelles du Chiapas, État marqué par ses vastes étendues verdoyantes, nourrissent ses habitants depuis des siècles. L'accès à l'eau, au bois, au pétrole et au gaz est toutefois source de conflits.

La Selva Lacandona (forêt lacandone), dans l'est du Chiapas, couvre 0,25% de la surface du pays. Pourtant, elle recèle 4 300 variétés de plantes (soit 17% de la flore nationale), 450 espèces de papillons (42% du chiffre national), au moins 340 espèces d'oiseaux (32%) et au minimum 163 espèces de mammifères (30%), dont le jaguar, l'ara rouge, la tortue blanche, le tapir et la harpie.

Ce riche réservoir de ressources naturelles et de biodiversité est constitué par l'extrémité sud-ouest de la Selva Maya, une bande de forêt tropicale humide s'étendant sur 30 000 km² jusqu'au nord du Guatemala, au Belize et au sud du Yucatán. Mais la Selva Lacandona perd du terrain sous les pressions des *rancheros*, des prospecteurs de pétrole, des colons et des bûcherons : de 15 000 km² dans les années 1950, elle est passée aujourd'hui à une superficie estimée entre 3 000 et 4 500 km², et elle continue de rétrécir d'environ 5% par an. Des vagues successives de paysans sans terre ont déboisé le tiers nord de la forêt lacandone dans les années 1960 ; le secteur de Marqués de Comillas, à l'extrême est, a été gravement endommagé par la déforestation des années 1970, tout comme Las Cañadas, entre Ocosingo et la réserve de Montes Azules. Ce qu'il reste aujourd'hui de la forêt se trouve en grande partie au sein de la Reserva de la Biosfera Montes Azules et de la Reserva de la Biosfera Lacantun voisine.

Dans les années 1970, le gouvernement mexicain a transféré une grande partie de ce territoire à des familles lacandones, créant des tensions avec les autres communautés indiennes, dont les revendications ont été écartées. La terre continue de susciter d'âpres combats. D'un côté, les Lacandons et leurs défenseurs se présentent comme un groupe indien attaché à l'environnement et à la défense de sa terre. Pour d'autres communautés, qui soutiennent les zapatistes, cette appropriation vise à les évincer sous des prétextes prétendument écologiques. Ces communautés zapatistes estiment également que les colons exploitent la forêt de manière non durable, et accusent le gouvernement de vouloir l'exploiter au profit des grandes entreprises de bioprospection.

À NE PAS MANQUER

ENVIRONS DE COMITÁN

Peu visité, **Chinkultic** (8h-17h) compte parmi les sites précolombiens dont l'atmosphère captive autant que l'histoire inscrite dans les pierres. Puissance mineure, Chinkultic s'épanouit à la fin de la période maya classique. Comme Tenam Puente, elle a probablement survécu jusqu'à la période tardive. Seuls quelques-uns des 200 tertres dispersés ici sur un vaste terrain ont été dégagés.

Il y a deux ensembles de ruines. Depuis l'entrée, prenez le sentier sur la gauche, qui s'incurve ensuite vers la droite, en contrebas de l'un des plus grands édifices de Chinkultic (**E23**), tapissé de végétation. Le chemin mène à un espace découvert avec plusieurs **stèles** en partie gravées de silhouettes humaines, puis, sur la droite, à un terrain de jeu de balle.

Le second sentier qui part de l'entrée rejoint la **Plaza Hundida** (place affaissée), traverse un ruisseau, puis grimpe jusqu'à l'**Acrópolis**, un temple partiellement restauré surmontant une butte rocailleuse. De là, s'étend un beau panorama sur des forêts et des lacs, ainsi que sur un *cenote* (puits naturel) de 50 m de profondeur, dans lequel les Mayas jetaient des offrandes (poteries, perles, os, couteaux d'obsidienne).

Des guides – dont certains très jeunes – attendent à l'extérieur du site pour offrir leurs services aux rares visiteurs.

Chinkultic se trouve à 48 km de Comitán, sur la route des Lagos de Montebello. Les *combis* qui font le trajet jusqu'aux lacs peuvent vous déposer au croisement (50 $M depuis Comitán) ; le site est à 2 km au nord via une voie d'accès goudronnée.

Notez que les ruines ferment périodiquement ; renseignez-vous auprès de l'office du tourisme de Comitán (p. 426).

El Chiflón

Ces cascades impressionnantes dégringolent sur 120 m d'un escarpement à 20 km au sud-ouest de Comitán. À la saison sèche (de février à juillet), les cascades se réduisent à une ligne d'écume, et les eaux bleues du fleuve se prêtent à la baignade en toute sécurité. À la saison des pluies, les eaux se transforment en flots brunâtres, les cascades jaillissent sans retenue et la baignade est impossible.

Une route de 1 km relie la route 226 au parking du site. De là, un sentier de 1,3 km longe les rives boisées du Río San Vicente (où la baignade est possible à certains endroits) jusqu'à des points de vue de plus en plus spectaculaires sur les cascades. Au bout, se trouve la chute principale de Velo de Novia, de 120 m de haut. On peut aussi traverser le fleuve en tyrolienne (150 $M).

Un petit **centre d'accueil** fournit des informations (en espagnol) sur la rivière et la faune du secteur.

De Comitán, Autotransportes Cuxtepeques (p. 427) assure un service de minibus et de bus jusqu'à la bifurcation pour El Chiflón sur la route 226 (35 $M, 45 min), de 4h à 20h. Des motos-taxis attendent les passagers du ferry en haut de la route. Si vous êtes motorisé, prenez la bifurcation pour Tzimol sur la Panaméricaine, à 5 km au sud du centre de Comitán.

Tenam Puente

(50 $M ; 8h-17h). Ce site maya étendu conserve 3 terrains de jeu de balle, une pyramide à degrés de 20 m de haut et d'autres bâtiments édifiés sur le versant d'une colline boisée. À l'instar d'autres cités de la période classique dans la région, Tenam Puente semble avoir survécu pendant la période tardive, probablement jusqu'en 1200. Si les principales constructions ont été restaurées, les structures secondaires demeurent à demi enfouies sous les broussailles, ce qui contribue au charme du lieu.

Une voie asphaltée de 5 km relie la route 190 au site, plus à l'ouest, à 9 km au sud de Comitán. La compagnie **Transporte Ejidal Tenam Puente** (3a Av Poniente Sur 8) fait partir des *combis* (25 $M) toutes les 45 minutes de 8h à 18h. Pour le retour, le dernier quitte les ruines à 16h. Un taxi coûte environ 300 $M aller-retour (avec 1 heure d'attente au site).

Peu de gens prennent la peine de visiter les ruines, ce qui leur confère un côté désert et fantomatique. Depuis l'embranchement signalé au Km 10 de l'autoroute Tonalá-Arriaga, roulez environ 9 km (30 min) vers l'est. Un 4x4 s'impose de mi-mai à novembre, en raison de la pluie qui peut avoir rendu les deux derniers kilomètres impraticables. Même avec ce type de véhicule, il arrive de devoir parcourir à pied un bout du trajet. Il n'y a pas de transports publics.

Grand spécialiste des sites archéologiques de la région, l'exubérant et distingué **Ricardo López Vassallo** (966-663-01-05, portable 966-1042394 ; rilova36@hotmail.com), qui vit à Tonalá, peut organiser le transport.

Où se loger et se restaurer

Hotel Galilea HÔTEL $

(966-663-02-39 ; Hidalgo 138 ; s/d 425/465 $M ; P). Presque sur la grand-place, cet hôtel jaune d'un bon rapport qualité/prix possède un restaurant pratique et des chambres propres de taille moyenne, garnies de meubles en bois sombre à l'ancienne.

Restaurant Nora MEXICAIN $$

(966-663-02-43 ; www.facebook.com/norarestaurante ; Independencia 10 ; plats 85-165 $M ; 8h-17h lun-ven, jusqu'à 14h sam). À une rue à l'est de la place, derrière l'Hotel Galilea, cet établissement en activité depuis 1964 dégage toujours une sympathique atmosphère familiale. Les crevettes sont sa spécialité.

Depuis/vers Tonalá

La **gare routière OCC** (Hidalgo) se trouve quelque 600 m à l'ouest de la grand-place ; celle des bus 2e classe **Rápidos del Sur** (RS ; Hidalgo entre Belisario Domínguez et Iturbide) se tient à 250 m à l'est de cette même place. Les deux compagnies proposent des départs fréquents pour Tapachula (142-318 $M, 3-4 heures), Pijijiapan (82-112 $M, 1 heure) et Tuxtla Gutiérrez (114-202 $M, 2 heures 30-3 heures).

Les taxis *colectivos* pour Puerto Arista (25 $M, 20 min), Boca del Cielo (38 $M, 35 min) et Madre Sal (70 $M) partent de Matamoros, entre 20 de Marzo et Belisario Domínguez, soit à 4 rues à l'est de la plaza et à une rue en descendant. Les *combis* pour Puerto Arista (20 $M) démarrent de Juárez, entre 20 de Marzo et 5 de Mayo, encore une rue plus bas. Les *combis* à destination de Madre Sal (45 $M) prennent la route d'un point proche du marché, dans 5 de Mayo entre Juárez et Allende ; un taxi privé coûte 300 $M. Enfin, vous trouverez des taxis *colectivos* pour Pijijiapan (50 $M) dans Hidalgo, entre 5 de Mayo et 20 de Mayo. Taxis et *combis* circulent jusque vers 19h.

Puerto Arista

994 / 900 HABITANTS

La majeure partie de l'année, la station balnéaire la plus développée de l'État, à 18 km au sud-ouest de Tonalá, est un petit port de pêche assoupi. Le week-end, l'été et durant les vacances de Noël, les Chiapanecos viennent rompre la torpeur du lieu en investissant ses paillotes de plage où l'on se régale de saveurs marines. Les routes bordées d'arbres et de fleurs et le phare blanc de 3 étages qui se dresse dans le centre dessinent un cadre charmant qui séduit les personnes en quête de paisibles vacances balnéaires 100% mexicaines.

À voir

Centro de Protección & Conservación de la Tortuga Marina en Chiapas RÉSERVE ANIMALIÈRE

(10h-17h). GRATUIT En période de nidification, ce centre, géré par l'État, fait récolter les œufs sur 40 km de rivage pour les placer en incubation dans des nids protégés, sur la plage, pendant 7 semaines jusqu'à éclosion avant de relâcher les bébés tortues. On peut visiter la nurserie à 3 km au nord-ouest dans la rue partant du phare (30 $M en taxi) et contacter **Natatě** (967-631-69-18 ; www.natate.org.mx ; Madero 29), basé à San Cristóbal, si l'on souhaite patrouiller sur les plages et participer bénévolement à la mise à l'eau des jeunes tortues (3 500 $M pour 8 jours, hébergement et repas simples compris). Entrée sur don.

Où se loger

Garden Beach Hotel HÔTEL $$

(994-600-90-42 ; www.gardenbeach.mx ; Blvd Mariano Matamoros 800 ; ch à partir de 1 000 $M ; P). De l'autre côté de la route par rapport à la plage et à 800 m au sud-est du phare, ces chambres climatisées aux tons pastel ont connu des jours meilleurs. Toutes ont une TV à écran plat et jusqu'à 3 lits. Celles des étages supérieurs bénéficient d'une belle vue sur l'océan. Restaurant (plats 120-170 $M) en plein air face à la plage et vaste piscine à deux bassins gardée par une énorme grenouille vert vif.

Depuis/vers Puerto Arista

Les week-ends et jours fériés, on peut voir un flux presque continu de *colectivos* entre Puerto Arista et Tonalá (25 $M, 20 min). En semaine, il faut souvent attendre un peu plus pour en trouver un.

Reserva de la Biosfera La Encrucijada

Cette vaste réserve de biosphère englobe 1 448 km² de lagunes côtières, de bancs de sable, de marécages et de forêt tropicale inondée à la saison des pluies, ainsi que la mangrove la plus élevée du pays (jusqu'à 30 m de haut). Cet écosystème est capital pour les oiseaux migrateurs qui viennent hiverner et s'y reproduire. On y dénombre également la plus forte concentration mexicaine de jaguars, ainsi que des singes-araignées et des tortues, crocodiles, caïmans, boas constrictors et pygargues vocifères. La réserve accueille aussi quantité d'oiseaux aquatiques. Malgré l'abondance de la faune, il faut beaucoup d'efforts et de patience pour surprendre la plupart des animaux vedettes. On peut cependant y observer les oiseaux toute l'année, surtout durant la saison de nidification (novembre-mars). Des *lanchas* permettant de visiter la réserve traversent ces hautes mangroves au départ de Pijijiapan et d'Escuintla.

À voir

Ribera Costa Azul

Paisible joyau du littoral, Ribera Costa Azul (ou Playa Azul) est un fin banc de sable noir entre océan et lagune, bordé de palmiers, accessible par l'*embarcadero* de Chocohuital, à 20 km au sud-ouest de Pijijiapan. On peut généralement y camper gratuitement, à condition de manger dans les restaurants locaux (produits de la mer 130-150 $M) ; hors saison, beaucoup d'établissements sont fermés. Des *lanchas* (15 $M l'aller) viennent déposer les visiteurs sur le banc de sable. Observation des oiseaux et visite de la mangrove (320 $M par bateau et par heure) sont également possibles.

À 300 m au nord de l'embarcadère de Chocohuital, l'hôtel **Refugio del Sol** (portable 962-6252780 ; www.refugiodelsol.com.mx ; Ribera Costa Azul ; ch à partir de 1 770 $M ;) accueille ceux qui ne souhaitent pas camper.

Embarcadero Las Garzas

Perdue dans les marais au cœur de la réserve, à l'Embarcadero Las Garzas, la **Red de Ecoturismo La Encrucijada** (Embarcadero Las Garzas ; 8h-17h) occupe un grand bâtiment coiffé de chaume. Elle centralise les informations concernant les circuits et les logements proposés dans le cadre de projets d'écotourisme communautaire. Parmi les activités figurent des excursions privées en *lancha* (1 100-1 800 $M, jusqu'à 10 passagers) jusqu'à des plages locales et des sites propices à l'observation des oiseaux. Des *lanchas* desservent aussi des villages où l'on peut camper ou passer la nuit dans de modestes *cabañas*. Au hameau de **Barra de Zacapulco** – qui possède son centre d'élevage de tortues –, on peut généralement camper ou accrocher son hamac gratuitement si l'on prend ses repas dans l'un des *comedores* (assiette de poisson/fruits de mer autour de 100 $M). Sur place, une coopérative communautaire loue 6 **cabañas** (918-596-25-00 ; Embarcadero Las Garzas ; ch 500 $M) rudimentaires, chauffées à l'énergie solaire, avec ventilateur, moustiquaires et salle de bains (eau froide).

Comment s'y rendre

Pour la Ribera Costa Azul, des *combis* à destination de Chocohuital (25 $M, 40 min, 5h-18h) partent toutes les heures de Pijijiapan (1a Av Norte Poniente 27, entre 2a et 3a Poniente Norte) ; dernier retour à 20h.

Pour vous rendre à l'Embarcadero Las Garzas, prenez un bus sur la route 200 en direction d'Escuintla, puis un taxi *colectivo* jusqu'à Acapetahua (9 $M, 10 min), et enfin un *combi* à côté de la voie ferrée désaffectée d'Acapetahua pour effectuer les 18 km jusqu'à l'Embarcadero Las Garzas (25 $M, 20 min, départs toutes les 30 min jusqu'à 17h). De là, des *colectivos lanchas* desservent entre autres Barra de Zacapulco (55 $M, 25 min). Le dernier retour de Barra de Zacapulco se fait parfois à 16h, et le dernier *combi* pour Acapetahua quitte vers 17h l'Embarcadero Las Garzas.

Région de Tapachula

Souvent considérée comme une simple étape entre le nord du Guatemala et des destinations plus touristiques du sud du Mexique, cette région n'en mérite pas moins d'y passer quelques jours. Elle produit en effet l'un des meilleurs cafés du pays et l'on peut visiter certaines plantations,

À NE PAS MANQUER

EL MADRESAL

Pour s'endormir bercé par le bruit des vagues au bord d'une plage de sable noir, direction **El Madresal** (portable 966-6666147/966-1007296 ; www.elmadresal.com ; Manuel Ávila Camacho ; empl de camping 50-100 $M , cabañas 600-800 $M ; P), un projet d'écotourisme à 2,5 km au sud de Puerto Arista. Baptisé du nom d'un arbre des mangroves, le palétuvier blanc, il comprend un restaurant (repas à partir de 100 $M) et des *cabañas* au toit de chaume avec 2 lits et une salle de bains, installés sur une mince bande de terre vierge entre lagune et Pacifique. On y accède en *lancha* (25 $M) à travers la mangrove.

On s'y éclaire à la bougie après 23h. En saison, les tortues viennent sur la côte pour nicher, un spectacle pour lequel le veilleur de nuit peut vous réveiller. On peut aussi contribuer à ramasser les œufs pour la nurserie de Boca del Cielo.

La mer peut être agitée, mais la plage est sublime, et les mangroves idéales pour observer les oiseaux, dont 13 espèces de hérons. Des excursions de 3 heures sont proposées en *lancha* (750 $M/bateau de 12 pers maximum), dont une pour observer oiseaux et crocodiles.

De Tonalá, prenez un taxi (collectif/privé 70/300 $M) ou un *combi* (45 $M) jusqu'à Manuel Ávila Camacho ; les *combis* demandent 5 $M de plus pour aller jusqu'à l'embarcadère ; vous pouvez vous y rendre à pied (5 min) ou monter à l'arrière d'une moto (10 $M).

qui assurent par ailleurs un hébergement de charme. Citons aussi le joli village de Santo Domingo, l'ascension d'un des plus hauts volcans du pays et des ruines précolombiennes peu connues. Tapachula, la capitale, n'a pas d'attrait particulier, mais constitue un point de chute pratique.

Tapachula

962 / 320 000 HABITANTS / ALTITUDE : 100 M

Ville la plus méridionale du Mexique, Tapachula ne mérite peut-être pas totalement son surnom de "Perle du Soconusco", bien qu'elle présente un mélange intéressant de vie urbaine et de rythme tropical. Important carrefour commercial du Soconusco, Tapachula l'est aussi s'agissant des échanges transfrontaliers avec le Guatemala.

Chaude, humide et affairée tout au long de l'année, elle ne retient guère les voyageurs qui la traversent sur la route du Guatemala, mais fait pourtant une base commode pour explorer les alentours.

Le grand **Parque Hidalgo** animé, d'où l'on aperçoit par temps clair la haute silhouette conique du Volcán Tacaná (4 100 m) au nord, forme le cœur de Tapachula. La majestueuse **cathédrale** (8h-18h) borde le flanc ouest de la place.

À quelques rues s'étend le **Parque Bicentenario**, tranquille à défaut d'être beau, dont les allées principales sont jalonnées de fontaines et de quelques coins ombragés.

Où se loger

Hotel Diamante HÔTEL $

(962-628-50-32 ; www.hoteldiamante.com.mx ; Calle 7a Poniente 43 ; ch avec ventil/clim 350/627 $M ; P). Une adresse propre d'un bon rapport qualité/prix, quoique banale. Les chambres 12 à 16 jouissent d'une vue splendide sur le Volcán Tacaná.

♥ **Casa Maya Mexicana** BOUTIQUE-HÔTEL $$

(962-626-66-05 ; www.casonamaya.com ; Av 8a Sur 19 ; ch avec petit-déj à partir de 908 $M ; P). Cet hôtel de charme bénéficie de chambres somptueuses, portant chacune le nom d'une femme : Digna Ochoa, avocate des droits de l'homme, ou Ramona, commandante zapatiste. Objets anciens, plantes et œuvres d'art intéressantes confèrent originalité et intimité au lieu. Les 10 chambres, réparties sur 2 niveaux, encadrent un patio tropical pourvu d'une petite piscine. Un formidable point de chute, qui compte aussi un petit bar et un excellent restaurant de cuisine familiale au service impeccable.

Hotel Mo Sak HÔTEL $$

(962-626-67-87 ; www.hotelmosak.com ; Av 4a Norte 97 ; s/d à partir de 575/640 $M ; P). Apprécié des voyageurs, cet établissement moderne à prix honnêtes présente de grandes fenêtres et un décor minimaliste rehaussé de tableaux. Les

Tapachula

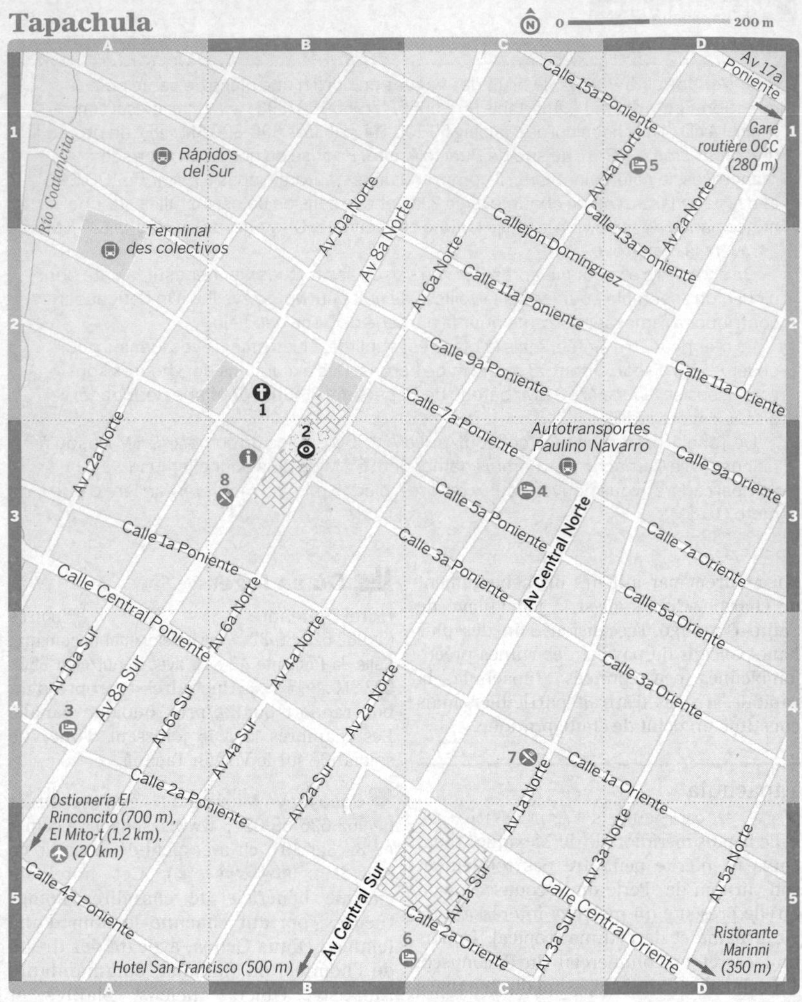

Tapachula

À voir

1 Cathédrale B2
2 Parque Hidalgo B3

Où se loger

3 Casa Maya Mexicana A4
4 Hotel Diamante C3
5 Hotel Mo Sak D1
6 Suites Ejecutivas Los Arcos C5

Où se restaurer

7 La Jefa C4
8 La Parrilla Tap B3

chambres pourvues d'un lit *king size* sont équipées d'une kitchenette. Personnel serviable et attentif. Café gratuit le matin.

Suites Ejecutivas Los Arcos HÔTEL **$$**
(✆962-625-31-31 ; www.suitesejecutivasarcos.com ; Av 1a Sur 15 ; s/d à partir de 696/814 $M ; ❄📶). Voici l'un des hôtels délicieusement *arty* dont le Mexique a le secret. Des papillons en papier et des plantes égaient les espaces communs. Les chambres, de taille généreuse, disposent d'une kitchenette et d'un balcon donnant sur des jardins luxuriants. Très bien situé dans le centre.

Hotel San Francisco HÔTEL **$$**
(☎962-620-10-00 ; www.sucasaentapachula.com ; Av Central Sur 94 ; s/d à partir de 627/796 $M ;). Au sud du centre-ville, ce vaste hôtel d'affaires garantit une nuit tout confort dans une chambre claire et spacieuse. Il possède toute une gamme d'équipements, dont une piscine dans le jardin.

Où se restaurer

♥ La Jefa MEXICAIN **$$**
(☎962-118-17-20 ; 1a Ave Norte Esquina ; plats 80-140 $M ; 12h-20h). Cette *parrillada* typique de Tapachula convient idéalement pour une soirée entre amis. De grosses pièces de viande grésillent sur le barbecue, des bières fraîches arrivent sur les tables, la télévision braille et deux poulets en bois géants veillent sur les convives. Bref, une table mexicaine rustique comme on les aime.

Ostionería El Rinconcito POISSON, FRUITS DE MER **$$**
(☎962-626-49-13 ; Hormiguillo 4 ; plats 50-150 $M ; 9h-20h). Gagnez en taxi ce restaurant simple et pas cher, puis tentez de choisir entre les 17 plats de crevettes, le *róbalo* (brochet de mer) et la langouste en saison. L'ambiance atteint son comble le week-end à midi sur fond de *ranchera, cumbia* et musique romantique. Les enfants adoreront le poisson-globe suspendu au plafond et le trampoline.

La Parrilla Tap GRILLADES **$$**
(☎962-118-14-28 ; Av 8a Norte 14 ; tacos et tortas 25-70 $M, plats 70-120 $M ; 7h-minuit). Une table très populaire à juste titre, où dévorer de copieuses grillades, grignoter un taco sur le pouce ou déguster le riche *pollo con mole* (poulet à la sauce au cacao) de la maison.

El Mito-t MEXICAIN **$$**
(☎962-620-02-80 ; 4 Ave Sur, 133 ; plats 80-120 $M ; lun-sam 13h-minuit, jusqu'à 19h dim). Réputé pour ses sauces, l'établissement vous en apporte une dizaine, puis vous laisse choisir tacos et garnitures. Les crevettes et les calmars ont un succès fou.

♥ Ristorante Marinni ITALIEN **$$$**
(☎962-625-39-97 ; www.facebook.com/MarinniRistorante ; Av 11a Sur 1 ; plats 100-200 $M ; 13h-23h lun-jeu, jusqu'à minuit ven-sam, jusqu'à 19h dim). Ce restaurant tenu en haute estime par les habitants comprend une salle à manger raffinée à l'éclairage tamisé et une terrasse noyée dans la verdure. Côté saveurs, les *tallarines con camarones* (pâtes aux crevettes), la pizza à pâte fine au feu de bois et le *medallón al balsámico* (médaillon de bœuf au vin rouge et au vinaigre balsamique) sortent du lot. Réservez le week-end.

Renseignements

Banorte (angle Av 2a Norte et Calle Central Poniente ; 8h30-16h30 lun-ven, 9h-14h sam). Change des dollars du lundi au vendredi ; dispose d'un DAB.

Chiapas Divisas (Calle 1a Poniente 13 ; 8h30-20h30 lun-ven, 8h30-18h30 sam, 8h30-14h30 dim). Bureau de change.

Office du tourisme (www.turismochiapas.gob.mx/sectur/tapachula ; Av 8a Norte ; 8h-16h lun-ven). Dans l'Antiguo Palacio Municipal.

Sanatorio Soconusco (☎962-626-35-66 ; Av 4a Norte 68, à la hauteur de Calle 11 Poniente). Clinique avec service d'urgences 24h/24.

Depuis/vers Tapachula

AVION

L'**aéroport moderne de Tapachula** (☎962-626-22-91 ; Carretera Tapachula-Puerto Madero Km 18,5 ;) est situé à 20 km au sud-ouest de la ville. Il tourne au ralenti, avec seulement 3 allers-retours quotidiens pour Mexico assurés par **Aeroméxico** (☎962-626-39-21 ; Calle Central Oriente 4) et Volaris (www.volaris.com).

BUS

Les bus deluxe et 1re classe partent de la **gare routière OCC** (☎962-626-28-81 ; Calle 17a Oriente, entre les Av 3a et 5a Norte), à 1 km au nord-est du Parque Hidalgo. **Rápidos del Sur** (RS ; ☎962-626-11-61 ; Calle 9a Poniente 62) gère les principaux bus 2e classe.

De la gare routière OCC, on peut aussi rallier Palenque, Puerto Escondido et Villahermosa. Il existe 5 liaisons quotidiennes pour Guatemala Ciudad (5-6 heures), les billets étant en vente au guichet principal : **Tica Bus** (☎962-625-24-35 ; www.ticabus.com ; Terminal OCC, 17 Oriente esquina), la principale compagnie, assure un départ à 7h (407 $M).

Les bus **Trans Galgos Inter** (www.transgalgosintergt.com ; Terminal OCC, 17 Oriente esquina) et Tica Bus desservent San Salvador, au Salvador (à partir de 800 $M, 9 heures), via Escuintla au Guatemala. Tica Bus permet de poursuivre jusqu'à Panamá (2 670 $M), avec de longues pauses nocturnes en route.

BUS AU DÉPART DE TAPACHULA

DESTINATION	TARIF ($M)	DURÉE (H)	FRÉQUENCE
Comitán via Motozintla	300	6-7	5 OCC/jour
Escuintla	68-114	1½-2	6 OCC/jour, très fréquents RS
Mexico	792-997	17-18	fréquents OCC
Oaxaca	368	13	1 OCC/jour
San Cristóbal de las Casas via Motozintla	234-386	7½-8	7 OCC/jour
Tonalá	198-318	3-4	très fréquents OCC et RS
Tuxtla Gutiérrez	209-504	4½-6	très fréquents OCC et RS

Pour se rendre dans l'ouest du Guatemala, notamment à Quetzaltenango, mieux vaut prendre un bus à la frontière.

COLECTIVO

Une grande **gare de colectivos** (Calle 5a Poniente) abrite de nombreuses compagnies de taxis et de *combis* de la région. La compagnie **Autotransportes Paulino Navarro** (☎962-626-11-52 ; Calle 7a Poniente 5) rallie Ciudad Hidalgo (15 $M, 50 min) toutes les 10 minutes entre 4h30 et 22h à bord de *combis* pas très récents.

Comment circuler

TAXI

Dans le périmètre du centre-ville (gare routière OCC comprise), la course revient à 30 $M.

Sociedades Transportes 149 (☎962-625-12-87) possède un comptoir dans le hall des arrivées de l'aéroport où l'on peut réserver un *colectivo* (90 $M/pers) pour le centre-ville ; un taxi privé de l'aéroport au centre, et en sens inverse, coûte 200 $M (3 personnes maximum).

VOITURE ET MOTO

Les deux agences de Tapachula louent des voitures à boîte automatique ou manuelle.

AVC Rente un Auto (☎962-626-23-16 ; www.avcrenteunauto.com ; Av Tapachula 2A). Véhicules disponibles en centre-ville.

Europcar (☎portable 962-1208010 ; www.europcar.com ; aéroport ; ⏲9h-23h30). Tarifs en ligne plus avantageux.

Nord de Tapachula

Les collines au nord de Tapachula sont ponctuées par de nombreuses plantations de café, les *fincas*, dont beaucoup furent établies par des immigrés allemands il y a plus d'un siècle. Toutes assurent le gîte, le couvert et des circuits organisés.

Où se loger

♥ **Finca Argovia** BOUTIQUE-HÔTEL **$$$**
(☎962-621-12-23 ; www.argovia.com.mx ; ch 2 085-3 000 $M, bungalow 3 000 $M ;). Ce splendide hôtel de charme aux luxueuses chambres lambrissées est situé dans une plantation de café en activité perchée dans la brume. Vous pouvez profiter des hamacs en terrasse, du jardin planté d'orchidées, du spa et des visites de l'exploitation, sans oublier de délicieux repas.

Finca Hamburgo BUNGALOWS **$$$**
(☎962-626-75-78 ; www.fincahamburgo.com ; Carr a Nueva Alemania Km 54 ; d/ste à partir de 1 780/2 780 $M ; P). Fondée en 1888 par des colons allemands, cette plantation au sommet d'une colline offre une vue imprenable sur la campagne sauvage et verdoyante, dont on profite pleinement en sirotant un café sur la terrasse de sa chambre. Confortables bungalows en bois rustico-chics, spa, restaurant gastronomique, visites du domaine et des environs. La route d'accès criblée de nids-de-poule met les véhicules et leurs passagers à rude épreuve.

Izapa

Le petit **site précolombien d'Izapa** (⏲9h-17h) GRATUIT comprend 3 ensembles de ruines. Le groupe Nord (groupe F) se trouve à gauche de la route en arrivant de Tapachula. Repérez les tertres pyramidaux aplanis, le terrain de jeu de balle et diverses stèles et leur autel sculptés. Le groupe A rassemble une dizaine de stèles et d'autels autour d'un champ, le second se compose de tumulus recouverts d'herbe et de davantage de sculptures, dont 3 curieux piliers surmontés d'une balle.

Izapa a connu son apogée approximativement entre 200 av. J.-C. et 200 ap. J.-C. Les sculptures (qui ornent essentiellement des stèles associées à des autels ronds) représentent des descendants de divinités olmèques aux lèvres supérieures très grossies. Elles rappellent certains monuments mayas du Guatemala. On considère d'ailleurs ce site comme une "passerelle" importante entre les civilisations olmèque et maya. On y a recensé 91 stèles associées à un autel.

Pour atteindre les groupes A et B, revenez sur vos pas en direction de Tapachula sur environ 700 m, puis suivez la piste signalée à gauche. Au bout de 800 m, prenez l'embranchement les indiquant et parcourez 250 m. Sur chacun d'eux veille une famille qui vous demandera une obole.

Izapa se situe à environ 11 km à l'est de Tapachula sur la route qui mène à Talismán. De Tapachula, montez dans un *combi* (16 $M) à la gare des *colectivos* ou dans n'importe quel bus pour Talismán.

Santo Domingo, Unión Juárez et Volcán Tacaná

☎ 962

Les cônes endormis du Volcán Tacaná (4 100 m) dominent la campagne au nord de Tapachula. Même si l'ascension de ce volcan ne vous tente guère, deux villages, Santo Domingo et Unión Juárez, sur la partie inférieure de ses flancs verdoyants méritent le détour, ne serait-ce que pour leur fraîcheur, bienvenue après la moiteur de Tapachula. La route panoramique vers le sommet est sinueuse mais bien goudronnée.

À voir

Santo Domingo

À 34 km au nord-est de Tapachula, au milieu des plantations de café, Santo Domingo est réputé pour sa *casa grande*. Cette superbe maison en bois de 2 étages construite dans les années 1920 par des planteurs d'origine allemande a été restaurée et accueille le **Centro Ecoturístico Santo Domingo** (☎ 962-625-54-09 ; 5 $M ; ⏲ 9h-20h). On y trouve un restaurant (plats 60-120 $M), un petit musée du café (10 $M), ainsi qu'un jardin tropical bien entretenu et une piscine (10 $M, accès gratuit pour tout client du restaurant).

Unión Juárez

À moins de 10 km de Santo Domingo, en passant devant de belles chutes d'eau au détour de virages serrés, on arrive à Unión Juárez (2 600 habitants, altitude 1 300 m), qui sert de point de départ pour gravir le Tacaná ou se lancer dans d'autres randonnées moins physiques. Les habitants de Tapachula aiment y venir le week-end et les jours fériés pour s'y détendre et dévorer une *parrillada*, une grillade de viande avec quelques légumes.

Activités

Randonnée

La meilleure période pour gravir le Tacaná va de fin novembre à mars. Les deux itinéraires au départ d'Unión Juárez ne comportent pas de tronçons techniques, mais il faut compter 2 à 3 jours, voire plus de préférence, le temps de s'acclimater. Au sommet, il fait très froid. L'itinéraire le moins abrupt passe par Chiquihuites, une commune à 12 km d'Unión Juárez accessible en voiture. De là, comptez 3 heures de marche jusqu'à Papales, où l'on peut dormir dans des huttes moyennant un petit don, puis environ 5 heures de Papales au sommet. L'autre itinéraire, via Talquián (à environ 2 heures de marche d'Unión Juárez) et Trigales (à 5 heures de Talquián), permet d'atteindre le sommet en 6 heures depuis Trigales. Les deux itinéraires se rejoignent à quelques heures du sommet et disposent d'aires de bivouac.

D'Unión Juárez, des *combis* montent jusqu'à Córdoba, bourgade à mi-chemin de Talquián en passant devant l'embranchement pour Chiquihuites (à environ 1 heure 30 de marche). Pour l'ascension, il est plus sage de faire appel à un guide à Unión Juárez ou de convenir d'un lieu de rendez-vous avec lui. La Casa Morayma peut vous fournir un guide (environ 350 $M/jour) si vous prévenez 3 jours à l'avance.

Où se loger

Hotel Colonial Campestre HÔTEL **$**
(☎ 962-647-20-15 ; Unión Juárez ; ch 380-560 $M ; P 📶). À quelques rues en contrebas de la place, près de l'arche, ce vaste hôtel labyrinthique réunit des chambres spacieuses avec salle de bains, TV et jolie vue (surtout la 26), ainsi qu'un restaurant (plats 70-120 $M ; *parrillada* pour deux 250 $M). Demandez à voir le tunnel et le vieux cinéma.

VILLES FRONTIÈRES

À défaut d'emprunter un bus direct pour le Guatemala au départ de la gare routière OCC, vous pouvez gagner la frontière et prendre une correspondance. À 20 km de Tapachula, la ville frontière de Talismán fait face à celle d'El Carmen au Guatemala. Davantage de transports desservent la frontière plus fréquentée entre Ciudad Hidalgo (à 37 km de Tapachula) et sa voisine guatémaltèque Ciudad Tecún Umán. Ces deux frontières pourvues de bureaux de change sont ouvertes 24h/24. Il est toutefois plus sûr de s'y présenter avant le début de l'après-midi, notamment pour pouvoir en repartir par les transports. Méfiez-vous des faux billets proposés aux deux frontières.

Des *combis* pour Talismán (18 $M, 30 min) démarrent de la station de *colectivos* de Tapachula toutes les 10 minutes, de 5h à 21h. D'El Carmen, la majorité des services de bus, y compris les 20 départs quotidiens pour Guatemala Ciudad (7 heures), passent par Ciudad Tecún Umán, avant de longer la route du littoral pacifique. Pour aller à Quetzaltenango, on peut prendre l'un de ces bus et changer à Coatepeque ou à Retalhuleu, mais il est plus simple et plus direct de prendre un taxi *colectivo* pour Malacatán, via San Marcos, puis une correspondance.

Depuis Tapachula, les *combis* desservent toutes les 10 minutes Ciudad Hidalgo (29 $M, 50 min, 4h30-22h). Des bus quittent fréquemment Ciudad Tecún Umán, jusqu'à 18h environ, à destination de Guatemala Ciudad (5 heures) en passant par la route de la côte pacifique, via Retalhuleu et Escuintla. Il y a des départs toutes les heures pour Quetzaltenango (3 heures, 5h-18h).

Pour se rendre au lac Atitlán ou à Chichicastenango, il faut d'abord rejoindre Quetzaltenango.

Casa Morayma HÔTEL **$$**
(☎962-122-25-84 ; www.facebook.com/casamorayma ; Unión Juárez ; d 600 $M ; 🚭📶). De loin la meilleure option à Unión Juárez, ce petit hôtel sur la route qui mène en ville se reconnaît à sa façade rouge et ses plantes grimpantes. Le thème botanique continue à l'intérieur avec un petit jardin aquatique. Des peintures de couleurs vives et des photos de voyage décorent les murs. Possibilité d'organiser des treks au volcan Tacaná (environ 350 $M/jour).

Depuis/vers Santo Domingo, Unión Juárez et Volcán Tacaná

De Tapachula, il faut d'abord prendre, à la gare routière des *colectivos*, un *combi* jusqu'à Cacahoatán (20 $M, 30 min) à 20 km au nord. De là, d'autres *combis* rallient Santo Domingo (18-20 $M, 30 min) et Unión Juárez (25 $M, 45 min).

TABASCO

On dit que le Tabasco comporte plus d'eau que de terre, tant sont nombreuses ses lagunes, ses rivières et ses terres marécageuses. Chaud et humide, le climat de cet État situé au nord du Chiapas offre un peu plus de fraîcheur le long du golfe du Mexique et dans les collines du Sud. Une fois qu'ils ont contemplé l'extraordinaire sculpture olmèque en pierre du Parque-Museo La Venta de Villahermosa, peu de voyageurs s'attardent dans la région. Le Tabasco recèle d'importants gisements pétroliers, terrestres et off-shore, exploités par la compagnie nationale Pemex.

Villahermosa

☎993 / 353 000 HABITANTS

Cette agglomération plate et étendue où règne une chaleur moite concentre plus d'un quart des habitants du Tabasco. En dépit de ce que suggère son nom espagnol, Villahermosa n'a jamais été une "belle ville", mais jouit d'une certaine prospérité grâce au boom pétrolier. Elle compense son manque de charme par une atmosphère animée, une population accueillante et le meilleur choix d'hôtels et de restaurants de l'État. C'est aussi une bonne base pour rayonner dans la région.

À voir

Connu sous le nom de Zona Luz, le centre-ville de cette vaste agglomération s'étire du nord au sud, entre le Parque Juárez et la Plaza de Armas, et d'est en ouest du Río Grijalva à la Calle 5 de Mayo. Les principales gares routières se situent de 750 m à 1 km au nord du centre-ville.

♥ Parque-Museo La Venta PARC, MUSÉE
(iec.tabasco.gob.mx ; Av Ruíz Cortines ; 50 $M ; ⏲8h-16h ; P 👪). Ce parc épatant et musée à ciel ouvert fut créé en 1958, quand l'exploration pétrolière fit peser des menaces sur l'ancien site olmèque de La Venta dans le Tabasco occidental. Les archéologues déplacèrent alors à Villahermosa les vestiges les plus importants du site, notamment 3 têtes monumentales en pierre.

Situé à l'entrée du parc, un **zoo** regroupe des animaux originaires du Tabasco et des régions voisines : jaguars, ocelots et jaguarondis, cerfs à queue blanche, singes-araignées, crocodiles, boas constrictors, pécaris, ainsi que de nombreux oiseaux colorés, parmi lesquels les aras rouges et les toucans à carène. Mieux vaut toutefois l'éviter car les conditions de captivité sont déprimantes.

Un *ceiba* géant (l'arbre sacré des Olmèques et des Mayas) marque le départ du **sentier des sculptures**. Vous trouverez des informations en anglais et en espagnol sur l'archéologie olmèque. Ce sentier de 1 km est bordé de vestiges de La Venta. Parmi les pièces les plus impressionnantes, mentionnons la **stèle 3** représentant un homme barbu orné d'une coiffe ; l'**autel 5** figurant un personnage portant un enfant ; le **monument 77** appelé "El Gobernante" – un chef à l'air autoritaire ; le **monument 56** en forme de visage de singe ; le **monument 1**, tête colossale d'un guerrier casqué et la **stèle 1**, représentant une jeune déesse (une des rares figures féminines olmèques). Des animaux inoffensifs, tels que coatis, écureuils et agoutis noirs, vivent au milieu de ces ruines en toute liberté. Un **spectacle son et lumière** est donné à partir de 20h du mardi au dimanche (100 $M).

Il faut prévoir 2 à 3 heures de visite et se munir d'antimoustique (le parc fait partie d'une zone tropicale humide). Le Parque-Museo La Venta se situe à 2 km au nord-ouest de la Zona Luz, sur l'Avenida Ruíz Cortines, la principale route traversant la ville d'est en ouest. Comptez 30 $M en *colectivo*.

Museo Regional de Antropología MUSÉE
(iec.tabasco.gob.mx ; Periférico Carlos Pellicer ; 20 $M ; ⏲9h-17h mar-dim ; P). L'excellent musée régional d'anthropologie est hébergé dans un scintillant bâtiment moderne du complexe CICOM, à 15 minutes de marche de la Zona Luz, juste au sud du pont Paseo Tabasco. Il recèle des pièces remarquables relatives aux cultures olmèque, maya, nahua et zoque du Tabasco. Parmi celles-ci figure notamment le monument 6

HORS DES SENTIERS BATTUS

RESERVA DE LA BIOSFERA PANTANOS DE CENTLA

Cette **réserve de biosphère** (31 $M) de 3 030 km² protège une bonne partie des terrains marécageux s'étendant autour de l'aval de deux des plus grands fleuves du Mexique : l'Usumacinta et le Grijalva. Cette zone de lacs, marécages, fleuves, mangroves, savanes et forêts constitue un habitat irremplaçable pour d'innombrables créatures, notamment le lamantin des Caraïbes et le crocodile de Morelet (2 espèces menacées), 6 espèces de tortues, le tapir, l'ocelot, le jaguar, le singe hurleur, 60 espèces de poissons et 255 espèces d'oiseaux.

Le **Centro de Interpretación Uyotot-Ja** (☎913-106-83-90 ; www.casadelagua.org.mx ; Carretera Frontera-Jonuta Km 12,5 ; 25 $M, réserve 31 $M, promenade en bateau 1 000 $M ; ⏲9h-17h mar-dim), centre d'accueil des visiteurs aussi appelé "Casa de Agua", se trouve à 13 km de Frontera sur la route de Jonuta, au bord des larges méandres du Río Grijalva. Une tour d'observation de 20 m de haut surplombe ici le Tres Brazos (Trois Bras), spectaculaire confluence de l'Usumacinta, du Grijalva et du San Pedrito. On peut parcourir la mangrove en bateau pour apercevoir des crocodiles, des iguanes, des oiseaux et, avec de la chance, des singes hurleurs. La meilleure saison pour observer les oiseaux s'étend de mars à mai.

De Villahermosa, des bus ADO, CAT et Cardesa desservent Frontera (près du site où le conquistador Hernán Cortès mena en 1519 la première bataille contre la population indigène du Mexique), d'où des *colectivos* effectuent le trajet de 15 minutes jusqu'à la réserve.

MINIBUS DE L'AÉROPORT À PALENQUE

Pratique : à l'aéroport de Villahermosa, il existe un comptoir ADO (www.ado.com.mx) d'où partent presque toutes les heures des minibus pour Palenque (330 $M, 2 heures 15) entre 7h20 et 21h20. Consultez les horaires depuis/vers l'"Aeropuerto Villahermosa" sur le site Internet.

de Tortuguero, la fameuse stèle dont les inscriptions prédisaient la "fin du monde" pour le 21 décembre 2012.

Museo de Historia Natural MUSÉE
(993-314-21-75 ; Av Ruíz Cortines ; 24 $M ; 8h-17h mar-dim, dernière entrée 16h ; P). Le petit musée d'histoire naturel traite des dinosaures, de l'espace, des premiers temps de l'Humanité et des écosystèmes du Tabasco, le tout en espagnol.

Où se loger et se restaurer

Ville pétrolière, Villahermosa compte toute une gamme d'hôtels confortables de catégories moyenne et supérieure, et de luxueux hôtels de chaînes. La plupart affichent d'importantes réductions le week-end et en ligne. Les bonnes adresses peu onéreuses sont en revanche rares.

♥ **Hotel Olmeca Plaza** HÔTEL $$$
(993-358-01-02, 800-201-09-09, 993-358-01-02 ; www.hotelolmecaplaza.com ; Madero 418 ; d à partir de 500 $M ; P). Cette adresse centrale d'un bon rapport qualité/prix se compose d'un hall tape-à-l'œil, d'une piscine découverte, d'une salle de sport bien équipée et d'un restaurant de qualité. Confortables mais sans fioritures, les chambres disposent d'un bureau et d'une grande salle de bains. La police ayant établi son quartier général dans l'hôtel, on y croise des agents cagoulés et lourdement armés, ce qui peut rebuter.

Mision Express Villahermosa HÔTEL $
(993-314-46-45 ; www.hotelesmision.com.mx ; Aldama 404 ; ch 330-480 $M). Une option honnête à proximité de stands de tacos. Les chambres s'agrémentent de peintures mexicaines colorées et de dessus-de-lit rouge, mais souffrent un peu du bruit de la rue (prévoyez des bouchons d'oreille).

♥ **One Villahermosa Centro** HÔTEL D'AFFAIRES $$
(993-131-71-00 ; www.onehotels.com ; Carranza 101 ; ch avec petit-déj à partir de 851 $M). Ce vaste hôtel d'affaires a pour atouts un emplacement hypercentral et un personnel attentif. Grandes et confortables à défaut d'avoir du cachet, les chambres correspondent aux standards de la gamme de prix. Vous ne trouverez pas mieux en ville pour passer une bonne nuit de sommeil.

♥ **La Cevichería Tabasco** POISSON, FRUITS DE MER $$
(993-345-00-35 ; www.facebook.com/lacevicheriatabascov ; Francisco José Hernández Mandujano 114 ; plats 120-200 $M ; 11h-18h mar-ven, 10h-18h sam-dim). Une table de produits de la mer extra dans un quartier sympathique, juste de l'autre côté de la rivière par rapport au centre. Décoré de peintures murales éclatantes, l'endroit sert des plats artistiquement présentés dans une ambiance un peu chaotique. Délicieux tacos au marlin.

♥ **Rock & Roll Cocktelería** PRODUITS DE LA MER $$
(993-334-21-90 ; Reforma 307 ; plats 160-220 $M ; 7h-23h lun et jeu, 10h-22h mar-mer, 11h-21h dim et ven, 10h-20h sam). La chaleur étouffante, les ventilateurs vrombissants et la TV à plein volume plantent le décor de cette institution locale en activité depuis 60 ans, dans une rue piétonne en face du Miraflores Hotel. Fréquenté surtout pour ses cocktails de fruits de mer et sa bière bon marché, il prépare aussi de savoureux ragoûts et ceviches.

La Dantesca ITALIEN $$
(993-315-51-62 ; www.facebook.com/LaDantesca ; Hidalgo 406, près du Parque Los Pajaritos ; plats 100-150 $M, pizzas 180 $M ; 13h-22h). Les gens du coin se pressent dans cette trattoria animée, essentiellement pour ses pizzas cuites dans un four en brique, ses pâtes maison et ses desserts succulents. Les raviolis verts au *requesón* et à la *jamaica* (fromage proche de la ricotta et fleurs d'hibiscus) sont un régal.

Mar & Co POISSON, FRUITS DE MER $$
(993-315-05-05 ; marcompany.com.mx ; Paseo Tabasco 1011 ; plats 90-160 $M ; 13h-22h lun-mer, 13h-23h45 jeu-sam, 12h-19h dim). Cela vaut la peine de s'éloigner un peu du centre pour déguster les délices cuisinés ici, en particulier le poulpe à l'ail et les

crustacés. De l'avis des habitants, il s'agit en effet du meilleur restaurant de poisson de Villahermosa. Le bâtiment lui-même, de vieux containers de bateaux empilés comme des briques Lego, retient également l'attention.

☆ Où sortir

La Bohemia de Manrique MUSIQUE LIVE
(www.facebook.com/bohemiamanrique ; Independencia 317 ; ⏲21h-3h jeu-sam). Un bar à cocktails où écouter de la musique live de qualité le week-end, en particulier de la *trova* cubaine.

ℹ Renseignements

La plupart des banques sont équipées de DAB et changent les euros et les dollars.

HSBC (angle Juárez et Lerdo de Tejada ; ⏲9h-17h lun-ven). Dans une rue piétonne.

Kiosque d'information touristique (Mina 297, terminal de bus ADO ; ⏲9h-18h lun-sam). Dans la gare routière ADO, il fournit des cartes et s'occupe de réservations hôtelières.

Oficina de Convenciones y Visitantes de Tabasco (OCV ; ☎993-316-35-54 ; www.visitetabasco.com ; Paseo Tabasco 1504 ; ⏲9h-15h lun-ven). Renseignements sur le Tabasco.

ℹ Depuis/vers Villahermosa

AVION

L'**Aeropuerto Rovirosa** (☎993-356-01-57 ; www.asur.com.mx ; Carretera Villahermosa-Macuspana Km 13) est situé à 13 km à l'est du centre-ville, sur la route 186. Aeroméxico est la principale compagnie. Voici quelques vols quotidiens sans escale depuis/vers Villahermosa :

Aeroméxico (www.aeromexico.com). Liaisons quotidiennes avec Mexico, plus de nombreux vols internationaux via Mexico.

Interjet (www.interjet.com). Vols à destination de Mexico.

MAYAir (www.mayair.com.mx). Dessert Cancún, Cozumel, Mérida et Veracruz.

TAR (www.tarmexico.com). Vols pour Mérida et Oaxaca.

United (www.united.com). Dessert Houston.

VivaAerobus (www.vivaaerobus.com). Vols pour Cancún, Mexico, Monterrey et Guadalajara.

Volaris (www.volaris.com). Vols pour Mexico.

BUS ET COLECTIVO

Des bus deluxe et 1re classe partent de la **gare routière ADO** (☎993-312-84-22 ; Mina 297), à 750 m au nord de la Zona Luz. Consigne ouverte 24h/24 et Wi-Fi.

Les départs pour la plupart des destinations dans l'État du Tabasco s'effectuent à partir d'autres gares routières situées au nord de la gare ADO, et aisément accessibles à pied de celle-ci : à savoir la **gare routière Cardesa** (Cardesa ; angle Hermanos Bastar Zozaya et Castillo) réservée aux bus 2e classe et la **Central de Autobuses de Tabasco** (CAT ; ☎993-312-29-77 ; angle Av Ruíz Cortines et Castillo) sur le côté nord de l'Avenida Ruíz Cortines (passerelle piétonne), principal point de départ des bus 2e classe.

BUS AU DÉPART DE VILLAHERMOSA

DESTINATION	TARIF ($M)	DURÉE (H)	FRÉQUENCE
Campeche	524-658	5 ½-7	fréquents ADO
Cancún	624-1 086	12 ½-14 ½	20 ADO/jour
Comalcalco	90	2	très fréquents Cardesa, 2 ADO/jour
Mérida	698-855	8-9 ½	28 ADO/jour
Mexico (TAPO)	1 022-1 186	12-13	fréquents ADO
Oaxaca	814	13	3 ADO/jour
Palenque	140-190	2-2 ½	22 ADO, très fréquents Cardesa
San Cristóbal de las Casas	466	6-6 ½	5 ADO/jour
Tenosique	194-252	3-3 ½	11 ADO/jour, très fréquents CAT
Tuxtla Gutiérrez	384-572	4-5	16 ADO/jour
Veracruz	610-696	6-8 ½	fréquents ADO

Comment circuler

De confortables minibus ADO circulent entre l'aéroport et la gare routière ADO (225 $M), à raison d'un par heure de 6h à 21h. La course en taxi pour le centre-ville coûte environ 280 $M. À 500 m du parking de l'aéroport, on peut aussi prendre à la station de taxis Dos Montes un *colectivo* (25 $M) pour le marché de Carranza, situé à 1 km au nord de la Zona Luz.

Le réseau de transports en commun de la ville repose sur les taxis *colectivos* (25 $M). Hélez-en un qui va dans votre direction ou faites la queue à une station devant un grand magasin ou une gare routière : des répartiteurs très organisés vous indiqueront rapidement un taxi en fonction de votre destination, sans que vous ayez besoin de payer ou de négocier. Les taxis privés facturent 50 $M environ la course en centre-ville.

Comalcalco

933 / 40 000 HABITANTS

La bourgade de Comalcalco, 55 km au nord-ouest de Villahermosa, ne brille pas par son esthétique et vaut essentiellement pour le site maya peu fréquenté à sa périphérie, l'une des attractions phares du Tabasco. Elle est également connue pour sa production de cacao et ses petites fabriques de chocolat, dont certaines ouvertes au public.

À voir

Malgré sa taille modeste, Comalcalco abrite assez de choses intéressantes pour justifier une plaisante excursion depuis Villahermosa, à un peu plus d'une heure de route.

Comalcalco — SITE ARCHÉOLOGIQUE

(933-337-02-74 ; 55 $M ; 8h-16h). Au milieu des arbres à quelques minutes de marche au nord-est du centre-ville, les ruines de l'ancienne Comalcalco, les plus occidentales du monde maya, présentent une architecture unique par les matériaux employés : la brique et/ou le mortier à base de coquilles d'huîtres. La cité atteignit son apogée entre 600 et 1000, sous la domination des Chontal. Elle demeura pendant plusieurs siècles un important centre de commerce où s'échangeaient des marchandises de luxe.

Le **musée** à l'entrée expose une jolie collection de sculptures et de gravures représentant des têtes humaines, divinités, glyphes et animaux tels que crocodiles et pélicans.

À l'intérieur du site, vous tomberez d'abord sur une imposante pyramide en brique à plusieurs niveaux : le **Templo 1**. À sa base sont dispersés les vestiges d'importantes sculptures en stuc, notamment les pattes d'un crapaud ailé géant. D'autres temples bordent la **Plaza Norte**, en face du Templo I. Au sud-est du site s'élève le **Gran Acrópolis**, qui offre une magnifique vue sur les palmiers s'étendant jusqu'au golfe du Mexique. L'Acrópolis fait face au **Templo V**, une pyramide funéraire dont les côtés étaient autrefois décorés par des sculptures en stuc représentant des figures humaines, des reptiles, des oiseaux et des poissons. Côté ouest de la base du Templo V s'élève le **Templo IX**, comportant une tombe bordée de 9 sculptures en stuc figurant un haut dignitaire de Comalcalco suivi de prêtres et de courtisans. Au-dessus du Templo V se profilent les restes d'**El Palacio**, qui fut sans doute une résidence royale, et ses 80 m de galeries parallèles aux voûtes en encorbellements.

Hacienda La Luz — PLANTATION

(933-337-11-22 ; www.haciendalaluz.mx ; Blvd Rovirosa 232 ; circuit 1 heure à partir de 100 $M/pers ; circuits 9h, 11h, 13h et 15h mar-dim). Parmi les exploitations locales fabriquant du chocolat à partir du cacao cultivé sur place, cette hacienda propose des visites guidées basiques (1 heure) ou plus détaillées de son domaine, de la belle demeure aux jardins et à la plantation. Vous y

À NE PAS MANQUER

RUINES DE MALPASITO

Le site cérémoniel maya-zoque de **Malpasito** (40 $M ; 7h-17h), indiqué, se trouve à 600 m en amont du village éponyme. Inscrites dans un beau cadre naturel, ces ruines peu visitées, datant de 700 à 900 de notre ère, recèlent une centaine de pétroglyphes représentant oiseaux, cerfs, singes et personnages. Des temples dotés d'escaliers sont disséminés dans le secteur de Malpasito, dont dix à l'intérieur de la zone archéologique. Panneaux explicatifs en espagnol et en anglais.

découvrirez les méthodes traditionnelles de confection du chocolat et terminerez le parcours par une dégustation de boisson chocolatée. Mieux vaut réserver pour un circuit en anglais.

L'hacienda est à 300 m du Parque Juárez, la grand-place de Comalcalco : suivez la Calle Bosada vers l'ouest sur 250 m jusqu'au Blvd Rovirosa, tournez à droite et vous apercevrez le portail blanc de l'hacienda de l'autre côté de la route.

Où se restaurer

On trouve des stands de tacos et autres en-cas bon marché dans le Parque Benito Juarez Garcia (un peu à l'ouest de l'artère principale qui traverse la ville) et ses abords. Sinon, un restaurant d'exception vous attend près du site archéologique.

Cocina Chontal MEXICAIN $

(933-158-56-96 ; www.facebook.com/nelly.cordovamorillo.5 ; Ejido Buenavista ; plats 80-130 $M ; 12h-17h mer-dim). Tenu par Nelly Córdova, un véritable personnage en costume traditionnel, ce charmant restaurant en plein air remet au goût du jour des plats typiques du Tabasco a demi oubliés, dont certains remontent à la période maya. Tous les plats, dont les onctueux *moles* à base de chocolat, le ragoût de dinde et les bananes fourrées au porc et aux haricots, mijotent sur des feux de bois et sont servis dans de la vaisselle en terre cuite.

Depuis/vers Comalcalco

Des bus fréquents relient Comalcalco et Villahermosa (90 $M, 2 heures) ; ils partent de la rue principale qui traverse la ville.

État de Oaxaca

Dans ce chapitre ➡

Le top des restaurants

- Casa Oaxaca (p. 460)
- Almoraduz (p. 490)
- La Providencia (p. 497)
- Boulenc Pan Artesano (p. 460)
- Restaurante Los Danzantes (p. 462)

Le top des hébergements

- Heven (p. 496)
- Villas Carrizalillo (p. 488)
- La Betulia (p. 458)
- Quinta Real Oaxaca (p. 459)
- Hotel Casa de Dan (p. 486)

Pourquoi y aller

La magie de cette contrée opère d'emblée. Bastion de l'identité indienne, elle conserve de riches traditions artisanales, festives et gastronomiques. Cœur de l'État du même nom, la ville de Oaxaca (prononcez le *x* comme la jota espagnole), merveille d'architecture coloniale, constitue un fascinant carrefour culturel. Au nord s'étendent les hautes terres boisées de la Sierra Norte, où se développe un tourisme alternatif qui permet de pratiquer la randonnée à pied ou à cheval, ou le vélo au milieu de paysages d'exception. Au sud, par-delà des massifs sauvages et reculés, la côte pacifique tropicale, aux eaux peuplées de dauphins et de tortues, est bordée de longues plages de sable et émaillée d'un chapelet de stations balnéaires sûres : citons Puerto Escondido, paradis des surfeurs, Bahías de Huatulco, entièrement planifiée mais plaisante, ou Mazunte, Zipolite et San Agustinillo, réputées pour leur douceur de vivre.

Quand partir

Oaxaca

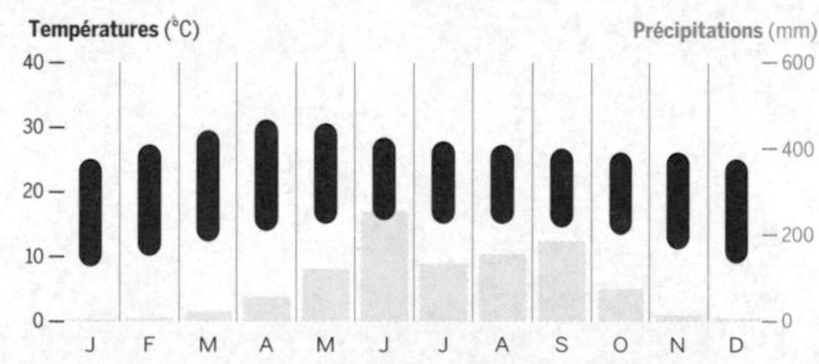

Janvier-mars Les mois les plus secs : les vacanciers affluent et la Sierra Norte est idéale pour la randonnée.

Juillet-août C'est la Guelaguetza (fête de danses folkloriques) à Oaxaca et les vacanciers abondent sur le littoral.

Fin octobre et novembre On célèbre le Día de Muertos dans la ville de Oaxaca et les Fiestas de Noviembre à Puerto Escondido.

Histoire

Les cultures préhispaniques des Valles Centrales rivalisaient de grandeur avec celles du Centre : ainsi, le site de Monte Albán devint-il le cœur de la culture zapotèque, laquelle étendit son contrôle sur la majeure partie de la région et connut son apogée entre 350 et 700. À compter d'environ 1200, les Zapotèques passèrent progressivement sous la domination des Mixtèques, originaires des hautes terres du nord-ouest de l'actuel Oaxaca. Les deux peuples furent à leur tour soumis par les Aztèques au XVe et au début du XVIe siècle.

Les Espagnols durent entreprendre au moins quatre expéditions avant de s'assurer une sécurité suffisante pour fonder, en 1529, la ville de Oaxaca. La population indienne chuta alors de manière dramatique. Les rébellions indigènes se succédèrent, en vain, jusqu'au XXe siècle.

Le grand réformateur du XIXe siècle, Benito Juárez, était d'origine zapotèque. Il occupa les fonctions de président du Mexique de 1861 jusqu'à sa mort en 1872. Également natif de Oaxaca, Porfirio Díaz allait diriger le pays presque continûment entre 1876 et 1911, le faire entrer dans l'ère industrielle, mais aussi favoriser la corruption et provoquer une révolution en 1910.

Si, de nos jours, le tourisme prospère à Oaxaca, dans les villages environnants et par endroits sur la côte, l'arrière-pays reste sous-développé. Un gouffre sépare toujours l'élite dirigeante, essentiellement composée de *mestizos*, aux origines métissées, et la population déshéritée, à majorité indienne.

OAXACA

☎951 / 260 000 HABITANTS / ALTITUDE : 1 550 M

Avec son histoire à l'incroyable richesse, sa gastronomie et ses traditions indigènes bien ancrées, Oaxaca fait partie des hauts lieux de la culture mexicaine. Ses églises grandioses et ses superbes places lui ont valu d'être inscrite au patrimoine mondial de l'Unesco. Les amateurs de culture viennent y chercher les traces laissées par les Zapotèques et l'héritage colonial. L'atmosphère qui se dégage de ses rues sereines reste très couleur locale. En témoignent les palais abritant des boutiques-hôtels, les échoppes d'artisans ou les *mezcalerías* faussement négligées où goûter un éventail de préparations à base de mezcal. Son principal attrait réside toutefois sous la surface. Bien que Oaxaca soit plutôt sûre selon les standards mexicains, ses revendications politiques s'affirment depuis quelques années. Elles se manifestent dans les représentations satiriques de street art, dans ses bars bohèmes et ses marchés de rue séculaires. Dans cette ville pleine de charme mais complexe, il y a décidément beaucoup plus à voir que de belles façades !

À voir

Classé au patrimoine mondial de l'Unesco depuis 1987, le centre historique de Oaxaca regroupe une profusion d'églises, de galeries d'art, de musées et d'agréables espaces verts. Pour une première approche, mieux vaut cibler les monuments majeurs.

♥ Templo de Santo Domingo — ÉDIFICE RELIGIEUX

(Angle Alcalá et Gurrión ; 7h-13h et 16h-20h sauf durant l'office). Derrière sa façade baroque finement sculptée, la plus belle église de Oaxaca présente un intérieur très ornementé : de superbes motifs dorés encadrent ainsi une profusion de figures peintes. Du côté sud, la **Capilla de la Virgen del Rosario (chapelle de la Vierge du Rosaire)**, datant du XVIIIe siècle, est la plus ouvragée de toutes. Lors des messes vespérales, célébrées à la lueur des cierges, l'édifice baigne dans une lumière tamisée.

Construite principalement entre 1570 et 1608 par les meilleurs artisans de Puebla et d'ailleurs, elle faisait partie du monastère dominicain de la ville. À l'instar d'autres monuments de cette région sujets aux séismes, Santo Domingo possède des murs en pierre très épais.

Parmi les sculptures de la façade baroque, le personnage portant une église représente le moine espagnol Domingo de Guzmán (saint Dominique, vers 1170-1221), fondateur de l'ordre dominicain. Cet ordre, qui imposait le respect strict des vœux de pauvreté, de chasteté et d'obéissance, protégea les Indiens des excès du colonialisme.

♥ Museo de las Culturas de Oaxaca — MUSÉE

(☎951-516-29-91 ; Alcalá ; tarif plein/- 13 ans 70 $M/gratuit, vidéo 45 $M ; 10h-18h15 mar-dim). Les magnifiques bâtiments monastiques attenants au Templo de Santo Domingo hébergent l'un des musées régionaux les plus passionnants du pays. Sa riche collection illustre l'histoire de

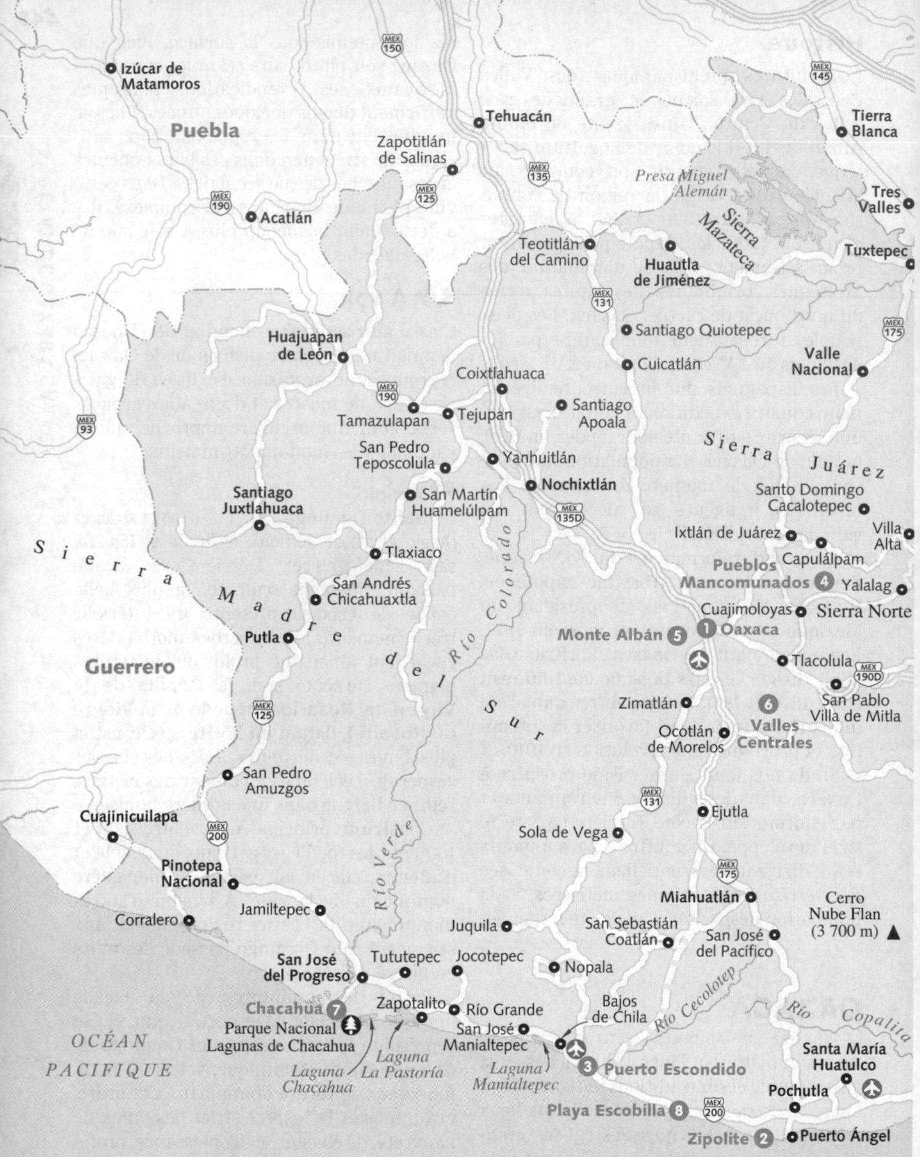

À ne pas manquer

1 Culture, cuisine, artisanat et… mezcal, à **Oaxaca** (p. 445), une ville coloniale festive et colorée

2 La station balnéaire de **Zipolite** (p. 495) est prisée des voyageurs pour le farniente

3 Une séance de surf au large des splendides plages de **Puerto Escondido** (p. 481), une paisible localité

4 Une randonnée dans les **Pueblos Mancomunados** (p. 479), d'un village à l'autre, à travers des forêts de nuages

5 Le site archéologique de **Monte Albán** (p. 468),

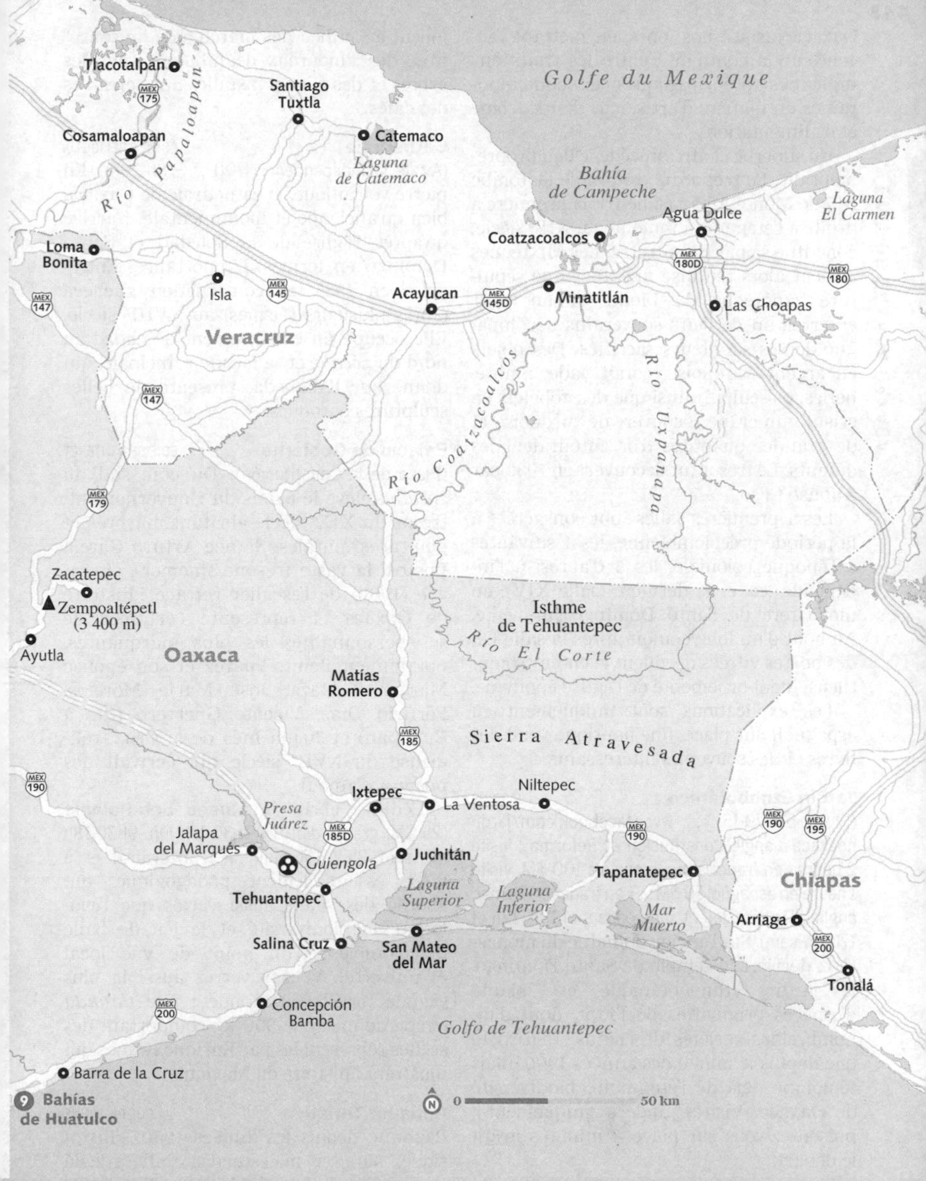

à l'architecture mystérieuse, dans un cadre somptueux

6 Une plongée dans la vie des villages indigènes des **Valles Centrales** (p. 468), avec les marchés, les fêtes et les ateliers d'artisans

7 La traversée des lagunes de **Chacahua** (p. 492), paradis des oiseaux, jusqu'à une plage fabuleuse

8 Le lieu de ponte de milliers de tortues à **Playa Escobilla** (p. 489)

9 La vie sur la plage avec tout le confort à **Bahías de Huatulco** (p. 504)

Oaxaca jusqu'à nos jours, en mettant l'accent sur la continuité entre les traditions indiennes préhispaniques et contemporaines en matière d'artisanat, de médecine et d'alimentation.

Un superbe cloître précède le lieu proprement dit. Le **trésor mixtèque** de la Tombe n° 7 de Monte Albán (salle III, la première à droite à l'étage), qui remonte au XIVe siècle, constitue sa pièce maîtresse. Les Mixtèques avaient alors réutilisé une ancienne sépulture zapotèque de Monte Albán pour enterrer un de leurs souverains accompagné de ses serviteurs sacrifiés. Des objets en argent, turquoise, corail, jade, ambre, perles, os sculpté, ainsi que des gobelets en cristal, un crâne recouvert de turquoise et de grandes quantités d'or entouraient les défunts. Le trésor fut découvert en 1932 par Alfonso Caso.

Les 4 premières salles sont consacrées à la période précolombienne, les 4 suivantes à l'époque coloniale, les 5 d'après, à l'indépendance, et la dernière (salle XIV), au monastère de Santo Domingo lui-même. Au bout d'un long couloir après la salle IX, des portes vitrées dévoilent le chœur somptueusement ornementé de l'église éponyme.

Les explications sont uniquement en espagnol. Sur place, une boutique vend des livres et des souvenirs intéressants.

Jardín Etnobotánico JARDINS

(☎951-516-79-15 ; www.facebook.com/jardinoaxaca ; angle Constitución et Reforma ; visite 2 heures en français ou en anglais 100 $M, visite 1 heure en espagnol 50 $M ; ⏲en français 17h mar, anglais 11h mar, jeu et sam, espagnol 10h, 12h et 17h lun-sam). Sur l'ancien domaine du monastère, derrière le Templo de Santo Domingo, le jardin ethnobotanique est planté d'espèces originaires de l'État, dont d'innombrables variétés de cactus. Il n'existe que depuis le milieu des années 1990, mais témoigne déjà de l'étonnante biodiversité de Oaxaca. Visites guidées uniquement ; présentez-vous sur place 5 minutes avant le départ.

Zócalo PLACE

À l'ombre de grands arbres et d'élégants *portales* (galeries à arcades) abritant de nombreux cafés et restaurants, cette place piétonne est l'endroit parfait pour s'imprégner de l'atmosphère de Oaxaca. Elle vibre de jour comme de nuit au son des ensembles de marimba, des orchestres de cuivres et des musiciens ambulants, qui jouent au milieu des marchands de souvenirs, des amoureux déambulant sous les arbres et des clients installés aux terrasses des cafés.

Cathédrale ÉDIFICE RELIGIEUX

(Av de la Independencia 700 ; ⏲8h-20h). En pierre volcanique, la cathédrale de Oaxaca, bien qu'ancienne et monumentale, n'arrive qu'après l'église de la Soledad et Santo Domingo en termes d'importance. Entreprise en 1535, sa construction s'acheva (après plusieurs séismes) au XVIIIe siècle. Elle occupe un emplacement de choix, au nord du *zócalo*, et sa façade principale, qui donne sur l'Alameda, présente de belles sculptures baroques.

Palacio de Gobierno ÉDIFICE D'INTÉRÊT

(Plaza de la Constitución). Du côté sud du *zócalo* s'élève le palais du Gouvernement, trésor du XIXe siècle abritant marbres et peintures murales. Signée Arturo García Bustos, la vaste fresque finement ouvragée (1980) de l'escalier retrace l'histoire de Oaxaca et représente certaines de ses personnalités les plus marquantes, notamment Benito Juárez et son épouse Margarita Maza, José María Morelos, Porfirio Díaz, Vicente Guerrero (tué à Cuilapan) et Juana Inés de la Cruz, religieuse du XVIIe siècle qui écrivait des poèmes d'amour.

L'édifice abrite le **Museo del Palacio** (25 $M, gratuit dim ; ⏲9h30-17h lun, 9h30-18h mar-sam, 9h30-16h dim ; 👪), interactif et à visée essentiellement pédagogique, qui aborde des sujets aussi variés que l'évolution, la biodiversité et le jeu de balle précolombien, d'un point de vue local et universel. Vous y verrez aussi la plus grande tortilla du monde : une *tlayuda* (crêpe de maïs) de 300 kg comportant des scènes représentées par Enrique Ramos qui illustrent l'histoire du Mexique.

Andador Turístico RUE PIÉTONNE

Piétonne depuis les années 1980, l'historique, sûre et majestueuse Calle Alcalá va du nord de la cathédrale au Templo de Santo Domingo. Ses bâtiments de l'époque coloniale renferment des boutiques, galeries, musées, bars et cafés séduisants qui font d'elle un lieu de promenade incontournable et une scène nocturne animée.

Museo Rufino Tamayo MUSÉE

(☎951-516-47-50 ; Morelos 503 ; 90 $M ; ⏲10h-14h et 16h-19h lun et mer-sam, 10h-15h dim).

L'artiste le plus célèbre de Oaxaca, Rufino Tamayo (1899-1991), a légué cette formidable collection d'art préhispanique – exposée dans un beau bâtiment du XVIIe siècle – à sa ville natale. Issues des quatre coins du Mexique, les pièces – dont plusieurs chefs-d'œuvre – sont réparties plus en fonction de critères esthétiques qu'archéologiques dans 5 salles aux couleurs distinctes, organisées autour d'un patio. Les plus anciennes datent de 1250 av. J.-C.

♥ Espacio Zapata GALERIE D'ART
(Porfirio Díaz 509 ; ⏲10h-18h). GRATUIT Dans une ville connue pour manier la contestation à travers les arts graphiques, cette galerie joue un rôle clé. Fondée en 2006 par le collectif Asaro (Asamblea de Artistas Revolucionarios de Oaxaca) et en renouvellement constant, elle propose événements, discussions, ateliers et expositions. Même les peintures qui décorent la façade changent régulièrement. Allez-y pour jeter un œil, papoter, grignoter quelque chose au café dans la cour ou acheter un T-shirt imprimé "Ciudad Revolucionario de México".

Basilica de Nuestra Señora de la Soledad ÉDIFICE RELIGIEUX
(Independencia 107 ; participation libre ; ⏲musée 9h-14h et 15h-19h mar-dim). Si Oaxaca compte un nombre considérable d'églises, la Soledad a la faveur de beaucoup d'habitants. Elle a conservé sa façade baroque d'origine (1690), tandis que l'intérieur chargé de dorures, surtout au-dessus du maître-autel, date de la fin du XIXe siècle. À noter en particulier les 8 anges sculptés tenant chacun un chandelier. Un petit **musée** à l'arrière recèle des vitraux, des peintures religieuses et des représentations de la Vierge de la Solitude.

Museo de Arte Contemporáneo de Oaxaca MUSÉE
(MACO ; ☎951-514-10-55 ; www.museomaco.org ; Alcalá 202 ; 20 $M, dim gratuit ; ⏲10h30-20h mer-lun). Remarquable collection d'art contemporain dans une demeure coloniale restaurée.

Museo Casa de Juárez MUSÉE
(☎951-516-18-60 ; www.museocasajuarez.blogspot.com.es ; García Vigil 609 ; 50 $M ; ⏲10h-19h mar-dim). La modeste maison du relieur Antonio Salanueva, qui prit en charge l'éducation du futur président réformateur Benito Juárez (1806-1872), est devenue un intéressant petit musée. L'atelier de reliure a été conservé, de même que des souvenirs de Juárez et des objets d'époque.

Museo Textil de Oaxaca MUSÉE
(☎951-501-11-04 ; www.museotextildeoaxaca.org.mx ; Hidalgo 917 ; ⏲10h-20h lun-sam, 10h-18h dim). GRATUIT Ce musée s'attache à garder vivant l'artisanat textile traditionnel de la région à travers des expositions, des ateliers, des films, des présentations et une bibliothèque. Il rassemble 5 000 pièces provenant de Oaxaca et du monde entier, souvent plus que centenaires, qui font l'objet de présentations thématiques. Également sur place une boutique d'artisanat de qualité.

Des visites guidées (10 $M) de 1 heure ont lieu à 17h (mer) – en espagnol et en anglais si 5 personnes au moins le demandent.

Aqueduc de Xochimilco MONUMENT
Cet aqueduc aux arcades en pierre verte locale longe la Calle Rufino Tamayo, au nord-ouest du centre historique. Bâti entre 727 et 1751, il acheminait l'eau du Cerro de San Felipe jusqu'au cœur de la ville. Il fonctionna jusqu'en 1940, date de son remplacement par un ouvrage plus moderne mais moins élégant.

Cerro del Fortín COLLINE
On rejoint la colline emblématique de Oaxaca et son parc, qui réserve une superbe vue sur la ville, au terme d'une marche un peu ardue. Celle-ci débute Calle Crespo, en haut des larges **Escaleras del Fortín**, sur les marches desquels les habitants se pressent chaque matin pour faire de l'exercice. Un passage souterrain orné de peintures murales débouche au pied de l'Auditorio Guelaguetza (p. 456), à côté d'une **statue de Benito Juárez** qui veille sur la ville.

Plus haut, une route de terre à travers les arbres dessert le planétarium, l'observatoire astronomique et, au-delà, une antenne de télévision et une croix chrétienne. Mieux vaut éviter de se promener aux abords du sommet dès que la nuit commence à tomber.

Activités

♥ Mundo Ceiba VÉLO
(☎951-192-04-19 ; Berriozábal 109 ; ⏲8h-23h). Dans un grand garage abritant un café, le rendez-vous des cyclistes à Oaxaca organise quatre soirs par semaine les Paseos

Oaxaca

0 — 400 m

Calzada Niños Héroes de Chapultepec (route 190)
Gare routière des bus 1re classe
Sectur
Teotitlán del Valle (29 km), Mitla (46 km)
Cerro del Fortín
Olivera
Pérez
Rufino Tamayo
Maza de Juárez
Jardín Conzatti
Gómez Farías
Callejón del Carmen
Cosijopí
Quintana Roo
Humboldt
Reforma
Sectur
Parque Juárez (El Llano)
Aldama
Escaleras del Fortín
Callejón Hidalgo
Quetzalcóatl
Zárate
San Agustín Etla (16 km)
Boca del Monte
Carranza
Plazuela del Carmen Alto
Jardín Etnobotánico
Berriozábal
Espacio Zapata
Museo de las Culturas de Oaxaca
Juárez
Allende
Cosijoeza
Templo de Santo Domingo
Bravo
La Unión
Constitución
Aldama
Alcalá
Porfirio Díaz
Matamoros
Aranda
Crespo
Tinoco y Palacios
García Vigil
Plazuela Labastida
Pino Suárez
Libres
Abasolo
Plaza de la Danza
Morelos
Office du tourisme municipal
Murguía
Independencia
Jardín Sócrates

1 2 3 4 5 6 9 10 11 12 13 14 15 17 20 22 23 25 26 27 28 29 30 32 33 35 36 37 39 40 41 42 43 44 46 47 48 49 50 51 52 53 54 55 57 58 59 60 61 63 64 66 67 68 69 71 73 74 75 76 77 79 80 81 82 84 85 86 89 90

A B C D E F G
1 2 3 4

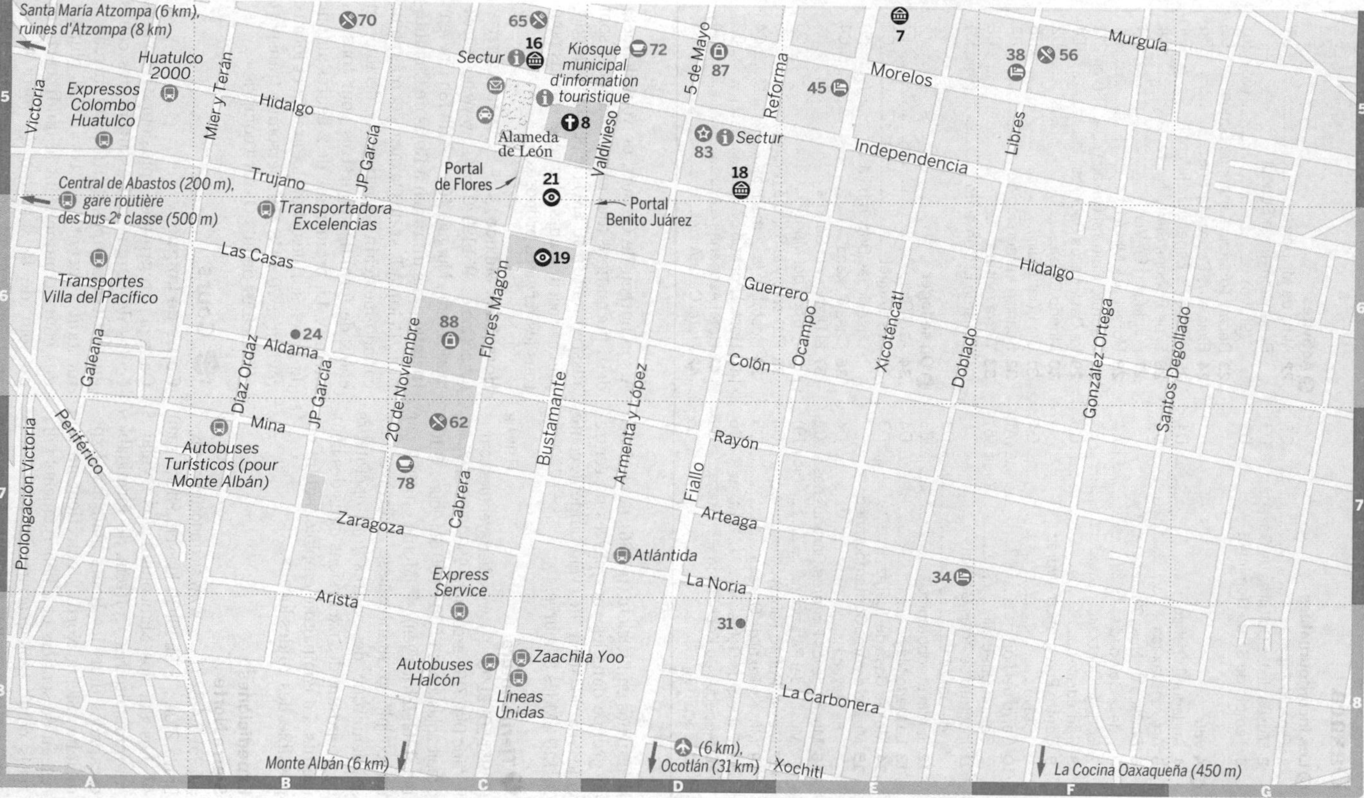
Santa María Atzompa (6 km), ruines d'Atzompa (8 km)
70
65
16
Sectur
Kiosque municipal d'information touristique
72
5 de Mayo
87
Reforma
45
7
Morelos
38
56
Murguía
Victoria
Huatulco 2000
Expressos Colombo Huatulco
Mier y Terán
Hidalgo
8
Alameda de León
Valdivieso
83
Sectur
Independencia
Libres
Central de Abastos (200 m), gare routière des bus 2e classe (500 m)
Trujano
JP García
Portal de Flores
21
Portal Benito Juárez
18
Transportadora Excelencias
Las Casas
19
Hidalgo
Transportes Villa del Pacífico
Guerrero
88
Flores Magón
24
Aldama
Galeana
Díaz Ordaz
JP García
20 de Noviembre
Colón
Ocampo
Xicoténcatl
Doblado
González Ortega
Santos Degollado
Bustamante
Armenta y López
62
Mina
Rayón
Prolongación Victoria
Periférico
Autobuses Turísticos (pour Monte Albán)
78
Fiallo
Cabrera
Zaragoza
Arteaga
Atlántida
Express Service
La Noria
34
Arista
31
Autobuses Halcón
Zaachila Yoo
Líneas Unidas
La Carbonera
Monte Albán (6 km)
(6 km), Ocotlán (31 km)
Xochitl
La Cocina Oaxaqueña (450 m)
A
B
C
D
E
F
G
5
6
7
8

Oaxaca

Les incontournables
1 Espacio Zapata C3
2 Museo de las Culturas de Oaxaca D3
3 Templo de Santo Domingo D3

À voir
4 Andador Turístico D4
5 Arte de Oaxaca D4
6 Basilica de Nuestra Señora de la Soledad A4
7 Bodega Quetzalli E5
8 Cathédrale C5
9 Centro Fotográfico Álvarez Bravo D4
10 Cerro del Fortín A1
Galería Quetzalli ...... (voir 55)
11 Instituto de Artes Gráficas de Oaxaca D3
12 Jardín Etnobotánico E3
13 La Mano Mágica D4
14 Museo Casa de Juárez D3
15 Museo de Arte Contemporáneo de Oaxaca D4
16 Museo de los Pintores Oaxaqueños C5
Museo del Palacio ...... (voir 19)
17 Museo Rufino Tamayo C4
18 Museo Textil de Oaxaca D5
19 Palacio de Gobierno C6
20 Aqueduc de Xochimilco D1
21 Zócalo C5

Activités
22 Alma de Mi Tierra G4
Becari Language School (Bravo) ...... (voir 26)
23 Becari Tonatzin Language School D2
24 Bicicletas Pedro Martínez B6
25 Centro de Esperanza Infantil B4
26 Expediciones Sierra Norte C4
27 Fundación En Vía F1
28 Horseback Mexico E4
Instituto Cultural Oaxaca ...... (voir 27)
29 La Casa de los Sabores E4
30 Mundo Ceiba D2
31 Ollin Tlahtoalli D8
32 Spanish Immersion School B4
33 Tierraventura C2
Turismo El Convento ...... (voir 52)

Où se loger
34 Azul Cielo E7
35 Casa Ángel C2
Casa de las Bugambilias ...... (voir 29)
36 Casa Oaxaca C4
37 El Diablo y la Sandía (Boca del Monte) C3
38 El Diablo y la Sandía (Libres) F5
39 Hostal de las Américas C4
40 Hostal Pochón C2
41 Hotel Azucenas B4
42 Hotel Casa Arnel G3

Nocturnos en Bicicleta (p. 466), des balades en groupe dans les rues pavées du centre-ville. La location de vélo/tandem coûte 70/120 $M les 8 heures.

Tierraventura PLEIN AIR
(951-501-21-96 ; www.tierraventura.com ; Porfirio Díaz 719 ; excursions 950-1 700 $M/pers, circuits plus longs 1 500-1 600 $M/jour ; 10h-14h et 16h-18h lun-ven). Monté en 1999 par un couple germano-suisse, Tierraventura se démarque des autres tour-opérateurs en proposant des excursions dans des lieux inédits. La compagnie emploie, autant que possible, des guides locaux.

Expediciones Sierra Norte PLEIN AIR
(951-514-82-71 ; www.sierranorte.org.mx ; Bravo 210A ; 9h-19h30 lun-ven, 9h-14h sam). Les Pueblos Mancomunados ("villages communautaires") offrent de formidables escapades dans les hauts plateaux. Expediciones Sierra Norte y entretient un bon réseau de sentiers et d'hébergements villageois confortables, assure les services de guides et y loue des chevaux et des vélos. À son bureau de Oaxaca, on vous donnera des informations (des cartes pratiques sont aussi en vente à 50 $M) ; le personnel anglophone s'occupe aussi des réservations pour tous les services proposés.

Horseback Mexico BALADES ÉQUESTRES
(portable 951-1997026 ; www.horseback-mexico.com ; Murguía 403 ; 11h-18h dim-ven). Installé dans un ranch à Rojas de Cuauhtémoc, 15 km à l'est de Oaxaca, cet opérateur canado-mexicain expérimenté décline un choix de formules équestres pour tous les niveaux. La promenade de 2 heures autour du ranch sur des chevaux arabes et locaux revient à 70 $US par personne, transport aller-retour depuis Oaxaca compris.

Cours

Cours de langue

Oaxaca regroupe plusieurs bonnes écoles de langue qui assurent des cours en petits groupes (différents niveaux), mettant l'accent sur l'oral. La plupart des cours commencent le lundi, certains au jour de la semaine de votre choix. Sont également au programme des

43	Hotel Casa Conzatti	E2
44	Hotel Casa del Sótano	C3
45	Hotel La Casa de María	E5
46	Hotel Las Golondrinas	C3
47	La Betulia	C2
48	La Casa de Mis Recuerdos	F3
49	La Casona de Tita	D2
50	Ollin Bed & Breakfast	D2
51	Posada Don Mario	D2
52	Quinta Real Oaxaca	D4
53	Un Sueño Valle de Huajes	C1
	Où se restaurer	
54	Boulenc Pan Artesano	C4
	Cafe El Ágora de Jalatlaco	(voir 42)
55	Casa Oaxaca	E4
56	Cenaduría Tlayudas Libres	F5
57	Gourmand	C3
58	Jaguar Yuú	D4
59	La Biznaga	D3
	La Olla	(voir 29)
60	La Popular	D3
61	Los Pacos	E4
62	Mercado 20 de Noviembre	C7
63	Mercado Sánchez Pascuas	C2
64	Pitiona	D3
65	Restaurante Catedral	C5
66	Restaurante Los Danzantes	D4
67	Tastavins	E4
68	Tobaziche	D4
69	Vieja Lira	E3
70	Xuncu Choco	B5
71	Zandunga	D3
	Où prendre un verre et faire la fête	
72	Café Brújula	D5
73	Café Café	C4
74	Candela	E4
75	In Situ	C4
76	La Mezcalerita	D2
	La Santísima Flor de Lúpulo	(voir 57)
77	Los Amantes	D3
78	Mayordomo	C7
79	Sacapalabras	D2
80	Txalaparta	C4
	Où sortir	
81	Auditorio Guelaguetza	A2
	Guelaguetza Show	(voir 52)
82	La Nueva Babel	C4
83	Teatro Macedonio Alcalá	D5
	Achats	
84	Amate Books	D4
85	El Nahual	E4
86	Huizache	D4
87	La Casa del Rebozo	D5
88	Mercado Juárez	C6
89	Unión de Palenqueros de Oaxaca	F4
90	Voces de Copal, Aullidos del Alma	D4

leçons particulières, du bénévolat et des options telles que cours de danse ou de cuisine, excursions et *intercambios* (conversations avec des habitants). Pour rencontrer d'autres étudiants, privilégiez les grandes écoles. À noter que l'inscription, les livres et le matériel pédagogique représentent parfois des frais supplémentaires non négligeables dans certains établissements.

Les écoles proposent un hébergement au sein d'une famille, à l'hôtel ou en appartement, plus rarement dans leurs propres locaux. Le logement de type familial revient à 20/25/29 $US par jour avec 1/2/3 repas.

Ollin Tlahtoalli ESPAGNOL
(951-514-55-62 ; www.ollinoaxaca.org.mx ; Ocampo 710 ; 15/20 heures par sem 150/186 $US). Plus qu'une simple école de langue, cet établissement dispense aussi des cours sur la révolution mexicaine, l'économie en Amérique latine, la littérature mexicaine et le street art. Prenez contact par Internet ou par téléphone pour préciser vos attentes. Accueil sympathique et grande flexibilité.

Spanish Immersion School ESPAGNOL
(portable 951-1964567 ; www.spanishschoolinmexico.com ; Matamoros 502 ; 12 $US/heure). Cette école mise sur le face-à-face au café, au parc, dans une bibliothèque ou à domicile, ou encore en visitant des marchés, des musées et des galeries. Le programme est souple : 3 à 8 heures de cours par jour, aussi longtemps que vous le désirez. Vous pouvez aussi réserver un professeur pour une journée d'excursion.

Instituto Cultural Oaxaca ESPAGNOL
(ICO ; 951-515-34-04 ; www.icomexico.com ; Juárez 909 ; 15/20/32 heures par sem 140/157/178 $US ;). Un établissement de taille plus importante, implanté de longue date, qui se distingue par le caractère professionnel de son approche. Certains cours sont donnés dans ses vastes jardins. La formule principale de 32 heures par semaine comprend 8 heures d'ateliers culturels (danse, cuisine, arts, artisanat…) et 4 heures d'*intercambios* (échanges avec des locaux). On peut étudier pour la durée

LE SAVIEZ-VOUS ?

L'ART CONTEMPORAIN À OAXACA

Si Mexico et Monterrey abritent de nombreuses galeries à la pointe de l'art contemporain, il n'y a qu'à Oaxaca que l'on trouve une telle concentration de talent et d'innovation dans un espace aussi réduit et accessible.

Couleur, luminosité, onirisme et référence à la mythologie indigène caractérisent la florissante création locale. Citons le grand muraliste Rufino Tamayo (1899-1991) et le peintre Francisco Gutiérrez (1906-1945), influencé par l'art européen.

Trois artistes ont marqué la génération suivante. Le portraitiste Rodolfo Morales (1925-2001), originaire d'Ocotlán, dont la plupart des peintures se reconnaissent à leurs personnages angéliques et enfantins, s'inspirait fortement des mythes indiens. Rodolfo Nieto (1936-1985) peuplait ses œuvres d'animaux fantastiques et de figures imaginaires. Francisco Toledo (né en 1940), de Juchitán, s'illustre quant à lui dans diverses disciplines (peinture, sculpture, arts graphiques...), où apparaît souvent un bestiaire grotesque. Il est encore aujourd'hui un acteur de la vie culturelle du Oaxaca.

Une série d'ateliers pour jeunes artistes, organisés par Tamayo dans les années 1970, encouragea des talents aujourd'hui reconnus, comme Abelardo López, Ariel Mendoza et Alejandro Santiago. Si leurs styles sont variés, le rêve et la culture originelle indienne se manifestent de façon récurrente dans leurs réalisations. Plus ou moins contemporain des précédents, Sergio Hernández fait preuve d'une grande imagination, mêlant le figuratif à l'abstrait, le fantastique au concret. Les artistes du début du XXIe siècle, comme Demián Flores, Soid Pastrana ou Guillermo Olguín, rejettent souvent la représentation du "folklore" au profit du postmodernisme et de compositions symboliques, parfois via la vidéo, réalisant des œuvres suscitant la réflexion.

Le top des musées et galeries

Museo de Arte Contemporáneo de Oaxaca (p. 449). Remarquable collection d'œuvres contemporaines mexicaines.

Museo de los Pintores Oaxaqueños (MUPO, musée des Peintres du Oaxaca ; ☎951-516-56-45 ; www.museodelospintores.blogspot.co.uk ; Independencia 607 ; 20 $M, gratuit dim ; ⏱10h-18h mar-sam). Expositions d'artistes du Oaxaca et d'ailleurs. Art contemporain provocateur.

Arte de Oaxaca (☎951-514-09-10 ; www.artedeoaxaca.com ; Murguía 105 ; ⏱11h-15h et 17h-20h lun-ven, 11h-18h sam). GRATUIT Cette galerie présente un large choix de créations artistiques de qualité et consacre une salle au travail de Rodolfo Morales.

Centro Fotográfico Álvarez Bravo (☎951-516-98-00 ; tallerescfmab.blogspot.com ; Bravo 116 ; ⏱9h30-20h mer-lun). GRATUIT Tournée vers la critique sociale, cette galerie présente les travaux de talentueux photographes internationaux.

Galería Quetzalli (☎951-514-26-06 ; Constitución 104 ; ⏱10h-14h et 17h-20h lun-sam). GRATUIT Une galerie où sont représentés des grands noms comme Francisco Toledo et Guillermo Olguín. Autre espace d'exposition non loin : **Bodega Quetzalli** (Murguía 400 ; ⏱variables).

Instituto de Artes Gráficas de Oaxaca (IAGO ; ☎951-516-69-80 ; www.institutodeartesgraficasdeoaxaca.blogspot.com ; Alcalá 507 ; ⏱9h30h-20h, bibliothèque fermée dim). GRATUIT Expositions et belle bibliothèque d'art ouvertes à tous.

La Mano Mágica (☎951-516-42-75 ; Alcalá 203 ; ⏱10h30-15h et 16h-20h lun-sam). Fondée par Arnulfo Mendoza (1954-2014), maître-tisserand de Teotitlán del Valle, cette galerie vend des œuvres de Tamayo, Morales et Hernández, ainsi qu'une belle petite sélection d'artisanat.

Espacio Zapata (p. 449). Un collectif d'artistes politiquement engagé.

de son choix, à partir d'une semaine. Également des cours d'espagnol médical et des affaires, et des cours pour enfants et enseignants.

Becari Language School ESPAGNOL
Cette école réputée et à taille humaine possède 2 antennes à Oaxaca : **Bravo** (951-514-60-76 ; www.becari.com.mx ; Bravo 210 ; 15/20/30 heures par sem 150/200/300 $US ;) et **Conzatti** (951-351-84-91 ; Gómez Farias 118). Les classes d'espagnol comptent de 1 à 5 élèves, et l'on peut suivre en option des cours de salsa, danse folklorique, tissage ou cuisine. Les formules sont nombreuses, incluant cours pour enfants ou initiation à la langue zapotèque.

Cours de cuisine

Oaxaca apporte sa touche personnelle à la cuisine mexicaine, avec ses 7 fameuses sauces *moles* (p. 461), son héritage culinaire et ses inoubliables combinaisons de saveurs. Plusieurs chefs partagent régulièrement leurs secrets pendant des cours donnés en anglais (ou en espagnol). Ceux-ci incluent généralement les courses au marché et la dégustation du fruit de votre travail.

La Casa de los Sabores CUISINE
(951-516-66-68 ; www.casadelossabores.com ; La Olla, Reforma 402 ; 75 $US/pers). Pilar Cabrera, propriétaire de l'excellent La Olla (p. 462), dispense des cours presque tous les mercredis et samedis matin. Les élèves préparent et dégustent l'un des 17 menus. Renseignements et réservations auprès du restaurant, où les participants ont rendez-vous à 9h30. L'atelier, qui dure jusqu'à 14h30, inclut une visite au marché et le déjeuner chez Pilar.

La Cocina Oaxaqueña CUISINE
(951-156-28-93 ; www.oaxacancuisine.com ; Yagul 209, San José la Noria ; 60 $US). Mère et fils donnent des cours sympathiques de 5 heures à prix raisonnable, le matin et l'après-midi, dans leur cuisine ouverte joliment décorée. Vous y préparerez 4 plats typiques de Oaxaca. Essayez de réserver un ou deux jours à l'avance ; transfert depuis/vers votre hébergement inclus dans le prix. Cours de cuisine végétarienne possibles.

Alma de Mi Tierra CUISINE
(951-513-92-11 ; www.almademitierra.net ; Aldama 205, Barrio Jalatlaco ; 75-95 $US/pers). Issue d'une famille de cuisiniers renommés de Oaxaca (ses parents dirigent La Casa de Mis Recuerdos, p. 460), Nora Valencia conduit chez elle, dans le pittoresque Barrio Jalatlaco, des cours matinaux de 5 heures. Réservation 48 heures à l'avance.

Circuits organisés

Le nombre de sites majeurs autour de Oaxaca en fait une base idéale pour des circuits organisés. Ceux-ci permettent d'éviter le tracas des transports et d'apprendre davantage de choses qu'en indépendant. Une excursion d'une journée en petit groupe revient d'ordinaire entre 180 et 330 $M par personne. On peut réserver les circuits dans nombre d'hébergements ou directement auprès d'agences comme **Turismo El Convento** (951-516-18-06 ; www.oaxacatours.mx ; Quinta Real, 5 de Mayo 300 ; 8h30-19h lun-sam, 9h-14h dim).

Zapotrek RANDONNÉE, VÉLO
(951-502-59-57, portable 951-2577712 ; www.zapotrek.com). Originaire de Tlacolula, à 31 km à l'est de Oaxaca, Eric Ramírez, qui parle couramment anglais, gère cette agence spécialisée dans les excursions à pied, à vélo et en voiture dans les villages indiens zapotèques et la campagne environnante. Les guides et spécialistes locaux vous feront découvrir la culture et la cuisine zapotèques, souvent chez l'habitant.

Fundación En Vía CULTURE
(951-515-24-24 ; www.envia.org ; Instituto Cultural Oaxaca, Juárez 909 ; 850 $M/pers ; 13h lun-ven et 9h sam). Basé à l'Instituto Cultural Oaxaca (p. 453), cette organisation à but non lucratif aide des villageoises à développer leurs modestes entreprises. Le programme est financé par des circuits de 6 heures, avec déjeuner chez les bénéficiaires, qui donnent un aperçu intéressant de l'artisanat local et de l'économie des villages.

Traditions Mexico CULTURE
(portable 951-2262742 ; www.traditionsmexico.com ; circuit 1 journée 85-95 $US/pers ;). Des circuits guidés offrant un rare aperçu de l'artisanat, de la cuisine et des fêtes se déroulant dans l'État. Loin des sentiers battus, observez la culture zapotèque dans l'atelier des artisans et la cuisine des villageois. Les circuits de 8 heures explorent chaque jour un aspect différent de la

LAPIZTOLA ET L'ESSOR DU STREET ART

Empruntant le chemin tracé par les muralistes mexicains Diego Rivera et José Orozco dans les années 1930 et 1940, les artistes de rue de Oaxaca ont conquis, ces 10 dernières années, un public international grâce à des expositions provocatrices dans des pays aussi divers que la Suède, le Brésil, le Royaume-Uni et Cuba.

La résurgence du street art remonte aux manifestations de masse déclenchées en 2006 par la répression violente d'une grève d'enseignants qui fit 17 morts à Oaxaca. Sur fond d'instabilité et de troubles politiques, des groupements d'artistes en colère utilisèrent alors leurs pochoirs comme moyen de protestation.

L'un des fers de lance de ce mouvement est le collectif **Lapiztola** (http://lapiztola.tumblr.com), créé par Rosario Martínez et Roberto Vega, dont le nom associe avec esprit les mots crayon (*lápiz*) et pistolet (*pistola*). N'hésitant pas à commenter graphiquement les événements de 2006 et leurs conséquences, les artistes ont qualifié leurs œuvres saisissantes, souvent éphémères, de "cri sur un mur".

Bien qu'ancré dans la tradition picturale mexicaine, Lapiztola emprunte davantage sur le plan stylistique au street art satirique de l'Anglais Banksy et du Français Blek le Rat. Tels des guérilleros urbains, les membres du collectif ornent clandestinement les murs de la ville d'œuvres dénonçant les injustices du Mexique contemporain, de la guerre des cartels de la drogue à la destruction de l'environnement en passant par le problème des migrants. Si certains crient au vandalisme, d'autres y voient une vaste galerie à ciel ouvert qui a permis d'exprimer des idées et de faire avancer le débat.

Quoi qu'il en soit, le street art met en lumière la dichotomie de Oaxaca, splendide ville à l'architecture coloniale inscrite au patrimoine mondial de l'Unesco et foyer de revendications politiques et sociales. À la suite de Lapiztola, d'autres groupes importants tels qu'Asaro (Asamblea de Artistas Revolucionarios de Oaxaca ; p. 449) et **Yescka** (http://guerilla-art.mx) promeuvent un art militant, tandis que de nombreuses petites galeries indépendantes vendent gravures, art populaire et T-shirts imprimés revendicateurs pour financer la protestation, comme lapartmanquante (lapartmanquante.com/2012/02/10/un-front-artistique-a-oaxaca/).

vie zapotèque (du mardi au dimanche ; 3 personnes minimum).

Des circuits plus longs (8 à 10 jours, à partir de 1 795 $US) s'enfoncent au cœur de la campagne.

Bicicletas Pedro Martínez VÉLO, RANDONNÉE
(951-514-59-35 ; www.bicicletaspedromartinez.com ; Aldama 418 ; 9h-20h lun-sam). Cette équipe sympathique dirigée par un ancien champion olympique de cyclisme propose un choix de formules à vélo (ainsi que quelques randonnées pédestres intéressantes), le plus souvent hors des sentiers battus, au milieu des décors naturels les plus saisissants de Oaxaca. Des transports en minibus permettent d'éviter les tronçons ennuyeux et les ascensions trop rudes. L'excursion la plus renommée consiste en une journée dans le Valle de Tlacolula (2/4 pers 1 750/1 500 $M), avec transfert en bus jusqu'à Hierve El Agua inclus.

Fêtes et festivals

Guelaguetza DANSE
(10h et 17h, 2 derniers lun de juil). Magnifique fête de danses folkloriques de Oaxaca, la Guelaguetza a lieu les deux lundis suivant le 16 juillet, dans l'**Auditorio Guelaguetza** (Carretera Panamericano), grand amphithéâtre en plein air sur le Cerro del Fortín (p. 449). Si le 18 juillet, anniversaire de la mort de Benito Juárez, tombe un lundi, la fête se tient le 25 juillet et le 1er août. La manifestation, d'une durée d'environ 3 heures, se déroule à 10h et 17h. Des danseurs venus des 7 régions de l'État et revêtus de splendides costumes y exécutent des danses traditionnelles empreintes de dignité, trépidantes ou comiques, avant de lancer des offrandes dans la foule.

L'excitation atteint son comble lors de la pittoresque "danse de l'Ananas", exécutée par les femmes de la région de Papaloapan, et de la majestueuse

Danza de las Plumas (danse des Plumes) zapotèque, symbolisant la conquête espagnole.

L'auditorium peut accueillir quelque 11 000 personnes ; la vente des billets pour les sections A et B (5 000 places, 850-1 050 $M) commence deux mois à l'avance à l'office du tourisme de l'État (Sectur, voir p. 466) et sur www.ticketmaster.com.mx. Les 6 000 places des sections C et D, gratuites, sont attribuées sur le principe du premier arrivé, premier servi.

La période s'accompagne d'autres événements hauts en couleur, notamment des concerts, des expositions, une foire au mezcal dans le Parque Juárez (El Llano) et de formidables parades festives le samedi après-midi dans la Calle Alcalá.

Des versions plus modestes de la Guelaguetza se déroulent dans des villes et villages alentour, dont Zaachila, Tlacolula, Atzompa, Tlacochahuaya, San Agustín Etla, et même Tututepec, près du littoral. Celles-ci ont lieu habituellement les mêmes jours et changent agréablement du tohu-bohu commercial de Oaxaca.

La Guelaguetza tire ses origines de la fusion entre des rites préhispaniques et les célébrations chrétiennes en l'honneur de la Virgen del Carmen. Elle existe sous sa forme actuelle depuis 1932.

Día de Muertos TRADITION

(⏲31 oct-1er nov). Parmi les plus vibrantes du Mexique, les célébrations de la fête des Morts à Oaxaca donnent lieu à des concerts, des expositions et des manifestations qui débutent plusieurs jours avant l'événement. Les maisons, les cimetières et certains bâtiments publics s'ornent alors de fantastiques *altares de muertos* (autels des morts) ; d'immenses *tapetes de arena* (tapis de sable coloré) recouvrent places et chaussées, et des *comparsas* (groupes en costumes) paradent dans les rues.

Oaxaca FilmFest FILMS

(www.oaxacafilmfest.com ; ⏲oct). Moins de 10 ans après sa création, ce festival est déjà un événement culturel d'envergure. Au programme : des films indépendants du Mexique et d'ailleurs, pendant une semaine, la première quinzaine d'octobre. Toutes les projections sont en version originale, sous-titrée en espagnol et/ou en anglais.

Où se loger

Oaxaca brille par son nombre impressionnant d'hébergements authentiques au charme fou. Des auberges de jeunesse bon marché mais bien tenues, installées dans des demeures historiques, y côtoient de superbes B&B, quantité de boutique-hôtels et autres adresses.

Certains établissements, surtout de catégories moyenne et supérieure, augmentent leurs tarifs pendant les périodes de fêtes : Semana Santa, Guelaguetza, Día de Muertos et fêtes de fin d'année.

♥ Casa Ángel AUBERGE DE JEUNESSE $

(☎951-514-22-24 ; www.casaangelhostel.com ; Tinoco y Palacios 610 ; dort 200-300 $M, s/d 700/800 $M, sans sdb 400/500 $M, avec petit-déj ; @☎). Cette auberge très propre, dirigée par une équipe jeune, sympathique et serviable, est réputée à juste titre. Parmi les espaces communs lumineux figurent une cuisine bien équipée, un écran plasma avec Netflix et un toit-terrasse qui accueille une soirée barbecue le dimanche.

Trois des 6 chambres individuelles ont une petite terrasse. Les dortoirs (2 sont réservés aux femmes) sont pourvus de lits robustes disposant chacun d'une lampe de chevet. Les nouveaux dortoirs "deluxe" sont dotés de confortables lits superposés de style "capsule" avec panneaux en bois et rideaux, prises électriques et chargeurs USB. La réception est une mine d'informations touristiques.

Azul Cielo AUBERGE DE JEUNESSE $

(☎951-205-35-64 ; www.azulcielohostel.com ; Arteaga 608 ; dort 150-170 $M, d 500 $M, avec petit-déj ; @☎). À mi-chemin entre l'auberge de jeunesse et le B&B, l'Azul Cielo a la faveur des voyageurs à petit budget. Les pièces s'articulent autour d'une pelouse qui donne l'impression d'être dans une confortable demeure privée. Un espace salon semi-ouvert se tient à l'une des extrémités, à côté de 2 dortoirs et d'une cuisine moderne et propre. Six chambres égayées de peintures murales, avec des meubles en bois et des ventilateurs, occupent l'autre bout. Des vélos gratuits (2 heures par jour) et un petit-déjeuner copieux ajoutent à l'attrait du lieu.

La Villada Inn AUBERGE DE JEUNESSE $

(☎951-518-62-17 ; www.facebook.com/lavillada.hostel ; Felipe Ángeles 204, Ejido Guadalupe

Victoria ; dort/s/d/tr/qua 380/625/750/900 $M ; P @ 🛜 ≋). Bien qu'elle soit située à 5,5 km au nord du *zócalo*, des visiteurs privilégient La Villada pour ses installations, son personnel serviable (anglophone), ses locaux spacieux et calmes, et la vue sur la campagne. Les chambres, essentiellement en adobe, sont garnies de mobilier local. Certaines se partagent des salles de bains. Café à prix raisonnable, piscine, bar, salle de yoga, hamacs et organisation de circuits.

Appelez à l'avance, ou de la gare routière, pour qu'on vous envoie un taxi (60 $M).

Hotel Casa Arnel HÔTEL **$**
(☎951-515-28-56 ; www.casaarnel.com.mx ; Aldama 404, Barrio Jalatlaco ; s/d 650/700 $M, sans sdb 300/400 $M ; P 🛜). Cet accueillant établissement tenu par une famille toujours prête à aider les voyageurs a pour principal atout sa situation dans le paisible quartier aux rues pavées de Jalatlaco. Comme la plupart des maisons du secteur, il recèle un ravissant jardin "secret". Les chambres sont simples et bien tenues.

Petit-déjeuner, location de vélos et de voitures. La même famille possède le pimpant petit **Cafe El Ágora de Jalatlaco** (angle Aldama et Hidalgo ; plats 30-85 $M ; ⏲7h30-22h30), attenant.

Hostal Pochón AUBERGE DE JEUNESSE **$**
(☎951-516-13-22 ; www.hostalpochon.com ; Callejón del Carmen 102 ; dort 155 $M, d avec/sans sdb 495/410 $M, avec petit-déj ; @ 🛜). Sise dans une rue calme, cette auberge bon marché renferme 5 dortoirs pouvant accueillir 4 à 8 personnes, dont un réservé aux femmes, et 4 chambres privatives à la literie confortable. Bien gérée et entretenue, elle comporte une cuisine entièrement aménagée et d'agréables espaces communs, égayés de touches de couleur. Petit-déjeuner inclus. Eau potable gratuite et location de vélos.

Posada Don Mario PENSION **$**
(☎951-514-20-12 ; Cosijopí 219 ; s/d 650/750 $M, sans sdb 450/650 $M, avec petit-déj ; @ 🛜). Adorable pension colorée dotée d'une cour et d'une atmosphère intimiste. Chambres impeccables à la décoration gaie (les 5 donnant sur le toit-terrasse sont très plaisantes). Eau potable gratuite et services touristiques utiles, tels que réservations de cours de cuisine, circuits et transports jusqu'à la côte.

Hostal de las Américas AUBERGE DE JEUNESSE **$**
(☎951-514-13-53 ; www.hostaldelasamericas.mx ; Porfirio Díaz 300 ; dort/ch avec petit-déj 220/600 $M ; ❄ @ 🛜). Dans une maison du centre-ville fraîchement rénovée, cette auberge de jeunesse du niveau d'un hôtel compte 7 dortoirs non mixtes avec salle de bains, où chaque lit superposé dispose d'une lampe de chevet et d'une prise électrique. Il y a aussi 3 chambres individuelles, une terrasse sur le toit, une cuisine bien équipée et de l'eau filtrée. Tout est d'une propreté absolue.

♥ **La Betulia** B&B **$$**
(☎951-514-00-29 ; www.labetulia.com ; Cabrera Carrasquedo 102 ; d avec petit-déj 1 450 $M ; P 🛜). Huit chambres autour d'un charmant patio où les propriétaires se mêlent amicalement aux hôtes autour d'un petit-déjeuner typiquement local chaque jour différent (les demandes alimentaires spécifiques peuvent être satisfaites). Les chambres, sobres, sont de style contemporain. Bon service et conseils sur les lieux qui programment de la musique live.

Hotel La Casa de María BOUTIQUE-HÔTEL **$$**
(☎951-514-43-13 ; www.lacasademaria.com.mx ; Juárez 103 ; ch 750-995 $M ; ❄ 🛜). Un hôtel raffiné dont les murs d'un blanc éclatant s'agrémentent de touches colorées et de peintures ou dessins dans le style de Frida Kahlo. Outre des chambres impeccables, il compte un patio lumineux, un toit-terrasse et un petit restaurant (avec room service). Le personnel se montre particulièrement attentif. Excellent café de surcroît.

Casa Adobe B&B **$$**
(☎951-517-72-68 ; www.casaadobe-bandb.com ; Independencia 801, Tlalixtac de Cabrera ; s/d avec petit-déj 47/57 $US, app 50-55 $US ; 🛜). À 8 km à l'est de la ville, dans une rue calme du village de Tlalixtac de Cabrera, ce charmant havre rural décoré de tableaux et d'objets artisanaux constitue un bon point de chute pour découvrir la ville et explorer ses environs. Le petit-déjeuner est servi dans un petit patio verdoyant. Agréable terrasse sur le toit et salon douillet.

Les propriétaires viendront vous chercher à Oaxaca et vous conduiront gratuitement en ville le matin. Ils vous renseigneront par ailleurs sur les bons restaurants des environs. Séjour de 2 nuits minimum dans les 3 chambres et de 3 nuits dans les 2 appartements.

Hotel Casa del Sótano HÔTEL $$
(☎951-516-24-94 ; www.hoteldelsotano.com.mx ; Tinoco y Palacios 404 ; s/d/tr/qua 1 000/1 150/1 250/1 400 $M ; @ 📶). Avec sa cour ornée de plantes en pot et sa terrasse sur le toit d'où contempler le coucher du soleil, cet hôtel est une véritable aubaine. Ses chambres propres, aux beaux bois de lits, dotées de mobilier traditionnel et de tableaux anciens, sont particulièrement séduisantes. Café sur place.

Hotel Las Golondrinas HÔTEL $$
(☎951-514-32-98 ; www.lasgolondrinasoaxaca.com ; Tinoco y Palacios 411 ; d/tr/qua 800/900/1 000 $M ; @ 📶). Cette adresse d'un excellent rapport qualité/prix se distingue par ses 3 patios à la végétation luxuriante. Les chambres sont sans prétention mais impeccables. Le petit-déjeuner (plats 45-75 $M), savoureux, est servi dans l'une des cours intérieures.

Hotel Casa Conzatti HÔTEL $$
(☎951-513-85-00 ; www.casaconzatti.com.mx ; Farias 218 ; ch 950-1 300 $M avec petit-déj ; P ❄ 📶). Cet hôtel d'une élégance discrète, qui doit son nom à un botaniste italien, se tient en face d'un parc tranquille, à 10 minutes de marche de l'animation du centre-ville. Les chambres, petites pour certaines, sont toutes bien équipées, avec machine à café et objets de toilette renouvelés régulièrement. Le restaurant à l'avant, du même style, propose une cuisine correcte et assure le petit-déjeuner (compris). Le toit-terrasse ajoute à l'attrait du lieu. Bon rapport qualité/prix.

Hotel Azucenas HÔTEL $$
(☎951-514-79-18 ou 800-717-25-40, au Canada 800-882-6089 ; www.hotelazucenas.com ; Aranda 203 ; s/d 800-850 $M ; @ 📶). Géré par des Canadiens, ce petit hôtel arborant les tons chaleureux d'un coucher de soleil mexicain occupe une maison centenaire joliment restaurée. Fraîches et engageantes, ses 10 chambres carrelées disposent de vastes salles de bains. On prend le petit-déjeuner (buffet continental 58 $M) sur le toit-terrasse panoramique. Séjour de 3 nuits minimum aux périodes d'affluence. Les moins de 8 ans ne sont pas acceptés.

Un Sueño Valle de Huajes HÔTEL $$
(☎951-514-29-64 ; Faustino Olivera 203 ; ch 1 000 $M ; 📶). Sur le marché hôtelier concurrentiel de Oaxaca, Un Sueño ne se classe sans doute pas dans le top 10. Pour autant, ses 12 chambres simples à la literie confortable, organisées sur deux niveaux autour d'un patio ensoleillé, allient calme et fonctionnalité. Décorées de tons doux, elles comportent des détails originaux, telles ces fresques murales représentant le cycle de vie du *huaje*, arbre local. Petit-déjeuner et boissons sont servis sur un agréable toit-terrasse d'où la vue embrasse collines et montagnes.

♥ **Quinta Real Oaxaca** HÔTEL HISTORIQUE $$$
(☎951-501-61-00 ; www.quintareal.com/oaxaca ; 5 de Mayo 300 ; ch à partir de 2 670 $M ; ❄ 📶 🏊). Un cinq-étoiles où tout attire l'attention, des nombreux patios verdoyants au décor évoquant l'époque de Don Quichotte. Cet ancien couvent du XVIe siècle fut, dans les années 1970, le premier édifice religieux du Mexique converti en hôtel. La chapelle a été transformée en salle de banquets, l'une des 5 cours majestueuses renferme une piscine et les épais murs en pierre conservent la fraîcheur. Les 91 chambres, hautes de plafonds, affichent un style colonial ; les suites non qualifiées de "master" sont de taille plus modeste.

♥ **La Casona de Tita** HÔTEL HISTORIQUE $$$
(☎951-516-14-00 ; www.lacasonadetitaoaxaca.com ; García Vigil 105 ; ch avec petit-déj 1 660-1 770 $M ; ❄ 📶). Que diriez-vous d'une chambre avec un lit en fer forgé du XVIIIe siècle, une précieuse armoire du XVIe siècle ou un beau coffre rapporté des Philippines à bord d'un navire chinois de l'époque coloniale ? Comptant au nombre des hôtels les plus somptueux de Oaxaca, La Casona de Tita propose 6 immenses chambres combinant harmonieusement l'ancien et le moderne (les tableaux contemporains qui les ornent sont à vendre).

♥ **Casa de las Bugambilias** B&B $$$
(☎866-829-6778, au Canada 951-516-11-65 ; www.lasbugambilias.com ; Reforma 402 ; s 80-130 $US, d 90-140 $US, avec petit-déj ; ❄ @ 📶). Avec leurs têtes de lits en bois sculpté ou peint à la main, les 9 chambres aux noms de fleurs de ce formidable B&B sont de véritables bijoux. Toutes différentes, elles présentent des détails décoratifs empruntés à la culture mexicaine et certaines disposent

d'un petit balcon. Le service se distingue particulièrement et le petit-déjeuner du restaurant La Olla (p. 462) est délicieux.

El Diablo y la Sandía (Libres) B&B $$$
(951-514-40-95 ; www.eldiabloylasandia.com ; Libres 205 ; s/d avec petit-déj 80/90 $US ;). "Le Diable et la Pastèque" possède 6 chambres immaculées, égayées de couleurs très mexicaines et d'artisanat original de la région. On s'y régale au petit-déjeuner.

Casa Oaxaca BOUTIQUE-HÔTEL $$$
(951-514-41-73 ; www.casaoaxaca.com.mx ; García Vigil 407 ; ch 167-220 $US, ste 238-362 $US, avec petit-déj ;). Cette demeure coloniale du XVIIIe siècle offre de vastes chambres à la déco contemporaine, une piscine luxueuse, un excellent restaurant dans le patio et même des expositions d'art. Les chefs assurent des dégustations de mezcal et des cours de cuisine. Moins de 12 ans non admis.

El Diablo y la Sandía (Boca del Monte) B&B $$$
(951-514-40-95 ; www.eldiabloylasandia.com ; Boca del Monte 121 ; s 55-90 $US, d 65-100 $US, avec petit-déj ;). Cette récente succursale du B&B El Diablo y la Sandía propose 8 chambres entourant une grande cour en terre battue agrémentée de plantes. Deux terrasses sur le toit, des salles de bains contemporaines avec chauffe-eau solaire (une pour deux chambres), et une déco artisanale plus discrète que chez son grand frère Libres, mais le style original de la propriétaire est omniprésent.

Ollin Bed & Breakfast B&B $$$
(951-514-91-26 ; www.oaxacabedandbreakfast.com ; Quintana Roo 213 ; ch/ste avec petit-déj 95/130 $US ;). Cet établissement présente la plupart des atouts de Oaxaca : des chambres de couleurs vives au cachet résolument mexicain, des petits-déjeuners gourmands et un personnel efficace. La piscine dans la cour, le grand toit-terrasse et les objets d'artisanat régional disposés un peu partout placent la barre encore un peu plus haut. Et pourtant, les prix restent raisonnables.

La Casa de Mis Recuerdos B&B $$$
(951-515-56-45, au Canada 877-234-4706 ; lacasademisrecuerdos.com ; Pino Suárez 508 ; s 70-80 $US, d 95-110 $US, avec petit-déj ;). Carreaux à l'ancienne, miroirs, masques et toutes sortes d'objets d'art et d'artisanat mexicains tapissent les murs de cette chaleureuse pension. Les meilleures chambres donnent sur un ravissant patio central. Le petit-déjeuner oaxaqueño, immanquable, se déguste dans une belle salle à manger. Séjour minimum de 3 nuits à certaines périodes d'affluence.

Votre hôtesse, Nora Valencia, dispense des cours de cuisine dans son école Alma de Mi Tierra (p. 455).

Où se restaurer

Oaxaca est réputée pour sa gastronomie avec une cuisine créative, des chefs de renom, de nombreuses écoles de cuisine et d'étonnantes spécialités locales, comme les *chapulines* (sauterelles). Quel que soit votre budget, vous aurez l'embarras du choix pour bien manger.

Boulenc Pan Artesano CAFÉ-BOULANGERIE $
(951-351-3648 ; Porfirio Diaz 207 ; sandwichs 45-55 $M ; 8h30-20h30 lun-mer, 8h-23h jeu-sam ;). La boulangerie numéro un de Oaxaca se double d'un café tendance dont le plat emblématique est le toast à l'avocat. À l'intérieur d'un patio volontairement décrépi, avec des tables éraflées et des murs tagués, des serveurs hirsutes et des filles en Doc Martens apportent le café dans des tasses en terre cuite avec des pâtisseries (jetez un œil au comptoir vitré pour faire votre choix). Mention spéciale pour les croissants aux amandes, les pizzas et la *shakshouka* (œufs pochés sur un lit de sauce tomate piquante).

Jaguar Yuú CAFÉ $
(Murguía 202 ; petits-déj et plats légers 55-95 $M ; 8h-22h lun-sam, 10h-22h dim). Branchée mais indéniablement mexicaine, cette petite adresse propose le meilleur café de Oaxaca, produit dans les montagnes qui surplombent le Pacifique, ainsi que des smoothies, sandwichs à la baguette, crêpes, gaufres et autres en-cas.

Xuncu Choco OAXAQUEÑO $
(951-501-11-69 ; Independencia 403 ; plat 60-90 $M ; 8h-18h lun-sam, 9h-15h dim ;). Ce mouchoir de poche aux murs noirs ne compte que 5 tables et une cuisine tout aussi exiguë d'où sortent un savoureux choix d'omelettes au petit-déjeuner, du café bio et plusieurs spécialités de l'isthme de Tehuantepec : *pescadillas* (quesadillas de poisson) ou *camarones nanixhe* (crevettes sautées épicées).

SACRÉ MOLE !

Sauce onctueuse de couleur et de composition diverses, le *mole* (à base de noix, de piment et d'épices) est devenu la signature culinaire du Oaxaca. Pour les Mexicains, il revêt même une importance plus grande que la viande qu'il accompagne. Sa variété la plus connue, le *mole negro* (*mole* noir), est un véritable délice au goût de chocolat. C'est le plus difficile à élaborer, mais il n'en est pas moins facile à trouver en raison de son succès auprès des visiteurs. Profitez de votre séjour au Oaxaca pour goûter aux autres variantes de *moles* :

Mole amarillo Le "*mole* jaune", à base de *tomatillos* (sorte de tomates cerises). Il est aromatisé au cumin, au clou de girofle, à la coriandre et à l'herbe *hoja santa*. Souvent servi avec du bœuf. Pour l'œil profane, il est plus rouge qu'*amarillo* (jaune).

Mole verde Une sauce délicate et raffinée, épaissie avec de la pâte de maïs, qui comprend *tomatillos*, graines de citrouille grillées, herbes (*epazote* et *hoja santa*), noix et amandes. Servie habituellement avec du poulet.

Mole colorado Un *mole* puissant à base de piments *ancho*, *pasilla* et *cascabel*, de poivre noir et de cannelle.

Mole coloradito (ou *mole rojo*). Un mélange fort et piquant à base de tomates, souvent exporté sous le nom de "sauce *enchilada*" dans la cuisine tex-mex.

Mancha manteles Un *mole* rouge brique (littéralement "tache-nappes") aux arômes profonds, souvent utilisé pour accompagner des fruits tropicaux.

Chíchilo negro Plus rare, il se compose de piments *chilguacle negro*, *mulato* et *pasilla*, de feuilles d'avocat (qui donnent une saveur anisée), de tomates et de pâte de maïs.

Tastavins MÉDITERRANÉEN $

(☎951-514-3776 ; Murguía 309 ; plats 50-150 $M ; ⏲15h-minuit lun-sam ; 📶🍷). Les 7 tables et les 3 ou 4 tabourets de bar ne restent pas libres longtemps : arrivez avant 20h ! On déguste ici les meilleures tapas de Oaxaca, ainsi que des pâtes italiennes, le tout présenté dans des céramiques mexicaines. Bonne carte de vins latinos à accompagner d'une assiette de fromages et de charcuterie.

Cenaduría Tlayudas Libres OAXAQUEÑO $

(Libres 212 ; tlayudas 30-55 $M ; ⏲15h-3h). Ne vous laissez pas rebuter par l'odeur de charbon de bois de cette institution, car il s'agit d'une étape obligée pour qui s'intéresse un tant soit peu à la cuisine oaxaqueña. On y prépare des *tlayudas* – de grandes tortillas garnies de fromage, laitue et haricots, qui grillent sur le feu en produisant des gerbes d'étincelles (gardez vos distances !).

Gourmand EUROPÉEN $

(☎951-516-44-35 ; Porfirio Díaz 410 ; plats 55-100 $M ; ⏲9h-1h lun-sam ; 📶🍷). Croisement de traiteur et de bar à tapas, Gourmand confectionne des sandwichs gastronomiques au rosbif, houmous ou blanc de dinde, des *tablas* (planches) de charcuterie et de fromages, des saucisses maison à la moutarde, des hamburgers (y compris végétariens) et de bons plats pour le petit-déjeuner, comme les œufs Bénédicte. Des bières artisanales sont servies dans la minuscule brasserie attenante, La Santísima Flor de Lúpulo (p. 463).

Mercado 20 de Noviembre MARCHÉ $

(Angle Flores Magón et Aldama ; plats 25-50 $M ; ⏲7h-22h). Ce vaste marché regroupe de nombreux *comedores* (stands de plats à emporter), propres et pas chers, dont les serveurs tendent la carte aux passants.

Dans le Pasillo de Carnes Asadas (passage des Grillades), côté est, des dizaines de stands font griller *tasajo* (bœuf) ou *cecina enchilada* (porc pimenté) au charbon de bois.

Mercado Sánchez Pascuas MARCHÉ $

(Angle Porfirio Díaz et Callejón Hidalgo ; plats 13-25 $M ; ⏲8h-16h). C'est dans ce petit marché couvert que vous ferez les courses si vous participez à un cours de cuisine.

Ses *comedores* préparent des plats du cru ; rendez-vous dans la partie ouest, où vous pourrez déguster au comptoir, devant les cuisinières qui s'activent, *tamales* (petits pains de maïs), *memelas* (épaisses crêpes de maïs) ou *empanadas* garnis selon vos souhaits.

La Olla OAXAQUEÑO $$

(951-516-66-68 ; www.laolla.com.mx ; Reforma 402 ; petit-déj 100-125 $M, plats 90-210 $M ; 8h-22h lun-sam ;). "La Marmite" a son style propre qui se résume en un mot : bon, voire excellent. Suivant les jours, la cuisine sera internationale, de rue, traditionnelle ou à base des produits du marché. Préférez le toit-terrasse avec une belle vue, à la salle dépouillée du rez-de-chaussée.

Tobaziche NÉOMEXICAIN $$

(951-516-81-16 ; www.tobaziche.mx ; 5 de Mayo 311 ; plats 75-155 $M ; 13h-23h lun-jeu, jusqu'à minuit ven-sam). Portant le nom d'une variété d'agave, ce nouveau venu ouvertement tendance offre gracieusement du mezcal certains soirs et programme des groupes jazzy de qualité. Côté plats, joliment présentés, vous apprécierez peut-être la courge rôtie et les *chapulines* (sauterelles) simplement assorties de guacamole. Sinon, prenez les tacos de crevette et gardez une place pour le fromage local (*quesillo*) fondu sur du chorizo et des *chiles des agua* ("piments d'eau") de Oaxaca. Clientèle plutôt chic.

La Popular MEXICAIN $$

(García Vigil 519 ; plats 75-120 $M ; 10h-23h mar-sam, 13h-23h dim et lun ;). Bon marché, rapide, bruyant et, comme son nom l'indique, populaire, ce petit restaurant de quartier doublé d'une galerie d'art prépare un choix d'*antojitos* (en-cas) intéressants, ainsi que d'autres plats mexicains et oaxaqueños plus substantiels. L'endroit n'a rien de branché, ce qui change des *mezcalerías* tendance qui fleurissent en ville. Bons tacos moelleux et champignons sauvages à l'ail. Venez tôt car il y a du monde.

Zandunga OAXAQUEÑO $$

(951-516-2265 ; García Vigil 512E ; plats 85-185 $M ; 14h-23h lun-sam ;). La chaude zone côtière de l'isthme de Tehuantepec produit une cuisine originale qui fait la part belle aux fruits tropicaux, aux produits de la mer et aux spécialités cuites dans des feuilles de bananier. Atmosphère festive, notamment grâce à la savoureuse *botana*, un assortiment de plats assez généreux pour deux. Également une longue carte de mezcals.

La Biznaga OAXAQUEÑO, FUSION $$

(951-516-18-00 ; www.facebook.com/pages/La-Biznaga-Oaxaca-de-Juarez/296016343812786 ; García Vigil 512 ; plats 100-240 $M ; 13h-22h lun-jeu, 13h-23h ven-sam ;). Locaux et touristes emplissent la vaste cour de style colonial de ce restaurant apprécié pour ses plats fusion réussis. L'ardoise affiche le menu, par exemple une *sopa del establo* (velouté au roquefort et au piment *chipotle*), puis un *blanc* de dinde au *mole* noir aux mûres, et, enfin, la goyave accompagnée de mousse au chocolat.

Casa Oaxaca FUSION $$$

(951-516-85-31 ; www.casaoaxacaelrestaurante.com ; Constitución 104-4 ; plats 200-335 $M ; 13h-23h lun-sam, jusqu'à 21h dim). La meilleure table de Oaxaca reste à la hauteur de sa réputation. Terrasse chic sur le toit, préparation des plats devant les convives, cocktails sélects et carte de plats exquis comme le thon grillé, le ceviche au *chile de agua*, la soupe de poisson, les tacos de canard ou le poulpe. Réservez et habillez-vous pour l'occasion.

Restaurante Los Danzantes FUSION $$$

(951-501-11-84 ; www.losdanzantes.com ; Alcalá 403 ; plats 165-285 $M ; 13h-22h30 dim-mar, 13h-23h ven-sam). L'une des tables vedettes de Oaxaca grâce à sa savoureuse cuisine mexicaine fusion et l'aménagement spectaculaire de son patio. Les fromages enveloppés de *hierba santa* (poivrier mexicain) constituent une excellente mise en bouche, et le flan au fromage de chèvre, figues, chocolat et miel un succulent dessert. Entre les deux, choisissez entre un filet de poisson au *mole* jaune ou une entrecôte aux champignons sauvages.

Restaurante Catedral INTERNATIONAL $$$

(951-516-32-85 ; www.restaurantecatedral.com.mx ; García Vigil 105 ; plats 180-320 $M ; 8h-23h mer-lun). Peut-être le restaurant le plus raffiné et romantique de Oaxaca, avec un service discret dans un patio et plusieurs salles à manger. La maison a pour spécialité le porc rôti, auquel s'ajoutent les habituels *moles*. Sinon, le *plato oaxaqueño*, composé de *mole*, fromage, chorizo, piments farcis et charcuterie, permet de goûter le meilleur de la cuisine locale. Les amateurs de fruits de mer opteront pour le *pulpo a las brasas* (poulpe à la braise), les végétariens pour la soupe montagnarde aux champignons.

Pitiona OAXAQUEÑO $$$

(951-514-06-90 ; www.pitiona.com ; Allende 108 ; plats 180-320 $M, menus dégustation à partir de 580 $M ; 13h-23h lun-sam, jusqu'à 21h dim). Le chef oaxaqueño José Manuel Baños, qui a travaillé en Espagne dans le célèbre restaurant de cuisine moléculaire El Bulli, revisite les ingrédients et les saveurs de sa terre natale pour concocter des recettes d'une incroyable créativité. Cela donne la délicieuse *sopa de fideos* (soupe de nouilles) avec des capsules flottantes de fromage liquide ou la langue de bœuf à la marinade au piment surmontée d'une mousse de pomme de terre. Certaines préparations sont tellement esthétiques qu'on hésite presque à les manger. Le menu dégustation de 6 plats a toujours du succès. Ambiance décontractée.

Los Pacos OAXAQUEÑO **$$$**
(☎951-516-17-04 ; www.lospacos.com.mx ; Abasolo 121 ; plats 175-275 $M ; ⏲12h-22h). Temple des *moles* ! Pour vous aider à choisir, on vous apportera gratuitement un assortiment de 7 sauces avec des tortillas. Le poulet au *mole negro* joue les vedettes. Sinon, il y a aussi du *tasajo* (émincé de bœuf grillé) accommodé de 15 façons différentes.

Une autre enseigne Los Pacos, plus ancienne, locale et familiale, se trouve au nord du centre-ville, dans le quartier de la Colonia Reforma.

Vieja Lira ITALIEN **$$$**
(☎951-516-11-22 ; www.viejalira.com ; Reforma 502 ; plats 120-300 $M ; ⏲13h-23h). En tête de liste des tables italiennes de Oaxaca, cet établissement combine authenticité, raffinement et atmosphère détendue. On s'y régale de pizzas à pâte fine et de pâtes *al dente* dans un cadre parsemé de souvenirs évoquant Florence. Longue carte des vins.

Où prendre un verre et faire la fête

Le mot "mezcal" est sur toutes les lèvres dès qu'il s'agit de commander un verre à Oaxaca. Cette eau-de-vie d'agave, jadis considérée comme la tequila du pauvre, est désormais très en vogue, comme en témoigne le grand nombre de *mezcalerías* branchées en ville. La bière artisanale commence aussi à percer. Une ambiance festive gagne Alcalá, García Vigil et les rues avoisinantes les vendredis et samedis soir.

♥ **Los Amantes** MEZCALERÍA
(losamantesmezcal.blogspot.ca ; Allende 107 ; ⏲17h-23h mar-dim). Frayez-vous un chemin dans ce bar sans places assises, rempli de bibelots curieux, pour vous initier à l'alcool le plus sulfureux du Mexique. L'aimable personnel vous dira tout sur les 3 types de mezcals artisanaux (environ 150 $M).

Sacapalabras BAR
(☎951-351-83-71 ; García Vigil 104 ; ⏲14h-2h lun-sam). Un bar agréable où mezcal et jazz en live forment un assortiment parfait dans un halo de lumière bleue. Il y a aussi des bières artisanales mexicaines. L'une des salles fait office de galerie d'art.

La Santísima Flor de Lúpulo BRASSERIE
(☎951-516-44-35 ; Allende 215 ; ⏲17h-1h lun-sam). "Nano-brasserie" chère à Oaxaca, la "Très Sainte Fleur de houblon" sert dans un mouchoir de poche un trio de bières artisanales qui change régulièrement. Pour bien faire, commandez une planche dégustation de 3 verres avec un hamburger du traiteur Gourmand (p. 461), voisin.

In Situ MEZCALERÍA
(www.insitumezcaleria.com ; Morelos 511 ; ⏲13h-23h lun-sam ; 📶). Une adresse incontournable de la route du mezcal, qui décline un large éventail de productions artisanales, souvent inhabituelles. Le patron est une encyclopédie vivante sur le sujet.

Café Café CAFÉ
(Bravo 219 ; ⏲7h-23h). 🍃 Cet établissement aux lignes épurées a commencé son activité comme torréfacteur, soutenant la production locale et plusieurs projets pour l'instruction des femmes indigènes. Outre un excellent café, il sert des smoothies pour accompagner de copieux en-cas comme le gâteau de carotte et de savoureux petits-déjeuners.

Mayordomo CAFÉ
(☎951-516-16-19 ; www.chocolatemayordomo.com.mx ; Mina 219 ; ⏲7h-21h ; 👪). Synonyme de chocolat à Oaxaca, Mayordomo possède plusieurs enseignes, dont la plus grande et la plus réputée se situe au sud du Mercado 20 de Noviembre (p. 461). Entrez par la salle odorante où l'on broie les fèves de cacao et commandez au comptoir une tasse de chocolat à la mode de Oaxaca, chaud ou froid.

La Mezcalerita MEZCALERÍA
(Alcalá 706C ; ⏲14h-2h). Comme la plupart des *mezcalerías* de Oaxaca, il s'agit d'un petit endroit sombre et branché faussement rustique, dont l'atmosphère s'anime au fur et à mesure que la soirée avance.

LE MEZCAL

Lorsque les habitants de Oaxaca parlent de *bebida espirituosa*, ils ne parlent pas seulement du mezcal, mais du sentiment quasi spirituel qu'ils éprouvent à l'égard de cet alcool à base d'agave – une plante qui met au minimum 7 ans, et parfois jusqu'à 70 ans, pour parvenir à maturité. Le mezcal peut conduire certains à une sorte de transe. Il mérite le respect. Ne dit-on pas au Mexique *"Para todo mal, mezcal. Para todo bien, también"*. (Quand tout va mal, mezcal. Quand tout va bien, mezcal aussi.)

Ces dernières années, cette boisson jusqu'alors confidentielle a suscité un véritable engouement, non seulement au Mexique, mais aussi aux États-Unis et dans d'autres pays. Des *mezcalerías* (bars à mezcal), allant du petit bar branché à l'établissement de connaisseurs, ont ouvert en nombre à Oaxaca, Mexico et dans le reste du pays tandis qu'une myriade de marques et de variétés déferlaient sur le marché.

Très fort (40 à 50% d'alcool), le mezcal se déguste lentement. Un verre de mezcal correct dans un bar ne coûte pas moins de 30 $M, et il faut compter jusqu'à 300 $M pour un produit de qualité supérieure.

Des alcools du type mezcal sont produits dans de nombreuses régions du pays, mais seuls ceux fabriqués dans certaines régions spécifiques ont droit à l'appellation. Les autres sont appelés *destilados de agave*. Environ 60% des vrais mezcals (et la plupart des meilleurs) proviennent des Valles Centrales de Oaxaca et des environs.

Le mezcal peut être élaboré à partir de quelque 20 espèces d'agaves (ou *maguey*) différentes. La plus grande partie est issue de la variété *espadín*, la plus souvent cultivée pour sa haute teneur en sucre et sa relative rapidité de croissance. Les mezcals d'*agaves silvestres* (agave sauvage, non cultivé) sont réputés pour leur qualité naturelle, leurs saveurs particulières et leurs méthodes de production généralement à petite échelle. Le plus connu est le *tobalá*, aux notes herbacées caractéristiques.

Lorsque la plante arrive à maturité, on la débarrasse de ses feuilles pour en extraire le cœur (*piña*), qui est ensuite cuit au feu de bois, généralement dans un four creusé dans le sol, afin d'en libérer les sucres. La *piña* est ensuite réduite en pulpe et additionnée d'eau, puis mise à fermenter jusqu'à 3 semaines. Ce liquide, distillé deux fois, donne le mezcal, se boit *joven* (jeune), *reposado* (vieilli en fût de chêne de 2 mois à un an) ou *añejo* (vieilli en fût de chêne plus d'un an). Le mezcal *pechuga* est aromatisé à l'aide d'un blanc de poulet ou de dinde (*pechuga*), de fruits ou d'épices suspendus dans la cuve pendant la distillation.

On peut observer la fabrication du mezcal et en déguster auprès de dizaines de distilleries et de petits producteurs (*palenques*) de la région de Oaxaca, surtout autour de Mitla et le long de la route qui y mène. Le village de Santiago Matatlán produit près de la moitié du mezcal de l'État. Si vous voulez vraiment tout savoir sur ce produit, inscrivez-vous pour un circuit auprès de **Mezcal Educational Tours** (☎951-132-82-03 ; www.mezcaleducationaltours.com) 🍃.

La palette de saveurs des différents mezcals est remarquablement vaste. D'une manière générale, plus il est cher, meilleur il est, mais rien ne vaut une dégustation !

Le fameux *gusano* (ver), essentiellement présent dans les bouteilles de mezcal bon marché, est en réalité la chenille d'un papillon de nuit qui se nourrit d'agave. Vous pouvez l'avaler sans crainte, mais vous n'y êtes pas obligé ! Toutefois, une petite assiette de *sal de gusano*, un mélange de sel, de piment en poudre et de chenilles pilées accompagne souvent le mezcal. De même que les tranches d'orange ou de citron vert, cette mixture contraste agréablement avec le goût de l'alcool.

La clientèle, essentiellement dans les 20 et 30 ans, sirote une belle sélection de mezcals (à partir de 50 $M) et de bières artisanales au bar du rez-de-chaussée ou sur le toit-terrasse. Assiettes d'en-cas à grignoter.

Café Brújula CAFÉ

(www.cafebrujula.com ; Alcalá 104 ; cakes, cookies et sandwichs 10-70 $M ; ⌚8h-22h lun-sam, 9h-21h dim ; 📶). Le torréfacteur le plus prestigieux de Oaxaca utilise le café de producteurs bio de l'ouest de l'État. Il a ouvert 4 enseignes depuis 2006, dont celle-ci, située dans une paisible cour sur la Calle Alcalá, à côté de plusieurs librairies et boutiques d'artisanat. Des smoothies et des parts de gâteau à la carotte complètent l'offre.

Txalaparta CLUB
(☎951-514-43-05 ; Matamoros 206 ; ⏲13h-2h lun-sam, 18h-2h dim). Prenez quelques bobos, un vague thème Far-West et une ambiance façon *Reservoir Dogs* et vous aurez un aperçu du Txalaparta. Assez calme dans la journée, ce bar à chicha plein de recoins bourdonne de conversations le soir.

Candela DISCOTHÈQUE
(☎951-514-20-10 ; Murguía 413 ; 50 $M ; ⏲22h-2h jeu-sam). Ses groupes latinos ainsi que son cadre – une maison coloniale – le classent depuis longtemps en tête des lieux de sortie nocturnes. Venez tôt pour avoir une bonne table. Cours de danse latine.

Où sortir

Teatro Macedonio Alcalá THÉÂTRE
(☎951-516-83-12 ; Independencia 900). Chargé de dorures et de fresques de style Louis XV, le principal théâtre de la ville a été construit en 1909 durant la renaissance d'un genre populaire appelé *chico mexicano*. La programmation comprend opéras, pièces et concerts de musique classique. Une billetterie/bureau d'information se tient près du hall d'entrée.

La Nueva Babel MUSIQUE LIVE
(Porfirio Díaz 224 ; ⏲9h-2h lun-sam, 21h-2h dim). La Vierge de Guadalupe voisinant avec David Bowie en Ziggy Stardust donne le ton alternatif de ce pittoresque bar mexicain. Programmation musicale éclectique de *son* cubain, *trova* (chansons traditionnelles), *cumbia* (musique de danse colombienne), blues et jazz.

Guelaguetza Show DANSE
(☎951-501-61-00 ; Quinta Real Oaxaca, 5 de Mayo 300 ; avec buffet 450 $M ; ⏲19h ven). Si vous n'êtes pas à Oaxaca durant la Guelaguetza (juillet), assistez à l'une des "copies" de ce festival de danses folkloriques. Le spectacle de 3 heures haut en couleur qui a lieu dans le bel hôtel Quinta Real est le meilleur du genre.

Achats

L'État de Oaxaca est l'un des plus riches et des plus inventifs du pays en matière d'art populaire, et sa capitale en est la plaque tournante. Les plus beaux objets d'artisanat se dénichent dans les boutiques chics, mais les marchés sont plus avantageux. Certains artisans se sont regroupés pour vendre leurs produits directement dans leurs boutiques.

La zone commerçante, très animée, s'étend sur plusieurs rues au sud-ouest du *zócalo*. Les habitants aiment y faire leurs emplettes, de même qu'au grand marché Central de Abastos.

♥ **Amate Books** LIVRES
(Alcalá 307 ; ⏲10h30-14h30 et 15h30-19h30 lun-sam, 13h-19h dim). Sans doute la meilleure librairie anglophone du pays, qui possède un vaste rayon d'ouvrages sur le Mexique. Parfait pour tuer le temps quand il pleut.

Voces de Copal, Aullidos del Alma ARTISANAT
(Alcalá 303 ; ⏲8h-21h30). Une belle boutique vendant de superbes *alebrijes*, fabriqués dans l'atelier de Jacobo et María Ángeles à San Martín Tilcajete (p. 476). Ces figurines en bois, essentiellement zoomorphes, font partie des nombreux objets artisanaux réputés provenant des Valles Centrales.

Huizache ARTISANAT
(☎951-501-12-82 ; Murguía 101 ; ⏲9h-21h). Les grands classiques de l'artisanat de Oaxaca – poteries noires (*barro negro*), tapis, vêtements, chaussures et *alebrijes* – collectés dans tout l'État par une coopérative d'artisans. Pratique si vous n'avez pas l'occasion de vous rendre sur les marchés villageois.

El Nahual ARTISANAT
(☎951-516-42-02 ; elnahualfolkart.blogspot.ca ; Reforma 412A ; ⏲10h30-14h et 16h-20h lun-sam). Tenue par une famille de tisserands de Teotitlán del Valle, cette boutique présente quantité de tapis, de vêtements et de broderies, ainsi que les productions d'artisans associés.

La Casa del Rebozo ARTISANAT
(5 de Mayo 114 ; ⏲9h30-21h lun-sam, 10h-18h dim). Coopérative regroupant 84 artisans de tout l'État de Oaxaca, La Casa del Rebozo propose poteries, textiles, *alebrijes*, ferblanterie, bols et paniers en aiguilles de pin, ainsi que des sacs, paniers, tapis et chapeaux en feuilles de palmier.

À NE PAS MANQUER

PROMENADES NOCTURNES À VÉLO

Si Oaxaca attire les foules, c'est bien sûr pour sa beauté, mais aussi en raison de l'absence de trafic automobile dans son centre-ville. Sa piétonisation résulte en partie des initiatives d'entreprises locales comme Mundo Ceiba (p. 449), un loueur de bicyclettes qui organise régulièrement des sorties en groupe pour réduire la pollution et promouvoir des moyens de transport alternatifs. Lancés en 2008, les Paseos Nocturnos en Bicicleta sont une promenade à vélo dans les rues pavées du quartier ancien qui avait lieu une fois par semaine. Devant leur succès tant auprès des habitants que des touristes, ils ont maintenant lieu 4 fois par semaine, les mercredi, vendredi, samedi et dimanche. Les cyclistes se retrouvent à 21h dans la Calle Alaclá, devant le Templo de Santo Domingo (p. 445) pour un parcours convivial de 8 km à un rythme tranquille (1 heure 30). Un tricycle customisé qui diffuse de la musique roule en tête et veille à la bonne conduite des participants tout en galvanisant les troupes. Lors de fêtes ou d'occasions particulières, il arrive que les gens se déguisent. Bref, une excellente façon de rencontrer la population locale.

On peut réserver des vélos pour la promenade chez Mundo Ceiba, à deux pâtés de maisons du point de départ.

Unión de Palenqueros de Oaxaca MEZCAL
(☎951-513-04-85 ; Abasolo 510 ; ⏲9h-21h). Cette minuscule échoppe vend le mezcal de petits producteurs de Santiago Matatlán, dont un *reposado*, un *pechuga* et un *añejo* au goût fumé, à la fois excellents et bon marché.

Central de Abastos MARCHÉ
(Periférico ; ⏲6h-20h). Situé à presque 1 km à l'ouest du *zócalo*, le grand marché principal bourdonne d'animation, surtout le samedi. On y trouve de tout. Il est facile de se perdre parmi l'amoncellement d'articles ménagers, d'objets artisanaux et de denrées alimentaires provenant aussi bien de la montagne que de la côte.

Mercado Juárez MARCHÉ
(Angle Flores Magón et Las Casas ; ⏲6h-21h). Ce marché couvert quotidien, à une rue au sud du *zócalo*, offre un fascinant mélange de fleurs, chapeaux, chaussures, vêtements et bijoux à petits prix, paniers, sacs et ceintures en cuir, couteaux fantaisie, herbes (médicinales et culinaires), épices, fromage, *mole* prêt à manger, fruits, légumes, sauterelles et toutes les denrées alimentaires entrant dans la composition de la cuisine locale.

Renseignements

Les cybercafés, encore présents, facturent pour la plupart 10 $M/heure. Wi-Fi gratuit dans certains espaces publics, dont le Parque Juárez, et dans presque tous les hôtels.

Les DAB sont légion dans le centre, tandis que plusieurs banques et *casas de cambio* changent les dollars américains.

CI Banco (Armenta y López 203 ; ⏲8h30-18h lun-ven, 10h-14h sam). Change les euros, les dollars américains et canadiens et les francs suisses, ainsi que les chèques de voyage en euros ou dollars US.

Poste principale (Alameda de León ; ⏲8h-19h lun-ven, 8h-15h sam)

Kiosques municipaux d'information touristique (Alameda de León ; ⏲9h-18h)

Office du tourisme municipal (☎951-514-28-82 ; Matamoros 102 ; ⏲9h-20h)

Sectur (☎951-502-12-00, poste 1506 ; www.oaxaca.travel ; Juárez 703 ; ⏲8h-20h). Principal bureau d'information du département du tourisme de l'État. Autres antennes dans la **gare routière des bus 1re classe** (5 de Mayo 900, Barrio Jalatlaco ; ⏲9h-20h), au **Museo de los Pintores Oaxaqueños** (Independencia 607 ; ⏲10h-18h), et au **Teatro Macedonio Alcalá** (Independencia 900 ; ⏲9h-20h).

Depuis/vers Oaxaca

AVION

L'**aéroport de Oaxaca** (☎951-511-50-88 ; www.asur.com.mx), 6 km au sud de la ville et 500 m à l'ouest de la route 175, est desservi par de nombreuses compagnies aériennes.

Aeroméxico (☎951-516-10-66 ; www.aeromexico.com ; Hidalgo 513 ; ⏲9h-18h lun-ven, 9h-16h sam). Plusieurs vols par jour depuis/vers Mexico.

Aerotucán (☎951-502-0840 ; www.aerotucan.com). Des Cessna de 13 places font chaque jour le vol de 30 minutes jusqu'à Puerto Escondido (1 993 $M) et Bahías de Huatulco (2 042 $M), sur la côte du Oaxaca. Les vols sont spectaculaires, mais parfois annulés ou reportés au dernier moment.

Interjet (☎951-502-57-23 ; www.interjet.com.mx ; Plaza Mazari, Calzada Porfirio Díaz 256, Colonia Reforma ; ⏲9h-19h lun-ven, 9h-18h sam, 10h-14h dim). Deux ou 3 liaisons quotidiennes avec Mexico.

TAR Aerolíneas (☎55-2629-5272 ; www.tarmexico.com). Vols directs pour Guadalajara, Villahermosa, Huatulco et Tuxtla Gutiérrez.

United (☎800-900-50-00 ; www.united.com). Dessert Houston (Texas) quotidiennement.

Vivaaerobus (☎81-8215-0150 ; www.vivaaerobus.com). Compagnie à bas prix assurant 2 à 3 vols hebdomadaires depuis/vers Monterrey.

Volaris (☎55-1102-8000 ; www.volaris.com). Vols low cost pour Mexico (3/sem), Tijuana (5/sem), Monterrey (2/sem) et Los Angeles (3/sem).

BUS ET MINIBUS

Pour gagner la côte du Oaxaca, les véhicules au départ de la gare routière des bus 1re classe empruntent un itinéraire long et onéreux passant par Salina Cruz. À moins d'être sujet au mal des transports sur les routes de montagne, vous dépenserez moins et gagnerez du temps en utilisant les confortables minibus de 12 à 18 places qui rallient directement Puerto Escondido, Pochutla, Zipolite, Mazunte ou Huatulco (de 195 $M à 230 $M). Certaines auberges de jeunesse organisent votre transfert avec ces minibus pour 50 $M supplémentaires environ.

De nouvelles routes ralliant Puerto Escondido et Tehuantepec, peut-être ouvertes quand vous lirez ces lignes, devraient réduire le temps de trajet vers le littoral et modifier les horaires et les itinéraires de certaines lignes.

La **gare routière des bus 1re classe** (Terminal ADO ; ☎951-502-05-60 ; 5 de Mayo 900, Barrio Jalatlaco) se trouve à 2 km au nord-est du *zócalo*. Le terminal accueille les bus ADO Platino et ADO GL (deluxe), ADO, OCC (1re classe) et Cuenca (2e classe). On peut acheter les billets sur le site Internet de **Mi Escape** (☎951-502-0560 ; www.miescape.mx ; 5 de Mayo 900 ; ⏲7h-22h lun-ven, 9h-14h et 17h-20h sam-dim).

La **gare routière des bus 2e classe** (Central de Autobuses de Segunda Clase ; Las Casas), à 1 km à l'ouest du *zócalo*, sert surtout pour rejoindre les villages des environs de Oaxaca.

Atlántida (☎951-514-7077 ; La Noria 101). Minibus pour Zipolite et Mazunte.

Autobuses Halcón (☎951-516-01-83 ; Bustamante 606A, Oaxaca). Bus pour San Bartolo Coyotepec.

Express Service (☎951-516-40-59 ; Arista 116). Minibus pour Puerto Escondido.

Expressos Colombo Huatulco (☎951-514-38-54 ; www.expressoscolombohuatulco.com ; Trujano 600). Minibus pour Bahías de Huatulco.

Huatulco 2000 (☎951-516-31-54 ; Hidalgo 208). Minibus pour Bahías de Huatulco.

Líneas Unidas (☎951-187-55-11 ; Bustamante 601). Minibus pour Pochutla.

Transportadora Excelencias (Díaz Ordaz 314, Oaxaca). Minibus pour Yanhuitlán et Teposcolula.

Transportes Villa del Pacífico (☎951-160-51-60 ; Galeana 322A). Minibus pour Puerto Escondido.

VOITURE ET MOTO

La route 135D quitte la route Mexico-Veracruz (150D) pour traverser une chaîne montagneuse spectaculaire jusqu'à Oaxaca. Le montant total des péages entre Mexico et Oaxaca sur ces autoroutes s'élève à 430 $M ; le trajet dure 5-6 heures.

La plupart des routes de l'État sont mal entretenues. Les nouveaux axes vers le littoral, en chantier depuis près de 10 ans, devaient être achevés en 2018 – un délai un peu trop optimiste. Hormis dans la ville de Oaxaca, la circulation reste faible et le paysage est enchanteur. La location sur place revient à partir de 700 $M/jour (kilométrage illimité).

Europcar (☎951-143-83-40 ; www.europcar.com.mx ; ⏲6h-22h30). À l'aéroport.

Only Rent-A-Car (☎951-514-02-55 ; www.onlyrentacar.com ; 5 de Mayo 215A ; ⏲8h-20h)

COLECTIVOS : MODE D'EMPLOI

Les *colectivos* sont des taxis collectifs qui circulent sur des itinéraires fixes à Oaxaca et dans ses environs. Ils reviennent beaucoup moins cher que les taxis normaux et un peu plus que les bus. Rouge foncé et blanc à Oaxaca, avec leur destination inscrite en haut du pare-brise, ces véhicules stationnent en nombre du côté nord de la gare des bus de 2e classe, mais s'arrêtent sur le parcours pour prendre des passagers s'il reste des places à bord. Ils transportent 4 personnes, voire 5 en se tassant, et ne partent qu'une fois pleins. Enfin, ils vont généralement plus vite que les bus – trop vite même !

BUS ET MINIBUS AU DÉPART DE OAXACA

DESTINATION	PRIX ($M)	DURÉE (H)	FRÉQUENCE
Bahías de Huatulco	230-305	7-8	Expressos Colombo 13/jour, Huatulco 2000 9/jour, 5/jour de la gare routière des bus 1re classe
Mazunte	210	7	Atlántida 6/jour
Mexico (TAPO)	310-823	6-7	27/jour de la gare routière des bus 1re classe
Pochutla	195-446	6-10	Líneas Unidas 30/jour, 4/jour de la gare routière des bus 1re classe
Puebla	370-780	4 ½	19/jour de la gare routière des bus 1re classe
Puerto Escondido	200-382	7-11	Express Service 15/jour, Villa del Pacífico 18/jour, 4/jour de la gare routière des bus 1re classe
San Cristóbal de las Casas	507-804	10-11	4/jour de la gare routière des bus 1re classe
Tapachula	606	12	19h, de la gare routière des bus 1re classe
Tehuantepec	154-294	4 ½	15/jour de la gare routière des bus 1re classe
Veracruz	400-792	7-8	4/jour de la gare routière des bus 1re classe
Zipolite	210	6 ¾	Atlántida 6/jour

Comment circuler

DEPUIS/VERS L'AÉROPORT

Adressez-vous au guichet Transportación Terrestre, à l'extrémité sud du terminal : il facturera 75 $M/pers pour rallier n'importe quel endroit du centre-ville en minibus. Pour le même trajet vers l'aéroport, réservez la veille auprès de **Transportación Terrestre Aeropuerto** (951-514-10-71 ; Alameda de León 1G ; 9h-19h lun-sam, 10h-14h dim). Sinon, un taxi vous conduira à l'aéroport pour 300 $M.

BUS

Il en coûte 7,50 $M pour prendre un bus municipal. Depuis la route principale à l'extérieur de la gare routière des bus 1re classe, les bus "Juárez" en direction de l'ouest vous laisseront à Juárez et Ocampo, à 3 rues à l'est du *zócalo* ; les bus affichant "Tinoco y Palacios" vont à 2 rues à l'ouest du *zócalo*. Pour revenir à la gare, prenez un bus "ADO" en direction du nord, de Pino Suárez ou de Crespo.

TAXI

La course dans le centre-ville, y compris jusqu'aux gares routières, coûte 40 $M.

VALLES CENTRALES

Oaxaca la raffinée est entourée par une myriade de bourgades et de villages autrement plus rustiques, où voir certaines des ruines précolombiennes les plus extraordinaires du pays, de l'artisanat indigène, des marchés animés et des festivals colorés, le tout au milieu des champs d'agave servant à la fabrication du mezcal. Ils se concentrent dans 3 grandes dépressions : le Valle de Tlacolula, s'étendant sur 50 km à l'est ; le Valle de Zimatlán, sur environ 100 km au sud ; et le Valle de Etla, sur quelque 40 km au nord. Majoritairement peuplés de Zapotèques, ces Valles Centrales font facilement l'objet d'une excursion d'une journée depuis la ville.

Monte Albán

Quelques kilomètres seulement à l'ouest de Oaxaca, l'ancienne capitale zapotèque de **Monte Albán** (tarif plein/-13 ans 70 $M/gratuit ; 8h-17h ; P) trône sur un plateau à 400 m d'altitude. Avec ses temples, ses palais, ses hautes plateformes à degrés, son observatoire et son jeu de balle bien ordonnés, ce site archéologique parmi les plus impressionnants du Mexique offre un panorama spectaculaire sur la vallée en contrebas et les massifs à l'horizon.

Si la fréquentation touristique est importante comparée à d'autres sites archéologiques de l'État, elle reste loin de la cohue que subissent les ruines célèbres proches de Mexico et de Cancún.

Histoire

Monte Albán fut occupée vers 500 av. J.-C., probablement dès l'origine, par les Zapotèques ayant quitté leur ancienne capitale de San José El Mogoten, dans le Valle de Etla, plus difficile à défendre. La cité aurait lié très tôt des relations culturelles avec les Olmèques du Nord-Est.

La phase précédant l'année 200 av. J.-C. (période I) vit le nivellement du sommet de la colline, l'édification des temples et peut-être des palais, puis celle d'une cité d'au moins 10 000 habitants sur les versants. Les pétroglyphes et les dates gravées à cette époque, suivant un système de points et de barres, sembleraient indiquer que l'élite de Monte Albán fut la première du Mexique à utiliser l'écriture et un calendrier écrit. Entre 200 av. J.-C. et 300 (période II), la cité accrut sa domination sur la région de Oaxaca.

La ville connut son apogée entre 300 et 700 (période III). Des terrasses furent aménagées pour les habitations sur les collines avoisinantes. La population se montait alors à quelque 25 000 âmes. Monte Albán formait le cœur d'une société extrêmement organisée, sous la domination des prêtres, qui contrôlaient les Valles Centrales. Bénéficiant d'un système d'irrigation extensif, la région comptait au moins 200 autres communautés et centres religieux. De nombreux édifices de

Monte Albán

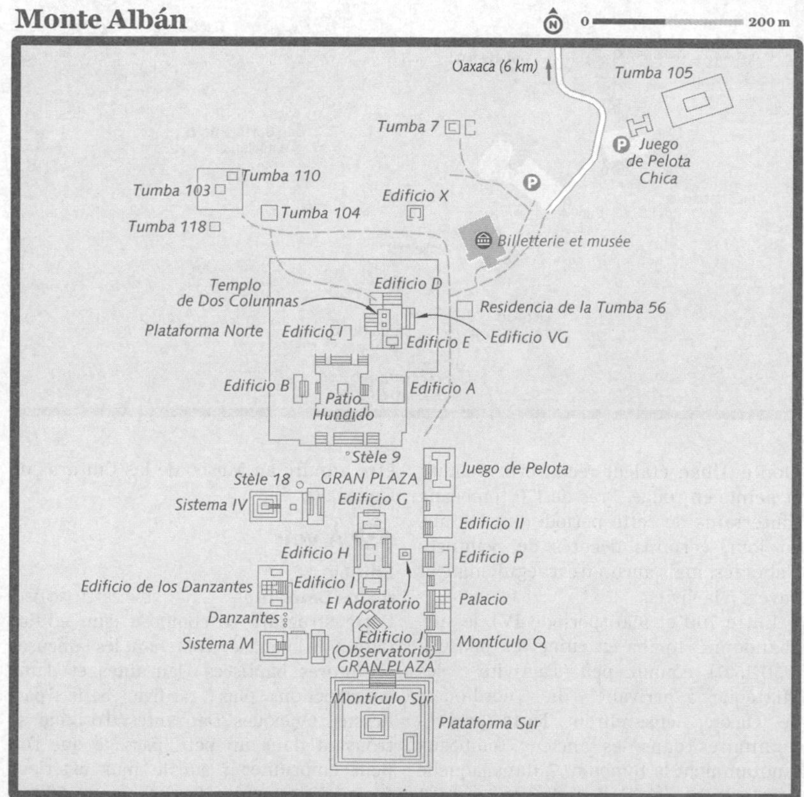

Valles Centrales et Pueblos Mancomunados

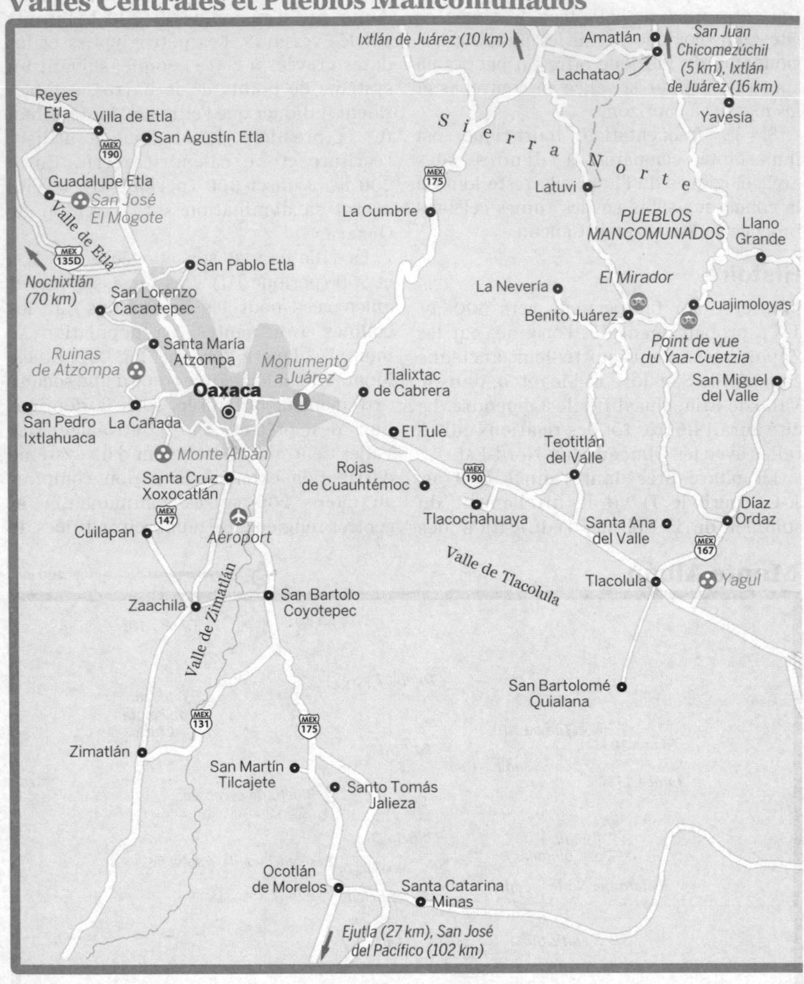

Monte Albán étaient recouverts d'enduit et peints en rouge. Près de 170 tombeaux souterrains de cette période ont été mis au jour, certains décorés de peintures élaborées, mais aucun n'est régulièrement ouvert à la visite.

Entre 700 et 950 (période IV), le site, abandonné, tomba en ruine. La phase V (950-1521) connut peu d'activité ; les Mixtèques arrivant du nord-ouest de Oaxaca ensevelirent leurs propres dignitaires dans les anciens tombeaux – notamment la tombe n° 7, dans laquelle ils placèrent un fabuleux trésor qui peut être admiré au Museo de las Culturas de Oaxaca (p. 445).

À voir

Edificio de los Danzantes ÉDIFICE REMARQUABLE

Cette structure se compose d'un édifice datant de la phase I contenant les fameuses sculptures baptisées Danzantes et d'une construction plus tardive bâtie par-dessus. Quelques Danzantes d'origine se trouvent dans un petit passage que l'on peut emprunter ; sur le mur extérieur figurent des copies. Sculptés entre 500 et

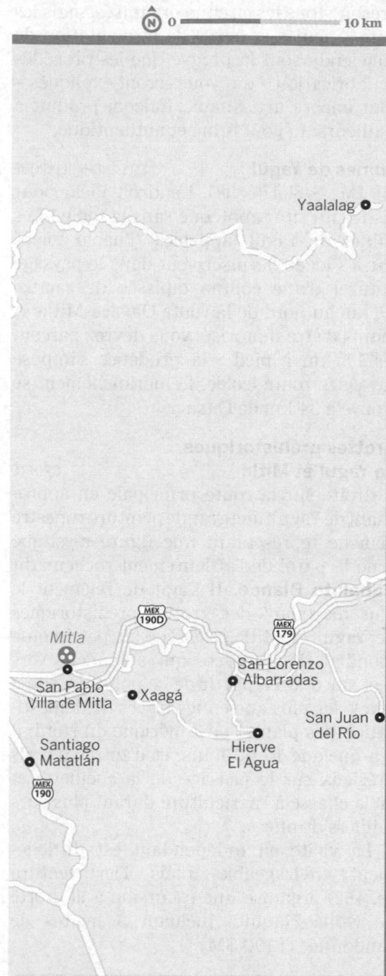

100 av. J.-C., les Danzantes représentent des hommes nus, que l'on pense être les chefs sacrifiés de cités voisines conquises.

Ils ont généralement une bouche ouverte dotée de lèvres épaisses (aux coins parfois abaissés, dans le style olmèque) et des yeux clos. Dans certains cas, du sang s'écoule de leur corps éventré.

Plataforma Norte POINT DE VUE

Reconstruite plusieurs fois au cours des siècles, la plateforme nord, bâtie sur une saillie rocheuse, est presque aussi vaste que la Gran Plaza, et offre une belle vue. Les 12 colonnes dont on peut voir la base en haut de l'escalier faisaient autrefois partie d'une salle couverte d'un toit. En haut de la plateforme se trouve un ensemble cérémoniel probablement construit entre 500 et 800.

Au nombre de ses éléments, mentionnons le **Patio Hundido** (patio enseveli), avec un autel en son centre, les **Edificios D**, **VG** et **E**, couronnés de temples en adobe, et le **Templo de Dos Columnas**.

Edificio J ÉDIFICE REMARQUABLE

Formant un angle de 45° avec les autres bâtiments, l'Edificio J (100 av. J.-C.), en forme de flèche et truffé de tunnels et d'escaliers (interdits à la visite), était jadis un observatoire. L'astronomie permettait de suivre l'avancée des saisons, de calculer les cycles agricoles et de faire des prophéties. Les silhouettes et les glyphes gravés sur ses murs relatent les conquêtes militaires de Monte Albán.

Edificio P ÉDIFICE REMARQUABLE

Ce bâtiment, surmonté d'un petit temple pourvu de piliers, devait être une sorte d'observatoire. Vous pouvez voir près du sommet une petite ouverture orientée de telle façon pour, qu'à certaines dates, à midi exactement, les rayons du soleil au zénith pénètrent dans un conduit à l'intérieur.

Plataforma Sur POINT DE VUE

Les visiteurs ont le droit de gravir le large escalier de la plateforme sud, la plus haute du site avec ses 40 m, qui offre un beau panorama sur la place et les montagnes environnantes.

Juego de Pelota SITE ARCHÉOLOGIQUE

Les terrasses en pierre de ce jeu de balle, un terrain construit en contrebas des murs vers 100 av. J.-C., faisaient probablement partie de l'aire de jeux et non des tribunes. Les spécialistes pensent qu'elles étaient recouvertes d'une épaisse couche de chaux, formant un plan incliné que la balle descendait en roulant.

Gran Plaza PLACE

Cette vaste place (300 m de longueur sur 200 m de largeur) constituait le cœur de Monte Albán. Certains des édifices visibles étaient des temples, d'autres, des quartiers résidentiels destinés à l'élite. Nombre d'entre eux sont désormais clôturés afin d'éviter les dégradations liées à la fréquentation.

Circuits organisés

Des guides officiels proposent leurs services devant la billetterie (environ 250 $M pour un petit groupe). Sinon, de nombreux tour-opérateurs basés dans le centre de Oaxaca proposent des excursions d'une demi-journée sur le site moyennant environ 350 $M, transport, droit d'entrée et guide compris.

Depuis/vers Monte Albán

Il est facile de rejoindre Monte Albán depuis Oaxaca par ses propres moyens ou dans le cadre d'une excursion organisée. Les **Autobuses Turísticos** (951-516-61-75 ; Mina 501, Oaxaca) partent de la ville toutes les heures (toutes les 30 min sam et dim) entre 8h30 et 15h30 et quittent le site à la même fréquence entre 12h et 17h. L'aller-retour coûte 55 $M. Les bus s'arrêtent deux pâtés de maisons à l'ouest du Mercado 20 de Noviembre.

Valle de Tlacolula

À l'est de Oaxaca, Tlacolula est peut-être la vallée qui recèle le plus de trésors, avec deux sites préhispaniques (Mitla et Yagul), un arbre plus ancien encore, ainsi que les piscines naturelles et les cascades pétrifiées de Hierve el Agua. Côté artisanat, concernant les pièces tissées et le mezcal (les distilleries sont nombreuses), c'est l'endroit à ne pas manquer.

Depuis/vers le Valle de Tlacolula

El Tule, Teotitlán del Valle, Tlacolula et Yagul sont proches de l'axe Oaxaca-Mitla, la route 190. Les bus pour Mitla (21 $M, 1 heure 15) partent environ toutes les heures de la gare routière des bus 2e classe de Oaxaca et vous déposeront n'importe où le long de cet axe.

Des taxis *colectivos* directs se rendent à El Tule (13 $M, 15 min), Teotitlán (18 $M, 30 min), Tlacolula (20 $M, 40 min) ou Mitla (25 $M, 1 heure) ; ils partent de l'angle de la route 190 et de Derechos Humanos, 500 m à l'est de la gare routière des bus 1re classe de Oaxaca, juste après le stade de base-ball.

À voir

El Rey del Matatlán DISTILLERIE
(951-516-23-46 ; route 190 Km 265 ; 8h-20h). GRATUIT Une adresse bien connue pour goûter et acheter du mezcal, à côté des plantations d'agave. Certes, c'est une étape pour presque tous les circuits organisés, mais les fours, meules et cuves de fermentation de l'hacienda sont la preuve que les procédés de fabrication – qui vous seront expliqués – sont encore artisanaux. L'alcool produit a d'ailleurs un goût fumé et authentique.

Ruines de Yagul SITE ARCHÉOLOGIQUE
(65 $M ; 8h-17h ; P). L'endroit idéal pour visiter un site zapotèque sans la foule ! Les ruines de Yagul (appelées "Pueblo Viejo" par les locaux) s'inscrivent dans le paysage naturel d'une colline tapissée de cactus, 1,5 km au nord de la route Oaxaca-Mitla. À moins d'être motorisé, vous devrez parcourir 1,5 km à pied ; la prudence s'impose sur cette route isolée. L'embranchement se trouve à 34 km de Oaxaca.

Grottes préhistoriques de Yagul et Mitla GROTTE
À droite sur la route principale en approchant de Yagul, une grande peinture rupestre blanche représentant une figure mystique orne la paroi de l'affleurement rocheux dit **Caballito Blanco**. Il s'agit de l'élément le plus marquant des grottes préhistoriques de Yagul et Mitla, classées au patrimoine mondial de l'Unesco, qui s'étendent vers l'est sur 6 km à partir de ce point. Le site a révélé les plus anciennes traces de domestication des plantes en Amérique du Nord, il y a quelque 10 000 ans, et d'autres détails précieux sur le passage de la cueillette et de la chasse à l'agriculture durant plusieurs milliers d'années.

La visite en indépendant est difficilement envisageable, mais Tierraventura (p. 452) organise une excursion à la grotte de Guilá Naquitz incluant 3 heures de randonnée (1 100 $M).

El Tule

951 / 7 600 HABITANTS / ALTITUDE : 1 550 M

À 10 km à l'est de Oaxaca sur la route 190, El Tule attire les foules pour une seule et simple raison : El Árbol del Tule, un arbre gigantesque qui serait aussi vieux que les ruines de Monte Albán. À l'ombre de ses frondaisons s'est développé un charmant village, avec son église, sa place et son marché.

À voir

El Árbol del Tule SITE NATUREL
(Arbre d'El Tule ; 10 $M ; 8h-20h). Selon certains, cet arbre serait le plus gros au monde. Si le General Sherman, un séquoia

de Californie, se classe à la première place en termes de volume, celui-ci, avec 14 m de diamètre, est le plus large. À côté de cet *ahuehuete* (cyprès de Montezuma) de 42 m de haut qui se dresse dans le cimetière paroissial, la ravissante église du XVIIe siècle paraît minuscule.

Ce géant aurait plus de 2 000 ans, ce qui signifie qu'il existait déjà quand la cité zapotèque de Monte Albán a commencé à se développer. Révéré par les locaux, il semble en bonne santé, mais il est menacé par l'urbanisation croissante et le détournement de l'eau à des fins d'irrigation.

Où se restaurer

Casa Embajador OAXAQUEÑO **$$$**
(Unión 1 ; plats 250 $M ; 9h-18h). Très fréquenté par les groupes en circuit organisé, ce nouveau *parador turistico* comprend une distillerie de mezcal, dont on vous offrira gracieusement un verre avec votre déjeuner. Mention spéciale pour la Botana Oaxaqueña (assortiment de fromage, chorizo, bœuf grillé...) à partager. Le vaste restaurant occupe une *palapa* (paillote) à l'intérieur d'un jardin où coule une fontaine ; il y a aussi une chapelle.

Teotitlán del Valle

951 / 4 400 HABITANTS / ALTITUDE : 1 700 M

Cette célèbre localité de tisserands est située à 25 km au sud-est de Oaxaca. La tradition du tissage remonte ici à l'époque précolombienne, quand Teotitlán payait un tribut en tissus aux Aztèques. La qualité reste élevée et les teintures ancestrales à base d'indigo, de cochenille et de mousse ont été remises à la mode, même si certains artisans continuent d'utiliser des teintures chimiques, beaucoup moins chères. La variété des motifs est remarquable – des dieux zapotèques jusqu'aux dessins géométriques de style Mitla, en passant par des imitations d'œuvres de Rivera et de Picasso.

Des groupes en circuit organisé sont conduits uniquement dans les boutiques qui jalonnent la route aux abords du village. Celles-ci ont tendance à dominer le marché en achetant la production des tisserands ou en les employant. Pour traiter directement avec les producteurs, intéressez-vous plutôt aux couvertures et tapis exposés dans les maisons et ateliers le long des rues.

À voir

Iglesia Preciosa Sangre de Cristo ÉGLISE
(6h-18h). De la place, des marches conduisent à cette belle église du XVIIe siècle qui comporte des fresques colorées du XVIIIe siècle et un vaste cimetière. L'ensemble a été bâti sur un ancien site cérémoniel zapotèque, dont certaines pierres sculptées ont servi à élever les murs de l'église ; ne manquez pas le patio.

Cours

El Sabor Zapoteco CUISINE
(951-524-46-58 ; www.cookingclasseselsaborzapoteco.blogspot.com ; Juárez 30 ; 75 $US/pers). Reyna Mendoza donne ses cours dans sa cuisine en plein air. On y prépare des plats traditionnels, généralement les mardis et vendredis matin (principaux jours de marché à Teotitlán ; transfert aller-retour compris). Point de rendez-vous devant le Jardín Etnobotánico à Oaxaca (p. 448).

Tlacolula

14 000 HABITANTS / ALTITUDE : 1 650 M

La plus grande ville de la vallée éponyme, à 31 km au sud-est de Oaxaca, accueille chaque dimanche l'un des grands marchés des Valles Centrales : les abords de son église sont alors envahis d'une foule venue se procurer articles artisanaux, produits alimentaires et objets d'usage quotidien.

À voir

Templo de la Asunción ÉGLISE
(Av 2 de Abril ; 8h-18h). L'église principale de Tlacolula se distingue par l'exubérance baroque de sa chapelle latérale, dite Capilla de la Plata (chapelle de l'Argent), où l'influence des motifs indigènes se manifeste comme dans la Capilla del Rosario de l'Iglesia de Santo Domingo (p. 445) à Oaxaca. Notez les statues des martyrs portant leur tête tranchée et les anges musiciens.

San Pablo Villa de Mitla

951 / 8 200 HABITANTS / ALTITUDE : 1 700 M

À 46 km au sud-est de Oaxaca, cette ancienne cité zapotèque est célèbre pour les ruines de Mitla, uniques en leur genre avec leur revêtement de mosaïque en pierre, qui s'étendent aujourd'hui au milieu de la ville moderne.

San Pablo Villa de Mitla est aussi une caverne d'Ali Baba en matière d'artisanat, en particulier les tissus brodés et le mezcal de fabrication locale.

À voir

Ancien Mitla SITE ARCHÉOLOGIQUE

(Grupo de las Columnas adulte/enfant 65 $M/gratuit, accès gratuit aux autres ruines ; 8h-17h ; P). Deuxième site archéologique de la région après Monte Albán, Mitla, plus récent, date de 2 ou 3 siècles avant la conquête espagnole. Elle était alors, selon toute vraisemblance, le principal centre religieux zapotèque, placé sous l'égide des grands prêtres qui y pratiquaient des sacrifices humains.

Les "mosaïques" de pierre géométriques de Mitla n'ont pas d'équivalent au Mexique : on dénombre 14 motifs différents, lesquels représenteraient le Ciel, la Terre, le Serpent à plumes et autres symboles majeurs. Taillés selon la forme voulue, tous les éléments de l'ensemble étaient fixés au mur à l'aide de mortier et peints. Des frises également peintes décoraient nombre de monuments.

Chaque groupe d'édifices visible à Mitla serait réservé à une catégorie spécifique : grand prêtre, simples prêtres, roi, etc. Les visiteurs se contentent souvent d'explorer les deux principaux situés à l'intérieur de la ville : le **Grupo de las Columnas** (groupe des Colonnes) devant l'Iglesia de San Pablo à 3 dômes, et le **Grupo del Norte** (groupe Nord), à côté et derrière l'église (construite sur une partie du site en 1590).

Le Grupo de las Columnas possède deux principaux patios, Patio Norte et Patio Sur. Longeant la partie nord du Patio Norte, la Sala de las Columnas (salle des Colonnes) de 38 m de long comporte 6 colonnes massives. À l'une des extrémités, un passage mène dans El Palacio, qui renferme quelques-unes des plus belles "mosaïques" de pierre de Mitla. Quant au Patio Sur, il recèle deux tombeaux souterrains.

D'autres vestiges architecturaux sont éparpillés dans la ville et à des kilomètres à la ronde.

Si vous circulez par les transports en commun, demandez à descendre au carrefour dit La Cuchilla, à l'entrée de Mitla. De là, l'Iglesia de San Pablo et la billetterie du Grupo de las Columnas ne sont qu'à 1,2 km au nord.

Où se loger et se restaurer

Hotel Don Cenobio HÔTEL $$

(951-568-03-30 ; www.hoteldoncenobio.com ; Av Juárez 3 ; ch 830-1 050 $M ; P). Installé sur la place centrale, c'est de loin le meilleur hôtel de Mitla, avec ses 23 chambres confortables aux meubles en bois sculpté de Guadalajara. Piscine, bar et restaurant (8h-18h30) de cuisine locale dans un jardin central verdoyant.

Restaurante Doña Chica OAXAQUEÑO $

(951-568-06-83 ; Av Morelos 41 ; plats 75-100 $M ; 7h-19h). Cet établissement lumineux mitonne dans sa cuisine ouverte de savoureuses spécialités de Oaxaca, telles que *moles*, enchiladas et *tasajo*. Soupes, *antojitos*, salades et desserts complètent la carte.

Hierve El Agua

ALTITUDE : 1 800 M

À 65 km au sud-est de Oaxaca et 35 km en contrebas de Tlacolula, Hierve El Agua consiste en d'étonnantes formations minérales créées par des sources naturelles, où les habitants de Oaxaca aiment venir se détendre pendant leurs congés. Vous pourrez y conclure agréablement votre circuit dans le Valle de Tlacolula par une baignade en fin d'après-midi.

À voir

Sources minérales BASSINS, POINT DE VUE

(25 $M ; 7h30-19h30 ; P). Hierve El Agua (littéralement "l'eau bout") est un site à la beauté quasi irréelle. Cet ensemble de sources chaudes s'écoulant dans des piscines naturelles à flanc de montagne offre une vue spectaculaire sur les hauteurs alentour, couvertes de broussailles. Au cours des millénaires, le carbonate de calcium contenu dans l'eau a créé d'impressionnantes formations ressemblant à des cascades gelées.

Il y en a deux immenses sur le site. La "*cascada chica*", la plus proche du parking, compte 4 bassins très fréquentés (celui au bord de la falaise est artificiel). De là, on distingue parfaitement l'impressionnante "*cascada grande*", accessible par un sentier de 1 km, qui jouit d'un cadre plus préservé et tranquille.

Bien que l'eau paraisse fraîche quand le soleil tape (entre 22 et 27°), il est en général possible de se baigner dans les bassins

– une expérience extraordinaire ! Des vestiaires se trouvent juste au-dessus.

Des barrages routiers sauvages, résultant de querelles locales, bloquent parfois l'accès au site. Il faut alors payer 10 $M pour les franchir.

Depuis/vers Hierve El Agua

Hierve El Agua se situe sur l'itinéraire de certaines excursions d'une journée au départ de Oaxaca. Pour s'y rendre en transport public, la seule solution consiste à prendre une *camioneta* (pick-up) Transportes Zapotecos del Valle Oriente (50 $M aller simple) au carrefour La Cuchilla à Mitla ; les véhicules démarrent lorsqu'ils sont pleins.

En voiture, les panneaux "Hierve El Agua" à l'approche de Mitla vous emmènent sur la nouvelle route 190D à péage qui contourne Mitla : après 19 km, prenez la sortie indiquant Hierve El Agua, puis continuez sur 7 km (les 4 derniers ne sont pas goudronnés). Sinon, traversez Mitla et suivez l'ancienne route 179, plus ou moins parallèle à la nouvelle. La sortie Hierve El Agua est à 18 km de Mitla.

Valle de Zimatlán

Au sud de Oaxaca, la route 175 traverse San Bartolo Coyotepec, célèbre pour ses poteries noires, Ocotlán, hébergeant l'un des marchés hebdomadaires les plus animés des Valles Centrales, et, plus loin, San José del Pacífico, réputée pour ses champignons hallucinogènes, jusqu'à Pochutla près du littoral. La route 147, moins encombrée, dessert Cuilapan, juste à l'ouest de l'aéroport de Oaxaca.

Cuilapan

951 / 12 000 HABITANTS / ALTITUDE : 1 560 M

Cuilapan (Cuilápam), à 9 km au sud-ouest de Oaxaca, est l'une des rares localités mixtèques des Valles Centrales. Elle s'enorgueillit d'un superbe monastère dominicain.

À voir

Ex-Convento Dominicano MONASTÈRE

(Cloître 40 $M ; 9h-18h ; P). Au bord de la route, l'ancien couvent dominicain (appelé aussi Santiago Apóstol), aux murs en pierre vert pâle, semble avoir surgi au milieu de nulle part. Si la moitié de sa toiture manque, ce n'est pas qu'il est en ruines, mais qu'il n'a jamais été achevé. Le chantier de sa longue église basse, rythmée d'arcades, a stoppé en 1560 en raison de litiges financiers.

Derrière celle-ci, une église plus récente renferme le tombeau de Juana Donají (la fille de Cosijoeza, dernier roi zapotèque de Zaachila). Elle n'ouvre en principe que pendant les messes (le week-end à 12h et 17h). À côté, se dresse un cloître Renaissance sur 2 niveaux. Une peinture représentant Vicente Guerrero est accrochée dans la petite pièce où ce héros de l'indépendance mexicaine fut détenu en 1831 avant d'être fusillé par les soldats du président conservateur Anastasio Bustamante. Dehors, un monument marque le lieu de son exécution.

Le couvent est aussi connu pour l'influence mauresque qui transparaît dans son architecture, et ses fresques aujourd'hui en partie estompées par le temps qui incluent des thèmes indigènes.

Depuis/vers Cuilapan

Les bus **Zaachila Yoo** (Bustamante 601, Oaxaca) desservent Cuilapan (7 $M, 45 min) toutes les 15 minutes environ.

San Bartolo Coyotepec

951 / 4 000 HABITANTS / ALTITUDE : 1 550 M

C'est dans cette localité à 11 km au sud de Oaxaca que sont fabriquées les poteries noires et polies (*barro negro*) en vente dans la région. Étonnamment légères, elles présentent une grande diversité de formes et d'usage – bougeoirs, cruches, vases, mais aussi objets zoomorphes décoratifs. Pour découvrir leur lieu de création, direction l'Alfarería Doña Rosa, quelques pas à l'est de la route.

À voir

Alfarería Doña Rosa ARTISANAT

(951-551-00-11 ; Juárez 24 ; 9h-19h ; P). Si plusieurs familles du village fabriquent et vendent des poteries en *barro negro*, c'est à Rosa Real Mateo (1900-1980) que l'on doit la technique de polissage au quartz qui donne aux objets leur patine. Dans son atelier familial (*alfarería*), le plus important du village, les visiteurs qui le demandent peuvent assister à une démonstration. Les pièces sont façonnées à la main, en utilisant simplement deux soucoupes en guise de tour. Elles sont ensuite cuites dans des fours creusés dans le sol et doivent leur teinte noire à l'oxyde de fer contenu dans l'argile et à la fumée retenue dans le four.

L'atelier doublé d'une boutique aux petits airs de musée vaut la visite, même si vous n'avez pas l'intention d'acheter.

Museo Estatal de Arte Popular de Oaxaca MUSÉE
(☎951-551-00-36 ; Independencia ; adulte/enfant 20 $M/gratuit ; ⏲10h-18h mar-dim). Ce musée d'Art et Traditions populaires a récemment rouvert ses portes dans un bâtiment rose vif, sur le côté sud de la place principale. Moderne et bien conçu, il possède une belle collection de céramiques en *barro negro*, ainsi que des objets relatifs à l'artisanat venus de tout l'État du Oaxaca.

Depuis/vers San Bartolo Coyotepec

Les bus Autobuses Halcón circulent entre Oaxaca et San Bartolo (10 $M, 20 min) à environ 10 minutes d'intervalle.

San Martín Tilcajete

☎951 / 1 600 HABITANTS / ALTITUDE : 1 540 M

C'est du village de San Martín Tilcajete (1 600 habitants), à 1 km à l'ouest de la route 175 et à 24 km au sud de Oaxaca, que proviennent nombre des *alebrijes*, ces animaux imaginaires en bois de copal peint que l'on trouve partout à Oaxaca. Quantités de villageois sculptent ces objets, et vous pouvez les admirer et en acheter. Les maisons des artisans sont généralement signalées par une pancarte "Alebrijes" ou "Artesanías de Madera" (artisanat en bois).

Où se restaurer

Azucena Zapoteca OAXAQUEÑO $$
(☎951-524-92-27 ; www.restauranteazucena-zapoteca.com ; route 175 Km 23,5 ; plats 80-160 M$; ⏲8h-18h ; wifi). Cette adresse fréquentée à l'heure du déjeuner se situe près de la route 175, en face de l'embranchement pour Tilcajete. On y sert des plats locaux, dont l'"Almuerzo Jacobo" (steak, oignons, lard, œuf et haricots), du nom d'un talentueux sculpteur sur bois de la bourgade (voir plus loin). Des *alebrijes* de qualité et autres objets d'artisanat sont d'ailleurs proposés à la vente.

Achat

♥ **Jacobo et María Ángeles** ARTISANAT
(☎951-524-90-47 ; www.jacoboymariaangeles.com ; Callejón del Olvido 9 ; ⏲8h-18h). Ce couple d'artisans fabriquent de merveilleux *alebrijes* depuis plus de 20 ans et dirigent aujourd'hui un atelier employant 100 villageois. Il est possible de le visiter gratuitement. La plupart des pièces s'inspirent des animaux sacrés de la mythologie zapotèque. Celles de taille moyenne peuvent demander jusqu'à un mois de travail, les très grandes jusqu'à 4 ans. Le prix des plus belles atteint plusieurs milliers de pesos. Des œuvres de Jacopo et Maria Angeles sont également en vente à Voces de Copal, Aullidos del Alma (p. 465), dans le centre-ville de Oaxaca.

Depuis/vers San Martín Tilcajete

Les bus reliant Ocotlán à Oaxaca vous déposeront à l'embranchement pour San Martín (15 $M, 35 min). Des *colectivos* partent d'Ocotlán.

Ocotlán de Morelos

☎951 / 15 000 HABITANTS / ALTITUDE : 1 500 M

Ocotlán de Morelos a vu naître l'artiste Rodolfo Morales (1925-2001), qui a fait profiter la ville de son succès mondial en créant la Fundación Cultural Rodolfo Morales (www.fcrom.org.mx). Destinée à promouvoir les arts, le patrimoine, l'environnement et le bien-être social dans la région, celle-ci a permis de restaurer des églises locales.

En ce qui concerne la poterie, sa renommée internationale revient aux 4 sœurs Aguilar, les premières à avoir créé des figurines en argile colorées évoquant des thèmes religieux, dont le jour des Morts, ou les œuvres de Frida Kahlo.

La plupart des visiteurs viennent à Ocotlán le vendredi, quand le grand marché hebdomadaire investit la place principale et ses abords.

À voir

Ex-Convento de Santo Domingo MUSÉE
(15 $M ; ⏲9h30-17h30). Couvent, puis prison délabrée, Santo Domingo a été entièrement réhabilité et accueille aujourd'hui un musée des Beaux-Arts de premier ordre. Une salle est consacrée au peintre Rodolfo Morales, l'enfant du pays, qui conduisit les travaux de rénovation de l'édifice à partir de 1995 et dont les cendres sont enterrées ici.

En sortant, jetez un œil à l'église attenante précédée d'une élégante allée bordée d'arbres.

Achats

Guillermina Aguilar ARTISANAT

(Morelos 430 ; 10h-18h lun-sam). Les 4 sœurs Aguilar et leur famille créent des poteries colorées représentant des silhouettes féminines ornées de motifs insolites. Leurs maisons, toutes regroupées du côté ouest de la route quand on arrive à Ocotlán depuis le nord, donnent pratiquement en face de l'Hotel Real, à Ocotlán.

La plus renommée des sœurs est Guillermina Aguilar, qui fabrique notamment de petites reproductions en 3 dimensions des œuvres de Frida Kahlo. Perpétuant le travail commencé par sa mère, elle a transmis son savoir-faire à ses enfants et petits-enfants.

Mercado Morelos MARCHÉ

(Pueblos Unidos ; 6h30-20h). Ce marché couvert du côté sud de la place principale a lieu tous les jours. On y vend à peu près de tout : alimentation, mezcal, vêtements, poteries artisanales, objets de pacotille... Le vendredi, ses étals sont englobés dans le vaste marché hebdomadaire qui s'étend sur plusieurs pâtés de maisons.

Depuis/vers Ocotlán de Morelos

Les bus (20 $M) et minibus (25 $M) **Automorsa** (Bustamante 601, Oaxaca) relient Oaxaca à Ocotlán (45 min) environ toutes les 10 minutes, de 6h à 21h.

Zaachila

951 / 14 000 HABITANTS

À 6 km au sud-est de Cuilapan, cette bourgade authentique, où se mêlent populations mixtèque et zapotèque, accueille le jeudi un grand marché réputé pour ses stands d'alimentation et qui résonne du bruit des conversations, du caquètement des volailles et du vrombissement des triporteurs. De 1400 à la conquête espagnole, la ville fut une capitale zapotèque. Derrière l'église qui domine la place principale, un panneau signale l'entrée de la zone archéologique de Zaachila, un site encore peu fouillé où vous ne croiserez guère de touristes.

À voir

Zona Arqueológica SITE ARCHÉOLOGIQUE

(Adulte/enfant 40 $M/gratuit ; 9h-17h). À l'instar de Mitla, l'ancienne Zaachila vit le jour à l'époque postclassique après la chute de Monte Albán. Elle fut plus tard conquise par les Mixtèques. La date de sa fondation reste assez floue, mais elle atteignit probablement son apogée au XIVe siècle. La zone archéologique se compose d'un ensemble de tumulus ; on peut pénétrer dans deux petites tombes utilisées par les Mixtèques.

Depuis/vers Zaachila

Des bus Zaachila Yoo (p. 475) circulent entre Oaxaca et Zaachila (7 $M, 40 min) environ toutes les 15 minutes. Des taxis *colectivos* (12 $M, 20 min) partent du croisement entre Bustamante et Zaragoza à Oaxaca.

Valle de Etla

Partie du Valle de Oaxaca, le Valle de Etla (la "terre des haricots") s'étend sur une quarantaine de kilomètres au nord-est de la capitale de l'État. Il abrite des ruines archéologiques récemment fouillées et un superbe centre artistique aménagé dans une ancienne usine.

Santa María Atzompa

951 / 22 000 HABITANTS / ALTITUDE : 1 600 M

Perché au sommet du Cerro El Bonete à 3 km au-dessus du village de Santa María Atzompa (et à 6 km du centre de Oaxaca), le site archéologique d'Atzompa est complémentaire de celui – plus connu et plus vaste – de Monte Albán. De même que le musée et le marché d'artisanat de la plaisante bourgade, il souligne la continuité du savoir-faire des potiers locaux de l'époque précolombienne à nos jours.

À voir

Ruines d'Atzompa SITE ARCHÉOLOGIQUE

(25 $M ; 8h-16h30 ; P). Ce site préhispanique a pour atouts son cadre spectaculaire, son authenticité et l'absence relative de touristes, peu de visiteurs de Monte Albán se rendant jusqu'ici. En cours de fouille depuis le début des années 2000, il n'a ouvert au public qu'en 2012, après la construction d'une route d'accès.

Cité dépendant de Monte Albán, Atzompa fut probablement fondée en 650 de notre ère et abandonnée 3 siècles plus tard. Trois places cérémonielles, plusieurs jeux de balle (dont le plus grand de la région de Oaxaca) et deux vastes résidences ont été dégagés. Le four à céramique reconstitué du côté nord, identique à celui que les artisans de la région utilisent encore aujourd'hui, retient particulièrement l'attention.

Museo Comunitario MUSÉE
(Calle Indepedencia ; 10 $M ; ⌚10h-17h). Situé à 2 km des ruines en direction de Santa María Atzompa, le musée communautaire recèle de remarquables poteries mises au jour sur le site, dont des représentations détaillées de dignitaires ou de divinités et d'énormes jarres qui servaient à stocker l'eau ou le grain.

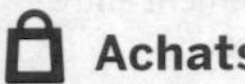

Achats

Mercado de Artesanías ARTISANAT
(Marché d'artisanat ; Av Libertad 303 ; ⌚9h-19h). Les œuvres d'une centaine de potiers – figurines animales, abat-jour, vaisselle, pots... – sont en vente à des prix raisonnables au Mercado de Artesanías de Santa María Atzompa. Des céramiques portent la glaçure verte typique d'Atzompa, d'autres arborent un style plus créatif et multicolore. Sachez toutefois que les plus belles pièces finissent dans les boutiques de Oaxaca et d'ailleurs.

ℹ Depuis/vers Atzompa

Accessibles par une route goudronnée, les ruines se trouvent à 3 km de Santa María Atzompa et à 2,5 km en montant de La Cañada, sur l'axe reliant Oaxaca à San Pedro Ixtlahuaca. De Monte Albán, les véhicules peuvent se rendre directement à La Cañada. Il n'y a pas de transports publics jusqu'à Atzompa. Les taxis facturent environ 180 $M aller-retour depuis Oaxaca ou 60 $M depuis Santa María Atzompa, d'où certains choisissent de monter à pied les 3 km jusqu'aux ruines.

Des taxis *colectivos* et des bus pour Santa María Atzompa partent de Trujano, du côté nord de la gare routière 2e classe de Oaxaca (8-10 $M, 20 min).

San Agustín Etla

☎951 / 3 700 HABITANTS / ALTITUDE : 1 800 M

Accrochée au versant oriental du Valle de Etla, 18 km au nord-ouest de Oaxaca, la charmante bourgade de San Agustín vaut le détour pour son "Centre des arts".

À voir

Centro de las Artes de San Agustín CENTRE ARTISTIQUE
(CaSa ; ☎951-521-25-74 ; www.casa.oaxaca.gob.mx ; Independencia s/n, Barrio Vistahermosa ; ⌚9h-20h). GRATUIT La vaste usine de textile de San Agustín, fondée à la fin du XIXe siècle, a été superbement reconvertie en un centre artistique doté de deux grands espaces superposés : le Centro de las Artes de San Agustín (CaSa). Le premier niveau sert pour des expositions d'art ou d'artisanat, tandis que le second accueille concerts et conférences, entre autres événements. Le centre propose aussi des cours et des ateliers dans diverses disciplines. Programme sur le site Internet.

ℹ Depuis/vers San Agustín Etla

Du côté est de la route 190, à 13,5 km du centre de Oaxaca, l'embranchement pour San Agustín est signalé par un petit panneau marqué "San Sebastián Etla", à côté de l'Instituto Euro-Americano. Le village se trouve à 4 km de là. Les taxis *colectivos* à destination de San Agustín (15 $M, 30 min) qui partent de Trujano, du côté nord de la gare routière des bus 2e classe de Oaxaca, vous conduiront au CaSa.

San José del Pacífico

☎951 / 370 HABITANTS / ALTITUDE : 2 380 M

Perché dans la brume des montagnes qui ferment l'extrémité sud des Valles Centrales, à 135 km de Oaxaca, San José del Pacífico est principalement connu pour ses champignons hallucinogènes, *Psilocybe mexicana*. Bien que leur consommation soit officiellement illégale, ces *hongos mágicos* (champignons magiques) font de San José un arrêt apprécié des voyageurs entre Oaxaca et la côte. Une importante communauté de personnes au mode de vie alternatif est installée ici et dans les villages alentour. Champignons ou pas, San José dégage une certaine magie et constitue une jolie halte sur votre trajet. Par temps clair, la vue sur les montagnes boisées et les vallées est enchanteresse. Au menu, de belles randonnées, quelques bons hébergements, et des séances de *temascal* (hutte de sudation).

Où se loger et se restaurer

Plusieurs cafés et petits restaurants longent la route principale du village. Quelques petits magasins vendent également de la nourriture.

La Puesta del Sol CABAÑAS $
(☎ 951-596-73-30 ; www.sanjosedelpacifico.com ; route 175 Km 131 ; ch avec petit-déj 350-650 $M ; P ᯤ). En contrebas de la route, à 500 m au nord de la ville, ces *cabañas* propres et douillettes profitent d'un panorama majestueux. Toutes, sauf la moins chère, ont une cheminée.

Refugio Terraza de la Tierra BUNGALOWS $$
(www.terrazadelatierra.com ; route 175 Km 128 ; bungalows 500-850 $M, petit-déj/dîner 140/180 $M ; P ᯤ). Joli refuge de montagne proposant 6 bungalows en adobe et bois, et toit de tuiles. Ils sont répartis dans la propriété à flanc de colline qui s'étend sur 1,5 km² et compte plus de 20 cascades. Excellente cuisine végétarienne, petites pyramides de méditation en verre et salle de yoga vitrée. Cours de cuisine et retraites de yoga.

À 300 m de la grande route, à 3,5 km au nord de la ville.

Depuis/vers San José del Pacífico

San José se trouve sur la route 175, l'axe Oaxaca-Pochutla, à 33 km au sud de Miahuatlán. Toutes les lignes de minibus reliant fréquemment Oaxaca (95 $M, 3 heures) à Pochutla (95 $M, 3 heures 30), Mazunte (130 ou 140 $M, 4 heures 15) ou Bahías de Huatulco (140 $M, 4 heures) s'y arrêtent.

SIERRA NORTE

La Sierra Juárez sépare les Valles Centrales des basses terres à l'extrémité nord de Oaxaca. La partie méridionale du massif s'élevant du côté nord du Valle de Tlacolulaporte porte le nom de Sierra Norte. Cette chaîne couverte de forêts a vu naître avec succès des projets communautaires d'écotourisme qui fournissent l'occasion de pratiquer randonnée à pied ou à cheval et VTT au cœur de paysages parmi les plus somptueux du Mexique. La riche biodiversité de la région se traduit par plus de 400 espèces d'oiseaux, 350 espèces de papillons et quelque 4 000 plantes. Les 6 races de chats sauvages mexicains y cohabitent également. Attendez-vous à des températures fraîches, surtout dans les villages du Sud qui sont les plus en altitude, où il neige parfois l'hiver. La période pluvieuse s'étend de fin mai à septembre, mais il n'y a guère de précipitations de janvier à avril.

Pueblos Mancomunados

Regroupées sous le nom de Pueblos Mancomunados ("villages communautaires"), 8 localités zapotèques isolées (Amatlán, Benito Juárez, Cuajimoloyas, La Nevería, Lachatao, Latuvi, Llano Grande et Yavesía) participent à un projet d'écotourisme en offrant de belles escapades dans la nature et une immersion dans la vie des habitants. Plus de 100 km de sentiers pittoresques reliant les villages, ainsi que différents sites permettent d'explorer le secteur pendant plusieurs jours. L'altitude s'échelonne ici de 2 200 à plus de 3 200 m, et les paysages de canyons, grottes, rochers à pic et cascades sont impressionnants.

Depuis des siècles, ces villages mettent en commun les ressources naturelles de leurs 290 km² de territoire, et partagent les profits engendrés par l'exploitation forestière et les autres activités. Ces dernières années, ils se sont tournés vers l'écotourisme afin de résoudre leurs difficultés économiques. Ils attirent 17 000 visiteurs chaque année, ce qui donne de l'emploi à 120 personnes ; 90% des sommes gagnées sont directement versés aux communautés.

Activités

Randonnée

Plus de 100 km de sentiers relient les 8 villages, qui se prêtent à des randonnées d'une demi-journée à 4 jours. Si vous manquez de temps, optez pour la marche de 3 heures 30 sur le **sentier Needa-Naa-Lagashxi** entre Benito Juárez et Cuajimoloyas. Le chemin passe par **El Mirador**, une tour d'observation perchée au-dessus du village, la **Piedra Larga**, un énorme rocher d'où l'on aperçoit par temps clair le Pico Orizaba, et un **pont suspendu** enjambant un ravin.

Parmi les itinéraires de randonnée à la journée, citons la **Ruta Loma de Cucharilla**, entre Cuajimoloyas et Latuvi (environ 6 heures, presque entièrement en descente) et deux anciennes pistes partant de Latuvi : le **Camino Real**, passant par San Juan Chicomezúchil et Amatlán, et le magnifique **sentier du canyon Latuvi-Lachatao**, qui traverse des forêts humides festonnées de broméliacées et de mousses suspendues (ouvrez l'œil pour apercevoir des trogons).

À l'aide d'une carte sommaire disponible auprès d'Expediciones Sierra Norte (p. 452), on peut randonner sans guide, mais attention : la signalisation fait parfois défaut.

VISITER LES PUEBLOS MANCOMUNADOS

L'agence locale Expediciones Sierra Norte (p. 452) gère l'activité touristique de 6 des Pueblos Mancomunados. Bien qu'il soit possible de s'adresser à chacun des villages pour organiser soi-même ses activités sur place, le bureau de réservation situé dans le centre de Oaxaca facilite les choses et garantit que l'argent dépensé revient bien aux communautés.

Expediciones Sierra Norte organise tous types d'excursions dans la montagne (à pied, à vélo ou à cheval), s'occupe du gîte et du couvert, fournit des guides locaux et assure le transport depuis/vers Oaxaca. Les itinéraires sont flexibles et il suffit généralement de s'y prendre un jour à l'avance (sauf si vous souhaitez un guide anglophone). Un droit d'entrée forfaitaire de 100 $M s'applique.

Pour les villages Yavesía et Lachatao, qui ne sont pas sous la houlette d'Expediciones Sierra Norte, adressez-vous directement à Yavesía pour le premier, et à **Lachatao Expediciones** (951-159-71-94, portable 951-1810523 ; https://es-la.facebook.com/Lachataoexpediciones) pour le second.

Vélo

Des itinéraires de VTT serpentent entre les 8 villages. Citons en particulier le **Circuito Taurino Mecinas Ceballos** (30 km), entre Benito Juárez, Latuvi et La Nevería, et la **Ruta Ka-Yezzi-Daa-Vii** (28 km aller), qui va de Cuajimoloyas à Lachatao. Mieux vaut avoir un bon entraînement, car certains passages sont défoncés et abrupts.

On peut louer des vélos à Benito Juárez et à Cuajimoloyas (120 $M/3 heures, 250 $M avec guide).

Équitation

Pour ceux qui ont le goût de l'aventure, le cheval est une façon plaisante d'explorer la Sierra Norte. Comptez 235/350/465 $M pour 3/4/5 heures. Horseback Mexico (p. 452) propose un trek de 7 jours (2 490 $M) incluant le transport depuis Oaxaca.

Tyrolienne

Une spectaculaire tyrolienne (235 $M) de 1 km de longueur partant des pentes du Yaa-Cuetzi (3 200 m) fait survoler les toits de Cuajimoloyas à la vitesse de 65 km/heure. Une autre tyrolienne, plus courte, composée de 3 câbles, se trouve à Benito Juárez (150 $M).

Depuis/vers les Pueblos Mancomunados

Le village le plus proche de Oaxaca est Benito Juárez, à 60 km en direction du nord-est.

Concernant les transports publics, renseignez-vous auprès d'Expediciones Sierra Norte (p. 452), à Oaxaca. L'agence peut aussi transporter jusqu'à 14 personnes en minibus vers l'un des villages pour 2 900 $M aller-retour : réservez au moins un jour à l'avance.

LES VILLAGES DU SUD

Des bus Sizsa à destination de Cuajimoloyas (50 $M, 2 heures) et de Llano Grande (45 $M, 2 heures 30) partent de la gare routière de 2e classe de Oaxaca (p. 467) à 7h, 14h et 16h. Pour Benito Juárez, descendez à la “desviación de Benito Juárez”, 3 km avant Cuajimoloyas, puis poursuivez à pied vers l'ouest sur 3,5 km. De Benito Juárez, La Nevería se trouve à 9 km de marche à l'ouest, Latuvi à 10 km au nord.

AMATLÁN ET LACHATAO

Un bus direct pour Amatlán via Lachatao quitte la gare routière de 2e classe de Oaxaca (p. 467) le samedi à 14h et le dimanche à 17h. Le trajet prend 2 heures (3 heures dim) et coûte 80 $M.

Vous pouvez aussi rallier Ixtlán de Juárez par la route 175 (50 $M, 1 heure 30, 15 bus/jour depuis la gare routière des bus 1re classe de Oaxaca ; p. 467), puis prendre dans le centre, près de la *escuela primaria* (école primaire), l'une des *camionetas* qui desservent Amatlán (35 $M, 45 min) et Lachatao (35 $M, 1 heure) à 7h, 11h et 15h du lundi au vendredi et à 11h le samedi. Des *colectivos* suivent le même itinéraire.

OUEST DE L'ÉTAT DE OAXACA

L'ouest de l'État est une étonnante région montagneuse peu peuplée, couverte de forêts épaisses et de zones de surexploitation agricole et de déboisement. La région (englobant une partie des États de Puebla et du Guerrero) est baptisée Mixteca, du nom des Indiens mixtèques qui la peuplent. Elle séduira ceux qui aiment sortir des sentiers battus. On peut y faire de la randonnée ou du vélo dans des zones reculées et voir de beaux exemples d'architecture coloniale. Des circuits guidés sont proposés depuis Oaxaca par des organismes comme Tierraventura (p. 452) et Bicicletas Pedro Martínez (p. 456).

Santiago Apoala

190 HABITANTS / ALTITUDE : 2 000 M

Au cœur de la région mixtèque de Oaxaca, ce petit village reculé se niche dans une verte vallée fermée de parois abruptes. Encore méconnu, c'est un lieu plein d'attraits, propice à la randonnée, au vélo ou à l'escalade, selon une forme de tourisme communautaire semblable à celle des Pueblos Mancomunados.

Considérée comme le berceau de l'humanité dans la tradition mixtèque, la vallée offre des paysages somptueux parsemés de merveilles, comme la **Cascada Cola de la Serpiente**, une cascade de 60 m, le **Cañón Morelos**, profond de 400 m, et de nombreuses grottes ornées de gravures et de peintures rupestres.

Pour s'y rendre, le plus simple est de s'adresser à une agence de Oaxaca – Tierraventura (p. 452) propose un circuit de 2 jours –, mais cela revient moins cher de venir par ses propres moyens et de contacter directement le bureau du tourisme du village, la **Unidad Ecoturística** (☎55-5151-9154 ; angle Pino Suárez et Independencia ; ⌚8h-17h) 🍃.

Où se loger et se restaurer

Unidad Ecoturística Cabañas CABAÑAS $
(Ch/bungalow 200/450 $M, plats 45 $M ; P). 🍃 Le bureau du tourisme du village gère de confortables *cabañas* avec salles de bains (eau chaude), ainsi que 3 chambres dans un petit "hôtel" (le *parador*).

Depuis/vers Santiago Apaola

Santiago Apoala se situe à 40 km au nord de la ville de Nochixtlán, par une mauvaise route non goudronnée nécessitant 2 heures de trajet. Neuf bus quotidiens desservent Nochixtlán depuis la gare routière de 1re classe de Oaxaca (64-148 $M, 1 heure-1 heure 30). Une *camioneta* (van) aux horaires pas toujours très fiables quitte normalement Apoala pour Nochixtlán à 8h les mercredis, samedis et dimanches (70 $M, 2 heures), puis repart en sens inverse les mêmes jours à 12h ou 13h.

CÔTE DE L'ÉTAT DE OAXACA

La côte pacifique du Oaxaca, magnifique et encore peu développée, est parsemée de stations balnéaires à l'ambiance détendue. Le littoral, quasi désert, arbore d'interminables plages de sable doré et des lagunes où la faune abonde. Au large, on peut observer en bateau dauphins, tortues (c'est une aire de nidification majeure pour les tortues de mer) et baleines, plonger, faire du snorkeling ou pratiquer la pêche sportive. Sans oublier certains des meilleurs spots de surf d'Amérique du Nord. Sous ce climat tropical, la vie s'écoule à un rythme serein et la population se montre accueillante. Partout, les paysages sont magnifiques et servent de scènes d'expression à la nature : plages de sable, ressac des vagues, montagnes boisées et sillonnées de rivières surgissant tout près de la côte... Pas besoin d'emporter beaucoup de vêtements !

Trois pôles majeurs se détachent : le complexe balnéaire de Bahías de Huatulco, l'ensemble de villages regroupés au sud de Pochutla (dont Zipolite pour les naturistes et Mazunte pour les adeptes du yoga) et la station de surf décontractée de Puerto Escondido.

Puerto Escondido

☎954 / 40 000 HABITANTS

Playa Zicatela – 3,5 km de sable doré et de grosses vagues – se classe sans doute dans le top 10 mondial des destinations de surf. Même si vous n'avez pas l'intention de tester votre sens de l'équilibre sur des rouleaux de 6 m dans cette ville où les planches de surf sont aussi nombreuses que les téléphones portables, Puerto Escondido ("port caché") est une ville séduisante où Mexicains, expatriés et touristes se mélangent dans une douce atmosphère de détente.

Malgré sa popularité, l'endroit reste agréablement simple et, étendu, il ne donne pas l'impression d'être dans un centre urbain. Profitez de l'ambiance hippie de La Punta, des restaurants de grands chefs concentrés dans la zone résidentielle de Rinconada ou de la baignade et du farniente à Playa Carrizalillo, la star des plages mexicaines.

Puerto Escondido

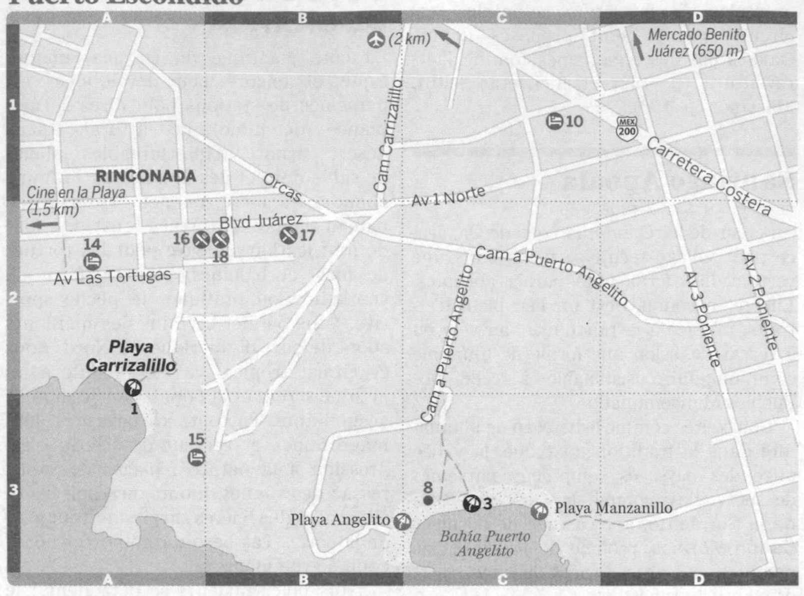

Puerto Escondido

Les incontournables
1 Playa Carrizalillo A2

À voir
2 Bahía Principal G2
3 Bahía Puerto Angelito C3

Activités
4 Aventura Submarina G1
5 Experiencia F2
6 Gina's Tours F2
7 Lalo Ecotours F2
8 Omar's Sportfishing C3
9 Viajes Dimar G2

Où se loger
10 Hostel Losodeli C1
11 Hotel Arena Surf F1
12 Hotel Flor de María H2
13 Hotel Santa Fe H3
14 Hotel Villa Mozart y Macondo A2
15 Villas Carrizalillo A3

Où se restaurer
16 Almoraduz A2
17 El Nene B2
18 El Sultán B2
Hotel Santa Fe .... (voir 13)
19 Pascale F2
20 Virginia's Supercafe F2

Où sortir
21 Split Coconut G2

À voir

Playa Zicatela — PLAGE

(Carte p. 485 ; P). Cette plage légendaire longue de 3 km est le spot de surf le plus connu du pays grâce aux vagues phénoménales du Mexican Pipeline, à son extrémité nord, où se concentre l'animation. Attention : l'endroit peut être fatal aux baigneurs ou même aux surfeurs novices en raison des courants marins ; presque chaque mois, les sauveteurs doivent porter secours aux imprudents. Surf mis à part, Zicatela est une splendeur de sable doré, immense et propice à la détente.

Sa partie principale est longée par la **Calle del Morro**, où paradent locaux et frimeurs venus du monde entier.

À l'extrémité sud, autour de la **Punta Zicatela**, les vagues se font plus calmes et l'ambiance plus tranquille. Avec des routes non goudronnées que surplombent cafés végans et centres de yoga, cette zone a surtout la faveur des routards et des surfeurs débutants.

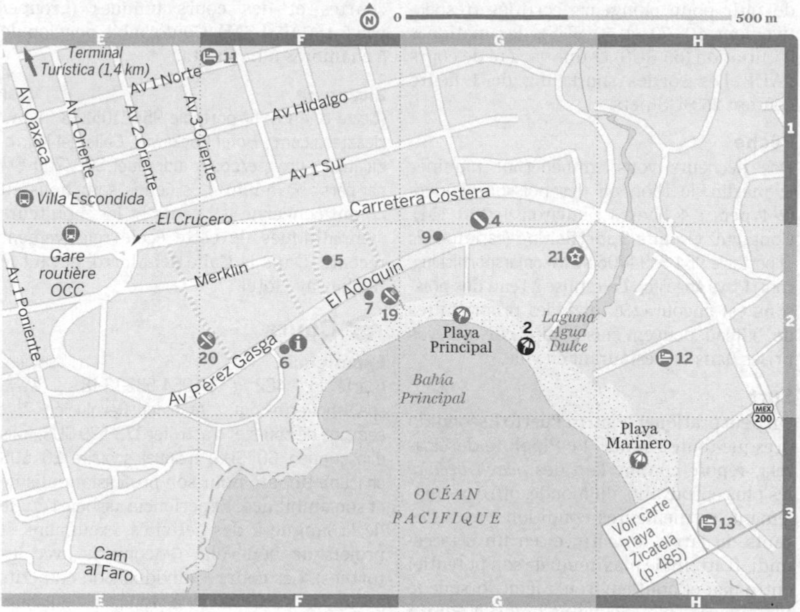

♥ Playa Carrizalillo PLAGE
(Carte p. 482). À l'ouest du centre, la plage de Carrizalillo, petite et charmante, est abritée dans une crique rocheuse à laquelle on accède par un escalier de 157 marches. Bordée d'un chapelet de bars sous des *palapas*, elle se prête à la baignade, au surf pour débutants et au bodysurf.

Bahía Puerto Angelito PLAGE
(Carte p. 482). La baie abritée de Puerto Angelito comprend deux petites plages aux eaux peu profondes et généralement calmes : la **Playa Angelito**, à l'ouest, et la **Playa Manzanillo**, à l'est. En revanche, le week-end et les jours fériés, elles sont très fréquentées par les familles mexicaines. On peut y louer du matériel de snorkeling (85 $M les 1 heure 30).

Bahía Principal PLAGE
(Carte p. 482). La plage centrale de Puerto Escondido, tout en longueur, accueille des restaurants à son extrémité occidentale, la flotte de pêche en son centre (Playa Principal), les adeptes de bain de soleil et les surfeurs à la pointe orientale (appelée Playa Marinero), baignée par des eaux un peu plus claires. Des pélicans rasent les vagues, les bateaux se balancent au gré de la houle et les camelots sillonnent la plage.

Activités

Plongée et snorkeling

La visibilité moyenne tourne autour de 10 m et atteint jusqu'à 30 m de mai à août, quand l'eau est la plus chaude. Les récifs volcaniques cachent une abondante faune marine – bancs de poissons, raies-léopards, raies mantas, tortues, etc. La plupart des sites sont à 15 minutes en bateau de la ville. Deux centres à Puerto Escondido proposent des sorties de snorkeling et d'observation de la faune ainsi que des plongées pour plongeurs certifiés et divers cours.

Aventura Submarina PLONGÉE
(Carte p. 482 ; ☎ portable 954-5444862 ; Av Pérez Gasga 609 ; ⌚ 9h-14h et 18h-21h). Fort de 30 années de plongée dans les eaux locales, Jorge Pérez Bravo, moniteur PADI, propose 2 plongées consécutives pour 1 400 $M, ainsi que des cours variés et des sorties de snorkeling.

Deep Blue Dive PLONGÉE, SNORKELING
(Carte p. 485 ; ☎ portable 954-1003071 ; www.deepbluedivemexico.com ; Beach Hotel Inés, Calle del Morro, Zicatela ; ⌚ 9h-14h et 17h30-20h). Ce centre très professionnel dirigé par des Européens propose des plongées simples, ou 2 plongées consécutives, et des plongées

de nuit pour plongeurs certifiés (respectivement 40, 70 et 50 $US), des matinées d'initiation (65 $US) et une variété de cours PADI. Les sorties snorkeling de 1 heure coûtent 25 $US/pers.

Pêche

Des pêcheurs vous emmèneront taquiner le marlin, le thon ou des poissons côtiers (2-4 pers ; 4 heures ; environ 4 000 $M). Contactez **Omar's Sportfishing** (carte p. 482 ; portable 954-5594406 ; www.omarsportfishing.com ; Playa Angelito). La remise à l'eau des poissons est encouragée, mais les propriétaires de bateau peuvent aussi faire cuisiner vos prises dans un restaurant en ville.

Surf

On peut pratiquer le surf à Puerto Escondido presque toute l'année. Le **Pipeline** de Zicatela, réputé comme l'un des *beach breaks* les plus éprouvants du monde, offre normalement les meilleures conditions, avec des vents du large, le matin et en fin d'après-midi. Il atteint le maximum de son potentiel entre mai et août environ. Même lorsque le Pipeline est plat, le *point break* à **Punta Zicatela** fonctionne à peu près un jour sur deux. Les vagues de la **Playa Carrizalillo** sont parfaites pour les débutants. Plusieurs compétitions professionnelles de surf ont lieu tous les ans à Zicatela. Les dates varient suivant les prévisions de vagues, mais il y a toujours un événement durant les fêtes de novembre. En 2015, le circuit mondial Big Wave Tour de la World Surf League s'est déroulé à Zicatela pour la première fois.

La location d'une planche longue ou courte revient d'ordinaire à 130-150 $M par jour, celle d'un Bodyboard à 80-100 $M. On peut acheter des planches d'occasion entre 1 800 et 5 000 $M dans plusieurs magasins spécialisés à Zicatela.

De nombreuses boutiques, écoles et moniteurs à Zicatela, Punta Zicatela et Rinconada dispensent des cours de surf d'une durée standard de 1 heure 30 à 2 heures. Le prix comprend la planche et le transport des élèves là où les vagues sont le plus adaptées (souvent à Carrizalillo).

Puerto Surf SURF
(Carte p. 485 ; 954-122-01-72, portable 954-1096406 ; www.puertosurf.com.mx ; Nuevo León, Punta Zicatela). Dirigé par l'aimable David Salinas, le plus jeune de 6 frères surfeurs bien connus à Puerto Escondido, ce club propose un stage de 5 jours (groupe/privé 2 000/2 800 $M), des formules plus courtes et des cours uniques (groupe/privé 480/650 $M). Confortable pension de 5 chambres à La Punta.

Zicazteca SURF
(Carte p. 485 ; portable 954-1105853 ; www.zicazteca.com ; Hotel Rockaway, Calle del Morro, Zicatela ; groupe/cours individuel 500/700 $M par pers ; 7h-19h). Les échos sont bons en ce qui concerne les cours et les moniteurs sympathiques de cette école relativement récente. Dans la Calle del Morro, devant le Rockaway Hotel.

Cours

Experiencia ESPAGNOL
(Carte p. 482 ; 954-582-18-18 ; www.spanishpuerto.com ; Andador Revolución 21 ; semaine de cours et d'activités 173-529 $US, frais d'inscription 60 $US, manuel scolaire 20 $US chacun). Réputé pour son professionnalisme et son ambiance, Experiencia associe l'étude de la langue à des activités, excursions et projets de bénévolat (y compris avec les tortues). Les cours, individuels ou en petits groupes, s'adressent à tous les niveaux (10 à 40 cours hebdomadaires). La formule combinant espagnol et surf connaît un franc succès.

Instituto de Lenguajes Puerto Escondido ESPAGNOL
(Carte p. 485 ; 954-582-20-55 ; www.puertoschool.com ; Carretera Costera, Zicatela ; cours en petit groupe/individuel 8/12 $US l'heure). Cette petite école met autant l'accent sur l'écrit que sur l'oral et obtient de bons retours en ce qui concerne la qualité de son enseignement. Excursions et activités (cours de surf, salsa ou tai-chi, entre autres) en supplément. Les élèves peuvent commencer n'importe quel jour et opter pour la durée de leur choix.

Installée dans un jardin tropical donnant sur la plage de Zicatela, l'école possède le Wi-Fi et des bungalows pour ses élèves.

Circuits organisés

♥ **Gina's Tours** CULTURE, HISTOIRE
(Carte p. 482 ; 954-582-02-76, 954-582-11-86 ; ginainpuertoescondido.wordpress.com ; kiosque d'information touristique, Av Pérez Gasga). Préposée à l'office du tourisme, Gina conduit des visites guidées, dont une le samedi matin au Mercado Benito Juárez (p. 489), assortie d'une introduction à l'histoire, à la cuisine et à la religion (350 $M/personne, 2 heures).

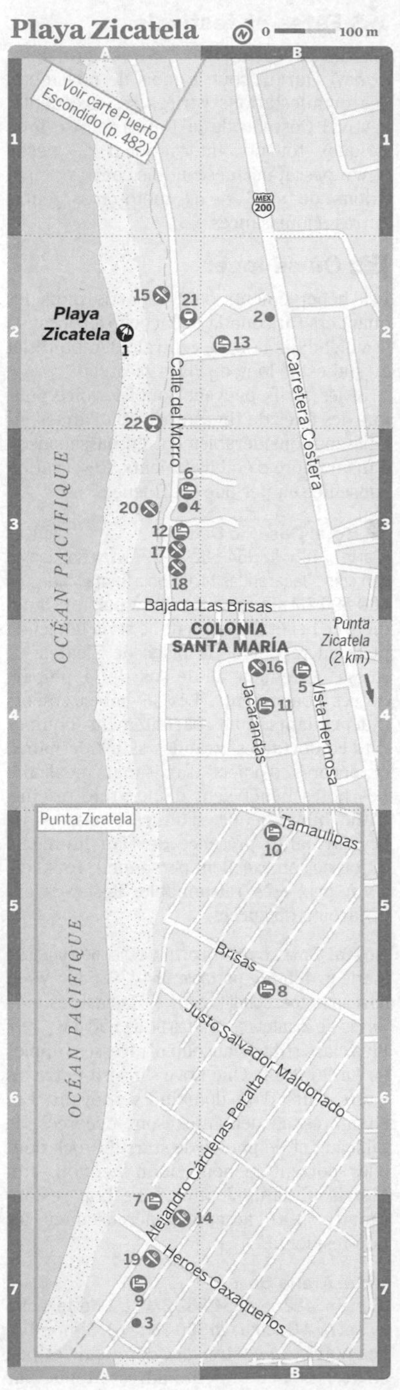

Playa Zicatela

Les incontournables
1 Playa Zicatela A2

Activités
Deep Blue Dive .... (voir 6)
2 Instituto de Lenguajes Puerto Escondido B2
3 Puerto Surf A7
4 Viajes Dimar A3
Zicazteca .... (voir 12)

Où se loger
5 Aqua Luna B4
6 Beach Hotel Inés A3
7 Cabañas Buena Onda A7
8 Casamar B5
9 Frutas y Verduras A7
10 Hostal One Love B5
11 Hotel Casa de Dan B4
12 Hotel Rockaway A3
13 Hotelito Swiss Oasis B2

Où se restaurer
14 Alaburger A7
15 Costeñito Cevichería A2
16 Dan's Café Deluxe B4
17 El Cafecito A3
18 La Hostería Bananas A3
19 Lychee A7
One Love .... (voir 10)
20 Restaurante Los Tíos A3

Où prendre un verre et faire la fête
21 Casa Babylon A2
22 Playa Kabbalah A2

Elle organise aussi des cours de cuisine avec un chef du cru (1 500 $M, vous remportez votre repas) et des excursions à la Playa Escobilla (p. 489) pour observer la ponte des tortues, et au village de **Tututepec**, ancienne capitale mixtèque à l'ouest de Puerto Escondido, qui abrite des ruines et un intéressant petit musée archéologique. Vous y trouverez de l'artisanat mixtèque également. Comptez 700 $M par personne pour aller à Tututepec (5 participants minimum), déjeuner et spectacle de musique et de danses folkloriques (20 min) compris.

Lalo Ecotours OBSERVATION DES OISEAUX
(Carte p. 482 ; ☎954-582-16-11, portable 954-5889164 ; www.lalo-ecotours.com ; Av Pérez Gasga ; ⊙bureau 10h-18h). Cette petite agence est dirigée par un guide ornithologue expérimenté, originaire de la toute proche Laguna Manialtepec. Elle propose plusieurs sorties à la découverte de la

nature, dont un circuit dans la lagune en *lancha* (embarcation à moteur) pour 700 $M par personne, transferts inclus depuis/vers Puerto Escondido, un autre de nuit quand le plancton y crée un fascinant phénomène de bioluminescence (300 $M), des excursions sur les plages où l'on relâche des tortues, ainsi que des visites de plantations de café.

Campamento Tortuguero almarito OBSERVATION DE LA FAUNE

(👪). 🍃 Quelques kilomètres à l'est d'Escondido, le camp Palmarito, dédié aux tortues marines, collecte chaque année des dizaines de milliers d'œufs pour les enterrer dans un endroit clôturé, à l'abri des prédateurs humains ou animaux. Environ 6 semaines plus tard, les visiteurs peuvent aider à relâcher les bébés tortues à la mer (dons bienvenus).

Lalo Ecotours et d'autres agences passent chercher des groupes de bénévoles en ville (environ 300 $M/pers). Cherchez les panneaux "*Liberación de Tortugas*". Le camp est situé au bout d'une piste partant de la route 200 juste après le Km 134, 3 km après l'aéroport.

La Puesta del Sol OBSERVATION DES OISEAUX/RESTAURANT

(☎portable 954-1328294 et 954-5889055 ; www.facebook.com/lapuestamanialtepec ; route 200 Km 124 ; ⏲restaurant 9h-18h ; 👪). Juste en retrait de la route 200, à 2,5 km de l'extrémité est de la Laguna Manialtepec, ce restaurant familial au bord de l'eau constitue une bonne base si vous rejoignez Manialtepec en bateau. Il propose d'excellents repas (petits-déjeuners 40-65 $M, plats 80-140 $M) et des excursions en bateau pour observer les oiseaux (1 200 $M pour 4 à 6 personnes, 1 000 $M pour 2 à 3 personnes).

Viajes Dimar EXCURSIONS

(Carte p. 482 ; ☎954-582-02-59 ; www.facebook.com/viajes.dimar ; Av Pérez Gasga 905 ; ⏲9h-21h lun-sam, 9h-17h dim). Établie de longue date, cette agence fiable offre un bon choix d'excursions d'une demi-journée et d'une journée à Manialtepec, Chacahua, aux chutes, aux sources chaudes et autres lieux intéressants du secteur (400-800 $M/pers, 4 participants minimum). Les guides parlent anglais. Autre enseigne à **Zicatela** (carte p. 485 ; ☎954-582-23-05 ; Calle del Morro s/n, Zicatela ; ⏲9h-21h lun-sam, 9h-17h dim).

Fêtes et festivals

Fiestas de Noviembre CULTURE, SPORTS

(⏲nov). Durant tout le mois de novembre, des manifestations variées se succèdent : Festival Costeño de la Danza (danse folklorique), tournoi international de pêche (www.pescapuertoescondido.com), compétitions de surf et de moto-cross, entre autres réjouissances.

Où se loger

Les hébergements sont répartis dans les quartiers Rinconada et Bacocho à l'ouest de la ville, dans la zone centrale d'Adoquín et au sud-est le long de Playa Zicatela.

Si les tarifs peuvent doubler, voire plus, lors des fêtes de fin d'année et à Pâques, ils baissent considérablement en basse saison dans nombre d'établissements. Réservation conseillée en période d'affluence.

♥ **Hotel Casa de Dan** HÔTEL $

(Carte p. 485 ; ☎954-582-27-60 ; www.hotelcasadan.com ; Jacarandas 14, Colonia Santa María ; ch 400-890 $M ; P ❄ 📶 🏊). Tenu par un Canadien, ce bel établissement de style hacienda juste en retrait de la plage de Zicatela se classe nettement au-dessus de la plupart de ses concurrents. Les 15 hébergements indépendants sont parfaitement équipés (lits confortables, grandes salles de bains) et décorés d'objets d'artisanat mexicain. Les hôtes bénéficient d'une vraie piscine, d'une bibliothèque, d'un café chic et de la charmante présence de Dan lui-même (et/ou de son excellent personnel). Tout cela à un prix très raisonnable. Réservez car l'endroit a du succès.

Hostal One Love HÔTEL, AUBERGE DE JEUNESSE $

(Carte p. 485 ; ☎portable 954-1298582 ; www.hostalpuertoescondido.com ; Tamaulipas s/n, Brisas de Zicatela ; ch à partir de 590 $M ; 📶). Plus classe que beaucoup d'adresses hippies de La Punta, le One Love s'inscrit entre les hauts murs d'un domaine verdoyant. Les chambres accueillantes sont décorées de tableaux et de photos de stars du rock dont elles portent le nom (John Lennon, Jim Morrison, Janis Joplin...). Le bon restaurant (p. 490) accepte généreusement les non-résidents.

Hotel Arena Surf HÔTEL $

(Carte p. 482 ; ☎954-582-2743 ; 1 Norte, entre Av 3 et Av 4 Oriente ; ch 300 $M ; 📶). Si nombre des hôtels du centre sont défraîchis et peu engageants, cette petite adresse tenue par

VAUT LE DÉTOUR

LAGUNA MANIALTEPEC

Ce lac, d'une longueur de 6 km, se trouve à 18 km à l'ouest de Puerto Escondido, le long de la route 200. C'est un paradis pour les amoureux de nature. Ibis, spatules roses, perroquets, pélicans, faucons, balbuzards pêcheurs, hérons, martins-pêcheurs et iguanes y ont élu domicile, au moins une partie de l'année. La meilleure période pour observer les oiseaux s'échelonne de décembre à mars. La lagune est bordée de mangroves, mais aussi de fleurs tropicales et de palmiers du côté de l'océan.

Le chenal à l'extrémité ouest serpente à travers les mangroves pour rejoindre une plage vierge.

Plusieurs agences proposent des excursions de 3 heures pour observer les oiseaux à bord de *lanchas* à moteur, avec guides anglophones, jumelles et transport depuis/vers votre hébergement à Puerto Escondido. Manialtepec est le théâtre d'un curieux phénomène, l'apparition de plancton fluorescent durant quelques jours, plusieurs fois par an (notamment en juillet, août, novembre et décembre). À cette occasion, on peut faire une promenade en bateau au coucher du soleil : se baigner ou toucher simplement l'eau avec ses mains active la brillance des micro-organismes. N'y allez pas à la pleine lune ou après de fortes pluies car vous ne verrez rien.

De Puerto Escondido, prenez un taxi *colectivo* à destination de San José Manialtepec sur l'Avenida Poniente (20 $M, jusqu'à La Puesta del Sol 15 min), de 6h à 20h, ou un minibus pour Río Grande (20 $M) sur l'Avenida Hidalgo 5 (toutes les 15 min, 4h-20h).

une famille chaleureuse, qui tient aussi la boutique sur la rue, fait exception. Chambres simples et assez grandes pour entreposer une planche de surf, fontaine à eau (fraîche), douches assez chaudes et Wi-Fi qui fonctionne.

Hostel Losodeli AUBERGE DE JEUNESSE **$**
(Carte p. 482 ; ☎954-582-42-21 ; www.casalosodeli.com ; Prolongación 2a Norte ; dort 180 $M, ch 450-700 $M ; P ❄ 📶 🏊). Bien gérée et appréciée des voyageurs, l'auberge se trouve entre les gares routières et Rinconada. Les petits budgets y trouveront leur bonheur : dortoirs ou chambres privées (certaines très grandes) propres, personnel aimable, cuisine bien équipée, piscine dans le jardin central, salle à manger avec bar, petit-déjeuner (35 $M) et réservation pour de nombreuses activités.

Aqua Luna HÔTEL **$**
(Carte p. 485 ; ☎954-582-15-05 ; www.hotelaqualuna.com ; Vista Hermosa s/n, Colonia Santa María ; s/d/app 360/420/1 000 $M ; ❄ 📶 🏊). Aux bungalows de plage qu'adoptent normalement les surfeurs, l'Aqua Luna – né de l'imagination d'un de leurs pairs australiens – oppose ses chambres modernes dans les tons noirs et blancs, souvent équipées d'une cuisine. Ces derniers ne s'y trompent pas, attirés ici par l'excellent rapport qualité/prix, les quelques touches mexicaines comme le *palapa* (cabane au toit de chaume) au bord de la piscine et le toit-terrasse avec Jacuzzi, ou encore le petit-déjeuner et les en-cas servis toute la journée au bar de la piscine.

Frutas y Verduras CABAÑAS, CHAMBRES **$**
(Carte p. 485 ; ☎portable 954-1230473 ; www.frutasyverdurasmexico.com ; Cárdenas s/n, Punta Zicatela ; s/d sans sdb 400/600 $M ; 📶 🏊). Si “fruits et légumes” peut sembler étrange pour un nom d'hôtel, sachez que vous vous trouvez dans l'enclave de surfeurs baba cool de La Punta où se démarquer fait partie de la normalité. Simples *cabañas*, chambres de couleurs vives et un appartement, tous avec moustiquaires, se partagent une cuisine et des salles de bains correctes. Petite piscine, restaurant plaisant (Café Olé), planches de surf à louer et vélos gratuits en prime.

Cabañas Buena Onda AUBERGE DE JEUNESSE **$**
(Carte p. 485 ; ☎954-582-16-63 ; buenaondazicatela@live.com ; Cárdenas 777, Punta Zicatela ; camping/hamac/dort 100/100/150 $M par pers, cabañas 270 $M ; 📶). Animé mais détendu, ce repaire de surfeurs avec *palapa* à l'ombre d'une palmeraie fait partie des rares hébergements de Zicatela véritablement *sur* la plage. Les 10 *cabañas* rustiques, très propres, comportent moustiquaires, ventilateur et hamacs. Salles de bains et cuisine communes.

Casamar SUITES **$$**
(Carte p. 485 ; ☎954-582-25-93 ; www.casamar-suites.com ; Puebla 407, Brisas de Zicatela ; ch 56-147 $US ; P ❄ 📶 ≋). Cet établissement géré par des Nords-Américains constitue un point de chute confortable pour passer les vacances. Des œuvres d'art et des objets artisanaux mexicains, la plupart de provenance locale, décorent 15 chambres spacieuses et impeccables, avec climatisation et cuisine bien équipée. Au centre s'étendent un vaste jardin et une belle piscine. De décembre à avril, un café gourmet végan est ouvert aux résidents.

Séances de fitness possibles, et cours de yoga et de danse gratuits. Les soirées cocktail du lundi soir participent de l'atmosphère conviviale. Réductions avantageuses pour les séjours d'au moins une semaine.

Hotel Rockaway HÔTEL **$$**
(Carte p. 485 ; ☎954-582-32-00 ; www.hotelrockaway.com ; Calle del Morro ; d/ste 1 250/2 150 $M ; P ❄ 📶 ≋). En face de la plage, cet hôtel assez récent se veut l'établissement de luxe de Zicatela. Ses chambres blanches, ponctuées de violet comme son logo, sont aussi jolies qu'impeccables. Il s'intègre dans un complexe plus vaste comprenant une salle de sport correcte (1 heure d'exercice gratuite pour les hôtes).

Hotel Villa Mozart y Macondo BUNGALOWS **$$**
(Carte p. 482 ; ☎954-104-22-95 ; www.hotelmozartymacondo.com ; Av Las Tortugas 77, Rinconada ; ch avec petit-déj 800-1 200 $M ; 📶). L'art moderne est à l'honneur à travers les sculptures péruviennes d'avant-garde du jardin tropical (Jardín Macondo) et la décoration des 3 bungalows tout confort avec lits *king size* (et kitchenette pour deux d'entre eux). Agréable café sur place, propriétaires très accueillants et Playa Carrizalillo (la plage la plus propice à la baignade) à une courte distance à pied.

Hotelito Swiss Oasis HÔTEL **$$**
(Carte p. 485 ; ☎954-582-14-96 ; www.swissoasis.com ; Andador Gaviotas ; ch 50-60 $M ; 📶 ≋). Outre les 8 chambres impeccables à la literie de qualité, avec moustiquaires, cette petite adresse possède une cuisine avec eau purifiée, thé et café gratuits, ainsi qu'une piscine dans un ravissant jardin. Les propriétaires, suisses, parlent le français et fournissent des renseignements. Moins de 15 ans non admis.

Hotel Flor de María HÔTEL **$$**
(Carte p. 482 ; ☎954-582-05-36 ; www.mexonline.com/flordemaria.htm ; 1a Entrada a Playa Marinero ; ch 50-65 $US ; P ⊖ 📶 ≋). Cette adresse très fréquentée, propriété d'un Canadien, renferme 24 chambres de larges dimensions, pourvues de grandes salles de bains et de belles peintures murales. Vaste terrasse sur le toit, avec bar et petite piscine (vue splendide). Moins de 12 ans non admis.

Beach Hotel Inés HÔTEL **$$**
(Carte p. 485 ; ☎954-582-07-92 ; www.hotelines.com ; Calle del Morro s/n ; ch 1 080-1 350 $US ; P ❄ 📶 ≋). Cet hôtel tenu par un Allemand offre un large choix de *cabañas*, chambres, suites et appartements gais et lumineux autour d'une piscine ombragée. Le restaurant sert de bons plats euro-mexicains. La plupart des logements sont climatisés et certains possèdent une cuisine ou un Jacuzzi. L'hôtel organise des balades à cheval, des cours de surf et de plongées et d'autres sorties – le niveau de sécurité est très satisfaisant.

♥ **Villas Carrizalillo** BOUTIQUE-HÔTEL **$$$**
(Carte p. 482 ; ☎954-582-17-35 ; www.villascarrizalillo.com ; Av Carrizalillo 125, Rinconada ; appart 185-215 $US ; P ❄ 📶 ≋). Surplombant l'une des plus belles plages de Puerto Escondido, la Playa Carrizalillo, ces grands appartements climatisés de 1 à 3 chambres ne manquent pas de classe. Presque tous ont une cuisine et une terrasse privative, certains avec vue panoramique sur la côte. Petit plus : le luxueux restaurant Espadin et sa terrasse couverte.

Un sentier descend directement jusqu'à la plage. Les hôtes peuvent louer du matériel de snorkeling et disposent gratuitement de planches de surf et de vélos. Réductions pour les paiements en espèces.

Hotel Santa Fe HÔTEL **$$$**
(Carte p. 482 ; ☎954-582-01-70 ; www.hotelsantafe.com.mx ; Calle del Morro s/n ; ch à partir de 1 800 $M ; P ❄ @ 📶 ≋). Cet établissement d'un goût sûr allie architecture néocoloniale, touches traditionnelles et verdure. La soixantaine de chambres au sol carrelé de terre cuite et au mobilier en bois s'organisent autour de deux piscines à l'ombre de palmiers. Donnant sur la plage de Zicatela, le restaurant réputé (p. 490) sert uniquement du poisson et des plats végétariens.

Où se restaurer

Lychee THAÏLANDAIS $

(Carte p. 485 ; www.facebook.com/lycheemex ; angle Cárdenas et Héroes Oaxaqueñas, Punta Zicatela ; plats 70-100 $M ; 17h-minuit ;). D'appétissantes spécialités thaïlandaises – soupe *tom yum,* currys rouges et verts, poulet satay – et autres classiques d'Asie du Sud-Est mijotent au milieu d'un grand comptoir en bois rectangulaire en extérieur. Autour, sont réparties des tables en rondins à même le sable. Gardez de la place pour la banane caramélisée dans de la pâte filo avec crème glacée.

Virginia's Supercafe CAFÉ $

(Carte p. 482 ; portable 954-1003453 ; Andador La Soledad 2 ; petit-déj 50-75 $M ; 7h-16h). Caché derrière El Adoguín, l'endroit mérite bien son nom à en juger par son café torréfié sur place, le meilleur de la ville, et ses grosses gaufres aux garnitures originales. Le top pour le petit-déjeuner.

Dan's Café Deluxe INTERNATIONAL $

(Carte p. 485 ; www.facebook.com/danscafe-deluxe ; Jacarandas 14, Colonia Santa María ; petit-déj 45-65 $M, repas légers 45-80 $M ; 9h-17h lun-sam ;). Dan fut l'un des fondateurs du célèbre El Cafecito (p. 490). Jouxtant son hôtel éponyme, ce café prépare de copieux petits-déjeuners appréciés des surfeurs, ainsi que des salades, sandwichs au pain complet, légumes sautés, jus de fruits et *licuados* (smoothies). Table de ping-pong et TV diffusant du sport.

Alaburger INTERNATIONAL $

(Carte p. 485 ; Cárdenas s/n, Punta Zicatela, en face de Cabañas Buena Onda ; plats 65-150 $M ; 11h-23h ;). C'est souvent dans les lieux les plus modestes qu'on mange le mieux. Sous une *palapa* équipée d'un barbecue en brique rudimentaire, les sympathiques patrons de cette gargote préparent pommes de terre au four, pizzas, hamburger et plats végans à tomber.

El Sultán MOYEN-ORIENT $

(Carte p. 482 ; 954-582-05-12 ; www.el-sultan.com ; Blvd Juárez, Rinconada ; plats 20-65 $M ; 10h-22h mar-dim ;). Pour fumer le narguilé et grignoter des en-cas moyen-orientaux (falafels, houmous, shawarma...) avec un café corsé, installez-vous sur les coussins de cette improbable adresse bon marché dans le secteur huppé de Rinconada. L'ouverture d'une autre enseigne à Playa Zicatela témoigne de son succès.

LE SAVIEZ-VOUS ?

PLAYA ESCOBILLA

Débutant à une trentaine de kilomètres à l'est de Puerto Escondido, cette plage de 15 km de long figure parmi les principaux sites de nidification dans le monde de la tortue olivâtre (*Tortuga golfina* pour les Mexicains). Jusqu'à un million de femelles de cette espèce menacée y pondent chaque année. Elles viennent surtout la nuit pendant environ une semaine, avant et après la pleine lune, selon un phénomène spectaculaire appelé *arribada*, ou *arribazón*, qui se prolonge de mai à février. Bien qu'il s'agisse d'une des plus petites tortues marines (environ 70 cm de long), la vision de milliers d'individus sortant des flots à Escobilla lors des grandes *arribadas* est impressionnante.

Le public n'a pas accès à la plage et l'armée mexicaine veille au respect de cette interdiction. Certaines agences de Puerto Escondido proposent des excursions, notamment Gina's Tours (p. 484).

Mercado Benito Juárez MARCHÉ $

(Av 8 Norte entre Av 3 et Av 4 Poniente ; plats 40-60 $M ; 8h-19h). Pour des saveurs et une ambiance très couleur locale, direction le marché principal, dans la ville haute, où des *comedores* servent des crevettes et du poisson frais, des soupes et des *antojitos* bon marché. Promenez-vous au milieu des étals de fleurs, d'alimentation et d'artisanat, et goûtez à des parfums inhabituels dans les stands de jus de fruits. Des bus marqués "Mercado" (8 $M) remontent l'Avenida Oaxaca.

El Nene MEXICAIN, FUSION $$

(Carte p. 482 ; Blvd Juárez, Rinconada ; plats 120-180 $M ; 14h-22h lun-sam). El Nene sert des tacos excellents et copieux (50-100 $M les 3), ainsi que des plats mexicains et internationaux de poisson, crevettes et poulet. Commencez par une savoureuse soupe thaïlandaise ou au *nopal*, suivie d'un poisson du jour au vin blanc ou à la mode cajun. Le patio agrémenté de plantes contribue à l'atmosphère du restaurant, parmi les meilleurs de Puerto Escondido.

El Cafecito MEXICAIN, INTERNATIONAL **$$**
(Carte p. 485 ; Calle del Morro s/n ; plats petit-déj 25-80 $M, plats 60-250 $M ; 6h-23h30 ;). El Cafecito s'est approprié le marché de la cuisine mexicaine fusion avec pour objectif de rassasier les surfeurs voraces. De là, des petits-déjeuners comme on en fait peu sur la côte : œufs accommodés de multiples façons, énormes plats de fruits, pâtes et bol de riche chocolat de Oaxaca. On peut aussi acheter sur place des pâtisseries et du café à emporter au comptoir de la boulangerie Carmen ; le gâteau à la carotte a un goût inoubliable. Autre enseigne tout aussi fréquentée à Rinconada.

One Love EUROPÉEN, MEXICAIN **$$**
(Carte p. 485 ; www.hostalpuertoescondido.com ; Tamaulipas s/n ; plats 105-160 $M ; 8h-21h30 mar-dim ;). Un couple franco-mexicain sert une excellente cuisine métissée, réalisée à partir d'ingrédients frais locaux. Commencez par un "One Love Taco" (wrap de ceviche sauce mangue et piment *habanero*), suivi d'un "Give Peace a Chance" (poisson du jour pané, servi avec du taboulé et une mayonnaise pimentée). La carte, variée, propose aussi de bonnes pâtes et plats végétariens.

Hotel Santa Fe VÉGÉTARIEN, FRUITS DE MER **$$**
(Carte p. 482 ; Calle del Morro s/n ; plats 90-250 $M ; 7h30-22h ;). Le restaurant du bel Hotel Santa Fe, de style colonial, occupe une terrasse couverte le long de la plage de Zicatela. La carte ne comprend que du poisson et des options végétariennes, telles que plats à base de tofu, *antojitos* d'où la viande est bannie et assiette méditerranéenne (houmous, taboulé, salade grecque et pita).

La Hostería Bananas ITALIEN, MEXICAIN **$$**
(Carte p. 485 ; 954-582-00-05 ; Calle del Morro s/n ; plats 80-220 $M ; 8h-23h30 ;). Cette table italienne n'a rien laissé au hasard, de la cuisine étincelante dernier cri (avec four à bois informatisé pour les pizzas) jusqu'aux sanitaires carrelés de Talavera. Bel éventail de plats savoureux, dont des options végétariennes et des pâtes maison, une belle carte des vins, des formules petit-déjeuner recommandées et un vrai bon café. Délicieuses brochettes de la mer.

Restaurante Los Tíos PRODUITS DE LA MER **$$**
(Carte p. 485 ; 954-582-28-79 ; Calle del Morro ; plats 50-160 $M ; 8h-22h mer-lun). Les "Oncles", tout près du sable, préparent de bons *licuados* (smoothies) et jus de fruits frais pour accompagner plats d'œufs, *antojitos* et produits de la mer délicieux. Apprécié des locaux et agréablement décontracté.

♥ **Almoraduz** MEXICAIN **$$$**
(Carte p. 482 ; 954-582-31-09 ; www.almoraduz.com.mx ; Blvd Juárez 11-12, Rinconada ; plats 180-250 $M ; 14h-22h mar-dim ;). Parmi les rares tables vraiment gastronomiques de la côte de Oaxaca, Almoraduz a ouvert ses portes dans le quartier en plein essor de Rinconada. Un couple y concocte des associations de saveurs inoubliables, servies dans une petite salle à manger ouverte au décor distingué mais à l'atmosphère sans chichi. La carte change souvent, avec des plats vedettes comme la salade de figues, le poisson au *mole* vert et le coulant au chocolat. Pour la totale, commandez le menu dégustation de 8 plats au prix très raisonnable de 500 $M. Les boissons, dont des mezcals de petits producteurs, des bières artisanales et des jus de fruits originaux, se distinguent également.

Pascale MEXICAIN, EUROPÉEN **$$$**
(Carte p. 482 ; portable 954-1030668 ; www.pascale.mx ; Av Pérez Gasga 612 ; plats 110-225 $M ; 18h-23h mar-dim ;). Se démarquant des baraques de pêche rustiques de la Playa Principal, Pascale mitonne des plats de poisson et de viande créatifs, des pâtes maison assorties de diverses sauces et des desserts français réalisés avec un rare talent. Les fruits de mer brillent par leur fraîcheur. S'y ajoute une petite carte de vins soigneusement choisis. L'établissement ferme parfois en basse saison.

Costeñito Cevichería FRUITS DE MER **$$$**
(Carte p. 485 ; portable 954-1270424 ; Calle del Morro s/n ; plats 130-300 $M ; 13h-23h). À l'abri d'une des *palapas* les plus chics de Zicatela, le Costeñito se repère à sa *parrilla* (barbecue) unique en son genre, installée dans un vieux *combi*, où les fruits de mer (vivaneau, bar, crevettes ou poulpe) grillent sous les yeux des clients. C'est aussi l'adresse où déguster le meilleur ceviche de Puerto Escondido.

Où prendre un verre et faire la fête

♥ **Playa Kabbalah** BAR
(Carte p. 485 ; www.playakabbalah.com ; Calle del Morro 312 ; 8h-minuit ou plus tard ;). Un bar-restaurant de plage romantique ou

branché (tout dépend avec qui vous êtes) où la faune de Zicatela se presse au comptoir et investit les chaises longues sur le sable à l'ombre d'auvents en toile. L'endroit est connu pour ses fêtes sur fond de lumière fluo et musique électro-dance, souvent avec un DJ aux commandes.

Les mardis, jeudis, vendredis et samedis soir sont dévolus à la musique, et le week-end à des concerts de salsa et/ou de reggae. Quant aux soirées "Ladies Nights", elles ont un succès fou.

Casa Babylon BAR

(Carte p. 485 ; Calle del Morro s/n ; ⏲9h-2h ; 📶). Un lieu psychédélique, décoré d'une splendide collection de masques mexicains et doté d'un important stock de livres à échanger. Des musiciens ou des DJ se produisent du jeudi au samedi sur une scène entourée d'anges ailés et de nymphes volantes. Mojitos et margaritas au mezcal à damner un saint.

☆ Où sortir

Cine en la Playa CINÉMA

(Cinéma sur la plage ; www.facebook.com/HotelVillasol ; Playa Bacocho ; ⏲19h ou 20h mer, nov-mai). Programmation variée de films récents, cinéma d'art et d'essai, classiques et documentaires, projetés sur le sable de Playa Bacocho devant le club de plage de l'Hotel Suites Villasol. La plupart du temps en espagnol sous-titré en anglais, ou inversement.

Split Coconut MUSIQUE LIVE

(Carte p. 482 ; Marinero ; ⏲14h-minuit mer-lun). Un bar de plage prisé des expatriés où des musiciens d'ici et d'ailleurs viennent jouer (rock, blues, jazz, musique du monde...) plusieurs soirs par semaine, de décembre à mars environ. Le reste de l'année, il y a généralement un concert le samedi ou le dimanche. Bonne cuisine occidentale (côtelettes, steaks, burgers, etc.).

ℹ Renseignements

La Playa Zicatela compte plusieurs DAB, mais ceux installés en ville fonctionnent de manière plus fiable.

HSBC (Av 1 Norte, entre Av 2 Poniente et Carretera Costera). Dispose d'un DAB sûr.

Santander (Carretera Costera ; ⏲9h-16h lun-ven, 10h-14h sam). Nouvelle banque agréablement climatisée avec plusieurs DAB fiables.

Kiosque d'information touristique (carte p. 482 ; ☎954-582-11-86 ; ginainpuerto@yahoo.com ; Av Pérez Gasga ; ⏲10h-14h et 16h-18h lun-ven, 10h-13h sam). Gina Machorro, dynamique et polyglotte, connaît Puerto et ses environs en profondeur, répond à vos questions et conduit ses propres circuits (p. 484).

ℹ Depuis/vers Puerto Escondido

AVION

Aéroport (☎954-582-04-91). À 3 km à l'ouest du centre, sur la route 200. N'accueille pas de vols internationaux.

Aeromar (☎954-582-09-77 ; www.aeromar.com.mx ; ⏲9h-18h). Jusqu'à 3 vols par jour depuis/vers Mexico.

Aerotucán (☎954-582-34-61 ; www.aerotucan.com.mx ; ⏲7h-15h lun-sam, 12h-14h dim). Des Cessna de 13 places assurent chaque jour une liaison depuis/vers Oaxaca (2 210 $M). Les vols sont parfois reportés au dernier moment.

Interjet (☎portable 954-1079957 ; www.interjet.com ; ⏲8h-19h). Quatre ou 5 vols par semaine depuis/vers Mexico.

VivaAerobus (☎81-82-150-150 ; www.vivaaerobus.com). Une compagnie à bas prix qui dessert Mexico quotidiennement. Les billets achetés à l'avance peuvent coûter moins de 750 $M.

BUS ET MINIBUS

Gare routière OCC (carte p. 482 ; ☎954-582-10-73 ; Carretera Costera 102). Accueille les bus 1re classe OCC et les bus 2e classe Sur.

Terminal Turistica (Central Camionera ; angle Av Oaxaca et Av 4 Poniente). Dans la partie haute de la ville ; gare routière des bus AltaMar (1re classe) et Turistar (deluxe).

Oaxaca

Les trajets depuis/vers Oaxaca seront plus rapides et plus aisés lorsque la nouvelle route, reliant la route 200 quelques kilomètres à l'est de Puerto Escondido à la route 175 au sud de Ejutla, sera ouverte (peut-être cette année). Les voitures mettront 4 heures au lieu de 7, ce qui entraînera forcément une modification des lignes de bus et de minibus. D'ici là, le moyen le plus pratique de rallier Oaxaca est de prendre l'un des confortables minibus qui empruntent la route 131 (7 heures). Deux compagnies au moins couvrent cette ligne. Les bus 1re classe OCC (382 $M, 11 heures, 3/jour), qui passent par Salina Cruz et la route 190, empruntent un itinéraire plus long.

Express Service (☎954-582-08-68 ; Terminal Turística, angle Av Oaxaca et Av 4 Poniente). Des minibus (220 $M) partent toutes les heures de 4h à 17h, puis à 20h, 22h, 23h et 23h30.

BUS AU DÉPART DE PUERTO ESCONDIDO

DESTINATION	PRIX ($M)	DURÉE (H)	FRÉQUENCE
Acapulco	466	8	AltaMar 7/jour
Bahías de Huatulco	81-162	2 ½	OCC 23/jour
Mexico (Sur)	703-796	12	Turistar 18h et 18h45, AltaMar 17h45 et 20h30
Pochutla	64-104	1 ¼	OCC 25/jour
Salina Cruz	298-316	5	OCC 11/jour
San Cristóbal de las Casas	740	13	OCC 18h30 et 21h30

Villa Escondida (carte p. 482 ; Av Hidalgo s/n). Minibus (200 $M) toutes les heures de 3h30 à 21h30, puis à 23h. Autre bureau au Terminal Turística, où les véhicules s'arrêtent également.

Autres destinations

Pour Mexico, les liaisons AltaMar et Turistar au départ du Terminal Turística passent par la périphérie d'Acapulco et sont beaucoup plus rapides que les bus OCC dont le trajet, plus long, passe par Salina Cruz.

VOITURE ET MOTO

Il faut 7 heures pour rallier Oaxaca par la sinueuse route 131 via Sola de Vega.

D'Acapulco à Puerto Escondido, comptez 7 heures environ pour effectuer les 400 km sur la route 200, plutôt bien goudronnée, mais ponctuée de nombreux dos-d'âne.

Los Tres Reyes (☎954-582-33-35 ; lostresreyescarrent.com ; angle Carretera Costera et Belmares, Colonia Santa María ; ⏲8h-19h), sur la route au-dessus de Colonia Santa María et à l'aéroport, loue des berlines à partir de 800 $M par jour. Moins cher, **Ücar** (☎954-149-03-04 ; www.u-car.mx ; Calle del Morro ; ⏲9h-20h) propose des berlines/scooters à partir de 499/150 $M par jour.

Comment circuler

De l'aéroport, un taxi prépayé vous déposera n'importe où à Puerto Escondido moyennant 40 $M/personne (70 $M jusqu'à Punta Zicatela). Vous parviendrez sans doute à en attraper un pour vous tout seul, au même prix, sur la route principale à la sortie de l'aéroport. Une course en ville coûte 30-35 $M.

Des taxis *colectivos*, des bus locaux et des *camionetas* marqués "Zicatela" ou "La Punta" (8 $M) desservent Punta Zicatela environ toutes les 20 minutes, du lever du soleil jusqu'à environ 20h30, depuis le Mercado Benito Juárez, au nord de la ville (près du Terminal Turística). Ils empruntent 3 Poniente, avant de longer la Carretera Costera en direction de l'est. Si vous allez à El Adoquín ou à Playa Zicatela, vous pouvez descendre en route et continuer à pied (2 min).

Parque Nacional Lagunas de Chacahua

À l'ouest de Manialtepec, en direction d'Acapulco, la route 200 longe une côte constellée de lagunes et de plages vierges dont la flore et les oiseaux sont exceptionnels. La population de cette région compte de nombreux descendants d'esclaves africains ayant fui le joug des Espagnols.

Le superbe Parque Nacional Lagunas de Chacahua (149 km²), qui entoure les lagunes côtières de Chacahua et de La Pastoría, héberge en hiver des oiseaux venus d'Alaska et du Canada. Des îles bordées de mangroves et couvertes d'acajous accueillent spatules roses, ibis, cormorans, tantales d'Amérique, hérons et aigrettes, crocodiles et tortues. El Corral, une voie d'eau aux allures de tunnel, où s'égaillent en hiver d'innombrables oiseaux, relie les deux lagunes. La promenade en bateau sur les lagunes se termine au village de Chacahua, sur une plage idyllique qui s'étend vers l'est sur au moins 20 km. On peut y faire halte pour se restaurer ou passer la nuit dans des *cabañas* rustiques.

À voir

Cocodrilario de Chacahua RÉSERVE NATURELLE

(Sanctuaire des crocodiles de Chacahua ; Calle Chiapas ; circuit guidé sur don ; ⏲8h-18h). Cette réserve héberge plus de 200 crocodiles et en relâche certains dans les lagunes dans le cadre d'un programme visant à préserver l'espèce, menacée d'extinction par le braconnage. Elle n'est pas spécifiquement aménagée pour recevoir des visiteurs, mais on peut malgré tout la visiter.

Des *lanchas* (barques à moteur ; 15 $M/pers) permettent de traverser le chenal pour atteindre la partie du village où se situe le Cocodrilario.

Où se loger et se restaurer

Beaucoup de restaurants de plage proposent des *cabañas* sommaires avec salle de bains commune (à partir d'environ 150 $M/2 pers). On peut dormir dans un hamac ou camper gratuitement à condition de manger dans l'établissement attenant.

Restaurante Siete Mares CABAÑAS $
(954-114-00-62, 954-132-22-63 ; cabañas 250 $M). À l'extrémité ouest de la plage (la plus proche de la rivière), Siete Mares possède d'excellentes *cabañas*, toutes pourvues de 2 lits doubles, ventilateurs, moustiquaires, lumière électrique et douche avec rideau, ainsi qu'un agréable restaurant.

Depuis/vers le Parque Nacional Lagunas de Chacahua

Le point de départ des excursions en bateau dans les lagunes en direction du village de Chacahua est le village de pêcheurs de Zapotalito, à l'extrémité est de la lagune de La Pastoría, à 63 km de Puerto Escondido.

De Puerto Escondido, prenez un minibus à destination de Pinotepa Nacional au 5 Avenida Hidalgo (départs environ toutes les 20 minutes, 4h-20h) et descendez à l'embranchement pour Zapotalito (45 $M, 1 heure 15), à 58 km (et 8 km après la ville de Río Grande). Des taxis couvrent les 5 km restants moyennant 70 $M (20 $M en *colectivo*).

Des coopératives concurrentes gérant des embarcations assurent des liaisons en *lancha* de Zapotalito au village de Chacahua (environ 1 500 $M pour un circuit comptant jusqu'à 10 passagers). Le circuit dure environ 4 heures, dont 2 à Chacahua. Lorsque le trafic est suffisant, des *colectivos* font le trajet pour 150/200 $M par personne aller/aller-retour. Tous les prix augmentent d'environ 40% en période de vacances, notamment à Noël et pendant la Semaine sainte.

En voiture, une piste en grande partie non goudronnée part de San José del Progreso sur la route 200, et rejoint le village de Chacahua à 27 km au sud. Elle est praticable par les voitures classiques, sauf quand elle est détrempée entre mai et novembre.

Pochutla

958 / 14 000 HABITANTS

Cette ville moite et affairée est la plaque tournante des transports et du commerce dans la partie centrale de la côte du Oaxaca. De là, on rejoint les stations balnéaires de Puerto Ángel, Zipolite, San Agustinillo et Mazunte. Autrement, nulle raison de s'y arrêter.

La route 175 venant de Oaxaca traverse Pochutla sous le nom d'Avenida Lázaro Cárdenas, étroite et embouteillée, qui rejoint la route 200 longeant la côte, à 1,5 km au sud de la ville. Les gares routières des bus et minibus sont regroupées vers le sud, en bas de Cárdenas.

Où se loger et se restaurer

L'**Hotel Izala** (958-584-01-15 ; Av Cárdenas 59 ; s/d 250/300 $M, avec clim 350/500 $M ; P ❄) et l'**Hotel San Pedro** (958-584-11-23 ; Av Cárdenas s/n ; s/d 400/500 $M ; P ❄ wifi), respectivement à 300 m au nord et à 300 m au sud de la gare routière principale, feront l'affaire pour une nuit.

Finca de Vaqueros PARRILLA $$
(958-100-43-31 ; El Colorado village ; plats 145-200 $M ; 10h-21h ; P). Aménagé dans une sorte de vaste grange ouverte et pourvue de longues tables, ce restaurant de style ranch mérite le détour pour ses succulentes grillades. À 2 km au sud de Pochutla sur la route de Puerto Ángel (60 $M en taxi). Pour un festin inoubliable, commandez par exemple des *frijoles charros* (soupe de haricots au lard) et du *queso fundido* (fromage fondu), suivis d'une tendre *arrachera* (onglet de bœuf).

Renseignements

Banco Azteca (Av Cárdenas s/n ; 9h-21h). Change euros et dollars US ; dans le magasin Elektra, 75 m au sud de la gare routière principale. L'attente est parfois longue.

Scotiabank ATM (Av Cárdenas 57). À environ 350 m de la principale gare routière en remontant la grand-rue.

Depuis/vers Pochutla

OAXACA

Oaxaca est à 245 km de Pochutla par la sinueuse route 175. Les compagnies ci-après font circuler des minibus climatisés (6 heures, environ 195 $M) pratiques et assez confortables. Les mêmes lignes vous déposeront à San José del Pacífico (95 $M, 3 heures 30). Les chauffeurs acceptent généralement de s'arrêter pour des pauses toilettes, voire quand quelqu'un est malade (ce qui se produit régulièrement sur ce parcours). Trois bus OCC 1re classe (446 $M, 9 heures) démarrent chaque jour de la gare routière San Pedro Pochutla, mais ils

BUS AU DÉPART DE POCHUTLA

DESTINATION	PRIX ($M)	DURÉE (H)	FRÉQUENCE
Bahías de Huatulco	39-74	1	TRP ttes les 10-15 min 5h15-20h15, Sur ttes les heures 7h20-20h20, OCC 9/jour
Mexico (Sur)	1 089	13 ½	Turistar 17h, AltaMar 16h20
Puerto Escondido	64-104	1 ¼	Sur ttes les heures 7h-20h, OCC 8/jour, AltaMar 4/jour
Salina Cruz	228-240	4	OCC/ 8 jour
San Cristóbal de las Casas	672	11-12	OCC 20h et 22h50
Tapachula	434	12	OCC 18h40

empruntent un itinéraire plus long qui revient plus cher, via Salina Cruz.

Atlántida (☎958-584-92-39 ; Av Cárdenas 85). Onze minibus quotidiens pour Oaxaca (à partir de 195 $M) partent de la billetterie de la compagnie à côté du Santa Cruz Hotel, 50 m au nord de la gare routière principale.

Líneas Unidas (☎portable 958-5841322 ; Av Cárdenas 94). En face de la gare routière principale. Des minibus démarrent pour Oaxaca toutes les 30 à 60 minutes, de 3h30 à minuit (à partir de 200 $M).

AUTRES DESTINATIONS

Terminal de Autobuses San Pedro Pochutla (angle Av Cárdenas et Constitución). Accessible par une grille blanche vers l'extrémité sud de Cárdenas, la gare routière principale accueille les Turistar (deluxe), OCC, Estrella Blanca (1re classe) et Sur (2e classe). Pour les destinations lointaines aux liaisons limitées comme San Cristóbal de las Casas et Mexico, mieux vaut s'y prendre quelques jours à l'avance.

Taxis pour les villages côtiers (TRP ; angle Jamaica et Matamoros). Suivez la Calle Jamaica qui part de l'Av Cárdenas vers l'ouest, juste au nord de la gare routière principale. Au bout de 150 m, un parking à gauche d'une petite chapelle sert de terminal pour les *colectivos* à destination des villages côtiers de Zipolite, San Agustinillo et Mazunte. Les trajets coûtent entre 15 et 20 $M.

Puerto Ángel

☎958 / 2 600 HABITANTS

Ce village de pêcheurs sans attrait particulier constitue le point d'entrée à une portion de côte paradisiaque. Ici, les bateaux remplacent les planches de surf dans la baie abritée de la Playa Panteón et les restaurants servent plus de tortillas que de pizzas. La plupart des voyageurs ne s'arrêtent pas, préférant filer directement vers les plaisirs balnéaires de Zipolite ou de Mazunte, à l'ouest.

À voir

Playa La Boquilla PLAGE

(P). La côte à l'est de Puerto Ángel est émaillée de petites plages cachées et peu fréquentées, comme La Boquilla, dans une baie à 7,5 km de la ville par la route. Celle-ci se prête au snorkeling et à la baignade et accueille l'hôtel-restaurant Bahía de la Luna. Le plus plaisant consiste à s'y rendre en bateau (600 $M aller simple) ; renseignez-vous sur la jetée de Puerto Ángel ou à la Playa del Panteón.

On peut également y accéder par une route non goudronnée de 3,5 km dont l'embranchement se trouve sur la route de Pochutla, à 4 km de Puerto Ángel. L'aller simple en taxi depuis Puerto Ángel/Pochutla revient à environ 120/200 $M. Certains chauffeurs refusent d'emprunter cet itinéraire à la saison des pluies.

Activités

Azul Profundo SPORTS NAUTIQUES

(☎portable 958-1060420 ; www.hotelcordelias.com ; Playa del Panteón). Ce prestataire sérieux a pour spécialité les excursions en bateau et la pêche sportive au marlin, espadon, espadon-voilier, thon ou coryphène. Sa base principale se trouve à l'Hotel Cordelias, sur le port de Puerto Ángel, mais il est possible de réserver auprès du cybercafé (p. 498) de Zipolite, où l'on peut venir vous chercher.

Des sorties en bateau (4 heures, 180 $M/pers, 250 $M avec ramassage à Zipolite) passant par 4 baies permettent de voir tortues, dauphins et, de décembre à avril, baleines. Elles comprennent au moins un arrêt pour faire du snorkeling et se rendre à terre.

Un bateau de pêche pour 4 personnes avec 2 lignes revient à 600 $M/heure

(2 heures minimum). Tous les guides parlent au moins un peu anglais.

La location d'un kayak pour pagayer dans la baie abritée de Puerto Ángel coûte 50 $M/heure.

Où se loger et se restaurer

Hotel Cordelias HÔTEL $$

(☎958-584-3021 ; www.hotelcordelias.com ; Playa Panteón ; ch 500-1 000 $M ; ❄📶). Aux rares touristes qui choisissent de loger à Puerto Ángel, nous recommandons cet hôtel blanc et lumineux appartenant aux gérants d'Azul Profundo (voir plus haut), dont les excursions en bateau partent de la jetée voisine. Il possède de grandes chambres, la plupart garnies de 2 lits doubles, dont 10 donnent sur la plage animée et le port. Un restaurant de poisson frais occupe le rez-de-chaussée.

Bahía de la Luna BUNGALOWS $$$

(☎958-589-50-20 ; www.bahiadelaluna.com ; Playa La Boquilla ; ch à partir de 1 900 $M, avec petit-déj). Ce refuge à l'élégance rustique, isolé sur le flanc d'une colline boisée, est idéal pour se couper du monde. Les lumineux bungalows en adobe, certains avec cuisine, dominent la Playa La Boquilla. Le restaurant fusion mexicain/international (plats du déjeuner à partir de 60 $M, dîner 2 plats à partir de 300 $M) sert sur le sable d'excellents produits de la mer et steaks, de généreuses margaritas et un mezcal tiré au tonneau.

Équipement de snorkeling, kayak et planche de paddle prêtés gracieusement.

Renseignements

Banco Azteca (Blvd Uribe ; ⌚8h-20h). Change les euros et les dollars US.

Depuis/vers Puerto Ángel

Le trajet en *colectivos* coûte 10 $M jusqu'à Zipolite et environ 15 $M jusqu'à Pochutla. En taxi privé, comptez 45-50 $M (60-70 $M après 21h).

Zipolite

☎958 / 1 100 HABITANTS

Une plage où s'alignent les paillotes, une atmosphère détendue et des boutique-hôtels aux airs intentionnellement rudimentaires n'ont pas encore attiré à Zipolite l'attention des promoteurs, ni des amateurs de golf.

Plus grande des 3 stations balnéaires de la côte à l'ouest de Puerto Ángel, Zipolite est connue pour ses spots de surf, ses plages de naturistes et son farniente assumé. Nombre d'expatriés, en particulier des Italiens, appréciant son charme tranquille, ont monté ici de petites affaires, mais la magie bohème de l'endroit demeure. Pourvu que ça dure !

À voir

Playa Zipolite PLAGE

Sur la plage de Zipolite, longue de 1,5 km, s'écrasent de grosses vagues. Elle est bien connue des naturistes, que l'on croise à tout moment de la journée se baignant, bronzant ou se promenant sur le sable humide. Ils sont toutefois plus nombreux dans plusieurs criques à l'extrémité ouest et, à l'est, sur la Playa del Amor, dans une petite baie également prisée des gays.

Cette extrémité est (plus près de Puerto Ángel) est appelée Colonia Playa del Amor, sa partie centrale Centro et l'extrémité ouest, où se concentre la vie touristique, Colonia Roca Blanca. Dans celle-ci se trouve l'artère principale, l'Av Roca Blanca (aussi appelée El Adoquín), à un pâté de maisons de la plage.

La partie ouest offre de meilleures conditions pour le surf. Pour davantage d'isolement et les plus beaux boutique-hôtels, rendez-vous tout au bout de la plage, derrière plusieurs éminences rocheuses.

Activités

Il n'y en a pas beaucoup ! Zipolite est avant tout un lieu de farniente – c'est ce qui fait tout son charme.

L'équipe d'Azul Profundo (page ci-contre) vient vous chercher et vous ramène à Puerto Ángel pour des sorties de plongée, snorkeling et pêche – réservation possible à son cybercafé (p. 498) de l'Avenida Rosa Blanca.

La Loma Linda accueille des séances de yoga quotidiennes (70 $M) à 9h et 10h30.

Où se loger

La majorité des hébergements se concentrent dans le secteur de Roca Blanca, à l'extrémité ouest de Zipolite, tout près de la plage. Sinon, un petit groupe d'établissements plus chics occupe le sommet d'un promontoire, toujours à l'ouest.

Hotel Hostal Teresa HÔTEL $

(☎958-584-30-06 ; www.hotelhostalteresa.com ; Av Roca Blanca ; ch 300 $M). Le principal atout de cette adresse est le charmant couple mexicain qui la dirige, extrêmement serviable. La qualité du service, l'environnement sûr et les tarifs bas compensent la modestie des chambres.

A Nice Place on the Beach CHAMBRES **$**
(☎958-584-31-95 ; www.aniceplaceonthebeach.weebly.com ; Av Roca Blanca ; d 500 $M, d/qua sans sdb 300/500 $M ; 📶). Comme son nom l'indique, un "joli coin sur la plage" propice au farniente, avec 4 chambres rudimentaires aux murs en bois avec salles de bains privatives à l'étage et 4 autres en béton avec salle de bains commune au rez-de-chaussée. Bar-restaurant sur le sable.

Lo Cósmico CABAÑAS **$**
(www.locosmico.com ; extrémité ouest de Playa Zipolite ; ch 400-600 $M, sans sdb 300 $M ; ⏲restaurant 8h-16h mar-dim ; 🅿📶). Bien que rebâties à la suite d'un ouragan en 1997, ces *cabañas* en matériaux locaux, disséminées sur le flanc d'une éminence rocheuse, ont conservé l'esprit des années 1970, quand Zipolite n'était fréquenté que par quelques hippies illuminés. Le restaurant (plats 30-70 $M) en plein air prépare des crêpes, salades et des petits-déjeuners dans une cuisine étincelante.

Las Casitas BUNGALOWS **$**
(☎958-100-34-55 ; www.las-casitas.net ; bungalows 500-800 $M ; 🅿📶). Dans les collines à l'extrémité ouest de la Playa Zipolite, à l'intérieur d'un jardin en terrasses escarpé se cachent 6 bungalows en bois au toit de palme qui abritent 7 chambres de style mexicain joliment décorées. Ils sont dotés chacun d'une salle de bains, d'une cuisine et d'un vaste coin détente.

♥ **La Loma Linda** HÔTEL **$$**
(☎958-584-31-98 ; www.lalomalinda.com ; Carreta Puerto Ángel-Mazunte ; d 45-70 $US, sans sdb 28-40 $US ; 🅿📶). Sur un flanc de colline abrupt à l'écart de l'animation touristique de Roca Blanca, ce lieu brille par son esthétique et son atmosphère méditative. Il comprend d'une part 6 bungalows – de véritables bijoux –, avec salles de bains privatives, d'autre part 4 chambres individuelles dont la salle de bains commune occupe une tour hexagonale de style mudéjar. Les logements sont dotés de réfrigérateur, moustiquaires, hamac et grandes terrasses en pierre face à l'océan ou à la verdure. Un jardin et des terrasses parfaitement entretenus complètent le décor. Réservez car les propriétaires allemands organisent souvent des stages de yoga. Des cours quotidiens sont d'ailleurs ouverts à tous.

Posada Buena Vida BOUTIQUE-HÔTEL **$$**
(☎55-2855-2230 ; www.posadabuenavida.com ; Andador Gaviotas, Colonia Roca Blanca ; cabaña/ste à partir de 1 250/2 250 $M ; 📶). En matière de charme, la Posada Buena Vista frappe fort : les chambres, *cabañas*, suites et bungalows arborent des peintures éblouissantes aux murs, des sols aux carrelages colorés et des terrasses aux balustrades habilement fabriquées en bois flotté. Le folklore mexicain y côtoie la spiritualité asiatique (un grand bouddha veille sur la superbe piscine ronde). Des chaises longues à l'abri d'auvents s'alignent sur le rivage et un agréable bar-restaurant fait face à la plage.

Hotel Nude HÔTEL **$$**
(☎958-584-30-62 ; www.nudezipolite.com ; Av Roca Blanca ; ch à partir de 1 200 $M ; 🅿📶🏊). Si cet hôtel cible la clientèle naturiste des lieux (en témoigne son nom), celle-ci réserve ses pratiques nudistes à la plage. De séduisants bungalows sur deux niveaux coiffés de chaume se répartissent autour d'une piscine avec un palmier en son centre. Blancs, sobres et impeccables, ils comportent de grandes vérandas pourvues de hamacs. Spa, restaurant au bord de la plage et service empressé.

Posada México CHAMBRES **$$**
(☎958-584-31-94 ; www.posadamexico.com ; Av Roca Blanca ; bungalows 500-1 200 $M ; 🅿📶). 🌿 Dirigée par un Italien, cette chaleureuse adresse possède des bungalows aux chambres de taille modeste, mais propres et colorées, dotées de bons lits protégés par une moustiquaire et de douches conçues pour économiser l'eau, ainsi qu'un espace sur le sable avec hamacs. Les deux plus chers, plus spacieux, font face à la plage.

Bon **restaurant** (plats 80-160 $M ; ⏲8h-17h30 et 18h30-23h jeu-mar, 8h-13h30 mer ; 📶🍸) sur place.

♥ **Heven** APPARTEMENTS **$$$**
(☎portable 958-1062018 ; www.hevenresidence.com ; Arco Iris 1 ; s/d avec petit-déj 1 200/1 600 $M ; 📶🏊). Cette résidence paradisiaque abrite derrière ses murs des jardins luxuriants, une immense piscine à débordement, des terrasses desservies par des escaliers sinueux et une tour évoquant la blanche architecture des villes de la côte amalfitaine. Le charme de ses appartements au beau mobilier artisanal mexicain

a séduit dans le passé musiciens et écrivains. Ils disposent tous de ventilateurs et la plupart d'un coin cuisine.

Casa Sol APPARTEMENTS **$$$**
(portable 958-1000462 ; www.casasolzipolite.com ; Arco Iris 6 ; ch 110-150 $M ;). Propriété d'un Canadien, la Casa Sol est à 10 minutes à pied à l'ouest de la petite Playa Camarón (propice au snorkeling par temps calme ; matériel fourni gracieusement). Elle loue 3 chambres spacieuses et impeccables, pourvues d'une kitchenette. Une cuisine commune est installée sur la grande terrasse panoramique.

Pour rejoindre l'établissement en voiture, suivez la piste de 400 m indiquée sur la route principale à 1 km à l'ouest de Zipolite. Sinon, c'est une marche de 20 minutes en pleine chaleur qui vous attend.

El Alquimista BUNGALOWS **$$$**
(958-587-89-61 ; www.el-alquimista.com ; extrémité ouest de Playa Zipolite ; bungalow 1 100-1 500 $M, ch 1 600-1 800 $M ; P). Vous aurez le choix entre des bungalows coiffés de chaume, au bord de la plage, avec pour la plupart un lit double, un ventilateur, une salle de bains (eau chaude), ou bien des grandes chambres lumineuses, installées dans la verdure à flanc de colline et comportant un lit *king size* et une vaste terrasse. Hamacs, musique électro-trance et lampes à huile le soir complètent le tableau.

L'établissement abrite aussi l'une des meilleures tables de Zipolite (ci-contre), une jolie piscine et un spa, **Espacio Shanti** (958-111-50-97 ; 10h-19h30), qui utilise des produits bio locaux. Cours quotidiens de hatha yoga (100/300 $M pour 1/4 cours) dispensés dans une grande salle claire.

Où se restaurer

Sal y Pimienta MEXICAIN **$**
(Plage ; plats 70-130 $M ; 11h-22h). Juste à l'est du Bang Bang (p. 498), tellement proche de l'océan que c'est tout juste s'il est besoin de descendre de sa planche de surf, le "sel et poivre" sert des repas d'une délicieuse simplicité sur des tables en plastique les pieds dans le sable. Les portions sont grandes et les prix petits. Excellent poisson et bière glacée.

Orale! Cafe PETIT-DÉJEUNER **$**
(958-117-71-29 ; près de l'extrémité ouest de l'Av Roca Blanca ; plats petit-déj 30-85 $M ; 8h-15h jeu-lun). Cette adresse ombragée aux airs de jardin tropical sert une délicieuse cuisine, en particulier du café de marque, des assiettes de fruits frais avec yaourt et muesli, des œufs au petit-déjeuner et des sandwichs à la baguette au déjeuner.

Postres del Sol CAFÉ **$**
(portable 958-1070249 ; Carretera Puerto Ángel-Zipolite ; pâtisseries 20-40 $M ; 8h30-21h mar-dim). Tel un mirage sur la route poussiéreuse qui part de Zipolite vers l'ouest, ce nouveau venu avec 4 tables à l'extérieur et généralement autant de chiens allèche les clients des taxis grâce à son comptoir rempli d'appétissants gâteaux à la carotte, aux noix ou au chocolat. Bon café.

♥ La Providencia MEXICAIN, FUSION **$$**
(portable 958-1009234 ; www.laprovidencia-zipolite.com ; plats 130-190 $M ; 18h30-22h mer-dim nov-avr, juil-août). La table numéro un de Zipolite, dans une ruelle derrière l'extrémité ouest de la plage, allie saveurs, présentation léchée et ambiance décontractée. Vous pourrez consulter la carte en sirotant un verre dans le salon en plein air. Celle-ci met à l'honneur la cuisine mexicaine contemporaine : aubergines en croûte d'amarante, médaillons de bœuf au vin rouge, crevettes à la noix de coco sauce à la mangue... Gardez de la place pour la mousse au chocolat ! Réservation conseillée en haute saison.

El Alquimista INTERNATIONAL **$$**
(954-587-89-61 ; extrémité ouest de Playa Zipolite ; plats 120-230 $M ; 8h-23h ;). En plein air, dans une paisible crique sablonneuse, éclairé le soir par des lampes à huile et des bougies, "l'Alchimiste" remporte incontestablement la palme du cadre romantique et raffiné à Zipolite. Il décline un large choix de salades, viandes, fruits de mer, pâtes et desserts savoureux.

Piedra de Fuego FRUITS DE MER **$$**
(Mangle, Colonia Roca Blanca ; plats 70-110 $M ; 14h-22h). Une affaire familiale d'une agréable simplicité où manger de copieux filets de poisson ou assiettes de crevettes, accompagnés de riz, salade et pommes de terre. Excellents cocktails de fruits.

Pacha Mama ITALIEN, MEXICAIN **$$**
(958-106-61-64 ; Pelícano, Colonia Roca Blanca ; plats 90-170 $M ; 18h-23h ven-mer). Malgré son nom, celui de la déesse-terre inca, il ne s'agit pas d'un restaurant péruvien. Les chefs, issus de l'importante communauté

italienne de Zipolite, cuisinent steaks, produits de la mer, pâtes maison nappées de sauces classiques et pizzas au feu de bois (également à emporter) dans un cadre ombragé aux allures de jardin.

Où prendre un verre et faire la fête

Les bars-restaurants du front de mer jouissent d'un emplacement idéal pour boire un verre le soir, et les feux de joie sur la plage offrent l'occasion de fêtes improvisées.

Bang Bang BAR
(⌚18h-2h lun-sam). Installé dans une baraque qui ne paie pas de mine, le Bang Bang s'anime le soir avec un grand feu sur la plage, des tournois de ping-pong, des DJ et de la bière à profusion. Il se situe juste à l'est de l'extrémité de Roca Blanca, en bord de mer.

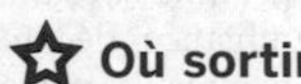

Où sortir

Cine Luciernaga (Firefly Cinema) CINÉMA EN PLEIN AIR
(Pelícano). GRATUIT Ce sympathique cinéma de fortune dispose de places à l'intérieur et à l'extérieur, ainsi que d'un petit bar. Il projette habituellement un film/une série télévisée en matinée et le soir. Programmation variée.

Achats

Tienda de Artesanías Piña Palmera ARTISANAT
(Angle Pelícano et Carretera, Colonia Roca Blanca ; ⌚9h-17h lun-sam). Dans cette petite boutique sont vendus des jouets en bois, des objets en papier recyclé, de l'huile de coco et autres articles fabriqués au Centro de Atención Infantil de **Piña Palmera** (☎958-584-31-47 ; www.pinapalmera.org ; Colonia Roca Blanca ; ⌚8h-15h lun-sam) et dans les communautés avec lesquelles l'ONG travaille.

Renseignements

Le calme de Zipolite invite à décompresser, ce que font sans problème la plupart des visiteurs. Cependant, des délits à l'encontre des touristes ont été rapportés ces dernières années, en particulier sur la plage après la nuit tombée. Profitez de l'ambiance détendue, mais ne baissez pas trop la garde. Fermez toujours la porte de votre chambre à clé et réfléchissez-y à deux fois avant de dormir dans un hamac en plein air sur le rivage.

Les vagues de Zipolite peuvent être mortelles, en raison des courants de retour et d'un courant sous-marin puissant et changeant. Il est formellement déconseillé de s'immerger au-dessus des genoux. Les sauveteurs volontaires ont secouru de nombreuses personnes, mais on dénombre chaque année des noyades. Seuls les surfeurs expérimentés peuvent envisager de s'aventurer sur les vagues de cette plage. Respectez les drapeaux : jaune, de l'eau jusqu'aux genoux au maximum ; rouge, restez sur la plage.

Les DAB dans l'Hotel Playa Zipolite et dans l'Hotel Nude sur l'Av Roca Blanca sont parfois vides. Les plus proches se trouvent à Pochutla et à Mazunte.

Le cybercafé (☎958-584-34-37 ; Av Roca Blanca ; Internet 15 $M/heure ; ⌚9h-22h) prend aussi les réservations pour Azul Profundo (p. 494).

Depuis/vers Zipolite

Le soir, la seule solution pour regagner Puerto Ángel, San Agustinillo ou Mazunte est de prendre un taxi (50-60 $M jusqu'à 21h environ, 70-80 $M après).

Atlántida (☎954-584-32-14 ; Papelería Abyprès de La Capilla, Centro) possède des minibus confortables qui se rendent à San José del Pacífico (130 $M, 4 heures) et Oaxaca (210 $M, 6 heures 30).

San Agustinillo

☎958 / 290 HABITANTS

Sans doute la plus belle plage sur une portion de côte elle-même bénie des dieux ! Plus petit que Mazunte, son "jumeau" un peu plus à l'ouest, San Agustinillo est ramassé autour de sa rue principale. Les vagues y sont un peu moins agressives qu'ailleurs, ce qui rend l'endroit idéal pour le Bodyboard ou l'initiation au surf, sport pour lequel le village possède une école.

Activités

Les pêcheurs locaux proposent des excursions de 3 heures à la rencontre des tortues, dauphins, oiseaux et, de novembre à avril, raies mantas et baleines, qui incluent souvent une halte snorkeling (environ 250 $M/pers, 4 participants minimum). Ils emmènent aussi sur leur bateau jusqu'à 3 personnes pour pratiquer la pêche sportive moyennant 450-550 $M/heure (3 ou 4 heures minimum). Renseignez-vous là où vous logez.

Cours

Coco Loco Surf Club SURF, SNORKELING
(portable 958-1157737 ; Calle Principal ; 10h-18h ;). La Playa San Agustinillo se prête bien à l'apprentissage du surf, et David Chouard, un moniteur français qualifié, dispense des cours à partir de 5 ans (400 $M). Il loue également des planches, des *boogie boards* et du matériel de snorkeling (50/200 $M heure/journée), et propose des excursions de surf à Chacahua et à Barra de la Cruz (600 $M par jour et par personne).

Où se loger

La majorité des hébergements et des établissements de restauration bordent la plage. Les chambres sont équipées d'écrans antimoustiques aux fenêtres ou de moustiquaires.

Recinto del Viento PENSION $
(portable 958-1135236 ; www.recintodelviento.com ; s/d sans sdb 380/450 $M ; P). Montez sur 100 m l'escalier en face de la pension Un Sueño (p. 500) jusqu'à cette adresse économique avec vue sur la mer depuis sa terrasse équipée de hamacs. La cuisine commune contribue à l'atmosphère conviviale, tout comme l'absence de Wi-Fi ! Les 5 chambres, de taille modeste, sont bien ventilées. L'une d'elles, avec sa propre salle de bains, est un peu plus chère (simple/double 500/600 $M).

Hotel Paraíso del Pescador HÔTEL $$
(958-589-95-17 ; Calle Principal ; ch 1 000 $M ; P). Dans la rue principale, cette *posada* à la façade orangée loue des chambres ensoleillées avec des cuisines attenantes (équipées de gros réfrigérateurs) et de larges balcons. Hébergement simple mais vue somptueuse.

Rancho Cerro Largo CABAÑAS $$
(www.ranchocerrolargo.wix.com/ranchocerrolargo ; Playa Aragón ; s 900-1 250 $M, d 1 000-1 350 $M, avec petit-déj et dîner ; P). L'endroit offre tous les atouts d'une retraite de yoga typique de l'État de Oaxaca. Les *cabañas* simples et confortables, la plupart en pisé, regardent l'océan (certaines ont des ouvertures donnant sur le rivage en contrebas). Les repas de grande qualité, essentiellement végétariens et végétaliens, se prennent en commun. Il n'y a sans doute pas mieux pour méditer et communier avec la nature. Accès par un chemin carrossable indiqué sur la route Zipolite-San Agustinillo.

Bambú CABAÑAS $$
(www.bambuecocabanas.com ; Calle Principal ; d/qua 1 300/1 500 $M ; P). Une demi-douzaine de chambres belles et spacieuses vous attendent vers l'extrémité est de la plage, sous de hautes *palapas* laissant passer un maximum d'air. Bien conçues, essentiellement en bambou, elles présentent un ravissant carrelage, un ventilateur et de bonnes moustiquaires. Quelques détails originaux, tel l'arbre qui pousse au milieu de certaines *cabañas*, retiennent l'attention. Cuisine équipée d'un barbecue et d'une longue table commune.

Punta Placer CABAÑAS $$$
(portable 958-1090164 ; www.puntaplacer.com ; Calle Principal ; ch/app 1 800/2 500 $M ; P). Les 8 jolies chambres de forme circulaire et le grand appartement possèdent une terrasse. Des détails appréciables (lampes de chevet et douches chaudes en pierre apparente) les classent un cran au-dessus de la concurrence.

Le jardin verdoyant mène directement à la plage et l'excellent petit restaurant, Vidita Negra (p. 500), mijote de bons plats mexicains et méditerranéens.

Hotel Casa La Ola BOUTIQUE-HÔTEL $$$
(55-3103-6257 ; www.casalaola.mx ; Calle Principal ; s/d/ste 1 800/2 600/3 100 $M ; P). Les luxueux bâtiments jaunes de l'hôtel le plus récent de San Agustinillo (ouvert fin 2016) s'élèvent au-dessus de la route principale, à l'extrémité ouest du village. Les chambres ultramodernes associent de façon créative le bois et la pierre. La plupart sont grandes et donnent sur la mer. Elles disposent d'un réfrigérateur et d'une terrasse en bois avec des chaises longues. Le petit-déjeuner servi dans le café coûte 200 $M.

Casa Aamori BOUTIQUE-HÔTEL $$$
(55-5436-2538 ; www.aamoriboutiquehotel.com ; Calle Principal ; ch 1800-2800 $M ;). Conçu avec amour, l'hébergement le plus chic de San Agustinillo est installé vers l'extrémité est de la plage. Ses 12 grandes chambres au sol en mosaïque s'agrémentent d'artisanat original provenant du monde entier, chacune sur un thème (Copacabana, Goa, l'Afrique...). Quatre d'entre elles ont vue directement sur la mer.

La terrasse qui entoure la piscine et le restaurant donne sur un espace sablonneux le long de la plage ; elle est munie de lits suspendus à l'ombre des palmiers. Réservé aux adultes et pour des séjours de 2 nuits minimum.

Un Sueño CABAÑAS $$$
(☎portable 958-1138749 ; www.unsueno.com ; Calle Principal ; ch à partir de 1 650 $M ; P 📶). Vers l'extrémité est de la plage, cette adresse comprend 17 chambres très agréables de bonne taille, décorées d'art et d'artisanat provenant des quatre coins du monde. Fenêtres en lattes de bambou et terrasse pourvue de hamacs. On trouve aussi un espace pour hamacs ventilé et un excellent restaurant (ci-dessous).

Où se restaurer

♥ Restaurante La Mora MEXICAIN, ITALIEN $$
(☎958-584-64-22 ; www.lamoraposada.com ; Calle Principal ; plats 80-120 $M, ch avec/sans kitchenette 600/500 $M, appart 1 200 $M ; ⏲8h-14h30 et 18h30-22h mer-lun ; 📶). Niché sur une portion de plage abritée, ce restaurant aux allures de vieille *posada* comprend une salle de style taverne et une étroite terrasse à deux pas des embruns. Bons plats italiens et de la mer, petits-déjeuners, grandes assiettes de fruits et café bio issu du commerce équitable.

La Ola FRUITS DE MER $$
(☎55-3103-6257 ; Playa ; plats 150-220 $M ; ⏲8h-23h30). En plein sur la plage et un peu plus chic que les autres *palapas* du secteur, "La Vague" sert sur des tables en bois bleu pervenche de savoureux plats de fruits de mer, dont de croustillantes *tostadas* de thon cru mariné aux épices, des tacos de poisson et de grosses crevettes au curry.

Un Sueño Restaurant MEXICAIN $$
(Calle Principal ; plats 120-160 $M ; ⏲8h-18h30 ; 📶). Donnant sur le sable, le restaurant d'Un Sueño (ci-dessus) sert de bons petits-déjeuners et des *sabores del Pacífico* (saveurs du Pacifique) au déjeuner, assortis d'une touche française. La carte, restreinte et raffinée, fait la part belle aux produits de la mer. On peut ainsi déguster du poisson à la menthe en papillote ou des crevettes à la mode thaïe, suivis d'une tarte au citron.

Vidita Negra MEXICAIN, MÉDITERRANÉEN $$
(plats 70-190 $M ; ⏲7h30-22h30 ; 📶). Le petit restaurant en plein air du Punta Placer (p. 499) propose un choix varié de plats mexicains et méditerranéens bien préparés tels que filet de bœuf et *parrillada de verduras* (légumes grillés). Le poisson frais, aux 3 piments ou au vin blanc, est une valeur sûre.

Depuis/vers San Agustinillo

Des *colectivos* et des *camionetas* relient régulièrement San Agustinillo aux autres villages côtiers. Faites-leur signe sur la route principale.

Mazunte

☎958 / 870 HABITANTS

Alter ego de Zipolite, Mazunte se compose de bâtiments en pisé au toit de chaume, blottis au bord de deux plages – la Playa Rinconcito et la Playa Mermejita – de part et d'autre d'un cap rocheux appelé La Cometa. Destination bien connue des voyageurs indépendants, le village présente un mélange hétéroclite de boutiques de tatoueur, centres de yoga, marchands de T-shirts à l'effigie de Che Guevara et tireurs de cartes. Son inscription sur la liste des *pueblos mágicos* (villages magiques) du pays en fait la localité la plus visitée de la côte.

C'est un lieu intéressant pour observer les tortues marines (le centre de recherche près de l'artère principale abrite un aquarium), faire du yoga, apprendre l'espagnol ou simplement s'adonner au farniente.

À voir

♥ Punta Cometa POINT DE VUE
Ce cap rocheux qui s'avance dans la mer à l'ouest de la plage de Mazunte est le point le plus méridional de l'État de Oaxaca. Idéal pour contempler le soleil couchant, il offre une vue de rêve sur le Pacifique.

Une belle balade à pied jusqu'à la pointe emprunte le chemin menant à la Playa Mermejita depuis la Calle Rinconcito, puis remonte à gauche le sentier juste après le cimetière jusqu'à l'entrée de la réserve naturelle communautaire, 250 m plus loin. De là, vous avez deux options. Un chemin à droite, le Sendero Corral de Piedra Poniente, descend jusqu'à une piste sinueuse parfois mauvaise qui conduit au site en 20 à 30 minutes de marche. Sinon, le chemin central permet d'arriver plus vite à Punta Cometa en passant à travers les arbres et en franchissant un promontoire herbeux. Le mieux consiste à suivre l'un des itinéraires à l'aller, l'autre au retour. Au total, comptez environ 1 heure de trajet sans les haltes.

Centro Mexicano de la Tortuga AQUARIUM
(☎55-5449-7000, ext 19001 ; www.centromexicanodelatortuga.org ; Paseo del Mazunte ;

32 $M ; ⏲10h-16h30 mer-sam, jusqu'à 14h30 dim ; P). Dans un environnement somptueux et parfaitement adapté face à l'océan, ce centre composé de bassins en plein air et d'un aquarium intérieur donne à voir 8 espèces de tortues marines du monde entier (dont 7 fréquentent les côtes mexicaines), ainsi que quelques espèces d'eau douce ou terrestres et de gros reptiles.

Activités

Ola Verde Expediciones RAFTING, RANDONNÉE
(portable 958-1096751 ; www.olaverdeexpediciones.com.mx ; Calle Rinconcito ; ⏲bureau 10h-14h et 16h-21h). Cette équipe professionnelle de mordus de sports d'aventure organise des activités autour de la rivière, notamment une demi-journée de canyoning pour toute la famille sur le Río San Francisco, dans l'arrière-pays (toute l'année ; adulte/enfant 550/400 $M), au cours de laquelle les participants sautent et se baignent dans des bassins naturels.

Cours

Instituto Iguana ESPAGNOL
(portable 958-1075232 ; www.institutoiguana.com ; Camino al Aguaje). Fidèle à l'atmosphère de Mazunte, cette école sympathique et décontractée gérée par une ONG germano-mexicaine est installée dans un joli site sur une colline, organisé autour d'une belle et grande *palapa*. Vous pouvez commencer les cours n'importe quel jour et étudier au rythme qui vous convient. Elle dispense aussi gratuitement des cours d'anglais aux villageois.

Cours particuliers (2 000 $M pour 10 heures par semaine) possibles à tout moment. Par groupe de deux, il vous en coûtera 1 600 $M par personne. L'école peut aussi vous trouver une pension de famille à proximité (100-200 $M/nuit). À 400 m de l'artère principale vers l'intérieur des terre, indiqué par un panneau près du pont au centre de Mazunte.

Fêtes et festivals

Festival Internacional de Jazz MUSIQUE
(www.facebook.com/festivalinternacionaldejazzdemazunte ; ⏲mi-nov). Vers la mi-novembre, ce festival de 3 jours programme des concerts de jazz et d'autres musiques de premier ordre, des ateliers et des expositions. Toutes les manifestations sont gratuites !

Où se loger

La plupart des hébergements se concentrent dans deux secteurs : autour de la Playa Rinconcito, au bout de la route de terre éponyme, et de l'autre côté de la butte qui domine la Playa Mermejita. Le second constitue la meilleure option.

Hospedaje El Rinconcito HÔTEL $
(984-157-30-56 ; Calle Rinconcito ; s et d 300-400 $M, avec clim 550-600 $M ; P). Ce nouveau venu occupe un bâtiment ocre avec des boutiques d'artisanat au rez-de-chaussée, dont la boulangerie La Baguette (p. 502). Les chambres simples, égayées de quelques traits de couleur, se trouvent à l'étage, autour d'une cour doublée d'un parking. La plupart ont 2 lits doubles et certaines sont climatisées.

Posada del Arquitecto CABAÑAS $
(www.posadadelarquitecto.com ; Playa Rinconcito ; dort 70-100 $M, estrella 100 $M, bungalows 400-1200 $M ; P). D'aspect un peu négligé vu de la plage, l'Arquitecto renferme pourtant des chambres de qualité. Il a pour originalité des lits suspendus (*camas colgantes* ou *estrellas*), certains en plein air à l'abri de simples *palapas*, d'autres accrochés par des cordes au plafond de bungalows et gracieusement enveloppés de moustiquaires blanches. Vous pourrez ainsi vous bercer au son des vagues (la Playa Rinconcito est à deux pas). Il y a aussi un dortoir moins cher.

Cabañas Balamjuyuc CABAÑAS $
(portable 958-5837667 ; http://balamjuyuc.blogspot.com ; Camino a Punta Cometa ; camping 100 $M/pers, location de tente et literie 150 $M, dort 150 $M, cabañas 500-800 $M ; P). Les mots *paz y amor* ("paix et amour") qui accueillent les clients trahissent l'esprit baba cool de cette adresse perchée au sommet d'une colline, qui vaut surtout pour son cadre naturel avec vue sur la côte rocheuse. Outre de confortables bungalows sans fioritures, celle-ci propose un dortoir, des emplacements de camping et des tentes à louer. Activités : séances de yoga, massages thérapeutiques et *temazcal*.

♥ Hotel Arigalan HÔTEL $$
(portable 958-1086987 ; www.arigalan.com ; Cerrada del Museo de la Tortuga ; cabañas 700 $M, sans sdb 500-650 $M, ste 1 800-2 000 $M ;

(P ❄ wifi). Sur les hauteurs du cap entre Mazunte et San Agustinillo, cet établissement chic décontracté jouit d'une vue spectaculaire sur deux plages. Il abrite des chambres tendance immaculées, décorées de reproductions d'œuvres de Frida Kahlo, une piscine et des hamacs. Les moins de 18 ans ne sont pas acceptés. Petit-déjeuner à la demande de décembre à avril.

Oceanomar CABAÑAS **$$**
(☎portable 958-5890376 ; www.facebook.com/OceanoMar.Mazunte ; Camino a Mermejita, Playa Mermejita ; s/d/tr 1 600/1 800/2 000 $M ; P wifi piscine). Sur un joli terrain paysager dominant la Playa Mermejita, cette adresse, propriété d'un Italien, propose une superbe piscine bordée de 5 grandes chambres décorées d'artisanat, chacune dotée d'une salle de bains et d'une terrasse avec hamacs. Le petit restaurant **Oceanomar** (plats 120-200 $M ; ⏲résidents 8h-22h, tout public 19h-22h ; végétarien) sert les hôtes toute la journée et ouvre le soir à la clientèle extérieure.

El Copal CABAÑAS **$$**
(☎portable 55-41942167 ; www.elcopal.com.mx ; Playa Mermejita ; cabañas 1 050-1 350 $M ; P wifi). Ces *cabañas* en pisé, bois et palmes, perdues dans une végétation touffue à flanc de colline derrière la Playa Mermejita, sont meublées d'un lit double au rez-de-chaussée et de 2 ou 3 lits simples à l'étage. Des escaliers montent jusqu'à un **restaurant** (plats 95-130 $M ; ⏲7h-22h30 ; wifi) original et une piscine qui se confond avec la mer au-delà. Des huttes amérindiennes ont récemment été ajoutées, et les salles de bains en plein air profitent de la vue.

Celeste del Mar CHAMBRES **$$**
(☎portable 958-1075296 ; www.celestedelmar.com ; Playa Mermejita ; ch 1 550 $US ; P ❄ wifi piscine). À quelques pas de la Playa Mermejita, 8 chambres soigneusement conçues dans des bungalows coiffés de palmes et rehaussés de touches décoratives modernes. Les 4 grandes chambres à l'étage ont des airs de loft, avec leurs hamacs doubles suspendus au haut plafond couvert de *palapa*. Moins de 18 ans non admis.

Casa Pan de Miel HÔTEL **$$$**
(☎portable 958-1004719 ; www.facebook.com/casa.pandemiel/ ; ch 150-350 $US ; P non-fumeurs ❄ wifi piscine). C'est l'endroit rêvé pour une véritable détente, avec une vue magique, une piscine à débordement devant une vaste *palapa* salle à manger/lounge où l'on sert de bons petits-déjeuners (9-15 $US), incluant des œufs bio ainsi que de la confiture, du pain et du yaourt maison. Élégantes et lumineuses, ses 9 grandes chambres climatisées s'agrémentent d'art mexicain et d'une vue sur la mer. Toutes comportent une cuisine ou kitchenette et une terrasse avec hamacs.

Il faut grimper une piste pentue qui part de la route principale à l'extrémité est de Mazunte. N'accepte pas les enfants pour des raisons de sécurité liées à son emplacement sur la falaise.

Où se restaurer

La Baguette BOULANGERIE, CAFÉ **$**
(Rinconcito ; 25-50 $M ; ⏲8h-21h). En descendant la Calle Rinconcito qui va vers la plage, arrêtez-vous dans cette petite boulangerie pour acheter sandwichs à la baguette, muffins, parts de pizza et café préparé dans une cafetière napolitaine.

♥ Alessandro ITALIEN **$$**
(☎portable 958-1220700 ; El Rinconcito ; plats 95-145 $M ; ⏲18h-22h30 mer-lun ; végétarien). Sur le littoral de Oaxaca, on n'est jamais loin d'un restaurant ouvert par un cuisinier italien. Peu atteignent toutefois le niveau d'Alessandro, 6 tables dans un coin de la Posada del Arquitecto (p. 501), où l'on déguste de formidables pâtes maison (au pesto de roquette-avocat, par exemple). La carte comprend aussi du poisson frais (notamment dans une sauce au piment *guajillo* et au *tomatillo*), du *filet miñón* (filet de bœuf au vin blanc, huile d'olive et parmesan) et des desserts comme la mousse au chocolat de Oaxaca à l'orange et au rhum. Côté boissons, optez pour un vin argentin, un mezcal de la région ou une *agua de frutas* désaltérante. Arrivez tôt pour éviter l'attente.

La Cuisine MÉDITERRANÉEN, MEXICAIN **$$**
(☎portable 958-1071836 ; Andador Barrita ; comida corrida 3 plats 190 $M ; ⏲18h30-23h mar-sam). La Cuisine, qui a connu un succès immédiat lors de son ouverture en 2015, propose un délicieux menu de 3 plats (*comida corrida gourmet*). Le chef français change son menu en fonction du marché, et le publie chaque matin sur sa page Facebook (fr-fr.facebook.com/La-Cuisine-132010246889452/). Juste derrière Calle Rinconcito, dans la

première allée latérale en revenant de la plage.

Siddhartha INTERNATIONAL **$$**
(El Rinconcito ; plats 70-150 $M ; 8h-23h ;). Un classique établissement de plage où l'on peut venir à moitié nu sans susciter la moindre réaction. Également prisé des routards, qui tentent de soigner leur addiction aux réseaux sociaux en sirotant une bière face à des vagues impressionnantes. La carte fait le tour du monde : pâtes au pesto, hamburgers, salades, poisson du jour, falafels, cocktails "deux pour le prix d'un"...

Achats

Cosméticos Naturales Mazunte ARTISANAT
(portable 958-5874860 ; www.cosmeticosmazunte.com ; Paseo del Mazunte ; 9h-16h lun-sam, 10h-14h dim). Située vers l'extrémité ouest de Mazunte, cette petite coopérative prospère fabrique shampooings, cosmétiques, antimoustique, savons et plantes médicinales, à partir de composants naturels (maïs, noix de coco, arnica, huiles essentielles...). Vous verrez ses produits dans nombre de chambres d'hôtel de l'État de Oaxaca ! Elle vend aussi du café et du tahina bio. N'hésitez pas à jeter un coup d'œil à l'atelier.

Renseignements

DAB de la banque Santander (Paseo del Mazunte). Juste à l'ouest de l'église, sur l'artère principale.
Kiosque d'information touristique (Paseo del Mazunte ; 9h-17h sam-dim). Au bord de la route à l'extrémité ouest du village.

Depuis/vers Mazunte

Atlántida (portable 958-198911) affrète des minibus confortables pour San José del Pacífico (140 $M, 4 heures 30) et Oaxaca (200 $M, 6 heures 45). Départ 11 fois par jour depuis le Paseo del Mazunte, à l'est de l'église. Réservez vos places par téléphone ou auprès du bureau de Pochutla (p. 494).

Des *colectivos* et des *camionetas* desservent les villages voisins. Faites-leur signe sur l'axe principal.

La Ventanilla

958 / 100 HABITANTS

À 2,5 km à l'ouest de Mazunte, un panneau sur la route indique le petit village balnéaire de La Ventanilla, accessible par une piste de terre de 1,2 km. Un projet communautaire vise à y protéger l'écosystème, en particulier les tortues. On peut naviguer sur la lagune peuplée de crocodiles, observer les oiseaux ou se promener à cheval sur la plage. Malgré la petite taille du village, deux coopératives proposent ces activités ; toutes deux ont des guides anglophones et travaillent bien.

Activités

Lagarto Real OBSERVATION DE LA FAUNE
(portable 958-1080354 ; www.facebook.com/lagarto.real ; circuits lagune adulte/enfant 80/40 $M ; sorties 8h-18h). Cette coopérative, dont les membres portent des chemises rouges, a son bureau près de la plage, sur le bas-côté de la route, et un autre dans le village. Elle organise des excursions en bateau sur la lagune (sans halte sur une île), des sorties très matinales à la rencontre des oiseaux (150 $M/heure) et d'autres, de nuit, pour observer la ponte des tortues.

Servicios Ecoturísticos La Ventanilla OBSERVATION DE LA FAUNE
(portable 958-1087726 ; www.laventanilla.com.mx ; sortie dans la lagune 1 heure 30 adulte/enfant 100/50 $M ; visites guidées 8h-17h). Le bureau et le restaurant de cette coopérative se trouvent au bord de la route à l'entrée du village. Ses employés, en chemise blanche, proposent des excursions sur la lagune dans un bateau de 12 places, à la découverte de la mangrove, des crocodiles menacés (plusieurs centaines évoluent dans une zone protégée), quantité d'oiseaux aquatiques (plus nombreux de novembre à mars), ainsi que quelques cervidés, singes, aigles et coatis dans des enclos sur une île.

La coopérative propose aussi des balades à cheval (3 heures, 500 $M), à réserver la veille. Certains jours, les visiteurs peuvent participer à la mise à l'eau des bébés tortues ou aux patrouilles nocturnes qui veillent lors de la ponte des œufs (250 $M).

Depuis/vers La Ventanilla

Des *camionetas* et des taxis *colectivos* de la ligne Zipolite-Mazunte-Pochutla s'arrêtent à l'embranchement de La Ventanilla, d'où il reste à parcourir 1,2 km à pied. Un taxi depuis Mazunte revient à 80 $M. Depuis Zipolite, comptez 150 $M.

Bahías de Huatulco

958 / 19 000 HABITANTS

Huatulco est une expérience intéressante en matière de planification touristique. Jusqu'au milieu des années 1980, cette portion densément boisée de la côte pacifique n'abritait que quelques villages de pêcheurs perdus. Puis est arrivée l'agence de tourisme Fonatur, financée par des fonds publics et chargée d'aménager les 9 baies à la beauté sauvage de la région pour accueillir des vacanciers. La situation n'est en rien comparable à celle de Cancún, car ici, le développement s'est fait de manière plus respectueuse de l'environnement. Les grands hôtels occupent des bâtiments bas, relativement discrets et espacés, tandis qu'un parc national protège des étendues de forêt vierge. Bref, le résultat ne ressemble guère à une station balnéaire classique. Avec son église, son parc et ses stands de rue, La Crucecita (la localité d'origine) pourrait même passer pour une authentique bourgade mexicaine.

Huatulco séduit ainsi un large panel de touristes, attirés par ce qui constitue depuis toujours l'attrait de la région : des plages idylliques dans des criques, abritées, avec la forêt en toile de fond.

À voir

On considère communément que Huatulco comporte 9 baies abritant une dizaine de superbes étendues sablonneuses baignées par des eaux turquoise. Par endroits, vous trouverez au large des récifs coralliens parfaits pour le snorkeling. Comme partout ailleurs au Mexique, les plages, sous contrôle fédéral, sont accessibles à tous, même si certains hôtels les considèrent comme leur propriété privée.

Bahía San Agustín — PLAGE

À 14 km à l'ouest de Santa Cruz Huatulco, cette longue plage sablonneuse bordant un village de pêcheurs tranche fortement avec les autres destinations balnéaires de Huatulco : elle est entièrement dépourvue de complexes hôteliers, mais elle abrite un chapelet de *comedores* sommaires qui proposent fruits de mer et poisson, ainsi que des *antojitos* (en-cas mexicains). On peut pratiquer le snorkeling dans ses eaux calmes peuplées de coraux, notamment autour des rochers et sur la **Playa Riscalillo** qui s'étend vers l'est.

Prisée des Mexicains le week-end et en période de vacances, San Agustín est paisible le reste du temps. Certains *comedores* louent du matériel de snorkeling et la plupart organisent des trajets en bateau jusqu'à Riscalillo ou la Playa La India. Beaucoup fournissent des hamacs ou des emplacements de tente, parfois gratuitement si vous prenez vos repas chez eux. **El Tronco** (portable 958-1031808 ; Playa San Agustín ; tente pour 2 pers 150 $M, hamac 50 $M ; P), vers l'extrémité nord, est tenu par une famille accueillante.

Une piste de terre de 13 km qui part de la route 200 vers le sud, 1,7 km à l'ouest de l'aéroport, dessert San Agustín. Les bus pour Huatulco ou Pochutla vous déposeront au carrefour, où des taxis attendent (115 $M, ou 25 $M/pers en *colectivo*).

Hagia Sofia — VERGERS

(www.hagiasofia.mx ; Apanguito ; entrée avec transport aller-retour et petit-déj 800 $M ; P). À 9 km au nord-ouest de Santa María Huatulco et à environ 30 km de La Crucecita (45 min en voiture), cette exploitation qui pratique l'agrotourisme écologique fournit l'occasion d'une excursion aussi bucolique qu'intéressante. Elle comprend un immense verger bio et un superbe sentier de 500 m, le long d'une rivière, où 60 espèces de plantes à fleurs tropicales attirent des oiseaux et papillons multicolores. Vous pourrez en profiter pour vous rafraîchir sous la cascade du domaine.

Les vergers sont ouverts tous les jours, mais réservez la veille auprès des **bureaux** (958-587-08-71, portable 958-5837943 ; Local 7, Mitla 402 ; 9h-14h et 16h-19h lun-ven, 11h-17h sam), à Santa Cruz Huatulco. Visites en anglais ou en espagnol. Comptez 4 heures sur place.

Bahía Conejos — PLAGE

La "baie des lapins", 3 km à l'est de Tangolunda, possède une longue plage divisée en deux par un affleurement rocheux, formant à l'ouest la **Playa Arenas** et à l'est la **Playa Punta Arenas**, à une courte distance à pied de la route goudronnée. Il peut y avoir ici de gros rouleaux. À l'extrémité est de la baie, la **Playa Conejos**, plus abritée, accueille le luxueux Secrets Huatulco Resort (p. 509), mais reste accessible au public.

Bahía Cacaluta — PLAGE

Ce petit coin de paradis habituellement désert, qui s'étire sur 1 km, est protégé par une île et bordé de dunes. On peut se

Bahías de Huatulco

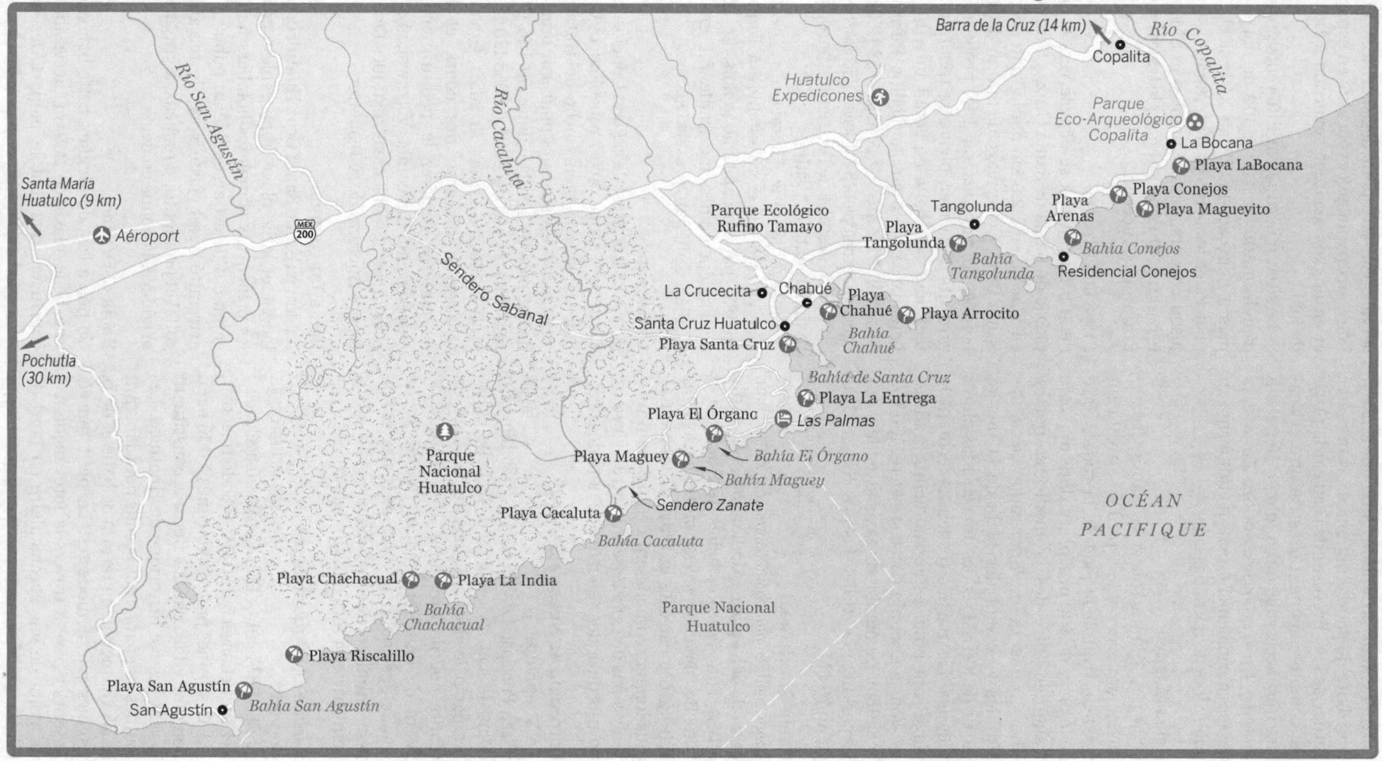

0 5 km

Barra de la Cruz (14 km)
Río Copalita
Copalita
Huatulco Expediciones
Parque Eco-Arqueológico Copalita
La Bocana
Playa LaBocana
Playa Conejos
Playa Magueyito
Río San Agustín
Río Cacaluta
Santa María Huatulco (9 km)
Aéroport
MEX 200
Parque Ecológico Rufino Tamayo
Tangolunda
Playa Arenas
Playa Tangolunda
Bahía Tangolunda
Bahía Conejos
Residencial Conejos
Sendero Sabanal
La Crucecita
Chahué
Playa Chahué
Playa Arrocito
Santa Cruz Huatulco
Playa Santa Cruz
Bahía Chahué
Pochutla (30 km)
Bahía de Santa Cruz
Playa La Entrega
Playa El Órgano
Las Palmas
Parque Nacional Huatulco
Playa Maguey
Bahía El Órgano
Bahía Maguey
Sendero Zanate
Playa Cacaluta
Bahía Cacaluta
OCÉAN PACIFIQUE
Playa Chachacual
Playa La India
Bahía Chachacual
Parque Nacional Huatulco
Playa Riscalillo
Playa San Agustín
San Agustín
Bahía San Agustín

baigner, mais attention aux courants ! Pour faire du snorkeling, mieux vaut rester autour de l'île. Prévoyez de l'eau car la plage ne compte aucune infrastructure. Cacaluta n'est accessible qu'en *lancha* (bateau à moteur). Un sentier, le **Sendero Zanate**, la dessert normalement, mais il était fermé au public lors de notre passage.

Bahía Maguey PLAGE

(P 👪). À 3 km à l'ouest de Santa Cruz et facilement accessible à pied en suivant un nouveau trottoir le long de la route, cette belle plage de 400 m s'inscrit dans une baie tranquille entre des promontoires boisés. Une dizaine de *palapas* appréciées des familles y servent des plats de la mer (à partir de 100 $M) et des piña coladas plutôt réussies. Les parties rocheuses fermant la plage sont propices au snorkeling ; adressez-vous à **Escualo** (location matériel 100 $M ; ⏲8h-18h). De nombreux taxis attendent sur le parking. Le trajet jusqu'à Santa Cruz coûte 70 $M.

Bahía Chachacual PLAGE

Inaccessible par voie terrestre, cette baie possède deux plages, dont la **Playa La India** à l'est, l'une des plus belles de Huatulco et l'une des meilleures pour pratiquer le snorkeling. Les eaux de la **Playa Chachacual**, plus longue, connaissent de forts courants. Il n'y a pas de *comedores* ni autres services, hormis quelques vendeurs de noix de coco.

Parroquia de Nuestra Señora de Guadalupe ÉGLISE

(Plaza Principal, La Crucecita ; ⏲8h-18h). En dépit de son style colonial, la belle église orange pâle de La Crucecita ne date en réalité que de l'an 2000. Une fresque de 20 m de long représentant la Vierge de Guadalupe couvre la voûte de la nef, et l'on peut admirer des mosaïques et d'autres peintures colorées dans les bas-côtés.

Parque Eco-Arqueológico Copalita SITE ARCHÉOLOGIQUE

(☎958-587-15-91 ; Blvd Copalita-Tangolunda ; Mexicain/étranger 60/80 $M ; ⏲8h-16h mar-dim ; P). Ces ruines précolombiennes à 600 m au nord du village de La Bocana constituent le seul vestige historique de Huatulco. Les fouilles en cours n'ont permis pour l'instant de n'exhumer qu'un terrain de balle et deux temples plutôt modestes. Le petit musée, le sentier pavé à travers la forêt menant à un point de vue spectaculaire en bord de falaise (à l'emplacement d'une pierre qui servait peut-être pour des sacrifices) et les nouveaux panneaux explicatifs en espagnol et en anglais ajoutent beaucoup à l'attrait du lieu.

Le site fut occupé par différents groupes d'environ 500 av. J.-C. à 500 de notre ère, puis à nouveau du XIe au XVIe siècle. On peut louer les services d'un guide (480 $M jusqu'à 4 personnes). Comptez 10 $M pour le parking, et 1 000 $M pour le trajet en taxi jusqu'à La Crucecita.

Playa La Entrega PLAGE

(P 👪). La Entrega se déploie vers la périphérie de Bahía de Santa Cruz, à 5 minutes en *lancha*, ou à 2,5 km par la route, depuis Santa Cruz. Cette plage de 300 m de long, bordée de *palapas* où l'on propose des produits de la mer, peut être très fréquentée, mais son banc de corail interdit aux bateaux se prête au snorkeling. **Renta de Snorkel Vicente** (☎portable 958-1168197 ; équipement complet 75 $M, kayak 250 $M/heure ; ⏲7h30-crépuscule), à l'extrémité nord, loue l'équipement nécessaire.

Entrega signifie “livraison” : c'est là que Vicente Guerrero fut livré à l'ennemi en 1831 par un capitaine génois. Le héros de l'indépendance mexicaine fut ensuite fusillé à Cuilapan, près de Oaxaca.

La Bocana PLAGE

(P). À 1,5 km à l'est de la Playa Conejos, juste avant le Parque Eco-Arqueológico Copalita, la plage la moins belle de Hutatulco a la faveur des surfeurs pour son break de droite près de l'embouchure du Río Copalita. Une **école de surf** (☎958-130-18-32 ; Playa La Bocana ; cours 75 $US ; ⏲horaires variables) y dispense des cours et loue du matériel (repérez la peinture murale représentant un combi Volkswagen). Des *comedores* agréablement rustiques face à la mer permettent de se restaurer.

Bahía Tangolunda PLAGE

À 5 km à l'est de Santa Cruz Huatulco, cette longue et large plage impeccable regroupe les principaux complexes hôteliers haut de gamme. Elle est accessible au public à son extrémité ouest, juste après le terrain de golf. Un promontoire rocheux, à gravir avec prudence, la coupe en deux.

Bahía El Órgano PLAGE

Un peu à l'est de Maguey, cette baie abrite une belle plage de 250 m, accessible en bateau (ce que font la plupart des gens) ou à pied (1 km). Ses eaux paisibles sont favorables au snorkeling, mais l'impossibilité de s'y rendre en voiture et l'absence de *comedores* en limitent la fréquentation. Le sentier part à environ 1,3 km du parking de Maguey en direction de Santa Cruz. L'entrée, facile à manquer, est signalée par un panneau d'avertissement sur le respect de la nature et l'interdiction d'allumer des feux. La plage se transforme en ruisseau à la saison des pluies.

Corredor Turístico RUE

Une large promenade pédestre en terrasses reliant la Crucecita au terminal de croisières de Santa Cruz a récemment vu le jour. Elle continue ensuite vers l'ouest parallèlement à la route jusqu'à Playa Maguey.

Bahía Chahué PLAGE

(P). Cette large plage de sable fin, 1 km à l'est de Santa Cruz Huatulco, manque d'ombre et ses vagues peuvent être étonnamment puissantes. Une marina se tient à son extrémité est. Les locaux l'utilisent comme terrain de football improvisé.

Activités

Huatulco Expediciones RAFTING

(958-587-21-26 ; www.huatulcoexpediciones.com ; route 200 Km 256, Puente Tangolunda, Comunidad La Jabalina ;). Propose des descentes en rafting sur le Río Copalita près de Huatulco : journée entière sur le tronçon Alemania de classes III à IV (650-700 $M/pers, généralement juillet-décembre), ou sortie de 2 heures 30, plus tranquille, sur les 5 derniers kilomètres de la rivière jusqu'à la mer, à La Bocana (300-350 $M/pers, toute l'année, accessible aux enfants).

Plongée et snorkeling

Vous pouvez louer du matériel de snorkeling, dont des gilets de sauvetage, au port de Santa Cruz (130 $M/jour), si vous partez d'ici pour une sortie en bateau. Sur une ou deux plages, des loueurs pratiquent des prix plus bas. Les meilleurs spots se trouvent généralement sur les bancs de corail, à la Playa La Entrega, San Agustín, et plus dans les terres au niveau de Calacuta. Il est possible de louer une *lancha* depuis Santa Cruz pour s'y rendre ou vous adresser à l'un des centres de plongée de Huatulco qui organisent des sorties de snorkeling.

La côte de Huatulco compte plus de 100 sites de plongée, dont 40 indiqués par des bouées. On y trouve une grande variété de poissons et de coraux, ainsi que des dauphins, des tortues de mer et des baleines à bosse (habituellement de décembre à mars). Avec ses eaux chaudes, ses fonds marins variés et sa mer calme presque toute l'année, l'endroit convient bien aux débutants. La visibilité atteint en moyenne 10 à 20 m. Il y a un caisson hyperbare à l'hôpital de la marine local.

Huatulco Dive Center PLONGÉE, SNORKELING

(958-583-42-95 ; www.huatulcodivecenter.com ; Marina Chahué ; 9h-18h lun-ven, jusqu'à 16h sam). Un centre PADI très compétent se trouve à la Marina Chahué. Plongées avec deux bouteilles (95 $US), formule d'initiation Discover Scuba (150 $US avec 2 immersions), cours PADI et excursions de snorkeling. Les sorties de plongée partent généralement à 9h30. La plupart des sites se trouvent à environ 20 minutes de bateau.

Hurricane Divers PLONGÉE, SNORKELING

(958-587-11-07 ; www.hurricanedivers.com ; Playa Santa Cruz ; 9h-18h lun-ven, 9h-16h sam). Cette équipe internationale très professionnelle (le français est parlé) représente l'un des rares centres de plongée PADI 5 étoiles du Mexique. Elle propose des sorties avec 2 plongées consécutives (95 $US), des plongées nocturnes (70 $US) pour plongeurs certifiés (BCD, détendeur et combinaison si besoin, 5 $US chaque), et des cours de découverte PADI Discover Scuba (150 $US), avec 2 courtes plongées comprises.

Randonnée et VTT

De nombreux sentiers sillonnent le Parque Nacional Huatulco, mais les voyageurs sont fortement encouragés à les parcourir dans le cadre de sorties organisées. Adressez-vous à Huatulco Salvaje (p. 508) pour d'intéressantes randonnées guidées et circuits à vélo dans le secteur.

Circuits organisés

Presque toutes les agences des environs proposent le "Seven Bays Tour" (prix standard 350 $M), un circuit dans 7 des 9 baies de Huatulco incluant des pauses snorkeling et déjeuner.

Également au programme : excursions aux cascades alentour, descentes en rafting sur la Copalita et plusieurs randonnées et sorties faciles à bicyclette ; regardez les

HORS DES SENTIERS BATTUS

CONCEPCIÓN BAMBA

La côte à l'ouest de Salina Cruz est spectaculaire, avec ses longues plages de sable et ses immenses dunes adossées à des montagnes boisées. Elle attire les surfeurs avec ses longs *point breaks* de droite sur fond sablonneux et plusieurs *beach breaks* et *jetty breaks*. Concepción Bamba, ou La Bamba, comme on l'appelle, à 40 km à l'ouest de Salina Cruz, est une plage de 6 km qui comporte deux *point breaks* en son milieu et les meilleurs hébergements du secteur. La saison de surf s'étend de mars à octobre. Consultez néanmoins les prévisions, car la houle n'est pas tous les jours au rendez-vous.

Un camp communautaire de protection des tortues est installé sur la plage. Des œufs de tortue (pondus entre octobre et mars) sont recueillis et incubés dans une zone protégée. Les petits sont relâchés dans l'océan lorsqu'ils ont environ 6 semaines.

Le **Cocoleoco Surf Camp** (portable 322-1167535 ; www.cabanabambasurfmx.com ; camping 5-7 $US/pers, cabañas 15-30 $US, bungalows 40-50 $US, pers supp 10 $US ; P) fait un parfait point de chute avec d'agréables bungalows, des chambres doubles, des lits sous des *palapas* et des emplacements de camping sur un vaste terrain. À l'exception du camping, tous les hébergements sont équipés de moustiquaires et de ventilateurs, et certains ont une salle de bains privative. Les hôtes peuvent manger des repas locaux, français et internationaux (plats déjeuner/dîner 50-80/100-120 $M). Ils disposent en outre d'une cuisine.

Au Km 352 de la route 200, une piste indiquée conduit à Concepción Bamba, 2,5 km plus loin, au bout de laquelle se tient le Cocoleoco. De là, il faut parcourir encore 800 m jusqu'à la plage. Les bus qui relient Huatulco à Salina Cruz vous déposeront à l'embranchement, d'où des triporteurs motorisés (10 $M/pers) desservent le village de 7h à 18h environ. Sinon, des taxis *colectivos* partent de Salina Cruz pour le village (50 $M, plus 15 $M pour une planche de surf) toutes les heures, de 7h à 19h, depuis un parking sur la route 200, à l'ouest de l'intersection avec le Blvd Salina Cruz, dans le nord de la ville.

annonces en évidence dans les hôtels et les kiosques d'information de la station balnéaire.

Huatulco Salvaje CIRCUIT AVENTURE
(portables 958-5874028 et 958-1193886 ; huatulcosalvaje.com ; Local 2, Mitla 402, Santa Cruz Huatulco ; 9h-14h et 16h30-19h30 lun-sam ;). Huatulco Salvaje est un groupe de guides certifiés issus de la communauté locale, dont beaucoup appartiennent aux familles du village déplacé lors de la création du Parque Nacional Huatulco dans les années 1990. Ils connaissent très bien leur métier et la nature environnante.

Passez à l'agence, dans le bâtiment Ocean Park à Santa Cruz, pour organiser des sorties de snorkeling en bateau (5 heures, 2 000-3 500 $M jusqu'à 10 pers), diverses randonnées et des excursions à la rencontre des baleines, dauphins et tortues (oct-avr, 4 heures, 650 $M/pers, 5 participants min).

Location de vélo (40/200 $M heure/jour) également.

Où se loger

Des établissements à tous les prix et la plupart des hôtels de gamme moyenne se concentrent à La Crucecita. Il existe d'autres adresses de rang intermédiaire à Chahué et à Santa Cruz. Les complexes hôteliers haut de gamme, essentiellement destinés aux séjours "tout compris", sont regroupés à Tangolunda et au-delà.

La formule avion + hébergement représente la solution la plus avantageuse pour loger dans un hôtel de luxe de Huatulco.

AM Hotel y Plaza HÔTEL $
(958-587-14-89 ; www.amhotelyplaza.com ; Blvd Chahué 1601, La Crucecita ; ch 500-700 $M ; P). Un nouvel hôtel à l'architecture moderne, juste à côté de la gare routière et à deux pas du centre de La Crucecita. La réception ouvre sur une esplanade en bord de route et les chambres toutes simples occupent un grand immeuble cubique surplombant la circulation. Il y a même une curieuse petite piscine donnant sur le morne boulevard. Tout est standard et impeccable.

Hotel Nonni HÔTEL $

(☎958-587-03-72 ; Bugambilia 203, La Crucecita ; ch à partir de 500 $M ; ❄📶). Une adresse récente proposant des chambres aux équipements modernes et des salles de bains fraîchement carrelées dégageant un parfum de propreté. S'y ajoutent des détails bien pensés tels que de nombreuses prises de courant, un éclairage astucieux et de grands lits confortables.

Hotel María Mixteca HÔTEL $

(☎958-587-09-90 ; www.mariamixtecahuatulco.com ; Guamuchil 204, La Crucecita ; ch 550-650 $M ; P❄📶). Ces belles chambres occupent les 2 étages supérieurs, autour d'un patio. Climatisation, literie douillette, belles salles de bains et coffre-fort. À un demi-pâté de maisons à l'est de la place principale, dans le même bâtiment que le restaurant El Sabor de Oaxaca (p. 511).

Hotel Jaroje Centro HÔTEL $

(☎958-583-48-01 ; www.hotelhuatulco.com.mx ; Bugambilia 304, La Crucecita ; d/qua 550/750 $M ; ❄📶). Cette adresse lumineuse, 2 rues au sud de la place principale, loue 13 grandes chambres immaculées, avec climatisation, moustiquaires et un lit *king size*, ou 2 lits doubles de taille normale. Des balcons surplombent la rue.

♥ Misión de los Arcos HÔTEL $$

(☎958-587-01-65 ; misiondelosarcos.website ; Gardenia 902, La Crucecita ; ch/ste 654/892 $M ; ❄📶). Loin d'être l'un de ces *resorts* "tout compris", l'établissement le plus prisé de Huatulco, certes plus modeste, affiche un esprit résolument traditionnel bien qu'il n'ait rien d'ancien. Touches de style colonial, végétation luxuriante en façade, chambres lumineuses et climatisées, lits confortables et souci du détail sont sa marque de fabrique. Accès direct au restaurant Terra-Cotta (p. 510), qui partage la même direction, à quelques rues de la place principale de La Crucecita.

Hotel Posada Edén Costa HÔTEL $$

(☎958-587-24-80 ; www.edencosta.com ; Zapoteco 26, Chahué ; ch/ste avec petit-déj 800/1 200 $M ; P❄📶🏊). À 500 m de la Bahía Chahué, l'Edén Costa est géré par un couple helvetico-laotien. Il abrite des chambres attrayantes, rehaussées de peintures murales colorées figurant des oiseaux. La plupart sont garnies de lits doubles et donnent sur une petite piscine centrale, tandis que les suites ont leur propre cuisine. Le restaurant attenant, L'Échalote (p. 510), est un atout.

Secrets Huatulco Resort & Spa RESORT $$$

(☎958-583-05-00 ; www.secretsresorts.com.mx ; Bahía de Conejos ; ch tout compris 165-295 $US ; P❄@📶🏊). Ouvert en 2012 et toujours aussi luxueux, ce *resort* enchante avant tout par son emplacement, au-dessus du sable doré de la Playa Conejos, entre deux promontoires vert sombre. Il présente des chambres immenses avec piscine privée, Jacuzzi, machine à expresso, peignoirs et pantoufles, sans parler des équipements habituels. Les espaces communs, de la réception aux jardins exotiques, sont tout aussi somptueux et reluisant de propreté. Les hôtes ont à disposition deux piscines, un spa et une salle de sport. Un sentier permet d'observer les oiseaux.

Las Palmas SUITES $$$

(☎portable 958-1091448 ; www.laspalmashuatulco.com ; Camino a Playa La Entrega ; casitas/villas 190/750 $US ; P❄📶🏊). Dominant la jolie Playa Violín, sur la route entre Santa Cruz et Playa La Entrega, Las Palmas convient parfaitement aux couples, aux familles et aux groupes plus importants qui disposent d'un véhicule et souhaitent préparer eux-mêmes leurs repas. Claires et spacieuses, les 3 villas de 4 chambres possèdent chacune un vaste coin salon-salle à manger ouvrant sur une piscine privative.

Les 5 *casitas* (jusqu'à 4 pers), tout aussi séduisantes, se partagent une cuisine, une piscine et une grande *palapa* en guise de salle à manger. De beaux carreaux et objets d'artisanat agrémentent le décor. Prêt de kayaks et de VTT.

Camino Real Zaashila HÔTEL DE LUXE $$$

(☎958-583-03-00 ; www.caminoreal.com ; Blvd Juárez 5, Tangolunda ; ch à partir de 2 410 $M ; P❄📶🏊). Avec ses bâtiments blancs séparés de la plage par des pelouses parfaitement entretenues, cet endroit paradisiaque évoque les îles grecques. Les chambres spacieuses ont vue sur l'océan et bénéficient d'une piscine privative, d'un Jacuzzi et de lits *king size* garnis de draps luxueux. Les deux excellents restaurants, dont le Azul Profundo (p. 511) et sa cuisine fusion mexico-thaïlandaise, constituent un atout supplémentaire.

Hotel Binniguenda RESORT $$$
(☎958-583-26-00 ; www.binniguendahuatulco.com.mx ; Blvd Santa Cruz 201, Santa Cruz Huatulco ; s/d tout compris 6 700/9 000 $M ; P ❄ @ ☜ ≋). D'une taille plus modeste que les autres complexes hôteliers, cet établissement ouvert en 1987 a été le premier du genre à Huatulco. Avec son architecture de style colonial, son cadre raffiné et sa jolie petite piscine, il a plutôt bien vieilli, notamment grâce à des travaux de rénovation effectués en 2012. Il ne se situe pas sur la plage, mais le sable de Santa Cruz n'est pas loin. Le petit nombre de chambres (80) se traduit par un service plus avenant. Consultez les offres promotionnelles en ligne.

Où se restaurer

Le centre de La Crucecita accueille environ 80% des restaurants. Sur plusieurs plages, notamment Santa Cruz, Entrega, Maquey et San Agustín, s'alignent des *palapas* servant de bons repas. Le choix est plus limité à Tangolunda, la zone des grands *resorts*, mais on y trouve quand même quelques bonnes adresses pour déjeuner.

Antojitos Los Gallos MEXICAIN $
(Angle Carrizal et Palma Real, La Crucecita ; plats 55-70 $US ; ⏲14h-22h mar-dim ; ☜). Un petit restaurant tout simple, authentiquement mexicain, où goûter une vraie bonne cuisine maison. Installez-vous à l'une des tables de cafétéria et commencez par un *caldo tlalpeño* (soupe au poulet, légumes, piment et herbes), suivi d'une *tlayuda* (grande tortilla) au *res deshebrado* (bœuf effiloché) ou d'enchiladas.

On y sert également plusieurs boissons fruitées originales, comme l'*agua de pepino y limón* (boisson à base de concombre et de citron).

Xipol CAFÉTÉRIA $
(Guanacastle 311, La Crucecita ; petit-déj et en-cas 45-100 $M ; ⏲7h-23h30 ; ☜). À côté de la bohème Crema (page ci-contre) et tout aussi branché, ce nouveau venu arbore une peinture murale de l'artiste zapotèque Irving Cano. Excellents mezcal et café (ce dernier au petit-déjeuner). Deux écrans plats diffusent du football pour les Européens nostalgiques.

Casa Mayor CAFÉ $
(Bugambilia 601, La Crucecita ; plats 65-130 $M ; ⏲8h-minuit lun-sam, 16h-minuit dim). 🍃 Sur la Plaza Principal, Casa Mayor sert un bon café bio de Oaxaca. Petits-déjeuners, sandwichs à la baguette, *antojitos* et cocktails complètent la carte. Une **antenne** (angle Gardenia et Guanacastle, La Crucecita ; café 15-40 $M ; ⏲7h-23h) 🍃, plus petite, à l'autre extrémité de la place, propose une carte identique. Un chanteur grattant la guitare anime souvent la soirée.

Restaurant La Crucecita MEXICAIN $
(☎958-587-09-06 ; Av Bugambilia 501 ; plats 50-95 $M ; ⏲7h30-22h). Ce favori du cru bon marché, à quelques rues de la Plaza Principal, montre qu'en matière de poisson, bœuf et poulet à la mode de Oaxaca, le plus simple est parfois le meilleur. Le *menú del día* ne coûte que 50 $M. Plus tôt dans la journée, vous pourrez voir le chef préparer un stock de *salsa roja* (sauce au piment rouge).

♥ **Terra-Cotta** MEXICAIN, INTERNATIONAL $$
(☎958-587-12-28 ; Gardenia 902, La Crucecita ; plats 80-170 $M ; ⏲7h30-23h ; ☜ 👪). La table la plus chic de La Crucecita appartient au tout aussi luxueux hôtel Misión de los Arcos (p. 509). On y déguste, dans une agréable salle climatisée, une cuisine internationale teintée d'influences mexicaines, où le pain remplace les nachos. Au menu : crevettes, steaks, poisson, pâtes, sandwichs à la baguette et pizza. Difficile de résister à la vitrine de desserts stratégiquement placée.

El Grillo Marinero FRUITS DE MER $$
(Carrizal et Macuhitle, La Crucecita ; plats 140-160 $M ; ⏲13h-20h mar-dim). Ce restaurant familial sans chichis a la faveur des habitants pour ses copieuses portions de poisson (goûtez le coryphène s'il figure sur la carte). Attendez-vous à de la bière en bouteille, de la sauce de *chipotle* dans un récipient en plastique, des serviettes en papier et un serveur en maillot du FC Barcelone.

L'échalote EUROPÉEN, MEXICAIN $$
(☎958-587-24-80 ; www.edencosta.com ; Hotel Posada Edén Costa, Zapoteco 26, Chahué ; plats 120-230 $M ; ⏲18h-23h mar-ven, 14h-23h sam-dim). Le chef franco-suisse mitonne de savoureuses recettes françaises, mexicaines et méditerranéennes. Au menu : escargots, osso buco et poisson du jour en sauce crémeuse. Excellents desserts et vins italiens ou français (à partir de 350 $M). Enfin, un armagnac ultramoelleux conclura le repas en beauté.

El Sabor de Oaxaca OAXAQUEÑO **$$**
(☎958-587-00-60 ; Guamuchil 206, La Crucecita ; plats 140-180 $M ; ⏲7h30-23h). Venez déguster ici des classiques de Oaxaca, tels que *tlayudas* (crêpes de maïs) et *moles*, avec en bande-son les pépiements des oiseaux et le vrombissement des ventilateurs. Pour une spécialité vraiment typique, choisissez la *tlayuda* aux *chapulines* (sauterelles).

Giordanas ITALIEN **$$**
(☎958-583-43-24 ; www.giordanas-delizie.com ; angle Gardenia et Palma Real, La Crucecita ; pâtes 90-130 $M, antipasti 120-220 $M ; ⏲12h-22h mar-sam ;). La talentueuse cheffe italienne confectionne tout elle-même, y compris les pâtes. Délicieux raviolis (5 garnitures au choix et 9 sauces), lasagnes à la viande ou végétariennes, et bons antipasti (carpaccios, jambon de parme et melon). Sans oublier les vins italiens. Choix de sandwichs baguette garnis de charcuterie et de fromages transalpins.

Azul Profundo FRUITS DE MER **$$$**
(☎958-583-03-00 ; Camino Real Zaashila, Blvd Juárez 5, Tangolunda ; plats 200-300 $M ; ⏲19h-23h lun, mer, ven et dim). Contrairement à d'autres *resorts*, le Camino Real Zaashila (p. 509) permet aux non-résidents de fréquenter son meilleur restaurant – un lieu romantique en bord de plage à la lumière des bougies. Les fruits de mer y sont excellents mais chers. Si vous rêvez de langouste et de champagne sur fond de soleil couchant, voici ce qu'il vous faut.

Où prendre un verre et faire la fête

Des bars de plage installés à l'ombre de *palapas* concoctent des cocktails forts et généreux. Les *resorts* proposent des divertissements du type numéros de sosie et spectacles de cabaret d'un goût douteux. Le centre de La Crucecita abrite quelques bars avec musiciens et karaoké où l'on boit du mezcal.

♥ **La Crema** BAR
(☎958-587-07-02 ; www.lacremahuatulco.com ; Gardenia 311, La Crucecita ; ⏲19h-2h ;). Ce bar à l'étage affichant un décor rétro de vieux canapés dans une lumière tamisée attire tous ceux qui aiment la musique punk, le reggae, le mezcal et la pizza. L'endroit mérite une visite, surtout quand il y a de la musique live (essentiellement le week-end).

El Tonel BAR
(☎958-587-17-90 ; Carrizal 504, angle Framboyán, La Crucecita ; ⏲12h-23h). Plus grande que la moyenne, la nouvelle *mezcalería* de La Crucecita présente un éclairage tamisé, des murs couverts de graffitis et de nombreux tabourets sur lesquels se percher. Salsa et autres musiques du genre pour danser les vendredis et samedis soir.

Paletería Zamora BAR À JUS
(Plaza Principal, La Crucecita ; boissons 20-65 $M ; ⏲7h15-23h45). On prépare ici des smoothies qui surprendraient le plus cool des hippies : Para la Prostrata ("pour la prostate"), par exemple, est à base de carotte, asperge et laitue ; d'autres sont recommandés pour le foie, les reins ou le cœur. Il y a aussi des glaces, dont une sorte de riz au lait sous forme d'esquimau.

Achats

Paradise ARTISANAT
(Gardenia 803 ; ⏲9h30 21h30). Parmi les nombreux commerces de La Crucecita, cette boutique d'artisanat se distingue par ces articles originaux, dont des poteries en *barro negro*, des *alebrijes* en bois de copal et des vêtements psychédéliques.

Renseignements

Kiosques d'information touristique Le principal se trouve à La Crucecita (Plaza Principal ; ⏲9h-21h), mais il en existe plusieurs autres aux environs, dont un à Santa Cruz.

Depuis/vers Bahías de Huatulco

AVION

L'**aéroport de Huatulco** (☎958-581-90-04), sans doute le plus beau du monde avec ses murs blancs et son toit de chaume, se situe à 400 m au nord de la route 200, 15 km à l'ouest de La Crucecita. De novembre à mars, des liaisons sont assurées depuis/vers plusieurs aéroports canadiens par **Air Canada** (www.aircanada.com), **Air Transat** (www.airtransat.ca), **Sunwing Airlines** (www.flysunwing.com) et **WestJet** (www.westjet.com).

Autres compagnies aériennes :

Aeroméxico (☎958-581-91-26 ; www.aeromexico.com ; ⏲9h30-18h30) dessert Mexico 2 fois par jour.

Aerotucán (☎958-581-90-85 ; ⏲8h-12h). Des Cessna de 13 places assurent quotidiennement la liaison depuis/vers Oaxaca (2 042 $M). Les vols sont parfois annulés ou modifiés à la dernière minute.

Interjet (☎958-581-91-16 ; ⏲9h-17h). Au moins 2 départs/jour pour Mexico.

Magnicharters (☎800-201-14-04 ; www.magnicharters.com). Vols quotidiens pour Mexico sauf le mardi.

TAR Aerolíneas (www.tarmexico.com ; ⏲9h-17h) dessert Oaxaca 4 fois par semaine, Guadalajara 2 fois.

Volaris (☎55-1102-8000 ; www.volaris.com). Au moins 2 vols hebdomadaires pour Mexico.

BUS, MINIBUS ET COLECTIVOS

Certains bus pour Huatulco affichent "Santa Cruz Huatulco", même si leur terminus est La Crucecita. Assurez-vous que votre bus ne se rend pas à Santa María Huatulco, assez loin.

Des taxis *colectivos* pour Pochutla (35 $M, 1 heure) partent de l'angle à côté du supermarché Soriana sur le Blvd Chahué, à 200 m à l'ouest de la gare routière OCC à La Crucecita.

Central Camionera (Carpinteros s/n, Sector V, La Crucecita). À 1,2 km au nord-ouest du centre de La Crucecita. Accueille les bus Turistar (deluxe), AltaMar (1re classe) et Transportes Rápidos de Pochutla (TRP ; 2e classe).

Expressos Colombo (angle Gardenia et Sabalí, La Crucecita). Minibus pour Oaxaca à 400 m au nord de la place principale.

Huatulco 2000 (Guamuchil, La Crucecita). Minibus à destination de Oaxaca. À 150 m à l'est de la place principale.

Gare routière OCC (Blvd Chahué, La Crucecita). À 500 m au nord de la place principale. Bus ADO GL (deluxe), OCC (1re classe), Sur et AU (2e classe).

ℹ Comment circuler

DEPUIS/VERS L'AÉROPORT

Un taxi *autorizado* (taxi autorisé) revient à 430 $M par véhicule pour aller de l'aéroport à La Crucecita, Santa Cruz, Chahué ou Tangolunda, mais vous pouvez diviser ce prix au moins par deux en marchant 300 m le long de la route 200, où des chauffeurs attendent au carrefour de l'aéroport. Sinon, prenez l'un des bus pour La Crucecita (8 $M) ou Pochutla (20 $M) qui passent dans les deux sens par ce même carrefour, environ toutes les 15 minutes de 6h à 20h. De La Crucecita à l'aéroport, comptez 170 $M en taxi.

À PIED

Dans le secteur entre La Bocana à l'est et Playa Maguey à l'ouest, un large trottoir au revêtement assez égal permet de marcher le long de la route en toute sécurité.

BATEAU

Certaines des baies à l'ouest et la plupart de celles situées à l'est sont accessibles par la route, mais les traversées en bateau, plus chères que le taxi, présentent plus d'attrait. Du port de Santa Cruz Huatulco, des *lanchas* vous mèneront vers la plupart des plages (après 8h), puis reviendront à la nuit tombée. Voici les tarifs aller-retour (maximum 10 passagers) jusqu'à : Playa La Entrega (800 $M), Bahía Órgano (1 500 $M), Bahía Maguey (1 500 $M), Bahía Cacaluta (2 000 $M), Playa La India (2 800 $M) et Bahía San Agustín (3 500 $M). Pour Cacaluta et Bahía Chachacual à l'ouest, il faut s'acquitter du droit d'entrée (50 $M) du Parque Nacional Huatulco, que l'on peut régler aussi au port. L'utilisation de crèmes solaires non biodégradables est interdite à l'intérieur du parc.

BUS ET MINIBUS AU DÉPART DE BAHÍAS DE HUATULCO

DESTINATION	PRIX ($M)	DURÉE (H)	FRÉQUENCE
Mexico (Sur) via Puerto Escondido	956-1 235	14-15	AltaMar 15h30, Turistar 16h
Mexico (TAPO) via Salina Cruz	765-1 116	14-15	OCC 4/jour
Oaxaca via Salina Cruz	279-305	8	OCC 4/jour
Oaxaca via San José del Pacífico	230	7	Expressos Colombo 13/jour, Huatulco 2000 8/jour
Pochutla	39-74	1	OCC 23/jour, TRP ttes les 10-15 min 5h30-20h
Puerto Escondido	81-162	2 ½	OCC 23/jour
Salina Cruz	164-218	2 ¾	Istmeños ttes les heures 4h-18h, OCC 13/jour
San Cristóbal de las Casas	630	10	OCC 21h, 23h55
Tehuantepec	176-206	3 ½	Istmeños ttes les heures 4h-18h, OCC 12/jour

LE TREMBLEMENT DE TERRE DE 2017

En septembre 2017, un séisme de magnitude 8,2 (le plus fort qu'ait connu le Mexique depuis environ un siècle) a durement frappé la côte de l'État de Oaxaca, en particulier la région de l'isthme de Tehuantepec. Juchitán est la ville qui a le plus souffert, nombre des édifices les plus anciens à l'intérieur et autour du Jardín Juárez ayant été très endommagés. L'image du Palacio de Ayuntamiento, l'élégant hôtel de ville du XIXe siècle aux 31 arcades, partiellement effondré, a marqué l'opinion publique. Autre victime de la catastrophe, l'église San Vicente Ferrer (XVIe siècle) a perdu un de ses clochers tandis que l'autre penche dangereusement au-dessus de la Maison de la culture (Lidxi Guendabiaani). L'école située devant, le Centro Escolar Juchitán, a dû être démolie pour cause de dégâts irréparables.

À l'heure où nous écrivons, la vie reprend progressivement à Juchitán. Le marché en plein air du Jardín Juárez et bon nombre de restaurants fonctionnent à peu près normalement. En revanche, la plupart des hôtels restent fermés. Renseignez-vous au préalable si vous voyagez dans le secteur car la situation est susceptible d'évoluer.

Tehuantepec, à 28 km au sud-ouest de Juchitán, a été moins touchée, même si les toitures de plusieurs de ses bâtiments coloniaux les plus anciens n'ont pas résisté aux secousses. La majorité des hébergements et des tables de la ville sont toutefois en activité.

Enfin, Huatulco, Puerto Escondido et la côte autour de Zipolite n'ont pas été affectés.

BUS ET TAXI

Dans cette zone où les centres d'intérêt sont éparpillés, les taxis constituent le principal moyen de locomotion. Ils pratiquent des prix fixes, affichés dans toutes les stations. De La Crucecita, comptez 30/40/60/70 $M pour Santa Cruz ou la Central Camionera/Tangolunda/Playa La Entrega/Bahía Maguey.

Des bus bleu et blanc circulent fréquemment tant qu'il fait jour. Ceux pour Santa Cruz Huatulco (5 $M) partent du centre commercial de la Plaza El Madero, dans Guamuchil, 2 rues à l'est de la place principale de La Crucecita.

VÉLO

Huatulco Salvaje (p. 508) loue des vélos pour environ 200 $M/jour. Peu de voitures circulent sur les routes et des *topes* (dos-d'âne) fréquents les empêchent de rouler vite.

VOITURE ET SCOOTER

Il existe plusieurs agences de location.

Europcar (☎958-581-90-94 ; aéroport de Huatulco ; ⏲8h30-18h30). Service de qualité et tarifs raisonnables.

Los Tres Reyes (☎portable 958-1051376 ; lostresreyescarrent.com ; Lote 20, Blvd Chahué Manzana 1, La Crucecita ; ⏲8h-20h). Efficace et pratiquant de bons prix.

Le scooter constitue un moyen agréable pour circuler à Huatulco. **Aventura Mundo** (☎958-581-0197 ; www.aventuramundo.net ; Blvd Benito Juárez ; ⏲9h-19h), à Tangolunda, loue de bons engins de marque japonaise avec casque et carte à partir de 35 $US/jour (réductions pour 2 jours et plus). Assurance rarement proposée.

ISTHME DE TEHUANTEPEC

L'est de l'État de Oaxaca recouvre la moitié sud de l'isthme de Tehuantepec : large de 200 km, celui-ci forme la partie la plus étroite du Mexique. La culture zapotèque est encore très présente dans cette région chaude, humide et peu accidentée. En 1496, les Zapotèques chassèrent les Aztèques de la forteresse de Guiengola, près de Tehuantepec, si bien que l'isthme ne fit jamais partie de l'Empire aztèque. Un esprit d'indépendance anime encore les habitants.

Peu de voyageurs s'attardent ici, mais, en séjournant sur place, vous découvrirez une population chaleureuse. Les femmes, très cordiales, occupent une place dominante dans l'économie et le gouvernement.

Lors des fêtes a lieu la *tirada de frutas*, au cours de laquelle les femmes montent sur les toits pour bombarder les hommes de fruits !

La culture de l'isthme de Tehuantepec se manifeste plus fortement à Tehuantepec et à Juchitán qu'à Salina Cruz, qui est dominée par une raffinerie de pétrole. Ces trois localités peuvent être écrasées par la chaleur dans la journée, mais la brise du soir rafraîchit agréablement l'atmosphère.

Tehuantepec

☎971 / 42 000 HABITANTS

À 245 km de Oaxaca, Tehuantepec est une ville agréable, mais chaude et moite, que la plupart des voyageurs ne font que traverser. Juin et août sont les meilleurs mois pour participer aux fiestas de ses 15 *barrios* (quartiers), chacun doté d'une église coloniale dont plusieurs sont éclairées à la tombée de la nuit.

À voir

Ex-Convento Rey Cosijopí ÉDIFICE HISTORIQUE

(☎971-715-01-14 ; Callejón Rey Cosijopí ; 8h-20h lun-ven, 9h-14h sam). GRATUIT Dans une courte ruelle perpendiculaire à Guerrero, 400 m au nord-est de la place centrale, cet ancien monastère dominicain renferme désormais la Casa de la Cultura, où ont pris place des ateliers d'art et d'artisanat, ainsi que diverses activités. L'édifice porte des traces de fresques et présente une modeste collection de robes traditionnelles, d'objets archéologiques et de photos historiques. Lors de notre visite, après le tremblement de terre de 2017, il était temporairement fermé.

Où se loger et se restaurer

Hotel Donaji HÔTEL $

(☎971-715-00-64 ; www.hoteldonaji.com ; Josefa O de Domínguez ; s/d 450/570 $M ;). Cet hôtel fera l'affaire pour une courte halte. Plutôt central, il comprend de nouvelles chambres climatisées aux couvre-lits de couleurs vives et un café un peu défraîchi.

Hostal Emilia PENSION $

(☎971-715-00-08 ; Ocampo 8 ; ch jusqu'à 3 pers avec/sans clim 450/310 $M ;). À une rue au sud de la place, cette pension propose 7 chambres assez confortables, dont une avec salle de bains à l'extérieur. Les moins chères ont un ventilateur. Le restaurant voisin **Mariscos Silvia** (plats 120-150 $M ; 8h-19h) cuisine de bons repas.

Restaurante Scarú MEXICAIN $$

(Callejón Leona Vicario 4 ; plats 80-150 $M ; 8h-21h lun-sam). Ce restaurant occupe une demeure du XVIIIe siècle dotée d'une cour et de fresques colorées. Prenez place sous un ventilateur pour siroter une *limonada* et goûter à l'un des nombreux plats proposés, en particulier aux crevettes farcies à l'*acelga* (blette). Les produits de la mer sont la spécialité de la maison.

Renseignements

Un **bureau d'information touristique** (9h-19h lun-sam) jouxte la route 185, deux rues à l'ouest de la place centrale.

Depuis/vers Tehuantepec

La gare routière principale (La Terminal ; Calle de los Heroes) borde la route 185, 1,5 km au nord-est de la place centrale. Elle est utilisée par les bus deluxe, 1re classe et 2e classe de la compagnie ADO/OCC. Des bus Istmeños 2e classe pour Juchitán (27 $M, 30 min) et Salina Cruz (20 $M, 30 min) s'arrêtent devant La Terminal au moins toutes les 30 minutes en journée.

Juchitán

☎971 / 75 000 HABITANTS

Cette charmante ville se caractérise par une forte culture *istemeña* (de l'isthme). D'avril à septembre une trentaine de fêtes de quartier ponctuent le calendrier. Juchitán est aussi réputée pour ses *muxes* – des homosexuels, souvent travestis, bien acceptés dans la société locale – qui organisent leur propre festival en novembre.

À voir

Jardín Juárez PLAZA

Jardín Juárez est une place centrale animée. Sur la gauche se tient le marché où l'on peut acheter des hamacs fabriqués dans la région, des tenues traditionnelles de l'isthme et goûter de l'iguane le midi dans

BUS AU DÉPART DE TEHUANTEPEC

DESTINATION	PRIX ($M)	DURÉE (H)	FRÉQUENCE
Bahías de Huatulco	176-206	3 ¾	6/jour
Mexico (TAPO ou Sur)	624-1 106	12	8/jour
Oaxaca	154-294	5	24/jour
Pochutla	260-286	4 ½	4/jour
Puerto Escondido	316-334	5 ½	4/jour

BUS AU DÉPART DE JUCHITÁN

DESTINATION	PRIX ($M)	DURÉE (H)	FRÉQUENCE
Bahías de Huatulco	202-288	3½-4	8/jour
Mexico (TAPO ou Sur)	624-1 064	12	7/jour
Oaxaca	164-314	5-5½	26/jour
Pochutla	268-294	4½-5	6/jour
San Cristóbal de las Casas	418	5½-6	3/jour
Tapachula	427-478	7½	3/jour

l'un des *comedores*. Le splendide **Palacio del Ayuntamiento** du XIXe siècle avec ses 31 arcades, en partie effondré à la suite du séisme de 2017, borde le côté est.

Où se loger et se restaurer

En temps normal, la ville compte un choix correct d'hébergements abordables, mais beaucoup ont fermé suite au tremblement de terre de 2017. Il faudra du temps avant que certains ne rouvrent leurs portes.

Hotel Central HÔTEL **$**
(971-712-20-19 ; www.hotelcentral.com.mx ; Av Efraín Gómez 30 ; s/d 370/470 $M ;). Une adresse d'un bon rapport qualité/prix, à quelques rues à l'est de Jardín Juárez, dans le centre. Chambres dépouillées repeintes, avec literie confortable, eau potable en bouteille et salles de bains de bonne taille, mais parfois sombres. Fermé après le séisme (p. 513), il pourrait avoir rouvert quand vous lirez ces lignes.

La Inter CAFÉTÉRIA **$$**
(971-711-42-08 ; 16 de Septiembre 25 ; petit-déj 120 $M ; 8h-22h30). À première vue, cette cafétéria lumineuse appartenant à une chaîne de 3 enseignes peut sembler un peu aseptisée. Ne vous y fiez pas car on y propose une carte bien fournie de plats plutôt sains, servis dans une salle agréablement climatisée par un personnel aimable et diligent.

La Tossta MEDITERRANÉEN, MEXICAIN **$$**
(Av 16 de Septiembre 37 ; plats 160-195 $M ; 7h-minuit ;). Avec son cadre contemporain lumineux et ses recettes créatives, comme les crevettes à l'ail et au vin blanc ou les médaillons de bœuf sauce porto, ce restaurant crée la surprise à Juchitán et demeure ouvert depuis le tremblement de terre de 2017.

Depuis/vers Juchitán

La principale **gare routière** (Prolongación 16 de Septiembre), utilisée par les bus deluxe 1re et 2e classes de la compagnie ADO/OCC, se trouve à 100 m au sud de la route 185, à la lisière nord de la ville. Beaucoup de départs, peu pratiques, ont lieu entre 23h et 7h. Les bus "Terminal-Centro" relient la gare routière et Jardín Juárez. En taxi, comptez 30 $M.

En journée, des bus 2e classe Istmeños pour Tehuantepec (27 $M, 30 min) et Salina Cruz (40 $M, 1 heure) démarrent au moins toutes les 30 minutes du premier coin de rue au sud de la gare routière principale.

Côte pacifique centrale

Dans ce chapitre ➜

Le top des restaurants

- ➜ El Presidio (p. 526)
- ➜ Paititi del Mar (p. 597)
- ➜ Café des Artistes (p. 557)
- ➜ El Manglito (p. 566)
- ➜ Pacifica del Mar (p. 570)

Le top des hébergements

- ➜ Troncones Point Hostel (p. 575)
- ➜ Aura del Mar (p. 583)
- ➜ Casa Dulce Vida (p. 551)
- ➜ Hotel Delfín (p. 566)
- ➜ Techos de México (p. 539)

Pourquoi y aller

Gigantesques vagues turquoise, plages sublimes, vie nocturne trépidante et couchers de soleil démesurés rythmeront votre visite de cette portion de la côte. Dans un cadre tropical de rêve, vous pourrez déguster de savoureux produits de la mer sous des toits en feuilles de palme, boire de l'eau de coco glacée en paressant dans un hamac ou siroter des cocktails au bord d'une piscine chic.

L'expérience est encore plus intense dans l'océan avec de fantastiques spots de surf, des baleines à bosse croisant au large, des hordes de tortues venues pondre, des pélicans volant en formation ou des dauphins jaillissant des vagues.

Que vous recherchiez une semaine de farniente au bord de l'eau ou que vous soyez en quête de la vague parfaite sans pour autant dépenser une fortune, la côte pacifique du Mexique répondra à vos attentes.

Quand partir

Puerto Vallarta

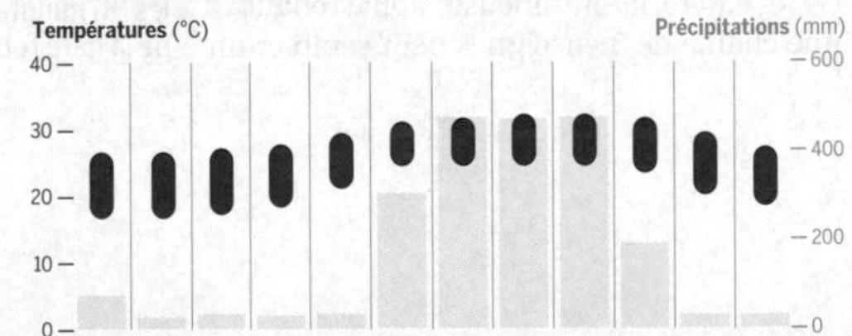

Février Un temps idéale pour aller à la plage. C'est l'époque du carnaval (p. 522) à Mazatlán.

Juin-juillet Les vagues sont au rendez-vous et les prix baissent dans les plus beaux spots de surf de la côte pacifique.

Novembre-décembre Puerto Vallarta célèbre différentes fêtes et décembre est idéal pour l'observation des baleines.

À ne pas manquer

1. Les promenades dans le centre-ville superbement restauré de **Mazatlán** (p. 518)
2. La douce atmosphère de **Troncones** (p. 574), une ville en bord de mer où faire du surf
3. Les sorties à vélo et en bateau et les délicieux dîners aux fruits de mer dans la station balnéaire décontractée de **Barra de Navidad** (p. 565)
4. Les fêtes endiablées sur les plages et dans les rues de **San Francisco** (p. 540)
5. L'observation des baleines et la baignade dans les eaux calmes de **Chacala** (p. 538), un petit village de pêcheurs
6. Les nombreuses saveurs de la Zona Romántica de **Puerto Vallarta** (p. 545) et la visite de ses plages reculées
7. Les richesses culinaires et les bars animés de **Zihuatanejo** (p. 578)
8. Le farniente sur la plage idyllique de **Playa Ventura** (p. 603)
9. La **côte du Michoacán** (p. 572), ses plages propices au surf et ses villages traditionnels
10. L'observation des oiseaux à **Pie de la Cuesta** (p. 589) et les prouesses spectaculaires des plongeurs de la baie d'Acapulco

Mazatlán

669 / 502 547 HABITANTS

Avec ses 20 km de plages de sable, Mazatlán fut, au milieu du XXe siècle, l'une des stations balnéaires les plus en vue du Mexique avant de régresser au rang de destination dévolue au tourisme de masse. La roue semble à nouveau tourner : le cœur historique à l'architecture dite "néoclassique tropicale", récemment rénové et investi par les classes aisées, a retrouvé beaucoup d'allure, tandis qu'une voie express traverse désormais l'intérieur des terres, rendant la ville plus accessible aux Mexicains.

Pour vraiment profiter du lieu, ne vous attardez pas dans le quartier touristique de la Zona Dorada (zone dorée) : préférez-lui la vieille ville et son superbe *malecón* (promenade en bord de mer) où vous assisterez à des couchers de soleil magiques depuis les tables des bars et des restaurants.

À voir

Vieille ville

Vieille ville QUARTIER

(Carte p. 525). La vieille ville réhabilitée est un ensemble pittoresque de bâtiments aristocratiques du XIXe siècle et de jolies places, derrière Playa Olas Altas (page ci-contre), une petite crique longée par un front de mer. Ses bars et ses hôtels démodés vous rappelleront les années 1950. Bien que dominé par les affreux mâts de télécommunications du Cerro de la Nevería, ce quartier reste très séduisant, avec sa vie étudiante et ses galeries d'art, cafés, restaurants et bars.

Plaza Machado PLACE

(Carte p. 525 ; angle Av Carnaval et Av Constitución ; Sábalo-Centro). Assoupie le jour, cette jolie place bordée d'arbres s'anime le soir, quand les étals de marché fleurissent, les couples se promènent main dans la main et les musiciens jouent la sérénade aux terrasses des restaurants. Touristique, mais très romantique.

Teatro Ángela Peralta THÉÂTRE

(Carte p. 525 ; 669-982-44-46, poste 103 ; www.culturamazatlan.com/tap ; Av Carnaval 47 ; visite autoguidée 20 $M ; 9h-14h et 16h-18h ; Sábalo-Centro). Baptisé d'après une soprano du XIXe siècle et construit entre 1869 et 1874, ce théâtre de 1 366 places et 3 niveaux, à deux pas de la Plaza Machado, fut le centre de la vie culturelle locale durant près d'un siècle. Tombé à l'abandon, la municipalité envisagea de le démolir lorsque des habitants firent campagne pour sa sauvegarde à la fin des années 1980. Désormais restauré, il a retrouvé sa splendeur originelle et accueille toutes sortes d'événements culturels, dont le Festival Cultural Mazatlán (p. 522).

El Faro PHARE

(Carte p. 520 ; Playa Sur). GRATUIT À la pointe sud de la péninsule de Mazatlán, un affleurement rocheux sert de base à ce phare, qui se dresse à 135 m au-dessus de l'océan et qu'on prétend, à tort, être le deuxième plus haut du monde. Vous pouvez y monter (évitez d'y aller en période de fortes chaleurs) : la vue sur la côte et la ville est superbe.

Cathédrale CATHÉDRALE

(Carte p. 525 ; angle Juárez et Calle 21 de Marzo ; 6h30-19h30 ; Sábalo-Centro). Au centre de la vieille ville se dressent les deux hautes tours jaunes de l'imposante cathédrale du XIXe siècle. L'intérieur est spectaculaire, avec des lustres suspendus à des rosaces dorées et des blocs de pierre aux couleurs alternées. L'édifice est situé sur la **Plaza Principal**, où se réunit une foule d'amoureux des pigeons et de familles terminant leurs emplettes dans les rues bondées des alentours.

Clavadistas POINT DE VUE

(Carte p. 525 ; Paseo Olas Altas). Moins célèbres et moins spectaculaires que les plongeurs d'Acapulco, les *clavadistas* (p. 591) locaux s'élancent dans les vagues traîtresses de l'océan depuis les plateformes, pour le plaisir de vos yeux. Laissez un pourboire selon leur performance, généralement vers midi et en fin d'après-midi (ils ne s'élanceront pas avant qu'il y ait un peu de monde).

Museo de Arte MUSÉE

(Carte p. 525 ; 669-985-35-02 ; www.facebook.com/museodeartedemazatlan ; angle Sixto Osuna et Carranza ; 10h-18h lun-ven, 11h-17h sam-dim ; Sábalo-Centro). GRATUIT Ce modeste musée, aménagé dans un vaste bâtiment colonial avec cour, témoigne de la vitalité et de la créativité de l'art contemporain mexicain par une sélection tournante d'œuvres numériques, sculptures, textes et peintures.

Museo Arqueológico de Mazatlán MUSÉE

(INAH ; carte p. 525 ; ☎669-981-14-55 ; www.inah.gob.mx/es/red-de-museos/210-museo-arqueologico-de-mazatlan ; Sixto Osuna 76 ; adulte/ - 12 ans 40 $M/gratuit, gratuit dim ; ⌚9h-18h mar-dim). Petit mais captivant, ce musée expose plusieurs centaines d'objets préhispaniques, accompagnés de passionnantes explications (en espagnol et en anglais).

♥ Isla de la Piedra ÎLE

(Carte p. 520 ; billet bateau 30 $M ; 🚌Playa Sur). Cette île au sud-est de la vieille ville, très populaire pour les excursions d'une demi-journée, offre une longue plage de sable frangée de cocotiers. Les surfeurs viennent pour les vagues, les familles mexicaines pour les restaurants sous les *palapas* (toits de palme), mais en dehors des week-ends et de la haute saison, vous y serez presque seul. S'il existe des circuits organisés, il est aisé d'y aller en bateau-taxi (départs fréquents de 6h à 18h) depuis l'*embarcadero* de Playa Sur.

Des bus "Playa Sur" vous emmènent à l'embarcadère depuis l'angle de Serdán et Escobedo, à deux pâtés de maisons de la Plaza Principal, dans la vieille ville.

Zona Dorada

Onilikan DISTILLERIE

(Carte p. 528 ; ☎669-668-23-70 ; www.onilikan.com ; Av Playa Gaviotas 505 ; ⌚8h30-17h30 lun-ven, 9h-14h sam ; 🅿 ; 🚌Sábalo-Centro). GRATUIT Cette petite distillerie au cœur de la Zona Dorada produit notamment des liqueurs de mangue, agave et café. Vous pouvez y venir pour une brève mais sympathique présentation et une dégustation gratuite.

Acuario Mazatlán AQUARIUM

(Carte p. 520 ; ☎669-981-78-15 ; www.acuariomazatlan.com ; Av de los Deportes 111 ; adulte/3-11 ans 115/85 $M ; ⌚9h30-17h ; 🅿 ; 🚌Sábalo-Centro). L'un des plus grands aquariums du Mexique, il abrite des centaines d'espèces de poissons d'eau douce et salée, divers squelettes, ainsi que de nombreux oiseaux et grenouilles dans le jardin. Ses spectacles d'otaries et la célèbre plongée avec les requins préoccupent toutefois les associations environnementales, qui affirment que ce type d'interaction cause du tort aux animaux.

Plages

La ville possède une vingtaine de kilomètres de plages, répertoriées ici du sud au nord.

Playa Olas Altas (carte p. 525 ; 🚌Sábalo-Centro), en forme de croissant, a vu fleurir le tourisme dans les années 1950. On y accède facilement à pied depuis la vieille ville.

Bordée d'une large promenade très appréciée, **Playa Norte** (carte p. 520 ; 🚌Sábalo-Centro) déploie son beau sable doré en un arc s'étendant du nord de la vieille ville jusqu'à **Punta Camarón**, pointe rocheuse surmontée par une discothèque aux allures de forteresse, le Fiesta Land (p. 529).

Les hôtels les plus luxueux donnent sur les jolies plages de **Playa Las Gaviotas** (carte p. 528 ; 🚌Sábalo-Centro) et **Playa Sábalo** (carte p. 520 ; 🚌Sábalo-Centro), la dernière s'étendant au nord de la Zona Dorada. Protégée par les îles, l'eau est généralement calme, idéale pour la baignade et les sports nautiques.

Plus au nord, après la **Marina El Cid** et la **Marina Mazatlán**, en évolution permanente, se trouvent **Playa Bruja** (🚌Cerritos-Juárez), jadis paisible mais en plein essor depuis quelques années, et **Playa Cerritos** (🚌Cerritos-Juárez). Toutes deux comptent quelques restaurants de produits de la mer et le surf y est satisfaisant. Pour accéder à ces plages du nord, prenez un bus "Cerritos Juárez" sur l'Avenida Camarón Sábalo dans la Zona Dorada.

Îles

Semblables à des baleines émergeant de l'eau, ces 3 jolies éminences au large de la Zona Dorada, peuplées de phoques et d'oiseaux de mer, sont bordées de plages isolées et d'eaux limpides, idéales pour le snorkeling. Entre l'**Isla de Chivos** (île aux Chèvres), à gauche, et l'**Isla de Pájaros** (aux Oiseaux), à droite, se trouve l'**Isla de Venados** (aux Cerfs), la plus visitée des trois. Les îles font partie d'une réserve naturelle destinée à protéger leur faune marine et aviaire. Toutes les compagnies de bateaux vous y emmèneront, et des circuits organisés sont aussi possibles.

Activités

Mazatlán compte de bons spots de surf dont Playa Bruja. Vous trouverez plusieurs endroits pour louer une planche et quelques écoles de surf. Vous pourrez emprunter du matériel pour d'autres sports aquatiques auprès de la plupart des grands hôtels en bord de plage.

Agglomération de Mazatlán

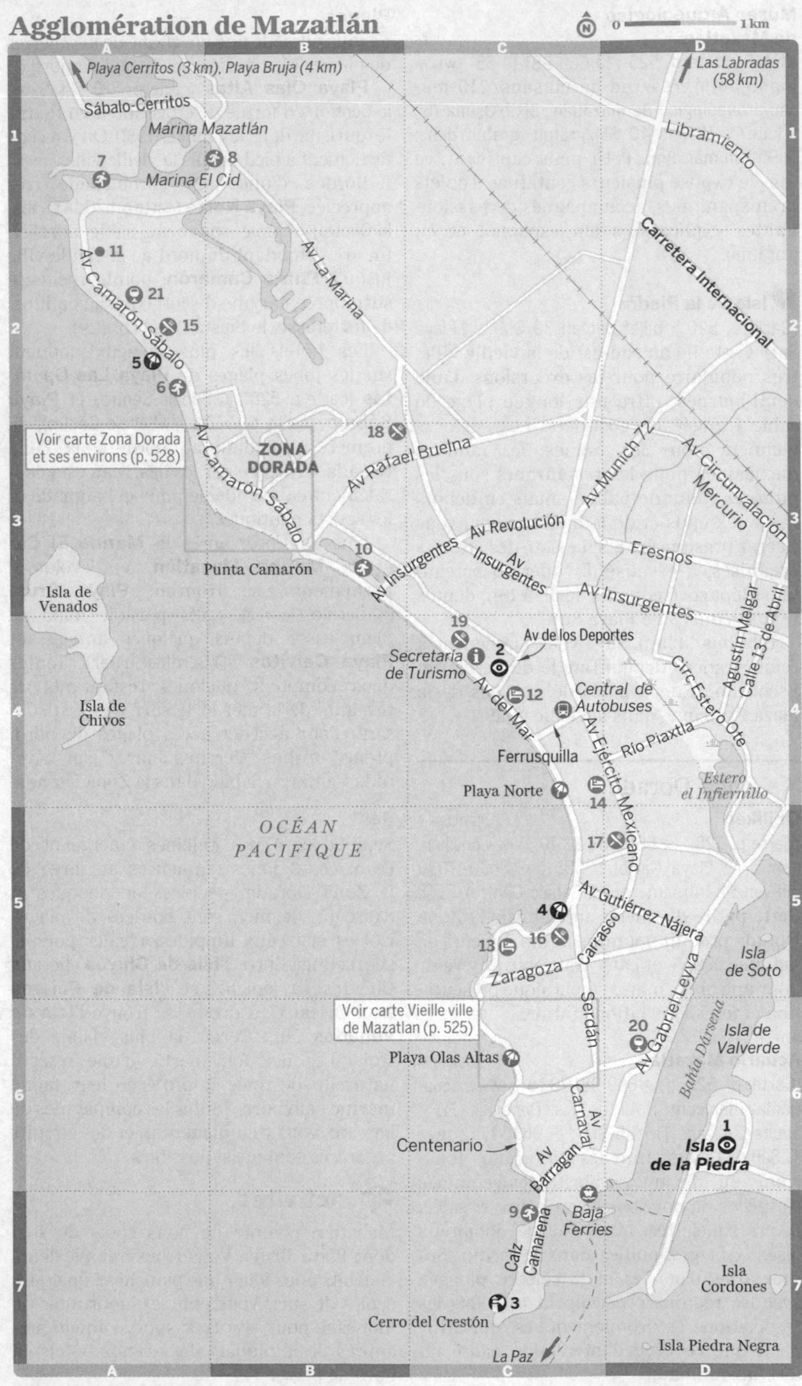

Agglomération de Mazatlán

Les incontournables
1 Isla de la Piedra ... D6

À voir
2 Acuario Mazatlán ... C4
3 El Faro ... C7
4 Playa Norte ... C5
5 Playa Sábalo ... A2

Activités
6 Aqua Sports Center ... A2
7 Aries Fleet ... A1
8 Bibi Fleet ... B1
9 Flota Sábalo ... C7
10 Huana Coa Canopy ... B3
11 Onca Explorations ... A2

Où se loger
12 Hotel Posada Los Tabachines ... C4
13 Las 7 Maravillas ... C5
14 Suitel ... C4

Où se restaurer
15 Carlos & Lucía's ... A2
16 Mercado de Mariscos Playa Norte ... C5
17 Tacos José ... D5
18 Todos Santos ... B3
19 Yoko ... C4

Où prendre un verre et faire la fête
20 Cervecería Tres Islas ... D6
21 La Fiera ... A2

Estrella del Mar Golf Club GOLF
(☎800-727-46-53 ; www.estrelladelmar.com ; Camino Isla de la Piedra 10 ; accès au green nov-avr 120 $US, mai-oct 75 $US). Le plus beau parcours de golf de Mazatlán s'étire au sud de l'aéroport (p. 530), tout près de l'océan.

Jah Surf School SURF
(☎portable 669-1494699 ; jahsurfschool.com ; cours 50 $US, location planche 10/25 $US par heure/jour ; 👪). Recommandé par nos lecteurs, le sympathique moniteur accepte volontiers les familles entières. Également location de planches et d'équipement.

Aqua Sports Center SPORTS NAUTIQUES
(Carte p. 520 ; ☎669-913-04-51 ; www.aquas-portscenter.com ; Av Camarón Sábalo s/n, Hotel El Cid Castilla ; plongée simple 100 $US, sortie snorkeling 40 $US, location kayak 30 $US ; ⏲9h30-17h ; 🚌Sábalo-Centro). La bonne adresse pour toutes les activités aquatiques : plongée, snorkeling, jet-ski, bouée tractée (jusqu'à 5 passagers), parachute ascensionnel, location de voiliers et de kayaks, etc.

Pêche sportive

Située au confluent du golfe de Californie et de l'océan Pacifique, Mazatlán est réputée dans le monde entier pour sa pêche sportive (marlin, espadon, espadon voilier, thon et dorade coryphène, dite *dorado* ou mahi-mahi). Cette activité peut être onéreuse (475-750 $US/jour pour une embarcation de 8 à 11 m et 4 à 10 pêcheurs) ; la pêche de plus petits poissons depuis une *super panga* de 7 m (yole en fibre de verre) coûte moins cher (environ 325 $US/jour pour 4 pêcheurs maximum). Le permis de pêche, généralement fourni par le prestataire, coûte 10 $US/pers.

Les plus belles embarcations partent des marinas au nord de la ville ; pour des tarifs plus avantageux, essayez les opérateurs près d'El Faro (p. 518), ou négociez directement avec l'un des pêcheurs indépendants proposant des sorties d'une demi-journée en *panga* le long du Paseo Claussen près de Playa Norte (p. 519). Beaucoup d'opérateurs proposent aussi de simples excursions de pêche à la ligne de fond.

Flota Sábalo PÊCHE
(Carte p. 520 ; ☎669-981-27-61 ; www.facebook.com/manuel.valdessalgado ; Calz Camarena s/n ; excursions de pêche d'une demi-journée à partir de 3 000 $M ; ⏲6h-18h ; 🚌Playa Sur). Deux frères sympathiques proposent 2 bateaux, l'un vieux et solide, l'autre plus moderne et élégant, pour des excursions à prix raisonnables. Bonne ambiance.

Bibi Fleet PÊCHE
(Carte p. 520 ; ☎669-913-10-60 ; www.bibifleet.com ; Marina Mazatlán, boutique 8, entre les quais 7 et 8 ; bateau à la journée 300-600 $US ; ⏲9h-17h lun-ven, 9h-13h sam ; 🚌Sábalo-Centro). Trois choix de bateaux pour des excursions durant jusqu'à 8 heures et pouvant combiner pêche et snorkeling. Service professionnel.

Aries Fleet PÊCHE
(Carte p. 520 ; ☎669-916-34-68 ; www.elcid-marinas.com ; Av Camarón Sábalo s/n, Marina el Cid ; sorties de pêche à partir de 325 $US/jour, excursion Deer Island adulte/enfant 58/38 $US ; ⏲8h30-17h lun-sam, 8h30-14h dim ; 🚌Sába-lo-Centro). Sorties de pêche au cours desquelles la remise à l'eau est encouragée et excursions pour Deer Island avec snorkeling, kayak, déjeuner et boissons à volonté.

Circuits organisés

Onca Explorations ÉCOTOURISME

(Carte p. 520 ; 669-913-40-50 ; www.oncaexplorations.com ; Av Camarón Sábalo 2100 ; observation des baleines ou dauphins sauvages adulte/enfant 95/65 $US, observation des oiseaux 85/65 $US ; 9h-17h ; Sábalo-Centro). Ces circuits écotouristiques menés par le biologiste marin Oscar Guzón ont pour thème la protection et la découverte de la faune. Les plus prisés permettent d'observer de près baleines à bosse (8h et 13h, décembre à avril) et dauphins (8h, toute l'année).

D'autres excursions permettent de découvrir les pétroglyphes de Las Labradas (p. 527) ou d'observer les oiseaux de Santa María Bay, du parc national de l'Isla Isabel et de la Reserva de La Chara Pinta.

King David BATEAU

(Carte p. 528 ; 669-914-14-44 ; www.kingdavid.com.mx ; Av Camarón Sábalo 333 ; adulte/enfant 45/30 $US ; bureau 7h30-17h lun-ven, 7h30-14h sam ; Sábalo-Centro). Grand choix de sorties en bateau, notamment le circuit "Jungle and Beach", sur les eaux bordées de mangroves de la réserve de l'Isla de la Piedra. Meilleurs tarifs en réservant dans leurs bureaux plutôt que depuis votre hôtel. Évitez le circuit "Isla de la Piedra", plus intéressant et moins cher si vous le faites par vous-même.

Vista Tours EXCURSIONS

(Carte p. 528 ; 669-986-86-10 ; www.vistatours.com.mx ; Av Camarón Sábalo 51 ; 30-129 $US/pers ; 9h-17h lun-ven, 9h-15h sam ; Sábalo-Centro). Prestataire fiable proposant diverses excursions dans et autour de Mazatlán, dont une visite guidée de la ville (30 $US), un circuit "colonial" (50 $US) dans les villes de Concordia et Copala, la découverte d'une fabrique de tequila (45 $US) et une excursion d'une journée à Mexcaltitán (129 $US).

Fêtes et festivals

Carnaval CARNAVAL

(www.carnavalmazatlan.net ; fév). Le carnaval le plus flamboyant du Mexique. Mazatlán devient un lieu de fête pendant toute la semaine précédant le mercredi des Cendres. Réservez votre hôtel.

Festival Cultural Mazatlán ARTS DE LA SCÈNE

(www.culturamazatlan.com ; oct-déc). Spectacles de théâtre, de musique et de danse de grande qualité dans le Teatro Ángela Peralta (p. 518) et aux alentours.

Artwalk ART

(www.artwalkmazatlan.com ; 16h-20h, 1er ven du mois, nov-avr). Chaque premier vendredi du mois, les studios et galeries d'art de Mazatlán accueillent les visiteurs dans le cadre d'un circuit autoguidé dédié.

Où se loger

Funky Monkey Hostel AUBERGE DE JEUNESSE $

(Carte p. 528 ; portable 669-4313421 ; www.funkymonkeyhostel.net ; Cerro Boludo 112 ; dort/d avec petit-déj 265/630 $M ; P ; Sábalo-Centro). Cette auberge, très bien équipée, dispose de grands espaces salon, d'une jolie piscine, de 2 cuisines et de hamacs. Chambres privées avec cuisine, salle de bains et climatiseurs ; dortoirs spacieux avec literie colorée, matelas corrects et ventilateurs. Location de planches de surf et prêt de vélos. Dans un quartier résidentiel calme, à 1,2 km de la plage.

Hotel Posada Los Tabachines HÔTEL $

(Carte p. 520 ; 669-982-29-10 ; www.hoteltabachines.com ; Río Elota 2 ; d/ste à partir de 400/470 $M ; P ; Sábalo-Centro). À seulement 100 mètres de la plage et 5 pâtés de maisons de la gare routière (p. 530), cet hôtel pour budgets serrés propose des chambres propres et climatisées au sol carrelé, et des suites plus spacieuses avec cuisine (bon rapport qualité/prix même si l'on entend le bruit du hall).

Hostal Mazatlán AUBERGE DE JEUNESSE $

(Carte p. 525 ; 699-688-57-55 ; www.hostalmazatlan.com ; Constitución 809 ; dort/d 290/600 $M ; ; Sábalo-Centro). À 2 pâtés de maisons de l'animée Plaza Machado (p. 518), cette auberge de jeunesse loue des vélos à un prix imbattable et permet aux voyageurs de découvrir Mazatlán sous un angle moins touristique (les environs comptent beaucoup de bars et restaurants de quartier). Dortoirs climatisés pour 6 personnes et chambres privées impeccables avec salles de bains individuelles.

Melville Suites HÔTEL $$

(Carte p. 525 ; 669-982-84-74 ; www.themelville.com ; Constitución 99 ; ste 1 390-2 400 $M ; ; Sábalo-Centro). Les suites immenses, à hauts plafonds et murs épais, rassemblées autour d'une cour centrale, donnent à cet hôtel décontracté et idéalement situé le charme du vieux Mexique. Ventilateurs, climatiseurs et kitchenettes

VAUT LE DÉTOUR

LES TRÉSORS COLONIAUX DE L'ÉTAT DU SINALOA

Au départ de Mazatlán, les pittoresques bourgades coloniales des contreforts de la Sierra Madre font une excellente excursion d'une journée.

Concordia a été fondée en 1565. Vous pourrez y admirer une église du XVIIIe siècle à la façade baroque et aux colonnes très élaborées. La bourgade est réputée pour sa production de poteries de grande qualité et ses meubles artisanaux. Elle se trouve à l'est de Mazatlán (environ 45 min) ; prenez la route 15 sur 20 km en direction du sud-est jusqu'à Villa Unión, où vous prendrez la 40 (menant à Durango) vers l'intérieur des terres, et poursuivrez sur 20 km.

Copala, située à 40 km après Concordia sur la 40 (1 heure de trajet depuis Mazatlán), fut l'une des premières villes minières du Mexique. Elle a conservé son église (1748) et ses demeures d'époque, ainsi que ses rues pavées.

El Rosario, située à 76 km au sud-est de Mazatlán sur la 15, est une autre cité minière fondée en 1655. Elle est avant tout connue pour son église Nuestra Señora del Rosario, qui abrite un autel doré à la feuille. Vous pouvez également visiter la maison de la célèbre chanteuse Lola Beltrán, qui a rendu populaire la *ranchera* (sorte de country mexicaine) dans les années 1950.

Cosalá, dans les montagnes au nord de Mazatlán, est un magnifique village minier datant de 1550. On peut y voir une église du XVIIIe siècle et un musée historique sur la mine, installé dans un manoir colonial sur la place. Le charmant **Hotel Quinta Minera** (☎696-965-02-22 ; www.hotelquintaminera.com ; Hidalgo 92, Cosalá ; d/qua 1 200/1 420 $M ; P ⊖ ❄ ᯤ ≋) ressemble à une hacienda. Pour Cosalá, empruntez la 15 vers le nord sur 113 km jusqu'au carrefour (face à la bifurcation pour La Cruz de Alota, sur la côte), et roulez 45 km dans les montagnes.

Les bus pour Cosalá, Concordia et El Rosario partent d'une petite gare derrière la gare routière principale de Mazatlán (p. 530).

dans les chambres rustiques. Les chambres donnant sur la rue sont très bruyantes les soirs de week-end. Parking en face.

Hotel La Siesta HÔTEL **$$**
(Carte p. 525 ; ☎669-981-26-40 ; www.lasiesta.com.mx ; Paseo Olas Altas 11 ; ch 1 178-1 416 $M ; ⊖ ❄ @ ᯤ ≋ ; 🚌Sábalo-Centro). Installée en surplomb de Playa Olas Altas (p. 519), La Siesta est une excellente option si vous obtenez une chambre avec vue sur mer. Lors de notre dernier passage, les chambres intérieures, très spacieuses, étaient en rénovation (nouveau mobilier et matelas neufs). La belle cour centrale et le restaurant favorisent les rencontres entre voyageurs. Rapidement complet en été.

Suitel PENSION **$$**
(Carte p. 520 ; ☎669-985-41-40 ; www.facebook.com/suitel522 ; Río Presidio 522 ; ch avec petit-déj 1 100 $M ; ⊖ ❄ ᯤ ; 🚌Sábalo-Centro). 🍃 À 3 pâtés de maisons de la plage, une pension d'un bon rapport qualité/prix aux chambres impeccables (légère odeur de renfermé tout de même) avec kitchenettes, le long d'un joli patio rempli de plantes. Location de vélos, planches de Bodyboard et matériel de pêche. Soucieuse de l'environnement, la maison pratique le recyclage des déchets. Tournez sur la route de la côte, en face de la statue dorée représentant un taxi *pulmonía*.

Casa Contenta APPARTEMENTS **$$**
(Carte p. 528 ; ☎669-913-49-76 ; www.casacontenta.com.mx ; Av Playa Gaviotas 224 ; app/maison 1 600/3 600 $M ; P ⊖ ❄ ᯤ ≋ ; 🚌Sábalo-Centro). Sur la plage, au cœur de la Zona Dorada, ces appartements spacieux (TV par câble, kitchenette, espace pour dîner, 1 lit double et 2 lits jumeaux) sont idéals pour les familles. Les chambres et les lits pourraient être plus modernes, mais l'ensemble est accueillant, et assez bon marché pour l'emplacement.

Motel Marley MOTEL **$$**
(Carte p. 528 ; ☎669-913-55-33 ; travelbymexico.com/sina/marley ; Av Playa Gaviotas 226 ; app 1/2 ch 1 400/1 600 $M ; P ⊖ ❄ @ ᯤ ≋ ; 🚌Sábalo-Centro). C'est l'adresse pour petits budgets qui a le plus de cachet dans la Zona Dorada. Elle propose de confortables

appartements face à la mer, disposés dans des édifices composés de 4 unités. Aménagés pour favoriser la circulation de l'air, ils abritent des cuisines bien équipées. Également une pelouse face à l'océan, une piscine et, surtout, un accès à la plage.

♥ Casa de Leyendas B&B **$$$**
(Carte p. 525 ; ☎669-981-61-80 ; www.casadeleyendas.com ; Venustiano Carranza 4 ; ch avec petit-déj 2118-2975 $M ; ; Sábalo-Centro). L'un des B&B les plus accueillants de la vieille ville. Situé près de Playa Olas Altas (p. 519), ce grand bâtiment abrite 6 chambres confortables réservées aux adultes avec machines à café, réfrigérateurs, sèche-cheveux, coffres et autres accessoires. Les parties communes comprennent bibliothèque, bar bien fourni aux tarifs raisonnables, "piscine à cocktails" pourvue de jets hydromassants, cuisine équipée et deux vastes patios à l'étage.

Villa Serena APPARTEMENTS **$$$**
(Carte p. 525 ; ☎portable 669-1500034 ; www.villa-serena.blogspot.com ; Heriberto Frías 1610 ; app 1/2 ch partir de 100/120 $US ; ; Sábalo-Centro). Ce splendide bâtiment historique du XIXe siècle était autrefois une usine à cigares. Il abrite aujourd'hui 14 appartements. Les meilleurs sont les duplex avec belle hauteur sous plafond, poutres apparentes, sol carrelé, cuisine équipée et patio privatif. Cerise sur le gâteau, la cour paisible de l'immeuble cache une petite piscine et le toit un Jacuzzi.

Las 7 Maravillas B&B **$$$**
(Carte p. 520 ; ☎669-136-06-46 ; www.las7maravillas.com ; Av Las Palmas 1 ; ch avec petit-déj 2 200-3 200 $M ; ; Sábalo-Centro). À une rue du front de mer, dans un quartier résidentiel calme, ce B&B élégant réservé aux plus de 15 ans cible les couples, avec service personnalisé, Jacuzzi avec vue et petit-déjeuner buffet plébiscité par les voyageurs. Chacune des 6 chambres porte un nom de pays qui inspire le thème de sa déco. Réservez bien à l'avance.

Jonathon BOUTIQUE-HÔTEL **$$$**
(Carte p. 525 ; ☎669-915-63-60 ; www.jonathonhotel.com ; Av Carnaval 1205 ; ch avec petit-déj 1 964-3 778 $M ; ; Sábalo-Centro). Dans une rue piétonne à deux pas de Plaza Machado (p. 518), l'hôtel s'organise autour d'une superbe cour à colonnes, avec un escalier tournant. Les chambres sont assez grandes et pourvues de lits flottants, placards, étagères en bois et Jacuzzi pour les plus chères. Les prix sont un peu exagérés, mais l'hôtel est très confortable, idéalement situé, et la piscine sur le toit offre une vue superbe.

Hotel Playa Mazatlán RESORT **$$$**
(Carte p. 528 ; ☎669-989-05-55 ; www.hotelplayamazatlan.com ; Av Playa Gaviotas 202 ; ch à partir de 2 500 $M ; ; Sábalo-Centro). Ce vaste *resort*, le premier construit dans la Zona Dorada, est irréprochable. La moitié des chambres a vue sur la mer et toutes sont dotées de TV, terrasses privées et détails raffinés. Jardins impeccables et restaurant bercé par une brise océane.

Où se restaurer

Mazatlán est réputée pour ses produits de la mer frais, tels que le *pescado zarandeado* (voir p. 566) ou les crevettes. Pour en déguster d'excellents à bas prix, rendez-vous autour du Mercado de Mariscos, au sud de Playa Norte (p. 519), et dans les kiosques au toit de palme installés sur la plage, face aux hôtels Hacienda et Cima, plus au nord.

Vieille ville de Mazatlán

Tacos José TACOS **$**
(Carte p. 520 ; ☎portable 669-9940467 ; angle Río Presidio et Av Rotarismo ; tacos 17-35 $M ; 18h-1h30 ; Sábalo-Centro). Ce stand de tacos très populaire est spécialiste de la *carne asada*, une viande de bœuf grillée, servie sur une tortilla de maïs ou de blé et accompagnée de la sauce de votre choix. Les habitués ne jurent que par la très calorique *choreada* (avec une tortilla croustillante tartinée de saindoux). Si vous êtes au régime sans viande, rabattez-vous sur les quesadillas ou sur le stand de produits de la mer de l'autre côté de la rue.

Helarte Sano GLACIER **$**
(Carte p. 525 ; www.facebook.com/helartesano ; Av Carnaval 1129 ; glaces à l'eau 10-35 $M, crème glacée 35-55 $M ; 9h-21h lun-ven, 10h-22h sam, 11h-21h dim ; Sábalo-Centro). Plus de 30 saveurs de *paletas* (glaces à l'eau), sorbets et autres glaces d'inspiration mexicaine. Certaines ne manquent pas d'originalité : citron-romarin, kumquat ou avocat. Également des versions sans sucre adaptées aux diabétiques et des petites glaces à l'eau pour les enfants.

Vieille ville de Mazatlán

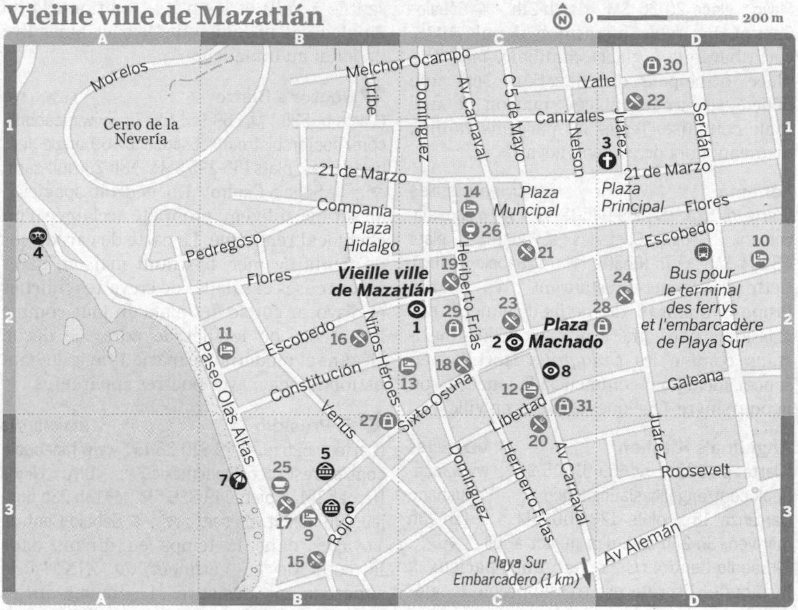

Vieille ville de Mazatlán

Les incontournables
1 Vieille ville de Mazatlán C2
2 Plaza Machado C2

À voir
3 Cathédrale D1
4 Clavadistas A2
5 Museo Arqueológico de Mazatlán B3
6 Museo de Arte B3
7 Playa Olas Altas B3
8 Teatro Ángela Peralta C2

Où se loger
9 Casa de Leyendas B3
10 Hostal Mazatlán D2
11 Hotel La Siesta B2
12 Jonathon C2
13 Melville Suites C2
14 Villa Serena C1

Où se restaurer
15 Angelina's Kitchen B3
16 El Presidio B2
17 Fonda de Chalio B3
18 Gaia Bistrot C2
19 Héctor's Bistro C2
20 Helarte Sano C3
21 Nieves de Garrafa de con Medrano C2
22 Panamá D1
23 Pedro & Lola C2
24 Topolo D2

Où prendre un verre et faire la fête
25 Looney Bean B3
26 Vitrolas Bar C2

Achats
27 Casa Etnika B3
28 Gandarva Bazar D2
29 La Querencia C2
30 Mercado Pino Suárez D1
31 Nidart C2

Mercado de Mariscos Playa Norte PRODUITS DE LA MER $
(Carte p. 520 ; Paseo Claussen s/n ; poisson 60-100 $M/kg ; 8h-15h ; Sábalo-Centro). Un marché tout simple où l'on vend les produits de la pêche tout juste débarqués des bateaux qui accostent sur la plage (p. 519), en face. On peut faire cuire vos achats, ou votre propre prise, sur les étals.

Nieves de Garrafa de con Medrano GLACIER $
(Carte p. 525 ; www.facebook.com/nievesdegarrafadeconmedrano ; angle Flores et Calle 5 de

Mayo ; glace 20-30 $M ; ⏲11h-21h ; Sábalo-Centro). Véritable institution depuis 1938, cette baraque à glaces familiale, face à la place principale de Mazatlán, sert une délicieuse crème glacée maison à une foule conquise. Testez les parfums vanille, pruneau, noix de coco ou goyave.

Panamá MEXICAIN, PÂTISSERIE $

(Carte p. 525 ; 669-985-18-53 ; www.panama.com.mx ; angle Canizales et Juárez ; plats 68-164 $M ; ⏲7h-10h30 ; ; Sábalo-Centro). Cette boulangerie-restaurant très courue propose quantité de petits-déjeuners, des classiques nord-américains aux délices mexicains comme les *chilaquiles* (tortillas en sauce). Idéal pour commencer la journée – ou la poursuivre. Quelques annexes en ville.

Angelina's Kitchen MEXICAIN $$

(Carte p. 525 ; 669-910-15-96 ; www.facebook.com/angelinaslatinkitchen ; Venustiano Carranza 18 ; plats 120-200 $M ; ⏲12h-23h mar-ven, 8h-23h sam-dim mi-oct à juil ; ; Sábalo-Centro). Ce restaurant spacieux à la façade discrète est très apprécié localement. La carte propose burgers, salades, ceviches, pizzas grecques ou encore des plats végétariens. Les produits de la mer sont préparés avec soin – des crustacés charnus et goûteux au poisson mariné.

Fonda de Chalio MEXICAIN $$

(Carte p. 525 ; 669-910-04-80 ; fondadechalio33@hotmail.com ; Paseo Olas Altas 166 ; plats 130-185 $M ; ⏲7h-23h dim-ven, 7h-minuit sam ; ; Sábalo-Centro). Ce café donnant sur la rue, face au *malecón*, est très fréquenté des quadragénaires du quartier. Au petit-déjeuner, les tables sont garnies de panières de *pan dulce* (viennoiseries), de *chilaquiles* (tortillas nappées de *salsa*) accompagnés de *machaca* (bœuf séché émincé aux épices), et de *huevos con nopales* (œufs brouillés aux feuilles de cactus). L'endroit s'anime en soirée, grâce à l'*aguachile* (un ceviche local), la bière fraîche et la musique, voire la danse, côté rue.

Pedro & Lola FUSION $$

(Carte p. 525 ; 669-982-25-89 ; www.restaurantpedroylola.com ; Av Carnaval 1303 ; plats 129-238 $M ; ⏲18h-1h ; ; Sábalo-Centro). Cet élégant restaurant de la Plazuela Machado (p. 518) concocte de mémorables petites assiettes garnies, notamment à base de crevettes et de poulpe. Le poisson frais du jour est préparé de plusieurs manières (optez pour la savoureuse version sautée à l'ail) et les plats traditionnels du Sinaloa valent le détour. Jazz et blues live du jeudi au dimanche.

♥ Héctor's Bistro FUSION $$$

(Carte p. 525 ; 669-981-15-77 ; www.facebook.com/hectorsbistro.mx ; Escobedo 409, angle Heriberto Frías ; plats 165-295 $M ; ⏲8h-23h lun-sam ; ; Sábalo-Centro). Un endroit spacieux, au service diligent, propriété acclamée d'un chef local renommé. La carte de carpaccios de fruits de mer, pastrami maison, pâtes savoureuses et salades de crevettes fraîches et d'avocat côtoie des plats du jour comme l'entrecôte ou le filet de porc. Le décor, élégant et moderne, se marie à ravir au haut plafond ancien avec poutres apparentes.

♥ El Presidio MEXICAIN $$$

(Carte p. 525 ; 669-910-26-15 ; www.facebook.com/elpresidiococinademexico ; Blvd Niños Héroes 1511 ; plats 149-329 $M ; ⏲13h-23h dim-jeu, 13h-minuit ven-sam ; ; Sábalo-Centro). Voyagez dans le temps en dînant dans la cour de ce bâtiment du XIXe siècle superbement restauré. Le menu inclut un *zarandeado* (crevettes grillées) aux nouilles mexicaines, du jarret de porc fumé, cuit dans un trou pendant 14 heures, des mezcals et tequilas de qualité, ainsi que de la bière locale artisanale.

Gaia Bistrot INTERNATIONAL $$$

(Carte p. 525 ; 669-112-25-25 ; www.gaiabistrot.com.mx ; Heriberto Frías 1301 ; plats 165-275 $M ; ⏲12h-23h mar-sam, 13h30-22h dim ; ; Sábalo-Centro). Le chef Gilberto del Toro est acclamé pour son menu international proposant des plats comme le bœuf braisé au vin rouge et la *paella valenciana* (paëlla aux fruits de mer, dimanche uniquement). Pour le dessert, ne ratez pas la panna cotta à la vanille et ses fraises marinées au vinaigre balsamique. Grand choix de salades, soupes et pâtes végétariennes.

Topolo MEXICAIN $$$

(Carte p. 525 ; portable 669-136-06-60 ; www.topolomaz.com ; Constitución 629 ; plats 220-260 $M ; ⏲15h-23h mar-dim, fermé dim mi-août à sept ; ; Sábalo-Centro). La cour de ce bâtiment historique du centre offre un cadre parfait pour un dîner romantique sans mariachis. Même s'il vise une clientèle nord-américaine, le Topolo est plein de charme. Les serveurs préparent directement la sauce à votre table pendant que les cuistots cuisinent crevettes à la tequila ou poisson au beurre de coriandre.

HORS DES SENTIERS BATTUS

LOS LABRADAS

Plus de 600 pétroglyphes (dont certains remonteraient à plus de 5 000 ans) sont dessinés sur les roches volcaniques de **Las Labradas** (portable 696-1041144 ; www.facebook.com/laslabradas ; via la route 15D Km 51, Ejido la Chicayota ; 55 $M ; 9h-17h lun-jeu, 18h ven-dim), le long d'une superbe bande de côte à environ 60 km au nord de Mazatlán. La plupart des gravures furent exécutées entre 750 et 1250 ap. J.-C. et ont un rapport avec le solstice d'été, comme le révèlent les motifs solaires et géométriques représentés. Vous verrez également de curieuses représentations d'humains ou d'animaux, comme une roche en forme de raie manta. Emportez maillot de bain et pique-nique pour profiter de la superbe plage.

Il est préférable de se rendre à Las Labradas en voiture. De Mazatlán, prenez la route 15 puis la route 15D et sortez juste après le Km 51. Roulez ensuite en direction de la côte sur une piste de 5,5 km. L'agence Onca (p. 522) propose également des excursions vers le site.

Zona Dorada et ses environs

Pura Vida VÉGÉTARIEN **$**

(Carte p. 528 ; 669-916-10-10 ; puravidatogo@gmail.com ; Bugambilias 18 ; plats 85-106 $M ; 8h-22h30 ; ; Sábalo-Centro). L'établissement sert salades, sandwichs, en-cas mexicains et cuisine végétarienne, mais ses produits stars restent les jus de fruits et smoothies (boissons 45-54 $M). La carte affiche un grand nombre de mélanges originaux à base de fruits exotiques, pommes, dattes, pruneaux, herbe de blé, spiruline ou fraises.

Tomates Verdes MEXICAIN **$**

(Carte p. 528 ; 669-913-21-36 ; Laguna 42 ; formule 55 $M ; 8h30-16h30 lun-sam ; ; Sábalo-Centro). Douillet et sans prétention, cet établissement sert petits-déjeuners et déjeuners. Vous goûterez notamment à la *pechuga rellena* (blanc de poulet farci) et à des soupes parfumées comme les *nopales con chipotle* (cactus épicé). Les repas se composent d'une soupe, d'un plat principal, de riz ou de haricots. La formule change tous les jours.

Carlos & Lucía's CUBAIN, MEXICAIN **$$**

(Carte p. 520 ; 669-913-56-77 ; lucialleras@yahoo.com ; Av Camarón Sábalo 2000 ; plats 80-220 $M ; 12h-23h lun-sam ; ; Sábalo-Centro). Dans ce petit restaurant animé et coloré, le Mexicain Carlos et la Cubaine Lucía servent des spécialités des deux pays. Commandez le *plato Carlos y Lucía* : crevettes et poisson cuits dans du cognac, accompagnés de riz, légumes et banane plantain. Face au *resort* du Palms.

Pancho's Restaurant MEXICAIN **$$**

(Carte p. 528 ; 669-914-09-11 ; www.lospanchosmazatlan.com ; Av Playa Gaviotas 408, Centro Comercial Las Cabañas ; plats 165-269 $M ; 7h-23h ; ; Sábalo-Centro). Sur 2 niveaux, au bord de Playa Las Gaviotas (p. 519), l'endroit vaut le coup d'œil et la cuisine est à la hauteur. La carte est variée, du délicieux *aguachile* (ceviche local) à l'énorme plateau de fruits de mer, les margaritas sont gigantesques et la bière est servie glacée.

Todos Santos PRODUITS DE LA MER **$$**

(Carte p. 520 ; 669-112-13-22 ; www.facebook.com/todosantosmariscosoficial ; angle Av Marina et Av Rodolfo Gaona ; plats 129-189 $M ; 11h-23h dim-jeu, 11h-1h ven-sam ; P ; Sábalo-Cocos). Les jeunes couples *mazatlecos* aiment ce grand espace décontracté en plein air, décoré sur le thème du surf, et ce, malgré un personnel très policé. La carte de produits de la mer allie innovation et qualité : thon délicieux, huîtres fraîches, différents ceviches et délicieuses variations autour des filets de poisson. Derrière le centre commercial Soriana Plus, sur l'Avenida Rafael Buelna.

Yoko SUSHI **$$**

(Carte p. 520 ; 669-982-55-99 ; Av del Mar 720 ; plats et makis 80-175 $M ; 13h-23h ; ; Sábalo-Centro). Dans une ville pleine de restaurants de sushis, il paraît que celui-ci est le meilleur.

Casa Loma INTERNATIONAL **$$$**

(Carte p. 528 ; 669-913-53-98 ; www.restaurantcasaloma.com ; Av Playa Gaviotas 104 ; plats

Zona Dorada et ses environs

145-298 $M ; ⏲13h30-23h ; 📶 ; 🚌Sábalo-Centro). Savourez un chateaubriand et sa sauce béarnaise ou un poisson poché *blanca rosa* (avec crevettes, asperges et champignons), dans la salle chic de cet établissement raffiné ou dans le patio, près de la fontaine.

Où prendre un verre et faire la fête

Mazatlán est réputée pour sa vie nocturne, avec ses nombreuses discothèques fréquentées par des étudiants en visite. L'atmosphère s'anime vers 22h et s'enfièvre après minuit. Si vous préférez siroter un verre en observant les passants, optez pour l'Avenida Olas Altas ou le cœur de la vieille ville (p. 518).

♥ Cervecería Tres Islas BRASSERIE

(Carte p. 520 ; ☎669-688-54-57 ; www.facebook.com/cervezatresislas ; Av Alemán 923 ; ⏲13h-22h30 lun-sam ; 📶 ; 🚌Sábalo-Centro). La meilleure bière de Mazatlán est servie à la pression dans cette sympathique brasserie de quartier. La bière IPA à l'arôme de houblon et la bière de saison à la belge sont idéales les jours de chaleur. DJ et musique live parfois les jeudis et vendredis soir. Pas de cuisine, mais les clients peuvent se faire livrer à manger.

La Fiera BAR LOUNGE

(Carte p. 520 ; ☎669-913-16-85 ; www.facebook.com/fierarest ; Av Cámaron Sábalo 1968 ; ⏲18h-1h jeu-ven, 3h30 sam ; 📶 ; 🚌Sábalo-Centro). Ce bar à cocktails qui jouxte le restaurant La Fiera change des discothèques tapageuses de la Zona Dorada. Dans une atmosphère tamisée, les DJ résidents et invités jouent de tout (reggae, house, *cumbia* – originaire de Colombie –, hip-hop, etc.). Le restaurant sert une bonne cuisine, mais les portions sont petites.

Zona Dorada et ses environs

À voir
1 Onilikan A2
2 Playa Las Gaviotas B4

Activités
3 King David B2
4 Vista Tours D4

Où se loger
5 Casa Contenta A2
6 Funky Monkey Hostel D1
7 Hotel Playa Mazatlán C3
8 Motel Marley A2

Où se restaurer
9 Casa Loma C1
10 Pancho's Restaurant B3
11 Pura Vida C3
12 Tomates Verdes A2

Où prendre un verre et faire la fête
13 Fiesta Land D4

Où sortir
14 Cinemas Gaviotas D3

Looney Bean CAFÉ

(Carte p. 525 ; 669-136-05-07 ; www.looneybeanmzt.com ; Paseo Olas Altas 166G ; boissons 20-50 $M, pâtisseries 20-50 $M ; 7h30-22h lun-jeu, 7h30-23h ven-dim ; ; Sábalo-Centro). Un endroit fantastique sur la grande rue qui longe la mer, servant d'excellents cafés, jus de fruits et smoothies. Ses énormes scones à la fraise sont fabuleux.

Vitrolas Bar BAR GAY

(Carte p. 525 ; 669-985-22-21 ; www.vitrolasbar.com ; Heriberto Frias 1608 ; 20h-2h jeu-dim ; ; Sábalo-Centro). Dans une maison superbement restaurée, bar gay à l'éclairage tamisé, plus élégant qu'excentrique. L'endroit est aussi fréquenté pour son karaoké et sa pizza, très correcte. Ambiance pas du tout m'as-tu-vu.

Fiesta Land CLUB

(Carte p. 528 ; 669-989-16-00 ; www.fiestaland.mx ; Av Camarón Sábalo s/n ; 21h-16h jeu-dim ; ; Sábalo-Centro). Ce prétentieux château blanc dressé sur la Punta Camarón, à l'extrémité sud de la Zona Dorada, est le centre incontesté de la vie nocturne locale. À l'intérieur, une demi-douzaine de clubs, dont les lieux de sortie les plus prisés de la ville.

Au **Valentino's**, une foule hétéroclite se presse sur 3 pistes où retentissent hip-hop et sons latinos ; au **Bora Bora**, apprécié pour sa piste sur la plage, on peut danser sur le bar ; et en saison, le **Sumbawa Beach Club** fait office d'after pour danser sur le sable, s'allonger sur d'immenses matelas ou se rafraîchir dans la piscine.

Où sortir

Pour un agenda des sorties, consultez **Pacific Pearl** (www.pacificpearl.com), disponible dans les hôtels et sur Internet.

Cinemas Gaviotas CINÉMA

(Carte p. 528 ; 669-984-28-48 ; Av Camarón Sábalo 218 ; 30 $M ; Sábalo-Centro). Films récents, dont des productions hollywoodiennes en VO sous-titrée.

Achats

La Zona Dorada est pleine de boutiques touristiques vendant vêtements, poteries, bijoux et artisanat. La vieille ville offre des articles plus originaux et plus intéressants.

Casa Etnika ART ET ARTISANAT

(Carte p. 525 ; 669-136-01-39 ; www.facebook.com/casaetnika ; Sixto Osuna 50 ; 10h-19h lun-sam ; ; Sábalo-Centro). Cette boutique tenue par une famille propose un petit choix d'objets uniques et de bon goût, la plupart fabriqués par des artisans locaux. Également un café servant un cru issu du commerce équitable.

La Querencia ARTS

(Carte p. 525 ; 669-981-10-36 ; www.facebook.com/laquerenciagaleriadearte ; Heriberto Frías 1405 ; 10h-20h lun-sam ; ; Sábalo-Centro). Assez grande galerie avec une deuxième entrée sur Belisario Dominguez. Expose et vend de superbes céramiques, objets en bois peint, sculptures et bijoux. Certaines pièces sont imposantes, n'espérez pas les caler dans votre valise ! Bistro-bar sur place également.

Gandara Bazaar SOUVENIRS, ARTISANAT

(Carte p. 525 ; 669-136-06-65 ; www.facebook.com/gandarvabazar ; Constitución 616 ; 10h-20h lun-sam). Cette superbe galerie sur cour est remplie de tambours, sculptures, masques, croix, poupées fabriquées avec des calebasses et des cœurs en verre... Beaucoup d'articles sont produits en série, mais vous trouverez aussi d'intéressantes reproductions de céramiques *chinesco* (culture du Nayarit du début du Ier millénaire).

Mercado Pino Suárez MARCHÉ

(Mercado Centro ; carte p. 525 ; www.mercadopinosuarezmazatlan.com ; Melchor Ocampo 7 ; 6h-18h lun-sam, 6h-14h dim ; Sábalo-Centro). Le marché du centre de la vieille ville est typiquement mexicain, avec ses étals de légumes, ses vendeurs d'épices, ses stands de nourriture et ses boutiques d'artisanat à très bon prix.

Nidart CÉRAMIQUE, ARTISANAT

(Carte p. 525 ; 669-985-59-91 ; www.facebook.com/nidartgallery ; Libertad 45 ; 10h-14h lun-sam ; Sábalo-Centro). Vend masques en cuir faits à la main, sculptures et céramiques réalisées sur place, ainsi que les productions de nombreux artisans locaux. L'odeur de cuir qui flotte dans l'air est envoûtante.

Renseignements

Le Wi-Fi est gratuit dans de nombreux hôtels, cafés et restaurants de Mazatlán.

Go Mazatlán (www.gomazatlan.com) fournit des informations sur Mazatlán et ses environs.

Hospital Sharp (669-986-56-78 ; www.hospitalsharp.com ; Jesús Kumate s/n, angle Av Rafael Buelna ; Sábalo-Centro). Hôpital privé moderne et efficace.

Secretaría de Turismo (carte p. 520 ; 669-915-66-00 ; turismo.sinaloa.gob.mx ; Av del Mar 882 ; 9h-17h lun-ven ; Sábalo-Centro). Plutôt inutile pour les informations pratiques, fournit plan de la ville de mauvaise qualité et brochures sur la région.

Depuis/vers Mazatlán

Depuis l'Europe ou le Canada, les vols pour Mazatlán transitent généralement par Mexico. Quelques vols directs depuis Los Angeles, Phoenix et Dallas.

AVION

L'**aéroport international General Rafael Buelna** (aéroport de Mazatlán ; 669-982-23-99 ; www.oma.aero/en/airports/mazatlan ; Carretera Internacional al Sur s/n) est à 26 km au sud-est de la Zona Dorada.

Il est notamment desservi par les compagnies suivantes :

- Guadalajara – TAR
- Mexico – Aeroméxico, VivaAerobus, Volaris, Interjet
- Monterrey – VivaAerobus
- Tijuana – Volaris

Aeroméxico (www.aeromexico.com) dispose de guichets de vente dans la Zona Dorada (669-914-11-11 ; www.aeromexico.com ; Av Camarón Sábalo 310 ; 9h-18h lun-ven, 9h-14h sam ; Sábalo-Centro) et à l'aéroport (669-982-34-44 ; www.aeromexico.com ; Carretera Internacional al Sur s/n ; 4h-23h).

BATEAU

Baja Ferries (carte p. 520 ; 800-337-74-37 ; www.bajaferries.com ; Av Barragán s/n, Playa Sur ; aller simple adulte/enfant 1 240/620 $M, voiture 3 200 $M ; guichet 8h-18h lun et mer-dim, 8h-15h mar ; Playa Sur), dont le terminal se situe à l'extrémité sud de la ville, propose des ferrys à destination du port de Pichilingue (23 km de La Paz en Basse-Californie du Sud). Départ à 18h30 (venez à 16h30) les mercredis, vendredis et dimanches, retour à 20h les mardis, jeudis et samedis. Le trajet dure environ 12 heures. Retards possibles à cause du vent, l'hiver.

BUS

Le **Central de Autobuses** (gare routière principale ; carte p. 520 ; 669-982-02-87 ; Espinoza Ferrusquilla s/n ; Sábalo-Cocos) se situe en retrait de l'Av Ejército Méxicano, à 4 rues de la côte, en partant de la pointe septentrionale de Playa Norte. Les lignes de bus sont toutes installées dans des halls distincts.

Les bus locaux desservant les petites localités voisines (Concordia, Cosalá, El Rosario...) partent d'une gare située derrière le terminal central.

VOITURE ET MOTO

Les tarifs de location tout compris partent d'environ 750 $M/jour en haute saison.

Alamo Aéroport (669-981-22-66 ; www.alamo.com.mx ; aéroport international Rafael Buelna ; 6h-21h) ; Zona Dorada (669-913-10-10 ; Av Camarón Sábalo 410 ; 7h-20h lun-sam, 8h-19h dim ; Sábalo-Centro)

Budget Aéroport (669-982-63-63 ; www.budget.com.mx ; aéroport international Rafael Buelna ; 7h-22h) ; Zona Dorada (669-913-20-00 ; Av Camarón Sábalo 413 ; 7h-20h lun-sam, 7h-19h dim ; Sábalo-Centro)

Europcar Aéroport (669-954-81-15 ; www.europcar.com.mx ; aéroport international Rafael Buelna ; 7h-23h) ; Zona Dorada (669-913-33-68 ; Av Camarón Sábalo 357 ; 8h-20h lun-sam, 8h-18h dim ; Sábalo-Centro)

Hertz Aéroport (669-985-37-31 ; https://hertzmexico.com ; aéroport international Rafael Buelna ; 8h-20h) ; Zona Dorada (669-913-49-55 ; Av Camarón Sábalo 314 ; 8h-19h lun-ven, 8h-18h sam-dim ; Sábalo-Centro)

BUS AU DÉPART DE MAZATLÁN

DESTINATION	PRIX ($M)	DURÉE (H)	FRÉQUENCE
Culiacán	130-180	2 ¾-3	fréquents
Durango	495-685	4-5 ½	fréquents
Guadalajara	505-705	8-8 ½	fréquents
Los Mochis	455-532	6-7	fréquents
Manzanillo	909	12	2/jour
Mexicali	1 260-1 470	22-25	fréquents
Mexico (Terminal Norte)	985-1 275	13-16	fréquents
Monterrey	1 395-1 580	12-14	5/jour
Puerto Vallarta	570	9	4/jour
Tepic	290-430	4-5	fréquents
Tijuana	1 370-1 560	24-27	fréquents

Comment circuler

DEPUIS/VERS L'AÉROPORT

Des taxis et des *colectivos* (qui prennent et déposent leurs passagers sur des itinéraires fixes) circulent entre l'aéroport (page ci-contre) et la ville ; il n'y a pas de bus public. Les billets s'achètent aux kiosques à l'extérieur du hall des arrivées (*colectivo* 115 $M, taxi 400 $M).

BUS

Les bus locaux fonctionnent tous les jours entre 6h et 22h30. Les bus ordinaires coûtent 7 $M, les bus climatisés 10 $M.

Depuis la gare routière **Central de Autobuses** rejoignez l'Av Ejército Mexicano et prenez n'importe quel bus en direction du sud. Vous pourrez aussi faire 400 m à pied de la gare jusqu'à la plage et prendre un bus "Sábalo-Centro", allant au sud, vers le centre, ou vers le nord pour la Zona Dorada.

Principales lignes :

Playa Sur (carte p. 525 ; Playa Sur). Vers le sud, la ligne Playa Sur emprunte l'Av Ejército Méxicano, près de la gare routière, traverse le centre-ville, dépasse le marché, puis achève son circuit au terminal des ferrys et à El Faro.

Sábalo-Centro Relie le Mercado Centro à Playa Norte via Juárez, puis va vers le nord sur l'Avenida del Mar jusqu'à la Zona Dorada, et sur l'Avenida Camarón Sábalo, plus au nord.

TAXI

Mazatlán est connue pour ses taxis *pulmonías* originaux, de petits véhicules découverts, semblables à des voiturettes de golf. Il y a aussi des taxis normaux. Les tarifs vont de 50 à 120 $M selon la distance, le moment de la journée et vos talents de négociateur.

VÉLO

Il est facile de circuler à vélo dans Mazatlán, avec le *malecón* qui mène du centre-ville jusqu'à la Zona Dorada. De nombreux loueurs de vélos sont installés sur le front de mer.

Baikas (669-910-19-99 ; www.baikas.mx ; Paseo Olas Altas 166 ; vélos de ville 70/300 $M par heure/jour, vélo VTC 100/400 $M ; 7h-21h ; Sábalo-Centro). Boutique sérieuse, louant des vélos de ville et des hybrides. Une annexe (669-984-01-01 ; www.baikas.mx ; Av del Mar 1111 ; 7h-21h ; Sábalo-Centro) se trouve près de la Zona Dorada.

Mexcaltitán

323 / 818 HABITANTS

Certains spécialistes pensent que ce village sur une île serait Aztlán, le berceau ancestral des Aztèques, qui l'auraient quitté vers 1091 pour entamer leur migration de plusieurs générations vers le site de Tenochtitlán (l'actuelle Mexico). En effet, le dessin cruciforme des rues de Mexcaltitán rappelle l'organisation urbaine de l'ancienne Tenochtitlán. Un bas-relief préhispanique en pierre mis au jour dans la région semble également étayer cette théorie : il représente un héron attrapant un serpent, une allusion au signe que les Aztèques espéraient trouver sur leur terre promise.

De nos jours, la localité se consacre à la pêche à la crevette. En début de soirée, les hommes gagnent les marais environnants à bord de petites embarcations pour rentrer avant l'aube.

L'endroit, très calme et accueillant, non loin de Santiago Ixcuintla, est épargné par le tourisme.

À voir

Museo del Origen MUSÉE
(portable 323-1209323 ; Plaza s/n ; 5 $M ; 10h-14h et 16h-19h mar-sam, 10h-13h dim). Situé sur la place, ce musée, petit mais fascinant, présente (en espagnol) une collection archéologique, des photos de ruines et des pétroglyphes. Il expose aussi la reproduction d'un fascinant codex (le *Códice Boturini*), un long rouleau manuscrit décrivant les voyages des Aztèques et leur premier départ d'une île qui ressemble beaucoup à Mexcaltitán.

Activités

Les sorties en bateau sur la lagune (à partir de 50 $M pour un tour de l'île ou 300 $M/heure) permettent d'observer les oiseaux, de pêcher et d'admirer le paysage. Chaque famille possède au moins un bateau.

Fêtes et festivals

Semana Santa FÊTE RELIGIEUSE
(mars ou avril). La Semaine sainte est célébrée ici en grande pompe. Le Vendredi saint, une effigie du Christ est placée sur une croix et transportée dans les rues du village.

Fiesta de San Pedro Apóstol FÊTE RELIGIEUSE
(fin juin). Cette fête tapageuse rend hommage au saint patron des pêcheurs. Des statues de saint Pierre et de saint Paul sont ainsi promenées sur la lagune à bord de *lanchas* (bateaux à moteur) décorées.

Où se loger et se restaurer

Ne quittez pas Mexcaltitán sans avoir goûté la spécialité locale, les *albóndigas de camarón* (boulettes de crevettes), les *empanadas* (chausson) de crevette, ou encore le *jugo de camarón* (jus de crevettes). Les *tamales* de crevettes vendues le matin dans la rue sont un vrai délice.

Hotel Casino Plaza HÔTEL **$**
(323-235-08-50 ; hotelcasino.facturas@gmail.com ; Ocampo s/n, angle Rayón et Santiago Ixcuintla ; s/d 475/555 $M ; P). Cet établissement aux allures de motel propose des chambres propres et un restaurant. À 5 pâtés de maisons de la gare de *colectivos* de Mexcaltitán (35 $M), à Santiago Ixcuintla.

La Alberca PRODUITS DE LA MER **$$**
(323-235-60-27 ; Porfirio Diaz s/n, sur Venecia ; plats 90-110 $M ; 9h-18h). Sur la berge orientale de l'île, le restaurant La Alberca offre une belle vue sur la lagune. L'ambiance est gaie, même si le personnel passe la moitié de la journée à décortiquer des crustacés. Ici, la crevette est reine : essayez-la en *empanadas*, en ceviche ou en *albóndigas*, dans un délicieux ragoût aux piments. Les crevettes frites (appelées *cucarachas*) offertes en apéritif sont addictives.

Mariscos Kika PRODUITS DE LA MER **$$**
(323-235-60-54 ; Loma China s/n ; plats 70-150 $M ; 9h-18h). Pour déguster poissons, crevettes et poulpes cuisinés d'une dizaine de manières, ralliez en bateau ce restaurant familial installé sur une petite île en face du quai principal de Mexcaltitán. Les pelouses vertes et chaises longues donnent envie de s'attarder.

Depuis/vers Mexcaltitán

Prenez un bus à San Blas (70 $M, 1 heure) ou à Tepic (71 $M, 1 heure) pour Santiago Ixcuintla, à 7 km à l'ouest de la route 15 et à 52 km au nord-ouest de Tepic. Depuis Santiago, prenez un *colectivo* (35 $M, 45 min, 4/jour) ou un taxi (200 $M) pour La Batanga, un petit port à 35 km de là, où des *lanchas* (bateaux à moteur) partent du quai pour Mexcaltitán (15 min, 15 $M/pers). Les départs et arrivées des *lanchas* collectives s'alignent sur les horaires des *colectivos*. Si vous ratez la *lancha*, louez une barque privée (120 $M).

Depuis Mazatlán, prenez un bus pour Tepic, descendez à l'embranchement pour Santiago Ixcuintla et attendez le prochain transport.

San Blas

323 / 10 187 HABITANTS

Cette bourgade de pêcheurs charme par son calme et son rythme assoupi. On y vient pour les plages isolées, le surf, les nombreux oiseaux et la forêt tropicale que l'on rejoint à bord d'un bateau.

San Blas fut un important port espagnol de la fin du XVIe au XIXe siècle. Les Espagnols y bâtirent une forteresse afin de défendre leurs galions des pirates. C'est d'ici que Junípero Serra, le "père" des missions en Californie, embarqua vers le nord. Alors que l'artère principale et les ruelles pavées font penser à une petite localité sans prétention, les façades uniformément blanchies à la chaux de l'Avenida Juárez rappellent la grandeur passée de San Blas.

À voir

Playa Las Islitas PLAGE

Les meilleures plages s'étirent au sud-est, du côté de la Bahía de Matanchén, à commencer par Playa Las Islitas, à 7 km de San Blas. Suivez la route principale vers Tepic, puis tournez à droite au bout de 4 km. La route goudronnée va en direction du sud et de Matanchén. De là, vous verrez une piste qui mène vers l'est et Playa Las Islitas. La piste continue jusqu'à de magnifiques plages, idéales pour la baignade.

Playa El Borrego PLAGE

À l'extrémité d'Azueta (repérez l'avion à réaction), cette plage est la plus proche de la ville. Il s'agit d'une large étendue de sable gris, avec de bonnes vagues et plusieurs paillotes faisant office de bars-restaurants. La baignade peut être dangereuse à cause des courants d'arrachement, mais la plage est surveillée et signalisée. De vieux gauchos proposent des balades à cheval (50 $M, 15-30 min) sur le sable.

Cocodrilario Kiekari ZOO

(portable 311-1456231 ; www.facebook.com/kiekari.cocodrilario ; Ejido La Palma s/n ; 30 $M ; 9h-19h ; P). Cette ferme de crocodiles sur la rivière participe à un programme de repopulation : les reptiles sont relâchés dans la nature. Le site accueille aussi des félins (jaguars et lynx) et d'autres animaux. On accède généralement au zoo par bateau lors d'une excursion à La Tovara, mais on peut également s'y rendre par la route (10,5 km depuis San Blas).

La Contaduría FORT

(Del Panteón s/n ; 10 $M ; 9h-19h ; P). La ville de San Blas fut initialement établie sur cette colline. Celle-ci mérite une visite, pour la vue et pour la promenade au milieu des ruines du fort espagnol du XVIIIe siècle, où les richesses coloniales étaient amassées et répertoriées avant d'être envoyées à Mexico ou aux Philippines. Le site est gardé par une batterie de canons rouillés. En chemin se trouvent les belles ruines du **Templo de la Virgen del Rosario**, église édifiée en 1769.

Activités

Pour observer les oiseaux, vous adonner à la pêche sportive ou encore nager avec les requins-baleines, vous trouverez les coordonnées des tour-opérateurs locaux sur www.sanblasrivieranayarit.com/tours.

Surf

Les nombreux spots de surf de San Blas conviennent aux débutants comme aux chevronnés. La saison commence en mai, mais ce n'est qu'en septembre-octobre que la houle du sud apporte des vagues d'une longueur impressionnante. Parmi les sites les plus fréquentés : **El Borrego**, **La Puntilla** (près d'une embouchure au sud de Playa El Borrego), **El Mosco** (à l'ouest de San Blas, sur Isla del Rey) et **Stoner's** (plus au sud, entre San Blas et Las Islitas), connu pour offrir une des vagues les plus longues au monde.

Stoner's Surf Camp SURF

(Playa Azul ; portable 323-2322225 ; www.stonerssurfcamp.com ; Ramada 7, Playa El Borrego ; cours 300 $M/pers, location planche heure/jour à partir de 60/150 $M). Dans ce centre névralgique du surf local, sur Playa El Borrego, le champion national de longboard "Pompis" Cano prodigue ses enseignements et reçoit ses admirateurs sous une *palapa*. On peut aussi séjourner au camp (p. 535).

Circuits organisés

Outre les excursions très courues de La Tavora, d'autres **bateaux** partent de l'Estero El Pozo, et proposent des excursions pour **Piedra Blanca** (500 $M pour 4 à 6 pers, 1 heure), à la découverte d'une statue de la Vierge, à l'**Isla del Rey** (30 $M, 5 min) en face de San Blas, ou à **Playa del Rey**, une plage qui s'étire sur 20 km de l'autre côté de la péninsule de l'Isla del Rey.

Sur un **quai** au nord de l'Avenida Juárez, vous pourrez louer des bateaux pour observer les oiseaux (300 $M/heure), les baleines (décembre à fin mars, 250 $M/pers) et pêcher (2 800 $M/bateau). Du même quai, vous pourrez aussi organiser une intéressante excursion de 2 jours à l'**Isla Isabel**, un parc national et réserve écologique protégée, à 3 heures au nord-ouest de San Blas par bateau. Paradis des ornithologues, l'île ne dispose cependant d'aucune infrastructure, la seule option étant donc le camping en complète autonomie. Vous pourrez pêcher votre dîner ; à défaut, les tour-opérateurs sauront vous aider à négocier de bons tarifs avec les pêcheurs locaux. L'excursion, nuit comprise, coûte en général 9 000 $M pour maximum 6 participants.

San Blas

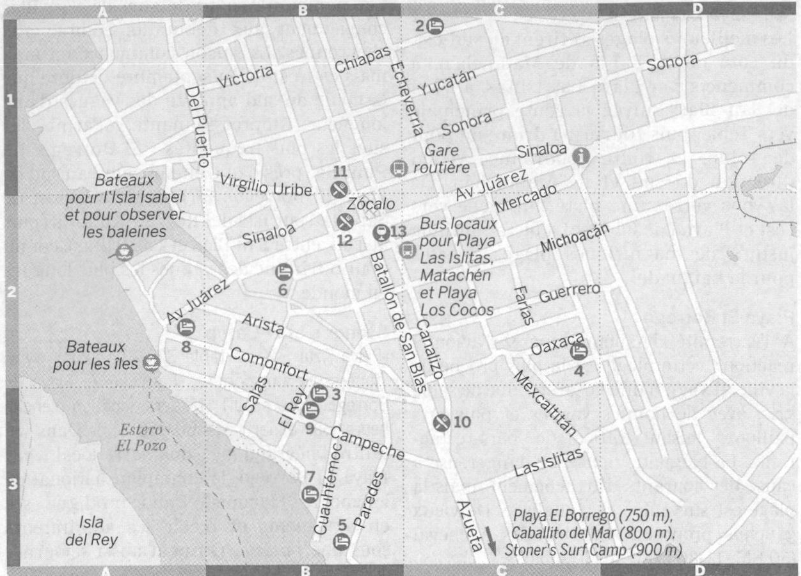

La Tovara BATEAU
(portable 323-1169997 ; www.latovara.com ; vers La Tovara 150 $M, vers La Tovara et Cocodrilario 200 $M/pers ; 7h-16h ; San Blas-Tepic). Ne manquez pas cette excursion de 3 heures, le long de l'estuaire San Cristóbal, à travers la jungle et la mangrove, jusqu'à la source La Tovara (classée Ramsar et protégée par un traité international pour la conservation des zones humides).

Vous trouverez un restaurant à la source, et l'excursion peut se poursuivre par une visite de la ferme Cocodrilario Kiekari.

Les **bateaux** embarquent en général 6 à 8 personnes. De petites embarcations partent de l'*embarcadero*, à l'extrémité est de la ville, mais on trouve plus facilement un bateau sur le quai principal, à 4,5 km à l'est sur la route de Matanchén. Depuis le *zócalo,* prenez un *combi* San Blas-Tepic.

Fêtes et festivals

Festival Internacional de Aves Migratorias OBSERVATION DES OISEAUX
(www.facebook.com/fiamsanblas ; jan et fév). Fin janvier et/ou début février, le festival international des oiseaux migrateurs attire les passionnés pendant une semaine. Visites avec ornithologues anglophones et soirées sur la place.

Où se loger

Casa Roxanna Bungalows BUNGALOWS $
(323-285-05-73 ; www.casaroxanna.com ; El Rey 1 ; d 800-900 $M ; P). Ce lieu raffiné compte 8 grands bungalows et 2 chambres plus petites. Optez pour une maisonnette (jusqu'à 5 couchages) avec cuisine en haut de l'escalier, dont la terrasse protégée surplombe la piscine et le jardin planté de palmiers. Rabais sur les longs séjours. On y parle anglais.

Bungalows Conny HÔTEL $
(323-285-09-86 ; www.bungalowsconny.com ; Chiapas 26 ; d à partir de 600 $M, bungalows 850 $M ; P). Dans un quartier paisible de la ville, cet hôtel propose 4 chambres modernes et des bungalows. Le plus grand d'entre eux, où il fait très bon, ressemble à un petit appartement avec une grande cuisine. L'espace piscine ensoleillé est idéal pour se détendre. Le propriétaire, Tom, détient une mine d'informations.

Hotelito Casa de las Cocadas HÔTEL $
(323-285-09-60 ; www.hotellacasadelascocadas.com ; Av Juárez 145 ; d 800 $M ;). Cet agréable hôtel sur les quais propose des chambres impeccables à la literie de qualité et au mobilier ancien, agencées autour d'un

San Blas

À voir

1 La Contaduría E2

Où se loger

2 Bungalows Conny C1
3 Casa Roxanna Bungalows B3
4 Estancia Don Roberto C2
5 Hotel Garza Canela B3
6 Hotel Hacienda Flamingos B2
7 Hotel Marina San Blas B3
8 Hotelito Casa de las Cocadas A2
9 Posada del Rey B3

Où se restaurer

10 Juan Bananas C3
11 Mercado B1
12 Ofro's B2
Restaurant El Delfín .... (voir 5)

Où prendre un verre et faire la fête

13 Cafe Del Mar B2

espace piscine décoré aux couleurs locales. Piano dans la belle salle à manger.

Estancia Don Roberto HÔTEL $
(323-131-27-78 ; www.facebook.com/hotelestanciadonroberto ; Isla María Magadalena 50 ; s/d 560/795 $M ; P). L'adresse économique la plus moderne et confortable de San Blas. Les chambres bien ordonnées (avec clim, canapés et TV sat) sont disposées autour d'un vestibule coloré et d'une piscine couverte de mosaïques bleues.

Stoner's Surf Camp CABAÑAS, CAMPING $
(Playa Azul ; portable 323-2322225 ; www.stonerssurfcamp.com ; Playa El Borrego ; camping 80 $M/pers, cabañas sans sdb d/qua 250/500 $M ; P). Ces *cabañas* (avec électricité, moustiquaires indispensables, ventilateur et lits à la propreté douteuse) font partie d'un sympathique repaire de surfeurs. Les meilleures sont les *cabañas* bancales sur pilotis installées sur la plage. Hamacs et espace pour les campeurs ; bonne cuisine au restaurant Playa Azul. Les hôtes des *cabañas* disposent de vélos gratuitement et bénéficient de réductions au club de surf.

Hotel Hacienda Flamingos HÔTEL $$
(323-285-09-30 ; www.sanblas.com.mx/flamingo ; Av Juárez 105 ; d à partir de 1 200 $M, ste 1 900 $M ; P). Cette merveille coloniale, superbement restaurée, est l'hébergement le plus élégant de la ville. Les chambres spacieuses et la cour avec fontaine évoquent le Mexique d'antan. Certaines chambres ont un balcon et du mobilier ancien ; toutes disposent d'une cafetière filtre. Piscine très correcte, bar et petite salle de sport.

Posada del Rey HÔTEL $$
(323-285-01-23 ; www.sanblas.com.mx/posada-del-rey ; Campeche 10 ; d 1 000 $M ; P). Les chambres climatisées bien entretenues et la jolie piscine font un bon refuge contre l'humidité parfois oppressante du midi à San Blas. La literie et les salles de bains sont tout à fait honorables, mais les chambres sentent parfois un peu le renfermé. Personnel sympathique.

Hotel Marina San Blas RESORT $$
(323-285-08-12 ; www.sanblas.com.mx/marina-san-blas ; Cuauhtémoc 197 ; s/d 850/990 $M ; P). *Resort* 3 étoiles méticuleusement entretenu, près de l'embouchure du fleuve, à portée de vue du port. La propriété est ravissante, et les hôtes ont droit à une heure gratuite de location de kayak. Les chambres (avec TV câblée et vue sur le fleuve) mêlent parpaings et carrelage, pour une décoration marine un peu kitsch avec des lampes en forme de phare. Piscine et petite plage se prêtant à la baignade sur l'estuaire.

Où se restaurer

La décontraction de San Blas se reflète dans ses restaurants sans prétention et ses *palapas* de front de mer, servant tous des produits de la mer frais et bon marché. Vous trouverez des en-cas à petits prix du type *tortas* (sandwichs), *jugos* (jus de fruits) et *licuados* (milk-shakes) au **mercado** (marché ; angle Sinaloa et Batallón de San Blas ; plats 45-90 $M ; 7h-13h).

Ofro's MEXICAIN $
(323-285-07-50 ; oohlala505@outlook.es ; Av Juárez 64 ; plats 55-130 $M ; 7h-22h ;). Dans ce restaurant de la rue principale tenu par une famille, la cuisine maison est savoureuse. Bons petits-déjeuners, superbes tacos aux crevettes, au poulet ou aux pommes de terre, excellentes assiettes de poisson ou de poulet avec légumes, riz et guacamole.

Juan Bananas BOULANGERIE $
(La Tumba de Yako ; 323-285-05-52 ; www.facebook.com/panaderiajuanbananas ; Batallón de San Blas 219 ; pain aux bananes 60-65 $M, en-cas 12-55 $M ; 8h-19h). Depuis 4 décennies, cette petite boulangerie prépare un succulent pain aux bananes. Juan lui-même est une mine d'informations sur la région. Un café (novembre-mai) y propose aussi des petits-déjeuners et de bons en-cas.

Restaurant El Delfín FUSION $$
(323-285-01-12 ; www.garzacanela.com/en/restaurante-bar-el-delfin ; Paredes 106 Sur ; petit-déj 55-130 $M, déj et dîner 170-189 $M ; 8h-10h et 13h-20h30 ;). Dirigé par le chef de renommée mondiale Betty Vázquez (juge dans l'édition mexicaine de *MasterChef*), ce restaurant installé dans l'**Hotel Garza Canela** (ch 1 700 $M, ste 2 700 $M ;) propose un large éventail de mets gastronomiques (poisson à la cuisson divine, fruits de mer, plats de viande, desserts et glaces maison, etc.) et de vins du monde entier. Les régimes alimentaires spéciaux sont servis avec tout autant d'inventivité.

Mysis III PRODUITS DE LA MER $$
(portable 323-1086405 ; horse_pedro@hotmail.com ; Playa Las Islitas ; plats 90-140 $M ; 9h-19h ; combi San Blas-Tepic). À environ 2 km au sud de la route San Blas-Tepic sur Playa Las Islitas (p. 533), ce restaurant avec *palapa* sert d'excellents plats de crevettes, des *tostadas* et un savoureux *caldo de pescado* (soupe de poisson). Le paysage superbe rend l'expérience encore plus inoubliable. La partie de la plage au sud du restaurant vaut la peine d'être explorée.

Les *combis* San Blas-Tepic vous déposeront à l'entrée de Playa Las Islitas. De là, marchez 2 km pour rejoindre le restaurant.

Caballito del Mar PRODUITS DE LA MER $$
(323-216-92-04 ; caballitodemar10c@gmail.com ; Playa El Borrego ; plats 140-160 $M ; 11h-17h jeu-mar ;). Voici l'un des meilleurs *enramadas* (restaurants en plein air coiffés de chaume) de poisson de Playa El Borrego (p. 533). Parmi les plats prisés, le *cóctel de camarón* (cocktail de crevettes) et le *pescado zarandeado* (voir p. 566, vendu au kilo).

Où prendre un verre et faire la fête

Cafe Del Mar BAR
(323-285-10-81 ; salogv76@hotmail.com ; Av Juárez 5 ; 18h-2h ven-dim ;). Ce bar, le plus décontracté de la ville, est aménagé au-dessus d'une boutique et donne sur la place. Ses murs blanchis à la chaux sont ornés d'authentiques masques *indígenas*. La sono diffuse jazz, salsa, reggae et rock, et une brise tropicale rafraîchit les lieux. Les boissons ne sont pas à la hauteur de l'ambiance, mais l'endroit est très plaisant.

Renseignements

Emportez votre lotion antimoustique : on croise souvent des moustiques et des phlébotomes voraces par essaims entiers.

Le Wi-Fi municipal gratuit couvre un rayon de 150 m autour de la place centrale.

Banamex (Av Juárez s/n). L'un des quelques DAB en ville.

Centro de Salud (323-285-12-07 ; angle Azueta et Campeche ; 24h/24). Centre médical central, dans la rue qui mène à la plage.

Office du tourisme (portable 323-2824913 ; adry64lopez@hotmail.com ; Av Juárez s/n ; 14h-20h lun-ven). Sur la route principale, à l'arche qui marque l'entrée du centre-ville. Cartes et brochures sur les environs et l'État du Nayarit. Horaires irréguliers.

Depuis/vers San Blas

La petite **gare routière** (323-285-00-43 ; Sinaloa s/n ; 6h-20h) est desservie par des bus Nayar et Estrella Blanca. Depuis/vers certaines destinations, dont Mazatlán, il vous faut changer à Tepic ou au carrefour (Crucero de San Blas ; 40 $M) sur la route 15.

Départs quotidiens pour :

Puerto Vallarta (228 $M, 3 heures 30, 4/jour)
Santiago Ixcuintla (70 $M, 1 heure, fréquents)
Tepic (64 $M, 1 heure, fréquents de 6h à 20h)

Les **bus** (angle Canalizo et Mercado ; 15-20 $M) partent à différents moments de la journée et desservent tous les villages et plages de la Bahía (baie) de Matanchén.

Les minivans et taxis allant à Tepic se rassemblent sur le côté sud de la place. Ils vous conduiront aux plages environnantes ou vous déposeront sur le quai principal où vous pourrez prendre un bateau pour le parc national La Tovara.

Tepic

311 / 332 863 HABITANTS / ALTITUDE : 920 M

Fondée par le neveu de Hernán Cortés en 1524, Tepic, aujourd'hui capitale de l'État du Nayarit, est une cité provinciale animée, typique de la classe moyenne mexicaine.

De l'autre côté de la **Plaza Principal**, la cathédrale à la façade richement ornée érigée en 1804 offre une vue superbe sur la place. Elle fait face au **Palacio Municipal** (hôtel de ville) à côté duquel des Huicholes en costume traditionnel coloré vendent souvent des objets d'artisanat à prix raisonnables. Au nord de l'hôtel de ville, la Calle Amado Nervo et les rues voisines débordent d'étals de spécialités locales comme le *tejuino* (boisson fermentée à base de maïs) et le *guamuchil* (un petit fruit blanc).

À voir

Museo Regional de Nayarit MUSÉE
(311-212-19-00 ; www.inah.gob.mx/es/red-de-museos/257-museo-regional-de-nayarit ; Av México Nte 91 ; 50 $M ; 9h-18h lun-ven, 9h-15h sam). Aménagé autour d'une jolie cour intérieure dans un impressionnant *palacio* magenta, cet excellent musée expose une collection de céramiques *indígenas* de première importance, trouvées pour l'essentiel dans des tombeaux datant de - 200 av. J.-C. à l'an 600. Les dessins de femmes enceintes, de maisons, de guerriers, de joueurs de balle et de musiciens donnent un vrai aperçu de ces cultures, tandis que des urnes funéraires anthropomorphes de la culture de Mololoa (fin du 1er millénaire) montrent des visages à faire frissonner. Une intéressante collection de coquillages est accompagnée d'explications en anglais.

Museo de los Cinco Pueblos MUSÉE
(Musée des Cinq Peuples ; 311-212-17-05 ; naycora@hotmail.com ; Av México Norte 105 ; 10h-14h et 16h-19h mar-sam, 10h-14h dim). GRATUIT Vous verrez ici des arts populaires des peuples Huichol, Cora, Tepehuano, Mexicanero et des peuples métis de l'État du Nayarit (vêtements, broderies, tissages, instruments de musique, céramiques, objets incrustés de perles, etc.). La boutique voisine vend des créations d'artisans *indígenas* (commerce équitable).

Où se loger et se restaurer

Hotel Real de Don Juan HÔTEL $$
(311-216-18-88 ; realdedonjuan2@hotmail.com ; Av México Sur 105 ; ch/ste 1 340/1 740 $M ; P). Ce vieil hôtel joliment rénové, surplombant la Plaza Constituyentes, a trouvé le bon équilibre entre caractère colonial et raffinement. À l'étage, les chambres

HORS DES SENTIERS BATTUS

LAGUNA SANTA MARÍA DEL ORO

Entouré de montagnes luxuriantes, ce lac idyllique de plus de 100 mètres de profondeur et 2 km de diamètre se trouve dans le cratère d'un volcan. Ses eaux limpides vont du bleu turquoise au gris. Les abords du lac et les montagnes environnantes abritent une multitude de papillons et d'oiseaux (quelque 250 espèces) que vous apercevrez au cours de vos promenades. Vous pourrez également grimper jusqu'à une mine d'or abandonnée, faire du vélo ou du kayak, nager ou pêcher bars et perches. Un grand nombre de restaurants des environs sert du poisson fraîchement pêché dans le lac.

Si vous avez une voiture, rendez-vous à l'embranchement Santa María del Oro, à 40 km de Tepic sur la route de Guadalajara. À partir de l'embranchement, parcourez 9 km pour atteindre le village de Santa María del Oro, puis 8 km encore pour arriver au lac. Si vous optez pour le bus, montez à bord d'un *colectivo* "Santa María del Oro" (30 $M, 45 min) sur l'Avenida México à Tepic. Arrivé sur la place principale de Santa Maria, prenez un *colectivo* (p. 538) indiquant "Laguna", ou un taxi.

BUS AU DÉPART DE TEPIC

DESTINATION	PRIX ($M)	DURÉE (H)	FRÉQUENCE
Guadalajara	224-375	3 ½-5	fréquents
Mazatlán	350-360	4	1/heure
Mexico (Terminal Norte)	1 190-1 225	10-11	3/heure
Puerto Vallarta	205-305	3-4	fréquents
Santiago Ixcuintla	71	1	fréquents

aux tons pastel sont dotées de grands lits luxueux et de salles de bains rehaussées de marbre. Deux statues d'anges guerriers veillent sur le hall calme. Également un bon restaurant avec des tables ouvertes sur la rue, un bar chic, un espace détente sur le toit et une piscine. Seuls bémols : le Wi-Fi capricieux et le son des cloches qui peut gêner les dormeurs tardifs.

El Farralón del Pacífico PRODUITS DE LA MER $$
(☎311-213-11-24 ; www.facebook.com/elfarallondelpacificotepic ; Av Insurgentes 282 ; tostadas 31-85 $M, plats 130-210 $M ; ⏲11h30-19h ; P 📶). La vedette de cet établissement est le *pescado zarandeado* (voir p. 566), mais le choix de plats de la mer est vaste : *tostadas* bien garnies, crevettes fraîches, ceviches...

♥ **Emiliano** MEXICAIN $$$
(☎311-216-20-10 ; www.emilianorestaurant.com ; Zapata Oriente 91 ; petit-déj 159 $M, déj et dîner 198-275 $M ; ⏲8h-minuit lun-sam ; P 📶). L'un des restaurants les plus populaires du pays, Emiliano sert surtout une cuisine locale dans un cadre élégant. Le petit-déjeuner remporte un franc succès : outre un plat de viande qui vous donnera de l'énergie pour la journée ou une sélection diététique, on vous servira jus, café et fruits frais. Au dîner, laissez le sommelier vous conseiller les vins se mariant le mieux avec les créations du chef Marco.

ℹ Renseignements

Office du tourisme municipal (☎311-215-30-00, poste 2000 ; www.facebook.com/didecotepic ; 2e ét., Amado Nervo s/n ; ⏲8h-20h). Renseignements sur les visites guidées de la ville. Un kiosque à côté ainsi qu'un bureau à la gare routière donnent des informations sur l'État du Nayarit.

ℹ Depuis/vers Tepic

La **gare routière principale** (gare routière de Tepic ; ☎311-213-23-30 ; Av Insurgentes 492) est implantée dans la banlieue sud-est de la ville ; les bus locaux (6 $M) marqués "Estación" circulent fréquemment entre le centre-ville et la gare. Un taxi entre la gare et le centre coûte 40 $M. Des **colectivos** (Durango Norte 284 ; 70 $M ; ⏲5h-21h) pour San Blas partent d'un petit terminal sur Durango Norte, entre Zaragoza et Amado Nervo (départs fréquents). Si vous allez à la Laguna Santa María del Oro, prenez un **colectivo** (Av México s/n, entre Zaragoza Poniente et Bravo Poniente ; 30 $M ; ⏲6h-21h) depuis Avenida México.

ℹ Comment circuler

Les bus locaux (6 $M) circulent de 6h à 21h. Les *combis* (6 $M) sillonnent l'Avenida México de 6h à minuit. Vous trouverez aussi beaucoup de taxis et une station de taxis en face de la cathédrale.

Chacala

☎327 / 319 HABITANTS

Le hameau de pêcheurs de Chacala est un petit éden relativement épargné. À 96 km au nord de Puerto Vallarta et à 10 km à l'ouest de Las Varas par la route 200, le village s'étend le long d'une crique bordée de chaque côté par des formations rocheuses déchiquetées, au pied de collines verdoyantes. Composé d'une unique artère principale sablonneuse et de quelques rues pavées, c'est un endroit charmant pour se détendre en admirant le paysage.

À voir

Pétroglyphes d'Altavista SITE ARCHÉOLOGIQUE
(Route 200-Altavista ; 20 $M ; ⏲7h-16h). Pour atteindre ce site, prenez la difficile route 200-Altavista, puis continuez à pied sur 1,5 km. L'itinéraire n'est pas clairement marqué, assurez-vous d'avoir obtenu de bonnes indications ou venez dans le cadre d'une excursion organisée par Xplore Chacala. Le site compte beaucoup de pétroglyphes, certains géométriques, d'autres figurant des humains. Un sentier vous fait passer devant nombre d'entre eux, avec des panneaux explicatifs en espagnol et en anglais.

La visite s'achève dans une clairière avec une cascade et des bassins où se baigner.

Activités

La mer est au centre de la plupart des activités. La baignade dans la magnifique baie de Chacala est sûre et tranquille presque toute l'année. Vous pouvez également marcher jusqu'à La Caleta : la randonnée de 3,5 km à travers la jungle n'est pas facile mais vaut l'effort.

Pour les excursions à bord de petits bateaux, renseignez-vous auprès de la **coopérative de pêche de Chacala** (portable 327-1020683 ; trinimoya2@hotmail.com ; observation des baleines 400 $M/pers, pêche et surf 800 $M/bateau ; 7h30-17h30) installée sur un quai à l'extrémité nord de la côte. Elle propose des sorties de pêche et d'observation des baleines, et des expéditions de surf à La Caleta, un spot rêvé où un formidable *point break* crée de superbes vagues qui s'écrasent sur la plage rocheuse. L'agence **Xplore Chacala** (portable 327-105 3504 ; www.xplorechacala.wixsite.com/mysite ; Av Chacalilla s/n ; sortie observation des oiseaux 100 $M/heure, visite des pétroglyphes 350 $M/pers, location planche de surf 100 $M/heure ; 9h-20h nov-avr, 9h-17h sam-dim mai-oct) loue des planches de surf et de paddle.

Fêtes et festivals

Festival de musique et d'arts de Chacala CULTURE
(327-219-50-06 ; www.chacalamusicfestival.com ; mars). Ce festival de 4 jours célèbre la musique, la danse, l'art local et la cuisine régionale. Les événements sont organisés dans les restaurants du front de mer et les espaces à ciel ouvert.

Où se loger et se restaurer

Vous trouverez plus d'une cinquantaine d'hébergements, du rudimentaire au plus luxueux. Il faut généralement réserver, et souvent pour plusieurs nuits.

Si vous préférez être autonome, **Chacala Villas** (portable 327-1030065 ; www.chacalavillas.com ; Av Chacalilla 3 ; 7h30-21h30 ;) propose des maisons à louer avec cuisine équipée, telles que la **Casa Magica** (327-219-40-97 ; www.omcasamagica.blogspot.mx ; Socorro 100 ; app 100-110 $US ;).

Techos de México CHEZ L'HABITANT $
(www.techosdemexico.com ; ch 400-600 $M). Pour rencontrer la population locale, participez à ce programme qui permet aux habitants de bâtir leur maison avec un logement pour les visiteurs. Sept familles proposent cette formule. Renseignez-vous sur le site Internet ou guettez les panneaux Techos un peu partout dans le village.

Casa Norma PENSION $
(327-219-40-85 ; Golfo de México 15 ; ch 500-600 $M ;). À une minute à pied de la plage, la Casa Norma, tenue par une charmante famille, propose 3 chambres bien tenues, dont 2 avec grands balcons donnant partiellement sur l'océan, et une cuisine équipée. Idéal pour un séjour paisible et confortable.

Casa de Tortugas LOCATION $$
(portable 322-1464787 ; www.casadetortugas.com ; Oceano Pacifico 4 ; d 1 300-1 400 $M, ste 3 700 $M ;). Cette maison rouge entourée de murs, sur la partie nord de la plage, jouit d'une vue privilégiée sur la baie. Elle propose 3 superbes chambres et une grande suite familiale avec micro-ondes et cafetière. Cuisine commune, terrasse sur le toit et piscine à débordement. Réservation obligatoire (il n'y a pas de réception).

Hotel Mar de Coral HÔTEL $$
(327-219-41-09 ; www.facebook.com/mardecoralchacala ; Av Chacalilla s/n ; d 1 000 $M, bungalows à partir de 1 800 $M ;). Dans le centre du bourg, face à la plage, cette construction moderne incongrue loue des chambres spacieuses et carrelées, avec lits et mobilier en bois. Les chambres des bungalows sont beaucoup plus grandes avec une cuisine attenante. Piscine dans une cour ombragée faisant office de réception.

Au coin de la rue, sur la Calle Canarias, l'établissement **Mar de Coral Elite** (même propriétaires) propose des chambres un peu plus haut de gamme et un espace piscine ensoleillé.

Mar de Jade RESORT $$$
(327-219-40-00 ; www.mardejade.com ; Mar de Jade 1 ; s/d avec pension complète 321/369 $US ;). Ce petit paradis à l'extrémité sud du front de mer propose cours de yoga, méditation et retraites bien-être, mais ses portes sont aussi ouvertes aux voyageurs indépendants. On entend le doux bruit des vagues depuis les chambres avec salle de bains carrelée, l'espace sauna, Jacuzzi et spa, ou encore le patio de la piscine où est servi un buffet d'inspiration végétarienne. L'hiver, le prix comprend des cours de yoga.

Mauna Kea PETIT-DÉJEUNER $
(☎327-219-40-67 ; www.casapacificachacala.com ; Los Corchos 15 ; plats 70-100 $M ; ⏲8h-11h lun-sam nov-avr ; 📶). Observez les baleines en buvant votre café depuis ce restaurant saisonnier installé sur un toit. Le petit-déjeuner est compris pour les hôtes du B&B attenant. Sur un promontoire au nord de la ville.

Quezada PRODUITS DE LA MER $$
(☎portable 327-1044373 ; Av Chacalilla s/n ; poisson grillé au kilo 240 $M ; ⏲9h-17h30). Dans ce restaurant de front de mer installé dans une *palapa*, vous pourrez déguster un *pescado zarandeado* (voir p. 566) qui frise la perfection grâce à sa marinade *adobo* (tomates et piments relevés), badigeonnée sur le poisson pendant la cuisson. Si le restaurant propose de la corvina comme poisson du jour, vous pourrez vous réjouir !

Majahua INTERNATIONAL $$
(☎327-219-40-53 ; www.majahua.com ; Sur de la Bahia de Chacala s/n ; plats 95-190 $M ; ⏲petit-déj 9h-11h, déj 12h-16h, dîner 17h-20h ; 📶). Perché sur une colline à la végétation luxuriante et donnant sur une crique, ce restaurant écologique avec terrasse est l'endroit idéal pour commencer la journée ou pour s'octroyer un dîner romantique au coucher du soleil (cocktails et produits frais de la mer au menu). Réservez pour le dîner. Majahua possède aussi un bar à tapas sur la plage ouvert de novembre à fin avril.

Depuis/vers Chacala

Pour aller à Chacala, descendez du bus Puerto Vallarta-Tepic à Las Varas et prenez un *colectivo* (15 $M) sur 11 km : ils partent toutes les 30 minutes environ, en face de l'arrêt de bus (cherchez les chaises placées à un coin, à proximité d'un serrurier). Une course en taxi pour Chacala coûte environ 120 $M. En voiture, la sortie sur la route 200 est à 1 km au sud de Las Varas.

San Francisco

☎311 / 1823 HABITANTS

San Francisco, aussi appelé San Pancho, est un autre village de pêcheurs devenu destination de vacances. Ses plages sont plus jolies que celles de Sayulita, plus au sud, et la présence de touristes étrangers y est plus discrète. Il y a aussi moins d'animation, exception faite des gauchos qui traversent la rivière à cheval et se promènent sur la longue étendue de sable blond jonchée de bois flotté.

L'Avenida Tercer Mundo va de la route 200 au bourg et à la plage, où vous attendent quelques restaurants servant plats de poisson classiques, ceviches et bières fraîches.

Activités

Las Huertas GOLF
(☎311-258-45-21 ; www.lashuertasgolf.com ; América Latina s/n ; accès au green à partir de 420 $M ; ⏲8h-16h mar-dim). Las Huertas est un court mais joli parcours de 9 trous qui occupera agréablement les golfeurs durant quelques heures.

Circuits organisés

Paseos a Caballo BALADES À CHEVAL
(☎311-258-41-82 ; www.laselvasanpancho.com ; Av Tercer Mundo 50 ; circuits 350 $M/heure). Près de l'entrée de la ville, l'Hostal La Selva propose des promenades à cheval le long des sentiers de montagne et de la plage.

Où se loger

♥ **Refugio de Sol & Hostal San Pancho** AUBERGE DE JEUNESSE, PENSION $
(☎311-258-41-61 ; www.hostalsanpancho.com ; Av Tercer Mundo ; dort 250-300 $M, d 1 000-1 500 $M ; ⊖❄📶). Bien conçue, cette auberge de jeunesse-pension s'organise autour d'une boutique de surf, proche de la grand-route. Elle propose des chambres simples, mais impeccables, et des "suites" plus chics (chambres plus grandes, meilleures salles de bains et terrasse). Les dortoirs du rez-de-chaussée, avec leur salle de bains extérieure, sont sommaires mais confortables. Les séjours à la pension comprennent le petit-déjeuner, servi dans une jolie partie commune à l'étage.

Vélos et skateboards en libre accès (pratiques pour filer à la plage, à 1 km). Location de planches de surf, cours de surf et visites guidées.

Bungalows Lydia BUNGALOWS $$$
(☎311-258-43-37 ; www.bungalowslydia.com ; Clavelinas 393 ; bungalows 110-150 $US ; P⊖📶). On fait difficilement plus idyllique que ce lieu à flanc de falaise, entouré de 2 000 palmiers plantés par les propriétaires et donnant sur deux plages cachées. Des 8 suites avec ventilateur, les Sunset et Panorama sont celles qui offrent la plus belle vue sur l'océan (comme dans la piscine à débordement au bord de la

falaise). Agréable piscine d'eau de mer sur la plage en contrebas. Pas de restaurant sur place, mais les suites sont équipées de cuisines.

L'hôtel est adapté aux voyageurs indépendants motorisés. À 3 km à l'est de la ville, accès par une piste.

Où se restaurer et prendre un verre

Maria's MEXICAIN $

(☎311-258-44-39 ; www.facebook.com/marias.restaurant.3 ; Av Tercer Mundo 28A ; petit-déj et déj 50-100 $M, dîner 110-240 $M ; ⌚8h30-15h30 et 18h-22h30 jeu-lun, 8h30-15h30 mar ; 📶🌿). La meilleure adresse de San Pancho pour le petit-déjeuner sert de savoureuses spécialités mexicaines comme les *huevos divorciados* (œufs sur le plat à la sauce rouge et verte) et des plats d'Amérique du Nord. Les menus déjeuner et dîner font la part belle aux spécialités végétariennes ou légères (salades et tacos de poisson notamment).

♥ **Bistro Orgánico** FUSION $$$

(☎311-258-41-55 ; www.hotelcielorojo.com/english/bistro-organico-restaurant.html ; Asia 6 ; plats 215-240 $M ; ⌚petit-déj 8h30-14h30 tlj, dîner 18h30-22h ven-dim nov-avr ; 📶🌿). Installé dans la jolie cour plantée de l'**Hotel Cielo Rojo** (d 150 $US avec petit-déj ; 🚭❄📶), le Bistro Orgánico est la meilleure adresse chic de San Francisco pour manger. Le chef Calixto prépare poisson et plats végétariens avec autant d'inventivité que ses confrères de New York ou Los Angeles. Produits quasiment tous locaux et bio. Le petit-déjeuner est servi jusqu'en début d'après-midi. Si vous venez pour le dîner, commandez des truffes au chocolat parfumées à la tequila en dessert.

♥ **La Fresona** BAR

(☎portable 322-2315219 ; www.facebook.com/lafresonabeachclub ; Av Tercer Mundo s/n ; ⌚11h-21h lun-jeu ; 🐾). Venez danser dans ce bar de plage prisé où les DJ jouent de l'électro entraînante en alternance avec des concerts de salsa. Même l'après-midi, l'endroit est idéal pour se relaxer autour de *micheladas* (cocktails à base de bière) et autres boissons (on y vient aussi pour être vu).

Depuis/vers San Francisco

Des vols depuis les États-Unis et le Canada desservent les stations balnéaires telles que Puerto Vallarta, Mazatlán, Acapulco et Zihuatanejo. Si vous voyagez en voiture, les routes à péage sont pratiques mais onéreuses. Des bus très confortables relient les centres touristiques à l'arrière-pays.

Entre les villes, la route côtière 200 a connu des hauts et des bas en matière de sécurité, surtout dans les États du Nayarit, du Michoacán et du Guerrero, toujours réputés dangereux de nuit.

VAUT LE DÉTOUR

LO DE MARCOS

Il n'y a pas grand-chose à faire dans le village de pêcheurs endormi de Lo de Marcos – et c'est pour ça que les vacanciers mexicains et les touristes nord-américains l'apprécient tant. De nombreux restaurants de produits de la mer sont alignés le long de sa plage plantée de palmiers, à côté de quelques bungalows tout à fait honorables (au cas où vous décideriez de passer la nuit ici). L'établissement **El Caracol Bungalows** (☎33-3684-3301 ; www.bungalowselcaracol.com ; Camino a las Minitas Km 1,5, Playa Lo de Marcos ; ch 80-102 $US ; 🅿🚭❄📶🏊🐾), où l'on peut garer sa caravane, propose des chambres confortables donnant sur des pelouses verdoyantes. Le personnel peut organiser des excursions en bateau pour les îles voisines. À environ 2 km au sud de Lo de Marcos se trouve **Playa Los Venados**, une petite crique accessible par une piste.

Pour vous rendre à Lo de Marcos, montez dans n'importe quel bus en direction du nord sur la route 200. Le village se trouve à 10 km au nord de San Francisco.

Sayulita

☎329 / 2 262 HABITANTS

À la fin des années 1990, Sayulita était encore un paisible village de pêcheurs, puis de nombreux Américains s'y sont installés. En haute saison, l'endroit, apprécié des surfeurs branchés, connaît une forte affluence. Les visiteurs viennent profiter de sa superbe plage de sable (pas toujours propre), de bonnes vagues, d'excellents restaurants et d'agréables B&B.

À voir

Playa Los Muertos PLAGE

On vient surtout à Playa Los Muertos pour pique-niquer et faire du Bodyboard. À 15 minutes à pied du centre vers le sud, le long de la route côtière, en passant par le complexe hôtelier Villa Amor et le cimetière.

Activités

Dans la rue principale et le long de la plage, plusieurs prestataires proposent location de vélos, sorties en bateau et en kayak, balades à cheval et randonnées à pied.

Don Pedros DANSE

(329-291-30-90 ; www.donpedros.com ; Marlín 2 ; cours de salsa 50 $M ; cours de salsa 20h30-23h30 lun, flamenco 19h30-21h30 jeu oct-juil). D'octobre à juillet, venez pratiquer la salsa lors des cours organisés le lundi soir dans ce bar-restaurant du front de mer. Le jeudi soir, regardez les danseurs de flamenco fouler la piste.

Stand Up Sayulita PADDLE

(329-291-35-75 ; www.standupsayulita.com ; Marlín 59 ; location planche 10/30/45 $US par heure/demi-journée/journée, cours 50 $US ; 9h-20h). La bonne adresse pour apprendre à manœuvrer une planche de paddle. Les cours durent 1 heure 30, et sont suivis de 1 heure de pratique gratuite.

Surf

Les vagues moyennes déferlent en alternance de la gauche et la droite, permettant de se perfectionner ou de s'initier. Plusieurs boutiques de surf proposent locations et cours.

Oceano Dive & Surf SURF, PLONGÉE

(329-298-85-32; www.oceanoadventures.com; Av Revolución 34B ; leçon de surf 45 $US, visite des Islas Marietas 75 $US ; 9h-17h lun-sam). Les moniteurs passionnés dispensent d'excellents cours de surf à meilleur prix que la plupart de leurs confrères. Pour un cours de 2 heures 30, vous bénéficierez d'une heure de location de planche gratuite pour vous entraîner. L'école de plongée est homologuée PADI et propose des sorties snorkeling aux Islas Marietas.

Lunazul SURF

(329-291-20-09 ; www.lunazulsurfing.com ; Marlín 4 ; location de planches de paddle/surf/Bodyboard 300/400/200 $M par jour, cours particulier 60 $US ; 9h-18h). De nombreux clubs de surf des environs proposent des cours et louent des planches, notamment le Lunazul, plutôt renommé.

QUAND SAYULITA SE MET À L'HEURE

Sayulita et les villes de la Riviera Nayarit, même celles très au nord comme Lo de Marcos, sont alignées sur le fuseau horaire central (Hora del Centro ; GMT-6), à la différence du reste de l'État du Nayarit, qui se trouve sur le fuseau des montagnes Rocheuses (Hora de las Montañas ; GMT-7). La région a opéré ce changement en mars 2011 afin de se mettre en accord avec Puerto Vallarta et Jalisco. La raison ? Quantité de touristes nord-américains, ignorants du fuseau horaire ou la tête encore en vacances, arrivaient à l'aéroport de Vallarta avec une heure de retard et manquaient leur vol !

Où se loger

Vous trouverez un bon choix de villas à louer sur le site de Sayulita Life (www.sayulitalife.com). Les prix peuvent baisser considérablement en basse saison.

♥ Amazing Hostel Sayulita AUBERGE DE JEUNESSE $

(329-291-36-88 ; www.theamazinghostelsayulita.com ; Pelícanos 102 ; dort/d 350/1 300 $M ;). Auberge moderne et très bien équipée, tenue par une équipe serviable et expérimentée. En bas, dortoirs sombres mais frais avec salles de bains attenantes ; à l'étage, cuisine, mur d'escalade et piscine. Les chambres privatives climatisées sont spacieuses. L'auberge loue aussi des vélos. Remontez la rue qui longe la rivière, du côté de la place par rapport au pont.

Casa Corazón HÔTEL $$

(portable 322-1345696 ; www.casacorazonsayulita.com/blog ; Cocos Sur 4 ; d 990-1 200 $M ; P). À environ 500 m de la place principale de la ville, cet hôtel tenu par une famille propose 10 chambres colorées sans prétention, de la petite chambre climatisée à la plus grande avec cuisine équipée. L'endroit n'a rien d'extraordinaire, mais il est propre et agréable, à un prix relativement abordable pour Sayulita.

Hotel Hafa BOUTIQUE-HÔTEL $$

(☎329-291-38-06 ; www.hotelhafa-sayulita.com ; Av Revolución 55 ; ch 60-103 $US ;). Cet adorable petit hôtel proche de la place est plein de charme, même si son emplacement l'expose aux bruits des fêtards. Le décor s'inspire de l'Afrique du Nord et du Mexique, avec 8 chambres ventilées au sol en béton (supplément pour la clim) et de grandes salles de bains. Le personnel est sympathique, mais peu pressé. Jolie boutique au rez-de-chaussée.

♥ **Aurinko Bungalows** BUNGALOWS $$$

(☎329-291-31-50 ; www.aurinkobungalows.com ; Marlín 18 ; bungalow 1/2 ch 107/178 $US ;). Ce ravissant ensemble d'habitations est coiffé d'un exubérant toit de palme. Salons et cuisine intérieur/extérieur et superbes chambres au sol de galets. On se sent au bout du monde, alors que la place et la plage ne sont qu'à quelques pas. Également un centre de yoga et une petite piscine sur place.

♥ **Siete Lunas** BOUTIQUE-HÔTEL $$$

(☎portable 322-1822979 ; www.sietelunas.mx ; Camino Playa de los Muertos 714 ; ch avec petit-déj 242-303 $US ;). Perchés sur les hauteurs, dans la jungle, avec une vue fantastique sur la côte, ces bungalows au cadre intimiste sont parfaits pour un séjour romantique. À 2 km de la ville, au-delà de Playa Los Muertos (page ci-contre), ils se trouvent au bout d'une route, d'où une voiturette vous emmène dans votre luxueux cocon. Petit-déjeuner inclus, mais pas de restaurant.

Hotel Sayulita Central HÔTEL $$$

(☎329-291-38-45 ; www.hotelsayulitacentral.com ; Delfínes 7 ; ch 113-169 $US ;). Idéalement situé entre la *plaza* et la plage, cet hôtel abrite des chambres aux noms de groupes de rock. Toutes sont claires, avec des détails originaux, comme les fontaines à eau. Superbe salon commun. Les prix reflètent le niveau de confort : les chambres les moins chères du dernier étage peuvent être des fours en été.

Où se restaurer

Vous trouverez à Sayulita un choix fort séduisant de petits cafés de style bistrot, contrastant avec les *palapas* de la plage et les stands (essayez le burrito aux fruits de mer) qui s'installent chaque soir autour de la place.

♥ **Naty's Kitchen** TACOS $

(☎329-291-38-18 ; natys.cocina@gmail.com ; Marlín 13 ; tacos 15-20 $M ; 8h30-16h lun-sam, 9h-15h dim). Stand à tacos joli et propre, où les tortillas sont garnies au choix du client : piments *poblanos* en tranches, pommes de terre, haricots verts et champignons, bœuf, marlin fumé, poulet au *mole* (sauce au piment), ou encore porc et feuilles de cactus. Commandez au comptoir et prenez place à une table devant le stand. Très fréquenté par la clientèle locale.

Mary's MEXICAIN $

(☎portable 322-1201803 ; Av Revolución 36 ; tacos 25-40 $M, plats 60-150 $M ; 8h30-23h lun-sam, 16h dim). Cette adresse populaire en bord de trottoir sert une cuisine traditionnelle bon marché et sans prétention. Au menu, tacos de poisson, crevettes grillées servies sur des tortillas maison ou délicieux piments *poblanos* farcis aux crevettes, poulet ou fromage.

Yah-Yah Sayulita Cafe VÉGÉTARIEN, PETIT-DÉJEUNER $

(www.facebook.com/cafeyahyah ; Delfínes 20 ; 55-90 $M ; 8h-16h ;). Outre un café mexicain qui ne manque pas de caractère, cette petite buvette sur la place principale sert petits-déjeuners complets, bols de fruits et légumes, pâtisseries sans gluten et beaucoup de plats végétariens. Idéal pour recharger les batteries avant d'aller surfer.

Chilly Willy PRODUITS DE LA MER $

(☎portable 322-8897190 ; Av Revolución 72 ; plats 60-120 $M ; 10h-19h mer-lun). Cette *taquería* (stand de tacos) sans prétention sert de savoureux produits de la mer. Essayez les *tostadas* riches en crevettes et en poulpe et les cocktails de fruits de mer, ou, les samedis et dimanches, le poulet au *mole* et le *chile relleno* (piment *poblano* farci). L'établissement organise également des excursions (randonnées dans la jungle, observation des oiseaux et sorties VTT).

Cafe El Espresso CAFÉ $

(www.sayulitalife.com/elespresso ; Revolución 51 ; plats 65-130 $M ; 7h-22h ;). Installée dans un coin de la place, cette adresse sert le petit-déjeuner jusqu'à 14h, accompagné d'un excellent café aux arômes puissants (laits d'origine végétale disponibles). Le smoothie Tropical Heaven associe ananas, yaourt, miel, papaye ou fraises, basilic et crème de coco. Quant aux petits-déjeuners mexicains, ils sont tout simplement sensationnels.

Palmar Trapiche AMÉRICAIN, PRODUITS DE LA MER **$$**
(portable 55-43607789 ; www.facebook.com/trapichesayulita ; Av del Palmar 10A ; plats 95-295 $M ; 16h-23h mar-dim). Tenu par le même propriétaire que l'excellente microbrasserie Colima, ce restaurant et bar de plein air sert une délicieuse cuisine nord-américaine (burgers, côtes braisées lentement mijotées dans de la bière pale ale), ainsi qu'une belle variété de plats de poissons et de produits de la mer. Le menu vous indique les bières qui se marient le mieux avec chaque plat.

Yeikame MEXICAIN **$$**
(329-291-30-22 ; www.facebook.com/yeikamesayulita ; Mariscal 10 ; plats 90-165 $M ; 8h-22h30 mer-lun ;). Accueillant et fiable, ce restaurant familial offre d'agréables tables sur la rue et une cuisine plutôt traditionnelle. Enchiladas, *tostadas*, tacos et plats plus substantiels comme le poulet au *mole* ou le porc mariné sont assez bon marché ; les tortillas au maïs bleu sont délicieuses. Très bons jus de fruits et fameux petits-déjeuners.

Où prendre un verre et faire la fête

De nombreux bars à l'ouest de la place restent ouverts assez tard.

Cava BAR
(portable 322-1495836 ; berenice_praznik@hotmail.com ; Av Revolución 54 ; 13h-1h lun-sam, 19h-1h dim). Dans ce bar à mezcals situé dans un quartier sympathique, vous pourrez siroter une *raicilla* (alcool d'agave de type mezcal), un *pulque* sirupeux (boisson fermentée à l'agave), des bières artisanales locales ou des cocktails. Après quelques *raicillas* bien corsées, vous engagerez certainement la conversation avec vos voisins de comptoir.

Don Pato BAR
(portable 322-1032006 ; www.facebook.com/bardonpato ; Marlín 12 ; 20h-3h dim-ven, 20h-4h sam). Signalé par un canard en caoutchouc, ce bar animé sur la place principale propose concerts et DJ sets presque tous les soirs, avec scène ouverte le mardi. Pas de code vestimentaire : la moitié des clients sont en maillot de bain. Le baby-foot fait fureur et l'étage est souvent le plus animé.

Achats

Tierra Huichol ART ET ARTISANAT
(portable 322-1572725 ; www.huicholand.com ; Av Revolución 38 ; 10h-22h). Ce n'est pas la boutique la moins chère, mais elle offre un bel aperçu des sculptures en perles colorées des Huicholes. Certaines pièces sont remarquables, et vous verrez fréquemment des artistes à l'œuvre. Les objets estampillés commerce équitable vendus ici contribuent à préserver le mode de vie des artisans des communautés Huicholes.

Revolucion del Sueño MODE ET ACCESSOIRES
(329-291-38-50 ; revoluciondelsueno.contacto@gmail.com ; Navarrete 55 ; 10h-18h). Une boutique spécialisée dans les T-shirts sérigraphiés et les sacs de plage tendance. Vend aussi coussins, jolis bijoux, autocollants originaux et objets d'art décoratifs, dont de splendides crânes en papier mâché.

Depuis/vers Sayulita

Sayulita se trouve à 40 km environ au nord de Puerto Vallarta, à l'ouest de la route 200. Des bus (40 $M, 50 min) y partent toutes les 15 minutes de l'arrêt (p. 561) situé devant le Walmart de Puerto Vallarta, juste au sud de Marina Vallarta, et tous les bus 2e classe en direction du nord depuis la gare routière de Puerto Vallarta (p. 561) pourront vous déposer à l'embranchement pour Sayulita. Il vous restera alors 2 km à parcourir à pied pour gagner la ville.

Les bus pour San Francisco (20 $M, 15 min), Lo de Marcos (30 $M, 30 min) et Puerto Vallarta (40 $M, 50 min) partent d'une petite **gare** (Av Revolución s/n ; 6h-22h) à l'intersection entre les Avenidas Revolución et Coral.

Punta de Mita et Riviera Nayarit

Immédiatement au sud de Sayulita, une magnifique péninsule montagneuse couverte de jungle cascade jusqu'à la mer. Le terrain a été colonisé par les complexes hôteliers de luxe, mais le village de **Punta de Mita** a tout de même conservé quelques restaurants en bord de plage, appréciés des familles de Vallarta, et, depuis sa petite marina, on peut attraper un bateau pour une sortie en mer.

Les plages qui bordent la côte jusqu'à Nuevo Vallarta forment une partie du bandeau de 150 km appelé **Riviera Nayarit**. Elles comptent parmi les plus belles de la côte pacifique centrale. Ici, l'eau est presque toujours claire et couleur aigue-marine, le sable est blanc et la houle suffisante pour faire du surf. Parmi les petits ports de pêche assoupis transformés en stations balnéaires, **La Cruz de Huanacaxtle** et **Bucerías** méritent une visite.

Activités

Le front de mer de Punta de Mita est parsemé de boutiques proposant cours de surf et matériel à louer. Le village compte aussi de nombreux instituts de massage. Enfin, de la marina (extrémité est du front de mer), des bateaux proposent différentes excursions.

Punta Mita Charters BATEAU
(☎329-291-62-98 ; www.puntamitacharters.com ; Av Anclote 17 ; bateau pour l'observation des baleines 140 $US/heure, bateau de pêche 800 $US/jour, Islas Marietas 500-1 500 $M ; ⊙bureau 8h-16h). Excursions pour les Islas Marietas, location de bateaux de pêche et sorties d'observation des baleines à bosse (décembre à mars).

Où se loger et se restaurer

♥ **Villa Bella Bed & Breakfast** B&B $$$
(☎329-295-51-61 ; www.villabella-lacruz.com ; Monte Calvario 12, La Cruz de Huanacaxtle ; ste avec petit-déj à partir de 149 $US ;). Situé sur une colline (à gravir en voiture), cet hôtel à la décoration bohème et contemporaine à la fois offre une vue renversante sur la Riviera Nayarit. La Master Suite, très confidentielle, est dotée d'une cuisine et d'un salon extérieurs. Toutes les suites donnent sur l'océan, avec accès au joli jardin et à la piscine. Petit-déjeuner servi en extérieur. En descendant la route, vous arriverez à la petite ville de La Cruz de Huanacaxtle et à sa marina où vous trouverez multitude de bars et de restaurants.

La Quinta del Sol HÔTEL $$$
(☎329-291-53-15 ; www.laquintadelsol.com ; Hidalgo 162 ; d à partir de 119 $US ;). Idéal pour les surfeurs et les férus de plages. Les 7 chambres décorées avec goût sont pourvues de cuisines équipées, d'une excellente literie, de lavabos en marbre, et d'une charmante terrasse sur le toit surplombant l'océan. En traversant la rue qui sépare l'hôtel de la plage tranquille, vous trouverez un *break* de surf parfait pour les novices (**Stinky**). L'hôtel peut organiser des cours de surf et la location d'une planche.

♥ **Tuna Blanca** MEXICAIN $$$
(☎329-291-54-14 ; www.tunablanca.com ; Av Anclote 5 ; plats déj 95-210 $M, plats dîner 380-650 $M, menus dégustation 869-950 $M ; ⊙12h-22h30 mar-dim ;). Restaurant de front de mer superbement décoré dont les délicieuses spécialités de viande et de poisson préparées par le célèbre chef Thierry Blouet ont fait leurs preuves (velouté de crevettes et potiron ou crevettes flambées à la *raicilla*). Si vous voulez faire une folie, commandez le menu dégustation à 5 plats (variante végétarienne possible).

Depuis/vers Punta de Mita et Riviera Nayarit

De Puerto Vallarta, empruntez la route 200 au nord en passant par Bucerías, puis bifurquez à gauche en direction de La Cruz de Huanacaxtle pour suivre la côte jusqu'à la péninsule Punta de Mita. Des bus fréquents depuis Puerto Vallarta (p. 561) peuvent vous déposer dans la plupart des villes de la Riviera Nayarit.

Puerto Vallarta

☎322 / 255 681 HABITANTS

S'étirant autour de Bahía de Banderas au bleu éclatant, bordée de montagnes tapissées de palmiers luxuriants, Puerto Vallarta (ou simplement "Vallarta") est l'une des villes côtières les plus séduisantes du Mexique. Des millions de touristes viennent ici chaque année lézarder sur les plages de sable blanc, faire du shopping, dîner dans des restaurants chics et flâner au gré des ravissantes rues pavées ou sur le plaisant *malecón* (promenade de bord de mer). Parmi les nombreuses activités : sorties en bateau, balades à cheval, plongée ou excursions vers l'intérieur des terres ; le soir, Vallarta change de visage, la fête bat son plein le long des rues pavées et dans les nombreux établissements LGBT de cette capitale balnéaire gay du Mexique.

Orientation

La vieille ville, **Zona Centro**, s'étend au nord du Río Cuale. De l'autre côté de la rivière, la **Zona Romántica** est un vaste quartier touristique plein de caractère qui comprend de petits hôtels, des restaurants, des bars, les deux plages les plus centrales, et le cœur de la scène LGBT. C'est dans ces quartiers très aisés à parcourir à pied que réside l'âme de Puerto Vallarta, ainsi que la plupart des sites intéressants, hébergements et restaurants.

Agglomération de Puerto Vallarta

Au nord de la ville s'étirent la **Zona Hotelera** et ses gigantesques hôtels de luxe, puis la Marina Vallarta (9 km du centre) et Nuevo Vallarta, station balnéaire récente rassemblant hôtels et résidences (18 km). L'**aéroport** (10 km ; p. 561) et la **gare routière** (12 km ; p. 561) sont juste au nord de Marina Vallarta. Au sud de la ville, on trouve une série de belles plages attirantes, certaines bordées de complexes hôteliers.

À voir

La Zona Centro s'organise autour de la **Plaza Principal**, également appelée Plaza de Armas. Les boutiques de chaînes aseptisées s'y mêlent à l'ambiance du *pueblo* d'antan. S'étendant sur une dizaine de pâtés de maisons au nord de l'amphithéâtre, le large **malecón** est flanqué de bars, de restaurants, de discothèques et d'un bel ensemble de sculptures.

Les plages de Bahía de Banderas ont toutes leur caractère. Certaines sont très animées, d'autres plus paisibles et isolées. **Playa Olas Altas** (carte p. 552) et **Playa de los Muertos** (plage des Morts ; carte p. 546), qui s'étirent au sud du Río Cuale, sont facilement accessibles depuis le centre-ville. À l'extrémité sud de Playa de los Muertos, l'étendue de sable appelée **Blue Chairs** est l'une des plus célèbres plages gays du Mexique.

Du côté nord, vous trouverez plusieurs bons hôtels dans la Zona Hotelera. Nuevo Vallarta possède aussi d'assez jolies plages, mais c'est au sud du centre-ville (p. 549) que se trouvent les plus belles criques.

Jardín Botánico de Vallarta JARDINS
(Jardins botaniques de Vallarta ; ☎322-223-61-82 ; www.vbgardens.org ; route 200 Km 24 ; 150 $M ; 9h-18h mar-dim jan-avr, 9h-18h lun-dim mai-déc). Orchidées, broméliacées, agaves et palmiers bordent les allées de ces sublimes jardins botaniques, à 30 km au sud de Puerto Vallarta. Suivez les colibris sur les sentiers et dans des grottes couvertes de fougères, installez-vous dans un fauteuil sur le sable, ou nagez entre les gros rochers de la rivière en contrebas.

Agglomération de Puerto Vallarta

À voir
- 1 Playa Conchas Chinas A4
- 2 Playa de los Muertos A4
- 3 Playa Palmares A5

Activités
- 4 Ecotours de México A2
- 5 Marina Vallarta Golf Club A2
- 6 Rancho El Charro B3

Où se loger
- 7 Blue Chairs Beach Resort A4

Où se restaurer
- 8 Barrio Bistro B3
- 9 Benitto's A2
- 10 El Barracuda B3
- 11 El Taquito Hidalguense B3
- 12 La Leche A3
- 13 Layla's Restaurante B3
- 14 Red Cabbage Café B4

CÔTE PACIFIQUE CENTRALE PUERTO VALLARTA

Prenez le bus "El Tuito" (30 $M) à l'angle de Carranza et d'Aguacate, à Puerto Vallarta, ou un taxi (350 $M environ).

Isla Río Cuale ÎLE
(Carte p. 552). Une balade sur l'île Río Cuale, un banc de sable apparu dans l'embouchure du fleuve dans les années 1920 et consolidé depuis, est un must. Agréable pour se promener sans voiture alentour.

Los Arcos MONUMENT
(Carte p. 552 ; Malecón s/n, Plaza Morelos). Les défilés de gauchos, fêtes de mariachis et autres événements publics se déroulent sur la place, côté mer, près d'un **amphithéâtre** en plein air faisant face à ces arcades réchappées d'une hacienda.

Parroquia de Nuestra Señora de Guadalupe CATHÉDRALE
(Templo de Guadalupe ; carte p. 552 ; ☎322-222-13-26 ; www.parroquiadeguadalupevallarta.com ; Hidalgo 370 ; ⏲7h-22h lun-sam, 6h30-22h dim). Le clocher surmonté d'une couronne de l'église de Notre-Dame de Guadalupe qui se dresse au centre de la ville est un autre emblème de Vallarta. On y sonne les cloches manuellement, à l'aide d'une longue corde.

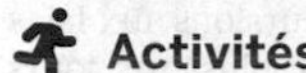

Activités

VTT ou observation des baleines ? Les hyperactifs auront de quoi faire ! Snorkeling, plongée, pêche en haute mer, ski nautique, voile et planche à voile, entre autres, peuvent être organisés depuis les plages, le plus souvent devant les grands hôtels, ou en passant par l'office du tourisme (p. 560).

Croisières

Quantité de croisières sont organisées à Vallarta dans la journée, au coucher du soleil ou dans la soirée. Les plus appréciées permettent de rejoindre les plages de Yelapa (p. 549) et Las Animas (p. 549), d'autres vont jusqu'aux **Islas Marietas**, plus éloignées. Les prix, généralement négociables, démarrent à 1 200 $M pour une croisière au crépuscule ou une sortie sur une plage. Pour une excursion plus longue de 4 à 6 heures, incluant repas et cocktails, prévoyez 2 200 $M. Partout en ville, des prospectus vantent ces prestations.

Diana's Gay & Lesbian Cruise CROISIÈRE
(Carte p. 552 ; www.dianastours.com ; Quai de Playa de los Muertos ; croisière 110 $US ; ⏲9h-17h jeu ou ven oct-mai). Hors période estivale, les jeudis ou vendredis (différent d'une semaine à l'autre), cette compagnie organise des croisières en journée pour un public gay et lesbien (repas, matériel de snorkeling et boissons à volonté inclus). Départ du quai de Playa de los Muertos. Réservation possible sur Internet.

Pêche sportive

La pêche se pratique toute l'année (voilier, marlin, thon, vivaneau, bar, etc.) et un grand **tournoi international** (☎322-225-54-67 ; www.fishvallarta.com) se tient tous les ans à la mi-novembre. Les sorties peuvent être organisées sur le quai de la Marina Vallarta ou dans les agences en ville. Environ 250/400 $US pour une excursion de 4/8 heures.

Plongée et snorkeling

Dans les eaux tièdes et paisibles de Bahía de Banderas vit un monde silencieux de raies pastenagues, poissons tropicaux et coraux aux mille couleurs. Puerto Vallarta compte plusieurs clubs de plongée. La plupart proposent du snorkeling, couplé en général avec des sorties plongées.

Banderas Scuba Republic PLONGÉE
(Carte p. 552 ; ☎portable 322-1357884 ; www.bs-republic.com ; Cardenas 230 ; plongées depuis le rivage/un bateau 95/105 $US ; ⏲bureau 8h-13h et 14h-17h lun-ven, 8h-13h sam). Ce prestataire très professionnel propose des circuits en petit groupe vers des sites moins connus.

Golf

Les parcours de golf de Vallarta se situent au nord de la ville. Les sites Internet spécialisés comme www.golfnow.com proposent des promotions intéressantes.

Punta Mita Golf Club GOLF
(☎329-291-55-90 ; www.fourseasons.com/puntamita/golf ; Ramal Carretera 200 Km 19, Punta Mita ; 9/18 trous 208/322 $US). Dans le complexe du Four Seasons à Punta Mita, les deux parcours conçus par Jack Nicklaus jouissent d'une vue spectaculaire sur l'océan ; le **Pacífico** est connu pour son green sur une île, et celui du **Bahía** n'a rien à lui envier. Les visiteurs extérieurs à l'hôtel doivent acheter un pass journalier (243 $US pour 2 pers, inclut une chambre à la journée).

Vista Vallarta Golf Club GOLF
(☎322-290-00-30 ; www.clubcorp.com/clubs/vista-vallarta-club-de-golf ; Circuito Universidad 653, Colonia El Pitillal ; crépuscule/journée 155/209 $US ; ⏲journée 7h-13h, crépuscule 13h-17h). Avec ses

deux parcours dessinés par Nicklaus et Weiskopf, et sa situation mémorable en bordure de jungle, c'est l'un des golfs mexicains les plus prisés. À environ 9 km à l'est de l'aéroport (p. 651).

Marina Vallarta Golf Club GOLF
(Carte p. 546 ; ☎322-221-00-73 ; www.clubcorp.com/clubs/marina-vallarta-club-de-golf ; Paseo de la Marina 430 ; crépuscule/journée voiturette incluse 111/139 $US ; ⌚journée 7h-13h, crépuscule 13h-16h30). Ce parcours de golf de 18 trous par 72 pensé par l'architecte américain Joseph Finger se trouve au nord de Marina Vallarta. Vous y verrez une grande diversité d'animaux aquatiques, notamment des crocodiles. L'entretien laisse un peu à désirer cependant.

Randonnée équestre

L'équitation est une belle façon de découvrir les luxuriants coteaux environnants. La compagnie Rancho El Charro propose des sorties dans la Sierra Madre où les paysages sont à couper le souffle.

Rancho El Charro BALADES À CHEVAL
(Carte p. 546 ; ☎322-224-01-14 ; www.ranchoelcharro.com ; ramassage Av Francisco Villa 1001 ; randonnées 75-135 $US). Établi à 12 km au nord-est du centre-ville, ce haras organise de belles randonnées de 3 à 8 heures dans la Sierra Madre – certaines conçues spécialement pour les enfants. On viendra vous chercher à Puerto Vallarta au niveau de la Biblioteca Los Mangos, à l'angle d'Avenida Francisco Villa et Avenida De Los Tules.

Cours

Instituto Vallartense de Cultura ART
(Institut culturel de Vallarta ; carte p. 552 ; ☎322-223-00-95 ; www.facebook.com/ivcultura ; Isla Río Cuale ; inscription 100 $M, cours 280 $M pour un mois ; ⌚8h-20h lun-ven, 9h-14h sam). Centre culturel installé sur la place la plus orientale de l'Isla Río Cuale, dans la moitié la plus authentique de l'île. Le modeste théâtre accueille représentations et concours de groupes musicaux. Plusieurs ateliers permettent aux touristes et aux locaux de prendre des cours de musique, d'estampe et de peinture.

Colegio de Español y Cultura Mexicana ÉCOLE DE LANGUES
(CECM ; carte p. 552 ; ☎322-223-20-82 ; www.cecm.udg.mx ; Libertad 105-1 ; session de cours intensifs/individuels 500/800 $US ; ⌚bureau 9h-17h lun-ven). Les cours de langue dispensés dans cette école affiliée à l'Universidad de Guadalajara comprennent session intensive de 50 heures sur 2 semaines et cours particuliers de 30 heures. Possibilité d'hébergement en famille d'accueil.

Circuits organisés

Les circuits nature et aventures sont l'un des points forts de Puerto Vallarta. Il y a un opérateur à presque tous les coins de rue, certains plus racoleurs que d'autres. L'**Agencia Paraíso** (carte p. 552 ; ☎322-222-25-49 ; paraisopv1@gmail.com ; Morelos 236 ; ⌚9h-21h30) est à la fois centrale et fiable. Les différents parcours de tyroliennes sont régulièrement plébiscités.

♥ **Ecotours de México** VIE SAUVAGE
(Carte p. 546 ; ☎322-209-21-95 ; www.ecotoursvallarta.com ; Proa s/n, Marina Vallarta ; observation de baleines adulte/enfant 95/80 $US, circuit dauphin sauvage et snorkeling adulte/enfant 85/75 $US ; ⌚9h-19h lun-ven, 9h-17h sam, 9h-14h dim). Cette agence dirigée par des naturalistes passionnés propose expéditions d'observation des baleines ou des oiseaux, randonnées guidées, sorties combinant observation des dauphins sauvages et snorkeling, excursions aux Islas Marietas et expéditions de plusieurs jours sur la trace des tortues marines et d'autres animaux. Les excursions soutiennent les projets de recherche locaux et les efforts de préservation de la nature.

Eco Ride VÉLO
(Carte p. 552 ; ☎322-222-79-12 ; www.ecoridemex.com ; Miramar 382 ; circuits 45-105 $US). Encadrée par la montagne, la jungle et la mer, Vallarta se prête à d'excellentes sorties à VTT. Ce sympathique opérateur propose des circuits pour débutants et cyclistes aguerris. Le parcours de 20 km tous niveaux remonte une rivière jusqu'à une belle cascade. Le plus exigeant sillonne 48 km entre El Tuito (une petite ville à 1 100 m d'altitude) et la plage à Yelapa, via Chacala (page ci-contre).

Vallarta Eats CUISINE ET BOISSON
(Carte p. 552 ; ☎322-178-82-88 ; www.vallartaeats.com ; Independencia 231, 2e ét. ; découverte des tacos adulte/enfant 55/39 $US ; ⌚bureau 9h-17h). Des guides locaux bilingues animent tout un éventail d'excursions dans la ville à la découverte des spécialités culinaires et des boissons mexicaines. La plus prisée fait le tour des stands de

À NE PAS MANQUER

LES PLAGES DU SUD

Au sud de Vallarta, la baie est ponctuée d'une série de jolies plages et de criques qu'il est facile à rejoindre en bus. Plus au sud encore, 3 plages plus isolées – Las Ánimas, Quimixto et Yelapa, d'est en ouest – sont accessibles en bateau, mais pas par la route ; vous pouvez toutefois atteindre les deux premières à pied par un sentier qui part de Boca de Tomatlán.

Les bus direction "Boca" desservent Mismaloya et Boca de Tomatlán (8 $M) ; ceux indiqués "Mismaloya" s'arrêtent à Mismaloya. Tous permettent de se rendre à Playa Conchas Chinas et à Playa Palmares.

Playa Conchas Chinas (carte p. 546). À 3 km au sud du centre, cette jolie enclave bordée d'immeubles est une petite crique appréciée des familles pour ses eaux peu profondes, abritées par des récifs rocheux plus au large (récifs prisés, eux, des amateurs de snorkeling et de pêche au harpon). Si la baie est peu étendue, sa plage de sable blond est assez large et la baignade est surveillée.

Playa Palmares (carte p. 546). À 6 km environ de la Zona Centro, Playa Palmares doit son nom, non à d'invisibles "palmiers", mais à l'ensemble résidentiel qui la borde. Cette plage de sable blanc, étroite mais longue, est léchée par une eau turquoise peu profonde où les habitants aiment venir nager – elle a l'avantage d'être loin de toute rivière, donc claire toute l'année.

Mismaloya, où fut tournée *La Nuit de l'iguane*, de John Huston (1964), est à 12 km au sud de Puerto Vallarta : on voit encore le panneau signalant le tournage, à l'abandon au bord de la route. Minuscule, cette crique pittoresque est écrasée par un énorme complexe hôtelier, et les villageois s'opposent à la construction d'un second, qui se traduirait par leur expulsion.

Boca de Tomatlán est un village côtier moins commercial que Puerto Vallarta, et une bonne destination pour grignoter quelques *tostadas* de ceviche sur la plage. De là, des bateaux-taxis peuvent vous conduire à d'autres plages plus loin dans la baie. À 16 km de Puerto Vallarta, après Mismaloya, au sud-ouest.

Playa de las Ánimas est une jolie plage, avec un petit village de pêcheurs et quelques restaurants servant leur cuisine de la mer sous des *palapas*.

Playa de Quimixto De cette plage, juste après Las Ánimas, on rejoint une cascade, accessible en 30 minutes de marche, ou en louant un poney ou un cheval sur la plage.

Yelapa La plage la plus éloignée de la ville, vers le sud, au bord d'un petit village de pêcheurs, est l'une des plus paisibles et des plus chéries de la région. Des circuits organisés y déversent de nombreux excursionnistes, mais cette crique de carte postale se vide dès le départ des bateaux en fin d'après-midi, et l'endroit compte plusieurs adresses confortables où passer la nuit. L'aller-retour en bateau-taxi (p. 561) depuis Puerto Vallarta/Boca de Tomatlán coûte 320/180 $M par personne (45 min depuis Vallarta).

tacos (matin ou soir) et s'arrête dans des boutiques de confiseries. Également une sortie découverte des bières artisanales mexicaines (3 heures 30).

Visites à pied guidées PROMENADE
(Recorridos Turísticos ; carte p. 552 ; ☎ 322-222-09-23 ; www.facebook.com/turismopvoficial ; angle Juárez et Independencia ; ⏲ 9h et 12h mar-mer, 9h sam). GRATUIT Ces visites à pied guidées dans le centre historique de Puerto Vallarta sont proposées par l'office du tourisme (p. 561). Les guides parlent espagnol, anglais et allemand. Laissez un pourboire à la fin de la visite.

Canopy River CIRCUITS DANS LA CANOPÉE
(Carte p. 552 ; ☎ 322-223-52-57 ; www.canopyriver.com ; Insurgentes 379 ; adulte/enfant 80/51 $US ; ⏲ bureau 8h-16h). Circuit grisant de 4 heures dans la canopée, avec 11 tyroliennes installées à des hauteurs variant entre 4 m et 216 m, et dont la longueur s'échelonne de 44 m à 650 m. Pour atteindre la vitesse maximale, vous devrez vous recroqueviller sur vous-même. La prestation inclut un

"circuit tequila", un parcours à dos de mule (possibilité d'y ajouter un circuit en quad et des tyroliennes aquatiques) et le transport.

Fêtes et festivals

Vallarta Pride GAY ET LESBIEN
(portable 322-1786787 ; www.vallartapride.com ; mai). Ce festival organisé sur une semaine en mai met à l'honneur la communauté LGBT par le biais d'événements culturels, concerts, parades et fêtes organisées sur des plages sauvages de la station balnéaire mexicaine la plus prisée des homosexuels.

Festival Gourmet international ART CULINAIRE ET BOISSON
(322-222-22-47 ; www.festivalgourmet.com ; nov). Depuis 1995, les cuisiniers de Puerto Vallarta organisent ce festival à la mi-novembre.

Où se loger

Les hébergements les moins chers de la ville sont en retrait de l'océan et se concentrent sur les deux rives du Río Cuale. Plus près de l'océan, dans la Zona Romántica, vous trouverez de séduisantes options de catégorie moyenne. Les prix indiqués concernent la haute saison (décembre-avril). Le reste de l'année, ils baissent parfois de 20%, voire 50%. Négociez si vous restez plusieurs nuits ; pour un séjour d'un mois, le prix peut être divisé par deux.

Hostal Suites Vallarta AUBERGE DE JEUNESSE $
(Carte p. 552 ; 322-222-23-66 ; www.hostalvallartasuites.com ; Corona 270 ; dort 350 $M, ch avec petit-déj 650-1 300 $M). Cette auberge située sur une colline est légèrement plus chère que ses consœurs en ville, mais offre un confort supérieur et des chambres sur l'océan. Les hébergements du rez-de-chaussée comprennent un dortoir mixte et des chambres privées basiques. Les chambres à l'étage bénéficient de plus de lumière naturelle et d'une petite brise océane. Petit-déjeuner végétalien inclus et terrasse sur le toit d'où admirer le coucher de soleil.

Hostel Central AUBERGE DE JEUNESSE $
(Carte p. 552 ; portable 322-1341313 ; www.hostelcentralvallarta.com ; Hidalgo 224 ; dort/d sans sdb 250/350 $M). Ce petit dortoir installé sur un toit-terrasse dispose de lits superposés ou non et d'un emplacement central. Le confort est très sommaire, mais l'endroit est plaisant et tenu par un couple serviable.

Hotel Galería Belmar HÔTEL $
(Carte p. 552 ; 322-223-18-72 ; www.belmarvallarta.com ; Insurgentes 161 ; studio/d à partir de 650/1 200 $M). Les murs pimpants ornés d'œuvres d'art égayent les chambres confortables et bien tenues de cet hôtel au cœur de la Zona Romántica. Certaines chambres sont équipées de petites cuisines, d'autres sont des studios compacts. Nombre d'entre elles possèdent des balcons. Les meilleures sont au dernier étage (lumière naturelle, petite brise océane et bruit de la rue moins audible).

Oasis Hostel Downtown AUBERGE DE JEUNESSE $
(Carte p. 552 ; 322-222-92-82 ; jguillermov@gmail.com ; Juárez 386 ; dort/d sans sdb 300/500 $M). Cette auberge à l'emplacement pratique (elle n'est plus affiliée à l'autre Oasis de la ville) propose 3 dortoirs lumineux et une chambre simple avec 2 lits et salle de bains partagée. Vous ne pourrez pas jeter un coup d'œil aux chambres avant la réservation. Toit-terrasse donnant sur l'océan et casiers pour entreposer ses affaires.

Hotel Azteca HÔTEL $
(Carte p. 552 ; 322-222-27-50 ; www.facebook.com/hotelaztecapvta ; Madero 473 ; s 350 $M, d 450-650 $M). Hôtel apprécié des petits budgets, avec nombreuses arcades en briques. Les chambres avec sol carrelé, TV, lits de qualité moyenne et ornementations peintes à la main ne sont ni très grandes ni très lumineuses (elles donnent sur une cour intérieure), mais elles restent attrayantes. Cuisine dans certaines chambres et/ou la climatisation.

Hotel Casa Anita HÔTEL $$
(Carte p. 552 ; 322-222-00-18 ; www.casaanita.com ; Carretera Barra de Navidad 601 ; d 65-100 $US, ste 1/2 ch 115-175 $US). Cet hôtel perché sur une colline luxuriante offre une vue superbe sur l'océan. Les hébergements colorés (du studio au spacieux appartement de 3 chambres) sont pourvus de cuisines équipées et de balcons donnant sur la baie. La moitié des chambres n'est pas climatisée, mais la brise océane suffit à leur apporter un peu de fraîcheur. Également 2 piscines (dont une partagée avec l'hôtel Corona del Mar).

Hotel Catedral HÔTEL $$
(Carte p. 552 ; 322-222-90-33 ; www.hotelcatedralvallarta.com ; 166 Hidalgo ; d 1 200-1 500 $M ;

VAUT LE DÉTOUR

L'HACIENDA EL DIVISADERO

L'**Hacienda El Divisadero** (322-225-21-71 ; www.haciendaeldivisadero.com ; Camino Tuito-Chacala Km 9, Las Guásimas ; visite sans/avec transport depuis l'hôtel 50/95 $US ; 10h-18h ven-dim nov-mars) est un grand ranch à 1 heure 30 au sud de Puerto Vallarta, proposant un large éventail d'activités. On viendra vous chercher à Puerto Vallarta pour vous conduire au ranch où un léger petit-déjeuner vous sera servi. Vous ferez ensuite une promenade à cheval jusqu'à des pétroglyphes avant de vous baigner dans la rivière et de visiter la distillerie de *raicilla* (une surprenante liqueur d'agave semblable au mezcal) du ranch.

L'excursion comprend une dégustation de fromages et un déjeuner dans le restaurant du ranch où vous savourerez une *birria* (ragoût de viande épicé) fondante. On vous déposera à votre hôtel vers 17h. Le tarif s'entend tout compris, à l'exception du pourboire des guides. L'excursion est moins chère si vous n'avez pas besoin qu'on vienne vous chercher à votre hôtel. Pour vous rendre au ranch, prenez la route 200 au sud de Puerto Vallarta sur 45 km jusqu'à la ville d'El Tuito, puis continuez vers l'ouest sur 10 km pour atteindre l'hacienda (suivre les indications).

). Charmant 3-étoiles, à deux pas du front de mer et du fleuve. Les 4 étages donnent sur une cour et le dernier offre une vue sur le Templo de Guadalupe (p. 547). Chambres propres à la décoration colorée, avec sol carrelé, TV à écran plat et petits extras. Petites salles de bains, mais superbes savons. Service attentionné et prix honnêtes, surtout en été.

Hotel Yasmin HÔTEL **$$**

(Carte p. 552 ; 322-222-00-87 ; www.hotelyasminpv.com ; Badillo 168 ; s/d 800/950 $M ;). Cet hôtel très accueillant, agencé autour d'une cour intérieure et d'une petite piscine, à une rue en retrait de la plage, est une bonne affaire. Si certaines chambres sentent un peu le renfermé, elles sont rehaussées d'œuvres d'art colorées et de mobilier rustique.

Hotel Emperador HÔTEL **$$**

(Carte p. 552 ; 322-222-17-67 ; www.hotelemperadorpv.com ; Amapas 114 ; d/ste 1 550/2 700 $M ;). Cet hôtel superbement situé au bord de la plage abrite des chambres simples mais confortables, avec sols carrelés, lits confortables et écrans plats au mur. Les "suites" sont en fait de grandes chambres avec une vue sur la plage et la mer, prolongées par une cuisine de plein air aménagée sur les vastes balcons. Le personnel est aimable. L'endroit est gay-friendly et dynamique. Importantes réductions hors saison.

Hotel Posada de Roger HÔTEL **$$**

(Carte p. 552 ; 322-222-08-36 ; hotelposadaderoger.com ; Badillo 237 ; s/d 1 300/1 400 $M ;). Situé à 3 rues de la plage, cet agréable établissement est l'une des meilleures options de catégorie moyenne de Vallarta. Des coussins décoratifs égaient les chambres, aménagées autour d'une cour arborée. Petite piscine et restaurant populaire attenant.

Casa Dulce Vida APPARTEMENTS **$$$**

(Carte p. 552 ; 322-222-10-08 ; www.dulcevida.com ; Aldama 295 ; ste 80-250 $US ;). Avec leurs airs de villa italienne, ces 6 suites spacieuses bénéficient d'un joli cadre : superbe piscine avec mosaïques rouges, jardins verdoyants, somptueuses *casas* aux sols carrelés, séjours lumineux, portes et fenêtres en fer forgé, cuisine bien équipée, ventilateurs au plafond, terrasses sur le toit et magnifiques couchers de soleil !

La plupart des chambres ont une terrasse privative et des lits supplémentaires pour les groupes. Même plein, l'hôtel conserve son atmosphère intimiste et reste un endroit paisible, idéal pour boire un verre. Ou plusieurs.

Casa Fantasía B&B **$$$**

(Carte p. 552 ; 322-223-24-44 ; www.casafantasia.com ; Pino Suárez 203 ; ch à partir de 135 $US avec petit-déj ;). Un ravissant B&B à quelques rues de la plage. Il offre des chambres spacieuses au sol en tomettes, plafonds inclinés et poutres apparentes, meubles anciens, TV satellite et petit-déjeuner complet à prendre le matin dans la magnifique cour ornée de fontaines. C'est là également qu'est installé le bar-restaurant, très animé en haute saison.

Centre de Puerto Vallarta

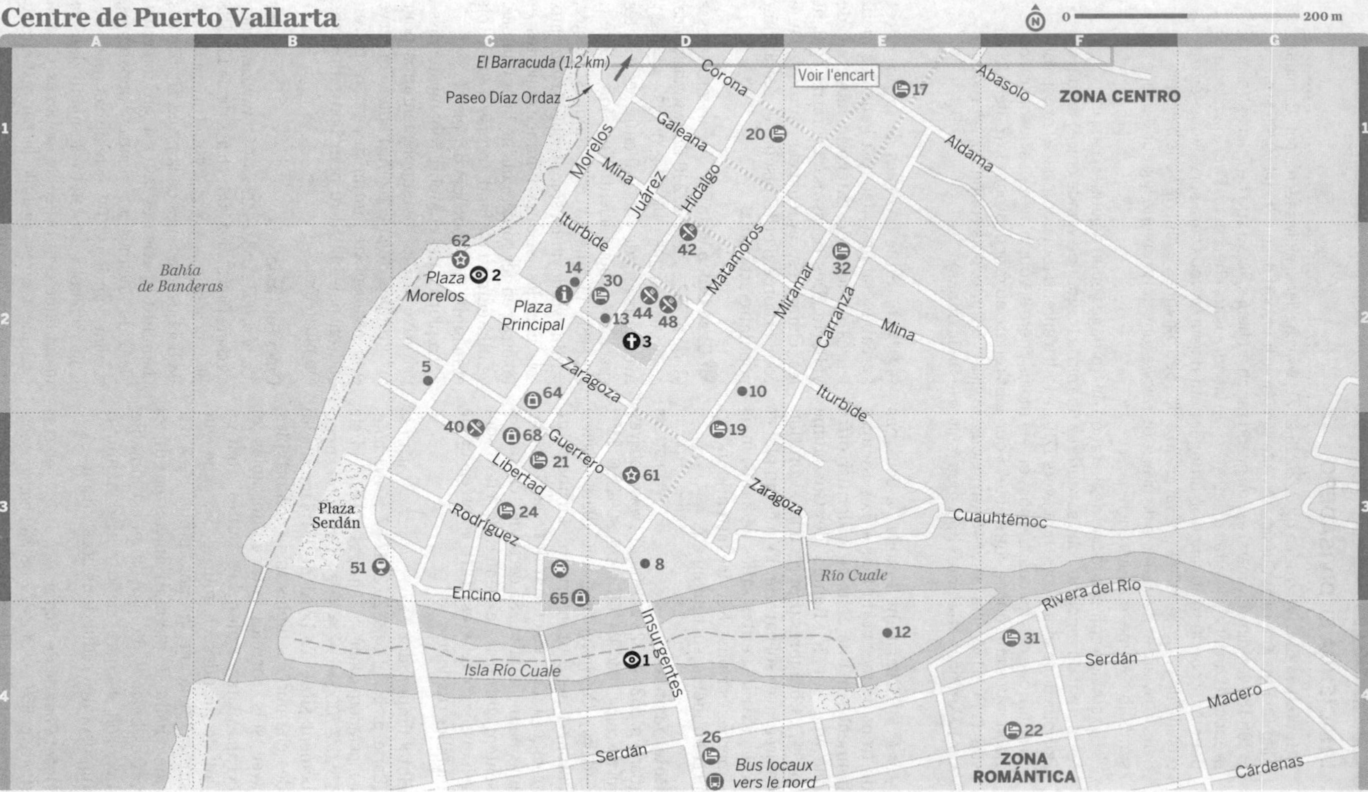

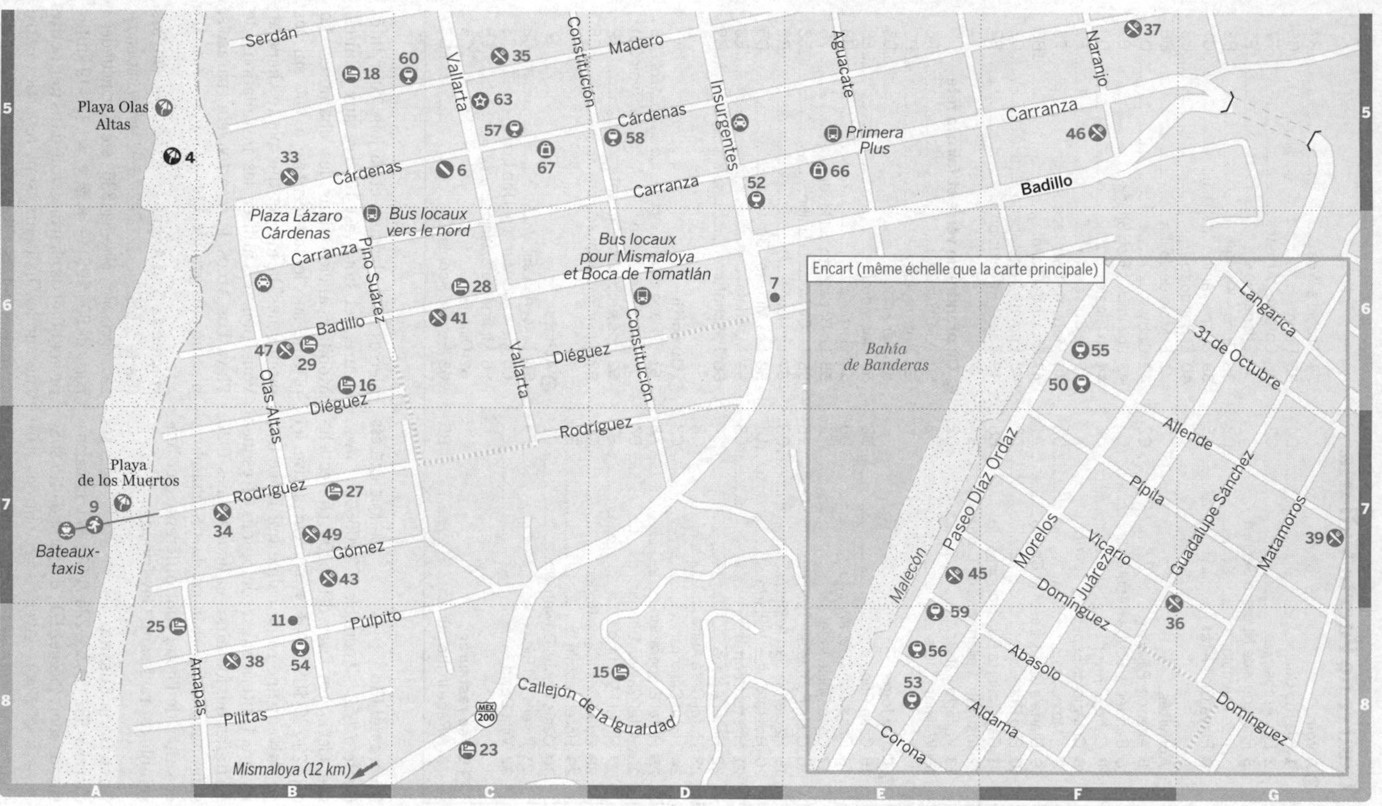
Encart (même échelle que la carte principale)
Bahía de Banderas
Langarica
31 de Octubre
Matamoros
Guadalupe Sánchez
Allende
Pípila
Vicario
Juárez
Domínguez
Morelos
Abasolo
Aldama
Paseo Díaz Ordaz
Malecón
Corona
Playa Olas Altas
Playa de los Muertos
Bateaux-taxis
Serdán
Madero
Naranjo
Carranza
Badillo
Aguacate
Primera Plus
Insurgentes
Cárdenas
Constitución
Vallarta
Plaza Lázaro Cárdenas
Bus locaux vers le nord
Bus locaux pour Mismaloya et Boca de Tomatlán
Pino Suárez
Diéguez
Rodríguez
Olas Altas
Gómez
Púlpito
Amapas
Pilitas
Callejón de la Igualdad
Mismaloya (12 km)

Centre de Puerto Vallarta

À voir

1 Isla Río Cuale ... D4
2 Los Arcos ... C2
3 Parroquia de Nuestra Señora de Guadalupe ... D2
4 Playa Olas Altas ... A5

Activités

5 Agencia Paraíso ... C2
6 Banderas Scuba Republic ... C5
7 Canopy River ... D6
8 Colegio de Español y Cultura Mexicana ... D3
9 Diana's Gay & Lesbian Cruise ... A7
10 Eco Ride ... D2
11 Gay Vallarta Bar-Hopping ... B8
12 Instituto Vallartense de Cultura ... E4
13 Vallarta Eats ... D2
14 Walking Tours ... C2

Où se loger

15 Casa Cupula ... D8
16 Casa Doña Susana ... B6
17 Casa Dulce Vida ... E1
18 Casa Fantasía ... B5
19 Hacienda San Angel ... D3
20 Hostal Suites Vallarta ... D1
21 Hostel Central ... C3
22 Hotel Azteca ... F4
23 Hotel Casa Anita ... C8
24 Hotel Catedral ... C3
25 Hotel Emperador ... A8
26 Hotel Galería Belmar ... D4
27 Hotel Mercurio ... B7
28 Hotel Posada de Roger ... C6
29 Hotel Yasmin ... B6
30 Oasis Hostel Downtown ... D2
31 Rivera del Río ... F4
32 Villa David ... E2

Où se restaurer

33 A Page in the Sun ... B5
34 Archie's Wok ... B7
35 Bravos ... C5
36 Café des Artistes ... F7
37 Chenando's ... F5
38 Coco's Kitchen ... B8
39 El Arrayán ... G7
40 El Banquito ... C3
41 El Mole de Jovita ... C6
42 Gaby's ... D2
43 Joe Jack's Fish Shack ... B7
44 La Cigale ... D2
45 La Dolce Vita ... E7
46 Marisma Fish Taco ... F5
47 Pancho's Takos ... B6
48 Planeta Vegetariano ... D2
49 Tacos Revolución ... B7

Où prendre un verre et faire la fête

50 A.M. Bar ... F6
51 Antropology ... B3
52 Bar Frida ... D5
53 Bar Morelos ... E8
54 Garbo ... B8
55 La Bodeguita del Medio ... F6
56 La Cervecería Unión ... E8
57 La Noche ... C5
58 Los Muertos Brewing ... D5
59 Mandala ... E8
60 Panchöfurter ... C5

Où sortir

61 El Patio de Mi Casa ... D3
Jazz Foundation ... (voir 50)
62 Los Arcos Amphitheater ... C2
63 Roxy Rock House ... C5

Achats

64 Dulcería Leal ... C2
65 Mercado Municipal Río Cuale ... C3
66 Mundo de Azulejos ... E5
67 Olinalá ... C5
68 Peyote People ... C3

Rivera del Río BOUTIQUE-HÔTEL **$$$**
(Carte p. 552 ; portable 322-2056093 ; www.riveradelrio.com ; Rivera del Río 104 ; ch avec petit-déj 129-239 $US ;). On arrive ici en suivant une route calme qui longe une rivière. L'intérieur est somptueux : fresques à l'italienne, fontaines et luxe années 1920 sans aucune fausse note. Les 8 chambres et suites de l'hôtel sont différentes, et l'ensemble est ravissant. Gay-friendly.

Casa Doña Susana HÔTEL **$$$**
(Carte p. 552 ; 322-226-71-01 ; www.casadonasusana.com ; Diéguez 171 ; d à partir de 115 $US ; P). Avec son entrée d'un charme désuet, ses voûtes décorées de pierres et de briques et sa jolie cour intérieure, cet hôtel est réservé aux adultes. Mobilier ancien dans les chambres. La piscine sur le toit-terrasse a vue sur les montagnes, la mer, et une petite chapelle. Vous pourrez utiliser les installations de Playa Los Arcos, le *resort* voisin (parasols, piscine plus grande, etc.).

Hacienda San Angel BOUTIQUE-HÔTEL **$$$**
(Carte p. 552 ; 322-222-26-92 ; www.haciendasanangel.com ; Miramar 336 ; ste avec petit-déj à partir de 504 $US ; @). Les 19 suites de cet hôtel de charme, situé dans une petite rue sur les hauteurs, sont réparties entre 5 maisonnettes. Toutes sont divinement

bien décorées (sol en terre cuite, lits à baldaquin anciens, voûtes carrelées d'azulejos, lavabos) et agencées autour d'une cour avec fontaines. Deux splendides terrasses avec piscine donnent sur la ville et l'océan. Le restaurant sur le toit ne désemplit pas.

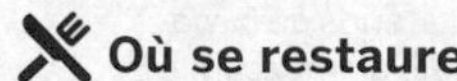

Où se restaurer

La scène culinaire de Puerto Vallarta est très variée, des stands de nourriture omniprésents aux restaurants gastronomiques.

Sud du Río Cuale

Les stands de tacos de la Zona Romántica servent parfois la nourriture la moins chère et la plus savoureuse de la ville, le matin et en début de soirée.

Pancho's Takos TACOS $

(Carte p. 552 ; 322-222-16-93 ; Badillo 162 ; tacos 13-64 $M ; 18h-2h lun-sam). Après la fermeture des autres restaurants du quartier, ce stand à tacos près de la plage attire les foules la nuit. On y sert de délicieux *tacos al pastor* (porc cuit à la broche avec oignons, coriandre et ananas).

Tacos Revolución TACOS $

(Carte p. 552 ; 322-222-13-62 ; www.facebook.com/tacosrevolucion ; Olas Altas 485 ; tacos 15-85 $M ; 14h-23h mer-lun ;). Dans cet établissement dont la décoration rend hommage à la révolution, on prépare de délicieux tacos de *carne asada* (bœuf grillé), *al pastor* (porc mariné), au poisson et végétariens dans des tortillas maison nappées d'une sauce divine. Contrairement à la plupart des *taquerías*, Revolución dispose d'un bar bien approvisionné en bières artisanales mexicaines, vins et tequilas. En dessert, tentez le gargantuesque churro avec glace à la vanille et sauce chocolat.

A Page in the Sun CAFÉ $

(Carte p. 552 ; 322-222-36-08 ; www.apageinthesun.com ; Cárdenas 179 ; pâtisseries et snacks 25-100 $M ; 7h-23h ;). Ce café sympathique et chaudement recommandé se double d'une librairie. Il propose bons expressos, excellentes pâtisseries, sandwichs, salades, bière et nombreuses animations.

Marisma Fish Taco TACOS $

(Carte p. 552 ; 322-222-13-95 ; www.marismafishtaco.com ; Naranjo 320 ; en-cas 24-30 $M ; 9h-17h). Cette formidable *taquería* installée dans la rue prépare des tacos aux crevettes, marlin fumé et poisson grillé ou encore des quesadillas aux fruits de mer. Attrapez un tabouret pour observer la préparation de votre mets derrière le comptoir.

Coco's Kitchen INTERNATIONAL $$

(Carte p. 552 ; 322-223-03-73 ; www.cocoskitchenpv.com ; Púlpito 122 ; plats 78-155 $M ; 8h-16h juin-nov, 8h-22h déc-mai ;). Parfait pour bruncher au sud du fleuve : *carnitas* et burritos au piment vert, choix de quesadillas, salades, œufs Bénédicte, *chilaquiles*, gaufres aux noix de pécan ou encore pain perdu. Les tables sont réparties dans un patio carrelé sous un toit en terre cuite monté sur piliers, et dans un jardin ombragé, à côté du bar.

Joe Jack's Fish Shack PRODUITS DE LA MER $$

(Carte p. 552 ; 322-222-20-99 ; www.joejacks-fishshack.com ; Olas Altas 507 ; plats 140-260 $M ; 12h-23h ;). Les cocktails rafraîchissants accompagnent à merveille le ceviche, spécialité de la maison, le poisson façon Basse-Californie ou les tacos de poisson. Happy hour de 12h à 19h, de quoi boire des mojitos jusqu'à la tombée du jour.

El Mole de Jovita MEXICAIN $$

(Carte p. 552 ; 322-223-30-65 ; mexicanrestaurantpuertovallarta.wordpress.com ; Badillo 220 ; plats 130-170 $M ; 12h-22h30 ;). Restaurant familial spécialisé dans le poulet au *mole* (sauce au piment), servant aussi de bons classiques mexicains à prix raisonnables.

Red Cabbage Café MEXICAIN $$$

(Carte p. 546 ; 322-223-04-11 ; www.redcabbagepv.com ; Rivera del Río 204A ; plats 165-375 $M ; 17h-23h lun-sam oct-juin ;). Si l'atmosphère est décontractée et la décoration tendance, la cuisine n'en est pas moins soignée. Elle met à l'honneur recettes anciennes et sauces *indígenas* inhabituelles. Une agréable balade de 10 minutes depuis la Zona Romántica vous y conduira ; de Cárdenas, tournez à droite dans Rivero del Río, juste avant le pont du Río Cuale. Paiement en espèces uniquement.

Chenando's PRODUITS DE LA MER $$$

(Carte p. 552 ; 322-222-33-28 ; www.facebook.com/chenandosrestaurant ; Cárdenas 520 ; plats 180-298 $M ; 17h30-23h mar-dim ;). Tenu par une famille, ce charmant restaurant est doté d'une salle simple mais soignée avec petites tables carrées et climatisation. En cuisine, on fait des merveilles : délicieux

VAUT LE DÉTOUR

SAN SEBASTIÁN DEL OESTE

Si vous voulez changer complètement de décor, mettez le cap vers les cieux cléments de San Sebastián del Oeste, une ancienne ville minière (XVIIe siècle) offrant une vue superbe sur les montagnes de la Sierra Madre et au-delà. Une route à deux voies dessert le village et croise vieilles fermes, étals de noix de coco, stands de *birria* (agneau) et petites distilleries de *raicilla* (alcool d'agave semblable au mezcal).

San Sebastián (700 habitants) se trouve dans une forêt de nuages à une altitude de 1 400 m. Depuis le point de vue le plus élevé du bourg, le poste d'observation **Cerro de la Bufa**, la vue jusqu'à la côte de Puerto Vallarta est époustouflante par temps dégagé. Pour se rendre au point de vue, le plus simple est de louer un 4x4 en ville ou de participer à une randonnée de 3 heures organisée par **Malibrí Turismo** (portable 322-1400441 ; www.facebook.com/malibrisso ; Juárez 30 ; excursion 900 $M/pers ; bureau 10h-17h). L'agence se trouve à un pâté de maisons au nord de la place principale. Privilégiez les jours de semaine, quand la fréquentation de la ville est moindre.

Il ne se passe pas grand-chose dans les rues pavées de San Sebastián, mais vous aurez plaisir à y perdre quelques heures autour d'une tasse de café produit localement, ou d'un déjeuner dans un restaurant de la place servant une cuisine maison. L'endroit se prête très bien à une petite randonnée en montagne. La ville possède plusieurs hôtels charmants, parfaits pour un séjour confortable et relaxant, notamment la **Maison Real** (322-297-32-75 ; hotelmansionreal@yahoo.com.mx ; 5 de Mayo 36A ; d 1 500-2 100 $M ;) au style colonial.

San Sebastián del Oeste se trouve à environ 70 km à l'est de Puerto Vallarta. Le plus simple est d'y aller en voiture. Pour s'y rendre, s'engager en direction du nord sur la route 200 Vallarta-Tepic, puis tourner à droite environ 3 km après l'**aéroport** (p. 561) pour prendre la route 544. Suivre cette dernière sur 53 km vers l'est et la ville de La Estancia où se trouve l'embranchement pour San Sebastián del Oeste.

burritos aux produits de la mer et crevettes à la noix de coco figurent au menu qui change régulièrement.

Bravos MEXICAIN, ITALIEN $$$

(Carte p. 552 ; 322-222-03-39 ; www.bravospv.com ; Madero 263 ; plats 195-320 $M ; 17h-23h mar-dim ;). Au cœur de la Zona Romántica, ce bistrot à l'éclairage tamisé, dont la cuisine raffinée tire son influence de l'Italie et du Mexique, fait de plus en plus d'adeptes. Les crevettes, tendres et charnues, sont fabuleuses. Gardez de la place pour une part de gâteau au dessert. Service extrêmement sympathique.

Archie's Wok ASIATIQUE $$$

(Carte p. 552 ; 322-222-04-11 ; www.archieswok.com ; Rodríguez 130 ; plats 160-275 $M ; 14h-22h30 lun-sam ;). La carte de ce restaurant sophistiqué évolue sans cesse, mais toujours dans un esprit de cuisine “fusion” asiatique. Goûtez le savoureux poisson rôti dans une feuille de bananier ou le sauté de légumes au curry thaïlandais ou à la sauce chinoise aux haricots noirs (végétarien). Les plats de nouilles sont divins, les vins et margaritas délicieux.

Nord du Río Cuale

El Banquito TACOS $

(Carte p. 552 ; portable 322-1412301 ; Libertad 189 ; tacos 12 $M ; 9h-15h jeu-mar). Pour grignoter un en-cas emblématique de l'État du Jalisco, direction ce restaurant de tacos dont le nom fait hommage à l'unique tabouret (*banquito*) à l'extérieur. La spécialité, le *taco de birria dorado*, est préparée à base de tortilla sèche garnie de savoureuse viande de chèvre. Puerto Vallarta regorge de *taquerías*, mais celle-ci semble largement au-dessus de ses consœurs. Pour chaque commande de 3 tacos, un bouillon nourrissant offert.

El Taquito Hidalguense TACOS $

(Carte p. 546 ; portable 322-1123740 ; Panamá 177 ; tacos 19 $M, bouillon 25-29 $M ; 10h-15h30). Cette famille originaire de Hidalgo, la capitale de la *barbacoa* (agneau ou mouton), prépare de délicieux tacos avec tortillas maison et viande tendre cuite dans un trou pendant 12 heures. L'onctueux bouillon ajoute un peu de peps à tout ce gras.

Planeta Vegetariano VÉGÉTARIEN **$**

(Carte p. 552 ; ☎322-222-30-73 ; www.planeta-vegetariano.com ; Iturbide 270 ; petit-déj buffet 75 $M, déj et dîner 105 $M ; ⏲8h-22h ;). Ce petit établissement de 10 tables prépare des plats frais tels des *carnitas* de soja, des lasagnes de patate douce (oui, c'est bien ça) et un grand choix de salades imaginatives.

Gaby's MEXICAIN **$$**

(Carte p. 552 ; ☎322-222-04-80 ; www.gabysrestaurant.com.mx ; Mina 252 ; plats 135-260 $M, cours de cuisine 850 $M ; ⏲8h-23h ;). Depuis 1989, ce restaurant chaleureux, avec terrasse à l'étage et patio ombragé à l'arrière, sert une remarquable cuisine mexicaine traditionnelle. L'ambiance est magique le soir quand le restaurant projette des vidéos sur la façade d'un bâtiment voisin. Le chef, Julio Castillón, vous apprendra à préparer sauces, *tamales* au *mole* et autres délices pendant ses cours de cuisine (5 heures).

El Barracuda PRODUITS DE LA MER **$$**

(Carte p. 546 ; ☎322-222-40-34 ; www.elbarracuda.com ; Paraguay 1290 ; plats 148-238 $M ; ⏲13h-23h lun-mar, 12h-1h mer-sam, 12h-23h dim ;). Cette paillote gaie au bord de la plage est fantastique pour un déjeuner de produit de la mer face à l'océan. Ses tacos de crevettes grillées sont célèbres ; essayez aussi le sashimi de thon (plutôt un carpaccio), les *mariscos dinamita* (plat de crevettes, de poulpe et de poisson au riz) ou les *tostadas* de marlin fumé à composer soi-même. Les tortues viennent encore pondre ici et, au large, on voit passer les baleines tout l'hiver.

Benitto's TRAITEUR **$$**

(Carte p. 546 ; ☎322-209-02-87 ; www.benittos.com ; Paseo de la Marina 21 ; plats 115-195 $M ; ⏲8h30-2h30 lun-sam ;). Fantastique traiteur gastronomique, dans le secteur de la marina, apprécié de la clientèle locale huppée pour ses paninis originaux, carpaccios, bières et vins artisanaux. Également des salades, soupes et pâtes. La cuisine reste ouverte jusqu'à 1h. Ceux qui boivent un verre peuvent s'attarder plus longtemps.

La Dolce Vita ITALIEN **$$**

(Carte p. 552 ; ☎322-222-38-52 ; www.dolcevita.com.mx ; Paseo Díaz Ordaz 674 ; plats 125-242 $M ; ⏲11h30-2h lun-sam, 17h-minuit dim ;). Ce restaurant joyeux et souvent bondé, très prisé des expatriés, propose des pizzas cuites au feu de bois et des pâtes. Demandez une table près de la fenêtre à l'étage, pour une vue magnifique.

♥ **Barrio Bistro** FUSION **$$$**

(Carte p. 546 ; ☎portable 322-3060530 ; www.barriobistro.com ; España 305, Colonia Versalles ; plats 190-320 $M ; ⏲18h-22h30 mar-sam ;). Le chef, Memo, vient à votre table détailler chaque plat du menu (il change toutes les semaines). Lors de notre passage, on servait un carré d'agneau divinement bien cuit et parfumé aux herbes du jardin. Le restaurant propose une délicieuse *raicilla* (alcool d'agave semblable au mezcal), des vins de qualité et des bières artisanales. Paiement en espèce uniquement.

♥ **Café des Artistes** INTERNATIONAL **$$$**

(Carte p. 552 ; ☎322-226-72-00 ; www.cafedesartistes.com ; Guadalupe Sánchez 740 ; plats 260-545 $M ; ⏲18h-23h ;). Pour beaucoup, la meilleure table de Vallarta. Nul doute que vous en apprécierez l'ambiance romantique et l'exquise alliance d'influences française et mexicaine. Le jardin est éclairé à la bougie, l'intérieur est moderne et la façade extérieure aux allures de château ne manque pas de fantaisie, mais la cuisine est reine, avec quelques inventions mémorables. Service soigné mais discret, réservation recommandée.

El Arrayán MEXICAIN **$$$**

(Carte p. 552 ; ☎322-222-71-95 ; www.elarrayan.com.mx ; Allende 344 ; plats 235-325 $M ; ⏲17h30-23h mer-lun ;). Carmen Porras sauve de l'oubli de vieilles recettes tout en mettant à l'honneur les produits locaux frais. Parmi les spécialités, *carnitas* croustillantes (frites) de canard et sauce à l'orange et *empanadas* de plantain (pâte au plantain, haricots noirs et fromage). Son restaurant, avec cuisine ouverte et cour romantique, accueille également des cours de cuisine.

La Leche MEXICAIN **$$$**

(Carte p. 546 ; ☎322-293-09-00 ; www.lalecherestaurant.com ; Medina Ascensio Km 2,5 ; plats 230-390 $M, menu dégustation 699 $M, burritos 80-100 $M ; ⏲18h-1h ;). L'entrée de cet établissement, sur le thème du lait, est digne d'un décor de théâtre et la thématique accompagne tout le repas : une expérience très amusante ! Le service est très personnalisé et sympathique, quoique distrait. Fruits de mer et canard sont les spécialités de la maison.

Le restaurant propose de bons vins pour la côte ouest du Mexique, un menu dégustation de 7 plats, et un *food-truck* servant des burritos. Le fils du baron de la drogue Joaquín "El Chapo" Guzman fut enlevé ici en 2016 par un groupe d'hommes armés appartenant à un cartel rival.

Layla's Restaurante MEXICAIN $$$

(Carte p. 546 ; ☎322-222-24-36 ; www.laylasrestaurante.com ; Venezuela 137 ; plats 159-295 $M ; ⏲13h-23h mar-dim ; 📶). Tout près de la rue principale, mais on peut passer devant sans le voir. La cuisine sans prétention et joliment présentée est excellente. Dégustez sur la terrasse à l'étage une margarita au concombre, avec un plat de poisson, crevette ou bœuf servis par un personnel aimable. Lors de notre passage, le tempura d'asperges était à l'honneur.

La Cigale FRANÇAIS $$$

(Carte p. 552 ; ☎322-222-79-38 ; www.lacigalebistro.com ; Hidalgo 398 ; plats 135-295 $M ; ⏲17h-23h30 ; 📶). À l'ombre de la Templo de Guadalupe (p. 547), ce bistrot français à la fois chic et décontracté propose toutes sortes de mets (quiche lorraine, steak tartare, etc.) indiqués au mur à la craie et accompagnés de vin du monde.

Où prendre un verre et faire la fête

Difficile de ne pas boire plus que de raison dans une ville où les happy hours fleurissent à tous les coins de rue, où les margaritas sont surdimensionnées et où il est quasi obligatoire de siroter pendant la journée. Dans la plupart des établissements, l'entrée est gratuite en semaine ; les vendredis et samedis soir, elle est souvent payante, mais comprend une ou deux consommations.

A.M. Bar BAR

(Carte p. 552 ; www.facebook.com/playa.a.m.bar ; Allende 116 ; ⏲21h-4h). Dans ce bar décontracté aux murs en brique, les DJ vous feront danser sur des rythmes de *cumbia* (musique originaire de Colombie) après quelques mezcals. Ici, les boissons sont très bon marché et on est loin de l'atmosphère guindée de certaines discothèques.

La Cervecería Union BRASSERIE

(Carte p. 552 ; ☎322-223-09-29 ; www.lacerveceriaunion.com.mx ; Paseo Díaz Ordaz 610 ; ⏲11h-2h ; 📶). On est content d'atterrir ici les après-midi de fortes chaleurs. Grand choix de bières artisanales mexicaines et de bières importées, belle carte de mezcal, et savoureuses *micheladas* (cocktails à la bière) à accompagner de tacos corrects. La vue sur la baie est superbe.

Panchöfurter BAR À BIÈRES

(Carte p. 552 ; ☎322-223-13-42 ; www.facebook.com/gastrocerveceria ; Madero 239 ; ⏲15h-23h lun-ven, 1h sam ; 📶). Le Mexique rencontre l'Allemagne dans ce bar à bières branché où l'on peut accompagner sa cervoise artisanale de saucisses, burgers ou salades (plats 95-165 $M). Goûtez la bière IPA "tropicale" produite par la microbrasserie Los Cuentos de Puerto Vallarta.

Bar Morelos MEZCALERÍA

(Carte p. 552 ; ☎322-222-25-50 ; www.facebook.com/barmorelospuertovallarta ; Morelos 589 ; ⏲20h-3h dim-mar, 20h-5h mer-sam ; 📶). Ce bar aux serveurs très pros est bien plus chic que ceux que vous trouverez un pâté de maisons plus loin sur le *malecón*. Plus de 50 mezcals à découvrir, qu'on vous détaillera volontiers, bonne sono, babyfoot, intéressants DJ en milieu de semaine et déco attrayante.

Los Muertos Brewing PUB

(Carte p. 552 ; ☎322-222-03-08 ; www.losmuertosbrewing.com ; Cárdenas 302 ; ⏲11h-minuit ; 📶). Joli pub et microbrasserie avec arches en briques et sol en ciment. Six variétés de bières, dont une India Pale Ale baptisée "Revenge" et une bière brune appelée "Mc Sanchez", bonnes pizzas et cuisine de pub plutôt moyenne.

Mandala CLUB

(Carte p. 552 ; ☎322-224-38-27 ; www.facebook.com/mandala.puerto.vallarta ; Paseo Díaz Ordaz 640 ; ⏲18h-6h). Ce club très vaste, de loin le meilleur des 3 qui voisinent ici, a le privilège d'une façade sur le *malecón*. La clientèle plutôt jeune s'y amuse jusque tard dans la nuit, sous le regard bienveillant d'une statue. Les consommations sont chères, mais vous pouvez acheter un bracelet "open-bar".

La Bodeguita del Medio BAR

(Carte p. 552 ; ☎322-223-15-85 ; labodeguitadelmedio.com.mx ; Paseo Díaz Ordaz 858 ; ⏲9h-3h ; 📶). Un bar aux murs couverts de tags en plusieurs langues, où sont servis d'excellents rhums et tequilas, un délicieux mojito, et d'autres cocktails (corrects, sans plus). Le soir, salsa à plein volume, concerts et ambiance festive. La cuisine n'a rien d'exceptionnel.

PUERTO VALLARTA GAY ET LESBIEN

La bannière arc-en-ciel flotte haut sur Puerto Vallarta. Chaque année, une foule de plus en plus nombreuse investit la ville, séduite par son formidable choix de bars, clubs, restaurants et hôtels gays, et son calendrier de manifestations LGBT. Le **Gay Guide Vallarta** (www.gayguidevallarta.com), décliné sous forme de brochures et sur Internet, est une mine d'informations, avec une carte utile des commerces gay-friendly. La festive gay-pride de Vallarta est organisée sur 9 jours (p. 550) en mai.

Hébergements

Casa Cúpula (carte p. 552 ; 800-223-24-84 ; www.casacupula.com ; Callejón de la Igualdad 129 ; ch/ste à partir de 343/629 $US ; P). Lignes sophistiquées et détails luxueux caractérisent cet hôtel apprécié des gays et lesbiennes. Chaque chambre est décorée de manière originale et pourvue d'équipements haut de gamme (TV à écran géant, Jacuzzi...). La plage n'est qu'à quelques pâtés de maisons en contrebas de la colline, même si le complexe propose assez de distractions (3 piscines, salle de sport, restaurant et bar) pour que vous n'ayez pas envie de bouger.

Hotel Mercurio (carte p. 552 ; 322-222-47-93 ; www.hotel-mercurio.com ; Rodríguez 168 ; s/d avec petit-déj 1 872/2 214 $M ;). À 100 m de la jetée de Playa de los Muertos (p. 546), cet hôtel animé de 2 étages offre 28 chambres simples (certaines sentent un peu le renfermé) autour d'une agréable cour intérieure, avec piscine et bar élégants. Les chambres ont un réfrigérateur, la TV par câble et des lits doubles ou *king size*. Petit-déjeuner buffet et appels gratuits vers l'international.

Blue Chairs Beach Resort (carte p. 546 ; 800-561-97-17 ; www.bluechairsresort.com ; Almendro 4 ; ch/ste à partir de 85-155 $US ;). Dominant l'une des plus célèbres plages gays du Mexique, ce *resort* est le QG de la communauté LGBT à Vallarta. L'emplacement et l'ambiance plage valent le détour, tout comme la boîte de nuit et la piscine sur le toit. Les suites sont des chambres plus spacieuses avec kitchenette.

Villa David (carte p. 552 ; 322-223-03-15 ; www.villadavidpv.com ; Galeana 348 ; ch 126-161 $US ;). Réservation impérative, mais vêtements facultatifs dans cet établissement chic, à la clientèle exclusivement masculine. Dans une demeure aux airs d'hacienda, située dans le quartier qui surplombe le *malecón*, la vue et le coucher du soleil sont superbes, et les chambres, toutes différentes, sont meublées avec goût.

Vie nocturne

Tournée des bars gays de Vallarta (carte p. 552 ; www.gaypv.mx/hop/tours ; Púlpito 141 ; 60-129 $US/pers ; bureau 10h-16h lun-ven). Cette sortie en soirée est une amusante introduction à la vie nocturne gay et lesbienne. Les excursions les plus chères incluent le dîner et les boissons dans 6 bars. Réservation en ligne ou sur place.

Garbo (carte p. 552 ; 322-223-57-53 ; german_gm@yahoo.com ; Púlpito 142 ; 18h-2h ;). S'il vous plaît d'associer un excellent martini à une ambiance jazzy, ce lounge au sol en ciment est une bonne adresse. Jazz et chansons sentimentales de qualité correcte à plutôt bonne. Parfois, les airs sont repris en chœur.

Antropology (carte p. 552 ; 322-117-11-31 ; edward_1602@hotmail.com ; Morelos 101 ; 21h-4h ;). Clientèle exclusivement masculine dans ce temple de la danse torride et du strip-tease. Deux consommations minimum pour entrer.

Frida (carte p. 552 ; 322-222-36-68 ; www.barfrida.com ; Insurgentes 301A ; 13h-2h ;). Du nom de la célèbre artiste, cette cantine accueillante prépare d'alléchantes boissons. L'adresse est idéale pour commencer la soirée dans une ambiance décontractée et sans prétention.

La Noche (carte p. 552 ; www.lanochepv.com ; Cárdenas 263 ; 20h-3h30 ;). Cette adresse est un point de départ idéal avant une sortie en discothèque. Les clients l'apprécient pour son atmosphère conviviale, ses barmen musclés et ses go-go danseurs. Toit-terrasse et house *old school* en fond sonore.

Où sortir

La plupart des distractions nocturnes de Puerto Vallarta sont liées à la danse, la boisson et la gastronomie. Les festivités se concentrent dans les établissements installés le long du *malecón*. Los Arcos (p. 547) près de la mer, en face de la Plaza Principal, accueille fréquemment des spectacles.

El Patio de Mi Casa JAZZ

(Carte p. 552 ; 322-222-07-43 ; www.facebook.com/elpatiodemicasavallarta ; Guerrero 311 ; 18h-2h30 lun-sam ;). Éclipsez-vous des discothèques tapageuses et entrez dans ce club de jazz et de blues au calme rafraîchissant. Son patio à ciel ouvert est décoré de mobilier rétro. Côté bar, on vous servira entre autres de la *raicilla* (alcool d'agave), et vous pourrez dîner de salades et pizzas à pâte fine. Musique live les vendredis et samedis.

Jazz Foundation JAZZ

(Carte p. 552 ; 322-113-02-95 ; www.jazzpv.com ; Allende 116 ; 18h-2h mar-dim ;). Ce club de jazz installé à l'étage a beau être fait de parpaings, de briques et de planches, il a vraiment de l'allure. Fréquentes sessions de musique live (jazz, blues, funk, soul...). La vue sur l'océan en fait un lieu romantique pour boire un verre au coucher du soleil.

Roxy Rock House CONCERTS

(Carte p. 552 ; 322-222-76-17 ; www.roxyrockhouse.com.mx ; Vallarta 217 ; 22h-6h ;). Au cœur de la Zona Romántica, cette salle attire chaque soir une foule bigarrée et enthousiaste pour ses groupes de rock et son entrée gratuite.

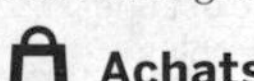

Achats

Vallarta ravira les adeptes du shopping : ses nombreux magasins et boutiques vendent vêtements de plage, tenues à la mode et artisanat de tout le Mexique. La tequila et les cigares cubains rencontrent également un franc succès.

Peyote People ART ET ARTISANAT

(Carte p. 552 ; 322-222-23-02 ; www.peyotepeople.com ; Juárez 222 ; 10h-20h lun-ven, 10h-18h sam, 11h-17h dim). Vous trouverez ici de superbes objets en perle réalisés par les Huicholes, des broderies, des bijoux, de l'artisanat lié au jour des Morts et des gravures sur bois provenant de l'État de Oaxaca, au sud du pays. Les achats contribuent à aider les communautés d'artisans *indígenas*.

Dulcería Leal ALIMENTATION

(Carte p. 552 ; 322-222-80-42 ; www.facebook.com/dulcerialeal ; Juárez 262 ; 10h-22h). Si vous aimez les douceurs, cette jolie *tienda* vend des pâtes de tamarin, de divins caramels, des fruits séchés et autres friandises.

Mundo de Azulejos CÉRAMIQUES

(Carte p. 552 ; 322-222-26-75 ; www.mundodeazulejos.com ; Carranza 374 ; 9h-19h lun-ven, 9h-14h sam). Large choix de carreaux de Talavera et de céramiques.

Olinalá ART ET ARTISANAT

(Carte p. 552 ; 322-222-49-95, portable 322-1213576 ; brewsterbrockmann.com ; Cárdenas 274 ; 11h-17h lun-sam oct-mai, 11h-15h jeu-sam juin-sept). Depuis 1978, cette excellente petite boutique expose des masques de danse mexicains, des œuvres d'art traditionnel et des objets ruraux anciens.

Mercado Municipal Río Cuale ART ET ARTISANAT, MARCHÉ

(Carte p. 552 ; 322-222-45-65 ; Rodríguez 260 ; 9h-18h). Installé sur la rive nord du Río Cuale, ce marché offre un choix éclectique : objets en argent de Taxco, *sarapes* (ponchos), *huaraches* (sandales de cuir tissé), tentures murales en laine, verre soufflé, etc. À ne pas confondre avec le marché voisin sur Morelos, qui porte le même nom, mais qui n'est qu'un attrape-touristes.

Renseignements

Si la plupart des commerces de Puerto Vallarta acceptent les dollars US, leurs taux de change n'ont rien d'avantageux. Les banques avec DAB et les *casas de cambio* (bureau de change) sont très nombreuses.

Agence consulaire des États-Unis (81-8047-3145 ; Paseo de los Cocoteros 85 Sur, Paradise Plaza, Nuevo Vallarta ; 8h30-12h30 lun-jeu)

Consulat du Canada (322-293-00-98 ; www.canadainternational.gc.ca/mexico-mexique ; Medina Ascencio 2485, Plaza Peninsula ; 9h-13h lun-ven ; Ixtapa)

Hôpital San Javier (322-226-10-10 ; www.sanjavier.com.mx ; Medina Ascencio 2760 ; 24h/24). L'hôpital le mieux équipé de la ville.

Office du tourisme municipal (carte p. 552 ; 322-222-09-23 ; www.visitpuertovallarta.com ; Juárez s/n ; 8h-20h lun-ven, 9h-17h sam-dim). Un bureau efficace, installé dans le bâtiment de l'hôtel de ville, à l'angle nord-est de la Plaza Principal. Propose plans gratuits et nombreuses brochures en plusieurs langues.

Poste principale (carte p. 546 ; 322-223-13-60 ; www.correosdemexico.gob.mx ; Colombia 1014 ; 8h-17h30 lun-ven, 9h-13h sam)

Depuis/vers Puerto Vallarta

Pour vous rendre au centre-ville depuis l'aéroport ou la gare routière, prenez tout droit sur Medina Ascencio (aussi appelée route 200) en direction du sud.

AVION

L'**aéroport international Gustavo Díaz Ordaz** (aéroport international Puerto Vallarta ; carte p. 546 ; 322-221-12-98 ; www.aeropuertosgap.com.mx ; Carretera Vallarta-Tepic Km 7,5 ; ; Las Juntas, Ixtapa) est à 10 km au nord de la ville. Il y a des liaisons directes, certaines saisonnières, avec de nombreuses villes des États-Unis et du Canada.

Quelques destinations locales et les compagnies qui les desservent :

- Acapulco – TAR
- Guadalajara – Aeroméxico, Interjet, TAR
- León – Interjet, TAR
- Mazatlán – TAR
- Mexico – Aeroméxico, Interjet, VivaAerobus, Volaris
- Monterrey – Aeroméxico, TAR, VivaAerobus, Volaris
- Querétaro – TAR
- Tijuana – Volaris
- Toluca – Interjet

Aeroméxico (322-225-17-77 ; www.aeromexico.com ; Medina Ascensio 1853, Plaza Santa María ; 9h-19h lun-ven, 9h-14h sam ; Ixtapa). Également à l'aéroport.

BUS

La **gare routière longue distance** (Central Camionera ; carte p. 546 ; 322-290-10-09 ; Bahía Sin Nombre 363) de Puerto Vallarta se trouve sur la route 200, à environ 10 km au nord du centre-ville et 3 km au nord-est de l'aéroport. Comptez 180 $M pour une course en taxi vers le centre-ville depuis la gare.

Primera Plus (carte p. 552 ; 322-222-90-70 ; www.primeraplus.com.mx ; Carranza 393 ; 7h-19h lun-mar, 7h-22h30 mer-dim) possède un bureau dans le centre-ville. Si vous comptez aller à Barra de Navidad, Manzanillo ou ailleurs dans le Sud, vous éviterez un déplacement à la gare routière en montant directement d'ici.

Les **bus en direction du nord et des villes de la Riviera Nayarit** (carte p. 546 ; Blvd Medina Ascencio s/n ; 5h-21h), fréquents, partent d'un arrêt situé en face du magasin Wallmart, juste au sud de Marina Vallarta.

VOITURE ET MOTO

Les tarifs de location de voitures commencent à environ 500 $M/jour en haute saison, et sont nettement inférieurs le reste de l'année. Les meilleures offres se trouvent souvent en ligne, même si les prix affichés doivent généralement être complétés par les diverses assurances à prendre en compte.

Un grand nombre de loueurs de véhicules disposent de comptoirs et de bureaux dans le hall des arrivées de l'**aéroport**. Voici une liste des agences ayant un bureau en ville :

Alamo (322-221-30-30 ; www.alamomexico.com.mx ; Medina Ascencio 4690, Coral Plaza ; 8h-22h ; Ixtapa)

Avis (322-221-07-83 ; www.avis.mx ; Medina Ascensio Km 7,5 ; 7h-23h30 ; Ixtapa)

Budget (322-221-17-30 ; www.budget.com.mx ; Medina Ascencio 141, Villa Las Flores ; 7h-21h)

Europcar (322-209-09-21 ; www.europcar.com.mx ; Carretera Vallarta-Tepic Km 7,5, aéroport international Gustavo Díaz Ordaz ; 7h-22h)

Hertz (800-709-50-00 ; hertzmexico.com ; Carretera Vallarta-Tepic Km 7,5, aéroport international Gustavo Díaz Ordaz ; 7h-23h)

National (322-209-03-52 ; www.nationalcar.com.mx ; Medina Ascencio 4172 ; 7h-22h)

Sixt (322-221-14-73 ; www.sixt.com.mx ; Medina Ascencio 7930, Villa Las Flores ; 7h-22h ; Ixtapa)

Thrifty (322-221-29-84 ; www.thrifty.com.mx ; Medina Ascencio 7926 ; 7h-22h ; Ixtapa)

Comment circuler

DEPUIS/VERS L'AÉROPORT

Les bus locaux sont les moyens de transport les moins chers depuis/vers l'aéroport (7,50 $M). Les bus "Centro" ou "Olas Altas" se rendent en ville depuis un arrêt situé à la sortie de l'aéroport. Pour le trajet inverse, les bus "Aeropuerto", "Juntas" et "Ixtapa" s'arrêtent sur un pont piéton non loin de l'entrée de l'aéroport.

Depuis l'aéroport, les tarifs des taxis sont fixes ; comptez entre 260 et 343 $M selon votre destination. Les services de navettes coûtent 120-139 $M. Du centre-ville, un taxi pour l'aéroport coûte environ 150 $M.

BATEAU

Les **bateaux-taxis** (carte p. 552 ; jetée Playa de los Muertos ; aller-retour 320 $M) de Puerto Vallarta desservent les belles plages du sud de la baie, certaines accessibles uniquement par la mer. Depuis le quai de Playa de los Muertos (p. 546), ils partent vers le sud et longent la baie, avec des arrêts à **Playa de las Ánimas** (25 min ; p. 549), **Quimixto** (40 min ; p. 549) et **Yelapa** (55 min ; p. 549). Les bateaux partent de Puerto Vallarta toutes les heures ou deux, entre 10h et 16h30, et repartent de Yelapa (terminus) à la même fréquence entre 7h30 et 15h45 tous les jours. Les bateaux-taxis desservent aussi les plages depuis Boca de Tomatlán (p. 549).

BUS AU DÉPART DE PUERTO VALLARTA

DESTINATION	PRIX ($M)	DURÉE	FRÉQUENCE
Barra de Navidad/Melaque	244-332	4-5 ½	fréquents
Guadalajara	399-635	5 ½-6	fréquents
Manzanillo	306-421	5-5 ½	1/heure
Mazatlán	570-695	6 ½-7	4/jour
Mexico (Terminal Norte)	1 019-1 350	11-13 ¼	9/jour (bus de nuit)
Tepic	205-310	3-3 ½	fréquents

À l'extrémité sud du quai de Playa de los Muertos, vous pourrez louer une *lancha* (bateau à moteur) ou un yacht privé (à partir d'environ 350 $M/heure) pour vous rendre sur n'importe quelle plage de la baie ; la plupart de ces embarcations ont à leur bord du matériel de snorkeling et de pêche.

BUS

Sur la plupart des itinéraires, les bus locaux se succèdent à intervalles de 5 minutes (5h-23h ; 7,50 $M). Proche de Playa Olas Altas (p. 546), **Playa Lázaro Cárdenas** (carte p. 552 ; Suárez s/n) est une interconnexion importante. Les bus allant vers le **nord** (carte p. 552 ; Insurgentes s/n) marquent l'arrêt sur Insurgentes, près de l'angle de Madero. Les bus allant vers le sud traversent le centre ou le contournent par un tunnel jusqu'à la Zona Romántica.

Faisant route vers le nord, les bus "Aeropuerto", "Ixtapa", "Mojoneras" et "Juntas" traversent la ville jusqu'à l'aéroport (p. 561), la Zona Hotelera et Marina Vallarta ; les véhicules "Mojoneras" se rendent aussi à la gare routière (p. 561) longue distance de Puerto Vallarta.

Vers le sud, les bus blanc et orange "Boca de Tomatlán" (8 $M) longent la route côtière, rejoignant **Mismaloya** (20 min ; p. 549) et **Boca de Tomatlán** (30 min ; p. 549). Ils partent toutes les 15 minutes de l'angle de Badillo et Constitución.

TAXI

Les tarifs sont fixés selon un système de zones, le prix de la course dépendant du nombre de zones traversées. La course entre le centre et la Zona Hotelera coûte dans les 120 $M, contre 160-180 $M pour l'aéroport (p. 561) ou la gare routière longue distance (p. 561), et 175 $M pour Mismaloya. Demandez toujours le prix de la course avant de monter dans le véhicule. Vous n'aurez aucun mal à trouver un taxi sur Morelos, dans le centre-ville. Il y a plusieurs bornes de taxis, dont une sur **Insurgentes et Cárdenas** (carte p. 552 ; ☎322-222-24-22 ; taxisitio9@gmail.com ; angle Insurgentes et Cárdenas), une sur **Rodríguez au niveau de Matamoros** (carte p. 552 ; angle Rodríguez et Matamoros) et une sur **Olas Altas** (carte p. 552 ; ☎322-223-30-33 ; angle Olas Altas et Carranza) au niveau de Plaza Lázaro Cárdenas.

Plages de la Costalegre

Au sud de Puerto Vallarta, la bande littorale qui s'étend de Chamela à Barra de Navidad est sillonnée de belles plages, avec suffisamment d'activités de plein air pour occuper les amoureux de la nature, un projet de protection des tortues marines, des îles vierges idéales pour s'adonner à l'observation des oiseaux et au snorkeling et des zones de mangrove où pullulent les grands crocodiles. Afin d'attirer les visiteurs dans la région, les professionnels du tourisme et les promoteurs immobiliers ont baptisé cette frange du littoral "Costalegre" (côte joyeuse).

À voir

Playa Pérula PLAGE

(Route 200 Km 73). Cette plage bien abritée, à l'extrémité nord de la paisible Bahía de Chamela, longue de 11 km, invite à la baignade et à d'interminables promenades. Elle compte quelques restaurants sous *palapa* et des hébergements bon marché. Vous pourrez affréter une *panga* (hors-bord) pour visiter les 9 îles de la baie.

Campamento Majahuas RÉSERVE NATURELLE

(☎portable 322-2285806 ; www.campamento-majahuas.com ; embranchement sur la route 200 au Km 116 ; ⏲nidification des tortues juil-nov). Dans cette réserve de gestion communautaire au nord de Punta Pérula, vous pouvez camper et voir (accompagnés de guides locaux) les tortues nidifier. Le lieu attire des étudiants du monde entier intéressés par les tortues et leur habitat et propose des programmes de volontariat. Vous aurez besoin d'un véhicule pour accéder à la réserve, ou vous pouvez participer à une excursion de 2 jours organisée par l'agence Mex-Eco Tours (voir ci-contre). Camping possible à l'année, mais la meilleure période pour voir les tortues court de juillet à fin novembre.

Playa Tenacatita PLAGE

(Route 200 Km 28). Bahía Tenacatita, bordée de palmiers, abrite Playa Tenacatita. Ses eaux translucides sont propices au snorkeling et sa vaste mangrove est idéale pour l'observation des oiseaux. L'endroit fait l'objet d'une querelle territoriale, puisqu'un groupe de promoteurs immobiliers cherche à construire et privatiser une partie de la plage, pour l'instant publique et relativement épargnée. On peut encore la visiter, mais le camping y est interdit.

Playa El Negrito PLAGE

(Route 200 Km 64). À Bahía de Chamela, Playa El Negrito est une plage agréable et isolée, avec des restaurants mais pas d'hôtel. La vue des 9 îles à l'horizon est sublime au coucher du soleil.

Depuis/vers les plages de la Costalegre

Il faut une voiture pour accéder à la plupart des plages de la Costalegre. Depuis Puerto Vallarta, les bus pour San Patricio-Melaque et Manzanillo marquent l'arrêt au carrefour menant à Punta Pérula. De là, vous pourrez sûrement trouver un taxi pour aller en ville (50 $M).

Bahía de Navidad

Bahía de Navidad se déploie en petit arc de cercle bordé de sable de couleur miel avec, à chaque extrémité, une station balnéaire. À 5 km l'une de l'autre par la route, mais seulement 1 km par la plage, Barra de Navidad et San Patricio-Melaque sont bien différentes. La première séduit par ses jolies rues pavées, et sa réputation de bourgade un rien chic en fait un lieu où il fait bon vivre ; Melaque, plus grande et moins pittoresque, attire plutôt des voyageurs au budget serré cherchant une ambiance animée.

San Patricio-Melaque

☎315 / 7 569 HABITANTS

Généralement appelée Melaque, cette station balnéaire décontractée est prisée des familles mexicaines et devient, en hiver, un repaire discret de touristes américains. Les visiteurs aiment se baigner ou paresser sur la plage, observer les pélicans pêcher, monter au *mirador* à l'extrémité occidentale de la baie, flâner sur la place et le marché, et se rendre à Barra de Navidad.

Activités

Pacific Adventures SPORTS NAUTIQUES

(☎315-355-52-98 ; www.pacificadventures.mx ; Gómez Farías 595 ; location de surf/paddle/vélo 90/150/20 $M l'heure ; ⏲9h-14h et 16h-19h jeu-mar). Le personnel jeune et enthousiaste loue planches de surf, paddle et autres équipements et vous apprend à vous en servir. Également location de vélos si vous êtes motivé pour pédaler jusqu'à la ville voisine de Barra de Navidad.

Circuits organisés

♥ **Mex-Eco Tours** ÉCOTOURISME

(☎315-355-70-27 ; www.mex-ecotours.com ; Gómez Farías 59-2 ; circuit plantation de café 1 100 $M, circuit tortues marines 1 500-2 400 $M ; ⏲10h-14h et 17h-19h lun-ven, 10h-14h sam). Compétent, aimable et bien informé, ce prestataire organise des excursions d'une journée aux environs de Melaque, ou ailleurs au Mexique (sur plusieurs jours), toutes centrées sur le tourisme durable. Parmi les plus intéressantes : une visite de la plantation de café d'une coopérative de femmes *indígenas*, une excursion avec bivouac dans une station de protection des tortues marines et des sorties en bateau. La compagnie propose aussi des circuits depuis Bucerías, près de Puerto Vallarta.

Fêtes et festivals

Fiesta de San Patricio CULTURE

(⏲mars). Melaque célèbre son saint patron au cours d'une semaine de festivités ponctuée de rodéos, musique, danses et feux d'artifice culminant avec la Saint-Patrick, le 17 mars.

Où se loger

Les prix grimpent fortement à Noël et pour la Semaine sainte ; la haute saison va de novembre à avril. Remises fréquentes pour les longs séjours.

Hotel Bahía HÔTEL $

(☎315-355-68-94 ; www.melaquehotelbahia.com ; Legazpi 5 ; d/ste 680/890 $M ;). Cet hôtel sur 2 niveaux est l'option économique la plus propre de la ville, et se trouve à seulement un pâté de maisons de la plage de Melaque la plus agréable pour la baignade. Les chambres sont équipées de clim et de TV satellite, les suites de kitchenettes et réfrigérateurs. Dans un quartier paisible à la bordure nord de Melaque, à environ 1 km du centre.

♥ Villas El Rosario de San Andres APPARTEMENTS **$$**
(☎315-355-63-42 ; Hidalgo 10 ; d 790-990 $M, qua 990-1 190 $M ; P). Géré par une famille, ce fantastique complexe central loue des studios lumineux, carrelés de céramiques (jolie kitchenette, TV à écran plat, hauts plafonds). Des canapés-lits permettent d'accueillir des enfants dans la plupart des chambres. Sur le toit-terrasse, la magnifique partie commune offre une vue unique sur la montagne et la mer. Petite piscine.

Casa Misifus HÔTEL-SPA **$$**
(☎315-355-84-47 ; casamisifus.wixsite.com/casamisifus ; Av Veracruz 27 ; d avec petit-déj 1 250 $M ; P). Placé à l'entrée de la ville et à environ 5 pâtés de maisons de la plage, cet hôtel bien tenu est un havre de paix. Il jouit d'un espace piscine et d'un toit-terrasse incroyablement calmes et de 6 chambres confortables avec cuisines, balcons et lits douillets. Spa sur place.

Posada Pablo de Tarso HÔTEL **$$**
(☎315-355-57-07 ; www.posadapablodetarso.com ; Gómez Farías 408 ; d 1 500 $M, bungalows à partir de 1 900 $M ; P). Cet hôtel en brique est pourvu d'une cour verdoyante et d'un joli espace piscine donnant sur la plage. Il abrite des chambres climatisées, certaines avec réfrigérateurs, et des bungalows (équipés de kitchenette, mais pas de clim) spacieux, avec poutres apparentes et sol en tomettes haut de gamme. Les chambres donnant sur la route ou la plage sont les plus grandes. Deux bungalows se trouvent de l'autre côté de la rue.

♥ La Paloma BOUTIQUE-HÔTEL **$$$**
(☎315-355-53-45 ; www.lapalomamexico.com ; Las Cabañas 13 ; ch 2 050-2 350 $M, app-terrasse 2 450 $M avec petit-déj ; ⏲nov-août ; P). Beaucoup d'œuvres d'art ornent cet hôtel de charme au bord de l'océan, cachant derrière de hauts murs ses somptueux jardins et sa piscine donnant sur la plage. Originales, les chambres confortables aux couleurs vives disposent de cuisines/kitchenettes et de terrasses. Pour quelques pesos de plus, offrez-vous un appartement donnant sur la mer (nous avons adoré le n°14).

Où se restaurer et prendre un verre

De 18h à minuit, des stands servent des en-cas mexicains bon marché, à un pâté de maisons à l'est de la place, le long de Juárez. De charmantes *palapas* bordent la plage à l'extrémité ouest de la ville.

La Flor del Café CAFÉ **$**
(☎portable 314-1301222 ; www.facebook.com/laflordelcafemelaque07 ; Guzmán s/n, près de Corona ; plats 60-120 $M ; ⏲7h-13h et 18h-22h mer-lun ;). Dans un patio agréable aux tons vifs, le lieu ferme au plus chaud de la journée, mais ouvre le matin pour de très bons smoothies, jus, cafés, sandwichs et salades. Le soir, le menu s'enrichit de plats plus consistants, comme les *fettucines* aux fruits de mer.

Quetzal de Laura MEXICAIN **$$**
(☎315-351-52-76 ; Guerrero 99 ; petit-déj 45-70 $M, dîner 120-245 $M ; ⏲8h-13h et 17h-22h mar-dim ;). La longue carte de ce restaurant à ciel ouvert a de quoi donner le tournis, mais vous pouvez toujours opter pour un petit-déjeuner mexicain bon marché, une soupe maison ou la spécialité du chef, les piments farcis aux crevettes ou aux champignons. Nombreuses options végétariennes.

Tacos Scooby MEXICAIN **$$**
(☎portable 315-1073499 ; Obregón 34 ; en-cas 10-50 $M, plats 90-270 $M ; ⏲17h-1h ;). Cette gargote de quartier prépare les meilleurs *tacos al pastor* (porc mariné cuit à la broche) de la ville et attire les expatriés grâce à ses côtes grillées et ses entrecôtes du dimanche. Portions généreuses et patrons très sympathiques. La *michelada* (cocktail à la bière) n'est pas mal non plus.

Taza Negra CAFÉ
(☎315-355-70-80 ; www.latazanegra.com ; Guerrero 112 ; café 25-40 $M ; ⏲8h30-13h lun-ven oct-avr, 12h mai-sept ;). Cet accueillant café de quartier est parfait pour commencer la journée par une bonne tasse de café corsé. Les grains cultivés au Chiapas sont torréfiés et préparés avec amour, de même que les pâtisseries (essayez le muffin myrtille-avoine-noix de coco).

Esquina Paraíso BAR
(☎portable 314-1624412 ; Obregón 13 ; ⏲17h-2h déc-mars). Ce curieux bar en plein air, décoré de bois et de caisses recyclés, mérite un coup d'œil. Il n'a rien de luxueux, mais vous apprécierez les balancelles et la musique live en soirée.

BUS AU DÉPART DE SAN PATRICIO-MELAQUE

DESTINATION	PRIX ($M)	DURÉE	FRÉQUENCE
Guadalajara	350-485	5 ½-6 ½	fréquents
Manzanillo	65-90	1-1 ½	fréquents
Mexico (Terminal Norte)	1 229	12	1/jour (bus de nuit)
Puerto Vallarta	244-332	4-5 ½	fréquents

Depuis/vers San Patricio-Melaque

Les bus s'arrêtent des deux côtés de Carranza, à l'angle de Gómez Farías. Trois compagnies ont des points de vente à proximité de ce carrefour, avec des tarifs similaires.

Les bus locaux orange pour Barra de Navidad (7 $M, 15 min) partent toutes les 15 minutes de l'intersection entre Juárez et López Mateos, en face de l'angle sud-ouest de la place. Ils font un long détour avant d'emprunter la grand-route. Les bus verts, plus directs, coûtent 15 $M.

Barra de Navidad

315 / 4 324 HABITANTS

Nichée sur un isthme entre une lagune et la plage, la joyeuse Barra de Navidad offre de belles opportunités pour la pêche sportive les excursions d'observation des oiseaux et des crocodiles, et la dégustation de produits de la mer. La ville prit de l'importance en 1564, lorsque ses chantiers navals construisirent les vaisseaux à bord desquels Miguel López de Legazpi et le père Andrés de Urdaneta conquirent les Philippines pour le roi Philippe II d'Espagne. Cependant, à partir du XVIIe siècle, Acapulco devint le point de départ des campagnes de conquêtes et Barra s'endormit lentement.

Activités

Étroite et pentue, la jolie plage de Barra de Navidad ne se prête pas toujours à la baignade. Les vagues sont généralement plus petites le matin. Les eaux au large de Barra abondent en marlins, espadons, albacores (thons jaunes), *dorados* (dorades coryphènes), vivaneaux et autres espèces plus rares.

Isla Navidad Golf Course GOLF
(314-337-90-24 ; www.islanavidad.com.mx ; Isla Navidad ; 18 trous voiturette incluse 197 $US ; 7h-19h). Célèbre parcours de 27 trous offrant de magnifiques vues et un green sinuant à travers les dunes, avec les montagnes en toile de fond. Vu la géographie du lieu, rien d'étonnant à ce que beaucoup d'obstacles soient aquatiques.

Circuits organisés

Ecojoy Adventures ÉCOCIRCUITS
(portable 315-1009240 ; www.facebook.com/ecojoyadventures ; Costa Occidental 13, angle Av Veracruz ; circuits vélo et kayak 200 $M, promenade à cheval 300 $M/heure, location de vélos 150 $M/jour ; été 10h-14h lun-ven). Cette agence située à l'entrée de la ville propose des excursions à vélo et en kayak dans et autour de la lagune, ainsi que des promenades à cheval sur la plage. Possibilité de vous faire livrer un vélo à l'hôtel pour vos excursions solos.

Sociedad Cooperativa de Servicios Turísticos BATEAU
(portable 315-1077909 ; konan_marlin@hotmail.com ; angle Veracruz et López de Legazpi ; circuit lagune 400 $M, excursion d'un jour à Tenacatita 4 000 $M/bateau, pêche 4 500 $M ; 9h-17h). Les excursions dans la Laguna de Navidad valent le détour. Cette coopérative de bateliers propose un grand choix de circuits : sorties d'une demi-heure dans la lagune, expéditions d'une journée dans la forêt de Tenacatita, sorties de pêche à bord de *lanchas* (hors-bord), etc. ; le matériel et les pauses snorkeling sont inclus. Le prix des excursions est affiché sur leur bureau en plein air, sur la lagune.

Où se loger

Barra de Navidad compte moins de chambres sur la plage que Melaque. Réservez bien à l'avance en haute saison (novembre à mai). Certains hébergements sont médiocres, mais d'autres sortent du lot.

Hotel Sarabi HÔTEL $
(315-355-82-23 ; www.hotelsarabi.com ; Av Veracruz 196 ; d 500/600 $M, bungalow 700-900 $M ;). Au cœur de Barra, cet hôtel sur 3 niveaux offre, autour d'une cour gravillonnée et d'une piscine aux mosaïques bleues, de très bonnes chambres bon marché avec ventilateurs (supp de 100 $M pour la clim). Une bonne affaire.

LE PESCADO ZARANDEADO : UNE SPÉCIALITÉ CULINAIRE DE LA CÔTE

Si vous n'avez jamais goûté le *pescado zarandeado* (poisson mariné et grillé), vous avez raté un vrai délice de la côte pacifique. Le plat consiste en un poisson entier, souvent un vivaneau campèche ou une corbina, découpé et assaisonné d'une marinade, puis grillé au bois d'acacias ou au charbon de bois. Quand le plat est bien préparé, il en résulte un poisson fumeux, savoureux et relevé juste comme il faut si la marinade contient du piment.

Le *pescado zarandeado* (ou *pescado a la talla*) est une spécialité du Nayarit et du Sinaloa (aujourd'hui encore, les habitants des deux États s'en disputent la paternité). Vous trouverez ce plat partout le long de la côte et même dans certains restaurants de la capitale, mais rien ne vaut le poisson frais de la côte et le savoir-faire de ses habitants. Les restaurants de Mazatlán, Chacala, San Blas et Barra Vieja notamment excellent à préparer le *pescado zarandeado*. Aucun n'est identique à un autre : les puristes ne jureront par exemple que par la grillade dans des vieux fours à bois. Pour ce qui est de la marinade, les ingrédients varient aussi : ils vont du piment mirasol à l'ail en passant par la sauce huichole en bouteille et la sauce Worcestershire.

♥ Hotel Delfín HÔTEL **$$**
(☎ 315-355-50-68 ; www.hoteldelfinmx.com ; Morelos 23 ; d 827/927 $M, app 2 004 $M ; P ⊖ ❄ ≈). Le chaleureux Hotel Delfín est l'un des meilleurs de la ville, très bien géré, avec chambres spacieuses, balcon commun, piscine et toit-terrasse. Les chambres avec TV et clim sont plus chères, mais elles sont identiques aux autres, dont les ventilateurs fonctionnent bien. Les grands appartements avec cuisines équipées conviendront parfaitement aux familles.

L'établissement, soucieux de l'environnement, recycle les déchets organiques (compost) et chauffe l'eau à l'énergie solaire. Il est fréquenté par des habitués, l'hiver.

Hotel Bogavante HÔTEL **$$**
(☎ 315-355-81-09 ; www.bogavanteresortspa.com ; López de Legazpi 259 ; ch 1 100-1 309 $M, ste 1 750-2 380 $M ; ⊖ ❄ ≈). Situé sur la plage en plein centre-ville, cet hôtel abrite des chambres modernes fraîchement rénovées, un restaurant et une immense piscine avec une vue magnifique sur Melaque et au-delà. Les chambres donnant sur l'océan sont les meilleures. Les suites, plus chères, accueillent jusqu'à 5 personnes.

Hotel Barra de Navidad HÔTEL **$$**
(☎ 315-355-51-22 ; www.hotelbarradenavidad.com.mx ; López de Legazpi 250 ; d 1 200-1 400 $M, ste 1 400-2 050 $M ; ⊖ ❄ ≈). Tirant parti d'un accès aisé à la plage, cet hôtel contemporain est pourvu d'une cour intimiste et ombragée, ainsi que d'une petite piscine. L'architecture ouverte vous permettra d'entendre la mer de presque partout. Les meilleures chambres donnent sur l'océan : modernes, elles disposent d'un superbe point de vue et d'une terrasse.

Où se restaurer et prendre un verre

Bananas PETIT-DÉJEUNER **$**
(☎ 315-355-55-54 ; marydiaz805@yahoo.com.mx ; López de Legazpi 250 ; plats au petit-déj 65-88 $M ; ⏲ 8h-12h mai-nov, 8h-12h et 18h-22h déc-avr ;). Prenez votre petit-déjeuner face à l'océan depuis la terrasse de ce restaurant surplombant la plage. Spécialités mexicaines ou nord-américaines telles que pancakes à la banane ou *chilaquiles* (tortillas frites accompagnées de sauce rouge ou verte, œufs et/ou poulet). À l'étage de l'Hotel Barra de Navidad.

♥ El Manglito PRODUITS DE LA MER **$$**
(☎ 315-355-81-28 ; www.facebook.com/elmanglitorestaurantbar ; Av Veracruz 17 ; plats 140-230 $M ; ⏲ 12h-23h ;). Avec sa charmante vue sur la lagune, ce restaurant ouvert au sol recouvert de sable est traversé par une agréable brise. Surmonté d'un toit de chaume, il sert de délicieux produits de la mer – crevettes divines, huîtres savoureuses et plats de poissons délicieux. Service très chaleureux.

Fortino's PRODUITS DE LA MER **$$**
(☎ 314-337-90-75 ; Isla Navidad ; plats 130-160 $M ; ⏲ 11h-19h jeu-mar ;). Situé de l'autre côté de la lagune, ce restaurant au bord de l'eau tenu par une famille séduit

les clients depuis plus de 50 ans grâce à ses produits de la mer divinement bien cuisinés. Les *camarones costeños* (crevettes à la noix de coco et sauce ananas-goyave) se marient merveilleusement avec l'eau de coco rafraîchissante servie dans sa coque. Et si le cœur vous en dit, la petite plage est parfaite pour une baignade après le repas. Pour vous y rendre, prenez un bateau au sud du *malecón* (aller-retour gratuit entre les restaurants et la lagune).

Jarro Beach BAR

(portable 315-1002020 ; jarrobeach@hotmail.com ; López de Legazpi 154 ; 11h-16h ;). Bar de plage la journée, discothèque la nuit, cette adresse est l'une des rares de Barra a offrir des distractions nocturnes. Les DJ jouent de la musique entraînante telle que salsa, *banda* du Nord (orchestre fanfare) et *cumbia* colombienne. Pendant les heures calmes de la journée, le bar est un endroit paisible d'où contempler l'océan en buvant une boisson fraîche.

Renseignements

Banamex (Veracruz s/n). L'un des deux DAB, juste au sud de la place principale. Prévoyez des espèces au cas où les DAB seraient à court d'argent.

Office du tourisme (315-355-83-83 ; www.costalegre.com ; Av Veracruz 98 ; 9h-17h lun-ven). Cet office régional fournit cartes et informations sur Barra et les autres localités de la Costalegre.

Depuis/vers Barra de Navidad

AVION

Barra de Navidad est desservie par l'aéroport international Playa de Oro de Manzanillo (p. 571), à 30 km au sud-est de Barra sur la route 200. Pour vous rendre en ville depuis l'aéroport, prenez un taxi (590 $M, 30 min).

BATEAU

Des bateaux-taxis assurent des liaisons à la demande, entre le quai à l'extrémité sud de l'Avenida Veracruz, la marina, le terrain de golf et les restaurants. L'aller-retour coûte 40 $M, quelle que soit la destination.

BUS

Les compagnies de bus sont regroupées autour de l'Avenida Veracruz, au sud de la sculpture de marlin en entrant dans le centre-ville. Les bus directs des compagnies **ETN** (315-355-84-00 ; www.etn.com.mx ; Av Veracruz 273C) et **Primera Plus** (477-710-00-60 ; www.primeraplus.com.mx ; Av Veracruz 269 ; 6h-21h) relient Barra à Manzanillo (61-75 $M), Puerto Vallarta (259-264 $M) et Guadalajara (499-590 $M). Certaines lignes (appelés *coordinados*) s'arrêtent à Barra et Melaque, mais la plupart ne desservent que Melaque. On peut rejoindre Melaque avec les bus locaux orange (7 $M, toutes les 15 min, 6h-21h) qui font un circuit entre les deux villes ; les bus verts (15 $M) ont l'avantage d'être plus directs.

TAXI

La course jusqu'à San Patricio-Melaque revient à 70 $M.

Manzanillo

314 / 161 420 HABITANTS

En dépit de kilomètres de sable doré, l'économie de Manzanillo fonctionne principalement grâce à son port, l'un des plus importants de la côte pacifique du Mexique. Le tourisme arrive ensuite. Les plages ne sont d'ailleurs pas très propres, et les distances – il y a 20 km entre la vieille ville et la plus belle plage, Olas Altas – rendent les déplacements compliqués si l'on n'est pas motorisé.

Cela dit, et même si les plages sont desservies par une route où hôtels médiocres et chaînes de restaurant le disputent aux garages et aux stations-service, vous trouverez de très bons hébergements, notamment sur la pittoresque Península de Santiago, d'où la vue sur la mer est spectaculaire.

La vieille ville a le plus de caractère. L'énorme sculpture bleue sur la place du front de mer fait allusion au titre autoproclamé de Manzanillo, la "capitale mondiale de l'espadon-voilier".

À voir

Playa La Boquita PLAGE

Playa La Boquita est baignée d'eaux calmes à l'embouchure d'une lagune où les pêcheurs mettent leurs filets à sécher en journée, avant de s'en aller le soir. La plage est bordée de restaurants de poisson où il fait bon s'attarder ; une épave à proximité en fait un bon spot de snorkeling.

Playa Azul PLAGE

Cette longue bande de sable incurvée est parfois marquée par des traînées de pétrole et l'eau peut y être agitée. Elle s'étend à partir de Playa Las Brisas au nord-ouest jusqu'à la Península de Santiago.

Playa Las Brisas PLAGE
De l'autre côté de la baie, face à la vieille ville, cette vaste plage est bordée par une jolie zone où se développent hôtels, bars et restaurants.

Playa Olas Altas PLAGE
Comme son nom le laisse deviner (plage aux vagues hautes), cette séduisante bande de sable est agréable pour le surf et ses quelques restaurants de plage.

Playa Santiago PLAGE
Située de l'autre côté de la Península de Santiago en partant de la ville, cette plage, l'une des plus propres de Manzanillo, compte quelques bons hébergements à proximité.

Playa Miramar PLAGE
Offrant les meilleures vagues des environs pour la pratique du surf et du bodysurf, la longue et belle Playa Miramar est idéale pour piquer une tête ou s'adonner aux sports aquatiques.

Activités

Plongée

D'intéressantes explorations sous-marines sont à faire dans les alentours de Manzanillo : des pinacles en eaux profondes attirant des espèces pélagiques à **Los Frailes**, et de superbes arches où l'on se faufile à **Roca Elefante**.

Aquatic Sports & Adventures PLONGÉE
(314-334-63-94 ; www.aquaticsportsadventures.com ; Privada Los Naranjos 30 ; plongée double 110 $US, sortie snorkeling 55 $US/pers ; 9h-17h lun-sam, 9h-14h dim ; Ruta 1). Du côté de Santiago, cet organisme certifié PADI s'adresse aux plongeurs de tous niveaux pour des sorties plongée au large et au bord du rivage, ainsi que des circuits snorkeling dans plusieurs sites.

Fêtes et festivals

Fiestas de Mayo CULTURE
(avr et mai). Célébrant la fondation de Manzanillo en 1873, les festivités comprennent diverses compétitions sportives et autres événements, durant 2 semaines fin avril et début mai.

Torneo Internacional de Pesca SPORTS
(314-332-73-99 ; www.deportivodepescamanzanillo.com ; fév et déc). Le célèbre tournoi international de pêche de Manzanillo a lieu début décembre ; un tournoi national est organisé en février.

Où se loger

Les hôtels les moins chers se trouvent dans le centre, dans les rues aux alentours de la place principale, et plusieurs trois-étoiles trônent sur Playa Santiago (ci-contre). Les établissements haut de gamme se trouvent sur la péninsule de Santiago.

Hotel Colonial HÔTEL $
(314-332-10-80 ; www.facebook.com/colonialhotelmanzanillo ; Bocanegra 28 ; s 640 $M, d à partir de 790 $M ;). À une rue de la place, en bord de mer, cet hôtel de charme a des airs d'hacienda, avec ses allées carrelées et sa cour centrale. Les grandes chambres, réparties sur 3 étages autour de la cour, sont ornées d'élégantes tentures et de meubles en bois. Celles du rez-de-chaussée, assez sombres, pâtissent du bruit du **restaurant** (Av México 100 ; petit-déj et déj 60-120 $M, dîner 140-310 $M ; 7h-22h30 lun-ven, 8h-16h sam-dim ;).

Hostal Tzalahua AUBERGE DE JEUNESSE $
(portable 311-1184546 ; www.facebook.com/hostaltzalahua ; Pájaro de Fuego 1 ; dort/d 150/400 $M ; ; Ruta 1). Les visiteurs pourront se relaxer dans cet hôtel bien tenu, situé dans un quartier résidentiel à un pâté de maisons de Playa Azul (p. 567). Choisissez entre le dortoir à 9 lits ou une des 7 chambres privées (dont 5 avec salle de bains), propres et agréables. Jardin avec hamacs et piscine à l'arrière de la maison.

Casa Artista B&B $$
(314-334-47-04 ; www.casaartistamanzanillo.com ; Calle 4 n°12, Colinas de Santiago ; app avec petit-déj 800-1 200 $M ; ; Ruta 1). Ce B&B merveilleusement calme, en remontant une colline vers l'intérieur des terres de l'autre côté de la route principale, jouit d'un jardin où bourdonnent des oiseaux-mouches. Les jolis appartements équipés de kitchenettes sont confortables. Idéal pour se détendre avec un livre.

Hotel Real Posada HÔTEL $$
(314-334-12-12 ; www.realposada.com.mx ; Blvd Miguel de la Madrid 13801 ; d 1 000 $M ; @). Dans la principale zone marchande de Santiago, à un pâté de maisons de Playa Santiago (page ci-contre) et proche de Playa Olas Altas (p. 519). Chambres relativement modernes avec sol carrelé, lits en bois, draps immaculés et TV câblée. Pataugeoire pour enfants à côté de la piscine. Personnel serviable.

Agglomération de Manzanillo

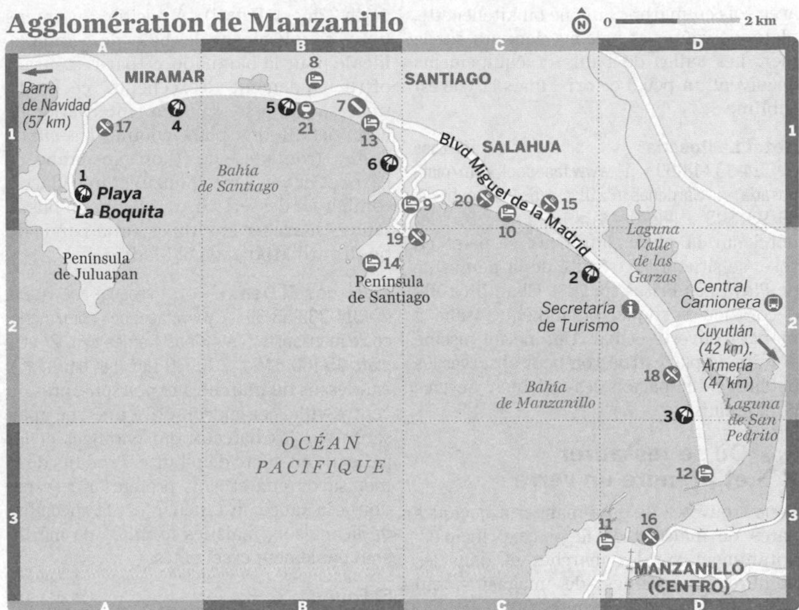

Agglomération de Manzanillo

Les incontournables

1 Playa La Boquita ... A1

À voir

2 Playa Azul ... C2
3 Playa Las Brisas ... D2
4 Playa Miramar ... A1
5 Playa Olas Altas ... B1
6 Playa Santiago ... B1

Activités

7 Aquatic Sports & Adventures ... B1

Où se loger

8 Casa Artista ... B1
9 Dolphin Cove Inn ... C1
10 Hostal Tzalahua ... C1
11 Hotel Colonial ... D3
12 Hotel La Posada ... D3
13 Hotel Real Posada ... B1
14 Pepe's Hideaway ... B2

Où se restaurer

15 El Fogón ... C1
Los Candiles ... (voir 11)
Mariscos El Aliviane ... (voir 6)
16 Mariscos El Delfín ... D3
17 Oasis Ocean Club ... A1
18 Pacifica del Mar ... D2
19 Poco Pazzo ... C2
20 Tacos Chuy ... C1

Où prendre un verre et faire la fête

21 Hostal Olas Altas ... B1

Pepe's Hideaway CABAÑAS **$$$**
(☎314-334-16-90, États-Unis 213-261-6821 ; www.pepeshideaway.com ; Camino Don Diego 7, La Punta ; bungalow avec repas 185-225 $US/pers ; P ⊜ 📶 ≋). Le quartier sécurisé où se trouve l'établissement peut sembler impersonnel, mais vous serez agréablement surpris. Sur une pointe rocheuse sauvage rythmée par le bruit du vent dans les cocotiers et des vagues qui s'écrasent en contrebas, une poignée de *cabañas* romantiques vous donneront la sensation d'être au bout du monde. Tarifs tout compris. Il faut un véhicule pour s'y rendre.

Dolphin Cove Inn HÔTEL **$$$**
(☎314-334-15-15 ; www.dolphincoveinn.com ; Av Vista Hermosa s/n ; d avec petit-déj à partir de 2 450 $M ; P ⊜ ❄ @ 📶 ≋ ; 🚌Ruta 8). Cet hôtel à flanc de colline a l'attrait d'une vue sublime et d'immenses chambres distribuées en cascade jusqu'à une jolie piscine au bord de la baie. Au choix, double basique ou suite de 2 pièces pour 4 personnes, toutes

avec sols en marbre, cuisine ou kitchenette, plafonds voûtés et balcons donnant sur la mer. Les salles de bains et équipements déçoivent un peu à ce prix, mais la vue est sublime.

Hotel La Posada HÔTEL **$$$**
(☎314-333-18-99 ; www.facebook.com/pinkposada ; Cárdenas n°201 ; s/d avec petit-déj 69/93 $US ; P ; Ruta 8). Cet hôtel sur la plage, lumineux et peint en rose, se situe à l'extrémité de la péninsule de Playa Las Brisas (p. 568). Chambres à la décoration rustique, bibliothèque, salle à manger ouverte et bar. Une petite piscine domine la plage, d'où l'on peut observer les bateaux – et parfois les baleines. Service personnalisé.

Où se restaurer et prendre un verre

Vous trouverez de quoi manger à quelques pâtés de maisons de la place principale, notamment sur les marchés et dans les nombreuses chaînes de magasins qui s'alignent le long de la route 200.

♥ **Mariscos El Aliviane** PRODUITS DE LA MER **$**
(☎portable 314-3536588 ; Playa Santiago ; plats 20-120 $M ; 11h-16h30 lun-sam). Sensationnel petit étal de rue en face de l'Hotel Playa Santiago, dont les tables sont prises d'assaut par la clientèle locale venue se régaler de *jaiba* (crabe) *tostadas*, *cocteles* et assiettes de crevettes, poulpe, saint-jacques et ceviche. Les bières sont glacées, et la *salsa habanero* maison vous fera chaud au cœur… et au palais ! D'après les locaux, c'est la meilleure *cevichería* de Manzanillo.

Tacos Chuy FOOD-TRUCK **$**
(☎portable 314-1121010 ; www.tacoschuymanzanillo.blogspot.mx/p/la-carta.html ; Blvd Miguel de la Madrid s/n ; tacos 13 $M ; 9h-19h ; Ruta 1). Dans ce pick-up rouge, on prépare toutes sortes de tacos, notamment au porc mariné et à la *carne asada* (bœuf grillé mariné), accompagnés de sauce relevée ou d'assortiments tels que feuilles de cactus grillées et haricots. Juste au sud du supermarché Comercial Mexicana.

L'hygiène n'est pas irréprochable, mais a priori, les amateurs de *food-truck* ont l'habitude.

Oasis Ocean Club INTERNATIONAL **$$**
(☎314-334-88-22 ; www.oasisoceanclub.com ; Delfin 15 ; déj 90-200 $M, dîner 150-350 $M ; 11h-22h ; Ruta 1). À visiter au moins pour sa plage sur la baie de Santiago, idéale pour la baignade, ce bar-restaurant offre également d'excellents cocktails, une savoureuse cuisine internationale comportant des plats comme les *curricanes* (roulades de thon au crabe, à l'avocat et à la sauce ponzu) et une glace à tomber en dessert. Si vous venez en bus, il faudra marcher environ 1 km à partir du boulevard Miguel de la Madrid.

Mariscos El Delfín PRODUITS DE LA MER **$$**
(☎314-332-63-69 ; www.facebook.com/mariscos.e.manzanillo ; Av Niños Héroes s/n, 2e ét. ; plats 15-160 $M ; 10h30-18h mar-dim ;). Au-dessus du marché aux poissons, près du centre-ville, cet endroit offre une vue apaisante sur les bateaux qui ondulent et les pélicans en quête de pitance. Produits de la mer savoureux et sans prétention : l'espadon à la sauce au tamarin est la spécialité de la maison, mais les *tostadas* de marlin sont également excellentes.

El Fogón MEXICAIN **$$**
(☎314-333-30-94 ; fogonypalmas@outlook.com ; Blvd Miguel de la Madrid Km 9,5 ; plats 140-220 $M ; 13h-minuit ; ; Ruta 1). Sous un toit de tuiles, dans un décor rustique, ce restaurant de viande ouvert sur l'extérieur sert des steaks bien tendres cuits sur le gril et des tortillas fraîches préparées dans la hutte d'en face. Portions généreuses – même les chips de maïs sont servies avec une armada de sauces. Les tacos de porc et les *arracheras* (onglets de bœuf) sont chaudement recommandés.

♥ **Pacifica del Mar** FUSION **$$$**
(☎314-333-63-53 ; www.facebook.com/pacificadelmarzlo ; Del Mar 1506, Playa Las Brisas ; plats 195-265 $M ; 13h-23h ; P ; Ruta 1). Installez-vous dans le patio de ce restaurant ouvert de Playa Las Brisas (p. 568), un cocktail à la main, pour observer les allées et venues des énormes cargos. Grand choix de plats (steak d'Angus noir et sa sauce à la bière, pâtes maison, crevettes frites au *chipotle* servies sur une tortilla à l'hibiscus…). Le brunch-buffet dominical (novembre à avril) est un vrai succès.

Paco Pazzo ITALIEN **$$$**
(☎314-336-85-33 ; pocopazzofacturacion@gmail.com ; Marina Las Hadas s/n ; plats 120-280 $M ; 17h-minuit mar-dim ; ; Ruta 8). Dans la marina du *resort* de Las

Hadas, Paco Pazzo offre un cadre romantique au bord de l'eau. Pizzas à la pâte fine, pâtes, viandes ou poissons – les saveurs italiennes sont étonnamment authentiques. Goûtez le filet de poisson "siciliano" servi avec une sauce aux olives, câpres et vin blanc.

♥ **Hostal Olas Altas** BAR

(☎314-333-03-90 ; www.hostalolasaltas.com ; Blvd Miguel de la Madrid 15675 ; ⏲12h-2h30 ; 📶 ; 🚌Ruta 1). Ce bar de plage attaché à une auberge de jeunesse occupe une place centrale dans la communauté des musiciens, des artistes et des surfeurs de Manzanillo. Les compétitions de surf et les spectacles artistiques donnent occasionnellement une ambiance festive à la plage. Musique live les samedis soir. L'auberge de jeunesse est sympathique mais bruyante.

Renseignements

Secretaría de Turismo (☎314-333-22-77 ; www.visitcolima.mx ; Blvd Miguel de la Madrid 875A ; ⏲8h30-16h30 lun-ven). Sur le boulevard de front de mer principal, à mi-chemin entre le centre et la Península de Santiago. Quelques renseignements sur Manzanillo et l'État de Colima.

Depuis/vers Manzanillo

AVION

L'**aéroport international de Playa de Oro** (☎314-333-11-19 ; www.aeropuertosgap.com.mx ; Carretera Manzanillo-Barra de Navidad Km 42) se situe entre une longue plage de sable blanc isolée et des plantations de bananiers et cocotiers, 35 km au nord-ouest de la Zona Hotelera de Manzanillo. **Aeromar** (☎314-334-05-32, 800-237-66-27 ; www.aeromar.com.mx ; ⏲7h-20h lun-ven, 7h-13h sam, 12h-20h dim) et Aeroméxico assurent des liaisons directes avec Mexico.

BUS

Le **Central Camionera** (☎314-336-80-35 ; Obras Marítimas s/n ; 🚌Ruta 8) se trouve à 7 km au nord-ouest du centre-ville. Bien organisé, il fournit informations touristiques, téléphones, restaurants et consigne à bagages.

VOITURE ET MOTO

La location d'une voiture est recommandée pour explorer les plages de la Costalegre, au nord-ouest de l'aéroport de Manzanillo, et profiter au mieux de Manzanillo. Il y a plusieurs loueurs à l'aéroport ; certains ont également des agences en ville.

Alamo (☎314-333-24-30 ; www.alamo.com.mx ; Blvd Miguel de la Madrid 1570 ; ⏲8h-20h ; 🚌Ruta 1)

Budget (☎314-333-14-45 ; www.budget.com.mx ; Blvd Miguel de la Madrid Km 10 ; ⏲9h-14h et 16h-19h lun-ven, 9h-14h sam ; 🚌Ruta 1)

Sixt (☎314-333-31-91 ; www.sixt.com.mx ; aéroport international Playa de Oro ; ⏲7h-19h)

Thrifty (☎314-334-32-82 ; www.thrifty.com.mx ; aéroport international Playa de Oro ; ⏲7h-19h ; 🚌Ruta 1)

Comment circuler

BUS

Les bus locaux portant l'indication "Santiago", "Las Brisas" ou "Miramar" font le tour de la baie vers les villes de San Pedrito, Salahua, Santiago, Miramar et les plages en chemin. La ligne 8 va de Playa las Brisas (p. 568) au terminal de bus (ci-dessus), puis fait un circuit dans la Península de Santiago. Pour aller au terminal de bus ou à Playa Olas Altas (p. 568) depuis la vieille ville, prendre la ligne 2. Un ticket coûte 9 $M.

TAXI

Manzanillo ne manque pas de taxis, mais mettez-vous toujours d'accord avec le chauffeur sur le prix de la course avant de monter à bord. Depuis la gare routière (ci-dessus), comptez environ 50 $M pour rejoindre la place principale ou Playa Azul (p. 567), et 70 $M pour la Península de Santiago ou Playa Miramar (p. 568).

BUS AU DÉPART DE MANZANILLO

DESTINATION	PRIX ($M)	DURÉE (H)	FRÉQUENCE
Barra de Navidad	61-75	1-1 ½	fréquents
Colima	110-160	1 ½-2	ttes les 30 min
Guadalajara	440-525	5-6	fréquents
Lázaro Cárdenas	390-518	6-8 ½	8/jour
Mexico (Terminal Norte)	1 051-1 380	11 ½-12	4/jour
Puerto Vallarta	360-421	5-5 ½	fréquents
San Patricio-Melaque	66-90	1-1 ½	ttes les 30 min
Zihuatanejo	616-695	8-8 ½	3/jour (bus de nuit)

Côte du Michoacán

La route 200 suit la quasi-totalité de la côte de l'État du Michoacán (250 km), l'une des plus belles régions du Mexique. Cet itinéraire remarquable permet de longer des dizaines de plages vierges – vastes étendues de sable doré, minuscules criques rocheuses, plages à l'embouchure de rivières formant de paisibles estuaires peuplés d'une multitude d'oiseaux. Certaines plages, avec leur doux clapotis, se prêtent merveilleusement à la baignade ; d'autres sont idéales pour le surf. Beaucoup de plages sont inhabitées, mais quelques-unes accueillent des communautés, dont la plupart sont majoritairement *indígenas*. Manguiers, cocotiers et bananeraies égaient l'itinéraire avec, en toile de fond, les pics verdoyants de la Sierra Madre del Sur. Les panneaux le long de la route 200 indiquent les embranchements pour la plupart des plages dignes d'intérêt, notamment celle d'**Ixtapilla** (Km 180), **La Manzanillera** (Km 174), **Motín de Oro** (Km 167), **Zapote de Tizupán** (Km 103), **Pichilinguillo** (Km 95) et **Huahua** (Km 84).

Renseignements

DÉSAGRÉMENTS ET DANGERS

Au Michoacán, les 150 km de littoral entre Las Brisas et Caleta sont depuis longtemps contrôlés par les cartels : par la célèbre Familia d'abord, puis par les Caballeros Templarios ("Chevaliers templiers"). Les guerres entre cartels et les mesures gouvernementales ont fait voler en éclat ces organisations, mais leur principal commerce, lui, reste très actif.

Divers "groupes d'autodéfense", difficiles à cataloguer, y sont désormais en activité. Les problèmes sociaux (pauvreté, non-respect des droits des minorités *indígenas*, chômage, manque d'infrastructures) viennent s'ajouter à une criminalité persistante, à la production et au trafic de drogue, ainsi qu'à des conflits d'allégeance. Il n'y a ici ni police ni bases militaires, même si des patrouilles lourdement armées parcourent les routes.

Pour le visiteur, les conséquences sont assez négligeables dans les faits. Les barrages routiers qui se montent parfois pour protester contre la politique gouvernementale vous feront peut-être prendre un peu de retard, mais les grands cartels n'ont jamais toléré le vol ou les violences envers les touristes, et la région demeure relativement sûre. Toutefois, les locaux recommandent fortement de ne pas conduire la nuit le long de cet axe et le stop est à proscrire.

San Juan de Alima

313 / 291 HABITANTS

À 20 km à l'intérieur des terres, San Juan de Alima (embranchement de la route 200, Km 211), est une charmante bourgade aux rues pavées, avec une plage calme, appréciée des surfeurs pour son *beach break*. La ville compte plusieurs restaurants de plage et des hôtels modernes.

Où se loger et se restaurer

Hotel Restaurant Parador HÔTEL $

(313-327-90-38 ; www.facebook.com/elhotelparador ; Blvd San Juan de Alima Oriente 1 ; s/d 600/750 $M ;). Cet hôtel propose différents types de chambres, les meilleures étant équipées de la clim et de balcons avec vue. Son populaire restaurant domine l'océan et possède une terrasse ombragée par les palmiers.

Hotel Hacienda Trinidad HÔTEL $$$

(313-327-92-00 ; www.haciendatrinidad.com.mx ; Blvd San Juan s/n ; d 2110 $M ;). L'adresse la plus huppée en ville propose des chambres très convenables, une charmante piscine entourée de végétation luxuriante et l'un des meilleurs restaurants des environs. À la haute saison (juillet, août et décembre), les prix sont excessifs, mais vous pouvez obtenir de bons tarifs le reste de l'année.

Depuis/vers San Juan de Alima

Les bus (56 $M, 1 heure) qui partent toutes les 2 heures du terminal de bus de Tecomán vous déposeront à l'entrée de la ville sur la route 200.

Barra de Nexpa

753 / 102 HABITANTS

Au Km 55,6, au nord du Puente Nexpa et à 1 km de la route 200 par une route pavée inégale, se trouve la paisible localité de Nexpa, balayée par les embruns. C'est depuis longtemps un repaire de surfeurs, qu'elle attire par sa barre de sable et sa longue gauche déferlant à l'embouchure du fleuve, qui peut atteindre près de 4 m (*double overhead*). Ici, les *rides* peuvent faire 500 m, voire plus. Pas de DAB en ville : prévoyez des espèces.

VAUT LE DÉTOUR

PLAYA MARUATA

Eaux turquoise limpides et sable doré : Playa Maruata (route 200 Km 150) est la plus belle du Michoacán. Ce village de pêcheurs nahuas attire les amateurs de plage d'un peu partout, et il y fait bon paresser en amoureux ou avec une pile de livres. Playa Maruata est par ailleurs un important site de ponte pour les tortues vertes (la nuit, de juillet à décembre).

Le village compte en fait 3 plages, chacune ayant son propre cachet. Celle de gauche (à l'est) est la plus longue, avec 3 km de sable blond et de vagues tranquilles, idéales pour la baignade et le snorkeling. Au milieu, la petite plage en arc de cercle convient aux bons nageurs. Elle est abritée par une pointe rocheuse qu'on peut escalader, criblée de grottes, de tunnels et de puits ; en face, l'étonnant **Dedo de Dios** (Doigt de Dieu) se dresse dans la mer. La dernière plage à droite (à l'ouest) est appelée **Playa de los Muertos** (plage des Morts) en raison de ses courants dangereux et de ses vagues puissantes. À marée basse, vous pourrez escalader les rochers à l'extrémité droite de Playa de los Muertos pour rejoindre une crique isolée où le naturisme discret est toléré. Prenez garde à ne pas vous faire surprendre par la marée. Une grande croix se dresse dans les rochers à la mémoire des malheureux qui se sont noyés dans l'océan.

Bien que certains projets d'infrastructure aient été récemment réalisés dans le centre de Maruata, ce dernier reste un *pueblo* (village) très pauvre. Vous trouverez des boutiques et des restaurants sans prétention autour de la place à moitié délabrée. Les *enramadas* (restaurants ouverts et couverts par un toit de chaume) sur la plage de gauche servent des produits de la mer très frais et sont aussi la meilleure option pour les campeurs (la plupart demandent une participation de 50 $M/pers pour planter une tente ou pour la location d'un hamac). Vous trouverez aussi des *cabañas* rustiques pour 300 à 400 $M, mais les meilleurs hébergements se trouvent au **Centro Ecoturístico Ayutl Maruata** (☎ portable 555-1505110 ; nuestrodestino.jimdo.com/ecoturismo-en-michoacán/centro-ecoturístico-ayult-maruata ; d/tr/qua 600/750/1 000 $M, hamac 100 $M ; P ⊜ 📶) 🍃.

Les bus au départ de Manzanillo et en direction de Lázaro Cárdenas vous déposeront à l'entrée de la ville sur la route 200. De là, il ne vous restera pas grand-chose à parcourir à pied.

Où se loger et se restaurer

Cabañas Alba CABAÑAS $

(☎ portable 753-1185082 ; www.hospedajesalba.com ; Barra de Nexpa ; d/qua 500/700 $M ; P ⊜). Les cabanes rustiques à un étage (certaines accueillent jusqu'à 6 personnes) vous feront vous sentir comme chez vous avec leurs cuisines équipées, terrasses et balcons donnant sur l'océan. Restaurant ouvert pendant la haute saison et *temascal* (bain de vapeur maya, idéal pour éliminer les toxines dues aux excès). Pas de clim ni de Wi-Fi.

Chicho's INTERNATIONAL $

(☎ portable 753-1184203 ; chichosnexpa@hotmail.com ; Barra de Nexpa ; petit-déj 60-70 $M, déj et dîner 80-150 $M ; ⏲ 9h-21h ; P). Parmi les quelques *palapas* sur la plage, cette gargote familiale est un excellent choix : énormes smoothies au petit-déjeuner, pancakes, généreuses assiettes de crevettes et hamburgers, à savourer en admirant le spectacle des surfeurs taquinant la vague.

Depuis/vers Barra de Nexpa

Les bus de la compagnie Sur de Jalisco (87 $M, 1 heure 30) partent du terminal de bus de Galeana à Lázaro Cárdenas 5 fois par jour.

Caleta de Campos

☎ 753 / 2 580 HABITANTS

Perchée sur un promontoire au-dessus de la baie bleu azur, la petite ville de Caleta (Km 50 sur la route 200), aussi appelée Bahía Bufadero, attire principalement des surfeurs. Toutefois, son atmosphère villageoise vaut le détour même pour ceux qui ne fendent pas les vagues.

Vous y trouverez les services de base (pas de DAB toutefois), une boutique de surf, une crique protégée adaptée aux surfeurs débutants et plusieurs hôtels dans le centre.

Où se loger

Partour Caleta PENSION $$

(☎portable 753-1141111 ; www.partourcaleta.com ; route 200 Km 51 ; d 1 500 $M, ste 2 200-2 500 $M ; P). Cet établissement sur une falaise offre une vue époustouflante sur la plage sauvage et les palmiers qui dansent au vent. Il propose des hébergements confortables avec vue sur l'océan, sol en tomettes et TV câblée agencés autour d'un bar à toit de chaume et d'un espace de relaxation. La meilleure suite dispose d'une cuisine, d'une salle à manger et d'une terrasse avec Jacuzzi. Les escaliers mènent à une plage rocheuse. Sur la route, à 1 km au nord de la ville.

Depuis/vers Caleta de Campos

Les bus de la compagnie Sur de Jalisco (80 $M, 1 heure 15) partent de la **gare routière Galeana** à Lázaro Cárdenas 5 fois par jour. Des *colectivos* démarrent toutes les heures de la place principale de Caleta pour Lázaro Cárdenas (68 $M, 1 heure 15) entre 6h30 et 20h. Un taxi entre Caleta de Campos et Barra de Nexpa coûte 70 $M.

Lázaro Cárdenas

☎753 / 79 200 HABITANTS

Ce port industriel n'a guère d'intérêt pour les voyageurs, sinon pour ses nombreuses correspondances de bus. Malgré quantité de services utiles, rien ne justifie qu'on y passe la nuit.

Depuis/vers Lázaro Cárdenas

Il existe plusieurs gares routières à Lázaro, séparées par quelques rues. Depuis la **gare routière principale** (Galeana ; ☎753-532-30-06 ; Av Lázaro Cárdenas 1810), diverses compagnies assurent des liaisons vers Manzanillo, Uruapan, Morelia, Colima, Caleta de Campos, Barra de Nexpa, Guadalajara et Mexico.

La compagnie **Estrella Blanca** (☎753-532-11-71 ; www.estrellablanca.com.mx ; Francisco Villa 65) dessert des localités comme Puerto Vallarta, Mazatlán et des villes plus au nord comme Tijuana. La **gare routière Estrella de Oro** (☎753-532-02-75 ; www.estrelladeoro.com.mx ; Corregidora 318) est située à une rue au nord et deux rues à l'ouest d'Estrella Blanca. Elle dessert Zihuatanejo, Acapulco, Manzanillo et Mexico.

Troncones

☎755 / 698 HABITANTS

Tout récemment encore, Troncones était un village de paysans et de pêcheurs pauvre. Aujourd'hui, les villas d'expatriés et les B&B ont fleuri sur le front de mer. Plages de rêve, atmosphère décontractée et spots de surf de premier ordre : Troncones ne manque effectivement pas d'atouts – un endroit merveilleux pour se détendre quelques jours.

La ville se situe à 25 km au nord-ouest d'Ixtapa, à 3 km de la route 200 par une piste goudronnée. Celle-ci se termine à un carrefour en T sur la route du front de mer qui, vers le nord-ouest, rejoint **Majahua**, à 4,5 km, via Troncones Point et Manzanillo Bay. La majorité des hôtels et des restaurants se trouvent sur cette route.

Majahua est un village de pêcheurs traditionnel comptant une poignée d'*enramadas* (restaurants ouverts avec toits de chaume) et une agréable plage aux jolis coquillages. De là, une route de terre (difficilement praticable en saison humide) rejoint la route 200.

Activités

La crique abritée de Playa Manzanillo se prête idéalement à la baignade et, par temps calme, au snorkeling. La randonnée équestre compte de nombreux adeptes dans la région, et des habitants sillonnent la plage avec leurs chevaux pour proposer

BUS AU DÉPART DE LÁZARO CÁRDENAS

DESTINATION	PRIX ($M)	DURÉE (H)	FRÉQUENCE
Acapulco	235-329	6-7	fréquents
Guadalajara	596-650	8-10	6/jour
Manzanillo	390-560	7	1/heure
Mexico	708-788	8-11	6/jour
Morelia	530-563	4-5	fréquents
Uruapan	330-380	3-4	fréquents
Zihuatanejo	71-118	1½-2	fréquents

leurs services. Les auberges locales peuvent organiser des sorties vélos, pêche et spéléologie dans le réseau de grottes calcaires près de Majahua.

Prime Surfboards SURF
(☎755-1030005, portable 755-114-35-04 ; www.primesurfboards.com.mx ; Av de la Playa s/n ; cours de surf 60 $US, location de planche 25 $US/jour ; ⏲7h-20h). Juste au nord du carrefour en T, le surfeur Bruce Grimes propose des cours de 2 heures et un service de réparation et de location de planches. Il crée aussi des planches personnalisées.

Inn at Manzanillo Bay KAYAK, VÉLO
(☎755-553-28-84 ; www.manzanillobay.com ; Av de la Playa s/n, Playa Manzanillo ; planche de surf et vélo/kayak et paddle 25/40 $US par jour). Près de Troncones Point, cet hôtel loue un excellent choix de planches de surf, longboards, vélos, paddles et kayaks.

Circuits organisés

Costa Nativa Ecotours ÉCOTOURISME
(☎portable 755-1007499 ; www.tronconesecotours.com ; Av de la Playa s/n ; kayak/randonnée/paddle 42/45/45 $US ; ⏲bureau 9h-16h lun-sam oct-mai). Cette agence propose des circuits à faible impact environnemental, tels qu'une excursion de 3 heures en kayak permettant d'observer la nature, des randonnées guidées avec baignade dans une piscine naturelle ou encore des sorties en paddle.

Où se loger

Les hébergements ne manquent pas, la plupart étant concentrés dans la rue principale de Troncones, face à la mer. En haute saison (novembre-avril), la réservation est vivement conseillée, d'autant que certaines adresses imposent un séjour de plusieurs nuitées. En basse saison, les prix peuvent baisser de 25 à 50%, mais attention, certains hébergements ferment l'été.

♥ Troncones Point Hostel AUBERGE DE JEUNESSE $
(☎755-553-28-86 ; www.tronconespointhostel.com ; Lote 49, Manzana 15, Troncones Point, sur Av de la Playa ; dort 19-21 $US, tentes 29 $US, ch 85 $US ; P). Bien située pour aller surfer la vague de Troncones Point, cette adresse originale respecte l'environnement. Les beaux bâtiments abritent des dortoirs un peu exigus, mais accueillants avec lits en bambou, des tentes "de luxe" et un étonnant duplex à deux entrées. Tous se partagent un superbe salon-cuisine avec vue sur la mer. Location de planches de surf.

♥ Casa Delfín Sonriente B&B $$
(☎755-553-28-03 ; www.casadelfinsonriente.com ; Av de la Playa s/n ; ch/ste avec petit-déj 85/119 $US ;). Avec ses hôtes accueillants et son ambiance très détendue, ce B&B est une adresse de choix, à 1 km du carrefour en T. Demandez l'une des magnifiques suites à l'étage, avec lits suspendus, cuisine tout équipée, aucune porte (un casier permet de garder vos objets de valeur), et patio partagé sur le toit – la vue sur le Pacifique y est incroyable. Une cuisine est accessible aux clients, et le personnel peut venir préparer vos repas.

Hotel Playa Troncones HÔTEL $$
(☎755-103-00-79 ; hotelplayatroncones@hotmail.com ; Av de la Playa s/n ; d 1 000 $M ; P). Jouissant d'un emplacement pratique en centre-ville et proposant des tarifs raisonnables pour Troncones (en particulier hors saison), cet hôtel loue des chambres sans prétention avec clim, lits confortables, salles de bains impeccables décorées de galets et vue sur l'océan depuis l'étage. Les enfants apprécieront la petite piscine.

Los Raqueros B&B $$$
(☎755-553-28-02 ; www.raqueros.com ; Av de la Playa s/n ; d avec petit-déj 95-125 $US ; P). Un des meilleurs rapports qualité/prix sur le joli front de mer de Playa Manzanillo. Ce B&B bien tenu est idéal pour se relaxer et profiter du calme au milieu de son sable fin et de ses jardins soignés. Certaines chambres ont une vue charmante sur la baie. Les bungalows, adaptés aux familles (jusqu'à 4 personnes), sont équipés de cuisine en plein air. À 3 km au nord de l'intersection en T.

Inn at Manzanillo Bay HÔTEL $$$
(☎755-553-28-84 ; www.manzanillobay.com ; Av de la Playa s/n, Playa Manzanillo ; ste 183-204 $US ; P). Idéalement placé sur la plus jolie plage de Troncones, cet hôtel propose des bungalows haut de gamme au toit de chaume, équipés de lits *king size*, éviers en marbre faits à la main et douches de pluie. Les terrasses avec hamacs ont vue sur la piscine. Restaurant-bar prisé, boutique de surf, location de vélos et accès facile au spot de Troncones.

Où se restaurer

Toro del Mar PRODUITS DE LA MER $$

(portable 755-1083074 ; Av de la Playa s/n, Playa Majahua ; plats 90-180 $M ; 9h-21h). Situé à l'extrémité sud de la plage de Majahua, ce restaurant de bord de mer rustique, typique des petits villages de pêcheurs, sert une délicieuse cuisine à base de produits de la mer. Laissez-vous tenter par le vivaneau campêche grillé ou les crevettes à la noix de coco servies avec plantain frit, riz et légumes.

Chenchos MEXICAIN $$

(755-103-00-61 ; Av de la Playa s/n ; 95-175 $M ; 11h-21h ;). Ce petit restaurant, tenu par une famille et plébiscité par les locaux, se trouve à un pâté de maisons de la mer : vous devrez vous contenter du sable à vos pieds et de la petite brise marine. On y sert une savoureuse cuisine mexicaine maison, notamment des enchiladas de crevettes ou des *chiles rellenos* (piments farcis).

Café Pacífico CAFÉ $$

(755-101-73-72 ; www.facebook.com/cafe-pacificotroncones ; Av de la Playa s/n ; plats 70-160 $M ; 8h-16h déc-août ;). Un endroit agréable, moderne, qui prépare un café plus que correct et des jus de fruits succulents. Service souriant et, à l'extérieur, tables agréables à l'ombre, où déguster des omelettes originales au petit-déjeuner, des sandwichs et divers plats bien exécutés.

Roberto's Bistro ARGENTIN $$$

(755-103-00-19 ; www.robertosbistro.com ; Av de la Playa s/n ; plats 120-270 $M ; 8h-22h ;). Les vagues déferlantes et le barbecue crépitant servent de bande-son à ce restaurant-grill, à 1 km au sud du carrefour en T. Des hors-d'œuvre au chorizo à la *parrillada argentina* (steak américain, faux-filet et autres pièces de viande), Roberto's est un paradis pour amateurs de viande, même si des produits de la mer sont également au menu. En haute saison, soirée salsa le samedi. Le fils du propriétaire gère une petite réserve abritant des tortues près du restaurant. Chaque année, près de 15 000 petits en sortent.

Jardín del Edén FUSION $$$

(755-103-01-04 ; www.jardindeleden.com.mx ; Av de la Playa s/n ; plats 140-240 $M ; 8h-22h nov-avr ;). La cuisine fusion du cuisinier français conjugue ici les traditions culinaires méditerranéenne et mexicaine. Au dîner, les plats du jour comme la pizza, les raviolis aux fruits de mer et le *cochinita pibil* (porc rôti doucement à la mode du Yucatán) sont cuits au four à bois ou sur le gril. Au nord de Troncones Point. Ne ratez pas les groupes de salsa du vendredi soir.

Comment s'y rendre et circuler

Depuis Zihuatanejo, prenez un bus direction La Unión (33 $M, 30 min) depuis la gare routière de Petatlán (p. 587) – il vous déposera à l'embranchement. De là, marchez jusqu'à un arrêt où des navettes (15 $M, 5 min) pour Troncones passent toutes les 30 minutes environ jusqu'à 19h. Certaines vont jusqu'au village de pêcheurs de Majahua, au nord de Troncones. Quelques bus 2e classe se dirigeant vers le nord-ouest et Morelia ou Lázaro Cárdenas vous déposeront aussi à l'embranchement.

Les **taxis** (755-553-28-68 ; Av de la Playa s/n ; 8h-20h) de Troncones couvrent les environs (100 $M pour Playa Majahua), l'aéroport (p. 587 ; 800 $M) et Zihuatanejo (500 $M). **Victor's Taxi Service** (755-553-28-08, portable 755-1110580 ; carayala2010@hotmail.com ; Av de la Playa s/n) assure un service fiable avec véhicule climatisé.

Ixtapa

755 / 8 698 HABITANTS

Ixtapa, dans l'État du Guerrero, n'était qu'une vaste plantation de cocotiers à la fin des années 1970, lorsque la Fonatur (l'agence mexicaine de développement du tourisme) décida que la côte pacifique devait, elle aussi, avoir son Cancún. Les promoteurs arrivèrent, et avec eux, d'immenses tours. Résultat : une jolie plage bordée d'un chapelet d'immenses hôtels, mais pas vraiment de vie locale. Ixtapa est surtout appréciée des familles à la recherche d'une escapade balnéaire en formule tout compris, ou de ceux qui préfèrent le confort des chaînes hôtelières. Elle a l'avantage d'être toute proche de Zihuatanejo – dont elle est même une banlieue – et de son ambiance plus authentiquement mexicaine.

À voir

Playa el Palmar PLAGE

La plage de sable blond la plus longue (2,5 km) et la plus profonde d'Ixtapa est envahie de clubs de parachute ascensionnel et de jet-skis. À la saison sèche, l'eau prend des nuances aigue-marine qui rendent la baignade plus irrésistible encore. Attention toutefois, car lorsqu'il y a de la houle, les grandes vagues s'écrasent rapidement et le courant sous-marin est puissant. Peu d'accès publics à la plage, tant les grands complexes hôteliers sont collés les uns aux autres, mais l'on peut toujours couper par la réception d'un hôtel au besoin.

Playa Escolleras PLAGE
Située dans le prolongement ouest de Playa el Palmar, près de l'entrée de la marina, Playa Escolleras propose d'honnêtes *breaks* de surf.

Cocodrilario FAUNE
(Playa Linda ; 24h/24). GRATUIT Playa Linda possède un petit Cocodrilario (réserve de crocodiles), qui abrite aussi de gros iguanes et plusieurs espèces d'oiseaux. Vous pourrez observer les sauriens en toute sécurité depuis la plateforme en bois grillagée, près de l'arrêt de bus, qui s'étend en direction du port.

Isla Ixtapa ÎLE
(Bateau aller-retour 50 $M, location kit snorkeling 150 $M). Une magnifique oasis dans la jungle de béton d'Ixtapa, dont les eaux turquoise, cristallines et calmes sont parfaites pour le snorkeling (location d'équipement possible). **Playa Corales**, à l'arrière de l'île, est la plage la plus jolie et la plus tranquille, avec du sable blanc et un récif corallien. Les restaurants de produits de la mer au toit de chaume (*enramadas*) et les petits instituts de massage ne manquent pas sur l'île, envahie par les touristes en haute saison. Des bateaux la desservent fréquemment depuis l'embarcadère de **Playa Linda**.

Activités

On pédale allègrement et aisément sur la *ciclopista* (piste cyclable) de 15 km qui s'étend de Playa Linda, au nord d'Ixtapa, pratiquement jusqu'à Zihuatanejo. Vous pouvez louer votre vélo chez Adventours.

Mero Adventure PLONGÉE
(portable 755-1019672 ; www.meroadventure.com ; Blvd Paseo Ixtapa s/n, Hotel Pacífica ; plongée simple/double 65/90 $US ; 9h-17h lun-sam). Mero Adventure propose des sorties plongée, snorkeling, kayak et pêche.

Catcha L'Ola Surf SURF
(755-553-13-84 ; www.ixtapasurf.com ; Centro Comercial Kiosco 12, Plaza Zócalo ; location planche 20/100 $US par jour/sem, cours de 3 heures 50 $US ; 9h-19h lun-sam, 12h-17h dim). Vous trouverez ici tout ce dont vous avez besoin – réparations, locations, cours et excursions de surf. Juste à côté du restaurant bien indiqué **Nueva Zelanda** (755-553-08-38 ; www.restaurantsnapshot.com/nuevazelanda ; Plaza Zócalo s/n ; petit-déj 61-85 $M, déj et dîner 125-210 $M ; 8h-22h ;).

Circuits organisés

Adventours AVENTURE
(755-553-35-84 ; www.ixtapa-adventours.com ; Blvd Paseo Ixtapa s/n ; circuits 1 180-1 580 $M, location vélo par heure/jour 60/250 $M ; 8h-18h). Face au Park Roya Hôtel, cet opérateur propose des circuits vélo, kayak, snorkeling et observation des oiseaux autour d'Ixtapa et Zihuatanejo.

Où se loger

Les quelques hébergements bon marché se trouvent en retrait du bord de mer et de la zone touristique. Les hôtels qui bordent le front de mer sont généralement haut de gamme, et il vaut mieux les réserver en formule tout compris ou via leurs sites Internet. Certains n'ont reçu qu'un vague coup de peinture depuis leur inauguration dans les années 1970. Tous les hôtels d'Ixtapa ont le Wi-Fi.

Hotel Suites Ixtapa Plaza HÔTEL **$$**
(755-553-13-70 ; www.hotelsuitesixtapaplaza.com ; Blvd Paseo Ixtapa s/n, Centro Comercial Ixtapa ; ch 1 200-1 600 $M, ste à partir de 1 700 $M ; P @). Cet établissement plutôt petit change agréablement des énormes *resorts*. La piscine sur le toit offre une belle vue sur Ixtapa. Les hébergements vont des chambres basiques et supérieures aux suites avec terrasses privatives. À noter : de certaines chambres, on entend le bruit des bars et discothèques.

Casa Candiles B&B **$$$**
(portable 755-1012744 ; www.casacandiles.com ; Paseo de las Golondrinas 65 ; ch avec petit-déj 160-172 $US ;). Bien plus séduisant que les vastes *resorts*, ce paradis intimiste est à 500 m de la plage, dans une rue résidentielle calme : 3 chambres élégantes et douillettes décorées individuellement (l'une avec des masques balinais), une jolie piscine et un jardin vous y attendent, le tout adossé à la jungle où vous pouvez observer des oiseaux et des animaux depuis un sentier. Accueil chaleureux.

Où se restaurer et prendre un verre

Quelques grands hôtels possèdent bars et clubs. En basse saison, la plupart sont moins chers et ouvrent moins souvent.

La Raiz de la Tierra VÉGÉTALIEN **$$**
(☎755-553-15-03 ; www.laraizdelatierra.com ; Plaza Zócalo s/n ; plats 55-145 $M ; ⏲8h-22h ; 🖉). Dans ce café végétalien tenu par Rodrigo Sánchez, musicien du duo de guitare flamenco-metal Rodrigo Y Gabriela, on propose aussi des disques et des livres à l'achat, des cours de guitare et de salsa. Le menu propose jus pressés à froid, *tacos al pastor* végétaliens (champignons marinés servis sur une tortilla de maïs bio) et autres délices.

Lili Cipriani PRODUITS DE LA MER **$$**
(☎portable 755-1200404 ; lili.cipriani@hotmail.com ; Playa Coral s/n, Isla Ixtapa ; plats 150-250 $M ; ⏲9h-17h). Marchez jusqu'à Playa Coral au sud d'Isla Ixtapa pour vous régaler d'un savoureux *pescado a las brasas* (poisson grillé) servi dans cette *palapa* de bord de mer. Le poisson entier est servi avec des tortillas maison, du piment habanero relevé et une sauce *chile de arbol* (sauce au piment oiseau). Des lapins sauvages ratissent le sable à la recherche des miettes laissées par les clients. On peut aussi faire du snorkeling sur place. Les bateaux pour Isla Ixtapa partent de Playa Linda.

Bistro Soleiado INTERNATIONAL, PRODUITS DE LA MER **$$**
(☎755-553-04-20 ; www.facebook.com/bistrosoleiadoixtapa ; Blvd Paseo Ixtapa s/n ; plats 155-255 $M ; ⏲8h-23h ; 📶). Face à l'hôtel Park Royal, ce restaurant ouvert sur l'avant propose une longue carte de plats internationaux, mais il est surtout réputé pour ses délicieux fruits de mer et ses poissons, superbement accommodés. Très bons petits-déjeuners.

Cuattro Café CAFÉ
(☎755-553-01-80 ; www.cuattrocafe.com ; Blvd Paseo Ixtapa s/n, Plaza Comercial Rafaello ; ⏲8h-22h30 jeu-mar). L'une des meilleures adresses pour boire un café corsé. S'il vous faut quelque chose de plus fort encore, l'adresse originelle à Zihuatanejo (Altamirano 19) sert des cocktails.

Christine CLUB
(☎755-553-04-56 ; Blvd Paseo Ixtapa 4, Hotel Krystal ; ⏲23h-4h ven-sam ; 📶). L'une des discothèques les plus populaires de la ville avec la sono, les spots et les lumières éclatantes qui vont avec. Prix d'entrée variable – en haute saison, il est très élevé, mais comprend les boissons illimitées.

Renseignements

Office du tourisme (☎755-555-07-00, poste 224 ; www.ixtapa-zihuatanejo.com ; Blvd Paseo Ixtapa s/n ; ⏲10h-16h). Dans un petit kiosque, juste en face de l'Holiday Inn.

Depuis/vers Ixtapa

Des taxis privés (460 $M) font la liaison entre l'aéroport (p. 587) et Ixtapa. Les navettes, elles, font plusieurs arrêts et demandent 135 $M par passager. Le trajet inverse en taxi privé (Ixtapa-aéroport) coûte entre 280 et 340 $M. Une course en taxi entre Ixtapa et Zihuatanejo coûte de 75 à 105 $M.

Vous trouverez des agences de location de véhicules à l'aéroport et à l'hôtel **Barceló Ixtapa** (☎755-553-71-47 ; www.alamo.com.mx ; Blvd Paseo Ixtapa s/n ; ⏲9h-19h lun-sam).

Il existe des billetteries de bus, mais très peu de bus longue distance passent par ici ; pour la plupart des destinations, il faut aller à Zihuatanejo.

Des bus locaux circulent fréquemment entre Ixtapa et Zihuatanejo de 5h30 à 23h (15 min, 12 $M). À Ixtapa, des bus s'arrêtent le long de la rue principale devant tous les hôtels. À Zihuatanejo, les bus empruntent Morelos. Beaucoup de bus vers Ixtapa continuent jusqu'à Playa Linda (14 $M).

Zihuatanejo

☎755 / 118 211 HABITANTS

Avec ses plages séduisantes, ses habitants chaleureux et son ambiance décontractée, Zihuatanejo ou "Zihua", pour les intimes, a tout d'un petit paradis au bord du Pacifique. Jusque dans les années 1970, c'était un village de pêcheurs endormi, mais avec la construction de sa voisine Ixtapa, Zihua fit exploser son activité touristique et sa population.

Certains quartiers sont très touristiques, surtout lorsque des navires de croisière accostent, et les hôtels de luxe remplacent progressivement les pensions de famille, mais Zihua a conservé l'essentiel de son charme, immortalisé dans la scène finale du film *Les Évadés* avec Morgan Freeman et Tim Robbins. Les ruelles pavées du centre-ville sont bordées d'excellents restaurants, bars, boutiques et ateliers d'artisanat. Les pêcheurs se retrouvent toujours chaque matin sur la plage, près du Paseo del Pescador (promenade du Pêcheur), pour vendre leurs prises du jour. Le soir, amoureux et familles déambulent sur la promenade du bord de mer.

À voir

Museo Arqueológico de la Costa Grande MUSÉE
(Musée archéologique de la Costa Grande ; ☎755-554-75-52 ; museoarqueologico2@hotmail.com ; angle Plaza Olof Palme et Paseo del Pescador ; 10 $M ; ⏰10h-18h mar-dim). Ce petit musée de 6 salles expose des collections sur l'histoire, l'archéologie et la culture du littoral du Guerrero. Explications généralement en espagnol, mais un dépliant gratuit en anglais est disponible.

Plages

Les vagues qui lèchent les plages de Bahía de Zihuatanejo sont inoffensives : pour les gros rouleaux océaniques, mettez le cap à l'ouest sur Ixtapa ou vers Playa Larga au sud. L'eau de la baie, surtout autour des plages centrales, n'est pas toujours propre.

Playa Municipal, en centre-ville, est pratique si votre hôtel se trouve dans les environs, mais vous trouverez des plages aux eaux bien plus propres ailleurs dans la baie. En marchant 5 minutes vers l'est le long de la promenade en bois, vous atteindrez **Playa Madera** (🚌Playa La Ropa), réputée pour ses eaux peu profondes propices à la baignade.

De Playa Madera, derrière une colline escarpée, vous trouverez la grande **Playa La Ropa** (plage des vêtements ; 🚌Playa La Ropa), idéale pour la baignade et le ski nautique. On y accède après une marche de 20 minutes le long d'une superbe route qui offre une vue spectaculaire sur l'océan. Certains des meilleurs hôtels et restaurants de la ville sont installés ici.

De l'autre côté de la baie, la plage protégée **Playa Las Gatas** (plage des chats ; aller-retour en bateau 50 $M) est très fréquentée pendant les vacances des Mexicains (juillet-août) et en hiver. Quand elle est désertée, elle se prête parfaitement au snorkeling. Les bateaux pour Las Gatas partent de la jetée principale de Zihuatanejo.

Si vous cherchez de belles vagues à fendre ou que vous voulez vous promener à cheval au bord de l'eau, mettez le cap sur Playa Larga, à environ 12 km au sud du centre-ville. Prenez un *combi* indiquant "Coacoyul" (p. 587) à l'angle de Juárez et Gonzalez. Il vous arrêtera à l'intersection pour la plage de Playa Larga. De là, vous devrez prendre un autre *combi* pour atteindre la bande de sable.

Près de Playa Larga, la reculée **Playa Manzanillo** offre l'un des meilleurs spots de snorkeling des environs, avec moins de visiteurs que la très populaire Playa Las Gatas. On y accède par bateau.

Activités

Pêche sportive

L'espadon voilier se pêche toute l'année ; parmi les poissons saisonniers figurent marlin bleu ou noir (mars à mai), poisson-coq (septembre-octobre), thon banane (octobre), mahi-mahi (novembre-décembre) et maquereau espagnol (décembre). Les tarifs pour les sorties de pêche hauturière, qui durent jusqu'à 7 heures, débutent à 3 600 $M (bateau embarquant 4 pers au maximum, équipement généralement compris).

Sociedad Cooperativa José Azueta PÊCHE, BATEAU
(☎755-554-20-56 ; sociedadcooperativateniente-joseazueta.com ; Muelle Municipal ; aller-retour Playa Las Gatas 50 $M, pêche en eau profonde 3 600 $M ; ⏰bureau 8h-18h). Propose des sorties de pêche d'une journée et le transport en bateau vers Playa Las Gatas. Le bureau se trouve au pied de la jetée.

Sociedad de Servicios Turísticos Triángulo del Sol PÊCHE
(☎755-554-37-58 ; cooptriangulodelsol@hotmail.com ; Paseo del Pescador 38B, près du Muelle Municipal ; pêche 200-350 $US, snorkeling 160 $US/bateau ; ⏰bureau 9h-16h). En plus de petits et de grands bateaux de pêche, cette agence propose des sorties snorkeling à Playa Manzanillo, avec escale à Playa Las Gatas, et des visites de la baie.

Sports nautiques

Playa Las Gatas se prête plus encore au snorkeling que Playa Manzanillo. La faune marine abonde en raison de la convergence des courants, et la visibilité peut aller jusqu'à 35 m entre novembre et mai. Vous apercevrez des baleines à bosse en pleine migration (de décembre à début mars).

Dive Zihua PLONGÉE
(☎portable 755-1023738 ; www.divezihuatanejo.com ; Ascensio 7 ; plongée à 2 bouteilles 90 $US, sortie snorkeling 35 $US ; ⏰9h30-18h30

Zihuatanejo

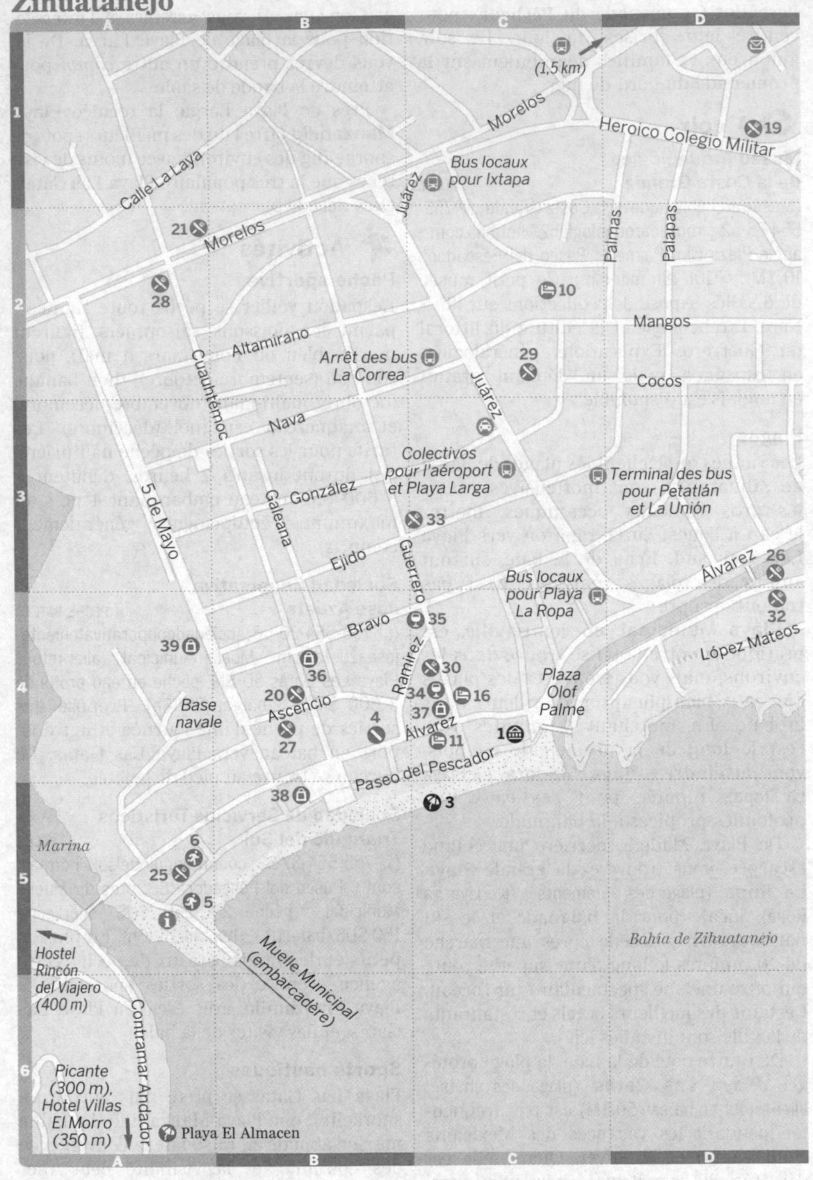

lun-sam). Bel éventail de sorties plongée, snorkeling, cours de photo sous-marine et préparations aux brevets PADI. De décembre à mars, l'agence organise aussi des sorties d'observation des baleines à bosse animées par un biologiste.

Carlo Scuba PLONGÉE
(☎portable 755-5546003 ; www.carloscuba.com ; Playa Las Gatas ; plongée simple/double 65/90 $US ; ⊙8h-18h). Ce club familial propose des sorties de plongée et de snorkeling, des cours et des brevets PADI. Les prix incluent

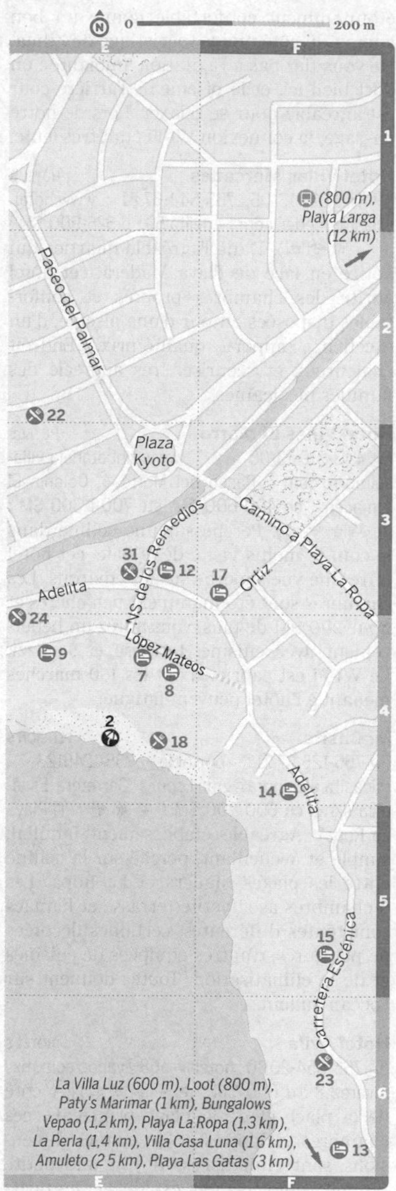

Zihuatanejo

À voir

1	Museo Arqueológico de la Costa Grande	C4
2	Playa Madera	E4
3	Playa Municipal	C5

Activités

4	Dive Zihua	B4
	Patio Mexica Cooking School	(voir 31)
5	Sociedad Cooperativa José Azueta	A5
6	Sociedad de Servicios Turísticos Triángulo del Sol	A5

Où se loger

7	Arena Suites	E4
8	Aura del Mar	E4
9	Bungalows La Madera	E4
10	Casa de la Palma	C2
11	Hotel Ávila	C4
12	Hotel Villas Mercedes	E3
13	La Casa Que Canta	F6
14	La Quinta de Don Andres	F4
15	Mi Casita	F5
16	Posada Citlali	C4
17	Villas Naomi	F3

Où se restaurer

18	Bistro del Mar	E4
19	Carmelitas	D1
20	Chez Leo	B4
21	El Gabo	A2
22	Fonda Doña Licha	E2
23	Il Mare	F6
24	La Gula	E4
25	La Sirena Gorda	A5
26	Las Adelitas	D3
27	Mariscos Chendo's	B4
28	Marisquería Yolanda	A2
29	Mercado Municipal	C2
30	Panadería El Buen Gusto	C4
31	Patio Mexica	E3
32	Restaurant El Arrayan	D4
33	Restaurantes Mexicanos Any	C3
	Rufo's Grill	(voir 31)

Où prendre un verre et faire la fête

34	Andy's Bar	C4
	Malagua	(voir 6)
35	Temptation	C4

Achats

36	Alberto's	B4
37	Café Caracol	C4
	El Embarcadero	(voir 38)
38	El Jumil	B5
39	Mercado de Artesanías	A4

l'acheminement depuis/vers l'embarcadère (Muelle Municipal) de Zihuatanejo.

Yoga

Paty's Yoga Studio YOGA, MASSAGES

(☎755-554-22-13 ; www.zihuatanejoyoga.com ; Playa La Ropa ; cours 10 $US ; ⏰9h-10h15 oct-avr). Peu de yogis peuvent se targuer d'offrir une telle vue sur le Pacifique à travers les cocotiers. La terrasse de cet atelier de yoga est installée au-dessus du restaurant Paty's (p. 585), à Playa La Ropa. Cours de différents niveaux, organisés chaque jour en haute saison, et les mardis et jeudis à 9h15 en basse saison. On y propose aussi des massages.

Cours

Patio Mexica Cooking School CUISINE
(portable 755-1167211 ; www.patiomexica.com ; Adelita 32, Colonia La Madera ; cours 400-450 $M). Mónica Durán Pérez ouvre la cuisine de sa maison et partage son amour des saveurs mexicaines au fil de passionnants cours de cuisine. Après une excursion au marché (certains cours seulement), retour chez Mónica où vous moudrez du maïs, fabriquerez des tortillas et de la sauce dans un *molcajete* (mortier traditionnel) pour concocter l'une des spécialités au programme.

Il peut aussi y avoir des cours de préparation de *tamales*, *mole poblano* (poulet ou dinde avec une sauce aux piments, fruits, noix, épices et chocolat), piments farcis ou fleurs de courge. Consultez le site Internet pour le détail des cours.

Circuits organisés

Picante SORTIE EN VOILIER
(755-554-82-70 ; www.picantecruises.com ; Muelle Municipal Mío, La Noria ; voile et snorkeling 88 $US, croisière au coucher du soleil 65 $US). À bord d'un catamaran de 23 m, partez vers le sud de Zihua pour le superbe site de snorkeling proche de Playa Manzanillo, ou faites une croisière dans la baie, le long de la côte d'Ixtapa. Les prix comprennent l'open-bar et la nourriture. Réservation obligatoire ; horaires sur Internet

Où se loger

Zihuatanejo compte un grand choix d'hôtels pour tous les budgets. Les moins chers sont groupés autour de Calle Bravo, dans le centre. En haute saison (décembre à mars), des rabais sont souvent accordés sur les prix affichés, généralement surgonflés. Ils chutent d'environ 20% le reste de l'année. Essayez de négocier, surtout en période creuse ou pour un long séjour.

Casa de la Palma HÔTEL $
(755-554-20-92 ; www.facebook.com/hotelcasadelapalma ; Ciruelos s/n ; d 595-774 $M ; P). Dans la zone du marché animée, où pullulent les bars de quartier, cet hôtel économique, impeccable et étonnamment confortable donne un bon aperçu du côté moins touristique de Zihua. Ne vous fiez pas à l'agitation ambiante : on dort bien ici, et la piscine de l'arrière-cour est agréable pour se relaxer. Lors de notre passage, la connexion Wi-Fi était très lente.

Hotel Villas Mercedes HÔTEL $
(443-319-13-05, 755-544-67-81 ; www.hotelvillasmercedes.com ; Adelita 59 ; d 525-900 $M ; P). Dans l'agréable quartier qui s'étire en face de Playa Madera, cet hôtel abrite des chambres propres et confortables disposées autour d'une piscine, d'un excellent rapport qualité/prix. Endroit chaleureux et sécurisé, très apprécié des familles mexicaines.

Hotel Villas El Morro HÔTEL $
(443-319-13-05 ; www.zihuatanejo-villaselmorro.com ; Paseo del Morro 4, Colonia El Almacén ; ch 400-600 $M, ste 700-1 300 $M ; P). Perché sur une colline dans le coin le moins visité de la baie, cet hôtel offre une vue superbe sur les environs. Les chambres sont étonnamment peu chères et pour 200 $M de plus, vous aurez un hébergement avec cuisine, terrasse et Jacuzzi. Le Wi-Fi est capricieux et les 150 marches menant à l'hôtel peuvent fatiguer.

Mi Casita PENSION $
(755-125-27-71, portable 755-1245123 ; micasita.alejandra@gmail.com ; Carretera Escénica s/n ; ch 600-800 $M ; ; Playa La Ropa). Agréable établissement familial, simple et accueillant, perché sur la colline entre les plages Madera et La Ropa. Les 6 chambres avec petite terrasse et hamacs sont toutes différentes, certaines décorées de peintures, d'autres équipées de cuisines et de la climatisation. Toutes donnent sur l'océan au loin.

Hotel Avila HÔTEL $
(755-554-20-10 ; hotelavila68@yahoo.com.mx ; Álvarez 8 ; d 600 $M ; P). À côté de la place et de la plage principale, ces chambres vieillottes et de bonnes dimensions sont climatisées. Il y a une petite piscine, l'emplacement est idéal et les tarifs sont raisonnables, mais l'hôtel aurait besoin d'un peu plus de soin. Les chambres du bas captent le Wi-Fi, mais elles sont sombres et exposées au bruit des voitures.

Posada Citlali PENSION $
(755-554-20-43 ; xochramirez@live.com.mx ; Guerrero 4 ; s/d 400/650 $M ;). À

deux pas de la mer, cette ancienne *posada* (pension) tenue par une charmante famille compte des hébergements à bon prix pour le centre-ville. Les chambres au sol carrelé, simples et confortables (lits *king size* et fauteuils à bascule), sont agencées autour d'un patio. Jardin luxuriant aménagé dans la cour. La pension peut être bruyante le week-end à cause des bars à proximité. Climatisation pour 50 $M de plus.

Bungalows Vepao HÔTEL $$

(755-554-36-19 ; www.vepao.com ; Playa La Ropa ; d 1 400-2 000 $M ; Playa La Ropa). Une très bonne affaire, compte tenu de l'emplacement parfait sur Playa La Ropa (p. 579). Les mignons "bungalows" sont très spacieux et bénéficient d'une piscine et d'une belle section de plage. Grands choix d'hébergements : ceux avec cuisine et/ou vue sur la mer sont un peu plus chers.

Arena Suites APPARTEMENTS $$

(755-554-40-87 ; www.arenasuites.com.mx ; López Mateos s/n ; app 70-95 $US, ste 115-180 $US ;). Spacieux et bien tenus, ces bungalows n'ont rien d'original, mais disposent pour la plupart d'une terrasse avec hamac, d'un coffre et d'une cuisine. L'une des suites a un Jacuzzi et une terrasse dominant Playa Madera (p. 579). Escalier menant directement à la plage, où l'hôtel a installé un bar-club, et vue imbattable.

Bungalows La Madera APPARTEMENTS $$

(755-554-39-20 ; www.bungalowslamadera.com ; López Mateos 25 ; ch avec kitchenette 65-130 $US ;). Un vaste ensemble de bungalows, autour d'une piscine et d'un patio, accrochés au coteau entre Playa Madera (p. 579) et le centre. Les plus beaux, face à l'océan, comptent 2 chambres et beaucoup disposent de terrasses et de cuisines avec vue sur la mer. L'annexe, sur le trottoir d'en face, propose des hébergements plus spacieux, avec de spectaculaires balcons/salons équipés de hamacs, et une belle vue sur Zihua. Pas de service la nuit.

La Villa Luz BOUTIQUE-HÔTEL $$$

(755-112-18-34 ; www.lavillaluz.com ; Carretera Escénica 97 ; ste avec petit-déj 170-230 $US ; ; Playa La Ropa). Ce havre romantique s'étend sur la colline dominant Playa La Ropa (attention : il y a pas mal de marches à gravir). Les 7 suites avec marqueteries, briques d'adobe et mosaïques de galets sont ravissantes ; mention spéciale pour la suite "Mar", qui offre une vue somptueuse sur l'océan depuis le lit. Certaines sont en duplex et l'une d'elles dispose d'une cuisine.

Aura del Mar HÔTEL $$$

(755-554-21-42 ; www.hotelauradelmar.com ; López Mateos s/n ; d avec petit-déj à partir de 189 $US ;). Suspendu à la falaise au-dessus de Playa Madera (p. 579), cet hôtel-village d'adobe rouge invite à une escapade romantique. L'ensemble est agrémenté de mobilier, carrelages et artisanat mexicains traditionnels. Toutes les chambres bénéficient d'un balcon avec hamac et d'une vue délicieuse sur l'océan, certaines ont même un Jacuzzi sur le balcon. Très bons équipements. Un escalier raide descend à la plage et rejoint un excellent restaurant (p. 585).

Villas Naomi HÔTEL $$$

(La Casa del Árbol ; 755-544-73-03 ; www.villasnaomi.com ; Adelita 114 ; ch 85 $US, ste avec kitchenette 90-110 $US ;). Bâtie autour d'un vieil arbre, cette adresse paisible et très bien tenue se situe à proximité de Playa Madera (p. 579). Les chambres aux murs blancs et sols incrustés de pierres arborent des étagères et douches intégrées et des porte-serviettes en bambou. Linge de lit de qualité. Il n'y a que 8 hébergements, et le lieu est tranquille : vous pourrez vous détendre autour de la piscine.

La Quinta de Don Andres HÔTEL $$$

(755-554-37-94 ; www.laquintadedonandres.com ; Adelita 11, Colonia La Madera ; ch sans/avec cuisine 130/140 $US ;). Ce complexe hôtelier orange foncé en faux adobe offre des chambres modernes avec sol carrelé, clim et petit balcon donnant sur la piscine et l'océan en contrebas. Toutes sont spacieuses, impeccables, et celles qui ouvrent sur l'océan disposent de kitchenettes. Accueillant pour les familles avec ses grands espaces communs, il est de taille suffisamment modeste pour que le service, personnalisé, soit excellent.

Villa Casa Luna CABAÑAS $$$

(755-554-27-43 ; www.villa-casa-luna.com ; Playa La Ropa s/n ; d/qua 375/475 $US ; ; Playa La Ropa). On peut reprocher à cet hôtel (de chaîne) revêtu de faux adobe son manque de caractère, mais pas son emplacement sur Playa La Ropa. Les chambres sont spacieuses et celles ouvrant sur la mer méritent le supplément, même si des palmiers bouchent en partie la vue. Jolie piscine et jardin paisible.

La Casa Que Canta BOUTIQUE-HÔTEL **$$$**
(☎755-555-70-30 ; www.lacasaquecanta.com ; Carretera Escénica s/n, Playa La Ropa ; ste à partir de 548 $US ; P ⊖ ❄ ☎ ≋). La “maison qui chante” est le must du luxe et du service personnalisé à Zihua. Perché sur les falaises séparant les plages de Madera (p. 579) et de La Ropa (p. 579), l'hôtel au toit de palme et au cadre original abrite des chambres à la déco raffinée, très bien équipées et calmes. Ici, pas de TV et les enfants ne sont pas admis. Des villas indépendantes sont également disponibles.

Amuleto BOUTIQUE-HÔTEL **$$$**
(☎755-544-62-22 ; www.amuleto.net ; Carretera Escénica 9 ; ch avec petit-déj à partir de 476 $US ; P ⊖ ❄ @ ☎ ≋). Ce bel hôtel de charme installé sur les collines au-dessus de Playa La Ropa (p. 579) éblouit par ses chambres opulentes, toutes de pierre, céramique et bois, et ses suites avec piscine privée et vue superbe. Le restaurant attenant est fabuleux. Séjour de 3 nuitées au minimum. Enfants non admis.

Où se restaurer

Le Guerrero est réputé pour son *pozole* vert, un copieux ragoût de bouillie de maïs et de viande qui figure sur la plupart des menus de la ville, notamment le jeudi. Les *tiritas* (tranches de poisson cru marinées avec oignons rouges, citron et piments forts) sont la spécialité locale.

Centre de Zihuatanejo

Ici, les produits de la mer sont frais et délicieux. De nombreux restaurants de poisson prisés (et touristiques) bordent le Paseo del Pescador, parallèle à Playa Municipal (p. 579) ; le rapport qualité/prix tend à s'améliorer en allant vers l'intérieur des terres. Pensez au **mercado municipal** (☎755-544-77-82 ; Mangos s/n ; repas 30-60 $M ; ⏲8h-18h), qui abrite plusieurs restaurants, pour un petit-déjeuner ou un déjeuner copieux à un prix dérisoire.

♥ **Fonda Doña Licha** MEXICAIN **$**
(☎portable 755-1153114 ; felisa.solis@hotmail.com ; Cocos 8 ; plats 59-115 $M ; ⏲8h-18h). Proche du marché, ce restaurant est réputé pour sa cuisine mexicaine sans artifices, son atmosphère décontractée et ses petits prix. Il y a toujours plusieurs *comidas corridas* (menus) comprenant riz, haricots et tortillas maison. Les petits-déjeuners sont très copieux et le dimanche, on sert des *tamales de elote* (*tamales* de maïs doux).

Carmelitas PETIT-DÉJEUNER **$**
(☎755-554-38-85 ; www.facebook.com/hola-carmelitascafe ; Av Heróico Colegio Militar s/n ; plats 65-130 $M ; ⏲8h-16h30 lun-sam, 15h dim ; P ☎). Ce café en plein air est la meilleure adresse de Zihua pour le petit-déjeuner. On y propose un alléchant assortiment de plats réconfortants typiques du Guerrero, notamment les *huevos a la pasilla* (œufs au plat servis dans une tortilla en forme de bol, nappés de sauce au piment mirasol et accompagnés de banane plantain). Également à la carte : tortillas maison et spécialités du jour comme le *pozole*. Paiement en espèces uniquement.

Panadería El Buen Gusto BOULANGERIE **$**
(Guerrero 11 ; pâtisseries à partir de 5 $M ; ⏲8h30-22h lun-sam). Bonne boulangerie mexicaine traditionnelle au cœur du centre-ville.

♥ **Marisquería Yolanda** PRODUITS DE LA MER **$$**
(☎portable 755-1282368 ; angle Morelos et Cuauhtémoc ; plats 80-200 $M ; ⏲10h-20h). Ici, on ouvre les huîtres avec un marteau, on découpe le poisson en dés et on prépare le ceviche côté rue. L'endroit n'est pas surnommé *la Catedral del marisco* (cathédrale des fruits de mer) pour rien.

El Gabo PRODUITS DE LA MER **$$**
(☎755-103-41-12 ; mariscoselgago@hotmail.com ; Morelos 55 ; plats 120-195 $M ; ⏲11h-20h30 ; ☎). À l'écart d'une grande artère, cette adresse discrète, avec ses tables installées sous un grand préau, cache un excellent restaurant de produits de la mer. Au menu : crevettes à la noix de coco, poisson frais cuisiné de 10 façons, huîtres, cocktails de fruits de mer et ceviche. Un régal.

Chez Leo POISSON **$$**
(☎portable 755-1136038 ; www.facebook.com/chezleorestaurant ; angle Cuauhtémoc et Ascencio ; plats 120-170 $M ; ⏲14h-23h ; ☎). L'endroit ne paie pas de mine, mais le chef cuisine le poisson comme personne. Essayez l'excellent tartare de poisson, le thon poêlé ou toute autre pêche du jour. Présentations simples mais élégantes, quelques saveurs surprenantes, le tout à des prix assez doux.

La Sirena Gorda POISSON **$$**
(☎755-554-26-87 ; Paseo del Pescador 90 ; plats 90-200 $M ; ⏲8h30-22h30 jeu-mar ; ☎). Tout

près de la jetée, cet établissement convivial en plein air est réputé pour ses crevettes à l'ail, son curry de thon et ses tacos de poisson. Les filets de poissons frais sont délicieux, et c'est un endroit idéal pour goûter les piquantes *tiritas* (filets de poisson aux agrumes).

Restaurantes Mexicanos Any MEXICAIN **$$**
(☎755-554-73-73 ; www.restaurantesmexicanosany.com.mx ; Ejido 18 ; plats 60-200 $M ; ⏲8h-23h ; 📶). Ce restaurant accueillant, quoiqu'un peu cher, sert une cuisine traditionnelle sous une grande *palapa*. Décor folklorique coloré. À ne pas manquer : le *pozole* vert du Guerrero, les *tamales*, à se damner, et l'*atole*, une boisson chaude parfumée à base de farine de maïs.

Mariscos Chendo's PRODUITS DE LA MER **$$**
(☎755-104-89-78 ; chendos.zihuatanejo.2017@gmail.com ; Ascencio 15 ; plats 110-160 $M ; ⏲13h-21h jeu-mar). Ce charmant petit restaurant tenu par une famille sert des plats sans prétention à base de produits de la mer et une bière à prix raisonnable. Parmi les spécialités : crevettes à l'ail ou à la noix de coco et *tiritas* (filets de poisson aux agrumes) primées.

Autour de la baie

Des établissements coûteux avec vue dominent les collines, tandis que les restaurants décontractés éclairés à la bougie sont la norme sur Playa La Ropa (p. 579). On trouve des tables plus abordables le long d'Adelita, à deux pas de Playa Madera (p. 579), à l'intérieur des terres. La moitié des restaurants ferment entre mai et novembre.

Patio Mexica PETIT-DÉJEUNER **$**
(☎portable 755-1167211 ; www.patiomexica.com ; Adelita 32, Colonia La Madera ; plats 40-80 $M ; ⏲9h-14h lun-sam sept-avr ; 📶). Cet établissement décontracté tenu par Mónica Durán Pérez de la Patio Mexica Cooking School (p. 582) permet de bien démarrer la journée en dégustant une omelette à la fleur de courge, entre autres délices.

Restaurant El Arrayan GRILLADES **$$**
(☎755-112-11-93 ; www.facebook.com/restaurateelarrayan ; Adelita 41, Colonia La Madera ; ⏲8h30-21h jeu-sam juin-oct, 8h30-21h lun-sam nov-mai ; 📶). Le chef de la grillade Mauricio Cancino prépare des poissons frais (en général, du thon ou de la dorade coryphène accompagnés de légumes grillés) au barbecue à la perfection, avant de les enduire d'une sauce à l'ail et au piment mirasol. Le menu comporte aussi de la viande, mais le poisson du jour reste le meilleur choix.

Las Adelitas MEXICAIN **$$**
(☎portable 755-5593517 ; Adelita 6 ; petit-déj 40-60 $M, déj et dîner 60-200 $M ; ⏲8h-16h lun-sam mai-oct, 8h-22h nov-avr ; 📶). Cet adorable café est aménagé sur une place, avec quelques tables à l'extérieur. La clientèle locale, fidèle, apprécie les *chilaquiles* (bandes de tortilla en sauce) et omelettes le matin ; les *tortas* (sandwichs), *chiles rellenos* (piments farcis) et poissons frits et grillés le midi. Également ouvert le soir en saison.

Paty's Marimar MEXICAIN **$$**
(☎755-544-22-13 ; www.patys-marymar.com ; Playa La Ropa ; plats 100-260 $M ; ⏲7h-22h ; 📶 ; 🚌Playa La Ropa). Près de l'accès principal à Playa La Ropa (p. 579), cet établissement propose poulpe grillé, daurade et crevettes sautées à la tequila, bonnes soupes, salades, omelettes et grands jus de fruits. On grignote à l'ombre des parasols, les pieds dans le sable, avec des lanternes en rotin suspendues aux palmiers.

Rufo's Grill PARRILLA **$$**
(☎755-120-54-94 ; www.facebook.com/rufosgrill ; Adelita 32A, Colonia La Madera ; plats 100-220 $M ; ⏲17h-23h lun-sam sept-mai ; 📶). Niché dans un patio en ciment, sous un toit en bambou orné de guirlandes de Noël, ce petit établissement de quartier est apprécié des visiteurs pour ses fabuleux barbecues de viande et ses crevettes marinées dans de l'huile d'olive et des herbes aromatiques. De savoureux légumes grillés accompagnent chaque plat principal.

Bistro del Mar FUSION **$$$**
(☎755-554-83-33 ; www.bistrodelmar.com ; López Mateos s/n, Playa La Madera ; plats 190-290 $M ; ⏲8h-22h30 ; 📶). Avec son emblématique toit en voile de bateau abritant des tables éclairées à la bougie et son mélange de saveurs latinos, européennes et asiatiques, ce restaurant de plage est tout ce qu'il y a de plus romantique. Les succulents poissons préparés avec créativité (délicieuse dorade coryphène, sashimi de thon, etc.) forment la base du menu. Belle carte des vins.

La Gula FUSION $$$

(☎755-554-83-96 ; www.restaurantelagula.com ; Adelita 8 ; plats 160-260 $M ; 17h-22h lun-sam nov-avr ; wifi). Ici, la cuisine est créative et superbement présentée. Les plats sont baptisés *manjar mestizo* (raviolis d'aubergine fourrés aux champignons *huitlacoche* et fleurs de courge) ou encore *negrito de zihua* (thon grillé et assaisonné aux 10 épices). Ambiance très plaisante sur la vaste terrasse en surplomb.

Il Mare ITALIEN ET PRODUITS DE LA MER $$$

(☎755-554-90-67 ; www.ilmareristorante.com ; Carretera Escénica 105 ; plats 155-385 $M ; 12h-23h lun-sam, 16h-23h dim, fermé mar mi-oct ; wifi). Ce restaurant italien romantique offre une superbe vue panoramique sur la baie et se distingue par ses pâtes (goûtez aux *linguinis* aux palourdes, sauce ail et vin blanc), spécialités méditerranéennes et produits de la mer. À accompagner de vins d'Espagne, d'Italie, de France ou d'Argentine.

La Perla MEXICAIN $$$

(☎755-554-27-00 ; www.laperlarestaurant.net ; Playa La Ropa ; plats 120-240 $M ; 10h-22h ; wifi ; Playa La Ropa). Malgré ses opérations promotionnelles organisées pendant les matchs de football américain, La Perla est un restaurant raffiné, tout de bois sombre, au bord de Playa La Ropa (p. 579). Parmi les meilleurs plats, citons le poulpe grillé, les darnes de thon, les poissons grillés et les tacos aux crevettes, à la langouste et au poulet. Quelques transats permettent de se détendre après le repas.

Où prendre un verre et faire la fête

Dans le centre, des bars proposent deux bières ou deux margaritas pour le prix d'une. Concerts et rythmes endiablés sont au rendez-vous le week-end, mais Zihuatanejo peut aussi montrer un visage beaucoup plus sage.

Malagua BAR

(☎755-554-42-91 ; www.facebook.com/malagua-1376149592406803 ; Paseo del Pescador 20 ; 19h-2h mer-dim ; wifi). Cet accueillant bistrot de quartier est spécialisé dans les bières artisanales mexicaines et importées. On y papote avec les locaux, sur fond de bonne musique. Ventilateurs dans le bar.

Andy's Bar BAR

(☎portable 755-5593349 ; Guerrero 6 ; 19h-2h jeu-mar). Ce bar à deux salles aurait pu être géré par Andy Dufresne lui-même (personnage principal du film *Les Évadés*) avec sa piste de danse, ses écrans retransmettant les événements sportifs et ses sessions de karaoké. Il y a foule le week-end et l'absence d'espaces extérieurs fait que l'atmosphère dans la salle du fond est vite embuée.

Temptation CLUB

(☎portable 755-1049998 ; angle Bravo et Guerrero ; 21h-6h jeu-dim ; wifi). La discothèque a des airs de bateau de croisière disco avec piste surélevée, ravissant bar au centre, boule à facettes, box et chaises en moleskine rouge. Les DJ passent de la *cumbia* colombienne, du merengue, de la salsa, de l'électro et du reggae.

Où sortir

Loot CONCERTS

(☎755-544-60-38 ; www.loot.mx ; Playa La Ropa 55 ; 8h-23h lun-sam ; Playa La Ropa). Cette salle branchée et centrale propose expositions artistiques à l'étage, brunch dans le café en bas, dîner et bar sur le toit-terrasse. Les fêtes organisées ici sont parmi les meilleures de la ville (soirées danse, concerts ou festivals artistiques).

Achats

En matière d'artisanat, Zihuatanejo est une véritable caverne d'Ali Baba où l'on trouve des céramiques typiques de la région, des textiles, des articles en cuir, des objets en argent de Taxco, des sculptures sur bois et des masques de l'État du Guerrero. La plupart des boutiques ouvrent le dimanche, en haute saison (décembre-mars).

Café Caracol ÉPICERIE

(☎portable 755-5574219 ; www.cafecaracol.com.mx ; Álvarez 15 ; 8h-21h). Ce magasin avec 4 succursales vend un délicieux café bio cultivé dans l'État du Guerrero, du miel et de la vanille.

El Embarcadero VÊTEMENTS

(☎755-554-23-73 ; nataliakrebs@yahoo.com.mx ; Álvarez 21A ; 10h-20h lun-sam). Broderies, tissus et vêtements tissés à la main en provenance du Guerrero, du Oaxaca, du Michoacán et d'autres États voisins.

Alberto's BIJOUX

(☎755-554-21-61 ; albertos@albertos.com.mx ; Cuauhtémoc 15 ; 9h-20h lun-sam). Le long de

Cuauhtémoc, quelques magasins vendent des objets en argent de Taxco, une ville réputée pour son artisanat de qualité. Alberto's propose des pièces des plus délicates et originales.

El Jumil ART ET ARTISANAT
(☎755-554-61-91 ; Paseo del Pescador 9 ; ⊙10h-20h lun-sam, plus dim déc-avr). Spécialisée dans les masques *guerrerenses* – objets artisanaux réputés de l'État du Guerrero.

Mercado de Artesanías MARCHÉ
(5 de Mayo s/n ; ⊙9h-20h). Rassemble de multiples étals vendant vêtements, sacs, objets d'artisanat et babioles en tout genre.

Renseignements

Hôpital (☎755-554-36-50 ; angle Morelos et Mar Egeo ; ⊙24h/24). À mi-chemin entre la poste et la gare routière.
Office du tourisme (☎755-555-07-00, poste 224 ; www.ixtapa-zihuatanejo.com ; Paseo del Pescador s/n, Muelle Municipal ; ⊙8h-16h). Un bureau pratique dans le Terminal Marítima, au pied de la jetée de Zihua, où on peut trouver cartes et brochures, même quand il n'y a personne.
Poste (☎755-554-21-92 ; www.correosdemexico.com.mx ; Carteros s/n ; ⊙8h-16h30 lun-ven, 9h-13h sam). Près des grands magasins bleus et jaunes Coppel.

Depuis/vers Ixtapa et Zihuatanejo

AVION

L'**aéroport international d'Ixtapa/Zihuatanejo** (ZIH ; ☎755-554-20-70 ; www.oma.aero/en/airports/zihuatanejo ; Route 200 s/n) est situé à 12 km au sud-est de Zihuatanejo, à quelques kilomètres de la route 200 en direction d'Acapulco. De nombreuses villes des États-Unis sont desservies par vol direct, de même que quelques villes canadiennes en haute saison.

Voici les villes mexicaines desservies et leurs compagnies :
- Mexico – Aeromar, Aeroméxico, Interjet, VivaAerobus, Volaris
- Monterrey – Magnicharters
- Querétaro – TAR

BUS

Les deux gares routières longue distance se trouvent sur la route 200 (aussi connue comme Paseo de Zihuatanejo) à 2 km au nord-est du centre-ville (vers l'aéroport). Le terminal principal, appelé Central de Autobuses ou **Estrella Blanca** (Central de Autobuses ; ☎800-507-55-00 ; www.estrellablanca.com.mx ; Paseo de Zihuatanejo Oriente 421 ; 🚌La Correa) jouxte le terminal **Estrella de Oro** (EDO ; ☎755-554-21-75 ; www.estrelladeoro.com.mx ; Paseo de Zihuatanejo s/n ; 🚌La Correa), plus petit. Les bus pour La Unión et Petatlán (respectivement Troncones et Barra de Potosí) partent fréquemment d'un petit **terminal** (Las Palmas s/n) à un pâté de maisons au sud du marché municipal (p. 584).

VOITURE ET MOTO

Plusieurs compagnies de location ont un comptoir à l'aéroport. Les locations à la journée avec assurance responsabilité comprise coûtent à partir de 600 $M.
Alamo (☎755-553-71-47 ; www.alamo.com.mx ; ⊙9h-19h lun-sam)
Europcar (☎755-553-71-58 ; www.europcar.com.mx ; ⊙9h-18h)
Hertz (☎755-553-73-10 ; hertzmexico.com ; ⊙9h-18h lun-jeu et sam, 9h-21h ven et dim)

Comment circuler

DEPUIS/VERS L'AÉROPORT

La solution la plus économique pour rallier l'aéroport (ci-contre) est de prendre un *colectivo* public "Aeropuerto" (Juárez s/n ; 14 $M ; ⊙6h30-20h) au départ de Juárez, près de González. Après moult arrêts, il vous déposera juste à l'entrée de l'aéroport. Les taxis *colectivos*, plus directs et pratiques pour les passagers venant d'atterrir, vous conduiront de la zone des arrivées à Ixtapa ou à Zihua (135 $M/pers). Depuis l'aéroport, comptez entre 400 et 460 $M en taxi privé pour les mêmes villes (180-250 $M dans l'autre sens).

BUS ET COLECTIVO

Pour rejoindre le centre-ville de Zihua ou d'Ixtapa depuis les gares routières longue distance de Zihua, prenez la passerelle piétonne en face de la gare routière principale pour traverser la route 200. Les bus pour le centre de Zihua et Ixtapa s'arrêtent à l'ouest du pont.

Du centre-ville de Zihua aux gares routières, prenez un des bus **La Correa** (8 $M, 10 min) qui partent régulièrement de l'angle entre Nava et Juárez, de 6h à 22h. Pour vous rendre à Ixtapa du centre de Zihuatanejo, prenez un **bus** (Morelos s/n ; 12 $M ; ⊙6h-22h, 15 min), à l'angle entre Morelos et Juárez.

Toutes les demi-heures, les bus **Playa La Ropa** (Juárez s/n ; 12 $M ; ⊙7h-18h) empruntent Juárez vers le sud pour se rendre à Playa La Ropa (p. 579).

Toutes les 5 minutes, des *colectivos* "Coacoyul" pour Playa Larga et l'aéroport (ci-contre) partent de Juárez, près de l'angle de González (14 $M, 15 min, 6h30-20h).

BUS AU DÉPART DE ZIHUATANEJO

DESTINATION	PRIX ($M)	DURÉE (H)	FRÉQUENCE
Acapulco	195-248	4-5	9/jour (EDO)
Lázaro Cárdenas	74-118	1½-2	fréquents (EDO)
Manzanillo	695	9	20h (gare routière principale)
Mexico	723-812	8-10	4/jour (EDO), 7/jour (gare routière principale)
Morelia	570-585	5-6	4/jour (gare routière principale – bus de nuit)
Puerto Vallarta	989-1 069	14-14 ½	2/jour (gare routière principale – bus de nuit)

TAXI

Vous trouverez de nombreux taxis à Zihuatanejo. Depuis la **borne de taxi** (☎755-554-33-11 ; angle Juárez et González ; ⊙24h/24) dans le centre de Zihua, une course coûte 75 $M pour Ixtapa, 45 à 70 $M pour **Playa La Ropa** (p. 579), 90 $M pour **Playa Larga** (🚌 Coacoyul), 180 à 250 $M pour l'**aéroport** (p. 587) et 30 $M pour les gares routières. Les courses en taxis climatisés coûtent plus cher.

Barra de Potosí

☎755 / 396 HABITANTS

À 26 km au sud de Zihuatanejo, le village de pêcheurs de Barra de Potosí se tient à l'extrémité de Playa Larga, une longue plage de sable blanc bordée de palmiers. Il est situé à l'embouchure de la **Laguna de Potosí**, aux eaux saumâtres, longue d'environ 6,5 km et peuplée de centaines d'espèces d'oiseaux (hérons, martins-pêcheurs, cormorans, pélicans, etc.). Par bonheur, aucun complexe hôtelier n'a été construit par ici, et l'endroit permet de se détendre au contact d'une communauté locale chaleureuse.

À voir

El Refugio de Potosí RÉSERVE NATURELLE

(☎portable 755-5572840 ; www.elrefugiodepotosi.org ; Colonia Playa Blanca s/n). Cette réserve naturelle soigne des animaux blessés, élève papillons et perroquets, et sensibilise les écoliers à l'environnement. Elle abrite notamment aras macao et iguanes, ainsi qu'un énorme squelette de cachalot de 18 mètres de long. Si vous souhaitez le visiter, contactez le centre par e-mail. Dans les terres, à environ 3,5 km au nord de la ville.

Circuits

Presque toutes les *enramadas* (restaurants ouverts à toit de chaume) appartiennent à des familles de pêcheurs. Celles du bourg organisent généralement des croisières de 1 heure 30 sur la lagune (300 $M), permettant d'apercevoir des crocodiles. L'agence **Paradise Bird Tours** (Eco Tours Cheli's Oregón ; ☎portable 755-1306829 ; www.facebook.com/araceli.oregonsalas ; Barra de Potosí-Achotes s/n ; observation des oiseaux 350 $M, snorkeling 2 000 $M, pêche 4 500 $M), basée dans le Restaurante Rosita, est une bonne adresse ; on y propose des sorties snorkeling incluant la découverte des impressionnants **Morros de Potosí**, d'énormes falaises recouvertes de guano à 20 minutes du rivage. Les bateaux font le tour des Morros, permettant d'observer les nombreux oiseaux de mer qui y nichent, avant de rejoindre **Playa Manzanillo**, où les conditions de snorkeling sont exceptionnelles.

Où se loger et se restaurer

♥ Casa del Encanto B&B **$$**

(☎portable 755-1246122 ; www.lacasadelencanto.com ; d avec petit-déj 70-100 $US ; 🚭📶). Dans cette belle maison au charme bohème, nichée dans une rue résidentielle à 300 m de la plage, les pièces sont ouvertes sur l'extérieur ; il y a des hamacs partout, une fontaine et des escaliers éclairés à la bougie. La propriétaire, Laura, qui a travaillé pendant des années avec des bénévoles étrangers auprès des enfants du village, vous fournira de précieux renseignements sur la ville. Tarifs flexibles hors saison et réductions pour les longs séjours. Four en adobe pour cuire des pizzas à base d'ingrédients locaux.

La Condesa PRODUITS DE LA MER **$$**
(☎portable 755-1203128 ; Barra de Potosí-Achotes s/n ; plats 80-140 $M ; ⊙9h-18h). La plus au nord des *enramadas* sur le front de mer est l'un des meilleurs restaurants du coin. Goûtez le *pescado a la talla* (poisson grillé) ou les *tiritas* (fines tranches de poisson cru mariné à l'oignon rouge, au citron ou citron vert et aux piments), des spécialités locales. Vous pouvez aussi faire un festin d'*abulón* (ormeaux) en saison.

Depuis/vers Barra de Potosí

Pour venir en voiture depuis Zihuatanejo, prenez la route 200, direction Acapulco puis l'embranchement à Los Achotes ; ensuite, vous n'êtes plus qu'à 9 km de Barra de Potosí.

N'importe quel bus pour Petatlán vous y conduira ; ils partent des deux principales gares routières de Zihuatanejo, ainsi que de la gare routière près du marché de Zihua. Demandez au chauffeur de vous déposer au *crucero* (carrefour) de Barra de Potosí (19 $M, 30 min), d'où vous pourrez faire le reste du trajet dans une *camioneta* (pick-up, 15 $M, 20 min).

Des *colectivos* relient aussi l'aéroport Ixtapa/Zihuatanejo (p. 587) à Barra de Potosí (14 $M, 30 min).

Soledad de Maciel

☎758 / 385 HABITANTS

On a découvert récemment que ce village, surnommé dans la région "La Chole", est bâti sur ce qui pourrait être le site archéologique le plus vaste et le plus important de tout l'État du Guerrero. Depuis le début des fouilles officielles en 2007, les archéologues ont mis au jour une place, un terrain de jeu de balle et 3 pyramides (dont une surmontée de 5 temples), tous construits par des cultures préhispaniques, dont les Tepoztecos (Tepoztèques), les Cuitlatecos (Cuitlatèques) et les Tomiles.

À voir

Museo de Sitio Xihuacan MUSÉE
(☎portable 758-1043188 ; www.inah.gob.mx/es/red-de-museos/309-museo-de-sitio-de-la-zona-arqueologica-de-soledad-maciel-o-museo-de-sitio-xihuacan ; embranchement route 200, Km 214 ; participation appréciée 10 $M, visite guidée 100 $M ; ⊙8h-16h mar-dim). Près du site archéologique de Soledad de Maciel, ce musée comprend 3 salles richement dotées qui replacent les découvertes archéologiques du site dans un contexte historique plus large. Vous y verrez notamment une pierre gravée, récemment exhumée, portant le nom de la ville (Xihuacan) à la fin de la période préhispanique. Un grand nombre d'objets exposés ici a été découvert par le guide local Adán Velez.

Depuis/vers Soledad de Maciel

Soledad de Maciel se trouve à 33 km au sud-est de Zihuatanejo, vers le sud, par la route 200. De l'embranchement bien signalisé au Km 214, une route suit la côte sur 4 km jusqu'au **musée**, puis continue sur 1 km pour atteindre le site archéologique et le village.

N'importe quel bus partant vers le sud en direction de Petatlán ou d'Acapulco vous y mènera ; demandez à descendre au carrefour de la route pour "La Chole", où vous pourrez monter à bord d'une *camioneta* (pick-up ; 10 $M) pour rejoindre le village.

Pie de la Cuesta

☎744 / 773 HABITANTS

À tout juste 10 km d'Acapulco, Pie de la Cuesta est un tranquille petit bourg balnéaire abritant de fantastiques pensions et restaurants de produits de la mer. Ce sont toutefois le coucher du soleil à admirer depuis la vaste plage et le levant d'un rouge flamboyant sur la lagune qui font sa renommée. La localité est bâtie sur une étroite bande de terre, entre le Pacifique et la Laguna de Coyuca (où fut tournée une partie de *Rambo II*). Cette grande lagune d'eau douce compte plusieurs îles, dont la réserve ornithologique de **Pájaros**.

Pie de la Cuesta est bien plus paisible, plus sûre, plus abordable et plus ancrée dans la nature que sa voisine Acapulco, mais reste suffisamment proche de cette dernière pour permettre aux visiteurs de profiter de sa vie nocturne et de ses activités.

Activités

La vague puissante et escarpée qui déferle ici est plus adaptée au Bodyboard, mais les gros rouleaux qui s'écrasent en décembre, hauts de plus de 3 m, attirent les surfeurs. Les vagues et les contre-courants rendent la baignade un peu dangereuse.

La promenade équestre sur la plage coûte 200 $M l'heure environ, à réserver dans un hôtel ou directement auprès des propriétaires de chevaux.

Sports nautiques

Le ski nautique et le wakeboard sont très pratiqués sur la lagune. Plusieurs clubs de ski nautique sont installés dans la grand-rue (comptez 900-1 000 $M l'heure), notamment le Club de Ski Cadena.

Plusieurs prestataires proposent des sorties en bateau. Les capitaines vous attendent dans la rue principale, ou près de l'embarcadère, à l'angle sud-est de la lagune.

Club de Ski Cadena SPORTS AQUATIQUES

(☎portable 744-1598503 ; clubdeskicadena@gmail.com ; Av Fuerza Aérea Mexicana s/n ; visite de la lagune 900 $M/heure). Ce club propose ski nautique, wakeboard et visites de la lagune en bateau avec arrêts dans deux îles. Fernando, le gérant, parle anglais et en sait beaucoup sur les espèces d'oiseaux qui peuplent les environs. Il propose aussi des chambres économiques (600-800 $M), très correctes, avec terrasses donnant directement sur la lagune. Une adresse bien plus sympathique que sa voisine.

Où se loger

Baxar BOUTIQUE-HÔTEL **$$**

(☎744-460-25-02 ; www.baxar.com.mx ; Av Fuerza Aérea Mexicana 356 ; ch 1 533 $M, ste 2 624-3 060 $M, avec petit-déj ; P). Rehaussé de couleur rose, cet hôtel très décontracté est un excellent point de chute pour le week-end. Les chambres, adorables, disposent de petits espaces salon, de moustiquaires, et d'autres charmants détails. Le prix des chambres inclut l'utilisation des kayaks. Planches de paddle disponibles à la location.

Quinta Erika B&B **$$**

(☎744-444-41-31 ; www.quintaerika.com ; Carretera Barra de Coyuca Km 8,5 ; d/bungalows avec petit-déj 55/120 $US ; P ; Playa Luces). Dissimulée dans la nature, à 8 km du carrefour avec la route 200, la Quinta Erika a des airs de lodge dans la jungle. Les 6 chambres et le bungalow, décorés avec goût, prennent place sur un terrain de 2 ha en bord de lagune, riches de palmiers et d'arbres fruitiers. Kayaks à disposition, piscine originale, vue sur la lagune et salon à l'étage. À 1 km environ après le terminus des bus à Playa Luces.

Hacienda Vayma Beach Club HÔTEL **$$**

(☎744-460-28-82 ; www.vayma.com.mx ; Av Fuerza Aérea Mexicana 378 ; ch 1 102-1 218 $M, ste 2 320 $M ; P). Un bel hôtel aux allures de ranch, très reposant, tout de bois blanc et sombre. Il a pour atouts une plage magnifique avec *cabañas* privatives et transats, ainsi qu'une grande piscine avec bar. Diverses chambres, dont une économique avec eau froide, et une suite avec clim et Jacuzzi. Les visiteurs extérieurs peuvent profiter du bar (ouvert jusqu'à 23h le week-end).

A&V Hotel Boutique BOUTIQUE-HÔTEL **$$$**

(☎744-444-43-29 ; www.avhotelboutique.com ; Av Fuerza Aérea Mexicana Km 6,2, Colonia Luces en el Mar ; ch 1 600-2 400 $M ; ; Playa Luces). Toutes les chambres de cet hôtel (11 au total) sont ultraconfortables et décorées d'éléments organiques (lambris en feuilles de palmier, abat-jour en rotin, sols en pin). La plupart sont pourvues de balcons donnant sur la piscine, aux contours originaux, et le restaurant. Ce dernier vaut d'ailleurs le détour, même si vous ne logez pas à l'hôtel.

Où se restaurer

Une enfilade de restaurants borde la plage : trouver une bière fraîche ou un cocktail de crevettes ne pose aucun problème.

Chepina PRODUITS DE LA MER **$$**

(☎744-460-25-02 ; www.baxar.com.mx ; Av Fuerza Aérea Mexicana 356 ; plats 80-200 $M ; ⌚8h-20h ;). Ce bistrot sur la plage, peint en rose vif, sert des classiques comme le ceviche et les *cocteles* (cocktails), des tacos au poisson, et des *taquitos* grillés garnis de tacos aux crevettes et aux légumes sautés – le tout préparé avec art. Dans l'hôtel Baxar.

Mar de Fondo FUSION **$$$**

(☎744-444-43-29 ; www.avhotelboutique.com ; Av Fuerza Aérea Mexicana Km 6,2, Colonia Luces en el Mar ; plats 180-240 $M ; ⌚9h-20h mar-dim ; P ; Playa Luces). Lassé du poisson et des fruits de mer ? Cap sur ce restaurant situé dans le boutique-hôtel A&V. On y sert pâtes maison et lasagnes, spécialités de l'État de Oaxaca et délices sucrés comme le strudel aux pommes. Vous trouverez aussi des plats à base de poisson des plus originaux. Les cocktails préparés au bar du restaurant sont eux aussi uniques.

Renseignements

Pie de la Cuesta s'étend le long d'une route – elle porte 2 noms : Avenida Fuerza Aérea Mexicana et Calzada Pie de la Cuesta – qui se faufile entre la lagune et la plage, passe devant une base militaire aérienne et va jusqu'à Playa Luces.

Depuis/vers Pie de la Cuesta

À Acapulco, prenez un bus "Pie de la Cuesta" (p. 602) sur l'Avenida Costera, sur le trottoir en face de la poste, près de la grand-place. Des bus en partent toutes les 15 minutes (6h-21h ; 30 min à 1 heure 30 selon la circulation ; 8 $M). Suivant la densité du trafic, quitter Acapulco relève parfois de la gageure.

Les bus affichant "Pie de la Cuesta-San Isidro" ou "Pie de la Cuesta-Pedregoso" s'arrêtent à l'entrée voûtée sur la route 200, à une courte distance à pied de la ville ; plus pratiques, les bus "Pie de la Cuesta-Playa Luces" quittent la route principale et suivent la grand-rue de Pie de la Cuesta jusqu'à Playa Luces.

Une course en taxi depuis Acapulco coûte 200 à 400 $M en fonction de votre habilité à négocier.

Acapulco

744 / 789 971 HABITANTS

Acapulco était jadis *la* cité des plaisirs au Mexique. Elle bénéficie en effet d'un cadre sublime composé de hautes falaises, dessinant à leur pied de vastes baies et de petites criques frangées de plages de sable, avec en arrière-plan des collines couvertes de jungle verdoyante. Surnommée la "perle du Pacifique" pendant son âge d'or, elle a vu défiler de grandes stars, dont Frank Sinatra, Elvis Presley ou Elizabeth Taylor.

Acapulco, quoique densément construite, reste très belle. En revanche, la ville a vu sa réputation sévèrement ternie par les années de guerre contre les cartels de la drogue. Malgré des statistiques d'homicides alarmantes, la violence reste limitée aux conflits entre gangs. Le tourisme international a sensiblement chuté, mais la ville demeure relativement sûre pour les visiteurs. Elle a conservé son charme, avec ses restaurants en bord de falaise, son fort du XVIIe siècle, son jardin botanique, ses plongeurs des falaises et son *zócalo* (place principale) ombragé dans la vieille ville. Et quand vous vous lasserez de la foule, des plages isolées comme Pie de la Cuesta sont toutes proches.

Orientation

Acapulco occupe un ruban côtier de 11 km le long de la Bahía de Acapulco. La vieille ville, construite autour de la cathédrale (p. 593) et du *zócalo* (p. 593), se trouve dans la partie ouest de l'agglomération ; Acapulco Dorado longe la baie vers l'est, de Playa Hornos (p. 593) à Playa Icacos (p. 593) ; Acapulco Diamante est un quartier de complexes touristiques récents, vers le sud-est, près de l'aéroport.

La principale avenue d'Acapulco côté baie, l'Avenida Costera Miguel Alemán – souvent appelée "La Costera" –, épouse les contours du rivage le long de la baie. Au-delà de la base navale, l'Avenida Costera devient Carretera Escénica et franchit le promontoire pour desservir Diamante et l'aéroport.

À voir

La plupart des hôtels, restaurants, discothèques et sites sont situés sur l'Avenida Costera, ou à proximité, surtout sur sa partie médiane, **La Diana** (carte p. 598 ; Av Costera s/n). Depuis Playa Caleta, sur la Península de las Playas, l'avenue vire au nord vers le *zócalo*, puis longe le front de mer vers l'est, dépassant au passage le Parque Papagayo (p. 592), un vaste parc ombragé, prisé des familles mexicaines, jusqu'à Playa Icacos (p. 593) et la base navale, à l'extrémité sud-est de la baie.

Clavadistas de la Quebrada POINT DE VUE

(Carte p. 594 ; 744-483-14-00 ; cpqaca@prodigy.net.mx ; Plazoleta La Quebrada s/n ; adulte/enfant 40/15 $M ; spectacle 13h, 19h30, 20h30, 21h30 et 22h30 ; Caleta). Les emblématiques *clavadistas* (plongeurs) de La Quebrada se jettent avec grâce dans l'océan depuis des falaises hautes de 25 à 35 m, et ce depuis 1934. Ils sont habituellement 6 ; leur spectacle dure environ 20 minutes. Ils exécutent souvent le dernier plongeon de la soirée une torche à la main. Vous pourrez leur donner un pourboire lorsqu'ils déambuleront dans la foule. Le bar-restaurant La Perla offre une vue aérienne superbe, quoique onéreuse, du spectacle.

Exekatlkalli ART PUBLIC

(Maison des Vents ; carte p. 594 ; Inalámbrica 8 ; Caleta). En 1956, alors que la célèbre collectionneuse d'art Dolores "Lola" Olmedo était en villégiature à Acapulco, Diego Rivera, qui allait mourir l'année suivante, décida de décorer le mur de la villa de celle qui fut sa grande amie et sa muse. Inspirée du serpent à plumes aztèque, cette fresque spectaculaire surprend dans cette rue calme et pentue. Il est question depuis un moment de transformer la maison et le studio en centre culturel/musée, mais rien n'a pris forme pour l'instant.

Agglomération d'Acapulco

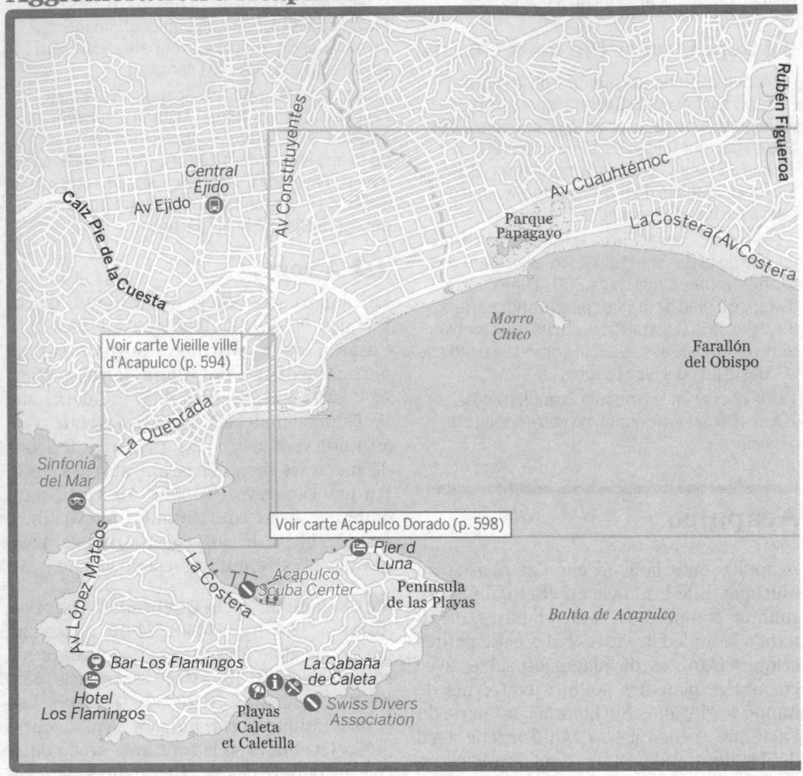

La Capilla de la Paz CHAPELLE

(Chapelle de la Paix ; ☎744-446-54-58 ; Vientos Cardinales s/n, Alto Las Brisas ; ⌚10h-18h). GRATUIT Perchée sur une colline dominant Acapulco, cette petite chapelle tranquille en forme de T à l'architecture aérée typique des années 1970 est entourée de jolis jardins et offre une vue splendide sur l'océan. Malgré l'énorme croix blanche impossible à rater qui la coiffe, elle fut initialement construite pour être un temple de toutes les croyances. La sculpture figurant des mains jointes qui se trouve dans le jardin illustre sans doute mieux cette idée. On accède à la chapelle par un portail où vous devrez peut-être laisser vos papiers d'identité.

Fuerte de San Diego FORT

(Carte p. 598 ; ☎744-482-38-28 ; www.facebook.com/museohistoricodeacapulcofuertedesandiego ; Hornitos s/n). GRATUIT Ce fort restauré de forme pentagonale fut érigé en 1616 sur une hauteur à l'est du *zócalo* pour protéger des flibustiers hollandais et anglais les *naos* (galions) espagnols commerçant entre les Philippines et le Mexique. Détruit en 1776 par un séisme, le fort fut reconstruit ; il n'a guère changé depuis. Il abrite l'excellent **Museo Histórico de Acapulco** (carte p. 598 ; ☎744-482-38-28 ; www.facebook.com/museohistoricodeacapulcofuertedesandiego ; Hornitos s/n ; 55 $M ; ⌚9h-18h mar-dim ; 🅿).

Parque Papagayo PARC

(Carte p. 598 ; ☎744-486-14-14 ; www.facebook.com/parquepapagayoacapulcoepbs ; Morín 1 ; ⌚6h-20h ; 🅿). GRATUIT Idéal pour les enfants avec son lac où faire du pédalo, son petit train, son bar-restaurant, sa volière, son petit zoo et sa ferme pédagogique, ce grand parc ombragé situé près de Playa Hornitos, entre les artères Morín et El Cano, plaît aux familles mexicaines. Le sentier de promenade de 1,2 km est parfait pour un jogging matinal.

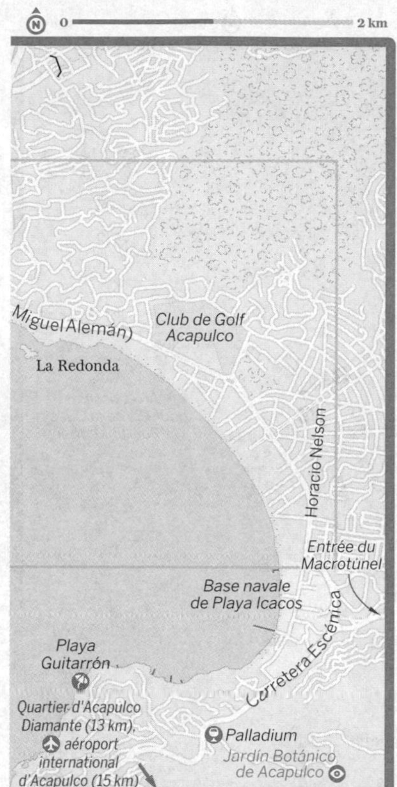

Isla de la Roqueta ÎLE

(☎755-410-97-07 ; www.yatesdeacapulco.com ; aller-retour 50 $M, bateau à fond de verre 90 $M). L'Isla de la Roqueta est très fréquentée pour sa plage et ses sorties de snorkeling et de plongée. On peut y louer masque, tuba et kayak, entre autres. Des bateaux font régulièrement la traversée (8 minutes) depuis Playa Caleta. De là également, ou au départ du *zócalo*, des bateaux à fond de verre (de la compagnie Yates Fondo Cristal) font le tour de l'île, commentant les maisons des célébrités, la faune marine et **La Virgen de los Mares** (la Vierge des Mers), statue en bronze submergée de la Virgen de Guadalupe. Le circuit dure environ 45 minutes.

Jardín Botánico de Acapulco JARDINS

(Carte p. 592 ; ☎744-446-52-52 ; www.acapulco-botanico.org ; Av Heróico Colegio Militar s/n, Cumbres de Llano Largo ; adulte/enfant 30 $M/gratuit, dim gratuit, visite guidée 50 $M/pers ; ⏲9h-18h). Sur le campus d'une université jésuite, le jardin botanique recèle une grande diversité végétale et animale. Un sentier bien balisé chemine de 204 à 411 m au-dessus du niveau de la mer, au cœur d'une forêt tropicale jalonnée de nombreux bancs pour s'asseoir et profiter des effluves des fleurs. À 1,2 km de la route principale, entre Acapulco et Diamante. Les taxis collectifs affichant "Base-Cumbres" et partant de la base navale d'Icacos vous déposeront à l'entrée des jardins.

Zócalo PLACE

(Carte p. 594 ; angle Av Costera et Madero). Tous les soirs, le *zócalo* vert de la vieille ville d'Acapulco prend vie : place aux spectacles de rue et mariachis qu'on peut contempler des cafés animés. La place accueille aussi divers festivals. Les dimanches soir, les familles mexicaines, toutes générations confondues, aiment y flâner. Bâtie en 1930, la **Catedral Nuestra Señora de la Soledad** (carte p. 594 ; ☎744-483-05-63 ; www.facebook.com/catedral.soledad ; Hidalgo s/n ; ⏲7h-20h lun-sam, 6h30-21h dim) GRATUIT domine la place de son étonnante architecture néobyzantine à dôme bleu.

Sinfonía del Mar POINT DE VUE

(Symphonie de la mer ; carte p. 592 ; Av López Mateos s/n). Cette place en gradins, au sud de La Quebrada, accueille de temps à autre des concerts, mais elle sert surtout de magnifique belvédère pour admirer le coucher du soleil.

Plages

Les plages les plus fréquentées sont celles qui donnent sur la baie, à l'est du *zócalo* : **Playa Hornos** (carte p. 598), **Playa Hornitos** (carte p. 598), **Playa Condesa** (carte p. 598) et **Playa Icacos** (carte p. 598). Le quartier des gratte-ciels hôteliers débute à Playa Hornitos, à l'est du Parque Papagayo. Les bus municipaux sillonnent l'Avenida Costera, permettant d'accéder facilement à cette longue enfilade de plages.

Les plages **Playa Caleta et Playa Caletilla** (carte p. 592 ; 🚌Caleta) sont deux petites étendues au sud de la Península de las Playas. Leurs eaux calmes sont idéales pour la baignade, mais leur emplacement est si populaire qu'elles sont bondées, en particulier en juillet et août et pendant les vacances d'hiver. Du centre-ville, sur Avenida Costera, prendre les bus "Caleta" pour s'y rendre. Les bateaux pour Isla de la Roqueta partent d'un petit quai.

Vieille ville d'Acapulco

Vieille ville d'Acapulco

Les incontournables

À voir

Activités

Où se loger

Où se restaurer

Achats

Playa La Angosta (carte p. 594 ; 🚌Caleta), une petite crique protégée à environ 1,5 km au sud-ouest du *zócalo*, est accessible à pied depuis ce dernier. Sinon, le bus "Caleta" vous déposera à un pâté de maisons de la plage. Les locaux fréquentent La Angosta pour ses *palapas* où l'on sert des produits de la mer.

Si vous prenez la superbe route 200 bordée de jungle en direction du sud-est, vous profiterez d'une vue époustouflante sur la baie d'Acapulco avant d'arriver à une intersection menant aux plages de **Bahía Puerto Marqués**. Là, vous pourrez vous adonner au ski nautique et profiter d'eaux calmes où vous baigner. Si vous prenez les transports publics, montez dans un bus pour Puerto Marqués (p. 602) sur l'Avenida Costera (passages fréquents).

À environ 3 km au sud de Puerto Marqués, **Playa Revolcadero**, un spot de surf populaire, vous livre ses eaux tumultueuses. La baignade peut toutefois y être dangereuse. Ces dernières années, cette longue bande de sable s'est fortement développée, mais on y trouve encore des coins calmes.

Les deux plages les plus proches de la vieille ville d'Acapulco sont **Playa Tlacopanocha** (carte p. 594) – impropre à la baignade – et **Playa Manzanillo** (carte p. 594), une petite plage où vous pourrez nager même si l'eau n'est pas très propre.

Activités

La plupart des activités à Acapulco tournent autour de la mer.

Croisières

Plusieurs bateaux et yachts proposent des croisières dans la baie (en journée ou de nuit). La plupart partent de Playa Tlacopanocha ou Playa Manzanillo, près du *zócalo*. L'offre va des bateaux à fond de verre aux embarcations sur plusieurs niveaux (avec *salsa* et open-bars), en passant par les yachts offrant un paisible coucher du soleil sur la baie. Réservez auprès de la marina, des agences de voyages, des kiosques de circuits organisés et de la plupart des hôtels. Les **paquebots de croisière** (carte p. 598 ; ☎744-434-17-10 ; www.apiacapulcoport.com ; Av Costera s/n) sont de moins en moins nombreux à Acapulco en raison des problèmes de sécurité.

Acarey CROISIÈRE
(Carte p. 594 ; ☎744-100-36-37 ; www.acarey.com.mx ; Av Costera s/n ; adulte/- 10 ans 310 $M/gratuit ; ⌚départs 16h30 et 22h30 tlj, plus 19h30 sam). Quasiment tous les kiosques et agences de la ville, de même que le guichet sur le quai en face du *zócalo,* proposent cette croisière populaire (2 heures 30) avec boissons illimitées et musiciens à bord. La sortie de 16h30 pour le coucher du soleil permet d'avoir un bel aperçu de la baie. La croisière de nuit, elle, est davantage centrée sur la fête.

Golf

Club de golf Acapulco GOLF
(Carte p. 598 ; ☎744-484-07-81 ; clubgolf@prodigy.net.mx ; Av Costera s/n ; 9/18 trous 600/800 $M ; ⌚7h-17h). Juste en retrait de la plage, ce parcours de 9 trous est simple mais central. Le prix d'entrée inclut la voiturette. Vous pouvez faire le parcours deux fois pour arriver à 18 trous.

Pêche sportive

La pêche sportive est une activité très populaire, en particulier pendant les mois d'hiver où l'on peut attraper du marlin et du thon jaune.

Blue Water Sportfishing PÊCHE
(Carte p. 594 ; ☎portable 744-4282279 ; www.acavio.com/aventura.html ; Pinzona 163 ; bateaux de pêche 250-390 $US). Un prestataire chaleureux et décontracté, qui viendra vous chercher sur le quai du *zócalo*. Prix variable selon la taille du bateau.

Sports nautiques

Ski nautique, navigation de plaisance, banane gonflable et parachute ascensionnel ont la faveur des touristes. Pour y prendre part, longez les plages de la Zona Dorada à la recherche de kiosques. Comptez 500 $M pour 5 minutes de parachute ascensionnel, et 1 500 $M pour 1 heure de ski nautique, de jet-ski ou de wakeboard. Les plages Caleta et Caletilla (p. 593), plus petites, proposent voiliers, bateaux de pêche, bateaux à moteur, pédalos et équipement de snorkeling à louer. Bien qu'Acapulco ne soit pas une destination de plongée à proprement parler, il existe quelques spots corrects à proximité.

Le meilleur site de snorkeling se trouve au large de la petite Playa Las Palmitas sur l'Isla de la Roqueta (p. 593). À moins de participer à un circuit organisé, il vous faudra traverser les rochers pour y accéder.

On peut louer l'équipement sur l'île ou sur les plages Caleta et Caletilla, qui offrent aussi de bons sites.

Acapulco Scuba Center PLONGÉE
(Carte p. 592 ; ☎744-482-94-74 ; www.acapulcoscuba.com ; Av Costera 215, Club Náutico La Marina Acapulco ; plongée double 1 100 $M, snorkeling 500 $M ; ⏲8h-16h mer-lun). Une des rares agences qui peut vous emmener en bateau pour plonger dans la baie. Elle propose des brevets PADI et SSI. Vous pouvez aussi réserver des sorties snorkeling à l'Isla de la Roqueta (p. 593).

Swiss Divers Association PLONGÉE
(Carte p. 592 ; ☎744-482-13-57 ; www.swissdivers.com ; Cerro San Martín 325, Hotel Caleta ; plongée double 80 $US, snorkeling 40 $US ; ⏲9h-17h jeu-mar). Une équipe expérimentée proposant de nombreuses explorations sous-marines et le brevet PADI. Son bureau, niché au-dessus des rochers dans la splendeur décatie de l'hôtel Caleta, vaut à lui seul un coup d'œil. Sorties snorkeling également.

Fêtes et festivals

Acapulco Festival Francés CULTURE
(www.festivalfrances.com ; ⏲mars ou avril). Acapulco célèbre en mars ou avril la cuisine, la musique, la littérature et le cinéma français.

Où se loger

Acapulco compte plus de 10 000 chambres. La plupart des hôtels pour petits budgets sont concentrés autour du *zócalo* (p. 593). La première zone des établissements haut de gamme débute à l'extrémité orientale du Parque Papagayo (p. 592) et forme une boucle, le long de la baie. Les autres hôtels de luxe sont implantés au sud-est, près de l'aéroport.

Hotel Márquez del Sol HÔTEL $
(Carte p. 598 ; ☎744-484-77-60 ; hotelmarquezdelsol@hotmail.com ; Juan de la Cosa 22 ; ch 600 $M ;). Cet hôtel bon marché proche de la plage est suffisamment éloigné de la rue principale pour être calme la nuit. La déco est quelconque, mais les chambres sont spacieuses et plutôt propres, même si les salles de bains sont petites ; beaucoup s'agrémentent d'un balcon. Intéressant pour son emplacement central.

Hotel Nilo HÔTEL $$
(Carte p. 598 ; ☎744-484-10-99 ; www.hotelnilo.mx ; Calle 4 n°105 ; d/qua 1 300/1 500 $M ;). Dans la même gamme de prix que beaucoup d'hôtels d'Acapulco – avec près de 40 ans de moins –, cet établissement se trouve en retrait de la rue principale, dans la partie plaisante de la ville. Accueil aimable, chambres petites mais confortables et modernes, y compris les salles de bains. Piscine au dernier étage.

Hotel Etel Suites SUITES $$
(Carte p. 594 ; ☎744-482-22-40 ; www.facebook.com/hoteletelsuites ; Av Pinzona 92 ; ch 600-900 $M, app 1 500 $M ; ; Caleta). Dominant la vieille ville, avec vue renversante sur la baie, l'océan Pacifique et la ville depuis les terrasses, cet hôtel abrite des chambres modestes mais bien tenues, dans un quartier très calme. Personnel bienveillant. Les amoureux du design des années 1950-1970 apprécieront le mobilier des appartements. Espace de jeu pour enfants et grandes chambres idéales pour les familles.

Hotel Acapulco Malibu HÔTEL $$
(Carte p. 598 ; ☎744-484-10-70 ; www.acapulcomalibu.com ; Av Costera 20 ; ch à partir de 1 415 $M ;). L'originalité est toujours agréable, et ici les chambres octogonales n'en manquent pas. Pas très grandes, avec de petits balcons, elles entourent un atrium rempli de plantes grimpantes. Bien situé pour aller à la plage – sinon baignez-vous dans la piscine, elle aussi octogonale.

Bali-Hai MOTEL $$
(Carte p. 598 ; ☎744-485-66-22 ; www.balihai.com.mx ; Av Costera 186 ; ch à partir de 1 071 $M ;). Thème polynésien pour ce motel au cœur de la Bahía de Acapulco, sur le trottoir opposé à la plage. L'endroit manque de charme mais le parking est sécurisé. Les longs couloirs desservent des chambres spacieuses donnant sur deux piscines bordées de palmiers. Le supplément pour une chambre "supérieure" ne vaut pas la peine d'être payé.

Hotel Los Flamingos HÔTEL $$
(Carte p. 592 ; ☎744-482-06-91 ; www.hotellosflamingos.com.mx ; Av López Mateos s/n ; d/d supérieure/ste junior 714/833/952 $M ;). Jadis détenu par John Wayne, Johnny "Tarzan" Weissmuller et leurs amis, cet hôtel est un musée vivant de l'âge d'or d'Acapulco. Perchée sur une falaise à 135 m au-dessus de l'océan, cette institution offre l'un des plus beaux panoramas de la ville (dont on profite dans des hamacs) et un bar-restaurant prisé.

Décorées d'images de l'âge d'or hollywoodien, les chambres sont modestes, voire vieillissantes, mais assez confortables. Les suites "junior", climatisées avec balcon, valent le supplément.

Hotel Marzol HÔTEL **$$**
(Carte p. 598 ; ☎744-484-33-96 ; www.hotelmarzolacapulco.com ; Av Francia 1A ; ch 1 000 $M ; 🚭❄📶🏊). Dans une rue étroite qui mène à la plage, entouré de gratte-ciel, ce bâtiment plus modeste est une option trois étoiles élégante sans être extraordinaire. Chambres dont le sol est revêtu d'un beau carrelage, mobilier en bois sombre et TV câblée. Bien que les lits soient un peu durs, l'adresse est propre, fiable et d'un bon rapport qualité/prix.

♥ **Pier d Luna** B&B **$$$**
(Carte p. 592 ; ☎744-480-10-18, portable 744-1792072 ; www.pdluna.wix.com/pier-d-luna ; Casa n°2, Gran Vía Tropical 34 ; ch avec petit-déj 119-153 $US ; P🚭❄📶🏊). Une adresse bien cachée avec un grand salon-salle à manger (avec piano demi-queue), aux larges ouvertures avec vue sur la baie. Elle offre 5 jolies chambres, certaines avec balcon. Petits-déjeuners copieux, agréable piscine, Jacuzzi à l'étage et grande piscine d'eau de mer donnant sur la baie. Un escalier privé descend d'ailleurs à la piscine.

Un cuisinier prépare de délicieux repas franco-mexicains (à commander à l'avance). Suivez bien les indications qu'on vous donnera, car il n'y a pas de panneau. Hôtes très accueillants. Réservation nécessaire.

Hotel Elcano HÔTEL **$$$**
(Carte p. 598 ; ☎744-435-15-00 ; www.hotelelcano.com.mx ; Av Costera 75 ; d 1 100-1 800 $M ; P🚭❄@📶🏊). Près du centre du croissant des plages d'Acapulco, cet hôtel avec somptueux coin piscine et petite plage est décoré de carrelage Art déco dans la réception. Les peintures bleu et blanc soulignent le thème maritime de la décoration. Chambres claires ; la plupart sont pourvues de terrasses offrant une superbe vue sur l'océan. Les réductions de basse saison en font une excellente affaire.

Banyan Tree Cabo Marqués RESORT **$$$**
(☎744-434-01-00 ; www.banyantree.com ; Blvd Cabo Marqués s/n, Punta Diamante ; ch à partir de 735 $US ; P🚭❄@📶🏊). Au bord de l'océan, sur une péninsule clôturée, à 20 km au sud du centre-ville, ce splendide *resort* est un morceau d'Asie à Acapulco. Somptueuses villas privatives avec hamac, piscine, vue panoramique, restaurant thaïlandais, salons de massage avec vue et piscine à débordement. Dîner en chambre sur demande. Des voiturettes de golf permettent de circuler entre les diverses installations. Un hôtel d'un calme absolu, loin de la foule, géré par un personnel attentif.

Où se restaurer

De nombreux restaurants s'alignent le long de la côte, de Playa Icacos (p. 593) à la vieille ville où vous trouverez beaucoup d'établissements servant une cuisine traditionnelle. Le jeudi est souvent le jour du *pozole* (ragoût de maïs), et les restaurants s'animent au son de la musique folklorique. Les *tamales* font partie des autres plats traditionnels.

El Nopalito CAFÉ **$**
(Carte p. 594 ; La Paz 230 ; plats 50-120 $M, menu 60 $M ; ⏲8h-20h). Ce café sombre et sans prétention dans une rue proche du *zócalo* (p. 593) attire les clients grâce à son *mole verde* (plat à la sauce au piment vert) les jeudis et dimanches. Le menu du déjeuner comprend des fruits, du jus ou café et un plat principal – poulet rôti, *enchilada* de bœuf, *carne asada* (bœuf mariné grillé) ou encore poisson frit servi avec *nopales* (feuilles de cactus) et tortillas.

♥ **Paititi del Mar** PRODUITS DE LA MER **$$**
(☎744-480-00-31 ; www.facebook.com/paititidelmar ; Zaragoza 6, La Poza ; plats 140-220 $M ; ⏲8h-19h ven-mer ; 🚌Coloso). Installé sous une *palapa* dans un jardin tropical, ce restaurant de produits de la mer n'a pas les pieds dans l'eau, mais propose une cuisine à faire pâlir la plupart des restaurants du front de mer. Le *ceviche paraiso* est une explosion de saveurs (thon frais, mangue, gingembre, fraises et piment *habanero*), à accompagner d'une eau de concombre et citron vert rafraîchissante. En guise de plat principal, laissez-vous tenter par le délicieux poulpe grillé ou à l'ail.

Les bus "Coloso", à prendre n'importe où le long de l'Avenida Costera, au sud de l'embranchement pour la route 200, s'arrêtent à environ 2 km au nord du restaurant sur le Bulevar de las Naciones.

♥ **La Casa de Tere** MEXICAIN **$$**
(Carte p. 598 ; ☎744-485-77-35 ; www.facebook.com/lacasadetereacapulco ; Martín 1721 ;

Acapulco Dorado

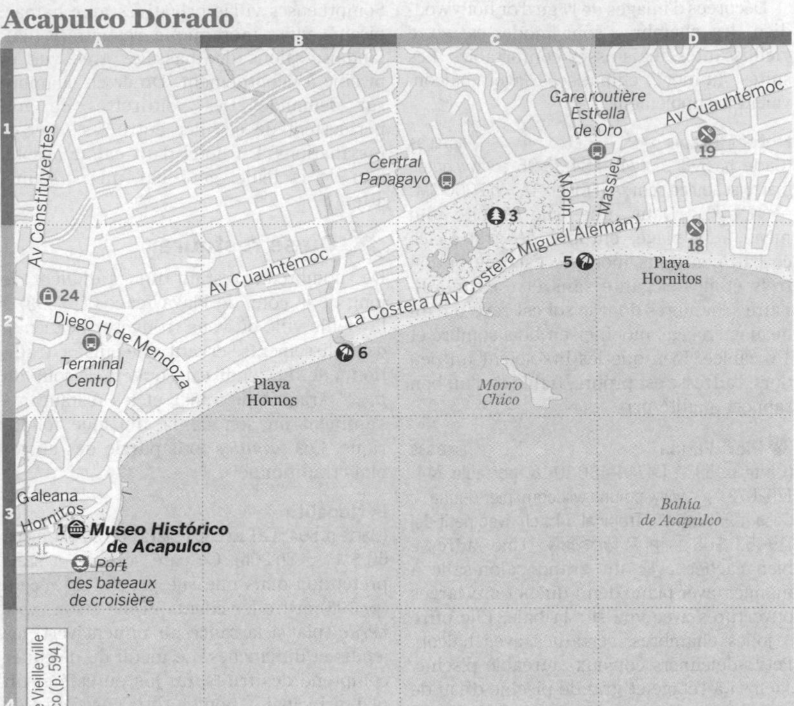

Acapulco Dorado

Les incontournables
1 Museo Histórico de Acapulco A3

À voir
Fuerte de San Diego .... (voir 1)
2 La Diana E2
3 Parque Papagayo C1
4 Playa Condesa F2
5 Playa Hornitos C2
6 Playa Hornos B2
7 Playa Icacos G3

Activités
8 Club de Golf Acapulco G2
9 Paradise Bungy F2

Où se loger
10 Bali-Hai E1
11 Hotel Acapulco Malibu G2
12 Hotel Elcano G3
13 Hotel Márquez del Sol E1
14 Hotel Marzol G3
15 Hotel Nilo H4

Où se restaurer
16 El Cabrito H3
17 El Gaucho F2
18 El Jacalito D2
19 La Casa de Tere D1
Pipo's .... (voir 16)

Où prendre un verre et faire la fête
20 Demás Factory G2
21 Mezcalina H3
22 Mojito E2

Achats
23 La Europea H3
24 Mercado Central A2

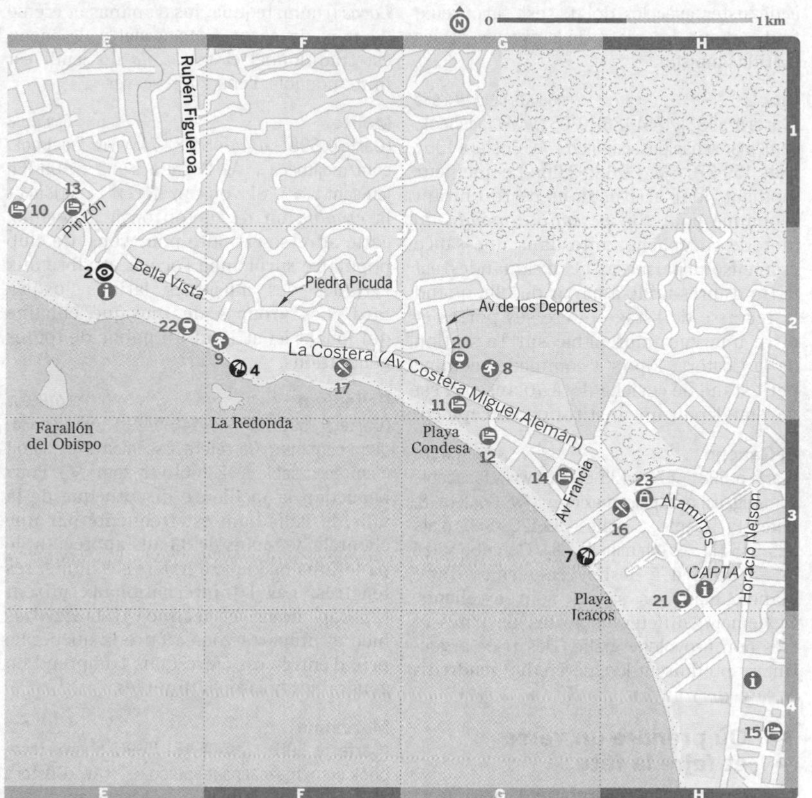

plats 70-225 $M ; 8h-18h mar-dim ;). Cette formidable cantine tenue en famille près de la gare routière Estrella de Oro (p. 602) est l'endroit où aller pour un *pozole verde* du jeudi. Fondé en 1990 dans le patio de Doña Tere, avec les recettes de maman Clarita, l'établissement sert un populaire *barbacoa de carnero* (agneau cuit lentement) le dimanche. Des tortillas maison accompagnent les plats.

El Jacalito MEXICAIN **$$**
(Carte p. 598 ; 744-486-65-12 ; Gonzalo de Sandoval 26 ; plats 55-195 $M ; 8h-23h ;). À quelques pas de la plage, ce restaurant intimiste et authentique au toit de palme et aux nappes traditionnelles est une aubaine à tout moment de la journée. Son personnel aimable sert de savoureux tacos de poulets, de délicieux *frijoles* (haricots), des plats de poisson bon marché et des petits-déjeuners copieux.

La Cabaña de Caleta FRUITS DE MER **$$**
(Carte p. 592 ; 744-482-50-07 ; www.lacabanadecaleta.com ; Playa La Caleta ; plats 80-250 $M ; 9h-21h ; ; Caleta). Offrez-vous une tranche de Mexique balnéaire très années 1950 dans ce vénérable établissement sans prétention, installé sur Playa La Caleta. Installez-vous sous un parasol bleu et contemplez la baie en savourant des spécialités comme la *cazuela de mariscos* (ragoût de fruits de mer) ou le poisson entier au grill.

El Cabrito MEXICAIN **$$**
(Carte p. 598 ; 744-484-77-11 ; www.elcabrito-acapulco.com ; Av Costera 1480 ; plats 85-255 $M ; 14h-23h lun-sam, 13h30-22h30 dim ;). Véritable institution à la jolie décoration, El Cabrito est l'un des meilleurs restaurants locaux de cuisine mexicaine. Le *mole* (un type de sauce au piment) noir façon Oaxaca est composé de 32 ingrédients. Le *cabrito al pastor* (chevreau rôti),

à déguster avec les doigts, est savoureux, tout comme les plats de crevettes et les tortillas maison.

Pipo's PRODUITS DE LA MER **$$$**
(Carte p. 598 ; ☎744-188-10-05 ; www.facebook.com/mariscospiposacapulco ; Av Costera 105 ; plats 150-270 $M ; ⏲12h-23h). Le meilleur moment pour arriver dans ce restaurant renommé pour son *pescado almendrado* (dorade coryphène cuite dans une sauce crémeuse au parmesan et aux amandes) est la fin d'après-midi, à partir de 18h, quand la terrasse de l'étage ouvre ses portes et offre une vue imprenable sur l'agitation de la Costera. Pipo's a commencé comme petit stand de ceviche il y a 70 ans et il est devenu depuis une institution d'Acapulco.

El Gaucho ARGENTIN **$$$**
(Carte p. 598 ; ☎744-435-63-00 ; www.facebook.com/elgauchoacapulcomexico ; Av Costera 8, Hotel Presidente ; pâtes 89-120 $M, plats 325-545 $M ; ⏲14h-minuit ; 📶). Ce cube vitré laisse un peu à désirer en termes d'ambiance, mais ses steaks sont excellents. Également, différentes sortes de pâtes et très bon provolone grillé. Des trios argentins se produisent les mercredis, vendredis et samedis soir.

Où prendre un verre et faire la fête

Les immenses bars à moitié à ciel ouvert qui entourent la tour du **Paradise Bungy** (carte p. 598 ; ☎744-484-75-29 ; www.facebook.com/paradisebungyacaoficial ; Av Costera 101 ; 600 $M ; ⏲17h-0h30 mar-jeu, 15h-2h ven-sam, 15h-23h dim) s'animent du début de soirée à tard dans la nuit, avec promotions sur les consommations, go-go danseuses et autres festivités.

La plupart des discothèques prennent vie après minuit, voire même plus tard. Le prix de l'entrée varie selon les saisons et la soirée. Soignez votre tenue : pas de short et baskets.

♥ **Bar Los Flamingos** BAR
(Carte p. 592 ; ☎744-483-98-06 ; www.hotelflamingosacapulco.com ; Av López Mateos s/n ; ⏲10h-22h ; 📶). Le bar de l'Hotel Los Flamingos (p. 596), perché en haut d'une falaise, est un impeccable établissement à l'ancienne, et le meilleur endroit de la ville pour admirer le coucher de soleil. La carte des cocktails est légendaire et compte de savoureuses mixtures comme le *Cocos Locos* (rhum, tequila, jus d'ananas et crème de noix de coco). Côté assiette, le menu est traditionnel et le *pozole* du jeudi est immanquable. Pensez à réserver.

Mojito BAR, CLUB
(Carte p. 598 ; ☎744-484-82-74 ; www.facebook.com/mojitoaca ; Av Costera s/n ; ⏲10h-16h jeu-sam ; 📶). Si vous préférez la salsa et la *cumbia* au reggaeton ou à la techno, cette adresse est faite pour vous. Ce club populaire surplombe l'océan et vibre aux rythmes des musiques latinos jusqu'à tard. Les groupes de musique cubaine qui jouent ici attirent un public de toutes générations.

Palladium DISCOTHÈQUE
(Carte p. 592 ; ☎744-446-54-90 ; www.palladium.com.mx ; Carretera Escénica s/n ; droit d'entrée variable ; ⏲23h-6h ven-sam ; 📶). Pour beaucoup la meilleure discothèque de la ville, le Palladium est fréquenté par une clientèle de moins de 35 ans appréciant le panorama magique derrière ses immenses fenêtres. Les DJ internationaux mixent hip-hop, house et techno. Habillez-vous bien et préparez-vous à faire la queue. Le prix d'entrée est élevé mais comprend en général les boissons illimitées.

Mezcalina BAR
(Carte p. 598 ; ☎744-481-15-90 ; www.facebook.com/mezcalinaacapulco ; Av Costera 3007 ; ⏲20h-2h mar-jeu, 4h ven-sam ; 📶). Cet endroit n'est pas exactement un bar à mezcal traditionnel (à moins que danser sur du reggaeton bruyant ne soit devenu la dernière tendance dans les *mezcalerías*), mais il est tout à fait adapté si vous voulez faire la fête en sirotant un Danzantes ou un Bruxo.

Demás Factory CLUB GAY
(Carte p. 598 ; www.facebook.com/demasfactory ; Av de los Deportes 10A ; ⏲22h-7h mer-dim ; 📶). Le plus vieux club gay de la ville est mixte, mais attire principalement une clientèle masculine. Des spectacles sont donnés les soirs de week-ends. Boissons illimitées moyennant 250 $M le samedi soir.

Où sortir

Forum Mundo Imperial SALLE DE CONCERT
(☎744-435-17-00 ; www.forumimperial.com ; Blvd de las Naciones s/n, Acapulco Diamante). Au carrefour menant à l'aéroport, dans le quartier de Diamante, cette grande salle, impressionnante, accueille des têtes

d'affiche et des spectacles de danse comme des groupes de rock. Le mieux est de s'y rendre en voiture ou en taxi.

Achats

La Europea SPIRITUEUX
(Carte p. 598 ; ☎744-484-80-43 ; www.laeuropea.com.mx ; Av Costera 2908 ; ⏰10h-20h lun-jeu, 21h ven-sam, 11h-16h dim). Belle sélection de mezcals et de tequilas, dont des mezcals Pierde Almas et tequilas 7 Leguas.

Mercado de Artesanías MARCHÉ
(Carte p. 594 ; angle Parana et Velásquez de León ; ⏰la plupart des stands 10h-19h). Le marchandage est de rigueur sur ce marché artisanal verdoyant à l'ambiance décontractée. Les prix des hamacs, bijoux, vêtements et T-shirts sont plus avantageux que ceux pratiqués dans les boutiques d'hôtel.

Mercado Central MARCHÉ
(Carte p. 598 ; Hurtado de Mendoza s/n ; ⏰7h-18h). De l'*atole* (gruau de maïs moulu) aux *zapatos* (chaussures), en passant par les produits frais, les plats chauds et les souvenirs, vous trouverez de tout dans cet immense marché à la fois couvert et en extérieur. Prenez un bus "Pie de la Cuesta" ou "Pedregoso" en direction de l'ouest et descendez lorsque vous voyez les premiers étals.

Renseignements

ARGENT

Nombre de banques et de *casas de cambio* (bureaux de change) sont regroupées aux alentours du *zócalo* (p. 593) et le long de l'Avenida Costera. Les hôtels changent aussi des devises, mais à un taux peu intéressant en général.

DÉSAGRÉMENTS ET DANGERS

Acapulco est aujourd'hui la troisième ville au monde pour le nombre d'homicides par habitant, mais cela ne reflète pas la réalité des touristes. L'immense majorité des incidents violents sont des règlements de compte entre gangs liés au trafic de drogue. Cela dit, bien que la sécurité des quartiers du centre soit une priorité absolue de la municipalité, des touristes ont parfois été la cible d'incidents isolés, ou pris entre deux feux. Acapulco n'est pas forcément une ville dangereuse à visiter, mais comme dans la plupart des villes mexicaines, nous vous conseillons de faire attention à vos affaires, d'éviter d'explorer des zones inconnues et de prendre des taxis tard le soir.

OFFICES DU TOURISME

CAPTA (renseignements touristiques et assistance aux voyageurs ; carte p. 598 ; ☎744-481-18-54 ; www.acapulco.gob.mx/capta/ ; Av Costera 38A ; ⏰bureau 9h-21h). Le bureau et la permanence téléphonique joignable 24h/24 sont à disposition des visiteurs rencontrant des problèmes ou en quête de renseignements.

La municipalité gère plusieurs kiosques d'information touristique. D'une utilité limitée, ils se trouvent dans la **marina** (carte p. 594 ; ☎744-481-18-54 ; www.acapulco.gob.mx/capta ; Av Costera s/n ; ⏰9h-18h) en face du **zócalo** (p. 593), sur le **rond-point La Diana** (carte p. 598 ; ☎744-481-18-54 ; www.acapulco.gob.mx/capta ; Av Costera s/n ; ⏰9h-18h), sur **Playa Caleta** (carte p. 592 ; ☎744-481-18-54 ; www.acapulco.gob.mx/capta ; ⏰9h-18h) et à l'entrée du **Walmart** (carte p. 598 ; ☎744-481-18-54 ; www.acapulco.gob.mx/capta ; Horacio Nelson s/n ; ⏰9h-18h), près de Playa Icacos (p. 593).

POSTE

Poste principale (carte p. 594 ; ☎744-483-53-63 ; www.correosdemexico.com.mx ; Av Costera 315, Palacio Federal ; ⏰8h-19h lun-ven, 9h-14h sam)

SERVICES MÉDICAUX

Hospital Magallanes (☎744-469-02-70 ; www.hospitalprivadomagallanes.com ; Massieu 2). Hôpital privé établi de longue date, avec un personnel et des médecins anglophones.

URGENCES

Police touristique (☎744-485-04-90)

Depuis/vers Acapulco

AVION

L'**aéroport d'Acapulco** (aéroport international Juan Álvarez ; ☎744-435-20-60 ; www.oma.aero/es/aeropuertos/acapulco ; Blvd de las Naciones s/n) a connu une nette baisse des vols directs internationaux, même s'il reste très facile de le rallier via Mexico (très proche en avion). Les compagnies aériennes ont leurs bureaux dans l'aéroport ; il y a quelques vols directs depuis les États-Unis et le Canada.

Quelques villes mexicaines et les compagnies qui les desservent :

- Guadalajara – TAR
- Mexico – Aeromar, Aeroméxico, Interjet, Volaris
- Monterrey – VivaAerobus, Volaris
- Queretaro – TAR
- Tijuana – Interjet, Volaris
- Toluca – Interjet

BUS

Il y a quatre gares routières à Acapulco. Les deux plus grandes sont assez proches l'une de l'autre. Il y a aussi une gare routière à Diamante, près des complexes hôteliers.

Central Ejido (carte p. 592 ; ☎744-469-20-30 ; Av Ejido 47). Dessert essentiellement des villes du Guerrero et du Oaxaca, avec les lignes du groupe AltaMar/Costeños. Les bus pour Zihuatanejo de la compagnie Estrella de Oro s'arrêtent ici en allant vers le nord.

Central Papagayo (Terminal Estrella Blanca ; carte p. 598 ; ☎800-507-55-00 ; www.estrellablanca.com.mx ; Av Cuauhtémoc 1605). Juste au nord du Parque Papagayo (p. 592). De cette gare routière moderne des bus 1re classe et deluxe d'Estrella Blanca et de ses filiales partent pour tout le pays. Vous y trouverez une consigne à bagages, mais peu d'options pour manger.

Gare routière Estrella de Oro (Central Cuauhtémoc ; carte p. 598 ; ☎800-900-01-05 ; www.estrelladeoro.com.mx ; Av Cuauhtémoc 1490). Tous les bus d'Estrella de Oro (EDO) partent de cette gare moderne et climatisée. Elle possède plusieurs DAB et une consigne.

Terminal Centro (carte p. 598 ; ☎800-003-76-35 ; Av Cuauhtémoc 97). Des bus de 1re et 2e classes à destination des villes assez proches, mais aussi quelques liaisons vers la ville de Mexico.

VOITURE ET MOTO

Plusieurs agences disposent de comptoirs à l'aéroport.

Alamo (☎744-466-93-30 ; www.alamo.com.mx/en ; ⊙7h-22h)

Europcar (☎744-466-93-14; www.europcar.com.mx/en ; ⊙6h-23h)

Hertz (☎744-466-94-24 ; www.hertz.com ; ⊙6h-22h)

ℹ Comment circuler

Faire du vélo à Acapulco peut être périlleux ; portez toujours un casque. **Las Bicis de Aca** (www.facebook.com/lasbicisdeaca.es ; Av Costera s/n ; location 50 $M/heure ; ⊙13h-21h lun-ven, dès 9h sam-dim) loue des vélos.

DEPUIS/VERS L'AÉROPORT

L'aéroport d'Acapulco (p. 601) est situé à 23 km au sud-est du *zócalo* (p. 593). On peut acheter son billet pour la ville au comptoir des *colectivos*, à l'extrémité du terminal des vols intérieurs. Les taxis privés ralliant le centre-ville depuis l'aéroport facturent des prix variables selon la zone où vous désirez vous rendre. Comptez 450 $M pour un hôtel central.

Quand vous quittez Acapulco, les taxis circulant du centre-ville vers l'aéroport coûtent environ 250-350 $M, selon la distance.

BUS

Le moyen le plus simple pour circuler est de prendre la ligne de bus "Base-Caleta" qui part de la base navale d'Icacos au sud-est d'Acapulco, longe La Costera, passe par le *zócalo* (p. 593) et va jusqu'à Playa Caleta. Le ticket coûte 8 $M (9,50 $M si le bus est climatisé).

Les rapides bus rouges Acabús (www.acabus.gob.mx) sont accessibles depuis les quais d'une station à l'aide d'une carte de transport rechargeable. La ligne jaune RT4 est l'itinéraire touristique principal ; elle traverse l'Avenida Costera à partir d'Icacos jusqu'au *zócalo*. De l'arrêt du *zócalo*, vous pouvez faire une correspondance pour la ligne RA12 qui va à Caleta. Un trajet coûte 10 $M (correspondances gratuites).

La plupart des bus circulent de 5h à 23h. Un **arrêt de bus** (carte p. 594 ; Av Costera s/n ; ⊙5h-22h) desservant les plages voisines de Pie de la Cuesta et Puerto Marqués se trouve sur l'Avenida Costera, à environ deux pâtés de maisons à l'est du *zócalo*.

BUS AU DÉPART D'ACAPULCO

DESTINATION	PRIX ($M)	DURÉE (H)	FRÉQUENCE
Chilpancingo	66-128	1½-2½	fréquents (Centro, EDO, Ejido et Papagayo)
Cuernavaca	414-533	4-5	4/jour (EDO), 6/jour (Papagayo)
Mazatlán	1 500-1 830	19-21	3/jour (Papagayo)
Mexico (Terminal Norte)	507-667	6	fréquents (Centro, EDO et Papagayo)
Mexico (Terminal Sur)	525-690	5-6	fréquents (Centro, EDO et Papagayo)
Puerto Escondido	466	8-9	7/jour (Centro), 7/jour (Ejido)
Taxco	257-290	4-5	5/jour (EDO)
Zihuatanejo	160-248	4½-5½	fréquents (Centro), 7/jour (EDO), 9/jour (Papagayo)

VOITURE ET MOTO

Si possible, évitez de conduire à Acapulco. La circulation est souvent anarchique. Un nouveau tunnel de 3,3 km baptisé Macrotúnel et dont l'accès n'est pas donné (55 $M) part du sud de la base navale d'Icacos jusqu'à Acapulco Diamante, mais vous avez plutôt intérêt à emprunter la belle route qui louvoie le long de la côte.

TAXI

Les légions de taxis bleu et blanc manœuvrent avec beaucoup d'audace. Les chauffeurs annoncent souvent des tarifs plus élevés que les tarifs officiels ; mettez-vous toujours d'accord sur un prix avant de monter. Une petite course devrait coûter 40-50 $M, traverser la ville 100-150 $M environ.

Les taxis collectifs jaunes (*colectivos* ou *peseros*) empruntent des itinéraires fixes et coûtent 18 $M par trajet (le double si vous voulez être assis seul à l'avant sans vous serrer). Leurs destinations sont indiquées sur le pare-brise et on peut les héler n'importe où – en fait, ils vous klaxonneront peut être en premier.

Dans le quartier des hôtels, les étincelantes calèches ont un gros succès auprès des enfants pour une promenade nocturne.

Costa Chica

Bien qu'elle possède plusieurs plages spectaculaires, la "petite côte" du Guerrero, qui s'étend du sud-est d'Acapulco à la frontière du Oaxaca, est beaucoup moins fréquentée par les touristes que sa grande sœur (Costa Grande) se déployant au nord-ouest de la ville. Ancienne terre de refuge pour des Africains ayant fui l'esclavage (certains depuis l'intérieur, d'autres, apparemment, auraient survécu à un naufrage), la région abrite des Afro-Mestizos, aux origines africaine, *indígenas* et européenne.

D'Acapulco, la route 200 part vers l'intérieur des terres, passant à travers champs et petits villages. **San Marcos**, à environ 60 km à l'est d'Acapulco, et **Cruz Grande**, 40 km plus à l'est, sont les seules villes d'importance avant Cuajinicuilapa (p. 604), près de la frontière avec l'État de Oaxaca. Toutes deux disposent de services de base (banques, stations-service et hôtels sans prétention). Playa Ventura, une plage paisible au charmant décor rocheux, est une retraite idéale pour se reposer quelques jours.

Playa Ventura

☎741 / 555 HABITANTS

À 135 km au sud-est d'Acapulco, Playa Ventura (Colonia Juan Álvarez sur la plupart des cartes) est une longue plage préservée, où une mer calme et translucide borde un sable blanc et or. Un village mexicain agréable lui fait face, avec des hébergements basiques sur le front de mer et des restaurants de poisson en bord de plage, dans les deux directions en partant du centre.

Playa Ventura est un site important de ponte des tortues, et des bénévoles sortent ramasser les œufs la nuit pendant la saison (mai à janvier) et les réenterrer dans un petit enclos au bord de la plage, parsemé de rangées d'écriteaux. À Playa Ventura, comme ailleurs sur la peu fréquentée Costa Chica (notamment la ville voisine de **Marquelia** avec son marché et sa belle **Playa La Bocana**), vous n'aurez d'autre choix que de vivre au rythme tranquille de la superbe nature environnante.

Où se loger

♥ **Méson Casa de Piedra** HÔTEL $

(☎portable 741-1013129 ; www.playaventura.mx ; Costera Ventura s/n ; d 600-900 $M ; P ⊜ ᯤ). La "maison de pierres" propose des chambres rustiques très bien décorées (objets recyclés). Certaines sont équipées de balcons ouverts sur l'océan. La chambre "cielo" offre une jolie vue à prix abordable. L'hôtel possède également l'un des meilleurs restaurants de la ville (excellent petit-déjeuner, pizzas, plats végétariens et produits de la mer très frais).

Où se restaurer et prendre un verre

♥ **Los Norteñitos** MEXICAIN $

(☎portable 745-1163957 ; plats 50-150 $M ; ⏲7h-22h). Authentique et accueillante, cette *taquería* au centre du bourg est tenue par une famille locale. Les tacos de *cecina* (bœuf séché) sont délicieux accompagnés d'une *salsa de tomatillo* (tomate verte) faite sur place dans un *molcajete* (mortier). Les crevettes et le poisson – dont une daurade en papillote dans une sauce aux piments doux – sont très bons.

Bolumba BAR

(☎741-101-30-12 ; felixbolumba@live.com.mx ; Costera Ventura s/n ; ⏲7h-21h ; ᯤ). Ce restaurant-bar *palapa* occupe un excellent emplacement pour la baignade. Il est ouvert tard pour Playa Ventura (jusqu'à 21h). L'endroit est idéal pour siroter une rafraîchissante *michelada* (cocktail à base de bière). À 500 mètres au sud du centre-ville.

Depuis/vers Playa Ventura

Pour vous rendre à Playa Ventura en voiture depuis Acapulco, prenez la route 200 jusqu'au panneau de l'embranchement pour Playa Ventura (Km 124), à l'est du village de Copala, puis continuez sur 7 km jusqu'à la côte. Sinon, prenez un bus en direction du sud-est jusqu'à Copala (110-134 $M, environ 3 heures 30). Des *camionetas* (camions pick-up) et des microbus partent du magasin Oxxo à Copala et vont jusqu'à l'embranchement pour Playa Ventura (10 $M, 10 min). De l'embranchement, des taxis collectifs (17 $M, 10 min) vous emmènent en ville. Certains bus d'Acapulco à destination de Cuajinicuilapa vous déposeront à cet embranchement.

Cuajinicuilapa

741 / 10 282 HABITANTS

À 200 km au sud-est d'Acapulco, Cuajinicuilapa, ou Cuaji, est la capitale de la culture *afro-mestiza* sur la Costa Chica.

L'attraction principale de la ville est le **Museo de las Culturas Afromestizas** (musée des Cultures afro-métisses ; portable 741-1250842 ; museodelasculturasafromestizas_cuaji@hotmail.com ; Zárate s/n ; 10 $M ; 10h-14h et 16h-19h lun-ven, sur rdv sam-dim), un hommage aux esclaves africains arrivés au Mexique et en particulier à la culture afro-métisse. On y trouve d'intéressantes histoires, des dioramas et une maquette de bateau négrier (explications en espagnol). Derrière le musée, on peut voir 3 *casas redondas*, ces habitations rondes de l'Afrique de l'Ouest que l'on construisait encore ici dans les années 1960. Le musée est derrière le terrain de basket dans la rue principale, au centre du village.

Depuis/vers Cuajinicuilapa

Chaque jour, 9 bus AltaMar/Costeños partent de la gare routière **Central Ejido d'Acapulco** (p. 602) pour Cuajinicuilapa (233 $M, 4 heures 30) ; et 9 bus partent quotidiennement de Pinotepa Nacional (60 $M, 1 heure), dans le Oaxaca.

Ouest du plateau central

Dans ce chapitre ➡

Le top des restaurants

- Alcalde (p. 624)
- Chango (p. 652)
- Cox-Hanal (p. 669)
- Lu Cocina Michoacana (p. 652)
- Lulabistro (p. 624)
- Los Girasoles (p. 637)

Le top des hébergements

- Casa de las Flores (p. 622)
- Lake Chapala Inn (p. 636)
- Casa Alvarada (p. 644)
- Hotel Casa Encantada (p. 662)
- Casa Chikita Bed & Breakfast (p. 669)
- La Nueva Posada (p. 636)

Pourquoi y aller

Bienvenue au Mexique tel que vous l'imaginiez ! Nombre des éléments appartenant à l'imagerie d'Épinal du pays sont originaires de cette contrée de volcans assoupis, de lacs à perte de vue, de plantations d'avocats inondées de soleil et de vestiges préhispaniques "inexplorés" parmi les plus beaux du pays. Pour un peu de couleur locale, vous pourrez siroter la meilleure tequila du monde, au milieu d'un océan d'agaves bleus, bercé par la musique mariachi, née ici, ou vous laisser éblouir par la splendide cathédrale de Morelia.

Moins visitée, la région du Lago de Pátzcuaro est peuplée d'Indiens purépechas, artisans habiles dont les célébrations du jour des Morts n'ont pas leurs pareilles dans tout le pays.

Côté nature, ce territoire recèle des sites emblématiques, dont le volcan Paricutín, apparu en 1943, que l'on peut gravir et la Reserva de la Biosfera Mariposa Monarca, hauts plateaux boisés où hivernent chaque année des millions de papillons monarques.

Quand partir

Guadalajara

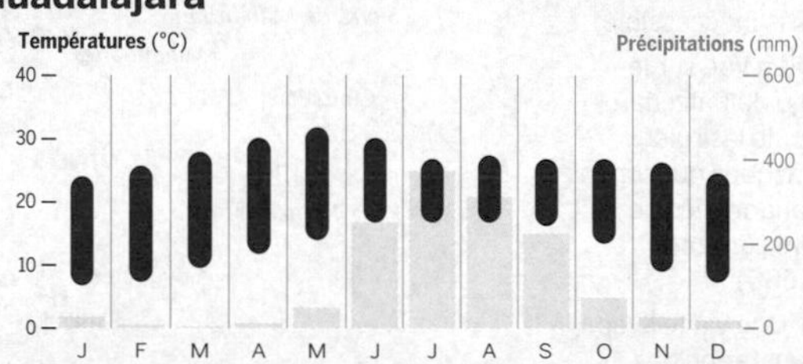

Février Sans doute la meilleure période pour voir les nuées de papillons dans la Reserva Mariposa Monarca.

Mars-avril Le Tianguis Artesanal de Uruapan rassemble le meilleur de l'artisanat mexicain.

Novembre Les villages près de Pátzcuaro et du lac accueillent des fêtes colorées pour le Día de Muertos.

À ne pas manquer

1. La "ville rose" de **Morelia** (p. 645), capitale du Michoacán à la glorieuse cathédrale, aux rues animées et à l'architecture coloniale remarquable
2. Les musées d'art et les églises anciennes de **Guadalajara** (p. 608), deuxième plus grande ville du Mexique, à la scène culinaire brillante
3. La beauté magique de la **Reserva de la Biosfera Mariposa Monarca** (p. 655), qui sert de refuge l'hiver à des millions de papillons monarques
4. La communion avec le mysticisme du peuple purépecha, dans la paisible **Pátzcuaro** (p. 658), cité d'art aux places ravissantes
5. Une excursion au **Volcán Nevado de Colima** (p. 642), cratère éteint et enneigé, dans un parc national où existe un autre volcan plus actif (mais inaccessible)
6. La vue sur le Lago de Pátzcuaro depuis les ruines tarasques quasiment abandonnées de **Tzintzuntzan** (p. 666)
7. Une visite avec dégustation des distilleries de **Tequila** (p. 634), patrie d'origine de la célèbre boisson mexicaine

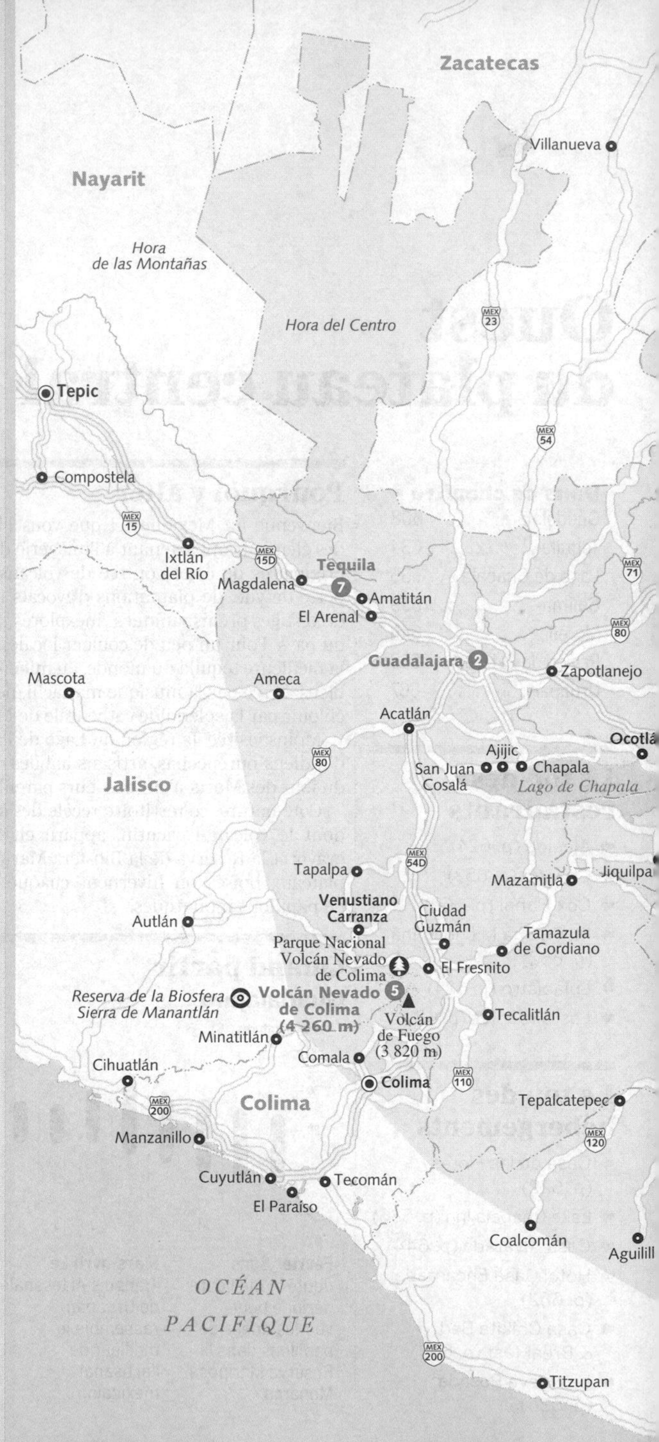

0
100 km
San Luis Potosí
San Luis Potosí
Río Verde
Aguascalientes
Aguascalientes
Ojuelos de Jalisco
San Felipe
Lagos de Moreno
Reserva de la Biosfera Sierra Gorda
San Luis de la Paz
Río Verde
San Juan de los Lagos
León
Guanajuato
San Miguel de Allende
Guanajuato
Querétaro
Irapuato
Querétaro
Atotonilco el Alto
Salamanca
La Piedad
La Barca
Angamacutiro
Acámbaro
Zamora
Cuitzeo
Laguna de Cuitzeo
Mexico (68 km)
Zinapécuaro
Maravatio
Zacapu
Sierra Chincua
Ciudad Hidalgo
Reserva Mariposa Monarca
Paracho de Verduzco
Cherán
Capula
Morelia
Quiroga
Angangueo
Los Reyes
Angahuan
Lago de Pátzcuaro
Tzintzuntzan
El Rosario
Pátzcuaro
Uruapan
Zitácuaro
Toluca (10 km), Mexico (52 km)
Volcán Paricutín (2 800 m)
Tingambato
Cascada de Tzaráracua
Michoacán
Cerro Pelón
Macheros
Tacámbaro
Piedra Herrada
Puruarán
Nueva Italia
La Huacana
Tiquicheo
Tierra Caliente
Presa Infiernillo
México
Huetamo
San Lucas
Taxco (10 km)
Ciudad Altamirano
Arteaga
Guerrero
Tlapehuala
Zihuatanejo (30 km)

Histoire

L'ouest du plateau central était trop éloigné des centres mayas et aztèques pour passer sous leur influence, mais du XIVe au XVIe siècle, les Tarasques du nord de l'État de Michoacán développèrent à leur tour une puissante civilisation préhispanique. Lorsque les Aztèques eurent connaissance de l'essor des Tarasques, ils s'en prirent à ces adversaires tenaces qui, maîtrisant la fabrication d'armes de cuivre, parvinrent à les tenir en respect. Les Tarasques étaient cernés à l'ouest par leur rivale, Chimalhuacán – quatre royaumes amérindiens qui englobaient pour partie les États actuels du Jalisco, du Colima et du Nayarit –, et au nord par les Chichimèques.

Le Colima, royaume le plus influent de Chimalhuacán, fut conquis par les Espagnols en 1523, qui ne parvinrent à contrôler l'intégralité de la région qu'après les tristement célèbres campagnes de conquête de Nuño de Guzmán. De 1529 à 1536, le conquistador et ses hommes torturèrent, tuèrent et réduisirent en esclavage les populations indiennes du Michoacán jusqu'au nord de Sinaloa. Ses sinistres victoires rendirent Nuño de Guzmán riche, et lui valurent le poste de gouverneur des terres qu'il avait conquises, du moins jusqu'à ce que fût connue l'ampleur des atrocités qu'il avait perpétrées. En 1536, il fut renvoyé en Espagne et emprisonné.

Cette région fertile connut un développement progressif, et Guadalajara (fondée en 1542) devint la "capitale de l'Ouest". L'Église, en la personne de l'évêque humaniste Vasco de Quiroga (1470-1565), qui succéda à Nuño de Guzmán, encouragea les petites industries et l'artisanat dans les villages du Lago de Pátzcuaro afin de soulager la pauvreté des peuples natifs.

Dans les années 1920, le Michoacán et le Jalisco, les deux grands États de la région, furent les creusets de la révolte des Cristeros menée par le petit peuple catholique contre les lois anticléricales du gouvernement pour préserver la liberté religieuse et lutter contre les persécutions. Lázaro Cárdenas, originaire du Michoacán, fut successivement gouverneur de l'État (1928-1932) et président de la République mexicaine (1934-1940) ; ses réformes contribuèrent grandement à atténuer le ressentiment à l'égard du gouvernement.

Aujourd'hui, le Jalisco, le Michoacán et, dans une moindre mesure, le petit État du Colima détiennent une part importante des ressources naturelles du Mexique (en particulier bois, minerais, bétail et exploitations agricoles). De plus, l'industrie des hautes technologies est florissante au Jalisco, et le Colima vante l'une des meilleures qualités de vie du pays. Par le passé, ces États ont cependant vu d'importantes franges de leur population partir aux États-Unis pour travailler. La population du Michoacán aurait ainsi presque baissé de moitié. Les sommes que les émigrés envoient au pays dépassent régulièrement les 2 milliards de dollars. La récession économique et le durcissement des lois sur l'immigration aux États-Unis semblent néanmoins avoir freiné quelque peu cet exode vers le nord.

RÉGION DE GUADALAJARA

Guadalajara

☎33 / 1,5 MILLION D'HABITANTS / ALTITUDE : 1 566 M

La deuxième métropole mexicaine se pose en équivalent moins frénétique à la capitale de la nation. Si beaucoup de clichés attachés au Mexique trouvent leurs racines ici – musique mariachi, sombreros, danse du chapeau et *charreadas* (rodéos) –, Guadalajara est aussi bien le fer de lance du Mexique nouveau que le gardien de son vieil esprit. Sa vie culturelle est animée par une étourdissante variété de musées et de théâtres, tandis que ses restaurants fusion peaufinent un art culinaire déjà renommé, et que ses urbanistes prévoyants se démènent pour améliorer ses conditions de circulation.

Guadalajara ne possède pas l'homogénéité architecturale de villes coloniales de taille plus modeste, mais elle s'enorgueillit d'un centre historique charmant, qui a pour fleurons l'immense Instituto Cultural de Cabañas et une cathédrale magnifique. Le quartier branché de Chapultepec est réputé pour ses restaurants, cafés et boîtes de nuit tendance. Au sud-est, Tlaquepaque et Tonalá, agréables banlieues respectivement chic et populaire, font le bonheur des amateurs d'artisanat, tandis que Zapopan (au nord) affiche une architecture coloniale intéressante.

Histoire

Guadalajara fut fondée sur son emplacement actuel après l'échec de 3 installations sur d'autres sites. Début 1531, Nuño de Guzmán et quelques dizaines de familles espagnoles bâtirent la première colonie près de Nochixtlán et la baptisèrent Guadalajara, du nom de la ville natale de Guzmán en Espagne. L'eau était rare, la terre difficile à cultiver et la population hostile. En mai 1533, les colons s'installèrent dans le village de Tonalá. Mais Guzmán n'aimait pas l'endroit et, quelques années plus tard, la colonie déménagea à Tlacotán. En 1541, elle fut détruite par une coalition de peuples indiens conduite par le chef Tenamaxtli. Les colons survivants s'établirent dans la vallée d'Atemajac, près de la rivière San Juan de Dios. Le 14 février 1542, la nouvelle ville de Guadalajara fut fondée près de l'emplacement de l'actuel Teatro Degollado.

La cité prospéra et, en 1559, fut déclarée capitale de la province de Nueva Galicia. Elle devint l'une des villes coloniales les plus peuplées du Mexique et le centre d'une prospère région agricole. Elle fut aussi la base d'expéditions et de missions espagnoles vers l'ouest et le nord de la Nouvelle-Espagne, jusqu'aux Philippines. Miguel Hidalgo forma fin 1810 un gouvernement révolutionnaire à Guadalajara, mais subit une défaite aux abords de la ville l'année suivante, quelques mois avant d'être capturé et exécuté à Chihuahua. La cité fut aussi le théâtre d'âpres combats lors de la guerre de la Réforme (1857-1861) et, pendant la révolution mexicaine, entre les armées constitutionnaliste et radicale, en 1915.

Malgré sa violence, le XIXe siècle fut une période de croissance économique, technologique et sociale pour la ville, et au tournant du siècle, Guadalajara avait supplanté Puebla en tant que deuxième ville du Mexique. Sa population n'a cessé de s'accroître depuis la Seconde Guerre mondiale, et la cité est devenue un immense centre commercial, industriel et culturel, ainsi que le pôle des communications et des hautes technologies dans la moitié nord du pays.

À voir

Plaza de Armas et ses environs

Cathédrale de Guadalajara ÉDIFICE RELIGIEUX

(Catedral de la Asunción de María Santísima ; carte p. 616 ; 33-3613-7168 ; www.facebook.com/catedralguadalajara.org ; Av Alcade 10, entre Morelos et Av Hidalgo ; 7h30-20h30). GRATUIT Cette cathédrale aux tours jumelles pointues, immanquables avec leurs tuiles jaunes et bleues, est le symbole de Guadalajara. Commencée en 1561 et consacrée en 1618, elle a presque le même âge que la ville. À l'instar du Palacio de Gobierno, elle présente un étonnant mélange de styles, où se reconnaissent les influences baroque, churrigueresque (baroque espagnol tardif) et néoclassique. Ses 2 tours néogothiques ont remplacé les tours originelles, détruites par un tremblement de terre en 1818. Planifiez votre visite à l'heure où la lumière filtre à travers les vitraux de la *Cène* au-dessus de l'autel et où l'orgue retentit sous les voûtes gothiques.

L'intérieur comprend une **crypte gothique** (carte p. 616 ; 10h30-14h et 16h30-19h lun-sam, 9h-11h et 13h30-20h30 dim) où sont enterrés 3 archevêques, d'imposants piliers de style toscan dorés à la feuille, et 11 autels latéraux richement décorés, légués à la ville par le roi Ferdinand VII d'Espagne (1784-1833). Près de l'entrée ouest, un reliquaire vitré du XVIIIe siècle très révéré contient les restes embaumés de la martyre Santa Inocencia. Dans la sacristie, qu'un gardien vous ouvrira sur demande, se trouve *La Asunción de la Virgen* (*L'Assomption de la Vierge*), peinte par l'espagnol Bartolomé Murillo en 1650.

Palacio de Gobierno ÉDIFICE REMARQUABLE

(Carte p. 616 ; 33-3668-1808 ; Av Corona 43 entre Morelos et Moreno ; 10h-18h mar-sam, 10h-15h dim). GRATUIT Ce palais à la façade aux reflets dorés, qui abrite les services de l'État du Jalisco, fut achevé en 1774. Il vaut le détour, notamment pour ses 2 impressionnantes peintures murales de l'artiste mexicain José Clemente Orozco (1883-1949), l'un des 3 grands muralistes du pays, avec Diego Rivera et David Alfaro Siqueiros. Réalisée en 1937, la fresque de 400 m² qui domine le principal escalier intérieur est un véritable bijou. Elle représente un Miguel Hidalgo (considéré comme le père

Agglomération de Guadalajara

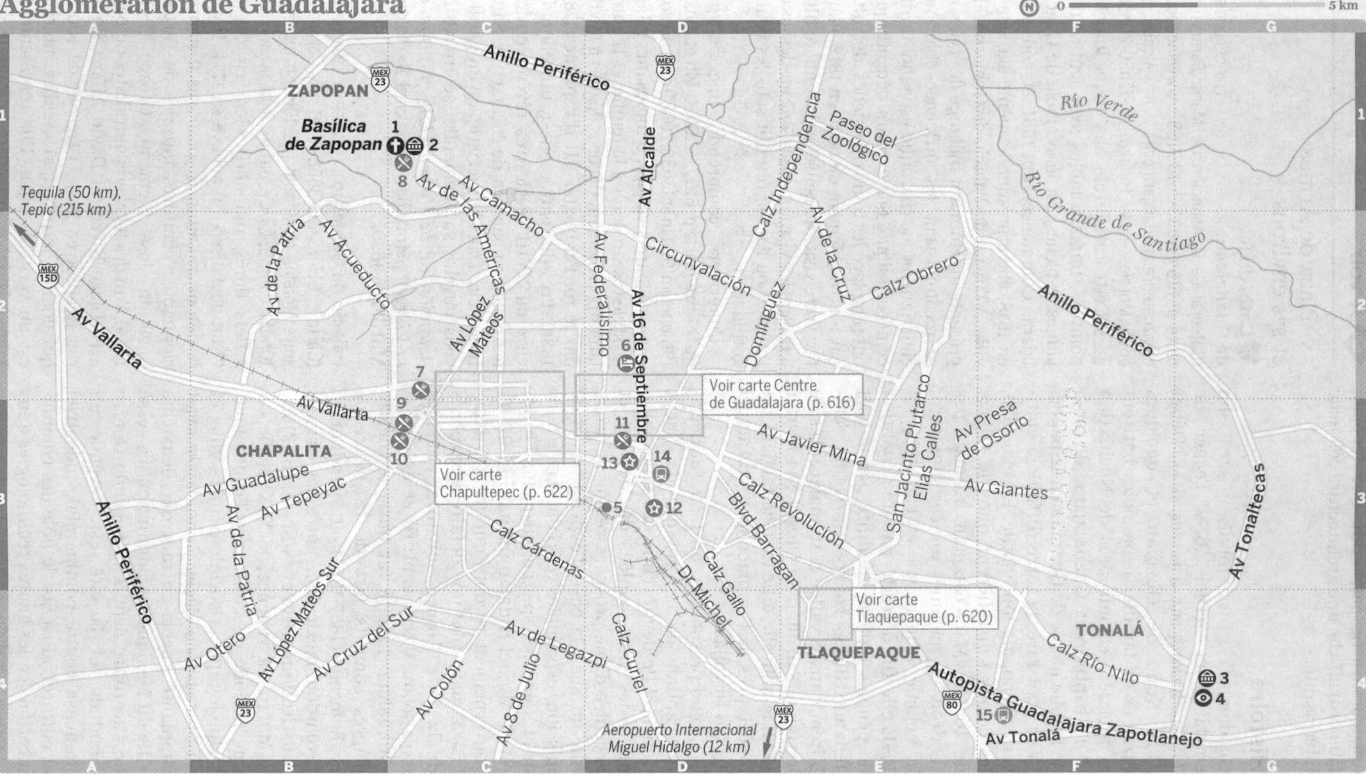

Agglomération de Guadalajara

Les incontournables
1 Basílica de Zapopan C1

À voir
2 Museo de Arte de Zapopan C1
Museo de Arte Huichol (Wixarika) .... (voir 2)
3 Museo Nacional de la Cerámica G4
4 Marché de rue de Tonalá G4

Activités
5 José Cuervo Express D3

Où se loger
6 Casa Pedro Loza D2

Où se restaurer
7 Alcalde C2
8 Fonda Doña Gabina Escolatica C1
9 I Latina C3
10 Lulabistro C3
11 Taco La Paz D3

Où sortir
12 Campo Charro Jalisco D3
13 Teatro Diana D3

Transports
14 Antigua Central Camionera D3
15 Nueva Central Camionera F4

de l'indépendance mexicaine) brandissant une torche, tandis qu'à ses pieds, les masses luttent contre les ennemis jumeaux que sont le communisme et le fascisme.

À l'étage, sur la droite de l'Ex-Congreso (ancienne salle du Congrès), la seconde œuvre d'Orozco représente Hidalgo, Benito Juárez et d'autres éminentes figures de l'histoire mexicaine. Au rez-de-chaussée, un excellent **musée** multimédia est dédié à l'histoire du Jalisco et de sa capitale. Légendes essentiellement en espagnol.

Plaza Guadalajara PLACE

(Carte p. 616). La Plaza Guadalajara, aussi appelée Plaza de los Laureles car ombragée de dizaines de lauriers impeccablement taillés, a l'attrait de sa belle vue sur la cathédrale (coté est), de sa fontaine centrale et de ses nombreux cafés en terrasse. Du côté nord se dresse le joli **Palacio Municipal** (hôtel de ville ; carte p. 616 ; Av Hidalgo 400 ; 10h-19h lun-ven) GRATUIT, construit entre 1949 et 1952, mais qui paraît plus ancien. À l'intérieur, au-dessus de son escalier principal, une fresque de Gabriel Flores (1930-1993), réalisée en 1963, illustre la fondation de Guadalajara.

Teatro Degollado THÉÂTRE

(Carte p. 616 ; Degollado ; 33-3614-4773 ; www.facebook.com/TeatroDegollado ; visite 12h-14h lun-ven). GRATUIT Ce grand théâtre de style néoclassique accueille l'orchestre philharmonique de Guadalajara, et on y donne aussi des représentations théâtrales, de l'opéra et des spectacles de danse. Sa construction débuta en 1856 et il fut inauguré 10 ans plus tard. Au-dessus des colonnes corinthiennes de la façade, une frise en mosaïque représente Apollon et les Neuf Muses. L'intérieur rouge et or, très similaire à celui de la Scala de Milan, est couronné par une fresque inspirée du 4e chant de *La Divine Comédie* de Dante, réalisée notamment par Gerardo Suárez.

Museo Regional de Guadalajara MUSÉE

(Carte p. 616 ; 33-3613-2703 ; Liceo 60 ; tarif plein/étudiant et enfant 55 $M/gratuit ; 9h-17h30 mar-sam, 9h-16h30 dim). Le musée le plus important de Guadalajara tente de retracer l'histoire de la ville et de sa région de la préhistoire à la révolution au moyen de panneaux monolingues anarchiques, dans des salles souvent fermées à double tour. Le rez-de-chaussée accueille une section d'histoire naturelle, avec pour pièce maîtresse un impressionnant squelette de mammouth datant de 10 000 av. J.-C. On peut également voir des expositions sur la vie des populations indiennes, ainsi qu'une splendide collection de céramiques précolombiennes et d'autres objets trouvés dans un tombeau datant de 600 av. J.-C.

Le niveau supérieur est consacré aux peintures coloniales évoquant la conquête espagnole, et à des allégories religieuses plus austères. Une aile est dédiée à la révolution, et d'autres collections se rapportent à la culture indienne huichole (ou wixáritari). Le bâtiment (1742 ; un édifice d'un étage à arcades, qui fut l'ancien collège-séminaire), avec sa superbe double cour intérieure arborée et sa fontaine, est à visiter pour son architecture.

Plaza de la Liberación PLACE

(Carte p. 616). Résultant d'un projet de rénovation urbaine des années 1980, l'aménagement de cette immense place bétonnée à l'est de la cathédrale entraîna la destruction de deux pâtés de maisons coloniales.

À NE PAS MANQUER

À LA POURSUITE D'OROZCO

Bien avant Banksy et la renaissance de l'art urbain à teneur politique, les muralistes mexicains véhiculaient déjà des messages audacieux à travers des fresques publiques géantes. Au moyen de tourbillons de couleurs saisissantes, elles exprimaient surtout des idéaux révolutionnaires, et Guadalajara a fortement contribué au genre. On tient généralement pour précurseur du *muralismo* mexicain l'artiste Gerardo Murillo (1875-1964), qui signait ses œuvres "Dr Atl". José Clemente Orozco (1883-1949), qui venait de la cité voisine de Ciudad Guzmán, était l'un de ses anciens élèves.

Aux côtés de Diego Rivera et David Alfaro Siqueiros, Orozco fait partie des "trois grands" du muralisme. Avec son coup de pinceau fougueux et son style expressionniste, certains le considèrent même comme le plus brillant. Ses œuvres ornent de nombreux espaces publics, plafonds et escaliers, de Mexico à New York, mais ses créations les plus personnelles se trouvent à Guadalajara. Ne manquez pas les suivantes :

Instituto Cultural de Cabañas Un cycle de 57 fresques, dont le kaléidoscopique *Hombre del Fuego*, peintes entre 1937 et 1939 dans cet édifice inscrit au patrimoine mondial de l'Unesco.

Palacio de Gobierno (p. 609). Représentation saisissante de Miguel Hidalgo (1937) brandissant une torche, située dans l'escalier principal du palais gouvernemental.

Museo de las Artes (page ci-contre). *El Hombre Creador y Rebelde* (*L'Homme créateur et rebelle*) et *El Pueblo y Sus Falsos Líderes* (*Le Peuple et ses faux guides*) ornent respectivement la coupole et le fond de scène de l'auditorium de ce musée d'art, en face de l'université.

Casa-Taller Orozco Abrite *La Buena Vida* (*La Bonne Vie* ; 1945), étude inhabituellement joyeuse représentant un cuisinier tenant un poisson.

Au nord de la place, à côté du Museo Regional, le **Palacio Legislativo** (p. 616 ; República), où se réunit le Congrès, possède un patio entouré de colonnes massives. En face à l'est, dans la Calle Belén, le **Palacio de Justicia** (Palais de Justice ; carte p. 616, Belén), datant de 1588, fut le premier couvent de nonnes de Guadalajara. Une fresque exécutée en 1965 par Guillermo Chávez, montrant Benito Juárez et d'autres illustres législateurs mexicains, orne l'escalier intérieur.

Rotonda de los Jaliscienses Ilustres — MONUMENT

(Rotonde des Illustres Jaliscans ; carte p. 616 ; Av Hidalgo, entre Av Alcade et Liceo). Trente sculptures de bronze encerclent ce panthéon du Jalisco situé sur la place, au nord de la cathédrale. Elles représentent les écrivains, architectes, scientifiques et révolutionnaires préférés de l'État, dont une femme, Rita Pérez Jiménez (1779-1861), héroïne de la guerre d'indépendance. Certains d'entre eux sont enterrés sous la rotonde, monument à colonnades d'inspiration gréco-romaine au centre de la place.

Museo de Arte Sacro de Guadalajara — MUSÉE

(Carte p. 616 ; ☎33-3613-6706 ; sc.jalisco.gob.mx/patrimonio/museos/museo-de-arte-sacro ; Liceo 17, entre Morelos et Av Hidalgo ; adulte/enfant 20/10 $M ; ⏲10h-17h mar-sam, 10h-14h dim). À cheval sur le flanc est de la cathédrale, le musée d'art sacré rassemble une importante collection d'œuvres religieuses sombres et troublantes des XVIIe et XVIIIe siècles, ainsi que de quelques trésors ecclésiastiques remarquables, dont des calices, des ostensoirs et des vêtements de cérémonie.

Galería Jorge Martínez — GALERIE D'ART

(Carte p. 616 ; ☎33-3613-2362 ; Belén 120 ; ⏲10h-19h lun-ven, 11h-13h sam). GRATUIT Cette galerie d'art conceptuel et moderne n'ayant pas de collection permanente, il est intéressant de s'y arrêter pour voir si une exposition s'y tient. Elle jouxte la meilleure école d'art de Guadalajara, Artes Plásticas, gérée par l'Universidad de Guadalajara, qui l'alimente également.

Est de la Plaza de Armas

Instituto Cultural de Cabañas MUSÉE
(Carte p. 616 ; 33-3668-1645 ; hospiciocabanas.jalisco.gob.mx ; Cabañas 8 ; tarif plein/étudiant 70/20 $M, mar gratuit ; 10h-18h mar-dim). Classé au patrimoine mondial de l'Unesco en 1997, ce joyau architectural aux dimensions impressionnantes s'étend à l'est de la belle Plaza Tapatía. Sur le plafond et dans la coupole de la ravissante **Capilla Mayor** (chapelle principale) néoclassique, on peut admirer une série pour le moins inattendue de fresques modernistes de José Clemente Orozco. Comptant parmi ses œuvres les plus remarquables, elles sont l'un des joyaux de la ville de Guadalajara. Au fil des bâtiments, on peut également découvrir plus de 300 autres créations d'Orozco, ainsi que les réalisations de ténors de l'art contemporain au Mexique.

Mêlant harmonieusement espaces construits (quelque 2 ha) et espaces ouverts avec une vingtaine de cours à arcades, cet ancien hospice fut fondé par l'évêque Don Juan Cruz Ruiz de Cabañas et construit d'après les plans de l'architecte espagnol Manuel Tolsá, entre 1805 et 1810. À l'origine orphelinat et institution de bienfaisance pour invalides, il eut cette fonction 150 ans durant, accueillant jusqu'à 500 enfants en même temps.

Peintes par Orozco entre 1937 et 1939, les 57 fresques magnifiques qui décorent la chapelle centrale à coupole traduisent le combat symbolique pour la liberté. Considérées comme les œuvres majeures de ce maître, l'un des 3 grands du mouvement muraliste mexicain, ces peintures représentent la Jalisco précolombienne ainsi que la conquête espagnole à travers des images sombres et troublantes avec leur cortège de feu, de blindés, de chaînes brisées, de sang et de prières. Compte tenu du contexte de l'époque, ces peintures expriment sans doute une mise en garde contre le fascisme et la puissance destructrice. Grâce à des bancs intelligemment placés, vous pouvez vous allonger pour contempler plus aisément les œuvres. Des visites guidées de l'institut sont proposées à intervalles réguliers dans une demi-douzaine de langues (dont le français).

Plaza Tapatía PLACE
(Carte p. 616). Cette immense place piétonne surélevée s'étend sur plus de 500 m vers l'est depuis le Teatro Degollado jusqu'à l'Instituto Cultural de Cabañas. Le dimanche, on vient chiner sur les marchés artisanaux, regarder les artistes de rue, grignoter quelque chose et s'asseoir sur le rebord des fontaines.

Plaza de los Mariachis RUE
(Carte p. 616). C'est ici, un peu au sud de l'Avenida Javier Mina et du Mercado San Juan de Dios (p. 623), qu'est née la musique mariachi. Le jour, il ne s'agit que d'une étroite rue piétonne, flanquée de vieux bâtiments charmants, avec quelques tables et chaises en plastique, et, à l'occasion, un mariachi en costume en train de bavarder au téléphone et/ou d'offrir ses services. La nuit, le lieu s'anime d'une foule venue siroter de la bière en écoutant les chansons jouées sur demande par les musiciens (à partir de 100 $M la chanson).

Ouest de la Plaza de Armas

À l'ouest du centre-ville, au croisement de l'Avenida Juárez et de l'Avenida Federalismo, s'étend le **Parque Revolución**, devenu le paradis des skateurs et l'épicentre de la Vía Recreactiva (p. 630) le dimanche.

Museo de las Artes MUSÉE
(MUSA ; carte p. 616 ; 33-3134-1664 ; www.musa.udg.mx ; Av Juarez 975 ; 10h-18h mar-dim). GRATUIT
Trois rues à l'ouest du Parque Revolución, ce musée consacré à l'art contemporain mexicain occupe un édifice de la Renaissance française (1917) qui servait jadis de bâtiment administratif à l'université de Guadalajara. Joyau du musée, le **Paraninfo** (auditorium) du 1er étage comporte sur son fond de scène et sa coupole de grandes et saisissantes fresques d'Orozco. Les autres espaces (pas moins de 14 galeries) sont dédiés à des expositions temporaires bien conçues sur l'art mexicain.

Templo Expiatorio del Santísimo Sacramento ÉDIFICE RELIGIEUX
(Carte p. 616 ; 33-3825-3410 ; Madero 935 ; 7h-22h). Cette belle église néogothique, commencée en 1897 et seulement achevée en 1972, domine le quartier avec ses immenses colonnes de pierre, sa mosaïque de vitraux s'élevant 15 m au-dessus de l'autel et sa flèche kaléidoscopique. Ses 25 cloches carillonnent sur divers airs religieux et populaires. Quand l'heure sonne, une porte s'ouvre dans le clocher pour laisser défiler 12 apôtres mécaniques. C'est depuis le Parque Expiatorio, au sud, qu'on les voit le mieux.

Casa-Taller Orozco MUSÉE
(Maison et atelier d'Orosco ; carte p. 622 ; ☎33-3616-8329 ; sc.jalisco.gob.mx/patrimonio/casas-de-la-cultura/casa-taller-jose-clemete-orozco ; Aceves 27 ; ⌚12h-18h mar-sam). GRATUIT L'ancien atelier de José Clemente Orozco, utilisé brièvement par l'illustre muraliste au début des années 1940, sert aujourd'hui de cadre à des expositions temporaires. Une fresque de l'artiste inhabituellement joyeuse, *La Buena Vida*, orne le hall. Elle avait été commandée en 1945 pour décorer le club hippique de Mexico. Pour éviter les mauvaises surprises, téléphonez avant de vous y rendre, car le musée ne respecte pas toujours les horaires.

Zapopan

Banlieue à la mode habitée par des classes moyennes, à moins de 10 km au nord-ouest du centre-ville de Guadalajara, Zapopan compte quelques sites notables autour de sa place principale, la **Plaza de las Americas**. Cette place est un endroit agréable pour s'attarder ou observer le ballet des pèlerins et le commerce d'objets de piété. Le soir venu, les habitants reprennent leurs droits, le son de la musique monte dans les bars et restaurants, et la bière coule à flots.

Pour vous y rendre depuis le centre de Guadalajara, prenez en direction du nord n'importe quel bus indiqué "Zapopan" (par exemple, le bus n°275 ou TUR 706) longeant l'Avenida 16 de Septiembre, qui se prolonge en Avenida Alcalde, et descendez sur l'Avenida Hidalgo, tout de suite au nord de la Basílica de Zapopan. Le trajet dure 40 minutes. En taxi depuis le centre-ville, comptez 120 $M.

♥ Basílica de Zapopan ÉDIFICE RELIGIEUX
(Carte p. 610 ; ☎33-3633-0141 ; Eva Briseño 152 ; ⌚9h-20h). Comptant parmi les édifices religieux les plus importants de la ville, la basilique de Zapopan, édifiée en 1730, est surtout connue pour Nuestra Señora de Zapopan, une petite statue de la Vierge, qui attire des pèlerins toute l'année. Depuis 1734, chaque 12 octobre, des milliers de fidèles suivent la statue portée en procession depuis la cathédrale de Guadalajara jusqu'ici. Puis, toujours à genoux, les pèlerins parcourent l'allée centrale de la basilique jusqu'à l'autel pour implorer ses faveurs.

Museo de Arte Huichol (Wixarika) MUSÉE
(Carte p. 610 ; ☎33-1112-8247 ; Eva Briseño 152 ; adulte/enfant 10/5 $M ; ⌚10h-18h lun-sam, 9h-15h30 dim). Ce petit musée étonnamment instructif présente une intéressante collection d'objets anciens huicholes (ou wixáritari), peuple indien connu pour ses tissages aux couleurs vives, ses ouvrages de perles et sa consommation rituelle de peyotl. De la naissance à la mort, tous les aspects de leur culture sont évoqués à travers des objets et des photographies du quotidien. La boutique est également remarquable. À droite de la Basílica de Zapopan, dans l'enceinte de cette dernière.

Museo de Arte de Zapopan MUSÉE
(MAZ ; carte p. 610 ; ☎33-3818-2575 ; www.mazmuseo.com ; Andador 20 de Noviembre n°166 ; ⌚10h-18h mar-dim, jusqu'à 22h jeu). GRATUIT Une rue à l'est de l'angle sud-est de la Plaza de las Américas de Zapopan, le MAZ est dédié à l'art moderne. Quatre galeries minimalistes accueillent les expositions temporaires, souvent interactives, qui ont vu passer des œuvres de Diego Rivera et Frida Kahlo, ainsi que celles d'artistes mexicains contemporains renommés. Le musée organise en outre de nombreuses activités culturelles.

Tlaquepaque

Situé à moins de 8 km au sud-est du centre de Guadalajara, Tlaquepaque (officiellement San Pedro Tlaquepaque) a presque tous les attributs d'un village. Avec un peu d'imagination, on pourrait se croire dans une petite ville coloniale à des lieues de tout endroit habité. Pourtant, sa beauté n'est pas son seul atout. Derrière les murs pastel des demeures bordant les rues pavées, des artisans sont à l'œuvre, et leur production – sculptures sur bois, meubles, bijoux, articles en cuir et surtout céramiques – est vendue dans la Calle Independencia, piétonnière, et ses abords. Les boutiques chics contrastent avec les magasins et les étals plus frustes de Tonalá.

La place principale, **Jardín Hidalgo**, est verdoyante et fleurie, et les bancs qui entourent la fontaine sont toujours pris d'assaut. C'est un plaisir d'y prendre un repas et encore plus d'y flâner, surtout au coucher du soleil, quand le ciel vire à l'orangé derrière le dôme blanc de la magnifique basilique et que les familles sortent se promener. Entre 15h et 16h environ, on peut assister au spectacle impressionnant des *voladores* ("hommes volants" de Papantla) qui s'élancent d'un mât haut de 30 m.

Un **stand d'information touristique** (carte p. 620 ; ☎33-1057-6212 ; angle Av Juárez et Calle Progresso ; ⌚9h-20h lun-ven, 10h-19h sam-dim), très utile, est situé près du croisement de Juárez et de Progresso. On y trouve des plans illustrés du quartier.

Pour rejoindre Tlaquepaque depuis le centre de Guadalajara, prenez le bus n°275B, le n°330 ou le n°647 (7 $M). Plus confortable, le bus turquoise TUR 706 "Tonalá" est climatisé (12 $M). Tous partent de l'Avenida 16 de Septiembre, entre la Calle López Cotilla et la Calle Madero. Le trajet prend 20 minutes. En arrivant à Tlaquepaque, repérez le pont de brique, puis le rond-point et descendez à l'arrêt suivant. Remontez la rue et tournez à gauche dans la Calle Independencia, qui mène au centre de Tlaquepaque.

Museo Pantaleón Panduro MUSÉE
(Museo Premio Nacional de la Cerámica ; carte p. 620 ; ☎33-3639-5646 ; Sánchez 191 ; ⌚10h-18h mar-dim). GRATUIT Une mission religieuse réaménagée sert de cadre à cette splendide collection d'art folklorique local, qui comprend plus de 500 pièces dont des figurines miniatures, ainsi que d'énormes urnes, cuites à basse température, et d'autres objets en céramique provenant de tout le Mexique. L'accent est mis sur les lauréats du prestigieux prix national des Objets en céramique.

Museo Regional de la Cerámica MUSÉE
(Carte p. 620 ; ☎33-3635-5404 ; Independencia 237 ; ⌚10h-17h45 mar-sam, 11h-16h45 dim). GRATUIT Ce musée donne à voir une collection des différents types de céramiques réalisés dans le Jalisco et le Michoacán. Il est installé dans une belle maison ancienne en adobe ouvrant par des arcades en pierre sur un patio planté d'arbres vénérables. Ne manquez pas la cuisine remplie d'ustensiles traditionnels, les démonstrations de tissage sur un vieux métier à tisser à 11h et son excellente boutique.

Tonalá

Cette banlieue animée, située à 17 km au sud-est du centre de Guadalajara, est aussi réputée pour ses nombreux

LES ÉGLISES COLONIALES DE GUADALAJARA

De nombreuses églises, grandes et petites, jalonnent le centre de Guadalajara. Celles citées ici figurent parmi les plus belles et les plus intéressantes. La plupart ouvrent entre 7h et 9h30 jusqu'à 13h, puis de 16h ou 17h jusqu'à 20h-20h30.

Face à une petite place, le **Templo de Nuestra Señora del Carmen** (carte p. 616 ; angle Avenida Juárez et Calle 8 de Julio ; ⌚9h30-12h45 et 16h30-18h45) est en substance une chapelle du XVIIe siècle, rénovée dans les années 1860, notable pour sa profusion de dorures à la feuille, de peintures anciennes et sa coupole ornée de fresques. Plus près du centre-ville, le **Templo de la Merced** (carte p. 616 ; angle Calle Loza et Av Hidalgo ; ⌚7h-20h) date de 1650. On peut y admirer de grands tableaux, des lustres en cristal et des ornements dorés. Situé une rue au nord-est de la Plaza de Liberación, le grand **Templo de Santa María de Gracia** (carte p. 616 ; angle Carranza et República ; ⌚7h-13h et 17h-20h), d'apparence plus austère, fut la première cathédrale de la ville (1549-1618). Sur la Plaza de la Liberación, au sud de l'emblématique Teatro Degollado, le **Templo de San Agustín** (carte p. 616 ; Morelos ; ⌚11h-13h et 17h-20h), de style baroque et tout d'or et de blanc, est l'une des plus anciennes et des plus ravissantes églises de Guadalajara. Le **Templo Santa Eduviges** (carte p. 616 ; Calle Abascal y Souza ; ⌚7h-13h et 17h-20h), érigé en 1726, est d'ordinaire investi par une foule de fidèles. Durant l'office, il y flotte un intense parfum de bois de santal. Vous le trouverez un peu à l'est du Mercado San Juan de Dios.

Le petit **Templo de Aranzazú** (carte p. 616 ; Av 16 de Septiembre 20 ; ⌚6h-13h et 16h-20h40) est peut-être le plus intéressant de la ville. Construit entre 1749 et 1752, il comporte 3 autels dorés de style churrigueresque (baroque espagnol) avec une surenchère d'ornements, et un ravissant plafond voûté. De l'autre côté de l'avenue, le **Templo de San Francisco de Asís** (carte p. 616 ; angle Sánchez et Av 16 de Septiembre ; ⌚9h30-13h et 14h-18h), plus grand mais moins impressionnant, fut érigé à partir des années 1660 par les moines franciscains. Il contient des vitraux splendides.

Centre de Guadalajara

artisans. Si les séduisants showrooms et cafés de la ville montrent que Tonalá commence à suivre la voie de Tlaquepaque, pour le moment, elle reste encore très nature. C'est un plaisir de fouiner au milieu des échoppes et ateliers de verrerie, pour découvrir céramiques, meubles, masques, jouets, bijoux, savons faits main et autres articles. Tout ce que l'on peut trouver à Tlaquepaque s'acquiert ici à moindre prix, ce qui attire des acheteurs professionnels du monde entier.

Vous pourrez vous renseigner auprès de l'**office du tourisme de Tonalá** (☎33-3586-6062 ; Morelos 180 ; ⏱9h-15h lun-ven) sur les **promenades guidées** (don apprécié) de 2-3 heures, qui comprennent des visites d'ateliers d'artisans. Réservez quelques jours à l'avance par e-mail (recorridostonala@hotmail.com).

Pour vous rendre à Tonalá, prenez le bus n°231, n°275 Diagonal ou le n°633V (7 $M), ou encore le bus turquoise TUR 707 "Tonalá", plus confortable et climatisé (12 $M). Tous partent de l'angle de l'Avenida 16 de Septiembre et de Madero à Guadalajara ; le trajet dure 45 minutes environ. Quand vous entrez dans Tonalá, descendez à l'angle de l'Avenida Tonalá et de l'Avenida Tonaltecas. La place principale est à 3 rues à l'est de l'Avenida Tonaltecas, sur l'Avenida Juárez. Un taxi vous coûtera 150 $M environ.

Museo Nacional de la Cerámica MUSÉE
(Carte p. 610 ; ☎33-3683-2519 ; www.facebook.com/museonacionaldelaceramica.tonala ; Constitución 104 ; ⏱10h-18h mar-dim). GRATUIT Des nombreux musées de la céramique que compte la zone métropolitaine de Guadalajara, celui-ci est notre préféré. Il se concentre essentiellement sur la céramique de Tonalá, sûrement la plus raffinée du centre du Mexique, et certains des objets exposés remontent à quelque

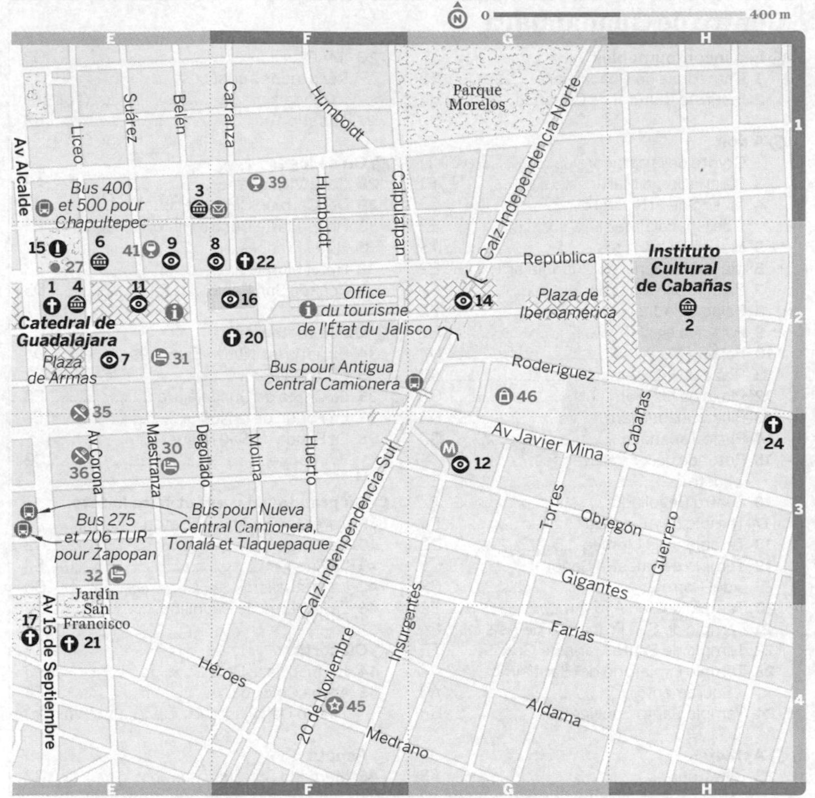

500 ans av. J.-C. Le *barro bruñido* et le *barro canela* sont parmi les styles les plus remarquables.

Marché de rue de Tonalá MARCHÉ
(Carte p. 610 ; 8h-16h jeu et dim). Le jeudi et le dimanche, un immense marché, que l'on peut passer des heures à explorer, s'installe sur l'Avenida Tonaltecas et beaucoup de rues et de ruelles alentour. Les nombreux étals de *tortas* (sandwichs), de tacos et de *michelada* (bière et jus de tomate) confèrent au lieu une atmosphère de carnaval. Les plus belles pièces se trouvent dans les ateliers et les entrepôts davantage que dans la rue.

Cours

Guadalajara est une bonne destination pour apprendre l'espagnol. Les prix et les programmes varient considérablement d'un établissement à l'autre.

Colegio de Español y Cultura Mexicana LANGUE
(CECM ; carte p. 622 ; 33-3616-6881 ; www.cecm.udg.mx ; Gómez 125 ; 50 heures de cours sur 2 sem 500 $US). Le CECM, qui fait partie de l'université de Guadalajara, propose des cours de plusieurs niveaux en espagnol, avec notamment un cycle intensif de 2 semaines et un cycle semi-intensif de 4 semaines (50 heures chacun). Sorties à la journée, séjours chez l'habitant (à partir de 240 $US/sem) et excursions plus longues dans d'autres régions du Mexique.

IMAC LANGUE
(Instituto Mexico-Americano de Cultura ; carte p. 616 ; 33-3614-1414 ; www.learnspanish.com.mx ; Guerra 180 ; par sem de 25 heures à partir de 230 $US). Propose des stages d'une semaine au minimum, ainsi que des cours privés (à partir de 21 $US/heure). Consultez le site Internet pour

Centre de Guadalajara

Les incontournables
1 Cathédrale de Guadalajara........E2
2 Instituto Cultural de Cabañas........H2

À voir
Crypte de la cathédrale........(voir 1)
3 Galería Jorge Martínez........E1
4 Museo de Arte Sacro de Guadalajara........E2
5 Museo de las Artes........A3
6 Museo Regional de Guadalajara........E2
7 Palacio de Gobierno........E2
8 Palacio de Justicia........F2
9 Palacio Legislativo........E2
10 Palacio Municipal........D2
11 Plaza de la Liberación........E2
12 Plaza de los Mariachis........G3
13 Plaza Guadalajara........D2
14 Plaza Tapatía........G2
15 Rotonda de los Jaliscenses Ilustres........E2
16 Teatro Degollado........F2
17 Templo de Aranzazú........E4
18 Templo de la Merced........D2
19 Templo de Nuestra Señora del Carmen........C3
20 Templo de San Agustín........F2
21 Templo de San Francisco de Asís........E4
22 Templo de Santa María de Gracia........F2
23 Templo Expiatorio del Santísimo Sacramento........A3
24 Templo Santa Eduviges........H3

Activités
25 Bike Tours........A3
26 IMAC........D3
Recorridos Turísticos Guadalajara........(voir 10)
27 Tapatío Tour........E2

Où se loger
28 Casa Vilasanta........A3
29 Del Carmen Concept Hotel........C3
30 Hospedarte Centro Histórico........E3
31 Hotel Francés........E2
32 Hotel Morales........E3
33 Posada San Pablo........D3

Où se restaurer
34 Birriería las Nueve Esquinas........D4
35 Café Madrid........E2
36 La Chata de Guadalajara........E3
37 La Fonda de la Noche........B1
38 La Fonda de San Miguel Arcángel........D2

Où prendre un verre et faire la fête
39 Café Galería André Breton........F1
40 California's........C2
41 La Fuente........E2
42 La Mutualista........C3
43 La Taberna de Caudillos........D4

Où sortir
44 1er Piso Jazz Club........A3
45 Arena Coliseo........F4
Teatro Degollado........(voir 16)

Achats
46 Mercado San Juan de Dios........G2

connaître les tarifs et les possibilités de séjour chez l'habitant. Cours de musique et de danse également.

Circuits organisés

Bike Tours À VÉLO

(Carte p. 616 ; angle Av Juárez et Calle Escorzia ; 9h30 et 11h dim). GRATUIT Le dimanche, à l'occasion de la Vía Recreactiva, les rues principales sont fermées à la circulation, et une armée de bénévoles fournit des vélos gratuits (pièce d'identité requise) dans le Parque Revolución. Circuits pittoresques de 1 heure au départ de l'intersection entre l'Avenida Juárez et la Calle Escorzia. Vous pouvez utiliser les vélos jusqu'à 13h.

Recorridos Turísticos Guadalajara À PIED

(Carte p. 616 ; 33-3818 3600, ext 3351 ; www.vivirguadalajara.com/14632-recorridos-en-guadalajara.shtml ; Plaza Guadalajara). GRATUIT La municipalité propose des circuits guidés gratuits (en espagnol) du centre de Guadalajara à 10h et 19h. Ils partent en face du Palacio Municipal sur la Plaza Guadalajara et durent environ 1 heure 30. Vous devez vous inscrire 15 minutes à l'avance. Plus de détails à l'office du tourisme (p. 629).

Tapatío Tour EN BUS

(Carte p.616 ; 33-3613-0887 ; www.tapatiotour.com ; circuits sem/week-end adulte 130/140 $M, senior et enfant 80/90 $M). Les bus à impériale de Tapatío Tour passent par les sites touristiques les plus populaires de la ville au fil de 4 circuits : Guadalajara, Tlaquepaque, Tonalá et Zapopan. Si les commentaires enregistrés (en espagnol ou en anglais) ne présentent pas grand intérêt, on peut monter et descendre du bus à volonté. Les bus partent toutes les heures de la Rotonda de los Jaliscienses Ilustres, de 9h à 20h, tous les jours.

Fêtes et festivals

Encuentro Internacional del Mariachi y la Charrería MUSIQUE, RODÉO
(www.mariachi-jalisco.com.mx ; août-sept). Fin août et début septembre, des mariachis viennent de tout le pays à Guadalajara, pour écouter et jouer les derniers airs à la mode. Un Campeonato Nacional Charro (championnat national des cow-boys) a lieu à la même période.

Feria Internacional del Libro SALON DU LIVRE
(www.fil.com.mx ; nov-déc). Ce salon du livre de 9 jours, l'un des plus importants d'Amérique latine, met à l'honneur de grands auteurs hispanophones. Il a lieu pendant la dernière semaine de novembre et la première semaine de décembre.

Festival Internacional del Cine CINÉMA
(www.ficg.mx ; mars). Depuis plus de 30 ans, le plus important festival de cinéma mexicain attire chaque année, en mars, les grands acteurs et réalisateurs à Guadalajara, pour une semaine de projections et de fêtes à travers la ville.

Où se loger

Durant les vacances (Noël et Semaine sainte/Pâques) et les grandes fêtes, comme le Día de Muertos, il faut réserver. Renseignez-vous sur les réductions si vous arrivez en basse saison ou si vous comptez séjourner un certain temps en ville.

Centro histórico

Le centre historique ne manque pas d'adresses de catégorie moyenne, dont beaucoup occupent de ravissants bâtiments coloniaux. Il y a une concentration d'hôtels économiques au sud-est du Mercado San Juan de Dios. Ce quartier est un peu chaotique et loin de l'animation, mais vous y trouverez généralement une chambre bon marché quand les autres adresses affichent complet. Les voyageurs à petit budget peuvent aussi séjourner aux abords de l'Antigua Central Camionera (ancienne gare routière), également assez isolée, mais bien desservie par les bus.

Hospedarte Centro Histórico AUBERGE DE JEUNESSE $
(Carte p. 616 ; 33-3562-7520 ; www.hostelguadalajara.com ; Maestranza 147 ; dort/d/ste avec petit-déj 240/550/700 $M ; @). Des deux auberges Hospedarte de Guadalajara, celle située dans le centre est fréquentée par une clientèle jeune et portée à la fête. Les 3 spacieux dortoirs (homme, femme et mixte) de 8 lits superposés en métal (casiers, ventilateurs et sanitaires communs) sont aménagés autour d'un vaste espace central avec une grande cuisine. Nombreuses activités proposées.

Les deux chambres doubles privées partagent aussi des salles de bains communes. Sept autres suites sont disponibles dans un bâtiment voisin agrémenté d'une superbe terrasse. Réductions pour les détenteurs d'une carte Hostelling International.

Casa Vilasanta HÔTEL $$
(Carte p. 616 ; 33-3124-1277 ; www.vilasanta.com ; Rayón 170 ; dort/s/d/tr 250/600/700/900 $M ;). Les chambres lumineuses aux tons pastel de cette pension coquette sont distribuées autour d'un patio frais et fleuri. Terrasse ensoleillée à l'étage. Les simples sont un peu exiguës, mais les doubles (la n°4 par exemple) sont spacieuses et ont la TV.

Cuisine partagée avec grande table commune et vastes espaces de détente sur les 2 niveaux. Avec seulement 17 chambres et un personnel anglophone, l'endroit affiche vite complet. Pensez à réserver. Attention : il y a des croix partout.

Posada San Pablo HÔTEL $
(Carte p. 616 ; 33-3614-2811 ; www.posadasanpablo.com ; Madero 429 ; ch avec/sans sdb à partir de 500/370 $M, s/d sans sdb à partir de 300/380 $M ;). Un établissement accueillant, avec cour centrale et terrasse ensoleillée. Les 16 chambres carrelées sont un peu monacales, mais celles du haut disposent d'un balcon. Cuisine commune impeccable et possibilité de laver son linge à la main dans la *lavandería* à l'ancienne. Des ventilateurs vous maintiendront au frais.

Del Carmen Concept Hotel BOUTIQUE-HÔTEL $$
(Carte p. 616 ; 33-3614-2640 ; www.delcarmen.mx ; Gálvez 45 ; d/ste 1 250/1 450 $M ; P). Cette superbe demeure du XIXe siècle est parfaite pour un séjour de charme. Les 9 chambres thématiques s'inspirent du mouvement artistique mexicain de La Ruptura, réaction abstraite aux muralistes du XXe siècle. La chambre Tamayo comporte ainsi une baignoire

Tlaquepaque

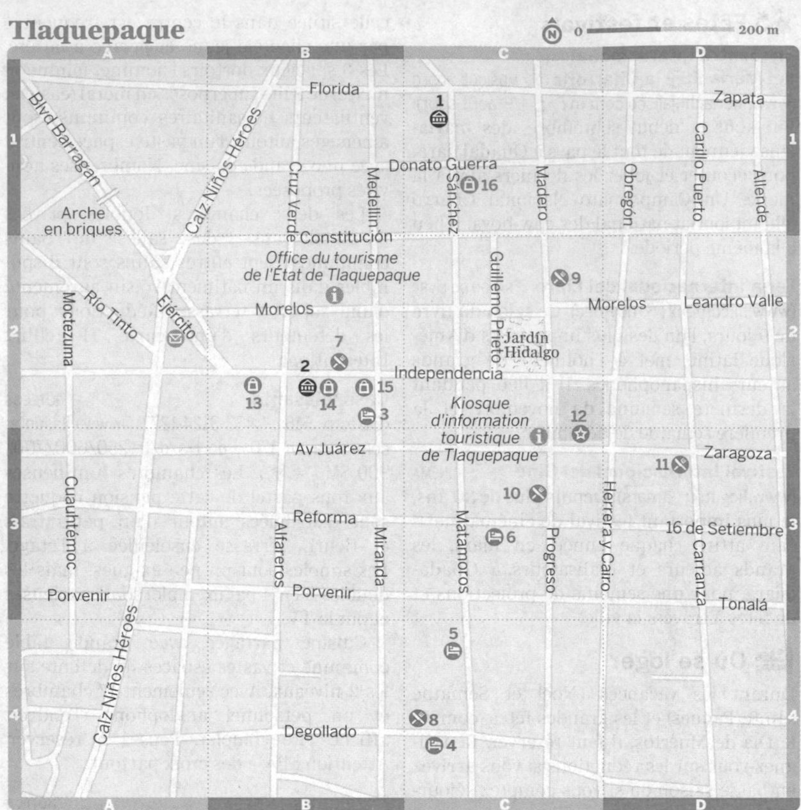

métallique curviligne, la Friedeberg, un patchwork de touches surréalistes, tandis que dans la Soriano domine un bleu électrique très vif.

Hôtel tout confort (sans parking). La chaîne Chai tient un café avec terrasse au 1er étage, pratique pour petit-déjeuner, ou finir la soirée avec une bière et une enchilada.

Hotel Francés HÔTEL **$$**
(Carte p. 616 ; ☎33-3613-2020 ; www.hotelfrances.com ; Maestranza 35 ; ch 740-1 270 $M). Séjourner à l'Hotel Francés, l'un des meilleurs établissements milieu de gamme de Guadalajara, qui fut fondé en 1610, vous fera l'effet d'un voyage dans le temps. Ses 64 chambres ne sont pas aussi divertissantes que le bar (ouvert de 12h à minuit), situé dans sa cour intérieure en marbre : des serveurs portant le nœud papillon vous accueilleront comme un *amigo* de retour au pays, tandis que des musiciens vous joueront des ballades sentimentales. Happy hour jusqu'à 20h, et margarita fameuse.

Hotel Morales HÔTEL **$$**
(Carte p. 616 ; ☎33-3658-5232 ; www.hotelmorales.com.mx ; Av Corona 243 ; d/ste à partir de 1 200/1 700 $M ; P ❄ 📶 🏊). Éclairés avec parcimonie, cet impressionnant hall colonial à 4 niveaux et sa fresque de plafond constituent une entrée propice à cet hôtel, bien situé et à l'excellent rapport qualité/prix. Plus lumineuse et tout aussi remarquable, la cour de style andalou à l'étage est carrelée de bleu et de blanc. D'autres recoins dissimulent fontaines, bibliothèques et même piscine sur le toit, spa ainsi que salle de sport. Il y a 98 chambres de taille convenable, dont certaines ont des Jacuzzis. Prenez-en une (visez la chambre n°122) qui donne sur la cour, dans la section Virreinal de l'hôtel, plus ancienne.

Tlaquepaque

À voir
1 Museo Pantaleón Panduro C1
2 Museo Regional de la Cerámica B2

Où se loger
3 Casa Campos B2
4 Casa de las Flores C4
5 Casa del Retoño C4
6 Quinta Don José C3

Où se restaurer
7 Casa Fuerte B2
Casa Luna .... (voir 15)
8 Cenaduría Doña Victoria C4
9 Chimbombo's Grill C2
10 Mariscos Progreso C3
TlaquePasta .... (voir 6)
11 Zaguan D3

Où sortir
12 El Parián C3

Achats
13 Antigua de México B2
14 Del Corazón de la Tierra B2
El Nahual Gallery .... (voir 4)
15 Orígenes David Luna B2
16 Taller de Cerámica Paco Padilla C1

Casa Pedro Loza BOUTIQUE-HÔTEL **$$$**
(Carte p. 610 ; 33-1202-2423 ; www.casapedroloza.com.mx ; Loza 360 ; ch avec petit-déj 1 200-2 300 $M ;). Logé dans une impressionnante demeure coloniale d'un coin charmant du *centro histórico*, cet hôtel un tantinet prétentieux est quelque peu à l'écart. Il compte 12 chambres, toutes différentes : certaines emplies de beaux objets anciens, d'autres aménagées tels des nids d'amour avec lit circulaire et mobilier fantaisiste. Autres atouts : le toit amovible au-dessus de la cour et la superbe terrasse sur le toit.

Chapultepec et ses environs

Les hébergements haut de gamme se trouvent surtout à Chapultepec et à l'ouest de la ville ; ils s'adressent généralement à une clientèle qui dispose d'une voiture.

Hospedarte Chapultepec AUBERGE DE JEUNESSE **$**
(Carte p. 622 ; 33-3615-4957 ; www.hospedartehostel.com ; Luna 2075 ; dort/s/d 200/450/600 $M ;). Dans une ruelle résidentielle très calme, une auberge discrète qui dispose de tout ce dont un globe-trotteur a besoin : deux dortoirs propres de 8 lits chacun, 10 chambres privées, jardin (hamacs), cuisine commune, vélos gratuits, Internet et Wi-Fi. Sans compter le bar sur place (ouvert du mercredi au samedi) et quelques restaurants bon marché tout proches.

De nombreux services sont offerts aux voyageurs, et l'équipe de l'auberge propose barbecues et tournées des bars. Réductions pour les détenteurs de la carte International Hostelling.

Villa Ganz BOUTIQUE-HÔTEL **$$$**
(Carte p. 622 ; 33-3120-1416 ; www.villaganz.com ; López Cotilla 1739 ; ste avec petit-déj 2 500-3 500 $M ;). Ce bel hôtel de charme est décoré de carreaux de faïence, de candélabres, d'œuvres d'art originales, et il y a même un piano. Les luxueuses suites, toutes différentes, présentent du mobilier classique, de somptueux tapis et plusieurs détails agréables, dont des peignoirs dans les salles de bains. Le magnifique jardin à l'arrière regorge de recoins à explorer.

La suite parentale n°17 dispose d'un balcon, et la n°13 de deux points de vue, ainsi que d'un Jacuzzi. Côté service, les hôtes sont choyés : vin offert entre 18h et 20h, feu dans la cheminée, soirées aux chandelles et bon restaurant. Une aubaine, même à ces prix !

Quinta Real Guadalajara HÔTEL DE LUXE **$$$**
(33-1105-1000 ; www.quintareal.com ; Av México 2 727 ; ch 2 500-3 000 $M ;). À 2,5 km au nord-ouest de Chapultepec, cette splendide propriété 5 étoiles fait partie des 10 établissements d'une chaîne mexicaine de luxe. Sorte d'hacienda de campagne perdue dans une ville agitée, avec pierres et façade couverte de lierre magnifiques. La réception et le bar sont chics et accueillants, et le service exceptionnel. Choisissez une suite parmi ses 66 chambres, comme la n°104, qui donne sur le jardin.

Espace vert, piscine et salle de sport bien équipée.

Tlaquepaque

À 20 minutes en bus ou en taxi du centre de Guadalajara, Tlaquepaque jouit du charme d'une bourgade tout en étant proche de

Chapultepec

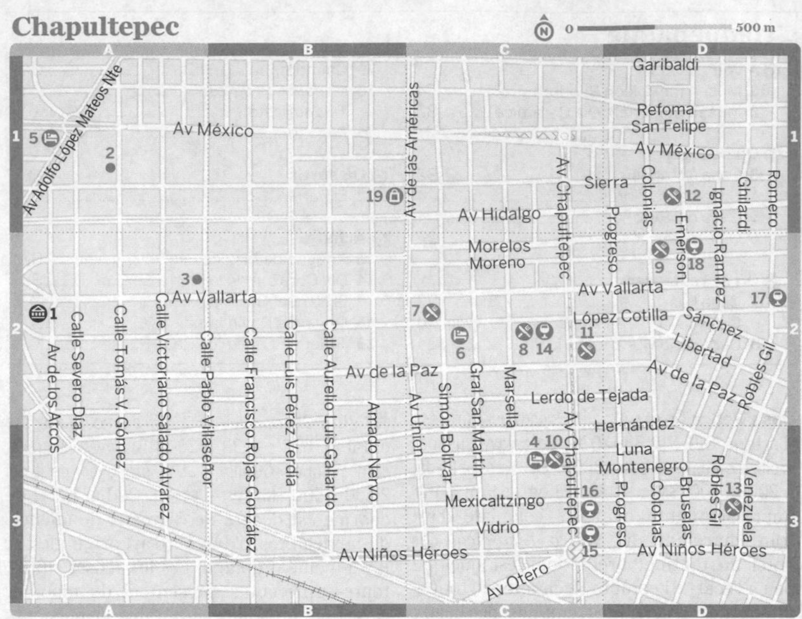

grands sites d'intérêt. C'est un lieu rêvé pour faire des emplettes.

Casa del Retoño PENSION $$

(Carte p. 620 ; ☎33-3639-6510 ; www.lacasadelretono.com.mx ; Matamoros 182 ; s/d avec petit-déj 825/1 000 $M ; P 📶). Cette ravissante maison traditionnelle ne compte que 8 chambres, confortables et pimpantes, doublées d'agréables salles de bains. En plus de son immense jardin, cet établissement géré par une charmante famille a l'avantage d'être à deux pas de la place principale de Tlaquepaque. Téléphonez au préalable car il n'y a pas toujours quelqu'un à la réception.

Casa Campos PENSION $$

(Carte p. 620 ; ☎33-3838-5297 ; www.casacampos.mx ; Miranda 30 ; s/d/ste avec petit-déj 1 070/1 310/1 510 $M ; ❄ @ 📶). Cette jolie demeure coloniale du XIXe siècle, aux tons rose et orange, a été transformée en maison d'hôtes. Au programme : une magnifique cour agrémentée de fleurs, des colonnes en pierre et un mobilier épuré en bois un peu partout. Les 11 chambres, réparties sur deux niveaux, sont spacieuses, stylées et bien équipées (les salles de bains sont un rien quelconques). À deux pas des magasins de la Calle Independencia.

♥ **Casa de las Flores** B&B $$$

(Carte p. 620 ; ☎33-3659-3186 ; www.casadelasflores.com ; Degollado 175 ; ch avec petit-déj 2 210-2 435 $M ; @ 📶). L'un de nos hébergements favoris dans la région, que cette Casa ultracolorée débordant de céramiques et de poteries peintes (le propriétaire américain est un collectionneur), avec un ravissant jardin fleuri, ainsi qu'une étonnante cheminée décorative. Les 7 chambres de sa dépendance dégagent une belle atmosphère mexicaine – couvre-lits bigarrés, œuvres d'art, lavabos carrelés, et (pour certaines) verrière ou balcon.

Les jolis détails ne manquent pas dans les chambres, et la galerie d'art/boutique d'artisanat El Nahual (p. 629), sur place, est emplie de poteries, figurines et masques superbes.

Quinta Don José BOUTIQUE-HÔTEL $$$

(Carte p. 620 ; ☎33-3635-7522 ; www.quintadonjose.com ; Reforma 139 ; ch avec petit-déj 1 675/3 250 $M ; P ❄ @ 📶 🏊). Du hall douillet à la terrasse de la piscine, ensoleillée et noyée sous les fleurs, sans oublier les fontaines, le Don José est une véritable oasis en plein cœur de Tlaquepaque. Si l'on devait chipoter, on dirait que les 18 chambres ne sont pas aussi extravagantes que les jardins.

Chapultepec

À voir
1 Casa-Taller Orozco A2

Activités
2 Colegio de Español y Cultura Mexicana A1
3 Tequila Tour by Mickey Marentes A2

Où se loger
4 Hospedarte Chapultepec C3
5 Quinta Real Guadalajara A1
6 Villa Ganz C2

Où se restaurer
7 Allium C2
8 El Cargol C2
9 El Sacromonte D2
10 Hueso C3
11 La Nacional C2
12 Pig's Pearls D1
13 Tortas Ahogadas Migue D3

Où prendre un verre et faire la fête
14 Angels Club C2
15 Bar Américas C3
16 Cervecería Chapultepec C3
El Grillo .... (voir 11)
17 Pigalle D2
18 Romea D2

Achats
19 Tienda de Vino Vinísfera B1

Bon restaurant italien sur place, le **TlaquePasta** (carte p. 620 ; ☎33-3635-7522 ; www.quintadonjose.com/tlaquepasta ; Reforma 139, Quinta Don José ; plats 160-350 $M ; ⌚17h-22h mar-jeu, 14h-22h ven-dim).

Où se restaurer

La scène culinaire de Guadalajara ne cesse de gagner en qualité. Parmi les spécialités locales, ne manquez pas la *birria* (ragoût épicé de chevreau ou d'agneau), la *carne en su jugo* (une sorte de soupe au bœuf) et surtout, l'omniprésente *torta ahogada* (littéralement "sandwich noyé"), un sandwich à la viande de porc avec sauce au piment, considéré comme un remède universel (surtout… pour la gueule de bois).

Centro histórico

Les gastronomes curieux se rendront au **Mercado San Juan de Dios** (Mercado Libertad ; carte p. 616 ; angle Av Javier Mina et Calzada Independencia Sur ; ⌚10h-19h lun-sam, 10h-16h dim), où d'innombrables étals proposent une nourriture succulente et bon marché. Pour grignoter tacos, *tortas ahogadas* ou *elote* (épi de maïs grillé avec mayonnaise et fromage) en fin de soirée, rendez-vous sur le parvis du Templo Expiatorio.

Taco La Paz PRODUITS DE LA MER **$**
(Carte p. 610 ; ☎33-1200-4647 ; www.tacofish-lapaz.com ; Av de la Paz 494 ; plats 23-35 $M ; ⌚9h-16h30 lun-sam). Si Guadalajara n'est pas vraiment au bord de l'océan, on y apprécie néanmoins le poisson et les fruits de mer. Ce modeste restaurant est imbattable en matière de crevette et de tacos au poisson ; file d'attente de rigueur à l'entrée.

Café Madrid CAFÉ **$**
(Carte p. 616 ; ☎33-3614-9504 ; Av Juárez 264 ; plats 48-145 $M ; ⌚8h-22h30). À défaut d'avoir le cachet d'autres adresses du genre, ce bistrot des années 1950 rénové est l'endroit idéal pour prendre un café corsé préparé avec machine à expresso vintage. Les *huevos rancheros* (œufs frits servis sur une tortilla de maïs avec une sauce à base de tomate, de piment et d'oignons, et des haricots sautés, 60 $M) et les *chilaquiles* (triangles de tortilla frits à la sauce pimentée, 77 $M) ont la cote au petit-déjeuner.

La Fonda de la Noche MEXICAIN **$$**
(Carte p. 616 ; ☎33-3827-0917 ; www.facebook.com/LaFondadelaNoche ; Jesús 251 ; plats 80-132 $M ; ⌚19h30-minuit mar-dim). Ce restaurant occupe une vaste maison Art nouveau. La cuisine, typique du Durango pour l'essentiel, est savoureuse quel que soit le plat choisi. Le menu est simple et la plupart des plats n'y apparaissent pas. Son affable gérant, Carlos, vous les dira dans un anglais rudimentaire. Goûtez au *plato combinado* (assiette mixte ; 111 $M), un choix des 4 plats principaux du chef.

La Fonda de San Miguel Arcángel MEXICAIN **$$**
(Carte p. 616 ; ☎33-3613-0793 ; www.fondasanmiguelarcangel.com ; Guerra 25 ; plats 155-240 $M ; ⌚14h-23h mar-ven, 9h-23h sam, 9h-21h dim). Installé dans la cour d'un ancien couvent, à l'éclairage très tamisé, vous vous régalerez d'une fine cuisine sur fond de fontaines qui gargouillent, de notes de piano et de gazouillis d'oiseaux en cage. Les spécialités du lieu : le *filete de res oro negro,* bœuf

à la sauce de *huitlacoche* (champignon de maïs) et le succulent *molcajete* (plat épicé de l'État de Oaxaca, servi dans un mortier en pierre brûlant avec des fajitas).

Birriería las Nueve Esquinas MEXICAIN **$$**
(Carte p. 616 ; ☎33-3613-6260 ; www.las9esquinas.com ; Av Colón 384 ; plats 74-139 $M ; ⏲8h30-23h lun-sam, 8h30-20h30 dim). Le quartier des Nueve Esquinas ("neuf coins de rue"), aux allures de village, a pour spécialité la *birria*, une viande longuement mijotée dans son jus. Et ce ravissant restaurant carrelé de bleu et de blanc, à demi en extérieur, est réputé être le roi de la *birria* à des lieues à la ronde.

Les deux plats principaux (139 $M) sont la *birria de chivo* (ragoût de chevreau) et le *barbacoa de borrego* (agneau au four). À déguster avec des tortillas fraîches accompagnées d'oignons au vinaigre, de coriandre et de deux types de sauce – enveloppez la viande dans la tortilla, assaisonnez à votre goût puis plongez la tortilla dans le jus de la viande : une merveille.

La Chata de Guadalajara MEXICAIN **$$**
(Carte p. 616 ; ☎33-3613-1315 ; www.lachata.com.mx ; Av Corona 126 ; plats 69-164 $M ; ⏲7h30-minuit). *Comida típica* (cuisine familiale) de qualité, prix abordables et portions généreuses assurent le succès de ce restaurant familial. Il y a tout le temps la queue jusque dans la rue, mais l'efficacité des serveurs limite l'attente, qu'on peut tromper en observant la fabrication des tortillas. Le succulent *platillo jalisciense* (poulet frit avec 5 garnitures ; 108 $M) remporte un franc succès.

Chapultepec et ses environs

♥ **Tortas Ahogadas Migue** MEXICAIN **$**
(Carte p. 622 ; ☎33-3825-4520 ; Calle Mexicaltzingo 1727 ; tortas 38-65 $M). Fiez-vous aux papilles averties des Tapatíos (habitants de Guadalajara) : ici, dans ce café jaune et orange vif, on sert les meilleures *tortas ahogadas*, remède contre la gueule de bois cher à cette ville. Les *birotes*, des petits pains en forme de baguette, sont garnis de morceaux de viande de porc lentement rôtis et généreusement nappés de *salsa picante*. Pour ne pas avoir le palais en feu, demandez une torta *"media ahogada"* (à demi noyée). Seuls les palais les plus aguerris oseront la version *"bien ahogada"*.

Pig's Pearls BURGERS **$$**
(Carte p. 622 ; ☎33-3825-5933 ; www.pigspearls.com ; Coronado 79 ; burgers 95-112 $M ; ⏲13h-23h lun-sam). Les Tapatíos ne tarissent pas d'éloges au sujet de ces burgers... Prenez place sur la terrasse ouverte si le temps le permet, ou passez au (petit) bar à l'arrière, aux proportions parfaites. À la dizaine de burgers à la carte s'ajoutent quelques salades (75-85 $M) et des kebabs (à partir de 85 $M).

El Cargol ESPAGNOL **$$**
(Carte p. 622 ; ☎33-3616-6035 ; López Cotilla 1513 ; plats 115-200 $M ; ⏲14h-23h lun, mar et jeu, 14h-1h ven-sam, 14h-19h dim). Une affaire familiale qui rend hommage à la Catalogne, grande collectionneuse d'étoiles Michelin. La carte hispano-catalane se réclame de l'esprit "Slow Food" – tout est fait maison et justifie l'attente. Les habitués viennent pour la paella et la *crema catalana*, un dessert exquis.

♥ **Alcalde** MEXICAIN CONTEMPORAIN **$$$**
(Carte p. 610 ; ☎33-3615-7400 ; www.alcalde.com.mx ; Av México 2903 ; plats 295-375 $M ; ⏲13h30-23h lun-sam, jusqu'à 17h30 dim). L'un de nos restaurants haut de gamme préférés à Guadalajara. Le "Maire" est le dernier projet en date du chef Francisco Ruano, qui a fait ses premières armes à l'El Celler de Can Roca, à Gérone, et au Noma, à Copenhague. Testez en entrée son *aguachile*, soupe couleur pistache aux pommes vertes, ou son trio de tomates, puis son "assiette noire" de porc grillé dans un *mole* riche, boudin maison et riz noirci.

Décoration superbe où des lampions de verre multicolore tranchent sur un carrelage noir et blanc.

♥ **Lulabistro** MEXICAIN CONTEMPORAIN **$$$**
(Carte p. 610 ; ☎33-3647-6432 ; www.lulabistro.com ; San Gabriel 3030 ; menu 6/8/12 plats 850/1 200/1 600 $M ; ⏲20h-23h30 lun, 14h-17h et 20h-23h30 mar-jeu, 14h-17h30 et 20h-minuit ven-sam). Table très chic, à l'ouest du centre, peut-être la plus originale de Guadalajara. Aussi élégant que soit son décor industriel, c'est sa cuisine qui attire les gourmets. Ses 3 formules à base de saveurs mexicaines préparées à la française sont particulièrement riches en produits de la mer. Vins d'accompagnement pour un supplément de 600/750/1 000 $M. Réservation très recommandée.

El Sacromonte MEXICAIN **$$$**
(Carte p. 622 ; 33-3825-5447 ; www.sacromonte.com.mx ; Moreno 1398 ; plats 130-200 $M ; 12h-minuit lun-sam, 12h-18h dim). Le restaurant d'*alta cocina* (haute cuisine) le plus populaire de Guadalajara est dédié à des plats classiques revisités – quesadillas parsemées de pétales de rose et d'aïoli à la fraise, soupe à l'avocat et à la pastèque, ou crevettes géantes dans une sauce à la langouste avec épinards frits. Le décor évoque les matadors d'antan, représentés partout dans la salle, sur fond de musique sentimentale au piano. Réservation recommandée.

Hueso INTERNATIONAL **$$$**
(Carte p. 622 ; 33-3615-3591 ; www.hueso-restaurant.com ; Luna 2061 ; plats 295-375 $M ; 19h30-minuit lun-sam). Le domaine (d'ailleurs qualifié de *taller*, son "atelier") du chef réputé Alfonso Cadena. Les critiques louent régulièrement ses plats innovants et sa minutie. Seul bémol, le thème du Hueso ("L'Os") : les quelque 10 000 ossements de requins, d'ours, de cervidés, de sanglier et d'autres animaux qui ornent l'endroit, tout blanc, lui donnent des airs de Día de Muertos permanent.

Allium FUSION **$$$**
(Carte p. 622 ; 33-3615-6401 ; www.allium.com.mx ; López Cotilla 1752 ; plats 230-250 $M ; 13h30-17h mar-dim et 19h-22h30 mar-ven, 19h-23h ven-sam). Emmené par le chef Sebastian Renner Hamdan, ce nouveau venu élégant dans le paysage gastronomique de Guadalajara met l'accent sur les produits du terroir : 90% des ingrédients utilisés viennent du Jalisco. Étroite et minimaliste, la salle évoque les tables européennes étoilées, les prix exorbitants en moins. Goûtez la poitrine de porc à la patate douce et le poulpe rôti.

I Latina INTERNATIONAL **$$$**
(Carte p. 610 ; 33-3647-7774 ; ilatina.mx ; Av Inglaterra n°3128 ; plats 150-350 $M ; 19h-1h mar-sam, 13h30-18h dim). Un établissement très tendance au décor ultraoriginal – un mur orné de cochons en céramique, un espadon géant et maints détails amusants. Très prisé d'une clientèle branchée, qui vient se régaler d'une excellente cuisine aux accents asiatiques, méditerranéens et mexicains. Parfois bruyant, mais l'expérience n'en est que plus festive.

Tlaquepaque

Les vendeurs de rue ne manquent pas sur la place principale de Tlaquepaque : goûtez à la *jericalla* (croisement entre le flan et la crème brûlée), aux *empanadas* à la noix de coco et aux graines de grenade arrosées de citron vert. Au sud-est de la place, **El Parián** (carte p. 620 ; 33-3696-0488 ; www.facebook.com/ElParianDeTlaquepaque ; Av Juárez 68 ; 10h-minuit dim-jeu, 10h-1h ven-sam) est un ensemble d'une vingtaine de bars-restaurants, dont les tables occupent une agréable grande cour/place intérieure. Idéal pour prendre un verre et écouter les mariachis (en revanche, il vaut mieux se restaurer ailleurs).

Cenaduría Doña Victoria MEXICAIN **$**
(Carte p. 620 ; 33-3635-2010 ; Degollado 182 ; plats à partir de 80 $M ; 19h-23h ven-mer). À Tlaquepaque, le stand sur la rue du Victoria est renommé pour sa *soul food* mexicaine de grande qualité. Tous les soirs, *taquitos* (petits tacos), tacos, *pozole* (soupe traditionnelle, ou ragoût à l'*hominy*, au porc et au piment), caille et poulet se bousculent sur le feu. Le *pollo dorado* (poulet frit ; 80 $M) est d'ailleurs le plat vedette. Il est accompagné de pommes de terre, de salade, de tortillas et de 3 types de sauce piquante.

Chimbombo's Grill MEXICAIN **$$**
(Carte p. 620 ; 33-3954-1788 ; Madero 80A ; tortas 32 $M, steak 75-170 $M ; 8h-22h). Ce grill donnant sur la rue est l'adresse à connaître pour déguster un steak *T-bone* ou une hampe de bœuf, ainsi que des *tortas ahogadas* (petits pains appelés *birotes* fourrés de morceaux de porc lentement rôti et noyés dans une *salsa picante* bouillante) délicieusement épicées. La viande est frottée à l'huile d'olive, arrosée de sauce soja et servie avec une salade grecque et du pain à l'ail. À consommer sur place ou sur la *plaza* voisine.

Casa Fuerte MEXICAIN **$$$**
(Carte p. 620 ; 33-3639-6481 ; www.casafuerte.com, Independencia 224 ; plats 150-350 $M ; 12h-21h ;). Un vaste établissement élégant dans une jolie demeure colorée, avec un bar à cocktails et un patio pour prendre le frais. La cuisine est très raffinée, d'où son succès auprès des habitants aisés de Tlaquepaque, mais vous y trouverez une table sans trop de difficulté. Goûtez le *queso fundido con chorizo* (fromage fondu avec chorizo) brûlant dans son récipient en pierre.

Casa Luna MEXICAIN CONTEMPORAIN **$$$**
(Carte p. 620 ; ☎33-1592-2061 ; www.facebook.com/CasaLunaRest ; Independencia 211 ; plats 245-350 $M ; ⏲12h-23h lun-jeu, jusqu'à minuit ven-sam). Situé dans le centre de Tlaquepaque, ce restaurant occupe une splendide demeure traditionnelle doublée d'une cour ouverte à l'ombre d'un grand arbre. L'atmosphère est magique, toute la cuisine est mexicaine, remise au goût du jour, avec soupe à la crème de coriandre et quesadillas à la crevette. Les magnifiques lampes et luminaires viennent de la boutique **Origenes** (carte p. 620 ; ☎33-3657-2405 ; ⏲10h-19h lun-ven, 11h-19h sam, jusqu'à 18h dim), attachée.

Zaguan MEXICAIN **$$$**
(Carte p. 620 ; ☎33-3614-1814 ; www.facebook.com/zaguan.restaurante.galeria ; Juárez 5 ; plats 180-250 $M ; ⏲13h-21h mar-dim). Vendu comme le meilleur restaurant de Tlaquepaque, le Zaguan et sa galerie misent beaucoup sur les couleurs, les saveurs et les textures, et ils remportent un franc succès. On redécouvre gustativement autant que visuellement des standards de la cuisine locale tels que *chiles en nogada* et *carne en su jugo*. Craquez pour la *degustación de moles* (199 $M).

Mariscos Progreso PRODUITS DE LA MER **$$$**
(Carte p. 620 ; ☎33-3636-6149 ; Progreso 80 ; plats 150-300 $M ; ⏲11h-20h). Les après-midi de week-end, on a l'impression que la moitié de la ville se retrouve ici. Les familles mexicaines endimanchées viennent s'y régaler de ceviche, de crevettes à l'ananas (162 $M) et de *huachinango al estilo Veracruz* (vivaneau au citron vert et aux tomates ; 299 $M), tandis que les mariachis passent de table en table.

Les huîtres (à partir de 106 $M la douzaine) sont la spécialité de la maison. Vous reconnaîtrez le Mariscos Progreso à la cabane d'écailler installée devant.

Zapopan

Zapopan se targue d'une scène culinaire dynamique. Sachez toutefois qu'il vaut en principe mieux éviter les restaurants qui bordent l'artère principale menant à la basilique. Préférez-leur ceux des rues transversales, au sud-est.

Fonda Doña Gabina Escolatica MEXICAIN **$**
(Carte p. 610 ; ☎33-3833-0883 ; Mina 237 ; plats 16-62 $M ; ⏲14h-23h mar-sam, 9h-20h dim). Un étroit restaurant aux airs de grange, situé dans une ruelle de Zapopan aux maisons couleur pastel parées de tissus aux couleurs radieuses. Ses spécialités sont le *pozole* (soupe ou ragoût traditionnel avec *hominy*, porc et piments) et la *tostada de pollo*, véritable amoncellement de poulet et de salade sur une tortilla grillée.

Où prendre un verre et faire la fête

Le soir, le *centro histórico* est relativement calme, mais il existe quelques foyers d'activité (pour qui sait où chercher) et une vie nocturne gay bien implantée, dont les boîtes accueillent aussi bien les hétéros. Chapultepec, en revanche, est en effervescence perpétuelle, avec des *antros* (littéralement des "tanières", mais cela signifie bar de quartier), ainsi que des bars et des boîtes de style international. D'ordinaire, les Tapatíos (habitants de Guadalajara) sortent sur leur trente et un, alors pliez-vous à la coutume.

♥ **La Mutualista** DANSE
(Carte p. 616 ; ☎33-3614-2176 ; Madero 553 ; ⏲12h-2h mar-sam). Avec ses murs jaunis par la fumée de cigarette et ses hauts plafonds d'où pendent des lustres anciens, cette salle de bal d'époque rappelle le glamour de La Havane d'autrefois. Il faut venir le jeudi, le vendredi et le samedi pour les soirées salsa. Un groupe cubain commence à jouer vers minuit, et la foule, tous âges confondus, se déchaîne sur la piste. Préparez-vous à transpirer.

♥ **Café Galería André Breton** BAR
(Carte p. 616 ; ☎33-3345-2194 ; Manuel 175 ; ⏲10h-20h mar-sam). Ce charmant établissement – bar, café et salle de concerts – est niché dans une ruelle à l'est du *centro histórico*. C'est l'un des lieux de sortie les plus branchés de la ville. Profitez du menu français (plat 80 $M), du choix de bières artisanales du monde entier et des concerts (droit d'entrée 50 $M), qui ont lieu presque tous les soirs à partir de 22h.

Bar Américas CLUB
(Carte p. 622 ; ☎portable 324-1044467 ; www.baramericas.com.mx ; Av Chapultepec Sur 507 ; ⏲21h-5h mer-sam, jusqu'à minuit dim). Cette boîte de nuit, l'une des plus intéressantes de la ville, s'adresse à un public légèrement plus nanti, raffiné et âgé que la moyenne. Avec son entrée complètement noire en bas des marches, on croirait vraiment franchir les portes de l'enfer.

LA SCÈNE GAY ET LESBIENNE DE GUADALAJARA

Pourtant dotée d'une municipalité conservatrice et d'une population profondément catholique, Guadalajara est l'une des villes les plus gay-friendly du Mexique. À la fin du mois de juin, tout le monde descend dans les rues pour se joindre à l'une des plus grandes Gay Prides d'Amérique latine.

Le "ghetto gay" de Guadalajara – c'est son surnom – s'étend sur quelques rues autour de l'angle d'Ocampo et de Sánchez, dans le centre-ville. Toutefois l'Avenida Chapultepec, un peu à l'ouest du centre, voit fleurir un certain nombre d'établissements chics s'adressant à une clientèle gay. Pour des adresses, consultez www.gaymexicomap.com.

El Grillo BIÈRE ARTISANALE

(Carte p. 622 ; ☎33-3827-3090 ; www.facebook.com/el.grillo.cantor ; Av Chapultepec 219 ; ⏲12h-2h30). Les amateurs de mousse seront à la fête ici, avec une cinquantaine de bières artisanales à l'honneur (la plupart en bouteille), dont la Diógenes IPA (Indian Pale Ale), fabriquée à Guadalajara, et la rousse Grasshoppy. La terrasse à l'avant fait un bon point de départ pour une virée nocturne à Chapultepec.

Si vous avez un petit creux, commandez à manger au restaurant voisin affilié **La Nacional** (LaNaChapultepec ; carte p. 622 ; ☎33-3827-3090 ; www.facebook.com/lanachapultepec; Av Chapultepec Sur 215; plats 89-134 $M; ⏲9h-14h dim-jeu, 9h-15h ven-sam), tout aussi tendance.

California's GAY

(Carte p. 616 ; ☎33-3614-3221 ; Moreno 652 ; ⏲18h-4h lun-sam). Traits distinctifs : attire une clientèle assez variée et séduisante, souvent en quête d'un partenaire, toujours bondé vers 22h, et les vendredis et samedis, c'est la folie. La musique est bonne, mais on n'y danse pas : c'est un endroit pour commencer la soirée avant d'aller en boîte.

La Fuente BAR

(Carte p. 616 ; Suárez 78 ; ⏲12h-23h lun-mer, 12h-12h30 jeu-sam). Aménagée dans l'ancienne chaufferie Edison, La Fuente est une institution et une véritable *cantina* mexicaine – c'est-à-dire brute de décoffrage. Ouverte depuis 1921, elle est surtout fréquentée par des habitués, qui accueillent chaleureusement les nouveaux venus. Un trio contrebasse, piano, violon joue du milieu de l'après-midi jusqu'au dernier service au bar.

La Taberna de Caudillos CLUB

(Carte p. 616 ; ☎33-3613-5445 ; www.facebook.com/LaTabernaDeCaudillos ; Sánchez 407 ; 50 $M ; ⏲21h-4h). Discothèque à plusieurs étages en vogue, avec 3 pistes de danse, des lounges gigantesques où danse une foule de jeunes créatures charmantes, et diverses performances sur scène (dont *gogo dancing* et spectacles de travestis). Toujours un plaisir.

Pigalle BAR À COCKTAILS

(Carte p. 622 ; ☎33-3825-3118 ; Robles Gil 137 ; ⏲18h-minuit mar-mer, jusqu'à 2h30 jeu-sam). On sait que les baristas mexicains excellent à la préparation de cocktails salés et sucrés (à partir de 17 $M), mais le Pigalle est un cran au-dessus des autres. Venez ici pour vous détendre, siroter des boissons parmi les plus innovantes de la ville, et écouter de la musique, enregistrée ou en live.

Romea BAR À VIN

(Carte p. 622 ; ☎33-1817-0202 ; www.facebook.com/romea.gdl ; Morelos 1349 ; ⏲17h30-minuit lun, 9h-minuit mar-sam, jusqu'à 16h dim). Accueillant bar à vin de quartier, aux grandes fenêtres ouvertes, réputé pour son choix de crus mexicains et de vins d'Espagne, de France, du Portugal et même de Slovénie. À accorder avec des plateaux de fromage (99 $M) ou de charcuterie (de 155 à 245 $M).

Cervecería Chapultepec PUB

(Carte p. 622 ; ☎33-1102-1955 ; www.cerveceriachapultepec.com ; Mexicaltzingo 1938). Toujours en effervescence, ce pub est même trépidant, voire bouillonnant, et nous pensons savoir pourquoi. Absolument tout (des bières aux mojitos en passant par les tacos et les burgers) est à 18 $M. La terrasse à l'avant est prise d'assaut de l'ouverture à la fermeture.

Angels Club CLUB

(Carte p. 622 ; ☎33-4040-5030 ; López Cotilla 1495B ; ⏲22h-5h mer-sam, 6h-23h dim). Bienvenue au mégaclub de Guadalajara ! Il s'agit certes d'un lieu gay, mais les hétéros des deux sexes peuvent se joindre à la fête sur les 3 pistes de danse, où règnent la house, la pop et la techno. Ambiance déchaînée le samedi soir, qui déborde souvent sur le dimanche en fin de matinée.

☆ Où sortir

La musique est reine à Guadalajara, et des artistes se produisent presque tous les soirs en de nombreux lieux, y compris quelques restaurants. Bars et discothèques ne manquent pas, mais renseignez-vous pour connaître les derniers endroits à la mode ; les habitants ne sont pas avares de conseils en la matière.

Classé au patrimoine mondial de l'Unesco, le magnifique Instituto Cultural de Cabañas (p. 613) accueille, comme les autres institutions culturelles majeures de la ville, tout un éventail de manifestations.

Concerts

La Plaza de los Mariachis, à l'est du *centro histórico*, est agréable pour prendre un verre en se laissant bercer par les airs passionnés des groupes de mariachis – musique originaire de la ville. À Tlaquepaque, El Parián (carte p. 625) est une grande construction rectangulaire datant de 1878, avec une vingtaine de restaurants, petites *cantinas* et boutiques entourant une grande place verdoyante et ombragée où défile tout un régiment de mariachis. Du jeudi au lundi, à partir de 15h30 et pendant une heure environ, les groupes se bousculent pour capter l'oreille, les applaudissements et les deniers du chaland, puis recommencent à 21h30.

De leur côté, installés dans le kiosque à musique de style Art nouveau français (1889) de la Plaza de Armas, les orchestres de l'État et de la ville donnent des concerts gratuits de *música tapatía* (musique guadalajarienne) typique, le mardi à 18h30, le mercredi à 19h30 et le jeudi à 20h, ainsi que pendant certaines périodes de vacances.

1er Piso Jazz Club CONCERTS

(Club de jazz Primer Piso ; carte p. 616 ; ☎33-3825-7085 ; Moreno 947 ; ⏲19h30-3h mar-sam). Ce club de jazz distingué occupant le 1er Piso (1er étage) d'un îlot urbain accueille des groupes la plupart des soirs à partir de 21h. Excellents cocktails.

Sports

Les Tapatíos ont clairement le *fútbol* dans le sang. La ville possède 2 équipes locales parmi les 18 clubs mexicains de la Liga MX (ancienne Primera División) : **Guadalajara** (www.chivasdecorazon.com.mx), 2e équipe la plus populaire du pays, et seul club mexicain à ne faire jouer que des joueurs mexicains ; et Atlas (www.atlas.com.mx). Durant les deux saisons (juillet-décembre et janvier-juin), les équipes jouent dans les stades autour de la ville. Pour connaître le programme, consultez la Federación Mexicana de Fútbol (www.femexfut.org.mx).

♥ Arena Coliseo CATCH MEXICAIN

(Carte p. 616 ; ☎33-3617-3401 ; Medrano 67 ; billets 110-350 $M ; ⏲20h30 mar, 18h dim). Passez une soirée mémorable à regarder des *luchadores* (catcheurs) aux noms tels qu'El Terrible ou Blue Panther se cogner dessus. Femmes en petite tenue, foule vociférant des insultes par-dessus les cris des vendeurs de beignets : ne vous offusquez pas, ce sont des aspects indispensables à ce passe-temps traditionnel mexicain. Le voisinage de ce colisée adulé étant quelque peu malfamé, prenez les précautions habituelles.

Campo Charro Jalisco RODÉO

(Carte p. 610 ; ☎33-3619-0315 ; www.decharros.com ; Av Dr Roberto Michel 577, Rincon de Agua Azul). Des *charreadas* (ou *charrerías*), proches du rodéo, ont en général lieu le dimanche à 12h, dans cette arène juste derrière le Parque Agua Azul, au sud du centre-ville. Des *charros* (cow-boys) viennent de tout le Jalisco et du reste du Mexique ; des équipes d'*escaramuza charra* (sport équestre féminin) s'y produisent également.

Théâtre

Teatro Degollado THÉÂTRE

(Carte p. 616 ; ☎33-3614-4773 ; www.facebook.com/TeatroDegollado). Axe culturel du centre-ville, ce théâtre historique accueille tout un éventail de représentations dramatiques, chorégraphiques et musicales.

Teatro Diana THÉÂTRE

(Carte p. 610 ; ☎33-3613-8579 ; www.teatrodiana.com ; Av 16 de Septiembre 710). Salle la plus branchée de la ville, avec une vaste gamme de spectacles incluant théâtre, danse et musique. Y sont programmés des comédies itinérantes de Broadway, des concerts d'artistes locaux et internationaux, ainsi que des installations artistiques.

 Achats

Pour la plupart des visiteurs, les articles les plus attrayants de Guadalajara sont les superbes objets d'artisanat du Jalisco, du Michoacán et d'autres États du Mexique vendus sur ses nombreux marchés. Tlaquepaque et Tonalá, deux banlieues à moins de, respectivement, 8 km et 17 km du centre de Guadalajara, sont les principaux producteurs d'artisanat et de meubles. C'est à Tonalá qu'on trouve les meilleurs rapports qualité/prix (prix de gros). Chapultepec possède aussi un marché d'artisanat.

Tienda de Vino Vinisfera VIN
(Carte p. 622 ; 33-1377-5647 ; www.tiendadevino.mx ; Av Justo Sierra 2275). Si vous souhaitez vous informer sur le vin mexicain, et/ou le goûter, visitez cette boutique qui fait aussi café-bar, au nord de Chapultepec. Aux côtés d'un vaste choix de vins rouges et blancs, dont les prix vont de 100 à 4 000 $M, vous trouverez également plus d'une dizaine de bières artisanales du Jalisco. Repartez avec une bouteille ou bien dégustez-la au café, ou dans son magnifique jardin à l'arrière.

El Nahual Gallery ART ET ARTISANAT
(Carte p. 620 ; www.elnahualgallery.com ; Degollado 175 ; 10h-18h). Installée dans la Casa de las Flores (p. 622), une boutique dédiée à l'artisanat de la région – articles en céramique, figurines, masques... Stan Singleton, gérant et collectionneur, se fera un plaisir de vous en expliquer la fabrication, de vous faire visiter l'atelier et de vous conseiller sur vos achats.

Antigua de México DÉCORATION, MOBILIER
(Carte p. 620 ; 33-3635-2402 ; www.antiguademexico.com ; Independencia 255 ; 10h-14h et 15h-18h30 lun-ven, 10h-18h sam). Des meubles d'exception, tels des bancs sculptés d'un seul tenant dans un tronc, sont exposés ici dans de vastes patios à l'ancienne de la légendaire boutique de Tlaquepaque.

Del Corazón de la Tierra ART ET ARTISANAT
(Carte p. 620 ; 33-3657-5682 ; www.delcorazondelatierra.mx ; Independencia 227). Située dans le centre de Tlaquepaque, cette adorable boutique dont le nom signifie "du cœur de la terre" se fait une spécialité de l'art *indígena* (et surtout maya). Faites-y halte pour acheter des souvenirs et/ou des cadeaux à prix très abordables.

Taller de Cerámica Paco Padilla ART ET ARTISANAT
(Carte p. 620 ; 33-3635-4838 ; www.facebook.com/tallerpacopadilla ; Sánchez 142 ; 10h-16h lun-ven, jusqu'à 14h sam). Ce lieu sert d'atelier et de salle d'exposition à Paco Padilla, céramiste réputé de Tlaquepaque. À une courte marche du fameux Museo Pantaleón Panduro (p. 615) et de ses œuvres en céramique primées.

Renseignements

ACCÈS INTERNET

Vous trouverez des cybercafés partout en ville (10-35 $M/heure), mais leur nombre diminue et ils déménagent souvent. Presque tous les hôtels et auberges de jeunesse, ainsi que la majorité des restaurants, cafés et bars, fournissent un accès Wi-Fi gratuit.

ARGENT

Les banques ne manquent pas et sont presque toutes équipées de distributeurs de billets (DAB), appelés *cajeros automáticos*.

Les *casas de cambio* (bureaux de change) dans López Cotilla, entre l'Avenida 16 de Septiembre et Maestranza, pratiquent des taux compétitifs. Peu d'entre eux changent les chèques de voyage.

OFFICES DU TOURISME

Kiosque d'information touristique de Guadalajara (carte p. 616 ; Plaza de la Liberación ; 8h45-13h45 et 14h45-19h45 lun-ven, 9h45-14h45 sam-dim). La ville compte une demi-douzaine d'autres kiosques aux horaires identiques, notamment dans le Jardín San Francisco, sur la Plaza de las Américas (Zapopan) et devant l'Instituto Cultural de Cabañas sur la Plaza de Iberoamérica.

Office du tourisme de l'État du Jalisco (carte p. 616 ; 3668-1600/1 ; Morelos 102 ; 9h-17h lun-ven). Entrée par Morelos ou Paseo Degollado. Renseignements sur Guadalajara, l'État du Jalisco et les événements de la semaine à venir.

Office du tourisme de l'État de Tlaquepaque (carte p. 620 ; 33-1057-6212 ; www.tlaquepaque.gob.mx ; Morelos 288 ; 9h-15h lun-ven). À l'étage de la Casa del Artesano. Un kiosque d'information touristique (p. 615) bien plus utile et mieux situé se trouve juste à côté d'El Parián (p. 625).

GUADALAJARA SANS VOITURES

Chaque dimanche depuis 2004, la deuxième ville du pays célèbre la **Vía Recreactiva** (www.viarecreactiva.org ; ⏲8h-14h dim), moment durant lequel les grands axes sont fermés aux voitures et livrés aux vélos, skateboards, poussettes, fauteuils roulants et autres moyens de locomotion non motorisés.

Pour ajouter au confort, une armée de bénévoles motivés propose des vélos gratuits (pièce d'identité requise) dans le Parque Revolución et organise des circuits à vélo pittoresques (p. 618) d'une heure. Départ un peu plus loin à l'ouest, à 9h30 et 11h.

L'objectif de cette demi-journée sans voitures est de réduire la dépendance à l'automobile, de promouvoir la santé et de tisser du lien social. Les artistes sont encouragés à s'exprimer dans les rues et le Parque Revolución, centre névralgique de la Vía Recreactiva, abrite un pavillon culturel accueillant des spectacles vivants. L'événement – auquel participent en moyenne 200 000 Tapatíos (habitants de Guadalajara) – a été repris depuis par d'autres villes, dont Mexico.

Office du tourisme de Tonalá (p. 616). À deux pâtés de maisons à l'est de l'Avenida Tonaltecas et au nord de l'Avenida Constitución, dans Moreles.

POSTE

Si vous vous êtes un peu trop emballé sur les hamacs, céramiques et autres sculptures de jaguars géants des nombreuses et magnifiques boutiques de décoration de Guadalajara, **Sebastián Exportaciones** (carte p. 620 ; ☎33-3124-6560 ; sebastianexp@prodigy.net.mx ; Ejército 45 ; ⏲9h-14h et 16h-18h lun-ven) vous tirera d'affaire en vous permettant d'envoyer des boîtes et des cartons (1 m^3 minimum) à l'international.

Poste principale (carte p. 616 ; angle Carranza et Av Independencia ; ⏲8h-19h lun-ven, 9h-13h sam)

SERVICES MÉDICAUX

Farmacia Guadalajara (☎33-3613-7509 ; Moreno 170 ; ⏲8h-22h)

Hospital México Americano (☎33-3648-3333, appels gratuits 01-800-462-2238 ; www.hma.com.mx ; Colomos 2110). À 3 km au nord-ouest du centre-ville ; certains médecins parlent anglais.

Consulat des États-Unis (☎33-3268-2100 ; www.mx.usembassy.gov/embassy-consulates/guadalajara Progreso 175, Colonia Americana). Liste actualisée (www.mx.esembassy.gov/embassy-consulates/guadalajara/american-services) de médecins mexicains anglophones, notamment des spécialistes et des dentistes.

URGENCES

En cas de problème, contactez d'abord votre ambassade ou votre consulat et/ou l'office du tourisme de l'État.

Ambulances ☎33-3616-9616

Police ☎33-3668-0800

Pompiers ☎33-3619-5155

Urgences générales ☎066, ☎080

Depuis/vers Guadalajara

AVION

L'**Aeropuerto Internacional Miguel Hidalgo** (☎33-3688-5248 ; www.aeropuertosgap.com.mx) se trouve à 20 km au sud du centre-ville, près de la route 23 vers Chapala. Il abrite des DAB, un bureau de change, des cafés et des agences de location de voitures.

De nombreuses compagnies assurent des vols directs depuis/vers les grandes villes mexicaines :

Aeroméxico (☎800-021-40-00 ; www.aeromexico.com ; Aeropuerto Internacional Miguel Hidalgo)

Interjet (☎800-011-23-45 ; www.interjet.com.mx ; Aeropuerto Internacional Miguel Hidalgo)

VivaAerobus (☎33-4000-0180 ; www.vivaaerobus.com ; Aeropuerto Internacional Miguel Hidalgo)

Volaris (☎55-1102-8000 ; www.volaris.mx ; Aeropuerto Internacional Miguel Hidalgo)

BUS

Guadalajara compte deux gares routières. La **Nueva Central Camionera** (nouvelle gare routière ; carte p. 610 ; ☎33-3600-0135), qui accueille les bus longue distance, est un grand terminal moderne aux allures d'aéroport, divisé en 7 *módulos* (miniterminaux). Chaque *módulo* possède des billetteries pour plusieurs lignes, des toilettes, des cybercafés et des cafétérias. Elle se situe à 11 km au sud-est du centre-ville, après Tlaquepaque, un peu en retrait de l'autoroute 15 pour Mexico.

Les bus desservent toutes les destinations de l'ouest, du centre et du nord du pays. Plusieurs compagnies peuvent rallier une même destination au départ de différents *módulos* ; l'éparpillement de ces derniers complique la comparaison des prix (même s'ils sont affichés). L'avantage, c'est que, moyennant un peu de souplesse, on n'a pas à attendre longtemps un bus (départs au moins 1 fois/heure vers toutes les grandes destinations, tarifs indiqués pour les meilleurs bus en service). On trouve souvent des tarifs moins chers en optant pour des bus un peu moins luxueux.

ETN (☎33-3817-6618 ; www.etn.com.mx) et **Primera Plus** (☎800-444-16-06 ; www.primeraplus.com.mx) assurent des liaisons directes avec de nombreuses villes. Leurs bus climatisés deluxe comportent des sièges ultra-confortables avec écrans TV individuels, le Wi-Fi et des toilettes. Les prix très raisonnables incluent nourriture et boissons.

L'autre gare routière moins pimpante, l'**Antigua Central Camionera** (ancienne gare routière ; carte p. 610 ; ☎33-3650-0479 ; Dr Michel et Los Ángeles), se trouve à 2 km au sud de la cathédrale, près du Parque Agua Azul. De là, des bus 2e classe desservent des destinations dans un rayon d'environ 100 km de Guadalajara. La Sala A est réservée aux destinations situées à l'est et au nord-est, la Sala B, au nord-ouest, au sud-ouest et au sud. L'accès à la gare routière coûte 0,50 $M. Les bus démarrent plusieurs fois par heure pour les destinations proches, et environ une fois par heure pour les trajets plus longs. Les liaisons en bus sont généralement assurées entre 6h et 22h.

TRAIN

Uniques trains à desservir Guadalajara, les 2 trains touristiques de "dégustation de tequila" se rendent dans les villes voisines d'Amatitán ou Tequila.

VOITURE ET MOTO

Guadalajara se situe à 545 km au nord-ouest de Mexico et à 325 km à l'est de Puerto Vallarta. Les routes 15, 15D, 23, 54, 54D, 80, 80D et 90 se rejoignent à cet endroit pour former le Periférico Norte et le Periférico Sur, qui font le tour de la ville.

Côté location de voiture, toutes les grandes compagnies internationales sont représentées,

BUS AU DÉPART DE GUADALAJARA

Au départ de la Nueva Central Camionera

DESTINATION	PRIX ($M)	DURÉE (H)	FRÉQUENCE
Barra de Navidad	549	6	12/jour
Colima	324	3	ttes les heures
Guanajuato	482	4	13/jour
Manzanillo	473	4 ½	ttes les heures
Mexico (Terminal Norte)	792	7	ttes les 30 min
Morelia	495	3 ½	ttes les 30 min
Pátzcuaro	438	4 ½	2/jour
Puerto Vallarta	589	6	ttes les heures
Querétaro	612	4 ½	ttes les 30 min
San Miguel de Allende	648	5 ½	ttes les 2 heures
Tepic	351	3 ½	5/jour
Uruapan	459	4 ¾	ttes les heures
Zacatecas	621	5	11/jour
Zamora	274	2 ¼	ttes les 30 min

Au départ de la Antigua Central Camionera

DESTINATION	PRIX ($M)	DURÉE (H)	FRÉQUENCE
Ajijic	55	1	ttes les heures
Chapala	55	1	très fréquents
Ciudad Guzmán	192	2	ttes les heures
Mazamitla	170	3	ttes les heures
Tapalpa	152	3	10/jour
Tequila	103	1 ¾	ttes les 30 min

mais vous obtiendrez peut-être un meilleur tarif auprès des sociétés locales : prenez le temps de consulter les tarifs en ligne. Comptez un minimum de 350 $M/jour pour une berline 4 portes. Sachez que pour laisser votre véhicule dans une autre ville que celle où vous l'avez loué, il vous en coûtera plus de 4 000 $M.

Comment circuler

DEPUIS/VERS L'AÉROPORT

L'aéroport se trouve à moins de 20 km au sud du centre-ville, près de l'autoroute 23 vers Chapala. Pour rejoindre le centre-ville en transport public, parcourez 50 m sur la droite à la sortie de l'aéroport jusqu'à l'arrêt de bus situé devant l'Hotel Casa Grande. Prenez le bus n°176 (7 $M) ou le bus signalé "Atasa" (12 $M). Ils passent toutes les 15 minutes, de 5h à 22h et arrivent en 40 minutes à l'Antigua Central Camionera, d'où de nombreux bus partent pour le centre-ville.

En taxi, comptez 330 $M pour le centre-ville, 290 $M pour la Nueva Central Camionera et 250 $M pour Tlaquepaque. Procurez-vous des billets à prix fixe dans l'aéroport.

Pour aller du centre-ville à l'aéroport, prenez le bus n°604 jusqu'à l'Antigua Central Camionera (l'arrêt se trouve devant le Gran Hotel Canada), puis une navette "Aeropuerto" (toutes les 20 min, 6h-21h) à cet arrêt. Un taxi avec compteur coûte environ 300 $M.

DEPUIS/VERS LES GARES ROUTIÈRES

Pour aller de la Nueva Central Camionera au centre-ville, prenez n'importe quel bus "Centro" (7 $M), ou un bus turquoise TUR "Zapopan", plus confortable (12 $M). La course en taxi revient à 150 $M, pour peu que le compteur tourne (certains chauffeurs s'en dispensent). Un taxi direct de l'aéroport à la Nueva Central Camionera revient à 290 $M.

Pour atteindre la Nueva Central Camionera depuis le centre-ville, empruntez n'importe quel bus indiquant "Nueva Central" (le n°616 ou le n°275B par exemple). Fréquents, ils partent de l'**angle** (carte p. 616) de l'Avenida 16 de Septiembre et de Madero.

Depuis l'Antigua Central Camionera vers le centre-ville, prenez n'importe quel bus en direction du nord dans la Calzada Independencia. Dans l'autre sens, le bus n°604, partant de la **Calzada Independencia** (carte p. 617) en direction du sud, vous ramènera à l'Antigua Central Camionera. Un taxi coûte 50 $M.

Le bus n°616 (7 $M) circule entre les deux gares routières.

BUS

Guadalajara bénéficie d'un excellent réseau de bus, bien qu'ils soient souvent bondés et cahotants. Sur les principaux itinéraires, ils passent toutes les 5 minutes environ, de 6h à 22h ; le trajet coûte 6 $M. De nombreux bus passent par le centre-ville et quelques arrêts peuvent desservir une même destination. Les itinéraires divergent en s'éloignant du centre-ville et vous devrez connaître le numéro du bus correspondant à votre banlieue de destination. Ledit numéro est parfois suivi d'une lettre qui indique le parcours emprunté dans la périphérie.

Reconnaissables à leur couleur turquoise, les bus TUR, climatisés et pourvus de sièges moelleux, offrent plus de confort pour 11 $M. Lorsqu'ils sont complets, ils passent sans s'arrêter, ce qui se produit souvent aux heures de pointe.

L'office du tourisme possède la liste des différentes lignes de bus et pourra vous aider à composer votre itinéraire. Voici quelques destinations courantes, les bus qui s'y rendent et un arrêt central où les prendre.

Antigua Central Camionera Bus n°62 vers le sud dans la Calzada Independencia, ou bus n°320, 644A ou depuis le centre.

Chapultepec Bus n°707 TUR et ligne de métro n°3 remplaçant les bus longeant l'Avenida Vallart ; bus n°400 et 500 depuis l'Avenida Alcalde pour **Chapultepec** (carte p. 616).

Nueva Central Camionera Bus n^{os}616, 275B ou tout bus marqué "Nueva Central" ; tous se prennent à l'angle de l'Avenida 16 de Septiembre et de Madero.

Tlaquepaque Bus n^{os}645, 303, 647 ou 706 TUR marqué "**Tlaquepaque**" sur l'Avenida 16 de Septiembre, entre López Cotilla et Madero.

Tonalá Bus n^{os}231, 275D, 275 Diagonal, 633V ou 707b TUR marqué "Tonalá" sur l'Avenida 16 de Septiembre et Madero.

Zapopan Bus n°275 ou 706 TUR marqué "**Zapopan**" (carte p. 616) vers le nord sur l'Avenida 16 de Septiembre ou l'Avenida Alcalde.

MÉTRO

Le métro léger **SITEUR** (Sistema de Tren Eléctrico Urbano ; ☎33-3942-5700 ; www.siteur.gob.mx) compte actuellement 2 lignes traversant la ville. Les arrêts sont indiqués par un "T". Cependant, en l'état actuel, le métro n'est pas pratique pour les touristes, car la plupart des arrêts sont loin des sites touristiques. La Línea 1 s'étend sur 15,5 km du nord au sud, du Periférico Norte au Periférico Sur. Elle passe sous Federalismo (à 7 rues à l'ouest du centre) et l'Avenida Colón. Vous pouvez l'emprunter à Parque Revolución, à l'angle de l'Avenida Juárez. La Línea 2 circule d'est en ouest sur 8,5 km, sous les Avenidas Juárez et Mina. Prévue pour décembre 2018, la Línea 3 partira du pôle d'échanges de

Juárez et s'étendra vers l'ouest sur 19 km pour rejoindre Zapopan. Le tramway SiTren assure une partie du trajet jusqu'à Los Arcos et le Centro Magno.

Un aller simple revient à 10,50 $M, ce qui inclut une correspondance à Juárez coûtant 3,50 $M. Premier trajet inclus dans les cartes prépayées (20 $M).

TAXI

Les taxis ne manquent pas dans le centre-ville. Ils sont équipés d'un compteur, mais les chauffeurs se dispensent fréquemment de le mettre en route – surtout la nuit – et préfèrent appliquer un prix fixe, généralement plus élevé. Convenez d'un prix à l'avance et essayez de marchander (bonne chance) s'il vous semble exagéré. De 22h à 6h, les courses coûtent 25% plus cher. D'après certains habitants et visiteurs, à Guadalajara, les escroqueries en taxi sont endémiques ; utilisez Uber, fiable et invariablement plus avantageux.

VÉLO

Système à grande échelle de vélos en libre-service à Guadalajara, **MiBici** a été lancé en 2014 et a séduit près de 13 000 usagers. La plupart ont un abonnement (365 $M) à l'année, mais avec une carte bancaire, vous pouvez retirer un *pase temporal* (pass temporaire) à 80/160/280 $M pour 1 jour/3 jours/1 semaine via la borne de la grande station du Parque Revolución, ou n'importe quelle autre. Notez que les vélos doivent être retournés avant minuit et ne peuvent pas être empruntés avant 6h.

ENVIRONS DE GUADALAJARA

Dès que l'on s'éloigne des interminables faubourgs de Guadalajara, on retrouve le parfum enivrant du Mexique d'antan, avec ses *pueblos* perdus dans la montagne et ses petites villes assoupies au bord des lacs. Le Lago de Chapala, à 45 km au sud de Guadalajara, plus grand lac naturel du Mexique, a l'attrait de magnifiques paysages et ses rives sont ponctuées de bourgades traditionnelles et de jolis *pueblos* peuplés de retraités étrangers. Plus au sud et à l'ouest, la Zona de Montaña du Jalisco abrite un chapelet de villages de montagne où les chevaux circulent en liberté dans les rues en terre battue et où l'essentiel de l'activité se résume à se balader dans les forêts de pins et à siroter du *rompope* (lait de poule).

La région est aussi une grosse productrice de tequila. L'une des excursions à la journée les plus populaires part de Guadalajara pour la ville de Tequila, à la découverte des secrets de fabrication du premier produit d'exportation mexicain.

Environs de Guadalajara

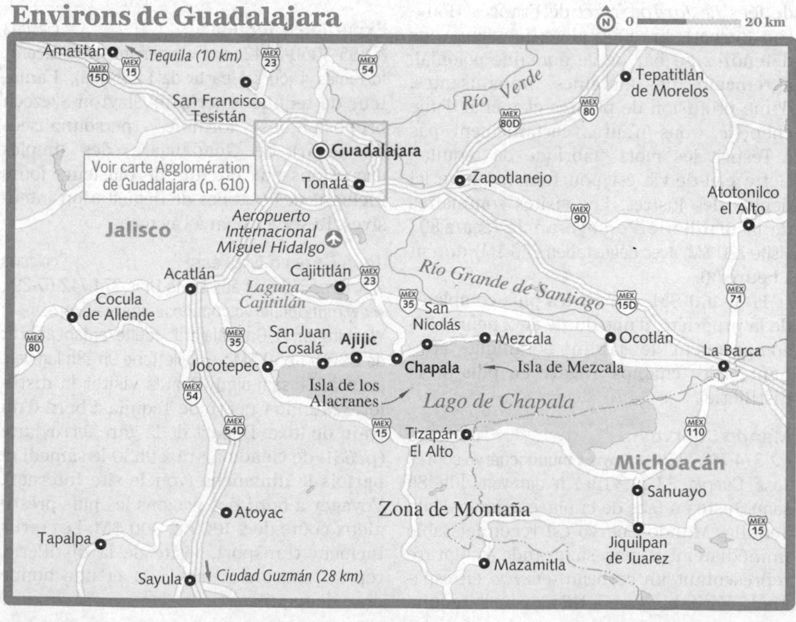

Tequila

☎374 / 29 200 HABITANTS / ALTITUDE : 1 180 M

Au milieu d'une mer d'agaves bleus, cette petite ville écrasée de soleil ne manque pas d'attraits et constitue désormais une étape incontournable des circuits en bus. On peut découvrir la fabrication de la fameuse eau-de-vie dans 3 distilleries locales.

Les paysages d'agaves et les anciennes installations industrielles de la région de Tequila sont classés au patrimoine mondial de l'Unesco depuis 2006.

À voir

Hacienda La Cofradia DISTILLERIE

(☎374-742-6800 ; www.tequilacofradia.com.mx ; La Cofradia 1297 ; visites 195 $M, avec 3 dégustations 260 $M ; ⏲10h-18h). C'est au cœur de ce beau domaine planté de manguiers, à 2 km au sud de Tequila, qu'est produite la tequila de marque Casa Noble, 100% bio, vieillie dans des fûts de chêne français. En plus de la distillerie, on peut visiter sur place le **Museo de Sitio del Tequila**, et il y a aussi un joli et vaste restaurant, **La Taberna del Cofrade**.

Casa Sauza DISTILLERIE

(☎374-742-61-00 ; www.casasauza.com ; Luis Navarro 70 ; ⏲9h-18h lun-ven, jusqu'à 14h sam). Cette propriété évoque le célèbre conte de fées *Le Jardin secret* de Frances Hodgson Burnett. En effet, alors que vous vous détendrez au bar de ce domaine colonial, agrémenté de fontaines italianisantes, d'une profusion de plantes et même d'une chapelle, vous n'aurez certainement pas à l'esprit les mots "fabrique de tequila". Cette eau-de-vie est pourtant produite ici depuis des lustres. Les visites sommaires de la **distillerie Perseverancia** (Sauza 80 ; visite 120 $M, avec dégustation 220 $M) durent 1 heure 30.

Pour 160 $M, des visites plus complètes de la propriété, d'une durée de 2 heures 30, comprennent le jardin botanique attenant et les champs d'agave en plus de la distillerie.

Mundo Cuervo DISTILLERIE

(☎374-742-72-00 ; www.mundocuervo.com ; José Cuervo 33 ; ⏲11h-17h dim-ven, 10h-18h sam). Juste en face de la place principale de Tequila, Mundo Cuervo est reconnaissable immédiatement par sa grande sculpture représentant un corbeau (*cuervo* en espagnol). Véritable parc à thème sur la tequila appartenant à la distillerie José Cuervo, c'est *la* curiosité de la ville. Vous pourrez visiter (toutes les heures) la **distillerie La Rojeña** (José Cuervo 73 ; visite 240 $M, avec 4 dégustations 385 $M), la plus ancienne des Amériques, avec dégustations en option. La visite d'une heure se faisant un peu au pas de charge, mieux vaut débourser davantage et faire le circuit plus long (880 $M), qui inclut les champs d'agave.

Museo Nacional del Tequila MUSÉE

(☎374-742-00-12 ; Ramón Corona 34 ; adulte/enfant 15/7 $M ; ⏲9h-16h). Dans un bâtiment de l'époque coloniale juste en retrait de la grand-place, ce musée illustre, au gré de ses 5 salles, l'histoire de la fabrication de la boisson nationale mexicaine à travers des photos et des alambics. Comporte aussi une boutique convenable.

Circuits organisés

Tequila Tour by Mickey Marentes CIRCUITS

(Carte p. 622 ; ☎33-3615-6688 ; www.tequilatourbymm.com ; Lope de Vega 25A, Guadalajara ; adulte 99-195 $M ; ⏲9h-18h). Agence réputée pour ses visites individuelles et en groupe de Tequila, de ses distilleries et de ses musées. Les prix dépendent du nombre de participants et du mode de transport utilisé (van, Jeep ou cheval).

Experience Tequila CIRCUITS

(☎55-3060-8242 ; www.experiencetequila.com ; formules 4 jours à partir de 1 255 $M). L'amateur de tequila américain Clayton Szczech propose des formules personnalisées au départ de Guadalajara, des simples excursions aux circuits de plusieurs jours incluant des séances de dégustation intensives. Réservez bien à l'avance.

José Cuervo Express CIRCUITS

(Carte p. 610 ; ☎aux États-Unis 374-742-67-29 ; www.mundocuervo.com/jose-cuervo-express ; Washington 11, Guadalajara ; adulte/enfant à partir de 1 900/1 650 $M ; ⏲billetterie 9h-18h lun-ven, jusqu'à 13h sam-dim). Partez visiter la distillerie Mundo Cuervo de Tequila à bord d'un train de luxe. Départ de la gare ferroviaire (p. 631) de Guadalajara à 9h30 le samedi et parfois le dimanche (voir le site Internet). Voyager à bord des wagons les plus prestigieux coûte de 2 100 à 2 300 $M. Les tarifs incluent transport, visite de la distillerie, repas, "spectacle" mexicain et une bonne dose de tequila.

À NE PAS MANQUER

EL ARENAL

Située 43 km au nord-ouest de Guadalajara et 22 km au sud-est de Tequila, El Arenal sert de passerelle vers la région de l'alcool d'agave. Cette petite municipalité accueille l'une des meilleures petites distilleries de l'État, **Cascahuín** (☎33-3614-9958, portable 374-7480010 ; www.facebook.com/cascahuin ; Av Ferrocarril ; visite 50 $M, avec 3 dégustations 100-160 $M ; ⏲9h-18h lun-ven, jusqu'à 14h sam). Si, lors de votre séjour au pays de la tequila, vous n'avez le temps de visiter qu'une seule distillerie, choisissez si possible celle-ci. Vous y verrez de près tout le processus de fabrication, essentiellement traditionnel, de la récolte de la *piña* à l'embouteillage et l'étiquetage. Les fours en brique, les fours à charbon et la *tahona* (meule en pierre) sont d'authentiques héritages familiaux, et le produit final, qu'il soit *blanco* (blanc), *reposado* (reposé) ou *añejo* (vieilli), est délicieux.

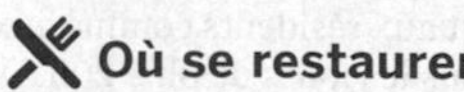

Où se restaurer

La Jíma INTERNATIONAL **$$**

(☎374-742-42-42 ; www.losabolengos.com.mx/restaurantelajima ; México 138 ; plats 135-255 $M ; ⏲7h-23h). Ce restaurant douillet sert des classiques de la cuisine internationale à l'hôtel **Los Abolengos** (☎374-742-42-42 ; www.losabolengos.com ; ch 1 980-3 300 $M ; P ❄ wifi). On peut manger en intérieur, ou dans un jardin couvert à l'arrière. Sa ravissante cave vaut le détour, car elle renferme d'excellents crus du Mexique et d'ailleurs. Adresse à connaître si vous voulez changer de la nourriture mexicaine.

Depuis/vers Tequila

À Guadalajara, des bus pour Tequila partent de l'Antigua Central Camionera environ toutes les 30 minutes (103 $M, 1 heure 30).

Lago de Chapala

À 50 km au sud de Guadalajara s'étend le Lago de Chapala, le plus grand lac du Mexique (12,5 km sur 80 km), entouré de montagnes spectaculaires et bénéficiant d'un climat doux (toujours chaud la journée et d'une fraîcheur agréable la nuit). La région du lac continue à séduire les retraités nord-américains ainsi que, le week-end, un flot de Tapatíos (habitants de Guadalajara) venus prendre l'air, faire un tour en bateau et manger du poisson. Aux yeux des touristes étrangers en revanche, le site est un peu moins envoûtant, tout en restant une agréable excursion depuis Guadalajara.

Hélas, la propreté de ces eaux n'est pas à l'aune de la beauté du site. Leur niveau fluctue en fonction des besoins de Guadalajara et de Mexico, et des phases de sécheresse. Les engrais chimiques rejetés dans le lac ont favorisé la croissance de la jacinthe d'eau, une plante invasive qui recouvre la surface et entraîne la disparition de la vie aquatique, dissuadant aussi les baigneurs.

Chapala

☎376 / 21 000 HABITANTS / ALTITUDE : 1 550 M

Posée en majesté sur la rive nord du lac du même nom, Chapala est un lieu de villégiature réputé depuis que le président Porfirio Díaz y a passé ses vacances de 1904 à 1909. D'autres visiteurs célèbres, comme D. H. Lawrence ou Tennessee Williams, ont ensuite donné à la ville une aura littéraire. Aujourd'hui, Chapala est une petite ville ouvrière mexicaine toute simple mais charmante, propice à de belles balades au bord du lac, et très animée le week-end.

À voir

Isla de Mezcala ÎLE

C'est l'île la plus intéressante à visiter sur le Lago de Chapala. Elle abrite les ruines d'un fort où les indépendantistes mexicains se réfugièrent de 1812 à 1816, repoussant héroïquement plusieurs attaques espagnoles avant d'obtenir finalement leur grâce inconditionnelle. L'aller-retour en bateau (3 heures) coûte 1 800 $M pour 8 personnes au maximum.

Isla de los Alacranes ÎLE

À l'entrée de la jetée, un petit kiosque vend des billets de bateau pour l'Isla de los Alacranes (île des Scorpions), à 6 km de Chapala, qui n'offre qu'un intérêt limité malgré ses quelques restaurants et stands de souvenirs. L'aller-retour coûte 430/510 $M par bateau avec escale sur l'île de 30 minutes/1 heure.

Où se loger et se restaurer

Lake Chapala Inn PENSION $$$
(376-765-47-86 ; www.chapalainn.com ; Paseo Ramón Corona 23 ; s/d avec petit-déj 1 200/ 1 600 $M ;). À deux pas du centre, cette impressionnante maison blanche de 1906, au bord du lac, bénéficie d'un splendide panorama sur les montagnes. Le point de vue depuis 2 des 4 chambres (Rosa et Jacaranda) et la terrasse commune sont imbattables. Magnifique bibliothèque agrémentée d'une cheminée et petit jardin avec piscine.

Réductions pour les séjours de plus de 2 nuitées et petit-déjeuner traditionnel délicieux.

Isla Cozumel PRODUITS DE LA MER $$
(376-765-75-15 ; www.facebook.com/restaurant.isla.cozumel ; Paseo Corona 22A ; plats à partir de 160 $M ; 10h-21h mar-dim). Située juste au bout de la promenade, cette "escapade caribéenne sur les berges du Chapala" autoproclamée compte parmi les meilleurs restaurants touristiques du lac. Une margarita offerte précède les plats de la mer, allant des huîtres au poisson-chat.

Depuis/vers Chapala

Des bus assurent la liaison Guadalajara-Chapala (55-70 $M, 1 heure) depuis l'Antigua Central Camionera toutes les 30 minutes. Des bus desservent Ajijic (8-10 $M, 15 min) toutes les 20 minutes.

Ajijic

376 / 10 300 HABITANTS / ALTITUDE : 1 550 M

Bastion de retraités nord-américains, cette petite ville au nom étrange d'Ajijic (prononcé "ah-hi-hik") est de loin la plus raffinée et la plus vivante de celles qui bordent la rive nord du Lago de Chapala. Si les touristes l'ont tirée de l'anonymat, avec l'ouverture de quantité de boutiques, galeries d'art et restaurants, elle a malgré tout conservé une partie de son charme colonial, avec ses paisibles rues pavées bordées de maisons blanchies à la chaux. L'endroit invite à la détente, même si l'on y est bien loin du Mexique authentique ; on y entend presque autant parler l'anglais que l'espagnol et les prix sont un peu plus élevés que partout ailleurs aux abords du lac.

Activités

Un réseau de sentiers sinueux passant par des cascades, des perspectives sur le lac et des rochers à escalader sillonne les collines tapissées de forêt derrière Ajijic.

Où se loger

La Nueva Posada HÔTEL $$
(376-766-14-44 ; www.hotelnuevaposada.com ; Guerra 9 ; ch avec petit-déj 1 300-1 600 $M ;). Ravissant petit hôtel empreint de la grâce du Mexique d'antan, qui fait un refuge parfait en bord de lac. De ses 19 chambres, spacieuses et aménagées avec goût, beaucoup bénéficient d'une vue sur le lac (essayez la n°109). Le jardin, qui accueille une petite piscine (ainsi qu'un ara nommé Paco), court jusqu'à la rive du lac. Grâce à tout cet espace, vous vous sentirez en paix avec le monde.

Son restaurant (plats 120-170 $M), vaste et aéré, est ouvert aux résidents comme aux non-résidents, tous les jours de 8h à 20h.

Où se restaurer et prendre un verre

El Chile Verde MEXICAIN $
(376-766-00-72 ; Colón 25 ; plats 35-60 $M ; 8h-16h lun-sam). Bien loin des restaurants et des cafés pour expatriés au style prétentieux, ce petit établissement dans les tons jaune et citron vert attire aussi bien les gens du coin que les étrangers résidant ici avec des plats mexicains maison délicieux. Au déjeuner, le plat du jour coûte la modique somme de 50 $M.

Ajijic Tango ARGENTIN $$$
(376-766-24-58 ; www.ajijictango.com ; Morelos 5 ; steak 117-370 $M ; 12h30-21h lun, mer et jeu, jusqu'à 22h ven et sam, 19h dim). Habitants, expatriés et touristes plébiscitent cette table, la plus prisée d'Ajijic, pour ses fameuses pièces de viande (restaurant argentin oblige). Dans sa cour intérieure abritée sous un chapiteau, on peut aussi déguster plats mexicains, salades et pâtes (de 117 à 199 $M). Réservation indispensable les vendredis et samedis soir.

Café Grano CAFÉ
(376-766-51-68 ; www.facebook.com/Cafegranocafeoficial ; Castellanos 15D ; café 28-44 $M ; 8h30-21h dim-jeu, jusqu'à 21h30 ven-sam). Cet agréable café local a tout pour plaire, des cafés mexicains aux fins arômes aux en-cas (22-45 $M). Les sièges sont en toile à sac et des peintures murales retracent l'histoire du café de la plante à la tasse. On peut acheter sur place des grains de qualité extra, provenant notamment du Veracruz, du Oaxaca et du Chiapas.

Depuis/vers Ajijic

Des bus assurent le trajet Guadalajara-Ajijic (55-70 $M, 1 heure, toutes les demi-heures) depuis l'Antigua Central Camionera et vous déposent sur la route à Colón. Des bus partent toutes les 20 minutes de Chapala pour Ajijic (8-10 $M, 15 min).

Zona de Montaña

Au sud du Lago de Chapala, la région montagneuse du Jalisco (Zona de Montaña) est devenue une destination prisée le week-end. Les Tapatíos (habitants de Guadalajara) viennent profiter de la fraîcheur du climat, des paysages champêtres, des *pueblos mágicos* (villages magiques) coloniaux, et des savoureux produits locaux.

Tapalpa

343 / 15 740 HABITANTS / ALTITUDE : 2 068 M

Dédale de rues pavées bordées de maisons aux murs chaulés et aux toits de tuiles rouges déployé autour de deux impressionnantes églises du XVIe siècle, Tapalpa mérite vraiment son titre de *pueblo mágico* : c'est l'une des plus belles petites villes de montagne du pays. Cela se sait et, le week-end, une foule de gens s'échappent de Guadalajara pour venir faire de la randonnée et profiter du climat frais et brumeux. En semaine, quand les visiteurs sont moins nombreux, Tapalpa retrouve son atmosphère de bourgade rurale. On entend les sabots des chevaux résonner sur les pavés, et de vieux messieurs coiffés de chapeaux à larges bords prennent leurs aises sur les bancs de la place.

À voir

Las Piedrotas SITE NATUREL

(). Ces impressionnantes formations rocheuses émergent d'un pâturage dans ce que l'on appelle le Valle de las Enigmas, à quelque 6 km au nord de la ville. La plupart des gens viennent en voiture. Toutefois, la balade, facile et très gratifiante (2 heures 30-3 heures aller-retour), suit une paisible route de campagne à travers des forêts de pins sombres, passe devant un vieux moulin à papier abandonné, et remonte jusqu'à un plateau fleuri.

Pour atteindre Las Piedrotas, prenez la Calle Hidalgo vers l'ouest pour sortir de la ville, restez sur la gauche et suivez les panneaux indiquant Chiquilistlán (et certains indiquant Las Piedrotas). Une fois dépassés les faubourgs, il suffit de continuer tout droit devant soi. En taxi, comptez dans les 100 $M l'aller.

El Salto del Nogal CASCADE

(). El Salto del Nogal, chute d'eau spectaculaire haute de 105 m, se trouve à 18 km au sud de la ville. En taxi, comptez environ 200 $M l'aller.

Circuits organisés

Colores Tapalpa CIRCUITS

(343-432-12-70 ; www.colorestapalpa.mx ; Matamoros 69C ; 9h-20h). Installée sur la place principale de Tapalpa, une agence de voyages à l'équipe dynamique et serviable, qui organise tous les jours à 13h et à 17h des excursions à Las Piedrotas (3 heures ; 300 $M). Le circuit de 5 heures pour El Salto del Nogal (400 $M) débute à 11h.

Où se loger et se restaurer

Las Margaritas Hotel Posada PENSION **$$**

(343-432-07-99 ; www.tapalpahotelmargaritas.com ; 16 de Septiembre 81 ; d/villa 4 pers 800/1 600 $M ;). Décoration éclatante et armoires sculptées pour cette *posada* en amont de la place principale, qui loue 7 chambres et des villas avec cuisine charmantes, confortables et d'un excellent rapport qualité/prix. La boutique sur place propose une belle sélection d'objets d'artisanat local.

Los Girasoles MEXICAIN **$$**

(343-432-00-86 ; www.facebook.com/girasolestapalpa ; Obregón 110 ; plats 75-165 $M ; 9h-22 lun-jeu, 9h-23h ven-sam, 9h-19h30 dim). Le restaurant le plus chic de Tapalpa se trouve juste à côté de la place principale. Plats de qualité tels que piments farcis au fromage et à la banane plantain en sauce à la coriandre, *tamales de acelga* (*tamales* remplies de blettes) et un plat au poulet épicé nommé *cochala de pollo*. Un patio permet de s'attarder sous les étoiles par les (rares) chaudes soirées de Tapalpa. Sinon, vous pouvez vous blottir devant la cheminée à foyer ouvert de la salle intérieure.

Renseignements

L'**office du tourisme** (343-432-06-50, poste 125 ; www.tapalpaturistico.com ; Portal Morelos ; 8h-17h lun-ven, 10h-18h sam, 10h-15h dim) fait face à la Plaza Principal. Fournit cartes et renseignements. Son site Internet est très pratique.

Depuis/vers Tapalpa

Une dizaine de bus partent tous les jours de l'Antigua Central Camionera à Guadalajara pour Tapalpa (152 $M, 3 heures) ; trois autres partent tous les jours de la Nueva Central Camionera. Quatre bus assurent quotidiennement la liaison depuis/vers Ciudad Guzmán (109 $M, 2 heures). À Tapalpa, les bus s'arrêtent à l'**agence Sur de Jalisco** (Ignacio López 10) en bas de la colline depuis le centre.

Ciudad Guzmán

341 / 97 750 HABITANTS / ALTITUDE : 1 535 M

Grande ville (pour la région) assez frénétique, Guzmán n'a rien d'une destination touristique, mais c'est la cité la plus proche du Nevado de Colima, un majestueux volcan qui se dresse à 25 km au sud-ouest. Le grand peintre muraliste José Clemente Orozco est né ici en 1883.

À voir

Toujours animée, la place principale de Guzmán est bordée d'étals et de galeries marchandes disposées autour de deux églises : le **Templo del Sagrado Corazón** (XVIIe siècle) et la **Catedral de San Juan**, de style néoclassique. Au centre du Jardín Municipal attenant trône un belvédère de pierre. Son plafond rend hommage à l'enfant du pays, José Clemente Orozco, avec une reproduction de sa fresque *Hombre de Fuego* (*L'Homme de feu*). L'original se trouve dans l'Instituto Cultural de Cabañas (p. 613), à Guadalajara.

Où se loger

Gran Hotel Zapotlán HÔTEL $

(341-412-00-40 ; www.hotelzapotlan.com ; Federico del Toro 61 ; d/tr à partir de 400/585 $M ; P ❄ ☎). Installé sur le côté ouest de la place principale, cet hôtel délicieusement désuet a beaucoup de caractère, avec un bel atrium carrelé orné de plantes suspendues et d'énormes urnes en métal. Ses 82 chambres, réparties sur 4 niveaux et donnant sur la cour intérieure, n'ont rien de luxueux, mais elles sont d'un bon rapport qualité/prix.

Renseignements

L'**office du tourisme** (341-412-25-63, ext 102/110 ; Calz Madero y Carranza 568 ; 9h-15h lun-ven) se trouve dans l'ancienne *estación de ferrocarriles* (gare ferroviaire), à environ 2,5 km à l'ouest du centre et juste au nord de la monumentale gare routière. Le personnel vous aidera notamment pour organiser et réserver une ascension du Volcán Nevado de Colima.

Depuis/vers Ciudad Guzmán

La gare routière moderne de Ciudad Guzmán est environ à 3 km à l'ouest de la place, près de l'entrée de la ville en venant de la route Guadalajara-Colima. Pour vous y rendre ou en revenir, prenez le bus n°6 (6 $M). Les destinations desservies comprennent Guadalajara (192 $M, 2 heures), Colima (132 $M, 1-2 heures), Tapalpa (109 $M, 2 heures), Mazamitla (109 $M, 2 heures 30) et Zapotitlán (20 $M, 20 min) – cette dernière liaison passe à 2 km d'El Fresnito, le village le plus proche du Volcán Nevado de Colima. Pour rallier El Fresnito, vous pourrez également prendre un *urbano* (bus urbain) A, 1C ou 1V, au carrefour de Los Mones, à Ciudad Guzmán (6 $M, 20 min).

ARRIÈRE-PAYS DU COLIMA

Troisième plus petit État du Mexique avec une superficie de 5 627 km², le Colima présente un écosystème riche et varié, des hauts volcans de ses plateaux arides au nord aux magnifiques lagunes turquoise près de la côte pacifique, chaude et humide, au sud.

Au nord, l'inaccessible Volcán de Fuego (3 820 m), actif et fumant en permanence, et le Nevado de Colima (4 240 m), éteint et coiffé de neige, sont le grand attrait de l'arrière-pays du Colima. De son côté, la Reserva de la Biosfera Sierra de Manantlán, avec ses paysages de calcaire et de forêt, est un terrain d'aventure privilégié avec sa piste de VTT, ses superbes possibilités de randonnée et ses canyons qui attirent quelques sportifs (rappel, sauts dans les eaux des torrents et baignade dans les chutes de la Cascada El Salto). Les infrastructures touristiques n'étant pas encore à la mesure du potentiel que possède le Colima, les amateurs de territoires vierges ont tout intérêt à le visiter maintenant.

Histoire

Le Colima préhispanique était éloigné des grandes civilisations du Mexique. Les contacts par voie maritime avec des terres encore plus lointaines semblent avoir été plus nombreux : ainsi, un roi de Colima, Ix, aurait, dit la légende, régulièrement reçu des visiteurs de Chine, venus avec de précieux présents. Mais les peuples du Nord finirent par adopter la région. Les Otomís s'y établirent les premiers de 250 à 750, suivis par les Toltèques, qui prospérèrent entre 900 et 1154, puis par les Chichimèques de 1154 à 1428.

Ces occupants successifs ont laissé derrière eux des poteries de qualité exceptionnelle, que l'on a retrouvées sur plus de 250 sites, principalement des tombes. Parmi ces poteries, datant de 200 av. J.-C. à l'an 800, figurent diverses statuettes à l'expression comique, dont les plus fameuses représentent les chiens sans poils appelés *xoloitzcuintles*.

Deux expéditions espagnoles furent vaincues et durent rebrousser chemin face aux Chichimèques, avant que Gonzalo de Sandoval, l'un des lieutenants de Cortés, ne réussisse à conquérir la région en 1523. Il fonda cette année-là la ville de Colima, troisième colonie de peuplement espagnole de la Nouvelle-Espagne après Veracruz et Mexico. En 1527, la cité fut déplacée de son site d'origine, dans les plaines près de Tecomán, jusqu'à son emplacement actuel.

Colima

☎312 / 127 000 HABITANTS / ALTITUDE : 498 M

Colima est une cité tranquille, réputée pour ses exubérants jardins subtropicaux et ses jolies places. Son climat est le plus chaud de l'ouest du plateau central. L'université de la ville attire des étudiants du monde entier, tandis que le potentiel touristique de la région, avec ses canyons, ses forêts et ses montagnes, draine un nombre de touristes relativement modeste mais toujours croissant.

Le Volcán de Fuego, à 30 km au nord, d'où l'on voit, par temps clair, s'échapper des panaches de fumée, continue de gronder et de faire trembler la ville. Plusieurs graves séismes l'ont frappée au fil des siècles (le dernier, d'une magnitude de 7,5 sur l'échelle de Richter, remontant à janvier 2003) – d'où le peu de bâtiments coloniaux subsistant, bien que Colima ait été la première ville établie par les Espagnols à l'ouest du Mexique.

À voir

Museo Universitario de Artes Populares MUSÉE

(☎312-316-20-21 ; www.mexicoescultura.com/recinto/66604/museo-universitario-de-artes-populares-marteresa-pomar.html ; angle Gallardo et Barreda ; adulte/enfant et étudiant 20/10 $M, gratuit dim ; ⏲10h-14h et 17h-20h mar-sam, 10h-13h dim). Le meilleur musée de Colima est notable pour sa belle collection d'art populaire issue des différents États du Mexique : masques, *mojigangas* (marionnettes géantes), instruments de musique, paniers et sculptures en bois et en céramique. D'autres collections ont trait à l'élevage, l'agriculture, la pêche et la production de sel à Colima.

Entre autres curiosités également à voir dans le musée, citons une guitare en carapace de tatou venue de Paracho, une maquette d'avion en ossements d'animaux et une icône de Notre-Dame de Guadalupe confectionnée à partir de plumes.

El Chanal SITE ARCHÉOLOGIQUE

(☎312-316-20-21 ; www.inah.gob.mx/es/zonas/151-zona-arqueologica-el-chanal ; Camino al Chanal ; 40 $M ; ⏲9h-18h mar-dim). À quelque 4 km au nord-est de Colima, ce vaste site fut établi aux alentours de 1 300 av. J.-C., et connut son apogée entre 1100 et 1400. Il comporte des structures pyramidales, un terrain de jeu de balle, 5 patios et un modeste système de captage d'eau de pluie. Tout de suite à l'est de la Plaza del Tiempo, où se trouvent les 2 structures les plus impressionnantes, plusieurs blocs sont ornés de pétroglyphes représentant animaux, plantes et divinités.

La Campana SITE ARCHÉOLOGIQUE

(☎312-313-49-45 ; Av Tecnológico ; 50 $M ; ⏲9h-18h mar-dim). L'origine de ce site archéologique en forme de cloche (d'où le nom de *campana*) remonte à 1500 av. J.-C. On y a fouillé et restauré plusieurs structures pyramidales basses depuis les années 1930, ainsi qu'un tombeau et un terrain de balle. Les structures semblent être orientées au nord vers le Volcán de Fuego, qui constitue une impressionnante toile de fond par temps dégagé. Le site se trouve à environ 3 km au nord de la ville de Colima, facilement accessible par les bus n°7 et n°22 ; un taxi coûte 50 $M. Un conseil : portez des chaussures solides et des chaussettes, car les fourmis de feu sont légion.

Museo Regional de Historia de Colima MUSÉE

(☎312-312-92-28 ; www.inah.gob.mx/red-de-museos/245-museo-regional-de-historia-de-colima ; 16 de Septiembre 29, Portal Morelos 1 ; 55 $M ; ⏲9h-18h mar-sam, 17h-20h dim). Ce remarquable musée, dont les salles sont disposées autour d'un patio central, possède une vaste collection d'objets bien légendés, couvrant

Colima

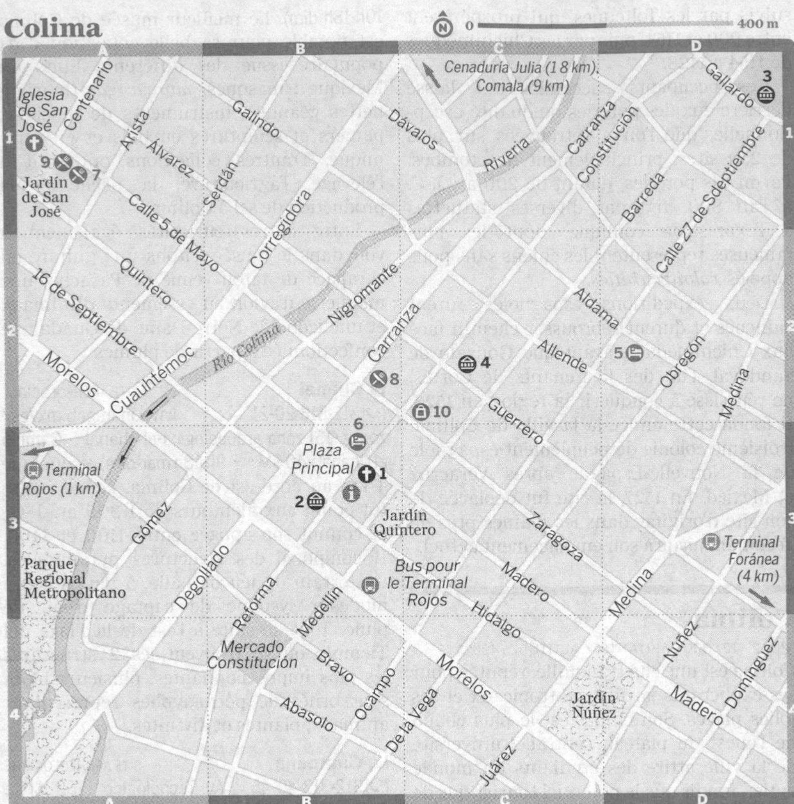

Colima

À voir

1 Cathédrale........B3
2 Museo Regional de Historia de Colima........B3
3 Museo Universitario de Artes Populares........D1
4 Pinacoteca Universitaria Alfonso Michel........C2

Où se loger

5 Hotel Aldama........D2
6 Hotel Ceballos........B3

Où se restaurer

7 ¡Ah Qué Nanishe!........A1
8 Chile Amor........B2
9 El Charco de la Higuera........A1

Achats

10 Huentli........C2

l'histoire de la région, notamment des poteries anciennes, des armures de conquistadores et une calèche du XIXe siècle. Ne manquez pas les *xoloitzcuintles* (chiens du Mexique) en céramique dans la salle n°12, ni le chantier de fouilles reconstitué d'une tombe. On peut également admirer un ensemble intéressant de figurines d'argile qui représenteraient des joueurs de *pelota* (jeu de balle préhispanique).

Pinacoteca Universitaria Alfonso Michel MUSÉE

(☎312-314-33-06 ; www.mexicoescultura.com/recinto/55240/pinacoteca-universitaria-alfonso-michel.html ; Guerrero 35 ; ⏲10h-14h et 17h-20h mar-sam, 10h-13h dim). GRATUIT L'entrée, moderne, débouche sur une cour du XIXe siècle flanquée de 7 salles emplies d'œuvres d'art surréalistes. La collection permanente comprend des peintures d'Alfonso Michel, artiste de Colima évoquant à la fois Picasso et Dalí, et les œuvres d'autres artistes comme José Luis Cuevas et Rafael Coronel. Quatre autres salles sont réservées aux expositions temporaires.

Cathédrale ÉDIFICE RELIGIEUX

(Reforma 21 ; 7h-20h30). Du côté nord-est de la Plaza Principal, la grande Basílica Menor Catedral de Colima est immanquable. Depuis l'édification par les Espagnols de la première cathédrale sur ce site en 1527, elle a été reconstruite à plusieurs reprises, notamment après le séisme de 1941, car sa tour nord s'était effondrée. La majeure partie de la structure néoclassique actuelle date de 1894. Les fenêtres circulaires de la coupole inondent l'intérieur de lumière.

Où se loger et se restaurer

Hotel Aldama HÔTEL $

(312-330-73-07 ; www.hotelaldamacolima.com ; Aldama 134 ; s/d 550/620 $M ;). À 4 pâtés de maison au nord-est de la place centrale, un hôtel pour voyageurs à petit budget bien au-dessus de sa catégorie. Quoique exiguës, les 15 chambres témoignent d'un grand souci du détail : pétales de fleurs sur les draps, fer forgé, meubles en bois, et bureau. Les chambres du rez-de-chaussée donnent sur la cour intérieure. Nous conseillons celles du 1er étage, qui comporte une terrasse de toit.

Hotel Ceballos HÔTEL $$

(312-316-01-00 ; www.hotelceballos.com ; Constitución 11, Portal Medellín 12 ; ch à partir de 1 100 $M ;). Occupant un vaste et superbe bâtiment typique des places mexicaines, avec des arcades au rez-de-chaussée, cet hôtel jouit d'espaces communs ravissants (dont un café et un restaurant) en façade. La propriété appartient à la chaîne Best Western. Les meilleures chambres (il y en a une cinquantaine) ont de hauts plafonds avec moulures de couronnement et des balcons qui dominent le Jardín Libertad. Piscine et petite salle de sport. Personnel très accueillant.

Chile Amor MEXICAIN $

(312-160-50-96 ; 5 de Mayo 49 ; plats 35-60 $M ; 8h-15h lun-ven). Un petit restaurant de quartier avec des couleurs éclatantes du sol au plafond. Ici, des tacos et des quesadillas parmi les meilleurs de la ville sont servis par un personnel en costumes traditionnels mexicains flamboyants. Spécialités comme le bœuf cuit dans une sauce aux cacahuètes. Également agréable pour le petit-déjeuner.

Cenaduría Julia MEXICAIN $

(312-312-42-44 ; Leandro Valle 80, Villa de Álvarez ; plats 35-75 $M ; 18h-23h30 lun et mer-ven, 14h-23h30 sam-dim ;). Situé dans la banlieue nord de Villa de Álvarez, ce restaurant fait figure d'institution. À essayer : les *sopitos* (petites tortillas rondes garnies de viande, d'épices et de sauce tomate ; 40 $M les 8) et les *tacos tuxpeños* (tortillas trempées dans une sauce *adobo* fumée, frites puis remplies de haricots ou de porc frit ; 35 $M les 4).

Si l'établissement ne paie pas de mine, déguster une authentique *cocina colimense* (cuisine à la mode de Colima) à ce prix vaut bien un court trajet en taxi (40 $M) depuis le centre-ville.

El Charco de la Higuera MEXICAIN $$

(312-313-01-92 ; www.facebook.com/ElCharcodelaHiguera ; Jardín de San José, angle Calle 5 de Mayo ; plats 90-145 $M ; 8h-minuit). L'El Charco, l'un des meilleurs restaurants de la ville, se double d'un modeste musée consacré à la tradition locale des masques en bois. On y prépare une *cocina colimense* typique, dont un assortiment d'*antojitos* (en-cas mexicains ; 85 $M), de la *pepena* (cœur et intestins de bœuf !) accompagnée de tortillas chaudes et des *chilaquiles* (tortillas frites ; 70 $M) un peu moins exotiques.

¡Ah Qué Nanishe ! MEXICAIN $$

(312-314-21-97 ; www.facebook.com/restaurantenanishe ; Calle 5 de Mayo 267 ; plats 99-120 $M ; 12h-23h mar-dim). L'enseigne signifie "Quel délice !" en zapotèque. De fait, l'onctueux *mole* (sauce), chocolaté mais pas trop, est exquis. D'autres spécialités du Oaxaca vous sont proposées : les *chiles rellenos* (piments farcis) ou les *chapulines* (sauterelles grillées). On peut commander des demi-portions pour 70% du prix total.

Achats

Huentli ARTS ET ARTISANAT

(312-314-12-95 ; www.facebook.com/ArtesaniasHuentli ; Andador Constitución 1, angle Zaragoza ; 8h30-20h lun-ven, 9h-20h sam, jusqu'à 14h dim). Cette excellente *tienda de*

BUS AU DÉPART DE COLIMA

DESTINATION	PRIX ($M)	DURÉE (H)	FRÉQUENCE
Ciudad Guzmán	132	1-2	5/jour
Comala	9	15 min	ttes les 30 min
Guadalajara	324	3	ttes les heures
Manzanillo	134	1½	ttes les 30 min
Mexico (Terminal Norte)	1 015	10	10/jour
Morelia	579	6	3/jour
Uruapan	425	6	1/jour

artesanías (boutique d'artisanat) gérée par le gouvernemental rassemble des articles produits exclusivement par des artisans de Colima, notamment des masques, des articles en céramique, de la poterie, des chapeaux et du mobilier.

Renseignements

Office du tourisme de l'État de Colima (☎312-312-83-60 ; www.colimatienemagia.com.mx ; Reforma ; ⏲9h-17h lun-ven). Emplacement pratique dans le Palacio de Gobierno, sur la place principale.

Depuis/vers Colima

L'**aéroport Licenciado Miguel de la Madrid** (☎323-314-41-60 ; Av Lic Carlos de la Madrid Bejar) de Colima est situé près de Cuauhtémoc, à 12 km au nord-est du centre-ville, sur la route qui mène à Guadalajara (taxi 280 $M). **Aeromar** (☎312-313-13-40 ; www.aeromar.com.mx ; aéroport) dessert Mexico 3 fois/jour. Des vols sont également assurés par **Aeroméxico** (☎312-313-80-58 ; www.aeromexico.com) et **Volaris** (☎55-1102-8000 ; www.flights.volaris.com).

Il existe deux gares routières à Colima. Le **Terminal Foránea** (Carretera 54), la gare longue distance (avec une consigne à bagages), se situe à 4 km à l'est du centre-ville, au croisement de l'Avenida Niños Héroes et de la rocade est. Pour rejoindre le centre de Colima, prenez un bus Ruta 5. En sens inverse, empruntez le même bus dans la Calle 5 de Mayo ou dans Zaragoza. Vous trouverez un guichet de taxis prépayés à la gare. La course jusqu'au centre-ville coûte 28 $M.

L'autre gare routière, le **Terminal Rojos** (Bosque de Cedros), qui dessert les villes de la région, est implantée à 2 km à l'ouest de la Plaza Principal. De la gare, les bus Ruta 4 et 6 rallient le centre-ville. Tout bus "Rojos" partant vers le nord dans Morelos vous conduira à la gare routière.

Un taxi en ville coûte entre 15 et 25 $M.

Parque Nacional Volcán Nevado de Colima

À cheval sur la frontière entre le Colima et le Jalisco, ce parc national de 9,5 km² est dominé par deux volcans spectaculaires situés à 5 km l'un de l'autre : le Volcán de Fuego, toujours actif, et le Volcán Nevado de Colima, bien plus ancien (et endormi). Ciudad Guzmán est la ville la plus proche du parc, mais si vous êtes motorisé ou accompagné d'un guide, Colima et Comala font des bases bien plus plaisantes. Si vous n'avez que quelques jours devant vous, vous aurez peut-être du mal à trouver un guide, mieux vaut donc vous y prendre à l'avance.

Le parc national est aussi notable pour sa faune et sa flore très variées, dont certaines espèces endémiques. Parmi les mammifères y vivant de manière permanente ou temporaire, on trouve des renards à queue blanche, des coatis, des coyotes, des pumas et des jaguars.

À voir

Volcán Nevado de Colima VOLCAN

Le Volcán Nevado de Colima (4 260 m) est accessible à pied de la dernière semaine d'octobre à la première semaine de juin. Des pans de forêt de pins couvrent ses contreforts auxquels succède en altitude un désert alpin. Parmi la faune figurent cerfs, sangliers, coyotes et même des pumas.

Mieux vaut faire l'ascension du volcan à la saison sèche, de décembre à mai, en sachant toutefois que, jusqu'en février, la température descend souvent au-dessous de 0°C. Il peut neiger près du sommet – *nevado* signifie "enneigé". La météo varie très vite et, pendant les orages, le sommet attire la foudre. Le parc est ouvert de 6h à 18h de novembre à mars, plus longtemps durant la saison des pluies (juillet-septembre).

Pour venir en solo depuis Ciudad Guzmán, prenez le bus jusqu'à El Fresnito (20 $M), où il vous faudra essayer de trouver un chauffeur (ce qui n'est pas une mince affaire) pour parcourir les 20 km restants sur la mauvaise route menant jusqu'au début du sentier à La Joya/Puerto Las Cruces (3 500 m). Vous devrez payer 40 $M au passage à l'entrée du parc. Une autre solution, plus longue et plus ardue, consiste à entreprendre l'ascension à pied depuis El Fresnito. Dans ce cas, ne descendez pas dans la ville même, car le bus couvre une partie de la distance au-delà.

Les randonneurs devront être autonomes et emporter du matériel de camping, des provisions et des vêtements bien chauds. Il est en effet impossible de faire l'aller-retour dans la journée. Comptez 7 heures pour rejoindre le parking de La Joya/Puerto Las Cruces, et 3-4 heures supplémentaires du parking au sommet. Au retour, il faut tabler sur quelque 7 heures pour redescendre. On peut camper à La Joya/Puerto Las Cruces, quelques kilomètres après l'entrée du parc.

Il y a 9 km et 700 m de dénivelé positif de La Joya jusqu'au sommet. Certains se contentent de rejoindre l'antenne radio (*micro-ondas*) située à environ 1 heure 30 du bout de la route à La Joya/Puerto Las Cruces. Pour grimper tout en haut (1 heure 30 supplémentaire), mieux vaut ne pas être seul, même si l'ascension n'a rien d'insurmontable. Les sentiers sont de fait nombreux et l'on risque facilement de se perdre ou de se retrouver dans un endroit dangereux. Le brouillard peut aussi être un obstacle. Un guide facilite la vie et permet de gagner beaucoup de temps.

Si vous faites l'ascension du volcan en voiture par la piste gravillonnée, vous allez atteindre très rapidement une altitude élevée. Si vous ressentez un vertige ou un étourdissement, il peut s'agir du mal des montagnes (p. 915). Il faut alors redescendre le plus rapidement possible, car cet état peut s'avérer dangereux.

Volcán de Fuego VOLCAN

Le cratère fumant du Volcán de Fuego (3 820 m), le plus actif du Mexique, domine Comala et Colima, respectivement à 23 km et 30 km au nord. Ces quatre derniers siècles, il a connu une dizaine d'éruptions majeures, soit une tous les 70 ans environ. En juin 2005, une violente explosion a projeté des cendres à près de 5 km d'altitude et jusqu'à Colima. En juillet 2015, une autre explosion presque aussi puissante a fait de même jusqu'à Ciudad Guzmán.

Le sommet du Volcán de Fuego est interdit aux visiteurs depuis 1980, et aux sismologues depuis 2013. Le périmètre de sécurité s'étendant jusqu'à 10 km du point culminant, il vaut mieux planifier votre randonnée dans les environs du volcan au préalable via une agence fiable.

Circuits organisés

Les guides que nous répertorions ont l'autorisation d'emmener des visiteurs dans le Parque Nacional Volcán Nevado de Colima. Un circuit de 3 heures et demie jusqu'à moins de 10 km du sommet du Volcán de Fuego coûte au minimum 800 $M. Faire du trekking jusqu'en haut du Nevado de Colima avec un guide vous reviendra à 2 200 $M minimum. Ces prix comprennent le transport et les frais d'entrée.

Admire Mexico RANDONNÉE

(✆312-314-54-54 ; www.admiremexicotours.com ; Obregón 105, Comala). Leader incontesté des randonnées et des circuits dans le parc national, ainsi qu'à Colima, à Comala et alentour. Basée à l'extérieur de la Casa Alvarada à Comala, cette agence très réputée est dirigée par l'expert en volcans Júpiter Rivera.

Corazón de Colima Tours RANDONNÉE

(✆312-314-08-96 ; www.corazondecolimatours.com ; Nayarit 1415, Colima). Circuits à Comala, randonnée aux abords du Volcán de Fuego, et ascension du Volcán Nevado de Colima. Agence basée à Colima.

Où prendre un verre et faire la fête

Cafe La Yerbabuena CAFÉ

(✆312-102-17-33 ; La Yerbabuena ; ⌚8h-18h). Les randonneurs souhaitant s'approcher autant que possible du sommet du Volcán de Fuego apprécieront de pouvoir faire halte dans cet établissement rustique situé sur une plantation de café en activité, à 1 500 m d'altitude. Ils pourront y prendre un café cultivé et moulu sur place. Il est situé dans l'ancien hameau de La Yerbabuena, recouvert par la lave lors de l'éruption de 2005. Ses habitants furent évacués à temps et vivent désormais à La Yerbabuena II, quelque 7 km en aval.

Depuis/vers le Parque Nacional Volcán Nevado de Colima

Le parc national n'est pas desservi par les transports publics. Au plus proche, ils permettent d'atteindre El Fresnito (20 $M) depuis Ciudad Guzmán. Le plus pratique reste d'être motorisé ou de venir avec un guide qui l'est.

Comala

312 / 9 500 HABITANTS / ALTITUDE : 600 M

Si vous avez poussé jusqu'à Colima, ne manquez pas le singulier *pueblo mágico* (village magique) de Comala, à 10 km au nord, qui doit sa renommée à son *ponche* (punch alcoolisé), son *tuba* (boisson fermentée à base de sève de palmier), son *pan* et ses masques en bois sculptés à la main. Avec ses édifices coloniaux blancs indifférenciés qui auraient tout à fait leur place dans l'un des *pueblos blancos* (villages blancs) d'Andalousie, la grand-place est la pièce maîtresse de Comala. C'est l'une des plus séduisantes de la région, toujours bourdonnante d'animation avec ses vendeurs de *tuba*, ses cireurs de chaussures, ses mariachis ambulants et une myriade de restaurants.

L'événement phare de Comala est sa Feria de Ponche, Pan y Cafe (feria du punch, du pain et du café), qui se déroule sur deux semaines en avril.

À voir

Ex-Hacienda Nogueras MUSÉE

(312-315-60-28 ; Nogueras ; hacienda/musée 10/20 $M ; 10h-15h lun-ven, jusqu'à 17h sam-dim). Passage obligé à Comala, l'ancienne demeure de l'artiste mexicain Alejandro Rangel Hidalgo (1923-2000) abrite aujourd'hui un musée consacré à sa vie et son œuvre. Vous pourrez y admirer sa riche collection d'objets en céramique préhispaniques (dont des chiens de Colima), ainsi que les cartes de Noël de l'Unicef qui lui valent sa réputation. Le domaine, qui comporte un jardin botanique, est luxuriant, et englobe également une chapelle, ainsi que les vestiges d'une usine sucrière. La boutique est située dans l'ancienne pharmacie.

Pour vous y rendre à pied depuis la place principale, longez vers l'est sur 450 m la Calle Degollado, qui passe à gauche du **Templo de San Miguel Arcángel**. Prenez à gauche dans la Calle Saavedra, puis encore à gauche à l'intersection en T. Continuez sur 1 km, tournez à droite à l'intersection en T suivante, et continuez sur 450 m. Vous pouvez aussi prendre un bus (7 $M) derrière l'église ou un taxi (25 $M).

Centro Estatal de los Artes CENTRE D'ART

(312-313-99-68 ; Carreterra Villa de Álvarez-Comala km 5,5 ; 9h-18h lun-sam, jusqu'à 15h dim). GRATUIT Dernière nouveauté de la vie culturelle de Comala, ce "Centre d'État pour les arts" flambant neuf occupe un bâtiment accrocheur au sud de la place principale, au-dessus du Río Suchitlán. Il accueille des expositions temporaires de peinture et de sculpture modernes. Les jardins attenants sont magnifiques, et on peut y voir une demi-douzaine de sculptures représentant l'un (ou l'autre) des deux volcans qui dominent les environs.

Où se loger et se restaurer

Casa Alvarada B&B $$

(312-315-52-29 ; www.casaalvarada.com ; Obregón 105 ; d avec petit-déj 950-1 600 $M ; P). Un B&B simple et accueillant, tenu par le guide anglophone Júpiter Rivera et son épouse. Ses 3 chambres, sa suite et sa villa séparée ont pour thème l'art populaire local. La villa (cuisine indépendante) porte le nom du peintre Alejandro Rangel Hidalgo et peut loger 4 personnes.

Petit-déjeuner familial délicieux, et hamacs dans le patio. Bonne pression d'eau dans les douches.

Tacos Doña Mary MEXICAIN $

(5 de Mayo 144 ; plats 45 $M ; 19h-minuit mer-lun). Les habitants de Comala vous le diront : ce modeste stand, avec quelques tables en extérieur, vend les meilleurs tacos de la région. Il y a une demi-douzaine de variations proposées ; notre préférence va à l'*asado de res* – rôti de bœuf –, suivi par ceux au chorizo.

Don Comalón MEXICAIN $

(312-315-51-04 ; www.doncomalon.com ; Progreso 5 ; boisson et en-cas 45 $M ; 12h-18h). L'un des nombreux restaurants qui bordent la place principale de Comala et offrent une *botana* (en-cas gratuit) pour chaque boisson commandée. Si vous n'avez pas le temps de vous décider, optez pour ce lieu et priez le personnel de vous amener une *tostada* croustillante, garnie de ceviche.

Depuis/vers Comala

Toutes les demi-heures et toute la journée, des bus font le trajet depuis/vers Colima (9 $M) en 15 minutes. Ils vous déposeront près de la place principale.

ARRIÈRE-PAYS DU MICHOACÁN

Les traditions préhispaniques et l'architecture coloniale font le charme singulier du Michoacán. L'État comprend trois des villes mexicaines les plus accueillantes et les plus méconnues : Pátzcuaro, toute d'adobe et de rues pavés, où les femmes purépechas vendent des fruits et des *tamales* à l'ombre d'églises du XVIe siècle ; Uruapan, luxuriante localité agricole voisine du mythique volcan Paricutín ; et enfin Morelia, cité coloniale splendide et très vivante parée d'une cathédrale et d'un aqueduc en pierre rose.

Le Michoacán est également en train de s'imposer comme capitale de l'artisanat : les artisans purépechas des plateaux de la Cordillera Neovolcánica de l'État créent de magnifiques masques, poteries, objets en paille et instruments à cordes, tous exposés à la foire artisanale annuelle Tianguis Artesanal de Uruapan (p. 668). Enfin, le Michoacán recèle des merveilles naturelles incontournables, notamment la Reserva de la Biosfera Mariposa Monarca (réserve de biosphère du papillon monarque), où des millions de papillons migrent chaque année et couvrent les étendues herbeuses et les arbres de leurs ailes aux couleurs chatoyantes.

Morelia

443 / 607 500 HABITANTS / ALTITUDE : 1 920 M

Capitale du Michoacán, Morelia est peut-être la ville la plus belle et la plus dynamique de l'État. Si elle est de plus en plus populaire, c'est à juste titre : avec sa superbe cathédrale au centre, le cœur colonial de la ville est si bien conservé qu'il a été inscrit au patrimoine mondial de l'Unesco en 1991.

Les bâtiments en pierre rose des XVIe et XVIIe siècles, dont les façades baroques et les arcades bordent les rues du centre-ville, sont occupés par des musées, des hôtels, des restaurants, des *chocolaterías* (chocolateries), des cafés, une université et des *taquerías* (stands de tacos) savoureuses et bon marché. Il y a des concerts publics gratuits, de fréquentes installations d'art et peu de visiteurs étrangers. Ceux qui viennent jusqu'ici prolongent d'ailleurs souvent leur séjour et s'inscrivent à des cours de cuisine ou d'espagnol. Véritable Oaxaca en puissance, Morelia, la "ville rose", reste pour le moment inaltérée par le tourisme, mais méfiez-vous : le secret commence à s'ébruiter !

Histoire

Fondée en 1541, Morelia fut l'une des premières cités espagnoles de la colonie de la Nueva España. Son premier vice-roi, Antonio de Mendoza, l'appela Valladolid, du nom de la cité ibérique, et encouragea des nobles espagnols à venir s'y installer avec leur famille. En 1828, la Nueva España étant devenue 4 ans auparavant la République du Mexique, la ville fut rebaptisée Morelia en l'honneur de José María Morelos y Pavón, prêtre et héros local ayant dirigé le mouvement insurrectionnel de la guerre d'indépendance mexicaine après l'exécution de Miguel Hidalgo y Costilla.

À voir

Morelia s'enorgueillit d'une collection de musées de grande qualité, mais ceux-ci ont tendance à se répéter les uns les autres, surtout lorsqu'il s'agit de José María Morelos y Pavón. Choisissez judicieusement, ou préparez-vous à être submergé d'informations sur le héros local.

Biblioteca Pública de la Universidad Michoacana ÉDIFICE HISTORIQUE

(443-312-57-25 ; Jardín Igangio Altamirano, angle Av Madero Poniente et Nigromante ; 8h-20h lun-ven). GRATUIT La bibliothèque publique de l'université du Michoacán est aménagée dans le magnifique **Ex Templo de la Compañía de Jesús**, datant du XVIIe siècle. Ses rayonnages s'élèvent vers ses plafonds voûtés et décorés. Débordant de bas en haut de dizaines de milliers de livres et de manuscrits anciens (22 901, pour être précis), elles comptent 7 incunables. Les peintures murales datent des années 1950.

Catedral de Morelia CATHÉDRALE

(Plaza de Armas ; 6h-21h). GRATUIT La cathédrale de Morelia, souvent considérée comme la plus belle du pays, domine et jouxte le centre-ville plus qu'elle ne lui fait face. Il

Morelia

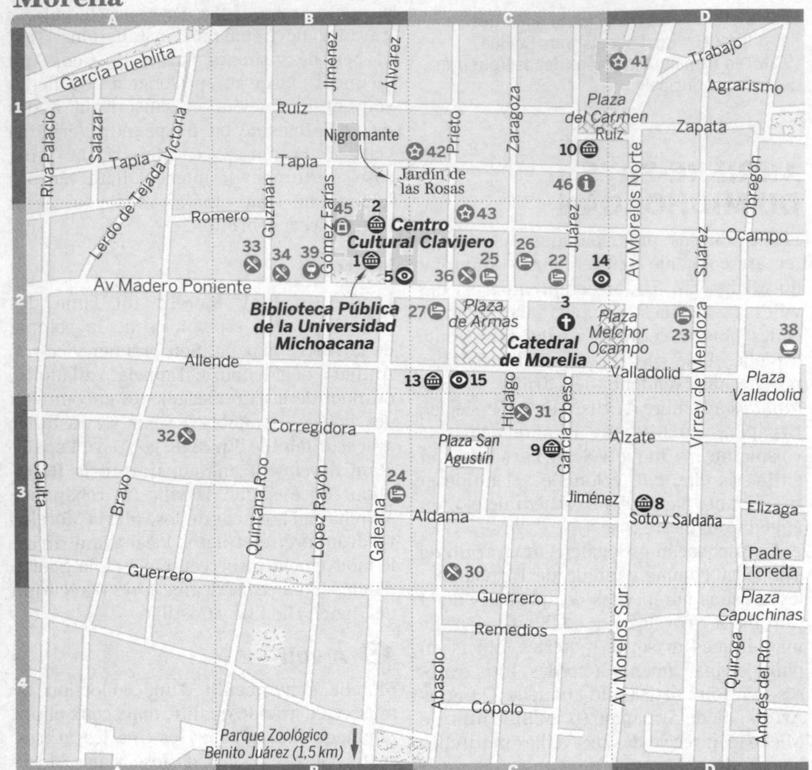

a fallu plus d'un siècle pour l'ériger (1660-1744), d'où un certain méli-mélo stylistique : par exemple, ses clochers jumeaux, hauts de 70 m, ont une base herreresque classique, une section intermédiaire baroque, et un sommet néoclassique à colonnes multiples. Elle est particulièrement impressionnante sous ses illuminations nocturnes.

Une grande partie de ses bas-reliefs baroques fut remplacée au XIXe siècle par des œuvres néoclassiques. Heureusement, l'un de ses joyaux a été conservé : une sculpture du Christ crucifié, nommée **Señor de la Sacristía**, dans une chapelle située à gauche de l'autel principal. Faite de *pasta de caña* (une pâte confectionnée à partir de l'intérieur de la tige de maïs), elle est surmontée d'une couronne dorée offerte à l'église par le roi d'Espagne Philippe II au XVIe siècle. L'orgue compte 4 600 tuyaux, et des récitals ont parfois lieu dans la cathédrale : un moment idéal pour la visiter.

♥ Centro Cultural Clavijero MUSÉE
(☎443-312-04-12 ; www.ccclavijero.mx ; Nigromante 79 ; ⏲10h-18h mar-ven, 10h-19h sam-dim). GRATUIT Cet immense palais de pierre rose, à la sobre cour centrale et aux imposantes colonnades, abrita de 1660 à 1767 l'école jésuite de Saint-François-Xavier. Il abrite aujourd'hui un centre culturel dédié à de remarquables collections d'art contemporain, de photographies et autres œuvres multimédias créatives.

Museo de Arte Colonial MUSÉE D'ART
(☎443-313-92-60 ; www.morelianas.com/morelia/museos/museo-de-arte-colonial ; Juárez 240 ; ⏲10h-20h lun-ven, jusqu'à 18h sam-dim). GRATUIT Ce musée ambitieux comporte 5 salles emplies de peintures religieuses et de sculptures, dont plus de 100 représentations du Christ crucifié. À noter également : une petite statue de Jésus en jupe dans la salle n°3 et des maquettes à l'échelle des

3 navires de Christophe Colomb (la *Niña*, la *Pinta* et la *Santa Maria*) dans la salle n°4. Vous remarquerez les vieilles fenêtres donnant sur la rue dans la salle n°5.

Parque Zoológico Benito Juárez ZOO
(443-299-36-10 ; www.zoomorelia.michoacan.gob.mx ; Calzada Juárez ; adulte/enfant 25/15 $M ; 10h-17h lun-ven, jusqu'à 18h sam-dim). Situé à 2,5 km au sud de la place d'armes, le zoo de Morelia est étonnamment agréable, et ses animaux ont un habitat convenable. Otaries, girafes, éléphants et nombreuses créatures ailées. Ses sentiers en gravier ne sont pas très praticables en poussette, mais les enfants adoreront l'aire de jeux. Supplément pour l'accès à l'aquarium, au vivarium et au petit train.

Palacio de Gobierno ÉDIFICE NOTABLE
(www.morelianas.com/morelia/edificios/palacio-de-gobierno ; Av Madero Oriente ; 9h-20h lun-ven). GRATUIT Ancien séminaire hébergeant aujourd'hui les bureaux du gouvernement du Michoacán, ce palais du XVIIIe siècle arbore une façade baroque dépouillée. Les peintures murales historiques (1962) colossales ornant la cage d'escalier et les galeries du 1er étage, sans doute les plus belles de la ville, sont le chef-d'œuvre d'Alfredo Zalce (1908-2003), artiste né à Pátzcuaro. Entrée depuis la Calle Juárez.

Museo Regional Michoacano MUSÉE
(Musée régional du Michoacán ; 443-312-04-07 ; www.inah.gob.mx/es/red-de-museos/297-museo-regional-de-michoacan-dr-nicolas-leon-calderon ; Allende 305 ; adulte/enfant 50 $M/gratuit ; 9h-17h mar-dim). Occupant une dizaine de pièces d'un palais baroque restauré de la fin du XVIIIe siècle, ce musée contient un impressionnant étalage d'objets préhispaniques, dont la reconstitution d'un tombeau ouvert d'El Opeño, ainsi que des œuvres et des reliques de l'ère coloniale, dont un coyote d'Ihuatzio

Morelia

Les incontournables
1 Biblioteca Pública de la Universidad Michoacana B2
2 Centro Cultural Clavijero B2
3 Morelia Cathedral C2

À voir
4 Acueducto G3
5 Colegio de San Nicolás de Hidalgo B2
Estatua Ecuestre al Patriota Morelos ....(voir 16)
6 Ex Convento de San Diego H3
7 Fuente Las Tarascas G2
8 Museo Casa de Morelos D3
9 Museo Casa Natal de Morelos C3
10 Museo de Arte Colonial C1
11 Museo de Historia Natural H4
12 Museo del Dulce E2
13 Museo Regional Michoacano C2
14 Palacio de Gobierno C2
15 Palacio de Justicia C2
16 Plaza Morelos H3
17 Santuario de la Virgen de Guadalupe H3
18 Templo de las Monjas E2

Activités
19 Baden-Powell Institute E3
20 Centro Cultural de Lenguas E2

Où se loger
21 Baden-Powell Institute Apartments F2
22 Cantera Diez C2
23 Hosting House Congreso D2
24 Hotel Casa del Anticuario B3
25 Hotel Casino C2
26 Hotel de la Soledad C2
Hotel Real Valladolid ....(voir 21)
27 Hotel Virrey de Mendoza C2
28 Only Backpackers Morelia F2

Où se restaurer
29 Chango F3
30 Fonda Marceva C3
31 Gaspachos La Cerrada C3
32 La Cocina de Licha A3
33 Las Mercedes B2
34 Los Mirasoles B2
Lu Cochina Michoacana ....(voir 25)
35 Mercado de San Juan F1
36 Onix C2
37 Tata F2

Où prendre un verre et faire la fête
38 Cafe Europa D2
39 Los 50s Bar B2
40 Tatita Mezcalería G2

Où sortir
41 Casa de la Cultura D1
42 Conservatorio de las Rosas C1
43 Teatro Ocampo C2

Achats
44 Casa de las Artesanías E2
45 Mercado de Dulces y Artesanías B2

Renseignements
Office du tourisme du Michoacán ....(voir 25)
46 Office du tourisme municipal C1

sculpté dans la pierre et une statue chac-mool (figure masculine allongée et tournant la tête) à l'anatomie réaliste. Dans les escaliers trônent également d'impressionnantes peintures murales d'Alfredo Zalce, dont *Cuauhtémoc y la Historia* (*Cuauhtémoc et l'Histoire*) et *Los Pueblos del Mundo contra la Guerra Atómica* (*Les Peuples du monde contre la guerre nucléaire*), toutes deux de 1951.

Selon nous, la place d'honneur revient à la fresque surréaliste *La Inquisición* (*L'Inquisition* ; Philip Guston et Reuben Kadish ; 1935) qui décore le fond de l'arrière-cour au 1er étage. L'œuvre la plus précieuse est le *Traslado de las Monjas Dominicas a Su Nuevo Convento* (*Transfert des religieuses dominicaines à leur nouveau couvent*), scène qui se déroula au **Templo de las Monjas** (Av Madero Oriente ; 8h-20h), en 1738.

Santuario de la Virgen de Guadalupe ÉGLISE (Av Vasco ; 8h-20h). Dédiée à la sainte patronne du Mexique, cette église baroque (1708-1716) à la façade dépouillée a de quoi surprendre : en entrant, préparez-vous à un déluge de roses et de rouges éclatants, et à un incroyable enchevêtrement de dorures. Les décorations de l'intérieur datent de 1915.

De cet agencement sophistiqué ressort une série de grands tableaux mettant en scène la conversion des peuples *indígenas* au christianisme, avec des scènes de victimes sacrificielles sur le point d'être exécutées, avant d'être sauvées par le pieux et honnête peuple d'Espagne.

À côté, l'**Ex-Convento de San Diego** (Plaza Morelos ; 7h-20h), bien plus sobre, fut bâti en 1761 en tant que monastère. Il héberge aujourd'hui la faculté de droit et de sciences sociales de l'Universidad Michoacana de San Nicolás de Hidalgo.

Colegio de San Nicolás de Hidalgo
ÉDIFICE NOTABLE

(☎443-322-35-00 ; entre l'Av Madero Poniente et Nigromante ; ⏲8h-20h lun-sam). GRATUIT Ce bâtiment est aujourd'hui rattaché à l'Universidad Michoacana de San Nicolás de Hidalgo, qui a vu passer des intellectuels tels que Morelos, Miguel Hidalgo y Costilla et José Sixto Verduzco. À l'étage, la **Sala de Melchor Ocampo** (ouverte de 8h à 14h du lundi au vendredi) commémore un autre héros mexicain, gouverneur et réformateur du Michoacán. Elle renferme sa bibliothèque ainsi qu'une copie d'un document, signé de sa main, octroyant cette dernière à l'université juste avant qu'il soit fusillé par des conservateurs en 1861.

L'immense peinture murale de 72 m² *Paisaje y economía de Michoacán* (*Paysage et Économie de Michoacán*) de l'étage supérieur a été peinte en 1935 par Marion Greenwood, première femme étrangère à peindre une fresque publique au Mexique.

Museo Casa de Morelos
MUSÉE

(Maison-musée Morelos ; ☎443-313-26-51 ; www.inah.gob.mx/red-de-museos/296-museo-y-archivo-historico-casa-de-morelos ; Av Morelos Sur 323 ; adulte/enfant 40 $M/gratuit ; ⏲9h-17h mar-dim). Probablement le meilleur musée de Morelia consacré à José María Morelos y Pavón. Il occupe l'ancienne demeure du héros de l'indépendance, qui acheta cette grande résidence de style espagnol pour sa sœur en 1801. Des panneaux (en espagnol et en anglais) vous renseigneront sur des pièces bien présentées, ainsi que sur la vie de Morelos, ses campagnes militaires et le devenir ultérieur du mouvement indépendantiste. Ne manquez pas son bureau, sa chambre aux airs de cellule et sa lugubre *máscara mortuoria* (masque mortuaire).

Vous noterez également la superbe cuisine ancienne, contemporaine à l'édifice, et les vieilles diligences stationnées dans la cour.

Acueducto
OUVRAGE D'ART

Étonnamment bien conservé, l'aqueduc du nord de Morelia se déploie sur un peu plus de 2 km, le long de la bien-nommée Avenida Acueducto, puis s'incurve autour de la Plaza Villalongín. Construit entre 1785 et 1788, il alimenta la ville en eau jusqu'en 1910. Ses 253 arches, dont certaines sont aujourd'hui enterrées, sont impressionnantes sous les feux de leurs illuminations nocturnes.

Museo del Dulce
MUSÉE

(Musée des Sucreries ; ☎443-312-04-77 ; www.callereal.mx/#recorridos ; Av Madero Oriente 440 ; adulte/enfant 26/21 $M ; ⏲10h-20h dim-mar, jusqu'à 21h sam). Les guides de ce petit musée, sis à l'arrière d'un magasin de bonbons à l'ancienne, vous accueillent en costume d'époque. Le musée raconte de manière agréable l'histoire de la fabrication des bonbons, du travail à la main des religieuses dans les couvents de la région à la production à grande échelle.

Plaza Morelos
PLACE

Au milieu de la Plaza Morelos, une place étonnamment vide au sud-est du centre, se dresse l'**Estatua Ecuestre al Patriota Morelos**, une majestueuse statue équestre de Morelos, sculptée par l'Italien Giuseppe Ingillieri et dévoilée en 1913.

La **Calzada Fray Antonio de San Miguel** (Plaza Villalongín), large promenade piétonne ombragée et pavée, flanquée de ravissants édifices anciens, part de là et rejoint la **Fuente Las Tarascas**. Au nord de son extrémité ouest, l'étroit **Callejón del Romance** (allée des Amours), tout de pierre rose et de vigne vierge, a la faveur des tourtereaux. On y trouve deux ou trois bars.

Museo Casa Natal de Morelos
MUSÉE

(Maison natale de Morelos, ☎443-312-27-93 ; www.sic.gob.mx, Corregidora 113 ; ⏲9h-20h lun-ven, 9h-19h30 sam-dim). GRATUIT Le leader indépendantiste José María Morelos y Pavón règne en maître à Morelia... La ville lui doit d'ailleurs son nom. Il naquit là, dans le patio de cette maison, et une flamme éternelle marque l'endroit où sa mère, Juana Pérez Pavón, lui donna naissance alors qu'elle se rendait à la messe, le 30 septembre 1765. L'émouvante collection de photos et de documents, répartie dans 8 salles, n'est cependant pas aussi complète que celle du Museo Casa de Morelos (p. 649), mieux organisé.

Palacio de Justicia
ÉDIFICE NOTABLE

(www.michoacan.network/publicacion/museo-antiguo-palacio-de-justicia-morelia-michoacan ; Portal Allende 267 ; ⏲9h-18h lun-ven). GRATUIT Situé face à l'étendue arborée de la Plaza de Armas, le Palacio de Justicia se compose de deux bâtiments reconstruits en 1884. Son extravagante façade mélange architecture française et éclectisme, avec une cage d'escalier décorée dans le patio. Une fresque impressionnante nommée *Morelos y la*

Justicia (*Morelos et la Justice*), œuvre d'Agustín Cárdenas (1976), a été restaurée par l'artiste quelque 40 ans plus tard et a retouvé sa splendeur originelle. Le musée sur place présente des expositions semi-permanentes sur l'histoire et le gouvernement.

La culture sous toutes ses formes à portée de main et un nombre restreint de touristes font de Morelia l'endroit rêvé pour apprendre à cuisiner mexicain, à danser la salsa ou à parler espagnol.

Baden-Powell Institute LANGUE
(☎443-312-20-02 ; www.baden-powell.com ; Antonio Alzate 565 ; 20h de cours par sem 180 $US, cours particuliers 18 $US/heure). Petit institut bien géré et accueillant, qui propose des cours en espagnol sur l'histoire d'Amérique latine, l'art mexicain, la cuisine, la culture, la guitare, ainsi que la salsa et les danses folkloriques. Séjours chez l'habitant (27 $US/jour) possibles pour les étudiants ; appartements bien aménagés disponibles à deux pas de l'école.

Centro Cultural de Lenguas LANGUE
(☎443-312-05-89 ; www.ccl.com.mx ; Av Madero Oriente 560 ; cours particuliers 17 $US/heure). Basé dans l'artère principale, cet établissement à la gestion chaotique se concentre principalement sur l'apprentissage de l'anglais aux Mexicains. On y propose aussi des cours (uniquement) en espagnol. Possibilité de réserver des circuits ou des leçons de musique, danse et cuisine mexicaines (3 personnes minimum).

Circuits organisés

L'office du tourisme (p. 655) propose des visites guidées de la ville tous les jours à 10h ou 16h. Demandez conseil pour des circuits hors de la ville.

Mexico Cooks ! ART CULINAIRE
(☎55-1305-7194 ; www.mexicocooks.typepad.com ; visite de marché d'une demi-journée 125 $US/pers). Citoyenne mexicaine née aux États-Unis et experte de la cuisine du pays, Cristina Potters organise d'excellents circuits culinaires et culturels personnalisés à Morelia et dans le reste de l'État, ainsi qu'à Guadalajara, bien qu'elle soit basée à Mexico. Contactez-la au préalable pour organiser un circuit.

Fêtes et festivals

Festival Internacional de Guitarra MUSIQUE
(www.michoacan.travel/en/events/guitar-international-festival.html ; avr). Pendant 4 jours en avril, ce festival populaire accueille des guitaristes locaux ou de renommée internationale, des séminaires et de vastes expositions avec guitares et autres instruments à cordes d'excellente facture.

Feria de Morelia TRADITION
(avr-mai). Principale foire de Morelia, qui dure 3 semaines de fin avril à mai et s'accompagne d'expositions artisanales et agricoles, de danses régionales, de corridas et d'autres réjouissances. Le 18 mai, feux d'artifice, expositions de photos anciennes et diverses animations marquent l'anniversaire de la fondation de Morelia (1541).

Festival de Música de Morelia MUSIQUE
(festivalmorelia.mx ; nov). Ce festival international de musique classique a lieu durant deux semaines, mi-novembre. Orchestres, chœurs et quartets se produisent dans les églises, les théâtres et sur les places de la ville.

Festival Internacional de Cine de Morelia CINÉMA
(www.moreliafilmfest.com ; oct). Cette manifestation internationale de premier plan pour la riche production cinématographique mexicaine se déroule fin octobre. Dix jours de festivités et de projections sous les étoiles.

Où se loger

S'il y a beaucoup d'hébergements à Morelia, les touristes n'y sont pas si nombreux que cela. La concurrence est donc rude et, hors de certains festivals, les voyageurs ont la quasi-certitude d'obtenir partout des réductions importantes, excepté dans les auberges de jeunesse les plus économiques.

♥ **Baden-Powell Institute Apartments** APPARTEMENT $
(www.furnishedapartmentmorelia.com ; Tagle 138 ; app 2/4 pers à partir de 250/300 $US par semaine ; P Wi-Fi). Les appartements indépendants de ce magnifique ensemble colonial partagent une cour intérieure et une terrasse. Tous disposent d'une cuisine équipée, d'un coin repas et de une, deux ou trois chambres qui peuvent loger de 2 à 6 personnes. Le tout se situe à l'extrémité est de l'Avenida Madero Oriente,

OUEST DU PLATEAU CENTRAL MORELIA

à une courte marche des sites touristiques, des restaurants de la place d'armes et des bars de la Plaza Villalongín.

Hotel Casa del Anticuario HÔTEL $$
(☎ 443-333-25-21 ; casa-del-anticuario.hotelesmorelia.net/fr/ ; Galeana 319 ; s/d à partir de 550/650 $M, sup 750/950 $M ; 📶). Cette jolie demeure de style colonial dans les tons jaunes renferme 16 chambres avec murs en pierre nue et poutres apparentes. Le personnel est serviable, il y a une agréable cour centrale décorée de vieilles radios, TV et gramophones, et une réception équipée du Wi-Fi. Bref, cet hôtel a tout pour inquiéter ses concurrents, qui facturent deux fois son prix. Demandez une chambre tout au fond, loin du bruit de la rue.

Hotel Real Valladolid HÔTEL $
(☎ 443-312-45-62 ; valladolidhotel@hotmail.com ; Bartolomé de las Casas 418 ; d 650 $M ; P ❄ 📶). Valeur sûre parmi le maigre choix d'hôtels économiques, le Valladolid assure l'essentiel : 21 chambres basiques, propres et assez modernes, avec TV à écran plat, Wi-Fi et petites salles de bains. Il n'arbore certes pas les fioritures de certains établissements plus anciens, mais fait néanmoins l'affaire.

Only Backpackers Morelia AUBERGE DE JEUNESSE $
(☎ 443-425-42-09 ; www.facebook.com/TheOnlyBackpackers ; Serdán 654 ; dort 150 $M, d 290-400 $M ; @ 📶). Si ce n'est pas à proprement parler la seule auberge de jeunesse pour baroudeurs de Morelia, c'est probablement la meilleure. Trois chambres individuelles, et des dortoirs de 8 à 10 lits pouvant héberger jusqu'à 45 personnes. Salles de bains communes, cuisine et deux cours intérieures. Les propriétaires de cette maison de ville traditionnelle sont aimables, et proposent de bons petits-déjeuners (35 $M) à base de fruits. Possibilité de laver son linge (70 $M).

Hotel Casino HÔTEL $$
(☎ 443-313-13-28 ; www.hotelcasino.com.mx ; Portal Hidalgo 229 ; ch à partir de 1 050 $M ; P @ 📶). Grand et bel hôtel dont la façade donne sur la Plaza de Armas et la cathédrale, en prise directe avec le cœur battant de la ville. Ces 42 chambres (ascenseur) ne sont pas aussi majestueuses que le bâtiment lui-même (XVIIIe), mais l'emplacement incomparable et le service professionnel font la différence. Tout comme l'excellent restaurant Lu, axé sur une *cocina Michoacana*.

♥ **Hotel Virrey de Mendoza** HÔTEL HISTORIQUE $$$
(☎ 443-312-00-45 ; www.hotelvirrey.com ; Av Madero Poniente 310 ; ch à partir de 1 850 $M ; P ❄ @ 📶). Hôtel chaleureux et très bien situé, installé ici depuis 1939. Son magnifique atrium comporte une verrière spectaculaire, ornée de vitraux. Les 55 chambres ont un charme désuet, avec parquets et hauts plafonds. Demandez-en une avec plusieurs fenêtres, car certaines sont assez sombres.

Le brunch dominical (plats à partir de 90 $M) servi dans le restaurant est le plus fastueux de Morelia, avec omelettes à la demande, plats de fruits tropicaux frais et table des desserts débordant de douceurs.

♥ **Hotel de la Soledad** HÔTEL HISTORIQUE $$$
(☎ 443-312-18-88 ; www.hoteldelasoledad.com ; Zaragoza 90 ; ch/ste à partir de 2 500/3 000 $M, avec petit-déj ; P ❄ @ 📶). Bougainvillées cascadant sur des arches en pierre, murmure des fontaines, musique classique en fond sonore et hauts palmiers forment le cadre, magique, de la cour centrale. Les 41 chambres, toutes différentes, sont tout aussi superbes – douches faites avec les pierres d'anciennes arches, lavabos en pierre translucides, têtes de lits en bois sculpté... Un lieu d'exception.

Cantera Diez BOUTIQUE-HÔTEL $$$
(☎ 443-312-54-19 ; www.canteradiezhotel.com ; Juárez 63 ; ch à partir de 3 120 $M ; P ❄ 📶). Face à la cathédrale, voici peut-être le boutique-hôtel le plus chic de Morelia. Les 11 chambres, toutes des suites, vont du spacieux à la suite palatiale, avec mobilier moderne raffiné, plancher sombre et salles de bains démesurées. Au 1er étage se trouve un restaurant apprécié, le **Cantera 10**.

Hosting House Congreso BOUTIQUE-HÔTEL $$$
(☎ 443-232-02-46 ; www.hhcongreso.com ; Av Madero Oriente 94 ; ch/ste à partir de 2 400/3 750 $M ; P ❄ @ 📶). Récemment rebaptisé et remanié (dans le but affiché de séduire une clientèle fréquentant congrès et assemblées), cet hôtel ne compte que 26 chambres, certes petites, mais à la décoration superbe, dans les tons blancs, noirs et dorés, avec têtes de lits richement sculptées, salles de bains luxueuses et matelas de qualité. Bar-restaurant très stylé dans le ravissant patio. Malgré l'insonorisation, les chambres en façade pâtissent du bruit de la rue.

Où se restaurer

La scène culinaire de Morelia a tout de brillant, et il y a des restaurants pour tous les budgets. Pour la cuisine de rue, parfois dure à trouver, orientez-vous vers ses 3 marchés.

Mercado de San Juan MARCHÉ
(Angle Revolución et Plan de Ayala ; 8h-16h). Également appelé Mercado Revolución en référence à son adresse, il s'agit de notre marché préféré à Morelia : on y vend viandes, produits de la ferme, aliments secs et une variété infinie d'aliments préparés.

Cenaduría Lupita MEXICAIN $
(443-312-13-40 ; www.facebook.com/CenaduriaLupitaMR ; Sanchez del Tagle 1004 ; plats 67-100 $M ; 18h-23h lun-ven, 14h-22h sam-dim). Pour goûter à divers mets délicats de Morelia, rendez-vous dans ce restaurant discret, spécialisé dans les *antojitos regionales* (hors-d'œuvre régionaux), tels que *sopa tarasca* (une riche soupe de haricots avec crème, piment séché et morceaux de tortilla craquante), *uchepos* ("polenta" de maïs cuite dans ses feuilles) et *pozole* (ragoût de porc et d'*hominy*). À 2 km au sud-est de la cathédrale.

La Cocina de Licha MEXICAIN $
(443-312-61-65 ; Corregidora 669 ; menu 45 $M ; 13h-16h). Lieu chaleureux et sans prétention, où une clientèle locale fidèle vient se régaler d'une délicieuse *cocina económica* (littéralement "cuisine économique"). Le menu, renouvelé chaque jour, comprend entrée, plat, dessert et boisson. Repérable depuis la rue grâce à une petite table et un panneau sur le trottoir – et au son du piano.

Gaspachos La Cerrada MEXICAIN $
(Hidalgo 67 ; gaspachos 35 $M ; 9h-21h). Apprécié à Morelia, le gaspacho mexicain n'est pas un potage de légumes froid, mais une "salade" de mangue, d'ananas et de *jicama* ("navet" mexicain) coupés en dés, arrosée de jus d'orange et de citron vert, d'un filet de vinaigre, puis relevée de sel, sauce pimentée, oignon et fromage râpé. Et si l'on en croit la rumeur, c'est ici qu'on déguste le meilleur.

♥ **Tata** MEXICAIN $$
(443-312-95-14 ; www.tatamezcaleria.com ; Bartolomé de las Casas 511 ; plats 125-210 $M ; 13h30-0h30 lun-jeu, jusqu'à 2h ven-sam, 13h30-22h dim). Bien sûr les 190 types de mezcal du Michoacán, du Jalisco et de Oaxaca proposés poussent à y revenir, mais c'est surtout la *cocina de autor* ("cuisine d'auteur") du chef Fermín Ambás qui est remarquable. Entre autres mets délectables, citons le tartare de lapin à l'aïoli de wasabi et au piment (85 $M) ou le thon en croûte de tortilla (210 $M). Un conseil : prenez votre repas ici, puis, pour la boisson, passez au Tatita (p. 654), sa nouvelle incarnation située deux rues au nord-est.

♥ **Lu Cocina Michoacana** MEXICAIN CONTEMPORAIN $$
(443-313-13-28 ; www.lucocinamichoacana.mx ; Portal Hidalgo 229 ; plats 120-180 $M ; 7h30-22h dim-jeu, 7h30-23h ven et sam). Logé au rez-de-chaussée et en terrasse de l'Hotel Casino, ce restaurant discret est l'un des plus inventifs de la ville. La talentueuse cheffe, Lucero Soto Arriaga, transforme des ingrédients précolombiens en plats gourmets vraiment exquis, à la présentation raffinée. Testez l'*atápakua de chilacayote*, une épaisse soupe de légumes de saison (56 $M) et la truite de Zitácuaro au *mole* vert (169 $M). Remarquable sélection de vins mexicains au verre.

Fonda Marceva MEXICAIN $$
(443-312-16-66 ; Abasolo 455 ; plats 90-175 $M ; 9h-18h). Spécialisé dans la cuisine de Tierra Caliente ("terre chaude"), région du sud-est du Michoacán, ce ravissant restaurant, installé dans une cour, s'étend sur 3 salles, et déborde d'objets d'artisanat colorés. Son *aporreadillo* (petit-déjeuner à base d'œufs mijotés avec du bœuf séché et des piments ; 90 $M) est fameux, et ses *frijoles de la olla* (haricots mijotés ; 60 $M) sont parmi les meilleurs que nous ayons goûtés.

♥ **Chango** FUSION $$$
(443-312-62-13 ; www.changorestaurante.com ; Sor Juana Inés de la Cruz 129 ; plats 145-350 $M ; 13h45-12h30). Un ravissant restaurant au sud de la Plaza Villalongín. Dirigé d'une main de maître par le chef Daniel Aguilar Bernal, il donne dans la *cocina contemporánea de autor* (cuisine d'auteur contemporaine). Plusieurs salles en rez-de-chaussée, ainsi qu'une terrasse à l'étage, dans une maison alliant art mexicain et Art nouveau. Carte internationale et expérimentations subtiles (attendez-vous à de la cuisine sous vide).

Mentions spéciale pour le burger gourmet d'agneau (158 $M) et le risotto "orange"

DOUCEURS DE MORELIA

Les *dulces morelianos* – de délicieuses confiseries fabriquées avec des fruits, des noix, du lait et du sucre – sont réputées dans toute la région. On les trouve au **Mercado de Dulces de Morelia y Artesanías** et au **Museo del Dulce** (p. 649). Cette *chocolatería* à l'ancienne vend quantité de truffes, de confitures, de noix et de morceaux de pêche et de courge confits, servis par une armée de femmes en costumes traditionnels.

Il existe jusqu'à 300 variétés de ces *dulces*, mais voici quelques-uns de nos préférés :

- *Ates de fruta* – pâtes de fruits colorées (en petits carrés ou en lanières) le plus souvent à base de goyave, de mangue et de coing.
- *Cocadas* – boules de noix de coco râpée caramélisée, de consistance un peu caoutchouteuse, et présentées en tas pyramidaux.
- *Frutas cubiertas* – morceaux de fruits confits (courge, figue et ananas par exemple).
- *Glorias* – caramels au lait de chèvre et aux noix de pécan enveloppés de cellophane.
- *Jamoncillo de leche* – caramels mous en forme de rectangles ou de noix.
- *Obleas con cajeta* – confiture de lait entre deux gaufrettes rondes.
- *Ollitas de tamarindo* – minuscules pots en terre remplis de pâte de tamarin à la saveur sucrée, salée et acidulée.
- *Rompope* – boisson semblable au lait de poule, qui contient *aguardiente*, œufs, lait et (ici) un arôme à choisir parmi 16 différents, de la noix de pécan à la noix tout court, en passant par la cannelle et la fraise.

de gingembre, courgettes et crevettes, et encore plus pour la tarte aux figues avec fromage de chèvre (115 $M) et les chaussons au porc confit avec glaçage à la mangue (220 $M). Les anglophiles apprécieront la *banoffee pie* (69 $M) en dessert.

Los Mirasoles MEXICAIN **$$$**
(☎443-317-57-75 ; Av Madero Poniente 549 ; plats 125-295 $M ; ⏲13h-23h lun-jeu, 13h-23h30 ven-sam). Authentique cuisine du Michoacán (et festival de saveurs régionales), servie dans un édifice somptueux orné notamment d'une copie de la fontaine des Tarasques. Goûtez les *chiles capones* (piments sans graines fourrés au fromage ; 87 $M) et l'*atápakua de huachinango* (poisson en sauce de type *mole* ; 210 $M).

Ce dernier a été servi à Paris en 2005 lorsque le Mexique a tenté de faire inscrire sa cuisine au patrimoine culturel immatériel de l'Unesco (souhait exaucé en 2010). La cave à vin recèle quelque 250 millésimes.

Onix INTERNATIONAL, MEXICAIN **$$$**
(☎443-317-82-90 ; www.onix.mx ; Portal Hidalgo 261 ; plats 119-259 $M ; ⏲13h-1h). Si tous les restaurants autour de la Plaza de Armas sont parfaits pour observer les gens, certains ne brillent pas par leur cuisine. Celle de l'Onix, elle, rayonne, grâce à une carte audacieuse à laquelle figurent des excentricités telles que le crocodile à la sauce carambole et noix de coco, et des plats appréciés à l'international comme la fondue au fromage.

Son cadre est aussi moins traditionnel (notez les sièges rouges originaux), ses margaritas fort réussies et sa musique live d'une grande variété (à partir de 21h30, du mercredi au samedi). Service rodé, de surcroît.

Las Mercedes MEXICAIN **$$$**
(☎443-312-61-13 ; Guzmán 47 ; plats 180-295 $M ; ⏲12h30-22h lun-sam, 14h-19h30 dim). Ce restaurant de plusieurs salles a élu domicile dans une maison de l'époque coloniale. Le décor opulent – vieilles colonnes, sphères en pierre, tableaux, miroirs dorés et icônes religieuses – a des allures de musée. La cuisine est en accord avec la majesté du lieu : *pechuga azteca* (poitrine de poulet aztèque) et 4 découpes de steak sont accommodées de différentes manières.

Où prendre un verre et faire la fête

À Morelia, la vie nocturne est plus raffinée qu'enfiévrée, même si quelques discothèques passent une musique tonitruante jusqu'au petit matin. On trouve plusieurs bars aux terrasses très animées en début de soirée aux alentours du Jardín de las Rosas, au nord du Centro Cultural Clavijero. Le secteur proche de la Plaza Villalongin, à l'extrémité est du centre-ville, est aussi un haut lieu de la vie nocturne.

Los 50s Bar BAR
(Av Madero Poniente 507 ; 17h-minuit dim-lun, 17h-23h mar-jeu, 17h-5h ven-sam). Après 22h, une poignée de clubs sur l'Avenida Madero Poniente et aux environs programment du rock live. Dans celui-ci, l'un des meilleurs, des groupes estudiantins jouent des reprises des Doors ou leurs propres morceaux en hommage à Nirvana. Droit d'entrée de 30 $M les soirs de concert.

Cafe Europa CAFÉ
(www.cafeeuropa.com.mx ; Bartolomé de las Casas 97 ; café à partir de 25 $M ; 9h-21h lun-sam). Sans l'arôme dégagé par la torréfaction d'un café venu de 4 différents États du Mexique qui s'en échappe, il serait facile de passer à côté de ce minuscule café, membre d'une chaîne locale. Salle sur 2 niveaux.

Tatita Mezcalería BAR
(443-312-95-14 ; www.facebook.com/TatitaMezcaleria ; Jardín Villalongín 42 ; 13h-2h30). Superbe *mezcalería* (bar à mezcal) dans une vieille villa superbement réaménagée, juste à côté de la Fuente Las Tarascas, le Tatita fait mouche à tous les niveaux : bonne musique, cocktails superbes (à partir de 65 $M), grands DJ et personnel aimable et à l'écoute. Assortiments de mezcals pour 140 $M (Michoacán) et 265 $M (Oaxaca).

Où sortir

Ville universitaire et capitale de l'un des États les plus dynamiques du Mexique, Morelia bénéficie d'une vie culturelle dynamique. À l'office du tourisme ou à la Casa de la Cultura, procurez-vous une copie de la *Cartelera Cultural*, programme hebdomadaire gratuit des films et manifestations culturelles.

Pour une représentation théâtrale, rendez-vous au **Teatro Ocampo** (443-312-37-34 ; www.facebook.com/TeatroOcampoMorelia, Ocampo 256) ou au **Teatro Morelos** (443-314-62-02 ; www.ceconexpo.com ; angle Av Ventura Puente et Camelinas) ; ce dernier fait partie du Centro de Convenciones, installé à 1,5 km au sud du centre-ville. Dans la cathédrale (p. 645), on peut parfois écouter d'impressionnants récitals des grandes orgues.

Conservatorio de las Rosas MUSIQUE CLASSIQUE
(443-312-14-69 ; www.conservatoriodelasrosas.edu.mx ; Tapia 334). Fondé en 1743, il s'agit du plus ancien conservatoire de musique des Amériques, et il garde un côté vieille école. On peut s'asseoir et méditer dans sa cour aux allures d'Alhambra où résonnent des notes de trompette et des riffs de guitare provenant des salles de cours. Concerts gratuits le jeudi à 20h dans la Sala Niños Cantores de Morelia.

Casa de la Cultura CONCERTS
(443-313-12-68 ; www.casaculturamorelia.gob.mx ; Av Morelos Norte 485). Avec le Conservatorio de las Rosas (ci-dessus), c'est l'un des piliers de la vie culturelle locale. Hébergée dans un ancien monastère carmélite du XVIIe siècle, la Casa de la Cultura offre un cadre de rêve pour s'imprégner de musique mexicaine. Il est agréable de faire halte dans le joli café qui jouxte l'entrée. Programme des spectacles disponible sur le site Internet.

Prenez aussi le temps d'explorer l'endroit pour admirer ses peintures murales anciennes, ses immenses miroirs et ses dortoirs de moines, semblables à des cachots. Dans les cloîtres résonnent souvent de doux accords de guitare.

Achats

Casa de las Artesanías MARCHÉ
(443-318-08-48 ; www.casart.gob.mx ; Fray Juan de San Miguel 129, Plaza Valladolid ; 8h-19h30 lun-ven, 9h-15h et 16h-19h30 sam-dim). Pour qui n'a pas le temps de courir les *pueblos* purépechas pour y dénicher l'objet d'art populaire de ses rêves, reste la Maison de l'artisanat, dans l'Ex-Convento de San Francisco, datant de 1541. Cette coopérative lancée au profit des artisans indiens expose et vend des articles provenant de tout le Michoacán. **Museo Michoacano de las Artesanías** en accès libre à l'étage.

BUS AU DÉPART DE MORELIA

DESTINATION	PRIX ($M)	DURÉE (H)	FRÉQUENCE
Colima	579	6	3/jour
Guadalajara	388	4	ttes les 30 min
Mexico (Terminal Norte)	414	4 ¾	ttes les heures
Mexico City (Terminal Poniente)	414	4 ½	ttes les 30 min
Pátzcuaro	59	1	ttes les heures
Uruapan	175	2	ttes les heures
Zitácuaro	187	3	ttes les 30 min

Mercado de Dulces y Artesanías MARCHÉ

(Marché aux sucreries et d'artisanat ; Gómez Farías 55 ; ⏲9h-22h). Sur le côté ouest du Centro Cultural Clavijero, ce joli marché vend les fameuses confiseries de la région, dont un choix coloré d'*ates de fruta* (cuirs de fruits) dans une variété de saveurs exotiques.

Renseignements

Le long de l'Avenida Madero, les banques et les DAB ne manquent pas, surtout à son extrémité ouest, près des places qui côtoient la cathédrale.

L'**office du tourisme du Michoacán** (☎443-312-94-14 ; www.michoacan.travel/en ; Portal Hidalgo 245 ; ⏲8h-17h lun-ven) se trouve en face de la Plaza de Armas. Bien utile, l'**office du tourisme municipal** (☎443-317-03-35, 443-317-80 39 ; www.turismomorelia.mx ; Juárez 178 ; ⏲9h-18h lun-ven, 10h-18h sam-dim) se situe dans Benito Juárez, au nord de la cathédrale. Il y a aussi des kiosques d'information dans le coin nord-est de la place d'armes et sur la Plaza Melchor Ocampo (tous deux ouverts tous les jours de 9h à 21h).

Hospital Star Médica (☎443-322-77-00 ; www.starmedica.com ; Virrey de Mendoza 2000)

Poste principale (Av Madero Ote 369 ; ⏲8h-18h lun-ven, 8h-12h sam)

Depuis/vers Morelia

AVION

L'**aéroport General Francisco Mujica** (Aeropuerto Internacional General Francisco Mujica ; ☎443-317-67-80 ; www.aeropuertosgap.com.mx/en/morelia-3.html ; Carretera Morelia Zinapécuaro Km 27) se situe à 27 km au nord de Morelia, sur la route principale Morelia-Zinapécuaro. Aucun bus ne dessert l'aéroport ; un taxi depuis/vers l'aéroport revient à quelque 200 $M. Nombreux sont les départs quotidiens pour d'autres villes du Mexique, et un nombre limité de vols dessert l'Amérique du Nord.

Aeromar (☎800-237-66-27 ; www.aeromar.com.mx). Vols pour Mexico et Tijuana.

Volaris (☎55-1102-8000 ; www.volaris.mx). Réservez en ligne ou au comptoir de l'aéroport. Vols intérieurs, notamment pour Mexico.

BUS

La **gare routière de Morelia** (Terminal de Autobuses de Morelia ; ☎443-334-10-71) est à 4 km au nord-ouest du centre-ville. Elle se divise en 3 *módulos* (petits terminaux), qui correspondent aux bus de 1re, 2e et 3e classes. Pour vous rendre en ville, prenez un *combi* Roja 1 (rouge) sous le pont piétonnier, ou un taxi (60 $M). Des bus 1re classe desservent au moins toutes les heures la plupart des destinations.

Comment circuler

En ville, de petits *combis* et des bus circulent tous les jours, de 6h à 22h (7 $M). Les itinéraires des *combis* correspondent à la bande de couleur sur leur carrosserie : Ruta Roja (rouge), Ruta Amarilla (jaune), Ruta Rosa (rose), Ruta Azul (bleu), Ruta Verde (vert), Ruta Cafe (marron), etc. Renseignez-vous à l'office du tourisme sur le parcours des bus et des *combis*.

Reserva de la Biosfera Mariposa Monarca

À l'extrême est du Michoacán, à cheval sur la frontière de l'État de Mexico, s'étend la **réserve de biosphère du papillon monarque** (mariposamonarca.semarnat.gob.mx ; adulte/enfant 50/40 $M pour chaque zone ; ⏲8h-coucher du soleil de mi-nov à mars), d'une superficie de 563 km² et inscrite au patrimoine mondial de l'Unesco depuis 2008.

À chaque automne, de fin octobre à début novembre, une multitude de papillons monarques venus de la région des Grands Lacs américano-canadiens migrent vers ces hauts plateaux boisés pour hiberner, après un voyage de quelque 4 500 km. Ces nuées d'insectes colorés transformant la forêt en une mosaïque flamboyante sont un spectacle inoubliable.

À voir

La réserve de biosphère s'étend sur deux États, avec deux zones dans le Michoacán et deux autres dans l'État de Mexico. Les hôtels situés à proximité peuvent en organiser des visites guidées pour 1 500 $M, déjeuner inclus.

El Rosario

Au plus fort de la saison (février-mars), El Rosario, la zone la plus populaire de la réserve, reçoit 8 000 visiteurs par jour. C'est aussi le secteur le plus commerçant – les stands de souvenirs tapissent les flancs de colline et l'exploitation forestière illégale affecte sérieusement l'habitat naturel. Le village d'El Rosario et l'entrée de la zone d'El Rosario sont à 12 km du petit village d'Ocampo, en haut d'une route gravillonnée en bon état.

Pour rejoindre les papillons, il faut grimper une pente très escarpée comptant de nombreuses marches (à pied ou à cheval) de 2 à 4 km (selon l'époque de l'année). Ocampo compte deux hôtels, mais il est beaucoup plus agréable de loger dans le ravissant village d'Angangueo, à 45 minutes à pied de là. Le billet d'accès (adulte/enfant 50/40 $M) inclut les services d'un guide. Comptez 100 $M pour l'aller simple à cheval. Le petit **musée** (9h-17h ; gratuit) à l'entrée présente une exposition et un film sur les papillons.

Sierra Chincua

Nichée dans les montagnes, la Sierra Chincua se situe à quelque 12 km au nord-est d'Angangueo. La zone a été endommagée par l'exploitation forestière, mais moins sévèrement qu'El Rosario. Moins ardu, son chemin d'accès se prête à des randonnées moins sportives. Les tarifs sont les mêmes qu'à El Rosario (adulte/enfant 50/40 $M). Chevaux également disponibles. Joliment aménagée, l'entrée comporte boutique de souvenirs, lieux de restauration et tyrolienne. À Angangueo, prenez un bus indiquant comme destination Tlalpujahua ou Mexico (20 $M) et dites au chauffeur que vous allez à la Sierra Chincua. Les taxis au départ d'Angangueo demandent 350 $M et plus, en fonction du temps d'attente sur le site.

Cerro Pelón

Le Cerro Pelón ("colline pelée"), qui se trouve en fait dans l'État de Mexico, constitue de loin le meilleur choix. Ici, les montagnes culminent à plus de 3 000 m, la forêt se porte à merveille, et, comparé aux réserves du Michoacán, vous ne croiserez presque pas de touristes. Depuis 40 ans, les gardes forestiers veillant sur le côté Mexico de la zone y ont fait diminuer considérablement l'exploitation forestière illégale. On peut y admirer d'immenses sapins, hauts comme des cathédrales, des troncs couverts de mousse, des fleurs sauvages et une vue spectaculaire.

Attention, car la pente est très escarpée, et son ascension, difficile, requiert au moins 1 heure 30 pour un bon randonneur en montagne avançant à un rythme correct, et en continu. Nous vous la déconseillons si vous n'avez pas l'habitude de la montagne. La plupart des visiteurs préfèrent grimper à cheval (200 $M).

Ce secteur de la réserve est à une quarantaine de minutes en voiture au sud-est de Zitácuaro, la sixième ville du Michoacán, où vous pourrez vous approvisionner en eau, en nourriture et autres. Les points d'accès, Macheros et El Capulín, sont distants de 1,5 km et accessibles par les transports publics depuis la gare routière de Zitácuaro. À la sortie de la gare routière, les *combis* qui affichent "Aputzio" et attendent à gauche de la Bodega Aurrera reviennent à 15 $M. Descendez à La Piedra, puis prenez un taxi jusqu'à Macheros ou El Capulín (à partir de 30 $M). Un taxi de Zitácuaro à l'un des deux points d'accès coûte 250-300 $M.

Piedra Herrada

La réserve de la "pierre marquée" s'étend à 25 km du Valle de Bravo, dans l'État de Mexico. Sur la route, les papillons monarques traversent tous les jours un important couloir pour s'abreuver avant de retourner à leurs perchoirs. L'entrée se trouve juste après cet endroit spectaculaire, sur votre gauche. À pied ou à vélo, monter le chemin en majeure partie goudronné qui mène à la colonie peut s'avérer plus ou moins difficile selon les années, en fonction de l'endroit où celle-ci se trouve. Possibilité de louer des chevaux. Préférez venir en semaine pour éviter les bus touristiques venus de Mexico.

Depuis/vers la Reserva de la Biosfera Mariposa Monarca

Il est possible de rejoindre au moins une des 4 zones de la réserve depuis Angangueo, Zitácuaro et Macheros, mais il est plus facile et plus rapide de prendre un guide avec transport inclus.

Angangueo

☎715 / 5 030 HABITANTS / ALTITUDE : 2 580 M

Cette bourgade minière assoupie est le camp de base le plus prisé des voyageurs venus admirer les papillons, car elle se trouve tout près des zones de la Sierra Chincua et d'El Rosario. Elle s'étage sur des collines tapissées de pinèdes, de pâturages et de champs de maïs. L'artère principale, qui porte deux noms (Nacional et Morelos), concentre l'essentiel des services. Deux belles églises, dont le Templo de la Immaculada Concepción, du XVIIIe siècle, bordent la Plaza de la Constitución, en plein centre, d'où part la rue Nacional vers le bas de la ville.

Où se loger

Hotel Plaza Don Gabino HÔTEL $

(☎715-156-03-22 ; www.facebook.com/Don.Gabino.hotel ; Morelos 147 ; s/d/ste 650/850/1 200 $M ; P 📶). Hôtel accueillant tenu en famille et de loin la meilleure adresse du lot, comptant 9 chambres d'une propreté étincelante, avec des douches. Son restaurant sert un excellent dîner de 4 plats composés de spécialités du Michoacán. Certaines suites comportent des cheminées. À environ 1 km en contrebas de la place centrale. Réservez pendant la saison des papillons.

Durant celle-ci (de fin octobre à mars), l'équipe du Don Gabino organise aussi des excursions vers les zones de la Sierra Chincua et d'El Rosario.

Renseignements

Le petit **office du tourisme** (☎715-156-06-44 ; Nacional 1 ; ⏲8h-19h nov-avr, 9h-16h lun-ven avr-oct) est situé en contrebas de la place principale.

Depuis/vers Angangueo

Au départ de Morelia, des bus partent fréquemment pour Zitácuaro (187 $M, 3 heures), où il faut prendre une correspondance pour Angangueo (25 $M, 1 heure 15). Du Terminal Poniente de Mexico, le bus Zina (226 $M, 3 heures 30, 7/jour) va directement à Angangueo ; la plupart des autres lignes de bus passent par Zitácuaro.

Pour rejoindre la zone d'El Rosario depuis Angangueo, prenez d'abord un *combi* jusqu'à Ocampo (12 $M, 15 min, toutes les heures), puis un autre à destination d'El Rosario (20 $M, 30 min, toutes les heures), à l'angle de la Calle Independencia et de la Calle Ocampo. En saison, des *camionetas* (pick-up) partent également de l'*auditorio* (auditorium) d'Angangueo, ou prennent leurs passagers devant les hôtels ; il faut compter environ 600 $M pour une dizaine de passagers, et 45 minutes de trajet mouvementé (sur une petite route) jusqu'à la réserve, mais ils vous déposeront devant l'entrée.

Pour la Sierra Chincua, prenez le bus en direction de Tlalpujahua ou de Mexico (20 $M) et précisez votre destination au chauffeur. Le trajet en taxi depuis Angangueo revient à 350 $M et plus, en fonction de l'attente.

Zitácuaro

☎715 / 84 700 HABITANTS / ALTITUDE : 1 990 M

Sixième ville du Michoacán par la taille, Zitácuaro a pourtant l'allure d'une cité ouvrière de province. Surtout réputée pour son pain et ses élevages de truites, elle n'est pas d'une beauté extraordinaire et elle trouble la plupart des visiteurs qui se promènent dans ses rues pentues. C'est néanmoins un bon point de chute pour aller observer les papillons au Cerro Pelón et à la Piedra Herrada.

À voir

Iglesia de San Pancho ÉDIFICE RELIGIEUX

(Morelos 74 ; ⏲9h-14h et 16h-18h). Située dans le village de San Francisco Coatepec de Morelos, au bord de la route 51 au sud de Zitácuaro, cette église du milieu du XVIe siècle, restaurée, est apparue dans le film de John Huston *Le Trésor de la Sierra Madre* (1948), avec Humphrey Bogart. À visiter le soir pour voir le coucher de soleil filtrer à travers ses vitraux. Un taxi depuis la ville revient à 50 $M.

HORS DES SENTIERS BATTUS

MACHEROS

Cette paisible communauté agricole est située à proximité de l'entrée de la réserve du Cerro Pelón (p. 656). Hors saison, elle se prête admirablement à l'observation d'oiseaux et à la randonnée, et elle offre des paysages pittoresques toute l'année.

En plus du **JM Butterfly** (☎726-596-31-17 ; www.jmbutterflybnb.com ; avec petit-déj s 850-1 250 $M, d 950-1 350 $M), magnifique B&B justifiant à lui seul une étape, Macheros comporte un camping (à partir de 300 $M) avec les commodités habituelles, ce qui est aussi le cas du village d'El Capulín, à quelque 2 km au sud-est. N'oubliez pas qu'il est interdit de camper dans la réserve.

Où se loger et se restaurer

Rancho San Cayetano HÔTEL $$$
(☎715-153-19-26 ; www.ranchosancayetano.com ; Carretera a Huetamo Km 2,3 ; ch à partir de 2 125 $M ; P @ ≈). Cette propriété charmante (et onéreuse) comporte 9 chambres, 3 lofts et 3 maisons indépendantes, le tout réparti sur plus de 5 ha de jardins et de forêt, au bas desquels s'écoule un impétueux cours d'eau. Spacieuses, les chambres sont d'un chic rustique, avec cheminées, pierres et poutres apparentes. La piscine et le nouveau spa sont un plus. Le soir sont servis des repas avec plusieurs plats (510 $M).

Ce *rancho* est tenu par Pablo et Lisette, couple de propriétaires franco-mexicains passionné par les papillons. Si vous êtes intéressé, ils vous montreront des vidéos, ainsi que leur impressionnante bibliothèque sur le sujet. Ils peuvent vous organiser des visites des 4 zones de la réserve.

La Bodega Leonesa ESPAGNOL $$
(☎715-153-71-55 ; www.facebook.com/labodegaleonesa ; Revolución Sur 209 ; plats 125-210 $M ; 13h-21h30 mer-lun). Chaudement recommandé par les gens du coin, ce restaurant-bar à tapas sert des spécialités de León, élue "capitale espagnole de la gastronomie 2018". Essayez le *pulpo gallego* (poulpe grillé à la galicienne, cuisiné avec pommes de terre à l'eau et paprika doux, et arrosé d'huile d'olive). Et pas de bêtises : les propriétaires font de la boxe !

Depuis/vers Zitácuaro

La gare routière de Zitácuaro est à 1 km au sud-est du centre-ville, sur General Pueblita Norte. Des bus circulent régulièrement depuis/vers Morelia (187 $M, 3 heures), Angangueo (25 $M, 1 heure 15) et la gare routière Poniente de Mexico (194 $M à 260 $M, 2 heures), entre autres destinations.

Pour le Cerro Pelón, prenez un *combi* marqué "Aputzio" (15 $M) à gauche de la Bodega Aurrera quand vous quittez la gare routière. Descendez à La Piedra, puis prenez un taxi jusqu'à Macheros ou El Capulín (à partir de 30 $M). Un taxi direct depuis Zitácuaro coûte entre 250 et 300 $M.

Région de Pátzcuaro

Les environs de la ville sont occupés par le grand Lago de Pátzcuaro, dont une demi-douzaine de villages notables entoure les berges.

Pátzcuaro

☎434 / 55 300 HABITANTS / ALTITUDE : 2 140 M

Ses toits de tuiles, ses murs d'adobe peints en blanc et brique et ses ruelles pavées donnent à la ville de Pátzcuaro des airs de gros bourg. Contrairement à Morelia et à Guadalajara, fondées par les Espagnols, cette ancienne cité de l'Empire tarasque a vu le jour en 1320, soit deux siècles avant l'arrivée des conquistadores. Elle a conservé son ambiance *indígena*.

Le centre historique s'organise autour de la spectaculaire Plaza Vasco de Quiroga (ou Plaza Grande) – avec fontaine centrale, pelouses et allées bordées d'arbres – et de la Plaza Gertudis Bocanegra (ou Plaza Chica), d'où rayonnent des rues tranquillement animées bordées de maisons à persiennes. Pour ajouter à l'ambiance, la ville fête le jour des Morts d'une façon spectaculaire. Enfin, le grand et superbe Lago de Pátzcuaro, aux rives émaillées de villages d'artisans purépechas, s'étend à seulement 3 km au nord.

Réservez tôt durant les vacances et, de novembre à février, prévoyez des vêtements chauds – altitude oblige.

Histoire

Pátzcuaro fut la capitale des Tarasques (connus également sous le nom de Purépechas) de 1325 à 1400 environ. À la mort du roi Tariácuri, le royaume devint une confédération regroupant trois cités : Pátzcuaro, Ihuatzio et Tzintzuntzan. Cette ligue repoussa les attaques répétées des Aztèques et (ceci expliquant peut-être cela) réserva un bon accueil aux Espagnols lorsqu'ils débarquèrent pour la première fois en 1522. Mal leur en prit. Ceux-ci revinrent en 1529, conduits par Nuño de Guzmán, un conquistador d'une cruauté légendaire.

Guzmán régna 5 ans sur la région et sa barbarie envers les populations indiennes prit de telles proportions que le gouvernement colonial le rappela en Espagne (où il fut arrêté et emprisonné) et envoya à sa place Vasco de Quiroga, évêque de Mexico et juriste respecté, pour remettre de l'ordre. Arrivé en 1536, celui-ci fonda des coopératives villageoises inspirées des idéaux humanistes de *L'Utopie* (publié en 1516) de Thomas More.

Afin d'échapper à la dépendance à l'égard des propriétaires miniers et fonciers, Quiroga encouragea l'éducation et l'autosuffisance alimentaire des villages purépechas du Lago de Pátzcuaro, les villageois participant tous à parts égales à la vie de la communauté. Il aida aussi chaque village à développer son propre artisanat. Les communautés "utopiques" déclinèrent après sa mort en 1565, mais les traditions artisanales ont continué de prospérer jusqu'à nos jours. Quant à "Tata Vascu" (Père Vasco), comme l'appelaient les Tarasques, il n'a jamais été oublié, comme en témoignent les rues, places, restaurants et hôtels du Michoacán qui portent son nom.

À voir

♥ Basílica de Nuestra Señora de la Salud — ÉDIFICE RELIGIEUX

(Plaza de la Basílica ; 8h-21h). Dressée sur un site cérémoniel préhispanique en haut d'une colline, cette cathédrale et lieu de pèlerinage se voulait le cœur de l'utopie de Vasco de Quirago. Commencée en 1540, elle n'a été achevée qu'au XIXe siècle et seule sa nef à voûte en berceau est fidèle à sa conception initiale. Le **Mausoleo de Don Vasco**, où repose Quiroga, occupe la chapelle latérale située à gauche de l'entrée principale. C'est un monument massif et assez austère, mais les fidèles viennent en permanence s'y recueillir.

Du côté est, en haut d'un petit escalier placé derrière l'autel, se trouve la statue très révérée de la patronne de la basilique, **Nuestra Señora de la Salud** (Notre-Dame de la Santé). Elle fut réalisée au XVIe siècle par des Purépechas, à partir d'une pâte faite avec le cœur de tiges de maïs et assemblée avec du *tazingue*, une colle naturelle. Peu après sa consécration, on lui attribua des guérisons miraculeuses, et depuis, les croyants viennent de tout le Mexique en quête de prodiges. Beaucoup traversent la place et la nef de la basilique à genoux. Sur le manteau de la statue et à ses pieds sont épinglés de minuscules *votivas* (ex-voto) représentant les mains, les pieds, les jambes, les yeux et les autres parties du corps que les fidèles souhaitent voir soignées.

♥ Plaza Vasco de Quiroga — PLACE

(Plaza Grande). Plus connue sous le nom de "Plaza Grande", la place principale arborée de Pátzcuaro est la plus grande du Mexique après le Zócalo de Mexico – et la seule du pays qui ne comporte pas d'église. Sous le regard apaisé d'une **statue de Vasco de Quiroga**, qui surmonte la fontaine centrale, elle est entourée par les façades de grandes maisons coloniales du XVIIe siècle, depuis reconverties en hôtels, boutiques et restaurants.

Les *portales* (galeries) à colonnades de la place sont remplis d'étals alimentaires, de bijouteries et de boutiques d'art populaire. Ambiance superbe, surtout le week-end, lorsque orchestres et artistes de rue se produisent sur la place.

Casa de los Once Patios — MARCHÉ

(Madrigal de las Altas Torres ; 10h-19h). Cet édifice labyrinthique fut érigé dans les années 1740 en tant que couvent dominicain, à l'emplacement de l'Hospital de Santa Martha, l'un des premiers hôpitaux du Mexique, fondé par Vasco de Quiroga. Après diverses restaurations, les 11 cours dont il tire son nom (*once* signifie "11" en espagnol) ne sont plus que 5. Il accueille aujourd'hui des boutiques d'artisanat sur deux niveaux, spécialisées chacune dans un savoir-faire particulier de la région.

Templo del Sagrario — ÉDIFICE RELIGIEUX

(Angle Lerín et Portugal ; 8h-20h). Construite sur le site d'un ancien hôpital du XVIe siècle,

cette église superbe est la plus ancienne de Pátzcuaro. Jusqu'au début des années 1900, elle abritait la statue vénérée de la Nuestra Señora de la Salud, aujourd'hui mise à l'honneur dans la basilique voisine. Remarquez son magnifique plancher en carreaux de bois et son majestueux autel baroque.

Templo San Francisco ÉDIFICE RELIGIEUX
(Terán). Cette église en pierre rose de style éclectique exhibe un impressionnant portail de style plateresque, un cloître attenant et une effigie du Christ datant du XVIe siècle, faite en pâte de canne de maïs.

Museo de Artes e Industrias Populares MUSÉE
(☎434-342-10-29 ; www.inah.gob.mx/es/red-de-museos/299-museo-local-de-artes-e-industrias-populares-de-patzcuaro ; entre Enseñanza et Alcantarillas ; adulte/enfant 50 $M/gratuit ; ⏲9h-17h mar-dim). Parmi la dizaine de grandes salles de cet impressionnant musée d'art populaire, citons une pièce aménagée en cuisine typique du Michoacán, de superbes pièces de bijouterie, de dinanderie et de céramique, des guitares de Paracho, ainsi qu'un espace entier consacré aux *votivas* et aux *retablos*, offrandes votives et tableaux de dévotion aux traits grossiers, remerciant Dieu d'avoir sauvé leurs auteurs d'une maladie ou d'un accident.

Le musée occupe l'ancien Colegio de San Nicolás, première université des Amériques, fondée par Quiroga en 1540. Certaines des fondations préhispaniques en pierre sur lesquelles elle fut construite sont visibles dans le patio, à l'arrière du musée. Ici, vous verrez également un *troje* (grenier traditionnel) décoré tout en bois.

Biblioteca Gertrudis Bocanegra BIBLIOTHÈQUE
(☎434-342-54-41 ; www.sic.gov.mx ; angle Calles Padre Lloreda et Títere ; ⏲9h-19h lun-ven, 9h-14h sam). Du côté nord de la

Pátzcuaro

Les incontournables
1 Basílica de Nuestra Señora de la Salud ... D2
2 Plaza Vasco de Quiroga (Plaza Grande) ... B3

À voir
3 Biblioteca Gertrudis Bocanegra ... C1
4 Casa de los Once Patios ... C4
5 Museo de Artes e Industrias Populares ... C3
6 Plaza Gertrudis Bocanegra ... B2
7 Templo del Sagrario ... C3
8 Templo San Francisco ... A3
9 Vasco de Quiroga Statue ... B3

Activités
10 Centro de Lenguas y Ecoturismo de Pátzcuaro ... A4

Où se loger
11 Gran Hotel Pátzcuaro ... B2
12 Hotel Casa del Refugio ... B2
13 Hotel Casa Encantada ... B4
14 Hotel Casa Leal ... C3
15 Hotel Mansión de los Sueños ... B2
16 Hotel Mansión Iturbe ... B2
17 Hotel Misión Pátzcuaro Centro Histórico ... B1
18 Mesón de San Antonio ... D2
19 Posada de la Basílica ... C2

Où se restaurer
Doña Paca ... (voir 16)
20 El Patio ... B3
21 La Surtidora ... B3
22 Étals alimentaires du marché ... B1
23 Santo Huacal ... B4
24 Tekare ... C2

Où sortir
Teatro Emperador Caltzontzin ... (voir 3)

Achats
25 Marché ... B1

Plaza Chica, le Templo de San Agustín, datant du XVIe siècle, sert de cadre à cette bibliothèque publique magnifique. C'est un modèle du genre, avec son plafond à voûte en berceau, des lucarnes en coquilles d'huîtres, ainsi qu'une imposante fresque (1942) très colorée de Juan O'Gorman sur le mur du fond, qui illustre l'histoire du Michoacán, de l'époque préhispanique à la révolution de 1910. Notez les vestiges des fresques d'origine sur les murs est et ouest.

Du côté ouest de la bibliothèque, le **Teatro Emperador Caltzontzin** (434-342-14-51 ; www.teatroemperador.org ; Plaza Chica) est un ancien couvent converti en théâtre en 1936. C'est désormais un cinéma consacré à des films d'art et d'essai.

Plaza Gertrudis Bocanegra PLACE

(Plaza Chica). La seconde place de Pátzcuaro doit son nom à une héroïne locale qui périt fusillée en 1818 pour avoir soutenu le mouvement indépendantiste. Sa statue trône au centre de la Plaza, dite aussi Chica. La place est entourée d'hôtels, et sur le côté ouest se trouve le **marché** (entre Juárez et Codallos ; 7h-17h) local, où sont vendus fruits, légumes, plantes médicinales, ainsi que vêtements traditionnels, dont les châles et les *sarapes* (couvertures avec une ouverture pour la tête) rayés, emblématiques de la région.

Volcán del Estribo POINT DE VUE

Du haut de cette colline (un ancien volcan), à 3,5 km à l'ouest du centre-ville, la vue sur le Lago de Pátzcuaro et ses îles est absolument superbe. La route pavée, jalonnée de cyprès, qui grimpe en pente abrupte jusqu'au pavillon d'observation détient la faveur des sportifs, mais ne sous-estimez pas l'altitude (2 175 m). S'il vous reste encore des forces, 422 marches mènent au véritable sommet.

Pour y aller, prenez la Calle Ponce de León à l'angle sud-ouest de la Plaza Grande et marchez.

Cours

Centro de Lenguas y Ecoturismo de Pátzcuaro LANGUE

(CELEP ; 434-342-47-64 ; Navarrete 50 ; stage d'espagnol 2 sem 350 $US, programme langue et culture 540 $US). Ce centre propose des cours de 4 heures du lundi au vendredi. Les programmes culturels comprennent des séminaires de littérature mexicaine, ainsi que des excursions dans les villages des environs. On peut organiser son séjour chez l'habitant (repas compris ; à partir de 25 $US/jour).

Fêtes et festivals

Día de Muertos FÊTE RELIGIEUSE

(Jour des Morts ; 1er et 2 nov). Les villages autour de Pátzcuaro, en particulier

Tzintzuntzan et Isla Janitzio, sont réputés pour leurs célébrations du Día de Muertos, parmi les plus belles du Mexique, et les plus fréquentées. Sur les deux jours, de nombreuses festivités (défilés, cérémonies, danses, marchés d'artisanat, expositions et concerts) ont lieu à Pátzcuaro et dans ses environs. Les cimetières ne désemplissent pas durant ces réjouissances.

Pastorelas FÊTE RELIGIEUSE

(26 déc-2 fév). Ces représentations du voyage des bergers pour aller rendre hommage à l'Enfant Jésus sont jouées sur la Plaza Grande plusieurs soirs au moment de la fête de Noël. Les *pastorelas indígenas*, sur le même thème, comprennent des danses masquées, symbolisant la lutte des anges contre les démons qui tentent de retarder les bergers. Elles ont lieu à tour de rôle dans 8 villages autour du Lago de Pátzcuaro, entre le 26 décembre et le 2 février.

La Inmaculada Concepción/ Virgen de la Salud FÊTE RELIGIEUSE

(8 déc). Lors de la fête de l'Immaculée Conception, une procession colorée défile jusqu'à la basilique en hommage à "Notre-Dame de la Santé", et s'accompagne de danses traditionnelles.

Où se loger

Pátzcuaro ne manque pas de jolis hôtels de style colonial. Cela dit, mieux vaut réserver les vendredis et samedis soir, et s'y prendre des mois à l'avance pour le Día de Muertos. En revanche, le reste du temps, il est en principe facile de négocier une baisse des prix jusqu'à 40%.

Gran Hotel Pátzcuaro HÔTEL $

(434-342-04-43 ; www.granhotelpatzcuaro.com ; Plaza Bocanegra 6 ; s/d à partir de 650/950 $M ; P). Hôtel sans prétention, aux chambres plutôt petites, très bien situé, à l'extrémité sud de la Plaza Chica. Demandez à loger au 1er étage, face à la place. Petits-déjeuners copieux (55-110 $M) proposés au restaurant (derrière l'accueil).

Mesón de San Antonio PENSION $

(434-342-25-01 ; Serrato 33 ; s/d 650/750 $M ; @). Les 7 grandes chambres (TV câblée) de cette pension de style hacienda bordent une cour coloniale verdoyante. Fort douillettes et agrémentées de jolies poteries purépechas, elles comportent une cheminée. Cuisine commune à disposition.

Hotel Casa Encantada B&B $$

(434-342-34-92 ; www.hotelcasaencantada.com ; Dr Coss 15 ; ch avec petit-déj 950-1 750 $M ; P @). Ce B&B intimiste enchanteur, propriété d'une artiste américaine, dispose de 12 chambres stylées – œuvres d'art, tapis de fabrication locale, belles salles de bains carrelées, le tout logé dans une ravissante demeure coloniale de 1784. À l'instar de la suite Grand Sala, à l'avant, les chambres sont pour beaucoup vastes, et comportent cheminée, et parfois kitchenette. Virginia et son personnel accueillant se mettent en quatre pour leurs hôtes.

Hotel Mansión Iturbe BOUTIQUE-HÔTEL $$

(434-342-03-68 ; www.mansioniturbe.com ; Morelos 59 ; ch avec petit-déj 1 265 $M ; P). Sur la place principale, une auberge pleine de caractère, tout comme ses 14 chambres spacieuses au style traditionnel – mobilier de bois sombre, poutres apparentes et objets anciens. Les salles de bains de finition bois et pierre sont superbes. La terrasse-patio à l'arrière également.

Hotel Casa del Refugio BOUTIQUE-HÔTEL $$

(434-342-55-05 ; www.hotelesdelrefugio.com/casa-del-refugio ; Portal Régules 9 ; d 1 100 $M ; P). Murs en adobe couverts de motifs religieux et de portraits de saints, atrium empli de palmiers et flanqué d'une immense cheminée, 23 petites chambres d'une propreté irréprochable : cet hôtel accueillant et central est certainement la meilleure affaire de la ville, si vous arrivez le bon jour et avez des talents de négociateur. Fait partie d'un groupe de 5 hôtels répartis entre Pátzcuaro et Morelia.

Hotel Misión Pátzcuaro Centro Histórico HÔTEL $$

(434-342-10-37 ; www.hotelesmision.com.mx/e_michoacan_patzucaro.php ; Obregón 10 ; d à partir de 900 $M ; P). Une fois passé son vilain parking, le bâtiment du Misón se révèle impressionnant. Membre d'une chaîne locale possédant une petite cinquantaine d'établissements, il comporte un immense atrium central, une remarquable fresque sur le thème de Pátzcuaro, des retables et une paisible cour intérieure couverte. Ses 82 chambres sont un peu plus conventionnelles, mais confortables, avec des salles de bains modernes. Cependant, leurs fenêtres ne donnent souvent que sur le patio.

♥ Hotel Casa Leal BOUTIQUE-HÔTEL **$$$**
(☎434-342-11-06 ; www.hotelcasaleal.com ; Portugal 1 ; d/ste à partir de 1 500/3 000 $M ; P ❄ @ ≋). Dans la bataille des hôtels de charme de Pátzcuaro, ce bel édifice néoclassique face à la Plaza Grande l'emporte haut la main : vieilles bibliothèques, élégants salons et 14 chambres magnifiques alliant cachet ancien et confort moderne. Pour couronner le tout, une terrasse sur le toit surplombe la place verdoyante.

Posada de la Basílica BOUTIQUE-HÔTEL **$$$**
(☎434-342-11-08 ; www.posadalabasilica.com.mx ; Árciga 6 ; d/ste 1 600/2 400 $M ; P @ ≋). Pour goûter à un luxe d'inspiration rustique, rien ne vaut cet hôtel en face de la basilique, avec son joli toit-terrasse et sa vue sur le lac. L'édifice colonial, très lumineux, compte 12 immenses chambres – parquet et cheminée de rigueur –, et 7 autres dans une nouvelle aile. Les grandes suites ont vraiment de l'allure et l'ensemble allie élégance et discrétion. Restaurant avec vue panoramique sur la ville.

Hotel Mansión de los Sueños BOUTIQUE-HÔTEL **$$$**
(☎434-342-11-03 ; www.mansiondelossuenos.com.mx ; Ibarra 15 ; d/ste avec petit-déj à partir de 1 950/2 950 $M ; P ≋). Construite autour de trois patios adjacents, cette magnifique demeure coloniale restaurée est l'un des hébergements les plus luxueux de la ville. Œuvres d'art aux murs, machines à café et minibars dans les 13 immenses chambres, dont beaucoup avec cheminée. La décoration de certaines frise l'opulence XXL.

Où se restaurer

Il y a à Pátzcuaro quelques restaurants à l'atmosphère enchanteuse. Côté cuisine de rue, les **étals alimentaires** (Juárez ; ⏲8h-23h) en face du marché, dans le coin nord-ouest de la Plaza Chica, sont parmi les meilleurs de la ville.

♥ Santo Huacal MEXICAIN **$**
(☎434-117-63-87, portable 434-1096942 ; www.facebook.com/santohuacal ; Navarrete 32 ; plats 60-120 $M ; ⏲10h-18h mer-ven, 11h-19h sam-dim). Tenu par un jeune couple de Oaxaca, ce minuscule restaurant avec jardin est une trouvaille. Sur la carte de la semaine, affichée au tableau, faites votre choix parmi des délices tels que la salade de légumes-racines à la vinaigrette miel-moutarde, les dattes fourrées enveloppées dans du bacon ou la quiche au piment *poblano* et au *huitlacoche* (genre de champignon du maïs). Desserts à tomber.

Doña Paca MEXICAIN **$**
(☎434-342-03-68 ; Morelos 59 ; plats 59-109 $M ; ⏲8h-20h). Cet établissement situé sous l'Hotel Mansión Iturbe est d'une élégance surprenante, et sa cuisine à base de classiques mexicains réinventés est mémorable. Seul bémol, ses horaires : le Doña Paca ferme à l'heure où le reste du pays passe à table.

♥ La Surtidora MEXICAIN **$$**
(☎434-342-28-35 ; Hidalgo 71 ; plats 89-160 $M ; ⏲8h-22h). Idéal pour recharger ses batteries, ce café-traiteur installé sur la Plaza Grande depuis 1916 fait honneur aux établissements de style colonial du Mexique, à l'atmosphère si séduisante. Venez y prendre petit-déjeuner (35-89 $M), enchiladas, pâtisseries ou un excellent café (torréfié sur place), au milieu d'un ballet de serveurs.

Tekare MEXICAIN CONTEMPORAIN **$$**
(☎434-342-11-08 ; Arciga 6 ; plats 120-190 $M ; ⏲9h-21h). Une adresse huppée sur deux niveaux, au-dessus de la Posada de la Basílica, axée sur une cuisine mexicaine moderne à base de viandes et de poissons – même si ces derniers ne viennent pas toujours du lac voisin. C'est sans doute surtout pour sa vue imprenable sur la ville et le Lago de Pátzcuaro que l'on vient au Tekare (point d'observation en purépecha).

À SAVOIR

SPÉCIALITÉS CULINAIRES DE PÁTZCUARO

Pátzcuaro est aussi réputée pour sa cuisine de rue : guettez l'*atole de grano* (variante locale à l'anis de la célèbre boisson au maïs) vert vif, la *nieve de pasta* (glace aux amandes et à la cannelle) et les morceaux de courge confite. Soyez aussi à l'affût de la *sopa tarasca*, une riche soupe aux haricots à la crème, avec piments séchés et morceaux de tortilla croustillante. Si les *corundas* (*tamales* triangulaires avec ou sans farce) sont l'objet de votre désir, adressez-vous aux vieilles dames qui les vendent par paniers devant la basilique le matin.

BUS AU DÉPART DE PÁTZCUARO

DESTINATION	PRIX ($M)	DURÉE (H)	FRÉQUENCE
Guadalajara	438	4 ½	2/jour
Ihuatzio	20	15 min	très fréquents
Mexico (Terminal Norte)	553	5 ½	6/jour
Mexico (Terminal Poniente)	553	5 ½	9/jour
Morelia	68	1	ttes les heures
Tzintzuntzan	20	20 min	très fréquents
Uruapan	79	1	très fréquents

El Patio MEXICAIN **$$**
(☎434-342-04-84 ; www.facebook.com/elpatiorest ; Aldama 19 ; plats 60-160 $M ; ⏲8h-22h). Les places assises sont très convoitées sur la Plaza Grande, d'où la popularité, auprès des habitants et des touristes, de cet accueillant restaurant. En plus de classiques mexicains corrects, on peut y déguster des spécialités locales très bien préparées comme les *corundas* (*tamales* triangulaires ; 60 $M). Décor façon *fiesta méxicana*.

ℹ Renseignements

Plusieurs banques du centre-ville équipées de DAB ont aussi un service de change.

Office du tourisme municipal (☎434-344-34-86 ; Portal Hidalgo 1 ; ⏲9h-21h)

Poste (Obregón 13 ; ⏲8h-16h30 lun-ven, 8h-12h sam)

ℹ Depuis/vers Pátzcuaro

La gare routière est à 1,5 km au sud-ouest du centre-ville. On y trouve une cafétéria et une consigne à bagages (20 $M/article ; ouvert de 7h à 19h).

Pour rejoindre le centre-ville, tournez à droite à la sortie de la gare et, au coin suivant, prenez un bus "Centro" (8 $M). Comptez 35 $M en taxi.

En sens inverse, prenez un bus "Central" à l'angle nord-est de la Plaza Chica. Les bus "Lago" (8 $M, 5 min), en direction de l'**embarcadère** pour le lac, partent du côté est de la place. Ces bus locaux circulent tous les jours, de 6h à 22h environ.

Lago de Pátzcuaro

À 3 km au nord du centre de Pátzcuaro, ce grand lac a des eaux si bleues qu'elles se confondent parfois avec le ciel. Il est superbe, bien que relativement pollué. Les quelques îles du lac sont très populaires en saison.

ISLA JANITZIO

Destination prisée pendant les jours fériés, les week-ends et les vacances, l'Isla Janitzio est fortement vouée au tourisme, avec beaucoup d'échoppes de souvenirs, de restaurants de poissons et d'étudiants fêtards en vacances. Elle est toutefois interdite aux voitures et sillonnée de sentiers en escalier (275 marches, aux dernières estimations) qui sinuent jusqu'au point culminant de l'île, où une statue de 40 m, érigée en 1934, représente le chef de l'indépendance José María Morelos. Accessible, l'intérieur du **monument de Morelos** (10 $M) renferme une série de 56 panneaux peints (sur les murs entourant l'escalier) par Ramón Alva de la Canal (entre 1936 et 1940) racontant l'histoire de ce héros. Ingénieusement conçue, la dernière partie monte dans le bras levé de la statue jusqu'au poste d'observation perché sur son poignet, qui offre un panorama sur le lac.

Depuis l'Isla Janitzio, une nouvelle tyrolienne permet de rallier l'Isla Tecuéna 1 200 m plus loin pour 250 $M. Un bateau vous ramènera à Janitzio.

Les bateaux faisant l'aller-retour à Janitzio partent du Muelle General, du côté sud-est du lac, et le trajet (25 minutes dans chaque sens) coûte 60 $M (gratuit pour les moins de 7 ans). Les bateaux démarrent une fois au complet (toutes les 30 min environ ; plus fréquemment les samedis et dimanches). Dernier retour à 20h environ.

Villages au bord du lac

Les villages qui entourent le Lago de Pátzcuaro sont parfaits pour une excursion à la journée depuis Pátzcuaro, et la plupart sont desservis par les transports publics. Chaque village est un peu différent, et certains sont spécialisés dans un type d'artisanat particulier.

Lago de Pátzcuaro

ERONGARÍCUARO

☎434 / 2 575 HABITANTS / ALTITUDE : 2 084 M

Charmante localité située 20 km au nord-ouest de Pátzcuaro, Erongarícuaro ("Eronga") est l'une des plus anciennes autour du lac. Le poète français André Breton (1896-1966), qui jugeait le Mexique "pays le plus surréaliste du monde", y vécut brièvement à la fin des années 1930. Il y rencontra Léon Trotski, et recevait occasionnellement la visite de Diego Rivera et Frida Kahlo. Breton a dessiné la croix en fer forgé qui décore le parvis du **Templo de Nuestra Señora de la Asunción**, 50 m à l'est de l'Avenida Morelos. De ravissants jardins, parfois rendus accessibles, s'étendent derrière le vieux monastère franciscain attaché à l'église.

Depuis/vers Erongarícuaro

Des *combis* rejoignent fréquemment Erongarícuaro depuis Pátzcuaro (20 $M).

IHUATZIO

☎434 / 3 575 HABITANTS / ALTITUDE : 2 057 M

Situé 15 km au nord de Pátzcuaro, Ihuatzio lui succéda en tant que capitale du royaume tarasque (ensuite établie à Tzintzuntzan). Ce n'est plus désormais qu'un vieux village paisible, réputé pour ses animaux (éléphants, cochons, taureaux, etc.) tressés en *tule*, un roseau qui pousse au bord du lac.

À voir

Site archéologique d'Ihuatzio RUINES

(☎434-312-88-38 ; adulte/enfant 40 $M/gratuit ; ⌚9h-18h). Cette vaste zone archéologique, partiellement restaurée, comprend un ensemble de ruines prétarasques, dont certaines remontent à l'an 900. Le site se trouve à environ 1,5 km en amont d'une route pavée à partir de la petite place du village. Principal attrait de ces vestiges, la **Plaza de Armas**, délimitée à l'ouest par 2 pyramides tronquées de 15 m de haut, est un espace cérémoniel ouvert long d'environ 200 m qui servait aussi de terrain pour le jeu de balle. Les pierres empilées qui ceignent le site sont des *muro-calzadas* (murs-chaussées) qui servaient de voies de transport.

Depuis/vers Ihuatzio

Des bus se rendent directement de la Plaza Chica de Pátzcuaro à Ihuatzio (20 $M).

QUIROGA

435 / 14 700 HABITANTS / ALTITUDE : 2 080 M

À 25 km au nord-est de Pátzcuaro et 8 km après Tzintzuntzan, le bourg marchand de Quiroga tient son nom de Vasco de Quiroga, à qui il doit son artisanat et nombre de ses bâtiments. Tous les jours, un **mercado de artesanías** (marché d'artisanat) trépidant se tient sur l'Avenida Vasco de Quiroga et la Plaza Principal, avec des dizaines d'étals et de boutiques vendant objets en bois, en céramique et en cuir aux couleurs vives, ainsi que pulls en laine et *sarapes* (grands châles chamarrés typiques de la région, ressemblant à des couvertures). Quiroga se trouvant au carrefour entre les routes 15 et 120, les visiteurs y sont nombreux.

Lors du premier dimanche de juillet, la **fiesta de la Preciosa Sangre de Cristo** (fête du Précieux Sang du Christ) donne lieu à une longue procession aux flambeaux qui suit une statue du Christ en pâte de maïs et miel.

Depuis/vers Quiroga

Les liaisons entre Quiroga et Erongarícuaro étant peu fréquentes, passer par Pátzcuaro peut s'avérer plus rapide.

TZINTZUNTZAN

434 / 3 500 HABITANTS / ALTITUDE : 2 050 M

Petite bourgade à 17 km au nord-est de Pátzcuaro, Tzintzuntzan fut jadis la dernière capitale des Tarasques. Elle fut aussi le premier endroit où Vasco de Quiroga s'établit dans la région. Vous y verrez un grand cimetière, superbe, aux tombes ornées de fleurs et de papier crépon à l'occasion du Día de Muertos, des ruines tarasques et des vestiges de la période missionnaire espagnole. Le village est particulièrement animé le samedi et le dimanche, lors du grand **mercado de artesanías** qui s'installe à l'entrée de l'*atrio de los olivos* (oliveraie), lieu cher au vénérable Quiroga. On vient également pour visiter ses deux églises anciennes et son ancien monastère reconverti en musée fascinant.

À voir

Antiguo Convento Franciscano de Santa Ana MONASTÈRE

Ce grand complexe religieux au sud du lac, tout de suite à l'ouest de la route 120, fut construit en partie avec des pierres des *yácatas* (temples) tarasques du site perché sur la colline. C'est ici que les moines franciscains commencèrent leurs activités missionaires au Michoacán au cours du XVIe siècle. Le site comprend 2 églises précédées d'oliviers plantés par Vasco de Quiroga. La majeure partie du monastère est désormais dévolue à un fascinant **musée** (portable 434-3443005 ; www.inah.gob.mx/red-de-museos/317-antiguo-convento-franciscano-de-santa-ana-tzintzuntzan-michoacan ; 15 $M ; 10h-17h).

Mettant à l'honneur la culture et l'histoire purépechas, le musée documente aussi l'arrivée des Espagnols et la conversion du peuple au christianisme au gré d'excellentes présentations multimédias installées dans les cloîtres, le réfectoire et 2 chapelles ouvertes. Dans les galeries on peut voir un certain nombre de peintures murales aux couleurs fanées, des plafonds en bois aux ornements de style mudéjar, ainsi qu'un portail sculpté au niveau de l'entrée principale. Le **Templo de San Francisco**, menaçant de tomber en ruine mais toujours en service, est rattaché au complexe.

Site archéologique de Tzintzuntzan SITE ARCHÉOLOGIQUE

(portable 443-3128838 ; www.inah.gob.mx/zonas/179-zona-arqueologica-de-tzintzuntzan ; Las Yácatas ; adulte/enfant 55 $M/gratuit ; 9h-18h). Cet imposant groupe de 5 temples semi-circulaires reconstitués, appelés *yácatas*, est tout ce qui reste de la dernière capitale du Tarasque. Peu visité, ce site à flanc de colline offre une vue magnifique sur le village, le lac et les montagnes environnantes. Un petit **musée** bien conçu permet de découvrir les résultats des fouilles. Ne manquez pas la reproduction du coyote d'Ihuatzio.

À l'est, plus bas sur la colline, des pétroglyphes représentant des divinités à peine reconnaissables sont taillés dans des rochers. Un petit point d'informations et quelques buissons en fleurs mettent en lumière un projet visant à faire revenir le colibri dans cette région, où il était jadis très présent ; "Tzintzuntzan" signifie "lieu des colibris" en purépecha.

Cerámica Tzintzuntzan ATELIER
(☎portable 443-3948167 ; moralestz@yahoo.com ; del Hospital et Tariacuri ; ⏲10h-20h lun-sam, jusqu'à 13h dim). Cet ancien hôpital missionnaire sert aujourd'hui de cadre à l'atelier de céramique de Manuel Morales, membre d'une famille locale où l'on est potier de père en fils depuis 5 générations. Ses œuvres subtiles et colorées se vendent dans de nombreuses galeries d'art et d'artisanat mexicaines et américaines. À l'intérieur, vous pourrez voir des céramiques à tous les stades de leur fabrication, ainsi qu'une sympathique salle d'exposition souterraine à l'arrière. Morales donne des leçons et accepte également les apprentis.

Depuis/vers Tzintzuntzan

Des bus directs rejoignent Tzintzuntzan depuis la gare routière de Pátzcuaro (20 $M).

Uruapan

☎452 / 279 000 HABITANTS / ALTITUDE : 2 140 M

Sans le tumultueux Río Cupatitzio, cette ville n'existerait pas. Naissant sous terre, il jaillit à la surface, arrosant un exubérant jardin subtropical dans la ville – le Parque Nacional Barranca del Cupatitzio, où prospèrent palmiers, orchidées et grands arbres. Lorsque le moine espagnol Fray Juan de San Miguel arriva ici, en 1533, il fut si impressionné par la force féconde du fleuve qu'il donna à la région le nom purépecha d'Uruapan, ou "printemps éternel". Fray Juan fit édifier une grande place de marché, un hôpital, une chapelle et des rues tracées en damier qui existent toujours à l'heure actuelle.

Uruapan devint rapidement un centre agricole florissant renommé pour ses noix de macadamia et la qualité de ses *aguacates* (avocats). Aujourd'hui encore, la ville détient le titre de "Capital Mundial del Aguacate". Située 500 m plus bas que Pátzcuaro, Uruapan connaît des températures un peu plus élevées et, bien que moins enchanteresse, elle mérite une escale d'un jour ou deux.

À voir

♥ Parque Nacional Barranca del Cupatitzio PARC
(Parque Nacional Eduardo Ruíz ; ☎452-523-23-09 ; www.uruapanvirtual.com/acerca.php?item=parque-nacional ; Independencia et Culver City ; adulte/enfant 25/10 $M ; ⏲7h30-18h). Ce parc incomparable situé en ville, à 15 minutes seulement à l'ouest de la place principale, se caractérise par une dense végétation tropicale et subtropicale bourdonnant d'oiseaux et de papillons colorés. Le Río Cupatitzio tumultueux bouillonne sur les rochers, tombe en cascade et s'étale dans de vastes bassins cristallins. Des chemins pavés ("Recorrido Principal") longent ses rives depuis sa résurgence au bassin Rodilla del Diablo.

L'entrée principale de ces 458 ha de jardins se trouve à l'intersection entre la Calle Independencia et la Calle Culver City (il y a une autre entrée à l'extrémité ouest de la Calzada Rodilla del Diablo). Des étals de fruits et des *taquerías* permettent de se restaurer. Il y a même un élevage de truites où l'on peut aller prendre soi-même son poisson au filet.

Fábrica San Pedro MANUFACTURE TEXTILE
(☎452-524-14-63 ; www.facebook.com/FabricaSanPedro ; Treviño ; ⏲9h-18h lun-sam). GRATUIT Cette belle manufacture textile, qui date du XIXe siècle, est avant tout un musée vivant. On y produit des couvre-lits, des nappes et des rideaux, en coton ou en laine, tissés et teints à la main, qui sont en vente dans son magasin (p. 670). Les machines d'origine, centenaires ou plus, sont toujours en usage.

Museo Indígena Huatápera MUSÉE
(☎452-524-34-34 ; www.gob.mx.cdi.galerias/museo-indigena-huatapera-uruapan-michoacan ; Portal Mercado ; ⏲9h30-13h30 et 15h30-18h mar-dim). GRATUIT Dans la Huatápera, un vieux bâtiment colonial proche de l'angle nord-est de la place centrale, ce petit musée est empli de magnifiques *artesanías* (objets artisanaux) des quatre principaux peuples indigènes du Michoacán : Purépecha, Nahua, Mazahua et Otomí. Au nombre des institutions créées dans les années 1530 sous les auspices de Fray Juan de San Miguel, la Huatápera fut le premier hôpital des Amériques. Les encadrements des portes et des fenêtres ont été sculptés par des artisans purépechas dans le style mudéjar.

VAUT LE DÉTOUR

SITE ARCHÉOLOGIQUE DE TINGAMBATO

Rejoignez via de magnifiques vergers d'avocatiers les remarquables vestiges de ce site cérémoniel antérieur à l'Empire tarasque, nommé **Tinganio** (443-312-88-38 ; www.inah.gob.mx/es/zonas/177-zona-arqueologica-tingambato ; 50 $M ; 9h-18h) en purépecha, et qui prospéra entre 450 av. J.-C. et l'an 900 environ. Peu visité et donc encore plus pittoresque, il est situé non loin de la localité de Tingambato, à 33 km au nord-est d'Uruapan, sur la vieille route qui mène à Pátzcuaro. Témoignant de l'influence de Teotihuacán, le site comprend deux places, trois autels et un terrain de jeu de balle.

Il inclut aussi une pyramide à degrés, haute de 8 m, à l'est, ainsi qu'un caveau où furent trouvés 15 squelettes et 32 crânes disséminés, ce qui laisse penser à des décapitations, ou à des rituels lors desquels les crânes faisaient office de trophées. La butte boisée qui émerge derrière la clôture située à l'ouest du terrain de jeu de balle dissimule une pyramide non déterrée.

Toutes les demi-heures, des bus partent de la gare routière d'Uruapan pour Morelia et Pátzcuaro, avec un arrêt à Tingambato (44 $M, 30 min) en chemin. Le site archéologique se trouve 1,5 km plus bas, dans Terán, le prolongement de Juárez, 6e rue sur la droite en entrant dans Tingambato.

Cascada de Tzaráracua SITE NATUREL
(452-106-04-41 ; www.tzararacua.com ; adulte/enfant 15/5 $M ; 8h30-18h). Quelque 12 km au sud du centre d'Uruapan, le fougueux Río Cupatitzio démontre ici toute sa force. Il jaillit de falaises de roche rouge, hautes de 30 m et couvertes de plantes grimpantes, avant de se déverser avec fracas dans un bassin embrumé formant les chutes de Tzaráracua. Un escalier glissant de 557 marches descend jusqu'aux chutes couronnées de feuillages, mais vous pouvez aussi vous y rendre à cheval (150 $M aller-retour, avec un arrêt de 30 min à la cascade).

Il y a aussi quelques tyroliennes : l'une d'entre elles permet de glisser sur la canopée, tandis qu'un autre prestataire propose de courts "vols" au-dessus du bassin, face aux chutes (50 à 150 $M). Un pont de pierre à arches assure l'accès au meilleur point d'observation, concurrencé par un petit chariot (10 $M) suspendu dans les airs.

Toutes les heures, des bus à destination de Tzaráracua (8 $M) partent de devant l'Hotel Regis au sud de la place principale d'Uruapan. Un aller-retour en taxi vous coûtera à partir de 120 $M, attente incluse.

Fêtes et festivals

Semana Santa (Tianguis Artesanal de Uruapan) FÊTE RELIGIEUSE, FOIRE
(mars ou avr). À l'occasion du dimanche des Rameaux, une procession défile dans les rues de la ville, et le **Tianguis Artesanal de Uruapan**, inauguré par un important concours, remplit durant 2 semaines la place principale d'objets d'artisanat du Michoacán, en exposition ou à la vente.

Día de Muertos TRADITION
(1er et 2 nov). Célébrée dans tout le pays, la fête des Morts prend ici une dimension particulière et attire nombre de visiteurs à Uruapan.

Feria del Aguacate FOIRE
(nov-déc). La fête de l'Avocat est un événement important qui se déroule pendant 2 semaines et demie de fin novembre jusqu'à décembre, célébré avec force expositions agricoles, industrielles et artisanales.

Où se loger

À Uruapan, les lieux d'hébergement sont relativement nombreux et variés, mais comme ailleurs, il faut réserver assez tôt pour les festivités du Día de Muertos (1er et 2 novembre) et de la Semana Santa (mars/avril).

Hotel Regis HÔTEL $
(452-523-58-44 ; www.hotelregis.com.mx ; Portal Carrillo 12 ; s/d/tr 500/600/700 $M ; P). L'un des meilleurs rapports qualité/prix parmi les hôtels bon marché de la place. Les parties communes et le patio central ont un charme bien à eux, assez singulier. Les têtes de lits peintes à la main ajoutent une touche exotique aux 43 petites chambres dotées d'une salle de bains

sombre et exiguë. Adresse très centrale. Certaines chambres (comme la n°35 et la n°36) ont de petits balcons qui surplombent la place principale.

♥ Hotel Mi Solar Centro BOUTIQUE-HÔTEL **$$**
(☎ 452-524-09-12 ; www.hotelmisolar.com ; Delgado 10 ; ch à partir de 1 150 $M ; P ❄ @ 📶). L'hôtel le plus ancien d'Uruapan a ouvert dans les années 1940 pour accueillir les touristes qui venaient admirer le réveil du volcan Paricutín. C'est aujourd'hui un hôtel de charme réaménagé, avec 17 chambres spacieuses réparties sur 3 niveaux autour d'un atrium avec bar. Les chambres ont de très grands lits et des meubles artisanaux en bois sculpté.

L'annexe plus récente, de l'autre côté de la rue, abrite des chambres plus spacieuses très confortables, mais dépourvues du cachet propre au bâtiment principal. Les tarifs donnés ici s'entendent pour les périodes d'affluence. Le reste du temps, vous pourrez tabler sur une réduction de 40%.

♥ Casa Chikita Bed & Breakfast B&B **$$**
(☎ 452-524-41-74 ; www.casachikita.com ; Carranza 32 ; ch avec petit-déj 850-1 200 $M ; P 📶). Cette maison du XIXe siècle abrite 4 chambres ravissantes disposées autour d'un jardin orné de poteries locales. Les meilleures sont très confortables et comptent de jolis détails : tablettes en granit ou en bois dans la salle de bains, sol carrelé et œuvres d'artistes locaux aux murs.

Hotel Mansión del Cupatitzio HÔTEL **$$$**
(☎ 452-523-20-60 ; www.mansiondelcupatitzio.com ; Calzada Rodilla del Diablo 20 ; s/d standard à partir de 1 620/1 970 $M, executive à partir de 2 235/2 735 $M ; P @ 📶 ≋). Une ravissante propriété aux airs d'hacienda, agrémentée d'une myriade de compositions florales, d'œuvres d'art religieux et d'objets artisanaux. Le tout rehaussé par des jardins exubérants soigneusement entretenus et une belle piscine. Il y a 57 chambres, pleines de style et confortables, dont des *executive* (*ejecutiva*) superbes.

Où se restaurer et prendre un verre

♥ Cox-Hanal MEXICAIN **$**
(☎ 452-524-61-52 ; Carranza 31A ; plats 40-110 $M ; ⏲16h-23h mar-ven, 12h-23h sam-dim). Chaises en plastique, décor assez quelconque et service parfois un peu lent, mais ce qui importe ici, ce sont les *antojitos yucatecos* (petits plats du Yucatán ; 12-18 $M) à assortir selon ses goûts, et ils justifient bien l'attente. Essayez le taco dur de *cochinita* (porc effiloché) et l'exquise *sopa de lima* (soupe de citron vert au poulet).

Cocina Económica Mary MEXICAIN **$**
(☎ 452-519-48-69 ; Independencia 59 ; menu 60 $M ; ⏲8h30-17h lun-sam). Adresse familiale très fréquentée où flottent toujours des odeurs alléchantes. Attendez-vous à une cuisine ouverte, façon cafétéria, et à des repas consistants avec plat principal à choisir parmi (entre autres) *mole* au poulet, porc effiloché à la courge ou *chiles rellenos* (piments fourrés au fromage ou à la viande). En accompagnement, soupe, riz, haricots et tortillas fraîches. Petit-déjeuner de 30 à 50 $M.

La Lucha CAFÉ **$**
(☎ 452-524-03-75 ; Ortiz 20 ; café 30 $M ; ⏲8h-21h). Charmant établissement, à l'intérieur voûté, très agréable pour prendre un café et une part de gâteau. Des photos en noir et blanc tapissent les murs et une petite cour s'étend à l'arrière. La maison vend aussi son propre café en grains. Petite **succursale** (☎ 452-523-32-69 ; Portal Matamoros 16A ; café à partir de 30 $M ; ⏲8h-21h), avec vente à emporter, sur la place principale.

Gratíssima MEXICAIN **$$**
(☎ 452-148-87-82 ; www.gratissima.mx ; Calzada Rodilla del Diablo 13A ; plats 70-135 $M ; ⏲10h30-18h30 jeu-mar). Ravissant restaurant qui domine la rivière, près de l'entrée nord du Parque Nacional Barranca del Cupatitzio. L'endroit est réputé pour sa délicieuse cuisine mexicaine moderne, avec de l'avocat sous diverses formes dans tous les plats (d'où son surnom de "La Casa del Aguate"). Les *enchiladas suizas de aguacate* sont fourrées au poulet.

La Cantinita Cafe BAR
(☎ 452-519-37-45 ; Ocampo ; ⏲15h-minuit mar-dim). En vogue depuis 1907, cette petite *cantina* située juste à côté de la place principale mise aujourd'hui sur les cocktails. Celui qui mélange mezcal et avocat est à se damner. Prenez un tabouret à l'une des tables hautes installées quasiment sur le trottoir, ou asseyez-vous plus confortablement à l'étage, qui a des airs de loft.

BUS AU DÉPART D'URUAPAN

DESTINATION	PRIX ($M)	DURÉE (H)	FRÉQUENCE
Angahuan	25	1	ttes les 30 min
Colima	539	6	1/jour
Guadalajara	425	4 ½	ttes les 30 min
Mexico (Terminal Norte)	626	6	ttes les heures
Morelia	180	2	ttes les 30 min
Paracho	52	1	ttes les 15 min
Pátzcuaro	74	1	ttes les 15 min
Tingambato	44	30 min	ttes les 30 min

Salt BAR À COCKTAILS

(☎452-116-68-30 ; Carranza 37 ; cocktails 17 $M ; ⏲15h30-23h dim-jeu, jusqu'à 2h ven-sam). Avec sa façade noire et blanche, et son jardin intime à l'arrière, ce bar tendance, aux jolies lampes en nasses de pêcheur, a ouvert en 2017. Côté cuisine, on y sert surtout des produits de la mer (plats à partir de 160 $M), mais on y vient plutôt siroter leurs fabuleux cocktails, dont l'un, sans nom contient mezcal, jus de fraise, piment et citron vert.

Achats

Mercado de Antojitos MARCHÉ

(Quiroga ; ⏲8h-23h). Sur le Mercado de Antojitos, au nord de la place principale, on peut acheter en-cas et petits plats locaux. C'est l'endroit parfait pour tester les spécialités du Michoacán.

Boutique de la Fábrica San Pedro VÊTEMENTS, ARTICLES POUR LA MAISON

(☎452-524-14-63 ; Treviño ; ⏲9h-18h lun-sam). Tissus exquis, confectionnés (pour la plupart) à la main dans la Fábrica San Pedro (p. 667).

Renseignements

Plusieurs banques avec DAB sont installées près de la place centrale.

Poste principale (Jalisco 81 ; ⏲8h-17h lun-ven, 8h-12h sam). À l'est du centre.

Depuis/vers Uruapan

La gare routière est située à 2 km au nord-est du centre-ville, sur la route principale qui rejoint Pátzcuaro et Morelia. Pour vous rendre à Tingambato (44 $M, 30 min), prenez un des bus à destination de Pátzcuaro ou de Morelia.

Les bus locaux "Centro" partent devant la gare routière pour la place centrale (8 $M). Si vous souhaitez prendre un taxi, payez au préalable à la gare (30 $M). En sens inverse, sautez dans un bus "Central Camionera" du côté sud de la place.

Angahuan

☎452 / 5 775 HABITANTS / ALTITUDE : 2 380 M

Angahuan, à 40 km au nord-ouest d'Uruapan, est la ville la plus proche du Volcán Paricutín. C'est une petite ville purépecha typique, avec des maisons de bois, des rues poussiéreuses autant parcourues par les chevaux que les voitures, des femmes en jupe longue et châle coloré... et des haut-parleurs hurlant des annonces en purépecha. *¡Jaru je sesi!* (Bienvenue !)

À voir

♥ Volcán Paricutín VOLCAN

Le Volcán Paricutín (2 800 m) a beau avoir moins de 80 printemps, l'ascension de ses pentes pleines d'éboulis, pour contempler à son sommet les champs de lave noire qui ont englouti des villages entiers, est incontournable dans cette région du Mexique. On peut s'y rendre à pied ou à cheval (le dernier tronçon se parcourt de toute façon à pied). Dans tous les cas, la journée sera longue mais enchanteresse.

L'histoire de ce volcan est aussi extraordinaire que la vue dont on jouit une fois rendu à son sommet. Le 20 février 1943, Dionisio Pulido, un paysan purépecha, labourait son champ de maïs, à 40 km à l'ouest d'Uruapan, lorsque le sol se mit à trembler et à projeter des jets de vapeur, des étincelles et de la cendre brûlante. Le paysan tenta d'abord d'obturer les trous en y mettant de la terre, mais, voyant ses efforts inutiles, il s'enfuit en courant. Bien lui en prit, car un volcan surgit à cet endroit des entrailles de la Terre. Un an plus tard, il s'élevait à 410 m et la lave avait englouti les villages de San Salvador Paricutín et San Juan Parangaricutiro. La lenteur de la coulée avait heureusement laissé aux villageois le temps de s'échapper.

Le volcan a continué à croître jusqu'en 1952. Aujourd'hui, son large cône noir crache par endroits une vapeur chaude, mais le Paricutín semble pour le reste endormi. Protubérance lugubre, les vestiges du Templo de San Juan Parangaricutiro, avec ses voûtes ensevelies, et quelques pans de mur et son clocher toujours debout, émergent à la lisière d'une mer de lave noire solidifiée de 20 km² (l'autel de l'église, miraculeusement épargné, est devenu un lieu sacré pour les habitants, qui y déposent régulièrement des bougies et des fleurs en offrande). Se sont les seules traces visibles qui trahissent la présence des 2 villages engloutis par le magma. L'église est à une heure de marche (3 km) d'Angahuan.

Pour escalader le Paricutín, il faut quitter Angahuan avant 9h. Dans le centre touristique, de nombreux guides à cheval proposent de faire l'aller vers le volcan et le retour via l'église en ruine. Vous les verrez dès la descente du bus en provenance d'Uruapan. Chevaux et guide reviennent au total à environ 800 $M par personne et par jour. Il existe deux itinéraires classiques, de 14 et 24 km aller-retour. Les chevaux empruntent toujours le plus long, en terrain moins difficile. L'excursion prend 5-6 heures, dont 4 au moins sur une selle en bois.

Peu importe votre itinéraire, le dernier tronçon avant d'atteindre le volcan – raide ascension entre gravier et roche instable – se parcourt à pied. La redescente est tout autre : en vous laissant glisser sur le sable noir, vous serez sur le plat en 2 minutes. Au retour, le parcours classique comprend la visite de l'église de San Juan, à 3 km d'Angahuan. Près de l'église, plusieurs stands de nourriture proposent de délicieuses quesadillas de maïs bleu cuites dans de vieilles poêles, sur un feu de bois. Prévoyez suffisamment d'eau et des chaussures correctes.

Si la perspective d'une selle en bois ne vous convient pas et/ou si vous avez de l'énergie à dépenser, vous pouvez gravir le volcan à pied, mais vous aurez quand même besoin d'un guide (400 $M) car le chemin à travers la forêt n'est pas évident à repérer. L'itinéraire long suit un sentier sablonneux d'environ 12 km au milieu des fleurs sauvages, des plantations d'avocats et de champs d'agave. L'autre (7 km aller simple) débute dans une pinède et continue parmi les rochers d'un champ de lave. Si vous êtes en bonne condition physique et souhaitez varier les plaisirs, demandez à votre guide de monter par l'itinéraire court et de descendre par le long.

Iglesia de Santiago Apóstol ÉDIFICE RELIGIEUX

L'entrée de cette spectaculaire église du XVIe siècle présente un remarquable portail, sculpté dans le style mauresque mudéjar par un tailleur de pierre andalou qui accompagnait les premiers missionnaires espagnols dans la région.

Renseignements

Centro Turístico de Angahuan (☎ 452-443-03-85 ; www.staspe.org/centro-turistico-de-angahuan ; 10 $M ; ⏲24h/24). Situé environ 2 km au sud-ouest de la place principale, ce centre touristique, doublé d'un petit musée vieillot, d'hébergements et d'un restaurant correspond à l'entrée vers le Volcán Paricutín.

Depuis/vers Angahuan

Angahuan se trouve à 40 km au nord-ouest d'Uruapan. Des bus quittent la gare routière d'Uruapan pour Angahuan toutes les 30 minutes à peu près, de 5h à 19h (25 $M, 1 heure).

En sens inverse, les bus partent pour Uruapan toutes les 30 minutes jusqu'à environ 20h (vérifiez à votre arrivée) et les taxis sont très rares.

Nord du plateau central

Dans ce chapitre ➡

Le top des restaurants

- Áperi (p. 707)
- El Jardín de los Milagros (p. 691)
- Las Mercedes (p. 692)
- Nomada (p. 707)
- La Parada (p. 706)

Le top des hébergements

- Mesón de Abundancia (p. 724)
- Rosewood San Miguel de Allende (p. 704)
- Hotel Museo Palacio de San Agustín (p. 720)
- Villa María Cristina (p. 690)
- La Casa del Atrio (p. 677)

Pourquoi y aller

Des ruelles pavées et places ombragées aux vastes déserts en passant par la forêt de nuages, la région au nord du plateau central offre des visages aussi variés que son histoire, sa cuisine et sa culture. Ses richesses minières colossales ont permis l'avènement de villes coloniales cossues avant que la révolution mexicaine ne les transforme en cités fantômes. Baptisée Cuna de la Independencia ("berceau de l'indépendance"), la région s'est distinguée par le rôle qu'elle a joué dans le combat livré par le pays pour gagner son autonomie.

Parmi les joyaux de la région, la ville de San Miguel de Allende, les cascades et eaux turquoise de la Huasteca Potosina ou les villes coloniales de Guanajuato et Zacatecas dont les mines d'argent ont fait la prospérité. Vous trouverez partout des sites préhispaniques, des musées d'art, une vie nocturne intense et des fêtes qui attirent les foules. Sans compter l'artisanat local, qui n'a rien à envier au reste du pays.

Quand partir

Guanajuato

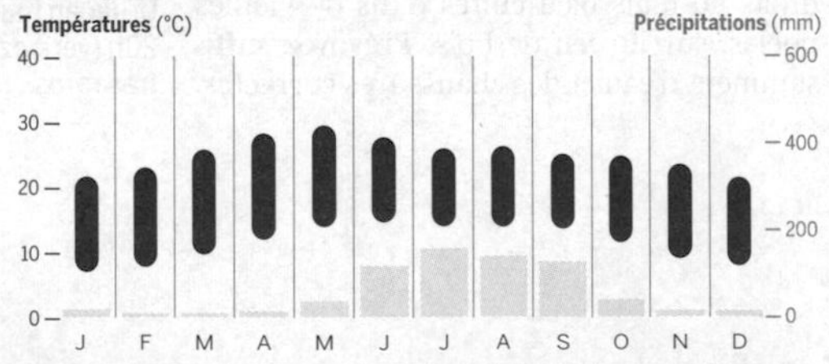

Juillet-août
Températures douces en journée et fleurs sauvages : idéal pour partir à l'aventure.

Octobre-avril
Saison sèche dans la Huasteca Potosina : direction les cascades et cours d'eau.

Fin mars ou avril
Nombreuses fêtes religieuses traditionnelles pendant la Semana Santa (Semaine sainte).

À ne pas manquer

1. Une promenade à travers la superbe ville coloniale de **San Miguel de Allende** (p. 697), renommée pour sa scène artistique, ses sources chaudes et ses *fiestas*.
2. Les ruelles pavées de **Guanajuato** (p. 683) et ses superbes musées.
3. Se baigner dans les eaux turquoise de la **Huasteca Potosina** (p. 725) et explorer d'impressionnantes chutes d'eau.
4. Plonger dans le passé glorieux de la pittoresque ville fantôme de **Real de Catorce** (p. 722) qui renaît peu à peu.
5. Un séjour dans la **Reserva de la Biosfera Sierra Gorda** (p. 683) pour visiter des missions historiques et rencontrer les communautés qui y vivent.
6. Les innombrables et fascinants musées de **Zacatecas** (p. 730), une ancienne et charmante ville argentifère.

Histoire

Avant la conquête espagnole, le nord du plateau central était habité par des tribus semi-nomades que les Aztèques appelaient Chichimèques. Elles résistèrent aux Espagnols plus longtemps que les autres, mais finirent par succomber à la fin du XVIe siècle. Les nouveaux maîtres amassèrent des fortunes en faisant travailler de nombreux Chichimèques comme esclaves dans les mines.

Ce territoire historiquement instable fut le fer de lance de la révolte des *criollos* (personnes nées au Mexique d'ascendance espagnole) contre l'Espagne, organisée à Querétaro et San Miguel de Allende, et lancée à Dolores Hidalgo en 1810. Un siècle plus tard, le révolutionnaire Francisco Madero rédigea son "plan de San Luis Potosí" ; en 1917, l'élaboration de la Constitution du Mexique à Querétaro cimenta le rôle crucial de la région dans les affaires politiques du pays.

Plus récemment, le nord du plateau central a connu un essor économique dû notamment au développement des secteurs automobile, aéronautique, industriel et agroalimentaire, en particulier dans les environs de Querétaro. Par ailleurs, de nombreux habitants de Mexico viennent passer le week-end à San Miguel.

ÉTAT DE QUERÉTARO

1,9 MILLION D'HABITANTS

L'État de Querétaro réserve bien des surprises : cette région de culture et d'élevage, qui a pour capitale la jolie ville du même nom, regroupe, sur ses 11 770 km² de paysages variés, des lieux insolites et de petits joyaux historiques. Vous pourrez notamment y admirer le troisième plus grand monolithe du monde, la Peña de Bernal, de même que des sites préhispaniques et la magnifique Reserva de la Biosfera Sierra Gorda. Dans cette dernière, les habitants de plusieurs missions franciscaines gèrent d'excellents programmes écotouristiques, qui en font une destination idéale pour les aventuriers dans l'âme.

Querétaro

☎442 / 879 000 HABITANTS / ALTITUDE : 1 800 M

À se promener dans le superbe centre de la ville coloniale de Querétaro, ponctué de places ombragées, grandes fontaines et demeures historiques, difficile de croire que la cité figure parmi les villes de l'hémisphère nord à enregistrer une des plus fortes croissances, un dynamisme dû à la vitalité des secteurs aérospatial et technologique. Néanmoins, pour atteindre le centre colonial de Querétaro, vous devrez d'abord traverser des quartiers qui constituent un exemple saisissant d'étalement urbain et vous escrimer contre la circulation frénétique. Votre effort sera récompensé : Querétaro, l'étoile en pleine ascension, relève avec optimisme et sens du commerce les défis de la vie moderne mexicaine. Le centre historique se distingue par ses charmants *andadores* (rues piétonnes), ses superbes places et ses églises centenaires. Les restaurants raffinés y servent une cuisine de qualité et les nombreux musées illustrent le rôle central joué par Querétaro dans l'histoire du pays.

Histoire

Fondée par les Otomís au XVe siècle et bien vite intégrée à l'Empire aztèque, Querétaro fut conquise par les Espagnols en 1531. Les Franciscains s'en servirent de base pour l'évangélisation du pays et de l'actuel sud-ouest des États-Unis. Au début du XIXe siècle, la ville devint le théâtre de complots ourdis par des *criollos* indépendantistes. Les conspirateurs, dont Miguel Hidalgo, se retrouvaient secrètement chez Doña Josefa Ortiz (La Corregidora), l'épouse d'un ancien *corregidor* (administrateur). Lorsque l'intrigue fut découverte, l'histoire veut que Doña Josefa, enfermée dans sa maison (aujourd'hui le Palacio de Gobierno), parvînt à avertir du danger Ignacio Pérez, l'un des conspirateurs, à travers un trou de serrure. C'est ce qui aurait déclenché l'appel aux armes lancé par le Padre Hidalgo. Cet événement majeur est toujours commémoré en septembre à l'occasion des célébrations pour l'indépendance du Mexique.

La Constitution mexicaine de 1917 fut rédigée par la faction constitutionnaliste à Querétaro. Le PNR (Parti national révolutionnaire, ancêtre du PRI, le Parti révolutionnaire institutionnel), qui domina la vie politique mexicaine jusqu'à la fin du XXe siècle, est également né dans la ville, en 1929.

À voir

♥ MUCAL MUSÉE

(Museo del Calendario ; www.mucal.mx ; Madero 91 ; 25 $M ; ⊙10h-18h mar-dim). Unique au monde, ce remarquable musée privé est l'œuvre du *señor* Landin, dont la famille fabrique des calendriers depuis des décennies. Il rassemble des œuvres d'art originales (et quelques reproductions) ayant figuré sur ces derniers, ainsi que 400 calendriers rétro. Les 19 salles d'exposition occupent une superbe demeure restaurée. Le jardin, les cours et l'excellent café sur la pelouse sont un havre de fraîcheur.

Mirador POINT DE VUE

Ce mirador surplombe "Los Arcos", l'aqueduc emblématique de Querétaro, long de 1,28 km. Construit entre 1726 et 1738, cet ouvrage comporte 74 hautes arches de grès le long de la partie centrale de l'Avenida Zaragoza.

Templo y Convento de la Santa Cruz ÉDIFICE D'INTÉRÊT

(Independencia 148, au niveau de Felipe Luna ; 10 $M ; ⌚9h-14h, 16h-18h mar-sam, 9h-17h15 dim). Voici l'un des sites les plus intéressants de Querétaro. Ce couvent, bâti entre 1654 et 1815, fut érigé sur le site de la bataille où l'apparition miraculeuse de Santiago (saint Jacques) aurait poussé les Otomís à se rendre aux conquistadores et à se convertir. L'empereur Maximilien s'y retrancha lors du siège de la ville, de mars à mai 1867. Après sa reddition et sa condamnation à mort, il y fut emprisonné avant d'être fusillé.

Le couvent accueille désormais une école religieuse. Il se visite uniquement avec un guide (hispanophone) – attendez à l'entrée qu'un groupe se forme. Sur le site, l'Árbol de la Cruz est un vieil arbre du jardin dont les épines poussent en forme de croix. Ce miracle végétal serait issu de la canne qu'un moine aurait plantée dans le sol en 1697.

Museo de Arte de Querétaro MUSÉE

(Allende Sur 14 ; 30 $M, photos 15 $M, gratuit mar ; ⌚10h-18h mar-dim). À côté du Templo de San Agustín, le musée d'art de Querétaro est installé dans un splendide monastère baroque, édifié entre 1731 et 1748, qui mérite à lui seul le coup d'œil – il est orné d'une profusion d'anges, de gargouilles, de statues et d'autres détails, notamment dans la cour. Situées au rez-de-chaussée, des peintures européennes des XVIe et XVIIe siècles témoignent d'influences diverses – flamandes, espagnoles, mexicaines... Au même étage, on peut voir des peintures mexicaines des XIXe et XXe siècles, tandis que le dernier niveau renferme une vaste collection, allant du maniérisme du XVIe siècle au baroque du XVIIIe siècle.

Templo de Santa Rosa de Viterbo ÉDIFICE RELIGIEUX

(Angle Arteaga et Montes). GRATUIT Cet édifice du XVIIIe siècle est l'église baroque la plus exubérante de Querétaro. Elle se distingue par un clocher aux faux airs de pagode, de curieuses peintures extérieures, des contreforts arrondis et un intérieur tout de marbre et d'or. Le clocher, dont chacune des quatre faces arbore une horloge, aurait été le premier du genre dans le Nouveau Monde.

Templo de San Francisco ÉDIFICE RELIGIEUX

(Angle Av Corregidora et Andador 5 de Mayo ; ⌚8h-21h). Cette imposante église fait face au Jardín Zenea. Les jolies tuiles colorées du dôme furent importées d'Espagne en 1540, au début de la construction. Les peintures religieuses de l'intérieur furent réalisées entre le XVIIe et le XIXe siècle.

Museo Regional de Querétaro MUSÉE

(Angle Av Corregidora 3 et Jardín Zenea ; 55 $M ; ⌚9h-18h mar-dim). Le musée présente au rez-de-chaussée des collections relatives aux civilisations préhispaniques, aux sites archéologiques, à l'occupation espagnole et aux groupes ethniques de l'État. L'étage est consacré au rôle de Querétaro dans le mouvement indépendantiste et l'histoire postindépendance. Vous remarquerez notamment la table sur laquelle fut signé en 1848 le traité de Guadalupe Hidalgo, qui mit fin à la guerre mexicano-américaine, ainsi que le bureau du tribunal qui condamna l'empereur Maximilien à mort.

L'institution occupe une partie d'un vaste ensemble architectural, qui englobait autrefois un monastère et un séminaire. Commencé en 1540, le séminaire devint, en 1567, le siège de l'archevêché franciscain de San Pedro y San Pablo de Michoacán. Sa construction se poursuivit au moins jusqu'en 1727. Doté d'un haut clocher, le monastère servit, dans les années 1860, de forteresse aux impérialistes qui soutenaient Maximilien, puis aux troupes qui le vainquirent en 1867.

Teatro de la República THÉÂTRE

(☎442-212-03-39 ; angle Juárez et Peralta ; ⌚10h-15h et 17h-20h). GRATUIT Le procès de l'empereur Maximilien eut lieu en 1867 dans ce ravissant théâtre (encore en activité), aux lustres impressionnants. C'est également là que la Constitution mexicaine fut signée, le 31 janvier 1917. À l'arrière de la scène, vous remarquerez la liste des signataires (avec les États qu'ils représentaient). En 1929, des hommes politiques se réunirent dans le théâtre pour fonder le PNR (désormais PRI).

Casa de la Zacatecana MAISON

(☎442-224-07-58 ; www.museolazacatecana.com ; Independencia 59 ; 45 M$; ⌚10h-18h).

Querétaro

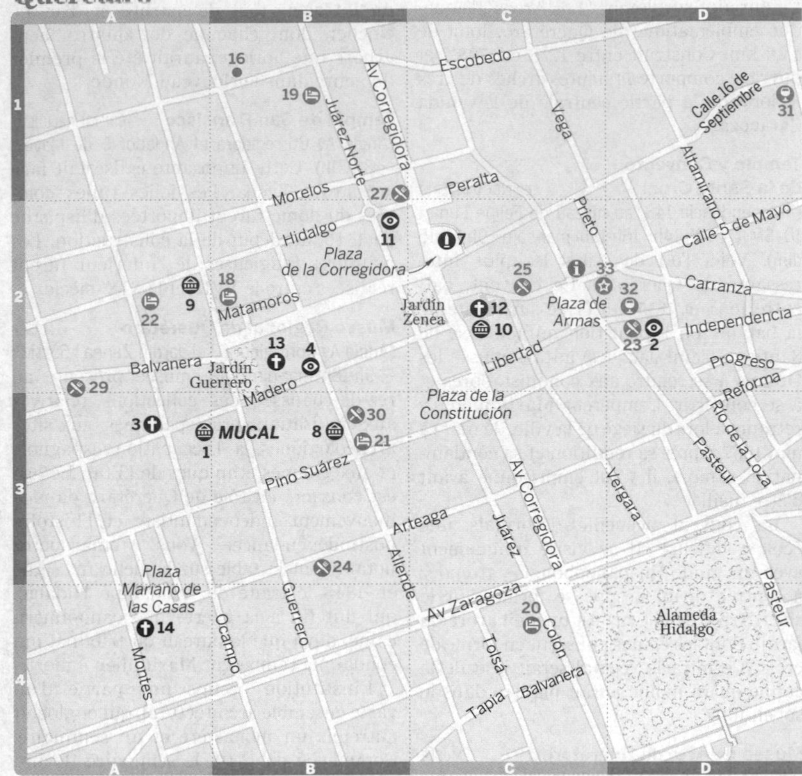

Cette maison du XVIIe siècle restaurée avec finesse abrite une impressionnante collection de mobilier et objets décoratifs des XVIIIe et XIXe siècles oscillant entre le kitsch et l'austère (jetez un coup d'œil au mur sur lesquels sont accrochés d'affreux crucifix). L'endroit est idéal pour avoir une idée de la vie à Querétaro à l'époque coloniale.

Monumento a la Corregidora MONUMENT

(Angle Corregidora et Andador 16 de Septiembre). GRATUIT La Plaza de la Corregidora est dominée par le Monumento a la Corregidora, une statue de Doña Josefa Ortiz (1910) portant la flamme de la Liberté ; le lieu est assez impressionnant. Un marché aux livres s'y tient quasiment tous les jours.

Cathédrale CATHÉDRALE

(Angle Madero et Ocampo). GRATUIT Avec beaucoup de lignes droites et peu de courbes, cette cathédrale du XVIIIe siècle mêle les styles baroque et néoclassique. La première messe y aurait été prononcée par le Padre Hidalgo, considéré comme le père du mouvement indépendantiste. Elle était alors appelée San Felipe Neri.

Templo de Santa Clara ÉDIFICE RELIGIEUX

(Angle Madero et Allende). Cette église du XVIIe siècle possède un intérieur baroque extraordinaire. Renseignez-vous sur les moments propices à la visite car la messe y est assez fréquemment célébrée.

Mausoleo de la Corregidora MAUSOLÉE

(Ejército Republicano s/n ; ⏲9h-18h). En face du mirador (p. 675), ce mausolée contient les dépouilles des héros locaux de l'indépendance, Doña Josefa Ortiz et son époux, Miguel Domínguez de Alemán.

Museo de la Ciudad MUSÉE

(www.facebook.com/MuseoDeLaCiudadDeQueretaro/ ; Guerrero Norte 27 ; 5 $M ; ⏲11h-

19h mar-dim). Dans l'ancien couvent où fut détenu Maximilien, les 11 salles du musée de la Ville servent d'écrin à d'intéressantes expositions temporaires d'art contemporain.

Fuente de Neptuno FONTAINE
(Fontaine de Neptune ; angle Madero et Allende). À une rue à l'ouest du Jardín Zenea, la fontaine de Neptune fut dessinée en 1797 par Eduardo Tresguerras, un célèbre architecte mexicain néoclassique.

Cours

Olé Spanish Language School ESPAGNOL
(☎442-214-40-23 ; www.ole.edu.mx ; Escobedo 32). Cette école dispense tout un choix de cours, avec en option des séjours chez l'habitant et des activités annexes. Les stages d'une semaine vont de 15 heures de cours collectifs en petit groupe (185 $US) à 35 heures de cours intensifs (470 $US).

Où se loger

Santa Lucha Hostel AUBERGE DE JEUNESSE $
(☎442-214-36-45 ; www.santalucha.com ; Hidalgo 47 ; dort/d à partir de 285/850 $M ; wifi). Cette auberge de jeunesse est décorée de manière éclatante sur le thème de la lutte (le sport) et jouit d'un emplacement enviable dans la vieille ville. Tous les dortoirs et les chambres (sauf une) partagent des salles de bains, mais ces dernières sont nombreuses et propres. L'auberge possède aussi une grande cuisine et une partie commune parfaite pour se relaxer.

El Petate Hostel AUBERGE DE JEUNESSE $
(☎442-212-79-87 ; www.elpetatehostel.com ; Matamoros 20 ; dort/d à partir de 200/500 $M ; wifi, animaux). Cette auberge située dans une superbe petite rue latérale est très joliment décorée. Les chambres et dortoirs sont lumineux et propres. Certaines chambres ont des salles de bains privatives.

Blue Bicycle House AUBERGE DE JEUNESSE $
(☎442-455-48-13 ; www.bluebicyclehouse.com ; Ejercito Republicano 15 ; dort 230-250 $M, d 590-750 $M ; wifi). À la lisière du centre-ville, cette petite auberge toute simple avec vue sur l'aqueduc fait partie des incontournables dans cette catégorie. Les dortoirs, dont un réservé aux femmes, comportent des lits plutôt longs par rapport aux standards mexicains. Le prix inclut le prêt d'un vélo pendant 1 heure.

Hotel Quinta Lucca HÔTEL $$
(☎442-340-44-44 ; www.hotelquintalucca.com ; Juárez Norte 119A ; ch 990-1 100 $M, ste 1 200-1 400 $M ; P wifi). Cadre mexicain moderne et chambres spacieuses nettes et soignées. Celles à l'arrière entourent une cour luxuriante, où est servi le petit-déjeuner continental.

♥ **La Casa del Atrio** BOUTIQUE-HÔTEL $$$
(☎442-212-63-14 ; www.lacasadelatrio.com ; Allende Sur 15 ; ch 1 850-2 750 $M ; wifi, animaux). Cet ancien B&B, aménagé dans une boutique d'antiquaire, s'est transformé en un splendide hôtel de charme, doté d'un spa. Il compte 12 grandes chambres délicieusement aménagées, avec salles de bains spacieuses. Précisez, au moment de réserver, si vous souhaitez avoir une fenêtre ouverte la nuit. Les chambres n'ont que des portes massives ouvrant sur les cours. Antonio, le propriétaire, parle anglais ; il fera son possible pour s'assurer que tout

Querétaro

Les incontournables

1 MUCAL A3

À voir

2 Casa de la Zacatecana D2
3 Cathédrale A3
4 Fuente de Neptuno B2
5 Mausoleo de la Corregidora F2
6 Mirador F2
7 Monumento a la Corregidora C2
8 Museo de Arte de Querétaro B3
9 Museo de la Ciudad A2
10 Museo Regional de Querétaro C2
11 Teatro de la República B2
12 Templo de San Francisco C2
13 Templo de Santa Clara B2
14 Templo de Santa Rosa de Viterbo A4
15 Templo y Convento de la Santa Cruz E2

Activités

16 Olé Spanish Language School B1

Où se loger

17 Blue Bicycle House F2
18 El Petate Hostel B2
19 Hotel Quinta Lucca B1
20 La Casa de los Dos Leones C4
21 La Casa del Atrio B3
22 Santa Lucha Hostel A2

Où se restaurer

23 Breton D2
24 Brewer Gastro Pub B3
25 La Antojería C2
26 La Biznarga Arte-Cafe E2
27 La Mariposa B1
28 La Vieja Varsovia E2
29 Restaurante Las Monjas A2
30 Tikua B3

Où prendre un verre et faire la fête

31 El Faro D1
32 Gracias a Dios D2

Où sortir

33 Casa de la Cultura C2
Teatro de la República .... (voir 11)

soit à votre goût, y compris l'excellent petit-déjeuner.

La Casa de los Dos Leones BOUTIQUE-HÔTEL $$$
(442-212-45-85 ; www.facebook.com/HBDosLeones/ ; Colón 4 ; ch avec petit-déj à partir de 2 690 $M ;). Si vous cherchez une adresse ultraconfortable, une chambre spacieuse et moderne et un service des plus agréables, vous frapperez ici à la bonne porte. L'établissement se trouve à un pâté de maisons de la vieille ville, mais il est facile d'accès, et cette distance est synonyme de plus d'espace pour vous. Salle de sport et piscine sur le toit.

Où se restaurer

Breton FRANÇAIS $
(www.facebook.com/bretonqueretaro/ ; Andador Libertad 82B ; plats 115-190 $M ; 8h-17h mar-sam ;). Ce charmant bistrot français doublé d'une boulangerie vous offre sa jolie terrasse semi-ouverte à l'étage. On sert ici un délicieux café et de savoureuses pâtisseries à emporter, ainsi que de succulents petits-déjeuners et déjeuners. Parmi les plats, bœuf bourguignon, steak-frites et moules marinières. Les végétariens et végétaliens trouveront aussi toutes sortes de délices.

La Mariposa CAFÉ $
(Peralta 7 ; en-cas 25-120 $M ; 8h-21h30). Inchangée depuis 1940 (voyez les photos), cette institution de Querétaro vaut plus pour son atmosphère que pour sa cuisine. Mais goûtez tout de même le *volteado de piña* (gâteau à l'ananas) ou le *mantecado* (crème glacée aux œufs).

La Vieja Varsovia CAFÉ-BOULANGERIE $
(www.laviejavarsovia.com.mx ; Plaza de los Fundadores ; en-cas 50-150 $M ; 10h-23h mar-dim). Ce ravissant petit café-boulangerie a installé ses tables sur la Plaza de los Fundadores et constitue un endroit parfait pour prendre son petit-déjeuner avant d'explorer la vieille ville. Si vous y passez plus tard dans la journée, goûtez les délicieuses pizzas aux garnitures gourmandes et cuites au feu de bois.

La Biznarga Arte-Cafe CAFÉ $
(Gutiérrez Najera 17 ; plats 38-62 $M ; 9h-14h et 18h-23h lun-sam). Leurs amis aimaient tant leur cuisine que les propriétaires ont décidé d'en faire profiter tout le monde ! L'endroit est plutôt fouillis et sombre, mais il jouit d'une grande popularité et ne manque pas d'intérêt : graffitis, œuvres d'art et autres objets accrochés au mur devraient vous amuser. Salades, pizzas maison et jus de fruits, entre autres.

La Antojería MEXICAIN $
(Calle 5 de Mayo ; plats 60-110 $M ; ⏲10h-23h ; 👪). Cet amusant restaurant très fréquenté par les familles sert tous les styles d'*antojitos* (l'équivalent des tapas espagnoles) du pays.

Restaurante Las Monjas MEXICAIN $$
(Ezequiel Montes 22 ; plats 170-285 $M ; ⏲7h30-23h lun-sam, 18h dim). Dans cet établissement traditionnel de Querétaro, les charmants serveurs élégamment vêtus s'occuperont de vous avec bienveillance et compétence. Ils prépareront vos salades sous vos yeux. Au menu, tout un éventail de spécialités locales dont une délicieuse *cazuela de quesillo fundido* (ragoût au fromage et chorizo).

Tikua MEXICAIN $$
(☎442-455-33-33 ; www.tikua.mx ; Allende Sur 13 ; plats 110-230 $M ; ⏲9h-minuit lun-sam, 9h-21h dim ; 📶). Tikua est spécialisé dans la cuisine du sud-est du Mexique et les plats (du *xi'i*, une salade de champignons, au chorizo de Oaxaca) sont fidèles à leurs racines. Riz aux *chapulines* (criquets), *tasajo* (bœuf salé) et *mole* (sauce traditionnelle épicée au cacao) succulents. Carte de mezcal et de cocktails également.

Brewer Gastro Pub INTERNATIONAL $$
(www.cervezatoro.com/brewer ; Arteaga 55 ; plats 130-235 $M ; ⏲13h-1h mer-sam, 13h-20h dim ; 📶). Association d'une bonne table et d'un brasseur artisanal, ce pub gastronomique décontracté propose de savoureux plats (charcuterie, salades, pizzas...) et des bières formidables, comme l'IPEA au miel ou l'Agave Ale (mélange mezcal/bière). Le chef n'utilise que des produits locaux ou de provenance traçable.

Où prendre un verre et faire la fête

Les bars et les clubs sont nombreux dans le centre historique et au-delà. La Calle 5 de Mayo est la rue à la mode pour aller prendre un verre. Les piliers de bar n'arrivent qu'après 22h.

♥El Faro BAR
(Calle 16 de Septiembre 128). "Le Phare" (1927) illumine la scène des bars de Querétaro, dont il serait le doyen. Les actuels propriétaires ont repris l'affaire début 2015 et réaménagé l'intérieur dans un style plus tendance, mais les portes battantes et l'ambiance sympathique d'autrefois restent de mise. Ici, les clients sont appelés par leur prénom. En-cas offerts ; happy hours tout l'après-midi.

Gracias a Dios BAR
(Calle 5 de Mayo ; en-cas 60-120 $M ; ⏲14h-1h30 mar-sam). Parmi les nombreux bars à proximité de la Calle 5 de Mayo, le "Dieu merci" fait renaître les traditions sous la forme d'une *cantina-botanero* (bar servant des en-cas) – avec tonneaux, tabourets et ambiance authentique. Le petit plus : une touche féminine funky qui séduit une clientèle jeune, amatrice de whisky, de tequila et de cognac.

☆ Où sortir

Querétaro bourdonne d'une vie culturelle intense ; consultez les panneaux d'affichage ou récupérez un exemplaire d'*Asomarte* à l'office du tourisme. Le dimanche, des concerts gratuits sont donnés à 13h sur la Plaza de Armas ; le soir, ils ont lieu dans le Jardín Zenea.

Teatro de la República THÉÂTRE
(Angle Juárez et Peralta ; billets 80-200 $M). Concerts symphoniques presque tous les vendredis.

Casa de la Cultura SALLE DE CONCERT
(☎442 212-56-14 ; Calle 5 de Mayo 40 ; ⏲9h-14h, 16h-20h lun-ven). Musique, danse, théâtre et autres manifestations artistiques. Consultez le tableau d'affichage.

ℹ Renseignements

H+ Querétaro (☎442-477-22-22 ; www.hmasqueretaro.mx ; Zaragoza 16B). Les expatriés recommandent cet hôpital privé.

Hospital Angeles (☎442-192-30-00 ; www.hospitalangelesqueretaro.com ; Bernardo Del Razo 21, El Ensueño). Au sud-ouest du centre de Querétaro ; médecins anglophones.

Office du tourisme (☎800-715-17-42, 442-238-50-67 ; www.queretaro.travel ; Pasteur Norte 4 ; ⏲9h-19h). Distribue des plans de la ville et des brochures ainsi que la revue *Asomarte* répertoriant les sorties. Le personnel parle anglais.

ℹ Depuis/vers Querétaro

AVION

L'**Aeropuerto Intercontinental de Querétaro** (☎442-192-55-00 ; www.aiq.com.mx) est à 8 km au nord-est du centre (comptez environ 300 $M en taxi depuis le centre). Primera Plus assure une liaison entre la gare routière et l'aéroport de Mexico (365 $M, 3 heures). Au

BUS AU DÉPART DE QUERÉTARO

DESTINATION	PRIX ($M)	DURÉE (H)	FRÉQUENCE
Aéroport de Mexico	393	3 ½	ttes les 30 min
Ciudad Valles	735	7 ½	3/jour
Guadalajara	410-620	4 ½-5 ½	fréquents
Guanajuato	239	2 ½-3	7/jour
Mexico (Terminal Norte)	280-395	3-4 ½	ttes les 20 min, de 4h à 23h30
Morelia	219-305	3-4	fréquents
San Luis Potosí	228-280	2 ½-2 ¾	fréquents
San Miguel de Allende	74-130	1-1 ½	ttes les 40 min, de 6h à 23h
Tequisquiapan	50	1	ttes les 30 min, de 6h30 à 21h
Xilitla	355-400	5-8	4/jour

départ de Querétaro, vols directs à destination de Mexico et de différentes villes américaines.

BUS

Querétaro est un important carrefour routier. À 5 km au sud-est du centre, la **Central Camionera** (Parque del Cimatario) est composée de 3 bâtiments modernes : le A pour les bus deluxe et de 1re classe ; le B réservé aux bus de 2e classe ; et le C destiné aux bus locaux. On y trouve aussi une consigne à bagages.

Comment circuler

Du centre-ville, vous pourrez visiter la plupart des sites à pied. Les bus municipaux (9 $M) circulent de 6h à 21h ou 22h. Ils partent d'un dépôt situé au bout de la gare routière, à droite du terminal de 2e classe et à gauche du terminal de 1re classe. Plusieurs lignes desservent le centre-ville (les numéros changent fréquemment, vérifiez). Pour prendre un taxi, achetez d'abord un ticket au guichet de la gare routière (50 $M, 4 pers au maximum).

Pour vous rendre à la gare routière depuis le centre, prenez le bus de ville marqué "Central" (pour Central Camionera) à Calle Zaragoza, ou n'importe quel bus marqué "TAQ" (pour Terminal de Autobuses de Querétaro) ou "Central" roulant en direction du sud sur le côté est d'Alameda Hidalgo.

Tequisquiapan

☎414 / 30 000 HABITANTS / ALTITUDE : 1 870 M

Cette petite ville de caractère, à 70 km au sud-est de Querétaro, est un lieu de villégiature apprécié des habitants de Mexico ou de Querétaro. Elle était jadis réputée pour ses sources thermales – des présidents mexicains y vinrent même pour des soins. Si les piscines naturelles que l'on trouvait jadis en ville sont aujourd'hui asséchées, les jolies rues plantées de bougainvillées, les bâtiments colorés de l'époque coloniale et les superbes marchés font de Tequisquiapan une ville qui vaut le coup d'œil. Les week-ends, la bourgade s'anime et les couples et familles flânent dans ses rues et admirent les étals d'*artesanías* (artisanat).

À voir

Plaza Miguel Hidalgo PLACE

La grande et belle Plaza Miguel Hidalgo est entourée de *portales* (arcades) sous lesquelles s'alignent les cafés animés et les boutiques d'artisanat. **La Parroquia de Santa María de la Asunción** (⏲7h30-20h30), église du XIXe siècle surmontée d'une tour ornementée, la domine.

Quinta Fernando Schmoll JARDIN

(☎441-276-10-71 ; Pilancon 1, Cadereyta de Montes ; 25 $M ; ⏲9h-17h mar-dim). Si vous êtes motorisé, ce formidable jardin botanique rassemble plus de 4 400 variétés à la lisière est du village de Cadereyta de Montes, à 38 km de Tequisquiapan.

Activités

Randonnée équestre BALADES À CHEVAL

(Fray Junípero ; balade 80-100 $M/heure ; ⏲10h-18h sam et dim). Le week-end, des balades guidées sont organisées dans la campagne environnante. Les guides se rassemblent avec leurs chevaux dans Fray Junípero, juste au nord du Parque La Pila.

Fêtes et festivals

Feria Nacional del Queso y del Vino GASTRONOMIE

(www.feriadelquesoyvino.com.mx ; Parque La Pila ; ⏲mi mai à déb juin). La foire nationale du vin et du fromage organisée par l'office du tourisme de Tequisquiapan existe depuis plus de 40 ans et consiste en des dégustations, dîners et concerts donnés pendant 2 semaines. La plupart des événements sont payants. Billets en vente sur le site Internet.

Où se loger et se restaurer

Les meilleurs hébergements petits budgets sont les *posadas* sur Moctezuma. Du lundi au jeudi, on peut négocier une réduction.

Posada Tequisquiapan PENSION $
(414-273-00-10 ; Moctezuma 6 ; s/d 350/500 $M ; P). Proposant des chambres simples mais spacieuses et agencées autour d'une cour verdoyante où se trouve un puits, cette auberge est un établissement au rapport qualité/prix intéressant. Le petit-déjeuner n'est pas compris et il vous faudra le prendre en ville car la pension n'a pas de restaurant.

La Granja BOUTIQUE-HÔTEL $$$
(414-273-20-04 ; www.hotelboutiquelagranja.com ; Morelos 12 ; ch à partir de 1 925 $M ; P). Situé dans une jolie partie de la localité, cet édifice colonial rénové accueille désormais un hôtel impressionnant. Les chambres ne sont cependant pas tout à fait à la hauteur de ce que pourraient laisser penser les parties communes. L'hôtel dispose d'un grand jardin avec piscine et d'un grand restaurant. Petit-déjeuner non compris.

Madre Selva PIZZAS $$
(Niños Heroes 54 ; pizza 110-170 $M ; 14h-22h mer-dim). Cette pizzeria plutôt charmante dispose d'un four à bois et propose un vaste choix de garnitures.

Achats

Mercado de Artesanías MARCHÉ
(Carrizal ; 8h-19h). Ce marché d'artisanat se trouve à un pâté de maisons au nord de la place principale de Tequisquiapan.

Renseignements

L'**office du tourisme** (414-273-08-41 ; Plaza Miguel Hidalgo ; 9h-19h) fournit un plan de la ville et des renseignements sur l'État de Querétaro.

Depuis/vers Tequisquiapan

La **Terminal de Autobuses** de Tequisquiapan (Carretera San Juan del Río-Tequisquiapan 546) est à 2 km du centre, dans la partie nouvelle de la ville. Les bus locaux (8 $M) relient la gare routière aux marchés, dans Carrizal, à une rue au nord-est de la Plaza Principal.

Flecha Azul assure la liaison depuis/vers Querétaro toutes les demi-heures, de 6h30 à 20h (50 $M, 1 heure). Des bus se rendent plusieurs fois par jour à Ezequiel Montes (changer ici pour Bernal ; 14 $M, 20 min) ; il existe aussi un bus direct pour Bernal (35 $M, 1 heure) qui part tous les jours à 17h40. Des bus ETN deluxe circulent depuis/vers le Terminal Norte de Mexico (280 $M, 3 heures, 8/jour). Pour cette même destination, Coordinados (Flecha Amarilla) et Flecha Roja proposent des services en bus de 2e classe (205 $M, 3 heures 30, départs réguliers). Il y a aussi 3 bus/jour qui vont à Xilitla (322 $M, 5 heures).

Jalpan

441 / 11 000 HABITANTS / ALTITUDE : 760 M

La séduisante ville de Jalpan, qui s'articule autour de sa célèbre mission, est une porte d'accès vers les 4 autres missions disséminées dans la région. Jalpan ne manque pas de charme, avec sa ravissante place centrale et son joli emplacement à flanc de colline. Le climat tropical explique sans doute pourquoi la ville a fait des glaces artisanales une spécialité. Ces délices sont proposés dans les nombreuses *heladerías* (glaciers).

À voir

Mission ÉGLISE
Édifiée dans les années 1750 par des moines franciscains et les populations indiennes converties, cette mission qui trône au centre de Jalpan servit de modèle aux 4 autres éparpillées dans la Sierra Gorda. Elle arbore une façade extérieure richement ornée et est consacrée à saint Jacques le Majeur.

Où se loger et se restaurer

Cabañas Centro Tierra BUNGALOWS $
(441-296-07-00 ; www.sierragordaecotours.com ; Centro Tierra Sierra Gorda, Av La Presa s/n, Barrio El Panteon ; d 600-750 $M ;). La meilleure adresse petits budgets de Jalpan est ici. Les chambres simples mais jolies et confortables sont éparpillées dans un agréable jardin à 15 minutes à pied du centre de Jalpan, près de la *presa* (réservoir). L'établissement a été construit en prenant en considération l'environnement. Toutes les chambres sont équipées de ventilateurs et les plus grands bungalows peuvent accueillir jusqu'à 5 personnes.

♥ Hotel Misión Jalpan HÔTEL **$$**
(☎441-296-02-55 ; www.hotelesmision.com.mx ; Fray Junípero Serra s/n ; ch à partir de 870 $M ; ❄📶🏊). Situé à l'ouest du Jardín Principal et en plein centre-ville, cet hôtel aux jardins enchanteurs compte un bon restaurant et propose des chambres bien tenues et confortables (literie de qualité, bonne pression dans les douches). Les prix sont élevés le week-end, mais en semaine vous ferez une bonne affaire.

El Aguaje del Moro MEXICAIN **$$**
(Vicente Guerrero 8 ; plats 100-200 $M ; ⏲7h-22h30 lun-sam). Réputée pour ses enchiladas extrêmement épicées (on en sert cependant une version édulcorée aux touristes), cette adresse plaisante dispose d'un balcon qui donne sur les montagnes et la route principale. Il y souffle une petite brise. Le restaurant est d'un bon rapport qualité/prix et un endroit agréable pour prendre un repas.

Depuis/vers Jalpan

Les bus de la **gare routière** de Jalpan (Heroico Colegio Militar) partent pour Ciudad Valles (246 $M, 3 heures) et Xilitla (92 $M, 1 heure 45) toutes les heures. Il y a 4 bus par jour pour San Luis Potosí (342 $M, 4 heures).

Il y a aussi des bus pour la gare routière de Mexico Terminal Norte (415-509 $M, 5 heures, 5/jour), pour Querétaro (343 $M, 3 heures 30, 3/jour) et pour Tequisquiapan (235 $M, 3 heures 15, 4/jour).

Bernal

☎441 / 4 000 HABITANTS

Surplombé par l'impressionnante Peña de Bernal, un énorme rocher qui constitue le 3e plus grand monolithe du monde, le joli village de Bernal au charme suranné n'a rien de particulier mais il est plaisant. Il est connu dans la région pour ses fromages, confiseries et ses étals de cuisine de rue. La ville s'anime les week-ends quand les touristes mexicains s'y pressent. Si vous cherchez la quiétude, venez en semaine ; vous échapperez alors à la foule et pourrez profiter de l'atmosphère provinciale de la bourgade qui vit alors au ralenti.

Bernal possède plusieurs jolies églises éparpillées dans sa vieille ville et El Castillo, un édifice construit au XVIe siècle pour le vice-roi. Pour mieux explorer les environs, adressez-vous à l'aimable personnel de l'agence La Peña Tours, qui propose tout un éventail de circuits (150-700 $M), de même que des sessions escalade du monolithe de la Peña.

À voir

Peña de Bernal MONTAGNE
Cet énorme pic rocheux haut de 350 mètres est le 3e plus grand monolithe du monde. Les Mexicains lui prêtent une vertu mystique. Pour l'équinoxe de printemps, une foule de pèlerins affluent vers le rocher pour s'imprégner de son énergie positive. Les visiteurs peuvent grimper jusqu'à mi-hauteur (prévoir une heure dans chaque sens) ; seuls les alpinistes chevronnés sont capables d'atteindre le sommet.

Circuits organisés

La Peña Tours CIRCUITS ORGANISÉS
(☎441-296-73-98, 441-101-48-21 ; www.lapeniatours.com ; angle Independencia et Colon). Le personnel sympathique propose tout un éventail de circuits organisés (170-900 $M), dont un circuit vin et fromage. Il est aussi possible de réserver une session escalade de la Peña (1 500 $M la demi-journée).

Shopping

La Aurora ARTS ET ARTISANAT
(Jardín Principal 1 ; ⏲10h-20h). Cette intéressante boutique d'*artesanías* propose tout un choix de tapis tissés sur place. Demandez à observer les tisseurs à l'œuvre derrière leurs métiers dans l'atelier qui jouxte la boutique.

Depuis/vers Bernal

Des bus fréquents relient Bernal et Querétaro (environ 70 $M, 45 min). Le dernier bus pour Querétaro part de la route principale vers 17h30. Pour les liaisons depuis/vers Tequisquiapan, il faut changer à Ezequiel Montes (15 $M, 30 minutes).

ÉTAT DE GUANAJUATO

5,5 MILLIONS D'HABITANTS

Les hautes terres rocheuses de l'État de Guanajuato renferment des joyaux de toutes sortes. À l'époque coloniale, ses ressources attirèrent des prospecteurs espagnols en quête d'argent, d'or, de fer, de plomb, de zinc et d'étain. Durant deux siècles, l'État produisit d'immenses richesses, car on y extrayait jusqu'à

HORS DES SENTIERS BATTUS

LA RÉSERVE DE BIOSPHÈRE DE LA SIERRA GORDA

La **Reserva de la Biosfera Sierra Gorda** se situe dans la chaîne montagneuse de la Sierra Madre orientale. Elle couvre une grosse partie du nord-est de l'État de Querétaro. Connue comme le "joyau vert" du centre du Mexique, elle englobe 15 types de végétation différents ; nulle autre région protégée du pays ne possède une telle biodiversité. Ses étendues sauvages forment un patchwork de forêts de nuages ancestrales, de semi-déserts et de forêts tropicales. Les jaguars, orchidées rares et cactus propres à la région figurent parmi la faune et la flore que l'on peut voir ici.

Ces dernières années, de nombreuses communautés rurales de la Sierra Gorda ont mis en place des projets écotouristiques. Les voyageurs peuvent se rendre dans des villages en compagnie de guides locaux, loger dans des cabanes spartiates ou des campings, et participer à diverses activités. Vous pouvez notamment vous adonner aux randonnées vers les chutes d'eau, au rafting, à la descente en rappel ou encore au kayak. De nombreuses communautés produisent par ailleurs des poteries, des remèdes naturels, des aliments séchés, des produits à base de miel ou des broderies.

Plusieurs tour-opérateurs proposent des circuits dans la réserve :

Aventúrate (☎441-296-07-14, portable 441-1033129 ; www.aventurate.mx ; Benito Juárez 29) emploie de jeunes guides passionnés qui vous conduiront aux missions (1 800 $M pour 2 pers, transport et guide inclus), au Río Escanela (pour Puente de Dios), aux chutes d'El Chuveje, au Sotano de Barro, à Las Pozas et autres sites. C'est également le seul qui organise des excursions à la Gruta Jalpan, la grotte du secteur.

Sierra Gorda Eco Tours (☎441-296-02-42, 441-296-07-00 ; www.sierragordaecotours.com ; Av La Presa s/n, Barrio El Panteón) promeut l'hébergement et les programmes d'activités au sein des communautés locales. Comptez un minimum de 1 700 $M par personne (sur la base de 2 pers), incluant le transport, le logement, les repas et les activités, les services d'un guide de la communauté (quand cela est nécessaire), ainsi que l'entrée aux différents sites. S'y prendre au moins un jour à l'avance, une semaine en haute saison. Les guides parlent aussi anglais.

Arnoldo Montes Rodríguez (☎441-108-88-24, 441-101-81-31 ; www.sierragordaguides.com) est l'un des guides indépendants de Jalpan qui peut vous mener aux missions. Son bureau dans l'Hotel Misión Jalpan (p. 682), estampillé "office du tourisme", est en réalité une agence où l'on vend des excursions.

40% de l'argent mondial. Les barons de l'argent, dans la ville de Guanajuato, vivaient dans l'opulence au détriment des populations indiennes qui travaillaient dans les mines, d'abord comme esclaves, puis comme employés sous-payés. Excédés par la domination des colons espagnols, les riches *criollos* des États de Guanajuato et de Querétaro finirent par se révolter.

Aujourd'hui, les villes coloniales de Guanajuato et de San Miguel de Allende sont les deux trésors de la région. La magnifique architecture coloniale, la scène culturelle solidement établie et d'innombrables festivités attirent les visiteurs en nombre. Sans oublier, bien sûr, une population accueillante et une ambiance universitaire animée.

Guanajuato

☎473 / 155 000 HABITANTS / ALTITUDE : 2 045 M

Inscrite au Patrimoine mondial, Guanajuato fut fondée en 1559, à l'époque de l'exploitation des riches gisements d'or et d'argent de la région. Ses opulents édifices coloniaux, ses remarquables places arborées et ses maisons peintes de couleurs vives sont enserrés entre les pentes escarpées d'un ravin. D'excellents musées, d'élégants théâtres et une belle place de marché s'égrènent au fil de ses ruelles pavées. Les rues "principales", qui serpentent à flanc de colline, plongent par endroits dans des tunnels qui suivent le lit d'anciennes rivières.

Guanajuato accueille chaque année le fameux Festival Cervantino, grand festival artistique. Mais toute l'année, les

Guanajuato

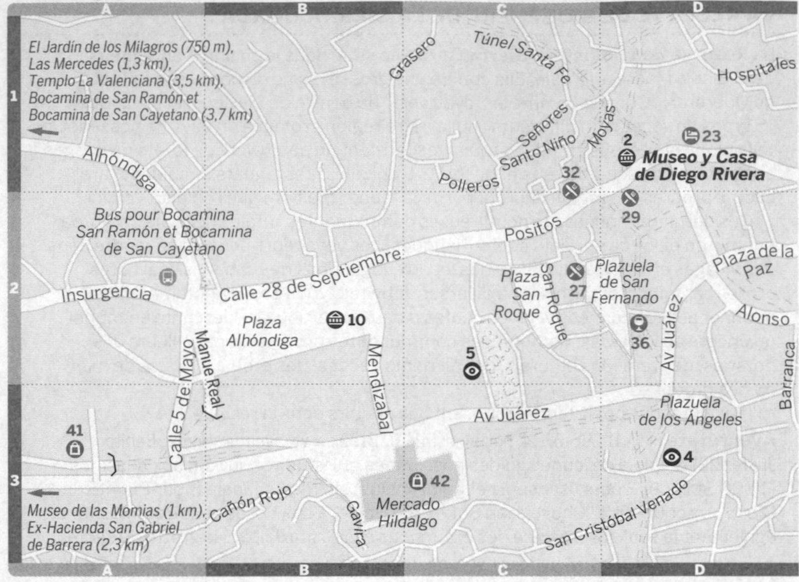

Guanajuato

Les incontournables

- 1 Basílica de Nuestra Señora de Guanajuato ... E2
- 2 Museo y Casa de Diego Rivera ... D1
- 3 Teatro Juárez ... F2

À voir

- 4 Callejón del Beso ... D3
- 5 Jardín de la Reforma ... C2
- 6 Jardín de la Unión ... F2
- 7 Monumento a El Pípila ... E3
- 8 Museo del Pueblo de Guanajuato ... E1
- 9 Museo Iconográfico del Quijote ... G2
- 10 Museo Regional de Guanajuato Alhóndiga de Granaditas ... B2
- 11 Templo de la Compañía de Jesús ... F1
- 12 Templo de San Diego ... F2
- 13 Templo de San Francisco ... G2
- 14 Universidad de Guanajuato ... E1

Activités

- 15 Escuela Falcon ... G1
- 16 Funiculaire ... F2

Où se loger

- 17 1850 Hotel ... F2
- 18 Alonso10 Hotel Boutique & Arte ... E2
- 19 Casa Zuniga ... F3
- 20 Corral d Comedias ... F1
- 21 El Zopilote Mojado ... G1
- 22 Hostel La Casa del Tío ... G2
- 23 Mesón de los Poetas ... D1

Où se restaurer

- 24 A Punto ... F1
- 25 Café Tal ... H3
- 26 Casa Valadez ... F2
- 27 Delica Mitsu ... C2
- 28 El Midi Bistró ... F1
- 29 Escarola ... D2
- 30 La Vie en Rose ... F1
- 31 Los Campos ... F1
- 32 Mestizo ... C1
- 33 Santo Café ... H2

Où prendre un verre et faire la fête

- 34 El Incendio ... F2
- El Midi Bistró ... (voir 28)
- 35 Golem ... G2
- 36 La Inundación de 1905 ... D2
- 37 Los Lobos ... G2
- 38 Whoopees ... H2
- 39 Why Not? ... E2

Où sortir

- 40 Teatro Cervantes ... H2

Achats

- 41 Central Comercio ... A3
- 42 Mercado Hidalgo ... C3
- 43 Xocola-T ... F1

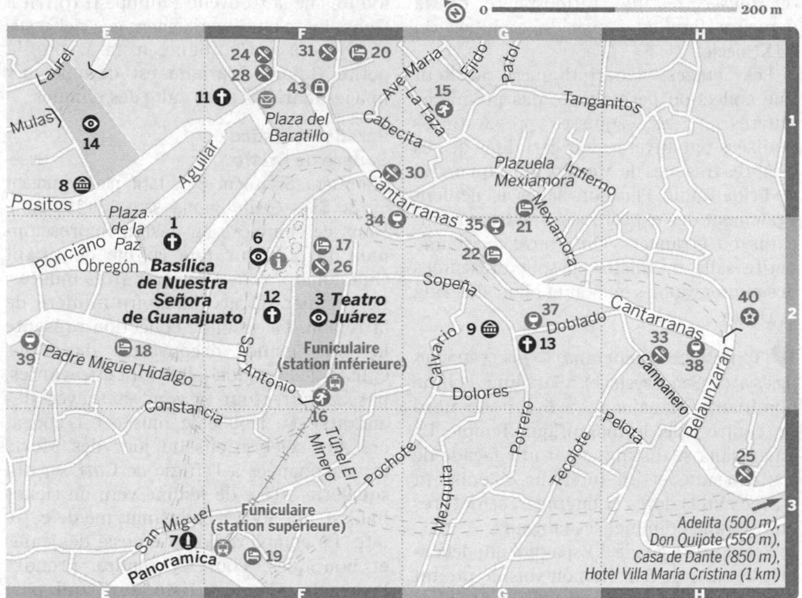

20 000 étudiants de son université contribuent au dynamisme et à la richesse de l'offre culturelle – *callejoneadas*, cinéma, théâtre, musique... La capitale poussiéreuse mais fascinante de l'État du même nom est une étape incontournable pour qui traverse la région.

Histoire

L'un des plus fabuleux gisements d'argent de l'hémisphère Nord fut découvert en 1558 dans la mine de La Valenciana qui, pendant 250 ans, allait fournir 20% de la production mondiale. En 1765, le roi Charles III d'Espagne provoqua la colère des magnats coloniaux en décidant de réduire la part des richesses qu'ils tiraient de cette manne. Le décret royal de 1767, qui bannit les jésuites des colonies espagnoles, accrut le mécontentement des barons de l'argent et provoqua celui des mineurs, fidèles à la Compagnie de Jésus.

Cette colère trouva son expression dans la guerre d'Indépendance. En 1810, le prêtre Miguel Hidalgo lança le mouvement indépendantiste avec son fameux Grito de Independencia (cri pour l'indépendance), ou Grito de Dolores, lancé dans la ville voisine de Dolores. Les habitants de Guanajuato rallièrent les indépendantistes et vainquirent les Espagnols et les loyalistes. La prise de la ville marqua la première victoire des troupes rebelles. Hélas, lorsque les Espagnols eurent reconquis Guanajuato, ils se vengèrent en instaurant une ignoble "loterie de la mort" : les malheureux citoyens dont les noms se trouvaient tirés au sort furent torturés et pendus.

L'indépendance, finalement acquise, permit aux magnats de l'argent de continuer à s'enrichir. Ils édifièrent les demeures, églises et théâtres qui font de Guanajuato l'une des plus belles villes du Mexique.

À voir

Museo y Casa de Diego Rivera MUSÉE
(Positos 47 ; 20 $M ; 10h-18h30 mar-sam, 10h-14h30 dim). La maison natale de Diego Rivera abrite désormais un excellent musée consacré à ce grand artiste – qui fut, pendant des années, *persona non grata* à Guanajuato, en raison de ses convictions marxistes. Prévoyez une heure sur place – davantage si vous êtes un admirateur !

Diego Rivera et son jumeau naquirent ici en 1886 (Carlos mourut à l'âge de 2 ans). Leur famille y vécut pendant 6 ans, avant de déménager à Mexico. Le rez-de-chaussée du musée restitue l'atmosphère de la demeure familiale, avec le mobilier du XIXe siècle.

Les étages, labyrinthiques, abritent une collection permanente des premières œuvres et des esquisses préparatoires réalisées par Rivera pour certaines de ses célèbres fresques de Mexico, ainsi qu'un nu de Frida Kahlo. Plusieurs salles accueillent également des expositions d'artistes mexicains ou étrangers. On trouve aussi une petite salle intimiste, où sont présentées des photographies en noir et blanc de Frida et Diego.

♥ Templo La Valenciana ÉDIFICE RELIGIEUX
(Iglesia de San Cayetano). Sur une colline dominant Guanajuato, à 5 km au nord du centre-ville, le magnifique Templo La Valenciana se distingue par une façade de toute beauté et un intérieur éblouissant – avec autels dorés et ouvragés, sculptures en filigrane et immenses tableaux.

Selon une légende, l'Espagnol qui découvrit la mine de San Ramón voisine promit à San Cayetano de lui construire une église s'il faisait fortune. Une autre raconte que le Conde de Rul, le riche propriétaire de La Valenciana, essaya d'expier l'exploitation des mineurs en faisant édifier la plus belle des églises de style churrigueresque. Quelle qu'en fût la raison, la construction débuta en 1765 et s'acheva en 1788.

♥ Teatro Juárez THÉÂTRE
(Sopeña s/n ; 35 $M ; ⌚9h-13h et 16h-18h mar-dim). Ne quittez pas Guanajuato sans avoir admiré ce magnifique théâtre, construit entre 1873 et 1903, et inauguré par le dictateur Porfirio Díaz – dont le goût du luxe se reflète dans le somptueux décor intérieur, rouge et or. À l'extérieur, ce sont 12 colonnes surmontées de chapiteaux en cuivre, des réverbères et 8 des 9 muses ; à l'intérieur, de style mauresque, le bar et le hall luisent de boiseries sculptées, de vitraux et de métaux précieux. Visites uniquement les jours de relâche.

♥ Basílica de Nuestra Señora de Guanajuato ÉDIFICE RELIGIEUX
(Plaza de la Paz). La superbe Basílica de Nuestra Señora de Guanajuato renferme une représentation de la Vierge, patronne de la ville, incrustée de pierres précieuses. Cette statue en bois couverte de joyaux aurait été dissimulée dans une grotte en Espagne pendant 800 ans, de peur que les Maures ne la trouvent. Philippe II l'offrit à Guanajuato en remerciement des richesses envoyées à la Couronne. Juste à côté, la petite **Galería Mariana** est dévolue aux images mariales et au culte des reliques.

Parador Turístico Sangre de Cristo MUSÉE
(Carretera Silao Km 8 ; tarif plein/étudiant 50/30 $M ; ⌚11h-18h mer-sam, 10h-18h dim). Dans ce complexe au design impressionnant installé sur une colline dominant Guanajuato, vous trouverez trois musées. Le premier retrace l'histoire minière de la région. La seconde collection présente les 36 momies découvertes dans des églises de la région (elles sont effrayantes, passez votre tour si vous êtes avec des enfants). Le troisième musée est consacré aux célébrations du jour des Morts et aux poupées à l'effigie de *Catrina* (un squelette à tête de femme vêtu de riches habits), une figure emblématique de cette fête. Le complexe compte aussi des cafés et boutiques. Pour s'y rendre, prendre le bus indiquant "Cristo Rey", qui part environ toutes les heures des alentours d'Alhóndiga (40 $M aller/retour).

Casa de Arte Olga Costa-y José Chávez Morado MUSÉE
(Pastita 158, Torre del Arco ; tarif plein/étudiant 20/5 $M ; ⌚10h-16h mar-sam, 10h-15h dim). En 1966, les artistes José Chávez Morado et Olga Costa firent d'un ancien puits gigantesque leur maison et atelier. Avant leur mort, ils léguèrent leur demeure et ce qu'elle renfermait au domaine public. Le musée présente aujourd'hui une petite collection remarquable d'objets datant du XVIe au XVIIIe siècle : céramiques préhispaniques et modernes, broderies, meubles, masques et œuvres des anciens propriétaires.

Le trajet jusqu'à la "banlieue" de Pastita permet de découvrir un autre aspect de Guanajuato. Il se termine de façon agréable, en suivant l'ancien aqueduc qui aboutit à la maison des artistes. De l'est de la ville, prenez n'importe quel bus marqué "Pastita".

Monumento a El Pípila MONUMENT
(Panoramica). Ce monument rend hommage au héros qui mit le feu aux portes de l'Alhóndiga le 28 septembre 1810, et permit ainsi aux troupes indépendantistes de Hidalgo de remporter leur première victoire. La statue représente El Pípila

levant sa torche au-dessus de la ville. Sur le socle, on peut lire : *"Aún hay otras Alhóndigas por incendiar"* ("Il reste d'autres Alhóndigas à brûler").

Pour venir du centre-ville, deux itinéraires s'offrent à vous, le long de jolies ruelles escarpées : du Jardín de la Unión, prenez Sopeña vers l'est et tournez à droite dans Callejón del Calvario (qui devient Pochote ; tournez ensuite à droite dans Subida San Miguel) ; l'autre n'est pas indiqué et monte à partir de la petite place dans Alonso. Vous pouvez aussi prendre un bus "Pípila-ISSSTE" en direction de l'ouest dans l'Avenida Juárez (il passe devant la statue) ou emprunter le funiculaire.

Museo de las Momias MUSÉE

(www.momiasdeguanajuato.gob.mx ; Explanada del Pantéon Municipal s/n ; tarif plein/étudiant 55/36 $M ; ⌚9h-18h). Au *panteón* (cimetière), le célèbre musée des Momies illustre bien le rapport des Mexicains à la mort – entre acceptation, célébration et obsession. Les visiteurs viennent de partout pour voir la centaine de dépouilles déterrées.

Les corps exhumés qui sont, de fait, des momies (conservées par l'atmosphère sèche de leur précédente demeure), ne sont pas très anciens. Leur "découverte" remonte à 1865 quand, pour faire de la place dans le cimetière, les autorités décidèrent de déterrer les dépouilles les plus anciennes.

Le cimetière et le musée se trouvent à la lisière ouest de la ville, à 10 minutes de bus (indiqué "Momias", 6 $M) de l'Avenida Juárez.

Bocamina de San Ramón et Bocamina de San Cayetano MINES

(www.museobocaminasanramon.com ; 35 $M ; ⌚10h-18h). Ces mines voisines l'une de l'autre, où l'on découvrit de l'argent en 1548, font partie du fameux district minier de La Valenciana. À **San Ramón**, un escalier descend jusqu'au fond d'un puits de mine de 60 m de profondeur (claustrophobes s'abstenir). À **San Cayetano**, qui possède un musée intéressant, d'anciens mineurs proposent une courte visite (qui permet là aussi de descendre dans un puits). Pour rejoindre les mines, prenez un bus pour "Cristo Rey" ou "Valenciana" à l'arrêt de bus situé à l'angle de l'Alhóndiga et de la Calle 28 de Septiembre. Descendez à Templo La Valenciana et suivez les panneaux derrière l'église.

À NE PAS MANQUER

ÉGLISES COLONIALES

Outre la **Basílica de Nuestra Señora de Guanajuato**, la ville possède plusieurs belles églises coloniales, notamment le **Templo de San Diego** (Jardín de la Union s/n), face au Jardín de la Unión, le **Templo de San Francisco** (Doblado s/n) et le grand **Templo de la Compañía de Jesús** (Lascuraín de Retana s/n), qui fut achevé en 1747 pour le séminaire jésuite, et dont les bâtiments sont désormais occupés par l'université de Guanajuato.

Cristo Rey MONUMENT

Cristo Rey (Christ Roi) est une statue en bronze de 20 mètres de haut représentant Jésus. Elle fut érigée en 1950 au sommet du Cerro de Cubilete, à 15 km à l'ouest de Guanajuato. L'emplacement de la statue, à l'endroit supposé être le milieu du pays, revêt une importance particulière pour les visiteurs mexicains. La superbe vue qu'offre le site est un autre attrait. Les agences touristiques proposent des excursions pour voir le monument, mais vous pouvez aussi vous y rendre en prenant les bus indiquant "Cubilete" ou "Cristo Rey". Départ environ toutes les heures des alentours d'Alhóndiga (40 $M l'aller/retour).

Museo del Pueblo de Guanajuato MUSÉE

(Positos 7 ; 20 $M ; ⌚10h-18h30 mar-sam, 10h-14h30 dim). À côté de l'université, ce musée d'art abrite une collection de miniatures mexicaines raffinées, des œuvres des XVIIIe, XIXe et XXe siècles (dont des tableaux des peintres locaux Hermenegildo Bustos et José Chávez Morado), ainsi que des expositions temporaires. Il occupe l'ancienne demeure des Marqueses (marquis) de San Juan de Rayas, propriétaires de la mine du même nom. La chapelle privée de style baroque (construite en 1696), à l'étage dans la cour, renferme une intéressante fresque en triptyque de José Chávez Morado, représentant la colonisation espagnole.

Jardín de la Reforma PLACE

Cette jolie place ombragée bordée de cafés est le point de rassemblement de Guanajuato. Locaux, mariachis et touristes s'y pressent à tout moment de la journée.

Jardín de la Unión PLACE
Cette place triangulaire où s'alignent les cafés, bars et restaurants ne manque pas d'arbres offrant de l'ombre. Ses jardins sont impeccables.

Museo Regional de Guanajuato Alhóndiga de Granaditas MUSÉE
(☎473-732-11-12 ; Calle 28 de Septiembre ; 52 $M, appareil photo/caméra 30/60 $M ; ⌚10h-17h30 mar-sam, 10h-14h30 dim). Construit entre 1798 et 1808, l'Alhóndiga était à l'origine un silo à grains. Il fut reconverti en forteresse en 1810, et 300 soldats espagnols et dirigeants loyalistes s'y barricadèrent, tandis que 20 000 rebelles, conduits par Miguel Hidalgo, tentaient de conquérir la ville. Le 28 septembre 1810, un jeune mineur surnommé El Pípila s'attacha une dalle de pierre sur le dos pour se protéger des balles espagnoles et mit le feu à la porte principale. Les rebelles s'engouffrèrent à l'intérieur et tuèrent tous les assiégés.

Par la suite, l'Alhóndiga servit successivement d'arsenal, d'école, puis de prison (1864-1948). Elle fut convertie en musée en 1958, mais l'endroit reste plus intéressant pour son histoire que pour les expositions qu'il abrite. Dans l'escalier, ne manquez pas les fresques de Chávez Morado, qui dépeignent l'histoire de Guanajuato.

Ex-hacienda San Gabriel de Barrera MUSÉE, JARDIN
(Camino Antiguo a Marfil, Km 2,5 ; tarif plein 30 $M ; ⌚9h-18h). Située à 2,5 km à l'ouest du centre-ville, cette magnifique demeure coloniale à l'écart de l'agitation urbaine est depuis 1979 un musée, entouré d'un beau jardin.

Construite à la fin du XVIIe siècle, cette hacienda appartint au capitaine Gabriel de Barrera, descendant du premier Conde (comte) de Rul – de la fameuse mine de La Valenciana. L'hacienda et son mobilier européen cossu offrent un bel aperçu du mode de vie des nobles à l'époque de la vice-royauté.

Pour y accéder, prenez un bus "Marfil" (ils sont fréquents) en direction de l'ouest via le tunnel sous l'Avenida Juárez, et demandez au chauffeur de vous déposer à l'Hotel Misión Guanajuato.

Callejón del Beso RUELLE
(Ruelle du Baiser). Ce *callejón* est la plus étroite des nombreuses ruelles de Guanajuato : les balcons des maisons se faisant face se touchent presque. Selon la légende, une famille aisée, dont la fille tomba amoureuse d'un mineur, vivait là autrefois. On interdit aux amoureux de se voir, mais le mineur loua une chambre en face de sa belle, afin qu'ils puissent échanger de furtifs baisers (*besos*) de leurs balcons. L'affaire fut bien sûr découverte et s'acheva tragiquement. De la Plazuela de los Ángeles, dans l'Avenida Juárez, remontez le Callejón del Patrocinio sur 40 mètres : vous apercevrez la minuscule ruelle sur la gauche.

Universidad de Guanajuato ARCHITECTURE
(UGTO ; www.ugto.mx ; Lascuraín de Retana 5). Le bâtiment principal de l'université, dont les remparts surplombent une bonne partie de la ville, est situé dans une rue au-dessus de la basilique. Le grand édifice blanc et bleu, à plusieurs étages et au toit crénelé, date des années 1950. L'architecture fut controversée (elle le reste pour certains) : le gigantisme de la structure jurerait dans le paysage urbain historique de la ville. Le bâtiment reste assez singulier pour qu'on y jette un œil.

Museo Iconográfico del Quijote MUSÉE
(☎473-732-67-21 ; www.museoiconografico.guanajuato.gob.mx ; Manuel Doblado 1 ; tarif plein/étudiant 30/10 $M ; ⌚9h30-19h mar-sam, 12h-19h dim). Ce musée étonnamment intéressant mérite qu'on y passe une demi-heure. Toutes les pièces exposées ont trait à Don Quichotte de la Manche, le héros de Cervantès. L'Hidalgo y est représenté sur divers supports, par de nombreux artistes et dans différents styles. Peintures, statues, tapisseries, pièces d'échiquier, horloges et timbres-poste : tous représentent l'Homme de la Manche et son compagnon replet, Sancho Pança.

Activités

♥ Funicular FUNICULAIRE
(Plaza Constancia s/n ; aller/aller-retour 25/50 $M ; ⌚8h-21h45 lun-ven, 9h-21h45 sam, 10h-20h45 dim). Cette voie ferrée inclinée qui commence derrière le Teatro Juárez et mène jusqu'au monument à El Pípila permet de gravir et descendre lentement la colline et de jouir d'une vue époustouflante sur Guanajuato et la vallée environnante depuis le sommet. La montée est amusante, mais vous économiserez quelques pesos en redescendant à pied (il y a 2 routes goudronnées, très faciles à repérer).

Cours

Guanajuato est une ville universitaire propice à l'apprentissage de l'espagnol. Comptez en moyenne 20 $US/heure pour un cours particulier, et 160-220 $US pour 20 séances en cours collectif (une semaine). Des écoles organisent des hébergements chez l'habitant en pension complète pour environ 200 $US par semaine. Vous pourrez contacter, entre autres écoles : **Colegio Adelita** (473-732-64-55 ; www.learnspanishadelita.com ; Agua Fuerte 56), **Don Quijote** (923-268860 ; www.donquijote.org ; Calle Pastita 76, Barrio Pastita) ainsi qu'**Escuela Falcon** (473-732-65-31 ; www.escuelafalcon.com ; Callejón de Gallitos).

Ateliers de Mika Matsuishi et Felipe Olmos ATELIERS ARTISTIQUES
(portable 473-1204299 ; felipeymika.wix.com/mojigangas). Ces ateliers artistiques et ludiques (création de masques, travail de l'argile) sont animés par de talentueux artistes et spécialistes des *mojigangas* (grandes marionnettes en papier mâché). Le matériel est fourni. Les prix varient en fonction des activités.

Fêtes et festivals

Festival Internacional Cervantino ARTS
(www.festivalcervantino.gob.mx ; oct). Dans les années 1950, ce festival présentait pour l'essentiel des *entremeses* (saynètes) de Miguel de Cervantès jouées par des étudiants. Devenu l'un des principaux rendez-vous artistiques d'Amérique latine, le Festival Internacional Cervantino accueille aujourd'hui des musiciens, des danseurs et des comédiens du monde entier, pour des spectacles variés (la plupart n'ont plus de rapport avec Cervantès) durant 2 semaines en octobre.

Pensez à réserver vos places (30-650 $M ; www.ticketmaster.com.mx), ainsi que votre hôtel. À Guanajuato, les billets sont mis en vente 2 mois avant le festival, dans un kiosque à côté du Teatro Juarez.

Baile de las Flores FÊTE RELIGIEUSE
(mars ou avr). Le bal des Fleurs a lieu le jeudi qui précède la Semaine sainte. Le lendemain, les mines ouvrent au public pour la visite et des festivités. Les mineurs décorent les autels de la patronne de leur corporation, La Virgen de los Dolores (Vierge des Douleurs).

Fiestas de San Juan y Presa de la Olla FÊTE RELIGIEUSE
(fin juin à déb juil). Les fêtes de San Juan se déroulent au parc du Presa de la Olla fin juin. Elles culminent le 24 juin, pour la Saint-Jean, avec danses, musique, feux d'artifice et pique-nique. Le 1er lundi de juillet, on y revient pour d'autres réjouissances qui accompagnent l'ouverture des vannes du barrage de Presa de la Olla.

Où se loger

Guanajuato compte de très bons hébergements adaptés à toutes les bourses. Un certain nombre d'établissements de moyenne gamme et d'hôtels de luxe de la vieille ville ont beaucoup de charme. Pendant le Festival Internacional Cervantino, en octobre, ainsi qu'à Noël et durant la Semana Santa (voire pour les vacances d'été), les prix peuvent beaucoup augmenter par rapport aux tarifs normaux.

Corral d Comedias AUBERGE DE JEUNESSE $
(473-732-40-54 ; Av María 17 ; dort/d 200/650 $M ;). Cette auberge inaugurée en 2016 est gérée par des bénévoles dont la présence fait davantage de l'endroit un lieu de rencontres qu'une auberge de jeunesse classique. Les espaces communs sont nombreux, de même que les endroits où l'on peut se relaxer. Le petit-déjeuner est superbe. Certains des dortoirs ainsi qu'une chambre sont assez spartiates mais l'emplacement est idéal.

Hostel La Casa del Tío AUBERGE DE JEUNESSE $
(473-733-97-28 ; www.hostellacasadeltio.com.mx ; Cantarranas 47 ; dort/ch 190/560 $M ;). Les jolies chambres sans prétention sont propres, mais beaucoup d'entre elles manquent de lumière naturelle. Cependant, l'auberge compte un toit-terrasse peint dans des couleurs éclatantes, et elle occupe un emplacement de choix au cœur de Guanajuato. À savoir : les dortoirs de l'étage sont plus lumineux, et le petit-déjeuner est compris.

El Zopilote Mojado HÔTEL $$
(473-732-53-11 ; www.elzopilotemojado.com ; De Mexiamora 51 ; ch 1 400 $M ;). Cette accueillante vieille maison coloniale reconvertie propose des chambres à la décoration traditionnelle équipées de ventilateurs. Plusieurs d'entre elles ont des carrelages colorés, du mobilier en bois et certaines donnent sur une jolie place.

LES CALLEJONEADAS, OU L'ART TRADITIONNEL DE LA FÊTE

La tradition des *callejoneadas* viendrait d'Espagne. Un groupe de chanteurs et de musiciens professionnels, portant des costumes traditionnels, commence à jouer dans un endroit public, telle une place, afin d'attirer une foule de badauds. Puis, toute la troupe chemine au fil des ruelles et des places de la ville, jouant et chantant à tue-tête. À Guanajuato, on les appelle aussi des *estudiantinas*. Les chants sont entrecoupés de contes et d'histoires drôles, souvent en lien avec les légendes des ruelles. À Zacatecas, il n'y a ni contes ni histoires, mais des orchestres loués appelés *tamboras* (en uniforme, pas en tenue traditionnelle), qui font danser les fêtards. En certaines occasions, la troupe emmène un âne chargé de vin. Souvent, les étrangers sont invités à se joindre à la fête. Parfois, les organisateurs font payer, ou bien il faut verser une petite quote-part pour le vin que l'on boit (sauf si on apporte le sien !). À Guanajuato, les groupes et certaines agences de voyages vendent des billets (100 $M, 1 heure 15, mar-dim) pour les *callejoneadas*, où des jus de fruits (pas d'alcool) sont offerts. On passe un excellent moment !

Vous pourrez prendre un petit-déjeuner au rez-de-chaussée (pas compris dans le prix de la chambre).

Casa Zuniga B&B **$$**

(☎473-732-85-46 ; Callejón del Pachote 38 ; ch avec petit-déj à partir de 1 250 $M ; P 📶 🏊). Ce charmant B&B est géré par Carmen et Rick, connus pour leur hospitalité et leurs petits-déjeuners copieux. Situé sur la colline près d'El Pípila, à gauche du funiculaire (en montant), il est aussi accessible en voiture ou en bus via la Panoramica. Le prix inclut un forfait de funiculaire valable le temps de votre séjour. La petite piscine est un plus.

Mesón de los Poetas HÔTEL **$$**

(☎473-732-07-05 ; www.mesondelospoetas.com ; Positos 35 ; ch 1 200-3 500 $M ; 🚭 📶). Construit à flanc de colline, cet hôtel est un labyrinthe de chambres dont chacune porte le nom d'un poète. Les chambres sont spacieuses, confortables et très propres. Le service est amène. Un bon rapport qualité/prix, bien que les chambres manquent un peu de lumière naturelle. Nos préférences : les chambres 401, 402 et 403, qui partagent une terrasse baignée de soleil.

♥ Hotel Villa María Cristina HÔTEL DE LUXE **$$$**

(☎473-731-21-82 ; www.villamariacristina.net ; Paseo de la Presa de la Olla 76 ; ste 5 300-12 100 $M ; 📶 🏊). Cet ensemble de maisons coloniales superbement converties et reliées entre elles par un dédale de patios et jardins est une des adresses les plus raffinées de Guanajuato. Les 33 chambres et suites spacieuses, meublées dans le style néoclassique français et ornées de peintures de l'artiste local Jesús Gallardo, bénéficient de tout le confort. Les fontaines, les deux piscines et la vue magnifique participent de l'attrait du lieu. À La Presa, à 15 minutes de marche du centre de Guanajuato.

1850 Hotel BOUTIQUE-HÔTEL **$$$**

(☎473-732-27-95 ; www.hotel1850.com/index.php/en ; Jardín de la Unión 7 ; ch 2 950-4 550 $M ; ❄ 📶). Ce bel hôtel, une des adresses les plus chics de la ville, jouit d'un superbe emplacement sur El Jardín et propose des chambres au double vitrage pour que les mariachis ne troublent pas votre quiétude. Dans cette demeure transformée, la décoration est raffinée et soignée (argent, sculptures contemporaines) et différente dans chaque chambre. Superbe bar sur le toit.

Alonso10 Hotel Boutique & Arte BOUTIQUE-HÔTEL **$$$**

(☎473-732-76-57 ; www.hotelalonso10.com.mx ; Alonso 10 ; ste 2 950-3 500 $M ; ❄ 📶). À l'écart de l'agitation du centre, le blanc et le taupe dominent dans cet hôtel de charme, aux jolies chambres très bien équipées. Les deux suites sont pourvues de grands balcons avec vue originale sur la basilique et l'arrière du Teatro Juárez. L'élégant bar-restaurant du rez-de-chaussée propose une carte des vins fabuleuse.

Où se restaurer

À quelques exceptions près, les restaurants de Guanajuato n'ont rien d'inoubliable. Vous trouverez des produits frais et de quoi déjeuner à prix doux au Mercado Hidalgo

(p. 693), à 5 minutes à pied à l'ouest du Jardín de la Unión, dans l'Avenida Juárez. Il y a un grand supermarché au **Central Comercio** (Av Juárez ; 8h-20h), deux pâtés de maisons plus loin sur la droite.

La Vie en Rose FRANÇAIS **$**
(Cantarranas 18 ; pâtisseries et en-cas 30-80 $M ; 10h-22h mar-dim ;). Dans cette institution de la vieille ville, vous trouverez des gâteaux exquis et autres douceurs confectionnés par un chef pâtissier français.

Delica Mitsu JAPONAIS **$**
(Cantaritos 37 ; sushi 43-93 $M ; 12h-18h lun-sam). Ce minuscule traiteur tenu par un Japonais n'a l'air de rien (il est caché dans une petite rue en marge d'une jolie place), mais on y sert la meilleure, la plus fraîche et la plus copieuse des cuisines japonaises des environs.

Escarola INTERNATIONAL **$**
(Positos 38 ; plats 40-70 $M ; 11h-20h mar-sam, 18h dim ;). Ce délicieux petit restaurant situé en plein centre de la vieille ville fait une halte parfaite pour le déjeuner. La nourriture est préparée avec des ingrédients bruts, ne soyez pas pressé d'être servi. Profitez plutôt de l'agréable terrasse ensoleillée et dégustez les succulents burgers, sandwichs, salades et soupes que l'on prépare ici.

Café Tal CAFÉ **$**
(Temezcuitate 4 ; en-cas 30-50 $M ; 7h-minuit lun-ven, 8h-minuit sam-dim ;). Répartie sur deux bâtiments de part et d'autre d'une rue étroite et escarpée, cette adresse prisée des étudiants est toujours pleine de jeunes branchés qui partagent la même passion pour le café fraîchement torréfié que le propriétaire. Ne manquez pas le *beso negro* ("baiser noir"), un chocolat chaud très fort en cacao (20 $M).

Santo Café CAFÉ **$**
(www.facebook.com/santocafe ; Puente de Campanero ; plats 50-150 $M ; 10h-23h lun-sam, 12h-20h dim ;). Pour une immersion dans l'ambiance universitaire, arrêtez-vous dans ce café cosy et sans prétention, sur le pittoresque pont à la vénitienne – certaines tables donnent sur l'allée en contrebas. On sert ici de bonnes salades et en-cas ; goûtez le *queso fundido* (fromage fondu) ou le burger au soja, deux délices qui plairont aux végétariens.

Los Campos TAPAS **$$**
(www.loscampos.mx ; 4A de la Alameda, près de la Plaza Baratillo ; plats 75-185 $M ; 14h-22h mar-dim). Un couple mexicano-canadien tient ce petit restaurant cosy éclairé aux bougies. Le menu créatif va des assiettes de tapas aux plats comme les piments *poblanos* farcis sur lit d'orge perlé et *huitlacoche* (champignons du maïs), *nopal* et maïs. Le restaurant se démarque nettement des autres établissements culinaires de Guanajuato pour ce qui est de l'originalité des plats et de la diversité des ingrédients. Réserver en soirée.

A Punto INTERNATIONAL **$$**
(473-732-61-32 ; Casa Cuatro, San José 4 ; 180-310 $M ; 14h-22h mar-mer, 23h jeu-dim). Installé dans la demeure restaurée Casa Cuatro, ce restaurant qui compte parmi les adresses les plus cosmopolites de Guanajuato sert une bonne cuisine internationale. L'endroit est parfait pour un déjeuner qui s'étire longuement ou un dîner. Vous pouvez aussi venir pour boire un verre seulement.

Mestizo INTERNATIONAL **$$**
(473-732-06-12 ; Positos 69 ; plats 120-280 $M ; 13h-22h mar-sam, 17h dim ;). Les murs arborent d'intéressantes œuvres d'art, le menu est superbe et il fait bon dans les 3 salles de ce restaurant, sans parler des menus du jour qui changent quotidiennement. Il est regrettable que l'éclairage soit aussi mauvais et les moquettes si vilaines. Si la scène culinaire de Guanajuato a encore des progrès à faire pour égaler celles d'autres villes du pays, ce restaurant a au moins le mérite de servir une excellente cuisine.

Casa Valadez MEXICAIN **$$**
(473-732-03-11 ; Jardín de la Unión 3 ; plats 150-800 $M ; 8h30-23h ;). Ce restaurant classique a une vue impressionnante sur le Jardín de la Unión et il attire une foule de clients fidèles bien mis qui y viennent pour voir et être vus. Les plats, principalement internationaux, sont servis en portions généreuses. Au nombre des spécialités mexicaines : le *pollo con enchiladas mineras* (enchiladas au poulet).

El Jardín de los Milagros MEXICAIN **$$$**
(473-732-93-66 ; www.eljardindelosmilagros.com.mx ; Calzada Alhondiga 80 ; plats 230-350 $M ; 13h30-22h mer-lun ;). Ce magnifique restaurant est séparé de la route

très fréquentée par une épaisse muraille qui encercle une ancienne hacienda et un jardin bien entretenu. L'endroit est époustouflant, que vous dîniez en plein air ou dans une des jolies salles à manger de l'hacienda. Le personnel est extrêmement serviable et la cuisine, mexicaine, est présentée de manière créative et mâtinée de touches internationales.

Las Mercedes MEXICAIN **$$$**
(☎473-732-73-75 ; Arriba 6, San Javier ; plats 190-310 $M ; ⏲14h-22h mar-sam, 14h-18h dim). Dans un quartier résidentiel dominant la ville se trouve le meilleur restaurant de Guanajuato, où une cuisine mexicaine *como la abuela* (cuisine de grand-mère, qui nécessite des heures de préparation) est servie. Les plats superbement présentés incluent des *moles* préparés de manière traditionnelle au *molcajete* (mortier) et des touches contemporaines. Réservation conseillée. Prenez un taxi pour vous y rendre.

El Midi Bistró FRANÇAIS **$$$**
(Casa Cuatro, San José 4 ; plats 230-300 $M ; ⏲9h-22h lun, mer et jeu, 23h ven-sam, 21h dim ; wifi). Cet établissement mi-bistrot, mi-bar au dernier étage, est décoré avec goût et occupe une demeure superbement restaurée. On y sert un délicieux assortiment de classiques français à la carte. Parmi les plats proposés, bœuf bourguignon, confit de canard et bouillabaisse. Musique live les jeudis soir et brunch tous les jours de 9h à 14h. Une des adresses les plus agréables en ville pour se détendre.

Où prendre un verre et faire la fête

Chaque soir, le Jardín de la Unión s'anime : tout le monde va se promener, s'installer en terrasse et écouter les musiciens de rue. L'importante population étudiante de la ville rime avec bars animés et bon marché. Les bars et clubs de Guanajuato ouvrent leurs portes assez tard ; le jeudi soir est particulièrement prisé pour faire la fête.

Los Lobos BAR
(Doblado 2 ; ⏲18h-3h lun-sam, 1h dim). Ce bar décontracté et gay-friendly est décoré de portraits de satan et de *Catrinas* (poupées en squelette) placardés partout. La clientèle, elle, est bien moins macabre. Très bonne programmation musicale et billard dans la salle du fond.

Golem BAR
(Cantarranas 38 ; ⏲18h30-3h lun-sam, 14h-minuit dim). Ce bar punk est un vrai dédale de pièces qui abrite baby-foot et sièges d'avion récupérés. Il y résonne une musique rock indé. Les margaritas sont servies dans des verres à champagne. L'étage compte une terrasse. Une des adresses les plus animées de Guanajuato.

Why Not? CLUB
(Alfonso 34 ; ⏲21h30-3h lun-sam). Des hordes d'étudiants fréquentent cette institution de Guanajuato (particulièrement du jeudi au samedi soir). La fête démarre vraiment après minuit.

La Inundación de 1905 BAR
(San Fernando Plaza ; ⏲10h-minuit mar-dim). Les étudiants adorent cette adresse décontractée, dont le nom évoque l'inondation de 1905, pour sa bière qui coule à flots dans une ambiance de *Beer Garden*.

El Midi Bistró BAR
(www.facebook.com/elMidiBistro ; Casa Cuatro, San José 4 ; ⏲9h-22h lun, mer et jeu, 23h ven-sam, 21h dim). Cet agréable bar délicieusement suranné, qui se double d'un restaurant huppé, se trouve dans une maison rénovée. Raffinement et culture sont à l'honneur avec les concerts proposés et les expositions installées dans l'espace-galerie qui le jouxte. Un endroit relaxant et idéal pour prendre un verre avant ou après le dîner.

El Incendio BAR
(Cantarranas 39 ; ⏲11h-23h). Cette ancienne *cantina* a conservé ses portes battantes, son urinoir ouvert (qui ne sert plus !) et ses murs couverts de fresques. Elle attire une clientèle d'étudiants enjouée.

Whoopees BAR
(Manuel Doblado 39 ; ⏲21h-4h mar-sam). Ce bar accueillant est le centre névralgique de la scène LGBT de Guanajuato.

Où sortir

Teatro Cervantes THÉÂTRE
(☎473-732-11-69 ; Plaza Allende s/n). Le Cervantes offre une riche programmation pendant le Festival Cervantino et des spectacles moins réguliers le reste de l'année. Des statues de Don Quichotte et de Sancho Pança trônent sur la petite Plaza Allende, devant le théâtre.

Achats

Xocola-T ALIMENTATION

(Plazuela del Baratillo 15 ; 12h-20h lun, 9h-20h mar-sam, 10h-18h dim). Paradis pour les amateurs des précieuses fèves, le Xocola-T vend de délicieux chocolats artisanaux (100% cacao), aux parfums naturels, sans graisse hydrogénée. Parmi les parfums, citons ceux aux *chapulines* (sauterelles), aux *gusanos* (chenilles) et au *nopal* (cactus).

Mercado Hidalgo MARCHÉ

(Av Juárez ; 8h-21h). Le marché typique et animé de Guanajuato ne manque pas de babioles à l'attention des touristes, de pièces d'artisanat et d'étals de nourriture. Il mérite une visite.

Renseignements

À Guanajuato, les seuls points d'information officiels sont les deux petits kiosques touristiques situés dans le **Jardín de la Unión** (9h-18h) et la rue attenante, la Calle Allende. Ne les confondez pas avec les guichets marqués "*Information Turística*", disséminés partout en ville. Ces derniers appartiennent à des prestataires privés travaillant pour certains hôtels et d'autres prestataires.

Les banques le long de l'Avenida Juárez changent des devises, délivrent des avances sur cartes de crédit et disposent de DAB.

Centro Médico la Presa (473-102-31-00 ; www.centromedicolapresa.mx ; Paseo de la Presa 85 ; 24h/24)

Hospital General (473-733-15-73, 473-733-15-76 ; Carretera a Silao Km 6,5)

Poste (Ayuntamiento 25 ; 8h-16h30 lun-ven, 8h-12h sam)

Depuis/vers Guanajuato

AVION

Guanajuato est desservie par l'**aéroport international de Guanajuato** (Aeropuerto Internacional del Bajío ; 472-748-21-20 ; www.aeropuertosgap.com.mx ; Silao) situé à 30 km à l'ouest de la ville, près de Silao.

BUS

La gare routière, le **Central de Autobuses** (473-733-13-44 ; Silao 450), est à 5 km au sud-ouest de la ville (attention : pour y accéder, quittez la ville par le nord-ouest le long de Tepetapa). Les billets deluxe et de 1re classe (ETN et Primera Plus) sont aussi en vente en ville, auprès de **Viajes Frausto** (473-732-35-80 ; www.frausto.agenciasviajes.mx ; Obregón 10 ; 9h-14h et 16h30-19h30 lun-ven, 9h-13h30 sam).

Primera Plus et ETN sont les principales compagnies de 1re classe ; Flecha Amarilla propose des liaisons moins onéreuses pour Dolores Hidalgo, León et San Miguel de Allende.

Comment circuler

Un taxi jusqu'à l'Aeropuerto Internacional de Guanajuato revient à environ 400 $M (depuis l'aéroport, le tarif fixe en vigueur est de 450 $M ; on achète son billet à un guichet de taxis dans l'aéroport). Une solution moins coûteuse consiste à prendre un bus régulier de Guanajuato à Silao (30 $M, toutes les 20 min), puis un taxi (environ 120 $M). Notez qu'en sens inverse (de l'aéroport à Silao), les tarifs des taxis sont fixes (250 $M).

Entre la gare routière et le centre-ville, les bus marqués "Central de Autobuses" (6 $M) circulent 24h/24. Dans le centre, vous pouvez les prendre dans l'Avenida Juárez en direction de l'ouest. Depuis la gare routière, ils empruntent un tunnel courant vers l'est sous le centre historique. Vous pouvez monter ou descendre à plusieurs arrêts : Mercado Hidalgo, Plaza de los Ángeles, Jardín de la Unión, Plaza Baratillo/Teatro Principal, Teatro Cervantes ou Embajadoras. Un taxi depuis/vers la gare routière coûte environ 50 $M.

En ville, les bus locaux affichent leur destination. Pour rejoindre le centre historique, tous les bus allant vers l'est empruntent le tunnel qui passe sous l'Avenida Juárez (c'est par exemple le cas de ceux qui vont du marché

BUS AU DÉPART DE GUANAJUATO

DESTINATION	PRIX ($M)	DURÉE (H)	FRÉQUENCE
Dolores Hidalgo	60	1½	ttes les 30 min 5h30-22h30
Guadalajara	420-515	4	fréquents
León	75-98	1-1¼	très fréquents
Mexico (Terminal Norte)	540-680	4½	très fréquents
Querétaro	200-230	2½	fréquents
San Miguel de Allende	130-170	1½-2	très fréquents
Zacatecas	465	4	tlj à 12h15

au Teatro Principal). Vers l'ouest, ils suivent l'Avenida Juárez en surface.

Les bus municipaux (6 $M) circulent de 7h à 22h. Très nombreux dans le centre, les taxis facturent environ 40 $M pour un petit trajet en ville (un peu plus s'ils montent la colline vers El Pípila et les secteurs voisins).

Les bus pour Bocamina San Ramón et Bocamina de San Cayetano (Insurgencia) partent de la Calle Insurgencia près de Plaza Alhóndiga.

León

☎ 477 / 1,5 MILLION D'HABITANTS / ALTITUDE : 1 815 M

Il n'y a pas véritablement de raison de visiter la ville industrielle de León située à 56 km à l'ouest de Guanajuato, mais dans la mesure où elle représente un nœud de transport d'importance dans l'État, il se peut que vous ayez à faire une correspondance ici. De plus, elle n'est qu'à 20 km de l'Aeropuerto Internacional del Bajío. En revanche, vous n'aurez sans doute pas à loger sur place, car les liaisons en bus sont très nombreuses.

Si vous avez une heure ou deux à tuer avant le départ, allez flâner aux abords de la gare routière, dans la Zona Piel, ou quartier du Cuir (au XVIe siècle, León était le centre de la principale région d'élevage du Mexique ; elle approvisionnait en viande les villes minières et était spécialisée dans le traitement des peaux).

Depuis/vers León

L'Aeropuerto Internacional de Guanajato (p. 693) est à 20 km au sud-est de León, sur la route de Mexico. Des compagnies américaines assurent des liaisons avec les États-Unis. Il n'existe malheureusement pas de ligne de bus entre l'Aeropuerto Internacional de Guanajuato et le centre-ville de León. Un taxi entre León et l'aéroport coûte environ 300 $M (380 $M si vous empruntez les taxis officiels de l'aéroport).

Le **Central de Autobuses** (Blvd Hilario Medina s/n) est situé juste au nord du boulevard López Mateos, à 2,5 km à l'est du centre. On y trouve une cafétéria, une consigne à bagages, un bureau de change. Des bus de 1re et 2e classes partent pour la plupart des villes du nord et du centre du pays.

Dolores Hidalgo

☎ 418 / 61 000 HABITANTS / ALTITUDE : 1 920 M

Dolores Hidalgo est une ville à l'ambiance détendue, resserrée autour de sa jolie place arborée. De manière assez surprenante, cette petite ville fut le berceau du mouvement d'indépendance mexicaine. Le 16 septembre 1810 à 5 heures du matin, Miguel Hidalgo, un curé, sonnait les cloches plus tôt que d'ordinaire pour réunir les fidèles et lançait son célèbre Grito de Dolores ("cri de Dolores"), aussi appelé Grito de Independencia ("cri pour l'indépendance").

Aujourd'hui, Hidalgo est l'un des héros les plus chers à l'imaginaire national. Dolores fut rebaptisée en son honneur dès 1824, et des foules de Mexicains se pressent dans la ville pour célébrer le jour de l'Indépendance (16 septembre) – période durant laquelle les prix des hébergements flambent ! Le *centro histórico* mérite qu'on y passe une demi-journée non seulement à la découverte de l'histoire à travers ses intéressants musées sur le thème de l'indépendance mexicaine, mais aussi de ses ateliers de céramiques de Talavera et de ses fameux glaciers.

À voir

Parroquia de Nuestra Señora de Dolores ÉDIFICE RELIGIEUX

(Plaza Principal). La Parroquia de Nuestra Señora de Dolores est l'église d'où Miguel Hidalgo lança son célèbre appel à la sédition pour l'indépendance du pays. Certains affirment que Miguel Hidalgo se serait

BUS AU DÉPART DE LEÓN

DESTINATION	PRIX ($M)	DURÉE (H)	FRÉQUENCE
Aguascalientes	195	2-2 ½	fréquents
Guadalajara	320-370	3	10/jour
Guanajuato	80-112	45 min	ttes les heures
Mexico (Terminal Norte)	450-600	5	très fréquents (24h/24)
San Miguel de Allende	185-250	2 ¼	6/jour
Zacatecas	430	4	8/jour

MIGUEL HIDALGO : ¡QUE VIVA MEXICO!

Si vous avez observé les fresques et les statues ornant les villes mexicaines, le crâne dégarni de Miguel Hidalgo y Costilla vous est sans doute familier. Véritable rebelle idéaliste, ce prêtre n'hésita pas à mettre son existence en jeu en lançant, le 16 septembre 1810, le mouvement indépendantiste.

Né le 8 mai 1753, fils du dirigeant *criollo* d'une hacienda de Guanajuato, il fit des études avant d'être ordonné prêtre en 1778. Il revint ensuite enseigner dans son ancien collège de Morelia, dont il devint le recteur. Ecclésiastique peu orthodoxe, Hidalgo n'hésitait pas à remettre en question la tradition catholique, à lire des ouvrages censurés, à jouer, à danser et à entretenir des relations avec une maîtresse.

En 1800, il fut conduit devant l'Inquisition. Aucune preuve ne put être apportée contre lui mais, quelques années plus tard, en 1804, il fut transféré comme simple prêtre dans la ville reculée de Dolores.

Les années que Hidalgo passa à Dolores virent croître son intérêt pour la situation économique et culturelle du peuple. Il lança plusieurs industries nouvelles ; il instaura ainsi la culture du ver à soie et fit planter des oliveraies et des vignobles, toujours au mépris des autorités coloniales. Les productions en terre cuite, qui étaient destinées à la construction de bâtiments à cette époque, sont à l'origine de l'industrie de la céramique qui produit aujourd'hui des pots et tuiles vernissés.

Lorsque Hidalgo rencontra son compatriote *criollo* Ignacio Allende de San Miguel, tous deux partageaient un mécontentement commun face à l'emprise espagnole. La présence de Hidalgo aux côtés des *mestizos* (métis) et des Indiens de sa paroisse allait être primordiale dans l'élargissement de la base du mouvement de rébellion qui suivit.

Peu après son Grito de Independencia ("cri pour l'indépendance"), ou Grito de Dolores, son appel à la rébellion, Hidalgo fut officiellement excommunié pour "hérésie, apostasie et sédition". Il défendit pourtant son appel à l'indépendance du Mexique, ajoutant par ailleurs que les Espagnols n'étaient pas de véritables catholiques au sens religieux du terme, mais qu'ils utilisaient la religion à des fins politiques – et surtout pour violer, piller et exploiter le pays. Quelques jours plus tard, le 19 octobre, Hidalgo fit rédiger son premier décret appelant à l'abolition de l'esclavage au Mexique.

Hidalgo mena ses troupes de Dolores à San Miguel, à Celaya et à Guanajuato, au nord jusqu'à Zacatecas, au sud presque jusqu'à Mexico et à l'ouest jusqu'à Guadalajara. Cependant, au fur et à mesure de leur avancée vers le nord, les effectifs, jusqu'alors en progression, diminuèrent. Le 30 juillet 1811, Hidalgo fut capturé par les Espagnols et fusillé par un peloton d'exécution à Chihuahua. Sa tête fut rapportée à Guanajuato et suspendue dans une cage pendant dix ans à un angle de l'Alhóndiga de Granaditas, aux côtés de celles des autres compagnons de l'indépendance : Allende, Aldama et Jiménez. Au lieu d'effrayer le peuple, cette macabre exposition contribua à garder vivants dans les esprits le souvenir, l'objectif et la conduite exemplaire des héroïques martyrs. Après l'indépendance, les cages furent décrochées. Les restes des héros sont désormais conservés au Monumento a la Independencia de Mexico.

exprimé du haut de la chaire, d'autres à la porte de l'édifice devant la foule rassemblée sur le parvis. Chaque année au moment de la célébration de l'indépendance du Mexique, l'église à la jolie façade churrigueresque du XVIIIe siècle devient le point focal de la ville.

Cuna De Tierra DOMAINE VITICOLE
(☎ 418-690-22-09 ; www.cunadetierra.com ; Carretera Dolores Hidalgo-San Luis de la Paz Km 11 ; ⊙ mer-dim sur rdv). La première et la plus grande exploitation viticole de Guanajuato a ouvert ses portes en 2005, marquant ainsi la réintroduction de la production de vin dans la région, 200 ans après son interdiction par les Espagnols afin d'imposer aux Mexicains le vin ibérique. Les dégustations (qui doivent être réservées) sont organisées dans des bâtiments ayant remporté des prix d'architecture. Les vins blancs sont des cépages sémillon, les

rouges proviennent de mélanges. L'exploitation produit près de 80 000 bouteilles par an.

Statue de Hidalgo MONUMENT
(Plaza Principal). La place principale de la ville est bien entendu ornée d'une statue du héros de l'indépendance. Il surmonte une grande colonne et est vêtu d'une toge romaine. Il s'y trouve également un arbre qui, selon la plaque apposée au pied, serait un rejet de l'arbre de la Noche Triste (Nuit triste), sous lequel Hernàn Cortés aurait pleuré quand ses hommes furent chassés de Tenochtitlán en 1520.

Museo Bicentenario 1810-2010 MUSÉE
(Casa del Capitán Mariano Abasolo ; tarif plein/étudiant 20/10 $M, gratuit dim ; ⏲10h-17h lun-sam, 10h-15h dim). Juste à côté de l'église, ce musée (l'ancienne Presidencia Municipal) fut inauguré en 2010 à l'occasion des célébrations du bicentenaire de la proclamation d'indépendance du Mexique. La plupart des 7 salles sont consacrées au contexte historique et culturel des 100 premières années qui suivirent l'indépendance. On y voit notamment des souvenirs fabriqués pour le centenaire de 1910, ainsi que des objets plus insolites, comme cette superbe écharpe en soie brodée de cheveux (représentant Alejandro Zavala Mangas, un architecte originaire de Guanajuato) et l'affiche peinte d'origine annonçant le centenaire de l'Indépendance.

Museo de la Independencia Nacional MUSÉE
(Zacatecas 6 ; tarif plein/étudiant 15/10 $M, gratuit dim ; ⏲9h-17h lun-sam, 9h-15h dim). Le musée de l'Indépendance nationale présente peu de reliques, mais de nombreuses informations sur le mouvement indépendantiste. Sur 7 salles, il témoigne du déclin de la population indienne de la Nueva España, qui passa de 25 millions en 1519 à un million en 1605, et recense 23 révoltes indiennes avant 1800, ainsi que plusieurs conspirations de *criollos* jusqu'à 1810. Des peintures et des citations illustrent les 10 derniers mois héroïques de la vie d'Hidalgo.

Museo Casa de Hidalgo MUSÉE
(Angle Hidalgo et Morelos ; tarif plein/étudiant 40/20 $M, gratuit dim ; ⏲9h-17h45 mar-sam, 16h45 dim). Miguel Hidalgo vivait dans cette maison lorsqu'il prêchait à la paroisse de Dolores. C'est ici qu'au petit matin du 16 septembre 1810, accompagné d'Ignacio Allende et Juan de Aldama, l'insurgé déclencha la révolte contre le pouvoir colonial. Aujourd'hui, la maison est devenue une sorte de temple national où l'on commémore les heures de l'insurrection. Vous y verrez des copies du mobilier de Miguel Hidalgo, des documents relatifs à l'indépendance du pays ou le décret d'excommunication du héros national.

Fêtes et festivals

Día de la Independencia COMMÉMORATION
(⏲16 sept). Théâtre du Grito de Independencia, Dolores est le site principal des célébrations organisées à l'occasion de l'anniversaire de l'Indépendance, le 16 septembre. Conformément à la tradition, le chef de l'État préside les cérémonies la 5e année de son mandat.

Où se loger et se restaurer

Il serait dommage de partir sans avoir goûté une glace artisanale (environ 20 $M), sur la place ou ailleurs en ville. Les parfums ne manquent pas : *mole* (sauce pimentée), *chicharrón* (couenne de porc frite), avocat, maïs, fromage, miel, crevettes, bière, tequila, fruits tropicaux...

Posada Cocomacán HÔTEL $
(☎418-182-60-86 ; www.posadacocomacan.com.mx ; Plaza Principal 4 ; s/d 420/600 $M ; wifi). Cet établissement couleur abricot à l'emplacement central est une adresse un peu vieillissante mais fiable. Ambiance mexicaine garantie. Parmi les 37 chambres, celles des étages supérieurs, dont les fenêtres donnent sur la rue, sont les plus agréables. Restaurant ouvert de 8h à 22h30.

Hotel Hidalgo HÔTEL $
(☎418-182-04-77 ; www.hotelposadahidalgo.com ; Hidalgo 15 ; s/d 550/650 $M ; wifi). La réception fait un peu penser à une salle d'opération mais l'établissement est impeccable et bien géré. Vous y trouverez des chambres confortables, quoiqu'un peu vieillottes. Emplacement pratique, entre les gares routières et la Plaza Principal.

♥ DaMonica ITALIEN $$
(Nayarit 67 ; plats 80-200 $M ; ⏲10h30-22h30 mar-dim). Ce petit bijou de restaurant, confortable et engageant, est tenu par une Italienne prénommée Monica. Elle vous

BUS AU DÉPART DE DOLORES HIDALGO

DESTINATION	PRIX ($M)	DURÉE (H)	FRÉQUENCE
Guanajuato	85	1¼	fréquents
León	160	2¼	3/jour
Mexico (Terminal Norte) via Querétaro	375	5-6	fréquents
Querétaro	150	2	ttes les heures
San Luis Potosí	170	2¼	ttes les heures
San Miguel de Allende	50	45 min	fréquents

préparera en vitesse de véritables délices italiens comme les lasagnes, pizzas et autres plats sophistiqués aux fruits de mer.

Achats

Depuis la création du premier atelier de poterie de la ville, par le Padre Hidalgo, au début du XIXe siècle, les céramiques de Talavera sont devenues la spécialité de Dolores. Rendez-vous dans la Zona Artesanal, un groupe d'ateliers bordant l'Avenida Jiménez, à cinq rues à l'ouest de la place, ou rejoignez (en voiture) Calzada de los Héroes, sur la route de San Miguel de Allende.

Renseignements

L'**office du tourisme** (418-182-11-64 ; www.dolores-hidalgo.com ; Plaza Principal ; 9h-17h lun-ven, 10h-14h sam) se trouve du côté sud-est de la Plaza Principal. Le personnel, serviable, distribue des cartes et des brochures.

Depuis/vers Dolores Hidalgo

La **gare routière Primera Plus/Coordinados (Flecha Amarilla)** est située dans Hidalgo, à quelques rues au sud de la place, près de la **gare routière Herradura de Plata/Autovías** (418-182-29-37 ; angle Chiapas et Yucatán).

San Miguel de Allende

415 / 73 000 HABITANTS / ALTITUDE : 1 900 M

Avec sa superbe architecture coloniale, ses ruelles pavées enchanteresses et sa belle lumière, San Miguel de Allende est à juste titre une des destinations les plus attrayantes du Mexique. Elle jouit depuis près d'un siècle d'une grande popularité auprès des esthètes et des romantiques. De nombreux Américains y vivent à l'année ou y passent l'hiver. Ils drainent avec eux une atmosphère cosmopolite qu'on ne retrouve que dans peu d'autres villes mexicaines.

La ville possède de superbes restaurants, des hébergements haut de gamme, un grand nombre de galeries proposant des *artesanías* (objets artisanaux) de qualité, un climat tempéré des plus agréables et offre tout un éventail d'activités culturelles dont des festivals, feux d'artifice et parades. San Miguel est un passage obligé pour qui visite le nord du plateau central. La ville tout entière est inscrite au Patrimoine mondial depuis 2008. Elle reçoit un très grand nombre de visiteurs mais leur présence ne nuit pas à son harmonie : la population locale se mêle chaleureusement aux visiteurs et résidents étrangers.

Histoire

Selon la légende, la ville doit son existence aux chiens de Juan de San Miguel, un courageux franciscain aux pieds nus qui fonda une mission en 1542 près d'une rivière souvent asséchée, à 5 km du site actuel de la cité. Un jour, ses chiens s'éloignèrent de la mission et furent retrouvés près d'une source appelée **El Chorro**, au sud de la ville actuelle. L'endroit étant plus engageant, la mission déménagea.

San Miguel était alors la colonie espagnole la plus septentrionale du Mexique central. Des Tarasques et des Tlaxcaltèques, alliés des Espagnols, furent appelés dans la région pour aider à pacifier les Otomís et les Chichimèques. San Miguel dut affronter la redoutable résistance chichimèque jusqu'en 1555, date à laquelle une garnison espagnole s'installa pour protéger la nouvelle route reliant Mexico au centre d'extraction d'argent de Zacatecas. Des fermiers espagnols s'installèrent dans les environs et San Miguel devint un centre commercial florissant. Quelques barons de l'argent de Guanajuato y élurent même domicile.

L'enfant chéri de San Miguel, Ignacio Allende, naquit en 1779. Farouche partisan de l'indépendance du Mexique, il fut

San Miguel de Allende

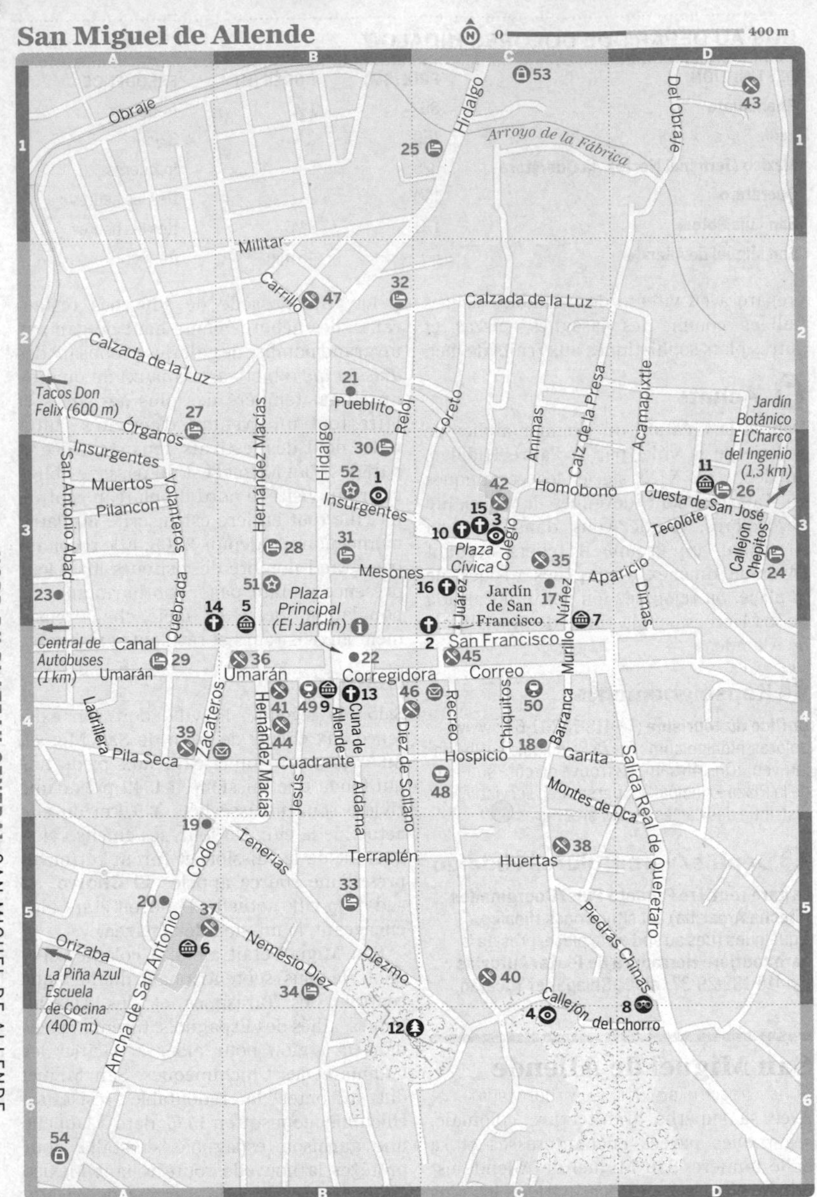

l'un des chefs de la conspiration fomentée à Querétaro, qui avait fixé au 8 décembre 1810 le soulèvement armé. Lorsque son plan fut découvert par les autorités de Querétaro, le 13 septembre, un messager courut à San Miguel pour transmettre la nouvelle à Juan de Aldama, un autre conspirateur. Aldama se précipita vers le nord, à Dolores, où, aux premières heures du 16 septembre, il trouva Allende dans la maison du prêtre Miguel Hidalgo. Quelques heures plus tard, Hidalgo

San Miguel de Allende

À voir

1 Biblioteca Pública B3
2 Capilla de la Tercera Orden C4
3 Colegio de Sales C3
4 El Chorro C6
5 Escuela de Bellas Artes B3
6 Instituto Allende A5
7 La Esquina: Museo del Juguete Popular Mexicano C3
8 Mirador D5
9 Museo Histórico de San Miguel de Allende B4
10 Oratorio de San Felipe Neri C3
11 Galerie Other Face of Mexico D3
12 Parque Benito Juárez B6
13 Parroquia de San Miguel Arcángel B4
14 Templo de la Concepción A3
15 Templo de la Salud C3
16 Templo de San Francisco C3

Activités

17 Academia Hispano Americana C3
18 Bici-Burro C4
19 Bookatour A5
20 Coyote Canyon Adventures A5
21 El Liceo de la Lengua Española B2
22 Historical Walking Tour of San Miguel de Allende B4
23 Warren Hardy Spanish A3

Où se loger

24 Antigua Capilla D3
25 Casa Carly C1
26 Casa de la Cuesta D3
27 Casa de la Noche A2
28 Casa Florida B3
29 Dos Casas A4
30 Hostal Alcatraz B3
31 Hostal Punto 79 .... B3
32 Hostel Inn B2
33 Hotel Matilda B5
34 Rosewood San Miguel de Allende B5

Où se restaurer

Aperi .... (voir 29)
35 Baja Fish Taquito C3
36 Berlin B4
37 Café Rama A5
38 El Manantial C5
39 La Mesa Grande A4
40 La Parada C5
41 Lavanda B4
42 Mercado El Nigromante C3
43 Muro D1
44 Nomada B4
45 San Agustín C4
46 The Restaurant B4
47 Vía Orgánica B2

Où prendre un verre et faire la fête

48 El Café de la Mancha C4
49 La Azotea B4
50 La Mezcalería C4
Mama Mía .... (voir 49)

Où sortir

51 Teatro Ángela Peralta B3
52 Teatro Santa Ana B3

Achats

53 Fábrica La Aurora C1
54 TOSMA A6

proclamait la rébellion depuis son église. Après quelques victoires initiales, Allende, Hidalgo et d'autres chefs indépendantistes furent capturés à Chihuahua en 1811. Allende fut exécuté. Lors de l'accession du Mexique à l'indépendance, en 1821, il fut proclamé martyr. La ville fut rebaptisée San Miguel de Allende en 1826.

L'Escuela de Bellas Artes (école des beaux-arts) fut fondée en 1938, et la ville s'ouvrit à sa vocation culturelle quand Alfaro Siqueiros commença à donner des cours de peinture murale qui attirèrent les artistes. L'Instituto Allende, inauguré en 1951, séduisit aussi des étrangers, dont de nombreux vétérans américains (venus dans le cadre du *GI Bill* – loi octroyant aux soldats démobilisés de la Seconde Guerre mondiale le financement de leurs études ou de leur formation professionnelle). Depuis, l'afflux d'artistes ne s'est jamais tari.

À voir

Parque Benito Juárez PARC

(👪). Ce parc ombragé est un charmant endroit où vous aurez plaisir à vous relaxer et à flâner. On y trouve des bancs, des allées bien entretenues et une aire de jeux qui ravira les enfants.

La Esquina: Museo del Juguete Popular Mexicano MUSÉE

(www.museolaesquina.org.mx ; Núñez 40 ; adulte/enfant 50/20 $M ; ⏲10h-18h mar-sam, 16h dim ; 👪). Ce musée lumineux et moderne est un incontournable pour les grands et petits enfants. La collection de jouets constituée pendant plus d'un demi-siècle par la propriétaire du lieu, Angélica Tijerina, vise à exposer, préserver et perpétuer les nombreuses traditions des différentes régions du Mexique. Les pièces exposées et présentées autour de 4 thèmes sont faites de divers matériaux allant du blé au plastique en passant par le bois et le tissu.

Oratorio de San Felipe Neri ÉDIFICE RELIGIEUX

(Plaza Cívica). Cette église du XVIIIe siècle, aux tours et aux dômes multiples, se dresse près de l'extrémité est d'Insurgentes. La façade principale rose pâle, de style baroque, témoigne d'une influence indienne. À droite, un passage mène au mur est, dont la porte est décorée d'une représentation de *Nuestra Señora de la Soledad* (Notre-Dame de la Solitude). De là, vous pourrez jeter un coup d'œil à l'intérieur du cloître.

Dans l'église, 33 tableaux illustrent la vie de San Felipe Neri, un Florentin qui fonda au XVIe siècle la congrégation de l'Oratoire. Dans le transept est, une peinture de la Vierge de Guadalupe a été réalisée par Miguel Cabrera (1695-1768). Le transept ouest abrite la chapelle de **Santa Casa de Loreto** (1735), aux riches ornements ; il s'agit d'une réplique d'une chapelle de Loreto (Italie), où des anges auraient selon la légende transféré la maison de la Vierge Marie. La *camarín* (petite chapelle à l'arrière de l'église principale) possède 6 autres autels dorés de style baroque. Malheureusement, elle est rarement ouverte. Le gisant en cire de San Columbano repose sur un autel qui contiendrait les ossements du saint.

Jardín Botánico El Charco del Ingenio JARDIN

(☎415-154-47-15 ; www.elcharco.org.mx ; près de l'Antiguo Camino Real a Querétaro ; 40 $M ; ⏲9h-18h). À 1,5 km au nord-est de la ville, ce jardin botanique de 88 ha englobe une réserve (oiseaux et autres animaux), ainsi que des espaces destinés à la détente et aux cérémonies. Des sentiers passent par des marais et de superbes massifs de cactées et d'autres plantes locales ; le canyon El Charco del Ingenio est sillonné par la source d'eau homonyme. Ne manquez pas le conservatoire des plantes mexicaines, qui abrite une remarquable diversité de cactus et d'autres plantes succulentes. Des visites de 2 heures (en anglais) sont proposées tous les mardis et jeudis à 10h (80 $M).

Les mardis, jeudis, samedis et dimanches, un bus gratuit quitte Calles Mesones, devant la Plaza Cívica, à 9h30 et repart dans l'autre sens à 13h. Sinon, une piste carrossable de 2 km part en direction du nord depuis le centre commercial Soriana, situé à 2,5 km au sud-est du centre-ville sur la route de Querétaro. Ce centre commercial est desservi par des bus indiqués "Soriana" qui partent de l'arrêt de Mesones, près de la Plaza Cívica (10 min, 5 $). Du centre-ville, la course en taxi jusqu'au jardin revient autour de 50 à 60 $M.

Parroquia de San Miguel Arcángel ÉDIFICE RELIGIEUX

Le site le plus célèbre de San Miguel est cette église qui se distingue par ses tours roses semblables à des pièces montées et qui dominent la ville. Ces deux pinacles furent dessinés à la fin du XIXe siècle par un maçon indien, Zeferino Gutiérrez, qui se serait inspiré de la carte postale d'une église belge. Le reste de l'église date de la fin du XVIIe siècle.

Biblioteca Pública CULTURE

(☎415-152-02-93 ; Insurgentes 25 ; ⏲10h-19h lun-ven, 14h sam). Outre le fait qu'elle abrite une des plus grandes collections de livres et revues en anglais d'Amérique latine, cette excellente bibliothèque publique fait également office de centre culturel. Elle est aussi le siège de la rédaction de l'hebdomadaire en anglais et en espagnol *Atención San Miguel*. Sur place, vous trouverez aussi un café duquel on peut observer l'émulation culturelle qui anime le bâtiment. Le tout petit **Teatro Santa Ana** (☎415-152-02-93 ; Reloj 50A ; billets 40-250 $M) accueille également débats et spectacles.

Escuela de Bellas Artes BEAUX-ARTS

(Centro Cultural Nigromante ; ☎415-152-02-89 ; Hernández Macías 75 ; ⏲10h-18h lun-sam, 10h-14h dim). Cette école des beaux-arts toujours en activité occupe un ancien monastère depuis 1938. Ne manquez pas les fresques de Pedro Martínez et la salle Siqueiros, ornée d'une extraordinaire fresque inachevée de David Alfaro Siqueiros. Le reste de la galerie abrite des expositions temporaires consacrées à des artistes locaux dont beaucoup sont d'anciens élèves de l'école.

Mirador POINT DE VUE

Au sud-est de la ville, le mirador offre une vue magnifique sur San Miguel et la campagne environnante.

VAUT LE DÉTOUR

SANTUARIO DE ATOTONILCO

Connue sous le surnom de "chapelle Sixtine mexicaine", cette **église** (Calle Principal, Atotonilco) d'une importance capitale pour les Mexicains et située dans le hameau d'Atotonilco, à 11 km au nord de San Miguel, est liée à l'histoire de la lutte pour l'indépendance du Mexique. C'est là que se maria, en 1802, Ignacio Allende et, 8 ans plus tard, il y retourna avec Miguel Hidalgo et des rebelles indépendantistes pour y prendre la bannière de la Vierge de Guadalupe, dont ils firent leur drapeau.

Aujourd'hui, pèlerins et pénitents affluent de tout le Mexique vers ce haut lieu. Deux semaines avant Pâques, une procession solennelle part du sanctuaire d'Atotonilco : la statue du Señor de la Columna est alors portée jusqu'à l'église de San Juan de Dios, à San Miguel. Le sanctuaire regroupe 6 chapelles, ornées d'une profusion de statues, de fresques et d'autres peintures. Des danses traditionnelles ont lieu sur place le troisième dimanche de juillet. L'église a été inscrite au patrimoine mondial de l'Unesco en 2008.

Depuis San Miguel, un taxi revient à environ 120-150 $M l'aller. Les bus locaux marqués "Atotonilco" ou "Cruz del Palmar" partent de la Calzada de La Luz toutes les heures, à la demie (10 $M, 45 min).

Museo Histórico de San Miguel de Allende MUSÉE
(Museo Casa de Allende ; Cuna de Allende 1 ; 50 $M, gratuit dim ; 9h-17h mar-dim). Le héros de l'indépendance mexicaine Ignacio Allende naquit dans cette maison en 1769, un événement qui attire continuellement une foule de pèlerins mexicains. Le bâtiment abrite aujourd'hui le musée d'Histoire de la ville, consacré à l'intéressante région de San Miguel et qui renferme des reproductions du mobilier et des biens ayant appartenu à la famille Allende. Explications en espagnol seulement.

Other Face of Mexico GALERIE
(415-154-43-24 ; www.casadelacuesta.com ; Cuesta de San José 32 ; 50 $M). Cette extraordinaire collection privée de plus de 500 masques mexicains ouvre sur rendez-vous. Le droit d'entrée est reversé à une association caritative.

Instituto Allende ÉDIFICE HISTORIQUE
(instituto-allende.edu.mx ; Ancha de San Antonio 20 et 22). Ce vaste ensemble architectural de 1736, ancienne demeure d'une famille d'aristocrates, fut par la suite un couvent de carmélites, avant de devenir une école de langue et d'art en 1951. Aujourd'hui, il est séparé en deux sections : l'une, dotée de jardins et d'une chapelle, est dévolue aux réceptions ; l'autre sert pour les cours. Au-dessus de l'entrée principale, vous verrez une gravure de la Vierge de Loreto. À l'intérieur du bâtiment, une impressionnante fresque relate l'histoire du pays.

Templo de la Salud ÉDIFICE RELIGIEUX
(Plaza Cívica). L'église de la Santé se trouve juste à l'est de San Felipe Neri. Elle possède un dôme couvert de tuiles jaunes et bleues, un grand coquillage sculpté au-dessus de l'entrée et une façade dans le style du début du churrigueresque. À l'intérieur, parmi les peintures, un San Javier est l'œuvre de Miguel Cabrera. San Javier (saint François Xavier, 1506-1552) fut l'un des fondateurs de la Compagnie de Jésus. L'église appartenait autrefois au Colegio de Sales.

Templo de la Concepción ÉDIFICE RELIGIEUX
(Angle Zacateros et Canal). La splendide église de la Conception renferme un bel autel et de superbes peintures anciennes. À l'intérieur de la porte d'entrée, de sages préceptes incitent les visiteurs à la réflexion. La construction fut entamée au milieu du XVIIIe siècle. Le dôme fut ajouté à la fin du XIXe siècle par Zeferino Gutiérrez, qui aurait été inspiré par une reproduction des Invalides, à Paris.

Capilla de la Tercera Orden CHAPELLE
(Angle San Francisco et Juárez). La chapelle du Troisième Ordre, qui date du XVIIIe siècle, faisait partie, comme le **Templo de San Francisco** (angle San Francisco et Juárez), d'un monastère franciscain. Sur la façade principale, remarquez saint François et les emblèmes de l'ordre franciscain.

Colegio de Sales ÉDIFICE D'INTÉRÊT
(Plaza Cívica ; 8h-14h, 17h-20h). Ancien collège de l'ordre de San Felipe Neri fondé

au milieu du XVIIIe siècle, le Colegio de Sales a retrouvé sa vocation éducative en tant qu'annexe de l'université de León. Nombre des révolutionnaires de 1810 y firent leurs études et les nobles espagnols y furent enfermés lorsque les rebelles prirent San Miguel.

Activités

Balnearios (sources chaudes)

Balneario Santa Veronica BAIGNADE

(☎415-109-63-73 ; Carretera San Miguel de Allende-Dolores Hidalgo Km 5,5 ; 30 $M ; ⏲10h-18h ven-dim). Cette source chaude est l'une des plus facilement accessibles car elle se trouve sur la route principale. Santa Veronica a connu des jours meilleurs, mais l'établissement compte une charmante ancienne hacienda, une très grande piscine et deux bassins alimentés par les sources d'eau chaude. L'endroit est très décontracté et vous pouvez apporter votre nourriture et vos boissons.

Balneario Xote BAIGNADE

(☎415-155-83-30 ; www.xoteparqueacuatico.com.mx ; adulte/enfant 100/50 $M ; ⏲9h-18h ; 👪). Ce parc aquatique, plutôt orienté familles, se trouve à 3,5 km en contrebas de l'autoroute, au bout d'une voie pavée. C'est un endroit idéal si vous êtes avec des enfants car il compte plusieurs aires de jeux, toboggans aquatiques et piscines.

La Gruta BAIGNADE

(☎415-185-21-62 ; www.lagruta-spa.com ; Carretera Dolores Hidalgo-San Miguel de Allende Km 10 ; 150 $M ; ⏲7h-17h). La Gruta, un parc chic, est à juste titre le choix de prédilection des gens du cru et des touristes. On y trouve trois petits bassins alimentés en eau thermale. Le bassin le plus chaud est une grotte à peine éclairée à laquelle on accède par un tunnel de 27 mètres de long. Le complexe propose aussi des soins spa de qualité. Bon restaurant sur place.

Escondido Place BAIGNADE

(☎415-185-20-22 ; www.escondidoplace.com ; Carretera San Miguel de Allende-Dolores Hidalgo Km 10 ; 150 $M ; ⏲8h-17h30). Escondido Place compte 7 petites piscines extérieures et trois piscines intérieures reliées entre elles dont la température de l'eau augmente progressivement. Le site est assez bucolique et ne manque pas d'espaces pour pique-niquer. Kiosque vendant des boissons et en-cas.

Cours

Plusieurs écoles proposent des cours d'espagnol, collectifs ou individuels, ainsi que des cours d'histoire et de culture mexicaines. Les leçons individuelles démarrent à environ 20 $US/heure. Les séances collectives et les stages coûtent bien moins cher. L'hébergement dans une famille mexicaine, en chambre privative et pension complète, revient à environ 35 $US/jour. Cours de cuisine également.

La Piña Azul Escuela de Cocina COURS DE CUISINE

(www.kirstenwest.blogspot.de ; Orizaba 39A ; cours 75 $US/pers). Kirsten West, ancienne cheffe de Mick Jagger, se trouve être une véritable experte de la cuisine mexicaine. Elle a ouvert son école de cuisine mexicaine en 2016. Ses cours, pendant lesquels vous ne mettrez pas la main à la pâte, se concentrent sur la cuisine mexicaine indienne et traditionnelle. Quatre personnes minimum par cours (ils sont dispensés en anglais).

El Liceo de la Lengua Española ESPAGNOL

(☎415-121-25-35 ; www.liceodelalengua.com ; Callejón del Pueblito 5). Cette petite école, extrêmement professionnelle, donne des cours d'espagnol (jamais plus de 5 élèves) dans le centre-ville.

Academia Hispano Americana ESPAGNOL

(☎415-152-03-49 ; www.academiahispanoamericana.com ; Mesones 4). Des cours d'espagnol en immersion de bonne qualité, incluant des cours d'histoire, dans un bâtiment colonial.

Warren Hardy Spanish ESPAGNOL

(☎415-154-40-17 ; www.warrenhardy.com ; San Rafael 6). Cette école tenue par un Américain propose des cours d'espagnol et fournit les supports pédagogiques qui sont élaborés sur place. L'endroit est populaire auprès des expatriés d'un âge avancé.

Circuits organisés

♥ Bookatour CIRCUITS ORGANISÉS

(☎415-152-01-98 ; www.bookatour.mx ; Codo 1 ; ⏲9h-18h30 lun-ven, 15h dim). Cette agence propose un éventail de circuits à pied animés par des guides parlant aussi anglais. Parmi les promenades, une visite éclairante de 3 heures à travers San Miguel (40 $US), un circuit arts et artisanat (120 $US), une tournée des *cantinas* (35 $US/pers) et une sortie en montgolfière (175 $US/pers). Les prix ne varient pas pour les groupes

VAUT LE DÉTOUR

CAÑADA DE LA VIRGEN

La **Cañada de la Virgen** (50 $M ; ⌚10h-16h mar-dim), un site préhispanique comportant une pyramide, est un ancien lieu cérémoniel qui remonte au début du IVe siècle et fut utilisé jusque vers 1050. Des ossements, dont on pense qu'ils proviendraient de rituels sacrificiels, furent découverts sur place. Le lieu se distingue par l'alignement du temple principal avec les planètes et son agencement, qui reflète le paysage environnant.

Il se trouve à environ 25 km au sud-est de San Miguel. Le plus simple et le plus instructif pour les voyageurs ne parlant pas espagnol mais comprenant l'anglais est de réserver une excursion auprès de **Coyote Canyon Adventures** (☎415-154-41-93 ; www.coyotecanyonadventures.com ; transport demi-journée/journée à partir de 1 550/2 450 $M par pers, 4 pers minimum). Les guides, qui ont des formations d'archéologue et d'anthropologue, vous en apprendront beaucoup sur le contexte historique et culturel passionnant du lieu.

Les visiteurs indépendants doivent prendre une navette obligatoire (30 $M) qui circule entre la billetterie et les ruines, séparées de plusieurs kilomètres. Départs entre 10h et 16h. Les visites sont en espagnol. Portez des chaussures confortables pour arpenter les pavés et gravir les marches raides sur place.

comprenant jusqu'à 3 personnes et incluent le transport. L'agence propose aussi la location de voitures (seul endroit à le faire à San Miguel).

♥ Bici-Burro À VÉLO
(☎415-152-15-26 ; www.bici-burro.com ; Hospicio 1 ; randonnées 70 120 $M). Sympathique et professionnel, Alberto, le patron, entraîne des groupes de 2 personnes ou plus dans d'excellentes randonnées à VTT (au nombre de 11). Parmi les plus prisées figurent les randonnées de 6-7 heures à Atotonilco ou Mineral de Pozos, et le fabuleux circuit "mezcal", qui passe par plusieurs haciendas. Loue aussi des vélos (45 $US/jour), et organise également des randonnées à pied.

Historical Walking Tour of San Miguel de Allende À PIED
(☎415-152-77-96 ; www.historicalwalkingtour.org ; Jardín Allende ; 300 $M). Une passionnante visite des principaux sites de la ville, assortie de commentaires historiques, architecturaux et culturels par des guides bénévoles (en anglais). Départ d'El Jardín à 10h les lundis, mercredis et vendredis (billets en vente sur place à 9h45). Veillez à être ponctuel car les guides partent à l'heure. Il est aussi possible de réserver des visites privées et des visites axées sur les particularités architecturales.

Xotolar Ranch Adventures À CHEVAL
(☎415-154-62-75 ; www.xotolarranch.com ; promenades à partir de 95 $US). Xotolar Ranch Adventures, sise dans un ranch en activité, est spécialisée dans les excursions dans les gorges. Les sorties se font sur une journée ou une demi-journée. Une d'entre elles comprend l'ascension de la pyramide de la Cañada de la Virgen (145 $US/pers, ci-dessus).

Fêtes et festivals

Riche en églises (plus de quarante) et en saints patrons (six, pas moins !), San Miguel compte une multitude de fêtes, le plus souvent religieuses. Les pétarades des feux d'artifice annoncent souvent les festivités ; les parades sont quasi hebdomadaires. Pour connaître la liste complète des événements, adressez-vous à l'office du tourisme (p. 708) ou rendez-vous sur www.visitsanmiguel.travel.

Semana Santa FÊTE RELIGIEUSE
(⌚mars/avr). Les deux dimanches avant Pâques, les pèlerins portent la statue du Señor de la Columna d'Atotonilco, à 11 km au nord, à l'église San Juan de Dios de San Miguel ; ils partent à minuit le samedi. Parmi les manifestations de la Semaine sainte, la grande Procesión del Santo Entierro a lieu le Vendredi saint ; le dimanche de Pâques, on brûle des effigies de Judas.

Fiesta de la Santa Cruz HISTOIRE
(⌚fin mai). Cette fête de printemps, empreinte de religiosité, puise ses origines au XVIe siècle. Elle a lieu à Valle del Maíz,

à 2 km du centre-ville. Des bœufs sont parés de colliers et de tortillas peintes, et leur joug est décoré de fleurs et de fruits. Suit un simulacre de bataille entre "Indiens" et "Federales". Cette fête s'accompagne aussi de *mojigangas* (marionnettes géantes), de musique et de danses, sans parler des 96 heures de feux d'artifice !

Fiesta de los Locos FÊTE RELIGIEUSE
(mi-juin). La fête des Fous a lieu dans le cadre de la Festividad de San Antonio de Padua, à la mi-juin. Elle est marquée par un défilé de carnaval dans toute la ville, avec des chars et de la musique à plein volume. Des danseurs lancent des bonbons sur la foule. Le premier dimanche après le 13 juin.

San Miguel Arcángel FÊTE RELIGIEUSE
(Jardín Allende ; sept). Les fêtes en l'honneur du premier saint patron de la ville se déroulent autour du week-end suivant le 29 septembre. Elles débutent par une *alborada*, une aube artificielle créée par des milliers de feux d'artifice autour de la cathédrale, et se poursuivent par une nuit entière de fête accompagnée de danses préhispaniques.

Guanajuato International Film Festival CINÉMA
(GIFF ; www.giff.mx ; juil). Coorganisé avec la ville de Guanajuato, ce festival de courts-métrages qui se tient en juillet fut créé dans le but de promouvoir les productions cinématographiques locales et est accueilli avec beaucoup d'enthousiasme. Au nombre des événements, le Cine entre Muertos (films d'horreur projetés dans des cimetières).

Où se loger

Les hôtels affichent souvent complet pendant les fêtes et en haute saison : réservez bien à l'avance. Depuis l'ouverture d'auberges de jeunesse, la ville offre des hébergements pour tous les budgets. Dans la catégorie haut de gamme, San Miguel propose des établissements (B&B, boutique-hôtels et pensions) figurant parmi les plus luxueux du Mexique.

Hostal Punto 79 AUBERGE DE JEUNESSE $
(415-121-10-34 ; www.punto79.com ; Mesones 79 ; dort 180-210 $M, ch à partir de 780 $M ;). Cet immense établissement se présente comme un hôtel-auberge de jeunesse. Les dortoirs de l'auberge non mixtes sont corrects, surtout pour les budgets serrés. Peu d'équipements et pas de petit-déjeuner, mais le logement se trouve en plein centre-ville.

Hostal Alcatraz AUBERGE DE JEUNESSE $
(415-152-85-43 ; www.facebook.com/alcatrazhostal ; Reloj 54 ; dort avec petit-déj à partir de 235 $M ;). Cette auberge à l'emplacement central est pourvue de dortoirs sans prétention mais tout à fait fonctionnels et met une cuisine à la disposition des voyageurs. L'endroit manque un peu de salles de bains. Le petit-déjeuner compris est excellent.

Hostel Inn AUBERGE DE JEUNESSE $
(415-154-67-27 ; www.hostelinnmx.com ; Calzada de La Luz 31A ; dort 180-250 $M, s 580 $M, ch sans sdb 550-750 $M avec petit-déj ;). Cette maison transformée de manière efficace en auberge de jeunesse compte des dortoirs et des chambres privées sans chichis équipés de ventilateurs. La cuisine est ouverte aux visiteurs et le service de blanchisserie est bon marché. Petit jardin au gazon verdoyant à l'arrière de la maison et agréable espace commun. L'établissement se trouve sur une artère fréquentée mais la plupart des chambres ne donnent pas sur la rue.

Casa Carly APPARTEMENTS $$
(415-152-89-00 ; www.casacarly.com ; Calzada de la Aurora 48 ; s/d/qua avec petit-déj 1 200/1 600/1 800 $M ; juil-mai ;). Dans cette ancienne hacienda, les 7 superbes *casitas* (du studio à l'appartement pour 4 pers) entourant un jardin délicieusement coupé de tout sont toutes décorées de manière unique, avec goût et motifs mexicains colorés. Pourvues de kitchenettes, c'est un bon choix si l'on envisage un séjour un peu long. Le charmant jardin, avec son étang et ses fontaines, est une oasis de sérénité bienvenue, à l'écart de l'agitation de la ville.

Rosewood San Miguel de Allende HÔTEL HISTORIQUE $$$
(415-152-97-00 ; www.rosewoodhotels.com/en/san-miguel-de-allende ; Nemesio Diez 11 ; ch/ste avec petit-déj 11 750/17 300 $M ;). L'adresse la plus sélecte et impressionnante de San Miguel est un magnifique palace où le service impeccable, les chambres superbement décorées dans un style classique et le luxe ambiant s'associent pour en faire le lieu idéal pour un week-end de rêve. L'hôtel

possède une grande piscine, des jardins soigneusement entretenus et un bar sur le toit offrant une vue grisante sur les collines et les dômes de San Miguel.

♥ Casa de la Noche PENSION **$$$**
(☎ 415-152-07-32 ; www.casadelanoche.com ; Organos 19 ; ch avec petit-déj 100-160 $US ; ❄📶). Ce lieu fascinant qui fut jadis une maison close porte son histoire avec fierté et la propriétaire, Barbara, vous racontera d'intéressantes anecdotes sur les anciennes employées de la maison dont les portraits ornent les murs. Certaines ont des descendants qui travaillent aujourd'hui encore à l'hôtel. Malgré son passé sulfureux, l'hôtel est aujourd'hui un établissement des plus respectables et est populaire auprès des artistes et écrivains.

La taille et l'agencement des chambres sont très variables, mais elles sont toutes douillettes et disposent de chauffage au sol. Les clients ont accès à une cuisine et peuvent profiter de vastes parties communes. Un restaurant devrait bientôt être créé.

♥ Antigua Capilla BOUTIQUE-HÔTEL **$$$**
(☎ 415-152-40-48 ; www.antiguacapilla.com ; Callejon Chepitos 16 ; ch avec petit-déj 175-200 $US ; P🚭📶). Bâti autour d'une petite chapelle du XVIIe siècle, cet hôtel impeccable allie confort et élégance, et possède une ravissante cour verdoyante. Le service est irréprochable, et les petits-déjeuners sont succulents. On y accède en haut d'une colline – le toit-terrasse offre l'une des plus belles vues de San Miguel. Excellent rapport qualité/prix.

Hotel Matilda BOUTIQUE-HÔTEL **$$$**
(☎ 415-152-10-15 ; www.hotelmatilda.com ; Aldama 53 ; ch avec petit-déj à partir de 410 $US ; ❄📶🏊). Cet hôtel de luxe à la décoration moderne tranche de manière frappante avec le reste des hôtels de la ville (généralement des maisons coloniales) mais c'est plutôt réussi. Tout ici est d'un blanc immaculé, notamment les chambres, somptueuses et impeccables. L'hôtel possède une piscine à débordement, un spa et un bar-restaurant apprécié où l'on sert un fastueux petit-déjeuner continental.

Des œuvres d'art sont exposées un peu partout dans l'hôtel, dont un portrait de l'Américaine Matilda Stream (mère du propriétaire de l'hôtel) réalisé par Diego Rivera dans les années 1940.

Casa Florida BOUTIQUE-HÔTEL **$$$**
(☎ 415-154-81-95 ; www.casafloridasma.com ; Macias 60 ; ch avec petit-déj 130-170 $US ; ❄📶). Les tons discrets et les choix de décoration subtils définissent cet hôtel très intimiste situé au cœur de San Miguel. Les 4 chambres ne sont pas de la même taille, mais elles sont toutes ravissantes et décorées de coussins moelleux et doux et de jetés de lit confectionnés dans la région. L'hôtel possède un toit-terrasse accessible à tous, et la suite jouit de sa propre terrasse. Les clients ont accès à la cuisine, chose peu habituelle dans un établissement de ce standing. Les prix grimpent d'environ 30% le week-end.

Dos Casas BOUTIQUE-HÔTEL **$$$**
(☎ 415-154-40-73 ; www.doscasas.com.mx ; Quebrada 101 ; d petit-déj compris 210 $US ; 🚭❄📶). Avec ses tons crème et noir, ses cheminées et ses terrasses privatives, cet hôtel présente un design résolument contemporain (le propriétaire est architecte). Les 12 chambres, distribuées dans 2 bâtiments attenants, dégagent un luxe d'avant-garde. L'établissement recèle un spa et héberge le restaurant Áperi (p. 707) dans sa cour, un des bijoux culinaires de la région.

Casa de la Cuesta B&B **$$$**
(☎ 415-154-43-24 ; www.casadelacuesta.com ; Cuesta de San José 32 ; ch avec petit-déj 180 $US ; 🚭📶). Perché sur une colline derrière le Mercado El Nigromante, cet établissement installé dans une demeure coloniale est richement décoré et typiquement mexicain. Il propose des chambres spacieuses et sert un petit-déjeuner copieux. Les propriétaires sont de bons conseils et très aimables. Séjour de deux nuits minimum.

Où se restaurer

San Miguel est riche d'une superbe scène culinaire. La ville abrite nombre d'établissements servant une cuisine d'une variété surprenante. De la gastronomie mexicaine de qualité aux tables internationales, elle s'est imposée comme une ville majeure du Mexique en matière de gastronomie. Les cafés ne manquent pas et les somptueuses boulangeries-pâtisseries prolifèrent. Si vous surveillez votre budget, vous pourrez vous rabattre sur les nombreux stands de nourriture à l'angle de Ancha de San Antonio et l'ombragée Calle Nemesio Diez, ils sont tout à fait fiables.

Tacos Don Felix TACOS $
(www.tacosdonfelix.com ; Fray Juan de San Miguel 15 ; tacos 25-40 $M, plats 70-200 $M ; 18h-minuit ven-sam, 14h-21h30 dim). Sautez sur cette occasion de vous éloigner des adresses touristiques et rendez-vous dans cet agréable établissement situé dans la Colonia San Rafael, non loin du centre à pied. On y prépare de délicieux tacos et le service est aimable, que vous vous installiez dans la cour ombragée ou dans la grande salle du restaurant. La nuit tombée, prenez un taxi pour rentrer.

Baja Fish Taquito TACOS $
(415-121-09-50 ; Mesones 11B ; tacos 25-40 $M, formule repas 80-120 $M ; 11h30-20h ;). Le personnel extrêmement amène qui œuvre dans ce superbe petit restaurant spécialisé sert notamment des tacos de poisson façon Basse-Californie (une explosion de saveurs) et de délicieuses *tostadas*. Si l'étage inférieur, où vous pouvez assister à la préparation des tacos installé derrière le comptoir, n'a pas grand intérêt, il cache une terrasse offrant une belle vue sur les toits de San Miguel.

La Mesa Grande BOULANGERIE $
(415-154-08-38 ; www.lamesagrande.com ; Zacateros 149 ; petits-déj 50-100 $M, pizzas 90-130 $M ; 8h-17h lun-jeu, 22h ven, 9h-17h sam ;). Ce café-*panadería* moderne tenu par un Américain sert de délicieuses pâtisseries et de superbes petits-déjeuners, de savoureuses salades et des pizzas cuites au feu de bois que vous composez vous-même. La "grande table" est l'endroit idéal pour papoter avec son voisin et la boulangerie est un véritable lieu de rencontre pour les gens du coin.

El Manantial BAR, CANTINA $
(Barranca 78 ; tacos 85-95 $M, tostadas 40-60 $M ; 13h-1h mar-dim). Derrière les portes battantes de cet ancien saloon, dans la salle sombre et plutôt bruyante aux allures de cantine, on sert un ceviche incroyablement frais et relevé d'une sauce au piment habanero (la plus piquante des sauces). Même si le personnel peut parfois se montrer un peu bourru, l'endroit est toujours bondé. Goûtez les margaritas au gingembre (65 $M).

♥ **San Agustín** CAFÉ $
(415-154-91-02 ; San Francisco 21 ; en-cas 30-80 $M, plats 70-180 $M ; 8h-23h lun-jeu, 9h-minuit ven-dim). Incontournable à San Miguel, ce paradis des gourmands est probablement le meilleur endroit du Mexique pour déguster un chocolat chaud et des churros ! Préparez-vous à faire la queue.

♥ **Vía Orgánica** MEXICAIN $$
(www.viaorganica.org ; Ledesma 2 ; plats 120-200 $M ; 8h-21h ;). Cette adresse pionnière est fantastique et a d'ailleurs conquis la population aisée d'expatriés grâce à son menu mexicain ponctué de touches internationales (goûtez le burger de dinde et sa sauce à la sauge ou encore les lasagnes végétariennes). La boutique vend des produits bio de la région et organise tous les jeudis des ateliers gratuits consacrés à des thèmes comme l'agriculture ou l'alimentation saine.

♥ **Lavanda** CAFÉ $$
(Macías 87 ; 8h30-16h lun-sam, 14h dim ;). Dans ce ravissant café qui compte une salle à manger haute sous plafond et une cour-jardin, on sert – pendant qu'un guitariste joue – de divins petits-déjeuners composés de délicieux café, succulents plats à base d'œufs et savoureuses *cazuelas* (sorte de ragoût de viande et légumes). Si vous ne voulez pas faire la queue, arrivez dès l'ouverture.

♥ **La Parada** PÉRUVIEN $$
(415-152-04-73 ; www.laparadasma.com ; Recreo 94 ; plats 105-250 $M ; 12h-22h mer-sam, 12h-21h dim et lun ;). Le meilleur de la cuisine péruvienne. Les plats, superbement présentés, portent des noms très amusants (poulet "El Quiquiriquí", porc "Chino Cochino", etc.). Succulents ceviches. Les jeunes propriétaires sont des chefs passionnés. Les végétariens se régaleront avec le "veggie muncher" (105 $M), un sandwich sophistiqué à la courgette grillée. Il est impératif de réserver.

Muro MEXICAIN $$
(415-152-63-41 ; www.cafemuro.com ; Cerrada de San Gabriel 1 ; 130-195 $M ; 9h-16h jeu-mar ;). Désormais installé dans un très bel endroit non loin du centre à pied, le restaurant Muro sert de tout, des *chilaquiles con arrachera* (chips de tortillas frites à la viande) au pain perdu en passant par les pâtisseries et les jus de fruits ultrafrais. L'adresse rêvée pour prendre un petit-déjeuner. Le restaurant utilise autant que possible des ingrédients locaux et les

aimables patrons, ultraprofessionnels, réservent un accueil très chaleureux.

Café Rama BAR, RESTAURANT INTERNATIONAL **$$**
(☎415-154-96-55 ; www.cafe-rama.com ; Nemesio Diez 7 ; plats 165-290 $M ; ⏲8h-minuit mar-dim ; 📶✍). Ce café-bar-restaurant branché affiche 2 espaces séparés, avec meubles anciens et objets hétéroclites, et des canapés moelleux installés à côté de la cheminée. Le menu qui change souvent présente de délicieux plats internationaux et est très populaire, en particulier au petit-déjeuner (servi tous les jours jusqu'à 12h, et 13h le week-end). Goûtez les moules au curry ou les divins tacos aux crevettes.

Berlin INTERNATIONAL **$$**
(☎415-152-94-32 ; www.berlinmexico.com ; Umarán 19 ; plats 130-385 $M ; ⏲17h-tard ; 📶). Cette adresse décontractée et *arty* sert une cuisine internationale appréciable, notamment des classiques allemands copieux comme les *Spätzle* (des pâtes). Grand choix de steaks également. Le bar à l'ambiance agréable et chic est le lieu idéal pour rencontrer des gens et boire un verre.

♥ **Nomada** MEXICAIN **$$$**
(☎415-121-91-63 ; nomada-cocina.mx ; Macias 88 ; plats 70-180 $M ; ⏲13h-22h lun-sam ; 📶✍). Ce magnifique restaurant où œuvre un personnel aimable et anglophone vous permettra de déguster une cuisine mexicaine contemporaine parmi les meilleures de San Miguel. Goûtez le délicieux tacos à la poitrine de porc, la salade de cactus à l'avocat grillé ou encore la tortilla au poulpe et à la *salsa verde*, au fromage de provenance locale et coriandre. On recommande le menu dégustation à 4 plats (350 $M, les lundis et mercredis uniquement).

♥ **Áperi** INTERNATIONAL **$$$**
(☎415-152-09-41 ; www.aperi.mx ; Dos Casas, Quebrada 101 ; menu dégustation 5 plats avec/sans vin assorti 1 200/900 $M, plats 360-480 $M ; ⏲14h-16h et 18h30-22h30 mer-lun ; ✍). Ce restaurant avec terrasse dans un patio niché dans un boutique-hôtel est sans doute la meilleure adresse en ville pour un dîner raffiné. Le chef renouvelle régulièrement sa carte. Cela donne une cuisine créative faisant la part belle au canard, au porc ou aux fruits de mer, à base de produits qui viennent directement de producteurs du cru.

La *mesa del chef* (table du chef), un menu dégustation pour 2 à 5 personnes, est servie à 18h30 (sur réservation). Repas raffiné, dans un cadre étudié mais sans chichis.

The Restaurant INTERNATIONAL **$$$**
(☎415-154-78-77 ; www.therestaurantsanmiguel.com ; Diez de Sollano 16 ; plats 245-480 $M ; ⏲12h-22h dim, mar et mer, 23h jeu-sam). Cet établissement chic occupe le patio d'un bâtiment colonial. Il propose un menu international avec parfois quelques touches mexicaines. Les produits sont bio, de saison et accommodés de manière originale. Le résultat est une réussite. Essayez le taco de canard ou le risotto de maïs doux au *huitlacoche* (champignon du maïs). Inoubliable.

Où prendre un verre et faire la fête

À San Miguel, bars et boîtes de nuit ne font souvent qu'un. De nombreux bars (et restaurants) accueillent des musiciens, parfois tous les soirs. Toutefois, l'animation règne surtout du jeudi au samedi soir. La Calle Umarán offre l'embarras du choix.

La Mezcalería BAR
(Correo 47 ; ⏲17h-23h). Le mezcal a le vent en poupe à San Miguel et ce bar décontracté où l'on sert tout un assortiment de cet alcool originaire de Oaxaca et de belles assiettes de tapas est le chouchou des locaux. Ne passez pas à côté des délicieuses margaritas au mezcal.

Mama Mía CLUB
(www.mamamia.com.mx ; Umarán 8 ; ⏲8h-minuit dim-jeu, plus tard ven-sam). Ce club dont la popularité ne fléchit pas dispose de différents espaces où sont proposées plusieurs distractions. Cap sur le Mama's Bar pour les amateurs de rock live et funk les vendredis et samedis (karaoké le week-end). Si vous préférez la musique folk live, optez plutôt pour le restaurant du patio. À l'avant du bâtiment, le bar Leonardo's diffuse du sport sur grand écran. La Terrazza, le bar de la terrasse, offre une jolie vue sur la ville. La fête commence à 23 heures.

La Azotea BAR
(Umarán 6). Ce bar à cocktail installé sur un toit-terrasse est une adresse gay-friendly et décontractée fréquentée par une clientèle jeune et élégante. Idéale pour admirer le coucher de soleil.

El Café de la Mancha CAFÉ
(www.facebook.com/elcafedelamancha ; Recreo 21A ; 9h-18h lun-ven, 10h-18h sam ;). Ce mouchoir de poche s'adresse aux authentiques amateurs de café. Le patron-barista fait des merveilles avec les variétés mexicaines, en s'appuyant sur diverses méthodes existantes (cafetière à piston, Chemex, Aeropress ou machine à expresso).

Où sortir

La scène culturelle de San Miguel est très vivante. Consultez le programme dans *Atención San Miguel*. Toutes sortes de manifestations ont lieu à l'Escuela de Bellas Artes (p. 700) et à la Biblioteca (dans la Sala Quetzal) ; référez-vous à leurs tableaux d'affichage.

Teatro Ángela Peralta THÉÂTRE
(415-152-22-00 ; teatro.sanmigueldeallende.gob.mx ; angle Calles Mesones et Hernández Macías). Construit en 1873, cet élégant théâtre est la salle de spectacle la plus impressionnante de la ville. On y présente des productions locales et on y donne des concerts de musique classique, entre autres événements culturels. La billetterie se trouve à deux pas. Les billets coûtent de 50 à 500 $M selon les spectacles.

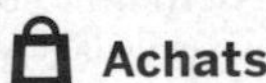

Achats

Les nombreuses boutiques d'artisanat de San Miguel vendent des objets provenant de tout le pays. Si vous avez l'intention d'acheter de belles pièces, prenez rendez-vous à l'excellente **Galeria Atotonilco** (415-185-22-25 ; www.folkartsanmiguel.com ; Camino Antiguo Ferrocarril 14, El Cortijo ; sur rdv seulement). Des articles en étain, en fer forgé, en argent, en cuivre ou en cuir, ainsi que de la verrerie, des poteries et des textiles sont produits localement. Beaucoup de boutiques sont concentrées dans Canal, San Francisco, Zacateros et Pila Seca. Les prix et la qualité sont très variables.

Arts et artisanat

L'un des plaisirs de San Miguel consiste à découvrir, au hasard, l'une ou l'autre des galeries nichées dans les rues de la ville – elles sont plus nombreuses que les cafés ! La plus forte concentration de galeries d'art contemporain et d'ateliers de design (qui présentent surtout des œuvres de résidents étrangers) se trouve à la **Fábrica La Aurora** (415-152-13-12 ; www.fabricalaaurora.com ; Aurora s/n ; 10h-18h), aménagée dans une ancienne fabrique de coton à l'extrémité nord de la ville.

Marchés

Le célèbre marché **Tianguis** (7h-18h mar), un énorme marché de plein air qui se trouve derrière le centre commercial Soriana à 2,5 km au sud-est du centre sur la route de Querétaro, vaut le coup de s'y rendre. Vous y trouverez un fantastique choix de produits frais et babioles aux couleurs criardes en plastique. Certains pourraient cependant se sentir mal à l'aise au vu du gigantisme du lieu et de la foule qui s'y presse. Le **Mercado El Nigromante** (Colegio s/n ; 8h-20h), plus central, vend des fruits, légumes et autres denrées alimentaires. Autre marché, plus haut de gamme : **TOSMA** (www.tosma.net ; Ancha de San Antonio 32 ; 9h-16h sam). Il se tient le samedi sur un parking près de l'Ancha de San Antonio. On y trouve des produits artisanaux, des souvenirs et des stands de nourriture.

Renseignements

L'hebdomadaire anglais-espagnol *Atención San Miguel* (15 $M, le vendredi) publie la liste des sorties et des manifestations (visites, concerts, vernissages, etc.), ainsi que les programmes des cours (espagnol, art, danse, yoga...). Il est en vente à la bibliothèque, dans de nombreux cafés et auprès de vendeurs ambulants.

La plupart des banques (avec DAB) se trouvent sur El Jardín (Plaza Principal) ou dans les deux ou trois rues à l'est. Il y a aussi des *casas de cambio* (bureau de change) dans Correo.

Le **bureau de poste** principal (angle Correo et Corregidora ; 8h-18h lun-sam) se trouve près du Jardín. Si vous voulez expédier des objets d'artisanat ou des œuvres d'art, nous vous conseillons plutôt de passer par un service de livraison comme **La Unión** (415-185-92-00 ; www.launionsanmiguel.com ; Pila Seca 13 ; 9h-18h lun-sam).

H+ San Miguel de Allende (415-152-59-00 ; www.hmas.mx/sanmiguel ; Libramiento Jose Manuel Zavala 12) est le meilleur établissement de soins de la ville et les médecins y parlent anglais.

Office du tourisme (415-152-09-00 ; www.visitsanmiguel.travel ; Plaza Principal 8 ; 9h-20h lun-ven, 10h-20h sam, 10h-18h dim). Du côté nord d'El Jardín. Plans, brochures et informations sur les manifestations.

BUS AU DÉPART DE SAN MIGUEL DE ALLENDE

DESTINATION	PRIX ($M)	DURÉE (H)	FRÉQUENCE
Celaya	60	1 ¾	ttes les 15 min
Dolores Hidalgo	53	1	ttes les 40 min, 7h-19h
Guadalajara	590-680	5 ¼-5 ½	4/jour
Guanajuato	113-175	1-1 ½	ttes les heures
León	224	2 ¼-2 ½	12/jour
Mexico (Terminal Norte)	328	3 ½-4 ¼	8/jour
Querétaro	74	1-1 ¼	ttes les 40 min, 7h-20h30

Depuis/vers San Miguel de Allende

AVION

Le petit aéroport que les autorités de San Miguel prévoient de construire suscite localement les plus vifs débats. Beaucoup redoutent qu'il ne conduise à un changement radical de la ville. Pour l'instant, l'aéroport le plus proche est l'Aeropuerto Internacional de Guanajuato (p. 693) qui se trouve entre León et Silao, à environ 1 heure 30 en voiture. Autres possibilités : les aéroports de Querétaro et de Mexico.

BUS

La Central de Autobuses (gare routière) est dans Canal (Calzada de la Estación), à 3 km à l'ouest du centre. Les bus de 2e classe (Coordinados/ Flecha Amarilla et Herradura de Plata) partent aussi de cette gare. Il existe des services de 1re classe pour Aguascalientes, Monterrey et San Luis Potosí.

VOITURE ET MOTO

La seule agence de location de San Miguel est Bookatour (p. 702). Les tarifs commencent à environ 750 $M/jour, assurance incluse. La plupart des grandes agences sont à Guanajuato ou à l'Aeropuerto Internacional de Guanajuato.

Comment circuler

DEPUIS/VERS L'AÉROPORT

De nombreuses agences proposent une navette pour l'aéroport de Guanajuato. C'est notamment le cas de : **Viajes Vertiz** (☎ 415-152-18-56 ; www.facebook.com/viajesvertiz ; Hidalgo 1 ; ⏲ 9h-18h30 lun-ven, 10h-14h sam), **Viajes San Miguel** (☎ 415-152-25-37 ; www.viajessanmiguel.com ; Mesones 38, Interior 7 ; ⏲ 9h-19h lun-ven, 10h-14h sam), **Bajío Go** (☎ 415-152-19-99 ; www.bajiogo.com ; Jésus 11 ; ⏲ 8h-20h lun-sam, 10h-15h dim) et **Bookatour** (p. 702). Sinon, empruntez un bus jusqu'à Silao et, de là, un taxi à destination de l'aéroport (environ 60 $M). Pour l'aéroport de Mexico, prenez un bus pour Querétaro, puis un bus direct jusqu'à l'aéroport.

Pour rejoindre San Miguel en bus depuis l'aéroport, le plus simple est de se rendre à León en taxi, puis de prendre un bus. Il n'y a pas de bus entre l'aéroport de Bajío et le centre de León. Un taxi pour León coûte 380 $M ; comptez 1 200 $M pour San Miguel (jusqu'à 4 pers).

DEPUIS/VERS LA GARE ROUTIÈRE

Les bus locaux (6 $M) circulent tous les jours de 7h à 21h. Les bus indiqués "Central" font la navette entre la gare routière et le centre-ville. En entrant dans la ville, ils filent jusqu'au terminus, à l'extrémité est d'Insurgentes. En sens inverse, on peut les prendre dans Canal. Un taxi entre le centre-ville et la gare routière revient à 40 $M ; la plupart des courses en ville coûtent environ 35 $M.

Mineral de Pozos

☎ 442 / 3 500 HABITANTS

Il y a un siècle, Mineral de Pozos était, grâce aux mines d'argent, une ville florissante de 70 000 habitants. Puis, à la suite de la révolution de 1910 et de l'inondation des mines, la population décrut, abandonna les maisons et les mines, et laissa une grande église inachevée. Aujourd'hui, la bourgade regagne peu à peu des galons. Les visiteurs peuvent découvrir les édifices en ruine et explorer à VTT, à cheval ou circuit organisé les alentours, y compris les vestiges de plusieurs mines. La ville abrite de nombreuses boutiques où des artisans vendent leur production.

Activités

Il faut absolument pousser la visite au-delà du Jardín Juárez : gravissez la colline jusqu'à la Plaza Zaragoza, puis redescendez jusqu'à la Plaza Mineros. Les mines, elles, se trouvent en dehors de la ville et le mieux est de les visiter dans le cadre d'un circuit organisé. L'agence Cinco Señores en propose.

Cinco Señores CIRCUITS ORGANISÉS
(☎468-106-06-35, 468-103-06-50 ; mineral-de-pozos@outlook.com ; Juárez ; 150 $M/circuit ; ⏲11h-18h sam-dim). Cette agence agréée, basée sur la place principale de Mineral de Pozos, est la meilleure de la ville. Elle propose des visites guidées d'une (150 $M) ou de deux (220 $M) exploitations minières et de leurs haciendas. Les sorties comprennent le transport, le prix d'entrée et la visite guidée de la mine. Un casque est fourni aux participants.

Où se loger et se restaurer

♥ **Posada de las Minas** BOUTIQUE-HÔTEL **$$**
(☎442-293-02-13 ; www.posadadelasminas.com ; Doblado 1 ; ch avec petit-déj 1 000-1 800 $M ;). Cette hacienda du XIXe siècle superbement restaurée possède des chambres richement décorées et des appartements ornés de céramiques mexicaines et de meubles anciens. La chambre Santa Brigida a une fenêtre d'angle qui donne sur toute la ville ; la plupart des autres chambres sont pourvues d'un balcon. L'établissement compte un bar, un restaurant et un impressionnant jardin de cactus. Personnel charmant.

El Secreto B&B **$$**
(☎442-293-02-00 ; www.elsecretomexico.com ; Jardín Principal 4 ; ch avec petit-déj à partir de 1 500 $M ;). Ce petit B&B niché dans un ravissant jardin peuplé de cactus, de fleurs et d'oiseaux, propose trois jolies chambres dans lesquelles les animaux de compagnie sont les bienvenus. Sur la place.

♥ **La Cantina Mina** MEXICAIN **$$**
(www.posadadelasminas.com ; Doblado 1 ; plats 100-175 $M ; ⏲8h30-21h dim-jeu, 23h ven-sam ;). Ce superbe restaurant avec un patio au milieu duquel trône une fontaine se trouve dans la Posada de las Minas. C'est la meilleure adresse pour profiter d'un long et agréable déjeuner à Mineral de Pozos. Le menu recherché comporte des délices comme les crevettes à la noix de coco et à l'ananas ou le burger de saumon, de même que des classiques de la cuisine mexicaine comme un *queso fundido* (fromage fondu) renversant.

Achats

Casa del Venado Azul MUSIQUE
(☎468-117-03-87 ; azulvenado@hotmail.com ; Calle Centenario 34 ; ⏲10h-18h). Luis Cruz est un fabricant d'instruments de musique qui se démarque nettement de ses pairs. Ce musicien accompli est en outre à la tête d'un ensemble musical qui participe à des tournées dans le monde entier. La boutique est doublée d'un **hôtel économique** (ch 500-600 $M).

Depuis/vers Mineral de Pozos

En voiture, il ne faut qu'une heure pour rejoindre Mineral de Pozos depuis San Miguel de Allende. Sinon, Bookatour (p. 702) organise des excursions (5 heures, 45 $US/pers, 3 pers minimum). On peut aussi partir visiter la ville et les mines à vélo avec Bici-Burro (p. 703).

En bus (depuis San Miguel de Allende ou Querétaro), le trajet prend une bonne partie de la journée : vous devrez d'abord rallier Dolores Hidalgo, puis San Luis de la Paz (14 km au nord de Pozos, un détour passant par l'est de la route 57) et, enfin, prendre un troisième bus pour Pozos : un vrai parcours du combattant !

ÉTAT D'AGUASCALIENTES

1,2 MILLION D'HABITANTS

L'État d'Aguascalientes, l'un des plus petits du Mexique, a pour centre économique la cité éponyme. Selon la légende, on devrait sa séparation d'avec l'État de Zacatecas à un baiser déposé sur les lèvres du dictateur Antonio López de Santa Anna par l'accorte épouse d'un homme politique local.

En dehors de la ville, riche en musées, les sites touristiques sont rares. Toutefois, la route depuis/vers Zacatecas est assez plaisante : elle traverse des terres fertiles où poussent des haricots, des piments, du maïs et d'autres céréales.

Les ranchs de l'État élèvent des bêtes de boucherie et des taureaux pour les corridas de tout le pays.

Aguascalientes

☎449 / 935 000 HABITANTS / ALTITUDE : 1 880 M

Cette cité industrielle prospère abrite plus de la moitié de la population de l'État. Malgré ses banlieues chaotiques faites d'entrelacs de routes et son étalement urbain typique de toutes les grandes villes mexicaines, Aguascalientes possède un centre doté d'une jolie place et plusieurs pâtés de maisons constitués de superbes maisons coloniales. Les

Aguascalientes

Les incontournables
1 Museo Nacional de la Muerte C2

À voir
2 Cathédrale C3
3 Museo de Aguascalientes D1
4 Museo José Guadalupe Posada D4
5 Museo Regional de Historia C3
6 Palacio de Gobierno C3
7 Templo del Encino D4

Où se loger
8 Art Hotel B3
9 El Giro Hostel B3
10 Hostal La Vie en Rose B3

Où se restaurer
11 Mercado Jesús Terán C2
12 Mercado Juárez C2
13 Mercado Morelos C2
14 Mesa Verde B3
15 Restaurant Mitla D2
16 Rincón Maya D4

Où prendre un verre et faire la fête
17 Pulquería Posada B3

Où sortir
18 Casa de la Cultura C3
19 Teatro Morelos C3

Achats
20 Casa de las Artesanías C3

musées sont le point fort d'Aguascalientes : le Museo Nacional de la Muerte mérite vraiment la visite, tout comme ceux consacrés à José Guadalupe Posada et à Saturnino Herrán. Si vous ne faites que passer par l'État, son agréable capitale fera une halte parfaite pour le déjeuner ou même la nuit si vous n'êtes pas pressé.

Histoire

Avant l'invasion espagnole, la cité comprenait un labyrinthe de catacombes, qui lui valut le nom de Ciudad Perforada, la "ville perforée". Les archéologues peinent à expliquer l'existence de ces tunnels, malheureusement fermés au public.

Le conquistador Pedro de Alvarado, qui arriva en 1522, fut repoussé par les Chichimèques. En 1575, une petite garnison fut installée pour sécuriser les convois d'argent entre Zacatecas et Mexico. Après la pacification des Chichimèques, la cité se développa grâce aux sources chaudes de la région ; à côté des sources d'Ojo Caliente, un large réservoir servait à l'irrigation des fermes environnantes qui ravitaillaient les zones minières.

Aujourd'hui, les principales activités économiques de la ville sont liées au textile, au vin et aux spiritueux, au cuir, aux conserves de fruits et à l'automobile.

À voir

Museo Nacional de la Muerte MUSÉE

(museonacionaldelamuerte.uaa.mx ; Jardín del Estudiante s/n ; tarif plein/étudiant 20/10 $M, gratuit mar ; 10h-18h mar-dim). Alliant originalité, humour et réflexion, le musée national de la Mort présente une collection variée sur ce thème cher aux Mexicains, des objets historiques aux représentations modernes, en passant par La Catrina. Il réunit un fonds de plus de 2 500 objets, dessins, œuvres littéraires, textiles, jouets et miniatures, légués à l'Universidad Autónoma de Aguascalientes par le graveur et collectionneur Octavio Bajonero Gil. Quelque 1 200 pièces sont exposées. Elles couvrent plusieurs siècles, de la civilisation méso-américaine à l'art contemporain.

En dehors de la section consacrée aux rites funéraires des enfants qui est quelque peu éprouvante (sans parler des photos de Frida Kahlo décédée affichées ailleurs dans le musée), le ton reste, de manière étonnante, assez léger. Dans l'avant-dernière salle, cherchez le tout petit crâne en cristal : il remonterait à l'époque des Aztèques et il n'en existerait que deux dans le monde. La galerie à l'étage abrite une section intéressante où sont documentées les différentes façons de représenter la mort à travers le monde. Manifestement, le Mexique est loin d'être le seul pays à nourrir une obsession pour le macabre.

Palacio de Gobierno ÉDIFICE HISTORIQUE

(Plaza de la Patria ; 8h-20h30 lun-ven, 8h-14h sam-dim). GRATUIT Ancienne demeure du Marqués de Guadalupe, ce bâtiment en pierre rouge et rose de 1665, sur le côté sud de la Plaza de la Patria, est le plus bel édifice colonial de la ville. Il possède une superbe cour, ornée de fresques sur 2 niveaux. L'une d'elles, réalisée par l'artiste chilien Osvaldo Barra, représente la convention de 1914. Barra, dont le mentor était Diego Rivera, a aussi peint les fresques du mur sud, figurant les forces qui forgèrent Aguascalientes.

Museo José Guadalupe Posada MUSÉE

(449-915-45-56 ; Jardín El Encino s/n ; tarif plein/réduit 10/5 $M, gratuit dim ; 11h-18h mar-dim). Natif d'Aguascalientes, José Guadalupe Posada (1852-1913) fut, par de nombreux aspects, l'initiateur de l'art moderne mexicain. Les gravures et les caricatures qu'il réalisa sous la dictature de Porfirio Díaz contribuèrent à susciter l'intérêt du public pour l'art. Plus tardives, ses peintures murales, qui mettent l'accent sur les problèmes sociaux, influencèrent des artistes comme Diego Rivera, José Clemente Orozco et Alfaro David Siqueiros. Omniprésente dans l'œuvre de Posada, la *calavera* (squelette ou crâne) a été largement reproduite.

Museo de Aguascalientes MUSÉE

(Zaragoza 505 ; tarif plein/étudiant 10/5 $M, gratuit dim ; 11h-18h mar-dim). Installé dans un imposant bâtiment néoclassique, ce musée présente une collection permanente d'œuvres de Saturnino Herrán (1887-1918), un remarquable artiste originaire d'Aguascalientes, qui fut l'un des premiers à créer des représentations fidèles du peuple mexicain. Dans le patio, la très sensuelle sculpture intitulée *Malgré Tout* est une copie en fibre de verre d'un original en marbre de Jesús Fructoso Contreras.

Cathédrale ÉDIFICE RELIGIEUX

(Plaza de la Patria). Cette cathédrale baroque du XVIIIe siècle, bien restaurée, est beaucoup plus belle à l'intérieur qu'à l'extérieur. Au-dessus de l'autel, à l'extrémité est de la nef sud, un tableau de Miguel Cabrera représente la Vierge de Guadalupe. La *pinacoteca* renferme d'autres œuvres de Cabrera. Elle n'est ouverte qu'à Pâques (mais essayez de demander à un prêtre de vous laisser entrer).

Museo Regional de Historia MUSÉE
(☎449-916-52-28 ; Av Carranza 118 ; 50 $M ; ⏲9h-18h mar-dim). Le musée régional d'Histoire occupe une maison familiale dessinée par Refugio Reyes. L'institution retrace tous les grands événements, du Big Bang à la conquête coloniale ! Il y a également une belle chapelle agrémentée de peintures laissées en offrande (en guise d'ex-voto) et d'œuvres attribuées à Correa. Les personnes s'intéressant à l'histoire du Mexique apprécieront la collection. Le musée accueille aussi des expositions temporaires.

Templo del Encino ÉDIFICE RELIGIEUX
(Jardín El Encino ; ⏲7h-13h et 18h-21h). Cette église renferme une statue noire de Jésus qui, au dire de certains, ne cesserait de grandir ; une catastrophe planétaire devrait se produire lorsqu'elle atteindra la colonne adjacente. Les immenses peintures murales du Chemin de croix méritent le coup d'œil.

Activités

Baños Termales de Ojocaliente THERMES
(☎449-970-07-21 ; Av Tecnológico 102 ; bains privés à partir de 420 $M/h ; ⏲8h-20h). Ces bains de 1808 carrelés de céramiques colorées, superbement restaurés, sont les seuls à être près du centre-ville. Les eaux ici sont réputées guérir toutes sortes de maux. Le moyen le plus simple pour s'y rendre est le taxi (environ 50 $M).

Fêtes et festivals

Feria de San Marcos FOIRE
(www.feriadesanmarcos.gob.mx ; Expoplaza ; ⏲mi-avr). La plus grande foire du Mexique, qui se déroule chaque année vers la mi-avril, dure 3 à 4 semaines. Elle s'installe autour d'Expoplaza et attire des milliers de visiteurs, venus profiter des expositions, des corridas, des combats de coqs, des rodéos, des concerts et autres événements culturels. Le grand défilé a lieu le 25 avril, jour de la Saint-Marc. La foire est l'événement majeur d'Aguascalientes, et les prix des hébergements s'envolent pendant cette période.

Festival de las Calaveras CULTUREL
(⏲nov). Durant les 10 jours du Festival de las Calaveras (les dates, qui varient, englobent toujours le 1er et le 2 novembre), Aguascalientes célèbre le Día de Muertos à grand renfort de *calaveras* (têtes de mort). Les crânes comestibles ou décoratifs sont particulièrement appréciés des Mexicains à ce moment de l'année.

Où se loger

Aguascalientes propose un éventail d'hébergements corrects et adaptés à toutes les bourses. Quelques auberges de jeunesse qui viennent d'ouvrir leurs portes ont fait de la ville une destination enfin accessible pour les voyageurs au budget serré. Les prix grimpent lors de la Feria de San Marcos et les hôtels affichent complet durant le dernier week-end de la foire. Les habitants louent alors des chambres.

Hostal La Vie en Rose AUBERGE DE JEUNESSE **$**
(☎449-688-71-69, 437-479-24-00 ; lavieenrosehostal@gmail.com ; Nieto 457 ; dort/d 200/400 $M ; 📶). Cette accueillante auberge qui pratique des tarifs compétitifs ne fait pas dans les fioritures côté décoration mais est relevée de quelques touches rétro. Les dortoirs sont propres et possèdent des salles de bains partagées. Les chambres doubles disposent de leurs propres sanitaires. Il y a un baby-foot, une cuisine bien équipée, un salon et un bar sur le toit-terrasse. Tout ça fait de l'auberge un lieu propice aux rencontres.

El Giro AUBERGE DE JEUNESSE **$**
(☎449-917-93-93 ; www.facebook.com/ElGiroHostal ; Ignacio Allende Oriente 341 ; dort à partir de 180 $M). Cette adresse colorée est la meilleure auberge de jeunesse de la ville. Les chambres avec lits superposés sont plutôt compactes mais chaque dortoir (sauf un) possède sa salle de bains. Cuisine aussi ouverte aux visiteurs. Le personnel est sympathique et l'emplacement de l'auberge imbattable. De la gare routière, prendre le bus n°31 et descendre à l'angle entre Calles Elizondo et Rayon.

Art Hotel BOUTIQUE-HÔTEL **$$**
(☎449-269-69-95, 449-917-95-95 ; Nieto 502 ; ch semaine/week-end 650/1 050 $M ; ❄📶). Installé dans un bâtiment en béton brut et, comme son nom le suggère, décoré de beaucoup d'œuvres d'art (notamment une statue de taureau assez étonnante à la réception), cet hôtel cherche à être mémorable, et il y parvient haut la main. Ses chambres confortables et décorées avec style manquent certes de lumière naturelle, mais elles sont une très bonne affaire en semaine. Les prix grimpent en flèche le week-end. Pas de petit-déjeuner.

Où se restaurer et prendre un verre

On trouve des restaurants corrects et assez variés à Aguascalientes. Vous pourrez vous procurer des produits frais et de la nourriture très abordable sur 3 marchés : le **Mercado Juárez** (Plazuela Juárez), le **Mercado Jesús Terán** (Arteaga) et le **Mercado Morelos** (Morelos). Tous sont ouverts tous les jours de 7h à 19h. Les restaurants s'alignent le long de l'artère Carranza. Si vous cherchez des petits cafés, cap sur Callejón del Codo.

Mesa Verde CAFÉ $
(Elizondo 113 ; 9h30-17h lun, mer-ven, 10h30-18h sam-dim ;). Une adresse fabuleuse pour profiter d'un repas délicieux dans une ambiance décontractée. On y sert une *comida saludable* (nourriture saine) qui ravira les végétariens. Les plats sont préparés devant vous. Au menu également : bière artisanale et très bon café. Le restaurant a un toit-terrasse avec tables en bois et charmante atmosphère.

Rincón Maya YUCATÈQUE $$
(Abasolo 113 ; plats 100-200 $M ; 14h-minuit lun-sam, 14h-22h30 dim). Jusqu'au déjeuner, le service est assuré à La Mestiza Yucateca (8h-14h), son alter ego voisin. Les 2 établissements, situés dans une ancienne hacienda, servent de délicieuses spécialités yucatèques.

Restaurant Mitla MEXICAIN $$
(Madero 220 ; plats 75-230 $M ; 7h-22h, 7h-21h dim ;). Agréable et très fréquenté, ce grand restaurant n'a pas beaucoup changé depuis son ouverture, en 1938. Les serveurs, très professionnels, présentent une longue carte de spécialités mexicaines. Petits-déjeuners (à partir de 90 $M) et buffet le midi (140 $M).

Pulquería Posada BAR
(La Pulque ; Nieto 445 ; 10h-14h30, 17h30-23h mar-dim). Rendez-vous dans ce bar estudiantin qui renoue avec la tradition du pulque (boisson traditionnelle aztèque à base de sève d'agave fermentée) d'Aguascalientes. Une *jarra* (carafe) d'un demi-litre ne vous coûtera que 18 $M. À noter aussi un bon choix de mezcals aux saveurs diverses, du citron vert à la goyave.

Où sortir

Aguascalientes compte 2 théâtres : le **Teatro de AguasCalientes** (449-978-54-14 ; angle Calles Chávez et Aguascalientes) et le **Teatro Morelos** (449-915-19-41 ; Nieto 113, Plaza de la Patria), qui programment différentes manifestations culturelles.

Casa de la Cultura ART DE LA SCÈNE
(449-910-20-10 ; Av Carranza 101). Dans un beau bâtiment du XVIIe siècle, la Casa de la Cultura accueille des expositions, des concerts, des pièces de théâtre et des ballets.

Achats

Casa de las Artesanías ARTISANAT
(Nieto 210). Cette charmante boutique présente un remarquable choix de produits et objets artisanaux de la région, allant des sucreries aux articles en cuir, confectionnés selon la technique du *piteado*.

Renseignements

On trouve des banques avec DAB autour de la Plaza de la Patria et d'Expoplaza. Les *casas de cambio* (bureau de change) sont regroupées dans Hospitalidad, en face de la poste.

Office du tourisme de l'État (449-910-20-88, ext 4300 ; www.aguascalientes.gob.mx ; Palacio de Gobierno, Plaza de la Patria ; 9h-20h lun-sam, 10h-17h dim)

Star Médica (449-910-99-00 ; www.starmedica.com ; Universidad 103). Hôpital.

BUS AU DÉPART D'AGUASCALIENTES

DESTINATION	PRIX ($M)	DURÉE (H)	FRÉQUENCE
Guadalajara	255-310	2 ¾-3	fréquents
Guanajuato	240	3	2/jour
León	180-240	2-3 ½	fréquents
Mexico (Terminal Norte)	470-680	6	fréquents
Querétaro	395-550	5	fréquents
San Luis Potosí	175-245	3-3 ½	ttes les heures
Zacatecas	165-230	2	ttes les heures

Depuis/vers Aguascalientes

AVION

L'**Aeropuerto Internacional Jesús Terán** (☎449-918-28-06) est à 26 km au sud d'Aguascalientes en retrait de l'autoroute pour Mexico. Des vols domestiques desservent la capitale et Monterrey.

BUS

La **gare routière** (Central de Autobuses Aguascalientes ; Av Convención) est à 2 km au sud du centre-ville. On y trouve de nombreux lieux de restauration et une consigne.

Aguascalientes est desservie par des bus deluxe, ainsi que de 1re et de 2e classe. ETN, Primera Plus, Futura et Ómnibus de México figurent parmi les compagnies deluxe et de 1re classe. La principale compagnie de 2e classe est Coordinados (Flecha Amarilla).

Comment circuler

La plupart des sites dignes d'intérêt sont proches les uns des autres. Les bus municipaux (6 $M) circulent de 6h à 22h. Depuis le centre-ville, des bus vont à la gare routière, à l'angle de **Galeana** (Galeana et Insurgentes ; près d'Insurgentes).

Les taxis font payer au compteur. Prévoyez environ 25-30 $M de la gare routière au centre.

ÉTAT DE SAN LUIS POTOSÍ

Figurant parmi les États qui présentent les paysages les plus époustouflants et variés du Mexique, l'État de San Luis Potosí parvient à charmer tous ceux qui le visitent, que ce soit par ses vallées verdoyantes enchanteresses, ses flancs de montagne escarpés, ses impressionnantes chutes d'eau de Huasteca Potosina ou encore par l'histoire de sa capitale éponyme, et son centre colonial raffiné, qui ressemble davantage à un décor de film qu'à ce qu'elle est, une ville mexicaine de moyenne envergure. L'État abrite aussi la fascinante ville fantôme de Real de Catorce. Un voyage épique par une route qui se termine par un tunnel effrayant traversant la montagne vous y conduira. Vous ne serez pas près d'oublier cette expérience et votre témérité sera récompensée : le tunnel conduit à un des *pueblos mágicos* (villages magiques) les plus impressionnants du Mexique. Enfin, ne ratez pas la charmante ville de Xilitla, bourgade la plus proche des superbes jardins paysagers d'Edward James à Las Pozas, un superbe complexe dadaïste où coulent des cascades aux eaux tumultueuses du haut de collines luxuriantes.

San Luis Potosí

☎444 / 762 000 HABITANTS / ALTITUDE : 1 860 M

La superbe ville coloniale de San Luis Potosí fut jadis un bastion révolutionnaire, une importante ville minière et le siège du gouvernement. Aujourd'hui encore, la cité reste une capitale d'État prospère, un centre industriel bien organisé et une importante ville universitaire. Elle ne reçoit toutefois que peu de visiteurs.

Le centre historique, une partie que vous aurez plaisir à explorer, est fait de nombreuses places et parcs parfaitement entretenus reliés entre eux par de charmantes rues piétonnes. Bien que la ville ne soit pas aussi saisissante de beauté que Zacatecas ou Guanajuato, et que la magie de San Miguel de Allende lui fasse défaut, elle reste une cité animée et forte d'une culture riche qui s'exprime à travers sa superbe architecture coloniale, son impressionnant théâtre et ses nombreux et excellents musées.

Histoire

San Luis fut fondée en 1592, à 20 km à l'ouest des gisements argentifères du Cerro de San Pedro. Les Espagnols la surnommèrent Potosí en référence à la richissime ville minière bolivienne, qu'ils espéraient égaler. Quand le rendement des mines commença à décliner, dans les années 1620, San Luis était déjà devenue un grand centre d'élevage. Elle demeura la ville la plus importante du nord-est du pays jusqu'à ce que Monterrey la supplante, au début du XXe siècle.

Réputée au XIXe siècle pour ses somptueuses demeures et ses produits de luxe importés, San Luis fut à deux reprises le siège du gouvernement du président Benito Juárez pendant l'intervention française des années 1860. En 1910, lors des élections présidentielles, le dictateur Porfirio Díaz y fit emprisonner son adversaire démocrate, Francisco Madero. Libéré après le scrutin, Madero élabora le "plan de San Luis Potosí", conçu pour destituer Díaz, qu'il rendit public à San Antonio, au Texas, en octobre 1910. Le plan

San Luis Potosí

San Luis Potosí

Les incontournables
1 Museo Federico Silva ... C2

À voir
2 Alameda ... D2
3 Catedral ... C2
4 Jardín de San Francisco (Jardín Guerrero) ... B3
5 Museo de Arte Contemporáneo ... C1
6 Museo del Ferrocarril ... D2
7 Museo del Virreinato ... C2
8 Museo Nacional de la Máscara ... C2
9 Museo Regional Potosino ... B3
10 Templo de la Tercera Orden et Templo del Sagrado Corazón ... B3
11 Templo de San Francisco ... B3
12 Templo de San José ... D2
13 Templo del Carmen ... C2

Activités
14 Operatour Potosina ... C2

Où se loger
15 Corazón de Xoconostle ... C4
16 Hikuri Eco Hostal ... A3
17 Hotel Museo Palacio de San Agustín ... C3
18 Hotel Panorama ... B2
19 Hotel San Francisco ... C3

Où se restaurer
20 Antojitos El Pozole ... B1
21 Cafe Cortáo ... B3
22 Cielo Tinto ... A2
23 La Gran Vía ... A2
24 La Oruga y La Cebada ... B3

Où prendre un verre et faire la fête
25 Callejon 7B ... B3

Où sortir
26 Teatro de la Paz ... C2

Achats
27 Casa Grande Esencia Artesanal ... B3
28 La Casa del Artesano ... C4

déclarait les dernières élections illégales, nommait Madero président provisoire et fixait la date du soulèvement du Mexique au 20 novembre.

À voir

Museo Federico Silva MUSÉE
(www.museofedericosilva.org ; Obregón 80 ; tarif plein/réduit 30/15 $M, gratuit dim ; 10h-18h mer-lun, 10h-14h dim). Ce très bon musée consacré au travail de l'artiste mexicain Federico Silva (né en 1923) est un immanquable. Le bâtiment du XVIIe siècle qui, après avoir abrité un hôpital puis une école, a été transformé en musée de sculpture. Les sculptures monolithiques de Silva trouvent leur place aux côtés d'éléments néoclassiques anciens.

Outre une collection permanente installée au rez-de-chaussée, le musée accueille à l'étage des expositions temporaires de grande qualité où est présenté le travail de sculpteurs du monde entier.

Jardín de San Francisco (Jardín Guerrero) PLACE
Dominée par la masse imposante du Templo de San Francisco (p. 718) et du couvent éponyme, cette place paisible, agrémentée d'une jolie fontaine, est l'une des plus belles de la ville.

Museo del Ferrocarril MUSÉE
(Av Othón ; 25 $M ; 9h-18h mar-ven, 13h-17h sam-dim ;). San Luis Potosí fut autrefois une étape importante sur les deux lignes de train qui traversaient le pays, et cet excellent musée ravive la gloire passée de la gare ferroviaire qui date de 1936. Ne ratez pas les deux fresques (achevées en 1943) peintes par Fernando Leal qui embellissent l'intérieur de la gare. On peut aussi se promener dans les vieux trains stationnés le long des quais. Les enfants adoreront le petit train miniature qui fait le tour du musée (25 $M).

Centro de las Artes Centenario CENTRE ARTISTIQUE
(Antigua Penitenciaria ; Calz de Guadalupe ; 20 $M ; 10h-14h et 17h-20h lun-jeu, 11h-17h sam et dim). Jusqu'en 1999, cet édifice impressionnant était une prison, dans laquelle Francisco Madero aurait été brièvement détenu. Dix ans plus tard, elle fut transformée en centre dédié aux arts et à la culture (la structure d'origine a été conservée). Certaines cellules sont restées en l'état, d'autres ont été reconverties en bureaux. Un rêve d'architecte ! Visites guidées en espagnol à 17h, 18h et 19h (prévoir un pourboire).

Museo Regional Potosino MUSÉE
(Plaza de Aranzazú s/n ; 50 $M, gratuit dim ; 9h-18h mar-dim). Ce beau musée occupe une partie d'un monastère franciscain fondé en 1590. Le rez-de-chaussée, dont une section occupe la petite Capilla de San Antonio de Padua, présente des collections (principalement de la poterie) consacrées au Mexique préhispanique, et en particulier aux Huastèques. À l'étage, la somptueuse **Capilla de Aranzazú**, bleu-vert et dorée, est une chapelle privée du milieu du XVIIIe siècle, de style churrigueresque, où les moines prononçaient leurs vœux.

Templo del Carmen ÉDIFICE RELIGIEUX
(8h-13h et 17h-20h). Le Templo del Carmen (1749-1764), une église de style churrigueresque, constitue l'édifice le plus remarquable de San Luis. Sur la façade abondamment sculptée, les anges, ailes déployées, témoignent de l'habileté des artisans indiens. Le Camarín de la Virgen, au splendide autel doré, se trouve à gauche du maître-autel. Une débauche de figurines en plâtre orne l'entrée et le plafond de cette chapelle.

Cathédrale ÉDIFICE RELIGIEUX
(Plaza de Armas). GRATUIT Cette impressionnante église épiscopale baroque à trois nefs construite entre 1660 et 1730 n'avait à l'origine qu'une tour ; celle du nord fut ajoutée au XXe siècle. Sur la façade, les apôtres de marbre sont des répliques des statues de la basilique Saint-Pierre de Rome. Les cloches (désormais électroniques) tintent toutes les heures.

Museo Nacional de la Máscara MUSÉE
(444-812-30-25 ; www.museonacionaldelamascara.com ; Villerías 2 ; tarif plein/étudiant 20/10 $M, app photo 10 $M ; 10h-18h mar-ven, 10h-17h sam, 10h-15h dim et lun). Ce très bon musée présente une collection fascinante de masques cérémoniels provenant de tout le Mexique et du monde entier. Les explications sur l'évolution des masques précolombiens au Mexique sont très instructives et bien présentées. On y voit aussi d'intéressantes vidéos de danses exécutées à l'occasion de fêtes de village.

Templo de San José ÉDIFICE RELIGIEUX
(Av Othón). À l'intérieur de cette église, qui s'élève face au côté sud de l'Alameda, la statue d'El Señor de los Trabajos attire de nombreux pèlerins. Elle est entourée de retables (*retablos*), offerts en guise d'ex-voto par des fidèles en remerciement de souhaits exaucés.

Plaza de los Fundadores PLACE
La place des Fondateurs (la moins jolie de la ville) marque le site d'origine de San Luis Potosí. Sur le côté nord, un grand édifice de 1653, qui accueillait jadis un collège jésuite, abrite aujourd'hui l'administration de l'Universidad Autónoma de San Luis Potosí.

Alameda PARC
(Av Othón). L'Alameda Juan Sarabia marque la limite est du centre-ville. Elle servait jadis de potager au monastère rattaché au Templo del Carmen. Aujourd'hui, la place est un grand et beau parc traversé par des allées ombragées.

Museo de Arte Contemporáneo MUSÉE
(MAC ; ☎444-814-43-63 ; www.macsanluispotosi.com ; Morelos 235 ; plein tarif/étudiant 20/10 $M ; ⏲10h-18h mar-sam, 14h dim). Ce musée est installé dans l'ancien bâtiment postal de la ville. Les espaces brillamment convertis abritent aujourd'hui des expositions temporaires qui changent tous les trois mois.

Templo de San Francisco ÉDIFICE RELIGIEUX
(Jardín de San Francisco). L'autel de cette église bâtie aux XVIIe et XVIIIe siècles a été remanié au XXe siècle. En revanche, la sacristie, accessible par une porte à droite de l'autel, est d'origine ; remarquez la belle coupole et la pierre rose sculptée. La Sala De Profundis, après l'arcade à l'extrémité sud de la sacristie, renferme d'autres peintures et une fontaine en pierre taillée. Un magnifique vaisseau de cristal est suspendu à la coupole principale.

Templo de la Tercera Orden et Templo del Sagrado Corazón ÉGLISE
(Jardín de San Francisco). Le petit Templo de la Tercera Orden édifié en 1694 puis restauré en 1960 et le Templo del Sagrado Corazón (construit entre 1728 et 1731) faisaient autrefois partie d'un monastère franciscain. Ils se dressent tous deux à l'extrémité sud du Jardín de San Francisco.

Museo del Virreinato MUSÉE
(www.museodelvirreinato.mx ; Villerías 155 ; tarif plein/étudiant 15/10 $M, app photo 20 $M ; ⏲10h-19h mar-sam, 10h-17h dim). À côté du Templo del Carmen (p. 717), ce musée possède une vaste collection de tableaux et d'objets liés aux vice-rois espagnols. Ses expositions temporaires sont souvent plus passionnantes.

Circuits organisés

Operatour Potosina CIRCUITS ORGANISÉS
(☎444-151-22-01 ; www.operatourpotosina.com.mx ; Hotel Napoles, Sarabia 120). Le tour-opérateur de San Luis Potosí le plus habitué à travailler avec des touristes étrangers. La sympathique responsable, Lori, parle anglais et propose différents circuits permettant de découvrir la ville, des haciendas, Real de Catorce, Zacatecas ou encore la région de Huasteca Potosina (2 pers au minimum) ; des formules personnalisées sont également possibles.

Fêtes et festivals

Semana Santa FÊTE RELIGIEUSE
(⏲mars/avril). La Semaine sainte donne lieu à des concerts, à des expositions et à d'autres festivités. Le Vendredi saint, une reconstitution de la Passion du Christ se déroule à 15h dans le quartier de San Juan de Guadalupe. Elle est suivie à 20h d'une procession silencieuse dans le centre (il s'agit de l'une des manifestations les plus importantes de la ville).

Feria Nacional Potosina FOIRE
(FENAPO ; www.fenapo.mx ; ⏲août). Cette foire se tient habituellement pendant les trois dernières semaines d'août. Au programme : expositions agricoles, concerts, rodéos, corridas et combats de coqs.

Festival Internacional de Danza Contemporánea Lila López DANSE
(culturaslp.gob.mx/festival-internacional-de-danza-contemporanea-lila-lopez ; ⏲juil). Ce superbe festival national de danse contemporaine est organisé chaque année en juillet (dates variables).

Día de San Luis Rey de Francia FÊTE RELIGIEUSE
Le 25 août, point culminant de la Feria Nacional, les habitants fêtent saint Louis, roi de France et saint patron de la ville, avec un défilé, des concerts et des représentations théâtrales.

VISIONS HUICHOLES

La région reculée de la Sierra Madre occidentale, qui s'étend à l'extrême nord du Jalisco et dans la région environnante, est la patrie des Huicholes, l'une des plus anciennes ethnies du Mexique. Ce peuple indépendant fut l'un des rares groupes indiens à ne pas subir le joug aztèque.

L'arrivée des Espagnols n'eut pas un impact immédiat sur le mode de vie des Huicholes, et il fallut attendre le XVIIe siècle pour que les premiers missionnaires catholiques atteignent leur territoire. Au lieu de se convertir au christianisme, les Huicholes intégrèrent certains principes chrétiens à leurs croyances animistes – dans leur mythologie, les dieux sont incarnés par différents végétaux, animaux ou minéraux, et leur forme surnaturelle est soumise à des rituels religieux.

Aujourd'hui encore, chaque année, les Huicholes quittent leur région isolée pour aller en pèlerinage dans la Sierra de Catorce, dans le nord de l'État de San Luis Potosí. Dans cette zone aride, ils partent à la recherche du peyotl (*Lophophora williamsii*), ou peyote, un petit cactus qui pousse au ras du sol. Les "boutons" ronds au sommet de la plante contiennent un hallucinogène puissant (riche en mescaline), qui occupe un rôle central dans leurs rites.

L'usage du peyotl est interdit au Mexique (ainsi qu'en France et dans bien d'autres pays), mais beaucoup de voyageurs n'en ont cure. La loi mexicaine autorise les Huicholes à l'employer uniquement à des fins rituelles. Ce cactus hallucinogène revêt une grande importance culturelle et spirituelle pour les Huicholes et ceux-ci tiennent son utilisation irréfléchie comme une offense, voire un sacrilège.

Traditionnellement, l'art huichol s'exprimait par la narration, et par la fabrication de masques et de broderies à motifs géométriques (dites "tableaux de fibres"). Depuis quelques décennies, les fils sont remplacés par des perles aux couleurs vives. Il s'agit d'un travail méticuleux, pour lequel les perles sont plaquées sur un support recouvert de cire d'abeille. Ses œuvres raffinées sont vendues sur les marchés, dans les boutiques et dans les galeries d'artisanat de la plupart des grandes villes et des stations touristiques. Les prix sont généralement fixes ; les Huicholes n'aiment pas marchander. Pour un aperçu du meilleur de l'art huichol, visitez les musées ou les boutiques de Zapopan (près de Guadalajara), Tepic, Puerto Vallarta ou Zacatecas.

Où se loger

Corazón de Xoconostle AUBERGE DE JEUNESSE **$**
(☎444-243-98-98 ; www.corazondexoconostle.com ; 5 de May 1040 ; dort avec sdb partagée 190 $M, ch 425-500 $M ; 🛜). La meilleure auberge de jeunesse de San Luis est cette maison restaurée de manière exquise, proposant des dortoirs de qualité avec casiers. Un des dortoirs est réservé aux femmes. Il y a aussi une cuisine où l'on peut préparer ses repas et un toit-terrasse. Les machines à laver peuvent être utilisées gratuitement. Atmosphère accueillante. Seul bémol : le manque de salles de bains. Il se peut que vous fassiez la queue pour prendre votre douche le matin.

Hikuri Eco Hostal AUBERGE DE JEUNESSE **$**
(☎444-814-76-01 ; hikuriecohostal@gmail.com ; Iturbide 980 ; dort 175 $M, ch à partir de 500 $M ; 🛜). Cette maison agréablement transformée située à la limite de la vieille ville coloniale est une adresse qui ne manque pas de fantaisie, en témoigne le combi installé à la réception. Partout ailleurs dans l'auberge, vous trouverez du mobilier recyclé de manière amusante. Les hébergements consistent en des dortoirs simples mais confortables et des chambres privées. Le propriétaire, un Italien qui a beaucoup voyagé, parle plusieurs langues et s'assure que l'ambiance soit conviviale.

Hotel San Francisco HÔTEL **$$**
(www.sanfranciscohotel.mx ; Universidad 375 ; ch 1 030 $M ; P ⊖ ❄ 🛜). Cet édifice historique reconverti recèle des chambres modernes décorées dans un style hôtel d'affaires sans charme, mais elles sont parfaitement propres et confortables. Celles de devant ayant des fenêtres qui donnent sur la rue peuvent être bruyantes. Les chambres intérieures, elles, ne reçoivent pas d'air frais. L'hôtel demeure cependant une bonne option.

Hotel Panorama HÔTEL D'AFFAIRES $$
(☎444-812-17-77, 800-480-01-00 ; www.hotelpanorama.com.mx ; Av Carranza 315 ; ch/ste 1 050/1 400 $M ; P ⊖ ❄ ≋ ≋). Bien situé en face de la Plaza de los Fundadores, voici le meilleur des hôtels de catégorie moyenne de la ville – lesquels sont, dans l'ensemble, assez ordinaires. Les 126 chambres, d'une certaine élégance, comportent de grandes baies vitrées. Celles du côté sud donnent sur la piscine et sur le jardin. On comprend pourquoi cet hôtel séduit les voyageurs d'affaires ; l'accueil pourrait cependant être plus chaleureux.

♥ **Hotel Museo Palacio de San Agustín** HÔTEL HISTORIQUE $$$
(☎444-144-19-00 ; www.hotelmuseopalaciodesanagustin.com ; Galeana 240 ; ch à partir de 4 000 $M ; P ⊖ ❄ ≋). Cette merveilleuse propriété, un ancien bâtiment pour moines retraités du monastère de San Agustín, a été restaurée comme à l'origine avec finitions à la feuille d'or, lustres en cristal et quelque 700 objets d'époque venus d'Europe. Les chambres sont décorées de manière soignée dans le style des maisons mexicaines bourgeoises du XIXe siècle, et possèdent de superbes salles de bains ornées de marbre dotées d'articles de toilette. De quoi faire une folie.

Où se restaurer et prendre un verre

La scène culinaire de San Luis n'est pas renversante, mais ne ratez pas le délicieux Cafe Cortáo, sans doute la meilleure adresse de la ville. Parmi les spécialités locales, ne manquez pas les *tacos potosinos*, des tacos au piment rouge, farcis de fromage ou de poulet, surmontés de pommes de terre, de carottes et de laitue émincées, et généreusement nappés de *queso blanco* (fromage blanc).

♥ **Cafe Cortáo** MEXICAIN $
(Independencia 1150 ; plats 45-85 $; ⊙8h30-13h30 et 18h20-21h30 lun-ven, 9h30-13h30 et 18h20-21h30 sam). Ce café sans prétention est notre préféré. Il est l'exemple parfait d'adresse qui ne fait pas de chichis sans sacrifier la qualité. On y sert des plats mexicains, tous plébiscités par la foule. Le service est efficace et le propriétaire charismatique accueille les clients chaleureusement. Goûtez absolument les *huevos abolengos* (œufs servis sur du pain avec une sauce aux champignons et au *queso manchego*). Divin.

Antojitos El Pozole MEXICAIN $
(Angle Calle Carmona et Calle Arista ; plats 50-100 $M ; ⊙12h-23h30 mar-dim). Adresse idéale pour goûter les *enchiladas potosinas* (la couleur rouge des tortillas, servies frites et farcies, vient du piment doux), cet établissement est né d'une *success story* : une femme, qui vendait des *antojitos* chez elle dans les années 1980, connut un succès tel qu'elle dirige aujourd'hui plusieurs restaurants servant des *tacos rojos* (tacos à la tomate), de délicieux *pozoles* (potées épicées à base de grains de maïs, de viande et de légumes) et des *quesadillas de papa* (quesadillas à la pomme de terre).

La Oruga y La Cebada INTERNATIONAL $$
(Callejón de Lozada 1 ; plats 115-200 $M ; ⊙12h-1h mar-sam, 23h dim, 22h lun ; ≋). "La chenille et l'orge" est un grand restaurant qui jouit d'une énorme popularité. On y trouve une salle au rez-de-chaussée où trône un bar animé et une terrasse avec toit rétractable à l'étage. Le vaste menu comporte des classiques de la cuisine mexicaine et des plats internationaux. La pizza est délicieuse, de même que la bière artisanale.

Cielo Tinto INTERNATIONAL $$
(☎444-814-00-40 ; www.facebook.com/cielotintoslp ; Carranza 700 ; plats 140-295 $M ; ⊙8h-23h30). Le "ciel rouge" est généralement considéré comme le meilleur restaurant de San Luis Potosí. Cette adresse chic installée dans une hacienda rénovée dispose d'un superbe patio. Le menu est international et va des grillades réussies aux classiques de la cuisine mexicaine. Bonnes formules petit-déjeuner (90 à 130 $M).

La Gran Vía ESPAGNOL $$$
(☎444-812-28-99 ; www.lagranviaslp.com ; Carranza 560 ; plats 230-380 $M ; ⊙13h-minuit lun-sam, 13h-19h dim). Dans ce restaurant qui est une véritable institution, les notes de parfums raffinés des clients se mêlent aux arômes de paëlla, *lechón asado* (cochon grillé) et cabillaud pour ne citer que ces plats sur la longue carte. L'endroit est parfait pour une grande occasion.

Callejon 7B MICROBRASSERIE
(www.7barrios.com.mx ; Universidad 153 ; ⊙18h-1h lun-ven, 14h-1h sam et dim). Un bar à la mode baptisé du nom de la bière artisanale qu'il produit, la Siete Barrios ("sept quartiers"). Après ses blondes et ses brunes corsées, d'autres débits de boissons vous attendent dans la ruelle.

BUS AU DÉPART DE SAN LUIS POTOSÍ

DESTINATION	PRIX ($M)	DURÉE (H)	FRÉQUENCE
Aguascalientes	196-245	2 ½-3	ttes les heures
Ciudad Valles	690	4 ½	ttes les heures
Guadalajara	485-660	5-6	ttes les heures
Guanajuato	275	3	1/jour
Matehuala	265	2 ½	4/jour
Mexico (Terminal Norte)	550-710	5-6 ½	ttes les heures
Monterrey	690-785	6	5/jour
Querétaro	286-340	2 ½-4	fréquents
San Miguel de Allende	245	4	3/jour
Xilitla	451	6	3/jour
Zacatecas	290	3	fréquents

☆ Où sortir

Pour connaître le programme de la riche scène culturelle de San Luis Potosí, adressez-vous à l'office du tourisme et procurez-vous le mensuel gratuit *Guiarte*.

Teatro de la Paz SALLE DE SPECTACLE
(☎ 444-812-52-09 ; Villerias 2). Ce magnifique théâtre néoclassique achevé en 1894 abrite une salle de spectacle d'une capacité de 1 500 places. L'orchestre symphonique de San Luis Potosí s'y produit. Le lieu comporte également une galerie d'exposition et une salle de théâtre. Les affiches annoncent les spectacles de danse, les pièces de théâtre et les événements musicaux à venir.

Achats

Casa Grande Esencia Artesanal ARTS ET ARTISANAT
(Universidad 220 ; ⌚10h-20h lun-sam, 11h-18h dim). Cette coopérative réunissant des petits étals propose un grand assortiment d'*artesanías potosinas* (objets d'artisanat de la région) 100% locales. On y trouve aussi des vêtements et des souvenirs plus conventionnels.

La Casa del Artesano ARTISANAT
(www.elrebozo.gob.mx ; Jardín Colón 23 ; ⌚8h-15h et 17h-19h lun-ven, 10h-17h sam). Une bonne adresse pour des articles locaux : poteries, masques, objets en bois et en rotin...

Renseignements

Hospital Lomas de SLP (☎ 444-102-59-00 ; www.hls.com.mx ; Av Palmira 600, Villas del Pedregal)

Sectur (office du tourisme de l'État ; ☎ 444-812-99-39 ; www.visitasanluispotosi.com ; Av Manuel José Othón ; ⌚8h-21h lun-ven, 9h-15h sam et dim). Distribue des cartes et donne de bonnes informations sur des sites touristiques peu fréquentés dans l'État de San Luis Potosí.

Office du tourisme (☎ 444-812-57-19 ; Palacio Municipal ; ⌚8h-20h lun-sam, 10h-17h dim). Sur le côté est de la Plaza de Armas.

Poste (Av Universidad 526 ; ⌚8h-15h lun-ven)

Depuis/vers San Luis Potosí

AVION

L'**Aeropuerto Internacional Ponciano Arriaga** (☎ 444-822-00-95 ; www.oma.aero/en) se trouve à 10 km au nord de la ville sur la route 57. Un nouveau terminal était en construction lors de notre passage. L'aéroport propose plusieurs vols quotidiens pour Mexico et un ou deux vols par jour pour Monterrey.

BUS

La gare routière, le **Terminal Terrestre Potosina** (TTP ; ☎ 444-816-46-02 ; Carretera 57), à 2,5 km à l'est du centre-ville, est un important nœud de transport routier – bus deluxe, de 1re classe et de 2e classe. On y trouve une consigne ouverte 24h/24 et des stands de fast-food.

VOITURE ET MOTO

Pour une location de voiture, comptez environ 25 $US/jour (hors assurance) ; forfaits week-end disponibles. Toutes les agences de location de voitures se trouvent à l'aéroport.

Comment circuler

En taxi, comptez environ 200-250 $M depuis/vers l'aéroport (30 min). La course pour le centre-ville a un prix fixe de 260 $M, il vous faudra faire la queue dans le terminal de l'aéroport pour acheter un ticket à remettre aux taxis officiels.

Pour gagner le centre depuis la gare routière, prenez un bus indiqué "Centro" ou le n°46. Le plus commode est de descendre à l'Alameda, devant l'ancienne gare ferroviaire. Dans la gare routière, un kiosque vend des tickets de taxi pour le centre-ville (35-70 $M).

Pour aller du centre à la gare routière, prenez un bus "Central TTP" ou n'importe quel bus roulant en direction du sud dans l'Avenida Constitución, depuis le côté ouest de l'Alameda.

Les bus de ville circulent de 6h30 à 22h30 (8 $M). Les bus "Morales" (bus n°9) et "Carranza" (bus n°23), qui partent de la gare routière, derrière le Museo de Ferrocaril, marquent plusieurs arrêts dans l'Avenida Carranza.

Real de Catorce

☎488 / 1 300 HABITANTS / ALTITUDE : 2 730 M

Ville minière encore prospère au début du siècle dernier, Real de Catorce a vu son sort changer du jour au lendemain au moment où le cours de l'argent s'est effondré. La mine ferma alors ses portes et une grande partie de la population déserta la cité qui devint une ville fantôme éloignée de tout, recluse au cœur des gigantesques collines de la Sierra Madre Oriental. Il y a encore peu, Real de Catorce était une ville quasiment déserte, les bâtiments en ruine s'alignaient le long de ses rues et quelques centaines d'âmes seulement y vivotaient.

Puis la ville connut un regain d'intérêt et devint une destination de week-end : un boutique-hôtel ouvrit ses portes et offrit une deuxième jeunesse à la bourgade moribonde. Real de Catorce s'est alors mise à attirer des étrangers qui ont contribué (lentement mais sûrement) à faire de l'endroit une destination touristique. Bien que Real ne soit plus une ville fantôme, on y entend toujours craquer les portes quand le vent souffle, les rues sont encore pavées de manière erratique et de nombreux édifices sont restés en ruine. Pour autant, le cadre fabuleux et l'architecture qui ne manque pas de charme font de la ville une destination plaisante à visiter.

Histoire

Le mot Catorce ("quatorze") figurant dans le nom de la ville fait probablement référence aux 14 soldats espagnols qui furent tués par des résistants indiens vers 1700. La ville fut fondée vers le milieu du XVIIIe siècle ; la construction de l'église s'étendit de 1790 à 1817.

Real de Catorce atteignit son apogée à la fin du XIXe siècle, alors qu'elle se trouvait en concurrence directe avec la célèbre mine de la Valenciana, à Guanajuato. Elle possédait alors une arène et des boutiques de produits de luxe importés d'Europe. De nombreuses demeures opulentes témoignent encore de cette époque.

À voir

Templo de la Purísima Concepción ÉDIFICE RELIGIEUX

(Lanzagorta ; 7h-19h). GRATUIT Cette belle et imposante *parroquia* (église paroissiale) de style néoclassique attire de très nombreux pèlerins mexicains, venus admirer la statue de saint François d'Assise, réputée miraculeuse. En allant vers l'autel, à gauche, vous verrez une salle remplie de *retablos*, des petites illustrations dépeignant les épisodes périlleux auxquels saint François prit part. Ces retables sont devenus des pièces de collection et on en trouve parfois dans les magasins d'antiquités. Sachez que la plupart ont été volés dans des églises comme celle-ci.

Centro Cultural de Real de Catorce MUSÉE

(Casa de la Moneda ; 10 $M ; 10h-18h mer-dim). L'ancien hôtel de la Monnaie, où des pièces ont été frappées pendant 14 mois au milieu des années 1860, pour un montant total de 1 489 405 pesos, se dresse en face du Templo de la Purísima Concepción. Ce bâtiment classique remarquablement restauré abrite aujourd'hui un centre culturel doublé d'un musée, où des expositions temporaires sont présentées sur plusieurs niveaux. Au rez-de-chaussée, la collection permanente est composée de photos et de machines issues de l'hôtel de la Monnaie.

Capilla de Guadalupe ÉGLISE, CIMETIÈRE

(Zaragoza ; 8h-17h). Cette belle église ancienne du XIXe siècle possède un intérieur intéressant. Les fresques aujourd'hui défraîchies qu'on devine étaient certainement de toute beauté autrefois.

Activités

Randonnée

À défaut de sites touristiques majeurs, la ville conserve cette inimitable ambiance propre au désert austère et vallonné. Pour

Real de Catorce

Real de Catorce

À voir

1 Centro Cultural de Real de Catorce B2
2 Templo de la Purísima Concepción C2

Activités

3 Caballerangos del Real B2
4 Lalo Bike B2

Où se loger

5 Hotel Amor y Paz C1
6 Hotel El Real B2
7 Hotel Mina Real B2
8 Mesón de Abundancia B2

Où se restaurer

9 Café Azul B2
Mesón de Abundancia ..... (voir 8)

Où prendre un verre et faire la fête

Amor y Paz ..... (voir 5)

qui apprécie la marche, il y a largement de quoi faire pour 2 jours. Ne ratez pas les randonnées jusqu'au Pueblo Fantasmo ou le Socavón de Purísima.

Pueblo Fantasmo — RANDONNÉE

Octroyez-vous au moins une heure pour vous rendre dans cette ville fantôme perchée sur une colline et visible depuis Real de Catorce. En continuant encore 100 mètres, on arrive à un deuxième ensemble de ruines (non visibles depuis Real). Faites attention où vous mettez les pieds : il s'y trouve deux grands puits de mine dangereux. Depuis Real, suivez Lanzagorta en restant sur la gauche.

Pour prolonger la randonnée, suivez la crête vers le nord-ouest jusqu'aux antennes et à la croix qui surplombe Real de Catorce (repérez-la bien avant de vous mettre en marche, car c'est moins évident une fois sur la crête). Suivez le sentier derrière la croix, avant de redescendre en zigzaguant jusqu'au cimetière. Comptez 3-4 heures en tout pour cet itinéraire prolongé.

Socavón de Purísima — RANDONNÉE

Le Socavón de Purísima est la grande cheminée d'une ancienne mine. Pour vous y rendre depuis Real, descendez Allende puis au bout, tournez à droite. Continuez sur cette route jusqu'à atteindre la cheminée (environ 45 minutes de marche). La route passe à travers une faille dans le rocher, le Cerro Trocado. Si elle est ouverte, vous pourrez pénétrer dans la bouche de la mine. Le retour est plus long, car l'ascension est rude. Emportez de l'eau, un chapeau et de bonnes chaussures, le climat sec et la topographie du lieu ne font pas de cadeaux.

Randonnée équestre

De nombreux sentiers sillonnent les admirables paysages désertiques autour de Real. La promenade guidée la plus appréciée est celle qui mène en 3 heures jusqu'à El Quemado, la montagne sacrée des Huicholes. De là, vous découvrirez une vue superbe sur le haut plateau désertique et un petit sanctuaire dédié au dieu Soleil.

Les guides équestres font partie d'une association reconnue par la municipalité. Les **Caballerangos del Real** (Plaza Hidalgo ; promenade de 2 heures 150-200 $M) se retrouvent tous les matins aux abords de la place principale de Real, la Plaza Hildago, où ils proposent des promenades. Sachez que les bombes ou casques de protection ne sont malheureusement pas fournis.

Excursions en Jeep

Ces mêmes destinations peuvent souvent faire l'objet d'une excursion en Jeep Willys, en particulier le week-end. Adressez-vous à l'office du tourisme ou à n'importe quel conducteur dans Lanzagorta ou Allende. Les tarifs varient en fonction du trajet et du nombre de passagers. Cela vous reviendra moins cher si vous en partagez le coût avec d'autres visiteurs.

Vélo

Les cyclistes de tous niveaux peuvent explorer les environs de Real grâce aux excellentes randonnées organisées par **Lalo Bike** (☎portable 488-1051981 ; www.facebook.com/MTB-Bicitours-Expeditions-297676610436596 ; Lanzagorta 5 ; balade 1 heure 30 150 $M/pers ; ⏲ven-dim nov-sept) qui pourra, si besoin, vous trouver un guide anglophone. Les tarifs comprennent le VTT, le casque et les services du guide. Si vous parlez espagnol, réservez par courriel ou téléphone ; si vous êtes à Real, renseignez-vous au Mesón de la Abundancia.

Fêtes et festivals

Fiesta de San Francisco FÊTE RELIGIEUSE

(⏲fin sept à fin oct). Entre fin septembre et fin octobre, quelque 150 000 pèlerins défilent devant la statue de saint François d'Assise, dans l'église paroissiale. Beaucoup ne viennent que pour la journée, mais des milliers d'autres séjournent en ville, où ils occupent la moindre chambre disponible. Certains dorment même sur les places. Les rues se remplissent alors de stands de restauration et de souvenirs religieux, tandis que nombre de restaurants huppés ferment pour un mois.

Attention : les voyageurs souhaitant découvrir le côté calme de la "ville fantôme" de Real de Catorce ont tout intérêt à ne pas venir pendant cette période de fête, au risque d'être déçus.

Festival del Desierto CULTURE

(www.festivaldeldesierto.com.mx ; ⏲juin). Lors du festival du Désert, musique et danses folkloriques égaient toutes les villes de la région. Les dates changent chaque année ; vérifiez avec l'office du tourisme avant de vous déplacer.

Où se loger

Pour une ville aussi reculée, Real de Catorce ne manque pas d'hôtels. Il est avisé de réserver le week-end. Notez aussi qu'il peut faire très froid dans les hôtels les plus économiques l'hiver. Prévoyez duvets et superposez les couches de vêtements ou demandez des couvertures supplémentaires.

♥ **Mesón de Abundancia** HÔTEL $$

(☎488-887-50-44 ; www.mesonabundancia.com ; Lanzagorta 11 ; d 850-1 500 $M ;). Cet ancien bâtiment du Trésor construit au XIXe siècle, merveilleusement restauré et converti en hôtel, est de loin le meilleur choix de la ville. Son atmosphère si particulière en fait un des établissements hôteliers les plus pittoresques du Mexique. Une énorme clé à l'ancienne vous ouvrira la porte de l'une des 11 chambres, décorées avec goût et simplicité (artisanat local), qui constituent un refuge douillet pour les soirées fraîches. Les prix chutent hors saison.

Hotel Mina Real HÔTEL $$

(☎488-887-51-62 ; www.hotelminareal.com ; Corona 5B ; ch à partir de 1 250 $M ;). Cet élégant bâtiment n'est pas un musée consacré au passé de Real mais un hôtel en pierre rénové avec soin et audace. L'escalier en bois qui dessert les 11 chambres à la décoration moderne et le splendide toit-terrasse donne le ton. Un bon choix pour ceux qui privilégient le confort moderne. Pas de petit-déjeuner.

Hotel Amor y Paz HÔTEL $$

(☎488-887-50-59 ; hotelamorypaz.com ; Juárez 10 ; d 1 100 $M ;). Les prétentions spirituelles de cet hôtel pourraient vous agacer (cartes de visite comportant des citations de Bouddha), mais vous ne trouverez rien à redire au charme suranné du lieu. Il est construit autour d'une ravissante cour et décoré de mobilier d'époque. Les chambres sont un peu sombres mais elles arborent de somptueux plafonds avec boiseries et sont pourvues de salles de bains aux carrelages colorés.

Où se restaurer et prendre un verre

Café Azul CAFÉ $

(Lanzagorta 27 ; petit-déj 50-90 $M ; ⏲8h30-17h jeu-mar, 8h30-22h ven-sam). Petit-déjeuner, gâteaux tout juste sortis du four et repas légers (excellentes crêpes) dans un grand café tenu par des Suisses charmants, disposés à partager leur connaissance de la région.

Mesón de Abundancia MEXICAIN, ITALIEN $$

(www.mesonabundancia.com ; Lanzagorta 11 ; plats 100-200 $M ; ⏲7h-22h ; 📶🍷). Ce restaurant installé dans un hôtel plein de caractère possède de nombreux espaces confortables où vous pouvez prendre votre repas, notamment un bar et un coin cheminée. Les plats italiens et mexicains sont servis généreusement et savoureux. La pizza cuite au feu de bois est un vrai délice en soirée. Le restaurant est ouvert tous les jours du petit-déjeuner au dîner.

Amor y Paz BAR

(Juaréz 10 ; ⏲18h-tard ven-sam). On croirait parfois que la moitié des habitants et des visiteurs de Real se cachent à l'Amor y Paz. Orné d'objets anciens, de chaises rétro et de lustres insolites, ce petit bar sert un bon choix de mezcals.

Renseignements

Il n'y a qu'un seul DAB à Real de Catorce, à l'office du tourisme. Les week-ends de forte fréquentation, il peut être à court d'argent. Par ailleurs, il est souvent hors-service à cause des coupures d'électricité. Il est plus prudent d'arriver à Real de Catorce avec des espèces.

La ville dispose d'un petit **office du tourisme** assez utile (Palacio Municipal, Constitución s/n ; ⏲9h-16h), près de l'église.

Depuis/vers Real de Catorce

BUS

Pour vous rendre à Real de Catorce, vous devrez prendre un bus à Matehuala (95 $M, 1 heure 30). Ces derniers quittent la gare routière de Matehuala à 8h, 12h, 14h et 18h. D'où que vous veniez, il est assez facile de se rendre à Matehuala. Les bus au départ de San Luis Potosí (247 $M, 3 heures) et Querétaro (515 $M, 5 heures 30) pour cette ville sont nombreux.

En arrivant à Real, les bus s'arrêtent à la périphérie de la ville avant le tunnel d'Ogarrio. Pour emprunter le tunnel qui conduit à la ville, il vous faudra monter à bord d'un bus plus petit. Il vous déposera sur la place du marché.

Pour le trajet retour de Real à Matehuala, les petits bus partent de la place du marché à 7h40, 11h40, 15h40 et 17h40 (88 $M, 1 heure 30 à 2 heures). Il vous faudra ensuite reprendre un plus gros bus à la sortie du tunnel pour continuer votre voyage. Les billets s'achètent à bord.

VOITURE ET MOTO

Si vous êtes motorisé, suivez la route fédérale 57 au nord de Matehuala, puis prenez la direction de Cedral, à 20 km à l'ouest. Après Cedral, tournez vers le sud pour rejoindre Catorce : vous emprunterez alors l'une des plus longues routes pavées du monde ; spectaculaire, elle grimpe en lacets à flanc de montagne. Le tunnel d'Ogarrio (30 $M/véhicule), long de 2,3 km, est à une seule voie. À chaque extrémité, des employés contrôlent la circulation (7h-23h). L'attente peut se prolonger. Si le trafic est trop dense, vous devrez peut-être vous garer à l'entrée est du tunnel et continuer en pick-up, en charrette ou avec un autre moyen de locomotion. Si vous empruntez le tunnel, en tant que non-résident, vous devrez laisser votre véhicule sur un parking à la sortie du tunnel pour ne pas encombrer les rues étroites de la ville.

La Huasteca Potosina

Délicieusement isolée, l'époustouflante Huasteca Potosina à la luxuriante végétation tropicale se trouve dans la région de San Luis Potosí, mais semble à des années-lumière de celle-ci tant par son climat que sa géographie. Elle est constellée d'incroyables cascades et de piscines naturelles creusées par les rivières qui dévalent les pentes de la Sierra Madre Oriental en direction de l'est. Cette contrée fascinante recèle des paysages parmi les plus sensationnels du centre du Mexique. Les cascades présentent des tons bleu-vert intenses dus au fort taux de calcium des rochers alentour. La culture autochtone des Huaxtèques (Tének), les gouffres vertigineux, les grottes et la faune aviaire contribuent à rendre la visite encore plus enrichissante. La saison sèche, entre novembre et mars, se prête mieux à la visite. La saison humide se traduit par de fortes pluies et des eaux moins limpides.

À voir

Sótano de las Golondrinas GOUFFRE

(Aquismón ; 35 $M ; ⏲aube-crépuscule). Le "gouffre des hirondelles", près d'Aquismón, compte parmi les plus profonds au monde, soit plus de 500 m (370 m en chute libre).

Il doit son nom aux milliers de *vencejos* (martinets à collier blanc) qui nichent à l'intérieur. À l'aube, des nuées d'oiseaux remontent en spirale vers la sortie. Au crépuscule, celles-ci tournoient au-dessus de l'ouverture avant de se séparer en petits groupes qui plongent dans l'abîme.

Le site est populaire pour la descente en rappel et le base jump. Du parking, des centaines de marches conduisent au fond ; comptez 20 minutes de marche. Il faut ensuite remonter par le même chemin.

Sótano de las Huahuas GOUFFRE

(San Isidro Tampaxal ; 35 $M ; ⏲aube-crépuscule). Ce gouffre impressionnant est un des deux de la Huasteca Potosina où vous pouvez voir des nuées de martinets entrer et sortir de leur refuge. Profond de 478 m, il est prisé des adeptes du rappel. L'accès s'en révèle un peu plus compliqué, mais le trajet vaut le coup – depuis le parking, vous devrez parcourir 1 km à pied à travers les beaux cèdres et arbres endémiques d'une jungle peuplée d'oiseaux.

Laguna de la Media Luna SOURCES CHAUDES

(El Jabalí ; adulte/enfant 40/20 $M ; ⏲9h-18h). Cet incroyable lac préhistorique est alimenté par 6 sources thermales dont les températures agréables oscillent entre 27 et 30°C. Ses eaux cristallines permettront aux adeptes du snorkeling et de la plongée d'observer des nénuphars, une forêt pétrifiée et de nombreuses espèces de poissons. Les week-ends, le lac attire des centaines de visiteurs venus profiter de ses eaux en famille. Vous pouvez louer du matériel de snorkeling auprès d'un des nombreux stands présents sur le site (20 $M).

On peut aussi prendre des cours de plongée. Nous vous recommandons la **Escuela de Buceo Media Luna** (☎487-872-81-89 ; www.buceomedialuna.com ; cours de plongée à partir de 950 $M), dirigée par le plongeur émérite et océanographe Ossiel Martinez.

Chutes d'eau

Les impressionnantes chutes d'eau près desquelles il est généralement possible de se baigner attirent les visiteurs dans la région. On peut également les admirer lors d'une sortie en bateau. Vous pouvez vous y rendre par vos propres moyens ou réserver une excursion d'une journée assurée par une agence de voyages.

Los Micos CHUTES D'EAU

(30 $M ; ⏲8h-17h). Une des cascades les plus visitées de la Huasteca Potosina. La raison de ce succès : 7 chutes d'eau de hauteurs différentes qui plongent dans le lit d'une rivière. Le spectacle est somptueux. On peut faire une courte promenade en bateau (90 $M, 10 min ; 4 personnes minimum) ou sauter des 7 cascades (175 $M/pers, 2 heures ; casque et gilet de sauvetage fournis). De nombreux tour-opérateurs installés sur le parking proposent la même activité.

♥ **Cascadas de Minas Viejas** CHUTES D'EAU

(El Platanito ; 30 $M ; ⏲7h-20h). Les impressionnantes cascades de Minas Viejas valent largement les 78 km qu'il faut parcourir vers le nord-ouest depuis Ciudad Valles pour les atteindre, ne serait-ce que pour contempler leurs superbes eaux turquoises. Le site est formé d'une cascade principale de 55 m de haut doublée d'une piscine naturelle, d'où s'étagent une série de cascades et de bassins plus petits. Il s'agit d'une destination très fréquentée par les groupes en circuit organisé, qui s'amusent à sauter d'une terrasse à l'autre.

Puente de Dios CHUTES D'EAU

(30 $M). À environ 5 km au nord-est de Tamasopo sur une mauvaise route, Puente de Dios comporte une promenade en bois de 600 mètres qui traverse une superbe forêt tropicale et jalonnée de merveilleux bassins où l'on peut se baigner. Parmi eux, le "God's Bridge" (pont de Dieu) aux eaux turquoise jouxte l'entrée d'une grotte (l'accès à cette dernière n'est pas recommandé lorsque les eaux sont hautes).

♥ **Cascada de Tamul** CHUTES D'EAU

(20 $M ; ⏲8h-18h). Tamul est la cascade la plus spectaculaire de la Huasteca Potosina. Elle plonge de 105 mètres dans les eaux cristallines du Río Santa Maria (qui devient le Tampaón). Le cadre, une gorge cerclée de forêt, est tout simplement époustouflant. Cerise sur le gâteau : vous pourrez sans doute profiter seul de cette beauté car le site est reculé.

Pour vous rendre à la cascade, vous pouvez conduire quasiment jusqu'à l'entrée (20 $M pour emprunter cette piste privée). Arrivé à la rivière, garez votre voiture et traversez le camping situé de l'autre côté (si les eaux de la rivière sont hautes, faites-vous aider par un employé du camping). De là, il reste 1 km facile à parcourir pour accéder à la cascade. Vous arriverez au sommet de cette dernière où vous verrez un joli bassin dans lequel on peut se baigner. N'oubliez surtout pas d'emprunter l'échelle de bois branlante qui vous permettra de descendre au pied de la cascade. De là, le spectacle est impressionnant et vous verrez des milliers de papillons s'ébattre dans la brume.

Autre moyen d'accéder à la cascade : embarquer à bord d'une *lancha* en bois (bateau) ; le trajet aller-retour dure environ 3 heures 30 (800 à 1 000 $M/bateau en fonction de votre talent à négocier). Vous pouvez réserver votre excursion en arrivant à Tanchachín ou La Morena.

Si vous ne disposez pas de votre propre moyen de transport, l'agence MS Xpediciones organise d'excellentes excursions d'une journée au départ de Ciudad Valles, elles comprennent le déjeuner chez un habitant accueillant (800 $M/pers, transport compris, 2 pers minimum). L'agence organise aussi des sorties axées sur le rafting.

Activités

La Huasteca Potosina est le site rêvé pour s'adonner à tout un éventail d'activités comme la baignade, la randonnée, la descente en rappel, le rafting et le kayak dans ses rivières tumultueuses et le long de ses pics abrupts. Les agences de Xilitla, Ciudad Valles et San Luis Potosí proposent des sorties d'une ou plusieurs journées. Nous vous conseillons de réserver au moins quelques jours à l'avance.

Où se loger

El Molino PENSION $$

(www.hotelelmolino.webs.com ; Porfirio Díaz 1417, Rio Verde ; ch à partir de 950 $M ; P). Établi dans la localité agricole de Rio Verde en bordure de la Huasteca Potosina, "le moulin" propose 15 chambres impeccables et décorées avec goût (certaines sont agencées autour du salon central) et un joli jardin. Construit sur les ruines d'une ancienne usine de canne à sucre du XVIIIe siècle, l'établissement permet d'échapper un peu à la chaleur. Les propriétaires proposent aussi les repas.

La pension est un lieu de villégiature charmant si vous envisagez de visiter la Laguna de la Media Luna (p. 726) voisine. Petit-déjeuner 70 $M.

Depuis/vers La Huasteca Potosina

Il est facile de se rendre dans les villes de Xilitla et Ciudad Valles en transport public, mais en dehors de ces zones peuplées, il vous faudra votre propre moyen de transport pour explorer les plus beaux sites de la région. Vous pouvez bien entendu recourir aux services d'un taxi ou organiser vos excursions avec un tour-opérateur local. Vous trouverez les deux dans les villes de Xilitla et Ciudad Valles.

Ciudad Valles

481 / 177 000 HABITANTS

À défaut d'être une jolie ville, Ciudad Valles est la localité principale de la Huasteca Potosina. C'est là qu'il faut réserver vos excursions si vous aimez l'aventure ; c'est aussi un nœud de transports et un endroit correct où passer la nuit. La ville compte deux musées intéressants consacrés à l'histoire des Huastèques et Nahuas, originaires de la région.

À voir

Museo Regional Huasteco Joaquín Meade MUSÉE

(Rotarios 623 ; 9h-16h lun-ven). GRATUIT Expose plus de 10 000 pièces archéologiques et ethnologiques découvertes dans la région, datant entre 600 av. J.-C. et la conquête espagnole.

Museo de Cultura de la Huasteca Tamuantzán MUSÉE

(481-381-26-75 ; Carretera México-Laredo y Libramiento Sur ; 9h-18h lun-ven). GRATUIT Une excellente introduction pour en apprendre davantage sur la Huasteca et les cultures indigènes.

Activités

MS Xpediciones CIRCUITS AVENTURE

(481-381-18-88 ; www.msxpediciones.com ; Blvd México Laredo, Escontría 15-B, Interior Hotel Misión ; 9h-20h lun-sam, plus 9h-12h dim juil-août). Le meilleur choix de la région pour son approche sympathique et professionnelle dans l'intérêt des communautés locales. Parmi les formules proposées figurent des excursions à Xilitla et Las Pozas, aux gouffres et aux nombreuses cascades du secteur. Citons également des sorties en canoë, dont une à Tamul (800 $M min pour 2 pers, avec transport et repas dans une famille locale), et des circuits de rafting.

Où se loger et se restaurer

Hotel Misión Ciudad Valles HÔTEL $$
(481-382-00-66 ; www.hotelesmision.com.mx ; Blvd México-Laredo 15 ; ch 1 438 $M ;). Ce beau bâtiment des années 1930 dans le style hacienda aurait bien besoin d'un petit coup de peinture mais il a tout de même de beaux restes. Il recèle une grande piscine (un vrai plus par ce climat) et possède des chambres spacieuses et propres comprenant le nécessaire pour faire du café. Le petit-déjeuner n'est pas compris mais disponible en supplément.

La Leyenda MEXICAIN $$
(Morelos 323 ; 115-225 $M ; 8h-23h lun-sam, 17h dim ;). Ce restaurant plutôt sombre mais, par bonheur, climatisé, est installé dans un bâtiment ressemblant à un ranch. Un personnel élégant et prévenant y assure le service. Le menu, qui comprend des plats à base de viande, est purement mexicain (délicieux tacos, enchiladas et steaks, notamment).

Depuis/vers Ciudad Valles

Ciudad Valles est bien reliée aux autres destinations de la région, le **Terminal Ciudad Valles** (Contreras s/n) animé se trouve à 3 km au sud-est du centre-ville. Pour vous rendre à Real de Catorce d'ici, vous devrez faire deux correspondances ; une première à Río Verde et la seconde à Matehuala.

Xilitla

489 / 6 500 HABITANTS / ALTITUDE : 489 M

Entourée par le décor tropical à couper le souffle de la Huasteca Potosina, la ville reculée de Xilitla, à flanc de colline, constitue une agréable halte. Elle est connue pour ses rues en pente et sa proximité avec Las Pozas, le fantastique jardin de sculptures créé par l'excentrique Britannique Edward James. Établi juste à la sortie de la ville dans les années 1950 et constamment agrandi et embelli, Las Pozas demeure la raison principale pour laquelle les visiteurs affluent à Xilitla.

La popularité croissante de la Huasteca Potosina profite à la ville. Elle se trouve en

À NE PAS MANQUER

LES FANTAISIES DE LAS POZAS

Prenez l'excentricité d'un riche Anglais, une parcelle de jungle paradisiaque et une imagination débridée, et vous obtiendrez **Las Pozas** (Les Piscines ; www.xilitla.org ; 70 $M ; 9h-18h), une réalisation audacieuse, singulière, voire loufoque.

Sur les versants de la Sierra Madre orientale, ce monumental jardin de sculptures construit au cœur d'une épaisse forêt comprend une série de temples, pagodes, ponts, pavillons et escaliers en béton, entourés de cascades naturelles. Cette création extravagante témoigne de l'esprit fantasque et de la grande fortune d'Edward James (1907-1984), un aristocrate et poète britannique qui, à la fin des années 1930, devint le mécène de Salvador Dalí et rassembla la plus importante collection privée d'art surréaliste au monde.

En 1945, les aventures de James le conduisirent à Xilitla, où il rencontra Plutarco Gastelum, qui l'aida à construire Las Pozas. Le chantier débuta avec la réalisation, par 40 ouvriers du coin, de gigantesques fleurs colorées en béton au bord d'un magnifique cours d'eau. Pendant 17 ans, James et Gastelum créèrent des structures de plus en plus étranges et imposantes, dont beaucoup ne furent jamais achevées, pour un coût estimé à 5 millions de dollars.

James mourut en 1984 sans laisser de fonds pour l'entretien du site, géré depuis 2008 par une fondation mexicaine à but non lucratif. Le fameux labyrinthe de sculptures, d'édifices surréalistes et d'escaliers qui ne mènent nulle part couvre 36 ha et mérite indéniablement le détour. Si vous êtes en forme, vous pourrez passer la journée à découvrir les ravissants bassins (vous pourrez vous baigner) et le dédale des sentiers.

Las Pozas compte un **restaurant** (10h-18h), et il existe plusieurs petits campings et *posadas* à proximité. Pour vivre une expérience authentique, séjournez à la **Posada El Castillo** (p. 682), l'ancienne maison Gastelum d'inspiration surréaliste (où vivait James) dans le centre de Xilitla, transformée en pension par la famille Gastelum.

BUS AU DÉPART DE XILITLA

DESTINATION	PRIX ($M)	DURÉE (H)	FRÉQUENCE
Ciudad Valles	132	2	ttes les heures
Jalpan	94-128	2	ttes les heures
Mexico City (Norte)	440-561	8	5/jour
Querétaro	440	5 ½	1/jour
San Luis Potosí	451	5 ¼	2/jour
Tampico	413	5	5/jour
Tequisquiapan	322	5	3/jour

effet au centre d'un petit îlot touristique à l'expansion rapide et compte désormais des dizaines d'hôtels et pensions, ainsi que de nombreux tour-opérateurs proposant toutes sortes d'activités (rafting, descente en rappel, randonnée et sorties VTT dans la campagne environnante). L'endroit a bel et bien quelque chose de magique, il suffit de faire le voyage pour s'en rendre compte.

☞ Circuits organisés

Mundo Extreme Tours ACTIVITÉS DE PLEIN AIR
(☎489-105-30-00 ; www.mundoextreme.com.mx ; Hidalgo 104). Cette agence que nous recommandons vivement est spécialisée dans les sports extrêmes et activités de plein air. Elle propose tout une gamme de circuits à travers la Huasteca Potosina mêlant randonnée, escalade, kayak, rafting et descente en rappel.

Ruta Xilitla ACTIVITÉS DE PLEIN AIR
(☎489-109-65-40). Une bonne agence établie à Xilitla. Elle propose une vaste gamme d'activités dans la Huasteca Potosina, notamment des excursions dans les grottes et cascades et des sorties rafting et descente en rappel.

Où se loger et se restaurer

Bien que les choses se soient nettement améliorées ces dernières années, Xilitla n'offre toujours pas de grand choix en matière culinaire. Les seuls établissements existants se concentrent sur et autour du Jardín Principal, la place principale de la ville.

♥ Hotel Camino Surreal HÔTEL $$
(☎489-365-03-67 ; www.caminosurreal.com ; Ocampo 311 ; ch 1 500 $M ;). Cet hôtel est l'adresse la plus accueillante et confortable de la ville. Vous aurez plaisir à vous y relaxer après avoir passé la journée à crapahuter dans la jungle. Il ne compte que 6 chambres mais elles sont toutes spacieuses et impeccables et la plupart sont pourvues de balcons qui donnent sur la piscine et le jardin à l'arrière.

Posada El Castillo PENSION $$
(☎489-365-00-38 ; www.junglegossip.com ; Ocampo 105 ; d avec petit-déj 1 570 $M ;). L'ancienne maison Gastelum, qui fut la demeure d'Edward James à Xilitla, est désormais une pension verdoyante inspirée de Las Pozas et tenue par sa nièce et sa famille. Les chambres, toutes différentes, sont décorées d'antiquités et d'œuvres d'art. Certaines offrent une vue superbe. L'établissement est un peu cher si l'on s'en tient à la qualité des chambres, mais l'accueil est chaleureux. L'hôtel n'accueille les clients que sur réservation.

Querreque MEXICAIN $$
(Hidalgo 201 ; plats 115-220 $M ; 9h-22h ;). De la grande terrasse de ce restaurant, la vue sur la ville et les collines au loin est sublime ; l'intérieur est composé de deux salles aux couleurs éclatantes. Le personnel est aimable et sert avec empressement des plats mexicains de toutes sortes, notamment du *mole de mariscos* (*mole* traditionnel aux fruits de mer), des enchiladas relevées et du *chile hojaldrado relleno* (piment farci enrobé dans une pâte feuilletée).

ℹ Depuis/vers Xilitla

La **gare routière** de fortune de Xilitla (Independencia s/n) est un petit parking entouré de nombreuses billetteries. Elle se trouve en centre-ville. De là, vous pouvez rejoindre plusieurs destinations.

ÉTAT DE ZACATECAS

Vaste étendue aride, accidentée et couverte de cactus, à la lisière des semi-déserts du Nord, l'État de Zacatecas est l'un des plus grands du pays par la superficie (73 252 km²), mais aussi le moins peuplé (1,5 million d'habitants) ; on estime que beaucoup de personnes originaires de cet État vivraient actuellement aux États-Unis. L'État est surtout connu pour sa ville argentifère prospère éponyme, un lieu agréable et élégant caractérisé par une architecture coloniale et doté d'une imposante cathédrale. Les visiteurs pourront partir à la découverte des sites historiques et naturels de la région, et notamment des mystérieux vestiges de La Quemada.

Zacatecas

☎ 492 / 147 000 HABITANTS / ALTITUDE : 2 430 M

La fascinante ville de Zacatecas, cité argentifère la plus septentrionale du Mexique, est inscrite au Patrimoine mondial. Elle s'étend à travers une vallée étroite dominée par une impressionnante colline escarpée. Zacatecas possède un grand centre historique où se dressent d'opulents édifices coloniaux, une remarquable cathédrale et d'excellents musées.

Des milliers d'esclaves indiens y furent contraints par les Espagnols à extraire le minerai d'argent dans des conditions épouvantables. Pancho Villa y remporta une victoire historique en 1914, et l'homme est célébré par les habitants aujourd'hui encore. Les visiteurs peuvent emprunter le téléphérique jusqu'à l'impressionnante formation rocheuse du Cerro de la Bufa pour jouir du panorama sur les dômes des églises et sur les toits de la ville. Ils peuvent également s'enfoncer dans les profondeurs de la Terre et visiter la célèbre mine Edén, un triste rappel du passé colonial cruel de la ville.

Histoire

Les Zacatecos, un peuple chichimèque, exploitaient les richesses minières locales des siècles avant l'arrivée des Espagnols ; on raconte d'ailleurs que la ruée vers l'argent débuta lorsqu'un Chichimèque fit cadeau d'une pépite d'argent à un conquistador. Les Espagnols fondèrent une colonie en 1548 ; ils commencèrent alors à extraire le précieux minerai et envoyèrent caravane après caravane à Mexico, ce qui permit aux magnats locaux de bâtir de véritables fortunes. Le développement de l'agriculture et de l'élevage permit de répondre aux besoins croissants de la cité en plein essor.

Au début du XVIIIe siècle, les mines de Zacatecas produisaient 20% de l'argent de la Nueva España. À la même époque, la ville devint une base importante pour les missionnaires catholiques.

Au XIXe siècle, l'instabilité politique entraîna un ralentissement de l'extraction d'argent. Elle reprit sous Porfirio Díaz, puis fut interrompue par la Révolution. En 1914, c'est à Zacatecas que Pancho Villa mit en déroute une troupe de 12 000 soldats aux ordres du président Victoriano Huerta. Le précieux minerai fit la prospérité de Zacatecas jusqu'à la fermeture des dernières mines.

À voir

♥ Museo Rafael Coronel MUSÉE

(Angle Abasolo et Matamoros ; tarif plein/réduit 30/15 $M ; 10h-17h jeu-mar). Incontournable, ce musée, aménagé dans les ruines de l'Ex-Convento de San Francisco (XVIe siècle), renferme une collection d'art populaire mexicain réunie par l'artiste Rafael Coronel, frère de Pedro Coronel et gendre de Diego Rivera. Prenez le temps de visiter les différents espaces en suivant les flèches. La collection de masques est tout simplement superbe, de même que celles de totems, poteries, marionnettes et autres objets fascinants. Explications en espagnol seulement.

♥ Museo del Arte Abstracto Manuel Felguérez MUSÉE

(www.museodearteabstracto.com ; Ex-Seminario de la Purísima Concepción, Colón s/n ; tarif plein/étudiant 30/20 $M ; 10h-17h mer-lun). Ce superbe musée d'art abstrait mérite qu'on le visite au moins pour le bâtiment dans lequel il se trouve. Le lieu fut d'abord un séminaire avant d'être converti en prison puis rénové pour créer des espaces d'exposition. Les cellules sombres et déprimantes et les passerelles ont fait place à un superbe musée. Il héberge une étonnante collection de peintures et sculptures abstraites variées, notamment le travail de l'artiste Manuel Felguérez originaire de Zacatecas.

♥ Museo Pedro Coronel MUSÉE

(Plaza de Santo Domingo s/n ; tarif plein/réduit 30/15 $M ; 10h-17h mar-dim). Dans

HORS DES SENTIERS BATTUS

RUINES DE LA QUEMADA

Les superbes ruines de **La Quemada** (55 $M ; ⏲9h-17h) s'élèvent sur une colline à 45 km au sud de Zacatecas. L'histoire exacte de ce site et son utilité demeurent extrêmement vagues et plusieurs suppositions ont été émises – l'une d'elles suggérant que La Quemada était utilisée par les Aztèques comme lieu de halte au cours de leurs légendaires explorations dans le Valle de México. La seule certitude est que les constructions furent détruites par le feu, d'où le nom de La Quemada ("la brûlée").

La Quemada fut habitée de 300 à 1200 environ. Elle atteignit probablement son apogée entre 500 et 900, avec une population de 3 000 âmes. À partir de 400 environ, elle participa aux échanges commerciaux liés à Teotihuacán. La présence de fortifications suggère qu'elle tenta par la suite de dominer les échanges dans la région. Il ressort d'une étude menée récemment qu'au moment où la population du site était à son maximum, les habitants pratiquaient le cannibalisme sur leurs ennemis dont ils exposaient les restes lors des rituels.

L'une des principales constructions et la plus proche de l'entrée est le **Salón de las Columnas** (salle des Colonnes), qui était probablement une salle destinée aux rituels. Un peu plus haut, on découvre un terrain de jeu de balle, une pyramide abrupte destinée aux offrandes et un escalier raide, menant aux niveaux supérieurs du site. Du haut de la colline principale, un sentier de 800 m part vers l'ouest jusqu'au promontoire (le plus haut point des environs), où se dressent les vestiges du groupe de bâtiments **La Ciudadela** ("la citadelle"). Pour revenir, suivez les remparts et le sentier qui passe derrière le petit **musée** où est exposée une collection intéressante d'objets trouvés sur le site. Vous y verrez également un bon film documentaire sur ce que l'on sait de cette époque. Emportez de l'eau, un chapeau et faites attention, on voit parfois des serpents à sonnette sur le site.

De la Plaza del Bicentenario à Zacatecas, prenez un *combi* en direction de Villanueva (40 $M) et demandez au chauffeur de vous déposer à *las ruinas* ; il vous laissera à une intersection à partir de laquelle il faut parcourir 2,5 km pour gagner l'entrée du site. Pour rentrer à Zacatecas, il se peut que vous attendiez un bus assez longtemps, ne quittez pas le site trop tard. Vous pouvez aussi demander à un taxi de vous conduire aux ruines. Cela vous coûtera environ 800 $M, temps d'attente compris.

un ancien collège jésuite du XVIIe siècle récemment réaménagé, cette institution extraordinaire forme l'un des plus beaux musées provinciaux du pays. Pedro Coronel (1923-1985), un riche artiste de Zacatecas, a légué à la municipalité sa collection d'œuvres d'art et d'objets du monde entier, ainsi que ses propres travaux. Le fonds comprend des pièces du XXe siècle, notamment de Picasso, Rouault, Dalí, Goya et Miró. L'institution réunit aussi des objets préhispaniques, des masques et des antiquités.

Cerro de la Bufa POINT DE REPÈRE

Il existe de nombreuses explications sur l'origine du nom de la colline qui surplombe Zacatecas. Selon l'une d'elles, "*bufa*" serait un vieux mot basque signifiant outre à vin, ce à quoi ressemble apparemment cette formation rocheuse. Au sommet, on découvre une vue magnifique, plusieurs monuments, une chapelle et un musée. On trouve aussi la **Tirolesa 840** (☎portable 492-9463157 ; parcours 250 $M ; ⏲10h-18h), une tyrolienne de 1 km au-dessus d'un ancien puits de mine.

Arrivé en haut de la colline, vous pourrez aussi visiter la **Capilla de la Virgen del Patrocinio**, et contempler les 3 statues équestres imposantes célébrant les vainqueurs de la bataille de Zacatecas, Villa, Ángeles et Pánfilo Natera, juste en face. Un autre sentier, qui part à droite des statues, longe la base du sommet jusqu'au **Mausoleo de los Hombres Ilustres de Zacatecas**, où reposent les héros de la ville depuis 1841.

Pour monter à La Bufa (et rejoindre la chapelle ou le musée), on peut prendre le **teleférico** (☎492-922-01-70 ; aller simple 50 $M ; ⏲10h-18h) ou remonter à pied la Calle del Ángel à l'est de la cathédrale. En voiture, empruntez la Carretera a la Bufa,

Zacatecas

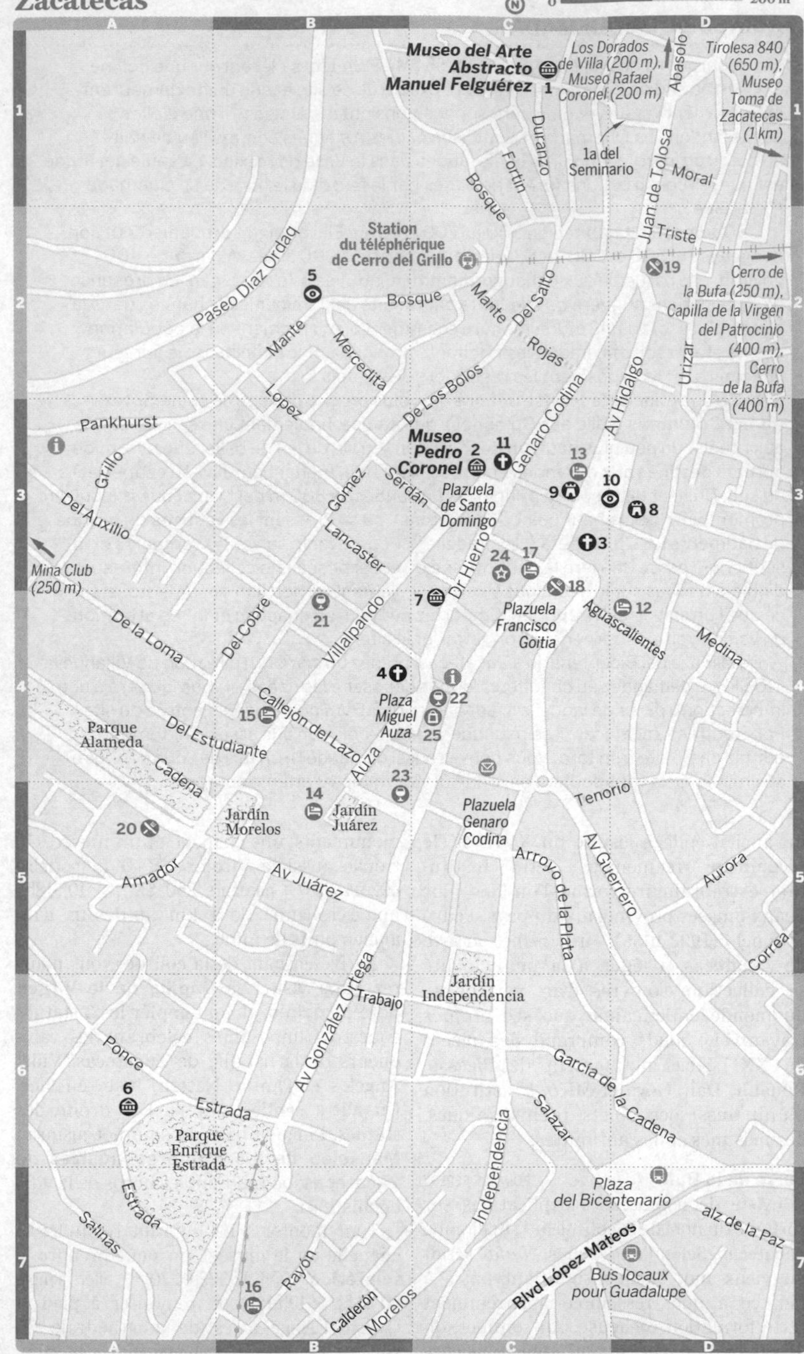

NORD DU PLATEAU CENTRAL ZACATECAS

Zacatecas

Les incontournables
1 Museo del Arte Abstracto Manuel Felguérez C1
2 Museo Pedro Coronel C3

À voir
3 Cathédrale C3
4 Ex-Templo de San Agustín B4
5 Mina El Edén B2
6 Museo Francisco Goitia A6
7 Museo Zacatecano C4
8 Palacio de Gobierno D3
9 Palacio de la Mala Noche C3
10 Plaza de Armas D3
11 Templo de Santo Domingo C3

Où se loger
12 Cielito Lindo Hostal D4
13 Hotel Emporio Zacatecas C3
14 Hotel Mesón de Jobito B5
15 La Terrasse B4
16 Quinta Real Zacatecas B7
17 Santa Rita Hotel C3

Où se restaurer
18 Acrópolis Café C3
19 El Pueblito D2
20 El Recoveco A5
Restaurant La Plaza .... (voir 16)

Où prendre un verre et faire la fête
21 Cantina 15 Letras B4
22 Dalí Café & Bar C4
23 La Famosa Cantina Típica B5

Où sortir
24 Teatro Calderón C3

Achats
25 Casa de las Artesanías C4

qui débute à hauteur de l'Avenida López Velarde, à 2 km environ à l'est du centre-ville (comptez 60 $M en taxi). Pour revenir en ville, il suffit de prendre le téléphérique ou de descendre le sentier qui part des statues.

Plaza de Armas PLACE

Cette place qui a récemment fait peau neuve se trouve au nord de la cathédrale. Du côté est, le **Palacio de Gobierno** (8h-20h lun-ven) GRATUIT, construit au XVIIIe siècle pour une famille espagnole, arbore dans la cage de son escalier principal une fresque réalisée en 1970 par Antonio Rodríguez, illustrant l'histoire de l'État. De l'autre côté de la route, juste en face du Palacio de Gobierno, se dresse le **Palacio de la Mala Noche**, édifié à la fin du XVIIIe siècle pour le propriétaire d'une mine. Il abrite aujourd'hui des bureaux de l'administration régionale.

Mina El Edén MINE

(492-922-30-02 ; www.minaeleden.com.mx/english ; Mante s/n ; visites tarif plein/réduit 100/50 $M ; toutes les heures 10h-18h). Visiter ce qui fut l'une des mines les plus riches du Mexique (exploitée de 1586 jusqu'aux années 1960) permet de comprendre les raisons de la prospérité de la région et le prix terrible payé par la population indienne. Réduits en esclavage, les Zacatecos exploitaient les filons d'argent, d'or, de fer, de cuivre et de zinc dans des conditions inhumaines. À une époque, jusqu'à 5 mineurs mouraient chaque jour, victimes d'accidents ou de maladies telles que la silicose ou la tuberculose. Aujourd'hui, un ascenseur ou un train miniature vous conduira à l'intérieur du Cerro del Grillo, où des guides vous accompagneront le long de passages longeant des puits et traversant des bassins souterrains.

La mine possède deux entrées. Pour rejoindre la plus haute (entrée est), faites 100 m en direction du sud-ouest depuis la station du téléphérique du Cerro del Grillo (p. 731) ; la visite débute par une descente en ascenseur. Pour atteindre l'entrée ouest à partir du centre-ville, longez l'Avenida Juárez vers l'ouest et continuez dans Torreón jusqu'à l'Alameda. Tournez à droite après l'hôpital IMSS (du carrefour de l'Avenida Hidalgo, le bus n°7 remonte l'Avenida Juárez et passe devant l'hôpital) et continuez jusqu'à l'entrée de la mine, toute proche. Après la descente, qui s'effectue à bord d'un petit train (540 m de voie), vous marcherez encore 350 m.

Cathédrale CATHÉDRALE

(Plaza de Armas). Cette cathédrale de grès rose édifiée entre 1729 et 1752 témoigne d'une expression poussée du baroque mexicain. La remarquable façade principale, sculptée avec une grande finesse de détails, symboliserait un tabernacle. En effet, un ange portant un tabernacle figure au beau milieu, sur la clé de voûte surmontant la fenêtre centrale ronde. Au-dessus, au 3e niveau, s'élèvent le Christ, puis Dieu (au-dessus de lui).

La Virgen de los Zacatecanos, patronne de la ville, est sculptée au centre de la façade sud ; la façade nord montre le Christ crucifié, entouré de la Vierge et de saint Jean.

Dévoilé en 2010, l'autel est l'œuvre du célèbre artiste mexicain Javier Marín. Il comporte 10 grands personnages en bronze et une représentation du Christ se détachant sur un arrière-plan composé de blocs dorés.

Museo Toma de Zacatecas MUSÉE
(☎492-922-80-66 ; Cerro de la Bufa ; tarif plein/étudiant 20/10 $M ; ⏲10h-16h30 ; 👪). Ce musée est consacré à la bataille menée en 1914 sur les collines du Cerro de la Bufa. Elle opposa les révolutionnaires de la División del Norte dirigés par Pancho Villa et Felipe Ángeles, aux troupes du président Victoriano Huerta. La défaite infligée à ces dernières permit aux révolutionnaires de prendre le contrôle de Zacatecas, porte d'accès à la capitale. Le musée, adapté aux enfants, a rouvert en 2014 après avoir fait peau neuve. C'est une merveille de technologie : fantômes qui prennent la parole, véritables extraits filmés de la bataille et nombreux autres contenus interactifs.

Museo Zacatecano MUSÉE
(Dr Hierro 301 ; tarif plein/réduit 30/15 $M ; ⏲10h-17h mer-lun). L'ancien hôtel de la Monnaie de Zacatecas (qui était le deuxième plus grand du pays au XIXe siècle) abrite désormais un merveilleux musée contemporain. La collection insolite présente des éléments ayant pour point commun d'être tous *zacatecanos*. L'art huichol, dans les dernières salles, constitue le point fort du musée. Projection vidéo (en espagnol) dans chaque salle.

Templo de Santo Domingo ÉDIFICE RELIGIEUX
(Plazuela de Santo Domingo). Le Templo de Santo Domingo domine la *plazuela* du même nom. De style baroque, l'église possède de beaux autels dorés et un gracieux escalier. Construite par les Jésuites dans les années 1740, elle devint la propriété des Dominicains après l'expulsion de la Compagnie de Jésus, en 1767.

Ex-Templo de San Agustín ÉDIFICE RELIGIEUX
(⏲10h-16h30 mar-dim). GRATUIT Érigée pour des moines augustins au XVIIe siècle, cette ancienne église fut transformée en *cantina* et en loge maçonnique pendant le mouvement anticlérical du XIXe siècle. En 1882, elle fut achetée par des missionnaires presbytériens américains qui en détruisirent la façade pour la remplacer par un mur blanc. Des éléments anciens ont néanmoins été conservés, comme la sculpture de style plateresque représentant la conversion de saint Augustin au-dessus du portail nord. L'édifice accueille aujourd'hui des expositions temporaires.

Museo Francisco Goitia MUSÉE
(☎492-922-02-11 ; Estrada 101 ; 30 $M ; ⏲10h-16h45 mar-dim). Cette institution présente des œuvres de plusieurs artistes locaux du XXe siècle, incluant Pedro Coronel, Rafael Coronel, Manuel Felguérez et Francisco Goitia (1882-1960), dont on voit de remarquables portraits d'Indiens. Elle est aménagée dans la demeure d'un ancien gouverneur, au-dessus du Parque Enrique Estrada. Elle mérite une visite, ne serait-ce que pour l'édifice et les jardins très soignés surplombant l'aqueduc.

Fêtes et festivals

La Morisma FÊTE RELIGIEUSE
(⏲août). Cette fête religieuse, organisée habituellement le dernier week-end du mois d'août, donne lieu à une reconstitution spectaculaire des combats qui opposèrent les chrétiens aux Maures en Espagne. Deux "armées" rivales – environ 10 000 participants issus du *barrio* (quartier) de Bracho – défilent dans les rues le matin. Accompagnées de groupes de musiciens, elles se livrent ensuite une bataille simulée en deux phases, entre Lomas de Bracho et le Cerro de la Bufa.

Feria de Zacatecas TRADITION
(FENAZA ; www.fenaza.com.mx ; ⏲sept). Cette foire annuelle, qui met à l'honneur le folklore local, a lieu les 3 premières semaines de septembre. Pour l'occasion, des matadors renommés combattent des taureaux de la région. Il y a également des *charreadas* (rodéos), des concerts, des pièces de théâtre et des expositions agricoles et artisanales. Le 8 septembre, l'effigie de la Virgen del Patrocinio est portée de la chapelle du Cerro de la Bufa (p. 731) à la cathédrale.

Où se loger

Malheureusement, Zacatecas compte peu d'hôtels économiques. Il y a toutefois une auberge de jeunesse très plaisante en ville. Les tarifs des hôtels des catégories moyenne et supérieure peuvent doubler en haute saison, qui correspond aux festivités de septembre, à Noël et à la Semana Santa (mars/avril).

Cielito Lindo Hostal AUBERGE DE JEUNESSE **$**
(492-921-11-32 ; www.cielitolindohostal.com ; Aguascalientes 213 ; dort 220 $M, d à partir de 500 $M ;). Cette délicieuse auberge bien décorée située en centre-ville occupe l'ancienne maison d'un religieux transformée en charmant établissement hôtelier bon marché. Une aubaine pour les budgets serrés. Vous avez le choix entre de nombreuses chambres et des dortoirs avec casiers et stations de charge. L'auberge met aussi à disposition des clients une cuisine assez basique. L'accueil est chaleureux.

La Terrasse BOUTIQUE-HÔTEL **$$**
(492-925-53-15 ; www.terrassehotel.com.mx ; Villalpando 209 ; d 700-880, tr 1 000 $M, avec petit-déj ;). Dans le centre, ce petit hôtel de charme est doté de 14 chambres, au style contemporain épuré. C'est de loin la meilleure option de catégorie moyenne. Les chambres à l'arrière, dont les fenêtres donnent sur l'intérieur, sont calmes.

Hotel Mesón de Jobito HÔTEL **$$**
(492-922-70-95 ; www.mesondejobito.com ; Jardín Juárez 143 ; ch à partir de 1 270 $M ; P). Les clients aiment cette adresse pour son charme suranné et le parfum d'histoire qui règne partout. Les 53 chambres sont confortables et spacieuses, quoiqu'un peu défraîchies. L'établissement abrite un bon restaurant et un bar (il y a aussi un balcon qui penche – la maison a 200 ans). Le buffet du petit-déjeuner du dimanche est une véritable tradition locale (160 $M).

Quinta Real Zacatecas HÔTEL DE LUXE **$$$**
(492-922-91-04, 800-500-40-00 ; www.quintareal.com ; Rayón 434 ; ste à partir de 2 700 $M ; P). Ce bijou de luxe est de loin le meilleur hôtel de Zacatecas. Il occupe un emplacement extraordinaire – la plus vieille arène de corrida du pays, aujourd'hui désaffectée – et se trouve près de l'aqueduc d'El Cubo. L'établissement compte 49 chambres et est l'un des plus beaux hôtels contemporains du pays. Même les chambres les moins chères sont des suites spacieuses et confortables. L'élégant Restaurante La Plaza (p. 736) surplombe l'arène.

HORS DES SENTIERS BATTUS

GUADALUPE

À environ 10 km à l'est de Zacatecas, Guadalupe s'enorgueillit d'un admirable monastère, le Convento de Guadalupe. Ce couvent, fondé par des moines franciscains au début du XVIIIe siècle en tant que collège apostolique, était réputé pour son enseignement académique et servit de base à l'évangélisation du nord de la Nueva España jusque dans les années 1850. Il abrite aujourd'hui l'excellent **Museo Virreinal de Guadalupe** (Jardín Juárez Oriente ; 52 $M, gratuit le dim ; 9h-18h mar-dim), qui attire les voyageurs.

Les visiteurs ont accès à deux parties du couvent : l'impressionnante **église**, très fréquentée par les pèlerins venus honorer la Vierge tant aimée au Mexique, et le musée, qui recèle l'une des meilleures collections d'art colonial du Mexique.

Hotel Emporio Zacatecas HÔTEL DE LUXE **$$$**
(492-925-65-00 ; www.hotelesemporio.com ; Av Hidalgo 703 ; ch à partir de 3 195 $M ; P). Admirablement bien placé, dans le centre mais à l'abri du bruit, cet hôtel possède des grandes chambres luxueuses (quoiqu'un peu fades), et d'agréables espaces communs. Service très professionnel. Pas de climatisation. Les tarifs sont élevés mais on peut parfois obtenir des réductions en ligne. Le petit-déjeuner n'est pas compris.

Santa Rita Hotel BOUTIQUE-HÔTEL **$$$**
(492-925-11-94 ; www.hotelsantarita.com ; Av Hidalgo 507A ; ste 2 300-3 500 $M ; P). Dans cet hôtel raffiné et moderne aux choix décoratifs parfois singuliers œuvre un personnel attentif. Attention, certaines des 41 chambres sont pourvues de fenêtres qui donnent sur l'intérieur, un classique des maisons coloniales mais qui peut surprendre à ce prix-là.

Où se restaurer

À l'exception de quelques établissements qui se démarquent nettement, la scène culinaire de Zacatecas est plutôt décevante. Les spécialités locales privilégient les ingrédients comme le *nopal* (cactus) et les graines de citrouille.

Le matin, autour de l'Avenida Tacuba, des *burros* (ânes) transportent des jarres d'*aguamiel* (eau de miel), une boisson nourrissante tirée de l'agave.

Acrópolis Café MEXICAIN $
(www.acropoliszacatecas.wixsite.com/restaurante ; angle Av Hidalgo et Plazuela Candelario Huizar ; plats 110-200 $M ; 8h-22h ;). Près de la cathédrale, ce café un peu insolite, tenu par un Grec, a des allures de *diner* américain des années 1950. Il est très apprécié, notamment pour le petit-déjeuner, peut-être plus pour son emplacement que pour ses plats (en-cas légers, petits-déjeuners et bon café).

El Pueblito MEXICAIN $
(Hidalgo 802 ; plats 60-180 $M ; 13h-22h mer-lun). Meublée dans des tons mexicains typiques – violet, jaune, rose et orange vifs –, cette adresse sans chichis est incontournable pour savourer une bonne cuisine mexicaine. Joignez-vous aux habitants pour un déjeuner tardif, l'endroit ayant des allures de grange quand il est désert.

El Recoveco MEXICAIN $
(Torreón 513 ; buffet petit-déj/déj 89/99 $M ; 8h30-19h lun-sam, 9h-19h dim). "Bon et pas cher" : c'est ainsi que les gens du coin décrivent ce restaurant de style cafétéria, ouvert de longue date. Buffet à volonté (avec un vaste choix) et plats mexicains sans surprise, mais plutôt savoureux.

Los Dorados de Villa MEXICAIN $$
(492-922-57-22 ; Plazuela de García 1314 ; plats 80-150 $M ; 15h-1h lun-sam, 15h-23h dim ;). Derrière sa porte fermée (frappez pour entrer), ce restaurant très couru (réservation conseillée) cultive l'ambiance révolutionnaire. Un décor chaleureux et bigarré vous attend à l'intérieur. Le menu compte un délicieux assortiment de toutes sortes de plats, notamment un superbe choix d'enchiladas et un succulent *caldillo durangueño* (ragoût de bœuf de Durango), un régal originaire du nord du Mexique.

Restaurante La Plaza MEXICAIN, INTERNATIONAL $$$
(Quinta Real Zacatecas, Rayón 434 ; plats 200-390 $M ;). La salle à manger du Quinta Real Zacatecas est aussi mémorable pour sa vue sur l'arène et l'aqueduc que pour son ambiance chic et sa cuisine savoureuse (internationale et divers classiques mexicains). On peut prendre un brunch le dimanche (250 $M), une véritable institution. Réservation conseillée pour le soir.

Où prendre un verre et faire la fête

Mina Club BAR
(www.minaeleden.com.mx ; Dovali s/n ; entrée 70-150 $M ; 22h-tard sam). Si vous cherchez à vivre une expérience différente, ne ratez pas ce bar où vous ferez la fête dans les entrailles de la Terre : il se trouve dans le tunnel de la Mina El Edén (p. 733). En effet, le samedi soir, la mine se transforme en discothèque. Vérifiez les horaires d'ouverture, ils changent en fonction de la saison.

Cantina 15 Letras BAR
(492-922-01-78 ; Mártires de Chicago 309 ; 13h-3h lun-sam). Clients bohèmes et amoureux de la dive bouteille se pressent dans ce bar souvent bondé, où l'on peut voir des œuvres d'artistes locaux et internationaux, dont Pedro Coronel.

La Famosa Cantina Típica BAR
(Callejón Cuevas 110 ; 19h-2h mar-dim). Ce bar populaire et pittoresque est fréquenté par une foule d'étudiants bien habillés et par des artistes. Comme dans la plupart des bars de Zacatecas, on y festoie jusque tard dans la nuit.

Dalí Café & Bar BAR
(Plaza Miguel Auza 322 ; 12h-1h lun-sam, 17h-1h dim ;). En face de l'Ex-Templo de San Agustín (p. 734), ce grand café-bar mêle très bien mobilier atypique, chocolats chauds, cocktails et en-cas.

Où sortir

Teatro Calderón THÉÂTRE
(492-922-81-20 ; teatrocalderon.uaz.edu.mx ; Av Hidalgo s/n). Excellente salle présentant un programme éclectique (théâtre, danse et concerts). Consultez les affiches ou renseignez-vous auprès de l'office du tourisme.

Achats

Zacatecas est réputée pour ses articles en argent et en cuir, ainsi que pour ses *sarapes* (sorte de ponchos) multicolores. Allez faire un tour dans Arroyo de la Plata (et son marché couvert), et à la **Casa de las Artesanías** (Plazuela Miguel Auza 312 ; 9h-18h).

Centro Platero BIJOUX, TRAVAIL DE L'ARGENT
(492-899-45-03 ; www.centroplaterodezacatecas.com ; ex-Hacienda de Bernardez ; 10h-17h lun-ven, 10h-14h sam). Les orfèvres de Zacatecas vendent le fruit de leur travail dans

BUS AU DÉPART DE ZACATECAS

DESTINATION	PRIX ($M)	DURÉE (H)	FRÉQUENCE
Aguascalientes	165-196	2-3	ttes les heures
Durango	460-520	4 ½-7	ttes les heures
Guadalajara	545-580	4-7	ttes les heures
León	365	3-4	4/jour
Mexico (Terminal Norte)	810-975	6-8	fréquents
Monterrey	556-601	7-8	fréquents
Querétaro	560-640	5-6 ¼	fréquents
San Luis Potosí	305	3-3 ½	ttes les heures

cet atelier situé à quelques kilomètres à l'est de la ville sur la route de Guadalupe. Ici, des artisans créent des pièces traditionnelles ou plus contemporaines. Pour y aller, prenez un taxi (environ 60 $M).

Renseignements

Hospital Santa Elena (☎492-924-29-28 ; Av Guerrero 143)

Office du tourisme (☎492-924-40-47 ; www.zacatecastravel.com ; Av Hidalgo s/n ; 9h-21h lun-sam, 9h-18h). Géré par Secturz, l'organisation touristique municipale. Cartes et renseignements. Demandez l'*Agenda Cultural*, guide des spectacles et manifestations mois par mois.

Office du tourisme (☎492-925-12-77, poste 625 ; www.zacatecastravel.com ; Av González Ortega s/n ; 9h-16h lun-ven). Occupe l'ancien siège de Secturz.

Poste (Allende 111 ; 8h-16h lun-ven, 8h-14h sam)

Depuis/vers Zacatecas

AVION

L'**aéroport international de Zacatecas** est à 20 km au nord-ouest de la ville. Il propose 2 vols quotidiens pour Mexico.

BUS

La **Central de Autobuses Zacatecas** (Carretera 45) se trouve en périphérie de la ville, au sud-ouest, à environ 3 km du centre. Les bus deluxe, ainsi que de 1re et 2e classe circulent depuis/vers cette gare.

Des bus à destination de villes voisines comme Villanueva (pour La Quemada) partent de la **Plaza del Bicentenario** (Blvd López Mateos). **Les bus locaux pour Guadalupe** (Blvd López Mateos) partent de l'autre côté de la route. Il n'y a pas de liaison directe pour Guanajuato au départ de Zacatecas, vous devrez prendre un bus pour León puis faire une correspondance dans cette ville. Pour San Miguel de Allende, changez de bus à San Luis Potosí ou Querétaro.

Comment circuler

Depuis/vers l'aéroport, le plus pratique consiste à prendre un taxi (350-400 $M).

De la gare routière au centre de Zacatecas, comptez environ 50 $M pour la course en taxi. Le bus n°8 (6 $M) va directement de la gare à la cathédrale. Pour quitter le centre, prenez-le en direction du sud, dans Villalpando.

Jerez

☎494 / 58 000 HABITANTS / ALTITUDE : 2 000 M

La délicieuse ville de campagne de Jerez, à 30 km au sud-ouest de Zacatecas, est typiquement mexicaine : les *rancheros* sont nombreux, tout comme les églises et les fanfares. C'est une destination idéale pour une excursion d'une journée, pour découvrir l'atmosphère d'une ville traditionnelle mexicaine. L'ambiance le dimanche – jour de marché – est particulièrement agréable. Si vous êtes à Jerez un samedi, vous verrez des processions de mariage et les mariachis qui jouent dans le Jardín Páez, la place principale arborée ornée de bancs et d'un kiosque au charme suranné. Jerez est aussi connue pour sa foire de Pâques, qui dure une semaine et donne notamment lieu à des *charreadas* (rodéos mexicains) et à des combats de coqs.

À voir

Teatro Hinojosa ÉDIFICE HISTORIQUE

(Reloj Esq Salvador Varela ; 10h-17h mar-dim). On raconte que la construction de ce splendide édifice aurait pris plus de 20 ans. Elle fut entreprise en 1867 par un habitant nommé Don Higinio Escobedo Zauza. L'homme reçut ensuite l'aide pratique et financière d'un groupe de bénévoles locaux désireux de l'aider à mener à bien son projet. Le théâtre est réputé pour sa forme étonnante qui lui conférerait une des meilleures acoustiques au monde. Demandez au gardien si vous pouvez jeter un coup d'œil à l'intérieur.

Casa Museo Interactivo Ramón Lopez Velarde ÉDIFICE HISTORIQUE
(Calle de la Parroquia 33 ; 20 $M ; ⏲10h-17h mar-ven, 11h-17h sam-dim). Un des poètes préférés du Mexique, Ramón Lopez Velarde, vit le jour dans cette maison le 15 juin 1888 et y vécut les huit premières années de sa vie. Ce musée est bien tenu et propose des contenus interactifs, ce qui le rend intéressant même si vous ne connaissez pas l'œuvre du poète.

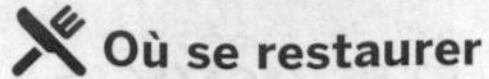

Où se restaurer

♥ **Botica del Cafe** CAFÉ $
(Calle del Espejo 3 ; sandwichs 60-80 $M ; ⏲17h30-22h30 mar-ven, 10h-22h30 sam-dim ;). Ce café est une véritable perle dans une petite ville comme Jerez. Installé dans une ancienne pharmacie, il sert de savoureux *chapatas* (sandwichs de ciabatta), salades et gâteaux et propose toute une carte de cafés à même de contenter les plus fins amateurs, y compris les adeptes de cafetières Chemex et Aeroexpress.

ℹ Depuis/vers Jerez

De la gare routière de Zacatecas, des bus desservent régulièrement Jerez (50-60 $M, 1 heure). À Jerez, la **gare routière** se trouve dans la partie est de la ville, à 1 km du centre en suivant la Calzada La Suave Patria. De là, les bus "Centro" (6 $M) font la navette depuis/vers le centre-ville.

Péninsule de Basse-Californie

Dans ce chapitre ➡

Le top des restaurants

- Sur Beach House (p. 782)
- Tras/Horizonte (p. 745)
- Deckman's (p. 751)
- Hierbabuena (p. 785)
- Taco Fish La Paz (p. 772)

Le top des hébergements

- Posada La Poza (p. 784)
- Bungalows Breakfast Inn (p. 782)
- Casa Natalia (p. 777)
- El Ángel Azul (p. 771)
- Pension Baja Paradise (p. 770)

Pourquoi y aller

Deuxième plus longue péninsule au monde, la Basse-Californie (Península de Baja California) déroule, sur plus de 1 200 km, un paysage irréel, grandiose et indompté. Si vous effectuez le parcours complet de Tijuana à Los Cabos, vous découvrirez des vues splendides à chaque tournant de la Carretera Transpeninsular (route 1). Ici, les paysages sont un régal pour les yeux, et les habitants sont accueillants, détendus et serviables, même dans les villes frontalières. Des routes secondaires traversent de petits villages et serpentent sur les versants des montagnes, tandis que des condors tournoient dans un ciel d'un bleu parfait. Vous pourrez siroter un cocktail ou manger un taco au poisson en regardant le soleil plonger dans le Pacifique, surfer une vague parfaite, crapahuter dans des canyons aux couleurs de sorbet ou admirer le ciel nocturne constellé d'étoiles. Quel que soit votre choix, la Basse-Californie vous enchantera.

Quand partir

Cabo San Lucas

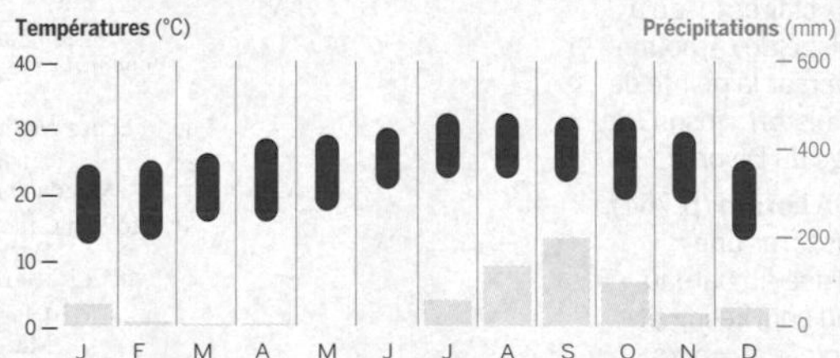

Janvier-mars Les fleurs éclosent, tout est vert. Les baleines et les requins-baleines batifolent et les vagues ravissent les surfeurs.

Août-septembre Les plages sont presque vides. Vous aurez la Basse-Californie pour vous seul, mais il fait très chaud.

Octobre-novembre La mer limpide s'offre à la plongée et au snorkeling sans bousculade.

À ne pas manquer

1 Une balade en kayak dans la baie et un pique-nique sur une plage déserte à **Espíritu Santo** (p. 768)

2 Les délices de la **Ruta del Vino** (p. 749), dans le Valle de Guadalupe, au nord de la péninsule de Basse-Californie

3 Plonger au milieu d'un banc géant de carangues à **El Bajo** (p. 776), au large de Cabo Pulmo, qui abrite le seul récif corallien du golfe de Californie

4 Une sortie en bateau depuis Puerto San Carlos vers les eaux transparentes de **Bahía Magdalena** (p. 769), où les baleines mettent bas

5 Se balader dans les rues pavées de **Todos Santos** (p. 784), manger à Hierbabuena, une ferme-auberge, et surfer jusqu'au coucher du soleil

6 À **Cabo San Lucas** (p. 779), glisser en paddle sur des eaux claires jusqu'à la plage de l'Amour et traverser la pointe de la Finisterra jusqu'à la plage du Divorce

7 À **Loreto** (p. 764), consacrer une journée au bateau et au snorkeling et la soirée aux bars et restaurants de la vieille place

8 La cuisine "méditerranéenne" de Baja California et les bières artisanales du Plaza Fiesta de **Tijuana** (p. 742)

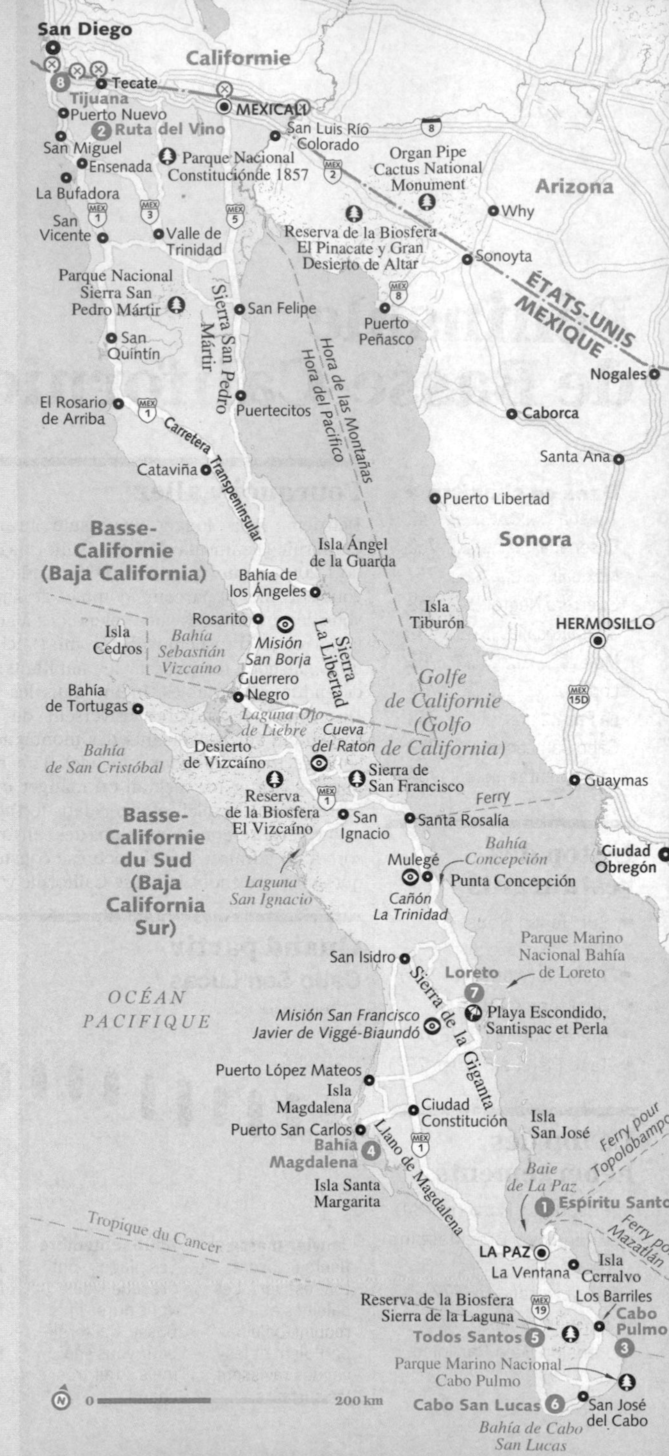

Histoire

On estime qu'avant l'arrivée des Européens, un peuple d'environ 48 000 nomades chasseurs-cueilleurs vivait dans l'actuelle péninsule de Basse-Californie. Leurs mystérieuses peintures ornent les parois de grottes et de canyons. Il fallut attendre l'installation de missions jésuites aux XVIIe et XVIIIe siècles pour que la colonisation européenne atteigne la péninsule ; les missions périclitèrent en raison des maladies introduites par les Européens, qui décimèrent la population indigène. Éleveurs, mineurs et pêcheurs remplacèrent plus tard les jésuites. Durant la Prohibition aux États-Unis dans les années 1920, la région attira les joueurs et autres amateurs d'alcool. La péninsule, divisée en deux États (Baja California au nord, et Baja California Sur au sud, de part et d'autre du 28e parallèle), poursuit aujourd'hui sa croissance économique, démographique et touristique, avec les habituelles conséquences écologiques et environnementales.

Depuis/vers la Basse-Californie

Il existe 6 postes-frontières officiels entre la Californie (États-Unis) et la péninsule de Basse-Californie.

Des vols intérieurs et internationaux desservent La Paz, Loreto, San José del Cabo et Tijuana. Des ferrys au départ de Santa Rosalía et de Pichilingue (près de La Paz) relient la péninsule au Mexique continental.

Comment circuler

Des bus climatisés et non-fumeurs, plutôt chers, circulent chaque jour entre les villes de la péninsule. Cependant, une voiture est souvent le seul moyen de rejoindre les villages reculés, les montagnes ou les plages isolées. On peut louer une voiture dans les grandes villes et les lieux touristiques.

Les routes fédérales sont en bon état et les routes à péage sont rares. Prévoyez 32 $M pour emprunter la route panoramique (*Cuota*, autoroute à péage) jusqu'à Ensenada, et 170 $M pour l'itinéraire Tijuana-Mexicali. Les coupures supérieures à 20 $US ou 200 $M ne sont pas acceptées. Il y a aussi un certain nombre de postes de contrôle militaires.

ÉTAT DE BASSE-CALIFORNIE (BAJA CALIFORNIA)

L'État de Basse-Californie (Estado Libre y Soberano de Baja California) qui correspond à la moitié nord de la péninsule de Basse-Californie, étend son territoire au nord du 28e parallèle Nord. Au sud commence l'État de Basse-Californie du Sud (Baja California Sur).

Tijuana, Tecate et Mexicali forment la limite nord d'une région appelée La Frontera, qui s'étend au sud jusqu'à San Quintín à l'ouest, et San Felipe à l'est. La Ruta del Vino (route du Vin ; entre Ensenada et Tecate) sera bientôt aussi réputée pour ses excellents vins primés que la Napa Valley. Si les villes et les plages de l'État de Baja California sont indéniablement dédiées aux loisirs, Tijuana et Mexicali demeurent aussi de grands centres manufacturiers où l'ambiance est conforme à celle d'une localité mexicaine ordinaire.

Parque Nacional Constitución de 1857 — PARC NATIONAL

À l'extrémité d'une mauvaise piste de 43 km qui part d'Ojos Negros (à l'est d'Ensenada au Km 39 sur la route 3), le Parque Nacional Constitución de 1857 englobe de majestueux conifères, des champs de fleurs sauvages et un lac parfois asséché, la Laguna Hanson, à 1 200 m d'altitude. Des **cabañas** (bungalows ; 30 $US) et des emplacements de **camping** (☎686-554-44-04 ; compris dans les 4 $US acquittés à l'entrée du parc ; ⏰8h-15h) sont disponibles ; l'eau peut être contaminée par le bétail, aussi apportez la vôtre.

Superbe toute l'année, le parc est idéal pour la randonnée à pied ou à VTT, ou pour simplement profiter de la nature loin de la foule – du moins en dehors des périodes de vacances. Il est desservi par une route plus escarpée à l'est du Km 55,2 (à 16 km au sud-est du carrefour d'Ojos Negros).

La Bufadora — PAYSAGE

La Bufadora est un évent (une entaille dans la roche qui propulse les vagues vers le haut) qui attire les curieux à 40 km au sud d'Ensenada. Par forte houle, le jet monte à 30 m et trempe les badauds ravis.

Mais les conditions ne sont pas toujours optimums. Si vous souhaitez vérifier, vous pouvez emprunter en voiture la Transpeninsular vers le sud jusqu'au panneau

"Bufadora," puis suivre la route jusqu'au Pacifique. Le parking coûte 20 $M et l'accès est émaillé de stands de souvenirs (et de vendeurs ambulants).

Tijuana

664 / 1,4 MILLION D'HABITANTS

Tijuana se vante d'être la "frontière la plus traversée au monde" et de fait, elle offre un vigoureux mélange de cultures et une vie nocturne trépidante, avec une grande variété de bars, de restaurants, et un sordide "quartier rouge". Certes, c'est une ville dure, au taux de criminalité élevé, mais, en fait, les touristes sont rarement visés. Et Tijuana a changé ces dernières années, avec l'émergence d'une scène artistique et gastronomique autour de brasseries artisanales et de restaurants. Plusieurs *pasajes* (passages) proches de l'artère principale (l'Avenida Revolución ou La Revo, comme on l'appelle couramment) accueillent aujourd'hui des galeries d'art contemporain et des cafés bohèmes. De nombreux restaurants branchés et réputés ont ouvert à Zona Río, le quartier commerçant haut de gamme qui longe le fleuve. C'est aussi là qu'est située Plaza Fiesta, la Mecque des bars et brasseries artisanales, qui incarne peut-être mieux qu'ailleurs l'âme de Tijuana, hédoniste mais typiquement mexicaine et en constante évolution.

Histoire

Au début du XXe siècle, Tijuana n'était qu'un trou perdu. La ville commença à croître avec la Prohibition, qui provoqua la venue de touristes américains attirés par l'alcool, les jeux, les maisons closes, les matchs de boxe et les combats de coqs. En 1960, Tijuana comptait déjà pas moins de 180 000 habitants. Depuis, la croissance démographique continue a entraîné d'inévitables problèmes sociaux et environnementaux. Aujourd'hui, le trafic de drogue et les réseaux d'immigration clandestine constituent les préoccupations majeures de la ville.

À voir

Museo de las Californias MUSÉE

(664-687-96-00 ; www.cecut.gob.mx ; Centro Cultural Tijuana ; angle Paseo de los Héroes et Av Independencia ; tarif plein/- 12 ans 27 $M/gratuit ; 10h-18h mar-dim ; P). Ce musée retrace l'histoire de la Basse-Californie, de la préhistoire à nos jours. La collection commence avec des reproductions de peintures rupestres, puis couvre diverses périodes historiques, souvent illustrées de dioramas et de maquettes réalistes, dont des répliques d'un navire du XVIe siècle, de plusieurs missions et d'une chapelle en pierre de taille.

Pasaje Rodríguez CENTRE ARTISTIQUE

(Av Revolución, entre Calle 3a et Calle 4a ; 12h-22h). Ce passage reflète bien le nouvel art urbain en plein essor de Tijuana. Les murs sont couverts de peintures aux couleurs vives – le cadre parfait pour les cafés bohèmes, les stands de cuisine de Oaxaca, les articles de mode de créateurs locaux, les bars où écouter de la musique, les librairies et les boutiques d'artisanat.

Frontón Palacio Jai Alai PALAIS

(Av Revolución, entre Calle 7a et Calle 8a). D'un baroque étonnant, le Frontón Palacio Jai Alai date de 1926 et a abrité pendant des décennies des parties de *jai alai*, variante de la pelote basque. Une grève des joueurs doublée d'un manque d'entretien ont conduit à sa fermeture. C'est aujourd'hui une immense salle de concert.

Activités

Vinícola L.A. Cetto ÉTABLISSEMENT VITICOLE

(664-685-30-31 ; www.lacetto.mx ; Cañón Johnson 2108 ; 10h-17h lun-sam). Tenu par les descendants d'immigrés italiens arrivés en Baja California en 1926, L.A. Cetto produit une sélection de bons crus, ainsi que des vins pétillants et une eau-de-vie correcte. Si vous ne pouvez pas visiter leurs **vignobles** (646-175-23-63 ; Carretera Tecate-El Sauzal Km 73,5 ; visite et dégustation 50 $M ; 9h-17h) du Valle de Guadalupe, allez déguster leur vin dans cette boutique.

Circuits organisés

Turista Libre CIRCUITS ORGANISÉS

(www.turistalibre.com ; excursion journée à partir de 70 $US). Visites de Tijuana et au-delà pour en saisir l'authenticité : manifestations culturelles, marchés décalés, brasseries artisanales, tacos de rue hors pair, etc.

Fêtes et festivals

Expo Artesanal ART

(Centro Cultural ; https://es-la.facebook.com/expoartesanaltijuana ; angle Paseo de los Héroes et Av Independencia ; déb mai). Très beau festival autour de l'artisanat qui se tient sur plusieurs jours au centre culturel, avec des productions de tout le Mexique.

Tijuana Craft Beer Expo BIÈRE
(Mercado Hidalgo ; www.facebook.com/TjBeerFest ; ⌚déb juil). Cette fête est l'occasion de déguster les meilleures bières artisanales du marché, nouvelles ou plus anciennes. À mélanger avec du Clamato (boisson à base de jus de tomate), pour une expérience éminemment mexicaine.

Expo Tequila TEQUILA
(www.facebook.com/expo.tequilatijuana ; angle Av Revolución et Calle 8a ; ⌚mi-oct). L'occasion de devenir un spécialiste de la tequila, avec une large gamme disponible à la dégustation et à la vente.

Où se loger

Hotel Baja HÔTEL $
(☎664-688-22-88 ; Calle 5a 8163 ; ch à partir de 660 $M ; P ⊖ ❄ ⓦ). Ce petit hôtel assez récent et moderne, à deux pas de La Revo, propose des chambres de type motel disposées autour d'un gazon synthétique. La déco est toute de blanc et de vert et, si les chambres sont minuscules, les salles de bains sont spacieuses (douches à l'italienne). Sûr, accueillant, et d'un très bon rapport qualité/prix.

Hotel Nelson HÔTEL HISTORIQUE $
(☎664-685-43-02 ; Av Revolución 721 ; ch à partir de 650 $M ; P ⊖ ❄ ⓦ). Hauts plafonds et éléments des années 1950 – comme l'échoppe de barbier à l'ancienne – caractérisent l'accueillant Nelson, apprécié de longue date. Les chambres avec moquette au sol sont fatiguées et certaines sont même un peu trop authentiquement anciennes (visitez-en plusieurs), mais elles sont équipées de TV couleur et quelques-unes donnent sur l'Avenida Revolución (pas vraiment apaisante !).

♥ **Hotel Caesar's** HÔTEL HISTORIQUE $$
(☎664-685-16-06 ; www.hotelcaesars.com.mx ; Av Revolución 1079 ; ch 1 360-1 530 $M ; P ⊖ ❄ ⓦ). Ah, si les murs pouvaient parler ! C'est le plus célèbre hôtel de Tijuana, qui date de la Prohibition des années 1920, quand les stars de cinéma traversaient la frontière pour y descendre. Aujourd'hui, seule la façade évoque ce glorieux passé ; les chambres, confortables mais sans charme, sont grandes et d'une propreté exceptionnelle, avec moquette au sol. Cette adresse centrale offre un bon rapport qualité/prix et le restaurant attenant a gardé le charme d'antan qui fait défaut à l'hôtel. Tarifs plus avantageux en ligne.

Hotel La Villa de Zaragoza HÔTEL $$
(☎664-685-18-32 ; www.hotellavilla.biz ; Av Madero 1120 ; ch à partir de 900 $M ; P ⊖ ❄ @ ⓦ). Comme dans un motel, les chambres sont disposées autour d'une cour centrale et d'un parking, et la décoration est typique d'un hôtel d'affaires, dans les tons crème et brun. L'emplacement est central et pourtant calme, les chambres sont impeccables et il y a un bon restaurant sur place (*room service* également).

SÉCURITÉ DANS LA PÉNINSULE

Le département d'État américain et le ministère des Affaires étrangères en France (voir p. 905) ont publié des avertissements aux voyageurs en raison de la guerre des gangs, qui engendre une violence atteignant des records à San José del Cabo et à La Paz. Ces villes comptent en effet le plus grand nombre de meurtres par habitant au Mexique. Cette violence, qui sévit presque exclusivement au sein des cartels de la drogue, est à peine perceptible dans les principaux lieux touristiques. Les villes frontalières comme Tijuana ont elles aussi mauvaise presse en raison des meurtres liés au commerce de la drogue. Toutefois, il est important de souligner que, jusqu'à présent, aucun touriste n'a été pris pour cible. Il est impératif malgré tout de respecter les précautions d'usage, d'agir avec bon sens et de garder l'esprit en éveil : se tenir à l'écart des endroits douteux et ne pas circuler en voiture la nuit, par exemple. En ne laissant pas d'objets de valeur (y compris les planches de surf) à la vue de tous et en fermant ses portes à clé, on limite le risque de vol qui, actuellement, reste le principal souci.

Les standards sanitaires sont ici meilleurs que dans les autres États du pays. L'eau du robinet est généralement potable.

Tijuana

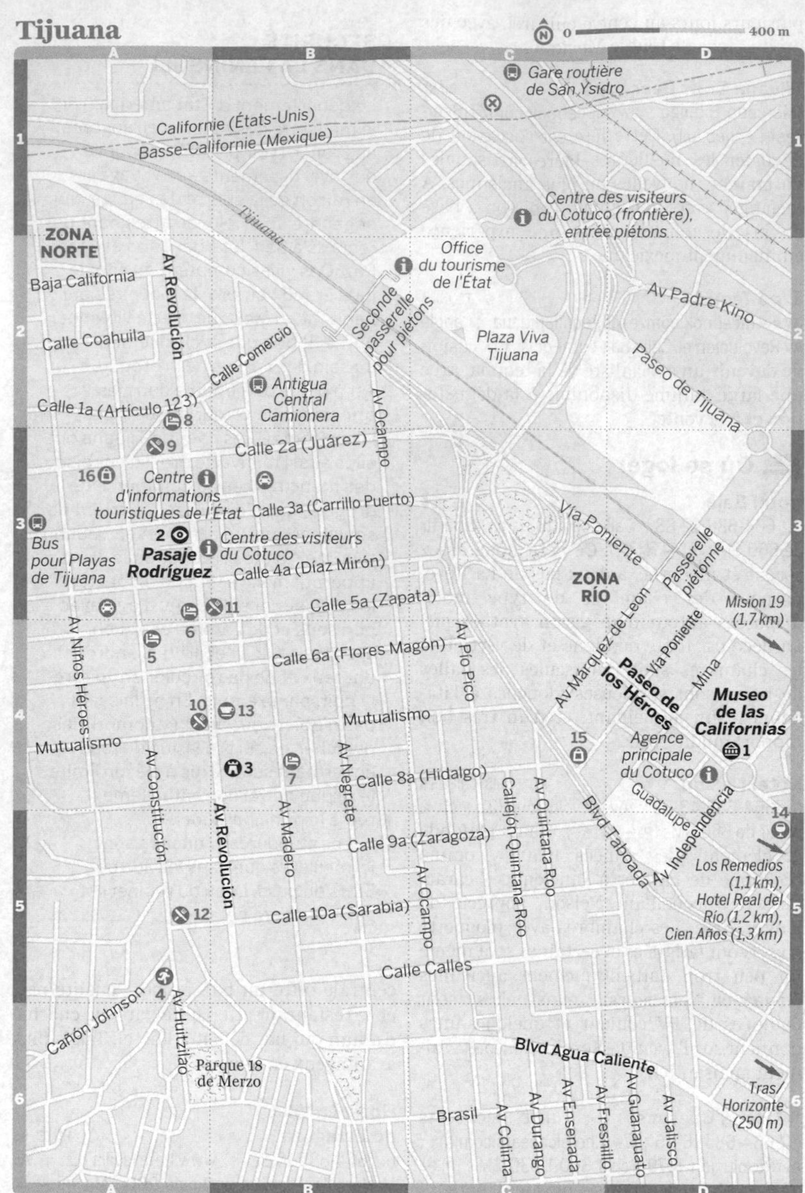

Hotel Real del Río HÔTEL **$$$**
(☎ 664-634-31-00 ; www.realdelrio.com ; Av Velasco 1409 ; ch avec petit-déj 1 650 $M ; P ⊜ ❄ ☎). L'extérieur, cubique contemporain, donne le ton de cet hôtel moderne et élégant, aux chambres moquettées et confortables, avec une salle de gym, une terrasse sur le toit pour bronzer et un excellent restaurant-bar, dont les habitants apprécient le brunch du dimanche. Il est situé dans le quartier de Zona Río, moins chaud que le centre de Tijuana, à proximité

Tijuana

Les incontournables
1 Museo de las Californias ... D4
2 Pasaje Rodríguez ... A3

À voir
3 Frontón Palacio Jai Alai ... B4

Activités
4 Vinícola L.A. Cetto ... A5

Où se loger
5 Hotel Baja ... A4
6 Hotel Caesar's ... A3
7 Hotel La Villa de Zaragoza ... B4
8 Hotel Nelson ... A2

Où se restaurer
Caesar's ... (voir 6)
9 Casa Cacao ... A3
10 Cine Tonala ... A4
Colectivo 9 ... (voir 10)
11 Praga ... B3
12 Tacos El Gordo ... A5

Où prendre un verre et faire la fête
13 Container Coffee ... B4
Norte Brewing Co. ... (voir 2)
14 Plaza Fiesta ... D5

Où sortir
Centro Cultural Tijuana ... (voir 1)
Domo Imax ... (voir 1)

Achats
15 Mercado Hidalgo ... C4
16 Mercado El Popo ... A3

de nombreux restaurants branchés, de pubs et de brasseries.

Où se restaurer

Tras/Horizonte MEXICAIN $

(Río Colorado 9680 ; plats 28-119 $M ; 13h-22h mar-sam, 13h-19h dim ;). Les murs décorés de couchers de soleil et de créatures marines, les fougères et cactées, les mobiles en bois flotté et les lumignons disséminés partout font de cet ancien entrepôt un espace féerique. Encore plus réussie, la cuisine comprend des entrées et tacos copieux et originaux comme le *chile relleno* farci aux crevettes à l'*adobo* (condiment à base de piment) ou les champignons Portobello au pesto de mezquite (légumineuse) à la coriandre. Mariez-les à un cocktail au mezcal, la spécialité maison.

Colectivo 9 INTERNATIONAL $

(Av Revolución 1265 ; plats 70-95 $M ; 13h-20h mar-jeu et dim, 13h-minuit ven-sam ;). Les abords de l'étroite *ruelle* donnent un avant-goût de ses petites boutiques et de ses cafés branchés ; le Colectivo comprend 9 petits restaurants installés autour d'une cour centrale et d'une fontaine. Qu'est-ce qui vous tente ? Burger, saucisse artisanale, pizza, cuisine japonaise ? Choisissez. La qualité est sensationnelle et le cadre a ce petit côté contemporain qu'on ne trouve pas dans le centre de Tijuana.

Tacos El Gordo TACOS $

(Av Constitución 1342 ; tacos 24 $M ; 10h-17h lun-sam). Les Mexicains bien informés affluent dans ce petit restaurant soigné, partiellement en plein air, décoré en rouge et blanc. Outre les tacos habituels comme ceux à l'*asada* ou *al pastor* (rôti de porc mariné), on y sert des garnitures comme la *lengua* (langue), très tendre, et l'*ojo* (œil de vache). Les *sopes*, *tortas* (sandwichs) et *tostadas* (tortillas frites) figurent aussi sur la carte.

Praga CAFÉ $

(Av Revolución, entre Calle 4a et Calle 5a ; petit-déj 75-98 $M ; 8h-23h ;). Une adresse qui s'impose de bon matin, avec son excellent café (et autres boissons à base d'expresso) et ses petits-déjeuners alléchants (œufs Bénédicte, pancakes, *chilaquiles* particulièrement bons). Les tables en marbre façon bistrot parisien et l'ambiance européenne en font un vrai refuge pour échapper aux rues poussiéreuses.

Cine Tonalá MEXICAIN $$

(www.tj.cinetonala.mx ; Av Revolución 1317 ; plats 45-160 $M ; 13h-2h mar-dim). Ce bar-restaurant cosmopolite installé sur un toit-terrasse a apporté un certain cachet à l'Avenida Revolución. On y sert des tacos délicieux et originaux comme ceux aux oursins, à l'avocat et au *chile guajilio* ou au thon fumé et aux crevettes, avec ail, citron vert et sauce aux 9 piments. Vous pouvez aussi vous contenter d'une tranche de faux-filet ou d'un burger végétarien et d'un cocktail. Ne manquez pas d'aller faire un tour au cinéma d'art et d'essai situé au rez-de-chaussée.

Caesar's ITALIEN $$

(☎664-685-19-27 ; www.caesarstijuana.com ; Av Revolución 1927 ; petite salade Caesar 90 $M, plats 110-120 $M ; ⏲12h-22h30 lun-mer, 12h-minuit jeu-sam, 12h-21h dim ; P). Des photos de stars hollywoodiennes des années 1950 habillent les murs et le cadre en bois sombre ne manque pas d'élégance. La salade Caesar (110 $M), préparée à votre table, aurait été inventée ici par le fondateur du restaurant, Caesar Cardini, un immigré italien arrivé dans les années 1920.

Casa Cacao MEXICAIN $$

(Calle 2 nº 8172 ; plats 60-190 $M ; ⏲8h30-20h lun-sam, 10h30-15h dim). Ce café chaleureux qui donne l'impression de pénétrer chez une mamie mexicaine est notre adresse préférée pour le petit-déjeuner : on y sert des *enmoladas* de poulet (tortillas fourrées à la viande) nappées d'un des meilleurs *moles* (sauce au piment) de Baja California et accompagnées d'un *cafe olla* (café mexicain à la cannelle) ou d'un chocolat chaud hors pair. Bons plats le midi comme le soir.

Mision 19 INTERNATIONAL $$$

(☎664-634-24-93 ; www.mision19.com ; Misión de San Javier 10643, Zona Río ; plats 150-395 $M ; ⏲13h-22h lun-sam). Le célèbre chef mexicain Javier Plascencia a su donner un deuxième souffle à sa ville natale avec ce restaurant, la table la plus chic de Tijuana, dotée d'un cadre épuré dans une palette noire et blanche et d'un service guindé. Il s'efforce de n'employer que des ingrédients provenant d'un rayon inférieur à 200 km pour préparer une authentique cuisine de Basse-Californie. Goûtez le canard rôti au mezcal, à la goyave et au piment, ou le parfait de thon à la meringue d'avocat, au caramel de citron Meyer et aux couennes de porc grillées.

Cien Años MEXICAIN $$$

(☎664-634-30-39 ; Av Velasco 2331, Zona Río ; plats 169-399 $M ; ⏲7h30-23h lun-sam, jusqu'à 17h dim ; P 📶). Régalez-vous d'une délicieuse cuisine mexicaine contemporaine et créative, ainsi que de plats traditionnels comme la *sopa Azteca* et ses lamelles d'avocat et de tortilla, les *crepes de huitlacoche* (champignon du maïs) et leur nappage crémeux à la pistache, et les *chiles rellenos* (piments fourrés à la viande ou au fromage) accompagnés d'une bisque de crevettes et de langouste. Demandez au serveur de préparer la classique *salsa de molcajete* (sauce mijotée concoctée avec un mortier et un pilon) à votre table.

Où prendre un verre et faire la fête

Tijuana a tout d'un paradis pour les fêtards. Éclatez-vous dans les bars ou, si vous cherchez plus raffiné, essayez les bières artisanales, les excellentes tequilas et les vins locaux.

♥ **Plaza Fiesta** BIÈRE ARTISANALE

(Erasmo Castellanos Q. 9440 ; ⏲16h-2h). Les ruelles poussiéreuses de ce qui ressemble à un centre commercial vieillissant cachent en réalité le cœur de l'univers de la bière artisanale de Tijuana, ainsi qu'une flopée de bars à mezcal ou dédiés aux sports et de discothèques. Nos bières préférées sont celles de la minuscule brasserie Insurgente Tap Room, couverte d'éloges, mais le Border Psycho et le Mamut valent aussi le détour.

Les soirées sont douces dans les boutiques de bières artisanales mais, plus la nuit avance, plus l'ambiance s'échauffe dans les discothèques alignées au fond du complexe. L'endroit n'est pas tourné vers le tourisme : rien que la fête mexicaine, à fond.

Norte Brewing Co. BRASSERIE

(www.nortebrewing.com ; Calle 4ta ; assortiment de bières 80 $M ; ⏲14h-22h lun-mer, 14h-minuit jeu-sam). On se sent désaltéré rien qu'en voyant cette brasserie tout en gris et noir dont les fenêtres donnent sur la frontière avec les États-Unis. Goûtez la 4 Play Session IPA, riche en houblon mais qui se boit bien, ou la Foreign Club Porter, pour accorder votre humeur à la noirceur de la musique qui passe en stéréo. Pour trouver l'endroit, franchissez l'entrée anonyme à côté du casino et prenez l'ascenseur jusqu'au 5e étage.

Container Coffee CAFÉ

(Av Revolución 1348 ; boissons au café à partir de 35 $M ; ⏲8h-21h lun-sam). Si vous êtes amateur de café, filez tout droit chez ce torréfacteur branché en plein centre, où les sièges sont recouverts de sacs à café, tandis que des maquettes d'avions pendent du plafond. Choisissez un expresso ou un café préparé selon vos souhaits, dans une cafetière à filtre ou à piston.

Los Remedios CANTINA

(Av Rivera 2479, Zona Río ; repas 100-300 $M ; ⏲13h-12h30). Cette immense cantine/restaurant présente un décor festif, avec des affiches de corrida, des posters de films des années 1950, des fanions colorés et un plafond tapissé de tickets de loterie. Vous ne pourrez pas manquer sa façade jaune, sur le rond-point dans la Zona Río. Musique live le week-end. L'éventail de tequilas est littéralement encyclopédique.

Où sortir

Domo Imax CINÉMA
(www.cecut.gob.mex ; Centro Cultural Tijuana ; angle Paseo de los Héroes et Av Independencia ; billets à partir de 52 $M ; 13h-23h mar-dim). Cette salle, située dans le Centro Cultural Tijuana, propose surtout des films d'art et d'essai.

Centro Cultural Tijuana CENTRE CULTUREL
(CECUT ; 664-687-96-00 ; www.cecut.gob.mx ; angle Paseo de los Héroes et Av Independencia ; 9h-19h lun-ven, 10h-19h sam-dim ;). Ce centre sophistiqué, dédié aux arts et à la culture, fait la fierté de la ville. Il renferme une galerie d'art, le superbe Museo de las Californias (p. 742), un théâtre et le Domo Imax.

Achats

Tijuana est une destination de choix pour dénicher des souvenirs, mais attention en achetant des objets en or ou en argent : à bas prix, ce sont souvent des faux. Vous remarquerez les nombreuses pharmacies, qui vendent à des clients américains des médicaments génériques à prix réduits. Ne manquez pas d'aller sur les marchés pour découvrir un autre visage de Tijuana.

Mercado Hidalgo MARCHÉ
(Guadalupe Victoria 2 ; 6h-18h). Le marché le plus connu de Tijuana est aussi l'un des plus grands et des plus visités par les touristes. Un endroit parfait pour passer en revue aussi bien les fruits exotiques que les pâtisseries fraîches et les *piñatas* colorées.

Mercado El Popo MARCHÉ
(angle Calle 2a et Av Constitución ; 8h-20h30). C'est le marché du centre le plus coloré : on y trouve des montagnes de fromages, de bonbons, de cuillères en bois, de piments séchés, d'ustensiles de cuisine, d'herbes aromatiques, d'encens, de fétiches, de bougies, de savons aphrodisiaques, de bâtons de cannelle en fagots, de pollen et de fruits. Une version condensée des marchés plus grands et plus connus.

Renseignements

ARGENT

Soyez prudent lorsque vous changez de l'argent, surtout le soir. Tout le monde accepte les dollars US et la plupart des banques disposent de distributeurs automatiques de billets (DAB).

DÉSAGRÉMENTS ET DANGERS

Si vous agissez avec bon sens, tout devrait bien se passer. Les rabatteurs, parfois insistants, méritent un "no" courtois ; n'oubliez pas qu'ils essaient de gagner leur vie.

Ne buvez pas d'alcool dans la rue. Comme dans toute grande ville, être en état d'ébriété tard le soir peut occasionner des ennuis.

Les *coyotes* et les *polleros* (surnoms des passeurs) se regroupent le long du fleuve à l'ouest du poste-frontière de San Ysidro. À la nuit tombée, évitez ce quartier et Colonia Libertad, à l'est du poste-frontière.

OFFICES DU TOURISME

Bureau d'aide touristique (Oficina de asistencia turística ; 664-973-04-24 ; Av Revolución 842 ; 8h-20h lun-ven, 9h-13h sam). Ce petit kiosque d'information distribue un plan de la ville bien commode, et c'est à peu près tout.

Centre des visiteurs du Cotuco (664-685-31-17 ; www.descubretijuana.com ; Av Revolución entre Calle 3a et Calle 4a ; 9h-18h lun-sam). Il y a un autre centre des visiteurs à la **frontière piétonne** (664-607-30-97 ; www.descubretijuana.com ; 9h-18h lun-sam, 9h-15h dim) et une **agence principale** (664-684-05-37 ; www.descubretijuana.com ; ste 201, Paseo de los Héroes 9365 ; 9h-18h lun-ven) dans Paseo de los Héroes.

Office du tourisme de l'État (Secretaría de Turismo del Estado ; 664-682-33-67 ; www.descubrebajacalifornia.com ; Alarcón 1572 ; 8h-20h lun-ven, 9h-13h sam). Principal office du tourisme de l'État en ville.

SERVICES MÉDICAUX

Hospital General (664-684-00-78 ; Centenario 10851). Hôpital réputé, au nord-ouest de l'intersection avec l'Avenida Rodríguez.

URGENCES

Assistance touristique (078)

Depuis/vers Tijuana

On peut obtenir un permis touristique mexicain 24h/24 au bureau de l'*Instituto Nacional de Migración* (INM) à la frontière San Ysidro-Tijuana, pour 500 $M (gratuit si vous restez moins d'une semaine au Mexique). Il est valable 180 jours.

AVION

Plusieurs compagnies desservent Tijuana, principalement **Aeroméxico** (☎664-683-84-44, 664-684-92-68 ; www.aeromexico.com ; Plaza Río) et **Volaris** (☎55-1102-8000 ; flights.volaris.com ; Aeropuerto Internacional de Tijuana). Des liaisons avec de nombreuses villes continentales du Mexique et des États-Unis sont assurées, et à l'international vers Shanghai, Guatemala, Managua et San Salvador, entre autres.

Aeropuerto Internacional General Abelardo L Rodríguez (☎664-607-82-00 ; www.tijuana-airport.com ; Carretera Aeropuerto-Otay Mesa). À Mesa de Otay, à l'est du centre-ville.

BUS

La **Central Camionera** (☎664-621-29-82 ; Chapultepec Alamar), la gare routière principale, est à 5 km au sud-est du centre-ville. De là, les compagnies Elite et Estrella Blanca (www.estrellablanca.com.mx) assurent des liaisons en bus 1re classe climatisés avec toilettes. Ils rallient, entre autres, Guadalajara (à partir de 1 900 $M, 36 heures) et Mexico (à partir de 2 015 $M, 44 heures, 12/jour). ABC (www.abc.com.mx) et Auto Transporte Águila (www.autobusesaguila.com) proposent principalement des bus 2e classe pour la côte pacifique continentale et la Basse-Californie.

Les bus régionaux de **Suburbaja** (☎664-688-00-45) partent de l'**Antigua Central Camionera** (angle Av Madero et Calle 1a), dans le centre-ville, notamment pour Tecate (85 $M, 1 heure, toutes les 15 min).

De 3h à 22h, des bus quittent le **terminal Greyhound de San Diego** (☎800-231-22-22 ; www.greyhound.com ; 120 West Broadway, San Diego) et font halte au terminal **San Ysidro** (☎619-428-62-00 ; 4570 Camino de la Plaza), avant de continuer vers la Central Camionera ou l'aéroport de Tijuana. Les tarifs de San Diego/San Ysidro à la Central Camionera ou l'aéroport s'élèvent à 150 $M.

VOITURE ET MOTO

Le poste-frontière de **San Ysidro** (☎États-Unis 619-428-1194 ; 4799 East San Ysidro Blvd), à 10 minutes de marche du centre de Tijuana, est ouvert 24h/24. Moins encombré, celui de Mesa de Otay, à 15 km à l'est de San Ysidro, ouvre également 24h/24.

Les agences de location de voitures de San Diego sont les moins chères, mais la plupart d'entre elles n'autorisent pas de trajet au-delà d'Ensenada. La meilleure solution pour descendre vers le sud est parfois de louer une voiture à Tijuana ou de prendre le bus, mais peu d'agences louent pour un aller simple et celles qui le font appliquent un supplément de 600 $US, voire davantage.

TROLLEYBUS

Le trolleybus (www.sdmts.com) de San Diego circule entre le centre-ville et San Ysidro (2,50 $US, toutes les 15 min, 5h-minuit). De l'aéroport Lindbergh Field de San Diego, le bus urbain n°992 (2,50 $US) dessert l'arrêt du trolleybus Plaza America dans le centre-ville, face à la gare Amtrak.

Comment circuler

Les bus locaux (environ 12 $M) desservent toute la ville, mais les taxis à itinéraire fixe, un peu plus chers, sont beaucoup plus rapides. Pour rejoindre la Central Camionera, prenez n'importe quel bus "Buena Vista", "Centro" ou "Central Camionera" dans la Calle 2a, à l'est de l'Avenida Constitución. Sinon, empruntez un taxi à itinéraire fixe doré et blanc "Mesa de Otay" dans l'Avenida Madero, entre les Calles 2a et 3a (15 $M). Les taxis classiques facturent environ 100 $M la course dans et autour de l'Avenida Revolucíon ou de la Zona Río. Pour l'aéroport, comptez quelque 250 $M, mais demandez toujours le prix avant de démarrer.

Les bus pour Playas de Tijuana partent de la Calle 3a près de l'Avenida Martinez dans la Zona Central. Des taxis à itinéraire fixe desservent le boulevard Agua Caliente et la Central Camionera.

Les véhicules Uber sont appréciés à Tijuana ; une course en ville coûte environ 35 $M – il faut disposer de l'application ou la télécharger sur son téléphone. On peut sans supplément demander un conducteur anglophone.

BUS AU DÉPART DE TIJUANA

DESTINATION	PRIX ($M)	DURÉE (H)	FRÉQUENCE
Ensenada	205	1½	fréquents
Guerrero Negro	1 300	11	3/jour
La Paz	2 505	24	3/jour
Loreto	1 945	18	2/jour
Mexicali	325	2¾	fréquents
Santa Rosalia	1 616	14	3/jour

Playas de Rosarito

☎661 / 78 247 HABITANTS

Jadis une plage de sable déserte, puis un décor de tournage pour films hollywoodiens (Fox Studios Baja, le studio construit en 1996 pour le film *Titanic)*, Playas de Rosarito a enfin acquis une identité propre. Constructions et immeubles résidentiels se multiplient mais, malgré un développement effréné, Rosarito reste un endroit paisible pour faire la fête ou se détendre, et peut facilement se visiter en une journée (ou deux) depuis Tijuana ou San Diego. Il y a plusieurs bons spots de surf dans les environs, dont le célèbre K28, à environ 15 km au sud de la ville.

Où se loger et se restaurer

Robert's K38 Surf Motel MOTEL **$$**

(☎661-613-20-83 ; www.robertsk38.com ; Carretera 1D Km 38 ; ch 40-75 $US ; P ❄ wifi). À 11 km de Rosarito et à courte distance à pied du célèbre *break* K28, ce motel plaisant, confortable et d'un excellent rapport qualité/prix est – il fallait s'y attendre – prisé des surfeurs. On peut y louer un équipement ou ranger le sien avant de se détendre sur la plage ou d'aller manger dans un restaurant bon marché. Ne prend pas de réservation.

Hotel del Sol Inn HÔTEL **$$**

(☎661-612-25-52 ; www.del-sol-inn.com ; Blvd Juárez 32 ; d 1 500 $M ; P ⊖ ❄). Dans la rue principale, le Sol dispose de chambres propres avec moquette, TV, eau en bouteille et meubles simples. Les prix triplent durant le *spring break*.

♥ **Tacos El Yaqui** TACOS **$**

(Angle Palma et Mar del Norte ; tacos 20-45 $M ; ⏲8h-17h lun, mer et jeu, 9h-21h30 ven-dim). Ce stand de tacos avec grill extérieur remporte un tel succès qu'il doit souvent fermer plus tôt, faute de provisions. Faites la queue avant 16h pour ne pas repartir bredouille.

Susanna's AMÉRICAIN MODERNE **$$**

(www.susannasinrosarito.com ; Blvd Juárez 4356 ; plats 15-30 $US ; ⏲13h-21h30 mer-lun ; wifi). Susanna, la propriétaire, propose de savoureuses assiettes concoctées à partir de produits frais de saison, rehaussées d'une touche californienne. Salades légères aux sauces inventives, pâtes, plats de viande ou de poisson qu'on peut savourer à l'extérieur ou dans une salle douillette aux meubles rustiques et aux murs vert olive. Les vins viennent du Valle de Guadalupe.

El Nido GRILLADES **$$$**

(Blvd Juárez 67 ; plats 225-510 $M ; ⏲8h-21h30 ; P wifi 👪). Impossible de rater la façade couverte de plantes grimpantes et décorée d'une roue de charrette de ce grill en centre-ville. À l'intérieur, l'ambiance est pittoresque : briques apparentes, poutres, effluves d'ail et, à l'arrière, terrasse verdoyante dotée d'une volière. Les tortillas sont faites à la demande, et le menu annonce du gibier, du lapin et du poulet, ainsi que le plat vedette : le steak.

Depuis/vers Playas de Rosarito

Au centre de Tijuana, des *colectivos* (taxis collectifs) partent de l'Avenida Madero, entre les Calles 3a et 4a, pour Playas de Rosarito (18 $M).

Ruta del Vino et Valle de Guadalupe

☎646 / 2 664 HABITANTS

Merveille pour les Mexicains et les Californiens du Sud, *terra quasi incognita* pour le reste du monde, la région viticole de Basse-Californie offre un envoûtant mélange d'hébergements de luxe, de mets et vins de choix, de vignobles sillonnés de pistes poussiéreuses perdus au milieu des cactus... et de totale décontraction. C'est l'une des plus anciennes zones viticoles du continent américain, comptant plus de 60 exploitations. Elle attire une clientèle branchée de 20 à 40 ans venue profiter des attraits qu'elle déploie à des prix relativement modérés. Le bruit commence à courir qu'il s'agit là de la nouvelle Napa Valley, et la réputation de ses vins ne cesse de croître au-delà des frontières.

À voir

Museo de la Vid y El Vino MUSÉE

(Musée de la Vigne et du Vin ; www.museodelvinobc.com ; Carretera Federal Tecate-Ensenada Km 81,3 ; 50 $M ; ⏲9h-17h mar-dim). Saviez-vous que c'est en Basse-Californie qu'on produisit pour la première fois du vin en Amérique ? Découvrez la passionnante histoire du vin local grâce à des dioramas (en espagnol, mais les visiteurs anglophones se voient confier un classeur avec la traduction en anglais) et à quelques objets. Le bâtiment, moderne et lumineux, rend la visite encore plus intéressante.

VAUT LE DÉTOUR

RUTA DEL VINO – CIRCUIT DES CHAIS AUTO GUIDÉ

Voici quelques-uns des domaines viticoles du Valle de Guadalupe qui méritent la visite pour l'excellence de leurs vins et la beauté de leur environnement (listés d'Ensenada à Tecate) :

Clos de Tres Cantos (☎558-568-92-40 ; Carretera Ensenada-Tecate Km 81 ; dégustations 8 $US, pain et fromage inclus ; ⏲10h-17h mer-dim). Avec ses bâtiments en pierre, les peintures qui ornent ses murs, la vue, le personnel sympathique et, pour nous, le meilleur rosé de la vallée, voilà l'endroit idéal pour siroter un verre de vin en grignotant pain et fromages locaux.

El Pinar de 3 Mujeres (vinicola3mujeres@gmail.com ; Carretera Tecate-Ensenada Km 87 ; menu 450 $M ; ⏲13h-18h jeu-lun, avr-oct). Cette exploitation tient son nom des 3 femmes qui en sont les propriétaires et maîtres de chai. Elle comprend un chai, un restaurant et une boutique d'artisanat ; les repas sont servis sous les arbres, devant un panorama de vignobles.

Castillo Ferrer (☎646-132-03-56 ; www.castilloferrer.com ; Carretera Ensenada-Tecate Km 86,3 ; dégustations à partir de 200 $M ; ⏲11h-17h). Sur une terrasse d'inspiration méditerranéenne, dégustez les vins (l'Aurum est particulièrement intéressant) accompagnés d'une *focaccia* au romarin. Au milieu d'une orangeraie.

Bibayoff (☎646-176-10-08 ; www.bibayoff.mx ; Carretera Francisco Zarco-El Tigre Km 9,5 ; dégustations 7 $US ; ⏲10h-16h mar-dim). Exploitation hors des sentiers battus, dotée d'un petit musée retraçant la passionnante histoire des Russes qui immigrèrent ici au début du XXe siècle (et dont descend l'actuel propriétaire). Demandez à déguster le moscatel, fruité.

Adobe Guadalupe (☎646-155-20-94 ; www.adobeguadalupe.com ; Parcela A-1 s/n, Rusa de Guadalupe ; dégustations à partir de 200 $M ; ⏲10h-18h). L'établissement viticole le plus "mexicain" de la vallée. On y sert le vin dans une mission espagnole reconstituée, entourée de vignes et d'un élevage de chevaux. Jardín Secreto (grenache et tempranillo) est le cru le plus demandé.

L.A. Cetto (p. 742). Le plus gros producteur du Mexique, souvent visité par des groupes de touristes en car. Vaut le détour pour le contraste qu'il offre avec les établissements plus petits et plus chics. Produit phare : le cabernet sauvignon.

Fêtes et festivals

Fiesta de la Vendimia VIN
(⏲déb août). Cette fête des Vendanges au milieu de l'été comprend des galas, des dégustations et des fêtes réservées à l'élite dans le Valle de Guadalupe. Réservez longtemps à l'avance auprès des domaines viticoles. À la vôtre !

Où se loger

Glamping Ruta de Arte y Vino CAMP DE CARAVANES $
(☎646-185-33-52 ; www.rutadearteyvino.wixsite.com/rutadearteyvino ; Carretera Ensenada-Tecate Km 13, San Marcos ; s/d camping-car 50/96 $US). Camping original dans un champ équipé de 12 camping-cars Airstream des années 1960. L'hébergement est rustique et il fait chaud quand les températures deviennent torrides, mais on y fait des grillades entre voisins, le patron est une mine d'informations, on peut observer les étoiles grâce à un télescope et communier avec la nature. Cher, mais plaisant.

Hotel Mesón del Vino HÔTEL $$
(☎646-151-21-37 ; www.mesondelvino.net ; Carretera Federal 3 Ensenada-Tecate Km 88,4 ; d 55 $US ; P❄📶🏊). Sa façade jaune moutarde lui donne un air d'hacienda, mais les chambres, confortables, évoquent plutôt la maison d'une grand-mère. Il y a une petite piscine et une salle de musculation assez bizarre, partiellement en plein air, mais le service est aux abonnés absents (hormis la remise des clés à notre arrivée, nous n'avons pas vu le patron). L'hôtel est toutefois propre dans l'ensemble, central et d'un bon rapport qualité/prix.

Encuentro HÔTEL DESIGN $$$
(646-155-27-75 ; www.grupoencuentro.com.mx ; Carretera Tecate-Ensenada Km 75 ; ch 320-390 $US ;). Cet hôtel comprend 22 bungalows de style résolument moderne, tout en verre, acier et bois, juchés sur une éminence aride dominant la vallée. Le genre d'endroit où les clients s'habillent avec élégance et sont adeptes des selfies. La piscine à débordement mérite en effet la photo et le restaurant offre non seulement la plus belle vue des environs, mais sert la meilleure cuisine qu'il nous ait été donné de manger dans la région des vins.

La Villa del Valle B&B $$$
(646-156-80-07 ; www.lavilladelvalle.com ; Carretera Tecate-San Antonio de las Minas Km 88 ; d 275-295 $US ;). Ce magnifique B&B domine les collines couvertes de vignes et les champs de la Ruta del Vino. Les propriétaires cultivent leur lavande, fabriquent des produits de beauté et servent de succulents repas. On se croirait dans un hôtel moderne de grand luxe en Toscane. Animaux et enfants ne sont pas admis.

Où se restaurer

La Cocina de Doña Estela MEXICAIN $
(646-156-84-53 ; Ranchos San Marcos ; plats 60-115 $M ; 8h-18h mar-dim). Table préférée des habitants de la vallée, ce restaurant traditionnel sert de copieux plats à base d'œufs comme la *machaca con huevos* (œufs brouillés à l'effilochée de bœuf séché), la spécialité maison. À midi, place à la *birria de res* (ragoût de bœuf). Ne manquez pas l'addictif *cafe de olla* (café à la mexicaine) – le meilleur que nous ayons bu !

Taquería Los Amigos MEXICAIN $
(angle Av Hidalgo et Ortiz Rubio, Tecate ; tacos à partir de 22 $M ; ven-mer). Comme les Mexicains, venez déguster de succulentes (et énormes) *quesadillas* garnies de haricots, de fromage, d'un excellent guacamole et de *carne asada* (bœuf mariné et grillé). Les tacos sont également savoureux. Ne quittez pas Tecate sans avoir mangé ici.

Lupe FOOD-TRUCK $$
(Carretera Tecate-Ensenada Km 83 ; tortas 60-130 $M ; 13h-21h mar-ven, 12h-22h sam-dim). Vous souhaitez manger sur le pouce entre deux visites de chais ou vous cherchez une adresse bon marché dans cette région de restaurants haut de gamme ? Le célèbre chef Javier Placensia répond à cette attente avec cet humble camion de restauration servant des mets succulents. Les plats vont des simples jambons et fromages de qualité gastronomique à des mets plus originaux comme le cochon de lait croustillant avec haricots frits et avocat.

Troica FOOD-TRUCK $$
(646-156-80-30 ; Rancho San Marcos Toros Pintos ; plats 45-160 $M ; 13h-19h mar-dim). En plein milieu des vignobles, sur une petite hauteur, voilà un merveilleux endroit pour déguster des tacos au poisson, à l'*asada* (bœuf grillé) ou au *lechón* (cochon de lait rôti), ou encore une salade ou une *tostada* (tortilla frite) au poulpe pour faire une pause entre deux dégustations de vin.

Deckman's CALIFORNIEN $$$
(646-188-39-60 ; www.deckmans.com ; Carretera Ensenada-Tecate Km 85,5 ; plats 190-400 $M ; 13h-20h mer-lun ;). Difficile de ne pas passer un bon moment dans ce restaurant aux couleurs chaudes, aux murs en pisé, au sol en gravier, au gril aussi enflammé que l'esprit des clients après quelques verres de vin. Tenu par Drew Deckman, chef étoilé au Michelin, il sert des plats comme les cailles rôties ou le carré d'agneau, et les ingrédients sont presque tous locaux et durables. Le menu dégustation de 5 plats à 500 $M est une affaire.

Finca Altozano CALIFORNIEN $$$
(646-156-80-45 ; www.fincaltozano.com ; Carretera Tecate-Ensenada Km 83 ; plats 95-380 $M ; 13h-21h mar-dim). Notre préféré parmi les restaurants du célèbre chef mexicain Javier Placensia. Cet établissement décontracté donnant sur les vignobles dispose d'un excellent bar à huîtres et d'entrées à ne pas manquer comme les clams au chocolat, au thon, aux saint-jacques et au bacon fumé au bois de chêne. Parmi les plats de résistance, citons le risotto au confit de canard et au *mole* (sauce au piment), la poitrine de bœuf local ou les tacos cuits au feu de bois.

Depuis/vers la Ruta del Vino et le Valle de Guadalupe

Vous pouvez éviter les longues files de Tijuana et découvrir un paysage splendide en entrant au Mexique par Tecate. Le poste-frontière (ouvert de 6h à 22h) est bien moins encombré, et, au sud de Tecate, s'étend la Ruta del Vino (route du Vin), dans le sublime Valle de Guadalupe (Hwy 3).

La Ruta del Vino et le Valle de Guadalupe ne sont pas bien desservis par les transports publics : il faut être motorisé.

Comment circuler

Si vous disposez d'un véhicule et souhaitez déguster des vins, commencez par déterminer qui ne boira pas, mais conduira. Une carte de la Ruta del Vino (disponible dans les hôtels, les offices du tourisme et les établissements viticoles de la région) vous aidera à vous repérer.

Si vous ne voulez pas conduire et n'êtes pas adepte des excursions en groupe, faites appel aux services d'Uber pour la journée auprès d'**UberVALLE** (www.uber.com ; excursion journée jusqu'à 4 pers 150 $US environ) grâce à l'application Uber ; néanmoins, il y a eu des heurts dans la région entre Uber et les habitants soutenant les chauffeurs de taxi. C'est pourquoi certains préfèrent louer un taxi pour la journée ; on les trouve par l'entremise des hôtels ou par le bouche-à-oreille. Comptez environ 160 $US la journée pour un groupe pouvant aller jusqu'à 4 personnes.

Ensenada

646 / 519 813 HABITANTS

Située à 108 km au sud de la frontière, Ensenada est la sœur cosmopolite et hédoniste de Tijuana. La ville accueille une foule bigarrée de touristes venus en bateau de croisière, en voiture de Californie, ou arrivant du Mexique continental. Si les dollars US et les menus en anglais font presque oublier que l'on est au Mexique, il suffit de lever les yeux pour voir l'immense drapeau mexicain qui flotte au-dessus du *malecón* (promenade au bord de l'eau). Baladez-vous dans l'Avenida López Mateos (Calle 1a) et vous trouverez tout et n'importe quoi, d'une délicieuse cuisine française aux T-shirts ringards. Si vous voyagez avec des enfants, ne manquez pas la fontaine musicale en bord de mer.

Ensenada fut la capitale de la péninsule de 1882 à 1915, avant d'être supplantée par Mexicali pendant la Révolution. La ville accueillit ensuite les "industries du vice" jusqu'à ce que le gouvernement fédéral interdise les jeux dans les années 1930. La ville est aujourd'hui une station balnéaire qui accueille plus de 4 millions de visiteurs par an.

À voir

Riviera del Pacífico ÉDIFICE HISTORIQUE

(646-177-05-94 ; Blvd Costero ; P). GRATUIT Ouvert dans les années 1930 en tant qu'Hotel Playa Ensenada, cet extravagant bâtiment – un ancien casino de style espagnol – aurait été un repaire d'Al Capone. Il abrite aujourd'hui le **Museo de Historia de Ensenada** (25 $M ; 10h-17h lun-sam, 12h-17h dim) et le **Bar Andaluz** (646-177-05-94 ; 10h-minuit lun-ven, 9h-1h sam ;). La Casa de Cultura, elle, propose cours, projections de films et expositions. Une promenade dans le bâtiment et le jardin est déjà un régal.

Museo Histórico Regional de Ensenada MUSÉE

(Museo del INAH ; 646-178-25-31 ; www.lugares.inah.gob.mx ; 9h-17h lun-sam). GRATUIT Construit en 1886, le plus vieil édifice public de la ville, anciennement l'Aduana Marítima de Ensenada, accueille le musée de l'Institut national d'anthropologie et d'histoire. Cet établissement historique et culturel possède une collection assez restreinte mais détaillée d'objets qui retrace l'histoire de la région. Les anciennes cellules de prison où l'on a conservé les tableaux réalisés par les détenus sur les murs constituent sa partie la plus intéressante.

El Mirador POINT DE VUE

Au sommet des Colinas de Chapultepec, El Mirador offre une vue panoramique sur la ville et la Bahía de Todos Santos. De l'extrémité ouest de la Calle 2a dans le centre, grimpez à pied ou en voiture (pas de parking) jusqu'au bout de l'Avenida Alemán, le plus haut point en ville.

Activités

Surf

Isla de Todos Santos SURF

L'île au large d'Ensenada (à ne pas confondre avec la ville proche de Los Cabos) accueille chaque année l'une des plus grandes compétitions de surf. Le célèbre **El Martillo** (Marteau) offre souvent des vagues ayant 3 fois la taille d'un homme, voire davantage quand les conditions s'y prêtent. On peut louer un bateau au port (à partir de 900 $M/pers ; 4 passagers minimum).

San Miguel SURF

(Parking 75 $M). À 11 km au nord d'Ensenada, San Miguel se résume à quelques campeurs, un parking et un *point break* fabuleux par forte houle.

HORS DES SENTIERS BATTUS

PARQUE NACIONAL SIERRA SAN PEDRO MÁRTIR

Lynx, cerfs et mouflons peuplent le Parque Nacional Sierra San Pedro Mártir, toutefois plus connu pour son avifaune. Ce parc fait partie des 6 lieux au monde où l'on tente de réintroduire le condor de Californie, une espèce presque éteinte. Lors de notre passage, 38 de ces majestueux rapaces vivaient dans le secteur. En outre, plusieurs oisillons ont vu le jour ces dernières années, promettant une perpétuation de l'espèce.

Même si l'un des plus gros oiseaux du monde ne plane pas au-dessus de votre tête, d'autres raisons justifient le détour. Les conifères sont vertigineux, les pins embaument l'air et la route, sinueuse, traverse des paysages sublimes, parsemés de rochers.

Pour rejoindre le parc, prenez à gauche à hauteur du panneau qui l'indique, au niveau du Km 140 de la Transpeninsular, au sud de Colonet. Une route goudronnée grimpe sur 100 km vers l'est à travers un paysage désertique d'une grande variété, avec de belles vues. Le camping est autorisé dans les endroits signalés (sans sanitaires ; apportez de l'eau), mais il n'existe pas d'autres infrastructures.

Pêche et observation des baleines

Ensenada est mondialement réputée pour la pêche sportive, mais il vous faudra un permis de pêche mexicain valide (disponible dans les offices du tourisme) pour tenter votre chance. La plupart des compagnies de location de bateaux organisent aussi des sorties d'observation des baleines de fin décembre à mi-avril.

Sergio's Sportfishing Center PÊCHE
(646-178-21-85 ; www.sergiosfishing.com ; excursion à la journée à partir de 70 $US ; 8h-18h). Sur la jetée de pêche sportive proche du *malecón* d'Ensenada, Sergio's jouit d'une bonne réputation. Matériel inclus. Excursions d'une journée ou location privative du bateau.

Cours

Spanish School Baja LANGUE
(646-190-60-49 ; www.spanishschoolbaja.com ; Calle 10a, entre Av Ruiz et Av Obregón ; cours 270 $US/sem). Des cours de 25 heures hebdomadaires ont lieu toute l'année.

Fêtes et festivals

Baja 1000 COURSE
(mi-nov ;). Plus grand rallye automobile hors piste de la péninsule (mi-novembre). Des *truggies* (buggies à 4 roues motrices) foncent à travers le désert. Le Baja 500 se déroule en juin.

Carnaval CARNAVAL
(fév ;). Festivités aux airs de Mardi gras, avec défilé de chars et danses dans les rues, durant la semaine précédant le mercredi des Cendres, en février.

Baja Seafood Expo GASTRONOMIE
(Calle 9a n° 340 ; sept). Dégustez de somptueux produits de la mer avec les pêcheurs.

Où se loger

La demande excède parfois l'offre, en particulier le week-end et en été. Beaucoup d'établissements augmentent alors leurs tarifs, mais n'espérez pas un haut niveau de prestations quelle que soit l'époque de l'année.

Hotel Santo Tomás HÔTEL $
(646-178-33-11 ; hst@bajainn.com ; Blvd Costero 609 ; d à partir de 590 $M ;). Si le mobilier et les moquettes sont un peu fatigués, ce vaste hôtel à l'extérieur vert pomme et magenta demeure un très bon choix. La réception est originale avec un grandiose escalier en spirale, un ascenseur tapissé de miroirs disco, et des chinchillas en cage qu'on a envie de caresser. Les prix doublent quasiment les vendredis et samedis (tout comme le niveau sonore à l'extérieur).

Hotel Cortez HÔTEL $$
(646-178-23-07 ; www.bajainn.com ; Av López Mateos 1089 ; ch à partir de 1 470 $M ;). Une des meilleures adresses, en plein cœur de l'animation, dotée notamment d'une petite salle de sport. La piscine (chauffée) est entourée de grands arbres. Certaines chambres sont un peu sombres. Si votre budget le permet, choisissez une chambre premium, au style chic et contemporain, avec des couleurs chaudes et de superbes étoffes. Un bon choix. Vite complet.

Ensenada

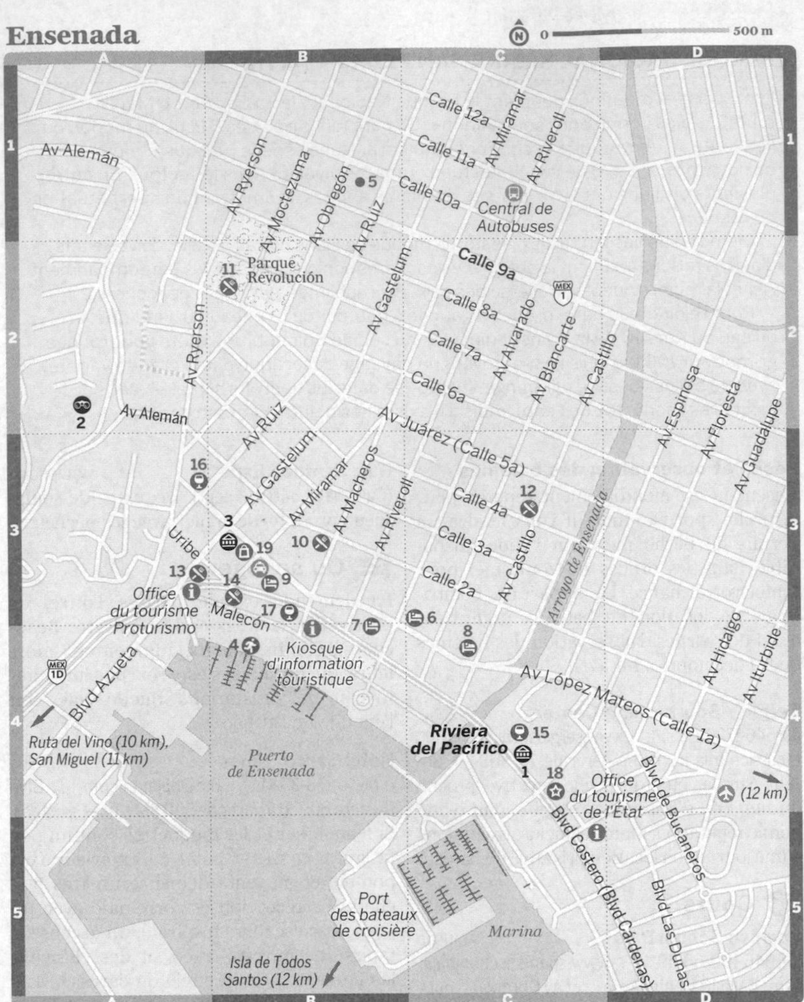

Hotel Bahía HÔTEL **$$**

(☎646-178-21-01 ; www.hotelbahia.com.mx ; Av López Mateos 950 ; ch 1 062 $M ; P). Malgré un extérieur années 1960 involontairement rétro, cet hôtel dispose d'agréables chambres spacieuses avec moquette au sol. Belle piscine avec bar juste à côté. On vous apportera votre verre jusqu'à votre transat. Emplacement très central.

Best Western Hotel El Cid HÔTEL **$$$**

(☎646-178-24-01 ; www.hotelelcid.com.mx ; Av López Mateos 993 ; d à partir de 1 495 $M ; P @). Ce quatre-étoiles dispose de chambres confortables (lits fermes), d'un restaurant réputé et d'un bar animé. Personnel bilingue (anglais et espagnol), aimable et sympathique. Central, dans la partie la plus chic de la ville.

Où se restaurer

La scène culinaire d'Ensenada a tout pour plaire, des stands de tacos aux restaurants qui servent une excellente cuisine mexicaine et internationale.

La Guerrense TACOS **$**

(laguerrerense.com ; angle Av Alvarado et Av López Mateos ; tacos à partir de 25 $M ;

Ensenada

Les incontournables
1 Riviera del Pacífico C4

À voir
2 El Mirador A2
Museo de Historia de Ensenada .... (voir 1)
3 Museo Historico Regional de Ensenada B3

Activités
4 Sergio's Sportfishing Center B4
5 Spanish School Baja B1

Où se loger
6 Best Western Hotel El Cid C3
7 Hotel Bahia B4
8 Hotel Cortez C4
9 Hotel Santo Tomás B3

Où se restaurer
10 Birreria La Guadalajara B3
11 Boules B2
12 El Parián C3
La Guerrerense .... (voir 6)
13 Mariscos El Norteño A3
14 Muelle 3 .... B3

Où prendre un verre et faire la fête
15 Bar Andaluz C4
16 Hussong's Cantina A3
Ojos Negros .... (voir 16)
17 Wendlandt B3

Où sortir
18 Centro Estatal de las Artes C4

Achats
19 Tequila Room B3

10h30-17h mer-lun). Le stand de fruits de mer primé de Sabina Bandera date des années 1960. Un succès mérité, au regard de ses succulents tacos aux fruits de mer, de son ceviche juteux et de ses *tostadas* (tortillas frites). Il y a généralement un joueur de guitare sur le trottoir pour parfaire l'ambiance. La *tostada* (25 $M) aux escargots de mer et aux oursins est un vrai régal.

Birriería La Guadalajara MEXICAIN $
(Av Macheros 154 ; tacos 25-39 $M ; 7h-20h ;). Ce restaurant rustique, réputé à juste titre pour sa *birria de chivo* (ragoût de chèvre), sert aussi d'excellents tacos et viandes grillées. Prisé des familles, il jouit d'une ambiance agitée et bruyante. Il y a une grande cuisine ouverte, quelques TV, des mariachis qui déambulent, et un décor qui n'a guère changé depuis l'ouverture en 1972.

Mariscos El Norteño PRODUITS DE LA MER $
(Local 4, mercado de mariscos ; tacos 30 $M ; 8h-21h lun-sam, à partir de 7h dim). Les stands de fruits de mer installés en face du marché aux poissons ne déçoivent jamais. Petits plus : celui-ci dispose de nombreuses chaises et d'un excellent choix de sauces, dont des *jalapeños* et des piments rouges mijotés. Goûtez le taco typique de la Basse-Californie, avec du poisson ou des crevettes frits, du chou râpé et une onctueuse sauce blanche.

El Parián MEXICAIN $
(646-128-82-32 ; angle Calle 4a et Av Castillo ; plats dîner 80-95 $M ; 7h30-23h30 ;). Serpentins, tables peintes, fresques et meubles aux couleurs acidulées contribuent à l'ambiance festive. Régalez-vous de délicieux enchiladas, quesadillas, burritos et *agua de jamaica* (eau d'hibiscus). Service sympathique et nombreux écrans plats pour ne rien perdre des *telenovelas* mexicaines.

Muelle 3 PRODUITS DE LA MER $$
(646-17-40-318 ; Teniete Azueta 187a ; plats 60-150 $M ; 12h-18h30 mer-dim). Sur le port de plaisance, on dirait une simple échoppe mais, en y regardant de plus près, on voit une clientèle élégante savourer des ceviches et autres spécialités mexicaines artistiquement présentés. Les saveurs sont équilibrées et subtiles, tout est frais et préparé à la perfection. Il y a foule, surtout à midi.

Boules INTERNATIONAL $$$
(646-175-87-69 ; Av Moctezuma 623 ; plats environ 250 $M ; 14h-minuit mer-dim). Risottos crémeux, pâtes et produits de la mer ultrafrais sont des atouts, mais le cadre – une terrasse sous les arbres et des guirlandes lumineuses – lui confère encore plus de saveur. Javier, le patron, accueille les clients et se mêle à eux comme s'ils étaient tous des habitués. On peut choisir son vin parmi les nombreux crus en vente à la boutique du restaurant, puis l'apporter à sa table.

Où prendre un verre et faire la fête

Le week-end, la plupart des bars et des *cantinas* de l'Avenida Ruiz sont bondés de midi jusqu'au petit matin. Pour plus de tranquillité, rendez-vous dans l'un des nombreux hôtels ou restaurants haut de gamme pour siroter une margarita (qui aurait été inventée ici) ou une tequila de qualité supérieure.

Hussong's Cantina CANTINA

(cantinahussongs.com/home.html ; Av Ruiz 113 ; 11h-2h mar-dim). Cette *cantina* sert de la tequila depuis 1892. Les vendredis et samedis soir s'y retrouvent une foule d'habitants, quelques touristes et des mariachis. L'histoire de l'établissement est fascinante ; demandez la brochure explicative (en anglais ou en espagnol).

Wendlandt BRASSERIE

(www.wendlandt.com.mx ; Blvd Costero ; 18h-minuit mar-sam). Dégustez des bières artisanales, soit préparées par les propriétaires, soit issues de petites brasseries mexicaines ou d'ailleurs ; 5 petits verres de dégustation ne coûtent que 60 pesos. Dans un environnement urbain soigné, avec des meubles en bois massif, des murs en brique et un éclairage original utilisant des bouteilles de bière.

Ojos Negros BAR À VINS

(Av Ruiz 105 ; 11h-minuit mar-sam, 14h-22h dim ;). Las des margaritas ? Rendez-vous dans ce bar à vins décontracté pour goûter au Passion Meritage, un rouge aux arômes fruités couronné de prix, produit dans le vignoble du propriétaire : Bodegas San Rafael. Ambiance lounge, musique douce et murs peints en bordeaux. Vous pourrez aussi grignoter de succulentes pizzas.

Où sortir

Centro Estatal de las Artes CENTRE D'ARTS

(646-173-43-07 ; www.cenart.gob.mx/2015/07/ensenada/ ; angle Av Riviera et Blvd Costero ; 8h-20h lun-sam, 12h-19h dim, plus événements en soirée). Spectacles et expositions toute l'année.

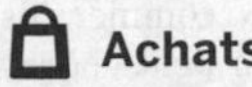

Achats

Tequila Room ALCOOLS

(Av López Mateos ; 10h-18h mar-jeu, 10h-minuit ven-sam). Le propriétaire irlando-mexicain est un fou de tequila, mais vous ne trouverez aucune des marques les plus commerciales ; celles vendues ici viennent de tout le Mexique. Même si vous n'avez pas envie de boire (la dégustation est gratuite), vous pouvez admirer les bouteilles : beaucoup sont de véritables œuvres d'art.

Renseignements

OFFICES DU TOURISME

Office du tourisme Proturismo (646-178-24-11 ; www.descubrebajacalifornia.com ; www.proturismoensenada.org.mx ; Blvd Costero 540 ; 8h-20h lun-ven, 9h-17h sam-dim). Cartes, brochures et informations sur les hôtels. **Kiosque d'information** (646-178-30-70 ; mar-dim) sur la Plaza Cívica.

Office du tourisme de l'État (646-172-54-44 ; Blvd Costero 1477 ; 8h-18h lun-ven, 9h-13h sam-dim). Mêmes renseignements qu'à l'office du tourisme Proturismo.

SERVICES MÉDICAUX

Sanatorio del Carmen (646-178-34-77 ; angle Av Obregón et Calle 11a). Petit hôpital privé, propre et de bonne réputation.

URGENCES

Assistance touristique 078

Police de l'État 646-176-13-11, 911

Police municipale 646-165-20-34, 911

Depuis/vers Ensenada

Bureau de l'immigration (646-174-01-64 ; Blvd Azueta 101 ; dépôt documents 8h-18h lun-ven, retrait documents 13h-15h lun-ven). Délivre des permis touristiques aux voyageurs arrivant en bateau.

BUS

Central de Autobuses (Av Riveroll 1075). À 10 pâtés de maisons au nord de l'Avenida López Mateos, le *central* accueille des bus desservant des destinations lointaines comme Guadalajara (1 680 $M, 36 heures) et Mexico (1 800 $M, 48 heures) ou locales, en Basse-Californie.

VOITURE ET MOTO

La route panoramique (*Cuota*) qui va de Tijuana à Ensenada comprend 3 péages (99 $M au total).

Comment circuler

La principale station de taxis est installée à l'angle des Avenidas López Mateos et Miramar ; les taxis sont également nombreux le long de l'Avenida Juárez. Pour une course en ville, comptez de 50 à 120 $M. Des véhicules Uber

BUS AU DÉPART D'ENSENADA

DESTINATION	PRIX ($M)	DURÉE (H)	FRÉQUENCE
Aéroport de Tijuana	300	1 ¾	fréquents
Guerrero Negro	1 705	10	3/jour
La Paz	2 140	22	3/jour
Mexicali	300-380	4	12/jour
Playas de Rosarito	135	1	fréquents
Tecate	200-300	2	fréquents
Tijuana	145-250	1 ½	fréquents

circulent aussi à Ensenada : comptez environ 30 $M pour un trajet en ville.

Mexicali

686 / 763 162 HABITANTS

Mexicali ressemble sans doute à ce que fut Tijuana avant le boom touristique – âpre, voire inquiétante – et la plupart des touristes continuent plus au sud. Cette ville possédant la plus grande concentration de Chinois du pays, on y trouve des restaurants asiatiques et mexicains corrects, plus quelques lieux nocturnes plaisants pour qui n'a pas froid aux yeux. En été, Mexicali est l'un des endroits les plus chauds de la planète. À éviter, si possible.

À voir

Catedral de la Virgen de Guadalupe ÉDIFICE RELIGIEUX

(Angle Morelos et Av Reforma). Cette cathédrale est le principal édifice religieux de la ville.

Où se loger et se restaurer

Araiza HÔTEL DE LUXE $$$

(686-564-11-00 ; www.araizahoteles.com ; Calz Juárez 2220, Zona Hotelera ; d avec petit-déj à partir de 100 $US ; P ⊖ ❄ @ ≋). Cet hôtel accueillant pour les familles dispose de chambres spacieuses bien agencées et de 2 excellents restaurants, en plus d'un bar, de courts de tennis, d'une salle de sport et d'un centre d'affaires. Pour un séjour plus calme, demandez une chambre dans la nouvelle annexe "executive", à l'écart de la route et de la piscine.

Los Arcos PRODUITS DE LA MER $$

(686-556-09-03 ; Av Calafia 454 ; plats dîner 126-300 $M ; 11h-22h). Ouvert en 1977, ce restaurant de poisson et fruits de mer est le plus populaire de Mexicali. Le *shrimp culichi* (crevettes dans une sauce crémeuse au piment vert) n'a pas son pareil. Des concerts égaient les soirées les jeudis et vendredis. Réservation conseillée.

Depuis/vers Mexicali

AVION

L'**Aeropuerto Internacional General Rodolfo Sánchez Taboada** (686-552-23-17 ; www.aeropuertosgap.com.mx/es/mexicali ; Carretera Mesa de Andrade Km 23,5) se situe à 18 km à l'est de la ville. **Aeroméxico** (686-555-70-47 ; www.aeromexico.com) dessert de nombreuses destinations via Mexico, tandis que **Calafia Airlines** (www.calafiaairlines.com) relie Mexicali à La Paz et à San José del Cabo.

BUS

Les bus longue distance et ceux qui desservent le continent partent de la **Central de Autobuses** (686-556-19-03 ; Calz Independencia 1244 ; 24h/24), proche de la Calzada López Mateos. Autotransportes del Pacífico (www.tap.com.mx) et Elite (www.autobuseselite.com.mx) assurent les liaisons avec les villes de l'intérieur du pays, tandis qu'ABC (www.abc.com.mx) dessert des destinations de la péninsule.

Greyhound (760-357-18-95, 800-231-22-22 ; www.greyhound.com ; Calz Independencia 1244 ; 5h30-23h30) a des bureaux à Mexicali et de l'autre côté de la frontière, à Calexico. Chaque jour, plusieurs bus relient Mexicali à Los Angeles (aller 25 $US), 12 bus rejoignent San Diego (aller 22 $US) et des bus rallient d'autres destinations aux États-Unis.

VOITURE ET MOTO

Les permis pour les véhicules sont délivrés à la frontière. Le principal poste-frontière, Calexico-Mexicali, est ouvert 24h/24, tandis que le nouveau point de passage, à l'est du centre-ville (construit pour désengorger le premier) est ouvert de 6h à 22h.

BUS AU DÉPART DE MEXICALI

DESTINATION	PRIX ($M)	DURÉE (H)	FRÉQUENCE
Ensenada	498	4	12/jour
La Paz	2 931	25	2/jour
Mexico	1 797	37	5/jour
Tijuana	235	2½	fréquents

ÉTAT DE BASSE-CALIFORNIE DU SUD (BAJA CALIFORNIA SUR)

L'État de Basse-Californie du Sud ressemble par endroits à des illustrations de bande dessinée. Cactus Saguaro, arbres boojum, ocotillo, cholla et autres merveilles du désert prospèrent dans cette belle région désertique où il peut ne pas pleuvoir pendant dix ans. Missions en ruine, palmiers-dattiers, cocotiers et mangroves se succèdent en descendant vers le sud.

La **Reserva de la Biosfera El Vizcaíno**, d'une superficie de 25 000 km², est l'une des plus vastes zones protégées d'Amérique latine. Elle s'étend de la Península Vizcaíno au golfe de Californie (mer de Cortés) et comprend des secteurs importants de reproduction des baleines grises autour de la Laguna San Ignacio et de la Laguna Ojo de Liebre, ainsi que la Sierra de San Francisco, connue pour ses fascinantes peintures rupestres.

À la pointe sud de la péninsule se trouvent La Paz, la cosmopolite, ainsi que des villages et des bourgades en bord de mer, les stations balnéaires très fréquentées de San José del Cabo et Cabo San Lucas, ou "Los Cabos". Après avoir traversé le nord désertique et paisible, Los Cabos provoquent un choc ou un soulagement.

Guerrero Negro

☎615 / 13 054 HABITANTS

Ville délabrée, Guerrero Negro a poussé ici en raison de l'exploitation d'une saline isolée. La migration saisonnière des baleines grises est son principal attrait touristique, mais les oiseaux qui peuplent les marais et les étranges plaines de sel se prêtent aussi à d'appréciables observations.

À voir

Misión San Borja ÉGLISE

(Entre Rosarito et Bahía de los Ángeles ; 8h-18h). Cette mission bien restaurée se situe dans un désert immaculé et spectaculaire où poussent des arbres boojum et des cactus Saguaro. La route (cahoteuse) vaut à elle seule le détour. Descendant des habitants précolombiens de la région, la famille qui restaure l'endroit à la force du poignet sera fière de vous montrer la mission, la source, le tunnel secret désormais muré et les vieilles ruines jésuites. Quittez la route 1 vers l'est et tournez à droite au bout de 45 km environ.

Activités

Si les baleines ne sont pas au rendez-vous, allez observer les oiseaux ou visiter la **saline**. Du côté est du bras de mer se dressent des dunes de sable blanc de 3 à 6 m de haut.

Observation des oiseaux

Rejoignez l'**ancienne jetée** et le *faro* (phare) où un beau parcours de 11 km traverse des marais salants, un territoire abritant des canards, des foulques, des aigles, des courlis, des sternes, des hérons et d'autres oiseaux.

Observation des baleines

Durant la période d'observation des baleines, des tour-opérateurs organisent des excursions à la **Laguna Ojo de Liebre**, dont les eaux constituent un habitat naturel pour les cétacés.

Malarrimo Eco Tours OBSERVATION DE LA FAUNE

(☎615-157-01-00 ; www.malarrimo.com ; Blvd Zapata 42 ; observation des baleines 50 $US ;). À côté de l'hôtel du même nom, Malarrimo est l'un des opérateurs les plus anciens et les plus réputés de la ville, et propose des circuits d'observation des baleines de 4 heures.

Autres activités

Saline CIRCUIT ORGANISÉ

(☎ 615-157-50-00 ; visite 1-2 heures 200 $M/pers). Des visites de la saline peuvent être organisées par l'intermédiaire de n'importe quel hôtel ou agence du tourisme de Guerrero Negro. Si vous parlez bien espagnol, vous pouvez aussi essayer d'appeler directement la saline pour demander à la visiter gratuitement, mais vous n'aurez pas autant d'informations qu'avec un guide.

Où se loger et se restaurer

Les hôtels se remplissent vite durant la saison des baleines ; mieux vaut réserver entre janvier et mars.

Outre les restaurants, quelques *food-trucks* s'installent dans l'artère principale de 10h à 17h environ et vendent des tacos savoureux à petit prix.

Terra Sal MOTEL $

(☎ 615-157-01-33 ; Emiliano Zapata s/n ; s/d avec petit-déj 550/620 $M ; P ❄ 📶). Ce grand motel récent et sans fioriture aux abords de la ville dispose de chambres d'un niveau au-dessus de ce que vous trouverez à Guerrero Negro même, décorées dans des tons naturels, avec du mobilier massif en bois, des sols carrelés et soit un Jacuzzi, soit une douche à l'italienne. Il comprend aussi un restaurant correct.

Hotel Malarrimo MOTEL $

(☎ 615-157-01-00 ; www.malarrimo.com ; Blvd Zapata 42 ; s/d 490/590 $M ; P 🚭 ❄ @ 📶). Des douches chaudes et plus d'ambiance que dans les autres établissements de la ville. Décoration sur le thème des baleines. Également : une petite boutique de souvenirs et un bon restaurant. Des circuits pour aller observer les baleines peuvent être organisés. Camping et emplacements de camping-cars.

Los Caracoles HÔTEL $$

(☎ 615-157-10-88 ; www.hotelloscaracoles.com.mx ; Calz de la República s/n ; ch 850 $M ; P 🚭 ❄ @ 📶). Ce bel hôtel couleur ocre s'intègre parfaitement dans son environnement désertique, de même que les chambres modernes et les salles de bains, décorées dans des tons jaune et or. Boutique de souvenirs et plusieurs ordinateurs mis à la disposition des clients.

Malarrimo MEXICAIN $$

(www.malarrimo.com ; Blvd Zapata 42 ; plats 145-275 $M ; ⏲ 7h30-22h30 ; 📶 P). Une valeur sûre que le restaurant du vénérable hôtel éponyme (voir plus haut), où on trouve surtout des produits de la mer ; la soupe de poisson est vivement recommandée. Repas végétariens servis sur demande. Le bar adjacent, avec sa table de billard, peut faire office de divertissement pour la soirée, dans une ville par ailleurs plutôt assoupie.

Santo Remedio MEXICAIN $$

(☎ 615-157-29-09 ; Carballo Félix ; plats 120-260 $M ; ⏲ 8h-22h ; P). L'une des adresses les plus branchées de Guerrero Negro, avec service exceptionnel, éclairage tamisé, murs ocre et joli patio. À la carte : un bon choix de plats de viande et de fruits de mer, du steak T-bone au poulpe à la galicienne.

PARCOURIR LA TRANSPENINSULAR

Si vous en avez le temps, parcourir la Carretera Transpeninsular (route transpéninsule) en entier – 1 625 km – est une expérience inoubliable. Tout d'abord, elle est plutôt très sûre, même si conduire la nuit n'est pas recommandé à cause des vaches qui peuvent errer sur la route. Son revêtement est bon, et la circulation est généralement étonnamment fluide. Il y a plusieurs points de contrôle militaires sur le chemin, mais les touristes se font rarement arrêter. Gardez l'œil sur votre jauge d'essence, faites le plein régulièrement, et sachez qu'entre El Rosario et Guerrero Negro, il y a quelque 350 km sans station-service.

Renseignements

Il y a un DAB à Banamex.

Clínica Hospital IMSS (☎ 615-157-03-33 ; Blvd Zapata). Le principal centre médical de Guerrero Negro.

Depuis/vers Guerrero Negro

Le petit aéroport de Guerrero Negro se trouve à 2 km au nord de la frontière de l'État, à l'ouest de la Transpeninsular.

Aéreo Calafia (☎ 615-157-29-99 ; www.aereocalafia.com.mx ; Blvd Zapata ; ⏲ 8h-19h lun-ven, 8h-16h sam). Vols pour Hermosillo et Guyamas, et vols charters.

BUS AU DÉPART DE GUERRERO NEGRO

DESTINATION	PRIX ($M)	DURÉE (H)	FRÉQUENCE
Ensenada	1 705	10	3/jour
La Paz	1 730	11	4/jour
Loreto	825	5-6	2/jour
Santa Rosalia	396	3	1/jour
Tijuana	1 300	11	3/jour

Gare routière (Blvd Marcello Rubio ; ⌚24h/24). Beaucoup de bus qui desservent toute la Basse-Californie.

San Ignacio

☎615 / 720 HABITANTS

Avec ses palmiers-dattiers luxuriants et son paisible cours d'eau, ce village somnolent est une oasis bienvenue après l'interminable Desierto de Vizcaíno. Les jésuites y fondèrent la Misión San Ignacio de Kadakaamán et les dominicains supervisèrent la construction de l'église (achevée en 1786), qui domine la place ombragée de lauriers.

À voir

Misión San Ignacio de Kadakaamán MISSION

Les murs en blocs de lave de près de 1,2 m d'épaisseur de l'église de l'ancienne mission jésuite se dressent juste au bout de la petite place de San Ignacio, à côté d'un verger d'agrumes. Fondée en 1728 sur le site d'une *ranchería* (village) d'Indiens cochimí et toujours en service, c'est peut-être la plus belle de l'État. L'un des 3 retables du XVIIIe siècle qui l'ornent est dédié à saint Ignace de Loyola, patron de la ville.

La mission fut établie par le célèbre jésuite Fernando Consag et l'église achevée en 1786 sous la direction du dominicain Juan Crisóstomo Gómez. Les Cochimí furent victimes d'épidémies qui firent passer leur population d'environ 5 000 à seulement 120 individus vers la fin du XVIIIe siècle, mais la mission fut maintenue jusqu'en 1840.

Musée MUSÉE

(Misión San Ignacio de Kadakaamán ; ⌚8h-17h lun-ven). GRATUIT Ce petit musée donne un aperçu de l'histoire naturelle de la région et renferme une réplique des célèbres peintures rupestres découvertes dans la Sierra de San Francisco.

Casa Lereé MUSÉE

(☎615-154-01-58 ; www.casaleree.com ; Morelos 20 ; ⌚10h-13h et 16h-17h lun-sam). GRATUIT Mi-musée, mi-librairie, ce superbe bâtiment ancien se niche au cœur d'un jardin verdoyant aux arbres magnifiques, dont un très grand (et ombreux) *Ficus indiga*. Le propriétaire, américain, est une mine de renseignements sur la région, et sa collection de livres sur la Basse-Californie est des plus complètes.

Circuits organisés

Ecoturismo Kuyima AVENTURE

(☎615-154-00-70 ; www.kuyima.com ; Plaza Benito Juaréz 9 ; excursion d'une journée à la découverte des peintures rupestres 60-95 $US/pers ; ⌚8h-20h). Les membres accueillants et serviables de cette coopérative locale située sur la place proposent des sorties à la rencontre des baleines dans la belle **Laguna San Ignacio**, et peuvent organiser une visite des sites rupestres (difficiles à voir autrement) de la Sierra de San Francisco.

Où se loger et se restaurer

♥ **Ignacio Springs** B&B $$

(☎615-154-03-33 ; www.ignaciosprings.com ; San Ignacio ; d 68-130 $US ; P ❄ 📶 🐾). Ce B&B géré par des Canadiens compte yourtes et *cabañas*. Emplacement idyllique au bord du lac et décoration allant du style américain conventionnel aux objets aztèques, avec des tapis et des céramiques aux couleurs vives. Petit-déjeuner maison : pain, confitures, saucisses, etc. Kayaks disponibles.

Hotel Desert Inn HÔTEL $$

(☎615-154-03-00 ; mmabarca@fonatur.gob.mx ; Camino a San Ignacio Km 72 ; d 1 200 $M ; P 📶 🏊). Sa façade qui évoque une prison cache un hôtel moderne de style colonial, doté de chambres spacieuses et aérées, décorées dans d'apaisants tons crème, brun et ocre et équipées de vastes rangements et de grandes douches à l'italienne. Elles sont disposées autour d'une piscine entourée

LES BALEINES GRISES DE CALIFORNIE

La migration des baleines grises des eaux de Sibérie et d'Alaska jusqu'aux lagunes de Basse-Californie est un fabuleux événement du monde animal. Dans les secteurs de reproduction de la Laguna Ojo de Liebre et de la Laguna San Ignacio, des bébés de 700 kg voient le jour et découvrent le monde aquatique sous le regard attentif de leur mère. La saison est longue et ses dates fluctuent en fonction des baleines : certaines arrivent tôt dans les lagunes du Pacifique, tandis que d'autres mettent des semaines, voire des mois, pour contourner la Finisterra et choisir une baie dans le golfe de Californie. La meilleure période pour observer baleines et baleineaux dans les lagunes s'étend de février à début avril, mais la saison officielle d'observation commence le 15 décembre et dure jusqu'au 15 avril.

Les 4 destinations suivantes font partie des lieux fréquentés par les *ballenas* (baleines) :

- Laguna Ojo de Liebre
- Laguna San Ignacio
- Puerto López Mateos
- Puerto San Carlos (p. 768)

de hauts palmiers et de bougainvillées éblouissants.

Rice & Beans CAFÉ $
(www.riceandbeansoasis.com ; repas 80-250 $M ; ⏲8h-21h). Ambiance *diner* nord-américain dans ce routier propre qui sert des petits-déjeuners pas chers, des *comidas corridas* (menus à midi), des pommes de terre farcies et d'excellentes *tortas* (sandwichs). On peut aussi se remettre des fatigues de la route dans l'une des vieilles chambres, spacieuses mais défraîchies (40 $US).

Depuis/vers San Ignacio

La **gare routière** (☎615-154-04-68) se situe à côté du carrefour de San Lino, en dehors de la bourgade. Les bus prennent les passagers à cet endroit et arrivent toutes les 4 heures environ, de 5h à 23h, pour rallier des destinations au nord et au sud, notamment Tijuana (1 855 $M), La Paz (1 480 $M) et Cabo San Lucas (1 844 $M).

Sierra de San Francisco

Cette région présente une étonnante quantité de superbes pétroglyphes – des peintures rupestres ocre, rouges, noires et blanches – qui restent nimbés de mystère. En raison de son importance culturelle, la Sierra de San Francisco a été inscrite au patrimoine mondial de l'Unesco. Elle fait également partie de la **Reserva de la Biosfera El Vizcaíno**. On peut y faire des excursions d'une journée mais, pour voir les sites intéressants, il faut effectuer un trek de plusieurs jours guidé par un *ranchero* local et accompagné d'animaux de bât.

À voir

Cueva del Ratón SITE ARCHÉOLOGIQUE
Cette grotte porte le nom de l'animal (rat ou souris) que les habitants croyaient avoir reconnu sur une fresque, mais qui est plus probablement un cervidé. C'est la plus facilement accessible de la Sierra de San Francisco.

Pour la rejoindre en voiture, vous devrez d'abord vous enregistrer, payer le droit d'entrée au parc (65 $M) et les services d'un guide (150 $M pour 2 pers) au bureau de l'**Instituto Nacional de Antropología e Historia** (INAH ; ☎615-154-02-22 ; musée Misión San Ignacio de Kadakaamán ; ⏲8h-17h lun-sam avr-oct, tlj nov-mars), à l'intérieur de la Misión San Ignacio de Kadakaamán (p. 760), puis chercher votre guide dans le village le plus proche des pétroglyphes. L'utilisation d'un appareil photo revient à 45 $M par jour. Les tarifs des guides de l'INAH pour d'autres excursions débutent à 150 $M par jour, plus 250 $M par animal de bât. À cela, les guides ajoutent différents suppléments qui peuvent varier.

Depuis/vers la Sierra de San Francisco

La descente du Cañón San Pablo à dos de mule se fait en 2 ou 3 jours ; mieux vaut passer par un tour-opérateur comme Ecoturismo

Kuyimá (p. 760), qui organise des circuits de 3 jours, moyennant 240 $US/pers environ (4 participants minimum ; provisions non incluses). Il existe aussi des circuits plus longs.

Si vous vous y rendez en voiture par vos propres moyens, demandez préalablement conseil et faites-vous expliquer l'itinéraire à l'Instituto Nacional de Antropología e Historia.

Santa Rosalía

☎ 615 / 12 000 HABITANTS

Après la traversée du Desierto de Vizcaíno, les voyageurs en route vers le sud découvriront avec bonheur les eaux du golfe de Californie et les maisons à clins peintes de couleur vive qui donnent à Rosalia des airs de Far West. Fondée à la fin du XIXe siècle par des ingénieurs français venus exploiter sa mine de cuivre, la ville garde de ce passé l'Iglesia Santa Bárbara, conçue par Gustave Eiffel. La boulangerie française de style western, le *malecón* (promenade en bord de mer) et le musée minier sont des attractions de choix, mais ils subissent la concurrence des plages de sable noir, des pélicans paresseux et de la vue superbe qu'offrent les collines environnantes. Ce n'est sans doute pas un paradis pour vacanciers, mais c'est une halte originale qui vaut le coup d'œil.

La ville est redevenue un centre minier prospère : en 2013, la réouverture de l'historique El Boleo, la mine de cuivre et de cobalt à ciel ouvert, a entraîné la création d'environ 3 800 emplois locaux. Cela explique le côté industriel de la ville.

À voir

Iglesia Santa Bárbara ÉDIFICE RELIGIEUX

(Av Obregón 20). Conçue par Gustave Eiffel et construite pour l'Exposition universelle de 1889 à Paris, l'Iglesia Santa Bárbara fut démontée et stockée à Bruxelles pour être expédiée en Afrique de l'Ouest, mais elle fut envoyée à Santa Rosalía à la demande d'un des directeurs d'El Boleo, en 1895. L'église, sobre et austère, est soutenue par une étonnante structure en acier.

Où se loger et se restaurer

Hotel Las Casitas de Santa Rosalia BOUTIQUE-HÔTEL $$

(☎ 615-152-30-23 ; www.facebook.com/Las-Casitas-Santa-Rosalia-164100420829302 ; Carretera Sur Km 195 ; s/d 850/1150 $M ; P 📶). Propriété d'Américains, Las Casitas ressemble en tout point à un 5-étoiles sous les tropiques : chambres avec balcon et vue sur le golfe de Californie, joli carrelage et décoration soignée. Les doubles les moins chères bénéficient de la vue, mais sont beaucoup plus petites ; il y a un petit espace commun avec de quoi cuisiner, ainsi qu'un vélo d'appartement dernier cri à la disposition des clients.

Hotel Francés HÔTEL HISTORIQUE $$

(☎ 615-152-20-52 ; www.hotelfrances.com ; Av Cousteau 15 ; ch avec petit-déj 920 $M ; P 📶 🏊). Cet hôtel historique surplombant le golfe de Californie et des machines de mines rouillées est un bijou colonial. Construit en 1886 pour servir de dortoir aux "pensionnaires" d'une maison close proche de la mine, il abrite de belles chambres hautes de plafond, aux murs tendus de tissu et aux jolies boiseries.

Panadería El Boleo BOULANGERIE $

(☎ 615-152-03-10 ; Av Obregón 30 ; viennoiseries 8-12 $M ; ⏲ 8h-21h lun-sam, 9h-14h dim). Depuis 1901, cette baraque digne de la Conquête de l'Ouest est une halte obligatoire pour qui cherche des pâtisseries mexicaines et, plus inhabituel, des baguettes françaises. Les pâtisseries n'ont rien d'exceptionnel mais le cadre est

BUS AU DÉPART DE SANTA ROSALÍA

DESTINATION	PRIX ($M)	DURÉE (H)	FRÉQUENCE
Ensenada	1652	13	2/jour
Guerrero Negro	396	3	1/jour
La Paz	1021	8	5/jour
Loreto	461	3½	6/jour
Mulegé	120	1	5/jour
San Ignacio	145	1	4/jour
San José del Cabo	1402	13	1/jour
Tijuana	1616	14	3/jour

VAUT LE DÉTOUR

CAÑÓN LA TRINIDAD

Le canyon de La Trinité n'a pas son pareil en matière d'observation des oiseaux. On peut y apercevoir des gobe-mouches vermillon, des pics des saguaros, ainsi que de nombreux rapaces et faucons. L'étroite gorge, ponctuée de bassins aux eaux scintillantes, est splendide, de même que les peintures rupestres qui s'y trouvent.

Ces dernières, aux tons ocre et rouille, représentent des chamans, des raies mantas, des baleines et le fameux Cerf de la Trinité, qui bondit gracieusement sur les parois d'une grotte, alors que des flèches passent au-dessus de sa tête. On ne peut y accéder qu'accompagné. Natif de Mulegé, Salvador Castro Drew, de **Mulegé Tours** (☎615-161-49-85 ; mulegetours@hotmail.com ; excursions journée 600-700 $M/pers), connaît bien le site – sa faune, sa flore, et même comment éviter les deux ruches qui "gardent" les peintures. Il propose aussi des courses en taxi pour d'autres sites de la région.

tellement original qu'il vaut la peine d'aller en commander une au comptoir. Il n'y a pas de sièges.

Depuis/vers Santa Rosalía

Le car-ferry *Santa Rosalía* part pour Guaymas à 8h30 le mercredi et le vendredi, à 20h le samedi, et arrive 10 heures plus tard. Il repart de Guaymas à 20h les mardis, jeudis et samedis. Vérifiez les horaires car ils peuvent changer.

Les billets sont vendus au **terminal des ferrys** (☎615-152-12-46 ; www.ferrysantarosalia.com ; ⏲9h-13h et 15h-18h lun-sam, 9h-13h et 15h-20h dim), sur la route principale. Comptez environ 930 $M par passager (moitié prix pour les enfants). Prix variable pour les véhicules, selon leur longueur.

La **gare routière** (☎615-152-14-08 ; ⏲24h/24) est située juste au sud de l'entrée de la ville, dans le même bâtiment que le terminal des ferrys.

Mulegé

☎615 / 3 821 HABITANTS

Bordé de palmiers et de mangrove, le Río Mulegé, son delta, ses oiseaux, ses animaux et ses sites de plongée font de Mulegé une excellente étape pour les amateurs d'activités de plein air ou les familles. Construite au bord d'un étroit cours d'eau, la ville est sujette aux inondations lorsqu'elle essuie un ouragan ou un orage particulièrement violent (ce qui tend à se produire tous les 2 ou 3 ans). Mais sa situation, sa mission et sa place du XVIIIe siècle lui confèrent un côté isolé et ancien, unique en Basse-Californie.

Au sud de Mulegé se déroulent quelques-unes des plus belles plages de la péninsule, dans la Bahía Concepción. Des colonies de pélicans, de curieuses formations rocheuses et des eaux d'un bleu-vert laiteux y attirent les kayakistes, même si certaines plages sont de plus en plus urbanisées.

À voir

Bahía Concepción PLAGE

Une des plus belles portions de littoral de Basse-Californie : eaux bleu-vert, criques de sable blanc et urbanisation relativement faible. Sensationnelle pour le kayak.

Museo Mulegé MUSÉE

(Barrio Canenea ; ⏲9h-14h lun-sam ; 👪). GRATUIT Cette ancienne prison territoriale était célèbre car les prisonniers étaient laissés en liberté la journée, même si les femmes devaient rester pour cuisiner et faire le ménage. Elle abrite aujourd'hui une petite collection d'objets du quotidien en rapport avec la prison, ainsi qu'un chat momifié. À noter la cellule noircie, à laquelle un prisonnier aurait mis le feu après avoir appris que sa femme le trompait.

Misión Santa Rosalía de Mulegé ÉGLISE

Juchée sur une hauteur, l'impressionnante Misión Santa Rosalía de Mulegé fut fondée en 1705, achevée en 1766 et abandonnée en 1828. L'endroit est idéal pour faire de superbes photos du site et de la vallée fluviale.

Activités

Les meilleurs sites de plongée se trouvent autour des îles Santa Inés (au nord de Mulegé) et juste au nord de la Punta Concepción (au sud de Mulegé). Des agences de plongée ouvrent, tandis que d'autres ferment, donc renseignez-vous sur place. Le Río Mulegé, l'estuaire du delta et les plages sud de Mulegé sont d'excellents endroits pour pratiquer le kayak.

NOLS Mexico KAYAK
(☎États-Unis 800-710-6657 et 307-332-5300 ; www.nols.edu/courses/locations/mexico ; ⏲stage de voile 1 sem 1 900 $US). Excursions et cours de kayak de mer, de voile et de secours en milieu sauvage sont proposés dans cette agence écologique de Coyote Bay, située au sud de Mulegé.

Où se loger et se restaurer

Mulegé est prisée des expatriés et des vacanciers qui viennent l'hiver et disposent pour beaucoup de leur propre résidence. Les hébergements pour de courtes durées sont donc rares.

Hotel Las Casitas HÔTEL $
(☎615-153-00-19 ; javieraguiarz51@hotmail.com ; Madero 50 ; s/d 550/650 $M ; P). Peut-être inspiré par la jolie cour, les fontaines, les statues et le jardin ombragé débordant de plantes tropicales, le fameux poète mexicain Alán Gorosave habita jadis dans cet hôtel. Le restaurant, doté d'un barbecue, sert une cuisine très correcte. Les chambres sont simples et un peu défraîchies, mais elles sentent la cannelle et l'orange et sont décorées de tissus traditionnels et d'objets d'art.

Hotel Mulegé HÔTEL $
(☎615-153-00-90 ; Moctezuma s/n ; d 550 $M ; P @). Juste après l'arc marquant l'entrée de la ville, derrière une banale façade de motel, se cachent des chambres impeccables, modernes, peintes de couleurs vives, qui font de cet établissement le meilleur rapport qualité/prix de Mulegé. Le personnel est extrêmement sympathique et serviable.

Hotel Serenidad HÔTEL $$
(☎615-153-05-30 ; www.serenidad.com.mx ; Mulegé ; d/tr 1 200/1 400 $M, cabañas 2 100 $M ; P). Construit dans les années 1960, c'est une institution locale. Beaucoup de célébrités ont atterri sur sa piste privée bosselée, dont John Wayne. Un charme d'arrière-pays imprègne cet ample domaine poussiéreux comprenant un vaste restaurant, des chambres doubles rustiques et authentiquement d'époque et de petites *cabañas*. Cochon à la broche et musique live tous les samedis. À 3,8 km de Mulegé, près de la Transpeninsular qui part vers le sud.

Ana's PRODUITS DE LA MER $$
(Playa Santispac ; plats 140-240 $M ; ⏲8h-21h ; P). N'hésitez pas à faire 10 km vers le sud-ouest pour aller savourer les assiettes de crevettes, de palourdes et la pêche du jour de ce ravissant restaurant au bord de l'eau. Prisé des familles le week-end, il dispose de 2 chambres bon marché (200 $M), si vous avez envie d'admirer le lever du soleil sur la plage. Si vous arrivez tôt le matin, dégustez un petit pain à la cannelle tout frais.

Doney Mely's MEXICAIN $$
(☎615-153-00-95 ; Moctezuma s/n ; plats 90-180 $M ; ⏲7h30-22h mer-lun ;). Bar-restaurant à la décoration haute en couleur. Menu spécial le week-end, pour 2 personnes, avec un choix infini de spécialités locales comme les *chiles rellenos* (piments fourrés à la viande ou au fromage) et les *enchiladas verdes*. Les petits-déjeuners avec cafés divers sont également recommandés.

Los Equipales INTERNATIONAL $$$
(☎615-153-03-30 ; Moctezuma s/n ; plats 100-375 $M ; ⏲8h-22h ;). Juste à l'ouest de Zaragoza, ce bar-restaurant brille par ses repas gargantuesques (salade de langouste, steak à l'os et poulet frit, entre autres) et son balcon caressé par la brise : idéal pour siroter une margarita entre amis.

Depuis/vers Mulegé

La **gare routière** (Transpeninsular Km 132 ; ⏲8h-23h) est située près de la grande arche d'entrée. Des bus en direction du nord, qui rallient Santa Rosalía (120 $M, 1 heure) et Tijuana (2 030 $M, 16 heures), y font halte 3 fois/jour. En direction du sud, ils desservent notamment Loreto (225 $M, 2 heures) et La Paz (1 170 $M, 6 heures) 5 fois/jour.

Loreto

☎613 / 17 000 HABITANTS

Loreto semble prise entre deux époques. Attardez-vous dans les rues pavées, passez devant les boutiques de poteries et la mission vieille de plusieurs siècles et, au détour d'une place, vous découvrirez des jeunes répétant un numéro de hip-hop. Installez-vous à la terrasse d'un café pour goûter les bières artisanales locales ou baladez-vous sur le *malecón* (promenade en bord de mer) et vous verrez un vieil homme crapahutant à l'aide de sa canne croiser un joggeur vêtu à la dernière mode. Les flots

LES MISSIONS RELIGIEUSES DE BASSE-CALIFORNIE

Fondées à l'origine par les jésuites et les dominicains dans le but d'évangéliser les Indiens, les missions de la péninsule de Basse-Californie ont aussi semé la désolation : les populations locales, qui prospéraient depuis des millénaires sur ces terres, ont rapidement été décimées par de nouvelles maladies, introduites par les conquistadores et les religieux. Plusieurs missions furent abandonnées quand le nombre d'habitants cessa de justifier leur présence. Aujourd'hui, de superbes édifices patrimoniaux, en activité ou perdus dans des lieux isolés, constituent d'excellents buts d'excursion. Vous n'aurez pas besoin d'un 4x4 pour visiter les missions indiquées ci-dessous, bien que les routes soient parfois mauvaises, voire impraticables à certaines périodes.

Misión Nuestra Señora de Loreto (p. 766). La plus ancienne, un bâtiment imposant toujours en activité.

Misión San Borja (p. 758). Au milieu de nulle part, mais vous ne regretterez pas le trajet. Parmi les trésors de cette mission, il y a une source chaude et un tunnel secret (désormais muré). José Gerardo, un descendant des premiers Indiens précolombiens, vous servira de guide.

Misión San Francisco Javier de Viggé-Biaundó (p. 765). Isolée et remarquablement conservée, elle donne l'impression de remonter le temps. La route, ponctuée de vues fabuleuses, permet aussi de découvrir quelques peintures rupestres.

Misión Santa Rosalía de Mulegé (p. 763). Très photogénique. À l'arrière, ne manquez pas la vue sur le fleuve bordé de palmiers.

Le site www.vivabaja.com/bajamissions comprend des photos splendides des missions.

bleus sont un paradis pour les sports aquatiques et le magnifique Parque Nacional Bahía de Loreto protège le littoral, les eaux et les superbes îles de la pollution et de la pêche intensive.

D'après les anthropologues, Loreto serait le plus ancien site habité de Basse-Californie. Des civilisations indigènes y ont prospéré grâce à l'abondance d'eau et de nourriture. En 1697, c'est dans ce port modeste adossé à des montagnes que le jésuite Juan María Salvatierra fonda la première mission permanente de la péninsule.

À voir

♥ Parque Marine Nacional Bahía de Loreto PARC NATIONAL

(Entrée 33 $M). Ce parc, dont on acquitte l'entrée au bureau situé dans le port de plaisance, fait de Loreto une destination de classe internationale pour les activités de plein air. Des agences permettent de toutes les pratiquer, du kayak à la plongée et du paddle (SUP) au snorkeling sur les récifs des Islas del Carmen et des îles Coronado que domine un volcan endormi. Les employés peuvent vous conseiller sur les activités aquatiques. Si l'on peut y voir des baleines grises, qui fréquentent le golfe de Californie, c'est aussi le meilleur endroit pour rencontrer des baleines bleues.

Sierra de la Giganta PLEIN AIR

Les sentiers des rudes montagnes qui s'élèvent après Loreto sont rarement balisés, mais la randonnée est magnifique si vous êtes en forme et avez l'esprit d'aventure. On peut louer les services d'un guide au bureau du département municipal du Tourisme (p. 767) ou sur www.hikingloreto.com (où l'on peut aussi commander un recueil avec les itinéraires). Prenez un maximum de précautions, car il n'y a aucun réseau téléphonique dans les montagnes.

Misión San Francisco Javier de Viggé-Biaundó ÉGLISE

(San Javier). GRATUIT Cette superbe mission mérite un détour. La route, sinueuse, longe des peintures rupestres et de splendides *arroyos* (cours d'eau temporaires) avant d'arriver à la mission, presque inchangée depuis trois siècles. Explorez le jardin à l'arrière pour admirer un olivier vieux de 300 ans.

À NE PAS MANQUER

LES MEILLEURS TACOS DE POISSON

Bien préparé, le modeste taco de poisson est un délicieux classique de la péninsule. Voici quelques adresses où en goûter d'excellents :

Taco Fish La Paz (p. 772), La Paz. Tacos de la mer superbes et croustillants dans un des plus vieux établissements de la ville.

La Guerrerense (p. 754), Ensenada. Tellement bons qu'ils ont remporté un concours international de cuisine de rue et le cœur de l'écrivain Anthony Bourdain, amateur de viande de porc. Tout est dit.

La Lupita (p. 777), San José del Cabo. Tacos revisités de manière originale et 15 mezcals au choix.

Tacos del Rey (p. 767), Loreto. Propreté, simplicité, perfection. Choisissez vos sauces et régalez-vous sur un banc du parc.

Prenez la direction du sud pendant quelque 35 km sur la Transpeninsular et repérez la pancarte sur la droite, peu après avoir quitté Loreto. Les guides de la mission vous proposeront peut-être de vous emmener voir les peintures rupestres (guide 300 $M ; grottes 100 $M), c'est-à-dire de faire 15 km en voiture sur une mauvaise route et d'escalader un versant rocheux abrupt pour voir une toute petite paroi ornée de quelques peintures rouges.

Misión Nuestra Señora de Loreto ÉGLISE

La Misión Nuestra Señora de Loreto, fondée en 1697, fut la première mission permanente des deux Californie et servit de base pour l'expansion des missions jésuites dans la péninsule. À côté de l'église, le **Museo de las Misiones** (☎ 613-135-04-41 ; Salvatierra 16 ; 40 $M ; ⏰ 9h-13h et 13h45-18h mar-dim) retrace le peuplement de la région.

Activités

Entre le Parque Marine Nacional Bahía de Loreto (p. 765), qui se prête à nombre de loisirs aquatiques, et la Sierra de la Giganta (p. 765), idéale pour les randonnées hors des sentiers battus, à cheval, à pied ou à VTT, il n'est pas pas étonnant que Loreto regorge d'agences proposant des activités de plein air.

Loreto Sea and Land Tours SPORTS AQUATIQUES

(☎ 613-135-06-80 ; www.toursloreto.com ; Madero ; plongée/snorkeling/observation des baleines à partir de 110/65/130 $US). Cette agence réputée et respectueuse de l'environnement organise tout un choix d'activités, notamment de la plongée, du snorkeling et du kayak.

Où se loger

♥ Hostal Casas Loreto HÔTEL $

(☎ 613-116-70-14 ; Misioneros 14 ; s/d 600/800 $M ; 📶). Impeccables, joliment décorées et dotées de mobilier rustique et de murs en pierre, les chambres encadrent un long patio couvert. Les clients partagent une cuisine bien équipée avec Abel, le patron, qui aime réunir tout le monde dans les espaces communs.

♥ La Damiana Inn B&B $$

(☎ 613-135-03-56 ; www.ladamianainn.com ; Madero 8 ; ch 75 $US, casita 90 $US ; 🚭❄📶🐾). Dans cette ancienne *posada*, toutes les chambres, spacieuses, sont dotées de meubles différents et ornées de tissus, de céramiques de couleurs vives, d'œuvres d'art de Basse-Californie et d'objets d'origine indienne. Cuisine commune et joli jardin planté d'arbres fruitiers avec hamacs.

Une charmante *casita* (petite maison) avec une cuisine privative et une terrasse à l'écart peut accueillir jusqu'à 4 personnes. Elle vaut largement le surcoût.

Posada de las Flores HÔTEL DE LUXE $$$

(☎ 613-135-11-62 ; www.posadadelasflores.com ; Plaza Cívica ; ch avec petit-déj 100 $US ; 🚭❄📶🏊). Hôtel très bien situé sur la place principale. Son intérieur dégage une atmosphère palatiale, grâce à ses colonnes et arcades en pierre, ses fontaines et sa palette de couleurs terre. Les chambres sont étonnamment petites, mais joliment décorées. Quant aux espaces communs, ils sont magnifiques et le toit est doté d'une piscine, d'un bar et d'une terrasse d'où la vue s'étend jusqu'à la mission.

Posada del Cortes BOUTIQUE-HÔTEL $$
(☎613-135-02-58 ; www.posadadelcortes.com ; El Pipila 4 ; ch 1 500 $M ;). Tons ocre rouge rehaussés de beige crème, terre cuite, carreaux d'un vert profond, meubles sombres et profusion de lin blanc ajoutent à l'ambiance chic de cet élégant petit hôtel. La terrasse est agrémentée de meubles en fer forgé et d'une fontaine. Cafetière dans les chambres.

Où se restaurer

Régalez-vous des classiques régionaux : produits de la mer accompagnés de citron vert et de coriandre, margaritas corsées et *aguas frescas* (boissons fraîches à base de fruits).

Asadero Super Burro MEXICAIN $
(Fernández ; tacos 25-40 $M, burritos 95-120 $M ; 18h-minuit jeu-mar). Dans ce restaurant apprécié des locaux, on peut regarder l'équipe de cuisinières façonner les tortillas et faire mijoter ou griller bœuf et poulet dans la cuisine ouverte. L'établissement est connu pour sa savoureuse *arrachera* (bavette grillée), ses burritos énormes et ses pommes de terre farcies tout aussi copieuses. Si vous êtes seul et pas affamé ni habitué à manger en grosse quantité, tenez-vous en aux tacos.

Tacos del Rey MEXICAIN $
(Angle Juaréz et Misioneros ; tacos 30 $M ; 9h-14h). Ce kiosque-restaurant basique, très propre, fait les meilleurs tacos au poisson de la ville. Les tacos *carne asado* (à la viande rôtie) sont bons également, et il y a toutes sortes de garnitures pour les accompagner.

Pan Que Pan MEXICAIN, ITALIEN $
(Hidalgo s/n ; petit-déj 25-95 $M ; 8h-16h mar-dim). Les extraordinaires petits-déjeuners servis sur la terrasse de ce café-boulangerie pittoresque et accueillant se composent de grosses omelettes accompagnées de haricots, de fromage local et de pain frais, mais il y a aussi des petits-déjeuners continentaux, plus légers, à base de muesli ou de pâtisseries et du pain perdu gourmand aux bananes caramélisées. À midi : salades, pizzas, sandwichs baguette et pâtes maison.

El Zopilote Brewery & Cocina MEXICAIN, ITALIEN $$
(Davis 18 ; plats 99-160 $M ; 12h-22h mar-dim). Les propriétaires de ce restaurant et micro brasserie – un couple mexicano-irlandais – servent une cuisine variée, allant de pâtes crémeuses au filet de bœuf en passant par les fajitas au poulet. La décoration et la terrasse en font un bon choix pour un dîner romantique. Goûtez absolument les bières locales.

Achats

Baja Books LIVRES
(Hidalgo 19 ; 10h-17h lun-sam). La plus importante collection de livres sur la Basse-Californie, ainsi que des cartes, du matériel de dessin, des poteries... et du café à volonté pour les clients.

Silver Desert ARGENT
(☎613-135-06-84 ; Salvatierra 36 ; 9h-14h et 15h-20h lun-sam, 9h-14h dim). Bijoux en argent de Taxco, de qualité. Une antenne est installée à **Magdalena de Kino 4** (☎613-135-06-84 ; 9h-14h et 15h-20h lun-sam, 9h-14h dim).

Renseignements

Département municipal du Tourisme (☎613-135-04-11 ; Plaza Cívica ; 8h-15h lun-ven). Quelques brochures, une liste de guides, et c'est à peu près tout.

Depuis/vers Loreto

Aeropuerto Internacional de Loreto (☎613-135-04-99 ; Carretera Transpeninsular Km 7). Cet aéroport est desservi par plusieurs compagnies aériennes, dont Calafia Airlines (www.calafiaairlines.com) et Alaska Airlines (www.alaskaair.com), qui assure des liaisons

BUS AU DÉPART DE LORETO

DESTINATION	PRIX ($M)	DURÉE (H)	FRÉQUENCE
Guerrero Negro	825	5-6	2/jour
La Paz	800	5	6/jour
San José del Cabo	1 382	8	6/jour
Santa Rosalía	461	3 ½	6/jour
Tijuana	1 945	18	2/jour

directes avec Los Angeles. Un taxi depuis l'aéroport, à 4 km au sud de Loreto, coûte 250 $M.

La **gare routière** (⏲24h/24) est située près du carrefour de Salvatierra, Paseo de Ugarte et Paseo Tamaral, à 15 minutes de marche du centre-ville.

Puerto San Carlos

☎613 / 5 538 HABITANTS

À 57 km à l'ouest de Ciudad Constitución, sur la Bahía Magdalena, Puerto San Carlos est un port aux eaux profondes qui se double d'un village de pêcheurs. La localité accorde toute son attention aux baleines et aux visiteurs quand les *ballenas* arrivent entre janvier et mars pour mettre bas dans les eaux chaudes de la lagune.

Activités

À bord de barques à moteur, des *pangueros* emmènent des passagers observer les baleines (environ 850 $M/heure pour 6 personnes) ; des structures plus officielles assurent le même service, comme **Ecotours Villas Mar y Arena** (☎613-136-00-76 ; www.villasmaryarena.com ; Carretera Federal Km 57 ; excursion privée 3 heures observation des baleines 210 $US ; ⏲oct-juin ; 👪) ou **Magdalena Bay Whales** (☎États-Unis 855-594-2537 ; www.magdalenabaywhales.com ; Puerto La Paz ; excursion 6 heures 90-100 $US ; ⏲4h-12h ; 👪).

Où se loger et se restaurer

Hotel Mar y Arena CABAÑAS $$

(☎613-136-00-76 ; www.villasmaryarena.com ; Carretera Federal Km 57 ; d 70-100 $US ; P ⊖ ❄ ᯤ). Ces *cabañas* de style *palapa* (paillote) se distinguent par leur intérieur raffiné, dans des tons ocre, et leur luxueuse salle de bains. L'électricité solaire, l'eau dessalée et les principes du feng shui témoignent des préoccupations écologiques du propriétaire.

Hotel Alcatraz HÔTEL $$

(☎613-136-00-17 ; hotelalcatraz.mx/lapaz/hotelalcatraz ; Calle San Jose del Cabo s/n ; ch avec petit-déj 820-990 $M ; P ❄ ᯤ). Sans ressemblance aucune avec la prison du même nom, ce vaste hôtel dispose de chambres entourant un jardin verdoyant avec des chaises longues installées sous les arbres. Les jolies céramiques bleu pâle donnent à l'ensemble une agréable ambiance balnéaire. Également un bar-restaurant (plats 100-250 $M).

Los Arcos PRODUITS DE LA MER $$

(Puerto La Paz 170 ; plats 90-280 $M ; ⏲10h-21h). Cet établissement modeste, avec des tables à l'ombre des palmiers, sert les meilleurs plats à base de produits de la mer de San Carlos. Commandez l'un des 9 plats de crevettes ou un simple *pescado de la plancha* (poisson grillé). À noter : le stand de tacos sur le trottoir d'en face est aussi très bon.

Depuis/vers Puerto San Carlos

Autotransportes Águila (☎613-136-04-53 ; Calle Puerto Morelos ; ⏲7h30, 11h30-13h45 et 18h30-19h30) propose des bus quotidiens depuis/vers Ciudad Constitución (110 $M) et La Paz (665 $M), où prendre une correspondance pour d'autres destinations.

La Paz

☎612 / 258 000 HABITANTS

À première vue, La Paz est une ville tentaculaire et légèrement défraîchie. Après une heure ou deux, vous découvrirez qu'elle ne se résume pas à cela. Une balade le long du *malecón* et autour de la Plaza Constitución vous révélera sa sérénité et sa beauté d'antan, que reflètent également restaurants, cafés et bars raffinés cachés derrière les murs lézardés. Étonnamment cosmopolite – on y entend parler aussi bien français, portugais ou italien, qu'anglais ou espagnol –, c'est, paradoxalement, la ville la plus "mexicaine" de toute la Basse-Californie et la capitale de Baja California Sur. Au fil de l'histoire, elle a été occupée par les Américains et a même temporairement proclamé sa propre république.

Globalement, c'est un bel endroit pour se balader, faire des achats et se fondre dans l'ambiance urbaine sans être importuné par des rabatteurs. C'est aussi une bonne base pour des excursions d'une journée à Espíritu Santo, Cabo Pulmo et Todos Santos.

À voir

♥ **Espíritu Santo** ÎLE

Des criques bleu azur peu profondes et des falaises roses font d'Espíritu Santo l'un des joyaux de La Paz. L'île fait partie d'un site classé au patrimoine mondial de l'Unesco, qui comprend 244 îles et secteurs côtiers du golfe de Californie, et elle mérite bien une excursion d'une journée. Plusieurs tour-opérateurs y proposent des activités, tels le kayak et le snorkeling.

Museo de la Ballena MUSÉE
(www.museodelaballena.org ; Paseo Obregón ; adulte/enfant 160/120 $M ; 9h-18h mar-dim). Ce musée récemment rénové comprend 5 espaces différents avec des maquettes, des présentations audiovisuelles et des explications en plusieurs langues sur les baleines grises, qui vivent et se reproduisent dans les eaux locales. Des chants de baleines sont présentés en bande-son à l'intérieur des galeries, par ailleurs vastes et bien éclairées. La fondation du musée contribue à l'étude et à la préservation des cétacés.

On trouve aussi dans le musée une section consacrée aux 7 différentes espèces de tortues endémiques du Mexique, une cafétéria et une boutique de cadeaux.

Malecón FRONT DE MER
Jalonnée de petites plages, d'un embarcadère pour les excursions, de bancs, de sculptures d'artistes locaux et offrant une vue incomparable sur le coucher de soleil, cette longue promenade est la principale attraction de la ville. Elle s'étend sur 5,5 km de la Marina de La Paz, au sud, jusqu'à la Playa Coromuel, au nord. Son ravalement commencé en 2017 risque de se poursuivre par étapes pendant plusieurs années.

Museo Regional de Antropología e Historia MUSÉE
(Angle Calle 5 de Mayo et Calle Altamirano ; adulte/-12 ans 40 $M/gratuit ; 9h-18h lun-sam ;). Ce grand musée, bien agencé, retrace (en espagnol) l'histoire de la péninsule, de la préhistoire à la Révolution de 1910 et ses conséquences.

Activités

Baja Outdoor Activities KAYAK
(BOA ; 612-125-56-36 ; www.kayactivities.com ; Pichilingue Km 1 ; excursions en kayak de plusieurs jours à partir de 585 $US ; 8h-13h et 15h-18h lun-ven, 9h-17h sam, 9h-15h30 dim). Pratiquez le kayak et le camping à Espíritu Santo ou optez pour la circumnavigation complète de 8 jours. Sans conteste la meilleure façon de découvrir la beauté de cette île.

Red Travel Mexico ÉCOTOURISME
(612-122-60-57 ; www.redtravelmexico.com ; Salvatierra 740, Colina de la Cruz ; balade à pied 25 $US ; 9h-18h ;). Finance d'importants projets de sauvegarde, comme l'étude des tortues marines, dans tout l'État. Propose aussi des balades à pied, des activités éducatives pour les enfants et des plongées en eau profonde à Cabo Pulmo.

Mar y Aventuras KAYAK
(612-122-70-39 ; www.kayakbaja.com ; Topete 564 ; 1 jour 40-115 $US ;). Opérateur réputé proposant des excursions en kayak de mer, et des sorties pour pêcher ou aller à la rencontre des baleines. Location de kayak pour partir sans guide.

Buceo Carey PLONGÉE, SNORKELING
(612-128-40-48 ; www.buceocarey.com ; Topete 3040 ; snorkeling 85 $US, plongée avec 2 bouteilles 150 $US ;). Ce centre, géré en famille, organise des sorties de snorkeling, de plongée et d'observation des baleines, ainsi que des circuits pour aller voir une colonie d'otaries, entre autres excursions.

Cours

Espíritu & Baja PLEIN AIR
(612-122-44-27 ; www.espiritubaja.com ; Paseo Obregón 2130-D ; excursion 1 journée 85 $US). Cette agence emploie des guides aimables et bien informés, passionnés de science et d'histoire de la région. Vous aurez le choix entre une excursion d'une journée à Espíritu Santo, une sortie à la rencontre des baleines (3 heures, 70 $US) et l'observation des baleines grises dans la Bahía Magdalena, côté Pacifique.

Whale Shark Mexico OBSERVATION DE LA FAUNE
(612-154-98-59 ; www.whalesharkmexico.com ; Paseo Obregón 2140 ; 1 jour 85 $US, stage de 2 mois 3 000 $US ; 9h-17h lun-ven). D'octobre à mars, les chercheurs étudient les jeunes requins-baleines, qui se rassemblent dans les eaux calmes de la baie de La Paz, et les visiteurs peuvent participer aux expéditions. Les tâches varient à chaque sortie : vous pouvez aider à marquer les cétacés et même à leur donner un nom. Les chercheurs ne louent ou ne fournissent pas de matériel ; les circuits doivent être organisés au préalable et ce, uniquement si le temps le permet. Les recettes (975 $M/pers) aident à financer les recherches.

Fêtes et festivals

Carnaval CARNAVAL
(fév). Ce carnaval annuel est l'un des plus intéressants du pays, avec défilés, concerts et de nombreuses fêtes de rue.

La Paz

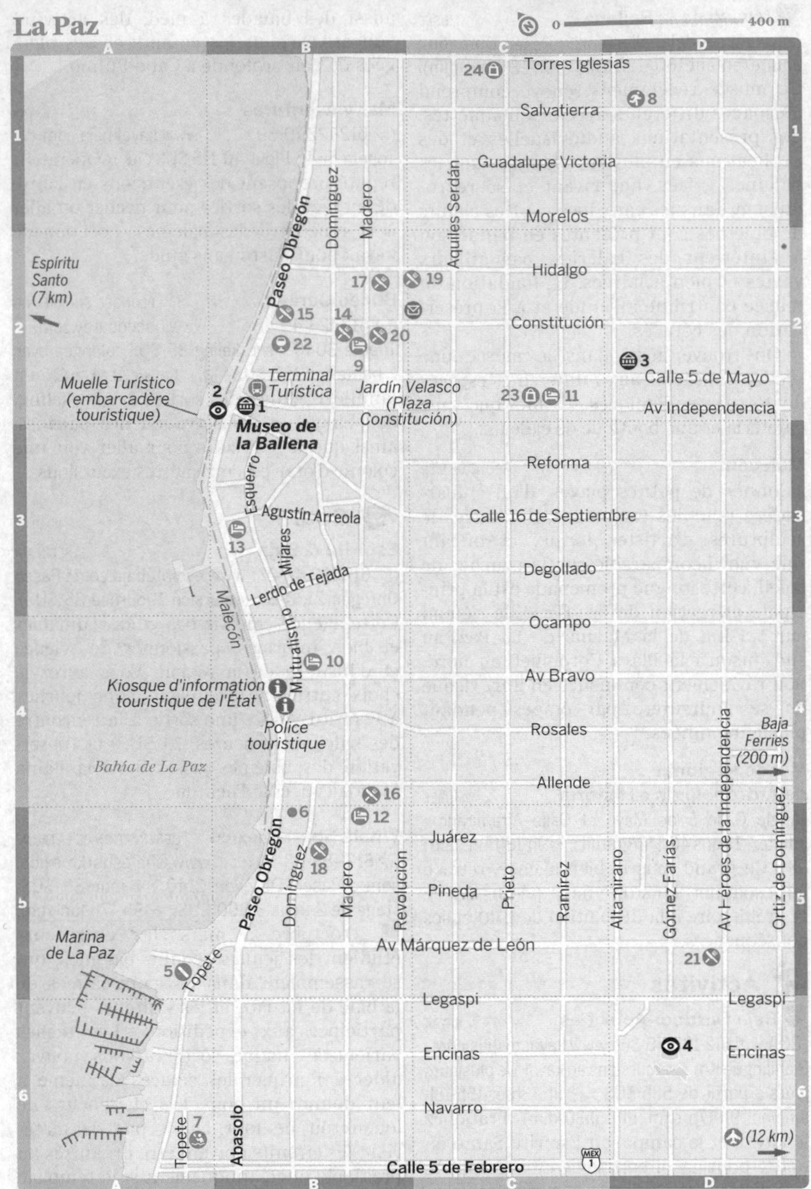

Où se loger

Pension Baja Paradise PENSION $
(Madero 2166 ; s sans sdb 300 $M, d/tr avec sdb à partir de 400/580 $M). Une adresse sympathique gérée par un tandem mexicano-japonais. Les chambres, simples, sont propres, dotées de lits confortables, de douches avec eau chaude assurée et de la clim. Une cuisine et un lave-linge à pièces sont à la disposition des clients, et la pension est proche de nombreux bons restaurants. Seul bémol : la musique trop

La Paz

Les incontournables
1 Museo de la Ballena B2

À voir
2 Malecón B2
3 Museo Regional de Antropología e Historia D2
4 Unidad Cultural Profesor Jesús Castro Agúndez D6

Activités
5 Carey Dive Center A5
6 Espíritu & Baja B5
7 Mar y Aventuras A6
8 Red Travel Mexico D1
Whale Shark Mexico .... (voir 6)

Où se loger
9 Baja Bed & Breakfast B2
10 Casa Tuscany B4
11 El Ángel Azul C2
12 Pension Baja Paradise B5
13 Posada de la Mision B3

Où se restaurer
14 Bagel Shop B2
15 Bismarkcito B2
16 Dulce Romero Panaderia Gourmet B4
17 Las Tres Virgenes B2
18 Maria California B5
19 Nim C2
20 Marché bio B2
21 Taco Fish La Paz D5

Où prendre un verre et faire la fête
22 Harker Board B2

Où sortir
Teatro de la Ciudad .... (voir 4)

Achats
23 Allende Books C2
24 Ibarra's Pottery C1

forte provenant d'un bar du voisinage certains soirs – apportez vos bouchons d'oreille !

Posada de la Misión HÔTEL $

(☎612-128-77-67 ; Paseo Obregón 220 ; studio 595 $M, cto 1 100 1 100 $M ;). Magnifiquement situé au centre du *malecón*, cet hôtel aux allures d'hacienda est d'un excellent rapport qualité/prix, surtout pour les familles. Le studio aux grandes chambres doubles est souvent pris mais, si vous voyagez avec des enfants, les suites à plusieurs niveaux avec kitchenette et deux chambres (ou plus) sont une véritable aubaine. La décoration est simple et fleurie, le service charmant.

Baja Bed & Breakfast B&B $$

(☎612-156-07-93, 612-158-21-65 ; www.bajabedandbreakfast.com ; Madero 354 ; s/d avec petit-déj 66/72 $US ;). Situé dans le quartier branché, au milieu des boutiques bio et des cafés, ce B&B douillet et vieillissant dispose d'un patio verdoyant encadrant une petite piscine et d'une cuisine en plein air à la disposition des clients. Carrelage de style terre cuite, peintures pastel et tableaux de bon goût contribuent à rendre l'endroit particulièrement accueillant.

♥ El Ángel Azul BOUTIQUE-HÔTEL $$$

(☎612-125-51-30 ; www.elangelazul.com ; Av Independencia 518 ; ch 100-110 $US ;). Peut-être l'hébergement le plus ravissant de La Paz. Les chambres sobrement meublées entourent une cour débordant de palmiers, de cactus, de bougainvillées, et égayée par le chant des oiseaux. Le bar et le salon sont truffés d'objets colorés, et il y a une cuisine à la disposition des clients.

Casa Tuscany B&B $$$

(☎612-128-81-03 ; www.tuscanybaja.com ; Av Bravo 110 ; d avec petit-déj 79-118 $US ;). Situé à deux pas du *malecón*, ce superbe B&B est apprécié pour ses chambres douillettes ornées de tapis de fabrication locale et de céramiques traditionnelles. Réparties autour d'une cour paisible, elles sont de tailles variées ; la plus chère, "Roméo & Juliette", dispose de 3 terrasses, avec vue sur la mer. Le petit-déjeuner comprend des *aebleskiver* (beignets danois).

Où se restaurer

Les restaurants de La Paz deviennent de plus en plus sophistiqués – la plupart des meilleures tables ont pignon sur rue dans les Calle Domínguez et Calle Madero, au nord de la Calle 5 de Mayo.

Marché bio MARCHÉ

(Madero s/n ; 9h-14h30 sam). Ce petit marché bio est plaisant à parcourir et l'on y trouve toutes sortes de mets fins de production locale, ainsi que des fromages des environs et des pâtisseries et pain faits maison.

♥ **Taco Fish La Paz** PRODUITS DE LA MER **$**
(Angle Av Márquez de León et Av Héroes de la Independencia ; tacos 24-30 $M ; ⏲8h-16h mar-dim). Si l'établissement est presque inconnu des touristes, les habitants viennent ici depuis 1992. On y trouve des surfaces en inox impeccables et les meilleurs tacos de poisson de la ville. Leur panure épaisse et croustillante évoque un *fish and chips* particulièrement réussi. Le ceviche est également remarquable.

Dulce Romero Panadería Gourmet BOULANGERIE **$**
(Allende 167 ; petit-déj 58-98 $M ; ⏲8h-22h, fermé dim ; ❄). Dans cet espace propre et moderne en brique blanche, on sert de délicieux petits-déjeuners bio composés d'œufs pochés, de fromages locaux, de légumes, de sauces, etc., accompagnant des pains et croissants tout juste sortis du four. Sandwichs et salades à midi, pizza, pâtes et burgers le soir. Après quoi, une foule de pâtisseries alléchantes vous attendent pour le dessert.

Bagel Shop BAGELS **$**
(Domínguez 291 ; bagels à partir de 45 $M ; ⏲8h-15h mar-dim). Le propriétaire, Fabrizio, a appris l'art du bagel aux États-Unis et il en prépare avec brio tous les jours. Les garnitures vont du saumon et fromage frais au marlin fumé avec saucisses allemandes.

♥ **Maria California** MEXICAIN **$$**
(Juárez 105 ; plats petit-déj 69-116 $M ; ⏲7h30-14h lun-sam). Excellent petit-déjeuner accompagné de musique live, et atmosphère sympathique dans les salles à manger cosy, ainsi que sur les terrasses. Les murs sont ornés d'œuvres d'art, de photos et de peintures d'artistes locaux. Spécialités mexicaines, pancakes, smoothies et jus de fruits frais.

Bismarkcito MEXICAIN, PRODUITS DE LA MER **$$**
(Angle Obregón et Constitución ; plats à partir de 150 $M ; ⏲9h-22h). Ce restaurant du front de mer, avec, sur rue, un stand de tacos, est toujours rempli de Mexicains attirés par les délicieux produits de la mer, comme la soupe crémeuse à la langouste. TV, murs en brique apparente et nappes pimpantes bleues et blanches caractérisent l'immense salle à manger. Le service est parfois lent, mais qui est pressé ?

Nim INTERNATIONAL **$$$**
(www.nimrestaurante.com ; Revolución 1110 ; plats 190-360 $M ; ⏲13h-22h30 ; ☎). Dans une somptueuse demeure ancienne au carrelage Art déco et à l'intérieur élégant, on cuisine des plats bio de tous horizons : *tadjines marocains*, pâtes italiennes, soupe de palourdes et huîtres sautées locales. Prisée des expatriés, c'est l'adresse la plus cosmopolite de La Paz.

Las Tres Vírgenes INTERNATIONAL **$$$**
(☎612-165-62-65 ; Madero 1130 ; plats 120-500 $M ; ⏲13h-23h). Une oasis raffinée, où vous pourrez vous attabler dans une cour ravissante abritant des arbres imposants et des statues. Sur la carte se côtoient des plats traditionnels ou innovants comme le jeune poulpe grillé, de nombreux morceaux de bœuf mexicain de première qualité, des escargots de mer épicés et la classique salade Caesar. Réservation recommandée.

Où prendre un verre et faire la fête

La plupart des bars sont concentrés entre Calle 16 de Septiembre et Calle Agustín Arreola, en face du *malecón.*

Harker Board BAR
(Angle Constitución et Paseo Obregón ; ⏲14h-2h mer-lun ; ☎). Gagnez la terrasse à l'étage pour déguster une *cerveza* en profitant de la vue, magnifique, sur la baie. Bière locale (Baja Brewery) à la pression, et 17 autres bières en bouteille. Sert aussi des pizzas. Location de paddle (SUP ; 200 $M/heure) et de kayaks (150 $M/heure), de 11h à 18h.

Club Marlin BAR
(El Centenario ; ⏲12h-22h mar-sam, 10h-20h dim ; ☎). Ouvert dans les années 1980, ce bar-hôtel-restaurant, tenu par des Américains, a toujours été le lieu de rendez-vous des expatriés. La vue sur la baie est sublime et l'endroit est particulièrement chaleureux (tout comme les clients). Concerts organisés fréquemment. À El Centenario, à 5 km au nord du centre-ville.

Teatro de la Ciudad SPECTACLE VIVANT
(☎612-125-00-04 ; Altamirano ; ⏲horaires variables). Outre des concerts et spectacles de théâtre, souvent donnés par des troupes du Mexique continental, y sont parfois projetés des films. Ce vaste théâtre se trouve à l'intérieur d'un centre culturel, l'**Unidad Cultural Profesor Jesús Castro Agúndez** (☎612-125-02-07 ; ⏲8h-14h et 16h-18h lun-ven).

Achats

Les boutiques pour touristes vendent toutes sortes de babioles et quelques articles intéressants.

Ibarra's Pottery CÉRAMIQUES
(Prieto 625 ; 9h-15h lun-ven, 9h-14h sam). Observez les potiers au travail dans cette boutique doublée d'un atelier de céramique. Connu partout en Basse-Californie, l'établissement date de 1958.

Allende Books LIVRES
(612-125-91-14 ; www.allendebooks.com ; Av Independencia 518 ; 10h-18h lun-sam). Choix de livres sur la péninsule et le Mexique continental.

Renseignements

La plupart des banques (généralement avec DAB) et des *casas de cambio* (bureaux de change) se trouvent dans la Calle 16 de Septiembre ou à proximité.

Un **bureau de l'immigration** (612-122-04-29 ; Paseo Obregón ; 8h-20h lun-ven, 9h-15h sam) est installé près du centre-ville.

Hospital Salvatierra (612-175-05-00 ; Av Paseo de los Deportistas 86 ; 24h/24). Le plus grand hôpital de Basse-Californie du Sud, situé à 4,6 km au sud-ouest du centre-ville, via Calle 5 de Febrero et Calle Forjadores de Sudcalifornia.

Kiosque d'information touristique de l'État (612-122-59-39 ; angle Paseo Obregón et Av Bravo ; 8h-22h). Brochures et prospectus en anglais, quelques cartes très utiles.

Police touristique (078, 612-122-59-39 ; 8h-22h). Petit kiosque dans le Paseo Obregón ; les horaires peuvent varier.

Poste principale (angle Constitución et Revolución ; 8h-15h lun-ven, 9h-13h sam)

Viva La Paz (www.vivalapaz.com). Site touristique officiel de La Paz.

Depuis/vers La Paz

AVION

Aeropuerto General Manuel Márquez de León (612-124-63-36 ; www.aeropuertosgap.com.mx ; Transpeninsular Km 9). Situé à environ 9 km au sud-ouest de la ville. Un bureau de l'immigration est installé sur place.

Aeroméxico (612-122-00-91 ; www.aeromexico.com ; Paseo Obregón) dessert de nombreuses villes via Mexico, tandis que **Calafia Airlines** (www.calafiaairlines.com ; angle Santiago et Mulegé) propose les vols les plus directs pour La Paz, notamment depuis/vers Guadalajara et Tijuana.

BATEAU

Les bateaux pour Mazatlán et Topolobampo partent du terminal des ferrys de Pichilingue, à 23 km au nord de La Paz. Baja Ferries possède un **petit bureau** (612-125-63-24) au port et un **bureau plus grand** (612-123-66-00 ; www.bajaferries.com ; Allende 1025 ; 8h-17h lun-ven, 8h-14h sam) en centre-ville.

Les ferrys à destination de Mazatlán (traversée 16-18 heures) partent à 20h les mardis, jeudis et samedis ; en sens inverse, ils quittent Mazatlán à 16h30 les mercredis, vendredis et samedis. Les tarifs pour les places en *salón* (sièges numérotés) s'élèvent à 1 240 $M par adulte.

À destination de Topolobampo (traversée 6-7 heures), les départs ont lieu à 14h30 du lundi au vendredi (23h sam). En sens inverse, les ferrys quittent Topolobampo à 23h (dim-ven). Les tarifs pour les places en *salón* sont de 1 000 $M par adulte. Arrivez à la jetée 2 heures minimum avant le départ pour être sûr d'avoir une place. Les tarifs pour les véhicules varient selon leur taille et la destination.

Avant d'embarquer un véhicule pour le continent, les autorités demandent un permis. Vous pouvez l'obtenir chez **Banjército** (www.banjercito.com.mx ; 7h-15h lun, mer et ven-dim, 7h-19h mar et jeu) au terminal des ferrys, ou auprès d'un de ses comptoirs de permis pour véhicule à Mexicali ou Tijuana.

BUS

Terminal Turística (612-122-78-98 ; angle malecón et Av Independencia). Cette gare routière est centrale, sur le *malecón*. Les compagnies locales, pratiques, proposent aussi 5 bus quotidiens pour Playa Tecolote (100 $M, 30 min) et 6 pour Playa Pichilingue (100 $M, 20 min), entre 10h et 17h.

VOITURE ET MOTO

Comptez à partir de 400 $M/jour pour louer une voiture, assurance non comprise.

FERRYS AU DÉPART DE LA PAZ

DESTINATION	VÉHICULE ACCEPTÉ	PRIX ($M)
Mazatlán	voiture 5,4 m maximum/moto/camping-car	6 380/3 200/22 550
Topolobampo	voiture 5,4 m maximum/moto/camping-car	4 600/3 730/17 500

BUS AU DÉPART DE LA PAZ

DESTINATION	PRIX ($M)	DURÉE (H)	FRÉQUENCE
Cabo San Lucas	370	3	fréquents
Ciudad Constitución	450	3	12/jour
Ensenada	2 140	22	3/jour
Guerrero Negro	1 730	11	4/jour
Loreto	800	5	6/jour
Mulegé	1 170	6	5/jour
San Ignacio	1 480	9	4/jour
San José del Cabo	340-370	3½	fréquents
Aéroport SJD	545	3½	fréquents
Tijuana	2 505	24	3/jour
Todos Santos	160	1½	fréquents

Budget (☎612-122-60-40 ; www.budget.com ; angle Paseo Obregón et Allende). L'une des nombreuses compagnies possédant une agence sur le *malecón* et une autre à l'aéroport.

Comment circuler

Uber opère désormais à La Paz : comptez environ 40 $M pour un trajet en ville ou dans les alentours et environ 120 $M entre l'aéroport et le quartier du *malecón*.

La Ventana

☎612 / 183 HABITANTS

Si ses vents réguliers attirent sur cette bande de littoral les kitesurfeurs du monde entier, elle se prête aussi à l'observation des requins-baleines, lions de mer, baleines, tortues marines, et poissons par milliers, et ce, à l'écart de la foule. La plongée est meilleure en été, quand la visibilité atteint 25-30 m.

Où se loger et se restaurer

Baja Joe's AUBERGE DE JEUNESSE $$
(☎612-114-00-01 ; www.bajajoe.com ; s 40 $US, d 50-115 $US ; P). Cet établissement d'un bon rapport qualité/prix dispose de petites chambres bien tenues donnant sur une terrasse commune et se partageant une cuisine et une pièce à vivre. La propriété comprend une école de kitesurf, deux cuisines, une boutique et le **Joe's Garage**, un bar populaire proposant 10 bières à la pression.

Palapas Ventana CABAÑAS $$$
(☎612-114-01-98 ; www.palapasventana.com ; cabañas avec petit-déj 2 260-3 350 $M ; P@). Séjour dans de charmantes *cabañas* de style *palapa* (paillote) à flanc de colline, au-dessus de la plage principale. L'établissement loue des équipements de plongée, snorkeling, planche à voile, kitesurf, pêche sportive ou encore randonnée pour aller voir les pétroglyphes. Il organise aussi des circuits d'aventure à la Reserva de la Biosfera Sierra de la Laguna (et ailleurs). Le restaurant est parfait pour se reposer des activités de la journée en regardant l'océan.

Playa Central PIZZAS $$
(www.facebook.com/playa.centra.kiteboarding/ ; La Ventana ; pizza 125-250 $M ; 9h-22h ; P). Dans cette ancienne usine de conditionnement de crevettes, située en bord de plage dans le centre-ville, on sert d'épatantes pizzas à pâte fine. Elle comprend un bar prisé et accueille régulièrement des musiciens. Ne passez pas à côté des margaritas. On peut y louer des équipements de kitesurf et réserver des cours.

Las Palmas MEXICAIN $$
(El Sargento ; plats 90-230 $M ; 8h-22h). À El Sargento, à quelques kilomètres au nord de La Ventana, la façade orange de cet imposant restaurant domine la mer et l'Isla Cerralvo. Les plats mexicains sont un cran au-dessus de la moyenne ; goûtez les *chiles rellenos* (piments fourrés à la viande ou au fromage).

Depuis/vers La Ventana

Un bus quotidien pour La Ventana part de La Paz à 14h (aller simple 100 $M) et repart pour La Paz vers 7h, mais la plupart des gens louent une voiture pour se rendre à La Ventana.

Los Barriles

624 / 1 200 HABITANTS

Au sud de La Paz, la Transpeninsular longe le golfe jusqu'à cette jolie petite bourgade. Le site est idéal pour pratiquer la planche à voile et le kitesurf, grâce au fort vent d'ouest, en hiver, qui atteint 20 à 25 nœuds en moyenne. Pendant la saison, on peut voir des souffles de baleines près du rivage et des centaines de raies mobula voler au-dessus des vagues.

Activités

Vela Windsurf PLANCHE À VOILE

(velaresorts.com/baja ; Hotel Playa del Sol ; cours de kitesurf à partir de 90 $US ; 9h-17h déc-avr). Cette antenne d'une des plus anciennes entreprises de sports aquatiques, avec des succursales dans le monde entier, s'adresse aux véliplanchistes, kitesurfeurs et adeptes du paddle (SUP). Le vent souffle beaucoup moins fort entre avril et août ; évitez de louer une planche pendant cette période.

Où se loger et se restaurer

Hotel Los Barriles HÔTEL $$

(624-141-00-24 ; www.losbarrileshotel.com ; 20 de Noviembre s/n ; s/d 65/80 $US ; P). Un hôtel à l'atmosphère douillette et décontractée. Les chambres entourent une jolie piscine imitant un lagon, avec bar extérieur et Jacuzzi. Le propriétaire est fier de ses matelas allemands de qualité supérieure et de ses chambres (toutes équipées d'un réfrigérateur) régulièrement rénovées.

Caleb's Cafe CAFÉ $$

(20 de Noviembre s/n ; plats 65-160 $M ; 7h30-15h mar-sam ;). Ravissant café tenu par des Américains. L'endroit vaut son pesant d'or pour ses petits pains au beurre, son pain aux courgettes, son gâteau à la carotte et ses petits-déjeuners copieux et sains (œufs brouillés aux brocolis et omelettes à la feta).

Achats

Plum Loco ART ET ARTISANAT

(20 de Noviembre s/n ; 9h-17h). Le propriétaire américain, Paul, fait venir de l'artisanat de tout le Mexique et d'ailleurs. Les clients se voient offrir du café et de la lecture sur place ; comme il habite depuis longtemps ici, il connaît la région comme sa poche.

VAUT LE DÉTOUR

RESERVA DE LA BIOSFERA SIERRA DE LA LAGUNA

Les baroudeurs n'hésiteront pas à enfiler leurs chaussures de marche et à remplir leur gourde pour découvrir les étendues sauvages et accidentées de la luxuriante réserve de biosphère de la Sierra de la Laguna, au sud du croisement de la Transpeninsular et de la route 19. La réserve ne convient pas aux marcheurs inexpérimentés ou à quiconque ne mesurant pas les défis d'une randonnée dans le désert. Cette expédition est largement récompensée : vues époustouflantes, rencontres avec la faune, une prairie unique à l'emplacement d'un ancien lac (d'où le nom de la réserve).

Baja Sierra Adventures (624-166-87-06 ; www.bajasierradventures.com ; Casa El Datil, Santiago ; excursion à la journée à partir de 60 $US), dans un petit ranch appelé El Chorro, propose diverses excursions d'un ou plusieurs jours, des treks et des sorties à vélo dans la région. Le **Palapas Ventana** (page ci-contre) organise également des circuits dans la réserve.

Depuis/vers Los Barriles

Plusieurs bus quotidiens reliant San José del Cabo à La Paz s'arrêtent à Los Barriles (98 $M, 1 heure 30).

Cabo Pulmo

624 / 58 HABITANTS

Cabo Pulmo est le nom d'un petit village et d'une aire marine protégée (AMP) de 9 000 ha. Cette dernière compte parmi les réserves marines nationales les plus prospères au monde et offre probablement les meilleures conditions de plongée et de snorkeling de Basse-Californie. Elle abrite aussi l'unique récif corallien du golfe de Californie. Pas besoin d'un 4x4 pour parcourir la route spectaculaire du Cabo del Este (en venant du sud) ou la Sierra de la Laguna (à l'ouest), même si le revêtement n'est pas toujours bon. Vous échapperez à la foule et découvrirez des endroits paisibles qu'il est parfois difficile de quitter.

Activités

On vient de tout le sud de Basse-Californie pour pratiquer la plongée et le snorkeling à Cabo Pulmo, avant tout pour le récif corallien et les fonds sablonneux d'**El Bajo**, où un grand banc de carangues à gros yeux forme régulièrement une étonnante sphère.

Les adeptes du snorkeling rejoindront la plage de **Los Arbolitos** (40 $M/pers), à 5 km au sud de Cabo Pulmo, puis suivront le sentier de randonnée du littoral jusqu'à **Las Sirenitas**, où l'érosion éolienne et marine a donné aux rochers des allures de sculptures en cire fondue. Cet endroit étrange et magnifique est aussi accessible en bateau.

On peut s'inscrire à des excursions de snorkeling et de plongée au large auprès de plusieurs opérateurs ayant des kiosques au bord de l'eau. Nous avons une préférence pour **Cabo Pulmo Divers** (624-184-81-42 ; plongée 2 bouteilles 125 $M ; sortie snorkeling 2 heures 30 45 $US), tenu par la famille Castro, qui a joué un rôle clé dans la création du parc national et reste le plus grand défenseur de sa protection.

Où se loger et se restaurer

Cabo Pulmo Casas BUNGALOW **$$**

(www.cabopulmocasas.com ; casitas 80-150 $US ;). Marly Rickers loue 5 petits bungalows bien entretenus et confortables au cœur du village. Tous sont alimentés à l'énergie solaire et dotés d'une cuisine équipée et d'un jardin avec un espace détente. Incontestablement la meilleure adresse de Cabo Pulmo.

Eco Adventure Bungalows BUNGALOW **$$**

(624-158-97-31 ; www.tourscabopulmo.com ; cabañas 60 $US ; P). Au bord de l'eau, ces deux *cabañas* de style *palapa* (paillote), alimentées à l'énergie solaire, sont simples et meublées avec goût. On y propose des sports aquatiques et des sorties pour observer les baleines depuis le kiosque Eco Adventures, sur le front de mer.

Palapa Cabo Pulmo PRODUITS DE LA MER **$$**

(Plats 105-300 $M ; 12h-21h). Cette adresse sympathique, superbement située en plein sur la plage, sert d'excellents plats de fruits de mer comme les crevettes à la noix de coco et les calmars frits, mais aussi du poisson, des crevettes ou du poulet accommodés à votre convenance avec de délicieuses sauces mexicaines. À marier avec une irrésistible margarita à la mangue.

El Caballero MEXICAIN **$$**

(Plats 90-190 $M ; 7h-21h30 ven-mer). Cet établissement sert de copieux plats traditionnels mexicains, notamment d'excellents tacos au poisson. Le petit-déjeuner est également très bon. Le restaurant comprend une petite boutique où l'on peut acheter des en-cas et faire ses courses.

Depuis/vers Cabo Pulmo

Beaucoup de gens vont plonger à Cabo Pulmo dans le cadre d'excursions pour la journée au départ de divers points du sud de l'État. Autrement, il faut être motorisé.

À VOS PLANCHES !

Avec des vagues venues du Pacifique qui, même les mauvais jours, sont excellentes, la péninsule de Basse-Californie est un paradis pour les surfeurs. Les boutiques spécialisées louent des planches pour environ 250 $M. Soyez extrêmement prudent par tout temps, car des courants, des contre-courants et de gigantesques rouleaux sont dangereux, même pour des surfeurs expérimentés. Voici quelques bons *breaks* :

Costa Azul Avec une houle du sud, ce *break* de niveau intermédiaire, situé près des deux Cabos, permet de s'amuser.

Los Cerritos (p. 784). Sable superbe, belles vagues, ambiance détendue : une plage idéale pour les débutants avec une forte houle du Pacifique et des raies-aigles.

San Miguel (p. 752). Un *point break* rocheux, propice à de fabuleuses glissades quand les vagues sont grosses. L'Isla de Todos Santos constitue une autre possibilité pour les surfeurs expérimentés.

Pour des cours de surf, contactez la **Mario Surf School** (p. 784).

San José del Cabo

624 / 70 000 HABITANTS

San José del Cabo est en quelque sorte la sœur sage de l'agitée Cabo San Lucas, avec ses boutiques tranquilles, sa plaisante place, sa superbe église et les excellents restaurants de son centre ancien. La Zona Hotelera, à quelques kilomètres, offre une interminable bande de sable blanc ourlant un océan agité de courants de marée. Là, se concentrent grands hôtels, immeubles d'appartements et autres résidences peu esthétiques en multipropriété.

À voir

Les plages les plus agréables pour la baignade se situent le long de la route menant à Cabo San Lucas, comme la **Playa Santa María**, au Km 13.

Iglesia San José ÉDIFICE RELIGIEUX

(Mijares ; variables). Construite en 1730 pour remplacer la Misión San José del Cabo, l'Iglesia San José, de style colonial, fait face à la vaste Plaza Mijares.

Où se loger

Il faut réserver bien à l'avance pendant la haute saison d'hiver.

Hotel Colli HÔTEL **$$**

(624-142-07-25 ; www.hotelcolli.com ; Hidalgo s/n ; ch 850 $M ;). Accueillant hôtel, tenu en famille depuis 3 générations, aux chambres peintes dans des tons jaunes. Emplacement privilégié, à deux pas de la place et à côté de la meilleure boulangerie (p. 778) de la ville. Excellent rapport qualité/prix.

Casa Natalia BOUTIQUE-HÔTEL **$$$**

(624-146-71-00 ; www.casanatalia.com ; Blvd Mijares 4 ; ch 190-300 $US ;). Ce magnifique hôtel donnant sur la place de San José dispose de chambres surplombant de luxueuses piscines en terrasses entourées de hamacs et de salons d'extérieur. Tableaux imposants aux murs, mobilier contemporain et immenses salles de bains font des chambres, toutes différentes, de pures merveilles. Le restaurant est au diapason. Les chambres "d'artistes" se partagent une terrasse commune (avec des séparations tissées), mais jouissent du décor le plus récent.

Drift BOUTIQUE-HÔTEL **$$$**

(624-130-72-03 ; www.driftsanjose.com ; Hidalgo ; ch 99-145 $M ;). Béton ciré, murs blancs, détails ornementaux en brique et tuyauterie en cuivre apparente confèrent un luxe sobre aux chambres lumineuses et aérées. On se prélasse sous de grands palmiers, près de la piscine au rez-de-chaussée, ou sur le toit-terrasse garni de hamacs, devant l'un des 15 mezcals artisanaux proposés par la maison. Le jeudi, un *food-truck* s'installe dans la propriété et le bar à mezcal est ouvert à la clientèle extérieure pour une soirée bière, burritos et chanson. N'accepte pas les enfants.

Tropicana Inn HÔTEL **$$$**

(624-142-15-80 ; www.tropicanainn.com.mx ; Blvd Mijares 30 ; s/d avec petit-déj 104/113 $US ;). Les chambres, spacieuses, sont joliment décorées de dalles en terre cuite et de faïence à fleur dans les salles de bains. Le patio typiquement mexicain, de style hacienda, abrite une immense piscine partiellement ombragée par une *palapa*, une jungle de fleurs et de plantes tropicales, et un perroquet nommé Paco. Belle situation centrale.

Où se restaurer et prendre un verre

Il y a d'excellents restaurants allant du stand à tacos bon marché à l'établissement chic servant une cuisine internationale.

La Lupita TACOS **$$**

(624-688-39-26 ; Morelos s/n ; tacos 25-55 $M ; 14h-2h mar-dim). Ces tacos originaux et savoureux – méditerranéen au poulpe, au canard et au *mole* ou au poisson sauce miso – s'accompagnent de cocktails au mezcal, de superbes margaritas, de musique live et d'une animation plaisante. Couleurs vives, bois rustique et motifs ethniques rendent l'endroit aussi branché que la cuisine est bonne. Allez-y.

La Ostería MÉDITERRANÉEN **$$**

(Obregón 1907 ; tapas 90-150 $M, plats à partir de 150 $M ; 11h-21h). Grâce à sa cour verdoyante et à sa musique live, cette adresse est parfaite pour manger, boire et se détendre. Partagez une assiette de tapas (14 variétés) pour seulement 220 $M ou choisissez une grillade (steak, poulet ou poisson). La cuisine n'a peut-être rien d'extraordinaire, mais les boissons et l'ambiance sauront vous convaincre.

San José del Cabo

San José del Cabo

À voir
1 Iglesia San José C1

Où se loger
2 Casa Natalia C1
3 Drift C1
4 Hotel Colli C1
5 Tropicana Inn C2

Où se restaurer
6 French Riviera C1
7 La Lupita C1
8 La Ostería C1

Où prendre un verre et faire la fête
Baja Brewing Co .... (voir 7)
9 Los Barriles de Don Malaquias D2

Achats
10 La Sacristia C1
11 Necri C1
12 Old Town Gallery C1

French Riviera BOULANGERIE, CAFÉ $$
(www.facebook.com/FrenchRivieraBistro/ ; angle Hidalgo et Doblado ; gâteaux environ 40 $M, plats 140 $M ; 7h-23h). Une adresse d'inspiration française, appréciée pour ses délicieux pains, croissants, pâtisseries et glaces. On y fait également d'excellents repas aux accents méditerranéens, dans un cadre contemporain.

Flora's Field Kitchen INTERNATIONAL $$$
(624-142-10-00 ; www.flora-farms.com ; plats 200-520 $M ; 11h-14h30 et 18h-21h30 mar-sam, 10h-14h30 dim). Cette ferme est une oasis où l'on sert des repas fins à base d'ingrédients produits aux alentours, de pains frais et croustillants, de fromages locaux et de cocktails rafraîchissants, le tout dans un cadre rustique-chic tout droit sorti d'un magazine de décoration. On peut aussi acheter des fruits et légumes, des savons, et visiter le domaine au charme relaxant et bucolique. À environ 5 km au nord-est du quartier colonial.

Baja Brewing Co BRASSERIE
(www.bajabrewingcompany.com ; Morelos 1227 ; 12h-1h). Un pub à la mode locale, dédié aux bières issues de microbrasseries locales. Goûtez des échantillons de 12 cl de 8 bières différentes pour trouver votre préférée. Les plus appréciées sont la Raspberry Lager et la Peyote Pale Ale, particulièrement forte.

Los Barriles de Don Malaquias BAR
(624-142-53-22 ; angle Blvd Mijares et Juárez ; 10h-20h lun-sam). Ce bar possède plus de

300 tequilas différentes dont deux bonnes dizaines sont disponibles à la dégustation. Les prix sont un peu élevés mais le choix est exceptionnel.

Achats

Le boulevard Mijares compte de nombreux ateliers, galeries d'art et boutiques. Une Art Walk y est organisée le jeudi de 17h à 21h, avec danse, ateliers ouverts, dégustations de vin et autres festivités. Pour des renseignements sur les galeries d'art des environs, consultez le site www.artcabo.com.

La Sacristia ART ET ARTISANAT
(Hidalgo 9 ; ⏲10h-20h). Dans cet espace polyvalent sont exposés art et artisanat de tout le Mexique. Ne manquez pas les sculptures d'animaux en perles colorées faites par les Huichols, du Mexique continental.

Old Town Gallery ART
(www.theoldtowngallery.com ; Obregón 1505 ; ⏲10h-18h lun-sam). Dans cette galerie s'expriment les styles bien différents de 7 artistes canadiens, qui, pour la plupart, résident ici.

Necri CÉRAMIQUES
(fr-fr.facebook.com/Necri-Fine-Mexican-Handicrafts-113685665872 ; Obregón 17 ; ⏲10h30-20h). L'une des boutiques de céramiques les plus anciennes de la ville. On y trouve également des articles en étain, des bijoux de Talavera et de l'artisanat du continent.

Renseignements

Plusieurs *casas de cambio* (bureaux de change) restent ouvertes tard le soir.

Hôpital IMSS (☎ urgences 624-142-01-80, renseignements 624-142-00-76 ; www.imss.gob.mx ; angle Calle Hidalgo et Calle Coronado)

Secretaria Municipal de Turismo (☎ 624-142-29-60, poste 150 ; Plaza San José, Transpeninsular ; ⏲8h-17h lun-sam). Brochures et cartes.

Depuis/vers San José del Cabo

AVION

Aeropuerto Internacional de Los Cabos (SJD ; ☎ 624-146-51-11 ; www.aeropuertosgap.com.mx ; Carretera Transpeninsular Km 43,5). Au nord de San José del Cabo, dessert aussi Cabo San Lucas. Les agences des compagnies aériennes y sont installées.

Calafia Airlines (☎ 624-143-43-02 ; www.calafiaairlines.com) propose des vols directs pour des villes du Mexique continental comme Los Mochis, Guadalajara et Mazatlán. **Aeroméxico** (☎ 624-146-50-98 ; www.aeromexico.com) assure des vols intérieurs et des correspondances internationales via Mexico, ainsi que des vols quotidiens pour Los Angeles. C'est **Alaska Airlines** (☎ 624-146-55-02 ; www.alaskaair.com) qui propose le plus de liaisons pour les États-Unis.

BUS

Les bus partent de la **gare routière principale** (☎ 624-130-73-39 ; González Conseco s/n), à l'est de la Transpeninsular.

VOITURE ET MOTO

Les habituelles agences de location de voitures sont présentes à l'aéroport ; les tarifs débutent à 600 $M/jour.

Comment circuler

Les taxis et les minibus jaune vif de la compagnie publique rallient l'aéroport pour environ 280 $M. Une route à péage (32 $M) relie la Transpeninsular à l'aéroport.

Cabo San Lucas

☎ 624 / 88 539 HABITANTS

Avec ses plages blanches, ses eaux foisonnantes et les spectaculaires formations rocheuses qui marquent l'extrémité de la péninsule, Cabo San Lucas sert de cadre idyllique à un tourisme tapageur. Où ailleurs au monde voit-on les serveurs verser la tequila directement dans le gosier des danseurs qui se déhanchent

BUS AU DÉPART DE SAN JOSÉ DEL CABO

DESTINATION	PRIX ($M)	DURÉE (H)	FRÉQUENCE
Cabo San Lucas	65	1	fréquents
Ensenada	2 348	24	1/jour
La Paz	340-370	3 ½	fréquents
Los Barilles	98	1 ½	6/jour
Tijuana	2 281	27	2/jour

à la queue leu leu ? Le lendemain verra les mêmes voguer à côté des dauphins et des baleines pour éliminer leurs excès. Les activités sont innombrables : jet-ski, banane nautique, parachute ascensionnel, snorkeling, kitesurf, plongée, équitation, tout est disponible sur la plage. À peine sorti de la ville, vous serez cerné par des cactus Saguaro, des caracaras et des *arroyos* (ruisseaux) mystiques, tout aussi impressionnants, dans leur genre, que la discothèque délirante où vous aurez fait la fête la veille.

Malheureusement, le désert connaît un recul galopant. Le Corridor, comme on appelait le littoral jadis spectaculaire séparant San José del Cabo de Cabo San Lucas, voit pousser des complexes hôteliers sans originalité, des boutiques de chaînes américaines et des terrains de golf qui épuisent la nappe phréatique.

À voir

Finisterra SITE NATUREL

La Finisterra, la pointe de la péninsule, est le site le plus impressionnant de Cabo. Prenez une *panga* (yole), un kayak ou un paddle (SUP) et rejoignez **El Arco**, une arche naturelle qui se remplit partiellement à marée haute. Les pélicans, les otaries, la mer et le ciel restent magiques, malgré les énormes bateaux de croisière qui passent au large.

Plages

La **Playa Médano**, sur la Bahía de Cabo San Lucas, est idéale pour la baignade et le farniente. Côté Pacifique, la jolie **Playa Solmar** est réputée pour ses vagues, mais aussi pour ses courants dangereux. La **Playa del Amor** (plage de l'Amour) est quasi intacte ; proche de la Finisterra, elle est accessible en bateau-taxi au départ de la Playa Médano ou des quais de la Plaza Las Glorias, à moins de la rejoindre en kayak ou en paddle. Non loin, la **Playa del Divorcio** (plage du Divorce) est située de l'autre côté de la pointe, côté Pacifique. La **Playa Santa María**, au Km 13 en allant vers José del Cabo, est l'une des plus agréables pour la baignade.

Activités

Les meilleurs sites de plongée sont **Roca Pelícano**, abritant une colonie d'otaries près de la Finisterra, et le récif au large de la **Playa Chileno**, dans la Bahía Chileno à l'est de la ville. Sur la Playa Médano, **Tio Sports** (☎624-143-33-99 ; www.tiosports.com ; Playa Médano ; 2 plongées à partir de 120 $US) est l'un des principaux prestataires de sports aquatiques, mais il y en a beaucoup d'autres.

On peut se rendre à un excellent site de snorkeling depuis la Playa del Amor, en nageant sur la gauche vers la marina. La location d'un masque, d'un tuba et de palmes revient à 200 $M/jour. Un aller-retour en *panga* coûte environ 200 $M en s'adressant directement au capitaine. Pourboire attendu.

Circuits organisés

Cabo Expeditions PLEIN AIR

(☎624-143-27-00 ; www.caboexpeditions.com.mx ; Blvd Marina s/n, Plaza de la Danza Local 6 ; excursion observation des baleines 89 $US ; ⌚8h-17h lun-sam). Cette agence écologique et bien gérée est spécialisée dans les excursions en petits groupes. Elle met régulièrement en œuvre de nouvelles idées comme les balades à dos de chameau ou les sorties en mer pour aller écouter les "concerts de baleines" grâce à des tubes qui véhiculent leurs chants. Naturellement, elle propose aussi des sorties d'observation des baleines, du kayak, des plongées et des excursions jusqu'à l'île d'Espíritu Santo. Toutes les expéditions se font sous la houlette de guides expérimentés et passionnants.

Ecocat PROMENADE EN BATEAU

(☎624-157-46-85 ; www.caboecotours.com ; quai N-12 ; excursions à partir de 60 $US ; 👪). Croisières de 2 heures au crépuscule (40 $US), snorkeling, circuits d'observation des baleines et diverses autres excursions à bord de son immense catamaran.

Fêtes et festivals

Concours de pêche PÊCHE

(⌚mai-nov). Cabo San Lucas est réputée pour ses concours de pêche, qui ont lieu à l'automne. Les principaux sont la **Copa de Oro**, le **Bisbee's Black & Blue Marlin Jackpot** et le **Cabo Tuna Jackpot**.

Anniversaire de Sammy Hagar DANSE

(Cabo Wabo ; ⌚déb oct). Début octobre, l'anniversaire de Sammy Hagar (du groupe Van Halen) est un événement majeur, avec boissons et danses à gogo. Les invitations (gratuites) sont exigées ; adressez-vous aux concierges des grands hôtels ou restez à l'affût des distributions.

Cabo San Lucas

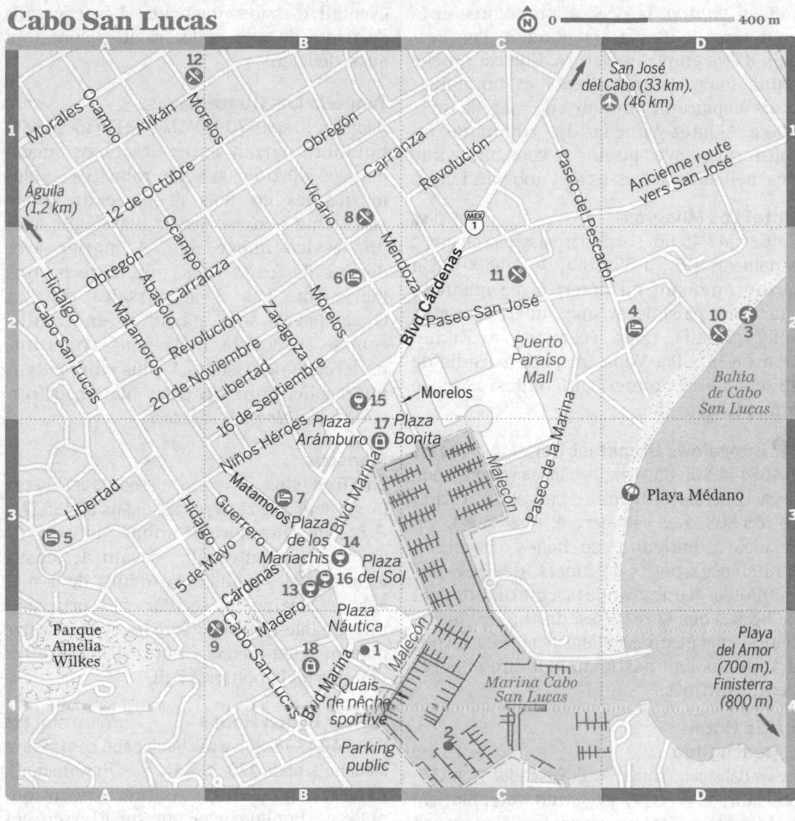

Cabo San Lucas

Activités

1 Cabo Expeditions B4
2 Ecocat C4
3 Tio Sports D2

Où se loger

4 Bahia Hotel & Beach Club D2
5 Bungalows Breakfast Inn A3
6 Cabo Inn Hotel B2
7 Hotel Los Milagros B3

Où se restaurer

8 Mariscos Las Tres Islas B1
9 Mi Casa B4
10 Sur Beach House D2
11 Tacos Gardenias C2
12 Taqueria Las Guacamayas A1

Où prendre un verre et faire la fête

13 Cabo Wabo B3
14 Canela B3
15 El Squid Roe B2
16 Slim's Elbow Room B3

Achats

17 Dos Lunas B3
18 Mercado Mexicano B4

Día de San Lucas FÊTE RELIGIEUSE
(18 oct). Cabo San Lucas célèbre son saint patron le 18 octobre, avec danses et feux d'artifice. Vous profiterez de plusieurs stands de restauration et d'une ambiance très festive.

Où se loger

Cabo Inn Hotel AUBERGE $
(624-143-0819 ; www.caboinnhotel.com ; 20 de Noviembre ; s/d/tr à partir de 40/54/62 $US ;). Cette auberge a beau être en ville, le

toit en *palapa*, la décoration colorée et la cour remplie de plantes donnent l'impression d'être en pleine nature. Elle est proche d'une foule de restaurants et boutiques, mais à environ 15 minutes de marche de la plage. Ajoutez-y une cuisine commune, un toit-terrasse avec piscine et vous aurez une des meilleures adresses de Cabo San Lucas.

Hotel Los Milagros HÔTEL **$$**
(☎624-143-45-66 ; www.losmilagros.com.mx ; Matamoros 116 ; d 85 $US ; P ❄ 📶 ≋). Un jardin évoquant un désert (avec iguanes), une cour paisible et une superbe piscine sont parfaits pour échapper à l'agitation de la ville. Voilà un petit paradis de 12 chambres, toutes différentes. Service aimable en prime.

♥ **Bungalows Breakfast Inn** B&B **$$$**
(☎624-143-05-85; www.thebungalowshotel.com; angle Libertad et Herrera ; bungalows à partir de 165 $US, avec petit-déj ; P ⊖ ❄ 📶 ≋). Un service attentionné, de belles chambres, de délicieux petits-déjeuners, des *palapas* (paillotes) et une grande piscine distinguent ce B&B. Vous aurez aussi droit à des jus de fruits frais et un excellent café. Les savons artisanaux font partie des nombreux petits détails raffinés.

Bahia Hotel & Beach Club HÔTEL **$$$**
(www.bahiacabo.com ; Av El Pescador ; ch 150-350 $US ; P ❄ 📶 ≋). Ce grand hôtel blanchi à la chaux est une adresse élégante à quelques minutes de marche de la plage de Médano. Les chambres avec hauts plafonds, sols carrelés, lits confortables et équipements modernes entourent une piscine incitant à la détente. Quant à son bar, l'**Esquina**, c'est le rendez-vous le plus chic de la vie nocturne.

Où se restaurer

Des modestes stands de tacos aux tables gastronomiques, la scène culinaire de Cabo a de quoi séduire.

Tacos Gardenias TACOS **$**
(www.tacosgardenias.com ; Paseo de la Marina 3 ; tacos à partir de 35 $M ; ⏲8h-22h). Évitez les heures d'affluence pour espérer obtenir une table dans ce vaste restaurant de type cafétéria, réputé pour la fraîcheur absolue de ses tacos aux crevettes et au poisson (panés ou grillés) – on y sert aussi des variantes à la viande et végétariennes. À base de tortillas maison, les tacos sont accompagnés d'un éventail d'assaisonnements. Les cocktails de fruits de mer et les salades sont tout aussi délicieux.

Taquería Las Guacamayas TACOS **$**
(Morelos ; repas 70-110 $M ; ⏲17h30-minuit). Équilibre parfait entre des tacos succulents à dévorer sur de robustes tables mexicaines en bois et un cadre juste assez chic pour se sentir privilégié, avec un service impeccable. À marier avec des jus de fruits frais, une bière ou une margarita. Les 3 succursales de Las Guacamayas sont parfaites en famille comme en couple, mais nous avons une préférence pour celle-ci, plus calme, dans une ruelle. Pour un petit plaisir, offrez-vous un *molcajete mixto* !

Mariscos Las Tres Islas PRODUITS DE LA MER **$$**
(Angle Revolución et Mendoza ; plats 50-195 $M ; ⏲8h-22h). Restaurant animé au toit de chaume, en centre-ville, envahi de locaux attirés par les meilleurs produits de la mer à la mexicaine du secteur. Les prix sont raisonnables, la bière fraîche et l'orchestre maison talentueux. Goûtez les crevettes scampis ou le poulpe à l'ail.

♥ **Sur Beach House** INTERNATIONAL **$$$**
(☎624-143-18-90 ; www.bahiacabo.com ; Playa Médano ; plats 170-395 $M ; ⏲7h30-minuit). Bénéficiant d'une situation exceptionnelle sur la plage avec vue sur El Arco, cet établissement élégant mais décontracté sert des ceviches et des tacos savoureux à base de produits ultrafrais. Plus élaborées, les grillades de poisson et de viande sont tout aussi bonnes et le service est le meilleur de la ville. On peut déjeuner, prendre un verre sur la plage ou dîner aux chandelles.

En haute saison, on peut s'asseoir le soir autour d'un petit feu pour regarder les lumières des bateaux scintiller au loin sur la mer.

Mi Casa MEXICAIN **$$$**
(www.micasarestaurant.com.mx ; angle Cárdenas et Cabo San Lucas ; plats 13-27 $US ; ⏲10h-23h). Un endroit épatant avec plantes, statues, fresques, lampes en osier, meubles peints, figurines du Día de Muertos et mariachis. Les salles sont réparties sur plusieurs niveaux et donnent sur une cour intérieure. La cuisine est bonne, mais on vient surtout pour l'ambiance.

Où prendre un verre et faire la fête

Cabo est une ville où l'on aime faire la fête et où l'alcool coule à flots. On vous aura prévenu.

Canela BAR
(Plaza del Sol ; ⏲8h-23h). Une adresse plus chic que la moyenne pour siroter une Corona ou un cocktail. Lumière d'ambiance, mobilier rustique et décoration originale et ludique sur le thème du Día de Muertos.

Slim's Elbow Room BAR
(Blvd Marina s/n ; ⏲10h-minuit). À l'ombre du Cabo Wabo, ce bar minuscule aux murs couverts de billets de 1 dollar et de graffitis ne compte que 4 places assises et 2 debout.

Cabo Wabo CLUB, MUSIQUE
(☎624-143-11-88 ; www.cabowabo.com ; angle Guerrero et Madero ; ⏲9h-2h ; 📶). Le bar-club le plus célèbre de la ville, créé par le légendaire rockeur Sammy Hagar, du groupe Van Halen. Venez-y pour les concerts et les margaritas faites avec la tequila de la marque Hagar.

El Squid Roe CLUB
(☎624-143-12-69 ; angle Blvd Cárdenas et Zaragoza ; ⏲10h-5h). Complètement déjanté ! Jello Shots (gelées alcoolisées), farandoles arrosées de tequila, serveurs (et clients ivres) dansant sur les tables sous les encouragements de la foule. L'épicentre de la vie nocturne.

Achats

Dos Lunas MODE ET ACCESSOIRES
(☎624-143-19-69 ; Blvd Marina, Plaza Bonita ; ⏲9h-18h). Cette boutique pleine de couleur est une ode aux vacances. Allez-y avant la baignade, car on y trouve des tenues balnéaires en fibres naturelles à prix raisonnables, mais aussi de jolis sacs, des chapeaux, des bijoux et des vêtements pour enfants. Il existe une succursale à Puerto Paraíso.

Mercado Mexicano MARCHÉ
(Angle Hidalgo et Zapata). Ce vaste marché comporte des dizaines d'étals accueillant de l'artisanat de tout le pays. On y trouve pratiquement tout, y compris beaucoup de babioles. Des rabatteurs vous invitent à entrer.

Renseignements

Il n'y a pas d'office du tourisme officiel à Cabo San Lucas. Les kiosques d'information dépendent des résidences et des hôtels. Le personnel fournit cartes et renseignements, mais n'est rémunéré que par des commissions sur la visite d'appartements. Notez que les offres "gratuites" font souvent perdre un temps précieux.

Appelez le 078 pour l'aide aux touristes.

Un **bureau de l'immigration** (☎624-143-01-35 ; angle Blvd Cárdenas et Farías ; ⏲9h-13h lun-sam) est installé près du centre.

All About Cabo (www.allaboutcabo.com) est un site utile pour les visiteurs.

AmeriMed American Hospital (☎624-143-96-70 ; Blvd Cárdenas). Près du Paseo de la Marina.

Depuis/vers Cabo San Lucas

AVION

L'**aéroport** le plus proche se trouve à San José del Cabo (p. 779). Le **Cabo Airport Shuttle** (☎États-Unis 1-877-737-9680 ; www.caboairportshuttle.net ; environ 19 $US/pers) assure un service excellent et bon marché depuis/vers l'aéroport. La navette vous dépose directement à votre hôtel.

BUS

Les bus partent du bureau principal de la compagnie **Águila** (www.autobusesaguila.com ; Rte 19 ; ⏲24h/24), au carrefour de Todos Santos, au nord du centre-ville, ou de la gare routière, à 40 minutes de marche au nord-ouest du secteur touristique et du bord de mer.

VOITURE ET MOTO

De nombreuses agences de location de voiture ont des bureaux sur le Paseo de la Marina et ailleurs, mais il peut revenir moins cher de réserver un véhicule à l'aéroport.

BUS AU DÉPART DE CABO SAN LUCAS

DESTINATION	PRIX ($M)	DURÉE (H)	FRÉQUENCE
La Paz	370	3	fréquents
Loreto	995	8 ¾	3/jour
San José del Cabo	65	1	fréquents
Tijuana	2 630	27	2/jour
Todos Santos	151	1	fréquents

Comment circuler

En ville, tablez sur 10 $US environ pour une course en taxi-minibus ; un taxi pour l'aéroport revient à 80 $US environ. Évitez les rabatteurs.

Todos Santos

612 / 5 200 HABITANTS

Mélange pittoresque de gens du cru, de pêcheurs, de surfeurs et d'adeptes de la spiritualité New Age, la ville "de tous les saints" échappe encore au tourisme endémique des autres villes du cap. Ses charmantes rues pavées bordées de galeries d'art, ses restaurants romantiques et ses quelques cactus en font de loin la plus belle localité de l'extrême sud de l'État. Grâce aux longues plages et aux *breaks* de surf, il y a aussi de quoi s'occuper aux alentours. Les prix sont toutefois élevés.

Comme nombre d'endroits de cet État, Todos Santos change. Venez avant que la ville ne soit totalement transformée.

À voir

Plusieurs anciens *trapiches* (moulins) réaménagés sont disséminés dans la ville. Restauré, le **Teatro Cine General Manuel Márquez de León** est l'un d'eux – il se situe dans Legaspi, face à la place. Le **Molino El Progreso** (les ruines du restaurant El Molino) en est un autre. Quant au **Molino de los Santana**, il fait face à l'hôpital, dans Juárez.

Centro Cultural MUSÉE

(612-145-00-41 ; Juárez ; 8h-20h lun-ven, 9h-16h sam-dim ;). GRATUIT Installé dans une ancienne école dotée d'un charmant patio, le Centro Cultural, près de Topete, renferme d'intéressantes peintures murales nationalistes et révolutionnaires de 1933. Il présente également une collection poussiéreuse d'objets régionaux, de fascinantes photos anciennes et la réplique d'un ranch. Remarquez le berceau "cage" suspendu au plafond.

Activités

Les surfeurs trouvent ici certaines des meilleures vagues de la péninsule. À **San Pedrito**, il y a des tubes comparables à ceux de Hawaï. À **Los Cerritos**, vous surferez la vague, alors que des raies-aigles glissent en dessous de votre planche, ou vous lézarderez en regardant le soleil plonger dans le Pacifique. Le Pescadero Surf Camp (ci-après), près des plages, loue des planches pour 250-350 $M par jour.

Mario Surf School SURF

(612-142-61-56 ; www.mariosurfschool.com ; route 19 Km 64 ; leçon à partir de 60 $US/heure ;). Propose d'excellents cours de tous niveaux dans le secteur de Todos Santos et Pescadero.

Où se loger

La plupart des hébergements sont de niveau moyen ou haut de gamme, et beaucoup comptent au nombre des plus belles adresses de Basse-Californie.

Pescadero Surf Camp CABAÑAS $

(612-130-30-32 ; www.pescaderosurf.com ; route 19 Km 64 ; casitas 800-900 $M, app 1 200 $M, empl tente 200 $M/pers ; P @). Au bord de la route fédérale à 13 km au sud de Todos Santos près du *break* de surf Pescadero, cet établissement propre et étonnamment élégant propose aux surfeurs location de matériel, cours et conseils. Certaines des maisonnettes au toit de chaume ont tellement d'ouvertures qu'on se croirait presque dehors ! Il y a une piscine, une cuisine commune, mais aucun logement n'a de salle de bains individuelle.

Posada La Poza SUITES $$$

(612-145-04-00 ; hotelposadalapozatodossantos.com/en/posada-la-poza ; Camino a la Poza 282 ; ste avec petit-déj 150-325 $US ; P). Sublime oasis avec palmiers au bord du Pacifique, cette retraite très privée a pour slogan "l'alliance de l'hospitalité mexicaine et de la qualité suisse". En témoignent le cadre coloré et le service méticuleux (voire guindé). Piscine d'eau de mer, lac d'eau douce, jardin luxuriant et restaurant exceptionnel (vins mexicains) font partie de ses atouts. Les suites sont grandes et lumineuses, mais le mobilier aurait besoin d'être renouvelé. N'accepte pas les moins de 13 ans.

Hotel San Cristóbal BOUTIQUE-HÔTEL $$$

(800-990-02-72 ; www.sancristobalbaja.com ; Carretera Federal 19 Km 54 ; ch à partir de 350 $M ; P). Murs blancs, lustres en perles de bois, coussins de couleurs vives et cactées décoratives... L'élégance est le maître mot de cet établissement qui bénéficie d'une situation de choix au bord d'une longue plage immaculée où viennent s'écraser les vagues et où l'on échoue les bateaux de pêche. La mer est trop dangereuse pour la baignade, mais la piscine invite à la détente avec ses cocktails et ses fauteuils en osier. À quelque 4 km au sud de Todos Santos.

Todos Santos Inn BOUTIQUE-HÔTEL **$$$**
(612-145-00-40 ; www.todossantosinn.com ; Legaspi 33 ; d 125-325 $US ;). Aménagé dans une hacienda en brique du XIXe siècle joliment restaurée, cet établissement ne compte que 8 chambres intimes, avec lits à baldaquin et imprégnées d'un luxe suranné – fresques, poutres en bois de palme au plafond et robinetterie à l'ancienne pour ne citer que quelques détails. Une piscine de poche occupe un jardin tropical verdoyant, et le bar et le restaurant sont parfaitement romantiques.

Guaycura BOUTIQUE-HÔTEL **$$$**
(612-175-08-00 ; www.guaycura.com ; angle Legaspi et Topete ; ch à partir de 218 $US ;). Tout en couleurs douces, meubles traditionnels et décoration de bon goût, le Guaycura offre aussi à ses clients l'usage de son club de plage avec un restaurant apprécié, un bar en terrasse sur le toit et une petite bibliothèque bien garnie dotée de sofas moelleux.

Hotel California HÔTEL **$$$**
(612-145-05-25 ; www.hotelcaliforniabaja.com ; Juárez s/n ; ch 125-175 $US ;). Difficile de quitter cet endroit bohème et accueillant, à la fois animé et paisible. Les espaces communs sont ravissants, en particulier les alentours de la piscine, encadrée de feuillages luxuriants, d'hibiscus rouge sang et d'immenses palmiers. Les chambres sont spacieuses et décorées d'objets d'art colorés et de bon goût, ainsi que d'élégants meubles traditionnels mexicains. Ouvert toute l'année.

Où se restaurer et prendre un verre

Lonchería La Garita MEXICAIN **$**
(612-176-5792 ; route 19 ; plats à partir de 40 $M ; 6h-18h). Belle halte à 19 km sur la route de La Paz ou destination en soi, ce restaurant tenu en famille, toujours animé et servant une cuisine de style ranch, est ce qu'il y a de plus authentique dans le coin. Goûtez l'*asada rancheros* (bœuf rôti, haricots, œufs et *salsa*), les *empanadas* et le café *talega* à la mode locale. Idéal avec des enfants car il y a quelques animaux de ferme à l'arrière, au milieu de la poussière et des cactus cierges.

> À SAVOIR
>
> **PUNTA LOBOS**
>
> Les pêcheurs mettent leurs *pangas* à l'eau à Punta Lobos, pointe qui doit son nom à sa colonie d'otaries. Sur cette plage de sable un peu isolée, vous pourrez acheter du poisson frais au retour des bateaux, entre 13h et 15h. Des pélicans tentent d'attraper les restes, et un chemin de randonnée serpente jusqu'à un beau point de vue.

Hierbabuena MEXICAIN **$$**
(612-149-25-68 ; www.hierbabuenarestaurante.com ; route 29 Km 62, Pescadero ; repas 170-250 $M ; 13h-21h mer-lun, fermé sept). Il faut longer vergers et potagers pour atteindre ce restaurant à la ferme. Une équipe pleine de vivacité y sert des mets simples parfaitement apprêtés. La carte change en fonction des produits issus du potager bio, de la mer et des environs. Le poulet rôti est délicieusement croustillant, les salades assaisonnées juste ce qu'il faut et les pizzas cuites au feu de bois sont sublimes. À environ 11 km au sud de Todos Santos.

Ristorante Tre Galline ITALIEN **$$**
(612-145-02-74 ; angle Topete et Juaréz ; plats dîner à partir de 140 $M ; 12h-22h mar-dim nov-avr). Dans ce restaurant alliant pierre, bois et verdure tenu par des Italiens, les tables occupent des terrasses sur plusieurs niveaux (les bougies participent du charme ambiant). Les plateaux de fruits de mer sont fameux et les pâtes préparées chaque jour.

Jazamango MEXICAIN MODERNE **$$$**
(612-688-15-01 ; jazamango.com ; Naranjos s/n ; plats 95-350 $M ; 13h-21h mar-dim). Le célèbre chef mexicain Javier Placensia et sa cuisine méditerranéenne de Basse-Californie ont ouvert en Baja California Sur cet espace chaleureux juste à la sortie de la ville, sur une petite colline d'où l'on domine le paysage. Presque chaque ingrédient est local et issu de l'exploitation durable, d'où une abondance de produits de la mer, de viande et de légumes sur la carte, renouvelée au gré de la disponibilité des produits.

Los Adobes de Todos Santos MEXICAIN MODERNE **$$$**
(www.losadobesdetodossantos.com ; Av Hidalgo ; plats 200-365 $M ; 11h-21h ;). Allez voir l'étonnant jardin désertique à l'arrière de ce restaurant réputé, qui présente une carte

de plats traditionnels revisités comme le *caldo pepita*, un ragoût de poulet maison aux raviolis et à la coriandre, relevé de piments *guajillo* et parsemé de graines de citrouille. Service efficace et souriant.

El Gusto! FUSION, MEXICAIN **$$$**
(612-145-04-00 ; Posada La Poza, Camino a la Poza 282 ; plats 180-450 $M ; 12h-15h et 19h-22h ven-mer ; P). En haute saison, mieux vaut réserver pour manger au restaurant de Posada La Poza (voir p. 784), récemment élu comme l'un des meilleurs endroits pour admirer le coucher de soleil sur le Pacifique. Sirotez une margarita sur la terrasse ou dans la salle joliment décorée. En saison, les baleines passent sous vos yeux pendant que vous mangez. La longe carte des vins comprend les meilleurs crus mexicains.

Café Santa Fe ITALIEN **$$$**
(612-145-03-40 ; Centenario 4 ; plats dîner 310-550 $M ; 12h-21h mer-lun nov-août). *L'insalata mediterranea* (fruits de mer cuits à la vapeur avec jus de citron et huile) est exquise. La cuisine en plein air permet d'assister à la préparation des plats. Tout est délicieux. Essayez les moules au vin ou les raviolis maison : langouste, viande ou épinards et ricotta.

Cafefelix CAFÉ
(Juaréz ; café frappé 65 $M ; 8h-21h mer-lun ; wifi). Ce café branché est toujours plein d'expatriés qui viennent savourer le très bon café et les petits-déjeuners gargantuesques. S'il fait chaud, prenez l'un des 12 cafés frappés ou un crémeux smoothie à la mangue.

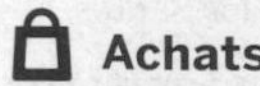

Achats

Les galeries d'art sont nombreuses, surtout autour de la place.

Faces of Mexico ART ET ARTISANAT
(Morelos ; 11h-18h mer-lun). Plongez dans ce dédale de pièces sombres pour découvrir une extraordinaire collection de masques, de sculptures, d'art indien, d'objets anciens et nombre de crânes peints ou en perles du Día de Muertos.

Agua y Sol Joyeria BIJOUX
(Angle Centenario et Analia Gutiérrez ; 10h-17h). Les beaux bijoux en argent vendus dans cette boutique, réalisés par des artisans locaux, se distinguent par leurs formes, très originales. Prix raisonnables.

Renseignements

El Tecolote (612-145-02-95 ; angle Juárez et Av Hidalgo). Une librairie anglophone où trouver des magazines avec des cartes de la ville et une carte sommaire des plages proches. Jan, le propriétaire, est infiniment serviable.

Depuis/vers Todos Santos

De l'**arrêt de bus** (612-148-02-89 ; Heróico Colegio Militar), entre Zaragoza et Morelos, des bus partent toutes les heures de 6h30 à 22h30 pour La Paz (122 $M, 1 heure) et pour Cabo San Lucas (135 $M, 1 heure).

Canyon du Cuivre et nord du Mexique

Dans ce chapitre ➡

Le top des restaurants

- ➡ Teresita's (p. 819)
- ➡ Madre Oaxaca (p. 847)
- ➡ Plaza del Mariachi (p. 828)
- ➡ Restaurante Barranco (p. 800)
- ➡ Cremería Wallander (p. 833)

Le top des hébergements

- ➡ Hacienda de los Santos (p. 819)
- ➡ Dream Weaver Inn (p. 812)
- ➡ La Troje de Adobe (p. 804)
- ➡ Hotel San Felipe El Real (p. 827)
- ➡ Foggara Hotel (p. 839)

Pourquoi y aller

Le mythe de la frontière est ici bien vivant : ce Far West que représente le nord du Mexique attire, depuis des siècles, aventuriers, révolutionnaires et *bandidos*. De fait, la nature et les paysages y sont surdimensionnés : le deuxième plus grand désert d'Amérique du Nord et des canyons parmi les plus profonds au monde. Les cinéastes d'Hollywood ont d'ailleurs tourné nombre de westerns à succès dans ce décor hors normes, où vivent encore des populations *indígenas* très ancrées dans leurs traditions.

Le Nord a été très touché, ces dernières années, par les guerres entre narcotrafiquants. Cette région n'en demeure pas moins sûre pour les touristes, moyennant quelques précautions élémentaires. La ligne ferroviaire Ferrocarril Chihuahua Pacífico, ainsi que les villes coloniales, les plages et la riche biodiversité font également la joie des visiteurs.

Quand partir

Chihuahua

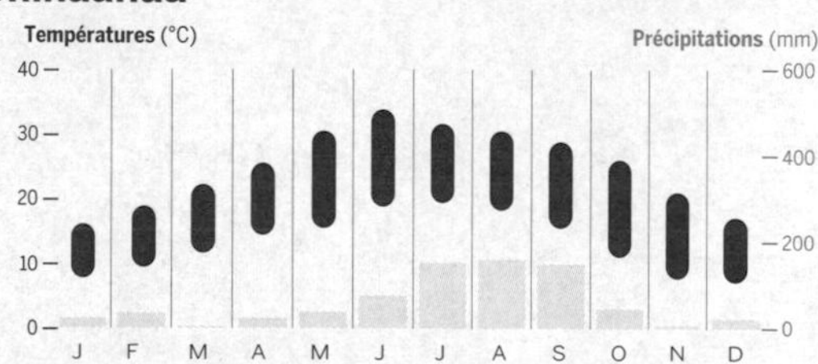

Juin-juillet Pluies abondantes. Festivités comme Las Jornadas Villistas, à Parral, pour fêter Pancho Villa.

Fin septembre-octobre Chaleur agréable pendant la journée. Idéal pour explorer le canyon du Cuivre.

Décembre-janvier Temps doux et sec. Les vacanciers se pressent sur les plages, ou dans l'arrière-pays pour le festival Tirado.

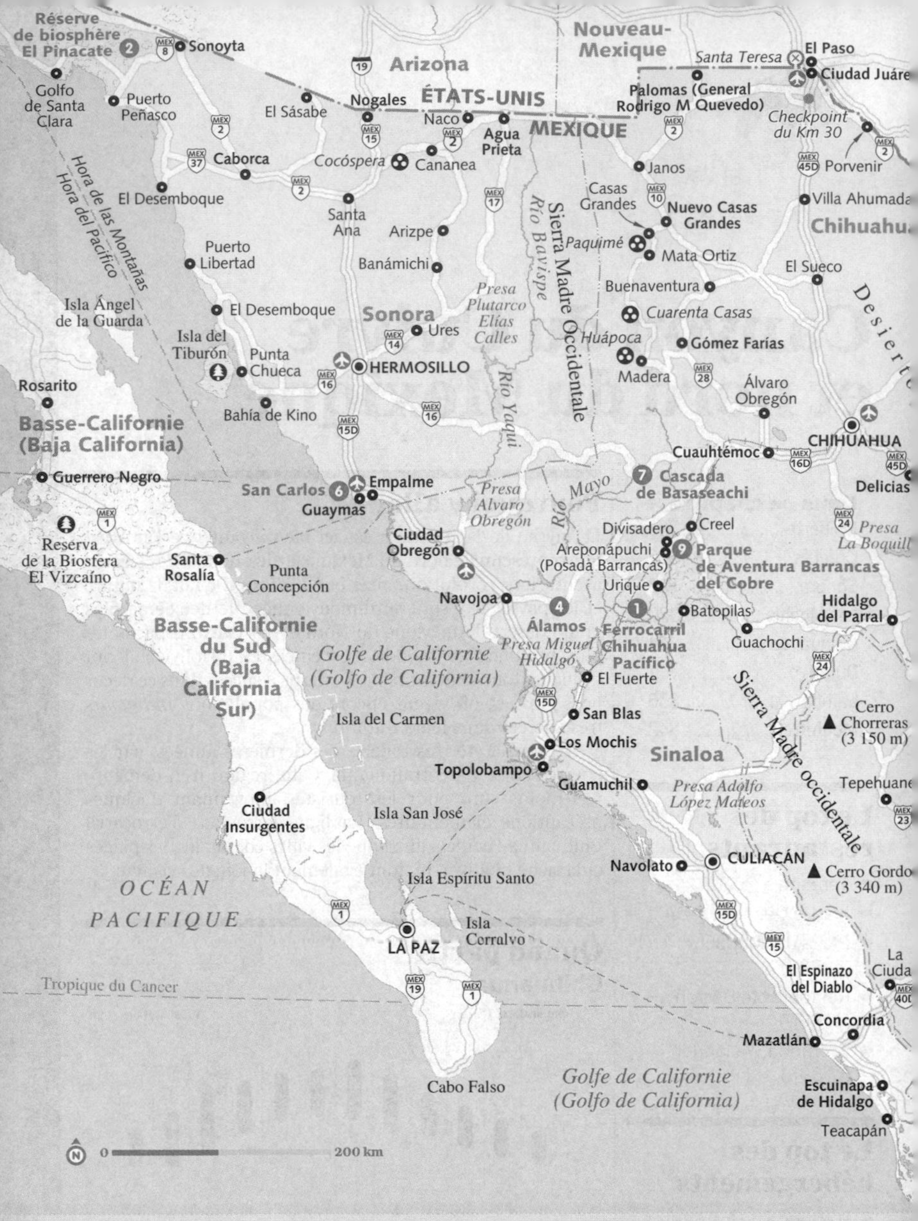

À ne pas manquer

❶ Le **Ferrocarril Chihuahua Pacífico** (p. 791), à travers des canyons dans le dernier train de voyageurs du Mexique

❷ Les spectaculaires paysages lunaires et désertiques de la **réserve de biosphère El Pinacate** (p. 812)

❸ La biodiversité inégalée du parc naturel oasien de **Cuatro Ciénegas** (p. 840)

❹ Une nuit dans un hôtel colonial d'**Álamos** (p. 817), ancienne ville de l'argent, superbe

❺ Le musée **Horno3** (p. 843), témoignage

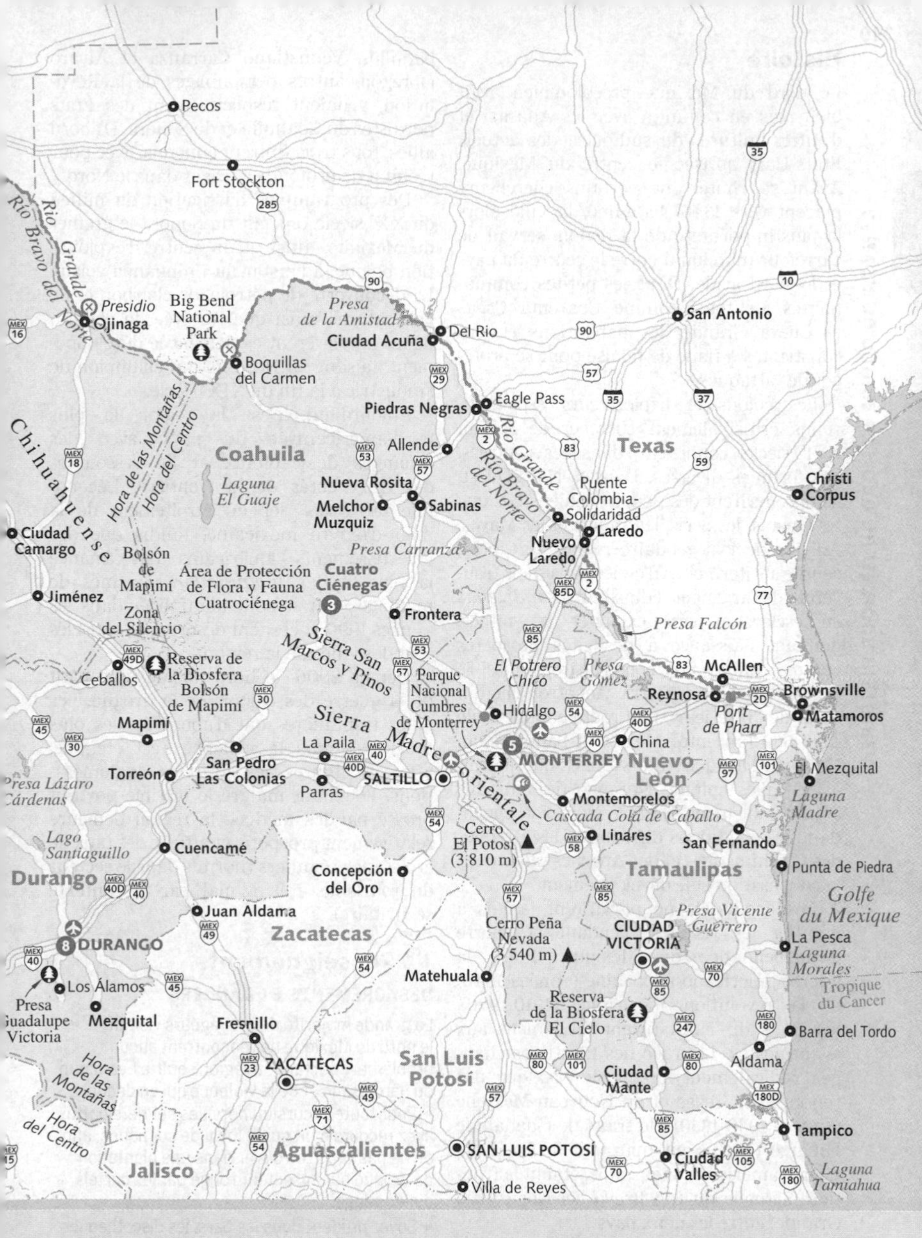

saisissant de l'héritage métallurgique de Monterrey

❻ Le sable blanc et les eaux turquoise de la **Playa Los Algodones** (p. 815), plus belle plage de San Carlos

❼ Plonger dans les bassins de la **Cascada de Basaseachi** (p. 804), plus hautes chutes permanentes du Mexique

❽ Un bain d'histoire et de culture dans la charmante ville coloniale de **Durango** (p. 831)

❾ Descendre le canyon du Cuivre en tyrolienne, dans le **Parque de Aventura Barrancas del Cobre** (p. 801)

Histoire

Le nord du Mexique précolombien avait bien plus en commun avec les Anasazi et d'autres cultures du sud-ouest des actuels États-Unis qu'avec le centre du Mexique. Avant sa chute, que certains chercheurs placent vers 1340, Paquimé, la ville alors la plus importante de la région, servait de carrefour marchand entre le centre du pays et le Nord aride. Dans les petites communautés alentour, comme Cuarenta Casas et Cueva Grande, les habitations étaient construites à flanc de falaise pour se protéger des attaques.

Les colons et explorateurs espagnols, venus principalement chercher de l'or au XVIe siècle, connurent, dans ces contrées, des fortunes diverses. Dans le Nord-Ouest, ils découvrirent des peuples indiens tels que les Opatas, les Seris, les Yaquis et les Mayos. Au lieu de la légendaire région de Cíbola, censée abriter 7 cités d'or, les Espagnols trouvèrent de l'argent et réduisirent les *indígenas* en esclavage pour exploiter les mines, donnant naissance à des cités prospères comme Álamos. Ils construisirent aussi le Camino Real de Tierra Adentro (chemin royal de l'Intérieur), une route commerciale de 2 560 km entre Mexico et Santa Fe, au Nouveau-Mexique (États-Unis), qui permit à des villes comme Durango de s'enrichir considérablement. Dans le Nord-Est, cependant, les conditions difficiles et les attaques des Chichimèques et des Apaches ralentirent la colonisation et le développement.

Les Espagnols ne parvinrent jamais à étouffer les révoltes. Pendant la guerre d'Indépendance du Mexique (1810), la guerre américano-mexicaine (années 1840) et la révolution mexicaine (1910-1920), les États du Nord furent fatalement aux avant-postes. Le tracé des frontières changea radicalement lorsque le Mexique dut renoncer au Texas et au Nouveau-Mexique (années 1830-1850) ; le traité de Guadalupe Hidalgo (1848), qui marquait la fin de la guerre américano-mexicaine, établit la frontière actuelle du Río Bravo del Norte (Rio Grande) entre les deux pays.

Les iniquités flagrantes, en matière de propriété foncière, entre l'élite – enrichie par l'exploitation minière – et la majorité pauvre, participèrent des troubles qui firent du Nord un foyer de la révolution mexicaine. La División del Norte, l'armée révolutionnaire menée par Pancho Villa, né au Durango, fut en première ligne de plusieurs grandes batailles. Venustiano Carranza et Álvaro Obregón, autres personnages de la Révolution, venaient respectivement des États nordistes du Coahuila et du Sonora. D'abord alliés, tous trois finirent ennemis, avec pour résultat de profonds clivages dans le Nord.

Des programmes d'irrigation du milieu du XXe siècle ont fait du Sonora le grenier du Mexique, ainsi qu'un centre d'exploitation bovine, à l'instar du Chihuahua voisin. La découverte de pétrole, de charbon et de gaz naturel, ainsi que l'arrivée du chemin de fer accélérèrent également le développement, faisant du Nord-Est un champion de l'industrie à la fin du XIXe siècle.

Aujourd'hui, c'est la région la plus nord-américanisée du pays, avec des échanges de capitaux et de ressources des deux côtés de la frontière. L'économie du Texas dépend étroitement de la main-d'œuvre mexicaine, tandis que des investissements américains ont financé la plupart des *maquiladoras* (usines de montage), qui se sont multipliées dans les années 1990 et cernent désormais toutes les grandes villes de la région.

Depuis 2006, le nord du Mexique pâtit de la guerre des cartels de la drogue. Les villes frontalières ont d'abord été les plus touchées, mais la violence s'est étendue, affectant toutes les grandes agglomérations. Pourtant, malgré le terrible portrait brossé par les médias, la région demeure relativement prospère, et affiche des taux de croissance réguliers (hormis dans le secteur du tourisme, mis à mal par le contexte sécuritaire).

Renseignements

DÉSAGRÉMENTS ET DANGERS

La grande majorité des voyageurs visitant le nord du Mexique ne rencontrent aucun problème. Pourtant, la région souffre beaucoup du narcotrafic et de la violence qui en découle.

➡ Pour toute excursion hors des sentiers battus, ayez recours à un guide local de confiance, afin de ne pas vous retrouver dans une plantation de drogue ou un secteur rongé par les cartels ou les gangs.

➡ Soyez prudent dans les bars, les discothèques et les casinos, car la violence peut s'y manifester.

➡ Privilégiez si possible les routes à péage (*cuotas*), plus sûres, plus rapides et mieux entretenues.

➡ En ville, verrouillez toujours vos portières afin d'éviter le *car-jacking* (vol du véhicule).

➡ Évitez de circuler après la tombée de la nuit, surtout dans les zones isolées et près de la frontière.

CANYON DU CUIVRE ET FERROCARRIL CHIHUAHUA PACÍFICO

Les paysages montagneux de cette région sont tout simplement époustouflants. Aucune des nombreuses merveilles que recèle le nord du Mexique ne rivalise avec le canyon du Cuivre, ses falaises aux horizons grandioses, ses sommets vertigineux, couverts de pins, et la fascinante culture des Tarahumaras.

Ses 6 canyons principaux forment un dédale 4 fois plus grand que le Grand Canyon en Arizona. Le canyon du Cuivre est également plus profond, plus étroit et bien plus verdoyant que son pendant américain. Des fruits tropicaux poussent dans les profondeurs des canyons, tandis que les hauteurs sont couvertes d'une végétation alpine et sont souvent enneigées en hiver.

Certains villages constituent des points de chute commodes pour explorer la région. Le plus grand d'entre eux, Creel, compte plusieurs hôtels recommandés. Plus loin dans le canyon, autour du tracé ferroviaire du célèbre El Chepe, citons Divisadero, Arepo et Cerocahui, ainsi que les villages plus retirés (mais faciles d'accès) de Batopilas et d'Urique, au fond des gorges.

Activités

Toutes sortes de merveilles naturelles (falaises, imposants massifs rocheux, rivières, cascades, lacs, forêts) sont accessibles à pied, à cheval, à vélo ou en véhicule motorisé. Les amateurs de frissons se rendront au Parque de Aventura Barrancas del Cobre, où ils pourront survoler d'immenses précipices grâce aux tyroliennes les plus spectaculaires du Mexique.

Ferrocarril Chihuahua Pacífico LIGNE FERROVIAIRE

(El Chepe ; ☎614-439-72-12, 800-122-43-73 ; www.chepe.com.mx ; trajet complet 1re/2e classe 3 276/1 891 $M ; 👪). Les chiffres en disent long : 656 km de voies, 37 ponts, 86 tunnels et plus de 60 ans de travaux. Trajet ferroviaire parmi les plus époustouflants au monde, le train du canyon du Cuivre constitue l'attraction majeure du nord du Mexique. Surnommé "El Chepe" (prononciation espagnole des initiales de "Chihuahua" et "Pacífico"), le train circule une fois par jour dans chaque direction et le trajet nécessite une journée.

Achevé en 1961, il est aussi phénoménal pour la prouesse d'ingénierie qu'il représente que pour la vue imprenable qu'il offre sur le canyon.

La ligne, lien principal entre Chihuahua et la côte, est autant dévolue au transport des passagers que du fret. Le train relie l'intérieur aride et montagneux du nord du pays à la côte Pacifique, via des dénivelés qui l'obligent à monter à plus de 2 400 m.

Entre Los Mochis et El Fuerte, il passe par des terres agricoles, puis grimpe à travers des montagnes parsemées de hauts cactus. Il franchit le long pont du Río Fuerte et s'engouffre dans le premier tunnel (sur les 86 du parcours), environ 4 heures après avoir quitté Los Mochis. Il suit les bords de profonds canyons, puis se fend d'un zigzag dans un tunnel au-dessus de Témoris, à la sortie duquel apparaissent les premiers conifères à flanc de montagne. À la gare suivante, Bahuichivo, il arrive dans les hautes terres de la Sierra Madre, un paysage alpestre émaillé de prairies couvertes de fleurs. Le plus bel endroit du trajet est l'arrêt à Divisadero, d'où l'on profite du seul aperçu du canyon du Cuivre en tant que tel. Le train couvre ensuite une boucle pour gagner de la hauteur à El Lazo, avant de continuer vers Creel et Chihuahua.

Il n'y a pas grande différence entre les wagons de classe *primera* et *económica* – les premiers sont dotés d'une salle à manger, les autres d'une cantine. Les en-cas coûtent 20 $M, les repas environ 100 $M ct on sert du café instantané (dans les 2 classes). Pas de Wi-Fi. Les wagons sont tous vétustes (ils datent des années 1980) et le prix des billets est exagéré, en regard du niveau de confort, plutôt moyen. Les 2 classes sont équipées de la climatisation, du chauffage et de sièges inclinables avec beaucoup d'espace pour les jambes. La *clase económica* convient à la majorité des voyageurs, même si, souvent, il n'y a pas d'autre choix que la *primera*.

Sachez qu'il est interdit de consommer de l'alcool dans les trains. Il est possible de fumer dans l'espace à ciel ouvert situé entre les wagons. Des policiers armés de mitraillettes sont en faction dans tous les trains.

Renseignements

BILLETS

En dehors de la haute saison (Semana Santa, juillet-août et Noël/Nouvel An), vous pourrez monter à bord du train sans billet, quelle que soit

Canyon du Cuivre

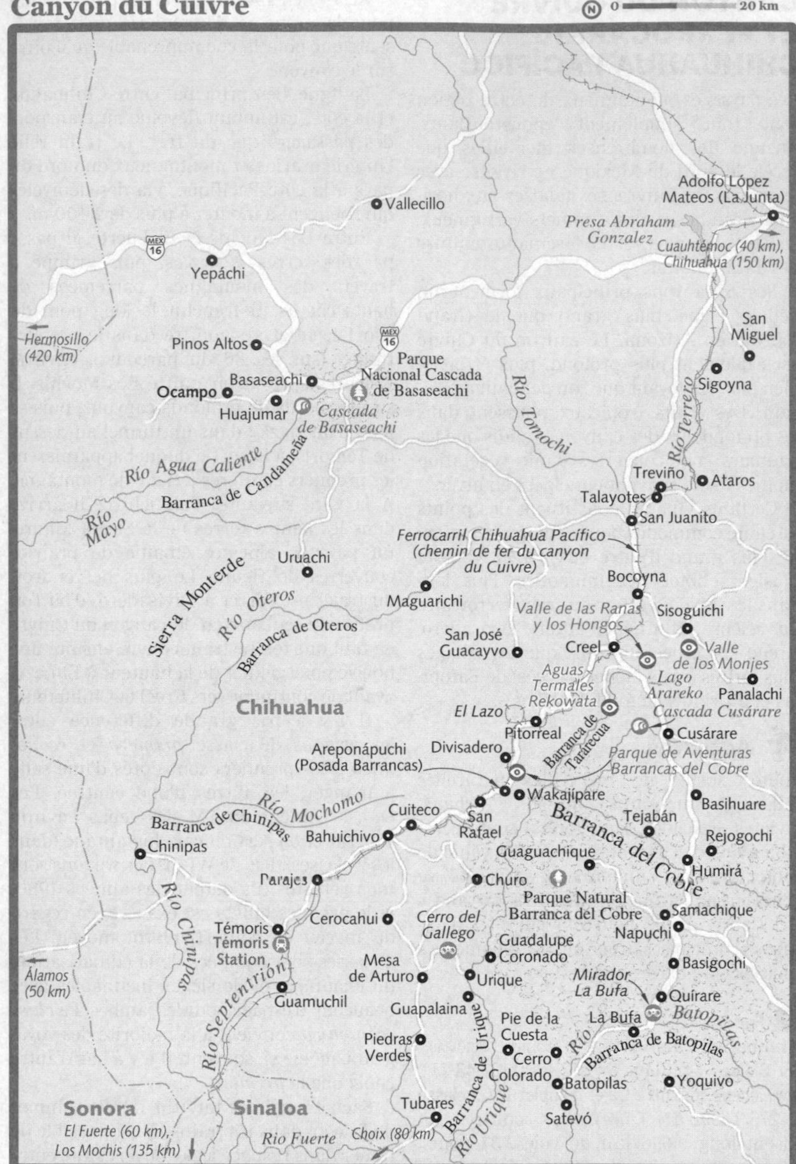

la gare, puis payer auprès du conducteur. Mieux vaut cependant acheter son billet la veille et réserver au moins un mois à l'avance en haute saison.

Les billets sont vendus aux gares de Los Mochis et de Chihuahua pour les trajets partant de n'importe quel point de la ligne. Les billets du *primera express* peuvent s'acheter un mois à l'avance, et ceux du *clase económica* un jour avant le départ. Les réservations peuvent se faire jusqu'à un an à l'avance par téléphone (interlocuteurs anglophones disponibles) et e-mail. Le *primera express* permet des étapes (généralement jusqu'à 3) sans le canyon du Cuivre (coût supplémentaire), à condition de préciser les lieux et les dates lors de la réservation.

Pour acheter un billet pour le jour même, rendez-vous à la gare de Los Mochis ou de Chihuahua une heure avant le départ. Seules les gares de Los Mochis, Creel, Cuauhtémoc et Chihuahua disposent de billetteries.

Lors de l'achat de vos billets, demandez à être assis du côté sud de l'autorail (à droite dans le sens Los Mochis-Chihuahua, à gauche dans le sens inverse) pour avoir la meilleure vue possible.

Pour connaître les horaires et les prix du Ferrocarril Chihuahua Pacífico, reportez-vous p. 794.

El Fuerte

698 / 11 900 HABITANTS / ALTITUDE : 90 M

Avec son centre-ville aux maisons de couleurs vives distribuées autour d'une grand-place, El Fuerte dégage un charme colonial indéniable. Cette jolie bourgade, entourée par l'une des dernières forêts tropicales sèches d'Amérique latine, fut, plusieurs siècles durant, le plus important carrefour commerçant du nord-ouest du pays, grâce à la proximité des mines d'argent des canyons. Point de départ ou d'arrivée pour un trajet à bord du Ferrocarril Chihuahua Pacífico bien plus apprécié que depuis Los Mochis, elle mérite qu'on s'y attarde le temps d'une excursion sur le Río Fuerte et pour explorer la campagne subtropicale.

Fondée en 1564, El Fuerte doit son nom à un fort érigé au XVIIe siècle sur les hauteurs du Cerro de las Pilas pour protéger les colons des attaques des *indígenas*.

À voir

Bosque Secreto FORÊT

(Forêt secrète). Il y a 5 siècles, une forêt tropicale sèche s'étendait sur plus de 550 000 km^2 le long de la côte du nord du Mexique jusqu'au Panama. Il en reste aujourd'hui 10%, dont une grande partie située autour d'El Fuerte, une zone appelée Bosque Secreto. Le superbe Río Fuerte, autour duquel évoluent d'innombrables oiseaux (hérons, balbuzards, martins-pêcheurs, gobe-mouches...), traverse une grande partie de la forêt.

Nous recommandons les excursions sur le fleuve en bateau que propose l'Hotel Río Vista (300 $M/pers). Elles permettent d'admirer des pétroglyphes vieux de quelque 2 000 ans.

Où se loger

Hotel La Choza HÔTEL $

(698-893-12-74 ; www.hotellachoza.com ; 5 de Mayo 101 ; ch 700 $M ; P). Derrière sa façade coloniale, cet hôtel plus vaste qu'il n'y paraît présente un style plutôt moderne. Ses jolies chambres sont composées de plafonds voûtés, de grands crucifix au-dessus des lits et de lavabos peints à la main. Remarquable rapport qualité/prix. Le restaurant **Diligencias** (plats 70-220 $M ; 7h-22h ;), sur place, est un bon choix.

Hotel Guerrero HÔTEL $

(698-893-05-24 ; www.hotelyhostelguerrero.jimdo.com ; Juárez 106 ; ch 400 $M ;). Hôtel économique au personnel très serviable. Les chambres, colorées et confortables quoiqu'un peu négligées, entourent un patio à colonnes ombragé. Aux chambres sur la gauche, semblables à des cellules, préférez celles de droite, plus anciennes mais plus spacieuses.

Hotel Río Vista HÔTEL $$

(698-893-04-13, portable 698-1042647 ; hotelriovista@hotmail.com ; Progreso s/n ; ch 670 $M ; P). Niché derrière le musée de la ville – lui-même perché sur la colline –, ce lieu truculent accueille les voyageurs depuis des années. La décoration est un peu bouleversante, avec fresques, couleurs criardes, profusion de bibelots mexicains et d'autres fantaisies loufoques. Mais la vue, superbe, sur la rivière compense largement, sans parler de la piscine. L'hôtel organise aussi des excursions en bateau vivement recommandées à l'orée du Bosque Secreto.

Posada del Hidalgo HÔTEL HISTORIQUE $$$

(800-552-56-45, 698-893-02-42 ; www.hotelposadadelhidalgo.com ; Hidalgo 101 ; s/d/tr 1 525/1 625/1 950 $M ; P@). Cet hôtel plein de caractère se distingue par son ambiance coloniale traditionnelle. Les chambres, spacieuses et élégantes, entourent des jardins ombragés et d'épatants espaces publics. Piscine, salle de massage, beau restaurant en plein air et bar très fréquenté. Des colibris s'aventurent parfois sur le terrain à l'heure du petit-déjeuner.

Torres del Fuerte BOUTIQUE-HÔTEL $$$

(698-893-19-74 ; www.facebook.com/TorresdelFuerte ; Robles 102 ; s/d/tr 100/110/130 $US ; P). Une hacienda vieille de 400 ans, entourant de somptueux jardins, où se mêlent grâce coloniale et art contemporain.

HORAIRES DES TRAINS FERROCARRIL CHIHUAHUA PACÍFICO

Le train *primera express* (1re classe seulement, avec moins d'arrêts) circule tous les lundis, mercredis, jeudis et samedis depuis Los Mochis. Au départ de Chihuahua, il circule les dimanches, mardis, mercredis et vendredis. Les autres jours, le train composé de wagons de *primera clase* (1re classe) et de *clase económica* (classe économique) roule plus lentement et s'arrête plus souvent, ce qui rallonge le trajet d'environ 1 heure (13 heures 30 au total).

Les horaires fluctuent et les deux trains ont tendance à être un peu en retard (d'une heure ou deux), aussi, le tableau ci-dessous n'est-il donné qu'à titre indicatif. Ainsi, dans le cas où vous vous rendriez à Los Mochis dans l'idée de prendre le jour même le ferry qui relie Topolobampo à la Basse-Californie, attendez-vous plutôt à passer la nuit sur place.

Il n'y a pas de changement de fuseau horaire entre Los Mochis et Chihuahua.

Vers l'est – De Los Mochis à Chihuahua

	PRIMERA EXPRESS		CLASE ECONÓMICA	
Gare	**Arrivée**	**Prix ($M) au départ de Los Mochis**	**Arrivée (mar, ven, dim)**	**Prix ($M) au départ de Los mochis**
Los Mochis	6h (départ de Los Mochis)	–	6h (départ de Los Mochis)	–
El Fuerte	8h16	602	8h19	348
Témoris	11h20	1 074	11h24	620
Bahuichivo	12h20	1 269	12h35	733
San Rafael	13h25	1 430	13h28	825
Posada Barrancas (Arepo)	13h43	1 480	13h46	854
Divisadero	14h22	1 500	14h25	866
Creel	15h44	1 791	15h42	1 034
Cuauhtémoc	18h37	2 609	19h07	1 506
Chihuahua	20h54	3 276	21h34	1 891

Vers l'ouest – De Chihuahua à Los Mochis

	PRIMERA EXPRESS		CLASE ECONÓMICA	
Gare	**Arrivée**	**Prix ($M) au départ de Chihuahua**	**Arrivée (lun, jeu, sam)**	**Prix ($M) au départ de Chihuahua**
Chihuahua	6h (départ de Chihuahua)	–	6h (départ de Chihuahua)	–
Cuauhtémoc	8h25	667	8h25	385
Creel	11h20	1 490	11h47	860
Divisadero	13h04	1 781	13h41	1 028
Posada Barrancas (Arepo)	13h11	1 801	13h52	1 040
San Rafael	13h37	1 851	14h16	1 069
Bahuichivo	14h28	2 012	15h12	1 161
Témoris	15h25	2 208	16h12	1 274
El Fuerte	18h23	2 870	19h19	1 657
Los Mochis	20h22	3 276	21h28	1 891

Les chambres ont chacune leur thème (Chine, Inde, Maroc). Beaucoup ont des salles de bains en ardoise et des murs en adobe brut. De grands cactus et de hauts plafonds à poutres apparentes complètent le décor. Sur place : un restaurant gastronomique, le **Bonifacio's** (plats 70-250 $M ; ⌚7h-12h et 18h30-21h30 ;).

Où se restaurer

Ne quittez pas la ville sans avoir goûté les spécialités locales, pêchées dans les rivières des environs : les *cauques* ou *langostinos* (écrevisses) et la *lobina* (perche noire). Cela dit, le choix de restaurants reste très limité en ville.

♥ **SU-FÓ Sushi & Cocina Bistro** BISTROT **$**
(☎ 698-893-50-17 ; www.facebook.com/pg/Sufo-Sushi.Bistro ; Constitucion 112 ; plats 60-90 $M ; ⌚18h-minuit mar-dim ;). Menu éclectique composé de sushis (dans lesquels le fromage à la crème est une constante), bols de riz, hamburgers avec frites maison et même nuggets de poulet de luxe. Succès inattendu, le SU-FÓ est presque toujours en effervescence. Tables dans un lieu à ciel ouvert, avec fresques, décoration au chic urbain, et lumières scintillantes. Un membre DJ du personnel anime la plupart des soirées.

Taco Stands TACOS **$**
(Juárez s/n ; repas 30-50 $M ; ⌚7h-15h). Dans cette rangée de cabanes individuelles en béton, on s'affaire à préparer toutes sortes de viandes grillées, de l'*al pastor* (porc assaisonné) à la *cabeza* (tête de bœuf ; généralement les joues). Joignez-vous aux habitants et rassasiez-vous de tacos au comptoir. Venez avec vos propres boissons. Situé juste à côté de l'arrêt de bus pour Los Mochis.

El Mesón del General PRODUITS DE LA MER **$$**
(☎ 698 893-02-60 ; Juárez 202 ; plats 110-270 $M ; ⌚11h-21h30). Une table traditionnelle un peu guindée, dédiée aux produits de la mer, avec plusieurs recettes de *pulpo* (poulpe) et des assiettes composées de divers poissons pêchés dans la rivière. Sur l'artère principale d'El Fuerte, à l'écart de l'agitation du marché voisin.

Renseignements

Kiosque d'information touristique (5 de Mayo s/n ; ⌚8h-15h lun-ven). Brochures et cartes de la ville sur la place centrale. Des guides s'y attardent pour proposer suggestions et visites.

Depuis/vers El Fuerte

Des bus pour Los Mochis (70 $M, 2 heures, toutes les 30 min ; ⌚5h-19h30) partent de Juárez, près de la Calle 16 de Septiembre dans le centre de la ville. De Los Mochis, on peut aisément poursuivre vers d'autres destinations du nord du Mexique.

La gare ferroviaire est à 6 km au sud de la ville (150 $M en taxi). La plupart des hôtels proposent le transfert, gratuit ou non, à leurs clients. Si vous arrivez en train dans la soirée, des taxis collectifs attendent à la gare et facturent 50 $M/pers pour rejoindre le centre.

Il faut un 4x4 pour prendre la route vers Álamos, non asphaltée (environ 5 heures de trajet). En fait, vous gagnerez du temps en rejoignant Los Mochis et en empruntant la nationale.

Cerocahui

☎ 635 / 1 300 HABITANTS / ALTITUDE : 1 600 M

Le ravissant village de Cerocahui, principalement dévolu à la sylviculture, est niché dans une vallée verdoyante (superbes vues) facile d'accès depuis la gare de Bahuichivo, à 16 km. Les canyons voient défiler beaucoup moins de touristes que ceux de la région de Creel, et le village d'Urique, au fond de l'un des canyons, est tout proche.

Sur la place centrale de Cerocahui, **San Francisco Javier de Cerocahui**, se trouve la jolie église coiffée d'un petit dôme jaune, fondée en 1680 par les jésuites.

De belles randonnées sont envisageables autour de Cerocahui et tous les hébergements organisent de superbes excursions au **Cerro del Gallego**, d'où la vue est spectaculaire sur la Barranca de Urique (à 25 km sur la route d'Urique).

Où se loger et se restaurer

Hotel Jade HÔTEL **$$**
(☎ 635-456-52-75 ; www.hoteljade.com.mx ; Plaza del Poblado ; s/d 450/900 $M, app à partir de 500 $M ;). Cet établissement sobre propose 10 chambres propres et confortables, avec lits doubles et grandes fenêtres. Les points forts : l'accueil chaleureux des propriétaires, Alberto et Francia, et la cuisine, délicieuse (pain maison, poisson et plats végétariens ; repas 100 $M). Propose aussi des visites du coin (de 100 à 600 $M/pers ; minimum 2 pers). On y parle l'anglais.

Cabañas San Isidro CABAÑAS **$$**
(☎ 635-293-75-02 ; www.coppercanyonamigos.com ; Carretera a Urique Km 24 ; s/d/tr pension

complète et transferts de Bahuichivo 85/115/140 $US ; P). Perchée dans les collines dominant Cerocahui, à 8 km sur la route d'Urique, cette ferme en activité fait une base idéale (mais isolée) pour toutes sortes de randonnées, de balades à cheval et d'excursions dans les canyons. Les propriétaires, les frères Mario et Tito, connaissent très bien les guides-coureurs de la communauté tarahumara. *Cabañas* d'adobe et de bois, douillettes et astucieuses, équipées de poêles à bois. Cuisine goûteuse et copieuse.

Hotel Paraíso del Oso HÔTEL **$$$**
(635-109-01-88, Chihuahua 614-421-3372 ; www.mexicohorse.com ; Carretera Bahuichivo-Cerocahui s/n ; dort 15 $US, s/d pension complète 120/185 $US ; P). Joli lodge rural, géré en famille, parfait pour profiter de la nature (observation des oiseaux, randonnée à partir de 50 $M, balades à cheval pour 150 $M/heure) et rencontrer des Tarahumaras (les propriétaires connaissent des membres de la communauté). Grandes chambres de style ranch, surplombant un luxuriant jardin sur cour et une fascinante bibliothèque, que vous pouvez consulter. L'hôtel propose aussi un dortoir avec des lits doubles (repas non inclus). Situé à 4 km du centre de Cerocahui, sur la route pour Bahuichivo.

Hotel Misión HÔTEL **$$$**
(635-456-52-94 ; www.hotelmision.com ; Plaza del Poblado ; s/d pension complète à partir de 3 054/3 997 $M ; P @). Sur la place centrale de la ville, une magnifique hacienda, aux chambres rustiques-chics. Bar-restaurant raffiné, *chimeneas* (cheminées), salle de jeux avec billard et jolis jardins plantés de vignes figurent au nombre de ses atouts. Très prisée des groupes ; des réductions sont souvent proposées aux voyageurs indépendants.

Depuis/vers Cerocahui

Si vous réservez une chambre, les hôtels de Cerocahui viennent vous chercher à l'arrêt Bahuichivo du train El Chepe (p. 791). Dans le cas contraire, on vous accordera, la plupart du temps, de monter à bord de leurs vans, à condition de prendre une chambre à l'arrivée.

Sinon, un bus local part d'Abarrotes El Teto, petite épicerie à l'entrée du village qui sert aussi d'arrêt de bus, accessible en taxi depuis la gare ferroviaire pour 50 $M. Le bus part tous les jours pour Cerocahui (50 $M, 40 min) et Urique (230 $M, 3 heures 30 ou plus) à 13h30 environ, et attend le train venant de Chihuahua, mais pas systématiquement celui en provenance de Los Mochis. Dans l'autre sens, le bus quitte Urique à 7h, puis traverse Cerocahui à 10h environ, et Bahuichivo à 11h. Toutes les 2 heures entre 6h et 14h, des bus démarrent de Bahuichivo pour San Rafael (50 $M, 45 min), Areponápuchi (60 $M, 1 heure), Divisadero (10 $M, 1 heure 10), Creel (100 $M, 2 heures) et Chihuahua (350 $M, 7 à 8 heures).

Plusieurs petites routes partant de Cerocahui paraissent très directes sur la carte, mais il est impératif de se renseigner auprès d'une source sûre, sur place, avant de les emprunter. En effet, elles comportent des tronçons uniquement accessibles en 4x4, traversent des secteurs isolés, plantés de marijuana ou de pavot (et férocement gardés) et peuvent être inondées après de fortes pluies. Une piste relie Cerocahui à Choix (d'où une route goudronnée mène à El Fuerte) et une autre permet de se rendre de Bahuichivo à Álamos via Témoris. Pour en savoir plus sur les conditions de sécurité et l'état des routes, consultez les propriétaires de l'Hotel Paraíso del Oso (p. 796) ou des Cabañas San Isidro (p. 795).

Urique

635 / 1 000 HABITANTS / ALTITUDE : 550 M

Cet ancien village minier se niche au fond du canyon le plus profond, l'impressionnante Barranca de Urique (1 870 m du bord au fleuve). S'y rendre est déjà une aventure en soi : la route, en grande partie non goudronnée, ondule entre les pins avant de plonger brusquement dans le canyon proprement dit. Juste après le sommet se dresse le **Mirador Cerro del Gallego**, un des postes d'observation les plus spectaculaires du canyon du Cuivre, d'où l'on distingue au loin et en contrebas le village et le fleuve d'Urique. De là, l'étroite route entame une descente à faire frémir sur 15 km de l'abrupte paroi du canyon, où les virages en épingle se succèdent.

Si Urique est un lieu charmant et sans danger, la culture de la marijuana et du pavot y est néanmoins notoirement répandue. (La rue inhabituellement large située à la lisière du village sert aussi de piste d'atterrissage, prétendument pour les évacuations sanitaires, mais elle peut servir à transporter bien d'autres choses.) La plupart des voyageurs ne remarqueront cependant rien d'anormal, surtout ceux qui s'en tiennent aux axes et aux circuits importants.

ULTRAMARATHONS À URIQUE

Organisé chaque année, généralement début mars, à Urique, l'**Ultra Caballo Blanco** (www.facebook.com/caballoblancoultramarathon) est un ultramarathon de 82 km. Le parcours emprunte des sentiers difficiles dans les canyons, en altitude. Il fut établi par Micah True, un coureur américain de légende connu sous le nom de Caballo Blanco (cheval blanc), qui vécut pendant des années dans la région du canyon du Cuivre (Barranca del Cobre). La course mobilisa l'attention internationale quand Christopher McDougall le mentionna dans son livre *Born to Run* (*Né pour courir* ; éditions Guérin), paru en 2009.

L'ultramarathon rend hommage aux Tarahumaras (ou Rarámuris) qui, depuis des siècles, perpétuent la tradition des courses de longue distance, et dont le nom même signifierait "peuple qui court", ou "aux pieds légers". Leurs *huaraches* (sandales dotées d'une semelle fine en pneus recyclés) auraient inspiré la technique de course pieds nus (qui, selon certaines études, permet d'économiser de l'énergie et d'éviter de se blesser), désormais connue dans le monde entier.

Un autre événement, la **Carrera de los Pies Ligeros** ("course des pieds légers"), se déroule chaque année en décembre. Il s'agit d'un *rarajipari* : un relais longue distance dans le style tarahumara, avec deux équipes courant ballon au pied le long du parcours. En fait, les *rarajipari* sont plus proches des traditions tarahumaras que les courses à pied classiques. Il y a deux courses, une pour les hommes et une pour les femmes, et chacune implique deux équipes (courant avec des flambeaux la nuit) sur une distance de plus de 100 km. Cette course, qui dure de 12 à 24 heures, est ouverte uniquement aux Tarahumaras.

Ces dernières années, les courses ont été annulées à cause de conflits liés aux cartels de la drogue. La région étant redevenue plus sûre et plus stable, ces rassemblements ont fait leur retour.

Activités

Pour une excursion d'une journée, on peut remonter le Río Urique jusqu'au village de **Guadalupe Coronado** (7 km), ou le descendre jusqu'à **Guapalaina** (6 km), 2 randonnées magnifiques sur une piste le long de la rivière. La randonnée de 2 à 3 jours jusqu'à Batopilas est plus ardue. Les guides locaux demandent environ 4 000 à 5 000 $M pour ce circuit. Comme toujours, s'agissant du nord du Mexique, renseignez-vous sur le contexte sécuritaire avant de partir.

Où se loger et se restaurer

Hotel El Paraíso Escondido HÔTEL **$**

(635-592-74-04 ; escondidodeurique@hotmail.com ; Principal s/n ; s/d 300/400 $M ; P ❄). Chambres avec peinture à l'éponge impeccables, bien placées et à l'excellent rapport qualité/prix pour ce motel accueillant et bon marché. Elles comportent toutes un écran plat, l'eau chaude et la climatisation. Celles du rez-de-chaussée ont aussi le chauffage. Tournez à droite sur la rue principale en entrant dans le village, et vous le verrez sur votre droite.

Entre Amigos CABAÑAS, CAMPING **$**

(635-110-62-60, États-Unis 503-434-6488 ; www.amongamigos.com ; Principal s/n ; empl tente 10 $US/pers, dort/ch 15/50 $US ; P). Ce superbe établissement reçoit des voyageurs depuis 1975. Les *cabañas* en pierre accueillantes, les dortoirs vieillissants et les emplacements de camping (équipements non inclus) s'inscrivent dans de beaux jardins, dominés par des arbres fruitiers et un gigantesque cactus. Pas de restauration, mais les hôtes disposent d'une cuisine bien équipée – et d'une bibliothèque bien garnie. L'équipe pourra vous mettre en contact avec des guides locaux fiables pour marcher, camper ou pêcher.

Près de la rivière, à 10 minutes de marche du centre du village. Si vous arrivez en bus, le chauffeur acceptera volontiers de vous déposer.

Restaurant Plaza MEXICAIN **$**

(635 456-60-03 ; Principal s/n ; repas 100-120 $M ; 6h-21h). Agréable restaurant familial, qui prépare une cuisine savoureuse et authentique. La spécialité, l'*aguachile*, est un cocktail de crevettes épicé, agrémenté d'oignons et de tomates

FORMALITÉS AUX FRONTIÈRES

Plus de 40 postes-frontières officiels jalonnent la frontière américano-mexicaine, pour la plupart ouverts tous les jours, 24h/24. Les horaires et le temps d'attente estimé pour les conducteurs côté américain sont fournis par l'US Customs and Border Protection (www.cbp.gov). Voir aussi p. 920.

Les touristes qui se rendent au Mexique doivent posséder un passeport et obtenir un permis touristique mexicain (*forma migratoria para turista*, FMT ; ou *forma migratoria múltiple*, FMM) à l'arrivée, à moins de rester dans la zone frontalière 72 heures au maximum. Cette dernière s'étend sur 20 à 30 km vers le sud, mais va aussi jusqu'à Puerto Peñasco, dans le Sonora, et Ensenada et San Felipe dans la péninsule de Basse-Californie.

Les voyageurs entrant au Mexique avec un véhicule doivent contracter une assurance mexicaine (disponible aux frontières). Si vous vous rendez au-delà de la zone frontalière (à l'exception de la péninsule de Basse-Californie), vous devrez obtenir un permis d'importation temporaire de véhicule ou un permis Sólo Sonora. Chacun de ces permis coûte 1 014 $M, et vous pourrez les obtenir pour moins cher si vous les demandez longtemps à l'avance et les recevez par courrier ou venez les récupérer dans les agences Banjército près de la frontière.

Pour les démarches d'obtention, vous pouvez passer par Banjército (www.banjercito.com.mx) ou vous adresser à l'un des 38 bureaux d'Importación e Internación de Vehículos (IITV) du Mexique, aux frontières du Nord ou dans certaines bourgades après la frontière – notamment à Agua Zarca (à 21 km au sud de Nogales) dans le Sonora, à 30 km au sud de Ciudad Juárez dans l'État de Chihuahua et à Pichilingue (près de La Paz) et Ensenada en Basse-Californie. Tous les emplacements des bureaux/guichets IITV figurent sur le site www.banjercito.com.mx (cliquez sur "Red de Módulos IITV").

Si vous voyagez seulement dans l'État du Sonora, le permis Sólo Sonora est avantageux. Il permet aux Nord-Américains d'amener un véhicule dans le nord-ouest du Sonora plus facilement (moins de papiers à fournir et pas de caution à laisser) ; il est également disponible auprès de Banjército ou des bureaux IITV. Le permis Sólo Sonora est valable uniquement sur la route fédérale (Hwy) 2 entre Agua Prieta et Imuris, et sur la route 15D entre Imuris et le poste de contrôle du Km 98, à l'est d'Empalme, près de Guaymas. Pour conduire au-delà de ces points, vous devrez vous procurer un permis d'importation de véhicule normal. Au poste de contrôle du Km 98, le personnel (sympathique, efficace et anglophone) pourra vous en fournir un assez rapidement si vous avez les documents requis.

Dans le cas où vous entrez avec un véhicule dans la péninsule de Basse-Californie, puis prenez un ferry entre Pichilingue et le Mexique continental, procurez-vous un permis avant de monter dans le véhicule.

Principaux postes-frontières (d'ouest en est) :

San Diego (Californie)-Tijuana (Basse-Californie) Parmi les 3 postes-frontières figurent celui de San Ysidro-El Chaparral (24h/24), le plus fréquenté au monde, le terminal transfrontalier de l'aéroport international de Tijuana (24h/24, uniquement pour les passagers munis de billets) et Otay Mesa (24h/24).

Calexico (Californie)-Mexicali (Basse-Californie) Deux points de passage : Calexico West (24h/24) et Calexico East (3h-minuit).

Lukeville (Arizona)-Sonoyta (Sonora) Le plus pratique pour Puerto Peñasco (6h-minuit).

et servi dans un *molcajete* (mortier avec pilon). Ne vous laissez pas abuser par sa minuscule salle à l'avant : elle dissimule une vaste arrière-cour ombragée et un patio ensoleillé sur le toit, avec vue sur les flancs majestueux du canyon.

Restaurante del Centro MEXICAIN **$$**

(Plats 70-180 $M ; ⏲7h30-21h). Adresse tranquille dont l'entrée traverse une boutique de bibelots. La salle est spacieuse, lumineuse et agréable, avec de longues tables

Nogales (Arizona)-Nogales (Sonora) La route 15/15D est la principale route fédérale vers le poste-frontière de Deconcini (24h/24), au sud.

Poste-frontière de Santa Teresa À quelque 20 km à l'ouest de Ciudad Juárez dans l'État de Chihuahua ; pratique pour éviter les problèmes de sécurité près de Juárez (6h-minuit).

El Paso (Texas)-Ciudad Juárez (Chihuahua) Pont des Amériques (24h/24) ; Paso del Norte (24h/24) ; Stanton St-Avenida Lerdo (6h-minuit) ; et Ysleta (24h/24). Passages piétons sur le pont des Amériques, ou les ponts Paso del Norte et Ysleta. Pour revenir à pied, il faut passer par Paso del Norte. Pour les véhicules, l'accès se fait par le pont des Amériques (Puente Córdova). Les permis touristiques sont disponibles au bout du pont de Stanton St-Avenida Lerdo et du pont des Amériques. La route fédérale 45D, à partir de Juárez, est le principal axe vers le sud.

Presidio (Texas)-Ojinaga (Chihuahua) Ojinaga est à 225 km de Chihuahua par la route 16 (trajet direct).

Del Rio (Texas)-Ciudad Acuña (Coahuila) (24h/24).

Eagle Pass (Texas)-Piedras Negras (Coahuila) Deux postes-frontières : le Bridge 1 (7h-23h) et le Bridge 2 (24h/24).

Laredo (Texas)-Nuevo Laredo (Tamaulipas) Quatre points de passage : les Puentes Internacionales 1 et 2 (24h/24), le Colombia Solidarity (8h-minuit) et le World Trade Bridge (8h-minuit). Le Puente Internacional 2 s'avère plus sûr, car il contourne la ville. Vous prendrez ensuite la route fédérale 85D entre Nuevo Laredo et Monterrey, d'où vous pourrez facilement rejoindre d'autres villes mexicaines (24h/24).

McAllen/Hidalgo/Pharr (Texas)-Reynosa (Tamaulipas) Reynosa est accessible par les postes-frontières de 3 villes américaines situées côte à côte : l'Anzalduas International Bridge (6h-22h), celui de Hidalgo (24h/24) et celui de Pharr (6h-minuit).

Brownsville (Texas)-Matamoros (Tamaulipas) B&M (24h/24), Gateway (24h/24), Los Indios (6h-minuit) et Veterans International (6h-minuit).

Des bus transfrontaliers desservent la région depuis des villes américaines. La plupart impliquent une correspondance dans une ville frontalière de l'un ou l'autre côté. Étant donné le temps que peut mettre un bus pour franchir la frontière, il est souvent plus rapide de descendre juste avant, de traverser à pied, et de prendre un transport de l'autre côté.

Si vous voulez éviter de vous attarder dans les villes frontalières mexicaines, certains bus se rendent directement plus avant dans le pays : **Transportes Express** (p. 813) par exemple assure un service Phoenix-Puerto Peñasco via Sonoyta ; **Los Paisanos Autobuses** (p. 829) parcourt la ligne El Paso-Chihuahua via Juárez depuis Dallas, Denver, Los Angeles et Las Vegas (entre autres) ; et Tufesa (www.tufesa.com.mx) gère de nombreux bus transfrontaliers desservant la Californie et l'Arizona.

Beaucoup de villes frontalières font partie des lieux les plus dangereux du Mexique. En matière de sécurité, la situation évolue rapidement. Mieux vaut éviter Ciudad Juárez et Nuevo Laredo, d'une dangerosité notoire depuis des années, ou du moins y transiter de jour avec la plus grande prudence. Les postes-frontières de l'État du Sonora étaient plutôt tranquilles lors de nos recherches.

familiales. Menu petit-déjeuner, déjeuner-buffet une fois par semaine, et nombreuses options pour le dîner, dont diverses pièces de viande bien préparées. Elle est située juste à côté de la place centrale, en retrait de la rue principale.

ℹ Renseignements

La mairie, dans la rue principale, abrite un petit **office du tourisme** (☎635-456-60-42 ; turismo.urique@gmail.com ; Palacio Municipal, Principal s/n ; ⏲8h-15h lun-ven), efficace.

Depuis/vers Urique

L'**El Chepe** (p. 791) marque deux arrêts par jour à Bahuichivo, gare la plus proche d'Urique. Tous les jours, après l'arrivée du dernier train, un bus en part pour Urique (230 $M, 3 heures 30 ou plus). Sinon, Abarrotes El Teto, petite épicerie située à l'entrée du village, sert aussi d'arrêt de bus local, et s'y rendre en taxi depuis la gare ferroviaire revient à 50 $M. Le bus part pour Cerocahui (50 $M, 40 min) et Urique (230 $M, 3 heures 30 ou plus) tous les jours vers 13h30 ; il attend le premier train en provenance de Chihuahua, mais pas toujours celui qui arrive, plus tard, de Los Mochis.

Dans l'autre sens, le bus fait le tour d'Urique et part à 7h, avec des arrêts à Cerocahui et Bahuichivo. Les hôtels d'Urique organisent le transfert depuis Bahuichivo pour environ 1 500 $M. Les hôtels de Cerocahui assurent aussi le transport : le Cabañas San Isidro et l'Hotel Jade demandent 1 800 $M aller-retour pour une excursion avec guide à Urique.

Areponápuchi

635 / 210 HABITANTS / ALTITUDE : 2 220 M

Longeant une route de 2 km au bord du précipice, le minuscule village d'Areponápuchi ou "Arepo" se résume à une vingtaine de maisons, une église et quelques hôtels, dont les plus luxueux tirent avantage d'une vue à couper le souffle. Il s'agit de la partie la plus touristique du canyon du Cuivre, siège du superbe parc d'aventures (p. 801) où l'on peut descendre presque jusqu'au fond du canyon via 7 tyroliennes et remonter en téléphérique – une expérience incontournable d'une demi-journée.

Le village n'ayant en soi rien de remarquable, la plupart des voyageurs se contentent d'y passer une ou 2 nuits pour visiter le parc avant d'emprunter El Chepe (p. 791). Un sentier facile, avec plusieurs points de vue, court le long du bord du canyon à gauche (nord) de l'Hotel Mirador. On trouve des belvédères (ainsi que le parc d'aventures) à une courte distance de la route entre l'hôtel et Divisadero.

Où se loger et se restaurer

Cabañas Díaz Family CABAÑAS **$**

(635-578-30-08 ; près de Principal ; cabañas 300 $M/pers ; P). Ce lodge accueillant et tenu par une famille loue plusieurs *cabañas* confortables dominant un verger de pêchers. Beaucoup ont des greniers, et toutes sont pourvues d'une cheminée et d'une kitchenette tout équipée. Des chambres d'hôtel (500 $M) basiques mais propres sont aussi disponibles. Une cuisine maison et bon marché est servie dans l'immense salle à manger du bâtiment principal. D'excellentes randonnées et balades à cheval guidées sont organisées ici (4 heures pour 2 pers à pied/à cheval 350/650 $M).

Hotel Mansión Tarahumara HÔTEL **$$**

(El Castillo ; 635-578-30-30, Chihuahua 614-415-47-21 www.hotelmansiontarahumara.com.mx ; près de Principal ; s/d avec petit-déj à partir de 1 026/1 445 $M, pension complète à partir de 1 386/1 938 $M ; P). Hôtel de style "manoir" (avec tourelles et créneaux assez kitsch) proposant des chambres confortables. Celles situées au bord du canyon (les plus chères) sont les plus belles, avec lits douillets et balcon. Restaurant gigantesque (repas 220 $M), piscine et Jacuzzi.

Hotel Mirador HÔTEL **$$$**

(800-552-56-45, 635-578-30-20 ; www.mexicoscoppercanyon.com ; près de Principal ; s/d/ste pension complète 3 045/3 997/4 845 $M ; P). Comme suspendu au-dessus du canyon, cet hôtel de l'est d'Arepo profite d'une vue imprenable. C'est également le cas du restaurant, où le buffet est servi sur de grandes tables communes, et des 75 chambres (poutres apparentes, meubles un peu démodés et balcons). Si l'endroit a la faveur des groupes et pratique des prix un peu excessifs, le panorama, exceptionnel, justifie d'y passer.

Cabañas Díaz Eatery MEXICAIN **$**

(635-578-30-08 ; près de Principal ; repas 80-90 $M ; 7h-20h ;). Établissement familial servant une savoureuse cuisine maison sur de longues tables communes. Pas de menu, mais un plat du jour fraîchement préparé. Le service est aimable et soigné. Adresse la plus fiable du village si vous ne logez pas dans un de ses grands hôtels.

♥ **Restaurante Barranco** INTERNATIONAL **$$**

(664-143-23-05 ; www.parquebarrancas.com ; Parque de Aventura Barrancas del Cobre ; plats 90-250 $M ; 9h-16h ;). Juché sur une ébahissante faille dans les parois du canyon – ses fenêtres pleine hauteur et son sol en Plexiglas vous le rappelleront –, ce restaurant offre une vue à couper le souffle. Cuisine généreuse, avec un large choix de pièces de viande, de salades et de petits-déjeuners classiques. Situé dans le bâtiment principal du parc d'aventures.

VAUT LE DÉTOUR

PARQUE DE AVENTURA BARRANCAS DEL COBRE

Ce remarquable **parc d'aventures** (parc d'aventures du canyon du Cuivre ; 664-143-23-05, États-Unis 800-887-4766 ; www.parquebarrancas.com ; 20 $M, tyrolienne 600-1 000 $M ; 9h-17h ;), au bord de la faille, entre Areponápuchi et Divisadero, comprend la plus longue série de tyroliennes du Mexique, suspendues au-dessus d'un canyon exceptionnellement profond. Les 7 *tirolesas* transportent les visiteurs jusqu'à mi-hauteur du canyon depuis une altitude de 2 400 m. L'une d'elles, la plus longue du monde, mesure 2,5 km.

Des ponts suspendus à couper le souffle jalonnent la descente dans le canyon. Les normes de sécurité sont excellentes : des professionnels accompagnent les participants et ces derniers sont parfaitement harnachés. Prévoyez au moins 2 heures pour atteindre le point de vue spectaculaire de Mesón de Bacajípare, car le trajet se fait en groupe, ce qui induit de l'attente à chaque tyrolienne. Si la voltige vous rebute, vous pouvez aussi explorer le parc dans le cadre d'une excursion escalade et rappel (450 $M) menant au même endroit. Pour celle-ci, comptez au moins 1 heure 30.

Le point d'observation de Mesón de Bacajípare sert aussi de gare aval au *teleférico*, qu'il vous faudra prendre pour remonter. Le téléphérique est inclus dans les prix de la tyrolienne et des excursions rappel-escalade. Les guides tarahumaras peuvent aussi vous préparer une randonnée (de 50 à 200 $M) ou une descente à VTT (400 $M). Si le sport ne vous dit rien, vous pouvez descendre tout simplement dans le canyon en téléphérique (adulte/enfant 250/130 $M ; trajet 10 minutes ; arrêt 20 minutes).

Le bâtiment principal réunit la billetterie, un **restaurant** avec vue imprenable et une boutique de souvenirs.

À 1,5 km de marche aisée du parc via un superbe chemin longeant le bord du canyon, Arepo est la localité la plus proche desservie par les transports publics. Divisadero se trouve environ 3 km plus loin, et la route vous réserve une vue tout aussi superbe.

Depuis/vers Areponápuchi

La plupart des visiteurs arrivent à la gare de Posada Barrancas avec l'El Chepe (p. 791), à une courte distance à pied des hôtels d'Arepo et de l'incontournable parc d'aventures. Pour rejoindre directement ce dernier, traversez les voies, puis prenez à gauche vers la colline.

Chaque jour entre 11h30 et 19h30, 5 bus Autotransportes Noroeste (p. 805) relient Arepo à Creel (90 $M, 1 heure) et San Rafael (10 $M, 15 min) toutes les 2 heures. Les bus vous laisseront à l'entrée du parc, ou à celle d'Arepo, sur la route principale.

Divisadero

ALTITUDE : 2 240 M

La station ferroviaire de Divisadero (sans village) constitue, pour les passagers du train, le seul lieu d'où contempler le superbe canyon. Tous les trains s'y arrêtent 20 minutes, juste le temps de sauter sur le quai, de prendre quelques photos et de remonter. Vous n'apercevrez qu'un minuscule tronçon du Río Urique au fond du canyon du Cuivre. Calculez votre temps, car dans la gare se tiennent également un marché de souvenirs et un alléchant espace de restauration. Les *gorditas* (gâteaux de maïs, parfois confectionnés avec du maïs bleu), burritos et *chiles rellenos* (poivrons fourrés à la viande ou au fromage) cuisinés sur des réchauds de fortune mériteraient à eux seuls de marquer l'arrêt. En principe, il est interdit d'apporter de la nourriture dans la rame. Le parc d'aventures se trouve à 1,5 km au sud. Le village voisin d'Areponápuchi dispose d'un bon choix d'hébergements.

Où se loger et se restaurer

Hotel Divisadero Barrancas HÔTEL **$$$**
(614-415-11-99, États-Unis 888-232-4219 ; www.hoteldivisadero.com ; Av Mirador 4516 ; s/d pension complète à partir de 2 629/3 135 $M ; P). Juste à côté du point d'observation du canyon, ces chambres modernes mais un peu chères évoquent des cabanes en rondins. Les plus anciennes sont sans vue (quelle idée !), mais les plus récentes (n°35 à 52)

si, et c'est grandiose. On peut dans tous les cas profiter du panorama depuis les baies vitrées du restaurant et du salon.

Mercado Divisadero MARCHÉ $
(Av Mirador ; plats 15-40 $M ; 12h-15h ;). Au pied de la gare, les étals alimentaires se bousculent sur le marché de Divisadero. On y vend surtout tacos, burritos, *gorditas* (tortillas épaisses et fourrées) remplies de délices maison tels que bœuf grillé, poulet assaisonné, *nopales* (cactus) et même *chiles rellenos* (poivrons fourrés à la viande ou au fromage).

Depuis/vers Divisadero

En chemin pour Los Mochis ou Chihuahua, l'El Chepe (p. 791) passe 2 fois par jour à la gare de Divisadero. Billets en vente à bord tant qu'il y a des sièges non réservés, ce qui est le cas durant la majeure partie de l'année. Si vous circulez aux périodes de pointe (Semana Santa, juillet, août, Noël et Nouvel An), réservez un mois ou plus à l'avance.

Les bus desservant Areponápuchi, San Rafael et Bahuichivo passent également par Divisadero ; ils s'arrêtent en dessous de la gare ferroviaire (pour la fin du trajet, ils sont plus rapides et moins chers que le train).

Creel

635 / 5 300 HABITANTS / ALTITUDE : 2 345 M

Principal centre touristique de la région du canyon du Cuivre (Barranca del Cobre), Creel est une bourgade discrète, en bordure de la voie ferrée. Située en altitude et entourée de forêts de pins et de belles formations rocheuses, elle conserve une atmosphère résolument alpine et de bons hôtels et restaurants. Vous aurez souvent l'occasion de croiser des Tarahumaras vêtus de leurs tenues colorées. Les groupes sont nombreux à s'arrêter dans la ville.

La région autour de Creel est riche en merveilles naturelles, des cascades et des sources thermales aux formations rocheuses insolites et aux vastes parcs ; toutes peuvent se découvrir dans la journée. Si les guides locaux proposent divers circuits, vous pourrez louer un vélo, un scooter ou un 4x4 et les explorer en indépendant.

La température peut y être très basse en hiver, il y neige parfois, et les nuits sont fraîches en automne. En été, l'air frais est bienvenu après la chaleur étouffante des plaines côtières et du désert.

À voir

Museo de Arte Popular de Chihuahua MUSÉE
(635-456-00-80 ; casaartesanias@prodigy.net.mx ; Av Vías del Ferrocarril 178 ; adulte/enfant 10/5 $M ; 9h-18h ; P). Excellentes collections (explications en anglais) sur l'histoire locale et la culture et l'artisanat tarahumaras, avec de splendides paniers, des vêtements traditionnels, des photos, etc. La boutique de souvenirs vend aussi des œuvres d'art populaire tarahumara de grande qualité.

Activités

La région est idéale pour les promenades, et de nombreux sites aux alentours de Creel peuvent se découvrir à cheval, à vélo ou même à scooter. C'est une solution intéressante, qui permet de visiter des lieux plus paisibles, inaccessibles en minibus. On peut aussi louer un VTT et explorer la campagne en indépendant.

Avec un scooter ou une voiture, vous aurez des chances d'atteindre le fond du canyon du Cuivre par vos propres moyens. Avant toute chose, achetez un pique-nique à Creel. L'itinéraire est très simple : suivez l'excellente route principale goudronnée au sud-est de la ville, en direction de Guachochi. Le paysage est époustouflant ; le plus beau tronçon, entre le Km 133 et le Km 150, serpente autour des superbes murs ocre du canyon du Cuivre lui-même, puis descend au Pont Humira, sur les eaux écumeuses de la Rivière Urique. Le trajet est le même au retour, via Cusárare et le Lago Arareko.

Circuits organisés

Sitôt arrivé à votre hôtel (voire avant), vous serez sollicité pour vous inscrire à un circuit. Les excursions classiques en minibus se font dans un laps de temps très court (une demi-journée en général) et permettent de voir de nombreux sites des environs, notamment des canyons, des cascades, des villages tarahumaras, des sources chaudes et autres. Les circuits thématiques sont souvent plus enrichissants. Un minimum de participants est requis pour la plupart des circuits organisés (4 personnes, en général). Un circuit très prisé de 5 heures comprend le village et la chute de Cusárare, le Lago Arareko et le Valle de las Ranas y los Hongos. Le prix s'élève habituellement à 300 $M

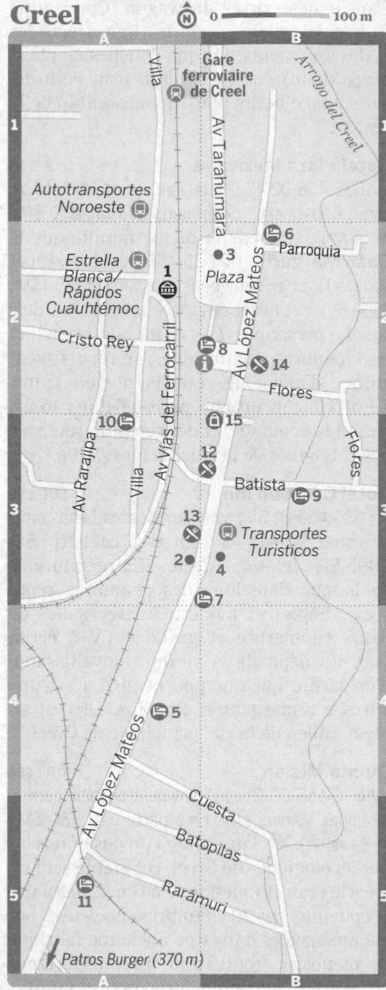

Creel

À voir

1 Museo de Arte Popular de Chihuahua A2

Activités

2 3 Amigos A3
3 Tarahumara Tours B2
4 Umarike Expediciones B3

Où se loger

5 Best Western The Lodge at Creel A4
6 Casa Margarita B2
7 Hotel Cascada Inn B3
8 Hotel La Estación B2
9 Hotel Plaza Mexicana B3
10 La Troje de Adobe A3
11 Quinta Mision A5

Où se restaurer

12 La Cabaña B3
13 La Lupita A3
14 Simple B2

Où prendre un verre et faire la fête

La Troje de Adobe Cafe .... (voir 10)

Achats

15 No Name Gift Shop B3

par personne pour la demi-journée, et à 600 $M pour la journée. Parmi d'autres excursions (demi-journée ou journée entière), citons le parc d'aventures (p. 801) près d'Areponápuchi, la Cascada de Basaseachi (p. 804) et les sources chaudes de Rekowata (p. 810).

♥ 3 Amigos EXCURSIONS

(☎635-456-00-36 ; www.amigos3.com ; Av López Mateos 46 ; ⌚9h-18h ; 👪). Cette agence de passionnés anglophones, très efficace, vous aidera à "être votre propre guide dans le canyon du Cuivre". Elle fournit, à cette fin, des cartes des sentiers (20 $M), loue des VTT Rockhopper (350 $M/jour) et des scooters (1 000 $M/jour), et organise des excursions guidées et personnalisées de plusieurs jours en 4x4 avec chauffeur (160 $US/jour).

Vivement recommandés, le circuit autoguidé d'une journée à VTT jusqu'aux sources chaudes de Rekowata et le parcours d'une journée à scooter jusqu'au bas du canyon, via le Pont Humira, permettent d'admirer des paysages fantastiques. L'agence est aussi la meilleure source d'information en ville, avec un site Internet bien conçu pour planifier son périple dans le canyon du Cuivre. Transport possible depuis Chihuahua et Los Mochis.

Tarahumara Tours EXCURSIONS

(☎635-199-61-64 ; creeltour@hotmail.com ; Callejón Parroquial s/n ; ⌚9h-19h). Ici, des guides-chauffeurs locaux proposent des circuits à prix avantageux, de 200 $M/pers pour une excursion de 2 heures incluant 5 jolis coins des alentours à 1 000 $M pour un voyage de 2 jours à Batopilas (sans repas ni hébergement). Vous trouverez l'agence sur la place centrale.

À NE PAS MANQUER

CASCADA DE BASASEACHI

Peu de sites naturels mexicains rivalisent avec la beauté cristalline des plus hautes chutes permanentes du pays, la **Cascada de Basaseachi** (☎642-135-28-74), qui se jettent d'une hauteur de 246 m vers des bassins où l'on peut se baigner. Basaseachi est à 140 km au nord-ouest de Creel : comptez une journée pour cette excursion (dont 3 heures de marche pour descendre jusqu'à la cascade et remonter). Les chutes font partie du parc national du même nom, au sud duquel se trouvent l'ancienne ville minière de **Maguarachi** et ses délicieuses sources chaudes. On accède aux deux sites via San Juanito, à 35 km au nord de Creel. Il faut avoir un véhicule ou réserver un circuit par une agence de Creel.

Umarike Expediciones AVENTURE
(☎635-456-06-32, portable 614-406 54 64 ; www.umarike.com.mx ; Av López Mateos s/n). Excellent spécialiste du VTT, ce prestataire propose des circuits aventure guidés à VTT et à pied, de 1 à 8 jours. Il loue des vélos (500 $M/jour) et fournit des cartes et des informations.

Où se loger

♥ La Troje de Adobe AUBERGE $
(☎635-102-10-11 ; www.lodgeatcreel.com ; Chapultepec s/n ; ch 595-795 $M ; 📶). Cette auberge évoquant un chalet de skieurs suisse ne dispose que de 7 chambres. Toutes vantent un charme bohème haut de gamme, avec tissages tarahumaras à foison, mobilier artisanal et salles de bains en ardoise. Plusieurs d'entre elles ont aussi vue sur les montagnes. Ses propriétaires affables – l'un d'eux est un anthropologue à la retraite – ont d'excellentes suggestions sur les sites et les guides des environs.

♥ Hotel La Estación AUBERGE $$
(☎635-456-04-72 ; www.facebook.com/hotellaestacioncreel ; Av López Mateos s/n ; ch avec petit-déj 1050 $M ; 📶). Chacune des chambres de ce cinéma transformé en auberge rend hommage à un arrêt de l'El Chepe sur le chemin de fer du canyon du Cuivre, avec peintures murales, photos et même d'anciennes portes de wagon. Conception d'un chic urbain, avec des lignes épurées et des agréments tels que douches de pluie, draps de luxe et TV à écran plat. Petit-déjeuner avec petits plaisirs maison bio de la région.

Hotel Plaza Mexicana HÔTEL $$
(☎635-456-02-45 ; hotelesmargaritas@hotmail.com ; Batista s/n ; ch en demi-pension 850 $M ; P 🚭 📶). Géré par la même famille que la **Casa Margarita** (☎635-456-00-45 ; Av López Mateos 11 ; ch en demi-pension à partir de 850 $M ; P 🚭 📶), cet hôtel se classe un cran au-dessus. Le personnel réserve un bon accueil et les chambres, confortables, se répartissent autour d'une jolie cour peinte en jaune. Le prix inclut un bon petit-déjeuner (œufs cuits à la demande) et des repas du soir avec des classiques de la cuisine mexicaine.

Hotel Cascada Inn HÔTEL $$
(☎635-456-01-51 ; www.hotelcascadainn.com ; Av López Mateos 49 ; ch avec petit-déj 950-1 495 $M ; P 🚭 📶). Cette affaire familiale de longue date loue des chambres rénovées, simples et modernes, avec salles de bains en marbre et grandes TV à écran plat. En dépit de la verdure envahissante d'un jardin quelque peu négligé, c'est une adresse remarquable. De plus, elle est en plein milieu de la rue principale de Creel.

Quinta Mision HÔTEL $$$
(☎635-456-00-21 ; www.quintamision.com ; Av López Mateos s/n ; ch à partir de 1 730 $M ; P 🚭 ❄ 📶). 🌿 Sans doute l'un des hôtels les plus écologiques de Creel, cet établissement recycle l'eau et fonctionne à l'énergie solaire et éolienne. Les 20 chambres spacieuses ont été aménagées dans une ancienne fabrique de meubles ; toutes ont un réfrigérateur et peuvent accueillir une petite famille. Consultez le site Internet pour connaître leurs fréquentes promotions.

Best Western The Lodge at Creel LODGE $$$
(☎635-456-07-07 ; www.thelodgeatcreel.com ; Av López Mateos 61 ; ch à partir 1 928 $M ; P 🚭 @ 📶). Tirant son originalité de sa thématique Far West, cette enseigne Best Western arbore des lustres en bois de cerf et des peaux de vache aux murs. Ses 41 chambres, élégantes et spacieuses, avec murs en pierres apparentes, comportent un coin salon, une cheminée et une balancelle dans la véranda. Petit centre de fitness/spa, et différents bars et restaurants.

Où se restaurer

Creel possède un choix de restaurants limité, mais on y mange bien mieux que dans les villages, plus modestes, du fond du canyon. Pour un pique-nique, les épiceries de l'artère principale vendent un bon *queso menonita* (fromage menonite) et du pain.

Simple BISTROT **$**
(☎ 635-456-08-44 ; www.facebook.com/simplebistrocreel ; Av López Mateos 17A ; plats 45-75 $M ; ⏲ 8h-22h ; 📶). À quelques pas de la place centrale, ce petit bistrot prépare sandwichs épais, burgers à la demande et un éventail impressionnant de crêpes. Le service est parfois un brin expéditif, mais la cuisine y fait largement contrepoids. Repas à emporter disponibles tôt si vous partez en excursion. La terrasse sur le trottoir est agréable lorsqu'il fait chaud.

Patros Burger TACOS **$**
(☎ 635-102-10-05 ; Av López Mateos ; plats 45-75 $M ; ⏲ 12h-20h). Ne vous fiez pas au nom de cette adresse haute en couleur, car c'est bien pour ses *tortas* (sandwichs mexicains) et ses tacos que l'on y vient. Le gril où l'on prépare des repas entièrement à base de viande crépite en permanence, tandis qu'en cuisine, galettes et tortillas attendent d'être garnies de bœuf, de porc et d'accompagnements. Les clients affluent constamment et le Patros ne désemplit presque pas.

La Lupita MEXICAIN **$**
(☎ 635-456-10-01 ; Av López Mateos 44 ; plats 60-110 $M ; ⏲ 7h-21h ; 📶). Trois salles décorées de tons vifs. La sympathique équipe aux commandes a l'habitude de recevoir des voyageurs, qui tuent ici le temps entre les trajets en bus et en train. La carte comprend un choix de petits-déjeuners, ainsi que des classiques de la cuisine mexicaine et plusieurs spécialités de produits de la mer.

La Cabaña INTERNATIONAL **$$**
(☎ 635-456-06-64 ; Av López Mateos 36 ; plats 60-180 $M ; ⏲ 7h30-22h30 ; 📶). Restaurant géré par un Catalan, parfait pour se faire plaisir. Outre de bons petits-déjeuners (60-100 $M), La Cabaña prépare une remarquable *tampiqueña* (steak accompagné de garnitures), des salades savoureuses, des grillades et des plats du jour renouvelés quotidiennement, à l'exemple de la truite farcie aux crevettes. Le service est quelquefois terriblement lent.

Où prendre un verre et faire la fête

La Troje de Adobe Cafe CAFÉ
(☎ 635-102-10-11 ; Chapultepec s/n ; ⏲ 16h30-21h30 lun-sam ; 📶). Ce café chaleureux prépare pour les intellectuels des environs et les hipsters de passage des boissons à base de café en tous genres, des sodas italiens et des milk-shakes, ainsi que des desserts et en-cas savoureux, concoctés à partir d'ingrédients bio et régionaux. Ferme plus tard lorsqu'il y a du monde.

Achats

Les boutiques de Creel vendent surtout de l'artisanat tarahumara et des poteries de Mata Ortiz.

♥ **No Name Gift Shop** ART ET ARTISANAT
(Av López Mateos s/n ; ⏲ 12h-20h). Dans cette petite boutique, un groupe de Tarahumaras venu de San Ignacio, non loin, vend objets artisanaux, vêtements et instruments de musique d'excellente facture et à des prix plus que convenables. Pas d'enseigne, mais vous la trouverez à côté de l'agence Telcel, tout au nord du village.

Renseignements

Office du tourisme (☎ 635-456-05-06 ; Av López Mateos s/n ; ⏲ 9h-13h et 15h-18h lun-ven). Simple guichet installé dans un petit parc, au sud de la place centrale, proposant brochures et cartes. Le personnel vous renseignera peut-être.

Santander (☎ 800-501-00-00 ; www.santander.com.mx ; Av López Mateos 3 ; ⏲ 9h-16h lun-ven, 10h-14h sam). Dispose de 2 DAB, les seuls en ville.

Unidad Medica Santa Teresita (☎ 635-456-01-05 ; Parroquia s/n ; ⏲ 24h/24). Services médicaux de base.

Depuis/vers Creel

BUS

De Creel, mieux vaut prendre le bus pour rallier Chihuahua, de même que Divisadero et Areponápuchi, car les trajets sont plus courts, plus fréquents et plus économiques que le train. Les bus d'**Autotransportes Noroeste** (☎ 635-456-09-45 ; www.turisticosnoroeste.com ; Francisco Villa s/n) partent pour Cuauhtémoc (125 $M, 2 heures 30) et Chihuahua (240 $M, 4 heures 30) 8 fois par jour, avec un départ toutes les heures et demie, de 6h30 à 17h. Noroeste assure également des bus pour Divisadero (60 $M, 1 heure), Areponápuchi (60 $M, 1 heure) et San Rafael (90 $M,

1 heure 15), toutes les 2 heures entre 10h30 et 18h30. Le premier bus pour San Rafael assure la correspondance avec le bus de 13h pour Bahuichivo.

Estrella Blanca/Rápidos Cuauhtémoc (☎635-456-07-04 ; www.estrellablanca.com.mx ; Francisco Villa s/n) propose 9 bus par jour pour Chihuahua (240 $M, 4 heures 30) via Cuauhtémoc (120 $M, 3 heures), partant toutes les heures environ entre 6h30 et 16h45 ; ainsi que 4 départs quotidiens pour Bahuichivo (120 $M, 2 heures 30), toutes les 2 heures entre 10h15 et 18h15, avec des arrêts à Divisadero (55 $M, 1 heure), Areponápuchi (55 $M, 1 heure) et San Rafael (55 $M, 1 heure 30).

Transportes Turisticos (☎635-106-43-09 ; Av López Mateos) assure un minibus à destination de Batopilas (300 $M, 4 heures, 9h lun, mer et ven, 7h30 mar, jeu, sam). Au retour, le bus quitte Batopilas à 5h du lundi au samedi.

VOITURE ET MOTO

Les routes sont goudronnées sur tout le parcours entre Chihuahua et Creel, puis jusqu'à Divisadero, Batopilas et Bahuichivo. L'agence **3 Amigos** (p. 803) loue des motos et des 4x4. Si vous souhaitez conduire dans la région, procurez-vous une voiture à Los Mochis ou à Chihuahua, mais soyez vigilant : certaines zones étant contrôlées par les cartels de la drogue, renseignez-vous sur la situation du moment auprès d'une source bien informée.

TRAIN

En chemin pour Los Mochis ou Chihuahua, l'El Chepe (p. 791) s'arrête à Creel 2 fois par jour. Des billets *primera express* (1re classe) sont disponibles à la **gare de Creel** (☎635-456-00-15 ; www.chepe.com.mx ; Av Tarahumara s/n) à partir de 1 heure avant le départ. Les billets 2e classe s'achètent uniquement à bord.

Batopilas

☎649 / 1 220 HABITANTS / ALTITUDE : 580 M

Dans l'ancien village minier de Batopilas, charmante localité assoupie au fond du canyon du Cuivre, tout le monde se connaît, et les visiteurs sont invariablement envoûtés par l'atmosphère décontractée qui règne sur cette bande de 2 km longeant la rivière du même nom. Une route goudronnée à travers la Barranca de Batopilas permet de s'y rendre assez aisément, à condition d'être prêt à négocier des virages et des descentes dignes d'infernales montagnes russes.

Batopilas fut fondé en 1708 et connut son âge d'or à la fin du XIXe siècle, avec l'exploitation des mines d'argent. Un climat subtropical y règne toute l'année, avec des étés caniculaires et une chaleur agréable le reste de l'année.

L'ambiance, ici, peut devenir aussi tendue qu'interlope, car la marijuana est un moteur de l'économie locale. Des vols ont eu lieu dans le secteur, et, même si les touristes étrangers ne sont pas visés, renseignez-vous sur la situation avant de partir en excursion.

À voir

Museo de Batopilas MUSÉE

(Donato Guerra s/n ; 9h-17h lun-sam). GRATUIT Ce musée donne un aperçu de l'histoire de la bourgade grâce à une mine d'argent reconstituée et une intéressante collection de photos et d'objets. Le directeur, Rafael Ruelas, qui parle anglais, rehausse ses présentations des pièces du musée de ses propres anecdotes. Situé sur la place centrale, où vous pourrez aussi obtenir des informations touristiques.

Activités

Ruta de Plata ÉQUITATION

(Route de l'Argent ; ☎649-123-07-77 ; 250 $M/jour ; mi-oct). Cette randonnée à cheval annuelle, l'une des meilleures du nord du Mexique, suit l'ancien chemin muletier reliant Batopilas à Chihuahua. Un convoi commémore cet itinéraire historique, ainsi que son importance dans l'histoire minière, en parcourant les paysages les plus beaux (et les plus ardus) du pays.

Si vous campez en chemin, le parcours dure environ 2 semaines et demie. Le prix inclut la location d'un cheval et sa prise en charge, mais pas du matériel de camping. Vous pourrez acheter de la nourriture sur la route.

Urique Trek RANDONNÉE

(Avec/sans mule 5 000/4 000 $M). Éprouvant mais pittoresque, ce trek de 2 ou 3 jours est l'un des meilleurs du canyon. Il emprunte des chemins peu fréquentés qui traversent 2 canyons avant de rejoindre le village d'Urique. Matériel de camping et nourriture non fournis. Assurez-vous que la région est sûre avant de partir. Le centre d'information touristique ou votre hôtel vous suggéreront des guides.

LES TARAHUMARAS

La vie du canyon est marquée par la présence d'une des populations *indígenas* les plus singulières du Mexique, les Tarahumaras, qui vivent dans des grottes et de petites maisons dans la campagne environnante. Vous reconnaîtrez facilement les femmes, vêtues de jupes et de chemises colorées, et portant souvent un bébé sur le dos. Elles vendent de superbes paniers et des sculptures en bois représentant des poupées ou des animaux, à des prix ridiculement bas, dans les sites touristiques de la sierra. La plupart des hommes ont désormais troqué leur pagne traditionnel contre des jeans et autres vêtements modernes, mais hommes et femmes continuent de porter des *huaraches* – sandales fabriquées en cousant des morceaux de pneus et des lanières de cuir.

Les Tarahumaras restent une énigme. Leur nom même fait l'objet de débats (Tarahumaras, ou Rarámuris ?). Beaucoup pensent que leur nom original était "ralamuli", puis est devenu "Rarámuri" et finalement "Tarahumara", terme qu'ils utilisent en général eux-mêmes. Les Tarahumaras vivaient déjà dans les canyons lors de l'arrivée des premiers jésuites en 1608. Il existe deux principaux groupes de Tarahumaras : les Alta (du haut) et les Baja (du bas). Les prêtres jésuites furent les premiers Occidentaux à entrer en contact avec eux, respectivement à Hidalgo del Parral et à El Fuerte. La culture et la langue des Altas et des Bajas sont très différentes, et en raison de leur long isolement, chaque communauté a ses particularités. Personne ne sait à combien s'élève la population tarahumara : les estimations vont de 50 000 à 120 000 membres.

Rarámuris signifie "ceux qui courent vite", un nom approprié pour un peuple connu pour son aptitude à courir sur de longues distances, parfois jusqu'à 20 heures d'affilée. Il y a une génération seulement, on courait pour chasser le daim à l'arc. La région du canyon du Cuivre organise tous les ans son **ultramarathon** (p. 797) à Urique.

Culturellement, les Tarahumaras se distinguent par leur sens de la justice. La "Korima" est une coutume consistant à "bénir" celui qui a fait une bonne récolte et à l'obliger à en partager les fruits avec les autres. Autre tradition, la *tesgüinada* est un rassemblement animé au cours duquel les Tarahumaras abandonnent leur réserve naturelle et boivent d'énormes quantités de *tesgüino*, une bière de maïs forte.

Malgré leur isolement traditionnel, les Tarahumaras ont subi des influences extérieures, et beaucoup ont adopté une variante de catholicisme. Celle-ci est toutefois assez particulière, comme en témoignent les festivités chrétiennes accompagnées de percussions et où le *tesgüino* coule à flots.

Cependant, ils ont conservé leur mode de vie, malgré les incursions des conquistadores, des missionnaires, des voies ferrées, des trafiquants et des touristes. Dans leur langue, un mot désigne les non-Tarahumaras : *chabochi*, qui signifie "avec une toile d'araignée sur le visage", en référence aux barbes des colons espagnols. La majorité continue de vivre une vie de subsistance dans la campagne isolée de la Sierra Madre occidentale.

Les Tarahumaras sont souvent pauvres et ont des problèmes de santé : ils connaissent de forts taux de mortalité infantile, de malnutrition et de mères adolescentes. Une partie de l'aide, très limitée, qu'ils reçoivent provient des missions catholiques.

Le poète français Antonin Artaud a consacré un ouvrage aux Tarahumaras, qui l'ont initié au peyotl. Pour en savoir plus et découvrir son périple réalisé en 1936, lisez *Voyage au pays des Tarahumaras*, paru en 1945.

Misión Satevó Hike RANDONNÉE
(👪). L'une des excursions les plus appréciées depuis Batopilas mène à l'église de la Misión Satevó, du XVIIIe siècle, isolée à 8 km dans le canyon. Suivez simplement la Rivière Batopilas en aval : la mission se dessine soudainement, nichée dans une gorge boisée. Il est également possible d'y venir en voiture. La mission proprement dite n'ouvre qu'occasionnellement.

À NE PAS MANQUER

PANORAMA DU CANYON DE LA BUFA

La route pittoresque qui mène à Batopilas, environ 100 km au sud de Creel, dissimule une des vues les plus extraordinaires de la région : le **canyon de La Bufa** (Carretera Samachíque-Batopilas ; P). La rivière Batopilas se déverse au milieu de cette crevasse verdoyante de 1 800 m de profondeur, dévalée par une chaussée tout en épingles à cheveux. On y découvre aussi une étonnante formation rocheuse qui, à bien y regarder, ressemble à un énorme gâteau à 7 couches. Le parking, qui semble en équilibre sur le bord du canyon, présente quelques stands vendant de l'artisanat tarahumara.

Où se loger et se restaurer

Hotel Juanita's HÔTEL $

(☎649-488-00-43 ; Degollado s/n ; s/d 300/400 $M ;). Les chambres, simples et bien tenues, font face à une cour avec fontaine surplombant la rivière. Toutes ont un ventilateur et certaines la climatisation. Demandez à loger côté rivière, et non côté rue principale. Aucun repas.

Riverside Lodge HÔTEL $$$

(☎649-427-30-97 ; www.coppercanyonlodges.com ; Juárez s/n ; ch avec petit-déj 190 $US ; P). Pour une immersion dans la vie d'une hacienda, rien de mieux que cette superbe demeure coloniale labyrinthique, rénovée avec goût : fresques grandiloquentes, peintures à l'huile, tapis et mobilier en chêne. Les 14 chambres, très variées, possèdent chacune une grande salle de bains avec baignoire à pattes de lion. Repérez les coupoles bleues en face de l'église (pas d'enseigne) et entrez par la porte située sous une ancre.

Doña Mica MEXICAIN $

(Plaza de la Constitución ; repas 70-100 $M ; 7h-19h ;). Tenu par Velia et son époux, ce restaurant excelle dans les solides repas faits maison. Il n'y a pas de menu : les quelques plats du jour, servis dans leur salon, vous seront énoncés oralement, très vite et en espagnol.

Restaurant Carolina MEXICAIN $$

(☎649-456-90-96 ; Plaza de la Constitución ; plats 50-145 $M ; 8h-20h30). Ce restaurant familial, avec carabines aux murs, rangées de bocaux et peintures illustrant la vie locale, occupe la maison de Carolina, à une rue de la grand-place. Petits-déjeuners substantiels (50-90 $M), délicieux tacos (demandez-les avec sauce à la mangue) et autres plats plus élaborés comme la truite fraîche. Plusieurs générations travaillent en cuisine.

Renseignements

Centre d'information touristique (☎649-123-07-77 ; www.visitbatopilas.com ; Donato Guerra s/n ; 9h-17h lun-sam). Basé dans le musée du village, ce petit centre d'information (une simple table avec brochures et cartes) est un bon point de départ pour votre visite. Il est dirigé par Rafael Ruelas, aimable et serviable directeur du musée, qui se met souvent à disposition pour proposer conseils et suggestions.

Depuis/vers Batopilas

La route goudronnée qui relie Creel à Batopilas compte au nombre des plus pittoresques du pays. Sur le parcours, le Mirador La Bufa (ci-contre) dévoile un panorama à couper le souffle.

Des minibus (300 $M, 4 heures) Transportes Turisticos (p. 806) pour Batopilas quittent Creel devant l'Hotel Los Pinos, sur l'Avenida López Mateos à 9h les lundis, mercredis et vendredis, à 7h30 les mardis, jeudis et samedis. En sens inverse, ils partent de l'église de Batopilas tous les jours à 5h pile, sauf le dimanche.

Autre solution : effectuer un circuit de 2 jours en minibus au départ de Creel (généralement 4 personnes minimum), au prix de 1 330 $US/pers. Sinon, la nouvelle route permet de rejoindre Batopilas en indépendant avec une voiture standard.

Une route secondaire entre Batopilas et Urique, nécessitant un 4x4 surélevé, offre une vue magnifique sur le bord du canyon, avec passage à gué sur le Río Urique (franchissable de novembre à avril). Renseignez-vous toutefois sur la situation en matière de sécurité avant d'emprunter cette route, également parfaite à VTT.

Cusárare

☎635 / 200 HABITANTS

Ce tranquille village tarahumara s'étend sur 2 km, le long d'une route non goudronnée, à environ 25 km de Creel. Il comporte une église missionnaire du XVIIIe siècle arborant d'impressionnantes fresques tarahumaras, ainsi qu'un musée abritant une extraordinaire collection de peintures religieuses de l'ère coloniale. Non loin, les chutes d'eau du même nom sont l'occasion rêvée d'une randonnée, d'une baignade ou de quelques photos souvenirs.

À voir et à faire

Misión Cusárare ÉGLISE

(Cusárare s/n). Cette mission fut érigée par les jésuites en 1741 pour servir de lieu de rassemblement religieux et d'école, afin d'éduquer et d'apprendre l'espagnol et divers métiers aux habitants. En 1826, les frères franciscains y ajoutèrent des autels latéraux, une tribune de chœur et un clocher d'adobe. Ce dernier s'écroula en 1969, emmenant avec lui une partie de l'église, qui fut réparée et restaurée au début des années 1970, avec l'ajout de saisissantes fresques à motifs tarahumaras, et d'un nouveau clocher en pierre.

Museo Loyola MUSÉE

(Cusárare s/n ; 20 $M). Siégeant à côté de l'église missionnaire, ce musée renferme une exceptionnelle collection de peintures coloniales religieuses illustrant 13 scènes de la vie de la Vierge Marie. Au début du XIXe siècle, ce sont les moines franciscains qui apportèrent ces tableaux, œuvres de Miguel Correa en 1713. Si le musée n'ouvre que de temps en temps, Doña Rosa – la gardienne – se fera un plaisir de vous ouvrir la boutique. Elle vit dans la maison bleue située un peu plus bas que l'épicerie Diconsa.

Cascada Cusárare RANDONNÉE

(Route 25 Km 112 ; 25 $M ; 8h-17h ;). Cette superbe cascade de 30 m est l'endroit parfait pour une courte randonnée. Son chemin d'accès ombragé, à 3 km à pied de la route, est ravissant, et vous pourrez même vous baigner en route. Prenez au sud sur la route fédérale, 400 m après la sortie Cusárare. Puis, au Km 112, tournez à droite là où un panneau indique "Cascada de Cusárare". Le chemin qui suit longe un ruisseau agité avant d'atteindre la cascade, derrière une large vallée montagneuse.

Deux panneaux indiquent le départ de la randonnée. En voiture, ignorez le premier, au niveau du Km 108 : la route est trop accidentée à moins d'avoir un 4x4.

Depuis/vers Cusárare

Si vous prenez l'**El Chepe** (p. 791), la gare ferroviaire de Creel est la plus proche. Au nord de celle-ci, vous pourrez prendre un bus qui vous déposera à l'entrée de la route de Cusárare (prenez-en un qui indique "Guacochi"). Depuis la route fédérale, le village est à 1 km de marche. Beaucoup de circuits organisés y marquent aussi un arrêt. Sinon, demandez à un chauffeur de taxi de faire l'aller-retour, et comptez à peu près une heure ou deux pour visiter l'église et le musée.

San Ignacio de Arareko

635 / 4 000 HABITANTS

À 4 km au sud-est de Creel, l'*ejido* (zone d'agriculture communale) tarahumara de San Ignacio se déploie sur plus de 200 km² et regroupe environ 4 000 habitants, vivant dans des habitations troglodytiques, des maisons dans les champs, dans les petits canyons ou les forêts de pins. On peut y admirer une pittoresque église missionnaire datant du XVIIIe siècle, ainsi que de remarquables formations rocheuses et le magnifique lac Arareko. Toujours à portée de la zone communale jaillissent un peu plus loin les sources chaudes de Rekowata. Payante, l'entrée à San Ignacio (25 $M) inclut l'accès à la plupart des sites de l'*ejido*, alors gardez bien votre billet !

À voir

Valle de los Monjes SITE NATUREL

(Vallée des Moines ; San Ignacio s/n ; 24h/24 ;). Le Valle de los Monjes trône au milieu de terres agricoles verdoyantes, environ 7 km à l'est du centre de San Ignacio. Cet impressionnant affleurement rocheux rouge et vertical – d'où son nom en tarahumara (Bisabírachi ; "la vallée des Verges dressées") – est à explorer, et a le mérite d'être bien moins fréquenté que le **Valle de las Ranas y los Hongos** (vallée des Grenouilles et des Champignons ; San Ignacio s/n ;). L'entrée est parfois payante (15 $M).

Lago Arareko LAC

(Route 25 Km 8). Les pins et les formations rocheuses des environs se reflètent dans les eaux paisibles de ce lac en U, dont le nom signifie "fer à cheval" en tarahumara. Vous pouvez louer des pédalos sur la rive (50 $M) et explorer le lac à la recherche du lieu de baignade idéal. Accès compris dans le billet pour entrer à San Ignacio (25 $M). À divers endroits, la route fédérale Creel-Cusárare permet aussi d'admirer le lac, situé à environ 8 km au sud de Creel.

Une visite au Lago Arareko avec des arrêts au Valle de las Ranas y los Hongos et au Valle de los Monjes fait une merveilleuse journée d'excursions.

Activités

Aguas Termales Rekowata STATION THERMALE (Sources chaudes de Rekowata ; route 77 Km 7 ; 25 $M ; 9h-17h ;). L'eau de ces sources, à environ 37°C en moyenne, est acheminée dans des bassins modernes, proches du fond de la Barranca de Tarárecua. Pour rejoindre le parking depuis la route qui relie Creel et Divisadero, suivez les panneaux sur 11 km de chemin de terre. Vous serez ensuite à 3 km de marche en descente de ces bassins à la chaleur enveloppante, via un chemin pavé mais rocailleux. Des vans (70 $M aller-retour) assurent la navette avec le parking ; à pied, la descente est agréable, mais remonter peut être pénible. Encombré le week-end.

Une superbe piste de VTT permet aussi de rallier Rekowata. Débutant sur la route de Cusárare, elle bifurque sur la droite (au sud), près de San Ignacio, sur un chemin en descente. Vous passerez par une vallée fluviale de toute beauté, puis découvrirez un panorama grandiose du canyon avant d'amorcer une descente raide jusqu'à Rekowata. L'aller-retour prend une journée complète ; l'agence 3 Amigos (p. 803) peut vous fournir une carte.

L'accès aux Aguas Termales est compris dans le tarif d'entrée à l'*ejido* de San Ignacio… Ne perdez pas votre billet !

Depuis/vers San Ignacio de Arareko

San Ignacio est surtout visité dans le cadre de circuits organisés, mais l'entrée nord (juste au bout du village, après le cimetière) est facilement joignable depuis Creel à pied, à vélo ou en taxi. De là, un bon chemin en terre mène, 1,6 km plus loin, à la Misión San Ignacio et au Valle de las Ranas y los Hongos. Les bus à destination de Guacochi vous déposeront à l'entrée de la route fédérale de San Ignacio, mais vous serez toujours à 1,6 km de ses principaux sites touristiques.

NORD-OUEST DU MEXIQUE

Les plages idylliques du golfe de Californie et sa vie marine foisonnante – avec près de 40 colonies de lions de mer et 27 espèces de baleines et de dauphins – attirent irrésistiblement les visiteurs, et en particulier à Puerto Peñasco, Bahía de Kino et San Carlos. La région, qui inclut le Sonora et le nord du Sinaloa, affirme toujours fièrement son caractère local. Dans les rues où circulent quelques cow-boys flottent des airs de *norteña* (musique country du nord du pays) et le fumet appétissant de la *carne asada* (bœuf mariné grillé).

Les villes sont assez mornes et ne vous retiendront pas longtemps. Los Mochis présente peu d'intérêt, mais il s'agit du terminus du fameux Ferrocarril Chihuahua Pacífico et du point de départ des bateaux pour la péninsule de Basse-Californie. La vaste capitale anonyme de l'État, Hermosillo, ne brille guère par son intérêt culturel. Álamos fait, quant à elle, figure d'exception : ce trésor colonial est entouré des sommets de la Sierra Madre occidentale et compte d'innombrables restaurants et hôtels pittoresques. Elle mérite largement un petit détour.

Sonora

D'une superficie de 180 000 km^2, le deuxième État du Mexique (après celui, voisin, de Chihuahua) possède une remarquable diversité culturelle et écologique. De plages superbes en paysages lunaires dans la réserve d'El Pinacate, près de Puerto Peñasco, ses paysages atypiques se déroulent sur des kilomètres. Si ce territoire reste épargné par le tourisme de masse, il n'échappe plus aux voyageurs mexicains : le week-end, des villes balnéaires comme San Carlos ou Bahía de Kino sont prises d'assaut par des habitants de Hermosillo ou plus loin, et près de la frontière américaine défile un flux constant de retraités "migrateurs" (Nord-Américains gagnant le Sud pour l'hiver). Néanmoins, le Sonora est considérablement moins fréquenté – surtout par les étrangers – que sa profusion de sites touristiques et sa beauté à couper le souffle le laisseraient penser, et nous n'allons pas nous en plaindre !

Puerto Peñasco

☎638 / 65 200 HABITANTS

Jusqu'aux années 1920, cette station balnéaire du golfe de Californie, surnommée "Rocky Point" par les Américains, n'était guère qu'un repère sur les cartes militaires. Son emplacement, en bordure d'une des zones les plus arides du désert de Sonora, a longtemps découragé les éventuels occupants, mis à part d'intrépides pêcheurs. Contre toute attente, la Prohibition donna à la communauté un coup de pouce inattendu – elle devint un repaire pour Nord-Américains en mal de boisson et de jeu. La récession des années 1930 plongea Puerto Peñasco dans une torpeur dont elle n'émergea que dans les années 1990, lesquelles furent marquées par des investissements de l'État et l'installation d'une centrale de désalination qui relança l'économie locale. On assista alors à un développement des infrastructures et à une augmentation de la population. Puerto Peñasco, devenue la station balnéaire qui manquait à l'Arizona, accueille désormais nombre de résidents étrangers.

Le centre historique – le *malecón* (le Vieux Port) – embrasse la pointe rocheuse, tandis que s'étire juste au nord la Playa Bonita, une plage agréable. À l'ouest, Sandy Beach est une vaste étendue jalonnée de complexes hôteliers, de restaurants onéreux et de terrains de golf aménagés en plein désert.

À voir

Isla San Jorge ÎLE

(👪). Également appelée Isla de las Aves (île des Oiseaux), l'Isla San Jorge constitue l'une des meilleures excursions en bateau du nord du Mexique. Cette île rocheuse, située à 40 km au sud-est de Peñasco, est une zone de nidification pour les oiseaux marins et elle accueille aussi une importante colonie d'otaries (de nature curieuse, elles viennent nager le long des bateaux). Il est fréquent de voir des dauphins sur le trajet. Peut-être apercevrez-vous, avec de la chance, des baleines (rorquals communs, baleines grises, orques et globicéphales) entre octobre et avril. **Del Mar Charters** (☎638-383-28-02, États-Unis 520-407-6054 ; www.delmarcharters.com ; Calle Pelícano s/n ; 🕒7h-18h ; 👪) organise des croisières d'une journée entière.

Playa Bonita PLAGE

(Calle 13 ; P 👪). Principale plage de Puerto Peñasco, la Playa Bonita est une magnifique bande de sable blond bercée par les vagues, avec vue sur les paysages rocheux au loin. Des vendeurs y écoulent aussi bien des mangues que des bijoux, et les coins d'ombre avec chaise longue sont à 20 $US la journée. Si vous n'êtes pas amateur de pâtés de sable, vous pourrez faire un tour en banane gonflable (6 $US les 12 min) ou louer un jet-ski (35 $US les 30 min).

CEDO CENTRE D'ACCUEIL DES VISITEURS

(Centro Intercultural de Estudios de Desiertos y Océanos ; ☎638-382-01-13 ; www.cedo.org ; Blvd Las Conchas s/n ; 🕒9h-17h lun-sam, 10h-14h dim ; 👪). GRATUIT Le CEDO est l'endroit idéal pour découvrir le fascinant écosystème désert-mer de Rocky Point. Dédié à la protection de la partie supérieure du golfe de Californie (mer de Cortés) et du désert de Sonora, il est doté d'un centre d'accueil des visiteurs. Conférences gratuites (en anglais ; 14h mardi, 16h samedi) consacrées à l'histoire naturelle. Le CEDO propose d'excellents circuits nature, dont certains avec des coopératives locales.

À vous de choisir entre une marche dans les bassins de marée (15 $US), du kayak dans l'estuaire de la Morúa (50 $US), une sortie snorkeling à l'Isla San Jorge (115 $US) et des excursions à la réserve de biosphère El Pinacate accompagné d'un naturaliste anglophone (60 $US).

Bahía la Choya PLAGE

(La Choya ; 👪). Environ 12 km à l'ouest de Puerto Peñasco, Bahía la Choya est un petit village de pêcheurs devenu enclave d'expatriés, avec des routes de sable et des plages tranquilles. À marée basse, l'eau se retire de manière spectaculaire, révélant huîtres et autres crustacés. Avec une pelle et un seau, vous n'aurez plus qu'à vous servir avant de passer à table.

Activités

La pêche en mer, le snorkeling, la plongée, le kayak et les croisières au soleil couchant sont les activités vedettes. Il y a de vastes bassins rocheux à explorer à marée basse, et des excursions autour de l'estuaire et au-delà, jusqu'à la remarquable Reserva de la Biosfera El Pinacate y Gran Desierto del Altar (réserve de biosphère El Pinacate), peuvent être organisées par le CEDO.

HORS DES SENTIERS BATTUS

GRAN DESIERTO DE ALTAR

À environ 30 km de Puerto Peñasco s'étendent les paysages lunaires de la **réserve de biosphère El Pinacate et Grand désert d'Altar** (El Pinacate ; 638-383-14-33, 638-108-00-11 ; https://whc.unesco.org/fr/list/1410 ; Carretera Sonoyta-Peñasco Km 72 ; 60 $M ; 8h-17h), l'un des sites les plus arides de la planète. Cette impressionnante réserve reculée, d'une superficie de 7 145 m², est classée au patrimoine mondial de l'Unesco. Elle recèle d'antiques volcans érodés, des cratères géants, des coulées de lave solidifiée, plus de 400 cônes de cendres et la plus grande concentration de dunes vives du continent. Parmi les animaux évoluant dans la réserve, citons des antilopes d'Amérique (ou antilocapres, le mammifère terrestre le plus rapide d'Amérique du Nord), des mouflons, des pumas, des reptiles et d'innombrables oiseaux. Il y a un centre d'accueil des visiteurs, très instructif et alimenté à l'énergie solaire, des sentiers d'interprétation et 2 campings.

Dans les années 1960, les astronautes Neil Armstrong et Buzz Aldrin utilisèrent ce secteur pour préparer leur expédition sur la Lune à bord d'*Apollo 11*.

Plus de 70 km de pistes (certains tronçons ne sont accessibles qu'en 4x4) sillonnent la réserve. Les visiteurs doivent s'inscrire pour gravir le volcan Cerro del Pinacate (1 190 m).

Le centre d'accueil des visiteurs est situé à environ 8 km à l'ouest du Km 72 de la route 8 (à 27 km de Puerto Peñasco). Les cratères sont accessibles par une bifurcation distincte, plus au nord, au Km 52 de la route 8. Le CEDO de Puerto Peñasco organise d'excellents circuits dans la réserve. Prévoyez de bonnes chaussures de marche et sachez qu'il n'y a ni eau ni électricité dans la réserve, sauf au centre d'accueil des visiteurs.

Où se loger

Il y a dans le *malecón* (le Vieux Port) des hébergements simples et agréables, mais le choix est restreint pour les petits budgets, sauf si vous êtes disposé à camper. Tous les grands complexes hôteliers sont installés à Sandy Beach, au nord-ouest. Notez que les étudiants des universités américaines affectionnent Peñasco pour passer leur Spring Break. Réservez donc bien à l'avance si vous venez autour du mois de mars.

Concha Del Mar CAMPING $

(638-113-04-67 ; Calle 19 N°680 ; empl 200 $M ; P Wi-Fi). Basé sur un immense terrain nu à même la Playa Bonita, ce camping dispose de salles de bains propres, d'un accès Wi-Fi, d'une laverie et même d'un service de sécurité 24h/24. Apportez votre tente, ou procurez-vous l'essentiel au SAMS Club ou encore à la Bodega Aurrera en ville. En haute saison, venez en milieu de semaine pour avoir un emplacement au bord de l'océan. Pas de réservations.

Dream Weaver Inn APPARTEMENTS $$

(638-125-60-79 ; www.facebook.com/dreamweaverinn ; Calle Pescadores 3, El Malecón ; app 65-95 $US ;). Cette auberge accueillante et bien tenue loue d'excellents logements façon appartement, tous décorés avec amour de l'artisanat local dans le plus pur style mexicain, et dotés d'un coin cuisine. Certains ont vue sur l'océan, et l'on s'y sent comme chez soi. Situé près de la place principale du vieux port, à un jet de pierre des restaurants, boutiques et orchestres de musique *norteña* itinérants. Adapté pour les enfants, et animaux acceptés.

Hospedaje Mulege PENSION $$

(638-383-29-85, États-Unis 760-235-4870 ; www.hospedajemulege.com ; angle Av Circunvalación et Calle 16 de Septiembre, El Malecón ; ch avec petit-déj 75 $US ; P). La pension la plus populaire de Puerto Peñasco met l'accent sur l'hospitalité. Lupita et Israel, les propriétaires de cette villa sans prétention du vieux port, montrent avec fierté l'autre facette de la ville, au-delà des grands complexes hôteliers. Sept chambres confortables, simples et accueillantes, avec vue spectaculaire sur le golfe.

Où se restaurer

Max's Cafe CAFÉ $

(638-383-10-11 ; www.maxsmx.com ; Centro Comercial La Marina, Calle 13 s/n ; plats 5-15 $US ; 8h-22h ;). Dans un décor qui rappelle un confortable wagon, le Max's sert une cuisine mexicaine éprouvée, des hamburgers et des sandwichs. À deux pas de la Playa Bonita, on apprécie de venir y trouver un peu d'ombre, ou, comme les expatriés du coin, d'y prendre un gargantuesque petit-déjeuner américain. Espèces uniquement.

The Blue Marlin PRODUITS DE LA MER **$$**
(El Marlin Azul ; 638-383-65-64 ; www.facebook.com/pg/thebluemarlinrestaurant ; Ignacio Zaragoza s/n, El Malecón ; plats 50-250 $M ; 11h-22h jeu-mar). Table plus chic, le "Marlin Bleu" se fait une spécialité des produits de la mer, allant du simple taco au poisson à de copieux repas avec crevettes à la noix de coco. Service parfois extrêmement lent, mais l'attente est récompensée. Petite salle avec décorations nautiques en intérieur, ou agréable patio donnant sur la rue.

La Curva MEXICAIN **$$**
(638-383-34-70 ; www.facebook.com/pg/RestaurantLaCurva.puertopenasco ; Blvd Kino 100 ; plats 150-280 $M ; 8h-21h30 dim-jeu, 8h-22h ven-sam ;). Située en plein milieu de la ville, La Curva représente l'opposé des restaurants de plage clinquants (d'ailleurs, on n'y porte même pas un bijou). On y sert de plantureux plats traditionnels dans un cadre sans artifices. Goûtez l'étonnante *mariscada* (plateau de fruits de mer) ou la *carne asada* (steak grillé).

Kaffee Haus CAFÉ **$$**
(638-388-10-65 ; Blvd Benito Juárez 216B ; petit-déj 80-110 $M, déj 80-140 $M ; 7h-15h30 lun-sam, 7h-14h dim ;). Ce café-restaurant animé sert de copieux petits-déjeuners (jusqu'à 14h), de délicieux burgers maison et des pâtisseries (le strudel aux pommes est la spécialité). Vu sa popularité, il faut parfois faire la queue pour avoir une table pendant le coup de feu. Les portions sont énormes, il est possible de les partager. Espèces uniquement.

♥ **Chef Mickey's Place** INTERNATIONAL **$$$**
(638-388-95-00 ; Plaza del Sol 4, Blvd Freemont ; plats 180-350 $M ; 13h-22h). Mickey innove en cuisine depuis des années et vous aurez du mal à trouver meilleure qualité en ville. Dans un cadre luxueux et élégant, pièces de viande, fruits de mer et poisson frais dominent une carte variée. Mieux vaut réserver, car l'endroit a la cote auprès des expatriés.

Achats

Tequila Factory ALIMENTATION ET BOISSONS
(638-388-06-06 ; www.tequilafactory.mx ; angle Blvd Benito Juárez et Calle 12 ; 10h-18h mer-dim). GRATUIT Malgré son nom (*factory* signifie fabrique), cette boutique familiale ne produit pas de tequila sur place, mais présente de manière amusante et instructive la fabrication de cet alcool. Elle propose des dégustations de ses tequilas artisanales (toutes celles qui sont en vente peuvent être goûtées d'abord). Les variantes aromatisées et l'*añeja*, vieillie en fût de chêne, ont beaucoup de succès.

Renseignements

Convention & Visitors Bureau (800-552-28-20, 638-388-04-44 ; www.cometorockypoint.com ; Av Coahuila 444 ; 9h-14h et 16h-19h lun-ven, 9h-13h sam). Cet office du tourisme bien utile se situe au 1er étage du Plaza Pelícanos. Le personnel parle anglais, et vous aidera à réserver hébergements et circuits. Son site Internet abonde en informations pratiques sur la ville et ses environs.

Rocky Point 360 (www.rockypoint360.com) constitue une autre ressource en ligne utile.

Depuis/vers Puerto Peñasco

L'**aéroport international de Puerto Peñasco** (Aeropuerto Mar de Cortés ; 638-383-60-97 ; www.aeropuertomardecortes.com ; Libramiento Caborca-Sonoita 71) est à 35 km à l'est de la ville. À l'heure où nous écrivons, il n'accueille que de sporadiques vols charters.

Plusieurs services de minibus font la navette entre Puerto Peñasco et l'Arizona, dont **TransportesExpress** (638-383-36-40, États-Unis 602-442-6670 ; www.transportes-express.com ; angle Lázaro Cárdenas et Sinaloa), qui font la liaison depuis/vers Phoenix 4 fois/jour (50 $US, 4 heures).

Tous les jours, **Albatros** (638-388-08-88, 800-624-66-18 ; www.albatrosautobuses.com ; Blvd Juárez, entre les Calles 29 et 30) assure 6 liaisons vers Hermosillo (370 $M, 5 heures 30), 6 autres vers Nogales (320 $M, 6 heures), 3 vers Guaymas (440 $M, 8 heures), 5 vers Navojoa (625 $M, 12 heures) et 2 vers Álamos (665 $M, 13 heures). Au départ d'une rue au nord du Blvd Juárez, 4 bus **ABC** (Autobuses de la Baja California ; 800-025-02-22, 664-104-74-00 ; www.abc.com.mx ; angle Constitución et Bravo) rejoignent Tijuana (555 $M, 8 heures) tous les jours.

Comment circuler

Voyageurs non véhiculés, prenez garde : Puerto Peñasco ne dispose pas de transports en commun fiables. **Bufalo** (☎ 638-388-99-99 ; ventas_rentacars@hotmail.com ; angle Freemont et Chiapas ; 8h-20h) loue des voitures quasi neuves et bien entretenues à partir de 1 000 $M/jour.

Un court trajet en taxi dans la ville coûte environ 30 $M. Si vous quittez Puerto Peñasco, aller du vieux port aux complexes de Sandy Beach en taxi revient à 60 $M, et 150 $M pour rejoindre la Bahía la Choya. Le retour coûte au moins 2 fois plus cher.

Bahía de Kino

☎ 662 / 6 050 HABITANTS

Petite cité côtière à la plage paradisiaque, Bahía de Kino doit son nom au père Eusebio Kino, qui fonda ici une mission pour les Seris au XVIIe siècle. Kino Viejo, le vieux Kino, est le village d'origine. Cette bourgade de pêcheurs typiquement mexicaine borde la longue plage principale, idéale pour la baignade. À quelques kilomètres au nord, Kino Nuevo, beaucoup plus chic, est ponctuée de maisons cossues et de restaurants de bord de plage. C'est une destination prisée des retraités "migrateurs". La ville nouvelle abrite aussi la plus belle portion de plage, une longue étendue intacte de sable doré. En dehors de la haute saison (novembre-mars), vous serez presque seul au bord de l'eau.

À voir

Isla del Tiburón ÎLE

Cette île montagneuse, la plus grande du Mexique, flotte à 3 km de la côte de Punta Chueca. Elle était jadis peuplée par les Seris, mais ne compte plus aucun habitant depuis qu'elle a été déclarée réserve naturelle en 1963. Elle est désormais administrée par les autorités seris. Dotée d'un écosystème désertique préservé, Tiburón abrite des mouflons et d'importantes colonies d'oiseaux marins. Ses abords comptent de bons sites de snorkeling. Pour obtenir l'autorisation de visiter l'île et trouver un guide, adressez-vous au Consejo de Ancianos, à l'entrée de Punta Chueca.

Museo de los Seris MUSÉE

(Museo Comca'ac ; ☎ 662-212-64-19 ; angle Av Mar de Cortez et Calle Progreso, Kino Nuevo ; 10 $M ; 9h-18h mer-dim ; P). Petit mais bien organisé, ce musée présente une intéressante collection d'artefacts, d'objets artisanaux et de panneaux présentant l'histoire et la culture des Seris, avec des vidéos sur leur vannerie traditionnelle. Légendes en espagnol seulement. Le week-end, des femmes seris, parfois accompagnées de musique et de danses, vendent *artesanías* (objets d'artisanat) et nourriture traditionnelle à l'entrée du musée.

Punta Chueca ZONE TOURISTIQUE

Ce village est le foyer du peuple Seri, l'une des plus petites communautés indiennes du Mexique (moins de 1 000 individus), connue pour son artisanat, et en particulier ses paniers renommés, ainsi que ses sculptures sur bois-de-fer. Guettez la petite boutique **Soccaaix**, près de l'entrée de Punta Chueca, car elle vend des articles de qualité. Si elle est fermée, demandez Doña Guillermina. L'accès au village se fait par une route goudronnée, 34 km au nord de Bahía de Kino.

La Casa del Mar CENTRE D'ACCUEIL DES VISITEURS

(☎ 662-366-04-65 ; angle Bilbao et Esqueda, Kino Nuevo ; 9h-16h mar-dim). GRATUIT Ce centre d'accueil des visiteurs est dédié aux 900 îles de l'**Área de Protección de Flora y Fauna Islas del Golfo de California** (aire de protection de la flore et de la faune du golfe de Californie). Le centre propose des expositions très instructives en espagnol et en anglais, et vous aidera à obtenir des permis pour la visite des îles (50 $M par personne, par île et par jour).

Où se loger

Eco Bay Hotel HÔTEL **$$**

(☎ 662-242-04-91 ; www.ecobayhotel.com ; angle Guaymas et Tampico, Kino Viejo ; ch/ste avec petit-déj à partir de 900-1 500 $M ; P). Des chambres spacieuses, avec belles salles de bains impeccables, entourent la petite piscine et le parking de cette adresse bon marché, à quelques rues de la plage de Kino Viejo. Bar convivial (la musique peut être gênante si vous logez à côté) et petit-déjeuner correct.

Casa Tortuga APPARTEMENTS **$$$**

(☎ 662-173-03-01 ; www.facebook.com/RentCasaTortugaBahiaKino ; Av Mar de Cortez 2645, Kino Nuevo ; app 95-115 $US ; P). En bord de plage, 3 appartements charmants, très confortables. Nous vous conseillons le "Pelican", pour son emplacement imprenable face à la mer, et sa terrasse (avec *palapa*) équipée de transats, barbecue et table pour manger dehors. Kayaks à disposition des hôtes, que les propriétaires emmènent parfois en bateau jusqu'à l'Isla Pelícano pour observer les oiseaux. Les prix augmentent légèrement en été.

Casablanca Inn HÔTEL **$$$**
(662-242-07-77 ; www.facebook.com/Casablancakinobay ; angle Av Mar de Cortez et Santander, Kino Nuevo ; ch avec petit-déj 1 500-1 800 $M ; P). Cet hôtel remarquablement soigné a tout d'une trouvaille. Ses chambres aux murs blancs et au sol carrelé, garnies de jolis meubles en bois et dotées de douches de pluie, affichent une sobre élégance. Ne sautez pas le petit-déjeuner servi dans son restaurant, populaire auprès des expatriés pour ses plats savoureux et son service appréciable.

Où se restaurer

Ici, poissons et fruits de mer sont les mots d'ordre. La plupart des restaurants sont sur la rue principale de Kino Nuevo.

Restaurant Dorita CAFÉ **$**
(662-252-03-49 ; angle Blvd Kino et Salina Cruz, Kino Viejo ; petit-déj 55 $M, plats 60-95 $M ; 8h-20h mar-dim ;). Il y a plus de 20 ans que Dorita et sa fille ont transformé leur salon en restaurant pour y servir le meilleur petit-déjeuner des environs. Leur spécialité ? Les omelettes *rancheras* (des *huevos rancheros* revisités, où l'œuf au plat est remplacé par une omelette).

♥ **El Pargo Rojo** PRODUITS DE LA MER **$$**
(662-242-02-05 ; Av Mar de Cortez 1426, Kino Nuevo ; plats 120-250 $M ; 12h-20h lun-ven, 10h-22h sam, 10h-21h dim ;). Restaurant le plus apprécié de Kino Nuevo, cette paillote, souvent bondée, sert de succulents plats de poisson et de copieux petits-déjeuners mexicains. Les *camarones rellenos* (crevettes farcies) sont un régal.

Comment s'y rendre et circuler

Des bus pour Hermosillo (150 $M, 2 heures) partent toutes les heures environ de la gare routière, à peu près au milieu de la rue : blancs et marqués "Costa de Hermosillo", ils sont immanquables. On peut les emprunter pour circuler en ville (10 $M) car il n'y a pas d'autres transports publics. Les taxis coûtent 50 $M pour une course de 5 km maximum ; les tarifs sont plus élevés après le coucher du soleil.

San Carlos

622 / 7 000 HABITANTS

Avec son superbe paysage de désert bordant une baie, la petite cité balnéaire décontractée de San Carlos est un monde à part, qui contraste avec les villes portuaires voisines, plus maussades. Elle est dominée par des montagnes spectaculaires, dont les majestueux pics jumeaux du Cerro Tetakawi – qui se parent de tons ocre rouge au coucher du soleil.

Les plages de San Carlos présentent un mélange de sable foncé et de galets. Pour du sable blanc et une mer turquoise, gagnez la Playa Algodones (qui figure dans le film *Catch-22* de Mike Nichols, tourné en 1970), plus éloignée et plus calme.

Orientation

San Carlos s'étend sur 8 km de long et est donc peu adapté aux piétons. Vous trouverez la plupart des services sur les 2,5 km du Blvd Beltrones. Tournez à droite au croisement au niveau du magasin Oxxo à l'extrémité nord du Blvd Beltrones pour vous rendre à la Playa Algodones (6 km au nord-ouest), ou continuez tout droit pour rejoindre la Marina San Carlos (500 m à l'ouest).

À voir

♥ **Playa Los Algodones** PLAGE
(Route 124 Km 19 ; parking 30 $M). Tenant son nom des dunes cotonneuses qui se dressent à sa limite sud, cette plage est sans doute la plus belle du nord du Mexique. Sable blanc et fin, eaux bleues et tranquilles, et vue sur des montagnes majestueuses. La haute saison attire souvent les foules, avec un cortège d'orchestres de *norteños* itinérants. Joignez-vous à la fête, ou remontez la grève vers le nord pour avoir la paix.

Isla San Pedro Nolasco SITE DE PLONGÉE
(Seal Island). Lieu prisé pour le snorkeling et la plongée, à 28 km à l'ouest de San Carlos, cette île rocheuse est une réserve naturelle qui héberge une importante population d'otaries, créatures joueuses, actives toute l'année. Pour voir leurs petits découvrir leur environnement subaquatique, réservez une excursion en été auprès d'**Ocean Sports** (622-226-06-96 ; www.deportesoceano.com ; Edificio Marina San Carlos ; 8h-16h lun-ven, 7h-17h sam-dim) ou **Gary's Dive Shop** (622-226-00-49 ; www.garysdiveshop.com ; Blvd Beltrones Km 10 ; 7h-17h).

Activités

Grâce à de superbes criques et à une colonie d'otaries sur l'Isla San Pedro Nolasco, non loin, le snorkeling et le kayak sont ici à l'honneur. La pêche sportive est également populaire, avec plusieurs tournois annuels, la période d'avril à septembre étant la meilleure pour la pêche au gros.

Enrike's Adventures PLEIN AIR

(622-130-73-38 ; www.sancarlosadventures.com ; Blvd Beltrones s/n ; circuits 35-45 $M ; 9h-17h ;). Service bilingue et sur mesure pour des excursions variées, dont randonnée sur le Cerro Tetakawi et paddle ou kayak dans les baies des environs. Les circuits durent de 2 à 5 heures, selon la destination. Location de matériel possible (vélos, paddles, kayaks, équipement de snorkeling).

Où se loger

San Carlos visant principalement une clientèle américaine (et avant tout retraitée), les hébergements économiques sont rares, et les appartements sont légion.

Playa Blanca Condo-Hotel APPARTEMENTS $$$

(622-227-01-00 ; www.playablancasancarlosrentals.com.mx ; Paseo Mar Bermejo s/n ; app à partir de 155 $US ;). Plus gros édifice construit sur cette plage – la meilleure du coin –, ce complexe de 14 étages comporte des appartements de 1 à 3 chambres remis au goût du jour, avec vue spectaculaire sur la Playa Los Algodones et les baies environnantes. Tous décorés différemment, ces logements sont spacieux et ont tous un balcon individuel. Piscine bien entretenue, *palapas* sur la grève et même restaurant. Le Playa Blanca n'étant pas à San Carlos même, envisagez de louer une voiture pour ne pas être limité à la plage.

La Posada Condominiums APPARTEMENTS $$$

(622-226-10-31 ; www.posadacondominiums.com ; Blvd Beltrones Km 11,5 ; app à partir de 2 000 $M ;). Directement sur la plage (la nuit, vous entendrez le clapotis des vagues), ces studios et appartements T2 et T3 agréables jouissent tous d'une belle vue sur l'océan depuis leurs grands balcons. Cuisine équipée, salon et tout le confort moderne. La Marina San Carlos se trouve à une courte marche. Les tarifs baissent considérablement en période creuse.

Où se restaurer et prendre un verre

Boye's Burger Joint BURGERS $

(622-226-03-69 ; www.facebook.com/boyeburgers ; Blvd Beltrones s/n ; burgers 100-125 $M ; 12h-22h ven-sam, 12h-21h dim et jeu ;). Prisée des habitants gourmands et des Américains nostalgiques du pays, cette adresse très animée sert d'énormes burgers frais, bien juteux et préparés à la demande. Vous en trouverez de 15 sortes – des plus classiques à celui à l'ananas – et même des versions "légères", sans pain et avec laitue iceberg. À accompagner d'un épais milkshake aux Oreos.

Soggy Peso Bar & Grill PRODUITS DE LA MER $$

(622-125-72-38 ; Playa Algodones ; plats 85-240 $M ; 11h-coucher du soleil ;). Les familles viennent dîner sur le sable dans ce restaurant animé et bon enfant, qui met à l'honneur les produits de la mer. Situé à l'extrémité nord de la plus belle plage de San Carlos, l'endroit est également populaire en tant que bar, avec des margaritas bien fortes. Concerts à partir de 17h, tous les jours sauf le lundi.

La Palapa Griega MEXICAIN, GREC $$

(622-226-18-88 ; Blvd Beltrones Km 11,5 ; plats 95-200 $M ; 11h-21h ;). En bord de plage, ce restaurant géré par des Grecs bénéficie d'un cadre d'exception. Choisissez une assiette dégustation (houmous, tarama, *baba ghanoush*), une salade grecque ou des produits de la mer fraîchement pêchés. Le soir, vous mangerez à la lumière des néons bleus.

4ever Happy Hour DISCOTHÈQUE

(622-165-61-22 ; www.facebook.com/4everhappyhour ; Blvd Beltrones s/n ; entrée 50 $M ; 21h-3h ven-dim). Boîte de nuit remuante, avec un bar sur le toit souvent bondé, prisée notamment des moins de 30 ans venus de Guaymas. C'est là que l'on se rend pour danser (et boire).

Comment s'y rendre et circuler

Les bus au départ de Guaymas circulent jusqu'à la Marina San Carlos, et les trajets dans San Carlos coûtent 9 $M. Pour une course en taxi dans le secteur de San Carlos, comptez de 50 à 200 $M.

Les bus longue distance vous déposeront au terminal de **Grupo Estrella Blanca** (800-507-55-00, 622-222-12-71 ; www.estrellablanca.

com.mx ; Calle 14 n°96) ou à celui de **Tufesa** (☎ 622-222-54-53 ; www.tufesa.com.mx ; Blvd García López 927) à Guaymas. Depuis Grupo Estrella Blanca, marchez vers le nord dans la Calle 14 jusqu'au Blvd García López, et prenez un bus blanc San Carlos (14 $M, toutes les 30 min). Depuis Tufesa, traversez la route pour prendre le même bus. Un taxi de l'un ou l'autre terminal jusqu'à San Carlos coûte 200 $M.

L'**aéroport** (☎ 622-221-05-11 ; Carr a San Jose de Guaymas Km 4,5) le plus proche se trouve à 8 km au nord de Guaymas. Lors de nos recherches, il ne proposait pas de vols commerciaux venant des États-Unis ou du Canada, mais seulement des vols régionaux pour Hermosillo, Los Mochis et Loreto.

Un ferry (p. 822) relie Guaymas à Santa Rosalía en Basse-Californie, avec 3 départs par semaine (véhicules autorisés) pour un voyage de nuit d'une durée de 10 heures.

Álamos

☎ 647 / 9 400 HABITANTS / ALTITUDE : 432 M

Cité la plus riche d'un point de vue architectural du nord-ouest du Mexique, Álamos est une oasis culturelle. Il flotte dans ses paisibles rues pavées, jalonnées d'imposants édifices coloniaux, un parfum d'histoire : elle a été la ville argentifère la plus septentrionale du pays. Nichée dans les contreforts boisés de la Sierra Madre occidentale, Álamos est à la fois un monument historique national et l'un des remarquables *pueblos mágicos* (villages magiques) du Mexique.

Depuis les années 1950, des retraités et des artistes nord-américains y acquièrent des bâtiments coloniaux décrépis pour les restaurer et les transformer en résidence secondaire ou en hôtel.

Curieusement, c'est d'Álamos et de ses environs que proviennent la plupart des pois sauteurs du monde (car ils contiennent une larve qui les fait "sauter"). Vous n'aurez pas de mal à en trouver en ville.

Histoire

Les mines d'argent de la région furent découvertes dans les environs de La Aduana (à 10 km à l'ouest d'Álamos) au XVIe siècle. Álamos fut fondée dans les années 1680, probablement pour servir de "banlieue-dortoir" aux riches colons de La Aduana. Malgré l'hostilité des Yaquis et des Mayos, elle se développa rapidement et, au XVIIIe siècle, devint l'un des principaux centres miniers du pays.

Pendant les troubles du XIXe siècle, Álamos fut attaquée à de nombreuses reprises par les Français, mais aussi par des rebelles convoitant les mines d'argent et des Yaquis farouchement indépendants. Elle paya aussi son tribut à la révolution mexicaine et, dans les années 1920, la plupart des mines ayant été abandonnées, Álamos était devenue quasiment une ville fantôme.

En 1948, la ville connut un second souffle grâce à William Levant Alcorn, un fermier de Pennsylvanie qui acquit la demeure d'Almada sur la Plaza de Armas, la restaura et en fit l'Hotel Los Portales. D'autres *Norteamericanos* achetèrent des maisons en ruine et les restaurèrent pour leur redonner leur faste d'antan. Récemment, ils ont été imités par de riches Mexicains, séduits par l'ambiance détendue et les hivers doux, ce qui s'est traduit par un boom de l'immobilier.

À voir

Álamos se prête surtout aux balades dans les rues dans l'un des plus beaux centres coloniaux du Mexique. Une pause dans un restaurant plein de charme agrémentera votre séjour.

El Mirador POINT DE VUE

(Camino al Mirador s/n ; P 👪). Le point de vue d'El Mirador, situé au sommet d'une colline à la lisière sud-est d'Álamos, jouit d'une vue panoramique sur la ville et les montagnes alentour. On y accède par l'escalier (370 marches) qui part de l'Arroyo Agua Escondida, à 2 pâtés de maisons de Victoria, dans Obregón. Mieux vaut entreprendre l'ascension tôt le matin ou en fin d'après-midi pour profiter de la meilleure lumière et éviter le plus fort de la chaleur.

Parroquia de la Purísima Concepción ÉGLISE

(Plaza de Armas ; 🕒8h-19h ; 👪). GRATUIT La balustrade de l'autel, les lampes, les encensoirs et les candélabres en argent d'origine de l'église paroissiale d'Álamos (1786-1804) furent fondus en 1866 sur ordre du général Ángel Martínez après qu'il eut bouté les Français hors de la ville. Sept passages souterrains, bouchés depuis les années 1950, reliaient autrefois l'édifice aux demeures de riches familles, leur permettant de fuir en cas d'attaque.

Museo Costumbrista de Sonora MUSÉE
(☎647-428-00-53 ; Plaza de Armas ; 10 $M ; ⊙9h-18h mer-dim). Ce musée bien conçu, dédié aux coutumes du Sonora, présente une collection complète (en espagnol) sur l'histoire et les traditions de l'État. L'accent est mis sur l'influence de l'exploitation minière à Álamos et sur les richesses qu'elle généra pour les nantis de la ville. On découvre notamment des salles remplies d'antiquités, des meubles d'époque et des calèches anciennes.

Circuits organisés

Emiliano Graseda EXCURSIONS
(☎647-101-48-75 ; Madero s/n ; 300 $M ; 👪). Emiliano Graseda, que vous trouverez à l'office du tourisme du Sonora et qui parle anglais, propose des circuits locaux incluant les sites emblématiques de la ville, ainsi que des résidences privées, et qui se poursuivent dans le village voisin de La Aduana, où vous visiterez une briqueterie, des ateliers d'*artesanías* (objets d'artisanat) et une mission.

Solipaso AVENTURE
(☎647-428-15-09, États-Unis 888-383-0062 ; www.solipaso.com ; Privada s/n, Barrio el Chalatón ; demi-journée/journée 80/150 $US). Circuits spécialisés dans la découverte de certaines des 300 espèces d'oiseaux tropicaux qui vivent dans les environs d'Álamos. Petits groupes (1 à 4 personnes) et guides très compétents. Pas d'horaires d'ouverture fixes : réservez directement par téléphone. Basé au lodge El Pedregal.

Homes & Gardens Tour CIRCUIT PÉDESTRE
(☎647-428-02-67 ; circuits 100 $M ; ⊙10h sam). Rendez-vous devant le Museo Costumbrista de Sonora pour découvrir 3 maisons coloniales restaurées avec amour appartenant à des expatriés. Circuit de 2 heures, en compagnie de guides bénévoles. Les recettes vont à l'organisme caritatif local Amigos de Educación de Álamos, qui finance l'éducation des enfants scolarisables. De fin octobre à mai seulement.

Fêtes et festivals

♥ **Festival Alfonso Ortíz Tirado** MUSIQUE
(☎662-213-44-11 ; www.festivalortiztirado.gob.mx ; ⊙fin jan). L'un des principaux événements culturels du nord du Mexique. Les 9 derniers jours de janvier, ce festival accueille des grands noms de la musique classique et de chambre, ainsi que des musiciens de blues, bossa-nova et *trova* (musique folklorique évoquant les troubadours) venus du monde entier. Il tient son nom d'un natif d'Álamos, chanteur d'opéra adulé et médecin respecté (Frida Kahlo était une de ses patientes).

Pendant le festival, des dizaines de milliers de personnes se précipitent à Álamos. Aussi, réservez votre hôtel bien à l'avance.

Où se loger

Álamos abrite des hébergements séduisants, dont beaucoup sont aménagés dans des demeures coloniales aux intérieurs somptueux. Les voyageurs au budget limité auront un choix restreint.

La chaleur estivale est telle que les mois les plus frais (octobre à avril) constituent la haute saison à Álamos. Sinon, il s'agit surtout d'une destination de week-end pour les Mexicains des villes voisines. Les hôtels pratiquent souvent des rabais en semaine.

Hotel Dolisa HÔTEL $
(☎647-428-01-31 ; www.dolisa.com ; Madero 72 ; s/d 700/800 $M ; Ⓟ⊖❄🛜). Chambres d'allure coloniale spacieuses, modernes, confortables et agréables, avec de hauts plafonds, des décorations au pochoir et même des *chimeneas* (cheminées) en adobe. Certaines ont une kitchenette, et toutes s'ouvrent sur des galeries voûtées et aérées. L'immense parking (qui servait naguère aux camping-cars) est un avantage certain pour les voyageurs véhiculés. Situé à 2 longues rues de la Plaza Alameda.

Hotel Luz del Sol BOUTIQUE-HÔTEL $$
(☎647-428-04-66 ; Obregón 3 ; ch avec petit-déj 1 300-1 500 $M ; ⊖❄🛜🏊). Grâce à un personnel accueillant et à sa proximité avec l'un des meilleurs cafés de la ville, ce petit hôtel basé dans une demeure coloniale modernisée séduit par son ambiance chaleureuse. Décorées avec sobriété, les 3 chambres donnent sur une cour intérieure centrale et sont très spacieuses. Elles offrent des lits immenses, de hauts plafonds et de vastes salles de bains avec carrelage rétro. Atouts supplémentaires : sa profonde piscine et sa terrasse sur le toit.

Casa de las Siete Columnas B&B $$
(☎647-428-01-64 ; Juárez 36 ; ch avec petit-déj 900-1 000 $M ; ⊙mi-oct à mi-avr ; ⊖❄🛜🏊). Très accueillant, ce B&B, tenu par des Canadiens, occupe un majestueux édifice vieux de plusieurs siècles – admirez le

portique à 7 colonnes en façade. Poutres apparentes, cheminées et jolie déco dans les chambres, aménagées à l'arrière (autour d'une cour fleurie et d'une petite piscine chauffée). Le salon est équipé d'une TV et d'un billard.

Casa Serena Vista B&B $$$
(☎647-428-01-49 ; www.facebook.com/casaserenavista ; Loma de Guadalupe 9 ; ch avec petit-déj 85 $US ;). Surplombant la place centrale, cette modeste et agréable *casona* (grande maison) du XVIIIe siècle ne comporte que 3 chambres. Çà et là, quelques livres, un tapis persan ou une chaise avec imprimés floraux vous feront vous y sentir chez vous. Grand salon où se retrouvent les clients, piscine bien entretenue et patio gigantesque avec bassin de carpes Koï et vue exceptionnelle sur le centre d'Álamos.

Deux des chambres ont une kitchenette, tandis que la dernière dispose d'un micro-onde et d'un petit réfrigérateur. Diane Carpenter, propriétaire et gérante de la Casa Serena, est une hôtesse amène. Elle vous réserve une foule de conseils sur la ville et d'histoires sur l'Alaska, sa patrie d'origine, quittée il y a longtemps.

Hacienda de los Santos HÔTEL DE LUXE $$$
(☎647-428-02-22 ; www.haciendadelossantos.com ; Molina 8 ; ch/ste avec petit-déj à partir de 189/290 $US ; P). La propriété compte 3 maisons coloniales restaurées et un moulin à sucre, 3 piscines, 3 restaurants, un cinéma, un spa, une salle de sport et un bar (avec une collection de 520 tequilas !). Les hébergements sont luxueux et pleins de cachet. Enfants à partir de 12 ans seulement. Baisse des tarifs pendant les mois les plus chauds. Des visites ont lieu à 14h presque chaque jour (50 $M).

Hotel Colonial HÔTEL $$$
(☎647-428-13-71 ; www.alamoshotelcolonial.com ; Obregón 4 ; ch/ste avec petit-déj à partir de 2 080/4 050 $M ; P). Dans cette demeure historique, l'attention est portée aux détails : on se sent davantage dans une pièce de théâtre de la Belle Époque que dans un hôtel mexicain. Ses 9 logements sont à la hauteur des somptueuses parties communes, avec tapisseries, peintures à l'huile, objets anciens et cheminées monumentales. Restaurant élégant, ainsi qu'un étonnant bar/lounge sur le toit.

El Pedregal LODGE $$$
(☎647-428-15-09 ; États-Unis 888-383-0062 ; www.elpedregalmexico.com ; Privada s/n, Barrio el Chalatón ; d/qua avec petit-déj 110/140 $US ; P). Les 8 jolis bungalows en adobe et en paille – beaux meubles et literie haut de gamme – sont disséminés sur 8 ha de forêt tropicale, en périphérie d'Álamos, à 2 km de la place. Les propriétaires, ornithologues chevronnés, organisent des circuits. Une piscine de bonne taille, 3 km de sentiers, un atelier de yoga et un salon de massage complètent les installations.

Où se restaurer et boire un verre

Mexicanadas MEXICAIN $
(☎647-482-76-54 ; Rosales s/n ; plats 40-80 $M ; 7h-21h30 ;). Cet établissement apprécié des gens du cru dispose de hauts plafonds, de ventilateurs vrombissants et d'aquarelles représentant Maria Felix, habitante d'Álamos devenue une vedette de cinéma. Classiques de la cuisine mexicaine (quesadillas, enchiladas, *tostadas, chilaquiles*) rehaussés de quelques hamburgers et sandwichs. Les repas étant copieux et bon marché, l'endroit affiche souvent complet.

Koky's MEXICAIN $
(Restaurant Dõna Lola ; ☎647-428-11-09 ; Volantín s/n, près de Juárez ; plats 50-110 $M ; 7h-22h ;). Une adresse familiale dans la fraîcheur des ventilateurs, à la fois simple et accueillante, avec terrasse couverte à l'arrière. Soupes roboratives (goûtez la *sopa de tortillas*) et longue carte d'*antojitos* (en-cas mexicains typiques – enchiladas, tacos, *chilaquiles,* etc.) et de petits-déjeuners. Dans une petite rue latérale au sud de la Plaza de Armas.

Teresita's BISTROT, TRAITEUR $$
(☎647-428-01-42 ; www.teresitasalamos.com ; Allende 46B ; plats 110-300 $M ; 8h-21h lun-sam, 9h-18h dim ;). Un bistrot-traiteur remarquable. Doté d'une cuisine ouverte, il présente une carte changeante de salades, pâtes, viandes et paninis, ainsi que des plats moins courants dans le Mexique rural (ailes de poulet épicées, gaspachos et bols végétariens façon Moyen-Orient) et de sublimes desserts. Installez-vous dans le jardin, doté d'une fontaine, ou profitez du confort de la banquette bleu roi à l'intérieur.

Charisma Restaurant INTERNATIONAL $$

(☎647-428-09-68 ; www.facebook.com/pg/CharismaRestaurant ; Obregón 2 ; plats 160-250 $M ; 17h30-22h mer-sam ;). Dans ce restaurant ambitieux occupant l'hôtel La Mansion, la carte change régulièrement, mais promet généralement de vrais festins servis avec brio, tels que le bœuf bourguignon, la paella ou la *piccata* de poulet. Salle de style colonial avec tableaux originaux et lumières scintillantes. Les expatriés se plaisent à son bar.

Café Luz del Sol CAFÉ $$

(Café Luchy ; ☎647-428-04-66 ; Obregón 3 ; plats 90-190 $M ; 7h30-18h30 ;). Dans une région qui manque cruellement de bons cafés, ce café colonial est une bénédiction. Dévorez un petit-déjeuner préparé à la perfection, des plats mexicains et nord-américains au déjeuner, des gâteaux maison et, bien sûr, un excellent café. Salle confortable, décorée d'art local, avec petit patio garni de fleurs tropicales.

Patagonia CAFÉ

(☎647-428-17-65 ; Plaza de Armas, Guadalupe Victoria 5 ; 9h-13h et 17h-21h lun-mar, 9h-21h mer-dim ;). D'un chic épuré, le Patagonia propose toute une gamme de boissons caféinées, de smoothies et de milk-shakes sains. Asseyez-vous dans sa cour coloniale, ou profitez du froid glacial à l'intérieur (à condition de vous couvrir).

Renseignements

Álamos compte 2 offices du tourisme : l'un est géré par l'**État** (☎647-428-04-50 ; Madero s/n ; 8h-15h lun-ven), et l'autre par la **ville** (☎647-428-04-40 ; Palacio Municipal, angle Juárez et Sinaloa ; 8h-15h lun-ven). Les deux sont utiles, mais le service de l'État (près de l'entrée d'Álamos) est plus efficace, avec un personnel souvent bilingue.

Banorte (☎800-226-67-83 ; www.banorte.com ; Madero 37 ; 9h-16h lun-ven). Change les espèces et dispose d'un DAB.

Hospital General de Álamos (☎647-428-02-25 ; Madero s/n ; 8h-20h). Hôpital local rudimentaire, sans service d'urgences.

Depuis/vers Álamos

Álamos se situe à 53 km à l'est de Navojoa et à 156 km au nord de Los Mochis. La gare routière des **Transportes Baldomero Corral** (☎647-428-00-96 ; Morelos 7) est desservie par les bus 2e classe d'**Albatros** (☎647-428-00-96 ; www.albatrosautobuses.com ; angle Guerrero et No Reelección, Navojoa) au départ de Navojoa (40 $M, 1 heure) entre 6h30 et 20h30 (plus un dernier départ à 22h). Au départ d'Álamos, les bus partent pour Navojoa entre 5h30 et 19h30 (plus un dernier départ à 21h) ; de Hermosillo (290 $M, 6 heures) quatre fois par jour ; et de Puerto Peñasco (650 $M, 12 heures) à 3h.

À Navojoa, les bus Albatros et **Tufesa** (☎642-421-32-10 ; www.tufesa.com.mx ; angle Hidalgo et No Reelección, Navojoa) proposent des correspondances pour Hermosillo, Puerto Peñasco, Los Mochis, Mazatlán et Guaymas.

Si vous venez en voiture de Los Mochis, empruntez la route plus longue qui passe par Navojoa, plutôt que la mauvaise route secondaire, non goudronnée.

Los Mochis

☎668 / 256 600 HABITANTS

La plupart des voyageurs ne s'attardent guère à Los Mochis, importante agglomération servant de carrefour de transports, et, surtout, de première/dernière station du Ferrocarril Chihuahua Pacífico (El Chepe ; p. 791). Le climat est invariablement humide et il n'y a pas grand-chose à voir. Toutefois, si vous vous rendez dans la péninsule de Basse-Californie en bateau ou que vous prenez le train, vous trouverez des hôtels corrects et des restaurants servant les meilleurs produits de la mer du nord du Mexique.

À voir

Jardín Botánico Benjamin Francis Johnston JARDINS

(Parque Sinaloa ; ☎668-818-18-14 ; www.jbbfj.org ; Blvd Rosales 750 ; 5h-20h lun-ven, 5h-19h sam-dim ;). GRATUIT Ce parc verdoyant occupe une partie de l'ancienne propriété de l'Américain Benjamin Johnston, fondateur du moulin à sucre qui permit le développement de Los Mochis au début du XXe siècle. En plus d'une flore internationale variée, il comporte des pistes de course à pied, des aménagements aquatiques, des aires de pique-nique et une immense serre (20 $M), ainsi qu'un hôtel à papillons où volettent des spécimens vivants (20 $M). Ateliers et événements organisés toute l'année ; visites guidées possibles.

Museo Regional del Valle del Fuerte MUSÉE

(☎668-812-46-92 ; Obregón s/n ; adulte/enfant 15/10 $M ; 9h30-18h mar-sam, 10h-13h dim). Installé dans un petit édifice sur 2 niveaux, ce musée relate l'histoire de l'État de Sinaloa de l'époque précoloniale à nos jours. Une

Los Mochis

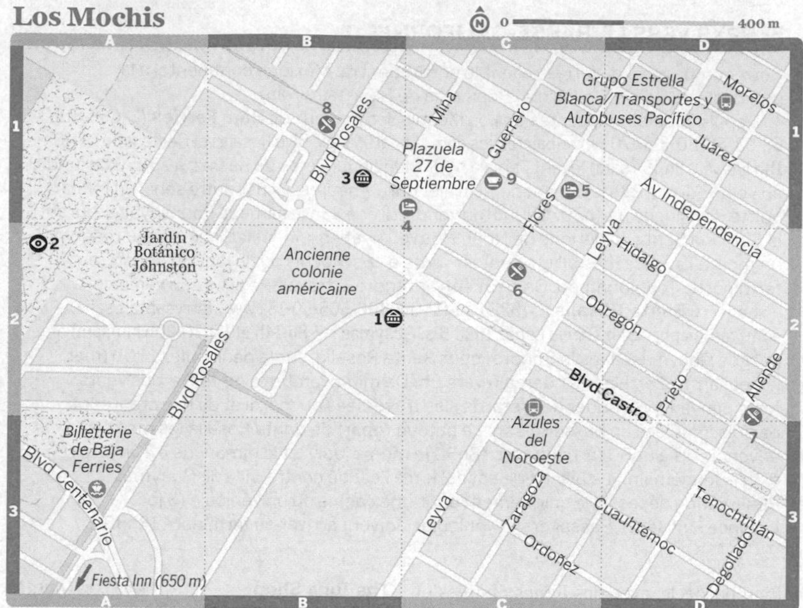

des sections met Los Mochis, sa croissance et l'importance de son industrie sucrière à l'honneur. Les collections comprennent vidéos, objets anciens et indications bien présentées (en espagnol uniquement).

Casa del Centenario MUSÉE
(☎668-817-25-52 ; Blvd Castro 667 Poniente ; ⏲8h-16h lun-ven, 8h-13h sam). Cette ancienne demeure familiale fut bâtie en 1945 par Conrado Ochoa Beltrán, alors surintendant du *Ferrocarril Mexicano del Pacífico* et directeur adjoint de la United Sugar Company. Elle héberge aujourd'hui des bureaux du gouvernement, ainsi qu'un musée d'une seule pièce sur le développement économique de Los Mochis de 1903 à 2003. Légendes en espagnol seulement.

Où se loger

Hotel Fénix HÔTEL $
(☎668-812-26-23 ; hotelfenix@email.com ; Flores 365 Sur ; ch 545 $M ; P ❄ 📶). Il n'y a pas mieux dans la catégorie moyenne en ville : personnel accueillant, hall étincelant et excellent restaurant. Les chambres rénovées, correctes, peuvent être un peu exiguës et manquer de lumière naturelle, mais elles feront parfaitement l'affaire pour une nuit.

♥ **Fiesta Inn** HÔTEL $$
(☎800-343-78-21, 668-500-02-00 ; www.fiestainn.com ; Blvd Rosales 1435 Sur ; ch avec petit-déj 1 286 $M ; P 🚭 ❄ @ 📶 🏊). Établissement flambant neuf à l'atmosphère urbaine et branchée. Chambres modernes de style

FERRYS VERS LA BASSE-CALIFORNIE

Deux compagnies de ferrys relient le nord-ouest du Mexique continental à la péninsule de Basse-Californie (Península de Baja California) :

Depuis Topolobampo, près de Los Mochis, les bateaux de **Baja Ferries** (☎668-818-68-93, 800-012-87-70 ; www.bajaferries.com ; Local 5, angle Blvd Rosales et Centenario ; ⏰10h-18h lun-ven, 9h-15h sam) lèvent l'ancre pour Pichilingue, près de La Paz, à 23h59 du lundi au vendredi et à 23h le dimanche ; le trajet dure 7 heures. Dans l'autre sens, un bateau quitte Pichilingue à 14h30 du lundi au vendredi et à 23h le samedi. Pour voyager durant la Semana Santa, la période de Noël/Nouvel An et en juin-juillet, mieux vaut réserver un mois à l'avance. Les billets sont en vente à Los Mochis ou, le jour du départ, au terminal de Topolobampo. On peut entreprendre la traversée avec son véhicule.

Le ferry **Santa Rosalía** (☎622-222-02-04, 800-505-50-18 ; www.ferrysantarosalia.com/tarifas.php ; Calz García López 1598 Bis, Guaymas ; ⏰8h-14h et 15h30-20h lun-sam) part de Guaymas, dans le Sonora, pour Santa Rosalía, sur la péninsule, à 20h (mar, jeu et sam), et arrive le lendemain vers 6h. De mi-novembre à mi-mars, des vents forts peuvent provoquer des retards ; les traversées du mardi et du mercredi sont parfois annulées en basse saison. Le bateau repart de Santa Rosalía les mercredis et vendredis à 8h30 (arrivée vers 18h30 le même jour), et le dimanche à 20h (arrivée à 6h le lendemain). La billetterie est à 2 km à l'est du centre-ville de Guaymas. Réservation nécessaire uniquement pour une cabine ou un véhicule (3 jours à l'avance suffisent). Passagers et véhicules doivent arriver au terminal à 18h30.

milieu de siècle, avec des lignes épurées et qui misent sur le confort : matelas épais, draps de qualité, baignoires avec douches de pluie et lumière naturelle à foison. Lounge confortable, salle de sport et piscine. Le petit-déjeuner buffet inclut omelettes à la demande et jus de fruits frais… Que demander de plus ?

Best Western Plus HÔTEL **$$$**
(☎668-816-30-00, 800-700-42-43 ; www.bestwestern.com ; Obregón 691 Poniente ; ch/ste avec petit-déj 1 665/2 713 $M ; P ⊖ ❄ @ 📶 ≋). Cet hôtel d'affaires, dominant la place centrale de la ville, tire bon parti d'un service professionnel et attentif, et de chambres moquettées très confortables, pourvues de salles de bains modernes. Tarifs bien plus élevés que les autres, mais ça en vaut la peine.

Où se restaurer et boire un verre

La Cabaña de Doña Chayo TACOS **$**
(☎668-818-54-98 ; Obregón 99 Poniente ; tacos et quesadillas 35-50 $M ; ⏰8h-1h). Une adresse modeste et agréable où se régaler de quesadillas, burritos et tacos à la *carne asada* (bœuf grillé) ou *machaca* (petits morceaux de bœuf séché et épicé). Elle a un succès fou, mais l'accueil y reste chaleureux, même quand il y a foule.

The Tuna Shop PRODUITS DE LA MER **$$**
(La Medusa ; ☎668-176-61-64 ; Obregón 878A Poniente ; plats 100-180 $M ; ⏰19h30-1h mer, 13h-minuit jeu-sam, 13h-20h dim ; 📶). Une vraie trouvaille que ce restaurant raffiné et très contemporain. La carte comprend un burger de thon très réussi, du saumon teriyaki et des tacos de *dorado* (dorade coryphène), sans oublier un choix d'excellentes bières artisanales. L'épicerie fine sur place vend des denrées alimentaires à rapporter en souvenir.

El Farallón PRODUITS DE LA MER **$$**
(☎668-812-12-73 ; www.farallon.com.mx ; Obregón 499 Poniente ; plats 150-230 $M ; ⏰7h-23h dim-jeu, 7h-minuit ven-sam ; ❄ 📶). Un restaurant de poisson et fruits de mer haut de gamme proposant un large choix de mets. Avec les grands classiques du Mexique et de l'État du Sinaloa (plutôt que les sushis de style fusion), vous ne courrez nul risque d'être déçu. Nous recommandons particulièrement le ceviche (poisson et fruits de mer marinés dans du jus de citron – jaune ou vert –, de l'ail et d'autres condiments) et le *pescado* (poisson) à la plancha.

Alma Mía CAFÉ
(☎668-812-7576 ; www.facebook.com/almamia.coffeeshop ; Guerrero 401 Sur ; ⏰7h-23h ; 📶). Dans ce café guilleret de la place principale, les boissons sont excellentes et le personnel sympathique, avec en prime un service de voiturier. Bons petits-déjeuners (50 à 80 $M).

BUS AU DÉPART DE LOS MOCHIS

DESTINATION	PRIX ($M)	DURÉE (H)	FRÉQUENCE
Guadalajara	945-1 155	13-15	TAP ttes les 30 min, Tufesa 13/jour
Guaymas	345-421	5-6	Tufesa 25/jour
Hermosillo	469-576	6-7	1re classe GEB et Tufesa ttes les 30 min
Mazatlán	469-662	6-7	régulière GEB/TAP, Tufesa 11/jour
Mexico	1 310-1 600	23	GEB etTAP 11/jour
Navojoa	223-291	2	régulière 1re classe GEB Tufesa 32/jour
Phoenix	1 316-1 709	14-16	Tufesa 10/jour

Depuis/vers Los Mochis

AVION

L'**aéroport de Los Mochis** (Aeropuerto Federal del Valle del Fuerte ; 668-818-68-70 ; www.aeropuertosgap.com.mx ; Carretera Los Mochis-Topolobampo Km 12,5) est situé à 18 km au sud de la ville. Vols réguliers pour Mexico, Chihuahua, Tijuana, Cabo San Lucas, Loreto, La Paz et Guadalajara avec des compagnies comme **Aeroméxico Connect** (668-812-02-16 ; www.aeromexico.com.mx ; Obregón 1104 Poniente ; 8h30-19h lun-ven, 8h30-16h sam), Aéreo Calafia (www.aereocalafia.com.mx) et Volaris (www.volaris.com).

BUS

Bien qu'étant un important nœud de transports, Los Mochis ne possède pas de gare routière centralisée. Les bus prennent la route depuis les dépôts des différentes compagnies, dont Grupo Estrella Blanca (GEB), Transportes y Autobuses Pacífico (TAP) et Tufesa. Des départs ont lieu 24h/24 des principales gares routières interurbaines.

Azules del Noroeste (668-812-34-91 ; Tenochtitlán 399 Poniente). Bus 2e classe pour El Fuerte (70 $M, 1 heure, 5h-20h15). Billets en vente à bord.

Grupo Estrella Blanca/Transportes y Autobuses Pacífico (GEB/TAP ; 800-507-55-00 ; www.estrellablanca.com.mx ; Pino Suárez 325). Bus deluxe et 1re classe pour Mexico, Guadalajara, Hermosillo et d'autres destinations.

Tufesa (668-818-22-22, 644-410-24-44 ; www.tufesa.com.mx ; Blvd Antonio Rosales 2465). Bus 1re classe à destination de Phoenix, Navojoa (pour Álamos), Mazatlán et Guadalajara. Le terminal se situe à 3 km au nord-est du centre de Los Mochis (50 $M en taxi).

TRAIN

Aux heures de départ et d'arrivée du train, la **gare ferroviaire de Los Mochis** (668-824-11-51, 800-122-43-73, Chihuahua 614-439-72-11 ; www.chepe.com.mx ; Bienestar s/n ; 5h-17h30 lun-ven, 5h-9h et 10h30-13h sam-dim) est en effervescence. Également un DAB, et les taxis sont légion.

Le guichet vend des billets jusqu'à un mois avant la date du trajet, mais ses horaires d'ouverture sont notoirement aléatoires. Sinon, achetez votre billet par téléphone (conseillé en haute saison), ou arrivez une heure avant le départ pour vous le procurer sur place.

La gare est située à 4 km au sud-est du centre-ville, au bout de Bienestar. Un taxi depuis le centre coûte environ 50 $M.

Comment circuler

DEPUIS/VERS L'AÉROPORT

Un taxi pour l'aéroport revient à environ 180 $M.

CHIHUAHUA ET CENTRE NORD DU MEXIQUE

Souvent délaissée par les touristes, cette agréable région frontalière dissimule certains des sites historiques majeurs du pays, avec ses 3 villes coloniales (Chihuahua, Parral et Durango). Le paysage lui-même est caractérisé par l'âpre beauté du désert de Chihuahua (Desierto Chihuahuense), qui s'étend sur la majeure partie du plus vaste État du Mexique, le Chihuahua. Nombre de westerns célèbres ont été tournés à Durango. À l'ouest se dressent les monts de la Sierra Madre occidentale et leurs vallées fertiles.

Le tourisme est malheureusement miné par la violence liée aux gangs. Aussi, ne vous aventurez pas hors des sentiers battus sans guide. Le "Triangle d'Or", où convergent Chihuahua, Durango et Sinaloa, est une zone de production d'opium où règne la violence. Les touristes sont rarement pris pour cible, mais le risque de se trouver au mauvais endroit au mauvais moment existe toujours.

Chihuahua

☎ 614 / 867 700 HABITANTS / ALTITUDE : 1 440 M

Capitale du plus vaste État mexicain, Chihuahua présente un mélange agréable et original de culture *norteña*, d'histoire révolutionnaire et de lieux bohèmes. Si la plupart des voyageurs ne s'y arrêtent qu'une nuit (avant ou après un trajet à bord du Ferrocarril Chihuahua Pacífico), elle mérite qu'on lui consacre plus de temps. Le centre-ville comprend de majestueux édifices coloniaux, plusieurs belles places, des rues piétonnes et une kyrielle de restaurants, cafés et bars. Les musées témoignent des épisodes clés de l'histoire mexicaine qui se sont déroulés à Chihuahua. En bref, c'est une ville fascinante à l'identité affirmée.

Histoire

Fondée en 1709, Chihuahua devint bientôt la première ville des Provincias Internas de Nueva España (qui s'étendaient de la Californie au Texas et du Sinaloa au Coahuila). Après les avoir capturés dans le nord du Mexique, les Espagnols amenèrent et exécutèrent ici les rebelles indépendantistes en 1811, dont Miguel Hidalgo. Le régime de Porfirio Díaz amena le chemin de fer à Chihuahua et consolida la richesse des immenses ranchs d'élevage. Luis Terrazas, à une époque gouverneur de l'État de Chihuahua, possédait des terres dont la superficie équivalait presque à celle de la Belgique. "Je ne suis pas du Chihuahua, le Chihuahua est mien", aurait-il déclaré un jour.

Après que ses troupes se furent emparées de la ville en 1913 durant la révolution mexicaine, Pancho Villa y installa son quartier général. Il fit réaliser des projets d'intérêt public, qui contribuèrent à forger son statut de héros local. Aujourd'hui, la ville possède l'un des niveaux de vie les plus élevés du pays, grâce notamment aux emplois fournis par les *maquiladoras* (usines de montage).

À voir

♥ Casa Chihuahua MUSÉE

(☎ 614-429-33-00 ; www.casachihuahua.org.mx ; Libertad 901 ; 75 $M ; ⏲10h-18h mer-lun ; 👪). L'ancien Palacio Federal de Chihuahua, construit entre 1908 et 1910, a servi tour à tour d'hôtel de la Monnaie, de monastère jésuite, d'hôpital militaire et de poste. Il s'agit désormais d'un centre culturel superbement restauré, qui accueille d'excellentes expositions, dont la plupart des explications figurent en espagnol et en anglais. Les collections modernes font la part belle à la culture et à l'histoire de l'État de Chihuahua, avec un intérêt particulier pour les mormons, les mennonites et les Tarahumaras. La galerie la plus connue est le Calabozo de Hidalgo, le cachot souterrain où Miguel Hidalgo fut détenu avant son exécution.

Historiques, le cachot et le clocher qui le surplombent ont été intégrés aux bâtiments érigés plus tard sur le site. Une courte présentation vidéo souligne l'ambiance lugubre du cachot (dans lequel on voit la Bible et le crucifix de Hidalgo). À l'extérieur, une plaque porte les vers que le prêtre révolutionnaire inscrivit au charbon sur les murs de sa cellule au cours de ses dernières heures, remerciant ses geôliers de leur gentillesse.

La Casa Chihuahua donne aussi des concerts (de musique classique aussi bien qu'expérimentale) tous les jeudis après-midi. Entrée gratuite.

Museo Casa Redonda MUSÉE

(Museo Chihuahuense de Arte Contemporáneo ; ☎ 614-414-90-61 ; www.facebook.com/museocasaredonda ; Colón s/n ; adulte/enfant 22/10 $M ; ⏲10h-19h mar-dim). Ancien atelier d'entretien et de réparation de locomotives, cet entrepôt rénové héberge le musée d'art moderne de la ville, petit mais excellent, qui retrace en outre la fascinante histoire du bâtiment, pièces ferroviaires et objets anciens à l'appui. L'édifice proprement dit fut pensé en forme de courbe afin de pouvoir accueillir une immense plaque tournante, et qu'un mécanicien seul puisse faire pivoter un wagon entier.

Museo Casa de Villa MUSÉE

(Museo Historico de la Revolucion ; ☎ 614-416-29-58 ; mus_histrevol@mail.sedena.gob.mx ; Calle 10 n°3010 ; adulte/étudiant 10/5 $M ; ⏲9h-19h mar-sam, 10h-16h dim ; 👪). Aménagé dans la Quinta Luz, l'ancienne demeure de 48 pièces de Pancho Villa, ce musée est un passage obligé pour quiconque apprécie les histoires de crime, d'espionnage et de fortune. L'intérieur est truffé d'effets personnels et de photos de Villa, et, dans la cour à l'arrière, vous découvrirez la Dodge noire criblée de balles qu'il conduisait quand il fut assassiné. Explications en espagnol et en anglais.

Après l'assassinat de Pancho Villa en 1923, 25 de ses "épouses" revendiquèrent cette propriété. Le gouvernement, après enquête, déclara Luz Corral de Villa l'épouse légitime du *generalísimo*. Elle hérita de la demeure, qui devint la Quinta Luz, et ouvrit le musée, que l'armée acheta après sa mort, en 1981.

L'arrière du musée est principalement dévolu à l'histoire de la révolution mexicaine, avec le concours d'affichages détaillés, d'articles de presse, d'armes et autres objets d'époque.

Plaza de Armas PLACE

(Independencia 209 ;). Simple et charmante, la Plaza de Armas est le cœur historique de Chihuahua, que fréquentent des cireurs de chaussures et des personnages coiffés de chapeaux de cow-boy, en plus d'innombrables pigeons. Du tumulte du quotidien s'élève une sculpture en bronze à l'effigie du fondateur de la ville, Don Antonio de Deza y Ulloa. La place inclut également une majestueuse **cathédrale** (614-416-84-10 ; Libertad 814 ; 7h-20h ;), baroque, édifiée entre 1725 et 1826, et qui renferme encore l'orgue d'origine, installé en 1796.

Poliforum de UACH GALERIE

(614-439-15-00, poste 2026 ; www.uach.mx ; Escorza 900 ; 9h-18h lun-ven). GRATUIT Trônant directement à l'est du **Templo San Francisco** (Libertad s/n ; 8h-13h et 15h-19h), cette galerie de l'université de Chihuahua expose 2 collections permanentes qui s'articulent autour d'artistes majeurs de Chihuahua : Águeda Lozano et Sebastián. Des expositions temporaires présentent aussi les étoiles montantes de l'art mexicain. Visites guidées gratuites jusqu'à 15h.

Grutas de Nombre de Dios GROTTE

(614-432-05-18 ; Vialidad Sacramento s/n ; adulte/enfant 50/25 $M ; 9h-15h mar-ven, 10h-15h sam-dim ;). Ces grottes à la lisière nord-est de la ville exhibent d'impressionnantes stalagmites, stalactites et autres formations rocheuses. En perspective, une excursion divertissante (surtout pour les enfants) à travers 17 chambres souterraines. La visite de 1 heure se fait généralement avec un guide, par groupes de 15 à 20 personnes. Pour atteindre les grottes, prenez un taxi (90 $M) ou un bus "Nombre de Dios Ojo" (7 $M) devant la Posada Tierra Blanca, sur Niños Héroes. Demandez au chauffeur où descendre.

À SAVOIR

LE PLUS HAUT PONT DES AMÉRIQUES

Stupéfiant tour de force d'ingénierie et plus haut pont des Amériques, le **Puente Baluarte** (Autopista Durango-Mazatlán) s'élève à la hauteur vertigineuse de 402 m au-dessus du Río Baluarte. Il fait partie des nombreux ouvrages du même type émaillant la route à péage Durango-Mazatlán, laquelle, avec ses tunnels et ses routes en épingle à cheveux, traverse des paysages époustouflants. Malheureusement, au moment de nos recherches, cette route était déconseillée pour des raisons de sécurité. Voir aussi p.926.

Palacio de Gobierno ÉDIFICE HISTORIQUE

(614-429-35-96 ; Aldama 901 ; 8h-20h). GRATUIT La cour de ce beau palais du gouvernement (XIXe siècle) est ornée de splendides fresques réalisées dans les années 1960 par Aarón Piña Mora, retraçant l'histoire mouvementée de Chihuahua. Sur place, l'office du tourisme (p. 829) distribue un guide électronique gratuit sur les peintures murales. Hidalgo et l'indépendance mexicaine sont les sujets d'un petit musée : le **Museo de Hidalgo** (614-429-36-95 ; Aldama 901 ; 9h-17h mar-dim) GRATUIT.

Casa de Cultura Sebastián MAISON-MUSÉE

(614-200-48-00 ; Av Juárez 601 ; 8h-19h). GRATUIT Cette belle demeure des années 1880, restaurée, est aujourd'hui un musée consacré à Enrique Carbajal "Sebastián", artiste originaire de Chihuahua et renommé dans le monde entier. On peut y voir des maquettes de ses imposantes sculptures en métal. Cinq de ses œuvres ornent la ville, dont une située au-dessus du Parque el Palomar.

Quinta Gameros MAISON-MUSÉE

(614-238-20-05 ; www.uach.mx ; Paseo Bolívar 401 ; adulte/enfant 30/10 $M ;

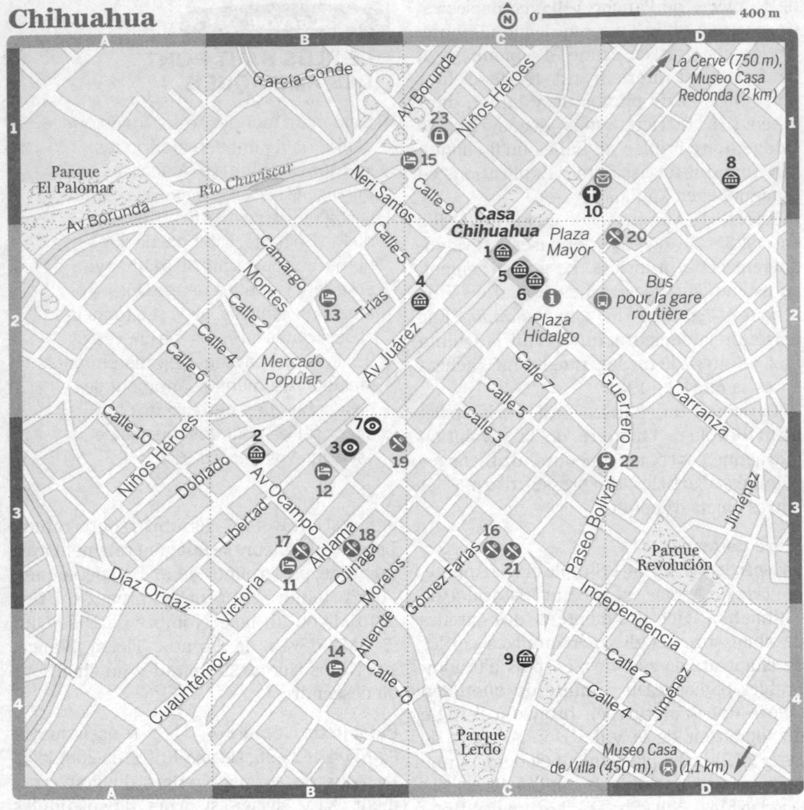

Chihuahua

Les incontournables
1 Casa Chihuahua C2

À voir
2 Casa Sebastián B3
3 Cathédrale B3
4 Museo Casa de Juárez C2
5 Museo de Hidalgo C2
6 Palacio de Gobierno C2
7 Plaza de Armas B3
8 Poliforum de UACH D1
9 Quinta Gameros C4
10 Templo San Francisco C1

Activités
Chihuahua Bárbaro .... (voir 7)

Où se loger
11 Hotel Jardín del Centro B3
12 Hotel Plaza B3
13 Hotel Posada Tierra Blanca B2
14 Hotel San Felipe El Real B4
15 Motel María Dolores C1

Où se restaurer
16 Café Cortez C3
17 La Casa de los Milagros B3
18 La Casona B3
19 Mesón de Catedral B3
20 Plaza del Mariachi D2
21 Taller del Chef C3

Où prendre un verre et faire la fête
22 Momposina D3

Achats
23 Casa de las Artesanías del Estado de Chihuahua C1

⌚11h-19h). Bâtie par un riche propriétaire de mines, dans un style architectural Belle Époque très sophistiqué, cette maison-musée conserve un mélange d'œuvres d'art et de mobilier d'époque. Chaque pièce est unique, avec des vitraux de qualité, embellis par des boiseries sculptées et des moulures. À l'étage, plusieurs pièces sont consacrées à des expositions d'art temporaires. Ce bâtiment, l'un des plus marquants de Chihuahua, mérite amplement qu'on s'y attarde.

Museo Casa de Juárez MAISON-MUSÉE
(Museo de la Lealtad Republicana ; ☎614-410-42-58 ; Av Juárez 321 ; adulte/enfant 11/5 $M ; ⌚9h-18h mar-dim ; 👪). Le président Benito Juárez s'installa dans cette maison durant l'occupation française, faisant de Chihuahua la capitale de la République mexicaine de 1864 à 1866. Elle conserve intacte l'atmosphère des années 1860 et renferme des documents de cette époque, dont certains signés par le grand réformateur, ainsi que des armes, uniformes et des copies de ses meubles.

Circuits organisés

Chihuahua Bárbaro TROLLEYBUS
(☎614-425-00-00 ; www.chihuahuabarbaro.com ; 👪). Montez à bord d'un trolleybus à l'ancienne pour découvrir les principaux sites historiques de Chihuahua et des environs (commentaires en espagnol). Le circuit de 3 heures (100 $M) part de la Plaza de Armas (où il y a une billetterie) 4 fois par jour et inclut le musée Pancho Villa et la Quinta Gameros (frais d'entrée non inclus).

Où se loger

Hotel Jardín del Centro HÔTEL $
(☎614-415-18-32 ; www.hoteljardindelcentro.com ; Victoria 818 ; s/d 480/590 $M ; P ⊖ ❄ 📶). Rapport qualité/prix épatant pour ce joli petit hôtel aux chambres douillettes, aménagées autour d'une cour coquette débordant de plantes. Celles avec lits jumeaux à l'arrière ont moins de cachet que les doubles hautes de plafond côté façade. Bon petit restaurant, personnel très aimable et emplacement pratique, près du centre.

Motel María Dolores MOTEL $
(☎614-416-74-20 ; motelmadol@hotmail.com ; Calle 9A n°304 ; s/d 380/450 $M ; P ❄ @ 📶). Juste en aval de la Plaza Mayor, ce motel impeccable loue des chambres basiques, à la fois bon marché et bien situées. Parking sécurisé particulièrement commode pour les voyageurs véhiculés.

♥ **Hotel San Felipe El Real** BOUTIQUE-HÔTEL $$
(☎614-437-20-37 ; www.hotelsanfelipeelreal.com ; Allende 1005 ; ch/ste avec petit-déj 1 130/1 428 $M ; P ⊖ ❄ @ 📶). Ne vous fiez pas à son extérieur modeste car cette superbe demeure des années 1880 recèle une cour avec fontaine et 6 belles chambres au décor différent, garnies de mobilier d'époque. Les propriétaires, aux petits soins pour leurs hôtes, servent le petit-déjeuner sur une longue table dans la cuisine conviviale. Transferts possibles depuis l'aéroport et la gare ferroviaire.

Hotel Posada Tierra Blanca HÔTEL $$
(☎614-415-00-00 ; www.posadatierrablanca.com.mx ; Niños Héroes 102 ; s/d 799/849 $M ; P ⊖ ❄ 📶 🏊). Dans ce motel à l'ancienne qui a récemment bénéficié d'un ravalement de façade, la plupart des chambres (lors de notre passage, certaines n'avaient pas encore été rafraîchies) sont spacieuses et propres, avec des parquets en bois et un mobilier élégant. Piscine bien entretenue et classiques de la cuisine mexicaine au menu de son *diner*, mais rien ne surpasse son lounge démesuré, avec sa fresque psychédélique sur 3 niveaux.

Hotel Plaza HÔTEL $$$
(☎614-415-12-12, 800-752-92-01 ; www.hotelplazachihuahua.com ; Cuarta 204 ; ch avec petit-déj 1 684 $M ; P ⊖ ❄ 📶). Des chambres modernes et spacieuses avec parquet, meubles à la mode et draps de qualité, à un jet de pierre de la cathédrale. Belle vue sur la ville depuis le toit-terrasse, où est servi le buffet du petit-déjeuner. Personnel attentif et accueillant.

Où se restaurer et boire un verre

Les Chihuahuenses (habitants de Chihuahua) raffolent de viande, qui se fait la part belle dans la plupart des adresses.

Cafe Cortez CAFÉ $
(☎614-415-38-07 ; www.facebook.com/CafeCortezCuu ; Gómez Farías 8 ; plats 45-90 $M ; ⌚9h-23h lun-ven, 10h-23h sam, 16h-23h dim ; 📶). Cette adresse aux allures de hangar, noire à l'extérieur et éclatante de couleurs à l'intérieur, est ce qui se rapproche le

plus d'un lieu tendance à Chihuahua. On vient surtout ici pour boire un excellent café ou déjeuner d'énormes paninis, sandwichs et salades.

La Casa de los Milagros MEXICAIN **$**
(☎614-261-55-04 ; www.facebook.com/pg/CasaDeLosMilagrosCuu ; Victoria 812 ; plats 75-110 $M ; ⏲7h30-minuit dim-jeu, 7h30-1h30 ven-sam ; 📶). Selon la légende, Pancho Villa et ses amis appréciaient cette élégante demeure vieille de plus d'un siècle, avec son sol en mosaïques, plusieurs petites salles douillettes et une grande cour couverte. L'interminable carte comporte des plats typiques du Mexique, affublés de surnoms pleins d'esprit. Concerts le soir à partir de 20h du jeudi au samedi.

♥ **Plaza del Mariachi** AIRE DE RESTAURATION **$$**
(www.plazadelmariachi.com.mx ; Aldama 256 ; plats 100-280 $M ; ⏲8h-1h30 ; 📶👪). Aire de restauration haut de gamme, installée dans un bâtiment de style colonial aux briques apparentes, dotée d'une cour centrale où les clients sont rafraîchis par pulvérisation d'une fine pluie. Huit restaurants (et bientôt plus) présentent des menus principalement mexicains, axés sur les pièces de viande et les produits de la mer. Des mariachis déambulent entre les tables les vendredis et samedis soir, ainsi que les dimanches après-midi. Le soir, nombre de ces restaurants font aussi bar. Un aperçu de la vie nocturne locale.

Taller del Chef BISTROT **$$**
(☎614-410-20-84 ; www.facebook.com/pg/tallerdelchefcuu ; Independencia 1414 ; plats 90-140 $M ; ⏲13h-22h lun-sam, 14h-22h dim). Dans le centre, ce restaurant asiatique fusion distingué prépare de délicieux bols de *ramens* pleins à ras bord de nouilles, de légumes et de protéines. Bon nombre de variétés de bières artisanales à la carte. Si vous n'aimez pas les soupes, divers plats de nouilles (sèches) vous seront proposés, ainsi que des salades.

Mesón de Catedral INTERNATIONAL **$$**
(☎614-410-15-50 ; www.facebook.com/MesonDeCatedral ; Plaza de Armas ; plats 120-220 $M ; ⏲8h-minuit lun-mer, 8h-2h ven-sam, 8h-22h dim ; 📶). Montez à l'étage de ce bâtiment moderne pour profiter de la plus belle vue de Chihuahua. Établissement haut de gamme de la Plaza de Armas, avec vue magique sur la cathédrale depuis sa terrasse haut perchée. Goûtez le filet de poisson farci aux poivrons et aux fruits de mer ou le steak de bœuf avec crevettes géantes et vinaigrette au vin rouge. Concerts les jeudis, vendredis et samedis soir.

La Casona VIANDE **$$$**
(☎614-410-00-43 ; www.casona.com.mx ; angle Aldama et Av Ocampo ; plats 190-450 $M ; ⏲8h-minuit lun-sam, 14h-18h dim ; 📶). Demeure bourgeoise subtile du XIXe siècle, où des serveurs de grande classe vous apporteront pièces de viande, produits de la mer et pâtes. Le menu proprement dit change tous les 2 ou 3 mois. Importante carte des vins. Bar et fumoir. Réservation conseillée.

Momposina BAR, CAFÉ
(☎614-410-09-75 ; Coronado 508 ; ⏲16h-1h lun-sam ; 📶). Un bar bohème où les clients se prélassent dans des fauteuils dépareillés, grignotent des paninis et boivent des expressos. Plus tard, le lieu se transforme en bar et il y a souvent des concerts les jeudis et samedis soir. Bières bon marché et excellente ambiance.

La Cerve BEER GARDEN
(☎614-413-08-60 ; www.facebook.com/pg/cervechihuahua ; Av Pacheco Villa 3331 ; ⏲12h-23h mer-sam, 12h-22h mar et dim). Avec un énorme parking entouré de stands de bières et de tables pour pique-niquer, La Cerve rencontre le succès. Tecate, Miller, Amstel Lite... Pas de bières prestigieuses, mais on vient pour l'ambiance et la clientèle détendues. Concerts le week-end. Sur place, les stands à tacos sont parfaits en cas de petit creux.

Achats

Chihuahua a beau être une grande ville, elle n'a pas la réputation d'être un paradis du shopping. Toutefois, la culture "cow-boy" étant très présente, vous n'aurez aucun mal à trouver des bottes ou autres articles liés à ce mode de vie, en particulier dans Libertad, entre Independencia et l'Avenida Ocampo, qui est jalonnée de bottiers.

Casa de las Artesanías del Estado de Chihuahua ART ET ARTISANAT
(☎614-437-12-92 ; Niños Héroes 1101 ; ⏲9h-17h lun-ven, 10h-17h sam). Bon choix d'artisanat chihuahuense (notamment des poteries de Mata Ortiz) et de produits alimentaires mexicains (noix de pécan, huile d'origan et *sotol*, un alcool local à base de *dasylirion wheeleri*, une plante du désert semblable à un yucca).

BUS AU DÉPART DE CHIHUAHUA

DESTINATION	PRIX ($M)	DURÉE (H)	FRÉQUENCE
Ciudad Juárez	670	5-6	ttes les heures
Durango	985	10-13	10/jour
Guadalajara	1 505	13	2/jour
Monterrey	805-865	11-12	8/jour
Nuevo Casas Grandes	505	4 ½	ttes les heures
Parral	340	3-5	ttes les heures
Saltillo	775	10	7/jour
Zacatecas	950	8	6/jour

Renseignements

Clínica del Centro (614-439-81-00 ; www.clinicadelcentro.com.mx ; Ojinaga 816). Service d'urgences ouvert 24h/24.

Office du tourisme de l'État (614-429-35-96, 800-508-01-11 ; www.chihuahuamexico.com ; Aldama 901, Palacio de Gobierno ; 9h-20h lun-sam). Qualité du service aléatoire, en dépit d'une abondance de cartes et de brochures. Juste à la sortie, ainsi qu'à la gare routière, les **kiosques d'information touristique** (Blvd Juan Pablo II N°4107 ; 9h-17h mar-dim) vous renseigneront mieux.

Poste (800-701-70-00 ; Libertad 1700 ; 8h-17h lun-ven, 10h-14h sam)

Depuis/vers Chihuahua

AVION

Situé à 15 km au nord-est de la ville, l'**aéroport de Chihuahua** (614-478-70-00 ; www.oma.aero ; Blvd Juan Pablo II Km 14) assure des vols réguliers pour San Francisco, Miami, Mexico, Guadalajara et Monterrey. Il est desservi par **Aeroméxico** (800-262-40-12, 614-201-96-96 ; www.aeromexico.com ; Ortiz Mena 2807 ; 9h-19h lun-ven), **Interjet** (614-430-25-46 ; www.interjet.com.mx ; Av de la Juventud 3501 ; 11h-21h lun-ven, 11h-20h sam-dim), VivaAerobus (www.vivaaerobus.com) et Volaris (www.volaris.com).

BUS

La principale **gare routière de Chihuahua** (614-420-53-98 ; Blvd Juan Pablo II n°4107), souvent bondée, est située à 7 km à l'est du centre-ville.

Depuis le dépôt autonome **Los Paisanos** (614-418-73-68, US 866-771-7575 ; www.lospaisanosautobuses.com ; angle Calle 78 et Degollado), des bus 1re classe rejoignent les États-Unis, et notamment Dallas (65 $US, 17 à 19 heures) et Los Angeles (69 $US, 22 heures).

Les bus **Rápidos Cuauhtémoc** (614-416-48-40 ; Blvd Juan Pablo II n°4107) et **Autotransportes Noroeste** (614-411-57-83 ; www.turisticosnoroeste.com ; Blvd Juan Pablo II n°4107) couvrent régulièrement Cuauhtémoc (110 $M, 1 heure 30) et Creel (420 $M, 4 heures 30). Les seconds proposent 5 départs quotidiens (6h-16h) pour les hauts lieux du canyon du Cuivre : Divisadero (510 $M, 5 heures 30) et San Rafael (540 $M ; 6 heures) via le Parque de Aventura Barrancas del Cobre.

TRAIN

Chihuahua est le terminus nord-est du **Ferrocarril Chihuahua Pacífico** (p. 791), avec des départs à 6h tous les jours. Tous les trains comportent des wagons de 1re classe, tandis que les lundis, jeudis et samedis, les wagons *clase económica* sont accrochés à l'arrière du train. La **gare ferroviaire** (614-439-72-12, 800-122-43-47 ; www.chepe.com.mx ; Méndez 2205 ; 5h-17h30 lun-ven, 9h-12h30 sam) se situe à 1,5 km au sud de la Plaza de Armas. Il n'y a rien sur place, à l'exception d'une billetterie. On peut presque toujours acheter un billet le jour même, à condition d'arriver au moins une heure avant le départ.

Comment circuler

Pour rejoindre la gare routière principale, prenez un **bus "Circunvalación Sur"** (Av Carranza s/n ; 7 $M, 30-50 min) en direction du nord-ouest dans Carranza, en face de la Plaza Hidalgo.

Les taxis pratiquent un prix fixe du centre-ville aux gares ferroviaire (50 $M), routière (80 $M) et à l'aéroport (200 $M). De l'aéroport au centre-ville, la course revient plus cher, environ 350 $M.

Nuevo Casas Grandes et Casas Grandes

636 / 60 800 HABITANTS / ALTITUDE : 1 457 M

À 345 km au nord-ouest de Chihuahua, Nuevo Casas Grandes est une ville provinciale prospère, mais assez quelconque, peuplée de petites communautés mormones et de colons mennonites. Côté tourisme, elle sert de base pour rejoindre le village de Casas Grandes, plus joli, en passant par le site archéologique préhispanique de Paquimé (7 km au sud) et le centre de poterie de Mata Ortiz (27 km au sud).

À voir

Paquimé SITE ARCHÉOLOGIQUE

(636-692-41-40 ; zapaquime.museo@gmail.com ; Allende s/n, Casas Grandes ; adulte/-13 ans 70 $M/gratuit ; 9h-17h mar-dim). Situées dans une large vallée avec vue sur les montagnes à l'horizon, les ruines de Paquimé sont constituées d'un dédale de vestiges en adobe. Vers les années 900, c'était la plus importante cité marchande du nord du Mexique. Paquimé était le centre majeur de la culture Mogollón ou de Casas Grandes, qui s'étendait au nord jusqu'au Nouveau-Mexique et à l'Arizona, et sur presque tout l'État de Chihuahua. Sur place, l'impressionnant **Museo de las Culturas del Norte** présente des expositions intéressantes sur Paquimé et les cultures indiennes du nord du Mexique et du sud-ouest des États-Unis.

La cité fut mise à sac, peut-être par les Apaches, vers 1340. Les fouilles et la restauration ont commencé dans les années 1950, et l'Unesco a classé le site au Patrimoine mondial en 1998. Ne manquez pas les cages à aras en argile et les embrasures de porte caractéristiques en forme de T. Les habitants de Paquimé vénéraient l'ara rouge, et certaines structures représentent ce bel oiseau, qui n'est pas une espèce endémique du nord du Mexique et prouve l'extension du réseau marchand de Paquimé.

Excellents potiers, les habitants de Paquimé fabriquaient des pièces en argile couleur crème ornées de motifs rouges, bruns ou noirs. De superbes objets anciens originaux sont exposés au musée, où sont aussi vendues des reproductions modernes.

Où se loger et se restaurer

Las Guacamayas B&B B&B $$

(692-699-09-97 ; www.mataortizollas.com ; Av 20 de Noviembre, Casas Grandes ; s/d avec petit-déj 50/70 $US ; P). Séduisant B&B aux murs d'adobe, prolongé d'un joli jardin. Les chambres (poutres apparentes) sont toutes construites en matériaux recyclés. La propriétaire possède une exceptionnelle collection de poteries de Mata Ortiz et connaît parfaitement la région. À deux pas de l'entrée des ruines de Paquimé.

El Mesón del Kiote VIANDE $$

(636-690-06-98 ; Av Juárez 1201, Casas Grandes ; plats 145-230 $M ; 8h-22h). Pour un bon steak, rien de mieux que ce restaurant à l'allure alpine, déployé sur 2 niveaux. Impressionnante variété de découpes, mais ruez-vous sur le faux-filet : une assiette de viande tendre, savoureuse et abondante. La plupart des plats sont servis avec une pomme de terre au four et d'autres accompagnements.

Pompeii MEXICAIN $$

(636-661-46-03 ; www.pompeii-restaurant.com.mx ; Av Juárez 2601, Nuevo Casas Grandes ; plats 140-200 $M ; 11h-minuit). Ne soyez pas rebuté par les néons rouge vif de sa façade, qui évoquent une discothèque louche. Cette adresse sympathique et pimpante jouit en vérité d'une relative quiétude – pas de musique entêtante ici –, et a la faveur des groupes qui visitent Mata Ortiz. La carte de délicieux plats mexicains modernes fait la part belle au *pavo* (dinde), spécialité du coin.

Renseignements

Office du tourisme (636-692-43-13, poste 110 ; Palacio Municipal, Constitución s/n, Casas Grandes ; 9h-15h). Personnel avenant qui vous remettra promptement cartes et brochures.

Depuis/vers Nuevo Casas Grandes et Casas Grandes

À Nuevo Casas Grandes, des bus 1re classe **Ómnibus de México** (636-694-05-02 ; www.odm.com.mx ; Obregón 312) et **Estrella Blanca/Chihuahuenses** (636-694-07-80, 800-507-55-00 ; www.estrellablanca.com.mx ; Obregón 308) assurent la liaison avec Chihuahua (505-550 $M, 4 heures 30, 8/jour), la frontière à Nogales (545-710 $M, 7 heures, 6/jour) et Juárez (400 $M, 4 heures, 6/jour).

Pour se rendre à Paquimé depuis Nuevo Casas Grandes, les bus "Casas Grandes" (9 $M, 20 min, 8h30-19h30 lun-sam, 8h30-16h30 dim) partent vers le nord toutes les heures, depuis Constitución, juste au nord de la Calle 16 de Septiembre. Descendez sur la place de Casas Grandes et marchez 800 m vers le sud dans Constitución jusqu'aux ruines. Un taxi entre Nuevo Casas Grandes et Paquimé coûte environ 120 $M.

Durango

618 / 519 000 HABITANTS / ALTITUDE : 1 880 M

Capitale de l'État désertique du même nom, Durango est une jolie ville décontractée, bien entretenue et très hospitalière. C'est aussi l'une des cités les plus reculées du Mexique : d'ici, il faut rouler des heures dans le désert ou les montagnes de la Sierra Madre pour rejoindre une autre agglomération. Cet isolement a forgé une identité régionale particulière, caractérisée par une cuisine spécifique... et un humour grinçant.

Fondée en 1563, Durango devait à l'origine son importance aux gisements de minerai de fer voisins, et aux mines d'or et d'argent de la Sierra Madre. Aujourd'hui, des centaines de *maquiladoras* (usines de montage) dominent l'économie. Les visiteurs seront captivés par son centre colonial saisissant, avec plus de 70 édifices historiques, plusieurs musées passionnants et un large choix d'hébergements et de restaurants de qualité.

Attention : l'État de Durango a 1 heure d'avance par rapport aux États de Chihuahua et de Sinaloa.

À voir

Partant du Jardín Hidalgo, longeant la Plaza de Armas et se terminant sur la Plazuela Baca Ortiz, Constitución figure certainement parmi les rues piétonnes les plus plaisantes du Mexique. Jalonnée de restaurants et de cafés, elle est animée jour et nuit.

Museo Francisco Villa MUSÉE

(618-811-47-93 ; 5 de Febrero s/n ; adulte/enfant 20/10 $M ; 10h-18h mar-ven, 11h-18h sam-dim ;). Installé dans une remarquable maison bourgeoise coloniale, ce musée bien conçu rend un hommage vibrant au héros révolutionnaire mexicain Pancho Villa. Seize salles remplies d'écrans multimédias, de films et d'effets personnels content l'histoire du plus célèbre enfant de Durango. Prévoyez bien le temps d'admirer ses fresques, qui dépeignent l'histoire du pays et de l'État. Textes en anglais, en espagnol et même en braille.

Museo de la Ciudad 450 MUSÉE

(618-137-84-90 ; angle Av 20 de Noviembre et Victoria ; adulte/enfant 22/5 $M ; 9h-20h lun-ven, 11h-18h sam, 11h-17h dim ;). Cet impressionnant musée municipal réunit une intéressante collection d'expositions interactives retraçant l'évolution de l'économie, de l'exploitation minière, des traditions et de la culture de Durango, de l'époque préhispanique à nos jours. Une section entière est réservée à l'industrie du cinéma, avec mention de plus de 130 films tournés dans la ville et ses environs, dont *La Horde sauvage* (1968), *Le Masque de Zorro* (1997) et *Texas Rising* (2014). Ne manquez pas l'*alacraneo*, terrarium baigné de lumière noire contenant plus de 5 000 scorpions.

Paseo del Viejo Oeste LIEU DE TOURNAGE

(618-113-12-92 ; route 45 Km 12 ; adulte/enfant 35/25 $M ; 11h-19h ;). Maints et maints cow-boys du grand écran se sont pavanés ici. Ce lieu de production est désormais un parc d'attractions gorgé de souvenirs, où ont régulièrement lieu de faux tournages (14h et 16h du lundi au vendredi ; 13h, 15h et 17h le samedi et le dimanche). Situé à 12 km au nord de la ville. Un bus-navette gratuit s'y rend depuis la Plaza de Armas 30 minutes avant chaque représentation, et revient 2 heures plus tard (vous êtes bien sûr libre de rester plus longtemps). Un vrai plaisir en famille. Possibilité de monter à cheval et de faire un tour en wagon.

Plaza de Armas PLACE

Sur cette place agrémentée de fontaines et de fleurs trône la **Catedral del Basílica Menor** (618-811-42-42 ; 8h-21h), à la belle façade baroque. Lieu de rendez-vous répandu, avec kiosque à musique et nombreux bancs, à l'ombre des arbres. À partir de la fin d'après-midi, on y vend à l'emporte-pièce des épis de maïs aussi bien que des crêpes.

L'entrée du **Túnel de Minería** (Tunnel de l'exploitation minière ; 618-137-53-61 ; Juárez 313 ; 20 $M ; 10h-21h30 mar-dim), un musée consacré à l'histoire minière de Durango, se trouve du côté est de la place.

Museo de Arqueología de Durango Ganot-Peschard MUSÉE

(618-813-10-47 ; Zaragoza 315 Sur ; adulte/enfant 10/5 $M ; 10h-18h mar-ven, 11h-18h sam-dim). Ce petit musée légèrement démodé réserve des expositions fascinantes, ainsi qu'un ensemble d'objets anciens provenant des divers peuples ayant vécu dans la région depuis le paléolithique. Particulièrement impressionnante (et un brin sinistre), une des expositions présente des crânes déformés et des objets funéraires des tribus d'Aztlán. Les enfants apprécieront sans doute le site de fouilles reconstitué, avec éclairages tamisés, squelettes et poteries.

PANCHO VILLA, BANDIT ET RÉVOLUTIONNAIRE

Séducteur, révolutionnaire, voleur de bétail, défenseur de l'éducation, homme impulsif et violent, aucun personnage de l'histoire mexicaine n'est aussi pétri de contradictions que Francisco "Pancho" Villa.

Surtout connu pour son rôle majeur dans la révolution mexicaine, Villa consacra une grande partie de sa vie au vol et à la bagatelle autant qu'aux nobles causes. Né Doroteo Arango en 1878, dans une famille travaillant dans une hacienda du nord de l'État de Durango, il tomba dans le banditisme à l'âge de 16 ans et prit le nom de Francisco Villa. Selon la légende, il devint un hors-la-loi après avoir tiré sur l'un des propriétaires de l'hacienda qui tentait de violer sa sœur. De 1894 à 1910, il mena une existence partagée entre des périodes de banditisme et des tentatives de rentrer dans le droit chemin.

En 1910, alors que l'opposition au régime dictatorial du président Porfirio Díaz s'intensifiait, Abraham González, responsable dans l'État de Chihuahua du mouvement révolutionnaire dirigé par Francisco Madero, demanda à Villa de participer à la lutte. González savait qu'il avait besoin de meneurs sachant se battre. Villa leva promptement des troupes pour rejoindre la révolution, qui débuta le 20 novembre 1910.

Lorsque les rebelles de Villa eurent pris Ciudad Juárez en mai 1911, Díaz démissionna. Madero fut élu président, mais fut renversé en 1913 par l'un de ses généraux, Victoriano Huerta, et exécuté. Après un bref exil à El Paso, aux États-Unis, Pancho Villa revint au Mexique pour lutter contre Huerta en compagnie de 3 autres dirigeants révolutionnaires. Il parvint rapidement à former la célèbre División del Norte, forte de milliers d'hommes, et, à la fin de 1913, avec l'aide d'armes fournies par les États-Unis, il avait repris Ciudad Juárez, s'était emparé de Chihuahua et proclamé gouverneur de l'État de Chihuahua. Durant les deux années suivantes, il expropria et rançonna les riches *hacendados* (propriétaires fonciers), baissa les prix des produits de première nécessité et créa des écoles ; favorisant ses hommes, il ne tolérait pas la moindre protestation. Sa victoire sur l'armée pro-Huerta à Zacatecas, en juin 1914, sonna le glas de la présidence de Huerta. Puis, les 4 factions révolutionnaires se divisèrent soudain en deux camps, les dirigeants libéraux Venustiano Carranza et Álvaro Obregón d'un côté, Pancho Villa et Emiliano Zapata, plus radicaux, de l'autre. Villa fut vaincu par Obregón lors de la bataille de Celaya (1915) et ne regagna jamais son influence.

Après que les États-Unis eurent reconnu le gouvernement de Carranza en octobre 1915, Villa décida de discréditer Carranza et de se venger du président américain Wilson. Le 9 mars 1916, les hommes de Villa mirent à sac la ville de Columbus, au Nouveau-Mexique, où était stationné un régiment de cavalerie américain et où vivait Sam Ravel, qui avait jadis roulé Villa lors d'une vente d'armes. Même si la moitié des 500 miliciens mexicains périrent (contre 18 Américains) et si Ravel resta introuvable (il était chez le dentiste à El Paso), l'attaque fut un succès car elle entraîna une expédition punitive américaine au Mexique à la recherche de Villa, qui renforça sa légende. Villa continua de combattre le régime de Carranza, pillant les villes et les haciendas ; il devait enrôler des hommes pour conserver ses troupes et les autorisait parfois à piller et à massacrer.

En 1920, Carranza fut renversé par son ancien allié Obregón, et Villa signa un traité de paix avec Adolfo de la Huerta, président par intérim. Il s'engagea à déposer les armes et à se retirer dans une hacienda à Canutillo, moyennant une indemnité de 636 000 $M. Villa reçut en outre de l'argent pour payer les soldes dues à ses troupes, aider les veuves et les orphelins de la División del Norte. Il installa 759 de ses anciens soldats à Canutillo, et créa une école pour eux et leurs enfants.

Les trois années suivantes, Villa mena une vie relativement paisible. Il acheta un hôtel à Hidalgo del Parral et assistait régulièrement à des combats de coqs. Il installa Soledad Seañez, l'une de ses nombreuses "épouses", dans un appartement à Parral, et en entretenait une autre à Canutillo. Un jour, alors qu'il quittait Parral dans sa Dodge, le légendaire révolutionnaire tomba sous une volée de balles tirée d'une maison. La faible peine de prison dont écopèrent les 8 tueurs commandités conduisit à penser que l'ordre émanait du président Obregón lui-même, mais vu le nombre d'ennemis que Villa s'était fait au fil des années, ce n'était pas les suspects qui manquaient.

Museo Palacio de los Gurza MUSÉE
(☎618-811-17-20 ; Negrete 901 Poniente ; tarif adulte/enfant 10/5 $M ; ⏲10h-18h mar-dim). Ce musée modeste, occupant une superbe demeure du XVIIIe siècle, abrite des expositions semi-permanentes d'art moderne, avec des artistes mexicains prometteurs. Les œuvres délivrent souvent un message politique sur le Mexique ou son voisin au nord. Étrangement, sa collection permanente présente de vieilles pièces de monnaie du Mexique et d'anciennes machines d'atelier monétaire.

Museo Regional de Durango MUSÉE
(El Aguacate ; ☎618-813-10-94 ; www.museo.ujed.mx ; Victoria 100 Sur ; adulte/enfant 10/5 $M ; ⏲8h-15h lun, 8h-18h mar-ven, 11h-18h sam-dim ; 👪). Dans une demeure de style palais français du XIXe siècle, ce musée retrace l'histoire, la géologie et la culture de Durango de manière assez complète. Il traite dans le détail le peuple tepehuan, principale population indigène de Durango, ainsi que l'impressionnant éventail de minéraux présents dans la région. On peut aussi y admirer des peintures de Miguel Cabrera. Explications pour la plupart en anglais et en espagnol.

Activités

Paseo Teleférico TÉLÉPHÉRIQUE
(Av Florida 1145 ; adulte/enfant 20/10 $M ; ⏲10h-21h mar-dim ; 👪). Cette télécabine emporte les visiteurs du Cerro del Calvario, petite colline du centre de Durango, au Cerro de los Remedios, point d'observation situé tout juste 680 m plus loin. La vue depuis cet engin de conception élémentaire surclasse largement celle dont on bénéficie à l'arrivée. Une sortie simple et économique.

Fêtes et festivals

Feria Nacional FÊTE, FOIRE
(☎618-161-00-70 ; www.ferianacionaldurango.gob.mx ; route 23 Km 3,5 ; 15 $M ; ⏲fin juin à mi-juil ; 👪). Durant 3 semaines (de fin juin à mi-juillet), la grande fête annuelle de Durango rend hommage au patrimoine agricole de la région avec des *charreadas* (rodéos mexicains) et un festival culturel et musical *duranguense*. Manèges de fête foraine et stands de nourriture viennent compléter la fête. Les transports permettent habituellement de rejoindre gratuitement le champ de foire, qui s'étend à 9 km du centre. Consultez le site Internet pour connaître les points de ramassage/dépôt.

Où se loger

♥ **La Casa de Bruno** AUBERGE DE JEUNESSE $
(☎618-811-55-55 ; www.lacasadebrunohostal.com ; Bruno Martínez 508 Sur ; dort/ch 230/350 $M ; 🚭📶). Accueillante et se voulant bohème, cette auberge de jeunesse du centre dispose de 3 dortoirs avec de hauts lits superposés, aux matelas épais, aux draps confortables et dotés de rideaux pour l'intimité. Les 2 petites chambres individuelles, à l'écart des dortoirs, offrent un confort semblable. Petite cuisine commune. Avec café et pâtisseries proposés tous les matins, c'est un lieu privilégié pour rencontrer d'autres voyageurs.

Posada de María BOUTIQUE-HÔTEL $$$
(☎618-158-12-17 ; www.posadademaria.mx ; 5 de Febrero 922 ; ch/ste avec petit-déj à partir de 2 500/3 100 $M ; P❄📶🏊). En plein cœur de Durango, les chambres modernes et cossues de cette *casona* (grande maison) coloniale rénovée déploient un panache à mi-chemin entre Mexique et ère victorienne (lampes Tiffany, tissus de Oaxaca, etc.). Les espaces de détente accueillants abondent, avec notamment une longue piscine et un toit à la vue magnifique. Le restaurant et la salle de massage (également salon de coiffure) sont appréciables.

Hostal de la Monja HÔTEL $$$
(☎618-837-17-19 ; www.hostaldelamonja.com.mx ; Constitución 214 Sur ; ch/ste avec petit-déj à partir de 1 693/1 994 $M ; P🚭❄📶). Face à la cathédrale, cette demeure du XIXe siècle a été joliment transformée en un hôtel de 20 chambres – c'est l'une des meilleures adresses dans le centre de Durango. Les chambres, confortables, allient tradition et confort moderne. Demandez-en une à l'arrière si vous avez le sommeil léger car le restaurant sur place, tout excellent qu'il soit, se révèle assez bruyant. L'accès au Wi-Fi est fluctuant dans le hall, et quasi inexistant dans les chambres.

Où se restaurer et prendre un verre

Parmi les spécialités locales : le *caldillo duranguense* (ragoût de Durango), à base de *machaca* (viande hachée séchée) et d'*ate* (pâte de coing à déguster avec du fromage).

♥ **Cremería Wallander** TRAITEUR $
(☎618-811-77-05 ; www.wallander.com.mx ; Independencia 128 Norte ; repas 60-140 $M ;

Durango

Durango

Les incontournables

1 Museo de la Ciudad 450 .... C3
2 Museo Francisco Villa B3

À voir

3 Catedral del Basílica Menor C3
4 Museo de Arqueología de Durango Ganot-Peschard B3
5 Museo Palacio de los Gurza B3
6 Museo Regional de Durango C2
7 Plaza de Armas C3
8 Túnel de Minería C3

Activités

9 Paseo Teleférico A3

Où se loger

10 Hostal de la Monja C3
11 La Casa de Bruno B4
12 Posada de María B3

Où se restaurer

13 Birriería Mendoza B3
14 Cremería Wallander A2
15 Fonda de la Tía Chona A3
16 Gorditas Durango B4
17 La Tetera Bistro Cafe A3
18 Restaurant Playa Azul B1

Où prendre un verre et faire la fête

19 Wirikuta Cafe A3

8h30-21h lun-sam, 9h-16h dim ;). Ce délicieux café-traiteur vend les produits issus de la ferme familiale des Wallander, ainsi que des spécialités du terroir, du pain frais et des pâtisseries. Dans la cour, à l'arrière, vous pourrez déguster de copieux petits-déjeuners, des *tortas* (sandwichs) géantes et d'excellentes pizzas. Voilà qui change des plats mexicains standards.

La Tetera Bistro Cafe BISTROT $
(☎618-195-53-78 ; Callejon Florida 1135 ; plats 65-95 $M ; ⏲8h-22h dim-jeu, 8h-23h ven-sam ; 📶). Les repas légers sont le domaine de ce café désinvolte : crêpes, sandwichs, salades et autres, à base d'ingrédients locaux et frais. La salle à ciel ouvert, espace rempli de plantes et d'art bohème, arbore des tables en bois et de nombreux canapés cosy. Vous êtes plutôt boisson ? Une immense gamme de thés, de boissons caféinées et de smoothies vous attend également. Les vendredis et samedis soir, les lumières s'animent au son de concerts. Niché dans une ruelle piétonne, juste après des escaliers en extérieur.

Gorditas Durango MEXICAIN $
(☎618-164-44-98 ; Plaza Centenario, angle Pino Suárez et Zaragoza ; repas 30-50 $M ; ⏲8h-17h ; 👪). Pour vous régaler à bon prix, faites un tour à cette adresse spécialisée dans les *gorditas* (petite tortilla épaisse, fourrée avec la garniture de votre choix). Deux ou trois suffiront à vous rassasier. Les garnitures vont du *bistek* (bifteck de bœuf) et du *chicharrón* (couenne de porc frite) aux *nopales* (cactus) et au *mole* (poulet en sauce au chocolat épicée). Cuisine également des burritos.

Fonda de la Tía Chona MEXICAIN $$
(☎618-812-77-48 ; www.facebook.com/FondaTiaChona ; Nogal 110 ; plats 80-180 $M ; ⏲17h-23h30 lun-sam, 13h-17h30 dim). Le Fonda est une institution de Durango : un restaurant plein de cachet, sis dans un édifice ancien, et spécialisé dans la cuisine locale. Citons, entre autres plats, du *caldillo* (ragoût de bœuf) et de délicieux *chiles en nogadas* (piments dans une sauce aux noix).

Birriería Mendoza MEXICAIN $$
(☎618-811-56-43 ; www.facebook.com/BirrieriaMendozaDurango ; Hidalgo 317 ; plats 70-150 $M ; ⏲8h-17h dim-jeu, 8h-23h ven-sam). À cette table décalée, le Mexique de l'ère coloniale étale ses plus beaux objets anciens : vieilles radios, pots à lait et autres horloges de parquet. Ici, la *birria* (ragoût de chèvre typique du Jalisco) est réinventée à la sauce de Durango, avec piments *guajillo* et *pasilla*, côtes et côtelettes d'agneau. L'édifice colonial et sa décoration atypique sont un régal pour les yeux comme pour les papilles.

Restaurant Playa Azul PRODUITS DE LA MER $$
(☎618-811-93-73 ; www.facebook.com/playaazuldurango ; Constitución 241 Norte ; plats 90-200 $M ; ⏲10h-22h ; 👪). À Durango, ville des terres, on n'a pas forcément poissons et crevettes à l'esprit. Pourtant, ce spécialiste des produits de la mer est l'un des meilleurs restaurants en ville. Dans ce patio du XVIIIe siècle agrémenté de couleurs, le service est professionnel, et vous choisirez parmi 20 façons de préparer le filet de mérou, ou divers cocktails de fruits de mer, comme le Molotov et ses 6 ingrédients.

♥ **Wirikuta Cafe** CAFÉ
(☎618-812-69-52 ; www.facebook.com/pg/wirikutacafe ; Florida 1201 ; ⏲8h-23h ; 📶). Le noir incroyablement bon servi ici prouve que cet établissement racé ne plaisante pas avec la culture du café. Sympathiques et passionnés par leur métier, les baristas servent aussi des pâtisseries et du pain artisanal. Pour quelque chose de plus consistant, une carte propose crêpes, sandwichs et salades fraîches.

ℹ Renseignements

Hospital General (☎618-813-00-11 ; angle Av 5 de Febrero et Calle Fuentes ; ⏲24h/24). Pour des soins courants et des urgences.
Office du tourisme de l'État de Durango (☎618-811-11-07 ; www.durango.gob.mx ; Florida 1106 ; ⏲8h-20h lun-ven, 10h-18h sam-dim). Personnel sympathique et anglophone et nombreuses brochures. Un **kiosque d'information** (Blvd Villa 101 ; ⏲9h-21h lun-mar et jeu-sam, 9h-15h dim et mer), annexe, existe à la gare routière. La ville possède un deuxième **kiosque** (☎618-137-84-31 ; www.durangotravel.mx ; ⏲9h-20h mar-dim), installé dans la gloriette de la Plaza de Armas.
Poste (Av 20 de Noviembre 1016 Oriente ; ⏲8h-16h lun-ven, 9h-13h sam). Bureau principal.

ℹ Depuis/vers Durango

L'**Aeropuerto Guadalupe Victoria** (☎618-118-70-12 ; www.oma.aero ; Autopista Durango-Gómez Palacios Km 15,5), à 20 km au nord-est de la ville sur la route 40D, est un aéroport régional relativement calme. Il est desservi par Aeroméxico (www.aeromexico.com) et TAR Aerolíneas (www.tarmexico.com). Un taxi depuis le centre de Durango coûte environ 250 $M.

Des bus, dont beaucoup de véhicules 1re classe, partent fréquemment du **Central Camionera de Durango** (☎618-818-36-63 ; Blvd Villa 101), à 5 km à l'est du centre-ville.

BUS AU DÉPART DE DURANGO

DESTINATION	PRIX ($M)	DURÉE (H)	FRÉQUENCE
Chihuahua	840	8 ½-11	12/jour
Los Mochis	1 090	6	3/jour
Mazatlán	600	3	11/jour
Mexico (Terminal Norte)	1 270	11-13	14/jour
Monterrey (via Saltillo)	835	7	8/jour
Parral	595	6	10/jour
Zacatecas	415	4-5	ttes les heures

Comment circuler

Les bus "ISSSTE" ou "Centro" (9 $M) partent du parking du Central de Autobuses et rallient la Plaza de Armas. Les taxis, avec compteur, demandent 40 $M jusqu'au centre.

Pour rejoindre le Central de Autobuses du centre-ville, prenez un **bus "Camionera"** (Negrete s/n) sur la Calle Negrete, un pâté de maisons au sud du Museo Regional ; descendez avant le grand croisement avec la statue équestre de Pancho Villa et un McDonald's, et marchez sur une courte distance vers le nord-est.

NORD-EST DU MEXIQUE

Le Nord-Est n'a jamais été un grand pôle touristique du Mexique, et les échos des violences liées aux cartels n'ont rien fait pour arranger cela. Pourtant, l'histoire, les sites et les gens du secteur sont d'autant plus extraordinaires que l'on ne s'y attend pas. Monterrey est une mégalopole moderne et dynamique, tandis que Saltillo subjugue par son charme colonial. Vous pouvez visiter Parras, paradis des amateurs de vin, ou bien l'écosystème désertique exceptionnel des environs de Cuatro Ciénegas, qui affiche une des plus grandes biodiversités du pays.

Les conditions de sécurité sont préoccupantes, bien qu'elles ne paralysent pas la région. Si les guerres de trafiquants semblent s'être considérablement apaisées, des villes frontalières telles que Nuevo Laredo, Matamoros ou leurs environs restent des zones sensibles. Certains quartiers de Monterrey sont également à éviter. Cela dit, la plupart des conflits violents se cantonnent aux cartels eux-mêmes, et les touristes sont rarement touchés. Restez simplement sur vos gardes lorsque vous explorerez la mine d'or touristique qu'est le nord-est du Mexique.

Saltillo

844 / 762 000 HABITANTS / ALTITUDE : 1 600 M

Haut perchée dans l'aride Sierra Madre orientale, Saltillo, capitale de l'État de Coahuila, se développe rapidement, mais le quartier central conserve une ambiance paisible de petite ville. Fondée en 1577, la plus ancienne cité du Nord-Est s'enorgueillit de beaux édifices coloniaux et d'une vie culturelle dynamique (avec notamment des musées et des galeries d'art de premier ordre). La population estudiantine est en progression constante. La plupart des sites se trouvent en centre-ville. Située sur les principaux itinéraires entre la frontière nord-est et le centre du pays, Saltillo a tout pour faire une agréable étape.

À voir

Le cœur culturel de Saltillo, organisé autour de la vaste Plaza de Armas, et truffé d'édifices historiques, se prête parfaitement à une exploration à pied. Alameda Zaragoza, le poumon vert de la ville, est à 6 pâtés de maisons au nord-ouest de la place.

Museo del Desierto MUSÉE

(844-986-90-00 ; www.museodeldesierto.org ; Parque Maravillas, Blvd Davila 3745 ; adulte/enfant 110/60 $M ; 10h-17h mar-dim ;). Le site majeur de Saltillo est cet immense musée d'histoire naturelle très plaisant et instructif (même pour qui ne parle pas espagnol). Vous découvrirez le désert de Chihuahua (le plus grand d'Amérique du Nord), apprendrez pourquoi les courants marins créent parfois des déserts, et comment se forment les dunes. Les enfants adoreront les dinosaures. Également : un vivarium de reptiles, des chiens de prairie, des loups gris et un jardin botanique avec plus de 400 espèces de cactus.

Centro Cultural Vito Alessio Robles ÉDIFICE HISTORIQUE
(☎844-412-86-45 ; angle Hidalgo et Aldama ; ⏱10h-18h mar-sam, 11h-18h dim ; ♿). GRATUIT Dans l'ancien hôtel de ville de Saltillo, ce centre culturel héberge la plus grande fresque qu'une femme ait jamais peinte au Mexique. D'une surface de 500 m², cette œuvre remarquable et exaltante narre l'histoire de Saltillo. Il fallut à Helena Huerta Muzquiz 3 ans pour l'achever. En dehors de cette peinture murale, le bâtiment expose dans plusieurs salles les diverses œuvres de cette artiste, dont des dessins au fusain et des gravures sur bois.

Museo del Sarape y Trajes Mexicanos MUSÉE
(☎844-481-69-00 ; Allende 160 Sur ; ⏱10h-18h mar-dim ; ♿). GRATUIT Un excellent musée dédié aux *sarapes* (couvertures) mexicains qui ont fait la réputation de l'État de Saltillo. L'inestimable collection vous apprendra une foule de choses sur les techniques de tissage, les métiers à tisser, les teintures naturelles et les styles régionaux. Une petite branche du musée vous fera découvrir les costumes de diverses régions du Mexique. Chaque salle comporte des explications détaillées (en anglais) et vous pourrez faire des achats dans une boutique à côté.

Museo de las Aves de México MUSÉE
(Musée des Oiseaux du Mexique ; ☎844-414-01-68 ; www.museodelasaves.org ; Hidalgo 151 ; adulte/enfant 40/20 $M ; ⏱10h-18h mar-sam, 11h-18h dim ; ♿). Le Mexique se place au 10e rang mondial des pays à l'avifaune la plus diverse. Ce musée réunit plus de 800 espèces naturalisées, dont beaucoup dans des dioramas recréant de manière convaincante leur habitat naturel. Les collections sont classées par biome : désert, océan, forêt pluviale, mangrove, etc. Des sections avec expositions multimédias sont aussi consacrées aux espèces à plumes, à bec, migratrices et aux variétés semblables. Explications en espagnol et en anglais. Propose des visites guidées.

Catedral de Saltillo ÉDIFICE RELIGIEUX
(☎844-414-02-30 ; www.facebook.com/santocristosaltillo ; Plaza de Armas ; ⏱9h-13h et 16h-19h30 ; ♿). Édifiée entre 1745 et 1800, la cathédrale de Saltillo possède l'une des plus belles façades de style churrigueresque du pays, rythmée de colonnes en pierre gris pâle savamment sculptées. Curieusement, la coupole centrale arbore des sculptures représentant le dieu Quetzalcóatl, le serpent à plumes aztèque.

Où se loger

Hotel Colonial San Miguel HÔTEL $$
(☎844-410-30-44 ; www.hotelcolonialsaltillo.com ; General Cepeda Sur 410 ; ch 850 $M ; P 🚭 ❄ 📶 🏊). Ce joli petit hôtel rend un hommage extravagant à la Renaissance italienne, avec colonnes ornementales jouxtant la piscine, statues et anges de pierre de toute part, et même une réplique de la chapelle Sixtine sur le plafond du restaurant. Échappant à la thématique, les chambres sont modernes, épurées et impeccables. Certaines ont d'étroits balcons à balustrades avec une belle vue sur la ville. Le service est excellent.

Hotel Rancho el Morillo HÔTEL HISTORIQUE $$
(☎844-417-40-78 ; www.ranchoelmorillo.com ; Coahuila 6 ; ch 60-75 $US ; P 🚭 📶 🏊). Fondée en 1934, cette hacienda au caractère bien trempé, à la lisière de Saltillo, est installée sur un immense domaine. De nombreux chemins sillonnent une forêt de pins, un verger et un semi-désert. La famille très accueillante qui gère les lieux propose de bons repas. Une fois rassasié, le *licor de membrillo* (alcool de coing) est le digestif idéal.

Où se restaurer et prendre un verre

Côté arts de la table, Saltillo rassemble de superbes *fondas* (restaurants familiaux) et des restaurants chics près de la Plaza de Armas.

Flor y Canela CAFÉ $
(☎844-414-31-43 ; www.facebook.com/florycanelacentro ; Juárez 257 ; repas 70-120 $M ; ⏱8h30-21h30 lun-ven, 16h30-21h30 sam-dim ; 📶 🍷). Café accueillant à l'atmosphère bohème, le Flor y Canela maîtrise l'art des petits-déjeuners conviviaux et délicieux, des formules du jour au déjeuner (3 plats pour 110 $M), des paninis et des salades. Une machine à expresso promet des boissons caféinées bio, et les *postres* (desserts) ne manquent pas sur la carte. Sert aussi vin et cocktails.

El Tapanco Restaurante INTERNATIONAL $$$
(☎844-414-00-43 ; www.facebook.com/ElTapancoSaltillo ; Allende 225 ; plats 180-350 $M ; ⏱12h-23h lun-sam, 12h-17h dim ; 🍷). Ce restaurant familial est l'un des plus élégants de la ville, avec un intérieur plein de charme et des tables installées dans

BUS AU DÉPART DE SALTILLO

DESTINATION	PRIX ($M)	DURÉE (H)	FRÉQUENCE
Cuatro Ciénegas	300	5	1/jour
Durango	535-660	6 ½	5/jour
Mexico (Terminal Norte)	955-1 230	10	12/jour
Monterrey	120-140	1 ¾	ttes les 45 min
Nuevo Laredo	340-463	4-5	ttes les 45 min
Parras	140	2 ½	7/jour
San Luis Potosí	540	5	ttes les 45 min
Torreón	355-385	3	ttes les heures
Zacatecas	455	4 ½-5 ½	ttes les heures

une cour bercée par le murmure d'une fontaine. La carte annonce du poisson et des fruits de mer, et de nombreux plats de viande grillée. Goûtez la *cabrería azteca* (bœuf aux champignons noirs), les tacos de canard ou la spécialité de la maison, le *perejil frito* (persil frit).

Taberna El Cerdo de Babel BAR
(☎844-135-53-60 ; www.facebook.com/cerdodebabel ; Ocampo 324 ; ⊙16h-1h lun, 15h-2h mar-sam). Installée dans un ex-couvent franciscain du XVIe siècle, cet établissement hipster et non conformiste donne concerts, expositions régulières et projections de films. Salle sur 2 niveaux, avec à l'avant un patio arboré sur une allée piétonne. Cette *taberna* populaire est le rendez-vous des étudiants et des professeurs d'université, tout comme des travailleurs.

La Puerta al Cielo BAR À COCKTAILS
(☎844-139-97-51 ; Allende 148 ; ⊙17h-1h mar-sam). Au cœur de la ville, les mixologues de ce bar à ciel ouvert servent de délicieuses mixtures et des bières artisanales. Le patio, qui reçoit des concerts le week-end, est agrémenté de graffs et d'éclairages scintillants. Sur la carte se côtoient burgers, salades et plats de pâtes innovants.

Achats

El Sarape de Saltillo ART ET ARTISANAT
(☎844-414-96-34 ; elsarapedesaltillo@gmail.com ; Hidalgo 305 ; ⊙9h30-13h30 et 15h30-19h30 lun-sam). Avec ses salles en enfilade, cette boutique en apparence sans fin fait étalage de ses *sarapes* (couvertures avec une ouverture pour la tête) colorées et de confection soignée, ainsi que d'autres objets d'artisanat mexicains. Dans le magasin, la laine est teinte et tramée sur des métiers à tisser.

Renseignements

Office du tourisme municipal (☎844-439-71-95 ; Allende 124 ; ⊙8h-15h lun-ven). Petite structure portée par un personnel accueillant et bien renseigné, qui parle l'anglais.

Depuis/vers Saltillo

AVION

De l'**aéroport de Plan de Guadalupe** (☎844-488-00-40 ; Carretera Saltillo-Monterrey Km 13,5, Ramos Arizpe), situé à 16 km au nord-est de Saltillo, des vols réguliers rejoignent Mexico. Des bus circulent entre la gare routière de Saltillo et l'aéroport de Monterrey (200 $M), d'où partent de nombreux autres vols.

BUS

La **gare routière** (☎844-417-01-84 ; Periférico Echeverría s/n ; 📶) est au sud de la ville, à 2,5 km du centre. Les bus directs pour plusieurs destinations partent au moins toutes les heures, sauf pour Durango (il est souvent plus rapide de prendre une correspondance à Torreón) et Cuatro Ciénegas. Des lignes sont assurées, entre autres, par Transportes Chihuahuenses, Futura, ETN et Omnibus de México.

Pour rejoindre le centre-ville depuis la gare routière, prenez le bus 9 (9 $M) devant celle-ci. Dans l'autre sens, il se prend sur Aldama, entre Zaragoza et Hidalgo.

Comment circuler

DEPUIS/VERS L'AÉROPORT

L'aéroport comporte des agences de location de voitures. Un taxi depuis/vers le centre coûte autour de 150 $M.

Parras

842 / 44 900 HABITANTS / ALTITUDE : 1 520 M

Charmante oasis au cœur du désert de Coahuilan, quelque 160 km à l'ouest de Saltillo, Parras possède un centre historique soigné, au caractère authentiquement colonial. Profitant d'un climat délicieusement tempéré, elle est surtout renommée pour son vin : on cultive ici les *parras* (vignes) depuis la fin du XVIe siècle et la Casa Madero est la doyenne des entreprises viticoles des Amériques. Avec d'excellents hébergements et un environnement éblouissant, la destination a tout pour plaire.

À voir

Les domaines viticoles, principales attractions locales, se situent à la périphérie de la ville.

Casa Madero VIGNOBLE

(842-422-01-11 ; www.madero.com.mx ; Carretera 102 Pila-Parras Km 18,2 ; visite adulte/- 12 ans 20 $M/gratuit ; 9h-17h ;). Le premier domaine des Amériques fut fondé à Parras en 1597, une année avant la création de la ville elle-même. Devenu une entreprise industrielle, il exporte du vin partout dans le monde, mais occupe toujours de plaisants locaux, un brin vieillots. Des visites (45 min) vous permettront de découvrir le matériel de vinification, moderne et ancien.

Sur place, vous pourrez acheter vin et eau-de-vie de qualité, qu'on ne propose malheureusement pas de goûter. Des bus réguliers (20 $M) partent de la place principale, à Parras, et passent par le domaine ; il suffit de demander au conducteur de vous déposer où vous le souhaitez. Vous pouvez aussi prendre un taxi (80 $M) ; le domaine se situe à 7 km au nord de Parras.

Vinos El Vesubio VIGNOBLE

(842-422-38-88 ; andres.rdemingo@gmail.com ; Madero 36 ; 10h-19h). GRATUIT Fondé en 1891, ce vignoble curieux est connu pour ses vins rouges artisanaux et moelleux. Le Vesubio vous présentera son processus de fabrication maison, ses quelques caves et sa chaîne de mise en bouteille. Les crus se dégustent dans sa petite boutique, devant la maison familiale. La visite se justifie autant pour l'ambiance que pour l'achat de vin.

Iglesia del Santo Madero ÉDIFICE RELIGIEUX

(Morales Padilla s/n ; 10h-17h). La montée (raide, 293 marches) est récompensée par le superbe panorama sur la ville et les vignes que l'on embrasse depuis cette église emblématique, perchée en équilibre précaire sur un promontoire rocheux à la lisière sud de la ville. Comptez 30 minutes de marche depuis le centre, en longeant Madero vers l'est, puis en remontant Aguirre Benavides.

Fêtes et festivals

Feria de la Uva FERIA

(déb août à mi-août ;). Tous les ans en août, des milliers de personnes se rassemblent à Parras pour fêter le vin, sève nourricière de la région. Ce sont 2 semaines de défilés de *vendimiadoras* (fouleurs de raisin aux pieds nus), de danse, de musique, d'événements sportifs et de cérémonies religieuses où le vin coule à flots. On désigne même une reine de cette foire, dont le vacarme atteint son paroxysme lors d'une soirée dansante à la Casa Madero.

Où se loger

Foggara Hotel BOUTIQUE-HÔTEL **$$**

(842-422-04-59 ; www.foggara.com.mx ; Cazadores 111 ; ch 1 000-1 200 $M ;). Envie d'évasion ? Dans ce superbe lieu décontracté occupant une demeure historique, le sentiment d'être choyé domine. Les chambres allient l'architecture coloniale à une luxueuse décoration moderne de milieu de siècle. Salles de bains spacieuses, avec carreaux colorés. Les espaces communs extérieurs sont agréables : cour et terrasse verdoyante avec chaises longues et fauteuils en osier suspendus.

Casona del Banco BOUTIQUE-HÔTEL **$$$**

(842-422-19-54 ; www.lacasonadelbanco.mx ; Ramos Arizpe 285 ; ch/ste avec petit-déj 3 273/3 808 $M ; P). Pour faire des folies, rien ne vaut le luxe de cet hôtel grandiose, aux tarifs excessifs cependant, aménagé dans une ancienne banque. Ses 24 chambres cossues enceignent 2 cours herbeuses, et les parties communes, dont un salon et un bar élégant, sont exceptionnelles. Enfants à partir de 10 ans seulement. Situé près de l'entrée nord de la ville.

Où se restaurer

À Parras, nombre de *dulcerías* (confiseries) vendent le fameux *queso de higo* (sorte de caramel à base de figues) de la région. Malheureusement, ses restaurants ont encore bien des progrès à faire.

Tortas y Tacos Cri Cri MEXICAIN $
(Plaza del Reloj, Colegio Militar s/n ; repas 40-60 $M ; ⏲11h-20h ; 🚸). Ainsi que son nom le suggère, ce petit établissement discret sert d'alléchantes *tortas* (sandwichs mexicains), des tacos et des hamburgers. Caché sur la Plaza del Reloj, c'est un lieu affairé, et ses 2 tables sont presque toujours remplies. Imitez les gens du coin et commandez votre repas à emporter pour le savourer sur un banc, quelques mètres plus loin.

♥ **Las Parras de Santa Maria** INTERNATIONAL $$
(☎842-422-00-60 ; www.lasparrasdesantamaria.com ; Cayuso 12 ; plats 55-195 $M ; ⏲9h-22h lun-sam, 9h-18h dim ; 🚸). Portes en bois massif, plafonds de plus de 5 m, voûtes à n'en pas finir et murs chaulés... On ne doute pas une seconde qu'il s'agit d'un bâtiment colonial. Cuisine plutôt internationale, des classiques mexicains aux plats de pâtes, tous préparés avec soin, mais c'est surtout sa paella primée qui sort du lot. Accompagnée d'une pléthore de crevettes, de palourdes et de poisson, elle est servie avec une sangria, et même des tapas. Mieux vaut venir le ventre vide !

El Méson de Don Evaristo MEXICAIN $$
(☎842-422-64-53 ; www.facebook.com/MesondeDonEvaristo ; angle Madero et Cayuso ; plats 80-210 $M ; ⏲8h-22h ; 🚸). Nichée dans une cour au cœur de la ville, cette adresse sympathique dispose ses tables autour d'une petite fontaine. Si le cadre évoque la splendeur coloniale, la cuisine mexicaine se révèle, quant à elle, plutôt standard. Bon choix de petits-déjeuners (50-80 $M) et expresso (quand la machine fonctionne).

Renseignements

Le personnel de l'**office du tourisme principal** (☎842-422-31-84 ; Ramos Arizpe 122 ; ⏲10h30-15h30 lun-sam) est serviable, et distribue gratuitement des plans de la ville. Il parle un peu l'anglais. Il y a également un petit **kiosque d'information** (angle Ramos Arizpe et Colegio Militar ; ⏲10h-15h) sur la Plaza del Reloj.

Depuis/vers Parras

La ville compte 2 gares routières n'accueillant que des bus de 2e classe, néanmoins très confortables et climatisés.

La **gare routière Parras-Saltillo** (☎842-422-08-70 ; García 2B), petite mais moderne, propose 7 trajets par jour depuis/vers Saltillo (140 $M, 2 heures 30) et 4 depuis/vers Monterrey (220 $M, 3 heures 30).

La **gare routière Parras-Torreón** (Ramos Arizpe 179), près de la Plaza de Armas, est en piteux état. Vous pouvez l'utiliser pour rejoindre Cuatro Ciénegas sans passer par Saltillo. Pour cela, prenez un bus pour San Pedro Las Colonias (100 $M, 1 heure 30, 5/jour), puis une correspondance jusqu'à Cuatro Ciénegas (150 $M, 2 heures, 9/jour).

Cuatro Ciénegas

☎869 / 13 000 HABITANTS / ALTITUDE : 747 M

Petite ville frontière paisible, Cuatro Ciénegas est parsemée de bâtiments en adobe et d'édifices coloniaux, abritant une poignée d'hôtels et de restaurants. Il s'agit d'une agréable destination hors des sentiers battus pour explorer l'environnement naturel du nord du Mexique, en particulier l'Área de Protección de Flora y Fauna Cuatrociénegas. Tenue pour abriter une des plus grandes biodiversités au monde, cette réserve naturelle de 843 km² dans le désert de Chihuahua se démarque par ses rivières turquoise, ses dunes de sable immaculé et ses panoramas montagneux époustouflants.

À voir

♥ **Área de Protección de Flora y Fauna Cuatrociénegas** RÉSERVE NATURELLE
(Zone de protection de la flore et de la faune de Cuatrociénegas ; ☎869-696-02-99 ; www.cuatrocienegas.conanp.gob.mx ; Route 30 ; 30 $M ; ⏲10h-17h ; P🚸🐾). Riche de centaines de *pozas* (bassins) d'un bleu céruléen scintillant et de cours d'eau sinuant au milieu du Desierto Chihuahuense (désert de Chihuahua), cette réserve naturelle de 843 km² est un site réellement magique. Alimenté par plus de 500 sources souterraines, l'habitat désertique de la réserve abrite une extraordinaire biodiversité, souvent comparée à celle des Galápagos. On y découvre plus de 70 espèces endémiques, dont 3 de tortues et 11 de poissons, ainsi que quantité d'organismes primitifs appelés *estromatolitos* (stromatolites), auxquels on attribue en partie la création de l'atmosphère oxygénée de la Terre.

Plusieurs bassins et la rivière proche sont réservés aux loisirs, dont la baignade. Une grande partie de la zone est interdite au public, car elle fait l'objet d'études menées par des organisations aussi diverses que la Nasa et l'Unam.

Si vous n'êtes pas motorisé, l'exploration en indépendant de la région peut s'avérer délicate car les pistes du désert ne sont pas toujours indiquées. Nous vous conseillons d'engager un guide. Le **centre d'accueil des visiteurs de Poza Azul** (869-107-72-50 ; www.cuatrocienegas.conanp.gob.mx ; route 30 ; 10h-17h ; P) vous indiquera des guides recommandés. Les 2 offices du tourisme de Cuatro Ciénegas en ont aussi une liste.

Bien qu'il soit théoriquement possible de visiter la réserve sans voiture (les bus pour Torreón vous déposeront aux entrées des différents sites de la réserve, mais ils ne s'arrêtent généralement pas pour prendre des passagers), nous vous le déconseillons en raison des longues distances et du manque d'ombre.

Dunas de Yeso DUNES
(Los Arenales ; route 30). À l'intérieur de la réserve de Cuatrociénegas, ces dunes de gypse d'un blanc étincelant (les 2e plus grandes d'Amérique du Nord) se détachent superbement des 6 reliefs rocheux qui entourent la vallée. Pour visiter le site, vous aurez besoin d'un moyen de transport et d'un guide officiel (la porte menant aux dunes est fermée, et eux seuls en ont la clé), que vous pourrez choisir au centre d'accueil des visiteurs de Poza Azul. Les dunes se situent à 18 km au sud-ouest de la ville, au bout d'une route sablonneuse.

Mina de Mármol POINT DE VUE
(Route 30 ; 30 $M ; 9h30-17h30 lun-ven ; P). Dans cette ancienne mine, vous serez accueilli par d'énormes blocs de marbre, pour la plupart incrustés de fossiles provenant des espèces marines qui peuplaient la vallée lorsqu'elle était sous l'océan. Au-delà de ses rochers spectaculaires, ce site offre un impressionnant panorama sur le parc naturel de Cuatrociénegas, ainsi que les bassins et les rivières azurés, les dunes au blanc éclatant, et les chaînes montagneuses des alentours.

Museo Casa Venustiano Carranza MUSÉE
(869-696-13-75 ; Carranza 109 ; 10h-18h mar-dim). GRATUIT Bien pensé, ce musée basé dans la maison d'enfance de Venustiano Carranza retrace la vie du plus célèbre enfant du pays. Successivement maire, sénateur, gouverneur, chef révolutionnaire, puis président du Mexique, Carranza était un politicien né, connu pour son ingéniosité, mais aussi son obstination (il fut assassiné en 1920). Collection multimédia, effets personnels et photos jalonnent cette demeure superbement restaurée. Des guides instruits vous conduiront au fil des expositions en mettant l'accent sur les pièces notables. Légendes en espagnol seulement. Don demandé.

Activités

Río Los Mezquites BAIGNADE
(869-696-04-08 ; route 30 ; adulte/enfant 85/65 $M ; 10h-18h30 lun-ven, 10h-19h sam-dim). Nager avec les poissons et les tortues, dans ce superbe cours d'eau d'un bleu étincelant, qui coule paisiblement au beau milieu d'un paysage de désert, est une expérience revigorante que vous n'êtes pas près d'oublier. Vous y trouverez *palapas* (paillotes), tables de pique-nique et même grills. Divers escaliers et échelles permettent de descendre jusqu'à la rivière (sinon, faites comme les enfants, et jetez-vous directement à l'eau). Visiteurs acceptés jusqu'à 17h. Depuis Cuatro Ciénegas, prenez la sortie juste avant le centre d'accueil des visiteurs de Poza Azul.

Circuits organisés

Des excursions de 2 à 3 jours dans l'extraordinaire réserve de Cuatrociénegas (p. 840) peuvent être organisées auprès de guides certifiés, moyennant environ 700 $M/pers la journée. Vous pouvez en contacter par le biais d'un des offices du tourisme. Les tarifs incluent le transport en voiture.

Si vous êtes véhiculé, vous pouvez réserver un guide directement au centre d'accueil des visiteurs de Poza Azul. Les circuits mis sur pied par l'Hotel Misión Marielena sont également conseillés.

Où se loger et se restaurer

Hotel Misión Marielena HÔTEL $$
(869-696-11-51 ; www.hotelmisionmarielena.com.mx ; Hidalgo 200 ; ch 650-940 $M ; P). Dressé sur la place centrale, cet hôtel historique à l'excellent rapport qualité/prix loue de grandes chambres bien tenues, avec mobilier moderne évoquant certains motels américains : propreté, confort et absence totale de fioritures. Les logements jalonnent 2 cours verdoyantes avec piscine et vue sur les montagnes. Le restaurant sur place est parmi les meilleurs de la ville. Informations gratuites sur les sites de la région, et réservation de circuits aisée.

Gorditas MEXICAIN **$**
(Hidalgo s/n ; repas 25-50 $M ; 5h-13h ;). La spécialité éponyme de cette affaire familiale avec tables et chaises en plastique est une tortilla, petite mais épaisse, et garnie à ras bord de toutes sortes de délices qui raviront les amateurs de viande comme de légumes. Le dimanche, les *cieneguenses* s'y amassent pour ses grands bols fumants de *menudo* (soupe de tripes). C'est l'immeuble jaune vif qui bourdonne de clients.

La Misión MEXICAIN **$**
(869-696-11-51 ; Hidalgo 200 ; plats 50-110 $; 7h30-22h30 ;). Au sein de l'Hotel Misión Marielena, La Misión prépare les meilleurs repas de la ville, avec des ingrédients de qualité et une rigueur sur mesure. La carte propose surtout des plats traditionnels mexicains, mais aussi pâtes, sandwichs et salades. Les portions sont gargantuesques, venez l'estomac vide. Sélection de vins de la région.

Cantina El 40 MEXICAIN **$$**
(869-696-00-40;www.facebook.com/el40cuatrocienegas ; Zaragoza 204 ; plats 90-130 $M ; 12h-2h mer-lun ;). Bar-restaurant fastueux dont l'ambiance est à mi-chemin entre ère coloniale et Far West, la talentueuse Cantina El 40 sert une cuisine mexicaine consistante. Tacos de rue gastronomiques et plats fumants servis dans un *molcajete* (un mortier et son pilon), relevés de cocktails de premier choix et de vins du cru. En intérieur, vous aurez droit à des tables en bois épais et des chaises en simili peau de vache, tandis qu'une cour au frais vous attend à l'extérieur.

Renseignements

Deux offices du tourisme s'offrent à vous : le minuscule mais serviable **office du tourisme municipal** (869-696-06-50 ; Carranza 100 ; 9h-15h lun-ven) sur la Plaza Central, et l'**office du tourisme du Coahuila** (869-696-05-74 ; Zaragoza 206 ; 9h-16h lun-ven), qui n'ouvre qu'occasionnellement.

Depuis/vers Cuatro Ciénegas

La **gare routière** (blvd Juárez s/n) fait face à un magasin de peinture, près de l'entrée est de la ville. Des bus 1re classe rejoignent Torreón (367 $M, 3 heures 30, 7/jour), Saltillo (300 $M, 5 heures, 1/jour) et Monterrey (344 $M, 5 heures 30, 1/jour), et un autre, de 2e classe, rallie la frontière à Piedras Negras (411 $M, 6 heures, 6/jour).

Monterrey

81 / 1,1 MILLION D'HABITANTS / ALTITUDE : 540 M

Capitale cosmopolite de l'État du Nuevo León, Monterrey est la troisième ville du Mexique, le deuxième centre industriel et le *número uno* en termes de revenu par habitant. Moteur de l'économie, "La Sultana del Norte" se distingue par son esprit d'entreprise, sa scène culturelle bouillonnante, ses universités dynamiques et une vie nocturne urbaine branchée.

Avec ses banlieues tentaculaires, ponctuées de gigantesques galeries marchandes climatisées et de lotissements pavillonnaires soignés, c'est aussi l'une des métropoles les plus américanisées du pays. La ville compte parmi ses nombreux atouts des musées de classe internationale et, non loin, des montagnes dentelées – fabuleux terrain de jeu pour pratiquer les sports d'aventure.

Tout ceci fait de Monterrey une ville farouchement indépendante et très différente des autres grandes agglomérations mexicaines. Elle a d'ailleurs connu de près la guerre des narcotrafiquants, mais la vie culturelle fleurit à nouveau depuis 2017, surtout autour de la Macroplaza, au sein d'un Barrio Antiguo désormais sûr où prospèrent bars et restaurants. Cependant, les gangs de trafiquants sévissent encore dans certains quartiers, comme Colonia Independencia, de l'autre côté du Río Santa Catarina, à éviter de jour comme de nuit.

Histoire

Fondée en 1596, la ville ne commença à prospérer qu'après l'indépendance du Mexique, sa proximité avec les États-Unis favorisant le commerce et la contrebande.

En 1900, la première industrie lourde d'Amérique latine, une vaste fonderie et aciérie, surgit sur l'emplacement de l'actuel Parque Fundidora. D'autres usines suivirent, et Monterrey fut surnommée la "Pittsburgh du Mexique". Elle produit encore 25% de l'acier brut du pays, 60% du ciment et 50% de la bière mexicaine.

À voir

La plupart des sites importants sont regroupés autour de l'extraordinaire Macroplaza, en centre-ville, et le pittoresque Barrio Antiguo. Plus à l'est, au bout d'une ravissante promenade en bord de rivière, s'étend

VAUT LE DÉTOUR

PARQUE ECOLÓGICO CHIPINQUE

Le **Parque Ecológico Chipinque** (☎818-303-21-90 ; www.chipinque.org.mx ; Carretera a Chipinque Km 2,5, San Pedro Garza García ; piéton/vélo/véhicule motorisé 20/45/60 $M ; ⏲6h-19h30) est une stupéfiante section à flanc de montagne du Parque Nacional Cumbres de Monterrey, située à 12 km à peine du centre-ville. Ses 80 km de chemins parcourant forêts denses et sommets rocheux (le Copete de Águilas culmine à 2 200 m) promettent de superbes randonnées à pied ou à VTT. Avec son atrium à papillons et sa maison des insectes, le musée interactif du parc plaira particulièrement aux enfants. Le centre d'accueil des visiteurs propose plans, en-cas, conseils de randonnée et permis pour accéder aux sommets. Entrée gratuite le week-end.

Le centre d'accueil des visiteurs permet aussi de louer un VTT (200 $M/heure) ou de réserver une excursion à vélo de 3 heures (650 $M/pers, vélo inclus).

Les bus pour Chipinque partent de l'angle sud-ouest du Parque Alameda à 8h, 10h et 12h. Demandez bien à quelle heure revient le dernier bus. Sinon, un taxi depuis le centre revient à 120 $M. Demandez au chauffeur de revenir à une heure donnée pour assurer votre retour à Monterrey.

l'autre foyer culturel de la ville : le Parque Fundidora. Les paysages stupéfiants qui avoisinent Monterrey ne font qu'ajouter à son charme. Pensez simplement à vérifier que le secteur est sûr avant de quitter la ville pour une excursion.

♥ Paseo Santa Lucía PARC

(Plaza 400 Años ; ⏲24h/24 ; 🚸🐾). La superbe promenade du Paseo Santa Lucía, qui s'étend sur 2,4 km, est un parfait exemple de réaménagement urbain. Cette rivière artificielle forme un ruban turquoise au cœur de la Monterrey industrielle. Baladez-vous le long de cette allée agréable, ou montez dans l'un des bateaux (de 10h30 à 21h ; aller-retour adulte/enfant 60/40 $M) qui sillonnent régulièrement la rivière. Le parc est magnifiquement aménagé, avec des illuminations sur l'eau en soirée, 27 remarquables ponts et 13 fontaines s'étendant sur la rivière.

Un service de sécurité est assuré 24h/24 et il y a quelques bars et restaurants à l'extrémité ouest. Toute la promenade est dotée d'une connexion Wi-Fi gratuite. Les bateaux partent d'un quai sur la Plaza 400 Años (p. 845).

♥ Horno3 MUSÉE

(Musée de l'Acier ; ☎81 8126-1100 ; www.horno3.org ; Parque Fundidora ; adulte/enfant 100/60 $M ; ⏲10h-18h mar-jeu, 11h-19h ven-dim ; Ⓜ Parque Fundidora). Le haut-fourneau n°3 est devenu un extraordinaire musée high-tech interactif dédié à la métallurgie mexicaine, et installé à l'intérieur même de l'ancienne structure industrielle. Aucun détail n'a été négligé, des pierres fumantes à l'entrée à l'ascenseur de plein air en métal menant au sommet pour une vue d'ensemble saisissante de Monterrey (inclus dans le tarif d'entrée). Tout le processus de fabrication de l'acier est expliqué (quelques traductions en anglais) et on comprend bien l'importance vitale de cette industrie pour Monterrey et le Mexique.

Ne manquez pas le spectacle du haut-fourneau en activité, transmis depuis la structure du Horno3 lui-même, et renseignez-vous sur les ascensions (adulte/enfant 440/270 $M) en tyrolienne et en rappel de la tour métallique. Les derniers billets sont vendus 1 heure avant la fermeture. Un bon café-restaurant, **El Lingote** (☎81-8126-1100, poste 3003 ; www.ellingoterestaurante.com ; plats 90-460 $M ; ⏲13h-minuit mar-sam, 13h-23h dim ; 🅿📶 ; Ⓜ Parque Fundidora), est installé sur place. La vue vous tente, mais vous en avez assez des musées ? Vous pouvez acheter un billet autorisant seulement l'accès à l'ascenseur (45 $M), qui fonctionne jusqu'à 22h.

♥ Museo de Historia Mexicana MUSÉE

(☎81-2033-9898 ; www.museohistoriamexicana.org.mx ; Doctor Coss 445 Sur ; adulte/enfant 40 $M/gratuit ; ⏲10h-20h mar et dim, 10h-18h mer-sam ; 🚸 ; Ⓜ Zaragoza). Cette construction moderniste s'élançant sur la Plaza 400 Años renferme une chronologie exhaustive mais digeste de l'histoire du Mexique. Au cœur du musée, une section portant sur la Terre, remplie d'animaux naturalisés et de paysages réalistes, illustre la biodiversité

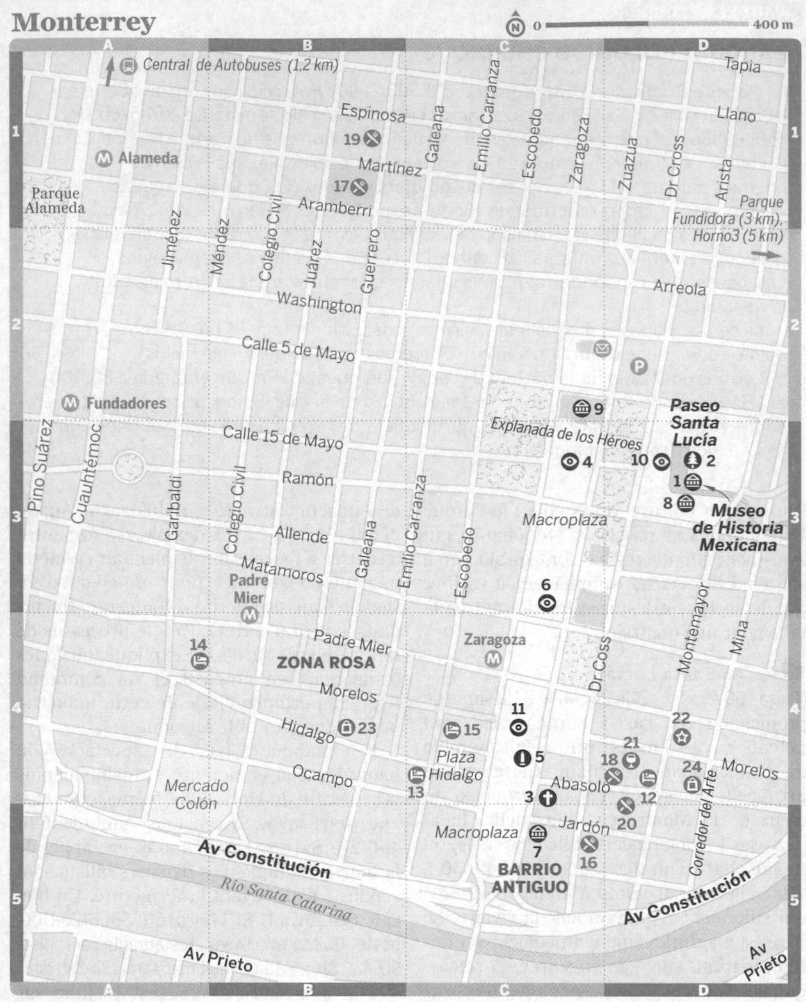

remarquable de ce pays. La plupart des explications sont en espagnol, mais des écrans placés à des endroits stratégiques proposent des récapitulatifs en anglais. Des visites gratuites dans les 2 langues peuvent être organisées en téléphonant à l'avance. Entrée gratuite le mardi et le dimanche.

Le billet d'entrée est aussi valable pour le Museo del Noreste (p. 846), relié au premier par un pont cerné de verre.

Macroplaza PLACE

(Gran Plaza ; Ⓜ Zaragoza). Monument à l'ambition de Monterrey de la fin du XXe siècle, l'aménagement de cet ensemble de places communicantes, de la taille d'un pâté de maisons, également appelé Gran plaza, a nécessité la démolition de bâtiments convoités du centre-ville. Ce projet controversé – qui serait l'un des plus vastes espaces publics du monde – est finalement une réussite et cette nouvelle zone urbaine a gagné en charme au fil des années : autrefois dépouillée, elle a été adoucie par l'ajout de parcs, d'arbres et de fontaines.

On peut admirer les montagnes environnantes entre les édifices emblématiques – des bâtiments municipaux de

Monterrey

Les incontournables
1 Museo de Historia Mexicana D3
2 Paseo Santa Lucía D3

À voir
3 Catedral Metropolitano de Monterrey C4
4 Explanada de los Héroes C3
5 Faro del Comercio C4
6 Macroplaza C3
7 Museo de Arte Contemporáneo C5
8 Museo del Noreste D3
9 Palacio de Gobierno C2
10 Plaza 400 Años D3
11 Plaza Zaragoza C4

Où se loger
12 Amatle Café Orgánico y Hostal D4
13 Gran Hotel Ancira C4
14 iStay A4
15 Krystal Monterrey Hotel C4

Où se restaurer
16 Madre Oaxaca C5
17 Mercado Juárez B1
18 Taller Vegánico D4
19 Taqueria y Carniceria La Mexicana B1
20 Trece Lunas D5

Où prendre un verre et faire la fête
21 Almacén 42 .... D4

Où sortir
22 Café Iguana D4

Achats
23 Carápan B4
24 Corredor del Arte D4
Boutique MARCO .... (voir 7)

Renseignements
Office du tourisme .... (voir 9)

style classique et des structures modernes avant-gardistes hébergeant certains des meilleurs musées du Mexique – qui flanquent la Macroplaza. Les visiteurs prendront plaisir à explorer les lieux à pied, la majeure partie de la circulation étant détournée par des passages souterrains.

À l'extrémité sud de la Macroplaza, la tour en béton du **Faro del Comercio** (phare du Commerce ; Zuazua s/n) domine la ville à 70 m de haut, son laser vert transperçant le ciel nocturne. Le Faro reprend la forme baroque de la **Catedral Metropolitano de Monterrey** (81-8342-7831 ; Zuazua Sur 1100 ; 7h30-20h lun-ven, 9h-20h sam, 8h-20h dim ;), surmontée par une croix lumineuse. Au nord de ce monument se trouve la **Plaza Zaragoza** (Zuazua s/n ;) et son parc ombragé, très prisé des familles et des amoureux. Le parc accueille aussi des concerts en plein air et des séances de danse latino à l'ancienne tous les dimanches.

Encore plus au nord, le reste de la Macroplaza est bordé d'une succession de bâtiments municipaux en béton. Si vous aimez le style brutaliste, vous allez adorer le **Teatro de la Ciudad** et son cousin architectural, l'immense **Congreso del Estado**. À quelques pas, vous découvrirez l'**Explanada de los Héroes** (esplanade des Héros ; angle Zaragoza et Zuazua ;), jalonnée de statues, et enfin le **Palacio de Gobierno** (81-2020-1021 ; 5 de Mayo s/n), de style néoclassique (1908).

Parque Fundidora PARC
(81-8126-8500 ; www.parquefundidora.org ; angle Fundidora et Adolfo Prieto ; 6h-22h ; P ; M Parque Fundidora). GRATUIT Ancienne aciérie, cette zone industrielle autrefois dévastée a été transformée en un immense parc urbain. Les concepteurs ont astucieusement conservé les hauts-fourneaux rouillés et d'autres structures industrielles afin de donner au lieu un côté irréel et spectaculaire, tout en rendant hommage au patrimoine de Monterrey. Vous pouvez faire un footing sur les sentiers, louer un vélo (à partir de 40 $M/heure), faire du patin à glace (100 $M/heure) ou aller voir les sites culturels, le musée Horno3 (p. 843) étant l'idole incontestée du parc.

Quatre autres anciennes usines en brique rouge forment le **Centro de las Artes** (www. parquefundidora.org ; 11h-21h mar-dim) GRATUIT, deux galeries proposant des expositions de haut vol, un théâtre et un cinéma qui projette des films indépendants et étrangers.

Le métro vous dépose à 10 minutes du parc, mais il est plus plaisant de marcher ou de prendre un bateau le long du Paseo Santa Lucía (p. 843).

Plaza 400 Años PLACE
(M Zaragoza). Nantie de fontaines et de bassins, cette place fait un impressionnant prélude au Museo de Historia Mexicana (p. 843), moderniste et élancé, ainsi qu'au

Museo del Noreste (☎81-2033-9898 ; www.3museos.com ; Doctor Coss 445 ; adulte/enfant 40 $M/gratuit ; ⏰10h-20h mar et dim, 10h-18h mer-sam ; 👪). C'est là qu'aboutit la jolie promenade du Paseo Santa Lucía (p. 843).

Museo de Arte Contemporáneo MUSÉE
(MARCO ; ☎81-8262-4500 ; www.marco.org.mx ; angle Zuazua et Jardón ; adulte/enfant 90/60 $M, gratuit mer ; ⏰10h-18h mar et jeu-dim, 10h-20h mer ; Ⓟ ; Ⓜ Zaragoza). Ne ratez pas ce musée génial, dont l'entrée est marquée par une gigantesque colombe noire, sculptée par Juan Soriano. À l'intérieur, eau et lumière se disputent ses espaces surprenants, qui accueillent des expositions prestigieuses (presque toutes temporaires ; la collection permanente est assez modeste) d'artistes contemporains du Mexique et d'Amérique latine. Il y a aussi un petit jardin de sculptures. Téléphonez si vous voulez réserver une visite en anglais. Le MARCO dispose aussi d'une bonne boutique de souvenirs (p. 848) et d'un restaurant gastronomique. Entrée gratuite le mercredi.

Fêtes et festivals

Aniversario de Independencia TRADITION
(Explanada de los Héroes, angle Zaragoza et Zuazua ; ⏰15-16 sept ; 👪 ; Ⓜ Zaragoza). L'anniversaire de l'indépendance du Mexique, le 16 septembre, donne lieu aux plus grandes festivités de Monterrey, avec feux d'artifice, *musica norteña* et défilé. Celles-ci sont communément inaugurées la veille au soir, à l'Explanada de los Héroes, par les dirigeants de la ville qui célèbrent l'indépendance en criant : *"¡Viva México! ¡Viva la independencia!"*

Festival Internacional de Cine en Monterrey CINÉMA
(www.monterreyfilmfestival.com ; 30-40 $M/film ; ⏰fin août). Fin août, de nombreux films d'art et d'essai mexicains et internationaux sont présentés lors de ce festival qui se déroule dans différents lieux de la ville, dont le Centro de las Artes du Parque Fundidora.

Où se loger

Peu de lieux d'hébergements se démarquent dans le centre, bien que la plupart des points d'intérêt culturels essentiels soient regroupés non loin, et que le Barrio Antiguo en soit tout proche.

Amatle Café Orgánico y Hostal AUBERGE DE JEUNESSE $
(☎81-8342-3291 ; Abasolo 881 ; dort/ch avec petit-déj à partir de 240/750 $M ; 📶 ; Ⓜ Zaragoza). Au dos d'un café bohème dans le Barrio Antiguo, cet établissement offre de rares mais confortables dortoirs avec peintures murales, lits convenables et climatisation.

DES RUES PLUS SÛRES

Monterrey a depuis longtemps une réputation de ville particulièrement prospère et propice aux affaires, et elle a été relativement épargnée par la violence des narcotrafiquants au début de la guerre des gangs au Mexique. Malheureusement, le fléau du pays s'abattit sur la ville en 2011 et 2012, lorsque s'affrontèrent plusieurs membres importants du cartel du Golfe et de Los Zetas. Au bilan : des dizaines de morts (appartenant pour la plupart aux gangs) et un traumatisme durable pour les habitants.

En réponse, le gouverneur Rodrigo Medina mena une purge des forces de police locales, jugées trop gangrénées par les cartels. Plus de 4 000 officiers furent renvoyés, voire écroués. Une nouvelle police d'État, la Fuerza Civil (force civile) a été formée avec des agents aux salaires relativement élevés, logés dans des complexes sécurisés. Parallèlement, le nouveau président du Mexique a restreint les interventions fédérales et, à partir de 2013, les affrontements se sont raréfiés dans le Nord-Est, ainsi que dans tout le Mexique.

Le niveau général de violence du pays a connu un regain en 2016 et 2017, mais le Nord-Est a été moins affecté, et la vie reprend son cours normal dans les rues de Monterrey et d'autres villes (restent problématiques les extorsions de fonds et les enlèvements, ciblant principalement les hommes et femmes d'affaires riches, mexicains ou étrangers). Les touristes ont rarement souffert de la situation, même pendant les pires années, et les secteurs du centre tels que la Macroplaza et le Barrio Antiguo sont sûrs, agréables et méritent largement d'être visités.

Les chambres individuelles sont de style semblable, avec un peu plus d'espace. Tous les matins, pains maison et café frais sont servis au petit-déjeuner. L'Amatle se remplit vite, même à la basse saison : téléphonez d'abord pour vous garantir un lit.

iStay HÔTEL **$$**
(☎81-8228-6000 ; www.istaymonterrey.com ; Morelos 191 Poniente ; ch 1 028-1 622 $M ; P ⊖ ❄ ≋ ; M Padre Mier). Les chambres moquettées de cet hôtel branché se révèlent assez classiques, quoique confortables et d'un bon rapport qualité/prix. Emplacement de choix, en bordure de Morelos (artère piétonne) et près de la Macroplaza. Les tarifs varient considérablement : réservez en ligne pour profiter des meilleures offres.

Krystal Monterrey Hotel HÔTEL **$$$**
(☎81-8319-0900 ; www.krystal-hotels.com ; Corregidora 519 ; ch 77-98 $US, ste 108 $US ; P ⊖ ❄ @ ≋ ; M Zaragoza). Immeuble de 9 étages avec vue exceptionnelle sur la Macroplaza, chambres douillettes et modernes, tout en accords de gris et de pourpre. Malgré son âme d'hôtel d'affaires, il possède plusieurs espaces de détente, un restaurant distingué et une piscine. À deux pas de plusieurs musées et du Barrio Antiguo ; difficile d'imaginer meilleur emplacement.

Gran Hotel Ancira HÔTEL **$$$**
(☎81-8150-7000 ; www.gammahoteles.com ; Ocampo 443 Oriente ; ch/ste avec petit-déj à partir de 1 862/ 2 503 $M ; P ⊖ ❄ @ ≋ ; M Zaragoza, Padre Mier). L'hôtel le plus chic de Monterrey a été construit en 1912, dans le style Art nouveau français. Les miroirs au plafond et le carrelage en damier de la réception le rendent très attrayant, et un pianiste y joue pendant le petit-déjeuner. Grandes chambres élégantes, avec équipements confortables et modernes. Offres spéciales disponibles sur le site Internet.

Où se restaurer

La ville a pour spécialité culinaire le *cabrito al pastor* (chevreau rôti). Le Barrio Antiguo compte un bon choix de bars et de restaurants. Les adresses familiales du **Mercado Juárez** (Av Juárez s/n ; plats 30-50 $M ; 8h-19h lun-sam, 8h-15h dim ; M Alameda) voisin offrent une cuisine savoureuse et à bas prix. En revanche, gardez un œil sur vos affaires, car les pickpockets sévissent sur le marché.

Taqueria y Carniceria La Mexicana TACOS **$**
(☎81-8340-7175 ; www.taquerialamexicana.mx ; Guerrero 244 ; repas 45-60 $M ; 6h-19h45 lun-sam, 6h-15h dim ; ; M Alameda). Ambiance Talavera et *piñata* dans ce restaurant/boucherie aussi bariolé qu'une robe mexicaine. Il a pour spécialité les *tacos de Canasta* (tacos à la vapeur) et leur carnaval de garnitures : haricots, pommes de terre épicées, bœuf haché ou encore *chicharrón* (couenne de porc frite). Passez commande au comptoir, puis joignez-vous à l'animation qui règne autour de ses tables communes.

Taller Vegánico VÉGÉTARIEN **$**
(☎81-8336-7809 ; Abasolo 859 ; plats 60-120 $M ; 9h-22h lun-sam, 13h-17h dim ; ; M Zaragoza). Divers plats sains à base de plantes – plats et sandwichs mexicains, mais aussi délices méditerranéens – sont proposés dans ce restaurant au 1er étage d'un bâtiment du Barrio Antiguo. Vous mangerez dans une salle lumineuse avec un sol en béton et des tables faites main, ou bien sous les parasols du patio. Un comptoir vous ravitaillera en sauce *pico de gallo*, et l'*agua* (boisson aux fruits) du jour est à volonté.

Madre Oaxaca MEXICAIN **$$$**
(☎81-8345-1459 ; www.facebook.com/MadreOaxaca.Mty ; Jardón 814 ; plats 140-260 $M ; 13h-23h lun-sam, 13h-20h dim ; ; M Zaragoza). Aménagée dans un édifice ancien, cette table pleine de cachet figure parmi les meilleures de Monterrey. Une étonnante collection d'artisanat et d'art populaire décore les différentes salles. Le menu fait la part belle aux plats authentiques de Oaxaca, avec de riches *moles* (sauces au piment) – goûtez un assortiment de *tlayuda oaxaqueña* (grand pain plat avec différents nappages) – et ne ratez pas les délicieux desserts.

Trece Lunas INTERNATIONAL **$$**
(☎81-1352-1127 ; www.cafe13lunas.50webs.com ; Abasolo 870 ; plats 80-180 $M ; 8h-22h dim-jeu, 8h-12h30 ven-sam ; ; M Zaragoza). Si vous aimez les décors hétéroclites, les lieux multiculturels et le service délibérément lent, cette adresse innovante du Barrio Antiguo vous séduira d'emblée. La très longue carte met l'accent sur des *botanas* (assiettes à partager) copieuses. Avec en prime quelques plats végétariens, salades, sandwichs et bon café, le Trece a vraiment de quoi ravir.

Où prendre un verre et faire la fête

Bars, *biergarten* et discothèques se côtoient dans le Barrio Antiguo, moteur de la vie nocturne de Monterrey.

Almacén 42 BIÈRE ARTISANALE
(☎81-8343-2817 ; www.almacen42.com ; Morelos 852 Oriente ; ⏲17h-minuit mer-jeu, 14h-2h ven-sam, 14h-22h dim ; Ⓜ Zaragoza). Des tatoués aux barbes broussailleuses vous serviront d'accueil dans les containers de ce bar hipster et urbain. Y sont constamment en pression plus de 42 bières artisanales, toutes mexicaines, allant de l'aigre à la stout. Patio en pierre aéré à l'arrière et, en cas de petit creux, la carte abonde en plats à partager et en tacos.

Où sortir

Café Iguana CONCERTS
(☎81-8343-0822 ; www.cafeiguana.com.mx ; Montemayor 927 Sur ; ⏲19h-1h jeu, 20h-2h ven-sam ; Ⓜ Zaragoza). Cœur battant de la scène alternative à Monterrey. À l'intérieur et devant l'entrée s'amasse une population couverte de tatouages et de piercings adepte de musique punk. Entrée payante seulement pour les groupes live.

Achats

♥ **Corredor del Arte** ART ET ARTISANAT
(Couloir de l'art ; ☎81-1243-8848 ; www.facebook.com/CorredorDelArte ; angle Mina et Abasolo ; ⏲12h-19h dim ; 👪 ; Ⓜ Zaragoza). La Calle Mina, dans le Barrio Antiguo, devient le dimanche le "Couloir de l'art", à la fois marché aux puces et marché d'art et d'artisanat, animé par des musiciens. Vous dénicherez peut-être une pièce unique au milieu du bric-à-brac.

MARCO Gift Shop ART ET ARTISANAT
(☎81-8262-4500 ; www.marco.org.mx ; angle Zuazua et Jardón ; ⏲10h-18h mar et jeu-dim, 10h-20h mer). Bonne adresse pour les cadeaux et souvenirs haut de gamme, située dans le Museo de Arte Contemporáneo (p. 846). Dans cette boutique immense, on trouve de tout, des bijoux artisanaux aux poteries raffinées, en passant par les T-shirts décalés et les beaux livres sur l'art.

Carápan ART ET ARTISANAT
(☎81-1911-9911 ; www.mexicanfolkartdealers.com ; Hidalgo 305 Oriente ; ⏲10h-19h lun-sam ; Ⓜ Padre Mier). Le Carápan joue dans la cour des grands. C'est l'un des meilleurs magasins d'*artesanías* à Monterrey. D'un naturel cordial, son propriétaire débusque dans tout le Mexique des œuvres dignes d'être exposées dans un musée, et il n'est pas avare de conseils sur le tourisme à Monterrey. Dans la boutique, on parle français, anglais et espagnol.

Renseignements

DÉSAGRÉMENTS ET DANGERS

La Zona Rosa, du côté ouest de la Macroplaza, et le Barrio Antiguo, à l'est, sont considérés comme des secteurs sûrs de jour comme de nuit. Mieux vaut toutefois éviter de se promener seul le soir et de s'éloigner des grands axes. Au sud du Barrio Antiguo, de l'autre côté du Rio Santa Catarina, le quartier de Colonia Independencia reste très touché par la criminalité liée aux narcotrafiquants : ne vous y aventurez pas, même en plein jour.

OFFICE DU TOURISME

L'**office du tourisme** (☎81-2033-8414 ; www.nuevoleon.travel ; Palacio de Gobierno, 5 de Mayo s/n ; ⏲9h-17h lun-ven, 10h-18h sam-dim ; Ⓜ Zaragoza) est une mine d'informations sur les sites touristiques et les événements du Nuveo León, avec un personnel aimable qui parle anglais. Des kiosques existent aussi à la **gare routière** (Av Colón 855 ; Ⓜ Cuauhtémoc) et dans le **Parque Fundidora** (angle Fundidora et Aramberri ; ⏲9h-15h lun-sam ; Ⓜ Parque Fundidora).

Hospital Christus Muguerza (☎81-8399-3400 ; www.christusmuguerza.com.mx ; Hidalgo 2525 Poniente ; ⏲24h/24). Hôpital principal de Monterrey.

Poste (☎80-0701-7000 ; Washington 648 Oriente ; ⏲8h-17h lun-ven, 10h-14h sam ; Ⓜ Zaragoza)

Depuis/vers Monterrey

AVION

L'**aéroport** (☎81-8288-7700 ; www.oma.aero ; Carretera Miguel Alemán Km 24, Apodaca), fréquenté, dans la banlieue d'Apodaca à 27 km du centre-ville, dessert toutes les grandes villes du Mexique. Il assure aussi des vols internationaux directs à destination d'Atlanta, Chigaco, Dallas, Houston, Los Angeles, Miami et New York.

BUS

La gigantesque gare routière de Monterrey, le **Central de Autobuses** (Av Colón 855 ; Ⓜ Cuauhtémoc), est animée jour et nuit avec

BUS AU DÉPART DE MONTERREY

Les prix indiqués sont ceux des bus 1re classe.

DESTINATION	PRIX ($M)	DURÉE (H)	FRÉQUENCE
Chihuahua	892	9-11	12/jour
Dallas, États-Unis	935-1 377	12	8/jour
Durango	745-819	8-9	14/jour
Houston, États-Unis	748-1 309	11	5/jour
Mazatlán	1 255	16	1/jour
Mexico (Terminal Norte)	1 065-1 215	11	ttes les 30 min
Nuevo Laredo	340	3	ttes les 20 min
Piedras Negras	665	5-7	9/jour
Reynosa	340	3	ttes les 30 min
Saltillo	100-106	1 ¾	ttes les 45 min
San Luis Potosí	620-745	6 ½	ttes les 45 min
Zacatecas	449-635	7	ttes les 45 min

des départs et des arrivées depuis/vers les quatre coins du Mexique. Utilisez le bureau officiel des taxis à l'intérieur de la gare routière ; la course coûte 60 $M pour la plupart des destinations du centre-ville.

Comment circuler

DEPUIS/VERS L'AÉROPORT

Noreste (80-0765-6636 ; www.noreste.com.mx ; Central de Autobuses, Av Colón 855 ; M Cuauhtémoc) assure un bus toutes les heures de 5h à 20h (85 $M, 60 min) entre l'aéroport et la principale gare routière. Un taxi depuis/vers le centre coûte environ 260 $M.

BUS

De fréquents bus urbains (12-15 $M) desservent la plupart des endroits inaccessibles en métro.

MÉTRO

Moderne et efficace, le **Metrorrey** (81-2033-5000 ; www.facebook.com/MetrorreyOficial ; trajet simple 4,50 $M ; 5h-minuit) comprend actuellement 2 lignes. La Línea 1 (aérienne) part du nord-ouest de la ville et rejoint les faubourgs est en passant par le Parque Fundidora. Souterraine au début, la Línea 2 part de la Gran Plaza, file vers le nord en passant par le Parque Niños Héroes et continue jusqu'aux faubourgs nord. Les 2 lignes se croisent à côté de la gare routière, à la station Cuauhtémoc.

Des correspondances avec les métro-bus (bus spéciaux avec arrêts fixes) qui rejoignent les faubourgs sont assurées à partir de plusieurs stations de métro. Les travaux ont également commencé sur la Línea 3, qui reliera la station Zaragoza, à côté de la Macroplaza, aux banlieues du nord-est de la ville. Peut-être une partie aura-t-elle été mise en service au moment où vous lirez ces lignes.

TAXI

À Monterrey, les **taxis** (81-1709-7753, 81-8310-5051 ; 24h/24) sont partout et sont tous équipés d'un compteur ; ils pratiquent des tarifs raisonnables. De la Zona Rosa à la gare routière ou au Parque Fundidora, une course revient habituellement à 60 $M.

Comprendre le Mexique

Le Mexique aujourd'hui

La victoire du vétéran de la gauche Andrés Manuel Lopez Obrador ("AMLO") aux élections présidentielles suscite bien des espoirs, mais le nouveau président doit faire face au bilan contrasté de son prédécesseur, Enrique Peña Nieto, représentant du Partido Revolucionario Institucional (PRI), longtemps au pouvoir. Si les réformes de ce dernier ont stimulé l'économie, la criminalité est en hausse et l'enquête du gouvernement sur l'assassinat de 43 étudiants en 2014 est discréditée. Pour couronner le tout, les relations avec son voisin nord-américain ont rarement été aussi glaciales.

À voir

Amores Perros (*Amours chiennes*, 2000). Le film qui a fait connaître le cinéaste Alejandro González Iñárritu et l'acteur Gael García Bernal.
Y Tu Mamá También (2001). Le passage à l'âge adulte de deux adolescents fêtards de Mexico, par Alfonso Cuarón.
Heli (2013). Amat Escalante met brillamment en scène un jeune couple pris dans la tourmente de la guerre contre la drogue.
600 Miles (2015). Dans ce thriller de Gabriel Ripstein, Tim Roth joue le rôle d'un agent américain de l'ATF à la poursuite d'un trafiquant d'armes mexicain.

À lire

Le Labyrinthe de la solitude (1950) Le Mexique vu par Octavio Paz, prix Nobel de littérature en 1990.
Pedro Páramo (1955) L'excellent roman aux accents poétiques de Juan Rulfo sur la vie d'un despote.
Mantra (2001) Un livre magique et une vision hallucinée de Mexico par l'écrivain argentin Rodrigo Fresán.
Dictionnaire amoureux du Mexique (2009) d'un véritable passionné du Mexique, Jean-Claude Carrière.
El Narco : la montée sanglante des cartels mexicains (2012) Ioan Grillo a passé une dizaine d'années à couvrir la guerre des cartels au Mexique.

Criminalité et enlèvements d'Iguala

Le Mexique lutte contre la violence croissante liée aux cartels de la drogue qui, depuis 3 décennies, ont corrompu nombre de fonctionnaires, hommes politiques et membres des forces de l'ordre. Le président Peña Nieto est arrivé au pouvoir en affirmant son intention de s'attaquer aux racines du mal. Cependant, d'après le Conseil des citoyens pour la sécurité publique (une ONG mexicaine), le crime organisé a fait environ 23 000 morts en 2016. Le gouvernement a marqué des points en 2014 avec l'arrestation de Joaquín "El Chapo" Guzmán, le chef du puissant cartel de Sinaloa et l'homme le plus recherché du Mexique. Ce dernier, qui réussit à s'échapper l'année suivante, a été repris début 2016.

Les gangs mexicains ne se contentent pas d'acheminer de la drogue aux États-Unis, ils s'adonnent aussi au kidnapping contre rançon et pratiquent l'extorsion. Le Mexique connaît l'un des taux d'enlèvement les plus élevés au monde, soit 274 par jour selon la Commission des droits de l'homme. Le sentiment répandu que les autorités sont souvent de mèche avec les cartels a déclenché l'onde de choc qui a suivi l'enlèvement d'Iguala.

Le 26 septembre 2014, 3 étudiants de l'École normale d'Ayotzinapa (État du Guerrero) ont été tués dans la ville d'Iguala par la police municipale, alors que 43 autres étudiants disparaissaient. L'événement a provoqué une vague d'indignation dans le monde entier et un déferlement de colère de la population mexicaine face à l'insécurité, à la corruption et à l'impunité de certains dirigeants. S'il est aujourd'hui officiellement établi que ces 43 étudiants ont été enlevés par la police, la version selon laquelle ils ont ensuite été remis à un cartel de la drogue qui, persuadé de leur appartenance à un cartel rival, les aurait massacrés, est mise en doute.

Une enquête indépendante a été menée par la Commission interaméricaine des droits de l'homme et des médecins légistes argentins, conjointement à une base de données fournie par le groupe d'enquête britannique Forensic Architecture. Elle a démontré que les actes perpétrés cette nuit-là impliquaient une importante coordination des forces de police locales et fédérales. Le degré d'implication du gouvernement reste à préciser. Seuls les restes de deux étudiants ont été identifiés à ce jour ; les familles des disparus cherchent encore des réponses.

Économie

Criminalité et relations internationales mises à part, l'économie mexicaine connaît une croissance plutôt régulière avec environ 2,5% par an depuis que le gouvernement technocrate de Peña Nieto a adopté des réformes favorables aux marchés et aux investisseurs afin de stimuler production et concurrence. L'ouverture de l'industrie pétrolière aux investisseurs privés et à la concurrence était un geste audacieux, l'inefficace Pemex, la compagnie de pétrole publique, représentant jusque-là près de 20% du budget de l'État. Ces réformes ont payé : les investissements étrangers ont augmenté et l'économie mexicaine est devenue moins sensible aux fluctuations des prix du pétrole. Des lois adoptées en 2014 ont autorisé une concurrence accrue dans les télécommunications et Peña Nieto a introduit d'autres réformes modifiant le système financier afin d'abaisser le coût du crédit et de fortifier la concurrence. Mais la croissance économique à elle seule n'a pas suffi à résoudre le problème de corruption ni les importantes inégalités en matière de santé ; les 10% des Mexicains les plus riches gagnent encore 30 fois plus que les 10% les plus pauvres.

Bien que le crime organisé ait gagné des régions du Mexique restées jusque-là à l'abri, en particulier celles qu'apprécient les touristes, ces derniers ne semblent pas découragés pour autant. Les touristes étrangers ont atteint le nombre record de 29,3 millions en 2014, record battu en 2015 et 2016.

Relations avec les États-Unis

Sous le mandat d'Obama, le Mexique était vanté comme l'un des plus proches partenaires commerciaux, les deux gouvernements œuvrant ensemble pour une énergie propre et la protection de l'environnement ; la coopération en matière de sécurité à la frontière entre les deux pays s'était renforcée. Les choses ont changé avec l'arrivée de Donald Trump. Pendant sa campagne électorale et dès le début de son mandat, ce dernier a dénigré les immigrés mexicains. Le mur qu'il a prévu d'ériger entre les deux pays n'était encore qu'une promesse lors de nos recherches, mais les assertions répétées du président Trump selon lesquelles le Mexique paiera ce mur ont été tournées en ridicule dans la presse mexicaine et dans une vidéo de Vicente Fox, l'ancien président mexicain. Trump, qui prétend que le Mexique est une menace pour l'économie de son pays, a aussi laissé planer l'hypothèse d'une sortie de l'Aléna (accord de libre-échange nord-américain), une épine de plus dans le pied du gouvernement mexicain.

POPULATION : **127,5 MILLIONS D'HABITANTS**

SUPERFICIE : **1 972 550 MILLIONS DE KM²**

PIB/HABITANT : **9 707 $US**

POURCENTAGE DE LA POPULATION EN DESSOUS DU SEUIL DE PAUVRETÉ : **47%**

LANGUES NATIONALES RECONNUES : **69**

Sur 100 personnes au Mexique

30 ont des ancêtres indiens

9 ont des ancêtres européens

61 ont des ancêtres des deux origines

Religions

(% de la population)

Population au km²

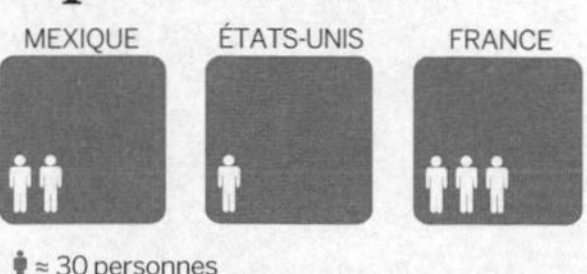

≈ 30 personnes

Histoire

L'histoire du Mexique suscite aussi bien la perplexité qu'un vif intérêt. Ainsi, comment des civilisations avancées, vieilles de 2 700 ans, en arrivèrent-elles à s'effondrer en seulement deux ans face à quelques centaines d'aventuriers venus d'Espagne ? Comment onze années de guerre pour l'indépendance contre l'Espagne purent-elles déboucher sur trois décennies de dictature du président Porfirio Díaz ? Pour quel motif la révolution populaire qui mit fin à cette dictature engendra-t-elle 80 ans de monopartisme ? Commencer à comprendre le Mexique d'hier, c'est aborder d'un œil plus avisé celui d'aujourd'hui.

Livres sur les civilisations anciennes

L'origine des Aztèques, de Christian Duverger (1983)

Les Aztèques à la veille de la conquête espagnole, de Jacques Soustelle (1990)

Les Olmèques, des origines au mythe, de Caterina Magni (2003)

La légende des Soleils : Mythes aztèques des origines, de Jean Rose (2007)

Les civilisations anciennes

La carte politique de l'ancien Mexique a évolué à mesure de l'émergence et du déclin des peuples. Une succession d'États prospérèrent, puis disparurent au gré des invasions, des conflits internes ou des catastrophes naturelles. Toutes diverses qu'elles fussent, ces cultures avaient beaucoup de points communs. Nombre de sociétés pratiquaient ainsi, à fins propitiatoires, le sacrifice humain, tandis que l'observation des astres était mise à profit pour augurer du tour d'événements importants, telles les récoltes. La société, très hiérarchisée, était dominée par la classe des prêtres (des hommes). Des variantes du jeu de balle rituel se jouaient presque partout : deux équipes devaient empêcher un ballon de caoutchouc de toucher le sol en le frappant avec diverses parties du corps. L'issue de la partie avait parfois valeur d'oracle, et des joueurs pouvaient être sacrifiés.

On divise couramment l'ère préhispanique en 3 grandes périodes : préclassique (avant l'an 250), classique (250-900) et postclassique (900-1521). Les cultures les plus avancées du pays apparurent dans le Centre, le Sud et l'Est. Avec les territoires mayas dans les actuels Guatemala, Belize et une petite partie du Honduras, cette zone est collectivement appelée Méso-Amérique par les historiens et les archéologues.

Les origines

Les premiers habitants du continent américain arrivèrent de Sibérie pendant la dernière ère glaciaire. Entre 60000 et 8000 av. J.-C., plusieurs

CHRONOLOGIE

8000-3000 av. J.-C.

L'agriculture se développe dans la vallée de Tehuacán et à Yagul. Piments et courges sont plantés, puis la culture du maïs et des haricots permet de vivre dans des villages semi-permanents.

1200-400 av. J.-C.

La "culture mère" du Mexique, celle des Olmèques, s'épanouit sur la côte du Golfe à San Lorenzo et à La Venta. Le jade apparaît dans une tombe de La Venta.

0-150

Édification d'une immense cité au plan en damier à Teotihuacán, dans le centre du Mexique, et de la Pirámide del Sol, haute de 70 m.

vagues de migrations traversèrent le détroit de Béring, alors émergé. Les ancêtres des Mexicains chassaient dans les prairies des hauts plateaux. Avec la hausse des températures à la fin de la dernière ère glaciaire, les vallées s'asséchèrent, ce qui amena le gibier à se raréfier, et les populations qui en dépendaient à s'en remettre à d'autres sources de subsistance. Les archéologues ont daté les lents débuts de l'agriculture entre 8000 et 3000 av. J.-C. dans la vallée de Tehuacán, dans le centre du Mexique, et à Yagul, près de Oaxaca.

Les Olmèques

La "culture mère" du Mexique fut la mystérieuse civilisation olmèque, apparue dans les plaines humides du sud des États de Veracruz et de Tabasco. Les fascinantes sculptures en pierre laissées par les Olmèques indiquent une civilisation bien organisée, capable d'entretenir des artisans talentueux. Les "têtes olmèques", taillées dans la pierre et pouvant atteindre 3 m de haut, sont impressionnantes. Ces effigies arborent un visage sévère au nez épaté et sont coiffées d'un casque étrange. Des sites découverts dans le centre et l'ouest du pays étaient peut-être des comptoirs ou des garnisons destinés à assurer l'approvisionnement en jade, obsidienne et matériaux précieux prisés de l'élite olmèque.

L'art, la religion et la société olmèques eurent une profonde influence sur les civilisations postérieures. Possiblement d'origine olmèque, le serpent à plumes a ainsi traversé toute l'ère précolombienne.

Teotihuacán

La première grande civilisation du centre du Mexique naquit dans une vallée à 50 km au nord-est de l'actuelle ville de Mexico. Le plan en damier de la splendide cité de Teotihuacán date du Ier siècle. Il servit de base aux fameuses pyramides du Soleil et de la Lune, ainsi qu'aux avenues, palais et temples qui furent ajoutés durant les 6 siècles suivants. Comptant jusqu'à 125 000 habitants, la cité devint le centre de ce qui fut probablement le plus grand empire mexicain précolombien, s'étendant au sud jusqu'à l'actuel Salvador. Peut-être a-t-elle exercé une certaine hégémonie sur les Zapotèques de Oaxaca, dont la capitale, Monte Albán, prospéra pour devenir une magnifique cité entre 300 et 600, et dont l'architecture témoigne de l'influence de Teotihuacán. La culture avancée de Teotihuacán – en particulier l'écriture, et un calendrier correspondant à une "année sacrée" de 260 jours, composée de 13 périodes de 20 jours – s'étendit très loin de son berceau d'origine.

La cité de Teotihuacán fut incendiée, pillée puis abandonnée au VIIIe siècle. Nombre de ses dieux, tel le serpent à plumes Quetzalcóatl (symbole majeur de fertilité et de vie) et Tláloc (dieu de la Pluie et de l'Eau), étaient toujours vénérés par les Aztèques mille ans plus tard.

Visites virtuelles

L'INAH, l'Institut national d'archéologie et d'histoire, propose des visites de ses sites les plus évocateurs. Parmi ceux-ci : Colecciones Especiales Street View (Street View de 27 sites archéologiques ; www.inah.gob.mx/es/inah/322-colecciones-especiales-street-view)

Museo Nacional de Antropología (Mexico City ; www.inah.gob.mx/paseos/mna)

Teotihuacán (www.inah.gob.mx/paseos/sitioteotihuacan)

Templo Mayor (Mexico City ; www.inah.gob.mx/paseos/templomayor)

250-600
Teotihuacán compte 125 000 habitants et contrôle le plus grand empire précolombien du Mexique. Construction de la Pirámide de la Luna.

250-900
La brillante civilisation maya classique prospère dans le sud-est du Mexique, au Guatemala, au Belize, et dans certaines parties du Honduras et du Salvador.

695
La grande cité maya de Tikal (dans l'actuel Guatemala) conquiert sa rivale maya Calakmul (au Mexique), mais elle échoue à exercer un contrôle unifié sur les sujets de Calakmul.

750-900
La civilisation maya s'effondre au Chiapas (sud-est du Mexique), au Petén (nord du Guatemala) et au Belize, probablement en raison de longues et dévastatrices sécheresses.

La civilisation maya classique

Durant la période classique (250-900), la civilisation maya, la plus brillante de l'Amérique préhispanique au dire de nombreux experts, rayonna sur un large territoire englobant le Yucatán jusqu'au Belize, le Guatemala jusqu'au Honduras, et les basses terres du Chiapas (Mexique). Les Mayas atteignirent des sommets en matière d'expression artistique et architecturale, et de connaissance en matière d'astronomie, de mathématiques et d'astrologie. Nulle autre civilisation précolombienne ne les surpassa dans ces domaines.

Politiquement, les Mayas de l'époque classique étaient divisés en nombreuses cités-États indépendantes, souvent en guerre les unes contre les autres. Une cité maya servait de centre religieux, politique et marchand pour les hameaux alentour. Les cérémonies se tenaient sur les places, bordées de temples pyramidaux (souvent les tombes de souverains, supposés descendre des dieux). Les places étaient le point de départ de chaussées de pierre appelées *sacbeob*. Sans doute utilisées pour les cérémonies, elles s'étendaient parfois sur plusieurs kilomètres. Pendant la première partie de cette époque classique, la plupart des cités-États se regroupèrent en deux alliances militaires, basées à Tikal (Guatemala) et à Calakmul (dans le sud du Yucatán).

Livres sur les Mayas

Mayas : les dieux sacrés de la forêt tropicale (sous la direction de Nikolai Grube, 2007)

Les masques de jade maya (catalogue de l'exposition à la Pinacothèque de Paris, 2012)

Mayas : révélation d'un temps sans fin (coordination éditoriale Sophie Chambonnière, 2014)

Les grands sites mayas classiques

Au sein du Mexique, il existait 4 hauts lieux de la civilisation maya classique. Calakmul, située dans une région aujourd'hui reculée appelée zone du Río Bec, se caractérise par de longs édifices bas, ornés de masques de serpent ou de monstre, flanqués de tours d'angle. Deuxième zone importante, Chenes, dans le nord-est de l'État du Campeche, possède une architecture similaire, à l'exception des tours. Le troisième secteur est celui de Puuc, au sud de Mérida. Il se caractérise par des édifices dont l'ornementation comprend des mosaïques en pierre élaborées, représentant souvent Chac, le dieu de la Pluie au nez crochu. La cité principale de Puuc était Uxmal. Les plaines du Chiapas, avec les cités de Palenque (considérée par beaucoup comme le plus beau site maya), Yaxchilán et Toniná, constituent le quatrième secteur.

Sites Internet sur les Mayas

Civilisation maya (decouvertes.mooldoo.com/mayas)

Période précolombienne (http://precolombien.free.fr)

La chute de la civilisation maya classique

Durant la deuxième moitié du VIIIe siècle, les conflits entre les cités-États mayas se multiplièrent. Au début du Xe siècle, les millions d'habitants du cœur de la prospère civilisation maya – Chiapas, Petén (région au nord du Guatemala) et Belize – avaient presque disparu, et la période classique touchait à sa fin. Des épisodes de sécheresse et la pression démographique auraient contribué à ce déclin cataclysmique.

Vers 1000
Chichén Itzá, dans la péninsule du Yucatán, est de nouveau habitée et devient l'une des plus belles cités précolombiennes, mêlant le style maya et celui du centre du Mexique.

1325
Les Aztèques s'installent à Tenochtitlán (site de l'actuelle ville de Mexico). Au fil des deux siècles suivants, ils gouvernent un empire qui s'étend sur presque tout le centre du Mexique.

1487
20 000 prisonniers sont sacrifiés en 4 jours pour la nouvelle consécration du temple de Tenochtitlán, qui avait subi des travaux de reconstruction majeurs.

1512
Premier contact hispano-maya à l'occasion d'un naufrage. L'un des naufragés apprendra le maya et deviendra l'interprète de Cortés.

De nombreux Mayas migrèrent dans la péninsule du Yucatán ou vers les hauts plateaux du Chiapas, où leurs descendants vivent encore aujourd'hui. La jungle reprit peu à peu possession des antiques cités des basses terres.

Les Toltèques

Dans le centre du Mexique, durant des siècles après la chute de Teotihuacán, le pouvoir fut divisé entre diverses cités détenant une importance locale, dont Xochicalco, au sud de Mexico, Cacaxtla et Cantona à l'est, et Tula au nord. Le culte de Quetzalcóatl resta largement

RELIGIONS ET CROYANCES ANCIENNES

Les Mayas développèrent un système d'écriture complexe, mi-pictural, mi-phonétique, composé de 300 à 500 symboles. Ils affinèrent également le calendrier utilisé par d'autres peuples précolombiens afin de pouvoir enregistrer et prévoir avec précision les événements terrestres et célestes. L'alignement des temples permettait ainsi d'améliorer l'observation du ciel, et aidait à prédire les éclipses et les trajectoires de la Lune et de Vénus. Les Mayas mesuraient le temps selon divers cycles liés, de la semaine de 13 jours au "Grand Cycle" de 1 872 000 jours. Ils considéraient le monde actuel comme faisant partie d'une succession de mondes. Cette nature cyclique de l'univers permettait en quelque sorte de prédire l'avenir en analysant le passé.

Pour s'attirer la faveur des dieux, ils se livraient à des rituels élaborés : danses, festins, sacrifices, libations de *balche* (boisson alcoolisée), saignées des oreilles, de la langue ou du pénis. Les Mayas de l'époque classique semblent avoir pratiqué des sacrifices humains à petite échelle, contrairement à ceux de la période maya postclassique.

L'univers maya comprenait un centre et 4 directions, chacun associé à une couleur : vert pour le centre, rouge pour l'est, blanc pour le nord, noir pour l'ouest et jaune pour le sud. Les cieux comptaient 13 strates, et 9 pour Xibalbá, le monde souterrain où descendaient les morts. Quant à la Terre, elle était considérée comme le dos d'un reptile géant qui flottait sur un étang.

À l'instar des Mayas, les Aztèques observaient le ciel à des fins astrologiques et leur monde comprenait 4 directions, 13 cieux et 9 enfers. Ceux qui mouraient foudroyés, noyés ou de maladie rejoignaient les jardins paradisiaques de Tláloc, le dieu de la Pluie qui les avait occis. Les guerriers sacrifiés ou morts au combat, les marchands tués lors d'un lointain voyage et les femmes décédées lors d'un premier accouchement montaient au ciel tenir compagnie au Soleil. Tous les autres erraient 4 ans sous les déserts du Nord, où demeurait Mictlantecuhtli, le dieu de la Mort, avant d'atteindre le 9e inframonde – un soulagement en quelque sorte –, où ils disparaissaient à jamais.

Les Aztèques croyaient vivre dans le "5e monde", les 4 précédents ayant été détruits par la mort du Soleil et de l'humanité. Les sacrifices humains étaient destinés à maintenir le Soleil en vie.

1519-1520

Une expédition espagnole venant de Cuba, conduite par Cortés, atteint Tenochtitlán. Bien accueillis au début, les Espagnols sont ensuite chassés au cours de la *Noche Triste*, le 30 juin 1520.

1521

Les Espagnols, aidés de quelque 100 000 alliés indiens, prennent Tenochtitlán et en rasent tous les édifices. Ils la renomment "Mexico" et la reconstruisent pour en faire la capitale de la Nueva España.

1522

Cortés est nommé gouverneur et capitaine-général de la Nouvelle-Espagne par le roi Charles Quint.

1524

La quasi-totalité de l'Empire aztèque, ainsi que d'autres régions mexicaines comme Colima, la Huasteca et l'isthme de Tehuantepec, sont sous domination espagnole.

répandu, la société devint plus militarisée par endroits, et c'est sans doute à cette époque que débutèrent dans la région les sacrifices humains à grande échelle. Le culte de Quetzalcóatl et les sacrifices humains de masse atteignirent la péninsule du Yucatán, et notamment la cité de Chichén Itzá, où leurs traces sont particulièrement visibles aujourd'hui.

La culture du centre du Mexique au début de la période postclassique est souvent appelée toltèque (maître bâtisseur, en nahuatl), un mot inventé par les Aztèques, qui révéraient les anciens dirigeants toltèques.

Les Aztèques

Selon leur propre légende, les Aztèques étaient le peuple élu de leur dieu oiseau-mouche, Huitzilopochtli. À l'origine, ce peuple était nomade et vivait dans l'ouest et le nord du Mexique ; au fil des années, ils furent conduits par leurs prêtres jusqu'au Valle de México, où ils s'établirent sur les îles des lacs. Dès le XVe siècle, les Aztèques (également appelés Mexicas) étaient devenus le peuple le plus puissant de la vallée, installant leur capitale à Tenochtitlán (le site de l'actuel centre-ville de Mexico).

La légende raconte que les Aztèques choisirent de construire leur capitale à Tenochtitlán après y avoir vu un aigle perché sur un cactus en train de dévorer un serpent – signe, comme l'avait annoncé la prophétie, qu'ils devaient arrêter leurs pérégrinations. Le temple qu'ils édifièrent à cet endroit, connu sous le nom de Templo Mayor, était considéré comme le centre de l'univers.

Les Aztèques formèrent une Triple Alliance avec deux autres États de la vallée, Texcoco et Tlacopan, pour guerroyer contre Tlaxcala et Huejotzingo, à l'est de la vallée. Leurs prisonniers rejoignaient le contingent de guerriers sacrifiés que réclamait le vorace dieu Huizilopochtli pour que le soleil continuât de se lever chaque jour.

La Triple Alliance réussit à contrôler la majeure partie du centre du Mexique, de la côte du Golfe au Pacifique. Cet empire de 38 provinces et d'environ 5 millions d'habitants exigeait un tribut (sorte de taxe) constitué de ressources absentes du cœur de ce territoire. Jade, turquoises, coton, tabac, caoutchouc, fruits, légumes, cacao et plumes précieuses étaient indispensables à la glorification de l'élite aztèque et à l'entretien de son État belliqueux.

La société aztèque

Tenochtitlán et la cité aztèque voisine de Tlatelolco regroupaient plus de 200 000 habitants et le Valle de México, plus d'un million. Une agriculture intensive, basée sur l'irrigation, la culture en terrasse et l'assèchement des marais, répondait aux besoins de cette population. La fondation de Tenochtitlán est admirablement décrite dans le Codex Mendoza, un codex aztèque colonial commandé par le vice-roi de la Nouvelle-Espagne, Antonio de Mendoza dont il porte le nom. Ce document majeur, réalisé entre 1541 et 1542, décrit les conquêtes aztèques et différents éléments de la culture et de la société aztèque.

L'empereur détenait un pouvoir absolu. Les prêtres, qui étaient célibataires, célébraient les cycles par de grandes cérémonies, qui comprenaient habituellement des sacrifices et des danses masquées ou

1534-1592

Les Espagnols découvrent des gisements d'argent à Pachuca, Zacatecas, Guanajuato et San Luis Potosí, au nord de Mexico.

Années 1540

Trois conquistadores de la même famille, portant tous le nom de Francisco de Montejo, contrôlent la péninsule du Yucatán. La frontière nord de la Nueva España court de l'actuel Tampico à Guadalajara.

1605

La population indienne du Mexique, estimée à 25 millions à l'arrivée des Espagnols, dépasse à peine le million, principalement à cause des nouvelles maladies apportées d'Europe.

1767

Les jésuites, missionnaires de la Nueva España et souvent des *criollos*, sont expulsés des colonies espagnoles, provoquant le mécontentement des *criollos*.

des processions représentant des mythes. Les chefs militaires formaient une élite de soldats professionnels, appartenant à la classe nobiliaire des *tecuhtli*. Autre groupe spécifique, les *pochteca*, des marchands-soldats, contribuaient à l'expansion de l'empire, apportaient des produits dans la capitale et organisaient de grands marchés quotidiens dans les villes. Les miséreux, qui pouvaient se vendre pour une période donnée, les serfs et les esclaves occupaient le bas de l'échelle sociale.

Les autres civilisations postclassiques

À la veille de la conquête espagnole, la plupart des civilisations mexicaines présentaient de grandes similitudes. Chacune était politiquement centralisée et divisée en système de classes ; de nombreux habitants exerçaient des tâches spécifiques, y compris les prêtres professionnels. L'agriculture était productive, malgré l'absence d'animaux de trait, d'outils en métal et de roues. Les tortillas de maïs, le *pozol* (gruau de maïs) et les haricots constituaient les aliments de base, et nombre de végétaux, tels courges, tomates, piments, avocats, arachides, papayes et ananas, étaient cultivés dans diverses régions. Parmi les aliments de luxe réservés aux élites figuraient la dinde, le chien (une espèce domestique sans poils), le gibier et les boissons chocolatées. La guerre, quasi constante, était souvent liée au besoin de prisonniers destinés aux sacrifices exigés par les différents dieux.

Plusieurs cultures régionales importantes apparurent durant la période postclassique :

Michoacán

Les Tarasques, artisans et orfèvres talentueux, gouvernèrent le Michoacán depuis Tzintzuntzan, au bord du Lago de Pátzcuaro. Ils échappèrent à la conquête aztèque.

Oaxaca

À partir de 1200, les Zapotèques passèrent peu à peu sous l'emprise des Mixtèques, des forgerons et potiers des hautes terres proches de la frontière Oaxaca-Puebla. La majeure partie du Oaxaca tomba aux mains des Aztèques aux XVe et XVIe siècles.

Péninsule du Yucatán

La cité maya abandonnée de Chichén Itzá fut de nouveau occupée vers l'an 1000. Elle prospéra jusqu'à devenir l'une des plus belles cités du Mexique ancien, fusionnant les styles maya et toltèque (du centre du Mexique). C'est la cité de Mayapán qui domina la majeure partie du Yucatán au moment du déclin de Chichén Itzá vers 1200. La suprématie de Mayapán commença à s'affaiblir vers 1440 et la péninsule du Yucatán devint un terrain de conflits pour de nombreuses cités-États.

L'intéressant site *Jeudeballe Mesoamerique* (jedeballe mesoamerique. wordpress. com) propose la vidéo d'une reconstitution du jeu de balle pratiqué en Méso-Amérique par les civilisations précolombiennes. Ce serait le premier sport collectif de l'histoire de l'humanité.

1810

Le 16 septembre, le prêtre Miguel Hidalgo lance la guerre d'Indépendance avec le Grito de Dolores (cri de Dolores), appel à la rébellion dans la ville de Dolores.

1811

Après les victoires initiales, le nombre de rebelles s'amenuise et leurs chefs, incluant Hidalgo, sont exécutés dans le Chihuahua. Un autre prêtre, José María Morelos y Pavón, prend la tête de la rébellion.

1813

Les troupes de Morelos assiègent Mexico durant plusieurs mois. Un congrès à Chilpancingo adopte les principes du mouvement pour l'indépendance, mais Morelos est capturé et exécuté 2 ans plus tard.

1821

Les chefs rebelles Vicente Guerrero et Agustín de Iturbide créent le "Plan de Iguala", pour garantir l'indépendance d'un Mexique catholique et doté d'une monarchie constitutionnelle.

L'arrivée des Espagnols

Près de trois millénaires de civilisation mexicaine furent anéantis en l'espace de deux courtes années par un groupe d'envahisseurs qui détruisit l'Empire aztèque, introduisit une nouvelle religion et relégua les Indiens au rang d'esclaves et de citoyens de deuxième ordre. Rarement dans l'histoire une société florissante a subi une telle transformation en si peu de temps. Il y avait tant de différences entre les nouveaux arrivants et les Indiens que chacun doutait de l'humanité de l'autre (le pape Paul III déclara que les "Indiens" étaient des humains en 1537 et en interdit l'esclavage). Du traumatisme de cette rencontre naquit le Mexique moderne. Aujourd'hui, la plupart des Mexicains sont *mestizos*, de sang indien et européen, et descendent des deux cultures.

Le contexte espagnol

En 1492, l'année où Christophe Colomb débarqua dans les Caraïbes, l'Espagne était un État assoiffé d'expansion après la Reconquista (Reconquête), une période de 700 ans au cours de laquelle les armées chrétiennes avaient peu à peu réussi à reconquérir leur territoire revendiqué par les Maures. À la fois brutaux et valeureux, avides d'or et pieux, les conquistadores espagnols étaient les successeurs naturels des croisés de la Reconquista.

Malinche l'Indienne : l'autre conquête du Mexique (1999), d'Anna Lanyon, relate l'histoire de la Malinche. Née en 1550, elle est vendue enfant à Hernan Cortés et devient son interprète et sa maîtresse.

À la recherche de nouvelles routes marchandes vers l'Orient et ses épices, des explorateurs et soldats espagnols accostèrent d'abord dans les Caraïbes et fondèrent des colonies sur les îles de Hispaniola et de Cuba. Ils commencèrent par chercher un passage terrestre vers l'ouest, mais se laissèrent détourner par des récits vantant les richesses en or d'un grand Empire. Diego Velázquez, gouverneur espagnol de Cuba, demanda à un colon du nom de Hernán Cortés de conduire l'une de ses expéditions par voie maritime. Alors que celui-ci rassemblait hommes et navires, Velázquez, inquiet du coût de l'aventure et de la loyauté de Cortés, tenta d'annuler l'expédition. Cortés, pressentant peut-être qu'il s'agissait d'une chance unique, passa outre et appareilla le 15 février 1519, avec 11 bateaux, 550 hommes et 16 chevaux.

La conquête

L'expédition de Cortés accosta sur l'île de Cozumel, puis longea la côte jusqu'au Tabasco, venant à bout de la résistance locale lors de la bataille de Centla, près de l'actuelle Frontera. Les Indiens s'enfuirent, terrorisés par les cavaliers espagnols. Par la suite, ils offrirent à Cortés 20 jeunes filles, parmi lesquelles Doña Marina (la Malinche), qui devint son interprète, sa conseillère et sa maîtresse.

Sur la côte du Golfe, les villes assujetties par les Aztèques, telle Zempoala, firent bon accueil aux Espagnols. Lors de leur progression

1821-1822

Le Plan d'Iguala convainc tous les groupes d'influence de la société et le vice-roi d'Espagne accepte l'indépendance du Mexique. Iturbide devient l'empereur Agustín Ier.

1824

Une nouvelle Constitution aboutit à la création d'une République fédérale mexicaine de 19 États et 4 territoires. Guadalupe Victoria, ancien combattant de l'indépendance, en est le premier président.

1836

Des colons nord-américains du Texas déclarent l'indépendance. Les forces mexicaines, menées par Santa Anna, vainquent les défenseurs d'El Alamo, mais sont défaites sur la rivière San Jacinto.

1838

Napoléon III, empereur des Français, lance une expédition au Mexique pour rétablir l'ordre et obtenir le paiement des dettes. Il convainc l'Espagne et l'Angleterre de se joindre à lui.

dans l'arrière-pays vers Tenochtitlán, les conquérants s'allièrent aux Tlaxcaltèques, ennemis de longue date des Aztèques.

Les légendes et les superstitions aztèques, conjuguées à l'indécision de l'empereur Moctezuma II Xocoyotzin, tournèrent également à l'avantage des Espagnols. Selon le calendrier aztèque, l'année 1519 devait voir le retour du légendaire dieu-roi toltèque Quetzalcóatl après son bannissement à l'est. Cortés était-il Quetzalcóatl ? Les présages se multipliaient : la foudre frappa un temple, une comète traversa le ciel nocturne et un oiseau "avec un miroir dans la tête" fut apporté à Moctezuma, qui y vit des guerriers.

La prise de Tenochtitlán

Les Espagnols, avec 6 000 de leurs alliés indiens, furent invités à entrer dans Tenochtitlán, une cité plus vaste que n'importe quelle ville espagnole, le 8 novembre 1519. Porté par des nobles aztèques dans une litière au dais de plumes et d'or, Moctezuma vint à la rencontre de Cortés. Les Espagnols demeurèrent, comme il convenait à des dieux, dans le palais d'Axayácatl, le père de Moctezuma.

Reçus avec faste, les Espagnols étaient pris au piège. Incertains sur les intentions de Moctezuma, ils le prirent en otage. Prenant Cortés pour un dieu, Moctezuma dit à son peuple que celui-ci était venu de son plein gré, mais les tensions s'accrurent dans la cité. Après 6 ou 7 mois, les Espagnols tuèrent quelque 200 nobles aztèques dans une attaque "préventive" et Cortés persuada Moctezuma de pacifier ses sujets. Selon l'une des versions de l'événement, l'empereur tenta de s'adresser à la foule du toit du palais d'Axayácatl, mais fut tué par des projectiles. D'autres versions affirment que les Espagnols le supprimèrent.

Les occupants s'enfuirent, perdant plusieurs centaines des leurs et des milliers de leurs alliés indiens au cours de la *Noche Triste* ("triste nuit"). Ils se réfugièrent à Tlaxcala où ils construisirent des bateaux en pièces détachées, puis les transportèrent à travers la montagne pour attaquer la ville de Tenochtitlán par les lacs environnants. Quand les 900 Espagnols pénétrèrent à nouveau dans le Valle de México en mai 1521, ils étaient accompagnés de 100 000 alliés indiens. Les habitants résistèrent, mais après 3 mois, la cité fut rasée, et son nouvel empereur, Cuauhtémoc, capturé. Cuauhtémoc demanda à Cortés de le tuer, mais il fut retenu prisonnier jusqu'en 1525. Les Espagnols le torturaient de temps à autre en lui brûlant la plante des pieds pour le contraindre à révéler où se trouvait le trésor aztèque.

Orienté sur l'action, mais très documenté, le film *Apocalypto*, de Mel Gibson (2006), relève d'une plongée surprenante et violente dans la société maya au moment de son déclin.

L'époque coloniale

Pour la Couronne espagnole, le Nouveau Monde était une véritable mine, au propre comme au figuré, servant à financer ses guerres en Europe,

1845-1848
Le Congrès américain vote l'annexion du Texas, ce qui déclenche la guerre américano-mexicaine (1846-1848). Le Mexique cède le Texas, la Californie, le Colorado, l'Utah, et une partie du Nouveau-Mexique et de l'Arizona.

1858-1861
Les lois du gouvernement libéral exigent que l'Église vende ses propriétés. Guerre de la Réforme : les libéraux (avec pour "capitale" Veracruz) battent les conservateurs (basés à Mexico).

1861-1863
Le libéral Benito Juárez devient le premier président indien du Mexique. La France envahit le pays et prend Mexico en 1863, malgré sa défaite à Puebla le 5 mai 1862.

1864-1867
En 1864, Napoléon III proclame Maximilien de Habsbourg empereur du Mexique, mais retire ses troupes en 1866. Maximilien est exécuté par les troupes de Juárez en 1867.

le luxueux train de vie de la noblesse et la construction d'innombrables églises, palais et monastères en Espagne. La Couronne recevait un cinquième de chaque lingot en provenance du Nouveau Monde (le *quinto real*, ou cinquième royal). Conquistadores et colons voyaient aussi dans ce nouvel empire une chance de faire fortune. Cortés accorda à ses soldats des *encomiendas*, des droits sur un territoire et des groupes d'Indiens réduits au servage. L'Espagne affirma son autorité en nommant des vice-rois, représentants de la Couronne au Mexique.

Les envahisseurs ayant importé des maladies inconnues, les épidémies décimèrent la population indienne de la Nueva España (Nouvelle-Espagne), nom donné par les Espagnols à leur colonie mexicaine. Les Indiens trouvèrent en certains missionnaires, débarqués à partir de 1523, leurs seuls véritables alliés, aptes à les protéger des pires excès des colonisateurs. L'activité prosélyte de ces derniers n'en favorisa pas moins la progression du contrôle espagnol au Mexique ; en 1560, les conversions se comptaient par millions et plus de 100 monastères avaient été construits.

Le nord du Mexique échappa à la domination espagnole jusqu'à la découverte d'importants gisements d'argent au Zacatecas, au Guanajuato et ailleurs. Les frontières septentrionales furent peu à peu repoussées

LES HÉROS MEXICAINS ET... LES AUTRES

Les Mexicains ont des positions tranchées sur leurs personnages historiques. Certains sont immortalisés dans tout le pays par des statues et des rues à leur nom. D'autres sont détestés et considérés comme infâmes.

Les héros

Cuauhtémoc Le chef aztèque qui résista aux envahisseurs espagnols.

Benito Juárez Le président indien, réformateur, qui combattit les occupants français.

Miguel Hidalgo Le prêtre qui lança la guerre d'Indépendance.

Pancho Villa Le révolutionnaire entré dans la légende.

Les scélérats

Hernán Cortés Le conquérant espagnol honni.

Carlos Salinas de Gortari Le président (1988-1994) à qui l'on reproche le narcotrafic, la corruption, la crise du peso, l'accord de l'Alena, et bien d'autres choses encore.

Général Santa Anna Le vainqueur d'Àlamo, qui a néanmoins perdu le Texas, la Californie, le Colorado, l'Utah, le Nouveau-Mexique et l'Arizona.

La Malinche Doña Marina, l'interprète, la conseillère et la maîtresse indienne de Hernán Cortés.

1876-1911

Le Porfiriat : le pays est gouverné par Porfirio Díaz. Il apporte la stabilité, mais supprime les droits démocratiques et les libertés civiles, et concentre les richesses entre les mains d'une minorité.

1910-1911

La Révolution commence avec le soulèvement contre Díaz le 20 novembre 1910. Díaz démissionne en mai 1911 et le réformiste Francisco Madero est élu président en novembre.

1913-1914

Madero est renversé et exécuté par le conservateur Victoriano Huerta. Les chefs révolutionnaires du Nord se liguent contre lui. Il démissionne en juillet 1914.

1917

Les réformateurs sortent victorieux du conflit révolutionnaire avec les radicaux et une nouvelle Constitution réformiste, encore largement en vigueur aujourd'hui, est instaurée à Querétaro.

par les missionnaires et les colons : au début du XIXe siècle, la Nueva España comprenait l'essentiel des actuels États américains du Texas, du Nouveau-Mexique, de l'Arizona, de la Californie, de l'Utah et du Colorado.

La société coloniale

La position sociale dans le Mexique colonial dépendait de la couleur de la peau, des liens de parenté et du lieu de naissance. Au sommet de l'échelle se tenaient les colons nés en Espagne, même d'origine très modeste. Appelés *peninsulares* et considérés comme la noblesse de la Nueva España, ils représentaient une part infime de la population.

Venaient ensuite les *criollos*, des descendants d'Espagnols nés dans la colonie, qui développèrent une identité propre au fil des décennies. Certains avaient d'immenses propriétés (haciendas) ou faisaient fortune grâce aux mines, au commerce ou à l'agriculture. En toute logique, ceux-ci cherchèrent à acquérir un pouvoir politique à la mesure de leur richesse et nourrirent une hostilité croissante envers l'autorité espagnole.

En dessous des *criollos* se trouvaient les *mestizos* et, tout en bas de l'échelle, les Indiens et les esclaves africains. Si, dès le XVIIIe siècle, les ouvriers pauvres étaient rémunérés pour leur travail, ils étaient très mal payés. Beaucoup étaient des *peones* (travailleurs liés par une dette à leur employeur). Quant aux Indiens, ils étaient toujours tenus de verser un tribut à la Couronne.

La stratification sociale tend à respecter le même modèle dans le Mexique d'aujourd'hui, avec ce que l'on appelle très grossièrement les descendants des Espagnols ("de sang pur") au sommet de l'échelle sociale, les *mestizos* au niveau intermédiaire, et les Indiens tout en bas.

La République mexicaine

Le mécontentement des *criollos* envers la domination espagnole débuta avec l'expulsion des jésuites (dont beaucoup étaient *criollos*) en 1767. Le catalyseur de la rébellion fut l'occupation de l'Espagne par Napoléon Bonaparte en 1808, qui entrava le contrôle direct des Espagnols sur la Nueva España. La ville de Querétaro devint ainsi un foyer d'intrigue contre la Couronne espagnole. La rébellion fut lancée le 16 septembre 1810 par le Padre Miguel Hidalgo dans sa paroisse de Dolores (aujourd'hui, Dolores Hidalgo). La marche vers l'indépendance fut difficile, impliquant près de 11 années de lutte entre rebelles et loyalistes, et la mort de Hidalgo et de plusieurs autres chefs rebelles. Finalement, c'est à Córdoba, en 1821, que le général rebelle Agustín de Iturbide s'assit à la table des négociations avec le nouveau vice-roi espagnol Juan O'Donojú afin de rédiger les termes de l'indépendance du Mexique.

Agustín de Iturbide devint premier empereur du Mexique libre, mais commença une période d'instabilité politique chronique qui

Lieux mexicains liés à l'indépendance

- *Alhóndiga de Granaditas (Guanajuato)*
- *Dolores Hidalgo (Guanajuato)*
- *Calabozo de Hidalgo, Casa Chihuahua (Chihuahua)*
- *Ex-Hotel Zevallos (Córdoba)*
- *Museo Casa de Morelos (Morelia)*

1920-1924
Après la Révolution, le président Obregón entreprend la construction de plus d'un millier d'écoles rurales et la redistribution aux paysans de terres prises aux grands propriétaires fonciers.

1926
Le président Plutarco Elías Calles ferme les monastères, interdit les ordres et processions religieux, et précipite ainsi la rébellion des Cristeros catholiques (jusqu'en 1929).

1929
Calles fonde le Partido Nacional Revolucionario, qui, avec le Partido de la Revolución Mexicana et le Partido Revolucionario Institucional (PRI), gouvernera le pays jusqu'en 2000.

1934-1940
Lázaro Cárdenas redistribue 200 000 km² de terres, exproprie les compagnies pétrolières étrangères et fonde Petróleos Mexicanos (Pemex). Les investisseurs étrangers évitent le Mexique.

entraîna son abdication et sa fuite du pays. La nation mexicaine adopta alors la forme de république et une Constitution fut adoptée en 1824. Guadalupe Victoria fut élu premier président de la République du Mexique et Iturbide fut fusillé. Toutes ces années furent marquées par l'opposition récurrente entre libéraux, partisans d'une réforme sociale, et conservateurs, qui étaient contre. Entre 1821 et le milieu des années 1860, la jeune nation mexicaine fut envahie par 3 pays (Espagne, États-Unis et France), abandonna de vastes pans de son territoire à son voisin du nord, et vit se succéder pas moins de 50 chefs d'État.

Le général Santa Anna fut amputé d'une jambe après avoir été blessé par les forces françaises en 1838. Il fit plus tard inhumer sa jambe, avec les honneurs militaires, à Mexico. On ignore aujourd'hui où se trouve l'illustre membre. Les Américains se sont emparés en 1847 de la prothèse qui l'a remplacé. Celle-ci est aujourd'hui exposée à l'Illinois State Military Museum

Juárez et Díaz

Ce fut un Indien zapotèque du Oaxaca qui tint le rôle principal dans la politique mexicaine pendant les deux décennies tumultueuses qui suivirent le milieu du XIXe siècle. Le juriste Benito Juárez, personnage clé du nouveau gouvernement libéral de 1855, engagea le pays dans une nouvelle ère appelée la Réforme, pendant laquelle les libéraux s'efforcèrent de démanteler l'État conservateur. Juárez devint président en 1861. L'intervention française (voir p. 865) qui survint peu après contraignit son gouvernement à l'exil en province, avant de reprendre le contrôle en 1866. Juárez fixa un agenda de réformes économiques et sociales. L'école devint obligatoire, une ligne de chemin de fer fut construite entre Mexico et Veracruz, et un corps de police rurale, les *rurales*, fut créé pour protéger le transport de marchandises à travers le pays. Juárez mourut en 1872 et reste l'une des rares figures historiques mexicaines à la réputation intacte.

Également originaire du Oaxaca, mais menant une politique très différente, Porfirio Díaz fut président pendant 31 des 39 années suivantes, une période appelée le Porfiriat. Díaz fit entrer le Mexique dans l'ère industrielle, faisant installer le téléphone, le télégraphe et des voies ferrées et lançant de grands travaux publics. Il délivra le Mexique des

SANTA ANNA : UNE TRAGI-COMÉDIE POUR LE MEXIQUE

L'immixtion politique de militaires avides de pouvoir fut un véritable fléau pour le Mexique tout au long du XIXe siècle. Antonio López de Santa Anna se fit connaître en déposant l'empereur Agustín Ier en 1823. Il renversa également le président Anastasio Bustamante en 1831, puis fut élu président en 1833, le premier de ses 11 mandats en 22 années chaotiques. Mais Santa Anna reste avant tout dans les mémoires pour avoir privé le Mexique d'une part importante de son territoire au profit des États-Unis. Après sa défaite d'El Alamo, au Texas, en 1836, et la perte désastreuse de territoires au cours de la guerre mexicano-américaine (1846-1848), son gouvernement vendit le reste du Nouveau-Mexique et de l'Arizona aux Américains pour 10 millions de dollars en 1853.

1940-1950
L'économie prospère grâce à la croissance générée par la Seconde Guerre mondiale, les grands projets d'infrastructures et le tourisme. La population double en 20 ans, et des millions de paysans migrent dans les villes.

1964-1970
Le président Gustavo Díaz Ordaz refuse de démocratiser le PRI. Quelque 400 manifestants protestant contre le monopartisme sont tués à Tlatelolco (Mexico) avant les Jeux olympiques de 1968.

Années 1970
Boom économique au Mexique grâce à l'envolée des prix du pétrole. Rassurées par l'importance des réserves du pays, les grandes institutions internationales consentent à lui prêter des milliards de dollars.

Années 1980
Les prix du pétrole chutent et le Mexique connaît la pire récession depuis des décennies. Avec le marasme économique et la corruption, les tensions s'exacerbent, y compris au sein du PRI.

L'EXPÉDITION DU MEXIQUE

En 1861, Benito Juárez, qui venait d'être élu président du Mexique, décida de suspendre pendant deux ans le remboursement des dettes que le pays avait contractées auprès d'autres pays, parmi lesquels la France.

Napoléon III, empereur des Français, décida de lancer une expédition au Mexique afin de rétablir l'ordre et d'obtenir le paiement des dettes. Une victoire permettrait d'exercer une influence pérenne dans cette région du monde et de faire pendant à la puissance des États-Unis, alors paralysée par la guerre de Sécession. Il réussit à convaincre l'Angleterre et l'Espagne, à qui le Mexique devait également beaucoup d'argent.

Mais c'est la France qui envoya le plus gros contingent d'hommes en 1861, sous le commandement du général Charles Ferdinand Latrille de Lorencez, qui décida de marcher d'abord sur Puebla en mai 1862. Cette première offensive se solda par une défaite, toujours commémorée dans le pays chaque 5 mai. Latrille de Lorencez fut alors remplacé par le général Elie Frédéric Forey, qui refit le siège de Puebla en septembre 1862. Cette fois, la ville tomba, en mai 1863, soit peu de temps après l'héroïque épisode de Camerone, célébré depuis chaque 30 avril par la Légion étrangère française.

Oaxaca fut prise à son tour en février 1865. L'archiduc d'Autriche, Maximilien de Habsbourg, allié de Napoléon III, devint dans l'intervalle empereur du Mexique, en 1863.

Mais bientôt les Français (les Espagnols et les Anglais avaient quitté le Mexique en 1862) durent affronter une guérilla mexicaine déterminée, soutenue logistiquement par les États-Unis, fraîchement sortis de la guerre et soucieux d'assurer leur mainmise sur le continent. La situation en Europe devenait également menaçante pour Napoléon III, confronté à l'essor de la Prusse, alors gouvernée par Bismarck.

L'empereur des Français décida de retirer ses troupes du Mexique et abandonna les villes conquises en février 1867. Fait prisonnier, avec ses derniers partisans, à Querétaro, Maxillien fut passé par les armes en juin de la même année.

Pour en savoir plus sur ce passionnant épisode des relations mexicano-françaises, lisez l'ouvrage d'Alain Gouttman, *La Guerre du Mexique* (Perrin, 2011).

guerres civiles, mais interdit l'opposition politique, les élections libres et la liberté de la presse. Des paysans étaient spoliés de leurs terres par de nouvelles lois, les ouvriers travaillaient dans des conditions misérables, et une petite minorité accaparait terres et richesses. Cette situation conduisit à la révolution mexicaine en 1910.

La révolution mexicaine

La révolution dura 10 ans et fut une période de conflits et d'alliances fluctuants entre les forces et les dirigeants de tous bords politiques. Les conservateurs furent rapidement écartés, mais les réformateurs et les

1985	1988-1994	1994	1994-2000
Le 19 septembre, un séisme d'une magnitude de 8,1 sur l'échelle de Richter frappe la ville de Mexico, faisant au moins 10 000 victimes.	Carlos Salinas de Gortari (PRI) bat de peu Cuauhtémoc Cárdenas (centre gauche) lors d'une présidentielle controversée. Gortari va favoriser l'entreprise privée et le libre-échange.	Entrée en vigueur de l'accord de l'Alena (Accord de libre-échange nord-américain). Début du soulèvement zapatiste au Chiapas. Luis Donaldo Colosio, successeur de Salinas, est assassiné.	Sous la présidence d'Ernesto Zedillo, le Mexique émerge de la récession. Hausse de la criminalité et de l'émigration aux États-Unis.

révolutionnaires qui s'étaient rassemblés contre eux ne parvinrent jamais à s'entendre. Les tentatives successives de créer des gouvernements stables furent anéanties par la survenue de combats dévastateurs. La révolution coûta la vie à pas moins d'un Mexicain sur huit.

Francisco Madero, un riche libéral du Coahuila, aurait probablement remporté l'élection présidentielle de 1910 si Porfirio Díaz ne l'avait pas fait jeter en prison. À sa libération, Madero appela avec succès la nation à se soulever, et l'insurrection s'étendit rapidement à tout le pays. Díaz démissionna en mai 1911, et Madero fut élu président 6 mois plus tard. Il ne réussit cependant pas à contenir les diverses factions en lutte pour le pouvoir. La division essentielle opposait les libéraux réformateurs, tels que Madero, et des chefs plus radicaux comme Emiliano Zapata, qui combattait pour le transfert des terres des haciendas aux paysans, au cri de *"¡Tierra y libertad!"* (Terre et liberté !).

Dans les années 1920, des artistes mexicains de premier ordre, dont Diego Rivera, furent chargés d'orner d'importants édifices publics avec de grandes peintures murales déclinant des thèmes historiques et sociaux. Nombre de ces peintures sont toujours visibles à Mexico.

En 1913, Madero fut déposé et exécuté par l'un de ses généraux, Victoriano Huerta, qui avait rallié les rebelles conservateurs. Les libéraux et radicaux s'unirent temporairement contre Huerta. Les 3 principaux dirigeants du Nord s'allièrent dans le cadre du plan de Guadalupe : Venustiano Carranza, fidèle de Madero, dans le Coahuila, Francisco "Pancho" Villa dans le Chihuahua, et Álvaro Obregón dans le Sonora. Zapata luttait aussi contre Huerta.

La guerre reprit entre les factions victorieuses ; Carranza et Obregón (les "constitutionnalistes", avec pour capitale Veracruz) s'opposèrent à Zapata, le radical, et au populiste Villa. Zapata et Villa ne formèrent jamais d'alliance sérieuse, et ce fut Carranza qui sortit vainqueur. Il fit assassiner Zapata en 1919, puis fut abattu l'année suivante sur l'ordre de son ancien allié Obregón. Quant à Pancho Villa, il fut tué en 1923.

Une démocratie monopartite

De 1920 à 2000, le Mexique fut gouverné par les réformistes sortis victorieux de la révolution ; leurs successeurs étaient rassemblés au sein du parti qu'ils avaient créé et qui, depuis les années 1940, porte le nom de Partido Revolucionario Institucional (Parti révolutionnaire institutionnel), ou PRI. Instaurant à leur début d'authentiques et radicales mesures sociales, ces gouvernements sont régulièrement devenus, au fil du XXe siècle, plus conservateurs, plus corrompus, plus répressifs et plus soucieux de leurs intérêts. À la fin du siècle, le pays comptait certes une classe moyenne plus importante, mais l'écart restait gigantesque entre la poignée de riches et la grande majorité de pauvres.

Entre les années 1920 et 1960, plus de 400 000 km^2 de terres furent redistribués, passant des mains des grands propriétaires à celles des paysans et petits fermiers. Près de la moitié de la population reçut des terres, principalement sous forme d'*ejidos* (propriétés communes). Dans

2000

Premier changement de régime pacifique dans l'histoire mexicaine : Vicente Fox, candidat du Partido Acción Nacional (PAN), remporte l'élection présidentielle et met fin à 80 ans d'hégémonie du PRI.

2005

Florence Cassez, ressortissante française et ex-petite amie d'un chef de gang, est arrêtée au Mexique et accusée d'enlèvement, de séquestration et de possession d'armes à feu.

2006

Le candidat du PAN, Felipe Calderón, l'emporte de peu sur Andrés Manuel López Obrador (PRD, centre gauche) à la présidentielle, et déclare la guerre aux cartels de la drogue mexicains.

2008

Florence Cassez est condamnée à 96 ans de prison, réduits à 60 ans en 2009. Cette affaire plombe les relations franco-mexicaines. Cassez sera libérée en janvier 2013.

le même temps, le pays s'enferra dans une dépendance économique préoccupante envers ses importantes réserves pétrolières du golfe du Mexique. Les années 1970 et 1980 virent le pays passer d'un boom à une récession économique, tous deux engendrés par le pétrole – en raison de l'augmentation, puis de la chute des cours mondiaux. La Pemex, la grande compagnie pétrolière nationale, n'est qu'un exemple de la volonté massive de contrôle de l'économie par l'État – le PRI voulant par là s'arroger le pouvoir dans tous les domaines majeurs de la vie du pays.

Déclin du PRI

Pour nombre de Mexicains, le PRI aura été discrédité à jamais par le massacre de Tlatelolco en 1968, au cours duquel 400 manifestants défendant les libertés civiles furent abattus. Par la suite, le PRI eut de plus en plus recours à la manière forte et la fraude pour remporter les élections.

L'hostilité des Mexicains envers leurs dirigeants atteignit un pic avec la présidence de Carlos Salinas de Gortari (1988-1994), qui remporta l'élection après qu'un mystérieux bug informatique eut interrompu le comptage des voix à un moment crucial. Durant son mandat, le trafic de drogue – en augmentation depuis le début des années 1980, époque où les trafiquants colombiens ont commencé à modifier leurs routes d'acheminement des Caraïbes vers le Mexique – s'accrut fortement et les assassinats mystérieux, et très médiatisés, se multiplièrent. Salinas aura toutefois œuvré pour libéraliser l'économie contrôlée par l'État. Point culminant de son programme, l'Accord de libre-échange nord-américain (Alena) dynamisa les exportations et l'industrie, tout en provoquant le mécontentement des agriculteurs et des petites entreprises menacés par les importations américaines. L'année 1994, la dernière de Salinas au pouvoir, fut marquée par le soulèvement zapatiste dans le Chiapas, l'État le plus méridional du pays, et une vaine tentative de défendre le peso qui coûta au pays la quasi-totalité de ses réserves de devises. Ernesto Zedillo, son successeur, hérita de la récession économique qui en avait résulté.

Ce fut aussi à Zedillo qu'incomba la tâche de répondre à la demande pressante d'une transition démocratique. Il instaura un nouveau système électoral supervisé de façon indépendante, lequel ouvrit la voie, à la fin de son mandat, en 2000, au premier changement de régime pacifique. Ce fut Vicente Fox, du Partido de Acción Nacional (PAN), qui remporta à cette occasion l'élection présidentielle.

Le gouvernement du PAN

L'élection même de Vicente Fox, président issu du PAN après 80 ans de monopartisme du PRI et de ses prédécesseurs, aura constitué l'événement majeur de son mandat de 6 ans. Il a pris ses fonctions, puis a achevé son

2006-2012

Durant les 6 années de guerre contre la drogue menée par Calderón, 50 000 soldats sont déployés dans le pays et 60 000 personnes sont tuées, pour la plupart dans les luttes entre gangs.

2012

Retour au pouvoir du PRI avec la victoire d'Enrique Peña Nieto à la présidentielle, qui promet des réformes pour dynamiser l'économie. López Obrador, du PRD, manque l'emporter.

26 septembre 2014

Quelque 43 étudiants d'Ayotzinapa, dans l'État du Guerrero, disparaissent après une altercation avec la police à Iguala. S'ensuit une vague d'indignation du peuple mexicain contre l'appareil d'État et les forces de l'ordre.

8 novembre 2016

Aux États-Unis, la victoire du républicain Donald Trump interpelle les Mexicains, qui s'inquiètent des conséquences migratoires et économiques.

mandat, dans un climat de déception. Sans majorité au Congrès, Fox a été incapable d'imposer les réformes qui, selon lui, pouvaient redresser l'économie du pays.

En 2006, un autre candidat du PAN, Felipe Calderón, a succédé à Vicente Fox à la tête de l'État. Durant son mandat, l'économie mexicaine a repris une étonnante vigueur dans la foulée de la récession de 2009. S'attaquant aux problèmes environnementaux, le Mexique a même adopté en 2012 une loi visant à limiter ses émissions de dioxyde de carbone. Toutefois, on se souviendra surtout de la présidence de Calderón pour sa lutte engagée contre les cartels de la drogue.

La guerre contre la drogue

Les présidents Zedillo et Fox avaient déjà déployé des forces armées contre les cartels violents qui contrôlaient le commerce juteux (plusieurs milliards de dollars) de l'expédition illégale de drogues vers les États-Unis. Ils avaient toutefois échoué à refréner la violence de ces groupes et leur pouvoir de corruption. En 2006, plus de 2 000 personnes mouraient chaque année des violences engendrées pour l'essentiel par les luttes entre gangs rivaux. Felipe Calderón déclara donc la guerre aux cartels de la drogue. Il déploya 50 000 soldats, des forces navales et plusieurs bataillons de policiers, principalement dans les villes situées le long de la frontière américaine. Certains des principaux chefs des cartels furent tués ou arrêtés, et les saisies de drogue atteignirent des records – tout comme les meurtres (que l'on estime à 60 000 au cours des 6 années de la présidence Calderón). Les méthodes des gangs se firent encore plus brutales, avec des fusillades dans les rues, des décapitations et des tortures. Des villes comme Monterrey, Nuevo Laredo, Acapulco et Veracruz ont connu des moments d'extrême violence dus aux guerres des gangs ; en 2016, Acapulco présentait le plus fort taux d'assassinats du pays. Au moment où le nombre de morts commençait enfin à décliner à la fin du mandat de Calderón, beaucoup de Mexicains pensaient que c'était simplement le fait que les deux cartels les plus puissants – Sinaloa dans le nord-ouest du pays et Los Zetas dans le nord-est – avaient réussi à se débarrasser de leurs rivaux plus faibles.

Septembre 2017

Deux violents séismes frappent le Mexique (respectivement 8,1 et 7,1 sur l'échelle de Richter) l'un derrière l'autre. Le second, le plus destructeur, se produit près de Puebla et fait plus de 230 victimes.

Juillet 2018

Victoire écrasante d'Andrés Manuel López Obrador à l'élection présidentielle en 2018 et de son parti, Morena, aux élections législatives, régionales et municipales.

Septembre 2018

Début de la construction d'un mur le long de la frontière mexicaine, sur une portion de 6 km entre El Paso, au Texas, et Ciudad Juarez.

La société mexicaine

Il faut peu de temps pour se rendre compte que la population mexicaine est extrêmement diverse : travailleurs de l'industrie à Monterrey, artistes de la contre-culture à Mexico, villageois indiens dans les montagnes du Sud... la palette est large. Pourtant, tous partagent bel et bien un certain nombre de points communs : une profonde spiritualité, un attachement marqué pour les valeurs familiales, et un sentiment mêlé de fierté et d'agacement envers leur pays.

La vie, la mort et la famille

À l'image des autres peuples, les Mexicains ne peuvent se définir par une formule toute faite. Accueillants, chaleureux et faisant preuve de courtoisie avec leurs invités, ils ne se sentent réellement eux-mêmes qu'en famille. Ils peuvent très bien rire de la mort, mais tout en conservant une foi profonde. Et s'ils embrassent pleinement la modernité, ils n'en demeurent pas moins, par essence, ancrés dans la tradition.

De nombreux Mexicains accordent une grande importance aux présages, coïncidences et autres ressemblances curieuses. Lorsqu'ils sont malades, certains préfèrent consulter un *curandero* traditionnel, mélange de naturopathe et de sorcier, plutôt qu'un *médico* moderne.

Alors que la majorité des Mexicains se préoccupent surtout de gagner leur vie, pour leur bien-être et celui de leur famille, ils affectionnent particulièrement les moments de détente, qu'il s'agisse de boire un verre entre amis, de participer à des *fiestas*, ou de s'attarder au restaurant pendant le déjeuner familial du dimanche. Jours fériés religieux et anniversaires patriotiques rythment l'année : ainsi, les Mexicains peuvent profiter de jours de congé toutes les 3 ou 4 semaines.

Les Mexicains doutent parfois que leur pays soit un jour correctement gouverné, et, dans le même temps, ils sont extrêmement fiers de leur nation. La proximité des États-Unis implique une certaine influence de la culture américaine. Cependant, les Mexicains restent très attachés à ce qui fait leur singularité : un rythme de vie moins frénétique, des liens familiaux et communautaires plus étroits, une gastronomie unique et une culture nationale dynamique, à multiples facettes.

Dans *Le Labyrinthe de la solitude* (1950), Octavio Paz, prix Nobel de littérature, soutient que l'amour des Mexicains pour le bruit, la musique et la foule sert de remède à la solitude et à la mélancolie. Jugez-en par vous-même !

Mode de vie

Si vous survolez Mexico, vous constaterez la densité des habitations et des rues. À la périphérie de la capitale, des rues grimpent les pentes escarpées des volcans éteints, tandis que les habitants les plus modestes habitent des baraquements de parpaings, de planches ou de tôle ondulée. Les faubourgs cossus comportent d'imposantes demeures, avec des jardins soignés, dissimulées derrière de hauts murs et des portails sécurisés.

Un Mexicain sur deux habite aujourd'hui dans une ville ou une conurbation de plus d'un million d'habitants. Un quart vit dans des villes plus petites, et, enfin, un autre quart dans des villages. Le nombre de citadins continue d'augmenter à mesure que l'exode rural s'amplifie.

COMMUNIER AVEC L'ÂME DES DÉFUNTS

Aucune fête ne révèle autant la spiritualité mexicaine que le Día de Muertos (jour des Morts), commémoration à la fois gaie et triste de la mort des êtres chers. Cette tradition remonte à l'époque coloniale, quand l'Église catholique fit fusionner les rites indiens, qui honoraient les morts et communiaient avec eux, avec ses propres célébrations de la Toussaint (1er novembre) et du jour des Morts (2 novembre).

Aujourd'hui, le Día de Muertos est un phénomène national, et les habitants vont nettoyer les tombes et les orner de fleurs, veillent dans les cimetières en aspergeant les tombes d'alcool (les morts aussi aiment faire la fête !) et construisent des autels élaborés pour accueillir leurs chers disparus (sans oublier leurs plats favoris). Pour la majorité *mestiza* (métisse), c'est davantage une fête populaire et un événement familial. De fait, pour les catholiques, les âmes des morts vont au purgatoire ou au paradis, et ne reviennent pas leur rendre visite sur Terre. Néanmoins, beaucoup éprouvent un certain réconfort à penser que leurs proches disparus sont près d'eux pendant le jour des Morts. Dans beaucoup de communautés indiennes, le Día de Muertos reste un événement très spirituel. Dans leur cas, il est plus juste de parler de Noche de Muertos (nuit des Morts), car les familles passent des nuits entières dans les cimetières à communier avec leurs morts.

Crânes en sucre, cercueils en chocolat et squelettes miniatures sont vendus partout sur les marchés, aussi bien comme cadeaux pour les enfants que décorations pour les cimetières ; cette tradition vient en grande partie des personnages satiriques de l'artiste José Guadalupe Posada (1852-1913), représentant une Mort squelettique gaiement engagée dans des activités quotidiennes, travaillant, dansant, buvant ou bataillant à cheval.

Dans les villages ou les bourgades, les gens travaillent la terre et vivent généralement dans des fermes composées de petits bâtiments séparés destinés aux membres d'une famille élargie ; il n'est pas rare que ces maisons, en adobe, en bois ou en béton, disposent d'un sol en terre battue. À l'intérieur, des lits, un coin cuisine, une table, quelques chaises et des photos de famille constituent fréquemment les seuls biens. Peu de villageois possèdent une voiture.

Du reste, l'éternel fossé des richesses n'a jamais été aussi profond. Le deuxième homme le plus riche du monde, l'entrepreneur Carlos Slim Helú, est d'origine mexicaine. Sa fortune a été évaluée à 77 milliards de dollars par le magazine *Forbes* en 2015. À l'autre extrémité du spectre économique, les citadins les plus pauvres ont du mal à survivre comme vendeurs de rue, musiciens ou employés domestiques dans "l'économie informelle," et gagnent rarement plus de 90 $M (4 €) par jour.

Pendant que les gosses de riches paradent à bord de belles voitures et fréquentent des écoles privées (souvent aux États-Unis), que les bohèmes de la contre-culture urbaine profitent des bars à mezcal, des universités d'État et des discothèques underground, les ouvriers agricoles, laissés pour compte économiques, n'ont parfois d'autre occasion de danser que les fêtes locales et quittent souvent l'école bien avant 15 ans.

Diversité ethnique

La diversité ethnique est l'un des aspects les plus fascinants du Mexique. La principale distinction se fait entre les *mestizos*, d'ascendance mixte (essentiellement espagnole et indienne), et les *indígenas*, descendants indiens du Mexique précolombien. Les *mestizos* représentent la grande majorité des habitants et détiennent la plupart des postes de pouvoir et d'influence. Toutefois, les *indígenas*, s'ils sont généralement pauvres en biens matériels, sont en revanche riches de leur culture. Il reste une soixantaine de peuples autochtones au Mexique, possédant chacun sa langue et, souvent, ses vêtements traditionnels. Leur mode de vie est encore imprégné des coutumes, croyances et rituels liés à la nature. Selon la Comisión Nacional para el Desarrollo de los Pueblos Indígenas, 25,5 millions d'habitants du pays (21,5% de la population) sont d'origine indienne. Le groupe le plus important est celui des Nahuas, qui descendent des Aztèques. Ils sont plus de 3 millions disséminés dans le centre du pays. Estimés à 2 millions, les Mayas du Yucatán sont les descendants directs des anciens Mayas, tout comme (probablement) les Tzotziles et Tzeltales du Chiapas (un peu plus d'un million). D'autres groupes descendent d'autres peuples précolombiens, en particulier un million de Zapotèques et plus de 800 000 Mixtèques vivant principalement au Oaxaca, plus de 400 000 Totonaques de l'État de Veracruz, et quelque 200 000 Tarasques du Michoacán.

Pour en savoir plus sur les chamans mexicains, lisez l'ouvrage *Passes magiques : la sagesse pratique des chamans de l'ancien Mexique* (1997), de Carlos Castaneda.

La dimension spirituelle

Si le yoga, le *temascal* (hutte de sudation purificatrice préhispanique) et le New Age interpellent davantage certains Mexicains que le catholicisme traditionnel, la spiritualité a pour tous une grande importance.

Catholicisme

Quelque 83% des Mexicains se disent catholiques, ce qui fait de leur nation le deuxième plus grand pays catholique du monde après le Brésil. Presque la moitié vont à la messe chaque semaine et le catholicisme reste une part non négligeable du tissu social. La plupart des festivités mexicaines se déroulent autour de la fête d'un saint patron, et les pèlerinages vers de grands sanctuaires sont incontournables.

Symbole le plus puissant de l'Église mexicaine, Nuestra Señora de Guadalupe, la Vierge à la peau sombre, serait apparue au potier aztèque Juan Diego en 1531 sur le Cerro del Tepeyac, colline située au nord de Mexico. Lien déterminant entre le catholicisme et la spiritualité indienne, elle est aujourd'hui la sainte patronne du pays ; son effigie vêtue de bleu est omniprésente, et son nom est invoqué aussi bien dans des cérémonies religieuses que dans les discours politiques et la littérature. Le 12 décembre, le Día de Nuestra Señora de Guadalupe, de grandes célébrations et des pèlerinages ont lieu dans tout le pays, les plus importants à Mexico.

Bien que certains prêtres aient soutenu les droits des Indiens, l'Église catholique mexicaine reste fortement conservatrice. Certains groupes de population s'en sont éloignés devant son opposition à la légalisation de l'avortement, du mariage homosexuel et des unions civiles.

Environ 10% des Mexicains pratiquent diverses formes du christianisme. Certains appartiennent aux églises protestantes fondées au XIXe siècle par les missionnaires américains. Ces dernières années, des missionnaires pentecôtistes, évangélistes, mormons, adventistes du septième jour et témoins de Jéhovah ont fait des millions d'adeptes, en particulier parmi les paysans pauvres du Sud-Est.

Syncrétisme religieux

Les missionnaires des XVIe et XVIIe siècles parvinrent à "convertir" les peuples indiens en greffant le catholicisme aux religions précolombiennes. On attribua ainsi aux divinités des noms de saints chrétiens, et les fêtes d'antan continuèrent d'être célébrées sans grand changement. Le christianisme des Indiens reste toutefois teinté d'anciennes croyances et, dans des régions reculées, il ne représente qu'un mince vernis. Les Huicholes du Jalisco reconnaissent deux Christ, mais aucun n'est une divinité majeure ; Nakawé, la déesse de la Fertilité, occupe une place plus importante. Dans l'église du village tzotzil (maya) de San Juan Chamula, vous verrez peut-être des *curanderos* (guérisseurs) effectuer des rites chamaniques. Dans le monde indien traditionnel, tout ou presque revêt une dimension spirituelle ; les arbres, les rivières, les collines, le vent, la pluie, le soleil et les montagnes se voient associer leurs propres dieux ou esprits. La maladie est souvent considérée comme une "perte de l'âme", provoquée par les mauvaises actions du patient ou par l'influence néfaste d'une personne dotée de pouvoirs magiques.

SANTA MUERTE

La religion catholique fait face à un défi de taille : la dévotion pour le moins étonnante, et qui ne cesse de croître, de la Santa Muerte (Sainte Mort). Condamné pourtant pour blasphème par le Vatican en 2013, le culte macabre compte désormais, selon certaines estimations, plus de 10 millions de fidèles dans le pays. Nombreux sont en effet les Mexicains qui pensent que la Trinité et les saints catholiques restent sourds à leurs prières. Ainsi prient-ils ce squelette féminin vêtu d'habits et tenant une faux, auquel ils font des offrandes, et qui représente la déesse de la Mort, dont les origines remontent au Mexique préhispanique. Les membres des gangs criminels sont parmi les plus fidèles adeptes de ce culte. Des sacrifices humains auraient même été perpétrés en l'honneur de la Santa Muerte... pourtant considérée également comme la protectrice de la communauté LGBT et d'autres proscrits de la société. Le principal Autel de la Santa Muerte (p. 871) se trouve à Mexico, dans le quartier malfamé de Tepito.

Le temps des loisirs

Les Mexicains ne manquent pas de distractions au quotidien. Parmi celles-ci : la religion, l'expression artistique, les fiestas, mais aussi le sport.

Football

Aucun sport ne déchaîne autant les passions au Mexique que le *fútbol*. Les matchs des 18 équipes de la Liga MX, la première division, ont lieu presque chaque week-end, toute l'année. Ils attirent les foules (25 000 spectateurs en moyenne) et sont suivis à la télévision par des millions d'amateurs. Durant les matchs, une rivalité bon enfant règne généralement entre les supporteurs.

Les deux équipes les plus populaires – América de Mexico, appelée Las Águilas (les Aigles), et Las Chivas (les Chèvres) de Guadalajara – comptent de nombreux supporteurs dans tout le pays. Les matchs qui les opposent, baptisés Los Clásicos, sont les plus importants de l'année. Parmi les autres clubs de premier plan, citons : à Mexico, Cruz Azul et UNAM (Universidad Autónoma de Mexico, ou Los Pumas) ; à Monterrey, Monterrey et UANL (Universidad Autónoma de Nuevo León, ou Los Tigres) ; Santos Laguna à Torreón et Toluca.

Le film *Rudo et Cursi* (2008), une fiction de Carlos Cuarón, raconte l'ascension dans le monde corrompu du football professionnel de deux frères issus d'un village modeste. Cette comédie grinçante met en scène deux excellents acteurs mexicains, Gael García Bernal et Diego Luna.

Tauromachie

La tauromachie déchaîne les passions. Bien qu'elle reste très appréciée, elle est désormais interdite dans les États du Sonora, du Guerrero et de Coahuila, car il existe aussi un puissant mouvement anti-corrida.

Les corridas se tiennent surtout dans les grandes villes, généralement le dimanche après-midi, et souvent durant des fêtes locales. Dans le Nord, elles ont lieu de mars/avril à août/septembre. À Mexico, dans la Monumental Plaza México et dans d'autres arènes au centre et au sud de la ville, la principale saison s'échelonne d'octobre à février.

Le Mexique a produit de nombreux champions de boxe. Le légendaire Julio Cesar Chávez a remporté 5 titres mondiaux dans 3 catégories différentes et gagné 90 combats (87 d'affilée) après être passé professionnel en 1980.

Autres sports

Très populaire, la *lucha libre* (lutte libre), ou catch mexicain, relève plus du spectacle que du sport. Les participants de cette pantomime se donnent des surnoms comme Último Guerrero (Dernier Guerrier), Rey Escorpión (Roi Scorpion) et Panthère bleue, puis paradent en collant fluo, affublés de masques macabres. L'Arena México (p. 135), stade de 17 000 places à Mexico, est le grand temple de ce sport.

Les *charreadas* (rodéos) sont également très appréciées, surtout dans la moitié nord du pays. Elles se pratiquent lors des fêtes et dans des lieux spécifiques, souvent appelés *lienzos charros*. Le site www.decharros.com est riche en renseignements.

Arts et culture

Partout au Mexique, la créativité artistique des habitants prend des formes multiples : peintures multicolores, architecture éblouissante ou artisanat de qualité. Des danseurs aztèques animent le cœur même de Mexico, tandis que des musiciens investissent les rues, les bars et les bus de la ville. Nombre de grands artistes, qu'ils soient peintres, écrivains, musiciens ou cinéastes, ont comme terre d'origine le Mexique.

Architecture

Son remarquable héritage architectural constitue l'un des plus grands attraits du Mexique.

Ère préhispanique

Teotihuacán, Monte Albán, Chichén Itzá, Uxmal et Palenque, notamment, donnent l'occasion d'admirer de splendides cités préhispaniques assez bien préservées. Leurs centres cérémoniels, grandioses, comprenaient de vastes pyramides en pierre couronnées de sanctuaires, des palais et des terrains de jeu de balle rituel. Ils ont tous été construits sans le concours de la roue, d'outils métalliques ou d'animaux de bât.

Alors que l'architecture de Teotihuacán, Monte Albán et des sites aztèques qui leur ont succédé avait pour but d'impressionner par leur caractère monumental, les cités mayas de Chichén Itzá, Uxmal, Palenque, ainsi que d'innombrables autres sites, témoignent d'une attention plus poussée accordée à l'esthétique, à travers l'ornementation complexe des façades, la présence de "crêtes" délicates sur les toits des temples et de sculptures aux formes sinueuses. Ce sont sans doute parmi les plus belles créations de l'Homme sur le continent américain.

L'architecture maya se caractérise aussi par des voûtes en encorbellement, version locale de l'arche : deux murs de pierre inclinés l'un vers l'autre, se rejoignant presque au sommet et surmontés d'une pierre centrale. L'architecture de Teotihuacán est marquée par le style *talud-tablero*, que l'on trouve dans les édifices à degrés dont la hauteur est obtenue par superposition de sections plates (*tablero*) et inclinées (*talud*).

Les plus grandes pyramides mexicaines

Pirámide Tepanapa (Cholula)

Pirámide del Sol (pyramide du Soleil ; Teotihuacán)

Pirámide de la Luna (pyramide de la Lune ; Teotihuacán)

Découvrez les dernières nouveautés (et les projets) en matière d'architecture et d'urbanisme à Mexico – des installations de la Design Week Mexico au projet de ligne Hyperloop entre Mexico et Guadalajara – sur www.dezeen.com/tag/mexico-city.

Époque coloniale

Les Espagnols rasèrent les temples préhispaniques pour édifier à leur place des églises et des monastères. Ils fondèrent de nouvelles villes au plan en damier, dotées de jolies places et de rues bordées d'édifices en pierre – on leur doit en grande partie la beauté architecturale du Mexique d'aujourd'hui. Les édifices étaient bâtis dans les styles espagnols répandus à l'époque, avec quelques variations locales uniques en leur genre. Ainsi, le style Renaissance, inspiré des idéaux grecs et romains d'harmonie et de proportion, avec des formes classiques comme le carré et le cercle, domina aux XVIe et XVIIe siècles. La cathédrale de Mérida et la Casa de Montejo en sont deux exemples marquants, tandis que les cathédrales de Mexico et de Puebla mêlent pour leur part éléments baroques et Renaissance.

Livres d'art

Artistes mexicains, de Nicolas Surlapierre (2007)

Fictions mexicaines : 38 témoins de l'art du XXe siècle, de Christine Frérot (2016)

Mexique ancien : histoire et culture des Mayas, Aztèques et autres peuples précolombiens, de Maria Longhena (1998)

Art moderne sur Internet

Kurimanzutto (www.kurimanzutto.com)

LatinAmerican Art.com (www.latinamericanart.com)

Museo Colección Andrés Blaisten (www.museoblaisten.com)

Fundación Jumex (fundacionjumex.org)

National Museum of Mexican Art (www.nationalmuseumofmexicanart.org)

Le style baroque, qui fit son arrivée au Mexique au début du XVIIe siècle, incorpora d'autres éléments au style Renaissance pour un effet novateur, plus théâtral – lignes courbes, usage des couleurs et ornements décoratifs de plus en plus élaborés. Peinture et sculpture furent intégrées à l'architecture, notamment sous forme d'imposants *retablos* (retables) ouvragés dans les églises. Parmi les édifices baroques mexicains les plus remarquables, citons la cathédrale de Zacatecas et les églises Santo Domingo à Mexico et Oaxaca. Entre 1730 et 1780, le baroque mexicain atteignit sa forme churrigueresque ultime et surchargée.

Les artisans locaux ont pour leur part ajouté une profusion de sculptures en pierre et de stuc coloré à de nombreux bâtiments baroques, comme on peut en voir dans les chapelles du Rosaire des Templos de Santo Domingo à Puebla et Oaxaca. L'influence musulmane espagnole est présente dans les azulejos (carreaux de céramique) à l'extérieur des bâtiments, notamment sur la Casa de Azulejos à Mexico et dans nombre d'édifices de Puebla.

Le style néoclassique, retour aux idéaux plus sobres, grecs et romains, domina de 1780 à 1830 environ. Parmi les exemples notables, citons le Palacio de Minería à Mexico, conçu par le plus éminent architecte de l'époque, Manuel Tolsá.

Du XIXe au XXIe siècle

Le Mexique indépendant du XIXe siècle et du début du XXe siècle connut une résurgence des styles coloniaux, mais aussi l'imitation des styles français et italien de l'époque. Le Palacio de Bellas Artes de Mexico, de styles néoclassique et Art nouveau, compte parmi les plus belles réalisations architecturales du début du XXe siècle.

Après la Révolution (1910-1920) apparut le "toltécisme", un retour aux racines précolombiennes témoignant de la recherche d'une identité nationale. Cette recherche atteignit son apogée dans les années 1950 avec la construction du campus de la Ciudad Universitaria de Mexico, dont bon nombre de bâtiments sont ornés de fresques murales très colorées.

Figure emblématique d'une architecture plus récente, Luis Barragán (1902-1988) a fortement mis en valeur l'esthétique mexicaine en apportant des couleurs vives, ainsi que des jeux de volumes et de lumières, aux formes géométriques des constructions en béton du Mouvement moderne international. Son influence reste prédominante aujourd'hui sur l'architecture et le design mexicains. L'œuvre de Barragán comprend un ensemble de sculptures représentant des gratte-ciel aux couleurs fantaisistes à Ciudad Satélite, un faubourg de Mexico ; la maison de l'architecte, à Mexico, est classée au patrimoine mondial de l'Unesco. Autre moderniste, Pedro Ramírez Vázquez (1919-2013) est l'auteur de 3 grands édifices publics de Mexico : l'Estadio Azteca et le Museo Nacional de Antropología (années 1960), ainsi que la Basílica de Guadalupe (années 1970). Ces dix dernières années, la capitale a également eu son lot de constructions prestigieuses. Le grand sujet polémique du moment reste toutefois le Museo Soumaya Plaza Carso, inauguré en 2011 et conçu pour accueillir une partie de la collection d'art du multimilliardaire Carlos Slim. Dessiné par Fernando Romero, le gendre de Carlos Slim, cet édifice sur 6 niveaux aux airs d'enclume géante tordue est recouvert de 16 000 plaques d'aluminium en nid-d'abeilles : certains l'adorent, d'autres le détestent.

Peinture et sculpture

Depuis les temps les plus reculés, les Mexicains ont toujours fait preuve d'un grand talent pour la peinture et la sculpture. La profusion de peintures murales, de musées et de galeries d'art, classiques et contemporains, atteste de ce goût pour l'élément pictural.

Ère préhispanique

On doit aux Olmèques de la côte du Golfe, première civilisation du Mexique, de remarquables sculptures en pierre représentant des dieux, des animaux et d'étonnantes figures anthropomorphes. Les plus impressionnantes sont les colossales têtes olmèques, qui combinent les traits d'un très jeune enfant à ceux d'un jaguar.

Les Mayas du Sud-Est de l'époque classique furent peut-être, entre 250 et 800, le peuple le plus créatif du Mexique précolombien : ils ont laissé de nombreuses sculptures en pierre d'une grande finesse de réalisation.

La période coloniale et l'indépendance

Sous la férule espagnole, l'art mexicain fut largement influencé par l'esthétique de l'occupant, d'inspiration essentiellement religieuse, même si l'art du portrait gagna peu à peu la faveur des mécènes fortunés. Miguel Cabrera (1695-1768), originaire du Oaxaca, est généralement considéré comme le peintre le plus talentueux de cette époque.

Les années précédant la révolution de 1910 virent enfin la naissance d'un art en rupture avec les traditions européennes. Taudis, maisons de passe et dénuement des Indiens firent leur apparition sur les toiles. Reconnaissables à leurs motifs de *calavera* (tête de mort), les dessins satiriques et les gravures de José Guadalupe Posada (1852-1913), s'adressant à un public plus large, dénoncèrent ainsi les injustices de l'ère du Porfiriat – amorçant une longue tradition artistique de contestation.

Les muralistes

Aussitôt après la Révolution, dans les années 1920, José Vasconcelos, ministre de l'Éducation, demanda à de jeunes artistes montants de créer une série de fresques murales destinées à éveiller la conscience historique et culturelle du peuple mexicain, et à encourager les changements sociaux et technologiques. Ce fut le départ du mouvement artistique muraliste mené par le talentueux trio que formèrent Diego Rivera (1885-1957), José Clemente Orozco (1883-1949) et David Alfaro Siqueiros (1896-1974), tous également peintres sur toile.

L'œuvre de Rivera, dans son message politique marxiste, dénonce l'oppression dont furent victimes Indiens et paysans. Il cherche dans son art, que l'on peut voir à maints endroits à Mexico et alentour, à fondre les racines indiennes et espagnoles. Très colorées, ses fresques foisonnent de personnages et d'événements historiques, et sont porteuses d'un message accessible à tous.

Siqueiros, qui combattit aux côtés du Parti constitutionnaliste pendant la Révolution, poursuivit ensuite une activité politique. Ses représentations dramatiques et symboliques des opprimés et ses grotesques caricatures des oppresseurs véhiculent un message marxiste clair. On peut voir certaines de ses œuvres les plus marquantes à Mexico, au Palacio de Bellas Artes, au Castillo de Chapultepec et à la Ciudad Universitaria.

Quant à Orozco, originaire du Jalisco, il s'intéressa plus à la condition humaine universelle qu'aux spécificités historiques. Son œuvre vibrante, pleine de caractère et chargée d'émotion, atteignit son apogée à Guadalajara entre 1936 et 1939, notamment avec une cinquantaine de fresques qu'il réalisa pour l'Instituto Cultural de Cabañas.

Autres artistes du XXe siècle

Frappée par la poliomyélite enfant, puis victime d'un accident de la circulation, Frida Kahlo (1907-1954) réalisa de frappants et douloureux autoportraits, ainsi que des tableaux ironiques et surréalistes où s'expriment à la fois ses angoisses et ses idées marxistes. Depuis les années 1980 et 1990, sa popularité à l'étranger a dépassé celle de tous les

Le top des musées

Museo Frida Kahlo (Mexico)

Museo Jumex (Mexico)

Museo Nacional de Arte (Mexico)

Museo de Arte de Tlaxcala (Tlaxcala)

Museo Pedro Coronel (Zacatecas)

Livres sur Frida Kahlo et Diego Rivera

Frida Kahlo : autoportrait d'une femme, de Rauda Jamis (1985)

Diego et Frida, de J.-M. G. Le Clézio (1993)

Diego Rivera : 1886-1957 : un esprit révolutionnaire dans l'art moderne, d'Andrea Kettenmann (1998)

Frida Kahlo et Diego Rivera, de Gerry Souter (2 volumes, 2007)

Frida Kahlo par Frida Kahlo, Lettres 1922-1954, édité par Raquel Tibol (2009)

Frida Kahlo, La beauté terrible, de Gérard Cortanze (2011)

STREET ART : LES NOUVEAUX MURALISTES

L'art contemporain ayant le plus d'impact public au Mexique – vous aurez maintes fois l'occasion de l'approcher – est le street art. Grâce à son mode d'expression direct et populaire, c'est un puissant vecteur artistique qui permet de toucher un large public. Mexico, Oaxaca et Guadalajara sont à la pointe du mouvement grâce à leurs œuvres de street art très abouties, souvent porteuses d'un message politique de contestation percutant. Découvrez Street Art Chilango (www.streetartchilango.com) et les images psychédéliques à base de motifs précolombiens créés par l'Axolotl Collective (www.facebook.com/axolotlcollective), les œuvres fascinantes et souvent monochromes de Paola Delfín (www.urban-nation.com/artist/paola-delfin), artiste de renommée internationale, et les portraits d'animaux kaléidoscopiques de Farid Rueda (www.widewalls.ch/artist/farid-rueda) à Mexico. Vous trouverez à Oaxaca des œuvres de Lapiztola (www.facebook.com/lapiztola.stencil) et du collectif Guerilla-art.mx (www.guerilla-art.mx).

Les artistes de rue d'aujourd'hui marchent dans les pas des muralistes du XXe siècle, avec cette différence qu'ils sont le plus souvent indépendants et rebelles, et qu'ils ne sont pas au service des dirigeants. Certains utilisent toutefois leur art pour mener à bien des projets sociaux concrets. C'est notamment le cas du collectif Germen Crew (www.facebook.com/muralismogermen), basé à Mexico. En 2015, il a intégralement transformé le quartier de Las Palmitas, dans la ville de Pachuca, en une gigantesque fresque murale aux couleurs de l'arc-en-ciel. Ce travail remarquable, financé par la municipalité, a ramené la fierté et le sourire à ce quartier jadis sordide.

Vous trouverez des photos de street art prises dans 41 villes mexicaines, de San Miguel de Allende à Tijuana en passant par Puebla et León, sur les pages de Fatcap dédiées au Mexique : www.fatcap.com/country/mexico.html.

autres artistes mexicains, y compris Diego Rivera, dont elle était l'épouse. Ses admirateurs ne manquent jamais la visite de sa maison, le Museo Frida Kahlo (p. 99), à Mexico.

Rufino Tamayo (1899-1991), originaire de Oaxaca, est parfois considéré comme le quatrième grand muraliste, mais il excellait aussi dans d'autres genres, en particulier les scènes abstraites et mythologiques, et les effets de couleur. Après la Seconde Guerre mondiale, les jeunes artistes de la Ruptura (la rupture), sous la conduite de José Luis Cuevas (né en 1934), s'élevèrent contre le mouvement muraliste, dont ils critiquaient l'obsession de la *mexicanidad*. Ils ouvrirent le Mexique aux autres tendances artistiques comme l'expressionnisme abstrait et le pop art. Le sculpteur Sebastián (né en 1947), originaire du Chihuahua, est l'un des artistes mexicains les plus connus sur le plan international. Il se distingue par de grandes œuvres, inspirées de figures mathématiques, qui ornent plusieurs villes à travers le monde.

Art contemporain

Zona Maco (www.zsonamaco.com), foire annuelle d'art contemporain de Mexico, se déroule durant 5 jours en février. Elle attire des artistes, galeristes, marchands d'art et fins connaisseurs du monde entier.

Aujourd'hui, grâce au dynamisme des artistes, des galeries et des mécènes, ainsi qu'à la mondialisation de la scène artistique, l'art mexicain contemporain s'expose dans le monde entier. Mexico est ainsi devenu l'un des hauts lieux artistiques de la planète, tandis que l'art est également florissant dans des villes comme Monterrey, Oaxaca, Mazatlán et Guadalajara. Les artistes mexicains font diverses tentatives pour exprimer les incertitudes du XXIe siècle. La tendance est passée de l'abstraction à l'hyper-représentation, au photoréalisme, aux installations artistiques, à la vidéo et au street art. Rocío Maldonado (né en 1951), Rafael Cauduro (né en 1950) et Roberto Cortázar (né en 1962) peignent des personnages de facture classique sur un arrière-plan morne et désolé. Vous pourrez admirer les fresques de Cauduro représentant les crimes perpétrés au nom de l'État en vous rendant à la Suprema Corte de Justicia de Mexico. De grands noms de l'art contemporain comme Minerva Cuevas (née en 1975), Miguel Calderón (né en 1971),

Betsabeé Romero (née en 1963) et Gabriel Orozco (né en 1962) déploient leur talent à travers divers médias, défiant toujours les idées préconçues du spectateur.

Musique

La musique est omniprésente au Mexique. Groupes de *marimbas* (xylophones en bois), mariachis en costume, musiciens des rues : tous jouent pour gagner leur vie. Née dans la région de Guadalajara, la musique des mariachis (sans doute la plus typique) se fait entendre aujourd'hui dans tout le pays. Les *marimbas* sont très populaires dans le Sud-Est et sur la côte du Golfe.

Rock et hip-hop

Le Mexique peut se targuer d'être le carrefour du rock de langue espagnole. Dans les années 1990, les groupes *chilangos* talentueux comme Café Tacuba et Maldita Vecindad ont hissé le courant vers des sommets et lui ont attiré un nouveau public, avec un large éventail d'influences – du rock au hip-hop et au ska en passant par le son traditionnel mexicain, le boléro. Au rang des groupes toujours aussi populaires, citons Molotov, le groupe de rap-métal de Monterrey aux paroles osées et controversées, et les rockeurs légendaires d'El Tri, en activité depuis les années 1960. La vague de musique rock alternative du Mexique du XXIe siècle a porté au firmament du succès des groupes comme Zoé, de Mexico, très populaire dans le monde hispanophone, et les Kinky, de Monterrey. Originaire de Mexico, le groupe Little Jesus, fort de 5 membres, connaît un succès croissant grâce à sa musique pop-rock entraînante et dansante. Son dernier album s'intitule *Río Salvaje* (2016).

Le rap mexicain constitue la vraie musique de la rue. Parmi les meilleurs talents du pays, citons Eptos One (ou Eptos Uno), de Ciudad Obregón (Sonora), Bocafloja (Mexico), C Kan, de Guadalajara, et le Cartel de Santa, de Monterrey.

La charismatique Alejandra Guzmán, surnommée la "Reine du rock", a vendu 10 millions d'albums en 20 ans de carrière.

Enfin, le groupe Maná, originaire de Guadalajara, est sans doute le groupe mexicain le plus connu à l'étranger.

Le festival Vive Latino (www.vivelatino.com.mx), qui se tient le temps d'un week-end en mars ou avril au Foro Sol de Mexico, est l'un des grands rassemblements mondiaux annuels sur le thème du rock espagnol. On peut assister fréquemment à de grands concerts de musique électro, avec aux platines la crème des DJ mexicains et internationaux, dans les grandes villes ou leurs environs. Toutes les précisions sur www.facebook.com/kinetik.tv et www.trance-it.net/proximos-eventos.

Pop

Paulina Rubio est la digne version mexicaine de Shakira. Elle a aussi joué dans plusieurs films et séries télévisées mexicains. Juste derrière elle vient Thalía, "la Reine de la pop latino", originaire de Mexico, qui a vendu 25 millions de disques dans le monde. Natalia Lafourcade, talentueuse auteure-compositrice-interprète, mêle pop et bossa nova. Elle a remporté le Grammy Award de l'enregistrement de l'année et plusieurs autres Latin Grammies en 2015 avec son album *Hasta La Raíz*. Autre auteure-compositrice-interprète polyvalente et diva de la pop, Julieta Venegas, originaire de Tijuana, est surtout connue pour son album *Limón y Sal* (2007).

Interprète adulé de ballades et de boléros, Luis Miguel (né en 1970), a entamé sa carrière à l'âge de 11 ans et a enchaîné les succès depuis, jusqu'à sa mort en 2016.

Ranchera et norteño : la "country" mexicaine

La *ranchera* est la musique populaire des villes mexicaines : voix et combo, parfois accompagnés de mariachis, évoquent sur le mode mélodramatique la nostalgie qu'éprouve le citadin pour ses racines rurales. Des stars adulées comme Vicente Fernández, Juan Gabriel, Alejandro Fernández (le fils de Vicente) ou Chavela Vargas comptent parmi les grands chanteurs de *ranchera*.

Le *norteño*, ou *norteña*, créé il y a plus d'un siècle, dans le nord du Mexique, est aujourd'hui très apprécié dans tout le pays. Il trouve ses racines dans les *corridos*, ballades héroïques et narratives jouées sur des rythmes de danses européennes comme la valse ou la polka. À l'origine, ses thèmes rappelaient la révolution mexicaine et les conflits frontaliers. Quant aux *narcocorridos* modernes, ils relatent les aventures et les exploits des gangs impliqués dans le trafic de drogue. Certains cartels passent même parfois commande de *narcocorridos* pour narrer leur histoire.

Dans les *conjuntos* (groupes) de *norteño*, dont les membres portent de grands chapeaux de cow-boy, le chanteur est accompagné d'un accordéon, d'un *bajo sexto* (guitare à 12 cordes), d'une basse et de percussions. Le groupe le plus célèbre, Los Tigres del Norte, est originaire du Sinaloa et vit désormais en Californie. Ils interprètent aussi des *narcocorridos*. Autres stars incontournables : Los Huracanes del Norte, Los Tucanes de Tijuana, ainsi que l'accordéoniste et chanteur Ramón Ayala.

Également très populaire, en particulier dans le nord-ouest du pays et sur la côte Pacifique, la *banda* désigne la musique de big band mexicaine : de grandes sections de cuivres remplaçant les guitares et l'accordéon du *norteño*. Leur musique est très variée, allant de la *ranchera* aux *corridos* en passant par les rythmes tropicaux de la *cumbia* et la pop mexicaine. La Banda El Recodo, originaire du Sinaloa, tient le haut du pavé des orchestres de *banda* depuis une trentaine d'années.

Le son, les racines de la musique folklorique mexicaine

Le *son* (littéralement, le *"son"*), créé à l'origine à Cuba au XIXe siècle, est un terme générique recouvrant des styles populaires nés de la rencontre des musiques espagnole, indienne et africaine. Le rythme est donné par des guitares ou un instrument similaire (comme la *jarana)*, auxquels vient s'ajouter une harpe ou un violon pour la mélodie. Les paroles sont souvent improvisées et pleines d'esprit, et, en suivant le rythme, le public martèle le sol du pied. Il existe plusieurs variantes régionales du *son*.

MÚSICA TROPICAL

Bien qu'ils plongent leurs racines dans les Caraïbes et l'Amérique du Sud, les groupes de *música tropical*, une musique qui fait la part belle aux percussions et aux rythmes enlevés, sont très populaires au Mexique. À Mexico, particulièrement, de nombreux clubs et dancings se consacrent à ce genre musical, accueillant souvent des orchestres internationaux.

Les deux types de musique à danser sont le *danzón*, venu de Cuba, et la *cumbia*, colombienne. Tous deux sont plus profondément ancrés au Mexique que dans leurs pays d'origine. Élégant et un peu désuet, le *danzón* est intimement lié à la ville portuaire de Veracruz. Il connaît néanmoins un certain renouveau à Mexico et dans d'autres villes. Plus dynamique et plus sensuel, la *cumbia* a élu domicile à Mexico. Musicalement, elle repose sur des phrases martelées à la basse auxquelles se joignent les cuivres, les guitares, les mandolines et parfois les *marimbas*. La *cumbia* a donné naissance à de nouvelles variantes : la *cumbia sonidera* est une *cumbia* revisitée par les DJ, tandis que la "*cumbia psychédélique*" reprend la *cumbia* péruvienne des années 1970.

Chaque ville mexicaine, quasiment, compte une salle où l'on peut danser (et souvent apprendre) la salsa, née de la rencontre à New York du jazz, du *son*, du cha-cha-cha et de la rumba, originaires de Cuba et de Puerto Rico. Elle conjugue les cuivres (avec des solos de trompette), le piano, les percussions, un chanteur et des chœurs. La danse du même nom, d'un style enlevé, cumule les figures endiablées. Le merengue, né en République dominicaine, est un mélange de *cumbia* et de salsa.

Quant au formidable *son jarocho,* originaire de la région de Veracruz, il est particulièrement influencé par le continent africain : le Grupo Mono Blanco a relancé ce style avec des paroles modernes. Enfin, la fameuse "bamba" est un *son jarocho*. Le *son huasteco* (ou *huapango*) de la région de Huasteca, dans le nord-est du pays, se caractérise par un *falsetto* entre deux solos de violon. Ne manquez pas l'excellent groupe Camperos de Valles.

Trova

Ces ballades populaires, inspirées des chansons contestataires des années 1960 et 1970, sont en général interprétées par un chanteur-compositeur (*cantautor*), guitare en bandoulière. De nombreux chanteurs de *trova* sont des admirateurs du cubain Silvio Rodríguez.

Cinéma

Les années 1940 représentent l'âge d'or du cinéma mexicain. Le pays produisait alors jusqu'à 200 films par an, pour la plupart des épopées et des mélodrames. Puis ce fut le retour en force du cinéma hollywoodien, inaugurant des décennies de difficultés pour le cinéma national, avant un come-back remarquable depuis le début du XXIe siècle. Des films de jeunes cinéastes mexicains, aussi réussis que réalistes, ont remporté les suffrages du public et de la critique, et Morelia, Guadalajara, Oaxaca, Monterrey, Los Cabos et la Riviera Maya accueillent désormais chaque année des festivals du film couronnés de succès.

Le documentaire *Hecho en México* (2012), de Duncan Bridgeman, pose un regard fascinant sur la vie et les arts contemporains mexicains. Nombre de grands musiciens, acteurs et écrivains du pays y ont participé.

Cinéma du XXIe siècle

Le Nuevo Cine Mexicano (nouveau cinéma mexicain) reflète le côté tragique et l'absurdité du quotidien des Mexicains tout comme sa beauté, son aspect comique ou sa tristesse. *Amours chiennes* (*Amores Perros*), d'Alejandro González Iñárritu, tourné en 2000, avec Gael García Bernal, est le premier film de cette nouvelle vague à avoir capté l'attention du public international. Mêlant 3 intrigues liées par un accident de la circulation, c'est un film dur et sans fard, avec une bonne dose de sang, de violence et de sexe, et aussi d'humour.

Y tu mamá también! (*Et... ta mère aussi,* 2002), d'Alfonso Cuarón, road-movie d'apprentissage mettant en scène deux adolescents (Gael García Bernal et Diego Luna) de la jeunesse dorée de Mexico, fut au moment de sa sortie le plus gros succès commercial du cinéma mexicain. Quant au film de Carlos Carrera *El Crimen del Padre Amaro* (*Le Crime du père Amaro* ; 2003), de nouveau avec Gael García Bernal, il fait le portrait sans concession de la corruption de l'Église dans une petite ville.

Devant un tel succès, certains de ces talents ont quitté le Mexique. Alejandro González Iñárritu est parti pour Hollywood où il a tourné deux autres grands films dramatiques à intrigues multiples, *21 grammes* (2003) et *Babel* (2006). Puis, il a signé le bouleversant *Biutiful* (2010), une coproduction hispano-mexicaine avec Javier Bardem, l'histoire déchirante d'un homme condamné par la maladie et à la dérive en plein Barcelone. Il a ensuite récolté 4 oscars, dont ceux du meilleur film et du meilleur réalisateur, avec *Birdman* (2014), l'histoire brillamment construite d'un super-héros hollywoodien vieillissant (Michael Keaton) qui s'efforce de relancer sa carrière à Broadway. Alfonso Cuarón, quant à lui, est passé de *Harry Potter et le Prisonnier d'Azkaban* (2004) à l'inoubliable film de science-fiction *Gravity* (2013), plusieurs fois oscarisé (dont l'oscar du meilleur réalisateur). Dans le même temps, Guillermo del Toro a engrangé de grands succès avec *Le Labyrinthe de Pan* (2006) et *La Forme de l'eau* (2018). Ces deux films ont été triplement oscarisés et *La Forme de l'eau* a même remporté le Lion d'or à la Mostra de Venise en 2017.

Du côté de l'industrie cinématographique "made in Mexico", les récompenses ont été nombreuses à Cannes et dans d'autres festivals. *Alamar* (2010), de Pedro González-Rubio, explore avec douceur et considération les liens entre un Mexicain d'ascendance maya et son fils, à moitié italien, tandis que dans *Después de Lucía* (2012), Michel Franco jette un regard dur et dérangeant sur le harcèlement entre lycéens dans ce qu'il peut avoir de pire. En 2012, Carlos Reygadas a remporté le Prix de la mise en scène à Cannes pour *Post Tenebras Lux*. Ce film étrange, qui mêle fiction et réalité, raconte l'histoire d'une famille de la classe moyenne vivant à la campagne. En 2013, ce fut au tour d'Amat Escalante de remporter le Prix de la mise en scène à Cannes pour son film *Heli*, histoire d'un jeune couple pris dans la violence de la guerre contre la drogue au Mexique. Autre film très applaudi en 2013, *Rêves d'or* (*La Jaula de oro*), de Diego Quemada-Diez, montre de jeunes migrants d'Amérique centrale qui tentent de rallier les États-Unis en passant par le Mexique. Des migrants, mexicains cette fois, occupent aussi le devant de la scène dans *Desierto* (2015), thriller de Jonás Cuarón, le fils d'Alfonso Cuarón, avec Gael García Bernal.

Selon André Breton, venu en 1938 en mission pour le gouvernement français, le Mexique était "le pays le plus surréaliste dans le monde." Au cours de son voyage, l'écrivain fut accueilli par Diego Rivera et Frida Kahlo, qui hébergeaient au même moment Léon Trotski. Avec ce dernier, Rivera et Breton élaborèrent un manifeste intitulé *Pour un art révolutionnaire indépendant*, qui visait la "totale liberté de l'art".

Autre fleuron de la cuvée 2015, le thriller *600 Millas*, de Gabriel Ripstein, a pour thème le trafic d'armes. Tim Roth y joue le rôle d'un policier mexicain kidnappé par de jeunes convoyeurs d'armes clandestines. Récompensé à la Berlinale et au festival international du film de Guadalajara, le film a été sélectionné en 2016 pour l'oscar du meilleur film en langue étrangère. Tim Roth apparaît également, cette fois sous les traits d'un infirmier soignant des patients en phase terminale, dans l'émouvant *Chronic*, écrit et mis en scène par le Mexicain Michel Franco. Le film a reçu le Prix du scénario à Cannes en 2015. Sorti en 2015 également, *Los Jefes* plonge dans la réalité brutale du monde des narcotrafiquants de Monterrey – avec la particularité que les rôles principaux sont tenus par les rappeurs du groupe Cartel de Santa. En 2017, *Sueño en otro idioma* d'Ernesto Contreras est une méditation sur la disparition des langues vernaculaires.

Dans une veine plus commerciale, *Nosotros los nobles* (2013), film comique de Gary Alazraki sur la lutte des classes au sein de la société mexicaine, est le plus gros succès de tous les temps au box-office mexicain avec 3,3 millions de spectateurs. *Más negro que la noche* (2014), premier film d'horreur mexicain en 3D, réalisé par Henry Bedwell, s'est également distingué, tant au box-office que par l'accueil de la critique.

Littérature

On doit à des auteurs mexicains comme Carlos Fuentes, Juan Rulfo et Octavio Paz quelques-unes des plus belles pages de la littérature hispanophone.

L'un des romanciers mexicains les plus connus est sans doute Carlos Fuentes (1928-2012). Dans *La Mort d'Artemio Cruz* (1962, paru en 1977 chez Folio), certainement son roman le plus célèbre, il porte un regard critique sur la période postrévolutionnaire au travers de son personnage, magnat de la presse et propriétaire terrien corrompu en train de mourir. Moins connue, sa nouvelle *Aura* (1962), inscrite dans la veine du réalisme magique, a un dénouement plus que surprenant.

Juan Rulfo (1917-1986) est également une figure emblématique de la littérature latino-américaine, même s'il n'a publié qu'un seul vrai roman : *Pedro Páramo* (1955), chronique d'un despote local narrée par ceux qui subirent sa domination, une œuvre au réalisme magique désolé qui a été décrite comme "*Les Hauts de Hurlevent* mexicain". Également auteur

LE CLÉZIO, UN NOBEL FRANÇAIS AU MEXIQUE

Jean-Marie Gustave Le Clézio a découvert le Mexique à l'occasion de son service militaire, en 1968. Depuis, il se passionne pour ce pays, ses habitants, son histoire, ses traditions. Il a vécu parmi les Indiens du Mexique, au Michoacán, et a traduit des textes fondateurs de la mémoire indienne.

Le Mexique irrigue toute son œuvre : *Le Livre des fuites* (1969), *Le Rêve mexicain ou la pensée interrompue* (1988) ou, encore *Ourania* (2006). Il a également consacré une biographie à Frida Kahlo (*Diego et Frida*, 1993).

d'un recueil de nouvelles, *Le Llano en flammes* (1953), Juan Rulfo a nourri tout un courant parmi les jeunes écrivains mexicains.

Octavio Paz (1914-1998) s'est vu décerner le prix Nobel de littérature en 1990. Son œuvre de poète et d'essayiste compte plus de 20 titres traduits en français. *Le Labyrinthe de la solitude* (1950), une œuvre majeure du XXe siècle, est une analyse pénétrante de l'identité et des mythes mexicains de la conquête à nos jours. Ses poèmes, dont *Mise au net* (1974), un long poème spéculatif, *Le Feu de chaque jour* (1976), composé au retour d'un voyage en Inde, et *L'arbre parle* (1987) témoignent de son immense talent.

Des romanciers nés dans les années 1960 ont créé le *movimiento crack*, en référence au bruit d'une branche tombant de l'arbre – une image qui représente la volonté de ces auteurs de rompre avec le passé et de s'écarter du réalisme magique. Leur œuvre aborde un grand nombre de thèmes dans des histoires se déroulant souvent à l'étranger. Jorge Volpi est le plus célèbre d'entre eux. Ses ouvrages, dont *À la recherche de Klingsor* (*En busca de Klingsor*, 1999) et *Le Temps des cendres* (*No será la tierra*, 2006), tissent des intrigues complexes et haletantes mêlant science, amour, meurtre, mystères, etc., dans un monde très actuel.

Il semble que le *movimiento crack* ait ouvert la voie à une nouvelle génération de romanciers, qui repositionne actuellement le Mexique à l'avant-garde de la littérature mondiale. Ce sont des écrivains inclassables, à l'imagination débordante. Leurs œuvres polyphoniques se composent de strates multiples qui circulent entre différentes époques, divers lieux, et adoptent différentes perspectives. Ainsi, en apparence, les romans de Valeria Luiselli, dont *Des êtres sans gravité* (2013) et *L'Histoire de mes dents* (2013) traitent respectivement d'une femme confrontée aux ombres de son passé, qui écrit un roman, et d'un homme qui remplace ses dents par celles de Marilyn Monroe (croit-il). Citons aussi *Mort subite* (2016) d'Álvaro Enrigue, roman de grande envergure ayant pour cadre les nombreux changements intervenus au XVIe siècle en Europe et aux Amériques, et *Signes qui précéderont la fin du monde* (2009), de Yuri Herrera. Ce roman met en lumière le Mexique des petites villes et des grandes métropoles, et la frontière américano-mexicaine au travers de l'histoire d'une jeune femme qui part à la recherche de son frère, de l'autre côté de la frontière. Carmen Boullosa est l'auteure de 17 romans, parmi lesquels *Eux les vaches, nous les porcs* (*Son vacas, somos puercos: filibusteros del mar Caribe*, 1991), qui ausculte l'univers des pirates des Caraïbes du XVIIe siècle, ou *Duerme, L'eau des lacs du temps jadis* (*Duerme*, 1994), qui conte l'histoire de Claire, Française dont la mère était prostituée. Dans son roman *Dans le terrier du lapin blanc (Fiesta en la madriguera*, 2010), Juan Pablo Villalobos condamne le machisme et le trafic de la drogue au Mexique, envisagés du point de vue d'un enfant.

Le Mexique des auteurs étrangers

Le Trésor de la Sierra Madre, de B. Traven (1927)

La Puissance et la Gloire, de Graham Greene (1940)

Au-dessous du volcan, de Malcolm Lowry (1947)

Les Tarahumaras, d'Antonin Artaud (1963)

Le Rêve mexicain ou la Pensée interrompue et *Ourania*, de J.-M. G. Le Clézio (1965)

Artisanat

Ce sont sans doute les superbes *artesanías* (objets artisanaux) qui expriment le mieux le talent manuel des Mexicains, ainsi que leur amour des couleurs, de la fête et des traditions. L'artisanat, en prenant pour exemple le tissage, la poterie, le travail du cuir et du cuivre, mais aussi la confection de chapeaux et de paniers remplissent toujours une fonction essentielle dans la vie quotidienne, et sont également vendus comme souvenirs ou pièces de collection. Nombre de techniques et de modèles encore utilisés aujourd'hui ont des origines préhispaniques. Ce sont d'ailleurs les Indiens du Mexique, héritiers directs de la culture précolombienne, qui sont les fers de lance de la production d'*artesanías*.

Textiles traditionnels

Si vous visitez des villages indiens, vous ne manquerez pas d'être surpris par la variété et la richesse des coloris et des ornements des costumes ordinaires, lesquels diffèrent selon les régions, parfois même d'un village à l'autre. Ces tenues traditionnelles – le plus souvent féminines – indiquent la communauté à laquelle appartient celui qui les porte. Les motifs tissés ou brodés de certains vêtements nécessitent parfois des mois de travail.

Trois types de vêtements féminins étaient déjà utilisés bien avant la conquête espagnole :

Huipil – longue tunique sans manches que l'on voit principalement dans la moitié sud du pays

Quechquémitl – un poncho fendu au niveau de la tête, porté essentiellement dans le centre et le nord du pays

Enredo – une jupe enroulée autour de la taille

Les missionnaires espagnols ont introduit les corsages, que les femmes brodent encore avec beaucoup de minutie.

Les matériaux de base du tissage indien sont le coton et la laine, quoique les fibres synthétiques soient aujourd'hui couramment utilisées. Certaines teintures naturelles reviennent au goût du jour : les bleus foncés, extraits de l'indigotier ; les rouges et les bruns, provenant de diverses essences de bois ; les rouges et les violets produits par les cochenilles.

L'outil principal de cet artisanat, le *telar de cintura* (métier de ceinture), est l'apanage des femmes. Les fils de chaîne (en longueur) sont tendus entre deux barres horizontales : l'une est fixée à un poteau ou à un arbre, l'autre à une ceinture qui enserre les reins de la tisserande. Celle-ci glisse alors les fils de trame selon des techniques très élaborées permettant de créer d'étonnants motifs. Les *huipiles* tissés avec les métiers de ceinture dans les États méridionaux de Oaxaca et du Chiapas comptent parmi les plus beaux du pays.

Les hommes, eux, manient le métier à pédale. Permettant d'obtenir un lé plus large, il sert à fabriquer les tapis, les *rebozos* (châles), les *sarapes* (sortes de ponchos) et des tissus pour les jupes. Le village de Teotitlán del Valle, dans le Oaxaca, est le plus réputé pour la fabrication de tapis.

Livres sur l'artisanat

Les Couleurs du Mexique, de Tony Cohan (2003)

Les Textiles mayas, de Régis Bertrand (2006)

Des Vêtements et des Hommes : une perspective historique du vêtement indigène au Mexique, de Guy Stresser-Péan (2011)

Céramique

Il existe encore au Mexique une quantité de petits ateliers fabriquant aussi bien des récipients en terre cuite que de véritables objets d'art. La céramique Talavera, créée essentiellement à Puebla et à Dolores Hidalgo, se caractérise par ses teintes vives (où le bleu et le jaune prédominent) et ses motifs floraux. À Tonalá et Tlaquepaque, faubourgs de Guadalajara, on produit une grande variété de céramiques. Dans le nord du Mexique, les villageois de Mata Ortiz réalisent de magnifiques objets en terre inspirés des techniques et des motifs préhispaniques des Paquimés

– qui rappellent certaines poteries des Indiens du sud-ouest des États-Unis. *L'árbol de la vida* (arbre de vie) est une autre forme de poterie typiquement mexicaine ; ces objets complexes en forme de chandelier, modelés à la main, sont décorés d'une profusion de minuscules figures humaines, animales et végétales, et atteignent souvent plus d'un mètre de hauteur. Certains des plus beaux sont fabriqués à Metepec, dans l'État de Mexico, d'où proviennent également des poteries très colorées en forme de soleil.

Masques et perles

La fabrication de masques remonte à l'époque précolombienne. On les porte à l'occasion de danses, de cérémonies et de rites chamaniques : le porteur s'identifie temporairement à la créature, à la personne ou à la divinité dont il arbore le masque. Vous pourrez admirer leur variété et leur finesse dans les musées de San Luis Potosí, Zacatecas et Colima, ainsi que dans les boutiques d'artisanat et sur les marchés. C'est sans doute l'État méridional du Guerrero qui a donné au Mexique ses masques les plus remarquables.

Si le bois en est la matière première traditionnelle, on utilise aussi le papier mâché, l'argile, la cire et le cuir. Les masques sont généralement peints ou rehaussés de dents et de cheveux véritables, de plumes et d'autres ornements. Le plus souvent, ils représentent des animaux, des oiseaux, le Christ, des démons, et des Européens à l'expression risible, au teint très pâle et aux yeux écarquillés.

Les Huicholes du Jalisco, du Durango, du Zacatecas et du Nayarit recouvrent masques et sculptures en bois de perles colorées, fixées à l'aide de cire et de résine pour former des motifs psychédéliques issus de symboles séculaires.

Originales et colorées, les "peintures à fil" des Huicholes – fabriquées en pressant des brins de laine sur un panneau recouvert de cire – évoquent des visions perçues sous l'emprise du peyotl, un cactus hallucinogène qui joue un rôle essentiel dans leur culture.

Laques et bois

Depuis l'Antiquité, les enveloppes dures des courges calebasses, ou gourdes, servent de bols, de tasses et de petits récipients. La technique de décoration la plus spectaculaire est celle du laque : on recouvre la paroi extérieure de la calebasse de couches de pâte ou de peinture, et le tout est ensuite verni. La gourde, devenue étanche, résiste, dans une certaine mesure, à la chaleur. On utilise aussi la laque pour décorer des boîtes, des plateaux et des meubles en bois. Les plus beaux objets proviennent pour l'essentiel du village éloigné d'Olinalá, dans le Guerrero. Les artisans ont recours à la technique du *rayado*, consistant à racler la couche supérieure de peinture pour faire apparaître les motifs du dessous dans une autre couleur.

Les Seris du Sonora travaillent le sidéroxylon ou "bois-de-fer". De ce bois dur, ces Indiens font surgir d'extraordinaires figurines humaines, animales et marines. Les villageois des alentours de la ville de Oaxaca fabriquent quant à eux un bestiaire imaginaire, les *alebrijes*, en copal peint de couleurs vives.

La cuisine mexicaine

Les Mexicains aiment manger, et se passionnent pour la cuisine de leur pays. Demandez à un groupe de Mexicains où trouver, par exemple, la meilleure *carnita* (porc braisé) de la ville, et ils s'engageront dans un long débat passionné. En visitant le Mexique, vous comprendrez pourquoi. L'assiette mexicaine est composée de produits simples et frais, le plus souvent locaux, et son contenu varie énormément d'une région à l'autre. Sachez que la cuisine que l'on déguste sur place est à mille lieues de la plupart des spécialités "mexicaines" que proposent la plupart des restaurants à l'étranger. Si vous voulez connaître le Mexique et son peuple, il faudra vous mettre à table !

Mauricio Velázquez de León a rédigé ce chapitre. Né à Mexico, cet auteur culinaire a publié de nombreux écrits sur la cuisine, au Mexique et aux États-Unis. Recherches complémentaires effectuées par Kate Armstrong et Anna Kaminski.

Qu'y a-t-il au menu ?

Si le menu peut varier selon la région, vous trouverez généralement partout dans le pays des plats composés à partir des mêmes aliments de base, tels le maïs, les piments (séchés et frais) et les haricots. Contrairement à une croyance répandue, toutes les spécialités mexicaines ne sont pas épicées. On utilise les piments pour relever le goût des sauces, *moles* et *pipiáns* ; beaucoup de gens appréciant plus l'intensité des saveurs que leur côté piquant. Il n'empêche que certains plats sont diaboliquement relevés. Le piment *habanero* du Yucatán, l'un des plus forts du monde, et le *chile de árbol* peuvent être redoutables. D'une manière générale, les piments cuits avec les plats ont tendance à être plus doux que lorsqu'ils entrent dans la préparation de sauces servies à part.

Parmi les autres ingrédients récurrents figurent des épices comme la cannelle, le clou de girofle et le cumin, ainsi que des herbes aromatiques telles que thym, origan et, surtout, coriandre et *epazote* (fausse ambroisie) et *hoja santa*. Ingrédient méconnu de la cuisine mexicaine, l'*epazote* sert à aromatiser les haricots, les soupes, les ragoûts et certains *moles*. La *hoja santa* est une plante aromatique aux feuilles en forme de cœur ; cet ingrédient essentiel du *mole verde* entre aussi souvent dans la composition des *tamales*.

Les caprices des papilles

Les *antojitos* incarnent l'essence de la cuisine mexicaine. Le mot *antojo* signifie littéralement "caprice, envie soudaine". Un *antojito* est donc un petit caprice, mais pour un Mexicain il ne s'agit pas uniquement d'un simple en-cas. Ils peuvent composer un repas complet, être dégustés en apéritif ou en guise de *tentempíe* (casse-croûte).

Les marchés sont parfaits pour déguster d'excellents *antojitos*. Au gigantesque Mercado de la Merced (p. 135) à Mexico, le meilleur *antojito* est sans doute le *huarache*. Cette longue tortilla (30 cm), qui porte ce nom car sa forme évoque une sandale, se sert grillée et garnie de sauce, d'oignons, de fromage et, au choix, de chorizo, de bœuf, de fleurs de courge, etc. À Oaxaca, on prépare de grandes tortillas plates appelées *tlayudas*, sur lesquelles on étale du *quesillo* (fromage filandreux), de la sauce et des lamelles de porc.

Rick Bayless, chef et auteur américain primé, distingue huit sortes d'*antojitos* (tous préparés avec une pâte à base de maïs) :

➡ **Tacos** La spécialité mexicaine par excellence désigne une tortilla de maïs souple farcie de viande, de poisson ou de légumes cuits, avec un peu de sauce et une garniture d'oignons et de coriandre. Les tacos *al carbón* contiennent de la viande grillée, les tacos de *guisado* de la viande mijotée, et les tacos *a la plancha* des viandes et légumes au gril. Les *tacos dorados* sont légèrement frits. Dans le nord du Mexique, vous trouverez des tacos de tortillas à la farine de blé (*tortilla de harina*) farcis de préparations la plupart du temps carnées.

➡ **Quesadillas** Pliez en deux une tortilla fourrée de fromage (*queso*, d'où le nom), faites-la griller et le tour est joué. Les vraies quesadillas sont toutefois bien plus élaborées. Les restaurants et les étals de rue servent ces chaussons légèrement frits ou grillés, garnis de chorizo et de fromage, de fleurs de courge, de champignons à l'ail, de *chicharrón* (couenne de porc frite), de haricots, de viande ou de poulet mijoté.

➡ **Enchiladas** En espagnol, *enchilar* veut dire "pimenter". Les enchiladas sont constituées de 3 ou 4 tortillas légèrement frites, fourrées de poulet, de fromage ou d'œufs et recouvertes d'une sauce piquante. Elles peuvent aussi être cuites au four comme dans le cas des *enchiladas suizas* (enchiladas suisses). Il s'agit d'ordinaire d'un plat principal.

➡ **Tostadas** Tortillas cuites au four ou frites jusqu'à devenir croustillantes, puis refroidies et garnies. Les *tostadas de pollo* alternent par exemple des couches de haricots, de poulet, de crème, de laitue, d'oignons, d'avocat et de *queso fresco* (fromage frais).

➡ **Sopes** Petits ronds de pâte de maïs de 5 ou 7,5 cm de diamètre, façonnés à la main et cuits sur une plaque avec une fine couche de haricots, de sauce et de fromage. Il en existe aussi avec du chorizo.

➡ **Gorditas** Ronds de pâte à tortilla cuits au four jusqu'à ce qu'ils gonflent. Les *gorditas* sont parfois fourrées d'un peu de haricots noirs ou de haricots *pinto* frits, voire de fèves.

➡ **Chilaquiles** On les déguste traditionnellement au petit-déjeuner. Les tortillas de maïs sont coupées en triangles et frites pour devenir croustillantes. On cuit ensuite ces *totopos* dans une sauce à base de *tomatillo* (*chilaquiles verdes*) ou de tomate (*chilaquiles rojos*), ce qui les ramollit, puis on les recouvre de lamelles de fromages, d'oignons en tranche et de crème mexicaine.

➡ **Tamales** Il s'agit d'une pâte de maïs mêlée à du saindoux, fourrée de viande, de poisson ou de légumes mijotés. Chaque région possède sa propre variante, les plus connues étant celle de Oaxaca, enveloppée dans des feuilles de bananier et servie avec du *mole*, celle de Mexico, enveloppée dans des feuilles de maïs, garnie de poulet et accompagnée d'une sauce verte au *tomatillo*, et celle du Yucatán, au poulet mariné dans l'*achiote* (pâte de rocou) et entourée de feuilles de bananier.

Livres sur la cuisine mexicaine

Mexique : le livre de cuisine, de Margarita Carillo-Arronte (Phaidon, 2015)

Tacos et fajitas (et enchiladas !), de Carla Bardi (Larousse, 2015)

Cuisine santé mexicaine, de Pedro Martínez (Quebecor, 2011)

Cuisine du Mexique, de Zilah de Jesus Alondra Ramirez (2010, Edisud)

MULLI (MOLE) : TOUT EST DANS LA SAUCE !

"Dans le *mole*, c'est la sauce qui fait le plat !" m'a affirmé un jour la cheffe mexicaine Zarela Martinez. Ce qu'elle voulait dire c'est que la viande, qu'il s'agisse de poulet, de dinde ou de porc, joue un rôle secondaire et que c'est la sauce qui fait tout l'attrait d'un plat. Ce mélange élaboré à base de noix, piments et épices définit à lui seul la cuisine du Mexique. Bien qu'on l'appelle souvent sauce au chocolat, très peu de *moles* en contiennent. La confusion vient sans doute du fait que le plus connu de tous, le *mole poblano*, originaire de Puebla, contient une petite quantité de chocolat. La plupart des Mexicains s'accordent toutefois sur le fait que le Oaxaca est le haut lieu de cette spécialité, d'où son surnom de "terre des sept *moles*" (p. 461).

LA NOUVELLE VAGUE DES CHEFS

Comme dans beaucoup de pays, la cuisine mexicaine est d'abord une affaire de femmes : ce sont elles qui perpétuent les traditions culinaires, génération après génération. Et pourtant, ici comme ailleurs, c'est aux chefs hommes, à la table de nouveaux restaurants où se mêlent tradition et modernité, tant dans les ingrédients que dans les recettes préparées avec style, que l'on tresse des couronnes de laurier. Mexico est l'épicentre de ce mouvement : Enrique Olvera, chef du restaurant **Pujol** (p. 122) est souvent considéré comme le père de la nouvelle cuisine mexicaine. Il a même formé d'autres stars de la scène culinaire de la capitale, tel Eduardo García du **Maximo Bistrot Local** (p. 122). Ricardo Muñoz, lui, est réputé pour sa manière de revisiter les recettes traditionnelles à l'**Azul y Oro** (p. 123), tandis que Mónica Patiño à la **Taberna del León** (p. 123) et Elena Reygadas avec le Rosetta (Mexico) portent haut le flambeau féminin. Benito Molina, du restaurant Manzanilla en Basse-Californie, et Pablo Salas, de l'Amaranta (Toluca), sont réputés pour leur cuisine d'avant-garde. Des chefs comme Alejandro Ruiz à la **Casa Oaxaca** (p. 462) et Diego Hernández Baquedano au **Corazón de Tierra** (www.corazondetierra.com), dans le Valle de Guadalupe en Basse-Californie, région vinicole, se chargent de faire connaître cette nouvelle tendance dans les régions mexicaines.

Une journée à table : du lever au coucher du soleil (et bien plus tard...)

Du modeste *puesto* (étal de rue ou de marché), où l'on consomme un *antojito* matinal, au restaurant sélect, où l'on se régale d'un festin, les occasions de se restaurer ne manquent jamais.

L'une des 3 nouvelles du recueil inachevé d'Italo Calvino, *Sous le soleil jaguar* (1986), variation narrative sur le goût, raconte l'étonnante histoire d'un couple en voyage au Mexique qui se redécouvre et qui communie en savourant la cuisine locale.

➡ **Desayuno** (petit-déjeuner). Plutôt roboratif, il est généralement servi dans les restaurants et les *cafeterías* de 8h30 à 11h. Les plats à base d'œuf sont très prisés le matin, surtout les *huevos rancheros*, deux œufs frits servis sur des tortillas légèrement grillées avec une couche de haricots noirs et une épaisse sauce à base de tomate, d'oignon et de piment. Dans le Yucatán, il existe une variante appelée *huevos motuleños*, avec dés de jambon, petits pois et banane plantáin frite. De nombreuses *cafeterías* proposent une sélection de *pan de dulce* (pains gourmands) au nom amusant – *bigotes* (moustaches), *conchas* (coquilles), *besos* (baisers) et *orejas* (oreille) –, pour n'en citer que quelques-uns.

➡ **Almuerzo** Si vous avez peu mangé le matin, vous pourrez vous rabattre sur *l'almuerzo* (sorte de brunch), un *antojito* ou tout autre en-cas. Arrêtez-vous dans une *taquería*, une *tortería* ou une *lonchería*, spécialisées respectivement dans les tacos, *tortas* et repas légers.

➡ **Comida** Le repas principal se prend en règle générale entre 14h et 16h30, à la maison, au restaurant ou au café. Les *fondas*, de petits établissements tenus en famille, servent une *comida corrida*, un menu bon marché composé d'une soupe, d'un plat de résistance avec du riz, d'une boisson et d'un dessert. Dans nombre de grandes villes, il n'est pas rare de voir les convives prendre une pause de 2 heures pour déjeuner. Parmi les *comidas* les plus appréciées, citons les soupes comme la *sopa de fideo* (vermicelles dans un épais bouillon de tomates) ou la *sopa de frijol* (soupe aux haricots), ou encore les plats principaux tels que les *guisados* (sortes de ragoûts), des viandes braisées lentement accompagnées de légumes et nappées d'une sauce à base de *chipotle*, de *tomatillos* (tomates vertes) ou de tomates.

➡ **Cena** Souvent servi après 21h, le dîner est léger d'ordinaire lorsqu'il est pris à la maison. Au restaurant, en revanche, c'est l'occasion d'agapes qui peuvent durer jusqu'à minuit.

➡ **Et...** Après une soirée passée dans un bar, un club ou au cinéma, on s'arrête souvent pour manger un taco avant de rentrer. Nombre de *taquerías* servent les noctambules affamés jusqu'à l'aube. Les vendredis et samedis, la fréquentation est telle qu'il faut parfois attendre qu'une table se libère, même à 3h du matin !

VÉGÉTARIENS ET VÉGANS

Dans de nombreux endroits au Mexique, le mot "végétarien" ne fait pas partie du vocabulaire. Bien des Mexicains pensent qu'un végétarien est une personne qui ne mange pas de viande rouge. Beaucoup d'autres n'ont même jamais entendu le mot *veganista* (végan), mais les choses changent, surtout à Mexico, où végan est devenu synonyme de branché. Néanmoins, presque toutes les villes, grandes ou petites, possèdent de véritables restaurants végétariens (voire végans) dont la popularité va croissant. En outre, nombre de spécialités locales ne contiennent pas de viande : *ensalada de nopales* (salade de feuilles de cactus), quesadillas aux champignons (*huitlacoche*), au fromage et même aux fleurs de courgette, *chiles rellenos de queso* (piments farcis au fromage) et *arroz a la mexicana* (riz à la mexicaine), par exemple. Certains plats sont cependant cuisinés avec du bouillon de bœuf ou de poule, voire de la graisse animale comme la *manteca* (saindoux).

Vous avez dit fiesta ?

Au Mexique, fêtes et nourriture sont indissociables. Qu'il s'agisse de fêtes nationales, locales, religieuses ou familiales, vous tomberez immanquablement sur l'une d'elles lors de votre séjour. À l'occasion du Día de la Independencia (16 septembre), par exemple, les Mexicains font des agapes après avoir trinqué à la tequila. Pendant la principale célébration religieuse, le Día de la Virgen de Guadalupe (12 décembre), on prépare des *tamales*, du *mole* et divers *antojitos*. Pendant le Carême, des plats sans viande comme le *romeritos* (une plante sauvage ressemblant au romarin, servie avec des crevettes séchées, des pommes de terre et du *mole*) font leur apparition sur toutes les tables. Le Día de los Santos Reyes (fête des Rois, 6 janvier) est célébré en savourant de la *rosca de reyes*, une grosse brioche ovale aux fruits confits, accompagnée de *tamales* de maïs et de chocolat chaud. À Noël, le menu mexicain typique comprend de la dinde, du *bacalao* (morue séchée) préparé avec des tomates, olives, câpres et oignon, et du *romeritos*.

Il n'y a pas de fête plus mystique que le Día de Muertos (jour des Morts, 2 novembre). Remontant à l'époque précolombienne, elle est l'occasion de rendre hommage aux proches défunts. En célébrant la mort, la vie est saluée à travers la musique, la nourriture et la boisson. Un autel dédié aux morts est alors installé dans la maison ou au cimetière. Il est décoré de *cempasuchiles* (fleurs de souci) éclatants, d'assiettes de *tamales*, de crânes en sucre et de *pan de muerto* ("pain du mort", à base de jaune d'œuf, de mezcal et de fruits secs). On y met aussi les plats de prédilection des personnes décédées pour qu'elles se sentent bien accueillies lors de leur retour.

Josefina Velázquez de León (1899-1968) est considérée comme la mère de la cuisine mexicaine. Elle dirigea à Mexico une école culinaire réputée et écrivit plus de 140 livres de recettes. Son œuvre la plus ambitieuse, *Platillos Regionales de la Republica Mexicana*, fut le premier ouvrage à recenser en un seul volume la multitude des spécialités régionales du pays.

¡Salud!

Tequila

Les Mexicains aiment la tequila. Ils la consomment en toute occasion, qu'il s'agisse de petites ou de grandes fêtes nationales, des enterrements et des anniversaires, ou encore entre amis au déjeuner, au dîner ou dans les bars. Une tequila doit provenir soit de l'État du Jalisco, soit de zones spécifiques des États de Guanajuato, du Michoacán, du Nayarit et du Tamaulipas, et elle est protégée par une appellation d'origine (Denominación de Origen) délivrée par le Consejo Regulador del Tequila. Celui-ci veille également à ce que toutes les bouteilles vendues dans le monde soient effectivement produites dans ces hautes terres arides de l'Ouest, propices à la culture de l'agave bleu dont l'alcool est extrait.

Au Mexique, la tequila s'est sophistiquée au point qu'elle peut désormais rivaliser avec le whisky single malt ou le cognac, et pas seulement en termes de prix. Les meilleures tequilas se dégustent dans des petits verres, en prenant son temps pour faire durer le plaisir.

Le processus de fabrication débute par l'extraction de la *piña* (cœur) de l'agave bleu, que l'on cuit à la vapeur jusqu'à 36 heures pour ramollir ses fibres et libérer l'*aguamiel* (eau de miel). Le liquide obtenu est ensuite versé dans de grandes cuves à fermentation. La tequila haut de gamme s'obtient uniquement avec de l'*aguamiel* dilué dans un peu d'eau. Dans les tequilas *mixto*, on ajoute du sucre, généralement de canne, à l'*aguamiel*. Lorsque la tequila est fabriquée à 100% avec de l'agave, c'est indiqué sur l'étiquette. Sinon, il s'agit d'un produit mélangé (*mixto*).

Lorsqu'ils ont découvert, dans le port de Campeche, au Yucatán, que leurs boissons étaient mélangées avec la fine racine séchée d'une plante appelée *cola de gallo* ("queue de coq"), des marins anglais inventèrent le mot "cocktail". Les bars à cocktails sont aujourd'hui présents dans les grandes villes à la vie nocturne intense, comme Mexico et Guadalajara.

L'étape suivante consiste à distiller l'*aguamiel*, puis à le laisser vieillir en fût, une phase importante qui déterminera la couleur, le goût, la qualité et le prix de la tequila. La tequila blanche ou argent (*blanco* ou *plata*), dépourvue de colorants et d'arômes, n'a pas vieilli plus de 60 jours. On l'utilise essentiellement dans les cocktails, car elle se marie très bien avec les fruits. La *tequila reposado* (reposée), qui a vieilli entre 2 et 9 mois, revêt une couleur légèrement dorée et un arôme onctueux. Enfin, la *tequila añejo* (âgée), d'une teinte sombre et d'une saveur veloutée, doit rester de 1 à 4 ans en fût de chêne. Ces 3 nectars connaissent un succès égal au Mexique et leur dégustation est avant tout une question de préférence personnelle.

Mezcal

Cousin de la tequila, le mezcal connaît actuellement un réel engouement chez certains consommateurs convaincus que la tequila est devenue trop commerciale (et coûteuse !). Les *mezcalerías* (bars à mezcal) sont la toute dernière tendance, en particulier dans les villes mexicaines. Comme la tequila, le mezcal provient de la distillation de l'agave, mais il ne doit pas impérativement être fabriqué dans le Jalisco, à partir d'agave bleu. En d'autres termes, la tequila est toujours un mezcal, tandis que le mezcal n'est pas nécessairement de la tequila. Le mezcal pouvant être préparé à partir de n'importe quel agave, on en produit dans tout le pays. Les méthodes de fabrication et la quantité d'agave utilisée varient beaucoup d'un endroit à l'autre.

En février 2017, la norme controversée NOM 70 a pris force de loi. Elle stipule que, selon le CRM (Consejo Regulador del Mezcal), le mezcal produit en dehors d'une zone délimitée comprenant les États de Durango, de Guerrero, de Guanajuato, du Michoacán, de Oaxaca, de Puebla, de San Luís Potosí, du Tamaulipas et de Zacatecas, ne peut pas porter le nom de mezcal mais doit s'appeler *aguardiente de agave* (eau-de-vie d'agave). Étant donné qu'*aguardiente* a une connotation péjorative et que beaucoup voient cette loi moins comme une volonté de réglementer que comme une tentative d'évincer les petits producteurs, tout porte à croire qu'elle est faite pour avoir un impact négatif sur les distilleries indépendantes.

L'AMBIANCE DES CANTINAS

Jusqu'à une période récente, les *cantinas*, bars mexicains typiques, n'acceptaient pas les femmes, les militaires et les enfants (un panneau rouillé indique encore parfois cette interdiction). Aujourd'hui, tout le monde peut les fréquenter, même si certaines conservent une ambiance très virile. Elles servent de la bière, de la tequila et des *cubas* (rhum Coca) sur des tables carrées, où les clients jouent aux dominos ou regardent des écrans de télévision diffusant du football. Les *cantinas* servent de délicieux *botanas* (amuse-bouche), tels les *quesadillas de papa con guacamole* (quesadillas de pomme de terre au guacamole) ou les escargots dans une sauce au *chipotle*.

Pulque

Ancêtre des alcools mexicains, le pulque remonterait à 2 000 ans. On commença à cette époque à extraire le jus de l'agave pour fabriquer une boisson laiteuse légèrement alcoolisée que les Aztèques appelaient *octli poliqhui*. À leur arrivée au Mexique, les Espagnols la rebaptisèrent pulque. Malgré une moindre teneur alcoolique que la tequila ou le mezcal, le pulque est plus fort en bouche. L'absence de distillation lui conserve un goût végétal légèrement terreux et sa consistance épaisse et mousseuse ne plaît pas à tout le monde. Dans certains endroits, on ajoute du jus de mangue ou de fraise pour l'adoucir ; il prend alors le nom de *curado*.

Le blog d'un jeune voyageur au Mexique, sur le pays et la cuisine mexicaine, illustré de photos des spécialités locales : www.voyagemexico.com. Une partie est consacrée aux boissons.

Bière

"*Una cerveza, por favor*" fera peut-être partie de vos toutes premières phrases prononcées en espagnol. Cela s'explique par la qualité de la bière mexicaine, qui se marie particulièrement bien avec la cuisine locale. La plupart des marques, légères, atténuent plaisamment le goût relevé d'une assiette d'enchiladas, par exemple. Elles accompagnent aussi les nombreux matchs de football que la population suit religieusement !

Deux grandes brasseries dominent le marché. Grupo Modelo, désormais propriété du groupe belge AB InBev, produit 18 marques, dont Corona, Victoria, Modelo Especial, Pacífico, Montejo et Negra Modelo. Bien que la Corona se classe parmi les meilleures ventes mondiales, les amateurs considèrent la Negra Modelo, plus foncée, comme le joyau du brasseur. Dans la ville industrielle de Monterrey, la Cervecería Cuauhtémoc Moctezuma (aujourd'hui filiale de Heineken International) fabrique notamment les bières Sol, Carta Blanca, Dos Equis, Superior, Tecate et Bohemia. La Dos Equis Ámbar, bière traditionnelle du début du XXe siècle, plus foncée et plus corsée – et version originale de la Dos Equis –, connaît actuellement un regain de popularité.

Depuis quelques années, les bières artisanales (*cervezas artesanales*) ont fait une entrée fracassante sur le marché ; leur nombre est stupéfiant et les restaurants et bars de qualité proposent de plus en plus souvent des bières locales. La variété des bières mexicaines est telle que l'on peut adapter sa consommation aux circonstances. Une Corona, une Superior ou une Pacifico conviennent bien sur la plage. Une Victoria ou une Montejo se marient à merveille avec les poissons et fruits de mer ; la Modelo Especial et la Carta Blanca accompagnent très bien la viande ; enfin, une Bohemia ou une Negra Modelo sont idéales pour un dîner chic au restaurant.

Les *micheladas* sont des bières fraîches mélangées à d'autres préparations, qui vont de la boisson la plus basique au cocktail le plus sophistiqué. La *michelada* de base se prépare avec le jus d'un ou deux citrons verts dans une chope préalablement refroidie, des glaçons, une pincée de sel et de la bière mexicaine fraîche. On y ajoute souvent quelques gouttes de sauce piquante, de sauce Worcestershire et de bouillon cube Maggi.

Vin

Bien que l'industrie viticole mexicaine soit moins développée que celle de la tequila ou de la bière, elle progresse cependant à grands pas. Depuis les années 1990, poussé en partie par le succès des vins californiens, chiliens et argentins, le Mexique s'est mis à produire de bons crus dans 9 régions du pays, du Queretaro au Sonora – les meilleurs provenant du Valle de Guadalupe, dans le nord de la péninsule de Basse-Californie. La région s'enorgueillit même d'une Route du Vin. Les deux principaux établissements viticoles du pays, Pedro Domecq et LA Cetto, proposent de robustes vins de table et quelques appellations de qualité supérieure comme Château Domecq et Private Reserve Nebbiolo. D'autres établissements de taille plus modeste, dont Monte Xanic, Casa de Piedra et Casa Valmar, produisent également de bons vins en petite quantité.

À Teotihuacán (l'actuelle Mexico), le chocolat était considéré comme la boisson des dieux et portait d'ailleurs le nom de *tlaquetzalli*, "chose précieuse" en langue nahuatl. Les Aztèques lui accordaient une telle valeur que les fèves de cacao faisaient également office de monnaie.

Boissons non alcoolisées

La grande variété de fruits et de plantes qui poussent dans le pays entre dans la confection de boissons sans alcool dont les Mexicains raffolent. On trouve partout des *juguerías*, des stands de rue ou de petits établissements spécialisés dans les jus de fruits (orange, mandarine, fraise, papaye, carotte...) pressés. Ces endroits vendent aussi des *licuados*, version mexicaine du milk-shake, généralement à base de lait, de banane, de miel et de fruits. Il existe tout un éventail de mélanges originaux, avec des ingrédients comme le *nopal* (feuille de cactus), l'ananas, le citron et l'orange, ou encore la vanille, la banane et l'avocat.

Dans les *taquerías* et la plupart des restaurants, on sert des *aguas frescas,* des jus de fruits dilués avec de l'eau et du sucre. Certaines ressemblent à des thés glacés. Pour faire de l'*agua de tamarindo,* on fait bouillir des gousses de tamarin que l'on mélange avec du sucre avant de mettre le tout au frais. De même pour l'*agua de jamaica*, à base de feuilles d'hibiscus séchées. La *horchata* allie quant à elle graines de melon et/ou riz.

Environnement

La grande diversité des paysages constitue l'une des sources d'émerveillement d'un voyage au Mexique. Des cactus des déserts du Nord et des volcans enneigés du Centre aux forêts humides et aux lagunes du Sud, où vit une faune abondante, le visiteur risque rarement la monotonie. Les amoureux de la nature se délecteront de ce pays qui, avec ses régions tempérées et tropicales entremêlées, offre l'une des biodiversités les plus riches de la planète.

Géographie

Couvrant près de 2 millions de km^2, le Mexique se classe au 14e rang mondial en termes de superficie. Avec 10 000 km de littoral et la moitié de son territoire au-dessus de 1 000 m, le pays possède en outre une topographie particulièrement accidentée et variée. Où que vous alliez, hormis dans la péninsule du Yucatán, vous aurez toujours une chaîne montagneuse en point de mire.

Cordillère néovolcanique

La Cordillera Neovolcánica, une spectaculaire ceinture volcanique, traverse le centre du Mexique d'est en ouest ; elle comprend le Popocatépetl (5 452 m), à 70 km au sud-est de Mexico, et le Fuego de Colima (3 820 m), à 30 km au nord de Colima, deux volcans en activité. Le Popocatépetl connaît des éruptions d'intensité faible à moyenne depuis 2006. Plus de 30 millions de personnes habitent dans une région directement menacée en cas d'éruption violente du "Popo". Ce volcan et le Fuego de Colima ont craché des nuages de cendres en 2017. La ceinture volcanique compte aussi deux volcans endormis, le Pico de Orizaba (5 611 m) et l'Iztaccíhuatl (5 220 m), deux des plus hauts sommets du pays. Le plus jeune volcan du pays, et le plus aisé à gravir, le Paricutín (2 800 m), n'a vu le jour qu'en 1943, près du village d'Angahuan dans le Michoacán.

Les hautes vallées situées entre les volcans ont toujours fait partie des zones habitables les plus peuplées du Mexique. C'est ici, dans le Valle de México (un bassin large de 60 km pour 2 200 m d'altitude), au milieu des chaînes volcaniques, que se dresse Mexico, avec ses 20 millions d'habitants.

Activité volcanique

Monitoreo Volcánico Popocatépetl (www.cenapred.unam.mx)

Volcán Colima y Más Volcanes (www.facebook.com/volcancolima)

Webcams de México (www.webcamsdemexico.com) : vidéos du Fuego de Colima et du Popocatépetl.

Hauts plateaux du Nord et sierras

Une série de hauts plateaux, l'Altiplano central, traverse le nord du Mexique, encadrée par deux longs massifs, la Sierra Madre occidentale à l'ouest et la Sierra Madre orientale à l'est. L'Altiplano et les deux *sierras* s'achèvent à l'endroit où ils rencontrent la Cordillera Neovolcánica.

L'Altiplano, entrecoupé de petites chaînes montagneuses, s'élève à 1 000 m en moyenne dans le Nord pour culminer à plus de 2 000 m vers le centre du pays. Le Desierto Chihuahuense (désert du Chihuahua), qui s'étend au nord jusqu'au Texas et au Nouveau-Mexique, occupe la majeure partie de l'Altiplano septentrional. Ici, le regard porte au-delà de plaines brunes et poussiéreuses jusqu'à des cimes lointaines, sous des ciels où tournoient aigles et vautours. Composé essentiellement de collines vallonnées et d'immenses vallées, l'Altiplano méridional comprend certaines des meilleures terres de culture et d'élevage d'El Bajío, la région située entre les villes de Querétaro, Guanajuato et Morelia.

Très accidentée, la Sierra Madre occidentale s'ouvre par endroits sous la forme de canyons vertigineux, notamment la fameuse Barranca del Cobre (canyon du Cuivre) et la Barranca de Urique, profonde de 1 870 m, qui la prolonge.

La Sierra Madre orientale possède des sommets atteignant les 3 700 m, mais aussi des zones semi-tropicales sur ses versants orientaux, moins élevés.

Basse-Californie

La Península de Baja California, l'une des péninsules les plus étendues au monde, longe la côte nord-ouest du pays. On pense qu'elle s'est séparée du Mexique "continental" il y a environ 5 millions d'années sous l'effet de la tectonique des plaques, le golfe de Californie (mer de Cortés) s'insinuant alors dans le gouffre qui s'était creusé. La longue péninsule effilée s'étend sur 1 300 km de déserts, plaines et plages spectaculaires ; son point le plus élevé, le Picacho del Diablo, culmine à 3 100 m dans la Sierra San Pedro Mártir.

S'étirant sur pas moins de 1 400 km, la Sierra Madre occidentale n'est traversée que par un seul chemin de fer – le Ferrocarril Chihuahua Pacífico, de Los Mochis à Chihuahua – et 3 routes bitumées : la route 16, de Hermosillo à Chihuahua, ainsi que les routes 40 et 40D entre Mazatlán et Durango.

Plaines côtières

Des plaines côtières s'étendent le long du Pacifique, jusqu'aux basses terres du Tabasco, sur le golfe du Mexique. Les deux côtes sont ponctuées de centaines de lagunes, d'estuaires et de zones humides, qui en font un habitat appréciable pour la faune sauvage.

Sur la côte pacifique, une large plaine sèche s'étire en direction du sud depuis la frontière américaine jusqu'à la région de Tepic, dans l'État de Nayarit. En continuant vers le sud jusqu'à la frontière guatémaltèque, les basses terres se resserrent en une mince bande et deviennent progressivement tropicales.

De nombreuses rivières qui descendent de la Sierra Madre orientale sillonnent la plaine côtière du golfe du Mexique, prolongement d'une plaine similaire au Texas. Vaste et propice à l'élevage dans sa partie nord-est, la plaine devient semi-marécageuse près de la côte. Elle se rétrécit à mesure que l'on se rapproche de Veracruz.

Sud du Mexique

Autre chaîne montagneuse accidentée, la Sierra Madre del Sur s'étend à travers les États du Guerrero et de Oaxaca. Elle court parallèlement à la Cordillera Neovolcánica, dont elle est séparée par le bouillant bassin du Río Balsas. La Sierra Madre del Sur se termine sur les terres de basse altitude de l'isthme de Tehuantepec, la partie la plus étroite du Mexique avec seulement 220 km de large.

Dans l'État du Chiapas, le plus méridional du pays, les basses terres du Pacifique s'étalent sur fond de Sierra Madre de Chiapas. Le Tacaná, un volcan endormi qui domine la frontière mexicano-guatémaltèque de ses 4 110 m, est le plus occidental d'une série de volcans qui s'étendent vers le Guatemala. Derrière les hauts plateaux du Chiapas, la terre descend vers les plaines de la forêt lacandone et les étendues de l'immense plateau calcaire qui constitue la péninsule du Yucatán. Le calcaire tendre du Yucatán s'érode si facilement que de nombreuses rivières souterraines ainsi que 6 000 bassins (appelés *cenotes*) se sont formés. Nombre d'entre eux font de superbes piscines naturelles. Au large de la côte caribéenne du Yucatán s'étend la deuxième plus grande barrière de corail au monde. Appelée Grande Barrière maya, Barrière de corail méso-américaine ou encore Barrière de corail du Belize, elle est peuplée d'une vie marine d'une extraordinaire richesse qui en fait l'une des destinations de plongée et de snorkeling les plus prisées au monde.

Faune et flore

Des baleines, otaries et cactus géants de Basse-Californie aux grands félins, singes hurleurs et forêts de nuages du Sud-Est, le Mexique possède une faune et une flore exotiques et fascinantes. On accède à cette nature généreuse de plus en plus facilement : un nombre croissant de tour-opérateurs proposent des excursions pour aller observer oiseaux, papillons, baleines, dauphins, tortues de mer, etc.

Faune terrestre

Les forêts tropicales survivantes du Sud-Est abritent cinq espèces de félins – jaguars, pumas, ocelots, jaguarondis et margays – vivant dans des secteurs isolés, ainsi que des atèles et des singes hurleurs, des tapirs, des fourmiliers et quelques gros reptiles, comme le boa constrictor. On trouve de petites populations de jaguars jusque dans le nord de la Sierra Madre occidentale, à 200 km de la frontière des États-Unis, ainsi que dans la Sierra Gorda (Sierra Madre orientale). Vous verrez peut-être des singes hurleurs – du moins, vous entendrez leurs étranges grognements – près des vestiges mayas de Palenque et Yaxchilán.

Au nord du pays, l'expansion urbaine, l'élevage et l'agriculture ont contraint les grands animaux sauvages – pumas, loups, lynx roux, coyotes, mouflons et antilopes d'Amérique – à se réfugier dans des zones reculées, souvent montagneuses. Ratons laveurs, tatous et moufettes sont encore assez répandus – ces deux derniers également dans une grande partie du reste du Mexique.

Dans toutes les régions chaudes du pays, vous croiserez des reptiles inoffensifs, dont deux assez surprenants : l'iguane, un lézard qui peut atteindre environ un mètre et revêtir diverses couleurs, et le gecko, un minuscule lézard, généralement vert, susceptible de surgir de derrière un rideau ou un placard lorsqu'on le dérange. Si le gecko peut vous faire sursauter, il a néanmoins l'avantage de dévorer les moustiques.

Faune aquatique

Durant les premiers mois de l'année, on peut observer des baleines en Basse-Californie (Baja). Des baleines grises parcourent 10 000 km depuis les régions arctiques pour mettre bas dans ses eaux côtières. Entre la péninsule de Basse-Californie et le continent, le golfe de Californie abrite un tiers des espèces de mammifères marins du monde, dont des otaries, des phoques, des éléphants de mer et quatre espèces de baleines. De décembre à mars, les baleines à bosse descendent la côte pacifique pour se nourrir de plancton, qui dérive au gré des courants. À l'instar des dauphins et des tortues de mer, on les voit souvent lors d'excursions en bateau au départ de villes côtières.

De la Basse-Californie au Chiapas et du Nord-Est au Yucatán, les côtes mexicaines comptent parmi les principaux sites de ponte des tortues marines au monde. Sept des huit espèces existantes sur la planète fréquentent les eaux mexicaines et des femelles parcourent des distances prodigieuses (jusqu'à la traversée de l'océan Pacifique pour certaines tortues caouannes) pour revenir pondre sur les plages où elles sont nées. La loi mexicaine interdit de tuer les tortues ou de ramasser leurs œufs. Le pays compte d'ailleurs plus de 100 plages de ponte protégées. Sur nombre d'entre elles, on peut observer le phénomène connu sous le nom d'*arribada* (moment où les tortues viennent par milliers pondre sur le rivage), mais aussi assister à l'éclosion des œufs.

Des dauphins évoluent le long des côtes du Pacifique et du golfe du Mexique, tandis que de nombreuses zones humides côtières, surtout dans

Le top des réserves de tortues

- *Cuyutlán, Colima*
- *Isla Mujeres, Quintana Roo*
- *Madre Sal, Chiapas*
- *Campamento Majahua, Costalegre, Jalisco*
- *Playa Colola, Michoacán*
- *Playa Escobilla, Oaxaca*
- *Puerto Arista, Chiapas*
- *Tecolutla, Veracruz*

le Sud, abritent des crocodiles. La vie sous-marine est particulièrement variée sur les récifs coralliens au large de la péninsule du Yucatán, sites de plongée et de snorkeling de renommée mondiale. Près de l'Isla Contoy, au large de la pointe nord-est du Yucatán, on peut pratiquer le snorkeling accompagné de requins-baleines, les plus grands poissons du monde.

Superbes oiseaux

Ara rouge (Reforma Agraria)

Quetzal resplendissant (Reserva de la Biosfera El Triunfo, Chiapas)

Condor de Californie (Parque Nacional Sierra San Pedro Mártir, Basse-Californie)

Flamant rose (Celestún et Río Lagartos)

Faune aviaire et papillons

Tout le littoral mexicain, et en particulier les estuaires, les lagunes et les îles, constitue un habitat d'exception pour les oiseaux. On estime à 3 milliards le nombre d'oiseaux migrateurs qui passent chaque année par le Yucatán, alors que l'État de Veracruz voit passer chaque automne un véritable "fleuve de rapaces" fort de plus de 4 millions d'individus. L'intérieur du Mexique abonde en aigles, faucons et buses. Quantité de canards et d'oies hibernent également dans le nord de la Sierra Madre occidentale. Des espèces tropicales comme les trogons, les colibris (oiseaux-mouches), les perroquets et les tangaras ont fait leur apparition au sud de Tampico dans l'est du pays, et aux alentours de Mazatlán dans l'Ouest. Les jungles et les forêts de nuages du Sud-Est sont les repaires d'aras multicolores, de toucans, de pénélopes panachées et même de quelques quetzals. Le Yucatán compte de superbes colonies de flamants roses à Celestún et à Río Lagartos. Dans tout le pays, et surtout le long des côtes, quantité de tour-opérateurs proposent des circuits d'observation des oiseaux.

Les arbres et le sol de la Reserva de la Biosfera Mariposa Monarca (p. 655), dans le Michoacán, virent à l'orange quand des millions de papillons monarques arrivent en hiver – un spectacle inoubliable.

Espèces menacées

La base de données Wildfinder du WWF (www.worldwildlife.org/science/wildfinder) recense plus de 26 000 espèces animales, que l'on peut rechercher par espèce ou par lieu géographique. Pour chacune des 23 écorégions du Mexique, la base fournit une liste de centaines d'espèces avec leur nom en anglais et en latin, l'évaluation de leur statut d'espèces menacées, et, souvent, des photos.

Selon la plupart des estimations, 101 espèces animales sont en voie d'extinction au Mexique. Quelque 81 d'entre elles sont des espèces endémiques au Mexique. Dans cette liste, figurent, entre autres, le jaguar, l'ocelot, le tamandua du Nord (un fourmilier), l'antilocapre, le tapir d'Amérique centrale (ou tapir de Baird), l'aigle harpie, le quetzal resplendissant, l'ara rouge, le grand hocco, la tortue caouane, la loutre de mer, le phoque de Guadalupe, 4 variétés de perroquets, ainsi que l'atèle et le singe hurleur. Les adorables petites *vaquitas* (marsouins communs), que l'on rencontre uniquement dans le nord du golfe de Californie, n'étaient plus qu'au nombre de 30 en 2017, ce qui a débouché sur une campagne controversée de la dernière chance, menée par le gouvernement et les protecteurs de l'environnement pour les sauver en interdisant l'emploi des filets sur la côte, en dédommageant les pêcheurs pour les pertes de revenu subies. Le rat-kangourou de l'île Margarita et le *Coahuilix hubbsi*, un escargot d'eau douce, sont peut-être moins séduisants, mais leur disparition affecterait à jamais d'autres animaux et plantes. De plus, ils sont endémiques au Mexique – s'ils disparaissent du pays, ils auront quitté la surface de la Terre pour toujours. De multiples facteurs contribuent à menacer ces espèces, notamment la déforestation, l'extension de l'agriculture et l'étalement urbain, mais également le commerce illicite d'espèces en danger et le braconnage.

Les principaux outils dont dispose le pays pour sauver les espèces menacées sont ses zones protégées, telles que parcs nationaux et réserves de biosphère, qui couvrent 13% du territoire, ainsi qu'un ensemble de dispositifs spécifiques servant à protéger certains habitats et un certain nombre d'espèces. Les programmes gouvernementaux sont complétés par le travail d'organismes locaux et internationaux de protection de l'environnement. Hélas, ce travail est ralenti par l'existence de larges lacunes dans le réseau des zones protégées, mais aussi par une application de la loi assez aléatoire et par des financements limités.

Plantes

Malgré leur végétation clairsemée – de cactus, agaves et yuccas notamment –, les déserts du nord du Mexique surpassent toutes les autres étendues désertiques de la planète en termes de biodiversité. La plupart des quelque 2 000 essences de cactées de la planète sont présentes au Mexique ; le Desierto Chihuahuense en compte à lui seul plus de 400 et beaucoup sont endémiques du Mexique. L'isolement de la péninsule de Basse-Californie lui vaut une flore singulière et variée, du *cardón* haut de 20 m, le plus grand cactus au monde, au curieux *cirio* (arbre boojum).

Dans les grandes chaînes montagneuses du pays, on trouve de vastes forêts de pins (la moitié des espèces de pins y sont représentées) et de chênes à des altitudes plus basses (135 types). Dans la moitié sud du Mexique, les forêts de conifères d'altitude sont souvent couvertes de nuages, favorisant une végétation humide luxuriante composée d'innombrables fleurs multicolores et d'épiphytes (des plantes qui poussent en se servant d'autres plantes comme support) sur les arbres.

Dans les basses terres du Sud-Est, les denses forêts tropicales sempervirentes (ou tropicales humides par endroits) prédominent avec des fougères, des épiphytes, des palmiers, des feuillus tropicaux comme l'acajou et des arbres fruitiers, tels l'abricotier des Antilles et le *chicozapote* (sapotillier), qui produit le *chicle* (base naturelle du chewing-gum). En dépit d'une destruction persistante, la Selva Lacandona, dans l'est du Chiapas, reste la plus grande forêt tropicale du pays et abrite nombre des 10 000 espèces végétales de l'État.

Le Yucatán passe de la forêt tropicale humide, au sud, à la forêt tropicale sèche et à la savane, au nord, constituée d'épineux et de petits arbres, dont de nombreux acacias.

Parcs nationaux et réserves

Le Mexique dispose de splendides parcs nationaux, réserves de biosphère et autres zones protégées – plus de 910 000 km² du territoire et du domaine maritime font l'objet de mesures fédérales de protection de l'environnement. Si les gouvernements n'ont jamais disposé de financement suffisant pour protéger de façon efficace ces secteurs naturels, l'aide d'organisations écologistes contribue peu à peu à améliorer la situation, et les projets se concrétisent.

Sites Internet des parcs et réserves

Comisión Nacional de Áreas Naturales Protegidas (www.conanp.gob.mx)

Réserves de biosphère de l'Unesco (www.unesco.org/new/en/natural-sciences/environment/ecological-sciences/biosphere-reserves/)

Parcs nationaux

Les 67 *parques nacionales* (parcs nationaux) terrestres représentent une superficie totale de 14 320 km². Beaucoup sont petits (moins de 10 km²), et environ la moitié d'entre eux ont été créés dans les années 1930, en raison de leur intérêt archéologique, historique ou récréatif plutôt qu'écologique. Plusieurs parcs nationaux récents protègent des régions côtières, des îles ou des récifs coralliens. En novembre 2017, le Mexique a annoncé la création de la plus grande réserve marine d'Amérique du Nord, le Parque Nacional Revillagigedo (150 000 km²), qui protège les îles éponymes, surnommées "les Galapagos d'Amérique du Nord", et les espèces marines peuplant les eaux environnantes. En dépit de la déforestation, de la chasse et des pâturages illégaux, les parcs nationaux terrestres ont permis de préserver de grandes étendues de forêts, notamment les forêts de conifères du centre du pays.

Réserves de biosphère

Les *reservas de la biosfera* (réserves de biosphère) ont été créées afin de permettre des activités humaines et économiques durables dans des régions où l'écologie représente un facteur important. Le Mexique compte aujourd'hui plus de 50 réserves de biosphère nationales et/

LES PLUS BEAUX PARCS NATIONAUX ET RÉSERVES

PARC/RÉSERVE	CARACTÉRISTIQUES	ACTIVITÉS	MEILLEURE PÉRIODE
Área de Protección de Flora y Fauna Cuatrociénegas (p. 840)	Désert, cours d'eau souterrains, *pozas* (trous d'eau), biodiversité exceptionnelle	Baignade, observation des animaux, randonnée	tte l'année
Parque Nacional Archipiélago Espíritu Santo (p. 768)	Eaux entourant Espíritu Santo et les îles avoisinantes dans le golfe de Californie	Kayak avec des requins-baleines, snorkeling avec des otaries, voile	tte l'année
Parque Marino Nacional Bahía de Loreto (p. 765)	Îles et rivages du golfe de Californie	Snorkeling, kayak, plongée	tte l'année
Parque Nacional Iztaccíhuatl-Popocatépetl (p. 176)	Volcans géants actifs et éteints au bord du Valle de México	Randonnée, escalade	nov-fév
Parque Nacional Lagunas de Chacahua (p. 492)	Lagunes de la côte de Oaxaca ; plage	Circuits en bateau, observation des oiseaux, surf	tte l'année
Parque Nacional Volcán Nevado de Colima (p. 642)	Volcans actifs et inactifs, pumas, coyotes, forêts de conifères	Randonnée sur les volcans	fin oct-déb juin
Reserva de la Biosfera Banco Chinchorro (p. 314)	Plus grand atoll corallien de l'hémisphère Nord	Plongée, snorkeling	déc-mai
Reserva de la Biosfera Calakmul (p. 366)	Forêt tropicale et ruines mayas majeures, dont Calakmul, Hormiguero et Chicanná	Visite des ruines, observation de la vie sauvage	tte l'année
Reserva de la Biosfera El Pinacate y Gran Desierto de Altar (p. 812)	Coulées de lave pétrifiée, dunes, cratères géants ; un des endroits les plus secs de la planète	Randonnée, observation des animaux	tte l'année
Reserva de la Biosfera El Vizcaíno (p. 758)	Déserts et lagunes côtières où les baleines grises mettent bas	Observation des baleines, randonnée et art rupestre	déc-avril
Reserva de la Biosfera Mariposa Monarca (p. 655)	Forêt couverte de millions de papillons monarques	Observation des papillons, randonnée	fin oct-mars
Reserva de la Biosfera Montes Azules (p. 422)	Jungle tropicale, lacs, rivières	Randonnée dans la jungle, canoë, rafting, observation des oiseaux et de la vie sauvage	déc-août
Reserva de la Biosfera Ría Celestún (p. 340)	Estuaire avec mangrove et nombreux oiseaux, dont des flamants roses	Observation des oiseaux, circuits en bateau	nov-mars
Reserva de la Biosfera Ría Lagartos (p. 356)	Estuaire avec mangrove et nombreux oiseaux, dont des flamants roses	Observation des oiseaux, des crocodiles et des tortues	avril-sept
Reserva de la Biosfera Sian Ka'an (p. 313)	Jungle côtière caribéenne, zones humides et îles avec une faune et une flore d'une grande diversité	Observation des oiseaux, snorkeling et circuits nature, principalement en bateau	tte l'année
Reserva de la Biosfera Sierra Gorda (p. 683)	Zone de transition entre le semi-désert et la forêt de nuages	Randonnée, observation des oiseaux, missions coloniales	tte l'année

ou protégées par l'Unesco, soit plus de 210 000 km² au total. Les plus récentes sont aussi les plus vastes : la Reserva de la Biosfera Caribe Mexicano (57 000 km²) couvre pratiquement tout le littoral du Quintana Roo, et la Reserva de la Biosfera Islas del Pacífico de Baja California (10 926 km²) englobe les îles Coronado, près de la frontière américaine. Les réserves de biosphère protègent certaines des zones les plus belles et les plus intéressantes au plan biologique, principalement des écosystèmes intacts à la biodiversité représentative. Le tourisme durable, organisé par les communautés, constitue en outre une ressource importante pour plusieurs réserves, notamment Calakmul, Sierra Gorda, Montes Azules, Mariposa Monarca, La Encrucijada et Sian Ka'an.

Sites de la Convention de Ramsar

Plus de 90 000 km² du territoire mexicain (répartis sur le continent et dans les eaux côtières) constituent 142 zones humides d'importance internationale, ou sites de Ramsar (www.ramsar.org), du nom de la ville iranienne où fut signée en 1971 la Convention sur les zones humides. Presque toutes classées au cours de la dernière décennie, elles comprennent des secteurs où les baleines mettent bas, des plages où viennent pondre les tortues, des récifs coralliens, ainsi que des lagunes côtières et des mangroves représentant des habitats d'une importance cruciale pour les oiseaux et nombre de créatures marines.

Écologie

Le Mexique s'est posé en leader de la lutte contre le réchauffement climatique en 2012 en devenant le deuxième pays (après le Royaume-Uni) à légiférer sur ses émissions de dioxyde de carbone. La loi sur le réchauffement climatique, adoptée par le Congrès avec le soutien de tous les partis politiques, engage le pays – actuellement au 13e rang mondial des émissions de gaz à effet de serre – à produire 35% de son électricité à partir d'énergies renouvelables d'ici à 2024 et à réduire ses émissions de dioxyde de carbone de 50% par rapport aux niveaux attendus, d'ici à 2050.

En 2015, le Mexique est devenu le premier pays non européen à soumettre officiellement aux Nations unies ses engagements en matière de réchauffement climatique, dont une réduction minimum de 25% de ses émissions de gaz à effet de serre par rapport aux estimations antérieures d'ici à 2030. Le pays s'est aussi donné pour but d'atteindre un degré zéro de déforestation à l'horizon 2030.

La pollution atmosphérique et la déforestation figurent parmi les plus grands défis environnementaux auxquels le Mexique est confronté. Alors que le pays est l'un des plus importants exportateurs mondiaux de pétrole brut, il doit importer la moitié de son essence car il manque de raffineries. Remplacer ces coûteuses importations par de l'énergie renouvelable produite localement prend donc tout son sens sur le plan économique. Avec son ensoleillement quasi illimité, le Mexique possède tout le potentiel nécessaire à la production d'électricité solaire. D'ores et déjà, au moins 15% de son électricité proviennent de ressources hydriques, et 5% de sources éoliennes et géothermiques.

La manière dont le pays peut atteindre ses objectifs est une autre histoire. La découverte d'énormes gisements de pétrole en juillet 2017 va faire fortement augmenter la production nationale dès 2019 et les critiques affirment que les chances de réduire la dépendance pétrolière du pays sont minces. Ces dernières années, l'énergie éolienne est la seule énergie renouvelable qui ait généré un volume d'électricité accru de manière significative.

Organisme écologiste le plus important et sans doute le plus influent du Mexique, Pronatura (www.pronatura.org.mx) compte de nombreux programmes dans tout le pays, qui travaillent à la protection des espèces, à la lutte contre le réchauffement climatique et à la préservation des écosystèmes. Ils œuvrent aussi à promouvoir l'écotourisme, la pédagogie environnementale et le développement durable.

Eau et forêts

Annoncé en 2013, le plan de développement national du président Enrique Peña Nieto, d'une durée de 6 ans, a placé l'eau au cœur des priorités. Il s'agit en effet d'une question fondamentale dans un pays où le Sud concentre 70% des réserves aquifères quand 75% des habitants vivent dans le Nord et dans le Centre, et qu'environ 9% de la population n'a toujours pas accès à l'eau courante potable.

L'eau est souvent fortement polluée (les Mexicains sont les premiers consommateurs mondiaux d'eau en bouteille) et le système de tout-à-l'égout est inadapté dans plusieurs régions. En 2015, le gouvernement a proposé un projet consistant à privatiser le traitement des eaux usées, ou du moins certaines étapes du processus, au motif que les entreprises privées pouvaient fournir de manière plus efficace que l'État une eau moins chère et plus propre. Malgré les manifestations ayant accueilli cette décision dans tout le pays, la privatisation partielle a été lancée.

En matière de protection des forêts, un autre enjeu écologique majeur, le Mexique a accompli de grands progrès. Il a déjà perdu environ les trois quarts de ses forêts de l'époque précolombienne, car toutes, des forêts de conifères des hauts plateaux aux jungles tropicales, ont pâti des pâturages, de l'exploitation du bois et de l'agriculture. Aujourd'hui, seuls 17% environ du territoire sont couverts de forêt primaire, mais 16% supplémentaires accueillent des forêts régénérées ou replantées. Et l'on peut se féliciter que le taux de déforestation soit passé d'environ 3 500 km² par an dans les années 1990 à moins de 1 600 km² par an actuellement. Cette *success story* s'explique en partie par le fait qu'environ 70% des forêts sont contrôlés par les communautés locales, qui les gèrent le plus souvent de manière écologiquement durable.

Problèmes liés à l'urbanisation

Mexico est une mégapole située à haute altitude, entourée de montagnes qui emprisonnent l'air pollué. La capitale consomme plus de la moitié de l'électricité du pays et doit puiser environ un quart de ses besoins en eau dans les plaines situées loin en contrebas, puis rejeter ses eaux usées vers ces mêmes plaines via 11 000 km d'égouts. Des efforts sont faits pour améliorer la qualité de l'air. Pendant des années, la plupart des véhicules ont eu interdiction de circuler un jour par semaine. Le plan d'action climat 2014-2020 de la ville a pour objectif de réduire les émissions de CO_2 de 30%, avec notamment le recours à des bus et taxis électriques, l'usage accru du vélo, et le passage aux ampoules à basse consommation.

Nature Conservancy (www.nature.org), Conservation International (www.conservation.org) et WWF (wwf.panda.org ; www.wwf.org.mx) fournissent de nombreuses informations sur l'environnement mexicain et sur leurs projets dans le pays.

Les problèmes d'approvisionnement en eau, de traitement des eaux usées, de surpopulation et de pollution due à la circulation affectent, à plus petite échelle, la plupart des villes mexicaines en expansion rapide.

Le tourisme, secteur clé de l'économie mexicaine, apporte aussi son lot de problèmes environnementaux. Plusieurs années d'opposition des écologistes au projet du grand complexe touristique de Cabo Cortés, en Basse-Californie (qui aurait endommagé gravement le Parque Marino Nacional Cabo Pulmo), ont poussé le président Felipe Calderón à annuler le projet en 2012. Les constructeurs n'ont pas été en mesure de démontrer qu'il s'inscrivait dans une démarche de développement durable.

Sur la Riviera Maya de la côte caribéenne, des organisations telles que le Centro Ecológico Akumal et Mexiconservación (www.mexiconservacion.org) militent pour limiter les dégâts infligés par le développement touristique sauvage aux récifs coralliens, aux plages de ponte des tortues, aux mangroves et aux eaux des *cenotes* (puits calcaires naturels) de la région. Petit à petit, des hôtels et des complexes touristiques de la région adoptent des politiques écoresponsables.

Carnet pratique

Carnet pratique

Activités

Pour certaines activités de plein air comme l'observation des oiseaux et le trekking, les conditions sont bonnes toute l'année. Pour les autres, voilà les meilleures saisons :

➡ Plongée et snorkeling : les baleines à bosse et les requins-baleines sont présents au large de la côte pacifique et du littoral de Basse-Californie pendant les mois d'hiver tandis que septembre et octobre sont les meilleures périodes pour observer les requins-marteaux dans le golfe de Californie. C'est en août et septembre que la visibilité est la meilleure au large de la côte caribéenne.

➡ Rafting en eaux blanches : octobre est considéré comme le meilleur moment, mais on peut pratiquer cette activité toute l'année.

➡ Surf et kitesurf : en Basse-Californie et sur le littoral pacifique, la saison s'étend d'avril à octobre.

Les sites Internet suivants vous aideront à déterminer à l'avance les meilleurs spots et les meilleures périodes pour surfer et vous permettront de trouver des prestataires pour l'activité de votre choix.

CONSIGNES DE SÉCURITÉ POUR LES PLONGEURS

Avant d'embarquer pour une sortie de plongée avec bouteille, en apnée ou avec masque et tuba (PMT ou snorkeling), lisez bien les consignes suivantes afin de garantir votre sécurité :

➡ Pour une plongée avec bouteille, il vaut mieux détenir une carte de plongée valide, émise par une école reconnue, la carte de la **FFESSM** est reconnue par le CMAS.

➡ Si vous n'avez pas votre propre équipement, demandez à voir celui du centre de plongée avant de vous engager. Ne plongez que si vous vous sentez en confiance avec votre moniteur : après tout, il en va de votre sécurité.

➡ Demandez des informations fiables sur l'environnement et les caractéristiques du site de plongée auprès d'un opérateur local réputé et demandez comment les plongeurs formés localement tiennent compte de ces conditions.

➡ Renseignez-vous sur les lois, la réglementation et les habitudes locales concernant la vie sous-marine et l'environnement.

➡ Ne plongez que dans des sites adaptés à votre niveau ; de préférence, louez les services d'un moniteur ou d'un plongeur expérimenté et compétent.

➡ Vérifiez que votre agence est à jour de ses certifications **PADI** (www.padi.com, en français), **NAUI** (www.naui.org) ou de l'organisme de plongée mexicain internationalement reconnu **FMAS** (CMAS ; www.cmas-america.org/category/mexico/).

➡ Ne plongez pas si vous ne vous sentez pas en forme.

➡ Demandez où se trouvent les caissons de recompression (ou hyperbares) les plus proches et notez les numéros de téléphone d'urgence.

➡ Évitez de plonger moins de 18 heures avant un vol en haute altitude.

Magic Seaweed (www.magicseaweed.com). Webcams, prévisions sur les conditions de surf, renseignements sur les spots, etc.

Planeta.com (www.planeta.com). Une bonne source d'information pour un tourisme actif et responsable.

Mexonline.com (www.mexonline.com). Inclut des listes de prestataires.

Alimentation

Les restaurants sont soumis à une TVA (IVA) de 16%, presque toujours incluse dans les prix affichés.

Ambassades et consulats

Le site du ministère mexicain des Affaires étrangères, la **Secretaría de Relaciones Exteriores** (www.gob.mx/sre), affiche des liens vers les sites Internet de toutes les missions diplomatiques du Mexique dans le monde. Si vous souhaitez séjourner au Mexique pour une longue période, surtout si vous vous rendez dans des endroits isolés, il est bon de le signaler à votre ambassade. Vous pouvez le faire par téléphone ou par e-mail.

Ambassades et consulats étrangers au Mexique

Belgique (☎55-5280-0758 ; mexico.diplomatie.belgium.be/fr ; Av Alfredo Musset 41 Colonia Polanco, Del. Miguel Hidalgo, 11550 Mexico)

Belize (☎55-5520-1274 ; www.belizeembassy.bz/mx ; Bernardo de Gálvez 215, Lomas de Chapultepec, Mexico ; 🚌76-A-X)

Canada (☎55-5724-7900 ; www.mexico.gc.ca ; Schiller 529, Polanco, Mexico ; Ⓜ Polanco)

États-Unis (☎55-5080-2000 ; https://mx.usembassy.gov ; Paseo de la Reforma 305, Mexico ; ⏲8h30-15h30 lun-ven ; Ⓜ Insurgentes)

France (☎55-9171-9700 ; www.mx.ambafrance.org ; Campos Elíseos 339, Polanco, Mexico ; ⏲9h-13h lun-ven ; Ⓜ Auditorio)

Guatemala (☎55-5520-9249 ; www.meximo.minex.gob.gt ; Av Explanada 1025, Lomas de Chapultepec, Mexico ; ⏲9h-13h ; 🚌76-A-X)

Pays-Bas (☎55-5258-9921 ; www.mexico.nlambassade.org ; 7e ét., Edificio Calakmul, Av Vasco de Quiroga 3000, Mexico ; ⏲8h30-12h30 lun-ven ; 🚌76-A-X)

Suisse (☎55-9178-4370 ; www.eda.admin.ch/eda/fr/dfae.html ; Paseo de las Palmas 405, 11e ét., Torre Optima I, Lomas de Chapultepec, Miguel Hidalgo, 11000 CDMX, Mexico)

Ambassades et consulats du Mexique à l'étranger

France Ambassade du Mexique (☎01 53 70 27 70 ; embamex.sre.gob.mx/francia/index.php/fr/ ; 9 rue de Longchamp, 75116 Paris) ; Consulat (01 42 86 56 20 ; 4 Rue Notre-Dame-des-Victoires, 75002 Paris)

Belgique Ambassade du Mexique (☎32-2 629 07 77 ; embamex.sre.gob.mx/belgica/index.php/es/ ; Av Franklin Roosevelt 94, Bruxelles 1050)

Canada Ambassade du Mexique (☎613-787 5177 ; embamex.sre.gob.mx/canada ; 45 O'Connor St, Suite 1000, Ottawa, ON K1P 1A4) ; Consulat à Montréal (☎514-288 2502, 514-288 2707 ; consulmex.sre.gob.mx/montreal ; 2055 Peel Street, suite 10, Montréal, Québec, H3A 1V4) ; Consulat à Toronto (☎416-368 2875 ; 11 King Street West, Suite 350, Toronto, Ontario, M5H 4C7)

Suisse Ambassade du Mexique (☎031-357 47 47, 031-357 47 56 ; embamex.sre.gob.mx/suiza/ ; Weltpoststrasse 20, 3015 Berne) ; Consulat à Bâle (☎061-283 06 30 ; Aeschenvorstadt 21, 4051 Bâle) ; Consulat à Genève (☎022-328 39 20 ; Rue de Candolle 16, 1205 Genève) ; Consulat à Zurich (☎044-280 67 00 ; Tödistrasse 16, 1er ét., 8002 Zurich)

UN FIL D'ARIANE EN VOYAGE

Le **portail Ariane** (pastel.diplomatie.gouv.fr/fildariane), mis en place par le Centre de crise du ministère des Affaires étrangères, est un service gratuit permettant au voyageur français à l'étranger d'être contacté par le service consulaire, sur son téléphone portable ou par e-mail, au cas où des événements graves (crise politique, catastrophe naturelle, attentat...) se produiraient dans le pays durant son séjour, ou de contacter rapidement sa famille ou ses proches en France en cas de besoin.

La procédure d'inscription se réalise en ligne, où vous donnez des informations sur votre voyage (dates de départ et de retour, numéro de téléphone portable, coordonnées d'éventuels contacts sur place, adresses de séjour et itinéraire prévu, etc.).

Grâce à ce service, vous recevrez en outre, avant votre départ, des recommandations de sécurité par e-mail si la situation dans le pays le justifie.

Il existe une application pour les smartphones et les tablettes, intitulée *Conseils aux voyageurs*.

Argent

La monnaie nationale mexicaine est le peso, désigné par le signe $M. Le peso est divisé en

REPAS : GAMME DE PRIX

Les catégories de prix suivantes valent pour des plats standards ; ils incluent la TVA (IVA).

$ moins de 100 $M

$$ de 100 à 200 $M

$$$ plus de 200 $M

100 centavos. DAB et bureaux de change sont largement répandus. Les cartes bancaires sont acceptées dans nombre d'hôtels de catégories moyenne et supérieure.

Banques et casas de cambio

Le dollar américain est la devise la plus utile à avoir avec soi ; les dollars canadiens et les euros sont aussi acceptés un peu partout. Vous pouvez changer vos espèces dans les *casas de cambio* et certaines banques. Vous trouverez des bureaux de change dans la plupart des villes, grandes ou petites. Les transactions sont rapides et ces établissements (souvent ouverts le soir et le week-end) pratiquent généralement le même taux de change que les banques. Les banques ont souvent des horaires plus restreints (généralement 9h-16h lundi-vendredi et 9h-13h samedi) et les opérations de change durent plus longtemps.

Distributeurs automatiques de billets (DAB)

Les DAB *(cajeros automáticos)* ne manquent pas au Mexique. Ils acceptent les principales cartes bancaires internationales, ainsi que les cartes Maestro, Cirrus et Plus pour retirer des pesos. Le taux de change y est généralement plus intéressant que le "taux touristique" des banques et *casas de cambio* (bureaux de change), mais il existe des frais compris entre 30 et 70 $M, appliqués par l'entreprise qui gère le DAB, ainsi que les frais facturés (pour des retraits hors zone euro) par votre banque.

Pour plus de sécurité, utilisez les DAB uniquement à l'intérieur d'un bâtiment et en plein jour.

Espèces

C'est une bonne idée d'apporter des espèces. Dans les stations touristiques et dans de nombreuses villes mexicaines proches de la frontière des États-Unis, on peut faire des achats en dollars, même si le taux de change n'est pas très avantageux.

Cartes bancaires

Les cartes Visa, MasterCard et American Express sont acceptées par la plupart des compagnies aériennes et loueurs de voitures, ainsi que dans de nombreux hôtels de catégorie moyenne-supérieure ou haut de gamme et dans certains restaurants et commerces. Un supplément est parfois appliqué quand vous payez par carte. Le paiement par carte de crédit donne normalement droit au même taux de change que lors d'un retrait au DAB. Dans un cas comme dans l'autre, vous devez payer à l'organisme émetteur de la carte une commission pour transaction à l'étranger de l'ordre de 2,5%.

Assurance

Il est conseillé de souscrire une assurance qui vous couvrira en cas d'annulation de votre voyage, de vol, de perte de vos affaires, de maladie ou encore d'accident. Vérifiez notamment que les "sports à risques", comme la plongée, la moto ou même la randonnée ne sont pas exclus de votre contrat, ou encore que le rapatriement médical d'urgence, en ambulance ou en avion, est couvert. De même, le fait d'acquérir un véhicule dans un autre pays ne signifie pas nécessairement que vous serez protégé par votre propre assurance.

Vous pouvez contracter une assurance qui réglera directement les hôpitaux et les médecins, vous évitant ainsi d'avancer des sommes qui ne vous seront remboursées qu'à votre retour. Dans ce cas, conservez avec vous tous les documents nécessaires (les consultations médicales se règlent généralement en espèces : demandez un reçu pour le remboursement).

Attention ! Avant de souscrire une police d'assurance, vérifiez bien que vous ne bénéficiez pas déjà d'une assistance par votre carte de crédit, votre mutuelle ou votre assurance automobile.

N'oubliez pas de prendre avec vous les documents relatifs à l'assurance ainsi que les numéros à appeler en cas d'urgence.

Quelques conseils

Assurez-vous que vous êtes en bonne santé avant de partir. Si vous suivez un traitement de façon régulière, n'oubliez pas votre ordonnance (avec le nom du principe actif).

Bénévolat

Au Mexique

De nombreuses possibilités s'offrent à vous si vous souhaitez travailler bénévolement, que ce soit pour quelques heures ou plusieurs mois. Les domaines vont de la protection des tortues marines à l'agriculture bio avec WWOOF. Certains organismes recherchent des personnes ayant une expérience particulière et/ou des compétences en espagnol, d'autres acceptent toutes les bonnes volontés.

Certaines écoles de langues offrent aussi des possibilités de faire du bénévolat ou du volontariat.

RÉPERTOIRES D'ADRESSES

Go Abroad (www.goabroad.com)

Go Overseas (www.gooverseas.com)

Idealist.org (www.idealist.org)

The Mexico Report (www.themexicoreport.com/non-profits-in-mexico)

Volunteer Oaxaca (www.volunteer-oaxaca.com)

PROGRAMMES SOCIAUX

Casa de los Amigos (www.casadelosamigos.org). Aide aux réfugiés et aux migrants. Basé à Mexico.

Centro de Esperanza Infantil (www.oaxacastreetchildrengrassroots.org). Centre pour les enfants des rues à Oaxaca.

Entre Amigos (www.entreamigos.org.mx). Cet organisme basé à Nayarit met sur pied des chantiers et ateliers éducatifs pour les enfants de San Pancho.

Feed the Hungry (www.feedthehungrysma.org). Fournit des repas nutritifs à plusieurs milliers d'enfants défavorisés de San Miguel de Allende.

Fundación En Via (carte p. 955 ; (☎951-515-24-24 ; www.envia.org, Instituto Cultural Oaxaca ; Juarez 909 ; visite 850 $M/pers ; ⏲visites 13h en semaine, 9h sam). Organisation à but non lucratif de l'État de Oaxaca. Microcrédits pour aider des femmes en milieu rural à développer de petites entreprises.

Junax (www.junax.org.mx). Renseignements et hébergements à San Cristóbal de las Casas pour les personnes désireuses d'aider les communautés indiennes du Chiapas ; il est nécessaire de parler espagnol.

Misión México (www.lovelifehope.com). Foyer d'enfants et école de surf à Tapachula.

Piña Palmera (www.pinapalmera.org, en français). Travaillez avec des personnes atteintes d'un handicap à Zipolite, sur la côte de Oaxaca.

PROGRAMMES ENVIRONNEMENTAUX

Campamento Majahuas (☎portable 322-2285806 ; www.campamentomajahuas.com ; embranchement route 200 Km 116 ; ⏲ponte nocturne des tortues juil-nov). Chantier de protection des tortues à Costalegre (engage des bénévoles pour de courtes durées).

Centro Ecológico Akumal (www.ceakumal.org). Travail de protection environnementale, notamment la gestion du littoral et la protection des tortues.

Flora, Fauna y Cultura de México (☎984-188-06-26 ; www.florafaunaycultura.org ; ⏲9h-17h lun-ven). Protection des tortues sur la côte caribéenne.

Grupo Ecologista Vida Milenaria (www.vidamilenaria.org.mx). Projet de protection des tortues à Tecolutla.

Natalé (www.natate.org.mx). Protection des tortues et autres projets au Chiapas et ailleurs.

Nomad Republic (nomadrepublic.org). Aide aux coopératives locales de tout le Mexique (agriculture, éducation, tourisme, santé, eau, énergie).

Pronatura (www.pronatura-ppy.org.mx). Protection marine et autres projets dans le Yucatán.

Tortugueros Las Playitas (www.todostortugueros.org). Couveuse de tortues de mer à Todos Santos, Basse-Californie.

WWOOF Mexico (www.wwoofmexico.org). Bénévolat dans des fermes bio du Mexique. Convient aux familles.

En France

En France, quelques organismes offrent des opportunités de travail bénévole sur des projets de développement ou d'environnement, parfois sur des périodes courtes, de une à quatre semaines. Certaines associations s'adressent plus spécifiquement aux jeunes. Les chantiers proposés vont de la réfection d'une école aux travaux liés à l'environnement. Il s'agit d'une bonne formule pour s'immerger dans le pays, connaître l'envers du décor touristique et bénéficier d'une ambiance internationale (les volontaires viennent de divers pays en général). En revanche, les conditions de vie sur un chantier sont spartiates, et prenez garde au décalage fréquent entre le programme et la réalité. La fouille archéologique peut rapidement se transformer,

LE MEXIQUE PRATIQUE

Poids et mesure Le Mexique utilise le système métrique.

Tabac Il est interdit de fumer dans les espaces publics fermés, sauf indication contraire. En principe, 75% des chambres d'un hôtel sont non-fumeurs, mais l'application de la loi peut être inégale.

Journaux Les meilleurs journaux nationaux, et aussi les plus indépendants d'esprit, sont *Reforma* (www.reforma.com) et le quotidien de gauche *La Jornada* (www.jornada.unam.mx). Vous trouverez aussi le quotidien *The News* (www.thenews.com.mx), en anglais, mais sa diffusion en dehors de la capitale est très erratique.

une fois sur place, en coup de peinture donné à la maison des jeunes locale. Le matériel est parfois rudimentaire, et la réalité du terrain souvent plus dure qu'on ne l'imaginait.

Voici quelques organismes à connaître :

➡ **Comité de coordination du service volontaire international** (CCIVS ; ☎01 45 68 49 36 ; ccivs.org)

➡ **Maison de l'Unesco** (☎01 45 68 10 00 ; www.unesco.org ; 7 pl de Fontenoy, 75007 Paris)

➡ **Concordia** (☎01 45 23 00 23 ; www.concordia.fr ; 64 rue Pouchet, 75017 Paris)

➡ **Jeunesse et Reconstruction** (☎01 47 70 15 88 ; www.volontariat.org ; 10 rue de Trévise, 75009 Paris)

➡ **Solidarités Jeunesses** (☎01 55 26 88 77 ; www.solidaritesjeunesses.org ; 10 rue du 8-mai-1945, 75010 Paris)

Au Canada

Projects Abroad (www.projects-abroad.org). Bénévolat dans les domaines éducatif, environnemental, agricole, etc. Basé à Toronto (Canada).

Cartes de réduction

Certaines cartes permettent d'obtenir des réductions sur les billets d'avion dans certaines agences de voyages pour jeunes et étudiants :

➡ ISIC – carte d'étudiant internationale (www.isic.fr), délivrée dès l'âge de 12 ans

➡ IYTC – carte jeune internationale (www.carteiytc.fr), délivrée aux moins de 31 ans qui ne sont pas étudiants à temps plein

➡ ITIC – carte d'enseignant internationale (www.carteitic.fr), destinée aux enseignants

Les réductions dans les bus, musées et sites archéologiques mexicains sont généralement réservées aux résidents mexicains, mais les cartes IYTC, ITIC et ISIC donnent parfois droit à un tarif réduit.

Cartes et plans

Les cartes du Mexique de Nelles, ITM et Michelin permettent de bien préparer son voyage. ITM publie des cartes à plus grande échelle de nombreuses régions mexicaines.

Au Mexique, les offices du tourisme fournissent des plans de villes et des cartes régionales de qualité variable. Les librairies et magasins de journaux vendent des cartes routières du pays, comme *Por Las Carreteras de México*, de Guía Roji, que nous recommandons.

Inegi (www.inegi.org.mx) vend des cartes topographiques au 1/50 000 et 1/250 000 dans ses Centros de Información de chaque capitale d'État (détails sur le site Internet), en fonction de leur disponibilité.

Maps.me est une application très utile pour iPhone/Android permettant de télécharger différentes cartes de régions ou de villes mexicaines. La fonction GPS fonctionne hors connexion.

Cours de langue

Les bonnes écoles de langue ne manquent pas au Mexique. Elles proposent un vaste éventail d'activités, des stages courts pour débutants orientés vers la conversation, aux cursus plus longs destinés aux étudiants en espagnol. Nombre d'écoles sont installées dans des villes très appréciées des visiteurs, comme Oaxaca, Guanajuato, San Cristóbal de las Casas, Mérida, Cuernavaca, Morelia, Guadalajara, Puerto Morelos et Playa del Carmen. Elles offrent une excellente occasion de découvrir le Mexique de l'intérieur et proposent une foule d'activités annexes comme de la danse, de la cuisine, de la musique, des excursions et du bénévolat.

Certains cours sont plutôt destinés aux étudiants d'université qui veulent améliorer leur niveau d'espagnol (et obtenir des crédits pour ces cours à leur retour), tandis que d'autres s'orientent davantage vers les voyageurs qui souhaitent apprendre la langue de façon indépendante. Certaines universités mexicaines disposent de cours sur mesure pour les étrangers (d'une durée généralement comprise entre un mois et un semestre). Les cours des écoles privées sont souvent moins longs, de quelques jours à 3 mois, avec un emploi du temps plus souple et des classes plus petites.

Le site **123 Teach Me** (www.123teachme.com) publie la liste de plus de 70 écoles de langue au Mexique.

Tarifs

➡ Le prix d'une heure de cours collectif dans une école privée va généralement de 14 à 20 $US.

➡ La plupart des écoles proposent diverses options de séjour, chez l'habitant, dans des appartements ou dans des logements pour étudiants. Les séjours chez l'habitant sont souvent les moins chers (généralement entre 150 et 170 $US par semaine pour une chambre et 2 repas par jour).

➡ Pour 25 heures de cours, une chambre chez l'habitant et les repas, comptez environ 370 à 470 $US par semaine.

➡ Certaines écoles appliquent des frais supplémentaires pour l'inscription ou le matériel.

Désagréments et dangers

Si la guerre liée au trafic de drogue au Mexique est sans conteste terrifiante, cette violence est presque exclusivement limitée aux cartels de la drogue et les touristes en sont rarement victimes.

Le ministère des Affaires étrangères de votre pays (voir ci-dessus), ainsi que les sites Internet des ambassades et consulats au Mexique renseignent sur les lieux marqués par les violences en lien avec le trafic de drogue. Notons toutefois qu'ils sont souvent extrêmement précautionneux et que certaines informations ne sont plus d'actualité.

La guerre de la drogue étant un phénomène mouvant, gardez un œil sur les médias locaux et demandez conseil sur place lorsque vous voyagez.

Les principales mesures de sécurité à prendre au Mexique sont les suivantes :

➡ Évitez de vous rendre dans certaines régions réputées comme dangereuses. Au moment de nos recherches, les zones déconseillées sur le site du ministère des Affaires étrangères français (rubrique "Conseils aux voyageurs") concernaient les États du Tamaulipas et de Guerrero (à l'exception des stations balnéaires d'Ixtapa et Zihuatanejo, à rejoindre par avion), le sud de l'État de Michoacán (depuis la ville d'Uruapán et jusqu'à la côte), la ville de Martinez de la Torre et ses environs (État de Veracruz) et la ville de Tijuana (État de Basse-Californie du Nord).

➡ Certains axes routiers sont également déconseillés. Renseignez-vous avant de prendre la route (voir p. 925).

➡ Voyagez de jour, si possible sur les routes à péage ; ne vous aventurez pas la nuit dans les quartiers non touristiques.

➡ Évitez le camping sauvage (quelle que soit la région, y compris dans les véhicules aménagés à cet effet) et les campings non gardés.

➡ Méfiez-vous des contre-courants et des courants de marée dans l'océan et ne laissez pas vos effets sans surveillance quand vous vous baignez.

➡ Méfiez-vous de l'alcool frelaté (de mauvaise qualité) ; on lui impute plusieurs décès survenus dans des stations balnéaires de l'État du Quintana Roo.

CONSEILS AUX VOYAGEURS

La plupart des gouvernements possèdent des sites Internet qui recensent les dangers possibles et les régions à éviter. Consultez notamment les sites suivants :

Ministère des Affaires étrangères français (www.diplomatie.gouv.fr)

Ministère des Affaires étrangères de Belgique (diplomatie.belgium.be)

Département fédéral des Affaires étrangères suisse (www.eda.admin.ch/eda/fr)

Ministère des Affaires étrangères du Canada (www.voyage.gc.ca)

Vol

Les pickpockets et les voleurs à l'arraché sévissent dans les bus et les rames de métro bondées, aux arrêts de bus, dans les gares routières, les aéroports, les marchés, et dans les rues et les places très fréquentées, surtout dans les grandes villes. Les pickpockets opèrent souvent en équipe pour tenter de vous distraire.

Les agressions sont moins courantes, mais plus graves : les voleurs peuvent vous contraindre à leur remettre votre sac contenant votre argent, votre montre, vos bijoux, etc. Sous la menace, toute résistance pourra être suivie de violence, aussi, ne résistez pas car les agresseurs sont parfois armés. Des "kidnappings express" peuvent aussi se produire : les victimes sont contraintes de se rendre à un DAB pour retirer des espèces, mais ce type d'agression vise rarement les touristes étrangers.

Les précautions suivantes vont permettront de minimiser les risques :

➡ Évitez les lieux peu fréquentés, comme les rues et les rames de métro désertes le soir, les passages piétons souterrains ou les zones isolées des plages.

➡ Prudence avec les taxis à Mexico, et assurez-vous que vous avez choisi le bon.

➡ Soyez attentif aux personnes autour de vous.

➡ Sauf besoin immédiat, laissez l'essentiel de votre argent et vos objets de valeur dans le coffre de votre hôtel. Sinon, répartissez vos objets précieux dans plusieurs paquets et conservez-les dans différentes valises fermées à clé, dans votre chambre ou votre casier.

➡ Mettez dans une de vos poches l'argent nécessaire pour la journée. Si vous prenez des objets précieux, utilisez une ceinture porte-monnaie, un portefeuille en bandoulière ou une bourse dissimulée sous vos vêtements.

➡ Dès que vous n'en avez plus besoin, rangez cartes bancaires, sacs, appareils photo et gadgets high-tech. Au guichet des gares routières et des aéroports, gardez votre sac entre vos pieds.

Si vous êtes victime d'une agression, faites une déclaration à un office du tourisme, à la police ou au consulat de votre pays.

Douane

Parmi les articles que les visiteurs ont le droit d'importer hors taxes :

➡ 2 appareils photo

➡ 2 téléphones portables ou autres appareils portables sans fil

➡ un ordinateur portable, notebook ou assimilé

➡ 3 planches de surf

➡ 2 instruments de musique

➡ médicaments à usage personnel, avec l'ordonnance s'il s'agit de psychotropes

Plus de renseignements sur www.aduanas.gob.mx.

Électricité

Formalités et visas

Les ressortissants de l'Union européenne, de la Suisse et du Canada n'ont pas besoin de visa pour se rendre au Mexique en visite touristique. Sur présentation de leur passeport en cours de validité et de leur billet d'avion aller-retour, il leur sera délivré un Formulaire Migratoire Multiple (FMM) soit par la ligne aérienne, soit par les services de Migration. Cela leur permettra de séjourner au Mexique jusqu'à 180 jours.

Pour les autres nationalités, le visa mexicain n'est pas nécessaire s'ils possèdent un visa pour les États-Unis, le Canada ou l'Union européenne en cours de validité.

Si vous venez pour travailler (même comme bénévole), faire un reportage, étudier ou en tant que membre d'une organisation humanitaire, il vous faudra sans doute un visa, quelle que soit votre nationalité. Les formalités peuvent prendre plusieurs semaines et vous devrez peut-être les effectuer dans le pays dont vous êtes résident ou ressortissant.

Les règles sont résumées sur le site de l'ambassade de votre pays d'origine (voir p. 901) et sur le site de l'**Instituto Nacional de Migración** (INM ; www.inm.gob.mx).

Attention : en France, les demandeurs de visa pour le Mexique doivent impérativement prendre rendez-vous pour le dépôt de leur dossier au consulat de Paris via le lien suivant : mexitel.sre.gob.mx/citas.webportal/pages/public/login/login.jsf (navigateur Google Chrome). Des explications sont données sur le site du consulat : consulmex.sre.gob.mx/francia/index.php/fr/mexitel-fr.

Avant le départ, il est impératif de contacter les ambassades et les consulats pour s'assurer que les modalités d'entrée sur le territoire n'ont pas changé. Nous vous conseillons de scanner ou de photocopier tous vos documents importants (pages d'introduction de votre passeport, cartes bancaires, police d'assurance, billets de train/d'avion/de bus, permis de conduire, etc.). Conservez ces copies à part des originaux. Vous remplacerez ainsi plus aisément ces documents en cas de perte ou de vol.

Les étrangers qui passent par les États-Unis (même en transit) doivent se renseigner sur les formalités d'entrée sur le territoire américain. Consultez l'encadré *Transit par les États-Unis* p. 921.

Carte touristique

Il faut remplir la *forma migratoria múltiple* (FMM ; carte touristique), la faire tamponner par les services de l'immigration à l'arrivée sur le territoire mexicain, et la conserver ensuite jusqu'au départ. Vous obtiendrez la carte touristique dans les aéroports internationaux, aux postes-frontières et dans les ports maritimes.

Aux frontières terrestres, vous devrez la demander.

La durée de séjour autorisée est écrite sur cette carte par l'employé de l'immigration. Le maximum est 180 jours, mais il arrive qu'il indique une durée moins longue si vous ne précisez pas ce que vous souhaitez.

Le coût de la carte touristique est de 500 $M. Cependant, il n'y a pas de frais si vous arrivez par voie terrestre et que vous séjournez au Mexique moins de 7 jours. Si vous arrivez par avion, le coût de la carte est compris dans le prix du billet. Si vous entrez par voie terrestre, vous devrez payer cette somme à l'arrivée, ou dans une banque mexicaine avant de pénétrer à nouveau dans la zone frontalière pour sortir du pays (ou avant de vous présenter à l'aéroport si vous repartez en avion). La zone frontalière s'étend entre la frontière et les postes de contrôle de l'INM, situés généralement à 20 ou 30 km de la frontière.

À la plupart des postes-frontières mexicains, des agences bancaires vous permettent de payer le DNR dès votre arrivée au Mexique. Votre carte sera alors tamponnée comme preuve de votre paiement.

Ne perdez pas votre carte touristique, car vous en aurez besoin pour quitter le pays. La carte touristique n'est pas obligatoire pour les séjours de moins de 72 heures dans la zone frontalière.

Prorogation et perte de la carte touristique

Si le nombre de jours sur votre carte touristique est inférieur au maximum (180 jours, par exemple), sa validité peut être prolongée jusqu'au maximum. Pour obtenir une prorogation de permis, adressez-vous à l'INM, représenté dans de nombreuses villes : vous en trouverez la liste sur le site Internet de l'**INM** (www.inm.gob.mx/gobmx/word/index.php/horarios-y-oficinas/). Cette formalité coûte le même prix qu'un permis et prend près d'une demi-heure. Vous devrez présenter votre passeport, votre carte touristique, des photocopies de ces documents et parfois la preuve de "fonds suffisants". Une carte bancaire internationale fait généralement l'affaire. La plupart des bureaux de l'INM n'accepteront de proroger votre carte que quelques jours avant son expiration.

Si vous perdez votre carte, contactez l'office du tourisme le plus proche. Il devrait pouvoir vous fournir un papier officiel à présenter au bureau INM local, qui vous la remplacera pour 500 $M environ.

Handicapés

De plus en plus d'hôtels, de restaurants, de bâtiments publics et de sites archéologiques disposent d'un accès pour les personnes à mobilité réduite, mais les trottoirs aménagés restent très rares. Les déplacements sont plus faciles dans les grands complexes touristiques et les hôtels haut de gamme. Prendre le bus peut être une gageure ; avions et taxis sont plus accessibles. L'absence d'aménagements est en partie compensée par la bonne volonté des Mexicains, qui improvisent volontiers pour vous aider. Des compagnies comme **Mind's Eye Travel** (www.mindseyetravel.com) organisent des traversées maritimes vers le Mexique pour les malvoyants. Toutefois, peu de mesures sont prises en faveur des voyageurs malentendants ou malvoyants.

L'**APF France handicap** (☎01 40 78 69 00 ; www.apf-francehandicap.org ; 17 bd Auguste-Blanqui, 75013 Paris) peut fournir des informations utiles sur les voyages accessibles. **Yanous** (www.yanous.com), **Hizy** (hizy.org), **Handicap.fr** (www.handicap.fr) et **Tourisme et handicaps** (www.tourisme-handicaps.org) constituent également de bonnes sources d'information.

Désormais, les principales plateformes d'hébergement que sont **Abritel** (www.abritel.fr), **Airbnb** (www.airbnb.fr), **Booking** (www.booking.com) et **Hotels.com** (https://fr.hotels.com) ont intégré des critères d'accessibilité à leur moteur de recherche. **Handivoyage** (www.handivoyage.net) est une startup qui regroupe des hébergements accessibles et qui propose aussi des séjours sur mesure. Les agences de voyages **Yoola** (www.yoola.fr) et **Comptoir des voyages** (www.comptoir.fr) organisent des voyages adaptés aux personnes à mobilité réduite.

Hébergement

Tarifs

Dans les lieux touristiques, de nombreux établissements de catégorie moyenne et supérieure augmentent leurs tarifs à Pâques (Semana Santa), durant les fêtes de fin d'année ou pendant les festivals locaux. Les hébergements pour petits budgets conservent généralement les mêmes tarifs toute l'année.

Petits budgets ($) La plupart des villes fréquentées par les voyageurs à petit budget comptent des auberges de jeunesse et des hôtels bon marché, ainsi que des campings,

RÉSERVATION EN LIGNE

Trouvez un vol, un séjour ou un hôtel en quelques clics dans la rubrique "Réserver" de www.lonelyplanet.fr.

PRIX DES HÉBERGEMENTS

Ce guide utilise les fourchettes de prix suivantes (pour 2 personnes en haute saison, toutes taxes comprises) :

$ moins de 800 $M

$$ de 800 à 1 600 $M

$$$ plus de 1 600 $M

des hamacs, des *cabañas* et des pensions. Airbnb (www.airbnb.com) et d'autres sites de location entre particuliers gagnent également en popularité au Mexique.

Catégorie moyenne ($$) Nombre d'hôtels de catégorie moyenne ont un restaurant et un bar, presque tous ont le Wi-Fi et beaucoup des piscines. Ils ont souvent du charme – notamment les vieilles demeures et les anciennes auberges transformées en hôtels. Dans certains endroits, l'offre comprend également des appartements, B&B, bungalows et *cabañas* confortables.

Catégorie supérieure ($$$) Dans cette gamme d'hôtels, le luxe (piscines, salles de gym, bars, restaurants, service attentionné, etc.) est offert à des prix parfois étonnamment abordables. Leur style est très variable : de l'hacienda reconvertie au boutique-hôtel chic en passant par de vastes complexes hôteliers et des spas modernes. Pour payer moins cher, surveillez les offres promotionnelles sur les sites Internet des hôtels. Les chambres triples ou familiales sont généralement une bonne affaire pour les groupes.

Taxes

L'hébergement au Mexique est soumis à deux taxes :

IVA (taxe sur la valeur ajoutée ; 16%)

ISH (taxe d'hébergement ; 2 ou 3%, selon les États)

Beaucoup parmi les établissements les moins chers ne vous feront payer ces taxes que si vous demandez un reçu ; ils indiquent, dans ce cas, leurs tarifs hors taxes.

Types d'hébergement

Appartements Dans certains sites, on peut louer des appartements avec cuisine équipée, destinés aux touristes. Ils sont d'un bon rapport qualité/prix pour 3 ou 4 personnes, surtout si vous restez plus que quelques jours.

Auberges de jeunesse Les auberges de jeunesse facturent des lits en dortoir entre 170 et 250 $M par personne, et disposent de cuisines, de salles de bains, d'espaces à vivre et presque toujours du Wi-Fi. Elles proposent même souvent des chambres doubles pour un prix à peine supérieur à celui de 2 lits en dortoir. Les meilleures possèdent une piscine, un bar, un jardin ou un solarium. La propreté et le niveau de sécurité sont variables, mais les auberges sont souvent des lieux sympathiques où rencontrer d'autres voyageurs. Des sites comme Hostelworld (www.french.hostelworld.com) fournissent une foule d'adresses et permettent de réserver en ligne.

Bed & Breakfast (B&B) Les B&B mexicains sont généralement de confortables maisons d'hôtes de petite taille (de catégorie moyenne ou supérieure), souvent décorées avec goût et garantissant un service attentif et personnalisé. Nombre d'entre eux se rapprochent du boutique-hôtel.

Cabañas Les *cabañas* sont des huttes ou de petits bungalows (en bois, en brique, en pisé ou en pierre), souvent recouverts de chaume, que l'on trouve le plus souvent en bord de mer. Dans les plus spartiates, en terre battue, vous aurez juste un lit et devrez fermer la porte avec un cadenas. D'autres *cabañas* disposent de tout le confort (électricité, moustiquaire, bon lit et/ou hamac, salle de bains, climatisation, voire cuisine équipée). Les *cabañas* les plus chères sont sur la côte caribéenne, où les plus luxueuses peuvent coûter plus de 2 000 $M.

Camping et caravaning Si la plupart des campings sont aménagés à l'intention des voyageurs en caravane et camping-car, ils acceptent aussi les campeurs (avec tente) pour une somme modique. Près des plages ou en zone rurale, certains restaurants ou pensions vous laisseront planter votre tente sur un bout de terrain pour environ 60 $M/pers.

Hamacs La location de hamacs est courante en bord de mer au Mexique, surtout sur les plages moins touristiques. C'est une option économique dans les régions chaudes (gardez votre lotion antimoustique à portée de main). Certains endroits louent des hamacs pour 60 à 110 $M. On en achète aussi facilement sur place, en particulier dans le Oaxaca, le Chiapas et la péninsule du Yucatán.

Posadas et Casas de huéspedes Le terme de *posadas* (auberges) désigne aussi bien des hôtels modestes que de petits établissements de catégorie moyenne aménagés avec goût. Une *casa de huéspedes* est une maison convertie en pension (*guesthouse*) bon marché, avec des chambres basiques, tenue par une famille.

Heure locale

Fuseaux horaires

Hora del Centro Heure d'hiver GMT -6 heures, heure d'été GMT -5 heures. La plus grande partie du pays est soumise à la Hora del Centro dont le Campeche, le Chiapas, le Tabasco et le Yucatán.

Hora de las Montañas Heure d'hiver GMT -7 heures, heure d'été GMT -6 heures. Cela concerne 5 États du nord et de l'ouest du Mexique (Chihuahua, Nayarit, Sinaloa, Sonora et Baja California Sur).

Hora del Pacífico Heure d'hiver GMT -8 heures, heure d'été GMT -7 heures. Concerne la partie nord de la Basse-Californie.

L'État du Quintana Roo est à l'heure d'été GMT -5 heures.

Heure d'été

L'heure d'été (*horario de verano*) est appliquée dans presque tout le Mexique du premier dimanche d'avril au dernier dimanche d'octobre. Les montres doivent être avancées d'une heure en avril et reculée d'une heure en octobre. Parmi les exceptions à la règle :

➡ L'État du Sonora, au nord-ouest du pays, n'applique pas l'heure d'été et reste à GMT -7 heures toute l'année, tout comme le Quintana Roo.

➡ Dix villes frontalières ou proches de la frontière avec les États-Unis – Ciudad Acuña, Ciudad Anahuac, Ciudad Juárez, Matamoros, Mexicali, Nuevo Laredo, Ojinaga, Piedras Negras, Reynosa et Tijuana – changent d'heure le deuxième dimanche de mars et le premier dimanche de novembre, pour se synchroniser avec les horaires des États-Unis.

Heures d'ouverture

Lorsque les heures d'ouverture varient beaucoup selon les saisons, nous indiquons les horaires de la haute saison. Ils sont parfois restreints en moyenne et en basse saison. Malgré d'importantes variations d'un établissement à l'autre, les horaires suivants sont assez représentatifs.

Banques 9h-16h lun-ven, 9h-13h sam

Bars et clubs 13h-minuit

Cafés 8h-22h

Magasins 9h-20h lun-sam (les supermarchés et les grands magasins ouvrent de 9h à 22h, tous les jours)

Restaurants 9h-23h

Homosexualité

L'attitude du Mexique vis-à-vis de l'homosexualité est de plus en plus ouverte, même si l'influence conservatrice de l'Église catholique reste très forte. Les gays et les lesbiennes ne s'affichent pas beaucoup, mais il est rare qu'ils soient victimes de discriminations homophobes. La légalisation du mariage homosexuel à Mexico a donné une impulsion nouvelle à la scène gay de la capitale, riche en bars et clubs. Outre Puerto Vallarta, la plus ouvertement gay des stations balnéaires mexicaines, les villes comme Guadalajara, Veracruz, Cancún, Mérida et Acapulco comptent des quartiers gays animés. En juin 2016, parmi de violentes manifestations des opposants, la Cour suprême mexicaine a légalisé le mariage entre personnes du même sexe dans un texte historique concluant que l'interdiction du mariage gay dans un État était anticonstitutionnelle.

Le site Internet www.gaymexico.com.mx propose une carte des lieux gays de nombreuses villes ; www.gaymexicomap.com liste aussi les hébergements, bars et clubs de nombreuses villes et www.gaycities.com regorge d'informations sur Mexico, Guadalajara, Puerto Vallarta et Cancún. Le site Internet de l'**International Gay & Lesbian Travel Association** (www.iglta.org) fournit des renseignements sur les organismes de voyages du secteur gay, comme www.outtraveler.com.

La **Clinica Condesa** (☎55-5515-8311 ; www.condesadf.mx ; Gral Benjamín Hill 24 ; ⏰7h-19h lun-ven ; 🚌De La Salle) est la première du genre au Mexique. Spécialisée dans la santé sexuelle, en particulier pour les LGBT (mais pas seulement), cette excellente clinique propose des traitements gratuits, même pour les étrangers.

Dans la Zona Rosa, l'enclave gay de Mexico, AHF Mexico (www.pruebadevih.com.mx) propose des dépistages gratuits et confidentiels du VIH (*prueba rápida de VIH*).

Internet (accès)

Le Wi-Fi est courant dans les hébergements au Mexique et généralement gratuit ; il est également disponible dans de plus en plus de restaurants, cafés, bars, aéroports et sur les places. Dans ce guide, les établissements disposant du Wi-Fi sont signalés par l'icône Wi-Fi. Les cybercafés sont en voie de disparition au Mexique, car il est aisé et bon marché d'acheter une carte SIM mexicaine avec données mobiles pour smartphone ou un autre appareil.

Jours fériés

Banques, postes, administrations et nombre de bureaux et commerces ferment à l'occasion des jours fériés officiels suivants :

Año Nuevo (Nouvel An). 1er janvier

Día de la Constitución (fête de la Constitution). Le premier lundi de février

Día de Nacimiento de Benito Juárez (anniversaire de Benito Juárez). Le troisième lundi de mars

Día del Trabajo (fête du Travail). 1er mai

Día de la Independencia (fête de l'Indépendance). 16 septembre

Día de la Revolución (fête de la Révolution). Le troisième lundi de novembre

Día de Navidad (Noël). 25 décembre

LE MEXIQUE À PARIS

À Paris, l'**Instituto Cultural de México** (Institut culturel du Mexique ; ☎01 44 61 84 44 ; www.facebook.com/pages/Instituto-de-México/104309186298155 ; 119 rue Vieille-du-Temple, 75003 Paris ; Ⓜ Filles du Calvaire) est un espace de vie culturel. Il propose de nombreuses expositions, des projections de films, etc.

La **Casa de México** (Maison du Mexique ; ☎01 44 16 18 03 ; www.casademexico.org ; 9 C bd Jourdan, 75014 Paris), installée dans la Cité internationale universitaire de Paris, organise des événements culturels autour du Mexique (expositions, projections de films, conférences, ateliers de cuisine, concerts, danse...).

Lieu d'accueil de la communauté diplomatique latino-américaine en France, la **Maison de l'Amérique latine** (☎01 49 54 75 00 ; www.mal217.org ; 217 blvd Saint-Germain, 75007 Paris ; Ⓜ Solférino ou Rue du Bac) programme également des expositions, des tribunes littéraires, des conférences et des spectacles.

Quand les jours fériés tombent un samedi ou un dimanche, le vendredi précédent ou le lundi suivant sont souvent fériés également.

De nombreux bureaux et commerces ferment aussi à l'occasion des fêtes suivantes :

Día de los Santos Reyes (fête des Rois, Épiphanie). 6 janvier

Día de la Bandera (fête du Drapeau). 24 février

Viernes Santo (Vendredi saint). Deux jours avant Pâques ; mars ou avril

Cinco de Mayo (anniversaire de la victoire du Mexique sur les Français, à Puebla). 5 mai

Día de la Madre (fête des Mères). 10 mai

Día de la Raza (commémoration de l'arrivée de Christophe Colomb dans le Nouveau Monde). 12 octobre

Día de Muertos (jour des Morts). 2 novembre

Día de Nuestra Señora de Guadalupe (fête de Notre-Dame de Guadalupe). 12 décembre

Offices du tourisme

Au Mexique

La plupart des villes touristiques du Mexique ont un office du tourisme d'État ou municipal. Ils sont souvent d'une aide précieuse et fournissent cartes et dépliants. En général, certains membres du personnel parlent anglais.

À Mexico, le bureau du secrétariat national au tourisme **Sectur** (☎55-5250-0151 ; 800-903-92-00, États-Unis 800-482-9832 ; www.visitmexico.com) est joignable 24h/24 et 7j/7 pour fournir aide et renseignements en anglais et en espagnol. Vous trouverez des liens vers les sites touristiques de chaque État mexicain sur www.sectur.gob.mx.

À l'étranger

Les ressortissants belges et suisses se renseigneront auprès du Conseil de promotion touristique du Mexique à Paris.

Conseil de Promotion Touristique du Mexique à Paris (☎01 42 86 96 12 ; beta.visitmexico.com/fr/ ; 4 rue Notre-Dame-des-Victoires, 75002 Paris)

Conseil de Promotion Touristique du Mexique à Montréal (☎ 1 514-871-1103 ; www.visitmexico.com, www.facebook.com/CPTMMontreal/ ; 1 place Ville Marie, Suite 1068, H3B 2C3 Montréal)

Photographie

Demandez la permission avant de prendre quelqu'un en photo. Certains Indiens sont particulièrement sensibles sur ce point.

Photographier ou filmer avec des "équipements spéciaux ou professionnels" (ce qui inclut tous les trépieds, mais pas les caméras amateur) nécessite une autorisation dans les 187 sites archéologiques et les 129 musées gérés par l'INAH, l'Institut national d'archéologie et d'histoire. Ces autorisations coûtent 5 113 $M/jour pour les photographies et 10 227 $M/jour pour les vidéos ou films, et doivent être sollicitées au moins 2 semaines à l'avance. Vous pouvez faire la demande par e-mail : toutes les informations sont en espagnol sur www.tramites.inah.gob.mx.

Poste

La poste mexicaine (www.correosdemexico.gob.mx) est lente mais peu chère et assez fiable. Le courrier met en général entre une semaine et 10 jours pour arriver au Canada. Pour l'Europe, comptez entre une et deux semaines.

Si vous envoyez un colis vers l'étranger, soyez prêt à l'ouvrir pour l'inspection douanière et emportez de quoi (re)fermer le paquet au bureau de poste. Si vous avez besoin d'un service rapide et sûr, adressez-vous à un transporteur international (plus cher), comme **UPS** (www.ups.com), **FedEx** (www.fedex.com) ou le prestataire mexicain **Estafeta** (www.estafeta.com). Comptez 37 $US environ vers le Canada ou à partir de 56 $US vers l'Europe pour un paquet pesant jusqu'à 1 kg.

Problèmes juridiques

Le droit mexicain s'inspire des codes romain et napoléonien, qui présument qu'une personne est innocente tant que sa culpabilité n'a pas été démontrée.

Selon une loi votée en 2009, la possession de petites quantités de certaines drogues à usage personnel – cannabis (5 g), cocaïne (500 mg), héroïne (50 mg) et méthamphétamine (40 mg) – n'entraîne pas de poursuites pour les délinquants qui en sont à leur première infraction. Les personnes arrêtées en possession de petites quantités de ces substances sont toutefois susceptibles de passer devant un tribunal pour déterminer s'il s'agit bien d'un usage personnel. Le mieux, pour éviter toute situation problématique, consiste à ne pas en utiliser. La marijuana à usage thérapeutique a été légalisée en juin 2017.

Il est interdit de faire entrer toute arme à feu ou munition sur le territoire mexicain (même fortuitement).

La corruption dans la police mexicaine est un gros problème. Si des policiers vous demandent un pot-de-vin pour une infraction routière que vous n'avez pas commise, vous pouvez soit feindre de ne pas parler espagnol, soit leur remettre une photocopie de vos papiers (pas les originaux), leur demander leur nom et leur numéro de badge et les pousser dans leurs retranchements en proposant de les suivre jusqu'au poste de police.

Le site Internet du **Département d'État des États-Unis** (www.travel.state.gov) publie d'utiles avertissements concernant le droit mexicain.

En cas de problème

Le droit international, qui n'est pas toujours respecté en la matière, stipule qu'en cas d'arrestation d'un ressortissant étranger par les autorités mexicaines, celles-ci contactent l'ambassade ou le consulat de cette personne si elle en fait la demande. Le consulat peut vous expliquer vos droits, vous fournir une liste d'avocats, superviser votre affaire, s'assurer que vous êtes traité correctement et prévenir vos proches – mais il ne peut pas vous sortir de prison. La loi mexicaine prévoit une durée maximale de garde à vue de 48 heures (mais l'arrestation officielle peut ne pas avoir lieu avant une période d'interrogatoire préalable).

Les offices du tourisme des différents États mexicains peuvent vous aider dans vos problèmes juridiques, lorsque vous voulez déposer une plainte, rapporter un crime ou déclarer un objet perdu. Le ministère du Tourisme, **Sectur** (☎055-5250-0151, États-Unis 800-482-9832), propose un service d'aide par téléphone gratuit, accessible 24h/24.

Si vous êtes victime d'un délit, demandez conseil auprès de votre ambassade ou de votre consulat, ou auprès du Sectur ou d'un office du tourisme d'État. Dans certains cas, la police ne vous sera pas d'un grand secours, à moins que vous n'ayez besoin d'une déclaration pour votre assurance. Si votre connaissance de l'espagnol est insuffisante, faites-vous aider. Présentez-vous avec votre passeport et votre carte de touriste, si on ne vous les a pas volés. Si vous avez besoin de déposer une plainte pour vol à des fins d'assurance, dites que vous voulez "*poner una acta de un robo*" (déclarer un vol). Il sera clair alors que vous ne demandez qu'un bout de papier, que vous ne devriez pas avoir trop de mal à obtenir.

Santé

Les voyageurs doivent surtout se méfier des maladies liées à la nourriture ou aux moustiques. Outre les vaccinations nécessaires, pensez à emporter un bon répulsif contre les insectes et à être attentif à ce que vous mangez et buvez. Les soins médicaux au Mexique sont généralement de qualité, surtout dans les hôpitaux privés des grandes villes.

Disponibilité et coût des soins médicaux

Les hôpitaux privés des zones urbaines dispensent généralement de meilleurs soins que leurs homologues publics et sont dotés des

SANTÉ SUR INTERNET

Il existe de très bons sites Internet consacrés à la santé en voyage. Avant de partir, vous pouvez consulter les conseils en ligne du **ministère des Affaires étrangères** (www.diplomatie.gouv.fr), de l'**Organisation mondiale de la santé** (OMS ; www.who.int/fr) ou le site très complet du **ministère de la Santé** (www.sante.gouv.fr). Vous trouverez, par ailleurs, plusieurs liens sur le site de **Lonely Planet** (www.lonelyplanet.fr).

derniers équipements. Les meilleurs sont à Mexico et à Guadalajara et beaucoup de médecins y parlent l'anglais. Notez que certains hôpitaux privés n'acceptent pas les assurances de voyage étrangères ; vous devrez donc payer la facture à la sortie. L'ambassade et le consulat de votre pays au Mexique, ainsi que **Sectur** (☎55-5250-0151, 800-903-92-00, aux États-Unis 800-482-9832 ; beta.visitmexico.com/fr/), le secrétariat d'État mexicain au tourisme, sont généralement en mesure de vous renseigner sur les hôpitaux.

Avant le départ

ASSURANCE

Il est conseillé de souscrire une assurance qui vous couvrira en cas de maladie ou encore d'accident (reportez-vous p. 902).

VACCINS RECOMMANDÉS

Plus vous vous éloignez des circuits classiques, plus il faut prendre vos précautions. Faites inscrire vos vaccinations dans un carnet international de vaccination (livret jaune) que vous pourrez vous procurer auprès de votre médecin ou d'un centre.

Le ministère des Affaires étrangères (www.diplomatie.gouv.fr/voyageurs) effectue une veille sanitaire et met régulièrement en ligne des recommandations sur les vaccinations.

Planifiez vos vaccinations à l'avance (au moins 6 semaines avant le départ), car certaines demandent des rappels ou sont incompatibles entre elles. Les vaccins ont des durées d'efficacité très variables ; certains sont contre-indiqués pour les femmes enceintes.

Voici les coordonnées de quelques centres de vaccination :

Institut Pasteur (☎01 45 68 80 88 ; www.pasteur.fr/fr/sante ; 209-211 rue de Vaugirard, 75015 Paris ; ⏲lun-sam, vaccinations sans rdv)

Centre de vaccination Air France (☎01 43 17 22 00 ; www.vaccinations-airfrance.fr ; 148 rue de l'Université, 75007 Paris ; ⏲lun-sam sans rdv)

Hôpital Saint-Louis – Centre de vaccination internationale et d'information aux voyageurs (☎01 42 49 46 83 ; www.vaccin-voyage-ghparis10.aphp.fr ; 1 av. Claude-Vellefaux, 75010 Paris ; ⏲jeu sur rdv, sam sans rdv)

Centre de vaccination ISBA (☎04 72 76 88 66 ; www.isbasante.com ; 7 rue Jean-Marie-Chavant, 69007 Lyon ; ⏲lun-ven sur rdv). Autres centres en France. Coordonnées sur le site Internet.

Pendant le voyage

VOLS LONG-COURRIERS

Les trajets en avion, principalement du fait d'une immobilité prolongée, peuvent favoriser la formation de caillots sanguins dans les jambes (par exemple une phlébite). Le risque est d'autant plus élevé que le vol est plus long.

VACCINS RECOMMANDÉS

MALADIE	DURÉE DU VACCIN	PRÉCAUTIONS
Diphtérie	10 ans	Recommandé. Vaccination diphtérie-tétanos-poliomyélite (DTP), en incluant la rubéole, les oreillons et la rougeole chez l'enfant.
Fièvre jaune	10 ans	Obligatoire lorsque l'on vient d'une région infectée (Afrique et Amérique du Sud). À éviter en début de grossesse.
Hépatite virale A	5 ans (environ)	Il existe un vaccin combiné hépatites A et B qui s'administre en 3 injections.
Hépatite virale B	10 ans (environ)	
Méningite	sans	Fortement recommandé pour les voyageurs au long cours (particulièrement les moins de 25 ans) et ceux se rendant en zone d'infection pendant la saison épidémique.
Rage	sans	Vaccination préventive lors d'un long séjour ou dans les zones reculées.
Rougeole	toute la vie	Indispensable chez l'enfant.
Tétanos et poliomyélite	10 ans	Fortement recommandé. Vaccination diphtérie-tétanos-poliomyélite (DTP), en incluant la rubéole, les oreillons et la rougeole chez l'enfant.
Tuberculose	sans	Recommandé si vous voyagez dans des régions où la maladie est endémique. Les enfants de moins de 12 ans sont plus exposés que les adultes.
Typhoïde	3 ans	Recommandé si vous voyagez (plus d'une semaine) dans des conditions d'hygiène médiocres

TROUSSE MÉDICALE DE VOYAGE

Veillez à emporter une petite trousse à pharmacie contenant quelques produits indispensables. Certains ne sont délivrés que sur ordonnance médicale. Attention, dans les avions, les liquides ayant une contenance supérieure à 100 ml (sauf ceux achetés dans les boutiques hors taxe de l'aéroport) et les objets coupants sont interdits en cabine.

- des antibiotiques, à utiliser uniquement aux doses et aux périodes prescrites. Il n'est pas absurde de demander à votre médecin traitant de vous en prescrire pour le voyage
- un antidiarrhéique, en cas de forte diarrhée, surtout si vous voyagez avec des enfants
- un antihistaminique en cas de rhumes, allergies, piqûres d'insectes, mal des transports
- un antiseptique ou un désinfectant pour les coupures, les égratignures superficielles et les brûlures, ainsi que des pansements gras pour les brûlures
- de l'aspirine ou du paracétamol (douleurs, fièvre)
- une bande Velpeau et des pansements pour les petites blessures
- une paire de lunettes de secours (si vous portez des lunettes ou des lentilles de contact) et la copie de votre ordonnance
- un produit contre les moustiques, de l'écran total
- une pommade pour soigner les piqûres et les coupures et des comprimés pour stériliser l'eau
- une paire de ciseaux à bouts ronds, une pince à épiler et un thermomètre à alcool
- une petite trousse de matériel stérile comprenant une seringue, des aiguilles, du fil à suture, une lame de scalpel et des compresses
- des préservatifs (norme CE)

Généralement, l'un des premiers symptômes est un gonflement ou une douleur du pied, de la cheville ou du mollet.

En prévention, buvez en abondance des boissons non alcoolisées, faites jouer les muscles de vos jambes lorsque vous êtes assis et levez-vous de temps à autre pour marcher dans la cabine.

DÉCALAGE HORAIRE ET MAL DES TRANSPORTS

Le décalage horaire est fréquent dans le cas de trajet traversant plus de trois fuseaux horaires. Il se manifeste par des insomnies, de la fatigue, des malaises ou des nausées. En prévention, buvez abondamment (des boissons non alcoolisées) et mangez léger. En arrivant, exposez-vous à la lumière naturelle et adoptez les horaires locaux aussi vite que possible (pour les repas, le coucher et le lever).

Pour réduire les risques d'avoir le mal des transports, mangez légèrement avant et pendant le voyage. Si vous êtes sujet à ces malaises, essayez de trouver un siège dans une partie du véhicule où les oscillations sont moindres : près de l'aile dans un avion, au centre sur un bateau et dans un bus. Les antihistaminiques préviennent efficacement le mal des transports, qui se caractérise principalement par une envie de vomir, mais ils peuvent provoquer une somnolence.

Au Mexique

PRÉCAUTIONS ÉLÉMENTAIRES

Faire attention à ce que l'on mange et à ce que l'on boit est la première des précautions à prendre. Les troubles gastriques et intestinaux sont fréquents, même si la plupart du temps ils restent sans gravité. Ne soyez cependant pas paranoïaque et ne vous privez pas de goûter la cuisine locale, cela fait partie du voyage. N'hésitez pas également à vous laver les mains fréquemment.

Eau

Règle d'or : ne buvez jamais l'eau du robinet (même sous forme de glaçons). Préférez les eaux minérales et les boissons gazeuses, tout en vous assurant que les bouteilles sont décapsulées devant vous. Évitez les jus de fruits, souvent allongés à l'eau. Attention au lait, rarement pasteurisé. Pas de problème pour le lait bouilli et les yaourts. Thé et café, en principe, sont sûrs, puisque l'eau doit bouillir. Par prudence, évitez également les crudités, qui sont bien souvent lavées avec de l'eau.

Pour stériliser l'eau, la meilleure solution est de la faire bouillir durant

15 minutes. N'oubliez pas qu'à haute altitude elle bout à une température plus basse et que les germes ont plus de chance de survivre.

Si vous ne pouvez faire bouillir l'eau, traitez-la chimiquement avec des comprimés ou des gouttes, comme le Micropur (vendu en pharmacie), très efficace.

Vous éviterez bien des problèmes de santé en vous lavant souvent les mains. Brossez-vous les dents avec de l'eau traitée.

Problèmes de santé et traitement

L'autodiagnostic et l'autotraitement sont risqués ; aussi, chaque fois que cela est possible, adressez-vous à un médecin. Ambassades et consulats pourront en général vous en recommander un. Les grands hôtels également, mais les honoraires risquent d'être très élevés.

AFFECTIONS TRANSMISES PAR LES INSECTES

Chikungunya

Cette maladie virale transmise par le moustique-tigre (*Aedes albopictus*) ou du moustique *Aedes aegypti* provoque de la fièvre et de graves douleurs articulaires. Les cas signalés sont de plus en plus nombreux, surtout dans les États du Guerrero, de Oaxaca, du Chiapas et du Michoacán, plus des cas isolés dans 12 autres États. Il n'existe ni vaccin ni traitement, mais les issues fatales sont rarissimes et l'on ne peut contracter la maladie qu'une fois.

Leishmaniose cutanée

Lésions causées par des morsures de phlébotome sur le littoral mexicain et dans le sud du pays. L'incubation s'étend d'une semaine à un an. La forme sèche de la maladie se caractérise par des rougeurs sur la peau qui s'ulcèrent et se recouvrent d'une croûte. Dans la forme humide, l'ulcère est généralement plus important et la surinfection plus fréquente.

Dengue

La dengue se transmet par les moustiques de la famille *Aedes*, qui piquent la journée et se trouvent souvent près des habitations, ou à l'intérieur. Ils pondent dans les réserves d'eau artificielles (citernes, barils, tonneaux, pots à eau, conteneurs en plastique ou pneus jetés aux ordures). En conséquence, la dengue est surtout répandue dans les environnements urbains densément peuplés.

Il n'existe pas de traitement prophylactique contre cette maladie. Poussée de fièvre, maux de tête, douleurs articulaires et musculaires précèdent une éruption cutanée sur le tronc qui s'étend ensuite aux membres puis au visage. Au bout de quelques jours, la fièvre régresse, et la convalescence commence. Les complications graves sont rares et les cas les plus sévères touchent généralement les enfants de moins de 15 ans qui contractent la dengue pour la deuxième fois. La meilleure prévention est de suivre les protections d'usage contre le paludisme (voir l'encadré p. 915).

En cas de fièvre à votre retour en France, signalez à votre médecin votre voyage au Mexique.

Paludisme

Le paludisme, ou malaria, est transmis par un moustique, l'anophèle, dont la femelle pique surtout la nuit, entre le coucher et le lever du soleil. Les pics de fièvre élevés sont le principal symptôme. La maladie est présente dans les États de Campeche, du Chiapas, du Chihuahua,

ZIKA : DANGER POUR LES FEMMES ENCEINTES

Depuis 2015, une épidémie de Zika sévit au Mexique, surtout dans le sud du pays. Transmis par les moustiques, le virus Zika ne s'exprime que rarement par la maladie (seul un patient sur 5 présente des symptômes, similaires à ceux de la grippe). Le virus est en revanche responsable de cas de microcéphalie (croissance anormalement faible de la boîte crânienne pouvant causer des lésions cérébrales) chez des bébés nés de femmes porteuses du virus pendant leur grossesse. L'infection par le virus Zika peut également entraîner plusieurs formes du syndrome de Guillain-Barré, une affection plutôt rare caractérisée par une faiblesse, voire une paralysie progressive des nerfs périphériques. De rares cas de transmission par voie sexuelle avec une personne infectée par le virus Zika ont également été rapportés. Si les cas de contamination sexuelle restent rares et souvent bénins, le risque pour les fœtus d'une femme enceinte s'avère en revanche considérable.

Les CDC (Centres pour le contrôle et la prévention des maladies) recommandent aux femmes enceintes de reporter tout voyage au Mexique (et les autres pays où le virus représente un risque).

La protection contre les piqûres de moustique est essentielle dans la mesure où il n'existe pas de traitement ni de vaccin actifs sur ce virus.

SE PROTÉGER DES MOUSTIQUES

Hormis les traitements préventifs, la protection contre les piqûres de moustique est le premier moyen d'éviter d'être contaminé par le paludisme. Le soir, dès le coucher du soleil, couvrez vos bras et surtout vos chevilles, et mettez de la crème antimoustique. Ils sont parfois attirés par le parfum ou par l'après-rasage.

En dehors du port de vêtements longs, l'utilisation d'insecticides ou de répulsifs à base de DEET (de type Cinq sur Cinq) sur les parties découvertes du corps est à recommander (sauf pour les enfants de moins de 2 ans).

Évitez de sortir vers le lever et le coucher du soleil.

En vente en pharmacie, les moustiquaires constituent une protection efficace, à condition qu'elles soient imprégnées d'insecticide. De plus, ces moustiquaires sont radicales contre les insectes à sang froid (puces, punaises, etc.) et permettent d'éloigner serpents et scorpions. Vérifiez bien que celles dans les hôtels n'ont pas de trous.

D'une manière générale, le risque de contamination est plus élevé en zone rurale et pendant la saison des pluies.

du Nayarit et du Sinaloa. De rares cas existent dans ceux de Durango, du Jalisco, de Oaxaca, de Sonora, de Tabasco et du Quintana Roo.

Le paludisme survient généralement dans le mois suivant le retour de la zone d'endémie. Symptômes : maux de tête, fièvre et troubles digestifs. Non traité, il peut avoir des suites graves, parfois mortelles. Il existe différentes espèces de paludisme et le traitement devient de plus en plus difficile à mesure que la résistance du parasite aux médicaments gagne en intensité.

Les médicaments antipaludéens n'empêchent pas la contamination mais ils suppriment les symptômes de la maladie. Si vous voyagez dans des régions où la maladie est endémique, vous devez absolument suivre un traitement préventif (uniquement sur ordonnance), qu'il faut en général poursuivre après le retour. Renseignez-vous impérativement auprès d'un médecin spécialisé. Indispensable également : vous protéger des moustiques (voir l'encadré ci-dessus).

Tout voyageur atteint de fièvre ou montrant les symptômes de la grippe doit se faire examiner. Il suffit d'une analyse de sang pour établir le diagnostic. Contrairement à certaines croyances, une crise de paludisme ne signifie pas que l'on est touché à vie.

Rickettsioses

Il s'agit notamment de la fièvre pourprée des Montagnes rocheuses (potentiellement mortelle en l'absence de traitement rapide par les antibiotiques), véhiculée par les tiques et courante dans le nord du Mexique, et du typhus transmis par les puces (symptômes similaires à ceux de la dengue). Protégez-vous des tiques et des puces.

AFFECTIONS LIÉES À L'ENVIRONNEMENT

Coup de soleil et insolation

Sur les plages, dans le désert ou en altitude, les coups de soleil sont plus fréquents, même par temps couvert. Utilisez un écran solaire haute protection et pensez à couvrir les endroits habituellement protégés, les pieds par exemple. Les lunettes de soleil sont indispensables.

Sur la plage, un parasol est vivement recommandé, de même que le port d'un chapeau. Évitez de vous exposer aux heures les plus chaudes (12h-16h) et privilégiez l'ombre.

Une exposition prolongée au soleil peut provoquer une insolation (nausées, peau chaude, maux de tête). Dans ce cas, il faut rester dans le noir, appliquer une compresse d'eau froide sur les yeux et prendre de l'aspirine.

Mal des montagnes

Il apparaît à haute altitude et affecte la plupart des individus de façon plus ou moins forte. Il survient à des altitudes variables (même à 2 500 m), mais en général il frappe plutôt à partir de 3 500 à 4 500 m. Il est recommandé de dormir à une altitude inférieure à l'altitude maximale atteinte dans la journée.

Symptômes : manque de souffle, toux sèche irritante, fort mal de tête, perte d'appétit, nausée et parfois vomissements. Les symptômes disparaissent généralement au bout d'un jour ou deux, mais s'ils persistent ou empirent, le seul traitement consiste à redescendre, ne serait-ce que de 500 m.

Vous pouvez prendre certaines mesures à titre préventif : ne faites pas trop d'efforts au début, reposez-vous souvent. À chaque palier de 1 000 m, arrêtez-vous pendant au moins un jour ou deux afin de vous acclimater. Buvez plus que d'habitude, mangez légèrement, évitez l'alcool et tout sédatif.

Scorpions

Les piqûres de scorpions sont très douloureuses et parfois mortelles.

Inspectez vos vêtements ou chaussures avant de les enfiler. En cas de piqûre, appliquez aussitôt de la glace ou des compresses froides.

Serpents

Portez toujours bottes, chaussettes et pantalons longs pour marcher dans la végétation à risque. Ne hasardez pas la main dans les trous et les anfractuosités, et faites attention lorsque vous ramassez du bois pour faire du feu. Les morsures de serpent ne provoquent pas instantanément la mort, et il existe généralement des antivenins. Il faut calmer la victime, lui interdire de bouger, bander étroitement le membre comme pour une foulure et l'immobiliser avec une attelle. Trouvez ensuite un médecin, et essayez de lui apporter le serpent mort. N'essayez en aucun cas d'attraper le serpent s'il y a le moindre risque qu'il morde à nouveau. Il ne faut absolument pas sucer le venin ou poser un garrot.

Téléphone

Appels internationaux

➡ Pour appeler à l'étranger depuis le Mexique, faites le code international ☎00, puis composez l'indicatif du pays (☎33 pour la France, ☎32 pour la Belgique, ☎41 pour la Suisse et ☎1 pour le Canada), l'indicatif régional et le numéro de votre correspondant.

➡ Pour appeler le Mexique depuis l'étranger, composez le code international, suivi du ☎52 pour le Mexique, de l'indicatif régional et du numéro de votre correspondant.

Appels en PCV

Un *llamada por cobrar* (PCV) peut coûter cher à votre correspondant : il est préférable que ce soit ce dernier qui vous appelle. Si vous ne disposez pas d'un smartphone, du Wi-Fi ou de Skype, vous pouvez appeler en PCV sans carte depuis des téléphones publics à carte. Contactez l'opérateur en composant le ☎020 pour un appel national ou le ☎090 pour un appel international.

Téléphones portables

Les compagnies de téléphonie mobile (*telefonía celular)* sont **Telcel** (www.telcel.com), **Movistar** (www.movistar.com.mx) et **AT&T Mexico** (www.att.com.mx). Telcel offre la couverture la plus vaste et permet, ainsi qu'AT&T Mexico, l'itinérance et les appels au Canada et aux États-Unis sans surcoût.

➡ Il est possible d'utiliser son propre téléphone au Mexique s'il s'agit d'un modèle GSM, 3G ou 4G, mais cela peut revenir cher. **Roaming Zone** (www.roamingzone.com) est un site fournissant des offres téléphoniques intéressantes. Certains fournisseurs de téléphonie mobile des États-Unis proposent désormais des forfaits permettant de téléphoner du Mexique sans surcoût (ou pour un surcoût modique).

➡ Il est beaucoup plus économique de mettre une carte SIM ("chip") mexicaine dans votre téléphone, qui doit pour cela être débloqué. De nombreuses boutiques de téléphonie mobile mexicaines, avec des noms comme "Hospital del Celular," vous le débloqueront pour environ 400 $M.

➡ Les cartes SIM sont vendues dans les innombrables boutiques de téléphonie mobile, pour 50 $M environ.

➡ Pour 350 $M environ, vous pouvez acheter un téléphone portable neuf (basique), avec une carte SIM et du crédit pour les appels. Les smartphones neufs débutent aux alentours de 1 700 $M, plus 300 à 500 $M par mois pour les appels et Internet. Vous devrez présenter votre passeport pour acheter un téléphone ou une carte SIM ; on vous demandera parfois de donner une adresse et un code postal au Mexique.

➡ Les crédits s'achètent un peu partout : dans les supérettes, chez les marchands de journaux, dans les pharmacies ou les grands magasins.

INDICATIFS

À l'instar des autres numéros de téléphone mexicains, chaque carte SIM comporte un indicatif. Indicatif compris, le numéro compte 10 chiffres au total.

De mobile à mobile	Numéro à 10 chiffres
De mobile à ligne fixe	Indicatif régional + numéro
De numéro fixe à mobile	☎044 + numéro à 10 chiffres (même indicatif régional) ; ☎045 + numéro à 10 chiffres (indicatif différent)
De l'étranger vers un mobile mexicain	Indicatif pour l'international + 52 + 1 + numéro à 10 chiffres

Téléphones fixes

Les téléphones fixes mexicains (*teléfonos fijos*) comportent des indicatifs de 2 à 3 chiffres.

De fixe à fixe (même ville)	Numéro à 7 ou 8 chiffres
De fixe à fixe (autre ville)	☎01 + indicatif régional + numéro
Appels à l'étranger depuis le Mexique	☎00 + indicatif pays + indicatif régional + numéro
Appels d'une ligne fixe mexicaine depuis l'étranger	Indicatif international + ☎52 + indicatif régional + numéro

Standards et numéros gratuits

Annuaire	✆040
Standard national	✆020
Urgences	✆911
Standard international	✆090
Numéros gratuits mexicains	✆1 + 800 + numéro à 7 chiffres

Cabines publiques

Vous en trouverez généralement dans les aéroports, les gares routières et dans les environs des villes. La plupart sont gérées par la compagnie **Telmex** (www.telmex.com). Elles fonctionnent avec une carte téléphonique appelée *tarjeta Ladatel*, que vous pouvez acheter dans de nombreux kiosques et magasins – cartes de 50, 100 et 200 $M. Insérez la carte dans le téléphone pour passer l'appel.

Voyager en solo

Femmes seules

Beaucoup de progrès ont été accomplis en matière d'égalité des sexes et les Mexicains sont généralement très polis, mais le machisme reste vivace et les femmes voyageant seules sont parfois victimes de cris, de sifflets et de tentatives de drague.

Vous diminuerez les risques de harcèlement, voire pire, en évitant de boire seule dans les *cantinas* ou de faire du stop. En ville, dans la rue et dans les transports en commun, on peut aussi éviter d'attirer l'attention en suivant l'exemple des Mexicaines, qui dévoilent généralement peu leur corps.

Travailler au Mexique

L'économie mexicaine occupe le 15e rang mondial et offre des débouchés aux travailleurs étrangers, surtout dans les services. Renseignez-vous auprès de votre ambassade (voir p. 901) pour connaître les conditions d'obtention d'un visa de travail mexicain.

Quant au site www.expat.com/fr/guide/amerique-du-nord/mexique/, il fournit d'utiles renseignements sur le fait de partir travailler au Mexique.

Transports

DEPUIS/VERS LE MEXIQUE

Outre l'avion, on peut arriver au Mexique en voiture ou en car depuis les États-Unis, le Guatemala et le Belize ou prendre le bateau sur la côte bélizienne pour rejoindre l'État du Quintana Roo.

Entrer au Mexique

Les ressortissants français, belges, suisses et canadiens n'ont pas besoin de visa pour se rendre au Mexique en visite touristique (voir p. 906). Sur présentation de leur passeport en cours de validité et de leur billet d'avion aller-retour, il leur sera délivré un Formulaire Migratoire Multiple (FMM) soit par la ligne aérienne, soit par les services de Migration. Cela leur permettra de séjourner au Mexique jusqu'à 180 jours.

Voie aérienne

Plus de 30 aéroports mexicains accueillent des vols directs en provenance des États-Unis (certains accueillent des vols de provenances plus variées que d'autres) et certains accueillent même des vols directs en provenance du Canada. Les aéroports internationaux de Mexico (www.aicm.com.mx), Cancún (www.cancun-airport.com), Guadalajara, Monterrey (www.oma.aero/en/passengers/monterrey/index.php) et Puerto Vallarta sont les plus fréquentés. Seuls ceux de Mexico et de Cancún accueillent des vols directs réguliers venant d'Europe, des Caraïbes, d'Amérique centrale et d'Amérique du Sud ; c'est à Cancún qu'il y a le plus de vols provenant d'Europe.

La principale compagnie mexicaine est **Aeroméxico** (www.aeromexico.com/fr-fr) ; sa cote de sécurité est comparable à celle des grandes compagnies nord-américaines ou européennes. **Interjet** (www.interjet.com.mx) et **Volaris** (www.volaris.com) desservent plusieurs villes des États-Unis. Interjet dessert aussi La Havane et Varadero, à Cuba, Guatemala Ciudad, au Guatemala, San José, au Costa Rica, et Lima, au Pérou.

Depuis la France

Aeroméxico et Air France font partie de l'alliance mondiale Sky Team. Les deux compagnies assurent plusieurs liaisons directes par semaine entre Paris et Mexico (comptez au minimum 600 € et environ 12 heures de vol).

Différentes compagnies européennes (Iberia, Lufthansa ou British Airways) ou nord-américaines (United, American Airlines ou Air Canada) proposent des liaisons Paris-Mexico avec escale. Ces vols sont souvent moins chers (à partir de moins de 500 €) et ne sont pas beaucoup plus longs que les vols directs (généralement de 2 à 3 heures). Ils permettent également d'atterrir dans d'autres villes que Mexico.

Voici quelques adresses de transporteurs et d'agences de voyages :

Air France (☎3654, 0,35 €/min ; www.airfrance.fr)

Aeroméxico (☎0 800 916 754 ; aeromexico.com/fr)

OUI.sncf (☎09 77 43 11 51 ; www.oui.sncf)

AVERTISSEMENT

Les informations contenues dans ce chapitre sont particulièrement susceptibles de changements. Vérifiez directement auprès de la compagnie aérienne ou de l'agence de voyages les modalités d'utilisation de votre billet d'avion. N'hésitez pas à comparer les prestations. Les détails fournis ici doivent être considérés à titre indicatif et ne remplacent en rien une recherche personnelle attentive.

Tui (☎0 825 000 825 ; www.tui.fr)

Thomas Cook (☎0892 65 00 37, 0,80 €/min ou 01 55 90 10 41 ; www.thomascook.fr)

Depuis la Belgique

Il n'y a pas de vol direct au départ de Bruxelles pour Mexico. Les compagnies Brussels Airline et Lufthansa (membres de Star Alliance) opèrent des vols avec escale depuis la Belgique (à partir de 550 € environ en basse saison). Aeroméxico, Air France ou KLM par exemple assurent également des vols avec une escale.

Voici quelques adresses :

Brussels Airline (☎0902 51600, 0,75 €/min ; www.brusselsairlines.com)

Lufthansa (☎70 35 30 30 ; www.lufthansa.com/de/fr)

Aeroméxico (aeromexico.com/fr)

Air France (☎33 (0) 892 702 654 ; www.airfrance.fr)

KLM (☎2 620 0220 ; www.klm.com/home/be/fr)

Iberia (☎707 00 050 ; www.iberia.com/be/)

Airstop (☎070 23 31 88 ; www.airstop.be/fr)

Connections (☎070 23 33 13 ; www.connections.be). Plusieurs agences en Belgique.

Gigatours Voyages Éole (☎à Bruxelles 02 672 35 03 ; www.voyageseole.be)

Depuis la Suisse

Il n'y a pas de vol direct. Pour rallier Mexico depuis Genève ou Zurich, vous devrez faire une escale avec les compagnies Swiss International Airlines et Lufthansa (membres de Star Alliance). Aeroméxico, Air France, Iberia ou American Airlines relient également le Mexique depuis la Suisse. Un vol aller-retour coûte à partir de 750 FS en basse saison.

Vous pouvez contacter :

Swiss International Airlines (www.swiss.com/ch/fr/)

Aeroméxico (aeromexico.com/fr)

Air France (☎33 (0) 892 702 654 ; www.airfrance.fr)

Iberia (☎41-848 000 015 ; www.iberia.com/ch/)

STA Travel (☎058 450 49 49 ; www.statravel.ch). Nombreuses agences en Suisse.

Depuis le Canada

Montréal, Québec, Toronto et Vancouver proposent des vols directs vers le Mexique, mais les prix sont souvent plus intéressants avec un changement aux États-Unis.

Un vol direct aller-retour depuis Montréal (environ 6 heures) débute autour de 700 $C pour Mexico et 600 $C pour Cancún (4 heures 45).

Voici quelques adresses de transporteurs et d'agences de voyages :

Air Canada (☎00-800-6699 2222 ; www.aircanada.com)

Aeroméxico (☎1-800 237 6639 ; http://aeromexico.com/fr-fr)

Westjet (☎1 888 937 8538 ; www.westjet.com)

Expedia (www.expedia.ca)

AGENCES EN LIGNE

Vous pouvez réserver votre vol via une agence en ligne ou vous renseigner auprès d'un comparateur de vols :

- www.bourse-des-vols.com
- www.ebookers.fr
- www.expedia.fr
- www.govoyages.com
- www.illicotravel.com
- www.kayak.fr
- www.opodo.fr
- www.skyscanner.fr
- voyages.kelkoo.fr
- www.oui.sncf
- www.partirou.com

VOYAGES ET CHANGEMENTS CLIMATIQUES

Tous les moyens de transport fonctionnant à l'énergie fossile génèrent du CO2 – la principale cause du changement climatique induit par l'homme. L'industrie du voyage est aujourd'hui dépendante des avions. Si ceux-ci ne consomment pas nécessairement plus de carburant par kilomètre et par personne que la plupart des voitures, ils parcourent en revanche des distances bien plus grandes et relâchent quantité de particules et de gaz à effet de serre dans les couches supérieures de l'atmosphère. De nombreux sites Internet utilisent des "compteurs de carbone" permettant aux voyageurs de compenser le niveau des gaz à effet de serre dont ils sont responsables par une contribution financière à des projets respectueux de l'environnement. Lonely Planet "compense" les émissions de tout son personnel et de ses auteurs.

TAXE DE DÉPART

La taxe de départ ou TUA (Tarifa de Uso de Aeropuerto) est presque toujours incluse dans le prix du billet d'avion ; si ce n'est pas le cas, vous devrez l'acquitter en espèces. Elle varie selon l'aéroport, et coûte environ 900 $M pour les vols internationaux et sensiblement moins pour les liaisons intérieures. Cette taxe est indépendante des frais liés au permis touristique, également compris dans le prix du billet d'avion.

Flight Hub (☎1 800 900 1431 ; www.flighthub.com)

Travel CUTS (☎1 800 667 2887 ; www.travelcuts.com)

Voie terrestre

BELIZE

Des bus fréquents partent de la gare routière Nuevo Mercado Lázaro Cárdenas à Chetumal à destination des villes béliziennes de Corozal (50 $M, 1 heure) et Orange Walk (100 $M, 2 heures). Certains poursuivent jusqu'à Belize City (300 $M, 4 heures).

Toute personne quittant le Belize pour le Mexique doit s'acquitter d'une taxe de sortie de 15 $US pour les séjours de moins de 24 heures, et de 19 $US au-delà. Les taxes sont payables en espèces (dollars béliziens ou américains) ; en général, les autorités ne rendent pas la monnaie sur les paiements en dollars américains. Les taxes de sortie devraient augmenter en 2018.

GUATEMALA

Les postes-frontières terrestres de Ciudad Cuauhtémoc/La Mesilla, ainsi que ceux de Ciudad Hidalgo/Ciudad Tecún Umán et Talismán/El Carmen sont tous reliés à la capitale, Guatemala Ciudad, et à des villes voisines au Guatemala et au Mexique, par de nombreux bus et/ou combis. La frontière Ciudad Hidalgo/Ciudad Tecún Umán est la plus fréquentée, et tristement réputée pour des extorsions de fonds en tout genre perpétrées côté guatémaltèque. Mieux vaut donc passer par la frontière Talismán/El Carmen.

Les compagnies suivantes effectuent des liaisons quotidiennes entre Guatemala Ciudad et Tapachula, au Chiapas (5 à 6 heures) :

Tica Bus (www.ticabus.com). 407 $M ; départ 7h.

Trans Galgos Inter (www.facebook.com/TransGalgosInternacional). 330-445 $M ; départ 6h, 12h et 23h45.

Entre Chetumal et Flores, Línea Dorada circule tous les jours dans les deux sens (700 $M ; 7 heures 30-8 heures), via Belize City.

Pour l'itinéraire qui suit le Río Usumacinta, entre Palenque, au Mexique, et Flores, au Guatemala, il faut prendre un minibus entre Palenque et Frontera Corozal (130 $M ; 2 heures 30 à 3 heures), d'où un trajet de 40 minutes en bateau vous mènera à Bethel, au Guatemala (80-450 $M/pers, selon le nombre de passagers). De Bethel, des bus de 2e classe partent toutes les heures pour Flores (4 heures 30), jusqu'à 16h.

Les agences de voyages de Palenque et de Flores proposent des formules bus/bateau/bus entre les 2 villes pour environ 610 $M (9 heures), partant généralement à 6h. Si vous optez pour cet itinéraire, n'hésitez pas à faire le détour jusqu'au site maya de Yaxchilán, près de Frontera Corozal.

Un autre itinéraire entre le Mexique et Flores consiste à traverser la frontière à El Ceibo, près de Tenosique, dans l'État du Tabasco. Des minibus, des bus et des taxis circulent entre Tenosique et El Ceibo, et des minibus relient la frontière à Flores.

ÉTATS-UNIS

Il y a plus de 40 points de passage officiels entre les États-Unis et le Mexique. Certaines villes mexicaines situées sur la frontière, ou ailleurs dans le nord du Mexique, sont touchées par la violence des cartels de la drogue. Renseignez-vous sur les conditions de sécurité avant de partir. Mieux vaut éviter complètement Ciudad Juárez et Nuevo Laredo, ou du moins les traverser le plus rapidement possible. Les routes fédérales 101 et 180 entre Matamoros et Tampico étaient à éviter à l'époque de nos recherches en raison de fréquents vols à main armée et vols de voiture avec agression.

En Basse-Californie, le poste-frontière de Santa Inés est le plus fréquenté ; pour visiter le Valle de Guadalupe, mieux vaut donc franchir la frontière ailleurs, à Tecate, par exemple.

Depuis 2014, un poste-frontière réservé aux piétons permet de traverser la frontière entre le Mexique et les États-Unis, à Boquillas del Carmen-parc national Big Bend (Texas).

De nombreuses villes des États-Unis et du Mexique sont reliées par bus. La plupart du temps, on vous fera changer de véhicule à la frontière, mais vous pourrez directement acheter un billet pour votre destination finale grâce aux accords passés entre les compagnies.

Greyhound (www.greyhound.com.mx). De la Californie, du Texas et de l'Arizona jusqu'aux villes-frontières, avec correspondance vers le nord-ouest du Mexique.

TRANSIT PAR LES ÉTATS-UNIS

Depuis le 1er avril 2016, seuls les voyageurs munis d'un passeport électronique ou biométrique peuvent transiter sur le sol américain sans visa. En outre, même pour un simple transit aux États-Unis, il est obligatoire de faire une demande d'autorisation de voyage électronique, appelée ESTA. Connectez-vous au site https://esta.cbp.dhs.gov/esta pour remplir le formulaire en ligne. La réponse est en général immédiatement fournie par le système électronique ; néanmoins il est conseillé de s'acquitter de cette formalité au moins 72 heures avant le départ. Une taxe de 14 $US est exigée (payable en ligne).

L'ESTA est valable deux ans mais doit être renouvelée en cas de changement de situation (état civil, adresse, etc.) ou de passeport. Cette autorisation vous permet également de sortir de l'aéroport en cas d'escale longue.

Pour plus d'informations sur les types de passeports, connectez-vous à www.service-public.fr/particuliers/vosdroits/F11603. Renseignez-vous suffisamment tôt avant votre départ sur les modalités de transit aux États-Unis auprès de votre agent de voyages ou de la compagnie aérienne.

Ómnibus Mexicanos (www.omnibusmexicanos.com.mx). Du Texas vers le nord-est, le centre-nord et le centre du Mexique.

Transportes Supremo (☎États-Unis 1-602-455-9522). Navette entre Phoenix, Sonoyta, Nogales, Yuma, Agua Prieta et Puerto Peñasco.

Tufesa (www.tufesa.com.mx). Au départ de nombreuses villes du sud-ouest des États-Unis et de la Californie vers le nord-ouest du Mexique, Mazatlán et Guadalajara.

Turimex Internacional (www.turimex.com). Au départ de Chicago, du Texas et du sud-est des États-Unis vers le nord-est, le centre-nord et le centre du Mexique.

La plupart des itinéraires sont assurés par plusieurs bus quotidiens. Il est souvent aussi rapide de rejoindre la frontière en bus (ou en train, voyez www.amtrak.com), de la traverser à pied ou en prenant un bus local, puis de reprendre un bus de l'autre côté.

Voiture et moto

La réglementation sur l'introduction d'un véhicule étranger est sujette à changement. Renseignez-vous soit auprès d'un consulat du Mexique, soit auprès de la société **Sanborn's** (Mexico Auto Insurance ; www.sanbornsinsurance.com) ou, si vous êtes aux États-Unis, appelez le numéro gratuit d'information touristique mexicain (☎800 482 9832).

Conduire au Mexique présente surtout un intérêt pour les personnes qui disposent de beaucoup de temps, souhaitent être indépendantes, se déplacent avec du matériel de plongée, des planches de surf ou des bagages encombrants, ou voyagent à deux ou plus. Les conducteurs doivent avoir des rudiments d'espagnol et connaître la mécanique.

Les mécaniciens mexicains sont pleins de ressources, mais emportez autant de pièces de rechange que possible (des filtres à essence de rechange vous seront très utiles). Les pneus (y compris celui de la roue de secours), les amortisseurs et les suspensions doivent être en bon état. Pour plus de sécurité, prévoyez quelque chose pour bloquer le volant ; il peut être également pratique de faire installer un anti-démarreur (*kill switch*).

Il faut avoir le cœur bien accroché pour pratiquer la moto au Mexique. Les routes et la circulation ne sont pas de tout repos, les pièces détachées et les mécanos sont difficiles à se procurer. On trouve plus facilement des pièces Kawasaki, Honda et Suzuki.

On trouve sans problème des stations-service à la frontière ou à proximité.

PERMIS D'IMPORTATION

Un *permiso de importación temporal de vehículo* (permis d'importation temporaire), qui coûte 45 $US (hors TVA), est obligatoire pour amener un véhicule au Mexique au-delà d'une zone frontalière large de 20 à 30 km le long de la frontière des États-Unis et de 70 km le long du Guatemala et du Belize. Les seules exceptions sont la Basse-Californie, où le permis n'est pas exigé, et l'État du Sonora jusqu'à Guaymas, au sud, où la procédure est plus simple et moins onéreuse – mais vous aurez besoin d'un permis si vous embarquez un véhicule sur un ferry à Pichilingue (La Paz) en Basse-Californie, pour rejoindre le "continent" mexicain.

Les permis pour les véhicules sont émis aux postes-frontières ou dans des bureaux situés à quelques kilomètres de la frontière, côté Mexique. Ils sont également fournis au port d'Ensenada et au terminal des ferrys de Pichilingue, en Basse-Californie. Consultez le site Internet de Banjército (www.banjercito.com.mx), la banque chargée des procédures en matière d'importation de véhicules. Les ressortissants américains et canadiens peuvent demander leur permis en ligne sur ce même site (au moins 2 semaines à l'avance) ; le document leur sera envoyé par courrier. En faisant la démarche en ligne, vous obtiendrez aussi une pré-autorisation électronique pour votre permis touristique mexicain.

La personne important le véhicule devra garder sur elle l'original ainsi qu'une ou deux photocopies de chacun des documents suivants, qui doivent tous être rédigés à son nom (on peut aussi amener le véhicule de son époux(se), parent ou enfant, à condition de présenter un certificat de mariage ou de naissance prouvant le lien) :

➡ un permis touristique (FMM) : à la frontière, rendez-vous à la *migración* avant de demander le permis pour votre véhicule

➡ un certificat de propriété ou un certificat d'enregistrement du véhicule (vous devrez avoir ces 2 documents si vous voulez passer du Mexique au Guatemala ou au Belize)

➡ une carte bancaire Visa ou MasterCard délivrée en dehors du Mexique, ou une caution en espèces de 200 à 400 $US (selon la vétusté de la voiture) ; les coordonnées de votre carte ou la caution sont la garantie que vous sortirez la voiture du Mexique avant l'expiration de votre FMM

➡ un passeport (ou une carte d'identité américaine)

➡ si vous n'avez pas terminé de payer le véhicule, un contrat de prêt ou une facture de l'organisme financier remontant à 3 mois maximum

➡ s'il s'agit d'un véhicule en leasing ou en location, le contrat au nom de la personne important le véhicule et une autorisation certifiée conforme

➡ pour un véhicule d'entreprise, la preuve que vous travaillez pour l'entreprise et une preuve que cette dernière est bien propriétaire du véhicule

En quittant le Mexique, vous devrez faire annuler le permis d'importation du véhicule à la frontière afin de récupérer votre dépôt. Un permis est valable 6 mois, pendant lesquels vous pouvez franchir la frontière mexicaine autant de fois que vous le voulez. Vous devrez quitter le pays avant la date d'expiration, sans quoi les autorités peuvent vous interdire de faire entrer un véhicule sur le territoire mexicain la fois suivante.

Voie maritime

Belize Water Taxi (www.belizewatertaxi.com) assure des traversées entre Chetumal, au Mexique, et San Pedro (50 $US) ou Caye Caulker (55 $US), au Belize.

VOYAGES ORGANISÉS

Le Mexique fait l'objet de nombreux voyages et séjours organisés classiques, mais aussi de circuits à thème (architecture, sites archéologiques, cyclotourisme, randonnée, plongée, etc.). N'hésitez pas à comparer les prix avant de faire votre choix.

Spécialistes de l'Amérique latine et généralistes

Comptoir des Voyages (☎01 53 10 30 15 ; www.comptoir.fr ; 2 au 18 rue Saint-Victor, 75005 Paris). Autres agences en France. Circuits en itinérants, autotours, pour handicapés ou en famille. Plusieurs séjours au Yucatán.

Jerrycan Voyages (☎022 346 92 82 ; www.jerrycan-travel.ch ; Rue Sauter 11, 1205 Genève). Une agence suisse qui propose des circuits culturels de 11 à 16 jours.

Maison des Amériques latines (☎01 84 25 43 57 ; 3 rue Cassette, 75006 Paris ou 76 rue Bonaparte, 75006 Paris ; www.maisondesameriqueslatines.com). De nombreux autotours, circuits et séjours au Mexique.

Voyageurs du Monde (☎01 42 86 16 00 ou 01 84 17 21 67 ; www.voyageursdumonde.fr ; 55 rue Sainte-Anne, 75002 Paris). Douze autres agences en France (Bordeaux, Grenoble, Nantes, Lille, Montpellier, etc.) et agences à Bruxelles et à Genève. Voyages itinérants et séjours de 10 à 16 jours, certains en famille.

Art et culture

Arts et Vie (☎01 40 43 20 21 ; www.artsetvie.com ; 251 rue de Vaugirard, 75015 Paris). Autres agences à Grenoble, Marseille, Lyon et Nice. Un circuit de 14 jours : les grands sites précolombiens.

Clio (☎01 53 68 82 82 ; 34 rue du Hameau, 75015 Paris ; www.clio.fr). Un circuit ayant pour thèmes l'archéologie et l'architecture au Mexique, mais aussi au Guatemala et au Honduras.

Randonnée, plongée et autres activités sportives

Allibert Trekking (☎04 76 45 84 84 ou 04 76 45 50 50 ; www.allibert-trekking.com ; rue de Longifan, 38530 Chapareillan). Autres agences à Paris, Nice, Chamonix, Toulouse et Lyon, et agences en Belgique et en Suisse. Trekking et randonnée au Mexique.

Akaoka (☎01 83 62 19 68 ; www.compagnie-du-trek.com ; 12 rue Albert 1er, 95620 Parmain). Randonnées et treks.

Huwans – Club Aventure (☎01 44 32 09 30, en Suisse 022 320 50 80 ; www.huwans-clubaventure.fr ; 18 rue Séguier, 75006 Paris). Autres agences à Lyon, Marseille et Genève. Des randonnées de 14 à 22 jours.

Karavaniers (☎514 281 0799 ; www.karavaniers.com ; 4035 rue Saint-Ambroise, local 220 N, Montréal, Québec, H4C 2E1 Canada). Deux circuits en kayak de mer dans le golfe de Californie et les îles de Loreto. Nombreuses conférences organisées dans tout le Québec.

Nomade Aventure (☎01 46 33 70 28, 01 46 33 71 71 ; www.nomade-aventure.com ; 40 rue de la Montagne-Sainte-Geneviève, 75005 Paris). Autres agences à Lyon, Toulouse et Marseille. Plusieurs circuits de 9 à 18 jours : multiactivités, culture, civilisation, découverte, canoë/kayak ou randonnée.

Océanes (☎04 42 52 82 40 ; www.oceanes.com ; 147 chemin des Ruches, Les Gardis, 13490 Jouques). Des séjours plongée tout compris au Mexique (hébergement en hôtel), côté Caraïbe ou Pacifique.

Terres d'Aventure (☎01 70 82 90 00 ; www.terdav.com ; 30 rue Saint-Augustin, 75002 Paris). Dix autres agences en France et agences en Belgique et en Suisse. Des circuits accompagnés : découvertes, randonnées, ascension de volcan, snorkeling ou trek soutenu.

Ultramarina (☎0 825 02 98 02, 0,18 €/min ; www.ultramarina.com ; 29 rue de Clichy, 75009 Paris). Autres agences à Marseille, Lyon et Nantes, ainsi qu'en Suisse. Des voyages plongée, dont des croisières plongée à la rencontre des requins blancs.

Zig-Zag Randonnées (☎01 42 85 13 93 ou 01 42 85 13 18 ; www.zigzag-randonnees.com ; 54 rue de Dunkerque, 75009 Paris). Des circuits : découverte de sites archéologiques, trekking en montagne, ascension de volcan, baignade, pirogue, etc.

COMMENT CIRCULER

Avion

Au Mexique, plus de 60 villes possèdent un aéroport. L'avion est un bon moyen de parcourir de longues distances à travers le pays.

Aeroméxico et sa filiale Aeroméxico Connect possèdent le réseau aérien le plus important, mais Interjet, TAR Aerolinas, Volaris et VivaAerobus desservent de nombreuses villes, pour des tarifs souvent plus avantageux. VivaAerobus propose des tarifs très attractifs, mais certaines cartes bancaires étrangères ne sont pas acceptées pour les réservations en ligne – vous serez peut-être contraint de passer par une agence de voyages.

Volaris et Interjet desservent quelques destinations étrangères. Les compagnies régionales offrent généralement une cote de sécurité correcte.

Bateau

Des ferrys et des car-ferrys reliant la Basse-Californie au reste du Mexique circulent entre Santa Rosalía et Guaymas (aller simple fauteuil/cabine 930/1 030 $M, voiture 3 200 $M), entre La Paz et Mazatlán (aller simple fauteuil 1 240 $M, 3/semaine) et entre La Paz et Topolobampo (aller simple fauteuil 1 100 $M, voiture 2 200 $M).

Bus

Le Mexique possède un bon réseau de routes et de lignes de bus. Des services

COMPAGNIES AÉRIENNES AU MEXIQUE (VOLS INTÉRIEURS)

COMPAGNIE	SITE INTERNET	ZONES DESSERVIES
Aéreo Calafia	www.aereocalafia.com.mx	Basse-Californie, côte pacifique, Guadalajara, Monterrey, León, Chihuahua, Puerto Vallarta
Aéreo Servicios Guerrero	www.asg.com.mx	9 villes de la Basse-Californie et de la côte pacifique
Aeromar	www.aeromar.com.mx	25 villes mexicaines, sauf la Basse-Californie
Aeroméxico	www.aeromexico.com	44 villes mexicaines, la plupart des vols partent de Mexico et de Monterrey
Interjet	www.interjet.com.mx	34 villes mexicaines
Magnicharters	www.magnicharters.com	16 destinations au Mexique, dont les stations littorales de la Riviera Maya
Mayair	www.mayair.com.mx	Péninsule du Yucatán et Veracruz
TAR Aerolíneas	www.tarmexico.com	25 villes mexicaines, sauf la Basse-Californie
VivaAerobus	www.vivaaerobus.com	32 villes mexicaines
Volaris	www.volaris.com	41 villes mexicaines

interurbains confortables et fréquents desservent le pays à des prix raisonnables. La plupart des villes ont une gare routière où convergent les bus longue distance, appelée Terminal de Autobuses, Central de Autobuses, Central Camionera ou La Central (à ne pas confondre avec *el centro*, le centre-ville !).

En règle générale, les gares routières des grandes villes sont propres, sûres et très fonctionnelles.

Classes

Dans les bus mexicains (appelés localement *camiones*), il existe 3 classes, correspondant à 3 niveaux de confort :

DELUXE ET EXECUTIVE

Les *bus de lujo*, *primera plus* et *ejecutivos*, encore plus confortables, assurent surtout les liaisons interurbaines les plus fréquentées. Ils sont rapides (il y a peu ou pas d'arrêts), possèdent des sièges inclinables, suffisamment de place pour les jambes, la climatisation, des films (écran de TV individuel), des toilettes (parfois séparées hommes/femmes) et souvent des boissons, des en-cas et le Wi-Fi. Ils empruntent les routes à péage dès que possible.

1re CLASSE

Les bus *primera clase* (*1a*) fournissent un siège numéroté, confortable, à chaque passager. Ils desservent toutes les villes d'une certaine importance. Les conditions de confort sont toujours correctes. Les bus sont climatisés, pourvus de toilettes et font très peu d'arrêts. Ils diffusent des films sur des écrans de TV. Ils empruntent également les routes à péage dès que possible.

2e CLASSE

Les bus *segunda clase* (*2a*), ou *económico*, assurent la liaison entre les petites villes et les villages, ainsi que certains trajets interurbains, à un prix et à une vitesse inférieurs. Certains d'entre eux sont presque aussi rapides, confortables et directs que les services de 1re classe. D'autres sont vieux, lents et délabrés. Les WC sont rares. Ils prennent souvent des routes non payantes et s'arrêtent n'importe où pour déposer ou embarquer des passagers. En montant à mi-parcours, vous risquez de rester debout sur une partie du trajet. Dans les régions les plus reculées, ce sont souvent les seuls bus assurant les liaisons.

Réservations

Les billets des bus 1re classe, deluxe et classe affaires (*ejecutivos*) doivent être achetés à la gare routière avant le voyage ; selon le transporteur, il est parfois possible de se les procurer en ligne et de le recevoir par e-mail. Pour les trajets jusqu'à 4 à 5 heures sur des itinéraires très fréquentés, vous pouvez vous rendre directement à la gare routière, acheter un billet et embarquer immédiatement. Pour des voyages plus longs, des parcours inhabituels ou durant les périodes de vacances, réservez une place au moins 24 heures à l'avance, voire 2 ou 3 jours avant. Il est généralement possible de choisir son siège en achetant sa place. Évitez les sièges du fond, qui sont proches des toilettes et subissent plus de secousses.

COMPAGNIES DE BUS

Il existe des centaines de compagnies de bus au Mexique. La plupart appartiennent à quatre grands groupes qui règnent sur les transports des différentes régions du pays. Les horaires sont indiqués sur leur site Internet.

COMPAGNIE	SITE INTERNET	DESTINATIONS DESSERVIES
ETN Turistar	www.etn.com.mx	Toutes les grandes villes de la côte pacifique, du centre, du nord et de l'est du pays et les destinations au sud jusqu'à Oaxaca. Dessert aussi Tuscon, El Paso et San Diego.
Grupo ADO	www.ado.com.mx	Relie Mexico à de nombreuses grandes villes du Yucatán, du Campeche, du Quintana Roo, duTabasco, du Chiapas, de Oaxaca, de Puebla, du Guerrero et de Veracruz.
Grupo Estrella Blanca	www.estrellablanca.com.mx	Mexico, le centre, le nord et l'ouest du pays. Grandes villes comme Guadalajara, Tijuana, Puebla, Monterrey, Puerto Vallarta et Ciudad Juárez.
Primera Plus	www.primeraplus.com.mx	Dans le centre du pays, dessert Mexico, Guadalajara, Mazatlán, Puerto Vallarta, San Luis Potosí et San Miguel de Allende.

CONSEILS POUR LES VOYAGES EN BUS

- Il arrive que des malfrats arrêtent un bus et volent les passagers. Voyager de jour et dans des bus deluxe ou 1re classe, qui empruntent les routes à péage dès que possible, permet de réduire considérablement les risques.
- En bus, vos affaires sont en sécurité dans la soute à bagages, mais demandez toujours un reçu de dépôt. Conservez tous vos objets de valeur et documents importants (passeport, argent, etc.) avec vous.
- Prévoyez un pantalon ou une jupe longue, un pull ou une veste, voire une couverture, pour affronter la climatisation, parfois très forte. Un masque de voyage et des bouchons d'oreille sont pratiques si vous ne voulez pas regarder des films pendant tout le trajet.

Beaucoup de compagnies de bus 2e classe n'ont pas de billetterie ; vous réglez directement votre billet au chauffeur.

Dans certaines villes, vous pourrez acheter vos billets de bus dans des agences du centre-ville, ce qui évite un trajet supplémentaire jusqu'à la gare routière.

Voiture et moto

Avoir un véhicule au Mexique vous donnera beaucoup de flexibilité et de liberté, et après un temps d'adaptation à l'état des routes locales, la conduite ne présentera pas plus de difficultés que dans beaucoup d'autres pays.

Assurance

Il est imprudent de conduire au Mexique sans avoir souscrit une assurance locale. En cas d'accident, vous risquez d'être emprisonné et votre véhicule sera immobilisé le temps que votre responsabilité soit évaluée. Si vous êtes en tort dans un accident ayant entraîné des blessures ou la mort d'autrui, vous risquez d'être emprisonné tant que vous n'aurez pas dédommagé les victimes et payé les amendes éventuelles. Une assurance mexicaine adéquate est la seule véritable protection : elle est considérée comme une garantie de paiement des dédommagements. La législation ne reconnaît que l'assurance automobile (*seguro*) mexicaine – un contrat américain ou canadien, même s'il vous couvre, ne sera donc pas accepté. Vous pouvez contracter une assurance mexicaine sur Internet par l'intermédiaire du spécialiste **Sanborn's** (www.sanbornsinsurance.com) ou d'autres compagnies. Une assurance peut aussi être souscrite dans les villes-frontières américaines et à certains postes-frontières. Aux postes-frontières les plus fréquentés, des agences d'assurance sont ouvertes 24h/24.

Une assurance tout risque de courte durée coûte environ 18 $US/jour pour une voiture de valeur inférieure à 10 000 $US. Pour une période supérieure à deux semaines, il coûte parfois moins cher de souscrire une assurance semi-annuelle ou annuelle. L'assurance dommages corporels coûte environ la moitié d'une assurance tout-risque.

Carburant

Au Mexique, *gasolina* (essence) et diesel sont vendus par la compagnie Pemex (Petróleos Mexicanos). La plupart des villes, même les plus petites, ainsi que les principaux axes routiers, ont une station Pemex. Dans les endroits plus reculés, il est recommandé de faire le plein dès que possible. Le seul carburant disponible au Mexique est du *sin plomo* (sans plomb), vendu sous deux formes :

Magna (87 octane). Sans plomb régulier ; 15,99 $M le litre au moment de nos recherches.

Premium (91 octane et une teneur en soufre moins élevée). Super sans plomb ; environ 17,79 $M le litre.

Largement répandu, le diesel se vend environ 20,59 $M le litre. Si le diesel ordinaire a une teneur en soufre plus haute qu'aux États-Unis, une variété *bajo azufre* (faible en soufre) a fait son apparition à Mexico et dans ses environs.

Les stations-service emploient des hommes à la pompe (ils apprécieront un pourboire de 5 $M environ).

Code de la route

- La conduite se fait à droite.
- Les limites de vitesse sont comprises entre 80 et 120 km/h sur les autoroutes (moins quand elles traversent des zones urbanisées), et entre 30 et 50 km/h dans les agglomérations.
- Les rues à sens unique sont la règle en ville.
- Pour les conducteurs, le taux légal d'alcool dans le sang est de 0,5 à 0,8 g/litre – soit 2 ou 3 bières ou tequilas.
- À Mexico, des lois antipollution obligent la plupart des véhicules à rester au garage un jour par semaine.

Dangers et état des routes

- Les routes principales sont praticables et assez rapides quand la circulation le permet. Il y a plus de 6 000 km d'autoroutes à péage (*autopistas*), qui sont généralement en bon état et à 4 voies. Le péage coûte autour de 2,50 $M/km.

➡ Mieux vaut éviter de conduire de nuit car les véhicules sans phares, les ralentisseurs mal indiqués, les cailloux, les piétons et les animaux sont fréquents. De plus, les conducteurs ivres sont plus nombreux. De manière générale, les routes sont plus sûres en journée.

➡ Des vols de voiture avec agression, des braquages et des barrages illégaux liés aux gangs de la drogue se produisent, surtout dans le Nord. Les États du Tamaulipas et du Nuevo León, dans le Nord-Est, sont spécialement concernés. Il s'agit surtout des routes suivantes, réputées pour les vols à main armée et les vols de voiture avec agression : la route Tampico-Matamoros, les routes fédérales 101 et 180 dans le Tamaulipas, la route Monterrey-Nuevo Laredo, ainsi que la route Monterrey-Ciudad Victoria-Tampico. Dans cette partie du pays, il est particulièrement important de se limiter aux routes à péage, d'éviter de rouler la nuit et de fermer les vitres et verrouiller ses portières lorsqu'on circule en ville.

➡ À l'heure de nos recherches, le ministère des Affaires étrangères français déconseillait également certains axes routiers : la route Mazatlán-Durango-Torreón-Monterrey-Reynosa qui traverse le pays d'ouest en est jusqu'à la frontière du Texas et passe par les États de Sinaloa, de Durango, de Coahuila, du Nuevo León et de Tamaulipas. Dans l'État de Veracruz, les axes routiers reliant Martinez de la Torre-Tlapacoyan-Teziutlán (État de Puebla), ainsi que la route Tlapacoyan-Perote et le réseau routier secondaire partant de Martinez de la Torre vers Papantla sont également à éviter.

➡ Avant de prendre la route, consultez les alertes du ministère des Affaires étrangères (voir p. 905) et renseignez-vous sur place. Si vous êtes malgré tout victime d'une agression, n'essayez pas d'opposer de résistance.

➡ Il existe également de véritables barrages militaires et policiers ; ceux-ci sont généralement liés à la recherche d'armes illégales, de drogues, de produits de contrebande ou de migrants. Il est très peu probable qu'ils vous causent du souci.

➡ Pendant la nuit, mieux vaut laisser les véhicules dans des parkings fermés sécurisés – ils sont assez courants dans les grandes villes et les hôtels pourront vous aider à en trouver (s'ils n'en possèdent pas eux-mêmes).

➡ Chaque année, environ 13 Mexicains sur 100 000 trouvent la mort dans un accident de la circulation, soit plus du double des tués sur la route dans de nombreux pays occidentaux. La conduite en état d'ivresse et l'absence de ceinture de sécurité sont des pratiques assez fréquentes, mais, pour le reste, les Mexicains conduisent aussi raisonnablement que les autres habitants de la planète. La circulation dense, le mauvais état des routes, les ralentisseurs, la présence d'animaux, de vélos et de piétons incitent à ralentir.

➡ Méfiez-vous des panneaux "Alto" (Stop), des *topes* (ralentisseurs) et des nids-de-poule (y compris sur les autoroutes). Ils sont souvent placés là où on ne s'y attend pas et vous risquez de recevoir une amende ou d'abîmer votre voiture si vous ne les voyez pas. Les panneaux "Tope" et "Vibradores" signalent la présence de ralentisseurs en série – les plus redoutables sont ceux sans marquage au sol et sans panneau de signalisation !

➡ Vous serez peut-être arrêté par la police de la route mexicaine. Dans ce cas, restez calme et courtois. Si vous pensez ne pas avoir commis d'infraction, vous n'êtes pas obligé de verser un pot-de-vin ; faire semblant de ne pas comprendre l'espagnol peut éventuellement conduire le policier à abandonner. Vous pouvez aussi demander au policier sa plaque d'identification, à voir les documents concernant la loi que vous auriez enfreint, à parler à un supérieur. Vous pouvez aussi noter le

LES ANGES VERTS

Au Mexique, le secrétariat national au tourisme, Sectur, assure un réseau d'Ángeles Verdes (Anges verts), qui patrouillent quotidiennement sur les 60 000 km de grands axes routiers et de routes à péage du pays (de 8h à 18h) pour venir en aide aux automobilistes étrangers en difficulté. Ces mécaniciens bilingues (espagnol-anglais), en uniforme vert et camion vert, peuvent vous aider à vous orienter, effectuer de petites réparations, changer une roue, vous ravitailler en carburant ou en huile, organiser le remorquage de votre véhicule ou une autre assistance si nécessaire. Le service est gratuit ; les pièces détachées, le carburant et l'huile sont fournis à prix coûtant. En cas de problème avec votre véhicule, vous pouvez appeler la **hotline** par téléphone en composant le ☎078.

nom, le numéro de badge, l'immatriculation du véhicule du policier et le département dont il relève (fédéral, d'État ou municipal). Si l'on vous dit que l'amende est moins chère en la payant sur-le-champ, faites savoir clairement que vous souhaitez la payer au poste de police et avoir un récépissé ; il y a des chances pour que les chasseurs de pots-de-vin vous laissent repartir. Si vous souhaitez porter plainte suite à l'incident, rendez-vous dans un office du tourisme de l'État.

Location

Louer une voiture au Mexique revient plus cher qu'en Europe ou aux États-Unis, mais c'est simple à organiser. La plupart des grandes compagnies de location internationales ont des agences dans tout le pays.

Il faut fournir un permis de conduire (celui de votre pays conviendra) en cours de validité, un passeport et une carte bancaire internationale. Vous devrez en général être âgé d'au moins 21 ans (parfois 25 ans, ou bien on vous demandera une surtaxe si vous avez entre 21 et 24 ans). Lisez bien toutes les clauses du contrat de location. En plus du prix de la location, vous devrez payer une taxe et une assurance. Sachez cependant que l'assurance complète peut presque faire doubler le prix de location de base indiqué sur certains sites Internet de réservation, mais vous pouvez, en général, vous limiter à une assurance au tiers à bas prix. Faites-vous bien préciser ce que couvre l'assurance : les assurances contre le vol ou les dommages ne couvrent parfois qu'un pourcentage des coûts, ou l'assurance peut ne pas être valable si vous roulez en zone rurale sur des chemins en mauvais état.

Les tarifs de location vont généralement de 600 à 700 $M par jour, avec kilométrage illimité, assurance de base et taxes. Dans certaines stations balnéaires, la location ne coûte parfois que 500 $M. Le prix à la journée baisse pour une location à la semaine ou au mois. Le supplément pour la restitution du véhicule dans une autre ville, quand cette possibilité existe, est généralement de l'ordre de 10 $M/km.

On peut louer des motos ou des scooters dans certains sites touristiques, à condition de présenter un permis de conduire et une carte bancaire. Toutefois, beaucoup de loueurs n'offrent pas d'assurance.

Permis de conduire

Pour conduire un véhicule à moteur au Mexique, vous devez être muni d'un permis de conduire (de votre pays) en cours de validité.

Train et métro

Le spectaculaire **Ferrocarril Chihuahua Pacífico** (El Chepe ; ☎614-439-72-12, depuis Mexico 800-122-43-73 ; www.chepe.com.mx ; voyage complet 1re/2e classe 3 276/1 891 $M ; 👪), qui circule dans la Sierra Madre occidentale entre Los Mochis et Chihuahua, sera l'un des moments forts de votre voyage. C'est le seul train de voyageurs au Mexique (p. 791).

Les villes de Mexico, Guadalajara et Monterrey disposent toutes d'un métro (souterrain). La rapidité et le faible coût du trajet en font un mode de locomotion idéal à Mexico. Doté de 195 stations et fréquenté chaque jour par plus de 4 millions d'usagers, le métro de la capitale mexicaine se classe en troisième position mondiale en termes de fréquentation. Mieux vaut donc l'éviter aux heures de pointe.

Transports urbains

Bus locaux

Généralement appelés *camiones*, les bus locaux restent le moyen de transport le plus économique pour découvrir les environs d'une ville et les villages alentour. Ils sont fréquents et les tarifs en ville ne s'élèvent qu'à quelques pesos. Dans de nombreuses villes, des flottes de petits *microbuses* modernes ont remplacé les vieux bus sales et bruyants.

Dans les grandes agglomérations, les bus s'arrêtent en principe uniquement aux *paradas* (arrêts), même si certains accepteront de s'arrêter à l'angle d'une rue si vous leur faites signe.

Colectivo, combi, minibus et pesero

Tous ces noms désignent des véhicules à mi-chemin entre le taxi et le bus circulant sur des itinéraires urbains fixes généralement affichés sur le pare-brise. Moins chers que le taxi et plus rapides que le bus, ils vous prennent et vous déposent au coin de n'importe quelle rue sur leur parcours : pour les héler, postez-vous au coin de la rue et agitez la main. Dites au chauffeur où vous souhaitez aller. On paie généralement avant de descendre et le prix (un peu plus élevé que le bus) dépend de la distance.

Taxi

Les taxis sont nombreux en ville et étonnamment économiques. Les courses sont facturées 20-25 $M/km. Si le taxi est équipé d'un compteur, demandez au chauffeur s'il fonctionne (*¿Funciona el taxímetro?*). Si ce n'est pas le cas, convenez du prix de la course avant de monter (n'hésitez pas à marchander un peu).

Plusieurs aéroports et grandes gares routières ont instauré un service de taxis agréés : vous achetez un ticket à prix fixe pour votre destination auprès d'une *taquilla* (billetterie) et vous le remettez ensuite au chauffeur au moment de payer. Vous évitez ainsi marchandage et risque d'escroquerie, mais vous paierez plus cher que le prix habituel.

Le prix de location d'un taxi à la journée pour une excursion dans les environs est à peu près le même que celui d'une voiture de location bon marché (de 600 à 700 $M environ).

Uber est de plus en plus prisé, ainsi que Cabify, un service de taxis basé sur une application similaire.

Vélo

Le vélo n'est pas recommandé pour parcourir le Mexique. La taille du pays, le mauvais état des routes, l'imprudence des automobilistes et les autres dangers de la circulation que l'on y rencontre ont de quoi décourager. Si vous voulez relever le défi, tenez compte du relief et de la chaleur lorsque vous établirez votre itinéraire. Il existe des magasins de cycles dans toutes les villes mexicaines. L'achat d'un VTT correct – idéal pour un parcours de plusieurs semaines – revient à environ 5 000 $M.

La sympathique agence ¡El Tour (www.bikemexico.com) organise des circuits – avec votre propre vélo – dans le sud du pays et dans la région centrale des volcans.

Le vélo a malgré tout la cote dans les grandes villes mexicaines. La plupart d'entre elles sont suffisamment plates pour qu'on s'y déplace à vélo et les pistes cyclables sont de plus en plus nombreuses à Mexico, Guadalajara, Puebla, Monterrey et dans d'autres grandes villes. Des systèmes de vélo-partage fonctionnent à Guadalajara (www.mibici.net), Mexico (www.ecobici.cdmx.gob.mx) et Puebla (www.urbanbici.mx) sur le modèle de leurs homologues ailleurs dans le monde, et tendent à se développer dans d'autres villes ; le prêt est gratuit à Mexico. On peut louer des vélos et des VTT corrects dans plusieurs autres villes moyennant 300 à 700 $M par jour. Recherchez les itinéraires les moins encombrés de voitures et vous devriez vous régaler. Les virées collectives du dimanche sont un phénomène qui prend de l'ampleur, surtout à Mexico.

Langue

La prononciation de l'espagnol mexicain est en général conforme à l'orthographe, sachant que toutes les lettres d'un mot se prononcent. Vous ne devriez pas rencontrer de problèmes majeurs après avoir repéré les quelques consonnes qui diffèrent du français : *ch* (prononcé tch), *j* (la "jota" gutturale, kh), *ll* ("l mouillé" français), *ñ* (gn), *r* (roulé) et *v* (b). Seuls les mots échappant à la règle générale d'accentuation portent un accent écrit (ex : *porción*, portion). Dans nos transcriptions phonétiques, les syllabes accentuées sont marquées en italique.

En espagnol comme en français, les noms sont soit masculins soit féminins. En outre, les terminaisons des adjectifs varient en fonction du genre du nom qu'ils accompagnent. Lorsque les deux formes figurent dans ce guide, la terminaison de chacune est séparée par une barre oblique (le masculin apparaît en premier), par exemple *perdido/a*.

Si l'on peut se permettre d'être plus familier avec une personne jeune ou que l'on connait, il vaut toujours mieux utiliser le "vous" (*usted*, *ustedes* au pluriel) plutôt que le "tu" (*tú*, *vosotros* au pluriel) lors d'une rencontre. Toutes les phrases de ce chapitre utilisent la forme de politesse. Lorsque nous indiquons les deux variantes, la forme est signalée entre parenthèses par les abréviations "pol" (politesse) et "fam" (familier).

POUR ALLER PLUS LOIN

Indispensable pour mieux communiquer sur place : le *Guide de conversation espagnol latino-américain* de Lonely Planet. Pour réserver une chambre, lire un menu ou simplement faire connaissance, ce manuel permet d'acquérir des rudiments d'espagnol latino-américain. Inclus : un minidictionnaire bilingue.

CONVERSATION

Bonjour	*Hola*	o·là
Au revoir	*Adiós*	a·*dyos*
Comment ça va ?	*¿Qué tal?*	*ké* tal
Bien, merci	*Bien, gracias*	bièn *gra*·sias
Excusez-moi	*Perdón*	pèr·*don*
Désolé	*Lo siento*	lo si·*ènn*·to
Oui/Non	*Sí/No*	si/no
S'il vous plaît	*Por favor*	por fa·*vor*
Merci	*Gracias*	*gra*·sias
Je vous en prie	*De nada*	dé *na*·da

Je m'appelle...
Me llamo... mé *lya*·mo

Comment vous appelez-vous/t'appelles-tu ?
¿Cómo se llama Usted? *ko*·mo se *lya*·ma *ou*·sté (pol)
¿Cómo te llamas? *ko*·mo té *lya*·mass (fam)

Parlez-vous/parles-tu (français) ?
¿Habla (francés)? *a*·bla (fran·*sès*) (pol)
¿Hablas (francés)? *a*·blas (fran·*sès*) (fam)

Je (ne) comprends (pas)
Yo (no) entiendo yo (no) ènn·*tiènn*·do

HÉBERGEMENT

Je voudrais une chambre	*Quisiera una habitación*	ki·*ssié*·ra *ou*·na a·bi·ta·*thionn*.
simple	*individual*	inn·di·vi·*doual*
double	*doble*	*do*·blé

Quel est le prix pour une nuit/par personne ?
¿Cuánto cuesta por noche/por persona? *kouann*·to *kouèss*·ta por *no*·tché/por pèr·*sso*·na

Le petit-déjeuner est-il compris ?
¿Incluye el desayuno? inn·*klou*·yé èl dé·ssa·*you*·no

camping	*terreno de cámping*	tè·*ré*·no dé *kamm*·ping
hôtel	*hotel*	o·*tèl*

pension (guesthouse)	*pensión*	pènn·ssion
auberge de jeunesse	*albergue juvenil*	al·bèr·gué khou·vé·nil
climatisation	*aire acondicionado*	aï·ré a·kon·di·thyo·na·do
salle de bains	*baño*	ba·nyo
lit	*cama*	ka·ma
fenêtre	*ventana*	vènn·ta·na

ORIENTATION

Où est... ?	*¿Dónde está...?*	donn·dé èss·ta

Quelle est l'adresse ?
¿Cuál es la dirección? koual ès la di·rèk·thyonn

Pourriez-vous me l'écrire, s'il vous plaît ?
¿Puede escribirlo, por favor? poué·dé èss·kri·bir·lo por fa·vor

Pourriez-vous me montrer (sur la carte) ?
¿Me lo puede indicar (en el mapa)? mé lo poué·dé inn·di·kar (ènn èl ma·pa)

à côté de...	*al lado de...*	al la·do dé
à l'angle	*en la esquina*	ènn la èss·ki·na
au feu	*en el semáforo*	ènn èl ssé·ma·fo·ro
derrière...	*detrás de...*	dé·trass dé
devant	*enfrente de*	ènn·frènn·té dé
droite	*derecha*	dé·ré·tcha
en face de	*frente a*	frènn·té a
gauche	*izquierda*	ith·kyèr·da
loin	*lejos*	lé·khoss
près	*cerca*	thèr·ka
tout droit	*todo recto*	to·do rèk·to

AU RESTAURANT

Que conseillez-vous ?
¿Qué recomienda? ké ré·ko·myènn·da

Qu'y a-t-il dans ce plat ?
¿Que lleva ese plato? ké lyé·va é·sé pla·to

Je ne mange pas de...
No como... no ko·mo

C'était délicieux !
¡Estaba buenísimo! èss·ta·ba boué·ni·ssi·mo

La note, s'il vous plaît
La cuenta, por favor la kouènn·ta por fa·vor

Santé !
¡Salud! sa·lou

Je voudrais réserver une table pour...	*Quisiera reservar una mesa para...*	ki·ssyé·ra ré·ssèr·var ou·na mé·ssa pa·ra
(8) heures	*las (ocho)*	lass (o·tcho)
(2) personnes	*(dos) personas*	(doss) pèr·sso·nass

EXPRESSIONS UTILES

Pour vous débrouiller en espagnol, combinez ces formules simples avec les mots de votre choix.

Quand part (le prochain vol) ?
¿Cuándo sale (el próximo vuelo)? kouann·do ssa·lé (èl prok·ssi·mo voué·lo)

Où se trouve (la gare) ?
¿Dónde está (la estación)? donn·dé èss·ta (la èss·ta·thyonn)

Où puis-je (acheter un billet) ?
¿Dónde puedo (comprar un billete)? donn·dé poué·do (komm·prar oun bi·lyé·té)

Avez-vous (un plan) ?
¿Tiene (un mapa)? tyé·né (oun ma·pa)

Y a-t-il (des toilettes) ?
¿Hay (servicios)? aï (sèr·vi·thyoss)

Je voudrais (un café).
Quisiera (un café) ki·ssié·ra (oun ka·fé)

Je voudrais (louer une voiture).
Quisiera (alquilar un coche) ki·ssyé·ra (al·ki·lar oun ko·tché)

Puis-je (entrer) ?
¿Se puede (entrar)? ssé poué·dé (ènn·trar)

Pourriez-vous (m'aider) s'il vous plaît ?
¿Puede (ayudarme), por favor? poué·dé (a·you·dar·mé) por fa·vor

Dois-je (obtenir un visa) ?
¿Necesito (obtener un visado)? né·thé·ssi·to (ob·té·nèr oun vi·ssa·do)

Mots utiles

assiette	*plato*	pla·to
avec/sans	*con/sin*	konn/sinn
bouteille	*botella*	bo·té·lya
chaud	*caliente*	ka·lyènn·té
couteau	*cuchillo*	kou·tchi·lyo
cuillère	*cuchara*	kou·tcha·ra
déjeuner	*almuerzo/comida*	al mouer so/ko·mi·da
dessert	*postre*	pos·tre
dîner	*cena*	thé·na
fourchette	*tenedor*	té·né·dor
(très) froid	*(muy) frío*	(moui) fri·o
petit-déjeuner	*desayuno*	dé·ssa·you·no
plat de résistance	*segundo plato*	ssé·gounn·do pla·to
verre	*vaso*	va·sso

QUESTIONS

Comment ?	*¿Cómo?*	ko·mo
Où ?	*¿Dónde?*	*donn*·dé
Pourquoi ?	*¿Por qué?*	por ké
Quand ?	*¿Cuándo?*	*kouann*·do
Qui ?	*¿Quién?*	kyènn
Quoi ?	*¿Qué?*	ké

Viandes et poissons

agneau	*cordero*	kor·*dé*·ro
bœuf	*carne de vaca*	*kar*·né dé *va*·ka
canard	*pato*	*pa*·to
chèvre	*cabra*	ka·bra
crabe	*cangrejo*	kan·*gre*·kho
crevettes	*camarones*	ka·ma·*ro*·nes
dinde	*pavo*	*pa*·vo
huîtres	*ostras*	*os*·tras
jambon	*jamón*	kha·*mon*
mouton	*carnero*	kar·*ne*·ro
poisson	*pescado*	pèss·*ka*·do
porc	*cerdo*	*thèr*·do
poulet	*pollo*	*po*·lyo
veau	*ternera*	tèr·*né*·ra

Fruits et légumes

abricot	*albaricoque*	al·ba·ri·*ko*·ké
ananas	*piña*	*pi*·nya
artichaut	*alcachofa*	al·ka·*tcho*·fa
asperges	*espárragos*	ess·*pa*·ra·goss
banane	*plátano*	*pla*·ta·no
banane plantain	*plátano macho*	*pla*·ta·no *ma*·cho
betterave	*remolacha*	ré·mo·*la*·tcha
carotte	*zanahoria*	tha·na·*o*·rya
cerise	*cereza*	thé·*ré*·tha
champignon	*champiñón*	tchamm·pi·*nyonn*
chou	*col*	kol
citron	*limón*	li·*monn*
citrouille	*calabaza*	ca la·*ba* sa
concombre	*pepino*	pé·*pi*·no
épinards	*espinacas*	èss·pi·*na*·kass
figue de Barbarie	*tuna*	*tou*·na
fraise	*fresa*	*fré*·ssa
fruit	*fruta*	*frou*·ta
haricots	*judías*	khou·*di*·ass
haricots secs	*frijoles*	fri·*kho*·les
légume	*verdura*	vèr·*dou*·ra
lentilles	*lentejas*	lènn·*té*·khass
laitue	*lechuga*	lé·*tchou*·ga
maïs	*maíz*	ma·*ith*
noix	*nueces*	*noué*·thés
oignon	*cebolla*	thé·*bo*·lya
orange	*naranja*	na·*rann*·kha
pamplemousse	*toronja*	to·*ron* kha
pastèque	*sandía*	sann·*di*·a
pêche	*melocotón*	mé·lo·ko·*tonn*
petits pois	*guisantes*	gui·*ssann*·tés
poivron (rouge/ vert)	*pimiento (rojo/ verde)*	pi·*myènn*·to (*ro*·kho/ vèr·dé)
pomme de terre	*patata*	pa·*ta*·ta
pomme	*manzana*	mann·*tha*·na
potiron	*calabaza*	ka·la·*ba*·tha
prune	*ciruela*	thi·*roué*·la
raisin	*uvas*	*ou*·vas
tomate	*tomate*	to·*ma*·té

Autres aliments

beurre	*mantequilla*	mann·té·*ki*·lya
biscuit	*galleta*	ga·*ye*·ta
confiture	*mermelada*	mèr·mé·*la*·da
frites	*papas fritas*	*pa*·pas *fri*·tas
fromage	*queso*	*ké*·sso
gâteau	*pastel*	pas·*tel*
glace	*helado*	e·*la* do
huile	*aceite*	a·*theï*·té
miel	*miel*	myèl
œuf	*huevo*	*oué*·vo
pain	*pan*	pann
pâtes	*pasta*	*pass*·ta
poivre	*pimienta*	pi·*myènn*·ta
riz	*arroz*	a·*roth*
salade	*ensalada*	en·*sa* la da
sel	*sal*	sal
sorbet	*nieve*	*nié* vé
soupe	*caldo/ sopa*	*kal* do/ *so* pa
sucre	*azúcar*	a·*thou*·kar
vinaigre	*vinagre*	vi·*na*·gré

Boissons

bière	*cerveza*	thèr·*vé*·tha
café	*café*	ka·*fé*
eau (minérale)	*agua (mineral)*	a·goua (mi·né·*ral*)
jus (d'orange)	*zumo (de naranja)*	*thou*·mo (de na·*rann* kha)
lait	*leche*	*lé*·tché
smoothie	*licuado*	li·*kwa* do
thé (noir)	*té (negro)*	té (*né* gro)
vin (blanc)	*vino (blanco)*	*vi*·no (*blann*·ko)
vin (rouge)	*vino (tinto)*	*vi*·no (*tinn*·to)

URGENCES

Au secours !	*¡Socorro!*	so·*ko*·ro
Va-t'en !	*¡Vete!*	*vé*·té
Appelez... !	*¡Llame a ...!*	*lya*·mé a
un médecin	*un médico*	ounn *mé*·di·ko
la police	*la policía*	la po·li·*si*·a

Je me suis perdu(e)
Estoy perdido/a — èss·*toï* pèr·*di*·do/a (m/f)

J'ai eu un accident
He tenido un accidente — é té·*ni*·do oun ak·thi·*dènn*·té

Je suis malade
Estoy enfermo/a — èss·*toï* ènn·*fèr*·mo/a (m/f)

J'ai mal ici
Me duele aquí — mé *doué*·lé a·*ki*

Je suis allergique (aux antibiotiques)
Soy alérgico/a (a los antibió ticos) — soy a·*lèr*·khee·ko/a (m/f) (a loss ann·ti·*byo*–to·koss)

Où sont les toilettes ?
¿Dónde están los baños? — *don* dé es *tan* los *ba* nios

ACHATS ET SERVICES

Je voudrais acheter...
Quisiera comprar... — ki·*ssyé*·ra komm·*prar*

Je veux juste regarder
Sólo estoy mirando — *so*·lo èss·*toï* mi·*rann*·do

Puis-je le voir ?
¿Puedo verlo? — *poué*·do *vèr*·lo

Cela ne me plaît pas
No me gusta — no me *gouss*·ta

Combien ça coûte ?
¿Cuánto cuesta? — *kouann*·to *kouèss*·ta

C'est trop cher
Es muy caro — èss mouï *ka*·ro

Pouvez-vous baisser un peu le prix ?
¿Podría bajar un poco el precio? — po·*dri*·a ba·*khar* oun *po*·ko èl *pré*·thyo

Il y a une erreur sur le ticket
Hay un error en la cuenta — aï oun è·*ror* èn la *kouènn*·ta

carte bancaire	*tarjeta de crédito*	tar·*khé*·ta dé *kré*·di·to
cybercafé	*cibercafé*	thi·bèr·ka·*fé*
DAB	*cajero automático*	ka·*khé*·ro aou·to·*ma*·ti·ko
marché	*mercado*	mer·*ka*·do
office du tourisme	*oficina de turismo*	o·fi·*thi*·na dé tou·*riss*·mo
poste	*correos*	ko·*ré*·oss

HEURE ET DATE

Quelle heure est-il ?
¿Qué hora es? — ké o·ra èss

Il est (10) heures
Son (las diez) — sonn (las dyèth)

Il est (une heure) et demie
Es (la una) y media — èss (la *ou*·na) i *mé*·dya

après-midi	*tarde*	*tar*·dé
aujourd'hui	*hoy*	oï
demain	*mañana*	ma·*nya*·na
hier	*ayer*	a·*yèr*
matin	*mañana*	ma·*nya*·na
soirée	*noche*	*no*·tché
lundi	*lunes*	*lou*·nèss
mardi	*martes*	*mar*·tèss
mercredi	*miércoles*	*myèr*·ko·lèss
jeudi	*jueves*	*khoué*·béss
vendredi	*viernes*	*vyèr*·néss

NOMBRES

1	*uno*	*ou*·no
2	*dos*	doss
3	*tres*	trèss
4	*cuatro*	*koua*·tro
5	*cinco*	*thinn*·ko
6	*seis*	seïss
7	*siete*	*ssyé*·té
8	*ocho*	o·tcho
9	*nueve*	*noué*·vé
10	*diez*	dyèth
20	*veinte*	*véïnn*·té
30	*treinta*	*tréïnn*·ta
40	*cuarenta*	koua·*rènn*·ta
50	*cincuenta*	thinn·*kouènn*·ta
60	*sesenta*	ssé·*ssènn*·ta
70	*setenta*	ssé·*tènn*·ta
80	*ochenta*	o·*tchènn*·ta
90	*noventa*	no·*vènn*·ta
100	*cien*	thyènn
1 000	*mil*	mil

samedi	*sábado*	*sa*·ba·do
dimanche	*domingo*	do·*minn*·go

janvier	*enero*	é·*né*·ro
février	*febrero*	fé·*bré*·ro
mars	*marzo*	*mar*·tho
avril	*abril*	a·*bril*
mai	*mayo*	*ma*·yo
juin	*junio*	*khou*·nyo
juillet	*julio*	*khou*·lyo
août	*agosto*	a·*goss*·to
septembre	*septiembre*	sèp·*tyèmm*·bré
octobre	*octubre*	ok·*tou*·bré
novembre	*noviembre*	no·*vyèmm*·bré
décembre	*diciembre*	di·*thyèmm*·bré

TRANSPORTS

avion	*avión*	a·*vyonn*
bateau	*barco*	*bar*·ko
bus	*autobús*	aou·to·*bouss*
train	*tren*	trènn
premier	*primer*	pri·*mérr*
dernier	*último*	*oul*·ti·mo
prochain	*próximo*	*prok*·ssi·mo
un billet de...	*un billete de*	oun bi·*lyé*·té dé
première classe	*primera clase*	pri·*mé*·ra *kla*·ssé
deuxième classe	*segunda clase*	sé·*gounn*·da *kla*·ssé
aller simple	*ida*	*i*·da
aller-retour	*ida y vuelta*	*i*·da i *vouèl*·ta

Je voudrais aller à...
Quisiera ir a... ki·*ssyé*·ra ir a

S'arrête-t-il à (...) ?
¿Para en (...)? *pa*·ra ènn

Comment s'appelle cet arrêt ?
¿Cuál es esta parada? koual èss *èss*·ta pa·*ra*·da

PANNEAUX

Abierto	Ouvert
Cerrado	Fermé
Entrada	Entrée
Hombres/Varones	Hommes
Mujeres/Damas	Femmes
Prohibido	Interdit
Salida	Sortie
Servicios/Baños	Toilettes

À quelle heure arrive-t-il/part-il ?
¿A qué hora llega/sale? a ké o·ra *lyé*·ga/*sa*·lé

Pourriez-vous me prévenir quand nous arriverons à (...) ?
¿Puede avisarme cuando lleguemos a (...)? *poué*·dé a·vi·*ssar*·mé *kouann*·do lyé·*gué*·moss a (...)

Je veux descendre ici
Quiero bajarme aquí *kyé*·ro ba·*khar*·mé a·*ki*

aéroport	*aeropuerto*	a·é·ro·*pwér*·to
annulé	*cancelado*	kan·thé·*la*·do
arrêt de bus	*parada de autobuses*	pa·*ra*·da dé ow·to·*bou*·sés
en retard	*retrasado*	ré·tra·*ssa*·do
gare ferroviaire	*estación de trenes*	èss·ta·*thyonn* dé *tré*·nèss
guichet	*taquilla*	ta·*ki*·lya
horaire	*horario*	o·*ra*·ryo
quai	*plataforma*	pla·ta·*for*·ma
siège côté allée	*asiento de pasillo*	a·*ssyènn*·to dé pa·*ssi*·lyo
siège côté fenêtre	*asiento junto a la ventana*	a·*ssyènn*·to *khounn*·to a la ven·*ta*·na

Je voudrais louer...	*Quisiera alquilar...*	ki·*ssyé*·ra al·*ki*·lar
un 4x4	*un todo-terreno*	oun to·do·tè·*ré*·no
un vélo	*una bicicleta*	*ou*·na bi·thi·*klé*·ta
une voiture	*un coche*	oun *ko*·tché
une moto	*una moto*	ou·na *mo*·to

auto-stop	*hacer botella*	a·*sér* bo·*té*·ya
camion	*camion*	ka·*myon*
casque	*casco*	*kas*·ko
diesel	*petróleo*	pét·*ro*·lé·o
essence	*gasolina*	ga·so·*li*·na
mécanicien	*mecánico*	mé·*ka*·ni·ko
siège enfant	*asiento de seguridad para niños*	a·*ssyènn*·to dé sé·gou·ri·*da* *pa*·ra *ni*·nyoss
station-service	*gasolinera*	ga·so·li·*né*·ra

Cette route mène-t-elle à (Mexico) ?
¿Se va a (Mexico) por esta carretera? sé va a (me·hi·co) por *ess*·ta ka·ré·*té*·ra

(Combien de temps) Puis-je stationner ici ?
¿(Por cuánto tiempo) Puedo aparcar aquí? (por *kouann*·to *tyèmm*·po) *poué*·do a·par·*kar* a·*ki*

ARGOT MEXICAIN

Pourquoi ne pas pimenter vos conversations d'un peu d'argot ? Si on entend souvent des expressions argotiques partout dans le pays, certaines sont typiques de Mexico.

¿Qué onda?
Ça gaze ?/Qu'est-ce qui se passe ?

¿Qué pasión? (Mexico)
Quoi de neuf ?/Qu'est-ce qui se passe ?

¡Qué padre!
Cool !

fregón
très doué/super-cool/génial

Este club está fregón.
Cette boîte est supercool.

El cantante es un fregón.
Le chanteur est génial.

ser muy buena onda
d'un tempérament sympathique

Mi novio es muy buena onda.
Mon fiancé est vraiment sympa.

pisto (dans le Nord)
boisson alcoolisée

alipús
boisson alcoolisée

Echamos un alipús/trago.
Allons prendre un verre.

tirar la onda
essayer de draguer quelqu'un/flirter

ligar
flirter

¡Vámonos de reventón!
Allons faire la fête !

reven
une "rave" (fête où la musique est forte et l'ambiance endiablée)

un desmadre
désordre

Simón.
Oui.

Nel.
Non.

No hay tos.
Pas de problème.
(Littéralement : "il n'y a pas de toux.")

¡Órale! (positif)
Ça a l'air super ! (En réponse à une invitation.)

¡Órale! (négatif)
exclamation moqueuse, de réprobation

¡Caray!
Merde !

¿Te cae?
Sérieusement ? Tu es sérieux ?

Me late.
Ça me paraît bien, ça me plaît bien.

Me vale.
Je m'en fiche/peu importe.

Sale y vale.
D'accord, ça a l'air bien.

¡Paso sin ver!
Ça m'énerve ! Non, merci !

¡Guácatelas!/¡Guácala!
Dégoûtant !/Répugnant !

¡Bájale!
N'exagère pas !/Allez !

¡¿Chale?! (Mexico)
C'est pas vrai !?

¡Te pasas!
C'est bon ! Tu pousses un peu !

¡No manches!
Pousse-toi de là !/Tu plaisantes !

un resto
beaucoup

lana
argent, oseille

carnal
frère

cuate/cuaderno
copain, pote

chavo
mec, pote

chava
fille

jefe
père

jefa
mère

la tira/julia
la police

la chota (Mexico)
la police

J'ai eu un accident	
He tenido un accidente	é té *ni* do oun ak si *denn* té
La voiture est tombée en panne (à...)	
El coche se ha averiado (en...)	él *ko*·ché sé a a·vé·*rya*·do (én...)
J'ai un pneu crevé	
Tengo un pinchazo	*tènn*·go oun pinn·*tcha*·tho
Je suis en panne d'essence	
Me he quedado sin gasolina	mé é ke·*da*·do sin *gasolina*

GLOSSAIRE

(m) indique le genre masculin, (f) le genre féminin, (sg) le singulier et (pl) le pluriel

adobe – briques en argile séché au soleil, souvent utilisées dans la construction des habitations

agave – famille de plantes comprenant le *maguey* et avec lesquelles on produit le mezcal et le pulque

Alameda – nom de parc, ou de promenade plantée, de plusieurs villes mexicaines

alebrije – sculpture sur bois très colorée, représentant des animaux réels ou imaginaires

Ángeles Verdes – "Anges verts" : corps de mécaniciens employés par l'État, chargés d'aider les automobilistes en difficulté

arroyo – ruisseau

artesanías – artisanat, arts populaires

atlas (sg), atlantes (pl) – pilier sculpté représentant un personnage masculin utilisé pour soutenir un toit ou une frise ; également appelé *télamon*

autopista – autoroute, route à quatre voies

azulejo – carreau de faïence

bahía – baie

balneario – lieu de baignade (source d'eau chaude naturelle)

baluarte – rempart, fortifications

barrio – quartier d'une ville ou d'une métropole

boleto – billet, ticket

brujo/a (m/f) – sorcier, chaman ; se dit aussi *curandero/a*

cabaña – cabane, petit bungalow, abri se réduisant à un toit et à quatre murs

cacique – seigneur de la guerre ou personnalité politique

calle – rue

callejón – ruelle

calzada – grand boulevard ou avenue

camioneta – camionnette (pick-up)

campesino/a (m/f) – paysan(ne)

capilla abierta – chapelle ouverte, utilisée dans les anciens monastères mexicains pour prêcher lors des rassemblements de la population indienne

casa de cambio – bureau de change

casa de huéspedes – maison d'hôtes (bon marché)

caseta de teléfono, caseta telefónica – cabine téléphonique

cenote – puits naturel creusé dans le calcaire, souvent utilisé comme réservoir dans le Yucatán

central camionera – gare routière

cerro – colline

Chac (ou Chaac) – dieu de la Pluie chez les Mayas

chac-mool – personnage de la statuaire précolombienne représentant un homme allongé sur le dos, le buste redressé et tenant un plateau qui servait d'autel sacrificiel

charreada – rodéo mexicain

charro – cow-boy mexicain

chilango/a (m/f) – habitant(e) de la ville de Mexico

chinampa – jardin flottant aztèque. Il en existe encore quelques-uns à Xochimilco

chultún – citerne souterraine faite de briques recouvertes de ciment, que l'on trouve dans la région des *chenes* (puits) au sud de Mérida (monts Puuc)

churrigueresque – style baroque hispanique tardif, caractéristique de nombreuses églises mexicaines

clavadistas – plongeurs faisant le saut de l'ange depuis les falaises d'Acapulco et de Mazatlán

colectivo – minibus ou voiture dans lesquels les passagers peuvent monter ou descendre à leur gré, le long d'un trajet déterminé ; désigne également d'autres modes de transport, tels que le bateau, où les passagers se partagent le prix du billet

colonia – quartier d'une ville, souvent résidentiel

combi – minibus, van

comedor – stand de nourriture

comida corrida – menu fixe avec plusieurs plats

conquistador – explorateur-conquérant espagnol

criollo – créole, personne née au Mexique d'ascendance espagnole. Au temps de la colonisation, les *criollos* étaient considérés comme inférieurs par les Mexicains nés en Espagne

cuota – péage ; une *vía cuota* est une route à péage

curandero/a (m/f) – guérisseur, sorcier ou sorcière utilisant des plantes et/ou des méthodes relevant de la magie

de paso – bus qui vient d'une autre destination, mais qui laisse monter et descendre les passagers en différents endroits

DF – Distrito Federal (District fédéral) ; la moitié de la ville de Mexico est rattachée au DF

edificio – immeuble

ejido – terre communautaire, ou coopérative paysanne propriétaire de la terre cultivée

entremeses – hors-d'œuvre ; sketches théâtraux joués durant la fête du Cervantino à Guanajuato

esq – abréviation pour *esquina* (coin, angle), utilisée dans les adresses

feria – foire ou carnaval se déroulant généralement pendant une fête religieuse

ferrocarril – chemin de fer

fonda – auberge, petit restaurant tenu en famille

gringo/a (m/f) – terme peu flatteur pour désigner un(e)

touriste nord-américain(e) ou occidental(e)

grito – littéralement "cri". Le "Grito de Dolores" lancé par le prêtre Miguel Hidalgo, en 1810, donna le coup d'envoi de la lutte pour l'Indépendance

guayabera – également *guayabarra*, chemise d'homme cubaine en tissu fin avec poches et ornements sur le devant, les épaules et le bas du dos ; remplace veste et cravate dans les régions chaudes

guerre d'Indépendance – guerre d'indépendance du Mexique (1810-1821), qui mit fin à trois siècles de domination espagnole

guerre des Castes – soulèvement maya dans le Yucatán, au XIXe siècle

hacha – objet plat en pierre (civilisation de Veracruz) ; lié au jeu de balle rituel

hacienda – propriété ; La Hacienda désigne le Trésor (de l'État)

henequén – fibres d'agave utilisées pour la fabrication des cordes de sisal. L'agave est surtout cultivé dans la région de Mérida

hostal – petit hôtel ou auberge de jeunesse

huarache – sandale de cuir tressé, souvent dotée d'un morceau de pneu d'automobile comme semelle

huevos – œufs ; désigne également les testicules en argot

huipil (sg), huipiles (pl) – tunique de femme indienne, souvent décorée de broderies ; peut arriver jusqu'aux mollets ou aux chevilles

Huizilopochtli – dieu tribal aztèque

INAH – Instituto Nacional de Antropología e Historia, chargé de l'étude et de la protection des sites et du patrimoine mexicains

indígena – indien, qui a trait aux premiers habitants de l'Amérique latine ; le terme peut aussi désigner les peuples eux-mêmes

IVA – *impuesto al valor agregado* ; TVA de 16% (dans les hôtels par exemple)

jai alai – sorte de pelote basque importée par les Basques. Pratiqué sur un court très long

Kukulcán – dieu-serpent à plumes (Quetzalcóatl) chez les Mayas

lancha – bateau à moteur (vedette)

larga distancia – longue distance ; s'applique généralement au réseau téléphonique

local – local commercial ou bureau dans un centre commercial ou un pâté de maisons. L'itinéraire d'un bus "local" commence à la station où vous vous trouvez

maguey – variété d'agave aux feuilles épaisses et pointues dont le suc est utilisé pour fabriquer la tequila et le mezcal

malecón – boulevard ou promenade du front de mer

maquiladora – site industriel spécialisé dans le montage. On y importe les équipements et les matières premières de l'étranger pour ensuite exporter les produits finis

mariachis – ensemble de musiciens qui joue, en costume, des ballades traditionnelles à la guitare et à la trompette

marimba – instrument en bois ressemblant à un xylophone, populaire dans le sud-est du pays

mercado – marché ; dans un bâtiment en ville ou avec des commerces et des étals en plein air dans les rues voisines

Mesoamérica – Méso-Amérique (aire culturelle précolombienne occupant le centre, le sud et l'est du Mexique, ainsi que le Guatemala, le Belize et la petite région maya du Honduras)

mestizo – (métis) personne aux ancêtres indiens et espagnols

milpa – petit champ de maïs souvent cultivé sur brûlis

Mudejar – style architectural mauresque importé au Mexique par les Espagnols

municipio – petite division administrative. Le Mexique est divisé en 2 394 *municipios*

Nafta – Accord de libre-échange nord-américain

nahuatl – langue des Nahuas, descendants des Aztèques

nao – galion espagnol de commerce

norteamericano – Nord-Américain (vivant au nord de la frontière mexicaine)

Nte – abréviation de *norte* (nord), utilisée dans les noms de rue

Ote – abréviation d'*oriente* (est), utilisée dans les noms de rue

palacio de gobierno – siège du gouvernement d'un État

palacio municipal – hôtel de ville

palapa – toit de chaume ou de palmes ; abri au toit de palmes, généralement sur une plage

PAN – Partido de Acción Nacional, le parti de l'ex-président Felipe Calderón et de son prédécesseur, Vicente Fox

panga – petit bateau en fibre de verre utilisé pour la pêche ou l'observation des baleines en Basse-Californie

parada – arrêt de bus, souvent pour les bus urbains

parroquia – église paroissiale

paseo – boulevard, promenade ou rue piétonne. Aussi, tradition qui consiste à se promener le soir autour de la place, les hommes marchant dans un sens, les femmes dans l'autre

Pemex – entreprise publique détenant le monopole sur l'extraction, le raffinement et le commerce du pétrole au Mexique

peninsulares – personnes nées en Espagne et envoyées au Mexique pour diriger la colonie (voir *criollo*)

pesero – terme propre à Mexico pour *colectivo* ; peut signifier "bus" dans le Nord-Est

peyotl – petit cactus hallucinogène

pinacoteca – galerie d'art

piñata – figurine d'argile décorée de papier mâché, de mouchoirs en papier, de rubans, ressemblant à un animal, un fruit, etc. ; remplie de bonbons et de petits cadeaux. Les enfants la brisent à l'occasion de fêtes

pirata – "pirate" ; désigne parfois un pick-up transportant des passagers

plaza de toros – arène de corrida

plazuela – petite place

poblano/a (m/f) – habitant(e) de Puebla ; objets fabriqués dans le style de Puebla

Porfiriato – (Porfiriat) désigne la période pendant laquelle Porfirio Díaz fut président du Mexique, de 1876 à la révolution mexicaine de 1910

portales – arcades

posada – auberge

PRI – Partido Revolucionario Institucional (Parti révolutionnaire institutionnel). Ce parti politique a gouverné le Mexique depuis la fin des années 1920 jusqu'à la fin du XXe siècle

Pte – abréviation de *poniente* (ouest), utilisée dans les noms de rue

puerto – port

pulque – alcool doux fabriqué à partir du *maguey*

quetzal – oiseau à crête à l'éclatant plumage vert, rouge et blanc, originaire du sud du Mexique, d'Amérique centrale et du nord de l'Amérique du Sud. Ses plumes étaient très recherchées durant la période précolombienne

Quetzalcóatl – Serpent à plumes, dieu sans doute le plus représentatif du Mexique précolombien

rebozo – long châle en laine ou en lin couvrant la tête ou les épaules des femmes

refugio – refuge de montagne rudimentaire

retablo – petit autel, mais plus souvent peinture sur bois, étain, verre, etc., faisant fonction d'ex-voto dans les églises en reconnaissance d'un miracle ou d'une prière exaucée

révolution mexicaine – révolution de 1910, qui suit le *Porfiriato*

río – rivière ou fleuve

s/n – *sin número* (sans numéro) ; utilisé dans les adresses

sacbe (sg), sacbeob (pl) – chaussée cérémonielle reliant les grandes cités mayas

sanatorio – hôpital, petit hôpital privé

sarape – couverture de laine comportant une ouverture pour la tête

Semana Santa – Semaine sainte – entre le dimanche des Rameaux et le dimanche de Pâques ; c'est la période de vacances la plus importante au Mexique

sierra – chaîne de montagnes

sitio – station de taxis

sur – sud ; souvent utilisé dans les noms de rue

taller – boutique ou atelier. Un *taller mecánico* désigne l'atelier d'un mécanicien, généralement d'un garagiste ; un *taller de llantas* répare les pneus

talud-tablero – style architectural caractéristique du Teotihuacán dans lequel les constructions à degrés présentent une alternance de sections verticales (*tablero*) et horizontales (*talud*)

taquilla – guichet, billetterie

telamon – pilier sculpté représentant un homme, utilisé pour soutenir le toit d'un temple (voir aussi *atlante*)

teléfono (celular) – téléphone portable

temascal – sorte de hutte de sudation amérindienne, souvent utilisée à des fins curatives dans les cultures méso-américaines ; parfois orthographié *temazcal*

templo – église ; de la chapelle à la cathédrale

teocalli – enceinte sacrée aztèque

Tezcatlipoca – dieu maître de la Vie et de la Mort et protecteur des guerriers. Tel un "miroir fumant", il pouvait voir au plus profond de votre cœur. En tant que dieu du Soleil, le sang de guerriers sacrifiés lui était nécessaire pour se lever

tezontle – roche volcanique poreuse, rouge clair, utilisée dans la construction par les Aztèques et les conquistadores

tianguis – marché indien

tienda – boutique

Tláloc – dieu de la Pluie et de l'Eau

tope – ralentisseur ou dos-d'âne que l'on trouve dans les faubourgs de nombreuses villes

trapiche – moulin (en Basse-Californie, généralement un moulin à sucre)

UNAM – Universidad Nacional Autónoma de México (Université nationale autonome du Mexique)

voladores – littéralement les "hommes volants". Rituel des Indiens totonaques au cours duquel 4 hommes, attachés par les chevilles à une corde, se jettent dans le vide du haut d'un plateau, effectuant une "danse cosmique"

zócalo – place principale d'une ville ; terme utilisé dans de nombreuses villes mexicaines

GLOSSAIRE CULINAIRE

Pour le vocabulaire de base concernant l'alimentation, voir p. 884

Pour le vocabulaire de base concernant les menus, voir p. 47

adobada – mariné dans l'*adobo* (sauce pimentée)

al albañil – servi avec une sauce au piment fort

al mojo de ajo – dans une sauce à l'ail

al pastor – "à la manière du berger" : embroché et rôti sur braises

albóndigas – boulettes de viande

antojitos – "caprices, petites envies" : en-cas à base de tortillas (tacos, enchiladas, etc.)

arroz mexicana – riz pilaf à la tomate

atole – gruau de maïs moulu

avena – flocons d'avoine

barbacoa – barbecue

bolillo – petit pain

brocheta – brochette

burrito – grande tortilla de froment fourrée de différents ingrédients

cajeta – caramel épais au lait de chèvre

calabacita – courge

caldo de pescado – soupe de poisson

carnitas – morceaux de porc mijotés dans du saindoux

cecina – viande finement émincée, parfumée au piment puis sautée ou grillée

chicharrones – couenne de porc frite

chile relleno – piment fourré à la viande ou au fromage, généralement passé dans de l'œuf battu avant d'être frit

chiles en nogada – piment vert doux fourré à la viande et aux fruits, passé dans de l'œuf battu, frit et servi avec une sauce à la crème, aux noix concassées et au fromage

chorizo – saucisse mexicaine au piment et au vinaigre

chuleta de puerco – côtelette de porc

churros – beignets longs

cochinita pibil – porc mariné avec des piments, enveloppé dans une feuille de bananier et cuit au four ou sur les braises

coctel de frutas – cocktail de fruits

costillas de res – côtes de bœuf

crepas – crêpes

cucarachas – crevettes frites

empanada – chausson fourré de viande, fromage ou fruits

filete a la tampiqueña – steak à la mode de Tampico : mince faux-filet grillé et servi avec des lamelles de piments et d'oignons, une quesadilla et une enchilada

flor de calabaza – fleur de courge

frijoles a la charra – haricots cuisinés avec des tomates, des piments et des oignons (appelés aussi *frijoles rancheros*)

guacamole – purée d'avocat, souvent assaisonnée de jus de citron vert, d'oignon, de tomate et de piment

horchata – boisson à base de riz, d'amande et de cannelle

huachinango veracruzana – vivaneau rouge préparé "à la mode de Veracruz", avec sauce aux tomates, olives, vinaigre et câpres

huevos motuleños – œufs frits glissés entre deux tortillas de maïs, servis avec petits pois, tomates, jambon et fromage

huevos rancheros – œufs frits servis sur une tortilla de maïs et garnis d'une sauce aux tomates, piments et oignons, et accompagnés de haricots sautés

huevos revueltos – œufs brouillés

huitlacoche – champignon très apprécié, poussant sur le maïs

jugo de camarón – jus de crevettes

lomo de cerdo – longe de porc

machacado – petits morceaux de viande séchée, souvent mélangés à des œufs brouillés

menudo – ragoût de tripes

milanesa – escalopes de bœuf ou de porc panées et frites

mixiote – agneau assaisonné au piment, cuit à la vapeur dans des feuilles d'agave

mole negro – poulet ou porc cuit dans une sauce aux piments, fruits, noix, épices et chocolat

mole poblano – poulet ou dinde dans une sauce aux piments, fruits, noix, épices et chocolat

nopalitos – feuilles de cactus en tranches, sautées ou grillées

picadillo – farce à base de bœuf haché comportant généralement des fruits et des noix

pipián verde – ragoût de poulet aux graines de courge moulues, piments et tomates vertes

pozole – soupe ou ragoût peu épais à base de semoule de maïs, viande, légumes et piments

queso fundido – fromage fondu, souvent avec du chorizo ou des champignons, et servi comme en-cas avec des tortillas

rajas – lamelles de piments verts doux frits aux oignons

tinga poblana – ragoût de porc, légumes et piments

En coulisses

VOS RÉACTIONS ?

Vos commentaires nous sont très précieux et nous permettent d'améliorer constamment nos guides. Notre équipe lit toutes vos lettres avec la plus grande attention. Nous ne pouvons pas répondre individuellement à tous ceux qui nous écrivent, mais vos commentaires sont transmis aux auteurs concernés. Tous les lecteurs qui prennent la peine de nous communiquer des informations sont remerciés dans l'édition suivante, et ceux qui nous fournissent les renseignements les plus utiles se voient offrir un guide.

Pour nous faire part de vos réactions, prendre connaissance de notre catalogue et vous abonner à notre newsletter, consultez notre site Internet : **www.lonelyplanet.fr**

Nous reprenons parfois des extraits de notre courrier pour les publier dans nos produits, guides ou sites Web. Si vous ne souhaitez pas que vos commentaires soient repris ou que votre nom apparaisse, merci de nous le préciser. Notre politique en matière de confidentialité est disponible sur notre site Internet.

À NOS LECTEURS

Merci à tous les voyageurs qui ont utilisé la dernière édition de ce guide et qui nous ont écrit pour nous faire part de leurs conseils, de leurs suggestions et de leurs anecdotes :

B Berton Vincent **C** Couillerot Véronique, Cuesta Angeline **G** Gauthier Serge et Chantal, Gonidec Sophie **J** Joujoux Adrien **P** Passot Delphine, Puech Marlene

UN MOT DES AUTEURS

Brendan Sainsbury

Muchas gracias à tous les chauffeurs de bus, au personnel des offices du tourisme et des hôtels, aux chefs de cuisine, aux guides de randonnée et aux passants qui m'ont aidé, involontairement ou non, lors de mes recherches. Je remercie tout particulièrement Liz, mon épouse, et Kieran, mon fils, pour leur présence (et leur patience) à mes côtés sur les routes de Oaxaca.

Kate Armstrong

Tout d'abord et surtout, *muchísimas gracias* à Tom Williams, conseiller extraordinaire chez Luz au Yucatán, pour son enthousiasme et son amour de la région, et à Donard O'Neill. Pour les recherches complémentaires, merci à Raúl LiCausi Salerno de l'Hostel Nómadas, à Silvia Carrillo Jiménez de Tourismo Valladolid et à Jorge Romero Herrera, directeur du Sefotur de Mérida. Merci à Sarah Stocking pour son aide et une ovation pour mon homologue "yucateco", Ray Bartlett, Alex Egerton et Lucas Vigden.

Ray Bartlett

Mille mercis à ma famille, avec qui j'ai eu le plaisir de partager une partie du voyage. Merci aux gens merveilleux qui m'ont aidé en chemin : Rob et Joanne, Mauricio, Bailey, Corina, Tanya, Ivonne, Rudolf et tant d'autres. Un grand merci à mes éditeurs, surtout à Sarah Stocking, qui en fait tant en coulisses, et à mes co-auteurs. Merci aux Mexicains et voyageurs extraordinaires que j'ai rencontrés – c'est vous qui rendez le Mexique magique. Ne changez surtout pas !

Celeste Brash

Merci à César et à Oscar, de Cabo ; à la famille Castro de Cabo Pulmo et à Mary pour son soutien ; à tout l'équipage du bateau à La Paz ; à Carillo, Abel et aux deux Juan, de Loreto ; au conducteur de la remorqueuse à Mulegé ; à Kuyima, de San Ignacio ; à Chrissie pour Ensenada et au-delà et à Anna Kaminski, mon estimée consœur, qui m'a tenu compagnie pour les tacos, la bière et le vin. Comme toujours, merci à Josh, mon mari, et aux enfants, Jasmine et Tevai, qui me soutiennent et gardent le foyer.

Stuart Butler

Une fois de plus, j'aimerais remercier Heather, mon épouse, et Jake et Grace, mes jeunes enfants, pour leur patience pendant que je travaillais à ce guide. La prochaine fois, je vous promets que vous viendrez avec moi ! Un grand merci aux gens si nombreux, au Mexique ou ailleurs, qui m'ont aidé dans mes recherches et m'ont rendu le travail si plaisant.

Steve Fallon

Muchísimas gracias aux gens charmants qui m'ont proposé leur aide, leurs idées et/ou leur hospitalité, comme Michael Eager à Ajijic, Alicia McNiff à Chapala, Júpiter Rivera à Comala, Luis Enrique Ruiz, Katy Thorncroft et Carlos Ibarra à Guadalajara, Ellen Sharp à Macheros, près de Zitácuaro, Victoria Ryan à Pátzcuaro, Clayton J. Szczech et David Arce Uribe à Tequila, Irene Pulos à Tlaquepaque et Aline Avakian et Salvador Luna à Uruapan. *Y a mi querido México, país de amistad, buen humor y coraje* (et à mon cher Mexique, pays d'amitié, de bonne humeur et de courage). Comme toujours, je dédie mon travail à Michael Rothschild, mon mari.

John Hecht

Je remercie tout particulièrement Julio Morales de Mazatlán, Roberto Langarica de Majahuas, Myles Estey et Gus Condado de Mexico, Memo Wulff de Vallarta et les généreux *costeños* qui m'ont procuré soutien et bons moments sur ma route. Par-dessus tout, je remercie du fond du cœur Lau (surnommée *la milanesa*), sur qui je peux toujours compter.

Anna Kaminski

J'aimerais remercier Cliff et Sarah de m'avoir confié le chapitre *Veracruz* et les pages de début et de fin du guide, mais aussi tous ceux qui m'ont aidée dans mon travail. En particulier Juana et David de Veracruz, les gardiens serviables des sites d'El Cuajilote et de Quiahuiztlán, mon guide de rafting à Jalcomulco, le personnel du l'office du tourisme de San Andrés Tuxtla, ma merveilleuse hôtesse à Catemaco, Diego de Xalapa, Rafael de Tlacotalpan et Toni d'Orizaba.

Tom Masters

Un grand merci à Anna, Josh, Tenzin et Catherine à San Miguel de Allende. Vous avez fait de mon séjour un vrai plaisir. Ma gratitude va aussi à mon compagnon de route Joe Kellner, au personnel du Mesón de los Dos Leones à Querétaro et de Camino Surreal à Xilitla pour leur aide sur le terrain. Merci également à l'équipe de Lonely Planet et à mes co-auteurs pour leur patience, malgré le gros pépin de santé que j'ai subi pendant la rédaction du guide.

Liza Prado

Mil gracias à Alejandra Reina et à Luz Vasquez qui ont partagé avec moi leur connaissance d'El Norte. *Abrazos para toda la familia*, surtout à Abuelita Trini, à Tío Enrique, à Tía Lupita, à Tato, à Tío Miguel, à Tía Ana Lilia et à Tío Jaime pour leur chaleureux accueil. Une ovation pour ma mère, toujours prête à partir sur les petites routes avec les enfants, pour mon père qui sait nous remonter le moral et à Susan pour avoir assuré à la rentrée des classes. *Gracias*, Eva et Leo, d'être d'aussi adorables compagnons de route. Et comme toujours, merci, Gary, d'être mon meilleur ami, de me supporter et de voir la beauté partout.

Phillip Tang

Merci à Stephen Hu (Ren Jie) pour les moments mémorables et les expériences gustatives à Puebla, Cholula, Tlaxcala et Taxco. Merci à Anna Glayzer pour les moments hauts en couleur à Valle de Bravo, Cuernavaca et Tepoztlán. *Mil gracias de nuevo* à Armando Palma, Jocsan L. Alfaro et Fiona Ross *por tus sugerencias* à Mexico. Merci à Sarah Stocking et à Clifton Wilkinson de m'avoir repris dans l'équipe, et merci à Vek Lewis, Lisa N'paisan et Géraldine Galvaing pour leur pilotage à distance.

À PROPOS DE CET OUVRAGE

Cette 13e édition du guide *Mexique* est une traduction-adaptation de la 16e édition du guide *Mexico* (en anglais), mise à jour par Brendan Sainsbury, Kate Armstrong, Ray Bartlett, Celeste Brash, Stuart Butler, Steve Fallon, John Hecht, Anna Kaminski, Tom Masters, Liza Prado et Phillip Tang. Le chapitre *La cuisine mexicaine* a été rédigé par Mauricio Velázquez de León.

Traduction Kevin Thévenet, Florence Guillemat-Szarvas, Véronique Mondon, Frédérique Hélion-Guerrini, Doriane Sénécal et Doria Fouchel

Direction éditoriale Didier Férat

Adaptation française Cécile Bertolissio

Responsable prépresse Jean-Noël Doan

Maquette Christian Deloye

Cartographie adaptée en français par Caroline Sahanouk

Couverture adaptée par Laure Wilmot en français

Remerciements à Angélique Adagio, Michel Mcleod, Rose-Hélène Lempereur, Alexandra Guyot, Maryline Martinol et Claire Rouyer pour leur précieuse contribution au texte et à Maud Bruguière pour sa relecture attentive. Merci à Julie-Pomme Seramour, Hugo Gadroy et Noémie Lemaire pour la comparaison des textes et à Antoine Duval pour son travail de référencement. Merci également à l'équipe du bureau de Paris, notamment à Dominique Spaety et Dominique Bovet pour leur soutien. Merci aussi à Clare Mercer et Imogen Harrison du bureau de Londres et à Glenn van der Knijff, Jacqui Saunders et Brad Smith du bureau australien.

REMERCIEMENTS

Données climatiques adaptées de la carte "Updated World Map of the Köppen-Geiger Climate Classification", *Hydrology and Earth System Sciences*, 11, 1633-44, de Peel MC, Finlayson BL & McMahon TA (2007).

Photographie de couverture : Parroquia de San Miguel Arcángel, San Miguel de Allende, Danita Delimont Stock/AWL ©

Illustration de Chichén Itzá p. 349-350 de Michael Weldon.

Index

A

Cartes en **gras**
Photos en **bleu**

D

Cartes en **gras**
Photos en **bleu**

M

Cartes en **gras**
Photos en **bleu**

Q

R

Cartes en **gras**
Photos en **bleu**

Y

Z

NOTES

Légende des cartes

À voir
- Château
- Monument
- Musée/galerie/édifice historique
- Ruines
- Église
- Mosquée
- Synagogue
- Temple bouddhiste
- Temple confucéen
- Temple hindou
- Temple jaïn
- Temple shintoïste
- Temple sikh
- Temple taoïste
- Sentō (bain public)
- Cave/vignoble
- Plage
- Réserve ornithologique
- Zoo
- Autre site

Activités, cours et circuits organisés
- Bodysurfing
- Plongée/snorkeling
- Canoë/kayak
- Cours/circuits organisés
- Ski
- Snorkeling
- Surf
- Piscine/baignade
- Randonnée
- Planche à voile
- Autres activités

Où se loger
- Hébergement
- Camping

Où se restaurer
- Restauration

Où prendre un verre
- Bar
- Café

Où sortir
- Salle de spectacle

Achats
- Magasin

Renseignements
- Banque
- Ambassade/consulat
- Hôpital/centre médical
- Accès Internet
- Police
- Bureau de poste
- Centre téléphonique
- Toilettes
- Office du tourisme
- Autre adresse pratique

Géographie
- Plage
- Refuge/gîte
- Phare
- Point de vue
- Montagne/volcan
- Oasis
- Parc
- Col
- Aire de pique-nique
- Cascade

Agglomérations
- Capitale (pays)
- Capitale (région/État/province)
- Grande ville
- Petite ville/village

Transports
- Aéroport
- Poste frontière
- Bus
- Téléphérique/funiculaire
- Piste cyclable
- Ferry
- Métro
- Monorail
- Parking
- Station-service
- Station de métro
- Taxi
- Gare/chemin de fer
- Tramway
- U-Bahn
- Autre moyen de transport

Les symboles recensés ci-dessus ne sont pas tous utilisés dans ce guide

Routes
- Autoroute à péage
- Voie rapide
- Nationale
- Route secondaire
- Petite route
- Chemin
- Route non goudronnée
- Route en construction
- Place/rue piétonne
- Escalier
- Tunnel
- Passerelle
- Promenade à pied
- Promenade à pied (variante)
- Sentier

Limites et frontières
- Pays
- État/province
- Frontière contestée
- Région/banlieue
- Parc maritime
- Falaise
- Rempart

Hydrographie
- Fleuve/rivière
- Rivière intermittente
- Canal
- Étendue d'eau
- Lac asséché/salé/intermittent
- Récif

Topographie
- Aéroport/aérodrome
- Plage/désert
- Cimetière (chrétien)
- Cimetière (autre)
- Glacier
- Marais/mangrove
- Parc/forêt
- Site (édifice)
- Terrain de sport

Stuart Butler

Chiapas et Tabasco Stuart écrit pour Lonely Planet depuis une dizaine d'années au cours desquelles il s'est retrouvé nez-à-nez avec des gorilles dans la jungle congolaise, a ahané sur des cols himalayens bloqués par la neige, a interviewé un roi qui pouvait se transformer en arbre et s'est fait dire la bonne aventure par un perroquet. Il a aussi rencontré quantité de soi-disant dieux. Lorsqu'il ne voyage pas pour Lonely Planet, il vit en France au bord d'une belle plage du Sud-Ouest avec sa femme et ses deux jeunes enfants.

Steve Fallon

Ouest du plateau central Natif de Boston (Massachusetts), Steve a obtenu un diplôme universitaire en Science des langues vivantes à la Georgetown University. Après avoir travaillé quelques années pour un quotidien américain et obtenu une maîtrise de journalisme, sa fascination pour la "nouvelle" Asie l'a conduit à Hong Kong, où il a vécu une dizaine d'années et travaillé pour divers médias tout en tenant une librairie de voyage. Steve a vécu 3 ans à Budapest avant de s'installer à Londres en 1994. Il a écrit ou collaboré à plus de 100 ouvrages pour Lonely Planet.

John Hecht

Côte pacifique centrale Né à Los Angeles (États-Unis), John a collaboré à plus d'une dizaine de guides Lonely Planet et publications spécialisées portant surtout sur le Mexique et l'Amérique centrale. Il publie aussi des ouvrages culinaires ou des divertissements et a signé un scénario pour un court métrage tourné à Mexico, sa ville adoptive, où il adore faire la noce dans les *cantinas* et se régaler de spécialités de rue grasses et délicieuses.

Anna Kaminski

Veracruz Née en Union soviétique, Anna a grandi à Cambridge et est sortie de l'University of Warwick avec un diplôme en Études américaines comparées, une bonne connaissance de l'histoire, de la culture et de la littérature des Amériques et des Caraïbes et un amour indéfectible pour l'Amérique latine. Ses voyages incessants l'ont amenée à s'installer brièvement à Oaxaca et à Bangkok et son appétence pour le droit criminel l'a conduite à travailler bénévolement pour un avocat dans les tribunaux, ghettos et prisons de Kingston, en Jamaïque. Anna a collaboré à près de 30 ouvrages pour Lonely Planet. Lorsqu'elle ne parcourt pas le monde, elle vit à Londres.

Tom Masters

Nord du plateau central Depuis qu'il sait marcher, Tom rêve de se rendre dans les coins les plus obscurs de la planète et a toujours eu le goût de l'inconnu. Sa carrière d'écrivain l'a conduit dans le monde entier, y compris en Corée du Nord, dans l'Arctique, au Congo et en Sibérie. Après avoir grandi dans la campagne anglaise, il a habité à Londres, Paris ou Berlin.

Liza Prado

Canyon du cuivre et nord du Mexique Liza est écrivain de voyage depuis 2003, année où elle a quitté le droit des affaires (sans jamais le regretter). Elle a écrit des dizaines de guides et d'articles, mais aussi créé des applications et des blogs pour des destinations dans toute l'Amérique. Elle prend également des photos très correctes et elle est diplômée de la Brown University et de la Stanford Law School. Elle vit à Denver (Colorado) avec son mari et collègue chez Lonely Planet Gary Chandler et leurs deux enfants.

Phillip Tang

Mexico, Environs de Mexico Élevé à la mode australienne au *pho* et au *fish and chips*, Phillip s'est installé à Mexico. Diplômé en chinois et en civilisations latino-américaines, il s'est lancé dans les voyages et l'écriture de voyage en collaborant aux guides Lonely Planet *Canada*, *Chine*, *Japon*, *Corée*, *Mexique*, *Pérou* et *Vietnam*.

LES GUIDES LONELY PLANET

Une vieille voiture déglinguée, quelques dollars en poche et le goût de l'aventure, c'est tout ce dont Tony et Maureen Wheeler eurent besoin pour réaliser, en 1972, le voyage d'une vie : rallier l'Australie par voie terrestre via l'Europe et l'Asie. De retour après un périple harassant de plusieurs mois, et forts de cette expérience formatrice, ils rédigèrent sur un coin de table leur premier guide, *Across Asia on the Cheap*, qui se vendit à 1 500 exemplaires en l'espace d'une semaine. Ainsi naquit Lonely Planet, dont les guides sont aujourd'hui traduits en 13 langues.

NOS AUTEURS

Brendan Sainsbury
Oaxaca Brendan est né et a grandi au Royaume-Uni dans une ville qui n'apparaît jamais dans les guides de voyage (Andover, Hampshire). Dans sa jeunesse, il passait ses étés en caravane dans le Lake District en Angleterre et n'a pas quitté son île jusqu'à ses 19 ans. Depuis, il a réussi à parcourir 70 pays malgré une existence parfois précaire d'écrivain et de vagabond professionnel. Au cours des 11 dernières années, il a écrit plus de 40 ouvrages pour Lonely Planet, traitant de la Cuba castriste comme des canyons péruviens.

Kate Armstrong
Péninsule du Yucatán Kate a passé une grande partie de sa vie d'adulte à voyager et à vivre dans le monde entier. Journaliste de voyage indépendante à temps plein, elle a collaboré à plus de 50 guides Lonely Planet et publications spécialisées et ses articles paraissent régulièrement dans des publications australiennes ou d'autres pays. Elle a écrit plusieurs livres, ainsi que des ouvrages éducatifs pour les enfants.

Ray Bartlett
Péninsule du Yucatán Écrivain de voyage depuis une bonne vingtaine d'années, Ray écrit des textes vivants et foisonnants de détails sur le Japon, la Corée, le Mexique et de nombreuses régions des États-Unis pour de grandes maisons d'éditions, des journaux et des magazines. Son premier roman, *Sunsets of Tulum*, se déroule dans le Yucatán et a reçu un très bon accueil. Entre autres passe-temps, il surfe régulièrement et c'est un danseur de tango argentin accompli. Retrouvez-le sur Facebook, Twitter, Instagram, ou contactez-le via son site www.kaisora.com.

Celeste Brash
Basse-Californie Comme beaucoup de natifs de Californie, Celeste vit aujourd'hui à Portland, dans l'Oregon. Elle s'y est installée après avoir passé 15 ans en Polynésie française, un an et demi en Asie du Sud-Est et passé un moment à Brighton comme professeur d'anglais langue étrangère – entre autres. Elle rédige des guides pour Lonely Planet depuis 2005 et ses articles de voyage ont déjà été publiés dans *BBC Travel* ou le *National Geographic*.

PAGE 519 AUTEURS (suite)

Mexique
13e édition
Traduit et adapté de l'ouvrage *Mexico, 16th edition, September 2018*

Bien que les auteurs et Lonely Planet aient préparé ce guide avec tout le soin nécessaire, nous ne pouvons garantir l'exhaustivité ni l'exactitude du contenu. Lonely Planet ne pourra être tenu responsable des dommages que pourraient subir les personnes utilisant cet ouvrage.

92 Avenue de France, 75013 Paris
Photographes © comme indiqué 2018
Dépôt légal Janvier 2019
ISBN 978-2-81617-755-8
Imprimé par Grafica Veneta, Trebaseleghe, Italie
Réimpression 02, avril 2020

En Voyage Éditions | un département édi8